D1719743

DER BROCKHAUS
IN DREI BÄNDEN

DER BROCKHAUS

IN DREI BÄNDEN

Dritter Band
Pfe – Z

F.A.BROCKHAUS
Mannheim/Leipzig

Redaktionelle Leitung: Eberhard Anger M.A.

Schlußredaktion: Ariane Braunbehrens M.A.

Redaktion: Sabine-Walburga Anders,
Dipl.-Geogr. Ellen Astor, Jürgen Hotz M.A.,
Helmut Kahnt, Klaus M. Lange,
Dipl.-Biol. Franziska Liebisch,
Heike Pfersdorff M.A., Dr. Erika Retzlaff,
Dr. Uschi Schling-Brodersen,
Cornelia Schubert M.A., Kurt Dieter Solf,
Birgit Staude M.A., Irmgard Theobald,
Klaus Thome, Dr. Klaus Volkert,
Dr. Joachim Weiß, Dr. Hans-Werner Wittenberg

Die Deutsche Bibliothek – CIP-Einheitsaufnahme
Der **Brockhaus:** in drei Bänden/
[red. Leitung: Eberhard Anger. Red.: Sabine-Walburga Anders...] –
Mannheim: Brockhaus.
ISBN 3-7653-1501-X
NE: Anger, Eberhard [Red.]
Bd. III. Pfe–Zz – 1992
ISBN 3-7653-1531-1

© F.A. Brockhaus GmbH, Mannheim 1992
Satz: Bibliographisches Institut & F.A. Brockhaus AG (DIACOS Siemens)
und Mannheimer Morgen Großdruckerei und Verlag GmbH
Druck: Klambt-Druck GmbH, Speyer
Papier: 120 g Offsetpapier holzfrei mattgestrichen der Papeteries de Condat, Paris
Einband: Großbuchbinderei Lachenmaier, Reutlingen
Printed in Germany
Gesamtwerk: ISBN 3-7653-1501-X
Band 3: ISBN 3-7653-1531-1

Pfe

Pfeffer [griech.-lat.] (Piper), Gatt. der P.gewächse mit rd. 700 Arten in den Tropen. Die wirtschaftl. wichtigste Art ist der *Pfefferstrauch* (Echter P.); er liefert den *schwarzen P.*, der aus den ganzen, unreif geernteten, ungeschälten Früchten besteht. Der *weiße P.* dagegen wird aus den reifen, durch Fermentation von der äußeren Schale befreiten Früchten gewonnen. Der brennende Geschmack des P. wird durch das Alkaloid Piperin bewirkt, der aromat. Geruch durch ein äther. Öl.

Pfefferfresser (Tukane), Fam. etwa 30–60 cm langer, meist prächtig bunter Spechtvögel mit rd. 40 Arten in trop. Wäldern M- und S-Amerikas; baumbewohnende Höhlenbrüter mit mächtigem, leuchtendem Schnabel.

Pfeffergewächse (Piperaceae), Pflanzenfam. mit 1400 Arten in 10–12 Gatt. in den Wäldern der Tropen.

Pfefferminze → Minze.

Pfefferminzöl, äther. Öl aus den Blättern der Pfefferminze; enthält v. a. Menthol, Aromastoff u. a. für Genußmittel, Mundpflegemittel, Arzneimittel.

Pfefferstrauch, 1) → Pfeffer.

2) (Pfefferbaum, Mastixstrauch) Gatt. der Anakardiengewächse mit rd. 30 Arten von Mexiko bis Chile, deren Rinde Gerbstoffe und Harze (*Mastix,* zum Fixieren von Verbänden verwendet) enthält.

Pfeife [lat.], 1) *Musik:* i. e. S. eine kleine, hoch und scharf klingende Flöte. – Auch instrumentenkundl. Bez. für eine Schallquelle, bei der eine in einem röhrenförmigen Gehäuse *(Pfeifenrohr)* eingeschlossene Luftsäule zu Eigenschwingungen angeregt wird. Nach der Art der Schallerregung unterscheidet man zwei Formen: → Labialpfeifen (Lippenpfeifen) und → Lingualpfeifen (Zungenpfeifen).

2) *Glasbläserei:* (Glasmacher-P.) Blasrohr, mit dem man einen Klumpen flüssigen Glases dem Glasofen entnimmt und unter Drehen durch Blasen zu einem Hohlglaskörper formt.

3) *Rauchgeräte:* → Tabakspfeife.

Pfeifenfische (Flötenmäuler), Fam. extrem langgestreckter, bis 1,5 m langer Knochenfische in Flußunterläufen und an den Küsten des trop. Amerika, Australiens sowie von O-Afrika bis Japan; Röhrenschnauze mit kleiner Mundöffnung; Schwanzflosse trägt einen peitschenartigen Fortsatz.

Pfeifenstrauch, Gatt. der Steinbrechgewächse mit rd. 70 Arten von S-Europa bis zum Kaukasus, in O-Asien und v. a. in N-Amerika; z. T. Ziersträucher, u. a. der *Blasse P. (Falscher Jasmin).*

Pfeiffer-Drüsenfieber → Mononukleose.

Pfeifgänse (Baumenten), Gatt. etwa entengroßer, langhalsiger, hochbeiniger Gänse mit acht Arten, v. a. an Süßgewässern der Tropen und Subtropen.

Pfeifhasen (Pikas), Fam. der Hasenartigen mit rd. 15 Arten in Asien; etwa 12–25 cm lang; gesellige, in Erdbauen lebende Steppen- und Gebirgsbewohner. Sie verständigen sich untereinander durch schrille Pfiffe.

Pfeil → Sternbilder (Übersicht).

Pfeil [lat.], aus Schaft und Spitze zusammengesetzte Geschoßwaffe für Bogen, Armbrust oder Blasrohr; seltener mit der Hand geschleudert (Wurfpfeil).

Pfeildiagramm, in der *Mathematik* ein Diagramm zur Darstellung einer Relation: Man verbindet die zueinander in Relation stehenden Elemente durch Pfeile; steht dabei ein Element in Relation zu sich selbst, so erhält es einen in sich zurücklaufenden Pfeil.

Pfeiler [lat.], in der Architektur eine Stütze, eckig oder rund; weist im Ggs. zur Säule keine Verjüngung auf. → Pilaster.

Pfeilgifte, pflanzl. (seltener tier.) Gifte, mit denen verschiedene Naturvölker die Geschoßspitzen ihrer Pfeile und Speere präparieren, um Tiere oder Menschen zu betäuben oder zu töten, z. B. → Curare und → Uabayo.

Pfeilhechte (Barrakudas, Meerhechte), Fam. bis 3 m langer, hechtförmiger Knochenfische mit 18 Arten in trop. Meeren, im Mittelmeer und im Atlantik; Kopf auffallend lang, mit zugespitzter Schnauze und großen Zähnen. Speisefische sind u. a. *Mittelmeer-Barrakuda* und *Pikuda.*

Pfeilkraut, Gatt. der Froschlöffelgewächse mit rd. 30 Arten; meist Sumpf- und Wasserpflanzen mit pfeilförmigen Blättern; in Deutschland ist das *Gewöhnl. P.* verbreitet.

Pfeilkreuzler, ungar. antisemit.-faschist. Partei, begründet 1937 durch F. Szálasi; übte als Regierungspartei während der dt. Besetzung Ungarns 1944/45 blutigen Terror aus.

Pfeilschwanzkrebse (Pfeilschwänze), seit dem Kambrium bekannte Ordnung ausschließl. meerbewohnender Gliederfüßer; Gesamtlänge bis etwa 60 cm, mit langem Schwanzstachel.

Pfeilwürmer (Borstenkiefer), Stamm wurmförmiger, etwa 0,5–10 cm langer wirbelloser Tiere mit rd. 50 meerbewohnenden Arten; in großen Massen im Plankton.

Pfeilwurz (Arrowroot, Marante), in den Tropen angebaute 1–3 m hohe Staude, deren Wurzelstöcke die *Marantastärke* (für Kinder- und Diätkost) liefern.

Pfennig [Herkunft unsicher], Abk. Pf., urspr. einzige Münze des frühen und hohen MA in fast ganz Europa; Silbermünze von wechselndem Wert; seit dem 13. Jh. kleinstes Teilstück neben dem Groschen; seit dem 15. Jh. Scheidemünze, seit der Mitte des 18. Jh. allg. in Kupfer; ab 1871 reichseinheitl. 1 P. = $\frac{1}{100}$ Mark. Heute ist Dt. P. Untereinheit der Dt. Mark.

Pfennigkraut (Täschelkraut, Hellerkraut), Gatt. der Kreuzblütler mit rd. 60 weltweit verbreiteten Arten; einheim. ist u. a. das bis 30 cm hohe *Ackerpfennigkraut.*

Pferd, 1) *Zoologie:* → Pferde.

2) *Sport:* Turngerät für Sprung- und Schwungübungen: ein gepolsterter, lederüberzogener Rumpf mit ausziehbaren Beinen.

Pferde (Einhufer, Equidae), weltweit verbreitete Fam. großer Unpaarhufer mit sechs rezenten (in der einzigen Gatt. Equus zusammengefaßten) Arten in Savannen und Steppen; hochbeinige, schnellaufende, grasfressende Säugetiere, bei denen alle Zehen (mit Ausnahme der stark verlängerten, in einem Huf endenden Mittelzehe) zurückgebildet sind. Von der zweiten und vierten Zehe sind nur winzige Reste erhalten geblieben. Ein weiteres Kennzeichen der P. ist

Pfeffer:
Fruchtender
Pfefferstrauch

Pfeilkraut:
Gewöhnliches
Pfeilkraut

Hans Pfitzner

das typ. Pflanzenfressergebiß mit hochkronigen Bakkenzähnen und (auf der Kaufläche) harten Schmelzfalten. Die Eckzähne der P. sind verkümmert, sie fehlen bei den Weibchen meist völlig. P. leben in kleinen Gruppen bis zu sehr umfangreichen Herden. Die heute noch lebenden P. (i. e. S.) haben nur eine einzige wildlebende Art (→ Prschewalskipferd), aus der das Hauspferd gezüchtet wurde. Im weiteren Sinne gehören zu den P. Zebras, Esel und Halbesel.

Die P. haben sich vor rd. 60 Mio. Jahren aus einer etwa fuchsgroßen Stammform (→ Eohippus) in Amerika entwickelt. Vor rd. 2,5 Mio. Jahren gelangte ein Seitenzweig nach Asien, wohingegen in Amerika die P. nach der Eiszeit auf unerklärl. Weise ausstarben. Die Domestikation des vorher nur gejagten Wildpferds setzte in N- und W-Europa gegen Ende des 3. Jt. v. Chr. ein.

Pferdeböcke (Laufantilopen), Unterfam. großer, kräftiger Antilopen in Afrika; beide Geschlechter mit langen, spießartigen oder nach hinten gebogenen Hörnern; in meist kleinen Herden in offenem Gelände. Zu den P. gehören u. a.: Oryxantilope (Spießbock; mit den Unterarten Säbelantilope und Weiße Oryx [fast ausgerottet]), Pferdeantilope und Rappenantilope.

Pferdemagenbremsfliege, fast weltweit verschleppte, 12–14 mm große, bräunlichgelbe Fliege (Fam. Magendasseln), deren Maden im Pferdemagen parasitieren.

Pferderennen → Reitsport.

Pferdestärke, Einheit der Leistung, Einheitenzeichen PS; heute durch Watt bzw. Kilowatt (W bzw. kW) ersetzt:
1 PS = 75 kpm/s = 735,49875 Watt.

Pferdmenges, Robert, * München-Gladbach (= Mönchengladbach) 27. 3. 1880, † Köln 28. 9. 1962, dt. Bankier und Politiker. 1929–53 Teilhaber des Bankhauses Salomon Oppenheim jr.; als Mitbegründer der CDU einflußreicher Finanz- und Wirtschaftsberater K. Adenauers.

Pfette (Dachpfette), parallel zum Dachfirst verlaufender Balken im Dachstuhl zur Unterstützung der Sparren.

Pfifferling (Echter P., Eierschwamm, Rehling), häufiger Leistenpilz der Laub- und Nadelwälder; erscheint Juli bis Ende Sept.; Hut 3–8 cm breit, oft trichterförmig vertieft; wertvoller Speisepilz. Er wird gelegentl. mit dem im Nadelwald häufigen Falschen P., einem Trichterling, verwechselt; wenig schmackhaft und zäh.

Pfingstbewegung, zusammenfassende Bez. einer größeren Anzahl von dogmatisch nicht einheitl. religiösen Gruppen. Gemeinsam ist ihnen (nach Apg. 2) der Ausgangspunkt von einer realen Gegenwart des ›Geistes‹ und der Anspruch auf den Besitz der urchristl. Gnadengaben, der Charismata. Die P. begann in Kreisen der nordamerikan. Heiligungsbewegung (seit etwa 1870) und verbreitete sich rasch in den USA und Europa.

Pfingsten [griech.], im Judentum Erntedank- und Wochenfest, in den christl. Kirchen der Schlußtag der 50tägigen Osterzeit; gilt im Westen als Fest der Herabsendung des Hl. Geistes und der Gründung der Kirche; in den Ostkirchen als Hochfest der Trinität sowie der Geistsendung.

Pfingstrose (Päonie, Paeonia), einzige Gatt. der Pfingstrosengewächse (Paeoniaceae) mit mehr als 30 Arten in Europa, Asien und N-Amerika; ausdauernde Pflanzen mit großen, weißen, gelben, rosafarbenen oder roten Blüten. Die wichtigsten Arten mit zahlr. Zuchtformen sind die Edelpäonie (Chin. P.) mit mehr als 3000 Gartenformen, die Strauch-P. sowie die Echte P. (Bauern-P., Bauernrose, Gichtrose, Klatschrose).

Pfingstrose:
Echte Pfingstrose
(Höhe bis 60 cm)

Pfirsichbaum (Prunus persica), in vielen Ländern der Erde angepflanztes Rosengewächs; bis 8 m hoher Baum oder baumartiger Strauch. Die eßbaren Steinfrüchte, die Pfirsiche, haben eine deutl. hervortretende Bauchnaht und einen dickschaligen Kern. Eine glattschalige Varietät sind die **Nektarinen.** Das Öl der Samen wird für kosmet. Präparate und als Salbengrundlage verwendet.

Pfitzner, Hans, * Moskau 5. 5. 1869, † Salzburg 22. 5. 1949, dt. Komponist. U. a. 1908–18 in Straßburg Städt. Musikdirektor und Direktor des Konservatoriums sowie 1910–16 Opperndirektor. Auch als Dirigent, Pianist und Opernregisseur internat. tätig. Sein Werk steht für den Ausklang der Romantik. Hauptwerk ist die musikal. Legende ›Palestrina‹ (1917), in deren Musik die Erfahrung des polyphonen Klanges des 16. Jh. eingeschmolzen ist. – Opern (u. a. ›Der arme Heinrich‹, 1895; ›Das Herz‹, 1931), Chorwerke, über 100 Lieder, Orchesterwerke (3 Sinfonien, ein Klavier-, ein Violin-, zwei Cellokonzerte), Kammermusik.

Pflanzen [lat.], formenreiche Organismengruppe, die gemeinsam mit den Tieren und dem Menschen die Biosphäre besiedeln, in weiten Gebieten der Erde das Landschaftsbild prägt und seit dem Präkambrium nachweisbar ist. Dem Menschen, der die P. schon frühzeitig in Kultur nahm, liefern sie Nahrungs-, Futter- und Heilmittel sowie Rohstoffe für Kleidung, Behausung und Werkzeuge.

P. sind im allg. autotroph, d. h., sie bauen mit Hilfe des Sonnenlichts (→ Photosynthese) ihre organ. Körpersubstanz aus unbelebtem, anorgan. Material auf. Damit schaffen sie die P. die Existenzvoraussetzungen für die heterotrophen Tiere, für einige heterotrophe P. und den Menschen, die alle ihre Körpersubstanz nur aus organ., letztl. von P. aufgebautem Material bilden können. – Die äußere Form der P. ist der autotrophen Lebensweise durch Ausbildung großer äußerer Oberflächen (Blätter, verzweigte Sproß- und Wurzelsysteme) zur Aufnahme von Energie und Nährstoffen am Standort angepaßt.

Die urspr. P.gruppen sind z. T. einzellig (Bakterien, Flagellaten, niedere Algen), bilden lockere Zellkolonien (verschiedene Grünalgen) oder besitzen einen einfachen, fädigen oder gelappten Vegetationskörper (Thallus). Bei den Laubmoosen andeutungsweise beginnend, tritt, fortschreitend über die Farne zu den Samenpflanzen, eine Gliederung des Vegetationskörpers (Kormus) in Wurzelsystem, Sproßachse und Blätter ein. Unterschiede in Zahl, Anordnung und Größe sowie Metamorphosen der Grundorgane verursachen die Formenmannigfaltigkeit der P., die sich mit ihren rd. 360000 Arten zu einem System von Gruppen abgestufter Organisationshöhe ordnen lassen, das als Abbild der stammesgeschichtl. Entwicklung gilt.

Grundbaustein der inneren Organisation der P. ist die → Zelle. – Die Fortpflanzung und Vermehrung der P. erfolgt auf geschlechtl. Wege durch Vereinigung von Geschlechtszellen oder auf ungeschlechtl. Wege durch Sporen. Bei vielen P. tritt zusätzl. eine vegetative Vermehrung durch Zellverbände auf, die sich von der Mutterpflanze ablösen. Auf Außenreize reagieren P. durch verschiedene Organbewegungen, freibewegl. Formen zeigen ortsverändernde → Taxien.

Pflanzenfresser (Phytophagen), zusammenfassende Bez. für Tiere, die sich von Pflanzen bzw. bestimmten Pflanzenteilen ernähren.

Pflanzengesellschaft (Phytozönose), Bez. für eine Gruppe von Pflanzen verschiedener Arten, die Standorte mit gleichen oder ähnl. ökolog. Ansprüchen besiedeln, die gleiche Vegetationsgeschichte aufweisen und stets eine mehr oder weniger gleiche, durch Wettbewerb und Auslese entstandene Vergesellschaftung darstellen.

Pflanzenhormone (Phytohormone), von den höheren Pflanzen selbst synthetisierte hormonähnl. Stoffe; steuern physiolog. Reaktionen, wie z. B. Wachstum, Blührhythmus, Zellteilung und Samenreifung. Bekannte Gruppen von P. sind →Auxine, →Gibberelline und →Zytokinine.

Pflanzenkrankheiten, abnorme Lebenserscheinungen der Pflanzen. – *Nichtparasitäre P.* werden durch abiot. Faktoren wie Überschuß oder Mangel an Wasser und Nährstoffen, Frost, Hitze, Luftverunreinigungen, Bodenvergiftungen u. ä. hervorgerufen. Die *parasitären P.* werden durch tier. Schädlinge oder Viren, Bakterien, Pilze verursacht. – *Meldepflichtige P.* in der BR Deutschland sind das Auftreten (und Verdacht) von Kartoffelkrebs, von Kartoffelnematoden, der San-José-Schildlaus, der Reblaus, des Blauschimmels (Tabak), des Feuerbrands (Obst), der Scharkakrankheit (Pflaume).

Pflanzenkrebs, durch mehrere parasitäre Pilze verursachte Wucherungen, v. a. an höheren Pflanzen, die zum Zerfall des Gewebes und zum Absterben der Pflanzen führen.

Pflanzenläuse, mit mehr als 7 500 Arten weltweit verbreitete Gruppe bis 8 mm langer Insekten (u. a. Blattläuse, Schildläuse).

Pflanzenreich, Begriff der *botan. Systematik,* der die Gesamtheit der pflanzl. Organismen umfaßt.

Pflanzenschutz, 1) zusammenfassende Bez. für alle Maßnahmen zum Schutz der Nutzpflanzen (v. a. Kulturpflanzen) und ihrer Ernteerzeugnisse vor Schäden und Verlusten, die von Schädlingen, Krankheitserregern und Konkurrenten (v. a. Unkräuter und Ungräser) verursacht werden. – Der *integrierte P.* vereinigt die Methoden biolog. und chem. →Schädlingsbekämpfung.
2) im Rahmen des Naturschutzes der Schutz ganzer Pflanzengesellschaften und bestimmter Wildpflanzen vor ihrer Ausrottung.

Pflanzenschutzmittel, die im Pflanzenschutz verwendeten chem. →Schädlingsbekämpfungsmittel.

Pflanzenwespen, mit rd. 7 000 Arten weltweit verbreitete Unterordnung bis 4 cm langer Insekten (Ordnung Hautflügler); ♀♀ mit sägeartigem Legebohrer zum Ablegen der Eier in pflanzl. Gewebe; Larven raupenförmig, Pflanzenfresser.

Pflanzenzüchtung (Pflanzenzucht), die Schaffung neuer Kulturpflanzensorten durch Kreuzung der Erzeugung von Mutationen, die den bes. Standortverhältnissen oder den veränderten Anbaumethoden und Ansprüchen des Menschen angepaßt sind. Die Züchtung einer neuen Kulturpflanzensorte dauert etwa 10–18 Jahre.

Pflanzstockbau, einfache Form des Ackerbaus, bei der das Pflanzgut mit Hilfe eines *Pflanzstocks* (zugespitzter oder abgeschrägter, bis 2 m langer Holzknüppel) in den Boden eingebracht wird.

Pflaster [griech.-mittellat.], **1)** *Straßenbau:* Straßen- oder Bodenbelag aus Natur- oder Kunststeinen, z. T. auch aus anderem Material (z. B. Holz, Hochofenschlacke).
2) *Pharmazie:* (Emplastrum) allg. Bez. für das als Verbandmaterial verwendete **Heftpflaster.** Es besteht aus Rohgummi, das auf Textilgewebe aufgestrichen wird. Während Heft-P. nur mechan. Zwecken dient, wurden P. früher als Arzneimittelträger verwendet; zur Versorgung kleinerer Wunden wird ein mit einer antisept. imprägnierten Auflagefläche versehenes selbstklebendes P. benutzt; auch aus Textilgewebe oder Kunststoff hergestelltes, mit Mull versehenes Verbandsmaterial, zum Schutz der Wunde vor Infektionen.

Pflaumenbaum (Prunus domestica), wahrscheinl. in Vorderasien aus einer Kreuzung von Schlehdorn und Kirschpflaume entstandener Bastard mit zahlr.

kultivierten und verwilderten Sorten; 3–10 m hoher Baum mit kugeligen oder eiförmigen Steinfrüchten *(Pflaumen).* Die zahlr. Formen können in folgende Unterarten eingeteilt werden: *Haferpflaume* (Haferschlehe, Krieche), Früchte kugelig, gelblichgrün oder blauschwarz; *Mirabelle,* mit runden, hellgelben oder hellgrünen Früchten; *Reneklode* (Reineclaude, Rundpflaume), mit grünl., kugeligen Früchten; *Zwetsche* (Zwetschge), Früchte *(Zwetschen, Zwetschgen, Pflaumen)* längl.-eiförmig, dunkelblau, mit leicht abwischbarem Wachsüberzug.

Pflaumenbohrer (Pflaumenstecher), in Eurasien verbreiteter, 3,5–8 mm langer, dunkel kupferfarbener Rüsselkäfer, der an Früchten, Blüten, Knospen und Blättern v. a. von Pflaumen-, Kirsch- und Apfelbäumen frißt.

Pflaumenwickler, 15 mm spannender Kleinschmetterling; Raupen *(Pflaumenmaden)* karminrot, können schädl. werden durch Fraß v. a. in Pflaumen, Mirabellen und Aprikosen.

Pflegekennzeichen, internat. vereinbarte Symbole auf Etiketten an Textilien; als Anleitung zur Behandlung von Textilerzeugnissen beim Waschen, Bügeln und Chemischreinigen.

Pflegekind, nach dem Jugendwohlfahrtsgesetz (JWG) ein Kind unter 16 Jahren, das sich regelmäßig außerhalb des Elternhauses in Familienpflege befindet. Die Aufnahme eines P. bedarf der Erlaubnis des Jugendamtes.

Pflegeleichtausrüstung, Textilveredelungsverfahren; ergibt Stoffe mit bes. guten Trage- und Pflegeeigenschaften. Kennzeichen ›**wash and wear**‹ (knitterfrei), ›**minicare**‹ (knitterfrei) oder ›**no iron**‹ (bügelfrei).

Pflegschaft, ein i. d. R. durch das Vormundschaftsgericht begründetes Fürsorgeverhältnis einer Person **(Pfleger)** für eine andere **(Pflegling)** zur Wahrnehmung einzelner bes. Angelegenheiten *(Personalpflegschaft);* ausnahmsweise auch für die Fürsorge für ein Sammelvermögen, d. h. für einen Inbegriff von Rechtsgegenständen *(Sachpflegschaft).* Im Unterschied zur Vormundschaft läßt die P. grundsätzl. die Geschäftsfähigkeit des Pfleglings unberührt und berechtigt deshalb den Pfleger nur innerhalb bestimmter Grenzen zum Handeln. – Die **Amtspflegschaft** tritt von Gesetzes wegen im Zeitpunkt der Geburt eines nichtehel. Kindes ein und wird vom Jugendamt wahrgenommen. – Auf die P. finden grundsätzl. die Vorschriften über die Vormundschaft Anwendung.

Pflicht, 1) *Philosophie:* Begriff der Ethik (erstmals in der Stoa), der das unbedingte Gebot, sittlich zu handeln bezeichnet.
2) *Sport:* u. a. im Kunstturnen, Eis- und Rollkunstlauf (P.laufen) und Wasserspringen vorgeschriebene Übungen, im Ggs. zur Kür.

Pflichtteil, derjenige Teil seines Vermögens (i. d. R. die Hälfte des Wertes des gesetzl. Erbteils), hinsichtlich dessen der Erblasser seine ehel. und nichtehel. Abkömmlinge, seine Eltern und seinen Ehegatten trotz der grundsätzl. Testierfreiheit nicht durch Testament von der Erbfolge ausschließen kann, es sei denn, die Pflichtteilsberechtigten haben sich schwerer, schuldhafter Verfehlungen gegen den Erblasser schuldig gemacht.

Pflichtversicherung, in der *Privatversicherung* die auf gesetzl. Vorschriften beruhenden Haftpflichtversicherungen; als *Sozialversicherung* die gesetzl. vorgeschriebene Kranken-, Unfall-, Arbeitslosen- und Rentenversicherung.

Pflichtverteidiger →Verteidiger.
Pflimlin, Pierre [frz. pflim'lɛ̃], * Roubaix 5. 2. 1907, frz. Politiker. In der 4. Republik fast ununterbrochen Min.; Mai 1958 Min.-Präs.; unter de Gaulle Juni 1958–Jan. 1959 Staats-Min.; 1959–83 Bürgermeister von Straßburg; Verfechter der europ. Integration

(1959–67 und seit 1979 Mgl., 1984 Präs. des Europ. Parlaments).

Pflug, Gerät zum Wenden und Lockern des Ackerbodens. Die verbreitetste Form ist der *Schar-P.* mit einem oder mehreren P.körpern (Schare). Der *Scheiben-P.* besitzt als Arbeitswerkzeug gewölbte, drehbare Scheiben, die die Erde über einen Abstreifer zur Seite werfen. Moderne *Anbaupflüge* sind mit einem hydraul. betätigten Gestänge mit dem Schlepper verbunden.

Pforr, Franz, * Frankfurt am Main 5. 4. 1788, † Albano Laziale 16. 6. 1812, dt. Maler. Neffe von J. H. Tischbein; Nazarener.

Pfortader, kurze, starke Vene, die durch Vereinigung der oberen Eingeweidevene und der Milzvene entsteht und nährstoffhaltiges Blut aus den Verdauungsorganen zur Leber leitet.

Pforzheim, Stadt am N-Rand des Schwarzwaldes, Bad.-Württ., 106 600 E. Fachhochschulen für Wirtschaft und Gestaltung, Goldschmiedeschule, Schmuckmuseum, Theater. Schmuckwaren-, feinmechan. und opt. Industrie. Got. Schloß- und Stiftskirche (13./14. Jh.), Altenstädter Pfarrkirche (nach 1945 z. T. neu erbaut), Matthäuskirche (1953). – Entstand an der Stelle der röm. Siedlung **Portus**. Die Schmuck-Ind. entwickelte sich seit 1767.

Pfriem, svw. →Ahle.

Pfropfreben, auf reblausresistenter (wurzellausresistenter) Unterlage herangezogene (aufgepfropfte) Reben; bei Neuanpflanzungen in der BR Deutschland vorgeschrieben.

Pfropfung (Pfropfen) [lat.] →Veredelung.

Pfründe, svw. →Benefizium.

Pfullendorf, Stadt im nw. Oberschwaben, Bad.-Württ., 10 300 E. Herstellung von Küchenmöbeln. Got. Stadtpfarrkirche (barockisiert), Rathaus mit Wappenscheiben von 1524/25; Fachwerkhäuser, u. a. Schoberhaus (1314). – Um 1147 erstmals erwähnt; seit dem Untergang der Staufer Reichsstadt, 1803 badisch.

Pfund [lat.], alte *Gewichtsbez.,* im Wert stark schwankend (zuletzt 500 g). Im frühen MA Grundlage des *Münzgewichtssystems,* 1 P = 20 Schillinge = 240 Pfennige (Denare). Das P. war nur Rechnungsgröße (in England erstmals unter Heinrich VII. in Gold und 1642 in Silber ausgeprägt). Mit fortschreitender Münzverschlechterung Trennung von ›Gewichts-P.‹ und ›Zähl-P.‹. In Großbritannien war die karoling. Unterteilung des P. Sterling in 20 Shillings und 240 Pence bis 1971 vorhanden (seit 1 P. = 100 Pence).

Pfungstadt, hess. Stadt, 23 100 E. Maschinenbau, Brauerei. Barocke Pfarrkirche (1746–48), Rathaus (1614).

pH, svw. →pH-Wert.

Phäaken (Phaiaken), in der griech. Mythologie ein auf der Insel Scheria beheimatetes Seefahrervolk; die P. bewirten den schiffbrüchigen Odysseus.

Phädrus (Phaedrus), † um 50 n. Chr., röm. Fabeldichter. Klassiker der Fabeldichtung aus Makedonien; Freigelassener des Kaiser Augustus.

Phaedra ['fɛ:dra] (Phädra), griech. Sagengestalt; Tochter des Minos, Schwester der Ariadne, zweite Gemahlin des Theseus.

Phaethon, Gestalt der griech. Mythologie, Sohn des Helios; wird von einem Blitz des Zeus erschlagen. Seine Schwestern, die **Heliaden,** beweinen ihn; ihre Tränen verwandeln sich in Bernstein.

Phagen [griech.], svw. →Bakteriophagen.

Phagozyten [griech.], svw. →Freßzellen.

Phagozytose [griech.], die Aufnahme partikulärer Substanzen, auch lebender Zellen (z. B. Bakterien), in den Zelleib von Einzellern (z. B. bei Amöben, Geißeltierchen u. a.; zu deren Ernährung) oder in bes. Zellen (→Freßzellen) von Mehrzellern.

Phaistos [neugriech. fɛs'tɔs], minoische Ruinenstätte im südl. M-Kreta, auf einem Hügel 70 m über dem W-Rand der Mesara. Der mittelminoische Palast, der dem Schema von Knossos folgt, ist um einen N–S gerichteten Hof angeordnet. In einem Teil des älteren Palastes (um 1800 v. Chr., durch Erdbeben zerstört) wurde der →Diskos von Phaistos gefunden. Ausgrabungen (italien. Forscher) seit 1900.

Phalange-Partei (Falange-P.), 1936 gegr. rechtsgerichtete christl. libanes. Partei; zus. mit ihren Milizen von erhebl. innenpolit. Bedeutung.

Phalanx [griech.], antike Kampfformation; an der Front Schwerbewaffnete (Hopliten), an der Flanke durch Leichtbewaffnete oder Reiterei geschützt (v. a. in griech. Bürgerheeren); auch Bez. für eine Einheit von etwa 1 500 Mann.

Phalloidin [griech.], neben Amanitin Hauptgiftstoff des Grünen Knollenblätterpilzes; hoch giftiges, cycl. Polypeptid, das auch durch Erhitzen nicht zerstört wird.

Phallus [griech.], das männliche [erigierte] Geschlechtsorgan, das in der *Religionsgeschichte* als Inbegriff von Zeugungskraft und Fruchtbarkeit in Darstellungen seit der Steinzeit nachweisbar ist; dient als Fetisch und Amulett.

Pham Văn Dông [vietnames. fam vain doŋ], * 1. 3. 1906, vietnames. Politiker. 1941. Mitbegründer der Vietminh; 1954 Leiter der Vietminh-Delegation auf der Genfer Indochinakonferenz; 1955–76 Min.-Präs. von N-Vietnam, 1954–61 auch Außen-Min.; 1976 bis 1987 Min.-Präs. von Vietnam.

Phanarioten (Fanarioten), Bewohner des Stadtteils Phanar (Konstantinopel), meist griech. Herkunft, deren Oberschicht dem byzantin. Adel entstammte; seit dem 16. Jh. im Besitz wichtiger Ämter (z. B. Landesfürsten im Moldau und der Walachei). Zu Beginn (1821) des griech. Freiheitskampfes verloren die P. ihren Einfluß.

Phanerogamen [griech.], svw. →Samenpflanzen.

Phanerophyten [griech.] (Luftpflanzen), Holzgewächse, deren Triebe und Erneuerungsknospen (teils mit, teils ohne Knospenschutz) für die nächste Wachstumsperiode über dem Erdboden liegen (Bäume, Sträucher).

Phänologie [griech.], die Lehre vom Einfluß der Witterung und des Klimas auf den jahreszeitl. Entwicklungsgang der Pflanzen und Tiere.

Phänomen [griech.], 1) *Philosophie:* Erscheinung. 2) *allgemein:* außergewöhnl. Ereignis, Vorkommnis; Mensch mit außergewöhnl. Fähigkeiten.

Phänomenologie [griech.], die Lehre von den Erscheinungen, heute v. a. die von E. Husserl begründete philosoph. Lehre vom Auftreten der Erscheinungen im Bewußtsein, in deren Mittelpunkt die Sach- und Bedeutungszusammenhänge des in der Intentionalität Erfaßten stehen. – Die P. wirkte stark auf die Psychologie, Psychopathologie, Kunst- und Literaturwiss. sowie Theologie.

Phänotyp [griech.] (Phänotypus, Erscheinungsbild), in der *Genetik* das Erscheinungsbild eines Organismus, das von Erbanlagen **(Genotyp)** und Umwelteinflüssen geprägt ist.

Phantasie [griech.], Einbildungskraft, Erfindungsgabe; in der Psychologie sowohl die abgewandelte Erinnerung von früher Wahrgenommenem als auch die Assoziation früherer Wahrnehmungsbestandteile zu neuen Gebilden sowie die Neuproduktion vorgestellter Inhalte.

Phantom (Phantom II), Name eines von der McDonnell Douglas Corp. in unterschiedl. Versionen entwickelten Mehrzweck-Kampfflugzeuges; bei der Luftwaffe der Bundeswehr seit 1974 im Dienst.

Phantom [griech.-frz.], Trugbild, Sinnestäuschung, ›Geistererscheinung‹.

Phantombild, ein von der Polizei zur Ermittlung eines unbekannten Täters aufgrund von Zeugenaussagen angefertigtes Bild, das die visuelle Identifizierung eines Tatverdächtigen ermöglichen soll.

Phantomschmerz, Schmerzempfindung in einer amputierten, nicht mehr vorhandenen Gliedmaße *(Phantomglied).*

Pharao (altägypt. Per-o [›großes Haus‹]), Bez. des Königspalastes und des ägypt. Königs.

Pharisäer [hebr., eigtl. ›Abgesonderte‹], jüd., religiös-polit. Partei (gegr. im 2. Jh. v. Chr.). Sie forderte strenge, bibl. Gesetzestreue. Von den Vorvätern tradierte, nicht im Gesetz Mose stehende Vorschriften waren ebenfalls verbindlich. Aus dem Volksglauben übernommene Engels- und Teufelsvorstellungen sowie der Glaube an die → Auferstehung und an das Gericht nach dem Tod führten zu Konflikten mit den → Sadduzäern. Ihre streng kasuist. Gesetzesauslegung wird im NT als Scheingerechtigkeit verurteilt. Der P. ist heute Inbegriff des selbstgerechten Heuchlers.

Pharmakologie, die Lehre von Art, Aufbau und Wirkung chem. Substanzen (i. e. S. der Arzneimittel) auf den Organismus.

pharmazeutische Industrie, Zweig der chem. Ind., der Arzneimittel produziert.

Pharmazie (Pharmazeutik) [griech.], Wiss. von der Beschaffung, Herstellung und Verarbeitung der Arzneimittel.

Pharus (Pharos) → Alexandria.

pharyngal [griech.], in der *Phonetik:* am Rachen (Pharynx) artikuliert.

Pharynx [griech.] (Schlund, Rachen), bei Mensch und Säugetieren zw. Speiseröhre und Mund bzw. Nasenhöhle liegender Abschnitt der oberen Luftwege.

Phase [griech.-frz.], 1) *allgemein:* Abschnitt einer Entwicklung oder eines Zeitablaufs.

2) *Astronomie:* (Licht-P.) die veränderl. Lichtgestalt, unter der die Mond, aber auch die Planeten Merkur und Venus erscheinen. Der P.wechsel wird durch die sich ändernde Stellung Sonne – Gestirn – Erde hervorgerufen.

3) *Schwingungs- und Wellenlehre:* eine Größe, die den Schwingungszustand einer Schwingung zu jedem Zeitpunkt, den einer Welle zu jedem Zeitpunkt und an jedem Ort festlegt.

4) *Elektrotechnik:* die unter Spannung stehenden Zuleitungen des elektr. Netzes bzw. die Spannung selbst.

Phasenanschnittsteuerung, Methode zur kontinuierl. Regelung der Effektivwerte einer Wechselspannung durch ›Anschneiden‹ der entsprechenden Spannungskurven (des zeitl. Spannungsverlaufs). Durch Verschieben der Steuerimpulse von Thyristoren bzw. Triacs wird ein Teil jeder Halbperiode der zu steuernden Spannung blockiert, der Effektivwert entsprechend verkleinert. Anwendung z. B. bei Helligkeitsreglern (Dimmern) und bei der elektron. Drehzahlregelung.

Phasenumwandlung (Phasenübergang), Übergang eines Stoffes von einer thermodynam. Phase in eine andere, wobei sich physikal. Eigenschaften (z. B. Dichte, Brechungsindex, elektr. Leitfähigkeit) sprunghaft ändern. Zu den P. zählen z. B. alle Änderungen des Aggregatzustandes.

Phasenverschiebung (Phasendifferenz), die Differenz der Phasen zweier Wellen oder Schwingungen gleicher Frequenz, z. B. der Phase einer Wechselspannung und der des dazugehörigen Wechselstroms; Angabe der P. im Bogen- oder Winkelmaß **(Phasenwinkel).**

PHB-Ester, Bez. für den Äthyl- und Propylester der **p-H**ydroxybenzoesäure und deren Natriumverbindungen, die in der BR Deutschland als Konservierungsmittel zugelassen sind.

Pheidias → Phidias.

Phenol [griech./arab.] (Hydroxybenzol, Carbol[säure], Karbol[säure]), C_6H_5OH; Benzolderivat mit einer Hydroxylgruppe; farblose kristalline Substanz mit charakterist. Geruch; Schmelzpunkt 40,9 °C, Siedepunkt 181,7 °C, lösl. in Wasser, sehr gut lösl. in den meisten organ. Lösungsmitteln; schwache Säure; bildet unter Einwirkung von Alkalien Salze **(Phenolate).** P. kann aus Erdöl oder Kohle gewonnen bzw. synthet. hergestellt werden. Ausgangsstoff für Phenolharze, Caprolactam, Adipinsäure und Pikrinsäure.

Phenolharze (Phenoplaste), durch Kondensation von Phenolen mit Aldehyden (v. a. Formaldehyd [Methanol]) entstehende Kunstharze.

Phenolphthalein, als Indikator verwendeter Triphenylmethanfarbstoff; P.lösungen sind im sauren und neutralen Bereich farblos und schlagen bei pH-Werten zw. 8,3 und 10 nach Rot um.

Phenylalanin, Abk. Phe, → Aminosäuren.

Phi [griech.], 21. Buchstabe des klass. griech. Alphabets: Φ, φ.

Phiale [griech.], altgriech. flache [Opfer]schale ohne Fuß und Henkel.

Phidias (Pheidias), Bildhauer des 5. Jh. in Athen. Tätig etwa 460–430, starb nach Prozeß (um 432/431) wegen angebl. Veruntreuung wohl im Gefängnis. Neben Polyklet der größte Meister der Hochklassik. Schöpfer der nur durch Kopien, Gemmen und Münzen überlieferten Athena Parthenos im Parthenon in Athen (438 v. Chr. geweiht) und der Sitzstatue des Zeus in Olympia, beide in Goldelfenbeintechnik. Dürfte an der Gesamtplanung des plast. Schmucks des Parthenons maßgeblich beteiligt gewesen sein.

phil..., Phil... → philo..., Philo...

Philä ['fi:lɛ] (arab. Gasirat Fila), ehem. Nilinsel oberhalb von Assuan, heute vom Nassersee (Stausee) überschwemmt. Tempel, bes. der Isis, aus ptolemäischer und röm. Zeit, die 1973–80 ab- und auf einer höher gelegenen Insel wieder aufgebaut wurden.

Philadelphia [engl. filə'dɛlfiə], Stadt am Delaware River, Pennsylvania, USA, 1,69 Mio. E, Metropolitan Area 3,7 Mio. E. 4 Univ., Kunsthochschule; Museen. Eines der führenden Wirtschafts- und Kulturzentren der USA an der verstädterten Atlantikküste zw. Boston und Washington, Münze; Hafen, internat. ⚓.

Bauten: Zahlr. Gebäude im Kolonialstil, u. a. Independence Hall mit der Freiheitsglocke, Congress Hall, Old City Hall. Älteste Kirche ist die Gloria Dei Church (errichtet 1700). Am SW-Rand von P. liegt das histor. Fort Mifflin.

Geschichte: 1683 von W. Penn als Hauptstadt Pennsylvanias (bis 1799) gegr.; zw. 1620/40 hatten hier schon niederl. und schwed. Niederlassungen bestanden; im 18. Jh. zweitgrößte Stadt des Brit. Reiches. 1774 tagte hier der 1., von allen brit. Kolonien beschickte Kontinentalkongreß; am 4. 7. 1776 in der Independence Hall Verkündung der Unabhängigkeitserklärung der Kolonien; im heutigen Stadtteil **Germantown** erlitt am 4. 10. 1777 die Armee G. Washingtons eine schwere Niederlage gegen die Briten. Am 17. 9. 1787 verabschiedete in P. der Kongreß die Verfassung der USA; 1790–1800 Bundeshauptstadt der USA.

Philander von Sittewald, Pseudonym des dt. Satirikers J. M. → Moscherosch.

Philanthrop [griech.], Menschenfreund.

Philanthropismus (Philanthropinismus) [griech.], pädagog. Reformbewegung des späten 18. Jh., benannt nach J. B. Basedows Erziehungsanstalt Philanthropin in Dessau (1774–1893). Die Philanthropisten möchten die natürl. Kräfte des Kindes, bes. die Ausbildung seiner Vernunft, aber auch prakt. Fertigkeiten und Kenntnisse fördern. Erstrebt wurde eine allg. Re-

OH

Phenol

Phidias: Athena Parthenos; Kopie, 438 v. Chr.

form des Schulwesens (rein staatl. Schulaufsicht und staatl. Lehrerausbildung).

Philatelie [griech.-frz.] (Briefmarkenkunde), das Sammeln von Briefmarken und die wiss. Beschäftigung mit ihnen.

Philemon, frommer Greis einer von Ovid ausgestalteten phryg. Volkssage, der als einziger zus. mit seiner Gemahlin **Baucis** die unerkannt umherwandernden Götter Zeus und Hermes bewirtet, die als Dank deren Hütte in einen prächtigen Tempel verwandeln und den beiden Alten einen Wunsch freistellen: Beide bitten, als Hüter des Tempels ihr Leben gemeinsam beschließen zu dürfen. Hochbetagt werden sie in Bäume verwandelt: P. in eine Eiche, Baucis in eine Linde.

Philemonbrief, Abk. Philem., einziger der erhaltenen Paulusbriefe im NT, der an eine Person gerichtet ist; wichtige Stellungnahme des Paulus zur Sklaverei; wahrscheinl. während der röm. Gefangenschaft des Paulus (58–60) abgefaßt.

Philharmonie, Vereinigung von Musikern, meist große sinfon. Orchester, auch das Konzertgebäude (Konzertsaal).

Philhellenen, die Anhänger der polit. und literar. Bewegung des *Philhellenismus* in der 1. Hälfte des 19. Jh., die am griech. Freiheitskampf gegen die osman. Unterdrückung (1821–29) begeisterten Anteil nahmen. Es entstanden Kunstwerke (E. Delacroix) und v. a. eine Fülle literar. Beiträge, u. a. von Lord Byron, F. R. de Chateaubriand, V. Hugo, A. von Chamisso.

Philidor, François André [frz. fili'dɔ:r], eigtl. F. A. Danican, * Dreux 7. 9. 1726, † London 31. 8. 1795, frz. Komponist und Schachmeister (nach ihm ist die P.-Verteidigung benannt). Einer der Hauptvertreter der Opéra comique, daneben Kirchen- und Kammermusik.

Philip, Prinz von Großbrit. und Nordirland (seit 1957) [engl. 'fılıp], * auf Korfu 10. 6. 1921, Herzog von Edinburgh (seit 1947). Sohn des Prinzen Andreas von Griechenland und der Prinzessin Alice von Battenberg; 1947 brit. Staatsbürger unter dem Namen *Mountbatten;* seit 1947 ⚭ mit der späteren brit. Königin Elisabeth II.

Gérard Philipe

Philipe, Gérard [frz. fi'lip], * Cannes 4. 12. 1922, † Paris 25. 11. 1959, frz. Schauspieler. Bed. Theaterdarsteller, wurde international bekannt durch Filme wie ›Fanfan, der Husar‹ (1951), ›Die Schönen der Nacht‹ (1952), ›Rot und Schwarz‹ (1954), ›Gefährl. Liebschaften‹ (1959).

Philipp, Name von Herrschern:

Hl. Röm. Reich: **1) Philipp von Schwaben,** * 1177 (?), † Bamberg 21. 6. 1208 (ermordet), Röm. König (seit 1198). Jüngster Sohn Friedrichs I. Barbarossa; 1196 Hzg. von Schwaben; seit 1197 ⚭ mit der byzantin. Prinzessin Irene. 1198 König, setzte sich seit 1204 gegen den gleichzeitig gewählten Otto IV. von Braunschweig durch; kurz vor dem Friedensschluß mit dem Papst von dem bayr. Pfalzgrafen Otto von Wittelsbach ermordet.

Burgund: **2) Philipp II., der Kühne,** * Pontoise 17. 1. 1342, † Halle (Brabant) 27. 4. 1404, Herzog (seit 1363). Sohn des frz. Königs Johann II., des Guten; vergrößerte durch seine Heirat mit Margarete von Flandern (1369) das Hzgt. Burgund u. a. um Flandern, Artois, die Franche-Comté.

3) Philipp III., der Gute, * Dijon 31. 7. 1396, † Brügge 15. 6. 1467, Herzog (seit 1419). Erkannte im Vertrag von Troyes (1420) Heinrich V. von England als frz. Thronfolger an; 1435 Friede von Arras mit dem frz. König Karl VII.: bed. Gebietserwerbungen, Entbindung von allen Lehnspflichten; erfolgreiche Territorialpolitik (Erwerb von Namur, Hennegau, Holland, Brabant, Limburg, Luxemburg).

Frankreich: **4) Philipp II. August,** * Paris 21. 8. 1165, † Mantes bei Paris 14. 7. 1223, König (seit 1180). Ließ 1202 König Johann I. ohne Land wegen Verletzung seiner Vasallenpflichten seine frz. Lehen entziehen und konnte in den folgenden Jahren den größten Teil des angevin. Festlandbesitzes erobern; 1214 bei →Bouvines endgültiger Sieg über die engl.-welf. Koalition.

5) Philipp IV., der Schöne, * Fontainebleau 1268, † ebd. 29. 11. 1314, König (seit 1285). Erweiterte die Krondomäne durch seine Ehe (1284) mit Johanna I. von Navarra († 1305), Erbin der Champagne, sowie in Auseinandersetzungen mit Flandern (Niederlage von Kortrijk 11. 7. 1302). Im Konflikt mit dem Papsttum wegen der Besteuerung des Klerus erlangte P. durch die Verlegung der päpstl. Residenz nach Avignon 1309 entscheidenden Einfluß auf das Papsttum (v. a. Aufhebung des finanzkräftigen Templerordens 1312).

Hessen: **6) Philipp I., der Großmütige,** * Marburg 13. 11. 1504, † Kassel 31. 3. 1567, Landgraf (seit 1509). Beteiligte sich 1522/23 an der Niederwerfung Franz von Sickingens. Seit 1524 Anhänger Luthers, führte er die Reformation in Hessen 1526 ein und gründete 1527 in Marburg die erste ev. Universität. Führer der ev. Fürsten neben dem Kurfürsten von Sachsen; 1529 veranlaßte er die →Marburger Religionsgespräche. 1534 gelang ihm die Rückführung des luth. Hzg. Ulrich von Württemberg; im Schmalkald. Krieg 1546 geächtet und 1547–52 vom Kaiser in Haft gehalten.

Kastilien: **7) Philipp I., der Schöne,** * Brügge 22. 7. 1478, † Burgos 25. 9. 1506, Hzg. von Burgund (seit 1482), König (1504/06). Sohn Kaiser Maximilians I. und Marias von Burgund; seit 1496 ⚭ mit Johanna der Wahnsinnigen von Kastilien; beanspruchte nach dem Tode Isabellas I. (1504) die kastil. Krone; 1506 von den kastil. Cortes anerkannt.

Makedonien: **8) Philipp II.,** * um 382, † Aigai (heute wohl Werjina) 336 (ermordet), König (seit 359). Vater Alexanders d. Gr.; gründete nach dem Sieg über Athen und Theben bei Chaironeia (338) den Korinth. Bund.

9) Philipp V., * 238, † Amphipolis 179, König (seit 221). 215 Bündnis mit Hannibal; verlor in den 2 Makedon. Kriegen gegen Rom und dessen Bundesgenossen neben Territorien auch seinen Einfluß in Griechenland.

Orléans: **10) Philipp I.,** Hzg., →Orléans, Philippe I.

Spanien: **11) Philipp II.,** * Valladolid 21. 5. 1527, † El Escorial bei Madrid 13. 9. 1598, König von Spanien (seit 1556) und von Portugal (seit 1580). Sohn Kaiser Karls V.; 1543 ⚭ mit der Infantin Maria von Portugal († 1545; Sohn: Don Carlos). 1554 ⚭ mit Maria I. Tudor, Königin von England (⚭ 1553–58). Aufgrund des Friedensvertrags von Cateau-Cambrésis (1559), der den Krieg mit Frankreich siegreich beendete, heiratete er 1559 Isabella († 1568), Tochter Heinrichs II. von Frankreich. Er verlegte 1561 seine Residenz nach Madrid und begann 1563 den Bau der Klosteranlage El Escorial. Sein Versuch, die Reformation in den Niederlanden zu verhindern, führte zum Verlust der nördl. Provinzen (Achtzigjähriger Krieg 1568–1648). 1571 Sieg über die Osmanen bei Lepanto. 1580 sicherte sich P. den Besitz Portugals, scheiterte aber im Kampf gegen England (Untergang der Armada [1588]). P. arbeitete im Innern auf eine absolutist. Bürokratisierung und Zentralisierung hin.

12) Philipp V. von Bourbon [frz. bur'bõ], * Versailles 19. 12. 1683, † Madrid 9. 7. 1746, König von Anjou, König (seit 1700). Enkel Ludwigs XIV. von Frankreich; von Karl II. zum Nachfolger in Spanien bestimmt. Behauptete sich im Span. Erbfolgekrieg gegen den späteren Kaiser Karl VI.; Teilnahme am Poln. Thronfolgekrieg (1733–35) und am Österr. Erbfolgekrieg

(1740–48) auf der frz. Seite (Sekundogenituren in Parma-Piacenza und Neapel-Sizilien).

Philippe Égalité [frz. filipegali'te] →Orléans, Louis Philippe II Joseph, Hzg. von.

Philipperbrief, Abk. Phil., einer der Paulusbriefe im NT; Bericht über die persönl. Situation des Paulus, Mahnungen an die Gemeinde in Philippi und Christushymnus (2, 6–11).

Philippi, antike Stadt nw. des heutigen Kawala, Makedonien. 42 v. Chr. siegte bei P. Marcus Antonius zus. mit Oktavian über die Cäsarmörder M. J. Brutus und G. Cassius Longinus. 50/51 gründete Paulus in P. die erste christl. Gemeinde auf europ. Boden. – Antike und frühchristl. Überreste.

Philippika [griech.], Reden des Demosthenes gegen König Philipp II. von Makedonien. Danach benannte Cicero seine 14 Reden gegen Marcus Antonius ›Philippicae‹. – Heute allg. svw. Strafrede[n].

Philippinen

Fläche: 300 000 km²
Einwohner (1990): 60,5 Mio.
Hauptstadt: Manila
Verwaltungsgliederung: 14 Regionen
Amtssprachen: Tagalog, Englisch, Spanisch
Nationalfeiertag: 12. 6.
Währung: 1 Philippin. Peso (P) = 100 Centavos
Zeitzone: MEZ + 7 Std.

Philippinen (amtl. Republik der P.), Staat in Asien, umfaßt rd. 7 100 Inseln und Eilande im westl. Pazifik.

Landesnatur: Die P. erstrecken sich über ein Areal von 1,3 Mio. km². 94 % der Landfläche entfallen auf die 11 größten Inseln. Mit Ausnahme von Masbate, Samar, Leyte und Bohol, die Hochplateaucharakter besitzen, werden die meisten Inseln von Gebirgsketten durchzogen. Überragt werden diese von tätigen Vulkanen wie dem Mount Apo (2 954 m) auf Mindanao, dem Mount Pulog (2 928 m) und dem Mount Pinatubo (1 475 m) auf Luzon. Es herrscht trop. Regenklima mit sommerl. SW- und winterl. NO-Winden. Auf trop. Regenwald und Grasland in den Niederungen folgen Monsun- und Nebelwälder. An den Küsten gibt es Mangroven.

Bevölkerung: Sie setzt sich zusammen aus 70 % Jungmalaien, 10 % Altmalaien und Negritos, 10 % Chinesen, 5 % Indern sowie Europäern, Amerikanern und Arabern. 80 % der E sind Katholiken, 3,4 % Muslime. Es besteht Schulpflicht von 7 bis 13 Jahren. P. verfügt über mehr als 40 Universitäten.

Wirtschaft, Verkehr: 30 % der Gesamtfläche werden landwirtschaftl. genutzt. Hauptnahrungsmittel sind Reis, Mais und Süßkartoffeln. Exportorientierter Anbau von Zuckerrohr, Kokospalmen (Kopra), Kaffee, Ananas, Bananen, Tabak, Kautschuk, Manilahanf, Sisal, Ramie und Kapok. Die Forstwirtschaft spielt eine bed. Rolle. Wichtige Bodenschätze sind Eisenerze, Chrom, Kohle, Kupfer, Nickel, Gold, Silber, Quecksilber, Asbest, Gips, Erdöl- und Erdgas. Neben der bed. Nahrungsmittel- und Textil-Ind. bestehen Anlagen zur Erzkonzentratgewinnung, Stahlwerke, chem. und Zementindustrie. Das Eisenbahnnetz auf Luzon ist 1 027 km, auf Panay 116 km lang. Das Straßennetz hat eine Länge von über 162 325 km; gut ausgebaut ist es nur auf Luzon. Wichtigster Hafen ist Manila; internat. ✈ bei Manila und auf Mactan.

Geschichte: Im 15. Jh. gründeten einheim. Fürsten auf den Suluinseln und auf Mindanao islam. Sultanate, die den ab 1521 eindringenden span. Konquista-

doren heftigen Widerstand leisteten. 1648 wurden die P. im Westfäl. Frieden Spanien zugesprochen. Span. Missionare bekehrten fast die gesamte einheim. Bevölkerung zum Christentum. Das hemmungslose Profitstreben weniger Privilegierter führte zu zahlr. blutigen Bauernaufständen, die in die Revolution 1896–98 und die Proklamation der Republik P. mündeten. Im Span.-Amerikan. Krieg (1898) unterstützten die Filipinos die USA, die ihnen die staatl. Unabhängigkeit versprachen, sich jedoch im Friedensvertrag die P. abtreten ließen. Nach mehrjährigem Guerillakrieg wurde 1902 ein einheim. Parlament gewählt. 1935 erhielten die P. den Status eines Commonwealth zuerkannt mit der Maßgabe, daß 1946 die endgültige Unabhängigkeit folgen sollte. Nach der Besetzung der P. durch die Japaner im Pazifikkrieg Rückeroberung durch die USA (General MacArthur) von Okt. 1944 bis Mai 1945. Am 4. 7. 1946 übertrugen die USA ihre Souveränitätsrechte der Republik der P., sicherten sich jedoch das Recht zur Errichtung von Militärstützpunkten sowie die fast vollständige wirtschaftl. Kontrolle. Mißregierung und Partisanentätigkeit der kommunist. orientierten Hukbalahap brachten den Staat an den Rand des Ruins. Unter Präs. F. E. Marcos (Nationalist. Partei; seit 1965) wurde die ›Philippinisierung‹ vorangetrieben. Nach inneren Unruhen verhängte Marcos 1972 das Kriegsrecht und setzte 1973 nach manipulierter Volksabstimmung eine parlamentar. Verfassung durch, die jedoch 1976 in ein Präsidialsystem umgewandelt wurde; 1978 Wahl eines Interimsparlaments. Nach Aufhebung des Kriegsrechts und Verfassungsänderungen wurde Marcos im Juni 1981 bei den von der Opposition weitgehend boykottierten Präsidentschaftswahlen wiedergewählt. Die Ermordung des prominenten Oppositionsführers B. Aquino unmittelbar nach dessen Rückkehr aus dem Exil im Aug. 1983 ließ die Bestrebungen zum Sturz der Diktatur anwachsen. Die innenpolit. Situation verschärfte sich weiter, und in Corazon Aquino, der Witwe des ermordeten Oppositionsführers, erwuchs Marcos eine ernstzunehmende polit. Gegnerin. Anhaltende Proteste und Demonstrationen veranlaßten Marcos für den 7. 2. 1986 vorgezogene Wahlen anzuberaumen, die C. Aquino gewinnen konnte. Trotz offensichtl. Wahlmanipulationen, die sich auch bei einer Überprüfung durch das Parlament zeigten, wurde Marcos erneut zum Präs. proklamiert. Nach einer Kampagne des zivilen Ungehorsams, in deren Verlauf auch Teile der Armee sich gegen Marcos stellten, und die USA ihm jegliche Unterstützung verweigerten, verließ Marcos das Land. C. Aquino wurde daraufhin von den meisten Regierungen als Staatsoberhaupt anerkannt. Die im Mai 1986 eingesetzte Verfassungskommission legte im Okt. einen Verfassungsentwurf vor, der im Febr. 1987 in einem Referendum angenommen wurde. Der innenpolit. Ausgleich mit den kommunist. Rebellen scheiterte u. a. am Widerstand des Militärs, das in den folgenden Jahren mehrfach putschte (zuletzt 1989).

Politisches System: Präsidiale Republik; *Verfassung* von 1986 (1987 in einem Referendum angenommen). *Staatsoberhaupt* und oberster Inhaber der *Exekutivgewalt* ist der Präs.; er wird für eine einmalige Amtzeit von 6 Jahren zus. mit dem Vizepräs. direkt gewählt. Die *Legislative* liegt beim Kongreß (Senat, 24 Mgl. für 6 Jahre gewählt; Repräsentantenhaus, 250 Abg. für 3 Jahre gewählt). *Parteien:* Koalition Lakas ng Bayan (Volkskraft) bestehend u. a. aus Liberaler Partei und Demokrat. Partei; Parteienbündnis Große Allianz für Demokratie bestehend u. a. aus Mindanao Allianz, Nationalpartei, Sozialdemokraten. – Karte V, Bd. 2, n. S. 320.

Philippsburg, Stadt nw. von Bruchsal, Bad.-Württ., 10 400 E. Kernkraftwerk; barocke Pfarrkirche

Philippinen

Staatsflagge

Staatswappen

Stadt 39 %
Land 61 %

Bevölkerungsverteilung

Dienstleistung 41 %
Landwirtschaft 46 %
Industrie 13 %

Erwerbstätige

(18. Jh.). – 1371–1723 Residenz der Bischöfe von Speyer.

Philippus, hl., Apostel des 1. Jh., wahrscheinl. aus Bethsaida stammend; nach der Legende Märtyrer.

Philips-Konzern, niederl. Elektrokonzern, gegr. 1891, in 60 Ländern vertreten, v. a. in den Bereichen Lichtanlagen, Unterhaltungselektronik, Elektrogeräte, Fernmelde- und Verteidigungssysteme.

Philister, an der Mittelmeerküste S-Palästinas wohnhaftes Volk im 2./1. Jt. v. Chr.; unbekannter Herkunft. Um 1200 v. Chr. von den Ägyptern zurückgeschlagen und danach als ägypt. Militärkolonisten in der Küstenebene Palästinas angesiedelt (Fünfstädtebund aus Gasa, Ashdod, Askalon [= Ashqelon], Ekron und Gath). Nach dem Rückgang der ägypt. Macht drangen die P. nach O gegen die Israeliten vor. Nur kurzfristig an der David unterworfen; dauernde Grenzkämpfe v. a. gegen das Nordreich Israel, Unterwerfung durch die Assyrer Ende des 8. Jh. v. Chr.

philiströs, spießbürgerlich, engstirnig; wie ein Philister (Kleinbürger) handelnd.

Philo von Alexandria → Philon von Alexandria.

philo…, Philo…, phil…, Phil… [zu griech. phílos ›Freund‹], Bestimmungswort zu Zusammensetzungen mit der Bedeutung ›Verehrer, Liebhaber; [Vor]liebe, Verehrung‹.

Philodendron [griech.] (Baumfreund), Gatt. der Aronstabgewächse mit über 200 Arten in trop. Amerika, meist mit Luftwurzeln; zahlr. Arten als Blattpflanzen.

Philologie, Wiss. von der Erforschung von Texten, von der Behandlung von Kulturen aufgrund ihrer sprachl. Eigenheiten und ihrer mündl. oder schriftl. überlieferten literar. Texte. Gegliedert in *klassische P.* (Alt-P.; Griech. und Latein) und *Neuphilologie.*

Philon von Alexandria (Philo, lat. Philo Judaeus), * Alexandria 15/10 v. Chr., † ebd. um 45/50 n. Chr., jüd.-hellenist. Theologe und Religionsphilosoph. Schrieb mehrere meist allegor. deutende Kommentare zum Pentateuch, befaßte sich mit der Schöpfungsgeschichte, der mosaischen Gesetzgebung und den Vätergeschichten.

Philosophie [griech.], das systemat. Streben des Menschen nach Erkenntnis des Wesens und der Zusammenhänge der Dinge, seiner selbst und der gültigen Prinzipien ethischen Handelns. Gegenstand der Ph. ist die Totalität des Seins und dessen Bedingungen, während sich die Einzelwissenschaften mit der Erforschung der Gesetzmäßigkeiten bestimmter, umgrenzter Gegenstandsbereiche befassen. Ph. ist ihrem Wesen nach theoret. Erkenntnis und bedient sich eines Systems definierter Begriffe. – Die europ. Ph. hat ihren Ursprung im antiken Griechenland; ein neues philosoph. Lehrgebäude entstand seit den ersten christl. Jahrhunderten aus der Verschmelzung antiker Denkinhalte: Seinen Höhepunkt bildet die → Scholastik, die im wesentlichen durch die Theologie geprägt ist. Die arabische Ph. (Vertreter u. a. Avempace und Averroës) hatte seit dem 12. Jh. zeitweise bed. Einfluß. Die Entwicklung der neuzeitl. Ph. wird durch die Loslösung von der Theologie eingeleitet. Obgleich ihre Aussagen in der Regel ›Wahrheit‹ im Sinne der Allgemeingültigkeit beanspruchen, hat die Ph. im Laufe der Geistesgeschichte eine Fülle von Systemen entwickelt, die jedoch zum Teil durch das Bleibende der Fragestellung und bestimmter Grundprobleme verbunden erscheinen *(philosophia perennis),* zum anderen die Offenheit des Geistes und die Unabschließbarkeit der Bemühungen um letztgültige Aussagen spiegeln. Die Erweiterung der philosoph. Hauptdisziplinen (→ Metaphysik, → Logik, → Ethik, → Ästhetik, → Erkenntnistheorie) geht in dieser auch heute noch weitgehend gültigen Form auf das 18. Jh. zurück. Da-

neben trat eine Reihe von Sonderdisziplinen in Erscheinung wie Rechts-Ph., Geschichts-Ph., Sprach-Ph., Kultur- und Religions-Ph., philosoph. Anthropologie. Die modernen wiss. Einzeldisziplinen gehörten zum großen Teil urspr. zur Ph. und wurden mit ihrer Wendung zur Empirie selbständig: Die Ausgliederung der Naturwissenschaften zog sich bis ins 17. und 18. Jh. hin; Geschichtswiss., Philologie, Psychologie, Pädagogik, Soziologie und andere Zweige entwickelten sich im 18. und 19. Jh. zu unabhängigen Disziplinen. In der Folge der Renaissance entwickelten sich national beschreibbare Beiträge der Ph. und eine Vielzahl von schulebildenden Denkansätzen unterschiedlichster Richtungen wie → Idealismus und → Materialismus, → Rationalismus und → Empirismus. Im 20. Jahrhundert traten die → Existenzphilosophie, → Phänomenologie, → analytische Ph. sowie → Neopositivismus und kritischer Rationalismus (die sich v. a. um die Entwicklung der → Wissenschaftstheorie bemüht haben) und die an der Gesellschaftstheorie orientierte kritische Theorie der → Frankfurter Schule in den Vordergrund. In jüngerer Zeit sind die philos. Auseinandersetzungen deutlich von → Strukturalismus und Sprachphilosophie bestimmt.

Phimose [griech.], Verengung der Vorhaut des Penis derart, daß sie sich nicht über die Eichel zurückstreifen läßt.

Phiole [griech.-lat.], von den Alchimisten verwendetes bauchiges Glasgefäß.

Phlegma [griech.], Charakteristikum des Phlegmatikers; auch Trägheit, Teilnahmslosigkeit.

Phlegmatiker [griech.], der unter den Temperamentstypen als ruhig und behäbig charakterisierte Mensch.

Phlegmone [griech.], eitrige Zellgewebsentzündung, mit Neigung zu [flächenhafter] Ausbreitung.

Phlox [griech.] (Flammenblume), Gatt. der Sperrkrautgewächse mit rd. 60 Arten in N-Amerika. Bekannte Zierpflanzen sind die Sorten des *Einjahres-P.* und die zahlr. Sorten des *Stauden-P.;* die wertvollste Art ist der *Polsterphlox.*

Phnom Penh [pnɔm'pɛn], Hauptstadt von Kambodscha, am Mekong, 1975 Zwangsräumung, heute etwa 500 000 E. Univ., TU, Nationalmuseum; Ind.-standort, Hafen am Mekong; internat. ✈. Auf einem Hügel liegt der Tempelbezirk (15. Jh.), am Fluß Tonle Sap der Königspalast (20. Jh.). – P. P. wurde 1434 Residenz der Khmerkönige anstelle von Angkor, Anfang des 16. Jh. aufgegeben, erst 1867 wieder Hauptstadt des nun unter frz. Herrschaft stehenden Landes.

…phob [zu griech. phóbos ›Furcht‹], Nachsilbe in Zusammensetzungen mit der Bedeutung ›fürchtend‹.

Phobie [griech.], Form der Neurose mit unangemessener Furcht vor spezif. Situationen oder Objekten (z. B. Platzangst).

Phobos → Ares.

Phoenix → Sternbilder (Übersicht).

Phoenix [engl. 'fiːnɪks], Hauptstadt von Arizona, USA, am Salt River, 881 600 E. V. a. Flugzeug- und elektron. Industrie; bed. Erholungsort (Sun City).

Phoibos (Phöbus) → Apollon.

Phokäa (Phokaia), ion. Hafenstadt am Golf von İzmir, heute Foça; im 8./7. Jh. reiche Handels- und Kolonisationstätigkeit im westl. Mittelmeer (die bedeutendste Kolonie war Massalia [= Marseille]).

Phokion, * um 402, † Athen 318, athen. Politiker und Feldherr. Spätestens seit 365/364 Stratege; vermittelte 338 den Frieden mit Philipp II. von Makedonien, 335 mit Alexander d. Gr., 322 mit Antipater; bei Wiederherstellung der Demokratie zum Tod durch Gift verurteilt.

Phokis, histor. Landschaft in M-Griechenland. Der phok. Stammesbund war im 5./4. Jh. Mgl. des Peloponnes., nach 371 des Böot. Bundes.

Phon [griech.], Zeichen phon, Hinweiswort bei Angabe der Lautstärke Λ eines Schalls gemäß der Beziehung $\Lambda = 20 \lg p/p_0$, wobei p der gemessene und p_0 der Bezugsschalldruck ($p_0 = 20\,\mu$Pa) ist. Die Messung von p geschieht durch subjektiven Hörvergleich mit einem Normalschall oder durch ein Meßgerät (Angabe in **DIN-Phon**); p ist dabei der Schalldruck eines als gleich laut empfundenen Tones von 1 000 Hz; für $p = p_0$ ist $\Lambda = 0$ phon, für $p = 10\,p_0$ ist $\Lambda = 20$ phon usw.

phon..., Phon... → phono..., Phono...

Phonem [griech.], ein in der strukturellen Linguistik entwickelter Begriff für das lautl. Segment als kleinster bedeutungsunterscheidenden sprachl. Einheit.

Phonematik [griech.], svw. → Phonologie.

Phonemik [griech.], svw. → Phonologie.

Phonetik [griech.], Teilgebiet der Sprachwiss., dessen Gegenstand die sprachl. Laute, ihre Art, Erzeugung und Verwendung in der Kommunikation ist.

phonetische Schrift (phonet. Umschrift, phonet. Transkription) → Lautschrift.

Phönikien (Phönizien), griech. Name (eigtl. ›Purpurland‹) der histor. Landschaft an der Mittelmeerküste etwa zw. Al Ladhakijja (Syrien) und Akko (Israel); einheim. Name: Kanaan. Die mindestens seit dem 2. Jt. v. Chr. hier ansässige kanaanäische Bevölkerung mit semit. Sprache (*Phöniker, Phönizier*) trieb von den wichtigsten Städten Byblos, Tyrus, Sidon und Beruta (= Beirut) aus regen Handel. Nach Abschüttelung der ägypt. Oberhoheit dehnten die Phöniker ihre Macht ab etwa 1100 durch Gründung von Handelsfaktoreien und Kolonien (bes. von Tyrus) im Mittelmeerraum aus. Die phönik. Städte wurden im 9. Jh. den assyr. Königen tributpflichtig (völlige Unterwerfung von Sidon und Tyrus erst im 7. Jh.). 572 unterwarf der babylon. König Nebukadnezar II. Tyrus nach 13 Jahre langer Belagerung. Während der Eroberung des pers. Achämenidenreichs durch Alexander d. Gr. wurde Tyrus 332 eingenommen. P. wurde 64/63 v. Chr. Teil der röm. Prov. Syria. – Die **Religion** entsprach weitgehend der kanaanäischen Religion (Hauptgötter Baal, El, Astarte).

Phönikisch (Phönizisch), zum kanaanäischen Zweig gehörende, semit., mit dem Hebr. und dem Moabitischen eng verwandte Sprache der Phöniker.

phönikische Kunst (phönizische Kunst), die Kunst Phönikiens im 2./1. Jt.; v. a. Textilien, Möbel und Elfenbeinschnitzereien (Nimrud [Kalach], Arslan Taş), Glas- und Metallwaren in meist stark ägyptisierendem Stil; das → Niello wurde wohl hier erfunden.

phönikische Schrift (phönizische Schrift), etwa um 1200 v. Chr. entstandene Konsonantenschrift aus 22 Buchstaben; Grundlage der althebr., moabit., samaritan., aram., hebr. und der arab. Schrift.

... bšnt 'rb' 4 lmlk · mlkytn
1) im Jahre 2) vier 3) des Königs 4) Milkiaton

phönikische Schrift von der phönikisch-griechischen Bilinguis aus Edalion auf Zypern; 4. Jh. v. Chr.

Phönix (Phoinix), Fabelwesen der Antike, dessen Lebensdauer 972 Menschenalter betrage; nach Herodot wurde er im ägypt. Heliopolis verehrt. Die spätere Legende, derzufolge er, wenn er sein Ende nahe fühle, sich selbst verbrenne und aus der Asche ein neuer P. entstehe, ist nicht ägypt. Ursprungs. Das Motiv der Selbstverbrennung wurde bereits von den Kirchenvätern auf Tod und Auferstehung Jesu übertragen; deshalb ist der P. in der alten Kirche und im MA ein Christussymbol.

Phönix [griech.] → Sternbilder (Übersicht).

Phönizien → Phönikien.

phono..., Phono..., phon..., Phon... [griech.], Bestimmungswort von Zusammensetzungen mit der Bedeutung ›Schall, Laut, Stimme, Ton‹.

Phonograph, von T. A. Edison 1877 erfundenes Gerät zur Aufzeichnung und Wiedergabe von Schallvorgängen.

Phonolith [griech.] (Klingstein), grünlichgraues Ergußgestein.

Phonologie (Phonemik, Phonematik), sprachwiss. Disziplin, sie nimmt als Einheiten einer Sprache → Phoneme an und untersucht die Laute einer Sprache unter dem Gesichtspunkt, wie diese ihre Funktion, Wörter voneinander zu unterscheiden, erfüllen können.

Phononen [griech.] (Schallquanten), die Quanten der Schallschwingungen fester und flüssiger Stoffe sowie der als Wärmebewegung der Gitterbausteine eines Kristalls auftretenden Gitterschwingungen.

Phonothek [griech.], Sammlung von Tonträgern (Walzen, Schallplatten, Tonbänder, Tonfilme) mit Schallaufnahmen zum Zwecke der Dokumentation und Forschung.

Phosgen [griech.] (Karbonylchlorid, Kohlenoxidchlorid), farbloses, äußerst giftiges Gas, das durch Umsetzen von Kohlenmonoxid mit Chlor hergestellt wird; im 1. Weltkrieg als Kampfgas eingesetzt.

Phosphane [griech.], svw. → Phosphorwasserstoffe.

Phosphatasen [griech.] (Phosphoesterasen), stoffwechselphysiolog. wichtige Phosphorsäureester (z. B. Nukleotide, Phosphatide) spaltende Enzyme.

Phosphate [griech.], 1) die Salze der Phosphorsäuren, insbes. die der Orthophosphorsäure, die als dreibasische Säure *primäre* ($Me^IH_2PO_4$), *sekundäre* ($Me_2^IHPO_4$) und *tertiäre* P. ($Me_3^IPO_4$) bilden kann. Beim Erhitzen gehen die sekundären P. in *Meta-P.* (mit ringförmigen Molekülen) oder in hochmolekulare *Poly-P.* über, die v. a. in Waschmitteln verwendet werden. Die natürl. vorkommenden P. werden v. a. zu Düngemitteln verarbeitet. Die P. im Abwasser tragen zur → Eutrophierung bei.

2) die Ester der Orthophosphorsäure; z. B. die Adenosin-P. und Phospholipide; zahlr. Alkyl- und Arylester werden zur Herstellung von Schädlingsbekämpfungsmitteln (z. B. E 605 ⓌⓏ), Weichmachern und Flotationsmitteln verwendet.

Phosphatide [griech.], svw. → Phospholipide.

Phosphide [griech.], Verbindungen des Phosphors mit Metallen und Halbmetallen.

Phospholipide (Phospholipoide, Phosphatide) [griech.], in tier. und pflanzl. Zellen v. a. als Bestandteile biolog. Membranen vorkommende Lipoide.

Phosphomutasen [griech./lat.], Enzyme, die Phosphatreste von einem Kohlenhydratmolekül auf ein zweites übertragen (Transferasen); bei der alkohol. Gärung und der Glykolyse wirksam.

Phosphor [griech.], chem. Element, Symbol P, der V. Hauptgruppe des Periodensystems, Ordnungszahl 15, relative Atommasse 30,97376; tritt in drei Modifikationen auf: *Weißer P.* ist eine wachsartige, gelbl., an Luft selbstentzündl. giftige Masse mit knoblauchartigem Geruch; Dichte 1,82 g/cm³, Schmelzpunkt 44,1 °C, Siedepunkt 280 °C. An der Luft entzündet sich weißer P. unter schwachem Leuchten, es entsteht P.pentoxid. Bei Raumtemperatur wandelt er sich langsam, oberhalb 200 °C unter Luftabschluß schneller in roten P. um. *Roter P.* ist ein amorphes oder feinkristallines, ungiftiges Pulver (Dichte 2,2 g/cm³), das sich erst beim Erhitzen auf über 300 °C entzündet; er wird zur Herstellung von Zündhölzern verwendet. Der graue rhomb. Kriställchen bildende *schwarze P.* entsteht aus weißem P. unter hohem Druck und be-

phönikische Kunst: Baal; Bronze-Statuette aus Ras-Schamra, 14. Jh. v. Chr. (Paris, Louvre)

sitzt elektr. Leitfähigkeit. – In seinen Verbindungen tritt P. drei- und fünfwertig auf.

Phosphoreszenz [griech.], der Anteil der Lumineszenz, der im Ggs. zur Fluoreszenz nicht sofort nach Beendigung der Anregung abklingt, sondern sich durch ein längeres Nachleuchten auszeichnet. Stoffe, die P. zeigen, werden *Phosphore* genannt. Auf der P. beruht die Wirkungsweise von Leuchtschirmen, bei denen zur Darstellung eines zusammenhängenden Bildes durch den Elektronenstrahl ein gewisses Nachleuchten erforderl. ist.

Phosphorsäuren, die von Phosphor abgeleiteten Sauerstoffsäuren. Neben der beim Umsetzen von Phosphortrioxid mit Wasser entstehenden kristallinen *phosphorigen Säure*, H_3PO_3, ist die *[Ortho-]P.*, H_3PO_4, wichtig; sie ist eine farblose, kristalline, in wäßriger Lösung schwach sauer reagierende Substanz, die in zahlr. physiolog. wichtigen Verbindungen (z. B. in der DNS) gebunden ist. Über 200 °C geht sie unter Wasserabspaltung in die *Diphos-P. (Pyrophosphorsäure),* $H_4P_2O_7$, über, die durch weitere Entwässerung in die hochmolekulare *Meta-P.* übergeht. Die *hypophosphorige Säure,* H_3PO_2, bildet farblose, blättchenförmige, in Wasser lösl. Kristalle; sie wirkt stark reduzierend.

Phosphorwasserstoffe (Phosphane), Wasserstoffverbindungen des Phosphors; z. B. das sehr giftige, gasförmige **Monophosphan** *(Phosphin).*

Photios, * Konstantinopel um 820, † in Armenien 891 (?), byzantin. Gelehrter und Patriarch von Konstantinopel (858–867 und 879–886). Von Papst Nikolaus I. abgesetzt, faßte P. 867 in einer Enzyklika die dogmat. Streitpunkte mit Rom zusammen und exkommunizierte Nikolaus I. **(Photianisches Schisma),** wurde kurz danach von Basileios I. Makedon gestürzt und auf dem 4. Konzil von Konstantinopel 869/870 exkommuniziert. 879 erneut Patriarch, 886 durch seinen Schüler Kaiser Leon VI. amtsenthoben und exiliert; seit dem 10. Jh. in der Ostkirche als Heiliger verehrt.

photo..., Photo... [griech.] (eindeutschend foto..., Foto...), Bestimmungswort von Zusammensetzungen mit der Bedeutung ›Licht‹, ›Lichtbild‹.

Photoapparat, opt. Gerät zur Aufnahme photograph. Bilder nach dem Vorbild der → Camera obscura; besteht aus einem lichtdichten Gehäuse mit Bildbühne und Transportvorrichtung für das Aufnahmematerial, Objektiv mit Blende, Verschluß und einer Visiereinrichtung (Suchersystem). Hinzu kommen bei modernen Kompaktkameras und Kleinbild-Systemkameras mikroelektron. Systeme zur Steuerung zahlreicher Kamerafunktionen.

Großformatkameras (Großbildkameras) mit dem Aufnahmeformat 9 × 12 cm und größer für Planfilme, mit Adapter auch für andere Formate (bes. Sofortbildfilm), besitzen einen Balgen als Gehäuse; Objektivstandarte und Kassettenrückteil sind an einem Laufboden oder einer opt. Bank verstellbar und schwenkbar angeordnet. Die Scharfeinstellung erfolgt auf der Einstellscheibe (Mattscheibe). – **Mittelformatkameras** mit den Aufnahmeformaten 6 × 9 cm, 6 × 7 cm, 6 × 6 cm, 56 × 72 mm (Idealformat) und 4,5 × 6 cm sind überwiegend ein- oder zweiäugige Spiegelreflextubuskameras mit auswechselbarem Zentralverschluß oder einem Schlitzverschluß. – **Kleinbildkameras** mit dem Aufnahmeformat 24 × 36 mm und kleiner (z. B. ›Halbformat‹) sind nach den Großbildkameras die vielseitigsten Kameratypen für Professionalanwender und Amateure. Funktionen wie automat. Filmeinfädelung, -transport und -rückspulung, Belichtungsautomatik und automat. Scharfeinstellung (Autofokus) werden weitgehend von Mikroprozessoren gesteuert. Man unterscheidet: **1. Kompaktkameras:** Sucherkameras in Tubusbauweise mit festeingebautem Objektiv (auch zwei Objektiven auf Wechselschlitten oder Zoomobjektiv) und Elektronenblitz. **2. Systemkameras:** überwiegend einäugige Spiegelreflexkameras mit Wechselobjektiven in Schraub- oder Bajonettfassung. Sie besitzen meist mehrere Belichtungsautomatikprogramme, unterschiedl. Autofokusfunktionen, integrale oder selektive Belichtungs- und Blitzhelligkeitsmessung durch das Objektiv hindurch (TTL, Through-the-lens) und spezielle, bei einigen Modellen durch einschiebbare Chips gesteuerte Funktionsprogramme, z. B. für Nahaufnahmen. Alle aktuellen Funktionen werden auf einem Flüssigkeitskristallmonitor (LCD-Monitor) an der Kameraoberseite angezeigt. Filmtransport und -rückspulung können durch ansetzbare (heute meist eingebaute) Elektromotoren (bis 6 Aufnahmen/s) oder sog. **Winder** (2–3 Aufnahmen/s) bewerkstelligt werden. **3. Bridge Cameras:** P., die eine Brücke zwischen Kompakt- und Systemkameras schlagen wollen, indem sie kompakte Bauweise mit den Merkmalen der Systemkamera verbinden. Sie besitzen keine Wechselobjektive, sondern ein festeingebautes (Weitwinkel-Tele-)Zoomobjektiv. – **Kleinstbildkameras** (Miniaturkameras) mit den Aufnahmeformaten 8 × 11 mm und 12 × 17 mm sind als sog. **Pocketkameras** populär geworden, die außer in Einfachausstattung auch mit Belichtungsautomatik (Programmautomatik), eingebautem Elektronenblitz, Motor, Objektiven auf Wechselschlitten und Spiegelreflexsystem angeboten werden. Neuartige Kleinstbildkameras sind die **Disc-Kameras,** deren Aufnahmematerial (8 × 10,5 mm) sich auf einer kreisförmigen Kunststoffscheibe befindet. Die große Schärfentiefe macht bei Kleinstbildapparaten eine Entfernungseinstellung überflüssig.

Sucher: Kompaktkameras verfügen über Durchlichtsucher (zweilinsiger *Galilei-Sucher* oder *Leuchtrahmensucher*). Bei Systemkameras war der Sucher mit einem → Entfernungsmesser zum *Meßsucher* vereinigt. Bei Spiegelreflexkameras spricht man von einem *Suchersystem;* das vom Kameraobjektiv erzeugte Bild wird von einem Ablenkspiegel auf eine zur Bildebene konjugierte, meist mit zusätzlichen Scharfeinstellhilfen wie Meßkeilen und/oder Mikroprismenraster ausgestattete horizontale Einstellebene (Einstellscheibe, Mattscheibe) geworfen. Ein nachgeschaltetes Pentaprisma zeigt das Bild aufgerichtet und seitenrichtig. Vor der Belichtung wird der Ablenkspiegel aus dem Strahlengang geschwenkt. Gegenüber der einäugigen Spiegelreflex-Kleinbildkamera mit Schwenkspiegel hat die zweiäugige Spiegelreflex-Mittelformatkamera ein Suchersystem mit eigenem Objektiv und starrem Spiegel.

Autofokus (automat. Scharfeinstellung): Kleinstbildkameras und einfache Kompaktkameras besitzen Fixfokusobjektive, die keine Entfernungseinstellung zulassen. Ihre Schärfentiefe erstreckt sich über den ganzen abzubildenden Gegenstandsbereich. Die Mehrzahl der übrigen Kleinbild- und Sofortbildkameras verfügt über automatisch arbeitende Einstellsysteme. *Aktive Autofokussysteme* nutzen die gemessene Laufzeit von durch das Objekt reflektierten Ultraschallwellen oder Infrarotstrahlen. Mit Laufzeitbeginn verschiebt sich das Objektiv aus der Nahstellung in Richtung Unendlichstellung. Diese Bewegung wird beim Wiedereintreffen des Signals gestoppt. Die weiter verbreiteten *passiven Autofokussysteme* arbeiten meist nach dem Prinzip der passiven Triangulation. Hierbei wird wie beim Entfernungsmesser über zwei Einblicke mit Fest- und Drehspiegel die Gegenstandsweite ermittelt; der Deckungsgrad der Teilbilder wird durch Kontrastmessung bestimmt. Spiegelreflex-Systemkameras müssen mit Rücksicht auf die geringere Schärfentiefe längerer Brennweiten über eine große Zahl von Einstellstufen verfügen oder stufenlos arbeiten. Hier wird über einen Hilfsspiegel am Reflexspiegel ein Teil des Bildes auf eine CCD-Sensoren-Gruppe abgebildet, die den Moment des höchsten Kontrastes bestimmt. Beim Druck auf den Auslöser läuft zunächst der Fokussiervorgang (automat. Objektivverstellung) ab, danach öffnet sich der Verschluß *(Schärfepriorität).* Diese zeitl. Verzögerung ist für bestimmte Aufnahmen, z. B. Schnappschußaufnahmen, nachteilig. Darum ist bei verschiedenen Modellen auch der Modus *Auslösepriorität* vorgesehen: Hier öffnet sich der Verschluß schon, bevor der Fokussiervorgang abgeschlossen ist, so daß sich das Objekt zwar noch nicht in der Einstellebene, aber doch im Schärfentiefenbereich befindet. Man kann auch eine gewünschte Schärfentiefe durch Autofokus festlegen.

Verschlüsse regeln die Belichtungszeit und zus. mit der gewählten Blendenöffnung die Belichtung (Lichtmenge, die auf den Film fällt). Der *Zentralverschluß* (Lamellenverschluß) befindet sich meist innerhalb des Objektivs in der Nähe der Blendenebene; seine Verschlußsektoren, mehrere schwenkbare Stahllamellen, geben die Öffnung, durch ein Federwerk oder einen Elektromagneten betätigt, von der Mitte her beginnend frei und kehren nach Ablauf der Offenzeit in die Schließstellung zurück. Der *Schlitzverschluß* läuft dicht vor dem Bildfenster ab: er besteht im wesentl. aus zwei Vorhängen (Lamellen aus Stoff oder elastisch verbundenen Metallstreifen), von denen einer das Bildfeld zunächst abdeckt und es bei der Belichtung horizontal oder vertikal ablaufend freigibt, während der andere in einstellbarem zeitl. Abstand folgt und das Bildfeld wieder abdeckt. Beide Vorgänge bilden einen Schlitz variabler Breite. Moderne elektron. Verschlüsse sind teilweise quarzgesteuert.

Die Wahl von Blendenöffnung und Verschlußzeit ist abhängig vom Lichtangebot des Motivs und der Empfindlichkeit des Aufnahmematerials. Die Blendenöffnung bestimmt aber zusätzlich die Größe des Schärfentiefenbereichs (abhängig von Brennweite und Aufnahmeentfernung), die Verschlußzeit hingegen die Abbildungsschärfe bei bewegten Objekten. Beide Größen müssen zunächst durch Belichtungsmessung ermittelt werden. Diese erfolgt durch eingebaute Belichtungsmeß- und -steuersysteme (mit Silizium- oder Galliumarsenid-Phosphor-Meßzellen). Bei Spiegelreflexkameras wird die Belichtung durch das Objektiv hindurch gemessen (Belichtungsinnenmessung, TTL). Der Meßmodus ist i. d. R. *integral,* d. h., es wird ein Mittelwert für das gesamte Bildfeld bestimmt, meist jedoch unter besonderer Berücksichtigung der mittleren Bildpartien, entsprechend dem normalen Bildaufbau (sog. *mittenbetonte Integralmessung),* für präzisere Messungen kann aber oft der Meßmodus ›selektiv‹ angewählt werden, mit dem die Helligkeit eines einzelnen bildwichtigen Details bestimmt werden kann. Da die *Selektivmessung* einige photographische Erfahrung voraussetzt, weichen moderne Automatikkameras auf die *selektive Mehrfeldmessung* aus, bei der mehrere Selektivmessungen über das Bildfeld verteilt gleichzeitig vorgenommen und die Meßergebnisse mit vorab eingespeicherten Belichtungsdaten verglichen werden. Die ermittelte Belichtung kann meist zusätzlich durch ein ›Override‹ um bis zu zwei Belichtungsstufen nach oben und unten korrigiert werden.

Die *Belichtungssteuerung* erfolgt automatisch. Kompaktkameras verfügen über eine *Programmautomatik,* die entsprechend dem Lichtwert (Belichtungswert, Exposure Value) genau eine Zeit-Blenden-Paarung ausgewählt und nicht alle gleichwertigen Paarungsmöglichkeiten zur Verfügung stellt. Letzteres ist bei den Modi *Zeitautomatik* und *Blendenautomatik* möglich, über die Systemkameras verfügen: Bei Zeit-

automatik wird der Blendenwert vorgewählt, d. h. von Hand eingestellt, die zugehörige Belichtungszeit stellt sich selbsttätig ein; bei Blendenautomatik genau umgekehrt. Hier kann der Benutzer diejenige Wertepaarung wählen, die den Motivforderhissen am besten gerecht wird (kurze Zeit oder große Schärfentiefe). Doch auch bei Systemkameras wird die unproblematische Programmautomatik angewendet; allerdings arbeitet sie in mehreren Varianten: Da z. B. längere Brennweiten (Teleobjektive) kürzere Belichtungszeiten erfordern (wegen der größeren Verwacklungs- und Verreißungsgefahr), bevorzugt das *Teleprogramm* gegenüber dem *Normalprogramm* kürzere Zeiten; es schaltet sich automatisch ein, wenn ein langbrennweitiges Objektiv angesetzt oder das Zoomobjektiv in Telestellung gefahren wird. Oft ist für Weitwinkelobjektive auch ein spezielles *Weitwinkelprogramm* vorgesehen.

Kleinbildpatronen und -filmanfänge sind heute mit dem sog. *DX-Code* ausgestattet: Ein schachbrettartiges Muster am Patronenmaul steuert die Kenndaten des Films (Empfindlichkeit, Filmart, Länge) über elektr. Kontakte in die Kameraautomatik ein, ein Lochcode am Filmanfang programmiert die Entwicklungsmaschine, während ein Strichcode unter den Bildern den Printer steuert.

Eine neue Entwicklung stellen die **Still Video Cameras** dar, die die Bilder auf Magnetplatten speichern; sie stehen in der Konzeption den Bridge Cameras nahe und arbeiten mit einem CCD-Bildwandler. Die gespeicherten Bilder können auf Monitoren oder Fernsehbildschirmen abgerufen, über das Fernsprechnetz übermittelt und mit speziellen Printern ausgedruckt werden. → photographische Objektive.

Photochemie, Teilgebiet der Chemie, das sich mit chem. Reaktionen befaßt, die durch Licht oder andere elektromagnet. Strahlung ausgelöst werden. Die Photochemie spielt in der → Photosynthese und in der Photographie eine große Rolle.

Photodetektor, optoelektron. Bauelement, das einfallende elektromagnet. Strahlung (Licht) in elektr. Signale umwandelt.

Photodiode, spezielle Halbleiterdiode, die ihre elektr. Eigenschaften bei Belichtung der p-n-Übergangsschicht stark ändert. P. sind wichtige Bauelemente der → Optoelektronik und werden z. B. zu Lichtmeß- und Lichtsteuerungszwecken verwendet.

Photoeffekt (lichtelektr. Effekt, photoelektr. Effekt), das Herauslösen von Elektronen aus Festkörpern *(äußerer P.),* das Anheben von Elektronen aus dem Valenz- ins Leitungsband in Halbleitern *(innerer P.)* oder das Herauslösen von Elektronen aus freien Atomen *(atomarer P.; Photoionisation)* durch Einstrahlung von Licht-, Röntgen- oder Gammastrahlen. Der *äußere P.* (Photoemission) setzt bei Beginn der Einstrahlung prakt. trägheitslos ein. Die herausgelösten *Photoelektronen* können durch ein elektr. Feld abgesaugt werden. Die Stärke dieses sog. *Photostroms* ist der Intensität der absorbierten Strahlung proportional und folgt Schwankungen fast trägheitslos. Beim *inneren P.* führt die Anhebung von Elektronen in das Leitungsband eines Halbleiters zur Erhöhung der elektr. Leitfähigkeit.

Photoelektronenvervielfacher →Photomultiplier.

Photoelement (Sperrschichtphotozelle), ein den inneren Photoeffekt ausnutzendes photoelektron. Bauelement, in dem bei Belichtung eine Spannung *(Photospannung)* von einigen Zehntel Volt entsteht. Die Stromstärke hängt von der Lichtintensität ab; Anwendung in Belichtungsmessern und Solarzellen.

Photogrammetrie [griech.] ([Raum]bildmessung), Verfahren, nach dem photograph. Meßbilder *(Photogramme)* hergestellt, geometr. oder strukturell umgebildet und graph. oder numer. ausgewertet werden. Je nach der Lage der Aufnahmeorte unterscheidet man zw. *Erdbildmessung (terrestr. P.)* und *Luftbildmessung (Aero-P.)*. – Im geodät. Bereich wird die vom Flugzeug aus erfolgende Luftbildmessung mit einer mit Visier- und Winkelmeßeinrichtung versehenen *Meßbildkamera* durchgeführt. Der Luftbildaufnahme folgt die Zuordnung photograph. Strukturen wie Tönungsflächen, Kontrastgebung u. a. zu realen Formen und schließl. die meßtechn. Auswertung. Die am Luftbild vorgenommene *Bildmessung* wird erleichtert, wenn das Luftbild zuvor durch Umbilden weitgehend ›kartenähnlich‹ gemacht wurde (u. a. Beseitigung von Einflüssen der Erdkrümmung). Bei der *Doppel-* oder *Zweibildmessung* werden jeweils zwei aufeinanderfolgende, sich zu 60 % überdeckende Luftbilder gleichzeitig nach stereoskop. Verfahren ausgewertet *(Stereoluftbildauswertung)*.

Photographie, die Gesamtheit der Verfahren zum dauerhaften Festhalten und Sichtbarmachen der von opt. Systemen der → Photoapparate (bzw. photograph. Apparate) entworfenen Bilder auf Materialien, deren physikal. und/oder chem. Eigenschaften durch Einwirkung von Strahlung (insbes. sichtbarem Licht, auch Infrarot-, Ultraviolett-, Röntgen-, Elektronenstrahlen) verändert werden. Verwendet werden unterschiedl. lichtempfindliche Materialien, v. a. Silberhalogenide. Beim **Silberhalogenidverfahren** wird die auf einem Träger befindl. lichtempfindl. Schicht, die aus einer festen Suspension (fälschl. ›Emulsion‹) von feinsten Silberhalogenidkörnern in einer Schutzkolloid (Gelatine) besteht, [in einer Kamera] belichtet. Die einfallenden Lichtquanten spalten aus den Halogenidionen Elektronen ab, die Silberionen zu Silberatomen reduzieren können; wenn eine bestimmte Mindestanzahl von benachbarten Silberatomen erreicht ist, spricht man von einem Entwicklungskeim, an dem später die Entwickler angreifen können. Während das Aufnahmematerial bei der Schwarzweiß-P. aus nur einer oder zwei (dann unterschiedl. empfindl.) lichtempfindl. Schichten besteht, haben die Farbfilme 3 lichtempfindl. Schichtengruppen, die jeweils auf blaues, grünes bzw. rotes Licht ansprechen, sowie Maskenschichten zum Ausgleich der entstehenden Nebenfarbdichten.

In der Dunkelkammer wird zunächst der Film entwickelt. Der → Entwickler wandelt die Silberhalogenide in schwarzes Silbermetall um (Überführung des unsichtbaren in ein sichtbares Bild). Man erhält eine negative Abbildung, das **Negativ**, das an den Stellen intensivster Belichtung die größte Schwärzung aufweist. Beim Farbnegativfilm bilden die chem. Farbkoppler in der Emulsion oder im Entwickler die Komplementärfarben zum abgebildeten Objekt (z. B. blau wird gelb). Beim Farbumkehrfilm erfolgt zuerst eine Schwarzweißentwicklung, es entsteht ein monochromes Negativbild. Nach einer Zweitbelichtung bzw. Verschleierung des restl. Silberhalogenids folgt die Zweitentwicklung mit einem Farbentwickler, und es entsteht das positive Farbbild **(Diapositiv, Dia).** Aus dem Entwicklerbad gelangen die Filme in ein Unterbrecherbad und von dort in ein Fixierbad (bzw. Bleichbad und folgendes Fixierbad), in dem durch Herauslösen des unentwickelten (unbelichteten) Silberhalogenids die Abbildung lichtunempfindl. und dauerhaft gemacht wird. Es folgen die Schlußwässerung und ggf. ein Netzmittelbad (um Trockenflecken zu verhindern) sowie die Trocknung.

Positive Schwarzweiß- bzw. Farbabbildungen **(Positive)** erhält man, wenn das Negativ auf eine andere lichtempfindl. Schicht kopiert bzw. vergrößert wird. Bei Farbabzügen muß die Belichtung zum Ausgleich von Farbstichen durch Farbfilter hindurch geschehen (additive oder subtraktive Farbmischung). Die weite-

ren Prozeduren gleichen im Prinzip denen der Negativentwicklung.

Geschichte: Bei frühen Abbildungsversuchen mit lichtempfindl. Silbersalzen (u. a. 1727) gelang es nicht, beständige Bilder zu erhalten. 1826 machte J. N. Niepce die erste befriedigende Kameraaufnahme. 1835–37 entwickelte L. J. M. Daguerre sein Verfahren der → Daguerreotypie (1839 in Paris bekanntgegeben). 1839 führte W. H. F. Talbot das Negativ-Positiv-Verfahren ein. Das 1851 in London vorgestellte Naßaufnahmeverfahren (›nasses Kollodiumverfahren‹) wurde ab 1878 durch die Verwendung von Trockenplatten abgelöst. 1873–1906 grundlegende Entdeckungen und Entwicklungen zur Farb-P. (aber erst 1925 erster prakt. verwertbarer Farbfilm). Die Herstellung von Zellulosenitrat-Filmbändern (Grundlage der Rollfilmproduktion) gelang 1887.

Photographie: Joseph Nicéphore Niepce, Blick aus dem Arbeitszimmer in Chalon-sur-Saône; erste Photographie der Welt; 1826

photographische Apparate → Photoapparat.
photographische Objektive, an → Photoapparaten bzw. photograph. Kameras verwendete opt. Systeme mit den Kenngrößen Lichtstärke (größtes einstellbares Öffnungsverhältnis) und Bildwinkel bzw. (auf die Bildformatdiagonale bezogene) Brennweite, nach der die Objektivtypen unterschieden werden (Normal-, Tele-, Weitwinkel-, Superweitwinkelobjektive, Fischauge [Fish-eye]); Lichtstärke und Brennweite sind jeweils an der Frontlinsenfassung der p. O. eingraviert.
Photokopie, unmittelbare photograph. Übertragung bes. von Urkunden auf lichtempfindl. Papier; allg. auch Bez. für eine nach verschiedenen Kopierverfahren angefertigte Kopie.
Photolithographie, in der *Elektronik* Verfahren zur Übertragung von Schaltkreisanordnungen integrierter Schaltungen auf eine Silicium-Halbleiterscheibe (Wafer). Die Scheibe wird mit einem Speziallack (→ Resist) beschichtet und durch eine Maske, die die gewünschten Leiterbahnanordnungen enthält, bestrahlt (Licht-, Röntgen-, Elektronenstrahlen). Je nachdem, ob es sich um Positiv- oder Negativlack handelt, wird der belichtete oder unbelichtete Lack abgelöst und die Halbleiteroberfläche freigelegt. Durch Eintauchen des Wafers in Flußsäure wird an der freiliegenden Oberfläche der Siliciumoxidschicht abgeätzt und somit die Schaltkreisstrukturen auf die Waferoberfläche übertragen. Je kurzwelliger dabei die Strahlungsart ist, desto feinere Strukturen können erreicht werden.
photomechanische Verfahren → Reproduktionsverfahren.
Photometrie [griech.] (Lichtmessung), die Messung der für die Lichttechnik und das menschl. Sehen grundlegenden physikal. Größen (Lichtstärke,

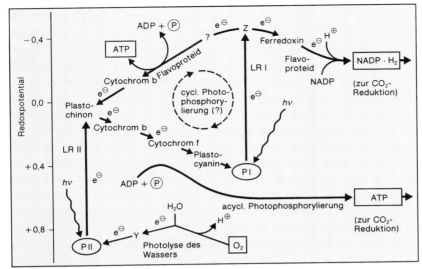

Photosynthese:
Primärreaktionen

Leuchtdichte, Beleuchtungsstärke u. ä.; sog. photometr. Größen). Da diese Größen auf die Eigenschaften des menschlichen Auges bezogen sind, muß das Auge direkt in den Meßprozeß einbezogen werden (z. B. Helligkeitsvergleich; subjektive P.; z. B. mittels Fettfleck-Flimmerphotometer), oder der Strahlungsempfänger muß der spektralen Empfindlichkeit des Auges angepaßt werden (objektive P., physikal. P.; z. B. mittels Photozelle, Bolometer). Die *Astro-P.* befaßt sich mit der Bestimmung der Helligkeit von Gestirnen.

Photomontage [...ta:ʒə], Kombination mehrerer Photographien zu einem Simultanbild; entweder als Klebemontage (Reproduktion eines aus mehreren Photos bzw. Ausschnitten bestehenden, zusammengeklebten Bildes) oder als Lichtmontage (Vielfachbelichtungen, Einkopieren, partielles Abschwächen u. a.).

Photomultiplier [...mʌltɪplaɪə] (Photoelektronenvervielfacher, [Sekundär]elektronenvervielfacher, Elektronenröhre (Photozelle) zur Verstärkung des extrem schwachen elektr. Stroms, den die durch äußeren Photoeffekt (an einer Photokathode) ausgelösten Elektronen (Primärelektronen) darstellen. Verwendung v. a. zum Nachweis sehr geringer Lichtintensitäten. Die ausgelösten Elektronen werden durch ein elektr. Feld beschleunigt und prallen auf eine weitere Elektrode (Dynode), aus der sie wiederum mehr Elektronen herausschlagen als auftreffen. Bei 10 Dynoden wird eine 10^7fache Stromverstärkung erreicht.

Photonen [griech.] (Lichtquanten, Strahlungsquanten), masselose Elementarteilchen, die Energiequanten der elektromagnet. Strahlung. Die P. in einer monochromat. elektromagnet. Welle mit der Frequenz ν haben die Energie $W = h \cdot v$ (h Plancksches Wirkungsquantum); sie beträgt für sichtbares Licht einige eV, für weiche Röntgenstrahlen 100–100 000 eV, für Gammastrahlen einige MeV und für Strahlen aus Teilchenbeschleunigern bis über 20 GeV. Die P. bewegen sich im Vakuum stets mit Lichtgeschwindigkeit. Sie repräsentieren den korpuskularen Charakter der elektromagnet. Strahlung (→ Welle-Teilchen-Dualismus).

Photorealismus → Neuer Realismus.

Photorezeptoren, lichtempfindl. Elemente der Netzhaut des Auges, die auf Licht bestimmter Wellenlänge ansprechen und zu opt. Wahrnehmungen führen.

Photosatz → Setzerei.

Photosphäre → Sonne.

Photosynthese, i. w. S. Bez. für eine chem. Reaktion, die unter der Einwirkung von Licht oder anderer elektromagnet. Strahlung abläuft und zur Synthese einer chem. Verbindung führt. I. e. S. Bez. für die fundamentale Stoffwechselreaktion von Pflanzen (höhere Pflanzen, Farne, Moose, Rotalgen, Grünalgen, Braunalgen, Blaualgen und verschiedene Bakterienarten): Das aus der Luft aufgenommene Kohlendioxid wird zus. mit Wasser mit Hilfe des Sonnenlichtes und des Blattgrüns (Chlorophyll) in Glucose umgewandelt. Bei dieser Reaktion entsteht Sauerstoff, der an die Atmosphäre abgegeben wird. Bei der P. wird also Strahlungsenergie der Sonne in Form von Lichtquanten der Energie absorbiert und in die Form einer energiereichen chem. Verbindung überführt. Dabei wird aus dem Wasser unter Freisetzung des Sauerstoffs Wasserstoff abgespalten, der auf das Kohlendioxid übertragen wird und zunächst in Form einer metastabilen Kohlenstoffverbindung festgelegt wird. Bei der Trennung von Wasserstoff und Sauerstoff wird Energie verbraucht, und zwar genau so viel, wie bei der Wasserbildung aus Wasserstoff und Sauerstoff (sog. Knallgasreaktion) frei wird. Diese Energie bezieht die Pflanze aus dem aufgenommenen Sonnenlicht. Die *Bruttogleichung* der P. lautet:

$$6 CO_2 + 12 H_2O \xrightarrow{\text{Licht}}_{2\,825\,kJ}$$

$$C_6H_{12}O_6 + 6 O_2 + 6 H_2O.$$

Nach dieser Formel scheint die P. ein relativ einfacher Vorgang zu sein. Umfangreiche Forschungen der Biochemie in den letzten Jahrzehnten ergaben jedoch, daß an der P. eine Vielzahl von Einzelreaktionen beteiligt sind, die in komplizierter Weise zusammenwirken. Einige Reaktionen laufen nur im Licht ab (*Lichtreaktionen*; Absorption der für die P. notwendigen Lichtbestrahlung durch das Chlorophyll), andere können auch bei Dunkelheit stattfinden (*Dunkelreaktionen*; aus Kohlendioxidmolekülen entstehen die aus 6 Kohlenstoffatomen bestehenden Zuckermoleküle der Glucose). → Assimilation.

Phototransistor, ein → Transistor, dessen Bauart eine Belichtung der Sperrschicht durch eine externe Lichtquelle ermöglicht. Das auf die Sperrschicht auftreffende Licht erzeugt dabei eine Spannung, die den P. steuert. Anwendung z. B. in Optokopplern.

phototroph, Licht als Energiequelle für Stoffwechselprozesse nutzend.

Phototropismus →Tropismus.

Photovoltaik, Gebiet, das sich mit der direkten Umwandlung von Lichtenergie in elektr. Energie befaßt. Ausgenutzt wird der photovoltaische Effekt (Sperrschicht-Photoeffekt) in Halbleitermaterialien (Solarzelle), mit denen u. a. photovoltaische Sonnenkraftwerke aufgebaut werden können.

Photowiderstand, lichtempfindl. Halbleiterbauelement, dessen Widerstand bei Beleuchtung abnimmt; besteht im wesentl. aus einer dünnen, auf einer isolierenden Unterlage aufgebrachten photoleitenden Schicht, z. B. aus Cadmiumsulfid **(Cadmiumsulfidzelle, CdS-Zelle),** Cadmiumselenid, Bleisulfid oder -selenid. P. werden u. z. B. zur Belichtungsmessung in Photoapparaten oder als Photodetektoren verwendet.

Photozelle (lichtelektr. Zelle), optoelektron. Bauelement auf der Grundlage des äußeren Photoeffekts. In einem luftleeren Glaskolben sind eine Photokathode und eine Anode untergebracht und an eine Spannungsquelle angeschlossen. Auf die Photokathode auffallendes Licht löst Photoelektronen heraus, die von der Anode ›abgesaugt‹ werden; dadurch entsteht ein der Lichtintensität proportionaler **Photostrom.** Anwendung z. B. beim Tonfilm (zum ›Abtasten‹ der Tonspur), in Überwachungsanlagen.

Phrase [griech.], 1) *allgemein:* abgegriffene Redensart, inhaltsloses Gerede.

2) *Linguistik:* zusammengehöriger Teil eines Satzes, Satzglied.

3) *Musik:* eine melod. Sinneinheit. → Phrasierung.

Phraseologie [griech.], die in einem Wörterbuch zu einem Stichwort gegebenen Beispiele (Beispielsätze, Zitate, idiomat. Ausdrücke).

Phrasierung [griech.], Gliederung einer Komposition nach (melod.) Sinneinheiten (→Phrasen). P. kann annähernd vom Komponisten bezeichnet werden (z. B. durch Bögen, Pausen, Betonungs- und andere Vortragszeichen), ist aber oft mehrdeutig und mehrschichtig und daher auf subjektive Deutung angewiesen.

Phrygien, histor. Landschaft im westl. Inneranatolien, Türkei. Die **Phryger,** um 1200/1100 (?) aus Makedonien und Thrakien eingewandert, gründeten im 8. Jh. v. Chr. ein Großreich, das um 695 von den Kimmeriern zerstört wurde; Mitte des 6. Jh. pers.; durch die Kelteninvasion (277–274) entstand ein östl. kelt. und -selenid. Teil, der 133 v. Chr. röm. (Prov. Asia) wurde.

Phrygisch, zu den indogerman. Sprachen gehörende Sprache der Phryger. Inschriften sind dem 8. Jh. v. Chr. überliefert; noch für das 5. Jh. n. Chr. wird das P. als gesprochene Volkssprache bezeugt.

phrygische Mütze →Jakobinermütze.

Phthise (Phthisis) [griech.], (Schwindsucht), allg. Verfall des Körpers oder einzelner Organe; i. e. S. Form der Lungentuberkulose.

Phuket, thailänd. Insel in der Andamanensee, 552 km^2; bed. Touristenzentrum.

pH-Wert [pH, Abk. für **p**otentia (oder **p**ondus) **h**ydrogenii ›Stärke des Wasserstoffs‹], Maßzahl für die in Lösungen enthaltene Konzentration an Wasserstoffionen, H^+-Ionen (bzw. Hydroniumion, H_3O^+-Ionen), d. h. für den sauren oder basischen Charakter einer Lösung. Der pH-W. ist definiert als der negative dekad. Logarithmus der Wasserstoffionenkonzentration; beträgt die Wasserstoffionenkonzentration einer sauren Lösung 10^{-3} Mol/l, dann hat die Lösung einen pH-W. von 3; saure Lösungen haben pH-W. kleiner als 7, alkal. (bas.) Lösungen über 7 (1-normale Salzsäure hat den pH-W. 0 und 1-normale Kalilauge den pH-W. 14).

Der pH-W. ist für den Ablauf vieler chem. und biochem. Vorgänge entscheidend.

Phyle [griech.], altgriech. Stammesverband, in Athen als Verband des Stadtstaates organisiert.

Phylogenie [griech.], svw. Stammesentwicklung (→ Entwicklung [in der Biologie]).

Phylum [griech.] → Stamm.

phys..., Phys... → physio..., physio...

Physik [griech.], Wiss., die sich mit der Erforschung aller experimentell und messend erfaßbaren sowie mathemat. beschreibbaren Erscheinungen und Vorgängen (*physikal. Phänomene)* in der Natur befaßt und die insbes. sämtl. Erscheinungs- und Zustandsformen der Materie und alle dafür verantwortl., zw. den Materiebausteinen und -aggregaten bestehenden Kräfte und Wechselwirkungen erforscht.

Die *Experimentalphysik* gewinnt durch exakte Beobachtung des Naturgeschehens und durch planmäßige, unter kontrollierten, übersichtl. und vereinfachten Bedingungen ausgeführte Versuche, die *physikalischen Experimente,* und dabei angestellte Messungen Kenntnis über die qualitativen und quantitativen Zusammenhänge der verwendeten Meßgrößen. Die *theoret. Physik* faßt das experimentelle Material zusammen, abstrahiert aus ihm die funktionalen Beziehungen zw. den untersuchten Größen und formuliert diese Beziehungen in mathemat. Form als *physikal. Gesetze.* Eine wesentl. Rolle spielen in der theoret. P. Modellvorstellungen *(physikalische Modelle;* z. B. → Atommodell).

Das Gesamtgebiet der P. wird nach verschiedenen Gesichtspunkten unterteilt. Unter dem Begriff *klass. Physik* faßt man die bis zum Ende des 19. Jh. untersuchten Erscheinungen und Vorgänge zusammen, die anschaul. in Raum und Zeit beschreibbar sind und für die zu Beginn des 20. Jh. abgeschlossene Theoriengebäude vorlagen. Teilbereiche der klass. P. sind die →Mechanik, die →Akustik, die →Thermodynamik, die →Elektrodynamik sowie die →Optik. Eine Vollendung der klass. P. ist die zu Beginn des 20. Jh. entwickelte und daher meist zur modernen P. gezählte →Relativitätstheorie. Die seit Beginn des 20. Jh. entwickelnde *moderne Physik* umfaßt v. a. die Naturerscheinungen und -vorgänge der Mikrophysik und kann gegliedert werden in eine die Gesetze der Relativitätstheorie befolgende *relativist.* P. sowie in die *Quanten-P.* mit ihren nur durch die →Quantentheorie beschreibbaren Erscheinungen und Vorgängen. Teilbereiche der Quanten-P. sind die →Atomphysik, die →Kernphysik und die →Hochenergiephysik. Weitere wichtige Bereiche der modernen P. sind die sich mit den physikal. Eigenschaften von Flüssigkeiten und Festkörpern befassende *P. der kondensierten Materie* (z. B. Festkörper-P. und Halbleiter-P.) und die →Plasmaphysik.

physikalische Therapie, medizin. Behandlungs- und Rehabilitationsverfahren unter Anwendung physikal. Faktoren; u. a. Elektrotherapie, Hydrotherapie, Bewegungstherapie, Balneo- und Klimatherapie.

Physikalisch-Technische   Bundesanstalt, Abk. PTB, Bundesoberbehörde im Geschäftsbereich des Bundes-Min. für Wirtschaft, Sitz Braunschweig, angeschlossen ist ein natur- und ingenieurwiss. Institut in Berlin. Wichtigste Aufgaben: Forschungen auf den Gebieten Meßwesen, Sicherheitstechnik und Strahlenschutz.

Physikum [griech.], Abschlußprüfung nach den vier vorklin. Semestern in der ärztl. Ausbildung.

physio..., Physio...,   physi...,   Physi..., phys..., Phys... [zu griech. phýsis ›Natur‹], Bestimmungswort von Zusammensetzungen mit der Bedeutung ›Natur, Leben, Körper‹.

Physiognomie [griech.], die äußere Erscheinung, insbes. der Gesichtsausdruck.

Geschichte der Physik (Auswahl)

1589	Galilei	Experimente zum freien Fall
1600	Gilbert	Lehre vom Magnetismus
1619	Snellius	Brechungsgesetz
1629	Galilei	Formulierung der Pendelgesetze
1636	Mersenne	Bestimmung der Schallgeschwindigkeit
1644	Torricelli	Erfindung des Barometers
1656	Huygens	Erfindung der Pendeluhr
1657	Fermat	Fermatsches Prinzip
1661	Boyle	Boyle-Mariottesches Gesetz
1673	Huygens	Theorie der Zentrifugalkraft
1679	Hooke	Hookesches Gesetz
1681	Mariotte	Wärmeausstrahlung
1686	Halley	barometr. Höhenformel
1687	Newton	Grundgesetze der Mechanik
1694	Huygens	Huygenssches Prinzip
1704	Newton	Korpuskulartheorie des Lichts
1714	Fahrenheit	Quecksilber- und Alkoholthermometer
1727	Bradley	Bestimmung der Lichtgeschwindigkeit
1729	Gray	Unterscheidung elektr. Leiter und Nicht-leiter
1734	Dufay	Unterscheidung zweier Elektrizitätsarten
1740	Maupertuis	Prinzip der kleinsten Wirkung
1743	d'Alembert	d'Alembertsches Prinzip
1760	Lambert	Arbeiten zur Photometrie
1780	Lavoisier	Arbeiten zur Kalorimetrie
	Galvani	Froschschenkelversuch
1785	Coulomb	Coulombsches Gesetz
1793	Volta	Spannungsreihe
1799	Volta	Voltasche Säule zur Erzeugung hoher elektr. Spannungen
1801	Young	Bestätigung der Wellentheorie des Lichts durch Nachweis von Interferenz- und Beugungserscheinungen
1802	Gay-Lussac	Gesetz über die Volumen- bzw. Druck-änderung von Gasen mit der Temperatur
1803	Dalton	Atomtheorie
1811	Avogadro	Avogadrosches Gesetz
1814	Fraunhofer	Entdeckung der Fraunhoferschen Linien im Sonnenspektrum
1815	Prout	Hypothese vom Aufbau der Atome aus dem Grundbaustein Wasserstoff
1817	Haüy	Entdeckung der Piezoelektrizität
1819	Dulong, Petit	Gesetz von der Konstanz der Atom-wärme
1820	Ørsted	Ablenkung einer Magnetnadel durch den elektr. Strom
	Ampère	Anziehung bzw. Abstoßung strom-durchflossener elektr. Leiter
	Biot, Savart	Magnetfeld eines stationären Stromes
1821	Seebeck	Thermoelektrizität
1822	Fourier	Theorie der Wärmeleitung
1826	Ohm	Ohmsches Gesetz
	Ampère	Theorie der elektromagnet. Vorgänge; Elektrodynamik
1827	Brown	Brownsche Molekularbewegung
1829	Gauß	Prinzip des kleinsten Zwanges
1830	Henry	Selbstinduktion
1831	Faraday	elektromagnet. Induktion
1833	Faraday	Faradaysche Gesetze
1834	Lenz	Lenzsche Gesetze
	Peltier	Peltier-Effekt
1835	Joule	Joulesche Gesetze
1842	Doppler	Doppler-Effekt
	Mayer, J. R.	Prinzip von der Erhaltung der Energie
1845	Faraday	Faraday-Effekt
1847	Helmholtz	Begründung des Energiesatzes
	Kirchhoff	Kirchhoffsche Regeln
1850 ff.	Kelvin	Arbeiten zur Wärmelehre
1856/57	Krönig, Clausius	kinet. Gastheorie
1858	Plücker	Kathodenstrahlen
1859	Kirchhoff, Bunsen	Spektralanalyse
1861 bis 1864	Maxwell	Grundgleichungen der Elektrodynamik (Maxwellsche Gleichungen)
1868	Maxwell	elektromagnet. Lichttheorie
1881	Stoney	elektr. Elementarladung
1882	Michelson	Lichtgeschwindigkeit
1887	Hertz, H.	elektromagnet. Wellen
1895	Röntgen	Entdeckung der Röntgenstrahlen
1896	Becquerel	Entdeckung der Radioaktivität
1897	Thomson, J. J.	Bestimmung der Elektronenladung
1898	Curie, M. u. P.	Radioaktivität
1900	Planck	Wirkungsquantum
1902	Rutherford, Soddy	Theorie der Radioaktivität
1905	Einstein	Lichtquantentheorie und spezielle Relativitätstheorie
1906	Nernst	3. Hauptsatz der Thermodynamik
	Soddy	Entdeckung von Isotopen
1911	Kamerlingh Onnes	Supraleitung
	Rutherford	
1912	Hess	Theorie des Atombaus
	Rutherford	Entdeckung der kosm. Strahlung
	Wilson	Rutherfordsches Atommodell
1913	Bohr	Wilsonsche Nebelkammer
1915/16	Einstein	Bohrsches Atommodell
1918	Geiger, Müller	allg. Relativitätstheorie
1919	Aston	Geiger-Müller-Zählrohr
	Rutherford	Massenspektrograph erste künstl. Kernumwandlung
1923	Compton	Compton-Effekt
1924	de Broglie	Materiewellen
1925	Pauli	Pauli-Prinzip
1925	Born, Heisenberg, Schrödinger	grundlegende Arbeiten zur Quantenmechanik (Wellen-mechanik)
1928	Dirac	Wellengleichung für das Elektron
	Gamow	Tröpfchenmodell des Atomkerns
1929	Einstein	allgemeine Feldtheorie
1930	Lawrence	Bau des ersten Zyklotrons
1931	Ruska, Knoll	Elektronenmikroskop
1932	Urey	schwerer Wasserstoff
	Chadwick	Entdeckung des Neutrons
1934	Fermi	Theorie des Betazerfalls
	Joliot-Curie, I. und J. F.	Erzeugung künstl. Radioaktivität
	Tscherenkow	
1935	Jukawa	Theorie des Kernfeldes
1937	Anderson, Neddermeyer	Entdeckung des Myons
1938	Hahn, Straßmann	Entdeckung der Kernspaltung
1941	Landau	Theorie der Superfluidität
1942	Fermi	Bau des ersten Kernreaktors in Chicago
1945 ff.	Tomonaga, Feynman, Schwinger	Grundlegende Arbeiten zur Quanten-elektrodynamik
1948/49	Goeppert-Mayer, Jensen	Schalentheorie des Atomkerns
1948 ff.	Shockley, Bardeen, Brattain	Entwicklung des Transistors
1954	Gordon, Zeiger, Townes	Entwicklung des Masers
	Bardeen, Cooper, Schrieffer	Theorie der Supraleitung
	Mößbauer	Mößbauer-Effekt
1957	Lee, Yang, Wu	Nichterhaltung der Parität beim Beta-zerfall
1958 ff.	Schawlow, Townes, Maiman	Entwicklung des Lasers
1964	Gell-Mann, Zweig	Quark-Hypothese
1964/65	Penzias, Wilson	kosm. Hintergrundstrahlung
1974	Richter, Ting	Psiteilchen
1977	Lederman	Ypsilonteilchen
1977	Perl	Tauteilchen
1980	Klitzing	Quanten-Hall-Effekt
1981	Hofmann	Protonenradioaktivität
1982	Münzenberg	Element 109
1983	Rubbia, van der Meer	W- und Z-Boson
1984	Münzenberg	Element 108
1986	Müller, Bednorz	Hochtemperatursupraleiter
1989		Teilchenbeschleuniger LEP, CERN

Physiognomik [griech.], Sammelbez. für die (unbewegte) Ausdruckserscheinung des menschl. (und tier.) Körpers, von dessen Form und Gestaltung auf innere Eigenschaften geschlossen wird.

Physiokraten [griech.-frz.], Gruppe frz. Wirtschaftstheoretiker, die in der 2. Hälfte des 18. Jh. die erste nationalökonom. Schule bildete. Ihr Begründer F. →Quesnay entwickelte das Modell eines *Wirtschaftskreislaufs* zw. den sozialen Klassen. Die einzige wirtschaftl. produktive Klasse bilden die in der Landwirtschaft Tätigen; die Klasse der Grundeigentümer soll dem Staat für polit. Aufgaben zur Verfügung stehen; die unproduktive Klasse umfaßt alle außerhalb des agrar. Bereichs Tätigen. – Ziel der P., v. a. des Praktikers A. R. →Turgot, waren Wirtschafts- und Finanzreformen zur Behebung der frz. Wirtschafts- und Gesellschaftskrise. Der bedeutendste dt. Physiokrat war J. A. Schlettwein.

Physiologie, Teilgebiet der Biologie; die Wiss. und Lehre von den normalen, auch den krankheitsbedingten *(Patho-P.)* Lebensvorgängen und Lebensäußerungen der Pflanzen, Tiere des Menschen.

physiologische Uhr (biolog. Uhr, endogene Rhythmik, Tageszeitsinn, innere Uhr), rhythm. ablaufender physiolog. Mechanismus, der bei den Menschen, allen Pflanzen und Tieren vorhanden ist und nach dem die Stoffwechselprozesse, Wachstumsleistungen und Verhaltensweisen festgelegt werden. Die p. U. ist in der Zelle lokalisiert; die molekularen Vorgänge in ihrer Funktion sind noch nicht bekannt. Die Periodendauer der p. U. beträgt zieml. genau 24 Stunden. Bislang ist noch nicht bekannt, ob die Zeitgeber von inneren oder äußeren Faktoren gesteuert werden.

Physiologus (Physiologos) [griech.], ein vermutl. im 2. Jh. in Alexandria entstandenes Buch der Naturbeschreibungen, das im 4. Jh. aus dem Griech. ins Lat. übertragen wurde und Tiere, Pflanzen und Steine in Zusammenhang mit der Heilsgeschichte stellte: eine der verbreitetsten Schriften des MA und grundlegend für die Symbolsprache der christl. Natur- und Kunstvorstellungen; erste dt. Übersetzung vermutlich um 1070 (→Bestiarium).

Physiotherapie (Physiatrie), zusammenfassende Bez. für physikal. Therapie und Naturheilkunde.

physisch, 1. in der Natur gegründet, natürlich; 2. die körperl. Beschaffenheit betreffend, körperlich.

phyto..., Phyto... [zu griech. phytón ›Gewächs‹], Bestimmungswort von Zusammensetzungen mit der Bedeutung ›Pflanze‹.

Phytohämagglutinine [griech./lat.] (Phytoagglutinine, Lektine), Pflanzenstoffe (vorwiegend Eiweißkörper), die agglutinierend auf rote Blutkörperchen wirken; werden bei der Blutgruppenbestimmung eingesetzt.

Phytohormone, svw. →Pflanzenhormone.

Phytolithe [griech.], aus pflanzl. Resten aufgebaute Sedimente; z. B. Kohle, verschiedene Kalkgesteine und Kieselsedimente.

Phytologie, svw. →Botanik.

Phytophagen [griech.], svw. Pflanzenfresser.

Pi [griech.], **1)** 16. Buchstabe des klass. griech. Alphabets mit dem Lautwert [p]: Π, π.

2) (Ludolphsche Zahl) Bez. für die durch den griech. Buchstaben π symbolisierte transzendente (also irrationale) Zahl, die das konstante Verhältnis des Kreisumfangs $(2\pi r)$ zum Durchmesser $(2r)$ angibt: $\pi = 3{,}141\,592\,653\,589\,793\,238\,46...$ (unendl., nichtperiod. Dezimalzahl).

Piacenza [italien. pia'tʃɛntsa], italien. Prov.hauptstadt in der Emilia-Romagna, 105 000 E. Museum, Theater. Handelsplatz an einem wichtigen Poübergang. Roman.-got. Dom (1122–1233) u. a. bed. Kirchen; Palazzo del Comune (1280 ff.). – 218 v. Chr. als röm. Militärkolonie **Placentia** gegr.; nach verschiede-

nen Besitzwechseln 1512 an den Kirchenstaat; 1545 mit Parma Herzogtum.

Piaf, Édith [frz. pjaf], eigtl. É. Giovanna Gassion, * Paris 19. 12. 1915, † ebd. 11. 10. 1963, frz. Chansonsängerin. Hatte mit z. T. selbstverfaßten Chansons international überragende Erfolge.

Piaget, Jean [frz. pja'ʒɛ], * Neuenburg 9. 8. 1896, † Genf 16. 9. 1980, schweizer. Psychologe. Beschäftigte sich v. a. mit dem kindl. Spracherwerb.

Pianino [italien.] →Klavier.

piano [italien.], Abk. p, musikal. Vortragsbez.: leise, sanft, still (Ggs. →forte); **pianissimo,** Abk. pp, sehr leise; **mezzopiano,** Abk. mp, halbleise; **fortepiano,** Abk. fp, laut und sofort wieder leise.

Pianoforte [italien.-frz.] →Klavier.

Pianola [italien.], automat., pneumat. Klavier (→mechanische Musikinstrumente).

Piassave [Tupí-portugies.], Bez. für mehrere wirtschaftl. genutzte Pflanzenfasern, die aus den Gefäßbündeln der Blattscheide und des Blattstiels verschiedener Palmenarten gewonnen werden.

Piasten, poln. und schles. Herrschergeschlecht. Histor. greifbar seit Hzg. Mieszko I. (†992). Durch die Reichsteilung 1138 entstanden in Schlesien (bis 1675), Großpolen (bis 1296) und Kleinpolen (bis 1279), schließl. durch Teilungen der kleinpoln. Linie in Masowien (bis 1526) und Kujawien (bis 1370/89) Nebenlinien. Kasimir III., d. Gr. (* 1310, † 1370), war der letzte Piast auf dem poln. Königsthron.

Piaster (frz. Piastre, italien. Piastra) [griech.-lat.], europ. Bez. 1. für den span.-amerikan. Peso als Handelsmünze; 2. für Nachahmungen des Peso durch andere Staaten; 3. Bez. der 1. türk. Talermünze (1687), die im 19. Jh. aber zur Kleinmünze gesunken war, 1 P. = 40 Para. Heute noch in einigen arab. Staaten (Ägypten, Libanon, Sudan, Syrien), 100 P. = 1 Pfund.

Piazza, italien. Bez. für [Markt]platz.

Piazza Armerina, italien. Stadt im Innern Siziliens, 21 300 E. Schwefelgewinnung. Dom (im 17. Jh. barockisiert); nahebei Reste einer kaiserl. Jagdvilla (um 300 n. Chr.) mit Mosaikböden.

Pic [frz. pik], frz. svw. Bergspitze.

Picabia, Francis [frz. pika'bja], * Paris 22. 1. 1879, † ebd. 30. 11. 1953, frz. Maler span.-frz. Herkunft. Wegbereiter von Dadaismus und Surrealismus.

Picador [span.] →Stierkampf.

Picardie [pikar'di:], histor. Prov. und Region in N-Frankreich, 19 399 km², 1,77 Mio. E, Regionshauptstadt Amiens. Im MA in viele Herrschaften zersplittert, seit 1185 der frz. Krondomäne angeschlossen; 1477/82 an Ludwig XI. von Frankreich.

Picasso, Pablo, eigtl. Pablo Ruiz y P., * Málaga 25. 10. 1881, † Mougins bei Cannes 8. 4. 1973, span. Maler, Graphiker und Bildhauer. Lebte ab 1904 in Paris und S-Frankreich, u. a. Freundschaft mit den Schriftstellern P. Valéry, J. Cocteau, G. Apollinaire und dem Komponisten I. Strawinski. Besuchte mit 15 Jahren die Kunstschule in Barcelona, 1897 die Academia San Fernando in Madrid; ab 1944 Mgl. der KPF (Symbol der Friedenstaube u. a., Plakat, 1949); lebte ab 1961 in Mougins (bei Cannes). – P. Gesamtwerk kann in seiner Vielfältigkeit als einzigartig in seiner produktiven Wirkung auf die bildende Kunst des 20. Jh. bezeichnet werden. 1901–04 entwickelte er in der ›Blauen Periode‹ seinen ersten originalen Stil mit Figurenbildern in verschiedenen Blautönen (›Absinthtrinkerin‹, 1902; Glarus, Sammlung Huber). 1904–06 bevorzugte P. Zirkusmotive, häufig vor einem rosa gestimmten Hintergrund, daher der Name ›Rosa Periode‹ (›Die Gaukler‹, 1905; Washington D. C., National Gallery); neben Radierungen und Kupferstichen entstanden gleichzeitig die ersten Plastiken. Für die Stilwende von 1907 waren v. a. afrikan. Masken und die Auseinandersetzung mit dem Werk

Pablo Picasso

Pablo Picasso:
Stierkopf;
Bronze, 1943

P. Cezannes wichtig (Vorstudien zu ›Les Demoiselles d'Avignon‹, 1907; New York, Museum of Modern Art), dieses Werk brach mit der bisher gültigen Ästhetik: zersplitterte Formen und Farben (v. a. Grau-, Braun-, Grüntöne), es führte zeitgleich mit G. Braque zum *analytischen Kubismus* (→Kubismus); in der Folgezeit Entwicklung von stereometr. Strukturen (›Frau mit Gitarre‹, 1911/12; New York, Museum of Modern Art); auch Einbeziehung der →Collage (›papiers collés‹). Die Phase des *synthetischen Kubismus* (ab 1912) ist durch wieder zunehmende Farbigkeit bestimmt (›Die Violine‹, 1912; Stuttgart, Staatsgalerie). Der ›synthetische‹ Charakter dieser Kunst kommt in den gleichzeitig entstandenen Plastiken (von P. ›Construction‹ gen.) bes. deutlich zum Ausdruck (›Gitarre‹, 1912; New York, Museum of Modern Art). In der Folgezeit stehen die verschiedensten Kunstrichtungen gleichzeitig nebeneinander; ab 1914 trat neben die kubist. eine monumental ›klassizistische‹ Malerei, ab 1919 auch Rückgriff auf mytholog. Motive und Vorbilder der Antike. Nachhaltige Impulse erhielt P. von den Surrealisten (→Surrealismus). Ein Höhepunkt in P. Schaffen ist das für den span. Pavillon auf der Weltausstellung in Paris (1937) gemalte großformatige Gemälde ›Guernica‹ (Madrid, Prado), es entstand nach der Zerstörung der bask. Stadt Guernica (26. 4. 1937) durch die dt. →Legion Condor.

Pablo Picasso: ›Guernica‹, Ausschnitt; 1937 (New York, Museum of Modern Art)

dell‹, etwa 70 Blätter), 1968 eine Folge von 347 Radierungen. P. Figuren, Köpfe, Konstruktionen, Materialbilder und Assemblagen wurden zu Schlüsselwerken der Plastik. – 1963 wurden in Barcelona das Museo P., 1985 in Paris das Musée P. eröffnet.

Piccard [frz. pi'ka:r], **1)** Auguste, * Lutry 28. 1. 1884, † Lausanne 25. 3. 1962, schweizer. Physiker. Führte 1931/32 die ersten Stratosphärenflüge mit einem Ballon durch (maximale Höhe 16 203 m) und unternahm ab 1947 Tiefseetauchversuche, u. a. mit dem von ihm konstruierten Tieftauchgerät (Bathyscaph) ›Trieste‹.
2) Jacques, * Brüssel 28. 7. 1922, schweizer. Tiefseeforscher. Sohn von Auguste P.; tauchte zus. mit D. Walsh mit dem Tieftauchgerät (Bathyscaph) ›Trieste‹ im Marianengraben (Pazif. Ozean) bis auf 10 916 m.

Auguste Piccard

Piccinni (Piccini), Niccolò (Nicola) [italien. pit-'tʃinni, pit'tʃi:ni], * Bari 16. 1. 1728, † Passy (= Paris) 7. 5. 1800, italien. Komponist. Vertreter der neapolitan. Schule (Opern).

Piccolo →Pikkolo.

Piccolomini, Adelsgeschlecht aus Siena, 1464 im Mannesstamm erloschen. Bed. v. a.:
Piccolomini (P.-Pieri), Ottavio, Hzg. von Amalfi (seit 1639), Reichsfürst (seit 1650), * Florenz 11. 11. 1599 (?), † Wien 11. (10.?) 8. 1656, Heerführer. 1627 Kapitän der Leibgarde Wallensteins; erhielt für seinen Verrat an Wallenstein aus dessen Gütern die mähr. Herrschaft Nachod.

Jacques Piccard

Picht, Georg, * Straßburg 9. 7. 1913, † Hinterzarten 7. 8. 1982, dt. Pädagoge und Religionsphilosoph. Ab 1965 Prof. für Religionsphilosophie in Heidelberg. Schrieb u. a. ›Der Gott der Philosophen und die Wiss. der Neuzeit‹ (1966), ›Hier und jetzt. Philosophieren nach Auschwitz und Hiroshima‹ (1980–81).

Pickford, Mary [engl. 'pɪkfəd], eigtl. Gladys M. Smith, * Toronto 8. 4. 1893, † Santa Monica (Calif.) 29. 5. 1979, amerikan. Schauspielerin und Filmproduzentin. Star des amerikan. Stummfilms; gründete mit D. Fairbanks (⚭ 1925–35), C. Chaplin und D. W. Griffith 1919 die Filmgesellschaft United Artists Corporation Inc., 1945 die Pickford Productions Inc.

Pico [portugies. 'piku], Insel der Azoren, 433 km², Hauptort Lajes do Pico an der Südküste; gebirgige Vulkaninsel, bis 2 351 m ü. d. M.; Fischerei.

Pico della Mirandola, Giovanni, * Mirandola bei Modena 24. 2. 1463, † in oder bei Florenz 17. 11. 1494, italien. Philosoph. Mgl. der Platon. Akademie in Florenz; vertrat als Humanist in 900 Thesen die Position, daß die verschiedenen Philosophien und Theologien bestimmte allgemeingült. Wahrheiten enthalten, die (v. a. auch unter Einbeziehung des Platonismus und Aristotelismus sowie der Kabbala) in einem universalen Lehrgebäude zusammengefaßt werden könnten (von Papst Innozenz VII. verurteilt); schrieb u. a. ›De dignitate hominis‹ (Über die Würde des Menschen,

Pablo Picasso: ›Das Leben‹; 1903 (Cleveland, Museum of Art)

Nach dem 2. Weltkrieg experimentierte P. mit neuen Techniken und Themen, 1945–49 v. a. Lithographien; 1947 entstanden in Vallauris (bei Cannes) zahlr. bemalte Keramiken. In der Malerei entwickelte er einen stark vereinfachenden, kurvigen Linienstil; auch Gemälde alter Meister (Rembrandt, D. Velázquez, El Greco, G. Poussin) dienten ihm (bes. ab 1954) als Bildentwurf, die einer Reihe eigenwilliger Metamorphosen unterworfen wurden (u. a. ›Las Meninas‹, 1957; Barcelona, Museo P.); 1963/64 entstanden u. a. auch zahlr. parodist. Zeichnungen (›Maler und Mo-

entst. 1487, hg. 1496), die als wesentl. Schrift der Renaissancephilosophie gilt.

Picos de Europa [span. 'pikɔθ ðe eu'ropa], verkarsteter Gebirgsstock im Kantabrischen Gebirge, bis 2648 m hoch.

Pictor [lat.] → Sternbilder (Übersicht).

Pidgin-English ['pɪdʒɪn 'ɪŋlɪʃ; engl., nach der chin. Aussprache des engl. Wortes business ›Geschäft‹] (Pidgin-Englisch, Pidgin), eine in O-Asien verbreitete Verkehrs- und Handelssprache mit stark reduziertem engl. Grundwortschatz und chin. Lautung, Wortbildung und Syntax.

Pidurutalagala, mit 2524 m höchster Berg auf Ceylon.

Pieck, Wilhelm, * Guben 3. 1. 1876, † Berlin 7. 9. 1960, dt. Politiker. 1895 Mgl. der SPD; 1919 Mitbegründer der KPD; 1928–33 MdR; ab 1933 im Exil (Paris, UdSSR); ab 1935 Vors. der KPD; 1943 Mitbegründer des ›Nat.komitees Freies Deutschland‹; 1946–54 mit O. Grotewohl Vors. der SED; 1949–60 Präs. der DDR.

Piedestal [pi-edɛs'ta:l; italien.-frz.], Sockel, sokkelartiger Ständer (für Vasen u. ä.).

Piemont [pi-e...], italien. Region in der westl. Poebene und den Alpen, 25 399 km², 4,38 Mio. E, Hauptstadt Turin.

Geschichte: Name 1240 erstmals belegt; unter Kaiser Augustus zum Röm. Reich; Mitte des 11. Jh. an die Grafen (ab 1416 Herzöge) von Savoyen; 1713 erhielt P.-Savoyen das Kgr. Sizilien, das es 1720 gegen Sardinien eintauschen mußte; bei der Einigung Italiens war Sardinien-P. Kern des neuen Staates.

Pieper, fast weltweit verbreitete Gruppe etwa buchfinkengroßer Stelzen; etwas zierlicher und kleiner als die eigtl. Stelzen, Schwanz kürzer; in M-Europa u. a. der *Baumpieper* (etwa 15 cm lang).

Pier [engl.], ins Wasser reichende Anlegeanlage für Boote und Schiffe.

Pierce, Franklin [engl. pɪəs], * Hillsboro (N. H.) 23. 11. 1804, † Concord (N. H.) 8. 10. 1869, 14. Präs. der USA (1853–57). Demokrat; expansionist. Bestrebungen gegen Kuba, M-Amerika, Japan und Mexiko.

Piero della Francesca [italien. 'piɛ:ro 'della fran'tʃeska] (P. dei Franceschi), * Sansepolcro bei Arezzo um 1410/20, † ebd. 12. 10. 1492, italien. Maler der Frührenaissance. Strenger Bildaufbau; verbindet Farbe und Licht zu einer unwirkl. Atmosphäre. Fresken (zw. 1453/65; San Francesco in Arezzo), ›Geißelung Christi‹ (zw. 1455/65; Urbino, Palazzo Ducale), Doppelbildnis des Herzogs F. da Montefeltro und seiner Gemahlin (Florenz, Uffizien), ›Pala de Montefeltro‹ (Madonna mit Heiligen und dem Stifterbildnis; Mailand, Brera); auch mathemat.-kunsttheoret. Schriften.

Piero di Cosimo [italien. 'piɛ:ro di 'kɔ:zimo], * Florenz 1461 oder 1462, † ebd. 1521, italien. Maler. Schuf u. a. mytholog. Bilder mit bizarren Szenerien.

Pierre [engl. pɪə], Hauptstadt des amerikan. Bundesstaates South Dakota (seit 1889), am Missouri, 12 000 E.

Pierrot [piɛ'ro:, frz. pjɛ'ro], frz. Komödienfigur, im 17. Jh. aus einer Dienerfigur der Commedia dell'arte entwickelt.

Pieta [pi-e'ta; lat.-italien.] (Pietà, Vesperbild), in Plastik und Malerei Darstellung der trauernden Maria mit dem Leichnam Jesu auf dem Schoß, seit dem 14. Jh. als Andachtsbild; berühmt die ›Pietà‹ von Michelangelo (1498/99).

Pietät [pi-e...; lat.], Ehrfurcht, Achtung (bes. gegenüber Toten oder den sittl., religiösen Wertvorstellungen anderer).

Pietermaritzburg [afrikaans pi:tərma'rɪtsbœrx], Hauptstadt von Natal, Republik Südafrika, 192 400 E. Museen, botan. Garten. U. a. Motorenmontage.

Pietismus [pi-e...; lat.], Bewegung des dt. Protestantismus im 17./18. Jh., die eine subjektive Frömmigkeit entwickelte und eine Erneuerung der Kirche zum Ziel hatte; im Mittelpunkt steht nicht mehr die → Rechtfertigung, sondern die Wiedergeburt (Bekehrung) jedes einzelnen Menschen. Das Verhältnis des Wiedergeborenen zu Gott wird als unmittelbare Gotteskindschaft bestimmt. Mit anderen Wiedergeborenen findet er in Konventikeln (›collegia pietatis‹), der typ. Gemeinschaftsform des P., zusammen. – Richtungweisend für den P. ist die Schrift P. J. Speners, ›Pia Desideria‹ (1675). Neben Spener und A. H. → Francke ist Zinzendorf einer der Exponenten des luth. P. (Herrnhuter → Brüdergemeine).

Pietroasa [rumän. pje'troasa] (Petrossa), rumän. Dorf (= Pietroasele bei Buzău), Fundort (1837) des Goldschatzes des Westgotenführers Athanarich (?); z. T. Bukarest, Histor. Museum.

Piezoelektrizität [pi-e...; griech.], das Auftreten elektr. Ladungen an den Oberflächen von Ionenkristallen (z. B. Quarz-, Turmalin-, Seignettesalz- oder Zinkblendekristallen) infolge einer mechan. Deformation. In der Technik wird auch die Umkehrung des *piezoelektr. Effekts,* die Änderung der äußeren Abmessungen eines Körpers beim Anlegen eines elektr. Feldes, ausgenutzt (→ Elektrostriktion). Bei einem Quarzkristall läßt sich durch Anlegen eines Hochfrequenzfeldes erreichen, daß diese Eigenschwingungen ausführt. Die hohe Frequenzkonstanz dieser Resonanzschwingungen kann u. a. zur Steuerung von Quarzuhren verwendet werden. Bei einem Piezotransistor kann ein Drucksignal direkt in die Änderung eines Stromflusses umgesetzt werden, bei Halbleiterdehnmeßstreifen wird der Piezowiderstandseffekt ausgenutzt.

Pigage, Nicolas de [frz. pi'ga:ʒ], * Lunéville 2. 8. 1723, † Mannheim 30. 7. 1796, frz. Baumeister. In kurpfälz. Diensten; schuf das klassizist. Schloß Benrath (= Düsseldorf; 1755–73), das Schwetzinger Rokokotheater (1725), das Heidelberger Karlstor (1773–81).

Pigalle, Jean-Baptiste [frz. pi'gal], * Paris 26. 1. 1714, † ebd. 28. 8. 1785, frz. Bildhauer. ›Merkur‹ (mehrere Fassungen); Grabmal des Marschalls Moritz von Sachsen (1753–77, Straßburg, Thomaskirche); Bronzebüste Diderots (1777; Paris, Louvre).

Pigmente [lat.], 1) *Biologie:* i. w. S. Sammelbez. für alle in Pflanze, Tier und Mensch auftretenden farbgebenden Substanzen, i. e. S. für die in bestimmten Zellen (Zellbestandteilen) abgelagerten Farbkörperchen. Die wichtigsten pflanzl. P. sind → Chlorophyll, → Karotinoide, → Anthocyane und → Flavone; tier. P. sind bes. → Melanine, Karotinoide, → Guanin und → Gallenfarbstoffe.

2) *Technik:* Bez. für bunte oder unbunte Farbmittel, die im Ggs. zu den Farbstoffen keine echten Lösungen bilden und zur Massenfärbung von Papier, Gummi, Seife u. a. oder in Form von Dispersionen in Bindemitteln (z. B. Leinöl, Kalkmilch, Wasserglas, Kunstharze) für Anstriche und Druckfarben verwendet werden.

Pik (Pique) [frz., eigtl. ›Spieß, Lanze‹], neben Kreuz die andere schwarze Farbe in der frz. Spielkarte; entspricht dem dt. Grün.

pikant [frz.], 1. angenehm scharf gewürzt; 2. leicht anzüglich; **Pikanterie,** eigenartiger Reiz; pikante Geschichte.

Pikardisch, nordfrz. Mundart, gesprochen in den ehem. Provinzen Artois und Picardie sowie im belg. Hennegau.

Pike [frz.], Stoßwaffe mit langem, hölzernem Schaft und Eisenspitze.

Pikkoloflöte [italien. piccolo = klein], Querflöte mit der höchsten Tonlage (tiefster Ton z. B. d²), in C, Des oder Es.

Piko... (Pico...) → Vorsatzzeichen.

Pikrinsäure [griech./dt.] (2,4,6-Trinitrophenol), gelbe, kristalline, wenig wasserlösl., saure Verbindung; färbt eiweißhaltige Substanzen (Seide, Wolle und Leder) gelb; früher auch Sprengstoff.

Pikten (lat. Picti), seit dem 3./4. Jh. röm. Name (›die Bemalten‹) für die brit. Stämme nördl. des Antoninuswalles; nach Abzug der Römer vergebl. Vorstöße nach S; seit dem 7. Jh. eigenes Kgr.; um 846 einem schott. Großreich eingegliedert.

Piktogramm [lat./griech.], allgemeinverständl. Bildsymbol.

Piktographie [lat./griech.], svw. → Bilderschrift.

Pilaster [lat.-italien.-frz.], flach aus der Wand heraustretender Wandpfeiler zur Wandgliederung, meist wie eine Säule unterteilt (röm. Baukunst, Renaissance und Barock).

Pilatus (Pontius P.), † Rom 39 n. Chr., röm. Statthalter (Prokurator) von Judäa (26–36). Verursachte aufgrund seiner judenfeindl. Amtsführung mehrfach Unruhen; verurteilte Jesus zum Kreuzestod.

Pilatus, Bergstock am W-Rand des Vierwaldstätter Sees (Schweiz), bis 2 129 m hoch. Zur Hotelsiedlung P.-Kulm (2 067 m ü. d. M.) führt seit 1889 die steilste Zahnradbahn der Erde von Alpnach-Stad aus.

Pileta, Cueva de la [span. 'kŭeβa ðə la pi'leta] → Höhlen (Übersicht).

Pilger [lat.], weit verbreitete Erscheinung des aus religiösen Motiven zeitweise oder dauernd heimatlos Wandernden. Häufigste Form der P.schaft ist die Wallfahrt.

Pilgerväter (Pilgrim Fathers), engl. Kongregationalisten, die zur freien Religionsausübung 1620 auf der ›Mayflower‹ nach Amerika auswanderten.

Pilgram, Anton, * Brünn um 1460, † Wien 1515, dt. Bildhauer und Baumeister. Nach Tätigkeit in Südwestdeutschland leitete P. 1511–15 die Bauhütte von Sankt Stephan in Wien; Kanzel mit Selbstbildnis 1514/15.

Pilgrim (Piligrim), † Passau 21. Mai 991, Bischof von Passau (seit 971). Sein Versuch, mit Hilfe der **Lorcher Fälschungen** seine Kirche als Rechtsnachfolgerin des spätantiken Bistums Lorch (Lauriacum) zu erweisen und als Metropolitansitz einer donauländ. Kirchenprov. (Ungarn, Mähren) durchzusetzen, scheiterte.

Pilgrim, svw. → Pilger.

Pili [lat.] (Fimbrien), fädige Proteinanhänge an der Oberfläche gramnegativer Bakterien, z. B. die *F-Pili (Geschlechtspili)* zur DNS-Übertragung.

Pilinszky, János ['pilinski], * Budapest 25. 11. 1921, † ebd. 27. 5. 1981, ungar. Lyriker. Erlebte als Soldat das Ende des 2. Weltkriegs in Deutschland. Das Schicksal der Häftlinge in den nationalsozialist. Konzentrationslagern wirkte sich auf sein gesamtes Werk aus; in seinen knappen, von herber, surrealer Metaphorik geprägten Gedichten artikuliert sich ein dem Existentialismus verwandtes Lebensgefühl. – *Werke:* Trapez und Geländer (1946), Requiem (1964), Das Fest des Tiefpunktes (2 Bde., 1984), Lautlos gegen die Vernichtung (Essays, dt. Ausw. 1989).

Pillau (russ. Baltisk), Stadt in Ostpreußen, Rußland', 20 000 E. Vorhafen von Königsberg (Pr), Seebad.

Pillauer Seetief → Frisches Haff.

Pille (Antibaby-P.) → Empfängnisverhütung.

Pillendreher (Skarabäen, Scarabaeus), v. a. in S-Rußland und im Mittelmeerraum verbreitete Gatt. etwa 2–4 cm großer, schwarzer Kotkäfer; verfertigen aus Huftierkot entweder Futterpillen für die eigene Ernährung oder Brutpillen (für die Ernährung der Larven). Die bekannteste Art ist der im alten Ägypten als Bringer der Wiedergeburt und des Glücks als heilig verehrte *Heilige Pillendreher.*

Pillenwespen, weltweit verbreitete Gattung schwarzgelb gezeichneter Lehmwespen, die aus feuchtem Lehm urnen- bis pillenförmige Brutzellen bauen.

Pillnitz, sö. Stadtteil von Dresden mit bed. Schloßanlage (18. und 19. Jh.) an der Elbe.

Pilokarpin [griech.], Alkaloid mit parasympathomimet. Wirkung (u. a. Pupillenverengung, Steigerung der Tränen-, Speichel- und Schweißsekretion), therapeut. verwendet bei primärem grünem Star.

Pilon, Germain [frz. pi'lõ], * Paris 1537 (?), † ebd. 3. 2. 1590, frz. Bildhauer. Grabmonument u. a. für Heinrich II. und Katharina von Medici (ehem. Abteikirche Saint-Denis, 1563–71); bed. Medailleur.

Pilos (Pylos), griech. Hafenstadt an der SW-Küste der Peloponnes, 2 100 E. Beanspruchte in der Antike das homer. **Pylos** zu sein; am N-Hang die sog. Nestorhöhle mit schon neolith. Kult. Seit der fränk., im 13. Jh. venezian. Besetzung **Navarino** gen.; 1500–1686 und 1715–1827 osmanisch. – Der Sieg einer frz.-brit. Flotte über die osman.-ägypt. Seestreitkräfte bei Navarino (20. 10. 1827) entschied den griech. Unabhängigkeitskrieg.

Pilose (Pilosis) [griech.-lat.], übermäßiger Haarwuchs.

Pilotfisch, svw. Lotsenfisch.

Pilotstudie, in den empir. Sozialwiss. eine Voruntersuchung der für ein Projekt wesentl. Faktoren.

Pilottonverfahren, 1) *Film-* und *Fernsehtechnik:* ein Verfahren zur bildsynchronen Tonaufnahme auf unperforiertem Magnetband, bei dem gleichzeitig ein sog. *Pilotton* aufgezeichnet wird.
2) *Hörfunk:* Verfahren zur Übertragung stereophoner Sendungen.

Piloty, Karl von (seit 1860), * München 1. 10. 1826, † Ambach (= Holzhausen a. Starnberger See) 21. 7. 1886, dt. Historienmaler (›Seni an der Leiche Wallensteins‹, 1855; München, Neue Pinakothek).

Pilsen (tschech. Plzeň), Hauptstadt des Westböhm. Gebiets, ČSFR, im Pilsener Becken, 175 000 E. Hochschule für Maschinenbau, Museen, 2 Theater, Planetarium. Standort des größten Maschinenbauunternehmens der ČSFR, Brauereien. Spätgot. Sankt-Bartholomäus-Kirche (14./15. Jh.); got. Franziskanerkirche (14. Jh.); Renaissancerathaus (16. Jh.); Bürgerhäuser aus Gotik, Renaissance und Barock. – Bereits im 10. Jh. Handelsplatz; Ende des 13. Jh. befestigte Stadt; 1633/34 Hauptquartier Wallensteins, der hier seine Offiziere zur Unterzeichnung einer bes. Treueerklärung (**Pilsener Revers**) bewog.

Pilsener Bier [nach der Stadt Pilsen], untergäriges, stark gehopftes Bier.

Piłsudski, Józef Klemens [poln. piu'sutski], * Zulowo (= Sulowo bei Wilna) 5. 12. 1867, † Warschau 12. 5. 1935, poln. Politiker, Marschall von Polen (seit 1920). Seit 1893 führend in der Poln. Sozialist. Partei (PPS) tätig. Im Interesse einer Eigenstaatlichkeit Polens im 1. Weltkrieg zunächst auf der Seite der Mittelmächte; seit 1916 wandte er sich den Ententemächten zu (1917/18 in dt. Haft). Nach Proklamation des Kgr. Polen 1918 ›Staatschef‹ mit der obersten Militär- und Staatsgewalt (bis 1922). Sein strateg. Geschick (›Wunder an der Weichsel‹) verhinderte im Krieg gegen Sowjetrußland 1920 eine Katastrophe. Nach dem Staatsstreich 1926 errichtete er ein autoritäres Regime; Premier-Min. (1926–28 und 1930); Verteidigungs-Min. (1926–35); schloß den Nichtangriffsvertrag mit der UdSSR und den Dt.-Poln. Nichtangriffspakt 1934.

Pilum (Mrz. Pila) [lat.], antikes Wurfgeschoß, etwa 2 m lang (Holzschaft mit Metallspitze); Hauptwaffe in der röm. Armee.

Pilze [griech.-lat.] (Mycophyta), Abteilung des Pflanzenreichs mit rund 100 000 Arten. Alle Pilze sind

Pikrinsäure

Józef Klemens Piłsudski

blattgrünfreie, folglich heterotroph oder saphrophyt. lebende Lagerpflanzen. Ihre das Substrat durchziehenden Zellfäden heißen *Hyphen.* Diese Hyphen bilden oft ein dichtes Geflecht, das *Myzel.* Die Zellwände der P. bestehen aus Chitin, nur bei wenigen Arten (z. B. bei den Schleim-P.) kommt Zellulose vor. Als Reservestoffe speichern P. Glykogen und Fett. Die ungeschlechtl. Vermehrung erfolgt durch verschiedene Sporenarten. Bei der geschlechtl. Fortpflanzung verschmelzen Gameten. – Die Abteilung der P. gliedert sich in 6 Klassen. Die bekanntesten sind Schlauchpilze, Ständerpilze und Schleimpilze. Die Wiss., die sich mit der Erforschung der P. befaßt, ist die *Mykologie.* Zu den *Echten Pilzen* (dazu zählen Algen-P., Joch-P., Schlauch- und Ständer-P.) gehören etwa 99 % aller Arten. Unter ihnen gibt es zahlr. eßbare Arten *(Speisepilze).* Ihr Nährwert ist gering, ihr Vitamin- und Mineralstoffgehalt entspricht etwa dem anderer pflanzl. Nahrungsmittel. – Unter den Echten P. gibt es viele Arten, die mit dem Wurzelsystem verschiedener Waldbäume in Symbiose leben. Große wirtschaftl. Schäden entstehen durch Rost- und Brand-P., die jedes Jahr einen erhebl. Teil der Weltgetreideernte vernichten. Auch die Erreger von Pflanzenkrankheiten in Wein- und Obstkulturen (z. B. Mehltaupilze) verursachen große Schäden. – Die Hefe-P. sind zur Wein- und Bierbereitung, im Bäckereigewerbe und bei der Käsebereitung wichtig. Andere Schlauch-P. werden industriell gezüchtet und v. a. zur Gewinnung von Antibiotika und Enzymen verwendet. Zu den P. gehören auch die → Deuteromyzeten.

Pilzgifte, svw. → Mykotoxine.

Pilzvergiftung (Myzetismus), Vergiftung durch den Genuß von Giftpilzen (landläufig auch von verdorbenen Speisepilzen im Sinne einer Lebensmittelvergiftung). Die Symptome einer P. sind entweder akuter Magen-Darm-Katarrh (etwa 2 Std. nach dem Pilzgenuß) oder Zeichen des akuten Leberversagens (12–36 Std. nach dem Verzehr; Leberkoma), ferner Schwindel, Benommenheit, Atemlähmung.

Piment [lat.-roman.] (Nelkenpfeffer), vor der Reife gepflückte und getrocknete Beeren des Pimentbaums, die als Gewürz ähnl. wie Pfefferkörner verwendet werden.

Pimpernuß (Klappernuß), Gatt. der zweikeimblättrigen Pflanzenfam. *Pimpernußgewächse* in der nördl. gemäßigten Zone; sommergrüne Sträucher, Kapselfrüchte mit zwei bis drei erbsengroßen, beim Schütteln der Frucht klappernden (›pimpernden‹) Samen; z. T. Ziersträucher.

PIN, Abk. für Personal Identification Number, zusätzlich zur Ausweiskarte benötigte Geheimnummer, die beim Geldabheben am Bankautomaten eingegeben werden muß. Kann die Nummer nicht innerhalb einer bestimmten Zeit eingetastet werden, wird die Ausweiskarte vom Automaten einbehalten.

Pinaceae [lat.], svw. → Kieferngewächse.

Pinakothek [griech.], Gemäldesammlung.

Pinang, Gliedstaat Malaysias, → Penang.

Pinatubo, Mount P. [maʊnt-], Vulkan im N der Insel Luzon, Philippinen, 1 475 m ü. d. M.; brach nach 611jähriger Ruhe im Juni 1991 erneut aus.

Pincheffekt ['pɪntʃ; engl.] (Schnüreffekt), die Kontraktion eines Plasmas (z. B. des hochionisierten Entladungskanals einer Gasentladung hoher Stromdichte) zu einem sehr dünnen, sehr heißen und stark komprimierten Plasmaschlauch oder -faden **(Pinch)** infolge Wechselwirkung des Plasmastroms mit dem von ihm erzeugten Magnetfeld.

Pincherle, Alberto [italien. 'piŋkerle], italien. Schriftsteller, → Moravia, Alberto.

Pincus, Gregory [engl. 'pɪŋkəs], * Woodbine (N. J.) 9. 4. 1903, † Boston 22. 8. 1967, amerikan. Physiologe. Entwickelte mit seinen Mitarbeitern die sog. Antibabypille (hormonale → Empfängnisverhütung).

Pindar (Pindaros), * Kynoskephalai bei Theben 522 oder 518, † Argos nach 446, griech. Lyriker. Pries in seinen *Epinikien* (Preislieder) die Sieger im sportl. Wettkampf. Von den 17 Büchern seiner Dichtung sind nur noch 4 Bücher (nach den vier Hauptfesten in ›Olympien‹, ›Pythien‹, ›Nemeen‹ und ›Isthmien‹ aufgeteilt), bestehend aus 44 Oden *(pindar. Oden,* bestehend aus 2 gleichgebauten Strophen und einer metrisch abweichenden Antistrophe) fast vollständig erhalten; u. a. von Hölderlin übersetzt.

pin-Diode, pn-Halbleiterdiode, die zw. p- und n-Schicht eine Intrinsic-Schicht (Eigenleitungsschicht) aufweist und dadurch über eine höhere Sperrspannung verfügt; Verwendung zur Gleichrichtung hoher Spannungen.

Pindos, Gebirge in Griechenland, bis 2 637 m hoch; Wasserscheide zw. Ionischem und Ägäischem Meer.

Pinealorgane [lat.] (Pinealapparat), unpaare Anhänge des Zwischenhirndachs der Wirbeltiere, bestehend aus dem *Parietalorgan* bzw. (z. B. bei Reptilien) dem lichtempfindl., unter dem Scheitelloch liegenden *Parietalauge* und dem dahinterliegenden *Pinealorgan* i. e. S., aus dem das die Zirbeldrüse hervorgeht.

Pinget, Robert [frz. pɛ̃'ʒɛ], * Genf 19. 7. 1919, frz. Schriftsteller schweizer. Herkunft. Vertreter des → Nouveau roman; Freund und Übersetzer S. Bekketts; schrieb u. a. ›Augenblicke der Wahrheit‹ (1965), ›Apokryph‹ (1980), ›Der Feind‹ (1987); auch Dramatiker.

Pingo [eskimoisch], Hügel mit Eiskern in Dauerfrostgebieten, bis 50 m hoch, bis 200 m Durchmesser.

Pinguine, Fam. bis 1,2 m hoher, flugunfähiger Meeresvögel mit fast 20 Arten um die Antarktis und entlang der kalten Meeresströmungen; vorwiegend Fische, Weichtiere und Krebse fressende Tiere mit schwerem, spindelförmigem Körper, kurzen, zu Flossen umgewandelten Flügeln, schuppenförmigen Federn und Schwimmhäuten an den Füßen. Sie brüten meist in großen Kolonien. Bes. bekannte Arten sind: *Adelie-P.,* etwa 70 cm groß, oberseits schwarz, unterseits weiß; *Kaiser-P.,* mit 1,2 m Höhe größter lebender, oberseits blaugrauer, unterseits weißer P.; *Königs-P.,* etwa 1 m groß, orangegelbe Hals- und Kopfseitenpartie.

Pinheiro [pɪn'jeːro; brasilian. pi'ɲeiru; portugies.] (Brasilian. Schmucktanne), bis 50 m hohe, kiefernähnl. Araukarie; bildet im südl. Brasilien große Wälder.

Pinie [...i-ə; lat.] → Kiefer.

Pink [engl.], blasses Rot, intensives Rosa.

Pinkerton, Allan [engl. 'pɪŋkətən], * Glasgow 25. 8. 1819, † Chicago 1. 7. 1884, amerikan. Kriminalist schott. Herkunft. Begründete 1850 in Chicago ein privates Detektivbüro, das Weltruhm erlangte.

Pink Floyd [engl. flɔɪd], brit. Rockmusikgruppe, 1965 gegr., mit dem Leadgitarristen und Sänger S. Barrett (* 1946), dem Keyboardspieler und Sänger R. Wright (* 1945), dem Baßgitarristen und Sänger R. Waters (* 1944), dem Schlagzeuger N. Mason (* 1945). Barretts Stelle übernahm 1968 D. Gilmoure (* 1944). Förderten eine differenzierte Rockmusik mit orchestralem Klang; 1981 in Dortmund Bühnenshow ›The wall‹ (nach gleichnamiger Platte; 1982 auch als Film).

Pinneberg, Kreisstadt im nw. Vorortbereich von Hamburg, Schl.-H., 36 200 E. U. a. Motorenwerk, Rosenzucht.

Pilze (Speisepilze): **1** Riesenschirmpilz oder Parasolpilz; **2** Goldpilz; **3** Wiesen- oder Feld-Champignon; **4** Graublättriger Schwefelkopf; **5** Hallimasch; **6** Birkenpilz

Pinochet Ugarte, Augusto [span. pino'tʃet u'yarte], * Valparaíso 25.11. 1915, chilen. General und Politiker. Seit 1973 Oberbefehlshaber der Streitkräfte; leitete im Sept. 1973 den Militärputsch gegen S. Allende Gossens; wurde 1973/74 Chef der Militärjunta, 1974 Präs., 1981 (neue Verfassung) ziviler Präs. (bis 1989).

Pinot [frz. pi'no], svw. Burgunderrebe (→ Rebsorten, Übersicht).

Pinseläffchen (Seidenäffchen), Gatt. zierl. Affen in S-Amerika; Körper bis 30 cm lang, Schwanzlänge bis etwa 40 cm; Gesicht fast unbehaart, an den Ohren meist lange, abwärts gekrümmte Haarbüschel.

Pinselschimmel (Penicillium), Gattung der Schlauchpilze mit mehr als 200 weltweit verbreiteten, meist saprophyt. lebenden Arten; charakterist. sind die meist grünen Konidien. Einige Arten liefern die Antibiotika der Penicillingruppe.

Pinselzungenpapageien (Pinselzüngler), Gattungsgruppe der Papageien (Fam. Loris), bei denen in Anpassung an ihre Nahrung (Blütennektar, weiche Früchte) die Zunge vorn pinselartig aufgefasert ist.

Pinsker, Leon, eigtl. Jehuda Löb P., * Tomaszów Mazowiecki (?) 1821, † Odessa 1891, russ. Zionist. Leitete das Odessaer Komitee des Palästinakolonisationsvereins, das rd. 25 000 Juden nach Palästina brachte; schrieb ›Autoemanzipation‹ (1882), einen Aufruf zur nat. Einheit der Juden, Grundlage des späteren Zionismus.

Pint [engl. paint; lat.], in Großbrit. und in den USA verwendete Volumeneinheit, Einheitenzeichen pt. Für Großbrit. gilt 1 pt = 0,568 dm³, für die USA 1 liq pt (liquid pint) = 0,473 dm³, 1 dry pt = 0,551 dm³.

Pinter, Harold [engl. 'pıntə], * London 10. 10. 1930, engl. Dramatiker. Einer der bedeutendsten zeitgenöss. engl. Dramatiker; auch Kurzgeschichten, Gedichte, Filmdrehbücher und Fernsehspiele. – Werke: Der Hausmeister (Dr., 1960), Alte Zeiten (Dr., 1971), Niemandsland (Dr., 1975), Betrogen (Dr., 1978), Noch einen Letzten (Dr., 1984).

Pinto [span.] (Painted Horse), amerikan. Farbrasse des Hauspferdes; die Pferde weisen aufgrund gezielter Züchtung zur Grundfarbe des Fells große Farbflecke auf.

Pinturicchio [italien. pintu'rikkjo], eigtl. Bernardino di Betto, * Perugia um 1454, † Siena 11. 12. 1513, italien. Maler. Schüler des Perugino; Fresken im Vatikan (1492–95) und der Bibliothek des Kardinals E. S. Piccolomini in Siena (1502 ff.).

Pin-up-Girl [pın''apgəːrl, engl. 'pınʌp'gəːl; engl.-amerikan., eigtl. ›Anheftmädchen‹], aus Illustrierten u. ä. ausgeschnittenes und an die Wand geheftetes Photo einer erot. anziehenden jungen Frau.

Pinus [lat.] → Kiefer.

pinxit [lat. ›hat es gemalt‹, Abk. p. (pinx.), der Signatur des Malers auf Gemälden oder Stichen hinzugefügt.

Pinzettfische, Knochenfische, bei denen die Mundöffnung am Ende einer röhrenartig verlängerten Schnauze liegt, die der Futtersuche dient.

Pinzgau, westl. Landesteil des österr. Bundeslandes Salzburg.

Piombino [italien. pjom'biːno], italien. Stadt in der Toskana, 39 100 E. Zentrum der Schwer-Ind. (Eisenverhüttung und -ausfuhr seit dem 5. Jh. v. Chr.), Werften; Hafen.

Pion ['piːɔn, pi'oːn; gebildet aus **Pimeson**] (Pimeson, π-Meson), ein → Elementarteilchen aus der Gruppe der Mesonen.

Pioneer [engl. paıə'nıə ›Pionier‹], Name einer Serie unbemannter amerikan. Raumsonden zur Erforschung des interplanetaren Raums und der Sonne.

Pionier [lat.-frz.], allg. svw. Wegbereiter, Vorkämpfer.

Piontek, Heinz, * Kreuzburg O. S. (Oberschlesien) 15. 11. 1925, dt. Schriftsteller. Sein Werk umfaßt Lyrik (›Die Furt‹, 1952, ›Helldunkel‹, 1987), Romane (›Die mittleren Jahre‹, 1967), Erzählungen (›Kastanien aus dem Feuer‹, 1963) und Essays (›Leben mit Wörtern, 1975).

Pipa (chin. P'i-p'a), chin. Laute mit leicht bauchigem Schallkörper.

Pipalbaum [Hindi/dt.], bei uns meist *Bobaum* gen. Feige. Unter einem P. saß Buddha während seiner Erleuchtung.

Pipeline [engl. 'paıplaın ›Rohrleitung‹], eine über größere Strecken ober- oder unterirdisch, auch unter Wasser verlegte Rohrleitung zum Transport einer Flüssigkeit (insbes. Erdöl [Ölleitung]), eines Gases (v. a. Erdgas) oder in Wasser aufgeschwemmter feinkörniger Feststoffe.

Piper [griech.-lat.] → Pfeffer.

Pipette [frz.], eine dünne Glasröhre mit sich verengender Spitze und einer bauchigen oder zylindr. Erweiterung in der Mitte, mit einer Eichmarke oder mit volumenunterteilender Graduierung zum Entnehmen geringer Flüssigkeitsmengen.

Pipinsburg → Osterode am Harz.

Pippau [slaw.-niederdt.] (Feste), Gatt. der Korbblütler mit rd. 200 Arten auf der Nordhalbkugel sowie im trop. Afrika.

Pippin (Pipin) [pı'piːn, 'pıpiːn], Name fränk. Herrscher:
1) **Pippin II., der Mittlere** (P. von Heristal), * um 640, † 16. 12. 714, Hausmeier. Begründete die fakt. Herrschaft der Karolinger im Fränk. Reich.
2) **Pippin III., der Jüngere** (lat. Pippinus Minor; fälschl. übersetzt als P. der Kleine oder P. der Kurze), * 714 oder 715, † Saint-Denis 24. 9. 768, König (seit 751). Sohn Karl Martells; übte zunächst zus. mit seinem Bruder Karlmann, nach dessen Verzicht allein die Herrschaft aus. 751 nach Absetzung des letzten Merowingerkönigs Childerich III. ließ sich P. zum König wählen. Er unterstützte Papst Stephan II. auf 2 Feldzügen (754/756) gegen die Langobarden; begründete den → Kirchenstaat. Vor seinem Tode teilte P. das Reich unter seine Söhne Karlmann und Karl d. Gr. auf.

Pippinsche Schenkung, Schenkung bestimmter von den Langobarden unter Aistulf besetzter, vorher röm.-byzantin. Gebiete an den Papst durch Pippin III., d. J., Grundlage des → Kirchenstaates.

Pique [piːk; frz.], frz. Spielkarte, → Pik.

Pirañas [pi'ranjas; indian.-span.], svw. → Pirayas.

Pirandello, Luigi, * Agrigent 28. 6. 1867, † Rom 10. 12. 1936, italien. Schriftsteller. Einer der bedeutendsten Dramatiker und Erzähler des 20. Jh.; wegweisend für das zeitgenöss. Theater. Von weltliterar. Bedeutung ist v. a. das Drama ›Sechs Personen suchen einen Autor‹ (1921) sowie der Roman ›Mattia Pascal‹ (1904), der, ebenso wie der Roman ›Einer, Keiner, Hunderttausend‹ (1926), das Phänomen der Persönlichkeitsspaltung und des Identitätswechsels (›Pirandellismus‹) darstellt. Um die gleiche Problematik kreisen auch seine rd. 240 Novellen; bed. auch sein Essay ›Der Humor‹ (1908); Nobelpreis für Literatur 1934. – Abb. S. 26.

Piranesi, Giovanni Battista (Giambattista), * Mogliano Veneto 4. 10. 1720, † Rom 9. 11. 1778, italien. Kupferstecher. Eigtl. Architekt; publizierte zahlr. Folgen von an der Antike orientierten Architekturphantasien, u. a. ›Carceri‹ (1745 ff., 1760 ff.), ›Antichità romane‹ (4 Bde., 1756).

Piranhas [pi'ranjas; indian.-portugies.], svw. → Pirayas.

Pilze (Speisepilze): **1** Perlpilz; **2** Pfifferling; **3** Maronenpilz; **4** Echter Reizker; **5** Butterpilz; **6** Speisemorchel; **7** Steinpilz

Luigi Pirandello

**Willibald
Pirckheimer**
(Kreidezeichnung
von Albrecht Dürer;
1503; Berlin,
Staatliche Museen)

Pirol

Piratensender, privat betriebene Rundfunk- oder Fernsehsender, die von außerhalb des Staatsgebiets, meist von hoher See aus, auf Schiffen oder künstl. Inseln eingerichtet, durch Werbung finanzierte Programme aussenden.

Piräus, griech. Hafenstadt am Saron. Golf, 196 400 E. Teil der Agglomeration Athen. – 493/492 von Themistokles an der Stelle von Phaleron als Hafenstadt Athens ausgebaut, wurde zentraler Warenumschlagplatz der griech. Welt bis zur Eroberung durch Sulla (86 v. Chr.).

Pirayas [indian.] (Pirañas, Piranhas, Karibenfische, Sägesalmler), Unterfam. der Knochenfische in S-Amerika; Körper hochrückig, kielartige Bauchkante sägeartig gekerbt; Schwarmfische mit ungewöhnl. scharfen Zähnen; überwiegend Fischfresser; die Gefährlichkeit der P. für den Menschen ist nicht erwiesen.

Pirckheimer (Pirkheimer), Willibald, * Eichstätt 5. 12. 1470, † Nürnberg 22. 12. 1530, dt. Humanist. 1496–1501 und 1506–23 Ratsherr in Nürnberg; Freund Reuchlins und Dürers; Hg. und Übersetzer (in lat. Sprache) v. a. griech. Schriftsteller.

Pire, Dominique Georges, bekannt als Pater P. [frz. pi:r], * Dinant 10. 2. 1910, † Löwen 30. 1. 1969, belg. Dominikaner. Gründete 1950 die ›Hilfe für heimatlose Ausländer‹ (›Europadörfer‹); 1958 Friedensnobelpreis.

Pirmasens [...zɛns], Stadt am W-Rand des Pfälzer Waldes, Rhld.-Pf., 47 900 E. Schuh- und Heimatmuseum. Zentrum der dt. Schuhindustrie mit internat. Messe.

Pirmin, hl., latin. Pirminius, † Hornbach bei Zweibrücken 3. 11. 753, fränk. Klosterbischof westgot.-aquitan. oder span. Herkunft. Gründete das Kloster Reichenau (724) u. a. Benediktinerklöster; erstrebte Unabhängigkeit der Klöster von Bischöfen und Stiftern. – Fest: 3. November.

Pirna, Kreisstadt in Sachsen, an der Elbe, 45 200 E. Kunstseiden- und Zellstoffwerke. Spätgot. Marienkirche (1502–46), Bürgerhäuser aus Spätgotik und Renaissance.

Piroge [karib.], Einbaum mit aufgesetzten Bordplanken.

Pirol (Golddrossel), etwa amselgroßer Singvogel in Europa; ♂♂ gelb mit schwarzen Flügeln und Schwanzfedern; ♀♀ unscheinbar grünl. und grau; melod. Flötenruf; überwintert in O- und S-Afrika.

Pirouette [piru'ɛtə; frz.], **1)** *Reitkunst:* Übung der Hohen Schule.
2) *Sport:* Standwirbel um die eigene Körperachse (im Eiskunstlauf, Rollschuhlauf, Ballett).
3) *Kunstflug:* (senkrechte Rolle, Schraube) Kunstflugfigur, senkrechter Aufwärtsflug mit Drehung um die Längsachse.

Pirsch →Jagdarten.

Pisa ['pi:za, italien. 'pi:sa], italien. Prov.hauptstadt in der Toskana, am Arno, 103 500 E. Univ. (gegr. 1343), Museen; chem., pharmazeut. und keram. Ind. **Bauten:** Roman. Dom (1063 ff.), dessen Kampanile (1174 ff.; sog. Schiefer Turm von P.) auf nachgebendem Untergrund steht (Neigung z. Z. 1 : 10); Baptisterium (1152 ff.), Camposanto (13. Jh.); in der Altstadt weitere bed. Kirchen und Paläste.
Geschichte: In der Antike **Pisae,** im 5. Jh. v. Chr. etrusk., im 3./2. Jh. röm. Stützpunkt, 89 v. Chr. röm. Munizipium; wurde im Hoch-MA als Handelsstadt zum Konkurrenten von Genua und Venedig. Mit der Niederlage gegen Genua (1284) und der Versandung des Hafens begann der Niedergang von P.; gehörte 1406–1861 zu Florenz bzw. zur Toskana.

Pisanello, eigtl. Antonio Pisano, * Pisa oder Verona vor dem 22. 11. 1395, † Rom (?) vermutl. im Okt. 1455, italien. Maler und Medailleur. Bed. seine Bild-

nismedaillen sowie ornamentale Fresken, u. a. in Verona, Sant' Anastasia (nach 1433 bis 1438).

Pisano, 1) Andrea, * Pontedera bei Pisa zw. 1290 und 1295, † Orvieto zw. 26. 8. 1348 und 19. 7. 1349, italien. Bildhauer und Baumeister. Urspr. Goldschmied, 1330–33 Bronzereliefs der Südtür des Baptisteriums in Florenz, 1334 ff. Marmorreliefs des Kampanile des Florentiner Doms (Originale im Dommuseum), dessen Bauleitung er nach Giottos Tod übernahm, 1347 auch des Doms von Orvieto.
2) Giovanni, * Pisa zw. 1245 und 1250, † Siena 1320 (?), italien. Bildhauer und Baumeister. Sohn von Nicola P.; 1284–96 Dombaumeister in Siena (Fassade), Kanzeln für Sant'Andrea in Pistoia (1298–1302) und den Dom von Pisa (1302–11); Marienfiguren (Arenakapelle in Padua, um 1305/06; Dom von Prato).
3) Leonardo, italien. Mathematiker, →Fibonacci, Leonardo.
4) Nicola (Niccolò), * um 1225, † zw. 1278 und 1284, italien. Bildhauer. Einer der bedeutendsten Bildhauer des MA, u. a. neuer körperhafter Reliefstil der Kanzel des Baptisteriums von Pisa (1260 vollendet) sowie, unter Mitarbeit seines Sohnes Giovanni und Arnolfos di Cambio, Reliefs in der Kanzel im Dom von Siena (1266–68).
5) Nino, * um 1315, † vor dem 8. 12. 1368, italien. Bildhauer und Baumeister. Nachfolger seines Vaters Andrea P. als Dombaumeister in Orvieto; Madonnenfiguren und Grabmäler im Geiste der frz. Gotik.

Piscator, Erwin, * Ulm (= Ulmtal) bei Wetzlar 17. 12. 1893, † Starnberg 30. 3. 1966, dt. Regisseur. Mitinitiator polit. Formen und Ziele des Theaters (v. a. Dokumentarstil); u. a. Gründung des Proletar. Theaters in Berlin (1921/22); 1931–36 in der UdSSR, 1936–39 in Paris, 1939–51 in den USA; 1962–66 Leiter der Freien Volksbühne in Berlin; von bed. Einfluß auf die zeitgenöss. Regie überhaupt.

Pisces [lat.] (Fische) →Sternbilder (Übersicht).

Piscis Austrinus [lat.] (Südlicher Fisch) →Sternbilder (Übersicht).

Pisides, byzantin. Dichter, →Georgios Pisides.

Pisidien, histor. Gebiet im W-Taurus, südl. von Burdur und Isparta, Türkei; schließt sich nach N an Pamphylien an.

Piso, 1) Gajus Calpurnius, † 19. 4. 65 n. Chr. (Selbstmord), röm. Konsul. 65 Mittelpunkt der **Pisonischen Verschwörung** gegen →Nero.
2) Lucius Calpurnius P. Frugi, röm. Geschichtsschreiber und Konsul (133 v. Chr.). Verfaßte eine Geschichte Roms (7 Bde.); Gegner des Tiberius Sempronius Gracchus.

Pissarro, Camille, * auf Saint Thomas (Antillen) 10. 7. 1830, † Paris 12. 11. 1903, frz. Maler und Graphiker. Vertreter des Impressionismus (Landschaften). Förderer u. a. von C. Monet, P. Cézanne, P. Gauguin.

Pistazie [pers.-griech.-lat.] (Echte P., Alepponuß, Pistakinuß, Grüne Mandel), im gesamten Mittelmeergebiet kultivierter, bis 10 m hoher Baum. Die mandelförmigen Steinfrüchte enthalten im Steinkern je einen grünl., ölhaltigen, aromat. schmeckenden Samen *(Pistazien)*.

Piste [italien.-frz.], **1)** Verkehrsweg ohne feste Fahrbahndecke.
2) *Sport:* [abgesteckte] Skirennstrecke (bei alpinen Wettbewerben), Rodelbahn, Rennstrecke bei Motor- und Radsportwettbewerben.
3) *Luftfahrt:* Start- und Landebahn auf Flughäfen.

Pistill [lat.] →Mörser.

Pistoia, italien. Prov.hauptstadt in der Toskana, 90 500 E. U. a. Textilindustrie. Dom (v. a. 12. Jh.) mit Silberaltar des hl. Jakobus, roman. Kirche San Giovanni Fuorcivitas (12.–14. Jh.), got. Palazzo Comunale (1294 ff.). – In der Römerzeit **Pistoria,** wo 62 v. Chr. Catilina geschlagen wurde.

Pistole, Bez. für die →Dublone; später auf die dt. 5-Taler-Stücke übertragen.

Pistole [tschech.], fast ausschließlich einläufige Faustfeuerwaffe. Mehrschüssige **Selbstladepistolen** haben im Unterschied zum Revolver ein Patronenlager (Magazin für 6–10 Patronen) im Griff.

Piston, Walter [engl. 'pɪstən], * Rockland (Maine) 20. 1. 1894, † Belmont (Mass.) 12. 11. 1976, amerikan. Komponist. Schrieb u. a. Sinfonien, Streichquartette, Konzerte (mit Klangwirkungen des Jazz).

Piston [pɪs'tõ:; frz.], frz. Bez. für das Pumpenventil an Blechblasinstrumenten; auch Kurzbez. für das →Kornett.

Pitcairn [engl. 'pɪtkɛən], bis 335 m hohe Vulkaninsel im südl. Pazifik, 4,6 km², 59 E (Nachkommen von Meuterern der Bounty), Hauptort Adamstown; bildet zus. mit 3 unbewohnten Inseln (seit 1838) die brit. Kolonie Pitcairn. – 1767 entdeckt.

Pithecanthropus [griech.-lat. ›Affenmensch‹] (Homo erectus, Javanicus) →Mensch.

Pithecoidea [griech.], svw. →Affen.

Pitt, 1) William, d. Ä., Earl of Chatham (seit 1766), * London 15. 11. 1708, † Hayes (= London) 11. 5. 1778, brit. Politiker. Gegner Sir R. Walpoles; leitete 1756/57, 1757–61 und 1766–68 die Politik. Im Siebenjährigen Krieg brach P. als Bundesgenosse Preußens die frz. Vormacht zur See und in den Kolonien und legte die Basis für die brit. Weltmachtstellung.
2) William, d. J., * Hayes (= London) 28. 5. 1759, † Putney (= London) 23. 1. 1806, brit. Politiker. Sohn von William P. d. Ä.; wurde 1781 Mgl. des Unterhauses, 1782 Schatzkanzler und im Dez. 1783 Premier-Min.; Führer der Tories. Er trug dazu bei, daß die eigtl. polit. Entscheidungsbefugnis von der Krone an das Kabinett überging. 1800 erreichte er die Union von Großbrit. und Irland. Er trat wegen der gescheiterten Katholikenemanzipation 1801 zurück, wurde aber im Mai 1804 erneut berufen.

Pittakos, * etwa 650, † etwa 580, Tyrann und Gesetzgeber in Mytilene. Einer der Sieben Weisen.

Pitti, Palazzo, Palast in Florenz (heute Gemäldegalerie); älteste Teile 1457–66, von B. Ammannati 1560–66 als Residenz der Hzg. von Toskana ausgebaut, auch im 17.–19. Jh. erweitert; 1864–71 Residenz des Königs von Italien; Gartenanlage (Boboli-Gärten) 1550 ff.

pittoresk [lat.-italien.-frz.], malerisch [schön].

Pittsburgh [engl. 'pɪtsbə:g], Stadt in Pennsylvania, 424 000 E. 3 Univ., Planetarium, Museen, Bibliotheken, Sinfonieorchester; Zoo. P. ist eines der bedeutendsten Ind.zentren in den USA; Endpunkt der Schiffahrt auf dem Ohio. – 1759 gegr. als **Fort Pitt** (nach William Pitt d. Ä.).

Pius, Name von Päpsten:
1) Pius II., * Corsignano (= Pienza) bei Siena 18. 10. 1405, † Ancona 15. 8. 1464, vorher Enea Silvio Piccolomini, Papst (ab 18. 8. 1458). Einer der bedeutendsten Humanisten seiner Zeit: Dichter, Geschichtsschreiber, bed. Briefe, Reiseschilderungen und Memoiren; Geograph und Ethnograph.
2) Pius V., hl., * Bosco Marengo bei Alessandria 17. 1. 1504, † Rom 1. 5. 1572, vorher Michele Ghislieri, Papst (ab 7. 1. 1566). 1558 Großinquisitor; sein Ziel war die Kirchenreform; publizierte 1566 den ›Catechismus Romanus‹, 1570 das ›Missale Romanum‹; das von ihm initiierte Bündnis mit Spanien und Venedig ermöglichte den Seesieg über die Osmanen bei Lepanto 1571. – Fest: 5. Mai.
3) Pius VII., * Cesena 14. 8. 1742, † Rom 20. 8. 1823, vorher Luigi Barnaba Chiaramonti, Papst (ab 14. 3. 1800). Reorganisierte den Kirchenstaat, 1801 Konkordat mit Frankreich, 1804 Mitwirkung an der Kaiserkrönung Napoleons I., der den Kirchenstaat 1809 besetzte; 1809–14 Gefangener der Franzosen; ab

1814 wieder in Rom, gab 1816 dem wiederhergestellten Kirchenstaat eine neue Verfassung.
4) Pius IX., * Senigallia bei Ancona 13. 5. 1792, † Rom 7. 2. 1878, vorher Graf Giovanni Maria Mastai-Ferretti, Papst (ab 16. 6. 1846). Seine Regierung (u. a. Ende des →Kirchenstaates) war gekennzeichnet durch zunehmende Zentralisierung und schroffe Abwehr aller modernen Ideen. Die Spannungen erreichten ihren Höhepunkt anläßl. des 1. Vatikan. Konzils 1869/70, das den Primat und die Unfehlbarkeit des Papstes definierte.
5) Pius X., hl., * Riese (= Riese Pio X, bei Treviso) 2. 6. 1835, † Rom 20. 8. 1914, vorher Giuseppe Sarto, Papst (ab 4. 8. 1903). 1893 Patriarch von Venedig und Kardinal. Bekämpfte v. a. den →Modernismus, was zu großer Behinderung wiss.-theol. Arbeit führte. – Fest: 3. September.
6) Pius XI., * Desio bei Mailand 31. 5. 1857, † Rom 10. 2. 1939, vorher Achille Ratti, Papst (ab 6. 2. 1922). 1919/20 Nuntius in Polen; 1921 Erzbischof von Mailand und Kardinal. Nach dem 1. Weltkrieg bemühte sich P. um ›christl. Frieden‹ und kirchl. Konsolidierung, bes. bedeutsam waren die Lösung der →Römischen Frage durch die →Lateranverträge 1929 und das →Reichskonkordat. Zw. der kath. Kirche und der nat.-soz. Regierung kam es bald nach dem Konkordat zu wachsenden Spannungen und zahlr. kirchl. Protesten, 1937 in der Enzyklika ›Mit brennender Sorge‹ (in dt. Sprache) scharfe Anprangerung des Nationalsozialismus.

Pius XI.

7) Pius XII., * Rom 2. 3. 1876, † Castel Gandolfo 9. 10. 1958, vorher Eugenio Pacelli, Papst (ab 2. 3. 1939). Ab 1901 im Staatssekretariat; 1917 Nuntius in München, 1920–29 in Berlin, 1929 Kardinal, ab 1930 Kardinalstaatssekretär Pius' XI. förderte die Marienverehrung durch das Dogma der Himmelfahrt Marias 1950. Nach seinem Tod v. a. Kritik an seinem Arrangement mit faschist. Systemen und Schweigen zu den Judenverfolgungen des Nat.-Soz.; thematisiert u. a. in ›Der Stellvertreter. Ein christl. Trauerspiel‹ von R. Hochhuth (1963).

Pius XII.

Piwitt, Hermann Peter, * Hamburg 18. 1. 1935, dt. Schriftsteller. Schreibt Erzählungen (›Herdenreiche Landschaften‹, 1965) und Romane (›Rothschilds‹, 1972; ›Die Gärten im März‹, 1979; ›Der Granatapfel‹, 1986).

Pixel [Kw. aus **Pi**cture **el**ements], die durch Aufrasterung eines Bildes entstehenden Bildpunkte, die digitalisiert von einem Computer verarbeitet werden können. Mit der Anzahl der P. je Flächeneinheit steigt die Abbildungsgenauigkeit. Fernsehbildschirme arbeiten mit 800 P. je Zeile, Arbeitsplatzrechner mit 640 P. je Zeile.

Pizarro, Francisco [pi'tsaro, span. pi'θarro], * Trujillo bei Cáceres um 1475, † Ciudad de los Reyes (= Lima) 26. 6. 1541, span. Konquistador. Erkundete zw. 1524 und 1527 Peru; 1529 Statthalter und Generalkapitän des zu erobernden Landes. Am 13. 5. 1531 landete er gemeinsam mit seinen 3 Brüdern bei Tumbes. Der Gefangennahme und Hinrichtung des Inka Atahualpa in Cajamarca 1533 folgte der Einzug in die Inkahauptstadt Cuzco (15. 11. 1533). Bei Kämpfen der Konquistadoren untereinander um Cuzco besiegte P. Bruder Hernando P. (* 1504 [?], † 1578 [?]) D. de Almagro und ließ ihn hinrichten. P. wurde von Anhängern Almagros ermordet.

pizzicato [italien. ›gezupft‹ (pincé), Abk. pizz., Spielanweisung für Streichinstrumente: die Saiten mit den Fingern zupfen; aufgehoben durch →coll'arco.

Pjandsch →Amudarja.

Pjongjang [pjoŋ'jaŋ], Hauptstadt der Demokrat. VR Korea, am unteren Taedong, 2,64 Mio. E. Univ., Museen. Zentrum der Metall-Ind.; internat. ✈.

William Pitt d. J.
(Ausschnitt aus einem Gemälde von John Hoppner; London, National Portrait Gallery)

Pkw (PKW), Abk. für **P**ersonen**k**raft**w**agen (→ Kraftwagen).

pK-Wert [Analogiebildung zu pH-Wert], in der Chemie gebräuchl. Maßzahl für den negativen dekad. Logarithmus der Gleichgewichtskonstante K_c (→ Massenwirkungsgesetz) einer chem. Reaktion:

$$pK = -\log K_c.$$

pl., Pl., Abk. für → **P**lural.

Pl 1 (PL/1), Abk. für engl. **P**rogramming **L**anguage **1**, problemorientierte Programmiersprache für die Lösung kommerzieller und techn.-wiss. Probleme.

Placebo [lat. ›ich werde gefallen‹] (Scheinarznei, Leerpräparat, Falsumpräparat, Blindpräparat), dem Originalarzneimittel (**Verumpräparat**) nachgebildetes und diesem zum Verwechseln ähnl. Mittel (mit gleichem Geschmack), das jedoch keinen Wirkstoff enthält.

Plädoyer [plɛdoa'je:; lat.-frz.], zusammenfassende Schlußrede des Staatsanwalts und des Rechtsanwalts vor Gericht.

Plafond [pla'fõ:; frz.], flache Decke eines Raums.

Plagiat [lat.-frz.], widerrechtl. Übernahme und Verbreitung von fremdem geistigem Eigentum; bewußte Verletzung des → Urheberrechts.

Plagioklas [griech.] → Feldspäte.

Plaid [ple't; engl. plɛɪd; schott.-engl.], 1. Reisedecke (für die Knie); 2. Umhang aus kariertem Wollstoff (schott. Nationaltracht).

Plakapong [Thai] → Glasbarsche.

Plakat [frz.-niederl.], engl. **Poster** ['poʊstə], frz. **Affiche** [a'fiʃə], öffentlich angeschlagene in Bild und Schrift gestaltete (großformat.) Bekanntmachung oder Werbung.

Geschichte: Seit dem 16. Jh. gibt es P., die Flugblättern, Theaterzetteln u. ä. gleichen. Als im 19. Jh. die ersten Litfaßsäulen errichtet wurden, entstanden größere Formate; gleichzeitig entwickelte sich die *P.-Kunst,* die von H. de Toulouse-Lautrec initiiert wurde; die Technik der Farblithographie machte den Druck des Künstlerentwurfs in großer Auflage möglich; in England sind als Vertreter des *Jugendstil-P.* V. A. Beardsley und Charles Rennie Mackintosh (* 1866, † 1953), in den USA William H. Bradley (* 1868, † 1962) und Edward Penfield (* 1865, † 1902), in Frankreich P. Bonnard und M. Denise, aus Belgien H. van de Velde und in Deutschland M. Klinger, T. T. Heine und Otto Eckmann (* 1865, † 1902) zu nennen. Mit der Ausbreitung der kommerziellen und polit.

Werbung gewann das P. große publizist. Bedeutung, an der künstler. Bewegungen der jeweiligen Zeit regen Anteil hatten (Expressionismus, Bauhausstil, Kubismus). Die Photomontage wurde (bes. im Film-P.) integrierender Bestandteil. Soziales und polit. Engagement bestimmten die P. von K. Kollwitz, J. Heartfield, G. Grosz. Nach 1945 rückte die schweizer. und poln. P.kunst in die vorderste Reihe.

Plakette [frz.], 1. kleine, dem Gedenken gewidmete Tafel mit Reliefdarstellung (v. a. 16. – 18. Jh.); 2. → Button.

plan [lat.], flach, eben, platt.

Planartechnik, wichtige Technologie der Fertigung von Halbleiterbauelementen, bei der alle Strukturen und Verbindungen in Ebenen parallel zur Oberfläche eingearbeitet werden (Dotierung z. B. mit Hilfe der Ionenimplantation). Wichtigste Teilschritte sind die Erzeugung und partielle Abtragung (Ätzen) von Siliciumdioxidschichten auf der Halbleiteroberfläche mittels Photolithographie.

Planck, Max, * Kiel 23. 4. 1858, † Göttingen 4. 10. 1947, dt. Physiker. Als Begründer der Quantentheorie zählt er zu den Mitbegründern der modernen Physik; Verfechter der Relativitätstheorie Einsteins. Von Arbeiten zur Thermodynamik ausgehend, leitete er 1900 das heute nach ihm ben. Plancksche Strahlungsgesetz her, bei dessen Begründung er die Wärmestrahlung in einem Hohlraum als ein System von linearen Oszillatoren behandelte. Entscheidend war die Hypothese, daß die Energiewerte der Oszillatoren nicht kontinuierl. sein, sondern nur diskrete, zu ihrer Frequenz proportionale Werte $W = h\nu$ annehmen können, wobei h eine später nach ihm als → Plancksches Wirkungsquantum bezeichnete Naturkonstante sein sollte. 1918 erhielt P. den Nobelpreis für Physik.

Plancksches Wirkungsquantum (Plancksche Konstante, Elementarquantum), Zeichen $h,$ die von M. Planck bei der Aufstellung des nach ihm ben. Strahlungsgesetzes eingeführte Konstante $h = 6{,}625 \cdot 10^{-34}$ J · s, die die Dimension einer Wirkung besitzt; sie ist gleichzeitig der Proportionalitätsfaktor in der Beziehung $W = h\nu$ zw. der Frequenz ν einer elektromagnet. Welle und der Energie W der in ihr enthaltenen Energiequanten.

planetarische Nebel (Ringnebel), in der Astronomie ring-, kreis- oder scheibenförmige kleine Nebelflecken, in deren Zentrum oft ein Zentralstern gefunden wird.

Max Planck

Planeten (Übersicht)			
	Merkur ☿	Venus ♀	Erde ♁
kleinster Abstand von der Sonne (in Mio. km)	46	107,5	147
größter Abstand von der Sonne (in Mio. km)	70	108,9	152
kleinster Abstand von der Erde (in Mio. km)	80	38,3	–
größter Abstand von der Erde (in Mio. km)	220	260,9	–
mittlere Umlaufsgeschwindigkeit (in km/s)	47,9	35,0	29,8
siderische Umlaufzeit (in Jahren)	0,24085	0,61521	1,00004
Bahnneigung gegen die Ekliptik	7,004°	3,394°	0,000°
numerische Exzentrizität der Bahn	0,206	0,007	0,017
Äquatordurchmesser (in km)	4878	12 104	12 756,28
Durchmesser (in Erddurchmessern)	0,383	0,950	1,000
Abplattung	0	0	1 : 298,257
Masse (in kg)	$3{,}302 \cdot 10^{23}$	$4{,}869 \cdot 10^{24}$	$5{,}974 \cdot 10^{24}$
Masse (in Erdmassen)	0,0553	0,8150	1,000
mittlere Dichte (in g/cm³)	5,43	5,24	5,515
Entweichgeschwindigkeit (in km/s)	4,25	10,4	11,2
Fallbeschleunigung (in cm/s²)	370	887	978
siderische Rotationsperiode	58,65 d	243,0 d	23 h 56 min 4,099 s
Neigung des Äquators gegen die Bahnebene	≈ 2°	≈ 3°	23° 27'
Albedo	0,06 – 0,10	0,75	–
größte scheinbare visuelle Helligkeit	− 0,2	− 4,08	–
Anzahl der Monde	0	0	1

Die Werte in Klammern sind nicht hinreichend gesichert. – [1]) Masse des Systems Pluto-Charon

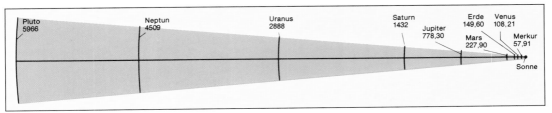

Planeten: Maßstabgetreue Darstellung des mittleren Abstandes der Planeten von der Sonne (in Millionen km)

Planetarium [griech.], eine Einrichtung zur Veranschaulichung der scheinbaren Bewegungen der Planeten sowie der Sonne, des Mondes und des Fixsternhimmels, wie sie von der Erde aus am Himmel beobachtet werden. Beim modernen *Projektions-P.* werden die Gestirne als Lichtbilder an die Innenwand einer halbkugelförmigen Kuppel projiziert; die Kuppel stellt für den Betrachter im Innern das Himmelsgewölbe dar; die Bewegung der einzelnen Himmelskörper wird durch mechan. Bewegung der Projektoren mittels Motoren und Getrieben erzielt. Bei einem Zeiss-P. werden etwa 9 000 Sterne (mehr als das bloße Auge sieht), dazu einige Sternhaufen, Nebel und die Milchstraße sowie die verschiedenen Sternbilder projiziert.

Planeten [griech.] (Wandelsterne), nicht aus sich selbst, sondern nur im reflektierten Licht der Sonne (bzw. eines anderen Sterns) leuchtende Himmelskörper, die das sie beleuchtende Zentralgestirn auf ellipsenförmigen Bahnen umlaufen. Von den neun ›großen‹ P. des Sonnensystems sind von der Erde aus fünf mit bloßem Auge zu sehen: Merkur, Venus, Mars, Jupiter und Saturn. Drei weitere P. wurden erst nach der Erfindung des Fernrohrs entdeckt: Uranus, Neptun und Pluto. Nach einem 10. P. (›Transpluto‹) wurde bisher ohne Erfolg gesucht. Eine gebräuchl. Einteilung unterscheidet zw. *inneren P.,* Merkur bis einschließl. Mars, und den *äußeren P.* Jupiter bis Pluto. Ferner wird aufgrund des Aufbaus der P. von *terrestr.* bzw. *erdähnl. P.* (Merkur, Venus, Erde, Mars und Pluto) und *iovian.* bzw. *jupiterähnl. P.* (Jupiter, Saturn, Uranus und Neptun) gesprochen.

Planetensystem, die Planeten, einschließl. der kosm. Kleinkörper im zw. den Planeten gelegenen (interplanetaren) Raum wie Planetoiden, Kometen, Meteorite und interplanetare Materie. Wird die Sonne mit einbezogen, so spricht man meist vom **Sonnensystem.** Die Gesamtmasse des P. (ohne Sonne) beträgt 448,0 Erdmassen = $2,678 \cdot 10^{30}$ g $\approx$ $^1/_{743}$ Sonnenmasse.

Planetentafeln, Tabellenwerke, in denen die →Ephemeriden der Planeten (auch die von Sonne und Mond) für bestimmte Zeiträume angegeben sind (heute meist in astronom. und naut. Jahrbüchern).

Planetoiden [griech.] (Asteroiden, Kleinplaneten), planetenähnl. Kleinkörper (Durchmesser bis zu 750 km) auf ellipt. Bahnen (vorwiegend zw. Mars- und Jupiterbahn). Einige P. kommen auch der Erde sehr nahe (z. B. Hermes auf etwa doppelte Mondentfernung).

Planfeststellung, die im Rahmen der staatl. Fachplanung vorzunehmende Prüfung, rechtl. Gestaltung und Durchführung eines konkreten [Bau]vorhabens. Mit der P. treten unmittelbare Rechtsfolgen ein, z. B. Nutzungseinschränkungen für Anliegergrundstücke.

Planflächen, in der *Optik* Bez. für ebene Begrenzungsflächen bei Linsen, Prismen oder Spiegeln.

Planimeter [lat./griech.], Gerät zur mechan. Ausmessung krummlinig begrenzter ebener Flächen.

Planimetrie [lat./griech.] →Geometrie.

Planisphäre [lat./griech.], stereograph. Polarprojektion des Sternenhimmels (›Himmelskugel‹) auf eine Ebene.

plankonkav, auf der einen Seite eben (plan), auf der anderen Seite nach innen gekrümmt (von Linsen gesagt).

plankonvex, auf der einen Seite eben (plan), auf der anderen Seite nach außen gekrümmt (von Linsen gesagt).

					Planeten (Übersicht)
Mars ♂	Jupiter ♃	Saturn ♄	Uranus ♅	Neptun ♆	Pluto ♇
206,7	741	1 343	2 735	4 456	4 425
249,2	815	1 509	3 005	4 537	7 375
55,5	588	1 193	2 590	4 304	4 275
400	967	1 658	3 160	4 689	7 525
24,1	13,1	9,6	6,8	5,4	4,7
1,88089	11,869	29,628	86,04	165,49	251,86
1,850°	1,304°	2,489°	0,773°	1,772°	17,141°
0,093	0,0485	0,056	0,046	0,009	0,252
6 794,4	142 796	120 000	51 200	48 600	(2 200)
0,97	10,97	9,07	4,15	3,81	(0,21)
1:191	1:15,5	1:9,2	(1:30)	(1:38)	–
$6,419 \cdot 10^{23}$	$1,8988 \cdot 10^{27}$	$5,684 \cdot 10^{26}$	$8,69 \cdot 10^{25}$	$1,028 \cdot 10^{26}$	$(1,36 \cdot 10^{22})$[1])
0,1074	317,826	95,145	14,54	17,204	–
3,93	1,33	0,70	1,58	1,71	(2,1)
5,02	59	33,4	(20,6)	(23,7)	–
371	2 321	928	838	1 154	–
24 h 37 min 22,66 s	9 h 55 min 29,7 s	10 h 14 min	16 h 48 min	18 h 12 min	6,39 d
23° 59'	3° 4'	26° 44'	98°	29°	(> 50°)
0,15–0,35	0,41	0,41	0,45	0,54	0,69
−1,94	−2,4	+0,8	+5,8	+7,6	+14,7
2	16 + Ringsystem	24	15 + Ringsystem	8 + Ringsystem	1

Plankton [griech.], Gesamtheit der im Wasser schwebenden tier. und pflanzl. Lebewesen *(Plankton-ten, Plankter)*, die keine oder nur eine geringe Eigenbewegung haben, so daß Ortsveränderungen überwiegend durch Wasserströmungen erfolgen. Kennzeichnend für P.organismen sind Sonderbildungen, die das Schweben im Wasser erleichtern, indem sie die Absinkgeschwindigkeit verringern, z. B. lange Körperfortsätze, Ölkugeln oder Gasblasen im Körper. Zum P. zählen neben überwiegend einzelligen Algen v. a. viele Hohltiere (bes. Quallen), Kleinkrebse, Räder- und Manteltiere, Flügelschnecken sowie die Larvenstadien z. B. von Schwämmen, Schnurwürmern, Weichtieren, Ringelwürmern, Moostierchen, Stachelhäutern und Höheren Krebsen. – Das P. ist eine wichtige Grundnahrung bes. für Fische und für Bartenwale.

Planspiel, Lehrverfahren, bei dem am Modell einer (vereinfachten) Situation den Lernenden Handlungsentscheidungen abverlangt werden, deren Auswirkungen dann geprüft werden.

Plantagenet [engl. plæn'tædʒınıt] (Anjou-P.), engl. Königshaus, das 1154–1399, mit seinen Nebenlinien Lancaster und York bis 1485 regierte; Name abgeleitet von der Helmzier des Stammvaters Graf Gottfried (Geoffroi) V. von Anjou (* 1113, † 1151), einem Ginsterbusch (lat. Planta genista).

Plantin, Christophe [frz. plã'tɛ̃], * Saint-Avertin bei Tours um 1520, † Antwerpen 1. 7. 1589, frz. Buchdrucker und Verleger. Eröffnete 1555 in Antwerpen eine Druckerei und Verlagsbuchhandlung; rd. 1 600 typograph. wertvolle Drucke (v. a. wiss. Werke, eine achtbändige Bibelausgabe in 5 Sprachen, 1569–72); 1585 übertrug er die Leitung seines Betriebes seinem Schwiegersohn J. Moretus (* 1534, † 1610); dessen Sohn Balthasar (* 1574, † 1641) und dessen Neffe Balthasar Moretus (* 1615, † 1674) führten die Tradition weiter.

Planung, zielgerichteter, vernunftgeleiteter wie systemat. Vorgang der Informationsgewinnung und -verarbeitung. Um die ins Auge gefaßten Programme zu verwirklichen, sollen in deren Verlauf Zufall und Intuition annähernd ausgeschaltet werden. Diese Optimierung der P. bedingt Übersehbarkeit und Verfügungsgewalt über die notwendigen Mittel (→ Kybernetik). – Üblicherweise unterscheidet man bei der P. sechs Phasen: Auf die erste allg. Begeisterung folgt unmittelbar eine Phase grundlegender Verwirrung, die durch eine Phase der Ernüchterung zunächst abgeschlossen wird. Mit Hilfe umfänglicher Recherchen in Akten und Archiven beginnt dann die Suche nach dem Schuldigen (Phase 4); sie endet mit der Bestrafung der Unschuldigen (Phase 5) und der Auszeichnung der Nichtbeteiligten (Phase 6). Erst wenn alle diese Stadien durchlaufen sind, gilt der Planungsprozeß und mithin die P. als endgültig abgeschlossen.

Planungswertausgleich, Abschöpfung des Wertzuwachses von Grundstücken, den diese durch staatl. Planungen oder öffentl. Investitionen erfahren haben.

Planwirtschaft (Zentralverwaltungswirtschaft), Wirtschaftsordnung, in der eine zentrale Planungsbehörde entsprechend den allg. Zielvorgaben der Staatsführung Volkswirtschaftspläne (v. a. für Produktion und Investitionen) erstellt und in Einzelpläne aufschlüsselt, die dann von nachgeordneten Stellen (Fachministerien, Betrieben) weiter ausgearbeitet werden. In einer reinen zentralen P. (z. B. der nat.-soz. P. während des 2. Weltkriegs) kommen u. a. Zuteilung von Gütern und Verbot des Austauschs zugeteilter Güter hinzu. Der Preis hat nicht die Aufgabe, Güterangebot und -nachfrage zum Ausgleich zu bringen, sondern wird vom Staat als Bewertungsmaßstab festgelegt.

Nach dem Zusammenbruch der kommunist. Reg.-Systeme in Mittel-, Ost- und Südosteuropa (seit 1989) findet dort ein in Form und Zeitperspektive unterschiedl. und für die Menschen schmerzhafter Ablösungsprozeß von der P. (zugunsten einer Marktwirtschaft) statt.

Plaque [frz. plak], 1) *Medizin:* ein Haut- oder Schleimhautfleck.
2) *Zahnmedizin:* → Zahnkaries.

Plasma [griech. ›Geformtes, Gebildetes‹], 1) *Biologie:* (Protoplasma) die lebende Substanz in den Zellen von Mensch, Tier und Pflanze.
2) *Physiologie:* (Blut-P.) die zellfreie Blutflüssigkeit (→ Blut).
3) *Physik:* elektr. leitendes, im allg. sehr heißes Gemisch aus weitgehend frei bewegl. Elektronen und Ionen sowie elektr. neutralen Atomen und Molekülen, die sich – ähnl. wie die Atome und Moleküle eines Gases – in ständiger ungeordneter Wärmebewegung befinden. Man kann jede Materie durch hinreichende Energiezufuhr in den *P.zustand* als den sog. vierten *Aggregatzustand* der Materie überführen; Materie im P.zustand sind z. B. ionisierte Flammengase, das Gas innerhalb einer Gasentladung, die bei Kernfusionsexperimenten erzeugten Plasmen, die Ionosphäre, große Teile der interstellaren Materie sowie die Materie in Sternatmosphären und den Sterninneren.

Plasmaersatz (Plasmaexpander), künstl. Lösungen zum vorübergehenden Flüssigkeitsersatz bei größeren Blutverlusten. P.flüssigkeiten können nur das fehlende Blutvolumen auffüllen, die spezif. Transportfunktionen des Blutes für Sauerstoff und Kohlendioxid jedoch ledigl. zu einem geringen Teil mit übernehmen.

Plasmaphysik, Teilgebiet der modernen Physik, dessen Aufgabe die Untersuchung der Eigenschaften der Materie in ihrem vierten Aggregatzustand, dem sog. *Plasmazustand,* sowie die Auffindung, Formulierung und Deutung der für diesen Zustand gültigen Gesetzmäßigkeiten ist. Große Bedeutung hat die P. für die kontrollierte → Kernfusion.

Plasmaspritzen, Spritzverfahren, bei dem das aufzutragende Material (insbes. hochschmelzende metall. oder keram. Stoffe) pulverförmig in den Plasmastrahl eines *Plasmabrenners* eingebracht, von diesem erhitzt und erschmolzen sowie dann mit hoher Geschwindigkeit auf die mit einem schützenden Überzug zu versehende Oberfläche aufgespritzt wird.

Plasmodium [griech.], durch aufeinanderfolgende Vielteilung des Kerns und nachfolgende Zellteilung entstandener vielkerniger Plasmakörper.

Plasmolyse [griech.], Erscheinung bei vakuolisierten Pflanzenzellen, die auf Osmose beruht: Durch eine höher als die Vakuolenflüssigkeit konzentrierte Außenlösung wird der Vakuole über die semipermeablen Membranen der Zelle Wasser entzogen, so daß die Vakuole schrumpft und sich der Protoplast von der Zellwand abhebt.

Plasmozytom [griech.] (Kahler-Krankheit, Plasmazytom), monoklonale (von einem einzelnen Zellklon ausgehende) Vermehrung und tumorartige Wucherung von Plasmazellen, meist im Bereich des Knochenmarks.

Plastiden [griech.], Zellorganellen der Pflanzen mit Ausnahme der Pilze, Blaualgen und Bakterien. Die P. sind von 2 biolog. Membranen umgeben; sie vermehren sich durch Teilung und besitzen innerhalb der Zelle eine gewisse genet. Selbständigkeit, da sie eine eigene DNS haben. Man unterscheidet folgende P.typen: *Proplastiden* mit charakterist. Einschlüssen wie Stärke und Lipidtröpfchen; *Chloroplasten* mit hoher Chlorophyllkonzentration, in denen die Photosynthese abläuft; *Leukoplasten* bilden aus Zucker Stärke; *Chromoplasten* sind durch Karotinoide gelb bis rot gefärbt; sie haben kein Chlorophyll. – Die Farbpigmente tragenden P. wie Chloro- und Chromoplasten werden auch *Chromatophoren* genannt.

Plastifikator [griech./lat.], svw. →Weichmacher.

Plastik [griech.], 1) die Gesamtheit wie die einzelnen Werke der Bildhauerkunst.

2) *Medizin:* operative Formung, Wiederherstellung von Organen und Gewebsteilen (→plastische Chirurgie).

3) allgemeinsprachl. Bez. für Kunststoff.

Plastilin [griech.], Modelliermasse aus wachsartigen Substanzen (Bienenwachs, Mineralwachs), u.a. mit Füllstoffen (z.B. Gips) und Pigmenten.

plastische Chirurgie, Teilgebiet der Chirurgie, das die [Wieder]herstellung der organ. Funktionen bei angeborenen oder verletzungsbedingten Körperschäden oder die Beseitigung von Verunstaltungen mittels plast. Operationen zum Ziel hat. Die *konstruktive p. C.* befaßt sich mit der operativen Neubildung nichtvorhandener Körperteile. Im Rahmen der Unfallchirurgie kommt der *rekonstruktiven p. C.* eine zentrale Rolle zu; z.B. werden Finger und Hände bzw. Zehen und Füße, abgerissene Nasenspitzen und Ohrläppchen nicht in den meisten Fällen erfolgreich angenäht (replantiert). Die *anaplast. Chirurgie* befaßt sich mit der Defektdeckung durch freie Verpflanzung (Transplantation) von Haut und Weichteilgewebe. Im Ggs. zu den 3 anderen Bereichen werden in der *kosmet. Chirurgie* Operationen an funktionstüchtigen Organen vorgenommen. Dadurch soll das äußere Erscheinungsbild eines Menschen verbessert oder verändert werden.

Plastizität [griech.], 1) *allgemein:* räuml., körperhafte Anschaulichkeit; Formbarkeit (eines Materials).

2) *Technik:* Verformbarkeit fester Körper, durch äußere Kräfte, sog. *plast. Verformungen,* die nach Aufhören der Einwirkung – anders als bei elast. Deformationen – bestehen bleiben.

Plata, La, argentin. Prov.hauptstadt nahe dem Río de la Plata, 455 000 E. 3 Univ., Museen, Zoo; u.a. Nahrungsmittel-Ind., Erdölraffinerie. Wichtigster Hafen Argentiniens.

Plata, Río de la [span. 'rrio ðe la], gemeinsamer Mündungstrichter von Paraná und Uruguay an der südamerikan. Atlantikküste zw. Uruguay und Argentinien.

Platää (Plataiai; lat. Plataeae), griech. Stadt in Böotien, südl. von Theben. Die Niederlage der Perser in der **Schlacht bei Platää** 479 v.Chr. beendete die Perserkriege.

Platane [griech.], einzige Gattung der *Platanengewächse* (Platanaceae) mit 6–7 rezenten Arten; 30–40 m hohe, sommergrüne Bäume mit in Platten sich ablösender Borke. Als Park- und Alleebäume werden in Mitteleuropa neben der *Amerikan.* P. (mit meist kleinschuppiger Borke und dreilappigen Blättern) v.a. die *Morgenländ.* P. (mit großschuppig sich ablösender Borke und 5–7lappigen Blättern) sowie die *Ahornblättrige* P. (mit 3–5lappigen Blättern und großflächig sich ablösender Borke) kultiviert.

Plateau [pla'to:; frz.], Hochebene, Tafelland.

Platen, August Graf von, eigtl. P.-Hallermünde, * Ansbach 24. 10. 1796, † Syrakus 5. 12. 1835, dt. Dichter. Schrieb neben den freiheitl. ›Polenliedern‹ (hg. 1849) v.a. Oden und Sonette (›Sonette aus Venedig‹, 1825; darin ›Das Grab im Busento‹) sowie →Ghasele; wegen der strengen Versmaße als ›Klassizist‹ angegriffen (Fehde mit H. Heine); auch Verskomödien.

platereśker Stil [span.], span. Dekorationsstil des 15./16. Jh., vom Mudejarstil der span. Spätgotik und Formen der italien. Frührenaissance abgeleitet.

Platforming [engl. 'plæt,fɔ:mɪŋ; Kw. aus engl. **pla**tinum **re**forming process] →Erdöl.

Platin [span.], chem. Element, Symbol Pt; Übergangsmetall der VIII. Nebengruppe des Periodensystems, Ordnungszahl 78, relative Atommasse 195,09, Dichte 21,45 g/cm³, Schmelzpunkt 1 772 °C, Siedepunkt 3 827 ± 100 °C. P. ist ein silbergrau glänzendes Edelmetall und der Hauptvertreter der *P.metalle* (Ruthenium, Rhodium, Palladium, Osmium, Iridium). P. ist nur in Königswasser und geschmolzenen Alkaliperoxiden löslich. In seinen meist farbigen Verbindungen tritt P. ein- bis vier- und sechswertig auf; es bildet zahlr. Koordinationsverbindungen. Es kommt meist gediegen (zus. mit den übrigen P.metallen) vor. P. wird (z.T. in Legierungen) zur Herstellung von Schmuck, für medizin. und chem. Geräte, für elektr. Schaltkontakte und als Katalysator verwendet.

Platine [griech.-frz.], 1) *Metallverarbeitung:* ein geschmiedetes oder vorgewalztes Formteil aus Blech (Halbzeug); wird durch Umformen weiterverarbeitet.

2) *Elektronik:* Bez. für eine unbestückte Leiterplatte.

Platon (Plato), eigtl. Aristokles, * Athen (oder Ägina) 428 oder 427, † Athen 348/347, griech. Philosoph. Schüler von Sokrates; gründete etwa 387 die →Akademie in Athen. – Von seinen fast vollständig erhaltenen Schriften in Dialogen, in denen meist Sokrates das Gespräch führt, sind ›Apologia‹, ›Symposion‹ (Gastmahl), ›Phaidon‹, ›Politeia‹ (Staat) und ›Timaios‹ die wichtigsten. P. benutzte darin die Sokrat. Dialektik als Weg zur Erkenntnis des Schönen und Guten und der ›Ideen‹, des sich im Ggs. zum sinnl. Wahrnehmbaren niemals Ändernden. Nur in bezug auf die Ideen ist gesichertes Wissen mögl., im Bereich der Sinnenwelt gibt es nur ›Meinung‹. Damit begründete P. zugleich Logik und Metaphysik. Sein log. Schlußverfahren soll zur Wiedererinnerung führen, da die unsterbl. Seele vor der Geburt im Raum der ewigen Ideen lebte, durch Leiblichkeit und Triebe jedoch gehemmt ist. Ihre Läuterung vollzieht sich ähnl. der pythagoreischen Seelenwanderung. Um auf Erden die Tugenden zu verwirklichen, erhofft P. die Realisierung eines Idealstaats, den Philosophen leiten, ›Wächter‹ schützen und ein dritter Stand nährt. P. fordert u.a. eine verantwortl. Erziehung, Euthanasie und das Verbot von Privateigentum. – Bed. Nachwirkung auf MA und Neuzeit (→Neuplatonismus).

Platonische Akademie, 1. die von Platon in Athen gegr. →Akademie; 2. am Renaissancehof Cosimos I. de' Medici 1459 begründeter Gelehrtenkreis zur Erneuerung der Philosophie Platons; Mittelpunkt des italien. Humanismus (bis 1522).

platonische Körper (regelmäßige Körper, regelmäßige Polyeder), konvexe Polyeder (Vielflächner), die von regelmäßigen, untereinander kongruenten Vielecken begrenzt werden und in deren Ecken jeweils gleich viele Kanten zusammenstoßen. Es gibt fünf p. K., deren Oberfläche (O) und Volumen (V) bei einer Kantenlänge a wie folgt zu berechnen sind:

	O	V
Tetraeder	$a^2 \sqrt{3}$	$(a^3/12) \sqrt{2}$
Würfel	$6 a^2$	a^3
Oktaeder	$2 a^2 \sqrt{3}$	$(a^3/3) \sqrt{2}$
Dodekaeder	$3 a^2 \sqrt{25 + 10 \sqrt{5}}$	$(a^3/4)(15 + 7 \sqrt{5})$
Ikosaeder	$5 a^2 \sqrt{3}$	$(5/12) a^3 (3 + \sqrt{5})$

platonische Liebe, intensive (geist.) Zuneigung (nach Platons Schrift ›Symposion‹).

platonisches Jahr (Großes Jahr, Weltjahr), die Dauer eines Umlaufes des Frühlingspunktes in der Ekliptik aufgrund der Präzession; etwa 25 800 Jahre.

Platonismus [griech.], die Lehre Platons sowie deren vielfältige, weitreichende und oft nicht genau zu bestimmende Nachwirkung (→Neuplatonismus).

Plattdeutsch, die niederdt. Mundarten.

Plattwanzen:
Gemeine Bettwanze

Platterbse:
Frühlingsplatterbse

Platte, Rudolf, * Hörde (= Dortmund) 12. 2. 1904, † Berlin (West) 18. 12. 1984, dt. Schauspieler. Filmkomiker; auch Charakterrollen, v. a. im Berliner Hebbeltheater.

Plattensee (ungar. Balaton), mit 591 km² größter See Mitteleuropas, in Ungarn, durchschnittl. 3 m, maximal 11 m tief.

Plattenspieler, Abspielgerät für Schallplatten, mit dem die auf diesen gespeicherten Schallaufzeichnungen in Wechselspannungen umgewandelt werden, die dann mittels Verstärker und Lautsprecher hörbar gemacht werden. Der P. besteht aus dem von einem Elektromotor angetriebenen *Laufwerk,* das den *Plattenteller* (Geschwindigkeit meist 45 und 33¹/₃ U/min) antreibt und dem über dem Plattenteller schwenkbaren bzw. auch tangential geführten *Tonarm* mit einem elektr. *Tonabnehmer;* dieser tastet mit seiner Abtastnadel die Rillen der auf dem Plattenteller liegenden Schallplatte ab. Abtastverzerrungen, die auf der Unterschiedlichkeit der Führung beim Schneiden der Schallrillen (radiale Führung des Schneidstichels) und bei der Tonabnahme (Kreisbogenführung der Abtastnadel um das außerhalb des Plattentellers befindliche Tonarmlager) beruhen, werden durch eine genau berechnete Abwinkelung (Kröpfung) des Tonarms verringert. Hierdurch wird jedoch der Tonarm beim Abspielen stets etwas nach innen gezogen (sog. *Skating*); die dadurch auftretende, die Abtastnadel stärker an die (bei Stereoplatten für den linken Kanal zuständige) Innenflanke der Rille drückende *Skatingkraft* wird durch eine sog. *Antiskatingvorrichtung* neutralisiert. Bei einem tangential über die Schallplatte geführten Tonabnehmer sind Vorrichtungen für das Antiskating nicht notwendig, da sich die Abtastnadel bei diesem System nicht gegenüber der Schallrille verdreht, sondern stets den gleichen Winkel aufweist. → Schallplatte.

Plattentektonik, Weiterentwicklung der Theorie der Kontinentalverschiebung, aufgrund von Echolotvermessungen der Ozeane und Tiefbohrungen. Danach ist die Lithosphäre in 6 große und zahlr. kleinere Platten aufgeteilt, deren Verschiebung und die damit verbundene Entstehung der Ozeane auf ständiges Aufdringen von basalt. Lava aus der Zentralspalte der mittelozean. Rücken zurückzuführen ist. Als Energiequelle werden in sich geschlossene Wärmeströmungen angenommen.

Platterbse, Gatt. der Schmetterlingsblütler mit mehr als 150 Arten; in Deutschland u. a.: *Frühlings-P.* (Frühlingswicke), bis 40 cm hohe Staude mit rotvioletten Blütentrauben; *Saat-P.* (Dt. Kicher), einjährige, nur kultiviert bekannte Pflanze mit bis 1 m hohem Stengel, Blüten bläul., rötl., oder weiß; *Wald-P.,* ausdauernde Pflanze mit 1–2 m langen liegenden oder kletternden Stengeln und blaßroten Blüten.

Platte River [engl. 'plæt 'rɪvə], rechter Nebenfluß des Missouri, entsteht durch Zusammenfluß von North P. R. und des South P. R., 500 km lang.

Plattfische (Pleuronectiformes), Ordnung wenige Zentimeter bis mehrere Meter langer Knochenfische mit etwa 600 Arten, v. a. in flachen Meeresgewässern; Körper seitl. stark abgeplattet, asymmetr.; beide Augen und Nasenlöcher auf der dem Licht zugekehrten Körperseite; z. T. wichtige Speisefische, z. B. Scholle, Heilbutt, Steinbutt, Seezunge und Flunder.

Plattfuß, völlige Abflachung des Fußgewölbes, die durch Veränderung der Gelenkflächen zu einer völligen Versteifung führen kann.

Plattkäfer (Schmalkäfer), weltweit verbreitete Käferfam. mit rd. 1 300 2–3 mm langen Arten; z. T. Vorratsschädlinge, z. B. der weltweit verschleppte, 3 mm lange braune *Getreideplattkäfer.*

Plattmuscheln (Tellmuscheln), Fam. z. T. prächtig gefärbter Muscheln im Pazifik und Atlantik, z. B.

in der Nord- und Ostsee die *Balt. Plattmuschel* (Rote Bohne).

Plattwanzen (Hauswanzen), weltweit verbreitete Fam. der Landwanzen mit rd. 20 an Säugetieren und Vögeln blutsaugenden Arten (auch die Larven sind Blutsauger); u. a. *Gemeine Bettwanze, Trop. Bettwanze* sowie die an Tauben und Hühnern schmarotzende *Taubenwanze.*

Plattwürmer (Plathelminthes), Tierstamm mit über 12 000 meist zwittrigen Arten von etwa 0,5 mm bis über 15 m Länge; Blutgefäßsystem und bes. Atmungsorgane sind nicht entwickelt; der Darm endet blind. Zu den P. gehören Strudelwürmer, Saugwürmer und Bandwürmer.

Platy [griech.] (Spiegelkärpfling), Lebendgebärender Zahnkarpfen in Süßgewässern Mexikos und Guatemalas.

Platzangst (Agoraphobie), zwanghafte Angst, allein über freie Plätze oder Straßen zu gehen; umgangssprachlich: Beklemmungszustand in geschlossenen, überfüllten Räumen.

Platzverweis, svw. →Feldverweis.

Platzwette, Wette, daß ein Pferd bei einem Rennen auf die ersten, mit Preisen bedachten Plätze kommt.

Plauen, E. O., eigtl. Erich Ohser, * Untergettengrün (= Gettengrün bei Bad Elster) 18. 3. 1903, † Berlin 6. 4. 1944 (Selbstmord in haft.-soz. Haft), dt. Zeichner und Karikaturist (›Vater und Sohn‹, 1933 ff.).

Plauen, Kreisstadt im Vogtland, Sachsen, 77 600 E. Textil-Ind., Maschinenbau. Spätgot. Stadtkirche Sankt Johannis (13.–16. Jh.), spätgot. Lutherkirche (17. Jh.), barocke Gottesackerkirche.

plausibel [lat.-frz.], einleuchtend.

Plautus, Titus Maccius, * Sarsina bei San Marino um 250, † Rom um 184, röm. Komödiendichter. Die 21 Komödien, die von den Philologen des 1. Jh. v. Chr. für echt gehalten wurden, blieben vollständig erhalten. P. bearbeitete Stücke des griech. Theaterrepertoires für die röm. Bühne. Als Übersetzer hat P. zur Entwicklung der röm. Literatur beigetragen.

Playback [engl. 'pleɪbæk], tontechn. Verfahren bei Film- und Fernsehaufnahmen: Störungsfrei im Tonstudio aufgenommene Musik- und Sprachaufzeichnungen werden während der Bildaufzeichnung über Lautsprecher wiedergegeben (›zugespielt‹, die Schauspieler richten sich bei der Darstellung (synchrone Mundbewegungen) nach der Lautsprecherwiedergabe. – Bei reinen Tonaufzeichnungen werden im P.verfahren z. B. Orchester und einzelne Gesangsstimmen getrennt auf Tonband aufgenommen (der Sänger singt z. B. zu der ihm über Kopfhörer zugespielten Begleitmusik) und auf ein Endband überspielt (korrekter als **Multiplay** bezeichnet).

Play-off [engl. plɛɪˈɔːf], Austragungssystem in Meisterschaftsendrunden verschiedener Spiele (z. B. Eishockey), bei dem der Verlierer (nach Hin-, Rück- und evtl. Entscheidungsspielen) ausscheidet.

Plazenta [griech.-lat.] (Placenta, Mutterkuchen), blutgefäßreiches Gewebe als Verbindung zw. dem Embryo (bzw. der sich ausbildenden Nabelschnur) und dem Mutterorganismus bei den P.tieren (einschl. Mensch). Die P. dient v. a. der Versorgung des Embryos mit Nährstoffen, dem Abtransport von Schlakkenstoffen aus dem embryonalen Stoffwechsel zur Mutter hin und dem Gasaustausch. Das Herz des Embryos pumpt venöses (sauerstoffarmes) Blut durch die Nabelarterie zur Plazenta. Das dort aufgefrischte Blut wird nur zum kleinen Teil durch die noch untätigen Lungen gepumpt. Der größere Anteil gelangt direkt in den Körperkreislauf. Die Ernährung des Embryos über die P. ermöglicht eine oft weit fortschreitende Entwicklung innerhalb der schützenden Gebärmutter, d. h. im mütterl. Organismus. – Die P. setzt sich aus einem embryonalen Anteil *(Fruchtkuchen)* und einem mütterl. Anteil *(Mutterkuchen* i. e. S.) zusammen. Die *menschl. Plazenta* übernimmt neben der Nährfunktion etwa ab dem 4. Schwangerschaftsmonat die Produktion von Hormonen (Follikel-, Gelbkörperhormon, gonadotropes Hormon), die schwangerschaftserhaltend wirken. Nach der Geburt wird durch Wehen die P. als → Nachgeburt ausgestoßen.

Plazentatiere (Plazentalier, Höhere Säugetiere), seit dem Tertiär bekannte, heute mit über 4 000 Arten weltweit verbreitete Unterklasse der Säugetiere, bei denen die Embryonen in der Gebärmutter des mütterl. Körpers über eine Plazenta ernährt werden. – Zu den P. zählen der Mensch und alle Säugetiere, mit Ausnahme der Kloakentiere und Beuteltiere.

Plebejer (lat. plebeii), im antiken Rom die große Masse der Bürger *(Plebs)* neben den privilegierten Patriziern, diesen zwar rechtl. gleichgestellt, aber polit. bis zum Ständekampf vom öffentl. Leben ausgeschlossen. → römische Geschichte.

Plebiszit [lat.], im antiken Rom Beschluß der Plebejer, seit dem 3. Jh. v. Chr. in zunehmendem Maße Weg der Gesetzgebung. – In der modernen Staatslehre eine Form der staatl. Willensbildung durch unmittelbare Abstimmung der Stimmbürger über bestimmte Fragen.

Plebs [lat.], 1. → Plebejer; 2. die (ungebildete) Masse.

Plechanow, Georgi Walentinowitsch [russ. plı-'xanɐf], * Gudalowka (Gebiet Lipezk) 11. 12. 1856, † Terijoki (= Selenogorsk). 30. 5. 1918, russ. Revolutionär. Zunächst Anhänger der → Narodniki; 1880 Emigration; 1889–1904 Mgl. der Exekutive der 2. Internationale; großer Einfluß auf Lenin (Zeitschrift ›Iskra‹, gegr. 1900). Nach der Spaltung der Sozialdemokrat. Arbeiterpartei Rußlands (1903 in London) unterstützte P. die Menschewiki; 1917 zurück in Rußland, trat er für die Politik der Provisor. Regierung gegen Lenins Kurs einer revolutionären Machtergreifung ein.

Plegie [griech.], motor. Lähmung eines Muskels, einer Extremität oder eines größeren Körperabschnitts.

Pléiade [ple'ja:də, frz. ple'jad], an der antiken und italien. Dichtung orientierte frz. Dichterschule der Renaissance um P. de Ronsard und J. Du Bellay.

Pleinairmalerei [plɛ'nɛːr; frz./dt.], svw. → Freilichtmalerei.

Pleistozän [griech.] (Diluvium), die ältere Abteilung des Quartärs.

p-Leiter → Halbleiter.

Plejaden, in der griech. Mythologie die 7 Töchter des Atlas und der Okeanide Pleione: Alkyone, Asterope, Elektra, Kelaino, Maia, Merope und Taygete; von Zeus als Siebengestirn an den Himmel versetzt.

Plejaden [griech., nach den gleichnamigen Gestalten der griech. Mythologie], offener Sternhaufen im Sternbild Taurus, von dessen rund 120 Haufenmitgliedern sechs bis neun Sterne mit bloßem Auge als **Siebengestirn** sichtbar sind.

Plektron [griech.] (lat. Plectrum), Stäbchen oder Plättchen (aus Holz, Elfenbein, Metall u. ä.) zum Anreißen oder Schlagen der Saiten von Zupfinstrumenten.

Plenar... [lat.], Bestimmungswort von Zusammensetzungen mit der Bedeutung ›voll, gesamt‹.

Plenterwald (Femelwald), Form des vorzugsweise reich gemischten Hochwaldes (mit ungleichaltrigen Bäumen), dessen Kronendach ständig neu aufgelockert wird.

Plenum [lat.], Vollversammlung [der Mgl. einer Volksvertretung].

Plenzdorf, Ulrich, * Berlin 26. 10. 1934, dt. Schriftsteller. Arbeitete als Filmdramaturg der DEFA (auch Drehbücher); sein an Goethes Roman ›Die Leiden des jungen Werthers‹ anknüpfender, z. T. im Jargon geschriebenes Theaterstück ›Die neuen Leiden des jungen W.‹ (1973, auch als Erzählung), bewirkte eine breite Diskussion über Lebensgefühl und Selbstverwirklichung von Jugendlichen in der ehemaligen DDR.

pleo..., Pleo... [griech.], Bestimmungswort von Zusammensetzungen mit der Bedeutung ›mehr..., mehrfach‹.

Pleonasmus [griech.-lat.], tautolog. Ausdrucksweise; z. B. weißer Schimmel, *mit meinen eigenen Augen.*

Plesiosaurier [griech.], ausgestorbene, nur aus der Jura- und Kreidezeit bekannte Unterordnung bis 14 m langer, räuber. lebender Reptilien.

Pleskau (russ. Pskow), russ. Gebietshauptstadt, an der Welikaja, 197 000 E. PH, Museen; u. a. Radio-, Elektromaschinenbau, Fischkombinat. Bed. u. a.: Wassili-Weliki-Kirche (1413), Nikolaikirche (1536), Pogankinipalast (um 1620), Dreifaltigkeitskathedrale (17. Jh.) im Kreml (12.–16. Jh.). – Eine der ältesten Städte Rußlands (903 erstmals erwähnt); konstituierte sich 1348 als Republik; 1510 dem Moskauer Staat angeschlossen; im 16./17. Jh. bedeutendstes Zentrum im Handel mit W-Europa.

Plessen, Elisabeth, eigtl. E. Gräfin von P., * Neustadt (Holstein) 15. 3. 1944, dt. Schriftstellerin. Mit-Hg. von Katja Manns (* 1883, † 1980) ›Meine ungeschriebenen Memoiren‹ (1974); schreibt Romane, u. a. ›Mitteilung an den Adel‹ (1976), ›Kohlhaas‹ (1979), ›Stella polare‹ (1984).

Plessner, Helmuth, * Wiesbaden 4. 9. 1892, † Göttingen 12. 6. 1985, dt. Philosoph. Emigrierte 1933 in die Niederlande; ab 1951 Prof. für Soziologie in Göttingen; Mitbegründer der modernen philos. Anthropologie. – *Werke:* Die wiss. Idee (1913), Die Einheit der Sinne (1923), Philos. Anthropologie ... (1970).

Pleuelstange (Pleuel, Schubstange, Treibstange), Verbindungsglied zw. der Kurbelwelle und dem geradegeführten Teil (z. B. dem Kolben einer Kolbenmaschine).

Pleura [griech.], svw. Brustfell.

Pleuritis [griech.], svw. → Rippenfellentzündung.

Pleven, René, * Rennes 13. 4. 1901, frz. Politiker. Mitbegründer und 1946–53 Vors. der Union Démocratique et Socialiste de la Résistance; 1950/51 und 1951/52 Min.-Präs.; 1950 **Plevenplan** über die Aufstellung einer integrierten europ. Armee.

Plexiglas Ⓦ [lat.] (Acrylglas), Handelsname für einen glasartig durchsichtigen Kunststoff aus Polymethacrylsäureestern.

Plexus [lat.], netzartige Vereinigung bzw. Verzweigung (Geflecht) von Gefäßen *(Ader-, Lymphgeflecht)* oder Nerven *(Nervengeflecht).* → Eingeweidegeflecht.

Pleydenwurff, Hans, * Bamberg um 1420, □ Nürnberg 9. 1. 1472, dt. Maler. Tätig in Nürnberg; setzt niederl. Einfluß um: ›Löwenstein-Diptychon‹ (um 1456); ›Hl. Michael‹ (1465; München, Alte Pinakothek), ›Kreuzigung‹ (um 1470; ebd.).

Pleyel, Ignaz (Ignace), * Ruppersthal (= Großweikersdorf bei Tulln) 18. 6. 1757, † bei Paris 14. 11. 1831, österr. Komponist. Eröffnete 1807 in Paris eine Klavierfabrik, die unter seinem Sohn *Camille P.* (* 1788, † 1855) Weltgeltung erlangte; komponierte zahlr. Sinfonien, Kammermusikwerke, Konzerte, Klaviermusik und Opern.

Plicht → Cockpit.

Plinius der Ältere (Gajus P. Secundus), * Novum Comum (= Como) 23 oder 24, † Stabiae (= Castellammare di Stabia) 24. 8. 79, röm. Historiker und Schriftsteller. Zuletzt Kommandant der Flotte in Misenum; kam beim Vesuvausbruch ums Leben; erhal-

René Pleven

ten ist nur eine 37 Bücher umfassende ›Naturgeschichte‹.

Plinius der Jüngere (Gajus P. Caecilius Secundus), * Novum Comum (= Como) 61 oder 62, † um 113, röm. Politiker und Schriftsteller. Von seinem Onkel Plinius d. Ä. adoptiert; hoher Beamter Trajans, seine Briefe (9 Bücher) geben ein anschaul. Zeitbild wieder.

Pliohippus [griech.], ausgestorbene, nur aus dem Pliozän N-Amerikas bekannte Gatt. etwa zebragroßer Pferdevorfahren, die als unmittelbare Stammform der heutigen Pferde angesehen wird.

Pliozän [griech.], jüngste Abteilung des Tertiärs.

Plitvicer Seen ['plɪtvɪtsər], 16 gestaffelte Seen auf 7,2 km Länge am NO-Fuß der Kleinen Kapela (Kroatien); Nationalpark.

PLO, Abk. für Palestine Liberation Organization (→ palästinensische Befreiungsbewegungen).

Plochingen, Stadt an der Mündung der Fils in den Neckar, Bad.-Württ., 12 400 E. Ind.betriebe, Hafen.

Plöckenpaß → Alpenpässe (Übersicht).

Ploetz, Karl [pløts], * Berlin 8. 7. 1819, † Görlitz 6. 2. 1881, dt. Schulbuchautor. Werke für den Französischunterricht, daneben histor. Nachschlagewerke, die bis heute (neu bearbeitet) in dem von seinem Sohn gegr. *A. G. Ploetz Verlag KG* (heute zum Verlag Herder) erscheinen.

Ploieşti [rumän. plo'jeʃtj], rumän. Stadt in der Walachei, 211 500 E. Mittelpunkt des wichtigsten rumän. Erdölgebiets.

Plombe [lat.-frz.], 1) Zahnfüllung.
2) Metallsiegel zum Sichern von Behältern, Räumen, Meßeinrichtungen, elektr. Anschlüssen u. a.

Plön, Kreisstadt in der Holsteinischen Schweiz, am Großen Plöner See, Schl.-H., 10 700 E. Luftkurort. Schloß (17. Jh.), ehem. Marstall (1745/46). – Erhielt 1236 lüb. Stadtrecht; 1290–1390 Residenz einer Linie des Grafenhauses, 1636–1761 der Herzöge von Schleswig-Holstein-Sonderburg-Plön.

Plotin, * um 205, † bei Minturnae (Kampanien) 270, griech. Philosoph. Hauptvertreter des → Neuplatonismus. Kernstück seiner Philosophie ist die Lehre von dem unkörperl., völlig eigenschaftslosen ›Einen‹, aus dem alles Seiende durch ›Ausstrahlung‹ oder Emanation hervorgeht. P. beeinflußte nachhaltig die europ. Geistesgeschichte.

Plotter [engl.], Peripheriegerät der Datenverarbeitung zur graph. Darstellung von Informationen, das z. B. mit Hilfe eines [Tusche]schreibers oder Laserstrahls auf Papier arbeitet.

Plötze [slaw.] (Rotauge), etwa 25–40 cm langer, gestreckter Karpfenfisch, v. a. in Süßgewässern großer Teile N- und gemäßigten Eurasiens.

Plötzensee, Strafanstalt in Berlin-Charlottenburg, in deren Waschhaus im Dritten Reich über 2 000 polit. Gefangene (auch ein Teil der Widerstandskämpfer des 20. 7. 1944) hingerichtet wurden.

Plowdiw, bulgar. Stadt an der Maritza, 356 600 E. Univ., PH, Museen; neben Sofia wichtigste Stadt Bulgariens; Messeplatz. Erhalten sind aus thrak. Zeit ein Kuppelgrab (4. Jh. v. Chr.), röm. Ruinen eines Aquädukts und eines Stadions; 2 große Moscheen und zahlr. Bürgerhäuser (19. Jh.). – 342/341 von König Philipp II. von Makedonien erobert (**Philippopolis**), 46 n. Chr. von den Römern, 250 von den Goten erobert; nach bulgar. und byzantin. 1364 unter osman. Herrschaft; 1885 als Hauptstadt Ostrumeliens an Bulgarien.

Pluhar, Erika, * Wien 28. 2. 1939, österr. Schauspielerin. Seit 1959 Mgl. des Wiener Burgtheaters; bes. bekannt als Chansonsängerin.

Plumbum [lat.], svw. → Blei.

Plumeau [ply'mo:; lat.-frz.], svw. Federdeckbett; halblanges Federbett.

Plünderung, die rechtswidrige Wegnahme privater oder öffentl. Sachen unter Ausnutzung durch krieger. Handlungen, Landfriedensbruch oder Katastrophenfälle hervorgerufener Verhältnisse.

Plural [lat.] (Pluralis, Mehrzahl; Abk. pl., Pl., Plur.), Numerus, der das mehrfache Vorhandensein von etw. anzeigt (Ggs. Singular). Ein Substantiv, das ausschließlich im P. gebräuchlich ist, heißt **Pluraletantum** (z. B. Leute, Ferien).

Pluralis majestatis [lat. ›Plural der Majestät‹] (P. majestaticus), die Verwendung der 1. Person Plural statt der 1. Person Singular (›Wir, Wilhelm, von Gottes Gnaden dt. Kaiser‹).

Pluralis modestiae [lat. ›Plural der Bescheidenheit‹] (Autorenplural), die bei Autoren u. ä. gebräuchl. Verwendung des Plurals statt des Singulars für die eigene Person (›wie *wir* früher gezeigt haben‹).

Pluralismus [lat.], Begriff zur Kennzeichnung von gesellschaftl. – auch wiss. – Diskussions- und Entscheidungsprozessen, bei denen eine Vielzahl untern schiedl. Argumente, Interessen, Theorien und Methoden eingebracht wird. In den *Sozialwiss.* bezeichnet P. die Struktur moderner Gesellschaften, in denen eine Vielzahl in Konkurrenz stehender Interessengruppen, Organisationen u. Mgl. sozialer Teilbereiche um polit. und gesellschaftl. Einfluß kämpfen.

Pluralität [lat.], Mehrheit; Mannigfaltigkeit (der Meinungen u. ä.).

Pluralwahlrecht, Wahlrecht, bei dem einem Teil der Wähler, z. B. entsprechend ihrem Einkommen oder ihrer Steuerkraft, eine oder mehrere zusätzl. Stimmen zugebilligt werden, um diese Wählergruppe zu bevorzugen, u. a. in einigen dt. Ländern vor 1918 gültig.

plus [lat. ›mehr‹], zuzüglich, und; das *Pluszeichen* + steht als Symbol für die → Addition.

Plüsch [frz.], samtähnl. Stoff.

Plusquamperfekt [lat.] (vollendete Vergangenheit, Vorvergangenheit, 3. Vergangenheit), Zeitform, die ein vor einem anderen in der Vergangenheit vollendetes Verbalgeschehen ausdrückt.

Plutarch (Mestrius Plutarchus), * Chaironeia um 46, † um 125, griech. Schriftsteller. Erhalten sind v. a. 44 Biographien, die je einen Griechen und einen Römer vergleichen (bed. Quelle Shakespeares u. a.), auch zahlr. naturwiss., theol., philos. und eth. Schriften.

Pluto [griech.], der sonnenfernste der bekannten Planeten unseres Sonnensystems, dessen derzeit (1979–1999) durchlaufener Bahnteil jedoch innerhalb der Bahn des Neptun liegt (charakterist. Daten des P. → Planeten [Übersicht]); 1930 von C. W. Tombaugh entdeckt; 1978 konnte auch die Existenz eines P.mondes (›Charon‹) nachgewiesen werden.

Plutokratie [griech.], polit.-soziales System, in dem allein Besitz polit. Macht garantiert.

Pluton (Pluto), Gestalt der griech. Mythologie. Gott des Reichtums; mit dem Gott der Unterwelt, Hades identifiziert.

Plutonismus [griech., nach Pluton], die Entstehung, Veränderung, Wanderung und Platznahme natürl. Gesteinsschmelzen innerhalb der Erdkruste.

Plutonite → Gesteine.

Plutonium [griech., nach dem Planeten Pluto], chem. Element, Symbol Pu; radioaktives, Actinoid, Ordnungszahl 94, Dichte 19,84 g/cm³, Schmelzpunkt 641 °C, Siedepunkt 3 232 °C; unedles, silberweißes Schwermetall, das in der Natur nur in sehr geringen Mengen in Uranerzen vorkommt und meist künstl. in Kernreaktoren hergestellt wird. An Isotopen sind Pu 232 bis Pu 246 bekannt; das wichtigste P.isotop ist Pu 239, ein Alphastrahler mit der Halbwertszeit von 24 110 Jahren, der in schnellen Brutreaktoren in größeren Mengen aus dem Uranisotop U 238 erhalten wird. P. wirkt sehr stark radiotoxisch. – Als erstes P.isotop wurde 1940/41 Pu 238 von G. T. Seaborg, J. W. Kennedy und C. A. Wahl durch Deuteronenbeschuß des Uranisotops U 238 als Betazerfallsprodukt des dabei entstehenden Neptuniumisotops Np 239 erhalten. Am 9. 8. 1945 wurde die erste in den USA hergestellte P.bombe auf Nagasaki abgeworfen.

Pluvial [lat.], den pleistozänen Eiszeiten der gemäßigten und höheren Breiten entsprechender, relativ niederschlagsreicher Zeitabschnitt in den heutigen subtrop. Trockengebieten und im Mittelmeerraum.

Plymouth [engl. 'plɪməθ], 1) engl. Stadt an der S-Küste der Halbinsel Cornwall, 244 000 E. TH, Museen, Zoo. Ind.betriebe, Hafen. Royal Citadel ist eine der besterhaltenen Festungsbauten des 17. Jahrhunderts. – Erhielt 1311 Stadtrecht; 1620 Aufbruch der Pilgerväter mit der ›Mayflower‹ nach Amerika. Schwere Zerstörungen im 2. Weltkrieg.
2) Stadt in SO-Massachusetts, USA, 36 000 E. Pilgrim Hall Museum; Schiffbau, Hafen. – Älteste Stadt in Neuengland, 1620 gegründet. Am P. Rock landeten 1620 die Pilgerväter mit der ›Mayflower‹.

Plymouth-Brüder [engl. 'plɪməθ →] → Darbysten.

Pm, chem. Symbol für → Promethium.

p.m., 1) Abk. für lat. per mille, pro mille (→ Promille).
2) Abk. für lat. post meridiem (→ ante meridiem).

Pneuma [griech. ›Hauch, Wind, Atem‹] (lat. spiritus), im griech. Denken eine stets materiell gedachte Lebenskraft, die Atem und Puls reguliert. Eine rein geistige Auffassung vertritt das NT: Die Taufe wird als Vermittlung des geistigen P. angesehen, und das Pfingstwunder gilt als Ausgießung des Hl. Geistes (›pneûma hágion‹).

Pneumatik [griech.], Teilgebiet der Technik, das sich mit der Anwendung von Druck- und Saugluft befaßt. Der Einsatz pneumat. Einrichtungen (oft kurz P. genannt) erfolgt für Antriebsaufgaben sowie für Steuerungen und/oder Regelungen.

Pneumokokken [griech.], krankheitserregende Milchsäurebakterien.

Pneumonie [griech.], svw. Lungenentzündung (→ Lungenkrankheiten).

Pneumothorax [griech.] (Kurzbez. Pneu; Gasbrust, Luftbrust), Ansammlung von Luft (oder Gas) im Pleuraraum, z. B. nach Verletzungen im Bereich des Brustkorbs, nach Platzen von Lungenbläschen und Durchbruch des Lungenfells; auch therapeut. zur Ruhigstellung von tuberkulös-kavernösen Lungenprozessen angelegt, wobei die Luft in den Pleuraraum eingeblasen wird und die Lunge sich je nach dem eingefüllten Volumen verkleinert (kollabiert, Lungenkollaps).

pn-Übergang → Halbleiter.

Po, größter Fluß Italiens, entspringt in den Cott. Alpen, erreicht südl. von Revello das W-Ende der Poebene, fließt ab Valenza nach O, von Deichbauten begleitet, mündet mit einem Delta in das Adriat. Meer, 652 km lang.

Po, chem. Symbol für → Polonium.

Pocci, Franz Graf von ['pɔtʃi], * München 7. 3. 1807, † ebd. 7. 5. 1876, dt. Schriftsteller, Illustrator und Musiker. Berühmt durch selbstillustrierte Kinderbücher und satir. Puppenspiele (›Neues Kasperltheater‹, 1855); auch Singspiele und Märchen.

Pöchlarn, niederösterr. Stadt an der Donau, 3 600 E. Got. Pfarrkirche (1389–1429, 1766). – Im ›Nibelungenlied‹ Bechelaren.

Pocketkamera → Photoapparat.

Pocken [niederdt.] (Blattern, Variola), durch → Pockenviren hervorgerufene, anzeige- und isolierpflichtige, schwere, hochansteckende Infektionskrankheit; wurde am 26. 10. 1979 von der Weltgesundheitsorganisation für ausgerottet erklärt. Die P.erkrankung machte sich 10–14 Tage nach der Ansteckung bemerkbar. Bei Ungeimpften traten dann Fieber, Kreuzschmerzen und Erbrechen auf. In der Haut entwickelten sich aus blaßroten, juckenden Flecken oder Knötchen eingedellte Bläschen mit dunkelrotem Saum. Später platzten die P.bläschen und bedeckten sich mit braungelben Krusten, die abfielen und die sog. P.narben hinterließen. Für Nichtgeimpfte war eine P.infektion fast immer eine tödl. Erkrankung. Geimpfte, deren Impfschutz schon weitgehend erloschen war, erkrankten wesentl. weniger schwer. Impfpflicht wurde im Dt. Reich 1874 eingeführt. Das seit Mai 1976 für die BR Deutschland gültige Gesetz über die P.impfung hebt die allg. Impfpflicht auf.

Pockenimpfung (Pockenschutzimpfung), aktive Immunisierung gegen Pocken mit eingeimpfter Kuhpockenlymphe. Bei Reisen in bestimmte außereurop. Länder ist die P. vorgeschrieben.

Pockenviren, quaderförmige Viren, Erreger der menschl. Pocken und der Pocken bei Tieren. Das Vakziniavirus, ein im Labor gezüchteter Virusstamm, wird für die Schutzimpfung gegen Pocken angewendet.

Podagra [griech.] → Gicht.

Podgorny, Nikolai Wiktorowitsch [russ. pad-'gɔrnij], * Karlowka (Gebiet Poltawa) 18. 2. 1903, † Moskau 11. 1. 1983, sowjet. Politiker. 1965–77 Vors. des Präsidiums des Obersten Sowjets (Staatsoberhaupt); bildete mit A. N. Kossygin und L. I. Breschnew die sowjet. Führungsspitze.

Podolien, histor. Landschaft zw. dem Oberlauf des Südl. Bug und dem Dnjestr, Ukraine.

Poe, Edgar Allan [engl. poʊ], * Boston 19. 1. 1809, † Baltimore 7. 10. 1849, amerikan. Schriftsteller. Bedeutendster Vertreter der amerikan. Romantik; als Lyriker (u. a. ›Der Rabe‹, 1845) und Erzähler (u. a. ›Der Untergang des Hauses Usher‹, 1839; ›Der Goldkäfer‹, 1843) von scharfsinniger Phantastik mit nachhalt. Wirkung, v. a. auch in Europa: die Bedeutung seiner Lyrik wurde bes. von den frz. Symbolisten erkannt; als Protagonist der Short story sowie der Kriminalerzählung (u. a. ›Der Doppelmord in der Rue Morgue‹, 1841; ›Der entwendete Brief‹, 1844) wesentlich für die Kurzgeschichte und Kriminalliteratur des 20. Jahrhunderts.

Edgar Allan Poe

Poelzig, Hans ['pœltsɪç], * Berlin 30. 4. 1869, † ebd. 14. 6. 1936, dt. Architekt des Expressionismus. Kub. Elemente (Chem. Fabrik Luban bei Posen, 1911/12) stehen neben islam. Formen (Istanbul, Haus der Freundschaft, 1916); Umbau des Großen Schauspielhauses in Berlin (1918/19) für M. Reinhardt.

Poem [griech.], unspezif. Bez. für (längeres) Gedicht.

Poesie [po-e'zi:; griech.], Bez. für Dichtung, bes. für Versdichtung im Unterschied zur Prosa.

Poésie pure [frz. pɔezi'py:r ›reine Poesie‹] (absolute Dichtung, autonome Dichtung), Dichtung, die sich autonom, in tendenz- und ideologiefreiem Raum entfaltet, u. a. verwirklicht von den Vertretern des → L'art pour l'art.

Poëta laureatus [lat. ›lorbeergekrönter Dichter‹], urspr. antiker Brauch der Dichterkrönung durch feierl. Bekränzen mit Lorbeer; im MA wieder aufgenommen als offizielle Auszeichnung eines Dichters.

Poetik [griech.], als Teil der Ästhetik versteht sich P. als Wiss. vom Wesen des literar. Kunstwerks, als Theorie von Dichtung und Literatur sowie als Literaturkritik.

Poggio Bracciolini, Gian Francesco [italien. 'pɔddʒo brattʃo'li:ni], * Terranuova (= Terranuova Bracciolini) 11. 2. 1380, † Florenz 30. 10. 1459, italien. Humanist. Ab 1453 Kanzler von Florenz; entdeckte wertvolle Handschriften röm. Autoren; Vertreter der humanist. Briefliteratur; schrieb u. a. eine Geschichte von Florenz in 8 Büchern (1453 ff.).

Raymond Poincaré

John Charles Polanyi

Denis Poisson

Pogrom [russ.], im zarist. Rußland mit Plünderungen und Vernichtung verbundene Judenverfolgung: im 20. Jh. allg. Bez. für Ausschreitungen gegen Minderheiten.

Pöhl, Karl Otto, * Hannover 1. 12. 1929, dt. Nationalökonom. Ab 1972 Staatssekretär im Finanzministerium; 1977–80 Vize-Präs., 1980–91 Präs. der Dt. Bundesbank.

Poincaré [frz. pwɛ̃ka're], 1) Henri, * Nancy 29. 4. 1854, † Paris 17. 7. 1912, frz. Mathematiker. Begründer der modernen Topologie; wichtige Beiträge auch zur Funktionentheorie, zur Thermodynamik und zur Theorie der Elektrizität und der Optik.
2) Raymond, * Bar-le-Duc 20. 8. 1860, † Paris 15. 10. 1934, frz. Politiker. 1887–1903 Abg., 1903–13 und ab 1920 Senator; Min.-Präs. und Außen-Min. 1912/13. Als Präs. der Republik 1913–20 wurde er im 1. Weltkrieg zum Symbol der nat. Einheit und des militär. Durchhaltewillens; Min.-Präs. und Außen-Min. 1922–24, steuerte den Kurs einer konzessionslosen Durchführung des Versailler Vertrags, mußte aber nach der Ruhrbesetzung 1923 eine Neuregelung der Reparationsfrage zugestehen; 1926–1929 erneut Ministerpräsident.

Point [engl. pɔint], engl. svw. Kap.

Point [po'ɛ̃; lat.-frz.], Stich (bei Kartenspielen), Auge (bei Würfelspielen).

Pointe [po'ɛ̃t; lat.-frz.], geistreicher, überraschender [Schluß]effekt; ›springender Punkt‹ einer Angelegenheit.

Pointe-Noire [frz. pwɛ̃t'nwa:r], Hafenstadt am Atlantik, Kongo, 294 200 E. Ind.zentrum, Eisenbahnendpunkt, internat. ✈. – 1950–58 Hauptstadt des frz. Kongo.

Pointer [engl.] (Engl. Vorstehhund), aus England stammende Haushundrasse; kräftiger, kurzhaariger, etwa 65 cm schulterhoher Jagdhund.

pointiert [poɛ̃...; lat.-frz.], gezielt scharf zugespitzt (sagen).

Pointillismus [poɛ̃ti'jɪsmʊs; frz.] → Impressionismus.

Poisson, Denis [frz. pwa'sõ], * Pithiviers bei Orléans 21. 6. 1781, † Paris 25. 4. 1840, frz. Mathematiker und Physiker. Bed. Arbeiten u. a. über Analysis, Wahrscheinlichkeitsrechnung, Kapillarität und Wärmeleitung; einer der Begründer der Potentialtheorie.

Poitier, Sidney [engl. 'pwa:ti:eɪ], * Miami 20. 2. 1927, farbiger amerikan. Schauspieler. Bes. bekannt durch die Filme ›Porgy and Bess‹ (1959), ›Der Weg der Verdammten‹ (1972); auch Regisseur.

Poitiers [frz. pwa'tje], frz. Regions- und Dep.-hauptstadt im Poitou, 79 400 E. Univ., Museen. U. a. metallverarbeitende und elektrotechn. Industrie. Got. Kathedrale Saint-Pierre (1166 ff.); frühchristl. Baptisterium Saint-Jean (4. Jh., im 6./7. und 10. Jh. verändert); 3 bed. roman. Kirchen: Notre-Dame-la-Grande (12. Jh.), Saint-Hilaire-le-Grand (11./12. Jh.), Sainte-Radegonde (11.–13. Jh.). – Vermutl. als **Limonum** Hauptort der kelt. Piktonen; im 4. Jh. Bischofssitz, um 1175 Stadtrecht.

Poitou [frz. pwa'tu], histor. Gebiet in Frankreich zw. Bretagne und Zentralmassiv. In der vorröm. Antike das Gebiet der kelt. Piktonen; im 9. Jh. Gft. (Hauptort Poitiers); die Grafen waren seit 827/828 auch Herzöge von Aquitanien; im 12. Jh. direkte Einflußnahme der engl. Monarchie; 1224 vom frz. König eingezogen, kam 1416 endgültig zur frz. Krondomäne.

Poitou-Charentes [frz. pwatuʃa'rã:t], Region in W-Frankreich, 25 810 km², 1,58 Mio. E, Hauptstadt Poitiers.

Pökeln [niederdt.] → Konservierung.

Poker [amerikan.], Kartenglücksspiel amerikan. Herkunft für mindestens 4 Spieler mit 52 frz. Karten.

Pol [griech.], 1) *allgemein:* svw. Drehpunkt, Mittelpunkt, Zielpunkt.
2) *Mathematik, Geographie, Astronomie:* Punkt auf der Oberfläche einer Kugel, in dem ein in bestimmter Weise ausgezeichneter Durchmesser (z. B. die Drehachse) die Kugeloberfläche durchstößt. Die Durchstoßpunkte der Drehachse der Erde bezeichnet man als *geograph. P.* (Nord-P. und Süd-P.), die Durchstoßpunkte der Erdachse durch das Himmelsgewölbe als *Himmels-P.,* die Durchstoßpunkte der geomagnet. Achse durch die Erdoberfläche als *geomagnet. P.* (Magnetpole).
3) *Mathematik:* ein Punkt, der bezügl. einer Kurve oder Fläche eine ausgezeichnete Lage besitzt.
4) *Technik:* die beiden Anschlußklemmen (Plus- und Minuspol) einer [Gleich]stromquelle.

Polanski, Roman (poln. Polański), * Paris 18. 8. 1933, poln. Filmregisseur und Schauspieler. Vom Surrealismus beeinflußte Filme wie ›Das Messer im Wasser‹ (1961), ›Ekel‹ (1965), ›Tanz der Vampire‹ (1966), ›Rosemaries Baby‹ (1967); später ›Macbeth‹ (1971), ›Chinatown‹ (1974), ›Tess‹ (1979), ›Piraten‹ (1986).

Polanyi [pol'ænjɪ], John Charles, * Berlin 23. 1. 1929, kanad. Chemiker und Physiker. Erhielt für seine Arbeiten zur Erforschung der Dynamik chem. Elementarprozesse mit Hilfe der Chemolumineszenzmethode den Nobelpreis für Chemie 1986 (mit D. Herschbach und Y. Lee).

Polare [griech.], die Verbindungsgerade der Berührungspunkte zweier Tangenten an einen Kegelschnitt (z. B. einen Kreis). Der Tangentenschnittpunkt heißt der **Pol.**

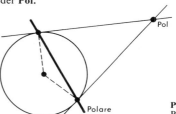
Polare und Pol eines Kreises

Polarfuchs (Eisfuchs), im Gebiet des Nordpols verbreiteter 45–70 cm körperlanger, graubrauner Fuchs (→ Füchse).

Polargrenze, durch klimat. Faktoren bestimmter Grenzsaum, in dem polwärts die Verbreitung von bestimmten Pflanzen, Tieren, von Besiedlung u. a. endet.

Polarhund (Eskimohund, Grönlandhund), vermutl. aus Sibirien stammende, bis 65 cm schulterhohe Rasse der Nordlandhunde; Schlitten- und Jagdhund.

Polaris, militär. Mittelstreckenrakete der USA, mit nuklearem Sprengkopf; wird von getauchten Polaris-U-Booten gestartet.

Polarisation [griech.], 1) *allgemein:* das deutl. Hervortreten von Gegensätzen, die Herausbildung einer Gegensätzlichkeit.
2) *Physik:* 1. die *dielektr. P.,* die Erzeugung und Ausrichtung elektr. Dipole in einem Stoff durch ein äußeres elektr. Feld; 2. die *parelektr. P.,* die Verstärkung und Ausrichtung permanent vorhandener atomarer elektr. Dipole in einem Stoff durch ein äußeres elektr. Feld; 3. die *elektrochem. P. (elektrolyt. P., galvan. P., Reaktions-P.),* das Auftreten bzw. die Ausbildung einer P.spannung zw. den Elektroden bei der Elektrolyse oder in elektrochem. Elementen; 4. die *P. des Lichts (opt. P.),* das Vorhandensein von Lichtwellen einer bestimmten Schwingungsrichtung bzw. das Aussondern solcher Wellen aus einem Gemisch von in allen Richtungen schwingenden Wellen (unpolarisiertes Licht). In diesem Fall liegt der Schwingungs-

vektor in einer Ebene *(lineare P.);* beschreibt die Spitze des Schwingungsvektors einen Kreis bzw. eine Ellipse, so liegt *zirkulare* bzw. *ellipt. P.* vor.

Polarisationsfilter, ein photograph. Aufnahmefilter (→ Filter).

Polarisierung [griech.], 1) *allgemein:* Herausbildung zweier sich diametral gegenüberstehender Kräfte (Pole). 2) *Gesellschaft* und *Politik:* die Verhärtung von Gegensätzen.

Polarität [griech.], allg. das Verhältnis von (paarweisen) Polen zueinander, die einander bedingen und gegensätzl. Natur sind.

Polarklima, Klima der Polkappen mit langem, sehr kaltem Winter und nebelreichem, kaltem Sommer.

Polarkreise, die von beiden Erdpolen um 23° 30′ entfernten Parallelkreise (nördl. und südl. Polarkreis bei 66° 30′ n. Br. bzw. s. Br.); trennen die *Polarzonen* von den *gemäßigten Zonen.*

Polarlicht, nächtl. Leuchterscheinung in den polaren Gebieten der Nord- **(Nordlicht)** und Südhalbkugel **(Südlicht).** P. entsteht, wenn die Atome der Ionosphäre (meist in 100 km Höhe) durch von der Sonne ausgehende Korpuskularstrahlung zum Leuchten angeregt werden.

Polarluft, kalte, dem Polargebiet entstammende Luftmasse.

Polarmeere, Bez. für die Meeresgebiete im Bereich der Arktis und Antarktis.

Polarnacht, der Zeitraum, in dem die Sonne länger als 24 Stunden unter dem Horizont bleibt (zutreffend für Orte zw. den Polarkreisen und den Polen). Die Dauer der P. wächst mit der geograph. Breite und beträgt an den Polen nahezu ½ Jahr; während auf der einen Erdhalbkugel P. herrscht, ist auf der anderen **Polartag.**

Polarographie [griech.], von J. Heyrovský um 1925 entwickeltes qualitatives und quantitatives elektrochem. Analysenverfahren für gelöste Metallionen aufgrund ihrer Zersetzungsspannungen.

Polaroid-Land-Verfahren Ⓦ [engl. ˈlænt; griech.-engl.; nach E. Land] →Sofortbildphotographie.

Polarstern ([Stella] Polaris, Nordstern), der Stern α (Doppelstern) im Sternbild Ursa Minor (Kleiner Bär, Kleiner Wagen); steht in der Nähe des nördl. Himmelspols.

Polbewegung (Polschwankung), Wanderung des Durchstoßpunktes der Rotationsachse der Erde (d. h. des Erdpols) auf der Erdoberfläche.

Polder →Deich.

Pole, Reginald [engl. pəʊl, puːl], * Stourton Castle (Staffordshire) 3. 3. 1500, † London 17. 11. 1558, engl. Kardinal. Erwirkte für seinen Vetter Heinrich VIII. ein günstiges Ehescheidungsurteil der Sorbonne. Nach der Thronbesteigung Marias I., der Katholischen, 1553 von Papst Julius II. zum päpstl. Legaten ernannt, 1556 Erzbischof von Canterbury; verfuhr bei der Restauration des Katholizismus in England äußerst hart mit den Anglikanern.

Polemik [griech.-frz.], 1. als Form der → Kritik die Kunst des Streitens; 2. unsachl., der bloßen Diffamierung dienender Angriff; **polemisch,** 1. streitbar,. angriffslustig; 2. feindselig, diffamierend.

Polen (amtl. Rep. P.), Staat in Europa, grenzt im NO an das russ. Gebiet Kaliningrad und Litauen, im O an Weißrußland, im SO an die Ukraine, im S an die ČSFR, im W an Deutschland, im N an die Ostsee.

Landesnatur: Den größten Landesteil bildet die flachgewellte Poln. Tiefebene. Sie erstreckt sich südl. der Ostsee, gegliedert in das Jungmoränengebiet des Balt. Landrückens mit den Seengebieten Pommerns

und Masurens sowie in das südl. anschließende Altmoränengebiet. Östl. der oberen Oder liegt das Kleinpoln. Berg- und Hügelland. Den SW Polens nehmen die Sudeten mit Riesengebirge und Glatzer Bergland ein. Im S hat P. Anteil an den Karpaten mit den Hohen Tatra (Meeraugspitze 2499 m hoch). P. besitzt ein Übergangsklima, das von SW nach NO zunehmend kontinentaler wird. 28 % des Landes sind bewaldet. In den Tieflandgebieten wachsen Kiefern, auf den Hochflächen und im Gebirge Buchen, Tannen und Fichten.

Polen
Fläche: 312 683 km²
Einwohner (1990): 37,93 Mio.
Hauptstadt: Warschau
Amtssprache: Polnisch
Nationalfeiertag: 3. 5. und 9. 5.
Währung: 1 Zloty (Zl) = 100 Groszy (Gr, gr)
Zeitzone: MEZ

Bevölkerung: Neben der überwiegend poln. Bevölkerung gibt es Minderheiten von Ukrainern, Weißrussen, Deutschen, Slowaken und Zigeunern. 93 % der E sind katholisch. Es besteht 10jährige Schulpflicht. P. verfügt über 92 Hochschulen, davon haben 11 Univ.-rang.

Wirtschaft, Verkehr: Die Landwirtschaft spielt eine bed. Rolle. Rd. 75 % der landwirtschaftl. Nutzfläche werden von privaten Bauern bewirtschaftet. Angebaut werden Roggen, Kartoffeln, Zuckerrüben, Raps- und Leinsamen, Hopfen, Hanf und Obst. Rinder-, Schweine- und Schafhaltung, Holz- und Jagdwirtschaft sind wichtige Wirtschaftsfaktoren. An Bodenschätzen gibt es Stein- und Braunkohle, Eisen-, Kupfer-, Blei- und Zinkerze, Schwefel, Salz, Erdöl und Erdgas. Bed. sind die Schwer-Ind., der Maschinenbau, Elektro-, chem., Textil- und Nahrungsmittelindustrie. Das Schienennetz ist 24 309 km, das Straßennetz rd. 153 000 km lang. Wichtigste Häfen sind Danzig, Stettin und Gdingen. Internat. ✈ ist Warschau.

Geschichte: *Der frühe Piastenstaat (10. Jh. bis 1138):* Um Posen und Gnesen, dem Siedlungsgebiet der Polanen, dem ›älteren‹ Groß-P., konnten im 10. Jh. die Gebiete einiger früherer slaw. Stammesverbände in straffer Organisation zusammengefaßt und auch Kujawien (Goplanen) sowie das mittlere Weichselgebiet (Masowien) einbezogen werden. Erster histor. Herrscher Polens war Mieszko I., der 966 zum Christentum übertrat. Die schles. Stämme und das ›jüngere‹ Klein-P. an der oberen Weichsel wurde um 990 der poln. Herrschaft einverleibt, so daß ein ausländ. Chronisten um 1000 erstmals ›P.‹ genannt wurde. Mieszkos Sohn Boleslaw I. Chrobry konnte in langen, bis 1018 dauernden Kämpfen gegen Kaiser Heinrich II. und die Przemysliden die Lausitz, Teile von Mähren und der Slowakei sowie Schlesien und Pommern an P. angliedern und 1025 die Königswürde erwerben.

Die Zeit der Teilfürstentümer (1138–1320): Boleslaw III. Krzywousty setzte eine Senioratserbordnung ein, die zur Entstehung von Teil-Hzgt. führte. Pommern schied 1181 endgültig aus der losen Abhängigkeit aus, während Schlesien ab 1163 der Sonderentwicklung nahm und sich um 1300 der böhm. Lehnshoheit unterstellte. Die religiöse Einheit sowie das Bewußtsein der gemeinsamen Vergangenheit, das in dem Begriff der poln. Nationalität seinen Ausdruck fand, verhüteten eine völlige Auflösung des poln. Staates. Seit dem 12. Jh. versuchten Fürsten und

Polen

Staatsflagge

Staatswappen

Land 40 %
Stadt 60 %
Bevölkerungsverteilung

Dienstleistung 42 %
Landwirtschaft 24 %
Industrie 34 %
Erwerbstätige

kirchl. Institutionen, neue Siedler für ihre Güter heranzuziehen. Zur Abwehr der zunehmenden Raubüberfälle der Pruzzen (Preußen), Jadwiger und Litauer rief Herzog Konrad I. von Masowien 1225 den Dt. Orden nach Polen. Nach der 1283 abgeschlossenen Unterwerfung der Pruzzen weitete der Orden seine weltl. Herrschaft 1308 über das von P. beanspruchte Pomerellen aus. Die Auseinandersetzung mit dem Dt. Orden sowie das Erstarken der Bürgerschaft und des Adels prägten das 14. und 15. Jahrhundert.

Die Piasten (1320–70): Der Aufstieg Böhmens, Litauens und Galitsch-Wladimirs sowie das Vordringen der Askanier lösten Ende des 13. Jh. in Groß-P. Versuche zur Wiedererlangung der staatl. Einheit aus. Der Herzog von Kujawien, Wladislaw I. Łokietek, erreichte die Vereinigung seiner Prov. mit Groß- und Klein-P. und 1320 die Königskrönung. Bes. unter seinem Nachfolger Kasimir III., d. Gr., konnte der Staat innerl. konsolidiert und durch geschickte Bündnis- und Heiratspolitik auch außenpolit. abgesichert werden. 1349/66 gelang die Eingliederung des konfessionell orth., ethn. ukrain. (ruthen.) Ft. Galitsch-Wladimir (Rotreußen) mit Lemberg sowie die Anerkennung der Lehnshoheit durch Masowien.

Das Haus Anjou (1370–86) und die Jagellonen (1386–1572): Ludwig I., d. Gr., Kasimirs Neffe, mußte die Regelung der Nachfolge mit großzügigen Privilegien für den Adel erkaufen. In den Unionen von Krewo und Krakau 1385/86 wurde festgelegt, daß sich der bisher heidn. Großfürst Jagello von Litauen taufen lassen und die Tochter Ludwigs I., Hedwig (Jadwiga), zur Frau nehmen würde. Als König Wladislaw II. vereinigte er das multinationale und mehrkonfessionelle Doppelreich P.-Litauen in Personalunion (1569 Realunion). P.-Litauen stieg nicht zuletzt in den Kriegen mit dem Dt. Orden (1409–11, 1419–22, 1431–38) zur polit. und militär. Führungsmacht in Osteuropa auf. Nach der Beseitigung der Gefahr durch den Ordensstaat festigte der Anschluß Kurlands und Livlands 1561 die ein. Machtposition an der Ostsee. Litauen dagegen, das 1449 seine größte Ausdehnung nach O erreichte, führte 1486–1522 4 Abwehrkriege gegen das nach W expandierende Groß-Ft. Moskau und mußte auf große Gebiete verzichten. Die Schlachta, zunehmend an den Regierungsgeschäften beteiligt, konnte ihre privilegierte Stellung weiter ausbauen. Im Reichstag (Sejm) war das Bürgertum nicht vertreten; die Bauern gerieten in zunehmende Abhängigkeit von adligen Grundherren, bald in totale Erbuntertänigkeit. In seinem ›Goldenen Zeitalter‹ im 16. Jh. kontrollierte P. den böhm. und den ungar. Thron und erlebte unter Sigismund I., dem Alten, und Sigismund II. August eine Blüte von Literatur, Wiss. und Kunst.

Das Wahlkönigtum (1572–1795): Nach dem Aussterben der Jagellonen wurde P. 1572 zur Wahlmonarchie. Bei der Wahl des weitgehend entmachteten Königs durch den Adel suchten zunehmend ausländ. Mächte einzugreifen. 1660/67 verlor P. Livland, die Ukraine bis zum Dnjepr mit Kiew und Smolensk und mußte die Unabhängigkeit Preußens anerkennen. Die längst überfälligen inneren Reformen konnten auch unter den beiden Sachsenkönigen August II., dem Starken, und August III. wegen der russ. und preuß. Intervention nicht durchgeführt werden. Interne Auseinandersetzungen der Adelsgruppen, die 1706 und 1733 zur Wahl Stanislaus' I. Leszczyński führten, lösten eine weitgehende Lähmung des öffentl. Lebens aus. 1764 wurde auf russ. Druck Stanislaus II. August (Poniatowski) zum letzten König gewählt. Die ausländ. Nachbarn verstrickten die zerstrittenen Adelsparteien in einen Bürgerkrieg (Konföderation von Bar, 1768) und nahmen mit der 1. Poln. Teilung (1772)

HERZOGTUM WARSCHAU, KONGRESSPOLEN

——— Grenze des Deutschen Bundes von 1815
– – – 1818 zum Deutschen Bund
——— Königreich Polen (Kongreßpolen). Seit 1815 in Personalunion mit Rußland

Herzogtum Warschau. Seit 1807 in Personalunion mit Königreich Sachsen.

Republik Krakau 1815 – 1846

Republik Danzig 1807 - 1814

DIE POLNISCHEN TEILUNGEN

——— Grenze des Hl. Römischen Reiches
——— Polen vor den Polnischen Teilungen

1.Teilung 1772   2.Teilung 1793   3.Teilung 1795

			an Rußland
			an Preußen
			an Österreich

Polen Ende des 18. Jahrhunderts (oben) und nach dem Wiener Kongreß (unten)

P. fast 30% seines Gebietes und 35% seiner Einwohner. Mit der Nat. Erziehungskommission (1773) und dem Immerwährenden Rat (1775) erhielt P. moderne Zentralbehörden. Das 1788 eingeleitete Reformwerk fand in der Verfassung vom 3. 5. 1791, der ersten geschriebenen Verfassung Europas, einen Abschluß. Die unter russ. Einfluß 1792 gebildete Adelsopposition bot aber Rußland und Preußen 1793 die Möglichkeit, P. in der 2. Teilung zu einem Reststaat zu reduzieren. Der 1794 von T. A. B. Kościuszko geführte Aufstand lieferte den drei Teilungsmächten (Österreich, Preußen, Rußland) den Vorwand, in der 3. Poln. Teilung die poln. Eigenstaatlichkeit 1795 zu liquidieren.

Unter der Herrschaft der Teilungsmächte (1795 bis 1918): Das durch Napoleon I. 1807 errichtete Hzgt. Warschau wurde auf dem Wiener Kongreß 1815 um Posen und Krakau verkleinert und als Kgr. P. (Kongreß-P.) in Personalunion mit Rußland vereinigt. Versuche zur Wiederherstellung des Nationalstaates (Novemberaufstand 1830/31, Aufstandsversuche in Galizien 1846 und Posen 1848, Januaraufstand 1863) wurden blutig niedergeschlagen. Der Ausbruch des 1. Weltkriegs belebte die Hoffnungen der Polen. Der amerikan. Präs. W. Wilson forderte die Bildung eines unabhängigen poln. Staates mit einem Zugang zur See (8. 1. 1918). Der Ausrufung eines unabhängigen P. durch den Regentschaftsrat im Okt. 1918 folgte die Proklamation der Republik P. am 11. 11. 1918.

Die Republik Polen (1918–39): Seine territoriale Gestalt fand P. erst in den folgenden Jahren. Durch den Versailler Vertrag und nach Volksabstimmungen wurde die Grenze zum Dt. Reich festgelegt. Gegenüber Sowjetrußland hatte die Pariser Friedenskonferenz 1919 eine Demarkationslinie (→Curzon-Linie) gezogen. P. löste durch seinen Angriff den poln.-sowjet. Krieg 1920 aus und erreichte im Frieden von Riga (18. 3. 1921) eine Grenzziehung mehr als 200 km östl. der Curzon-Linie. Mit Ausnahme von Rumänien hatte P. mit allen Nachbarstaaten bei der Festlegung seiner Grenzen schwere, in der Folgezeit nachwirkende Konflikte riskiert. Die innere Konsolidierung wurde erschwert durch die polit. Zersplitterung (59 Parteien und Verbände), die wirtschaftl. Rückständigkeit, die in der Teilungszeit entstandenen unterschiedl. Wirtschafts-, Bildungs-, Justiz-, Verwaltungs- und Verkehrssysteme und durch die Existenz starker nat. Minderheiten (31% der Gesamtbevölkerung). Außenpolit. wurde P. in das frz. Allianzsystem einbezogen. Die restriktive Politik gegenüber der dt. Minderheit, die dt. Weigerung, die neue dt. O-Grenze anzuerkennen, ein ›Zollkrieg‹ um die oberschles. Kohle, andererseits der polit.-ideolog. Gegensatz zum Sowjetsystem schlossen eine Kooperation Polens mit seinen beiden größten Nachbarn aus.

Am 12. 5. 1926 übernahm Marschall Piłsudski in einem Staatsstreich die Macht und errichtete unter formaler Beibehaltung von Verfassung und Parlament ein autoritäres System und setzte 1935 eine autoritäre Präsidialverfassung durch. Zur außenpolit. Absicherung wurden der Nichtangriffsvertrag mit der Sowjetunion 1932 und der →Deutsch-Polnische Nichtangriffspakt 1934 abgeschlossen. Außen-Min. J. Beck strebte den Aufstieg Polens zur ostmitteleurop. Führungsmacht im Rahmen eines Dritten Europa von der Ostsee bis zur Adria an.

Nach dem Tod Piłsudskis 1935 wurden die Militärs unter Marschall E. Rydz-Śmigły staatsbestimmend; militär. Pressionen gehörten fortan zum außenpolit. Instrumentarium. Die Verschärfung der Minderheitenpolitik, auch gegenüber der dt. Volksgruppe, engte die außenpolit. Manövrierfähigkeit ein. Im Fahrwasser Hitlers wurden durch Ultimaten Litauen im März 1938 zur Grenzanerkennung und die ČSR im Okt. 1938 zur Abtretung des Olsagebietes gezwungen. Der verstärkte Druck des Dt. Reiches seit Okt. 1938 (Danzigfrage, Poln. Korridor) veranlaßte P. wieder zu engerer Anlehnung an die Westmächte. Die Kündigung des Dt.-Poln. Nichtangriffspakts durch Hitler (28. 4. 1939) hoffte P. durch die brit. Garantieerklärung (31. 3. 1939) und das poln.-brit. Beistandsabkommen

(25. 8. 1939) ausbalancieren zu können. Doch im Dt.-Sowjet. Nichtangriffspakt vom 23. 8. 1939 war in einer Geheimklausel u. a. die Aufteilung Polens vereinbart worden. Am 1. 9. 1939 fand der dt. Angriff auf P. statt.

2. Weltkrieg (1939–44): Das poln. Heer konnte sich nicht gegen die dt. Wehrmacht und die seit 17. 9. 1939 einrückende Rote Armee behaupten. P. wurde am Bug zw. dem Dt. Reich und der Sowjetunion aufgeteilt. Die v. a. von Ukrainern und Weißruthenen bewohnten östl. Gebiete mit 13,5 Mio. E (darunter 3,5 Mio. Polen) wurden der Ukrain. SSR und der Weißruss. SSR eingegliedert. 1940/41 wurden weit über 1 Mio. Polen nach Zentralasien und Sibirien zwangsdeportiert. West-P. mit 10 Mio. E wurde dem Dt. Reich eingegliedert, der Rest am 26. 10. 1939 als Dt. Generalgouvernement P. (mit über 10 Mio. E) organisiert. Die seit Sept. 1939 durchgeführten nat.-soz. Terrormaßnahmen, bes. gegen die poln. Intelligenz und die kath. Geistlichkeit, nahmen bald mit der Ausrottung – anfangs der jüd., später auch der übrigen poln. Bevölkerung – in den Konzentrations- und Vernichtungslagern immer größere Ausmaße an. Zw. 1939/45 kamen 6,03 Mio. Polen, unter ihnen rd. 3 Mio. Juden, ums Leben.

Die am 30. 9. 1939 in Paris unter General W. Sikorski gebildete, später von London aus operierende Exilregierung, die sich v. a. der Aufstellung einer Exilarmee widmete, wurde von den Alliierten als kriegführender Bundesgenosse anerkannt. Sie schloß am 30. 7. 1941 ein Bündnis mit der Sowjetunion (Aufstellung einer poln. Armee aus 80 000 Kriegsgefangenen), das aber nach der Entdeckung der Massengräber poln. Offiziere bei Katyn im April 1943 auseinanderbrach. Die Exilregierung, von Juli 1943 bis Nov. 1944 unter S. Mikołajczyk, danach unter T. Arciszewski, wurde von Großbrit. zu einem Ausgleich mit der Sowjetunion gedrängt, lehnte aber die Anerkennung der Curzon-Linie als poln.-sowjet. Grenze (bei Entschädigung mit dt. Gebieten östl. der Oder) ebenso ab wie eine kommunist. Regierungsbeteiligung im befreiten Polen. Im Juli 1945 wurde der Exilregierung die Anerkennung der Alliierten entzogen. Im sowjet. Exil konnten sich poln. Kommunisten erst seit 1943 stärker durchsetzen. Sie beteiligten sich an der Seite der Roten Armee an der militär. Befreiung Polens. In P. selbst waren bereits im Sept. 1939 Widerstandsorganisationen entstanden, 1942 die ›Armee im Lande‹ (AK), die der Londoner Exilregierung unterstützt war. Am 21. 7. 1944 wurde das kommunist. geführte Lubliner Komitee gegründet, die erste von der Sowjetunion getragene Nachkriegsregierung auf poln. Boden. Gegen ihren polit. Führungsanspruch gerichtet war der von der AK am 1. 8. 1944 ausgelöste Warschauer Aufstand, der am 2. 10. 1944 wegen fehlender alliierter, bes. sowjet. Hilfe zusammenbrach. Das Lubliner Komitee übernahm in den von der Roten Armee freigekämpften Gebieten einschließl. Danzigs und der dt. Gebiete östl. von Oder und Görlitzer Neiße die Regierungsgewalt.

Die stalinist. Phase und die Ära Gomułka (1944–70): Die Zwangsaussiedlung der nicht zuvor evakuierten oder geflohenen dt. Bevölkerung setzte schon vor der Potsdamer Konferenz ein und erreichte den Höhepunkt 1945/46. Im Vertrag mit der Sowjetunion vom 16. 8. 1945 wurde die O-Grenze weitgehend entlang der Curzon-Linie festgelegt. Mit Ausnahme der Poln. Bauernpartei (PSL) wurden alle Parteien im ›Demokrat. Block‹ zusammengefaßt, der von der kommunist. Poln. Arbeiterpartei (PPR) unter Generalsekretär W. Gomułka beherrscht wurde und bei der Parlamentswahl (19. 1. 1947) die Mehrheit gewann. Nach Säuberungen wurden am 21. 12. 1948 PPR und Sozialist. Partei (PPS) zur Poln. Vereinigten Arbeiterpartei

(PZPR) zusammengeschlossen. Die nach 1949 forcierte Industrialisierung brachte unter großem Konsumverzicht der Bevölkerung eine völlige Umgestaltung der Wirtschaftsstruktur. Mit dem Abschluß des Warschauer Paktes (14. 5. 1955) wurde auch Polens Zugehörigkeit zum sowjet. Einflußbereich vertragl. abgesichert. Unter dem Eindruck der ›Entstalinisierung‹ in der Sowjetunion kam es zum Posener Aufstand (28. 6. 1956).

Bei fester Einbettung im ›sozialist. Lager‹ änderte Gomułka den polit. Kurs: Verurteilung führender Staatssicherheitsfunktionäre, Wiedereinführung der bäuerl. Privatwirtschaften, Fortsetzung der Industrialisierung unter Verstärkung des Konsumgütersektors, Begrenzung der sowjet. Stationierungstruppen, Normalisierung der Beziehungen zur kath. Kirche. Die vorbehaltlose poln. Beteiligung an der Besetzung der ČSSR (Aug. 1968) sicherte Gomułka die sowjet. Unterstützung bei der Zurückdrängung seiner Gegner im Innern und beim Abschluß des Dt.-Poln. Vertrages (7. 12. 1970).

Seit 1970: Im Dez. 1970 kam es zu Streiks und blutig niedergeschlagenen Arbeiteraufständen in den Küstenstädten, die am 19. 12. 1970 zur Entlassung Gomułkas und zur Machtübernahme durch E. Gierek führten, dem zusammen mit Min.-Präs. P. Jaroszewicz in kurzer Zeit eine polit. und wirtschaftl. Konsolidierung gelang. Außenpolit. bedeutsam waren die Vereinbarungen vom März 1976 mit der BR Deutschland, die sich zu einer pauschalen Abgeltung von Rentenansprüchen (1,3 Mrd. DM) verpflichtete, während P. in einem Zeitraum von 4 Jahren 120 000 bis 125 000 Personen dt. Volkszugehörigkeit ausreisen ließ. Ausgelöst durch wirtschaftl. Schwierigkeiten (v. a. das Mißverhältnis zw. Kaufkraft und Warenangebot) kam es im Juli/Aug. 1980 zu einer Streikbewegung im ganzen Land, deren Zielsetzung sich bald polit. ausweitete (Zulassung freier Gewerkschaften mit Streikrecht) und die Ende Aug. mit förml. Vereinbarungen zw. Staat und Streikenden beendet wurde. Der Dachverband der neuen unabhängigen Gewerkschaften ›Solidarność‹ unter Führung von L. Wałęsa wurde am 17. 9. 1980 gegründet und am 10. 11. gerichtl. bestätigt. Die Bauerngewerkschaft ›Land-Solidarność‹ wurde erst im Mai 1981 zugelassen. E. Gierek wurde als 1. Sekretär der PZPR Anfang Sept. 1980 durch S. Kania ersetzt. Am 11. 2. 1981 übernahm General W. Jaruzelski das Amt des Min.-Präs., am 18. 10. 1981 auch das des 1. Sekretärs. Am 13. 12. 1981 wurde das Kriegsrecht über P. verhängt: Ein ›Militärrat der Nat. Rettung‹ unter General Jaruzelski setzte auf allen Verwaltungsebenen und in Wirtschaftseinheiten Militärkommissare ein. Streiks und sonstige Tätigkeiten von Gewerkschaften und gesellschaftl. Organisationen wurden verboten; Tausende wurden interniert. Anfängl. Widerstand in den Betrieben wurde gewaltsam unterdrückt, die Gewerkschaft ›Solidarność‹ durch das Gewerkschaftsgesetz vom 9. 10. 1982 endgültig verboten. Das Kriegsrecht wurde am 12. 12. 1982 zwar ausgesetzt (aufgehoben am 22. 7. 1983), fast alle Internierten freigelassen (auch L. Wałęsa), doch blieben zahlr. Beschränkungen (einschließl. des Verbots der ›Solidarność‹) aufrechterhalten. Zur Überwindung der wirtsch. Schwierigkeiten legte die Regierung ein Reformprogramm vor, das in einem Referendum im Nov. 1987 abgelehnt wurde. Die krit. Wirtschaftslage führte schließl. im April und im Mai 1988 zu einer ausgedehnten Streikwelle, v. a. in den oberschles. Hüttenwerken und in der Werftindustrie an der Ostseeküste, die erst im Sept. beigelegt wurde. – Nachdem am 21./22. 12. 1988 durch Umbesetzungen im Politbüro der PZPR die reformfreudigen Kräfte gestärkt worden waren, wurden Anfang Febr. 1989 Gespräche mit der Opposition am sog. runden Tisch auf-

genommen, die die Ablösung der kommunist. Herrschaft und die Hinwendung zu einem demokrat. System einleiten. Ergebnis dieser Verhandlungen waren zunächst die Wiederzulassung der Gewerkschaft ›Solidarność‹ (April 1989), die Zulassung oppositioneller Medien und die Einrichtung einer zweiten Parlamentskammer. Die Parlamentswahlen vom 4. 6. 1989 brachten einen überwältigenden Sieg der Opposition; das Bürgerkomitee ›Solidarność‹ erhielt im Sejm alle 161 der Opposition zugestandenen Sitze, in der 2. Kammer 99 von 100 Sitzen. Der bisherige Vors. des Staatsrats, W. Jaruzelski, wurde am 19. 7. zum Staatspräs. gewählt. Am 24. 8. wählte das Parlament den Oppositionspolitiker T. Mazowiecki zum ersten nichtkommunist. Regierungschef seit dem 2. Weltkrieg. 1990 löste sich die PZPR auf, ihre Mgl. gründeten sozialdemokrat. Parteien. Nachdem Jaruzelski sich zum vorzeitigen Rücktritt als Staatspräs. bereit erklärt hatte, wählte die Bev. im Dez. 1990 Wałęsa zum Staatspräsidenten. Min.-Präs. Mazowiecki trat daraufhin zurück, neuer Min.-Präs. wurde J. Bielecki (ab Jan. 1991). Über den Streit wie die Wirtschaftskrise zu bewältigen sei, zerfiel die Bürgerbewegung Solidarność in rivalisierende Gruppierungen. Bei den Parlamentswahlen im Okt. 1991 kamen aufgrund des komplizierten Verhältniswahlrechts 29 Parteien in den Sejm. Staatspräs. Wałęsa schlug sich selbst daraufhin zum neuen Min.-Präs. vor, um mit einer Koalition aus den 7 stärksten Parteien eine Regierung zu bilden. Dies lehnte der Sejm jedoch ab. Aufgrund der verschiedenartigen Interessen der Parteien konnte eine Regierung erst Ende 1991 gebildet werden; neuer Min.-Präs. wurde J. Olszewski.

Am 14. 11. 1990 schloß P. mit der BR Deutschland einen Grenzvertrag (endgültige Festlegung der Oder-Neiße-Linie als endgültige dt.-poln. Grenze), am 16. 6. 1991 einen Nachbarschaftsvertrag. Vor dem Hintergrund der Auflösung des RGW (Jan. 1991) und des Warschauer Paktes (Juli 1991) wandte sich P. stärker den westl. Demokratien zu.

Politisches System: Republik; *Verfassung* von 1952 (mehrfach geändert; 1989 Abschaffung des marxistisch-leninist. Systems zugunsten des demokrat. Rechtsstaates). *Staatsoberhaupt* ist der Präs., der nach einem Gesetz vom Sept. 1990 vom Volk gewählt wird. Die *Exekutive* liegt beim Ministerrat unter Leitung des Premierministers. Der Ministerrat ist dem Parlament verantwortlich. *Legislativorgan* ist der Sejm (460 Mgl. auf 4 Jahre gewählt). Die 2. Kammer des Parlaments hat 100 Abgeordnete. *Parteien:* Die 1948–89 allein herrschende kommunist. PZPR löste sich im Jan. 1990 auf; in ihrer Nachfolge entstanden zwei sozialdemokrat. Parteien. Die von der PZPR bis 1989 abhängigen Parteien, die Vereinigte Bauernpartei und die Demokrat. Partei, bemühen sich seitdem um ein eigenes polit. Profil. Aus dem Bürgerkomitee der Solidarność, die 1989/90 die revolutionäre Umgestaltung Polens trug, entstanden 1991 die christlich-demokrat. Zentrumsverständigung, eine Demokrat. Union und der Liberaldemokrat. Kongreß. – Karte XI, Bd. 2, n. S. 320.

Polgar, Alfred, * Wien 17. 10. 1873 (nicht 1875), † Zürich 24. 4. 1955, österr. Schriftsteller und Kritiker. Exponent der Theater- und Literaturkritik (›Ja und Nein‹, 4 Bde., 1926–27); schrieb subtile Kleinprosa (›Andererseits‹, 1948; ›Begegnung im Zwielicht‹, 1951; ›Standpunkte‹, 1953) und Essays (›Schwarz auf Weiß‹, 1929).

Poliakoff, Serge [frz. pɔljaˈkɔf], * Moskau 8. 1. 1906, † Paris 12. 10. 1969, frz. Maler und Graphiker russ. Herkunft. Verzahnte Farbflächen unter Aufgabe von Linie und Umrißzeichnung sowie schließl. auch der Zentrierung auf die Bildmitte.

Police [poˈliːsə; griech.-frz.], Versicherungsschein.

Polidoro da Caravaggio [italien. poli'dɔ:ro dakkar-'vaddʒo] (P. Caldara), * Caravaggio bei Bergamo um 1500, † Messina 1543, italien. Maler (Sgraffito- und Freskotechnik). Wegbereiter barocker Landschaftsmalerei.

Polier [frz.], Bauführer; verantwortlich für die sachgemäße Baudurchführung.

Poliermittel, 1) feinkörnige bis pulverige Substanzen, auch in Form von Aufschlämmungen, Pasten oder gepreßten Massen zum Polieren von Oberflächen; z. B. Bimsmehl, Kreide, Kieselgur, Cerdioxid, Zinndioxid, Diamantstaub.
2) → Politur.

Polignac, Jules Auguste Armand Marie, Fürst von (seit 1820) [frz. pɔli'ɲak], * Versailles 14. 5. 1780, † Paris 29. 3. 1847, frz. Politiker. Ab 1829 Außen-Min. und Min.-Präs.; betrieb die Eroberung Algeriens. Die von ihm am 25. 7. 1830 unterzeichneten Juliordonnanzen führten zur Julirevolution.

Poliklinik [griech.], an ein Krankenhaus oder eine Klinik angeschlossene Einrichtung (Abteilung) zur ambulanten Untersuchung und Krankenbehandlung.

Polio, Kurzbez. für Poliomyelitis (→ Kinderlähmung).

Poliomyelitis [griech.], svw. → Kinderlähmung.

Polis [griech.], Bez. für den griech. Stadtstaat. Die P. verstand sich als Gemeinschaft der Einwohner (›politai‹), für die es feste soziale und ethn. Zugehörigkeitskriterien gab (Abgrenzung z. B. gegen Sklaven und Fremde). Kennzeichen waren: Selbstverwaltung mit festgelegten polit. Rechten und Pflichten für den einzelnen, Tendenz zur Gleichheit der Rechte und Pflichten aller Bürger im Inneren (Demokratie). Nur in wenigen Staaten (z. B. Athen) wurde dies verwirklicht. – In hellenist. Zeit Eingliederung in den Territorialstaat.

Politbüro [russ.], oberstes polit. Führungsorgan kommunist. Parteien; trifft alle grundsätzl. polit. und organisator. sowie die wesentl. personellen Entscheidungen in Partei, Staat und Gesellschaft.

Serge Poliakoff: Komposition (Saarbrücken, Saarlandmuseum)

Politesse [Kw. aus *Poli*zei und Hos*tess*], [von einer Gemeinde] angestellte Hilfspolizistin, z. B. zur Überwachung des ruhenden Verkehrs.

Politik [griech.-frz.], auf die Durchsetzung bestimmter Ziele insbes. im staatl. Bereich und auf die Gestaltung des öffentl. Lebens gerichtetes Verhalten von Individuen, Gruppen, Organisationen, Parteien, Klassen, Parlamenten und Regierungen. Aus der Interessenbestimmtheit ergibt sich der Kampfcharakter der Politik. Ihre Legitimation findet P. in einem demokrat. System letztl. in der Zustimmung [der Mehrheit] der Betroffenen, in totalitären Systemen wird sie aus der herrschenden Ideologie abgeleitet. Nach dem *Gegenstand* bzw. *Bereich* des polit. Handelns unterscheidet man z. B. Außen-, Wirtschafts-, Gesundheits-P., nach der jeweiligen *Ebene* z. B. Bundes-, Landes- und Kommunal-P., nach dem *Handlungs- und Interessenträger* z. B. Partei-, Verbands-P., nach den *Grundsätzen* des polit. Handelns z. B. Macht-, Interessen-, Hegemonial-, Friedens-, Realpolitik.

Die **politische Wissenschaft (Politologie, Politikwissenschaft)** ist eine Teildisziplin der Sozialwiss. mit den Hauptforschungsgebieten: Theorie und Ideengeschichte, Lehre vom polit. System, Systemvergleiche, internat. Beziehungen. Die polit. Wiss. bedient sich der Methoden von Soziologie, Philosophie sowie Geschichts- und Rechtswissenschaft.

politische Gefangene, politolog., nicht rechtl. Bez. für Frauen und Männer, die (tatsächl. oder angebl.) oppositionelle polit. Auffassungen vertreten, diese allein oder organisiert, mit friedl. Mitteln oder unter Anwendung von Gewalt durchzusetzen versucht haben und deshalb inhaftiert wurden; i. w. S. auch Personen, die aufgrund von Rasse, Religionszugehörigkeit oder als Angehörige einer nat. Minderheit verfolgt werden.

politische Ökonomie, urspr. Bez. für die Wirtschaftslehre des absolutist. Staatshaushalts. Im Sinne des *Merkantilismus* ist dieser Haushalt auf Expansion orientiert: dem Ziel einer Machtvermehrung des Staates dient die Vermehrung des Nationalreichtums als Mittel zum Zweck. P. Ö. im Sinne der *Physiokraten* bzw. der *Klassik* begreift ökonom. Handeln als ein sich selbst regulierendes und perfektionierendes System: die ökonom. Anstrengungen der Individuen ordnen sich unbewußt und ohne geplante staatl. Regelung automatisch zu einem sinnvollen Ganzen, das allen Beteiligten zum Vorteil gereicht.

Die *Kritik der p. Ö.* von Marx geht davon aus, daß in der kapitalist. Gesellschaft der Bereich ökonom. Handelns eine eigene synthetisierende Macht entfaltet und dergestalt ein strukturiertes Ganzes bildet. Sie versteht sich als die Wiss. von der Auflösung der bürgerlich-kapitalist. Gesellschaft. Unter der Bez. ›P. Ö. des Sozialismus‹ fassen marxistisch-leninistisch regierte Staaten ihr Wirtschaftskonzept zusammen: dieses gründet auf der Vorstellung, es gäbe ein objektives, quasi-naturgesetzl. System von Regeln, deren Anwendung ein reibungsloses Funktionieren der Wirtschaft erlaubt. – Die *Neue p. Ö.* geht von der Gleichförmigkeit ökonom. und polit. Entscheidungsfindungen aus.

politische Polizei, bes. Polizeiorgane (z. T. auch *Geheimpolizei* gen.), die polit. Strafsachen behandelt; hat in totalitären Systemen eine wesentl. Funktion als Instrument der Herrschaftssicherung (z. B. GPU, Geheime Staatspolizei, Staatssicherheitsdienst). – In der BR Deutschland gibt es keine p. P.; den Verfassungsschutzämtern des Bundes und der Länder stehen polizeil. Befugnisse nicht zu.

politischer Katholizismus, Bestrebungen innerhalb der kath. Kirche, mit polit. Mitteln spezif. kath. und/oder allg. christl. Grundsätze in Staat und Gesellschaft zur Geltung zu bringen (→ katholische Soziallehre) und die kirchl. Interessen gegen Säkularisierung, Laizismus und Nationalisierung zu sichern.

politischer Protestantismus, Kräfte und Tendenzen, die seit dem 19. Jh. prot. Gedankengut über den Raum der Kirche hinaus im polit. und kulturellen Bereich zu verwirklichen trachten. Für den von E. Troeltsch ausgehenden ›Neuprotestantismus‹ war der christl. Glaube Bestandteil der allg. Kultur, der mit Individualismus, Liberalismus und Rationalismus eine ›Kultursynthese‹ bildete. Verlor im 1. Weltkrieg seine Bedeutung. – Im heutigen Verständnis des p. P.

kann es keine christl. Partei, nur Politik aus christl. Verantwortung geben.

politische Theologie, zunächst jede Theologie, insofern sie entweder gesellschaftl. Auswirkungen zeigt oder gezielt zur Legitimation gesellschaftl. und polit. [Herrschafts]strukturen eingesetzt wird. – Seit der 2. Hälfte des 20. Jh. der theol. Versuch, die eschatolog. Inhalte des christl. Glaubens als krit. Korrektiv innerhalb gesamtgesellschaftl. Entwicklung zu interpretieren. Unter dem Eindruck der polit. und sozialen Krise in den Ländern der Dritten Welt verbanden sich zudem radikaleth. Ansätze zu einer *Theologie der Revolution,* die in einer revolutionären Veränderung der Welt ein Zeichen des Handelns Gottes und in revolutionärer Betätigung die Erfüllung eines biblisch-eth. Auftrags sieht.

politische Wissenschaft → Politik.

Politologie [griech.], svw. polit. Wiss. (→ Politik).

Politur [lat.], durch Polieren hervorgebrachte Glätte; Glanz.

Polizei [griech.], 1. die gesamte Tätigkeit von Verwaltungsbehörden und Vollzugsorganen (z. B. Bau- und Gewerbeaufsicht, uniformierte P.) zur Abwehr von Gefahren für die öffentl. Sicherheit und Ordnung sowie zur Beseitigung bereits eingetretener Störungen; 2. die im Vollzugsdienst tätigen Dienstkräfte, d. h. die im Außendienst verwendeten uniformierten P.kräfte und die Kriminalpolizei.

Polizeirecht: Das P.recht umfaßt als Teil des Verwaltungsrechts alle Vorschriften über Aufgaben und Befugnisse (materielle P.recht, P.aufgabenrecht) sowie über die Organisation der P. (formelles P.recht). Die der Gefahrenabwehr dienenden Rechtsnormen werden als Ordnungsrecht (Sicherheitsrecht) bezeichnet und von den Ordnungsbehörden (Sicherheitsbehörden) ausgeführt. Die Regelung des P.- und Ordnungsrechts fällt grundsätzl. in die Gesetzgebungskompetenz der Länder (Artikel 70 GG), jedoch ist das *Ordnungsrecht* überwiegend durch den Bund geregelt (Artikel 73 ff. GG). Der Bund hat nur ausnahmsweise das Recht, eigene P.behörden zu errichten und deren Organisation zu regeln, wie z. B. beim Bundesgrenzschutz und dem Bundeskriminalamt.

Um bundesweit die Fahndung der P. effektiver zu gestalten, ist beim Bundeskriminalamt ein elektron. Informationssystem *(Inpol)* errichtet worden, das neben seiner Funktion als Fahndungsdatei heute u. a. auch eine Haft-, Ermittlungs- und Straftäterdatei enthält.

Aufgaben und *Befugnisse* der P. und der Ordnungsbehörden sind in allen Bundesländern durch eine polizeil. Generalklausel normiert, die den Tätigkeitsbereich der P. und Ordnungsbehörden allg. umschreibt. Danach haben P. und Ordnungsbehörden die Aufgabe, von der Allgemeinheit oder dem einzelnen Gefahren abzuwehren, durch die die öffentl. Sicherheit und Ordnung bedroht wird.

Das Verhältnis von P. und Ordnungsbehörden ist so geregelt, daß die P. (Vollzugspolizeibehörden) im Bereich der Gefahrenabwehr nur für die auf ihr ausdrückl. zugewiesenen Aufgaben oder in Eilfällen zuständig ist. Die P. hat insbes. den Ordnungsbehörden auf deren Ersuchen Vollzugshilfe bei der Durchsetzung der von diesen angeordneten Maßnahmen zu leisten sowie die ihr durch Bundesrecht übertragenen Aufgaben auf dem Gebiet des Straßenverkehrsrechts, bei der Ermittlung von Ordnungswidrigkeiten und bei der Verfolgung von Strafsachen (als Hilfsbeamte der Staatsanwaltschaft) wahrzunehmen. Zur Durchsetzung ihrer Verfügungen können die P.- und Ord-

nungsbehörden Zwangsmittel anwenden, näml. das Zwangsgeld, die Ersatzvornahme und den unmittelbaren Zwang (u. U. Haft). Polizeil. Maßnahmen müssen jedoch immer vom Verhältnismäßigkeitsgrundsatz getragen sein.

Träger: Polizeil. Einrichtungen werden vom Staat (Bund oder Länder), ausnahmsweise auch von den Gemeinden getragen. Die Gemeinden nehmen i. d. R. die ordnungsrechtl. Aufgaben als unterste staatl. Behörden wahr (Auftragsangelegenheiten, Pflichtaufgaben nach Weisung). Die Aufgaben der Vollzugs-P. werden wegen der größeren Effektivität i. d. R. von staatl. P.behörden wahrgenommen.

Polizeistaat, urspr. Bez. für den absolutist. Staat, dessen Organe öffentl. Kontrolle entzogen waren. Heute Bez. für Staaten, die im Ggs. zum Verfassungs- und Rechtsstaat, bes. mit Hilfe der (Geheim)polizei die Menschenrechte außer Kraft setzen.

Poliziano, Angelo, eigtl. Angiolo Ambrogini, * Montepulciano 14. 7. 1454, † Florenz 29. 9. 1494, italien. Humanist. Kanzler Lorenzos de' Medici; führte die Textkritik ein; lat. Übers. Homers; bed. Geschichtsschreiber; schrieb lat. Gedichte (›Silvae‹, 1485/86), italien. Stanzen und das italien. Drama ›Orpheus‹ (hg. 1494).

Polje [russ. ›Feld‹], meist langgestrecktes, geschlossenes Becken in Karstgebieten mit oft fruchtbarem Boden.

Polk, James Knox [engl. poʊk], * bei Little Sugar Creek (N. C.) 2. (?) 11. 1795, † Nashville 15. 6. 1849, 11. Präs. der USA (1845–49). Erreichte die Festlegung der N-Grenze auf den 49. Breitengrad und den Gewinn von Texas 1848.

Polka [tschech.], böhm. Paartanz im lebhaften $^2/_4$-Takt, seit dem 19. Jh. europ. Gesellschaftstanz.

Poll [engl. poʊl], Bez. der Markt- und Meinungsforschung für: 1. Wahl, Abstimmung; 2. Umfrage, Stichprobenerhebung; 3. Wähler- bzw. Befragtenliste.

Pollaiuolo, Antonio del [italien. pollai'uɔːlo, polla'iɔːlo], eigtl. Antonio Benci, * Florenz 17. 1. 1432, † Rom 4. 2. 1498, italien. Bildhauer und Maler der Frührenaissance. Goldschmied; seine Figuren zeigen kompliziert verschränkte Bewegungen und klare Umrisse; schuf u. a. den Kupferstich ›Kampf der nackten Männer‹ und die Grabmäler für Sixtus IV. und Innozenz VIII. in Rom; auch Fresken (heute z. T. Florenz, Uffizien).

Pollen [lat.] (Blütenstaub), Gesamtheit der Pollenkörner einer Blüte.

Pollenanalyse, Methode zur Bestimmung der Flora der erdgeschichtl. jüngeren Vegetationsperioden aus Pollenkörnern. Deren für jede Pflanzenart bzw. -gatt. charakterist. Form erlaubt nach Jahrtausenden noch Rückschlüsse z. B. auf die Geschichte der Kulturpflanzen.

Pollenblumen, Pflanzen mit meist großen, staubblattreichen Blüten, die den besuchenden Insekten nur Pollen, jedoch keinen Nektar bieten (z. B. Rose, Mohn).

Pollenkorn, ungeschlechtl., durch Meiose aus Pollenmutterzellen in den *Pollensäcken* der Staubblätter entstehende haploide männl. Fortpflanzungszelle (Mikrospore) der Samenpflanzen. Im P. entwickelt sich bei der Reifung der männl. Mikrogametophyt, bestehend aus einer vegetativen und einer darin eingeschlossenen generativen Zelle, die sich vor oder nach der Blütenbestäubung in zwei Spermazellen teilt. Nach Übertragung auf die Narbe (bzw. auf die nackte Samenanlage der Nacktsamer) treibt die innere Wand zum *Pollenschlauch* aus; dieser dringt in die Samenanlage ein, wo die Befruchtung stattfindet.

Poller, Vorrichtung auf Schiffen und Kaimauern, um die Trossen zum Festmachen von Schiffen gelegt werden.

Pollen: Pollenkörner und Bildung des Pollenschlauchs beim Türkenbund (Lilium martagon); **a** Kern der vegetativen Zelle, **b** generative Zelle, **c** die beiden Spermazellen (nach Strasburger, etwa 425fach vergrößert)

Pollini, Maurizio, * Mailand 5. 1. 1942, italien. Pianist. Vielseitiger, international bekannter Interpret; seit 1978 auch Konzert- und Operndirigent.

Pollock, Jackson [engl. 'pɔlək], * Cody (Wyo.) 28. 1. 1912, † East Hampton (N. Y.) 11. 8. 1956, amerikan. Maler des Action painting (›Drippingmethode‹ statt Pinsel).

Pollution [lat.], unwillkürl. → Ejakulation [im Schlaf]; meist in der Pubertät oder im Zusammenhang mit Träumen.

Pollux → Dioskuren.

Polnisch, zur westl. Gruppe der slaw. Sprachen gehörende Sprache der Polen mit über 36 Mio. Sprechern. – Das phonolog. System der heutigen poln. Schriftsprache besitzt nichtpalatale und entsprechende palatale Konsonanten (z. B. [s] und [ɕ]) und eine dreifache Gliederung der Zischlaute bzw. Affrikaten, die durch Buchstabenverbindungen oder diakrit. Zeichen (s-ś-sz; z-ź-ż, rz; c-ć-cz; dz-dź-dż) gekennzeichnet werden; ł ist unsilb. [u̯]. Die Morphologie zeigt großen Formenreichtum im Bereich der Nominalflexion (sieben Fälle, Belebtheitskategorie u. a.) sowie ein kompliziertes Verbalaspektsystem.

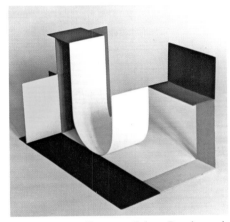

polnische Kunst: Katarzyna Kobro, Raumkomposition 4; 1929 (Łódź, Kunstmuseum)

polnische Kunst, weitgehend vom mitteleurop. Einfluß bestimmte Kunst Polens; im MA wichtige Rolle der Zisterzienser, Einflüsse aus dem W (S-Deutschland), N (Gebiet des Dt. Ordens, N-Deutschland; Backsteingotik) und S (Böhmen); bed. v. a. die Dome in Krakau und Gnesen sowie die Stiftskirche in Wiślica (alle 14. Jh.). Um 1500 arbeiteten mehrere Nürnberger in Krakau (V. Stoß, P. Vischer, P. Flötner). König Sigismund berief italien. Renaissancekünstler ins Land (Schloß und Sigismundkapelle im Dom von Krakau); eine bed. Barockkunst entstand im palladian. Stil (Tylman von Gameren, u. a. Palais Krasiński in Warschau) und unter sächs. Einfluß (Pöppelmann in Warschau; ›Stanislaus-August-Klassizismus‹ [D. Merlini u. a.]); der Adel baute bevorzugt Rokokoschlösser. – P. Michałowski, J. Matejko, M. und A. Gierymski zeugen von der starken nat. Gesinnung im 19. Jh.; der wichtigste Beitrag zur Kunst des 20. Jh. war die poln. konstruktivist. Malerei (W. Strzemiński, H. Berlewi, K. Kobro). Experimentelle Offenheit kennzeichnet auch die p. K. nach dem 2. Weltkrieg, z. B. T. Kantor, M. Jarema, A. Marczyński, v. a. auch in der Plakatkunst.

polnische Literatur, die Christianisierung (966) führte im 11. und 12. Jh. zu lat. hymnograph. (Heiligenviten, Gebete) und annalist. Literatur. Die ältesten Denkmäler in poln. Sprache sind Bibelübersetzungen und Predigten sowie das Marienlied ›Bogurodzica‹ (›Gottesgebärerin‹) aus dem 14. Jh., das ab dem 15. Jh. zur ersten Nationalhymne wurde.

Humanismus und Renaissance (1500–1620): Im Zuge der Europäisierung des poln. Kulturlebens entwickelt sich die 2. Hälfte des 16. Jh. zum *Goldenen Zeitalter* der slawischsprach. humanist. Dichtung, zu nennen sind: J. Kochanowski, Pjotr Skarga (* 1536, † 1612), Mikolaj Rej (* 1505, † 1569) und Andrzej Frycz Modrzewski (* um 1503, † 1572).

Barock (1620–1764): Herausragende Vertreter sind der Epiker Wacław Potocki (* 1621, † 1696), Jan Chryzostom Pasek (* um 1636, † 1701) mit Memoiren, Wespazjan Kochowski (* 1633, † 1700) als patriot. Psalmdichter sowie Stanisław Hieronym Konarski (* 1700, † 1773) mit publizist. Werken.

Aufklärung (1764–95): Die Regierungszeit von Stanislaus II. August war trotz des staatl.-polit. Zusammenbruchs (Teilungen 1772, 1793, 1795) eine Zeit der geistigen Erneuerung und der literar.-polit. Aufklärung. Bedeutendste Vertreter dieser Epoche: I. Krasicki, Adam Stanisław Naruszewicz (* 1733, † 1796), der Dramatiker Wojciech Bogusławski sowie die polit. Reformer Hugo Kołłataj (* 1750, † 1812) und Stanisław Staszic (* 1755, † 1826).

Klassizismus und Empfindsamkeit (1795–1822): Der ›Warschauer Klassizismus‹ der histor. Tragödie Alojzy Felinskis (* 1771, † 1820) und der ›Geschichtl. Gesänge der Polen‹ (1816) von Julian Ursyn Niemcewicz (* 1758, † 1841) bildet zusammen mit dem Sentimentalismus eines Franciszek Kniaznin (* 1749, † 1807) und einer Maria Wirtemberska (* 1768, † 1854), verstärkt durch zahlr. Übers. westeurop. zeitgenöss. Literatur, die Übergangszeit zur großen poln. Romantik, der bes. Kazimierz Brodziński (* 1791, † 1835) entscheidende Anstöße gab.

Romantik (1822–63): Mit der poln. Romantik, v. a. vertreten durch A. Mickiewicz, J. Słowacki, Z. Krasiński und C. K. Norwid kam die poln. Literatur ins europ. Bewußtsein; ihren Höhepunkt erreichte sie nach dem Scheitern des Novemberaufstandes von 1831 in der *Emigration:* A. Mickiewicz wirkte aus Paris mit seinen Werken in das besetzte Polen, die seine Bedeutung für die Polen mit der Bedeutung vergleichen läßt, die Goethe für die Deutschen hat.

Positivismus (etwa 1863 bis etwa 1900): Unter dem Einfluß des Positivismus A. Comtes entstand eine bed. realist., später auch naturalist. Literatur; führender Theoretiker war Aleksander Swietochowski (* 1849, † 1935); im literar. Zentrum stehen die großen Romane von B. Prus und das Erzählwerk von H. Sienkiewicz.

Modernismus und ›Junges Polen‹ (etwa 1890–1918): Vorbild der vom frz. Symbolismus beeinflußten jungpoln. Bewegung wurde der Romantiker J. Słowacki. Bed. Vertreter waren u. a. die Lyriker K. Tetmajer-Przerwa, J. Kasprowicz, Leopold Staff (* 1878, † 1957), der Dramatiker S. Wyspiański sowie die Romanciers S. Żeromski und W. S. Reymont, der den Naturalismus durchsetzte.

Zwischen den Weltkriegen (1918–39): In der Lyrik gewann die gemäßigte Neuerergruppe der Monatsschrift ›Skamander‹ (1920–28 und 1935–39) um J. Tuwim und A. Słonimski bes. Bedeutung; gegen sie wandte sich eine futurist. Strömung um T. Peiper. Daneben wirkten expressionist. Theoretiker, Lyriker und Dramatiker, als großer Vertreter einer grotesken, phantast. Lyrik ist C. Miłosz zu nennen. Überragender Dramatiker war S. I. Witkiewicz, der mit grotesk-absurden Dramen das ›Theater der reinen Form‹ schaffen wollte; die erzählende Literatur wurde insbes. von J. Kaden-Bandrowski, Z. Nałkowska, M. Dąbrowska, B. Schulz und W. Gombrowicz bestimmt.

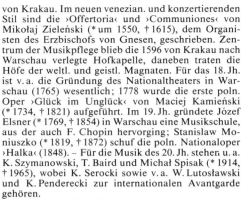

Nach 1945: Der 2. Weltkrieg und die Zeit der dt. Okkupation forderten auch unter den Schriftstellern zahlr. Opfer; nicht wenige gingen in die Emigration. – Aufgrund der polit. Ereignisse wird die p. L. nach 1945 in folgende Abschnitte gegliedert: 1945–48; 1949–55; 1956–68; 1969–80/81; seit 1982.

1945–48 setzte sich die Prosa mit dem Krieg und KZ-Erlebnissen (Zofia Nałowska [* 1884, † 1954], ›Medaillons‹, En., 1946; Tadeusz Borowski [* 1922, † 1951, Selbstmord], ›Die steinerne Welt‹, En., 1948, 1982 u. d. T. ›Bei uns in Auschwitz‹) sowie den Nachkriegswirren (J. Andrezejewski, ›Asche und Diamant‹, 1948) auseinander. In der Lyrik spiegelte sich der Krieg u. a. in den Gedichten von T. Różewicz wider. Bed. Dramen schrieben Leon Kruszkowski (* 1900, † 1972; ›Die Sonnenbrucks‹, 1950) und Jerzy Szaniawski (* 1896, † 1970; ›Zwei Theater‹, 1946).

Der im Jan. 1949 auf dem Stettiner Schriftstellerkongreß beschlossene →sozialistische Realismus führte zur Unterdrückung der literar. Vielfalt. 1955 begann die offene Kritik an der staatl. Kulturpolitik, das einsetzende ›Tauwetter‹ fand in Adam Ważyks (* 1905, † 1982) Zyklus ›Ein Gedicht für Erwachsene‹ (1956) seinen programmat. Ausdruck; ein herausragendes Dokument der Tauwetterperiode sind v. a. auch die Aphorismen von St. Lec (›Unfrisierte Gedanken‹, 1957); es entstanden auch große Romane (J. Iwaskiewicz, ›Ruhm und Ehre‹, 1956–62), histor. Erzählwerke (Theodor Parnicki [* 1908], ›Wort und Leib‹, 1959) und Science-fiction-Literatur (St. Lem). L. Kołakowski schrieb Parabeln. Die Lyrik zeichnete sich durch Experimente aus; zu den bereits bekannten Lyrikern trat die neue ›Generation von 1966‹ (Stanisław Grodiowiak [* 1934, † 1976]; Jerzy Harasymowicz [* 1933], Wistawa Szymborska [* 1923]). In der Dramatik traten die absurden Theaterstücke von S. Mrożek in den Vordergrund. Ein neuer Abschnitt des literar. Lebens begann 1968; den Einmarsch der Truppen des Warschauer Pakts in die Tschechoslowakei verurteilte u. a. Andrzejewski (zwei Jahre Publikationsverbot). Die folgenden Jahre brachten eine zunehmende Konfrontation von Staat und Literatur (Publikationsverbot für Stanisław Barańczak [* 1946], ›Gesichtskorrektur‹, Ged., 1968; Tadeusz Konwicki [* 1926], ›Angst hat große Augen‹, R., 1971; Wiktor Woroszylski [* 1927], ›Träume unter Schnee‹, R., 1963). Zu einer bis Ende der 1980er Jahre andauernden Polarisierung führte die Bewegung der unabhängigen Gewerkschaft ›Solidarność‹ und das im Dez. 1981 verhängte Kriegsrecht, das die Auflösung oder linientreue Neugründung von Kulturverbänden zur Folge hatte. Die Ereignisse dieser Zeit fanden ein vielfältiges Echo in der Literatur, die im Untergrund oder im Ausland gedruckt wurde: u. a. in den Erzählungen von Marek Nowakowski (* 1935; ›Grisza, ich sage dir‹, 1986), in dem Roman ›Ich kann nicht klagen‹ (1982) von Janusz Glowacki (* 1938), in den Tagebuchaufzeichnungen ›Warschauer Tagebuch‹ (1978–81) von Brandys oder in dem Lyrikband ›Bericht aus einer belagerten Stadt‹ (1983) von Herbert. Der Zusammenbruch des kommunist. Regimes 1989 führte dazu, daß sich zahlr. Schriftsteller (u. a. A. Szczypiorski) vorzugsweise im polit. Leben engagieren, was zur Zeit eine Verminderung der literar. Produktivität zur Folge hat.

polnische Musik, mit der Christianisierung Polens im 10. Jh. kam der Gregorian. Gesang ins Land. Dem liturg.-geistl. Bereich gehört auch die erste bekannte Komposition p. M. an, der Gesang ›Bogurodzica‹ (›Gottesgebärerin‹) aus dem 14. Jh. Eine eigene Bedeutung muß der poln. Orgelmusik beigemessen werden, für die die Tabulatur des Johannes von Lublin aus der 1. Hälfte des 16. Jh. die wichtigste Quelle darstellt. Sie enthält auch Werke von Nikolaus

Marco Polo

von Krakau. Im neuen venezian. und konzertierenden Stil sind die ›Offertoria‹ und ›Communiones‹ von Mikołaj Zieleński (* um 1550, † 1615), dem Organisten des Erzbischofs von Gnesen, geschrieben. Zentrum der Musikpflege blieb die 1596 von Krakau nach Warschau verlegte Hofkapelle, daneben traten die Höfe der weltl. und geistl. Magnaten. Für das 18. Jh. ist v. a. die Gründung des Nationaltheaters in Warschau (1765) wesentlich; 1778 wurde die erste poln. Oper ›Glück im Unglück‹ von Maciej Kamieński (* 1734, † 1821) aufgeführt. Im 19. Jh. gründete Józef Elsner (* 1769, † 1854) in Warschau eine Musikschule, aus der auch F. Chopin hervorging; Stanislaw Moniuszko (* 1819, † 1872) schuf die poln. Nationaloper ›Halka‹ (1848). – Für die Musik des 20. Jh. stehen u. a. K. Szymanowski, T. Baird und Michał Spisak (* 1914, † 1965), wobei K. Serocki sowie v. a. W. Lutosławski und K. Penderecki zur internationalen Avantgarde gehören.

Polnischer Korridor, Gebietsstreifen zw. Pommern und der Weichsel bzw. der W-Grenze der Freien Stadt Danzig, den das Dt. Reich im Versailler Vertrag 1919 an Polen abtreten mußte, um Polen einen Zugang zur Ostsee zu schaffen.

Polnischer Thronfolgekrieg, Krieg 1732–35/38 um die Nachfolge Augusts II., des Starken, von Polen-Sachsen. Der Kaiser und Rußland unterstützten den sächs. Kurfürsten Friedrich August II., Frankreich die des polnischen Exkönigs Stanislaus I. Leszczyński, der in den Wiener Frieden 1735/38 auf die Krone verzichtete.

Polnisches Komitee der Nationalen Befreiung, 1944 in Chełm gegr. Komitee, das als **Lubliner Komitee** die Regierungsgeschäfte von der von der Roten Armee befreiten Gebieten. westl. der Curzon-Linie aufnahm; 1945 in die poln. Provisor. Regierung übergeleitet.

Polnische Sozialistische Partei, Abk. PPS, 1892 in Paris gegr. Partei, unter Führung von J. Piłsudski illegal in Polen tätig; 1948 zwangsweise mit der kommunist. Poln. Arbeiterpartei zur PZPR vereinigt.

Polnische Teilungen (1772–95) →Polen (Geschichte).

Polo, Marco, * Venedig (?) 1254, † ebd. 8. 1. 1324, venezian. Reisender. Begleitete 1271–75 seinen Vater und Onkel auf deren Reise an den Hof des Mongolenherrschers Khubilai, der ihn 1275–92 zu verschiedenen Missionen verwendete; Rückkehr 1292–95. Als genues. Gefangener (1298/99) diktierte P. einem Mitgefangenen den Bericht über seine Reisen.

Polo [engl.], Treibballspiel zw. 2 Mannschaften (als Pferde-P., Kanu-P., Rad-P.); beim Pferde-P. versuchen die Spieler einen Ball aus Bambusholz mit der Breitseite eines hammerartigen Schlägers in das gegner. Tor zu treiben. Gespielt wird in 4, höchstens 8 Abschnitten *(Chukkers)* zu je 7½ Minuten mit Pausen von 5 Minuten nach dem 2. und 4. Spielabschnitt.

Polonaise [polo'nɛ:zə; frz.] (italien. Polacca), ruhiger, paarweiser Schreittanz poln. Herkunft, überwiegend in geradem Takt, seit dem 16. Jh. Gesellschaftstanz. Als Instrumentalstück zunächst in geradem Takt, später mit anschließendem Nachtanz, der sich im frühen 18. Jh. zur eigtl. P. im Dreiertakt verselbständigte.

Polonium [Kw; nach Polen, der Heimat von M. Curie], radioaktives chem. Element, Symbol Po, VI. Nebengruppe des Periodensystems, Ordnungszahl 84. An Isotopen sind Po 192 bis Po 218 bekannt. P. ist ein silberweißes, in zwei Modifikationen auftretendes Metall; aufgrund der Radioaktivität leuchten die Verbindungen im Dunkeln hellblau. Po 210 wird als Energiequelle von in Raumfahrzeugen verwendeten Isotopenbatterien genutzt. P. wurde 1898 von P. und M. Curie entdeckt.

Pol Pot, * in der Prov. Kompong-Thom 19. 5. 1928 (1925?), kambodschan. Politiker; seit 1963 Sekretär des ZK der KP, baute die militär. Formationen der ›Roten Khmer‹ auf, wurde 1976 Min.-Präs.; Anfang 1979 mit vietnames. Unterstützung gestürzt, wegen Völkermordes und anderer Verbrechen in Abwesenheit zum Tode verurteilt.

Polska Agencja Prasowa [poln. 'pɔlska a'gɛntsja pra'sɔva] → Nachrichtenagenturen.

Polstärke, magnet. Größe, die die Stärke eines Magnetpols und damit die von ihm auf einen anderen Magnetpol ausgeübte Kraft festlegt.

Polsterpflanzen, Gruppe immergrüner, krautiger oder holziger Pflanzen mit charakterist., an extreme klimat. Bedingungen angepaßter Wuchsform *(Polsterwuchs):* flache oder halbkugelige, am Boden angepreßte, feste Polster; verbreitet in polnahen Tundragebieten, in Schutt- und Felsfluren der alpinen und nivalen Stufe der Hochgebirge sowie in Trockenvegetationsformationen des Mittelmeergebiets und in Wüsten; z. T. Zierpflanzen.

Polt, Gerhard, * München 7. 5. 1942, dt. Kabarettist und Filmemacher. Bekannt durch die Fernseh-Sketchreihe ›Fast wia im richtigen Leben‹ (1978 ff.); Zusammenarbeit v. a. mit D. Hildebrandt (›Scheibenwischer‹); auch Spielfilme, u. a. ›Kehraus‹ (1986).

Poltawa [pɐl'ta:va, russ. pal'tavɐ], Gebietshauptstadt in der Dnjeprniederung, 305 000 E. Hochschulen, Museen, Philharmonie; u. a. Maschinenbau. – Im 2. Nord. Krieg brachte Peter I. 1709 dem schwed. Heer unter Karl XII. bei P. eine vernichtende Niederlage bei.

Polwanderung, im Unterschied zur period. Polbewegung die Ortsverlagerung der Rotationsachse der Erde relativ zur Erdoberfläche innerhalb geolog. Zeiträume.

poly..., Poly... [griech.], Bestimmungswort von Zusammensetzungen mit der Bedeutung ›mehr, viel‹.

Polyacrylnitril, Abk. PAN, durch Polymerisation von Acrylnitril hergestellter hochmolekularer Stoff; v. a. für Chemiefasern *(P.fasern)* verwendet.

Polyacrylsäure, durch Polymerisation von →Acrylsäure hergestellter hochmolekularer Stoff; verwendet zur Herstellung von Appreturen und →Acrylharzen.

Polyaddition, grundlegende Reaktion zur Herstellung makromolekularer Stoffe (Chemiefasern, Kunststoffe), bei der sich ohne Abspaltung niedermolekularer Reaktionsprodukte reaktionsfähige Gruppen zu langkettigen Makromolekülen verbinden.

Polyamide, durch Polykondensation von Diaminen (z. B. Hexamethylendiamin) und Dicarbonsäuren (z. B. Adipinsäure) oder durch Polykondensation von ω-Aminocarbonsäure hergestellte makromolekulare Stoffe.

Polyandrie [griech.] →Ehe.

Polyäthylen, Abk. PE (von engl. polyethylene), durch Polymerisation von →Äthylen hergestellter durchsichtiger bis milchig-undurchsichtiger Kunststoff.

Polybius (Polybios), * Megalopolis (Arkadien) um 200, †um 120, griech. Geschichtsschreiber. 168 als Geisel in Rom, wurde P. Freund und militär. Berater von Scipio Aemilianus Africanus d. J.; schrieb u. a. die griech. Universalgeschichte (40 Bücher, die Zeit von 264 bis 144 v. Chr. umfassend, bis auf die Bücher 1–5 nur in Fragmenten erhalten).

Polycarbonate, durch Polykondensation von Phenolen hergestellte Kunststoffe.

polychlorierte Biphenyle [...klo...] →PCB.

Polychromie [...kro...; griech.], Vielfarbigkeit; in Malerei, Plastik, Kunsthandwerk und Baukunst angewendete farbige Gestaltung. Sie findet sich, abgese-

hen von klassizist. Strömungen des 18./19. Jh. in Europa und z. T. im 20. Jh., in allen Epochen und Kulturbereichen.

Polydeukes →Dioskuren.

Polyeder [griech.] (Ebenflächner, Vielflächner), von endlich vielen ebenen Flächen begrenzter Körper (z. B. Würfel, Quader, Pyramide, Achtflach [= Oktaeder]).

Polyedersatz →Eulerscher Polyedersatz.

Polyene [griech.], sehr reaktionsfähige organ. Verbindungen mit mehreren Doppelbindungen.

Polyester, durch Polymerisation mehrbas. Säuren mit mehrwertigen Alkoholen hergestellte hochmolekulare Stoffe mit vielfältigen Verwendungsmöglichkeiten: Weichmacher, Polyesterfasern (z. B. Diolen Ⓦ, Trevira Ⓦ), Polyesterharze.

Polygamie [griech.] **1)** → Ehe.
2) *Botanik:* das Auftreten von zwittrigen und eingeschlechtigen Blüten auf einer Pflanze.

Polyglobulie (Hyperglobulie) [griech./lat.], Vermehrung der roten Blutkörperchen im Blut mit entsprechender Zunahme des Hämoglobinwertes; u. a. bei Sauerstoffmangel.

Polyglotten [griech.], Bez. für mehrsprachige Bibelausgaben.

Polygon [griech.], svw. →Vieleck.

Polygynie [griech.] →Ehe.

Polyhymnia →Musen.

Polyisobutylen, Abk. PIB, durch Polymerisation von Isobutylen hergestellter hochmolekularer Kunststoff; viskose Flüssigkeiten, teigige, klebrige oder feste, kautschukartige Substanzen (für Weichmacher, Isoliermaterial und Folien).

Polyklet von Argos, griech. Bildhauer des 5. Jh. v. Chr. (tätig etwa 450–410). Seine Lehrschrift ›Kanon‹ war grundlegend für alle späteren Proportionslehren. P. wendete den Kontrapost (Stand- und Spielbein) an und gab der ganzen Figur deshalb eine S-förmige Kurve. Verschiedene seiner Bronzeplastiken sind in Marmorkopien überliefert: Doryphoros (um 440 v. Chr.), Amazone (um 430 v. Chr.), Herakles, Diadumenos (um 425 v. Chr.).

Polykondensation, wichtige Reaktion zur Herstellung von Makromolekülen (→Kondensation).

Polykrates, † Magnesia am Mäander 522 v. Chr., Tyrann von Samos (seit 538). Erlangte die Herrschaft über zahlr. Ägäisinseln und kleinasiat. Küstenstädte, förderte Wiss. und Kunst; durch den pers. Satrapen Oroites nach Magnesia gelockt und hingerichtet.

Polymere [griech.], natürl. oder (durch Polymerisation, Polyaddition oder Polykondensation entstehende) synthet., aus zahlr. →Monomeren aufgebaute Verbindungen mit einer Molekülmasse über 1 000.

Polymerholz, Bez. für Holz-Kunststoff-Verbundwerkstoffe; Herstellung durch Tränken des Holzes mit polymerisationsfähigen Monomeren oder durch Oberflächenimprägnierung mit Kunststoffen.

Polymerisation [griech.], die wichtigste der drei Reaktionen zur Herstellung von Makromolekülen durch Zusammenschluß ungesättigter Monomeren (v. a. Alkenen) oder von Monomeren mit instabilen Ringsystemen (z. B. Epoxide, Lactame), wobei (im Ggs. zur Polykondensation) keine niedermolekularen Reaktionsprodukte abgespalten werden. Die Produkte einer P. *(Polymerisate)* bestehen aus einem Gemisch von Polymeren, die sich in ihrem Polymerisationsgrad unterscheiden.

Polymorphie [griech.] (Polymorphismus), Bez. für die Möglichkeit einzelner Stoffe, in mehreren Modifikationen aufzutreten (→Allotropie).

Polymorphismus [griech.] (Polymorphie, Heteromorphie), das regelmäßige Vorkommen unterschiedl. gestalteter Individuen (auch verschieden ausgebildeter einzelner Organe) innerhalb derselben Art, v. a. als

Dimorphismus, bei sozialen Insekten und Tierstökken als *sozialer Polymorphismus.*

Polyneikes, einer der →Sieben gegen Theben.

Polynesien, zusammenfassende Bez. für die Inseln im zentralen Pazifik (→Ozeanien).

Polynesier, die einheim. Bevölkerung Polynesiens. Die urspr. Wirtschaft beruht auf dem Fang von Meerestieren, dem Anbau von Taro, Jams, Bataten, Zuckerrohr, Bananen u. a.; hochentwickelter Schiffbau. – Die P. wanderten zw. 500 v. Chr. und 300 n. Chr. von Asien nach Polynesien ein.

polynesische Sprachen, Untergruppe der austronesischen Sprachen; u. a. das Samoanische und das Tonganische.

Polyneuritis [griech.] →Nervenentzündung.

Polynom [griech.], i. e. S. ein mehrgliedriger mathemat. Ausdruck, dessen einzelne Glieder nur durch Addition und/oder Subtraktion verknüpft sind: *Binom* $(a + b)$ bzw. $(a - b)$, *Trinom* $(a \pm b \pm c)$ usw.; i. w. s. ein mathematischer Ausdruck der Form $P(x) = a_0 + a_1x + a_2x^2 + \ldots + a_nx^n$.

Polypen [griech.], 1) *Biologie:* mit Ausnahme der Staatsquallen festsitzende Form der Nesseltiere, die sich i. d. R. durch (ungeschlechtl.) Knospung und Teilung fortpflanzt und dadurch oft große Stöcke bildet (z. B. Korallen); Körper schlauchförmig, mit Fußscheibe am Untergrund festgeheftet; die gegenüberliegende Mundscheibe fast stets von Tentakeln umgeben.

2) *Zoologie:* Bez. für →Kraken.

3) *Medizin:* →Nasenpolypen.

Polyphem, in der griech. Mythologie ein menschenfressender, einäugiger Zyklop, Sohn des Poseidon, in dessen Gewalt Odysseus und 12 seiner Gefährten auf der Heimfahrt geraten. Odysseus gelingt es, ihn trunken zu machen und mit einem glühenden Pfahl zu blenden, so daß er mit seinen Gefährten entkommen kann.

Polyphenyläthylen, svw. →Polystyrol.

Polyphonie [griech.], mehrstimmige Kompositionsweise, die im Ggs. zur →Homophonie durch weitgehende Selbständigkeit und linear-kontrapunkt. Verlauf der Stimmen gekennzeichnet ist. P. ist am reinsten ausgeprägt in den Vokalwerken der frankofläm. Schule mit dem Höhepunkt im 16. Jh. bei Orlando di Lasso und Palestrina. Auch nach 1600 blieb die polyphone Setzweise (neben dem Generalbaß) erhalten, v. a. in den Werken J. S. Bachs.

Polyploidie [...plo-i...; griech.], das Vorhandensein von mehr als zwei ganzen Chromosomensätzen in Zellen bzw. Lebewesen; führt zur Vergrößerung der Zellen und ist daher v. a. für die Pflanzenzüchtung von großer Bedeutung.

Polypol [griech.], Marktform, bei der auf der Angebots- oder Nachfrageseite jeweils viele kleine Anbieter bzw. Nachfrager in Konkurrenz stehen.

Polypropylen, Abk. PP, durch Polymerisation von Propen (Propylen) hergestellter hochmolekularer Kunststoff.

Polysaccharide (Vielfachzucker, Glykane), Sammelbez. für hochmolekulare →Kohlenhydrate (Saccharide), die aus zahlr. glykosid. miteinander verbundenen Monosacchariden aufgebaut sind.

Polysemie [griech.], Mehr- oder Vieldeutigkeit von Wörtern.

Polysklerose, heute übl. Bez. für →multiple Sklerose.

Polystyrol (Polyphenyläthylen, Polyvinylbenzol), Abk. PS, durch Polymerisation von →Styrol hergestellter Kunststoff; vielfältige Verwendung, u. a. verschäumt als Verpackungsmaterial.

Polysyndeton [griech.], Wort- oder Satzreihe, deren Glieder durch →Konjunktionen verbunden sind. – Ggs. →Asyndeton.

Poncho
eines Häuptlings der
Guaraní (Paraguay)

polytechnische Bildung, Unterrichtsprinzip in fast allen sozialist. Staaten; sollte mit den polit.-ökonom., wiss.-techn. und technolog. Grundlagen der sozialist. Produktion vertraut machen.

Polytetrafluoräthylen, Abk. PTFE, durch Polymerisation von Tetrafluoräthylen hergestellter, gegen Hitze und Chemikalien beständiger Kunststoff.

Polytheismus, im Ggs. zum →Monotheismus der Glaube an eine Vielzahl von Göttern, u. a. in den antiken Religionen und den Kulturen →Mesoamerikas. →Pantheon.

Polytonalität, das gleichzeitige Erklingen mehrerer, meistens zweier (Bitonalität) Tonarten in einem musikal. Werk.

Polyurethane, Abk. PUR, durch Polyaddition von Isocyanaten und Alkoholen hergestellte, vielfältig verwendbare (Fasern, Lacke, Schaumstoffe) Kunststoffe.

Polyvinylchlorid, Abk. PVC, durch Polymerisation von Vinylchlorid hergestellter thermoplast. Kunststoff; einer der wichtigsten Kunststoffe.

Pombal, Sebastião José de Carvalho e Melo, Graf von Oeiras (seit 1759), Marquês de (seit 1770), * Soure bei Coimbra 13. 5. 1699, † Pombal bei Leiria 8. 5. 1782, portugies. Staatsmann. Führte im Finanz-, Heer-, Rechts-, Erziehungs- und Polizeiwesen umfassende Reformen durch.

Pomeranze [italien.] (Bigarade, Bitterorange), wildwachsende Unterart (Baum) der Gatt. Citrus am S-Abfall des Himalaja, angebaut in Indien und im Mittelmeergebiet. Die kugelförmigen, orangefarbenen Früchte *(Pomeranzen)* werden zur Herstellung von Marmelade und Likör verwendet. Aus den Schalen der unreifen Früchte wird durch Pressen *Pomeranzenöl* (Orangenöl) gewonnen (wichtig in der Parfüm- und Genußmittelindustrie).

Pomerellen, seenreiche Landschaft an der unteren Weichsel, deren nördl. Teil **Kaschubien** heißt. – Ende des 12. Jh. Bildung eines Hzgt. P. (Hauptort Danzig), 1308 Besetzung durch den Dt. Orden, 1466 an Polen, 1772 (ohne Danzig) an Preußen (Hauptteil der Prov. Westpreußen); 1919–39 ident. mit dem Poln. Korridor.

Pomesanien, altpreuß. Landschaft zw. Nogat, Sorge, Drewenz, Weichsel und Drausensee.

Pommern (poln. Pomorze), histor. Landschaft beiderseits der Odermündung, Polen. Im 12. Jh. und in der 1. Hälfte des 13. Jh. entstanden das vom Gollenberg (östl. von Köslin) bis zur Weichsel reichende slaw. Hzgt. →Pomerellen, westl. davon das über die Oder bis Demmin, Wolgast und die Uckermark ausgedehnte Herrschaftsgebiet des slaw. Fürstenhauses der Greifen (Stammburg Stettin); Christianisierung seit der 2. Hälfte des 12. Jh.; 1181 Anerkennung Herzog Bogislaws I. als Reichsfürst durch Kaiser Friedrich I. Barbarossa. 1478 vereinigte Bogislaw X. (* 1454, † 1523) ganz P.; nach dem Erlöschen des Greifenhauses (1637) wurde Brandenburg im Westfäl. Frieden (1648) nur P. östl. der Oder (später *Hinterpommern* gen.) erwerben, während das spätere *Vorpommern* mit Stettin, den Inseln Usedom, Wollin und Rügen sowie ein schmaler Landstreifen östl. der Oder an Schweden fiel. 1815 vereinigte Preußen alle pommerschen Länder zur Prov. P.; 1945 wurde Vorpommern Mecklenburg zugeschlagen; Hinterpommern, Stettin und Swinemünde kamen unter poln. Verwaltung; seit 1991 bei Polen.

Pommersch, niederdt. Mundart, →deutsche Mundarten.

Pommersche Bucht, der Odermündung vorgelagerte Bucht der Ostsee nördl. der Inseln Usedom und Wollin.

Pommersfelden, Gem. bei Höchstadt a. d. Aisch, 2 100 E. Bed. Barockschloß (Schloß Weißenstein), erbaut für den Mainzer Erzbischof Lothar Franz von Schönborn, im wesentl. ein Werk J. Dientzenhofers (1711–16); Treppenhaus nach Plänen von J. L. von Hildebrandt.

Pomodoro, Arnaldo, * Morciano di Romagna bei Cattolica 23. 6. 1926, italien. Bildhauer. Strenge Metallplastiken, z. T. mit eingefrästen Strukturen.

Pomologie [lat./griech.], die Lehre von den Obstsorten und vom Obstbau.

Pomp [griech.-frz.], übertriebener Prunk; aufwendige Ausstattung.

Pompadour, Jeanne Antoinette Poisson, Dame Le Normant d'Étioles, Marquise de (seit 1745) [frz. põpa'du:r], * Paris 29. 12. 1721, † Versailles 15. 4. 1764, Mätresse Ludwigs XV. Bürgerl. Herkunft; ihr polit. Einfluß wurde häufig überschätzt; sie förderte Literatur, Wiss. und Kunst.

Pompeji, italien. Stadt in Kampanien, am S-Fuß des Vesuv, 23 100 E. Wallfahrts- und Badeort.

Geschichte: Siedlung der Osker (8. Jh.?), im 6. Jh. griech., im 5. Jh. etrusk., 425 von Samniten besetzt. 290 v. Chr. mit Rom verbündet, 89 v. Chr. erobert, 80 v. Chr. Veteranenkolonie; am 5. 2. 62 (oder 63) n. Chr. durch Erdbeben stark zerstört und am 24. 8. 79 durch einen Vesuvausbruch verschüttet. Ausgrabungen seit 1748. Im SW liegt der älteste Teil: zwei Foren mit Tempeln und Basilika z. T. des 6. Jh. v. Chr. sowie Theater; östl.: Thermen; Amphitheater (80 v. Chr.); Casa del Menandro; nördl.: Casa dei Vetti (Fresken, um 75 n. Chr.), Casa del Fauno (Fundort des →Alexandermosaiks), Merkurturm, Porta Ercolano. Die Straßen waren durchgehend gepflastert und hatten Gehsteige; zahlr. weitere v. a. kaiserzeitl. Luxusvillen vom Typus des altitalischen Atriumhauses; außerhalb der Stadttore Villa dei Misteri (Fresken um 50 v. Chr.).

Pompejus, 1) Gnaeus P. Magnus (seit 61), * 29. 9. 106, † in Ägypten 28. 9. 48, röm. Feldherr und Politiker. Kämpfte ab 83 mit Sulla gegen die Anhänger des Cinna in Sizilien und Afrika. 71 schlug er die Reste des Sklavenheeres des Spartakus und erzwang für 70 das Konsulat. 67 erhielt er das außerordentl. Kommando gegen die Seeräuber, 66 gegen Mithridates VI. Eupator. Nach erneutem Triumph (61) 1. Triumvirat mit Cäsar und Crassus (60–53), näherte sich aber nach seinem 2. Konsulat (55) und dem Tod seiner Gattin Julia (54) erneut dem Senat; 52 alleiniger Konsul, 49 Oberbefehlshaber gegen Cäsar, den er am 9. 8. 48 bei Pharsalos unterlag; auf der Flucht ermordet.

2) Sextus P. Magnus, * um 70, † Milet 35, Flottenkommandant. Sohn des Gnaeus P. Magnus; kämpfte seit 43 gegen Oktavian, Antonius und Lepidus; 36 in den Seeschlachten von Mylai und Naulochos geschlagen und auf der Flucht getötet.

Pompidou, Georges [frz. põpi'du], * Montboudif bei Aurillac 5. 7. 1911, † Paris 2. 4. 1974, frz. Politiker. Seit 1944 Mitarbeiter de Gaulles; 1961/62 maßgebl. am Zustandekommen des Abkommens von Évian-les-Bains über Algerien beteiligt; 1962–68 Premier-Min., 1969–74 Staats-Präs.; Ziele seiner Politik waren Regionalisierung, Erweiterung der EG, Verbesserung des Verhältnisses zu den USA.

Ponchielli, Amilcare [italien. poŋ'kiɛlli], * Paderno Cremonese (= Paderno Ponchielli) 31. 8. 1834, † Mailand 16. 1. 1886, italien. Komponist. Schrieb v. a. Opern, u. a. ›La Gioconda‹ (1876).

Poncho ['pontʃo; indian.-span.], rechteck. indian. Umhang mit Kopfschlitz.

Pond [lat.] →Kilopond.

Ponderabilien [lat.], kalkulierbare Dinge. – Ggs. Imponderabilien.

Pondicherry [pɔndɪ'tʃɛrɪ], Hauptstadt des ind. Unionsterritoriums Pondicherry (480 km², 604 500 E; bis 1954 frz. Kolonie) an der Koromandelküste, 162 700 E. U. a. Textilindustrie; Hafen.

Pongau, Talschaft der mittleren Salzach, Österreich, einschließl. der rechten Nebentäler sowie das südl. anschließende Einzugsgebiet der oberen Enns.

Ponge, Francis [frz. põ:ʒ], * Montpellier 27. 3. 1899, † Le Bar-sur-Loup 6. 8. 1988, frz. Schriftsteller. Mit seinen Prosastücken (›Im Namen der Dinge‹, 1942; ›Die Seife‹, 1967; ›Schreibpraktiken‹, 1984) wesentl. Anreger des →Nouveau roman.

Poniatowski, Józef Fürst, * Wien 7. 5. 1763, † Leipzig 19. 10. 1813, poln. Kriegsminister und frz. Marschall (1813). Seit 1789 als poln. Generalmajor für den Aufbau eines stehenden Heeres verantwortl.; 1794 Teilnehmer am Kościuszko-Aufstand; 1806 nach dem napoleon. Einmarsch Oberbefehlshaber der poln. Armee, ab Jan. 1807 Kriegs-Min. im Hzgt. Warschau; an der Völkerschlacht bei Leipzig beteiligt; noch heute in Polen populäre Heldengestalt.

Pönitent [lat.], der Büßende, der Beichtende.

Ponnelle, Jean-Pierre [frz. po'nɛl], * Paris 19. 2. 1932, † München 11. 8. 1988, frz. Regisseur. War zunächst Bühnenbildner; gehört zu den herausragenden Opernregisseuren des 20. Jh., neben Monteverdi- und Mozartzyklen (Zus.arbeit mit N. Harnoncourt) v. a. Opern von Wagner, Verdi, Schönberg, A. Berg und H. W. Henze, mit dem er schon als Bühnenbildner zusammenarbeitete.

Ponor →Fluß.

Pont-Aven, Schule von [frz. põta'vã], Gruppe von Künstlern (P. Gauguin, É. Bernard u. a.), die 1886 in Pont-Aven in der Bretagne und im Nachbarort Le Pouldu arbeiteten. Beeinflußt von Volkskunst und japan. Farbholzschnitt.

Pont du Gard [frz. põdy'ga:r], röm. Aquädukt, →Gard.

Ponte, Lorenzo da, italien. Schriftsteller, →Da Ponte, Lorenzo.

Pontiac [engl. 'pɔntiæk], * in Ohio um 1720, † Cahokia bei Saint Louis 1769 (ermordet), Häuptling der Ottawa. Organisierte den größten Indianerkrieg (1763–66) gegen die Briten.

Pontifex maximus [lat. eigtl. ›größter Brückenbauer‹], sakraler Titel v. a. des Vorstehers des röm. Priesterkollegiums und der röm. Kaiser; von Papst Leo I. in die päpstl. Titulatur aufgenommen.

Pontifikalamt [lat./dt.] →Hochamt.

Pontifikat [lat.], Amtsdauer eines Papstes oder Bischofs.

Pontinische Sümpfe, italien. Küstenlandschaft sö. von Rom, Teil der Maremmen; lange Zeit wegen Malariagefahr gemieden; ab 1928 trockengelegt.

Pontisches Gebirge, nördl. Randgebirge Anatoliens, parallel der südl. Küste des Schwarzen Meeres, bis 3 937 m hoch.

Pontisches Reich →Pontus.

Pontius Pilatus →Pilatus.

Ponto, Erich, * Lübeck 14. 12. 1884, † Stuttgart 4. 2. 1957, dt. Schauspieler. Engagements u. a. in Dresden (1945/46 als Intendant), Stuttgart, Göttingen; spielte auch in vielen Filmen.

Ponton [põtõ:; lat.-frz.], meist kastenförmiger, schwimmfähiger Hohlkörper, z. B. als Anleger für Fährschiffe, als ›schwimmender Pfeiler‹ bei Behelfsbrücken *(P.brücken)*.

Pontoppidan, Henrik [dän. pɔn'tɔbidan], * Fredericia 24. 7. 1857, † Kopenhagen 21. 8. 1943, dän. Schriftsteller. Bed. Vertreter des Naturalismus, u. a. 3 Romanzyklen: ›Das gelobte Land‹ (3 Bde., 1891–95), ›Hans im Glück‹ (8 Bde., 1898–1904), ›Totenreich‹ (5 Bde., 1912–16); 1917 Nobelpreis für Literatur (mit K. A. Gjellerup).

Pontormo, Iacopo da, eigtl. I. Carrucci, * Pontormo (= Empoli) 24. 5. 1494, □ Florenz 2. 1. 1557, italien. Maler des Manierismus. Passionszyklus der Certosa di Galuzzo, Florenz (1522–25, angeregt von

Marquise de Pompadour (Ausschnitt aus einem Gemälde von François Boucher; 1758)

Henrik Pontoppidan

Dürer-Stichen), Altarbild und Fresken in S. Felicità in Florenz (1525–28).

Pontus (Pont. Kappadokien), histor. Landschaft an der Kleinasiat. Küste des Schwarzen Meeres. Nach griech. Kolonisation gründete Mithridates I. 301 das **Pontische Reich**; größte Ausdehnung unter Mithridates VI. Eupator (um 130–63).

Pontuskonferenz, bei der Zusammenkunft der europ. Großmächte und des Osman. Reiches in London (Februar/März 1871) wurde das Aufenthaltsverbot für Kriegsschiffe im Schwarzen Meer *(Pontusklausel)* aufgehoben, die Dardanellendurchfahrt für russ. Kriegsschiffe blieb jedoch von osman. Erlaubnis abhängig.

Ponys ['pɔniːs; engl.], Rasse relativ kleiner, robuster, genügsamer Hauspferde (Schulterhöhe bis 148 cm). Man unterscheidet vielfach: 1. Eigentl. P. *(Zwergpferde),* bis 117 cm hoch; z. B. *Shetlandpony* (tief und gedrungen gebaute P. mit glattem, langem Haar in allen Farben); 2. P. im erweiterten Sinne sind *Kleinpferde* (120–134 cm hoch); z. B. *Islandpony* (kräftige P. mit rauhem Fell in verschiedenen Farbschlägen) sowie die als *Mittelpferde* bezeichneten, 135–148 cm hohen Rassen, wie z. B. *Fjordpferd, Haflinger* und *Koniks.*

Pool [engl. puːl], in der *Wirtschaft* ein Zusammenschluß zur gemeinsamen Interessenverfolgung, bes. von Unternehmen zu einer Gewinngemeinschaft.

Poolbillard [engl. 'puːlbɪʎart] → Billard.

Poona ['puːnə], ind. Stadt, → Pune.

Poop [engl. puːp] (Hütte), hinterer Aufbau oberhalb des Hauptdecks von Schiffen.

Popanz, Schreckgespenst.

Pop-art [engl. 'pɔpaːt], Richtung der Kunst der 1950er und 1960er Jahre; bekannte Vertreter sind u. a.: R. Rauschenberg, J. Johns, A. Warhol, R. Lichtenstein, C. Oldenburg, G. Segal, R. Indiana. Mit dem Dadaismus verwandt, bezieht sich die P.-a. auf Triviales: bes. Objekte des Massenkonsums werden durch Isolierung, Vergrößerung oder Aneinanderreihung (Collage) verfremdet, parodiert, fetischiert; als Material dienen die Objekte selbst oder genaue Imitationen. Übergänge zum → Neuen Realismus. Eine bes. Variante der P.-a. ist das **Environment,** für das eine den Betrachter unmittelbar einbeziehende Rauminszenierung mit verschiedenartigen Materialien und Gegenständen (in Verbindung mit Malerei, Plastik, Licht u. a.) charakteristisch ist; Vertreter: neben Oldenburg, Rauschenberg und Segal u. a. Edward Kienholz (* 1927), Bruce Conner (* 1933) und Paul Thek (* 1933).

Popcorn [engl. 'pɔpkɔːn], geröstete Maiskörner (Puffmais).

Pope, Alexander [engl. poʊp], * London 21. 5. 1688, † Twickenham (= London) 30. 5. 1744, engl. Dichter. Als Vertreter der Aufklärung v. a. Satiriker, u. a. Zus.arbeit mit J. Swift (›Miscellanies‹, 1727). Bes. bekannt wurden seine Literatursatiren, die Versepen ›Der Lockenraub‹ (1712) und ›Die Dunciade‹ (= die Dummkopfiade, 1728); auch Verfasser einer Poetik (›Versuch über die Critik‹, 1711); Übersetzer Homers. Hg. einer Shakespeareausgabe.

Pope [russ.], Bez. und Titel des orth. Weltgeistlichen; heute oft abwertend.

Popeline [frz.], ripsartiges, leinwandbindiges Gewebe mit feinen Querrippen; aus Baumwolle, Seide und Chemiefasern.

Popmusik, seit den 1960er Jahren Sammelbegriff für alle Erscheinungsformen der Unterhaltungsmusik, die sich an der angloamerikan. (Volks)musik, am Musical und am Jazz sowie v. a. an den jeweiligen Strömungen der → Rockmusik orientieren.

Popocatépetl [span. popokaˈtepɛtl], mit 5452 m zweithöchster Berg Mexikos, sö. der Stadt Mexiko.

Alexander Pope
(Kupferstich;
um 1810)

Popp, Lucia, * Záhorská Ves (Westslowak. Gebiet) 12. 11. 1939, österr. Sängerin. Welterfolge, zunächst als Koloratursopran, heute als Vertreterin des lyr. Fachs.

Pöppelmann, Matthäus Daniel, * Herford 3. (?) 5. 1662, † Dresden 17. 1. 1736, dt. Baumeister des Barock. Von den Entwürfen für das Dresdner Schloß wurden der Zwinger (1711–28) und die Festplatzanlage ausgeführt (bis 1964 restauriert); auch Taschenberg-Palais in Dresden (1707–11), in Dresden-Pillnitz Wasser- und Bergpalais im Stil der Chinamode (ab 1720), Gartenplan und Weinbergkirche (1723–27); Pläne für das Warschauer Schloß.

Pop-art: Andy Warhol, ›Marilyn Monroe‹, Siebdruck; 1967 (Hamburg, Kunsthalle)

Popper, Sir (seit 1964) Karl [Raimund], * Wien 28. 7. 1902, brit. Philosoph und Wissenschaftslogiker österr. Herkunft. Seit 1949 Prof. für Logik und Wissenschaftstheorie in London; Begründer des *krit. Rationalismus,* der auf dem log. Prinzip der permanenten Fehlerkorrektur (Falsifikation) in der Theorienbildung beruht, insofern Kritik an allen Formen des Historismus (›Das Elend des Historizismus‹, 1957) und Sozialutopismus. – *Werke:* Logik der Forschung (1935), Objektive Erkenntnis. Ein evolutionärer Entwurf (1972), Die beiden Grundprobleme der Erkenntnistheorie (entstanden 1930–33, hg. 1979), Das Ich und sein Gehirn (1982).

populär [lat.-frz.], beim Volk bekannt und beliebt, Beifall findend.

Population [lat.], 1) svw. Bevölkerung.

2) *Biologie:* die Gesamtheit der in einem bestimmten Gebiet vorkommenden Individuen einer *Tier-* oder *Pflanzenart* (bzw. auch verschiedener am gleichen Ort vorkommender Arten *[Mischpopulation]*).

Populorum progressio [lat. ›Fortschritt der Völker‹], Sozialenzyklika Papst Pauls VI. vom 26. 3. 1967, die die Ausweitung der Entwicklungspolitik fordert.

Poquelin, Jean-Baptiste [frz. pɔˈklɛ̃], → Molière.

Pore [griech.-lat.], kleines Loch, feine Öffnung, z. B. in der tier. und menschl. Haut (v. a. als Ausmündung der Schweißdrüsen).

Porlinge (Löcherpilze, Porenschwämme, Porenpilze), systemat. uneinheitl. Sammelgruppe von saprophyt. und parasit. Pilzen; Fruchtkörper oft zäh, lederartig und konsolenförmig. Die sporenbildende Fruchtschicht auf der Unterseite überzieht runde oder vieleckige Röhrchen oder Waben.

Pornographie [griech.], Darstellung sexueller Handlungen in Wort und Bild (u. a. Pornofilm) unter krasser, einseitiger Betonung des genitalen Bereichs. – Ein wichtiger Aspekt der P. ist deren ökonom. Verwertung (v. a. durch Versandfirmen). Strafbar ist der Vertrieb nur, wenn sie Gewalttätigkeiten, den sexuellen Mißbrauch von Kindern oder sexuelle Handlungen von Menschen mit Tieren zum Gegenstand hat.

Porphinfarbstoffe [griech.], Naturfarbstoffe, zu denen die Farbkomponenten des Hämoglobins und bestimmter Enzyme (z. B. Zytochrome, Peroxidasen), des Chlorophylls und Vitamins B_{12} sowie die als Stoffwechselprodukte des Blutfarbstoffs vorkommenden **Porphyrine** gehören; enthalten durch Methingruppen miteinander verbundene Pyrrolringe.

Porphyr [griech.], Ergußgestein, bei dem Hornblende und Kalifeldspat die Einsprenglinge bilden.

Porphyrine [griech.] → Porphinfarbstoffe.

Porphyrios von Tyros, eigtl. Malkos oder Malchos, * Tyros (= Sur, Libanon) um 234, † Rom um 304, griech. Philosoph. Schüler Plotins in Rom, dessen Werke er überlieferte; verschaffte dem Neuplatonismus Eingang ins Christentum.

Porree [lat.-frz.] (Breitlauch, Winterlauch, Küchenlauch), in Kultur meist einjährige Art des → Lauchs.

Porrentruy [frz. pɔrãˈtrɥi] (dt. Pruntrut), Bezirkshauptort im schweizer. Kt. Jura, 7 000 E. U. a. Textilindustrie. Schloß (1529 bis 1792) mit Bergfried (13. Jh.), got. Pfarrkirche Saint-Pierre (14. Jh.), Rathaus (1761–63), Schweizerbrunnen (1518).

Porsche AG, Dr. Ing. h. c. F., dt. Unternehmen der Kfz-Industrie, Sitz Stuttgart-Zuffenhausen, gegr. 1931 durch *Ferdinand Porsche* (* 1875, † 1951).

Porsenna, etrusk. König von Clusium (= Chiusi) um 500 v. Chr. Nach annalist. Überlieferung wollte P. um 500 die Tarquinier nach Rom zurückführen, verzichtete aber wegen des Edelmutes der Römer darauf.

Porst, Gatt. der Heidekrautgewächse mit 5 Arten in Eurasien und N-Amerika; immergrüne Sträucher mit stark aromat. Blättern.

Port, 1. Umsetzer in Mikroprozessorsystemen zw. dem Bussystem und externen Schnittstellen; 2. in der Datenverarbeitung ein Programm, das Daten für eine Schnittstelle aufbereitet.

Porta, Giacomo Della → Della Porta, Giacomo.

Portable [ˈpɔːtəbl ›tragbar‹; lat.-engl.], 1) tragbares Fernsehgerät.

2) *Datenverarbeitung:* 1. nichtstationäre (tragbare) Geräte, z. B. mobile Datenerfassungsgeräte; 2. Programme, die mit geringen Änderungen auch auf anderen Systemen verwendet werden können.

Portal [lat.], monumental gestalteter Eingang eines Gebäudes. In der Antike gab es z. T. ganze Torbauten (Propyläen), auch als Ehren- und Triumphbögen. Das europ. Kirchen-P. erhielt in der Zeit des roman. Stils seine für Jahrhunderte verbindl. Form.

Porta Nigra [lat. ›schwarzes Tor‹], Name des Nordtores der röm. Trier, aus grauem Sandstein (Ende des 2. Jh. n. Chr.); 1803 und 1966–73 restauriert.

Port Arthur → Dalian.

Portativ [lat.-frz.], kleine tragbare Orgel, deren Klaviatur mit der rechten Hand gespielt wird, während die linke den Balg bedient, mit 6–28 Labialpfeifen; seit dem 12. Jh. nachweisbar, im 16./17. Jh. vom Positiv abgelöst.

Port-au-Prince [frz. pɔrtoˈprɛ̃ːs], Hauptstadt von Haiti, am SO-Arm des Golfs von Gonaïves, 449 800 E. Univ., Nationalmuseum, Musée du Peuple Haïtien; Wirtschaftszentrum des Landes; Hafen; internat. ✠. – Seit 1770 Hauptstadt der frz. Kolonie.

Porta Westfalica (Westfälische Pforte), Durchbruchstal der Weser durch den N-Rand des Weserglandes südl. von Minden.

Port Bell [engl. ˈpɔːt ˈbɛl] → Kampala.

Port Blair [engl. ˈpɔːt ˈblɛə], Hauptstadt des ind. Unionsterritoriums Andaman and Nicobar Islands, 49 600 E. Hafen.

Portefeuille [pɔrtˈføːj; frz.], 1) veraltet für Brieftasche, Aktenmappe.

2) *Politik:* Geschäftsbereich eines Ministers.

Port Elizabeth [engl. ˈpɔːt ɪˈlɪzəbəθ], Hafenstadt an der Alagoabucht, Republik Südafrika, 652 000 E. Univ., Museum, Oper. U. a. Kfz-Montage; Wollbörse; Seebad.

Porter [engl. ˈpɔːtə], 1) Cole, * Peru (Ind.) 9. 6. 1891, † Santa Monica (Calif.) 15. 10. 1964, amerikan. Komponist. V. a. Musicals, u. a. ›Kiss me Kate‹ (1948) und Filmmusiken (›High society‹, 1956).

2) George, * Stainforth bei Leeds 6. 12. 1920, brit. Chemiker. Entwickelte mit R. Norrish spektroskopische Untersuchungsverfahren für schnellablaufende chem. und biochem. Reaktionen. Nobelpreis für Chemie 1967 (mit R. Norrish und M. Eigen).

3) Katherine Anne, * Indian Creek (Tex.) 15. 5. 1890, † Silver Spring (Md.) 18. 9. 1980, amerikan. Schriftstellerin. Schrieb v. a. Kurzgeschichten (u. a. ›Blühender Judasbaum‹, 1930; ›Der schiefe Turm‹, 1944; beides Sammlungen). Ihr bekanntestes Werk ist der Roman ›Das Narrenschiff‹ (1962).

4) Rodney Robert, * Ashton-under-Lyne bei Manchester 8. 10. 1917, brit. Biochemiker. Wies unabhängig von G. M. Edelman, mit er 1972 den Nobelpreis für Physiologie oder Medizin erhielt, nach, daß das Molekül eines Antikörpers aus zwei Kettenpaaren aufgebaut ist.

5) William Sydney, amerikan. Schriftsteller, → Henry, O.

Cole Porter

Porter [ˈpɔrtər; engl.], dunkles, obergäriges Bier mit starkem Hopfenzusatz.

Port Harcourt [engl. ˈpɔːt ˈhɑːkət], nigerian. Hafenstadt im Nigerdelta, 296 200 E. U. a. Aluminiumwalzwerk, ✠.

Portikus [lat.], Säulenhalle als Vorbau an der Haupteingangsseite eines Gebäudes; ausgebildet in der antiken Baukunst; auch als selbständ. Bau.

Rodney Robert Porter

Portiunkula (Santa Maria degli Angeli), bei Assisi gelegene Lieblingskirche des hl. Franz von Assisi.

Port Louis [frz. pɔrˈlwi; engl. ˈpɔːt ˈlʊɪs], Hauptstadt von Mauritius, an der NW-Küste der Insel, 139 000 E. U. a. Zuckerfabrik; Hafen.

Port Moresby [engl. ˈpɔːt ˈmɔːzbɪ], Hauptstadt von Papua-Neuguinea, an der O-Küste des Papuagolfes, 152 100 E. Univ., Nationalmuseum; Hafen; internat. ✠.

Porto [ˈpɔrto, portugies. ˈportu], portugies. Stadt nahe der Mündung des Douro in den Atlantik, 327 400 E. Univ., Museen, Theater, Oper; wirtschaftl. Zentrum N-Portugals mit Fluß- und Vorhafen; internat. ✠. Zahlr. Kirchen, u. a. Kathedrale (12./13. und 17./18. Jh.), São Martinho de Cedofeita (12. Jh.), Santa Clara (1416 und 16. Jh.), São Pedro dos Clérigos (18. Jh.) mit 75 m hohem Turm; Börse (19. Jh.). – 540 Eroberung des röm. **Portus Cale** durch die Westgoten, 716 durch die Araber (bis 997); im 11. Jh. Hauptstadt der Gft. Portugal.

Porto [lat.-italien.], Gebühr für die Beförderung von Postsendungen aller Art.

Pôrto Alegre [brasilian. ˈportu aˈlɛgri], Hauptstadt des brasilian. Bundesstaates Rio Grande do Sul (seit 1807), 1,11 Mio. E. 2 Univ.; wichtigstes Ind.- und Handelszentrum S-Brasiliens; Hafen, ✠.

Portoferraio, italien. Stadt auf der Insel Elba, 11 200 E. Wichtigster Erzausfuhr- und Passagierhafen von Elba; Seebad. – 1814/15 Aufenthaltsort Napoleons I.

Port of Spain [engl. ˈpɔːt əv ˈspɛɪn], Hauptstadt von Trinidad und Tobago, auf Trinidad, 58 400 E. Nationalarchiv, -museum, botan. Garten, Zoo. Handelszentrum; Hafen, internat. ⚓.

Portolankarten [italien./dt.], den **Portolanen** (bis ins 16. Jh. verwendeten mittelalterl. Navigationsanleitungen für Seefahrer) beigegebene Karten, auf denen zahlr. Windrosen eingetragen sind, deren sich netzartig überschneidende Windstrahlen die Navigation erleichterten.

Porto-Novo [frz. pɔrtɔnɔ'vo], Hauptstadt von Benin, am O-Rand der Lagune Lac Nokoué, 208 300 E. Sitz des Präs. der Nationalversammlung und einiger Ministerien. U. a. Nahrungsmittel-Ind., Lagunenfischerei und -schiffahrt. – Seit 1894 Hauptstadt von Dahomey (seit 1. 12. 1975 Benin).

Porträt [...'trɛ:; lat.-frz.], Brustbild, Gesichtsbild eines Menschen (→Bildnis).

Port-Royal [frz. pɔrrwa'jal], ehem. Zisterzienserinnenkloster bei Versailles, 1204 gegr.; ab 1635 wurde P.-R. ein Zentrum des frz. Jansenismus; 1709 aufgehoben.

Port Said ['pɔrt 'zaɪt], ägypt. Hafenstadt am N-Ende des Sueskanals, 382 000 E. U. a. Chem. Ind.; Eisenbahnendpunkt. – 1859 gegründet.

Portsmouth [engl. 'pɔːtsməθ], 1) Stadt an der engl. Kanalküste, Gft. Hampshire, 179 400 E. Dickens-Museum; in einem Trockendock liegt das Flaggschiff von Admiral Nelson, die ›H. M. S. Victory‹; Kriegshafen; u. a. Schiffbau.

2) Stadt im sö. New Hampshire, USA, 26 500 E. Schiffbau, Hafen am Atlantik. – 1623 gegr.; Hauptstadt der Kolonien bis zum Nordamerikan. Unabhängigkeitskrieg.

Port Sudan, Hafenstadt am Roten Meer, Republik Sudan, 207 000 E. Einziger Hochseehafen der Republik.

bäume) oder mit Stein- und Korkeichen bestanden. Ein hoher Anteil an mehrjährigen Brachen dient den Rindern, Schweinen und Schafen als Weideland. An Bodenschätzen sind Wolfram- und Uranerze von Bedeutung. Wichtigste Ind.zweige sind Textil-, Nahrungsmittel- und Getränkeindustrie. Petrochem. und Stahl-Ind. werden z. Z. ausgebaut. Das Eisenbahnnetz hat eine Länge von rd. 3 588 km, das Straßennetz von 54 700 km (einschließl. Azoren und Madeira). Wichtigster Hafen ist Lissabon. Internat. ⚓ bei Lissabon, Porto, Faro, auf Madeira und auf Santa Maria (Azoren).

Geschichte: 154–139 v. Chr. kämpften die Römer gegen die im S von P. siedelnden Lusitanier; unter Augustus 26–19 v. Chr. Abschluß der röm. Kolonisation.

Die röm. Herrschaft wurde im 5. Jh. n. Chr. durch german. Reiche abgelöst (Sweben, Westgoten). Nach dem Sieg muslim. Berbertruppen über die Westgoten (711) fiel P. an das arab. Emirat (später Kalifat) von Córdoba; nur im äußersten NW der Iber. Halbinsel blieben christl. Reiche (v. a. Asturien) bestehen. Die eigtl. Reconquista begann erst unter Ferdinand I., d. Gr., von Kastilien und León. Alfons VI., der Tapfere, belehnte seinen Schwiegersohn Heinrich von Burgund (*um 1069, †1112) mit der Gft. P., der schließl. eine weitgehende Unabhängigkeit von Kastilien und León erreichte. Nach einem großen Sieg über die Mauren (1139) nahm Alfons I., der Eroberer, den Königstitel an. Alfons III. (⚰ 1245–79) vollendete die Befreiung von der maur. Herrschaft.

Aufstieg zur Weltmacht: Unter Dionysius endgültige Grenzfestlegung (1297); Alfons IV. (⚰ 1325–57) schlug 1340 den letzten maur. Invasionsversuch zurück. Gegen die Ansprüche Johanns I. von Kastilien wurde 1385 der illegitime Sohn Peters I., Johann I., von den Cortes zum König proklamiert (Begründer der Dynastie Avis) und setzte sich mit engl. Unterstützung durch. Heinrich der Seefahrer baute eine Flotte auf und veranlaßte regelmäßige Fahrten zur Erkundung der afrikan. Küste. In den Verträgen von Tordesillas (1494) und Zaragoza (1529) Aufteilung der Welt in eine portugies. und eine kastil. Interessensphäre. 1498 entdeckte V. da Gama den Seeweg nach Indien, wo Vizekönige rasch Handelsniederlassungen errichteten (Gewürze). Weitere Niederlassungen u. a. in China (Macau 1597), W- und O-Afrika (Luanda, Moçambique, Mombasa). 1500 entdeckte P. Á. Cabral Brasilien. 1580 nach großen Verlusten des portugies. Adels im Kampf gegen die Saaditen (1578) in Marokko besetzte Philipp II. von Spanien ganz P.; 1581 riefen die Cortes ihn als Philipp I. zum König von P. aus.

Span. Interregnum und Zeit des Absolutismus: Zwar behielt P. während der Personalunion mit Spanien seine Eigenständigkeit, wurde jedoch in die span. Kriege hineingezogen. Die daraus folgenden territorialen Verluste führten zur erfolgreichen portugies. Revolte gegen Spanien (Dez. 1640), wobei deren Führer als Johann IV. König wurde (Gründer der Dynastie Bragança). Die Regierungszeit Johanns V. (⚰ 1706–50) gilt dank der großen Menge eingeführten brasilian. Goldes als eine der glänzendsten in der portugies. Geschichte (aufwendige Unabhängigkeits- und Neutralitätspolitik, Förderung von Kunst, Literatur und Wissenschaft). Unter Joseph I. (⚰ 1750–77) Höhepunkt des aufgeklärten Absolutismus. 1807 besetzte ein frz. Heer den brit. Bündnispartner P. (1811 von einem brit. Heer befreit); der portugies. Hof flüchtete nach Brasilien (bis 1820).

Konstitutionelle Monarchie (1822–1910) und parlamentar. Republik (1910–26): Am 1. 10. 1822 beschwor Johann VI. die von den außerordentl. Cortes ausgearbeitete Verfassung (bürgerl. Freiheiten, weitgehende

Portugal

Staatsflagge

Staatswappen

Stadt 21 %
Land 79 %
Bevölkerungsverteilung

Dienstleistung 39 %
Landwirtschaft 25 %
Industrie 36 %
Erwerbstätige

Portugal
Fläche: 92 389 km²
Einwohner (1988): 10,3 Mio.
Hauptstadt: Lissabon
Amtssprache: Portugiesisch
Nationalfeiertag: 10. 6.
Währung: 1 Escudo (Esc) = 100 Centavos (c, ctvs)
Zeitzone: MEZ − 1 Std.

Portugal (amtl. Republik P.), Staat in Europa, grenzt im N und O an Spanien, im S und W an den Atlantik. Zu P. gehören die Azoren, Madeira und Macau.

Landesnatur: P. liegt im W der Iber. Halbinsel und erstreckt sich über 550 km von N nach S. Das Portugies. Scheidegebirge (bis 1 991 m hoch) teilt das Land in N- und S-Portugal. Nord-P. setzt sich zusammen aus dem Küstentiefland, dem Portugies. Scheiderükken und dem Portugies. Scheidegebirge mit angrenzenden Hochplateaus. Süd-P. gliedert sich in das unter 400 m ü. d. M. gelegene Alentejo und in die nach S anschließende Algarve. Die Azoren und Madeira sind vulkan. Ursprungs. Von N nach S gewinnt der mediterrane, von W nach O der kontinentale Klimabereich Einfluß. Kiefern, Eukalypten, Stein- und Korkeichen sowie Macchien, Garrigues und Lavendel bestimmen das Landschaftsbild.

Bevölkerung: Rd. 95 % der ethn. sehr einheitl. Bevölkerung sind katholisch. Es besteht allg. Schulpflicht von 7 bis 14 Jahren. P. verfügt über 13 Universitäten.

Wirtschaft, Verkehr: Etwa 40 % der landwirtschaftl. Nutzfläche sind mit Dauerkulturen (Wein, Frucht-

Rechte der Cortes gegenüber dem König). Sein ältester Sohn Peter (seit 1822 als Peter I. Kaiser von Brasilien) erließ 1826 eine neue, weniger demokrat. Verfassung (weitgehende königl. Rechte gegenüber dem Zweikammerparlament); er verzichtete auf den Thron zugunsten seiner Tochter Maria II. da Glória unter der Regentschaft seines Bruders Dom Miguel; dieser ließ sich 1828 als Michael I. zum König ausrufen, wurde 1834 jedoch von Peter mit brit. Unterstützung besiegt. Trotz Ausdehnung des Kolonialbesitzes in Afrika blieb P. ein rückständiges Agrarland (1892 Staatsbankrott). Republikaner und Sozialisten konnten sich seit den 1870er Jahren mit geringen Beschränkungen entfalten. Am 1. 2. 1908 Attentat auf König und Thronfolger; am 5. 10. 1910 Ausrufung der Republik. Rivalitäten der Parteien, soziale Auseinandersetzungen, permanente Agitation auf den Straßen und die Beteiligung am 1. Weltkrieg (ab 1916) ließen keine Stabilität der neuen Regierungsform zu (44 parlamentar. Regierungen zw. 1911 und 1926). 1926 Staatsstreich: Auflösung des Parlaments, Aufhebung der Verfassung.

Der autoritäre Staat (1926–74): Staats-Präs. General A. Ó. de Fragoso Carmona (1928–51) berief A. de Oliveira Salazar 1928 zum Finanz-Min., 1932 zum Min.-Präs.; dieser verankerte in der Verfassung von 1933 den ständisch-autoritären ›Neuen Staat‹. Jede Opposition zu der einzigen offiziellen Partei, der Nat. Union (União Nacional), wurde von der Geheimpolizei PIDE unterdrückt. Außenpolit. blieb P. im 2. Weltkrieg neutral; beitritt zur NATO (1949) und zu den UN (1955). Gegebenenfalls auch mit militär. Einsatz bemühte sich P., seine Kolonien zu halten.

Seit der Revolution von 1974: Am 25. 4. 1974 stürzte die Oppositionsgruppe ›Bewegung der Streitkräfte‹ die Regierung Caetano (seit 1968). Der ehem. stellv. Generalstabschef A. S. R. de Spínola trat an die Spitze der revolutionären Junta (30. 9. 1974 Rücktritt); nach einem Putschversuch im März 1975 floh er ins Ausland. In den Wahlen zur Verfassunggebenden Versammlung vom April 1975 (neue Verfassung am 2. 4. 1976) wurden die Sozialisten stärkste Partei. Im Innern wurde seit April 1974 ein sozialist. Kurs verfolgt (Verstaatlichung von Banken, Versicherungen und Großbetrieben, Agrarreform). Die Übersee-Prov. wurden zw. 1974 und 1976 in die Unabhängigkeit entlassen. 1976–78 sozialist. Minderheitsregierung unter Premier-Min. M. Soares; nach zweimaligem Regierungswechsel 1978 wurde im Aug. 1979 ein Übergangskabinett bis zur den Parlamentswahlen im Dez. 1979 gebildet, aus denen das Wahlbündnis Demokrat. Allianz als Sieger hervorging. Nachfolger des bei einem Flugzeugabsturz tödl. verunglückten sozialdemokrat. Min.-Präs. F. Sá Carneiro wurde im Jan. 1981 F. Pinto Balsemão, der jedoch nach dem Scheitern seiner Wirtschaftspolitik im Dez. 1982 wieder zurücktrat. Nach Neuwahlen im April 1983 bildete Min.-Präs. M. Soares eine sozialist.-sozialdemokrat. Regierungskoalition.

Zum 1. 1. 1986 trat P. der EG bei. Bei den Wahlen vom 7. 7. 1987 erreichten die Sozialdemokraten die absolute Mehrheit. Das Regierungsprogramm von Min.präs. Cavaco Silva hat v. a. die Bekämpfung der Wirtschaftskrise zum Ziel, u. a. sollen Staatsunternehmen wieder privatisiert werden, z. T. wurde die Landreform wieder rückgängig gemacht. Im Jan. 1991 wurde M. Soares zum 2. Mal zum Staats-Präs. gewählt. Bei den Parlamentswahlen im Okt. 1991 wurde Min.-Präs. Silva im Amt bestätigt.

Politisches System: Republik mit parlamentar. und präsidialen Elementen; *Verfassung* von 1976 (mit Änderungen 1982). *Staatsoberhaupt* ist der für 5 Jahre direkt gewählte Staats-Präs.; er ernennt und entläßt den Premier-Min. und auf dessen Vorschlag die Min.,

kann das Parlament auflösen und Neuwahlen anordnen. Der Staats-Präs. ist Oberbefehlshaber der Streitkräfte, Vors. des Obersten Nat. Verteidigungsrates und Vors. des Staatsrates. Staatsrat und Oberster Nat. Verteidigungsrat wurden mit der Verfassungsänderung 1982 errichtet und übernahmen einen Teil der Aufgaben des gleichzeitig aufgelösten Revolutionsrates, der ausschließl. aus Offizieren bestand. Dessen Aufgabe, ›Hüter der Verfassung‹ zu sein, wurde einem Verfassungsgericht übertragen. Die *Regierung* bildet der Min.-Rat unter Führung des Premier-Min., der sowohl dem Staats-Präs. als auch dem Parlament verantwortlich ist. Die *Legislative* liegt beim Einkammerparlament, der Versammlung der Republik (250 Abg., für 4 Jahre gewählt). *Parteien:* Sozialdemokrat. Partei, Demokratisch-Soziales Zentrum, Parteienbündnis Vereinigte Volksallianz. – Karte II/VIII, Bd. 2, n. S. 320.

Portugalstrom → Golfstrom.

Portugieser → Rebsorten (Übersicht).

Portugiesisch, zu den roman. Sprachen gehörende Sprache in Portugal (einschließl. der Madeiragruppe und der Azoren) sowie in Brasilien; hervorgegangen aus dem nördl., in der röm. Prov. Lusitania, in Galicien, gesprochenen Latein. Das Galicische hat sich zu einem Sonderdialekt entwickelt. Die portugies. Sprache hat in der Verbflexion und im Wortschatz viele Elemente des Latein bewahrt, auch zahlr. Wörter aus dem Arabischen. Die Sprache *Brasiliens* steht dem Altportugies. des 16. Jh. (und damit dem Span.) näher als das moderne Portugiesisch.

portugiesische Kolonien, die ehem. überseeischen Besitzungen Portugals. Die Kolonisation afrikan. Plätze und Madeiras, der Azoren sowie der Kapverd. Inseln ab Anfang des 15. Jh. trat mit der Entdeckung des Seeweges nach Indien Ende des 15. Jh. in den Hintergrund. Binnen 30 Jahren brachten die Portugiesen in O-Indien die wichtigsten Hafenplätze und damit den Gewürzhandel in ihre Hand. 1500–1822 besaßen sie Brasilien, 1535 gewannen sie von den Spaniern noch die Molukken hinzu. Nach dem Verlust zahlr. Plätze v. a. in Asien an die Niederlande bzw. an England seit Anfang des 17. Jh. besaß Portugal von seinem großen Kolonialreich schließl. nur noch Goa in Vorderindien, Macau und einen Teil der Insel Timor in O-Asien, Portugies.-Guinea, Angola, Moçambique und einzelne Inseln Afrikas sowie die Azoren und Madeira. In den 1870er Jahren Beginn einer neuen aktiven Kolonialpolitik in Afrika mit der Unterwerfung noch selbständiger Eingeborenenstämme in Angola und Moçambique; die Gründung eines geschlossenen Afrikareiches scheiterte am brit. Widerstand. 1951 machte Portugal seine Kolonien als Übersee-Prov. zu integralen Bestandteilen des Mutterlandes (Guerillakämpfe in Moçambique, Angola und Guinea), die es erst nach der portugies. Revolution 1974 in die Unabhängigkeit entließ.

portugiesische Kunst, auf rege Bautätigkeit in der Epoche der Romanik folgten künstler. Höhepunkte von ausgeprägter Eigenart in der 1. Hälfte des 16. Jh. (Zeitalter der Entdeckungen) und in der 1. Hälfte des 18. Jh. (Gold- und Diamantenfunde in Brasilien).

Baukunst: Wichtigste Fundorte der Römerzeit sind Conimbriga und der Tempel von Évora. Aus westgot. Zeit stammt die Kirche São Frutuoso bei Braga (7. Jh.), maur. Einflüsse zeigt die Kapelle von Lourosa (7. Jh.). Die roman. Baukunst ist v. a. von der Auvergne geprägt, Kirchen mit Chorumgang und Kapellenkranz (Alte Kathedrale von Coimbra, 1160–70, Kathedrale von Lissabon), burgund. Einfluß zeigt die Kathedrale von Braga (Ende des 11. Jh.) und die Zisterzienserbaukunst. Burgen bezeugen die Sicherung des Landes (Guimarães, Bragança, Almourol, Óbi-

portugiesische Kunst: LINKS Ecce homo; Tempera auf Holz, Gemälde eines unbekannten Meisters; Ende des 15. Jh. (Lissabon, Museu Nacional de Arte Antiga); RECHTS Grabmal Pedros I. († 1367) in der Klosterkirche in Alcobaça; um 1370

dos). Got. Elemente zeigten zuerst die Zisterzienserbauten (Alcobaça, 1178 ff.). Beim Bau des Klosters von → Batalha Entwicklung des *Emanuelstils* (manuelin. Stil), ein v. a. von Motiven der Seefahrerwelt geprägter Dekorationsstil (Portal der ›Unvollendeten Kapellen‹ von M. Fernandes, 1509). Weitere Höhepunkte bilden die Christusritterkirche in Tomar, das Hieronymitenkloster von M. Boytac und J. de Castilho sowie der Torre de Belém von F. de Arruda (→ Lissabon). Reine Renaissancewerke sind u. a. der große Kreuzgang des Klosters von Tomar sowie die Kirche São Vicente de Fora in Lissabon. Kloster Mafra (1717 ff.) von J. F. Ludwig), Schloß Queluz bei Lissabon (1747–55), Univ.bibliothek von Coimbra (1717–28) sind Barockbauten, zahlr. barocke Innenausstattungen mit vergoldetem Schnitzwerk (›talha dourada‹, z. B. Santa Clara in Porto) oder mit → Azulejos (z. B. Königl. Palast von Sintra). Wichtigste städtebaul. Leistung ist der Wiederaufbau von Lissabon nach dem Erdbeben von 1755 durch den Marqués de Pombal. Das 19. und 20. Jh. zeigen techn. Leistungen wie die doppelstöckige Brücke (1881–85) in Porto über den Douro oder die Lissaboner Hängebrücke über den Tejo (1966).

Skulptur: Bed. Grabmalkunst der Gotik (Alcobaça; Sarkophage für Pedro I. und Inês de Castro, um 1370; Braga, Sarkophag des Erzbischofs G. Pereira). Der manuelin. Schmuckstil griff über die Architektur auch auf Mobiliar und Goldschmiedekunst (G. → Vicente) über; Höhepunkte der Renaissanceplastik in Santa Cruz in Coimbra. Im Barock wurde Figuralplastik für die großen vergoldeten Holzaltäre, Krippen und Standbilder (J. Machado de Castro) geschaffen.

Malerei: Die got. Tafelmalerei des 15. Jh. zeigt eigenwillige Anlehnung an die fläm. Kunst (N. Gonçalves, Vincenz-Altar, 1465 bis 1467, Lissabon, Museum alter Kunst), ebenso im 16. Jh. (Carlos, tätig bei Évora). In der Barockmalerei trat das Porträt hinzu, das auch im 18. und 19. Jh. gepflegt wurde. Im 20. Jh. wurde v. a. Maria Elena Vieira da Silva (* 1908) bekannt.

portugiesische Literatur, ihre erste Blüte erlebte die p. L. mit der galic.-portugies. Minnelyrik (erhalten in 3 Liederhandschriften).

14./15. Jahrhundert: Stolz auf die krieger. Leistungen führte um die Mitte des 14. Jh. zur Historiographie in Prosa (Chroniken, Annalen der Adelsgeschlechter, Königschroniken). Die galic.-portugies. Troubadourlyrik wurde um 1450 durch höf. Gelegenheitsdichtung nach span. Vorbild abgelöst.

Renaissance (16. Jh. bis 1580): Die Zeit größter polit. Machtentfaltung und die Personalunion mit Spanien (1580–1640) war zugleich die Epoche höchster literar. Blüte. Strenggläubigkeit hemmte zunächst die Wirkung von Humanismus und Renaissance, was sich v. a. im Drama (G. Vicente) niederschlug. Die entscheidende Hinwendung zum Humanismus und zu italien. Vorbildern erfolgte um die Mitte des 16. Jh. durch F. de Sá de Miranda, den Verfasser der ersten klass. Komödie, der als Lyriker v. a. Sonett und Kanzone in der Art F. Petrarcas bekannt machte, sowie durch António Ferreira (* 1528, † 1569), der die erste klass. Tragödie schrieb. Neben Schäferromanen (Jorge de Montemayor, * um 1520, † 1561) und Ritterromanen entstanden Reisebeschreibungen über die portugies. Entdeckungsfahrten (Fernão Mendes Pinto [* 1510 (?), † 1583]). Das bedeutendste Epos, ›Die Lusiaden‹ (1572), schrieb L. de Camões.

Barock (1580–1756): Durch die engen Beziehungen zu Spanien gefördert, setzte sich in allen Gattungen der Barockstil eines L. de Góngora y Argote (und G. Marino) durch. Eine Blüte erlebte die religiöse didakt. Prosa.

Aufklärung, Klassizismus (1756–1825): 1756 wurde die ›Arcádia Lusitana‹ (oder ›Arcádia Ulisiponense‹) als Sammelpunkt neoklassizist. Strömungen gegründet. Mit seiner Lyrik kündigte Manuel Maria Barbosa du Bocage (* 1765, † 1805) bereits die Romantik an.

Romantik (nach 1825): Bedeutendster portugies. Romantiker war J. B. da Silva Leitão de Almeida → Garrett (›Manuel de Sonsa‹, histor. Roman, 1844); als portugies. Balzac gilt C. Castelo Branco, António Feliciano de Castilho (* 1800, † 1875) ist als Vertreter der Lyrik zu nennen.

Realismus (1865–1900): Die sog. ›Generation von Coimbra‹ vertritt neben engagierter Lyrik (A. T. de Quental) v. a. den realist. Roman (J. M. Eça de Queirós).

Nach 1900: Die Dekadenzdichtung der Jh.wende wurde von António Nobre (* 1867, † 1900), der *Symbolismus* bes. von Eugénio de Castro (* 1869, † 1944) und Raul Brandão (* 1867, † 1930) vertreten. Die Ausrufung der Republik (1910) und Portugals Eintritt in den 1. Weltkrieg begünstigten den neoromant. *Saudosismo*, einen auf die nat. Werte sich besinnenden messian. Symbolismus, v. a. in der pantheist. Lyrik von Teixeira de Pascoaes (* 1877, † 1952). Aus dem Saudosismo hervorgegangen sind der herausragende Lyriker F. A. Nogueira de Seabra Pessoa und der Romancier José Régio (* 1901, † 1969), die zum *Modernismo* überleiteten. Als der bedeutendste portugies. Erzähler des 20. Jh. gilt A. Ribeiro. Der sozialkrit. *Neorealismus* nach 1945 setzte sich (bes. in Opposition zur faschist. Diktatur) nur im Roman durch, u. a. bei António Alves Redol (* 1911, † 1969) und Fernando Namora (* 1919). Nach der Revolution von 1974 manifestierte sich die Avantgarde zunächst v. a. in der Lyrik (u. a. Miguel Torga [* 1907], David Mourão-Ferreira [* 1927], Herberto Helder [* 1930]), für den Roman und das Drama stehen neben Mourão-Ferreira u. a. José Cardoso Pires (* 1925), Agustina Bessa Luís (* 1922), José Saramago (* 1922), Mário Cláudio (* 1941) und Lídia Jorge (* 1946).

portugiesische Musik, im 6. Jh. begann die Übernahme des christl. Kirchengesangs; im 12. Jh. traten neben der Musikübung am Hof und beim Volk v. a. die Klöster (u. a. Braga, Coimbra) als musikal. Zentren hervor. Von der bes. unter König Dionysius (* 1279, † 1325) blühenden Troubadourkunst sind keine Melodien bekannt. Die Polyphonie des 15./16. Jh. stand unter niederl. Einfluß. In den theatral. Werken seit Gil Vicente (* um 1465, † um 1536) war der Musik breiter Raum gewährt. Einen Höhepunkt erreichte die p. M. an der Kathedrale von Évora, mit deren Kapellmeister Manuel Mendes (* um 1547, † 1605). Bedeutsam war daneben die Schule von Vila Viçosa; wichtigste Vertreter: König Johann IV. (* 1604, † 1656) und João Lourenco Rebello (* 1610, † 1661). Mit seinen ›Flores de música‹ (1620) veröffentlichte der Hoforganist Manuel Rodrigues Coelho (* um 1555, † nach 1633) die erste gedruckte portugies. Instrumentalmusik. Seit Beginn des 18. Jh. trat die italien. Oper in den Vordergrund (u. a. Francisco António de Almeida, † 1755?). Mit Musik für Tasteninstrumente trat der Kathedralorganist von Lissabon, José António Carlos de Seixas (* 1704, † 1742) hervor. Nat. Tendenzen wurden wirksam bei dem Lisztschüler José Viana da Mota (* 1868, † 1948). Im 20. Jh. folgten die allg. europ. Entwicklung u. a. Luis de Freitas Branco (* 1890, † 1955), Ruy Coelho (* 1891, † 1986), Ivo Cruz (* 1901) und Fernando Lopes Graça (* 1906). Neueste Techniken bis zur elektron. Musik vertreten Alvaro Leon Cassuto (* 1938) und Jorge Rosando Peixinho (* 1940).

Portugiesisches Scheidegebirge, Fortsetzung des Kastil. Scheidegebirges in Portugal, erstreckt sich von der span. Grenze südl. des Douro bis südl. von Coimbra, durch das Tal der Zêzere in 2 parallele Gebirgszüge geteilt. Die höchste Erhebung liegt im NO in der *Serra da Estrêla* (1991 m ü. d. M.). Nach SW setzt sich das P. S. im *Portugies. Scheiderücken* bis zum Kap Roca fort.

Portulak [lat.] (Bürzelkraut), Gatt. der *Portulakgewächse* (Portulacaceae) mit über 100 Arten in den trop. und subtrop. Gebieten der ganzen Erde; eine Gartenpflanze ist das *Portulakröschen*.

Portweine [nach der portugies. Stadt Porto], Misch- und Dessertweine aus 21 Rebsorten aus dem Dourotal.

Porzellan [italien.], aus Gemischen von Kaolin, Feldspat und Quarz durch Brennen hergestelltes feinkeram. Erzeugnis mit weißem, dichtem, in dünnen Schichten transparentem Scherben; glasiert oder unglasiert zur Herstellung von Gebrauchsgegenständen (z. B. Geschirr), techn. Erzeugnissen (z. B. Laborgeräte, Hochspannungsisolatoren) und für künstler. Zwecke verwendet. Man unterscheidet das hochschmelzende *Hart-P.* aus 50% Kaolin, 25% Feldspat und 25% Quarz und das leichter schmelzbare, gegen Temperaturschwankungen empfindlichere *Weich-P.* aus 25% Kaolin, 45% Quarz und 30% Feldspat. Die Brennvorgänge unterscheiden sich nach der Art des P.: Weich-P. wird nur einmal auf 1200–1300 °C erhitzt. Hart-P. wird (im sog. *Glüh-* oder *Biskuitbrand*) auf 1000 °C erhitzt, danach wird das aus Quarz, Marmor, Feldspat und Kaolin zusammengesetzte, fein gemahlene Glasur aufgetragen und im sog. *Gar-* oder *Glattbrand* (1380 bis 1450 °C) 24 Stunden lang gebrannt. Das für künstler. Zwecke verwendete unglasierte *Biskuit-P. (Statuen-P.* oder *Parian)* wird 24 Stunden bei 1410–1480 °C gebrannt.

Geschichte: In China wurde Kaolin (ben. nach dem chin. Fundort Kao-ling) in der T'ang- und Sungzeit für porzellanartige Keramik verwendet; echtes P. wurde seit dem späten 13. Jh. hergestellt, Blütezeit unter Kaiser Sheng Tsu (⋈ 1662–1723); chin. und später jap. P. wurde z. T. speziell für europ. Besteller gefertigt. Erst seit 1707 gelang J. F. Böttger in Dresden die Herstellung des europ. Porzellans; die erste europ. Manufaktur wurde 1710 auf der Albrechtsburg in Meißen eingerichtet. 1720 wurde die blaue Unterglasurfarbe erfunden; J. G. Höroldt entwickelte leuchtende Emailfarben und Dekore der P.malerei, J. G. Kirchner und J. J. Kändler lösten um die Mitte des 18. Jh. die P.plastik von dem Vorbild der Goldschmiedekunst. Das Herstellungsgeheimnis ließ sich nicht hüten, und es entstanden zuerst in Wien (1717) und Venedig (1720), v. a. aber seit Ende der 1730er Jahre weitere P.manufakturen. J. J.

Kändler (Meißen), F. A. Bustelli und J. P. Melchior (beide Nymphenburg) sowie É.-M. Falconet (Sèvres) bilden den Höhepunkt der P.plastik des Rokoko im 18. Jh.; auch im Klassizismus, im Jugendstil und seit Mitte des 20. Jh. sind ausgezeichnete P. entstanden.

Porzellanmarken, meist in Unterglasurblau ausgeführte Wappen oder Initialen der Besitzer der Manufakturen, die fast ausschließlich in der Hand der Landesherren waren; zuerst in Meißen (1722). – Abb. S. 54.

Porzellanschnecken (Cypraeidae), Fam. der Schnecken mit zahlr. Arten in allen Meeren; Schale eiförmig, porzellanartig, nicht selten stark gemustert.

Posaune [lat.] (italien., frz., engl. Trombone), 1) Blechblasinstrument mit Kesselmundstück und 2 U-förmig gebogenen, ineinander verschiebbaren, zylindr. Röhren (Innenzug und Außenzug), die eine kontinuierl. Verlängerung und damit eine gleitende Veränderung der Tonhöhe ermöglichen. Heute sind v. a. folgende P. in Gebrauch: *Tenor-P.* in B; *Tenorbaß-P.,* eine Tenor-P., deren Stimmung durch ein Quartventil auf F gesenkt werden kann; *Kontrabaß-P.* (Kurzbez. *Baß-P.)* in F, bei der die Stimmung durch Ventile auf Es, C und As gesenkt werden kann; *Ventil-P.* mit 3–4 Spielventilen anstelle des Zuges in B und F. – Die P. wurde im 15. Jh. wahrscheinlich aus der Zugtrompete entwickelt.

2) in der Orgel ein Zungenregister im Pedal, meist im 16- oder 32-Fuß.

Portulak: Portulakröschen

Poschiavo [italien. pos'kja:vo], Bezirkshauptort im schweizer. Kt. Graubünden, im Puschlav, 3300 E. Spätgot. Stiftskirche San Vittore (1497–1503) mit roman. Glockenturm, Barockkirche Santa Maria Assunta (1708–11); Palazzo Mengotti (1665), Spaniolenviertel (19. Jh.).

Pose [frz.], auf Wirkung bedachte, gewollt wirkende Haltung.

Poseidon, griech. Gott des Meeres, dem bei den Römern *Neptun* entspricht. Sohn des Kronos und der Rhea, Bruder von Zeus, der nach dem Sturz des Kronos durch Zeus das Meer erhält.

Poseidonios (latin. Posidonius), * Apameia (Syrien) 135 v. Chr., † Rom 51 v. Chr., griech. Philosoph. Hauptvertreter der Stoa, Lehrer Ciceros.

Posen (poln. Poznań), 1) Hauptstadt des gleichnamigen poln. Verw.-Geb., an der mittleren Warthe, 553 000 E. Univ., TU und 5 weitere Hochschulen, mehrere Museen, Theater; Zoo, botan. Garten. U. a. metallverarbeitende Industrie. Nach 1945 wurden die histor. Baudenkmäler wiederhergestellt, u. a. der Dom (14. Jh.), die barocke Franziskanerkirche (1668–1730), das Renaissancerathaus. – Im 10. Jh. entstanden; 1253 Magdeburger Stadtrecht; 1793 an Preußen; seit 1815 Hauptstadt des ›Groß-Hzgt.‹ (Prov.) P., Sitz des Erzbistums Posen-Gnesen.

2) ehem. preuß. Prov. mit dem Namen **Großherzogtum Posen:** umfaßte die durch den Wiener Kongreß 1815 Preußen zugesprochenen Kerngebiete des histor. Großpolen (rd. 30 000 km² mit rd. 800 000 E). Nach der poln. Novemberrevolution 1830 dt. Zentralverwaltung; 1919 größtenteils an Polen; die westl. Restgebiete von P. und Westpreußen hießen 1922–38 **Grenzmark Posen-Westpreußen.**

positiv [lat.], 1) *allgemein:* bejahend, zustimmend (Ggs. negativ); ein Ergebnis bringend; wirklich vorhanden, vorteilhaft, günstig.

2) *Mathematik:* größer als Null (Zeichen: > 0).

Positiv [lat.], 1) *Grammatik:* →Komparation.

2) *Musik:* kleine Orgel mit nur einem Manual (kein Pedal) und nur wenigen Registern (i. d. R. nur →Labialpfeifen).

3) →Photographie.

positives Recht, Bez. für das gesetzte Recht im Unterschied zum Naturrecht.

Porzellan: Johann Joachim Kändler, Uhr; Meißen (Ansbach, Schloß)

Porzellan: Kaffeekanne; um 1725/30 (Wien, Österreichisches Museum für angewandte Kunst)

6

Porzellanmarken:
1 Meißen
(Schwertermarke),
2 Fürstenberg,
3 Berlin (Königliche
Porzellan-Manufaktur), 4 Rosenthal,
5 Porzellanfabrik
Angarten in Wien,
6 Kopenhagen
(Königliche
Manufaktur)

Positivismus [lat.], grundsätzl. Beschränkung der Gültigkeit menschl. Erkenntnis auf das durch Erfahrung Gegebene (= das Positive); von A. Comte zum Wiss.ideal erhoben; daneben gibt es positivist. Tendenzen in einzelnen Wiss., v. a. in den Sozialwiss. und der Rechtswiss. (→ Rechtspositivismus).

Positron [Kurzwort aus positiv und Elektron] (positives Elektron), physikal. Symbole e⁺; positiv geladenes, stabiles → Elementarteilchen aus der Gruppe der Leptonen; Antiteilchen des Elektrons. Der gebundene Zustand eines P. und eines Elektrons wird als **Positronium** bezeichnet.

Posse [frz.], die in der Tradition des Mimus, des Fastnachtsspiels und der Commedia dell'arte stehenden verschiedenen Formen des kom. Theaters in der neuzeitl. Literatur. Im volkstüml. Rahmen entwickelte sich seit der 2. Hälfte des 18. Jh. die *Wiener Lokal-P.* mit ›Hans Wurst‹, ›Kasperl‹, ›Thaddädl‹ und ›Staberl‹ als lustigen Personen; Höhepunkt sind die P. von J. Nestroy, der auch *Zauberpossen* schrieb.

Possessiv [lat.] (Possessivum, Possessivpronomen, besitzanzeigendes Fürwort) → Pronomen.

Post [lat.-italien.] → Post- und Fernmeldewesen.

post..., Post... [lat.], Vorsilbe mit der Bedeutung ›nach‹, ›hinter‹.

Postament [lat.-italien.], Unterbau, Sockel [einer Säule oder Statue].

post Christum [natum] [lat.], Abk. p. Chr. [n.], veraltet für: nach Christi [Geburt], nach Christus.

Poster [engl.] → Plakat.

post festum [lat. ›nach dem Fest‹], 1. hinterher; 2. zu spät.

Postgeheimnis, Grundrecht aus Artikel 10 GG, das neben dem Briefgeheimnis und Fernmeldegeheimnis den gesamten Postverkehr vor unbefugte Einblicke seitens der Post sowie postfremder staatl. Stellen schützt; durch StPO, Zoll- und Abhörgesetz eingeschränkt.

Posthorn, Blechblasinstrument mit weiter Stürze; Wahrzeichen der Post.

Posthornschnecke, bis etwa 3 cm lange, braune Lungenschnecke, v. a. in stehenden, pflanzenreichen Süßgewässern Norddeutschlands; Gehäuse spiralig gewunden.

posthum → postum.

Postille [lat.], Auslegung eines Bibeltextes in Form eines Kommentars; auch auslegender Teil einer Predigt.

Postludium [mittellat. ›Nachspiel‹], Orgelstück zum Abschluß des ev. Gottesdienstes; auch Nachspiel einer mehrsätz. Komposition. → Präludium.

post meridiem [...di-ɛm; lat.] → ante meridiem.

Postmodernismus, vager Begriff, der eine Bewegung umschreibt, die Ausdruck eines kulturellen Wandels von der Phase des die erste Hälfte des 20. Jh. bestimmenden Modernismus zu der Zeit danach ist. In diesem Sinne gebrauchte der engl. Historiker A. Toynbee seit 1947 den Begriff; in den 1950er und 1960er Jahren setzte sich P. als literaturkrit. Begriff v. a. in Amerika durch, zunächst in negativer Sicht als Bruch mit den avantgardist. Errungenschaften des Modernismus (Irving Howe [* 1920], Harry Levin [* 1912]), dann in positiver Sicht als eine Fortsetzung der im Modernismus erreichten Positionen mit einer Öffnung der Kunst zur Pop-art (Ihab Hassan [* 1925], William Spanos [* 1925], David Antin [* 1932], S. Sontag). – Kennzeichen aller postmodernen Erscheinungen, die seit den 1960er Jahren alle Bereiche der Kunst, Wissenschaft, Kultur und des Lebens erfaßt hat, ist die Zuwendung zu offenen Formen einer Kunst, die den Performanzcharakter betont. Am deutlichsten zeigen sich die postmodernen Erscheinungsformen neben der Architektur im Theater (R. Wilson), im Tanz (Merce Cunningham [* 1919]), in der Musik

(John Cage [* 1912]) und in der Philosophie (*Dekonstruktivismus;* u. a. Jacques Derrida [* 1930], Jean François Lyotard [* 1924]). Kennzeichnend für die *postmoderne Architektur* ist das Ziel, das auf bloße Zweckmäßigkeit reduzierte Bauen (→ Formalismus) durch die Verbindung von Funktionalem und Ästhetischem zu verbinden; bed. Vertreter sind u. a. die Amerikaner Charles W. Moore (* 1925; Piazza d'Italia in New Orleans, 1975–79) und Robert Venturi (* 1925), der Italiener Aldo Rossi (* 1931; Opernhaus in Genua, 1991) sowie Hans Hollein (* 1934, Verkehrsbüro in Wien, 1976–79) aus Österreich und Oswald Matthias Ungers (* 1926, Grünzug Süd in Köln) aus der BR Deutschland.

Postojna [slowen. pos'to:jna] (dt. Adelsberg), slowenische Stadt sw. von Ljubljana, 19 000 E. Institut für Höhlenforschung; Adelsberger Grotte (→ Höhlen, Übersicht).

Postrecht, Gesamtheit der Rechtsnormen über das Postwesen. Entsprechend seiner histor. Entwicklung aus dem hoheitl. Postregal wird das P. nach dt. Rechtstradition Teil der in die Hand des Staates gelegten Daseinsvorsorge. Die Posthoheit liegt ausschließl. beim Bund. Er erläßt das P. und führt es in bundeseigener Verwaltung durch die Deutsche Bundespost (DBP) aus. Das gleiche gilt für den Bereich des der Bundespost anvertrauten Post- und Fernmeldewesens.

Postskript (Postskriptum) [lat.], Abk. PS, Nachschrift, Zusatz.

Postulat [lat.], allg. svw. (sittl.) Forderung; unbeweisbare, aber unentbehrl. Annahme; **postulieren,** fordern; voraussetzen.

postum (posthum) [lat.], nach jemandes Tod erfolgt, nach jemandes Tod erschienen; nach dem Tod des Vaters geboren.

Post- und Fernmeldewesen, Zweig des Sektors Dienstleistungen, der Nachrichten-, Personen-, Güter- und Zahlungsverkehr sowie andere Verkehrsbereiche ganz oder teilweise umfassen kann; Kernbereiche des *Postwesens* sind der Brief- und der Paketdienst, Kernbereich des *Fernmeldewesens* ist der Fernsprechdienst. In den meisten Ländern ist ›die Post‹ ein staatl. Dienstleistungsunternehmen mit Monopolstellung, Annahmezwang, Tarif- und Betriebspflicht.

Geschichte: In Mitteleuropa entwickelte sich seit dem 12. Jh. ein ausgedehntes Botenwesen. Die Familie Taxis, später das Haus Thurn und Taxis, übernahm in der Folgezeit die Trägerschaft des Nachrichtenwesens in weiten Teilen Deutschlands und Mitteleuropas. Kaiser Rudolf II. erklärte 1597 die Posten zu einem kaiserl. Regal. In Österreich hatte der Staat die Post seit 1722 in Besitz. In der Schweiz spielte von der Familie Fischer als Pachtunternehmen betriebene Berner Post die wichtigste Rolle und umfaßte eine große Zahl der Kantone. Mit der Abdankung von Kaiser Franz II. 1806 verlor die Thurn- und Taxissche Post ihren Charakter als kaiserl. Reichspost. Nach dem Dt. Krieg von 1866 übernahm Preußen am 1. 7. 1867 gegen eine Entschädigung von 3 Mio. Talern die Thurn- und Taxissche Postverwaltung. – Die Möglichkeit der Nachrichtenübermittlung durch Telegrafie wurde in größerem Maße seit dem 19. Jh. genutzt. Erste Zusammenschlüsse in größerem Rahmen waren der Dt.-Österr. Postverein (1850–66) und der Dt.-Österr. Telegraphenverein (1850–65). Der Norddt. Bund unterhielt als Verkehrsanstalt die Norddt. Bundespost, die bis zur Reichsgründung 1871 und zur Gründung der Dt. Reichspost wirkte.

Der Zusammenbruch von 1945 bedeutete auch das vorläufige Ende des zentralen dt. Post- und Fernmeldewesens. 1946 wurde die Hauptverwaltung für P. und F. des amerikan. und brit. Besatzungsgebietes geschaffen, aus der 1947 die Hauptverwaltung für das P.- und F. des Vereinigten Wirtschaftsgebietes hervorging. Diese Verwaltung ging am 1. 4. 1950 als *Bundesministerium für das Post- und Fernmeldewesen* in die Kompetenz des Bundes über. →Deutsche Bundespost.

Postzwang, die Befugnis des Staates, die entgeltl. Beförderungen von Nachrichtensendungen bei der Post zu monopolisieren. Nach geltendem Recht besteht ein Postzwang als *Beförderungsvorbehalt* nur für die Beförderung von Sendungen mit schriftl. Mitteilungen; daher sind private Paketbeförderungsdienste zulässig.

Potẹmkinsche Dörfer →Potjomkin, Grigori Alexandrowitsch Fürst.

Potentat [lat.], Machthaber, Herrscher.

Potential [lat.], *allgemein* die Gesamtheit aller verfügbaren Mittel, Energien; Leistungsfähigkeit. In der *Physik* eine skalare, ortsabhängige Größe zur Beschreibung eines Feldes. Im Falle eines Kraftfeldes ist die P.differenz zw. zwei Punkten P_1 und P_2 ein Maß für die Arbeit, um einen Probekörper von P_1 nach P_2 zu bringen. – Derartige P. werden mathemat. durch die *P.funktionen* beschrieben. Ein Beispiel ist das elektr. P., dessen Differenz zw. zwei Raumpunkten die zw. diesen herrschende elektr. Spannung ist.

Potentialis [lat.], Modus (Aussageweise) des Verbs, der die Möglichkeit der Verwirklichung des Verbalgeschehens ausdrückt und damit das Gegenstück zum →Irrealis darstellt.

potentiẹll [lat.-frz.], möglich (im Unterschied zu wirklich), denkbar.

potentiẹlle Energie (Lageenergie), Formelzeichen E_{pot}, diejenige Energie, die ein Körper, Teilchen u. a. aufgrund seiner Lage in einem Kraftfeld oder aufgrund seiner Lage zu mit ihm in Wechselwirkung befindl. Körpern oder Teilchen seiner Umgebung besitzt. P. E. haben z. B. ein hochgehobener Körper oder eine gespannte Feder.

Potentiometer [lat./griech.] (Spannungsteiler), ein elektr. Widerstand, zw. dessen beiden Anschlüssen sich ein verschiebbarer Anschluß (Schleifer) befindet. Bei Stromdurchfluß läßt sich zw. Schleifer und einem der beiden Hauptanschlüsse jede Teilspannung (von Null bis zur Gesamtspannung an den Hauptanschlüssen) abgreifen. In der Elektronik (z. B. zur Lautstärkeregelung) werden v. a. über einen Drehkopf *(Dreh-P.)* oder einen Schieber (sog. *Flachbahnregler*) zu bedienende *Schicht-P.* (mit schichtförmigem Widerstandmaterial) oder *Draht-P.* (mit spulenoder wendelförmigem gewickeltem Widerstandsdraht) verwendet.

Potentiometrie [lat./griech.], Verfahren der Maßanalyse; der Endpunkt einer Titration wird aus der Änderung des elektr. Potentials zw. zwei in die Elektrolytlösung eintauchenden Elektroden bestimmt.

Potẹnz [lat.], 1) *allgemein:* bes. Leistungsfähigkeit. 2) *Sexualwissenschaft:* (Potentia) die Zeugungsfähigkeit oder das Vermögen des Mannes, den Geschlechtsverkehr auszuüben. 3) *Mathematik:* i. e. S. Bez. für ein Produkt gleicher Faktoren. Ist *a* eine reelle, *n* eine natürl. Zahl, so ist die *n*-te P. von *a* (Zeichen: a^n, gelesen: *a* hoch *n*) als die Zahl $a^n = a \cdot a \cdot a \cdots a$ (*n* Faktoren) definiert.

a ist die **Basis (Grundzahl),** *n* der **Exponent (Hochzahl)** der P. a^n (z. B. $3^2 = 3 \cdot 3 = 9$, $4^3 = 4 \cdot 4 \cdot 4 = 64$). Man erweitert diesen P.begriff, indem man auch andere Zahlen als Exponenten zuläßt: Man setzt für $a \neq 0$

$$a^0 = 1 \text{ und } a^{-n} = 1/a^n,$$

für $a > 0$ und ganzzahlige *n* und *m* ($n > 0$)

$$a^{1/n} = \sqrt[n]{a}, \ a^{m/n} = \sqrt[n]{a^m} = (\sqrt[n]{a})^m.$$

Für die *P.rechnung* gelten die *P.gesetze:*

$$a^x \cdot a^y = a^{x+y}, \ a^x \cdot b^x = (a \cdot b)^x, \ (a^x)^y = a^{xy}.$$

4) *Philosophie:* →Akt und Potenz.

Potẹnza, italien. Regions- und Prov.hauptstadt östl. von Salerno, 67 400 E. Archäolog. Museum, Theater. Dom (12. und v. a. 18. Jh.), roman. Kirche San Michele (11. und 12. Jh.). – Das röm. **Potentia** kam im 6. Jh. an das langobard. Hzgt. Benevent; Bischofssitz seit dem 5. Jahrhundert.

potenzieren, 1) *Mathematik:* ein Produkt aus gleichen Faktoren bilden, eine →Potenz berechnen. 2) die Wirkung von etwas steigern.

Potẹstas [lat. ›Macht, Gewalt‹], im antiken Rom die staatsrechtl. Amtsgewalt aller Beamten; in der mittelalterl. Staatsrechtslehre Herrschaftsbefugnisse der Obrigkeit.

Poth, Chlodwig, * Wuppertal 4. 4. 1930, dt. Karikaturist und Publizist. Mitbegründer der satir. Zeitschrift ›Titanic‹. Textet und zeichnet satir. Bildergeschichten.

Pothiphar (Vulgata Putiphar), im AT ägypt. Kämmerer, an den Joseph verkauft wurde, und dessen Frau vergebl. versuchte, Joseph zu verführen.

Potjomkin, Grigori Alexandrowitsch Fürst, Reichsfürst (1776), Fürst Tawritscheski (1783) [russ. pa'tjomkin], * Tschaikowo (Gebiet Smolensk) 24. 9. 1739, † bei Jassy 16. 10. 1791, russ. Politiker und Feldmarschall (seit 1784). Seit 1774 Günstling Katharinas II., d. Gr.; annektierte 1783 die Krim und leitete den Aufbau der Schwarzmeerflotte. Er soll Katharina II. auf ihrer Krimreise 1787 mit Dorfattrappen Wohlstand vorgetäuscht haben; danach **Potemkinsche Dörfer** sprichwörtl. für Trugbilder, Vorspiegelungen.

Potocki, Jan Graf [poln. po'totski], * Pików (Ukraine) 8. 3. 1761, † Uładówka (Podolien) 2. 12. 1815 (Selbstmord), poln. Schriftsteller, Geschichts- und Altertumsforscher. Schrieb die phantast.-romant. Erzählung ›Die Handschrift von Saragossa‹ (entstanden 1803–15).

Potosí [span. poto'si], bolivian. Dep.hauptstadt in der Ostkordillere, 113 000 E. Univ.; Handels- und Bergbauzentrum. Zahlr. z. T. verfallene Kirchen (17. bis 19. Jh.). – 1545 Entdeckung der Silbervorkommen des *Cerro Rico de P.* (4 829 m) durch die Spanier und Gründung der Stadt; Mitte des 17. Jh. größte Stadt Amerikas (v. a. Indianer).

Potpourri ['pɔtpuri; frz., eigtl. ›Eintopf‹] (Medley), Zusammenstellung einer Folge von beliebten Melodien.

Potsdam, Hauptstadt des Bundeslandes Brandenburg, an der Havel, 142 900 E. PH, Akademie für Staats- und Rechtswiss.; Hochschule für Film und Fernsehen, Sternwarte Babelsberg; Filmstudio; Zentrales Staatsarchiv der ehemaligen DDR, Museen, Theater.

Bauten: Rege Bautätigkeit unter Friedrich II., d. Gr.; Umbau des Schlosses, Neues Palais (1763–69), Schloß und Park Sanssouci (1745–47; von G. W. von Knobelsdorff nach einer Ideenskizze Friedrichs II., d. Gr., erbaut). Es entstanden weiter etwa das Marmorpalais (1787–90; jetzt Dt. Armeemuseum), die Schlösser Glienicke (1826 ff.), Charlottenhof (1826–28), Babelsberg (1834 ff.), Villen, Kirchen und Parkanlagen. Dem Wiederaufbau nach 1945 fielen viele histor. Gebäude zum Opfer, u. a. das Stadtschloß von 1661 ff. und die Garnisonkirche.

Geschichte: 993 urkundl. erwähnt. Im **Edikt von Potsdam** (8. 11. 1685) gewährte der Große Kurfürst Friedrich Wilhelm von Brandenburg den vertriebenen frz. Hugenotten v. a. Glaubensfreiheit und wirtschaftl. Hilfe. Der preuß. König Friedrich Wilhelm I. entwickelte P. zur 2. Residenz und wichtigsten Garnisonstadt Preußens.

**Grigori
Alexandrowitsch
Potjomkin**

Potsdam
Stadtwappen

Cecil Frank Powell

Potsdamer Abkommen, die am 2. 8. 1945 auf der Potsdamer Konferenz (17. 7.–2. 8. 1945) von den Regierungschefs der USA (Truman), der Sowjetunion (Stalin) und Großbrit. (Churchill bzw. Attlee) gefaßten Grundsätze über die polit. und wirtschaftl. Behandlung des besiegten Dt. Reiches, denen Frankreich am 7. 8. 1945 mit Vorbehalten zustimmte. Das P. A. regelte die militär. Besetzung Deutschlands, die Reparationszahlungen, die Entmilitarisierung, die Entnazifizierung, Verfolgung der Kriegsverbrecher, die Ausweisung Deutscher aus Polen, der Tschechoslowakei und Ungarn sowie die alliierte Kontrolle der dt. Wirtschaft, wobei Deutschland als wirtschaftl. Einheit behandelt werden sollte; das dt. Auslandsvermögen wurde durch den Alliierten Kontrollrat übernommen, die dt. Kriegs- und Handelsflotte unter den Siegermächten aufgeteilt; vorbehaltl. einer endgültigen friedensvertragl. Regelung wurde Königsberg (Pr) unter die Verwaltung der Sowjetunion gestellt und die W- und N-Grenze Polens festgelegt (→Oder-Neiße-Linie); außerdem wurde ein Rat der Außen-Min. vereinbart.

Pottasche, ältere Bez. für Kaliumcarbonat, K_2CO_3.

Pottenstein, Stadt in der Fränk. Schweiz, Bayern, 4900 E. Burg (im Kern 12./13. Jh.); spätgot. kath. Pfarrkirche (13./14. Jh. und 15. Jh.). Nahebei die Teufelshöhle (→ Höhlen, Übersicht).

Potter, Paulus, ≈ Enkhuizen 20. 11. 1625, ☐ Amsterdam 17. 1. 1654, niederl. Maler. V. a. Tierbilder (›Der junge Stier‹, 1647; Den Haag, Mauritshuis).

Potteries, The [engl. ðə ˈpɔtərɪz], Töpfereigebiet im N der engl. Gft. Stafford.

Pottwale (Physeteridae), mit Ausnahme in den Polarmeeren weltweit verbreitete Fam. der Zahnwale; vorwiegend Tintenfischfresser, funktionsfähige Zähne nur im schmalen Unterkiefer. Man unterscheidet drei Arten: *Zwergpottwal,* etwa 3 m lang, Körper schwarz mit hellerer Unterseite; *Kleinpottwal,* 2,7 m lang; die bekannteste Art ist der *Pottwal* (Spermwal), etwa 11 (♀) bis knapp 20 m (♂) lang, schwärzl., mit riesigem, fast vierkantigem Kopf; Unterkiefer sehr schmal und lang; taucht bis in 1000 m Tiefe. Neben Walrat liefert er auch Amber.

Poularde [puˈlardə; lat.-frz.], junges, nicht geschlechtsreifes Masthuhn oder -hähnchen.

Francis Poulenc

Poulenc, Francis [frz. puˈlɛ̃:k], * Paris 7. 1. 1899, † ebd. 30. 1. 1963, frz. Komponist und Pianist. Mgl. der Gruppe der ›Six‹ in Paris; komponierte vorwiegend vokal bestimmte Werke, u. a. Opern, Ballette, Chorwerke, Orchester- und Kammermusik.

Pound, Ezra [engl. paʊnd], * Hailey (Id.) 30. 10. 1885, † Venedig 1. 11. 1972, amerikan. Dichter. Lebte ab 1908 in Europa; 1922–45 in Rapallo; wegen Eintretens für den Faschismus 1945 in amerikan. Haft, dann bis 1958 in einer Nervenklinik. – Stand literarisch in enger Beziehung zu W. B. Yeats, T. S. Eliot und J. Joyce. Begründer und zeitweilig führender Vertreter des →Imagismus. Hauptwerk ist die 1915–59 entstandene Reihe der ›Cantos‹ (insgesamt 120), ein an der Struktur von Dantes ›Göttl. Komödie‹ orientiertes Epos, das, ebenso wie seine Gedichtsammlungen (u. a. ›Masken‹, 1909), von nachhalt. Wirkung auf die zeitgenöss. angloamerikan. Dichtung ist.

Ezra Pound

Pound [engl. paʊnd; lat.], Einheitenzeichen lb, in Großbrit. und den USA verwendete Masseneinheit: 1 lb = 0,4536 kg.

Pour le mérite [frz. purləˈrit ›für das Verdienst‹], 1740 von Friedrich II., d. Gr., von Preußen gestifteter Orden für Militär- und Zivilpersonen; 1810–1918 ausschließl. an Offiziere für Verdienste vor dem Feind verliehen. – 1842 stiftete Friedrich Wilhelm IV. von Preußen als Friedensklasse den *Pour le mérite für Wissenschaften und Künste.* 1922 mit

neuen Statuten in eine ›Freie Vereinigung von hervorragenden Gelehrten und Künstlern‹ umgewandelt.

Pousseur, Henri [frz. puˈsœ:r], * Malmédy 23. 6. 1929, belg. Komponist. International bekannter Vertreter der seriellen und elektron. Musik.

Poussin, Nicolas [frz. puˈsɛ̃], * Villers-en-Vexin bei Rouen 15. 6. 1594, † Rom 19. 11. 1665, frz. Maler. Lebte ab 1624 in Rom. An der Antike, Raffael und Tizian geschult; Begründer der ›heroischen Landschaft‹ (→ Landschaftsmalerei); Werke v. a. im Louvre.

Powell [engl. ˈpaʊəl], 1) Bud, gen. Earl P., * New York 27. 9. 1924, † ebd. 2. 8. 1966, amerikan. Jazzmusiker (Pianist, Komponist). War Anfang der 1940er Jahre maßgebl. an der Ausprägung des Bebop beteiligt.

2) Cecil Frank, * Tonbridge bei London 5. 12. 1903, † bei Bellano (Comer See) 9. 8. 1969, brit. Physiker. Entdeckte 1947 zus. mit G. P. S. Occhialini u. a. auf Kernspurplatten, die der Höhenstrahlung ausgesetzt waren, Spuren der 1935 von H. Yukawa vorausgesagten Pionen und klärte ihren Zerfall auf; Nobelpreis für Physik 1950.

Powerplay [ˈpaʊəplɛɪ; engl.-amerikan. ›Kraftspiel‹], im Eishockey gemeinsames, anhaltendes Anstürmen aller Feldspieler aufs gegner. Tor.

Powerslide [ˈpaʊəslaɪd; engl., eigtl. ›Kraftrutschen‹], im Autorennsport die Technik, den Wagen mit hoher Geschwindigkeit seitl. in die Kurve rutschen zu lassen, um ihn geradeaus aus der Kurve fahren zu können.

Poynings'-Law [engl. ˈpɔɪnɪŋzlɔ:], nach Sir E. Poynings (* 1459, † 1521) ben. Gesetz, nach dem das ir. Parlament vom engl. König abhängig wurde (1494–1782).

Požarevac [serbokroat. ˈpɔʒarɛvats] (dt. Passarowitz), serb. Stadt sö. von Belgrad, 33 000 E. – Im **Frieden von Passarowitz** am 21. 7. 1718 überließ das Osman. Reich Österreich das Banat, N-Bosnien, N-Serbien mit Belgrad und die Kleine Walachei, Venedig überließ dem Osman. Reich die Peloponnes.

Pozzo, Andrea, * Trient 30. 11. 1642, † Wien 31. 8. 1709, italien. Maler. Schuf Fresken, Entwürfe für Altäre, Stuckarbeiten von Sant' Ignazio in Rom (1684–94).

Pozzuoli, italien. Stadt am Golf von Neapel, Kampanien, 71 100 E. Kurort (Thermen); Hafen. Reste des Serapeions (röm. Markthalle), Amphitheater (1. Jh. n. Chr.) mit vollständig erhaltenen unterird. Räumen, roman. Dom (11. Jh.). – 531 oder 529/528 v. Chr. von Samiern gegr.; 194 v. Chr. als **Puteoli** röm. Bürgerkolonie.

pp, Abk. für pianissimo (→piano).

pp., Abk. für →per procura.

pp. →et cetera.

ppa., Abk. für →per procura.

PP-Faktor →Vitamine.

ppm, Abk. für →Parts per million.

Pr, chem. Symbol für →Praseodym.

PR [engl. ˈpi:ˈɑ:], Abk. für Public Relations (→Öffentlichkeitsarbeit).

prä..., Prä..., prae..., Prae..., pre..., Pre... [lat.], Vorsilbe mit der Bedeutung ›vor, voran, voraus‹.

Präambel [lat.], (feierl.) Erklärung als Einleitung (von Urkunden, Verfassungen, Staatsverträgen).

Präbende [lat.], svw. Pfründe (→ Benefizium).

Prachtbarbe, bis 14 cm langer Karpfenfisch in Süßgewässern des nördl. Vorderindiens; Körper rötlichsilbrig, mit olivgrünem Rücken; Männchen zur Laichzeit leuchtend rot; beliebter Warmwasseraquarienfisch.

Prachtbarsche, Gattung etwa 7–10 cm langer, prächtig bunt gefärbter Buntbarsche in stehenden und fließenden Süßgewässern des trop. W-Afrika, z. T. Warmwasseraquarienfische.

Prachtfinken (Astrilde, Estrildidae), Fam. bis meisengroßer Singvögel mit rd. 125 Arten, v.a. in Steppen, Savannen und lichten Wäldern Afrikas, Südostasiens und Australiens; gesellige, meist prächtig bunt gefärbte Vögel, die aus Gräsern Kugelnester mit seitl. Einflugloch bauen; beliebte Stubenvögel. – Zu den P. gehören u.a. Amadinen, Goldbrüstchen, Muskatfink, Reisfink, Zebrafink, Schönbürzel und das Orangebäckchen.

Prachtkäfer (Buprestidae), mit fast 15000 Arten weltweit verbreitete Fam. 0,3–8 cm langer, meist auffallend metall. schimmernder Käfer. In M-Europa rd. 90 Arten, u.a. *Buchen-P.,* 6–9 mm groß, grün, blau oder kupferfarben schillernd; die Larve *(Zickzackwurm)* frißt bis 75 cm lange Gänge in den Bast bei Eiche, Erle, Espe, Buche, Birke und verursacht einseitiges oder vollständiges Absterben der Bäume.

Prachtkärpflinge, Gatt. etwa 4–12 cm langer Eierlegender Zahnkarpfen, v.a. in flachen Süßgewässern des trop. W-Afrika.

Prachttaucher →Seetaucher.

Prädestination [lat.], Vorherbestimmung; in der Religionsgeschichte eine aus dem Glauben an die absolute Souveränität Gottes resultierende (eschatolog.) Erwählung oder Verwerfung des Menschen, die vom menschl. Handeln unabhängig ist. Die P. wird unter den *nichtchristl.* Religionen am konsequentesten im Islam vertreten. – Im *Christentum* zuerst vertreten von Augustinus; zum primären theol. Problem wurde die P. in der *Reformation* unter Berufung auf Röm. 8–11; Luther bestritt, daß das Heil des Menschen von dessen persönl. Willensentscheidung abhängen könne, und hob die unverdiente Gnade des Auserwähltseins hervor. Noch stärker betonte Calvin die Unmöglichkeit, auf sein eigenes Heil oder Unheil einwirken zu können.

Prädikat [lat.] (Satzaussage), **1)** *Grammatik:* Satzteil (meist ein Verb), der eine Aussage über das Subjekt enthält. Das **Prädikativ** (Prädikativum) kann entweder *Prädikatsnomen* sein (›Peter wird *Arzt*‹) oder *Prädikativsatz* (›Nicht immer ist Wahrheit, *was in der Zeitung steht*‹). **2)** einer positiven Bewertung vorangestelltes Beiwort (das P. ›gut‹ erhalten).

Prädikatenlogik, Bez. für die formale Logik der mit Junktoren und mit Quantoren zusammengesetzten Aussagen.

Prädikatsnomen →Prädikat.

Prädikatswein, svw. Qualitätswein mit Prädikat (Kabinett, Spätlese, Auslese).

prädisponiert [lat.], vorausbestimmt; empfänglich, anfällig (für Krankheiten).

Prado, span. Nationalmuseum in Madrid, erbaut 1785 ff., 1819 Museum, seit 1868 Staatsmuseum.

prae..., Prae... →prä..., Prä...

Praetorius, Michael [prɛ:...], eigtl. M. Schultheiß, * Creuzburg bei Eisenach 15. 2. 1571 oder 1572, † Wolfenbüttel 15. 2. 1621, dt. Komponist und Musiktheoretiker. Tätig in Braunschweig und Dresden; mit Choralbearbeitungen, Motetten, Psalmvertonungen einer der führenden Vertreter der ev. Kirchenmusik seiner Zeit. Sein ›Syntagma musicum‹ (1615–19) unterrichtet über die damaligen Instrumente, musikal. Formen und die Aufführungspraxis.

Präfation [lat.], in der christl. Liturgien der Eingangsteil des eucharist. Hochgebetes bzw. des Abendmahlgottesdienstes und Hauptgebet zu bed. Weihungen der kath. Kirche.

Präfekt [lat.], **1)** *Antike:* röm. Amtstitel, u.a. der Prätorianer-P. und der Stadt-P. Roms mit polizeil. und gerichtl. Befugnissen. **Präfektur,** übergeordneter röm. Verwaltungsbezirk in der Spätantike. **2)** *Staat:* oberster Verwaltungsbeamter eines frz. Dep. und einer italien. Provinz.

Präferenz [lat.-frz.], Vorrang, Vorzug; bestimmte Vorliebe; (gegenseit.) Vorzugsbehandlung (im Außenhandel).

Präfix [lat.] (Vorsilbe), **1)** *Linguistik:* sprachl. Element, das vor ein Wort oder einen Wortstamm gesetzt wird, wodurch ein neues Wort entsteht, z.B. *be*fahren, *Miß*bildung, *un*fruchtbar. **2)** *Datenverarbeitung:* Zeichen in Programmiersprachen, das Anweisungen vorangestellt wird, um diesen Steuerbefehlen eine vorrangige Abarbeitung (bei Unterbrechung gerade laufender Routinen) zu sichern.

Prag (tschech. Praha), Hauptstadt der ČSFR, des tschech. Landesteiles und des Mittelböhm. Gebiets, am Zusammenfluß von Moldau und Beraun, 1,19 Mio. E. Sitz der Staatsregierung und der tschechoslowak. Nationalbehörden; zahlr. Hoch- und Fachschulen, u.a. Karls-Univ. (gegr. 1348), Bibliotheken und Museen, Nationalgalerie im Hradschin, zahlr. Theater, u.a. Nationaltheater, Laterna Magica, Schwarzes Theater; jährl. Musikfest (Prager Frühling); Zoo, botan. Garten. Wichtige Handels- und Ind.stadt; Hafen, U-Bahn, internat. ✈.

Bauten: In beherrschender Lage der Hradschin (älteste Teile 9. und 10.Jh.). Zum alten Palast gehören der spätgot. Wladislawsaal (1502 vollendet), der Ludwigsbau (1503–10) und der Alte Landtagssaal (1560–63; beide Renaissance). Im Zentrum der Burganlage der got. Sankt-Veits-Dom (1344 begonnen und 1353–85 von P. Parler vollendet). Außerhalb des Burgkomplexes Loretokirche mit Barockfassade, Lustschloß Belvedere (1536–58), Palais Schwarzenberg (1545–63), Černinpalais (1669 ff.). Unterhalb der Burg auf der Kleinseite die barocke Nikolauskirche (ehem. Jesuitenkirche, 1703 ff.). Über die Moldau führt u.a. die Karlsbrücke (1357 ff.) mit got. Brückentürmen. In der Altstadt: got. Bethlehemskirche (1391 ff., wiederhergestellt), Sankt-Nikolaus-Kirche (1732–35); got. Teynkirche (14./15.Jh.), Altstädter Rathaus (1338 ff.), Palais Kinský (1755–65), Palais Clam-Gallas (1713), Karolinum (Sitz der 1. Univ.), der mittelalterl. Pulverturm und Befestigungen. In der Neustadt: Neustädter Rathaus (14.–16.Jh.), got. Kirche Maria Schnee (14. und 17.Jh.); Nationaltheater (1883). Im alten Judenviertel frühgot. Synagoge (1273, sog. Altneuschul) sowie jüd. Friedhof.

Geschichte: P. entwickelte sich zw. den beiden Burgen Wyschehrad und Hradschin. 973 wurde das Bistum P. gegründet. Erste Blütezeit unter Kaiser Karl IV. (1344 Erzbistum P., 1348 Gründung der Univ.). Von P. gingen die Bewegung des J. Hus (ab 1419) und der Böhm. Aufstand (1618) aus. 1848 war P. das Zentrum der fehlgeschlagenen nationaltschech. Revolution, 1918 wurde es Hauptstadt der Tschechoslowakei; von März 1939 bis Mai 1945 von dt. Truppen besetzt. Im Aug. 1968 wurde dem sog. **Prager Frühling** durch den Einmarsch von Truppen des Warschauer Pakts (mit Ausnahme Rumäniens) in gewaltsames Ende gesetzt. – Der **Friede von Prag** zw. Kursachsen und dem Kaiser im Dreißigjährigen Krieg (30. 5. 1635), dem sich viele prot. Reichsstände anschlossen, sah eine begrenzte Festschreibung des konfessionellen Status quo und den Verzicht auf Durchführung des Restitutionsedikts von 1629 vor. Im **Frieden von Prag** am 23. 8. 1866 wurde der Dt. Krieg 1866 beendet.

Prägedruck, 1) →Drucken (Hochdruck). **2)** Verfahren zur Oberflächengestaltung von Geweben durch Hitze und Druck auf dem Präge- oder Gaufrierkalander.

Prägen, Verfahren der Kaltformung, bei dem metall. Werkstoffe unter Druck verformt werden. Beim *Voll-P. (Massiv-P.)* wird die Formung durch einander gegenüberliegende Prägewerkzeuge (Prägestempel) erzielt, die entsprechende Vertiefungen (Negativformen) aufweisen; z.B. beim P. von Münzen. Beim

Prachtfinken: Zebrafink

Hohl-P. verwendet man Prägestempel und zugehörige Matrizen; dabei entsteht auf der einen Seite ein erhabenes Gepräge, auf der anderen eine entsprechende Vertiefung.

Prager Fenstersturz, Beginn des Böhm. Aufstandes: Am 23. 5. 1618 warfen Teilnehmer eines Protestantentages 2 kaiserl. Statthalter aus Protest gegen das Verbot der Versammlung aus dem Hradschin in den Burggraben.

Prager Kompaktaten (Basler Kompaktaten) →Basler Konzil.

Prager Manifest →Sozialdemokratie.

präglazial, voreiszeitlich.

Pragmatik [griech.], 1) *allgemein:* die Orientierung an bestimmten prakt. Zielsetzungen. 2) in *Österreich:* Dienstordnung, Sachbezogenheit.

Pragmatische Sanktion, Edikt oder Grundgesetz zur Regelung einer wichtigen Staatsangelegenheit. Bed. v. a. das habsburg. Hausgesetz vom 19. 4. 1713, durch das Kaiser Karl VI. die habsburg. Länder für unteilbar erklärte und die weibl. Erbfolge für den Fall des Aussterbens des habsburg. Mannesstammes vorsah.

Pragmatismus [griech.], eine um 1870 von C. S. Peirce begründete und von W. James bekanntgemachte Lebensphilosophie, die den Menschen primär als handelndes Wesen sieht; stark orientiert an naturwissenschaftl. Methoden und deren Verbindung mit mathemat. bzw. experimenteller Methodik, beurteilt der P. die Gültigkeit von Ideen und Theorien nach ihrem jeweiligen prakt. Erfolg für den Menschen.

prägnant [lat.-frz.], genau, treffend.

Prägung, in der Verhaltensforschung Bez. für eine während der *sensiblen Phase* sehr schnell sich vollziehende Fixierung eines Lebewesens bzw. einer seiner Instinktbewegungen auf einen Auslöser. Das dabei Gelernte kann nicht vergessen werden; auch ein Umlernen ist nicht möglich. Bekanntes Beispiel ist die *Nachfolge-P.* bei Gänsen. Die frischgeschlüpften Küken laufen dem ersten bewegten Gegenstand, der Töne von sich gibt, nach.

prähistorisch, svw. vorgeschichtlich.

Prahm [slaw.-niederdt.], flachgehendes, kastenförmiges Wasserfahrzeug.

Praia [portugies. 'praie], Hauptstadt von Kap Verde, an der SO-Küste der Insel São Tiago, 37 700 E.

Präjudiz [lat.], obergerichtl. [Vor]entscheidung einer Rechtsfrage, die sich in einem anderen Rechtsstreit erneut stellt; bed. v. a. im angloamerikan. Rechtskreis.

Präkambrium, der vor dem Kambrium liegende erdgeschichtl. Zeitraum.

Präklusion [lat.], Ausschluß der Handlung einer Prozeßpartei, wenn sie innerhalb der für sie bestimmten Zeitgrenze nicht oder nicht wirksam vorgenommen wurde.

präkolumbische Kulturen →altamerikanische Kulturen.

Prakrit, Sammelbez. für die ind. Dialekte der mittleren Epoche, die um 500 v. Chr. das wed. Sanskrit ablösten und ihrerseits etwa um damit etwa 2. Jh. n. Chr. u. z. vom wiedererstandenen klass. Sanskrit als Literatursprache abgelöst wurden. Zw. dem P. und den neuindoar. Sprachen steht das sog. Apabhramscha. →indische Sprachen.

Praktik [griech.], [Art der] Ausübung von etwas, Handhabung, Verfahren[sart]; (meist Mrz.) nicht ganz einwandfreies Vorgehen.

Praktikum [griech.-mittellat.], vor oder während der theoret. Ausbildung abzuleistende prakt. Tätigkeit. Praktika sind übl. beim Medizinstudium sowie während des Studiums an techn. Hochschulen und Univ., Fachhochschulen u. ä., in der Lehrerbildung (Schul- oder Sozial-P.) und als sog. Schüler-P. (Be-

rufs-P., Betriebs-P., Sozial-P. u. a.), v. a. im 9. Hauptschuljahr.

praktische Theologie, Teilbereich der Theologie, befaßt sich mit der Aktualisierung der bibl. Botschaft.

Prälat [mittellat.], im kath. Kirchenrecht i. e. S. Inhaber von ordentl. Jurisdiktion für den äußeren Bereich (z. B. Diözesanbischof und die anderen Ordinarien); daneben meist Ehrentitel. – In einigen *ev.* Landeskirchen geistl. Mgl. des landeskirchl. Verwaltungsorgans.

Prälatenhut, Standeszeichen geistl. Würdenträger; als herald. Rangzeichen über dem Wappenschild angebracht.

Präliminarfrieden [lat./dt.] (Vorfrieden), im *Völkerrecht* bei Einstellung der Kampfhandlungen vorläufige Vereinbarungen, die die wesentl. Bedingungen des endgültigen Friedensvertrags bereits enthalten.

Präludium [lat. ›Vorspiel‹] (Praeludium), instrumentales, improvisator. Einleitungsstück als Vorbereitung auf andere Instrumental- (Fuge, Suite) oder Vokalkompositionen (Lied, Motette, Madrigal, Oper); im Gottesdienst bes. als *Choralvorspiel;* J. S. Bach verband als erster das freie P. mit der streng gebauten Fuge; im Rückgriff auf J. S. Bach seit dem 19. Jh. auch selbständige Instrumentalkomposition (F. Chopin, F. Liszt, C. Debussy).

Prämie [lat.], zusätzl. Vergütung für eine bestimmte Leistung; vertragl. vereinbartes Entgelt (Beiträge) des Versicherungsnehmers für die Gewährung von Versicherungsschutz durch ein Versicherungsunternehmen.

Prämienlohnsysteme, Verfahren zur Ermittlung der Höhe eines Leistungslohns, bei denen entweder für das Überschreiten einer für eine bestimmte Zeiteinheit festgelegten Norm eine feste Prämie oder für das Unterschreiten der Vorgabezeit ein mit dem Umfang der Zeitersparnis steigender Zuschlag gezahlt wird.

Prämisse [lat.], *allgemein* Voraussetzung, Annahme; in der *Logik* eine als wahr vorausgesetzte Aussage, aus der durch einen Schluß eine weitere Aussage (die Konklusion) gewonnen wird.

Prämonstratenser (offiziell lat. Candidus et Canonicus **Ord**o **Praem**onstratensis, Abk. OPraem), kath. Orden, zu den Regularkanonikern zählend, 1120 von Norbert von Xanten in Prémontré bei Laon gegründet: gemeinsames Leben, Armut und Verbindung von zurückgezogener Beschaulichkeit mit Wanderapostolat.

Prana [Sanskrit ›Atem‹], ind. Bez. für den Atem als Lebenskraft; in den ›Upanischaden‹ Gegenstand philos. Spekulationen.

pränatal, in der Medizin: der Geburt vorausgehend (auf das Kind bezogen).

Prandtauer, Jakob, ≈ Stanz bei Landeck 16. 7. 1660, † Sankt Pölten 16. 9. 1726, österr. Baumeister des Barock. Sein Hauptwerk ist das Benediktinerstift Melk.

Prandtl, Ludwig [...təl], * Freising 4. 2. 1875, † Göttingen 15. 8. 1953, dt. Physiker. P. gilt als Begründer der modernen Strömungslehre; baute 1908 den ersten Windkanal in Deutschland.

Prandtl-Rohr (Prandtlsches Staurohr) [...təl; nach L. Prandtl], schlanke, zylindr. Strömungssonde zur Messung des Staudrucks; Geschwindigkeitsmesser für Flugzeuge und Schiffe.

Pranger, vom MA bis ins 19. Jh. öffentl. Ort, an dem der Verurteilte (mit einem Halseisen) am Schandpfahl der Demütigung ausgesetzt wurde.

Präparate [lat.], 1) *Pharmazie* und *Chemie:* nach bestimmten Verfahren hergestellte Substanzen von definierter Zusammensetzung.

Ludwig Prandtl

2) *Biologie* und *Medizin:* aus Lebewesen hergestellte Demonstrationsobjekte für Forschung und Lehre. Sie werden als *Frisch-P.* in frisch präpariertem, lebendem Zustand zur Untersuchung physiolog. Vorgänge und zur Beobachtung natürl. Strukturen verwendet. Vorbehandelte P. mit fixierten, eingebetteten, geschnittenen und gefärbten Objekten sind *Dauerpräparate.*

Präparieren, das Anfertigen anatom. Präparate für Lehrzwecke durch Zerlegen des toten menschl., tier. oder pflanzl. Körpers mit anschließendem Haltbarmachen (Konservieren) der Teile bzw. Organe.

Präposition [lat.] (Verhältniswort), unflektierbare Wortart, die als Bindeglied zur Herstellung der syntakt. Beziehungen der Wörter zueinander dient und dabei das räuml., zeitl. oder log. Verhältnis der einzelnen Glieder zueinander bezeichnet; die P. bestimmen den Kasus (sog. *Präpositionalkasus*) des abhängigen Substantivs, z. B. ›*während* der Arbeitszeit‹, ›*mit* dem Auto‹, ›*wegen* des Geburtstags‹.

Präraffaeliten [...fa-e...], engl. Künstlergruppe, die sich 1848 in Kritik am Akademiebetrieb mit dem Ziel zusammenschloß, die Kunst (in wechselseitiger Beziehung von Malerei und Literatur) in der Tradition der italien. Malerei vor Raffael zu erneuern; zum engeren Kreis gehörten u. a. D. G. Rossetti, W. H. Hunt, J. E. Millais, literar. Wortführer war J. Ruskin; ihnen nahe standen u. a. E. C. Burne-Jones, W. Morris, die Lyrikerin Christina Georgina Rossetti (* 1830, † 1894; Schwester von D. G. Rossetti) und A. Ch. Swinburne.

Prärie [lat.-frz.], das natürl. Grasland in N-Amerika zw. der Laubwaldzone des Zentralen Tieflandes im O und SO, den Dornstrauchsavannen im SW, den Rocky Mountains im W und dem Nadelwald im N.

Präriehuhn → Rauhfußhühner.

Präriehunde, Gatt. der Erdhörnchen mit 2 Arten, v. a. in den Prärien des westl. N-Amerika; Körperlänge knapp 30–35 cm, fahlbraun; leben in großen Kolonien; Winterschläfer.

Präriewolf (Kojote, Coyote, Heulwolf), in Prärien und Wäldern N- und M-Amerikas weit verbreitetes Raubtier (Fam. Hundeartige); Körperlänge etwa 80–95 cm; Schwanz 30–40 cm lang; der höhlenbewohnende, überwiegend nachtaktive P. gibt kurze, hohe Heultöne von sich; ernährt sich überwiegend von Kleintieren.

Prärogative [lat.], im *Staatsrecht* die dem Monarchen zustehenden Vorrechte; in der konstitutionellen Monarchie z. B. Ernennung und Entlassung der Min., Einberufung und Auflösung der Kammern, Begnadigungen.

Prasad, Rajendra, * Zeeradai (Bihar) 3. 12. 1884, † Sadaguat Ashram bei Patna 28. 2. 1963, ind. Politiker. Mitkämpfer M. K. Gandhis; Staats-Präs. 1950 bis 1962.

Prasem [griech.], lauchgrüner Quarz.

Präsens [lat. ›gegenwärtig‹] (Gegenwart), Zeitform des Verbs, die ein gegenwärtig ablaufendes Geschehen ohne Rücksicht auf Beginn und Ende ausdrückt; Gegenwart.

Präsent [lat.], Geschenk, kleine Aufmerksamkeit; **präsentabel,** ansehnlich, vorzeigbar; **präsentieren,** 1. überreichen; 2. vorweisen, vorlegen; **Präsentation,** Vorlage; Vorstellung [vor der Öffentlichkeit].

Präsentieren [lat.-frz.], militär. Ehrenbezeugung; das Gewehr wird senkrecht oder schräg vor dem Körper gehalten *(Präsentiergriff).*

Präsenz [lat.], Anwesenheit, bewußt wahrgenommene Gegenwärtigkeit.

Praseodym [griech.], chem. Element, Symbol Pr, aus der Reihe der Lanthanoide des Periodensystems, Ordnungszahl 59, relative Atommasse 140,908, Schmelzpunkt 931 °C, Siedepunkt 3 512 °C. Natürl.

Vorkommen nur in Form seiner drei-, seltener vierwertigen Verbindungen; techn. Verwendung als Glas-, Keramik- und Emailfarbe.

Präservativ [lat.] → Empfängnisverhütung.

Präses [lat.], kirchl. Würdenträger, oft Leiter eines Vereins. – In einigen ev. Landeskirchen der leitende Amtsträger.

Präsident [lat.-frz.], allg. Vorsitzender; Leiter von Parteien, Verbänden, Verwaltungsbehörden, Gerichten, parlamentar. Gremien u. a.; auch Titel des Staatsoberhaupts einer Republik.

Präsidialsystem (präsidentielles Regierungssystem), Regierungssystem mit striktem Dualismus zw. Exekutive (Regierung) und Legislative (Parlament). Der Präs., der i. d. R. vom Volk direkt gewählt wird, fungiert gleichzeitig als Staatsoberhaupt und Regierungschef; er ist vom Vertrauen des Parlaments unabhängig und kann von ihm nicht abgewählt werden; ebenso ist er aber selbst nicht befugt, das Parlament aufzulösen. Dem Präs. steht keine Gesetzesinitiative zu. Zw. dem Amt des Präs., eines Min. bzw. Staatssekretärs oder eines hohen Beamten besteht Unvereinbarkeit *(Inkompatibilität)* mit dem Abg.mandat. Das Kabinett hat keine verfassungsrechtl. Kompetenzen; seine Mgl. sind allein dem Präs. gegenüber verantwortlich. – Beispielhaft ausgeprägt ist das P. in den USA.

Präsidium [lat.], leitendes Gremium einer Versammlung o. ä.; auch das Amtsgebäude eines Präsidenten. – Im *Rechtswesen* das bei allen Gerichten bestehende, aus dem Präsidenten des Gerichts und gewählten Richtern bestehende weisungsfreie Selbstverwaltungsorgan.

Präskription [lat.], 1. Vorschrift, Verordnung; 2. (juristisch) Verjährung.

prästabilierte Harmonie, von Leibniz geprägter philosoph. Begriff, der das Verhältnis von Leib und Seele bezeichnet; in dem sog. *Uhrengleichnis* vergleicht Leibniz dieses Verhältnis mit dem zweier perfekt konstruierter Uhren, die, mechanisch, vollständig unabhängig voneinander, auf das genaueste synchron laufen und daher keiner Korrektur bedürfen: die harmon. Übereinstimmung ist durch eine große Kunst (Gottes) vorherbestimmt (prästabiliert) worden.

Präsumption (Präsumtion) [lat.], Voraussetzung, Vermutung, Annahme.

Prätendent [lat.-frz.], jemand, der etwas beansprucht; v. a. Haupt einer ehemals herrschenden Dynastie, das Ansprüche auf einen Thron geltend macht.

Prater, Donauaue im II. Bezirk der Stadt Wien. Weitläufige Parkanlage; am W-Rand der Vergnügungspark *Wurstlprater.*

präter..., **Präter...** [lat.], Vorsilbe mit der Bedeutung ›vorüber‹.

Präteritum [lat.], Zeitform des Verbs, das, im Unterschied zum Perfekt, ein Geschehen oder Sein ohne Bezug zur Gegenwart als vergangen darstellt; Imperfekt.

Pratolini, Vasco, * Florenz 19. 10. 1913, † Rom 12. 1. 1991, italien. Schriftsteller. Mit seinen Romanen vorübergehend Vertreter des → Neorealismus; in seiner Romantrilogie ›Una storia italiana‹ (›Metello, der Maurer‹, 1955; ›Lo scialo‹, 1960; ›Allegoria e derisione‹, 1966) entwickelte er einen sein weiteres Werk charakterisierenden lyr. Realismus; seit den 1970er Jahren v. a. Lyrik, auch Drehbuchautor für R. Rossellini und L. Visconti. – *Weitere Werke:* Chronik armer Liebesleute (R., 1947), Schwarze Schatten (R., 1949), Die Mädchen von Sanfrediano (R., 1952), In den Straßen von Florenz (1963).

Prätor [lat.], im frühen Rom der Oberbefehlshaber des Königs, ein Amt, aus dem in der Zeit der Republik die Diktatur hervorging. Seit 366 bzw. 362 v. Chr. waren die P. für die Rechtsprechung zuständig; seit

Präriehunde:
Schwarzschwanz-Präriehund

241 v. Chr. gab es 2 P.; seit 228/227 waren P. auch Provinzialstatthalter.

Prätorianergarde, die von Augustus zum eigenen Schutz aufgestellte Truppe aus 9 (seit Trajan 10) Kohorten (Infanterie und Kavallerie; wichtiger polit. Faktor (z. B. bei der Ausrufung der Kaiser); 312 aufgelöst. Die P. unterstand dem *Prätorianerpräfekten.*

Prättigau, Talschaft im schweizer. Kt. Graubünden, größte Gem. ist Klosters.

Praunheim, Rosa von, eigtl. Holger Mischwitzky, * Riga 25. 11. 1942, dt. Filmregisseur. Dreht Filme, die sich einfallsreich gewitzt und phantasievoll für diskriminierte Minderheiten engagieren, u. a. ›Die Bettwurst‹ (1971), ›Nicht der Homosexuelle ist pervers, sondern die Situation, in der er lebt‹ (1971), ›Unsere Leichen leben noch‹ (1982), ›Überleben in New York‹ (1989).

Prävention [lat.], in der *Medizin* vorbeugende Maßnahmen zur Verhütung oder Früherkennung von Krankheiten durch Ausschaltung schädl. Faktoren *(primäre P.)* oder durch die möglichst frühzeitige Behandlung einer Erkrankung *(sekundäre Prävention).*

Präventivkrieg, ein Krieg, der dem bevorstehenden oder vermuteten Angriff eines Gegners oder einer Verschiebung der Machtverhältnisse zuungunsten des eigenen Staates zuvorkommen soll.

Präventivmedizin (vorbeugende Medizin), ärztl. und gesundheitspolit. Maßnahmen zur Früherkennung von chron. Krankheiten oder bösartigen Tumoren, zur Verhütung einer drohenden Erkrankung sowie zur Verhütung der Verschlimmerung einer bestehenden Erkrankung.

Prawda [russ. 'pravdε ›Wahrheit‹], sowjet. Zeitung, Organ des ZK der KPdSU; gegr. 1912 in Petersburg von Stalin, nach dem mißglückten Putsch vom 18./19. 8. 1991 verboten.

Praxis [griech.], 1. unmittelbare Anwendung von Gedanken, Theorien o. ä. in der Wirklichkeit; Erfahrung (im Gegensatz zur Theorie); 2. berufl. Tätigkeit, Berufserfahrung; 3. Handhabung, Verfahrensart; 4. Tätigkeitsbereich sowie Räumlichkeiten zur Ausübung des Berufs, z. B. eines niedergelassenen Arztes oder eines Rechtsanwalts.

Praxiteles, att. Bildhauer des 4. Jh. v. Chr. Tätig um 370–320; neben Lysipp Vollender des spätklass. Manierismus; idealisiert Göttergestalten. Musenreliefs (um 325; Athen, Archäolog. Museum), Hermes mit Dionysosknaben (um 325; Olympia); als röm. Kopien erhalten: Satyr (370/360; Dresden, Staatl. Kunstsammlungen), Artemis Brauronia (Artemis von Gabii, 345/340; Paris, Louvre), Apoll Sauroktonos (um 340; Vatikan. Sammlungen); Aphrodite von Knidos (um 330; ebd.).

Präzedenzfall [lat./dt.], im *Recht* ein Fall, dessen Beurteilung oder Entscheidung für einen zukünftigen gleichartigen Fall richtungweisend ist.

Präzeptor [lat.], im MA Hauslehrer, Hofmeister; im 19. Jh. Lehrer an höheren Schulen.

Präzession [lat.], eine Form der Kreiselbewegung, bei der die Figurenachse des Kreisels eine durch äußere Kräfte aufgezwungene Drehbewegung ausführt; i. e. S. Bewegung der Erdachse in etwa 25 800 Jahren *(platon. Jahr)* um den Pol der Ekliptik, die durch die Gravitationskräfte des Mondes und der Sonne *(Lunisolar-P.)* und in geringerem Maße durch die Wirkung der Planeten *(Planeten-P.)* erzwungen wird. → Nutation.

präzisieren [lat.-frz.], genauer beschreiben; knapp zusammenfassen; *präzis,* genau, klar; *Präzision,* Genauigkeit, Exaktheit, Feinheit.

pre..., Pre... → prä..., Prä...

Predella [italien.], Unterbau eines Flügelaltars, mit Malerei oder Bildschnitzerei; diente z. T. als Reliquienbehälter.

Praxiteles: Aphrodite von Knidos; römische Kopie, um 330 v. Chr. (Vatikanische Sammlungen)

Prediger (Koheleth, in der Septuaginta Ecclesiastes), Abk. Pred., Buch des AT, das auf einen unbekannten Weisheitslehrer zurückgeht (nach 250 v. Chr.).

Predigerorden, svw. → Dominikaner.

Predigerseminare, Ausbildungsstätten der ev. Kirchen für Theologen zur Vorbereitung auf den Dienst in der Gemeinde.

Predigt [lat.], in den christl. Kirchen die – überwiegend – an Bibeltexte gebundene Form der Verkündigung *(Homilie),* bes. die im Gottesdienst stattfindende Kanzelrede.

Předmostí [tschech. 'prʃɛdmɔstji:] (Předmost, Pschedmost), paläolith. Freilandstation (eine der größten in M-Europa) bei Přerov, ČSFR; u. a. Skelettreste von über 1 000 Mammuten; Grabgrube mit 20 Hockerskeletten.

Preetz, Stadt sö. von Kiel, Schl.-H., 14900 E. Backsteinbasilika des ehem. Benediktinerinnenklosters (14. Jh.).

Pregel, Fluß in Ostpreußen, Rußland', entsteht unmittelbar westl. von Insterburg aus dem Zusammenfluß von Angerapp und Inster, mündet westl. von Königsberg (Pr) ins Frische Haff, 128 km lang.

Preis [lat.-frz.], 1) *allgemein:* Betrag, der beim Kauf einer Ware bezahlt werden muß; Geldwert.
2) Auszeichnung (z. B. bei einem Wettbewerb).

Preisbindung, gesetzl. oder vertragl. Verpflichtung zur Einhaltung bestimmter Preise *(gebundener Preise)* beim Wiederverkauf eines Produktes; seit 1. 1. 1974 nur noch für Verlagserzeugnisse zulässig. *Unverbindl. Preisempfehlungen* sind weiterhin zulässig.

Preis der Nationen (Nationenpreis), Mannschaftswettbewerb im Springreiten für Nationalmannschaften.

Preiselbeere (Grantl, Kronsbeere, Riffelbeere), Art der Gatt. Heidelbeere auf sauren Böden im nördl. Europa, in Sibirien und Japan sowie im arkt. N-Amerika; winterharter, immergrüner, kriechender, bis 10 cm hoher Strauch, Früchte erbsengroß, rot, eßbar.

Preisgleitklausel → Wertsicherungsklauseln.

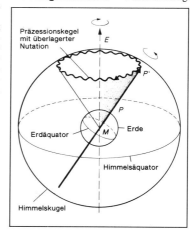

Präzessionskegel mit überlagerter Nutation

Erdäquator — Erde

Himmelsäquator

Himmelskugel

Präzession (mit überlagerter Nutation) der Erdachse *P'* um die Achse *E* der Ekliptik (*M* Mittelpunkt, *P* Pol der Erde)

Preisindex, von der *amtl. Statistik* erstellte Indexzahlen zur Kennzeichnung der Preisentwicklung in verschiedenen Marktbereichen (z. B. *P. der Lebenshaltung).*

Preisschleuderei, der Verkauf von Waren um jeden Preis mit dem Ziel, in ruinöser Konkurrenz Kunden zu gewinnen; stellt → unlauteren Wettbewerb dar.

Preistheorie, Teilgebiet der Wirtschaftstheorie, das die Analyse der Preisbildung bei verschiedenen → Marktformen zum Inhalt hat.

Preisüberhöhung (Preistreiberei), das Fordern, Annehmen oder Vereinbaren von unangemessen hohen Entgelten für Gegenstände oder Leistungen des lebenswichtigen Bedarfs.

prekär [lat.-frz.], äußerst schwierig.

Prellball, Spiel, bei dem es gilt, einen Lederhohlball so über eine 35–40 cm hohe Leine oder den *Prellbock* in die gegner. Spielhälfte zu prellen (d. h. der Ball darf an der eigenen Spielhälfte den Boden nur einmal berühren), daß der Gegner den Ball nicht zurückschlagen kann.

Prellbock, am Ende eines Gleises angebrachter Gleisabschluß; früher als *Fest-P.* oder *hydraul. P.,* heute *Schleppschwellen-* und *Gleisbremsprellbock.*

Prellung, durch heftigen Stoß, Schlag hervorgerufene Verletzung mit Bluterguß.

Prelog, Vladimir, * Sarajevo 23. 7. 1906, schweizer. Chemiker jugoslaw. Herkunft. Arbeiten v. a. über die Stereochemie organ. Verbindungen; entdeckte die sog. transanularen Reaktionen. Gemeinsam mit R. S. Cahn und C. K. Ingold entwickelte er eine stereochem. Nomenklatur. Für seine stereochem. Arbeiten erhielt P. 1975 den Nobelpreis für Chemie.

Prélude [frz. pre'lyd], frz. Bez. für → Präludium. In der Musik des 19. Jh. (F. Chopin, C. Debussy, S. W. Rachmaninow) der → Fantasie vergleichbare Komposition.

Premiere [frz.], 1. Uraufführung; 2. erste Aufführung einer Neuinszenierung.

Premierminister [prəm'je], in vielen Staaten Bez. für den Regierungschef.

Preminger, Otto, * Wien 5. 12. 1906, † New York 23. 4. 1986, amerikan. Regisseur und Filmproduzent österr. Herkunft. Zu seinen internat. erfolgreichen Filmen zählen ›Carmen Jones‹ (1954), ›Bonjour Tristesse‹ (1957), ›Porgy and Bess‹ (1959), ›Exodus‹ (1960), ›The Human Factor‹ (1979).

Prem Tinsulanond, * Songkhla 26. 8. 1920, thailänd. Offizier und Politiker. 1980 bis 1988 Premierminister.

Prenzlau, Kreisstadt am N-Ufer des Unteruecker-sees, Brandenburg, 23 900 E. Bed. Kirchen, u. a. got. Marienkirche (14. Jh.); trotz starker Kriegszerstörungen (1945) sind Reste der mittelalterl. Stadtmauer mit Mauertürmen und acht Tortürmen erhalten.

Preradović, Petar [serbokroat. 'preradovitɕ], * Grabovnica bei Zagreb 19. 3. 1818, † Fahrafeld bei Bad Vöslau 18. 8. 1872, kroat. Dichter. Bed. Lyriker der kroat. Literatur.

Prés, Josquin des [frz. de'pre] →Josquin Desprez.

Presbyter [griech.], in der *Urkirche* Gemeinde- und Kultvorsteher. In der *kath. Kirche* Bez. für Priester. In einigen *ev. Landeskirchen* Bez. für die Mgl. des Gemeindekirchenrates.

Presbyterialverfassung [griech./dt.], ref. Kirchenordnung, die die Verwaltung dem presbyterialen Kollegialorgan der Gemeinde übertrug.

Presbyterianer, i. w. S. Anhänger aller ref. Konfessionen, deren Organisation auf der Presbyterialverfassung beruht und nur ein Amt, das des demokrat. gewählten Laienpresbyters, vorsieht. Damit unterscheidet sich der *Presbyterianismus* vom → Kongregationalismus und vom episkopalist. und anglikan. Typ der Kirchenverfassung. I. e. S. bilden die P. jene ref. kirchl. Gemeinschaften, die, von Schottland ausgehend, die kalvinist. Kirchenverfassung verwirklichten. 1647 wurde in England die *Westminster Confession* auf der Westminstersynode als dogmat. Grundlage für alle presbyterian. Gruppierungen geschaffen. Durch Einwanderung v. a. in brit. Herrschaftsgebiete und Missionsarbeit entstanden auf der ganzen Welt presbyterian. Gemeinschaften, die seit 1875 im Ref. Weltbund (→ reformierte Kirche) zusammengeschlossen sind.

Presbyterium [griech.], 1) *ev. Kirche:* →Gemeindekirchenrat.

2) *kath. Kirche:* die Gesamtheit der Priester einer Diözese.

3) *Baukunst:* (Sanctuarium) in *kath. Kirchen* der Altarraum.

Prešeren, France [slowen. prɛ'ʃeːrən], * Vrba bei Bled 3. 12. 1800, † Kranj 8. 2. 1849, slowen. Dichter. Bed. Lyriker und Begründer der modernen slowen. Literatursprache; schrieb außer Liebes- und Naturlyrik das histor. Epos ›Die Taufe an der Savica‹ (1836).

Presley, Elvis [engl. 'prɛslɪ], * Tupelo (Miss.) 8. 1. 1935, † Memphis (Tenn.) 16. 8. 1977, amerikan. Sänger und Gitarrist. Eröffnete mit weltweitem Erfolg die Ära des Rock-'n'-Roll und der Rockmusik.

Vladimir Prelog

Preßburg (slowak. Bratislava), Stadt in der ČSFR, Hauptstadt des slowak. Landesteiles und des Verw.-Geb. Westslowak. Gebiet, 417 000 E. Sitz des Slowak. Nationalrates und Parlaments; Univ., TH, Slowak. Nationalmuseum, Nationaltheater und weitere Bühnen; Philharmonie; Zoo. Eines der wichtigsten Ballungszentren der ČSFR. U. a. petrochem. Ind., Maschinenbau; Flußhafen, ✈. Bis ins MA zurückreichendes Burgschloß (Hrad), got. Sankt Martinsdom (14./15. Jh.; 1563–1830 Krönungskirche der ungar. Könige), Michaelertor (14. Jh.), Altes Rathaus (14. und 15./16. Jh.); zahlr. Kirchen und Paläste aus Barock und Rokoko. – 1526–1784 Haupt- und Krönungsstadt des habsburg. Ungarn; 1825–48 Tagungsort des ungar. Landtages; kam 1919 an die Tschechoslowakei, 1939–45 Hauptstadt des Slowak. Republik. – Der frz.-österr. **Friede von Preßburg** vom 26. 12. 1805 beendete den 3. Koalitionskrieg (Gründung des 2. Rheinbunds, Auflösung des Hl. Röm. Reiches, umfangreiche österr. Gebietsabtretungen).

Presse, 1) *Publizistik:* i. w. S. alle Produkte der Drucker-P., die in Schrift und/oder Bild Mitteilungen an ein Publikum machen: Flugblatt, Flugschrift, Plakat, Buch, Zeitung, Zeitschrift. Das Zeitalter der P. begann für den europ. Kulturkreis mit der Erfindung des Buchdrucks mit beweg. Metalllettern durch J. Gutenberg in Mainz um 1450. Durch weitere Vervollkommnungen und Erfindungen bis ins 20. Jh. (Illustration, Mehrfarbendruck) wurde die P. zum universalen publizist. Mittel. I. e. S. ist P. Bez. für die Periodika Zeitung und Zeitschrift.

2) *Technik:* Werkzeugmaschine zur spanlosen Umformung von Werkstoffen. P. erzeugen die Druckkräfte durch Hebel, Spindel, Exzenter oder mechan. Getriebe *(mechan. P.)* oder auf hydraul. Wege durch Druckflüssigkeiten *(hydraul. P.).* Bei den mechan. P. unterscheidet man nach der Art des Stößelantriebs *Spindel-, Exzenter-, Kurbel-, Handhebel-* sowie *Kniehebelpresse.*

3) (Druck-P.) veraltete Bez. für eine meist nach dem Tiegelprinzip arbeitende Druckmaschine.

Presse, Die, österr. konservative Tageszeitung, gegr. 1946 in Wien als Wochenblatt.

Presseagentur, andere Bez. für → Nachrichtenagentur.

Pressedienste, von amtl. oder privaten Stellen und von Nachrichtenagenturen herausgegebene ›Informationsdienste‹, ›Nachrichtendienste‹, ›Korrespondenzen‹ u. ä. insbes. für die Massenmedien.

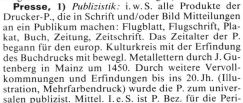

Preiselbeere

Pressefreiheit, durch Artikel 5 GG gesichertes Grundrecht, das die freie Meinungsäußerung durch Presse, Rundfunk und Film sowie das Pressewesen selbst und bes. die Informationsbeschaffung schützt. Die – im GG selbst nicht definierte – P. umfaßt nach Auslegung durch die Rechtsprechung die *Freiheit der Berichterstattung,* das Recht auf das Äußern und Verbreiten von Nachrichten *(aktive P.),* das *Verbreitungsrecht,* durch das der Weg von Presseerzeugnissen vom Verlag bis zum Empfänger geschützt wird, und das *In-*

formationsrecht, nach dem der Presse nicht nur die Nutzung allg. zugängl. Quellen, sondern auch ein Anspruch auf Auskunfterteilung durch die Behörden zusteht. – Ihre *Schranken* findet die P. ›in den Vorschriften der allg. Gesetze, den gesetzl. Bestimmungen zum Schutze der Jugend und in dem Recht der persönl. Ehre‹.

Mit dem Schutz der P. wird auch der in Presseverlagen geltende Tendenzschutz (→ Tendenzbetrieb) begründet. Streitig ist, ob Artikel 5 GG auch das Weisungsrecht von Besitzern oder Herausgebern gegenüber Redakteuren einschränkt.

Pressekonzentration, die Zusammenfassung von Zeitungen und Zeitschriften in immer weniger Verlagen, wohl mit den Folgen, daß der Wettbewerb um Preis und Qualität beschnitten, die Chancen zum Marktzutritt für Neulinge sowie die Vielfalt der Meinungträger beträchtlich beschränkt und der Vernachlässigung der Interessen von Minderheiten Vorschub geleistet wird, während die kommerziellen Interessen der Großverlage gefördert werden. Infolge des Rückgangs der publizist. Einheiten (d. h. Zeitungsredaktionen, die nicht nur den Lokalteil, sondern auch den sog. Mantel [überregionale, polit. Seiten] einer Tageszeitung selbst herstellen) in der BR Deutschland von 225 (1954) auf 119 (1989), erringen immer mehr Zeitungen ein lokales Monopol.

Pressekonzern, Unternehmen, das eine Vielzahl von Zeitungen und/oder Zeitschriften in einem oder mehreren Verlagen herausbringt. → Medienkonzern.

Presserecht, das die Verhältnisse der Presse regelnde Sonderrecht. Dabei umfaßt der Begriff ›Presse‹ alle mittels eines zur Massenherstellung geeigneten Vervielfältigungsverfahrens hergestellten und zur Verbreitung bestimmten Schriften sowie besprochene Tonträger, bildl. Darstellungen und schließl. Musikalien mit Text oder Erläuterungen. Im Mittelpunkt des geltenden P. steht das Grundrecht der Pressefreiheit. Eine *Beschlagnahme* als bes. massiver Eingriff in das Grundrecht der Pressefreiheit steht nur dem Richter zu. Gesetzl. bes. geregelt ist das erweiterte *Zeugnisverweigerungsrecht* für Presseangehörige, dem zufolge die Presseangehörigen über die Person des Verfassers, Einsenders oder Gewährsmannes von Beiträgen für den redaktionellen Teil das Zeugnis verweigern dürfen.

Pressestelle (Presseamt, Informationsstelle), Einrichtung in Organisationen (Behörden, Firmen, Parteien, Verbände u. a.) zur Verarbeitung aller Meldungen in den Massenmedien über die Organisation und ihre Aufgaben und zur Unterrichtung der Massenmedien über alle wichtigen Vorgänge innerhalb der Organisation, z. B. auf *Pressekonferenzen* als organisierten Informationsveranstaltungen.

Presse- und Informationsamt der Bundesregierung → Bundesämter (Übersicht).

Preßglas, durch Einpressen flüssiger Glasschmelzmasse in Stahlformen hergestellte Glaserzeugnisse.

Preßguß, svw. Druckguß (→ Gießverfahren).

Preßharze → Preßmassen.

Preßhefe, svw. → Bäckerhefe.

Preßholz, Sammelbez. für alle durch Druckeinwirkung bei erhöhten Temperaturen verdichteten Hölzer. Man unterscheidet u. a. Preßvollholz, Preßlagenholz und Kunstharz-P. (mit bis zu 50 % Kunstharz).

Pression [lat.], Druck, Zwang, Nötigung.

Preßluft, svw. → Druckluft.

Preßmassen, füllstoffhaltige Kunststoffmassen, die sich durch Pressen zu Formteilen verarbeiten lassen; bestehen v. a. aus sog. *Preßharzen* (z. B. Polyester- und Epoxidharzen), Füllstoffen (u. a. Gesteins-, Holzmehl, Glasfasern).

Pressure-groups [engl. 'prɛʃə 'gru:ps, eigtl. ›Druckgruppen‹] → Interessenverbände.

Preßwehen (Austreibungswehen) → Geburt.

Prestige [prɛs'ti:ʒə; frz.], Ansehen (Wertschätzung oder Geltung) aufgrund von Leistung, Rang bzw. sozialer Position oder Kompetenz.

presto [italien. ›schnell‹], musikal. Tempobez. für ein schnelles Zeitmaß; **prestissimo,** äußerst schnell. **Presto** bezeichnet einen in diesem Zeitmaß zu spielenden musikal. Satz.

Preston [engl. 'prɛstən], Ind.- und Hafenstadt in NW-England, 143 700 E. Verwaltungssitz der Gft. Lancashire.

Pretiosen [...'tsjo...] (Preziosen) [lat.], Kostbarkeiten; Schmuck.

Pretoria, Hauptstadt von Transvaal (seit 1860), Regierungssitz der Republik Südafrika, 528 400 E. 3 Univ., TH, Münze; Staatsarchiv; Transvaal-Museum, Kunstgalerie u. a. Museen, in Silverton kulturhistor. Freilichtmuseum; Zoo. U. a. Stahlwerk; internat. ✠. – 1855 gegr., ben. nach Andrics Pretorius (* 1798, † 1853), einem der Anführer des Großen Trecks.

Preuß, Hugo, * Berlin 28. 10. 1860, † ebd. 9. 10. 1925, dt. Politiker und Jurist. Mitbegründer der DDP 1918; erarbeitete als Staatssekretär des Innern bzw. Reichsinnen-Min. (Nov. 1918 – Juni 1919) die Grundlage für die Weimarer Reichsverfassung.

Preussag AG, gegr. 1923 als Preuß. Bergwerks- und Hütten-AG; seit 1959 teilprivatisiert; Muttergesellschaft eines Konzerns, der v. a. in den Bereichen Metallerzeugung, Verkehr, Energie und Bau tätig ist.

Preußen, im 10. Jh. erstmals als **Pruzzen** erwähnte Stämme, die zu den balt. Völkern gehörten (v. a. freie Bauern) und zw. Litauen sowie Weichsel und Nogat siedelten.

Preußen, 1) Hzgt. der Hohenzollern, entstanden durch die im Krakauer Vertrag (8. 4. 1525) vereinbarte Umwandlung des Ordensstaates in ein weltl. Hzgt. unter poln. Lehnshoheit; 1618 an die brandenburg. Linie der Hohenzollern; wurde bis 1660 souverän. Mit der Krönung Friedrichs III. zum ›König in P.‹ (1701; → Friedrich I.) geht die Geschichte des Hzgt. in der des fortan Preußen genannten brandenburg. Gesamtstaats auf.

2) Kgr. und größtes Land des Dt. Reiches, 1939 mit einer Fläche von 294 159 km^2 und 41,8 Mio. E.

Geschichte: Zur Geschichte vor 1701 → Brandenburg, → Ostpreußen, → Preußen (Hzgt.).

Aufstieg zur Großmacht (1701–88): Am 18. 1. 1701 krönte sich Kurfürst Friedrich III. von Brandenburg als Friedrich I. zum souveränen ›König in P.‹ (seit Friedrich II., d. Gr., ›König von P.‹). Unter Friedrich I. Pflege von Kunst und Wiss.; u. a. Gründung der Univ. Halle und der Kurfürstl.-Brandenburg. Societät der Wiss. (1700), der späteren Preuß. Akademie der Wissenschaften. Auf seine ruinöse Prunkentfaltung folgte Sparsamkeit und harte Pflichterfüllung unter Friedrich Wilhelm I.; 1720 erwarb er von Schweden Vorpommern bis zur Peene. Der ›Soldatenkönig‹ vergrößerte bis zu seinem Tode das Heer auf mehr als das Doppelte. Zur Heeresfinanzierung baute Friedrich Wilhelm I. eine umfassende Finanzverwaltung unter dem Generaldirektorium auf; v. a. das Bürgertum sollte gegen eine Befreiung von der Rekrutierung für den Unterhalt der Armee aufkommen. Darüber hinaus stellte es das neue (v. a. untere und mittlere) Beamtentum in Zentral-, Provinzial- und Lokalbehörden. Die Vorherrschaft des Militärischen vor dem Zivilen war seit Friedrich Wilhelm I. für P. charakteristisch. Mit der in Europa relativ größten und absolut besten Armee führte Friedrich II., d. Gr., die 3 Schles. Kriege (1740–42; 1744/45; 1756–63 [→ Siebenjähriger Krieg]), die P. zu einer europ. Großmacht machten und den österr.-preuß. Dualismus begründeten. Durch den Erbanfall Ostfrieslands (1744) und den Erwerb Westpreußens, des Ermlands und des Netzedistrikts in der 1. Poln. Teilung (1772) wuchs das preuß. Staatsgebiet um fast zwei Drittel. Im Innern weiterer Ausbau des Heeres, Wiederaufbau des in den Kriegen verwüsteten Landes; strenge Anwendung des Merkantilismus; Maßnahmen zur Stärkung und Konservierung des grundbesitzenden Adels, Bemühungen um die Erhaltung eines kräftigen Bauernstandes, der die Hälfte der Soldaten stellte und die Hauptlast der für den Unterhalt der Armee lebenswichtigen Kontributionen trug; Justizreform und 1794 Kodifikation des Allg. Landrechts [für die preuß. Staaten]; Ausrichten des gesamten Staatswesens auf die Person des Herrschers; Gewährung der Glaubens- und Gewissensfreiheit.

Zusammenbruch, Reform und Wiederaufstieg (1789–1815): 1792 zus. mit Österreich im 1. Koalitionskrieg gegen das revolutionäre Frankreich; 1795 zog sich P. unter Überlassung des linken Rheinufers an die Franzosen im Basler Frieden (1795) vorzeitig zurück. Vergrößerung von P. in der 2. und 3. Poln. Teilung (1793, 1795) um Danzig, Thorn sowie Süd-P. und Neuostpreußen (die Grenze verlief von der Pilica über den Bug zur Memel). Im Reichsdeputationshauptschluß 1803 wurde der rhein.-westfäl. Besitz erweitert; nach der Niederlage im 4. Koalitionskrieg bei Jena und Auerstedt verlor P. jedoch unter Friedrich Wilhelm III. im Frieden von Tilsit (1807) etwa die Hälfte seines Territoriums und wurde frz. besetzt. Mit Frhr. vom und zum Stein, Hardenberg, Scharnhorst, Gneisenau und W. von Humboldt begannen im Geiste des erwachenden dt. Nationalgefühls, des brit. Wirtschaftsliberalismus und der Philosophie Kants die →preußischen Reformen, die den Übergang vom Absolutismus zum Verfassungsstaat des 19. Jh. brachten. Erst nach der für die verbündeten russ., österr. und preuß. Truppen siegreichen Völkerschlacht bei Leipzig (1813) und dem Sieg der preuß. und brit. Armeen bei Belle-Alliance (Waterloo, 1815) gewann P. auf dem Wiener Kongreß (1815) Territorium und damit auch Großmachtstatus zurück.

Restauration, Revolution und Reichsgründung (1815–71): Als Mgl. des Dt. Bundes beteiligte sich P. an den Karlsbader Beschlüssen, der Pressezensur und den Demagogenverfolgungen im Kampf gegen die liberale und nat. Bewegung. Die Reformideen verfielen; am folgenschwersten wurde der Rückschlag in der Agrargesetzgebung für die östl. Provinzen. Nur die bäuerl. Oberschicht behielt ihren von Stein durchgesetzten Status, während die Kleinbauern und Häusler zum ländl. Proletariat wurden. Die 1850 abgeschlossene Bauernbefreiung begünstigte auf lange Sicht v. a. den Adel, der sich in ein gutsherrl. Unternehmerklasse verwandelte und bürgerl. Kräfte in sich aufnahm. Am 1. 1. 1834 Zusammenschluß mit den benachbarten Staaten zum Dt. Zollverein. Auf die →Märzrevolution 1848 reagierte der polit. unsichere Friedrich Wilhelm IV. mit der Aufhebung der Pressezensur und einer Proklamation zur Umgestaltung des Dt. Bundes; er berief ein liberales Ministerium unter L. Camphausen (29. 3.) und ließ eine preuß. Nationalversammlung wählen, in der die demokrat. Linke dominierte. Bereits am 2. 11. 1848 berief der König jedoch ein konservatives Ministerium unter F. W. Graf von Brandenburg, löste die Nationalversammlung auf und oktroyierte eine Verfassung (konstitutionelle Monarchie, verantwortliche Min., Legislative bei König und Landtag, Budgetrecht allein beim Landtag). Die ›revidierte‹ oktroyierte Verfassung von 1850 führte das Dreiklassenwahlrecht ein (bis 1918). Trotz der sozialen Veränderungen als Folge der Industrialisierung behaupteten die vorindustriellen Machteliten – Königtum und Adel – ihre Herrschaft durch Of-

fizierkorps und Beamtentum, das Bürgertum blieb von der Regierungsverantwortung ausgeschlossen. Zum schwersten und ungelösten Problem des Jahrhunderts entwickelten sich die durch die Industrialisierung entstandene besitzlose Arbeiterschaft, die Urbanisierung und die breite Proletarisierung. So entstand in den 1860er Jahren die dt. Arbeiterbewegung. Seit der Revolution von 1848/49 beherrschte die Frage nach einem dt. Nationalstaat mit oder ohne Österreich die öffentl. Diskussion. 1849 lehnte König Friedrich Wilhelm IV. die ihm von der Frankfurter Nationalversammlung angetragene Kaiserkrone ab. Seinen Versuch, eine kleindt. Union unter preuß. Führung zu schaffen, mußte er spätestens in der Olmützer Punktation 1850 aufgeben. Erst Bismarck, der auch den →preußischen Verfassungskonflikt (1860–66) löste, gelang es nach dem Dt.-Dän. Krieg 1864, nach dem Ausschluß Österreichs aus der dt. Politik, nach dem Dt. Krieg 1866 und der Annexion Hannovers, Schleswig-Holsteins, Nassaus, Kurhessens und Frankfurts sowie der Bildung des Norddt. Bundes 1867 im Dt.-Frz. Krieg 1870/71, dieses Ziel zu erreichen.

Mit der Reichsgründung und der Proklamation des preuß. Königs zum Dt. Kaiser 1871 ging die preuß. Geschichte in die →deutsche Geschichte über. Als Land (seit 1920 demokrat.-parlamentar. Freistaat) wurde P. am 25. 2. 1947 vom Alliierten Kontrollrat (Gesetz Nr. 46) aufgelöst.

Preußen, Name des größten jemals gebauten Segelschiffs, Fünfmastvollschiff; 5 081 BRT; Länge 133,2 m, Breite 16,4 m; ging 1910 vor Dover unter.

Preußisch, zusammenfassende Bez. für die dt. Mundarten in Ostpreußen, d. h. für das zum Mitteldeutschen gehörende Hochpreußisch und das zum Niederdeutschen gehörende Niederpreußisch.

preußische Reformen, polit.-gesellschaftl.-militär. Reformen, die unter der Leitung der Min. K. Reichs-Frhr. vom und zum Stein (Nassauer Denkschrift vom Juni 1807) und K. A. Fürst von Hardenberg nach dem Zusammenbruch von 1806/07 in Preußen Voraussetzungen für den Übergang vom absolutist. regierten Stände- und Agrarstaat zum bürgerl. Verfassungs-, Nat.- und Ind.staat des 19. Jh. schufen. – *Bauernbefreiung* (1807, 1811, abgeschlossen 1850): Beseitigung der bäuerl. Erbuntertänigkeit. – Steinsche *Städteordnung* (19. 11. 1808): Einführung des Prinzips der Selbstverwaltung auf kommunaler Ebene (Stadtverordnetenversammlung, Magistrat), wobei die Mitwirkung der städt. Bürger an der Selbstverwaltung aber an Besitz und Bildung gebunden blieb. – *Gewerbefreiheit* (1811): Aufhebung der Zunftordnungen. – *Judenemanzipation* (1812): bürgerl. Gleichstellung der Juden. – Schaffung der 5 klass. *Ministerien* (1808/10): für Inneres, Auswärtiges, Finanzen, Krieg und Justiz mit dem Staatskanzler als Vors. des Min.rates – *Heeresreform* (ab 1807; Scharnhorst, Gneisenau und Boyen): Erneuerung des Offizierskorps, Wegfall des Adelsprivilegs, Bildung der Landwehr und des Landsturms, Einführung des →Krümpersystems bzw. der allg. Wehrpflicht (1814) zur Befreiung Preußens von der frz. Vorherrschaft. – Erziehungs- und *Bildungsreform* (ab 1809; W. von Humboldt): Reformen auf allen Stufen des Unterrichts, u. a. Gründung der Berliner Friedrich-Wilhelm-Univ., für eine Erziehung zu Selbständigkeit und Nationalbewußtsein im humanist. Sinne.

Preußischer Höhenrücken, west- und ostpreuß. Abschnitt des Balt. Höhenrückens, bis 313 m hoch.

preußischer Verfassungskonflikt (Heereskonflikt), um die Heeresreform ausgebrochener Konflikt in Preußen 1860–66 zw. Wilhelm I. und der Regierung einerseits, die eine Heeresverstärkung bei gleichzeitiger Zurückdrängung der Landwehr in die Reserve sowie die Wahrung des außerkonstitutionellen Charakters der Armee forderten, und dem Abg.haus andererseits, dessen liberale Mehrheit die Aufgabe der dreijährigen Dienstpflicht und die Verstärkung des parlamentar. Budgetrechts verlangte.

Preußische Staatsbibliothek, 1661 gegr. kurfürstl., 1701–1918 königl. Bibliothek, 1918–45 ›P. S.‹ in Berlin; heutige Nachfolge: die Staatsbibliothek Preuß. Kulturbesitz und die Dt. Staatsbibliothek in Berlin.

Preußler, Otfried, * Reichenberg 20. 10. 1923, dt. Schriftsteller. Namhafter Kinder- und Jugendbuchautor; u. a. ›Die kleine Hexe‹ (1957), ›Der Räuber Hotzenplotz‹ (1962), ›Krabat‹ (1971), ›Der Engel mit der Pudelmütze‹ (1985).

Preventer [lat.-engl.], 1) (Blow-out-P.) svw. Bohrlochabsperrvorrichtung (→ Erdöl).
2) Stahlseil zur Absteifung eines Mastes oder Ladebaumes.

Jacques Prévert

Prévert, Jacques [frz. prɛˈvɛːr], * Neuilly-sur-Seine 4. 2. 1900, † Omonville-la-Petite bei Cherbourg 11. 4. 1977, frz. Lyriker. Wurde mit satir. Chansons und Gedichten zu einem der populärsten zeitgenöss. frz. Lyriker; auch Drehbücher (u. a. ›Kinder des Olymp‹, 1943–45).

Prévost [frz. preˈvo], 1) Abbé → Prévost d'Exiles, Antoine François.
2) Marcel, eigtl. Eugène Marcel, * Paris 1. 5. 1862, † Vianne bei Agen 8. 4. 1941, frz. Schriftsteller. Psycholog. Sitten- und Gesellschaftsromane; Analyse weibl. Charaktere (u. a. ›Halbe Unschuld‹, 1894).

Prévost d'Exiles, Antoine François [frz. prevodɛgˈzil], gen. Abbé Prévost, * Hesdin bei Saint-Omer 1. 4. 1697, † Courteuil bei Chantilly 23. 11. 1763, frz. Schriftsteller. Weltberühmt ist sein Roman ›Geschichte der Manon Lescaut und des Ritters Desgrieux‹ (1731); danach zahlr. Dramatisierungen (u. a. von C. Sternheim), Verfilmungen, Opern (u. a. von G. Puccini und H. W. Henze).

Hermann Prey

Prey, Hermann, * Berlin 11. 7. 1929, dt. Sänger (Bariton). Internat. bed. Lieder- und Opernsänger.

preziös [lat.-frz.], geziert, gekünstelt.

Preziosen, svw. → Pretiosen.

Priamos (Priam, Priamus), Gestalt der griech. Mythologie. Sohn des Laomedon, Gemahl der Hekabe, Vater u. a. von Hektor, Paris und Kassandra, letzter König von Troja. Beim Untergang der Stadt von Neoptolemos ermordet.

Priapos [priˈapɔs, ˈpriːapɔs] (Priapus), kleinasiat.-griech. Fruchtbarkeitsdämon, dessen Holzstatuen – mit übergroßem Phallus und rot bemalt – v. a. als Glücksbringer aufgestellt wurden.

Price [engl. praɪs], Leontyne, * Laurel (Miss.) 10. 2. 1927, amerikan. Sängerin (Sopran). Internat. erfolgreich v. a. mit Rollen des italien. Fachs (Aida, Tosca).

Pricke [niederdt.], Bez. für einige Arten der Neunaugen.

Pricken [niederdt.], in flachen Küstengewässern in den Grund gesteckte Baumstämmchen zur Fahrrinnenmarkierung.

Pricker [niederdt.], Stahldorn zum Spleißen von Stahltrossen.

Priel [niederdt.], Wasserrinne im Watt.

Priem [niederl.], svw. → Kautabak.

Prien a. Chiemsee [ˈkiːm...], Markt-Gem. am W-Ufer des Chiemsees, Bayern, 9 100 E. Kneippkurort; Barockkirche.

Priene, antike ion. Stadt in Karien, am S-Hang des Gebirges Mykale, W-Anatolien; hellenist. Ruinen.

Prießnitz, Vinzenz, * Gräfenberg (= Jeseník Lázně bei JesenIk) 4. 10. 1799, † ebd. 28. 11. 1851, dt. Naturheilkundiger. Die von ihm zw. 1815/35 entwickelte Naturheilmethode umfaßte innere und äußere

Anwendungen kalten und warmen Wassers, körperl. Bewegung, Licht und Luft sowie eine einfache gemischte Ernährung.

Priester [griech.], in der *Religionsgeschichte* der Mittler zw. göttl. Mächten und den Menschen, Vollzieher des Kults; meist bes. ausgebildet, durch Salbung und Weihe legitimiert. Bes. *P.kasten* bildeten sich in den altoriental. und altamerikan. Hochkulturen sowie im alttestamentl.-jüd. Kult. – In der *kath. Kirche* ein Kleriker, der durch die vom Bischof empfangene P.weihe vom Laien unterschieden ist. – Die *ev. Kirchen* kennen kein zw. Gott und den Menschen stehendes bes., sondern nur ein allg. → Priestertum.

Priesterschrift → Pentateuch.

Priestertum, der bes. Stand der → Priester *(Amts-P.).* Im Unterschied dazu wird vom *allg.* P. gesprochen, wenn jeder priesterl. Rechte und Funktionen übernehmen kann (z. B. in den ev. Kirchen).

Priesterweihe → Ordination.

Priestley, John Boynton [engl. ˈpriːstlɪ], * Bradford 13. 9. 1894, † Stratford-on-Avon 14. 8. 1984, engl. Schriftsteller. Schrieb Romane (›Engelgasse‹, 1930), auch Komödien und aktuelle Problemstücke (›Ein Inspektor kommt‹, 1947). – *Weitere Werke:* Das große Fest (R., 1951), Eine sehr engl. Liebesgeschichte (R., 1976).

John Boynton Priestley

Prigogine, Ilya [frz. prigɔˈʒin], * Moskau 25. 1. 1917, belg. Physicochemiker. Prof. in Brüssel, seit 1970 auch an der University of Texas in Austin. P. befaßte sich mit der Thermodynamik und statist. Mechanik irreversibler Prozesse. 1977 Nobelpreis für Chemie.

Prim [lat.], 1) *Liturgie:* → Stundengebet.
2) *Fechtsport:* Klingenhaltung, bei der die nach vorn gerichtete Klinge abwärts zeigt.

Prima [lat.], früher die letzten beiden Klassen im Gymnasium (Ober- und Unterprima = 12. und 13. Klasse).

Primaballerina, erste Solotänzerin.

Primadonna [italien.], seit dem 17. Jh. die Sängerin der weibl. Hauptrollen in der Oper.

primär [lat.-frz.], 1. zuerst vorhanden, ursprünglich; 2. vorrangig.

Primäraffekt, das erste örtl. Anzeichen einer Infektionskrankheit.

Primärelemente → elektrochemische Elemente.

Primärenergie, Bez. für den Energieinhalt der natürl. Energieträger (v. a. Energie fossiler Brennstoffe; Wasserkraft; Kernenergie; Sonnenenergie).

primärer Sektor, bezeichnet in der volkswirtschaftl. Gesamtrechnung die Betriebe der Urproduktion (z. B. Landwirtschaft, Bergbau).

Primärliteratur, originale literar., philos. o. ä. Werke im Ggs. zur wiss. Sekundärliteratur.

Primarschulen [lat./dt.], früher allg. Bez. für die Volksschulen, heute nur noch in der Schweiz.

Primarstufe [lat./dt.], im internat. Sprachgebrauch (UNESCO) Bez. für die Grundschule.

Primärtumor, (bösartige) Erstgeschwulst, von der → Metastasen ausgehen.

Primary [engl. ˈpraɪmərɪ; lat.] (Mrz. Primaries), in allen Staaten der USA gesetzl. vorgeschriebene Vorwahl, die der Kandidatenaufstellung für öffentl. Wahlen dient.

Primas [lat.], 1) *kath. Kirchenrecht:* Ehrentitel des ranghöchsten Erzbischofs eines Landes.
2) *Musik:* Solist und Vorgeiger einer Zigeunerkapelle.

Primat [lat.], Vorrang.

Primat des Papstes, der Vorrang des Amtes im Aufbau der kirchl. Verfassung, das dem Papst als Nachfolger des Apostels Petrus zukommt. Der P. des P. ist, v. a. seit seiner dogmat. Umschreibung auf dem 1. Vatikan. Konzil 1870 (→ Unfehlbarkeit), heute der bedeutendste Kontroverspunkt in der Frage der Wiedervereinigung der getrennten christl. Kirchen.

Primaten [lat.], svw. →Herrentiere.

prima vista [italien.], vom Blatt spielen oder singen.

Prime (Prim) [lat.], Grundton einer Tonleiter oder eines Akkords. Die P. kann als reines (z. B. c–c), übermäßiges (z. B. c–cis) und doppelt übermäßiges (ces–cis) Intervall auftreten.

Primel [lat.] (Himmelsschlüssel, Schlüsselblume, Primula), Gatt. der Primelgewächse mit über 500 Arten in Europa und in den gemäßigten Zonen Asiens; u. a. *Aurikel*, in den Alpen, Blüten gelb, wohlriechend; *Frühlingsschlüsselblume* (Duftende Schlüsselblume, Frauenschlüssel), auf sonnigen Wiesen und an Waldrändern in Europa und Asien; werden medizin. u. a. als Husten- und Abführmittel verwendet; *Gift-P.* (Becher-P.), asiat. P.art; Sekret der Drüsenhaare stark hautreizend; *Mehl-P.* (Mehlstaub-Himmelsschlüssel), besiedelt sumpfige, kalkhaltige Alpenwiesen und Flachmoore Europas; geschützt.

Primelgewächse (Primulaceae), Pflanzenfam. mit rd. 800 Arten in 40 Gatt. in den gemäßigten und wärmeren Gebieten der Nordhalbkugel; v. a. Kräuter, z. T. Rosettenstauden, Polster-, Knollenpflanzen.

Prime rate [engl. 'praɪm 'rɛɪt], in den USA der Diskontsatz für Großbanken.

Primfaktor →Primzahlzerlegung.

Primgeige, die erste Geige in einem Kammermusikwerk.

primitiv [lat.-frz.], 1. ursprüngl., urzuständlich; auf niederer Entwicklungsstufe; 2. (abwertend) geistig wenig entwickelt; 3. einfach, behelfsmäßig.

primitive Kunst, eine mißverständl. und deshalb heute vermiedene Bez. für außerhalb von Hochkulturen angesiedelte Kunstwerke, z. B. der Naturvölker oder naiver Kunst.

Primiz [lat.], die erste Gemeindemesse eines kath. Priesters nach seiner Weihe.

Primo de Rivera y Orbaneja, Miguel [span. 'primo ðɛ rri'βera i ɔrβa'nɛxa], Marqués de Estella (seit 1921), *Jerez de la Frontera 8. 1. 1870, †Paris 16. 3. 1930, span. General. Putschte im Einvernehmen mit Alfons XIII. 1923 gegen die parlamentar. Regierung und errichtete eine Militärdiktatur (ab 1925 als Kabinett); 1930 entlassen.

Primogenitur [lat.], in fürstl. Häusern das Anrecht des Erstgeborenen (meist des erstgeborenen Sohnes) auf die Erbfolge in das Hausgut und die Thronfolge. – Auch Bez. für die (männl.) Hauptlinie im Ggs. zur **Sekundogenitur,** der von einem nachgeborenen Sohn begründeten Nebenlinie.

Primus [lat.], [Klassen]erster; **Primus inter pares,** erster unter Ranggleichen.

Primzahl, Bez. für jede von 1 verschiedene natürl. Zahl, die nur durch 1 oder durch sich selbst teilbar ist (z. B. 7, 13, 19). Zwei P., deren Differenz gleich 2 ist, bezeichnet man als *P.zwillinge* (z. B. 3 und 5, 11 und 13, 59 und 61). Die größte z. Z. bekannte P. ist $2^{216091} - 1$, eine Zahl mit 65050 Ziffern.

Primzahlzerlegung (Primfaktorzerlegung), die Zerlegung einer natürlichen Zahl in Faktoren, die alle Primzahlen sind **(Primfaktoren);** z. B.:

$$24 = 2 \cdot 2 \cdot 2 \cdot 3 = 2^3 \cdot 3.$$

Prince [engl. prɪns, frz. prɛ̃ːs], Adelstitel; in Großbrit. seit 1917 beschränkt auf die Kinder des Monarchen und die Kinder seiner Söhne.

Prince Edward Island [engl. 'prɪns 'ɛdwəd 'aɪlənd], kanad. Prov., Insel im Sankt-Lorenz-Golf, 5 657 km², 126 600 E, Hauptstadt Charlottetown.

Prince of Wales [engl. 'prɪns əv 'wɛɪlz], seit 1301 Titel der meisten engl./brit. Thronfolger.

Princeps →Prinzeps.

Princeton [engl. 'prɪnstən], Stadt im westl. New Jersey, 12 000 E. Univ. (gegr. 1746). – Juli bis Nov. 1783 Hauptstadt der USA.

Príncipe [portugies. 'prĩsipə] →São Tomé und Príncipe.

principiis obsta! [...pi-is; lat.], ›wehre den Anfängen‹ (nach Ovid).

Printen [niederl.], lebkuchenähnl. Weihnachtsgebäck, v. a. *Aachener Printen.*

Printer [engl.], svw. →Drucker.

Prinz (weibl. Form Prinzessin) [lat.-frz.], Titel der nichtregierenden Mgl. der regierenden Fürstenhäuser. Der Thronfolger wird Erbprinz bzw. Kronprinz gen., **Prinzgemahl** bezeichnet den Ehemann einer regierenden Fürstin, **Prinzregent** den zur Regentschaft berufene Verwandte des Monarchen.

Prinzeps, im Röm. Reich inoffizieller Titel des Augustus zur Kennzeichnung seiner Stellung in der von ihm geschaffenen Staatsform (→ Prinzipat).

Prinzip [lat.], Grundsatz, Grundnorm, Grundregel. In der *Physik* Aussage oder Gesetzmäßigkeit sehr allg. Art.

Prinzipal [lat.], früher Lehrherr, Geschäftsinhaber; auch Leiter einer Wanderbühne.

Prinzipal [lat.], Hauptregister der Orgel, offene Labialpfeifen mittelweiter Mensur mit zylindr. Rohrverlauf und kräftiger Intonation; kommt in allen Fußlagen vor, vom 32- bis 1-Fuß.

Prinzipat [lat.], im antiken Rom die von Augustus geschaffene Staatsform der Herrschaft eines ersten Bürgers (Prinzeps), die auf der Häufung von Amtsgewalten basierte.

Prior [lat.], im kath. Ordenswesen Bez. für: 1. den Zweitobersten in einer Abtei; 2. den Oberen eines selbständigen Mönchsklosters, das nicht Abtei ist; 3. in verschiedenen Orden der Obere eines Klosters.

Priorität [lat.-frz.], 1. Vorrangigkeit; Rangfolge; 2. Vorrang eines älteren Rechts.

Prisenrecht, das Recht der kriegführenden Parteien im Seekrieg, feindl. Handelsschiffe und Waren *(Prise)* sowie u. U. auch neutrale Schiffe und Waren (z. B. bei Blockadebruch) zu beschlagnahmen und in ihr Eigentum zu überführen.

Prisma [griech.], 1) *Kristallographie:* (opt. P.) aus Glas oder anderen durchsichtigen Werkstoffen gefertigtes opt. Bauteil mit mindestens zwei zueinander geneigten, meist ebenen, opt. wirksamen Flächen. Nach ihrer Grundfunktion unterscheidet man Reflexions-, Teiler-, Polarisations-, Ablenk- und Dispersionsprismen.

Primel: Frühlingsschlüsselblume

Prisma 2): a gerades sechsseitiges, b schiefes dreiseitiges Prisma

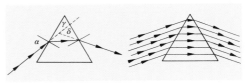

Prisma 1): Weg eines Lichtstrahls (links) und eines parallelen Strahlenbündels bei minimaler Ablenkung durch ein Prisma (α Einfallswinkel, δ Ablenkwinkel, γ brechender Winkel)

2) *Geometrie:* ein Körper, der von zwei parallelen kongruenten Vielecken und von Parallelogrammen (als Seitenflächen) begrenzt wird. Das Volumen V ergibt sich zu $V = G \cdot h$ (G Grundfläche, h Höhe).

Prismenglas →Fernrohr.

Prismeninstrumente, opt. Vermessungsgeräte (meist für geodät. Messungen) zum Ausrichten von Geraden und zum Abstecken von festen, meist 90°-Winkeln.

Priština [serbokroat. 'pri:ʃtina] (alban. Prishtinë, beides amtl.), Hauptstadt der Autonomen Prov. Kosovo innerhalb der Rep. Serbien, am O-Rand des Amselfelds, 210 000 E. Univ., Museen, Theater. Ind.-kombinat. Bauten aus türk. Zeit, u. a. Kaisermoschee (15. Jh.) und türk. Bad (15. Jh.).

Privatdozent, habilitierter Wissenschaftler mit Lehrberechtigung.

Privatklage, durch eine Privatperson ohne Mitwirkung der Staatsanwaltschaft (weil das öffentl. Interesse gering ist) erhobene Anklage (z. B. bei Hausfriedensbruch, Beleidigung).

Privatrecht, dasjenige Rechtsgebiet, das die Beziehungen der Bürger untereinander betrifft *(bürgerl. Recht).* Man stellt das P. herkömml. dem öffentl. Recht gegenüber. Zum P. gehören insbes. das bürgerl. Recht i. e. S., Handels- und Gesellschaftsrecht, Wechsel- und Scheckrecht, Urheber- und Wettbewerbsrecht.

Privatschulen, im Ggs. zu öffentl. Schulen nicht vom Staat oder von den Gebietskörperschaften getragene, allerdings oft auch öffentl. bezuschußte Einrichtungen in der Trägerschaft von Kirchen, Stiftungen bzw. Vereinigungen oder Privatpersonen. Es wird unterschieden zw. P., die den öffentl. Schulen vergleichbar sind und genehmigungspflichtig sind *(Ersatzschulen),* und solchen, die nicht als Ersatz für öffentl. Schulen gelten, folglich nur anzeigepflichtig sind *(Ergänzungsschulen).*

Privileg [lat.], jurist. Bez. für die einem einzelnen *(Individual-P.),* einer Personenmehrheit *(General-P.)* oder Sachen und damit deren Besitzer gewährte rechtl. Sonderstellung sowie für die darüber ausgestellte Urkunde (Freibrief). Darüber hinaus steht P. für das nur bestimmten Personen einer Gesellschaft vorbehaltene Sonder- oder Ausnahmerecht.

Privilegium Paulinum [lat.], im *kath. Eherecht* das nach dem Apostel Paulus ben. Ausnahmerecht von dem Grundsatz der Unauflöslichkeit einer vollzogenen, nichtchristl. geschlossenen Ehe, wenn ein Ehepartner Christ geworden ist.

Prix Goncourt [frz. priɡoˈkuːr], frz. Literaturpreis, seit 1903 jährl. von der *Académie Goncourt* vergeben.

Prizren [serbokroat. ˈprizrɛn], Stadt in der Autonomen Prov. Kosovo innerhalb der Rep. Serbien, 134 500 E. Oriental. Stadtbild mit Moscheen. – Im 14. Jh. Hauptstadt der serb. Könige.

pro..., Pro... [griech.-lat.], Vorsilbe mit den Bedeutungen: 1. ›vor, vorher, zuvor, vorwärts, hervor‹, z. B. progressiv; 2. ›für, zugunsten, zum Schutze von‹, z. B. prorussisch; 3. ›an Stelle von‹, z. B. Prodekan; 4. ›im Verhältnis zu‹, z. B. proportional.

pro anno [lat.], svw. → per annum.

probabel [lat.-frz.], wahrscheinlich.

Proband [lat.] (Versuchsperson, Testperson), Individuum, mit dem eine Testuntersuchung oder ein Experiment durchgeführt wird.

probat [lat.], erprobt, bewährt, wirksam.

Probe [lat.], 1) *allgemein:* kleine Teilmenge eines Materials, das auf bestimmte Eigenschaften untersucht werden soll.

2) *Mathematik:* Bez. für ein Verfahren zur Prüfung der Richtigkeit einer durchgeführten Rechnung oder eines Beweises.

Probezeit, 1. Zeitraum der Eingewöhnung und Erprobung des Arbeitnehmers im Rahmen eines Probearbeitsverhältnisses; 2. die mindestens ein- und höchstens dreimonatige gesetzl. Eingewöhnungs- und Bewährungszeit zu Beginn eines Berufsausbildungsverhältnisses; dieses kann während der P. jederzeit fristlos gekündigt werden.

Probiose [griech.] (Nutznießung, Karpose), Form der Beziehung zw. Tieren einer Art und artfremden Lebewesen, wobei erstere einseitig die Nutznießer sind (im Unterschied zur → Symbiose), jedoch den Partner nicht erkennbar schädigen (wie bei → Parasiten).

Problematik [griech.], Schwierigkeit, Fragwürdigkeit; Gesamtheit der auf einen Sachverhalt bezügl. Probleme.

Procedere (Prozedere) [lat.], Verfahrensordnung, Prozedur.

Procházka, Jan [tschech. ˈprɔxaːska], * Ivančice (Südmähr. Gebiet) 4. 2. 1929, † Prag 20. 2. 1971, tschech. Schriftsteller. Exponierter Regimekritiker; 1969 Ausschluß aus der KP; schrieb Erzählungen (›Das Ohr‹, hg. 1977), Romane (›Es lebe die Republik‹, 1965; ›Lenka‹, 1967) und Filmdrehbücher. Die Schriftstellerinnen **Lenka** (* 1951) und **Iva** (* 1953) **Procházkova** sind seine Töchter.

Prochorow, Alexandr Michailowitsch, * Atherton (Australien) 11. 7. 1916, sowjet. Physiker. Arbeiten zur Quantenelektronik, meist mit N. G. Bassow zum Prinzip des Masers und Lasers. Nobelpreis für Physik 1964 mit N. G. Bassow und C. H. Townes.

Proco-Motor [Kurzwort aus engl. **Pro**grammed **co**mbustion = programmgesteuerte Verbrennung], Einspritz-Ottomotor, dessen Betriebszustände von einem Computer überwacht und optimal gesteuert werden; bes. umweltfreundlich und sparsam.

pro domo [lat.], in eigener Sache, zum eigenen Nutzen.

Produkt [lat.], Erzeugnis, Ertrag; Ergebnis. In der *Mathematik* Bez. für das Ergebnis einer → Multiplikation; auch Bez. für einen Ausdruck der Form $a \cdot b$.

Produktion [lat.-frz.], 1) Hervorbringung, Erzeugnis, [künstler.] Werk.

2) *Wirtschaft:* Herstellung (Fertigung) von Gütern i. w. S. durch die Kombination von P.faktoren.

Produktionsfaktoren, die ökonom. Leistungselemente, auf denen jeder Produktionsprozeß aufbaut. In der Volkswirtschaftslehre ist die Dreiteilung in Boden, Arbeit und Kapital (produzierte Produktionsmittel) am verbreitetsten.

Produktionsgenossenschaft, Genossenschaften, deren Mgl. sowohl die Leitungsfunktionen des Gemeinschaftsbetriebs erfüllen als auch die Arbeiten verrichten.

Produktivität [lat.-frz.], schöpfer. Kraft; in der *Wirtschaft* die Ergiebigkeit des Wirtschaftsprozesses als Verhältnis des (mengen- bzw. wertmäßigen) Produktionsergebnisses zur Menge der eingesetzten Produktionsfaktoren bzw. zu den Herstellkosten. Alle P.messungen sind, z. B. wegen der fragl. Vergleichbarkeit der zur Berechnung verwendeten Einheiten, schwierig und problematisch. – Die gesamtwirtschaftl. P. wird v. a. durch Strukturänderungen, techn. Fortschritt und verschieden hohe Grade der Kapazitätsausnutzung beeinflußt, wobei dem techn. Fortschritt die größte Bedeutung zukommt.

Produktmenge → Mengenlehre.

Proenzym [pro-ɛn...], inaktive Vorstufe von Enzymen.

Pro Familia [lat.], Dt. Gesellschaft für Sexualberatung und Familienplanung e. V., Sitz Frankfurt am Main; 1952 gegr., konfessionell und polit. neutral.

profan, urspr. ein kult. Begriff, der das vor (lat. pro) dem hl. Bezirk (lat. fanum), d. h. außerhalb geweihter Bereiche Liegende bezeichnet und dann den Ggs. zum Heiligen generell; heute svw. weltl., alltäglich.

Profeß [lat.], das Ablegen der [klösterl.] Gelübde.

Professional [proˈfɛʃənəl; lat.-engl.], svw. → Berufssportler.

professionell [lat.-frz.], berufsmäßig.

Professor [lat.], 1) Abk. Prof., Titel und Dienst-Bez. des → Hochschullehrers an wiss. und künstler. Hochschulen einschließl. Fachhochschulen und päd. Hochschulen.

2) Titel als Anerkennung v. a. für hervorragende wiss. oder künstler. Leistungen.

Alexandr
Michailowitsch
Prochorow

3) Gymnasialschullehrer, die fachdidakt. Unterricht für Referendare erteilen (Dienstbez. *Studienprofessor*); in Österreich Titel für Gymnasiallehrer überhaupt.

Profi, svw. → Berufssportler.

Profil [italien.-frz.], **1)** *allgemein:* Umrißgestalt, Kontur, Seitenansicht (z. B. eines Kopfes; Ggs. → en face), Längs- oder Querschnitt eines Körpers oder Gegenstandes; stark ausgeprägtes Persönlichkeitsbild, Ausstrahlungskraft.

2) *Fahrzeugtechnik:* Bez. für die Struktur der Lauffläche von Reifen (Reifenprofil).

3) *Aerodynamik:* Querschnitt eines Auftrieb liefernden Bauteils (z. B. Tragflügel). In einer [Parallel]strömung wird der stat. Druck an der P.oberseite wegen der erhöhten Strömungsgeschwindigkeit vermindert *(Saugseite),* entlang der Unterseite erhöht *(Druckseite).* Aus dieser Druckdifferenz ergibt sich eine Kraft, die in eine Komponente parallel zur Anströmrichtung, den *P.widerstand,* und eine rechtwinklig dazu gerichtete Komponente, den *Auftrieb,* zerlegt werden kann.

profiliert, von charakterist., markanter Prägung.

Profit [lat.-frz.-niederl.], von den Klassikern der Nationalökonomie geprägte Bez. für Kapitalertrag; der P. umfaßte i. w. S. den Zins (als Entlohnung des Kapitals), i. e. S. einen Rest, den der Unternehmer für überdurchschnittl. Leistung erhält. In der modernen Verteilungstheorie wird unterschieden zw. dem normalen P., der die Verzinsung des Kapitals darstellt, dem Pioniergewinn (infolge techn. Neuerungen) sowie dem Marktlagengewinn (auch ›windfall profit‹ genannt).

pro forma [lat.], der Form halber.

Profoß (Profos) [lat.-niederl.], im 16./17. Jh. im dt. Heerwesen Bez. für Regimentsscharfrichter und -stockmeister, kontrolliert vom *Generalprofoß* bzw. *Generalgewaltigen;* später Bez. für Unteroffiziere im Strafvollzug.

profund [lat.], tief, tiefgründig, gründlich.

Progesteron [Kw.] (Corpus-luteum-Hormon, Gelbkörperhormon, 4-Pregnen-3,20-dion), vom Gelbkörper und in der Plazenta, auch im Hoden und in der Nebennierenrinde gebildetes Gestagen (→ Geschlechtshormone).

Prognose [griech.], wiss. fundierte Voraussage von Entwicklungen, Zuständen oder Ereignissen; **prognostizieren,** eine P. stellen.

Programm [griech.], **1)** Plan, Ziel; Darlegung von Grundsätzen.

2) festgelegte Folge, vorgesehener Ablauf z. B. bei einer Aufführung, Veranstaltung; Tagesordnung.

3) *Hörfunk* und *Fernsehen:* die in einer bestimmten Zeitspanne ausgestrahlten Sendungen.

4) *elektron. Datenverarbeitung:* Bez. für eine Arbeitsanweisung für die Datenverarbeitungsanlage. → Algorithmus.

programmatisch [griech.], einem Grundsatz entsprechend; zielsetzend.

Programmierer, in der elektron. Datenverarbeitung (EDV): Der *EDV-Organisator* befaßt sich mit der Problemanalyse und macht die Problemanalyse; der eigtl. P. *(Anwendungs-P.)* übersetzt die festgelegten Arbeitsschritte in Befehle der betreffenden Programmiersprache.

Programmiersprache, in der *Datenverarbeitung* verwendetes System von Symbolen und Festlegungen, die die Art und Reihenfolge angeben, in der die Symbole zu sinnvollen, für die EDV-Anlage verständl. Mitteilungen kombiniert werden können. P. sind unterschiedl. Anwendungen angepaßt, z. B. ALGOL, BASIC, FORTRAN, PASCAL u. a.

programmierter Unterricht, Bez. für einen nach einem Lehrprogramm verlaufenden Selbstunter-

richt, bei dem die Lehrfunktionen an ein techn. Objekt gebunden sind, z. B. an ein Buch, eine Lehrmaschine oder andere techn. Medien mit Speichermöglichkeiten (Schallplatten, Kassetten, Tonbandgeräte, Videorecorder, Computer).

Programmierung, 1) *elektron. Datenverarbeitung:* das Aufstellen eines Programms für eine elektron. Datenverarbeitungsanlage.

2) *Mathematik:* svw. → Optimierung.

Programmusik, Instrumentalstücke, die durch Überschriften o. ä. den Bezug auf Gedichte, Bilder, Begebenheiten, Ideen oder Gestalten aus Dichtung, Sage oder Geschichte erkennen lassen.

Progression [lat.], Steigerung, Fortschreiten, Zunahme, Stufenfolge; z. B. die Zunahme des Steuersatzes bei wachsender Größe der Bemessungsgrundlage.

Prohibition [lat.-engl.], Bez. für das Verbot von Herstellung, Transport und Verkauf alkohol. Getränke (Alkoholverbot), in den USA durch Bundesgesetz 1920–33 in Kraft.

Prohibitiv [lat.], Modus des Verbs, der ein Verbot, eine Warnung oder Mahnung beinhaltet; verneinter → Imperativ.

Projektil [lat.-frz.], svw. → Geschoß.

Projektion [lat.], **1)** *Mathematik:* geometr. Abbildung des Raumes bzw. einer Ebene, bei der die *P.strahlen,* d. h. die Verbindungsgeraden der Punkte mit ihren Bildpunkten alle parallel sind *(Parallel-P.)* oder sich in einem Punkt *(Zentrum)* schneiden *(Zentralprojektion).*

2) *Optik:* vergrößernde Abbildung einer ebenen Vorlage (Diapositiv, Aufsichtsbild, Mikropräparat u. ä.) mittels eines opt. Systems auf einer Bildwand oder einem Bildschirm.

3) *Psychologie:* die ›Hinausverlegung‹ von Empfindungen, Gefühlen, Wünschen, Interessen oder Erwartungen in die Außenwelt.

Projektionsapparate (Projektoren), opt. Geräte zur → Projektion transparenter Vorlagen *(Diaskop),* von Aufsichtsbildern *(Episkop)* oder wahlweise von transparenten Vorlagen und Aufsichtsbildern **(Epidiaskop);** ihre wesentl. Bestandteile sind: Beleuchtungseinrichtung, Bildbühne und abbildendes opt. System. – Nach dem Verwendungszweck unterscheiden sich folgende Typen von P.: **Diaprojektoren,** zur Projektion magazinierter Serien gerahmter Diapositive (Dias) meist des Kleinbild- oder Mittelformats; z. T. mit automat. Scharfeinstellung *(Autofokuseinrichtung)* gesteuert. **Filmprojektoren:** Wesentl. Funktionsmerkmal ist die Einrichtung für den schrittweisen, d. h. *intermittierenden Filmtransport* am Bildfenster. Die Bildfrequenz des Projektors ist gleich der der Kamera. Um jedoch die wesentl. höhere Flimmerfrequenz des menschl. Auges zu erreichen, muß eine rotierende *Flügelblende* die Projektion des stehenden Bilds ein- bzw. zweimal unterbrechen, während ein Flügel den Transportvorgang abdeckt (→ Film). – **Arbeitsprojektoren (Overheadprojektoren, Tageslichtprojektoren)** sind P., mit denen großformatige transparente Vorlagen, die sich auf einer horizontalen, von unten beleuchteten Glasfläche befinden, über ein opt. System mit abgewinkeltem Strahlengang projiziert werden. – **Vergrößerungsapparate (Vergrößerer)** sind P. zur Vergrößerung von Negativen.

Projektionswand (Bildwand, Leinwand), Projektionsfläche für Diapositive oder [Schmal]filme; beschichtete Leinwand oder Bahn aus Kunststoff mit Oberflächenprägung bzw. Beschichtung aus Glasperlen *(Perlwand).*

Projektoren [lat.], svw. → Projektionsapparate.

Prokaryonten [griech.], zusammenfassende Bez. für Lebewesen mit einfacher Zellorganisation (z. B. Bakterien); ihr genet. Material liegt frei im Zellplasma.

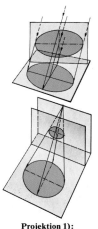

Projektion 1): OBEN Parallelprojektion; UNTEN Zentralprojektion

Proklamation [lat.-frz.], Erklärung, Bekanntmachung, Aufruf. – Im *Völkerrecht* ist die P. die förml. Erklärung eines oder mehrerer Staaten über eigene Auffassungen oder Absichten im zwischenstaatl. Bereich.

Proklos, * Konstantinopel 411 (410?), † Athen 485, griech. Philosoph. Bedeutendster Vertreter des athen. Neuplatonismus.

Prokofjew, Sergei Sergejewitsch [russ. pra'kɔfjıf], * Sonzowka (= Krasnoje, Gebiet Donezk) 23. 4. 1891, † Moskau 5. 3. 1953, russ. Komponist und Pianist. Lebte 1918–32 als gefeierter Komponist und Pianist v. a. in den USA und in Paris; nach seiner Rückkehr Kontroversen mit der offiziellen Kulturpolitik; schrieb u. a. acht Opern, darunter ›Die Liebe zu den drei Orangen‹ (1921, nach C. Gozzi), sieben Ballette, u. a. ›Romeo und Julia‹ (1938), ›Cinderella‹ (1945), Orchesterwerke (u. a. sieben Sinfonien; sinfon. Märchen ›Peter und der Wolf‹, 1936), Klavier- und Kammermusik, Chorwerke und Lieder.

Prokonsul, im Röm. Reich seit 81/80 Titel für die Konsuln, die nach Ablauf ihres Amtsjahres in Rom als Statthalter in die Prov. gingen.

Prokop, * Caesarea Palaestinae um 500, † nach 559, byzantin. Geschichtsschreiber. Schrieb eine allg. Geschichte der Regierungszeit Kaiser Justinians I. (›Bella‹, um 550; 8 Bücher).

Prokrustes (Damastes), in der griech. Mythologie ein riesenhafter Unhold, der Vorbeiziehende durch Abhacken bzw. Strecken ihrer Glieder in ein Bett einpaßt; wird von Theseus getötet. – **Prokrustesbett,** vorgegebenes Schema, das schmerzhafte Anpassung erfordert.

Prokura [italien.], die dem *Prokuristen* vom Inhaber eines Handelsgeschäfts oder seinem gesetzl. Vertreter mittels ausdrückl. Erklärung erteilte handelsrechtl. Vollmacht, alle Arten von Geschäften und Rechtshandlungen vorzunehmen, die der Betrieb eines Handelsgewerbes mit sich bringt.

Prolaktin [lat.] (Laktationshormon, laktotropes Hormon, luteotropes Hormon, LTH), ein zu den Gonadotropinen (→ Geschlechtshormone) zählendes, die Milchsekretion auslösendes Hormon des Hypophysenvorderlappens.

Prolaps [lat.] (Prolapsus, Vorfall), Heraustreten innerer Organe aus natürl. Körperöffnungen.

Prolegomena (Einz. Prolegomenon) [griech.], Einführung[en] zu wiss. Werken.

Prolet [Kurzwort aus **Prolet**arier], abwertend für: ungebildeter Mensch.

Proletariat [lat.], 1) *röm. Antike:* Bez. für die unterste vermögenslose Bevölkerungsschicht, die von Steuer und Heeresdienst befreit war und als einzigen Besitz ihre Nachkommenschaft (›proles‹) hatte.
2) (Arbeiterklasse) v. a. im *Marxismus* Bez. für die mit dem Kapitalismus entstandene Klasse der Lohnarbeiter, die im Ggs. zur sie ausbeutenden Klasse der Bourgeoisie über keine eigenen Produktionsmittel verfügt. Als *Proletarier* wird der vom Kapital abhängige Lohnarbeiter bezeichnet, der seine Arbeitskraft verkaufen muß, um leben zu können; die von ihm hergestellten Produkte werden Eigentum des Kapitaleigners, dem die Produktionsmittel gehören, und damit dem Proletarier entfremdet (→ Entfremdung). Da die Produktivität der Proletarier mit fortschreitender Industrialisierung anwuchs, die auf den einzelnen Arbeiter anfallenden Anteile des von ihm kollektiv erzeugten Produkts jedoch weit hinter dieser Steigerung zurückblieben, spricht der Marxismus von *relativer Verelendung* der P. (→ Verelendungstheorie) Nach marxist. Auffassung wird das P. soviel Klassenbewußtsein entwickeln, daß es zum Träger einer antikapitalist. Revolution wird (→ Diktatur des Proletariats).

Proletarier aller Länder, vereinigt Euch!, Schlußsatz des ›Kommunist. Manifests‹ (1848) von K. Marx.

proletarischer Internationalismus → Internationale.

Proletkult, Abk. für **Prolet**arskaja **kultura** [russ. ›proletar. Kultur‹], kulturrevolutionäre Tendenz der russ. Oktoberrevolution (1917–25), auch Agitprop (= Agitation und Propaganda) genannt. Formen waren das → Agitproptheater, der russ. → Konstruktivismus, der → Futurismus.

Prolog [griech.], Einleitung eines dramat. Werkes; dient der Begrüßung des Publikums, der Ankündigung des folgenden Schauspiels, der Information über die Handlung oder der Exposition. Das Gegenstück zum P. ist der Epilog.

Prolongation [lat.], Verlängerung der Laufzeit eines Vertragsverhältnisses.

PROM (Abk. für **P**rogrammable **R**ead **O**nly **M**emory ›programmierbarer Nurlesespeicher‹), programmierbarer Halbleiterfestwertspeicher.

Prometheus, Titan der griech. Mythologie, Wohltäter der Menschen und Kulturbringer. Weil er versucht, Zeus zu betrügen, und der Menschheit das Feuer bringt, läßt Zeus ihn an einen Felsen schmieden, wo ihm ein Adler tägl. die Leber zerfleischt, die sich jeweils nachts erneuert, bis Herakles den Leidenden erlöst.

Promethium [nach Prometheus], chem. Symbol Pm; radioaktives, metall. chem. Element aus der Reihe der Lanthanoide des Periodensystems der chem. Elemente, Ordnungszahl 61, Schmelzpunkt ungefähr 1 080 °C. Das Isotop Pm 145 hat mit 17,7 Jahren die längste Halbwertszeit; Pm 147 wird zur Herstellung von Leuchtstoffen sowie in Isotopenbatterien verwendet.

Promille, Abk. p. m., Zeichen ‰, Tausendstel; z. B. 3 ‰ von 35 kg = $^3/_{1000}$ · 35 kg = 0,105 kg.

prominent [lat.], gesellschaftlich sehr bekannt; **Prominenz,** die Prominenten.

Promiskuität [lat.], Bez. für Geschlechtsverkehr mit häufig wechselnden Partnern.

Promoter [pro'mo:tər; engl. prə'moʊtə; lat.-engl.], Veranstalter von Berufssportwettkämpfen (v. a. Boxkämpfen).

Promotion [lat.] → Doktor.

Promotion [lat.-engl.; ...'mo:ʃən], svw. → Salespromotion.

promovieren [lat.], den akadem. Grad eines → Doktors erwerben.

Pronomen [lat.] (Fürwort; Mrz. Pronomina), Wortart, die für ein Nomen eintreten oder es begleiten kann: **Personalpronomen** (persönl. Fürwort; z. B. ›Sie spricht zu euch‹); **Reflexivpronomen** (rückbezügl. Fürwort; ›Ich wasche *mich*‹); **Possessivpronomen** (besitzanzeigendes Fürwort; ›Das ist *unser* Hund‹); **Demonstrativpronomen** (hinweisendes Fürwort; ›*Dieses* Buch gefällt mir gut‹); **Relativpronomen** (bezügl. Fürwort; ›Der Mann, *der* dort steht, ...‹); **Interrogativpronomen** (Fragepronomen, Fragefürwort; ›*Wer* kommt morgen?‹); **Indefinitpronomen** (unbestimmtes Fürwort; ›*Irgendwer* wird schon lachen, wenn er das liest‹).

prononciert [pronõ'si:rt; lat.-frz.], deutlich ausgesprochen, betont; ausgeprägt.

Proömium (Prooimion) [griech.], Vorspiel, Vorrede bei Werken der Antike.

Propädeutik [griech.], Einführung, Unterricht mit vorbereitendem Charakter.

Propaganda [lat.], systemat. Verbreitung ideolog., polit., religiöser o. ä. Ideen und Meinungen mit dem Ziel, das allg. Bewußtsein zu beeinflussen.

Propagandakongregation → Kurienkongregationen.

Sergei Sergejewitsch
Prokofjew

Propan, zu den Alkanen gehörender, gasförmiger Kohlenwasserstoff; Brenn- und Heizgas, zur Herstellung von Äthylen und Propylen verwendet.

Propeller [lat.-engl.], svw. → Luftschraube, svw. Schiffsschraube (→ Schiff).

Propen, svw. → Propylen.

Propensäure [Kw.], svw. → Acrylsäure.

proper [lat.], ordentlich, sauber.

Properz (Sextus Propertius), * Asisium (= Assisi) um 50, † nach 16 v. Chr., röm. Dichter. Schrieb v. a. erot. Elegien (an Cynthia; 4 Bücher).

Prophet [griech.], Verkünder oder Deuter eines göttl. Willens; die Vorhersage zukünftigen Geschehens, die der moderne Sprachgebrauch in den Vordergrund stellt, ist nur ein Teilaspekt. Die prophet. Rede *(Prophetie)* geschieht stellvertretend und ist auftragsgebunden. – Die P. des AT werden nach dem Umfang der mit ihrem Namen bezeichneten Bücher in Große und → Kleine Propheten unterteilt.

Prophezeiung [griech.], Weissagung.

Prophylaxe [griech.], alle medizin. und sozialhygien. Maßnahmen, die der Verhütung von Krankheiten dienen.

Propionsäure [griech./dt.] (Propansäure), farblose, stechend riechende, ölige Flüssigkeit zur Herstellung von Kunststoffen, Herbiziden u. a.; ihre Salze und Ester sind die *Propionate;* Natrium- und Calciumpropionat sind Schimmelverhütungsmittel für Backwaren, Futtermittel.

Propionsäuregärung → Gärung.

Proportion [lat.], **1)** *allgemein:* Größenverhältnis verschiedener Teile eines Ganzen zueinander.

2) *Kunst:* die Maßverhältnisse von Bauteilen untereinander und zum Ganzen; Grundlage für Bildhauerei und Architektur *(Proportionslehre)* wurden u. a. die Verhältnisse des menschl. Körpers (→ Kanon).

3) *Mathematik:* (Verhältnisgleichung) eine Gleichung der Form $a : b = c : d$, z. B. $7 : 21 = 1 : 3$. Die Größen a, b, c, d bezeichnet man als *Glieder* der P. oder *Proportionalen.* In jeder P. ist das Produkt der Innenglieder gleich dem Produkt der Außenglieder *(Produktsatz der P.):* aus $a : b = c : d$ folgt $a \cdot d = b \cdot c$.

proportional [lat.], verhältnisgleich.

Proportionalität [lat.], **1)** *allgemein:* Verhältnismäßigkeit, richtiges Verhältnis. → Proporz.

2) die einfachste Form einer funktionalen Abhängigkeit zweier veränderl. Größen, deren Quotient einen bestimmten festen Wert *(P.faktor)* hat.

Proportionalwahl, svw. Verhältniswahl (→ Wahlen).

Proporz, 1. Bez. für die Verteilung von Sitzen und Ämtern nach dem Stärkeverhältnis von Parteien, Konfessionen, Volksgruppen, Regionen oder Interessenorganisationen; 2. svw. Verhältniswahl.

Propst [lat.], in der *kath. Kirche* Titel für den ersten Würdenträger eines Domkapitels *(Dom-P.)* oder Kollegiatkapitels *(Stifts-P.).* – In einigen *ev. Kirchen* svw. Superintendent oder Träger eines bes. geistl. Amtes.

Propyläen [griech.], Eingang zu einem Heiligtum bzw. hl. Bezirk; Durchgangshalle mit Säulenfronten und innenliegender Türwand; berühmt sind die P. der Akropolis von Athen (438–432 erbaut). Die Säulenfronten der Athener P. wurden Vorbild zahlr. profaner Anlagen aus hellenist. und röm. Zeit.

Propylen (Propen) [griech.], C_3H_6, gasförmiger Kohlenwasserstoff aus der Reihe der Alkene; Siedepunkt −47,7 °C; Ausgangsmaterial für die Kunststoffsynthese.

Prorektor, Stellvertreter des Rektors an Hochschulen; auch stellvertretender Rektor an Grund-, Haupt- und Sonderschulen.

Prorogation [lat.], **1)** Aufschub, Vertagung; Amtsverlängerung.

2) *Recht:* Zuständigwerden eines an sich unzuständigen ordentl. Gerichts erster Instanz durch Vereinbarung der Parteien eines Zivilprozesses.

Prosa [lat.], alle sprachl., literar. Darstellungsformen, die an den → Vers gebunden sind.

prosaisch, 1. sachlich, nüchtern; 2. in Prosa abgefaßt.

Proselyt [griech.], urspr. ein zum Judentum übergetretener Heide; heute jemand, der sein Bekenntnis gewechselt hat.

Proserpina → Persephone.

Proskynese [griech.], Fußfall, bei dem der Boden mit der Stirn berührt wird. – In der *kath. Liturgie* ist die P. *(Prostration)* bei feierl. Mönchsprofeß, bei Weihen und bei der Segnung des Abtes üblich.

Prosodie [griech.], in der Antike die Lehre vom Akzent und den Silbenquantitäten; heute als Hilfsdisziplin der Metrik die Lehre von den für die Versstruktur grundlegenden Elementen einer Sprache.

Prospekt [lat.], **1)** *Malerei* und *Graphik:* Stadt-, Landschaftsansicht als Gemälde, Stich o. ä.

2) *Orgelbau:* Schauseite der Orgel, bestehend aus den entsprechenden Teilen des Gehäuses und den P.pfeifen.

3) *Werbung:* eine Druckschrift, die eine Information mit Werbeinhalt über das angebotene Produkt enthält.

4) *Theater:* (perspektivisch) gemalter Hintergrund einer Bühne (bes. 17./18. Jh.).

5) *Bank- und Börsenverkehr:* die gemäß § 38 des Börsengesetzes vorgeschriebene Offenlegung über Vermögensverhältnisse, Ertragsgrundlagen und Inanspruchnahme des Kapitalmarktes bei der Einführung von Wertpapieren.

Prospektion [lat.], das Aufsuchen nutzbarer Bodenschätze.

prosperieren [lat.-frz.], gedeihen, gut vorankommen.

Proß, Helge, * Düsseldorf 14. 7. 1927, † Gießen 2. 10. 1984, dt. Soziologin. Verfaßte v. a. krit. Arbeiten über die soziale Diskriminierung der Frau.

Prostaglandine [griech./lat.], aus ungesättigten Fettsäuren in zahlr. Organen gebildete hormonähnl. Substanzen mit u. a. gefäßerweiternder (d. h. blutdrucksenkender), wehenauslösender und Erschlaffung der Bronchialmuskulatur hervorrufender Wirkung.

Prostata [griech.] (Vorsteherdrüse), häufig in paarige Drüsenkomplexe mit getrennten Ausführungsgängen gegliederte Geschlechtsdrüse der ♂ Säugetiere. Die P. besteht beim Mann einerseits aus 30–50 Einzeldrüsen, andererseits aus einem dichten Flechtwerk aus glatten Muskelfasern und aus Bindegewebe. Sie ist kastaniengroß und etwa 20 g schwer. Die P. umfaßt die Harnröhre des Mannes unmittelbar unter der Harnblase ringförmig. Sie liefert vor und während der Ejakulation das dünnflüssige, milchige-trübe, alkal. P.sekret und damit den größten, für die Beweglichkeit der Spermien wichtigen und die Neutralisierung saurer Urinreste in Harnröhre und Vagina bewirkenden Anteil der Samenflüssigkeit. Die glatten Muskelzellen der P. haben die Aufgabe, beim Samenerguß durch ruckweise Kontraktion die Samenflüssigkeit in die Harn-Samen-Röhre zu pressen.

Prostatahypertrophie, Alterserkrankung des Mannes in Form einer gutartigen Wucherung (Adenom) der Vorsteherdrüse (bes. der periurethralen Drüsen) mit nachfolgender Harnentleerungsstörung.

Prostatakarzinom (Prostatakrebs, Vorsteherdrüsenkrebs), das im Unterschied zur gutartigen Prostatahypertrophie aus dem spezif. Drüsengewebe des Organs hervorgehende Karzinom der Vorsteherdrüse.

prosthetische Gruppe [griech./dt.] → Enzyme, → Proteide.

H
|
H−C−H
|
H−C−H
|
O=C−OH
Propionsäure
(C_3H_5OOH)

prostituieren, der Prostitution nachgehen; übertragen: seine eigene Überzeugung gegen Geld oder Gewährung anderer Vorteile aufgeben.

Prostitution [lat.], die Ausübung von Sexualität als gewerbsmäßig betriebene Dienstleistung. Nach dem Recht der BR Deutschland ist die P. nicht strafbar, jedoch ihre Vermittlung. →Zuhälterei.

Prostration [lat.] →Proskynese.

Proszenium [griech.-lat.], vorderer Teil der Bühne zw. Vorhang und Orchestergraben.

prot..., Prot... →proto..., Proto...

Protactinium, chem. Symbol Pa; radioaktives chem. Element aus der Reihe der Actinoide des Periodensystems der chem. Elemente, Ordnungszahl 91, Schmelzpunkt < 1600 °C, Dichte 15,37 g/cm³; silberweißes Metall, entsteht beim natürl. radioaktiven Zerfall des Uranisotops U 235.

Protagonist [griech.], 1. Hauptdarsteller im altgriech. Theater; 2. Vorkämpfer.

Protagoras, *Abdera um 480, †um 411, griech. Philosoph. Entwarf 443 für Perikles die Verfassung für eine griech. Kolonie in Unteritalien. Bed. Vertreter der →Sophisten; Maxime: ›Der Mensch ist das Maß aller Dinge‹.

Proteasen [griech.], die hydrolyt. Spaltung der Peptidbindungen von Proteinen und Peptiden katalysierende Enzyme; z. B. die →Peptidasen und die substratunspezif. Proteinasen.

protegieren [prote'ʒi:rən; lat.-frz.], begünstigen, bevorzugen.

Proteide [griech.], aus einer Protein- und einer Nichtproteinkomponente *(prosthet. Gruppe)* zusammengesetzte, in der Natur verbreitet vorkommende Substanzen.

Proteinasen [...te-i-...; griech.] →Proteasen.

Proteinbiosynthese (Proteinsynthese, Eiweißsynthese), der Vorgang, bei dem die Reihenfolge der Basen (Basensequenz) der DNS in eine bestimmte Aminosäuresequenz (Reihenfolge der Aminosäuren im Proteinmolekül) übersetzt wird *(Translation).* Bildungsort der Proteine sind die →Ribosomen. Die genet. Information für den Proteinaufbau befindet sich in der DNS des Zellkerns. Folgl. muß ein ›Vermittler‹ die genet. Information aufnehmen und sie zu den Ribosomen ins Zellplasma bringen. Diese Aufgabe hat die m-RNS (Boten-RNS), die eine Art Arbeitskopie der DNS ist, an der sie durch *Transkription* gebildet wird. Jeweils drei aufeinanderfolgende Basen der einen RNS, die ein Codon bilden, kodieren für eine Aminosäure. Die im Plasma gebildeten Aminosäuren müssen mit einer weiteren RNS, der t-RNS (Transport-RNS) zu den Ribosomen gebracht werden. – Im einzelnen werden zunächst die 20 verschiedenen Aminosäuren, die die Bausteine der Proteine darstellen,

mit Hilfe von ATP (→Adenosinphosphate) aktiviert und an das eine Ende einer t-RNS geknüpft. Für jede Aminosäure gibt es eine bis mehrere spezif. t-RNS. Die beladenen t-RNS lagern sich nacheinander an den Ribosomen mit ihrem an einer bestimmten Stelle des Moleküls gelegenen Anticodon (das ebenfalls aus drei Basen besteht und zu dem entsprechenden Codon der m-RNS komplementär ist *[Adaptorhypothese]*) an das jeweilige Codon der m-RNS an. Hierbei wird eine Peptidbindung zw. der neu hinzukommenden Aminosäure und der vorangegangenen geknüpft und gleichzeitig die t-RNS der vorangegangenen Aminosäure freigesetzt. Die Synthese beginnt an einem Startcodon der m-RNS *(Initiator)* und läuft weiter *(Elongation),* bis auf der m-RNS ein Stoppcodon erscheint *(Termination).* Nach Beendigung der Aminosäurekette, d. h. nach Fertigstellung des Proteins, zerfällt das Ribosom in seine beiden Untereinheiten; es kann anschließend mit einer anderen m-RNS zu einer neuen Synthese zusammentreten.

Proteine [griech.] (Eiweiße, Eiweißstoffe), als Polykondensationsprodukte von Aminosäuren aufzufassende, hochmolekulare Verbindungen (Polypeptide) mit einer Molekülmasse über 10 000 (z. T. bis über 100 000) mit charakterist. Peptidbindung (→Peptide), lebenswichtige Bestandteile der Zellen aller Organismen, u. a. als Gerüst- und Stützsubstanzen, als Enzyme und zahlr. Hormone (→Keratine, →Kollagene, →Albumine, →Globuline). *Aufbau:* Als *Primärstruktur* wird die Aufeinanderfolge der Aminosäuren bezeichnet; die *Sekundärstruktur* ist durch Ausbildung von Wasserstoffbrücken zw. CO- und NH-Gruppen der Peptidketten gekennzeichnet (schraubenartig gewundene α-Helix- oder α-Keratinstruktur bzw. aufgefaltete Faltblatt- oder β-Keratinstruktur). Durch kovalente Bindungen kommt es zur *Tertiärstruktur.* Durch Einwirken von Temperaturen über 60 °C, durch starke pH-Wert-Änderungen und bestimmte organ. Lösungsmittel wird die P.struktur irreversibel zerstört (Eiweißdenaturierung). Da P. zu einem beträchtl. Teil aus essentiellen →Aminosäuren bestehen, die nur von grünen Pflanzen aufgebaut werden können, müssen Mensch und Tier P. über die Nahrung (Pflanzen, Fleisch, Eier, Milch) aufnehmen, um körpereigene P. aufbauen zu können.

Proteinsynthese, andere Bez. für die →Proteinbiosynthese.

Protektionismus [lat.-frz.], eine [Außen]wirtschaftspolitik, die dem Schutz der Binnenwirtschaft vor ausländ. Konkurrenten dient. Maßnahmen: Zölle, Kontingentierung, Devisenbewirtschaftung, Einfuhrbeschränkungen und -verbote.

Protektorat [lat.], völkerrechtl. Staatenverbindung auf der Basis der Ungleichheit. Der unter dem Schutz eines anderen Staates oder einer Staatengemeinschaft stehende Staat (ebenfalls P. gen.) behält seine Völkerrechtsfähigkeit, er überträgt nur einzelne Kompetenzen – etwa auswärtige Beziehungen, Verteidigung – auf den Protektorstaat.

Protektorat Böhmen und Mähren, nat.-soz. Bez. für die von Hitler im März 1939 dem Dt. Reich eingegliederten tschech. Gebiete, die dem sog. Reichsprotektor unterstanden.

Proteolyse [griech.], (enzymat.) Aufspaltung von Eiweißkörpern in Aminosäuren.

Protest [italien.], 1) Mißfallensbekundung.

2) *Wechsel-* und *Scheckrecht:* →Scheckprotest, →Wechselprotest.

Protestanten [lat.], Mgl. der protestant. Kirchen.

Protestantismus [lat.], Gesamtheit der maßgebl. von der →Reformation bestimmten christl. Kirchen und Bewegungen. Die Bez. geht zurück auf die →Protestation von Speyer (1529). Der P. umfaßt alle theol. Richtungen und konfessionellen Gruppen auf ev.

Proteinbiosynthese

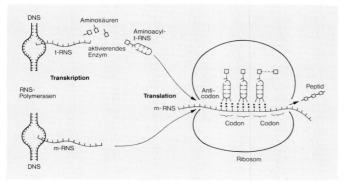

Seite im 16. Jh. sowie die in der Folgezeit aus ihnen hervorgegangenen Kirchen und Gemeinschaften. – Als *Lehre* des P. gelten die zentralen theol. Aussagen der Reformatoren: Der Mensch ist Sünder. Seine Rechtfertigung geschieht allein durch Christus, allein aus Gnade und allein durch den Glauben. Die Bibel ist einzige Offenbarungsquelle. – Die Zugehörigkeit zum P. ist nicht leicht zu begrenzen. Eine *Einheit* des P. ist deshalb weder in einer kirchl. Institution zu erkennen noch durch kirchl. Bekenntnisse zu sichern. Dennoch bemüht sich der P. in der ökumen. Bewegung auch um institutionelle Einigung.

Protestation von Speyer, Einspruch der ev. Reichsstände gegen den Beschluß der altkirchl. Mehrheit auf dem Reichstag von Speyer 1529, am Wormser Edikt von 1521 festzuhalten. Der Reichstagsabschied setzte sich über die P. v. S. hinweg.

Protestsong, nach 1945 entstandene Gattung politisch engagierter Lieder.

Prothallium [griech.] (Vorkeim), thallöser Vorkeim (Gametophyt) der Farnpflanzen, an dem die Fortpflanzungsorgane entstehen.

Prothetik [griech.], medizinisch-techn. Wissenschaftszweig, der sich mit der Konstruktion von Prothesen und Orthesen befaßt. Als **Prothesen** werden alle [mechan.] Vorrichtungen bezeichnet, die zum Funktions- und/oder kosmet. Ersatz nicht oder nur vollständig ausgebildeter, infolge Unfalls verlorener oder aus medizin. Indikation operativ abgetragener (amputierter) sowie durch Krankheit zerstörter Körper- oder Organteile im und am Körper dienen. – **Orthesen** sind techn. Hilfen, denen zum Ausgleich von Funktionsausfällen der Extremitäten oder der Wirbelsäule Stützfunktionen zukommen. Der Einsatz von Orthesen wird erfordert., wenn im Bereich der Extremitäten oder der Wirbelsäule durch Krankheit Funktionsausfälle auftreten, die der Organismus nicht ausgleichen kann.

Prothrombin, Vorstufe des für die Blutgerinnung wichtigen Thrombins.

Protium [griech.] → Wasserstoff.

proto..., Proto..., prot..., Prot... [griech.], Bestimmungswort von Zusammensetzungen mit der Bedeutung ›erster, wichtigster; Ur...‹.

Protokoll [griech.-mittellat.], 1) förml. Niederschrift; schriftliche Zusammenfassung der wesentl. Punkte einer Besprechung; Tagungsbericht.
2) die Gesamtheit der im *diplomat.* und *völkerrechtl. Verkehr* der Staaten gebräuchl. und eingehaltenen Formen.

Protokolle der Weisen von Zion, angebl. Niederschriften einer jüd. Geheimtagung, die Pläne für die Errichtung einer jüd. Weltherrschaft enthalten; antisemit. Fälschung unbekannter Herkunft; erstmals 1905 in Rußland veröffentlicht, v. a. nach dem 1. Weltkrieg weite Verbreitung; 1921 in der Londoner ›Times‹ als Fälschung entlarvt; spielten in der antisemit. Propaganda des Nat.-Soz. eine wichtige Rolle.

Protolyse (Säuredissoziation), Reaktion, bei der ein Protonendonator (Säure) Protonen an einen Protonenakzeptor (Base) abgibt. → auch Säure-Base-Theorie.

Proton [griech.], physikal. Symbol p oder H^+; positiv geladenes, stabiles → Elementarteilchen aus der Gruppe der Baryonen, das den Kern des leichten Wasserstoffatoms bildet und zus. mit dem Neutron Baustein aller Atomkerne ist. Das P. ist Träger einer positiven Elementarladung und besitzt ein magnet. Moment. Im Ggs. zu freien Neutronen sind freie P. leicht durch Ionisierung von Wasserstoffatomen zu erhalten; sie entstehen ferner bei einer Reihe von Kernprozessen, bei Kernspaltungen und Kernzertrümmerungen sowie beim Betazerfall des freien Neutrons.

Protonenzahl → Atom.

Protostomier [griech.] (Urmundtiere), Stammgruppe des Tierreichs, bei der der Urmund zur Mundöffnung wird und der After sekundär durchbricht. Die P. umfassen knapp 1 Mio. Arten, u. a. Platt- und Schlauchwürmer, Gliedertiere, Weichtiere, Tentakelträger. – Ggs. → Deuterostomier.

Prototyp, Urbild, Muster, Inbegriff; in der *Technik* Probemodell (z. B. eines Autos).

Protozoen [griech.] (Urtierchen, Protozoa), Unterreich der Tiere (tier. → Einzeller) mit rd. 20 000 bekannten etwa 1 μm bis 2 mm großen rezenten Arten; fossile Formen (z. B. Nummuliten) bis 10 cm groß; ein- oder mehrkernig, Zelloberfläche meist nackt und weitgehend formveränderlich (z. B. bei Amöben). Die Fortpflanzung erfolgt ungeschlechtl. durch Zweiteilung, Vielfachteilung oder Knospung, bei vielen P. auch geschlechtl. durch Kopulation oder Konjugation. Zahlr. P. können ungünstige Lebensbedingungen als Dauerstadien (Zysten) überstehen. P. bewegen sich mit Hilfe von Scheinfüßchen, Geißeln oder Wimpern fort; sie leben einzeln oder bilden Kolonien (im Meer und Süßwasser); einige sind gefährl. Krankheitserreger.

Protuberanzen [lat.], über die Chromosphäre der Sonne hinausragende glühende Gasmassen; auf der Sonnenscheibe vorkommende P. werden wegen ihrer fadenförmigen Struktur auch als *Filamente* bezeichnet.

Proudhon, Pierre Joseph [frz. pru'dõ], * Besançon 15. 1. 1809, † Paris 19. 1. 1865, frz. Frühsozialist und Schriftsteller. In seiner Schrift ›Was ist Eigentum?‹ (1840) forderte P. die gleichmäßige Verteilung des Produktionseigentums zugunsten einer Vielzahl von Kleinproduzenten.

Proust, Marcel [frz. prust], * Paris 10. 7. 1871, † ebd. 18. 11. 1922, frz. Schriftsteller. Schuf eine durch die Technik des inneren Monologs und der assoziativen Verknüpfung aktueller mit früheren Bewußtseinsinhalten gekennzeichnete psycholog. Methode zur Wiedergewinnung der ›verlorenen Zeit‹, der Vergangenheit, durch die Erinnerung. Sein Hauptwerk, der 7teilige Romanzyklus ›Auf der Suche nach der verlorenen Zeit‹ (1913–27) ist eine monumentale Darstellung der Pariser Aristokratie und des Großbürgertums in der Zeit vor dem 1. Weltkrieg.

Provence [frz. prɔ'vã:s], histor. Gebiet in SO-Frankreich, zw. Dauphiné im N, unterem Rhonetal im W, Mittelmeer im S und der italien. Grenze im O.
Geschichte: 121 v. Chr. röm. Prov. Gallia transalpina (später nach der Hauptstadt *Narbonensis* gen.); um 536 fränk.; 855–863 und 879–933 selbständiges Kgr. (Niederburgund). Die nach 950 gebildete Gft. P. kam ab 1246 an verschiedene Linien des Hauses Anjou, 1481 an die frz. Krondomäne.

Provence-Alpes-Côte d'Azur [frz. prɔvãsalpkotda'zy:r], Region in SO-Frankreich, 31 400 km², 4,06 Mio. E, Hauptstadt Marseille.

Provenzalisch, zu den roman. Sprachen gehörende Sprache in S-Frankreich, die sich aus dem Volkslatein entwickelt hat. Die altprovenzal. Literatursprache (10. bis 13. Jh.) wurde als Sprache der Troubadours auch von den Minnedichtern in Italien und auf der Iber. Halbinsel verwendet. Im 19. Jh. wurden, ohne Anknüpfung an das Altprovenzal., moderne Mundarten in der Dichtung verwendet. → Okzitanisch.

provenzalische Literatur, südfrz. Literatur in verschiedenen Mundarten; im Zentrum stand die *Lyrik* der Troubadours. Um 1120 entstand in provenzal.-frz. Mischsprache der ›Alexanderroman‹ des Albéric de Besançon, um 1240 der kulturhistor. bed. Liebesroman ›Flamenca‹. Eine Erneuerung der Troubadourdichtung und Betonung des Eigenwertes der proven-

zal. Sprache wurde im 19. Jh. durch die *neuprovenzal.*
Literatur des Dichterbundes der ›Félibres‹ unter der
Leitung von F. Mistral betrieben.

Proverb (Proverbium), svw. → Sprichwort.

Providence [engl. 'prɔvidəns], Hauptstadt des
Staates Rhode Island, USA, an der weit ins Landesinnere reichenden Narragansett Bay, 157 200 E. Univ.
(gegr. 1764); Hafen.

Provinz [lat.], 1. im antiken Rom ab 228/227 Verwaltungsbezirke außerhalb Italiens. 2. Staatl. Verwaltungsbezirke mit Selbstverwaltungsrechten, aber ohne
Autonomie.

Provinzial [mittellat.], im kath. Ordensrecht der
Obere einer Ordensprovinz.

Provision [italien.], erfolgsabhängige Vergütung
insbes. der Handelsvertreter bzw. Gebühr für bestimmte Bankgeschäfte.

provisorisch [lat.-frz.], vorläufig, behelfsmäßig;
probeweise.

Provokation [lat.], Herausforderung; Aufwiege-
lung.

proximal [lat.], in der *Anatomie* und *Medizin* näher
zur Körpermitte bzw. zu charakterist. Bezugspunkten
hin liegend als andere Körper- oder Organteile.

Prozedur [lat.], 1) *allgemein:* svw. (zeitaufwendi-
ges, umständl.) Verfahren.

2) *Datenverarbeitung:* in einer problemorientierten
Programmiersprache geschriebenes Programm oder
ein Programmteil **(Unterprogramm),** der über eine bestimmte *P.anweisung* aufgerufen werden kann.

Prozent [italien.], Zeichen %, Abk. p. c., Hundert-
stel; z. B. 4 % von 17 kg = $^4/_{100}$ · 17 kg = 0,68 kg; **pro-
zentual,** im Verhältnis zum vollen Hundert bzw. zum
Ganzen, in Prozenten ausgedrückt.

Prozeß [lat.], allg. svw. Verlauf, Ablauf, Hergang,
Entwicklung. Im *Recht* ein gerichtl. bzw. gerichtsför-
miges Verfahren mit dem Ziel einer richterl. Entscheidung. Der P. beginnt im allg. mit der Erhebung einer
Klage, die das P.rechtsverhältnis (Verhältnis zw. den
P.beteiligten zueinander und zum Gericht) begründet.
Über den geltend gemachten Anspruch darf das Gericht nur entscheiden, wenn der P. zulässig ist. Ist das
nicht der Fall, so wird die Klage ohne jegl. Sachprüfung als unzulässig durch ein sog. *P.urteil* abgewiesen,
anderenfalls tritt das Gericht in die Sachprüfung ein,
indem es das Vorbringen der P.beteiligten und das Ergebnis der Beweisaufnahme in tatsächl. und rechtl.
Hinsicht würdigt, und erläßt sodann das Urteil. Dieses wird rechtskräftig, wenn keine Rechtsmittel einge-
legt werden, womit der P. beendet ist. Die *P.kosten,*
d. h. Kosten, die ein P.beteiligter unmittelbar aufwen-
den muß, um den Rechtsstreit zu führen, sind i. d. R.
von der unterliegenden Partei zu tragen. Sie setzen
sich aus den Gerichtskosten und den außergerichtl.
Kosten (z. B. Anwaltsgebühren) zusammen.

Prozession [lat.], in den *christl. Liturgien* seit dem
4. Jh. ein feierl. Geleiten oder gemeinsames Gehen in
(z. B. Einzugs-P., Gaben-P.) oder außerhalb der Kirche (z. B. Bitt-P., Fronleichnams-P.).

Prozessionsspinner (Thaumetopoeidae), v. a. in
Europa, N-Afrika und W-Asien verbreitete Fam. der
Nachtfalter mit rd. 100 z. T. als gefährliche Forst-
schädlinge gefürchteten Arten (in Deutschland z. B.
der *Eichen-P.* und der *Kiefern-P.*); Falter mittelgroß,
plump, meist grau gefärbt, ohne Rüssel (nehmen
keine Nahrung auf); Raupen ziehen meist nachts in
geschlossener ›Prozession‹ zur Fraßstelle und wieder
zurück.

Prozeßkostenhilfe (früher: Armenrecht), in verschiedenen Prozeßordnungen vorgesehenes Recht
auf einstweilige oder dauernde Befreiung einer min-
derbemittelten Partei von den Prozeßkosten, sofern
der Prozeß für die Partei hinreichende Aussicht auf
Erfolg bietet.

Prozessionsspinner:
Wandernde Raupen
des Eichenprozes-
sionsspinners

Prozeßkunst, Richtung der zeitgenöss. Kunst; sie
will in einem noch nicht durch konventionelle Handhabung festgelegten Geschehensablauf die Aufmerksamkeit für Dinge, die i. d. R. nicht bewußt wahrgenommen werden, wecken; wird meist auf Film und
Videoband aufgezeichnet.

Prozeßmaximen (Prozeßgrundsätze), allg., der
Durchführung eines rechtsstaatl. Verfahrens dienende Grundsätze. Die wichtigsten P. sind: Öffentlichkeit, Mündlichkeit und Unmittelbarkeit der Verhandlung, der Grundsatz des rechtl. Gehörs sowie
der Verhandlungsgrundsatz, Verfügungs- und Unter-
suchungsgrundsatz; ferner im Strafprozeß das Offi-
zialprinzip.

Prozessor [lat.], zentraler Teil einer elektron. Datenverarbeitungsanlage; enthält das Rechenwerk und
Steuerwerk (→ Datenverarbeitung). → Mikroprozes-
sor.

Prozeßrechner, Datenverarbeitungsanlage, die
zur Steuerung von Prozessen eingesetzt wird (→ Datenverarbeitung).

Prschewalskigebirge → Kunlun.

**Prschewalski-
pferd**

Prschewalskipferd [nach dem russ. General und
Asienforscher Nikolai Michailowitsch Prschewalski,
* 1839, † 1888] (Przewalskipferd, Wildpferd, Urwild-
pferd), urspr. mit mehreren Unterarten in weiten Teilen Europas und Asiens verbreitete Pferdeart, Stammform der Hauspferde. Das P. ist heute bis auf wenige
Tiere der Unterart Östl. Steppenwildpferd (Mongol.
Wildpferd) ausgerottet. Diese haben einen stämmi-
gen, etwa 2,2–2,8 m langen Körper, einen dicken
Hals, massigen Kopf und eine Schulterhöhe von rd.
1,2–1,45 m.

Prud'hon (Prudhon), Pierre-Paul [frz. pry'dõ],
* Cluny 4. 4. 1758, † Paris 14. oder 16. 2. 1823, frz.
Maler. Mythologisch-allegor. Bilder und Porträts;
meisterhafte Zeichnungen.

Prüfbit, in modernen Rechnern ein oder mehrere
→ Bits im Byteformat, die eine Kontrolle (und eine
Korrektur von Verfälschungen) einzelner → Bytes ermöglichen. Die einfachste Form des P., das *Paritäts-
bit,* erlaubt nur die Erkennung eines einzigen Fehlers.

Prunkwinde, svw. → Trichterwinde.

Pruntrut → Porrentruy.

Prunus [lat.], Gatt. der Rosengewächse mit rd. 200
Arten, v. a. in den gemäßigten Zonen; meist sommer-
grüne Bäume und Sträucher. In Deutschland sind v. a.
Traubenkirsche, Schlehdorn und Vogelkirsche hei-
misch. Wichtige Kulturpflanzen sind Sauerkirsche,
Süßkirsche, Mandelbaum, Pflaumenbaum, Pfirsich-
baum und Zierpflanzen wie Japan. Kirschen und
Kirschlorbeer.

Prus, Bolesław, eigtl. Aleksander Głowacki, * Hru-
bieszów (Woiwodschaft Zamość) 20. 8. 1847, † Warschau 19. 5. 1912, poln. Schriftsteller. Bed. Vertreter
des poln. Realismus; als sein Hauptwerk gilt der
histor. Roman ›Der Pharao‹ (1897).

Pruth, linker Nebenfluß der Donau, Grenzfluß zw. Rumänien, der Ukraine und (hauptsächlich) Moldawien, entspringt in den Waldkarpaten, mündet östl. von Galatz, 950 km lang.

Przemyśl [poln. 'pʃɛmiɕl], poln. Stadt am mittleren San, 64 900 E. Bed. Ind.standort. Spätgot. Kathedrale (1460–1571; barockisiert), daneben der 71 m hohe barocke Uhrturm; Schloß (1343; wiederaufgebaut).

Przemysliden [pʃɛ...] (Přemysliden), böhm. Herrschergeschlecht, seit dem 9.Jh. als Herzöge belegt. Unter König Ottokar II. (⚭ 1253–78) erlangte Böhmen ein Großmachtstellung. 1306 starben die P. im Mannesstamm aus.

Przewalskipferd [prʃe...] →Prschewalskipferd.

Przybyszewski, Stanisław [poln. pʃibi'ʃɛfski], *Łojewo bei Kruszwica (Woiwodschaft Bydgoszcz) 7. 5. 1868, †Jaronty 23. 11. 1927, poln. Schriftsteller. Bed. Vertreter des →Jungen Polen; schrieb in dt. und poln. Sprache, u. a. ›Satans Kinder‹ (R., 1897, poln. 1899).

PS, 1) Einheitenzeichen für Pferdestärke.
2) Abk. für →Postskript.

Psalmen [griech.], alttestamentarische Lieder; die Sammlung der P. (Abk. Ps.) enthält 150 Lieder, die in 5 Bücher unterteilt sind. Die in den P.überschriften genannten Namen Mose, David und Salomo sind in der Mehrzahl keine Verfassernamen. – In der kath. Liturgie sind die P. ein wichtiger Bestandteil der im Sprechgesang vorgetragenen Gesangstexte (→Psalmtöne; →Psalmodie); daneben gibt es musikal. Formen, in denen die den P. entnommenen Texte mit mehr oder weniger reich verzierten Melodien versehen sind. Mehrstimmige P.vertonungen finden sich erst seit dem 15. Jahrhundert.

Psalmodie [griech.], Psalmenvortrag im gehobenen Sprechgesang der →Psalmtöne, auch die aus ihm hervorgegangenen Formen des Gregorian. Gesangs (v. a. Antiphon und Responsorium).

Psalmtöne, die dem System der Kirchentonarten untergeordneten Melodiemodelle, die im Vortrag den jeweiligen Psalmtexten angepaßt werden. Für die P. ist eine Gerüst melod. Formeln charakteristisch.

Psalter (Psalterium) [griech.], 1. Buch der Psalmen im AT; 2. mittelalterl. liturg. Textbuch der Psalmen zur feierl. Rezitation im Stundengebet.

Psalterium [griech.], 1) *Musik:* etwa vom 8. bis zum 17.Jh. in Europa gebräuchl. Saiteninstrument vom Typ der Zither, dessen 30 und mehr Saiten mit den Fingern oder einem Plektron gezupft werden. Seit dem 9.Jh. dreieckige und trapezförmige Psalterien, seit dem 14.Jh. in ›Schweinskopfform‹.
2) svw. →Psalter.

Psammetich I., †610 v.Chr., ägypt. König (seit 664). Begründer der 26. Dynastie, befreite Ägypten um 650 von der assyr. Oberhoheit.

pseud..., **Pseud...** →pseudo..., Pseudo...

Pseudepigraphen, 1. antike Schriften, die fälschlich unter dem Namen eines bed. Autors umlaufen; 2. in der prot. Terminologie Bez. für die jüd. Apokryphen.

pseudo..., **Pseudo...**, **pseud...**, **Pseud...** [zu griech. pseúdos ›Lüge‹], Bestimmungswort von Zusammensetzungen mit der Bedeutung ›fälschl., falsch, unecht, vorgetäuscht‹.

Pseudo-Dionysios Areopagita →Dionysios Areopagita.

Pseudoisidorische Dekretalen [...o-i...], Sammelname für die um die Mitte des 9. Jh. entstandene, einflußreiche kirchenrechtl. Fälschung des MA, mit der die Stellung der Bischöfe gegenüber den Metropoliten und Synoden gestärkt und die Macht des Papstes gefestigt werden sollte. – 1628 als Fälschung bewiesen.

Pseudokrupp [griech./engl.], entzündl. Schwellung v. a. der Schleimhäute des Kehlkopfs bei Kleinkindern, meist verursacht durch Viren. Symptome: Heiserkeit, bellender Husten, [lebensbedrohende] Erstickungsanfälle. Tritt v. a. als Folge von Infektionskrankheiten und Allergien auf (vermutl. Zusammenhänge zw. Anstieg der Krankheitsfälle und zunehmender Luftverschmutzung).

Pseudomonaden, Bakterien der Gatt. *Pseudomonas* mit rd. 30 Arten; gewinnen ihre Energie nur durch Atmung; in Boden und Gewässern weit verbreitet; z. T. gefährl. Krankheitserreger (Brand, Rotz).

Pseudonym [griech.], fingierter Name, Deckname, Künstlername; P. sind heute namensrechtl. geschützt.

Pseudosäuren, Bez. für organ. Verbindungen, die aufgrund von →Tautomerie in eine zur Salzbildung befähigte saure Form *(aci-Form)* übergehen.

Psi [griech.], 1) vorletzter (23.) Buchstabe des klass. griech. Alphabets mit dem Lautwert [ps]: Ψ, ψ.
2) *Parapsychologie:* Symbol für Übersinnliches.

Psifunktion, 1) (ψ-Funktion, Schrödinger-Funktion, quantenmechan. Wellenfunktion) eine den quantenmechan. Zustand eines mikrophysikal. Systems beschreibende Funktion der Systemkoordinaten und der Zeit.
2) Bez. für eine psych. Funktion, die für die Erklärung psych. oder psychophys. Wechselwirkungen zw. Subjekt und Objekt angenommen wird, wenn keine sensor. bzw. sensomotor. Vermittlung festzustellen ist.

Psilomelan [griech.] (Hartmanganerz, schwarzer Glaskopf), schwarzes, metall. glänzendes Mineral, chem. MnO_2. Mohshärte 4–6; Dichte 4,4–4,7 g/cm^3; wichtiges Manganerz.

Psittakose [griech.], svw. →Papageienkrankheit.

Psoriasis [griech.], svw. →Schuppenflechte.

psych..., **Psych...** →psycho..., Psycho...

Psychagogik [griech.], Bez. für eine Vielzahl von pädagog.-therapeut. Verfahren bei Verhaltensstörungen (Beratungsgespräche, Gruppengespräche, Entspannungsübungen, Atemgymnastik, Logotherapie, autogenes Training, Meditationen).

Psyche [griech.], die Gesamtheit bewußter und unbewußter seel. Vorgänge und geistiger Funktionen; Seele. In der Antike als geflügeltes Wesen dargestellt, Geliebte des Amor.

psychedelisch (psychodelisch) [griech.-amerikan.], das Bewußtsein verändernd bzw. die Wahrnehmungs- und Erlebnisfähigkeit steigernd (bezogen auf die Wirkung von Halluzinogenen).

Psychiater [griech.], Facharzt für Psychiatrie.

Psychiatrie [griech.], Teilgebiet der Medizin, das sich mit medikamentöser Behandlung seel. Krankheiten befaßt. – Neben der wiss. Forschung, die sich darum bemüht, psych. Krankheiten und Störungen in ihrem Wesen aufzuklären, gibt es den weiten Bereich der *prakt. Psychiatrie,* bei dem es sich um die Aufgaben der psychiatr. Krankenbetreuung handelt.

psycho..., **Psycho...**, **psych...**, **Psych...** [zu griech. psyché ›Seele‹], Bestimmungswort von Zusammensetzungen mit der Bedeutung ›Seele, Gemüt‹.

Psychoanaleptika (Psychostimulanzien, psychomotor. Stimulanzien, Psychotonika), Substanzen mit vorwiegend erregender Wirkung auf die Psyche (v. a. Amphetamin).

Psychoanalyse, Verfahren zur Analyse und Heilung von Neurosen und Hysterien, das um 1900 von S. Freud entwickelt wurde. Der Patient überläßt sich seinen Einfällen und Assoziationen, erzählt seine Konflikte, Erinnerungen und Träume. Der Therapeut (Psychoanalytiker) sucht die ins Unbewußte verdrängten Erlebnisse, die sich in Symptomen wie Fehlhandlungen, Ängsten und nervösen Störungen ausdrücken, analytisch zu rekonstruieren. Die zugrunde liegenden Erlebnisse sind nach Freud im wesentlichen triebhafter und bes. sexueller Natur *(Libido)*.

psychodelisch, svw. → psychedelisch.

psychogen, seelisch bedingt (v. a. bezogen auf körperl. Symptome und Erkrankungen).

Psychogramm, graph. Darstellung von Eigenschaften und Fähigkeiten einer Persönlichkeit (z. B. in einem Koordinatensystem).

Psychokinese, in der Parapsychologie Bez. für einen physikal. nicht erklärbaren Einfluß eines Menschen auf materielles Geschehen.

Psycholeptika [griech.], svw. → Neuroleptika.

Psycholinguistik, interdisziplinäre Forschungsrichtung, die sich u. a. mit den psycholog. Grundlagen der Sprache und mit der Rolle psycholog. Faktoren beim Spracherwerb beschäftigt.

Psychologe [griech.], Beruf mit Hochschulstudium *(Diplom-P.);* der P. ist u. a. beratend tätig, z. B. an Krankenhäusern, Arbeitsämtern, Gefängnissen, Schulen.

Psychologie, Wiss., die sich mit den Formen und Gesetzmäßigkeiten des menschl. Verhaltens und Erlebens befaßt sowie deren Bedingungen untersucht *(Human-P.).* – Das Verhalten von Tieren ist Gegenstand der *Tier-P.* (→ Verhaltensforschung).

Die beiden Hauptbereiche sind die empir. und die theoret. Psychologie. Zur *empir.* P. zählen neben der *allgemeinen P.* (Untersuchung des psych. Grundgeschehens in Wahrnehmen, Denken, Gedächtnis, Fühlen, Wollen) v. a. die Teilgebiete *Entwicklungs-P.* (Beschreibung und Erforschung der ontogenet. Entwicklung des Verhaltens von Individuen und Gruppen), *Ausdrucks-P.* (Analyse menschl. Ausdrucksverhaltens), *experimentelle P.* (Experiment als Erkenntnismethode), *Persönlichkeits-P.* (Analyse persönlichkeitsbildender Faktoren durch Fragebogen, Test, Experiment), *differentielle P.* (Untersuchung von Erleben und Verhalten des Individuums v. a. unter dem Aspekt der individuellen Unterschiede), *Sozial-P.* (befaßt sich mit den sozialen Einflüssen auf Entwicklung und Verhalten eines Individuums). – Bes. enge Beziehungen bestehen zur Medizin. Sie sind v. a. darauf zurückzuführen, daß die Bindungen zw. psych. Gegebenheiten und somat. Erkrankungen untrennbar sind. Im Vordergrund der *medizin. P. (klin. P.)* steht damit die Betrachtung eines kranken Organismus in seiner Gesamtheit und infolgedessen die Behandlung jeweils nicht einer bestimmten organ. Krankheit, sondern eines Individuums insgesamt. – Die *theoret. P.* stellt aufgrund empir. Befunde allgemein Gesetzmäßigkeiten des Psychischen auf.

Als *angewandte P. (prakt. P.)* werden diejenigen Teilgebiete der P. bezeichnet, die psycholog. Erkenntnisse für die verschiedenen Bereiche des wirtschaftl., sozialen und kulturellen Lebens nutzbar machen; sie umfaßt in ihren Teilgebieten weitgehend diejenigen der empir. P. (z. B. Berufs-P., Arbeits-P., Werbe-P., klin. Psychologie).

psychologische Tests, Verfahren zur Untersuchung von Persönlichkeitsmerkmalen (Begabungen, Fähigkeiten, Intelligenz, Fertigkeiten, Einstellungen oder des Entwicklungsstandes) mit standardisiertem Testmaterial. Man unterscheidet Leistungs- und Persönlichkeitstests.

Leistungstests: Sie haben die Prüfung *grundlegender Fähigkeiten* und *Eigenschaften* der Sinnesorgane und ihrer Reizverarbeitung zum Gegenstand. Um die *Eignung* für die verschiedensten Berufe zu untersuchen, wurden die verschiedensten Eignungstests entwickelt (z. B. Reaktionstest für Kraftfahrer). Für *Intelligenztests* werden stets aus mehreren Einzeltests Testbatterien zusammengestellt. Man untersucht also einzelne geistige Leistungen, von denen man annimmt, daß sie die Intelligenz ausmachen, und setzt

daraus ein Gesamtbild (z. B. den Intelligenzquotienten) zusammen oder stellt die Einzelergebnisse als Kurvenzug (Intelligenzprofil) graphisch dar. – **Persönlichkeitstests:** Sie versuchen (z. B. mittels Fragebögen) den Ausprägungsgrad bestimmter charakterl. Merkmale wie Aggressivität, Antriebsstärke, Interessen, Affekte, Einstellung zu den verschiedensten Problemen u. ä. zu bestimmen.

Psychometrie [griech.], Sammelbez. für psycholog. Forschungen oder Erhebungen, die sich quantitativer (messender) Methoden bedienen (v. a. im Experiment, beim Test).

Psychomotorik, Bez. für alle willkürl. gesteuerten Bewegungsabläufe (wie Gehen, Sprechen, Ausdrucksbewegungen).

Psychopathie [griech.], svw. seel. Leiden, das sich in Affekt- und Verhaltensstörungen äußert. Es kann auf vererbte Anlagen allein oder auf deren Wechselwirkung mit der Umwelt oder die Umwelt allein zurückgeführt werden.

Psychopathologie, Wiss., die Entstehung, Symptome und Verlauf von Persönlichkeits- und Verhaltensstörungen erforscht.

Psychopharmaka [griech.], Stoffe, die das zentrale und das vegetative Nervensystem beeinflussen. Nach ihrer Wirkung unterscheidet man Neuroleptika und Antidepressiva, i. w. S. auch Stimulanzien und Tranquilizer.

Psychophysik, Teilgebiet der experimentellen Psychologie, das sich speziell mit den Beziehungen zw. Reizintensität und -qualität einerseits und Reizwahrnehmung und -empfindung bzw. -beurteilung andererseits befaßt.

Psychose [griech.], Sammelbegriff für verschiedenartige Krankheitszustände, die mit erhebl. Störungen psych. Funktionen einhergehen, wobei meist offenkundige Fehleinschätzungen der Realität (z. B. durch Wahn, Halluzinationen, schwere Gedächtnis- oder Affektstörungen bedingt) sowie unmotiviert erscheinende Verhaltensänderungen auftreten. Häufig erleben die Betroffenen nicht sich selbst, sondern ihre Umgebung als verändert und haben im akuten Stadium meist keine Einsicht in die Krankhaftigkeit ihres Zustands. – **Exogene Psychosen** (körperlich begründbar, symptomat. oder organ. P.) heißen solche mit bekannter organ. Ursache (z. B. Infektionskrankheiten, Kopfverletzungen, Tumore, Stoffwechselstörungen, Vergiftungen, Drogen- und Alkoholmißbrauch usw.). Als **endogene Psychosen** (funktionale oder körperlich nicht begründbare P.) werden einige häufig vorkommende Krankheiten bezeichnet, denen weder organ. noch psychogene Ursachen eindeutig zugeordnet werden können. Es handelt sich v. a. um die **affektiven P.** (manisch-depressive P. [›Irresein‹]; z. B. die *Affekt-P.* mit krankhaft verändertem Gefühlsleben) und die Gruppe der → Schizophrenien.

Psychosomatik [griech.] (psychosomat. Medizin), Richtung der Medizin, die erkennt, daß zw. psych. Vorgängen und körperl. (somat.) Erscheinungen ein enger Zusammenhang besteht. Nicht bewältigte psych. Konflikte können zu einer Reihe von Krankheiten führen, z. B. Magen- und Darmgeschwüre, Asthma, bestimmte Hautkrankheiten, Migräne, Allergien.

Psychotherapeut, Facharzt für Psychotherapie.

Psychotherapie, die therapeut. Beeinflussung von Verhaltensanomalien und seel. Leiden (insbes. Neurosen). I. d. R. setzt die P. eine Übereinkunft über die Therapieziele zw. Klient und Therapeuten voraus. Neben der Psychoanalyse und psychosomat. Behandlung sind wichtige, allg. anerkannte Behandlungstechniken der P.: *Gesprächstherapie* (der Therapeut versucht, seinen Klienten weder zu kritisieren, zu interpretieren noch suggestiv zu beeinflussen, sondern ihn zu veranlassen, im Gespräch seine Probleme selbst zu analysieren); *Gestalttherapie* (der Klient wird durch Verstärkung der sinnl. Wahrnehmung und der Körpergefühle an die Ganzheit seines leib-seel. Erlebens herangeführt), → Gruppentherapie und → Verhaltenstherapie.

psychotrop [griech.], auf das Psychische wirkend, psychische Prozesse beeinflussend.

Psychrometer [psyçro...; griech.], im wesentl. aus zwei Thermometern bestehendes Gerät zur Bestimmung der Luftfeuchtigkeit. An einem mit einer befeuchteten Mullhülle versehenen Thermometer verdunstet Wasser, wobei sich das Thermometer abkühlt. Der sich einstellende Temperaturunterschied gegenüber dem trockenen Thermometer, die *psychrometr. Differenz*, ist ein Maß für die Luftfeuchtigkeit.

pt, Einheitenzeichen für → Pint.

Pt, chem. Symbol für → Platin.

Ptah, ägypt. Gott (der Handwerkerkunst), menschengestaltig dargestellt.

PTH, Abk. für → Parathormon.

Ptolemäer (Lagiden), hellenist. Herrscherdynastie in Ägypten 323–30 v. Chr.; auf eine maßvolle Expansion bis Mitte des 3. Jh. (Kyrene, Zypern, Palästina, südkleinasiat. und thrak. Küste) folgte eine Periode der Schwäche, die zur Anlehnung an Rom und mit dem Tod Kleopatras VII., d. Gr., zur Eingliederung Ägyptens ins Röm. Reich führte.

Ptolemaios, Name von 15 Herrschern des hellenist. Ägypten. Bed. v. a.:

1) **Ptolemaios I. Soter** (›der Retter‹), * in Makedonien um 366, † 283, Satrap (seit 323), König (seit 305). Jugendfreund und Feldherr Alexanders d. Gr.; wesentl. an der Aufteilung des Alexanderreiches und den Diadochenkriegen beteiligt (301 Gewinn Kyrenes und Palästinas, um 294 Zyperns).

2) **Ptolemaios II. Philadelphos** (›der Schwesterliebende‹), * auf Kos um 308, † 246, Mitregent (seit 285), König (seit 283). ∞ mit Arsinoe I. und Arsinoe II. (erste hellenist. Geschwisterehe). Begründete den ptolemäischen Herrscherkult, baute kulturelle Institutionen aus (Alexandrin. Bibliothek).

Ptolemais, Name mehrerer nach Ptolemäern ben. antiker Städte; am bedeutendsten: 1. P. in Oberägypten (= Al Manschah sö. von Sauhag); 2. das hellenist. Akko.

Ptolemäus, Claudius (Ptolemaeus), * Ptolemais um 100, † Canopus (?) nach 160, Astronom, Mathematiker und Geograph in Alexandria. Mit seinem dem → geozentrische System vermittelnden Hauptwerk (in lat. Übersetzung ›Almagest‹ gen.) legte er die erste systemat. Ausarbeitung der mathemat. Astronomie vor. Die zweite große Schrift des P. vermittelt die mathemat. Kenntnisse für die Längen- und Breitenbestimmung von Orten.

Ptyalin [griech.] → Amylasen.

Pu, chem. Symbol für → Plutonium.

Pub [engl. pʌb], engl. Bez. für Wirtshaus.

Pubertät [lat.], die Entwicklungsphase des Menschen zw. Kindheit und Erwachsensein. Beginn und Ende der P. liegen in M-Europa bei Mädchen etwa zw. dem 11. (erste Menstruation) und 15./16., bei Knaben etwa zw. dem 12. (erste Ejakulation bzw. Pollution) und 16./17. Lebensjahr. Außer durch die Ausbildung der sekundären Geschlechtsmerkmale ist der P. bes. durch Veränderungen hinsichtl. des Körperwachstums gekennzeichnet *(puberaler Wachstumsschub)*. Die körperl. Entwicklung in der P. ist mit der geistigen Entwicklung zur sozial selbständigen Individualität verbunden. Bedingt durch das Spannungsverhältnis physiolog. (v. a. hormonal) bedingter Körperveränderungen und sozial noch nicht ›geordneten‹ Geschlechtslebens, ist die P. auch eine Phase sozialer und psych. Unausgeglichenheit. Im Verhalten zeigen

sich leicht hervorrufbare, starke Erregtheit, Gefühlsambivalenz und -übersteigerung (›Zerrissenheit‹), Protesthaltung (v. a. gegen die Erwachsenenwelt) und soziale Orientierungsschwierigkeiten.

Pubertätsmagersucht (Anorexia mentalis, Anorexia nervosa), v. a. bei jungen Mädchen als psych. Reifungskrise vorkommende extreme Abmagerung durch Nahrungsverweigerung, auch durch (künstl. herbeigeführtes) Erbrechen.

Pubes [lat.], 1) Scham, Schamgegend; Bereich der äußeren Geschlechtsorgane.

2) svw. Schambehaarung.

Publicity [engl. pʌ'blɪsɪtɪ; lat.], Bekanntsein in der Öffentlichkeit; Reklame, Propaganda, um Aufsehen zu erregen.

Public Relations [engl. 'pʌblɪk rɪ'leɪʃənz ›öffentl. Beziehungen‹] → Öffentlichkeitsarbeit.

Public Schools [engl. 'pʌblɪk 'skuːlz ›öffentl. Schulen‹], Privatschulen (Gymnasien) in Großbrit. (etwa 200), mit Internat (11–18 Jahre), finanziert aus dem Schulvermögen, neuen Zuwendungen und dem Schulgeld; zu den bekanntesten P. S. zählen Eton College, Rugby School und Winchester College.

Publikum [lat.], die Gesamtheit der Rezipienten (Empfänger) einer Aussage (eines Signals): Leser, [Zu]hörer, Zuschauer.

Publizist [lat.], Journalist, Schriftsteller, der mit Analysen und Kommentaren zum aktuellen (polit.) Geschehen aktiv an der öffentl. Meinungsbildung teilnimmt.

Publizistik [lat.] (öffentl. Kommunikation), die Gesamtheit der am öffentl. Informations- und Meinungsbildungsprozeß beteiligten Massenmedien (v. a. Zeitungen, Zeitschriften, Film, Hörfunk, Fernsehen, Bücher), die in diesem Prozeß verbreiteten Aussagen sowie die an ihm beteiligten Personen. Davon abzuheben ist die (häufig ebenfalls P. gen.) *P.wissenschaft.*

Publizität [lat.], 1. allg. Zugänglichkeit der Massenmedien und ihrer Inhalte; 2. das öffentl. Bekanntsein.

Puccini, Giacomo [italien. put'tʃiːni], * Lucca 22. 12. 1858, † Brüssel 29. 11. 1924, italien. Komponist. Gilt als der bedeutendste Vertreter der italien. Oper nach Verdi; u. a. ›Manon Lescaut‹ (1893), ›La Bohème‹ (1896), ›Tosca‹ (1900), ›Madame Butterfly‹ (1900, erweitert 1904), ›Turandot‹ (beendet von F. Alfano, 1926).

Puck [engl.] → Eishockey.

Pückler-Muskau, Hermann Fürst von (seit 1822), * Muskau (= Bad Muskau) 30. 10. 1785, † Schloß Branitz bei Cottbus 4. 2. 1871, dt. Schriftsteller. Erregte literar. Aufsehen durch die teils anonymen, teils pseudonymen Schilderungen seiner Reisen in Europa, N-Afrika und Kleinasien, u. a. in ›Briefe eines Verstorbenen‹ (1830 bis 1832), ›Tutti Frutti‹ (1834).

Pudel, aus Lauf- und Hütehunden hervorgegangene alte Rasse lebhafter Luxushunde mit wolliger und gekräuselter Behaarung. Man unterscheidet *Groß-P.* (bis 55 cm), *Klein-P.* (bis 45 cm) und *Zwerg-P.* (unter 35 cm schulterhoch).

Pudowkin, Wsewolod Illarionowitsch, * Pensa 28. 2. 1893, † Moskau 30. 6. 1953, sowjet. Filmregisseur. Seine Filme ›Die Mutter‹ (1926), ›Das Ende von Sankt Petersburg‹ (1927) und ›Sturm über Asien‹ (1928) zählen zu den Klassikern des Stummfilms.

Puebla [span. 'pueβla] (P. de Zaragoza), 1) Hauptstadt des mex. Staates Puebla, am Río Atoyac, 835 800 E. 2 Univ.; Museen, Theater. U. a. Textil-, Automobil-, Glas-Ind., Zementfabrik. Zahlr. Bauwerke sind mit bunten Fliesen verkleidet (16.–18. Jh.).

2) Staat in Z-Mexiko, 33 902 km², 4,07 Mio. E, Hauptstadt Puebla.

Pueblo [pu'eːblo; span. 'pueβlo ›Dorf‹], Siedlung der Puebloindianer und ihrer Vorfahren ab etwa 700

Giacomo Puccini

Wsewolod Illarionowitsch Pudowkin

n. Chr. im SW der USA; besteht aus oberird. angelegten mehrstöckigen Wohnbauten mit über- und nebeneinandergebauten rechteckigen Wohn- und Arbeitsräumen; aus plattig behauenen Steinen oder Lehmziegeln errichtet.

Puebloindianer, Indianerstämme im sw. Nordamerika. Die Nachkommen der prähistor. Pueblokultur (→ Anasazitradition) haben zahlr. Gebräuche, v. a. auf dem Gebiet der Sozialordnung und der Religion, bis heute bewahrt.

Puerilismus [pu-ɛ...; lat.], Kindischsein; kindl. Wesen (etwa bei psychot. Störungen); **Puerilität,** kindl. oder kind. Wesen.

Puerto [span. 'puɛrto; lat.], span. svw. Hafen; Paß.

Puerto Rico, mit den USA assoziierter Staat im Bereich des Westind. Inseln, umfaßt die gleichnamige Insel sowie die Isla Mona, die Isla Vieques und die Isla Culebra, 8 897 km², 3,2 Mio. E, Hauptstadt San Juan.

Geschichte: Kolumbus entdeckte die Insel P. R. 1493. Die Spanier importierten ab dem 16. Jh. Sklaven aus Afrika, die überwiegend in Bergwerken und Zuckerrohrpflanzungen arbeiten mußten. 1898 mußte Spanien P. R. an die USA abtreten. Wirtschaftl. Folgen waren die Entstehung einer Zuckerrohr-Monokultur und eines Landarbeiterproletariats. 1917 erhielten die Inselbewohner die beschränkte Staatsbürgerschaft der USA; 1952 erhielt P. R. die volle innere Autonomie (Status eines mit den USA assoziierten Territoriums mit dem Recht, über sein zukünftiges polit. Schicksal selbst zu entscheiden). 1967 sprach sich die Bevölkerung für die vorläufige Beibehaltung des gegenwärtigen Zustandes aus.

Politische Verhältnisse: P. R. ist nach Municipios gegliedert, die über direkt gewählte Exekutiven und Legislativen verfügen.

Puerto-Rico-Graben, Tiefseegraben im westl. Atlantik, nördl. von Puerto Rico, bis 9 219 m u. d. M. (tiefste Stelle des Atlantiks).

Pufendorf, Samuel Freiherr von (seit 1694), * Dorfchemnitz bei Sayda 8. 1. 1632, † Berlin 26. 10. 1694, dt. Staats-, Natur- und Völkerrechtstheoretiker. 1677 Reichshistoriograph und Staatssekretär Karls XII. von Schweden; 1688 Historiograph in Berlin. – P. wird die Systematisierung des Naturrechts und des Völkerrechts zugeschrieben. Indem P. die Gesellschaft über die biolog. Bedingtheit des Menschen (d. h. seine triebhafte Natur) bestimmte, begründete er das individualist. Naturrecht. Das unteilbare Souveränitätsrecht des absoluten Fürsten gründete P. auf einen ursprüngl. Herrschaftsvertrag.

Puff, Würfelbrettspiel (→ Backgammon). Aus Wendungen wie ›mit jemandem P. spielen‹, ›in den P. (dort, wo P. gespielt wird) gehen‹ entwickelte sich seit dem Ende des 18. Jh. die Verwendung von P. im Sinn von ›Bordell‹.

Puffer, 1) *Eisenbahntechnik:* an den Stirnseiten von Schienenfahrzeugen angebrachte federnde Stoßeinrichtung.

2) *elektron. Datenverarbeitung:* (Pufferspeicher, Buffer) der schnellen Zentraleinheit einer Datenverarbeitungsanlage und einem relativ langsam arbeitenden Gerät (z. B. Printer, Kartenstanzer) eingeführter Datenspeicher zur Zwischenspeicherung von Informationen.

3) *Chemie:* Bez. für eine Lösung, die ihren pH-Wert bei Zusatz starker Säuren oder Basen nur wenig ändert. P.lösungen bestehen meist aus einer schwachen Säure (z. B. Essigsäure) und einem ihrer Salze (z. B. Natriumacetat).

Puffotter, bis 1,5 m lange, über ganz Afrika verbreitete giftige Viper.

Pugatschow, Jemeljan Iwanowitsch, * im Dongebiet um 1742, † Moskau 21. 1. 1775 (hingerichtet),

Donkosak. Als angebl. Zar Peter III. Führer eines gegen den russ. Absolutismus gerichteten Volksaufstands (1773–75) von Kosaken, Raskolniki, Baschkiren und Leibeigenen im Ural- und Wolgagebiet.

Puget, Pierre [frz. py'ʒɛ], * Marseille 16. 10. 1620, † ebd. 2. 12. 1694, frz. Bildhauer des Barock. Am ital. Barock (Bernini) orientiert; auch Maler; Karyatiden am Rathausportal in Toulon (1656/57); Milon von Kroton (1682), Perseus befreit Andromeda (1684; beide Paris, Louvre).

Pula (italien. Pola), Hafenstadt an der kroat. Adriaküste, nahe der S-Spitze Istriens, 56 000 E. Archäolog. Museum, Theater; Spielkasino; Seebad. Aus römischer Zeit stammen das Amphitheater, der Tempel des Augustus und der Roma, die Porta Aurea. Dom (15. Jh.; mit Resten einer frühchristl. Basilika aus dem 5. Jh.).

Pulcinella [pultʃi'nɛla; italien.], Figur der Commedia dell'arte: listiger Diener mit Vogelnase, kegelförmigem hohen Hut und weißer Kleidung.

Pulheim, nw. an Köln anschließende Gem., NRW, 47 900 E. U. a. Rohr- und Walzwerk. Im Ortsteil **Brauweiler** Max-Planck-Institut für Züchtungsforschung; größte Schalt- und Umspannanlage Europas. Ehem. Abteikirche (12. Jh.).

Pulitzer, Joseph [engl. 'pʊlɪtsər], * Makó bei Szeged 10. 4. 1847, † Charleston (S. C.) 29. 10. 1911, amerikan. Journalist und Verleger ungar. Herkunft. Begründer eines der größten Pressekonzerne der USA; stiftete einen hohen Geldbetrag zur Gründung der School of Journalism an der Columbia University in New York und für die von ihr seit 1917 jährl. vergebenen *Pulitzerpreise* für hervorragende journalist., literar. und musikal. Leistungen.

Pulk (Polk) [slaw.], 1. [loser] Verband von Kampfflugzeugen oder militär. Kraftfahrzeugen; 2. Anhäufung [von Fahrzeugen]; Haufen, Schar; Schwarm.

Pullach i. Isartal, Gem. am S-Rand von München, 7 700 E. Zentrale des Bundesnachrichtendienstes.

pullen, seemänn. für rudern.

Pullmanwagen [engl. 'pʊlmən; nach dem amerikan. Industriellen George Mortimer Pullman, * 1831, † 1897], luxuriös ausgestattete, geräumige Durchgangs-(Salon-) und Schlafwagen der [amerikan.] Eisenbahn.

Pulpa [lat.] → Zähne.

Pulpitis [lat.], Entzündung des Zahnmarks.

Pulque ['pʊlkə; indian.-span.], süßes, stark berauschendes mex. Getränk aus dem vergorenen Saft der Agave.

Puls [lat.], 1) i. w. S. jede an den Herzzyklus gekoppelte Strom-, Druck- oder Volumenschwankung innerhalb des Kreislaufsystems; i. e. S. der *arterielle P. (P. schlag),* der als Anstoß der vom Herzschlag durch das Arteriensystem getriebenen Blutwelle an den Gefäßwänden, bes. gut beim Speichenschlagader am Handgelenk zu fühlen ist.

Die **Pulsfrequenz** ist die normalerweise mit der Herzfrequenz übereinstimmende Zahl der P.schläge pro Minute (beim Erwachsenen 60–80 pro Minute). Unter **Pulsqualität** versteht man die z. T. schon durch Pulsfühlen feststellbare Beschaffenheit (z. B. rascher, langsamer, harter, weicher P.) des arteriellen P., aus der Rückschlüsse auf den Zustand des Herz-Kreislauf-Systems gezogen werden können. Als **Pulsation** bezeichnet man die rhythm. Zu- und Abnahme des (arteriellen) Gefäßvolumens mit den einzelnen P.schlägen.

2) eine Folge regelmäßig wiederkehrender, gleichartiger Impulse.

Pulsadern, svw. → Arterien.

Pulsar [lat.], Bez. für eine Quelle kosm. Radiofrequenzstrahlung, die mit großer Regelmäßigkeit Strah-

Samuel von Pufendorf
(Ausschnitt aus
einem Kupferstich
von Joachim von
Sandrart)

lungspulse von einigen Millisekunden Dauer abstrahlt; nach neueren astrophysikal. Ergebnissen handelt es sich um schnell rotierende Neutronensterne; gegenwärtig sind rd. 500 P. bekannt.

Pulver, Liselotte, * Bern 11. 10. 1929, schweizer. Schauspielerin. Erfolge in komödiant. Filmrollen wie ›Ich denke oft an Piroschka‹ (1955), ›Das Wirtshaus im Spessart‹ (1957), ›Eins, zwei, drei‹ (1961), ›Kohlhiesels Töchter‹ (1962).

Pulver (Pulvis) [lat.], pharmazeut. Arzneimittelzubereitung aus festen, hinlängl. zerkleinerten Inhaltsstoffen, an der die Luft nicht zersetzt und nicht durch Wasseraufnahme zerfließen.

Pulvermetallurgie, die Herstellung von Werkstoffen und Werkstücken aus pulverförmigem Metall durch Pressen und Sintern; Anwendung bes. bei hochschmelzenden Metallen (z. B. Wolfram), hochwarmfesten Legierungen metallkeram. Werkstoffe (sog. Cermets).

Pulververschwörung (engl. Gunpowder Plot), Verschwörung von kath. Engländern (u. a. Guy → Fawkes), die auf Jakob I. am 5. 11. 1605 bei der Parlamentseröffnung ein Sprengstoffattentat verüben wollten, um für die Katholiken größere Freiheiten durchzusetzen; am Tag zuvor aufgedeckt.

Puma [indian.] (Silberlöwe, Berglöwe, Kuguar), früher (mit Ausnahme des hohen N) über das gesamte N- und S-Amerika verbreitete, vorwiegend dämmerungs- und nachtaktive Art der Katze, heute im östl. und mittleren N-Amerika ausgerottet, in den übrigen Gebieten z. T. im Bestand bedroht; Körperlänge etwa 105 – 180 cm; Schwanzlänge rund 60 – 85 cm. Der P. erbeutet v. a. Säugetiere von Maus- bis Hirschgröße; gut kletternder Einzelgänger; greift den Menschen nicht an.

Pumpen [niederdt.], Vorrichtungen zum Fördern von Flüssigkeiten, schlammartigen Stoffen oder Gasen bzw. Dämpfe. *Verdränger-P.* arbeiten mit sog. Verdrängerkörpern (z. B. *Kolben-P.* mit Kolben, *Membran-P.* mit Membranen), die in einem abgegrenzten Raum bewegt werden und dadurch eine jeweils abgetrennte Flüssigkeitsmenge in period. Folge von der Saug- zur Druckseite fördern. P. mit rotierenden Verdrängerkörpern werden als *Umlauf-, Rotations-* oder *Drehkolben-P.* bezeichnet. Zu diesen gehören auch die *Zahnrad-P.,* bei der zwei miteinander kämmende Zahnräder an der sie umschließenden Gehäusewand in den Zahnlücken die Flüssigkeit fördern (häufig *Öl-P.* an Kfz-Motoren), und die *Roots-P.,* bei der sich zwei im Querschnitt 8förmige Drehkolben gegenläufig in einem Gehäuse drehen.

Zur verbreitetsten P.art zählen die zu den Strömungsmaschinen gehörenden *Kreisel-P.,* bei denen die Flüssigkeitsförderung über ein rotierendes (angetriebenes) Laufrad erfolgt. Sonderbauarten von P. sind z. B. die *Strahl-P.,* bei denen ein aus einer Düse mit hoher Geschwindigkeit ausströmendes Treibmittel (z. B. Wasser bei *Wasserstrahl-P.,* Dampf bei der *Dampfstrahl-P.*) die zu fördernde Flüssigkeit (oder auch Gas) aus einer Ansaugkammer mitreißt, *Gasmischheber* oder *Mammut-P.,* deren Funktion auf der Auftriebswirkung eines Flüssigkeits-Gas-Gemisches beruht, sowie *elektromagnet. P.,* die zur Förderung flüssiger Metalle benutzt werden und die dort bei Stromfluß wirksam werdenden elektromagnet. Kräfte ausnutzen.

Zum Fördern von Gasen und Dämpfen werden heute meist als → Verdichter bezeichnete Vorrichtungen verwendet. Ein typ. Verdichter ist z. B. die zum Füllen von Fahrzeugreifen verwendete *Luft-P.,* im einfachsten Falle (Fahrrad-P.) ein nach dem Prinzip der Kolben-P. arbeitender Kolbenverdichter. → Vakuumtechnik.

Pumpermette (Rumpelmette) → Karwoche.

Pumpernickel, ein Brot aus Roggenschrot, das bei niedrigen Backtemperaturen (100 – 180 °C) in Dampfbacköfen 16 bis 36 Stunden gebacken wird.

Puna, Hochland in den zentralen Anden in S-Peru, Bolivien, N-Chile und N-Argentinien, 3000 – 4000 m hoch.

Puncak Jaya [indones. 'pʊntʃak 'dʒaja] → Gunung Jaya.

Punch [engl. pʌntʃ ›Schlag‹], 1) bis heute erscheinende brit. satir. Wochenschrift; gegr. 1841.

2) engl. Name für die Figur des → Pulcinella.

3) *Boxsport:* Schlag von großer Wirkung, auch Schlagkraft eines Boxers.

Punchingball [engl. 'pʌntʃɪŋbɔːl], birnenförmiges und mit Leder überzogenes Trainingsgerät des Boxers.

Pune (Poona), Stadt im ind. Bundesstaat Maharashtra, sö. von Bombay, 1,2 Mio. E. Univ.; u. a. Konsumgüterindustrie.

Punische Kriege, 3 Kriege Roms gegen die Karthager **(Punier).** Der *1. Pun. Krieg* (264–241) entwickelte sich zu einem Kampf um Sizilien, das 241 (außer Syrakus) an Rom fiel. – Der *2. Pun. Krieg* (218–201), ausgelöst durch die vertragswidrige Überschreitung des Ebro durch Hannibal, begann mit karthag. Siegen am Ticinus (= Tessin) und an der Trebia (= Trebbia), 217 am Trasimen. See, 216 bei Cannae. Nach Abfall italischer Bundesgenossen von Rom und Bündnis Hannibals mit Philipp V. von Makedonien 211 röm. Niederlage in Spanien; Rom gelang jedoch die Unterwerfung von Syrakus (212), Capua (211) und Spanien (211–206). Hannibal wurde 202 bei Zama (Zama Regia) von Scipio Africanus d. Ä. geschlagen, Karthago 201 entmachtet und den Angriffen des numid. Königs Masinissa ausgesetzt, woraus 149 der *3. Pun. Krieg* entstand, der mit der Zerstörung Karthagos durch Scipio Africanus d. J. (146) endete.

Punjab [pʌn'dʒaːb], 1) Bundesstaat in NW-Indien, 50 362 km², 16,7 Mio. E, Hauptstadt Chandigarh.

2) Prov. in Pakistan, 205 345 km², 47,29 Mio. E, Hauptstadt Lahore.

Punk [engl. pʌŋk; ›miserabel, nichts wert‹], Jugendlicher (hpts. in den 1980er Jahren), der durch sein Äußeres (Antifrisur und grellfarbige Haare, Kleidung mit Rissen und Löchern u. ä.) bürgerl. Wohlanständigkeit konterkariert. Als **Punkrock** wird seit etwa 1977 eine aggressive, musikalisch einfache Rockmusik bezeichnet, deren meist zynisch-resignative Texte als Reaktion auf wirtschaftl. und soziale Mißstände entstanden.

Punkt [lat.], 1) *geometr.* Grundgebilde ohne Ausdehnung, z. B. erzeugt durch den Schnitt von zwei Geraden.

2) *Interpunktion:* als Satzzeichen kennzeichnet der P. das Ende eines Satzes; als Schlußzeichen fungiert er bei abgekürzten Wörtern.

3) *Musik:* Zeichen der Notenschrift: ein P. hinter einer Note (oder Pause) verlängert dieselbe um die Hälfte ihres Wertes, zwei P. um drei Viertel.

4) *Sport:* Wertungseinheit bei Wettbewerben (→ Punktwertung).

5) *Drucktechnik:* (typograph. P.) nicht mehr zugelassene Einheit des typograph. Maßsystems für satztechn. Längenangaben, insbes. für Schriftgrößen; Einheitenzeichen **p:** 1 p ≈ 0,376 mm.

Punktation [lat.], svw. → Punktion.

Punktaugen (Einzelaugen, Nebenaugen, Ozellen), bei den Gliederfüßern (v. a. den Tausendfüßern, Spinnentieren und Insekten sowie vielen Larven) neben Facettenaugen vorkommender, noch kein Bildsehen ermöglichender Augentyp: kleine, punktartige, pigmentführende Augen mit jeweils nur einer Linse als dioptr. Apparat und mehreren, eine Retina bildenden Lichtsinneszellen.

Puppe 1):
Japanische
Gliederpuppe mit
Porzellankopf und
Echthaar; um 1860
(Stuttgart,
Linden-Museum)

Puppe 2):
OBEN freie Puppe;
UNTEN
Tönnchenpuppe

Punktion [lat.] (Punktur, Punktation), Einführen einer Hohlnadel in eine Körperhöhle (z. B. Bauchhöhle, Pleurahöhlen u. a.), ein Gefäß oder ein Organ (z. B. Leber, Niere, Lymphknoten) mit dem Ziel, durch mehr oder weniger kräftiges Ansaugen Körperflüssigkeit (Blut, Erguß, Gehirnwasser) oder Gewebeteilchen zu Untersuchungszwecken zu entnehmen und/oder Medikamente einzuführen.

Punktladung, als punktförmig idealisierte elektr. Ladung.

Punktwertung, zahlenmäßige Bewertung in allen Sportdisziplinen; P. gibt es v. a. in Mehrkämpfen, Mannschafts- und Vergleichskämpfen speziell der Leichtathletik, wo die Leistungen in *Punkten* nach standardisierten Wertungstabellen errechnet und diese dann addiert werden. In allen Wettbewerben, die nicht durch Stoppuhr, Bandmaß oder Trefferzählung entschieden werden können (u. a. Geräteturnen, Eiskunstlauf, Boxen, Ringen, Wasserspringen, Skispringen) entscheiden **Punktrichter,** die die Leistungen nach verschiedenen Kriterien wie Schwierigkeit, Ausführungen usw. bewerten.

Punsch [Sanskrit-engl.], heiß getrunkenes Getränk aus (urspr.) 5 Bestandteilen: Rum oder Arrak, Tee, Wasser, Zitrone und Zucker.

Punt, in ägypt. Inschriften häufig gen. Land in Afrika, wohl an der Küste der Somalihalbinsel.

Punta, span. und italien. svw. Kap.

Punta Arenas, chilen. Stadt im Großen Süden, 111 700 E. Hafen an der Magalhäesstraße, internat. ⚓.

Punze [lat.-italien.], 1) Stahlgriffel oder Stempel mit mehreren Spitzen (für Treib- und Ziselierarbeiten).
2) in Metalle eingestanzter Garantiestempel.

Pupille [lat.], die schwarze Lichteintrittsöffnung (Sehöffnung, Sehloch) des →Auges des Menschen und der Wirbeltiere.

Pupillenreaktion, 1) (Pupillenreflex, Lichtreaktion, Irisreflex) ein Fremdreflex, der bei Belichtung des Auges eine Verengung der Pupille bewirkt.
2) (Lidschlußreaktion, Lidschlußreflex) reflexhafte Pupillenverengung bei kräftigem oder zwangsweisem Lidschluß.

Puppe [lat.], 1) Nachbildung der menschl. Gestalt für kult. oder mag. Zwecke, als Figurine für das Puppenspiel, als Spielzeug und schließl. als Kleider- und Schaufensterpuppe. – Aus dem Altertum sind P. v. a. als Grabbeigaben überliefert (Ägypten, Griechenland, Rom). In Europa werden P. z. T. bis heute als Votivgaben, Prozessionsfiguren und für Fruchtbarkeits-, Abwehr- oder Schadenzauber (Rachepuppen) verwendet. Bes. P.kultur in Japan. Die *Spielzeugpuppen* kennen fast alle Völker. P. stellten urspr. Erwachsene dar, erst Mitte des 19. Jh. kam die Baby-P. auf. Anfang des 20. Jh. begann die Serie der Charakter- und Künstler-P. u. a. von K. Kruse, E. Konig di Scavini (Firma Lenci Soc.) und S. Morgenthaler.
2) *Zoologie:* abschließendes, aus dem letzten Larvenstadium hervorgehendes Entwicklungsstadium der Insekten mit vollkommener Verwandlung. Noch unter der Larvenkutikula werden die Anlagen für die Körperanhänge des Vollinsekts (Fühler, Flügel, Beine) ausgestülpt. Nach der Häutung *(Verpuppung)* zeigt die P. bereits die Gliederung und Anhänge des voll ausgebildeten Insekts. Zum Schutz der P. kann die verpuppungsreife Larve in Erde, Mulm oder Holz Höhlungen *(P.wiegen)* anlegen oder sich in einen Puppenkokon einspinnen.

Puppenräuber (Kletterlaufkäfer), in Europa verbreitete Gatt. der Laufkäfer; Imagines und Larven sind nützl. durch Jagd auf Schmetterlingsraupen u. a. Insekten.

Puppenspiel (Puppentheater, Figurentheater), Schauspiel mit mechan. bewegten Figuren auf fiktiver Bühne. Man unterscheidet P. mit plast. Figuren (Marionetten, Handpuppen, Stock- oder Stabpuppen) und P. mit bewegl. oder starren Flachfiguren: Schattenspiel, Modell- oder Papiertheater. Das P. bevorzugt volkstüml. Stoffe. Es hat in seiner Entwicklung eine Fülle feststehender Figuren ausgebildet, z. B. Kasperl. Durch Frage und Antwort, der Zuweisung einer Aufpasserfunktion u. a. wird das Publikum bes. beim Kasperltheater ins Spiel einbezogen.

Puranas [Sanskrit], religiöse Texte des Hinduismus in Versen, entstanden etwa Mitte des 1. Jt. n. Chr. (z. T. bis in die Gegenwart fortgeführt); Inhalt: Schöpfung und Neuschöpfung der Welt, Genealogie der Götter und Könige.

Purcell [engl. pɔːsl], 1) Edward Mills, * Taylorville (Ill.) 30. 8. 1912, amerikan. Physiker. Entwickelte unabhängig von F. Bloch die Methode der magnet. Kernresonanzabsorption u. a. zur Untersuchung molekularer Strukturen und chem. Bindungen; Nobelpreis für Physik 1952 (zus. mit F. Bloch).
2) Henry, * London (?) im Sommer oder Herbst 1659, † ebd. 21. 11. 1695, engl. Komponist. Bedeutendster engl. Vertreter der Barockmusik; komponierte Opern und ›Semioperas‹ (d. h. mit gesprochenem Dialog), u. a. ›Dido and Aeneas‹ (1689), ›The fairy queen‹ (1692), ›The tempest‹ (1695), Schauspielmusiken, Kantaten, Oden, Lieder, →Anthems, Kammer- und Klaviermusik.

Purexprozeß [Kw. aus engl. **P**lutonium-**U**ranium **r**efining by **ex**traction], Verfahren zur Wiederaufbereitung von Kernbrennstoffen.

Purgantia (Purganzien, Purgativa) [lat.], Abführmittel mittlerer Stärke.

Purgatorium [lat.], svw. →Fegefeuer.

Puri, hinduist. Wallfahrtsort im ind. Bundesstaat Orissa, am Golf von Bengalen, 111 100 E. Kultzentren des Gottes Wischnu.

Purim [hebr. ›Lose, Losfest‹], jüd. Fest, das am 14. Adar (Febr./März) gefeiert wird; urspr. zum Gedenken an die Errettung der pers. Juden (Buch →Esther); heute ein Volks- und Freudenfest.

Purinbasen [lat./griech.], aus einem Pyrimidin- und einem Imidazolring aufgebaute Verbindungen; z. B. die Nukleinsäurebasen Adenin und Guanin, die Harnsäure sowie die Alkaloide Koffein, Theobromin und Theophyllin.

Purismus [lat.], übertriebene Bestrebungen, eine Nationalsprache bes. von Fremdwörtern rein zu halten; auch allg. für Bestrebungen, eine Sache ›rein‹ zu halten.

Puritaner [lat.-engl.], Vertreter einer Reformbewegung *(Puritanismus)* in England seit etwa 1570, die die Reinigung der Kirche von England von katholisierenden Elementen betrieben; strenger Biblizismus, eth. Rigorismus und konsequente Sonntagsheiligung; reiche Erbauungs- und Predigtliteratur. Mit dem Sieg O. Cromwells beseitigten die P. u. a. das ›Common Prayer Book‹ und vertrieben anglikan. Pfarrer. Nach der Restauration der Stuarts wurden die P. ihrerseits aus dem öffentl. Leben zurückgedrängt (bis zur Toleranzakte von 1689). Viele P. emigrierten in die USA.

Puritanische Revolution (engl. Great rebellion), →Großbritannien und Nordirland, Geschichte.

Purpur [griech.-lat.], 1) aus Purpurschnecken gewonnenes, violettes Farbstoffgemisch, das im Altertum zum Färben verwendet wurde.
2) *Farblehre:* (P.farbe) Bez. für jede Farbe mit einem blauroten bzw. rotblauen Farbton. Ein als **Magenta** bezeichnetes P. ist eine der drei Grundfarben für den Dreifarbendruck.

Purpurschnecken (Leistenschnecken, Stachelschnecken, Muricidae), Familie meerbewohnender Schnecken mit oft auffällig skulpturierten und bestachelten Gehäusen. Eine im Mantelraum liegende

Drüse bildet ein zunächst farbloses Sekret, das sich im Sonnenlicht leuchtend rot bis purpurviolett verfärbt (→ Purpur).

Pusan, Stadt in Süd-Korea, an der Koreastraße, 3,52 Mio. E. 2 Univ.; führender Hafen des Landes; wichtiger Ind.standort, Fährverkehr mit Schimonoseki (Japan); ⚓.

Puschkin, Alexandr Sergejewitsch, * Moskau 6. 6. 1799, † Petersburg 10. 2. 1837, russ. Dichter. Starb an den Folgen einer Verletzung im Duell. Sein umfangreiches lyr., erzähler. und dramat. Werk setzte Maßstäbe für die moderne russ. Literatur(sprache) überhaupt; bes. bekannt sind der Versroman ›Eugen Onegin‹ (1833; Oper von P. Tschaikowski, 1879), der Prosaroman ›Die Hauptmannstochter‹ (1836), die Novelle ›Pique Dame‹ (1834; Oper von Tschaikowski, 1890; auch zahlr. Verfilmungen) sowie die Tragödie ›Boris Godunow‹ (1831; Oper von M. P. Mussorgski, UA 1874).

Puschkin, russ. Stadt ssw. von Sankt Petersburg, 89 000 E. Puschkin-Museum; u. a. Elektrogeräte-, Spielwarenfabrik. Ehem. Sommerresidenz der Zaren.

Pushball [engl. 'puʃbɔːl], Ballspiel zweier Mannschaften (zu je 10–25 Spielern), bei dem ein großer Ball (Durchmesser 1,83 m) über die gegner. Mallinie gebracht werden muß.

Puszta (ungar. Puszta) [eigtl. ›kahl, verlassen‹], Bez. für die ehem. weiten, baumlosen, durch Weidewirtschaft genutzten Gebiete im Großen und Kleinen Ungar. Tiefland. Nach 1945 bis auf geringe Reste in Kultur genommen.

Pustel [lat.] (Eiterblase), etwa linsengroße Erhebung der Oberhaut, die Eiter enthält.

Pustertal → Drau.

Pute, das Weibchen der Truthühner.

Puteoli → Pozzuoli.

Puter, das Männchen der Truthühner.

Putrescin [lat.] (1,4-Diaminobutan), bei der Zersetzung von Eiweißstoffen entstehendes, auch in Ribosomen und Bakterien nachgewiesenes, biogenes Amin.

Putsch [schweizer. ›Stoß‹], Bez. für einen mit staatsstreichähnl. Technik durchgeführten Umsturz bzw. Umsturzversuch zur Übernahme der Staatsgewalt.

Putten [lat.-italien.], (bes. im Barock und Rokoko) Figuren in Gestalt eines kleinen, nackten Knaben (mit Flügeln); entstanden nach dem Vorbild antiker → Eroten und in Anlehnung an die kindl. Engel der Gotik.

Puttgarden, Fährhafen an der Vogelfluglinie auf Fehmarn.

Puttkamer, Robert von, * Frankfurt/Oder 5. 5. 1828, † Karzin (bei Stolp) 15. 3. 1900, preuß. konservativer Politiker. 1879–81 preuß. Kultus-Min., 1881–88 Innen-Min. und Vize-Präs. des preuß. Staatsministeriums.

Putz, aus Sand, Wasser und Bindemitteln bestehende Mörtelschicht, z. T. mit Kunststoffzusätzen, die auf Innenwänden als Unterlage für Tapeten bzw. Anstriche dient oder Außenwände gegen Witterungseinflüsse schützt. Innen-P. ist meist ein sehr feinkörniger Gipsputz. Beim Außen-P. wird durch verschiedene Oberflächenbehandlung bzw. Verarbeitung unterschiedl. Aussehen bewirkt: z. B. Schlämm- oder Pinsel-P., Kellen-P., Spritz-P., Kratz-P.; bei mehrfarbigem Kratz-P., sog. Sgraffito, wird durch Entfernen der Deckschicht eine darunterliegende andersfarbige Schicht sichtbar gemacht.

Putzerfische (Putzer), Bez. für kleine Fische, die Haut, Kiemen und Mundhöhle v. a. größerer Raubfische von Parasiten u. a. Fremdkörpern säubern.

Puvis de Chavannes, Pierre [frz. pyvisdəʃa'van], * Lyon 14. 12. 1824, † Paris 24. 10. 1898, frz. Maler.

Genoveva-Zyklus im Pariser Panthéon (1876/77, 1897/98).

Puy, Le [frz. lə'pɥi], frz. Stadt im Zentralmassiv, 24 100 E. Verwaltungssitz des Dep. Haute-Loire; u. a. Textil-Ind.; Wallfahrtsort. Auf zwei die Stadt überragenden Felsen die Kirche Saint-Michel d'Aiguilhe (11. Jh.) und eine Marienstatue (19. Jh.); Kathedrale (12. Jh.) mit schwarzer Madonna.

Puy de Dôme [frz. pɥid'do:m], Trachytstock im frz. Zentralmassiv, 1 464 m hoch; Reste eines galloröm. Tempels.

Puzo, Mario [engl. 'pu:zoʊ], * New York 15. 10. 1920, amerikan. Schriftsteller italien. Abstammung. Verfasser spannender Unterhaltungsromane wie ›Mamma Lucia‹ (1964), ›Der Pate‹ (1969, verfilmt von F. F. Coppola), ›Der Sizilianer‹ (1984, verfilmt von Michael Cimino [* 1943]).

Puzzle ['pazəl, engl.], Geduldsspiel, v. a. das Zusammensetzen eines Bildes aus vielen kleinen Einzelteilen.

PVC, Abk. für → Polyvinylchlorid.

Pydna, antike Stadt in Makedonien, an der W-Küste des Thermaischen Golfs. – Bei P. wurde 168 v. Chr. König Perseus durch Rom im 3. Makedon. Krieg besiegt.

Pygmäen [griech.], kleinwüchsige (mittlere Größe der Männer 1,50 m) Bevölkerungsgruppen in den Regenwäldern Äquatorialafrikas; Wildbeuter ohne Dauersiedlungen. Die P. sprechen heute meist die Sprache des jeweiligen großwüchsigen Nachbarstammes; die urspr. P.sprache ist unbekannt.

Pygmalion, Gestalt der griech. Mythologie. Ein Bildhauer, der sich Ehelosigkeit geschworen hat, jedoch in Liebe zu einer von ihm gefertigten Frauenstatue entbrennt. Auf sein Flehen hin haucht Aphrodite der Statue Leben ein, worauf sich P. mit ihr vermählt.

Pygmide [griech.], Bez. für Angehörige zwergwüchsiger Menschenrassen.

pyknischer Typ [griech.]. → Körperbautypen.

Pyknometer [griech.], geeichtes Glasgefäß zur Dichtebestimmung von Flüssigkeit.

Pylades, Freund des → Orestes.

Pylon [griech.], paarweise am Eingang ägypt. Tempel aufgestellte Türme; Stütze bei Hänge- und Schrägseilbrücken.

Pylorus [griech.] (Pförtner, Magenpförtner), mit einem Ringmuskel als Magenschließmuskel versehene Verengung des Darmlumens am Übergang des Magens in den Dünndarm (Zwölffingerdarm) bei Wirbeltieren und beim Menschen zur Regulation des Speisebreidurchgangs.

Pylos, bed. myken. Herrschersitz (Palast des Nestor); vermutl. die 1952–65 freigelegte Palastanlage auf der Höhe Epano Englianos bei Kiparissia (an der W-Küste der Peloponnes).

pyr..., Pyr... → pyro..., Pyro...

Pyramide [ägypt.-griech.], 1) Geometrie: Körper, der von einem ebenen Vieleck (n-Eck) als Grundfläche und von n in einem Punkt (der Spitze S der P.) und an den Kanten zusammenstoßenden Dreiecken (den Seitenflächen der P.) begrenzt wird. P.volumen = $\frac{1}{3}$ Grundfläche mal Höhe. Ein zur Grundfläche paralleler Schnitt durch die P. ergibt als oberen Teil eine P. (Ergänzungs-P.), als unteren Teil einen P.stumpf.
2) Baukunst: Grab- und Tempelformen verschiedener Kulturen. In Ägypten Königsgrab (im Neuen Reich auch nichtkönigl. Grabbau) in der eigentl. Form einer P.; die P. des Djoser bei Sakkara hat rechteckigen, alle späteren P. haben quadrat. Grundriß. Die P. sind im alten Reich (2620–2100) aus Stein, im Mittleren Reich (2040–1650) aus Ziegeln erbaut. Die größte ägypt. P. ist die Cheops-P. in Gise. Beim Bau wurden lange Rampen aus Steinschutt mit Holz-

Alexandr Sergejewitsch Puschkin (Gemälde von Wassili Andrejewitsch Tropinin, 1827; Moskau, Tretjakow-Galerie)

gerüst verwendet. Zunächst wurde der außen gestufte Kern errichtet, danach wurden von oben nach unten Verkleidungsblöcke aufgelegt. Die Grabkammern im Inneren wurden ausgemalt oder mit Reliefs versehen und reich mit Gerät ausgestattet.
Tempel-P. finden sich v.a. im präkolumb. Amerika, bes. in *Mittelamerika.* Die meist gestuften P. aus Erde und Bruchstein waren mit Steinplatten, Lehmmörtel, Stuckschichten u.a. verkleidet. Die größte P. der Erde steht in → Cholula de Rivadabia. Die P. in *Südamerika* liegen im Küstenbereich Perus und sind aus luftgetrockneten Lehmziegeln erbaut.

Pyramidenbahn, wichtigste der motor. Nervenbahnen, deren erstes (zentrales) Neuron von der Großhirnrinde jeder Hemisphäre bis zur Brücke und der Pyramide bzw. zum verlängerten Mark verläuft. Dort (an der Grenze zum Rückenmark) kreuzt der größte Teil der Neuriten zur Gegenseite *(Pyramiden[bahn]kreuzung)* und läuft weiter im seitl. Rückenmark abwärts (als paarige *Pyramidenseitenstrangbahn).* Ein kleiner Teil bleibt im Vorderstrang des Rückenmarks und kreuzt erst kurz vor der Synapse zur motor. *Vorderhornzelle,* der Umschaltstelle für beide Teile der Pyramidenbahn.

Pyramus und Thisbe, ein babylon. Liebespaar in Ovids ›Metamorphosen‹. Da die Eltern eine Verbindung der beiden ablehnen, fliehen sie und finden den Tod.

Pyrane [griech.], sechsgliedrige heterocycl. Verbindungen mit einem Sauerstoffatom im Ring. Die Ketoderivate *(Pyrone)* sind Grundkörper zahlr. Naturstoffe (Flavone, Kumarin).

Pyrargyrit [griech.] (Antimonsilberblende, Rotgüldig[erz]), glänzendes bis mattes, dunkelrotes bis schwarzes Mineral, chem. Ag_3SbS_3; Mohshärte 2,5 bis 3,0, Dichte 5,85 g/cm³; wichtiges Silbererz.

Pyrazin [griech.] (1,4-Diazin), sechsgliedrige heterocycl. Verbindung mit zwei Stickstoffatomen im Ring; geht beim Hydrieren in ↑ Piperazin über.

Pyrazol [griech.] (1,2-Diazol), fünfgliedrige heterocycl. Verbindung mit zwei Stickstoffatomen in 1,2-Stellung im Ring. Hydrierungsprodukte sind das *Pyrazolidin (Tetrahydro-P.)* und *Pyrazolin (Dihydro-P.),* von den sich die *Pyrazolone* ableiten, die als Ausgangssubstanzen für Analgetika und Kupplungskomponenten für Azofarbstoffe verwendet werden.

Pyrenäen, Gebirge in SW-Europa (Frankreich, Spanien, Andorra), erstreckt sich über 430 km lang vom Golf von Biskaya im W bis zum Golfe du Lion im O, im Pico de Aneto 3 404 m hoch. Die Hauptdurchgangspforten liegen an den niedrigen Enden des Gebirgszuges, im W bei Hendaye/Irún, im O bei Cerbère/Port-Bou sowie im Col du Perthus (271 m ü. d. M.). In den West-P. leben auf beiden Seiten Basken, in den Ost-P. Katalanen. Fremdenverkehr (Thermalbäder, Wintersport, Nationalparks). Kleiner Bestand an Braunbären.

Pyrenäenfriede, der zw. Frankreich und Spanien am 7. 11. 1659 geschlossene Friede, der den seit 1635 geführten Krieg und die span.-habsburg. Vormachtstellung in Europa beendete.

Pyrenäenhalbinsel → Iberische Halbinsel.

Pyrethrum [griech.], durch Extraktion oder Pulverisieren der getrockneten Blüten verschiedener Wucherblumenarten gewonnenes Insektizid, das als Fraß- und Berührungsgift wirkt; für den Menschen u. a. Warmblüter kaum schädlich.

Pyrexie [griech.], svw. → Fieber.

Pyridin [griech.], sechsgliedrige heterocycl. Verbindung mit einem Stickstoffatom im Ring. Farblose, giftige, unangenehm riechende, bas. reagierende Flüssigkeit. Ausgangssubstanz für Lösungs-, Arznei- und Schädlingsbekämpfungsmittel.

Pyridoxin [griech.] (Pyridoxol), svw. Vitamin B_6.

Pyrimidin [griech.] (1,3-Diazin), sechsgliedrige heterocycl. Verbindung mit zwei Stickstoffatomen in 1,3-Stellung im Ring. Physiolog. wichtige P.derivate sind die Nukleinsäurebasen Cytosin, Uracil und Thymin.

Pyrit [griech.] (Eisenkies, Schwefelkies), metall. glänzendes, meist hellgelbes bis messingfarbenes, oft gelblichbraun oder bunt angelaufenes Mineral. Mohshärte 6,0–6,5, Dichte 5,0–5,2 g/cm³. P. dient v. a. als Ausgangsmaterial zur Gewinnung von Schwefel und Schwefelverbindungen.

pyro..., Pyro..., pyr..., Pyr... [griech.], Bestimmungswort von Zusammensetzungen mit der Bedeutung ›Feuer, Hitze, Fieber‹.

Pyrochlor, oktaedr., gelblichgrünes oder rötlichbis dunkelbraunes, durchscheinendes bis durchsichtiges, glänzendes Mineral; Mohshärte 5–5,5, Dichte 4,03–4,36 g/cm³; techn. wichtig zur Gewinnung von Niob, Tantal und Uran.

Pyrolusit [griech.] (Graumanganerz, Weichmanganerz), schwarzes, metall. glänzendes Mineral, chem. MnO_2; Mohshärte etwa 2, z. T. bei Kristallen 5–6; Dichte 4,7–5 g/cm³; wichtiges Manganerz.

Pyrolyse [griech.], allg. therm. Zersetzung chem. Verbindungen. – Bei der P. von *Biomasse* werden lebende, tote und zersetzte v. a. pflanzl. Organismen unter Luftabschluß auf 500–1000 °C erhitzt. Infolge *therm. Zersetzung* entstehen feste, flüssige und gasförmige Brenn- bzw. Treibstoffe.

Pyromanie (Pyropathie), krankhafter Trieb, Brände zu legen.

Pyrometallurgie (Schmelzflußmetallurgie), Teilgebiet der Metallurgie; Metallgewinnung und -raffination durch Sintern, Rösten, Schmelzen, carbo- oder metallotherm. Reduktion.

Pyrometer (Strahlungsthermometer), Gerät zur Messung der Temperatur glühender Körper, entweder mit Hilfe der ausgesandten Strahlung durch Helligkeitsvergleich mit einer Vergleichsstrahlungsquelle oder durch Ausnutzung thermoelektr. Erscheinungen.

Pyrone → Pyrane.

Pyrotechnik (Feuerwerkstechnik), Sammelbez. für die Herstellung und prakt. Anwendung von sprengstoffhaltigen Erzeugnissen, die als Feuerwerkskörper oder als Leucht-, Nebel-, Rauch- oder Signalmunition verwendet werden.

Pyrrhon von Elis, * in Elis um 360, † um 270, griech. Philosoph. Begründete um 300 in Athen die Schule der sog. pyrrhon. (oder älteren) Skepsis.

Pyrrhus, *319, ✕ in Argos 272, König der Molosser und Hegemon von Epirus (306–302, 297–272). Schlug die Römer 280 bei Herakleia (Lukanien) und 279 bei Ausculum (= Ascoli Satriano) unter hohen eigenen Verlusten **(Pyrrhussieg);** 275 von den Römern bei Benevent geschlagen. Eroberte 274 Makedonien.

Pyrrol [griech./lat.], fünfgliedrige heterocycl. Verbindung, die ein Stickstoffatom im Ring enthält; Bestandteil vieler biochem. wichtiger Verbindungen (Hämoglobin, Chlorophyll, Gallenfarbstoffe, einige Alkaloide).

Pythagoras von Samos, * Samos um 570, † Metapont (?) 497/496, griech. Philosoph. Gründete eine religiös-polit. Lebensgemeinschaft der → Pythagoreer. Der ihm zugeschriebene sog. *Satz des P.* (→ pythagoreischer Lehrsatz) beruht auf Erkenntnissen der vorgriech. Mathematik.

Pythagoreer, Anhänger der von → Pythagoras gegr. religiös-polit. Gemeinschaft in Kroton (Unteritalien). Die strengen Vorschriften des P.bundes beruhen auf der Annahme, daß das Ziel des Menschen im Nachvollzug der göttl. [Welt]ordnung bestehe, daß diese mathemat. Natur sei und daß man sie nur erkennen könne, wenn man der Trägheit des Körpers durch

Pyrit

4 3
5   N
  N   2
  H
Pyrazol

N—NH
N
H
Pyrazolidin

N
N
H
2-Pyrazolin
Pyrazol

asket. Übungen entgegenwirke und die Seele durch Reinigungsübungen zur Aufnahme der Weisheit befähige. – Die Lehre, daß Harmonien auf Zahlenverhältnissen u. ä. beruhen, führte zu der Annahme, daß das Wesen aller Dinge in der Zahl bestehe, und somit zu Spekulationen über die ›Wesenszahl‹ der Lebewesen **(Pythagoreismus).** – Die P. wurden ab Mitte des 5. Jh. v. Chr. aus Unteritalien vertrieben.

pythagoreischer Lehrsatz (Satz des Pythagoras) [nach Pythagoras von Samos], grundlegender Lehrsatz der Geometrie: Im rechtwinkligen Dreieck ist die Summe der Quadrate über den Katheten *(Kathetenquadrate)* gleich dem Quadrat über der Hypotenuse *(Hypotenusenquadrat).* Sind *a* und *b* die Längen der beiden Katheten, und ist *c* die Länge der Hypotenuse, so gilt: $a^2 + b^2 = c^2$.

Pytheas, griech. Seefahrer und Geograph der 2. Hälfte des 4. Jh. v. Chr. aus Massalia (= Marseille). Forschungsreise (um 325 v. Ch.). von Gadir (= Cádiz) nach Britannien, vielleicht zu Inseln nördlich davon und zur Elbmündung. Fragmentarisch erhaltener Bericht.

Python, in der griech. Mythologie ein Drache, der das Orakel seiner Mutter Gäa in Delphi bewacht und von Apollon getötet wird. Nach ihm führt der Gott den Beinamen ›Pythios‹ und werden die zu seinen Ehren veranstalteten Spiele in Delphi *Pythische Spiele* genannt.

Pythonschlangen (Pythoninae), rein altweltl. Unterfam. bis etwa 10 m langer Riesenschlangen in Afrika und S-Asien bis N-Australien, überwiegend dämmerungs- und nachtaktive Tiere, die sich v. a. von Säugetieren und Vögeln ernähren, indem sie die Umschlingen erdrosseln. Zu den P. gehören u. a. *Rauten-P.* (Rautenschlange), bis etwa 3,75 m lang, in Australien und Neuguinea, und die *Pythons* (Gatt. Python), u. a. mit: *Felsen-P.* (Felsenschlange, Hieroglyphenschlange), bis etwa 6,5 m lange Riesenschlange mit weiter Verbreitung im gesamten trop. Afrika; *Netzschlange (Netz-P.,* Gitterschlange), mit maximal etwa 10 m Länge eine der größten Riesenschlangen, v. a. in Regenwäldern SO-Asiens; *Tiger-P.* (Tigerschlange), bis 7 m lang, in Vorder- und Hinterindien.

Pyxis [griech.], svw. →Ziborium (vor dem 16. Jh.).

Q

Q, der 17. Buchstabe des dt. Alphabets (im lat. der 16.). In vielen europ. Sprachen steht *qu* für [kv, kw, ku].

Qantas [engl. 'kwɒntæs], Kurzwort für die australische Luftverkehrsgesellschaft ›The Queensland and Northern Territory Aerial Services Ltd.‹.

Q. b. A., Abk. für Qualitätsweine bestimmter Anbaugebiete (→ Wein).

Q-Fieber (Queenslandfieber, Balkangrippe, Siebentagefieber), fieberhafte Infektionskrankheit mit grippeähnl. Verlauf.

Qingdao, amtl. chin. Schreibung in lat. Buchstaben für → Tsingtau.

Qinghai, chin. Prov. im nö. Hochland von Tibet, 721 500 km², 4,07 Mio. E, Hauptstadt Xining.

Qinling Shan, rd. 550 km langer Gebirgszug in Z-China, östl. Ausläufer des Kunlun Shan, bis 4 107 m hoch; Klimascheide zw. dem subtrop.-feuchten Monsunklima im S und den winterkalten, trockeneren Gebieten im N Chinas.

Qiryat Shemona [hebr. kir'jat ʃəʹmona], Stadt im äußersten N von Israel, 15 500 E. Zentraler Ort der Hulaebene.

Quaddel [niederdt.] (Urtika, Urtica), linsengroße, oft beetartig zusammenfließende, juckende Hauterhebungen.

Quaden, german. Volksstamm, der 58 v. Chr. am unteren und mittleren Main siedelte und sich danach in Mähren niederließ, wo das Qu.reich des Vannius (19–50) entstand, das um 25 n. Chr. mit dem Markomannenreich in Böhmen verschmolz.

Quader [lat.] (Rechtflach, Rechtkant), vierseitiges gerades → Prisma, dessen sechs Begrenzungsflächen paarweise kongruente Rechtecke sind.

Quadflieg, Will, * Oberhausen 15. 9. 1914, dt. Schauspieler. Vielfältiger Charakterdarsteller; heute hpts. Gastspiele und Tourneen, auch Ensemblemitglied am Hamburger Schauspielhaus und am Zürcher Schauspielhaus. Zahlr. Filmrollen, bes. bekannt geworden als Faust in der Theaterverfilmung ›Faust‹ (1960; Regie: G. Gründgens).

Quadragesima [lat. ›vierzigster (Tag)‹], in der lat. Liturgie die am Aschermittwoch beginnende 40tägige Vorbereitungszeit vor Ostern (Fastenzeit, österl. Bußzeit).

Quadragesimo anno [lat. ›im 40. Jahr‹ (d. h. nach der Enzyklika ›Rerum novarum‹)] → Sozialenzykliken.

Quadrant [lat.], 1) *Geometrie:* der vierte Teil des Kreisumfangs; auch der zw. zwei Halbachsen eines kartes. Koordinatensystems liegende Teil der Ebene.

2) *Astronomie:* histor. astronom. Instrument zur Messung des Höhenwinkels von Sternen.

Quadrat [lat.], 1) *Geometrie:* ein ebenes Viereck mit gleich langen Seiten und gleich großen Winkeln (jeweils 90°). Ist *a* die Seitenlänge, so beträgt der Flächeninhalt $A = a^2$, der Umfang $U = 4a$.

2) svw. zweite Potenz, → Quadratzahl.

Quadrat... [lat.], Bestimmungswort von Zusammensetzungen mit der Bedeutung ›zweite Potenz‹; Schreibweise: km², m² usw. (früher qkm, qm usw.).

quadratische Gleichung, eine Gleichung zweiten Grades, d. h. eine Gleichung, in der die Unbekannte in zweiter Potenz enthalten ist. Die Normalform zur qu. G. lautet $x^2 + px + q = 0$; dabei nennt man x^2 das quadrat. Glied. Ist $p = 0$, so spricht man von einer *rein qu. G.,* ist $p \neq 0$, von einer *gemischt qu. Gleichung.* Jede qu. G. hat zwei Lösungen:

$$x_{1,2} = -\frac{p}{2} \pm \sqrt{\frac{p^2}{4} - q}.$$

Quadratmeter (Meterquadrat), SI-Einheit der Fläche, Einheitenzeichen m². 1 m² ist gleich der Fläche eines Quadrats von der Seitenlänge 1 m.
1 m² = 100 dm² = 10 000 cm²,
1 000 000 m² = 1 km² (Quadratkilometer).

Quadratur [lat.], 1) *Astronomie:* (Geviertschein) eine Konstellation, in der, von der Erde aus gesehen, der Längenunterschied (die Elongation) zw. Sonne und Gestirn 90° beträgt.

2) *Geometrie:* 1. die Bestimmung des Flächeninhalts einer von gegebenen Kurven[stücken] begrenzten ebenen Figur [durch Berechnung eines Inte-

Will Quadflieg

grals]. – 2. (Qu. des Kreises, Kreis-Qu.) die (wegen der Transzendenz von π [Pi] nicht lösbare) Aufgabe, zu einem gegebenen Kreis mit Zirkel und Lineal ein flächengleiches Quadrat zu konstruieren; übertragen für: eine unlösbare Aufgabe.

Quadratwurzel → Wurzel.

Quadratzahl, die zweite Potenz einer [natürl.] Zahl, z. B. 1 (= 1^2), 4 (= 2^2), 9 (= 3^2).

quadrieren [lat.], eine Zahl in die zweite Potenz erheben, z. B. $12^2 = 144$.

Quadriga [lat.], Streit-, Renn- oder Triumphwagen der Antike mit vier nebeneinandergespannten Pferden. – Künstler. Darstellungen in der Antike und seit der Renaissance (u. a. Qu. auf dem Brandenburger Tor, 1794).

Quadrille [ka'drɪljə, frz.], v. a. während der Napoleon. Ära beliebte Abart des →Contredanse. Die Qu. wird von je vier Paaren im Karree getanzt (fünf, später sechs Touren).

Quadrophonie [lat./griech.] (Vierkanalstereophonie), Verfahren der Stereophonie, das neben den übl. beiden Kanälen zur Wiedergabe der Rechts-Links-Information zwei weitere für die Rauminformation aufweist, deren Lautsprecher hinter dem Hörer plaziert sind.

Quadrupelallianz [lat.], Bündnis von 4 Mächten. Bed. v. a. die anti-frz. *Qu. von Chaumont* (1. 3. 1814) zw. Österreich, Rußland, Preußen und Großbrit. sowie die *Qu. von London* (15. 7. 1840) zw. Großbrit., Rußland, Preußen und Österreich zum Schutz des Osman. Reiches.

Quai d'Orsay [frz. kedɔr'sɛ], Straße am südl. Seineufer in Paris; auch Bez. für das hier gelegene frz. Außenministerium.

Quäker (Quakers) [engl., eigtl. ›Zitterer‹], religiöse Gemeinschaft, die sich selbst meist ›Society of friends‹ (Gesellschaft der Freunde) nennt, v. a. in Großbrit. und den USA; sie lehren eine über jeden Menschen kommende Erleuchtung als Quelle der Gotteserkenntnis, wobei sie v. a. das organisierte Kirchentum, die Sakramente, den Eid und den Kriegsdienst ablehnen. Die Qu. wurden Mitte des 17. Jh. von G. Fox in England gegründet, W. Penn war ihr Hauptvertreter in den USA; bed. Aktivitäten im Kampf gegen Sklaverei, zur Förderung des Weltfriedens, der Schulbildung sowie der Frauenrechte. 1947 Friedensnobelpreis.

Qualifikation (Qualifizierung) [mittellat.-frz.], Befähigung, Eignung; Befähigungsnachweis.

qualifiziert, ausgezeichnet, bes. geartet.

Qualität [lat.], Beschaffenheit, Güte, Wertstufe, u. a. im Unterschied zur Quantität.

qualitative Analyse [lat./griech.] →chemische Analyse.

Qualitätsweine → Wein.

Quallen [niederdt.] (Medusen), glocken- bis schirmförmige, freischwimmende Geschlechtstiere fast aller Hydrozoa und Scyphozoa; meist in Generationswechsel mit einer ungeschlechtl. Polypengeneration, die die Qu. hervorbringt. – Die Berührung einiger Qu. mit einem Nesselapparat erzeugt Hautjucken und -brennen. Später kommt es zur Hautrötung und u. U. zu Quaddelbildung.

Qualtinger, Helmut, * Wien 8. 10. 1928, † ebd. 29. 9. 1986, österr. Schriftsteller, Kabarettist und Schauspieler. Darsteller und Autor (mit C. Merz, * 1906, † 1979) des ›Herrn Karl‹, einer Satire auf den typ. Durchschnittsösterreicher; Bühnenrollen in Horvath- und Nestroy-Stücken und in seinem eigenen Stück (Mitautor C. Merz) ›Die Hinrichtung‹ (1965) sowie Rollen in Filmen.

Quandt-Gruppe, Familiengemeinschaft zur Verwaltung von Ind.beteiligungen; gegr. durch den dt. Industriellen Günter Quandt (* 1881, † 1954). Beteili-

Helmut Qualtinger

gungen an mehreren Großunternehmen (z. B. Bayer. Motorenwerke AG).

Quant [lat.], allg. Bez. für den kleinsten Wert einer physikal. Größe, wenn diese Größe nur als ganz- oder halbzahlige Vielfaches dieser kleinsten Einheit auftreten kann. So beträgt z. B. in einer elektromagnet. Welle der Frequenz ν die kleinste Energiemenge $E = h \cdot \nu$ (h Plancksches Wirkungsquantum). Die gesamte Energie einer solchen Welle kann nur ein ganzzahliges Vielfaches dieses sog. *Energiequants* $h \cdot \nu$ sein und sich bei Emission oder Absorption auch nur um ganzzahlige Vielfache dieses Energiequants ändern. Durch den Begriff des Qu. wird v. a. der Teilchencharakter einer elektromagnet. Welle zum Ausdruck gebracht.

Quantenelektronik, Teilgebiet der [angewandten] Physik, das sich mit den physikal. Grundlagen und den techn. Anwendungen des Lasers und Masers (z. B. in der Nachrichtentechnik) befaßt.

Quantenmechanik, die durch Quantisierung der klass., nichtrelativist. Punktmechanik entstehende Theorie der mikrophysikal. Erscheinungen; sie ermöglicht v. a. die Beschreibung des Verhaltens und der beobachtbaren Eigenschaften mikrophysikal. Teilchensysteme mit konstanter Teilchenzahl sowie der in diesen nichtrelativist. ablaufenden Vorgänge *(nichtrelativist. Qu.)*, wobei sie sowohl die Teilchen- als auch die Welleneigenschaften mikrophysikal. Teilchen erfaßt und ein erster Schritt zu einer widerspruchsfreien Vereinigung von Wellen- und Teilchenbild ist. Die Qu. liefert u. a. eine Erklärung des Schalenaufbaus der Elektronenhülle der Atome, der Molekülstruktur und der chem. Bindung sowie der physikal. Eigenschaften der Festkörper. Dabei ergeben sich alle physikal. wichtigen Größen *(Observablen)* im Rahmen von Wahrscheinlichkeitsaussagen als sog. quantenmechan. *Erwartungs-* oder *Mittelwerte.* Die nichtrelativist. Qu. ist heute ein ebenso abgerundetes, widerspruchsfreies und in sich geschlossenes Gebiet wie die klass. Newtonsche Mechanik, in die sie im Grenzfall großer Quantenzahlen oder Massen übergeht. Die Ausdehnung der Qu. auf relativist. ablaufende Vorgänge *(relativist. Qu.)* gelingt nur für einzelne Teilchen.

Quantenoptik, Teil der Optik, der sich im Ggs. zur Wellenoptik mit opt. Erscheinungen befaßt, zu deren Verständnis und Deutung die Annahme von Photonen als Quanten des elektromagnet. Strahlungsfeldes erforderl. ist. Hierzu gehören neben der Emission und Absorption von elektromagnet. Strahlung in Form von Photonen durch mikrophysikal. Systeme v. a. alle in Lasern stattfindenden Vorgänge.

Quantentheorie, die allg. Theorie der mikrophysikal. Erscheinungen und Objekte; sie berücksichtigt und erklärt im Unterschied zur klass. Physik die diskrete, quantenhafte Natur mikrophysikal. Größen und den infolge Bestehens von Unschärferelationen prinzipiell nicht mehr zu vernachlässigenden Einfluß der Meßgeräte auf den Ausgang einer Messung an einem mikrophysikal. System sowie den experimentell gesicherten Welle-Teilchen-Dualismus. Die Qu. bedient sich zur Beschreibung physikal. Größen besonderer mathemat. Hilfsmittel, der sog. *Operatoren.*

Quantenzahlen, ganze oder halbganze Zahlen, durch die sich die stationären Zustände (Quantenzustände) mikrophysikal. Systeme bzw. diese selbst charakterisieren lassen. Die *Haupt-Qu. n* gibt im Schalenmodell die Nummer der Elektronenschale an (vom Kern aus gezählt). Die Schale mit der Hauptquantenzahl $n = 1$ heißt *K-Schale,* die mit $n = 2$ *L-Schale* usw. Die *Neben-Qu. l* hängt zusammen mit dem Bahndrehimpuls der in der n-ten Schale umlaufenden Elektronen; sie kann insgesamt n verschiedene Werte annehmen: $l = 0, 1, ..., (n-1)$. Man hat folgende Bez.

eingeführt: eine Elektronenbahn bzw. ein Elektron heißt *s-, p-, d-, f-Zustand* bzw. Elektron, wenn $l = 0, 1, 2, 3$ ist. Die *magnet. Qu. m* hängt mit dem magnet. Moment des umlaufenden Elektrons zusammen. Sie kann insgesamt $2l + 1$ verschiedene Werte annehmen: $m = -l, ..., 0, ..., +l$. Die *Spin-Qu. s* hängt mit dem Eigendrehimpuls der Elektronen zusammen; sie kann nur die Werte $s = +\frac{1}{2}$ oder $s = -\frac{1}{2}$ annehmen.

Quantität [lat.], 1) *allgemein:* Menge, Masse, Anzahl, Umfang, Größe, u. a. im Unterschied zur Qualität.

2) *Metrik:* die Unterscheidung von langen bzw. betonten und kurzen bzw. unbetonten Silben.

quantitative Analyse [lat./griech.] →chemische Analyse.

Quantité négligeable [frz. kǎtiteneglí'ʒabl], nicht zu berücksichtigende Größe, Belanglosigkeit.

quantitierendes Versprinzip [lat.], eine Versstruktur, die durch unterschiedl. Silbenquantität (lang – kurz) konstituiert wird; grundlegend für die klass. griech. und röm. (lat.) Metrik.

Quantum [lat., ›wie viel, so groß wie‹], Menge, Anzahl, Ånteil, [bestimmtes] Maß.

Quantz, Johann Joachim, * Scheden bei Münden 30. 1. 1697, † Potsdam 12. 7. 1773, dt. Komponist. Flötenlehrer, ab 1741 Kammermusiker und Hofkomponist König Friedrichs II.; schrieb etwa 300 Flötenkonzerte und 200 Kammermusikwerke.

Quarantäne [ka...; lat.-frz., eigtl. ›Zeitraum von vierzig Tagen‹], befristete Isolierung von Personen (auch von Haustieren), die verdächtig sind, an bestimmten Infektionskrankheiten erkrankt oder Überträger dieser Krankheiten zu sein.

Quark [slaw.], aus Milch durch Säuerung *(Sauermilch-Qu.)* oder Labfällung *(Lab-Qu.)* und Abtrennen der Molke gewonnenes Produkt, das v. a. aus geronnenem, weiß ausgeflocktem [noch stark wasserhaltigem] →Kasein (Parakasein) besteht.

Quarks [engl. kwɔːks; nach dem Namen schemenhafter Wesen in dem Roman ‚Finnegan's Wake' von J.Joyce] (Quarkteilchen), in der Physik der →Elementarteilchen Sammelbez. für insgesamt 6 als Bausteine der Hadronen nachgewiesene, aber in freier Form nicht auftretende Teilchen mit drittelzahliger Ladung (in Einheiten der Elementarladung) sowie ihre Antiteilchen (Antiquarks). Das Quarkmodell der Hadronen besagt, daß Mesonen jeweils aus einem Quark und einem Antiquark bestehen, Baryonen aus drei Qu. und Antibaryonen aus drei Antiquarks.

Quart [lat.], Fechthieb, durch den die linke Körperseite des Gegners getroffen wird.

Quarta [lat.], früher die 3. Klasse eines Gymnasiums (= 7. Klasse).

Quartal [mittellat.], Vierteljahr.

Quartalsaufen, svw. →Dipsomanie.

Quartär [lat.], jüngstes System der Erdneuzeit.

Quarte (Quart) [lat.], der vierte Ton der diaton. Tonleiter, Intervall im Abstand von 4 diaton. Stufen. Die Qu. kann als reines (z. B. c-f), vermindertes (c-fes) oder übermäßiges Intervall (c-fis, der → Tritonus) auftreten. **Quartenakkord** heißt der aus Qu. anstelle von Terzen aufgebaute Akkord (z. B. d-g-c¹-f¹).

Quarter [engl. 'kwɔːtə; lat.], Volumeneinheit in Großbrit.: 1 qu. = 64 gallons = 290,95 dm³.

Quartett [lat.-italien.], 1) *Musik:* Komposition für vier Instrumental- oder Vokalstimmen; auch das ausführende Ensemble.

2) *Spiel:* Unterhaltungsspiel mit Karten, bei dem vier Karten in der Hand eines Spielers sind.

Quartier [lat.-frz.], [Truppen]unterkunft, Nachtlager, Wohnung; v. a. schweizer. und österr. für Stadtviertel (Wohnquartier).

Quartier Latin [frz. kartjela'tɛ̃ ›latein. Viertel‹], Univ.viertel von Paris, am linken Ufer der Seine.

Quarton, Enguerrand [frz. kar'tɔ̃] (Charonton), * in der Diözese Laon um 1410 oder um 1415, † wohl Avignon 1466 (?), frz. Maler. Schuf in Avignon die Hauptwerke spätgot. frz. Malerei: ›Marienkrönung‹ (1453; Villeneuve-lès-Avignon, Musée Municipal); sog. ›Pietà von Avignon‹ (zw. 1454 und 1456; Paris, Louvre) sowie den sog. Requin-Altar (um 1447–50, Avignon, Musée Calvet).

Quartsextakkord, Akkord, der außer dem tiefsten Ton dessen Quarte und Sexte enthält; wird in der Harmonielehre als zweite → Umkehrung des Dreiklangs erklärt.

Quartz, gemäß der engl. und frz. Schreibweise v. a. in der modernen Uhrentechnik verwendete Schreibweise für →Quarz.

Quarz [Herkunft unbekannt], die unterhalb 870 °C stabile Form des kristallisierten Siliciumdioxids, SiO_2 (wasserfreie Kieselsäure); Dichte 2,65 g/cm³, Mohshärte 7. Man unterscheidet zwei Modifikationen: α-Qu. (*Nieder-* oder *Tief-Qu.*), die bis 573 °C beständig ist (häufig einfach als Qu. bezeichnet), und den oberhalb 573 °C stabilen β-Qu. (*Hoch-Qu.*). Oberhalb von 870 °C geht Qu. in **Tridymit** (2,32 g/cm³), bei 1470 °C in *Cristobalit* (2,2 g/cm³) über; Schmelzpunkt bei 1710 °C.

Qu. ist nach den Feldspäten das am weitesten verbreitete gesteinsbildende Mineral. – Qu. wird in der Technik sehr vielseitig verwendet; insbes. *Qu.sand* als Rohstoff in der Glasindustrie. Qu.kristalle dienen wegen ihrer opt. und elektr. Eigenschaften als Bauelemente in der Optik, Elektronik und Nachrichtentechnik. – Viele Varietäten des Qu. werden als Schmucksteine verwendet: *Bergkristall, Amethyst, Aventurin, Milchquarz, Prasem, Rosenquarz, Rauchquarz* und *Morion.*

Quarzfasern, aus Quarz hergestellte Mineralfasern mit hoher therm., chem. und physikal. Beständigkeit; u. a. Isoliermaterial.

Quarzglas (Kieselglas), Sonderglas aus geschmolzenem Quarz für opt. Geräte und Laboratoriumsglaswaren. Qu. ist unempfindl. gegen plötzl. Temperaturänderungen und durchlässig für UV-Strahlen.

Quarzgut (Kieselgut), milchig durchscheinendes bis weißes, keram. Material aus gesintertem Quarzsand.

Quarzit, dichtes, feinkörniges Gestein hoher Härte mit kieseligem Bindemittel, entstanden aus Sandstein durch Verkieselung oder Metamorphose.

Quarzlampe, Quecksilberdampflampe mit Glaskolben aus Quarzglas, das die Ultraviolettstrahlung durchläßt; UV-Bestrahlungslampe für medizinische Zwecke.

Quarzporphyr, dem Granit entsprechendes jungpaläozoisches Ergußgestein.

Quarzuhr, Präzisionsuhr, deren Frequenznormal durch die elast. Schwingungen eines piezoelektr. erregten Quarzkristalls *(Schwingquarz)* gegeben wird. Die Frequenz der Quarzschwingungen wird stufenweise herabgesetzt und zur Steuerung eines mit einem Uhrzeiger verbundenen Synchronmotors bzw. zur Digitalanzeige benutzt.

Quasar [Kw.] (**quas**istell**are** Radioquelle), kosm. Objekt, das extrem starke Radiofrequenzstrahlung aussendet. Die Qu. zeigen eine starke Rotverschiebung der in ihren Spektren feststellbaren Spektrallinien und weisen nach neueren Forschungen eine starke Ähnlichkeit mit hellen Kernen von selbst nicht beobachtbaren Galaxien auf.

quasi [lat.], gleichsam, als ob.

Quasimodo, Salvatore, * Syrakus 20. 8. 1901, † Neapel 14. 6. 1968, italien. Lyriker. Zus. mit G. Ungaretti und E. Montale bed. Vertreter der symbolist. italien. Lyrik; u. a. ›Das Leben ist kein Traum‹ (dt. Ausw. 1960); Nobelpreis für Literatur 1959.

Quarz:
OBEN Rauchquarz;
UNTEN Morion

Salvatore Quasimodo

Quasimodogeniti [lat. ›wie neugeborene Kinder‹] → Weißer Sonntag.

quasioptisch, sich gemäß den Gesetzen der Strahlenoptik verhaltend, sich geradlinig ausbreitend (z. B. Ultrakurzwellen).

Quassia, Gatt. der Bittereschengewächse mit rd. 35 Arten in S-Amerika und W-Afrika; Sträucher oder Bäume. Der *Amerikan. Qu.holzbaum* liefert ein bitter schmeckendes Holz *(Surinam-Bitterholz)* für Magenmittel und Insektizide *(Fliegenholz),* auch zur Herstellung von Wermutwein und Spirituosen.

Quastenflosser (Krossopterygier, Crossopterygii), seit dem Devon bekannte, bis auf eine Art ausgestorbene Ordnung bis 1,8 m langer Knochenfische; stimmen im Zahnbau und in der Anordnung der Schädelknochen mit den ersten Amphibien überein.

Quästor (lat. quaestor), röm. Magistrat; zunächst Untersuchungsrichter mit Strafgerichtsbarkeit in Mordfällen, dann von den Konsuln als Gehilfen für Verwaltungsaufgaben ernannte, ab 447 v. Chr. gewählte Jahresbeamte. Anfängl. gab es zwei, ab 421 vier, ab 81/80 v. Chr. 20 Qu.; die **Quästur** war in der Republik das niedrigste Amt.

Quatember [lat.], in der kath. Kirche liturg. Bußwochen; 1969 neu geordnet (Zahl und Termin der Qu.zeiten sind variabel).

Quattrocento [kvatro'tʃɛnto; italien.], (kunstgeschichtl.) Bez. für das 15. Jh., die Zeit der Frührenaissance in Italien.

Quauhtemoc (Cuauthémoc) [span. kฺu̯au'tɛmɔk; aztek. ›herabstoßender Adler‹], * Tenochtitlán 1495, † bei Izancanac (Campeche) 28. 2. 1525, letzter (11.) Herrscher der Azteken (seit 1520). Mußte am 13. 8. 1521 in Tenochtitlán vor den Spaniern kapitulieren; von H. Cortés erhängt; mex. Nationalheld.

Quayle, James Danforth [engl. kweɪl], * Indianapolis 4. 2. 1947, amerikan. Politiker. Jurist; 1976–80 Abg. im Repräsentantenhaus, seit 1980 Senator, seit 1989 Vizepräs. der USA.

Quebec [kve'bɛk, engl. kwɪ'bɛk] (frz. Québec [frz. ke'bɛk]), **1)** Hauptstadt der kanad. Prov. Quebec, an der Mündung des Saint Charles River in den Sankt-Lorenz-Strom, 164 600 E. Univ., Museen. U. a. Papier-Ind., Schlachthöfe; Hafen mit großen Getreidesilos, ⚓. Qu. ist im Stil der frz. Städte des 18. Jh. erbaut. In der Oberstadt u. a. Zitadelle und Hotel Château Frontenac (beide 19. Jh.), in der Unterstadt die Kirche Notre-Dame-des-Victoires (1688 und 1765). – 1608 frz. Gründung; bis 1759 polit., wirtschaftl. und kulturelles Zentrum Neufrankreichs; ab 1867 Hauptstadt der Prov. Quebec.
2) ostkanad. Prov., 1 540 680 km², 6,55 Mio. E, Hauptstadt Quebec.
Geschichte: Kam 1763 mit Neufrankreich an Großbrit., das mit der Quebec Act (1774) den Frankokanadiern Mitspracherechte bei der Regierung und die offizielle Anerkennung des röm.-kath. Bekenntnisses gewährte. 1791 wurde Qu. in die Prov. Ober- und Unterkanada aufgeteilt, die 1837 zur Prov. Kanada zusammengelegt wurden. 1867 wurde die Prov. Qu. des Dominions Kanada neu geschaffen.

Quebracho [ke'bratʃo; span.; eigtl. ›Axtbrecher‹], das Holz des *Quebrachobaums* (in Z- und S-Amerika); dauerhaft, sehr hart, schwer bearbeitbar; das dunkelrote Kernholz liefert Tannin, die Rinde Gerbstoffe.

Quechua [span. 'ketʃua], indian. Volk in den Anden, bildete die staatstragende Bevölkerung des Inkareiches. Heute stellen die Qu. noch den überwiegenden Teil der indian. Bevölkerung Perus.

Quechua [span. 'ketʃua] (Quichua, Khechua, Keshua), einstige Verwaltungssprache des Inkareichs. Heute sprechen etwa 3 Mio. Indianer in Peru sowie in Teilen von Bolivien, NW-Argentinien, Ecuador,

Quetzal
(Männchen)

S-Kolumbien neben Spanisch Dialekte des Qu.; seit 1975 in Peru Amtssprache neben dem Spanischen.

Quecke, Gatt. der Süßgräser mit rd. 100 Arten auf der nördl. Halbkugel und im südl. S-Amerika; einheim. Arten sind u. a. *Binsen-Qu.,* ein 30 – 60 cm hohes Dünengras, sowie die *Gemeine Qu.,* ein 20 – 150 cm hohes Ackerkraut mit oft meterlangen unterird. Ausläufern.

Quecksilber, chem. Symbol Hg (von lat. Hydrargyrum); metall. chem. Element aus der II. Nebengruppe des Periodensystems der chem. Elemente, Ordnungszahl 80, relative Atommasse 200,59, Dichte 13,546 g/cm³ (bei 20 °C), Schmelzpunkt – 38,87 °C, Siedepunkt 356,58 °C; bei Zimmertemperatur flüssig; wird von oxidierenden Säuren leicht, von trockener Luft nicht angegriffen; seine Legierungen heißen *Amalgame;* in seinen Verbindungen tritt es meist zweiwertig auf. Qu. gehört zu den seltenen Elementen und kommt in der Natur gediegen sowie v. a. im Qu.-mineral Zinnober HgS vor. Qu. dient als Thermometerfüllung, wegen seiner großen Legierungsfähigkeit als Extraktionsmittel für Edelmetalle, als Sperrflüssigkeit in Manometern sowie als Katalysator. Einige organ. Qu.verbindungen sind wasserlösl. Salze sowie Qu.dämpfe sind außerordentl. giftig.

Quecksilberchloride, die Chlorverbindungen des Quecksilbers. Quecksilber(I)-chlorid *(Kalomel),* Hg_2Cl_2, wird v. a. zur Herstellung von Kalomelelektroden verwendet; Quecksilber(II)-chlorid *(Sublimat),* $HgCl_2$, wurde früher als Desinfektions- und Saatbeizmittel verwendet.

Quecksilberdampflampe (Quecksilberlampe) → Metalldampflampen.

Quecksilberoxide, Sauerstoffverbindungen des Quecksilbers; das gelbe und rote Quecksilber(II)-oxid, HgO, dient v. a. zur Herstellung von Quecksilbersalzen bzw. als algizider Wirkstoff z. B. in Schiffsanstrichen.

Quecksilbervergiftung (Merkurialismus), durch die Aufnahme von metall. Quecksilber oder von Quecksilberverbindungen in den Körper hervorgerufene Krankheitserscheinungen. Symptome der *akuten Qu.* sind: Verätzungen, Übelkeit, Erbrechen, Leibschmerzen, Durchfälle, akutes Nierenversagen. Bei der *chron. Qu.* stehen die Vergiftungserscheinungen des Nervensystems im Vordergrund: u. a. Unruhe, nervöse Reizbarkeit, Konzentrationsstörungen und Schlaflosigkeit.

Quedlinburg [...dlın...], Kreisstadt an der Bode, Sachsen-Anhalt, 28 800 E. Klopstockmuseum, Theater; Saatzuchtbetriebe. Mittelalterl. Stadtbild mit bed. Kirchen, u. a. Sankt Servatius (11./12. Jh.), Sankt Benedikti (15. Jh.), Rathaus (17. Jh.) mit Roland (1427). – Die Mutter Ottos I., Mathilde (* 890, † 968), gründete 936/937 hier ein bed. Kanonissenstift. 1539 wurde Qu. ein ev. ›freies weltl. Stift‹.

Queen Charlotte Islands [engl. 'kwiːn 'ʃɑːlət 'aɪləndz], kanad. Inselgruppe im Pazifik, besteht aus zwei großen (**Graham Island, Moresby Island** im S) und etwa 150 kleinen Inseln, zus. 9 596 km².

Queensland [engl. 'kwiːnzlənd], austral. Bundesland, umfaßt den NO des Kontinents einschließl. der Inseln im Carpentariagolf und in der Torresstraße, 1 727 000 km², 2,59 Mio. E, Hauptstadt Brisbane. – Die Küste wurde 1770 von J. Cook entdeckt; 1824–39 brit. Strafkolonie; erhielt 1859 Selbstverwaltung, 1901 Teil des Austral. Bundes.

Queenslandfieber [engl. 'kwiːnzlənd], svw. → Q-Fieber.

Queirós, José Maria Eça de [portugies. kɐ'ʃrɔʃ] → Eça de Queirós, José Maria.

Quelle, i. w. S. Stelle, an der flüssige oder gasförmige Stoffe an die Erdoberfläche treten, i. e. S. der natürl. Austritt von Grundwasser. Je nach der Dauer des

Wasseraustritts unterscheidet man perennierende (permanente) Qu., die ständig, period. Qu., die jahreszeitl., und episod. Qu., die nur gelegentl. fließen. Intermittierende Qu. haben Ruhepausen zw. springbrunnenartigen Wasserausstößen. Karst-Qu. können Seen bilden.

Quelle, 1. etwas, wodurch etwas entstanden ist oder entsteht; Ursprung; 2. wiss. ausgewertete Texte (bes. Chroniken, Annalen, Urkunden, Gerichtsakten o. ä.) oder Gegenstände (Bauwerke, Gräber, Münzen o. ä.), die historisch aufschlußreich sind.

Queller (Glasschmalz), Gatt. der Gänsefußgewächse mit rd. 30 weltweit verbreiteten, oft bestandbildenden Arten an Meeresküsten und auf Salzböden im Binnenland. Die Pflanzenasche des *Gemeinen Queller* ist reich an Soda (früher in der Glasbläserei und zur Seifenherstellung verwendet).

Quellerwiesen (Quellerrasen, Quellerwatt), aus Reinbeständen salztoleranter Quellerarten gebildete Vegetationszone im Ebbe-Flut-Wechselbereich geschützter Sandküsten außertrop. Gebiete; Qu. fördern die Schlickablagerung und damit die Landneubildung.

Quellinus, Artus, d. Ä. [niederl. kwɛ'li:nʏs], ≈ Antwerpen 30. 8. 1609, † ebd. 23. 8. 1668, fläm. Bildhauer. Hauptmeister des fläm. Barock; schuf u. a. 1650–64 die Skulpturen für das ehem. Amsterdamer Rathaus (heute königl. Schloß).

Quemoy [engl. kɪ'mɔɪ], zu Taiwan gehörende Insel in der Formosastraße, dem chin. Festland vorgelagert, 138 km².

Quempas (Quempassingen), Wechselgesang, der nach alter Tradition in der Christmette gesungen wird; ben. nach dem Beginn des lat. Weihnachtshymnus: ›Quem pastores laudavere‹ (›Den die Hirten loben sehre‹).

Quenchen ['kvɛntʃən; engl.], das Abstoppen einer chem. Reaktion durch rasches Abkühlen.

Queneau, Raymond [frz. kə'no], * Le Havre 21. 2. 1903, † Paris 25. 10. 1976, frz. Schriftsteller. Einer der vielseitigsten Schriftsteller der frz. Literatur des 20. Jh.; v. a. groteske Romane (u. a. ›Zazie im Metro‹, 1959, verfilmt von L. Malle, 1960; ›Die blauen Blumen‹, 1965; ›Der Flug des Ikarus‹, 1968), die, wie auch seine ›Stilübungen‹ (1947) über 99 Versionen einer alltägl. Begebenheit oder seine Gedichte (›Hunderttausend Milliarden Gedichte‹, 1961), vom Spiel mit den Mehrdeutigkeiten der Sprache leben.

Quental, Antero Tarquínio de [portugies. ken'tal], * Ponta Delgada (Azoren) 18. 4. 1842, †ebd. 11. 9. 1891 (Selbstmord), portugies. Schriftsteller. Gehört mit seiner engagierten Lyrik (u. a. ›Odes modernas‹, 1865) zu den großen Persönlichkeiten Portugals.

Quercia, Iacopo della [italien. 'kuɛrtʃa], italien. Bildhauer, → Iacopo della Quercia.

Querele [lat.], kleinerer Streit.

Querétaro [span. ke'retaro], 1) Hauptstadt des mex. Staates Querétaro im zentralen Hochland, 293 600 E. Univ., Museum. Zentrum eines Bergbau- und Agrargebiets. Bed. Bauten der Kolonialzeit (18. Jh.). – Mexikos Verfassung wurde 1917 in Q. ausgearbeitet.
2) Staat in Z-Mexiko, 11 449 km², 952 900 E, Hauptstadt Querétaro.

Querfeldeinrennen (Cyclo-Cross) → Radsport.

Querflöte (italien. flauto traverso; frz. flûte traversière), 1. jede quer zur Körperachse gehaltene → Flöte, im Unterschied zur Lang- oder Längsflöte; 2. die im 17. Jh. entwickelte Flöte des Orchesters mit dreiteiliger, zylindr. Röhre und Klappen; meistgespielt ist die Qu. in C (auch *große Flöte*). Die kleinste Qu. ist die →Pikkoloflöte. Ferner gibt es die *Altflöte* in G und die *Baßflöte* in C.

Querlenkerachse → Fahrwerk.

Querpfeife, kleine, eng und konisch gebohrte Form der Querflöte mit sechs Grifflöchern; wird in der Militärmusik und bei Spielmannszügen gespielt.

Querschiff, der Raum einer Kirche, der quer vor dem Langhaus liegt.

Querschläger, Geschosse, die an einem Gegenstand abgeprallt sind.

Querschnitt, ein ebener Schnitt senkrecht zur Längs- oder Drehachse eines Körpers; auch Bez. für die zeichner. Darstellung der Schnittfläche.

Querschnittslähmung (Querschnittssyndrom), durch umschriebene Schädigung des Rückenmarksquerschnitts *(Querschnittsläsion)* verursachte Krankheitserscheinungen in Form sensibler, motor. und vegetativer Lähmungen. Je nach dem Ausmaß der Schädigung unterscheidet man: 1. die *totale Qu.* mit vollständiger Leitungsunterbrechung und vollständiger motor. und sensibler Lähmung in den unterhalb der Schädigungsstelle gelegenen Körperpartien sowie mit vegetativen Störungen im Bereich von Blase, Enddarm und Genitalien; 2. die *subtotale* oder *partielle* Qu. mit nur teilweiser Leitungsunterbrechung und unvollständigen Ausfallserscheinungen; 3. halbseitige Querschnittsunterbrechungen des Rückenmarks *(Halbseitenläsion).*

Quersumme, die aus den einzelnen Ziffern einer natürlichen Zahl gebildete Summe; die Qu. von 375 604 ist $3 + 7 + 5 + 6 + 0 + 4 = 25.$

Querulant [lat.], Kleingeist, der an allem herumkritisiert; Nörgler.

Quesenbandwurm, etwa 60–100 cm langer Bandwurm, der im erwachsenen Zustand im Darm verschiedener Raubtiere (bes. Hund) schmarotzt (→ Drehkrankheit, → Drehwurm).

Quesnay, François [frz. kɛ'nɛ], * Méré bei Versailles 4. 6. 1694, † Versailles 16. 12. 1774, frz. Arzt und Nationalökonom. Gilt als Begründer der sog. physiokrat. Schule (→ Physiokraten). Sein bedeutendstes Werk ist das ›Tableau économique‹ (1758), das die erste Gesamtdarstellung eines volkswirtschaftl. Kreislaufs enthält.

Quetschung (Kontusion, Contusio), Verletzung durch Gewalteinwirkung mit einem stumpfen Gegenstand.

Quetzal [kɛ...; aztek.] (Quesal), etwa 40 cm (Weibchen 35 cm) langer, im männl. Geschlecht oberseits glänzend smaragdgrüner, unterseits scharlachroter, vorwiegend früchtefressender Vogel in feuchten Bergwäldern S-Mexikos bis Panamas; mit vier fast 1 m langen, bandartig nach hinten fallenden Deckfedern des Schwanzes.

Quetzalcoatl [span. kɛtsal'koatl; aztek. ›(grüne) Federschlange‹], religiös bedeutendste Gestalt des vorkolumb. Mexiko, ein in aztek. Zeit vergöttlichter Herrscher des Toltekenreiches, der im 10. Jh. in Tollan (= Tula de Allende) residierte (→ Azteken).

Queue [kø:; lat.-frz., eigtl. ›Schwanz‹], Billardstock (→ Billard).

Quevedo y Villegas, Francisco Gómez de [span. ke'βeðo i βi'ʎeɣas], ≈ Madrid 26. 9. 1580, † Villanueva de los Infantes 8. 9. 1645, span. Dichter. Bed. Dichterpersönlichkeit des span. Barocks *(Conceptismo);* befreundet mit L. F. de Vega Carpio und M. de Cervantes Saavedra; sein bes. vom Satirischen lebendes Werk (Lyrik und Prosa in außerordentl. Vielfalt der Formen und Themen) zeichnet sich durch eine Sprache der Neuprägungen und des Umgangs mit dem Jargon aus; bes. bekannt sind seine Moralsatiren, dt. u. d. T. ›Quevedos wunderl. Träume‹ (1627) sowie der Schelmenroman ›Der abenteuerl. Buscon‹ (1626).

Quezon City [span. ke'θon, engl. 'sɪtɪ], Stadt auf Luzon, Philippinen, im nö. Vorortbereich von Manila, 1,2 Mio. E. Univ.; Konsumgüterindustrie. – Q. C. wurde ab 1947 nach Plan aufgebaut.

Raymond Queneau

François Quesnay

Quetzalcoatl

Ludwig Quidde

Quezón y Molina, Manuel Luis [span. ke'θon i mo'lina], * Baler (Prov. Quezon) 19. 8. 1878, † Saranac Lake (N. Y.) 1. 8. 1944, philippin. Politiker. 1916–35 Senats-Präs., wurde 1935 erster Präs.; bildete 1942 eine Exilregierung in den USA.

Quiche [frz. kiʃ], Speckkuchen aus Mürbe- oder Blätterteig.

Quickborn, 1909 bzw. 1913 in Schlesien gegr. kath. Jugendbund; wurde ein Zentrum der liturg. Bewegung; 1939–46 aufgelöst, 1966 Aufspaltung in den *Bund christl. Jugendgruppen* und den *Qu.-Arbeitskreis.*

Quickstep ['kvɪkstɛp; engl.], internat. Standardtanz; schnelle Art des → Foxtrotts.

Quidde, Ludwig, * Bremen 23. 3. 1858, † Genf 5. 3. 1941, dt. Historiker und Politiker. Die Veröffentlichung der Schrift ›Caligula‹ (1894), einer histor. verkleideten Kritik an Kaiser Wilhelm II., beendete seine Karriere als Historiker; 1914–29 Präs. der Dt. Friedensgesellschaft, 1921–29 Vors. des Dt. Friedenskartells; erhielt 1927 zus. mit F. Buisson den Friedensnobelpreis; emigrierte 1933 in die Schweiz.

Quietismus [kvi-e...; lat.], eine philos. oder religiös begründete Haltung des Nichthandelns bzw. der größtmöglichen Seelenruhe, die für myst. Religiosität charakteristisch ist; steht im Ggs. zum Aktivismus prophet. Religionen.

Quillajarinde [indian./dt.] (Panamarinde, Seifenrinde), Bez. für die Rinde einer im westl. S-Amerika verbreiteten Seifenbaumart, die etwa 5 % Saponine enthält; die Extrakte werden als milde Waschmittel, Bestandteile von Fleckenwasser und als schaumbildende Zusätze in Haarwässern und Zahnpasten verwendet.

Quimper [frz. kɛ̃'pɛːr], frz. Hafenstadt in der Bretagne, 56 900 E. Verwaltungssitz des Dep. Finistère; Museen, Handelshafen. Got. Kathedrale (13.–15. Jh.), romanische Kirche Notre-Dame-de-Locmaria (11. Jh.).

Quincey, Thomas De [engl. də'kwɪnsɪ] → De Quincey, Thomas.

Anthony Quinn

Quinn, Anthony [engl. kwɪn], * Chihuahua (Mexiko) 21. 4. 1915, amerikan. Schauspieler. Bed. Charakterdarsteller, Welterfolge u. a. mit den Filmen ›Viva Zapata‹ (1952); ›La Strada‹ (1954) und ›Alexis Sorbas‹ (1964).

Quinquagesima [lat. ›der fünfzigste (Tag)‹] → Estomihi.

Quint [lat.], Fechthieb, der von der rechten Hüfte zur linken Schulter führt.

Quinta [lat.], früher die 2. Klasse im Gymnasium (= 6. Klasse).

Quinte (Quint) [lat.], der fünfte Ton der diaton. Tonleiter, das Intervall im Abstand von 5 diaton. Stufen. Die Qu. kann als reines (z. B. c-g), vermindertes (c-ges, der → Tritonus) oder übermäßiges Intervall (c-gis) auftreten.

Quintenzirkel, die Anordnung der Dur- und Molltonarten nach Art und Zahl der Vorzeichen in einem Kreis (Zirkel). Der Abstand der Grundtöne beträgt jeweils eine Quinte. In aufsteigender Richtung (rechtsherum) befinden sich die ♯-Tonarten, in absteigender (linksherum) die ♭-Tonarten. Dabei treffen sich in Dur die Quintenfolgen C-G-D-A-E-H und C-F-B-Es-As-Des in Fis = Ges (›enharmon. Verwechslung‹), die entsprechenden Reihen in Moll bei dis = es.

Quintessenz [mittellat.], das im Ergebnis Wichtigste, Wesentliche einer Sache.

Quintett [lat.-italien.], Komposition für fünf Instrumental- oder Vokalstimmen; auch das ausführende Ensemble.

Quintilian (Marcus Fabius Quintilianus), * Calagurris (= Calahorra) um 35, † Rom um 100, röm. Rhetoriker. Die ›Institutio oratoria‹ (Lehrgang der Bered-

Vidkun Abraham
Lauritz Quisling

samkeit, 12 Bücher), diente vom 16. bis zum 18. Jh. als Grundlage des Rhetorikunterrichts.

Quintsextakkord, die erste Umkehrung des → Septimenakkords.

Quipu ['kɪpu; indian.] → Knotenschrift.

Quiriguá [span. kiri'ɣ̱ua], Ruinenstadt der Maya in O-Guatemala; u. a. Skulpturen (zw. 692 und 810 datiert).

Quiriguá: Zoomorphe Sandsteinskulptur

Quirinal (lat. Collis Quirinalis), einer der 7 Hügel Roms mit dem Tempel des altröm. Gottes Quirinus, den Thermen Diokletians und Konstantins I., des Großen. Der *Palazzo del Quirinale* (1574 ff.), urspr. Sommerresidenz der Päpste, ist heute Sitz des italien. Staatspräsidenten.

Quirinus, röm. Kriegsgott. Bildete mit Jupiter und Mars eine altröm. Götterdreiheit, die später durch die kapitolin. Trias Jupiter–Juno–Minerva verdrängt wurde.

Quiriten, im antiken Rom Bez. für die röm. Bürger, bes. in der Volksversammlung.

Quirl, 1) *Botanik:* bei Pflanzen Bez. für eine Gruppe von mehr als zwei seitl. Gliedern, die auf gleicher Höhe der Sproßachse oder eines Seitensprosses entspringen.

2) einfaches Küchengerät, mit dem mehrere Zutaten miteinander vermischt werden.

Quisling (Qvisling), Vidkun Abraham Lauritz, * Fyresdal (Telemark) 18. 7. 1887, † Oslo 24. 10. 1945 (hingerichtet), norweg. Politiker. 1931/32 Verteidigungs-Min.; gründete 1933 die faschist. Partei ›Nasjonal Samling‹; schlug Hitler Ende 1940 die Besetzung Norwegens vor, nach deren Durchführung 1940 für wenige Tage Min.-Präs.; 1942–45 Chef einer ›nat. Regierung‹ in Abhängigkeit vom dt. Reichskommissar J. Terboven; 1945 zum Tod verurteilt.

Quito ['ki:to, span. 'kito], Hauptstadt Ecuadors und einer Prov., am Fuß des Vulkans Pichincha, 2 850 m ü. d. M., 1,11 Mio. E. Univ., kath. Univ., Polytechnikum, mehrere Museen, Nationalarchiv, Nationalbibliothek, Theater, Hauptindustriezentrum des Landes, internat. ⚐. Zahlr. Kirchen, u. a. Kathedrale (16. Jh.; wiederaufgebaut) mit Pieta des indian. Bildhauers Manuel Chili (um 1770), San Francisco (auf der Ruine eines Inkapalastes); Kloster San Francisco (Kreuzgang 1573–81) und San Agustín (zweigeschossiger Kreuzgang um 1640). – 1534 gegründet.

Quitte [griech.-lat.] (Echte Qu.), Rosengewächs aus Vorderasien; bis 8 m hoher Baum. In S- und M-Europa werden die Varietäten *Birnenquitte* und *Apfelquitte,* mit birnen- bzw. apfelförmigen Früchten, kultiviert. Das Fruchtfleisch der Qu. ist roh nicht genießbar.

Quittung [lat.], schriftl. Empfangsbestätigung, die der Gläubiger dem Schuldner ausstellt; sie ist Beweismittel dafür, daß geleistet worden ist.

Quixote, Don [dɔn kiˈxoːte, span. dɔŋ kiˈxote]
→ Don Quijote.

Qumran → Kumran.

quod erat demonstrandum [lat. ›was zu beweisen war‹], Abk. q. e. d. oder qu. e. d., auf Euklid zurückgehender Schlußsatz bei Beweisen.

Quodlibet [lat. ›was beliebt‹], scherzhafte musikal. Form, die zwei oder mehr textliche [Lied]melodien oder Melodieteile kontrapunktisch verknüpft oder in der Reihung solcher Melodien urspr. nicht zusammengehörenden Texte verbindet.

Quorum [lat. ›deren‹ (nach dem Anfangswort von Entscheidungen des röm. Rechts)], die zur Beschlußfähigkeit von Gremien nach Statut, Satzung oder Gesetz erforderl. Anzahl anwesender Mitglieder.

Quote [mittellat.], Anteil, der bei Aufteilung eines Ganzen auf den einzelnen oder eine Einheit entfällt.

Quotenregelung, Verfahren, mit dessen Hilfe eine bestimmte Zusammensetzung von Gremien eines Vereins, einer Partei usw. erreicht werden soll. Die SPD führte durch den Beschluß ihres Parteitages vom Juni 1988 zugunsten der Frauen die Qu. für Parteigremien und Mandatsträger der Partei in den Parlamenten ein. In einer 1988 beginnenden Stufenregelung müssen bis 1992 mindestens 40 % der Gremienmgl. bzw. der Kandidaten für öffentl. Ämter Frauen, 40 % Männer sein. Bei den Grünen gilt seit 1986 eine 50 %-Regelung. Die FDP will bis 1992 einen Anteil von 25 % erreichen, entsprechend dem Anteil der Frauen an der Zahl der Mitglieder. Befürworter einer Qu. für Frauen sehen darin einen Ausgleich für histor. und strukturell bedingte Nachteile. Kritiker bemängeln, daß bei einer Qu. Leistung und Qualifikation nur ungenügend berücksichtigt werden.

Quotient [lat.], das Ergebnis einer Division, auch Bez. für einen Ausdruck der Form $a:b$ bzw. a/b.

Quotientenregel, Regel für das Differenzieren von Quotienten zweier Funktionen $u(x)$ und $v(x)$:

$$\left(\frac{u(x)}{v(x)}\right)' = \frac{v(x) \cdot u'(x) - u(x) \cdot v'(x)}{[v(x)]^2}.$$

Qvisling [norweg. ˈkvisliŋ] → Quisling.

Qwaqwa, Homeland (neue Bez. Autonomstaat) der Süd-Sotho im äußersten SO des Oranjefreistaats, 482 km², 180 900 E; de jure sind 1,73 Mio. Süd-Sotho Bürger von Q.; Verwaltungssitz Phuthaditjhaba bei Witsieshoek. – Erhielt am 1. 6. 1972 als Bantuheimatland eine Gesetzgebende Versammlung.

R

R, 1) der 18. Buchstabe des dt. Alphabets (im Lat. der 17.), im Griech. ϱ (Rho).

2) Abk. für lat. **R**omanus, **R**ufus, **r**egnum (›Reich‹) u. a.

3) *Wirtschaft:* Abk. für **R**egistered as trademark; amerikan. und weitgehend internat. Bez. für ›eingetragenes Warenzeichen‹.

4) *Geometrie:* Kurzzeichen für einen rechten Winkel.

5) *Chemie:* Formelzeichen für einen (meist organ.) Rest.

r, Formelzeichen für → Radius (Halbmesser).

Ra, ägypt. Sonnengott, → Re.

Ra, chem. Symbol für → Radium.

Raab, Julius, * Sankt Pölten 29. 11. 1891, † Wien 8. 1. 1964, österr. Politiker (ÖVP); 1945–61 Mgl. des Nationalrats; 1953–61 Bundeskanzler einer Regierung der großen Koalition; erreichte 1955 die sowjet. Zustimmung zum Österr. Staatsvertrag.

Raab, 1) ungar. Stadt, → Györ.

2) rechter Nebenfluß der Donau, mündet bei Györ in die Kleine Donau, etwa 300 km lang.

Raabe, Wilhelm, Pseudonym Jakob Corvinus, * Eschershausen 8. 9. 1831, † Braunschweig 15. 11. 1910, dt. Schriftsteller. Zählt neben Th. Fontane zu den bed. dt. Vertretern des Realismus. Seine kulturkrit. Erzählungen (u. a. ›Das Odfeld‹, 1889; ›Hastenbeck‹, 1899) und Romane (u. a. ›Die Chronik der Sperlingsgasse‹, 1857; ›Der Hungerpastor‹, 1864; ›Abu Telfan ...‹, 1868; ›Der Schüdderrump‹, 1870; ›Pfisters Mühle‹, 1884; ›Die Akten des Vogelsangs‹, 1895) leben von Sprachkomik und Satire, wobei der Angriff auf das inhumane und aggressive zeitgenöss. Spießertum mit virtuosem Einsatz der verschiedensten Erzählperspektiven geführt wird, was v. a. den Roman ›Stopfkuchen‹ (1891) zu einem Meisterwerk der Groteske macht.

Rab, kroat. Insel in N-Dalmatien, 93,6 km², bis 408 m hoch, Hauptort Rab.

Rabab (Rebab) [pers.-arab.], Bez. für verschiedene im islam. Bereich verbreitete Streichinstrumente mit birnen-, kreis- oder trapezförmigem Schallkörper aus Holz, Pergamentdecke und Stachel sowie einer oder zwei Saiten (auch doppelchörig).

Rabanus Maurus → Hrabanus Maurus.

Rabat, Hauptstadt Marokkos, an der Mündung des Oued Bou-Regreg in den Atlantik, gegenüber der am rechten Flußufer gelegenen Stadt Salé, 518 600 E. Univ., Akademie für arab. Sprache, Museen, botan. Garten; Textil-, Leder- und Nahrungsmittel-Ind.; internat. ✈. Die Altstadt wird im S von der sog. Andalsiermauer (17. Jh.) begrenzt, im W von einem Teil der Almohadenmauer (12. Jh.); bed. das Minarett (12. Jh.; quadrat. Grundriß) der unvollendeten Hasanmoschee (heute verfallen). – Im 17. Jh. mit Salé selbständige Korsarenrepublik; seit 1912 Hauptstadt Marokkos.

Rabatt [italien.], Preisnachlaß, der meist in Prozenten des Preises ausgedrückt wird.

Rabatte [niederl.], ein meist langes und schmales Zierpflanzenbeet längs von Wegen und Rasenflächen.

Rabbi [hebr.], im Judentum Anrede für verehrte Lehrer und Gelehrte.

Rabbiner [hebr.], Titel der jüd. [Schrift]gelehrten und religiösen Funktionsträger. – Vom 1./2. Jh. an war der R. der Gelehrte, der die jüd. Lehre vertrat und weiterführte. Die Gelehrten dieser frühen Epoche werden **Rabbinen** genannt. Seit der Aufklärung trat neben die Überwachung des Religionsgesetzes verstärkt die Seelsorge.

Rabe, sww. → Kolkrabe.

Rabelais, François [frz. raˈblɛ], * La Devinière bei Chinon um 1494 (1483?, 1490?), † Paris 9. 4. 1553, frz. Dichter. Sein Ruhm beruht auf dem phantast., grotesk-kom. Romanzyklus ›Gargantua und Pantagruel‹. Das 1. Buch (1532) entwickelt mit der Geschichte des Riesen Pantagruel eine umfassende Zeitsatire, in die das gesamte Gedankengut der frz. Frührenaissance

Wilhelm Raabe

einfließt; das 2. Buch (1534) enthält zugleich eine Verspottung der klösterl. Erziehung und der Sorbonne; im 3. und 4. Buch (1546 bzw. 1552) werden zeitgenöss. Vorstellungen von Astrologie, Medizin, Philosophie u. a. satirisch angegriffen. Die Autorschaft des 5. Buches (hg. 1562, endgültige Ausgabe 1564) ist umstritten.

Raben, große, kräftige, meist schwarze, klotzschnäbelige Rabenvögel mit nur wenigen Arten; in Europa kommt nur der → Kolkrabe vor.

Rabenkrähe, etwa 45 cm lange schwarze Aaskrähe in W- und M-Europa und O-Asien; Schnabel schwarz und stets befiedert; ernährt sich vorwiegend von Kleintieren, Jungvögeln, Eiern, Abfall und Aas.

Rabenvögel (Krähenvögel, Corvidae), mit Ausnahme der Polargebiete und Neuseelands weltweit verbreitete Fam. drossel- bis kolkrabengroßer Singvögel mit rd. 100 allesfressenden Arten. Zu den R. gehören u. a. Häher, Elster, Dohle, Krähen, Raben, Alpendohle, Alpenkrähe.

Rabi, Isidor Isaac [engl. ˈreɪbɪ], * Rymanów bei Sanok 29. 7. 1898, † New York 11. 1. 1988, amerikan. Physiker poln. Herkunft. Entwickelte die Atomstrahlresonanzmethode (R.-*Methode*) zur Messung elektr. und magnet. Momente von Atomkernen und erhielt dafür 1944 den Nobelpreis für Physik.

Yitzhak Rabin

Rabin, Yitzhak, * Jerusalem 1. 3. 1922, israel. General und Politiker (Mapai). 1964–68 Generalstabschef; 1968–73 Botschafter in den USA; März–Juni 1974 Arbeits-Min.; 1974–77 Min.-Präs. und Führer der Mapai; 1984–90 Verteidigungsminister.

Rabinal Achí [span. rraβiˈnal aˈtʃi], einzige erhaltene dramat. Dichtung der Maya aus vorspan. Zeit.

Rabindranath Tagore → Tagore, Rabindranath.

Racemat (Razemate) [lat.], äquimolare Gemische opt. Antipoden (Stereoisomeren) einer chem. Verbindung; opt. inaktiv, da sich die Drehwinkel der opt. Antipoden aufheben.

Rachel, Gestalt des AT, → Rahel.

Rachel [frz. raˈʃɛl], eigtl. Elisabeth R. Félix, * Mumpf bei Basel 28. 2. 1821, † Le Cannet bei Cannes 3. 1. 1858, frz. Schauspielerin. Mgl. und Teilhaberin der Comédie-Française; gilt als größte frz. Tragödin des 19. Jahrhunderts.

Rachen, 1) *Medizin:* svw. → Pharynx.
2) *Zoologie:* v. a. bei größeren Raubtieren Bez. für die gesamte bezahnte Mundhöhle.

Rachenblütler (Braunwurzgewächse, Scrophulariaceae), Fam. zweikeimblättriger Pflanzen mit rd. 3 000 weltweit verbreiteten Arten in etwa 200 Gatt.; meist Kräuter oder Stauden, auch Sträucher und Lianen. Bekannte Gatt. sind Ehrenpreis, Fingerhut, Königskerze und Löwenmaul.

Rachenmandel (Rachentonsille), am Dach des Nasenrachenraums gelegenes unpaares Organ mit zerklüfteter Oberfläche; enthält zahlr. Lymphozyten; Abwehrorgan für Infektionskeime.

Rachitis [griech.] (engl. Krankheit), durch Vitamin-D-Mangel bedingte Störung des Calcium- und Phosphatstoffwechsels mit typ. Skelettveränderungen (Knochenerweichung, Wirbelsäulenverkrümmung, Verbiegung der Beinknochen, Beckenverformung), bes. beim Säugling und Kleinkind.

Sergei Wassiljewitsch Rachmaninow

Rachmaninow, Sergei Wassiljewitsch, * Gut Onega bei Nowgorod 1. 4. 1873, † Beverly Hills bei Los Angeles 28. 3. 1943, russ.-amerikan. Komponist, Pianist und Dirigent. Lebte ab 1917 in Paris, ab 1935 in den USA, als Pianist gefeiert; von seinen Kompositionen wurden von den 4 Klavierkonzerten v. a. sein 2. Klavierkonzert c-Moll op. 18 (1901) und das Klavier-Prélude cis-Moll op. 3,2 (1892) äußerst populär; auch Opern, 3 Sinfonien, Chorwerke und Lieder.

Racine, Jean [frz. raˈsin], * La Ferté-Milon bei Soissons, ≈ 22. 12. 1639, † Paris 21. 4. 1699, frz. Dramatiker. Mit P. Corneille herausragender Vertreter der klass. frz. Tragödie. In seinen Dramen stehen Frauen im Mittelpunkt, v. a. in ›Andromache‹ (1668), ›Esther‹ (1669), ›Berenice‹ (1671), ›Iphigenie‹ (1675), ›Phädra‹ (1677). R. schrieb u. a. auch geistl. Lyrik und eine Geschichte von Port-Royal (hg. 1742–54). – *Weitere Werke:* Alexander der Große (Dr., 1666), Britannicus (Dr., 1669), Athalie (Dr., 1690/91).

Rack [engl. ræk], schrankartiges Gestell zur Unterbringung von Einzelbausteinen einer Stereoanlage (sog. *Hi-Fi-Turm*).

Rackelhuhn, Bastard zw. Auer- und Birkhuhn.

Rackelkrähe, fruchtbarer Mischling aus Nebelkrähe und Rabenkrähe.

Racken (Raken, Coraciidae), Fam. etwa taubengroßer, bunt gefärbter Singvögel mit 15 Arten in Afrika und Eurasien; u. a. *Blau-R.,* etwa 30 cm groß, und *Kurol,* fast krähengroß, auf Madagaskar.

Rackenvögel (Coraciiformes), mit fast 2000 Arten v. a. in den Tropen und Subtropen verbreitete Ordnung (mit Schwanz) etwa 10–100 cm langer, meist leuchtend bunt gefärbter Singvögel; Höhlenbrüter. Zu den R. gehören u. a. Racken, Eisvögel, Bienenfresser, Hopfe.

Racket [ˈrɛkət, raˈkɛt; arab.-frz.-engl.], svw. Tennisschläger.

Raclette [frz. raˈklɛt], schweizer. Gericht aus geschmolzenem Käse, Pellkartoffeln, Perlzwiebeln und Salzgurken.

rad, 1) Einheitenzeichen für die Winkeleinheit → Radiant.
2) Einheitenzeichen für die Einheit der Strahlungsdosis → Rad.

Rad, 1) *Technik:* Maschinenelement zur Kraft- bzw. Drehmomentübertragung, insbes. zur rollenden Fortbewegung, ferner zur Richtungsänderung von Seilen, Ketten u. a.; besteht gewöhnl. aus der *Nabe* (die der Verbindung zur Achse, Welle oder einem Zapfen herstellt), dem kreisförmigen *R.kranz* und der beide Teile verbindenden *R.scheibe* bzw. Speichen.

Geschichte: Die älteste Darstellung eines R. (hölzernes Scheiben-R.) findet sich auf Flachreliefs aus Ur in Mesopotamien (etwa 2600 v. Chr.); in Europa ist das R. durch jungsteinzeitl. Funde belegt. Speichen-R. finden sich erstmals an Tonmodellen aus Mesopotamien; um 2000 v. Chr., ab 1600 auch an ägypt. Streitwagen; im Verlauf der Bronzezeit Verbreitung gegossener Speichen-R. über ganz Europa.
2) *Turnen:* (Radschlagen) Bez. für einen Überschlag seitwärts auf dem Boden oder Schwebebalken.

Rad, Abk. für engl. **r**adiation **a**bsorbed **d**osis [engl. ˈreɪdɪˈeɪʃən əbˈsɔːbd ˈdoʊsɪs], gesetzl. nicht mehr zulässige Einheit der absorbierten Strahlungsdosis, Einheitenzeichen **rd** oder **rad**; 100 rad = 1 Gy (→Gray).

RAD, Abk. für **R**eichs**a**rbeits**d**ienst (→Arbeitsdienst).

Radar [raˈdaːr, ˈraːdar; Abk. für engl. **ra**dio **d**etecting **a**nd **r**anging, eigtl. ›Funkermittlung und -entfernungsmessung‹], mit elektromagnet. Wellen arbeitendes Verfahren zur Ortung von Flugzeugen, Schiffen u. a.; es wird jedoch ebenso als Navigationshilfe, als Hilfsmittel der Meteorologie (z. B. zur Ortung weit entfernter Gewitter), der Astronomie (z. B. zur Oberflächenerforschung von Planeten), zur Geschwindigkeitsmessung (Verkehrs-R.) u. a. angewandt. *Prinzip:* Von einer Antenne mit parabol. Reflektor (R.antenne) werden scharf gebündelte elektromagnet. Wellen in Form kurzer Impulse abgestrahlt. Treffen diese Impulse auf ein Hindernis, so werden sie – je nach Art des Materials – mehr oder weniger stark reflektiert und in den Impulspausen von derselben Antenne wieder empfangen. Die Echoimpulse werden auf einem Bildschirm (R.schirm) sichtbar gemacht. Nach entsprechender Eichung ist neben der Erkennung des

Objekts auch die Bestimmung seines Abstands von der Antenne möglich. Zur Geschwindigkeitsmessung, z. B. beim *Verkehrs-R.*, werden v. a. Verfahren angewandt, die den → Doppler-Effekt ausnutzen *(Doppler-R.).* – In der Luftfahrt läßt sich mit Hilfe des sog. *Sekundär-R.* durch einen von der R.antenne ausgestrahlten [Frage]impuls ein codierter Antwortimpuls u. a. mit Angabe der Flughöhe auslösen, der neben dem Echobild des Flugzeugs auf dem R.schirm für den Fluglotsen sichtbar gemacht werden kann.

Radball → Radsport.

Radbruch, Gustav, * Lübeck 21. 11. 1878, † Heidelberg 23. 11. 1949, dt. Jurist und Politiker. MdR 1920–24 (SPD); Reichsjustiz-Min. 1921/22 und 1923; 1933 als erster dt. Professor amtsenthoben. Vertrat in seiner Rechtsphilosophie als oberste Rechtswerte: Rechtssicherheit, Gerechtigkeit, soziale Zweckmäßigkeit.

Radcliffe, Ann [engl. ˈrædklɪf], geb. Ward, * London 9. 7. 1764, † ebd. 7. 2. 1823, engl. Schriftstellerin. Bed. Vertreterin der engl. → Gothic novel, u. a. ›Udolpho's Geheimnisse‹ (1794) und ›Die Italienerin‹ (1797).

Raddampfer → Dampfschiff.

Raddatz, Fritz J., eigtl. Fritz-Joachim R., * Berlin 3. 9. 1931, dt. Publizist. 1977–85 Feuilletonchef der ›Zeit‹; u. a. Biographien über Tucholsky (1961), Marx (1975) und Heine (1977).

Radebeul, Stadt in der Lößnitz, Sachsen, 33 100 E. Indianermuseum (ehem. Karl-May-Museum); Weinbau; u. a. Pharma-Ind., Sektkellereien.

radebrechen [mhd. ›auf dem Hinrichtungsrad die Glieder brechen‹], [eine Fremdsprache] stümperhaft sprechen.

Radecki, Sigismund von [raˈdɛtski], Pseud. Homunculus, * Riga 19. 11. 1891, † Gladbeck 13. 3. 1970, dt. Schriftsteller. Von K. Kraus beeinflußter Meister der literar. Kleinform; auch Übersetzungen (v. a. aus dem Russischen).

Radierung: Augustin Hirschvogel, Flußlandschaft; 1546

Radek, Karl, eigtl. K. Sobelsohn, * Lemberg 1885, † in einem sowjet. Gefängnis 1939 (?), sowjet. Politiker. Vertreter der russ. KP auf dem Gründungsparteitag der KPD 1918/19; im Febr. 1919 in Berlin verhaftet, im März von der ZK der russ. KP gewählt, kehrte im Jan. 1920 nach Rußland zurück; im Präsidium des Exekutivkomitees der Komintern, bis 1923 für die Anleitung der KPD verantwortl.; als Trotzkist 1924 seiner Positionen enthoben; 1936 verhaftet.

Rädelsführer, Bez. für denjenigen, der (als ›Anstifter‹) eine führende Rolle in einer (rechtswidrig handelnden) Gruppe von Personen einnimmt; im StGB strafbegründendes bzw. strafverschärfendes Tatbestandsmerkmal.

Rädern, Vollstreckungsart der Todesstrafe, v. a. bei Mord und Raub (im 19. Jh. aufgegeben); die Glieder wurden mit einem Rad zerschlagen, der Körper in die Speichen des Rades ›geflochten‹.

Rädertiere (Rotatoria), Klasse der Schlauchwürmer mit rd. 1 500 etwa 0,05–3 mm (meist 0,1–1 mm) langen, v. a. im Süßwasser lebenden Arten; ihre Nahrung wird dem Kaumagen meist strudelnd mit Hilfe eines Räderorgans (mit bandförmig in einem Bogen angeordneten Wimpern; dient auch zur Fortbewegung) im Bereich der Mundöffnung zugeführt.

Radetzky, Joseph Wenzel Graf [...ki], eigtl. J. W. Graf R. von Radetz, * Trebnitz (= Třebenice, Nordböhm. Gebiet) 2. 11. 1766, † Mailand 5. 1. 1858, österr. Feldmarschall (seit 1836). Hatte durch den von ihm entworfenen Feldzugsplan vor 1813 maßgebl. Anteil am Sieg in der Völkerschlacht bei Leipzig; sicherte als Kommandeur (ab 1831) die österr. Truppen in Lombardo-Venetien die österr. Herrschaft in Oberitalien; 1850–57 Generalgouverneur von Lombardo-Venetien.

Radhakrishnan, Sir (1931–47, Titel abgelegt) Sarvepalli, * Tiruttani (Tamil Nadu) 5. 9. 1888, † Madras 17. 4. 1975, ind. Philosoph und Politiker. Prof. für Philosophie in Kalkutta und 1936–52 für östl. Religion und Ethik in Oxford. 1962–67 Staats-Präs. Indiens; erhielt 1961 den Friedenspreis des Dt. Buchhandels. – In zahlr. Arbeiten zur ind. Philosophie und Religion vermittelte er das religiöse und intellektuelle Erbe Indiens mit den westl. Anschauungen. – *Werke:* Ind. Philosophie (1923–27), Weltanschauung der Hindu (1926), Wiss. und Weisheit. Westl. und östl. Denken (1955).

radial [lat.], den Radius betreffend, in Radiusrichtung verlaufend; strahlenförmig, von einem Mittelpunkt ausgehend, auf ihn hinzielend; auf den Radiusvektor bezogen.

Radiallager → Wälzlager.

Radiant [lat.], Einheitenzeichen rad, SI-Einheit des ebenen Winkels. 1 rad ist gleich dem ebenen Winkel, der als Zentriwinkel eines Kreises vom Radius 1 m aus dem Kreis einen Bogen der Länge 1 m ausschneidet.

Radiator [lat.] → Heizkörper.

Radicchio [raˈdɪkio; italien.] → Wegwarte.

Radierung [lat.], graph. Technik; eine Kupferplatte wird mit einem säurebeständigen Ätzgrund (Wachs, Harz, Asphalt) überzogen und eingerußt. In den Ätzgrund wird mit der Radiernadel die Zeichnung eingeritzt. Im Säurebad (verdünnte Salpetersäure, Eisenchlorid) frißt sich die Säure an den freigelegten Stellen in das Metall ein. Nach Entfernung des Ätzgrundes werden Abzüge nach dem Tiefdruckverfahren hergestellt (ebenfalls ›R.‹ gen.), wobei nur die eingeätzten Linien drucken. Die R. erlaubt, anders als der → Kupferstich, ›malerische‹ Effekte. → Kaltnadelarbeit.

Radieschen [lat.-roman.] → Rettich.

Radiguet, Raymond [frz. radiˈgɛ], * Saint-Maurdes-Fossés bei Paris 18. 6. 1903, † Paris 12. 12. 1923, frz. Schriftsteller. Autobiograph. beeinflußte psycholog. Romane, u. a. ›Den Teufel im Leib‹ (1923), ›Der Ball des Comte d'Orgel‹ (hg. 1924).

Radikal [lat.-frz.], 1) in den *semit. Sprachen* ein Konsonant, der (meist zus. mit anderen Konsonanten) die Wortwurzel bildet.

2) *Chemie:* Bez. für ein elektr. geladenes (R.ion) oder neutrales Atom bzw. eine organ. oder anorgan. Atomgruppe, die mindestens ein ungepaartes, zu kovalenter Bindung fähiges Elektron besitzt. R. sind aufgrund ihrer Reaktionsfähigkeit meist sehr kurzlebig.

Radikalenerlaß, gebräuchl. Bez. für den → Extremistenbeschluß.

Radikalismus [lat.], Bez. für Theorien oder polit.-soziale Bewegungen, die bestehende Verhältnisse grundsätzl. verändern wollen; sowohl auf Bewegungen angewandt, die radikal nur in ihren Zielen sind (theoret. R.), als auch auf solche, die radikale Mittel

Jean Racine
(Ausschnitt aus einem Kupferstich von Gerard Edelinck)

Sarvepalli Radhakrishnan

Radierung: Ausschnitt in Originalgröße aus Rembrandts Radierung ›Die große Löwenjagd‹; 1641

zur Erreichung ihrer Ziele einsetzen (prakt. R.); häufig zur Diffamierung polit. Gegner benutzt. – Problematisch ist die Abgrenzung zw. den beiden Begriffen R. und **Extremismus,** da sie in der polit. Alltagssprache oft synonym gebraucht werden. Während ›radikal‹ v. a. auf Intensität und Konsequenz einer polit. Position bezogen wird, ist als Bezugsgröße von ›extrem‹ eine vorgegebene polit. Bandbreite (von links über Mitte bis rechts) gemeint, wobei der Extremismus eine über die Bandbreitengrenzen hinausgehende Position vertritt.

Radikalsozialismus, frz. polit. Bewegung, die auf die Jakobiner und die ›Radikalen‹ (Republikaner) des Julikönigtums zurückgeht. Programmatik seit Ende des 19. Jh.: u. a. Trennung von Staat und Kirche, weltl. Schule, Verteidigung des Privateigentums, Ablehnung des Klassenkampfes. In der 1901 gegr. Parti Républicain Radical et Radical-Socialiste (heute meist: *Parti Radical-Socialiste*) gingen mehrere Gruppen auf.

Radikand [lat.], die Zahl, deren → Wurzel berechnet werden soll, d. h., die unter dem Wurzelzeichen steht.

Radikation [lat.] (Bewurzelung), die Entwicklung und Ausbildung der Pflanzenwurzeln.

Radio [Kw. aus engl.-amerikan. radiotelegraphy ›Übermittlung von Nachrichten durch elektromagnet. Wellen‹], Bez. 1. für Rundfunk- bzw. Hörfunkgerät, 2. für Rundfunk bzw. Hörfunk.

radio..., Radio... [zu lat. radius ›Strahl‹], Bestimmungswort von Zusammensetzungen mit den Bedeutungen ›Strahl, Strahlung, Funk, Rundfunk‹.

radioaktiver Abfall (Atommüll), bei der Uranerzaufbereitung, der Brennelementherstellung, beim Betrieb von Kernreaktoren, Wiederaufarbeitungsanlagen für Kernbrennstoffe, in nuklearmedizin. Abteilungen sowie in Forschungslabors anfallende Rückstände, die aufgrund ihrer Radioaktivität bes. Probleme bezügl. ihrer Beseitigung bzw. sicheren Lagerung aufwerfen. Schwach- bzw. mittelaktive Abfallstoffe, die meist in Form radioaktiver Abwässer anfallen, werden gewöhnl. durch Eindampfen konzentriert und in Form von Schlamm, mit Bitumen oder Zement versetzt, in Fässer eingegossen. Die Lagerung hoch radioaktiver Abfälle (z. T. mit Halbwertszeiten von über 1 000 Jahren) muß so erfolgen, daß sie über Jahrhunderte von der Biosphäre ferngehalten werden und daß keine Gefährdung künftiger Generationen befürchtet werden muß. Als Lösung hierfür wird die ›Endlagerung‹ in Steinsalzschichten des tiefen geolog. Untergrundes, sog. Salzstöcken, angesehen, die einige Millionen Jahre lang keinen Kontakt mit dem Grundwasser hatten. Für die Lagerung werden die aufbereiteten Abfallkonzentrate in eine Glasmasse eingegossen, die wiederum von einer Hülle aus rostfreiem Stahl umschlossen wird.

radioaktiver Niederschlag, svw. → Fallout.

Radioaktivität, der spontane Zerfall *(Kernzerfall, radioaktiver Zerfall)* instabiler Atomkerne gewisser Nuklide **(Radionuklide).** Bei dieser Art von Kernreaktionen wandeln sich die Kerne eines radioaktiven Nuklids A (Mutternuklid) in die Kerne eines anderen Nuklids B (Tochternuklid) um, indem sie einen Teil ihrer Kernmasse in Form energiereicher Alpha- bzw. Betateilchen emittieren; das Tochternuklid gehört einem anderen chem. Element an. Da sich die Tochternuklide in den meisten Fällen in einem angeregten Zustand befinden, kommt es nach dem Kernzerfall auch zu einer Energieabgabe in Form von Gammastrahlen. Je nachdem, ob die Radionuklide in der Natur vorkommen oder künstl. durch Kernreaktionen erzeugt werden, unterscheidet man *natürl.* und *künstl. Radioaktivität.* Die natürl. R. tritt bei allen Elementen mit Ordnungszahlen größer als 83 auf. Die Radionu-

klide *(Radioisotope)* dieser Elemente haben größtenteils kurze Halbwertszeiten und würden heute – etwa 6 Mrd. Jahre nach der Entstehung der Nuklide – nicht mehr nachweisbar sein, wenn sie nicht immer wieder neu aus dem Zerfall der langlebigen Uranisotope ^{238}U und ^{235}U sowie des Thoriumisotops ^{232}Th als Zwischenglied einer Zerfallsreihe entstehen würden. Bei kernspektroskop. Untersuchungen an Atomen mit sehr großem Protonenüberschuß (z. B. Thulium 147, Lutetium 151) wurde 1981 die *Protonen-R.* entdeckt, bei der sich Atomkerne unter Abstrahlung von Protonen umwandeln. – Außer den Elementen der Zerfallsreihen sind auch einige leichtere Elemente natürl. radioaktiv, von denen einige neben dem Uran zur radioaktiven Altersbestimmung von Gesteinen und Mineralen herangezogen werden. Durch Bestrahlung mit Neutronen lassen sich prakt. von jedem chem. Element künstl. Radioisotope herstellen *(induzierte R.).* Sie werden u. a. zur Strahlentherapie verwendet.

Die Wirkung radioaktiver Strahlung auf biolog. Objekte zeigt sich z. B. in einer Herabsetzung der Keimungsfähigkeit von Samen und in Entwicklungshemmungen und Mißbildungen bei Mensch und Tier, sobald die Strahlungsdosis einen gewissen Wert überschreitet. Gewebe sind um so empfindlicher, je jünger ihre Zellen und je größer deren Teilungsgeschwindigkeit ist, z. B. Keimdrüsen, blutbildende Organe, schnellwachsende Geschwulstbildungen.

Radiocarbonmethode, svw. C-14-Methode, → Altersbestimmung.

Radioelemente, chem. Elemente, die nur aus radioaktiven Isotopen bestehen.

Radiofrequenzstrahlung, Bez. für die in der Radioastronomie untersuchte elektromagnet. Kurz-, Ultrakurz- und Mikrowellenstrahlung kosm. Objekte.

Radiographie, das Durchstrahlen und Photographieren von Organismen und Werkstoffen mit Hilfe von Röntgenstrahlen (sog. *Röntgenographie)* oder Gammastrahlen (sog. *Gammagraphie)* sowie – bei der sog. *Auto-R.* – der Nachweis radioaktiver Indikatoren in lebenden Organismen und anorgan. Materialproben.

Radiojodtest, Prüfung der Schilddrüsenfunktion durch Untersuchung des zeitl. Durchsatzes und des Grades der Anreicherung von *Radiojod* (meist das radioaktive Jodisotop J 131, das in die Schilddrüsenhormone eingebaut wird) nach oraler Einnahme.

Radiolarienschlamm, rote, tonige Tiefseeablagerung, reich an Kieselskeletten der Strahlentierchen (Radiolarien), zu Stein verfestigter R. heißt **Radiolarit.**

Radiologie, die Wiss. bzw. Lehre von den ionisierenden Strahlen.

Radio Luxemburg, Hörfunk- und Fernsehprogramme (Auslandsdienst) der privaten, durch Werbeeinnahmen finanzierten luxemburg. Rundfunkgesellschaft Compagnie Luxembourgeoise de Télédiffusion (CLT; Radio-Télé-Luxembourg [RTL], gegr. 1930; Sitz Luxemburg).

Radiometer, Gerät zur Strahlungsmessung (z. B. Wärmestrahlung).

Radiometrie [lat./griech.], **1)** svw. [Wärme]strahlungsmessung.

2) Messung der radioaktiven Strahlung mit Zählrohren, Szintillationszählern u. a.

Radionuklid → Radioaktivität.

Radionuklidbatterie → Isotopenbatterie.

Radiosonde (Aerosonde, Funksonde), Meßgerät der Aerologie, das an einem Ballon in die höheren Luftschichten (z. T. über 45 km hoch) aufgelassen wird und Meßergebnisse auf dem Funkwege übermittelt.

Radioteleskop, Teleskop zum Empfang von Radiofrequenzstrahlung. *Einzelteleskope* arbeiten mit einem meist frei schwenkbaren Parabolspiegel aus Blech oder Metallstäben, in dessen Brennpunkt die Strahlung von einem Dipol oder einer Hornantenne aufgenommen wird. Das z. Z. größte frei schwenkbare R. steht sö. von → Bad Münstereifel (Reflektordurchmesser 100 m). – *Arrays* oder *Synthesisteleskope* sind Anlagen, die aus kreuz-, T- oder Y-förmig angeordneten mittelgroßen Einzelteleskopen bestehen (→ Apertursynthese). *Langstreckeninterferometer* bestehen aus zwei großen, Tausende von Kilometern voneinander entfernten Einzelteleskopen.

Radiotelevisione Italiana, Abk. RAI, italien. staatl. Rundfunkgesellschaft, die Hörfunk- und Fernsehprogramme ausstrahlt.

Radischtschew, Alexandr Nikolajewitsch, * Moskau 31. 8. 1749, † Petersburg 24. 9. 1802 (Selbstmord), russ. Schriftsteller. Exponent der russ. Aufklärung; sein kulturkrit. Hauptwerk ›Reise von Petersburg nach Moskau‹ (1790), das den russ. Absolutismus in Frage stellte, führte zu Verhaftung und Todesurteil, das in Deportation nach Sibirien (bis 1797) umgewandelt wurde.

Radium [lat.], chem. Symbol Ra; radioaktives metall. chem. Element aus der II. Hauptgruppe des Periodensystems der chem. Elemente, Ordnungszahl 88, relative Atommasse 226,0254, Dichte etwa 5 g/cm³, Schmelzpunkt 700 °C, Siedepunkt 1140 °C. Von den durchweg radioaktiven Isotopen sind Ra 206 bis Ra 230 bekannt; Ra 226 hat mit 1 600 Jahren die längste Halbwertszeit. Das weiß glänzende Metall tritt in seinen Verbindungen zweiwertig auf; sie zeigen aufgrund der Radioaktivität ein schon bei Tageslicht sichtbares Leuchten. In der Natur kommt R. als Zerfallsprodukt des Urans in Uranmineralen sowie in bestimmten Quellwässern vor. R. gehört zu den seltensten Elementen.

Radiumemanation → Radon.

Radius [lat.] (Halbmesser), **1)** *Geometrie:* Verbindungsstrecke irgendeines Punktes einer ebenen Mittelpunktskurve (z. B. Kreis, Ellipse, Hyperbel) oder einer gekrümmten Mittelpunktsfläche (z. B. Kugel, Ellipsoid) mit dem Mittelpunkt der Kurve oder Fläche. **2)** *Anatomie:* svw. → Speiche.

Radiusvektor, svw. → Ortsvektor.

Radix [lat.], in *Anatomie, Morphologie, Botanik* und *Pharmazie:* Ursprungsstelle, Wurzel eines Nervs, Organs, Körperteils, einer Pflanze.

radizieren [lat.], die → Wurzel einer Zahl ermitteln.

Radleier, svw. → Drehleier.

Radnetzspinnen (Kreuzspinnen, Araneidae), nahezu weltweit verbreitete Fam. der Spinnen mit über 2 500 Arten, die meist sehr regelmäßig gebaute radförmige Netze anlegen. Einheimisch u. a.: *Kreuzspinne* (Gartenspinne), bis 17 (♀) bzw. 11 (♂) mm lang; gefangene Insekten werden erst eingesponnen, dann getötet; Biß für den Menschen ungefährlich; *Wespenspinne* (Zebraspinne, Tigerspinne), bis etwa 20 mm lang, mit auffallender gelbschwarzer, wespenartiger Querbänderung auf der Oberseite.

Radolfzell am Bodensee, Stadt am NW-Ufer des Untersees, 25 100 E. Vogelwarte im Schloß Möggingen; u. a. Metall- und Wäschefabrik; Kneippkurort. Spätgot. kath. Stadtpfarrkirche (15. Jh.), Reste der Stadtbefestigung. – 1415–55 Reichsstadt.

Radom, poln. Stadt im nördl. Vorland des Kielcer Berglandes, 214 000 E. TH; Theater. U. a. Maschinenbau, Zigarettenfabrik. – Die auf dem *Reichstag von R.* (1505) festgeschriebene Ausschließlichkeit staatspolit. Rechte für den Adel blieb bis 1791 erhalten.

Radom [Kw. aus engl. ra**dar dom**e ›Radarkuppel‹], für elektromagnet. Wellen durchlässige Kunststoffverkleidung einer [Radar]antennenanlage, z. B. am Bug von Flugzeugen *(Radarbug, Radarnase).*

Radon ['ra:dɔn, ra'do:n; lat.], chem. Symbol Rn; gasförmiges, radioaktives chem. Element aus der VIII. Hauptgruppe des Periodensystems der chem. Elemente, Ordnungszahl 86, Dichte 9,7 g/l (bei 0 °C), Schmelzpunkt −71 °C, Siedepunkt −61,8 °C. An Isotopen, die alle radioaktiv sind, sind heute Rn 199 bis Rn 226 bekannt; das Isotop Rn 222 hat mit 3,825 Tagen die längste Halbwertszeit. Die Isotope Rn 219 *(Actiniumemanation, Actinon),* Rn 220 *(Thoriumemanation, Thoron)* und Rn 222 *(Radiumemanation)* sind Produkte des radioaktiven Zerfalls von Actinium, Thorium und Uran. R. gehört zu den seltensten Elementen.

Radowitz, Joseph Maria von, * Blankenburg/Harz 6. 2. 1797, † Berlin 25. 12. 1853, preuß. General (seit 1845) und Politiker. Betrieb 1850 eine kleindt. Union unter preuß. Führung, scheiterte aber, seit Sept. 1850 preuß. Außen-Min., am Widerstand Österreichs und Rußlands.

Radpolo → Polo.

Radrennen → Radsport.

Radscha [Sanskrit], bis zur Unabhängigkeit Indiens Titel ind. Fürsten und Titel von Fürsten im Malaiischen Archipel.

Radschasthani, zur westl. Gruppe der neuindoar. Sprachen (→indische Sprachen) gehörende Sprache v. a. im ind. Unionsstaat Rajasthan.

Radsport, zusammenfassende Bez. für die sportl. Disziplinen, die wettkampfmäßig auf Fahrrädern im Freien, in der Halle oder im Saal ausgetragen werden.

Straßenrennsport: Einerfahren: Rennen auf offener Straße über meist 120–150 km. *Etappenfahrten* führen über verschiedene Einzelabschnitte und über mehrere Tage. *Zeitfahren:* Straßenrennen mit Einzelstart gegen die Uhr. *Kriterium:* Rundstreckenrennen über eine vorher festgelegte Rundenzahl. *Querfeldeinrennen (Cyclo-Cross):* meist in unwegsamem Gelände und in den Wintermonaten; ein mindestens 2 km langer Rundkurs muß mehrmals durchfahren bzw. durchlaufen werden. *Mannschaftsrennen:* Zeitfahren über meist 100 km. Von einer aus 4 Fahrern bestehenden Mannschaft müssen 3 Fahrer geschlossen das Ziel erreichen, wobei die Zeit des 3. Fahrers gewertet wird.

Bahnrennsport findet in überdachten Hallen (Winterbahnen) und im Freien statt: *Sprint (Fliegerrennen),* wobei 2 Fahrer gemeinsam an der Startlinie über die Distanz von 1 000 m starten; die Geschwindigkeit der letzten 200 m wird gestoppt; *Verfolgungsrennen:* Einzel- oder Vierer-Mannschaftswettbewerb (bei Amateuren über 4 000 m, bei Berufsfahrern über 5 000 m). *Zeitfahren:* Wettbewerb über eine Distanz von meistens 1 000 m für Einzelfahrer gegen die Uhr. *Tandemrennen:* Wettbewerb auf einem zweisitzigen Rad. *Steherrennen:* Einzelwettbewerb über 50 km oder eine Stunde hinter Schrittmachermaschinen.

Kunst- und *Gruppenfahren:* Turner.-akrobat. Radfahren auf Spezialrädern in folgenden Disziplinen: Einer-, Zweier-, Vierer- und Sechserkunstfahren sowie Vierer- und Sechsergruppenfahren.

Beim *Radball* unterscheidet man: *Hallenradball* (Mannschaften zu je 2 Spielern): das auf einem 11 × 14 m großen Spielfeld gespielt wird. Der Ball (18 cm Durchmesser) darf nur mit dem Vorder- oder Hinterrad gespielt werden. Spieldauer: 2 × 7 Minuten; beim *Rasenradball* (Mannschaften zu je 6 Spielern) ist das Spielfeld bis zu 40 × 60 m groß; gespielt wird mit einem Lederball (Durchmesser etwa 20 cm). Spieldauer 2 × 20 Minuten.

Radstand (Achsstand), bei einem Fahrzeug (oder Radgestell) der Abstand zw. den (äußersten) Achsen.

Radula [lat.], mit (bis rd. 75 000) Zähnchen in Längs- und Querreihen besetzte Chitinmembran auf einem bewegbaren Längswulst des Bodens der

Radnetzspinnen:
OBEN Kreuzspinne;
UNTEN Wespenspinne

Mundhöhle bei vielen Weichtieren (bes. den Schnekken) zum Abreißen oder Abschaben der Nahrung.

Radziwiłł [poln. ra'dziviu̯] (eingedeutscht Radziwill ['ratsivɪl]), poln. Magnatengeschlecht (seit dem 14./15. Jh.) urspr. litauischer Herkunft; seit 1547 Reichsfürsten.

Raeder, Erich ['rɛːdər], * Wandsbek (= Hamburg) 24. 4. 1876, † Kiel 6. 11. 1960, dt. Großadmiral (seit 1939). 1935–43 Oberbefehlshaber der Kriegsmarine; 1946 in Nürnberg zu lebenslängl. Haft verurteilt, 1955 entlassen.

RAF, 1) Abk. für **R**ote-**A**rmee-**F**raktion (→ Terrorismus).

2) [engl. 'ɑːrɛɪ'ɛf], Abk. für → **R**oyal **A**ir **F**orce.

Raffael (Raphael), eigtl. Raffaello Santi (Sanzio), * Urbino vermutl. 6. 4. 1483, † Rom 6. 4. 1520, italien. Maler und Baumeister. Nach Studienjahren in Perugia (bei P. Perugino) ab 1504 vorwiegend in Florenz; 1508 durch Papst Julius II. nach Rom berufen; Leo X. ernannte ihn 1515 zum Bauleiter der Peterskirche und zum Konservator der antiken Denkmäler. Dem Einfluß Peruginos sind die empfindsam beseelten Figuren (›Madonna Conestabile‹, Leningrad, Eremitage), Donatello Körperlichkeit (›Madonna Terranuova‹, um 1505; Berlin-Dahlem), Leonardo die weichen Halbschatten (›Madonna del Granduca‹, um 1505; Florenz, Palazzo Pitti) und Fra Bartolomeo die großzügig-übersichtl. Figurenanordnung (Dreifaltigkeitsfresko, 1505; Perugia, San Severo) zuzuschreiben. Den Endpunkt dieser Auseinandersetzung mit der Florentiner Frührenaissance bezeichnet die ›Madonna Colonna‹ (um 1508; Berlin-Dahlem) und die Grablegung von 1507 (Rom, Galleria Borghese). – Im vatikan. Palast malte R. die Stanza della Segnatura 1509–11 mit der ›Disputa‹ und der ›Schule von Athen‹ und die Stanza d'Eliodoro 1512–14 weitgehend eigenhändig aus, entwarf 1515 ff. eine Teppichserie für die Sixtin. Kapelle und schuf Fresken in der Villa Farnesina (1512, 1518) sowie Madonnenbilder (›Madonna Alba‹, um 1511; Washington, National Gallery of Art, ›Madonna di Foligno‹, um 1512; Rom, Vatikan. Sammlungen, ›Sixtin. Madonna‹, um 1513; Dresden, Gemäldegalerie, und ›Madonna della Sedia‹, um 1513/14; Florenz, Palazzo Pitti) und psycholog. Porträts (›Papst Julius II.‹, 1511; Florenz, Uffizien; ›Baldassare Castiglione‹, um 1515; Paris, Louvre; ›Papst Leo X. mit den Kardinälen Luigi Rosso und Giulio Medici‹, 1517/18; Florenz, Uffizien). Die Vorstellung der Hochrenaissance von menschl. Würde und monumentaler Form hat kein anderer Künstler in seinen Werken zu derart vollendeter Klassizität geführt wie R., zuletzt noch einmal in der ›Verklärung Christi‹ (Rom, Vatikan. Sammlungen); 1523 vollendete Giulio Romano die untere Bildhälfte), während in anderen Werken, deren Ausführung er seiner glänzenden Werkstatt überließ, Beunruhigung eindringt, die klass. Ordnung zerfällt, die Komposition kompliziert wird (Stanza dell' Incendio im Vatikan, 1514–17; Loggien des Vatikans, 1518/19). – Als Architekt war R. v. a. entwerfend tätig, ausgeführt wurden in Rom die Chigi-Kapelle in Santa Maria del Popolo (1512–16) und die Villa Madama (1516 ff., abgeändert).

Raffination [frz.], allg. die Veredelung von Rohstoffen, z. B. das Entfernen von Verunreinigungen und störenden Begleitstoffen aus Metallen oder Nahrungsmitteln. In der Lebensmitteltechnik spielt v. a. das Reinigen von Speisefetten und Zucker eine Rolle. Auch Bez. für die fraktionierte Destillation von Erdöl.

Raffinerie [frz.], Bez. für meist größere chem.-techn. Anlagen, in denen Rohstoffe gereinigt oder veredelt werden.

Raffinesse [frz.], 1. bes. künstler., techn. Einfall; 2. schlaues Vorgehen.

Ali Akhbar Haschemi Rafsandschani

Ragwurz: Hummelragwurz

Rafflesiengewächse [nach dem brit. Kolonialbeamten Sir T. S. Raffles, * 1781, † 1826] (Schmarotzerblumen, Rafflesiaceae), trop. bis subtrop. zweikeimblättrige Pflanzenfam.; fleischige Parasiten auf Holzpflanzen mit bis zu 50 cm großen Blüten.

Rafsandschani, Ali Akhbar Haschemi, * 1934, iran. Politiker. 1980–89 Parlamentspräs.; in der letzten Phase des Golfkriegs 1988 Oberbefehlshaber der iran. Armee; seit 1989 Staatspräsident.

Ragaz, Leonhard, * Tamins bei Chur 28. 7. 1868, † Zürich 6. 12. 1945, schweizer. ev. Theologe. Mitbegründer der religiös-sozialist. Bewegung in der Schweiz.

Raffael: ›Sixtinische Madonna‹; um 1513/14 (Dresden, Gemäldegalerie)

Raglan ['raglan, 'rɛglɛn; engl., nach dem (einarmigen) brit. Feldmarschall F. J. H. Somerset, Baron Raglan, * 1788, † 1855], Mantel mit Ärmeln und Schulterteil in einem Stück; auch Bez. für die Schnittform, z. B. von Pullovern.

Ragnarök [altnord. ›Götterschicksal‹], im german. Mythos das Weltende; auch als ›Götterdämmerung‹ aufgefaßt.

Ragout [ra'guː; frz.], warmes Gericht aus gewürfeltem und geschmortem Fleisch, Geflügel, Fisch oder Wild. *Ragoût fin* besteht aus kleinen Kalb- oder Geflügelfleischwürfeln, meist Füllung für Pasteten.

Ragtime [engl. 'rægtaɪm; engl.-amerikan. ›zerrissener Takt‹], afroamerikan. Klaviermusikstil seit dem späten 19. Jh., der seinen Namen seiner bes. Synkopierungs- und Phrasierungsweise verdankt; gilt als einer der Vorläufer des Jazz.

Ragwurz (Ophrys), Orchideengatt. mit rd. 20 Arten in M-Europa und in Vorderasien; bes. auf Kalkböden wachsende Erdorchideen; einheim. Arten sind *Fliegen-R.* (Fliegenorchis), bis 30 cm hoch und *Hummel-R.*, bis 50 cm hoch, Blüten hummelähnlich.

Rah (Raa), querschiffs waagerecht am Mast eines Schiffes beweglich angebrachtes Rundholz oder Stahlrohr zum Tragen der *Rahsegel.*

Rahel ['raːɛl] (Rachel), Gestalt des AT, Frau Jakobs.

Rahman, Mujib ['rɑːman, rɑːˈmaːn] (arab.: Mudschib Ar Rahman [muˈʒiːp araxˈmaːn]; Mujib-ur-Rahman), * Faridpur 22. 3. 1922, † Dacca 15. 8. 1975 (ermordet), pakistan.-bangal. Politiker. 1966 Präs. der Awami-Liga, die für die Autonomie O-Pakistans eintrat; ab 1972 Premier-Min. von Bangladesch, Januar 1975 Staatsoberhaupt und Regierungschef mit diktator. Vollmachten.

Rahmenerzählung, Erzählform, bei der eine umschließende ep. Einheit eine fiktive Erzählsituation darstellt, die zum Anlaß einer oder mehrerer in diesen Rahmen eingebetteter Binnenerzählungen wird, z. B. ›Tausendundeine Nacht‹.

Rahner, Karl, * Freiburg im Breisgau 5. 3. 1904, † Innsbruck 30. 3. 1984, dt. kath. Theologe. Jesuit; Prof. in Innsbruck, München und Münster. Rezipierte als Vertreter der kath. Erneuerung die kath. Dogmatik auf anthropolog. Grundlage. – *Werke:* Schriften zur Theologie (bisher 14 Bde., 1954–80), Toleranz in der Kirche. Freiheit und Manipulation in Gesellschaft und Kirche – Rückblick auf das Konzil (1977), Praxis des Glaubens (1982).

Rai [pers. rei], südl. Nachbarstadt von Teheran, Iran, 103 000 E. Ziegeleien, Teppichwäscherei; schiit. Wallfahrtsort. – Vorgängersiedlung von Teheran **(Rhagai, Raga);** eine der Residenzen der parth. Könige.

RAI [italien. 'raːi], Abk. für → **Ra**diotelevisione Italiana.

Raiffeisen, Friedrich Wilhelm ['raɪfˌaɪzən], * Hamm (Sieg) 30. 3. 1818, † Neuwied 11. 3. 1888, dt. Sozialreformer. Gründete 1847 ländl. Hilfsvereine zunächst rein karitativen Charakters, die sich zu Kassenvereinen mit Selbsthilfecharakter entwickelten (Raiffeisengenossenschaften).

Raiffeisengenossenschaften ['raɪfˌaɪzən], landwirtsch. Kreditgenossenschaften; Spitzenverband ist der Dt. Genossenschafts-Raiffeisenverband.

Raimund von Peñafort [pɛˌna...], hl., * Schloß Peñafort bei Barcelona zw. 1175 und 1180, † Barcelona 6. 1. 1275, span. Dominikaner. Einflußreicher Kanonist; Mitbegründer der → Mercedarier; Organisator der Juden- und Islammission. – Fest: 7. Januar.

Raimund, Ferdinand, eigtl. F. Raimann, * Wien 1. 6. 1790, † Pottenstein bei Baden 5. 9. 1836 (Selbstmord), österr. Dramatiker. Zus. mit J. N. Nestroy Protagonist des Wiener Volkstheaters; bes. bekannt sind ›Das Mädchen aus der Feenwelt oder der Bauer als Millionär‹ (1826) und ›Der Alpenkönig und der Menschenfeind‹ (1828).

Raimundus Lullus → Lullus, Raimundus.

Rainald (Reinald) **von Dassel,** * um 1120, † vor Rom 14. 8. 1167, Erzbischof von Köln (seit 1159). 1156–59 Reichskanzler Kaiser Friedrichs I.; befürwortete die Unterwerfung Reichsitaliens und später Papst Alexanders III.; initiierte die Heiligsprechung Karls des Großen.

Rainfarn (Wurmkraut), bis über 1 m hoher einheim. Korbblütler in Auwäldern, Hecken und an Wegrändern; mit farnähnl. Blättern; die goldgelben Blüten enthalten äther. Öl.

Rainier III. [frz. rɛˈnje], * Monaco 31. 5. 1923, Fürst von Monaco (seit 1949). Bestieg offiziell 1950 den Thron; 1956–82 ∞ mit → Gracia Patricia.

Rainwater, James [engl. 'reɪnwɔːtə], * Council (Id.) 9. 12. 1917, amerikan. Physiker. Arbeitete über die Struktur deformierter Atomkerne; 1975 Nobelpreis für Physik mit A. Bohr und B. Mottelson.

Raipur ['raɪpʊə], Stadt im ind. Unionsstaat Madhya Pradesh, auf dem nö. Dekhan, 175 000 E. Univ., archäolog. Museum; Zentrum im oberen Mahanadibecken. Verarbeitung von Reis, Öl, Weizen; Fabriken für Schellack und Seife.

Raison [rɛˈzõː; frz.], svw. → Räson.

Rajasthan ['radʒəstaːn], Bundesstaat in NW-Indien, 342 214 km², 34,3 Mio. E., Hauptstadt Jaipur. 1948 als Staatenunion aus 10 Fürstenstaaten gegr., 1949 kamen weitere 4 hinzu.

Rakel [frz.], meist messerartig *(R.messer)* ausgebildete Vorrichtung zum Abstreifen einer Flüssigkeit oder zum Glattstreichen pastenartiger Schichten, z. B. am Druckzylinder von Tiefdruckmaschinen.

Raken, svw. → Racken.

Raketen [italien.], Bez. für Flugkörper (auch Antriebsvorrichtungen, z. B. für Hochgeschwindigkeitsflugzeuge), die ihren Vortrieb durch den Rückstoß (Schub) eines Antriebsstrahls erhalten; sie führen alle zur Erzeugung der Vortriebsenergie bzw. des Schubs erforderl. Mittel mit sich, können sich daher unabhängig von der Atmosphäre bewegen und sind so bes. für Zwecke der Raumfahrt geeignet. R. bestehen im wesentl. aus der *R.struktur (R.zelle, R.körper)* als der eigtl. Tragekonstruktion, dem aus Brennkammer und Strahlaustrittsdüse bestehenden *R.triebwerk,* dem meist in die R.struktur integrierten Treibstoffbehältern und dem Treibstofffördersystem sowie aus der Instrumentenausrüstung mit elektron. Geräten z. B. für die Regelung.

Raketentriebwerke: Nach der Funktionsweise des Triebwerks werden die R. im allg. in solche mit chemotherm., elektr. und nuklearem Antrieb bzw. Triebwerk eingeteilt. In den *chemotherm. R.triebwerken* wird die bei der chem. Umsetzung der Raketentreibstoffe freiwerdende Energie mit Hilfe einer an die Brennkammer des Triebwerks anschließenden Düse in gerichtete Strömungsenergie der Reaktionsprodukte umgewandelt, wodurch ein zur Strömungsrichtung der entweichenden Gase entgegengesetzter Vortrieb der Rakete entsteht.

Man unterscheidet *Feststofftriebwerke* mit meist in der Brennkammer enthaltenen festen oder pastösen Treibstoffen (z. B. Nitrozellulose und Nitroglycerin), *Hybridtriebwerke* mit festen Brennstoffen (z. B. Aktivkohle, Kunststoffe) und flüssigen Oxidatoren (z. B. Sauerstoff, Fluor) sowie *Flüssigkeitstriebwerke* mit in getrennten Tanks in der Raketenzelle gelagerten Brennstoffen (z. B. Wasserstoff, Kerosin) und Oxidatoren (z. B. Sauerstoff, Salpetersäure). Je nach Art des Triebwerks spricht man von *Feststoff-, Hybrid-* oder *Flüssigkeitsraketen.* Die *Verbrennung* der Treibstoffe ergibt Temperaturen von 2 000 bis 4 000 K und Drücke bis $2 \cdot 10^7$ Pa (200 bar); es werden Schübe bis zu mehreren 10 000 kN erreicht.

Zur Schubsteigerung werden R.triebwerke parallel oder gebündelt angeordnet und gleichzeitig gezündet *(Lateral-* bzw. *Bündelrakete).* Zur Erhöhung der Endgeschwindigkeit werden anstelle von *Einstufen-R.,* die aus nur einem R.system bestehen, *Mehrstufen-R.* eingesetzt, bei denen jede Stufe eine selbständige Einheit darstellt. Als *Starthilfstriebwerke* kommen neben Feststofftriebwerken auch Heißwasser-R. in Betracht. Bei diesem Antriebssystem wird Wasser überhitzt (500–600 K) und ein Dampfdruck von mehr als 10^7 Pa (100 bar) erzeugt, der zur Schuberzeugung durch eine Expansionsdüse dann noch in Entwicklung befindl. *elektr. R.triebwerken* unterscheidet man drei Grundarten: den elektrotherm. Antrieb, den elektrostat. oder Ionenantrieb und den magnetohydrodynam. oder Plasmaantrieb. Die → Nuklearantriebe und der *Photonenantrieb,* mit dem theoretisch Lichtgeschwindigkeit erreicht werden könnte, kamen bisher über Versuchsstadium bzw. theoret. Phase nicht hinaus.

Anwendungen: R. werden heute v. a. im militär. Bereich, als Träger-R. für die Raumfahrt sowie als Forschungs-R. eingesetzt. *Militär-R.* werden in unterschiedlichster Größe mit Gefechtsköpfen aller Art (sowohl konventionell als auch atomar) sowie als

James Rainwater

Rake   Raketenflugzeug – Ramie

Aufklärungsgeräte u. a. verwendet. Nach Abschuß- und Zielort unterscheidet man u. a. Luft-Luft-R. (von Flugzeugen gegen Flugzeuge eingesetzt), Boden-Luft-R. (vom Erdboden aus gegen Flugzeuge), Luft-Boden-R. usw., nach dem Einsatzzweck Panzerab- wehr-R., Flugabwehr-R. usw., nach der Reichweite Kurzstrecken-R. (Abk.: SRBM; für engl. short range ballistic missiles; Reichweite bis etwa 100 km), takt. und takt.-operative R. (T[B]M; tactical [ballistic] mis- siles; Reichweite rd. 250 km bis rd. 1 000 km), Mittel- strecken-R. (MRBM; medium range ballistic mis- siles; über 2 000 km bzw. IRBM; intermediate range ballistic missiles; über 4 000 km), Transkontinental-R. (TCBM; transcontinental ballistic missiles; über 8 000 km) und Interkontinental-R. (ICBM; intercontinental ballistic missiles; 9 000 km und mehr). Während Groß-R. im wesentl. ballist. R. sind, d. h. nach der Ausrichtung beim Start ihr Ziel auf einer ballist. Flug- bahn erreichen, sind die für Panzer-, Flugabwehr und unmittelbaren Einsatz auf dem Gefechtsfeld be- stimmten R. vielfach mit hochleistungsfähigen Lenk- oder automat. Zielsucheinrichtungen ausgerüstet (Radar, Laser, Infrarotgeräte u. a.). *Träger-R.* der Raumfahrt sind vielfach R. großer Reich- weite) Mehrstufen-R.; die 48,70 m hohe amerikan. ›Titan IIIE/Centaur‹ (Startmasse über 620 t) ist z. B. eine Vierstufen-R., die 85,70 m hohe amerikan. ›Saturn V‹ (Startmasse mit Nutzlast 2 890 t) und die 47,39 m hohe europ. ›Ariane‹ (Startmasse über 200 t) sind Dreistufenraketen. *Forschungs-R.* mit Startmas- sen von 50 kg bis zu mehreren Tonnen werden v. a. zur Erforschung der hohen Atmosphärenschichten eingesetzt.

Geschichte: R. wurden wahrscheinl. erstmals im 12. Jh. von den Chinesen als Feuerwerkskörper, im 13. Jh. auch zu militär. Zwecken (Verschießen von Brandsätzen) verwendet. Nach militär. Verwendung (in Europa bis um 1870) blieb der Einsatz von R. in der Feuerwerkerei, in Seenotfällen (Rettungsrakete ab 1816) und im Walfang (ab 1821) von Bedeutung. Zu den Pionieren der mit Beginn des 20. Jh. einsetzen- den R.forschung gehören bes. N. I. Kibaltschitsch, K. E. Ziolkowski, R. H. Goddard, R. Esnault-Pelterie, H. Oberth, M. Valier, J. Winkler und E. Sänger. Nach Vorversuchen zu Beginn der 1930er Jahre (u. a. durch R. Nebel und H. Walter) konnten W. von Braun und W. Dornberger die Flüssigkeitsrakete A 4 entwickeln, die ab September 1944 als V 2 mit einer Sprengladung von 980 kg gegen Ziele in Großbrit. eingesetzt wurde. Nach dem 2. Weltkrieg wurde die R.entwicklung für militär. Zwecke und für die Raumfahrt v. a. in den USA und in der UdSSR vorangetrieben.

Raketenflugzeug, von einem oder mehreren Raketentriebwerken angetriebenes Flugzeug.

Raki [arab.-türk.], Anisbranntwein (bes. Türkei; in Griechenland **Ouzo** genannt).

Rákosi, Mátyás [ungar. 'ra:koʃi], * Gorki 9. 3. 1892, † Gorki 5. 2. 1971, ungar. Politiker. 1945–56 General- sekretär der ungar. KP; vertrat 1952/53 als Min.-Präs. den radikalen stalinist. Kurs; 1962 aus der Partei aus- geschlossen.

Raleigh (Ralegh), Sir (seit 1585) Walter [engl. 'rɔːlɪ, 'rælɪ], * Hayes Barton bei Exeter 1554, † London 29. 10. 1618, engl. Seefahrer, Entdecker und Schrift- steller. Günstling Elisabeths I.; durch seine zahlr. Raub- und Entdeckungsfahrten nach Übersee (1584–89 in das heutige North Carolina, 1595 nach Guayana) ein Vorkämpfer der engl. Seeherrschaft gegen Spanien. Im Interesse der prospan. Politik Jakobs I. hingerichtet.

Raleigh [engl. 'rɔːlɪ], Hauptstadt des Staates North Carolina, USA (seit 1792), auf dem Piedmont Plateau, 149 800 E. Univ., Museen; u. a. Papier- und Stahl- industrie.

Raketen:
›Ariane‹ beim Start
in Kourou
(Französisch-
Guayana)

Rallen:
OBEN Tüpfelralle;
UNTEN Wasserralle

Ralikgruppe →Marshallinseln.

rall., Abk. für →**rallentando.**

Rallen [frz.] (Rallidae), mit Ausnahme der Polarge- biete weltweit verbreitete Fam. sperlings- bis hühner- großer Vögel, deren mehr als 100 Arten vorwiegend Sümpfe und pflanzenreiche Süßgewässer besiedeln; vielfach nächtl. lebende, ungern auffliegende Tiere. Zu den R. gehören u. a. Bläßhuhn, Teichhuhn, Was- serralle und Sumpfhühner.

rallentando (allentando) [italien.], Abk. rall., ral- lent., musikal. Vortragsbez.: langsamer werdend.

Rallye ['rali, 'rɛli; engl.-frz.], früher als *Sternfahrt* mit Kfz bezeichnet; besteht u. a. aus Sonderprüfungs- abschnitten mit sog. Verbindungsstrecken im öffentl. Straßenverkehr. Der R.sport wird ausschließl. mit serienmäßigen Pkws betrieben.

RAM (Direktzugriffsspeicher, Randomspeicher), Abk. für engl. **R**andom **A**ccess **M**emory, Datenspei- cher mit direkt mögl. wahlfreier Ansteuerung seiner Speicherplätze.

Rama (Ramatschandra), 7. Inkarnation des Gottes →Wischnu.

Rama IX. (Bhumibol Adulyadej), * Cambridge (Mass.) 5. 12. 1927, König von Thailand (seit 1946). Seit 1950 ∞ mit Prinzessin Sirikit (* 1932), im gleichen Jahr offiziell gekrönt.

Ramadan [arab.], der 9. Monat des islam. Mond- jahres, der Fastenmonat, in dem dem Muslim von Morgengrauen bis zum Sonnenuntergang jeder leibl. Genuß, wie Essen, Trinken, Rauchen, untersagt ist.

Ramajana, ind. Epos. Neben dem ›Mahabharata‹ ist das R. das 2. große Epos der Inder (abgeschlossen wohl im 2. Jh. n. Chr.); erzählt Leben und Taten des →Rama.

Ramakrishna [...'krɪʃna], eigtl. Gadadhara Chat- terji, * Kamarpukur (Bengalen) 20. 2. 1836, † Kalkutta 16. 8. 1886, hinduist. Reformer. Priester der Kali (→Durga); Gründer einer vom →Wedanta ausgehen- den Lehre, die in allen Religionen gleichberechtigte Wege zum Göttlichen sieht.

Ramalho Eanes, António dos Santos [portgies. rrɐ'maʎu 'iɐnɨʃ], * Alcains bei Castelo Branco 25. 1. 1935, portugies. Politiker. Schlug 1975 als Stabschef den Putsch linksextremer Truppenver- bände nieder; 1976–86 Staatspräsident.

Raman, Sir (seit 1929) Chandrasekhara Venkata * Trichinopoli (= Tiruchirapalli) 7. 11. 1888, † Banga- lore 21. 11. 1970, ind. Physiker. Arbeiten zur Streuung von Licht und Röntgenstrahlen und zur Schwin- gungstheorie von Saiten und Saiteninstrumenten; Nobelpreis für Physik 1930.

Rambla [arab.-span.], span. Bez. für ausgetrock- nete Flußbetten, übertragen auch für breite Straßen in span. Städten.

Rambouillet [frz. rãbu'jɛ], frz. Stadt sw. von Paris, Dep. Yvelines, 21 400 E. Das 1375 erbaute Schloß (1783 von Ludwig XVI. gekauft) ist heute Sommersitz des frz. Staatspräsidenten.

Rameau, Jean-Philippe [frz. ra'mo], * Dijon 24. oder 25. 9. 1683, † Paris 12. 9. 1764, frz. Komponist und Musiktheoretiker. Bekannt v. a. durch seine Cem- balomusik; auch bed. Vertreter der klass. frz. Oper und des Balletts, u. a. ›Hippolyte et Aricie‹ (1733), ›Castor et Pollux‹ sowie ›Les Indes galantes‹ (1735), ›Les fêtes d'Hébé‹ (1739); auch Kantaten und Motet- ten.

Ramek, Rudolf, * Teschen 12. 4. 1881, † Salzburg 24. 6. 1941, österr. Politiker (Christlichsoziale Partei). 1921 und 1924–26 Innen-Min., 1924–26 gleichzeitig Bundeskanzler, 1926 auch Außen-Min.; sanktionierte als Präs. des Rumpfparlaments 1934 formell das Ende von Demokratie und Parlamentarismus der ersten österr. Republik.

Ramie [malaiisch] →Fasern (Übersicht).

Ramin, Günther, * Karlsruhe 15. 10. 1898, † Leipzig 27. 2. 1956, dt. Organist und Chorleiter ab 1918. Organist an der Leipziger Thomaskirche, ab 1940 Thomaskantor; 1933–38 und 1945–51 Leiter des Gewandhauschores.

Ramme, Vorrichtung zum Einschlagen von Pfählen, Spund[wand]bohlen u. ä., auch zum Feststampfen von Pflastersteinen u. a.; ein Schlaggewicht (Rammbär) wird von Hand *(Hand-R.),* durch Dampfdruck *(Dampf-R.)* oder Druckluft *(Druckluft-R.)* angehoben und fällt z. B. auf den einzutreibenden Pfahl. Bei der *Vibrations-R.* erzeugt ein hydraul. betriebener Vibrator mechan. Schwingungen, die auf den Rammbär übertragen werden.

Rammelsberg, Berg am nw. Harzrand, südl. von Goslar, 636 m hoch, Erzbergbau seit 968 urkundl. belegt (1988 eingestellt).

Rammler, das männl. Tier bei Kaninchen und Hase.

Ramón y Cajal, Santiago [span. rra'mon i ka'xal], * Petilla de Aragón 1. 5. 1852, † Madrid 17. 10. 1934, span. Histologe. 1889 gelang ihm die erste präzise Darstellung der nervalen Bahnen in der grauen Substanz des Gehirns und Rückenmarks. Als Ergebnis seiner morpholog. Arbeiten entwickelte R. y C. die Neuronenlehre. 1906 erhielt er (mit C. Golgi) den Nobelpreis für Physiologie oder Medizin.

Rampe [frz.], 1) *allgemein:* schiefe Ebene; Auffahrt (z. B. *Brückenrampe*); Verladebühne (*Laderampe*).
2) *Theater:* vordere Begrenzung des Bühnenbodens.

Ramsau ['ramzaʊ, ram'zaʊ], Hochfläche am S-Fuß des Dachsteins, Österreich. Roman. Pfarrkirche im Ort Ramsau.

Ramsay, Sir (seit 1902) William [engl. 'ræmzɪ], * Glasgow 2. 10. 1852, † High Wycombe bei London 23. 7. 1916, brit. Chemiker. Entdeckte 1894 (mit Lord Rayleigh) Argon, 1898 (mit W. M. Travers) Krypton, Neon und Xenon sowie 1895 Helium; 1904 Nobelpreis für Chemie.

Ramses (Ramesses), Name 11 ägypt. Könige der 19. und 20. Dynastie (→ Ägypten, Geschichte); bed. v. a.:
1) **Ramses II.,** † 1224 v. Chr., König (seit 1290). Sohn Sethos' I.; einer der bedeutendsten Pharaonen, versuchte vergebl., die Hethiter aus N-Syrien zu verdrängen (1285 Niederlage bei Kadesch, 1270 Friedensvertrag); bed. Bauten u. a. in → Abu Simbel.
2) **Ramses III.,** † etwa 1155 v. Chr. (ermordet), König (seit etwa 1186). 2. König der 20. Dynastie; die von ihm geführten Abwehrschlachten gegen die von N angreifenden Seevölker führten zu Teuerung, Korruption und Streiks.

Ramsey, 1) Arthur Michael [engl. 'ræmzɪ], * Cambridge 14. 11. 1904, † Oxford 23. 4. 1988, engl. anglikan. Theologe. 1961–74 Erzbischof von Canterbury; wirkte v. a. für die Wiedervereinigung der christl. Kirchen.
2) Norman Foster, * Washington (D. C.) 27. 8. 1915, amerikan. Physiker. Seine Arbeiten über Hochfrequenzverfahren in der Atom- und Molekülspektroskopie führten zur Entwicklung des Wasserstoffmasers und einer präzisen Cäsium-Atomuhr, die als Zeitnormal dient. R. erhielt 1989 den Nobelpreis für Physik (mit H. G. Dehmelt und W. Paul).

Ramsgate [engl. 'ræmzgɪt], engl. Stadt nö. von Dover, Gft. Kent, 39 600 E. Seebad; zw. R. und Calais Luftkissenfahrzeugfähre.

Ramtil [Hindi], im trop. Afrika und in Indien angebaute Korbblütlerart, deren Samen Öl liefern.

Ramuz, Charles Ferdinand [frz. ra'my, ra'my:z], * Cully 24. 9. 1878, † Pully bei Lausanne 23. 5. 1947, schweizer. Schriftsteller. Schrieb v. a. großangelegte Romane über den Lebenskampf der Bauern, u. a. ›Das große Grauen in den Bergen‹ (1926) und ›Der Bergsturz‹ (1934). Befreundet mit I. Strawinski, der das Schauspiel ›Die Geschichte vom Soldaten‹ (UA 1918) vertonte.

Ran, nordgerm. Meeresgöttin.

Rancé, Armand-Jean le Bouthillier de [frz. rã'se], * Paris 9. 1. 1626, † Soligny-la-Trappe bei Alençon 27. 10. 1700, frz. Ordensstifter. Begründete 1664 im Zisterzienserkloster La Trappe (Normandie) die Kongregation der → Trappisten.

Ranch [engl. rɛntʃ; span.], in den USA und in Kanada Bez. für einen landwirtsch. Großbetrieb, der überwiegend auf Viehzucht ausgerichtet ist.

Chandrasekhara
Venkata Raman

Rand Corporation [engl. 'rænd kɔ:pə'reɪʃən], Forschungsgesellschaft (für Beratungs-, Planungs- und Prognoseaufgaben) in den USA, Sitz Santa Monica (Calif.); gegr. 1948.

Rändelung, Muster aus parallelen Kerben z. B. auf Einstellknöpfen, Einstellschrauben o. ä., auch auf dem Rand von Münzen.

Randmeer, Bez. für ein den Kontinenten randl. angelagertes Nebenmeer, z. B. Nordsee.

Randomspeicher [engl. 'rændəm], svw. → RAM.

Randstad Holland, aus 94 niederl. Städten und Gem. bestehende, ringförmige, nach O offene Agglomeration in den Prov. Nordholland, Südholland und Utrecht.

Rang [frz.], 1) *allgemein:* 1. die Position einer Person oder einer Gruppe innerhalb der Hierarchie eines sozialen Systems; 2. Stellenwert in bezug auf Bedeutung, Qualität.
2) Gewinnklasse im Lotto, Toto.
3) *Militär:* → Dienstgrad.
4) *Theater:* von oberen Stockwerken aus erreichbare Sitzplatzgruppen, die den Zuschauerraum umgeben.

Ranger [engl. 'reɪndʒə], in den USA 1. bes. ausgebildete Soldaten; 2. Angehörige der Polizeitruppe in einigen Bundesstaaten (z. B. Texas-R.); 3. die uniformierten Wächter in den Nationalparks.

Rangliste, die Einstufung von Sportlern nach ihren Leistungen.

Rangordnung, die soziale Hierarchie bei Menschen und Tieren durch Regelung der auf die einzelnen Angehörigen einer Gruppe entfallenden Rechte und Pflichten. – Die *biogene R.* (bei niederen Tieren) beruht auf einer Vorprogrammierung im Instinkt, die *soziogene R.* auf einem individuellen Kennen der Gruppenmitglieder. Das ranghöchste Tier (sog. Alphatier) genießt gewisse Vorrechte (z. B. beim Paarungsverhalten oder an der Futterstelle), hat aber auch bestimmte Pflichten inne (z. B. Anführerrolle, Wächterfunktion). Bei der **Hackordnung** (z. B. bei Haushühnern) zeigt sich die festgelegte R. im Weghacken des Rangniederen durch den Ranghöheren vom Futterplatz. – R.verhältnisse kommen bes. bei sozial lebenden Tieren vor und tragen v. a. zur Stabilisierung der sozialen Beziehungen bei.

Santiago Ramón
y Cajal

Rangström, Ture, * Stockholm 30. 11. 1884, † ebd. 11. 5. 1947, schwed. Komponist. Schrieb im nationalromant. Stil; bed. durch seine Lieder.

Rangun, Hauptstadt von Birma, am O-Rand des Irawadideltas, 2,46 Mio. E. Univ. u. a. Hochschulen; Nationalbibliothek; Museen; Zoo. Im Raum von R. ist der größte Teil des birman. Ind. konzentriert; Hafen; internat. ✈. Wallfahrtsziel ist die mit Gold überzogene 112 m hohe Shwe-Dagon-Pagode (jetziger Bau von 1564; nach Erdbeben [1930] wiederhergestellt). – 1753 als Yangon (›Ende des Krieges‹) gegr.; im 1. brit.-birman. Krieg (1824–26) von den Briten erobert und wieder freigegeben; Hauptstadt des von Briten besetzten Birma; 1942–45 jap. besetzt.

Rank [engl. ræŋk] → Rankine-Skala.

William Ramsay

Norman Foster
Ramsey

Leopold von Ranke

Adam Rapacki

Ranke, Leopold von (seit 1865), * Wiehe bei Querfurt 21. 12. 1795, † Berlin 23. 5. 1886, dt. Historiker. 1825–71 Prof. in Berlin, 1841 Historiograph des preuß. Staates; schrieb u. a.: ›Weltgeschichte‹ (9 Teile in 16 Bden., 1881–88), ›Die röm. Päpste ...‹ (3 Bde., 1834–36), ›Dt. Geschichte im Zeitalter der Reformation‹ (6 Bde., 1839–47), ›Neun Bücher preuß. Geschichte‹ (3 Bde., 1847/48, Neuauflage u. d. T. ›Zwölf Bücher preuß. Geschichte‹, 5 Bde., 1874). – R. brachte die method. Grundsätze der Quellenforschung und -kritik im akadem. Lehrbetrieb zu allg. Geltung. Bestimmend für sein Geschichtsdenken sind das Individualitätsprinzip (Eigenwert jeder Epoche: ›Jede Epoche ist unmittelbar zu Gott‹) und v. a. der Objektivitätsanspruch.

Ranke Graves, Robert von [engl. 'ræŋk 'grɛɪvz] → Graves, Robert.

Ranken, fadenförmige, meist verlängerte, verzweigte oder unverzweigte Klammerorgane verschiedener höherer Pflanzen.

Rankenfüßer (Cirripedia), Unterklasse der Krebstiere mit über 800 bis 80 cm langen, fast ausnahmslos meerbewohnenden, meist zwittrigen Arten; festsitzend oder parasit., Brustbeine zu rankenartigen Fangarmen umgestaltet.

Rankine, William John Macquorn [engl. 'ræŋkın], * Edinburgh 5. 7. 1820, † Glasgow 24. 12. 1872, brit. Ingenieur und Physiker. Einer der Begründer der Thermodynamik.

Rankine-Skala [engl. 'ræŋkın; nach W. J. M. Rankine], in Großbrit. und den USA verwendete Temperaturskala; Abstand zw. Gefrierpunkt (Eispunkt) und Siedepunkt (Dampfpunkt) des Wassers in 180 Teile unterteilt. 0 °C = 491,47 °R (Grad Rank[ine]), 100 °C = 671,67 °R.

Ransmayer, Christoph, * Wels 20. 3. 1954, österr. Schriftsteller. Lebt in Wien; hatte großen Erfolg mit seinem zweiten Roman ›Die letzte Welt‹ (1988; über den verbannten Dichter Ovid bzw. der Suche nach ihm); Erstlingswerk: ›Die Schrecken des Eises und der Finsternis‹ (1984).

Ranunkel [lat.] → Hahnenfuß.

Ranzigkeit, durch enzymat. oder chem. Reaktionen in Speisefetten und -ölen auftretende Geschmacks- und Qualitätsverschlechterung, v. a. durch Oxidation der Fette zu Aldehyden und Carbonsäuren hervorgerufen.

Rapacki, Adam [poln. ra'patski], * Lemberg 24. 12. 1909, † Warschau 10. 10. 1970, poln. Politiker (Sozialist). 1949–68 mehrfach Min.; legte als Außen-Min. (1956–68) 1957 der UN-Vollversammlung den von westl. Seite abgelehnten *R.-Plan* über eine atomwaffenfreie Zone vor.

Rapallo, italien. Hafenstadt und Seebad an der Riviera di Levante, Prov. Genua, 29 400 E. – In vorröm. Zeit besiedelt; 641 durch die Langobarden zerstört. – Der hier am 12. 11. 1920 abgeschlossene italien.-jugoslaw. Vertrag regelte Grenzfragen, u. a. Bildung des Stadt-Freistaates Fiume (→ Rijeka). – Der während der Weltwirtschaftskonferenz in Genua abgeschlossene dt.-sowjet. **Rapallovertrag** vom 16. 4. 1922 normalisierte die beiderseitigen diplomat. und konsular. Beziehungen, legte den Verzicht beider Mächte auf Ersatz ihrer Kriegskosten und -schäden fest und sicherte für die künftigen Wirtschaftsbeziehungen sowie für die Rechtsstellung der Staatsangehörigen die Meistbegünstigung.

Rapfen (Schied, Oderlachs, Rappe, Mülpe), bis etwa 80 cm langer, räuber. lebender Karpfenfisch in M- und O-Europa; Speisefisch.

Raphael [...faɛl], einer der → Erzengel.

Raphiabast (Raffiabast) [Malagassi/dt.], Bez. für die aus den Fiederblättern der trop. Raphiapalme erhaltenen Bastfaserbündel, die v. a. als Bindematerial im Garten- und Weinbau sowie als Flechtmaterial verwendet werden.

Rappe, Pferd mit schwarzem Haarkleid (auch mit weißen Abzeichen).

Rappen, bestimmte Pfennige (seit dem 14. Jh.) im Oberelsaß, in S-Baden; in der Schweiz bis heute gebräuchlich.

Rappen, Stengelanteil des Fruchtstands der Weinrebe.

Rapperswil, schweizer. Bezirkshauptort am SO-Ufer des Zürichsees, Kt. Sankt Gallen, 8 000 E. Museum des Schweizer. Burgenvereins, Seeaquarium; u. a. Maschinenbau. Schloß (v. a. 14. Jh.), spätgot. Pfarrkiche (1491–96; umgestaltet). – 1415 Reichsstadt; schloß sich 1460 der Eidgenossenschaft an.

Raps [niederdt.] (Colza, Reps, Kohlsaat), 60–120 cm hoher Kreuzblütler mit gelben Blüten und blaugrünen Blättern; in Kultur einjährig als *Sommerraps* oder als *Winterraps* ausgesät; wichtige Ölpflanze. Die Samen des R. enthalten etwa 40 % Öl (*Rapsöl, Rüböl;* Verwendung als Speiseöl sowie zu techn. Zwecken); der als Rückstand anfallende **Rapskuchen** ist ein eiweißreiches Futtermittel.

Raptus [lat.], plötzlich einsetzende, heftige psych. Störung, unvermittelt eintretender Erregungszustand.

Rapunzel [mittellat.], 1. → Feldsalat; 2. svw. → Teufelskralle.

Rarität [lat.], Seltenheit, Kostbarkeit; seltenes Sammler-, Liebhaberstück.

Ras, arab. svw. Kap.

Ras Al Chaima [al'xaıma] → Vereinigte Arabische Emirate.

Rasanz [lat.-frz.], 1) *Waffentechnik:* der flache Verlauf der Flugbahn eines Geschosses. 2) *umgangssprachlich:* verblüffende Schnelligkeit; schnittiges, elegantes Aussehen.

Ras At Tannura, Stadt auf einer Halbinsel im Pers. Golf, Saudi-Arabien. Größter Erdölhafen der Erde; Erdölraffinerie.

Raschi, eigtl. Salomo Ben Isaak, * Troyes 1040, † ebd. 30. 7. 1105, jüd. Gelehrter. Sein Kommentar zum babylon. Talmud wurde zum Kommentar schlechthin. Die Kommentare des R. werden meist in den rabbin. Bibelausgaben und in den Ausgaben des Talmuds mitabgedruckt.

Raschig-Verfahren [nach dem dt. Chemiker Friedrich Raschig, (* 1863, † 1928)], mehrere chem.-techn. Verfahren u. a. zur Herstellung von Phenol aus Benzol.

Raseneisenerz (Sumpferz, Wiesenerz), bei der Mischung von eisenhaltigem Grundwasser mit sauerstoffreichem Oberflächenwasser ausgeschiedenes, amorphes, schwarzes Eisenerz.

Rasenkraftsport, Dreikampf; besteht aus Hammer- und Gewichtwerfen sowie Steinstoßen.

Rasenmäher, von Hand oder durch einen Elektro-, Zwei- oder Viertaktmotor angetriebenes Gerät zum Mähen des Rasens. Beim *Hand-R.* wird die Drehbewegung der Räder des geschobenen Geräts gewöhnl. auf eine Messerwalze übertragen. *Motor-R.* sind meistens mit einem senkrechte Achse rotierenden Propellermesser ausgerüstet.

Rasensport, zusammenfassende Bez. für alle Sportarten, die auf Rasenplätzen betrieben werden (u. a. Fußball, Rugby, Hockey, Golf, Kricket).

Rasin, Stepan Timofejewitsch, gen. Stenka R., * um 1630, † Moskau 16. 6. 1671 (hingerichtet), Donkosak. Organisierte 1667 den Aufstand der Kosaken an der Wolga und am Kasp. Meer; im Oktober 1670 mit seinem Heer bei Simbirsk (= Uljanowsk) geschlagen.

Raskolniki [russ.] (Altgläubige, Altritualisten), Bez. der Anhänger des bis heute fortbestehenden ›raskol‹ (russ. ›Spaltung‹) in der russ.-orth. Kirche im

17. Jh.; vom Landeskonzil 1666/67 als Ketzer verurteilt, aus der Kirche ausgeschlossen (1971 aufgehoben) und mit aller Schärfe verfolgt. Die R. verteidigen die alte russ. Frömmigkeit und Lebensart.

Rasmussen, Knud, * Jakobshavn (Grönland) 7. 6. 1879, † Kopenhagen 21. 12. 1933, dän. Forschungsreisender. Erforschte ab 1902 auf zahlr. Expeditionen die Arktis von Grönland bis zur Beringstraße; ethnograph. Studien über die Eskimo.

Räson (Raison) [rɛ'zõː; lat.-frz.], Vernunft, Einsicht; **räsonieren,** sich (wortreich) über etwas auslassen; nörgeln.

Raspel, einer Feile ähnl., jedoch mit einzeln stehenden Zähnen versehenes Handwerkzeug zur Holzbearbeitung.

Rasputin, Grigori Jefimowitsch, eigtl. G. J. Nowych, * Pokrowskoje bei Tjumen 1864 oder 1865, † Petrograd 30. 12. 1916, russ. Mönch. Gewann aufgrund seiner angebl. Fähigkeit, die Bluterkrankheit des Thronfolgers heilen zu können, übermächtigen Einfluß auf das Zarenpaar; wurde als Ursache des drohenden russ. Zusammenbruchs angesehen und ermordet.

Ras Schamra, Ruinenstätte der altoriental. Stadt →Ugarit.

Rasse [italien.-frz.], 1) *Biologie:* svw. Unterart.
2) *Züchtungsforschung:* Bez. für Formengruppen mit kennzeichnenden, gleichen Merkmalen.
3) *Anthropologie:* →Menschenrassen.

Rassel, einfaches, durch Schütteln zu rasselnden Geräuschen gebrachtes Musikinstrument in verschiedenen Formen (z. B. Schellenbaum).

Rassemblement du Peuple Français [frz. rasãblǝ'mã dy'pœplǝ frã'sɛ ›Sammlungsbewegung des frz. Volkes‹], Abk. RPF, 1947 von de Gaulle gegr. antikommunist. Sammlungsbewegung; 1951 stärkste Fraktion; 1952 Spaltung; 1953 distanzierte sich de Gaulle vom RPF.

Rassemblement pour la République [frz. rasãblǝ'mã purlarepy'blik ›Sammlungsbewegung für die Republik‹], 1976 gegr. gaullist. Nachfolgeorganisation der Union des Démocrates pour la République.

Rassenfrage (Rassenkonflikt), Gesamtheit aller inner- und zwischenstaatl. Spannungen, Konflikte und Kämpfe zw. ethn./rass. unterschiedenen Gruppen. Wichtigste Ursachen für die weltweit zu beobachtenden Rassenkonflikte waren der Kolonialismus und die mit ihm verbundene Unterwerfung unterentwickelter Völker, die v. a. dort auf, wo die Überlegenheit einer Kolonialmacht rechtl. verankert *(Rassengesetze)* und ideolog. gerechtfertigt wurde (→Rassismus) und wo im Entkolonisationsprozeß die Forderung bisher benachteiligter Gruppen nach Gleichberechtigung auf Widerstand traf. Von den europ. Kolonialreichen des 19. Jh. in Afrika ist noch Südafrika verblieben, das bis 1990 eine Politik der jurist. abgesicherten *Rassentrennung* zwischen schwarzer und weißer Bevölkerung verfolgte (→Apartheid). Nachdem ehemals kolonialisierte Völker in Afrika und Asien unabhängig geworden waren, schlugen die Rassenkonflikte meist um und wandten sich gegen verbliebene rass. Minderheiten.

Rassenkunde, Forschungsbereich der biolog. Anthropologie, der sich v. a. mit der Entstehung, (geograph.) Verbreitung und Charakterisierung bzw. Typisierung der Menschenrassen befaßt.

Rassenschande →Nürnberger Gesetze.

Rassismus (Rassenideologie), Gesamtheit der Theorien und polit. Lehren, die Zusammenhänge zw. anthropolog. Merkmalen von Menschenrassen und Kulturentwicklungen behaupten und dabei kulturelle Fähigkeiten und histor. Entwicklungslinien nicht auf polit. und soziale, sondern auf biolog. Ursachen zurückführen; i. e. S. alle Lehren, die aus solchen Zusammenhängen eine Über- bzw. Unterlegenheit einer menschl. Rasse gegenüber einer anderen behaupten. Der R. liefert daher *innenpolit.* die Begründung für Diskriminierung, Unterprivilegierung oder Unterdrückung ethn. Gruppen (oft Minderheiten), die als Vertreter anderer Rassen bezeichnet werden. *Außenpolit.* wird der R. zur Rechtfertigung von Imperialismus und Kolonialismus herangezogen.

Rastatt, Kreisstadt an der Murg, Bad.-Württ., 39 700 E. Wehrgeschichtl. Museum, Museum für die Freiheitsbewegung in der dt. Geschichte. Barockes ehem. markgräfl. Schloß (1697–1707; Innendekoration Rokoko um 1740–50) mit Schloßkirche; Stadtkirche Sankt Alexander (18. Jh.). Im Stadtteil Niederbühl das Lustschloß Favorite (1710–12). – 1705–71 Residenz der Markgrafen von Baden; im 18./19. Jh. Festung. – Der **Friede von Rastatt** vom 6. 3. 1714 beendete auf der Grundlage des Utrechter Friedens den Span. Erbfolgekrieg zw. Frankreich und dem Kaiser. Auf dem **Friedenskongreß von Rastatt** (9. 12. 1797 bis 23. 4. 1799) bewilligte das Hl. Röm. Reich die Abtretung des linken Rheinufers an Frankreich.

Raster [lat.], allg. ein System von sich kreuzenden Linien bzw. das dadurch gebildete System schmaler Streifen oder kleiner Flächen (Rasterpunkte). In der *graph. Technik* Bez. für ein Linien-, Streifen- oder Punktsystem auf einer Glasplatte oder Folie zur Zerlegung von Halbtonbildern (z. B. Photographien) in einzelne R.punkte.

Rasterfahndung →Fahndung.

Rastral [lat.], Gerät zum Ziehen von [Noten]linien.

Rastrelli, Bartolomeo Francesco Graf, * Paris (?) um 1700, † Petersburg 1771, russ. Baumeister italien. Abkunft. Baute großräumige Barockanlagen, u. a. das Smolny-Kloster mit Kathedrale (1748–54) und den sog. Vierten Winterpalast (1754–63) in Petersburg sowie das Schloß in Zarskoje Selo (= Puschkin; 1752–57).

Rat, 1. Amtstitel von Beamten des höheren Dienstes (z. B. Regierungs-R.) oder Ehrentitel (z. B. Hof-R.); 2. Bez. für ein Gesetzgebungs- oder Verwaltungsgremium (z. B. Bundes-R.), für ein Fachgremium (z. B. Bildungs-R.) und für ein Gremium zur Vertretung bestimmter Interessen (z. B. Betriebs-R.) wie auch für ein Mgl. dieser Gremien; 3. Leitungs- und Verwaltungsorgan der EKD, das die EKD auch nach außen vertritt.

Ratan [malai.], svw. →Peddigrohr.

Rat der Volksbeauftragten, provisor. dt. Regierung 9./10. 11. 1918–10. 2. 1919; Koalition aus SPD und USPD unter Vorsitz von F. Ebert und H. Haase (die USPD-Mgl. schieden am 29. 12. 1918 aus).

Rat der Volkskommissare, 1917–46 Name des höchsten Exekutivorgans Sowjetrußlands bzw. der Sowjetunion; seit 1946 Ministerrat.

Rate [italien.], relativer Anteil, Teilbetrag, z. B. der regelmäßig wiederkehrende Teilzahlungsbetrag im Abzahlungsgeschäft.

Rätedemokratie (Rätesystem), radikale Form der direkten Demokratie, in der Wählervollversammlungen (auf Wohn-, Verwaltungs-, Betriebsebene) als Vertreter die an ihr Mandat und den Willen ihrer Wähler gebunden und jederzeit abrufbaren Räte wählen. Die Räte besitzen alle Entscheidungsbefugnisse sowie gesetzgebende, ausführende und rechtsprechende Gewalt. Die Räte der Basiseinheiten wählen ihrerseits Vertreter zu einem Rat auf höherer Ebene, bis zum Zentralrat in einem Staat *(indirekte Wahl).* Die R., erstmals in der Pariser Kommune 1870/71 verwirklicht, wurde 1917 in der russ. Revolution Organisationsprinzip der revolutionären Selbstverwaltung. In Deutschland entstanden 1918 die →Arbeiter- und Soldatenräte.

Ratenzahlung →Abzahlungsgeschäft.

Raps

Rätesystem, svw. ↑ Rätedemokratie.

Rat für gegenseitige Wirtschaftshilfe, Abk. RGW (engl.: Council for Mutual Economic Assistance, Abk. COMECON), 1949 in Moskau gegr. Organisation zur wirtschaftl. Integration Ost- und Ostmitteleuropas auf der Basis der Koordination der nat. Volkswirtschaftspläne und der Spezialisierung und Kooperation der industriellen Produktion innerhalb der internat. sozialist. Arbeitsteilung.
Gründungs-Mgl. waren die UdSSR, Polen, Tschechoslowakei, Ungarn, Rumänien, Bulgarien; Mgl. wurden die DDR (1950), Mongol. VR (1962), Kuba (1972), Vietnam (1978); Albanien, formell seit 1949 Mgl., blieb seit 1962 den Tagungen fern. Assoziierungsvertrag mit Jugoslawien (seit 1964); mit Finnland, Irak und Mexiko bestehen Rahmenabkommen zur Zusammenarbeit.
Der RGW wurde unter dem Eindruck der ersten Erfolge des Marshallplans als Gegenstück zur OEEC (heute OECD) gegründet mit dem Ziel der Förderung des zwischenstaatl. Austauschs von Investitionsgütern, Nahrungsmitteln, Rohstoffen sowie von techn. und wirtschaftl. Erfahrungen. Soweit Zahlungsverkehr zw. den RGW-Ländern nötig ist, wurde er über die *Internat. Bank für wirtschaftl. Zusammenarbeit* (*COMECON-Bank;* gegr. 1963, Sitz Moskau) mit Hilfe eines nicht frei konvertierbaren Verrechnungsrubels abgewickelt. – Nach den Veränderungen in O-Europa 1990 beschloß der RGW seine Auflösung und beendete im Juni 1991 seine Tätigkeit.

Ratgeb, Jörg, * Schwäbisch Gmünd um 1480, † Pforzheim 1526, dt. Maler. Tätig in Stuttgart, Frankfurt am Main (Wandgemälde im Karmeliterkloster, 1514–17) und Herrenberg (Herrenberger Altar, 1518/1519; Stuttgart, Staatsgalerie). 1525 Mgl. des Rats von Stuttgart, kämpfte 1526 im Bauernkrieg auf seiten der Bauern; hingerichtet; spätgot. Malerei.

Rathaus, Gemeindehaus, traditionell ein repräsentatives Gebäude am oder auf dem Marktplatz, urspr. Sitz des Bürgermeisters, des Stadtrats und des Stadtgerichts, meist mit Festsaal. – Der zweigeschossige R.bau mit offener Erdgeschoßhalle (Markt- oder Gerichtshalle) und Saal im Obergeschoß, häufig mit Turm, entstand in Italien, z.B. Siena (1288 ff.), Florenz (1298 ff.). Zu den bedeutendsten dt. R.bauten zählen das R. von Münster (um 1335 ff.), zu Lübeck (1298 ff., letzter Anbau 1570/71), Regensburg (um 1360), Amberg (14. und 16. Jh.), Stralsund (15. Jh.), Lemgo (Baugruppe, 15.–17. Jh.); aber auch zahlr. Fachwerkbauten: Michelstadt (1448), Alsfeld (1512–16), Schwalenberg (um 1600). Bes. repräsentativ, oft dreigeschossig und mit Turm, wurde in den Niederlanden gebaut (Löwen, 1448 ff.). Renaissance- und Barockzeit orientierten sich am Palast (R. in Augsburg von E. Holl, 1615–20; Schwäbisch Hall, 1732–35). In der 2. Hälfte des 19. Jh. entstanden historisierende große Bauten, meist um Innenhöfe (Berlin, Wien, München), im 20. Jh. neue architekton. Lösungen, z. B. in Stockholm (R. Östberg, 1909–23), Hilversum (W. M. Dudok, 1928–31), Säynätsalo/Finnland (A. Aalto, 1949–52), Tokio (K. Tange, 1952–57) oder Bensberg (G. Böhm, 1965–67).

Walther Rathenau

Rathenau, Walther, * Berlin 29. 9. 1867, † ebd. 24. 6. 1922 (ermordet), dt. Industrieller und Politiker. Trat 1899 in den Vorstand der AEG ein, wurde 1915 deren Aufsichtsrats-Vors.; trat nach 1918 der DDP bei; als wirtschaftspolit. Sachverständiger von der Reichsregierung u.a. bei der Versailler Friedenskonferenz herangezogen; Wiederaufbau-Min. Mai–Oktober 1921; ab 1. 2. 1922 Außen-Min., schloß den Rapallovertrag; durch 2 antisemit.-rechtsradikale ehem. Offiziere der Organisation Consul ermordet. – Als sozial- und kulturphilosoph. Schriftsteller einer der meistgelesenen Autoren seiner Zeit.

Rathenow [...no], Kreisstadt am O-Rand der unteren Havelniederung, Brandenburg, 31 300 E. U. a. opt. Werke. Stadtkirche (13. und 15.Jh.).

Ratibor (poln. Racibórz), Stadt an der oberen Oder, Polen, 56 000 E. U. a. Elektro-Ind. und Metallverarbeitung. Dominikanerkirche Sankt Jacobi (1258 erbaut, wiederaufgebaut), Renaissancehäuser am Marktplatz. – 1288–1532 Hauptstadt des 1281 gebildeten schles. Teil-Hzgt. Ratibor, kam 1532 mit diesem an die Habsburger, 1742 an Preußen.

Rätien, im Altertum das von den *Rätern* bewohnte Gebiet vom Alpennordrand bis zu den oberitalien. Seen und etwa vom Sankt Gotthard im W bis zum Brenner im O; wurde 15. v.Chr. röm.; durch Einbeziehung der kelt. Vindeliker bis zur Donau ausgedehnt (prokurator. Prov. **Raetia et Vindelicia,** Hauptstadt Augusta Vindelicum [= Augsburg]). Die Grenzverschiebung in das nördl. Donauvorland führte etwa 83 n.Chr. zum Bau des rät. Limes; im 5. Jh. im W von den Alemannen, im O von den Bajuwaren besetzt.

Ratifikation [lat.], die bei völkerrechtl. Verträgen zu ihrer Wirksamkeit notwendige Bestätigung durch das Staatsoberhaupt nach vorheriger Zustimmung der gesetzgebenden Körperschaften.

Ratingen, Stadt nö. an Düsseldorf anschließend, NRW, 88 600 E. U. a. metallverarbeitende Industrie.

Ratio [lat.], → Vernunft; log. → Verstand.

Ration [lat.-frz.], zugeteiltes Maß, Anteil; [tägl.] Verpflegungssatz.

rational [lat.], verstandesmäßig erfaßbar.

rationale Operationen, Bez. für die vier Grundrechenarten Addition, Subtraktion, Multiplikation und Division.

rationale Zahl, eine Zahl, die sich als Quotient zweier ganzer Zahlen m und n darstellen läßt, d. h. in der Form m/n mit $n \neq 0$. Die r. Z. bilden einen Körper.

Rationalisierung [lat.-frz.], 1) *Betriebswirtschaft:* Durchführung von Maßnahmen zur Verbesserung des wirtschaftl. Erfolgs durch zweckmäßige (›rationale‹) Gestaltung von Arbeitsabläufen. Stetige R. zur Erhaltung der Konkurrenzfähigkeit sowie zur Verbesserung der Lebens- und Arbeitsbedingungen ist weitgehend unbestritten; R.schübe jedoch, meist ausgelöst durch große techn. Neuerungen (z.B. die mechan. Webstühle zu Beginn des 19. Jh. oder in jüngster Zeit die mit Hilfe von Mikroprozessoren gesteuerten Industrieroboter), tragen in sich die Gefahr wirtschaftl. Ungleichgewichts und von Massenarbeitslosigkeit.
2) *Psychologie:* im tiefenpsycholog. Sprachgebrauch die verstandesmäßige (moral., religiöse, ideolog. usw.) Erklärung bzw. Rechtfertigung einer Tätigkeit, eines Gefühls oder Gedankens, deren tatsächl. Motive nicht bewußt sind oder nicht eingestanden werden.

Rationalismus [lat.], *Philosophie:* erkenntnistheoret. Position, die von der logisch-gesetzmäßigen Beschaffenheit der Welt und von der Existenz allg., von der Erfahrung unabhängiger Vernunftwahrheiten ausgeht; als philos. System wurde der R. im 17./18. Jh. von R. Descartes, Spinoza, G. W. Leibniz und Ch. Wolff entwickelt.

Rationalität [lat.], die Vernunftmäßigkeit einer Sache (z. B. eines Programms).

Ratke, Wolfgang, latinisiert Ratich[ius], * Wilster bei Itzehoe 18. 10. 1571, † Erfurt 27. 4. 1635, dt. Pädagoge. Legte 1612 den dt. Reichsständen ein ›Memorial‹ über die Errichtung einer einheitl. deutschsprachigen Schule vor, in der mit einer ›natürl. Methode‹ unterrichtet werden sollte.

Ratmanov → Diomede Islands.

Rätoromanen, → Rätoromanisch sprechende Bevölkerungsgruppe im Alpenraum.

Rätoromanisch, dt. Bez. für einen zw. dem Italien. und dem Frz. stehenden Sprachtyp (4. Landessprache in der Schweiz, jedoch keine Amtssprache), vertreten durch eine Reihe von Mundarten, deren typolog. Zusammengehörigkeit erst im 19. Jh. erkannt und nachgewiesen wurde. Diese Mundarten zerfallen in drei räuml. getrennte Gruppen (Graubünden, Südtirol, Friaul) mit untereinander schwer verständl. Unterdialekten. In der italien. Forschung hat sich der Begriff ›Ladino‹ durchgesetzt, doch spricht man auch in dt. Veröffentlichungen von West- (Graubünden), Zentral- (Südtirol) und Ostladinisch (Friaul).

Ratsche (Knarre), Zahnkranz mit ein- und ausklinkbarer Sperrvorrichtung, z. B. als Werkzeug für Steckschlüsseleinsätze.

Rätsel, Denkaufgabe, meist bildhaft-konkrete Umschreibung eines Gegenstands, eines Vorgangs, einer Person u. a., die es zu erraten gilt. R.formen sind u. a. *Rechen-R.* und *Zahlen-R.* oder auf Logik abzielende *Denksportaufgaben*. Mit opt. Mitteln arbeitet das *Bilder-R.,* in Kombination mit Buchstaben der *Rebus*. Auf die Unterhaltung einzelner zielen schriftl. auszuführende *Silben-* oder *Kreuzworträtsel*. Hörfunk und Fernsehen organisieren öffentl. Fragespiele in Form des *Quiz*.

Rattan [malai.], svw. → Peddigrohr.

Ratten (Rattus), Gatt. der Echtmäuse mit zahlr. urspr. ost- und südostasiat. Arten; Körperlänge etwa 10–30 cm, Schwanz meist länger. Viele R.arten sind äußerst anpassungsfähig und extrem wenig spezialisiert, daher sind einige Arten heute weltweit verbreitet. R. besiedeln Lebensräume jegl. Art. Verschiedene R.arten sind gefürchtete Vorratsschädlinge und Überträger von Krankheiten (z. B. Pest). Die meisten R. sind ausgeprägte Allesfresser. Einheim. Arten: *Hausratte* (Dachratte); Körperlänge 16–23 cm, Schwanz stets über körperlang. Die fast rein dämmerungs- und nachtaktive Hausratte lebt gesellig. Sie gräbt kaum, andererseits klettert und springt sie sehr gut; *Wanderratte,* Körperlänge 22–30 cm, Schwanz 18–22 cm; an und in menschl. Siedlungen (auch in Gebäuden), aber auch völlig freilebend (v. a. an Gewässern, Gräben, Mülldeponien u. ä.); gesellig, vorwiegend dämmerungs- und nachtaktiv, kann sehr gut schwimmen und springen. – Die R.bekämpfung erfolgt durch chem. Mittel, mechan. mit Hilfe von Fallen (Ködergifte), im Freiland auch durch Einsatz von Räucherpatronen.

Rattenbißkrankheit (Rattenfieber, Sodoku), akute, fieberhafte Infektionskrankheit (Erreger: Spirillum minus), die v. a. in Ostasien vorkommt und durch Rattenbiß auf den Menschen übertragen wird. Die Krankheit verläuft in Fieberanfällen von 24–28 Stunden Dauer.

Rattenfänger von Hameln, mittelalterl. Sagengestalt; nach der Überlieferung (erstmals um 1430–50) soll der R. v. H., ein Pfeifer, Hameln von der Rattenplage befreit haben. Um den vereinbarten Lohn betrogen, rächte er sich, indem er 130 Kinder aus der Stadt lockte und entführte.

Rattenflöhe, Bez. für verschiedene (bes. trop. verbreitete) blutsaugende Floharten, die als Überträger der Pest und des Fleckfiebers bekannt sind.

Rattigan, Sir (seit 1971) Terence [engl. ˈrætɪgən], * London 10. 6. 1911, † Hamilton (Bermudainseln) 30. 11. 1977, engl. Dramatiker. Schrieb Komödien sowie Zeitstücke, u. a. ›Der Fall Winslow‹ (1946); auch Filmdrehbücher.

Ratzeburg, Kreisstadt am und im *Ratzeburger See* (14 km²), Schl.-H., 12 700 E. Ruderakademie des Dt. Ruderverbandes, Barlach-Gedenkstätte. Roman. Dom (bis um 1220); Bauten des Domhofes sind das Steintor (um 1250) und das barocke Herrenhaus (18. Jh.). – Um 1060–1066 und ab 1154 Bischofssitz; fiel 1648, säkularisiert, als Ft. R. an Mecklenburg.

Ratzinger, Joseph, * Marktl bei Altötting 16. 4. 1927, dt. kath. Theologe und Kardinal (seit 1977). Prof. für Dogmatik; 1977–82 Erzbischof von München und Freising; seit 1981 Präfekt der röm. Glaubenskongregation. – *Werke:* Einführung in das Christentum (1968), Das neue Volk Gottes (1969), Dogma und Verkündigung (1973), Theol. Prinzipienlehre (1982).

Rau, Johannes, * Wuppertal 16. 1. 1931, dt. Politiker (SPD). Verlagsbuchhändler; 1969/70 Oberbürgermeister von Wuppertal; 1970–78 Min. für Wiss. und Forschung in NRW; seit 1977 Landes-Vors. der SPD, seit 1978 Min.-Präs.; seit 1982 stellv. Partei-Vors. der SPD.

Joseph Ratzinger

Raub, ein Diebstahl, bei dem die Entwendung unter Anwendung von Gewalt gegen eine Person oder unter Drohung mit einer gegenwärtigen Gefahr für Leib oder Leben erfolgt; wird mit Freiheitsstrafe nicht unter 1 Jahr bestraft. Ein *schwerer Raub*, der mit Freiheitsstrafe nicht unter 5 Jahren bedroht ist, liegt vor, wenn der Täter z. B. eine verwendungsfähige Schußwaffe bei sich führt oder einen anderen in die konkrete Gefahr des Todes oder einer gefährl. Körperverletzung bringt sowie wenn mehrere (mindestens zwei), die sich zur fortgesetzten Begehung von R. oder Diebstahl verbunden haben, bei einem R. zusammenwirken *(Bandenraub)*.

Raubdruck, widerrechtl. Nachdruck.

Raubfische, Bez. für Fische, die Jagd auf andere Fische machen und sich v. a. von diesen ernähren; z. B. Hecht, Kabeljau.

Johannes Rau

Raubfliegen (Habichtsfliegen, Jagdfliegen, Asilidae), weltweit verbreitete, rd. 5 000 (6 bis 30 mm lange) oft stark behaarte Arten umfassende Fliegenfam.; machen Jagd auf vorbeifliegende kleinere Insekten.

Raubmöwen (Stercorariidae), Fam. bis etwa 60 cm langer, kräftiger, vorwiegend braun gefärbter Möwenvögel mit vier Arten in hohen Breiten der N- und S-Halbkugel; jagen fischfangenden Vögeln die Beute ab.

Raubspinnen (Jagdspinnen, Pisauridae), Fam. der Spinnen mit rd. 400 Arten, davon zwei einheimisch; weben keine Netze; die Weibchen tragen ihren Eikokon zw. den Mundwerkzeugen mit umher; bekannt v. a. die *Listspinne*, rotbraun, 12–18 mm Körperlänge.

Raubtiere (Karnivoren, Carnivora), seit dem Paläozän bekannte, heute mit rund 250 Arten fast weltweit verbreitete Ordnung etwa 0,2–6,5 m langer Säugetiere; in allen Lebensräumen lebende, tag- und nachtaktive Tiere, deren Gebiß durch stark entwickelte Eckzähne und meist scharfe Reißzähne (Bakkenzähne) gekennzeichnet ist und bei der Mehrzahl der R. (vorwiegend Fleischfresser) dem Töten und Aufreißen größerer Säugetiere dient. Die Sinnesorgane der R. sind hoch entwickelt, bes. der Geruchs- und Gehörsinn.

Raubvögel (Raptatores), zusammenfassende Bez. für Greifvögel und Eulen.

Raubwanzen (Schreitwanzen, Reduviidae), mit über 3 000 Arten weltweit verbreitete Fam. mittelgroßer bis großer Landwanzen; leben räuber. von Insekten, z. T. auch blutsaugend an Säugetieren und am Menschen; einheim. u. a. die *Staubwanze* (Kotwanze), bis 18 mm lang; kann sehr schmerzhaft stechen; lebt in Gebäuden.

Raubwild, weidmänn. Bez. für alle jagdbaren Tiere, die dem *Nutzwild* (für den menschl. Genuß geeignetes Wild) nachstellen, z. B. Rotfuchs, Iltis, Wiesel.

Rauch, Christian Daniel, * Arolsen 2. 1. 1777, † Dresden 3. 12. 1857, dt. Bildhauer des Klassizismus. Schuf in Marmor und Bronze Porträtbüsten, Denkmäler (Reiterdenkmal Friedrichs d. Gr., 1839–51, Berlin, Unter den Linden) und Grabmäler.

Rauch, ein bei der Verbrennung von festen, flüssigen und gasförmigen Brennstoffen entstehendes Gemisch (Aerosol) aus gasförmigen Substanzen (*Rauchgasen,* z. B. Kohlendioxid, Wasserdampf, Schwefeldioxid und Schwefeltrioxid, bei unvollständiger Verbrennung auch Kohlenmonoxid, Methan und Wasserstoff) sowie fein verteilten festen Substanzen (z. B. Ruß und Ascheteilchen).

Rauchen, das aktive, auch passive (›Mitrauchen‹) Aufnehmen von Tabakrauch in die Atmungsorgane (einschließl. Mundhöhle). Die gesundheitsschädigenden Folgen des R. beruhen nur z. T. auf Wirkungen des Alkaloids Nikotin über das vegetative Nervensystem; vielmehr werden beim Abbrennvorgang des Tabaks eine große Anzahl krebserzeugender, u. a. tox. wirkender Stoffe freigesetzt, z. B. aliphat. und aromat. Kohlenwasserstoffe, niedere Alkohole (z. B. Methanol), Kohlenmonoxid, Ammoniak, Stickoxide, Blausäure sowie Spuren von Chrom und Arsen, die mit fortschreitendem Abbrand des Tabaks in steigender Konzentration inhaliert werden.

Nikotinwirkungen: Nikotin erweitert die Herzkranzgefäße, steigert die Herzfrequenz, erhöht den Blutdruck und führt zu einer Erhöhung des Cholesterinspiegels im Blut, was als Risikofaktor für arteriosklerot. Gefäßerkrankungen und Herzinfarkt angesehen wird. Kinder von rauchenden Schwangeren sind bei der Geburt im Durchschnitt 250 g leichter und dadurch auch krankheitsanfälliger. Außerdem kommt es bei Raucherinnen etwa doppelt so häufig wie bei Nichtraucherinnen zu Frühgeburten durch Steigerung der Kontraktionsbereitschaft der Gebärmutter.

Nikotinunabhängige Wirkungen: Der eingesogene Tabakrauch streicht durch Mundhöhle, Nasen-Rachen-Raum, Kehlkopf und die Bronchien mit ihren feinsten Verzweigungen bis zu den Lungenalveolen. Dabei kondensieren die im Rauch enthaltenen Abbrandprodukte und schlagen sich größtenteils als Teer auf der Schleimhaut der Luftwege nieder. Die Folgen sind häufig wiederkehrende, schließl. chron. werdende Entzündungen im Bereich von Rachen, Kehlkopf, Bronchien (Raucherbronchitis, → Bronchitis). Inhalierende Raucher erkranken etwa 11mal so häufig an Lungenkrebs wie Nichtraucher. Bei Männern steht der Lungenkrebs zahlenmäßig an der Spitze aller Krebserkrankungen.

Räuchern → Konservierung.

Rauchfaß, ein an Ketten hängendes Metallgefäß für liturg. Räucherungen.

Rauchgasentschwefelung, die Entfernung von Schwefelverbindungen, insbes. des Schwefeldioxids (SO_2), einer der wichtigsten luftverunreinigenden Substanzen, aus den v. a. beim Verbrennen von Kohle, Erdgas oder Heizöl entstehenden Abgasen (Rauchgasen). Das Schwefeldioxid wird hierbei in Form von Ammoniumsulfat, Gips, Schwefel oder Schwefelsäure gebunden und aus dem Rauchgas abgeschieden. Im Juni 1983 wurden mit der Großfeuerungsanlagen-VO Emissionsgrenzwerte gesetzl. vorgeschrieben.

Rauchgasentstickung, die Entfernung von Stick[stoff]oxiden (insbes. Stickstoffmonoxid und -dioxid, NO bzw. NO_2) aus den v. a. beim Verbrennen von Kohle anfallenden Abgasen (Rauchgasen). Die R. erfolgt entweder durch katalyt. Umsetzung der Stickoxide mit Ammoniak zu Stickstoff und Wasser, die an die Luft abgegeben werden, oder durch Auswaschen der (zunächst oxidierten) Stickoxide mit Kalkwasser oder Ammoniak, wobei sich Kalk- bzw. Ammonsalpeter (Düngemittel) bilden. Da Stickoxide u. a. die Schadstoffwirkung des Schwefeldioxids verstär-

ken, kommt der R. heute steigende Bedeutung zu (geregelt durch die Großfeuerungsanlagen-VO vom Juni 1983).

Rauchheit (Rauche, Rauhheit), Qualitätsmerkmal von Pelzwaren (Pelz); Pelzwerk mit dichtem Unterhaar wird als ›rauch‹, mit wenig Unterhaar als ›flach‹ oder ›leicht‹ bezeichnet.

Rauchmelder → Alarmanlagen.

Rauchmiller (Rauchmüller), Matthias, * Radolfzell 11. 1. 1645, † Wien 15. 2. 1686, dt. Bildhauer, Maler und Baumeister des Barock. – *Werke:* Grab des Domherrn Karl von Metternich (Trier, Liebfrauenkirche, um 1675), Piastengruft in Liegnitz (1677/78, Johanneskirche), Modell der Nepomukstatue der Karlsbrücke in Prag (1681).

Rauchtopas, falsche Bez. für Rauchquarz (→ Quarz).

Rauchvergiftung, durch die Einatmung von Rauchgasen bedingte Vergiftung. Die Erscheinungen der R. sind im wesentl. die der → Kohlenmonoxidvergiftung.

Rauchware, svw. Rauchwerk (→ Pelz).

Räude, durch viele Arten hautschmarotzender Krätzmilben hervorgerufene, mit heftigem Juckreiz verbundene Hauterkrankung bes. der Haustiere; Knötchen- und Bläschenbildung, Schorfkrusten und stellenweiser Haarausfall. Die R. der Schafe und die R. der Pferde sind meldepflichtig. Wichtigste Bekämpfungsmittel gegen R. sind Kontaktinsektizide. Die oft eitrig verlaufende *Ohr-R.* (v. a. bei Hunden, Katzen und Kaninchen) wird durch Ohrmilben hervorgerufen.

Rauhbank, svw. Langhobel (→ Hobel).

Rauhblattgewächse (Borretschgewächse, Boraginaceae), weltweit verbreitete Fam. zweikeimblättriger Pflanzen mit rd. 2 000 Arten in rd. 100 Gatt.; Bäume, Sträucher oder Kräuter; bekannte Gatt. sind Beinwell, Lungenkraut, Natternkopf.

Rauhes Haus, Name der von J. H. Wichern 1833 in Hamburg-Horn gegr. Anstalt zur Betreuung gefährdeter männl. Jugendlicher in familienähnl. Gruppen, heute als Internat in Verbindung mit einer integrierten Gesamtschule; angeschlossen sind u. a. die *Diakonenanstalt des Rauhen Hauses,* der 1844 gegr. Verlag *Agentur des Rauhen Hauses* sowie ein Altersheim.

Rauhfußhühner (Tetraoninae), Unterfam. bis fast 90 cm langer Hühnervögel (Fam. Fasanenartige) mit rd. 20 Arten in Wäldern und Steppen N-Amerikas sowie des nördl. und gemäßigten Eurasien; meist schlecht fliegende Bodenvögel mit kräftigem, kurzem Schnabel und vollbefiederten Läufen. – Zu den R. gehören u. a.: *Auerhuhn,* bis 90 cm lang (einschließl. Schwanz), in M-Europa fast ausgerottet; *Birkhuhn,* bis 50 cm lang, in Europa und Asien; *Präriehuhn,* etwa 50 cm lang, in N-Amerika; *Haselhuhn,* rd. 35 cm lang, in N-Asien und Europa und → Schneehühner.

Rauhfußkauz → Eulenvögel.

Rauhhai (Walhai), bis über 15 m langer, in großen Rudeln lebender Haifisch in allen (überwiegend trop.) Meeren; harmloser Planktonfresser.

Rauhheit, svw. → Rauchheit.

Rauhnächte (Rauchnächte), in Süddeutschland und Österreich v. a. Bez. für die in Volksglauben und -brauch bes. bedeutsame Zeit zw. Thomastag (21. Dez.) und Dreikönigstag (6. Jan.).

Rauhreif (Anraum), aus unterkühltem Nebel bzw. Wasserdampf bei Windstille oder geringen Windgeschwindigkeiten entstehende lockere, kristalline, weiße Eisablagerung, u. a. an Bäumen und Sträuchern.

Rauke [lat.], Gatt. der Kreuzblütler mit rd. 80 Arten auf der Nordhalbkugel und in S-Amerika; einheim. ist u. a. die *Besenrauke* (Sophienkraut, bis 70 cm hoch, an Wegrändern und auf Schutt).

Raum, 1) *allgemein:* ein zum Wohnen, als Nutz-R. u. a. verwendeter, von Wänden, Boden und Decke umschlossener Teil eines Gebäudes.

2) *Mathematik:* i. w. S. ein ohne feste Grenzen sich nach Länge, Breite und Höhe ausdehnendes Gebiet **(Anschauungsraum);** i. e. S. eine Menge von Punkten, Vektoren, Funktionen u. a., zw. denen bestimmte Relationen bestehen bzw. eine Menge, in der eine Struktur erklärt ist. Dem Anschauungs-R. am nächsten kommt der *dreidimensionale euklid. Raum R^3:* Er ist definiert als die Menge der Tripel (x, y, z) reeller Zahlen (→ Koordinaten), die den ›Punkten‹ des Anschauungs-R. zugeordnet sind. Ausgehend vom R^3 gelangt man zum *n-dimensionalen euklid. Raum R^n,* wenn man als Menge X die Menge aller n-tupel $(x_1, x_2, ..., x_n)$ reeller Zahlen zugrunde legt. Im R^n kann man nun eine weitere Struktur einführen, indem man durch

$$(x_1, x_2, ..., x_n) + (y_1, y_2, ..., y_n) =$$
$$(x_1 + y_1, x_2 + y_2, ..., x_n + y_n)$$

im R^n eine Addition bzw. durch

$$\lambda \cdot (x_1, x_2, ..., x_n) = (\lambda x_1, \lambda x_2, ..., \lambda x_n)$$

eine Multiplikation mit reellen Zahlen λ erklärt. Diesen R. bezeichnet man als *[n-dimensionalen] Vektor-R. (linearen R.) V^n* über dem Körper **R** der reellen Zahlen.

3) *Physik:* R. bezeichnet die Vorstellungen von der erfahrbaren Welt, die insbes. auf der Wahrnehmung von Objekten, deren Lage und Anordnung beruhen. Der reale physikal. R. unserer Anschauung ist dreidimensional. In der Relativitätstheorie werden R. und Zeit vereinigt zu einem vierdimensionalen R., der sog. **Raum-Zeit-Welt.** – In der *Kosmologie* geht man davon aus, daß die Struktur des R. (Welt-R.) durch eine nichteuklid. Geometrie beschrieben werden kann *(gekrümmter R.),* d. h., daß der Welt-R. trotz seiner ›Unbegrenztheit‹ von endl. Volumen ist.

Raumakustik, Teilgebiet der Akustik, das sich mit der Ausbreitung des Schalls in geschlossenen Räumen befaßt; untersucht werden die Bedingungen für gute Hörbarkeit und Verständlichkeit von Musik und Sprache, die im wesentl. von Stärke und Dauer des Nachhalls abhängen.

Raumanzug, hermetisch abgeschlossener Astronautenanzug; weitgehend strahlungs- und temperaturisoliert, gegen mechan. Beschädigungen relativ unempfindl. und mit einem Lebenserhaltungssystem ausgerüstet.

Raumer, Friedrich von, * Wörlitz (bei Dessau) 14. 5. 1781, † Berlin 14. 6. 1873, dt. Historiker. Prof. der Staatswiss. (und Geschichte) in Breslau und Berlin. – *Hauptwerk:* Geschichte der Hohenstaufen und ihrer Zeit (6 Bde., 1824).

Raumfähre → Raumtransporter.

Raumfahrt (Welt-R., Astronautik, Kosmonautik), Bez. für den Gesamtkomplex wiss. und techn. Bestrebungen zur Ausweitung des menschl. Tätigkeitsbereiches in den Weltraum. Nach Einsatzreichweiten werden unterschieden: erdnahe, lunare, [inter]planetare und die hypothet. [inter]galakt. und [inter]stellare Raumfahrt. Die Unterscheidung nach unbemannter und bemannter R. kennzeichnet die unmittelbare menschl. Beteiligung (Astronauten, Kosmonauten) an Raumflügen und die damit notwendige konstruktive Auslegung der Raumflugsysteme (z. B. mit Lebenserhaltungssystemen in Raumkabinen bzw. Raumstationen). Eine weitere Unterteilung ist die in eine zivile und eine militär. Raumfahrt (Killer-Satelliten, Antisatelliten, militär. Aufklärungssatelliten).

Geschichte: Die Entwicklung der Raketentechnik wurde während des 2. Weltkriegs v. a. in Deutschland vorangetrieben (R. Nebel, W. von Braun, H. Oberth, J. Winkler, W. Dornberger u. a.). Sie verlagerte sich nach dem Krieg im wesentl. auf die USA und die Sowjetunion. Nachdem bis 1957 Raketen v. a. zur Erforschung der oberen Schichten der Atmosphäre eingesetzt worden waren, wurde mit dem Start des sowjet. Satelliten ›Sputnik 1‹ am 4. 10. 1957 der erste Schritt in den Weltraum vollzogen. Der erste amerikan. Erdsatellit ›Explorer 1‹ folgte am 1. 2. 1958. Mit dem Start von Raumsonden begann bald darauf die Erforschung der weiteren Erdumgebung. Am 12. 4. 1961 gelang mit dem sowjet. Raumflugkörper ›Wostok 1‹ der erste bemannte Raumflug. Nachdem durch Mondsonden die Oberflächenbeschaffenheit des Mondes erkundet war, landete am 20. 7. 1969 im Rahmen des amerikan. → Apollo-Programms das erste bemannte Raumfahrzeug auf dem Mond. – Tab. S. 100.

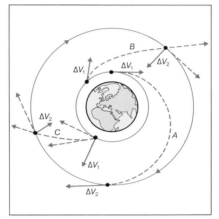

Raumflugbahnen: eine Hohmann-Bahn zwischen zwei konzentrischen Kreisbahnen um die Erde mit den drei wichtigsten Doppelpulsmanövern (A, B und C)

Raumflugbahnen, für interplanetare Raumflugunternehmen geeignete Flugbahnen von Raumflugkörpern. Für die Startphase wird die sog. *Synergiekurve* gewählt: ein vertikal verlaufender Anfangsteil, ein im allg. aus Ellipsenteilen zusammengesetzter Übergangsteil und ein horizontaler Endteil in der vorgesehenen Höhe. Hat dort ein Raumflugkörper eine bestimmte Geschwindigkeit V_B *(Brennschlußgeschwindigkeit),* so werden bei relativ kleinen V_B-Werten Ellipsenstücke beschrieben, die zur Erdoberfläche zurückführen *(ballist. Flugbahn);* wenn V_B so groß ist, daß zw. der durch V_B bewirkten Zentrifugalkraft und der Erdanziehung Gleichgewicht herrscht *(erste kosm. Geschwindigkeit, Orbitalgeschwindigkeit),* befindet sich der Körper auf einer kreisförmigen *Erdumlaufbahn.* Bei weiterer Steigerung von V_B ergeben sich Ellipsenbahnen zunehmender Streckung, bis schließl. die *Entweichgeschwindigkeit (zweite kosm. Geschwindigkeit, Fluchtgeschwindigkeit)* erreicht wird und der Raumflugkörper auf einer parabol. Bahn das Schwerefeld der Erde verläßt. – Den Übergang von einer inneren Kreisbahn (Orbit) in eine konzentr. äußere Kreisbahn erreicht man auf einer sog. *Hohmann-Bahn (Hohmann-Transfer),* einer ellipt. Bahn, die an Ausgangs- und Endbahn tangential verläuft. – Einen Sondertyp der R. erhält man durch die sog. *Fly-by-* oder *Swing-by-Technik:* Ein Raumflugkörper erhält bei einem Vorbeiflug an einem Planeten je nach Masse, nach der Stärke des Schwerefeldes und der Eigenbewegung des Planeten eine zusätzliche Beschleunigung. Dieses Verfahren wurde erstmals bei der im November 1973 gestarteten Raumsonde Mariner 10 erprobt.

Raumfahrt
Die wichtigsten bemannten Raumflüge

Name	Start	Astronauten, Dauer des Raumflugs, Bemerkungen
Wostok 1	12. 4.1961	J. A. Gagarin; 1. bemannter Raumflug, 1 h 48 min, 1 Erdumrundung
Mercury 3	5. 5.1961	A. B. Shepard; ballist. Raumflug von 15 min Dauer, 184 km Höhe
Woschod 1	12.10.1964	W. M. Komarow, K. P. Feoktistow, B. B. Jegorow; 24 h 17 min, 10 Erdumrundungen
Woschod 2	18. 3.1965	A. A. Leonow, P. I. Beljajew; 26 h 2 min, 18 Erdumrundungen; Leonow verließ als erster Mensch ein Raumschiff während des Fluges
Gemini 3	23. 3.1965	V. I. Grissom, J. W. Young; 4 h 53 min, 3 Erdumrundungen
Gemini 4	3. 6.1965	J. A. McDivitt, E. H. White; 97 h 56 min, 62 Erdumrundungen; Ausstiegsmanöver, bei dem sich White 20 min im freien Weltraum aufhielt
Sojus 1	23. 4.1967	W. M. Komarow; 26 h 40 min, 17 Erdumrundungen; Komarow durch Versagen des Landefallschirms bei der Rückkehr tödl. verunglückt
Apollo 8	21.12.1968	F. Borman, J. A. Lovell, W. A. Anders; 147 h; erster bemannter Raumflug in Mondnähe, 10 Mondumrundungen; Erkundung von Landeplätzen
Sojus 4	14. 1.1969	W. A. Schatalow; 71 h 14 min, 45 Erdumrundungen; Rendezvous- und Kopplungsmanöver mit Sojus 5
Apollo 11	16. 7.1969	N. A. Armstrong, E. E. Aldrin, M. Collins; 195 h 19 min; erste Landung eines bemannten Raumfahrzeugs auf dem Mond: Mondlandefähre „Eagle" setzte am 20. 7. mit Armstrong u. Aldrin im Mare Tranquillitatis auf; Armstrong betritt als erster Mensch den Mond (21. 7., $3^h 56^{min}$ MEZ), Aldrin folgt 18 min später; Rückstart nach 21 h 36 min
Sojus 10	22. 4.1971	W. A. Schatalow, A. S. Jelissejew, N. N. Rukawischnikow; 48 h, 32 Erdumrundungen; Kopplung mit Raumstation *Saljut 1* (gestartet 19. 4.)
Sojus 11	6. 6.1971	G. T. Dobrowolski, W. N. Wolkow, W. I. Pazajew; 276 h, 360 Erdumrundungen; Kopplung mit der Raumstation Saljut 1; die 3 Kosmonauten finden während des Landevorgangs den Tod (Druckabfall in der Kabine)
Apollo 15	26. 7.1971	D. R. Scott, A. M. Worden, J. B. Irwin; Mondflug, 295 h 12 min, Landung von Scott u. Irwin im Gebiet der Hadley-Rille am 30. 7.; Exkursionen mit Mondauto; Rückstart nach rd. 67 h Aufenthalt auf dem Mond
Skylab 2	25. 5.1973	Ch. Conrad, J. P. Kerwin, P. J. Weitz, 672 h 49 min, 400 Erdumrundungen; erster bemannter Flug zur Raumstation *Skylab 1* (gestartet 14. 5. 1973);
Skylab 4	16.11.1973	G. P. Carr, E. G. Gibson, W. R. Pogue; 2017 h 17 min; 84 Tage an Bord der Raumstation Skylab
Apollo–Sojus	15. 7.1975	Th. P. Stafford, D. Slayton, V. Brand (Apollo) und A. A. Leonow, W. N. Kubassow (Sojus); Kopplung (17. 7.) des amerikan. Raumfahrzeugs Apollo und des sowjet. Sojus; gegenseitige Besuche der Besatzungen; Landung von Sojus am 21. 7., von Apollo am 24. 7. 1975
Sojus 29	15. 6.1978	W. Kowaljonok, A. Iwantschenkow; 139 Tage, 14 Std., 48 Minuten; 2203 Erdumkreisungen; Kopplung (17.6.) an die Raumstation Saljut 6; während des Aufenthalts der Kosmonauten in der Raumstation koppelten die Raumschiffe Sojus 30 und 31 Saljut 6 an
Sojus 30	27. 6.1978	P. I. Klimuk, M. Hermaszewski (Polen); 8 Tage; Kopplung (28.6.) an Saljut 6, Zusammentreffen mit der Besatzung von Sojus 29
Sojus 31	26. 8.1978	W. F. Bykowski, S. Jähn (DDR); 8 Tage; Kopplung (27. 8.) an Saljut 6, Zusammentreffen mit der Besatzung von Sojus 29
Columbia (1.)	13. 4.1981	J. W. Young, R. L. Crippen; 54 h 22 min; erster Testflug einer wiederverwendbaren Raumfähre (Space-shuttle)
Sojus T-5	13. 5.1982	A. Beresowoi, W. W. Lebedew; 211 Tage (bisher längster Aufenthalt im Weltraum); Rückkehr am 10. 12. 1982 mit Sojus T-7. Kopplung an die Raumstation *Saljut 7* (Start 20. 4.); während ihres Aufenthalts koppelten die Raumfahrzeuge Sojus T-6 an
Challenger (2.)	18. 6.1983	R. L. Crippen, F. Hauck, Sally K. Ride (die erste Amerikanerin, die an einem Raumflug teilnahm), J. Rabian, N. Thagard; 6 Tage; Absetzen zweier Nachrichtensatelliten, Absetzen u. Wiedereinfangen eines Forschungssatelliten
Columbia (6.)	28.11.1983	J. W. Young, B. Shaw, O. Garriott, R. Parker, B. Lichtenberg, U. Merbold (BR Deutschland); 10 Tage; erste Erprobung des von der ESA entwickelten *Spacelab*
Challenger (4.)	3. 2.1984	V. D. Brand, R. Gibson, R. McNair, B. McCandless, R. Stewart; 8 Tage; Absetzen zweier Nachrichtensatelliten, Erprobung eines neuen Astronauten-Manövriergeräts (MMU) im freien Weltraum
Sojus T-11	3. 4.1984	J. Malyschew, G. Strekalow, R. Sharma (Indien); 8 Tage; Kopplung an Saljut 7
Challenger (9.)	30.10.1985	H. W. Hartsfield, S. R. Nagel, J. F. Buchli, B. J. Dunbar, G. S. Bluford, R. Furrer (BRD), E. Messerschmidt (BRD), W. Ockels (Niederlande); 7 Tage; erste deutsche *Spacelab*-Mission D-1
Challenger (10.)	28. 1.1986	25. Shuttle-Flug und 10. Einsatz der Raumfähre Challenger; F. R. Scobee, M. J. Smith, J. A. Resnik, E. S. Onizuka, R. E. McNair, G. B. Jarvis, C. McAuliffe. 73 Sekunden nach dem Start Explosion, bei der die 7 Astronauten den Tod fanden und der Raumtransporter einschl. der Nutzlast (2 Satelliten, 1 Weltraumteleskop) total zerstört wurde; führte zum einstweiligen Stopp weiterer Shuttleflüge
Sojus T-15	13. 3.1986	L. Kisim, W. Solowjow; 125 Tage; Kopplung an die am 19. 2. 1986 gestartete Raumstation *Mir*, auch vorübergehender Aufenthalt in *Saljut 7*
Sojus TM-2	5. 2.1987	J. Romanenko, A. Lawejkin; Kopplung an die Raumstation *Mir*
Sojus TM-3	22. 7.1987	A. Wiktorenko, A. Alexandrow, M. Faris (Syrien); Kopplung an die Raumstation *Mir*, Zusammentreffen mit J. Romanenko und A. Lawejkin; Rückkehr Lawejkins, Wiktorenkos und Faris' am 30. 7. 1987 mit Sojus TM-2
Sojus TM-4	21.12.1987	W. Titow, M. Manarow, A. Lewtschenko; Kopplung an die Raumstation *Mir*, Zusammentreffen mit J. Romanenko u. A. Alexandrow; Rückkehr (mit Sojus TM-3) Romanenkos am 29. 12. 1987 nach 326 Tagen Aufenthalt im Weltraum
Sojus TM-6	29. 8.1988	W. Ljachow, A. A. Mohmand (Afghanistan), W. Poljakow; Kopplung an die Raumstation *Mir;* Zusammentreffen mit W. Titow u. M. Manarow; Ljachow u. Mohmand kehren nach 8 Tagen mit Sojus TM-5 zurück
Sojus TM-7	26.11.1988	A. Wolkow, S. Krikaljow, J.-L. Chrétien (Frankreich); Kopplung an die Raumstation *Mir;* W. Titow u. M. Manarow kehren am 21. 12. 1988 nach einjährigem Aufenthalt im Weltraum mit Sojus TM-6 (mit Chrétien), Wolkow, Krikaljow u. W. Poljakow am 27. 4. 1989 mit Sojus TM-7 zurück
Sojus TM-8	6. 9.1989	A. Wiktorenko, A. Serebrow; Kopplung an die Raumstation *Mir;* Testen eines neuen Raumanzugs mit Antrieb für Aufenthalte im All außerhalb der Station *Mir;* Dauer der Mission 6 Monate
Discovery	22. 1.1992	R. Grabe, S. Oswald, W. Readdy, N. Thagard, D. Hilmers, U. Merbold, R. Bondar; Untersuchungen zum Kristall- und Zellwachstum unter Mikrogravitation im Spacelab

Raumflugtriebwerke, zum Antrieb von Raumfahrzeugen vorgesehene Triebwerke, bei denen die zur Schuberzeugung erforderl. hohe Ausströmgeschwindigkeit des Arbeitsmediums (Gas, Dampf, Plasma) im Ggs. zu den z. Z. verwendeten Raketentriebwerken (→ Raketen) auf elektr. Wege oder mit Hilfe von Kernenergie erreicht werden soll.

Rauminhalt, svw. → Volumen.

Raumkurve, eine nicht in einer Ebene liegende Kurve.

Raummeter (Ster), Zeichen rm oder Rm, Volumeneinheit für Holz; 1 rm entspricht 1 m³ gestapeltes Holz.

Raumordnung (Raumplanung), die zusammenfassende, übergeordnete, ordnende Planung, die über das Gebiet der kleinsten Verwaltungseinheit hinausgeht. Die R. vollzieht sich in der BR Deutschland im örtl. Bereich als gemeindl. Bauleitplanung, im überörtl. Bereich auf den Ebenen der Regionalplanung, der Landesplanung und der Bundesplanung.

Raumschutzanlagen → Alarmanlagen.

Raumsonden, unbemannte Raumflugkörper für wiss. Messungen im Weltraum, insbes. zur Erforschung des Mondes *(Mondsonde)* und der Planeten *(Planetensonde),* z. B. → Voyager und die im Oktober 1989 gestartete R. ›Galileo‹. Sie soll im Dezember 1995 den Planeten Jupiter erreichen und Bilder und Meßergebnisse von dessen Atmosphäre und Monden zur Erde funken.

Raumstation (Weltraumstation, Orbitalstation), mit mehreren Astronauten bemannte Raumflugsystem. R. bieten den Besatzungen langfristige Raumaufenthaltsmöglichkeiten, können als *Raumbasen* und *-werften* der Einsatzvorbereitung weiterer Raumfahrtunternehmen dienen sowie neuartige medizin.-therapeut. Methoden, industrielle Fertigungsverfahren u. a. ermöglichen. – Die ersten R. waren *Saljut 1* (Sowjetunion) und *Skylab* (NASA). 1983 entwickelte die ESA in Zusammenarbeit mit der NASA die R. *Spacelab* zur Durchführung von Experimenten unter Bedingungen der Mikrogravitation (D 1-Mission; 1985). Eine D 2-Mission ist für die 1990er Jahre geplant. Nachfolger der sowjet. Saljut-Serie (Saljut 1 bis 7) ist seit 1986 die R. *Mir.*

Raumtransporter, Trägersystem für den Transport einer Nutzlast von der Erdoberfläche auf eine Satellitenbahn [und umgekehrt], das wiederverwendbar zur Erde zurückgeführt werden kann. Der erste von der NASA entwickelte R. **(Raumfähre, Space shuttle)** besteht aus der einem Flugzeug ähnelnden, rückkehrfähigen Umlaufeinheit (›Orbiter‹, R. im engeren Sinne), einem großen Außentank für Flüssigwasserstoff und -sauerstoff sowie zwei zusätzl., bergungsfähigen Feststoffraketen. Der erste Start des Space shuttle ›Columbia‹ erfolgte am 12. 4. 1981, der mit stärkeren Triebwerken ausgerüstete, etwas leichtere R. ›Challenger‹ wurde erstmals am 4. 4. 1983 gestartet; am 30. 8. 1984 folgte ›Discovery‹, am 3. 10. 1985 ›Atlantis‹. Nach der Explosion von ›Challenger‹ am 28. 1. 1986 wurde das R.programm der NASA unterbrochen. Der erste Start eines R. nach der Challenger-Katastrophe war der des R. ›Discovery‹ am 29. 9. 1988. – Nach dem Prototyp ›Kosmos 1374‹ (1982) wurde der erste sowjet. R. (›Buran‹) am 15. 11. 1988 gestartet.

Räumungsklage, vom Vermieter von Wohnraum zu erhebende Klage gegen den Mieter, wenn der Mieter einer Kündigung nach der Sozialklausel widersprochen hat.

Räumungsverkauf, Verkauf von Warenvorräten oder einzelnen Warengattungen zu verbilligten Preisen aufgrund bes. Umstände.

Raumwelle, die von einem Funksender ausgestrahlte und sich (im Ggs. zur Bodenwelle) im Raum ausbreitende elektromagnet. Welle; sie wird an der Ionosphäre reflektiert bzw. entlanggeleitet und besitzt im allg. eine größere Reichweite als die Bodenwellen.

Raupen (Erucae), die oft (z. B. bei den Bärenspinnern) mit Haaren (→ Brennhaare) oder Borsten versehenen, z. T. bes. bunten Larven der Schmetterlinge; besitzen kauende Mundwerkzeuge, zu Spinndrüsen umgewandelte Labialdrüsen und gewöhnl. drei kurze, unvollständig gegliederte, einklauige Beinpaare an den Brustsegmenten, je ein Stummelbeinpaar am 3.–6. Hinterleibssegment und ein Paar Nachschieber am 10. Segment; ernähren sich meist von pflanzl. Substanz.

Raupenfahrzeug, svw. → Gleiskettenfahrzeug.

Raupenfliegen (Tachinidae), weltweit verbreitete Fliegenfam. mit über 5 000 (einheim. rd. 500) meist mittelgroßen Arten. Die Larven leben endoparasit. in Raupen.

Rausch, Albert Heinrich, dt. Schriftsteller, → Benrath, Henry.

Rausch, ein aufs höchste gesteigerter, meist als beglückend erlebter emotionaler Zustand, der durch erregende Erlebnisse oder durch → Rauschgifte hervorgerufen wird.

Rauschabstand (Signalrauschabstand), der dekad. Logarithmus des Verhältnisses von Ausgangs- oder Nutzspannung eines Geräts bzw. Signals zur Rauschspannung.

Rauschbeere (Moorbeere, Trunkelbeere), Heidekrautgewächs im nördlichen Europa, in Asien und N-Amerika; sommergrüner, bis fast 1 m hoher Strauch mit schwarzblauen, süßl. schmeckenden Beeren, die, in größeren Mengen genossen, Schwindelgefühl und Lähmungserscheinungen hervorrufen können.

Rauschen, urspr. der durch statist. Schwankungen des Luftdrucks hervorgerufene Schalleindruck mit breitem Frequenzspektrum; heute Bez. für statist. Störungen des Signales in informationsverarbeitenden elektron. Anlagen, die durch Bauelemente bzw. Übertragungsgeräte hervorgerufen werden. Das sog. *thermische R. (Temperatur-R.)* in Leitern beruht auf der unregelmäßigen therm. Bewegung der Elektronen im Leitermaterial; dadurch entstehen kurzdauernde Spannungsspitzen, die mit der absoluten Temperatur anwachsen.

Rauschenberg, Robert [engl. 'raʊʃənbəːg], * Port Arthur (Tex.) 22. 10. 1925, amerikan. Maler. Wegbereiter der Pop-art; Thematik: die großstädt. amerikan. Zivilisation, ihre Idole (von John F. Kennedy über Rugbyspieler zum Auto); schuf zahlr. ›combine paintings‹ mit Siebdrucktechnik und Fundstücken sowie Objektkunst und Graphik (Lithographien, u. a. Serie ›Stoned Moon‹, 1969/70).

Rauschfilter, Tiefpaß (→ Filter), der das Rauschen bei der Wiedergabe alter Schallplatten vermindert, allerdings auf Kosten der Brillanz.

Rauschgenerator (Geräuschgenerator), elektron. Gerät, das in einem mehr oder weniger breiten Frequenzband gleichverteilte und zeitl. konstante Leistung abgibt. R. werden v. a. zu Meßzwecken, aber auch in der elektron. Musik verwendet.

Rauschgifte (Rauschmittel, Rauschdrogen), natürl. (z. B. Haschisch, Kokain, Opium), halbsynthet. (z. B. Alkohol, Heroin) oder künstl. hergestellte (z. B. Weckamine, Barbiturate) Drogen, die durch eine jeweils typ. Kombination von erregenden und dämpfenden Wirkungen auf das Zentralnervensystem zu einer Veränderung des Bewußtseinszustands führen. Teilaspekte der Rauschgiftwirkung sind Enthemmung, Verschiebung der affektiven Gleichgewichtslage, Unterdrückung von Schmerzen und Unlustgefühlen, Erzeugung einer Euphorie (bes. bei Opiaten), Halluzinationen (bes. bei Halluzinogenen wie LSD).

Alle R. können zur *Drogenabhängigkeit* führen, in deren Folge das R. zum unentbehrl. ›Nährstoff‹ wird. – In der BR Deutschland unterliegen die meisten R. dem *Betäubungsmittelgesetz* vom 28. 7. 1982; internationale Bekämpfung des illegalen *R.handels* durch Interpol.

Rauschning, Hermann, * Thorn 7. 8. 1887, † Portland (Oregon) 8. 2. 1982, dt. Politiker. 1933/34 nat.-soz. Senats-Präs. in Danzig; emigrierte 1936 in die Schweiz; krit. Bücher über den Nat.-Soz. (u. a. ›Die Revolution des Nihilismus‹, 1938).

Rauschzeit → Brunst.

Raute [lat.], Gatt. der Rautengewächse mit rd. 60 Arten, v. a. im Mittelmeergebiet; Kräuter oder Halbsträucher; einheim. u. a. die *Weinraute* (Gartenraute), bis 50 cm hoch, aromat. duftend, Heil- und Gewürzpflanze.

Raute, svw. → Rhombus.

Rautengewächse (Weinrautengewächse, Rutaceae), Fam. zweikeimblättriger Pflanzen mit rd. 1 600 Arten in 150 Gatt. in allen wärmeren Gebieten der Erde, v. a. jedoch in S-Afrika und Australien; Bäume, Sträucher oder Kräuter mit durch Öldrüsen durchscheinend erscheinenden Blättern; bekannte Gatt. → Zitruspflanzen.

Rauvolfia:
Rauvolfia serpentina

Rauvolfia (Rauwolfia) [nach dem dt. Botaniker Leonhard Rauwolf, * 1540 (?), † 1596], weltweit verbreitete Gatt. der Hundsgiftgewächse mit rd. 90 Arten; die Wurzeln enthalten Alkaloide.

Ravel, Maurice [frz. ra'vɛl], * Ciboure bei Saint-Jean-de-Luz 7. 3. 1875, † Paris 28. 12. 1937, frz. Komponist. Bedeutendster frz. Komponist der Generation nach C. Debussy. Zu seinen Werken, deren vielfach impressionist. Klangbilder von der Spannung zw. Emotion und Klanghärte leben, zählen das musikal. Lustspiel ›L'heure espagnole‹ (1911), die Balletoper ›L'enfant et les sortilèges‹ (1925), die Ballette ›Daphnis und Chloe‹ (1912) und ›Boléro‹ (1929), Orchesterwerke, u. a. ›Rhapsodie espagnole‹ (1908), Klaviermusik, u. a. ›Gaspard de la nuit‹ (1908), ›Ma mère l'oye‹ (1910), ›Valses nobles et sentimentales‹ (1911) sowie Kammermusik, u. a. ›Tzigane‹ für Violine und Klavier (1924).

Maurice Ravel

Ravenna, italien. Prov.hauptstadt in der östl. Emilia-Romagna, 136 300 E. Museen; u. a. petrochem. Ind., Hafen. An der Küste das Seebad Marina di Ravenna.
Bauten: Byzantin. beeinflußte Kirche San Vitale (geweiht 547) mit Mosaiken. Zum Dom (1734 ff.) gehört das achteckige Baptisterium der Orthodoxen (451–460); Kuppelinneres mit Mosaiken. Kirche Sant' Apollinare Nuovo (um 500) mit Mosaiken. Nahebei die Kirche Sant' Apollinare in Classe (549 geweiht). Das sog. Mausoleum der Galla Placidia (um 450) hat die vermutl. ältesten Mosaiken Ravennas; Grabmale Theoderichs d. Gr. (zu seinen Lebzeiten erbaut) und Dantes (1780).
Geschichte: Wohl 49 v. Chr. röm. Munizipium; unter Augustus Anlage eines Kriegshafens; eines der ältesten Bistümer Italiens (um 200 ?); 395 Hauptstadt des Weström. Reichs; 476 Residenz Odoakers, später der Ostgoten, seit 540 des byzantin. Exarchen; 751 von den Langobarden erobert; 754, endgültig 1509 an den Papst (bis 1860; mit Ausnahme der frz. Zeit 1797–1815).

Ravensberg, ehem. Gft. in Westfalen; 1346 an Jülich, 1614 an Brandenburg.

Ravensbrück, Ortsteil von Fürstenberg/Havel, Brandenburg, 1939–45 nat.-soz. KZ für Frauen (von rd. 132 000 Frauen und Kindern fanden etwa 96 000 den Tod).

Ravensburg, Kreisstadt im südl. Oberschwaben, Bad.-Württ., 43 900 E. U. a. Maschinenbau, Verlage. Kath. spätgot. Liebfrauenkirche (14. Jh.), kath. spät-

got. Pfarrkirche Sankt Jodok (14. Jh.), ev. spätgot. Stadtpfarrkirche (14./15. Jh.), ehem. Spital mit spätgot. Kapelle (geweiht 1498). Spätgot. Rathaus (1876 neugot. umgestaltet), bed. Patrizierhäuser. Im Ortsteil **Weißenau** ehem. Prämonstratenserabtei mit barocker Stiftskirche (1717–24); heute Psychiatr. Landeskrankenhaus. – 1122 erstmals genannt; 1276 Reichsstadt; 1380–1530 Sitz der *Großen Ravensburger Handelsgesellschaft,* der bedeutendsten oberdt. Handelsgesellschaft vor den Fuggern.

Ravi, einer der fünf Pandschabflüsse, entspringt im Pandschabhimalaja (Indien), bildet z. T. die ind.-pakistan. Grenze, mündet oberhalb von Multan (Pakistan) in den Chenab, rd. 770 km lang.

Rawalpindi, pakistan. Stadt, an Islamabad angrenzend, 928 000 E. Archäolog. Museum, Heeresmuseum; u. a. Lokomotivbau, Erdölraffinerie. – Nahebei Reste der gräkoind. Stadt **Taxila** (7. Jh. v. Chr.–5. Jh. n. Chr.). 1849 von den Briten annektiert, wichtigster Militärstützpunkt an der NW-Grenze Brit.-Indiens; 1959/60 Hauptstadt Pakistans.

Rawinsonde (Rawindsonde) [Kw. aus **Ra**dar-**Win**d-Sonde], ballongetragene Radiosonde; zur Messung und Fernübertragung von Druck, Temperatur und Feuchte der Luft sowie durch Anwendung der Radartechnik auch zur Bestimmung des Höhenwindes.

Rawlings, Jerry John [engl. 'rɔːlɪŋz], * Accra 22. 6. 1947, ghanaischer Offizier und Politiker. Putschte im Juni 1979 gegen die Regierung des Obersten Militärrates und war bis Sept. 1979 Vors. des Revolutionsrates; stürzte im Dez. 1981 den Provisor. Vors. des Nat. Verteidigungsrates H. Limann und übernahm selbst den Vorsitz (Staatsoberhaupt).

Ray, Man [engl. rɛɪ], * Philadelphia 27. 8. 1890, † Paris 18. 11. 1976, amerikan. Objektkünstler, Photograph und Maler. Mitbegründer der New Yorker Dadaistengruppe; 1921–40 und ab 1951 in Paris. Ein sehr bekanntes Objekt ist sein Bügeleisen mit Reißnägeln (1921). Früher Vertreter der experimentellen Photographie (›Rayogramme‹); avantgardist. Filme (›Le retour à la raison‹, 1923, ›L'étoile de mer‹, 1928).

Rayleigh, John William Strutt, Baron (seit 1873) [eng. 'rɛɪlɪ], * Langford bei Chelmsford 12. 11. 1842, † Terling Place bei Chelmsford 30. 6. 1919, brit. Physiker. Arbeiten über Schwingungs- und Wellenlehre, Akustik, Wärmestrahlung, Lichtstreuung sowie über Eigenwertprobleme der mathemat. Physik. 1894 entdeckte R. mit W. Ramsey das Edelgas Argon; Nobelpreis für Physik 1904.

Rayleigh-Streuung [engl. 'rɛɪlɪ; nach J. W. Strutt, Baron Rayleigh] (Luftstreuung), Streuung von Licht insbes. an Luftmolekülen. Die R.-S. bewirkt die Blaufärbung des Himmels und die Rotfärbung bei Sonnenauf- und Sonnenuntergängen.

Raymond, Fred ['raɪmɔnt], eigtl. Raimund Friedrich Vesely, * Wien 20. 4. 1900, † Überlingen 10. 1. 1954, österr. Operettenkomponist (u. a. ›Maske in Blau‹, 1937).

Raynaud-Krankeit [frz. rɛ'no; nach dem frz. Mediziner Maurice Raynaud, * 1834, † 1881], Krankheit mit anfallsweisen Gefäßkrämpfen der Fingerarterien, bes. bei Kältereiz.

Rayon [rɛ'jõː; frz.], österr. und schweizer., sonst veraltet für: Bezirk, [Dienst]bereich.

Rayon [engl. 'rɛɪən], svw. Reyon, → Viskose.

Razzia [arab.-frz.], großangelegte [überraschende] Fahndung der Polizei.

Rb, chem. Symbol für → Rubidium.

RCDS, Abk. für → **R**ing **C**hristlich-**D**emokratischer Studenten.

Re (Ra), altägypt. Name für die Sonne und ihren Gott. Darstellung v. a. als Mann mit der Sonnenscheibe auf dem Haupt; wichtigster Verehrungsort war Heliopolis; sein Kultsymbol ist der Obelisk; spätestens seit der 5. Dynastie als Schöpfer und Erhalter allen Lebens verehrt.

Re, 1) chem. Symbol für → Rhenium.

2) mathemat. Zeichen für den Realteil einer → komplexen Zahl.

Ré [frz. re], Insel vor der frz. W-Küste, 85 km², Hauptort Saint-Martin-de-Ré.

re..., Re... [lat.], Vorsilbe mit der Bedeutung ›zurück, wieder‹.

Reader's Digest [engl. 'riːdəz 'daɪdʒɛst], 1922 gegr. amerikan. Monatsschrift zunächst mit nachgedruckten Aufsätzen, seit den 1930er Jahren auch mit Originalbeiträgen; seit 1948 dt. Ausgabe (›Das Beste aus Reader's Digest‹).

Reading [engl. 'rɛdɪŋ], engl. Stadt an der Themse, 123 700 E. Verwaltungssitz der Gft. Berkshire; Univ.; Museen; Handels- und Ind.stadt.

Ready-made [engl. 'rɛdɪmɛɪd ›gebrauchsfertig‹], Alltagsobjekt, das als solches (erstmals 1913 durch M. Duchamp) im Kunst- und Ausstellungskontext präsentiert wird.

Reafferenzprinzip, in der Sinnesphysiologie ein Regelprinzip zur Kontrolle und Rückmeldung eines Reizerfolges an das Zentralnervensystem.

Reagan, Ronald Wilson [engl. 'rɛɪgən], * Tampico (Ill.) 6. 2. 1911, 40. Präs. der USA (1981–88). Film- und Fernsehschauspieler; erst Demokrat, dann Republikaner (rechter Flügel); 1967–75 Gouverneur von Kalifornien; am 30. 3. 1981 bei einem Attentat verletzt; im Nov. 1984 triumphale Wiederwahl als Präsident. Seine Politik verstärkter Aufrüstung (bei gleichzeitigem Abbau der Sozialhaushalte) zog hohe Haushaltsdefizite nach sich. Seine Hochzinspolitik zur Bekämpfung der Inflation wirkte sich auch auf die Wirtschaft der westeurop. Verbündeten negativ aus. Außenpolit. betonte R. zunächst den Ost-West-Gegensatz, suchte in seiner 2. Amtszeit jedoch den Ausgleich mit der Sowjetunion.

Reagenz (Reagens) [lat.], ein Stoff, der chem. Reaktionen bewirkt und zum Nachweis von Elementen oder Verbindungen dient.

Reagenzglas (Probierglas), einseitig geschlossenes Glasröhrchen für chem. Untersuchungen.

Reaktion [lat.], 1) *Physiologie* und *Psychologie:* eine Änderung des Organismuszustands (z. B. des Muskeltonus, Kreislaufs) oder des (individuellen oder kollektiven) Verhaltens, jeweils in Abhängigkeit bzw. als Funktion äußerer und/oder innerer Reize.

2) *Physik:* (R.kraft) die nach dem 3. Newtonschen Axiom (actio = reactio) bei jeder Kraft, die ein Körper auf einen anderen ausübt, auftretende gleich große, entgegengesetzt gerichtete ›Gegenkraft‹ (Gegenwirkung).

3) *Chemie:* (chem. R.) die Umwandlung chem. Verbindungen oder Elemente *(Ausgangsstoffe)* in andere Verbindungen oder Elemente *(R.produkte);* erfolgt meist erst nach Einwirkung einer bestimmten Energiemenge (Aktivierungsenergie) unter Wärmeverbrauch *(endotherme R.)* oder Freiwerden von Wärme *(exotherme R.).* Diese Wärmemenge wird (bezogen auf ein Mol) als **Reaktionswärme** oder **Reaktionsenthalpie** (Formelzeichen ΔH) bezeichnet.

4) im *polit.-sozialen Bereich* Bez. für fortschrittsfeindl. Verhalten; auch für die Gesamtheit der Anhänger solchen Verhaltens.

Reaktionskinetik (chem. Kinetik), Teilgebiet der physikal. Chemie, das den Einfluß von Druck, Temperatur, Konzentration der Reaktionsteilnehmer, Milieubedingungen (Lösungsmittel, pH-Wert) und Katalysatoren auf den zeitl. Ablauf *(Reaktionsgeschwindigkeit)* einer chem. Reaktion hin untersucht.

Reaktionsmechanismen, Bez. für alle molekularen Vorgänge im Verlauf einer chem. Reaktion.

Reaktionswärme → Reaktion.

Reaktionsweg → Anhalteweg.

Reaktionszeit, die zw. Reiz und Reaktion verstreichende Zeitspanne *(Latenz).* Einfache Reaktionen (z. B. Tastendruck auf Lichtreiz) haben eine R. von 0,15 bis 0,3 Sekunden.

Reaktivität [lat.], in der *Reaktorphysik* ein Maß für die Abweichung des Kernreaktors vom krit. Zustand. → kritisch.

Reaktor [lat.-engl.-amerikan.], 1. (Reaktionsapparat) ein Gefäß, in dem eine chem. Reaktion abläuft; 2. svw. → Kernreaktor.

Real (Mrz. Reales [span.] bzw. Reis [portugies.]; für den span. R. auch dt. Mrz. Realen), seit dem 14. Jh. span. und portugies. Groschen aus Silber bzw. Kupfer, später auch in den Kolonialgebieten beider Länder.

Realenzyklopädie → Enzyklopädie in lexikal. Form.

Realgar [arab.-frz.] (Rauschrot, Rotglas), rotes oder orangefarbenes, glänzendes, durchscheinendes Mineral, chem. As_4S_4. Mohshärte 1,5; Dichte 3,5–3,6 g/cm³; Abbau z. T. zur Arsengewinnung.

Realgymnasium, bis 1955 Bez. für das neusprachl. Gymnasium.

Realien [lat.], wirkl. Dinge, Tatsachen.

Realienstreit → Universalienstreit.

realisieren [mittellat.-frz.], 1. verwirklichen; 2. klar erkennen, einsehen; 3. (wirtschaftl.:) in Geld umsetzen, umwandeln.

Realismus, 1) *allgemein:* wirklichkeitsnahe prakt. Lebenseinstellung.

2) *Philosophie* (theoret. R.): die Lehre, daß das begriffl. Allgemeine (die Universalien) unabhängig vom menschl. Erkennen entweder getrennt von den konkreten Einzeldingen (Platonismus) oder in diesen existiere und als solches durch Abstraktion erkannt werden könne. Im MA war der R. anläßlich des → Universalienstreits die Gegenposition zum → Nominalismus. Nach Auffassung des *kritischen Realismus* ist über die genaue Entsprechung von Gegenständen und Vorstellungen nichts auszumachen, da die Gegenstände immer nur über ihre vorstellungsmäßigen Abbilder gegeben sind. In der Gegenwart wird der R. v. a. vom (dialekt.) Materialismus und vom Neuthomismus vertreten.

3) *Literatur:* Der Begriff des literar. R. entzieht sich in seiner Vielschichtigkeit einer eindeutigen Definition: Werke, die sich (in unterschiedl. Weise) auf die kritische Darstellung der jeweils zeitgenöss. gesellschaftl. Wirklichkeit konzentrieren, sind eine überzeitl., epochenüberschreitende Erscheinung. Eine als realistisch bezeichnete literar. Darstellungsweise beschränkt sich nicht auf die einfache Abbildung wirkl. Verhältnisse: Sie ist Ausdruck des Konflikts mit den bestehenden Verhältnissen; in diesem Sinn kann ein realist. Literaturwerk als Fiktion bezeichnet werden, die alle Merkmale der (gesellschaftl.) Wirklichkeit aufweist, als Fiktion, die als Wirklichkeit gedacht werden kann. – Als *Epochenbegriff* bezeichnet R. die europ. Literatur des 19. Jh. (etwa 1830–80), wobei sich viele Modifikationen und Übergangsstufen zw. Realismus und Naturalismus einerseits und dem Symbolismus andererseits herausgebildet haben. Träger des europ. R. ist der große Zeit- und Gesellschaftsroman bzw. die Erzählliteratur; in der deutschsprachigen Literatur v. a. auch die Novelle. – Die Werke der großen Realisten – in Frankreich H. de Balzac, Stendhal, G. Flaubert; in England Ch. Dickens; in Rußland F. M. Dostojewski, L. N. Tolstoi, I. A. Gontscharow; in der deutschsprachigen Literatur Th. Fontane, G. Keller, Th. Storm, W. Raabe – wirken als Klassiker des R. bis heute auf das Romanschaffen des 20. Jahrhunderts.

John William Strutt
Rayleigh

Realismus: Otto Dix, Die Eltern des Künstlers (1924; Hannover, Niedersächsische Landesgalerie)

4) *bildende Kunst:* Der R. ist keine Stilbez., sondern allg. eine geistige Einstellung zur Wirklichkeit, die sich gegen ungeprüfte ästhet. Normativität wie gegen idealist. Kunstauffassung richtet. R. in diesem Sinne gab es schon vor G. Courbets programmat. Ausstellung ›Le réalisme‹ (1855) seit der Antike (röm. Porträtmalerei, Giotto, J. van Eyck, A. Dürer, J. Callot, D. Velazquez, W. Hogarth, F. de Goya). Erst im 19. Jh. trat R. als materialist. Antithese zu Romantik und Idealismus auf (H. Daumier, G. Courbet, A. Menzel, W. Leibl, die Peredwischniki); im 20. Jh. fortgesetzt als soziale Anlage (H. Zille, K. Kollwitz, O. Dix, G. Grosz) oder direkt polit. und gesellschaftskrit. Aussage (Picasso, J. Genovés, R. Guttuso, J. Heartfield, K. Staeck und andere Vertreter des → Neuen Realismus). Der Begriff *Naturalismus* dagegen bezeichnet in der bildenden Kunst ein stilist. Phänomen: die bis ins Detail getreue illusionist. Abbildung der Wahrnehmungswelt, z. B. in der Malerei des niederl. bürgerl. Realismus des 17. Jh.; naturalist. Darstellungen können sich sowohl mit antiidealist. (W. Uhde, M. Liebermann) wie idealist. Auffassungen (z. B. → sozialistischer Realismus) verbinden.

Realität [mittellat.-frz.], Wirklichkeit, tatsächl. Gegebenheit, Tatsache.

Realkreditinstitute → Banken.

Reallast, Belastung eines Grundstückes in der Weise, daß an den Berechtigten wiederkehrende Leistungen aus dem Grundstück zu entrichten sind.

Reallexikon (Sachwörterbuch), Lexikon, das die Sachbegriffe einer Wiss. oder eines Wiss.gebietes enthält.

Realpolitik, in der konservativen Gegenströmung der 1850er Jahre geprägte Bez. für eine Politik, die vom Möglichen ausgeht, auf abstrakte Programme verzichtet.

Realpräsenz, in der Theologie der christl. Kirchen die wirkl. Gegenwart Christi beim → Abendmahl.

Realschule, in der BR Deutschland seit 1964 (Hamburger Abkommen) einheitl. Bez. für eine weiterführende allgemeinbildende Schule, die mit der 10. Klasse abschließt. Der Abschluß der R. (sog. mittlere Reife) ist Befähigungsnachweis für den Besuch der Fachoberschule (die Versetzung von Klasse 10 nach Klasse 11 des Gymnasiums wird als gleichwertig anerkannt). Die Vorläuferschule der heutigen R. hieß 1872–1964 Mittelschule.

Realteil → komplexe Zahl.

Realteilung, gleichmäßige (zur Zersplitterung führende) Aufteilung des bäuerl. Grundbesitzes unter den Erben.

Rebe: Weinrebe

Realunion, im Ggs. zur → Personalunion die verfassungsrechtl. Verbindung staatsrechtl. selbständiger Staaten durch das gemeinsame monarch. Staatsoberhaupt und gemeinsame staatl. Institutionen (z. B. Schweden/Norwegen 1814–1905).

Realwert, der wirkl. Wert einer Münze, gemessen am Marktwert der in ihr enthaltenen Menge Edelmetall.

Realzeitbetrieb, svw. → Echtzeitbetrieb.

Reaumur-Skala ['rɛːomyːr], von dem frz. Naturforscher R. A. Ferchault de Réaumur (* 1683, † 1757) eingeführte Temperaturskala, bei der der Abstand zw. dem Schmelzpunkt (0 °R [0 Grad Reaumur]) und dem Siedepunkt (80 °R) des Wassers in 80 Teile unterteilt ist.

Rebe (Weinrebe, Vitis), Gatt. der Rebengewächse mit rd. 60 Arten in der nördl. gemäßigten Zone, v. a. in N-Amerika und O-Asien; meist sommergrüne, mit Ranken kletternde Sträucher mit streifig abfasernder Borke; Blüten fünfzählig, in Rispen stehend; Frucht eine Beerenfrucht. Die wirtschaftl. bedeutendste, sehr formenreiche Art ist die *Echte Weinrebe* (Weinstock), aus deren beiden vorkommenden Unterarten die zahlr. Sorten der *Kulturrebe* (Edelrebe), z. B. durch Einkreuzung von in N-Amerika heim. Rebenarten (*Amerikanerrebe*, bes. widerstandsfähig gegen Reblausbefall), entstanden sind. Die Sprosse der Kultur-R. sind ein aus Lotten (Langtrieben) und Geiztrieben (Kurztrieben) bestehendes Sympodium (Scheinachse). Die zwittrigen, duftenden Blüten haben an den Spitzen mützenförmig zusammenhängende, gelblich-grüne Kronblätter. Die Kultur-R. wird vegetativ durch Ableger vermehrt. – Die Früchte *(Weinbeeren)* sind je nach Sorte blau, rot, grün oder gelb. Die Fruchtstände werden als Trauben *(Weintrauben)* bezeichnet. → Übersicht.

Rebec [rə'bɛk; arab.-frz.] (Rubeba), kleines Streichinstrument mit Schallkörper in Form eines Bootes und zwei im Quintabstand gestimmten Saiten; kam etwa im 11. Jh. nach Europa (→ Rabab).

Rebekka, Gestalt des AT, Gattin Isaaks, Mutter Esaus und Jakobs.

Rebell [lat.-frz.], Aufrührer.

Rebengewächse (Vitaceae, Weinrebengewächse), Fam. der Zweikeimblättrigen mit rd. 700 v. a. in den Tropen verbreiteten Arten in 12 Gatt.; meist Lianen.

Rebenmehltau, 1) (Echter R., Äscher) → Mehltau.

2) (Falscher R.) gefährlichste Krankheit der Weinrebe: Die Blätter zeigen oberseits gelbgrünl. Flecke (›Ölflecke‹) und unterseits einen weißen Pilzrasen. Die Beeren bräunen und schrumpfen lederartig ein.

Rebenstecher (Zigarrenwickler), in Europa verbreiteter, etwa 8 mm langer Afterrüsselkäfer; frißt an Knospen und Blättern von Weinreben.

Rebhuhn → Feldhühner.

Reblaus, bis etwa 1,4 mm große, gelbe bis bräunl., sehr schädl. werdende Blattlaus (Fam. Zwergläuse), die, aus N-Amerika kommend, heute in allen Weinbaugebieten der Erde verbreitet ist. In wärmeren Gebieten zeigt die R. Generationswechsel zw. oberird. und unterird. lebenden Generationen: Die sog. *Wurzelläuse* erzeugen im Spätherbst durch Jungfernzeugung geflügelte ♀♀. Aus deren befruchteten, am oberird. Holz abgelegten, überwinternden Eiern schlüpft im Frühjahr die *Fundatrixgeneration (Maigallenlaus)*. Durch Saugen an den Blättern verursacht sie erbsengroße Gallen. Nach Abwandern ins Erdreich an die Wurzeln entstehen dort (durch die Wurzelläuse) die *Wurzelgallen*. Die befallenen Pflanzen gehen dadurch zugrunde. In Deutschland sind (mit Ausnahme der wärmeren südwestl. Gebiete) nur Wurzelläuse verbreitet. – R.befall ist meldepflichtig.

Rebreanu, Liviu, * Tîrlişua bei Bistriţa 27. 11. 1885, † Valea Mare bei Piteşti 1. 9. 1944, rumän. Schriftsteller. Bed. Vertreter des realist. rumän. Romans, u. a. ›Der Aufstand‹ (1932), ›Die Waage der Gerechtigkeit‹ (Nov., dt. Auswahl 1963). Beging Selbstmord beim Einzug der Roten Armee.

Rebus [lat.-frz.] → Rätsel.

Récamier, Jeanne Françoise Julie Adélaïde [frz. reka'mje], geb. Bernard, * Lyon 4. 12. 1777, † Paris 11. 5. 1849, frz. Schriftstellerin. Ihr literar.-polit. Salon war zeitweise Treffpunkt der Gegner Bonapartes, nach 1814 der Anhänger der Restauration; befreundet u. a. mit Madame de Staël.

Receiver [engl. rı'si:vo; lat.-engl.] (Steuergerät), Funkempfänger, bei dem Empfangsteil (Tuner) und Verstärker in einem Gehäuse untergebracht sind.

Rechaud [rə'ʃo:; frz.], Bez. für eine beheizbare Vorrichtung, auf der Getränke oder Speisen warmgehalten werden.

Rechenanlage, svw. Computer (→ Datenverarbeitung).

Rechenbrett → Abakus.

Rechenmaschinen, mechan. oder elektr. Rechengeräte zur Durchführung der Grundrechenarten.

Rechenwerk, Teil der Zentraleinheit eines Computers (→ Datenverarbeitung).

Rechenzentrum, mit großen Datenverarbeitungsanlagen ausgerüstete Einrichtung zur Verarbeitung umfangreicher Datenmengen und zur Durchführung komplizierter Berechnungen, die im kaufmänn., techn. und wiss. Bereich anfallen.

Recherche [re'ʃɛrʃə, rə...; ...'ʃɛrʃ; frz.], Nachforschung, Ermittlung.

Rechnungsabgrenzung, zeitl. Abgrenzung von Einnahmen und Ausgaben, die einen über den Bilanzstichtag hinausgehenden Zeitraum betreffen; werden in der Bilanz gesondert ausgewiesen.

Rechnungshof, unabhängige, mit der Rechnungsprüfung hinsichtl. Wirtschaftlichkeit und Ordnungsmäßigkeit der Haushalts- und Wirtschaftsführung der gesamten Verwaltung betraute Behörde.

Rechnungsprüfung, die Überwachung der Haushalts- und Wirtschaftsführung einer mittelverwaltenden Stelle durch ein Kontrollorgan bzw. der Regierungen durch die gesetzgebenden Körperschaften.

Recht, Bez. für eine Ordnung menschl. Zusammenlebens, die dieses so regelt, daß Konflikte weitgehend vermieden werden *(objektives R.),* aber auch für aus diesem objektiven R. resultierende Ansprüche von einzelnen *(subjektives Recht).*

Das R. besteht zwar heute durchweg als Gesamtheit von (schriftlich niedergelegten) Gesetzen und

Rebsorten (Übersicht)		
Rebsorte	Hauptanbaugebiete	Weincharakter
Burgunder (Pinot)	Burgund, Chablis; Südbaden	Rotweine: vollmundig, bukettreich, körperreich Weißweine: fein-aromat., extrakt- und alkoholreich
Cabernet Sauvignon	Bordelais; Krim; Dalmatien; Südafrika; Kalifornien; Südamerika; Australien	Rotwein; vornehm, kräftig, rassig, trocken, feinblumig; lange haltbar
Gutedel (Weißer G.; Markgräfler; Chasselas; Fendant; Moster)	Westschweiz; Südbaden; Afrika; Kalifornien; Südamerika	Weißwein; leicht, erdig, bekömmlich, geringe Säure, mäßiger Alkoholgehalt
Huxelrebe (= Weißer Gutedel × Courtillier musqué)	Rheinhessen, Rheinpfalz, Nahe	Weißwein; leicht, mit rassiger Säure, dezent-blumig
Kerner (= Blauer Trollinger × Riesling)	Württemberg	Weißwein; frisch, rassig, kräftig, gehaltvoll
Limberger (Blauer L.; Lemberger; Blaufränkisch)	Österreich; Württemberg	Rotwein; charaktervoll, fruchtig, frisch, kernig, würzig
Merlot	Bordelais; Tessin	Rotwein; fein, mild
Morio-Muskat (= Silvaner × Weißer Burgunder)	Rheinpfalz, Rheinhessen	Weißwein; bukettreich mit Muskat-Ton
Müller-Thurgau (Rivaner)	Rheinpfalz, Rheinhessen, Franken, Baden	Weißwein; abgerundet, mild, frisch, duftig, mittlerer Alkoholgehalt
Portugieser (Blauer P.; Vöslauer)	Ahr, Rheinpfalz, Rheinhessen, Württemberg; Österreich	Rotwein; mild, bukettarm, fast neutral
Riesling (Weißer R.; Rheinriesling; Klingelberger)	Rhein-/Moselgebiet, Baden, Württemberg	Weißwein; fein, elegant, edel, rassig, fruchtig, mit mäßigem bis hohem Alkoholgehalt, großes Bukett, harmon. Säure
Ruländer (Grauer Burgunder; Grauclevner; Pinot gris; Malvoisie; Elsässer Tokayer)	Baden, Hess. Bergstraße; Burgund, Champagne; Österreich	Weißwein; gehaltvoll, körper- und alkoholreich, wenig Säure, elegant
Scheurebe (= Silvaner × Riesling)	Rheinhessen, Rheinpfalz, Nahe, Franken	Weißwein; kräftig, fruchtig, rassig, mittlerer Alkoholgehalt, kräftige Säure, vielfältiges Sortenbukett
Schwarzriesling (Müllerrebe; Pinot meunier)	Württemberg, Baden; Champagne, Loire, Elsaß; Österreich	Rotwein; körperreich
Silvaner (Grüner S.; Zierfandler; Johannisberg)	Rheinpfalz, Rheinhessen, Franken; Westschweiz	Weißwein; mild, lieblich, feinfruchtig, mit mittlerem Alkoholgehalt und leichter Säure
Spätburgunder (Blauer S.; Klebrot; Klevner; Pinot noir)	Baden, Württemberg, Ahrgebiet; Champagne, Burgund; Italien	Rotwein; fein, fruchtig-erdig, weiches, volles Bukett, mild, samtig
Traminer (Roter T.; Clevner; Savagnin)	Rheinpfalz, Südbaden; Elsaß, Burgund	Rotwein; hoher Alkoholgehalt, langanhaltendes Bukett, milde Süße, sehr stark würzig *(Gewürztraminer)*
Trollinger (Blauer T.; Groß-Vernatsch)	Württemberg; Südtirol	Rotwein; kernig, frisch, leicht, herzhaft, zartes Muskataroma

Verordnungen sowie aus der sich darauf beziehenden R.sprechung *(positives Recht)*, ist aber zunächst an das Bestehen von Gesetzen usw. in diesem Sinne nicht gebunden. Auch historisch begegnet R. zuerst in seiner allgemeineren Bedeutung als ein System von Verhaltensnormen für das Leben in einer sozialen Gemeinschaft. Als kennzeichnend für die das R. begründenden Verhaltensnormen wird in erster Linie das Bestehen eines organisierten und institutionalisierten Verfahrens, ihre Einhaltung zu erzwingen bzw. ihre Nichteinhaltung mit bestimmten Sanktionen zu belegen, angesehen.

Damit R. seiner Bestimmung gemäß als möglichst konfliktfreie Ordnung menschl. Zusammenlebens wirken kann, bedarf es der Eindeutigkeit der rechtl. Regelungen. Übersichtlichkeit, Klarheit und Verläßlichkeit der Verhaltensrichtlinien sind Voraussetzungen für *R.sicherheit.*

Mit dem Grund und den Erscheinungsformen des R. befaßt sich die **Rechtswissenschaft.** Das Schwergewicht rechtswiss. Arbeit liegt bei der Rechtsdogmatik (Lehre vom geltenden Recht), die die Normen des geltenden Rechts, insbes. des öffentl. Rechts, Privatrechts, Kirchenrechts und Völkerrechts fortlaufend zu interpretieren, in ihren Grundsätzen und systemat. Zusammenhängen darzustellen und auf ihre jurist. Konsequenzen zu untersuchen hat. Zur R.-Wiss. gehören als Grundlagenwissenschaften die R.geschichte, die R.vergleichung, die R.soziologie und die R.philosophie.

Rechte, aus der nach 1814 übl. Sitzordnung (in Blickrichtung des Präs.) der frz. Deputiertenkammer übernommene Bez. für die antirevolutionären ›Ordnungsparteien‹, die im wesentl. auf die Bewahrung der polit.-sozialen Verhältnisse hinwirken.

Rechteck (Orthogon), ein rechtwinkliges → Parallelogramm. Der Umfang eines R. mit den Seiten[längen] a und b ist $U = 2(a + b)$, der Flächeninhalt $F = a \cdot b$.

rechter Winkel (Rechter), Formelzeichen R, ∟, ⌐ oder ⌐, ein Winkel, dessen Schenkel aufeinander senkrecht stehen; die Größe eines rechten W. beträgt 90° oder 100 gon, im Bogenmaß $\pi/2$ [rad].

Rechtfertigung, in der *christl. Theologie* die Wiederherstellung des durch die Erbsünde und die persönl. Sünde gestörten Verhältnisses zw. Mensch und Gott. – Der in den *ev. Kirchen* zentrale Begriff R. geht wesentlich auf Luthers Neuinterpretation von Röm. 1, 17 zurück: Die wahre Gerechtigkeit des Menschen besteht allein darin, daß der Mensch der ›Gerechtigkeit‹ Gottes über sich im Glauben recht gibt. Nicht der Mensch kommt durch Frömmigkeit und gute Werke (d. h. durch Erfüllung des Gesetzes) zu Gott, sondern Gott ist in Christus ein für allemal zum Menschen gekommen (Evangelium), um ihn in seiner Sündhaftigkeit anzunehmen und aus freier Gnade zu rechtfertigen. Die Gerechterklärung (Imputation) ist die Gerechtmachung, die zu ›guten Werken‹ erst befähigt. – In der *kath. Theologie* wird der R.stand durch die Taufe begründet, die die (verlierbare) heiligmachende [R.]gnade schenkt und zu den ebenfalls heilsnotwendigen guten Werken befähigt.

rechtliches Gehör, in Artikel 103 GG garantierter Anspruch eines jeden, der von dem Verfahren eines Gerichts unmittelbar betroffen wird, mit seinen tatsächl. und rechtl. Ausführungen und Beweisanträgen vor einer Entscheidung angehört zu werden.

Rechtlosigkeit, die Unfähigkeit, Träger von Rechten zu sein. Im röm. und altdt. Recht galten Unfreie als absolut rechtlos; seit fränk. Zeit Bez. für teilweisen Mangel an Rechten (z. B. Eidesunfähigkeit).

Rechtsanwalt, ein Jurist, der aufgrund seiner Zulassung durch die jeweilige Landesjustizverwal-

tung zur Wahrnehmung fremder Interessen als unabhängiges und freiberufl. (nicht gewerbl. tätiges) Organ der Rechtspflege berufen ist. Im allg. wird der R. aufgrund eines mit dem Mandanten abgeschlossenen Dienstvertrages *(Mandat)* tätig, jedoch kann eine Verpflichtung zur rechtl. Interessenvertretung auch durch gerichtl. Beiordnung entstehen (z. B. Pflichtverteidigung).

Rechtsanwaltskammer (Anwaltskammer), Standesvertretung der Rechtsanwälte, die ehrengerichtl. Maßnahmen verhängen kann.

Rechtsbehelfe, alle Mittel, die es ermöglichen, eine Entscheidung der Verwaltungsbehörden oder Gerichte anzufechten.

Rechtsbeistand, Berufsbez. für eine Person, der vom zuständigen Amts- oder Landgerichtspräsidenten die Erlaubnis erteilt wurde, ohne Rechtsanwalt zu sein, fremde Rechtsangelegenheiten geschäftsmäßig zu besorgen.

Rechtsbeschwerde, Rechtsmittel gegen verfahrensbeendende Beschlüsse.

Rechtsbeugung, die vorsätzl. falsche Anwendung des Rechts zugunsten oder zum Nachteil einer Partei in einer Rechtssache.

Rechtsbücher, im dt. MA private Sammlungen des geltenden Rechts, die später das Ansehen von Gesetzen erlangten (z. B. ›Frankenspiegel‹, ›Schwabenspiegel‹, ›Sachsenspiegel‹).

Rechtschreibung (Orthographie), die Normierung, die Festlegung der Schreibung einer Sprache nach verbindl. Regeln.

Der entscheidende Anstoß, die Orthographie der dt. Sprache einheitlich und verbindlich zu regeln, ging 1871 von der Reichsgründung aus. Die Beschlüsse der 1875 einberufenen Konferenz zur ›Herstellung größerer Einigung in der dt. R.‹ wurden jedoch von den Regierungen der Länder als zu weitgehend abgelehnt. Nach diesem Mißerfolg ging K. Duden daran, sein ›Orthograph. Wörterbuch: zu schreiben‹, beschränkte sich im wesentlichen darauf, die Regeln für die preuß. Schulorthographie auf den Wortschatz anzuwenden. Innerhalb eines Jahrzehnts führte Dudens ›Vollständiges orthograph. Wörterbuch der dt. Sprache‹ (1880) die Einheitsrechtschreibung in Deutschland herbei. Bereits in der 1. Hälfte des 20. Jh. setzten Bestrebungen ein, die R. zu reformieren. Am heftigsten umstritten ist dabei die Frage der Groß- oder Kleinschreibung, an der bisher auch alle neueren Reformvorstöße gescheitert sind.

Rechtseindeutigkeit → Eindeutigkeit.

Rechtsfähigkeit, die einer (natürl. oder jurist.) Person von der Rechtsordnung zuerkannte Fähigkeit, Träger von Rechten und Pflichten zu sein. Im geltenden Recht beginnt die R. des Menschen mit der Vollendung der Geburt und endet mit dem Tod. Jurist. Personen des Privatrechts erlangen die R. durch staatl. Verleihung bzw. Genehmigung.

Rechtsgeschäft, die nach außen gerichtete Willensbetätigung, die einen angestrebten Rechtserfolg herbeiführen soll. Wesentlicher Bestandteil des R. ist die Willenserklärung. Weitere Voraussetzungen für das Zustandekommen eines R. können z. B. die Schriftform oder die Zustimmung des gesetzl. Vertreters sein. Man unterscheidet *einseitige R.* (z. B. Mahnung) und *zweiseitigen* (z. B. Vertrag) und die *mehraktigen R.* (z. B. Vereinsgründung). Es gibt *empfangsbedürftige R.* (z. B. Kündigung) und *nichtempfangsbedürftige R.* (z. B. Ausschlagung einer Erbschaft).

Rechtshilfe, Art der Amtshilfe, richterl. Hilfeleistung durch ein bis dahin unbeteiligtes Gericht zur Unterstützung des Prozeßgerichts.

Rechtskraft, die grundsätzl. Endgültigkeit gerichtl. Entscheidungen. Die *formelle R.* äußert sich in der Unanfechtbarkeit einer gerichtl. Entscheidung, d. h., daß gegen eine Entscheidung Rechtsmittel nicht mögl. bzw. nicht mehr mögl. sind. Sie ist Voraussetzung für die *materielle R.*, die das Gericht und die Prozeßbeteiligten (Parteien) an die Entscheidung bindet. In bestimmten Fällen kann die R.wirkung durchbrochen werden (z. B. durch Wiederaufnahme des Verfahrens).

Rechtsmißbrauch, die Ausübung eines an sich bestehenden Rechts, die nur den Zweck haben kann, einen anderen zu schädigen, und deshalb unberechtigt ist.

Rechtsmittel, den Prozeßbeteiligten zustehende Möglichkeit, eine ihnen nachteilige und noch nicht rechtskräftige gerichtl. Entscheidung anzufechten und durch ein höheres Gericht nachprüfen zu lassen (Berufung, Revision, Beschwerde).

Rechtsnachfolge, Eintritt einer Person in ein bestehendes Rechtsverhältnis anstelle des Rechtsvorgängers. Erfolgt der Eintritt in ein bestimmtes einzelnes Rechtsverhältnis, spricht man von *Einzel-R.,* bei einer Gesamtheit von Rechtsverhältnissen von *Gesamt-Rechtsnachfolge.*

Rechtspflege, Bez. für die Gesamtheit der der rechtsprechenden Gewalt zugewiesenen Tätigkeiten, die unmittelbar der Verwirklichung des Rechts dienen.

Rechtspfleger, Beamter des gehobenen Dienstes; i. d. R. zuständig für die Aufgaben der freiwilligen Gerichtsbarkeit (z. B. Nachlaßsachen, Vormundschaftssachen) sowie in Grundbuch-, Register- und in Vollstreckungssachen. Der R. hat die gleichen Prüfungs- und Entscheidungsbefugnisse wie der Richter. Gegen seine Entscheidungen ist grundsätzlich das Rechtsmittel der Erinnerung an den zuständigen Richter zulässig; die Sache bleibt dennoch in der gleichen Instanz.

Rechtsphilosophie, Teilbereich der allg. Philosophie, der allgemeinste Grundlagen[sätze] des Rechts und der Rechtswiss. erforscht, d. h. sich unter Zugrundelegung der Fragestellung nach der Richtigkeit bzw. der Gerechtigkeit des Rechts mit Sinn und Zweck sowie Herkunft, Wesen und Geltung des Rechts befaßt.

Rechtspositivismus, rechtswiss. Richtung, die den Standpunkt vertritt, das vom Staat gesetzte positive Recht sei jenseits des Nachweises verfassungsmäßigen Zustandekommens einer Begründung weder fähig noch bedürftig.

Rechtsprechung (Judikative, Jurisdiktion, rechtsprechende Gewalt), die Anwendung der Gesetze auf den Einzelfall durch die Gerichte (Artikel 92 GG).

Rechtsschulen, 1. Stätten, an denen geistl. oder weltl. Recht unterrichtet wurde. Im Altertum v. a. Berytos (= Beirut) und Konstantinopel, im MA zunächst Pavia und Bologna; 2. Richtungen der Rechtswiss., z. B. im MA die Glossatoren (12./13. Jh.; → Glosse); in Deutschland z. B. die → historische Schule.

Rechtsschutzversicherung, Versicherung gegen die Kosten eines Rechtsstreits.

Rechtsstaat, ein Staat, dessen Staatstätigkeit einerseits auf die Verwirklichung von Recht ausgerichtet sowie andererseits durch die Rechtsordnung begrenzt ist und in dem die Rechtsstellung des einzelnen durch garantierte Rechte (z. B. Grundrechte) gesichert ist. *Formell* bedeutet R. die Bindung der Staatsgewalt an Recht und Gesetz sowie die Überprüfbarkeit staatl. Maßnahmen durch unabhängige Gerichte. *Materiell* bedeutet R. die Verpflichtung der Staatsgewalt auf die Rechtsidee der Gerechtigkeit, was als Prinzip im sozialen R. (Sozialstaat) seine bes. Ausprägung findet. – Die wichtigsten Ausprägungen des *Rechtsstaatsprinzips* sind: 1. die Gewaltentrennung; 2. der

Vorrang der Verfassung, über deren Einhaltung die Verfassungsgerichtsbarkeit gegenüber Verwaltung und Gesetzgebung wacht; 3. der Vorrang und Vorbehalt des Gesetzes; 4. die Rechtssicherheit, damit staatl. Handeln für den einzelnen berechenbar wird; 5. der gerichtl. Rechtsschutz.

Rechtssymbole, Gegenstände oder Handlungen, die abstrakte Rechtsvorgänge veranschaulichen oder durch mag. Kräfte sichern sollen.

Rechtsträger, Bez. für alle rechtsfähigen jurist. und natürl. Personen als Träger von Rechten und Pflichten.

Rechtsverordnung, Abk. RVO, jede Anordnung an eine unbestimmte Zahl von Personen zur Regelung einer unbestimmten Zahl von Fällen, die aufgrund gesetzl. Ermächtigung von der Bundes- oder einer Landesregierung, einem Minister oder einer Verwaltungsbehörde getroffen wird und zu deren Ausführung auf Bundes- oder Landesebene *Durchführungsvorschriften* erlassen werden.

Rechtsweg, im jurist. Sprachgebrauch die Möglichkeit, bei einem Gericht Rechtsschutz zu erlangen.

Rechtswidrigkeit, jede gegen eine Rechtsnorm verstoßende Handlung oder Unterlassung.

Rechtswissenschaft → Recht.

Rechtszug → Instanz.

Recife [brasilian. re'sifi], Hauptstadt des brasilian. Bundesstaates Pernambuco, an der Mündung des Rio Capiberibe in den Atlantik, 1,18 Mio. E. 2 Univ., Museen, Theater; u. a. Textil-Ind.; Hafen. Barockkirchen (18. Jh.). – 1629–54 (portugies. Rückeroberung) Mittelpunkt der niederländischen Kolonien in NO-Brasilien.

recipe [lat. ›nimm!‹], Abk. Rp., Rec., Hinweis auf ärztl., zahnärztl. oder tierärztl. Rezepten (als Anweisung an den Apotheker).

Reck [niederdt.], Turngerät; eine auf 2 Ständersäulen gelagerte, 2,40 m lange, federnde [verstellbare] Stange aus poliertem Stahl (28 mm Durchmesser).

Recklinghausen, Kreisstadt im nördl. Ruhrgebiet, NRW, 119 900 E. Veranstaltungsort der Ruhrfestspiele der Stadt R. und des DGB; Museen, Kunsthalle, Tiergarten. Steinkohlenbergbau, Metall-, Textil- u. a. Industrie; Hafen am Rhein-Herne-Kanal. Spätroman. kath. Propsteikirche mit spätgot. Ostbau (nach 1247 und 1519–23; wiederhergestellt); Festspielhaus (1965).

Reck-Malleczewen, Friedrich [malə'tʃe:vən], * Gut Malleczewen (Ostpreußen) 11. 8. 1884, † KZ Dachau 17. 2. 1945, dt. Schriftsteller. ›Bockelson‹ (1937) ist eine als histor. Studie über die Täufer getarnte massenpsycholog. Analyse des Nationalsozialismus.

Reclam, Anton Philipp, * Leipzig 28. 6. 1807, † ebd. 5. 1. 1895, dt. Verleger. Gründete 1828 in Leipzig den Verlag *Philipp R. jun.* (Name seit 1837); *R. Universal-Bibliothek* (seit 1867) umfaßt Einzelausgaben von Werken der Weltliteratur, wiss. Werken, Handbüchern, Gesetzesausgaben, Operntexten. Der Leipziger Betrieb stand 1950 bis 1990 unter staatl. Treuhandverwaltung und vereinbarte 1991 mit dem westdt. Verlagsunternehmen (Sitz: Ditzingen bei Stuttgart) eine gemeinsame Geschäftsführung.

Reconquista [rekɔŋ'kista; span.], Rückeroberung der ab 711 von den Mauren fast vollständig besetzten Iber. Halbinsel durch christl. Heere. Die R. begann schon im 8. Jh., ausgehend von Asturien, erreichte ihre eigtl. Dynamik aber erst im 11. Jh.; mit der Eroberung des andalus. Granada durch das Kath. Königspaar Isabella I. von Kastilien und Ferdinand II. von Aragonien war die R. 1492 abgeschlossen.

Reconstructionism [engl. rɪːkən'strʌkʃənɪzm; lat.] (Rekonstruktionismus), Glaubensrichtung innerhalb des amerikan. Judentums, begründet durch

M. M. Kaplan. Im Mittelpunkt steht die Vorstellung vom Judentum als Zivilisation, in der sich jüd. Geschichte und Religion vereinigt haben.

Recorder [re'kɔrdər, engl. rɪ'kɔːdə; lat.], Registrier-, Aufzeichnungsgerät, insbes. zur magnet. Daten-, Musik- oder Bildaufzeichnung.

Recycling [engl. riː'saɪklɪŋ] (Rezyklierung), in der *Technik* die Wiederverwendung von Abfällen, Nebenprodukten oder verbrauchten Endprodukten der Konsumgüter-Ind. als Rohstoffe für die Herstellung neuer Produkte. Das R. ist auf manchen Gebieten als Methode der Rohstoffbeschaffung (u. a. bei der Wiedergewinnung von Edelmetallen aus Münzlegierungen) sehr alt, gewinnt aber im Zuge der Verknappung von Rohstoffen und unter den Aspekten des Umweltschutzes und der Energieverknappung auf zahlr. weiteren Gebieten der chem.-techn. Produktion und der Energiegewinnung zunehmend an Bedeutung.

Redakteur [...tøːɐ], jemand, der für eine Zeitung, Zeitschrift, ein (wiss.) Sammelwerk, für Rundfunk oder Fernsehen Beiträge auswählt, bearbeitet oder selbst verfaßt.

Redaktion [lat.-frz.], 1) *Publizistik:* 1. die Gesamtheit der Redakteure eines Betriebes, meist gegliedert in mehrere Ressorts (oft selbst als R. bezeichnet); 2. die Tätigkeit eines Redakteurs. 2) Begriff der → Textkritik.

Redaktionsgeheimnis (Pressegeheimnis), das Zeugnisverweigerungsrecht von Personen, die bei der Vorbereitung, Herstellung oder Verbreitung von period. Druckwerken oder Rundfunksendungen berufsmäßig mitwirken (oder mitgewirkt haben), über die Person des Verfassers, Einsenders oder Gewährsmannes von Beiträgen (und Unterlagen) strafbaren Inhalts, soweit es sich um Beiträge für den redaktionellen Teil handelt.

Redaktionsschluß, Abschluß der redaktionellen Tätigkeit.

Redefreiheit, zur Meinungsfreiheit gehörender Bestandteil der Grundrechte.

Redekunst → Rhetorik.

Redemptoristen (lat. Congregatio Sanctissimi Redemptoris [Abk. CSSR]), kath. Priestergemeinschaft, 1732 von Alfons Maria von Liguori gegr.; Zielsetzung: Seelsorge, Volks- und Heidenmission. – Der ebenfalls von Alfons Maria von Liguori 1731 gegr. Orden der *Redemptoristinnen* hat eine rein beschaul. Zielsetzung.

Rederijkers [frz.-niederl. 're:dərɛɪkərs], v. a. in 15./16. Jh. in städt. Vereinen *(Rederijkerskamers)* organisierte Dichter und Literaturliebhaber im niederl. Sprachraum.

Redgrave, Sir (seit 1959) Michael [engl. 'rɛdgreɪv], * Bristol 20. 3. 1908, † Denham (Buckinghamshire) 21. 3. 1985, brit. Schauspieler. Einer der führenden Shakespearedarsteller; auch zahlr. Filmrollen.

Rediskont, Weiterverkauf von diskontierten Wechseln durch eine Geschäftsbank an die Notenbank.

Rediskontkontingente, von der Zentralbank für jede einzelne Geschäftsbank festgelegte Höchstbeträge, bis zu denen Wechsel zum Rediskont angenommen werden. Die Veränderung der R. ist ein Mittel der → Geldpolitik.

Rednitz, Fluß in Oberfranken, entsteht aus *Fränk.* und *Schwäb. Rezat* auf der Frankenhöhe, vereinigt sich in Fürth mit der Pegnitz zur **Regnitz,** die bei Bamberg in den Main mündet (168 km lang).

Redon, Odilon [frz. rə'dõ], eigtl. Bertrand-Jean R., * Bordeaux 22. 4. 1840, † Paris 6. 7. 1916, frz. Maler und Graphiker des Symbolismus. Visionäres Werk mit traumhaft-symbol. Themen in fast stumpfem Kolorit.

Redonda [engl. rɪ'dɔndə] → Antigua und Barbuda.

Redoute [re'duːtə; lat.-italien.-frz.], 1. Befestigung, allseitig geschlossene Schanze; 2. (österr.) Maskenball; 3. Saal für festl. Veranstaltungen.

Redoxprozeß [Kw. aus **Red**uktion und **Ox**idation], Verfahren zur Wiederaufbereitung von Kernbrennstoffen.

Redoxreaktion (Reduktions-Oxidations-Reaktion), die stets gekoppelt auftretenden Vorgänge von Oxidation und Reduktion durch Elektronenabgabe (Oxidation) des sog. Reduktionsmittels und Elektronenaufnahme (Reduktion) des sog. Oxidationsmittels gemäß:

$$\text{Red} \underset{\text{Reduktion}}{\overset{\text{Oxidation}}{\rightleftharpoons}} \text{Ox} + n\,e^-.$$

Da bei chem. Reaktionen keine freien Elektronen auftreten, ist die Oxidation eines Redoxsystems stets von der Reduktion eines anderen Redoxsystems begleitet.

Red River [engl. 'rɪvə], rechter Nebenfluß des Mississippi, mündet nördl. von Baton Rouge mit einem Arm in den Mississippi, ein zweiter fließt direkt dem Golf von Mexiko zu, 1966 km lang.

Reduktion [lat.], 1) *allgemein:* das Zurückführen auf ein geringeres Maß; Vereinfachung. 2) *Chemie:* der der → Oxidation entgegengerichtete Vorgang, bei dem ein chem. Element oder eine Verbindung Elektronen aufnimmt, die von einer anderen Substanz (dem *Reduktionsmittel,* das damit oxidiert wird) abgegeben werden.

Reduktions-Oxidations-Reaktion, svw. → Redoxreaktion.

Redundanz [rɛd-ʊn...; lat.], 1) *Kommunikationswissenschaften:* überflüssige Elemente in einer Nachricht, die keine zusätzl. Information liefern, sondern nur die beabsichtigte Grundinformation stützen. 2) *Zuverlässigkeitstheorie:* Teil des Material- oder Betriebsaufwands für ein techn. System, der primär für ein ordnungsmäßiges Funktionieren nicht erforderl. ist. Erhöht er die Zuverlässigkeit, so spricht man von *nützl.* R. (z. B. Zweikreisbremssystem in Kfz).

Reduplikation [lat.], Bez. für die vollständige (Iteration) oder teilweise Doppelung einer Wurzel, eines Wortes oder Wortteiles als Mittel der Wort- oder Formenbildung.

Ree! (Rhe!) [niederdt.], Kommando zum Wenden oder Halsen eines Segelschiffes.

Reed, Sir (seit 1952) Carol [engl. riːd], * London 30. 12. 1906, † ebd. 26. 4. 1976, brit. Filmregisseur. Erhielt internat. Anerkennung v. a. mit Filmen wie ›Ausgestoßen‹ (1947) und ›Der dritte Mann‹ (1949).

Reede [niederdt.], Ankerplatz vor einem Hafen.

Reederei, Gesellschaftsform des Seerechts: Vereinigung mehrerer Personen (Mitreeder), die ein ihnen nach Bruchteilen gehörendes Schiff auf gemeinschaftl. Rechnung verwenden.

reeller Bildpunkt → Abbildung.

reelle Zahlen, Sammelbez. für alle Zahlen, die man durch ganze Zahlen oder durch Dezimalzahlen mit endlich oder unendlich vielen Stellen (period. oder nichtperiod.) darstellen kann.

Reep [niederdt.], Schiffstau.

Reeperbahn, (seemänn.) Seilerbahn; Vergnügungsstraße in Sankt Pauli, Hamburg.

Reet, niederdt. Bez. für zur Dachbedeckung verwendete Riedgräser.

REFA [Kw. aus **Re**ichsausschuß für **A**rbeitszeitermittlung], Kurzbez. für den Verband für Arbeitsstudien – REFA – e. V., gemeinnützige Vereinigung von Rationalisierungsfachleuten und Unternehmen, Sitz Darmstadt; gegr. 1924 mit dem Ziel, Daten und Verfahren für leistungsbezogene Lohnbemessung auf der Grundlage von Zeitstudien zu ermitteln.

Refektorium [lat.], Speisesaal in Klöstern.

Referat [lat.], 1. Abhandlung über ein bestimmtes Thema; 2. Abteilung einer Behörde.

Referendar [lat.], Dienstbez. für Beamtenanwärter der Laufbahnen des höheren Dienstes während der prakt. Ausbildung im Vorbereitungsdienst.

Referendum [lat.] → Volksabstimmung.

Referent [lat.], Berichterstatter; Sachbearbeiter.

Referenz [lat.-frz.], Empfehlung; Beziehung.

reffen [niederl.], die Segelfläche verkleinern.

reflektieren [lat.], 1. zurückstrahlen, spiegeln; 2. nachdenken; bedenken; 3. an etwas interessiert sein.

Reflektor [lat.], 1) eine Vorrichtung zur unstetigen Richtungsänderung, meist auch zur Bündelung von Strahlen (insbes. von Lichtstrahlen, Radiowellen) im gleichen Medium. Die häufigste R.form ist die eines Paraboloids (sog. *Parabol-R.*, z. B. ein Parabolspiegel für Lichtstrahlen (→ Spiegelteleskop), eine Parabolantenne für elektromagnet. Wellen). 2) *Kerntechnik:* eine neutronenreflektierende Umhüllung des Kernreaktors aus Beryllium oder Graphit zur Reduzierung der Neutronenverluste.

Reflex [lat.-frz.], 1) *Optik:* der von einem spiegelnden Körper zurückgeworfene Widerschein. 2) *Physiologie:* die über das Zentralnervensystem ablaufende, unwillkürl.-automat. Antwort des Organismus auf einen äußeren oder inneren Reiz. Der Weg, den die Erregung beim Ablauf eines R. von der Einwirkungsstelle eines Reizes (dem Rezeptor) bis zum Erfolgsorgan (Effektor) unter vorgegebenen Bahnen im Zentralnervensystem zurücklegt, ist der *R.bogen.* Die R. befähigen den Organismus zur raschen und sicheren Einstellung zur Veränderungen der Umweltbedingungen sowie zum wohlkoordinierten Zusammenspiel aller Körperteile. Bei *Eigen-R.* (z. B. Patellarsehnen-R., Achillessehnen-R.) liegen Rezeptoren und Effektoren im gleichen, bei *Fremd-R.* (z. B. Bauchdecken-R., Hornhaut-R.) in verschiedenen Erfolgsorganen. – Neben den *angeborenen R.* (Automatismen, unbedingte R.) gibt es *erworbene R.*, die entweder erst mit zunehmende Reifung des Zentralnervensystems auftreten oder erlernt werden müssen (z. B. durch Dressur, Gewöhnung; *bedingter* oder *konditionierter R.*).

Reflexion [lat.-frz.], 1) *Physik:* unstetige Änderung der Ausbreitungsrichtung einer Welle (elektromagnet. Welle, Schallwelle) an der Grenzfläche zw. zwei Medien in der Art, daß die Welle in das urspr. Medium zurückläuft; auch die entsprechende Änderung der Bewegungsrichtung von Teilchen und starren bzw. elast. Körpern beim Aufprall auf eine Wand wird als R. bezeichnet. Sind die Rauhigkeiten der Grenzfläche von der Größenordnung der Wellenlänge, so wird eine gerichtet auffallende Strahlung in viele Richtungen zerstreut zurückgestrahlt (*diffuse R.* oder **Remission**). Sind die Rauhigkeiten klein gegen die Wellenlänge, so erfolgt die *regelmäßige, gerichtete R.* **(Spiegelung),** die das sog. R.-Gesetz befolgt: *Einfallswinkel* und *R.-Winkel* sind gleich groß; einfallender Strahl, reflektierter Strahl und Einfallslot liegen in einer Ebene. 2) *allgemein:* krit. Nachdenken, bes. über grundsätzl. Fragen.

Reflexionsvermögen, das Verhältnis der an einer Fläche reflektierten zur einfallenden Strahlung.

reflexiv [lat.], sich (auf das Subjekt) zurückbeziehend.

Reflexivpronomen (Reflexivum, rückbezügliches Fürwort) → Pronomen.

Reflexzonenmassage, svw. → Bindegewebsmassage.

Reformation [lat.], im 16. Jh. von Luther begründete christliche Erneuerungsbewegung. Seit dem Spät-MA aufkommende Kritik an kirchl. Mißständen (abendländ. → Schisma, päpstl. Streben nach polit. Weltherrschaft, Ablaßhandel u. a.) mündete in die Forderung nach einer ›Reform der Kirche an Haupt und Gliedern‹. Luthers lat. abgefaßte 95 Thesen (Thesenanschlag vom 31. 10. 1517 an der Wittenberger Schloßkirche), die u. a. den Ablaßhandel verurteilten, fanden, ins Deutsche übersetzt, rasche Verbreitung. Seine Schrift ›An den christl. Adel dt. Nation von des christl. Standes Besserung‹ (1520) begründet die Vorwürfe an die Papstkirche theologisch: Ausgehend vom Priestertum aller Gläubigen (kein Ggs. Laie–Klerus), bestritt er die Unfehlbarkeit des Papstes und der Konzilien. Die größte Wirkung ging jedoch von Luthers *Rechtfertigungslehre* aus: Gott belohnt nicht die guten Werke, sondern erlöst den sündigen Menschen, sofern dieser glaubt, aus Gnade. In der *Zweireichelehre* erklärt Luther die göttl. Weltregierung. Im geistl. Reich regiert Gott durch Evangelium, Wort und Sakrament; sein weltl. Regiment, das die Welt zur Erlösung bewahren soll, zeigt sich durch Mittel der äußeren Ordnung (Gesetz). Der Christ, der beiden Reichen angehört, untersteht Evangelium und Gesetz und ist daher Gerechter und Sünder (simul iustus et peccator) zugleich.

Die R. breitete sich, unterstützt von den Landesherren, deren Eigenständigkeit sie stärkte, rasch in Deutschland aus. Kaiser Karl V. stellte auf dem Reichstag in Speyer 1526 den Landesherren ihr konfessionelles Verhalten frei. In den → Bauernkriegen (1. Hälfte des 16. Jh.) entluden sich polit., soziale und religiöse Spannungen. Beim *Marburger Religionsgespräch* (1529) kam es zu keiner Einigung im Abendmahlstreit (→ Abendmahl) zwischen Luthertum und → Kalvinismus. 1529 protestierten die luther. Stände gegen das Verbot der Ausbreitung der R. (Protestanten) und verlasen 1530 das → Augsburger Bekenntnis. Die prot. Stände schlossen 1531 den → Schmalkaldischen Bund, der im *Schmalkaldischen Krieg* 1546/47 unterlag. Im → Augsburger Religionsfrieden (1555) wurde die Trennung der Protestanten von der kath. Kirche reichsrechtlich anerkannt. Die Untertanen mußten die Konfession des Landesherren übernehmen, der auch die geistl. Aufsicht ausübte. Beide Konfessionen bemühten sich in der Folgezeit darum, ihren Einfluß zu vergrößern (→ Gegenreformation). Auch in der kath. Kirche bewirkte die R. seit dem → Tridentinum (1545–63) eine innere Neugestaltung.

Reformationsfest, ev. Fest zum Gedächtnis der Reformation; seit 1667 setzte sich der 31. Okt. (Veröffentlichung der Thesen Luthers) durch.

Reformator [lat. ›Umgestalter‹], Erneuerer; i. e. S. die Urheber der → Reformation im 16. Jahrhundert.

Reform Bill [engl. rɪ'fɔːm 'bɪl], mehrere brit. Wahlrechtsreformgesetze des 19. Jahrhunderts. 1. ›Bürgerl. *Reform‹ 1832:* polit. Mitwirkungsrecht für die städt. bürgerl. Mittelschichten entsprechend ihrer wirtschaftl. Bedeutung, Einschränkung des traditionellen Übergewichts der grundbesitzenden Aristokratie; 2. *Reform 1867:* Wahlrecht für städt. Arbeiter und Handwerker; 3. *Reform 1884:* Wahlrecht für Landarbeiter und Bergleute; 4. *Reform 1885:* Neueinteilung der Wahlbezirke zugunsten der bevölkerungsstarken Ind.bezirke.

Reformieren [lat.] → Erdöl.

reformierte Kirche, Konfessionsgemeinschaften, deren Entstehung v. a. auf Zwingli und Calvin zurückzuführen ist und die sich v. a. in W- (Niederlande, Schottland) und O-Europa (Ungarn, Böhmen-Mähren) und später in den USA durchsetzten. Für Lehre und Gemeindeordnung sind v. a. die ab etwa 1530 entstandenen Bekenntnisschriften maßgeblich. – Zum Wesen der Kirche gehört notwendig die Kirchenordnung; ihre Verfassung ist presbyterial. – Die heute über 140 r. K. sind im *Reformierten Weltbund* (›World Alliance of Reformed Churches‹; 1875 in London gegr.; Sitz [seit 1949] Genf) zusammengeschlossen.

Reformismus [lat.], Richtung in der Arbeiterbewegung, die den Sozialismus ausschließl. mittels Reformen (Sozialdemokratie), nicht durch Revolutionen erstrebt; vom Marxismus-Leninismus abwertend als ›kleinbürgerl. opportunist. Strömung‹ bezeichnet. → Revisionismus.

Reformjudentum, durch die Reformbewegung bestimmte religiöse Gruppierung des Judentums (v. a. in den USA), die den eigtl. Offenbarungsgehalt in den religiös-eth. Aussagen der Bibel sieht.

Reformkommunismus, nach dem 2. Weltkrieg Opposition gegen den Stalinismus innerhalb des Kommunismus; lehnt den diktator.-bürokrat. Kommunismus sowjet. Prägung ab und fordert die Berücksichtigung nat. Besonderheiten.

Refrain [rəˈfrɛ̃ː; lat.-frz.] → Kehrreim.

Refraktärzeit [lat./dt.] (Erholungsphase), in der *Physiologie* diejenige Zeitspanne nach einem gesetzten Reiz, in der eine erneute Reizung ohne Reizerfolg (Reaktion) bleibt.

Refraktion [lat.], allg. svw. → Brechung. I. e. S. die Krümmung (Brechung) der Lichtstrahlen in der Atmosphäre *(atmosphär. R. oder Strahlenbrechung),* deren Ursache die in vertikaler Richtung sich ändernde Luftdichte ist, deren Änderung eine entsprechende Änderung des Brechungsindex der Luft zur Folge hat.

Refraktometer [lat./griech.] (Brechzahlmesser), opt. Instrument zur Bestimmung des Brechungsindex fester oder flüssiger Stoffe.

Refraktor [lat.], Bez. für alle in der Astronomie verwendeten [Keplerschen] Fernrohre, bei denen das Objektiv aus einer oder mehreren Sammellinsen besteht (**Linsenfernrohr**).

Refugialgebiete [lat./dt.] (Rückzugsgebiete), größere oder kleinere geograph. Gebiete, die durch begünstigte Lage oder Abgeschlossenheit (z. B. Galapagosinseln) zu einer natürl. Überlebensregion für Tier- und Pflanzenarten wurden.

Refugium [lat.], Zufluchtsort.

reg., Abk. für → **reg**istered.

Regal, 1) mit Fächern versehenes Gestell für Bücher oder Waren.

2) *Musik:* bis ins 18. Jh. verbreitete kleine Orgel von hellem, durchdringendem Klang, bestehend aus einem schmalen, mit einer Klaviatur versehenen Kasten, der die Windlade und die Pfeifen sowie zwei Keilbälge enthält.

Regalien [lat.], im ausgehenden 11. Jh. geprägte Bez. für die vom König stammenden Rechte (Hoheitsrechte). Die R.definition der Ronkal. Reichstags (1158) umfaßte die Verfügung über die hohen Ämter, über das Reichsgut, Herrschaftsrechte und finanziell nutzbare Rechte (z. B. Zölle, Steuern). Die R. konnten vom König zur Nutzung vergeben werden (v. a. die ›niederen‹ R. im späteren MA, die zur wirtschaftl. Nutzung verliehen wurden). Der Inhaber der R. hatte aber auch die mit ihrer Verleihung sich ergebenden Pflichten wahrzunehmen (z. B. bezog das Münzrecht die Sorge um vollwertige Münze ein).

Regatta [italien.], im *Wassersport* Bootswettfahrt, die auf einer speziell markierten Strecke ausgetragen wird.

Regel [lat.], **1)** *allgemein:* Norm, Vorschrift.

2) *Kirche:* die Grundordnung, der sich die Mgl. von Ordensgemeinschaften verpflichtet fühlen.

Regelanfrage, von einer Behörde des öffentl. Dienstes der BR Deutschland grundsätzl. bei jeder Einstellung an den Verfassungsschutz gerichtete Anfrage, ob Tatsachen bekannt sind, die auf mangelnde Verfassungstreue des Bewerbers schließen lassen; wird nicht einheitl. gehandhabt.

Regenpfeifer:
OBEN Kiebitz;
UNTEN Mornell

Regelblutung, svw. → Menstruation.

Regeldetri [lat.], → Dreisatzrechnung.

Regelkreis → Regelung.

regelmäßige Körper, svw. → platonische Körper.

Regelstäbe, Stäbe aus einem neutronenabsorbierenden Material (z. B. Cadmium, Bor, Hafnium), die zur Steuerung *(Steuerstäbe)* und Sicherung *(Sicherheitsstäbe)* des Kernreaktors mehr oder weniger weit in sein Core (Reaktorkern) hineingeschoben werden.

Regelung [lat.], Vorgang in einem abgegrenzten System, bei dem eine oder mehrere physikal., techn. oder andere Größen *(Regelgrößen)* fortlaufend von einer Meßeinrichtung erfaßt und durch Vergleich ihrer jeweiligen Istwerte mit Sollwerten bestimmter vorgegebener *Führungsgrößen* diesen Werten angeglichen werden. Der hierzu nötige Wirkungsablauf vollzieht sich im Ggs. zur → Steuerung in einem geschlossenen, als *Regelkreis* bezeichneten Wirkungskreis.

Regen, 1) Kreisstadt im Bayer. Wald, Bayern, 11 000 E. Opt. Industrie. Roman.-spätgot. Pfarrkirche; Burgruine Weißenstein (13. Jh.).

2) linker Nebenfluß der Donau, mit Quellfluß Schwarzer Regen 165 km lang.

Regen, Niederschlag in flüssiger Form, der dadurch entsteht, daß kleine, schwebende Wolkentröpfchen zu größeren Tropfen anwachsen, die von der Luftströmung nicht mehr getragen werden, ausfallen und den Erdboden erreichen. Beim gewöhnl. großtropfigen *Land-R.* haben die Tropfen einen Durchmesser von mindestens 0,5 mm und fallen mit einer Geschwindigkeit von mehr als 3 m/s zu Boden. Beim *Sprüh-R. (Staub-R., Nieseln)* beträgt der Tropfendurchmesser weniger als 0,5 mm; er fällt meist aus Nebel oder Hochnebel aus. *R.schauer* bestehen aus großen R.tropfen; sie fallen aus hochreichenden Quellwolken. Beim *Wolkenbruch,* einem kurzen, starken R.schauer, treten Tropfengrößen von über 8 mm auf. Als *Schwefel-R.* und *Blut-R.* werden durch Staub, Pollen (Blütenstaub) und Kleinlebewesen verfärbte Niederschläge bezeichnet. *Eis-R.* besteht aus Eiskörnchen, die entstehen, wenn R.tropfen aus einer warmen Luftschicht in eine kältere fallen und dabei gefrieren. *Unterkühlter R.* besteht aus kleinen Wassertröpfchen, die bei Berührung des Bodens gefrieren (Glatteisbildung). → saurer Regen, → Wald.

Regenanlage (Regneranlage), Feuerlöschanlage mit offenen Sprühdüsen (im Ggs. zu Sprinkleranlagen), die bei Feuerausbruch alle zugleich betätigt werden.

Regenbogen, an schwebenden Wassertröpfchen (Regenwolken, Regenstreifen) in der Atmosphäre auftretende Lichterscheinung in Form eines in den Farben des Spektrums leuchtenden Kreisbogens. R. entstehen durch die Brechung des Sonnenlichts an der Grenzfläche zw. Luft und den in der Luft schwebenden Wassertröpfchen, Reflexion an der Innenfläche der Tropfen und Interferenz der gebrochenen und der reflektierten Lichtstrahlen. Der R. erscheint für den Betrachter stets auf der der Sonne abgewandten Seite des Himmelsgewölbes. Der Mittelpunkt des Kreises, von dem der R. ein Teil ist, liegt auf der durch die Sonne und das Auge des Beobachters bestimmten Geraden. Er ist der sogenannte *Gegenpunkt der Sonne* bezüglich dem Beobachterauge. Der *Haupt.-R.* hat einen Abstand von 42° und der *Neben-R.* einen von 51° vom Sonnengegenpunkt. Die Farbenfolge beim Haupt-R. ist von außen nach innen: Rot, Orange, Gelb, Grün, Blau, Indigo, Violett *(R.farben),* beim Neben-R. umgekehrt.

Regenbogenhaut (Iris) → Auge.

Regenbogenpresse, Bez. (nach der bunten Aufmachung) für den Zeitschriftentyp der unterhaltenden Wochenblätter.

Régence [re'ʒã:s; frz.], Stilphase der frz. Kunst während der Regentschaft Philipps II., Herzog von Orléans, in Frankreich; unprätentiöse Formenwelt, die um Übergänge bemüht war (flache Pilaster, Rundungen, Ineinandergreifen von Decken und Wanddekoration).

Regeneration [lat.], 1) *allgemein:* svw. Wiederauffrischung, Erneuerung.

2) *Technik:* die Aufbereitung verbrauchter Produkte, um die Rohstoffe wiederzugewinnen.

3) *Medizin:* svw. Heilung.

4) *Biologie:* Ersatz verlorengegangener oder beschädigter Organe oder Organteile; bes. häufig bei Pflanzen.

Regenmesser, svw. Niederschlagsmesser (→ Niederschlag).

Regenpfeifer (Charadriidae), nahezu weltweit verbreitete Fam. lerchen- bis taubengroßer Watvögel mit fast 70 Arten auf sumpfigen Wiesen, Hochmooren und an sandigen Ufern. Zu den R. gehören u. a.: *Kiebitz,* etwa 32 cm groß, in Eurasien; *Fluß-R.,* etwa 15 cm groß; *Gold-R.,* etwa 28 cm groß; *Mornell-R.,* etwa drosselgroß; *Steinwälzer,* bis 25 cm groß, an Meeresküsten.

Regens [lat.], Vorsteher, Leiter [bes. eines Priesterseminars].

Regensburg, 1) Stadt an der Mündung von Regen und Naab in die Donau, Bayern, 118 600 E. Verwaltungssitz des Reg.-Bez. Oberpfalz und des Landkreises Regensburg; Univ.; Museen; Stadttheater. U. a. Metall-Ind., Zementwerk; Hafen.

Bauten: Neben dem got. Petersdom (1250 ff., 14. und 15. Jh.) mit roman. Eselsturm und Allerheiligenkapelle (um 1150) im Kreuzgarten bed. die ehem. Klosterkirche Sankt Emmeram (z. T. 8., v. a. 12. Jh.) mit barocker Innenausstattung und Grabplastik, die roman. Kirche Sankt Jakob (um 1150–1200) mit dem ›Schottenportal‹ (um 1180), die ehem. karoling. Pfalzkapelle (9., 11. und 12. Jh.) mit Rokokoausstattung, die Donaubrücke (1135–46), das got. Alte Rathaus (14. und 15. Jh.) mit Reichssaal, Patrizierhäuser mit Geschlechtertürmen (13. und 14. Jh.).

Geschichte: Keltensiedlung; im 1. Jh. n. Chr. röm. Kohortenkastell; 179 Vollendung des Legionskastells **Castra Regina;** 788 Diokletian Festung; 788 Königspfalz; 1245 Reichsstadt; ab 1663 Tagungsort des Immerwährenden Reichstages; 1804 Vereinigung von Reichsstadt, Hochstift sowie Klöstern und Reichsstiften zum Ft. Regensburg; kam 1810 an Bayern.

2) Bistum, vermutl. schon in der Römerzeit Bischofssitz; von Bonifatius 739 neu organisiert; 1805 Erzbistum, seit 1821 Suffragan von München und Freising.

Regent [lat.], 1. fürstl. Staatsoberhaupt; 2. verfassungsmäßiger Vertreter des Monarchen.

Regentschaft, stellvertretende Herrschaftsausübung für einen Monarchen, falls dieser minderjährig, regierungsunfähig oder außer Landes ist.

Regenwald, immergrüner Wald in ganzjährig feuchten Gebieten der Tropen (trop. R.), der Subtropen (subtrop. R.) und der frostfreien Außertropen (temperierter R.). Der *trop. Tiefland-R.* ist sehr artenreich, meist mit drei (selten fünf) Baumstockwerken: das oberste besteht aus 50–60 m hohen Baumriesen, das mittlere aus 30–40 m hohen Bäumen, deren Kronen ein geschlossenes Kronendach bilden, das untere erreicht 15 m Höhe (z. T. Jungwuchs); eine Krautschicht fehlt weitgehend. Der *trop. Gebirgs-R.* in 1 200–2 000 m Höhe ist etwas artenärmer, mit nur zwei Stockwerken und hohem Anteil (über 50 %) an Blütenpflanzen an Sträuchern und Kräutern sowie vielen Epiphyten (v. a. Orchideen). Der *subtrop. R.* ähnelt physiognom. dem trop. Tiefland-R., Baumfarne sind häufiger. Der *temperierte R.* wird nur von

wenigen Arten gebildet (Baumfarne als Strauchstockwerk).

Regenwürmer, Bez. für einige Fam. bodenbewohnender, zwittriger Ringelwürmer (Ordnung Wenigborster); Länge der einheim. Arten etwa 2–30 cm; vorwiegend in feuchten Böden, unter Laub oder im Moder. R. graben bis 2 m tiefe Gänge in den Boden. Die Begattung der R. erfolgt wechselseitig. R. ernähren sich von sich zersetzendem organ. Material, wozu sie abgestorbene Blätter in ihre Gänge ziehen; unverdaubare Erde wird in Kottürmchen an der Röhrenmündung abgesetzt. – R. sind als Humusbildner sowie für die Durchmischung, Lockerung und Lüftung des Bodens von großer Bedeutung. In Deutschland kommt neben dem *Mistwurm* (6–13 cm lang, mit purpurfarbener, roter oder brauner Querbinde auf jedem Segment) bes. der bis 30 cm lange *Gemeine R.wurm* (Tauwurm) vor; schmutzig rot, unterseits heller; bevorzugt lehmige Böden.

Regenzeiten, für trop. und subtrop. Gebiete charakterist. Jahreszeiten mit hohen Niederschlägen; in den inneren Tropen jährl. zwei R., die gegen die Wendekreise hin zu einer verschmelzen; in Monsungebieten durch den Monsun bestimmt.

Reger, 1) Erik, eigtl. Hermann Dannenberger, * Bendorf 8. 9. 1893, † Wien 10. 5. 1954, dt. Schriftsteller und Journalist. Ging 1933 in die Schweiz, 1936 wieder nach Deutschland; schrieb krit. Romane über die dt. Großindustrie, u. a. ›Union der festen Hand‹ (1931, dafür 1931 Kleist-Preis; 1933 verboten).

Max Reger

2) Max, * Brand bei Kemnath 19. 3. 1873, † Leipzig 11. 5. 1916, dt. Komponist. Verband die kontrapunkt. Harmonie J. S. Bachs mit einer chromatisch erweiterten Harmonik, Wegbereiter der Musik des 20. Jh. – *Werke:* Orchesterwerke: u. a. Variationen und Fuge über ein Thema von Hiller op. 100 (1907), Konzert im alten Stil op. 123 (1912), Romant. Suite op. 125 (1912), Vier Tondichtungen nach A. Böcklin op. 128 (1913), Variationen und Fuge über ein Thema von Mozart op. 132 (1914), Violinkonzert op. 101 (1908), Klavierkonzert op. 114 (1910). – Kammermusik, u. a. Variationen und Fuge über ein Thema von J. S. Bach op. 81 (1904), von Beethoven op. 86 (1904); Träume am Kamin op. 143 (1915). – Orgelmusik: u. a. Choralfantasien über ›Ein‹ feste Burg ist unser Gott‹ und ›Wie schön leucht't uns der Morgenstern‹, Fantasie und Fuge über B-A-C-H op. 46 (1900). Mehr als 250 Klavierlieder.

Regesten [lat.], verkürzte Zusammenfassungen des Rechtsinhalts und Verzeichnisse von Urkunden.

Reggae [engl. 'rεgεi], urspr. volkstüml. Musik in Jamaika, seit etwa 1973 Strömung in der Rockmusik. Prägend waren v. a. Rhythm and Blues und Soul; charakteristisch sind die Hervorhebung unbetonter Taktteile sowie Texte mit sozialem Engagement. Bedeutendster Vertreter des R. war Bob Marley.

Reggio di Calabria [italien. 'reddʒo di ka'la:brja], italien. Prov.hauptstadt in Kalabrien, an der Straße von Messina, 178 700 E. Archäolog. Museum (Krieger von Riace). Wichtigstes Handelszentrum Kalabriens; Hafen, Eisenbahnfähre nach Messina. Reste der griech. Stadtmauer (5. Jh. v. Chr.) und röm. Thermen; Dom (nach 1908 auf barocken Fundamenten wiederaufgebaut). – Um 720 v. Chr. als griech. Kolonie **(Rhegion)** gegr.; 270 v. Chr. von Rom erobert **(Regium),** seit dem 11. Jh. Erzbischofssitz.

Reggio nell'Emilia [italien. 'reddʒo], italien. Prov.hauptstadt in der Emilia-Romagna, 130 100 E. Bed. Kirchen, u. a. Dom (9., 13. und 14. Jh.) und Paläste (15.–18. Jh.). – Anfang des 2. Jh. v. Chr. von den Römern gegr. **(Regium Lepidi).**

Regie [re'ʒi:; lat.-frz.], die Leitung einer Inszenierung in Schauspiel, Oper, Film, Fernsehen und Hörspiel. Zur Aufgabe eines *Regisseurs* gehören neben der inszenator. Werkrealisierung die Rollenarbeit mit den Schauspielern (Sängern), die Festlegung des Bühnenbildes, der Kostüme und Requisiten (gemeinsam mit dem Bühnenbildner), der Einsatz der Technik, Zusammenarbeit mit Dirigent und Chorleiter im Musiktheater, Szenen-R. und Ensemblespiel über sämtl. Probenstufen bis zur Premiere.

Regierung [lat.], Staatsorgan, das die richtunggebenden und leitenden Funktionen in einem polit. System ausübt.

Regierungsbezirk, staatl., von einem *Regierungspräsidenten* geleiteter Verwaltungsbezirk der Mittelstufe in dt. Bundesländern, bestehend aus Stadt- und Landkreisen.

Regierungsrat, 1. in der *BR Deutschland* Amtsbez. für Verwaltungsbeamte des höheren Dienstes; 2.in den meisten *Schweizer Kantonen* Bez. des i. d. R. auf 4 Jahre unmittelbar vom Volk gewählten obersten kollegialen Regierungsorgans.

Regime [re'ʒi:m(ə); lat.-frz.], Herrschaft, [totalitäre] Regierung[sform].

Regiment [lat.], 1) *allgemein:* Herrschaft, Regierung; Leitung.

2) *Militärwesen:* in der Bundeswehr ein Verband, in dem mehrere Bataillone einer Truppengattung unter der Führung eines Obersten zusammengefaßt sind.

Regina [engl. rɪ'dʒaɪnə], Hauptstadt der kanad. Prov. Saskatchewan, am Wascana Creek, 175 100 E. Univ., Museum; u. a. Kfz-Montage, Erdölraffinerien.

Regiomontanus, eigtl. Johannes Müller, * Königsberg i. Bay. 6. 6. 1436, † Rom im Juli 1476, dt. Astronom und Mathematiker. Schuf mit seiner auf arab. Quellen beruhenden Dreieckslehre den Ausgangspunkt für die moderne Trigonometrie. Die von R. berechneten Ephemeriden ermöglichten die Ortsbestimmung auf See.

Region [lat.], Gegend, Bereich. – In der *BR Deutschland* im Sinne der Raumordnung und Landesplanung Teilraum eines Bundeslandes.

Regionalismus [lat.], 1) *allgemein:* das Bewußtsein der besonderen sprachlichen und kulturellen Eigenarten der Bewohner aus einer bestimmten Region in Verbindung mit den Bestrebungen, diese Eigenarten zu wahren.

2) *Literatur:* (Regionalliteratur) frz. literar. Bewegung seit der Mitte des 19. Jh., deren Vertreter die Eigenständigkeit der Provinzen betonten und v. a. das Bauerntum hervorhoben. Vertreter des *provenzal. R.* sind v. a. F. Mistral, T. Monnier, J. Giono. Ähnl. Bestrebungen finden sich nach 1870 auch in *Italien* (bes. bei G. Verga und G. Deledda), in *Spanien* in Galicien, im Baskenland und in Katalonien.

Regionalverband, Zusammenschluß von Gem., Landkreisen und weiteren Institutionen aus einer Region mit der Aufgabe, über deren Entwicklung zu beschließen.

Register [lat.], 1) amtl. geführtes Verzeichnis rechtserhebl. Umstände von öffentl. Interesse.

2) alphabet. Zusammenstellung von Personennamen, Ortsnamen, Sachbegriffen bei Sachliteratur, meist als Anhang.

3) *Musik:* die durch Brust- oder Kopfresonanz beim Singen der tieferen bzw. höheren Töne entstehende Färbung der menschl. Singstimme (Kopf-, Brust-, Pfeif-R.); bei Tasteninstrumenten die Gruppen *(Chöre)* von Klangerzeugern gleicher oder ähnl. Klangfarbe und unterschiedl. Tonhöhe. Bei der →Orgel wird nach der Klangerzeugung zw. Labial- und Lingual-R. unterschieden.

4) *Datenverarbeitung:* eine Baueinheit, die Daten vorübergehend speichert und mit kurzer Zugriffszeit abzugeben vermag. R. können mit ihren Inhalten spezielle Funktionen ausführen, z. B. das Verschieben der Informationen im Schiebe-R. oder das Übertra-

gen der Befehle aus dem Befehls-R. in die Decodiereinheit.

registered [engl. 'rɛdʒɪstəd], Abk. reg., in ein Register eingetragen, patentiert, gesetzlich geschützt.

Registertonne, Abk. **RT,** ein in der Handelsschiffahrt gebrauchtes Raummaß zur Bestimmung der Schiffsgröße. 1 RT = 100 Kubikfuß = 2,8316 m³. In **Bruttoregistertonnen (BRT)** wird der gesamte seefest abgeschlossene Schiffsraum, in **Nettoregistertonnen (NRT)** der Raum für Ladung und Passagiere angegeben, jeweils unter Berücksichtigung der Rauminnenmaße. Zur Berechnung der seit 1982 gültigen Vermessungszahlen **(Bruttoraumzahl,** Abk. **BRZ,** bzw. **Nettoraumzahl,** Abk. **NRZ)** werden die Schiffsaußenmaße berücksichtigt. Das neue System soll für neue Schiffe (ab 24 m Länge) gelten, die in der Auslandsfahrt eingesetzt sind. Alte Schiffe erhalten eine Übergangsfrist von 12 Jahren. Kriegsschiffe werden auch weiterhin nach ihrer Wasserverdrängung gemessen.

Registrierkasse (Kontrollkasse), mit einer Tastatur, einem oder mehreren Addierwerken, einer Anzeigevorrichtung für die entsprechenden Beträge und einer Vorrichtung zur Registrierung (Ausdrucken auf einen Kontrollstreifen) sowie zur Ausgabe eines Quittungsbons versehenes Gerät mit einer Schublade für Banknoten und Münzen, häufig mit automat. Wechselgeldrückgabe. Moderne elektron. Warenhaus-R. sind an eine Zentralkasse angeschlossen (die einzelnen R. können automat. abgefragt werden) und erfassen auch die Art der verkauften Waren, so daß stets der exakte Warenbestand ermittelt werden kann.

Reglement [reglə'mã:; lat.-frz.], [Dienst]vorschrift, Geschäftsordnung.

Regler [lat.], Steuerteil eines Regelungssystems. Nach Ermittlung der Regelabweichung wird im R. ein Signal (Stellgröße) gebildet, das die Regelgröße an die Führungsgröße angleicht.

Régnier, Henri de [frz. re'ɲe], Pseud. Hugues Vignix, * Honfleur bei Le Havre 28. 12. 1864, † Paris 23. 5. 1936, frz. Dichter. Einer der bedeutendsten Vertreter des frz. Symbolismus.

Regnitz →Rednitz.

Regnum [lat.], Regierung[szeit], Herrschaft, Reich; auch svw. Tierreich.

Regreß [lat.] (Rückgriff), Inanspruchnahme eines Dritten durch einen Schadenersatzpflichtigen, wenn dieser geleistet hat.

regressiv [lat.], rückschrittlich, rückläufig.

Regula falsi [lat. ›Regel des Falschen‹], Methode zur näherungsweisen Berechnung der Nullstelle einer Funktion $f(x)$. Sind x_1 und x_2 zwei Näherungswerte für die Nullstelle und gilt $f(x_1) \cdot f(x_2) < 0$, so ist

$$x_3 = x_1 - \frac{x_2 - x_1}{f(x_2) - f(x_1)} \, f(x_1)$$

ein verbesserter Wert.

Regulation [lat.], in der *Biologie* die Fähigkeit eines Organismus, sein Fließgleichgewicht auch gegen Störungen von außen aufrechtzuerhalten. Die R. eines Organismus umfaßt mehrere Regelkreise, z. B. die des Blutdrucks, des Wärmehaushalts und des Hormonhaushalts.

Regulator [lat.], Pendeluhr mit verstellbarem Pendelgewicht.

Regulus [lat.], Name für den hellsten Stern (α) im Sternbild Leo (Löwe).

Rehabilitation (Rehabilitierung) [lat.], 1) *Strafrecht:* die Wiederherstellung des sozialen Ansehens einer Person, die Wiedereinsetzung einer Person in frühere [Ehren]rechte.

2) *Sozialmedizin* und *-hilfe:* (Wiedereingliederung) Bez. für alle Maßnahmen (des [Sozial]staates oder privater Institutionen), mit denen Menschen, die infolge abweichenden Verhaltens oder von Krankheit aus dem gesellschaftl. Leben abgesondert wurden (z. B. Straffällige, Unfallgeschädigte, Kranke, körperl. oder geistig Behinderte, Drogenabhängige), zur sinnvollen Teilnahme am gesellschaftl. Leben befähigt werden.

Rehburg-Loccum, Stadt westl. des Steinhuder Meeres, Nds., 9 700 E. Ev. Akademie Loccum mit Pastoralkolleg und katechet. Amt in der ehem. Zisterzienserabtei, ab 1592 luth., seitdem ev. Kloster. Spätroman.-frühgot. Klosterkirche (1240–80), Klostergebäude (im 19. Jh. verändert).

Rehe, Gatt. der Trughirsche mit der einzigen Art *Reh* in Europa und Asien; etwa 100–140 cm körperlange, 60–90 cm schulterhohe Tiere; ♂♂ mit bis dreiendigem Geweih; Brunst der heim. R. im Hochsommer; Tragzeit (wegen Keimruhe des Embryos) bis 9 Monate; meist zwei Jungtiere. – R. sind nacht- und tagaktive, oft wenig scheue Tiere. Sie leben in kleinen Gruppen (›Sprüngen‹), zeitweise auch einzeln, im Winter in größeren Rudeln. In der Jägersprache heißt das ♂ *Rehbock,* das ♀ *Ricke* oder *Geiß,* das Junge *Kitz.*

Rehfisch, Hans José, Pseud. Georg Turner, René Kestner, * Berlin 10. 4. 1891, † Schuls 9. 6. 1960, dt. Dramatiker. Ab 1936 in der Emigration (Wien, London, USA), ab 1950 wieder in der BR Deutschland. Schrieb u. a. ›Die Affäre Dreyfus‹ (Dr., 1929; mit Wilhelm Herzog [* 1884, † 1960]); Welterfolg hatte ›Wer weint um Juckenack‹ (Dr., 1924).

Reibelaut (Frikativ[um], Konstriktiv; Spirans, Spirant), Laut, bei dessen Artikulation an den Lippen, im Mundraum, im Rachen oder an der Stimmritze eine Enge gebildet wird, an der die vorbeiströmende Luft ein Reibungsgeräusch erzeugt, z. B. [f, s, ç, h].

Reibräder (Friktionsräder), Räder mit glatten Oberflächen, die (im Ggs. zu Zahnrädern) ihre Drehbewegung bzw. ihr Drehmoment nur durch Reibung übertragen.

Reibtrommel (Brummtopf, Rummelpott), primitives Geräuschinstrument aus einem Hohlgefäß, das oben mit einer Membran verschlossen ist; diese ist mit einem Stäbchen durchbohrt, das mit nassen Fingern gestrichen wird.

Reibung (Reib[ungs]kraft), Widerstand, der in der Berührungsfläche zweier aufliegender Körper (äußere R.) oder einzelner Teile eines Körpers (innere R.) bei ihrem relativen Bewegen gegeneinander auftritt. Bei der auf Molekularkräften beruhenden *inneren R.* bewegen sich die Moleküle einer Substanz gegeneinander, v. a. in Flüssigkeiten und Gasen. Bei der v. a. aus Adhäsionskräften und Unebenheiten der Oberflächen resultierenden *äußeren R.* ist der R.widerstand gemäß dem *Coulombschen R.gesetz* nur von der Normalkraft, mit der die sich berührenden Flächen aufeinanderdrücken, und dem R.koeffizienten *(Reib[ungs]zahl)* abhängig. Der R.koeffizient ist abhängig vom Werkstoff, vom Oberflächenzustand (Rauhigkeit, Schmierung) und von der Gleitgeschwindigkeit der aufeinander reibenden Körper; die *Haft-R.* oder *Ruhe-R.* ist dabei größer als die sog. *Gleitreibung.* Die beim Rollen auftretende R. wird als *Rollreibung* bezeichnet; sie ist bei sonst gleichen Verhältnissen sehr viel kleiner als die Gleitreibung. Bei R.vorgängen wird stets mechan. Energie in Wärme *(R.wärme)* umgesetzt.

Reibungselektrizität, Bez. für die beim gegenseitigen Reiben auftretende entgegengesetzte elektr. Aufladung zweier verschiedener Isolatoren.

Reich [raɪç, engl. raɪk], 1) Steve, * New York 3. 10. 1936, amerikan. Komponist. Komponiert sog. Minimal music, die auf der Grundlage unaufhörl. Wiederholung bei minimaler Variation einfachster Klänge und Rhythmen arbeitet.

2) Wilhelm, * Dobrzcynica (Galizien) 24. 3. 1897, † Lewisburg (Pa.) 3. 11. 1957, österr. Psychoanalytiker.

Arzt in Wien und Berlin, 1939 Prof. für medizin. Psychologie an der New Yorker New School for Social Research. R. wurde v. a. bekannt durch den Versuch, die Theorien von S. Freud und K. Marx miteinander zu kombinieren. In der theoret. Verbindung von Psychoanalyse und Sozialismus propagierte er die Aufhebung der (insbes. sexuellen) Unterdrückung des Menschen. – *Werke:* Die Funktion des Orgasmus (1927), Charakteranalyse (1933), Die sexuelle Revolution (1945).

Reich (Regnum, Imperium), 1) Herrschaftsbereich, i. d. R. mit der Tendenz zu Vorherrschaft und Gebietsausdehnung.

2) oberste systemat. Kategorie der Lebewesen: *Pflanzenreich* und *Tierreich.*

Reichardt, Johann Friedrich, * Königsberg (Pr) 25. 11. 1752, † Giebichenstein (= Halle/Saale) 27. 6. 1814, dt. Komponist und Musikschriftsteller. Bedeutung erlangte er v. a. mit etwa 1 000 Solo- und Chorliedern (meist nach Goethe und Schiller), mit Sing- bzw. Liederspielen; daneben Opern, Orchesterwerke und Kammermusik; schrieb u. a. ›Briefe eines aufmerksamen Reisenden, die Musik betreffend‹ (1774–1776; Nachdr. 1977).

Reichenau, Insel im Bodensee, Bad.-Württ., 4 km², 4 900 E. Frühroman. Stiftskirche Sankt Georg in Oberzell (9.–11. Jh.; Wandmalereien um 1 000), Münster in Mittelzell (988–1048); Stiftskirche Sankt Peter und Paul in Niederzell (11./12. Jh.). – Das 724 gegr. Benediktinerkloster R. wurde im 8. Jh. zur ersten Kulturstätte des Fränk. Reiches (berühmte Bibliothek und Schule); 1535 dem Bistum Konstanz einverleibt, 1757 aufgelöst; 1803 säkularisiert.

Reichenbach/Vogtl., Kreisstadt am N-Rand des Vogtlandes, Sa., 25 600 E. Barocke Pfarrkirche (Silbermann-Orgel).

Reichenberg (tschech. Liberec), Stadt an der Lausitzer Neiße, ČSFR, 101 000 E. Hochschule für Maschinenbau und Textil-Ind.; Freilichttheater, Nordböhm. Museum; botan. Garten, Zoo. U. a. Textil-Ind., Fahrzeugbau. Barocke Heilig-Kreuz-Kirche (17. Jh.); Renaissanceschloß (16./17. Jh.); Rathaus im fläm. Renaissancestil (19. Jh.).

Reich Gottes, Vorstellung der jüd. und christl. Eschatologie von der endzeitl., universalen Herrschaft Gottes.

Reichle, Hans, * Schongau um 1570, † Brixen 1642, dt. Bildhauer. Gab wichtige Anstöße durch Übermittlung des florentin. Manierismus (Giovanni da Bologna), u. a. Michaelsgruppe am Augsburger Zeughaus (1603–06).

Hans Reichle:
Kopf des Luzifer
vom Zeughaus in
Augsburg; 1603–06

Reich-Ranicki, Marcel [ra'nɪtski], * Włocławek 2. 6. 1920, dt. Literaturkritiker poln. Herkunft. Lebte ab 1929 in Berlin, 1938 nach Warschau deportiert; 1958 Übersiedelung in die BR Deutschland; 1973–89 Redakteur der ›Frankfurter Allg. Zeitung‹ (Leiter der Literaturredaktion). Versteht seine Kritik v. a. als Vermittlung zw. Tradition und Moderne; u. a. ›Dt. Literatur in Ost und West‹ (1963, erweitert 1983), ›Lauter Verrisse‹ (1970, erweitert 1984), ›Nichts als Literatur‹ (1985), ›Thomas Mann und die Seinen‹ (1987); gibt seit 1989 die ›Frankfurter Anthologie‹ heraus (bisher 12 Bde. mit jeweils 60 Gedichten und Interpretationen).

Marcel Reich-Ranicki

Reichsabschied → Abschied.

Reichsacht, im dt. MA vom dt. König verhängte und verkündete, für das ganze Hl. Röm. Reich geltende → Acht.

Reichsadel, der reichsunmittelbare Adel.

Reichsadler → Adler.

Reichsämter, oberste, von Staatssekretären geleitete Verwaltungsbehörden des Dt. Reichs 1871–1918, Vorläufer der Reichsministerien der Weimarer Republik.

Reichsannalen (Fränk. R., lat. Annales regni Francorum), Hauptwerk der karoling. Annalistik, von 741 bis 829 geführt.

Reichsanwaltschaft → Reichsgericht.

Reichsapfel → Reichsinsignien.

Reichsarbeitsdienst → Arbeitsdienst.

Reichsarchiv, 1919 gegr. zentrales Archiv des Dt. Reiches in Potsdam für die Archivalien der Reichsbehörden sowie (bis 1936/37) für die des Heeres; erlitt im 2. Weltkrieg erhebl. Verluste; Restbestände im Bundesarchiv (Koblenz) und im Zentralen Staatsarchiv (Potsdam); 1991 Beschluß zur Zusammenfassung des Aktenmaterials unter dem institutionellen Dach des Bundesarchivs.

Reichsarmee, von Fall zu Fall aufgebotenes Heer des Hl. Röm. Reiches.

Reichsbahn → Deutsche Reichsbahn.

Reichsbank (Deutsche R.), 1876–1945 Zentralnotenbank des Dt. Reiches.

Reichsbanner Schwarz-Rot-Gold (Kurzname Reichsbanner), 1924–33 polit. Kampfverband zur Verteidigung der Weimarer Republik; Mitbegründer der → Eisernen Front 1931.

Reichsbehörden, Bez. für die Behörden, die die Geschäfte des Dt. Reiches 1871–1945 führten.

Reichsbischof, im Nat.-Soz. leitender Amtsträger der ›Reichskirche luth. Prägung‹.

Reichsbruderrat → Bekennende Kirche.

Reichsdeputationshauptschluß, Beschluß der letzten außerordentl. Reichsdeputation vom 25. 2. 1803 über die Entschädigung der durch die Abtretung des linken Rheinufers an Frankreich betroffenen weltl. Fürsten. 112 Reichsstände verschwanden, darunter fast alle geistl. Ft. (→ Säkularisation) und Reichsstädte. Preußen, Bayern, Baden und Württemberg erfuhren starke Gebietsvergrößerungen.

Reichserbämter (Erbämter), die seit dem 13. Jh. erbl. Hofämter im Hl. Röm. Reich (*Erbmarschall, Erbschenk, Erbkämmerer oder Erbschatzmeister, Erbtruchseß oder Erbseneschall),* deren Inhaber anstelle der Inhaber der → Erzämter den tatsächl. Dienst am Hofe versahen.

Reichsexekution, 1. im Hl. Röm. Reich die Durchführung von Urteilen des Reichskammergerichts; 2. nach der Reichsverfassung von 1871 Bez. für Zwangsmaßnahmen gegen Bundes-Mgl., die ihre Bundespflichten verletzten.

Reichsfürst, seit fränk. Zeit Angehöriger der Spitzengruppe des Adels. Nach 1180 Aufstieg in einen *Reichsfürstenstand.*

Reichsfürstenrat (Fürstenrat, Fürstenbank), in Auseinandersetzung mit dem Kurfürstenkollegium im 15. Jh. entstandene Kurie des Reichstags, in der sich Reichsfürsten, Reichsgrafen, die reichsständ. Herren und die nicht gefürsteten Prälaten zusammenschlossen. Der R. handelte die Reichsabschiede mit dem Kurfürstenkollegium aus.

Reichsgaue, reichsunmittelbare Verwaltungsbezirke in den ab 1938 dem Dt. Reich gewaltsam angeschlossenen Gebieten.

Reichsgericht, Bez. für das 1879 in Leipzig geschaffene Gericht, das als Revisionsinstanz in Straf- und Zivilsachen zur Gewährleistung der Einheitlichkeit der Rechtsprechung im gesamten Dt. Reich, außerdem als Erst- und Letztinstanz für Hoch- und Landesverrat und ähnl. Delikte fungierte. Anklagebehörde war die **Reichsanwaltschaft.** An der Spitze stand der R.-Präs., der im Falle einer Verhinderung den Reichs-Präs. zu vertreten hatte. 1934 wurde die Zuständigkeit für Hoch- und Landesverrat und ähnl. Delikte auf den → Volksgerichtshof übertragen.

Reichsgut, im Hl. Röm. Reich Grundbesitz des Reiches, der dem König zum Unterhalt des Hofes und für seine Regierungstätigkeit zur Verfügung stand.

Reichsinsignien: Reichsapfel; 21 cm hoch, staufisch (Wien, Hofburg, Weltliche Schatzkammer)

Reichshofrat, 1498/1527 als Gegengewicht zum Reichskammergericht errichtetes oberstes kaiserl. Gericht für die habsburg. Erblande und das Hl. Röm. Reich.

Reichsinsignien, Herrschaftszeichen der mittelalterl. dt. Könige und der Röm. Kaiser: Krone, Reichsapfel (den Erdkreis symbolisierend), Zepter, Schwert und die durch Heinrich I. erworbene Hl. Lanze (diese wurde nicht bei der Krönung überreicht); ferner die → Reichskleinodien.

Reichsinsignien: Kaiserkrone des Heiligen Römischen Reiches; 10. Jh. (Wien, zur Zeit Kunsthistorisches Museum)

Reichskammergericht, 1495 von den Reichsständen unter Führung des Mainzer Kurfürsten Berthold von Henneberg durchgesetztes oberstes Gericht des Hl. Röm. Reiches. Die unter Leitung eines vom Kaiser ernannten Kammerrichters. Die oberste Entscheidung hatte der Reichstag. Zuständig u. a. für Landfriedensbruch, Mißachtung der Reichsacht, Zivilklagen gegen Reichsunmittelbare; oberste Berufungsinstanz für alle Gerichte aus den Territorien ohne Appellationsprivileg.

Reichskanzlei, Reichsbehörde, 1878/79 aus dem Reichskanzleramt des Dt. Reiches entstanden; bestand bis 1945.

Reichskanzler, 1. im Dt. Reich 1871–1918 höchster, vom Kaiser ernannter Reichsbeamter; durch Gegenzeichnung der kaiserl. Regierungsakte verantwortl. Allein-Min. des Reiches. 2. in der Weimarer Republik der Leiter der Reichsregierung; verantwortl. gegenüber dem Reichstag, Ernennung sowie Entlassung durch den Reichspräsidenten; mit der Berufung Hitlers zum R. ging das sog. Präsidialsystem in die Diktatur über.

Reichskirchensystem (otton.-sal. R.), die Gesamtheit der reichsunmittelbaren kirchl. Anstalten *(Reichskirche)* und ihre Stellung im Hl. Röm. Reich. Ottonen und Salier bauten die Reichskirche zu einem Gegengewicht gegen die Hzg. aus. Der König übte die Kirchenhoheit aus (entscheidende Mitsprache bei Bischofswahl und Investitur).

Reichskleinodien, die → Reichsinsignien i. w. S.: Krönungsornat, Handschuhe und Reliquien; Aufbewahrungsort der R. waren Trifels, Prag (Karlstein), seit 1805 Wien.

Reichskommissar, im Dt. Reich 1871–1945 Beauftragter der Reichsregierung (in der Weimarer Republik auch des Reichs-Präs.) für die Erfüllung von bes. Verwaltungsaufgaben.

Reichskonkordat, das Konkordat zw. dem Hl. Stuhl und dem Dt. Reich, am 20. 7. 1933 in der Vatikanstadt unterzeichnet, am 10. 9. 1933 ratifiziert und in Kraft getreten. Das R. sollte die Rechte der kath. Kirche absichern; es verschaffte dem Hitlerregime einen Prestigegewinn und drängte den dt. Katholizismus gegenüber dem Totalitätsanspruch des Nat.-Soz. in die Defensive.

Reichskreise, die 1512 unter Kaiser Maximilian I. geschaffenen 10 Reichsbezirke. Aufgaben u. a.: Wahrung des Landfriedens und Ausführung der Urteile des Reichskammergerichts, Aufbringung von Reichssteuern, Aufstellung der *Kreistruppen.*

Reichskulturkammer, 1933–45 die Zwangsorganisation der ›Kulturschaffenden‹; überwacht vom Reichspropagandaminister (J. Goebbels), der auch Präs. der R. war.

Reichsland, 1. bis 1806 jedes zum Hl. Röm. Reich gehörende Gebiet; 2. 1871–1918 Bez. für das R. Elsaß-Lothringen.

Reichsmarine, die Kriegsmarine der Reichswehr.

Reichsmark, Abk. RM, die Währungseinheit Deutschlands (1924–48), eingeteilt in 100 Reichspfennige.

Reichsministerialen → Ministerialen.

Reichsministerien, 1. Bez. für die von der Frankfurter Nat.versammlung 1848/49 eingesetzten kurzlebigen Ministerien und für die Fachministerien als oberste Reichsbehörden 1919–45; 2. Bez. für die Ministerien in Österreich-Ungarn nach dem Ausgleich (1867) bis 1918, die ein für beide Reichshälften gemeinsames Ressort verwalteten: Äußeres, Krieg, Finanzen.

Reichspogromnacht (Kristallnacht, Reichskristallnacht), auf Initiative von J. Goebbels zurückgehender und von Angehörigen des NSDAP und der SA veranstalteter Pogrom in der Nacht vom 9. zum 10. 11. 1938, in dessen Verlauf 91 Juden ermordet und fast alle Synagogen sowie mehr als 7 000 in jüd. Besitz befindl. Geschäfte im Gebiet des Dt. Reichs zerstört oder schwer beschädigt wurden. Anlaß war das Attentat auf den Sekretär der dt. Botschaft in Paris, Ernst Eduard vom Rath, durch Herschel Grynszpan am 7. 11. 1938. Die nat.-soz. Führung nahm dies zum Anlaß, mit massiver Gewalt, zeitweiliger Einweisung von rd. 30 000 Juden in Konzentrationslager und Auferlegung einer Sondersteuer in Höhe von 1 Mrd. Reichsmark, ihre jüd. Mitbürger zur Emigration zu zwingen.

Reichspräsident, das Staatsoberhaupt des Dt. Reiches 1919–34. Der vom Volk direkt für 7 Jahre gewählte R. war neben dem Reichstag ein zweites demokrat. legitimiertes Staatsorgan mit dem Recht zur Auflösung des Reichstages, zur Ernennung und Entlassung des Reichskanzlers und zur Verhängung des Ausnahmezustands mit dem Oberbefehl über die Reichswehr. Unter Hindenburg (1925–34) diente die Machtfülle des R. 1930–32/33 der Errichtung der autoritären Präsidialkabinette und der nat.-soz. Machtergreifung. 1934 vereinigte Hitler die Ämter des R. und des Reichskanzlers auf sich und nannte sich *Führer und Reichskanzler.*

Reichsrat, im *Dt. Reich* 1919 geschaffene Vertretung der Länder bei Gesetzgebung und Verwaltung des Reiches mit lediglich suspensivem Veto gegenüber vom Reichstag beschlossenen Gesetzen. Im Zuge der Gleichschaltungspolitik Hitlers wurde der R. 1934 beseitigt. – In *Österreich* bzw. *Österreich-Ungarn* 1860–65 konstitutionelles Vertretungsorgan mit Herren- und Abg.haus; 1867–1918 nur für *Zisleithanien.*

Reichsreform, 1. im *Hl. Röm. Reich* zunächst auf den Reichstagen von 1434–38 unternommene Bemühungen um ein Mitregierungsrecht der Reichsstände in Reichsangelegenheiten *(Reichsregiment).* Kaiser Maximilian I. machte auf den Reichstagen von Worms (1495), Augsburg (1500) und Köln (1512) folgende Zugeständnisse: u. a. Verkündigung eines Ewigen Landfriedens, Schaffung des Reichskammergerichtes und der Reichskreise. Im ganzen scheiterte die zunächst mit der Wahlkapitulation Karls V. fortgesetzte Reichsreform; 2. die territoriale Reorganisation des *Dt. Reiches* nach 1919 sowie die Neuordnung des Verhältnisses zw. Reich und Ländern.

Reichsritterschaft, der niedere Adel in Schwaben, Franken und am Rhein, der sich den Territorien entziehen, eine reichsunmittelbare Stellung erreichen bzw. behaupten konnte und sich im 14./15. Jh. zu Ritterbünden zusammengeschlossen hatte. 1803/06 Mediatisierung.

Reichssicherheitshauptamt, Abk. RSHA, 1939 in Deutschland geschaffene Behörde, Zusammenfassung der Sicherheitspolizei (u. a. Geheime Staatspolizei) und des Sicherheitsdienstes des Reichsführers SS; ab Mitte 1941 auch für die techn. Durchführung der Massenmorde an den Juden zuständig.

Reichsstädte, im MA reichsunmittelbare, dem König unterstehende und ihm zu Diensten und Abgaben verpflichtete Städte. Von diesen R. sind zu unterscheiden die von verschiedenen Reichspflichten befreiten Freistädte *(freie Städte);* freie und R. wurden später vielfach als ›freie R.‹ bezeichnet. Kennzeichen der R. war die Reichsstandschaft. 1803–10 wurden alle R. mediatisiert.

Reichsstände, im Hl. Röm. Reich die Reichsfürsten, Reichsgrafen, Reichsprälaten und Reichsstädte, die im Reichstag vertreten waren.

Reichsstatthalter, 1933 geschaffenes Amt. Die für die dt. Länder ernannten Gauleiter der NSDAP bildeten als ständige Vertreter des Reichskanzlers in ihrem Amtsbezirk Aufsichtsorgane über die Landesregierungen.

Reichstadt, Napoléon Hzg. von (ab 1818; als Kaiser der Franzosen Napoleon II.), eigtl. Napoléon François Bonaparte, * Paris 20. 3. 1811, † Schloß Schönbrunn in Wien 22. 7. 1832. Einziger Sohn Napoleons I. aus dessen Ehe mit Marie Louise.

Reichstag, allg. Bez. für verschiedene Repräsentativorgane mit Legislativfunktion. Im *Hl. Röm. Reich* war die R. die Vertretung der dt. Reichsstände gegenüber dem Kaiser (lat. Comitia imperii, Curia imperialis); entstand aus den Hoftagen, wurde im Zusammenhang mit den Bemühungen um die Reichsreform zur festen Institution; gliederte sich ab 1489 in: Kurfürstenkollegium, Reichsfürstenrat (mit Grafenbänken der. Grafenkuren), Reichsstädtekollegium. Hatte seit dem Spät-MA gewohnheitsrechtl. Kompetenzen betreffend Rechtspflege, Abschluß von Verträgen, Erhebung von Steuern, Veränderung der Reichsverfassung, Entscheidungen über Krieg und Frieden. Ab 1663 tagte der R. als Gesandtenkongreß permanent (›Immerwährender R.‹), i. d. R. in Regensburg; löste sich 1806 auf. Im *Norddt. Bund 1867–71* im *Dt. Reich 1871–1945* war der R. die gewählte Volksvertretung sowie in der *Frankfurter Reichsverfassung von 1849* das vorgesehene Zweikammerparlament. Im Norddt. Bund und im Dt. Reich bis 1918 hatte der R. das Recht zur Gesetzesinitiative und zur Beschlußfassung, ohne daß er das Veto oder die Nichtbehandlung durch den Bundesrat überwinden konnte. Der R. der Weimarer Republik 1919–33 hatte mehr Gesetzgebungskompetenzen und besaß auch die Möglichkeit des Mißtrauensvotums (eingeschränkt durch die Rechte des → Reichspräsidenten); bestand ab Sommer 1933 als Einparteienparlament weiter, dessen Funktion bis 1942 (letzter Zusammentritt) in der Akklamation zu Regierungsakten lag.

Reichstagsbrand, Brand des Reichstagsgebäudes in Berlin am 27. 2. 1933. Die nat.-soz. Presse inszenierte ein Komplott ihn Komplotts der KPD wurde mit dem Freispruch G. M. Dimitrows und E. Torglers im R.prozeß durch das

Reichsinsignien: Heilige Lanze; 51 cm lang, vorkarolingisch oder karolingisch

Reichsgericht (Dez. 1933) prakt. widerlegt. Brandstiftung durch die SA mit Wissen Görings ist nicht bewiesen. Die Alleintäterschaft des zum Tode verurteilten Niederländers Marinus van der Lubbe gilt heute – angesichts der Quellenlage – als weitgehend gesichert. Anlaß für die Notverordnung des Reichs-Präs. vom 28. 2. 1933 (Aufhebung der wichtigsten Grundrechte).

Reichstein, Tadeus, * Włocławek 20. 7. 1897, schweizer. Chemiker poln. Herkunft. Entdeckte unabhängig von E. C. Kendall und P. S. Hench die therapeut. Wirksamkeit des Kortisons und erhielt mit diesen 1950 den Nobelpreis für Physiologie oder Medizin.

Reichsunmittelbarkeit, im Hl. Röm. Reich allen natürl. und jurist. Personen zukommend, die nicht der Landeshoheit eines Fürsten (Landesherrn), sondern nur dem König unterstanden (z. B. Reichsstände, Reichsritterschaft).

Reichsverfassung, Kurzbez. für die Verfassung des dt. Gesamtstaates von 1849, 1871 und 1919 (i. w. S. auch Bez. für die Grundordnung des Hl. Röm. Reiches).

Reichsversicherungsordnung, Abk. RVO, grundlegendes dt. Sozialversicherungsgesetz vom 19. 7. 1911. Nach zahlr. Änderungen gilt sie seit dem 1. 1. 1976 als ein bes. Teil des Sozialgesetzbuchs.

Reichsverweser (Reichsvikar), 1. im Hl. Röm. Reich → Reichsvikariat; 2. der von der Frankfurter Nationalversammlung 1848 bis zur vorgesehenen Kaiserwahl bestellte Inhaber der Zentralgewalt.

Reichsvikariat, im Hl. Röm. Reich die Stellvertretung des Röm. Königs bei Thronvakanz bzw. während seiner Abwesenheit.

Reichswehr, amtl. Bez. für die Streitkräfte des Dt. Reichs 1921–35 (1918–21: Vorläufige R.). Den Oberbefehl über die R. hatte der Reichs-Präs., die Befehlsgewalt über den R.-Min. aus. Die durch den Versailler Vertrag nach Art und Umfang begrenzte Bewaffnung (115 500 Mann einschließl. Marine) und Ausrüstung versuchte die R.führung durch geheime Aufrüstung (Schwarze R.) zu verbessern.

Reichtum, wirtschaftl. Situation einer Person oder Gruppe, in der die Summe verfügbarer Güter und Werte den zur Befriedigung ihrer Bedürfnisse notwendigen Bedarf übersteigt.

Reichwein, Adolf, * Bad Ems 3. 10. 1898, † Berlin-Plötzensee 20. 10. 1944 (hingerichtet), dt. Pädagoge und Kulturpolitiker (SPD). Prof. in Halle/Saale 1930–33; danach Volksschullehrer; als Mgl. des Kreisauer Kreises 1944 verhaftet und zum Tode verurteilt.

Reichweite, 1) *Physik:* die Strecke, die eine Strahlung beim Durchgang durch Materie zurücklegt, bis ihre Energie infolge Wechselwirkung (elast. und inelast. Stöße) mit der Materie aufgebraucht ist. Unter der *Grenzschichtdicke* versteht man diejenige Dicke einer Absorberschicht, die mindestens 99% der einfallenden Strahlung absorbiert. Die Intensität von Neutronen-, Gamma- und Röntgenstrahlen nimmt beim Durchgang durch Materie exponentiell ab; die *mittlere R.* ist diejenige Strecke, die die Strahlung in der Materie zurücklegen muß, bis ihre Intensität auf den e-ten Teil ($1/e \approx 0{,}37$) abgesunken ist. Als Halbwertsdicke wird die Materialdicke bezeichnet, durch die die Strahlungsintensität auf die Hälfte geschwächt ist.

2) *Nachrichtentechnik:* die Entfernung, bei der noch ein ausreichend gutes Empfangssignal vorhanden ist.

3) *Luftfahrt:* bei Luftfahrzeugen die Strecke, die ohne Nachtanken zurückgelegt werden kann.

Reif, Eisablagerung in Form von schuppen-, feder- oder nadelförmigen Eiskristallen; entsteht durch Kondensation von Wasserdampf – ähnlich wie Tau – bei Temperaturen unter 0 °C.

Reifen, die Felge umgebender Teil eines Fahrzeugrades, zum Schutz gegen Abnutzung (z. B.

Stahl-R. von Eisenbahnrädern) bzw. zur Verringerung von Erschütterungen (Vollgummi-R., Luftreifen). Der herkömml. *Luft-R.* (Pneu) besitzt einen Schlauch aus Gummi, der durch ein Ventil mit Luft gefüllt wird und von dem eigentl. R. *(Decke)* umgeben ist. Sein Unterbau, die *Karkasse,* besteht aus mehreren Kordlagen, die im R.wulst um einen Stahlseilkern geschlungen sind; der Wulst wird vom Luftdruck des Schlauchs gegen die Felge gedrückt. Der Unterbau trägt die mit Profilen versehene *Lauffläche (Protektor)* aus Natur- oder Synthesekautschuk. Feine Profile mit scharfen Lamellen sind für glatte Straßen günstiger, da sie Wasser- oder Schmutzschichten besser durchstoßen und so die Rutschsicherheit erhöhen. Grobstollige Profile sind besser für Matsch und Schnee geeignet *(M- und S-Reifen).* Bei *Haftreifen* ist die Lauffläche aus bes. griffigem Gummi.

Nach der Art des *R.unterbaus* unterscheidet man *Diagonal-* und *Radial-R.;* bei der Karkasse des Diagonal-R. sind gummierte Kordgewebelagen so übereinandergelegt, daß die Kordfäden sich kreuzen, bei *Radial-R. (Gürtel-R.)* verlaufen dagegen die Fäden unter einem Winkel von 90° zur Fahrtrichtung. Zwischen diesem Unterbau und der Lauffläche liegt in Form eines fast undehnbaren Gürtels ein Festigkeitsträger aus Textilgewebe *(Textilgürtel-R.),* aus Stahlgewebe *(Stahlgürtel-R.)* oder aus Kunststoffgewebe, der die Lauffläche stabilisiert. Bei *schlauchlosen R.* befindet sich an der Innenseite eine luftdichte Gummischicht, die sog. Innenseele. Die *Kennzeichnung der R.* gibt die wichtigsten Eigenschaften und Abmessungen an. So kennzeichnet z. B. bei der in die Seitenfläche eingeprägten Angabe 5.60–15 4PR die Angabe 5.60 die Breite des R. (in Zoll); der Strich steht für die R.grenzgeschwindigkeit (hier 150 km/h); 15 ist der Durchmesser der Felge (R.größe in Zoll); 4 PR *(Ply-rating-Zahl)* kennzeichnet die Karkassenfestigkeit und damit die Tragfähigkeit des Reifens. Die Größenbez. erfolgt auch in mm (Millimeter-R.), bes. bei Radial-R., oder gemischt in mm und Zoll; z. B.: 155 SR 15 oder 155–380, wobei 155 R.breite in mm, S die Geschwindigkeitsgrenze (hier 180 km/h), der Zusatz R (= Radial) die Gürtelbauweise und 15 bzw. 380 der Felgendurchmesser bedeuten.

Reifeprüfung, frühere Bez. für → Abitur.

Reifeteilung (Reifungsteilung), die beiden aufeinanderfolgenden Kernteilungen (erste und zweite R.); die R. führt zur Bildung von Geschlechtszellen oder Sporen (→ Meiose).

Reihe, 1) *Mathematik:* ein mathemat. Ausdruck der Form

$$\sum_{k=1}^{\infty} a_k = a_1 + a_2 + \ldots + a_n + \ldots$$

Die Theorie der R. läßt sich auf die Theorie der Folgen zurückführen, wenn man die einer R. zugehörigen *Partialsummen* $s_n = a_1 + a_2 + \ldots + a_n$ einführt und die R. als Folge ihrer Partialsummen betrachtet. Man bezeichnet dann eine R. als *konvergente R.,* wenn die Folge ihrer Partialsummen konvergiert, sonst als *divergente Reihe.*

Die *geometr. R.* $\sum_{k=1}^{\infty} q^k$, bei der der Quotient zweier aufeinanderfolgender Glieder konstant ist, ist für beliebige $|q| < 1$ konvergent mit dem Grenzwert $1/(1-q)$.

2) *Musik:* in der *Zwölftontechnik* die für jede Komposition neu gewählte und in ihrer stets beibehaltene Reihenfolge aller 12 Töne des temperierten Systems. Sie regelt die Tonqualitäten; Tonhöhe, Rhythmus und Klangfarbe sind dagegen frei wählbar und werden erst in der seriellen Musik in die vorher festgelegte Anordnung einbezogen. Jede R. hat vier Erscheinungsformen: die Original- oder Grundgestalt

Reiher:
OBEN Fischreiher;
UNTEN Purpurreiher

(G[R]), deren Umkehrung (U), deren Krebs (K) und dessen Umkehrung (KU).

Da jede Erscheinungsform auf 11 verschiedene Tonstufen transponiert werden kann, ergeben sich insgesamt 48 mögl. R.formen.

Reihenmotor, Mehrzylinderverbrennungsmotor, dessen Zylinder in einer Ebene mit der Kurbelwelle angeordnet sind **(Einreihenmotor).** *Mehrreihenmotoren* sind Boxer- oder V-Motoren.

Reihensiedlung, Ort, bei dem die einzelnen Häuser entlang einer Leitlinie (u. a. Straße, Deich, Fluß) angelegt sind.

Reiher (Ardeidae), fast weltweit verbreitete Fam. etwa taubengroßer bis 1,4 m körperlanger Stelzvögel mit rd. 65 Arten an Süßgewässern (seltener Meeresküsten) und in Sümpfen; gut fliegende, z. T. auch segelnde Vögel mit langem Hals, langem, spitzem Schnabel und langen Beinen. Die R. ernähren sich v. a. von Fischen, Lurchen, Insekten und Mäusen. Viele Arten brüten in großen Kolonien, vorwiegend im Schilf, aber auch auf Bäumen. – Hierher gehören u. a.: *Fisch-R.* (Graureiher), etwa 90 cm groß, an Süßgewässern großer Teile Eurasiens; Teilzieher; *Seiden-R.,* etwa 55 cm lang, an Süß- und Brackgewässern Afrikas, S-Europas (bes. Donaudelta und S-Spanien), S-Asiens und Australiens; Teilzieher; *Silber-R.* (Edelreiher), etwa 90 cm lang, in schilfreichen Landschaften der wärmeren alt- und neuweltl. Regionen (nördlichste europ. Brutgebiete: Neusiedler See, Donaudelta); *Kahnschnabel* (Savaku), etwa 50 cm groß, in M- und S-Amerika; *Purpur-R.,* etwa 80 cm groß, in Sümpfen und an Süßgewässern Afrikas und S-Eurasiens (Neusiedler See, Donaudelta).

Reiherschnabel, Gatt. der Storchschnabelgewächse mit rd. 75 Arten in den gemäßigten Zonen Eurasiens und im Mittelmeergebiet; häufiges einheim. Unkraut ist der *Schierlingsreiherschnabel.*

Reim, Gleichklang von Wörtern, meist vom letzten betonten Vokal an (z. B. *singen – klingen*). Die german. Dichtung kannte statt des später geläufig werdenden **Endreims** zunächst nur den *Stab-R.,* bei dem die Stammsilben einer Zeile mit dem gleichen Laut beginnen. Umstritten ist die Herkunft des ahd. Reims. In der dt. Dichtung war der R. nicht von Anfang an ›rein‹. Anfangs genügte der Gleichklang von Endungssilben oder nur teilweise Übereinstimmung der Laute *(Assonanz).* Mit Heinrich von Veldeke (Epik) und Friedrich von Hausen (Lyrik) wurde dann der **reine Reim** (lautl. Übereinstimmung vom letzten betonten Vokal an, z. B. *mein – dein*) zur Regelform. Die geläufige Form der mhd. Versdichtung ist der *R.paarvers* mit dem *Paar-R.* als Bindung (aa bb cc). Dieser durch Endreim bestimmte Vers *(R.vers)* blieb [im Knittelvers] bis heute erhalten. Diese konstituierende Form des R. wurde erst im 18. Jh. in Frage gestellt, als antike Metren nachgebildet und die engl. Blankvers übernommen wurden. Für die volkstüml. Lyrik des 19. Jh. und für die meisten Volkslieder typ. ist der *Kreuz-R.* (abab). Der *umarmende R.* (abba) ist kennzeichnend für die Quartette in Sonetten. Beim *Anfangs-R.* beginnen in 2 Zeilen die ersten Wörter gleich. Der *Binnen-R.* bezeichnet einen R. innerhalb eines Verses sowie andere R.stellungen im Versinnern wie *Schlag-R.* (Reimung zweier aufeinanderfolgender Wörter). Der *Doppel-R.* wird aus 2 aufeinanderfolgenden, selbständig reimenden Wortpaaren gebildet; eine Sonderform ist der *Schüttel-R.,* bei dem die Anfangskonsonanten der am R. beteiligten Wörter [oder auch Silben] ausgetauscht werden, so daß eine neue sinnvolle Wortfolge entsteht.

Reimann, 1) Aribert, * Berlin 4. 3. 1936, dt. Komponist und Pianist. Zunächst an Webern, Berg und ind. Musik orientiert, gab um 1967 die serielle Kompositionsweise auf; u. a. Literaturopern (›Ein Traum-

spiel‹, nach A. Strindberg, 1965; ›Melusine‹, nach Y. Goll, 1971; ›Lear‹, nach Shakespeare, 1978; ›Die Gespenstersonate‹, nach Strindberg, 1984), Ballette (›Die Vogelscheuchen‹, Libretto G. Grass, 1970), Orchester-, Kammer-, Klavier- und Orgel- sowie Vokalwerke.

2) Hans, * Leipzig 18. 11. 1889, † Großhansdorf bei Ahrensburg 13. 6. 1969, dt. Schriftsteller. Schrieb v. a. Grotesken, Satiren, Feuilletons; 1924–29 Hg. der satir. Zeitschrift ›Das Stachelschwein‹.

Reimarus, Hermann Samuel, * Hamburg 22. 12. 1694, † ebd. 1. 3.1768, dt. Philosoph. Vertrat eine auf Vernunft gegr. natürl. Religion. Mit seiner ›Apologie oder Schutzschrift für die vernünftigen Verehrer Gottes‹ (von G. E. Lessing teilweise u. d. T. ›Fragmente eines Wolfenbüttelschen Ungenannten‹ [sog. **Wolfenbütteler Fragmente**] veröffentlicht). Vorläufer der Bibelkritik und der histor.-krit. Leben-Jesu-Forschung.

Reims [raims, frz. rɛ̃:s], Hauptstadt der frz. Region Champagne-Ardenne, an der Vesle, 182 000 E. Univ.; Museen; Hauptort der Champagne; u. a. metallverarbeitende Werke, Champagnerkellereien. Galloröm. Triumphbogen (2./3. Jh.), Reste des röm. Amphitheaters; hochgot. Kathedrale (1211 ff., um 1300 vollendet); ehem. Abteikirche Saint-Remi (um 1165 ff. umgestaltet), barockes Rathaus (um 1630).

Geschichte: Durocortorum, Stadt der belg. Remer, war Hauptstadt der röm. Prov. Gallia Belgica; seit etwa 290 Bischofs-, später Erzbischofssitz; die Erzbischöfe von R. hatten ab 1179 das ausschließl. Recht, die Könige zu krönen. – Am 7. 5. 1945 wurde im Hauptquartier General Eisenhowers in R. von Generaloberst Jodl die Gesamtkapitulation der dt. Wehrmacht unterzeichnet.

Reinbek [...be:k], Stadt am östl. Stadtrand von Hamburg, Schl.-H., 24 200 E. U. a. Maschinenbau, Verlag. – 1952 Stadtrecht.

Reineclaude [rɛ:nə'klo:də], svw. Reneklode (→ Pflaumenbaum).

Reineke Fuchs, Tierepos, das sich im MA aus antiken Tierfabeln und -epen sowie heim. Tradition entwickelte. Der altfrz. ›Roman de Renart‹ (zw. 1175 und 1250) ist eine Parodie auf den höf. Lebensstil mit dem Fuchs als triumphierendem Helden; danach schuf Heinrich der Glichesaere den mhd. Versroman ›Reinhart Fuchs‹; in der niederl. Literatur ist ›Reinaert‹ vom 13.–15. Jh. mehrfach erweitert; bes. bekannt ›Reinke de Vos‹ (gedruckt 1498) sowie Goethes Hexameterepos ›Reineke Fuchs‹ (1794).

Reinerbigkeit, svw. → Homozygotie.

Reingewinn, Überschuß der Aktivposten über die Passivposten oder der Erträge über die Aufwendungen, nach Abschreibungen, Wertberichtigungen, Rückstellungen und Rücklagen.

Reinhardswald, zw. Münden und Bad Karlshafen gelegener Gebirgszug des Weserberglandes, bis 472 m hoch.

Reinhardt ['rainhart, frz. rɛj'nart], **1)** Django, eigtl. Jean Baptiste R., * Liverchies (Belgien) 23. 1. 1910, † Fontainebleau 16. 5. 1953, frz. Jazzmusiker (Gitarrist). Zigeuner, gründete 1934 das ›Quintette du Hot Club de France‹. 1946 spielte er bei Duke Ellington; wirkte mit außerordentl. Virtuosität stilbildend für die Entwicklung des Gitarrenspiels.

2) Max, eigtl. M. Goldmann, * Baden bei Wien 9. 9. 1873, † New York 30. 10. 1943, österr. Schauspieler und Regisseur. Wurde 1894 von O. Brahm als Schauspieler an das Dt. Theater in Berlin engagiert; ab 1905 Leiter des Dt. Theaters (Aufführungen zeitgenöss. Dramatiker, Neugestaltung der Klassiker und des antiken Dramas, bed. Shakespeare-, auch Opernszenierungen) sowie ab 1924 der Komödie am Kurfürstendamm und des Theaters in der Josefstadt Wien; 1920 Mitbegründer der Salzburger Festspiele (u. a. In-

Reiherschnabel: Schierlingsreiherschnabel

Django Reinhardt

Max Reinhardt

szenierung des ›Jedermann‹); emigrierte 1933, lebte ab 1938 in den USA; gehört zu den Regisseuren, die das Theater des 20. Jh. geprägt haben.

Reinheit, 1) *Religionsgeschichte:* urspr. kult. Bedingung für die Kontaktaufnahme mit dem Numinosen, für das Betreten des Tempels, insbes. des Allerheiligsten; sie wird erreicht durch das rituelle Bad oder durch Teilwaschungen.

2) *Chemie:* (chemische R.) Bez. für die *Beschaffenheit von chem. Substanzen* bezügl. des Gehaltes an Fremdsubstanzen, der ihre Verwendungsmöglichkeiten stark beeinflußt. Man unterscheidet zw. verschiedenen *R.graden:* u. a. roh, techn. rein, reinst, chem. rein (analysenrein, pro analysi [Abk. p. a.]) und spektralrein.

Reinig, Christa, * Berlin 6. 8. 1926, dt. Schriftstellerin. Seit 1964 in der BR Deutschland; schreibt Lyrik, u. a. ›Die Steine von Finisterre‹ (1960), ›Schwabinger Marterln‹ (1968) und Prosa, u. a. ›Die himml. und die ird. Geometrie‹ (R., 1975), ›Die ewige Schule‹ (En., 1982), ›Die Frau im Brunnen‹ (1984).

Reinkarnation [re-ın...] →Seelenwanderung.

Reinken (Reincken), Johann Adam (Jan Adams), * Wildeshausen 26. 4. 1623, † Hamburg 24. 11. 1722, dt. Organist und Komponist; gründete 1678 mit J. Theile die Oper am Gänsemarkt.

Reinkultur, 1) *Landwirtschaft:* (Reinanbau) der Anbau einer einzigen Nutzpflanzenart auf einer bestimmten Anbaufläche im Rahmen einer Fruchtfolge oder der Monokultur.

2) *Mikrobiologie:* eine auf oder in einem Nährboden gezüchtete Bakterienkultur oder Kultur von Pilzen, einzelligen Algen und Protozoen, die auf ein Individuum oder sehr wenige Individuen einer Art oder eines Stamms zurückgeht.

Reinmar (Reimar) **der Alte** (R. von Hagenau), mhd. Minnesänger der 2. Hälfte des 12. Jh.; Meister der hohen Minnelyrik.

Reinshagen, Gerlind, * Königsberg 4. 5. 1926, dt. Schriftstellerin. Bekannt v. a. als Dramatikerin (u. a. ›Himmel und Erde‹, UA 1974; ›Sonntagskinder‹, UA 1976; ›Eisenherz‹, UA 1982), auch Hörspiele und Prosa (u. a. ›Rovinato oder Die Seele des Geschäfts‹, R., 1981; ›Zwölf Nächte‹, 1989).

Reinvestition [re-ın...] (Ersatzinvestition), Summe aller im Laufe einer Periode in einer Volkswirtschaft durchgeführten Investitionen, die der Instandhaltung und Erneuerung des im Produktionsprozeß eingesetzten Kapitals dienen.

Reinzucht, in der Tierzüchtung seit Mitte des 19. Jh. übliche Zuchtmethode der Auslesezüchtung. I. w. S. versteht man unter R. die Paarung ausgelesener Tiere gleicher Rasse, i. e. S. die Paarung ausgelesener, von den gleichen Elterntieren abstammender Tiere der gleichen Rasse mit dem Ziele größerer Erbgleichheit und Leistung.

Johann Philipp Reis

Reis, Johann Philipp, * Gelnhausen 7. 1. 1834, † Friedrichsdorf 14. 1. 1874, dt. Physiker. Konstruierte das erste Gerät zur Tonübertragung (›Telephon‹).

Reis [griech./lat.] (Oryza), Gatt. der Süßgräser mit rd. 20 Arten in allen wärmeren Gegenden. Die wirtschaftl. bedeutendste Art setzt eine bis 1,50 m hohe, einjährige Kurztagpflanze mit langen, breiten Blättern und bis 30 cm langer Rispe mit einblütigen Ährchen, letztere mit kahnförmigen, harten Deckspelzen *(R.schalen).* Die miteinander verwachsene Frucht- und Samenschale der Früchte bilden zusammen mit der Aleuronschicht das weiß- bis violettgefärbte *Silberhäutchen.* – Neben Mais und Sorghumhirse ist R. die wichtigste Getreidepflanze der Tropen und z. T. auch der Subtropen, für mehr als die Hälfte der Menschen ist er das Hauptnahrungsmittel. Die wirtschaftl. wichtigsten Formen der R. sind die mit künstl. Bewässerung im Terrassenfeldbau oder mit natürl.

Überstauung (durch Ausnutzung des Monsunregens) in den Niederungen angepflanzte *Sumpf-R. (Wasser-R.)* sowie die anspruchslosen Sorten des *Berg-R. (Trocken-R.),* die bis in Höhen von 2 000 m angebaut werden und nur das Regenwasser benötigen. – Vom Einsetzen der Gelbreife an wird der R. von Hand oder maschinell geerntet. Zur weiteren Verarbeitung kommt der gedroschene R. in R.mühlen, wo er für den Handel entspelzt wird *(geschälter R.).* In den Verbrauchsländern wird der R. in Spezialmühlen geschliffen (Entfernen des Silberhäutchens, dadurch Verlust von Eiweiß, Fett und wichtigen Vitaminen), poliert oder gebürstet (geglättet). Aus R.abfällen wird u. a. *R.stärke* gewonnen, die in der Lebensmittel-, Textil- und Kosmetik-Ind. verarbeitet wird. Weiterhin werden aus R. alkohol. Getränke wie Arrak und →Reiswein hergestellt. Das *R.stroh* wird in den Anbauländern v. a. als Viehfutter und Streu genutzt. – Die Welternte an R. betrug 1987 rd. 462 Mio. Tonnen. – Der vermutl. im trop. Südasien heim. R. wurde schon im 4. Jt. v. Chr. in Thailand und im 3. Jt. v. Chr. in S-China in Monokultur angebaut. Im frühen 1. Jt. v. Chr. gelangten Kenntnisse des R.anbaus von Indien über Persien zum Zweistromland, wo ihn die Griechen während des Alexanderzugs (4. Jh. v. Chr.) übernahmen.

Reisbranntwein →Arrak.

Reisegewerbe (ambulantes Gewerbe, Hausierhandel), genehmigungsbedürftiges Gewerbe, das außerhalb der Räume der gewerbl. Niederlassung eines Unternehmens oder ohne eine solche Niederlassung ausgeübt wird, wobei ohne vorherige Bestellung Waren oder gewerbl. Leistungen angeboten, Bestellungen hierauf aufgenommen, Waren angekauft oder Schaustellungen, Musikaufführungen u. ä. ohne höheres künstler. oder wiss. Interesse dargeboten werden.

Reisekrankheit →Bewegungskrankheit.

Reiseliteratur, der Begriff bezeichnet ein Genre, das (in Europa seit der Antike) quer durch die Jh. eine außerordentl. Produktivität aufweist: 1. *Reiseführer* mit sachl. Informationen (seit dem 3. Jh. v. Chr. verfaßte Fremdenführer, sog. *Periegeten,* mit Beschreibungen von Städten, Ländern und Sehenswürdigkeiten als Vorläufer der modernen Reisehandbücher); 2. *wiss. Reisebeschreibungen* (z. B. A. von Humboldt, G. Forster, S. Hedin); 3. *literar. Reisebeschreibungen* bzw. *Reiseberichte* (u. a. Marco Polo; Goethe, ›Italien. Reise‹, 1829; H. Heine, ›Harzreise‹, 1826; Th. Fontane, ›Wanderungen durch die Mark Brandenburg‹, 1862–82); 4. der (fiktionale) *Reiseroman* (u. a. L. Sterne, ›Yoricks empfindsame Reise durch Frankreich und Italien‹, 1768; J. von Eichendorff, ›Aus dem Leben eines Taugenichts‹, 1826; C. Sealsfield, R. Kipling, J. Conrad, H. Böll, J. Kerouac) umfaßt verschiedene Typen, u. a. den *abenteuerl.* R. (→Abenteuerroman), den *phantast.* oder *utopisch-satir.* R. (u. a. Grimmelshausen, ›Der fliegende Wandersmann nach dem Mond‹, 1650; J. Verne, J. Swift) sowie die sog. *Lügendichtung* (K. F. H. von Münchhausen).

Reisescheck (Travellerscheck), scheckähnl. Zahlungsmittel im internat. und nat. Reiseverkehr.

Reisige, im MA schwerbewaffnete Krieger.

Reiskäfer, weltweit verschleppter, 2,5–3,5 mm langer flugfähiger Rüsselkäfer; Vorratsschädling.

Reismelde (Hirsenmelde, Reisspinat), in den Hochanden kultiviertes Gänsefußgewächs, dessen Samen zu Mehl verarbeitet werden.

Reißbrett, Zeichenbrett, für techn. Zeichnungen unter Zuhilfenahme der *Reißschiene,* eines flachen Lineals mit Queranschlag zum Verschieben entlang der R.kanten.

Reißen, Übung des →Gewichthebens.

Reißleine, Aufziehleine beim Fallschirm.

Reißmaschine (Reißwolf), Maschine zum Zerfasern von Textilabfällen, um aus ihnen verspinnbare Fasern *(Reißspinnstoffe)* oder kurze Fasern, die u. a. als Polstermaterial verwendet werden *(Reißfüllstoffe)*, zu gewinnen.

Reißnadel, an der Spitze gehärtete Stahlnadel zum Einritzen (›Anreißen‹) von Zeichen in Metall.

Reißwolf, svw. → Reißmaschine.

Reißzähne, zw. den Lückenzähnen und den Höckerzähnen des Gebisses der Raubtiere stehende Zähne; haben Scherenwirkung.

Reißzeug, Zeichengeräte; Satz von Reißfedern und Zirkeln.

Reiswein (Sake), aus geschälten Reiskörnern unter Verwendung einer aus Schimmelpilzen gewonnenen Substanz vergorenes (12–17 Vol.-% Alkohol), sherryähnl. schmeckendes Getränk.

Reisz, Karel [tschech. rɛjs], * Mährisch-Ostrau (heute Ostrava) 21. 7. 1926, engl. Filmregisseur tschech. Herkunft. Bes. bekannt sind seine Literaturverfilmungen ›Samstagnacht bis Sonntagmorgen‹ (1960; Roman und Drehbuch von A. Sillitoe), ›Die Geliebte des frz. Leutnants‹ (1981; nach dem Roman von J. Fowles) sowie ›Everybody wins‹ (1990).

Reit im Winkl, Luftkur- und Wintersportort in den Chiemgauer Alpen, Bayern, 2 600 E.

Reitsch, Hanna, * Hirschberg i. Rsgb. (Riesengebirge) 29. 3. 1912, † Frankfurt am Main 24. 8. 1979, dt. Fliegerin.

Reitsport, umfaßt die Disziplinen Dressur-, Spring- (bzw. Jagd-) und Vielseitigkeitsreiten sowie Freizeitreiten, ergänzt durch Fahrsport; hinzu kommen als Teil des Pferdesports Galopp- und Trabrennsport sowie → Polo.

Dressurreiten bildet die Grundlage für alle Disziplinen und zeigt sich vollendet in der Hohen Schule. Der Dressurplatz ist ein rechteckiges Viereck, 20 × 40 m oder 20 × 60 m groß. Im *Springreiten* haben die startenden Pferde auf einem vorgeschriebenen Kurs im Parcours je nach Schwierigkeitsklasse eine bestimmte Anzahl verschieden hoher und breiter Hindernisse innerhalb einer beschränkten Zeit zu überspringen. Das *Vielseitigkeitsreiten (Military)* umfaßt Dressurprüfung (mindestens 19 Lektionen auf einem Viereck von 20 × 60 m), Geländeritt (auf 3 Weg- und einer Querfeldeinstrecke) und Jagdspringen (Parcourslänge 700–900 m, 10–12 Sprünge) an 3 aufeinanderfolgenden Tagen. Beim *Galopprennen* laufen insbes. Vollblutpferde; es wird unterschieden in Flachrennen, die je nach Distanz über Flieger- (1 000–1 400 m), Mittel- (1 600–2 000 m) oder Steherstrecken (bis 4 800 m) und *Hindernisrennen,* die entweder als *Hürdenrennen* über versetzbare Hindernisse oder als *Jagdrennen* über feste Hindernisse (Hochsprünge und Gräben) ausgeschrieben sind. Neben Zuchtrennen veranstalten die Rennvereine u. a. *Altersgewichtsrennen,* in denen die Pferde entsprechend ihrem Alter mit unterschiedl. Gewicht laufen, *Ausgleichsrennen,* in denen Pferde aller Leistungs- und Altersstufen mit unterschiedl. festgelegter Masse laufen und *Verkaufsrennen,* bei denen das Gewicht, das ein Pferd trägt, außer vom Alter, Geschlecht und von der Nationalität auch von der Höhe des vorher zu nennenden Verkaufspreises abhängt. *Trabrennen* werden mit speziell gezüchteten, im Trab laufenden Pferden veranstaltet, meist einspännig vor dem einachsigen, gummibereiften Sulky. Die Rennstrecke beträgt je nach Ausschreibung 1 100–4 200 m. *Fahrsport* (auch *Fahren*) umfaßt Gebrauchsprüfung für Ein-, Zwei- und Mehrspänner, Dressurprüfungen und Hindernisfahren für Zwei-, Vier- und Mehrspänner.

Reitstock, Teil der Drehbank.

Reitz, Edgar, * Morbach bei Bernkastel-Kues 1. 11. 1932, dt. Filmregisseur. Mit ›Heimat‹ gelang ihm ein Meisterwerk in 11 Teilen (gedreht 1981–84); drehte u. a. mit 10 Mitregisseuren (u. a. A. Kluge, R. W. Fassbinder, V. Schlöndorff) ›Deutschland im Herbst‹ (1978; Drehbuch H. Böll).

Reiz (Stimulus), jede Veränderung außerhalb *(Außen-R.)* oder innerhalb *(Organ-R.)* eines Organismus, die eine Erregung auslöst bzw. eine Empfindung verursacht oder eine Reaktion (z. B. einen Reflex) bewirkt. Die Fähigkeit, auf R. zu reagieren, ist eine Grundeigenschaft lebender Systeme. Die für ein Sinnesorgan gemäße Form des R. wird als *adäquater Reiz* bezeichnet. Von einem *unterschwelligen R.* spricht man, wenn die R.energie zur Auslösung einer Erregung nicht ausreicht. Überschreitet der R. eine bestimmte Intensität, wird er als Schmerz empfunden.

Reis:
Erntereife Rispe

Reizaufnahme, 1) *Biologie:* (Rezeption) bei Menschen und Tieren die Aufnahme der als Reiz wirkenden Energie z. B. durch die Rezeptoren der Sinneszellen mit dem sich anschließenden Vorgang der Umwandlung in die Energieform einer Erregung. **2)** *Biochemie:* (Suszeption) bei Pflanzen chem.-physikal. Zustandsänderungen in reizempfindl. Zellsystemen, die dem Erregungsprozeß mit seinen physiolog. Abläufen (Bewegungen u. a.) vorangehen.

Reizker, svw. → Milchlinge.

Reizkörperbehandlung (Reizkörpertherapie), Hervorrufung einer unspezif. [Immun]reaktion durch Injektion von Reizstoffen (z. B. Eigenblut, körpereigenes oder -fremdes Eiweiß) oder einer spezif. [Herd]reaktion durch Vakzine (Tuberkulin, Trichophytin) oder fieber- bzw. leukozytoseauslösenden Mitteln.

Reizleitungssystem (Erregungsleitungssystem), die aus umgewandelten, bes. glykogenhaltigen Muskelfasern bestehende, für die Überleitung und Ausbreitung der Erregung zuständige Verbindung zw. dem rechten Vorhof und den beiden Kammern des Herzens.

Reizschwelle, 1) (absolute R.) derjenige Wert auf einem Reizkontinuum, unterhalb dessen kein Reiz mehr wahrgenommen wird oder keine Reaktion mehr erfolgt. **2)** (relative R., Unterschiedsschwelle) Wahrnehmungsschwelle, von der an zwei nur wenig verschieden starke Reize vom selben Sinnesorgan nicht mehr als gleich empfunden werden.

Reizstoffwaffen, Schußwaffen, aus denen Reizstoffe abgegeben werden können (Sprühgeräte wie z. B. die → chemische Keule sind keine R. im Sinne des Waffengesetzes), v. a. die *Gaspistole.*

rekapitulieren [lat.], (noch einmal) zusammenfassen, wiederholen.

Reklame [lat.-frz.], → Werbung.

reklamieren [lat.-frz.], 1. zurückfordern, für sich beanspruchen; 2. beanstanden.

Reklusen [lat.], svw. → Inklusen.

Rekombination, 1) *Physik:* (Wiedervereinigung) die Vereinigung von elektr. entgegengesetzt geladenen Teilchen zu einem neutralen Gebilde, z. B. von Elektronen und Defektelektronen in Halbleitern. **2)** *Chemie:* die Vereinigung von zuvor gebildeten Radikalen. **3)** *Genetik:* die Neukombination der Gene, wodurch bei einem Nachkommen verschiedene einzelne Eigenschaften der Eltern in einer neuen Konstellation erscheinen. Der einfachste Vorgang einer R. ist die Zufallsverteilung ganzer Chromosomen bzw. Kopplungsgruppen von Genen während der Reduktionsteilung der Meiose. Die eigtl. genet. R. führt dagegen zu einem Genaustausch (Crossing-over, → Faktorenaustausch) zw. den Chromosomen.

Reiskäfer

Rekonstruktion, Wiederherstellung, Nachbildung, Nachvollzug [eines Ablaufs]; auch deren Ergebnis.

Rekonstruktionismus, svw. → Reconstructionism.

Rekonvaleszent [lat.], Genesender, im Stadium der *Rekonvaleszenz* (Genesung) Befindlicher.

Rekonziliation [lat.], im *kath. Kirchenrecht:* 1. Versöhnung eines mit einer Kirchenstrafe Belegten; 2. erneute Weihe einer entweihten Kirche o. ä.

Rekrut [frz.], Soldat in der ersten Phase der Ausbildung.

rektal [lat.], (Medizin) zum Mastdarm gehörend, den Mastdarm betreffend; durch den Mastdarm, im Mastdarm erfolgend.

Rektaszension [rɛkt-as...; lat.] (gerade Aufsteigung), Abk. AR (lat. ascensio recta), eine der beiden Koordinaten im äquatorialen astronom. Koordinatensystem.

Rektifikation [lat.], die Bestimmung der Bogenlänge einer Kurve. Als *R. des Kreises* bezeichnet man speziell die Konstruktion einer geradlinigen Strecke, deren Länge gleich dem Umfang des gegebenen Kreises ist. Wegen der Transzendenz von π ist dies unter alleiniger Verwendung von Zirkel und Lineal nicht durchführbar.

Rektor [lat.], 1) Leiter einer Grund-, Haupt-, Real- oder Sonderschule.
2) (Rector magnificus) traditionell der oberste Repräsentant einer wiss. Hochschule; Vors. des bei der *Rektoratsverfassung* die akadem. Selbstverwaltung der Hochschule leitenden Kollegiums (Senat). → Präsident.

Rektoskop [lat./griech.] → Endoskope.

Rektum [lat.] (Mastdarm) → Darm.

Rekuperator, Wärmetauscher aus 2 parallelen dünnwandigen Röhrensystemen. In einem System strömt das Wärme- oder Kühlmittel, im anderen das zu erwärmende oder zu kühlende Gut.

Rekursion [lat.], die Zurückführung einer zu definierenden Größe oder Funktion auf eine (oder mehrere) bereits definierte.

Relais [rəlɛː; frz.], Schaltorgan, das mit geringer Steuerleistung eine relat. hohe Arbeitsleistung schaltet; Schaltung *magnetisch* mittels Elektromagneten, *therm.* mittel Bimetallstreifen, *elektrostat.* mittels Aufladung durch hohe Steuerspannungen, *elektromechan.* mittels eines Drehspulsystems od. *elektron.* mittels Transistoren u. a. in geeigneter Schaltung. Zum fernbedienten Schalten hoher Ströme am Ort des Verbrauchers dienen sog. **Schütze (Schaltschütze).**

Relaisstation [rəˈlɛː], Sendestation, die eine (ihr z. B. über Richtfunk zugestrahlte) Sendung aufnimmt und nach Verstärkung wieder ausstrahlt.

Relation [lat.], 1) *allgemein:* wechselseitige Beziehung, Zuordnung.
2) *Mathematik:* jede Teilmenge eines kartes. Produkts von Mengen (→ Mengenlehre), i. w. S. jede Beziehung zw. mathemat. Größen.

relativ [lat.], auf etwas bezogen, bedingt, verhältnismäßig.

Relativadverb (bezügl. Umstandswort), Adverb, das einen → Relativsatz einleitet; im Dt. z. B. *wo, wann, wie, wesegen.*

Relativismus [lat.], philos. Denkhaltung, die die Berechtigung universalgült. Aussagen grundsätzlich in Frage stellt.

Relativitätstheorie, die von A. Einstein begründete physikal. Theorie der Struktur von Raum und Zeit, die neben der Quantentheorie die bedeutendste der im 20. Jh. entwickelten physikal. Theorien ist.
Spezielle Relativitätstheorie: Bewegt sich ein kräftefreier Körper in einem Bezugssystem geradlinig und gleichförmig, so nennt man ein solches System ein *Inertialsystem.* Es gibt für jeden kräftefreien Körper ein Inertialsystem, in dem er als ruhend erscheint *(Ruhsystem).* Die Grundannahmen der speziellen R.

sind: 1. Es gibt kein ausgezeichnetes Inertialsystem. Alle Inertialsysteme sind gleichwertig. 2. In allen Inertialsystemen breitet sich das Licht geradlinig aus, die Lichtgeschwindigkeit im Vakuum hat in allen Systemen denselben Wert *(Konstanz der Lichtgeschwindigkeit).* Als wichtigste Folgerung der speziellen R. ergaben sich: 1. Zwei in einem Inertialsystem gleichzeitige Ereignisse sind in einem anderen Inertialsystem nicht mehr gleichzeitig. 2. Ein Signal kann sich höchstens mit Lichtgeschwindigkeit c ausbreiten. 3. Ist τ die Periode einer Uhr im Ruhsystem, dann beobachtet ein mit der Geschwindigkeit v bewegter Beobachter die Periode dieser Uhr zu

$$\tau' = \tau/\sqrt{1 - v^2/c^2},$$

d. h., er stellt eine Zeitdehnung *(Zeitdilatation)* fest. 4. Werden die Lagen zweier in einem bewegten System fester Punkte von einem Ruhsystem aus gleichzeitig gemessen, so verkürzt sich die Länge l ihres Abstandes im bewegten System auf

$$l' = l \cdot \sqrt{1 - v^2/c^2},$$

gemessen im Ruhsystem *(Längenkontraktion).* 5. Für die träge Masse m eines mit der Geschwindigkeit v bewegten Teilchens bzw. Körpers gilt

$$m = m_0/\sqrt{1 - v^2/c^2},$$

wobei m_0 die Ruhmasse des Teilchens ist. 6. Jeder Energie E entspricht eine Masse m und umgekehrt *(Energie-Masse-Äquivalenztheorem;* → Einstein-Gleichung).

Allgemeine Relativitätstheorie: An die Stelle von Inertialsystemen treten in der allg. R. beschleunigte Bezugssysteme. Dabei kann die Kraft, die infolge von Gravitation auf einen Körper einwirkt, als Trägheitskraft in einem beschleunigten Bezugssystem angesehen werden. Einstein stellte neben das Prinzip von der Gleichheit der schweren und trägen Masse das *lokale Äquivalenzprinzip:* In jedem genügend kleinen Raum-Zeit-Gebiet kann durch Einführung neuer Koordinaten ein sog. *lokal inertiales Bezugssystem* angegeben werden, in dem sich ein nur der Gravitation unterworfener Massenpunkt gleichförmig und geradlinig bewegt. Demnach sind Trägheitskräfte nicht von Gravitationskräften zu unterscheiden. Die allg. R. ist v. a. für die Vorstellung vom Aufbau des Universums von Bedeutung.

Relativpronomen (bezügliches Fürwort) → Pronomen.

Relativsatz, Nebensatz, der durch ein Relativpronomen oder Relativadverb eingeleitet wird.

Relaxation [lat.], 1) *Physik:* das zeitl. Zurückbleiben einer Wirkung hinter der Ursache, insbes. das sich infolge von Reibung verzögerte Einstellen eines Gleichgewichtszustandes.
2) *Chemie:* die Wiederherstellung eines chem. Gleichgewichts nach vorausgegangener Störung (z. B. durch Druck- oder Temperaturänderung).
3) *allgemein:* Erschlaffung, Entspannung (insbes. der Muskulatur).

Releaserfaktoren [rɪˈliːzər; engl./lat.] (R-Faktoren, Releasingfaktoren, Freisetzungshormone), im Hypothalamus (→ Gehirn) gebildete Neurosekrete, die die Produktion und Freigabe der Hypophysenvorderlappenhormone steuern.

Relegation [lat.], Verweisung eines Studierenden von der Hochschule.

relevant [lat.-frz.], bedeutsam, wichtig, Ggs. → irrelevant.

Relief [lat.-frz.], Gatt. der Bildhauerkunst, die an eine Hintergrundfläche gebunden ist. Je nach Höhe unterscheidet man Flach- oder Bas-R., Halb- und Hochrelief. An altmesopotam. und ägypt. Bauten reihen sich R. in dichter Folge. Die griech. Tempelbaukunst bindet sie an die Metopen (dor. Tempel) und an den Fries (ion. Tempel). Phidias gilt als Schöpfer des klass. griech. R. mit virtuos angewandter Verkürzung, Schrägstellung und Staffelung (Parthenon, um 440 v. Chr.), weitergeführt in der hellenist. Plastik (Pergamonaltar). In der röm. Kunst wurden Triumphbögen, Sarkophage und Säulen (Trajanssäule) mit R. verziert, auch Elfenbeinarbeiten; fortgesetzt in der frühchristl. Kunst in flachem und statuarischem Stil. Im frühen MA Goldschmiedearbeiten, Bronzetüren (bernwardin. Kunst) und Grabplatten (Anfänge im 11. Jh.), seit dem 12. Jh. an Tympanon (u. a. Vézelay, Chartres, Straßburg), Kapitell und Taufbecken, seit dem 13. Jh. auch an den Chorschranken (Naumburger Lettner) und Kanzeln (A. und N. Pisano). L. Ghiberti und Donatello entwickelten im 15. Jh. das maler. R., bei dem die Hintergrundfläche perspektiv. aufgelöst erscheint. Die maler. Tendenzen verstärken sich in der Barockzeit. In der Moderne haben zahlr. Bilder, Collagen und Objekte (Materialmontagen, Assemblagen) R.charakter.

Relief: Grabplatte einer ägyptischen Prinzessin; um 2680 v. Chr. (Sakkara, Archäologisches Museum)

Reliefumkehr, geomorpholog. Erscheinung, bei der tekton. Bau und Landschaftsbild nicht übereinstimmen, wenn z. B. geolog. Mulden und Gräben Erhebungen bilden.

Religion [lat.], Begriff, der eine Fülle histor. Erscheinungen bezeichnet, denen ein spezif. Bezug zw. dem transzendenten Heiligen in personaler Gestalt einer oder mehrerer Gottheiten bzw. als unpersönl. Macht einerseits und den Menschen andererseits in einer deren Verhalten normativ bestimmenden Weise zugrunde liegt. Je nach der Art, in der das Heilige objektiviert, unterscheidet man u. a. Offenbarungs-R., prophet. R. oder myst. Religionen. Religiöse Vorstellungen beziehen sich auf Gottesbild, Geschichtsschau, Jenseitsglauben und bes. auf den Aufweis eines neuen Heilsweges und die damit verbundenen eth. Forderungen und kult. Verpflichtungen (Gebet, Kult, Opfer u. a.). Jeder R. eignet eine die Gesellschaft strukturierende Kraft, die zur Organisation von Gemeinden, Kirchen oder Orden und bis zur Identifikation der R. mit dem Staat führen kann (Sakralkönigtum). Jede R. manifestiert sich in profanen Erscheinungsformen, die durch sie geheiligt werden, z. B. hl. Stätten, hl. Zeiten und Feste. Die Beziehung zw. R. und Kultur, bes. Kunst (→ Bild, → Symbol) ist vielfältig.

Religionsedikt, staatl. Erlaß bes. zur Regelung der eingeschränkten oder freien Religionsausübung, z. B. die Mailänder Edikte (313), das Edikt von Nantes (1598).

Religionsgeschichte, der histor. Ablauf einzelner bzw. aller Religionen sowie deren wiss. Erforschung.

Religionsgespräch, seit der → Reformation Gespräch über christl. Bekenntnisfragen.

Religionskriege (Glaubenskriege), aus religiösen Gründen geführte Kriege; z. B. die Konfessionskriege des 16. und 17. Jh. in Europa.

Religionskritik, die krit. Auseinandersetzung mit den Grundlagen und grundlegenden (dogmat.) Aussagen der Religionen, ihrem Wahrheitsanspruch und ihrer Funktion für den einzelnen, bes. bei der Rechtfertigung von Macht und Gewalt und der Normen der Ethik und des Rechts.

Religionsphilosophie, philos. Disziplin, deren Gegenstand die Begriffs- und Wesensbestimmung der Religion ist, auch die wiss. Reflexion der Bedingungen, Möglichkeiten und Grenzen von Aussagen der Religion[en] und über die Religion[en].

Religionsunterricht, in der BR Deutschland im Grundgesetz (Artikel 7) als ordentl. Lehrfach in öffentl. Schulen (Ausnahme: bekenntnisfreie Schulen) rechtl. abgesichert. Teilnahmepflicht bis zur *Religionsmündigkeit* (14. Lebensjahr). Für Schüler, die keiner Religionsgemeinschaft oder einer solchen angehören, die keinen schul. R. erteilt, wird möglichst Ethik- bzw. Philosophieunterricht oder das Fach Religionskunde eingerichtet.

Religionswissenschaft, wiss. Disziplin (mit vielen Teilbereichen), deren Aufgabe die empir. und/oder histor.-philolog. Erforschung sämtl. Religionen, ihrer Erscheinungsformen und ihrer Beziehungen zu anderen Lebensbereichen ist.

Religiosen [lat.], nach *kath. Kirchenrecht* die Angehörigen des Ordensstandes.

Relikt [lat.], Überbleibsel.

Reling, offenes Geländer am Rand eines Schiffsdecks.

Reliquiar [lat.], kostbarer Behälter für → Reliquien; neben Medaillons, Kästchen, Kreuzen, Figuren, Büsten oder Köpfen ist die wichtigste Form der *Reliquienschrein* (z. B. der → Dreikönigenschrein).

Reliquie [...i-ə; lat.], in der Religionsgeschichte Gegenstand bes. Form der Heiligenverehrung, meist Gebeine, Asche, Kleider oder Gebrauchsgegenstände von Heiligen. – Kunstgeschichtl. wurde die R. bedeutsam durch mittelalterl. R.hüllen aus kostbaren Stoffen sowie → Reliquiare.

Rem, Abk. für engl. **R**oentgen **e**quivalent **m**an, Einheit der Äquivalentdosis radioaktiver Strahlen, Einheitenzeichen **rem**; 1 rem hat die gleiche biolog. Wirkung wie 1 Röntgen; in der BR Deutschland seit 1978 amtl. durch 0,01 J/kg ersetzt.

Remagen, Stadt am Mittelrhein, Rhld.-Pf., 14 300 E. Röm. Museum. Wallfahrtskirche Sankt Apollinaris (1839–43); im Ortsteil **Rolandswerth** spätbarocke Klosterbauten und Kirche. Ehem. Bahnhof Rolandseck (1855/56; heute Künstlerhaus). – Auf der einzigen damals noch intakten Rheinbrücke in R. überschritten amerikan. Truppen am 7. 3. 1945 den Rhein.

Remake [engl. 'ri:mɛik], Neuverfilmung eines erfolgreichen älteren Spielfilmstoffes.

Remanenz [lat.] (magnet. R., Restmagnetisierung), die nach dem Abschalten eines äußeren Magnetfeldes in einem Ferromagneten verbleibende permanente Magnetisierung.

Remarque, Erich Maria [rə'mark], eigtl. E. Paul Remark (nicht Kramer), * Osnabrück 22. 6. 1898, † Locarno 25. 9. 1970, dt. Schriftsteller. Hatte Welterfolg mit seinem Antikriegsroman ›Im Westen nichts Neues‹ (1929). 1938 Aberkennung der dt. Staatsbürgerschaft, lebte ab 1931 in Ascona, ab 1939 in New York; ab 1947 amerikan. Staatsbürger. – *Weitere Werke:* Arc de Triomphe (R., 1946), Der schwarze Obelisk (R., 1956), Schatten im Paradies (R., hg. 1971).

Remboursgeschäft [rã'bu:r; frz./dt.], Abwicklung und Finanzierung von Warengeschäften im Überseehandel durch eine Bank.

Rembrandt: ›Bathseba im Bad‹; 1654 (Louvre)

Rembrandt
(Selbstbildnis;
Radierung, 1639)

Rembrandt, eigtl. R. Harmensz. van Rijn [niederl. 'rɛmbrant 'harməns fan 'rɛin], * Leiden 15. 7. 1606, † Amsterdam 4. 10. 1669, niederl. Maler, Zeichner und Radierer. Seit 1624/25 Zusammenarbeit mit J. Lievens in Leiden, 1631 Übersiedlung nach Amsterdam. 1634 heiratete er Saskia van Uylenburch (†1642), 1639 Erwerb eines aufwendigen Hauses, 1656 Bankrott. Hendrickje Stoffels (†1663), seit 1649 im Haus, betrieb 1658 ff. zus. mit seinem Sohn Titus (* 1641, †1668) einen Kunsthandel. Im Jahre des Todes von Saskia vollendete R. die sog. ›Nachtwache‹ (Amsterdam, Rijksmuseum), die von den Auftraggebern abgelehnt wurde. Zunehmend konnte und wollte R. die eigenen künstler. Intentionen nicht mehr mit den Repräsentationswünschen des niederl. Bürgertums in Einklang bringen. Trotz gelegentl. bed. Aufträge lebte R. in zunehmender gesellschaftl. und künstler. Vereinsamung. – Die *Leidener Frühwerke* (1625–31) sind bibl. Historienbilder (›Auferweckung des Lazarus‹, um 1629; Los Angeles, County Museum of Art) und stehen in der von Pieter Lastman (* um 1583, □1633) vermittelten Elsheimer-Tradition (Dramatik des Lichts und Pathos der Gebärden). Neu ist die psycholog. Eindringlichkeit und die handlungsführende und -deutende Rolle des Lichts. Diese Linie führte R. weiter in der *frühen Amsterdamer Zeit* (mittlere Schaffensperiode; 1631–56), u. a. erhielt er den Auftrag für die Münchner Passionsbilder (1633–39; Alte Pinakothek). Bes. erfolgreich war R. in den 1630er Jahren als Porträtist; seine Gruppenporträts (›Die Anatomie des Dr. Tulp‹, 1632; Den Haag, Mauritshuis) stellt er in einen Handlungszusammenhang. Ein krasser Erzählstil durchbricht überkommene Schönheitsvorstellungen: ›Der Triumph der Dalila‹ (1636; Frankfurt, Städel), ›Danae‹ (um 1636; Leningrad, Eremitage). Bilder großer Stille und Klarheit entstanden seit den 1640er Jahren (›Das Opfer des Manoah‹, 1641; Dresden, Gemäldegalerie; ›Saskia‹, 1643; Berlin-Dahlem), Zuwendung zur Landschaft. In dem Bild ›Christus in Emmaus‹ (1648; Paris, Louvre) erreicht das Licht die Dimension seel. Dynamik. Kraft und innere Sammlung strahlen die Werke der 1650er Jahre aus:

›Bathseba‹ (1654; Paris, Louvre), ›Der Segen Jakobs‹ (1656; Kassel, Staatl. Kunstsammlungen). In den Werken der *späten Amsterdamer Zeit* wird der visionäre Zug seiner Kunst unübersehbar; Mensch, Raum und Ding werden in einer ›myst. Farbhülle‹ zugleich verborgen und enthüllt. ›Saul und David‹ (um 1658; Den Haag, Mauritshuis), ›Christus und die Samariterin‹ (1659; Berlin-Dahlem), ›Verleugnung Petri‹ (1660; Amsterdam, Rijksmuseum), ›De Staalmeesters‹ (1662 [?]; ebd.), die ›Judenbraut‹ (nach 1665; ebd.), ›Die Rückkehr des verlorenen Sohnes‹ (1669; Leningrad, Eremitage). Über 100 Selbstbildnisse: als verlorener Sohn im ›Doppelbildnis mit Saskia‹ (um 1636; Dresden, Gemäldegalerie), ›fürstliches‹ Selbstbildnis (1640; London, National Gallery), als Apostel Paulus (1661; Amsterdam, Rijksmuseum), als Demokrit (der sog. ›Lachende‹, 1663; Köln, Wallraf-Richartz-Museum), ›königliches‹ Selbstbildnis mit Barett (1669; Den Haag, Mauritshuis) loten Fragwürdigkeit und Anspruch menschl. Daseins aus. Ob ›Der Mann mit dem Goldhelm‹ (um 1650; Berlin-Dahlem) ein Werk R. ist, wird heute weitestgehend bezweifelt. – Das gemalte Œuvre, heute mit 562 Werken angegeben, begleiten etwa 1 200 Zeichnungen und rd. 300 Radierungen, u. a. ›Selbstbildnis mit Saskia‹ (1636), ›Hundertguldenblatt‹ (etwa 1648–50), ›Faust‹ (1651), ›Das Landgut des Goldwägers‹ (1651), ›Kleine Predigt Christi‹ (um 1652), ›Die drei Kreuze‹ (1653), ›Ecce homo‹ (1655), ›Christus am Ölberg‹ (um 1657).

Remigius von Reims [raims, frz. rɛ̃:s], hl., * bei Laon um 436, † Reims 13. 1. 533 (?), Bischof von Reims. Stand in enger Verbindung mit König Chlodwig I., den er wahrscheinl. 498 taufte; bed. Organisator der nordfrz. Kirche. – Fest: 1. Oktober.

Reminiszenz [lat.], Erinnerung, Anklang.

Remiremont [frz. rəmir'mō], frz. Stadt im Moseltal, Dep. Vosges, 10 000 E. Got. Pfarrkirche (14. Jh., barock verändert) mit roman. Krypta (11. Jh.).

Remis [rə'mi:; lat.-frz.], unentschiedener Ausgang [beim Schach].

Remise [lat.-frz.], Abstellschuppen.

Remittenden [zu lat. remittenda ›die Zurückzuschickenden‹], an den Verlag zurückgeschickte unverkaufte Zeitungen bzw. Zeitschriften oder fehlerhafte Bücher.

Remittent [lat.] (Wechselnehmer, Begünstigter), Bez. für diejenige Person, an die die Wechselsumme zu zahlen ist.

Remonstranten [lat.], svw. →Arminianer.

REM-Phase [engl. rɛm; Abk. für engl. rapid eye movement ›schnelle Augenbewegung‹] →Schlaf.

Rems, rechter Nebenfluß des Neckars, 81 km lang.

Remscheid, Stadt im Bergischen Land, NRW, 120 100 E. U. a. Dt. Röntgen-Museum, Dt. Werkzeugmuseum, Theater; Mittelpunkt der dt. Werkzeugindustrie.

Remter, Speisesaal in den Ordensburgen der geistl. Ritterorden.

Remus, Zwillingsbruder des →Romulus.

Ren [rɛn, re:n; skandinav.] (Rentier), großer Trughirsch v. a. in den Tundren- und Waldgebieten N-Eurasiens und des nördl. N-Amerika (einschließl. Grönland); Körperlänge bis über 2 m, Fell dicht und lang; ♂ und ♀ mit starkem, zieml. unregelmäßig verzweigtem Geweih, Enden oft schaufelförmig. Das R. tritt in großen Rudeln auf, die jahreszeitl. weite Wanderungen durchführen. Das *Nordeurop. Ren* ist heute größtenteils halbzahm und wird in großen Herden gehalten. Es dient den nord. Nomaden als Zug- und Tragtier, als Fleisch-, Milch-, Fell- und Lederlieferant. Im sö. Kanada lebt das *Karibu*.

Renaissance [frz. rənɛ'sã:s ›Wiedergeburt‹], eine der großen Geistesbewegungen, mit denen die europ.

124

Neuzeit beginnt (der Begriff geht auf die Schrift ›Die Cultur der R. in Italien‹ [1860] von J. Burckhardt zurück). – Die Entwicklung setzte Ende des 14. Jh. in Italien ein, bis Ende des 15. Jh. hatte sie alle europ. Länder erfaßt: entscheidend war die Entdeckung der Erscheinungsfülle und die Hinwendung zur immanenten Gesetzlichkeit der Natur sowie v. a. die Bewußtwerdung der Freiheit und Würde des einzelnen Menschen und seiner schöpfer. Möglichkeiten – dies durch Wiederentdeckung der Antike bzw. Berufung auf deren Bildungs- und Kunsttraditionen. Das dem Diesseits zugewandte Weltgefühl wurde in allen Bereichen der Kultur und Lebensgestaltung produktiv.

Frührenaissance: Nach Latein- und Griechischstudien im letzten Viertel des 14. Jh. bildete sich in den 1420er Jahren ein Kreis von Humanisten, dem auch Cosimo de' Medici und sein Bruder Lorenzo angehörten; sie legten nach dem Vorbild → Petrarcas große Handschriftenbibliotheken an (v. a. die heute mit der Marciana verschmolzene Biblioteca Medicea Laurenziana. Etwa gleichzeitig mit der antiken Literatur und Philosophie vollzog sich in Florenz die Wiederentdeckung der antiken Kunst. F. Brunelleschi soll, ausgehend von Euklids mathemat. Optik, die Gesetze der Zentralprojektion gefunden haben. Brunelleschi und L. B. Alberti schufen mit ihren theoret. fundierten Bauten Hauptwerke der Florentiner Frührenaissance. L. Ghiberti und Donatello bzw. Masaccio eröffneten der Plastik und Malerei neue Möglichkeiten. Während Donatello nach dem Vergleich antiker Statuen freistehende Figuren schuf, übertrug Masaccio die von Brunelleschi entwickelten Regeln der Zentralprojektion auf die Malerei (Zentral-, Linearperspektive). Der junge Michelangelo erhielt Zugang zur Antikensammlung der Medici. Das Studium der Perspektive und der menschl. Anatomie nahm einen bes. breiten Raum ein. Die Florentiner Früh-R. in ihrer

Renaissance:
Filippo
Brunelleschi,
San Lorenzo
in Florenz;
begonnen 1420

Verbindung von Humanismus und neuer Kunst hatte unmittelbare Auswirkungen auf weitere norditalien. Städte, wo Maler wie A. Mantegna oder Piero della Francesca im Auftrag fürstl. Mäzene wirkten. Am Hof in *Mantua* z. B. spielte die Gemahlin des Markgrafen Francesco II. Gonzaga (⚭ 1484–1519), Isabella d'Este, eine bed. Rolle als Mäzenatin. An diesem kunstliebenden Hof wirkte u. a. Mantegna, der den Auftrag zur Ausmalung der Camera degli Sposi erhielt (1471–74). Der Hof der Este von *Ferrara* war v. a. unter Hzg. Ercole I. (⚭ 1471–1505), Alfons I. (⚭ 1505–34) und seiner Gemahlin Lucrezia Borgia und Ercole II. (⚭ 1534–59) sowie seiner Gemahlin Renata (* 1510, † 1575) ein Glanzpunkt der R. (Wiederbelebung des Ritterromans bei L. Pulci, M. M. Boiardo und L. Ariosto, später auch bei T. Tasso). Das Hofleben von Urbino fand durch B. Graf Castiglione

eine bleibende literar. Darstellung. In *Mailand,* das im 14. Jh. unter die Visconti ein Zentrum des Humanismus war (F. Petrarca), entstanden während der kurzen Regierungszeit von Herzog Ludwig aus dem Hause Sforza (⚭ 1494–99) und seiner Gemahlin Beatrice d'Este (* 1475, † 1497) bed. Werke der beginnenden Hoch-R.: Leonardo da Vincis ›Abendmahl‹ (1495–97) in Santa Maria delle Grazie, deren Chor Bramante errichtete (1492–97). Im Kgr. *Neapel* sorgte Alfons V., der Weise, von Aragonien (⚭ 1416–58) für eine großzügige Förderung der humanist. Wiss. In *Venedig* kam es zu bed. Leistungen, sowohl auf dem Gebiet der R.philologie als auch der Drucker- und Verlegertätigkeit (A. Manutius). In der venezian. Malerei setzte die R. mit dem Werk von Giovanni Bellini ein. In der Folge blieben dann in den Werken Giorgiones, Tizians, Tintorettos und P. Veroneses die ästhet. Vorstellungen der R.malerei länger wirksam als im übrigen Italien, was auch für die Baukunst (Sansovino, A. Palladio) gilt.

Die **Hochrenaissance in Rom:** Voraussetzung für die Verlagerung des Schwerpunktes des humanist. und künstler. Wirkens von Florenz nach Rom war die polit. Festigung des röm. Papsttums nach dem Ende des Abendländ. Schismas (1417) und die Stabilisierung der päpstl. Finanzen. Bereits mit Papst Nikolaus V. (1447–55) hatte der Humanismus in Rom eine bed. Stellung erringen können (Gründung der Vatikan. Bibliothek). Pius II. (1458–64) trat selbst als Humanist, bes. mit geograph.-histor. Werken, hervor. Der Auftrag Sixtus' IV. (1471–84) zum Bau der nach ihm benannten päpstl. Kapelle war der Beginn einer großzügigen Förderung der Künste durch das **Renaissancepapsttum,** die unter Julius II. (1503–13) ihren Höhepunkt fand; Großprojekte: Neubau der → Peterskirche (Entwurf Bramantes 1506), Auftrag für sein Grabmal (Michelangelo), die Fresken Raffaels in den Stanzen des Vatikans (1508–17) und das Deckenfresko Michelangelos in der Sixtin. Kapelle (1508–12). Die Einfachheit und Klarheit dieser Werke werden seit etwa 1520, sowohl im Spätstil Raffaels wie Michelangelos (das ›Jüngste Gericht‹ auf der Altarwand der Sixtin. Kapelle, 1534–41), durch einen zunehmend schwierigeren Bildaufbau, eine kompliziertere Formensprache und Themendeutung abgelöst (→ Manierismus). Als das definitive Ende des Hoch-R. kann man wohl das Jahr 1527 nennen (Eroberung Roms durch die Truppen Karls V.). → Humanismus.

renal [lat.], *Medizin:* die Nieren betreffend.

Renan, Ernest [frz. rə'nã], * Tréguier bei Saint-Brieuc 27. 2. 1823, † Paris 2. 10. 1892, frz. Orientalist, Religionshistoriker und Schriftsteller. Sein umstrittenes Werk ›Das Leben Jesu‹ (1863; 1. Bd. seiner ›Histoire des origines du christianisme‹, 7 Bde., 1863–83), versucht in romanhafter Darstellung den Lebenslauf Jesu als einen Weg zum Anarchismus zu beschreiben. 1862 Prof. für semit. Sprachen am Collège de France, 1863 auf Druck des frz. Episkopats amtsenthoben; 1871 rehabilitiert; ab 1878 Mgl. der Académie française.

Renaud, Madeleine, * Paris 21. 2. 1900, frz. Schauspielerin. Herausragende Darstellerin der Comédie-Française (1921–46). Ab 1946 ∞ mit J. L. Barrault, gründete 1947 mit ihm eine eigene Theatergruppe.

Renault, Louis [frz. rə'no], * Autun 21. 5. 1843, † Barbizon 8. 2. 1918, frz. Völkerrechtler. Erhielt für seinen Beitrag zur internat. Rechtsordnung 1907 den Friedensnobelpreis.

Renault, Régie Nationale des Usines [frz. re'ʒi nasjɔ'nal dezy'zin rə'no], frz. Unternehmen der Automobilindustrie, Sitz Boulogne-Billancourt; gegr. 1899 von Louis Renault (* 1877, † 1944); 1945 verstaatlicht.

Rendezvous [rãde'vu; frz.], Verabredung. – In der *Raumfahrt* (auch *R.manöver)* die gezielte An-

Renaissance:
Donatello, Johannes
der Täufer als
Knabe; Bronze, vor
1443 (Florenz, Museo
Nazionale)

näherung eines bemannten Raumfahrzeugs an ein anderes.

Rendite [italien.], jährl. Ertrag einer Kapitalanlage; i. e. S. die Verzinsung eines Wertpapiers ohne Berücksichtigung eines Gewinns oder Verlusts bei Verkauf oder Rückzahlung.

Rendsburg, Kreisstadt zw. Eider und Nord-Ostsee-Kanal, Schl.-H., 30 700 E. Fernhochschule für Berufstätige, Schleswig-Holstein. Landestheater; u. a. Schiffswerften; Hafen. Got. Marienkirche (1287 ff.), barocke Christkirche (1695–1700); Bürgerhäuser (16.–18. Jh.). In R.-Neuwerk, der 1691 angelegten Festungsstadt, sind erhalten: Arsenal, Provianthaus, Hauptwache und Bürgerhäuser.

Rendzina [poln.] → Bodentypen.

Renegat [lat.], Abtrünniger, Abweichler.

Reneklode [frz., eigtl. Reine (›Königin‹) Claude (nach der Gemahlin des frz. Königs Franz I.)] → Pflaumenbaum.

Renger, Annemarie, * Leipzig 7. 10. 1919, dt. Politikerin (SPD). 1961–73 Mgl. des SPD-Vorstands, 1969–73 des Präsidiums; 1972–76 Präs., 1976–90 Vize-Präs. des Bundestags.

Reni, Guido, * Bologna 4. 11. 1575, † ebd. 18. 8. 1642, italien. Maler. Anfängl. von den Carracci beeinflußt, später strenge, hellfarbige Bilder und Fresken, u. a. in Rom im Casino Rospigliosi (›Aurora, 1613/ 1614); auch ›Assunta‹ (1617; Genua, San Ambrogio); Radierungen. R. schuf auch zahlreiche Altarwerke und Bilder mytholog. und bibl. Inhalts.

renitent [lat.-frz.], voller Auflehnung.

Renken, svw. → Felchen.

Renn, Ludwig, eigtl. Arnold Friedrich Vieth von Golßenau, * Dresden 22. 4. 1889, † Berlin (Ost) 21. 7. 1979, dt. Schriftsteller. Trat 1928 der KPD bei; emigrierte 1936 in die Schweiz, Offizier bei den internat. Brigaden im Span. Bürgerkrieg; lebte 1939–47 in Mexiko, ab 1952 in Berlin (Ost). Sein reportageartiger Roman ›Krieg‹ (1928) wurde ein Welterfolg; in der Fortsetzung ›Nachkrieg‹ (1930) schildert R. die innenpolit. Konflikte von 1919/20.

Auguste Renoir: Am Frühstückstisch; 1879 (Frankfurt am Main, Städelsches Kunstinstitut und Städtische Galerie)

Renner, Karl, * Unter Tannowitz (= Dolní Dunajovice, Südmähr. Gebiet) 14. 12. 1870, † Wien 31. 12. 1950, österr. Politiker. Okt. 1918–Juni 1920 Regierungschef; Juli 1919–Okt. 1920 Staatssekretär für Äußeres, dabei auch Leiter der österr. Friedensdelegation; 1931–33 1. Präs. des Nationalrats; sprach sich 1938 für den ›Anschluß‹ an das Dt. Reich aus; als Staatskanzler einer provisor. Regierung (April–Dez. 1945) proklamierte er die Wiederherstellung der Republik Österreich; ab Dez. 1945 Bundespräsident.

Rennert, Günther, * Essen 1. 4. 1911, † Salzburg 31. 1. 1978, dt. Regisseur. War 1946–56 Intendant der Hamburger Staatsoper, 1967–76 der Bayer. Staatsoper in München; auch vielgefragter Gastregisseur, bes. für das internationale zeitgenöss. Musiktheater.

Rennes [frz. rɛn], Hauptstadt der frz. Region Bretagne und eines Dep., in der östl. Bretagne, 194 700 E. 2 Univ., Museen, Theater. U. a. Auto-Ind., Erdölraffinerie. Klassizist. Kathedrale (1787–1844), ehem. Klosterkirche Notre-Dame (14. Jh.); Justizpalast (1618–55), Rathaus (um 1731).

Rennin [engl.], svw. → Labferment.

Rennmäuse (Wüstenmäuse), Unterfam. etwa maus- bis rattengroßer, langschwänziger Nagetiere (Fam. Wühler) mit über 100 Arten, v. a. in wüstenartigen Trockenlandschaften Afrikas, Vorder- und Zentralasiens; vorwiegend nachtaktive Tiere.

Rennsteig, alter Grenzweg zw. Thüringen und Franken auf dem Kamm des Thüringer Waldes (168 km lang).

Rennwagen → Motorsport.

Reno [engl. 'ri:noʊ], Stadt im westl. Nevada, USA, 101 000 E. Univ.; Spielsalons; ›Heirats- und Scheidungsparadies‹.

Renoir [frz. rə'nwa:r], 1) Auguste, * Limoges 25. 2. 1841, † Cagnes-sur-Mer 3. 12. 1919, frz. Maler. War zunächst Porzellanmaler. In den 1870er Jahren entwickelte er gleichzeitig mit C. Monet die für die impressionist. Malerei typ. kommaartige Pinselschrift; seine Aufmerksamkeit galt dem sinnl. Reiz der Farben und Stoffe und v. a. des Lichts und dessen Vibrationen; um 1883 Abwendung vom Impressionismus unter dem Einfluß Raffaels (feste Konturen, Klarheit und Bewußtsein der Komposition); in den 1890er Jahren verbanden sich klass. Komposition und neu aufblühende Farben in Wärme und Gelöstheit. – *Werke:* Das Ehepaar Sisley (1868; Köln, Wallraf-Richartz-Museum), Die Loge (1874; London, Courtauld Institute Galleries), Le Moulin de la Galette (1876; Paris, Louvre), Das Frühstück der Ruderer (1881; Washington, Privatsammlung), Badende (1884–86; Philadelphia, Museum of Art, und 1918/19; Paris, Louvre); 1907 ff. auch Bronzeplastik.

2) Jean, * Paris 15. 9. 1894, † Beverly Hills (Calif.) 12. 2. 1979, frz. Regisseur und Drehbuchautor. Sohn von Auguste R.; gehört zu den Klassikern des internat. Films, v. a. Literaturverfilmungen, u. a. ›Nana‹ (Stummfilm, 1926, nach E. Zola), ›Madame Bovary‹ (1934; nach G. Flaubert), ›Nachtasyl‹ (1936; nach Zola), ›Tagebuch einer Kammerzofe‹ (1946; nach O. Mirabeau); sein Film ›Frühstück im Grünen‹ (1959) ist eine Hommage für A. Renoir.

Renommee [frz.], Ansehen, [guter] Ruf.

Renouveau catholique [frz. rənuvokato'lik], um 1900 von Frankreich ausgehende Bewegung zur Erneuerung der Literatur im Sinne eines essentiellen Katholizismus. Vertreter u. a. P. Claudel, J.-K. Huysmans, Ch. Péguy, G. Bernanos und M. Jouhandeau.

Rentabilität [lat.-frz.], Verhältnis von Gewinn zu eingesetztem Kapital.

Rente [lat.-frz.], allg. eine regelmäßig wiederkehrende Geldleistung, der keine Gegenleistung im gleichen Zeitraum gegenübersteht.

Rentenbanken, öffentl. Realkreditinstitute; im 19. Jh. (zuerst in Preußen) gegründet. Die R. gaben staatl. garantierte Schuldverschreibungen an den Grundherrn aus (Rentenbriefe), Zins und Tilgung trugen die Bauern zur Ablösung von Natural- und Dienstleistungen, die aus der Bauernbefreiung verblieben waren; 1928 aufgelöst.

Rentenmark, Abk. RM, Rechnungseinheit einer dt. Hilfs- oder Zwischenwährung zur Überwindung der Inflation; 1 RM = 100 Rentenpfennige, eingeführt am 13. 10. 1923 anstelle der völlig entwerteten Papiermark im Verhältnis 1 : 1 Billion; am 30. 8. 1924 durch die → Reichsmark abgelöst.

Rentenversicherung, Teil der Sozialversicherung; Pflichtversicherung für Arbeiter und Angestellte; ein bes. Zweig ist die Altershilfe für Landwirte. Selbständige und andere nicht versicherungspflichtige Personen können auf Antrag in die R. einbezogen werden; versicherungsfrei sind Beamte. Die Pflichtbeiträge, deren Höhe bis zur jährl. neu festgelegten → Beitragsbemessungsgrenze als bestimmter Prozentsatz des Bruttoeinkommens festliegt, werden bei Pflichtversicherten je zur Hälfte vom Arbeitgeber und Arbeitnehmer getragen, bei freiwillig Versicherten von diesen allein. Versicherungsfälle sind Berufs- und Erwerbsunfähigkeit, Erreichen der Altersgrenze und Tod. In allen Fällen ist Anspruchsvoraussetzung, daß eine bestimmte Wartezeit zurückgelegt wurde, d. h. eine bestimmte Zeit lang Beiträge gezahlt wurden.

Bei **Berufsunfähigkeit** und **Erwerbsunfähigkeit** ist eine Versicherungszeit von 60 Kalendermonaten erforderlich. Zur Wiederherstellung der Arbeitskraft können Rehabilitationsmaßnahmen ergriffen werden. Von der **Altersgrenze** (Normalfall: Vollendung des 65. Lebensjahres) gibt es eine Reihe von Ausnahmen. Weibl. Versicherte über 60 Jahre erhalten bei erfüllter Wartezeit von 180 Kalendermonaten bei 121 Pflichtbeiträgen innerhalb der letzten 20 Jahre auf Antrag ein vorgezogenes Frauen-Altersruhegeld; bei gleicher Altersgrenze und Wartezeit erhalten Arbeitslose, die innerhalb der letzten 18 Monate mindestens 52 Wochen arbeitslos waren, ein vorgezogenes Arbeitslosen-Altersruhegeld; für alle Versicherten gilt die **flexible Altersgrenze** von 63 Jahren, bei deren Erreichen, wenn eine Wartezeit von 35 Jahren mit mindestens 15 Jahren Beitrags- und Ersatzzeiten erfüllt ist, auf Antrag Altersruhegeld gewährt wird; für Schwerbehinderte sowie Berufs- und Erwerbsunfähigkeit verringert sich die Altersgrenze auf 60 Jahre. Bei **Tod** des Versicherten wird eine Rente an die Hinterbliebenen gezahlt. Die Witwen-, Witwer- und Hinterbliebenenrenten betragen 60%, die Vollwaisenrente 20% und die Halbwaisenrente 10% der Versichertenrente. 1986 wurden sog. Erziehungszeiten eingeführt und Frauen pro Kind, das sie aufgezogen haben, ein Jahr bei der Wartezeit (›Babyjahr‹) angerechnet. – Vorzeitiges Ausscheiden aus der Erwerbstätigkeit bewirkt unabhängig von der R. auch die Inanspruchnahme der → Vorruhestandsregelung.

Mit der jährl. durch Gesetz vorgenommenen **Rentenanpassung** wird die allg. Rentenbemessungsgrundlage an die Veränderungen der Bruttoarbeitsentgelte zum Ausgleich des Kaufkraftverlusts durch Preissteigerungen angeglichen. Diese 1957 eingeführte sog. bruttolohnbezogene, dynamische Rente war jedoch 1978–82 suspendiert. Statt dessen wurde für 1979 eine Erhöhung der Bemessungsgrundlage (und damit der einzelnen Renten) um 4,5%, für 1980 und 1981 um je 4% festgelegt. Zur Geschichte der R. → Sozialversicherung.

Rentierflechte → Becherflechten.

Rentner (Rentier) [lat.-frz.], im allg. Sprachgebrauch Bezieher von Altersruhegeld.

Reparationen [lat.], seit dem 1. Weltkrieg geläufige Bez. für die (Geld-, Sach- oder Arbeits-)Leistungen, die einem besiegten Staat zur Behebung der Kriegsschäden (und -kosten) vom Siegerstaat bzw. von den Siegerstaaten auferlegt werden. – Eine bes. verhängnisvolle Rolle spielten die R. in der dt. Politik nach dem 1. Weltkrieg v. a. wegen ihrer Verknüpfung

mit dem sog. Kriegsschuldartikel 231 des Versailler Vertrags. Die Höhe der Gesamtforderung (Jan. 1921: 226 Mrd. Goldmark) wurde schrittweise reduziert (Youngplan 1929: 34,9 Mrd. Goldmark in 59 Jahresraten), die Endregelung 1932 (3 Mrd. RM) nicht mehr vollzogen. – Nach dem 2. Weltkrieg betrugen die dt. R. an die westl. Alliierten (aus den westl. Besatzungszonen) erhebl. über 0,5 Mrd. Dollar (Geldwert von 1938), an die Sowjetunion (überwiegend aus der sowjet. Besatzungszone) nach westdt. Berechnungen ca. 13 Mrd. Dollar. Die westdt. Reparationszahlungen waren 1953 beendet (Londoner Schuldenabkommen), die ostdt. 1954.

Repatriierung [lat.], die Rückführung von Kriegs-, Zivilgefangenen oder Flüchtlingen in den Heimatstaat durch den Aufenthaltsstaat.

Repertoire [rɛpɛrto'a:r; lat.-frz.], 1. die Gesamtheit der Inszenierungen eines Theaters, der Stücke eines Orchesters usw., die aufs Programm gesetzt werden können; 2. alle einstudierten Rollen eines Schauspielers, Solisten oder Artisten.

Repertorium [lat.], 1. Verzeichnis, → Register; 2. Nachschlagewerk, systemat. Zusammenfassung bestimmter Sachgebiete.

Repetition [lat.], Wiederholung.

Repetitor [lat.], Privatlehrer, der mit Studierenden v. a. jurist. Fachrichtung den Examensstoff einübt, oft nach selbst herausgegebenen Skripten (**Repetitorien**).

Repin, Ilja Jefimowitsch [russ. 'rjepin], * Tschugujew (Geb. Charkow) 5. 8. 1844, † Kuokkala (= Repino, Gebiet Leningrad) 29. 9. 1930, russ. Maler. Bed. russ. Naturalist; Volksszenen, Bildnisse, u. a. ›Burlaken an der Wolga‹ (1870–73; Leningrad, Staatl. Russ. Museum), ›Die Saporoger Kosaken schreiben an Sultan Mohammed IV. einen Brief‹ (1891–96; Charkow, Museum).

Replik [lat.-frz.], 1) Gegenrede, Erwiderung. 2) *Kunst:* Wiederholung eines Kunstwerks durch seinen Schöpfer (im Unterschied zur Kopie von fremder Hand).

Reportage [rɛpɔr'ta:ʒə, lat.-frz.], aktuelle Berichterstattung mit Interviews, Kommentaren, dokumentar. Bildern in Presse, Rundfunk, Fernsehen o. ä.

Reporter [lat.-engl.], Berichterstatter für Presse, Film, Hörfunk oder Fernsehen.

Reppe-Chemie (Acetylenchemie), von dem dt. Chemiker W. Reppe (* 1892, † 1969) und seinen Mitarbeitern entwickelte Umsetzungen mit Acetylen (Äthin): die *Äthinylierung* (Einführung der Äthinylgruppe, $HC \equiv C -$, in organ. Verbindungen), die *Vinylierung* (Einführung einer Vinylgruppe, $H_2C = CH -$, in organ. Verbindungen) und die *Carbonylierung* (Einlagerung von Kohlenmonoxid) durch Reaktion des Acetylens mit Kohlenmonoxid.

Repräsentantenhaus (engl. House of Representatives), dem brit. Unterhaus entsprechende Abg.-kammern, z. B. in Australien, Neuseeland und v. a. in den USA, wo das R. mit dem Senat den Kongreß bildet.

Repräsentation [lat.-frz.], 1) gesellschaftl. Aufwand für ein angemessenes Auftreten in der Öffentlichkeit.

2) *Verfassungsrecht:* Vertretung, z. B. von Wählern durch Abg. (→ Repräsentativsystem).

Repräsentativsystem, ein polit. System, in dem die Herrschaftsunterworfenen an allen wichtigen Entscheidungen durch eine Vertretungskörperschaft teilnehmen, deren Mgl. die Interessen der von ihnen Vertretenen wahrnehmen sollen. Heute überwiegend in der Form des Parlamentarismus mit dem Anspruch, ein System indirekter Demokratie zu sein.

Repressalie [mittellat.], Druckmittel, Vergeltungsmaßnahme. – Im *Völkerrecht* eine erlaubte Selbsthilfemaßnahme, die als Reaktion auf erlittenes Völker-

Jean Renoir

unrecht angekündigt und ergriffen wird (z. B. Verhängung einer Blockade).

Repression [lat.], (gewaltsame) Unterdrückung von Kritik, Widerstand, individueller Entfaltung o. ä.; Gegenbegriff zur Emanzipation.

Reprint [ri...; engl.] → Nachdruck.

Reprise [lat.-frz.], in der *Musik* die Wiederkehr eines Satzteiles; speziell im Sonatensatz der an die → Durchführung anschließende und die → Exposition wiederaufnehmende Abschnitt mit den Themen in der Haupttonart.

Reprivatisierung, Rückführung von öffentl. Vermögen in private Hände.

Reproduktion, 1) Wiedergabe; bes. in der Kunst die Nachbildung eines Originals.

2) *Drucktechnik:* mittels eines → Reproduktionsverfahrens hergestellte Vervielfältigung einer Vorlage.

3) *Biologie:* die Erzeugung von Nachkommen gleicher Art durch geschlechtliche → Fortpflanzung.

4) *polit. Ökonomie:* die ständige Wiederherstellung der Produktionsfaktoren und -bedingungen auf gleichem Niveau *(einfache R.)* oder in wachsendem Umfang *(erweiterte Reproduktion).*

Reproduktionsmedizin, Spezialgebiet der Medizin, das sich mit der Erforschung der biolog. Grundlagen der menschl. Fortpflanzung befaßt. → Besamung, → Retortenbaby.

Reproduktionstechnik (Reprotechnik), das Gesamtgebiet der Verfahren zur Herstellung von Druckformen.

Reproduktionsverfahren (Reproverfahren), die Gesamtheit der Verfahren zur Wiedergabe von flächigen Vorlagen (Bilder, Zeichnungen, Schriften, Noten u. a.) im Druck; i. e. S. die Verfahren der Reproduktionstechnik zur Druckformenherstellung. Man unterscheidet *manuelle R.* (u. a. Holzschnitt, Kupfer- und Stahlstich, Lithographie, Radierung) und *photochemigraph.* oder *photochem. R.* (z. B. Autotypie, Strichätzung, Lichtdruck, Photolithographie, Tiefdruckätzung). Sie führen von der photograph. Aufnahme der Vorlage über Retuschen bis zur Herstellung und Montage der Kopiervorlage mit anschließenden ätztechn. Arbeitsgängen (Herstellung der Druckform). Photograph. R. sind weitgehend durch die Scannertechnik (→ Scanner) ersetzt worden.

Reprographie [lat./griech.], Sammelbez. für verschiedene Kopierverfahren (z. B. Photokopieren, Lichtpausen).

Reprokamera (Reproduktionskamera), in der *Reproduktionsphotographie* verwendete große, horizontal oder vertikal angeordnete photograph. Kamera (Aufnahmeformate bis 150 × 150 cm) zur Herstellung von *Reproaufnahmen,* d. h. von Halbton-, Raster- und Strichaufnahmen von flächigen Vorlagen.

REPROM (**Re**programmable **R**ead **O**nly **M**emory), wiederholt programmierbarer Halbleiterspeicher (Festspeicher). Die Löschung erfolgt durch intensive UV-Bestrahlung des Schaltkreises, die erneute Programmierung durch kurzzeitiges Beaufschlagen der Datenausgänge mit höheren Spannungen.

Reptilien [lat.-frz.] (Kriechtiere, Reptilia), seit dem Oberkarbon bekannte, heute mit über 6 000 Arten weltweit verbreitete Klasse 0,04–10 m langer Wirbeltiere; wechselwarme, lungenatmende Landbewohner, die (im Unterschied zu den Lurchen) durch stark verhornte Körperschuppen und -schilder vor Austrocknung geschützt und meist von Gewässern unabhängig sind. Hauptvorkommen in den Tropen und Subtropen; Gliedmaßen voll ausgebildet oder (wie bei Schlangen) völlig rückgebildet; Entwicklung ohne Metamorphose (keine Larven); legen meist Eier mit pergamentartiger oder verkalkter Schale; z. T. auch lebendgebärend (z. B. Kreuzotter); unter den Sinnesorganen sind Gesichts- und Geruchssinn hoch ent-

Reseda:
Gartenreseda

wickelt. – Die R. ernähren sich meist von tier., z. T. auch von pflanzl. Kost (z. B. Schildkröten).

Reptilienfonds [...fɔ̃], ein der öffentl. Kontrolle entzogener Fonds, dessen Mittel zur Meinungsbeeinflussung eingesetzt werden; die Bez. geht auf Bismarck zurück.

Republik [lat.-frz.], Staatsform, in der das Volk (Demokratie) oder ein Teil desselben (z. B. Aristokratie, Oligarchie) die souveräne Macht besitzt und deren oberstes Staatsorgan nur auf Zeit bestellt bzw. gewählt wird.

Republikanische Partei (Republican Party), 1854 gegr. amerikan. Partei; stellte seit A. Lincoln (1861–65) überwiegend die Präs. der USA. Die R. P. wurde konservative Vertreterin der Interessen von Ind.- und Bankkapital und Verfechterin imperialist. Expansion um die Jh.wende. Nach Vorherrschaft der Demokraten ab 1933 gelang der R. P. erst 1953 die Rückkehr ins Weiße Haus (D. D. Eisenhower, 1953–61; R. M. Nixon und G. R. Ford, 1969–77; R. W. Reagan, 1981–88, seit 1989 G. Bush).

Republikanischer Schutzbund, 1923 gegr. Wehrverband der SPÖ zur Verteidigung der Republik; bestand, von Dollfuß 1933 aufgelöst, illegal bis 1934.

Republikschutzgesetz, nach der Ermordung W. Rathenaus durch Rechtsextremisten erlassenes Gesetz (21. 7. 1922) zum Schutz der republikan.-demokrat. Staatsform (galt bis 1932).

Requiem ['re:kvi-ɛm; lat.], die kath. Messe für Verstorbene (Seelenamt) nach dem Anfang des Introitus ›Requiem aeternam dona eis, Domine ...‹ (›gib ihnen die ewige Ruhe, Herr ...‹). Das R. ist Bestandteil der → Exequien; seit dem 13. Jh. mit der Sequenz ›Dies irae‹. Erste mehrstimmige Kompositionen des R. datieren aus dem 15. Jh. (J. Ockeghem). Bed. R.vertonungen stammen u. a. von G. P. da Palestrina, O. di Lasso, W. A. Mozart (unvollendet), H. Berlioz, G. Verdi. Auf einer eigenen Zusammenstellung von Bibeltexten beruhen die ›Musical. Exequien‹ von H. Schütz und das ›Dt. Requiem‹ von J. Brahms.

requiescat in pace! [lat. ›er (sie) möge in Frieden ruhen‹], Abk. R. I. P., Grabinschrift.

Requisiten [lat.], bei Theater, Film, Fernsehen jegl. Zubehör (Gebrauchsgegenstände und mobile Dekorationsstücke), das in einer Inszenierung verwendet wird.

Requisition [lat.], die (völkerrechtl. zulässige) Beschlagnahmung für Heereszwecke in besetztem Gebiet.

Rerum novarum [lat. ›nach Neuerungen (begierig)‹] → Sozialenzykliken.

Resaijje [pers. rezai'je] → Urmia.

Resa Pahlawi [pers. re'za: pæhlæ'vi:] (Reza Pahlavi), iran. Schahs:

1) **Resa Pahlawi,** urspr. Resa Khan, * Alascht (Masanderan) 16. 3. 1878, † Johannesburg 26. 7. 1944, Schah von Persien bzw. Iran (1925 bis 1941). Stürzte als Kommandeur einer Kosakenbrigade 1921 die pers. Regierung; 1923–25 Min.-Präs.; 1925 zum Schah ausgerufen; 1941 Abdankung und Verbannung v. a. wegen seiner Sympathien für die Achsenmächte.

2) **Resa Pahlawi,** Mohammad, * Teheran 26. 10. 1919, † Kairo 27. 7. 1980, Schah von Iran (1941 bis 1979). Verließ im Konflikt mit Min.-Präs. M. Mossadegh 1953 für kurze Zeit Iran, nach erfolgreicher Aktion von Militärs zurückgerufen; setzte seine Reform- und Industrialisierungspolitik in autoritärem Stil fort; in 3. Ehe seit 1959 ∞ mit Farah Diba; mußte im Febr. 1979 Iran verlassen (→ Iran, Geschichte).

Reschenpaß †Alpenpässe (Übersicht).

Reseda [lat.] (Resede, Wau), größte Gatt. der R.gewächse mit rd. 50 Arten in Europa, N- und O-Afrika bis Indien. Bekannte Arten sind: *Garten-R.,* bis 60 cm hoch, wohlriechend; *Färberwau* (Gelbkraut, Färberresede), bis 1 m hoch; aus ihm wurde früher der gelbe Farbstoff *Luteolin* gewonnen.

Resedagewächse (Resedengewächse, Resedaceae), Fam. der Zweikeimblättrigen in Afrika und im europ. Mittelmeergebiet; mit 6 Gatt. und rd. 70 Arten.

Resektion [lat.], operative Entfernung kranker oder defekter Teile eines Organs oder Körperteils.

Reservat (Reservation) [lat.], Gebiet, das Ureinwohnern (u. a. → Indianern) nach der Vertreibung aus ihrem Land zugewiesen wurde.

Reserve [lat.-frz.], 1) Zurückhaltung.
2) *Betriebswirtschaft:* Vorrat, Rücklage [für den Notfall].
3) *militär.:* Gesamtheit der **Reservisten**, d. h. der Wehrpflichtigen, die den Wehrdienst abgeleistet haben oder, ohne gedient zu haben, gleichfalls der Wehrüberwachung unterstehen (Ersatzreservisten).

Reservestoffe, im pflanzl. und tier. Organismus in Zellen bzw. in bes. Speichergeweben oder -organen angereicherte, dem Stoffwechsel vorübergehend entzogene Substanzen, die vom Organismus bei Bedarf (steigende Energiegebedarf, ungenügende Nährstoffzufuhr) wieder in den Stoffwechsel eingeschleust werden können; z. B. Öle und Fette, Stärke.

Reservewährungen, Währungen, die in Ergänzung zu den Goldreserven als Währungsreserven von den Zentralnotenbanken gehalten werden.

Reservoir [rezɛrvoˈaːr; lat.-frz.], Sammelbecken, Wasserspeicher.

Residenz [mittellat.], Wohnsitz eines Staatsoberhaupts, Fürsten oder hohen Geistlichen.

Residenzpflicht, 1) die für Bundesbeamte und Richter im Bundesdienst festgelegte Pflicht, den Wohnsitz so zu legen, daß eine ordnungsgemäße Wahrnehmung der Dienstgeschäfte (am Amtssitz) nicht beeinträchtigt ist.
2) *kath.* und *ev. Kirchenrecht:* die Verpflichtung v. a. für Gemeindepfarrer, in ihrer Pfarrstelle zu wohnen.

Resist, photosensitiver Kopierlack, der in photolithograph. Verfahren der Halbleitertechnik eingesetzt wird. Es handelt sich um organ. Substanzen, die bei Bestrahlung löslich werden (Positivlack) oder durch Polymerisation verfestigen (Negativlack).

Résistance [frz. rezisˈtãːs; lat.-frz.], frz. Widerstandsbewegung gegen die dt. Besatzungsmacht im 2. Weltkrieg – teils innerhalb Frankreichs, teils im Exil (de Gaulle) – sowie gegen die Zusammenarbeit (Kollaboration) des von Pétain geführten État Français mit Deutschland.

Resistenz [lat.], (im Unterschied zur erworbenen Immunität) die angeborene Widerstandsfähigkeit eines Organismus gegenüber schädl. äußeren Einwirkungen, wie z. B. extreme Witterungsverhältnisse oder Krankheitserreger bzw. Schädlinge und deren Gifte. Bei der *passiven R.* verhindern mechan., chem. oder therm. Sperren das Eindringen oder Wirksamwerden eines Schadfaktors. Bei der *aktiven R.* werden Abwehrmaßnahmen beim angegriffenen Organismus ausgelöst.

Resistenza [lat.-italien.], italien. Widerstandsbewegung gegen die dt. Truppen und die republikan. Faschisten.

Resistenzfaktoren (R-Faktoren), DNS-Partikel von Bakterien, die außerhalb des Bakterienchromosoms vorkommen können und ihren Trägern Resistenz gegen ein oder mehrere Antibiotika verleihen. Da die Entstehung von R. durch Gabe von Antibiotika gefördert werden kann, kann eine unkrit. Antibiotikatherapie, insbes. aber die Verfütterung von Antibiotika an Schlachttiere, schwerwiegende Folgen haben.

Resnais, Alain [frz. rɛˈnɛ; * Vannes 3. 6. 1922, frz. Filmregisseur. Sein Film ›Hiroshima mon amour‹ (1959; Drehbuch M. Duras) erregte als typ. Film der

›Neuen Welle‹ Aufsehen, da seine Filmdramaturgie den traditionellen Handlungsverlauf auflöste und die Reflexionen der Figuren in den Vordergrund stellte. – *Weitere Filme:* Letztes Jahr in Marienbad (1961; Drehbuch A. Robbe-Grillet), Muriel oder die Zeit der Wiederkehr (1963; Musik H. W. Henze), Der Krieg ist vorbei (1965; Drehbuch J. Semprun), Stavisky (1973; Drehbuch J. Semprun), Melo (1986).

Resolution [lat.-frz.], Entschließung von Gruppen zur Einflußnahme in bestimmten Fragen auf die öffentl. Meinung oder auf Entscheidungsgremien.

Resonanz [lat.], 1) *Elektrotechnik:* Mitschwingen eines schwingungsfähigen Systems (→ Resonator; z. B. ein Federpendel oder ein elektr. Schwingkreis) bei Einwirkung von periodisch veränderl. Kräften (Feldern), deren Frequenz gleich oder nahezu gleich einer Eigenfrequenz des Systems ist; diese Frequenz wird als *R.frequenz* bezeichnet. Die Amplitude der erzwungenen Schwingung hängt wesentl. von den Dämpfungseigenschaften (z. B. Reibung, elektr. Widerstand) des Resonators ab; im *R.fall* kann sie zur Zerstörung des Resonators führen (*R.katastrophe*). 2) *Hochenergiephysik:* (Elementarteilchen-R.) Bez. für sehr kurzlebige R.zustände von schweren Elementarteilchen bei hochenerget. Stoßprozessen.

Resonanzboden, Bestandteil vieler Musikinstrumente, bes. von Saiteninstrumenten mit Tasten wie Klavier und Cembalo (Violine, Gitarre usw. haben einen → Resonanzkörper), der die Schwingungen der Saiten verstärkt.

Resonanzkörper, Bestandteil vieler Musik-, insbes. Saiteninstrumente ohne Tasten und Schlaginstrumente; ein Hohlkörper, in dem die Schwingungen des Tonerzeugers verstärkt werden.

Resonator [lat.], akust., mechan. oder elektr. schwingungsfähiges System, dessen einzelne Elemente auf eine gewünschte [Eigen]frequenz abgestimmt sind und das bei Anregung mit dieser Frequenz zu schwingen beginnt *(Resonanz)*. *Akust. R.* *(Helmholtz-R.)* bestehen aus einem einseitig offenen kugelförmigen Hohlraum, *mechan. R.* aus Federn, Massen und Reibungsgliedern, *elektr. R.* aus Kondensatoren, Spulen und Widerständen.

Resorption [lat.], in der *Biologie* die Aufnahme flüssiger oder gelöster Substanzen ins Zellinnere.

Resozialisierung, Rückgliederung in das soziale Gefüge, insbes. die Wiedereingliederung von Haftentlassenen in das gesellschaftl. Leben.

respektive [lat.], Abk. resp., beziehungsweise, oder.

Respighi, Ottorino, * Bologna 9. 7. 1879, † Rom 18. 4. 1936, italien. Komponist. In seinen glänzend orchestrierten Werken verschmolz er die vielfältigen Mittel der zeitgenöss. Musik zu einer persönl. Tonsprache; u. a. sinfon. Dichtungen ›Fontane di Roma‹ (1917), ›Pini di Roma‹ (1924), Opern ›Re Enzo‹ (1905), ›Semirama‹ (1910), ›Belfagor‹ (1923), ›La fiamma‹ (1934); daneben Konzerte, Kammermusik und Kantaten.

Respiration [lat.], svw. äußere → Atmung.

Responsorium [mittellat.], liturg. Wechselgesang mit Kehrvers, im Ggs. zur → Antiphon von einem die solist. Partien (Versus) ausführenden Sänger und dem respondierenden Chor vorgetragen; in der Messe z. B. Graduale und Alleluja (bzw. Tractus).

Responsum [lat.], jüd. Literaturgattung, die seit der talmud. Zeit gepflegt wird: auf schriftl. Anfrage erstellte Rechtsgutachten einer religionsgesetzl. Autorität.

Res publica [lat. ›öffentl. Sache‹], bezeichnet in der röm. Staatsauffassung das gemeinsame Interesse des röm. Volkes, die Möglichkeiten der Interessenvertretung durch staatl. Institutionen, diese Institutionen selbst sowie die Staatsgewalt.

Ottorino Respighi

Alain Resnais

Ressel, Josef, * Chrudim (Ostböhm. Gebiet) 29. 6. 1793, † Laibach 10. 10. 1857, österr. Erfinder. Erfand die erste brauchbare Schiffsschraube.

Ressentiment [rɛsãti'mã:; rə...; frz.], unterschwelliges Vorurteil [das auf verdrängten Minderwertigkeitsgefühlen beruht].

Ressort [rɛ'soːr; frz.], Geschäfts-, Amtsbereich; Arbeits-, Aufgabengebiet.

Ressourcen [rɛ'sʊrsən; frz.], Hilfsmittel, Reserve, Geldmittel; natürl. Produktionsmittel (Rohstoff) für die Wirtschaft.

Rest, 1) *Mathematik:* Zahl, die beim Dividieren übrigbleibt, wenn die zu teilende Zahl kein Vielfaches des Teilers ist, z. B. $20 : 6 = 3$ Rest 2.

2) *organ. Chemie:* Bez. für eine beliebige einbindige Kohlenwasserstoffgruppe.

Restauration [lat.], 1. allg. Wiederherstellung vorrevolutionärer Verhältnisse; 2. Epochenbez. für die europ. Geschichte vom Wiener Kongreß 1814/15 bis zu den Revolutionen von 1830 und 1848; 3. in der engl. Geschichte die Zeit der wiederhergestellten Stuartherrschaft (1660–88).

Restaurierung [lat.], Wiederherstellung von durch natürl. Alterungsprozesse sowie Abgase u. ä. geschädigten Werken der bildenden Kunst einschließl. der Architektur und von kulturhistor. interessanten Gegenständen. Begriffl. ist R. von der **Konservierung** zu trennen, d. h. der rein materiellen Sicherung von Werken der Vergangenheit in einem bestimmten Zustand ihrer Existenz, während bei der R. die Wiederherstellung eines urspr. oder auch späteren – gewachsenen – Zustandes beabsichtigt ist. Heute ergibt sich vielfach eine Mischung von Konservierung und R., sowohl im Bereich der Denkmalpflege wie der Museen und Sammlungen.

Restif de La Bretonne (Rétif de La B.), Nicolas [frz. retifdəlabrə'tɔn, rɛstif...], * Sacy bei Auxerre 23. 11. 1734, † Paris 3. 2. 1806, frz. Schriftsteller. Popularisierte die Lehren J.-J. Rousseaus in zahlr. bekenntnishaften, sittengeschichtl. Romanen.

Restitution [lat.], Wiederherstellung, Wiedererrichtung, Wiedergutmachung.

Restitutionsedikt, Erlaß Kaiser Ferdinands II. vom 6. 3. 1629, der die Rückführung aller von Protestanten beanspruchten Bistümer und Stifte zum kath. Kultus anordnete; wurde durch die Festsetzung des → Normaljahres (1648) bedeutungslos.

Restriktion [lat.], Einschränkung.

Restseitenbandübertragung, trägerfrequentes Verfahren zur Übertragung von Fernseh- oder Datensignalen. Das frequenzmäßig niedrigere Seitenband des Senders wird bis auf einen Rest unterdrückt. Dieser Rest wird dann zusammen mit dem anderen Seitenband übertragen. Dadurch ist eine Verringerung der Gesamtbandbreite möglich.

Restsüße (Restzucker), die nach der Gärung im Wein zurückbleibende Zuckermenge (in Gramm pro Liter).

Restvolumen → Atmung.

Resultierende [lat.-frz.], Summe zweier oder mehrerer Vektoren.

Resümee [lat.-frz.], abschließende Zusammenfassung [einer Rede u. ä.]; Schlußfolgerung.

Resurrektion [lat.], Auferstehung.

Retabel [lat.-span.-frz.], Altaraufsatz; seit dem 11. Jh. nachweisbar; die Gotik entwickelte den bewegl. → Flügelaltar.

Retardation (Retardierung) [lat.], allg. svw. Verzögerung, Verlangsamung. In der *Anthropologie* Bez. für die Hemmung oder Verlangsamung der körperl. und/oder geistigen Individualentwicklung; kann durch Gehirn-, Drüsen- oder Stoffwechselerkrankungen, Mangelernährung oder ungünstige Sozialverhältnisse bedingt sein.

Retention [lat.], 1) *Psychologie:* Leistung des Gedächtnisses in bezug auf Lernen, Reproduzieren, Wiedererkennen.

2) *Medizin:* Zurückhaltung von auszuscheidenden Stoffen im Körper.

Rethel, Alfred, * Aachen 15. 5. 1816, † Düsseldorf 1. 12. 1859, dt. Maler und Zeichner. Neben Gemälden v. a. Holzschnitte, u. a. ›Auch ein Totentanz‹ (1848 ff.); auch Fresken (Aachener Rathaus, 1847 ff.).

Reticulum [lat.], (Netz) → Sternbilder (Übersicht).

Rétif de La Bretonne, Nicolas [frz. retifdəlabrə-'tɔn] → Restif de La Bretonne, Nicolas.

retikuläres Bindegewebe [lat./dt.], das bindegewebige, innig mit Blut- und Lymphbahnen verbundene Grundgerüst lymphat. Organe (Milz, Lymphknoten, Thymus) und des Knochenmarks; es bildet auch die Bindegewebsschicht der Darmschleimhaut.

retikuloendotheliales System [lat./griech.] (retikulohistiozytäres System), Abk. RES, Bez. für eine Gruppe i. d. R. an bestimmten Stellen im menschl. und tier. Körper lokalisierter, funktionell zusammengehörender, mit Lymphe und zirkulierendem Blut in engem Kontakt stehender Zellen des Bindegewebes und des Endothels; auch innerhalb von Blutgefäßen. Diese Zellen haben die Fähigkeit zur Phagozytose und Speicherung geformter Substanzen (z. B. Bakterien, Zelltrümmer, Pigment) sowie zur Bildung von Immunkörpern.

Retikulumzellen [lat.], sternförmig durch Fortsätze zu einem Raumgitter miteinander verbundene Zellen des retikulären Bindegewebes; können Substanzen speichern.

Retina [lat.], svw. Netzhaut (→ Auge).

Retinitis [lat.], svw. → Netzhautentzündung.

Retinol [lat.], svw. Vitamin A_1 (→ Vitamine).

Retorte [lat.], rundl. Glas- oder Metallgefäß mit nach unten gebogenem, verjüngtem Hals; früher im chem. Laboratorium v. a. zur Destillation verwendet.

Retortenbaby [be:bi], Bez. für ein Kind, das durch extrauterine → Besamung entstand. Dabei werden die Eizellen und Sperma eines Ehepaars in einem künstl. Milieu (›Retorte‹) zusammengebracht; nach der Befruchtung wird das Ei wieder in die Gebärmutter eingepflanzt.

Retraktoren [lat.] (Rückzieher), Muskeln, die vorgestreckte bzw. ausgestülpte Organe wieder zurückziehen.

Retrieval [engl. rɪ'triːvəl], Bez. für die Rückgewinnung bestimmter Informationen aus einem Datenspeicher.

retro..., Retro... [lat.], Vorsilbe mit der Bedeutung ›hinter, rückwärts‹.

Retrospektive [lat.], Rückblick, Rückschau (auf das Werk eines Künstlers; z. B. Ausstellung, Filmserie).

Retsina [griech.] (Rezina, Resinatwein), geharzter griech. Weißwein.

Rettich [lat.], 1) (Hederich, Raphanus) Gatt. der Kreuzblütler mit rd. 10 Arten in Europa und im Mittelmeergebiet; bekannte Arten sind Acker-R. (→ Hederich) und Garten-R. (R. im engeren Sinne).

2) (Garten-R.) vermutl. aus Vorderasien stammende Kulturpflanze mit weißen oder rötl. Blüten und eßbarer Rübe. Häufig angebaute Unterarten sind: *Gewöhnl. Garten-R.* (Speise-R., Radi), *Öl-R.* mit ungenießbarer Wurzel; Samen liefern Öl; **Radieschen** (Monats-R.). Der scharfe Geschmack des R. ist auf die schwefelhaltigen ätherischen Öle zurückzuführen.

Rettungsboot → Seenotrettung.

Rettungsinsel → Seenotrettung.

Rettungsschwimmen → Schwimmen.

Rettungswesen, Gesamtheit der Maßnahmen und Einrichtungen zur Hilfeleistung bei Katastrophen, Krankheiten, Not- und Unglücksfällen durch öffentl. (Feuerwehren, Techn. Hilfswerk, Bayer. Rotes Kreuz, Bergwacht) sowie private Hilfsorganisationen (z. B. Dt. Rotes Kreuz, Arbeiter-Samariter-Bund, Malteser-Hilfsdienst, Johanniter-Unfall-Hilfe, Dt. Lebens-Rettungs-Gesellschaft). Beide wirken im *Rettungsdienst* zusammen.

Über das *Notrufsystem* (Notrufsäulen v. a. an den Bundesautobahnen und an Bundesstraßen; kostenlose Notrufabfrageeinrichtungen in öffentl. Münzfernsprechern) werden die Feuerwehren und die Rettungsleitstellen als Einsatzzentralen des Rettungsdienstes und Koordinatoren der *Rettungswachen* (Stationen für Rettungs- und Krankentransportwagen sowie für Rettungssanitäter) verständigt. Kreisfreie Städte und Landkreise richten in Zusammenarbeit mit Gesundheitsämtern, Ärztekammern und Krankenhäusern (die für bes. schwere Unfälle teilweise auch Rettungshubschrauber bereithalten) einen *Notarztdienst* ein.

Besondere Zweige des Rettungswesens sind die *techn. Hilfe* (durch die Feuerwehr und das Techn. Hilfswerk geleistet zur Bergung verletzter Personen; den Feuerwehren obliegt darüber hinaus der Brandschutz), die *Bergrettung* (Bergung von in Bergnot geratenen Personen und Lawinenopfern) und die *Wasserrettung.* → Seenotrettung.

Return [engl. rɪ'tɜːn], im Tennis der Rückschlag bzw. der zurückgeschlagene Ball.

Retusche [frz.], Sammelbez. für alle Methoden zur Ausbesserung und Überarbeitung bei photograph. Negativen und Positiven, z. B. durch Ausflecken, Ausschaben, Lasieren, Abdecken.

Reuchlin, Johannes, gräzisiert Kapnion, Capnio, * Pforzheim 22. 2. 1455, † Stuttgart 30. 6. 1522, dt. Humanist. Bed. Vertreter des Humanismus mit bes. Neigung zur Kabbala (›De arte cabbalistica‹, 1517), mit ›De rudimentis hebraicis libri tres‹ (1506), der ersten hebr. Grammatik, Begründer der hebr. Sprachforschung und alttestamentl. Bibelwissenschaft. Wegen seines Eintretens für die Rechte der Juden wurde 1513 ein Inquisitionsprozeß gegen R. eingeleitet, 1520 durch den Papst verurteilt. Der Streit gipfelte in der Veröffentlichung der → ›Dunkelmännerbriefe‹.

Reue, wichtigster Akt der → Buße; Voraussetzung für die Erteilung der Absolution im Bußsakrament.

Réunion [frz. rey'njô], Insel der Maskarenen, frz. Übersee-Dep. im Ind. Ozean, 780 km östl. von Madagaskar, 2 512 km², bis 3 069 m hoch, 574 800 E, Hauptstadt Saint-Denis.

Geschichte: 1513 entdeckt, 1638 von Frankreich in Besitz genommen; 1810–15 brit. besetzt; seit 1946 frz. Überseedepartement.

Reunionen [re-u...], Annexionen Frankreichs an seiner Nord- und Ostgrenze zw. 1679 und 1681 auf [umstrittener] rechtl. Grundlage (mittelalterl. Lehnsvorstellungen bezügl. der 1648, 1668 und 1679 erworbenen Territorien); im Frieden von Rijswijk 1697 gab Ludwig XIV. alle R. bis auf das Elsaß und Straßburg zurück.

Reuse (Fisch-R.), kasten- oder tonnenförmiges, nach hinten sich verengendes Fischfanggerät aus über Spreizringe gespanntem Netzwerk.

Reusenschnecken (Nassariidae), Fam. etwa 2–3 cm langer Schnecken mit zahlr. Arten in allen Meeren; mit dickwandiger, spitzkegelförmiger Schale.

Reuß, ehem. dt. Ft. im O Thüringens sowie deren Adelsgeschlecht, Nachkommen der Herren von Plauen. Die jüngere Linie Plauen (seit Ende des 13. Jh.) nannte sich R.; sie teilte sich 1564 in drei Linien, von denen, 1673 in den Grafenstand erhoben, im 19. Jh. nur noch die ältere (R.-Greiz; 1778 gefürstet) und die jüngere (R.-Gera, 1806 gefürstet) bestanden. Beide Ft. erloschen 1918; ihre Territorien gingen 1920 im Lande Thüringen auf.

Reuß, rechter Nebenfluß der Aare, 158,5 km lang.

Reuter, 1) Christian, ≈ Kütten bei Halle/Saale 9. 10. 1665, † Berlin (?) nach 1712, dt. Dichter. Als Vertreter der literar. Satire von der Leipziger Univ. relegiert; neben angriffslust. Lustspielen um die Figur der ›Frau Schlampampe‹ ist v. a. sein Hauptwerk, der Roman ›Schelmuffskys Warhafftig Curiöse und sehr gefährl. Reisebeschreibung zu Wasser und Lande‹ (1696/97; Schelmuffsky ist der Sohn von Schlampampe) zu nennen.

2) Edzard, * Berlin 16. 2. 1928, dt. Industrieller. Jurist; Sohn von Ernst R.; seit 1973 im Vorstand der Daimler Benz AG, seit 1987 dessen Vorsitzender. R. hatte entscheidenden Anteil an der Umwandlung des Automobilkonzerns zu einem breitgefächerten Technologiekonzern.

3) Ernst, * Apenrade 29. 7. 1889, † Berlin 29. 9. 1953, dt. Politiker (SPD). 1931–33 Oberbürgermeister von Magdeburg. 1933–35 zweimal im KZ; 1935–46 in der Türkei im Exil; 1947 zum Oberbürgermeister von Berlin gewählt, bis 1948 durch sowjet. Veto am Amtsantritt gehindert; 1950–53 Regierender Bürgermeister von Berlin (West); führte den Widerstand gegen die Berlin-Blockade 1948/49.

4) Fritz, * Stavenhagen 7. 11. 1810, † Eisenach 12. 7. 1874, dt. Schriftsteller. 1836 wegen angebl. Majestätsbeleidigung und Hochverrat zum Tode verurteilt, zu 30 Jahren Festungshaft begnadigt, 1840 entlassen. Schrieb zeitsatir. Mundartdichtung. – *Werke:* Kein Hüsung (Versdichtung, 1858), Ut de Franzosentid (E., 1860), Ut mine Festungstid (E., 1862), Ut mine Stromtid (R., 1862–64), Dörchläuchting (1866).

Reuters Ltd. [engl. 'rɔɪtəz 'lɪmɪtɪd] → Nachrichtenagenturen.

Reutlingen, Kreisstadt am Austritt der Echaz aus der Schwäb. Alb, Bad.-Württ., 98 800 E, Fachhochschulen, Museen, Friedrich-List-Archiv; u. a. Apparate- und Maschinenbau, Textilindustrie. Marienkirche (13./14. Jh.) mit Hl. Grab (16. Jh.), moderne Kirche Sankt Peter und Paul (1959); Reste der Stadtbefestigung. – 1090 erstmals erwähnt (stauf. Gründung); erhielt durch Friedrich I. und Otto IV. Stadtrechte; nach 1268 Reichsstadt; Mgl. des Schwäb. Städtebundes und des Schmalkald. Bundes; 1803 an Württemberg.

Reutte, österr. Bezirkshauptort in Tirol, am Lech, 5 100 E. Häuser mit Fassadenmalereien (v. a. 18. Jh.), Annakirche (1490 und 1846).

Reutter, 1) Hermann, * Stuttgart 17. 6. 1900, † ebd. 1. 1. 1985, dt. Komponist. Schrieb u. a. Opern, u. a. ›Doktor Johannes Faust‹ (1936), ›Die Brücke von San Luis Rey‹ (1954) und ›Hamlet‹ (1980), Ballette, Oratorien und zahlr. Lieder.

2) Otto, eigtl. O. Pfützenreuter, * Gardelegen 24. 4. 1870, † Düsseldorf 3. 3. 1931, dt. Kabarettist. Bekannt durch Auftritte im Berliner ›Wintergarten‹ in den 1920er Jahren.

Rev., Abk. für → Reverend.

Reval (estn. Tallinn, russ. Tallin), Hauptstadt von Estland, am Finn. Meerbusen, 484 000 E. Hochschulen, Museen, Theater, Philharmonie. U. a. Maschinenbau, Schiffsreparaturen, Papier-, Baumwollkombinat; Hafen, ✠.

Bauten: Der im 2. Weltkrieg stark zerstörte Stadtkern wurde wieder aufgebaut und steht unter Denkmalschutz. Bed. u. a. Pfarrkirche Sankt Nikolaus (um 1280), Heiliggeistkirche (14. Jh.), Olaikirche (13. bis 19. Jh.), Rathaus (wahrscheinl. 2. Hälfte des 13. Jh.; mit spitzbogigen Lauben), Haus der Großen Gilde (1410). Beherrschend über der Stadt der Domberg mit Befestigung (13. Jh.) und Dom (13. Jh., erneuert nach Bränden 1433 und 1684).

Geschichte: Als estn. Siedlung **Lindanise** 1219 von den Dänen erobert und befestigt; um 1300 Hansestadt; 1346 an den Dt. Orden verkauft; 1561 an Schweden, nach dem 2. Nord. Krieg (1700–21) an Rußland; ab 1918 und seit 1991 Hauptstadt der Republik Estland, ab 1940 Hauptstadt der Estn. SSR.

Revanche [re'vã:ʃ(ə); lat.-frz.], **1)** *allgemein:* svw. Vergeltung, Rache.

2) *Sport:* Sieg nach vorausgegangener Niederlage gegen den gleichen Gegner, auch Bez. für Rückspiel.

Revanchismus [revã'ʃısmʊs; frz.], polit. Einstellung, deren Ziel die Vergeltung für polit. oder militär. Niederlagen und/oder die Rückgewinnung verlorener Staatsgebiete bzw. die Annullierung aufgezwungener Verträge ist.

Reventlow, Franziska Gräfin zu ['re:vəntlo], eigtl. Fanny Gräfin zu R., * Husum 18. 5. 1871, † Muralto bei Locarno 27. 6. 1918, dt. Schriftstellerin. Galt als ›femme fatale‹ der Münchner Bohème; schrieb Novellen und Romane, u. a. ›Herrn Dames Aufzeichnungen‹ (1913); auch bed. Tagebücher.

Reverend [engl. 'revərənd; lat.-engl.], Abk. Rev., Titel und Anrede der Geistlichen in englischsprachigen Ländern.

Reverenz [lat.], Hochachtung einer Respektsperson gegenüber; Verbeugung.

Revers [re'vɛrs, re'vɛ:r; lat.-frz.], **1)** *Münzkunde:* Rück- oder Kehrseite einer Münze oder Medaille.

2) [re'vɛ:r], *Mode:* Aufschlag an Jacken und Mänteln (steigendes und fallendes Revers).

3) [re'vɛrs], *Recht:* schriftl. Erklärung, durch die sich jemand zu einem bestimmten Tun oder Unterlassen verpflichtet.

reversibel [lat.], **1)** umkehrbar; Rückkehr zum Ausgangszustand ohne bleibende Veränderungen. – Ggs. → irreversibel.

2) *klin. Medizin:* svw. heilbar.

Revier [lat.-frz.-niederl.], **1)** Bezirk (z. B. Polizei-R., Dienststelle eines Stadtbezirks), Gegend; Bereich.

2) *Bergbau:* eine selbständige Abbauabteilung auf einer Bergwerksanlage; auch der Bereich eines Bergbaubezirks (z. B. Ruhrrevier).

3) *Biologie:* begrenztes Gebiet (innerhalb des natürl. Lebensraumes), das Tiere als eigenes Territorium betrachten und entsprechend markieren und verteidigen.

4) *Forstwesen:* (Forstrevier) → Forstamt.

Revirement [revirə'mã:; frz.], Wechsel in der Besetzung von Ämtern.

Revision [lat.], **1)** *Recht:* ein auf Fehler in der Rechtsanwendung gestütztes Rechtsmittel. Die Einlegung der R. hemmt den Eintritt der Rechtskraft eines vorangegangenen Urteils und führt bei Zulässigkeit zu einer rein rechtl., nicht tatsächl. Nachprüfung desselben durch eine höhere (letzte) Instanz *(R.instanz, R.gericht).*

2) *Wirtschaft:* → Wirtschaftsprüfung.

Revisionismus, 1) *Staats-* und *Völkerrecht:* Bez. für eine auf Abänderung von Verfassungen oder völkerrechtl. Verträgen gerichtete Bestrebung. → Revanchismus.

2) Bez. v. a. für die Lehre E. Bernsteins, der den Marxismus einer (behaupteten) veränderten gesellschaftl. Wirklichkeit anpassen wollte und damit v. a. die theoret. Rechtfertigung für den Reformismus lieferte. Bernstein behauptete, daß die Prognosen von Marx (Verelendung des Proletariats und Vernichtung des Mittelstands, Niedergang des Kapitalismus) sich als nicht zutreffend erwiesen hätten, während auch in der bestehenden Gesellschaftsordnung Verbesserungen erreichbar seien (Sozialreformen) und zudem die parlamentar. Demokratie die schrittweise Umwandlung der kapitalist. in eine sozialist. Gesellschaft ermögliche. → Sozialdemokratie.

Revisor [mittellat.], vereidigter Buchprüfer; Wirtschaftsprüfer.

Revival [engl. rɪ'vaɪvəl], Wiederbelebung, Erneuerung[sbewegung].

Revokation [lat.], svw. Widerruf.

Revolution [lat.-frz.], allg. Bez. für eine tiefgreifende Änderung (z. B. industrielle R., aber auch R. der Wiss., der Kunst, der Mode usw.). Im *polit.-sozialen* Sinne Bez. für eine grundlegende Umgestaltung der gesellschaftl. Struktur, der polit. Organisation sowie der kulturellen Wertvorstellungen in einem bestimmten geograph. Bereich und damit Bez. für eine bes. Form des histor. Wandels. Nach Inhalten unterscheidet man *polit.* R., *soziale* R. und → Kulturrevolution, nach Trägern *Bauern-R., bürgerl.* R. und *proletar. (soziale)* R., nach geograph. Ausbreitung *nat.* R. und *Welt-R.;* die Versuche, eine begonnene oder bereits erfolgreich beendete R. rückgängig zu machen, werden *Konter-R.* genannt; im Sprachgebrauch wird als R. sowohl der plötzl. Machtwechsel als auch die diesem Wechsel folgende langfristige Umwälzungs- und Umschichtungsphase bezeichnet. Träger der R. sind i. d. R. benachteiligte Schichten, unterdrückte Klassen usw., auch wenn als Wortführer häufig Angehörige der Oberschicht fungieren. Als *R. von oben* wird eine von einer (legalen) Regierung ›verordnete‹ totale Umwälzung der gesellschaftl. Verhältnisse bezeichnet. Obwohl fast alle Revolutionen bisher Elemente der Gewalt enthielten, ist widerrechtliche Gewalt nicht zwangsläufig Wesensmerkmal einer Revolution. Im Ggs. zum Konzept der R. stehen die Konzepte der Evolution (allmähl. gesellschaftl. Veränderung im Rahmen der bestehenden Struktur) und der Reform.

Revolver [lat.-engl.], *Waffenwesen:* (Drehpistole) mehrschüssige Faustfeuerwaffe, bei der die Patronen in meist 6 Kammern einer hinter dem Lauf drehbar angeordneten Walze (Trommel) untergebracht sind *(Trommel-R.);* durch Spannen des Hahns bzw. Betätigen des Abzugs wird die Trommel selbsttätig weitergedreht.

2) *Technik:* drehbare Wechselvorrichtung z. B. für Werkzeuge, Objektive, Okulare, Filter u. a. an Drehmaschinen, Mikroskopen.

Revolvinggeschäfte [engl. rɪ'vɒlvɪŋ], längerfristig erteilte Kredite, wobei die Kreditgeber ihre Mittel kurzfristig zurückrufen können, jedoch neue Kredite an die Stelle der zurückgezogenen treten.

Revue [re'vy:; frz.], **1)** Titelbestandteil zahlr. Zeitschriften.

2) Bühnenstück aus Sprech-, Gesangs- und Tanzszenen sowie artist. Einlagen, die nur lose durch eine Rahmenidee zusammengehalten werden. Die R. entstand in Frankreich um 1830 als zeitkrit. Parodie.

Rex christianissimus [lat.] → Allerchristlicher König.

Rexisten, Anhänger einer 1930 von L. Degrelle gegr. autoritär-antiparlamentar. Bewegung *(Rexismus)* in Wallonien (Belgien); kollaborierten 1940 mit der dt. Besatzungsmacht; 1944 verboten.

Reyes Basoalto, Neftalí Ricardo [span. 'rrɛjes βaso'alto], chilen. Lyriker, → Neruda, Pablo.

Reykjavík [isländ. 'rɛikjavi:k], Hauptstadt von Island, an der Faxabucht, 93 200 E. Verwaltungs-, Handels-, Wirtschafts- und Kulturzentrum des Landes; Univ.; Nationalmuseum, -bibliothek, -theater. U. a. Schiffbau, Kfz-Montage; Hafen, ✈. – 877 von Normannen angelegt, erhielt 1786 das Privileg einer Handelsstadt; wurde 1903 Verwaltungssitz Islands.

Reymont, Władysław Stanisław [poln. 'rɛjmɔnt], eigtl. W. S. Rejment, * Kobiele Wielkie (Woiwodschaft Piotrków) 7. 5. 1867, † Warschau 5. 12. 1925, poln. Schriftsteller. Für seinen Roman ›Die poln. Bauern‹ (1904–09) erhielt er 1924 den Nobelpreis für Literatur.

Reynaud, Paul [frz. rɛ'no], * Barcelonette 15. 10. 1878, † Paris 21. 9. 1966, frz. Politiker. Ab 1930 verschiedentl. Min.; Min.-Präs. und Außen-Min. ab März 1940, ab Mai zugleich Verteidigungs-Min. (alle Ämter bis 16. 6. 1940); durch die Vichy-Regierung 1940 verhaftet und 1942 nach Deutschland ausgeliefert (dort im KZ); 1948 Finanz-Min.; 1953/54 stellv. Min.-Präs.; 1958 Vors. des beratenden Verfassungskomitees.

Reynolds, Sir (seit 1768) Joshua [engl. rɛnldz], * Plympton (bei Plymouth) 16. 7. 1723, † London 23. 2. 1792, engl. Maler. Versuchte in seinen Bildnissen die Tradition der italien. Renaissancemalerei fortzusetzen; u. a. ›Nelly O'Brien‹ (1760–62; London, Wallace Collection).

Reyon [rɛ'jõ:; frz.] (Rayon) →Viskose.

Reza Pahlavi →Resa Pahlawi.

Rezension [lat.], krit. Betrachtung und Wertung von Literatur, Theater-, Film-, Fernsehaufführungen und Konzerten.

rezent (recent) [lat.], gegenwärtig [noch] lebend, sich bildend; gesagt von Lebewesen und Vorgängen. – Ggs. →fossil.

Rezept [lat.], 1) *Pharmazie:* schriftl. (mit Ort, Datum und Unterschrift versehene) ärztl., zahnärztl. oder tierärztl. Anweisung an eine Apotheke zur Abgabe (bzw. Herstellung und Abgabe) eines Arzneimittels.
2) *Kochkunst:* Angaben für die Zubereitung einer Speise oder eines Getränks.

Rezeption [lat.], 1) *Kulturgeschichte:* Auf-, Übernahme des spezif. Gedanken- oder Kulturguts anderer Völker; auch die des. Aufnahme eines Werks durch den →Rezipienten.
2) *Hotelwesen:* Aufnahmeraum, Empfangsbüro (in einem Hotel).

Rezeptoren [lat.], die für den Empfang bestimmter Reize empfindl. Einrichtungen einer lebenden Zelle (oder eines Organs). Nach Art der adäquaten Reize unterscheidet man u. a. Chemo-, Osmo-, Thermo-, Mechano-, Photo-, Phono-R., nach der Lage im Organismus *Extero-R.* (an der Körperperipherie; zur Aufnahme von Außenreizen) und *Entero-R.* (im Körperinnern).

Rezeptur [lat.], in der *Pharmazie* die Zubereitung von Arzneimitteln nach Rezept; auch der Arbeitsraum in einer Apotheke zur Herstellung der Arzneimittel.

Rezession [lat.], im Konjunkturzyklus die Abschwungphase nach dem oberen Wendepunkt mit stagnierendem bzw. rückläufigem Investitionsumfang und sinkender Produktion.

Rezipient [lat.], Hörer, Leser, Betrachter, der sich mit einem Kunstwerk kritisch auseinandersetzt.

reziproker Wert, svw. →Kehrwert.

Rezitativ [italien.], in Oper, Oratorium, Kantate o. ä. der solist., instrumental begleiteter Sprechgesang, der die gesprochene Rede möglichst genau in die Musik zu übertragen sucht. Das R. entstand um 1600 mit dem Aufkommen der Oper. Als ab etwa 1640 die betrachtenden Textpartien der Arie und die handlungstragenden dem R. zugeordnet wurden, entwickelte sich das metrisch, formal und harmonisch frei behandelte, nur vom Generalbaß begleitete *Recitativo secco.* Daneben gab es das *Recitativo accompagnato,* bei dem das Orchester seine klangl. Mittel zur Darstellung der Affekte einsetzt. – Im 19. Jh. wurde das orchesterbegleitete R. bes. bei R. Wagner zum alleinigen Träger des Handlungsverlaufs.

Rezniček, Emil Nikolaus Frhr. von ['rɛsnitʃɛk], * Wien 4. 5. 1860, † Berlin 2. 8. 1945, österr. Komponist. Spätromant. geprägte Werke, u. a. Opern, Sinfonien, Kammermusik.

Rezzori, Gregor von, eigtl. G. von Rezzori d'Arezzo, * Czernowitz (= Tschernowzy, Ukraine) 13. 5. 1914, Schriftsteller. Versierter Erzähler, u. a.

›Maghrebinische Geschichten‹ (En., 1953), ›Neue maghrebin. Geschichten‹ (1977), ›Der Tod meines Bruders Abel‹ (R., 1976), ›Memoiren eines Antisemiten‹ (R., 1979).

Rf, chem. Symbol, →Kurtschatovium.

rf. (rfz.), Abk. für →rinforzando.

RFR, Abk. für Russische Föderative Republik, seit 1991 Name der zuvor →RSFSR genannten Unionsrepublik der Sowjetunion, umfaßt $^4/_5$ des europ. Teils der Sowjetunion sowie fast ganz Sibirien mit dem Fernen Osten der Sowjetunion, 17 075 400 km², 146,45 Mio. E, Hauptstadt Moskau. Zur Verwaltungsgliederung und Geschichte →Sowjetunion.

RGW, Abk. für →Rat für gegenseitige Wirtschaftshilfe.

Rh, chem. Symbol für →Rhodium.

Rhabanus Maurus →Hrabanus Maurus.

Rhabarber [italien.], Gatt. der Knöterichgewächse mit rd. 40 Arten in den gemäßigten Gebieten Asiens; ausdauernde Stauden mit dickem Rhizom und fleischigen Wurzeln; die Blattstiele einiger Arten werden zu Kompott und Marmelade verarbeitet und auch zur Obstweinherstellung verwendet. Die einen hohen Oxalsäuregehalt aufweisenden Blätter sollten nicht verzehrt werden.

Rhabdomer [griech.] →Facettenauge.

Rhabdoviren [griech./lat.], RNS-Viren mit lipidhaltiger Außenhülle und einsträngiger RNS. Zu den R. gehören rd. 30 Virenarten, u. a. das Tollwutvirus.

Rhapsoden [griech.], in der griech. Antike wandernde Rezitatoren von literar. Werken. Des. Homers und Hesiods, seit etwa 500 v. Chr. belegt, traten (in Gilden organisiert) bei feierl. Anlässen auf.

Rhapsodie [griech.], 1) *Dichtung:* urspr. die von den altgriech. Rhapsoden vorgetragene Dichtung; später Bez. für freirhythm. Werke der ekstat. Lyrik.
2) *Musik:* instrumentales Musikstück von stark improvisator. Ausdruck (u. a. F. Liszt, J. Brahms, G. Gershwin).

Rhea, Titanin der griech. Mythologie. Tochter des Uranos und der Gäa, Schwester und Gemahlin des Kronos, Mutter von Hestia, Demeter, Hera, Hades, Poseidon und Zeus.

Rhea Silvia (Ilia), Gestalt der röm. Mythologie, Mutter von →Romulus und Remus.

Rheda-Wiedenbrück, Stadt an der Ems, NRW, 36 800 E. U. a. Fahrzeugbau, Verlage. In Rheda (seit 1355 Stadt): ehem. Wasserburg (13.–18. Jh.), Pfarrkirche (1611 ff. umgebaut). In Wiedenbrück (seit 952): got. Kirche Sankt Ägidius (13.–19. Jh.), spätgot. Wallfahrts- und Franziskanerkirche (15. Jh.); Fachwerkhäuser (16.–18. Jh.).

Rhein, einer der wichtigsten Flüsse Europas, längster dt. Fluß, entsteht in der Schweiz durch Zusammenfluß von *Vorder-* und *Hinter-R.,* bildet als *Alpen-R.* z. T. die schweizer.-liechtenstein. bzw. schweizer.-österr. Grenze, durchfließt den Bodensee, den er als *Hoch-R.* verläßt, stürzt bei Schaffhausen rd. 21 m tief über eine Kalkstufe *(Rheinfall),* im weiteren O–W-Lauf die dt.-schweizer. Grenze bildend. Bei Basel biegt der nun *Ober-R.* gen. R. nach N um, bildet hier im südl. Teil des Oberrheingrabens die dt.-frz. Grenze. Unterhalb von Bingen durchbricht er als *Mittel-R.* das Rhein. Schiefergebirge, durchfließt als *Nieder-R.* das Niederrhein. Tiefland und mündet mit einem Delta, das er zus. mit der Maas aufbaut, in den Niederlanden in die Nordsee; 1 320 km lang, Einzugsgebiet 252 000 km², über 883 km schiffbar. Der R. ist die Hauptachse des Wasserstraßennetzes im westl. Mitteleuropa.
Geschichte: Als Handelsweg ist der R. seit vorröm. Zeit bezeugt. Von Andernach abwärts bildete der röm. Reichsgrenze zum freien Germanien. Im MA wurde der R. zur wichtigsten dt. Verkehrsstraße.

Völkerrecht: Rechtsgrundlage der Schiffahrtsfreiheit auf dem R. ist die Mannheimer Rheinschiffahrtsakte von 1868; durch sie wurden alle Stapel- und Umschlagsrechte aufgehoben und jede Abgabenerhebung für die Benutzung des R. verboten.

Rheinberg, Stadt im Niederrhein. Tiefland, NRW, 26 100 E. U. a. Kunststoffverarbeitung, Elektrogerätebau; Rheinhäfen. Kath. Pfarrkirche (12. bis 17. Jh.).

Rheinberger, Joseph von (seit 1894), * Vaduz 17. 3. 1839, † München 25. 11. 1901, dt. Komponist, Organist und Dirigent. Bed. Kirchenmusik und Orgelwerke.

Rheinbund, 1. v. a. gegen Österreich gerichtetes Bündnis einzelner dt. Reichsstände mit Frankreich 1658–68; verstärkte from Einfluß im Reich; 2. auf Veranlassung und unter dem Protektorat Napoleons I. am 12. 7. 1806 gegr. Konföderation von zunächst 16 dt. Fürsten, die sich für souverän erklärten und aus dem Reichsverband austraten; der ehem. Reichserzkanzler und Mainzer Kurfürst Karl Theodor von Dalberg wurde Fürstprimas des Rheinbundes. Bis 1811 schlossen sich dem R. 20 weitere dt. Staaten an; außerhalb des R. blieben Österreich, Preußen, Braunschweig und Kurhessen. Mit Hilfe des R. konsolidierte Napoleon I. den frz. Herrschaftsbereich in Mitteleuropa. Innenpolit. bewirkte der R. eine regional unterschiedl. ausgeprägte Modernisierung der dt. Staaten. Der R. löste sich im Okt. 1813 auf.

Rheine, Stadt an der Ems, NRW, 69 400 E. Waffen- und Kunstsammlung; Tierpark; u. a. Maschinenbau; Hafen. Spätgot. Stadt- und Pfarrkirche Sankt Dionysius (15. Jh.), Schloß Bentlage (15. und 17. Jh.). – 838 erstmals erwähnt; 1327 Stadt.

Rheinfelden, Bezirkshauptort im schweizer. Kt. Aargau, am linken Ufer des Hochrheins, 9 600 E. Solbad. Mittelalterl. Stadtbild mit Mauern und Türmen; Martinskirche (1407, 1769–71 barockisiert), spätgot. Johanniterkapelle (1456/57); Rathaus (1530). – Im 12. Jh. Stadt, 1218 Reichsstadt; 1330–1801 überwiegend österr.; 1803 dem Kt. Aargau angeschlossen.

Rheinfelden (Baden), Stadt am rechten Ufer des Hochrheins, Bad.-Württ., 27 500 E. Hochrheinkraftwerk, Aluminiumhütte.

Rheinfels, Burgruine über dem linken Rheinufer oberhalb von Sankt Goar, Rhld.-Pf., Ruinen der einst riesigen Anlage: Frauenbau (14. Jh.), Darmstädter Bau (spätes 16. Jh.) sowie die Minengänge.

Rheinfränkisch → deutsche Mundarten.

Rheingaugebirge, Bez. für den westl. Teil von Hoch- und Vordertaunus, bis 619 m hoch. Sein sw., bis 331 m hoher Teil wird Niederwald genannt.

Rheinhausen → Duisburg.

Rheinhessen, größtes (22 000 ha) dt. Weinbaugebiet in Rhld.-Pf. mit den Bereichen Bingen, Nierstein und Wonnegau.

Rheinhessisches Hügelland, Landschaft zw. dem Nordpfälzer Bergland im W, dem Rhein im N und O sowie der Pfrimm im S.

Rheinischer Merkur, 1814 von J. von Görres gegr. und hg. Tageszeitung; 1816 endgültig verboten; Mitarbeiter u. a. die Brüder Grimm, A. von Arnim und Frhr. vom Stein.

Rheinisches Braunkohlenrevier, Teil des Niederrhein. Bucht im Raum Neuss, Jülich und Erftstadt. Der Abbau in riesigen Tagebauen erfordert bes. Maßnahmen der Siedlungsplanung und der Rekultivierung.

Rheinisches Schiefergebirge, westl. Teil der dt. Mittelgebirgsschwelle. Rechtsrhein. liegen Taunus, Westerwald, Siebengebirge, Bergisches Land, Sauerland und Rothaargebirge, linksrhein. Hunsrück, Eifel und Ardennen.

Rheinische Zeitung, dt. radikaldemokrat. Tageszeitung; am 1. 1. 1842 in Köln gegr.; leitender Redakteur 1842/43 K. Marx; Mitarbeiter u. a. F. Engels, J. Fröbel, G. Herwegh, K. Gutzkow, A. H. Hoffmann von Fallersleben, F. List; am 31. 3. 1843 verboten, Nachfolgeorgan wurde 1848 die Neue Rhein. Zeitung.

Rheinisch-Westfälisches Elektrizitätswerk AG, Abk. RWE, dt. Unternehmen der Energiewirtschaft, gegr. 1898, Sitz Essen; größtes privatwirtsch. Elektrizitätsversorgungsunternehmen Europas.

Rheinisch-Westfälisches Industriegebiet, industriereiches Kerngebiet von NRW, erstreckt sich zw. der Lippe im N und der Sieg im S, reicht im W etwa bis Mönchengladbach, im O bis Hamm.

Rheinkiesel, urspr. Bez. für abgerundete Stücke von Bergkristallen, die aus den Alpen stammen und sich in Flußgeröllen des Rheins finden; heute auch Handelsbez. für die aus geschliffenem, stark brechendem Glas bestehenden ›Steine‹ von Modeschmuck.

Rheinland, Bez. für die Gebiete Deutschlands zu beiden Seiten des Mittel- und Niederrheins.

Rheinland-Pfalz, Bundesland im mittleren W der BR Deutschland, 19 848 km², 3,64 Mio. E, Hauptstadt Mainz. Im N hat R.-P. Anteil am Rhein. Schiefergebirge, das durch Mittelrhein, Lahn und untere Mosel gegliedert wird. Südl. davon liegt das Saar-Nahe-Bergland, dem im O das Rheinhess. Hügelland vorgelagert ist. An die Westricher Niederung schließt sich nach S der Pfälzer Wald an. Rd. 55 % der Bevölkerung sind kath., 37 % evangelisch. R.-P. verfügt über 6 Univ. und die von Bund und Ländern getragene Hochschule für Verwaltungswiss. in Speyer. Landwirtschaftl. Hauptanbaugebiete sind das Rheinhess. Hügelland, das Oberrhein. Tiefland, das Mittelrhein. Becken und die Westricher Höhe. In höheren Lagen dominiert Hackfruchtbau und Grünlandwirtschaft. R.-P. ist das größte Weinbauland der BR Deutschland. An Bodenschätzen finden sich Rohstoffe für die Bau- und keram. Ind.; bei Landau wird Erdöl gefördert. Wichtigste Ind.standorte sind Ludwigshafen am Rhein und der Raum Mainz–Bingen; Schuh-Ind. findet sich um Pirmasens; traditionsreich ist die Edelstein-Ind. im Raum Idar-Oberstein. Anziehungspunkte für den Fremdenverkehr sind u. a. der Pfälzer Wald (größtes zusammenhängendes Waldgebiet der BR Deutschland) und zahlr. Heilbäder.

Geschichte: Durch Verordnung der frz. Militärregierung vom 30. 8. 1946 wurde R.-P. aus der früheren bayr. Pfalz, dem ehem. preuß. Reg.-Bez. Koblenz und Trier, 4 Kreisen der ehem. preuß. Prov. Hessen-Nassau und dem linksrhein. Teil Hessens (Rheinhessen) gebildet; am 18. 5. 1947 Erlaß einer Verfassung. Die CDU, 1947–91 stärkste Partei im Landtag, regierte 1971–86 allein, 1986–91 mit der FDP; seit 1991 Koalition aus SPD und FDP. Min.-Präs.: P. Altmeier (1947–69), H. Kohl (1969–76), B. Vogel 1976–88, E. L. Wagner (1988–91), R. Scharping (seit 1991); bis 1950 war Koblenz Landeshauptstadt.

Rhein-Maas-Delta, gemeinsames Mündungsgebiet von Rhein und Maas in den Niederlanden.

Rhein-Main-Donau-Großschiffahrtsweg, europ. Binnenwasserstraße (kleine Teilstücke noch im Ausbau), die die Nordsee mit dem Schwarzen Meer verbinden.

Rheinmücke (Augustmücke), 9–15 mm lange, v. a. im Gebiet des Rheins und seiner Nebenflüsse häufige Eintagsfliege mit grauweiß getrübten Flügeln.

Rheinpfalz → Pfalz (Geschichte).

Rheinpfälzisch → deutsche Mundarten.

Rhein-Rhone-Kanal, Kanal in O-Frankreich zw. dem Rheinseitenkanal bei Niffer und der Saône bei Saint-Symphorien-sur-Saône, 230 km lang.

Rheinland-Pfalz
Landeswappen

Rheinsberg/Mark, Stadt am Grinericksee, Brandenburg, 5 400 E. Nahebei Kernkraftwerk. Nach Brand (1740) angelegt nach Plänen von G. W. Knobelsdorff, von dem auch das barocke Schloß (1734–39; heute Sanatorium) stammt.

Rheinschnaken → Aedesmücken.

Rheinseitenkanal (frz. Grand Canal d'Alsace), Seitenkanal des Oberrheins im Elsaß zw. Kembs und Straßburg, rd. 112 km lang.

Rhenium [nach Rhenus, dem lat. Namen des Rheins], chem. Element, Symbol Re, der VII. Nebengruppe des Periodensystems, Ordnungszahl 75, relative Atommasse 186,207, Dichte 21,02 g/cm³, Schmelzpunkt 3 180 °C, Siedepunkt etwa 5 627 °C. R. ist ein weißglänzendes, sehr hartes, chem. sehr resistentes Schwermetall; kommt in kleinen Mengen in Molybdän-, Platin- und Kupfererzen vor; Bestandteil chem. bes. resistenter Legierungen.

Rhens, Gem. 9 km ssö. von Koblenz, Rhld.-Pf., 2 700 E. Spätgot. Kirche Sankt Dionysius mit spätroman. Westturm und barocker Ausstattung; weitgehend erhaltene Stadtbefestigung (um 1400). – Früher **Rhense (Rense);** ab 1308 Versammlungsort der Kurfürsten (1338 *Kurverein von Rhense*).

Rhesusaffe [lat./dt.] → Makaken.

Rhesusfaktor (Rh-Faktor) → Blutgruppen.

Rhetor [griech.], Redner, Lehrer der Rhetorik.

Rhetorik [griech.] (Redekunst), bezeichnet sowohl die Fähigkeit, durch öffentl. Rede einen Standpunkt überzeugend zu vertreten [und so Denken und Handeln anderer zu beeinflussen], als auch die Theorie dieser Kunst. In der Antike wurden 3 Redesituationen unterschieden: die *Rede vor Gericht* (berühmter Vertreter: Lysias), die *Rede vor einem polit. Gremium* (Demosthenes) und die *Festrede auf eine Person* (Isokrates). Die röm. Kunstprosa erreichte ihre Vollendung durch Cicero, dessen Reden und theoret. Schriften zur R. neben Tacitus' ›Dialogus de oratoribus‹ (›Dialog über die Redner‹) und Quintilians rhetor. Lehrbuch die bedeutendsten Zeugnisse der röm. R. sind. Die R. stellt dem Redner ein Repertoire von Anweisungen und Regeln zur Verfügung, mit deren Hilfe er seinen Stoff formen kann. Stilmittel zur Verdeutlichung, Veranschaulichung oder auch Ausschmückung der sprachl. Aussage sind die *rhetorischen Figuren*. Unterschieden werden *Wortfiguren* (z. B. Anapher, Epanalepse), *Sinnfiguren* (z. B. Antithese, Chiasmus) sowie i. w. S. auch *grammat. Figuren* (z. B. Ellipse) und *Klangfiguren* (z. B. Alliteration). Die R. ist eine der eindrucksvollsten systemat. wiss. Leistungen der Antike; sie gehörte zur antiken Allgemeinbildung. Im MA wurde R. als eine der → Artes liberales gelehrt.

Rheuma [griech.], volkstüml. Kurzbez. für → Rheumatismus.

rheumatisches Fieber (akuter Gelenkrheumatismus, akute Polyarthritis, Polyarthritis rheumatica acuta), vorwiegend bei Kindern und jugendl. Erwachsenen vorkommende Folgekrankheit nach einem Streptokokkeninfekt, die sich als immunolog. Allgemeinerkrankung u. a. in Form einer Entzündung zahlr. Gelenke (Polyarthritis), einer Herzinnenhautentzündung (75% aller Fälle), in Veitstanz (Chorea minor; 50% aller Fälle), Erythemen und unter der Haut liegenden Rheumaknötchen äußert. Symptome: oft hohes Fieber, Schwellung, Rötung und Schmerzhaftigkeit bes. der mittleren und großen Gelenke.

Rheumatismus [griech.] (rheumat. Erkrankungen, rheumat. Formenkreis), Sammelbez. für eine Gruppe sehr unterschiedl. definierter und schwer abgrenzbarer, in den Krankheitsbildern, jedoch nicht in den Krankheitsursachen zusammengehöriger schmerzhafter Krankheitszustände des Muskel-(Weichteil-R.) und des Skelettsystems (→ Gelenk-

erkrankungen). – *Weichteil-R.* ist die zusammenfassende Bez. für mit Schmerzen einhergehende krankhafte Zustände der Weichteile (v. a. Muskeln, Bänder, Sehnen, Sehnenscheiden) des Bewegungsapparats. Am häufigsten ist der *Muskelrheumatismus* (Fibromyositis, intramuskuläre Fibrositis), der akut nach ungeschickten Bewegungen (bes. im Zusammenhang mit einer kurzfristigen Abkühlung), chron. bei ungünstigen Witterungsverhältnissen auftritt; Symptome: Verspanntheit, Druck- und Dehnungsschmerz, bes. frühmorgens auch Bewegungsschmerz, schmerzhafte Druckpunkte im Bereich der Muskelansätze; meist ist die stat. Hals-Rücken-Schulter-Muskulatur betroffen.

Rheydt → Mönchengladbach.

Rh-Faktor, svw. Rhesusfaktor (→ Blutgruppen).

Rhinitis [griech.], svw. → Schnupfen.

Rhinoceros [griech.], svw. Panzernashorn (→ Nashörner).

Rhizom [griech.] (Wurzelstock, Erdsproß), unterird. oder dicht unter der Bodenoberfläche waagerecht oder senkrecht wachsende, Nährstoffe speichernde, ausdauernde Sproßachse vieler Stauden.

Rhizophyten [griech.], svw. Wurzelpflanzen.

Rhizopoda [griech.], svw. → Wurzelfüßer.

Rho [griech.], 17. (urspr. 19.) Buchstabe des griech. Alphabets: P, ϱ.

Rhodanide [griech.], svw. → Thiocyanate.

Rhodanus, lat. Name der Rhone.

Rhode Island [engl. rou'dailənd], Staat im NO der USA, mit 3 144 km² der kleinste Staat der USA, 986 000 E, Hauptstadt Providence.
Geschichte: Erste Siedlungen durch religiöse Flüchtlinge aus Massachusetts in den 1630er Jahren. Nach der Verfassung von 1663 (gültig bis 1843) erhielt R. I. eine eigene, unabhängige Selbstverwaltung. 1790 nahm R. I. als letzte der 13 Kolonien die Verfassung der USA an.

Rhodes, Cecil [engl. roʊdz], * Bishop's Stortford bei Cambridge 5. 7. 1853, † Muizenberg (= Kapstadt) 26. 3. 1902, brit. Politiker. Verfechter der brit. imperialen Idee v. a. in Afrika; bewirkte 1885 die brit. Besetzung von Betschuanaland, dann der Erwerb des späteren Rhodesien (1889), als Premier-Min. (ab 1890) betrieb R. die Einkreisung der Burenrepublik Transvaal, 1896 Rücktritt nach dem Scheitern des von ihm unterstützten → Jameson Raid nach Transvaal.

Rhodesiamensch [nach Rhodesien] → Mensch (Abstammung).

Rhodesien → Simbabwe.

Rhodium [griech.], chem. Element, Symbol Rh, der VIII. Nebengruppe des Periodensystems, Ordnungszahl 45, relative Atommasse 102,9055, Dichte 12,4 g/cm³, Schmelzpunkt 1 966 °C, Siedepunkt etwa 3 727 °C. Sehr seltenes, silberweißes Platinmetall; wegen seines Glanzes und seiner chem. Beständigkeit wird R. galvan. in dünner Schicht auf Silberschmuck, Spiegel und Reflektoren aufgebracht (**rhodinieren**); Verwendung auch in Platin-R.-Legierungen, bei Laborgeräten, Spinndüsen, Thermoelementen und als Katalysator.

Rhododendron [griech.] → Alpenrose.

Rhodonit [griech.] (Mangankiesel), rosenrotes bis rosagraues Mineral, chem. CaMn₄[Si₅O₁₅]. Mohshärte 5,5–6,5; Dichte 3,4–3,68 g/cm³; für kunstgewerbl. Gegenstände und Schmuckstücke.

Rhodopen, Gebirge in Bulgarien und Griechenland, bis 2 191 m hoch.

Rhodopsin [griech.] (Sehpurpur, Erythropsin), lichtempfindl. roter Sehfarbstoff in den Stäbchen der Augen von Wirbeltieren und beim Menschen; wichtig für das Dämmerungssehen.

Rhodos, 1) Hauptort der Insel Rhodos und des Verw.-Geb. Dodekanes, 40 400 E. Museum, Hafen, ⚓. Akropolis mit dor. Apollon- sowie Zeus-Athene-Tem-

Joachim von
Ribbentrop

Charles Richet

Hans Werner Richter

pel. Altstadt, von einem Mauerring mit Tortürmen und Basteien (15./16. Jh.) umschlossen, mit Ritterstraße (15./16. Jh.). Im Türkenviertel u. a. Ibrahim-Pascha-Moschee (1531). – 408 v. Chr. gegr. (→ Rhodos, Insel).

2) griech. Insel im Mittelländ. Meer, vor der SW-Küste der Türkei, 1 398 km², bis 1 215 m hoch, Hauptort Rhodos.

Geschichte: Schon in myken. Zeit dicht besiedelt; um 1000 v. Chr. von Doriern besetzt. 408 v. Chr. Gründung der Stadt Rhodos. 334 durch Alexander d. Gr. von der pers. Herrschaft (seit dem 4. Jh.) befreit, wurde R. Zentrum des Handels im östl. Mittelmeerraum (bis 168 v. Chr.). 305/304 vergebl. Belagerung der Stadt durch Demetrios I. Poliorketes (Siegeszeichen: ›Koloß von Rhodos‹; eines der Sieben Weltwunder). 1308 Hauptsitz des Johanniterordens; 1523 osman., 1912–47 italienisch.

Kunsthistor. Zentren sind außer der Stadt Rhodos an der W-Küste die myken. Ruinenstädte *Ialysos* und *Lindos* an der O-Küste mit Burganlage (alter Athenakult, restauriert der Tempel von 395 v. Chr.), ehem. Johanniterkastell.

Rhomboeder [griech.], von sechs kongruenten Rhomben begrenzter Körper.

Rhombus [griech.] (Raute), ein Parallelogramm mit vier gleich langen Seiten.

Rhön, Mittelgebirge in Deutschland, in der Wasserkuppe 950 m hoch.

Rhone (frz. Rhône [frz. ro:n]), Fluß in der Schweiz und in Frankreich, entsteht am Rhonegletscher, durchfließt das Wallis (bis Sitten *Rotten* genannt) und den Genfer See, tritt nach dem Juradurchbruch in die R.-Saône-Senke ein, biegt bei Lyon nach S um, mündet mit einem Delta ins Mittelmeer, 812 km lang. Wichtiger europ. Großschiffahrtsweg.

Rhône-Alpes [frz. ro'nalp], Region in Frankreich, erstreckt sich vom Zentralmassiv bis zur italien. und schweizer. Grenze, 43 698 km², 5,17 Mio. E, Hauptstadt Lyon.

Rhönrad [nach der Rhön], 1925 entwickeltes Sportgerät aus 2 Stahlrohrreifen (von 1,60 bis 2,20 m Durchmesser), die in einem Abstand von 41–47 cm durch Querstangen verbunden sind; verwendet für akrobat. Turn- und Sprungübungen für Männer und Frauen.

Rhythm and Blues [engl. 'rɪðəm ənd 'blu:z], in den 1940er Jahren entstandener Stil der afroamerikan. Populärmusik, gekennzeichnet durch einen stark akzentuierten Fundamentalrhythmus (Beat) und blueshafte Melodik.

Rhythmik [griech.], 1. der rhythm. Charakter eines Musikstücks, Tanzes, Gedichtes o. ä.; 2. die Lehre vom → Rhythmus.

Rhythmus [griech.], 1) period. Gliederung; von wesentl. Bed. für die meisten Lebensvorgänge und Arbeitsleistungen.

2) als Gliederung des Zeitmaßes wesentl. Element der Musik, des Tanzes und der Dichtung; in der *Musik* macht die Dauer der einzelnen Töne bzw. deren Verhältnis zueinander sowie das Zeitmaß, das das Tempo des Ablaufs der einzelnen Töne regelt, den Rh. aus (→ Takt); in der *Dichtung* bestimmt die Gliederung des Sprachablaufs den Rh.; in der Lyrik v. a. mit dem Mittel von langen und kurzen und betonten und unbetonten Silben der einzelnen Wörter, in der Prosa hpts. durch die akzentsetzende Komposition von Satzgefügen; für das spezif. Tempo eines Werks sind sowohl in der Musik als auch in der Literatur die Pausen ein entscheidendes Element.

Rhythmusgerät (Rhythm-Box, elektron. Schlagzeug, Rhythmusautomat), elektron. Gerät, das in Verbindung mit einer Elektronenorgel gängige Rhythmen erzeugt.

Rhyton [griech.] (Mrz. Rhyta), trinkhornartiges kult. Spendegefäß; es hatte am schmalen, meist in Form eines Tierkopfes gebildeten unteren Ende eine zweite Öffnung (Fingerverschluß).

Ria [lat.-span.], langgestreckte Meeresbucht, die durch Eindringen des Meeres in ein Flußtal und dessen Nebentäler entstanden ist.

Rial [arab.-pers.], Abk. Rl., Währungseinheit in Iran; 1 Rl. = 100 Dinars (D.).

Ribalta, Francisco [span. rri'βalta], * Solsona bei Seo de Urgel 2. 6. 1565, † Valencia 13. 1. 1628, span. Maler. Schulebildender Maler des Frühbarock, tätig v. a. in Valencia. Kontrastreiches Helldunkel und naturalist. Wiedergabe.

Ribbentrop, Joachim von, * Wesel 30. 4. 1893, † Nürnberg 16. 10. 1946 (hingerichtet), dt. Diplomat und Politiker (NSDAP). 1934 zum Beauftragten für Abrüstungsfragen ernannt; 1935 erster bed. diplomat. Erfolg mit dem Abschluß des Dt.-Brit. Flottenabkommens; Aug. 1936–Jan. 1938 Botschafter in London; 1938–45 Außen-Min.; urspr. Befürworter eines Ausgleichs mit Frankreich und Großbrit., verfolgte R. später eine antibrit. außenpolit. Konzeption; im Nürnberger Hauptkriegsverbrecherprozeß 1946 zum Tode verurteilt.

Ribe, Stadt in Dänemark, → Ripen.

Ribeiro, Aquilino [portugies. rri'βɐiru], * Carregal da Tabosa bei Sernancelho 13. 9. 1885, † Lissabon 27. 5. 1963, portugies. Schriftsteller. Schildert in seinen Romanen und Novellen Land und Leute der heimatl. Beira ebenso meisterhaft wie das Milieu der Großstadt; in dt. Sprache ist der Roman ›Wenn die Wölfe heulen‹ (1954, dt. 1965) erschienen.

Ribemont [frz. rib'mõ], frz. Ort sö. von Saint-Quentin, 2 000 E. – Im **Vertrag von Ribemont** (880) wurde die Abtretung des westfränk. Teils von Lothringen an das Ostfrankenreich festgesetzt. Damit war die Grenze zw. Deutschland und Frankreich vorgegeben.

Ribera, Jusepe (José) de [span. rri'βera], * Játiva bei Valencia 17. 2. 1591, † Neapel 2. 9. 1652, span. Maler. Schüler F. Ribaltas; in Rom v. a. von Caravaggio beeinflußt. Lebte ab 1616 in Neapel. Bed. religiöse Werke, u. a. ›Verkündigung‹ (Salamanca, Augustinermuseum; 1635), ›12 Propheten‹ (1638–43; Neapel, Nationalmuseum San Martino), ›Junge mit Klumpfuß‹ (1652; Paris, Louvre).

Ribnitz-Damgarten, Kreisstadt am südl. Ende des Saaler Boddens, Mecklenburg-Vorpommern, 17 700 E. Freilichtmuseum; u. a. Bernsteinverarbeitung. Got. Kirchen.

Riboflavin [Kw.] (Ovoflavin, Lactoflavin, Laktoflavin, Vitamin B_2), Bestandteil der Wirkgruppen (prosthet. Gruppen) wasserstoffübertragender Enzyme in der Zellatmung; Vitamin.

Ribonukleasen [Kw.] → RNasen.

Ribonukleinsäure [Kw.] → RNS.

Ribose [Kw.] (D-Ribose), in der Natur weit verbreitet (z. B. in Nukleotiden, Nukleosiden und in der Nukleinsäure RNS) vorkommendes, zu den Pentosen gehörendes Monosaccharid.

Ribosomen [Kw.] (Palade-Körner, Palade-Granula), aus Nukleinsäuren und Proteinen bestehende Partikel, die in allen Zellen vorkommen und für die → Proteinbiosynthese verantwortl. sind. Die R. kommen einzeln oder zu *Polysomen* zusammengefaßt entweder frei im Plasma oder an Membranen des → endoplasmatischen Retikulums gebunden vor.

Ricardo, David [engl. rɪ'ka:doʊ], * London 18. (19.?) 4. 1772, † Gatcombe Park bei Gloucester 11. 9. 1823, brit. Nationalökonom. Theoretiker der klass. Schule der engl. → Volkswirtschaftslehre; Schwerpunkte seiner Arbeiten waren Einkommensverteilung, Wertlehre und Außenhandel.

Rice, Elmer L. [engl. raɪs, riːs], eigtl. E. Reizenstein, * New York 28. 9. 1892, † Southampton (Großbrit.) 8. 5. 1967, amerikan. Schriftsteller. Nahm als engagierter Theatermacher wesentl. Einfluß auf das amerikan. Drama und Theaterleben (in der 1. Hälfte) des 20. Jh.; u. a. ›Die Rechenmaschine‹ (1923), ›Der haarige Affe‹ (1924), ›Straßenszenen‹ (1929), ›Das träumende Mädchen‹ (1945); auch Romane, u. a. ›Menschen am Broadway‹ (1937).

Ricercar (Ricercare) [ritʃer'kaːr(e); italien.], seit dem Beginn des 16. und bis ins 18. Jh. (J. S. Bach, ›Musikal. Opfer‹) verwendete Form der Instrumentalmusik; zunächst in der Lautenmusik ein Einleitungs- und Übungsstück; spätestens 1523 (M. A. Cavazzoni) in die Orgelmusik übernommen, näherte es sich im Aufbau der Motette (Übernahme der Imitation) und wurde eine Vorform der Fuge.

Richard, Name engl. Herrscher; bekannt v. a.:
1) Richard I. Löwenherz, * Oxford 8. 9. 1157, † Châlus bei Limoges 6. 4. 1199, König (seit 1189). 3. Sohn Heinrichs II.; maßgebl. am 3. Kreuzzug beteiligt (Einnahme Akkos 1191); auf der Rückreise im Dez. 1192 von Hzg. Leopold V. von Österreich gefangengenommen und an Kaiser Heinrich VI. ausgeliefert (Burg Trifels); am 4. 2. 1194 gegen Lösegeld und Lehnseid freigelassen; mußte sein Königtum gegen seinen Bruder, Johann I. ohne Land, und den engl. Festlandsbesitz gegen den frz. König verteidigen.
2) Richard II., * Bordeaux 6. 1. 1367, † Pontefract Castle (Yorkshire) 14. 2. 1400, König (1377–99). Sohn Eduards, des ›Schwarzen Prinzen‹; bis 1386 unter Vormundschaft; infolge seiner Willkürherrschaft 1399 durch den späteren Heinrich IV. zur Abdankung gezwungen; als Gefangener vermutl. ermordet.
3) Richard III., * Fotheringhay Castle bei Peterborough 2. 10. 1452, ⚔ bei Bosworth 22. 8. 1485, König (seit 1483). Brachte seinen Neffen Eduard V. in seine Gewalt und ließ ihn und dessen Bruder Richard, Hzg. von York (* 1473), im Tower ermorden. R. setzte am 26. 6. 1483 seine Erhebung zum König durch und versuchte, seine Stellung durch Kerkerhaft und v. a. Hinrichtung seiner Gegner zu behaupten.

Richard von Sankt Viktor (R. de Saint-Victor), * in Schottland um 1110, † Paris 1173, schott. Theologe und Philosoph. Einer der Hauptvertreter der Schule von →Sankt Viktor.

Richard, Cliff [engl. 'rɪtʃəd], eigtl. Harry Roger Webb, * Lucknow (Indien) 14. 10. 1940, brit. Rocksänger und -gitarrist.

Richards [engl. 'rɪtʃədz], **1)** Dickinson Woodruff, * Orange (N. J.) 30. 10. 1895, † Lakeville (Conn.) 23. 2. 1973, amerikan. Mediziner. Arbeiten über Herz-Lungen-Krankheiten und Herzkatheterismus; erhielt 1956 den Nobelpreis für Physiologie oder Medizin (zus. mit W. Forßmann und A. Cournand).
2) Theodore William, * Germantown (Pa.) 31. 1. 1868, † Cambridge (Mass.) 2. 4. 1928, amerikan. Chemiker. Erhielt für exakte Bestimmungen von Atomgewichten 1914 den Nobelpreis für Chemie.

Richardson [engl. 'rɪtʃədsn], **1)** Sir (seit 1939) Owen Williams, * Dewsbury bei Leeds 26. 4. 1879, † Alton bei Winchester 15. 2. 1959, brit. Physiker. Arbeiten zur Elektronenemission heißer Metalloberflächen (*Richardson-Effekt,* →glühelektrischer Effekt), zum äußeren Photoeffekt und zur UV-Spektroskopie. Nobelpreis für Physik 1928.
2) Sir (seit 1947) Ralph [David], * Cheltenham bei Gloucester 9. 12. 1902, † London 10. 10. 1983, engl. Schauspieler. Spielte u. a. am Old Vic Theatre in London, das er 1944–47 mit L. Olivier leitete. Hatte bes. Erfolg in Shakespeare-Rollen, zeitgenöss. Dramen sowie in zahlr. internat. Filmen.
3) Samuel, ≈ Mackworth bei Derby 19. 8. 1689, † London 4. 7. 1761, engl. Schriftsteller. Verlieh dem psychologisierenden Briefroman literar. Gewicht, u. a. ›Geschichte der Pamela, oder die belohnte Tugend eines Frauenzimmers‹ (1740), ›Clarissa Harlowe‹ (1748).

Richelieu, Armand Jean du Plessis, Hzg. von (seit 1631) [frz. riʃə'ljø], * Paris 9. 9. 1585, † ebd. 4. 12. 1642, frz. Staatsmann und Kardinal (seit 1622). 1624 Erster Min.; verfolgte als Ziele die Festigung der königl. Autorität im Innern (Absolutismus) und die Etablierung der frz. Vorherrschaft in Europa. In der *Innenpolitik* nahm R. den Hugenotten ihre militär. und polit. Privilegien (›Gnadenedikt‹ von Alès, 1629), löste die wichtigsten Adelsämter auf und festigte die Institution der Intendanten als zentralist. Gegengewicht gegen die Parlamente. In der *Außenpolitik* suchte R. die Macht des Hauses Habsburg zu brechen. Im Bündnis mit den prot. Mächten stellte er die Staatsräson über konfessionelle Interessen. Er besetzte 1626 das Veltlin, beteiligte sich am Mantuan. Erbfolgekrieg (1628–31), griff ab 1630 indirekt in den Dreißigjährigen Krieg ein und erklärte am 19. 5. 1635 Spanien den Krieg. – Gründer der Académie française (1635).

Richet, Charles [frz. ri'ʃɛ], * Paris 26. 8. 1850, † ebd. 4. 12. 1935, frz. Physiologe. Arbeitete bes. über die Physiologie der Muskeln und Nerven; erhielt 1913 den Nobelpreis für Physiologie oder Medizin.

Richling, Mathias, * 24. 3. 1953, dt. Kabarettist. Mit seinen Soloprogrammen profilierter Vertreter der jüngeren Kabarettgeneration (u. a. Stuttgarter Renitenztheater, Fernsehsendungen).

Richmond [engl. 'rɪtʃmənd], Hauptstadt des Staates Virginia, USA, 219 000 E. 3 Univ., histor. Kunstmuseum; u. a. Tabak-Ind., Verlage, Druckereien, Endpunkt der Schiffahrt auf dem James River. – Seit 1779 Hauptstadt des Staates Virginia, 1861–65 der Konföderierten Staaten von Amerika.

Richtantenne, svw. Richtstrahler (→ Richtfunk).

Richtcharakteristik, Bez. für die räuml. Verteilung der Empfindlichkeit; bei Mikrophonen die Richtung bevorzugter Schallaufnahme (z. B. Kugel-, Nieren-, Keulencharakteristik), bei Antennen diejenige größter Empfangsempfindlichkeit.

Richter ['rɪçtə, engl. 'rɪktər, russ. rixtr]:
1) Burton, * New York 22. 3. 1931, amerikan. Physiker. Entdeckte unabhängig von S. C. C. Ting ein schweres, relativ langlebiges Elementarteilchen, das *Psiteilchen.* Nobelpreis für Physik 1976 (zus. mit Ting).
2) Charles Francis, * Hamilton (Ohio) 26. 4. 1900, amerikan. Seismologe. Arbeiten über Erdbeben und den Aufbau der Erde; stellte 1935 die → Richter-Skala auf.
3) Franz Xaver, * Holleschau (= Holešov, Südmähr. Gebiet) (?) 1. 12. 1709, † Straßburg 12. 9. 1789, böhm. Komponist. Mitglied der → Mannheimer Schule.
4) Hans, * Raab (= Győr) 4. 4. 1843, † Bayreuth 5. 12. 1916, dt. Dirigent. Kapellmeister der Hofoper und Dirigent der Philharmon. Konzerte in Wien. Leitete 1876 die Gesamtaufführung von R. Wagners ›Ring des Nibelungen‹ in Bayreuth.
5) Hans Werner, * Bansin 12. 11. 1908, dt. Schriftsteller. Initiator und Organisator der ›Gruppe 47‹. Schrieb zunächst Antikriegsromane (›Die Geschlagenen‹, 1949; ›Sie fielen aus Gottes Hand‹, 1951), sowie satir. Darstellungen der Nachkriegszeit (›Linus Fleck oder Der Verlust der Würde‹, R., 1959). – *Weitere Werke:* Das war die Gruppe 47 (Erinnerungen, 1979), Die Flucht nach Abanon (E., 1980), Die Stunde der falschen Triumphe (R., 1981); auch Hörspiele und Hg. von Anthologien.
6) Horst-Eberhard, * Berlin 28. 4. 1923, dt. Psychoanalytiker und Sozialpsychologe. In seinen kulturkrit., psychosomat. und psychiatr. Arbeiten bemüh

Dickinson Woodruff Richards

Theodore William Richards

Owen Williams Richardson

sich R., die innerpsych. und soziale Seite menschl. Konflikte ganzheitl. zu analysieren. – *Werke:* Patient Familie (1970), Die Gruppe (1972), Lernziel Solidarität (1974), Flüchten oder Standhalten (1976), Zur Psychologie des Friedens (1982), Die hohe Kunst der Korruption (1989).

7) Johann Paul Friedrich, dt. Dichter, →Jean Paul.
8) Karl, * Plauen 15. 10. 1926, † München 15. 2. 1981, dt. Organist und Dirigent. Organist an der Leipziger Thomaskirche, später Leiter des Münchener Bach-Chores und Bach-Orchesters.
9) Ludwig, * Dresden 28. 9. 1803, † ebd. 19. 6. 1884, dt. Maler und Zeichner. Neben romant. Landschaftsbildern v. a. volkstüml. Zeichnungen. Illustrierte mehrere Märchenausgaben.
10) Swjatoslaw, * Schitomir 20. 3. 1915, sowjet. Pianist. Einer der bedeutendsten Klaviervirtuosen des 20. Jahrhunderts.

Richter, im AT 12 charismat. Führer Israels. Von ihren Taten berichtet das *Richterbuch,* das im Rahmen des deuteronomist. Geschichtswerks redigiert wurde.

Richter, ein zur Entscheidung von Rechtsstreitigkeiten berufenes staatl. Organ der Rechtspflege, dem nach Artikel 92 GG die rechtsprechende Gewalt (Judikative), die durch die Gerichte ausgeübt wird, anvertraut ist. Für die Rechtsverhältnisse der Richter, die nicht Beamte im Sinne des Beamtengesetzes sind, gilt das Dt. Richtergesetz. Nach ihm ist *Berufsrichter,* wer die Befähigung zum Richteramt hat und durch Ernennungsurkunde i. d. R. auf Lebenszeit in das R.verhältnis berufen worden ist. *Ehrenamtl.* R. ist, wer, ohne Berufs-R. zu sein, die rechtsprechende Gewalt ausübt (z. B. Schöffen). R. sind persönl. und sachl. unabhängig, d. h. sie sind grundsätzl. unabsetzbar und unversetzbar sowie nur an Gesetz und Recht gebunden.

richterliche Aufklärungspflicht, dem Gericht obliegende Amtspflicht, den einem Rechtsstreit zugrunde liegenden Sachverhalt vollständig und richtig zu ermitteln.

Richterrecht, Bez. für vom Richter gefundene bzw. geschaffene Rechtsnormen als Ergänzung bzw. Konkretisierung von gesetzl. Generalklauseln und unbestimmten Rechtsbegriffen.

Richter-Skala [nach C. F. Richter] (Magnitudenskala), eine nach oben unbegrenzte Erdbebenskala auf der Grundlage der ermittelten →Magnituden (→Erdbeben).

Richtfunk, funktechn. Nachrichtenübermittlung mit Hilfe sog. **Richtantennen** bzw. **Richtstrahler,** die elektromagnet. Wellen bevorzugt in eine Richtung abstrahlen bzw. aus ihr empfangen. I. e. S. wird als R. nur die gerichtete Nachrichtenübermittlung mit Trägerfrequenzen zw. 30 MHz und 15 GHz bezeichnet (UKW-, Dezimeter- und Zentimeterwellen-R.). R.verbindungen dienen u. a. zur Übertragung von Ferngesprächen, Hörfunk- und Fernsehsendungen.

Richtgeschwindigkeit, Bez. für eine v. a. aus Gründen der Verkehrssicherheit empfohlene Geschwindigkeit (weiße Zahlen auf blauem, rechteckigem Grund).

Richthofen, 1) Ferdinand Frhr. von, * Carlsruhe O. S. bei Oppeln 5. 5. 1833, † Berlin 6. 10. 1905, dt. Geograph. Schrieb u. a. die Länderkunde ›China, Ergebnisse eigener Reisen ...‹ (1877–1912).
2) Manfred Frhr. von, * Breslau 2. 5. 1892, ✕ Vaux-sur-Somme bei Amiens 21. 4. 1918, dt. Offizier. 1916–18 erfolgreichster dt. Jagdflieger.

Richtpreis, von Behörden oder Verbänden angesetzter angemessener Preis, der jedoch nicht eingehalten zu werden braucht; auch svw. empfohlener Preis.
Richtstrahler → Richtfunk.
Richtwaage, svw. →Wasserwaage.

Ricinus, svw. →Rizinus.
Rick, im Reitsport ein Hindernis aus senkrecht übereinanderliegenden Stangen.
Ricke → Rehe.
Rickert, Heinrich, * Danzig 25. 5. 1863, † Heidelberg 30. 7. 1936, dt. Philosoph. Mitbegründer der südwestdt. (bad.) Schule des Neukantianismus.
Rickettsien [nach dem amerikan. Pathologen H. T. Ricketts, * 1871, † 1910], meist innerhalb der Zellen parasitierende Bakterien (Stäbchen und Kokken); können Infektionskrankheiten verursachen.
Rickettsiosen, von Rickettsien verursachte, durch Flöhe, Läuse, Milben oder Zecken übertragene Infektionskrankheiten, z. B. Fleckfieber, Fünftagefieber.
Ridderbusch, Karl, * Recklinghausen 29. 5. 1932, dt. Sänger (Baß). V. a. bed. Wagner-Interpret.
Ridinger, Georg (G. Riedinger), * Straßburg 24. (?) 7. 1568, † vermutl. nach 1628, dt. Baumeister. Erbaute u. a. das Renaissanceschloß in Aschaffenburg, 1605–14.
Riechepithel (Riechschleimhaut), flächige Anordnung von Riechzellen sowie Stütz- und Drüsenzellen im Geruchsorgan der Wirbeltiere.
Riechhaare, dünnwandige, poröse Sinneshaare als Geruchsorgane der Gliederfüßer (bes. bei Insekten untersucht).
Riechlappen, das Riechhirn des Vorderhirns (Endhirns) bei höheren Säugetieren und beim Menschen in Form eines (rudimentären) paarigen Hirnlappens.
Riechorgane, svw. →Geruchsorgane.
Riechplatte (Porenplatte, Sinnesplatte), neben Riechhaaren oder an deren Stelle bei Insekten (v. a. bei Haut- und Gleichflüglern und bei Käfern) vorkommendes Geruchsorgan; besteht aus einer Chitinplatte mit zahlr. Poren.
Riechstoffe, svw. →Geruchsstoffe.
Ried, Bez. für ein mooriges Gebiet.
Riedböcke (Wasserböcke), Unterfam. reh- bis hirschgroßer Antilopen mit 8 Arten v. a. in Savannen und Wäldern Afrikas; nur die ♂♂ mit Hörnern. Hierher gehören u. a. *Grays Wasserbock* (Weißnacken-Moorantilope, Abok), Schulterhöhe etwa 80–100 cm, ♂ mit bis etwa 85 cm langen Hörnern; v. a. in sumpfigen Gebieten des nördl. O-Afrika; *Hirschantilope* (Wasserbock), bis 2,2 m körperlang und 1,3 m schulterhoch, v. a. in Savannen und Wäldern (bes. in Wassernähe) Afrikas südl. der Sahara; ♂ mit maximal 1 m langen Hörnern; *Litschiwasserbock,* etwa 1,3–1,8 m körperlang; v. a. in wasserreichen und sumpfigen Landschaften S-Afrikas; ♂ mit langen, leierförmig geschwungenen Hörnern; *Moorantilope* (Schwarzfuß-Moorantilope, Kobantilope), etwa 1,2–1,8 m körperlang; v. a. in Steppen und Savannen W- und Z-Afrikas (bes. in Gewässernähe); *Großer R.,* Körperlänge etwa 1,2–1,6 m, Schulterhöhe etwa 105 cm; in S-Afrika; *Kleiner R.* (Riedbock, Isabellantilope), Körperlänge 115 bis 145 cm, Schulterhöhe 65–90 cm; im trop. Afrika.
Riedel, langgestreckter schmaler, zw. zwei Tälern liegender Geländerücken.
Riedgräser (Sauergräser, Rietgräser, Halbgräser, Cyperaceae), Fam. der Einkeimblättrigen mit rd. 3700 Arten in etwa 70 Gatt. auf der ganzen Erde; grasartige Kräuter mit dreikantigen Stengeln; einheim. Gatt. sind u. a. Wollgras und Segge.
Ried im Innkreis, oberösterr. Bezirkshauptstadt bei Linz, 11 000 E.
Riedinger, Georg →Ridinger, Georg.
Riedl, Josef Anton, Pseud. Józef Mann, * München 11. 6. 1927, dt. Komponist. Wandte sich ab etwa 1960 fast ausschließl. der elektron. Musik zu und kam, davon ausgehend, zu opt. und film. Medien.

Riefenstahl, Leni, eigtl. Helene R., * Berlin 22. 8. 1902, dt. Schauspielerin und Filmregisseurin. Drehte 1933 und 1934 im Auftrag Hitlers Propagandafilme über die Reichsparteitage in Nürnberg sowie den Film über die Olymp. Spiele 1936. Nach 1945 Photographin.

Riegersburg, österr. Marktgemeinde östlich von Graz, Steiermark, 2 500 E. Große Burganlage (bereits im 13. Jh. belegt).

Riehl, Wilhelm Heinrich von (seit 1883), * Biebrich (= Wiesbaden) 6. 5. 1823, † München 16. 11. 1897, dt. Kulturhistoriker und Schriftsteller. Ab 1885 Direktor des Bayer. Nationalmuseums; einer der Begründer der wiss. Volkskunde und der Kultursoziologie (›Naturgeschichte des dt. Volkes als Grundlage einer dt. Sozialpolitik‹ [1851–69]). Schrieb zahlr. Novellen.

Riemann, Bernhard, * Breselenz (= Jameln bei Lüchow) 17. 9. 1826, † Selasca (= Verbania, Italien) 20. 7. 1866, dt. Mathematiker. Entwickelte 1854 das begriffl. Fundament für das moderne mathemat. Verständnis der Struktur des Raumes, das dann bes. in der allg. Relativitätstheorie Bedeutung erlangte. R. arbeitete außerdem u. a. über quadrat. Formen, algebraische Funktionen und ihre Integrale, über die analyt. Zahlentheorie und die Primzahlverteilung sowie über die Theorie der Differentialgleichungen.

Riemannsche Zahlenkugel [nach B. Riemann], eine Kugel vom Radius $1/2$, die die →Gaußsche Zahlenebene im Punkt $z = 0$ berührt. Der Berührungspunkt wird als Südpol, der entgegengesetzte Punkt als Nordpol bezeichnet. Jeden Punkt der Gaußschen Zahlenebene kann man darstellen als das Bild eines Punktes der Kugeloberfläche unter der Projektion vom Nordpol aus auf die Ebene.

Riemenscheibe, radförmiges Maschinenelement; beim Riementrieb zur Kraftübertragung zw. Riemen und Welle.

Riemenschneider, Tilman (Till, Dill), * Heiligenstadt (?) um 1460, † Würzburg 7. 7. 1531, dt. Bildhauer der Spätgotik. Seit 1483 in Würzburg (1504 Stadtrat, 1520/21 Bürgermeister). 1525 wegen Unterstützung der aufständ. Bauern gefoltert. Sein Werk ist geprägt durch schwingende Linienführung, Licht- und Schattenwirkungen (beließ seine Schnitzwerke z. T. ohne Bemalung). Bed. Schnitzaltäre: Creglinger Marienaltar (um 1502–05 oder um 1505–10, Herrgottskirche), Rothenburger Heiligblutaltar (1501 [1499?]–1505, Jakobskirche). In Stein: Adam und Eva (1491–93, Würzburg, Mainfränk. Museum); Grabmal Rudolfs von Scherenberg (1496–99, Würzburg, Dom) und für Kaiser Heinrich II. und Kunigunde (1499–1513, Bamberg, Dom).

Riementang, mehrjährige Braunalge aus der unteren Gezeitenzone der nordatlant. Felsküsten vom Nordkap bis Spanien; mit bis 3 m langen Thallusbändern.

Riementrieb →Getriebe.

Riemenzunge (Bocksorchis), Gatt. der Orchideen mit 6 Arten im Mittelmeergebiet und in M-Europa; in W- und SW-Deutschland nur die geschützte, 30–90 cm hohe *Bockriemenzunge.*

Riemerschmid, Richard, * München 20. 6. 1868, † ebd. 15. 4. 1957, dt. Architekt und Kunstgewerbler. Jugendstil-Entwürfe für Möbel, Tapeten, Stoffe, Glas, u. a. für das Münchener Schauspielhaus (Kammerspiele, 1901); Leiter der Münchner Kunstgewerbeschule (1912–24), des Dt. Werkbunds (1920–26) und der Kölner Werkschulen (1926–31). Plante die erste Gartenstadt (→Hellerau).

rien ne va plus [frz. rjɛnvaˈply ›nichts geht mehr‹], beim Roulettspiel die Ansage des Croupiers, daß nicht mehr gesetzt werden kann.

Rienzo (Rienzi), Cola di, auch Niccolò Lorenzo, latinisiert Nicolaus Laurentii, * Rom 1313, † ebd. 8. 10. 1354, italien. Sozialrevolutionär. R. vertrieb am 20. 5. 1347 als ›Volkstribun‹ die Häupter der Adelspartei aus Rom und verkündete die Wiedererrichtung der röm. Republik; er verfocht den Souveränitätsanspruch des röm. Volkes gegenüber Kaiser und Papst und forderte die nationalstaatl. Einigung Italiens, scheiterte aber am Widerstand und Bann Papst Klemens' VI. 1350 flüchtete er zu Karl IV. nach Prag und wurde 1352 nach Avignon ausgeliefert; 1354 von Papst Innonzenz VI. nach Rom entsandt, wurde er in einem Volksaufstand erschlagen.

Ries, Adam (A. Riese), * Staffelstein 1492(?), † Annaberg (= Annaberg-Buchholz) 30. 3. 1559, dt. Rechenmeister. Verfaßte mehrere Lehrbücher des prakt. Rechnens, u. a. ›Rechenung auff der linihen vnd federn‹ (1522) und ›Rechenung nach der lenge ...‹ (1550), die lange Zeit erhebl. Einfluß auf den Unterricht an dt. Schulen hatten.

Ries, annähernd runde (Durchmesser 20–25 km) Beckenlandschaft zw. Schwäb. und Fränk. Alb, mittlere Höhe 430 m ü. d. M., mit einem bis über 600 m ü. d. M. aufragenden, waldbestandenen Wall. Durch Meteoriteneinschlag entstanden.

Riesa, Kreisstadt an der Elbe, Sachsen, 51 600 E. Stahl- und Walzwerk; Hafen. Spätgot. Stadtpfarrkirche (15. Jh.) mit barockem W-Turm, Schloß.

Riese, Adam → Ries, Adam.

Riesen, 1) *Mythologie:* übergroße Gestalten in den Mythen und Sagen der Völker, Personifikationen von Naturgewalten bzw. dämon. Kräften; können den Menschen freundl. und feindl. gesinnt sein. In den dt. Volkssagen auch **Hünen** genannt.

2) *Astronomie:* (Riesensterne) →Stern.

Riesenalk →Alken.

Riesenbastkäfer, 7–9 mm langer, schwarzbrauner, behaarter Borkenkäfer.

Riesenbofist, den Stäublingen zugeordneter Bofist mit dem größten bekannten Fruchtkörper: weißl., unregelmäßige Kugel (Durchmesser bis 50 cm, Gewicht bis 15 kg), auf stark stickstoffhaltigen, feuchten Böden vorkommend; jung eßbar.

Riesenbromelie, Charakterpflanze der Hochanden Perus; bis 4 m hohe Schopfbäume mit bis 5 m langen Blütenständen.

Riesenchromosomen, durch mehrfach wiederholte Chromosomenverdopplung ohne nachfolgende Trennung der Tochterchromosomen entstandene Bündel von bis zu 30 000 homogenen Chromatiden. Die nebeneinanderliegenden homologen Chromomeren bilden ein bes. während der Interphase sichtbares Banden- oder Querscheibenmuster; sind diese entspiralisiert und erscheinen wie aufgebläht, so werden sie als *Puffs* bezeichnet (Funktionsform der RNS-Synthese). Nicht selten sind die Schwesterchromosomen gepaart, so daß ein haploider Chromosomensatz zu erkennen ist. R. kommen in den Zellkernen von Speicheldrüsen und anderen Organen von Zweiflüglern (u. a. Taufliege), in den großen Kernen der Ziliaten, in den Samenanlagen vieler Blütenpflanzen und sogar bei der Maus vor.

Rieseneishöhle, eine der Dachsteinhöhlen (→Höhlen, Übersicht).

Riesenflugbeutler (Riesengleitbeutler), großer Kletterbeutler im östl. Australien; Körperlänge knapp 50 cm, Schwanz etwa körperlang; kann über 100 m weit gleiten; Baumbewohner; ernährt sich ausschließl. von Eukalyptusblättern und -knospen.

Riesengebirge, Teil der Westsudeten, an der Grenze zw. Polen und der ČSFR, in der Schneekoppe 1 602 m hoch.

Riesengürteltiere, 1) →Gürteltiere.

2) (Glyptodonten, Glyptodontoidea) ausgestorbene Überfam. großer Säugetiere, die vom Eozän bis zum Pliozän in S- und N-Amerika lebten; Gesamtlänge bis

Bernhard Riemann

**Heinz Friedrich
Ruppert Riesenhuber**

**Riesenkaktus:
Carnegiea gigantea**

über 4 m; Körper mit aus Knochenplatten bestehendem Panzer; Pflanzenfresser; am bekanntesten ist der bis 2,5 m lange **Glyptodon.**

Riesenhai, bis 14 m langer und rd. 4 t schwerer Haifisch im nördl. Atlantik (einschließl. Nordsee) und westl. Mittelmeer; Körper schwarzgrau; wird dem Menschen nicht gefährlich.

Riesenhuber, Heinz Friedrich Ruppert, * Frankfurt am Main 1. 12. 1935, dt. Politiker (CDU). Chemiker; seit 1982 Bundes-Min. für Forschung und Technologie.

Riesenkaktus (Riesensäulenkaktus), Gatt. der Kaktusgewächse mit der einzigen Art *Carnegiea gigantea* in Arizona, Kalifornien und Mexiko; Stämme bis 12 m hoch und bis 60 cm dick, kandelaberförmig verzweigt; Blüten langröhrig (10–12 cm), weiß, mit breitem Saum. Das getrocknete Fruchtfleisch wird von den Indianern als Nahrungsmittel verwendet.

Riesenkänguruhs, Gatt. großer Känguruhs in Australien und Tasmanien; Sprungweite auf der Flucht bis über 10 m. Man unterscheidet: *Rotes R.,* Körperlänge bis 1,6 m, Schwanzlänge 65–100 cm; *Graues R.,* Körperlänge etwa 85 (♀) bis 140 cm (♂), Schwanzlänge 75–100 cm; *Bergkänguruh* (Wallaruh), Körperlänge etwa 75 (♀) bis 140 cm (♂), Schwanzlänge 60–90 cm.

Riesenkraken (Riesentintenfische, Riesenkalmare), Gatt. der Kopffüßer mit mehreren sehr großen, in einigen hundert Metern Tiefe den Meeresboden bewohnenden Arten; größte nachgewiesene Körperlänge 6,6 m bei 1,2 m Rumpfdurchmesser und rd. 10 m Armlänge.

Riesenmuscheln (Zackenmuscheln, Tridacnidae), Fam. 10–135 cm langer Muscheln, v. a. in Flachwasserzonen des Ind. und Pazif. Ozeans, mit dicken, wellig gerippten Schalenklappen, die sich mit außerordentl. Kraft schließen können; am bekanntesten ist die im Sand eingegrabene, bis 250 kg schwere, auch dem Menschen gefährl. werdende *Mördermuschel.*

Riesennager (Capybaras, Wasserschweine, Hydrochoeridae), Fam. der Nagetiere mit einer einzigen Art *Capybara* in großen Teilen S-Amerikas.

Riesenpanda → Pandas.

Riesensalamander (Cryptobranchidae), Fam. großer bis sehr großer Schwanzlurche in N-Amerika und O-Asien. Man unterscheidet drei Arten: *Jap. R.* (im westl. Japan; in klaren, schnellfließenden Bächen; bis über 1,5 m lang); *Chin. R.* (im westl. China); *Schlammteufel* (Hellbender; im östl. N-Amerika, bis 70 cm lang).

Riesensaurier, svw. → Dinosaurier.

Riesenschildkröten (Elefantenschildkröten), Bez. für zwei inselbewohnende Arten der Landschildkröten: *Galapagos-R.* mit etwa 10 Unterarten auf den Galapagosinseln; Panzerlänge bis 1,1 m; *Seychellen-R.,* heute nur noch in 3 Unterarten auf Mahé (in Gefangenschaft) und auf den Aldabra Islands, Panzerlänge bis über 1,2 m.

Riesenschlangen (Boidae), in den Tropen und Subtropen weit verbreitete Fam. kleiner bis sehr großer (maximal 10 m langer), ungiftiger Schlangen, die ihre Beutetiere (bis zur Größe eines Wildschweins oder Rehs) durch Umschlingen und Erdrücken töten (u. a. Boaschlangen und Pythonschlangen).

Riesenschnauzer, in Deutschland gezüchtete, dem Schnauzer ähnl. Hunderasse; bis 70 cm Schulterhöhe.

Riesenslalom (Riesentorlauf) → Skisport.

Riesling → Rebsorten (Übersicht).

Riesser, Gabriel, * Hamburg 2. 4. 1806, † ebd. 22. 4. 1863, dt. Publizist. U. a. 1848/49 Mgl. der Frankfurter Nationalversammlung; Wegbereiter der 1869/71 in Deutschland eingeführten Gleichstellung der Juden.

Rieti, italien. Prov.hauptstadt im nördl. Latium, 44 400 E. Roman. Dom (1109–1229, im Innern barokkisiert).

Rietschel, Ernst, * Pulsnitz 15. 12. 1804, † Dresden 21. 2. 1861, dt. Bildhauer. Schuf das Goethe- und Schillerdenkmal in Weimar.

Rifatlas → Atlas.

Rifbjerg, Klaus [dän. 'rifbjɛr'], * Kopenhagen 15. 12. 1931, dän. Schriftsteller. Einer der erfolgreichsten zeitgenöss. dän. Schriftsteller; Collagetechnik; u. a. ›Reisende‹ (Prosa, 1969), ›Adresse: Lena Jørgensen, Kopenhagen‹ (R., 1971), ›Joker‹ (1979); auch Lyrik, Dramen, Drehbücher.

Riff, Untiefe im Meer, an Flachküsten als Sandriff, sonst als Aufragung von Felsen vor der Küste; innerhalb der Tropen und Subtropen als Baugrund riffbildender Meeresorganismen, bes. von Korallen.

Riff [engl.-amerikan.], im Jazz Bez. für eine sich ständig wiederholende, rhythm. prägnante Phrase, die melod. so angelegt ist, daß sie über einen wechselnden harmon. Grund gelegt werden kann (als Hintergrund für improvisierende Solisten).

Rifkabylen, Berberstämme im Rifatlas, Marokko.

Riga, Hauptstadt von Lettland, an der Düna, 913 000 E. Univ. u. a. Hochschulen, Museen, Theater, Philharmonie; Film- und Fernsehstudio, Planetarium, botan. Garten, Zoo. U. a. Bau von Rundfunkgeräten, Dieselmotoren; Schiffsreparaturen; Ostseehafen, 2 ⚓.

Bauten: Nach 1945 Wiederaufbau. Die Altstadt steht unter Denkmalschutz. Bed. u. a. Peterskirche (1209 ff.) mit 140 m hohem Turm (17. Jh.), Schwarzhäupterhaus (14. Jh.; im 17. Jh. barockisiert), Neues Gildenhaus (1854; mit dem Gildensaal aus dem 13. Jh.), Rathaus (18./19. Jh.), ehem. Dom (13. und 16. Jh.; jetzt Museum und Konzerthalle).

Geschichte: 1201 von Bischof Albert I. gegr.; 1255 wurde der Bischofssitz zum Erzbischofssitz erhoben; 1282 Mgl. der Hanse; 1581–1621 unter poln. Herrschaft; 1621–1709 zum schwed. Reich, dann zum Zarenreich; 1919–40 und seit 1991 Hauptstadt Lettlands, mit dem es sowjet. wurde (Juli 1941–Okt. 1944 von dt. Truppen besetzt).

Rigaischer Meerbusen, Bucht der Ostsee im Bereich Estlands und Lettlands, umschlossen von den Inseln Ösel und Moon.

Rigaud (Rigault), Hyacinthe [frz. ri'go], eigtl. Jacinto Rigau y Ros, ≈ Perpignan 18. 7. 1659, † Paris 29. 12. 1743, frz. Maler katalan. Herkunft. Malte ›Ludwig XIV.‹ (1701; Paris, Louvre).

Rigel [arab.], der hellste Stern im Sternbild Orion, der westliche der beiden Fußsterne.

Rigi, Gebirgsstock zw. dem Vierwaldstätter und dem Zuger See, Schweiz, im R.-Kulm 1798 m hoch. Von Vitznau aus führt die älteste, 1868–71 erbaute Zahnradbahn der Welt zum Hotel R.-Kulm.

rigid(e) [lat.], unnachgiebig; **Rigidität,** Unnachgiebigkeit.

Rigorismus [lat.], das Handeln bzw. die Beurteilung von Handlungen ausschließl. nach vorgegebenen Grundsätzen oder Normen[systemen], wobei schon ein geringfügiges Abweichen als unzulässig gilt.

Rigorosum [lat.], mündl. Doktorprüfung (→ Doktor).

Rigweda [Sanskrit] → Weda.

Rihm, Wolfgang, * Karlsruhe 13. 3. 1952, dt. Komponist. Gehört zu den bed. Vertretern der zeitgenöss. Musik, sein umfangreiches Werk umfaßt zahlr. Orchesterwerke, u. a. 3 Sinfonien, Streichquartette, Vokalwerke; bes. bekannt als Vertreter der Oper bzw. des *musikal. Theaters,* u. a. ›Jakob Lenz‹ (1979), ›Die Hamletmaschine‹ (1987, nach Heiner Müller), ›Ödipus‹ (1987, nach Sophokles, Hölderlin, Nietzsche,

Heiner Müller), ›Die Eroberung von Mexiko‹ (1992; nach A. Artaud).

Riisager, Knudåge [dän. 'risa:'jər], * Kunda (Estland) 6. 3. 1897, † Kopenhagen 26. 12. 1974, dän. Komponist. V. a. Ballette, u. a. ›Quarrtsiluni‹ (1942), ›Månerenen‹ (1957), auch Kammer- und Klaviermusik.

Rijad, Ar (Ar Riad), Hauptstadt von Saudi-Arabien, im Zentrum der Arab. Halbinsel, 1,5 Mio. E. Residenz des Königs; Univ., Islam. Univ., TH u. a. Hochschulen, Nationalbibliothek. Bed. Handelszentrum; Zementfabrik, Erdölraffinerie; ⌖. Neben der Altstadt mit engen Gassen moderne Vororte; Moscheen. – Seit 1902 Herrschersitz des Wahhabitenreiches.

Rijeka (italien. Fiume), Stadt an der kroat. Adriaküste, 158 300 E. Univ., Nationalmuseum, naturwiss. Museum; Theater. Wichtigste Hafenstadt Kroatiens; Werften, Erdölraffinerie. Roman. Dom (12. Jh.; barockisiert), barocke Veitskirche (17./18. Jh.); Stadthaus aus dem 16. Jh.; röm. Triumphbogen (3. Jh. n. Chr.). – R. gehörte seit 1466 dem Haus Österreich; 1719 Freihafen. Nach dem 1. Weltkrieg zw. Italien und Jugoslawien umstritten (Fiume-Frage), wurde 1920 Freistaat, kam 1924 an Italien, 1947 bis zur Unabhängigkeit Kroatiens 1992 bei Jugoslawien.

Rijksmuseum [niederl. 'rɛiks], bed. Museum in Amsterdam; enthält v. a. niederl. Kunst, Kunstgewerbe, asiat. Kunst. Seit 1885 befindet sich die aus dem Besitz der Oranier hervorgegangene Sammlung im heutigen Gebäude (erbaut 1876–85 von P. Cuypers).

Rijswijk [niederl. 'rɛiswɛik], niederl. Gem. im sö. Vorortbereich von Den Haag, 48 600 E. – Die **Friedensschlüsse von Rijswijk** beendeten 1697 den Pfälz. Erbfolgekrieg. Im Frieden Frankreichs mit England, den Niederlanden und Spanien (20. 9.), dem das Hl. Röm. Reich beitrat (30. 9.), gab Ludwig XIV. die meisten Eroberungen preis (außer den elsäss. Reunionen mit Straßburg).

Rikscha (Jinrikischa, Jinriksha) [jap.], zweirädriges Gefährt zur Personenbeförderung; wird von einem Menschen gezogen oder angetrieben (Fahrrad-R.); auch motorisiert.

Riksmål ['ri:ksmo:l; norweg. ›Reichssprache‹], ältere Bez. für Bokmål (→ Norwegisch).

Rila, höchstes Gebirge der Balkanhalbinsel, Bulgarien, im Mussala 2 925 m hoch.

Rilke, Rainer Maria, eigtl. René M. R., * Prag 4. 12. 1875, † Val-Mont bei Montreux 29. 12. 1926, österr. Dichter. Gehört zu den großen Lyrikern des 20. Jh.; lebte u. a. in Prag, Worpswede (›Worpswede‹, 1903), Paris (zeitweise Sekretär von A. Rodin; Entstehung seines einzigen Romans ›Die Aufzeichnungen des Malte Laurids Brigge‹, 1910) und ab 1919 v. a. in der Schweiz; mit L. Andreas-Salomé zwei Rußlandreisen (1899 und 1900; dort u. a. Begegnung mit L. N. Tolstoi); 1899 entstand ›Die Weise von Liebe und Tod des Cornets Christoph Rilke‹ (gedr. 1906); die Gedichtsammlung ›Das Buch der Bilder‹ (1902, erweitert 1906) kann als literar. Ergebnis der Rußlandreise bezeichnet werden; später entstand nach Reisen nach Spanien, Italien, Nordafrika, Ägypten. Im Laufe von zehn Jahren entstanden die ›Duineser Elegien‹ (gedr. 1923), die zus. mit seinem letzten Werk (›Die Sonette an Orpheus‹, 1923) die Quintessenz seiner Lyrik ausmachen; auch bed. Übers. und etwa 10 000 Briefe. – *Weitere Werke:* Auguste Rodin (Monographie, 1903), Das Stundenbuch (1905), Marienleben (1913, vertont von P. Hindemith 1922/23).

Rimbaud, Arthur [frz. rɛ̃'bo], * Charleville (= Charleville-Mézières) 20. 10. 1854, † Marseille 10. 11. 1891, frz. Dichter. 1871–73 Liaison mit P. Verlaine; nach dem Bruch (1873) Ende der literar. Tätig-

keit, unstetes Wanderleben, zuletzt in Äthiopien. Sein berühmtestes Werk ›Das trunkene Schiff‹ (entst. 1871, hg. 1883) ist mit seiner sinnl., surrealen Metaphorik (der Freiheit) ebenso wie die im lockeren Versbau geschriebenen Prosagedichte ›Aufenthalt in der Hölle‹ (1873) und ›Erleuchtungen‹ (hg. 1886) zum festen Bestandteil der Weltliteratur geworden; von bes. Einfluß auf die symbolist. und surrealist. Lyrik.

Rimini, italien. Stadt an der Adria, in der Emilia-Romagna, 130 800 E. Archäolog. Museum; Seebad. Röm. sind der Augustusbogen (27 v. Chr.) und die Brücke Ponte Augusto (14–21 n. Chr. vollendet); Renaissancekirche (1446; unvollendet). – In der Antike **Ariminum,** eine von Umbrern gegr. Siedlung, wurde 268 v. Chr. Kolonie latin. Rechts, spätestens 88 v. Chr. Munizipium; kam durch die Pippinsche Schenkung (754/756) an den Papst.

Rimski-Korsakow, Nikolai Andrejewitsch ['kɔrzakɔf], * Tichwin 18. 3. 1844, † Gut Ljubensk bei Sankt Petersburg 21. 6. 1908, russ. Komponist. Trug wesentl. zur Ausbildung einer nat.-russ. Musik bei. Zu seinen bekanntesten Orchesterwerken gehören ›Capriccio espagnol‹ (1887) und ›Scheherazade‹ (1888); daneben u. a. die Opern ›Sadko‹ (1898), ›Das Märchen vom Zaren Saltan‹ (1900), ›Der goldene Hahn‹ (1909), Orchesterwerke (u. a. 3 Sinfonien, Ouvertüre über russ. Themen, Klavierkonzert), Kammer- und Klaviermusik, Chorwerke und Lieder.

Nikolai Andrejewitsch Rimski-Korsakow

Rindbox (Chromrindleder), chromgegerbtes Schuhoberleder aus Rindshäuten.

Rinde (Kortex, Cortex), 1) *Botanik:* bei *Pflanzen* die äußeren Gewebeschichten von Sproßachse und Wurzel. Anatomisch sind zu unterscheiden: *primäre R.:* Gewebekomplex zw. äußerer Epidermis und den peripheren Leitbündeln; *sekundäre R. (Bast):* die in Sproß und Wurzel nach Beginn des sekundären Dickenwachstums vom Kambium nach außen abgegebenen Gewebeschichten; Begrenzung nach außen durch die Borke.

2) *Anatomie:* die äußere, vom Mark sich unterscheidende Schicht bestimmter Organe, z. B. der Nieren *(Nieren-R.),* des Gehirns *(Kleinhirn-, Großhirnrinde).*

Rindenläuse (Staubläuse, Holzläuse, Flechtlinge, Psocoptera), mit über 1 000 Arten weltweit verbreitete Ordnung kleiner, etwa 1 mm bis wenige Millimeter langer Insekten mit kauenden Mundwerkzeugen und langen, fadenförmigen Fühlern.

Rindenparenchym, Grundgewebe im Bereich der pflanzl. Rinde; kann bei mächtiger Entwicklung Speicherfunktionen übernehmen, z. B. Nährstoffspeicherung in Rüben.

Rainer Maria Rilke

Rindenpilze, Ständerpilze, die v. a. auf Kernholz oder Rinde wachsen, z. B. der *Eichen-R.* mit grauvioletten, warzigen Fruchtkörpern und der *Rindensprenger,* unter der Rinde von toten Laubgehölzen wachsend.

Rinder (Bovinae), Unterfam. etwa 1,6–3,5 m langer, 150–1 350 kg schwerer Paarhufer (Fam. Horntiere) mit 9 Arten, v. a. in Wäldern und Grassteppen Amerikas und der Alten Welt; seit dem jüngeren Tertiär bekannte Wiederkäuer mit breitem Schädel, unbehaartem, feuchtem ›Flotzmaul‹ und (bei beiden Geschlechtern) Hörnern. Von den Sinnesorganen sind Geruchs- und Gehörsinn am besten ausgebildet, ihr Augensinn läßt sie Farben (Blau, Rot, Grün, Gelb) erkennen. Zu den R. gehören neben → Büffeln, → Bison, Wisent u. a. die *Stirnrinder (Bos)* mit Jak, → Gaur und Auerochse. Der *Jak* (Yak, Wildjak) kommt im zentralasiat. Hochland vor; Körperlänge bis etwa 3,25 m, Schulterhöhe bis über 2 m, Hörner beim Männchen bis 1 m lang; eine domestizierte Zuchtform ist der kleinere *Hausjak* (Grunzochse), ein Tragtier, auch Milch-, Fleisch- und Wollieferant. Der *Auerochse* (Ur) wurde 1627 ausgerottet; Männchen

Arthur Rimbaud (Ausschnitt aus dem Gemälde ›Le Coin de Table‹ von Fantin-Latour, 1872; Paris, Louvre)

Rinder: LINKS Jak; RECHTS Zebu

Joachim Ringelnatz

über 3 m Körperlänge und 1,8 m Schulterhöhe; Stammform des Hausrindes und des *Zebus* (Buckelrind; in ganz Asien). → Höhenvieh, → Niederungsvieh.

Geschichte: Das Rind ist das wichtigste Haustier und das älteste Milch- und Arbeitstier für den Menschen. Die Rassen des Hausrinds stammen v. a. vom Auerochsen ab, der zus. mit dem Wisent (→ Bison) seit dem letzten Zwischeneiszeitphase in Europa verbreitet war. Die Ausgrabungen von Çatal Hüyük (Türkei) lassen erkennen, daß die ältesten Domestikationsversuche um 6 500 v. Chr. anzusetzen sind.

Rinderbandwurm, 4–10 m langer Bandwurm; erwachsen im Darm des Menschen (Endwirt), Finnen (7–9 mm lang) in der Muskulatur des Rindes (Zwischenwirt).

Rinderbremsen, Gatt. bis 25 mm langer, maximal 5 cm spannender Fliegen (Fam. Bremsen) mit rd. 40 Arten in Eurasien; u. a. die *Pferdebremse* (bis 25 mm lang) und die 10–24 mm lange *Gemeine Rinderbremse.*

Rinderdasselfliegen (Rinderbiesfliegen), Bez. für zwei fast weltweit verschleppte Arten etwa 11–15 mm lange → Hautdasseln, die bes. an Rindern schädl. werden können (Abnahme der Milch- und Fleischproduktion, Hautschäden); hummelähnl. behaarte Insekten.

Rinderpest, aus Asien eingeschleppte, tödl. verlaufende anzeigepflichtige Viruskrankheit des Rindes (und anderer Wiederkäuer).

Rindertuberkulose, tödl. verlaufende Infektionskrankheit des Rindes mit hoher Infektionsgefahr für den Menschen.

rinforzando (rinforzato) [italien.], Abk. rf., rfz., rinf., musikal. Vortragsbez.: stärker werdend.

Ring, 1) *allgemein:* ein aus unterschiedlichstem Material gefertigter kreisförmiger Körper; findet Verwendung als techn. Gegenstand (z. B. Dichtungs-R.) oder als Schmuckstück, auch als symbol. Zeichen. – Der R. wurde schon im alten Orient und in Ägypten als Siegel-R. gebraucht, später auch bei Griechen und Römern, und galt – meist als Finger-R. getragen – als sakrales Würdezeichen und herrscherl. Insigne. Aus dem *Verlobungs-R.,* der in röm. Zeit der Frau als Empfangsbestätigung für die Mitgift gegeben wurde, entwickelte sich der *Ehe-R.* v. a. unter frühchristl. Einfluß als Symbol der Treue. Im Volksglauben werden dem R. oft mag. und zauber. Kräfte (Amulett-R., Zauber-R.) zugesprochen.
2) *Sport:* (Box-R.) → Boxen.
3) *Motorsport:* Bez. für Rennstrecken, z. B. Nürburgring, Hockenheimring.
4) *Mathematik:* eine algebraische Struktur *R* mit zwei als Addition und Multiplikation bezeichneten Verknüpfungen ihrer Elemente (Symbole: + und ·), die bezügl. der Addition eine Abelsche Gruppe ist und das Assoziativgesetz der Multiplikation erfüllt.

Ring Christlich-Demokratischer Studenten, Abk. RCDS, 1951 gegr. polit. Studentenverband, der der CDU nahesteht.

Ringe, Turngerät der Männer; besteht aus zwei 28 mm starken Holzringen von 18 cm Durchmesser, die an 2 Schwungseilen hängen, der Aufhängepunkt der Seile ist 5,50 m über dem Boden.

Ringelblume, 1) (Gilke, Maienrose) Gatt. der Korbblütler mit rd. 20 Arten, v. a. im Mittelmeergebiet und in Vorderasien; Zierpflanzen *(Gartenringelblume).*
2) volkstüml. Bez. für den Löwenzahn.

Ringelnatter, rd. 1 m (♂) bis 1,5 m (♀) lange Wassernatter, v. a. an dicht bewachsenen Gewässerrändern Europas, NW-Afrikas und W-Asiens; ernährt sich vorwiegend von Lurchen und Fischen.

Ringelnatz, Joachim, eigtl. Hans Bötticher, * Wurzen 7. 8. 1883, † Berlin 17. 11. 1934, dt. Schriftsteller und Maler. Ab 1920 Kabarettautor in Berlin. Skurrile Lyrik (Moritaten, Songs, Grotesken, Nonsensverse), u. a. ›Die Schnupftabakdose‹ (Ged., 1912), ›Kuttel Daddeldu‹ (Ged., 1920, erweitert 1923).

Ringelrobben → Robben.

Ringelwürmer (Gliederwürmer, Anneliden, Annelida), Tierstamm mit rd. 8 700, wenige Millimeter bis 3 m langen Arten im Meer, im Süßwasser oder im Boden. Der Körper der meisten R. ist langgestreckt und aus vielen weitgehend gleichen Segmenten aufgebaut, die äußerl. als Ringe erkennbar sind. Man unterscheidet Vielborster, Wenigborster und Blutegel.

Ringen, von Männern ausgeübter sportl. Zweikampf, bei dem durch bestimmte Griffe der Gegner mit beiden Schultern auf die Matte gedrückt werden soll. Man unterscheidet *Freistil-R.* (Griffe vom Scheitel bis zur Sohle mit Einsatz der Beine) und *griechisch-römischen Stil* (Griffe vom Scheitel bis zur Hüfte, ohne Einsatz der Beine). Gekämpft wird auf einer 10 cm dicken Matte mit rundem Kampffläche; Kampfdauer 2 × 3 Minuten mit je 1 Minute Pause.

Ringkörper, svw. → Torus.

Ringmodulator, 2 Übertragern und 4 ringförmig angeordneten Dioden aufgebaute Schaltung zur Modulation, Effektgerät der elektron. Musik; mit dem R. werden unharmon. Klangspektren erzeugt. Die Verknüpfung von Sprache mit Instrumentalklang führt zu einem sich im Sprachrhythmus bewegenden neuen Verfremdungsklang.

Ringmuskel (Sphinkter), ringförmiger Muskel zur Verengung oder zum Verschluß röhrenförmiger Hohlorgane, v. a. im Bereich des Darmtrakts.

Ringnebel, svw. → planetarische Nebel.

Ringverbindungen, andere Bez. für → cyclische Verbindungen.

Ringwall, vor- und frühgeschichtl. Befestigungstyp mit umlaufendem Wall bzw. Wallsystem.

Rinser, Luise, * Pitzling (= Landsberg a. Lech) 30. 4. 1911, dt. Schriftstellerin. 1944/45 inhaftiert (›Gefängnis-Tagebuch‹, 1946). 1953–59 ⚭ mit C. Orff. Schreibt Romane (›Daniela‹, 1953) und Erzählungen (›Die gläsernen Ringe‹, 1941; ›Ein Bündel weißer Narzissen‹, 1956); auch Hörspiele, Tagebücher. Kandidierte 1984 für die ›Grünen‹ für das Amt des Bundespräsidenten. – *Weitere Werke:* Ich bin Tobias (R., 1966), Den Wolf umarmen (Autobiographie, 1981), Winterfrühling. 1979–1982 (Prosa, 1982), Mirjam (R., 1983), Silberschuld (1987).

Rinteln, Stadt an der Weser, Nds., 26 100 E. U. a. Spirituosenfabrik, Maschinenbau; Flußhafen. Marktkirche (13. und 14.Jh.), ehem. Rathaus im Stil der Weserrenaissance, zahlr. Fachwerkhäuser (16. und 17.Jh.), Wallanlage (17.Jh.).

Río [span. 'rrio; lat.], span. svw. Fluß (portugies. und brasilian. **Rio**).

Rio de Janeiro ['ri:o de ʒa'ne:ro, brasilian. 'rriu di ʒɐ'neiru], **1)** Hauptstadt des gleichnamigen brasilian. Bundesstaates (seit 1975), an der Baía de Guanabara, 5,62 Mio. E. 4 Univ., Ingenieurhochschule, zahlr. Forschungsinstitute, Nationalarchiv, -bibliothek, Nationalmuseum u. a. Museen, Theater, Oper; botan. Garten, Zoo. R. de J. ist das größte Handels- und Bankenzentrum, die zweitgrößte Ind.stadt und größter Importhafen Brasiliens; 2 ☒. Berühmt ist der Badestrand von Copacabana sowie der jährl. Karneval.

Bauten: Im Stadtbild, das vom Zuckerhut (395 m) und Corcovado (711 m; mit Christusstatue) beherrscht wird, treffen moderne Hochbauten und Elendsviertel (Favelas) unvermittelt aufeinander. Bed. Zeugnisse der Kolonialarchitektur, u. a. Kirche des Klosters São Bento (Ausstattung 1693–1720), Karmeliterkloster und Franziskanerkloster, Kirche Nossa Senhora da Gloria (alle 17. Jh.). In R. de J. entstand mit dem Erziehungsministerium (1936–43) der erste richtungweisende Bau der modernen brasilian. Architektur nach den Vorstellungen Le Corbusiers.

Geschichte: Vorläufer der heutigen Stadt war das 1565 in der Nähe des Zuckerhuts gegr. São Sebastião do R. de J., 1567 nach N verlegt. 1763 Hauptstadt vor Bahia; 1808–21 Residenz des portugies. Prinzregenten und König Johanns VI.; 1822–1960 Hauptstadt Brasiliens.

2) Bundesstaat in SO-Brasilien, 44 268 km², 13,3 Mio. E, Hauptstadt Rio de Janeiro. 1975 wurde der Bundesstaat Guanabara eingegliedert.

Rio Grande [engl. 'riːoʊ 'grændɪ] (mex. Rio Bravo), Fluß in Nordamerika, entspringt in den San Juan Mountains (USA), bildet über 2 000 km die Grenze zw. den USA und Mexiko, mündet mit einem Delta bei Brownsville in den Golf von Mexiko, etwa 3 034 km lang.

Rio Grande do Norte [brasilian. 'rriu 'grɛndi du 'nɔrti], Bundesstaat in NO-Brasilien, 53 015 km², 2,20 Mio. E, Hauptstadt Natal.

Rio Grande do Sul [brasilian. 'rriu 'grɛndi du 'sul], Bundesstaat in S-Brasilien, 282 184 km², 8,73 Mio. E, Hauptstadt Pôrto Alegre.

Rioja, La [span. la 'rrioxa], autonome Region und Prov. in NO-Spanien, 258 300 E. Hauptstadt Logroño.

Riojaweine [span. 'rrioxa], die aus dem Weinbaugebiet im Quellgebiet des Ebro südl. der Pyrenäenabhänge stammenden überwiegend roten Weine zählen zu den besten der Erde.

Río Muni [span. 'rrio], ehem. span. Übersee-Prov. an der afrikan. W-Küste; seit 1968 als **Mbini** Teil der Republik Äquatorialguinea.

rip., Abk. für →Ripieno.

R. I. P., Abk. für →requiescat in pace.

Ripen [dän. Ribe], Hauptstadt der dän. Amtskommune Ribe im sw. Jütland, 18 000 E. Roman. Domkirche (12. Jh.; im 13. Jh. got. erweitert), Ruinen von Schloß Riberhus (12. Jh.). – 855 erstmals gen., im MA einer der wichtigsten dän. Handelsplätze. – Der **Vertrag von Ripen** (1460) begründete die Personalunion Dänemarks und Schleswigs und Holsteins.

Ripieno [italien. ›voll‹], das volle Orchester (Tutti) im Ggs. zum solist. Concertino, bes. im →Concerto grosso.

Riposte [italien.-frz.] (Nachhieb, Nachstoß), im Fechtsport Bez. für den Gegenangriff nach parierter Parade.

Rippe, 1) *Biologie:* →Rippen.

2) *Technik:* ein Bauteil zur Verstärkung (Querversteifung) flächiger Bauteile.

3) *Baukunst:* (Ogive) der ein Gewölbe oder eine Stahlbetondecke verstärkende oder tragende Konstruktionsteil, auch Schmuckelement mittelalterl. Gewölbebaus (Band-, abgeschrägte, ausgekehlte, Rundstab-, Birnenstab-R.).

Rippen (Costae), knorpelige bis größtenteils knöcherne, spangenartige, paarige Skelettelemente des Brustkorbs, die seitl. an die Wirbelsäule anschließen. – Der menschl. Brustkorb besteht aus 12 paarigen R., von denen die oberen 7 direkt an das Brustbein gehen *(echte R., Brustbein-R.),* im Unterschied zu den restl. 5 *(falsche R.).* Von ihnen legen sich die Knorpel der 8. bis 10. R. jeweils an den Knorpel der vorhergehenden an und bilden den *Rippenbogen (Bogen-R.).* Die beiden letzten R.paare enden frei *(freie Rippen).*

Rippenatmung →Atmung.

Rippenfell, das die Brustwand, das Zwerchfell und das Mittelfell überziehende Brustfell.

Rippenfellentzündung (Brustfellentzündung, Pleuritis), ohne Pleuraerguß *(trockene R., Pleuritis sicca)* oder, was häufiger vorkommt, mit Pleuraerguß *(feuchte R., Pleuritis exsudativa)* einhergehende Entzündung des Brustfells (Rippenfells). Charakterist. Symptome einer R. sind u. a.: beim Atmen auftretende Rücken- und Seitenschmerzen, Reizhusten, zunehmende Atemnot mit Druck- und Beklemmungsgefühl in der Brust.

Ripuarisch, mitteldeutsche Mundart, →deutsche Mundarten (Übersicht).

Risalit [italien.], vorwiegend bei barocken Profanbauten vortretender Gebäudeteil, z. T. mit eigenem Dach und Giebel (Mittel-, Eck- und Seitenrisalit).

Risorgimento [italien. risordʒi'mento ›Wiedererstehung‹], italien. Einigungsbestrebungen im 18. und 19. Jh., insbes. 1815–70 (→ Italien, Geschichte).

Risotto [italien.], italien. Reisgericht mit Zwiebeln und geriebenem Käse.

Rispe →Blütenstand.

Rispengras, Gatt. der Süßgräser mit rd. 300 Arten in den gemäßigten Zonen der Nord- und Südhalbkugel sowie in den Gebirgen der Tropen und Subtropen. Wichtige davon sind u. a. Futterpflanzen wie *Wiesen-R., Rauhes R., Hain-R.* und *Einjähriges Rispengras.*

Riß, das bei der Projektion eines Körpers, eines Gebäudes u. a. auf eine Ebene entstehende Bild (z. B. als Grundriß).

Rißeiszeit [nach dem Donaunebenfluß Riß] → Eiszeit.

Rißpilze, Gatt. der Lamellenpilze mit 80 bis 100, meist giftigen, schwer zu unterscheidenden Arten. Tödl. giftig ist z. B. der *Ziegelrote Rißpilz.*

Rist, Johann von (seit 1653), * Ottensen (= Hamburg) 8. 3. 1607, † Wedel (Holstein) 31. 8. 1667, dt. Dichter. Mgl. des ›Nürnberger Dichterkreises‹ und der ›Fruchtbringenden Gesellschaft‹. Verfasser geistl. und weltl. Lyrik, auch Dramen, u. a. ›Das Friede wünschende Teutschland‹ (1647).

Rist, Fußrücken bzw. Oberseite der Handwurzel.

rit., Abk. für →ritardando und →ritenuto.

ritardando [italien.], Abk. rit., ritard., musikal. Vortragsbez.: langsamer werdend.

rite [lat.], genügend; unterster Grad einer bestandenen Doktorprüfung (→ Doktor).

Riten [lat.], Mrz. von → Ritus.

Ritenkongregation →Kurienkongregationen.

ritenuto [italien.], Abk. rit., musikal. Vortragsbez.: zurückgehalten, zögernd.

Ritornell [italien.], **1)** *Dichtung:* italien. Strophenform zu 3 Zeilen, von denen jeweils 2 gereimt sind.

2) *Musik:* Bez. für einen meist mehrfach wiederkehrenden Abschnitt; instrumentales Zwischenspiel in Vokalformen des 17. und 18. Jh. und in der frühen Oper.

Ritschard, Willi, * Deitingen bei Solothurn 28. 9. 1918, † Grenchen 16. 10. 1983, schweizer. Gewerkschafter und sozialdemokrat. Politiker. 1954–63 Präs. des Solothurner Gewerkschaftsverbandes; 1955–63 Nationalrat, seit 1974 Bundesrat; Bundes-Präs. 1978.

Ritschl, Albrecht, * Berlin 25. 3. 1822, † Göttingen 20. 3. 1889, dt. ev. Theologe. Gehört zu den namhaften Theologen der 2. Hälfte des 19. Jh.; betonte in Ablehnung spekulativen Denkens die method. Gemeinsam-

Rispengras:
Gewöhnliches
Rispengras
(Höhe bis 80 cm)

(giftig)

Rißpilze:
Ziegelroter Rißpilz

keiten von Theologie und Naturwissenschaften; gilt als Begründer des *Kulturprotestantismus*.

Ritsos, Jannis, * Monemwasia (Lakonien) 1. 5. 1909, † Athen 12. 11. 1990, neugriech. Lyriker. Wegen seines polit. Engagements 1948–52 und 1967–72 in Haft und Konzentrationslagern. Sein Werk ist heute in fast alle Sprachen übersetzt, in dt. Sprache u. a. ›Die Nachbarschaften der Welt‹ (1957), ›Zwölf Gedichte an Kavafis‹ (1963), ›Zeugenaussagen I und II‹ (1963–66, dt. Ausw.), ›Tagebuch des Exils‹ (1975), ›Liebe – Feindin Schwester‹ (1981); auch Prosa, u. a. ›Mit einem Stoß des Ellenbogens‹ (1984).

Rittberger [nach dem dt. Eiskunstläufer W. Rittberger, * 1891, † 1975], Sprung im Eis- und Rollkunstlauf.

Ritten, Hochfläche nö. von Bozen, Italien; bekannt für die aus Moränenschutt ausgewaschenen Erdpyramiden.

Ritter, 1) Carl, * Quedlinburg 7. 8. 1779, † Berlin 28. 9. 1859, dt. Geograph. War u. a. Prof. in Berlin, wurde mit seiner länderkundl. Darstellung der Erde einer der Begründer der modernen Geographie.
2) Gerhard, * Sooden (= Bad Sooden-Allendorf) 6. 4. 1888, † Freiburg im Breisgau 1. 7. 1967, dt. Historiker. 1925–56 Prof. in Freiburg im Breisgau; im 3. Reich im Widerstandskreis um C. F. Goerdeler; 1944/45 inhaftiert; schrieb u. a. ›Staatskunst und Kriegshandwerk‹ (4 Bde., 1954–68).

Ritter, der beritten und i. d. R. gepanzert in den Kampf ziehende Krieger. Für das antike Rom →Equites. – Im MA der Angehörige des R.standes, der durch die Gemeinsamkeit der spezif. ritterl. Lebensform (R.tum) bestimmt war. Aus dem Stand der unfreien Ministerialen ab dem 11. Jh. durch den Waffendienst sozial aufgestiegen, wurde der R. in stauf. Zeit zum Inbegriff des Adligen.

Ritterling, Gatt. großer, dickfleischiger Lamellenpilze; z. T. gute Speisepilze, z. B. Grünling, Mairitterling.

Ritterorden, religiöser Zusammenschluß von Kriegern im Zuge der Kreuzzugsbewegung des 11./12. Jh. zur Bekämpfung der Glaubensfeinde; bed. R. waren der Templerorden, der Johanniterorden (Malteser), der Dt. Orden, der Schwertbrüderorden.

Rittersporn (Delphinium), Gatt. der Hahnenfußgewächse mit rd. 400 Arten in der nördl. gemäßigten Zone, in Vorder- und M-Asien sowie in den Gebirgen des trop. Afrika; Stauden oder einjährige Pflanzen. Einheim. ist der *Feld-R.* (Acker-R.), 20–40 cm hoch; Zierpflanzen sind zahlr. Sorten des *Gartenritter-sporns,* u. a. der 40–60 cm hohe *Einjährige Garten-R.* mit blauvioletten, rosafarbenen oder weißen Blüten in Trauben und 1,2–1,8 m hohe *Stauden-R.* mit großen, oft halb gefüllten Blüten.

Ritterstern, Gatt. der Amaryllisgewächse mit 60–70 Arten in Savannen oder period. trockenen Waldgebieten des subtrop. und trop. Amerika; die ›Amaryllis‹ der Gärtner ist als Topfpflanze weit verbreitet.

Rittertum (frz. chevalerie, engl. chivalry), die Gesamtheit der ritterl. Kultur und Lebensformen des hohen und späten MA, die im Minnesang und im höf. Epos ihren literar. Niederschlag fanden. Das mit hohen Standesidealen versehene R. entwickelte sich zuerst in Frankreich und drang dann über Flandern und Burgund in das Hl. Röm. Reich vor. Vornehmste Aufgaben des sich an einer ritterl. Tugendlehre orientierenden Ritters waren der Minnedienst, der Schutz der Kirche und der Schwachen sowie der Kreuzzug. Der Kampf gegen die ›Heiden‹ führte zum Entstehen eines mönch.-asket. R. neben dem weltl.-höf. (→Ritterorden). Die Erziehung des ritterbürtigen Knaben, die ihn auf den Zweikampf zu Pferde mit Schwert oder Lanze vorbereitete (→Turnier), aber auch geistig und

mus. bildete, endete mit der *Schwertleite* (Bekundung der Mündigkeit und Waffenfähigkeit), später mit dem *Ritterschlag* (festl. Aufnahmeakt in die Ritterschaft).

Rittmeister, Führer einer Reiterabteilung.

Ritual [lat.], 1) Vorgehen nach festgelegter Ordnung.
2) svw. → Ritus.

Rituale [lat.], liturg. Buch der röm.-kath. Kirche, das Ordnungen und Texte für Gottesdienste – außer der Messe – enthält.

Ritualmord, eine mit kult. oder mag. Zielsetzung vollzogene Tötung von Menschen.

Ritus [lat.] (Mrz. Riten), 1) Handlungsablauf *(Ritual),* der mit religiöser Zielsetzung genau festgelegten Regeln folgt und deshalb als ident. wiederholbar erscheint.
2) *kath. Kirchenrecht:* Bez. für eine teilkirchl. Gemeinschaft, die den gleichen liturg. Ritus befolgt.

Ritzel, kleines Zahnrad.

Riukiuinseln, jap. Inselgruppe zw. Ostchin. Meer und Philippinensee, 98 Inseln, davon 47 bewohnt, rd. 4 600 km², Hauptort Naha (auf Okinawa). **Geschichte:** Seit dem 14. Jh. China, 1609 gleichzeitig Japan tributpflichtig; 1879 von Japan annektiert. April–Juni 1945 heftig umkämpft (über 200 000 Opfer), kamen die R. im Vertrag von San Francisco 1951 unter amerikan. Verwaltung; 1953 Rückgabe der nördl., 1972 der südl. R. an Japan.

Riva del Garda, italien. Stadt am N-Ende des Gardasees, Trentino-Südtirol, 13 000 E. Barocke Kirche (1603); Wasserschloß der Scaliger (1124).

Rivas, Ángel de Saavedra, Herzog von [span. 'rriβas], * Córdoba 10. 5. 1791, † Madrid 22. 6. 1865, span. Dichter. Erster span. Romantiker von Rang (Romanzen und Dramen).

Rivel, Charlie [span. rri'βel], eigtl. José Andreo R., * Cubellas bei Vendrell 28. 4. 1896, † Barcelona 26. 7. 1983, span. Artist. Einer der bekanntesten Clowns.

Rivera, Diego [span. rri'βera], * Guanajuato 8. 12. 1886, † Mexiko 25. 11. 1957, mex. Maler. Lebte 1911–21 v. a. in Paris, 1931–34 in den USA. Monumentale Fresken sowie Mosaiken mit Szenen aus der mex. Geschichte und Gegenwart, u. a. am Palacio Nacional (Mexiko, 1929 ff.); war ∞ mit F. Kahlo.

Diego Rivera: ›Blumenverkäufer‹; 1935 (San Francisco, Museum of Art)

Riviera, schmale Küstenlandschaft am Mittelmeer, zw. Marseille und La Spezia, geteilt in die frz. Côte d'Azur und die Italien. Riviera westl. und östl. von Genua. Zahlr. Buchten, mildes, sonnenreiches Klima, üppige mediterrane Vegetation.

Carl Ritter

Ritterling: Grünling

Rittersporn: Feldrittersporn

Rivière, Jacques [frz. ri'vjɛ:r], * Bordeaux 15. 7. 1886, † Paris 14. 2. 1925, frz. Schriftsteller. Mitbegründer und 1910–14 sowie 1919–25 Leiter der ›Nouvelle Revue Française‹; Tagebücher, Romane und Essays.

Rize [türk. 'rize], Stadt an der türk. Schwarzmeerküste, 50 200 E. Zentrum des türk. Teeanbaus.

Rizin (Ricin) [lat.], hochgiftiges Protein im Rizinussamen; bewirkt Agglutination der roten Blutkörperchen, Hämolyse, Haut- und Schleimhautreizung.

Rizinus (Ricinus) [lat.], Gatt. der Wolfsmilchgewächse mit der formenreichen, nur in Kultur in allen wärmeren Gebieten bekannten Art *Christuspalme* (Wunderbaum); beheimatet im trop. Afrika oder in Indien; bis 3 m hohe, halbstrauchige, in den Tropen auch baumartige (über 10 m hoch) Pflanzen. Früchte walnußgroße Kapseln mit bohnengroßen, giftigen Samen. Die Samen enthalten etwa 50 % Rizinusöl sowie viel Eiweiß und Rizin.

Robben:
Mähnenrobbe
(Männchen)

Rizinusöl (Kastoröl), aus den Samen von Rizinus gewonnenes gelbl. Öl; in der Medizin als Abführmittel gebraucht; techn. wichtig zur Herstellung von Textilhilfsmitteln, transparenten Seifen und Spezialschmiermitteln.

Rjasan [russ. rɪ'zanj], russ. Gebietshauptstadt, an der Oka, 515 000 E. 4 Hochschulen, Museen, Theater; u. a. Maschinenbau, Erdölraffinerie. – 1095 erstmals urkundl. erwähnt als **Perejaslawl-Rjasanski**; ab Mitte des 14. Jh. Zentrum des gleichnamigen Ft.; 1521 dem Moskauer Staat angeschlossen; 1778 in R. umbenannt; ab 1796 Verwaltungssitz des Gouvernements Rjasan.

rm (Rm), Einheitenzeichen für → Raummeter.

RM, Abk. für **R**enten**m**ark und **R**eichs**m**ark.

Rn, chem. Symbol für → Radon.

RNA, Abk. für engl. **r**ibo**n**ucleic **a**cid (→ RNS).

RNasen (Abk. für **R**ibo**n**ukle**asen**), die RNS hydrolyt. spaltende Enzyme (Hydrolasen).

RNS (RNA), Abk. für **R**ibo**n**ukleinsäure (engl. ribonucleic acid), im Zellkern, den Ribosomen und im Zellplasma aller Lebewesen vorkommende Nukleinsäure. Im Ggs. zur → DNS liegt die RNS nicht in Form von Doppelsträngen vor (außer in Viren), enthält sie den Zucker Ribose und anstatt der Pyrimidinbase Thymin Uracil. Man unterscheidet 3 Arten von RNS: die *Messenger-RNS* (m-RNS) wird an der DNS synthetisiert und dient als Matrize bei der Proteinbiosynthese. Die in den Ribosomen lokalisierte *ribosomale RNS* (r-RNS) besteht aus 2 RNS-Arten mit unterschiedl. Molekülmasse und Basensequenz. Die *Transfer-RNS* (t-RNS) dient bei der Proteinbiosynthese als Überträger für die Aminosäuren. Ihr aufgefaltetes Molekül besitzt eine stets aus der Basensequenz Zytosin-Zytosin-Adenin bestehende Anheftungsstelle für die Aminosäure und ein bestimmtes Nukleotidtriplett (Anticodon), das zu einem Nukleotidtriplett der m-RNS (Codon) aufgrund der Basenpaarung komplementär ist. Bei einigen Viren ist eine ein- oder doppelsträngige RNS (virale RNS) anstelle der DNS Träger der genet. Information.

Roa Bastos, Augusto, * Asunción 13. 6. 1917, paraguay. Schriftsteller. Gehört zu den bed. Vertretern der lateinamerikan. Literatur. Seit 1947 im Exil. Schreibt Erzählungen und Romane (›Menschensohn‹, 1959; ›Ich, der Allmächtige‹, 1974).

Roach, Max[well] [engl. roʊtʃ], * New York 10. 1. 1925, amerikan. Jazzmusiker (Schlagzeuger, Komponist). Einflußreichster Innovator des Jazzschlagzeugs.

Roadster ['ro:tstər, engl. 'roʊdstə], offener, zweisitziger Sportwagen.

Robbe-Grillet, Alain [frz. rɔbgri'jɛ], * Brest 18. 8. 1922, frz. Schriftsteller. Einer der Hauptvertreter des → Nouveau roman (›Der Augenzeuge‹, 1955; ›Die Jalousie oder die Eifersucht‹, 1957); auch Essays sowie Filmszenarien (›Letztes Jahr in Marienbad‹, 1961; Regie A. Resnais). – *Weitere Werke:* Ansichten einer Geisterstadt (R., 1976), Djinn (R., 1981), Angélique oder die Verzauberung (1988).

Robben (Flossenfüßer, Pinnipedia), Ordnung etwa 1,4–6,5 m langer Säugetiere mit rd. 30 Arten in überwiegend kalten Meeren, selten in Binnenseen; ausgezeichnete Schwimmer und Taucher, überwiegend Fischfresser; Körper mit dicker Speckschicht und kurzem, meist dicht anliegendem Haarkleid; Schwanz stummelförmig, Extremitäten flossenartig; Nasen- und Ohröffnungen verschließbar. Die R. leben meist gesellig. Das Wasser wird zur Paarung verlassen. Die Pelze zahlr. Arten (→ Seal) sind sehr gefragt, so daß durch starke Bejagung die Bestände einiger Arten bedroht sind. Zu den R. zählen → Seehunde, → Walroß und die 13 Arten umfassende Familie Ohren-R. (Otariidae; mit den Gruppen → Pelzrobben und → Seelöwen) mit kleinen Ohrmuscheln und verlängerten, flossenförmigen Extremitäten, die es ihnen ermöglichen, sich an Land watschelnd fortzubewegen. Im Küstengebiet S-Amerikas kommt die *Mähnen-R.* (Patagon. Seelöwe) vor; ♂ bis 2,5 m lang; in antarkt. Gewässern lebt der *Seeleopard,* bis 4 m lang. Die Unterfam. *Mönchs-R.* hat 3 stark bedrohte Arten, darunter die 2–4 m lange *Mittelmeermönchs-R.* Die 3 Arten der Gatt. *Ringel-R.* sind bis 1,4 m lang: *Eismeerringel-R., Kaspi-R.* und *Baikalrobbe.*

Robbins [engl. 'rɔbɪnz], 1) Frederick Chapman, * Auburn (Ala.) 25. 8. 1916, amerikan. Mediziner. Entwickelte Verfahren zur Züchtung des Poliomyelitisvirus in Gewebekulturen als Voraussetzung für die Herstellung eines Impfstoffes gegen Kinderlähmung; mit J. F. Enders und T. H. Weller Nobelpreis für Physiologie oder Medizin (1954).

2) Harold, eigtl. H. Rubin, * New York 21. 5. 1912 (1911?), amerikan. Schriftsteller. Bestsellerromane, u. a. ›Die Unersättlichen‹ (1961), ›Der Clan‹ (1971), ›Träume‹ (1977), ›Der Seelenfänger‹ (1983), ›Hollywood‹ (1986).

3) Jerome, * New York 11. 10. 1918, amerikan. Tänzer, Choreograph und Regisseur. Bes. bekannt wurden seine Musicalproduktionen (auch verfilmt), u. a. ›West Side Story‹ (1957, Musik L. Bernstein), ›Anatevka‹ (1964).

Robe [frz.], festl. Kleidung, großes Abendkleid, auch feierl. Amtskleidung.

Röbel/Müritz, Kreisstadt am W-Ufer der Müritz, Meckl.-Vorp., 6 500 E. Frühgot. Backsteinhallenkirchen Sankt Marien und Sankt Nikolai (beide 13. Jh. ff.).

Robert, Name von Herrschern:

Apulien: 1) **Robert Guiscard** ['gɪskart, frz. gis'ka:r], * 1016, † auf Kefallinia 17. 7. 1085, Hzg. (seit 1059/60). Beteiligte sich an der Normanneninvasion Süditaliens. Leistete 1059 Papst Nikolaus II. den Lehnseid; befreite 1084 den von Kaiser Heinrich IV. belagerten Papst Gregor VII. aus der Engelsburg (Plünderung Roms durch die Normannen); starb auf einem Kriegszug gegen Byzanz.

Rizinus:
Christuspalme

**Frederick Chapman
Robbins**

Schottland: **2) Robert I. Bruce** [engl. bru:s], * 11. 7. 1274, † Cardross bei Glasgow 7. 6. 1329, König (seit 1306). Siegte am 24. 6. 1314 bei Bannockburn über die Engländer; setzte 1328 die Unabhängigkeit Schottlands durch.

Robert de Boron [frz. rɔbɛrdəbɔ'rõ] (R. de Borron), * Montbéliard oder Boron bei Belfort, frz. Dichter des 12./13. Jh. Schrieb ›Die Geschichte des Hl. Gral‹.

Robert-Koch-Institut, 1891 als Institut für Infektionskrankheiten gegr. und zuerst von R. Koch geleitetes Institut in Berlin, das sich v. a. mit der Erforschung ansteckender Krankheiten bzw. deren Erreger sowie mit der Bekämpfung und Heilung dieser Krankheiten befaßt; seit 1952 Teil des Bundesgesundheitsamtes.

Roberts [engl. 'rɔbəts], Kenneth Lewis, * Kennebunk (Maine) 8. 12. 1885, † Kennebunkport (Maine) 21. 7. 1957, amerikan. Schriftsteller. Schrieb histor. Romane, u. a. ›Nordwestpassage‹ (1937).

Robert-Schuman-Preis, seit 1955 jährl. verliehener Preis (30 000 DM) für Verdienste um die europ. Einigung.

Robespierre, Maximilien de [frz. rɔbɛs'pjɛːr], * Arras 6. 5. 1758, † Paris 28. 7. 1794 (hingerichtet), frz. Revolutionär. 1789 Deputierter des 3. Standes in den Generalständen; machte bald im Jakobinerklub durch seine von den Ideen J.-J. Rousseaus geprägten Reden auf sich aufmerksam und erwarb sich den Ruf des ›Unbestechlichen‹; als Mgl. der Pariser Kommune und des Nationalkonvents (seit Aug./Sept. 1792) wurde R. Führer der Bergpartei. Setzte seine Vorstellungen mit terrorist. Mitteln durch, stürzte die Girondisten (31. 5./2. 6. 1793) und beherrschte den Wohlfahrtsausschuß; am 27. 7. [= 9. Thermidor] 1794 gestürzt.

Robin Hood [engl. 'rɔbɪn 'hʊd], engl. Volksheld. Zahlr. Volksballaden (14./15. Jh.) behandeln sein abenteuerl. Leben mit einer Schar von Getreuen im Wald von Sherwood, wo er reiche Adlige und Kleriker ausraubte und Arme beschenkte. Symbol des angelsächs. Widerstands gegen die Normannen.

Robinie [...i-ε; nach dem frz. Botaniker J. Robin, * 1550, † 1629], Gatt. der Schmetterlingsblütler mit rd. 20 Arten in N-Amerika einschließl. Mexiko; sommergrüne Bäume oder Sträucher; Nebenblätter oft als kräftige Dornen ausgebildet; mehrere Arten als Zierbäume; gärtner. wichtigste Art ist die *Falsche Akazie* (Scheinakazie), ein bis 25 m hoher Baum.

Robinson [engl. 'rɔbɪnsn], **1)** Edwin Arlington, * Head Tide (Maine) 22. 12. 1869, † New York 6. 4. 1935, amerikan. Lyriker. Schrieb neben Lyrik u. a. ein dreiteil. Versepos (›Merlin‹, 1917; ›Lancelot‹, 1920; ›Tristram‹, 1927).

2) Sir (seit 1939) Robert, * Bufford bei Chesterfield 13. 9. 1886, † Great Missenden bei London 8. 2. 1975, brit. Chemiker. Erforschte biolog. wichtige Pflanzenstoffe, insbes. Alkaloide, wofür er 1947 den Nobelpreis für Chemie erhielt.

Robinsonaden, Form des Abenteuerromans, ben. nach D. Defoes Roman ›Robinson Crusoe‹, bes. im 18. und 19. Jahrhundert.

Robinson Crusoe ['kru:zo, engl. 'kru:soʊ], Held des Abenteuerromans von D. Defoe: Ein Schiffbrüchiger lebt 28 Jahre lang fern von aller Zivilisation auf einer Insel, wo die kulturelle Entwicklung der Menschheit nachvollzieht. Histor. Vorbild des R. C. war der Matrose A. Selkirk, der 1704–08 auf der Isla Robinson Crusoe, einer der Juan-Fernández-Inseln, lebte.

Roboter [tschech.], Bez. für selbstbewegl. Automaten, deren äußere Form mehr oder weniger stark der menschl. Gestalt nachgebildet ist *(Maschinenmensch, Android)* und die gewisse manuelle Funktionen eines Menschen ausführen können. Als *Industrie-R.* | werden heute alle rechnergesteuerten, mit einer Anzahl von Bewegungsmöglichkeiten ausgestatteten Arbeitsgeräte bezeichnet, die mit Greifern, Werkzeugen u. a. ausgerüstet sind. Kompliziertere, mit Sensoren ausgestattete Industrie-R. werden zur Werkzeughandhabung eingesetzt, v. a. zum Schweißen, Entgraten und zur Montage von Großserienteilen.

Robson, Mount [engl. 'maʊnt 'rɔbsn], mit 3 954 m höchster Berg der kanad. Rocky Mountains, vergletschert.

Roca, Kap, Kap an der SW-Spitze der Halbinsel von Lissabon, westlichster Punkt des europ. Festlandes; Leuchtturm.

Rocaille [ro'ka:j; frz.] (Muschelwerk), meist asymmetr. rahmendes Ornament in ausschwingenden Muschelformen, Dekorationselement des Rokoko.

Rocard, Michel [frz. ro'ka:r], * Courbevoie (Dep. Seine) 23. 8. 1930, frz. Politiker. 1981–83 Staatsmin. für Wirtschaftsplanung, 1983–85 Landwirtschaftsmin., 1988–1991 Premierminister.

Roc de Sers, Le [frz. lərɔkdə'sεːr], Fundort (bei Angoulême, Frankreich) jungpaläolith. Höhlen und Felsüberhänge.

Roch, sagenhafter Vogel, → Rock.

Rochade [rɔ'ʃa:də, rɔ'xadə; frz.], beim Schach einzig mögl. Doppelzug von König und Turm.

Rochefort, Christiane [frz. rɔʃ'fɔːr], * Paris 17. 7. 1917, frz. Schriftstellerin. Schreibt Romane, u. a. ›Das Ruhekissen‹ (1958), ›Kinder unserer Zeit‹ (1961), ›Zum Glück geht's dem Sommer entgegen‹ (1975), ›Die Welt ist wie zwei Pferde‹ (1984).

Rochefoucauld → La Rochefoucauld.

Rochelle, La [frz. larɔ'ʃɛl], frz. Dep.hauptstadt am Golf von Biskaya, 75 800 E. Museen; bed. Ind.- und Handelszentrum, Hafen. Die mittelalterl. Befestigung der Hafeneinfahrt ist weitgehend, die der Stadt z. T. erhalten. – Eine der Hauptfestungen der Hugenotten, 1628 von Richelieu unterworfen; 1940–45 dt. U-Boot-Stützpunkt.

Rochen (Rajiformes), Ordnung bis über 6 m langer, mit den stark verlängerten Brustflossen bis fast 7 m (im Durchmesser) großer Knorpelfische mit rd. 350 fast ausschließl. im Meer lebenden Arten; Körper scheibenförmig abgeflacht, mit schlankem, deutl. abgesetztem Schwanz (zuweilen mit einem Giftstachel); Mund, Nasenöffnungen sowie Kiemenspalten stets auf der Körperunterseite; Spritzlöcher hinter den Augen auf der Kopfoberseite. – Zu den R. gehören neben dem Zitterrochen noch Sägerochen, Adlerrochen, Teufelsrochen, Stechrochen und die Fam. *Echte R.* (Rajidae) mit den Arten *Glatt-R.* (1–1,5 m lang, an den europ. W-Küsten, im westl. Mittelmeer und in der westl. Ostsee; kommt als Seeforelle in den Handel), *Nagel-R.* (Keulen-R.; bis 1,1 m lang, im N-Atlantik, Mittelmeer und Schwarzen Meer) und *Stern-R.* (60–100 cm lang, an den Küsten N-Europas, N-Amerikas und im Mittelmeer).

Rochester [engl. 'rɔtʃɪstə], **1)** westl. Nachbarstadt von Chatham, Gft. Kent, 52 300 E. King's School (gegr. 604); u. a. graph. Gewerbe; Hafen. Kathedrale (12.–14. Jh.) mit normann. W-Portal (1160), Guildhall (1687); Ruinen einer normann. Burg (11. Jh.).

2) Stadt nahe dem S-Ufer des Ontariosees (N. Y.), USA, 242 000 E. Univ., Ind.zentrum.

Roche-sur-Yon, La [frz. larɔʃsy'rjõ], frz. Dep.-hauptstadt im Vendée, 45 100 E.

rochieren [rɔ'xi:rən, rɔ'ʃi:rən; frz.], **1)** *Sport:* bei Ballspielen die Positionen wechseln (v. a. im Fußball). **2)** *Schach:* die → Rochade ausführen.

Rochlitz, Kreisstadt an der Zwickauer Mulde, Sachsen, 8 000 E. Schloß (12. Jh.; spätgot. Umbauten); spätgot. Kunigundenkirche.

Rochus, hl., Pestpatron; histor. Nachrichten über sein Leben fehlen.

Robespierre (Ausschnitt aus einem zeitgenöss. Gemälde; Paris, Musée Carnavalet)

Robert Robinson

146

Rock (Ruck, Roch) [pers.-arab.], sagenhafter Riesenvogel in arab. Märchen.

Rock, im MA das lange, geschlossene Obergewand beider Geschlechter; heute neben dem Frauenbekleidungsstück auch die Jacke des Herrenanzugs.

Rock [engl.] (Rockmusik), Art der Populärmusik (Popmusik), die ihren Ausgang vom amerikan. Rock'n Roll der 1950er Jahre nahm, und in England durch die Beatmusik fortgesetzt wurde. Mit ihr entstand das bis heute typ. musikal. Erscheinungsbild, das durch die Gruppenbesetzung geprägt ist; 2 Sänger-Gitarristen (Solo- und Rhythmusgitarre), Baßgitarre, Schlagzeug. Die Stücke bevorzugen die zwei- und dreiteil. Liedform mit Soloversen und Gruppenrefrain. Typisch ist der hart geschlagene, gleichförmig pulsierende Beat. Durch die seit 1965 immer stärker werdende Annäherung an andere Musikstile wie Jazz, Blues, Folksong und die Kunstmusik entwickelten sich die verschiedensten Poprichtungen. Am bekanntesten sind der auf Blues, den Rhythm and Blues und den Gospelsong zurückgreifende *Soul* (James Brown, Ray Charles), der *Blues Rock* (Alexis Korner, Janis Joplin), der Elemente beider Stilrichtungen vereinigt, der provozierende *Underground* oder *Polit Rock* (Mothers of Invention), der durch neuartige Klangexperimente gekennzeichnete *Psychedelic Rock* (Pink Floyd), der von fernöstl. Klangwelt angeregte *Exotic Rock* (Raga-R.), der *Jazz Rock* (Chicago, John Mac Laughlin) und der auf klass. Vorbildern aufbauende *Classic Rock* (Ekseption, Emerson). Die heutige R.-Musikszene setzt sich aus Altem und Neuem (Punk, Reggae, Disco, New Wave, Funk) zusammen.

Auguste Rodin: ›Der Kuß‹; 1886 (Paris, Musée Auguste Rodin)

Rockefeller [engl. 'rɔkɪfɛlə], **1)** John Davison, * Richford (N. Y.) 8. 7. 1839, † Ormond (Fla.) 23. 5. 1937, amerikan. Industrieller. Mitbegründer einer Erdölraffinerie, aus der 1870 die Standard Oil Company of Ohio hervorging; errang monopolartige Machtstellungen. Förderer der Wiss. (u. a. Gründung der Univ. Chicago [1890], des R. Institute for Medical Research sowie der Rockefeller Foundation).

2) Nelson Aldrich, * Bar Harbor (Maine) 8. 7. 1908, † New York 26. 1. 1979, amerikan. Politiker (Republikaner). 1958–73 Gouverneur des Staates New York; 1974–77 Vize-Präs. der USA.

Rockefeller Foundation [engl. 'rɔkɪfɛlə faʊn'deɪʃən], drittgrößte Stiftung der USA, verfolgt auf nat. und internat. Ebene humanitäre Ziele und fördert die Wissenschaft.

Rocken (Spinnrocken), der zum Spinnrad gehörende hölzerne Stab, auf den das Spinnmaterial gewickelt wird.

Rocker [engl.], Mgl. jugendl. Gruppen (z. T. Banden), die – meist mit Motorrädern und Lederkleidung ausgestattet – ihre Umwelt zu provozieren versuchen.

Rock 'n' Roll (Rock and Roll) [engl. 'rɔkn'roʊl] → Rock.

Rocky Mountains [engl. 'rɔkɪ 'maʊntɪnz] (Felsengebirge), der östl. Teil der nordamerikan. Kordilleren, verläuft von der Brooks Range in Alaska bis New Mexico, etwa 4300 km lang, im Mount Elbert 4398 m hoch.

Rocky Mountain Trench [engl. 'rɔkɪ 'maʊntɪn 'trentʃ], 3–16 km breite tekton. Senke westl. der kanad. Rocky Mountains, fast 1800 km lang.

Roda Roda, Alexander, urspr. (bis 1908) A. Friedrich Roda, * Puszta Zdenci (Slawonien) 13. 4. 1872, † New York 20. 8. 1945, österr. Schriftsteller. Mitarbeiter des ›Simplicissimus‹; emigrierte 1938, lebte ab 1940 in den USA. Schrieb Lustspiele und satir. Anekdoten (›Der Schnaps, der Rauchtabak und die verfluchte Liebe‹, 1908). – *Weitere Werke:* Von Bienen, Drohnen und Baronen (En., 1908), Die Panduren (R., 1935), Polo (E., hg. 1980).

Rodel, im Sport übl. Bez. für Schlitten; *Rodelsport* ist seit 1964 olymp. Diszipl. Die Wettbewerbe werden auf Natur- und Kunstbahnen ausgetragen. Der *Renn-R.* ist 1,25–1,50 m lang, etwa 15 cm hoch und 40–45 cm breit.

Rodenbach, Georges [frz. rɔdẽ'bak, rɔdɛn'bak], * Tournai 16. 7. 1855, † Paris 25. 12. 1898, belg. Schriftsteller. Schrieb neben Lyrik den einzigen bed. symbolist. Roman ›Das tote Brügge‹ (1892).

Rodeo ['ro:deo, ro'de:o; span.-amerikan.], Reiterwettkämpfe der Cowboys in den USA.

Röder, Franz-Josef, * Merzig 22. 7. 1909, † Saarbrücken 26. 6. 1979, dt. Politiker (CDU). 1959–79 Min.-Präs. des Saarlandes.

Roderich (span. Rodrigo), † bei Jerez de la Frontera (?) 711, letzter König der Westgoten (seit 710), fiel im Kampf gegen die Araber.

Rodez [frz. rɔ'dɛz, rɔ'dɛs], frz. Dep.hauptstadt im südl. Zentralmassiv, 24 400 E. Kathedrale (13.–16. Jh.) mit 87 m hohem Turm.

Rodgers, Richard [engl. 'rɔdʒəz], * New York 28. 6. 1902, † ebd. 31. 12. 1979, amerikan. Komponist. Seine zahlr. Musicals wurden teilweise zu Welterfolgen, u. a. ›Oklahoma!‹ (1943), ›South Pacific‹ (1949), ›The king and I‹ (1951).

Rodin, Auguste [frz. rɔ'dẽ], * Paris 12. 11. 1840, † Meudon 17. 11. 1917, frz. Bildhauer. Seine Kunst geht vom Volumen der Massigkeit aus, beläßt die Form häufig im Fragmentarischen, die Oberflächen rauh, so daß Licht- und Schatteneffekte entstehen. Auch bed. Bildhauerzeichnungen. Bronzeabgüsse seiner [Gips]modelle sind teils immer mehrfach vorhanden, Gesamtwerk im Pariser Musée Rodin, u. a. ›Das eherne Zeitalter‹ (1876/77), ›Höllentor‹ (1880 ff., unvollendet; verselbständigte Details u. a. ›Eva‹ [um 1881], ›Denker‹ [1890–1900]), ›Die Bürger von Calais‹ (1884–86), ›Der Kuß‹ (Marmor, 1886), ›H. de Balzac‹ (1893–97), ›V. Hugo‹ (1896), ›Gehender Mann‹ (um 1900).

Rodó, José Enrique [span. rrɔ'ðo], * Montevideo 15. 7. 1871, † Palermo 1. 5. 1917, uruguayischer

Nelson Aldrich Rockefeller

John Davison Rockefeller

Schriftsteller. Zus. mit R. Darío Haupt des Modernismo.

Rodrigo, Westgotenkönig, → Roderich.

Rodríguez Larreta, Enrique [span. rrɔ'ðriɣeð la-'rreta] → Larreta, Enrique Rodríguez.

Rodtschenko, Alexander Michailowitsch [russ. 'rɔttʃɪnkɐ], * Petersburg 5. 12. 1891, † Moskau 3. 12. 1956, russ. Maler, Bildhauer und Photograph des russ. Konstruktivismus.

Rodung, 1. die Beseitigung von Wald zur Gewinnung von landwirtsch. nutzbarem Land und von Siedlungsfläche; 2. das v. a. vom 11. bis Anfang des 13. Jh. aus gerodetem Waldgebiet hervorgegangene Agrar- und Siedlungsland, v. a. in den dt. Ostgebieten.

Roemer, Olaf → Rømer, Ole.

Roermond [niederl. ru:r'mɔnt], niederl. Stadt an der Mündung der Rur in die Maas, 38 300 E. Mittelpunkt des zentralen Limburg; Hafen. Kathedrale Sint Christoffel (15. Jh.); Rathaus (1700).

Rogallo-Flügel → Paragleiter.

Rogate [lat. ›bittet!‹], in den ev. Kirchen Name des 5. Sonntags nach Ostern.

Rogen, Bez. für die Eier in den Eierstöcken der weibl. Fische *(Rogner).*

Roger II., * 22. 12. 1095, † Palermo 26. 2. 1154, König von Sizilien (seit 1130). Wurde 1105 Graf von Sizilien und erlangte 1127 die Herrschaft über Kalabrien und Apulien. E. errichtete eine Erbmonarchie mit autokrat.-beamtenstaatl. Organisation.

Roger [engl. 'rɔdʒɐ], im engl. Sprachbereich Buchstabierwort für den Buchstaben r; im internat. Funksprechverkehr als Kurzwort im Sinne von ›Nachricht erhalten (engl. **r**eceived) und verstanden‹ verwendet.

Roger, Frère [frz. frɛːr ro'ʒe:], schweizer. ev. Theologe, → Schutz, Roger.

Roggen (Secale), Gatt. der Süßgräser mit fünf Arten im östl. Mittelmeergebiet und in den daran angrenzenden östl. Gebieten sowie in Südafrika. Die wichtigste, als Getreidepflanze angebaute Art ist *Secale cereale* (R. im engeren Sinn) mit Hauptanbaugebieten in N-Europa und Sibirien von 50° bis 65° nördl. Breite. Der R. hat 65–200 cm lange Halme und eine 5–20 cm lange, vierkantige Ähre. – Fast die Hälfte des R. wird als Viehfutter verwendet. Angebaut wird v. a. *Winter-R.,* da er gegenüber dem *Sommer-R.* bessere Erträge bringt. Weitere wirtschaftl. Bedeutung hat der R. als Brotgetreide. – Die *Welternte an R.* betrug 1988 32,2 Mio. t; davon entfielen auf: UdSSR 18,5 Mio. t, Polen 5,5 Mio. t, BR Deutschland 1,8 Mio. t, DDR 1,8 Mio. t.

Rogier van der Weyden [niederl. ro:'xiːr vɑn der 'weidə] → Weyden, Rogier van der.

Rohan, Henri I, Hzg. von (seit 1603) [frz. rɔ'ɑ̃], Fürst von Léon, * Blain bei Nantes 21. 8. 1579, † Königsfelden (= Brugg) 13. 4. 1638, Hugenottenführer. Führte 1615 die Hugenotten gegen die Regentschaftsregierung Marias von Medici sowie 1621/22 und 1625–29 gegen Richelieu. Eroberte 1635 im Auftrag Richelieus das Veltlin.

Rohertrag, die um den Wareneinsatz gekürzte Gesamtleistung eines Unternehmens (im Handel: *Rohgewinn* [Bruttogewinn]).

Rohgewebe (Rohware), Bez. für unmittelbar vom Webstuhl kommende Gewebe ohne [Textil]ausrüstung.

Rohkost, vitamin-, mineralstoff- und schlackenreiche, jedoch kalorien-, v. a. fettarme, i. d. R. auch eiweißarme, ungekochte Kost aus Obst, Gemüse und Getreide.

Rohleinen, grobflächiges, naturfarbenes, nicht appretiertes Leinengewebe.

Rohlfs, 1) Christian, * Groß Niendorf bei Bad Segeberg 22. 11. 1849, † Hagen 8. 1. 1938, dt. Maler. Expressionist. Landschaften und Blumenstilleben.

2) Gerhard, * Vegesack (= Bremen) 14. 4. 1831, † Rüngsdorf (= Bonn-Bad Godesberg) 2. 6. 1896, dt. Afrikaforscher. Durchquerte 1865–67 als erster Europäer Afrika vom N (Tripolis) über den Tschadsee und den Niger bis zum Golf von Guinea.

Rohling, ein gegossenes oder geschmiedetes Werkstück, das noch weiter bearbeitet werden muß.

Röhm, Ernst, * München 28. 11. 1887, † ebd. 1. 7. 1934 (ermordet), dt. Offizier und Politiker. Nach dem 1. Weltkrieg im Freikorps Epp (München); wurde Mgl. der Dt. Arbeiterpartei, später der NSDAP; förderte den Aufbau des paramilitär. ›Kampfbundes‹ und der SA mit Reichswehrmitteln, nahm 1923 am Hitlerputsch teil und wurde zu Festungshaft verurteilt, jedoch freigelassen; 1928 Militärberater in Bolivien. 1931 ›Stabschef der SA‹, im Dezember 1933 Reichs-Min. ohne Geschäftsbereich; obwohl Duzfreund Hitlers, wurde er am 30. 6. 1934 unter dem Vorwand angebl. Putschpläne (*Röhmaffäre;* sog. → Röhm-Putsch) auf Befehl Hitlers verhaftet und dann erschossen.

Röhm-Putsch, von der NS-Propaganda verbreitete Bez. für die von Hitler befohlene, von SS und Gestapo durchgeführte Mordaktion gegen die SA-Führung und polit. Gegner am 30. 6. 1934. Grund war das Hitlers Absichten entgegenstehende Bestreben Röhms, die Reichswehr durch die SA im Rahmen eines revolutionären Milizheeres auszuschalten. Hitler nutzte den R.-P., um auch konservative Gegner und mißliebige Politiker (Schleicher, Bredow, G. Strasser, Kahr, Klausener, Jung) umbringen zu lassen.

Rohmer, Eric [frz. rɔ'mer], eigtl. Maurice Scherer, * Nancy 4. 4. 1920, frz. Filmregisseur. Bed. Vertreter des internat. Films; u. a. sechsteil. Filmzyklus ›Moral. Geschichten‹ (u. a. ›Die Sammlerin‹, 1967, ›Meine Nacht bei Maud‹, 1969, ›Claires Knie‹, 1970), ›Die Marquise von O.‹ (1975; nach H. von Kleist), ›Pauline am Strand‹ (1982), ›Das grüne Leuchten‹ (1985); ›Frühlingserzählung‹ (1990).

Rohöl, 1. → Erdöl; 2. nicht raffinierte Öle aus Braun- und Steinkohlenteer sowie Ölschiefer.

Rohrammer (Rohrspatz), etwa 15 cm langer Singvogel (Unterfam. Ammern), v. a. in Röhrichten und Sümpfen großer Teile Eurasiens.

Rohrblatt, Vorrichtung zur Tonerzeugung bei bestimmten Blasinstrumenten: eine oder zwei Zungen aus Schilfrohr, die am Instrument auf- oder zusammengebunden sind. Man unterscheidet das einfache R. (die Zunge schlägt auf einen Rahmen auf, so bei Klarinette und Saxophon) und das doppelte R. (die Zungen schlagen gegeneinander, so bei Oboe und Fagott).

Rohrdommeln, fast weltweit verbreitete Gatt. bis etwa 80 cm langer, überwiegend braun gefärbter Reiher mit 5 Arten an schilfreichen Gewässern.

Rohre (Röhren), lange Hohlzylinder von meist kreisförmigem Querschnitt; sie dienen v. a. zum Fortleiten von Flüssigkeiten, Dämpfen, auch zum Transport von Feststoffen, zum Verlegen von Kabeln, als Konstruktionselemente im Gerüst- und Fahrzeugbau. Werkstoffe sind Stahl, Gußeisen, Nichteisenmetalle (v. a. Kupfer, Messing, Blei und Aluminium), Glas, Keramik und Beton sowie (für flexible R.) Gummi und Kunststoffe. *Stahl-R.* werden als sog. *nahtlose R.* durch Walzen hergestellt (direkt aus massiven Stahlblöcken in Lochwalzwerken oder durch Rohrziehen von dickwandigen Rohrluppen), daneben aus blechförmigem Ausgangsmaterial, das zu einem Schlitzrohr geformt und spiralig gewickelt und dann an den Stoßstellen geschweißt wird.

Röhre, 1) Rohr, rohrartiges Gebilde.

2) svw. → Elektronenröhre.

Röhren (Orgeln, Schreien), weidmänn. Bez. für den Paarungsruf des Rothirsches.

Rohrkolben:
Breitblättriger
Rohrkolben

Rohrdommeln:
Große Rohrdommel
(Körperlänge 80 cm)

Rohrsänger:
Teichrohrsänger

Röhrenblüten, die radiären, regelmäßig fünfzähligen Einzelblüten der Korbblütler.

Röhrenglocken, im modernen Orchester verwendetes Schlaginstrument, bestehend aus Metallröhren verschiedener Länge, die in einem Rahmen aufgehängt sind und mit Hämmern angeschlagen werden.

Röhrenläuse (Aphididae), weltweit verbreitete, artenreichste Fam. der Blattläuse mit in M-Europa mehreren 100 Arten, die auf dem Rücken zwei lange, wachsausscheidende Drüsenröhren haben; können an Kulturpflanzen schädl. werden.

Röhrenschildläuse (Ortheziidae), weltweit verbreitete Fam. etwa 1–4 mm langer Schildläuse mit rd. 50 Arten, davon 5 in M-Europa.

Röhrenzähner, 1) (Tubulidentata) Ordnung der Säugetiere mit der einzigen rezenten Art *Erdferkel,* in Afrika südl. der Sahara; Körperlänge bis 1,4 m; lebt im Erdbau. 2) die Vipern und Grubenottern umfassende Gruppe der Giftschlangen; Giftzähne mit röhrenförmigem, geschlossenem Giftkanal.

Rohrer, Heinrich, * Buchs 6. 6. 1933, schweizer. Physiker. Er entwickelte mit G. Binnig am IBM-Forschungslaboratorium in Rüschlikon bei Zürich das Rastertunnelmikroskop; 1986 (mit G. Binnig und E. Ruska) Nobelpreis für Physik.

Rohrkolben, einzige Gatt. der einkeimblättrigen Pflanzenfam. *R.gewächse* (Typhaceae) mit rd. 15 fast weltweit verbreiteten Arten; einheim. sind der *Breitblättrige R.* (mit 1–2,5 m hohem Sproß, 2–3 cm dicken Kolben) und der *Schmalblättrige R.* (1–1,5 m hoch, Kolben rotbraun; oft bestandbildend in Sümpfen, Teichen und an Flußufern).

Rohrkrepierer, Bez. für ein Geschoß, das vor dem Verlassen des Geschützrohrs detoniert [und die Waffe zerstört].

Rohrleitungen, aus miteinander verbundenen Rohren bestehende *Leitungen* zum Transport gas- oder dampfförmiger, flüssiger oder fester Stoffe. Die einzelnen Rohre werden fest durch Schweiß-, Niet- und Klebverbindungen, lösbar durch Flansch-, Gewinde-, Muffen- und Schnellverbindungen miteinander verbunden. Zur Kennzeichnung des Durchflußstoffes werden farbige Ringe und/oder in Durchflußrichtung weisende farbige Schilder angebracht. → Pipeline.

Röhrlinge (Röhrenpilze, Boletaceae), Ständerpilze der Ordnung Lamellenpilze; mit 46 in Mitteleuropa heim. Arten; meist große, dickfleischige Hutpilze. Die meisten R. sind gute Speisepilze (u. a. *Butterpilz, Rotkappen, Steinpilz, Maronenröhrling*), wenige sind ungenießbar oder giftig (u. a. *Satanspilz;* kommt nur auf Kalkboden vor).

Rohrluppe, durch Walzen hergestelltes Rohr verhältnismäßig geringer Länge und großer Wanddicke, das noch weiterbearbeitet werden muß.

Rohrpost, aus miteinander verzweigten Rohrleitungssystem bestehende Förderanlage, in der Förderbehälter mit Druck- oder Saugluft durch Rohre (Durchmesser 2,5–12,5 cm) bewegt werden; Fördergeschwindigkeit etwa 5–20 m/s.

Rohrsänger, Gatt. bis etwa 20 cm langer Grasmücken mit 18 Arten in Schilfdickichten (auch in Getreidefeldern) Eurasiens, Afrikas, Australiens und Polynesiens; bauen häufig napfförmige Nester an Schilfhalmen; Zugvögel. In M-Europa kommen vor: *Schilf-R.* (Bruchweißkehlchen), etwa 12 cm lang; *Drossel-R.,* etwa 19 cm lang; *Teich-R.,* etwa 13 cm lang; *Seggen-R.,* etwa 13 cm lang; *Sumpf-R.,* bis 13 cm lang.

Rohrspatz, svw. → Rohrammer.

Rohrwerk, die Gesamtheit der Zungenstimmen einer Orgel.

Rohrzucker, svw. → Saccharose.

Rohseide, 1) vom Kokon abgehaspelte Seidenfäden, die noch mit Seidenleim behaftet und deshalb steif, strohig und matt sind. Mehrere, leicht miteinander verdrehte Fäden werden als *Grège* bezeichnet. 2) Gewebe aus Grège oder Tussahseide.

Rohsprit → Branntwein.

Rohstoffe, im betriebswirtsch. Sinne bearbeitete oder im Urzustand befindl. Ausgangsmaterialien, die im Fertigungsprozeß in die Zwischen- bzw. Endprodukte eingehen. Volkswirtsch. beeinflussen die jeweils vorhandenen Mengen und Preise der R. in starkem Maße die Konjunktur von Ind.ländern, als oft überwiegende Einnahmequelle vieler Entwicklungsländer stellen sie deren Existenzgrundlage dar. Zur Stabilisierung der R.märkte wurden seit 1949 die verschiedensten **Rohstoffabkommen** (z. B. für Weizen, Zucker, Olivenöl, Kaffee, Zinn, Kupfer, Kakao) getroffen, die von GATT und UNCTAD unter bestimmten Voraussetzungen zugelassen werden und die z. T. Erzeuger- oder Exportquotenregelungen, Einrichtung von Ausgleichslagern (sog. Buffer-Stocks) und andere Maßnahmen enthalten. Zw. den EG und den AKP-Staaten existiert seit 1975 ein Ausfuhrstabilisierungsabkommen (›STABEX‹), das den Erzeugerländern garantierte Erlöse für ihre R. sichern soll.

Roh Tae Woo, * Taegu (Prov. Kyong-sang-Bukdo) 4. 12. 1932, südkorean. General und Politiker. War mitverantwortlich für die blutige Niederschlagung der Studentenrebellion von Kwangju; schied 1981 aus der Militärführung aus. 1981–85 mehrfach Min., u. a. als Sportmin. für die Organisation der Olymp. Spiele 1988 zuständig; seit Febr. 1988 Staatspräsident.

Rohwedder, Detlev Karsten, * Gotha 16. 10. 1932, † Düsseldorf 1. 4. 1991 (ermordet), dt. Industriemanager. Organisierte ab 1990 als Vorstandsvors. der Treuhandanstalt die Überführung der rd. 8 000 volkseigenen DDR-Betriebe in die Privatwirtschaft; von einem RAF-Kommando ermordet.

Rohwolle, frisch geschorene, ungereinigte Schafwolle.

Rojas, Manuel [span. 'rɔxas], * Buenos Aires 8. 1. 1896, † Santiago de Chile 11. 3. 1973, chilen. Schriftsteller. Bed. Erzähler, gestaltet mit großer Fabulierkunst ein breites Panorama der unteren Bevölkerungsschichten, u. a. ›Chilen. Beichte‹ (R., 1960).

Rök, Runenstein von, bedeutendstes wikingerzeitl. Runendenkmal Schwedens (datiert etwa 850) in Rök (Gem. Ödeshög; Östergötland).

Rökk, Marika, * Kairo 3. 11. 1913, dt. Tänzerin, Schauspielerin und Sängerin ungar. Herkunft. Star der Ufa; hatte bes. Erfolg in Revuefilmen; nach 1945 Operettenfilme und Musicals (›Hallo Dolly‹, 1968).

Rokoko [frz.], in der **Kunst** die Stilphase zw. Barock und Klassizismus (etwa 1720 bis 1780), die die schweren Formen des Barock ins Leichte, Zarte wandelte; das R. war im wesentlichen Dekorationsstil, Hauptmotiv ist die Rocaille. Blüte der Kleinkunst und des Kunstgewerbes: Möbel, Tapeten, Metallgerät; als neue Gattung der Kleinkunst entsteht die Porzellanplastik (J. J. Kändler, F. A. Bustelli). Galante Themen bestimmen die Malerei (Watteau, J. H. Fragonard, F. Boucher); Stilleben (J.-B. S. Chardin) und Porträtkunst werden gepflegt, bes. Pastellmalerei (R. Carriera, M. Quentin de la Tour). Lichte Helligkeit charakterisiert auch die venezian. Malerei des 18. Jh. (Canaletto, F. Guardi, Tiepolo). Während das Louisquinze in Frankreich eine aristokrat. Profankultur darstellt, findet das süddt. R. im Kirchenbau höchste Vollendung. In ihm wird das R.ornament umfassend wirksam; im Innenraum überspielen Stuck, Plastik und Malerei, Licht und Farbigkeit die räuml. Grenzen (D. Zimmermann, Wies; Brüder Asam, Abteikirche Weltenburg; J. M. Fischer, Rott am Inn, Plastik von

Heinrich Rohrer

Rokoko: Joseph Anton Feuchtmayer, Der Honigschlecker; um 1750 (Wallfahrtskirche Birnau)

I. Günther; Wallfahrtskirche Birnau, Plastik von J. A. Feuchtmayer).

In der **Literatur** des [dt.] R. (etwa zw. 1740 und 1780) erscheint ›Grazie‹ als das moral. Schöne; propagiert wird ein verfeinerter Sinnengenuß. Wichtigste Themenkreise: Lieben, Trinken, Singen, Freundschaft, Geselligkeit, Natur. Bevorzugt werden Lyrik, Verserzählung, Singspiel und Idylle; Hauptvertreter, auch Anakreontiker genannt: C. M. Wieland, der junge Goethe, der junge Lessing, F. von Hagedorn, J. W. L. Gleim, J. P. Uz, C. F. Weiße, C. F. Gellert, S. Geßner.

Rokoko: François Boucher, ›Sylvia wird von einem verwundeten Wolf verfolgt‹; 1756 (Tours, Musée des Beaux-Arts)

Rokossowski, Konstantin Konstantinowitsch [russ. rɐka'sɔfskij], * Warschau (?) 21. 12. 1896, † Moskau 3. 8. 1968, Marschall der Sowjetunion (1944) und von Polen (1949). 1937–41 inhaftiert; führend an der Verteidigung Moskaus im Winter 1941 beteiligt; 1949–56 poln. Verteidigungs-Min. und Oberbefehlshaber. Der von R. in Polen durchgesetzte stalinist. Kurs löste 1956 den Posener Aufstand und den Machtwechsel zugunsten W. Gomułkas aus.

Roland (italien. Orlando), ✕ bei Roncesvalles (Pyrenäen) 15. 8. 778, Markgraf der Breton. Mark. Fiel beim Rückzug Karls d. Gr. aus Spanien im Kampf gegen die Basken (→Rolandslied).

Roland (Rolandsäule), Standbild in Gestalt eines oft überlebensgroßen barhäuptigen Ritters mit bloßem Schwert (13.–18. Jh.); die Bez. ist ungeklärt; die Bildsäulen symbolisieren hohe Gerichtsbarkeit oder städt. Rechte und Freiheiten.

Roland Holst, Adriaan (Adrianus), * Amsterdam 23. 5. 1888, † Bergen (bei Alkmaar) 6. 8. 1976, niederl. Schriftsteller. Bed. Schriftsteller der Widerstandsbewegung, v. a. Lyrik.

Rolandslied (Chanson de Roland), ältestes frz. Heldenepos (Chanson de geste); verfaßt vermutl. um 1075–1100. Zugrundeliegendes histor. Ereignis ist die Vernichtung der vom breton. Markgrafen Roland geführten Heeresnachhut Karls d. Gr. im Tal von Roncesvalles (in den westl. Pyrenäen) im Jahr 778. Im Epos ist Roland ein Neffe und einer der 12 Paladine Karls. Der Kampf Rolands und sein Tod bilden den Höhepunkt der Handlung. Zahlr. Nachdichtungen, z. B. das R. des Pfaffen Konrad (1170) oder die Bearbeitung des Stricker (13. Jh.).

Rolland, Romain [frz. rɔ'lã], * Clamecy bei Vézelay 29. 1. 1866, † Vézelay 30. 12. 1944, frz. Schriftsteller. 1903–12 Prof. für Musik- und Kunstgeschichte an der Sorbonne. Verfaßte u. a. Dramenzyklen mit welthistor. Hintergrund und ›Revolutionsdramen‹ (u. a.

Romain Rolland

›Danton‹, 1900) sowie zahlr. Biographien, u. a. über Beethoven (1903) und Michelangelo (1905). Der 10bändige, z. T. autobiograph. Roman ›Johann Christof‹ (1904–12) gibt eine treffende Synthese dt.-frz. Wesensart. Bed. Vorkämpfer für den Pazifismus und für eine übernat. Völkergemeinschaft. 1915 Nobelpreis für Literatur.

Roll back [engl. 'roʊlbæk ›zurückdrängen‹], von J. F. Dulles 1950 entworfenes außenpolit. Konzept der USA mit dem Ziel, die kommunist. Machtübernahme in Mittel- und Osteuropa teilweise rückgängig zu machen.

Rolle [frz. rɔl], Bezirkshauptort im schweizer. Kt. Waadt, am Genfer See, 3 400 E.

Rolle, 1) *Technik:* zu den einfachen Maschinen zählender Körper; eine drehbare Scheibe, die als *feste R.* der Richtungsänderung einer durch ein Seil o. ä. übertragenen Kraft, als *lose R.* (zus. mit einer festen; z. B. beim Flaschenzug) der Verkleinerung einer aufzuwendenden Kraft dient.
2) *Theater, Film, Fernsehen:* 1. von einem Schauspieler, Sänger, Tänzer darzustellende Gestalt eines [Bühnen]stückes; 2. der dem einzelnen Darsteller zugeteilte Text.
3) *Soziologie:* (soziale R.) zentrale Kategorie der *Soziologie,* die die Summe der gesellschaftl. Erwartungen an das Verhalten eines Inhabers einer sozialen Position (Stellung im Gesellschaftsgefüge) bezeichnet. Diese Verhaltenserwartungen stellen sich als ein Bündel von Verhaltensnormen dar, deren Verbindlichkeit unterschiedl. streng ist. Der Widerspruch verschiedener R.erwartungen heißt *Rollenkonflikt.*
4) *Sport:* Übung beim *Bodenturnen,* die vor- und rückwärts um die Breitenachse des Körpers oder seitwärts um die Längsachse ausgeführt wird.

Rollenbahn → Fördermittel.

Rollendruck, Drucktechnik, bei der das Drucken auf von großen Papierrollen abgewickelten Bahnen erfolgt.

Rollenlager → Wälzlager.

Rolling Stones [engl. 'roʊlɪŋ 'stoʊnz], 1962 gegr. engl. Rockgruppe: *Michael P. (›Mick‹) Jagger* (* 1943), Gesang, Mundharmonika; *Keith Richard* (* 1943), Gesang, Gitarre; *Brian Jones* (* 1942, † 1969), Gitarre, Mundharmonika, Klavier, Orgel, Sitar; nach dessen Tod: *Michael (›Mick‹) Taylor* (* 1949), für ihn ab 1975 *Ron Wood* (* 1947), beide Gitarre; *Bill Wyman* (* 1941), Baßgitarre, Klavier; *Charles (›Charlie‹) Watts* (* 1941), Schlagzeug; *Ian Stewart* (* 1938, † 1985), Keyboard. Ihre in harter Rockmanier vorgetragene Musik ist eine Mischung von Rhythm and Blues, Rock 'n' Roll und Blues; gilt als internat. erfolgreichste Rockgruppe.

Rollkur, Methode zur Behandlung von Magenschleimhautentzündung und Magengeschwür, bei der der Patient nach Einnahme eines flüssigen Arzneimittels (auf nüchternen Magen) jeweils nach kürzeren Zeitabständen abwechselnd die Rücken-, Bauch- und Seitenlage einnimmt.

Roll-on-roll-off-Schiff [engl. 'roʊl'ɔn-'roʊl'ɔf] (RoRo-Schiff), Frachtschiff mit Heck-, Bug- und/oder Seitenpforten, deren Verschlüsse als Rampe ausgebildet sind, über die die rollenden Ladungseinheiten (Lkws, Container, Trailer und Stückgut auf Großpaletten) an und von Bord gelangen.

Rollschuhe, 1790 in Paris patentiertes Sportgerät zur Fortbewegung auf 8 Rollen.

Rollschuhsport, wird in Hallen oder auf Freiluftanlagen betrieben. *Rollschnellauf* wird v. a. auf Bahnen, z. T. auch auf Straßen durchgeführt. Wettkampfstrecken der Herren: 1 000, 5 000, 10 000, 20 000 m; der Damen: 500, 3 000 und 5 000 m (Weltmeisterschaften seit 1936). Ähnl. dem Eiskunstlauf ist der *Rollkunstlauf;* die Lauffläche ist mit einem Belag aus Terrazzo,

Hartbeton oder Kunststoff versehen. *Rollhockey (Rinkhockey)* ist mit Hockey und Eishockey eng verwandt; eine Mannschaft besteht aus 8 Spielern: 2 Stürmer, 2 Verteidiger, 1 Torwart und 3 Auswechselspieler. Spielzeit 2 × 25 Minuten.

Rolls-Royce [engl. 'rɔʊlz 'rɔɪs], brit. Unternehmen der Motoren- und Automobil-Ind.; gegr. 1906.

Rollstuhl → Krankenfahrstuhl.

Rolltreppe → Fördermittel.

Rolltrommel, svw. → Rührtrommel.

Rollwiderstand → Fahrwiderstand.

Rom (italien. Roma), Hauptstadt Italiens, am Unterlauf des Tiber, 2,8 Mio. E. Polit., geistiges und kulturelles Zentrum Italiens, Sitz des Papstes (Vatikanstadt), der italien. Regierung, der staatl. Rundfunk- und Fernsehanstalten. 2 Univ., TH und weitere Hochschulen, Nationalbibliothek, Staatsarchiv; bed. Bühnen und Theater, über 50 Museen und Gemäldegalerien, botan. Gärten, Zoo; modernes Sportstättenviertel um das Olympiastadion. U. a. Maschinenbau, graph. Gewerbe, Erdölraffinerie, Filmateliers, Modezentrum; internat. Fachmessen; U-Bahn; 2 ⚓, darunter der internat. ⚓ in Fiumicino.

Bauten: Die heutige Innenstadt ist ein Werk der Päpste (bes. Sixtus V.); die Industrieansiedlungen und Vororte entstanden seit 1870 entlang den alten Ausfallstraßen, Wachstum nach dem 2. Weltkrieg bes. nach S (Schlafstädte) und N (Villen- und Gartenstädte). Zentrum des *antiken Stadtgebietes* bildet das Ruinenfeld des Forum Romanum (→ Forum), westl. davon der → Kapitol, im O das → Kolosseum und der Ehrenbogen für Konstantin von 315. Das → Pantheon steht auf dem ehem. Marsfeld, nahebei (Piazza Colonna) die Mark-Aurel-Säule. An der Via Appia zahlr. Grabbauten, u. a. der Metella; jenseits des Tibers ließ Hadrian seinen Grabbau errichten (→ Engelsburg). Vor der Grabanlage des Augustus wurde die Ara Pacis Augustae (Friedensaltar [13 – 9 v. Chr.]) wiedererrichtet. Großartig noch heute die Thermen des Diokletian (298 ff.) und die → Caracallathermen. Die *frühchristl. Bauten* sind z. T. ersetzt oder verändert worden, u. a. die Basiliken San Giovanni in Laterano (326[?] ff.), San Paolo fuori le mura (um 386 bis gegen 410), Santa Maria Maggiore (432 ff.) sowie die Zentralbauten Baptisterium San Giovanni in Fonte (frühes 4. Jh.), Santa Costanza (um 340). Bed. Mosaiken (9. Jh.) besitzt Santa Prassede. *Roman. Kirchen* sind die Oberkirche von San Clemente (1228 geweiht; Unterkirche 6. Jh.) und Santa Maria in Trastevere (um 1140 umgebaut). Die einzige größere *got. Kirche* ist Santa Maria sopra Minerva (um 1280 ff.). Frühe *Renaissancepaläste* sind der Palazzo Venezia (1451 – 91) und der Palazzo della Cancelleria (1483 – 1511). Der Tempietto in San Pietro in Montorio von Bramante (1502) ist ein grundlegendes Werk der Hochrenaissance; auf ihn geht auch die Renaissancekonzeption für die → Peterskirche zurück. Palazzi der Hochrenaissance sind die Villa Farnesina (1508 – 11, B. Peruzzi) und der Palazzo Farnese (1541 ff., A. da Sangallo d. J., 1546 – 52 von Michelangelo weitergeführt). Mit der Kirche Il Gesù (1568 ff.) begann das Zeitalter des *Barock,* dessen Hauptvertreter in Rom, G. L. Bernini, u. a. die Kolonnaden des Petersplatzes (1656 – 67) und den Vierströmebrunnen auf der Piazza Navona (1648 – 51) schuf. Neben ihm wirkte F. Borromini (San Carlo alle Quattro Fontane, 1638 – 41; Palazzo Barbarini, 1628 – 32). Aus späteren Jh. sind v. a. die Span. Treppe (1723 – 25), die Stazione Termini (1950) und der Palazzo dello Sport von P. L. Nervi (1960) zu nennen.

Geschichte: Um 575 v. Chr. (nach der Legende am 21. 4. 753 v. Chr.) unter etrusk. Herrschaft aus Einzelsiedlungen entstanden. Nach der Zerstörung durch die Kelten (386) wiederaufgebaut und erstmals ummau-

ert. Diese Servian. Mauer umschloß bereits die 7 Hügel (Aventin, Caelius mons, Esquilin. Hügel, Kapitol, Palatin, Quirinal, Viminal). Als Hauptstadt des → Römischen Reiches wuchs R. stark an. Unter Nero brannte es 64 n. Chr. fast völlig ab; Aurelian ließ es ab 271 zum zweitenmal ummauern (Aurelian. Mauer). Im 4. Jh. Verlust der Hauptstadtfunktion; R. wurde mehrfach erobert und geplündert (410 Westgoten unter Alarich, 455 Vandalen unter Geiserich, 546 Ostgoten unter Totila). Das Papsttum, die neue Ordnungsmacht in R., war häufig nicht in der Lage, es vor äußeren Feinden zu schützen. Der Machtgewinn des Papsttums im Hoch-MA, die wachsende Bedeutung der Stadt als Hauptstadt des Kirchenstaats, als Wallfahrtsort (Apostel Petrus und Paulus) und als diplomat. Zentrum des Abendlandes begründeten den Wiederaufstieg. Ansätze zur Befreiung von der päpstl. Stadtherrschaft (Arnold von Brescia 1145, Cola di Rienzo 1347) scheiterten. Nach dem Avignon. Exil und dem Abendländ. Schisma brachte erst die Zeit des Renaissancepapsttums R. ab 1417 einen gewaltigen kulturellen und wirtschaftl. Aufschwung (1527 nur kurzfristig von den 8tägigen Plünderung durch die Truppen Karls V. [Sacco di Roma] unterbrochen). – Am 20. 9. 1870 zogen italien. Truppen in R. ein; der Papst blieb bis 1929 (Lateranverträge) als ›Gefangener‹ im Vatikan. R. wurde 1871 Hauptstadt des geeinten Italien.

ROM (**R**ead **O**nly **M**emory, Read-only-Speicher), svw. → Festspeicher.

Roma [Romani ›Menschen‹] (Einz. Rom, weibl. Romni; Zigeuner; Selbstbez. der Angehörigen einer (mit Ausnahme SO- und O-Asiens) weltweit verbreiteten ethn. Minderheit ind. Herkunft, die wohl zw. 800 und 1000 n. Chr. durch das Einströmen arab. Volksstämme zur Auswanderung gezwungen waren. Die R. waren seitdem, da sie auch in ihren Aufnahmeländern, von kurzen Perioden der Duldung abgesehen, meist vertrieben und verfolgt wurden, zu einem Wanderleben genötigt, das somit zwangsläufig zu einer ihnen eigentüml. Lebensform wurde. – Die große Mehrheit der Vorfahren der heutigen europ. R. ließ sich zw. dem 11. und 14. Jh. auf dem Balkan, im Mittleren Osten und in O-Europa nieder. Von dort aus erreichten einige kleinere Wanderzüge zw. 1400 und 1500 W-Europa; seit dem 16./17. Jh. bildeten sich in nahezu jedem Land W-Europas kleinere ›nationale‹ Bevölkerungsgruppen von R., z. B. in Frankreich die Manouches (Romani manusch ›Mensch‹) und in Deutschland die **Sinti** (Romani ›Mensch‹; als Sinti [Einz. Sinto, weibl. Sintiza] bezeichnen sich heute in Deutschland alle R. mit dt. Staatsbürgerschaft). – In Europa sind durch den Nat.-Soz. etwa 500 000 R. umgekommen. – Nach 1945 wurden die R. und Sinti in der BR Deutschland nicht mehr unmittelbar verfolgt, doch wird ihnen eine angemessene Wiedergutmachung vorenthalten. Seit 1982 ist der *Zentralrat Dt. Sinti und R.* (Sitz Heidelberg) Interessenvertretung. – Die Zahl der R. wird weltweit auf 15 – 30 Mio. geschätzt.

Romains, Jules [frz. rɔ'mɛ̃], eigtl. Louis Farigoule, * Saint-Julien-Chapteuil bei Le Puy 26. 8. 1885, † Paris 14. 8. 1972, frz. Schriftsteller. Sein Hauptwerk ist der 27bändige Romanzyklus ›Les hommes de bonne volonté‹ (1932 – 46, Bd. 1 – 7 dt. 1935 – 38 u. d. T. ›Die guten Willens sind‹, Bd. 8 und 16 1962 u. d. T. ›Quinettes Verbrechen‹); auch Theaterstücke, Lyrik und zahlr. polit. Schriften.

Roma locuta, causa finita [lat. ›Rom (d. h. der Papst) hat gesprochen, damit ist die Sache erledigt‹], sprichwörtl. Satz aus einer gegen die Jesuiten gerichteten Satire.

Roman, Großform der Erzählkunst in Prosa; durch die Prosa unterscheidet sich der R. schon äu-

Romanik: Dom in Speyer, LINKS Chor mit Osttürmen; RECHTS Mittelschiff gegen Osten

Romanik:
OBEN Kapitell der ehemaligen Klosterkirche in Spieskappel; um 1200; UNTEN Atlant im Kreuzgang der Stiftskirche in Königslutter; 2. Hälfte des 12. Jh.

ßerl. vom Epos und Versroman, durch Umfang und Vielschichtigkeit von Novelle und Kurzgeschichte. Der R. war zunächst Medium zur Unterhaltung und Belehrung, erst später wurde er zur Kunstform.

Geschichte: Der antike R. i. e. S. entfaltete sich vom 1. Jh. v. Chr. bis zum Ende des 3. Jh. n. Chr. Typ. Merkmale: exot., meist oriental. Schauplätze, Darstellung privater Schicksale. Zahlr. R. erschienen im 2. Jh. n. Chr. Das Hauptwerk dieser Gattung in lat. Sprache sind die ›Metamorphosen‹ des Apulejus; hier zeigt sich der für die röm. Literatur typ. satir. Einschlag, der auch das ›Satiricon‹ (1. Jh. n. Chr.) des Petronius prägte. Den griech. Hirtenroman ›Daphnis und Chloe‹ (2./3. Jh.) des Longos kennzeichnet ein bukol. Realismus. – Das europ. MA kannte keinen Prosa-R.; später wurden jedoch Heldenepen, Chansons de geste, Spielmannsdichtung, höf. Artus-R. (→Artus) und pseudohistor. Werke Quellen bzw. Vorlagen für zahlr. Prosatexte. Mit dem Buchdruck wurden diese und andere Werke im 15. und 16. Jh. weit verbreitet; hinzu kamen Volksbuchfassungen verschiedener Sagenkreise: u. a. ›Fortunatus‹ (1509), ›Faustbuch‹ (1587), die Schwank-R. vom ›Eulenspiegel‹ (1515) bis zum ›Lalebuch‹ (1597). Die antike bukol. Dichtung fand im *Schäfer-R.* der Renaissance und das Barock ihre neue Form. Der *Schelmen-R.* des Barock hingegen ist eine echte Neuschöpfung; zentrales Werk dieser Zeit ist der *Abenteuer-R.* ›Don Quijote‹ (1605–15) von M. de Cervantes Saavedra, bedeutendster deutschsprachiger R. ›Der Abentheurliche Simplicissimus Teutsch‹ (1669) von J. J. C. von Grimmelshausen. Seit dem 18. Jh. wurde der R. immer mehr zur literar. Ausdrucksform des Bürgertums; das Schema des höf.-heroischen R. wird auf bürgerl. Lebensläufe übertragen. Bekannt wurden J. J. Rousseaus *Brief-R.* ›Die neue Heloise, oder Briefe zweier Liebenden‹ (1761) und sein *Erziehungs-R.* ›Emil, oder über die Erziehung‹ (1762). Neue Inhalte und Formen entstanden v. a. in England (D. Defoe, S. Richardson, H. Fielding, L. Sterne). Der dt. R. folgte zunächst dem engl. Vorbild des empfindsamen R., fand aber bald mit C. M. Wieland, Goethe, Jean Paul und insbes. den Romantikern L. Tieck, C. Brentano, Novalis, F. Schlegel, E. T. A. Hoffmann und J. von Eichendorff seine eigene Ausprägung. Im 19. Jh. bildeten sich verschiedene Formen des R. aus: der *Bildungs-R.*, der *hi-*

stor. *R.*, der *krit. Gesellschafts-R.* und der durch die Entwicklung der Presse bedingte *Fortsetzungs-R.* Im 20. Jh. ist der R. wesentl. geprägt durch inhaltl. und formale Experimente wie →innerer Monolog, Stream of consciousness usw. (M. Proust, J. Joyce, V. Woolf, T. Mann u. a.).

Romancier [romãs'je:; frz.], Romanschriftsteller.

Roman de Renart [frz. romãdra'na:r], zw. 1175 und 1250 entstandener Verszyklus altfrz. Tierfabeln (von Fuchs und Wolf) verschiedener Verfasser.

Romanen [lat.], Gesamtheit der Völker mit roman. Sprachen, u. a. Franzosen, Italiener, Spanier, Rumänen; einzige Gemeinsamkeit ist der lat. Ursprung ihrer Sprachen.

Romani ['ro:mani, ro'ma:ni; zu Romani rom ›Mensch, Mann, Gatte‹ (von Sanskrit doma ›Mann der niederen Kaste, der von Gesang und Musizieren lebt‹)] (Zigeunersprache), zusammenfassende Bez. für die verschiedenen Dialekte der →Roma. Nach Grundwortschatz und grammat. System eine neuindoeurop. Sprache innerhalb der indogerman. Sprachen; zahlr. Lehnwörter; die Grammatik gilt als einfach; den urspr. Flexionsmustern werden Fremdwörter mit Leichtigkeit eingefügt.

Romanik [lat.], Epoche der abendländ. Kunst des frühen MA (um 950–1250). Zur Früh-R. rechnen u. a. die otton. Kunst und der normann. Baustil; die Hoch-R. (in Frankreich 1000–1150, in Deutschland 1050–1150) wird in Deutschland auch als sal. Kunst bezeichnet, die Spät-R. auch als stauf. Kunst (1150–1250) oder als ›Übergangsstil‹ (die Kunst der Stauferzeit in Deutschland und Italien zeigt spätroman. und frühgot. Stilformen, während in Frankreich bereits die Frühgotik vorherrscht).

Baukunst: Bei den Kirchenbauten (Basiliken) der R. sind die einzelnen Teile klar voneinander abgesetzt; charakterist. Doppelturmfassaden im W oder ein Westwerk, Vierungsstil sowie auch Türme am Ostabschluß. Das Gesamtbild wirkt geschlossen und plast. durchgeformt (›Gruppenbau‹). Einführung der Wölbung im späten 11. Jh., Kreuzgrate (Dom in Speyer, ab 1030), später Kreuzrippen (normann. Baustil, um 1100) auf mächtigen Pfeilern und Säulen; in Frankreich auch Tonnen (Burgund, Poitou) oder Kuppeln (Aquitanien). Außerdem Burganlagen (stauf. Kaiserpfalzen), städt. Befestigungen.

Die **Plastik** steht in engem Zusammenhang mit der Sakralarchitektur, v. a. als Steinreliefs. Daneben tritt im 11. Jh. große Holzplastik (Kultbilder). Höhepunkte sind die Tympanonreliefs (Vézelay, Sainte-Madeleine, um 1130) und der Kapitellschmuck. Bes. im Rhein-Maas-Gebiet bed. Goldschmiedekunst (u. a. Reliquienschreine); Elfenbeinschnitzerei.

Malerei: Von den großen Zyklen roman. Wandmalerei ist nur wenig erhalten; in Italien tritt das aus der byzantin. Kunst übernommene Mosaik z. T. an ihre Stelle. Tafelmalerei in Form von Retabeln und Antependien ist erst aus dem 12. Jh. erhalten. Die Buchmalerei hat einen ihrer Höhepunkte im 11./12. Jh.; bed. auch die Glasmalerei.

romanische Sprachen, zusammenfassende Bez. für die Sprachen, die sich auf dem Boden des Röm. Reiches (außer N-Afrika) aus dem gesprochenen Latein (Vulgärlatein) in kontinuierl. Entwicklung gebildet haben. Es lassen sich folgende Einzelsprachen unterscheiden (von O nach W): Rumän., Dalmatin., Rätoroman., Italien., Sard., Provenzal., Frankoprovenzal., Französ., Katalan., Span., Portugiesisch.

Romanismus [lat.], eine Strömung in der niederl. Malerei der 1. Hälfte des 16. Jh., die sich an italien. Vorbildern orientiert (u. a. J. Gossaert, J. van Scorel, F. Floris).

Romanistik [lat.], die Wiss. von den roman. Sprachen, Literaturen und Kulturen.

Romano, Giulio →Giulio Romano.

Romanow [russ. ra'manɐf], russ. Zarendynastie, die vom Ende der ›Zeit der Wirren‹ (1613) bis zum Tod Elisabeth Petrownas (1762) regierte; ihr folgte die Linie R.-Holstein-Gottorp bis 1917.

Romantik, Epochenbegriff für die geistige, künstler., insbes. literar. Bewegung in Europa zw. 1790 und 1830. – Die *literar. R.* begann in Deutschland 1793, als W. H. Wackenroder und L. Tieck die mittelalterl. Kunst und Religion zum Leitbild für die Gegenwart deklarierten. Zum Kreis der Jenaer **Frühromantik** gehörten u. a. Novalis, F. und A. W. Schlegel, L. Tieck, F. D. E. Schleiermacher, J. G. Fichte, W. Schelling, J. W. Ritter. Publikationsorgan war die Zeitschrift ›Athenäum‹ (1798–1800). Ein 2. Romantikerkreis bildete sich in Heidelberg (1805 und 1808/09) um A. von Arnim, C. Brentano, J. von Eichendorff, J. Görres, F. Creuzer, J. und W. Grimm (**Hochromantik**). In Ablehnung der Aufklärung und des Klassizismus wandten sie sich der Sammlung und Bearbeitung volkstüml. Literatur zu (›Des Knaben Wunderhorn‹, 1806–08; ›Kinder- und Hausmärchen‹, 1812–15). Weitere literar. Zirkel bildeten sich in Dresden und in Berlin (Salon der R. Varnhagen von Ense, A. von Chamisso, F. de la Motte Fouqué, E. T. A. Hoffmann, H. von Kleist u. a.). Zur süddt. oder schwäb. R. (nach 1810) gehören v. a. L. Uhland, J. Kerner, G. Schwab und W. Hauff. Der nicht auflösbare Widerspruch zw. der Sehnsucht nach Poesie und dem prosaischen bürgerl. Alltag prägte das einmal die nach 1820 gedichteten Werke J. von Eichendorffs, E. Mörikes, H. Heines und N. Lenaus (**Spätromantik**).

Die R. suchte alle geistigen und literar. Strömungen, die im 18. Jh. im Widerspruch u. a. zu Rationalismus, Aufklärung, frz. Klassizismus gestanden hatten, aufzunehmen und sie im Sinne ihres Programmes umzuformen. Sie versuchte das Vernünftige, Rationale mit dem Unbewußten, dem dem Menschen nicht ohne weiteres zugängl. seel. Bereichen zu vermitteln. V. a. im Märchen und im Mythos sah die R. die Einheit von Bewußtem und Unbewußtem verwirklicht. Die Poesie galt als alles einende und harmonisierende Kraft. Neben der Lyrik (v. a. auch in erzählenden Formen wie Ballade, Romanze, Versepos) waren Novelle, Erzählung und v. a. der Roman von Bedeutung. Im Unvollendeten, im Fragment, sah die dt. R. ihre spezif. Form. Anspruch und Problematik der R. kommen auch in dem Programm der *romant. Ironie* zum Ausdruck; sie bezeichnet allgemein einen Schwebezustand, eine iron. distanzierte Haltung, die, im Hinblick auf das eigene Schaffen, ein künstler. Experimentieren, ein Spiel mit dem (literar.) Gegenstand seitens eines sich als autonom begreifenden (dichter.) Subjekts erlaubt. – Als Übersetzer zahlr. literar. Werke aus anderen Sprachen traten insbes. L. Tieck (Cervantes) und A. W. Schlegel (Shakespeare) hervor. Die romant. Bewegungen in den übrigen europ. Ländern entstanden im Zusammentreffen eigener antiklassizist. und nationalbewußter Tendenzen mit fremden Anregungen. Die R. wirkte auf die gesamte literar. und geistige künstler. Produktion des 19. Jh., den frz. Symbolismus, den Expressionismus und Surrealismus.

Die *Kunst* zw. 1790 und 1830 steht in enger Verbindung zur geistesgeschichtl. Entwicklung und insbes. zur Literatur. Bes. die dt. Landschaftsmalerei drückt ein neues, sehr individuelles Naturgefühl aus, in dem Mensch und Natur eine innige Beziehung eingehen (P. O. Runge, C. D. Friedrich, J. A. Koch oder auch C. P. Fohr). Stimmungswerte der Landschaft haben die engl. Romantiker dargestellt (W. Turner, J. Constable, R. P. Bonington). Daneben erfolgt in der romant. Malerei eine Wiederbelebung der mittelalterl. Geschichte, der Sagen- und Märchenwelt (M. von

Romantik: Caspar David Friedrich, Mönch am Meer; 1809–10 (Berlin, Schloß Charlottenburg, Schinkel-Pavillon)

Schwind, L. Richter, J. Schnorr von Carolsfeld) und der religiösen Thematik (Nazarener, Präraffeliten). In Frankreich entzündet sich die romant. Malerei als dramat., im Farbgefühl gründender Gegenentwurf zur klassizist., sich auf die Zeichnung berufenden Malerei (E. Delacroix). In der Architektur sind romant. Tendenzen durch das neu erwachte histor. Bewußtsein bestimmt (Neugotik). Es bildet auch die Grundlage der sich im 19. Jh. entwickelnden Denkmalpflege.

In der *Musik* steht der Begriff R. für einen bes. langen Zeitraum (etwa 1820 bis 1910). Zw. der Spätklassik und den Anfängen der Neuen Musik entfaltet sich in dieser Epoche ein fast unübersehbarer Reichtum an musikal. Stilerscheinungen, der nach 4 Komponistengenerationen nur annähernd untergliedert werden kann: 1. *Früh-R.:* F. Schubert, C. M. von Weber; 2. *Hoch-R.:* R. Schumann, F. Mendelssohn Bartholdy, F. Chopin, H. Berlioz; 3. *Spät-R.:* F. Liszt, R. Wagner, A. Bruckner, J. Brahms; 4. *Nach-R.:* G. Mahler, R. Strauss, H. Pfitzner, M. Reger. In der R. erlebt die abendländ. tonale Mehrstimmigkeit ihre höchste Blüte und ihr Ende. Alle musikal. Elemente, v. a. die Harmonik, aber auch Melodik, Rhythmik, Dynamik und Klanglichkeit, werden zu äußerster Differenzierung getrieben; außermusikal. Anregungen spielen eine tragende Rolle. Musikal. Vergangenes (J. S. Bach, G. P. da Palestrina, Volkslied) wird erstmals gepflegt und beeinflußt die Komposition. Dies fällt zusammen mit dem Aufkommen des bürgerl. Konzertbetriebs. Mit den Ansprüchen des breiten Publikums entwickeln sich neue Formen. Hohe (›ernste‹) und triviale (›Unterhaltungs‹-)Musik beginnen sich zu trennen.

Romantsch (Romontsch, Rumontsch, Rumantsch), rätoroman. Bez. für die im Bündner Oberland (Graubünden) gesprochenen Mundarten des Rätoromanischen.

Romanze [roman.], 1) in Spanien im 15. Jh. entstandene kürzere ep. Dichtung in Strophen, die Stoffe der altspan. Sage und Geschichte gestalten. In Deutschland als Gattung durch die kongeniale Übers. des R.zyklus ›Cid‹ (1805) von Herder bekannt gemacht, beliebt in der dt. Romantik. – In der modernen span. Literatur v. a. von F. García Lorca wieder aufgegriffen.

2) *Musik:* Komposition mit lyr. Charakter.

Rombach, Otto, *Heilbronn 22. 7. 1904, † Bietigheim-Bissingen 19. 5. 1984, dt. Schriftsteller. Bekannt durch zahlr. Romane, u. a. ›Der junge Herr Alexius‹ (R., 1940), ›Der gute König René‹ (1964).

Römer [niederl.], Trinkglas mit fast kugelförmiger Kuppa und ausladendem, grün oder braun getöntem Fuß; auch Stengelglas; Kristallpokal.

Römer, Frankfurter Rathauskomplex (urspr. 11 Bürgerhäuser; 15.–19. Jh.).

Rømer, Ole (Olaus) [dän. 'rø:'mər] (Olaf Roemer), * Århus 25. 9. 1644, † Kopenhagen 19. 9. 1710, dän. Astronom. Erfand den Meridiankreis und errechnete 1675/76 erstmals die Lichtgeschwindigkeit.

Römerbrief (Abk. Röm.), Schrift des NT, Paulin. Brief an die christl. Gemeinde in Rom (55/56 in Korinth verfaßt). Bed. Auswirkung auf Luther und die Reformation.

Römerstraßen, die Heer- und Handelsstraßen des Röm. Reiches; bed. sind:

Via Aemilia (Ämil. Straße; erbaut 187 v. Chr.): Ariminum (= Rimini) – Placentia (= Piacenza).

Via Appia (App. Straße; begonnen 312 v. Chr.): Rom – Capua (später – Brundisium [= Brindisi]).

Via Aurelia (Aurel. Straße; erbaut um 241 v. Chr.): Rom – Cosa (später – Pisa).

Via Cassia (Cass. Straße): Rom – Florentia (= Florenz).

Via Claudia Augusta (Claud. Straße; erbaut 47 n. Chr.): Altinum – Reschenpaß – Donau.

Via Egnatia (Egnat. Straße; erbaut Mitte 2. Jh. v. Chr.): Dyrrhachium (= Durrës) und Apollonia – Thessalonike (= Saloniki) – vermutlich Byzantion (= Istanbul).

Via Flaminia (Flamin. Straße; erbaut 220 v. Chr., wiederhergestellt unter Augustus): Ariminum (= Rimini) – Rom.

Römische Frage, Konflikt zw. der italien. Einigungsbewegung und dem Papst als Herrscher über den Restkirchenstaat; verschärft durch die Besetzung Roms 1870 durch die Truppen der neuen italien. Republik; in den → Lateranverträgen 1929 beigelegt.

römische Geschichte → Römisches Reich.

römische Kunst, bis ins 3. Jh. v. Chr. eine Geschichte der italisch-etrusk. Kunst, die sich mit der röm. Eroberung Großgriechenlands zu einer italischhellenist. wandelte; im ausgehenden 2. Jh. v. Chr. trat die röm. Besonderheit stärker hervor: auf Grundlage der italisch-etrusk. Tradition und der ständ. Auseinandersetzung mit der griech. Kunst manifestiert sich der aufs Praktische und Politisch-Propagandistische gerichtete Sinn der Römer.

Die **Baukunst** hielt lange an der italisch-etrusk. Tempelform fest, bis in die Spätzeit am Podiumstempel mit hohem Unterbau und Freitreppe an der Frontseite; von der griech. Kunst wurden die Säulenordnungen übernommen und dekorativ verwendet in Verbindung mit Bogenpfeilern (Kolosseum). Als Baustoff diente nicht nur, wie bei den Griechen, Naturstein, sondern auch Ziegel- und Gußmauerwerk, das Gewölbe von größten Spannweiten ermöglichte (Pantheon, Thermen). Eine umfassende Kenntnis der frühröm. Architektur, bes. des Wohnhauses, vermitteln Pompeji und Herculaneum. Mit dem Forum Cäsars, dem ersten der Kaiserforen, begann die gewaltige städtebaul. Entwicklung Roms in der Kaiserzeit. Nach dem Brand unter Nero wurden von den Flaviern das Kolosseum und der Kaiserpalast auf dem Palatin erbaut, von Hadrian das → Pantheon und die → Engelsburg. Die letzten großen Bauten waren die Maxentiusbasilika (dreischiffiger Hallenbau, von Maxentius um 310 begonnen, von Konstantin nach 313 abgeschlossen) und der Konstantinsbogen. Bed. Bauwerke entstanden auch in den Provinzen (Nîmes, Pont du Gard; Split; in Afrika: Leptis Magna; in Asien: Baalbek, Petra u. a.).

Unter den Werken der **Plastik** überwiegen Kopien nach griech. Originalen. Selbständige Arbeiten aus spätrepublikan. Zeit lassen den nüchternen Realis-

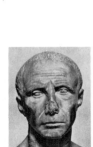

mus erkennen, der die Römer bes. zum Bildnis und zum histor. Relief befähigte; die Plastik fand ihre reife Form im klassizist. Stil der augusteischen Zeit: Reliefs der → Ara Pacis Augustae, Marmorstandbild des Augustus in Primaporta (nördlich von Rom); Reliefs aus der röm. Geschichte: am Titusbogen und, eine fortlaufende Chronik bildend, an den Säulen Trajans und Mark Aurels in Rom; Reliefs auch an den Sarkophagen. In der Bildniskunst lösten sich idealisierende und naturnahe Stile ab; in der Spätzeit zunehmende Erstarrung; neue Ausdrucksmöglichkeiten entwickelte die frühchristl. Kunst.

römische Kunst: Theseus als Befreier der athenischen Kinder; Wandgemälde aus dem Haus des Gavius Rufus in Pompeji, zwischen 60 und 79 (Neapel, Museo Nazionale)

In der **Malerei** herrschte zunächst griech. Einfluß vor: Wandbilder in Pompeji (Mysterienvilla) und Rom (Odysseelandschaften, Vatikan; Aldobrandinische Hochzeit, Vatikan). Der Stil entwickelte sich zu impressionist. Lockerung, seit dem 3. Jh. zu formaler Erstarrung (Katakombenmalereien). In großer Zahl erhalten sind *Mosaiken*, bes. Fußböden, meist aus der Spätzeit (u. a. Piazza Armerina, Sizilien).

Hervorragende Leistungen gab es auf dem Gebiet der Kleinkunst: Gemmen, Kameen, Münzen, Silbergeschirr (Hildesheimer Silberfund; Berlin, Staatl. Museen), Tongeschirr (→ Terra sigillata) sowie Glasgegenstände.

römische Literatur, das Schrifttum in lat. Sprache (etwa 240 v. Chr. bis 240 n. Chr.). In der *Vorklassik* (etwa 240–100) v. a. Übersetzungen und Bearbeitungen griech. Originale (Naevius, Ennius, Cato d. Ä.); eigene Stoffe v. a. in histor. Epen und Geschichtswerken; Lucilius (* um 180 [?], † 102/101) begründete die Satire. Die röm. Komödie wird durch Plautus und Terenz vertreten. – *Klassik* (etwa 100 v. Chr. – 14 n. Chr.): Erhalten sind Repräsentanten aller wichtigen Gattungen: Epos (Vergil, Ovid), Lyrik (Catull, Horaz), Elegie (Properz, Tibull, Ovid), Satire (Horaz), grammat. und rhetor. Fachschriften (M. T. Varro, Cicero). – *Nachklassik* (14 – etwa 240): Die Literaten der frühen Kaiserzeit orientierten sich v. a. an der eigenen Klassik, die sie zu überbieten suchten. Geschildert wurden die Laster der Menschen sowie Tücke und Brüchigkeit der Verhältnisse bes. in Epos (Lukan, Statius [* um 40, † um 96]) und Tragödie (Seneca d. J.). Der ›moderne‹ Stil der neron. Zeit wurde um 90 von einer klassizist. Phase, der Cicero, Sallust u. a. als Vorbilder dienten, abgelöst (Quintilian, Tacitus); ihr folgte eine auf die Anfänge der r. L. zurückgreifende archaist. Strömung. Mit dem Beginn der großen Reichskrise (Mitte des 3. Jh.) fand die literar. Produktion ihr Ende.

römische Religion, in den Anfängen der röm. Geschichte (etwa 10.–6. Jh.) ist die r. R. eine bäuerl. Religion, deren Vegetationskulte vom Familienvater (Paterfamilias) vollzogen wurden und die durch viele Sondergottheiten für eng begrenzte Gebiete und das urspr. Fehlen von Mythen und Tempeln, die erst gegen Ende der Königszeit nach etrusk. Vorbild erbaut wurden, gekennzeichnet war. Die ältesten Staatsgötter waren Jupiter, Mars, Quirinus; an ihre Stelle trat im 6. Jh. v. Chr. die Dreiheit Jupiter, Juno, Minerva; Götter des Hauses waren Laren, Penaten und Genien, die Manen wurden als Geister der Toten verehrt. Träger des staatl. Kults war zunächst der König selbst als Pontifex Maximus, dem die übrigen Priester, Opferpriester und die Vestalinnen unterstanden. Der Götterwille wurde von den Auguren aus dem Vogelflug, von den Haruspizes aus den Eingeweiden von Tieren erforscht. Ebenfalls seit dem 6. Jh. v. Chr. traten auch fremde Götter aus Etrurien und dem griech. Kulturkreis an die Seite der einheim. Götter und begannen mit diesen zu verschmelzen; v. a. die Zwölfheit der bedeutendsten griech. Götter wurde übernommen: Jupiter – Zeus, Juno – Hera, Minerva – Athena, Mars – Ares, Neptun – Poseidon, Venus – Aphrodite, Diana – Artemis, Vulcanus – Hephäst, Mercurius – Hermes, Vesta – Hestia, Apollon (mit griech. Namen übernommen), Ceres – Demeter. Auch abstrakte Begriffe wurden in den Rang von Gottheiten erhoben, z. B. Fortuna (glückl. Geschick), Victoria (Sieg), Spes (Hoffnung). Seit dem 2. Jh. v. Chr. begann der Verfall der r. R., die schließl. v. a. durch die oriental. Mysterienkulte (Mithras, Isis) und das Christentum vollends aufgelöst wurde. Auch Versuche, durch Gesetze und durch die Vergöttlichung der Kaiser (seit Caligula) eine Wiederbelebung der r. R. zu erreichen, konnten diesen Auflösungsprozeß nicht aufhalten.

römisches Recht, i. e. S. das Recht des röm. Staates bis zum Untergang des Weström. Reiches; i. w. S. das von dem oström. Kaiser Justinian I. im →Corpus Juris Civilis kanonisierte r. R., das am Ausgang des MA in Europa rezipiert wurde und als Grundlage europ. Gesetzbücher auch in der Neuzeit weltgeschichtl. Bedeutung erlangte. – Das Interesse der röm. Juristen galt dem Einzelfall, den sie wiss. analysierten, wobei sie aber kein geschlossenes System von aufeinander bezogenen generellen Regeln und Begriffen anstrebten. Die von ihnen entwickelten Begriffe, Rechtsinstitute und Maximen liegen noch heute den meisten europ. Rechtsordnungen zugrunde.

Römisches Reich (lat. Imperium Romanum), in der Antike der Herrschaftsbereich des röm. Volkes.

Königszeit und Republik (6. Jh. bis 27 v. Chr.): Der antiken Überlieferung von der Gründung Roms am 21. 4. 753 v. Chr. sowie der Zahl und der Geschichte der 7 röm. Könige kommt kein histor. Wert zu. Etwa 575–470 standen die röm. Hügelsiedlungen unter der Herrschaft etrusk. Könige, die sie zu einem Gemeinwesen verbanden. Nach der Beseitigung des Königtums wählten die röm. Patrizier aus ihrer Mitte 2 Jahresbeamte (Prätoren, später Konsuln gen.). Der *Ständekampf* brachte den Plebejern um 450 die Kodifikation des Rechts im Zwölftafelgesetz, 363 (nach der Überlieferung 367) den Zugang zum Konsulat, 300 zu den Priesterämtern. Außenpolit. gelang es Rom trotz der Niederlage gegen Kelten aus der Poebene an der Allia (386; Besetzung Roms mit Ausnahme des Kapitols), seinen Einflußbereich auszudehnen: In mehreren Kriegen (Latinerkrieg 340–338 v. Chr., Samnitenkriege 326–304 und 299–291 v. Chr., Keltenkrieg

Römische Kaiser und Gegenkaiser					
Augustus	27 v. Chr.–14 n. Chr.	Decius zus. mit	249–251	Jovian	363/364
Tiberius	14–37	Herennius	251	Valentinian I. zus. mit	364–375
Caligula	37–41	Trebonianus Gallus zus. mit	251–253	Valens und	364–378
Claudius	41–54	Hostilianus und	251	Gratian	367–375
Nero	54–68	Volusianus	251–253	Gratian zus. mit	375–383
Galba	68/69	Aemilianus	253	Valentinian II. und	375–383
Otho	69	Valerian zus. mit	253–259	Theodosius I., d. Gr.	379–383
Vitellius	69	Gallienus	253–259	Theodosius I., d. Gr., zus. mit	383–395
Vespasian	69–79	Gallienus	259–268	Valentinian II. und	383–392
Titus	79–81	Postumus	260–268	Arcadius und	383–395
Domitian	81–96	Claudius [II.] Gothicus	268–270	Honorius	393–395
Nerva	96–98	Victorinus	268–270	Magnus Maximus	383–388
Trajan	98–117	Quintillus	270		
Hadrian	117–138	Aurelian	270–275	**Oström. Reich**	
Antoninus Pius	138–161	Tetricus	270–273	*(Theodosian. Dynastie)*	
Mark Aurel zus. mit	161–180	Zenobia	270/271–272		
Verus und	161–169	Vaballathus	270/271–272	Arcadius	395–408
Commodus	177–180	Tacitus	275/276	Theodosius II.	408–450
Commodus	180–192	Florianus	276	Markian	450–457
Pertinax	193	Probus	276–282		
Didius Julianus	193	Carus	282/283	**Weström. Reich**	
Septimius Severus zus. mit	193–211	Carinus zus. mit	283–285	Honorius zus. mit	395–423
Caracalla und	198–211	Numerian	283–284	Konstantius III.	421
Geta;	209–211	Diokletian zus. mit	284–305	Johannes	423–425
Clodius Albinus	195–197	Maximian	286–305	Valentinian III.	425–455
Caracalla zus. mit	211–217	Galerius zus. mit	305–311	Petronius Maximus	455
Geta	211/212	Konstantius I. und	305/306	Avitus	455/456
Macrinus zus. mit	217/218	Severus und	306/307	Majorian	457–461
Diadumenianus	218	Licinius	308–324	Libius Severus	461–465
Elagabal	218–222	Konstantin I., d. Gr.	306–324	Interregnum von 20 Monaten	
Severus Alexander	222–235	Maxentius	306–312	Anthemius	467–472
Maximinus Thrax	235–238	Maximian	307/308, 310	Olybrius	472
Gordian I. zus. mit	238	Maximinus Daja	310–313	Glycerius	473/474
Gordian II.	238	Konstantin I., d. Gr.	324–337	Julius Nepos	474–480
Balbinus zus. mit	238	Konstantius II. zus. mit	337–361	Romulus Augustulus	475/476
Pupienus	238	Konstans I. und	337–350		
Gordian III.	238–244	Konstantin II.;	337–340		
Philippus Arabs zus. mit	244–249	Magnentius	350/351		
Philippus	247–249	Julian	360(361)–363		

Die Herrscher sind vom Zeitpunkt ihrer Ernennung zum Augustus an aufgenommen.
Mit- und Gegenkaiser sind nur in Auswahl aufgeführt (eingerückt).

285–283 v. Chr.) konnten die Römer ihr Herrschaftsgebiet auf Süditalien ausdehnen. Mit der Unterwerfung der Messapier 266 v. Chr. war diese Entwicklung abgeschlossen. Die rechtl. verschiedenen Bindungen der Völker und Städte durch Verträge, die Anlage von Kolonien und die Gründung von Munizipien machten die ›röm.-italische Wehrgenossenschaft‹ aus. Die erste außeritalische Auseinandersetzung erfolgte mit Karthago im 1. Pun. Krieg (264–241), in dem Rom ganz Sizilien (228/227 Prov.) mit Ausnahme des verbündeten Kgr. Syrakus gewann. 237 wurden auch Sardinien und Korsika röm. (228/227 Prov.). Im 2. Pun. Krieg (218–201) zog Hannibal über die Alpen nach Italien und drohte Rom zu zerstören. Er wurde jedoch nach der Eroberung Spaniens durch Rom (206; 197 zwei röm. Prov.) in Afrika durch Publius Cornelius Scipio Africanus d. Ä. bei Zama 202 vernichtend geschlagen. Kriege gegen Philipp V. von Makedonien (200–197 v. Chr.) und den Seleukidenkönig Antiochos III. (188 Friede von Apameia) endeten mit der Zerschlagung von deren Reichen (3. Makedon. Krieg 172/171–168 v. Chr.). Karthago wurde trotz Unterwerfung unter Rom im 3. Pun. Krieg (149–146) restlos zerstört (Einrichtung der Prov. Africa), ebenso Korinth nach dem gleichzeitigen Krieg zw. Rom und dem Achäischen Bund. Kämpfe in Spanien (154–133) endeten mit der Zerstörung von Numantia (133). Rom war Herr im Mittelmeerraum.

Die rapide Ausweitung des röm. Herrschaftsgebietes hatte schwere ökonom. und soziale Strukturkrisen hervorgerufen (Dezimierung und Besitzverlust des mittleren Bauerntums, wachsender Reichtum der Nobilität und des Ritterstandes [Equites], Latifundienwirtschaft mit großem Sklavenbedarf). Gegen die Mißstände trat 133 der Volkstribun Tiberius Sempronius Gracchus mit einem Ackergesetz hervor, das den Besitz an Staatsland (Ager publicus) beschränkte. Wie er scheiterte auch sein jüngerer Bruder Gajus Sempronius Gracchus 123/122. In dieser Zeit kamen die ›Partei‹-Bez. Optimaten und Populare auf. Die Schäden an Staat und Gesellschaft enthüllten der Jugurthin. Krieg (111–105) und die Kämpfe gegen die Kimbern, Teutonen, Ambronen u. a. (113 bis 101): Der damals fähigste Heerführer Gajus Marius konnte sie nur durch Rekrutierung von aus der Staatskasse besoldeten Proletariern beenden (Übergang zum stehenden Berufsheer), womit er aber das Problem der Veteranenversorgung schuf. Durch den Bundesgenossenkrieg (91–89 bzw. 82) erhielten alle Bewohner südl. des Po das Vollbürgerrecht.

Nach der siegreichen Beendigung des 1. Mithridat. Kriegs (89–84) und des röm. Schreckensregiments der Popularen unter Lucius Cornelius Cinna (87–84) durch Lucius Cornelius Sulla wurde dieser im Dezember 82 Diktator (Rücktritt 79). Nach der Beendigung des 3. Mithridat. Kriegs (74–63) durch Pompejus wurden die Prov. Bithynien-Pontus und Syrien eingerichtet. Der Privatbund des sog. 1. Triumvirats zw. Pompejus, Cäsar und Crassus brachte Cäsar das Konsulat für 59 und das Prokonsulat für Gallien, das er 58–52 unterwarf. Die Frage seiner Bewerbung um ein neues Amt in Abwesenheit von Rom und die Forderungen nach Entlassung seines Heeres führten 49 zum Bürgerkrieg, der mit den Niederlagen der Pompejaner 48 bei Pharsalos, 46 bei Thapsus und 45 bei Munda (= Montilla) endete. Cäsar war damit alleiniger Herr von Rom; sein Streben nach der Königswürde dürfte der letzte Anstoß zu seiner Ermordung am 15. 3. 44 gewesen sein. Sein Großneffe und Adoptivsohn Gajus Octavius (Oktavian; → Augustus) wandte sich gegen den Konsul Marcus Antonius, verband sich aber 43 mit diesem und dem Cäsarianer Marcus Aemilius Lepidus zum 2. Triumvirat. Die Triumvirn teilten das Reich unter sich auf und schlugen

die Cäsarmörder 42 bei Philippi. Sextus Pompejus Magnus wurde 36 besiegt und Lepidus von Oktavian zur Abdankung gezwungen. Den Krieg mit Antonius und der ägypt. Königin Kleopatra VII. entschied Oktavian durch die Schlacht von Aktium (31) und die Einnahme Alexandrias (30) für sich.

Die Kaiserzeit (27 v. Chr. bis 476 n. Chr.): Oktavian-Augustus stellte 27 v. Chr. die Republik formal wieder her; die tatsächl. Führung lag bei ihm (Prinzipat). Der vom Prinzeps garantierte Friede (Pax Augusta) führte zur Konsolidierung des Reiches und zu kultureller Blüte. Die Nachfolger des Augustus im *jul.-claud. Haus* (14–68) führten die defensive Friedenspolitik im wesentl. fort. Das Willkürregiment Neros wurde durch Aufstände der Kommandanten der Grenzheere beseitigt. Aus den Wirren des Vierkaiserjahres 68/69 ging Vespasian als Sieger hervor (Begründer der *1. flav. Dynastie* 69–96). Er ließ den jüd. Aufstand (66–70) durch seinen Sohn Titus niederwerfen. Domitian sicherte die Rhein- und Donaugrenze u. a. durch Errichtung der Prov. Ober- und Untergermanien (um 90) und den Baubeginn des obergerman. und rät. Limes (etwa 83). Der vom Senat aus seinen Reihen ernannte Prinzeps führte bei der Nachfolgeregelung das Adoptionsprinzip *(Adoptivkaiser)* ein. Unter Trajan erreichte das Imperium 106–117 durch Einrichtung der Prov. Dakien, Arabien, Mesopotamien, Armenien und Assyrien seine größte Ausdehnung, während Hadrian diese Prov. außer Dakien und Arabien wieder aufgab. Erschüttert wurde das R. R. durch den jüd. Aufstand des Bar Kochba (132–135), die Markomannenkriege (167 bis 175; 177/178–180) und die aus dem Partherkrieg 166 eingeschleppte Bubonenpest. Das Philosophenkaisertum des 2. Jh. endete mit dem Tod Mark Aurels 180.

Der Afrikaner Septimius Severus, der als Sieger aus den auf die Ermordung des Commodus folgenden Wirren hervorging, begründete die Dynastie der *Severer* (193–235), unter der die reine Militärdespotie an die Stelle des Prinzipats trat. Sein Sohn Caracalla verlieh durch die Constitutio Antoniniana von 212 allen freien Reichsangehörigen das röm. Bürgerrecht. Die bedeutendsten röm. Juristen schufen die theoret. Grundlage des ›absolutist.‹ spätantiken Kaisertums. 235 begann mit der Erhebung des Thrakers Gajus Julius Verus Maximinus durch die Legionen die Epoche der Militäranarchie der rd. 40 *Soldatenkaiser*. Unter Gallienus erfolgte die völlige staatl. Auflösung in ein im wesentl. auf Italien beschränktes Kerngebiet sowie ein gall. und ein syr. Sonderreich; letztere wurden 272/273 durch Aurelian beseitigt. Die Kämpfe gegen Alemannen und Goten zwangen zur Aufgabe des Dekumatlandes (260) und der Prov. Dakien (271).

Der Dalmatiner Diokletian schuf die Herrschafts- und Thronfolgeordnung der Tetrarchie, die jedoch 306 durch die Ausrufung Konstantins I., d. Gr., zum Augustus scheiterte. Zugleich formten Diokletian und Konstantin I. den Prinzipat vollends zum Dominat um. Das auf Zwang beruhende Verwaltungs- und Militärsystem kannte nur noch 2 Untertanengruppen in Gestalt der Beamten und Soldaten sowie der sie erhaltenden Steuerzahler. Konstantin I., der 330 Konstantinopel als 2. Hauptstadt gründete und zum Schöpfer der *2. flav. Dynastie* wurde, tolerierte nach den Verfolgungen Diokletians das Christentum. 395 wurde das Reich in eine W- und eine O-Hälfte geteilt. Durch die Einfälle der Germanen, die 410 (Westgoten) und 455 (Vandalen) Rom plünderten und als Foederati eigene Staaten auf Reichsboden gründeten, löste sich das Westreich auf und endete mit der Entthronung des Romulus Augustulus durch Odoaker (476) bzw. mit dem Tod des Julius Nepos (480).

Römische Verträge →Europäische Gemeinschaften.

römische Ziffern, in der röm. Welt sowie in Westeuropa bis zum 15. Jh. allg. gebrauchte Zahlzeichen mit festem Wert: I = 1, V = 5, X = 10, L = 50, C = 100, D = 500, M = 1 000. Sie werden so oft gesetzt, wie Einheiten einer Zahl vorhanden sind, jedoch (außer M) maximal dreimal; 4 und 9 werden durch Vorsetzen der kleineren Einheit vor die nächstgrößere gebildet: IV = 4, IX = 9, desgleichen XL = 40, XC = 90, CD = 400, CM = 900 usw.

römisch-katholisch, Abk. röm.-kath., zum Bekenntnis der kath. Kirche gehörig.

Rommé [rɔ'me:, 'rɔme; engl.-frz.] (Rummy), Kartenspiel (Baustein- bzw. Ablegespiel) für 3 bis 6 Mitspieler mit zweimal 52 frz. Karten, dazu 4 (bei Turnieren 6) Joker, die jede Karte vertreten können.

Rommel, Erwin, * Heidenheim an der Brenz 15. 11. 1891, † nahe Herrlingen (Gem. Blaustein) 14. 10. 1944, dt. Generalfeldmarschall (seit 1942). Errang legendären Ruhm (›Wüstenfuchs‹) im Kommando des dt. Afrikakorps (General der Panzertruppen 1941, Generaloberst 1942), scheiterte aber bei Al Alamain; stand 1944 der Widerstandsbewegung nahe und wurde von Hitler nach dem 20. 7. zum Selbstmord gezwungen.

Romont (FR) [frz. rɔ'mõ (fri'bu:r)], Bezirkshauptort im schweizer. Kt. Freiburg, 3 700 E. Got. Pfarrkirche (13. und 15. Jh.); Schloß (13.–16. Jh.).

Romulus, Gestalt aus der röm. Mythologie, Gründer und erster König Roms. Zus. mit seinem Zwillingsbruder **Remus** von der Vestalin Rhea Silvia dem Mars geboren. Die Knaben werden im Tiber ausgesetzt, jedoch gerettet und von einer Wölfin gesäugt, bis sie der Hirte Faustulus an Sohnes Statt aufzieht. Bei der Gründung der Stadt Rom (der R. seinen Namen gibt) erschlägt R. seinen Bruder.

Romulus Augustulus, eigtl. R. Augustus, * um 459, letzter röm. Kaiser (475/476). Durch Odoaker abgesetzt.

Roncalli, Angelo Giuseppe [italien. roŋ'kalli] →Johannes XXIII., Papst.

Ronchamp [frz. rõ'ʃã], frz. Gem. bei Belfort, 3 100 E. Wallfahrtskirche von Le Corbusier (1952 bis 1955).

Ronda, span. Stadt in Andalusien, durch eine 160 m tiefe Schlucht geteilt, 30 000 E. Kirche Santa María la Mayor (ehemalige Moschee); Renaissancepalast Casa de Mondragón; Reste arab. Bäder und der Alcazaba.

Rondeau [rõ'do:; lat.-frz.] (Rondel), ein vom 13. bis 15. Jh. verbreitetes frz. Reigenlied mit Refrain, wahrscheinlich im Wechsel von Vorsänger und Chor gesungen; zunächst einstimmig, im 14. Jh. wichtige Form der Mehrstimmigkeit. Als literar. Form v. a. im 16. und 17. Jahrhundert.

Rondo [italien.], im 17./18. Jh. entwickelte vokale und instrumentale Reihungsform mit wiederkehrendem Refrain und eingeschobenen Zwischenteilen (Couplets), oft heiterer Schlußsatz der Sonate.

Rondônia, Bundesstaat im westl. Z-Brasilien, 243 044 km², 10,6 Mio. E (1990), Hauptstadt Pôrto Velho.

Ronkalische Felder, Ebene in der Emilia-Romagna, ben. nach dem Ort Roncaglia (= Piacenza); im MA Heerlager der Röm. Könige und Kaiser. Bed. v. a. der *Ronkalische Reichstag* vom Nov. 1158, abgehalten von Friedrich I. Barbarossa zur Neuorganisation der Reichsherrschaft in Italien.

Rønne [dän. 'rœnə], Hauptstadt der dän. Amtskommune Bornholm, an der W-Küste der Insel, 15 400 E.

Ronsard, Pierre de [frz. rõ'sa:r], * Schloß Possonnière bei Coutoure-sur-Loir 11. 9. 1524 oder 1525, † Saint-Cosme-en-l'Isle bei Tours 27. 12. 1585, frz. Dichter. Haupt der →Pléiade; schrieb klassizist. Hymnen, Elegien, Oden, Eklogen und Sonette.

Rönsch, Hannelore, * Wiesbaden 12. 12. 1942, dt. Politikerin (CDU). Seit 18. 1. 1991 Bundes-Min. für Familie und Senioren.

Röntgen, Wilhelm Conrad, * Lennep (= Remscheid) 27. 3. 1845, † München 10. 2. 1923, dt. Physiker. Entdeckte 1895 bei Untersuchungen der Kathodenstrahlen eine ›neue Art von Strahlen‹, die später nach ihm ben. Röntgenstrahlen, für deren Entdeckung er 1901 den ersten Nobelpreis für Physik erhielt.

Wilhelm Conrad
Röntgen

Röntgen [nach W. C. Röntgen], Einheitenzeichen R (früher r), gesetzl. nicht mehr zulässige Einheit der Ionendosis einer ionisierenden Strahlen (Röntgenstrahlung u. a.): $1 R = 2,58 \cdot 10^{-4}$ C/kg.

Röntgenastronomie [nach W. C. Röntgen], Teilgebiet der →Astronomie, das sich mit der Erforschung der von kosm. Objekten kommenden Röntgen- und Gammastrahlung befaßt.

Röntgenbild [nach W. C. Röntgen], durch Röntgenstrahlen entstandenes Abbild eines Objekts, insbes. eines Teils des menschl. Körpers, das entweder auf photograph. Weg auf Film **(Röntgenaufnahme)** oder auf einem Leuchtschirm **(Röntgenschirmbild)** sichtbar gemacht wird. → Angiographie.

Röntgengerät [nach W. C. Röntgen], allg. ein Gerät zur gezielten Anwendung von Röntgenstrahlen. Seine Hauptbestandteile sind: Hochspannungsquelle (Transformator und Gleichrichter) und Röntgenröhre (Festanodenröhre, Drehanodenröhre, Röntgenblitzröhre [für schnell ablaufende Vorgänge]), bei medizin. Geräten zusätzl. Zeitschaltwerke, Röntgenfilter, Lagerungstisch für den Patienten, Einstellhilfen (Lichtvisier) und Filmkassette.

Röntgenkinematographie →Röntgenschirmbildphotographie.

Röntgenlithographie, modernes oberflächentechn. Verfahren der Chipherstellung, mit dem sehr feine Leiterbahnen von nur 0,5 μm Breite möglich sind. Hierbei wird die gegenüber Licht wesentlich geringere Wellenlänge der Röntgenstrahlen ausgenutzt.

Röntgenographie [nach W. C. Röntgen] →Radiographie.

Röntgenologie [nach W. C. Röntgen], allg. die Lehre von den Röntgenstrahlen und ihren Anwendungen, i. e. S. ihrer diagnost. und therapeut. Anwendung in der Medizin; Teilgebiet der Radiologie.

Röntgenoskopie [nach W. C. Röntgen], Röntgendurchleuchtung, Röntgenuntersuchung innerer Organe auf dem Bildschirm.

Röntgenreihenuntersuchung [nach W. C. Röntgen], bei größeren Bevölkerungsgruppen in period. Zeitabständen durchgeführte Röntgenvorsorgeuntersuchung, v. a. zur Erkennung von Lungentuberkulose.

Röntgenröhre [nach W. C. Röntgen], zur Erzeugung von Röntgenstrahlen verwendete Hochvakuumelektronenröhre mit Wolframglühkathode (von D. Coolidge entwickelt; *Coolidge-Röhre*) und schräggestellter Antikathode oder mit scheibenförmiger, sich drehender Anode *(Drehanodenröhre)*. Durch die zw. Kathode und Anode liegende hohe Gleichspannung (bis über 1 MV) werden die aus der Kathode austretenden Elektronen beschleunigt und erzeugen beim Eindringen in das Antikathodenmaterial eine kontinuierliche Röntgenbremsstrahlung (→ Röntgenstrahlen).

Röntgenschirmbildphotographie (Röntgenschirmbildverfahren) [nach W. C. Röntgen], Aufnahmetechnik der Röntgendiagnose, bei der das Bild vom Röntgenleuchtschirm über ein opt. System photograph. aufgenommen wird. Die *Röntgenkinematographie* arbeitet mit Röntgenbildwandlern, die auch bei bis zu 200 Aufnahmen/s die Dosisbelastung des Patienten klein zu halten gestatten.

Röntgenspektralanalyse [nach W. C. Röntgen], die Bestimmung der chem. Zusammensetzung von Stoffen durch spektrale Zerlegung der von ihnen emittierten oder nicht absorbierten Röntgenstrahlen. Bei der *Röntgenfluoreszenzanalyse* werden die Atome einer Probe durch eingestrahlte Photonen zur Emission einer elementspezif. Röntgenstrahlung angeregt. Erfolgt die Anregung der Fluoreszenzstrahlung durch Absorption von Elektronen oder Protonen, spricht man von **Röntgenemissionsanalyse.**

Röntgenstrahlen [nach W. C. Röntgen] (X-Strahlen), extrem kurzwellige, energiereiche elektromagnet. Strahlen. Ihre Wellenlänge liegt etwa zw. 10^{-8} m und 10^{-12} m, das entspricht einem Frequenzbereich von $3 \cdot 10^{16}$ Hz bis $3 \cdot 10^{20}$ Hz. Das Röntgenspektrum reicht daher vom kürzesten Ultraviolett bis in den Bereich der Gammastrahlen. Die Energie der Röntgenstrahlen liegt zw. 100 eV und 1 Mio. eV. Je nach Art der Entstehung unterscheidet man (Röntgen-)Bremsstrahlen und charakterist. Röntgenstrahlen. *Röntgenbremsstrahlung* entsteht bei der Ablenkung eines schnellen geladenen Teilchens (z. B. eines Elektrons) im elektr. Feld eines anderen geladenen Teilchens (z. B. Atomkern). Bei dieser mit einer Beschleunigung verbundenen Ablenkung wird ein Photon ausgesandt, dessen maximale Energie gleich der maximalen kinet. Energie der einfallenden Teilchen ist. Man erhält ein kontinuierl. Spektrum, das *Bremsspektrum.* – *Charakterist. Röntgenstrahlung (Eigenstrahlung, Röntgenlinienstrahlung)* entsteht bei Übergängen zw. den kernnahen Quantenzuständen der Atome. Bei diesen Übergängen sind nicht beliebige, sondern nur ganz bestimmte (diskrete) Energiedifferenzen möglich. Man erhält ein getrenntes (diskretes) *Röntgenlinienspektrum.* Die Lage der scharf getrennten Spektrallinien ist charakterist. für das sie aussendende Atom und damit für das Material, auf das man schnelle Elektronen aufprallen läßt.
Der Erzeugung von R. dienen →Röntgenröhren; je nach angelegter Hochspannung unterscheidet man *überweiche R.* (5–20 kV), *weiche R.* (20–60 kV), *mittelharte R.* (60–120 kV), *harte R.* (120–250 kV), und *überharte R.* (über 250 kV).
R. haben ein hohes Ionisierungsvermögen und bewirken daher häufig starke chem. und biolog. Veränderungen; der Umgang mit ihnen unterliegt den Vorschriften des Strahlenschutzes. R. erzeugen Fluoreszenz und zeigen aufgrund ihrer elektromagnet. Wellennatur Reflexion, Brechung, Beugung, Interferenz und Polarisation.

Röntgenstrukturanalyse (Röntgenometrie) [nach W. C. Röntgen], die Ermittlung der Atomanordnung von Kristallen sowie ihrer Fehlordnungen bzw. Gitterbaufehler mit Hilfe von Röntgenstrahlen.

Röntgenteleskop [nach W. C. Röntgen] (Röntgenstrahlenteleskop, Wolter-Teleskop), modernes, astronom. Beobachtungsgerät zur Registrierung der von kosm. Objekten ausgesandten Röntgenstrahlung. Mit R. ausgerüstete Satelliten *(Röntgensatelliten)* sind die wichtigsten Instrumente der Röntgenastronomie.

Röntgentopographie, zerstörungsfreies Prüfverfahren zur Ermittlung von Kristalldefekten in Festkörpern, v. a. in Halbleitermaterial. Der Festkörper wird mit einem gebündelten Röntgenstrahl abgetastet, wobei die Kristallfehler infolge von Interferenzerscheinungen als Kontrastunterschiede auftreten.

Röntgenuntersuchung [nach W. C. Röntgen], allg. die Untersuchung von Stoffen bzw. Körpern mit Röntgenstrahlen; i. e. S. svw. *Röntgendiagnostik,* d. h. die zu medizin.-diagnost. Zwecken durchgeführte Untersuchung von Teilen des menschl. Körpers mit Röntgenstrahlen. Man unterscheidet: *Röntgenaufnahme,* das Erzeugen eines →Röntgenbildes, auf dem

Theodore Roosevelt

Franklin D. Roosevelt

die unterschiedl. Röntgenstrahlabsorption von Knochen, Weichteilgeweben und lufthaltigen Organen sowie eingebrachte Kontrastmittel eine entsprechende Kontrastierung bewirken. Um scharf gezeichnete Röntgenbilder zu bekommen, sind je nach Organ →Röntgenstrahlen unterschiedl. Härte zu verwenden, z. B. weiche Röntgenstrahlen für die →Mammographie, harte Röntgenstrahlen für die R. der Lunge. Bei der *Röntgenstereoaufnahme (Röntgenstereographie)* werden zwei gleich große Röntgenbilder bei unveränderter Film- und Patientenposition angefertigt, indem man die Röntgenröhre zw. den Aufnahmen um einen Augenabstand verschiebt. Die gleichzeitige Betrachtung beider Aufnahmen mit einem Stereobetrachter vermittelt einen räuml. Eindruck, der z. B. die Lokalisierung von schattengebenden Objekten ermöglicht. Die *Tomographie (Röntgenschichtaufnahme, Planigraphie)* liefert durch koordinierte gegensinnige Bewegung von Röntgenröhre und -film um einen Drehpunkt ein scharfes Bild der in der Drehpunktebene gelegenen Körperschicht. Eine Weiterentwicklung ist die 1972 eingeführte, von dem amerikan. Physiker Allen McLeod Cormack (* 1924) und dem brit. Elektroingenieur Godfrey Newbold Hounsfield (* 1919) entwickelte *Computertomographie* (Abk. CT), die eine direkte Darstellung von Weichteilstrukturen auf dem Fernsehbildschirm ermöglicht. Bei diesem mit einer relativ geringen Strahlenbelastung verbundenen Verfahren werden mit einem dünnen, fächerartigen Röntgenstrahlbündel die zu untersuchenden Körperregionen schichtweise abgetastet, wobei die jeweilige Röntgenstrahlabsorption mit Strahlendetektoren gemessen wird. Die Meßdaten werden an einen angeschlossenen Computer weitergegeben, der daraus ein Fernsehbild aufbaut. Bei der Computertomographie des Gehirns *(Gehirntomographie)* lassen sich geringe Veränderungen des Gehirngewebes infolge Tumorbildungen u. ä. erkennen und darstellen, während man bei der Computertomographie des Körpers *(Ganzkörpertomographie)* v. a. Tumore der Nieren, Oberbauchorgane sowie des Lymphsystems im Brustraum nachweisen kann. Bei der *Röntgenstratigraphie* werden Patient und Film bei fixierter Röntgenröhre koordiniert bewegt. Die *Röntgenkymographie* dient zur röntgenograph. Aufzeichnung von rhythm. Bewegungen (z. B. von Herz, Zwerchfell oder Magen).
Die *Röntgendurchleuchtung* liefert ein direkt beobachtbares Bild des Körpers auf einem Leuchtschirm und ermöglicht damit eine unmittelbare Erfassung von Organveränderungen und -bewegungen, die Gewinnung eines räuml. Eindrucks durch Drehen des Patienten, die Lokalisation von Fremdkörpern u. a. sowie die Verfolgung von Eingriffen (z. B. beim Einführen eines Herzkatheters) am Patienten.

Rooming-in [engl. 'ru:mɪŋ], gemeinsame Unterbringung von Mutter und Kind im Krankenhaus nach der Geburt oder bei Krankheit des Kindes.

Roon, Albrecht Graf (seit 1871) von, * Pleushagen bei Kolberg 30. 4. 1803, † Berlin 23. 2. 1879, preuß. Generalfeldmarschall (seit 1873) und Politiker. 1859–73 Kriegs-, 1861–71 auch Marine-Min.; führender militär. Kopf im preuß. Verfassungskonflikt seit 1860 und maßgebl. Förderer Bismarcks; 1873 preuß. Ministerpräsident.

Roosevelt [engl. 'rouz(ə)vɛlt], **1)** Anna Eleanor, * New York 11. 10. 1884, † ebd. 7. 11. 1962, amerikan. Politikerin (Demokrat. Partei). Nichte von Theodore R., ab 1905 ⚭ mit Franklin D. R.; 1947–51 Vors. der UN-Menschenrechtskommission.
2) Franklin D[elano], * Hyde Park (N. Y.) 30. 1. 1882, † Warm Springs (Ga.) 12. 4. 1945, 32. Präs. der USA (1933–45; Demokrat. Partei). Mit Theodore R. verwandt; 1928 Gouverneur von New York. Leitete

als Präs. mit dem Reformprogramm des New Deal die Wende zum interventionist. Sozialstaat ein. Propagierte eine Politik der guten Nachbarschaft gegenüber Lateinamerika. Ab 1937/38 von der Notwendigkeit eines krieger. Engagements der USA überzeugt; verkündete im Aug. 1941 gemeinsam mit Churchill die Atlantikcharta; unter seiner Leitung wurden die USA zu einem entscheidenden Faktor für den Ausgang des 2. Weltkrieges. Suchte das Kriegsbündnis für die Nachkriegszeit als Kern einer neuen Weltordnung zu institutionalisieren, hatte Anteil an der Gründung der UN.

3) Theodore, * New York 27. 10. 1858, † Sagamore Hill (N. Y.) 6. 1. 1919, 26. Präs. der USA (1901–09; Republikan. Partei). 1901 Vize-Präs. unter McKinley. Vertrat im Zeichen des Imperialismus in Asien und Afrika eine Politik der offenen Tür und proklamierte für die USA Polizeifunktionen in Lateinamerika. Erhielt nach der Vermittlung des russ.-jap. Friedensschlusses 1905 den Friedensnobelpreis für 1906. Setzte u. a. eine beschränkte Kontrolle der Großunternehmen und Reformen des Arbeitsschutzes durch.

Root, Elihu [engl. ru:t], * Clinton (N. Y.) 15. 2. 1845, † New York 7. 2. 1937, amerikan. Politiker (Republikan. Partei). 1899–1903 Kriegs-, 1905–09 Außen-Min.; 1910 erster Präs. der Carnegiestiftung für den internat. Frieden sowie Mgl. des Ständigen Schiedshofs in Den Haag; erhielt 1912 den Friedensnobelpreis.

Rops, Félicien, * Namur 7. 7. 1833, † Corbeil-Essonnes 23. 8. 1898, belg. Graphiker. Karikaturen (›Uylenspiegel‹), Buchillustrationen, symbolist. erot. Radierfolgen.

Roquefort ['rɔkfoːr, frz. rɔk'fɔːr; nach dem frz. Ort Roquefort-sur-Soulzon], Edelpilzkäse, überwiegend aus Schafsmilch.

Roraima, Bundesterritorium in N-Brasilien, 230 104 km², 112 000 E, Hauptstadt Boa Vista.

Roritzer (Roriczer), Conrad, * zw. 1410 und 1415, † Regensburg um 1475, dt. Baumeister. Sohn von *Wenzel R.* († 1419), der den Prager Parlerstil nach Regensburg vermittelte. Dombaumeister (Westfassade) in Regensburg; leitete ab 1454 (?) den Bau der Lorenzkirche in Nürnberg; Gutachter für Sankt Stephan in Wien und die Frauenkirche in München. In Regensburg folgte ihm sein Sohn *Matthäus R.* († zw. 1492–95).

RoRo-Schiff → Roll-on-Roll-off-Schiff.

Rorschach, Hermann, * Zürich 8. 11. 1884, † Herisau 2. 4. 1922, schweizer. Psychiater. Entwickelte den nach ihm ben. **Rorschachtest** (Formdeutetest), aus dem Rückschlüsse auf die Persönlichkeit (Intelligenz, Aktivität u. a.) gezogen werden.

Rorschach, Bezirkshauptort im schweizer. Kt. Sankt Gallen, am Bodensee, 9 900 E. Spätgot. Kreuzgang (1519) des ehem. Benediktinerklosters, barocke Pfarrkirche Sankt Columban und Constantin (17. Jh.; später umgebaut); Kornhaus (1746–49).

Rosa von Lima, hl., * Lima 20. 4. 1586, † ebd. 24. 8. 1617, peruan. Dominikanertertiarin. Mystikerin; Patronin Amerikas (insbes. Perus). – Fest: 23. August.

Rosa, Salvator[e], * Arenella bei Neapel 20. 6. oder 21. 7. 1615, † Rom 15. 3. 1673, italien. Maler und Dichter. Lebte in Rom und Florenz. Phantast. Schlachtenbilder und Landschaften. Schrieb Satiren und Lyrik.

Rosario, argentin. Stadt am Paraná, 955 000 E. Univ.; Eisen- und Stahlwerk; Hafen.

Rosas, Juan Manuel de, * Buenos Aires 30. 3. 1793, † Swaythling bei Southampton 14. 3. 1877, argentin. Diktator. Schuf ab 1835 den straffen argentin. Einheitsstaat; 1852 gestürzt.

Rosat, Bez. für einen europ. Röntgensatelliten, der im Juni 1990 in Betrieb genommen wurde. Er soll mit Hilfe eines Wolter-Teleskops das Weltall nach Röntgenquellen durchmustern und in einer zweiten Arbeitsphase einzelne Objekte wie Neutronensterne, Röntgendoppelsterne u. a. auf ihr genaues Röntgenspektrum untersuchen.

Roschdestwenski, Gennadi Nikolajewitsch [russ. raʒ'djestvɪnskij], * Moskau 4. 5. 1931, russ. Dirigent. Übernahm 1978 die Leitung des Londoner BBC Symphony Orchestra, 1981–84 der Wiener Symphoniker.

Rosch Ha-Schana [hebr. ›Beginn des Jahres‹], jüd. Neujahrsfest, das am 1. und 2. Tischri (Sept./Okt.) gefeiert wird.

Gennadi Nikolajewitsch Roschdestwenski

Rose [lat.] (Rosa), Gatt. der Rosengewächse mit über 100 sehr formenreichen Arten und zahllosen Gartenformen. Die Wildarten kommen v. a. in den gemäßigten und subtrop. Gebieten der Nordhalbkugel, in Afrika bis Äthiopien, in Asien bis zum Himalaja und zu den Philippinen vor. Meist sommergrüne Sträucher mit stacheligen Zweigen und unpaarig gefiederten Blättern. Die krugförmige Blütenachse wird bei der Reife zu einer Hagebutte. Zu den wichtigsten Wildarten gehören u. a. *Apfel-R.,* Blüten hellrosa; *Chinesische R.* (Bengal-R.), Blüten rosafarben, dunkelrot oder gelbl.; *Dünen-R.* (Bibernell-R., Stachelige R.), Blüten meist weiß; *Feld-R.* (Kriech-R.), Blüten weiß; *Hecken-R.,* Blüten rosa bis weiß; Früchte orangerot, eiförmig, 15 bis 20 mm lang; *Hunds-R.,* Blüten rosafarben bis weiß; *Samt-R.* (Unbeachtete R.), Blüten leuchtend rosafarben; *Wein-R.,* Blüten rosafarben; *Zimt-R.* (Mairose), Blüten leuchtend rot. Eine wichtige Stammart der heutigen Garten-R. ist die seit langem kultivierte *Essig-R.,* Blüten etwa 6 cm groß, hellrot bis purpurfarben. Die *Zentifolie* (Provence-R.) blüht in verschiedenen Rottönen oder in Weiß. Eine Zuchtform davon ist die *Moos-R.* mit rosafarbenen Blüten. Ebenfalls eine Zuchtform ist die vermutl. aus Kleinasien stammende *Damaszener-R.* mit rosa bis roten, auch rot und weiß gestreiften, gefüllten Blüten. 1824 wurde die *Tee-R.* von China nach Großbrit. eingeführt; Blüten weiß, blaßrosafarben oder gelbl., halb gefüllt oder gefüllt, 5–8 cm im Durchmesser, mit starkem, teeartigem Duft. Die Tee-R. ist eine der Ausgangsformen der *Teehybriden,* die als Treib- und Schnittblumen große Bedeutung haben. Weiter entstanden im 19. Jh. die *Remontant-R.,* meist mit weißen, rosafarbenen oder roten, gefüllten, duftenden Blüten; um 1810 dann die *Noisette-Kletter-R.* mit roten, hakenförmigen Stacheln und gelben, weißen oder rosafarbenen Blüten (bekannteste ist *Maréchal Niel* mit goldgelben, dichtgefüllten Blüten mit Teerosenduft); in der 2. Hälfte des 19. Jh. dann die *Polyantha-R.* von meist niedrigem, buschigem Wuchs mit zahlr. kleinen Blüten. Kreuzungen der Polyantha-R. mit Teehybriden werden als *Floribunda-R.* (mit großen, edelrosenähnl. Blüten) bezeichnet. Weiterhin von gärtner. Bedeutung sind die *Strauch-R.* (2–3 m hohe, dichte Büsche bildende R.arten) und *Kletter-R.* – Die Vermehrung aller Sorten erfolgt durch Okulation. Als Unterlage wird meist die Zuchtform ›Edel-Canina‹ der Hunds-R. verwendet.

Die R. ist wahrscheinl. in Persien heim. und kam im 7. Jh. v. Chr. nach Griechenland und Italien. Den Germanen dagegen war nur die Wilde R. bekannt. Als Symbol der Liebe und als Sinnbild der Frau wird die R. schon seit der Antike geschätzt.

Rosé [ro'ze:; lat.-frz.] (Roséwein) → Wein.

Roseau [engl. roʊ'zoʊ], Hauptstadt von Dominica, an der SW-Küste, 20 000 E. Museum, botan. Garten; Exporthafen.

Rosegger, Peter ['ro:zɛgɐr, 'rɔzɛgɐr], eigtl. P. Roßegger, Pseud. P. K. (= Petri Kettenfeier), * Alpl (= Krieglach) 31. 7. 1843, † Krieglach (bei Mürzzuschlag) 26. 6. 1918, österr. Schriftsteller. Schrieb zahlr. Romane in der Tradition der Dorfgeschichte; bes.

Elihu Root

Rose: OBEN Heckenrose; UNTEN Floribundarose

Rosmarin:
Echter Rosmarin

Rosmarinheide:
Poleirosmarinheide

Rosenkäfer:
Gemeiner
Rosenkäfer

kannt sind seine autobiograph. Erzählungen ›Als ich noch der Waldbauernbub war‹ (1902).

Rosei, Peter, * Wien 17. 6. 1946, österr. Schriftsteller. Schreibt Erzählungen (›Chronik der Versuche, ein Märchenerzähler zu werden‹, 1979) und Romane, u. a. ›Wer war Edgar Allan?‹ (1977), ›Das schnelle Glück‹ (1980), ›Die Wolken‹ (1986), ›Rebus‹ (1990).

Rosenberg, Alfred, * Reval 12. 1. 1893, † Nürnberg 16. 10. 1946 (hingerichtet), dt. Publizist und Politiker (NSDAP). Leitete den ›Völk. Beobachter‹ 1923 (ab 1925 als Chefredakteur, ab 1938 als Hg.); MdR 1930–45 und Reichsleiter der NSDAP 1933–45; beanspruchte früh, als führender Theoretiker der NS-Weltanschauung, v. a. des Antisemitismus (›Der Mythus des 20. Jh.‹, 1930), und der Außenpolitik zu gelten. Ab 1933 Leiter des Außenamts. Amtes der NSDAP; als Leiter des Kulturraub-Kommandos ›Einsatzstab Reichsleiter R.‹ (1940–45) und als Reichs-Min. für die besetzten Ostgebiete (1941–45) im Nürnberger Hauptkriegsverbrecherprozeß 1946 zum Tode verurteilt.

Rosenblut, Hans → Rosenplüt, Hans.

Rosendorfer, Herbert, * Bozen 19. 2. 1934, dt. Schriftsteller. Verfaßte skurril-groteske Romane wie ›Der Ruinenbaumeister‹ (1969), ›Deutsche Suite‹ (1972), ›Großes Solo für Anton‹ (1976), ›Nacht der Amazonen‹ (1989).

Roseneibisch, 1) sommergrüne, bis 3 m hohe Eibischart in China und Indien; zahlr. Gartenformen mit weißen, rosafarbenen, violetten oder tiefblauen, einfachen oder gefüllten Blüten.
2) (Chinarose) wahrscheinlich aus China stammende, heute in allen trop. und subtrop. Gebieten als Gartenpflanze kultivierte und teilweise verwilderte Eibischart.

Rosengarten, Gebirgsstock in den Dolomiten, Südtirol, bis 3 004 m hoch.

Rosengewächse (Rosazeen, Rosaceae), formenreiche zweikeimblättrige Pflanzenfam. mit rd. 3 000 Arten in etwa 100 Gatt.; fast weltweite Verbreitung; meist Bäume, Sträucher oder Stauden; zahlr. Kultur- und Zierpflanzen. – Die große Formenfülle der R. läßt sich u. a. nach der unterschiedl. Gestaltung ihrer Früchte in die folgenden Unterfam. gliedern: 1. *Spiräengewächse:* meist mit vielsamigen Balgfrüchten, z. B. beim Spierstrauch und Geißbart; 2. *Rosoideae:* mit einsamigen Nüßchen oder Steinfrüchten, die oft zu Sammelfrüchten vereinigt sind; z. B. bei der Gatt. Rubus mit Brombeere und Himbeere, bei der Erdbeere sowie bei der Rose; 3. *Apfelgewächse:* mit Scheinfrüchten wie beim Apfelbaum, Birnbaum, bei der Eberesche, Quitte, Mispel und beim Weißdorn; 4. *Mandelgewächse:* mit einsamigen Steinfrüchten; z. B. bei der Gatt. Prunus mit Pflaumenbaum, Mandelbaum, Süßkirsche und Sauerkirsche.

Rosenheim, Stadt an der Mündung der Mangfall in den Inn, Bayern, 53 200 E. U. a. Fleisch- und Metallverarbeitung. Wohnhäuser mit Laubengängen und Grabendächern (z. T. 15. und 16. Jh.).

Rosenkäfer (Cetoniinae), v. a. in wärmeren Ländern verbreitete Unterfam. der Skarabäiden; 0,7–12 cm lange, häufig metall. glänzende Käfer; in Deutschland u. a. der etwa 1,4–2 cm große *Gemeine Rosenkäfer* (Goldkäfer).

Rosenkohl, Wuchsform des Gemüsekohls, bei dem die im Knospenstadium verbleibenden Achselknospen (Rosen) als Gemüse verwendet werden.

Rosenkranz, in der kath. Kirche ein außerliturg., meditatives Gebet zu Ehren Marias (Gebete symbol. als ›Kranz geistl. Rosen‹ aufgefaßt); es besteht aus 15 Vaterunsern mit jeweils 10 Ave-Maria und 15 Ehresei-dem-Vater, denen 15 Ereignisse aus dem Leben Jesu und Marias, die sog. ›Gesätze‹ (d. h. Geheimnisse), zur Betrachtung zugeordnet sind. Die einzel-

nen Gebete werden an einer aus 6 größeren (für das Vaterunser) und 53 kleineren (für das Ave-Maria) Perlen zusammengesetzten kreisförmigen Schnur oder Kette (auch R. gen.), die in einem Kreuz endet, durchgezählt.

Rosenkreuzer (Rosenkreutzer), nach dem legendären Christian Rosenkreuz (angebl. * 1378, † 1484) ben. Geheimbünde. Die R.bewegung trat erstmals an die Öffentlichkeit mit drei anonymen Schriften (1614–16) wohl aus dem Freundeskreis um den Tübinger Theologen Johann Valentin Andreä (* 1586, † 1654), der eine Übereinstimmung von Theologie und Philosophie, basierend auf kabbalist. und alchimist. Traditionen, forderte. Im 18. Jh. starker Einfluß auf die dt. Freimaurerei und den preuß. Hof. Im 20. Jh. verschiedene Neubildungen.

Rosenkriege, die Dynastenkriege 1455 bis 1485 zw. den beiden Plantagenet-Seitenlinien Lancaster (rote Rose im Wappen) und York (weiße Rose seit 1485) um die engl. Krone. Nachdem zunächst Eduard IV. (⚭ 1461–83) aus dem Hause York das Königtum erlangt hatte, setzte sich mit Heinrich VII. (⚭ 1485–1509) der Erbe des Hauses Lancaster gegen Richard III. durch und begründete die Dynastie Tudor.

Rosenmontag [von mitteldt. rosen ›toben, ausgelassen sein‹], um 1830 erstmals in Köln auftauchende Bez. für den Fastnachtsmontag.

Rosenöl (Oleum rosarum), aus den Blütenblättern der Damaszenerrose und deren Bastarden gewonnes gelbes bis grünl. äther. Öl; das bei der Destillation anfallende Wasser *(Rosenwasser)* wird in der Parfümerie und als Aromastoff verwendet.

Rosenplüt (Rosenblut), Hans [...ply:t], gen. der Schnepperer, * Nürnberg (?) zw. 1400 und 1405, † ebd. nach 1460, dt. Dichter. Einer der stadtbürgerl. Handwerkerdichter. Verfaßte Reimpaargedichte, teils monolog. (Spruchdichtung bzw. Sprechstücke), teils dialog. Form (Fastnachtsspiele).

Rosenroman (Roman[z] de la Rose), altfrz. zweiteiliger Versroman des 13. Jh.; den 1. Teil verfaßte zw. 1230 und 1240 **Guillaume de Lorris** (* zw. 1200/1210, † nach 1240), den 2. zw. 1275 und 1280 **Jean de Meung,** auch Jehan Clopinel (Chopinel) de Meun[g] gen. (* um 1240, † um 1305). Der R. schildert mit den Stilmitteln der Traumallegorie die Suche nach einer Rose als Symbol für den Gegenstand der Liebe.

Rosental → Drau.

Rosenwasser → Rosenöl.

Rosenzweig, Franz, * Kassel 25. 12. 1886, † Frankfurt am Main 10. 12. 1929, dt. Religionsphilosoph und Pädagoge. Verband Theologie und Philosophie in der Rückkehr zur jüd. Tradition; übersetzte mit M. Buber die Bücher des AT.

Rosette [ro'zɛtə, ro'zɛt], ägypt. Hafenstadt im westl. Nildelta, 37 000 E. – 1799 wurde nö. von R. der sog. **Stein von Rosette** gefunden, der die Entzifferung der Hieroglyphen ermöglichte.

Rosette [lat.-frz.], **1)** *Botanik:* Blattanordnung der *Rosettenblätter;* an der Sproßbasis einer Pflanze meist dichtgedrängt stehende Blätter (grundständige Blätter).
2) *Kunst:* Ziermotiv (stilisierte Blüte in Aufsicht von kreisrundem Umfang).

Rosettenpflanzen, Pflanzen mit unterdrückter Streckung der Internodien des Laubsprosses; die Blätter liegen dichtgedrängt dem Boden auf (Rosette).

Rose von Jericho, svw. → Jerichorose.

Roséwein [ro'ze:] (Rosé) → Wein.

Rosi, Francesco, * Neapel 15. 11. 1922, italien. Regisseur. Setzt sich v. a. mit den polit. und sozialen Verhältnissen Italiens auseinander, u. a. in den Filmen ›Wer erschoß Salvatore G.?‹ (1961), ›Hände über der Stadt‹ (1963), ›Der Fall Mattei‹ (1971), ›Christus kam nur bis Eboli‹ (1979; nach dem Roman von C. Levi),

›Drei Brüder‹ (1980), ›Palermo vergessen‹ (1990); mit ›Carmen‹ (1983) adaptierte er die Oper von G. Bizet.

Rosinen [lat.-altfrz.], getrocknete, kernhaltige Weinbeeren.

Roskilde [dän. 'rɔskilə], dän. Stadt auf Seeland, 48 900 E. Univ., Museen, u.a. 5 Wikingerschiffe (11. Jh.). Roman.-got. Domkirche (Backstein; im wesentl. 13. Jh.; Grabmäler dän. Könige). – Um 1000 bed. Handelsplatz, ab dem 12. Jh. Königsresidenz und Bischofssitz (1536 aufgehoben). – Im **Frieden von Roskilde** (26. 2. 1658) mußte Dänemark an Schweden große Gebiete in S-Schweden und Norwegen abtreten.

Rosmarin [lat.], Gatt. der Lippenblütler mit der einzigen Art *Echter Rosmarin* im Mittelmeergebiet; Charakterpflanze der trockenen Macchie; immergrüner, 60–150 cm hoher Halbstrauch, Blätter mit würzigem Geruch (Küchengewürz).

Rosmarinheide (Lavendelheide, Gränke, Sumpfrosmarin), Gatt. der Heidekrautgewächse mit nur zwei Arten; in den Hoch- und Zwischenmooren von N-Deutschland und im Alpenvorland nur die *Polei-R.* (Echte R.), ein 10–30 cm hoher immergrüner Halbstrauch.

Ross, 1) Sir (seit 1843) James Clark, * London 15. 4. 1800, † Aylesbury bei London 3. 4. 1862, brit. Admiral und Polarforscher. 1829–33 Arktisexpedition mit seinem Onkel Sir John Ross (* 1777, † 1856); 1839 bis 1843 Antarktisexpedition.
2) Sir (seit 1911) Ronald, * Almora (Indien) 13. 5. 1857, † Putney (= London) 16. 9. 1932, brit. Bakteriologe. Wies den Kreislauf der Malariaplasmodien nach und erhielt hierfür 1902 den Nobelpreis für Physiologie und Medizin.

Roßbreiten, windschwache Zonen des subtrop. Hochdruckgürtels (zw. etwa 25 und 35° n. Br. und s. Br.).

Rossellini, Roberto, * Rom 8. 5. 1906, † ebd. 3. 6. 1977, italien. Filmregisseur. Einer der bedeutendsten Vertreter des Neorealismus, u.a. mit ›Rom – offene Stadt‹ (1945). Drehte u.a. ›Stromboli‹ (1949), ›Liebe ist stärker‹ (1953), ›Angst‹ (1954) mit seiner Frau I. Bergman (∞ 1950–58) als Hauptdarstellerin. Später vorwiegend Dokumentar- sowie histor. Fernsehfilme.

Rossellino, Bernardo, * Settignano (= Florenz) 1409, † Florenz 23. 9. 1464, italien. Baumeister und Bildhauer. Baute nach Plänen von L. B. Alberti 1446 ff. den Palazzo Rucellai in Florenz. Schuf im Domplatz von Pienza mit Kathedrale und Palazzo Piccolomini die erste Platzanlage der Renaissance; erstes Wandnischengrab (für L. Bruni, um 1445–50, Santa Croce, Florenz).

Rössener Kultur, nach dem Gräberfeld von Rössen (Ortsteil von Leuna, Sa.-Anh.) ben. mittelneolith. (spätes 4. Jt. v. Chr.) Kulturgruppe West- und Mitteldeutschlands, die sich aus späten Gruppen der →bandkeramischen Kultur entwickelte.

Rossetti, Dante Gabriel, eigtl. Gabriel Charles Dante R., * London 12. 5. 1828, † Birchington bei Ramsgate 9. 4. 1882, engl. Dichter und Maler italien. Herkunft. Mitbegründer der Präraffaeliten; Aquarelle und Zeichnungen (u.a. nach Dantes ›Divina Commedia‹) und Gemälde mit literar. Motiven (›Paolo und Francesca‹, 1854, London, Tate Gallery). Übersetzungen aus dem Dantekreis, Sonette.

Rossigkeit, Brunstperiode der Stute.

Rossini, Gioacchino, * Pesaro 29. 2. 1792, † Paris 13. 11. 1868, italien. Komponist. Komponierte rd. 40 Opern mit ausgeprägtem Sinn für melod. Gestaltung und die musikal. Darstellung kom. Charaktere und Situationen. Mit dem ›Barbier von Sevilla‹ (1816) schuf er einen der Höhepunkte der italien. Buffooper, mit seinem letzten Bühnenwerk ›Wilhelm Tell‹ (1829) leitete er die Ära der frz. großen Oper ein.

Roßkäfer, auf der Nordhalbkugel verbreitete Gatt. der Mistkäfer; in Deutschland u.a. der *Frühlings-R.* und der bis 24 mm lange, metall. blau und grün glänzende *Waldroßkäfer.*

Roßkastanie, Gatt. der Roßkastaniengewächse mit rd. 25 Arten in N-Amerika, SO-Europa und O-Asien; sommergrüne Bäume oder Sträucher. Die wichtigsten Arten sind: *Pavie* (Rotblühende Kastanie), Baum oder Strauch mit hellroten Blüten in lockeren Rispen und eirunden Früchten; *Weiße R.* (Gemeine R.), bis 20 m hoher Baum mit weißen, rot und gelb gefleckten, in aufrechten Rispen stehenden Blüten und bestachelten Kapselfrüchten.

Roßkastaniengewächse (Hippocastanaceae), zweikeimblättrige Pflanzenfam. mit rd. 30 Arten in 2 Gatt. in den gemäßigten Gebieten der Nordhalbkugel, in Amerika auch südl. des Äquators.

Roßlau/Elbe, Kreisstadt an der Mündung der Rossel in die Elbe, Sachsen-Anhalt, 14 600 E. Schiffswerft, Dieselmotorenbau.

Roßmeer, antarkt. Randmeer des Pazifiks, vom →Ross-Schelfeis bedeckt.

Rosso Fiorentino, il [italien. fi̯oren'ti:no], eigtl. Giovanni Battista di Iacopo di Guasparre, * Florenz 8. 3. 1494, † Paris 14. 11. 1540, italien. Maler des Florentiner Manierismus. Seit 1530 auf Einladung Franz' I. in Frankreich; Begründer der Schule von →Fontainebleau.

Ross-Schelfeis, Schelfeistafel am Rand des antarkt. Kontinents, 538 000 km². Seit 1977 internat. Forschungsbohrprogramm.

Rost, 1) *Chemie:* rotbraune, bröckelige, aus wasserhaltigem Eisen(II)- und Eisen(III)-oxid bestehende Schicht, die sich auf Eisen- und Stahlteilen an feuchter Luft oder im Wasser bildet.
2) *Botanik:* (Berostung, Fruchtberostung) im Obstbau die (z. B. durch physiolog. Bedingungen, Mehltaubefall, chem. oder mechan. Beschädigungen verursachten) in rauhen Flecken auftretende, dunkel- bis zimtbraune Verfärbung der Fruchtschale; sorteneigentüml. für manche Apfel- und v.a. Birnensorten. →Rostkrankheiten.

Rostand, Edmond [Eugène Alexis] [frz. rɔs'tã], * Marseille 1. 4. 1868, † Paris 2. 12. 1918, frz. Dramatiker. Von seinen zahlreichen Theaterstücken war nur ›Cyrano von Bergerac‹ (1897) erfolgreich. 1901 Mgl. der Académie Française.

Rösten, 1) *Metallurgie:* das Erhitzen von zerkleinerten Erzen oder Erzkonzentraten unter Luftzutritt zur Überführung von Metallsulfiden, -arseniden und -antimoniden in Metalloxide. Die flüchtigen Sauerstoffverbindungen des Schwefels, Arsens und Antimons gehen in das *Röstgas* über, das z. B. zur Herstellung von Schwefelsäure genutzt werden kann.
2) *Lebensmitteltechnik:* das Erhitzen pflanzl. Lebensmittel (z. B. Kaffee- und Kakaobohnen, Getreidekörner, Malz) ohne Wasserzusatz auf etwa 300 °C, wobei sich dunkle, je nach Röstgrad kräftig bis bitter schmeckende Substanzen bilden.

Rostkrankheiten, durch →Rostpilze hervorgerufene Pflanzenkrankheiten, wobei die befallenen Pflanzenteile meist rostfarbene, punkt-, strich- oder ringförmige Sporenlager aufweisen.

Rostock, Stadt in Mecklenburg-Vorpommern, 12 km vor der Mündung der Warnow in die Ostsee, 254 000 E. Univ., Theater; Zoo. U. a. Großwerften, Fischverarbeitung; jährl. stattfindende Ostseewoche; Überseehafen in R.-Petersdorf. Der Stadtteil **Warnemünde** liegt an der Ostsee; Seebad, Fähre nach Gedser (Dänemark). Nach 1945 wieder aufgebaut bzw. erhalten u.a. die got. Marienkirche (13. Jh.), die frühgot. Nikolaikirche (13. Jh.) mit spätgot. Chor (15. Jh.), das got. Rathaus (13. und 14. Jh.) mit barocker Fassade (1727), 3 Stadttore. – Nach 1160 gegr., erhielt 1218

Roßkastanie:
Weiße Roßkastanie;
OBEN blühend;
UNTEN Frucht

Ronald Ross

Gioacchino Rossini

lüb. Recht, seit 1229 Hauptort des mecklenburg. Ft. Rostock; fiel 1314 an das Ft. (später Hzgt.) Mecklenburg; Hansestadt; 1419 Gründung der ersten Univ. Norddeutschlands.

Rostow [russ. ras'tɔf], russ. Stadt am W-Ufer des Nerosees, 31 000 E. – 862 erstmals erwähnt; im 11. Jh. Hauptstadt des Ft. Rostow-Susdal; 1474 dem Moskauer Staat angegliedert; im 16./17. Jh. Metropolitenresidenz. Im 17. Jh. wurde ein großer, mit Ziegelsteinmauer und 11 Türmen befestigter Kreml errichtet, mit 6 Kirchen sowie Weißem und Rotem Palast.

Rostow am Don [russ. ras'tɔf], Gebietshauptstadt in Rußland, am Don, 1,02 Mio. E. Univ., Hochschulen, Theater; botan. Garten, Zoo. U. a. Landmaschinenbau, Schiffsreparaturen, Sektkellerei; Hafen. – 1750 entstanden; 1761 Festung.

Rostpilze (Uredinales), weltweit verbreitete Ordnung der Ständerpilze mit mehr als 5 000 ausschließl. auf Pflanzen parasit. lebenden Arten; die befallenen Pflanzen kümmern oder sterben ab.

Mstislaw
Leopoldowitsch
Rostropowitsch

Rostropowitsch, Mstislaw Leopoldowitsch [russ. rəstra'pɔvitʃ], * Baku 27. 3. 1927, russ. Violoncellist und Dirigent. Einer der führenden Cellisten der Welt; seit 1977 Chefdirigent des National Symphony Orchestra in Washington (D. C.).

Rostumwandler, Bez. für chem. Substanzen, die mit Rost reagieren, wobei sich Verbindungen bilden, die eine weitere Korrosion verhindern.

Roswita von Gandersheim →Hrotsvit von Gandersheim.

Rot, Bez. für jede Farbempfindung, die durch Licht einer Wellenlänge zw. etwa 600 nm und dem langwelligen Ende des sichtbaren Spektrums bei 780 nm (*rotes Licht*) hervorgerufen wird.

Rota [lat.] (offiziell Sacra Romana Rota), in der *kath. Kirche* das Berufungsgericht der Kurie zur Entscheidung kirchl. Rechtsstreitigkeiten; seit 1331 mit fester Organisation.

Rotalgen (Rhodophyceae), Klasse der Algen mit über 4 000 überwiegend marinen Arten (nur etwa 180 Arten im Süßwasser) in tieferen Lagen in allen wärmeren Meeren. Die Zellen der R. sind durch das in den Rhodoplasten enthaltene Phykoerythrin rot bis violett gefärbt. Einige Arten dienen (v. a. in O-Asien) als Nahrungsmittel.

Rotangpalmen, Gatt. der Palmen mit rd. 200 Arten v. a. im ind.-malaiischen Florengebiet; mit dünnem, manchmal bis 100 m langem Stamm und großen Fiederblättern; mehrere Arten liefern Peddigrohr.

Rotary Club [engl. 'rovtərɪ 'klʌb], internat. Vereinigung führender Persönlichkeiten, organisiert in örtl. Klubs, in denen von jedem Beruf nur jeweils 1 Vertreter aufgenommen wird. Zuerst 1905 in Chicago.

Rotaryverfahren [engl. 'rovtərɪ] →Erdöl.

Rotation [lat.], svw. →Drehung.

Rotationsdruck →Drucken.

Rotationsfläche (Drehfläche), die Oberfläche eines Rotationskörpers.

Rotationskolbenmotor, ein Verbrennungsmotor, der im Ggs. zum Otto- oder Dieselmotor mit einem sich drehenden ›Kolben‹ arbeitet, also keine sich hin- und her bewegenden Teile besitzt. Von mehreren, im einzelnen unterschiedl. R. (Kreiskolben-, Drehkolben-, Umlaufkolbenmotor) hat sich in der Praxis nur der von dem dt. Ingenieur F. Wankel entwickelte **Wankelmotor** bewährt. Der Kolben dieses R. hat im Querschnitt die Form eines Dreiecks mit konvexen Seiten; er läuft in einem Gehäuse um, wobei er sich um seinen Mittelpunkt dreht, der seinerseits eine Kreisbewegung ausführt. Durch die spezielle Form des Gehäuses entstehen drei durch die Kanten des Kolbens mit ihren Dichtleisten gasdicht voneinander getrennte, sich beim Kolbenumlauf in ihrer Größe ständig verändernde Räume, in denen sich der nach

dem Viertaktverfahren ablaufende Arbeitsprozeß des Motors abspielt.

Rotationskörper, ein Körper, der bei Drehung einer ebenen Kurve, der *Erzeugenden* des R., um eine in ihrer Ebene liegende feste Achse, die *Rotations-* oder *Drehachse,* entsteht. Zu den R. zählen u. a. Kreiszylinder, Kreiskegel und Kugel.

Rotbarsch (Großer R., Goldbarsch), bis 1 m langer, lebendgebärender Knochenfisch im N-Atlantik; Körper leuchtend zinnoberrot; Speisefisch.

Rotblindheit →Farbenfehlsichtigkeit.

Rotbuch →Farbbücher.

Rotbuche →Buche.

Rotdorn →Weißdorn.

Röte, Gatt. der Rötegewächse mit rd. 40 Arten im Mittelmeergebiet, in Asien, Afrika, M- und S-Amerika; früher zur Farbstoffgewinnung angebaut wurden der *Ostind. Krapp* und die bis 80 cm hohe *Färberröte.*

Rote Armee, Armee der UdSSR, 1918 als Rote Arbeiter- und Bauernarmee aufgestellt; dann als Sowjetarmee bezeichnet. →Sowjetunion (politisches System).

Rote-Armee-Fraktion, Abk. RAF, →Terrorismus.

Rote Bete, svw. →Rote Rübe.

rote Blutkörperchen →Blut.

Rote Fahne, Die, dt. kommunist. Tageszeitung; gegr. 1918, Zentralorgan des Spartakusbundes bzw. der KPD; 1933–41 illegal erschienen.

Rötegewächse (Rubiaceae, Rubiazeen), zweikeimblättrige Pflanzenfam. mit rd. 7 000 Arten in etwa 500 Gatt. mit weltweiter, bes. aber trop. Verbreitung; Bäume, Sträucher oder Kräuter; u. a. Kaffeepflanze, Chinarindenbaum, Röte, Gardenie.

Roteisenstein (Roteisenerz, Roteisen), Varietät des →Hämatits.

Rote Johannisbeere →Stachelbeere.

Rote Kapelle, von der Gestapo geprägte Bez. für Gruppen der antifaschist. Widerstandsbewegung in W-Europa (Koordination v. a. in Belgien und Frankreich), die v. a. Spionagedienste für die Sowjetunion leisteten; 1941/42 zerschlagen; 46 Mgl. wurden hingerichtet.

Rote Khmer, kommunist. kambodschan. Bewegung, die sich polit. und militär. gegen die Khmer-Republik richtete (→Kambodscha, Geschichte).

Rötel (Rotstein, Rotocker, Eisenrot), aus Gemischen von feinschuppigem Roteisenstein (→Hämatit) mit Ton oder Kreide bestehender, weicher und gut abfärbender [Pigment]farbstoff von bräunlich-roter Farbe. Als Farbstoff schon in der Steinzeit verwendet; in Form von R.stiften zum Zeichnen benutzt. *Rötelzeichnungen* waren v. a. Ende des 15. Jh. in Italien beliebt, bes. auch im frz. Rokoko.

Rote Liste, 1) *Pharmazie:* ein Verzeichnis der Arzneimittelspezialitäten.
2) *Naturschutz:* ein Verzeichnis der gefährdeten Tier- und Pflanzenarten mit Angabe des Gefährdungsgrades.

Röteln (Rubeolen, Rubeola, Rubella), durch den Rötelnvirus verursachte, im allg. durch Tröpfchen übertragene Infektionskrankheit. Das Fieber hält meist 2–4 Tage an und übersteigt selten 39 °C. Der Rötelausschlag (vergleichsweise deutl. umschriebene, leicht erhabene, rundl., hellrosarote Flecken) beginnt am Kopf und wandert innerhalb von 24 Stunden abwärts. Das wichtigste Erkennungsmerkmal sind Lymphdrüsenschwellungen im Nacken und hinter den Ohren, die einige Wochen anhalten können. Erkranken Frauen während der ersten 3 Schwangerschaftsmonate an R., kann es zu Fruchtschäden an der Augenlinse, am Innenohr oder zu angeborenen Herzfehlern kommen.

Rotenburg a. d. Fulda, hess. Stadt im mittleren Fuldatal, 14 500 E. Got. ev. Pfarrkirche (14.–16. Jh.); ehem. Schloß (1570–1607); Teile der Stadtbefestigung (1290) mit Türmen; Fachwerkbauten (14. bis 18. Jh.), u. a. Rathaus (1598).

Rotenburg (Wümme), Kreisstadt östl. von Bremen, Nds., 19 700 E. U. a. Betonwerke. – 1929 Stadtrecht.

Roter Davidstern → Rotes Kreuz.

Roterde → Bodentypen.

Roter Fleck (Großer Roter Fleck) → Jupiter.

Roter Fluß, Fluß in China und Vietnam, mündet in den Golf von Tonkin, 1 183 km lang.

Roter Frontkämpferbund, Abk. RFB, 1924 gegr. Schutz- und Wehrorganisation der KPD; Vors. E. Thälmann; arbeitete ab 1929 illegal; nach 1933 zerschlagen.

Roter Halbmond → Rotes Kreuz.

Roter Main, linker Quellfluß des → Mains.

roter Riese, Stern geringer Oberflächentemperatur, großen Durchmessers und großer absoluter Helligkeit.

Rote Rübe (Rahne, Rote Bete, Salatbete, Salatrübe), in zahlr. Sorten angebaute Varietät der Gemeinen Runkelrübe mit durch Anthozyane dunkelrot gefärbter Rübe.

Rotes Kreuz, 1. das unter Umkehrung des Schweizer Wappens entstandene Zeichen ›rotes Kreuz auf weißem Grund‹, das als Schutzzeichen im Rahmen der Genfer Rotkreuzabkommen (→ Genfer Konventionen) sowie als Kennzeichen der meisten nat. Rotkreuzgesellschaften verwendet wird; 2. der Gesamtbereich des humanitären Völkerrechts, der Schutzvorschriften für die Opfer von Konflikten enthält; 3. die internat. und nat. Institutionen, die auf den Prinzipien der Menschlichkeit, Unparteilichkeit, Neutralität, Freiwilligkeit, Einheit und Universalität beruhen.

Das **Internationale Rote Kreuz (IRK)** ist die Gesamtheit aller Rotkreuzverbände, zu denen das Internat. Komitee vom Roten Kreuz (IKRK), die Liga der Rotkreuzgesellschaften sowie die internat. Gesellschaften einschließl. der islam. Organisationen *Roter Halbmond* (Türkei) und *Roter Löwe mit der Roten Sonne* (Iran) gehören.

Das **Internationale Komitee vom Roten Kreuz (IKRK),** 1863 aufgrund einer Empfehlung von H. Dunant als ›Internat. Komitee zur Unterstützung der Verwundeten‹ gegr., besteht aus 15–25 schweizer. Bürgern und ist nach schweizer. Recht eine jurist. Person. Durch die ihm aufgrund der Genfer Rotkreuzabkommen zufallenden Aufgaben (Schutz und Hilfe in internat. und innerstaatl. Konflikten) wird es häufig als Völkerrechtssubjekt betrachtet.

Die 1919 gegr. **Liga der Rotkreuzgesellschaften** ist der Weltbund der nat. Rotkreuzgesellschaften. Die israel. Organisation *Roter Davidstern* ist kein Mgl. der Liga. Sitz der internat. Organisationen des R. K. ist Genf.

Die nat. Gesellschaft in der BR Deutschland ist das **Deutsche Rote Kreuz (DRK)** mit Sitz in Bonn (gegr. 1921). Es ist ein föderativ gegliederter Verein mit 19 Landesverbänden und dem Verband der Schwesternschaften vom DRK. Das *Jugendrotkreuz (JRK)* führt v. a. an die Aufgaben des DRK heran. *Aufgaben* des DRK sind der Suchdienst, die Mitwirkung bei Familienzusammenführung und die Tätigkeit als amtl. Auskunftsbüro nach dem Rotkreuzabkommen. Ferner wird das DRK bei internat. Konflikten, im Rettungswesen und im Katastrophenschutz eingesetzt. Es unterhält eigene Krankenhäuser, mobile Rettungsmittel und Ausbildungsstätten für Fachpersonal. Für den *Blutspendedienst* hat das DRK 8 Blutspendezentralen eingerichtet. Als Spitzenverband der freien Wohlfahrtspflege betreibt das DRK *Sozialarbeit* mit den Schwerpunkten Beratung und soziale sowie pfleger. Dienste; es unterhält dazu u. a. Heime, Tagesstätten, Kindergärten.

Das **Österreichische Rote Kreuz (ÖRK)** mit Sitz in Wien ist in 9 Landesverbände mit 132 Bezirksstellen gegliedert. Wichtigste Dienste des ÖRK sind der Rettungs- und Krankentransportdienst.

Dem **Schweizer. Roten Kreuz (SRK)** mit Sitz in Bern gehören 77 regionale Sektionen als Mgl. an. Ihm sind 7 Hilfsorganisationen angeschlossen, und es untersteht ihm der Blutspendedienst für die gesamte Schweiz.

Rotes Meer, langgestrecktes Nebenmeer des Indischen Ozeans, Teil des Ostafrikan. Grabensystems, trennt Asien von Afrika. Es erstreckt sich von der Meerenge Bab Al Mandab, über die es mit dem Golf von Aden verbunden ist, nach NNW bis zur S-Spitze der Halbinsel Sinai. Hier spaltet es sich in die Golfe von Akaba und Sues. Im N ist das R. M. 180 m, im S etwa 360 km breit; die größte Tiefe beträgt 2 604 m, die Oberfläche 440 000 km². Bed. Vorkommen von Erzschlämmen.

Rote Spinne, Bez. für mehrere zeitweise rote Spinnmilben, die durch Massenauftreten im Garten-, Wein- und Obstbau schädl. werden.

Rotfäule → Kernfäule.

rotfiguriger Stil → Vasenmalerei.

Rotfuchs → Füchse.

Rotgrünblindheit, Form der Farbenfehlsichtigkeit im Bereich der Rot- und Grünwahrnehmung.

Roth [ro:t, engl. rɔ:θ], 1) Eugen, * München 24. 1. 1895, † ebd. 28. 4. 1976, dt. Schriftsteller. Schrieb Gedichte, u. a. ›Mensch und Unmensch‹ (1948), ›Der letzte Mensch‹ (1964), Essays, Erzählungen (›Alltag und Abenteuer‹, 1974) und Kinderbücher.

Eugen Roth

2) Friederike, * Sindelfingen 6. 4. 1948, dt. Schriftstellerin. Schreibt v. a. Hörspiele, Lyrik (u. a. ›Schattige Gärten‹, 1987) und Theaterstücke (u. a. ›Ritt auf die Wartburg‹, 1981).

3) Gerhard, * Graz 24. 6. 1942, österr. Schriftsteller. Schreibt v. a. Romane, u. a. den 1991 vollendeten Zyklus ›Die Archive des Schweigens‹ (u. a. ›Landläufiger Tod‹, 1984); auch Dramen.

4) Joseph, * Brody (Gebiet Lemberg) 2. 9. 1894, † Paris 27. 5. 1939, österr. Schriftsteller. Emigrierte 1933. R. steht in der Tradition des österr. [krit.] Gesellschaftsromans. Die Tragik des Judentums und der untergehenden Donaumonarchie bestimmen themat. seine Werke, u. a. die Romane ›Radetzkymarsch‹ (1932), ›Die Kapuzinergruft‹ (1938).

5) Philip, * Newark (N. J.) 19. 3. 1933, amerikan. Schriftsteller. Verfasser satir.-iron. Romane (›Portnoys Beschwerden‹, 1969; ›Zuckermans Befreiung‹, 1981; ›Die Anatomiestunde‹, 1983) und Erzählungen, meist aus dem großstädt. jüd. Bürgertum.

Roth, Kreisstadt an der Rednitz, Bayern, 20 900 E. Pendlerwohngemeinde von Schwabach und Nürnberg. Ehem. markgräfl. Renaissanceschloß Ratibor (16. Jh.).

Rothaargebirge, Teil des Rhein. Schiefergebirges, bis 843 m hoch (Langenberg).

Rothaut, (abwertende) Bez. für Indianer, die auf die bei manchen Stämmen übl. rote Körperbemalung zurückgeht.

Rothe, Hans, * Meißen 14. 8. 1894, † Trespiano (= Florenz) 1. 1. 1978, dt. Schriftsteller. Emigrierte 1934. Schrieb Hörspiele, Dramen, Romane, Essays und Kunstbücher. Bes. bekannt durch seine Übertragungen der Dramen Shakespeares.

Rothenberger, Anneliese, * Mannheim 19. 6. 1926(?), dt. Sängerin (Sopran). Seit 1958 Mgl. der Wiener Staatsoper; Engagements an den großen Opernbühnen der Welt; bed. auch als Liedersängerin.

Rothenburg ob der Tauber, Stadt im westl. Vorland der Frankenhöhe, Bayern, 11 400 E. Mittelalterl. Stadtbild mit Stadtmauer, Wehrgang, Türmen und Toren, Häusern aus Gotik und Renaissance. In der got. ev. Pfarrkirche Sankt Jakob (14. und 15. Jh.) Altar von T. Riemenschneider. – 1144 erstmals als stauf. Besitz gen., um 1200 ummauert; 1274–1803 Reichsstadt.

Rothermere, Harold Sidney Harmsworth, Viscount (seit 1919) [engl. 'rɔðəmɪə], * Hampstead (= London) 26. 4. 1868, † Hamilton (Bermudainseln) 26. 11. 1940, brit. Verleger.

Rothfels, Hans, * Kassel 12. 4. 1891, † Tübingen 22. 6. 1976, dt. Historiker. Ab 1938 im Exil, ab 1951 Prof. in Tübingen; arbeitete v. a. über den Widerstand gegen Hitler (u. a. ›Die dt. Opposition gegen Hitler‹, 1948); Gründer und Mit-Hg. der ›Vierteljahreshefte für Zeitgeschichte‹.

Rothirsch (Edelhirsch), in Europa, Asien und N-Amerika weitverbreitete Hirschart von etwa 165–265 cm Länge und rd. 75 bis 150 cm Schulterhöhe; Männchen mit vielendigem, oft mächtigem Geweih und fast stets deutl. Halsmähne; rd. 25 Unterarten, darunter die als *Marale* bezeichneten 2 Unterarten *Kaukasushirsch* (Geweih wenig verzweigt) und *Altaimaral* (Geweih stark verzweigt). Als **Wapiti** (Elk) werden mehrere (insbes. die nordamerikan.) Unterarten bezeichnet; im S sehr klein, im N ungewöhnl. groß, Männchen bis rd. 300 cm lang; mit langen Enden am großen Geweih. Der *Mitteleurop. R.* ist etwa 180–250 cm lang und hat eine Schulterhöhe von etwa 100–150 cm; Geweih meist stark entwickelt, bis über 1 m ausladend, selten mit mehr als 16 Enden; Brunstzeit Ende Sept. bis Anfang Okt., Wurfzeit Ende Mai bis Anfang Juni.

Rothschild ['ro:tʃɪlt, frz. rɔt'ʃild, engl. 'rɔθtʃaild], jüd. Bankiersfamilie dt. Herkunft. Der Name leitet sich von einem roten Schild an ihrem Haus im Ghetto in Frankfurt am Main ab. 1766 gründete *Mayer Amschel* (* 1743, † 1812) in Frankfurt am Main das Bankhaus R., das an vielen Finanzoperationen europ. Fürstenhäuser beteiligt war. Sein ältester Sohn *Amschel Mayer* (* 1773, † 1855) übernahm das Frankfurter Stammhaus, während seine Brüder in Wien (*Salomon Mayer,* * 1774, † 1855), London (*Nathan Mayer,* * 1777, † 1836), Neapel (*Karl Mayer,* * 1788, † 1855) und Paris (*James Mayer,* * 1792, † 1868) Filialen errichteten. 1901 erlosch das Stammhaus in Frankfurt.

Rotisserie [frz.], Grillrestaurant.

Rotkappen, derbe, festfleischige und wohlschmeckende, bis 25 cm große Pilze mit 7–20 cm breitem, trockenem, dickfleischigem Hut; u. a. *Dunkle R.* (meist unter Birken), *Espen-R.* und *Heiderotkappe.*

Rotkehlchen, etwa 15 cm lange Singvogel in unterholzreichen Wäldern, Parkanlagen und Gärten NW-Afrikas und Eurasiens; Teilzieher.

Rotkohl (Rotkraut), svw. → Blaukraut.

Rotlauf (Schweinerotlauf), durch ein Bakterium verursachte Infektionskrankheit des Schweins; kann gutartig, chron. oder tödl. verlaufen.

Rotlicht, durch Vorschaltung eines Rotfilters aus Glühlampenlicht herausgefilterte langwellige Strahlung mit hohem Infrarotanteil; zur örtl. Behandlung von Nervenschmerzen, -entzündung u. ä.; dringt tiefer in [Körper]gewebe ein als Licht kürzerer Wellenlänge, führt zu örtl. Erwärmung.

Rotor [lat.-engl.], 1. allg. ein rotierendes Objekt; 2. Läufer beim Elektromotor in Ggs. zum Ständer; 3. drehender (rotierender) Flügel eines Hubschraubers.

Rotschwänze, Gatt. der Drosseln mit vielen Arten, die durch rostroten Schwanz gekennzeichnet sind; in M-Europa kommen nur vor: *Garten-R.,* etwa 14 cm lang, Männchen mit orangeroter Brust; *Zugvogel; Haus-R.;* Teilzieher.

Rotkehlchen

Rotse, Bantuvolk am oberen Sambesi, Sambia. – Vom 17.–20. Jh. bestand ein Kgr., das 1964 unter dem Namen *Barotseland* eine Prov. Sambias wurde.

Rottach-Egern, Gem. am S-Ufer des Tegernsees, Bayern, 5 500 E. Heilklima. Kurort. Pfarrkirche (15. und 16. Jh.).

Rott a. Inn, Gem. nördl. von Rosenheim, Bayern, 3 000 E. Barocke Kirche des ehem. Benediktinerklosters (18. Jh.).

Rottanne → Fichte.

Rotte, 1) *Militärwesen:* zwei gemeinsam operierende Flugzeuge bzw. Seefahrzeuge gleichen Typs. 2) *weidmännisch:* mehrere zusammenlebende Sauen.

Rottenburg am Neckar, Stadt am oberen Nekkar, Bad.-Württ., 33 200 E. Diözesanmuseum; u. a. Textilmaschinen- und Schuhfabrik. Im Stadtteil *Bad Niedernau* Kurbetrieb. Dom (Chor 1424, Langhaus 17. Jh.); ehem. Jesuitenkolleg (1650; heute bischöfl. Palais). – An der Stelle des röm. Stützpunkts **Sumelocenna** gegr.; um 1125 erstmals als **Rotenburc** erwähnt.

Rottenburg-Stuttgart, Bistum, seit Jan. 1978 Name des 1812 gegr. und 1821 als Suffragan von Freiburg im Breisgau errichteten Bistums Rottenburg.

Rotterdam, niederl. Hafenstadt beiderseits der Neuen Maas, 28 km von der Küste entfernt, 574 300 E, städt. Agglomeration 1,04 Mio. E. Univ., zahlr. Forschungsinstitute, bed. Museen; Theater- und Konzerthaus, Kongreßzentrum, Börse, Großbanken, Versicherungsanstalten, Großmärkte; Zoo. Größter europ. See- und Binnenhafen, Mittelpunkt einer Ind.-zone, die von Dordrecht im O bis zur Nordsee reicht. Größtes Erdölverarbeitungszentrum der Erde, außerdem Schiff- und Bohrinselbau, Elektro-Ind., Reaktorbau, u. a. Gewerbe. U-Bahn, einem 🚢.

Bauten: Von den histor. Baudenkmälern wurden nach 1945 wiederhergestellt: die got. Sint-Laurenskerk (1412), die Sint-Rosaliakerk (18. Jh.) und das Schielandshuis (1662–65; jetzt histor. Museum). Beim Wiederaufbau entstanden u. a. breite Geschäftsstraßen, das Bouwcentrum, das Kaufhaus Bijenkorf, der Hauptbahnhof sowie Monumentalplastiken, u. a. das Mahnmal für die zerstörte Stadt (1953, von O. Zadkine). Wahrzeichen des Hafens ist der 185 m hohe Euromast.

Geschichte: Im 13. Jh. Entstehung der Siedlung **Roterodamum;** 1340 Stadtrecht. 1572 auf Seiten der Aufständischen gegen die span. Herrschaft. 1866 begannen die Arbeiten am Nieuwe Waterweg, an dessen Mündung ins Meer die Stadt **Hoek van Holland** als Exklave der Gemeinde R. entstand. Seit dem 19. Jh. größter niederl. Rhein- und Seehafen.

Rottmann, Carl, * Handschuhsheim (= Heidelberg) 11. 1. 1797, † München 7. 7. 1850, dt. Maler. Spätromant. röm. Landschaften.

Rottmayr, Johann Michael, ≈ Laufen 11. 12. 1654, † Wien 25. 10. 1730, dt. Maler. Schuf Fresken, bes. in österr. Barockbauten (Salzburger Residenz, Stiftskirche Melk).

Rottweil, Kreisstadt am oberen Neckar, Bad.-Württ., 22 800 E. Museum, Kunstsammlung; traditionelle Fastnachtsbräuche. Kath. Kirche Hl. Kreuz (sog. Münster; neugot. restauriert), ev. Pfarrkirche (1753 barock umgebaut), spätgot. Rathaus mit Renaissancetreppenhaus; Wohnhäuser des 16. bis 18. Jh.; Reste der Stadtbefestigung. – R. geht zurück auf den um 73 n. Chr. angelegten bed. röm. Stützpunkt **Arae Flaviae;** später fränk. Königspfalz **(Rotumvila);** um 1400 Reichsstadt; 1463/1519–1803 zugewandter Ort der Eidgenossenschaft; Sitz eines kaiserl. Hofgerichts vom 14. Jh. bis 1784.

Rottweiler [nach der Stadt Rottweil], in Deutschland gezüchtete Hunderasse; kräftige, stämmige, bis über 60 cm schulterhohe Schutz- und Wachhunde.

Rotunde [lat.], kleinerer Rundbau oder runder Raum.

Rotverschiebung, die Verschiebung der Spektrallinien im Spektrum eines kosm. Objekts zu größeren Wellenlängen (Rot) hin. Ursache sind der → Doppler-Effekt und ein Energieverlust der Lichtquanten beim Verlassen sehr starker Gravitationsfelder *(relativist. Rotverschiebung).*

Rotwein → Wein.

Rotwelsch (Jenisch, Kochemer Loschen), Sondersprache der Nichtseßhaften und Gauner im dt. Sprachraum. Das R. enthält Lehngut aus dem Jiddischen und der Zigeunersprache sowie aus dem Spanischen, das auf Soldaten Karls V. zurückgeht. Viele Wörter wurden in die Umgangssprache übernommen (z. B. Henkelmann, mies).

Rotwild (Edelwild), *Jägersprache:* Bez. für Rothirsche.

Rotz (Wurm), durch Rotzbakterien hervorgerufene ansteckende, meist tödlich verlaufende Krankheit v. a. der Einhufer (aber auch vieler Katzenarten; auf den Menschen übertragbar.

Rotzahnspitzmäuse (Soricinae), Unterfam. der Spitzmäuse mit mehr als 80 Arten in Eurasien, in N-, M- und im nördl. S-Amerika; Zähne mit dunkelrostroten bis rötlichgelben Spitzen. Zu den R. gehören u. a. *Waldspitzmaus* (Körperlänge 6–9 cm; Schwanzlänge 3–6 cm), *Wasserspitzmaus* (Körperlänge etwa 10 cm, Schwanzlänge 5–8 cm), *Zwergspitzmaus* (Körperlänge 5–7 cm).

Rotzunge, zwei 30–60 cm lange Plattfischarten (*Hundzunge* und *Limande*) im Atlantik; Speisefische.

Georges Rouault: Clown; 1935 (Lausanne, Privatsammlung)

Rouault, Georges [frz. rwo], * Paris 27. 5. 1871, † ebd. 13. 2. 1958, frz. Maler und Graphiker. Religiöse Thematik, v. a. die Passion Christi; neben konturbetonter Ölmalerei auch Gouachen, Aquarelle sowie Radierfolgen (›Guerre et Miséréré‹, 1917–27; ›Passion‹, 1934/35); Glasfenster in Assy (bei Chamonix-Mont-Blanc; 1948).

Rouen [frz. rwã], Hauptstadt der frz. Region Haute-Normandie und eines Dep., an der Seine, 101 900 E. Kultureller Mittelpunkt der Normandie; Univ., mehrere Museen; Hafenstadt an der Seine. Got. Kathedrale (13.–16. Jh.), spätgot. Kirche Saint-Maclou (15. und 16. Jh.), Justizpalast (16. und 19. Jh.); Wohnbauten der Renaissance (16. Jh.). – Das antike **Rotomagus,** seit dem 3. Jh. Bischofs-, seit dem 4. Jh. Erzbischofssitz, wurde im 10. Jh. einer der Hauptorte des Hzgt. Normandie. – 1431 wurde hier Jeanne d'Arc verbrannt.

Rouffignac, Grotte de [frz. grɔdrufiˈɲak] → Höhlen (Übersicht).

Rouge et Noir [frz. ruʒe'nwa:r ›rot und schwarz‹], Glücksspiel zw. mindestens 3 Spielern mit 2- bis 6mal 52 frz. Karten.

Rouget de Lisle, Claude Joseph [frz. ruʒe'dlil], Pseud. Auguste Hix, * Lons-le-Saunier 10. 5. 1760, † Choisy-le-Roi 26. 6. 1836, frz. Dichter. Textete und komponierte 1792 die → ›Marseillaise‹.

Rouleau [ru'lo:; frz.], aufrollbarer Vorhang.

Roulett (Roulette) [ru'lɛt; frz.], Glücksspiel chin. Ursprungs; eine Kugel auf drehbarer Scheibe mit roten und schwarzen (0 und 1 bis 36) Fächern bestimmt den Gewinner, der meist Chips auf Nummern oder Nummernkombinationen gegen die Bank setzt, die von dem Bankhalter gehalten wird. Der Spielplan enthält außer den Zahlen u. a. die Abteilungen: *Rouge* (Rot), *Noir* (Schwarz), *Pair* (gerade Zahlen), *Impair* (ungerade Zahlen), *Manque* (1–18; Klein), *Passe* (19–36; Groß); je nach Konstellation ist der 1–35fache Einsatz zu gewinnen.

Rourkela ['ruəkələ], ind. Ind.stadt am Zusammenfluß von Sankh und Koel, Unionsstaat Orissa, 205 600 E. U. a. Eisen- und Stahlwerk.

Francis Peyton Rous

Rous, Francis Peyton [engl. raʊs], * Baltimore (Md.) 5. 10. 1879, † New York 16. 2. 1970, amerikan. Pathologe. Forschungen über die Entstehung von Krebsgeschwülsten durch bestimmte Virusarten (*R.-Sarkom*); erhielt 1966 (zus. mit C. B. Huggins) den Nobelpreis für Physiologie oder Medizin.

Rousseau [frz. ru'so], **1)** Henri, genannt ›le douanier‹ (›der Zöllner‹), * Laval 20. 5. 1844, † Paris 4. 9. 1910, frz. Maler. Begründer der europ. naiven Kunst. Beamter bei der Pariser Stadtverwaltung; um 1880 begann er zu malen; 1885 ließ er sich pensionieren. Malte Landschaften, Porträts, Volksszenen und exot. Traumbilder. Die Surrealität seiner Werke hat erhebl. Einfluß ausgeübt. – *Werke:* Der Krieg (1894; Paris, Louvre), Schlafende Zigeunerin (1897; New York, Museum of Modern Art), Schlangenbeschwörerin (1907; Paris, Louvre), Der Traum (1910; New York, Museum of Modern Art), Der Schriftsteller Pierre Loti (um 1910; Zürich, Kunsthaus).

Jean-Jacques Rousseau

2) Jean-Jacques, * Genf 28. 6. 1712, † Ermenonville bei Paris 2. 7. 1778, frz. Moralphilosoph, Schriftsteller, Komponist und Musiktheoretiker schweizer. Herkunft. Lebte ab 1741 mit Unterbrechung in Paris. R. unterhielt enge freundschaftl. Beziehungen zu den Enzyklopädisten, v. a. d'Alembert, Diderot, Condillac (später jedoch getrübt), für deren ›Encyclopédie‹ er musiktheoret. Beiträge schrieb. – Seine preisgekrönte Schrift ›Abhandlung über die Wissenschaften und Künste‹ (1750) verneint die Frage, ob der Fortschritt der Kultur die Menschheit verbessert habe, und konstruiert einen glücklich naturhaften Urzustand der Menschheit. Die ›Abhandlung über den Ursprung und die Grundlagen der Ungleichheit unter den Menschen‹ (1754) begründet die revolutionäre Forderung nach Wiederherstellung der ›natürlichen Rechtsgleichheit‹ aller Menschen, sein Werk ›Gesellschaftsvertrag‹ (*Contrat social,* 1762) die → Vertragslehre, sein Erziehungsroman ›Emil, oder über die Erziehung‹ (1762) eine freie, individuelle, naturgemäße Erziehung. Sein Briefroman ›Die neue Heloise, oder Briefe zweier Liebenden‹ (1761) sowie seine ›Bekenntnisse‹ (1764–70, hg. 1782–89) haben in der Literaturgeschichte einen festen Stellenwert. – *Weitere Werke:* Der Dorfwahrsager (1752; Singspiel), Über den Ursprung der Ungleichheit unter den Menschen (1754).

3) Théodore, * Paris 15. 4. 1812, † Barbizon 22. 12. 1867, frz. Maler. Einer der ersten Freilichtmaler, tätig in der Vendée, Fontainebleau und Barbizon (Hauptvertreter der Schule von → Barbizon). Einsame, charakterist. Landschaften in oft gedeckter Beleuchtung und intensivem Kolorit.

Carlo Rubbia

Roussel, Albert [frz. ru'sɛl], * Tourcoing 5. 4. 1869, † Royan 23. 4. 1937, frz. Komponist. Komponierte in Auseinandersetzung mit exot. Musik und frz. Folklore u. a. Opern, Ballette, Orchester- und Kammermusik.

Roussillon [frz. rusi'jõ], histor. Gebiet in den frz. O-Pyrenäen. Die Bevölkerung spricht auch katalanisch. – Das zunächst röm. (ab 121 v. Chr.), dann westgot. (ab Anfang 5. Jh.) R. wurde Mitte des 8. Jh. durch Pippin III. dem Fränk. Reich eingegliedert; 1172 an Aragonien; 1642 endgültig an Frankreich.

Routine [ru...], 1) *allgemein:* durch gewohnheitsmäßige Erfahrung erlangte Fertigkeit.
2) *Datenverarbeitung:* ein in sich abgeschlossenes Unterprogramm, das als Teil eines größeren Programms genau umrissene Aufgaben durchführt.

Rovaniemi [finn. 'rɔvaniɛmi], Hauptstadt des Verw.-Geb. Lappland in N-Finnland, 32 900 E. Fremdenverkehr.

Roveredo (GR), Bezirkshauptort im schweizer. Kt. Graubünden, 2 000 E. Pfarrkirche San Giulio mit roman. Turm.

Rovigo, italien. Prov.hauptstadt in Venetien, 52 500 E. Markt- und Handelsplatz. Barocker Dom (1696 ff.), Renaissancepaläste. – Erstmals 838 erwähnt.

Rovings [engl. 'roʊvɪŋz] → GFK-Technik.

Rowohlt, Ernst, * Bremen 23. 6. 1887, † Hamburg 1. 12. 1960, dt. Verleger. Gründete 1908 in Leipzig einen Verlag, der 1913 von Kurt Wolff (* 1887, † 1963) übernommen wurde. Neugründung 1919 in Berlin; Sitz der *R. Verlag GmbH* seit 1950 Hamburg, seit 1960 Reinbek; 1983 an die Verlagsgruppe Georg von Holtzbrinck GmbH verkauft. R. verlegte mit großer persönl. Initiative zeitgenöss. Belletristik (F. Kafka, K. Tucholsky, R. Musil); u. a. seit 1950 Taschenbuchreihe (›rororo‹).

Royal Air Force [engl. 'rɔɪəl 'ɛə 'fɔːs], Abk. RAF, Name der königl. brit. Luftwaffe; 1918 entstanden.

Royal Ballet, The [engl. ðə 'rɔɪəl 'bælɛɪ], seit 1956 Name der der Londoner Covent Garden Opera angeschlossenen Ballettkompanie und -schule.

Royal Dutch/Shell-Gruppe [engl. 'rɔɪəl 'dʌtʃ 'ʃɛl], niederl.-brit. Unternehmen der Erdöl-Ind., größtes Ind.unternehmen W-Europas; Sitz Den Haag und London; entstand 1907 durch Fusion.

Royal Philharmonic Orchestra [engl. 'rɔɪəl filɑː'mɔnɪk 'ɔːkɪstrə], 1946 von Sir Thomas Beecham in London gegründetes brit. Sinfonieorchester; Leiter waren u. a. 1961–75 R. Kempe, 1975–79 A. Dorati.

ROZ, Abk. für Research-Oktanzahl (→ Oktanzahl).

Rp., Abk. für → recipe.

RPF [frz. ɛrpe'ɛf], Abk. für → Rassemblement du Peuple Français.

r-RNS, Abk. für ribosomale RNS (→ RNS).

RSFSR, Abk. für Russische Sozialistische Föderative Sowjetrepublik, Unionsrepublik der Sowjetunion, benannte sich 1991 um in *Russ. Föderative Republik* (Abk. RFR).

RSHA, Abk. für → Reichssicherheitshauptamt.

RTL → Radio Luxemburg.

Ru, chem. Symbol für → Ruthenium.

Ruanda-Urundi, vom ehem. Dt.-Ostafrika 1919/20 abgetrennter, unter belg. Völkerbundsmandat gestellter Landesteil; seit 1946 unter UN-Treuhandschaft, 1962 Teilung in die Republik Rwanda (N-Teil) und das Kgr. bzw. (seit 1966) die Republik Burundi (S-Teil).

Ruark, Robert Chester [engl. 'ruːɑːk], * Wilmington (N. C.) 29. 12. 1915, † London 1. 7. 1965, amerikan. Schriftsteller. Romane und Essays, v. a. über soziolog. und [afrikan.] Rassenprobleme; u. a. ›Die schwarze Haut‹ (R., 1955), ›Uhuru‹ (R., 1962), ›Der Honigsauger‹ (R., 1965).

Rub Al Khali ['rʊp al'xaːli], mit etwa 700 000 km² größte Sandwüste der Erde, im S und SO der Arab. Halbinsel.

rubato [italien.] → Tempo rubato.

Rubbia, Carlo, * Gorizia 31. 3. 1934, italien. Physiker. Seit 1962 am Europ. Kernforschungszentrum (CERN) in Genf tätig; erhielt 1984 für seine entscheidende Mitarbeit bei der Entdeckung der Feldpartikel W und Z, den Vermittler schwacher Wechselwirkung, zus. mit S. van der Meer den Nobelpreis für Physik.

Rubel (ukrain. Karbowanez), russ.-sowjet. Geldeinheit (1 R. = 100 Kopeken); seit dem 14. Jh. verwendet.

Ruben, im AT Name des ältesten Sohnes Jakobs; Ahnherr eines israelit. Stammes.

Rüben, fleischig verdickte Speicherorgane bei zweikeimblättrigen Pflanzenarten.

Peter Paul Rubens: Helene Fourment mit ihrem Sohn Frans; um 1635 (München, Alte Pinakothek)

Rubens, Peter Paul ['ruːbəns, niederl. 'ry:bəns], * Siegen 28. 6. 1577, † Antwerpen 30. 5. 1640, fläm. Maler. Ab 1600 Hofmaler in Mantua, auch tätig in Rom, Venedig, Florenz, Genua; ab 1608 wieder in Antwerpen, auf Reisen, auch als Diplomat, in Frankreich, England, Spanien. Ab 1610 verheiratet mit Isabella Brant (* 1591, † 1626; u. a. ›Doppelbildnis in der Geißblattlaube‹, um 1609/10; München, Alte Pinakothek), nach deren Tod ab 1630 mit Helene Fourment. Die großen Altarwerke: ›Kreuzaufrichtung‹ (1609/1610) und ›Kreuzabnahme‹ (1611/12; beide Antwerpen, Kathedrale) kennzeichnen die erste Reifestufe einer Kunst, die die Grundlage der europ. Barockmalerei wurde. Es folgen Bilder wie der ›Raub der Töchter des Leukippos‹ (um 1616/17) und ›Amazonenschlacht‹ (vor 1619) sowie weiterhin religiöse Darstellungen, das große und die kleine ›Jüngste Gericht‹ (um 1615/16 bzw. 1618–20), ›Der Höllensturz der Verdammten‹ (um 1620; alle München, Alte Pinakothek). Die Ausführung seiner oft in Öl skizzierten Bildgedanken übernahmen z. T. Mitarbeiter und Schüler (u. a. van Dyck, J. Jordaens). Zu seinen größten Aufträgen zählen zwei Medici-Gemäldezyklen für Paris (1622–25 für Palais Luxembourg; heute Louvre; Entwürfe [1628–31] zur Geschichte Heinrichs IV., u. a. Berlin-Dahlem und Florenz, Uffizien). Das letzte große Altarwerk, der ›Ildefonso-Altar‹ (1630–32; Wien, Kunsthistor. Museum), führt die kolorist. Entwicklung (seit Mitte der 1620er Jahre) zum Höhepunkt. Seine späten Landschaften, ›Landschaft mit Regenbogen‹ (um 1635; München, Alte Pinakothek), beruhen auf Naturstudien, weisen aber auch ins Allegorische. Außerdem Porträts: ›Helene Fourment mit ihrem Sohn Frans‹ (um 1635, München, Alte Pinakothek), ›Das Pelzchen‹ (um 1638, Wien, Kunsthistor. Museum). Das Werk von R., über 2000 Bilder, 600 überwiegend eigenhändig, etwa 200 Handzeichnungen, wurde durch Reproduktionsstiche der eigenen Stecherwerkstatt verbreitet.

Rübenzucker, svw. →Saccharose.

Rübezahl, dt. Sagengestalt des Erzgebirges; erscheint als Bergmännlein, Mönch, Riese oder Tier, foppt und führt Wanderer in die Irre, schickt Unwetter, hütet Schätze und beschenkt Arme.

Rubidium [lat.], chem. Symbol Rb; chem. Element aus der I. Hauptgruppe des Periodensystems der chem. Elemente (Alkalimetall), Ordnungszahl 37, relative Atommasse 85,4678, Schmelzpunkt 38,89 °C, Siedepunkt 688 °C. In seinen Verbindungen einwertig vorliegendes, sehr reaktionsfähiges, silberglänzendes Metall; wird als Kathodenmaterial oder -belag für Photozellen sowie als Gettermaterial für Elektronenröhren verwendet.

Rubidium-Strontium-Methode, eine Methode der Altersbestimmung; sie beruht auf dem Zerfall des Rubidiumisotops Rb 87 in das Strontiumisotop Sr 87.

Rubikon (lat. Rubico), im Altertum Name des kleinen Grenzflusses zw. Italien und Gallia cisalpina, vermutl. der heutige Rubicone (Mündung ins Adriat. Meer nw. von Rimini); mit Cäsars Übergang über den R. begann 49 v. Chr. der Bürgerkrieg.

Rubin [lat.] →Korund.

Rubinglas (Goldrubinglas), Glas mit feinstverteiltem (kolloidalem) Gold.

Rubinschtein, Anton Grigorjewitsch [russ. rubin-'ʃtjɛjn], auch A. Rubinstein, * Wychwatinez (Gouvernement Podolsk) 28. 11. 1829, † Peterhof (= Petrodworez) 20. 11. 1894, russ. Pianist, Komponist und Dirigent. Seine Kompositionen (Opern, Oratorien, Orchester- und Klaviermusik) sind der Romantik verpflichtet.

Rubinstein, Artur, * Łódź 28. 1. 1887, † Genf 20. 12. 1982, amerikan. Pianist poln. Herkunft. Gehört zu den herausragenden Pianisten des 20. Jh.; schrieb u. a. ›Mein glückl. Leben‹ (Autobiogr. 1980).

Rubljow (Rublev), Andrei, * zw. 1360/70, † 1427 (1430?), russ. Maler. Mönch; seine Ikonenmalerei gilt als Höhepunkt der altruss. Kunst. – Werke: Ikonostase der Verkündigungskathedrale in Moskau (1405) und der Uspenski-Kathedrale in Wladimir (1408; z. T. Moskau, Tretjakow-Galerie, z. T. Sankt Petersburg, Russ. Museum), Dreifaltigkeitsikone (um 1411; Moskau, Tretjakow-Galerie).

Rüböl, aus Rübsen- (Rübsenöl) oder Rapssamen (Rapsöl) gewonnenes, haltbares, als Speiseöl und zu techn. Zwecken verwendetes Öl.

Rubrik [lat.] 1. urspr. der rot ausgezeichnete Textanfang in mittelalterl. Handschriften; 2. in liturg. Büchern der kath. Kirche die (rot gedruckten) Anweisungen für rituelle Handlungen; 3. eine Spalte, in die etwas nach einer bestimmten Ordnung (unter einer bestimmten Überschrift) eingetragen wird.

Rubrum [lat.], kurze Inhaltsangabe als Aufschrift (bei Akten u. ä.).

Rübsen (Rübsaat, Rübenkohl, Rübengras), aus M- und S-Europa stammende, in 2 Formengruppen kultivierte Art des Kohls mit Schotenfrüchten. Die etwa 30–35% Öl enthaltenden Samen der Ölrübse (Rüben-

raps) werden ähnl. wie die des Raps verwendet. Die Wasserrübe (Stoppel-, Brach-, Halm-, Herbst-, Saatrübe, Weiße Rübe) wird v. a. als Viehfutter verwendet.

Rubus [lat.], vielgestaltige Gatt. der Rosengewächse mit mehr als 700 Arten (u. a. Brombeere, Himbeere) in 11 Untergatt.; v. a. auf der Nordhalbkugel.

Ruchgras (Geruchgras, Riechgras), Gatt. der Süßgräser mit rd. 20 Arten in Eurasien und im Mittelmeergebiet; einheim. u. a. das Gemeine R. (Wohlriechendes R.) in lichten Wäldern, auf Wiesen und Weiden.

rückbezüglich, svw. →reflexiv.

rückbezügliches Fürwort →Pronomen.

Rücken, 1) Anatomie: (Dorsum) die dem Bauch gegenüberliegende Seite des tier. und menschl. Körpers. Bei den Säugetieren gilt als R. die obere (beim Menschen die hintere) von Nacken und Becken begrenzte Rumpfwand. Beim Menschen ist der R. der tragkräftigste Körperteil. Er erstreckt sich vom Dornfortsatz des siebten Halswirbels und den beiden Schulterblattregionen, einschließl. der hinteren Teile des Schultergelenks, bis zu den Konturen des Steißbeins (in der R.mittellinie) und den beiden Darmbeinkämmen und ist durch das Vorhandensein großer, flächiger Rückenmuskeln ausgezeichnet. Die Achse des R. und den wichtigsten R.teil bildet die Wirbelsäule, über deren Dornfortsätzen die R.furche verläuft, die unten von der flachen Kreuzbeinregion abgelöst wird. In ihr liegt das Sakraldreieck mit Spitze in der Gesäßfurche und Basis zw. den beiden hinteren oberen Darmbeinstacheln.

2) Geomorphologie: langgestreckter, abgerundeter Höhenzug.

Rückenflosse, unpaare Flosse bei im Wasser lebenden Wirbeltieren, bes. bei den Fischen (wird bei Haien und Walen auch **Finne** genannt), dient allg. der Stabilisierung der Körperlage und der Steuerung der Bewegung.

Rückenmark (Medulla spinalis), bei allen Wirbeltieren und beim Menschen ein in Körperlängsrichtung im Wirbelkanal verlaufender ovaler oder runder Strang, der mit seinen Nervenzellen und -fasern einen Teil des Zentralnervensystems darstellt und gehirnwärts am Hinterhauptsloch in das verlängerte Mark (→Gehirn) übergeht. Das R. wird embryonal als Medullarrohr angelegt. Beim Menschen läßt sich das R. in 8 Halssegmente, 12 Brustsegmente, 5 Lendensegmente, 5 Kreuzbeinsegmente und 1–2 Steißbeinsegmente gliedern (R.segmente). Rings um den sehr engen, mit Liquor gefüllten Zentralkanal des R. (R.kanal) ist die sog. graue Substanz im Querschnitt in Form eines H oder eines Schmetterlings angeordnet, deren Schenkel die Hinterhörner und die Vorderhörner bilden. Die graue Substanz wird von den Nervenzellkörpern gebildet. Am größten sind die motor. Ganglienzellen der Vorderhörner, deren Neuriten (Vorderwurzelfasern) die vorderen Wurzeln der Spinalnerven mit efferenten (motor.) Fasern bilden. In den Seitenhörnern liegen die vegetativen (sympath.) Ganglienzellen, die von den hinteren Wurzeln her mit sensiblen Nervenfasern (Hinterwurzelfasern) verbunden sind. Kurz vor der Vereinigung der vorderen erscheint die hintere Wurzel jeder Seite durch eine Anhäufung von Nervenzellen zu einem eiförmigen Spinalganglion aufgetrieben. Vorder- und Hinterwurzelfasern vereinigen sich zu den R.nerven (Spinalnerven), die den Wirbelkanal durch das Zwischenwirbelloch verlassen. – Die graue Substanz wird von der weißen Substanz, dem Markmantel, umschlossen. Die sog. weiße Substanz besteht aus Nervenfasern, die zus. eine Reihe (aus der Peripherie) aufsteigender und (aus dem Gehirn) absteigender Leitungsbahnen bilden (afferente bzw. efferente Leitungsbahnen). Die größte efferente Bahn ist die für die willkürl. Bewe-

Artur Rubinstein

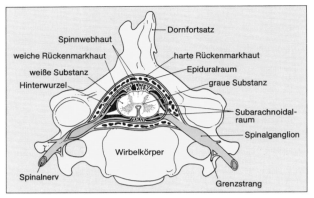

Rückenmark: Schematische Darstellung (Querschnitt) von Rückenmark, Wirbelkanal und Spinalnerven beim Menschen

gungen zuständige paarige *Pyramidenseitenstrangbahn.* Die absteigenden Bahnen des → extrapyramidalen Systems leiten unwillkürl. Bewegungsimpulse und Impulse für den Muskeltonus aus dem Hirnstamm rückenmarkwärts zu den motor. Vorderhornzellen. Zu den afferenten Bahnen gehören die sensiblen *Hirnstrangbahnen.* Sie erhalten ihren Erregungszustrom nicht nur von der Epidermis bzw. den Druck- und Berührungsrezeptoren her, sondern auch aus den die Tiefensensibilität (Lage- und Bewegungsempfindungen) betreffenden kleinen ›Sinnesorganen‹ der Muskeln, Sehnen und Gelenke. Im Seitenstrang ziehen die *Kleinhirnseitenstrangbahnen* aufwärts, die dem Kleinhirn u. a. Meldungen aus den Muskeln und Gelenken zur Erhaltung des Körpergleichgewichts vermitteln. Das R. dient jedoch nicht nur als Leitungs- und Umschaltapparat zw. Körperperipherie und Gehirn. Vielmehr sind in den sog. Eigenapparat des R. eine Reihe unwillkürl. nervaler Vorgänge, die *R.reflexe,* eingebaut; die Schaltzellen der entsprechenden Reflexbögen liegen in der grauen Substanz.

Das mit der *weichen R.haut* verbundene R. ist eingebettet in die Gehirn-R.-Flüssigkeit (Zerebrospinalflüssigkeit, Liquor) des Raumes unter der *Spinnwebhaut* des R., aufgehängt v. a. jederseits durch ein Band (Ligamentum denticulatum). Auf die Spinnwebhaut folgt die *harte R.haut,* die von der Auskleidung *(Endorhachis)* des Wirbelkanals durch den als Polster wirkenden, mit halbflüssigem Fett, Bindegewebe, Venengeflechten und Lymphgefäßen ausgefüllten *Epiduralraum* getrennt ist. Die harte R.haut bildet einen in sich geschlossenen, in den Endfalten übergehenden Sack *(Durasack, Duralsack).*

Rückenmarkserkrankungen, Nervenkrankheiten, die im Rückenmark lokalisiert sind; z. B. die nach Infektionskrankheiten auftretende oder durch Fortleitung entzündl. Prozesse (von den Rückenmarkshäuten) entstehende *Rückenmarkentzündung* (Myelitis). Die *Rückenmarkerweichung* (Myelomalazie) ist eine durch verschiedene Krankheitsvorgänge (Entzündungen, Durchblutungsstörungen, Tumordruck) bedingte degenerative Veränderung der Rückenmarksubstanz. – *Rückenmarkstumoren* sind im Bereich des Rückenmarks vorkommende Geschwülste. Die neurolog. Ausfallserscheinungen (Lähmungen, Sensibilitätsstörungen) sind von der Tumorgröße und dem Sitz der Geschwulst im Querschnitt und in der Höhe des Rückenmarks abhängig. Bei völliger Leitungsunterbrechung an einer Stelle des Rückenmarks kommt es zur Querschnittslähmung.

Rückert, Friedrich, Pseud. Freimund Raimar, * Schweinfurt 16. 5. 1788, † Neuses bei Coburg 31. 1.

Friedrich Rückert

1866, dt. Dichter. Sprachgewandter Übersetzer und Nachdichter fernöstl. und oriental. Lyrik. Schrieb u. a. patriot. Befreiungslyrik [gegen Napoleon] in ›Dt. Gedichte‹ (1814) sowie politisch-satir. Lustspiele auf Napoleon (1815–18). Seine ›Kindertotenlieder‹ (hg. 1872) wurden von G. Mahler vertont.

Rückfall, im *Strafrecht* die wiederholte Straffälligkeit eines Täters, der sich frühere Verurteilungen nicht hat zur Warnung dienen lassen *(Rückfalltäter);* wirkt strafverschärfend.

Rückfallfieber (Febris recurrens), durch Borreliaarten (Spirochäten) verursachte, von Zecken oder Kleiderläusen übertragene, anzeigepflichtige fieberhafte Infektionskrankheit, v. a. der trop. und subtrop. Länder; mit mehreren 4–7 Tage andauernden Fieberschüben, zw. denen fieberfreie Intervalle von mehreren Tagen liegen.

Rückgrat, die Höckerreihe der Dornfortsätze; auch svw. Wirbelsäule.

Rückgriff (Regreß), Inanspruchnahme eines Hauptschuldners durch einen ersatzweise haftenden Schuldner; auch im Wechselrecht.

Rückkaufswert, Abfindung des Versicherungsnehmers nach Kündigung einer Lebensversicherung, bei der eine Deckungsrückstellung aus Sparanteilen der Prämien gebildet wurde. Der R. liegt in den ersten Vertragsjahren (v. a. wegen der Abschlußkosten) unter und in späteren Vertragsjahren (v. a. wegen gutgeschriebener Gewinnanteile) über der Summe der gezahlten Prämien.

Rückkopplung (Feedback), Zurückführung eines Teils der Ausgangsgröße eines Systems auf dessen Eingang, z. B. zu Zwecken der Regelung; bei Verstärkern speziell die Rückwirkung einer der Ausgangspannung proportionalen Signalspannung in den Eingangskreis oder auf eine Steuerelektrode (z. B. Steuergitter einer Elektronenröhre). Als *[elektro]akust.* R. bezeichnet man die Erscheinung, daß bei Auftreffen von Schallwellen aus einem Lautsprecher auf ein Mikrophon derselben Übertragungsanlage ein ständig lauter werdender Ton hörbar wird. Entsprechend dem techn. Sprachgebrauch übertragen auf den Vorgang, eine Rückmeldung über das eigene Verhalten zu erhalten.

Rücklagen, 1) *Betriebswirtschaft:* aus der Zurückbehaltung von Gewinnen im Unternehmen oder der Einzahlung von Gesellschaftern stammende betriebl. Reserven. *Offene R.:* Das über den Nennbetrag des Haftungskapitals einer Kapitalgesellschaft hinausgehende, zusätzlich vorhandene, in der Bilanz ausgewiesene Eigenkapital; bei der AG unterscheidet man zw. *gesetzl. R.* und *freien Rücklagen.* Freie R. können durch die Ausgabe von Gratisaktien in Grundkapital verwandelt werden. *Stille R.:* Eigenkapitalteile, deren Existenz aus der Bilanz nicht zu ersehen ist. Sie entstehen entweder durch Unterbewertung von Vermögensteilen oder durch Überbewertung von Verbindlichkeiten.

2) *Versicherungswesen:* in der *Sozialversicherung* von den jeweiligen Trägern zu unterhaltende Guthaben, die der Sicherung der Verbindlichkeiten in beitragsarmen Zeitabschnitten dienen.

Rücklicht, svw. Schlußleuchte (→ Kraftfahrzeugbeleuchtung).

Rückprojektion → Film.

Rückstellungen, Passivposten der Bilanz zur Berücksichtigung der am Bilanzstichtag schon erkennbaren, der Höhe nach aber noch ungewissen Verbindlichkeiten und drohenden Verluste.

Rückstoß, die Kraft, die (nach dem Impulssatz) auf einen Körper ausgeübt wird, von dem eine Masse mit einer bestimmten Geschwindigkeit ab- oder ausgestoßen wird, z. B. der R. einer Rakete beim Ausströmen der Brenngase.

Rückstrahler (Katzenauge), Glas- oder Kunststoffkörper, deren verspiegelte Rückseite in Form von Würfelecken profiliert ist, so daß einfallendes Licht parallel zur Einfallsrichtung zurückgeworfen wird; bei Verkehrszeichen in denen **Reflexfolien**, in denen Glaskugeln von 0,05–0,1 mm Durchmesser eingebettet sind, verwendet.

Rücktritt, 1) *Recht:* einseitige Lossage vom Vertrag mit der Folge, daß beide Vertragsparteien Zug um Zug zur Rückgewähr bereits erbrachter Leistungen verpflichtet sind.

2) *Staats-* und *Verfassungsrecht:* svw. →Demission.

3) *Strafrecht:* hier ist der R. vom Versuch ein persönl. Strafaufhebungsgrund für denjenigen, der freiwillig die Vollendung einer von ihm begonnenen Straftat bzw. den Eintritt des Erfolges verhindert.

Rücktrittbremse, bes. bei Fahrrädern verwendete Freilaufnabenbremse, die beim Rückwärtsbewegen der Pedale einen Bremsmantel gegen die umlaufende Nabenhülse preßt.

Rückversicherung, Versicherung der Versicherung; Übernahme eines Teilwagnisses durch einen Versicherer durch einen Versicherer (Rückversicherer) gegen Entgelt.

Rückversicherungsvertrag, der am 18. 6. 1887 zw. dem Dt. Reich und Rußland abgeschlossene geheime Vertrag. Der R. verpflichtete den Vertragspartner zur Neutralität, falls Deutschland von Frankreich oder Rußland von Österreich-Ungarn unprovoziert angegriffen würde. 1890 nicht mehr erneuert.

Rückwirkung von Gesetzen, die aus Gründen der Rechtsstaatlichkeit (Rechtssicherheit) problemat. Wirkung, die ein Gesetz auf in der Vergangenheit liegende Sachverhalte hat. Im Strafrecht besteht ein Rückwirkungsverbot.

Rudaki, Abu Abdellah Dschafar [pers. rudæ'ki:], * Rudak bei Samarkand wohl 858, † ebd. 940 oder 941, pers. Gelehrter, Dichter und Musiker. Lebte bis 938 in Buchara am Hof des Samanidenkönigs Nasr II., den er in vielen →Kassiden besang; einer der gefeiertsten pers. Dichter.

Rude, François [frz. ryd], * Dijon 4. 1. 1784, † Paris 3. 11. 1855, frz. Bildhauer. – *Werke:* u. a. ›Auszug der Freiwilligen 1792‹/›La Marseillaise‹ (vollendet 1836; Paris, Sockel des Arc de Triomphe), ›Napoleon, sich zur Unsterblichkeit erhebend‹ (1845/47; Park zu Fixin-les-Dijon).

Rüde, männliches Tier der Hundeartigen und Marder.

Rudé Právo [tschech. 'rudɛ: 'pra:vɔ ›rotes Recht‹], tschechoslowak. Tageszeitung, erscheint in Prag.

Ruder, 1) *Schiffbau:* Steuerorgan eines Schiffes oder Bootes, i. d. R. ein am Heck *(Heckruder)* angeordneter, an einem vertikalen *R.schaft* befestigter und durch diesen nach beiden Seiten drehbarer blattartiger Körper *(R.blatt).* Die heutigen *Profil-* oder *Verdrängungs-R.* sind stromlinienförmige Verdrängungskörper, die aus zwei gewölbten, durch Stegplatten ausgesteifte Außenschalen (Fläche bis über 100 m²) bestehen und bei Großschiffen bis über 100 t wiegen können. *Sonderformen* sind u. a.: das *Aktiv-R.,* dessen im R.blatt untergebrachter, in einer Düse sich drehender elektr. angetriebener Propeller die R.wirkung erhöht; das *Bugstrahl-R.,* bei dem der Querschub durch einen von einem querschiffs im Bug eingebauten Propeller oder einer Pumpe erzeugten starken Wasserstrahl erfolgt (meist zum An- und Ablegen oder zum genauen Stationieren von Spezialschiffen benutzt); die *Tiefen-R.* beim Unterseeboot, die entweder am Bug oder Turm und Heck angebracht und um eine horizontale Achse drehbar sind; sie ermöglichen die Tiefensteuerung eines Unterseebootes.

2) *Flugzeugbau:* bewegl. Teil des Tragflügels *(Quer-R.)* oder des Höhen- und Seitenleitwerks *(Höhen-*

bzw. *Seiten-R.)* eines Flugzeugs (allg. jede bewegl. Steuerfläche eines Luftfahrzeugs oder Flugkörpers) zur Richtungsänderung.

Ruderalpflanzen [lat./dt.] (Schuttpflanzen), meist unscheinbar blühende Pflanzen, die sich auf Bauschutt, Häuserruinen, Müllplätzen und ähnl. Orten angesiedelt haben; zeichnen sich durch Anpassungsfähigkeit, starke Vermehrung und große Lebenszähigkeit aus.

Ruderanlage, Gesamtheit der zum Steuern eines Schiffes benötigten Anlagen, bes. die Einrichtung zum Bewegen des Ruders bzw. Drehen des Ruderschafts. Müssen große Ruderkräfte bewältigt werden, benötigt man eine *Rudermaschine.* Aus Sicherheitsgründen müssen alle Schiffe eine *Not-R.* haben, meist eine zweite Rudermaschine oder die Möglichkeit zur Bewegung des Ruders von Hand.

Ruderboot, kleines, aus Holz, Kunststoff oder Stahl gefertigtes Wasserfahrzeug, das durch Riemen (gemeinsprachl. meist Ruder gen.) angetrieben wird.

Ruderfüßer (Pelecaniformes, Steganopodes), seit dem Oligozän bekannte, heute mit über 50 Arten in allen warmen und gemäßigten Regionen verbreitete Ordnung mittelgroßer bis sehr großer Wasservögel; u. a. Pelikane, Tölpel, Kormorane.

Ruderfußkrebse (Kopepoden, Copepoda), Unterklasse meist 0,5 bis wenige mm großer Krebstiere mit rd. 4 000 Arten in Meeren und Süßgewässern, auch an feuchten Landbiotopen (z. B. Moospolster); z. T. Parasiten; wichtige Fischnahrung.

Rudersport, Form des Wassersports, vorwiegend als Mannschaftssport betrieben. Die Ruderer sitzen mit dem Rücken zum Bug des Bootes und treiben ihr Boot mittels Riemen oder Skulls an. Für das Wander- und Übungsrudern werden breitere Boote, sog. *Gigs* verwendet, die aus Mahagoni-, Eichen- oder Zedernholz in Klinkerbauweise gebaut sind. Beim **Rennrudern** werden schmale, leichte Boote eingesetzt. Regatten (Wettfahrten) werden in folgenden [olymp.] Bootsklassen ausgetragen: Einer, Zweier ohne Steuermann, Zweier mit Steuermann, Doppelzweier, Vierer ohne Steuermann, Vierer mit Steuermann, Doppelvierer und Achter. Im Einer, Doppelzweier und Doppelvierer werden Skulls (2,95 m lang) verwendet, in allen anderen Bootsgattungen Riemen (3,82 m lang). Die Wettkampfstrecke beträgt bei Männern 2 000 m, bei Frauen 1 000 m, bei Jugendlichen 1 500 m.

Ruderwanzen (Wasserzikaden, Corixidae), mit über 200 Arten in stehenden Gewässern weltweit verbreitete Fam. der Wasserwanzen, darunter in M-Europa 35 (2–15 mm lange) Arten.

Rüdesheim am Rhein, hess. Stadt im Rheingau, 10 500 E. Rheingau- und Weinmuseum, Weinbau, Fremdenverkehr. Pfarrkirche mit roman. und spätgot. Teilen. Der Ortsteil **Assmannshausen** wurde um 1100 von R. aus angelegt.

Rudiment [lat.], **1)** *allgemein:* Überbleibsel.

2) *Biologie:* nicht mehr vollständig ausgebildetes, verkümmertes, teilweise oder gänzl. bedeutungslos gewordenes Organ bei einem Lebewesen (wichtiger Hinweis in bezug auf die Stammesgeschichte; z. B. Wurmfortsatz des Blinddarms).

Rudnicki, Adolf [poln. rud'nitski], * Warschau 19. 11. 1912, poln. Schriftsteller. Nahm 1944 am Warschauer Aufstand teil; schreibt v. a. über das Schicksal der poln. Juden, u. a. ›Das lebende und das tote Meer‹ (Nov.n 1952), ›Goldene Fenster‹ (En., 1954).

Rudolf, Name von Herrschern:

Hl. Röm. Reich: **1) Rudolf von Schwaben** (R. von Rheinfelden), ⚔ bei Hohenmölsen 10. 10. 1080, Hzg. von Schwaben (seit 1057), Gegenkönig Heinrichs IV. (seit 1077).

2) Rudolf I., Graf von Habsburg, * Schloß Limburg (Breisgau) 1. 5. 1218, † Speyer 15. 7. 1291, Röm. König (seit 1273). Baute als Parteigänger der Staufer seine territoriale Machtgrundlage im Aar- und Zürichgau sowie am Oberrhein konsequent aus. 1276/78 konnte R. Ottokar II. von Böhmen zur Anerkennung seiner Wahl und zum Verzicht auf Österreich, Steiermark, Kärnten, Krain und das Egerland zwingen (Begründung der habsburg. Herrschaft in Österreich). Landfriedenswahrung, straffe Verwaltung des Reichsguts, Begünstigung der Städte gehörten zu den wichtigsten Maßnahmen seiner inneren Politik.

3) Rudolf II., *Wien 18. 7. 1552, † Prag 20. 1. 1612, König von Ungarn (1572–1608) und Böhmen (1575–1611), Kaiser (seit 1576). Ältester Sohn Kaiser Maximilians II. Nach einer Verschwörung seiner Brüder und der Erz-Hzg. der steir. Linie mußte R. 1608 Ungarn, Mähren und Österreich, 1611 auch Böhmen abtreten. Förderte in seiner Residenz Prag Gelehrte, u. a. T. Brahe und J. Kepler.

Österreich: **4) Rudolf,** *Schloß Laxenburg bei Mödling 21. 8. 1858, † Schloß Mayerling 30. 1. 1889, Erz-Hzg. und Kronprinz. Einziger Sohn Kaiser Franz Josephs I.; beging mit seiner Geliebten, der Baronesse Mary Vetsera (*1871), unter nicht restlos geklärten Umständen Selbstmord.

Rudolphinische Tafeln (Rudolfinische Tafeln, Tabulae Rudolphinae), zu Ehren Kaiser Rudolfs II. ben., von J. Kepler nach den Beobachtungen T. Brahes berechnete und hg. Planetentafeln.

Rudolstadt, Kreisstadt an der Saale, Thüringen, 32 100 E. Freilichtmuseum; Chemiefaserwerk. Barock sind die Schlösser Ludwigsburg und Heidecksburg; Stadtkirche (1634–36). – Ab 1599 Hauptort der Gft., 1710–1918 des Ft. Schwarzburg-Rudolstadt.

Rueil-Malmaison [frz. ʀɥɛjmalmɛ'zõ], frz. Stadt im westl. Vorortbereich von Paris, Dep. Hauts-de-Seine, 63 400 E. Schloß Malmaison (nach 1799 umgebaut für Joséphine de Beauharnais; heute Museum).

Rufmord, Zerstörung des Ansehens eines Menschen durch öffentl. Verleumdung.

Rugby [engl. 'ʀʌgbɪ], Kampfspiel zw. 2 Mannschaften mit i. d. R. 15 Spielern. Das *R.feld* besteht aus dem eigtl. *Spielfeld* (95–100 m lang, 68,40 m breit) und dem *Malfeld;* dazwischen stehen die *Malstangen* (Tore). Begonnen wird mit Antritt, danach darf der Ball geworfen, getreten, gefangen und getragen werden. Ziel des Spieles ist es, durch einen *Versuch* Punkte zu erringen, dabei muß der ovale Ball im gegner. Malfeld von einem Angreifer auf den Boden gelegt werden; Spielzeit: 2 × 40 Minuten.

Rüge, im Kauf- und Werkvertragsrecht die Anzeige des Käufers bzw. Bestellers, daß die gekaufte Sache mängelbehaftet ist (sog. *Mängelrüge*); im Prozeß die Geltendmachung der Fehlerhaftigkeit einer Prozeßhandlung.

Rügen, Insel mit stark gelapptem Umriß vor der pommerschen Ostseeküste, 926 km², bis 161 m hoch, mit den Steilküsten Kap Arkona und Stubbenkammer. Badeorte u. a. Binz, Sellin; Fährverkehr von Saßnitz nach Schweden und von Mukran nach Litauen; 2,5 km langer Fahrdamm nach Stralsund.

Rugier (lat. Rugi, Rugii), ostgerman. Stamm, urspr. in SW-Norwegen, im 2. Jh. v. Chr. an der pommerschen Küste, Mitte des 4. Jh. n. Chr. an der mittleren Donau; 487 wurde das niederösterr. R.reich von Odoaker zerstört, die Reste des Volkes gingen mit den Ostgoten zugrunde.

Rühe, Volker, *Hamburg 25. 9. 1942, dt. Politiker (CDU). Gymnasiallehrer; seit 1976 MdB, seit 1989 Generalsekretär der CDU.

Ruhegehalt (Pension), Altersruhegeld von Beamten, dessen Höhe sich nach Länge der Dienstzeit und Höhe der Dienstbezüge richtet.

Ruhegeld, Regelleistung der gesetzl. Rentenversicherung.

Ruhestadien, bei vielen Lebewesen Zeiten mit stark verminderter Stoffwechseltätigkeit derart, daß die Aktivität ruht und das Wachstum bzw. die Entwicklung unterbrochen sind (z. B. Winterschlaf).

Ruhestand, die Stellung des Beamten nach Beendigung des öffentl.-rechtl. Dienstverhältnisses. Bei polit. Beamten ist jederzeit die Versetzung in den *einstweiligen R.* möglich.

Ruhla, Stadt im nw. Thüringer Wald, Thüringen, 7 000 E. Uhren- und elektron. Industrie.

Rühmann, Heinz, *Essen 7. 3. 1902, dt. Schauspieler und Regisseur. Bekannt durch viele Filme (u. a. ›Der Mustergatte‹, 1937; ›Quax der Bruchpilot‹, 1941; ›Die Feuerzangenbowle‹, 1944; ›Charleys Tante‹, 1955; ›Der Hauptmann von Köpenick‹, 1956; ›Der brave Soldat Schwejk‹, 1960).

Ruhmasse, die Masse m_0, die ein Körper in einem Bezugssystem besitzt, bezügl. dessen er ruht **(Ruhsystem).** Aufgrund der Einsteinschen Masse-Energie-Äquivalenz ist der R. die **Ruheenergie** $E_0 = m_0 c^2$ zugeordnet (c Lichtgeschwindigkeit).

Rühmkorf, Peter, *Dortmund 25. 10. 1929, dt. Schriftsteller. Gehört mit seiner Lyrik (u. a. ›Ird. Vergnügen in g‹, 1959; ›Haltbar bis Ende 1999‹, 1979; ›Aus der Fassung‹, 1989) und essayist. lyr. Prosatexten (u. a. ›Die Jahre, die ihr kennt‹, 1972; ›Walther von der Vogelweide, Klopstock und ich‹, 1975; ›Strömungslehre I. Poesie‹, 1978; ›agar agar – zaurzaurim. Zur Naturgeschichte des Reims und der menschl. Anklangsnerven‹, 1981; ›Bleib erschütterbar und widersteh‹, 1984) zu den dt. Schriftstellern, die seit Ende der 1950er Jahre das literarische Leben in der BR Deutschland geprägt haben.

Ruhpolding, Luftkurort in den Chiemgauer Alpen, Bayern, 6 200 E. Barocke Pfarrkirche (18. Jh.).

Ruhr, rechter Nebenfluß des Niederrheins, entspringt im Sauerland, mündet bei Duisburg-Ruhrort, 235 km lang.

Ruhr (Dysenterie, Bakterienruhr, bakterielle Dysenterie, Shigellose), meldepflichtige, durch → Shigellen verursachte Infektionskrankheit, v. a. des Dickdarms. Die Inkubationszeit beträgt 1–7 Tage. Bei leichten Verlaufsformen (sog. *Sommerruhr*) kommt es nach raschem Fieberanstieg, Übelkeit und Erbrechen zu schmerzhaftem Stuhl- und Harndrang und zu Durchfällen mit wäßrig-dünnem Stuhl. Bei schweren Verlaufsformen *(tox. Bakterienruhr)* sind die Symptome aufgrund der Toxinwirkung und der Salz- und Wasserverluste heftiger (Koliken, häufiges Erbrechen, zahlreichere Stühle, Kreislaufgefährdung; u. U. auch zentralnervöse Symptome).

Ruhrfestspiele, 1947 vom DGB und der Stadt Recklinghausen gegr. Theaterfestival; dreimonatige Spielzeit (Mai bis Juli).

Ruhrgebiet, Teil des Rhein.-Westfäl. Ind.gebiets, größter industrieller Ballungsraum Europas, in hervorragender Verkehrslage. Die Entwicklung des R. war abhängig von Steinkohlenvorkommen. Der Abbau begann im MA am Rande des Ruhrtals, er reicht heute bis nördl. der Lippe, von Kamp-Lintfort im W bis Ahlen im O. Die zweite wirtschaftl. Säule war die Eisen- und Stahlindustrie. Die Krise in der Montan-Ind. in den 1970er Jahren erforderte einen Strukturwandel; neben bereits bestehenden Werken der Kohlechemie, Elektro-, Glas-, Textil- und Brau-Ind. entstanden zahlr. neue Werke und Einrichtungen des Dienstleistungsbereichs (Univ. in Bochum).

Geschichte: 1919 und 1920 war das R. Zentrum kommunist. Unruhen. Aufgrund angebl. vorsätzl. versäumter dt. Reparationszahlungen erfolgte 1923 die **Ruhrbesetzung** (bis 1925) durch frz. und belg. Truppen. – Aufgrund des Abkommens vom 28. 4. 1949 **(Ruhrstatut)** beschlossen die USA, Großbrit., Frankreich und die Beneluxstaaten die Errichtung

Heinz Rühmann

Peter Rühmkorf

der *Internat. Ruhrbehörde,* die als Kontrollbehörde (seit 1949 auch mit westdt. Beteiligung) die Produktion des R. auf den dt. und internat. Markt verteilen sollte; sie wurde nach Errichtung der Europ. Gemeinschaft für Kohle und Stahl bis 1953 liquidiert.

Ruhrkohle AG, dt. Holdinggesellschaft, Sitz Essen, am 27. 11. 1968 unter Mitwirkung der Bundesregierung gegr. zur Neuordnung des in die Krise geratenen Ruhrbergbaus.

Ruhrkraut, weltweit verbreitete Gatt. der Korbblütler mit rd. 150 Arten; weißgrau-filzige oder wollig behaarte Kräuter; einheim. Art ist auf kalkarmen Böden das *Waldruhrkraut.*

Rührmichnichtan →Springkraut.

Ruhrort →Duisburg.

Ruisdael, Jacob van [niederl. 'rœy̆zda:l], * Haarlem 1628 oder 1629, □ ebd. 14.3. 1682, niederl. Maler. Sein Werk bildet den Höhepunkt der niederl. Landschaftsmalerei. – *Werke:* Ansicht des Damrak (Rotterdam, Museum Boymans-van Beuningen), Die Mühle von Wijk bei Duurstede (1670; Amsterdam, Rijksmuseum), Der Judenfriedhof (2 Fassungen: nach 1670, Dresden, Gemäldegalerie; 1660–70, Detroit, Institute of Arts).

Ruiz [span. rruiθ], 1) José Martínez, span. Schriftsteller, →Azorín.

2) Juan, gen. Arcipreste de Hita, * Alcalá de Henares 1283 (?), † um 1350, span. Dichter. Sein ›Libro de buen amor‹ (7 173 Verse; hg. 1790, dt. Ausw. 1960 u. d. T. ›Aus dem Buch der guten Liebe‹) ist ein autobiograph. Traktat über die Liebe, der ein umfassendes Lebens- und Sittenbild Spaniens im 14. Jh. vermittelt.

Ruiz de Alarcón y Mendoza, Juan [span. 'rruiθ δe alar'kon i men'doθa], * Tasco (Mexiko) 1581 (?), † Madrid 4. 8. 1639, span. Dramatiker. Schrieb originelle Komödien (u. a. ›Verdächtige Wahrheit‹, 1624).

Ruländer →Rebsorten (Übersicht).

Rulfo, Juan, * Sayula (Jalisco) 16. 5. 1918, † Mexiko 7. 1. 1986, mex. Schriftsteller. Der Erzählband ›Der Llano in Flammen‹ (1953) und der Roman ›Pedro Páramo‹ (1955) hatten starken Einfluß auf die gesamte lateinamerikan. Literatur.

Rum [engl.], Trinkbranntwein aus vergorener Zukkerrohrmelasse (oder auch Zuckerrohrsaft) und aromat. Zusätzen; unterschiedl. Alkoholgehalt (zw. 38–83 Vol.-%). Der *Rumverschnitt* (Mischung von R. mit anderen Alkoholen) braucht nur $^1/_{20}$ R. zu enthalten.

Rumänien

Fläche: 237 500 km²
Einwohner (1990): 23 Mio.
Hauptstadt: Bukarest
Amtssprache: Rumänisch
Nationalfeiertage: 1. 5. und 1. 12.
Währung: 1 Leu (l) = 100 Bani
Zeitzone: MEZ + 1 Std.

Rumänien (amtl. Republik R.), Staat in Europa, grenzt im N und NO an die Ukraine und Moldawien, im SO an das Schwarze Meer, im S an Bulgarien, im SW an Jugoslawien, im W an Ungarn.

Landesnatur: Den Kern des Landes bildet der nach W geöffnete Karpatenbogen, der im Moldoveanu 2 543 m erreicht. Der Karpatenbogen und das Westsiebenbürg. Gebirge umschließen das Westsiebenbürg. Hochland. Im NW, W und SW hat R. Anteil am Großen Ungar. Tiefland. Den Außenrand der Karpaten säumt im NO das Karpatenvorland, östl. der Ost-

karpaten liegt das Moldauplateau, im S der Ostkarpaten und südl. der Südkarpaten erstreckt sich das Tiefland der Walachei. Zw. Donau und Schwarzem Meer liegt die Dobrudscha. R. liegt im Bereich kontinentalen Übergangsklimas. Bis 1 000 m Höhe gedeihen Buchen- und Eichenwälder, darüber Mischwälder, oberhalb von 1 500 m Nadelwald.

Bevölkerung: Rd. 88 % der E sind Rumänen, 8 % Magyaren und Szekler. Größte deutschstämmige Gruppe sind die Siebenbürger Sachsen und die Banater Schwaben. Außerdem gibt es an Minderheiten Serben, Kroaten, Ukrainer, Russen, Bulgaren, Türken und Roma. Es besteht Schulpflicht von 6.–16. Lebensjahr. Von 44 Hochschulen haben 7 Univ.rang.

Wirtschaft, Verkehr: Angebaut werden Mais, Weizen, Roggen, Sonnenblumen, Zuckerrüben, Flachs, Kartoffeln, Sojabohnen und Reis. Von bes. Bedeutung sind Wein- und Obstbau. Wichtige Bodenschätze sind Erdöl, Erdgas, Steinkohle, Eisenerze, Bauxit, Gold, Silber und Uran. Die wesentl. Ind.zweige sind Metall-, Nahrungsmittel-, Textil- und chem. Industrie. Das Eisenbahnnetz ist 11 275 km, das Straßennetz rd. 72 800 km lang. Wichtigste Wasserstraße ist die Donau mit den Häfen Brăila, Galatz und Giurgiu. Bedeutendster Seehafen ist Konstanza. Internat. ✠ bei Bukarest, Konstanza, Temesvar und Arad.

Geschichte: *Von der Antike bis zur Gründung des Ft. Rumänien:* Das heutige R. umfaßt im wesentl. die histor. Gebiete der Moldau, der Walachei und Siebenbürgens (→Banat, →Bessarabien, →Bukowina, →Dobrudscha). Nach der Römerherrschaft (seit dem 1. Jh. n. Chr. in der Dobrudscha, 106–271 in →Dakien) wurde über die romanisierte Bevölkerung immer wieder durch die im Laufe der Jh. das Gebiet des heutigen R. beherrschenden Wandervölker (3. Jh. Goten, 4./5. Jh. Hunnen, 5./6. Jh. Gepiden, 6.–8. Jh. Awaren) noch durch die im 6./7. Jh. eindringenden Slawen verdrängt. Im 13. Jh. werden die Rumänen erstmals urkundl. als Volk erwähnt (Vlahi, Wlachen). Im 10./11. Jh. erfolgte die magyar. Landnahme in Siebenbürgen, das bald teils von Magyaren, teils ab etwa 1150 von den Siebenbürger Sachsen kolonisiert wurde. Die Donau-Ft. Walachei und Moldau entstanden 1310 und 1352/53 (oder 1354); sie erkauften sich eine weitgehende innere Selbständigkeit gegenüber den Osmanen bis zu Beginn des 18. Jh. durch Tributzahlungen. Dem walach. Fürsten Michael dem Tapferen (☒ 1593–1601) gelang es, sein Land mit Siebenbürgen und der Moldau für kurze Zeit zu vereinigen (1599/1600). Die Unzuverlässigkeit der einheim. Fürsten veranlaßte die Osmanen in der Moldau ab 1711, in der Walachei ab 1716, griech. Adlige (sog. Phanarioten; bis 1822) auf den Fürstenthron zu setzen. Die Kleine Walachei (Oltenien) gehörte 1718–39 zu Österreich, die Bukowina fiel 1775 an Österreich, Bessarabien 1812 an Rußland. Seit dem Frieden von Küçük Kaynarcı (1774) gerieten die Donau-Ft. zunehmend unter russ. Einfluß (russ. Besetzung 1828 bis 1834). Nach der Niederlage Rußlands im Krimkrieg (1853/54–56) endete das russ. Protektorat; die Ft. blieben unter osman. Oberhoheit, jedoch unter Protektorat der 7 europ. Signatarmächte des Pariser Friedens; die Moldau erhielt S-Bessarabien zurück.

Neuzeit von 1859 bis zum Ende des Kgr. Rumänien (1947): 1859 wurde der moldauische Oberst A. I. Cuza zum gemeinsamen Fürsten der Moldau und der Walachei gewählt. Am 24. 1. 1862 rief Cuza die Vereinigung der beiden Ft. unter dem Namen *Rumänien* aus. Unter seinem Nachfolger Karl I. (☒ 1866–1914; 1881 zum Kg. proklamiert) aus dem Hause Hohenzollern-Sigmaringen erkannte der Berliner Kongreß (1878) die volle Souveränität von R. an; es mußte jedoch erneut S-Bessarabien an Rußland abtreten, erhielt aber

Rumänien

Staatsflagge

Stadt 51 %
Land 49 %
Bevölkerungsverteilung

Dienstleistung 45 %
Landwirtschaft 23 %
Industrie 32 %
Erwerbstätige

die nördl. Dobrudscha, nach dem 2. Balkankrieg (1913) auch die südl. Dobrudscha. In den Friedensverträgen von 1919/20 wurde der Anschluß der Bukowina, der ganzen Dobrudscha, Siebenbürgens und des östl. Banats bestätigt.

Im März 1923 wurde eine neue Verfassung angenommen. Die Unzufriedenheit mit den großen Parteien stärkte rechtsgerichtete Gruppierungen, insbes. die 1927 gegr. Legion Erzengel Michael (→ Eiserne Garde), eine faschist. Bewegung. Innenpolit. Krisen gingen auch von der Krone aus. Karl II. (⚭ 1930–40) übte eine ausgeprägte Willkürherrschaft aus, die 1938 in offene Diktatur mündete. Im 2. Weltkrieg suchte R. nach der frz. Niederlage eine Annäherung an die Achse Berlin–Rom. 1940 verlor R. Bessarabien und die nördl. Bukowina, im 2. Wiener Schiedsspruch (30. 8.) N-Siebenbürgen an Ungarn, im Vertrag von Craiova (7. 9.) trat es die südl. Dobrudscha an Bulgarien ab. Der zum Min.-Präs. mit unbeschränkten Vollmachten ernannte General Ion Antonescu (* 1882, † 1946) rief nach der erzwungenen Abdankung Karls II. (6. 9.) dessen Sohn Michael I. zum König aus und errichtete eine profaschist. Militärdiktatur, die dem Dreimächtepakt beitrat. R. trat am 22. 6. 1941 an der Seite des Dt. Reiches in den Krieg gegen die Sowjetunion ein. Am 23. 8. 1944 wurde das Regime Antonescu unter Mitwirkung des Königs gestürzt; es kam zur bedingungslosen Kapitulation; die sowjet. Streitkräfte besetzten das Land. Am 24./25. 8. erklärte R. dem Dt. Reich den Krieg. Der Friedensvertrag (Paris 10. 2. 1947) brachte die Wiedervereinigung N-Siebenbürgens mit Rumänien. Am 6. 3. 1945 wurde eine Koalitionsregierung der sog. Nationaldemokrat. Front unter Petru Groza (* 1884, † 1958) gebildet, in der die Kommunist. Partei (RKP) zu immer größerem Einfluß gelangte. Nach dem Verbot der gegner. Parteien (1947) wurde König Michael am 30. 12. 1947 zur Abdankung gezwungen, die Volksrepublik R. wurde ausgerufen.

Volksrepublik R. und Sozialist. Republik R.: Nach der Verabschiedung der Verfassung am 13. 4. 1948 wurden im Juni 1948 alle Ind.betriebe, Banken, Transportunternehmen und Versicherungsgesellschaften verstaatlicht. Die Industrialisierung des Agrarlandes R. wurde rasch vorangetrieben. 1944–65 wurde die rumän. Politik durch Gheorghe Gheorghiu-Dej (* 1901, † 1965) geprägt. R. integrierte sich in den Ostblock durch die Mitbegründung des Kominform (1947), des Rates für gegenseitige Wirtschaftshilfe (1949) und des Warschauer Paktes (1955). Der Rückzug der sowjet. Besatzungstruppen 1958 schuf die Voraussetzung für einen unabhängigen Kurs der RKP gegenüber dem Führungsanspruch der KPdSU. Unter Staats- und Parteichef N. Ceauşescu (1965–89) praktizierte R. eine Außenpolit. der ›Öffnung nach allen Seiten‹. So nahm R. nicht an der Besetzung der ČSSR durch Truppen des Warschauer Pakts 1968 teil und distanzierte sich von der sowjet. Besetzung Afghanistans 1979. Die Rolle des ›ehrlichen Maklers‹ zw. den Blöcken kam ins Wanken, nachdem die stalinist. Innenpolitik heftige Kritik im Westen hervorgerufen hatte. Der rumän. Handlungsspielraum wurde zudem durch die prekäre wirtschaftl. Lage erheblich eingeengt. Umsiedlungspläne der Regierung für die dt.stämmige und ungar. Bevölkerung führten zu Protesten und außenpolit. Spannungen mit Ungarn und der BR Deutschland. Die katastrophale wirtschaftl. Lage und die stalinist. Herrschaftspraktiken führten im Dez. 1989, ausgehend von der Stadt Temesvar, zu einem Volksaufstand, in dessen Verlauf zahlr. Menschen zu Tode kamen und Staatschef N. Ceauşescu am 22. Dez. gestürzt wurde. Nach einem kurzen Gerichtsverfahren durch den inzwischen gebildeten Rat der Nat. Rettung wurde Ceauşescu mit seiner Frau

am 25. Dez. hingerichtet. Die Kämpfe zw. Anhängern des gestürzten Staats- und Parteichefs – v. a. der gefürchteten Geheimpolizei Securitate – und dem Militär, das sich auf die Seite der Demonstranten gestellt hatte, zogen sich bis in den Jan. 1990 hinein. Der Rat der Front der Nat. Rettung unter Führung des ehem. ZK-Mgl. der Kommunist. Partei, Ion Iliescu (* 1930), verbot die Kommunist. Partei, hob eine Reihe umstrittener Gesetze, u. a. die Umsiedlungsgesetze, auf und kündigte freie Wahlen an; zugleich wurde der Staatsname abgeändert und R. in Republik R. (vorher Sozialist. Republik R.) umbenannt. Massenproteste, die die Informationspolitik und die Maßnahmen gegen die Opposition scharf verurteilten, bewirkten Anfang Febr. 1990 die Auflösung des Rats der Front der Nat. Rettung, die durch den Provisor. Rat der Nat. Einheit ersetzt wurde. Für Mai 1990 wurden Neuwahlen ausgeschrieben, die Präs. Iliescu überlegen gewann. Erneute Protestdemonstrationen v. a. der Bergarbeiter erzwangen im Sept. 1991 die Ablösung der rumän. Regierung.

Politisches System: Präsidiale Republik; die *Verfassung* von 1965 wurde Ende Dez. 1989 außer Kraft gesetzt. In der neuen Verfassung von 1991 sind politischer Pluralismus und Marktwirtschaft festgeschrieben. Wahlen nach dieser Verf. für eine neue Nationalversammlung sind für 1992 vorgesehen. *Staatsoberhaupt* ist der Staatspräsident. Als *Legislativorgan* arbeitet seit den Wahlen vom Mai 1990 ein Zweikammerparlament (Abg.haus 396 Abg.; Senat 119 Senatoren). *Parteien:* u. a. Front zur nat. Rettung (FSN), hervorgegangen aus der im Jan. 1990 verbotenen Rumän. Kommunist. Partei; Demokrat. Union der Ungarn in R.; Nationalliberale Partei; Nat. Bauernpartei. – Karte VIII/IX, Bd. 2, n. S. 320.

Rumänisch, zu den roman. Sprachen gehörende Sprache, die v. a. in Rumänien sowie in Teilen benachbarter Länder von über 20 Mio. Menschen gesprochen wird. Das R. gliedert sich in 4 Hauptmundarten: Das wieder in verschiedene Mundarten untergliederte *Dakorumänische* (v. a. in Rumänien), *Aromunische* (oder *Mazedo-R.*; Makedonien, Albanien), *Meglenitische* (nördl. von Saloniki) und *Istrorumänische* (auf Istrien). Eine dialektale Besonderheit ist das in kyrill. Schrift geschriebene Moldauische. – Typisch für das R. sind u. a. der große Reichtum an Diphthongen und Triphthongen. Die Sprache wurde bis Mitte des 19. Jh. in einer modifizierten kyrill. Schrift geschrieben, um 1860 setzte sich die lat. Schrift durch.

rumänische Kunst, die Traditionen der Volkskunst haben die r. Kunst. seit dem MA bis ins 20. Jh. beeinflußt. Die Kunst der Walachei und der Moldau war zudem weitgehend von der byzantin., die Siebenbürgens von der Kunst M-Europas beeinflußt. Die Kirchen des 15./16. Jh. in der Walachei und der Moldau (Curtea de Argeş, Voroneţ, Suceviţa) stellen eine Synthese zw. dem byzantin. Typus (Kreuzkuppelkirche) und abendländ. Einflüssen dar. Byzantin. sind die Ikonen- und Wandmalerei; die Außenfresken der Moldauklöster aus dem 16. Jh. sind einzigartig in Europa. In den Siebenbürger Kirchenburgen got. Wandmalereien. Einen sehr ornamentfreudigen Stil zeigt in der Moldau die Trei-Ierarhi Kirche (1639, Jassy), in der Walachei das Kloster Horezu (Kirche 1691–96) und Schloß Mogoşoaia, 1702 (Brîncoveanu-Stil). Im 19. Jh. suchten Nicolae Grigorescu (* 1838, † 1907), Ion Andreescu (* 1850, † 1882) und Stefan Luchian (* 1869, † 1916) Anschluß an die frz. Malerei. Den wichtigsten rumän. Beitrag zur modernen Kunst leistete der in Paris lebende Bildhauer C. Brancusi (Skulpturenensemble in Tirgu Jiu, 1937).

rumänische Literatur, die Anfänge einer r. L. reichen bis ins 16. Jh.; die Sprache ist Altkirchenslaw., die Vorlagen sind byzantin. (rhetor. Texte, Volksbücher, Chroniken). Hiervon unabhängig entfaltete sich eine reiche *Volksdichtung.* Erstes überliefertes Dokument in rumän. Sprache ist ein Bojarenbrief von 1521. Eigenständigkeit gewann die r. L. mit den moldauischen Chroniken; am bedeutendsten war der Fürst und Polyhistor Dimitrie Cantemir (* 1673, † 1723). 1688 erschien die erste rumän. Bibelübersetzung. Zunehmend wurde *Laienliteratur* (Volksbücher, moral. Schriften) in Übersetzungen oder Bearbeitungen verbreitet. Die sog. ›Siebenbürgische Schule‹ versuchte, die rumän. Sprache mit lat. und italien. Wörtern zu durchsetzen und die lat. Schrift einzuführen. Wachsendes Nationalbewußtsein und Öffnung nach Westen kennzeichneten die Periode nach 1821. Brennpunkte der Entwicklung waren v. a. die [seit 1829 erscheinenden] ersten rumän. Zeitschriften in Bukarest und Jassy, in denen sich die Auseinandersetzung mit Klassizismus und Romantik W-Europas spiegelte; dies gilt auch für den Lyriker Grigore Alexandrescu (* 1810, † 1885) wie für den vielseitigsten Dichter der Epoche Vasile Alecsandri (* 1821, † 1890); bed. auch der Dramatiker und Novellist Costache Negruzzi (* 1808, † 1868). Begründer der rumän. Literaturkritik ist Titu Livin Maiorescu (* 1840, † 1917); Mgl. des von ihm 1863 in Jassy gegr., die Nachahmung westeurop. Vorbilder ablehnenden Dichterkreises ›Junimea‹ (›Die Jugend‹) waren M. Eminescu, I. L. Caragiale, Ion Creangă (* 1837, † 1889) und Ioan Slavici (* 1848, † 1925). In scharfem Ggs. zur ›Junimea‹ standen der marxist. Theoretiker und Publizist Constantin Dobrogeanu-Gherea (* 1855, † 1920). Eine in Geschichte und Tradition verwurzelte Literatur verfaßten u. a. die Lyriker Alexandru Vlahuță (* 1858, † 1919), George Coșbuc (* 1866, † 1918) und der Meister des histor. Romans, M. Sadoveanu.

Früheste Vertreter des noch vor 1914 einsetzenden Symbolismus waren die Lyriker Dimitrie Anghel (* 1872, † 1914) und Ion Minulescu (* 1881, † 1944). Bed. für die Entwicklung der modernen rumän. Lyrik waren v. a. T. Arghezi, Gheorghe Bacovia (* 1881, † 1957), Ion Barbu (* 1895, † 1961) und Vasile Voiculescu (* 1884, † 1963). Zu den führenden Prosaisten der 1920er und 1930er Jahre gehören P. Istrati, M. Sadoveanu, Cezar Petrescu (* 1892, † 1961), Liviu Rebreanu (* 1885, † 1944) und Camil Petrescu (* 1894, † 1957), in den 1950er Jahren v. a. George Calinescu (* 1899, † 1965). 1948 bis etwa 1964 war die sozialist. Realismus verbindl. Parteirichtlinie. Werke von Rang schrieben nur die Prosaisten Marin Preda (* 1922) und Eugen Barbu (* 1924). Seit Mitte der 1960er Jahre ist v. a. eine antirealist. Phantastik sowie die Erprobung neuer Formen und Stile zu beobachten, dies bes. in der Lyrik, die durch Leonid Dimov (* 1926), Nichita Stanescu (* 1933), Marin Sorescu (* 1936), Ioan Alexandru (* 1941), Ana Blandiana (* 1942) sowie M. Dinescu herausragend vertreten ist. In der *Emigration* lebten u. a. der Religionswissenschaftler und Erzähler M. Eliade, die Romanciers Petru Dumitriu (* 1924), Paul Goma (* 1935) und P. Popescu (* 1944); im westlichen Ausland finden die Romane von Vintila Ivanceanu (* 1940) und P. Goma besondere Beachtung.

Rumantsch (Rumontsch), svw. → Romantsch.
Rumba [kuban.], lateinamerikan. Gesellschaftstanz in mäßigem bis raschem $^2/_4$- oder $^4/_4$-Takt, mit einer mehrschichtigen, synkopenreichen Rhythmik; Paartanz mit ausgeprägten Hüftbewegungen.
Rumelien (türk. Rumeli), europ. Gebiet des Osman. Reiches seit 1352/54 (Statthalterschaft). – Zu Ost-R. → Bulgarien (Geschichte).
Rummy [engl. 'rʌmɪ] → Rommé.
Rumpf (Körperstamm, Truncus), äußerl. meist wenig gegliederte Hauptmasse des Körpers der Wirbel-

tiere und der Menschen, bestehend aus Brust, Bauch und Rücken.
Rumpfparlament, Bez. für die verbliebene Minderheit des engl. Parlaments nach der Vertreibung seiner presbyterian. Mgl. durch O. Cromwell (Dez. 1648).
Rumpler, Edmund, * Wien 4. 1. 1872, † Tollow (= Züsow bei Rostock) 7. 9. 1940, österr. Konstrukteur. Gründete 1908 die R. Luftfahrzeugbau GmbH in Berlin und baute dort eine weiterentwickelte Form der ›Taube‹ I. Etrichs (*R.-Taube,* eigtl. *Etrich-R.-Taube*); entwickelte das erste Kabinenflugzeug sowie zweimotorige Flugzeuge.
Rum-Seldschuken, türk. Dynastie von Ikonion (= Konya; *Ikon. Dynastie*) 1134–1308; begründeten unter den nach Kleinasien eingewanderten Turkstämmen ein Ft. mit Konya als Residenz; 1243–1308 Vasallen unter den Mongolen.
Rumverschnitt → Rum.
Run [rʌn; engl. ›Lauf‹], 1) *allgemein:* Ansturm. 2) *Datenverarbeitung:* Bez. für einen Programmablauf.
Runcie, Robert Alexander Kennedy [engl. 'rʌnsɪ], * Liverpool 2. 10. 1921, engl. anglikan. Theologe. 1970–80 Bischof von Saint Albans (Hertfordshire), 1980–91 Erzbischof von Canterbury und Primas der anglikan. Kirche. R. gilt als engagierter Vertreter der ökumen. Bewegung und der katholisierenden Richtung innerhalb der anglikan. Kirche.
Runciman, Walter [engl. 'rʌnsɪmən], Viscount R. of Doxford (seit 1937), * South Shields 19. 11. 1870, † Doxford bei Newcastle upon Tyne 13. 11. 1949, brit. Politiker. 1908–37 mehrfach Min.; bereitete im Juli 1938 das Münchner Abkommen vor.
runden, eine Zahl durch einen [kleineren oder größeren] Näherungswert ersetzen. *Rundungsregeln:* 1. Folgt auf die letzte Stelle, die noch angegeben werden soll, eine der Ziffern 0, 1, 2, 3 oder 4, dann wird *abgerundet,* d. h. die stehenbleibende Ziffer wird nicht verändert; z. B. 3,141 ≈ 3,14. 2. Folgt auf die letzte Stelle, die noch angegeben werden soll, eine der Ziffern 5, 6, 7, 8 oder 9, dann wird *aufgerundet,* d. h. die letzte stehenbleibende Ziffer wird um 1 erhöht; z. B. 3,145 ≈ 3,15.
Rundfunk, Verbreitung von für die Allgemeinheit bestimmten Informationen und Darbietungen aller Art in Wort und Ton (beim *Hör-* oder *Ton-R.;* → Hörfunk) sowie als Bild (beim *Fernseh-R.;* → Fernsehen) mit Hilfe elektromagnet. Wellen; i. e. S. die Gesamtheit der Anlagen, die zur Aufnahme akust. und opt. Signale und ihrer Übertragung auf funktechn. Wege (als *R.sendungen*) einschließl. ihrer Rückwandlung in R.empfängern dienen.
Völkerrecht: V. a. wegen des begrenzten Vorrats an Frequenzbereichen wird die Aufteilung der Frequenzen im Rahmen der → Internationalen Fernmelde-Union vorgenommen. Ohne Genehmigung der zuständigen Regierung darf kein Sender betrieben werden. Eine völkerrechtl. Einschränkung der Freiheit jedes Staates in der Programmgestaltung besteht durch das Verbot feindl. Propaganda.
Rundköpfe, auf ihre Haartracht zurückzuführende Bez. für die puritan. Anhänger der parlamentar. Partei unter O. Cromwell während der Puritan. Revolution in England (1642–52) im Ggs. zu den royalist. Kavalieren.
Rundling, bes. Typ des Weilers, beschränkt auf dt.-slaw. Grenzraum in M-Europa: Um den platzartigen Innenraum liegen die Hofstellen mit Anschluß an die Flur.
Rundmäuler (Cyclostomata, Zyklostomen), einzige rezente Klasse schädl. Wirbeltiere (Überklasse Kieferlose) mit knapp 50, etwa 15–100 cm langen Arten in Meeres- und Süßgewässern; Körper aalförmig,

mit Chorda dorsalis; am Vorderdarm 5–15 Paar rundl., meist offene Kiemenspalten.

Rundstedt, Gerd von, * Aschersleben 12. 12. 1875, † Hannover 24. 2. 1953, dt. Generalfeldmarschall (seit 1940). Im 2. Weltkrieg Oberbefehlshaber v. a. im Westen; im März 1945 entlassen.

Rundumlicht (Rundumkennleuchte), eine opt. Verkehrswarnvorrichtung, bei der blaues, gelbes oder rotes Licht in Form eines umlaufenden (von einem rotierenden Hohlspiegel gebündelten) Lichtbündels abgestrahlt wird (z. B. als Blaulicht).

Runeberg, Johan Ludvig [schwed. ˌruːnəbærj], * Jakobstad 5. 2. 1804, † Borgå 6. 5. 1877, schwed.sprachiger finn. Dichter. Nationaldichter; schrieb [Liebes]lyrik und Versepik aus der Geschichte Finnlands, u. a. ›Fähnrich Stahls Erzählungen‹ (1848–60), dessen Eingang ›Vårt land‹ zur finn. Nationalhymne wurde.

Johan Ludvig Runeberg

Runen, die in Stein, Metall oder Holz geritzten graph. Zeichen der R.schrift (2./3. Jh.–11. Jh.), der ältesten Schrift der german.sprachigen Stämme, die mit dem Aufkommen der christl.-mittelalterl. Kultur der lat. Schrift wich. Die R.schrift ist auch eine Begriffsschrift, d. h., die R. repräsentieren einen Begriff, der mit dem jedem Zeichen eigenen R.namen ident. ist. Die Zahl der R.zeichen wechselte im Lauf der Entwicklung. Die älteren Quellen haben einen Zeichenvorrat von 24 Runen, das ›Futhark‹, so ben. nach den ersten 6 Zeichen. Seit etwa 500 wurde im anglofries. Bereich das R.inventar auf 28–33 Zeichen vermehrt. Es gibt rund 5 000 bekannte R.inschriften.

Runendänisch → Dänisch.

Runge, 1) Erika, * Halle/Saale 22. 1. 1939, dt. Schriftstellerin und Filmregisseurin. Zählt mit ihren Sozialreportagen und [halb]dokumentar. Berichten zu den wichtigsten Vertretern einer dokumentar. Literatur aus der Arbeitswelt, z. B. ›Bottroper Protokolle‹ (1968), ›Berliner Liebesgeschichten‹ (1987). **2)** Philipp Otto, * Wolgast 23. 7. 1777, † Hamburg 2. 12. 1810, dt. Maler. Bed. Vertreter der romant. Malerei, befreundet mit L. Tieck; neben Porträts (u. a. 1802/03; Hamburg, Kunsthalle; ›Die Hülsenbeckschen Kinder‹, 1805/06; ebd.; ›Die Eltern des Künstlers‹, 1806; ebd.) beschäftigte ihn seit 1802 die natursymbol. Folge der ›Vier Tageszeiten‹. Erhalten sind die Entwürfe und Studien (ab 1802), der ›Morgen‹ als Gemälde ausgeführt (1. Fassung 1808, Hamburg, Kunsthalle; 2. Fassung 1809, ebd., Rekonstruktion); verfaßte auch kunsttheoret. Schriften (›Farbenkugel ...‹, 1810) sowie 2 plattdt. Märchen für die Sammlung der Brüder Grimm.

Ernst Ruska

Runkelrübe, Gatt. der Gänsefußgewächse mit etwa 12 Arten vom Mittelmeergebiet bis Vorderindien und Zentralasien; mit aus Wurzeln und Hypokotyl gebildeten Rüben; die wirtschaftl. wichtigste Art ist die *Gemeine R.,* deren zweijährige Kulturform als Viehfutter angebaut wird. Unterarten sind der *Mangold* (Blätter werden als Gemüse gegessen) und die *Meerstrandrübe* (Wilde Rübe); Stammpflanze der Kulturrüben.

Runkelstein (italien. Castel Roncolo), Burg im Sarntal bei Bozen (13./14. Jh.); berühmte, um 1400 entstandene Freskenzyklen.

Ruodlieb, nach der Hauptperson ben. lat. Roman in leonin. Hexametern, um 1040/50 entstanden; in Bruchstücken (2 300 von etwa 4 000 Versen) erhalten.

Rupie (engl. rupee) [Hindi], seit etwa 1540 ind. Silbermünze, seit dem 17. Jh. auch in Hinterindien sowie in O-Afrika verbreitet; heute noch u. a. in Indien Währung (Ind. Rupie; 1 i. R. = 100 Paise [P.]).

Ruprecht, Name von Herrschern:
Hl. Röm. Reich: **1) Ruprecht von der Pfalz,** * Amberg 5. 5. 1352, † Burg Landskrone (in Oppenheim) 18. 5. 1410, Röm. König (seit 1400). Als Kurfürst von der Pfalz (seit 1398) R. III.

Pfalz: **2) Ruprecht I.,** * Wolfratshausen 9. 6. 1309, † Neustadt an der Weinstraße 16. 2. 1390, Kurfürst (seit 1353). Neffe Kaiser Ludwigs IV.; gründete die Univ. Heidelberg.

Ruprecht, Knecht → Knecht Ruprecht.

Ruprechtskraut → Storchschnabel.

Rur, rechter Nebenfluß der Maas, 248 km lang.

Rurikiden, erste histor. nachweisbare russ. Herrscherfamilie (Ende 9. Jh.–1598). → Sowjetunion (Geschichte).

Rus, alte, ihrer Herkunft nach umstrittene Bez. der ostslaw. Stämme in dem im 9./10. Jh. entstandenen Kiewer Reich für das von ihnen beherrschte Gebiet *(Kiewskaja Rus);* auch Bez. für die Stämme selbst.

Rushdie, Salman [Ahmed] [engl. ˈrʊʃdɪ], * Bombay 19. 6. 1947, ind. Schriftsteller. Lebt seit 1961 in England, schreibt in engl. Sprache. R. verbindet in seinen Romanen histor. und polit. Realitäten mit phantast., traum- und märchenhaften Elementen sowie einer Fülle von literar. und mytholog. Anspielungen und subtilen Sprachspielen. R. lebt seit Anfang 1989 an unbekanntem Ort. Sein Roman ›Die satan. Verse‹ (1988) wurde in mehreren islam. Staaten, in Indien und Südafrika verboten; im Febr. 1989 rief die iran. Religionsführter Ajatollah Chomeini weltweit zur Ermordung des Schriftstellers auf. 1990 konnte in England ein neuer Roman, ›Harun und das Meer der Geschichten‹ (dt. 1991), erscheinen. – *Weitere Werke:* Grimus (R., 1975), Mitternachtskinder (1981), Scham und Schande (1983), Das Lächeln des Jaguars (Reiseber., 1987).

Rush-hour [engl. ˈrʌʃˌaʊə, eigtl. ›Drängstunde‹], Hauptverkehrszeit.

Rusk, Dean [engl. rʌsk], * in der County Cherokee (Ga.) 9. 2. 1909, amerikan. Politiker. Maßgebl. an der UN-Intervention in Korea und am Friedensvertrag mit Japan beteiligt; 1961–69 Außenminister.

Ruska, Ernst, * Heidelberg 25. 12. 1906, † Berlin 27. 5. 1988, dt. Elektroingenieur. Baute 1931 mit M. Knoll das erste Elektronenmikroskop mit magnet. Linsen. Nobelpreis für Physik 1986 (mit G. Binnig und H. Rohrer).

Ruskin, John [engl. ˈrʌskɪn], * London 8. 2. 1819, † Brantwood (Cumbria) 20. 1. 1900, brit. Schriftsteller, Kunstkritiker und Sozialphilosoph. Von maßgebl. Einfluß auf das Kulturleben seiner Zeit; propagierte die Kunstauffassung der → Präraffaeliten; trat für soziale und polit. Reformen ein.

Ruß → Memel.

Ruß, bei der unvollständigen Verbrennung oder therm. Zersetzung von Kohlenwasserstoffen entstehende, aus feinverteiltem Kohlenstoff und wechselnden Mengen wasserstoff- und sauerstoffhaltiger Kohlenstoffverbindungen bestehende Produkte. R. wird als Füllstoff von Kautschuk, als Schwarzpigment sowie für Kohleelektroden und Trockenbatterien verwendet.

Russe [bulgar. ˈrusɛ], bulgar. Stadt an der Donau, 183 700 E., Werften, Erdölraffinerie. Wichtigster bulgar. Donauhafen, Brücke zum linken, rumän. Donauufer.

Rüssel, die bis zur Röhrenform verlängerte, muskulöse, sehr bewegl., als Tastorgan (auch Greiforgan) dienende Nasenregion bei verschiedenen Säugetieren, z. B. Elefanten, Tapiren, Schweinen, Spitzmäusen; auch Bez. für Organe bei Insekten (z. B. bei der Stubenfliege; als *Stech-R.* z. B. bei Blattläusen, Stechmücken; nur als *Saug-R.* z. B. bei Schmetterlingen).

Rüsselbären, svw. → Nasenbären.

Rüsselkäfer (Rüßler, Curculionidae), weltweit verbreitete, mit rd. 45 000 (0,3–7 cm langen) Arten umfangreichste Fam. der Käfer, deren Kopf vorn rüsselartig vorgezogen ist und am Ende kurze, kauende Mundwerkzeuge trägt; versenken ihre Eier gewöhnl.

in Pflanzengewebe, wozu sie mit dem Rüssel Löcher bohren; zahlr. Arten können an Pflanzen und Vorräten schädl. werden, z. B. Blütenstecher, Kornkäfer.

Russell [engl. rʌsl], engl. Adelsfamilie; seit 1550 Inhaber des Adelstitels Bedford. Bed. Vertreter:

1) Bertrand, Earl, * Trelleck bei Monmouth 18. 5. 1872, † Plas Penrhyn bei Penrhyndeudraeth (Wales) 2. 2. 1970, brit. Mathematiker und Philosoph. Enkel von John R.; 1916 Inhaftierung wegen Aufforderung zur Kriegsdienstverweigerung. Trat nach dem 2. Weltkrieg öffentl. gegen die atomare Rüstung, später auch gegen die amerikan. Beteiligung am Vietnamkrieg und gegen die Intervention der Warschauer-Pakt-Staaten in der Tschechoslowakei auf. Erhielt für seine präzise wiss. Prosa 1950 den Nobelpreis für Literatur. – Mit G. E. Moore entwickelte R. etwa ab 1900 die →analytische Philosophie. – In der *mathemat. Grundlagenforschung* ist R. einer der Hauptvertreter des Logizismus. Die philos. Grundlagen der Reduktion der Mathematik auf reine Logik hatte R. im Anschluß an seine Entdeckung der Russellschen Antinomie und deren Erörterung mit G. Frege geschaffen. – R. prägte die engl. und amerikan. Philosophie des 20. Jh. entscheidend und gewann durch populärwiss. und sozialkrit. Schriften bed. Einfluß auf die öffentl. Meinung. – Das 1963 in London gegr. *B.-R.-Friedensinstitut* erinnert an die Impulse, die die internat. Friedensbewegung R. verdankt. – *Werke:* Principia Mathematica (1910–13; zus. mit A. N. Whitehead), Probleme der Philosophie (1912), Grundlagen für eine soziale Umgestaltung (1916), Mystik und Logik (1918), Religion and science (1935), Philosophie des Abendlandes (1946), Das menschl. Wissen (1948), Mein Leben (1967–69).

2) John, Earl (seit 1861), * London 18. 8. 1792, † Pembroke Lodge (= London) 28. 5. 1878, brit. Politiker. 1835–39 Innen-Min.; 1846–52 und 1865/66 Premier-Min.; 1852/53 und 1859–65 Außenminister.

russische Kunst: Betzimmer des Zaren im Terem-Palast im Moskauer Kreml, 1635–36; Wandmalereien 19. Jh.

Russell [engl. rʌsl], **1)** Charles Taze, * Pittsburgh 16. 2. 1852, † auf einer Bahnfahrt in Texas 31. 10. 1916, amerikan. Kaufmann und Begründer der →Zeugen Jehovas.

2) Henry Norris, * Oyster Bay (N. Y.) 25. 10. 1877, † Princeton (N. J.) 19. 2. 1957, amerikan. Astronom. R. verbesserte 1913 das von E. Hertzsprung entwickelte Temperatur-Leuchtkraft-Diagramm zum Hertzsprung-Russell-Diagramm.

3) Ken, * Southampton 3. 7. 1927, engl. Filmregisseur. Drehte u. a. ›Liebende Frauen‹ (1969; nach dem Roman von D. H. Lawrence), Film-Biographien: ›Tschaikowski – Genie und Wahnsinn‹ (1970), ›Mahler‹ (1974), ›Valentino‹ (1976; über R. Valentino) sowie ›China Blue bei Tag und Nacht‹ (1984), ›Der Regenbogen‹ (1989).

Rüsselsheim, hess. Stadt am linken Untermainufer, 58 500 E. Automobilindustrie.

Rüsselspringer (Rohrrüßler, Macroscelididae), Fam. der Insektenfresser mit rd. 20 Arten in Afrika; Körperlänge etwa 10–30 cm, Schwanz knapp körperlang; Schnauze mit bewegl. Rüssel; Augen und Ohren auffallend groß; stark verlängerte Hinterbeine.

Rüsseltiere (Proboscidea), bes. während der pleistozänen Eiszeiten nahezu weltweit verbreitete, heute weitgehend ausgestorbene Ordnung der Säugetiere von der Größe eines Zwergflußpferds bis rd. 4 m Schulterhöhe; meist mit mächtigen Stoßzähnen; u. a. Mammute, Elefanten.

Bertrand Russell

Russen, ostslaw. Volk, stellt über 80 % der Bevölkerung Rußlands; in den übrigen Republiken der GUS beträgt ihr Anteil 2,7–42,4 %.

Russisch, zur östl. Gruppe der slaw. Sprachen gehörende Sprache der Russen; Amts- und Verkehrssprache in der GUS; wird von etwa 142 Mio. Menschen in der GUS als Muttersprache und rd. 3 Mio. russ. Emigranten v. a. in Amerika und im westl. Europa gesprochen. Erst in der 2. Hälfte des 18. Jh. setzten Bestrebungen ein, eine ›russ.‹ Literatursprache neben dem literar. Kirchenslawisch zu schaffen, die dann durch Puschkin auf der Grundlage der vom Frz. beeinflußten russ. Umgangssprache der Gebildeten endgültig geformt wurde. Die R. wird in kyrill. Schrift geschrieben. Nahezu jedem palatalen Konsonanten steht ein entsprechender nichtpalataler Konsonant gegenüber. Die 5 Vokalphoneme der R. /i,u,e,o,a/, die palatale bzw. nichtpalatale Varianten aufweisen, haben nur in betonter Silbe ihren vollen Lautwert, in Silben vor oder nach der Betonung werden sie verschieden stark reduziert bzw. verdumpft.

russische Geschichte →Sowjetunion (Geschichte).

russische Kunst, seit der Einführung des Christentums (988) entwickelte sich die **altrussische Kunst** im Dienst der Kirche und unter Einfluß von Byzanz. Erste große Werke der Baukunst: Sophienkirchen in Kiew (1037 begonnen) und Nowgorod (1045–52); Vorbild: byzantin. Kreuzkuppelkirchen, dann vielfach vereinfacht und abgewandelt, auch durch Verbindung mit roman. und armen. Formen (Kirchen in Wladimir). Seit Ende des 15. Jh.: Neugestaltung der Moskauer Kremls, bes. durch ital. Baumeister (Uspenski-Kathedrale, 1475–79, und Erzengel-Michael-Kathedrale, 1505–09, beide im Kreml). Fortbildung byzantin. Kirchenbautypen zu diese. Sonderformen: Außenbau oft turmartig mit hohem Zeltdach: Himmelfahrts-Kirche in Kolomenskoje (1532), auch fast ganz in Türme aufgelöst: Basilius-Kathedrale in Moskau (1555–60). Seit dem 16. Jh. Verschmelzung mannigfacher Einflüsse, auch islam. Kunst und Barock, zu einem nat. Stil: maler. Einheit überreicher Formen, gipfelnd in oft grellbunten Zwiebeltürmen. – Die **Plastik,** hauptsächlich auf Reliefs beschränkt, verarbeitete byzantin. und abendländ., bes. lombard. Einflüsse. – **Malerei:** in der Frühzeit rein byzantinisch (Mosaiken der Sophienkirche in Kiew); seit dem 12. Jh.: Blüte der Fresken- und Ikonenmalerei in Nowgorod (Hauptmeister Theophanes der Grieche, Ende des 14. Jh.), seit dem 14. Jh. in Moskau (Hauptmeister A. Rubljow, um 1400).

russische Kunst:
Hl. Georg; Holz, bemalt, 15. Jh.

18.–20. Jahrhundert: Durch die Reformen Peters d. Gr. wurde eine entschiedene Ausrichtung nach Westeuropa v. a. in der **Baukunst** mit der programmat. Stadtgründung von Petersburg (1703) eingeleitet. Unter der Zarin Elisabeth II. schuf B. F. Rastrelli spezif. russ. Rokokobauten (Smolny-Stift, 1748–54; sog. Vierter Winterpalast, 1754–63), unter Katharina II. setzte sich den Klassizismus durch (Akademie der Schönen Künste, 1764–88, von Jean-Baptiste Michel Vallin de la Mothe [* 1729, † 1800] u. a.; Marmorpa-

Henry Norris Russell

last, 1768–85, von Antonio Rinaldi [* um 1709, † 1794] Taur. Palast, 1783, von Iwan Jegorowitsch Starow [* 1745, † 1808]) und erreichte unter Alexander I. seinen Höhepunkt (Neue Admiralität, 1806–23, von Adrian Dmitrijewitsch Sacharow [* 1761, † 1811]). Karl Iwanowitsch Rossi (* 1775, † 1849) entwarf umfassende, das Stadtbild vereinheitlichende Architekturensembles (Alexander [heute Puschkin]-Theater, -straße und -platz, 1829–32). Im Moskau des 18. Jh. wirkte Matwei Fjodorowitsch Kasakow (* 1738, † 1812); der Brand von 1812 hatte eine lebhafte Wiederaufbautätigkeit zur Folge. Die russ. **Malerei** seit dem 18. Jh. war zunächst auf das Porträt konzentriert. Die seit etwa 1860 führende Richtung eines sozialkrit. Realismus kristallisierte sich in der Künstlervereinigung Peredwischniki (gegr. 1870; deren bedeutendster Vertreter wurde I. J. Repin. Von etwa 1890 an nahm die Petersburger Künstlergruppe ›Mir isskusstwa‹ Verbindung zur westeurop. Moderne auf. Die Auseinandersetzung mit modernen Kunstströmungen seit Beginn des *20. Jh.* (W. Kandinsky, M. Chagall, Mihail Larionoff [* 1881, † 1964], Natalija Sergejewna Gontscharowa [* 1881, † 1962], K. S. Malewitsch, Wladimir Jewgrafowitsch Tatlin (* 1885, † 1953), A. S. Rodtschenko, El Lissitzky) wurde nach einer scharfen Stellungnahme Lenins 1920 beendet. Der sozialist. Realismus wurde seit Ende der 1920er Jahre als verbindlich erklärt und beherrschte das offizielle Kunstgeschehen. Die Tauwetterperiode nach Stalins Tod, die eine gewisse künstler. Emanzipation brachte (Denkmäler von Ernesto Neiswestny [* 1925]), endete bereits 1962/63. Neben der Parteikunst lebte die freie K. im Untergrund (u. a. auch Privatausstellungen) sowie im Exil (u. a. Lew Nusberg [* 1937], Neiswestny) weiter. – Mit der seit 1986 eingeleiteten → Perestroika haben sich auch die Bedingungen für die freie Entfaltung der Kunst in Rußland verbessert.

russische Literatur, ihre älteste Periode ist kirchenslaw.-ostslaw.; erst im 14./15. Jh. entwickelte sich eine nationalruss. Literatur.

Kiewer Literatur (11.–13. Jh.): Nach der Christianisierung des Kiewer Reiches (988) stand die gottesdienstl. und weltl. Übersetzungsliteratur im Vordergrund; ostslaw. Originalschrifttum zeigt sich in Predigten, Heiligenlegenden, der ›Nestorchronik‹ und v. a. dem ›Igorlied‹.

Moskauer Literatur (14.–17. Jh.): Neben Neuübersetzungen bekannter Erzählstoffe, hagiograph. Literatur sowie v. a. religiöser Publizistik und propagandist. (Moskau als ›drittes Rom‹) und annalist. Literatur. Das 16. Jh. brachte v. a. literar. Sammeltätigkeit enzyklopäd. Charakters sowie krit. Publizistik (Maxim Grek). Verstärkt drangen im 17. Jh. die russ. Umgangssprache und westeurop. Erzählgut in die Literatur ein. Der Beginn der zunächst noch kirchenslaw. geschriebenen russ. Lyrik, der satir. Erzählliteratur, des Abenteuerromans und des didakt. Dramas fällt ins 17. Jh.; mit seiner Lebensbeschreibung ›Das Leben des Protopopen A.‹ (1672) schuf der Priester Awwakum (* um 1621, † 1682) ein Meisterwerk der älteren r. Literatur.

Klassizismus und Sentimentalismus (18. Jh.): Die erste neuruss. literar. Epoche ist der frz. und dt. beeinflußte aufklär. Klassizismus, vertreten durch Antich Cantemir (* 1708, † 1744; Satiren), M. W. Lomonossow (Stiltheorie), Alexandr Petrowitsch Sumarokow (* 1717, † 1777), D. I. Fonwisin (satir. Komödien), G. R. Derschawin (Lyrik) und v. a. A. N. Radischtschew. Literaturhistorisch bed. sind die satir. Zeitschriften der 1770er Jahre. Zur europ. Strömung des Sentimentalismus, die gegen Ende bis in die 1820er Jahre fortwirkend späten Klassizismus auftrat, gehörte v. a. N. M. Karamsin (Erzählungen).

Russische Romantik (etwa 1820–etwa 1850): Nach einer präromant. Phase ab 1800 begann mit A. S. Puschkin das ›goldene Zeitalter‹ der r. L.: Eine neue Poetik sowie die Schaffung der modernen russ. Literatursprache ließ die r. L. zu einer der großen dt. Nationalliteraturen werden. Prägend waren neben Puschkin v. a. M. J. Lermontow und N. W. Gogol. Bed. u. a. auch der Lyriker F. I. Tjuttschew. Den Übergang zum Realismus markierte eine sich auf Gogol berufende literar. Gruppe der 1840er Jahre, die ›natürl. Schule‹, deren charakterist. Gattung die kurze Prosaskizze ist. Zahlr. Dichter der 2. Hälfte des 19. Jh. begannen im Rahmen dieser Gruppe zu publizieren (v. a. I. S. Turgenjew, F. M. Dostojewski, N. A. Nekrassow, I. A. Gontscharow, A. N. Ostrowski).

Realismus (etwa 1850–etwa 1890): Die 2. Hälfte des 19. Jh. war die Epoche der großen realist. Erzähler, die sich durch bes. Berücksichtigung sozialer und psycholog. sowie gesellschaftskrit. Thematik auszeichnen: I. S. Turgenjew, I. A. Gontscharow, F. M. Dostojewski, L. N. Tolstoi, N. S. Leskow, M. J. Saltykow, A. N. Ostrowski. Eine sozial ankläger. Verdichtung des Realismus vertrat N. A. Nekrassow; in der Tradition der Lyrik Tjuttschews standen A. A. Fet und A. K. Tolstoi. Das Ende des russ. Realismus markieren v. a. W. M. Garschin, Gleb Iwanowitsch Uspenski (* 1843, † 1902), Wladimir Galaktionowitsch Korolenko (* 1853, † 1921) und A. P. Tschechow.

Symbolismus, Akmeismus, Futurismus (etwa 1890 bis etwa 1925): Kennzeichnend für den russ. Symbolismus ist das Prinzip des autonomen lyr. Ästhetizismus, der v. a. von Waleri Jakowletwitsch Brjussow (* 1873, † 1924), A. A. Blok, A. Bely und D. S. Mereschkowski vertreten wurde. Um 1912 trat neben den Symbolismus der Akmeismus (N. S. Gumiljow, A. A. Achmatowa, O. E. Mandelschtam) und der Futurismus (W. W. Chlebnikow, W. W. Majakowski). Die realistische Erzähltradition des 19. Jh. setzten u. a. M. Gorki, A. I. Kuprin und Kusmin fort. Nach der Oktoberrevolution konnten sich die russ. avantgardist. Strömungen bis weit in die 1920er Jahre halten; die vielfältige literar. Leben formierte sich in wechselnden programmat. Gruppen um Dichterpersönlichkeiten und Zeitschriften, z. B. LEF (mit futurist. Ausgangspunkt) um Majakowski, der Proletkult, die Imaginisten mit S. A. Jessenin, der Serapionsbrüder ab 1920/21 mit den führenden Prosaschriftstellern J. I. Samjatin, M. M. Soschtschenko, K. A. Fedin, W. W. Iwanow; bes. bed. der ›ornamentale Prosa‹ I. J. Babels und Boris Andrejewitsch Pilnjaks (* 1894, † 1937).

Sowjetliteratur (ab etwa 1925): Um die Mitte der 1920er Jahre entstand in der Nachfolge des proletar. Realismus M. Gorkis eine kommunist. Literatur, die sich auch thematisch in den Dienst des ›Aufbaus des Sozialismus‹ stellte, v. a. vertreten von Fjodor W. Gladkow (* 1883, † 1958), A. A. Fadejew, M. A. Scholochow. Die literar. Freiheit wurde immer mehr eingeengt: Verurteilung einzelner polit. unbequemer Schriftsteller (B. A. Pilnjak, J. K. Olescha, J. I. Samjatin) und ganzer Richtungen (Formalismus), Auflösung aller literar. Gruppen und Bildung eines einheitl. Schriftstellerverbandes (1932), der auf seinem 1. Kongreß (1934) den → sozialistischen Realismus zum einzigen künstler. Prinzip erklärte. Dies hatte ein Absinken des künstler. Niveaus zur Folge und zwang – nach einer ersten Emigrationswelle Anfang der 1920er Jahre – zahlr. weitere Schriftsteller zur Emigration; andere verstummten (M. A. Bulgakow) oder erhielten Publikationsverbot. Im 2. Weltkrieg konnten auch Werke entstehen, die den Kriegsalltag und das Leiden des Volkes ohne beschönigendes Pathos schilderten (K. M. Simonow, A. T. Twardowski, N. S. Tichonow, A. Achmatowa, O. F. Berggolz). Bald nach Kriegsende wurde das literar. Schaffen wieder einer starken Reglementierung unterworfen. Ein Wandel trat erst nach Stalins Tod (1953) und nach dem 20. Parteitag (1956) zur Zeit des sog. ›Tauwetters‹ ein (W. Panowa, I. G. Ehrenburg, W. D. Dudinzew). Die Literatur wandte sich nun zunehmend eth. und zeitkrit. Themen zu. Bed. Erzähler der späten 1950er und der 1960er Jahre waren B. L. Pasternak, K. A. Fedin, W. P. Nekrassow, W. P. Axjonow, J. P. Kasakow (* 1927), K. G. Paustowski, L. M. Leonow, Wenjamin A. Kawerin (* 1902, † 1989) und W. F. Tendrjakow. In der Lyrik traten neben O. F. Berggolz, A. Achmatowa und N. A. Sabolozki (* 1903, † 1958) v. a. J. A. Jewtuschenko, Robert I. Roschdestwenski (* 1932), A. A. Wosnessenski, B. Achmadulina (* 1937) und Bulat S. Okudschawa (* 1924) hervor. Hauptvertreter einer radikal-systemkrit. Literatur war A. I. Solschenizyn (1974 Ausweisung und Ausbürgerung).

Mitte der 1970er Jahre kam es nach neuerl. Repressionen zu einer weiteren Emigrationswelle, u. a. J. A. Brodski, Alexandr A. Galitsch (* 1919, † 1977), Naum Korschawin (* 1925), W. L. Maximow, W. P. Nekrassow, A. D. Sinjawski, die v. a. in der Pariser Emigrantenzeitschrift ›Kontinent‹ ein Publikationsorgan fanden. In der UdSSR selbst wurden offiziell verbotene Werke durch Samisdat-Ausgaben verbreitet. Die Thematik der r. L. dieser Zeit war vielfältig. Ein dringendes Anliegen für viele Autoren, u. a. K. M. Simonow, Wassili W. Bykow (* 1924), Grigori J. Baklanow (* 1923) und Juri W. Bondarew (* 1924), blieb der 2. Weltkrieg. Das Leben auf dem Land wurde zum Gegenstand anspruchsvoller Prosa, u. a. vertreten von Walentin G. Rasputin (* 1939), Wiktor P. Astafjew (* 1924) und Wassili I. Below (* 1932). Probleme des städt. Lebens behandelten J. W. Trifonow, Andrei G. Bitow (* 1937), Wladimir S. Makanin (* 1937). In der Lyrik traten bes. Rimma F. Kasakowa (* 1932), Nowella N. Matwejewa (* 1934), Junna P. Moriz (* 1937) und Alexandr S. Kuschner (* 1934), in der Dramatik Wiktor S. Rosow (* 1913), Alexandr W. Wampilow (* 1937, † 1972) und Ljudmila S. Petruschewskaja (* 1938) hervor. Science-fiction schrieben die Brüder Arkadi N. (* 1925) und Boris N. (* 1933) Strugazki.

Seit dem Regierungsantritt M. S. Gorbatschows erfolgt die krasse Auseinandersetzung mit der Vergangenheit. Werke (häufig schon früher entstanden), die radikal mit den bis dahin bestehenden Tabus brechen, können erscheinen, u. a. von Wassili S. Grossman (* 1905, † 1964), Daniil G. Granin (* 1919), W. D. Dudinzew, Anatoli I. Pristawkin (* 1931), W. P. Astafjew und Anatoli N. Rybakow (* 1911). Jahrzehntelang totgeschwiegene Autoren werden neu gewürdigt: I. A. Bunin, Georgi W. Iwanow (* 1894, † 1958), D. S. Mereschkowski, A. M. Remisow, V. Nabokov, Daniil I. Charms (* 1906, † 1942), W. P. Nekrassow, J. A. Brodski, A. D. Sinjawski, A. A. Galitsch, W. J. Maximow. Thematisch zeichnet sich immer stärker das Wiederaufleben religiöser und philosoph. Fragestellungen ab.

Ebenfalls zur Sowjetliteratur wurde die in russ. Sprache geschriebene Literatur der nichtruss. Völker der UdSSR gerechnet, so die Lyrik des Tschuwaschen Gennadi N. Aigi (* 1934), die Erzählungen des Kirgisen Tschingis Aitmatow (* 1928) oder die Prosa des Awaren Rassul G. Gamsatow (* 1923) und der Mittelasiaten Anatoli A. Kim (* 1939).

russische Musik, die r. M. entwickelte sich bis zum 17. Jh. unabhängig von der abendländ. Musik. Zur *Volksmusik* gehören Scherz- (Tschastuschki), Brauchtums- und Erzähllieder, lyr. (Starinen), ep. (Bylinen) Lieder und Tänze. Prägend wirken altkirchl. Modi, Pentatonik, asymmetr. Taktarten und gelegentl. freie Mehrstimmigkeit, die wiederum zu mehrstimmigem Spiel auf den Volksinstrumenten führte,

u. a. Gudok, Kobsa, Bandura, Domra, Balalaika, Gusli, Dudka. – Die russ. *Kirchenmusik,* bis ins 17. Jh. einstimmig, war urspr. an das Griech., Altkirchenslaw. bzw. Altbulgar. sowie an die byzantin. und altslaw. Liturgie gebunden. Über volkssprachl. Übersetzungen liturg. Texte setzten sich nat. Elemente durch. Über die Aneignung von Stil und Techniken aus Renaissance-Vokalpolyphonie, italien. Barock und Vorklassik entfaltete sich die Kirchenmusik u. a. mit Dimitri Stepanowitsch Bortnjanski (* 1751, † 1825) zu einer Kunsthöhe, an die später russ. Romantik und Moderne anknüpfen konnten. – Die *weltl. Kunstmusik,* wie die Volksmusik von der Kirche heftig bekämpft, entwickelte sich seit dem späten 17. Jh., anfangs v. a. durch die Tätigkeit dt., italien., böhm. und frz. Musiker bes. am Moskauer Hof. Die sich dann herausbildende nat. Komponistenschule – u. a. mit Bortnjanski und Jewstignei Ipatowitsch Fomin (* 1761, † 1800) – verarbeitete Volksmusik in Opern und Instrumentalwerken. Die Blüte der nat. Musik beginnt mit M. I. Glinka (u. a. ›Das Leben für den Zaren‹, Oper, 1836). Zu eigenständigen Lösungen der Wort-Ton-Beziehung gelangte A. S. Dargomyschski im musikal. Drama ›Der steinerne Gast‹ (1872). Die nat. Musik wurde durch die Gruppe ›Das mächtige Häuflein‹ mit A. F. Borodin, Z. A. Kjui, M. A. Balakirew, M. Mussorgski, N. A. Rimski-Korsakow auf hohem Niveau repräsentiert. Mussorgski stilisierte in seinen Opern und Liedern klangl. Qualitäten der russ. Sprache. Rimski-Korsakow gründete am Petersburger Konservatorium die erste russ. Komponistenschule. Zum stärker westl. orientierten Flügel der russ. Nationalromantik zählen neben Tschaikowski A. G. Rubinschtein und S. W. Rachmaninow. Seit dem späten 19. Jh. erreichten russ. Pianisten, Geiger, Sänger und das klass. Ballett internat. Ruf. Schon zur Moderne leitet A. N. Skrjabin über. Bereits vor der Revolution hatten sich einige weitere nat. Schulen gebildet, so in Georgien, Armenien, Aserbaidschan, ferner in Estland, Lettland, Litauen. Am bekanntesten wurde der Armenier A. I. Chatschaturjan. Die Moderne erreichte mit S. S. Prokofjew und D. S. Schostakowitsch, deren reiches Werk sämtl. Gattungen von Gebrauchsmusik bis zu Sinfonik und Oper umspannt, einen ersten Gipfelpunkt, darüber hinaus sind u. a. R. M. Glier, J. A. Schaporin, N. A. Roslawez, T. N. Chrennikow, N. J. Mjaskowski und D. B. Kabalewski zu nennen. Die jüngere Generation verbindet Tradition und ›Erbe‹ mit Aneignung und Umsetzung von Errungenschaften der internat. Avantgarde – so v. a. Edisson Wassiljewitsch Denissow (* 1929), Vytautas Barkauskas (* 1931), Rodion Konstaninopowitsch Schtschedrin (* 1931), Alfred Schnittke (* 1934), Walentij Silwestrow (* 1937).

russische Schrift → kyrillische Schrift.
Russische Sozialistische Föderative Sowjetrepublik, Abk. → RSFSR.
Russisch-Japanischer Krieg (1904/1905), durch die expansive russ. Fernostpolitik und das jap. Großmachtstreben in Ostasien verursachter Krieg um die Kontrolle über die Mandschurei und die Halbinsel Liaotung mit dem eisfreien Hafen Port Arthur; nach einer Reihe von Niederlagen (u. a. Seeschlacht in der Tsuschimastraße, 27. 5. 1905) mußte Rußland im Frieden von Portsmouth (5. 9. 1905) Südsachalin, die Pacht von Liaotung und die Konzession für die südmandschur. Eisenbahn Japan überlassen, das auch ein Protektorat über Korea errichten konnte.
russisch-orthodoxe Kirche, der nach Lehre, Liturgie und Spiritualität den orth. Kirchen (→ orientalische Kirchen) zugehörige Kirchenverband, der durch seine Geschichte, durch das russ. Mönchtum und durch die slaw. Kirchensprache einen eigenständigen Charakter erhielt (seit dem 10. Jh.). Zunächst

religiöse und kulturelle Abhängigkeit von Byzanz; dadurch Ausprägung einer nat. Eigenständigkeit der r.-o. K., wenn auch ihr Oberhaupt (seit 1037 ein Metropolit, zunächst in Kiew, ab 1299 in Wladimir, seit 1326 in Moskau) bis ins 15. Jh. hinein meist ein Grieche war. Das litauisch gewordene Kiew wurde 1355 eine neue Metropole, die nach der Personalunion mit Polen (1386) kath. beeinflußt wurde. Nach der auf dem Konzil von Florenz 1439 beschlossenen Union mit Rom verweigerte für die r.-o. K. Großfürst Wassili II. die Anerkennung der Union; in Moskau wurde ein von Konstantinopel nicht bestätigter Metropolit gewählt, womit die Trennung von der griech.-orth. Kirche besiegelt wurde. Nach dem Fall Konstantinopels (1453) fühlte sich Moskau als das ›Dritte Rom‹. Durch das ›Geistl. Reglement‹ Peters I. (1721) wurde das Patriarchat abgeschafft und durch den Hl. → Synod ersetzt, den ein weltl. Beamter, der Oberprokuror, kontrollierte. Nach der Revolution von 1917 wurde die Patriarchatsverfassung wiederhergestellt, 1918 die Trennung von Kirche und Staat vollzogen, wodurch die r.-o. K. ihren gesamten weltl. Besitz verlor und ihr jede Unterrichtstätigkeit untersagt wurde. Einen Teil ihres ursprüngl. Besitzes erhielt die r.-o. K. im Zuge der Perestroika seit 1985 zurück, u. a. einige der bedeutenden Kirchen und Klöster in Moskau und Umgebung. 1961 wurde die r.-o. K. in den Weltrat der Kirchen aufgenommen.

Rußland, 1. bis 1917 das gesamte Russ. Reich; 2. bis Ende 1991 die Gebiete der UdSSR mit traditionell russ. Sprache und Kultur (→ Sowjetunion); 3. das Gebiet der Russ. Föderativen Republik.

Rustebeuf [frz. ryt'bœf] → Rutebeuf.

Rüster, svw. → Ulme.

Rustika [lat.], svw. → Bossenwerk.

Rüsttag, dt. Bez. für den Vorabend eines jüd. Festes.

Rüstung, 1) *Geschichte:* Schutzbekleidung des Kriegers gegen Verwundungen. Neben Helm und Beinschienen (am Unterschenkel) diente seit dem 2. Jt. v. Chr. der Panzer zum Schutz des Körpers: u. a. Brustharnisch und Rückenschale aus Bronze oder Eisen, Lederpanzer mit Metallschuppen, Kettenpanzer (Ringpanzer, hemdartige Panzer aus Ringen) und Schuppenpanzer (Schuppen aus Bronze oder Eisen).

2) *Politik:* Maßnahmen und Mittel zur Vorbereitung und Führung von Kriegen; umfaßt i. e. S. Waffen und Massenvernichtungsmittel aller Art, darüber hinaus alle militär. verwendbaren Einrichtungen eines Staates. Die R.produktion der wichtigsten Staaten der Erde nimmt beständig zu und ist ungeachtet ständiger Abrüstungsverhandlungen und verschiedener R.kontrollvereinbarungen (→ Abrüstung) seit 1945 doppelt so schnell gewachsen wie die zivile Güterproduktion. Das starke Anwachsen der R.ausgaben ist v. a. durch die zunehmende Technisierung und Automatisierung von R.systemen bedingt. Die wirtschaftl. Konzentration und Außerkraftsetzung der Marktmechanismen in der R.industrie wie auch die zunehmend komplizierter werdende R.technik haben zur Folge, daß der Bedarf fakt. nicht unter Kosten-Nutzen-Gesichtspunkten ausgewählt werden kann. Die Kontrollfunktion der Parlamente wird darüber hinaus durch die mit dem Sicherheitsrisiko begründete Geheimhaltung erschwert. – In der Friedensforschung wurden verschiedene Theorien über die Ursachen von R. und *R.wettläufen* und über ihre kriegsfördernden Folgen entwickelt sowie Programme ausgearbeitet, um das Wettrüsten zu beenden.

Rute, 1) *Obstbau:* Bez. für einen Langtrieb an Obstgehölzen und Beerensträuchern.

2) *Maßwesen:* alte dt. Längeneinheit unterschiedl. Größe (10, 12, 14 oder 16 Fuß); entsprach z. B. in Baden 3,00 m, in Bayern 2,92 m.

3) *Jagdwesen:* 1. Schwanz des Hundes und der glatte Schwanz von Haarraubwild; 2. Penis von Schalenwild, Raubwild und Hund.

Rutebeuf (Rustebeuf, Rustebuef) [frz. ryt'bœf], * in der Champagne (?) vor 1250, † um 1285, frz. Dichter. Bedeutendster frz. Lyriker vor F. Villon; schrieb satir. Gedichte gegen polit. und soziale Mißstände; ›Das Mirakelspiel von Theophilus‹ (entstanden um 1261) ist dem Fauststoff verwandt; zahlr. Kreuzzugslieder.

Ruth, Gestalt und gleichnamiges Buch des AT; das Buch R. wird im Judentum als Festrolle für das Wochenfest benutzt.

Ruthenen, veraltet für → Ukrainer.

ruthenisch → Ukrainisch.

ruthenische Kirche, urspr. Bez. aller mit der röm.-kath. Kirche durch die Unionen von Brest-Litowsk (1595/96) und Uschgorod (1646) vereinigten Kirchen des byzantin.-slaw. Ritus, deren Anhänger im Gebiet des poln.-kath. und im NO Ungarns lebten. Die Bez. r. K. wird heute v. a. für die Gemeinschaft der in die USA emigrierten Katholiken aus Transkarpatien gebraucht.

Ruthenium [nach Ruthenien, dem früheren Namen der Ukraine], chem. Symbol Ru; silbergraues chem. Element aus der VIII. Nebengruppe des Periodensystems der chem. Elemente (Platinmetalle), Ordnungszahl 44, relative Atommasse 101,07, Dichte 12,30 g/cm³ (bei 20 °C), Schmelzpunkt 2310 °C, Siedepunkt 3900 °C. In seinen meist farbigen Verbindungen tritt es v. a. vierwertig auf; verwendet in Legierungen für Federspitzen und Spinndüsen sowie als Katalysator.

Rutherford [engl. 'rʌðəfəd], 1) Ernest, Lord R. of Nelson (seit 1931), * Spring Grove bei Nelson (Neuseeland) 30. 8. 1871, † Cambridge 19. 10. 1937, brit. Physiker. Einer der bedeutendsten Experimentalphysiker dieses Jh., insbes. auf dem Gebiet der Radioaktivität bzw. der Kernphysik. Aufgrund des Durchdringungs- und Ionisierungsvermögens unterschied R. 1897 zwei verschiedene radioaktive Strahlenarten, die er Alpha- und Betastrahlen nannte. 1902 erkannte R. mit F. Soddy die Radioaktivität als Elementumwandlung und formulierte das radioaktive Zerfallsgesetz. 1911 entwickelte er das nach ihm ben. Atommodell; 1919 erste künstl. Kernumwandlung durch Beschuß von Stickstoff mit Alphastrahlen; Nobelpreis für Chemie 1908.

2) Dame (seit 1967) Margaret, * London 11. 5. 1892, † Chalfont Saint Peter (bei London) 22. 5. 1972, engl. Schauspielerin. International bekannt v. a. als Miss Marple in zahlreichen Verfilmungen von Romanen A. Christies.

Rutherfordium [rʌðə...; nach E. Rutherford] → Kurtschatovium.

Rutil [lat.], in Form prismat., gestreckter oder säuliger Kristalle bzw. feinster Nadeln auftretendes, metall. glänzendes, rötl. Mineral, chem. TiO₂. Mohshärte 6,0; Dichte 4,2–4,3 g/cm³; wichtiges Titanerz, synthet. R.kristalle als Schmucksteine.

Rutilismus [lat.] (Rothaarigkeit), die natürl. Rotfärbung des menschl. Haares, bedingt durch einen Defekt an einem bestimmten (bisher noch nicht bekannten) Faktor in der Pigmentbildung.

Rutin [griech.-lat.] (Vitamin P, Antipermeabilitätsfaktor) → Vitamine.

Rüti (ZH), Gem. im schweizer. Kt. Zürich, 9500 E. – 1206 gegr. Prämonstratenserabtei, bevorzugte Grabstätte der Grafen von Toggenburg.

Rütlischwur, angebl. auf dem Rütli, einer Bergwiese über dem Urner See, im August 1291 geschlossenes ›ewiges Bündnis‹ der Schweizer Urkantone Uri, Schwyz und Unterwalden; gilt als Beginn der Schweizer. Eidgenossenschaft.

Leopold Ružička

Ernest Rutherford

Rutil:
Kristalle in
hellem Gestein

Ruus Al Dschibal, Halbinsel im O der Arab. Halbinsel, gehört zu Oman bzw. den Vereinigten Arab. Emiraten, trennt den Golf von Oman vom Pers. Golf.

Ruusbroec (Rusbroec, Ruisbroeck, Ruysbroeck), Jan van [niederl. 'ry:zbru:k], sel., * Ruisbroek bei Brüssel 1293, † Groenendaal bei Brüssel 2. 12. 1381, fläm. Mystiker. Stiftete die Augustiner-Chorherren-Probstei Groenendaal, deren erster Prior er war (1353). Schrieb zahlr. myst. Traktate; seine Mystik ist eine Synthese von Christus- und Trinitätsmystik.

Ruwenzori [...'zo:ri], kristallines Gebirge in Ostafrika, über das die Grenze zw. Zaire und Uganda verläuft, bis 5 109 m hoch.

Ruwer, rechter Nebenfluß der Mosel, 40 km lang; am Unterlauf Weinbau.

Ruysbroeck, Jan van [niederl. 'rœÿzbru:k] →Ruusbroec, Jan van.

Ruysdael, Salomon Jacobsz. van [niederl. 'rœÿzda:l], * Naarden kurz nach 1600, □ Haarlem 3. 11. 1670, niederl. Landschaftsmaler. Schuf hell gestimmte Landschaften.

Ružička, Leopold [serbokroat. 'ruʒɪtʃka], * Vukovar 13. 9. 1887, † Mammern bei Frauenfeld 26. 9. 1976, schweizer. Chemiker kroat. Herkunft. R. untersuchte Steroidhormone (u. a. Synthese von Androsteron und Testosteron); erhielt für seine Arbeiten über die Polyterpene 1939 (mit A. Butenandt) den Nobelpreis für Chemie.

RVO, Abk. für →Rechtsverordnung, →Reichsversicherungsordnung.

Rwanda

Fläche: 26 338 km²
Einwohner (1988): 6,7 Mio.
Hauptstadt: Kigali
Amtssprachen: kinya-Rwanda und Französisch
Nationalfeiertag: 1. 7.
Währung: 1 Rwanda-Franc (F. Rw.) = 100 Centimes
Zeitzone: MEZ + 1 Std.

Rwanda (amtl. Republik R.), Staat in Afrika, grenzt im N an Uganda, im O an Tansania, im S an Burundi, im W an Zaire.

Landesnatur: R. besteht aus einem in zahlr. Schollen zerbrochenen Hochland, das im W mit einer markanten Randschwelle an den Zentralafrikan. Graben grenzt und nach O zur stark versumpften Senke des Kagera abdacht. Im NW des Landes findet sich die Kette der Virungavulkane mit dem Karisimbi (4 507 m hoch). R. hat wechselfeuchtes trop. Klima; trop. Bergwald und Feuchtsavannen, im O des Lan-

des Trockensavannen und Überschwemmungsgebiete.

Bevölkerung: 90 % sind Hutu (ein Bantuvolk), 9 % äthiopide Tussi, sonstige Minderheiten sind Pygmäen, Asiaten und Europäer. Rd. 68 % sind Christen. R. verfügt über eine Univ. in Butare.

Wirtschaft, Verkehr: R. ist ein Agrarstaat. Neben den Produkten für den Eigenbedarf werden Tee und Kaffee für den Export kultiviert. An Bodenschätzen gibt es Erdgas, Zinn und Wolfram. Die schwach entwickelte Ind. verarbeitet landwirtsch. und bergbaul. Produkte. Das Straßennetz ist 6 760 km lang. Internat. ✈ ist Kigali.

Geschichte: 1899 brachte das Dt. Reich das Land fest unter sein Protektorat (Dt.-Ostafrika); seit 1920 als Völkerbundsmandat, ab 1946 als UN-Treuhandgebiet von Belgien verwaltet (→Ruanda-Urundi). 1959 erhoben sich die Hutu und stürzten die herrschende Schicht der Tussi. 1962 wurde R. als Republik unabhängig. Nach einem unblutigen Armeeputsch 1973 übernahm General Juvénal Habyarimana (* 1937) als Staats-Präs. die Macht und machte R. zu einem Einparteienstaat. Zw. Hutu und Tussi kommt es immer wieder zu bürgerkriegsähnl. Auseinandersetzungen; zuletzt im März 1991.

Politisches System: Präsidiale Republik; *Verfassung* von 1978. *Staatsoberhaupt* und Inhaber der *Exekutivgewalt* ist der für 5 Jahre direkt gewählte Präsident. Die *Legislative* liegt beim Nationalrat für Entwicklung. *Einheitspartei* ist die Revolutionäre Nationalbewegung für Entwicklung, der jeder Bürger angehört. – Karte II, Bd. 2, n. S. 320.

Rychner, Max ['ri:çnər], * Lichtensteig bei Sankt Gallen 8. 4. 1897, † Zürich 10. 6. 1965, schweizer. Schriftsteller und Literaturhistoriker. Hg. und Übersetzer (P. Valéry), Lyriker und Novellist; sah sich als Mittler zw. dt. und frz. Geisteswelt (u. a. ›Bedachte und bezeugte Welt‹, 1962).

Rydberg-Konstante [nach dem schwed. Physiker J. Rydberg, * 1854, † 1919] (physikal. Zeichen R), Konstante in Serienformeln für die Spektrallinien von Linienspektren: $R = 109\,737,31\ cm^{-1}$.

Ryle, Sir (seit 1966) Martin [engl. raɪl], * Brighton 27. 9. 1918, † Cambridge 14. 10. 1984, brit. Astrophysiker. Prof. für Radioastronomie in Cambridge; lieferte bahnbrechende Arbeiten zur →Apertursynthese; erhielt 1974 mit A. Hewish den Nobelpreis für Physik.

Ryschkow, Nikolai Iwanowitsch, * 28. 9. 1929, sowjet. Politiker. Ingenieur; seit 1956 Mgl. der KPdSU, seit 1981 Mgl. in deren ZK, seit 1985 im Politbüro; 1985–90 Vors. des Ministerrats der UdSSR.

Ryti, Risto Heikki, * Huittinen bei Tampere 3. 2. 1889, † Helsinki 25. 10. 1956, finnischer Politiker (Fortschrittspartei). Min.-Präs. 1939/40, Staats-Präs. 1940–44; 1946 als Mitverantwortl. für Finnlands Beteiligung am Krieg gegen die UdSSR zu 10 Jahren Zuchthaus verurteilt, 1949 freigelassen.

Rwanda

Staatsflagge

Staatswappen

Bevölkerungsverteilung

Erwerbstätige

Martin Ryle

S

S, 1) 19. Buchstabe des dt. Alphabets (im lat. der 18.), im Griech. σ (Sigma).
2) Abk. für italien. San, Sant', Santa und Santo; span. San; portugies. Santo und São.
3) chem. Symbol für →Schwefel.
s, Einheitenzeichen für →Sekunde.

SA, Abk. für Sturmabteilung, die uniformierte polit. Kampf- und Propagandatruppe der NSDAP; 1920 als Versammlungsschutz der Partei gegr., seit 1921 von ehem. Freikorpsoffizieren zur paramilitärischen Kampforganisation umgeformt, nach dem Hitlerputsch verboten; 1925 Neuaufbau auf lokaler Ebene.

Saarland
Landeswappen

Die SA wurde als Massenheer (1933 rd. 700 000 v. a. jugendl. Mgl.) in Straßenkampf und Propaganda zur Terrorisierung polit. Gegner und der Staatsgewalt eingesetzt, ab 1933 z. T. ›Hilfspolizei‹ gegen polit. Widerstand. Den Plänen des SA-Stabschefs E. Röhm für den Aufbau eines ›SA-Staats‹ begegnete Hitler im sog. Röhm-Putsch (1934), wodurch die SA ihre polit. Bedeutung verlor.

Sa., Abk. für lat. **Summa** (›Summe‹).

S. A. [frz. ε'sɑ], Abk. für Société Anonyme, frz. Bez. für Aktiengesellschaft.

Saadja (Saadja Ben Josef), * in Ägypten 882, † Sura (Babylonien) 942, jüd. Gelehrter. Bedeutendster → Gaon des mittelalterl. Judentums; gilt als Vater der jüd. Philosophie, v. a. durch sein religionsphilosoph. Werk ›Buch des Glaubens und Wissens‹.

Saalach, linker Nebenfluß des Salzach, z. T. Grenzfluß zw. der BR Deutschland und Österreich, 108 km lang.

Saalburg, röm. Limeskastell im Taunus, nw. von Bad Homburg v. d. H.; angelegt unter Domitian (um 90 n. Chr.), ausgebaut unter Hadrian und Caracalla; 1898–1917 rekonstruiert.

Saale, linker Nebenfluß der Elbe, entspringt im nördl. Fichtelgebirge, mündet sö. von Barby/Elbe, 427 km lang.

Saalfeld/Saale, Kreisstadt am NO-Rand des Thüringer Waldes, Thüringen, 34 700 E. Edelstahlwerk, Schokoladen- und Süßwarenindustrie. Spätgot. sind die Johanniskirche, das Rathaus und das Schlößchen Kitzerstein. Barockschloß (1677–1720); Reste der mittelalterl. Stadtbefestigung, u. a. 4 Tore; Burgruine Hoher Schwarm (14. Jh.); am Stadtrand die Feengrotten (ehem. Alaunbergwerk). – Zunächst wohl fränk. Königshof (899 erstmals erwähnt), im 10. Jh. Königspfalz, 1208 erstmals als Stadt bezeugt; 1389 an die Wettiner; 1680–1735 Residenz der Hzg. von Sachsen-Saalfeld.

Saalkirche, einschiffiger Kirchenbau.

Saane, linker Nebenfluß der Aare (Schweiz), 128,5 km lang.

Saanen, Bezirkshauptort im schweizer Kt. Bern, im oberen Saanetal, 5 500 E. Got. Mauritiuskirche (um 1200 und v. a. 15. Jh.).

Saar (frz. Sarre), rechter Nebenfluß der Mosel, entspringt am Donon (Vogesen), mündet bei Konz, 246 km lang.

Saarbrücken, Hauptstadt des Saarlandes, in einem Becken des Saartales, 188 500 E. Univ., Museen, Theater, Landesarchiv; Dt.-Frz. Garten, Zoo. Seit der Mitte des 19. Jh. bed. Metall-Ind., daneben Elektro-, Textil-, Nahrungsmittel-Ind., Brauereien, Druck- und Verlagsgewerbe, Steinkohlenbergbau, u. a. im Ortsteil *Dudweiler;* Hafen; ⚓. Bed. u. a. Stadtpfarrkirche (15., 17. und 20. Jh.) mit Grabdenkmälern des Hauses Nassau-S., barocke ev. Ludwigskirche (18. Jh.), Altes Rathaus (18. Jh.); Schloß (Neubau 19. Jh.); Stiftskirche im Stadtteil *Sankt Arnual* (13. und 14. Jh.). – Alt-S. entwickelte sich im 11. Jh. unterhalb der 999 erstmals erwähnten Burg; erhielt 1321 Stadtrecht. 1381–1801 Hauptstadt der Gft. Nassau-S., 1815 an Preußen. Nach Eingemeindung des ehem. Dorfes **Sankt Arnual** (1896) wurden 1908 Alt-S., **Sankt Johann** (Stadtrecht seit 1321) und **Malstatt-Burbach** (Stadtrecht seit 1875) zur Stadt S. zusammengeschlossen, die seit 1947 Hauptstadt des Saarlandes ist.

Saargebiet → Saarland (Geschichte).

Saargemünd (frz. Sarreguemines), frz. Stadt an der Saar, Dep. Moselle, 24 800 E.

Saarinen, 1) Eero, * Kirkkonummi bei Helsinki 20. 8. 1910, † Ann Arbor (Mich.) 1. 7. 1961, amerikan. Architekt und Designer finn. Herkunft. Sohn von Eliel S.; schuf u. a. dynam. konzipierte Schalendachkonstruktionen (Massachusetts Institute of Tech-

Saarbrücken
Stadtwappen

nology [1953–55]; Dulles International Airport in Washington [1958–62]); auch Sitzmöbel.
2) Eliel, * Rantasalmi bei Mikkeli 20. 8. 1873, † Bloomfield Hills (Mich.) 1. 8. 1950, amerikan. Architekt finn. Herkunft. Vater von Eero S.; Bahnhof in Helsinki (1904 Entwurf, 1910–14 erbaut).

Saarland, Bundesland im W der BR Deutschland, an der frz. und luxemburg. Grenze, 2 569 km², 1,06 Mio. E, Hauptstadt Saarbrücken. Teile des Saar-Nahe-Berglands bilden den Kernraum. Pfälzer Gebrüch, Westrich und Bliesgau leiten über zum Pfälzer Wald und lothring. Schichtstufenland. Im N liegt die höchste Erhebung (695 m) im Schwarzwälder Hochwald, einem Teil des Hunsrücks. Rd. 73 % der Bevölkerung sind kath., 22 % evangelisch. Das S. verfügt über eine Univ. in Saarbrücken. Wichtigste landwirtschaftl. Erzeugnisse sind Getreide, Kartoffeln, Gemüse, Obst und Weintrauben; außerdem Rinder-, Schweine- und Geflügelzucht. Rd. 30 % des S. sind waldbedeckt. Auf der Basis der einheim. Steinkohlevorkommen (rückläufiger Abbau) und der eingeführten lothring. Minette entwickelte sich Eisen- und Stahl-Ind., deren Standorte eng an das Kohlerevier gebunden sind. Bed. ist auch u. a. die Keramik- und Glasindustrie.

Geschichte: Aufgrund des Versailler Vertrags wurden 1920 Teile des ehem. preuß. Rhein-Prov. und der ehem. bayr. Rheinpfalz als **Saargebiet** für 15 Jahre der Verwaltung des Völkerbunds unterstellt. 1935 kam dieses aufgrund einer Volksabstimmung (rd. 90 % für den Anschluß) wieder an das Dt. Reich; 1935–40 mit der Pfalz zum Gau Saarpfalz vereinigt, 1940–45 Westmark genannt. Am 2. 1. 1946 kamen die ehem. reichseigenen Saargruben unter frz. Verwaltung. Am 15. 12. 1947 trat die Verfassung in Kraft, Min.-Präs. wurde J. Hoffmann (Christl. Volkspartei, 1947–51 und 1952–54 in Koalition mit der Sozialdemokrat. Partei Saar); die Regierung wurde von einem frz. Hohen Kommissar beaufsichtigt. Am 1. 4. 1948 trat eine Zollunion mit Frankreich in Kraft. 1954 handelten Frankreich und die BR Deutschland im Rahmen der Pariser Verträge das **Saarstatut** (23. 10.) aus, das einen ›Europäisierung‹ des S. im Rahmen der Westeurop. Union vorsah; es wurde in der Volksabstimmung vom 23. 10. 1955 mit ⅔-Mehrheit abgelehnt, Min.-Präs. Hoffmann trat zurück. In der Landtagswahl vom 18. 12. 1955 setzten sich die die Angliederung an die BR Deutschland befürwortenden Parteien durch. Der am 27. 10. 1956 abgeschlossene dt.-frz. **Saarvertrag** trug dem Rechnung und gliederte das S. der BR Deutschland am 1. 1. 1957 polit., im Juli 1959 auch wirtschaftlich ein. 1955–80 war die CDU stets stärkste Partei. Sie stellte 1956–85 den Min.-Präs. (1959–79 F.-J. Röder; 1979–85 W. Zeyer); 1956–59 Koalition CDU/SPD/Dt. Partei Saar (DPS [FDP]), 1959–61 CDU/SPD, 1961–70 CDU/DPS (FDP); nach Alleinregierung der CDU 1970–77 erneut Koalition CDU/FDP. Bei den Wahlen im März 1985 errang die SPD die absolute Mehrheit; Min.-Präs. wurde O. Lafontaine. Die wirtschaftl. Entwicklung des S. ist gekennzeichnet durch die Stahlkrise.

Saarlouis [za:r'lʋɪ], Kreisstadt an der mittleren Saar, Saarland, 37 300 E. V. a. metallverarbeitende und Elektro-Ind., Brauerei. – Nach Plänen Vaubans zw. 1680/86 als Festung erbaut; 1936–45 **Saarlautern.**

Saar-Nahe-Bergland, Landschaft zw. dem Hunsrück im N, dem Rheinhess. Hügelland im O und dem Pfälzer Wald im S. Höchste Erhebung ist mit 687 m der Donnersberg, der im O, im **Nordpfälzer Bergland,** liegt.

Saarstatut → Saarland (Geschichte), → Pariser Verträge 1954.

Saas-Fee, schweizer. Sommerfrische und Wintersportort im Kt. Wallis, 1 000 E.

Saaterbse, Art der Gatt. Erbse mit den Kulturformen *Ackererbse* (Felderbse, Futtererbse; für Grün- und Trockenfutter angebaut), *Gartenerbse* (Gemüse- erbse; in vielen Sorten als Gemüsepflanze kulti- viert), *Markerbse* (Runzelerbse; mit viereckigen, trok- kenen Samen; werden unreif als Gemüse gegessen) und *Zuckererbse* (die süßschmeckenden Hülsen und Samen werden unreif als Gemüse gegessen).

Saateule (Wintersaateule), etwa 4 cm spannender Eulenfalter; Raupen sind schädl. durch Fraß an Wur- zeln und Blättern krautiger Pflanzen und Gräser.

Saatgut (Saat), zur Erzeugung von Pflanzen oder zu ihrer Vermehrung vorgesehene Samen und Früchte (gesetzl. auch das Pflanzgut von Kartoffeln und Re- ben). Gehandeltes S. bestimmter Pflanzenarten (z. B. Getreide, Gräser, Hackfrüchte, Reben und Gemüse- arten) bedarf einer amtl. Saatenanerkennung.

Saatkrähe, rd. 45 cm langer, schwarzer, kolonie- weise brütender Rabenvogel in Europa und Asien; mit unbefiederter Schnabelbasis.

Saatschnellkäfer, Gatt. der Schnellkäfer mit zehn 6– 15 mm langen einheim. Arten; Larven einiger Arten als *Drahtwürmer* schädl. an Wurzeln und Knol- len verschiedener Kulturpflanzen (z. B. Getreide, Kartoffel- und Gemüsepflanzen).

Saavedra Lamas, Carlos [span. saa'βeðra], * Bue- nos Aires 1. 11. 1878, † ebd. 5. 5. 1959, argentin. Politi- ker. 1932–38 Außen-Min., präsidierte die Konferenz, die den Chacokrieg beilegte; 1936 Friedensnobel- preis.

Saba, Kgr. (1. Jt. v. Chr.– 6. Jh. n. Chr.) in S-Ara- bien; bekannt aus dem AT und assyr. Texten des 8.Jh. v. Chr.; um 575 n. Chr. wurde das Land pers. Prov., bis der letzte Statthalter sich 628 dem Islam anschloß.

Sabah, Gliedstaat Malaysias, im N der Insel Bor- neo, 73 710 km², 1,3 Mio. E, Hauptstadt Kota Kina- balu.

Sabaoth →Zebaoth.

Sabatier, Paul [frz. saba'tje], * Carcassonne 5. 11. 1854, † Toulouse 14. 8. 1941, frz. Chemiker. Prof. in Toulouse; erhielt für die Entwicklung der katalyt. Hy- drierung organ. Verbindungen mit fein verteilten Me- tallpulverkatalysatoren 1912 (mit V. Grignard, * 1871, † 1935) den Nobelpreis für Chemie.

Sábato, Ernesto [span. 'saβato], * Rojas bei Rosa- rio 23. 6. 1911, argentin. Schriftsteller. Exponent des lateinamerikan. Romans ›Der Maler und das Fen- ster‹, 1948; ›Über Helden und Gräber‹, 1961; ›Abad- don‹, 1974), schrieb neben bed. Essays als Leiter einer staatlich beauftragten Kommission die Schrift ›Nie wieder! Ein Bericht über Entführung, Folter und Mord durch die Militärdiktatur Argentiniens‹ (1984).

Sabbat (jidd. Schabbes) [hebr.], im Judentum der 7. Tag der Woche (Sonnabend), Tag der Ruhe und Heiligung.

Sabbatai Zwi, * Smyrna (= İzmir) 1626, † Ulcinj (Montenegro) 17. 9. 1676, jüd. Pseudomessias und Sektengründer (→Sabbatianismus). Gab sich für den von den Kabbalisten erwarteten Messias aus. Bei sei- nem Versuch, den Sultan in Konstantinopel abzuset- zen, wurde S. Z. verhaftet und gezwungen, zum Islam überzutreten.

Sabbatianismus, nach →Sabbatai Zwi ben. messian. Bewegung im Judentum im 17./18. Jahrhun- dert. Trotz eines Rückgangs nach der Konversion Sabbatai Zwis zum Islam wirkten die *Sabbatianer* bis weit ins 18. Jh. hinein.

Säbel, einschneidige Hieb- und Stichwaffe mit ge- krümmter Klinge; zum Schutz der Faust ist der S.griff mit Bügel oder Korb versehen; war v. a. bei der leich- ten Kavallerie in Gebrauch.

Säbelfechten →Fechten.

Sabeller (lat. Sabelli), die von den Sabinern und Umbrern ausgegangenen mittelitalischen Stämme

(u. a. Volsker, Äquer, Marser und bes. die Samniten); im 4./3. Jh. v. Chr. von den Römern unterworfen.

Säbelschnäbler (Recurvirostridae), Fam. etwa 40– 50 cm langer, schlanker, hochbeiniger Wasservö- gel mit 7 Arten an Meeresstränden und Salzseen der Alten und Neuen Welt; in Europa der fast 40 cm lange, rotbeinige *Stelzenläufer* (Strandreiter) und der *Eurasiat. S.* (rd. 45 cm lang, schwarz/weiß gefärbt).

Säbelwuchs →Gekriech.

SABENA, Abk. für Société Anonyme Belge d'Ex- ploitation de la Navigation Aérienne [frz. sɔsje'te anɔ- 'nim 'bɛlʒ dɛksplwata'sjɔ dlanaviga'sjɔ ae'rjɛn], belg. Luftverkehrsgesellschaft.

Sabiner (lat. Sabini), im Altertum ein von den Um- brern abstammendes Volk M-Italiens; Hauptort u. a. Nursia (heute Norcia) und Reate (= Rieti). Durch den röm. **Raub der Sabinerinnen** (der Sage nach raubten die Römer, weil sie keine Frauen hatten, bei einem Fest die Frauen der S.; den darauf folgenden Rache- zug der S. verhinderten die Frauen) bed. Rolle in der myth. Geschichte Roms; 290 v. Chr. von Rom unter- worfen.

Sabiner Berge, westl. Randgebirge des Abruzz. Apennin, bis 1 365 m hoch.

Sabin-Schluckimpfung [eng. 'sɛɪbɪn, 'sæbɪn], Schluckimpfung gegen Kinderlähmung mit dem von dem amerikan. Arzt poln. Herkunft Albert Bruce Sa- bin (* 1906) entwickelten Lebendimpfstoff (durch Wirtspassagen abgeschwächte Poliomyelitisviren vom Typ I, II und III).

Säbler, Gatt.gruppe bis etwa 30 cm langer, vorwie- gend brauner Singvögel mit rd. 30 Arten, v. a. in SO- Asien; Schnabel türkensäbelförmig abwärts ge- krümmt; z. T. Stubenvögel.

Sabotage [...'ta:ʒə; frz.], bewußte Beeinträchti- gung von militär. oder polit. Aktionen oder Produk- tionsabläufen, z. B. durch [passiven] Widerstand oder Zerstörung wichtiger Anlagen und Einrichtungen.

SAC, 1) Abk. für Societas Apostolatus Catholici (→Pallottiner).

2) Abk. für Schweizer Alpen-Club (→Alpenver- eine).

Saccharide [zaxa...; griech.], svw. →Kohlenhy- drate.

Saccharimetrie [zaxa...; griech.], die Bestimmung des Zuckergehalts einer wäßrigen Lösung, z. B. durch Messen der Dichte mit einem Aräometer oder des opt. Drehvermögens mit einem Polarimeter *(Sacchari- meter)*.

Saccharin [zaxa...; griech.] (o-Sulfobenzoesäure- imid), künstl. Süßstoff (550fache Süßkraft von Zuk- ker).

Saccharose [zaxa...; griech.] (Rohrzucker, Rü- benzucker, Sucrose), aus je einem Molekül Glucose und Fructose aufgebautes Disaccharid, das v. a. aus Zuckerrüben und Zuckerrohr gewonnen wird; wichti- ges Nahrungsmittel.

Sacco di Roma [italien. 'sakko di 'ro:ma ›Plünde- rung Roms‹], Bez. für die monatelange Plünderung Roms (1527) durch die Söldner des späteren Kaisers Karl V.

Sacco-Vanzetti-Fall [italien. 'sakko], nach dem Schuhmacher Nicola Sacco (* 1891, † 1927) und dem Fischhändler B. Vanzetti (* 1888, † 1927) ben. ameri- kan. Justizfall, in dem beide des Mordes angeklagten Anarchisten italien. Herkunft trotz problemat. Be- weisführung und weltweiter Proteste 1921 für schul- dig erklärt und 1927 hingerichtet wurden; im Juli 1977 wurde Sacco und Vanzetti vom Gouverneur von Massachusetts rehabilitiert.

Sacerdotium [lat. ›Priestertum‹], im MA Bez. für die geistl. Gewalt (konkret: Papsttum) im Ggs. zur weltl. (konkret: Königtum [Regnum] bzw. Kaisertum [Imperium]).

Säbelschnäbler: Eurasiatischer Säbelschnäbler

Andrei Dmitrijewitsch Sacharow

Sachsen
Landeswappen

Sachalin [zaxa'li:n, russ. sɐxa'lin], sowjet. Insel zw. Ochotsk. und Jap. Meer, durch den Tatar. Sund vom Festland getrennt, 76 400 km², bis 1 609 m hoch, wichtigste Häfen Korsakow und Cholmsk. – 1855–75 gemeinsame russ.-jap. Verwaltung; 1875 Verzicht Japans auf den südl. Teil, der 1905–45 erneut jap. war; seit 1945 ganz zur UdSSR.

Sacharja (Vulgata: Zacharias), alttestamentl. Prophet des 6. Jh. und gleichnamiges Buch des AT.

Sacharow, Andrei Dmitrijewitsch [russ. 'saxərəf], * Moskau 21. 5. 1921, † Moskau 14. 12. 1989, russ.-sowjet. Physiker und Bürgerrechtler. Führend an der Entwicklung der sowjet. Wasserstoffbombe beteiligt. 1968 wurde im Westen sein Memorandum ›Gedanken über den Fortschritt, die friedl. Koexistenz und geistige Freiheit‹ veröffentlicht. 1970 gründete S. ein Komitee zur Durchsetzung der Menschenrechte in der UdSSR; 1975 Friedensnobelpreis; 1980 bis 1986 nach Gorki verbannt und bis 1988 aus der Sowjet. Akademie der Wiss. ausgeschlossen. Autobiographie ›Mein Leben‹ (dt. 1991).

Sachbeschädigung, die vorsätzl. und rechtswidrige Beschädigung oder Zerstörung einer fremden Sache.

Sachbezüge (Naturalbezüge), Teil des Arbeitsentgelts, das in Sachgütern (z. B. freie Station, Heizung) geleistet wird.

Sachbuch, Publikation, die [neue] Fakten und Erkenntnisse auf wiss., techn., polit., sozialem, wirtschaftl., kulturellem Gebiet in meist populärer und unterhaltsamer Form darbietet.

Sache, im *Recht* Bez. für einen abgrenzbaren körperl. Teil der den Menschen umgebenden Außenwelt, der der Beherrschung durch eine einzelne Person zugängl. ist und deshalb Gegenstand von Rechten sein kann. Unbewegl. S. sind die Grundstücke (Immobilien) mit ihren wesentl. Bestandteilen (z. B. Gebäuden). Alle anderen S. zählen zu den beweglichen (Mobilien). Im Schuldrecht von Bedeutung ist die Unterscheidung von *vertretbaren* und *unvertretbaren S.*; vertretbar sind bewegl. S., die im Verkehr nach Maß, Zahl und Gewicht bestimmt zu werden pflegen; unvertretbar sind z. B. Grundstücke oder bes. angefertigte Möbel.

Sachenrecht, dasjenige Gebiet des bürgerl. Rechts, das die Rechtsverhältnisse an Sachen betrifft. Gesetzl. Grundlage ist in erster Linie das 3. Buch des BGB.

Sacher, Paul, * Basel 28. 4. 1906, schweizer. Dirigent. Brachte mit dem Basler Kammerorchester zahlr. von ihm angeregte Werke zur Uraufführung.

Sacher-Masoch, Leopold Ritter von, Pseud. Charlotte Arand, Zoë von Rodenbach, * Lemberg 27. 1. 1836, † Lindheim (= Altenstadt bei Büdingen) 9. 3. 1895, österr. Schriftsteller. Der sexualpatholog. Begriff des →Masochismus geht auf seine zahlr. Romane (u. a. ›Venus im Pelz‹, 1870) und Erzählungen (u. a. ›Grausame Frauen‹, 6 Bde., hg. 1907) zurück, in denen das Phänomen der durch Grausamkeit ausgelösten Wollust literarisch dargestellt wird; im deutschsprachigen Bereich heftig abgelehnt, in Frankreich u. a. von V. Hugo und É. Zola gefeiert; auch Novellen über das poln. Judentum (u. a. ›Das Vermächtnis Kains‹, 4 Bde., 1870–77).

Sachmängel, Fehler einer Kaufsache, die eine erhebl. Minderung des Werts oder der Tauglichkeit für den gewöhnl. Verwendungszweck bedeuten.

Sachmet (Sechmet), ägypt. Göttin, die Krankheiten schickt und auch heilt.

Sachs, 1) Hans, * Nürnberg 5. 11. 1494, † ebd. 19. 1. 1576, dt. Meistersinger. Schuhmacher; wurde 1520 in Nürnberg Meister (→Meistersang). Schrieb über 4 000 geistl. und weltl. Lieder sowie schwankhafte Spruchgedichte (›Die Wittenbergisch Nachti-

gall‹ [1523] mit einer volkstüml. Darstellung der Lehre Luthers). Schrieb 85 Fastnachtsspiele, über 100 Komödien und Tragödien v. a. über bibl. und histor. Stoffe.

2) Nelly, eigtl. Leonie S., * Berlin 10. 12. 1891, † Stockholm 12. 5. 1970, deutschsprachige Lyrikerin. Stammte aus einer jüd. Familie; floh, von S. Lagerlöf unterstützt, 1940 nach Schweden, wurde schwed. Staatsbürgerin. Ausgangspunkt ihres Schaffens ist der Untergang des europ. Judentums, der ihr zum Zeichen für den auf der Flucht befindl. Menschen überhaupt wurde. 1965 Friedenspreis des Dt. Buchhandels, 1966 Nobelpreis für Literatur (mit S. J. Agnon). – *Werke:* In den Wohnungen des Todes (1947), Sternverdunkelung (1949), Und niemand weiß weiter (1957), Fahrt ins Staublose (1961), Glühende Rätsel (1964), Die Suchende (Ged.-Zyklen, 1966), Teile dich Nacht (hg. 1971).

Sachseln, Gem. im schweizer. Kt. Obwalden, am Sarnersee, 3 500 E. Wallfahrtskirche (1672–84). Im Ortsteil **Flüeli** Wallfahrtskapelle des hl. Nikolaus von Flüe (17. Jh.).

Sachsen, Moritz Graf von, gen. Maréchal de Saxe, * Goslar 28. 10. 1696, † Chambord 30. 11. 1750, dt. Heerführer und frz. Marschall (seit 1744). Natürl. Sohn Augusts II., des Starken, von Polen-Sachsen und der Gräfin Maria Aurora von Königsmarck; 1711 legitimiert; ab 1720 in der frz. Armee; stieg im Österr. Erbfolgekrieg zum Generalfeldmarschall aller frz. Armeen auf.

Sachsen, 1. (lat. Saxones) westgerman. Stamm oder Stammesverband, der sich im 2. und 3. Jh. an der Nordseeküste bis zum Niederrhein ausdehnte und seit Beginn des 5. Jh. z. T. nach Britannien auswanderte. Die auf dem Festland verbliebenen S. breiteten sich schließl. im ganzen Raum zw. Eider, Elbe und Saale, Werra und Unstrut sowie dem Niederrhein aus. 772–804 wurden sie von Karl d. Gr. dem Fränk. Reich gewaltsam eingegliedert; 2. →Siebenbürger Sachsen; 3. Zipser Sachsen (→Zips).

Sachsen, Land der BR Deutschland, im O des Staates, grenzt an Polen und die ČSFR, 18 300 km², 5,0 Mio. E (1990), Hauptstadt Dresden. Der N des Bundeslandes ist Teil des Norddt. Tieflandes, das mit der Leipziger Tieflandsbucht weit nach S reicht. Das Sächs. Bergland ragt im Erzgebirge über; im O schließen sich Elbsandsteingebirge und die Oberlausitz an. Wichtige Flüsse sind Elbe, Mulde und Spree. Bevölkerungsreichstes Land im O der BR Deutschland. Neben der Univ. in Leipzig bestehen TU und TH in Dresden, Chemnitz und Leipzig sowie die Hochschule für Verkehrswesen in Dresden und die Bergakademie Freiberg. Intensiver Ackerbau (Weizen, Zuckerrüben, Gemüse) in den Bördenlandschaften. Bed. Braunkohlenabbau südl. von Leipzig. Wichtige Ind.zweige sind der Maschinenbau, die Elektro-, Textil-, chem. und keram. Ind. (Meißen), Spielwarenind. und Musikinstrumentenbau im Erzgebirge und Vogtland. Gut ausgebautes Eisenbahn- und Straßennetz.

Geschichte: Das (jüngere) *Stammesherzogtum S.,* entstanden um 900 auf der Grundlage des alten Sachsenstammes unter Führung der Liudolfinger, seit 1137/42 an die Welfen vergeben, wurde nach dem Sturz Heinrichs des Löwen, als es seine größte Ausdehnung erreicht hatte, 1180 auf ein östl., an der Elbe gelegenes Rest-Hzgt. reduziert (das übrige S. kam z. T. an das Erzstift Köln, z. T. bildete es später das Hzgt. Braunschweig-Lüneburg). Das Rest-Hzgt. S. fiel 1260 an die Askanier, die es 1260 in die Hzgt. S.-Lauenburg (→Lauenburg) und S.-Wittenberg teilten. Letzteres fiel 1423 zusammen mit der 1356 (Goldene Bulle) erworbenen Kurwürde und dem Hzg.titel an die wettin. Markgrafen von Meißen. Die **Markgraf-**

schaft **Meißen,** 982 aus den Mark-Gft. Merseburg, Zeitz und Meißen gebildet und 1089/1125 an das Haus Wettin gelangt, umfaßte seit Mitte des 13. Jh. (zu dieser Zeit u. a. Erwerb Thüringens) ein Gebiet von der Oder bis zur Werra, vom Erzgebirge bis zum Harz. Auf dieses Gebiet übertrug sich 1423 der Name des Kur-Ft. S. (**Kursachsen** oder Obersachsen, während man das alte Land der Sachsen jetzt Niedersachsen nannte). 1485 kam es zur Teilung des Hauses Wettin in die Ernestin. Linie, die in den Besitz der Hauptmasse Thüringens (ab 1572 Aufspaltung in die →Sächsischen Herzogtümer) und (bis 1547) der Kurlandes S. gelangte und in der Reformationszeit als Förderer Luthers und Führer des Schmalkald. Bundes eine bed. Rolle spielte, sowie in die Albertin. Linie, die die Mark-Gft. Meißen, das Leipziger Gebiet, das nördl. Thüringen, 1547 das Kurland S. mit der Kurwürde und 1623/35 beide Lausitzen erhielt. Unter der absolutist. Herrschaft Augusts II., des Starken, wurde das Kur-Ft. S. in Personalunion mit Polen verbunden (bis 1763). Neben große kulturelle Leistungen (Dresdner Barock, J. S. Bach) trat der polit. Niedergang. 1806 wurde S. Mgl. des Rheinbundes und durch Napoleon I. zum Kgr. erhoben. – Durch den Wiener Kongreß (1815) kam die N-Hälfte des Kgr. an Preußen, das aus Gebieten an der unteren Saale und mittleren Elbe die neue, wirtschaftl. reiche preuß. Provinz S. errichtete, die 1945 mit dem Land Anhalt zur Prov. S. vereinigt wurden (1947–52 →Sachsen-Anhalt). – 1831 erhielt das **Königreich Sachsen** eine Verfassung, die ein Zweikammersystem vorsah. 1866 erfolgte der Beitritt zum Norddt. Bund. Seitdem nahm S. einen wirtschaftl. Aufschwung. – Am 10. 10. 1918 wurde in Dresden von den Arbeiter- und Soldaten-Räten die Republik S. ausgerufen, am 1. 11. 1920 nach Weimarer Vorbild eine Verfassung im *Land S.* erlassen. 1945 kam dieses mit Teilen Niederschlesiens zur sowjet. Besatzungszone. Mit dem Aufhebung der Verfassung vom 28. 2. 1947 durch die Verwaltungsreform der DDR am 25. 7. 1952 wurde das Land S. in die Bezirke Leipzig, Dresden und Karl-Marx-Stadt (Chemnitz) aufgeteilt und hörte damit faktisch auf zu bestehen. Im Zuge des Einigungsprozesses der ehemaligen DDR mit der BR Deutschland wurde 1990 das Land S. wiedererrichtet. Erste Landtagswahlen fanden am 14. 10. 1990 statt. Sie wurden von der CDU gewonnen; erster Min.-Präs. wurde K. Biedenkopf (CDU).

Sachsen-Anhalt, Land der BR Deutschland, grenzt im W an Niedersachsen und Thüringen, im O an Brandenburg und Sachsen, 20400 km², 2,9 Mio. E (1990), Hauptstadt Magdeburg. Weite Teile des Landes werden vom Norddt. Tiefland eingenommen; im W setzt die Mittelgebirgsschwelle mit dem östl. Harz ein (im Brocken 1142 m hoch). Zentren sind Magdeburg, Halle, Dessau. Neben der Univ. Halle-Wittenberg gibt es eine TU in Magdeburg und die TH Leuna-Merseburg. Intensiver Ackerbau wird in der Magdeburger Börde und auf der Querfurter Platte betrieben. Chem. Ind., die v. a. auf dem Braunkohlenabbau beruht; Maschinen- und Fahrzeugbau. Das Tiefland ist verkehrsmäßig gut erschlossen.

Geschichte: Das Land S.-A. wurde 1947 aus der ehem. preuß. Prov. →Sachsen (mit Ausnahme des Regierungsbezirks Erfurt, der schon 1944 zu →Thüringen gekommen war) und dem ehem. Land →Anhalt gebildet. Bereits 1952 erfolgte die Aufteilung in die Bezirke Halle und Magdeburg durch die Verwaltungsreform der ehem. DDR. 1990 wurde im Zuge des Einigungsprozesses der DDR mit der BR Deutschland das Land S.-A. wiedererrichtet. Am 14. 10. 1990 fanden die ersten Landtagswahlen statt, die die CDU gewinnen konnte. Erster Min.-Präs. einer CDU-FDP-Koalition wurde G. Gies (CDU); er wurde von W. Münch am 4. 7. 1991 abgelöst.

Sachsenhausen, Ortsteil von Oranienburg, Brandenburg. 1936–45 bestand in S. ein nat.-soz. KZ, dessen Insassen v. a. im 2. Weltkrieg zu Zwangsarbeit eingesetzt wurden. Von den rd. 200000 Häftlingen kam mehr als die Hälfte um.

Sachsenring, Rennstrecke (8,618 km) bei Hohenstein-Ernstthal.

Sachsenspiegel, das älteste und einflußreichste Rechtsbuch des dt. MA, um 1224–31 von Eike von Repgow in lat. Sprache konzipiert und ins Niederdt. übertragen. Der S. faßte die im sächs. Gebiet geltenden gewohnheitsrechtl. Regeln des Landrechts und des Lehnsrechts zusammen und bildete die Vorlage der oberdt. Rechtsbücher (Deutschenspiegel, Schwabenspiegel).

Sachsenwald, Waldgebiet östl. von Hamburg, 6785 ha, mit Schloß Friedrichsruh und dem Mausoleum Bismarcks.

Sächsisch, svw. Obersächsisch (→deutsche Mundarten [Übersicht]).

Sächsische Herzogtümer, die Teil-Hzgt. im thüring. Raum, die das ernestin. Hzgt. Sachsen ab 1572 zersplitterten. 1826 umfassende Neuordnung in die Hzgt. *Sachsen-Meiningen, Sachsen-Altenburg, Sachsen-Coburg und Gotha; Sachsen-Weimar-Eisenach* war bereits 1815 (Wiener Kongreß) zum Groß-Hzgt. erhoben worden (seit 1877 auch Groß-Hzgt. Sachsen gen.). Die 4 S. H. traten 1867 dem Norddt. Bund und 1871 dem Dt. Reich bei. 1918 dankten sämtl. thüring. Fürsten ab; 1918–21 entstand aus dem thüring. Freistaaten das Land →Thüringen; Coburg fiel an Bayern.

Sächsische Schweiz, Teil des →Elbsandsteingebirges.

Sächsische Weltchronik, um 1230 in niederdt. Sprache verfaßte Darstellung der Weltgeschichte; erstes dt. Geschichtswerk in Prosa; die Verfasserschaft Eikes von Repgow wird neuerdings bestritten.

Sachunterricht, im Unterricht der Grundschule der Bereich, der dem Schüler die von ihm erlebte Umwelt erschließen soll; ordnet die zusammengetragenen Beobachtungen in verschiedenen Lernbereichen (sozialer, soziokultureller und wirtschaftl. Bereich; naturwiss.-techn. Bereich; Biologie und Sexualerziehung; Geschichte, Erdkunde, Verkehrserziehung).

Sachverständigenrat (S. zur Begutachtung der gesamtwirtsch. Entwicklung), von der Bundesregierung bestelltes Gremium aus 5 Nationalökonomen (›fünf Weise‹) zur (jährl.) Begutachtung der wirtschaftl. Entwicklung.

Sachverständiger, Person, die dem Richter mit ihrer bes. Sachkunde bei der Wahrheitsfindung hilft. Die Auswahl des S. obliegt dem Richter.

Sachwalter, beim Vergleichsverfahren eine oder mehrere Personen, die als Interessenvertreter der Gläubiger den Schuldner bis zur Erfüllung des Vergleichs überwachen.

Sachwert, der in Gütern verkörperte, vom Preis unabhängige Gebrauchswert.

Sack, Erna, * Spandau 6. 2. 1898, † Mainz 2. 3. 1972, dt. Sängerin (Koloratursopran). Durch Gastspiele und Konzerte internat. bekannt; ihre Stimme reichte bis zum viergestrichenen c.

Sackmotten (Coleophoridae), Fam. schmalflügeliger, etwa 4–15 mm spannender, oft metall. glänzender Schmetterlinge mit zahlr. Arten, v. a. in Eurasien; die minierenden Raupen sind z. T. sehr schädlich.

Sackpfeife (Dudelsack, Piva), volkstüml. Blasinstrument, bestehend aus einem Windsack (Balg) aus Tierhaut, in dem 1–2 Spielpfeifen, meist mit Doppelrohrblatt, und 1–3 Bordunpfeifen mit einfachem Rohrblatt stecken. Die S. war im MA hochgeschätzt und wurde später ein Volks-, Hirten- und Bettlerinstrument. Schott. Nationalinstrument.

Sachsen-Anhalt
Landeswappen

Mihail Sadoveanu

Sackspinnen (Clubionidae), verbreitete Fam. nachtaktiver Jagdspinnen mit rd. 1500 Arten, davon über 60 Arten (2–15 mm lang) in Deutschland; verfertigen an Pflanzen sackförmige Nester. Der Biß der *Dornfingerspinne* (15 mm lang; grünlich) verursacht beim Menschen heftige, stundenlang anhaltende Schmerzen.

Sackträger (Sackspinner, Psychidae), mit rd. 800 Arten weltweit verbreitete Schmetterlingsfam., rd. 100 Arten in Deutschland; Raupen in artspezif. Gespinstsäcken.

Sackville-West, Victoria Mary [engl. 'sækvɪl-'wɛst], * Knole Castle bei London 9. 3. 1892, † Sissinghurst Castle bei Maidstone 2. 6. 1962, engl. Schriftstellerin. 1913–45 ∞ mit H. G. Nicolson. Verfaßte v. a. Romane (›Schloß Chevron‹, 1930; ›Weg ohne Weiser‹, 1960) und Erzählungen, meist aus der Welt der engl. Aristokratie.

Sacra conversazione (Santa conversazione) [italien. ›heilige Unterhaltung‹], Andachtsbild mit der thronenden Mutter Gottes mit dem Jesuskind und zwei oder vier Heiligen; ausgebildet von Giorgione.

Sacramento [engl. sækrə'mɛntoʊ], Hauptstadt von Kalifornien, USA, am unteren Sacramento River, 276 000 E. Univ.; u. a. Metall- und Holz-Ind., Hafen, ⚓.

Sacramento River [engl. sækrə'mɛntoʊ 'rɪvə], mit 615 km längster Fluß Kaliforniens, mündet zus. mit dem San Joaquin River in die San Francisco Bay.

Sadat, As, Muhammad Anwar, * Mit Abu Al Kaum bei Kairo 25. 12. 1918, † Kairo 6. 10. 1981 (ermordet), ägypt. Politiker. Berufsoffizier; Vize-Präs. 1969/70; Nachfolger Nassers als Staats-Präs. seit Okt. 1970; suchte nach dem Krieg von 1973 einen Ausgleich mit Israel (Friedensvertrag 1979); erhielt zus. mit dem israel. Min.-Präs. M. Begin den Friedensnobelpreis 1978.

Sadduzäer, religiös-polit. (konservative) Gruppierung des Judentums, die sich um 200 v. Chr. herausgebildet hat und v. a. einflußreiche und wohlhabende Kreise der Bevölkerung umfaßte.

Muhammad Anwar As Sadat

Sade, Donatien Alphonse François Marquis de [frz. sad], * Paris 2. 6. 1740, † Charenton-le-Pont bei Paris 2. 12. 1814, frz. Schriftsteller. Aufgrund seiner exzentr. Lebensführung und seiner Schriften 27 Jahre in Haft oder in Nervenheilanstalten, ab 1803 in Charenton. War ein genauer Kenner der philosoph. und literar. Strömungen seiner Zeit, u. a. (kontroverse) Korrespondenz mit J.-J. Rousseau. Sein Romanwerk, u. a. ›Justine oder Das Mißgeschick der Tugend‹. 1791; 1797 zus. mit einer Forts. in 10 Bdn. u. d. T. ›La nouvelle Justine ...‹ erschienen, dt. 1904 in 2 Bdn. u. d. T. ›Justine und Juliette‹) begründete den literar. Amoralismus, v. a. durch exakte Darstellung sexueller Perversionen (→Sadismus), dessen kulturgeschichtl. Wirkung bis zu den Surrealisten und Existentialisten des 20. Jh. reicht. – *Weitere Werke:* Philosophie im Boudoir (Dialoge, 1795), Verbrechen der Liebe (Nov.n, hg. 1800), Die 120 Tage von Sodom (R.-Fragment, 1785, hg. 1904).

Sadebaum [lat./dt.] →Wacholder.

Sá de Miranda, Francisco de [portugies. 'sa ðə mi'rɐndɐ], * Coimbra 27. 10. 1485, † Tapada (Minho) 15. 3. 1558, portugies. Dichter und Humanist. Erneuerer der portugies. Poesie; Einführung u. a. von Sonett und Kanzone.

Sadismus [nach D. A. F. Marquis de Sade], Bez. für die perverse psych. Disposition, durch körperl. und/oder seel. Schmerzzufügung bei anderen oder sich selbst *(Sadomasochismus)* (sexuelle) Lust zu empfinden.

Sadová (dt. Sadowa), Ort im Ostböhm. Gebiet, ČSFR, 13 km nw. von Königgrätz. Die Schlacht bei →Königgrätz wird auch Schlacht bei S. genannt.

Saflor:
Färbersaflor

Sadoveanu, Mihail [rumän. sado'veanu], Pseud. M. S. Cobuz, * Pașcani 5. 11. 1880, † Bukarest 19. 10. 1961, rumän. Schriftsteller. Einer der größten Repräsentanten der rumän. Prosaliteratur; u. a. ›Ankutzas Herberge‹ (R., 1928), ›Nechifor Lipans Weib‹ (R., 1930), ›Reiter in der Nacht‹ (R., 1952).

SAE-Klassen [engl. 'ɛs-ɛɪ'i:], eine von der Society of Automotive Engineers (SAE) aufgestellte *Ölklassifizierung* zur Kennzeichnung von Mineralölen nach Viskoseklassen; genormt für Winteröle bei − 17,8 °C (0 °F) und für Sommeröle bei 98,9 °C (210 °F). Niedrige SAE-Klassen-Zahl entspricht dünnflüssigen (z. B. SAE 20), hohe (z. B. SAE 50) dickflüssigen Motorölen. Ein W bedeutet Winteröl (z. B. SAE 10 W).

SAE-Leistung [engl. 'ɛs-ɛɪ'i:], bei Verbrennungskraftmaschinen die am Schwungrad verfügbare und nach den Normen der Society of Automotive Engineers (SAE) ermittelte Nutzleistung; im Ggs. zur DIN-Leistung ohne kraftverzehrende Ausrüstungsteile bestimmt.

Safari [arab.-Swahili], 1. Bez. für längeren Überlandmarsch [mit Trägern und Lasttieren] (bes. in Afrika); 2. Gesellschaftsreise zur Jagd oder Großwildbeobachtung *(Photosafari).*

Safawiden, pers. Dynastie (1502–1722), die mit der Schaffung eines einheitl. Staates sowie der Einführung der Zwölferschia als Staatsreligion die Grundlagen des heutigen Iran legte. Höhepunkt ihrer Herrschaft war die Regierungszeit Abbas' I., d. Gr. (⚰ 1587–1629).

Safe [engl. sɛɪf] → Tresor.

Saffianleder [pers.-türk.-slaw./dt.] (Perlziege[nleder]), feines, zähes Leder mit feinkörnigen Narben, aus Häuten der Hausziege; z. B. für Bucheinbände.

Saflor [arab.], Gatt. der Korbblütler mit rd. 25 Arten, verbreitet vom Mittelmeergebiet bis Z-Asien; bekannteste Art ist der *Färber-S.* (Färberdistel, Carthamus tinctorius), bis 80 cm hoch, mit gelben bis orangeroten Röhrenblüten (früher zum Färben von Seide verwendet); aus seinen Samen wird hochwertiges Speiseöl gewonnen.

Safran [pers.-arab.] → Krokus.

Saftpflanzen, svw. → Sukkulenten.

Saga [isländ. ›Bericht, Erzählung‹] (Mrz. Sögur), Sammelbez. für skandinav., insbes. isländ. Prosaerzählungen des MA (12.–14. Jh.) in realist., knappem Stil. Die Sögur sind keine festumrissene Gattung; sie umfassen eine Reihe von ep. Formen.

Sagaliteratur, i. e. S. v. a. die skandinav. *Königsgeschichten,* u. a. von Snorri Sturluson (seit der Mitte des 12. Jh. bis etwa 1280), und die *Isländergeschichten,* 36 Prosaerzählungen, die von der Landnahme Islands handeln; romanartige Biographien und der isländ. Familienroman sind die wichtigsten Typen. Die S. sind Teil der → altnordischen Literatur. – Zur Sagaliteratur i. w. S. gehören Rittersagas, Prosaübersetzungen v. a. frz. und anglonormann. Epik, Märchen sowie hagiograph. Literatur (Marien-, Apostel- und Heiligenlegenden).

Sagan, Françoise [frz. sa'gã], eigtl. F. Quoirez, * Cajarc bei Cahors 21. 6. 1935, frz. Schriftstellerin. Bekannt v. a. durch zahlr. erot. Romane, u. a. ›Bonjour tristesse‹ (1954), ›Lieben Sie Brahms?‹ (1959), ›Ein verlorenes Profil‹ (1974), ›Willkommen Zärtlichkeit‹ (1981), ›Brennender Sommer‹ (1985).

Sagan (poln. Żagań), Stadt am mittleren Bober, Polen’, 24 000 E. – 1397–1472 Hauptstadt des von Glogau abgetrennten niederschles. Teil-Hzgt. Sagan der Piasten, das 1472 an die Wettiner, 1549 an die Habsburger kam; ab 1740 preuß. Lehns-Ft. (1815 bis 1918 Standesherrschaft) im Besitz verschiedener Adelsfamilien.

Sage, Sammelbegriff für mündl. überlieferte Erzählungen, deren Realitätsanspruch über dem des

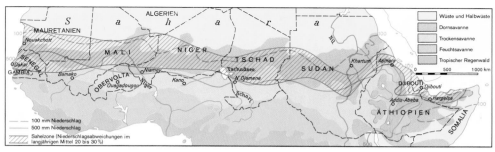

Sahelzone: Niederschlagsmengen und Vegetationszonen (nach Horst Mensching)

Märchens liegt. Von der Volks-S. müssen die nord. Sagas sowie die Götter- und Helden-S. unterschieden werden.

Säge, Handwerkzeug oder Maschine zum Zertrennen (Sägen) von Holz, Metall, Stein, Kunststoff u. a., wobei das Material entsprechend der Zahnung und Schränkung des Sägeblatts zerspant wird. **Handsägen:** 1. *Schrot-* oder *Zug-S.* mit Griffen an beiden Enden zum Zersägen von Baumstämmen; 2. *Handspann-S.* *(Gestell-S., Tischler-S.)* für Tischlerarbeiten; 3. die *Bügel-S.* mit einem in einen Stahlrohrbügel eingespannten S.blatt (z. B. die *Baum-S.,* die *Laub-S.* für Sperrholzarbeiten); 4. die *Handsteif-S.* mit einem ungespannten steifen bzw. verstärkten Blatt (z. B. der *Fuchsschwanz,* die *Stich-* oder *Loch-S.*). **Maschinensägen:** 1. die *Band-S.* mit einem endlosen S.blatt (S.band); 2. die *Kreis-S.* mit einem rotierenden, kreisförmigen S.blatt; 3. die zum Zertrennen von Stämmen dienende *Gatter-S.;* 4. die *Ketten-S.* mit einer umlaufenden, mit S.zähnen versehenen Laschenkette; 5. die elektr. *Stich-S.;* 6. die *Bügelsägemaschine (Kalt-S.)* für Metall; 7. die *Drahtsägemaschine (Drahtseil-S.)* mit einem endlosen Drahtseil als Trennelement zum Zertrennen großer Natursteine.

Sägefische, svw. → Sägerochen.

Sägehaie (Pristiophoridae), Fam. bis 1,5 m langer Haifische mit 4 Arten in den Meeren um S-Afrika und Australien; mit schwertförmig verlängerter Schnauze und je einer Reihe langer, spitzer Zähne an den Außenrändern; Bodenbewohner.

Sägemuskel (Serratus), Bez. für 3 paarige, sägezahnartig gezackte, flache Rückenmuskelverbände des Menschen; fungieren durch Anhebung bzw. Senkung der Rippen als Atemhilfsmuskeln.

Säger, Gatt. bis gänsegroßer Enten mit rd. 10 Arten an Süßgewässern N-Eurasiens und Kanadas; vorwiegend Fische fressende Vögel mit seitl. gezähntem, vorn meist hakig gekrümmtem Schnabel; Zugvögel.

Sägerochen (Sägefische, Pristidae), Fam. bis über 10 m langer Rochen mit 6 Arten v. a. in trop. und subtrop. Meeren (z. T. auch in Brack- und Süßgewässern); Kopf ähnl. wie bei den Sägehaien.

Sägetang, charakterist. Braunalgenart in der Gezeitenzone der Felsenküste des Nordatlantiks; Thallus olivbraun, lederartig, bis 50 cm lang, bandförmig, am Rand gesägt, gabelig verzweigt; in Büscheln an (während der Ebbe) trockenfallenden Klippen.

Sägewespen, Gatt. der Blattwespen mit zahlr. Arten, davon 9 in M-Europa; Larven im Inneren der Früchte von Rosengewächsen; oft schädlich.

Sägezahnschwingungen → Kippschwingungen.

Sagitta [lat.] → Sternbilder (Übersicht).

Sagittalrichtung [lat./dt.], beim menschl. Körper die Richtung von vorn (ventral) nach hinten (dorsal).

Sago [indones.-engl.-niederl.] → Maniok.

Sagopalme, Gatt. bis 15 m hoher Fiederpalmen mit rd. 30 Arten im Malaiischen Archipel, auf Neuguinea und auf den Fidschiinseln; einige Arten liefern Sago.

Sagorsk, russ. Stadt 70 km nnö. von Moskau, 108 000 E. Residenz des Patriarchen der orth. Kirche von Rußland; Filmtechnikum. Dreifaltigkeitskirche (1422), Heiliggeistkirche (1554), Uspenski-Kathedrale (um 1555–85).

Sagrosgebirge, Faltengebirgssystem im westl. Iran, bis 4 548 m hoch.

Sagunto [span. sa'ɣunto] (dt. Sagunt), span. Stadt am Palancia, 52 000 E. Archäolog. Museum; Theater. Ruinen des Kastells und der 600 m langen Befestigungsmauern aus iber., röm., arab. und späterer Zeit; röm. Amphitheater.

Sahara ['za:hara, za'ha:ra], mit etwa 9 Mio. km² der größte geschlossene Wüstenraum der Erde, in N-Afrika. In der westl. S. ermöglichen Tau und Nebel die Ausbildung einer von Nomaden durchstreiften Wüstensteppe. Das Kerngebiet der westl. S. ist menschenleer und gliedert sich in große Becken. In der mittleren S. erheben sich die vulkan. Bergländer des Ahaggar und des Tibesti über 3 000 m Höhe, gesäumt von einem Kranz von Schichtstufen, deren Stirnseiten durch Wadis zerschnitten sind. Hier leben ehem. krieger. Nomaden (Tuareg, Tubu). Die alger. S.gebiete zw. dem Saharaatlas und den Vorbergen des Ahaggar sind durch eine große Anzahl von Oasensiedlungen gekennzeichnet. Die östl. S. ist eine Hochebene mit ausgedehnten Geröllfeldern und dem Sandmeer der Libyschen Wüste. Östl. des Niltals steigt sie in der Arab. und Nub. Wüste bis über 2 250 m an und bricht dann steil zum Roten Meer hin ab. Bed. Bodenschätze: Erdöl in Algerien, Libyen und Tunesien; Erdgas v. a. in Algerien, Eisenerz in Mauretanien; Phosphat in der nördl. W-Sahara, Uranerz in Niger.

Saharaatlas ['za:hara, za'ha:ra] → Atlas.

Sahel, dicht besiedelte Küstenlandschaft in O-Tunesien, i. e. S. das Hinterland des Golfes von Hammamet.

Sahelzone [arab./griech.], Übergangszone vom eigtl. Wüstengebiet der Sahara zur Dornstrauchsavanne, am Saharasüdrand als breiter Gürtel vom Atlantik bis zum Roten Meer ausgebildet. Hier treten regelmäßig Dürren auf, die durch Störung des ökolog. Gleichgewichts katastrophale Folgen haben.

Sahib [arab.-Hindi], Herr (ind. Anrede für Europäer).

Saiblinge, Gatt. etwa 0,1–1 m langer, farbloser bis bunter Lachsfische in kühlen, sauerstoffreichen Süßgewässern (z. T. auch in Meeren) der nördl. Nordhalbkugel und der Alpen und Voralpen; Gestalt heringsförmig; man unterscheidet in Europa den *Bach-S.* (20–40 cm lang, Speisefisch) vom *See-S.* (Rotforelle, Rotfisch, Ritter; 10–75 cm lang, Speisefisch).

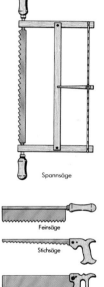

Spannsäge

Feinsäge

Stichsäge

Fuchsschwanz

Laubsäge

Nutsäge

Zugsäge

Sägen

Saida, Stadt an der südl. Küste von Libanon, 45 000 E. Seekastell (um 1230) auf einer Felseninsel, Moschee (an der Stelle eines Johanniterhospitals des 13. Jh.). – In der Antike **Sidon** (bed. Phönikerstadt); 1111 bis 1291 in der Hand der Kreuzfahrer; gehörte 1516–1918 zum Osman. Reich.

Saiditen (Seiditen) → Zaiditen.

Saiga [russ.] (Saigaantilope), bis 1,4 m lange Antilope (Unterfam. *Saigaartige* [Saiginae]) in den Steppen von Zentralasien bis Osteuropa; ♂ mit leicht gekrümmtem, bernsteinfarbenem, etwa 25 cm langem Gehörn.

Saigon ['zaɪgɔn, zaɪ'gɔn] → Thanh Phô Hô Chi Minh.

Saijid (Sidi), arab. Titel, heute im allg. svw. ›Herr‹; auch Ehrentitel der Nachkommen des Propheten und von Heiligen.

Sailer, Johann Michael, * Aresing 17. 11. 1751, † Regensburg 20. 5. 1832, dt. kath. Theologe und Pädagoge. Begründer der kath. Erneuerung um 1800.

Saimasee [schwed. 'saima], Seensystem in SO-Finnland, insgesamt 4 400 km², davon entfallen auf den eigtl. See 1 490 km².

Saint [engl. snt; frz. sɛ̃; zu lat. sanctus ›heilig‹], frz. und engl. für heilig.

Saint Albans [engl. snt'ɔ:lbənz], engl. Stadt am Fuß der Chiltern Hills, Gft. Hertford, 50 900 E. Drukkerei-, Textil-, Bekleidungs- u. a. Industrie. Normann. Kathedrale (geweiht 1115). – Das antike **Verulamium,** 15 v. Chr. gegr., wurde nach dem ersten engl. Märtyrer, dem hl. Alban († um 305, hier bestattet), benannt.

Saint Andrews [engl. snt'ændru:z], Stadt an der O-Küste Schottlands, Region Fife, 11 300 E. Univ.; Seebad. Ruine der ehem. Kathedrale (1160 ff.), Pfarrkirche Holy Trinity (1410); bischöfl. Schloß (um 1200).

Saint Augustine [engl. snt'ɔ:gəsti:n], Stadt im nö. Florida, USA, am Atlantik, 12 000 E. Älteste Stadt in den USA (gegr. 1586 von Sir Francis Drake) mit zahlr. Bauten aus der span. Kolonialzeit.

Saint-Brieuc [frz. sɛ̃bri'ø], frz. Stadt in der Bretagne, am Golf von Saint-Malo, 48 600 E. Verwaltungssitz des Dep. Côtes-du-Nord; u. a. Stahlwerk; Hafen; Seebad. Got. Kathedrale (13./14., 15. und 18. Jh.); ehem. bischöfl. Palais (Renaissance).

Saint Christopher and Nevis

Staatsflagge

Staatswappen

Saint Christopher and Nevis

Fläche: 267 km²
Einwohner (1987): 43 410
Hauptstadt: Basseterre
Amtssprache: Englisch
Nationalfeiertag: 19. 9.
Währung: 1 Ostkarib. Dollar (EC$) = 100 Cents
Zeitzone: MEZ − 5 Std.

Saint Christopher and Nevis [engl. snt'krɪstəfə ənd 'ni:vɪs], Staat im Bereich der Kleinen Antillen, umfaßt die Inseln Saint Christopher (Saint Kitts) und Nevis.

Landesnatur: Die auf Saint Christopher bis 1 156 m hohen Inseln gehören zum inneren, vulkan. Bogen der Inseln über dem Winde; trop. Klima.

Bevölkerung: Sie besteht vorwiegend aus Schwarzen; starke Auswanderung.

Wirtschaft, Verkehr: Hauptanbauprodukte (Export) sind auf Saint Christopher Zuckerrohr, auf Nevis Baumwolle. Weitere wichtige Exportprodukte sind Melasse, Kopra und Kokosnüsse. Auch Fremdenverkehr. Das Straßennetz umfaßt auf beiden Inseln je 150 km Straßen; Tiefseehafen und internat. ⚓ in Basseterre.

Geschichte: 1623/28–1967 brit. Kolonialbesitz (1871–1956 im Bund der Leeward Islands, 1958–62 in der Westind. Föderation); ab 1967 als Mgl. der Westind. Assoziierten Staaten (fakt. bis 1971, formal bis 1980 als *Saint Christopher-Nevis-Anguilla*) mit Großbrit. assoziiert; seit 1983 im Rahmen des Commonwealth unabhängig (föderative Struktur).

Politisches System: Konstitutionelle Monarchie im Rahmen des Commonwealth; *Verfassung* von 1983. *Staatsoberhaupt* ist der brit. Monarch, vertreten durch den Generalgouverneur. *Exekutivorgan* ist die Regierung unter Leitung des Premiermin., die *Legislative* liegt beim House of Assembly (11 Abg. für 5 Jahre gewählt). *Parteien:* Labour Party, People's Action Movement, Nevis Reformation Party. – Karte XIV, Bd. 2, n. S. 320.

Saint-Cloud [frz. sɛ̃'klu], frz. Stadt im westl. Vorortbereich von Paris, Dep. Hauts-de-Seine, 28 600 E. – Das königl. Schloß (1870 zerstört) war 1799 Ort von Napoléon Bonapartes Staatsstreich, 1804 seiner Kaiserproklamation, 1852 der Kaiserproklamation Napoleons III.

Saint-Denis [frz. sɛ̃d'ni], 1) frz. Stadt im nördl. Vorortbereich von Paris, Dep. Seine-Saint-Denis, 90 800 E. Univ., Ind.standort. Die Abteikirche (vermutl. nach 1130) war Vorbild berühmter frz. Kirchen der Gotik. – Die um 625 durch Dagobert I. gegr. Abtei S.-D. war bevorzugtes Kloster und Grablege der fränk., später der frz. Könige (1793 verwüstet).
2) Hauptstadt des frz. Übersee-Dep. Réunion, an der N-Küste der Insel Réunion, 109 100 E. Univ., naturhistor., Kunstmuseum; Flottenstützpunkt; ⚓.

Saint-Dié [frz. sɛ̃'dje], frz. Stadt in Lothringen, Dep. Vosges, 23 600 E. Textilindustrie. Roman.-got. Kathedrale (12. und 14. Jh.).

Sainte-Beuve, Charles Augustin [frz. sɛ̃t'bœv], * Boulogne-sur-Mer 23. 12. 1804, † Paris 13. 10. 1869, frz. Literaturkritiker und Schriftsteller. Sein epochemachendes Werk ›Causeries du lundi‹ (15 Bde., 1851–62, dt. Ausw. 1880 u. d. T. ›Menschen des XVIII. Jh.‹) präsentiert in Form des literar. Porträts eine frz. Kulturgeschichte von hohem Rang.

Saint Elias Mountains [engl. snti'laɪəs 'maʊntɪnz], z. T. vergletschertes Gebirgszug im nw. Kanada, im Mount Logan, dem höchsten Berg Kanadas, 5 950 m hoch.

Saintes [frz. sɛ̃t], frz. Stadt am Unterlauf der Charente, Dep. Charente-Maritime, 25 500 E. U. a. archäolog. und prähistor. Museum. Triumphbogen, Thermen, Amphitheater und Aquädukte aus gall.-röm. Zeit. Roman. Abteikirche Sainte-Marie-aux-Dames (11./12. Jh.).

Saintes-Maries-de-la-Mer [frz. sɛ̃tmari:dəla-'mɛ:r], frz. Gem. an der Küste der Camargue, Dep. Bouches-du-Rhône, 2 000 E. Wallfahrtsort der Roma. Roman. Kirchenburg (12. Jh.).

Saint-Étienne [frz. sɛ̃te'tjɛn], frz. Stadt im nö. Zentralmassiv, 205 000 E. Verwaltungssitz des Dep. Loire; Univ., Museen, Theater. Zentrum eines Kohlenreviers. Got. Kirche Saint-Étienne (14. Jh.).

Saint-Exupéry, Antoine de [frz. sɛ̃tɛgzype'ri], eigtl. Marie Roger Graf von S.-E., * Lyon 29. 6. 1900, ⚔ bei Saint-Raphaël (Var) 31. 7. 1944 (bei einem Aufklärungsflug über dem Mittelmeer abgeschossen), frz. Schriftsteller. Ab 1934 bei der Air France; schrieb Romane (›Wind, Sand und Sterne‹, 1939), Erzählungen und Schriften (›Dem Leben einen Sinn geben‹, hg. 1956). – *Weitere Werke:* Südkurier (R., 1929), Nachtflug (R., 1931), Der kleine Prinz (Märchen, 1943).

Saint George's [engl. snt'dʒɔ:dʒɪz], Hauptstadt von Grenada, Kleine Antillen, 29 400 E. Botan. Garten; Haupthandelsplatz und -hafen der Insel.

Saint-Germain-en-Laye [frz. sɛ̃ʒɛrmɛ̃ã'lɛ], frz. Stadt im westl. Vorortbereich von Paris, Dep. Yvelines, 38 500 E. Schloß (1539 ff., heute Museum) mit Donjon (14. Jh.) und got. Kapelle (1230 ff.); sog. Terrasse von Le Nôtre (17. Jh.). – Bis 1682 Residenz vieler frz. Könige. – Im **Friedensvertrag von Saint-Germain(-en-Laye)**, am 10. 9. 1919 von Österreich und den Ententemächten unterzeichnet, mußte Österreich auf den Anschluß an das Dt. Reich verzichten, den Zerfall des Habsburgerreiches anerkennen und die Gesamtstärke seiner Streitkräfte auf 30 000 Mann begrenzen.

Saint Helens, Mount [engl. 'maʊnt snt'hɛlınz], tätiger Vulkan in der Cascade Range, USA, 2 947 m ü. d. M. (vor seinem Ausbruch im Mai 1980).

Saint Hélier [frz. sɛ̃te'lje] (engl. Saint Helier [engl. snt'hɛljə], Hauptort der Kanalinsel Jersey, 28 000 E. Hafen, Seebad.

Saint John [engl. snt'dʒɔn], kanad. Stadt an der Bay of Fundy, 76 400 E. Eisfreier Hafen.

Saint-John Perse [frz. sɛ̃dʒɔn'pɛrs], eigtl. Marie-René-Alexis [Saint-Léger] Léger, * Saint-Léger-les-Feuilles (Antillen) 31. 5. 1887, † Giens bei Toulon 20. 9. 1975, frz. Lyriker. Emigrierte 1940 nach Großbrit., 1959 Rückkehr; schrieb v. a. Prosagedichte (u. a. ›Anabasis‹, 1924; ›Exil‹, 1942; ›Chronik‹ 1960; ›Oiseaux, Vögel‹, 1962), die Symbolkomplexe (u. a. Meer, Licht, Wind) bevorzugen. Nobelpreis für Literatur 1960.

Saint John's [engl. snt'dʒɔnz], 1) Hauptstadt von Antigua und Barbuda, auf Antigua, 30 000 E. Hafen; internat. ⚓.
2) Hauptstadt der kanad. Prov. Newfoundland, an der O-Küste der Avalon Peninsula, 96 200 E. Univ.; Marine- und Militär-, Prov.museum. Wichtigstes Handels- und Ind.zentrum der Insel Neufundland; eisfreier Hafen; ⚓.

Saint-Just, Louis Antoine Léon [frz. sɛ̃'ʒyst], * Decize bei Nevers 25. 8. 1767, † Paris 28. 7. 1794, frz. Revolutionär. 1792 Mgl. des Nationalkonvents, 1793 des Wohlfahrtsausschusses; zus. mit seinem Kampfgefährten Robespierre gestürzt und hingerichtet.

Saint-Lô [frz. sɛ̃'lo], frz. Stadt in der Normandie, auf der Halbinsel Cotentin, 23 200 E. Verwaltungssitz des Dep. Manche. – 1944 schwer zerstört; u. a. wiederaufgebaute Kirche Notre-Dame (15./16. Jh.).

Saint Louis [eng. snt'lʊıs], Stadt am Mississippi, nahe der Einmündung des Missouri, Mo., USA, 426 300 E. 3 Univ.; Kunst-, histor. Museum; Theater, Sinfonieorchester; u. a. Nahrungsmittelindustrie. Alte Kathedrale (19. Jh.), 192 m hoher Stahlbogen (symbol. Tor zum Westen; 1958–64 von Eero Saarinen). – Gegr. 1764 durch Frankokanadier, ben. nach dem frz. König Ludwig IX., dem Heiligen.

Saint-Louis [frz. sɛ̃'lwi], senegales. Hafenstadt an der Mündung des Senegal in den Atlantik, 96 600 E.

Saint Lucia		
Fläche: 617 km²		
Einwohner (1988): 146 600		
Hauptstadt: Castries		
Amtssprache: Englisch		
Nationalfeiertag: 22. 2.		
Währung: 1 Ostkarib. Dollar (EC$) = 100 Cents		
Zeitzone: MEZ − 5 Std.		

Saint Lucia [engl. snt'lu:ʃə], Staat im Bereich der Westind. Inseln, umfaßt die gleichnamige Insel der Kleinen Antillen.

Landesnatur: Die gebirgige, bis 958 m hohe Insel mit trop. Klima gehört zum inneren, vulkan. Bogen der Inseln über dem Winde.

Bevölkerung: Es überwiegen die Nachkommen afrikan. Sklaven; sie sind zumeist Katholiken.

Wirtschaft, Verkehr: Die Monokultur des Zuckerrohranbaus wurde abgelöst von Bananen- und Kokospalmenkulturen; bed. Fremdenverkehr. Das Straßennetz ist rd. 800 km lang; 3 Häfen, internat. ⚓.

Geschichte: Seit dem 17. Jh. engl. Besiedlung, 1814 endgültig brit. (1838 zum Verband der Windward Islands; 1958–62 Mgl. der Westind. Föderation, 1967–79 der Westind. Assoziierten Staaten); am 22. 2. 1979 unabhängig.

Politisches System: Konstitutionelle Monarchie im Commonwealth; *Verfassung* von 1979. *Staatsoberhaupt* und oberster Inhaber der *Exekutivgewalt* ist der brit. Monarch, vertreten durch den Generalgouverneur. *Legislativorgan* ist das Zweikammerparlament (House of Assembly, 17 Abg., auf 5 Jahre gewählt; Senat, 11 ernannte Mgl.). *Parteien:* United Worker's Party, St. Lucia Labour Party, Progressive Labour Party. – Karte XIV, Bd. 2, n. S. 320.

Saint-Malo [frz. sɛ̃ma'lo], frz. Hafenstadt in der Bretagne, Dep. Ille-et-Vilaine, 46 300 E. Museum der internat. Segelschiffahrt; u. a. Schiffbau; Seebad. Ehem. Kathedrale Saint-Vincent (12.–18. Jh.); ehem. Schloß (v. a. 15. Jh.); Befestigungsanlagen (12., v. a. 18. Jh.).

Saint-Martin [frz. sɛ̃mar'tɛ̃] (niederl. Sint Maarten), gebirgige Insel im nördl. Bereich der Kleinen Antillen, 87 km²; seit 1648 geteilt zw. Frankreich und den Niederlanden; frz. Hauptort ist Le Marigot, der niederl. Philipsburg.

Saint-Maurice [frz. sɛ̃mo'ris], Bezirkshauptort im schweiz. Kt. Wallis, 3 800 E. Zementfabrik. Klosterkirche (12. und 17. Jh.) mit karoling. Ringkrypten; bed. Kirchenschatz. – Nach dem Bau einer Kapelle (um 370) am Ort des Martyriums der Thebaischen Legion berühmter Wallfahrtsort.

Saint-Nazaire [frz. sɛ̃na'zɛːr], frz. Ind.- und Hafenstadt, Seebad an der Mündung der Loire in den Golf von Biskaya, Dep. Loire-Atlantique, 68 300 E. Zus. mit Nantes führendes Schiffbauzentrum Frankreichs; Brücke über die Loire; ⚓.

Saint Paul [engl. snt'pɔːl], Hauptstadt des Staates Minnesota, USA, am oberen Mississippi, 270 000 E. Univ.; u. a. Herstellung von Computern; Endpunkt der Schiffahrt auf dem Mississippi, internat. ⚓.

Saint Peter Port [engl. snt'pi:tə 'pɔ:t], Hauptort der Kanalinsel Guernsey, an der O-Küste, 16 300 E.

Saint Phalle, Niki de [frz. sɛ̃'fal], * Neuilly-sur-Seine 29. 10. 1930, frz. Plastikerin und Malerin. ⚭ mit J. Tinguely; bes. bekannt sind ihre knallbunten großfigurigen Frauengestalten (u. a. ›Hon‹ zus. mit Tinguely und Per Olof Ultvedt [* 1927] – eine riesige begehbare Frauenfigur, 1966 für eine Ausstellung in Stockholm; danach zerstört; ›Schwarze Nana‹, 1968–69, Köln, Museum Ludwig; u. a. auch ›La Fontaine Igor Strawinski‹ (Centre Georges Pompidou, Paris, 1983, zus. mit Tinguely).

Saint-Pierre-et-Miquelon [frz. sɛ̃pjɛremi'klɔ̃], frz. Inselgruppe und Collective territoriale im Atlantik, vor der S-Küste der Insel Neufundland, 242 km², 6 000 E, Hauptstadt Saint-Pierre. – Seit dem 16. Jh. von portugies. Fischern aufgesucht; im 19. Jh. von Franzosen besiedelt; seit 1946 Überseeterritorium (innere Autonomie), seit 1976 Überseedepartement.

Saint-Quentin [frz. sɛ̃kã'tɛ̃], frz. Stadt in der Picardie, Dep. Aisne, 63 600 E. Museen; Maschinenbau; Elektro-, Textil-, chem. u. a. Industrie.

Saint-Saëns, Camille [frz. sɛ̃'sã:s], * Paris 9. 10. 1835, † Algier 16. 12. 1921, frz. Komponist. Bed. Vertreter der frz. Musik des 19. Jh.; schrieb klassizist.

Staatsflagge

Staatswappen

Niki de Saint Phalle: Schwarze Nana; 1968–69 (Köln, Museum Ludwig)

Antoine de Saint-Exupéry

Camille Saint-Saëns

Saint Vincent and the Grenadines

Staatsflagge

Staatswappen

Bert Sakmann

Opern, Bühnenmusiken, Sinfonien, sinfon. Dichtungen sowie Kammermusik.

Saint-Simon, Claude Henri de Rouvroy, Graf von [frz. sɛ̃si'mõ], * Paris 17. 10. 1760, † ebd. 19. 5. 1825, frz. Sozialphilosoph. Kämpfte unter Lafayette für die amerikan. Unabhängigkeitsbewegung. Trat u. a. für Beseitigung des Privaterbrechts ein; Vorstellung vom Staat als ›Assoziation der Werktätigen‹.

Saint-Tropez [frz. sɛtrɔ'pe], frz. Seebad an der Côte d'Azur, Dep. Var, 6 200 E.

Saint Vincent and the Grenadines

Fläche: 388 km²
Einwohner (1989): 114 000
Hauptstadt: Kingstown
Amtssprache: Englisch
Nationalfeiertag: 27. 10.
Währung: 1 Ostkarib. Dollar (EC$) = 100 Cents
Zeitzone: MEZ − 5 Std.

Saint Vincent and the Grenadines [engl. snt-'vɪnsənt, grɛnə'di:nz], Staat im Bereich der Westind. Inseln, umfaßt die Insel Saint Vincent sowie die nördl. Grenadine Islands.

Landesnatur: Die Inseln mit trop. Klima gehören zum inneren, vulkan. Bogen der Inseln über dem Winde.

Bevölkerung: 96 % der E sind Schwarze oder Mulatten, 3 % Inder.

Wirtschaft, Verkehr: Bananen und Pfeilwurz sind bed. Ausfuhrgüter. Das Straßennetz ist rd. 1 000 km lang; ✄ in Kingstown.

Geschichte: 1493 von Kolumbus entdeckt; 1783–1979 in brit. Besitz; 1817 wurden die aufständ. Kariben ausgesiedelt; 1885 kam die Kronkolonie zum Verband der Windward Islands; 1958–62 Mgl. der Westind. Föderation, 1969–79 der Westind. Assoziierten Staaten; am 27. 10. 1979 unabhängig.

Politisches System: Konstitutionelle Monarchie im Commonwealth; *Verfassung* von 1979. *Staatsoberhaupt* und oberster Inhaber der *Exekutivgewalt* ist der brit. Monarch, vertreten durch den Generalgouverneur. Die *Legislative* liegt beim Monarchen, dem House of Assembly (13 Abg. für 5 Jahre gewählt) und dem Senat (6 ernannte Mgl.). *Parteien:* New Democratic Party, Labour Party. – Karte XIV, Bd. 2, n. S. 320.

Saisonbetriebe [zɛ'zõː], Betriebe, deren Produktionsumfang im zeitl. Ablauf regelmäßigen starken Schwankungen unterliegt. S. sind von der Geltung des Kündigungsschutzgesetzes z. T. ausgenommen.

Saisondimorphismus [zɛ'zõː], in der Zoologie ein → Dimorphismus, bei dem ein und dieselbe Tierart im Verlauf eines Jahres in zwei verschieden gestalteten, auch unterschiedl. gezeichneten und gefärbten Generationen in Erscheinung tritt, bedingt v. a. durch den Unterschied in bezug auf Tageslängen, Lichtintensitäten und Temperatureinflüsse während der Entwicklungszeit; v. a. bei Schmetterlingen.

Saisonkrankheiten [zɛ'zõː] → Epidemie.

Saite, dünnes, fadenförmiges Gebilde aus Darm, Seide, Stahl, Messing, Kupfer, Silber oder Kunststoff, das zw. zwei festen Punkten gespannt und durch Streichen (bei Streichinstrumenten wie Violine), Schlagen (Klavier, Hackbrett), Zupfen (bei Zupfinstrumenten wie Laute), Anblasen (Äolsharfe) oder Mitklingen (Resonanzsaiten) in Schwingung versetzt wird. Der dabei erzeugte Ton ist in Höhe und Klangfarbe abhängig von Spannung, Länge, Stärke, Mate-

rial der S. und der Art des Resonanzkörpers bzw. -bodens. – Elast. gespannte S. aus Darm oder Kunststoff werden auch für Sportgeräte (z. B. Tennisschläger) verwendet.

Saiteninstrumente (Chordophone), Instrumente, deren Ton durch die Schwingungen gespannter Saiten entsteht.

Saitenwürmer (Pferdehaarwürmer, Nematomorpha), Klasse der Schlauchwürmer mit mehr als 200 extrem dünnen, getrenntgeschlechtigen Arten im Süßwasser (v. a. in Gräben, dort oft zu Knäueln vereinigt); Larven parasitieren in Wasserinsekten und Krebsen.

Sakai, jap. Stadt auf Hondo, südl. an Osaka angrenzend, 818 300 E. Chemie- und Metallindustrie. Mehrere buddhist. Tempel, nahebei das große Mausoleum des Kaisers Nintoku.

Sakat (Zakat), arab.-türk. Bez. für die Almosensteuer, eine der 5 Grundpflichten im Islam.

Sake [jap.] → Reiswein.

Saken, ostiran. Nomadenvolk des Altertums im südruss.-mittelasiat. Steppengebiet, das in zahlr. Stämme untergliedert war; teilweise unter pers. Oberhoheit.

Sakinthos [neugriech. 'zakinθɔs], eine der Ion. Inseln, 406 km², Hauptort Sakinthos.

Sakkarah, Ort in Ägypten, 18 km südl. von Gise, westl. des alten Memphis, 12 000 E. Altägypt. Nekropole (nach 3000 v. Chr.), u. a. Stufenpyramide des Djoser (um 2600), 11 weitere (spätere) Pyramiden des Alten Reiches.

Sakmann, Bert, * Stuttgart 12. 6. 1942, dt. Mediziner. 1974–89 am Max-Planck-Institut für biophysikal. Chemie in Göttingen, seit 1989 am Max-Planck-Institut für medizin. Forschung in Heidelberg. Arbeitete über zelluläre Ionenkanäle, wofür er 1991 mit E. Neher den Nobelpreis für Physiologie oder Medizin erhielt.

sakral [lat.], 1) *allgemein:* heilig, den Gottesdienst betreffend, im Unterschied zu → profan.
2) *Medizin, Anatomie:* zum Kreuzbein gehörig.

Sakralbauten, die einem Kult dienenden Bauten (Tempel, Synagoge, Kirche, Kapelle, Moschee). – Ggs.: Profanbauten.

Sakrament [lat.], wichtiger Begriff der *christl. Heilslehre.* In der *kath. Kirche* kennzeichnet auch in den *Ostkirchen* setzte sich seit Mitte des 12. Jh. die Siebenzahl der S. durch: Taufe, Firmung, Priesterweihe, die ein ›unauslöschl. Merkmal‹ verleihen und deshalb unwiederholbar sind, sowie Eucharistie (Altar-S.), Buß-S., Krankensalbung und Ehe. Die Gnadenwirkung des S. hängt von der *Disposition* des Empfängers und von der *Intention* des Empfängers und des Spenders (›zu tun, was die Kirche tut‹) ab. – Grundlegend für das S.verständnis in den *ev. Kirchen* ist die Reduktion der hl. Handlungen auf Taufe und Abendmahl, die mit der für sie allein im NT bezeugten Einsetzung durch Jesus begründet wird.

Sakramentalien [mittellat.], in der kath. Kirche sakramentsähnl. Handlungen (z. B. Weihungen, Segnungen) und Gegenstände (z. B. Weihwasser).

Sakramentshäuschen, in der Spätgotik (14. bis 16. Jh.) ausgebildeter turmartiger Aufbewahrungsort für die geweihte Hostie, Symbol des Hl. Grabes.

Sakrileg [lat.] (Gottesraub), Vergehen gegen Heiliges (→ Religionsvergehen).

Sakristei [mittellat.], Nebenraum der Kirche; Aufenthalts- und Ankleideraum der Geistlichen (und Ministranten), Aufbewahrungsort für liturg. Geräte.

sakrosankt [lat.], hochheilig, unverletzlich.

säkular [lat.], 1. alle hundert Jahre wiederkehrend; außergewöhnl. [selten]; 2. in der Astronomie und Geologie svw. sich in langen Zeiträumen bemerkbar machend oder entstanden; 3. weltlich.

Säkularinstitute (lat. Instituta saecularia; Weltgemeinschaften), in der kath. Kirche seit 1947 kirchenrechtl. anerkannte Genossenschaften von Klerikern und/oder Laien, deren Mgl. weiterhin ihren Beruf ausüben, aber ihre Freizeit ausschließl. Aufgaben des Apostolats widmen.

Säkularisation [lat.-frz.], die Einziehung und Nutzung kirchl. Eigentums durch weltl. Gewalten, insbes. den Staat. I. e. S. die Aufhebung der geistl. Hoheits- und Eigentumsrechte durch den frz. Konsularbeschluß vom 9. 6. 1802 und den → Reichsdeputationshauptschluß (1803); es wurden 25 Fürstbistümer und 44 Reichsabteien aufgehoben und enteignet.

Säkularisierung [lat.], 1) emanzipator. Entwicklungsprozeß, der auf Ablösung von den durch Religion und Theologie bestimmten und begründeten Ordnungssystemen und Institutionen zielt und zugleich auf eine autonome Begründung des Staates, der staatl. und gesellschaftl. Institutionen, des Rechts und der Ethik sowie auf ein den so begründeten Normen[systemen] entsprechendes, eigenverantwortl. Handeln ausgerichtet ist.
2) *kath. Kirchenrecht:* der Übertritt von Ordensleuten zum Weltpriestertum bzw. die Entbindung von den Ordensgelübden.

Säkulum [lat.], im frühen Christentum svw. ›Welt‹, im mittelalter. Latein bezeichnete ›saecularis‹ den weltl. Menschen im Ggs. zum Mönch (religiosus); die Humanisten verwendeten S. für Jahrhundert.

Salacrou, Armand [frz. sala'kru], * Rouen 9. 8. 1899, † Le Havre 23. 11. 1989, frz. Dramatiker. Erfolgreicher Autor des frz. Theaters, u. a. ›Die unerbittl. Sekunde‹ (1935), ›Die Nächte des Zorns‹ (1947), ›Tugend und leben Preis‹ (1955).

Saladin, eigtl. Salah Ad Din Jusuf Ibn Aijub, * Tikrit (Irak) 1137 oder 1138, † Damaskus 4. 3. 1193, Sultan von Syrien und Ägypten (seit 1175). Begründer der Dynastie der Aijubiden; setzte 1171 den Fatimdenkalifen in Ägypten ab, bemächtigte sich Syriens, nahm am 2. 10. 1187 Jerusalem ein.

Salam, Abdus, * Jhang (Punjab) 29. 1. 1926, pakistan. Physiker. Bed. Arbeiten zur Quantenfeldtheorie und zur Theorie der Elementarteilchen; 1979 Nobelpreis für Physik (mit S. L. Glashow und S. Weinberg).

Salamanca [span. sala'maŋka], span. Prov.hauptstadt am Tormes, 166 600 E. 2 Univ. (gegr. 1134 bzw. 1218); Theater, Museum. Roman. Alte Kathedrale (1152 ff.) mit Kreuzgang, Neue Kathedrale (16. bis 18. Jh.), Rundkirche San Marcos (1178); röm. Brücke. – Ende des 3. Jh. v. Chr. röm., im 8. Jh. arab., 1085 zurückerobert.

Salamanca, Schule von, [span. sala'maŋka], bes. auf dem Gebiet der Rechtsphilosophie richtungsweisende Schule des 16./17. Jh. an der Univ. Salamanca.

Salamander [griech.], Bez. für bestimmte Gruppen bzw. Arten der Schwanzlurche, i. e. S. für die *Land-S.* (Echte S., Erdmolche); erwachsen mit Lungen ausgestattet, leben meist an Land. Ihre Entwicklung erfolgt i. d. R. im Wasser, wobei die Larven über Büschelkiemen atmen. Zu den Echten S. gehören u. a.: *Alpen-S.,* bis 16 cm lang, bringt außerhalb des Wassers vollständig entwickelte, lungenatmende Junge zur Welt; geschützt; *Feuer-S.,* bis 20 cm lang, geschützt. → Molche.

Salamis, griech. Insel im N des Saron. Golfs, 95 km², Hauptort Salamis. – Im 7./6. Jh. von Athen erobert. Im Sund zw. S. und der att. Küste besiegte Ende Sept. 480 v. Chr. die griech. Flotte diejenige Xerxes' I. (→ Perserkriege).

Salan, Raoul [frz. sa'lã], * Roquecourbe bei Castres 10. 6. 1899, † Paris 3. 7. 1984, frz. General. U. a. 1956 Oberbefehlshaber in Algerien; nahm am Putschversuch von Algier 1961 teil und leitete danach die

OAS; in Abwesenheit zum Tode, nach Verhaftung 1962 zu lebenslanger Freiheitsstrafe verurteilt, 1968 begnadigt.

Salanganen [malaiisch], Gatt. 10–16 cm langer Segler in S-Asien, auf den Sundainseln und den Inselgruppen Polynesiens; bauen an Felsen napfförmige Nester überwiegend aus schnell erhärtendem Speichel, die nach Kochen mit Kalbfleisch und Hühnerbrühe bes. in China als Delikatesse *(Schwalbennestersuppe)* gegessen werden.

Salatzichorie (Treibzichorie, Brüsseler Zichorie, Chicorée), nur in Kultur bekannte Varietät der Gemeinen Wegwarte, wird als Frischsalat und Kochgemüse verwendet.

Salazar, António de Oliveira [portugies. sɐlɐˈzar], * Santa Comba Dão bei Viseu 28. 4. 1889, † Lissabon 27. 7. 1970, portugies. Politiker. Ab 1928 Finanz-Min., 1932 Min.-Präs. (bis 1968; zeitweilig zugleich weitere Min.ämter), schuf mit der Verfassung von 1933 im Estado Novo einen Staat ohne Parteien und Parlamentarismus, den er zu einer Diktatur ausbaute; band durch die Kolonialakte die portugies. Kolonien an das Mutterland.

António de Oliveira Salazar

Salbaum [Hindi/dt.] (Saulbaum), Flügelfruchtgewächs in Vorderindien, hohe Bäume mit dauerhaftem, festem Holz (wichtiges Bauholz).

Salbe (Unguentum), streichfähige Arzneimittelzubereitung zur lokalen Anwendung auf der Haut oder auf Schleimhäuten. S. besteht aus der *S.grundlage* (Fette, Glycerin u. a.) und den eigtl. Wirkstoffen.

Salbei [lat.] (Salvia), Gatt. der Lippenblütler mit rd. 500 Arten, v. a. in den Tropen und Subtropen, nur wenige Arten auch in den gemäßigten Gebieten; Kräuter, Halbsträucher oder Sträucher mit zweilippigen Blüten. Bekannte einheim. Arten sind die gelbblühende *Klebrige S.* in den Alpen und im Alpenvorland und der *Wiesen-S.* (30–60 cm hoch, behaarte Stengel, blau-violette Blüten); z. T. Zierpflanzen, z. B. der *Feuer-S.* (Scharlach-S.). Als Heil- und Gewürzpflanze wird der *Garten-S.* (Echter S.) kultiviert: bis 70 cm hoch, stark aromat. duftend. Die Blätter enthalten äther. Öl (S.öl), Gerb- und Bitterstoffe.

Salbei:
Gartensalbei

Salbung, kult. Handlung, feierl. Akt zur Übertragung von Macht, Ehre, Kraft, Schutz. Schon im altoriental. Kulturen geübter Brauch, im Judentum vielfach belegt, von da ins Christentum, v. a. in die kath. Liturgie übernommen.

Salchow [...ço], nach dem ehem. schwed. Eiskunstlaufweltmeister Ulrich Salchow (* 1877, † 1949) benannter Sprung beim Eis- und Rollkunstlauf.

Saldo (Mrz. Salden) [italien.], bei der Aufrechnung eines Kontos sich ergebender Unterschiedsbetrag zw. Soll- und Habenspalte bzw. (bei Bilanzen) zw. Aktiva und Passiva; **saldieren,** den S. feststellen.

Salé [frz. sa'le], nördl. Nachbarstadt von Rabat, Marokko, 289 400 E. U. a. Teppichherstellung; ✾. Große Moschee (12. Jh.). – Im 11. Jh. gegr., im 17. Jh. mit Rabat selbständige Korsarenrepublik.

Salef → Göksu nehri.

Salem ['za:lɛm, engl. 'sɛɪləm]:
1) Gem. bei Überlingen, Bad.-Württ., 8 300 E. Landerziehungsheim *Schloß Salem* (gegr. 1920) in der ehem. Zisterzienserabtei (1134–1802).
2) Hauptstadt des Staates Oregon, USA, am Willamette River, 95 400 E. Univ.; Handelszentrum. – Gegr. 1840.

Salentinische Halbinsel, der Südsporn Italiens zw. Adriat. Meer und Golf von Tarent.

Salerno, italien. Prov.hauptstadt in Kampanien, 153 100 E. Prov.- und Dommuseum; u. a. Maschinenbau. Die Altstadt wird vom Castello di Arechi (z. T. normann.) beherrscht; Dom mit mächtigem Kampanile (11. Jh.; barockisiert). – 197 v. Chr. als röm. Kolonie **Salernum** gegr.; 646 langobard.; seit der Mitte des

Abdus Salam

9. Jh. Hauptstadt eines gleichnamigen Ft.; 1077 bis 1127 Hauptstadt der festländ. Besitzungen der Normannen; berühmte medizin. Schule (Blütezeit 11. bis 13. Jh.; 1812 aufgehoben).

Salesianer (S. Don Boscos; urspr. Societas Sancti Francisci Salesii, Abk. S.S.; seit 1946 Societas Salesiana Sancti Joannis Don Bosco, Abk. SDB), kath. Kongregation für Priester und Laien, von G. →Bosco zur Jugenderziehung gegründet.

Salesianerinnen (Visitantinnen; eigtl. Orden von der Heimsuchung Mariä, lat. Ordo de Visitatione Beatae Mariae Virginis, Abk. OVM), kath. Frauenorden, von Franz von Sales und der frz. Mystikerin Jeanne Françoise Frémyot de Chantal (* 1572, † 1641) 1610 in Annecy gegr.; Aufgabe: u. a. Jugenderziehung.

Sales-promotion [engl. 'seɪlzprə‚moʊʃən] (Promotion), allg. alle Maßnahmen der Verkaufsförderung, insbes. Werbemaßnahmen.

Salicylsäure [lat./griech./dt.] (o-Hydroxybenzoesäure), farblose, kristalline, süß schmeckende Substanz, die in zahlr. Pflanzen enthalten ist. Wird in großem Umfang durch Umsetzen von Natriumphenolat mit Kohlendioxid hergestellt; wegen ihrer antibakteriellen und fäulnishemmenden Wirkung früher als Konservierungsmittel verwendet. Große Bedeutung hat S. als Ausgangsstoff zur Herstellung antirheumat., analget. und antipyret. wirkender Arzneimittel, v. a. von →Acetylsalicylsäure.

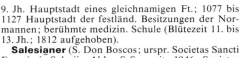

Salicylsäure

Salier [...i-ɛr], **1)** fränk. Adelsgeschlecht mit Macht- und Besitzschwerpunkt im Nahe-, Speyer- und Wormsgau. Mit Konrad II. gelangten die S. 1024 zur Königsherrschaft im Reich; 1125 erlosch die Dynastie mit Heinrich V.
2) Stammesgruppe der Franken, siedelte im 5. Jh. n. Chr. am Niederrhein und in Nordgallien.

Salieri, Antonio, * Legnano 18. 8. 1750, † Wien 7. 5. 1825, italien. Komponist. Kapellmeister in Wien, Lehrer u. a. von L. van Beethoven, F. Schubert und F. Liszt; komponierte v. a. Opern und Kirchenmusik.

Salim (türk.), selim), Name osman. Sultane:
1) Salim I. Yavuz (›der Strenge‹), * Amasya 1470, † Çorlu 22. 9. 1520, Sultan (seit 1512). Begründete 1514–16/17 die Vormachtstellung des Osman. Reichs im Vorderen Orient (Aserbaidschan, Syrien, Ägypten); S. war der erste osman. Kalif.
2) Salim II., * Magnesia (= Manisa) im Mai 1524, † Konstantinopel 12. 12. 1574, Sultan (seit 1566). Eroberte 1570/71 Zypern und gewann die Seeherrschaft im östl. Mittelmeer.

Salinas de Gortari, Carlos, * Mexiko City 3. 4. 1948, mex. Politiker. Wirtschaftswissenschaftler; 1982–88 Min. für Haushalts- und Planungswesen; mex. Staatspräs. seit 1. 12. 1988.

Saline [lat.], Anlage zur Salzgewinnung; in trop. oder subtrop. Gebieten flache Becken, in denen man die Sole eintrocknen läßt *(Salzgärten)*; in modernen S. wird die Sole in Sudpfannen mit nachgeschalteten Zentrifugen oder durch Verdampfersysteme aufgearbeitet.

Salinenkrebschen

Salinenkrebschen (Salzkrebschen), nahezu weltweit verbreiteter bis 1,5 cm langer, farbloser bis rötl. Kiemenfußkrebs, v. a. in Salzgärten, in Deutschland auch in Abwässern des Kaliberbaus.

Salinger, J[erome] D[avid] [engl. 'sɑːlɪndʒə, 'sælɪndʒə], * New York 1. 1. 1919, amerikan. Schriftsteller. Welterfolg hatte sein Roman ›Der Fänger im Roggen‹ (1951).

Salisbury, Robert Arthur Talbot Gascoyne-Cecil, Marquess of S. [engl. 'sɔːlzbərɪ], * Hatfield 3. 2. 1830, † ebd. 22. 8.1903, brit. Politiker. 1878–80 Außen-Min.; Führer der konservativen Partei ab 1881; Premier-Min. 1885/86, 1886–92, 1895–1902 (bis 1900 fast stets Außen-Min.).

Salisbury [engl. 'sɔːlzbərɪ], **1)** südengl. Stadt am Avon, Gft. Wiltshire, 35 400 E. Museen; u. a. Landmaschinenbau. Kathedrale im Early English style (1220 ff.) mit 123 m hohem Vierungsturm im Decorated style und großem Kreuzgang. – 2 km nördl. von S. liegt **Old Sarum** (kelt. Wallanlage), in röm. Zeit **Serviodunum,** seit dem 9./10. Jh. bed. sächs. Stadt **(Searoburh)**. Das heutige S. entstand um 1220.
2) ehem. Name von →Harare (Simbabwe).

Salisches Gesetz, 1. das lat. aufgezeichnete Volksrecht der sal. Franken; **2.** seit dem 14. Jh. Bez. für die ausschließl. Thronfolgeberechtigung des Mannesstammes.

Saljut, Typenbez. für sowjet. Raumstationen.

Salk-Impfung [engl. sɔːk, sɔːlk; nach dem amerikan. Bakteriologen Jonas Edward Salk, * 1914], aktive Immunisierung gegen Kinderlähmung mit dem *Salk-Impfstoff* (Injektion) aus inaktiven (abgetöteten) Poliomyelitisviren der Erregertypen II und III.

Sallust (Gajus Sallustius Crispus), * Amiternum (= Vittorino) 86, † 35 v. Chr., röm. Geschichtsschreiber. Anhänger Cäsars, 46 Statthalter der Prov. Africa Nova; erhalten sind seine Schmähschrift gegen Cicero, 2 Briefe an Cäsar, Bruchstücke seines zeitgeschichtl. Hauptwerkes ›Historiae‹ und 2 Monographien: ›Die Verschwörung des Catilina‹ und ›Jugurthin. Krieg‹.

Salluste, Guillaume de [frz. sa'lyst] →Du Bartas, Guillaume de Salluste, Seigneur.

Salm [lat.], svw. →Lachs.

Salmanassar, Name mehrerer Könige von Assyrien; bekannt v. a.:
Salmanassar III. (⌣ 858–824), in Babylonien seit 851 als Oberherr anerkannt, erhielt Tribut u. a. von Tyrus, Sidon und Israel; sicherte das Reich am oberen Euphrat gegen Urartu und gegen die Meder.

Salmiak [mittellat.] →Ammoniumchlorid.

Salmiakgeist →Ammoniak.

Salminen, Sally, * Vårdö (Ålandinseln) 25. 4. 1906, † Kopenhagen 18. 7. 1976, schwedischsprachige finn. Erzählerin. Welterfolg mit dem [autobiograph.] Roman ›Katrina‹ (1936).

Salmler [lat.] (Characidae), mit den Karpfenfischen eng verwandte Fam. kleiner bis mittelgroßer Knochenfische mit fast 1 200 Arten in den Süßgewässern der trop. und subtrop. Regionen Amerikas und Afrikas.

Salmonellen [nach dem amerikan. Pathologen und Bakteriologen Daniel Elmer Salmon, * 1850, † 1914], Bakteriengattung; begeißelte Stäbchen, die im Darmsystem von Menschen und Tieren sowie im Boden und in Gewässern leben und die *Salmonellosen* (Infektionserkrankungen bei Mensch und Tier) hervorrufen.

Salò, Republik von [italien. sa'lɔ], nichtamtl. Bez. für die von Mussolini nach seiner Befreiung gegr. Italien. Soziale Republik (Sept. 1943–April 1945; ben. nach Mussolinis Regierungssitz in Salò am Gardasee).

Salome, Tochter der Herodias, der Frau des Herodes Antipas; verlangte den Tod Johannes' des Täufers. Überlieferung den Tod Johannes' des Täufers. Über-

Salomé, Lou →Andreas-Salomé, Lou.

Salomo (Vulgata: Salomon), König von Israel und auch Juda (um 965–926). Konnte das von seinem Vater David geschaffene israelit. Großreich im wesentl. erhalten; weitläufige Handelsbeziehungen (Syrien, Ägypten); erbaute den Tempel in Jerusalem. S. wurde wegen seiner Weisheit gerühmt. Nach seinem Tod zerfiel das david. Königreich.

Salomon, 1) Alice, * Berlin 19. 4. 1872, † New York 30. 8. 1948, dt. Sozialpolitikerin und Frauenrechtlerin. Gründete 1908 und leitete (bis 1924) die erste dt. Soziale Frauenschule; mußte 1937 in die USA emigrieren.

2) Erich, * Berlin 28. 4. 1886, † KZ Auschwitz 7. 7. 1944, dt. Photograph. Pionier der Photoreportage aus dem polit. Geschehen. – *Sammelwerke:* ›Berühmte Zeitgenossen in unbewachten Augenblicken‹ (1931), ›Porträt einer Epoche‹ (hg. 1964).

3) Ernst von, * Kiel 25. 9. 1902, † Winsen (Luhe) 9. 8. 1972, dt. Schriftsteller. Am Kapp-Putsch beteiligt; wegen versuchter Beihilfe an der Ermordung W. Rathenaus zu 5 Jahren Zuchthaus verurteilt; verfaßte den sarkast. Entnazifizierungsroman ›Der Fragebogen‹ (1951).

Salomonensee, Nebenmeer des Pazif. Ozeans, zw. SO-Neuguinea, Neubritannien und den Salomoninseln; im **Salomonengraben** bis 7 317 m tief.

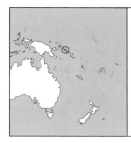

Salomoninseln

Fläche: 27 556 km²
Einwohner (1989): 308 796
Hauptstadt: Honiara
Amtssprache: Englisch
Nationalfeiertag: 7. 7.
Währung: 1 Salomonen-Dollar (SI$) = 100 Cents (¢)
Zeitzone: MEZ + 10 Std.

Salomoninseln (Salomonen), Staat im westl. Pazifik, umfaßt die Salomoninseln (außer Buka und Bougainville) sowie Ontong Java, die Santa-Cruz-Inseln, die Duff Islands und Reef Islands.
Landesnatur: Die S. erstrecken sich über 1 450 km in NW-SO-Richtung. Die vulkan. Hauptinsel Guadalcanal ist bis 2 438 m hoch. Alle Inseln werden von Atollen und Korallenriffen gesäumt. Trop. Regenklima mit üppiger Vegetation; an den Küsten vielfach Mangroven.
Bevölkerung: 93 % Melanesier, 4 % Polynesier, 1,5 % Mikronesier, außerdem Europäer, Chinesen und sonstige Minderheiten. Die E sind überwiegend prot. Christen.
Wirtschaft, Verkehr: Wichtigste Produkte sind Kopra und Chili. Reis, Jams, Taro und Maniok werden für den Eigenbedarf angebaut. Es gibt rund 1 300 km asphaltierte Straßen. Internat. ✈ bei Honiara.
Geschichte: 1567 erstmals von Europäern entdeckt; 1885 und 1899 Aufteilung zw. Dt. Reich (Bougainville, Buka) und Großbritannien. Nach Ende des 2. Weltkrieges erhielt Australien Bougainville und Buka als Treuhandgebiete der UN, die seit 1975 zu Papua-Neuguinea gehören. Die *Brit. Salomoninseln* erlangten am 7. 7. 1978 die Unabhängigkeit.
Politisches System: Parlamentar. Monarchie im Commonwealth; *Verfassung* von 1978. *Staatsoberhaupt* und Inhaber der *Exekutivgewalt* ist der brit. Monarch, vertreten durch den Generalgouverneur. *Legislativorgan* ist das Nat.parlament (38 Abg. auf 4 Jahre gewählt). *Parteien:* People's Alliance Party, United Party, Nationalis Front for Progress, Solomon Islands Liberal Party. – Karte VI/VII, Bd. 2, n. S. 320.
salomonisches Urteil, allg. weises Urteil, nach dem in 1. Kön. 3, 16 berichteten Schiedsspruch des Königs Salomo im Streit zweier Mütter um ein Kind.
Salomonsiegel [nach König Salomo] (Salomonssiegel, Weißwurz), Gatt. der Liliengewächse mit rd. 30 Arten in den gemäßigten Gebieten der Nordhalbkugel; einheimisch sind *Vielblütiges S.* (in Laub- und Mischwäldern, 30–100 cm hoch) und *Echtes S.* (Weißwurz, 15–50 cm hoch).
Salon [za'lõ:, frz. sa'lõ; italien.-frz.], **1)** *allgemein:* Gesellschafts-, Empfangszimmer; aufwendig ausgestatteter Geschäftsraum.

2) *Geschichte:* 17.–19. Jh. regelmäßige gesellige Zusammenkunft eines intellektuellen Zirkels (Künstler, Schriftsteller, Politiker, Gelehrte) im S. einer Dame der Gesellschaft (u. a. Madame de Staël, K. Schlegel, R. Varnhagen von Ense).
3) *Kunst:* seit dem frühen 18. Jh. in *Frankr.* geläufige Bez. für eine period. Werkschau lebender Künstler (nach dem Ausstellungsraum der Akademie zw. 1663 und 1848, dem ›Salon carré‹ im Louvre).
Salona, antiker Name von → Solin.
Saloniki (Thessaloniki), griech. Regionshauptstadt am Thermaischen Golf, 406 400 E. Univ.; Museum für byzantin. Kunst, archäolog. Museum; bedeutendster Ind.standort N-Griechenlands; Hafen, internat. ✈.
Bauten: Aus röm. Zeit stammen u. a. der Triumphbogen des Kaisers Galerius (zw. 297 und 305), und die sog. Rotunde (um 300 wohl als Mausoleum für Galerius erbaut, später dann Moschee, heute Museum). Die Demetrioskirche (nach 475, Umbau 7. Jh.; 1926–48 wiederhergestellt) hat bed. Mosaiken, sie war Moschee wie auch die als Kreuzkuppelkirche nach 732 errichtete Sophienkirche (mit Kuppelmosaik des 9. Jh.). Befestigungsanlagen (älteste Mauer um 300 v. Chr.) mit sog. Weißem Turm (16. Jh.); über der Stadt die Zitadelle aus byzantin. und osman. Zeit.
Geschichte: Thessalonike wurde um 316 v. Chr. gegr.; nach 148 v. Chr. Hauptstadt der röm. Prov. Macedonia. 50 n. Chr. Gründung einer christl. Gemeinde durch Paulus (Thessalonicherbriefe); in der Spätantike Residenz des Kaisers Galerius; 1204–46 Hauptstadt eines fränk. Kgr.; danach wieder byzantinisch; 1430 von Sultan Murad II. erobert; 1912 dem Kgr. Griechenland einverleibt.
Salonmusik [za'lõ:], virtuose, gefällige Musik, die seit Ende des 19. Jh. in Cafés o. ä. gespielt wird.
Salpen [griech.] (Thaliacea), Klasse 0,1–10 cm langer, meist freischwimmender Meerestiere mit rd. 40 tonnenförmigen, glasig durchsichtigen oder blaßbläul. bis gelbl. gefärbten Arten.
Salpeter [lat.], heute noch übl. Bez. für die Salze der S.säure (→ Nitrate).
Salpeterkrieg (Pazif. Krieg), Krieg Chiles (1879–83) gegen die vereinigten Peru und Bolivien um die reichen Salpetervorkommen im Grenzgebiet der Atacama; Ausgang zugunsten Chiles.
Salpetersäure, HNO_3, die sich vom fünfwertigen Stickstoff ableitende Sauerstoffsäure; sie kommt in der Natur nur in Form ihrer Salze, der Nitrate, vor. Reine S. ist eine farblose Flüssigkeit, die bei 87 °C siedet und mit Wasser ein azeotropes Gemisch (mit maximal 68,4 % HNO_3; sog. *konzentrierte S.*) bildet; *rauchende S.* enthält Stickstoffoxide in größerer Menge. Die meisten unedlen Metalle sowie Silber werden von S. gelöst, jedoch nicht Gold; daher wurde S. früher auch *Scheidewasser* genannt. S. wird zur Herstellung von Nitratdüngemitteln und als Nitrier- und Oxidationsmittel in der chem. Ind. verwendet.
Salpeterstrauch, in den Salzwüsten S-Rußlands und Asiens wachsende, 2–3 m hohe, strauchige Jochblattgewächsart, aus deren Blättern und jungen Zweigen früher Soda gewonnen wurde.
salpetrige Säure, nur in verdünnter, wäßriger Lösung beständige Sauerstoffsäure des dreiwertigen Stickstoffs; die Salze und Ester heißen Nitrite.
SALT [sɔ:lt], Abk. für **S**trategic **A**rms **L**imitation **T**alks (›Gespräche über die Begrenzung strateg. Rüstungen‹), 1969–79 zw. den USA und der Sowjetunion geführte Abrüstungsverhandlungen. SALT I (1972) schränkte Raketenabwehrsysteme ein und begrenzte die Anzahl der strateg. Offensivwaffen. SALT II (1979) legte die Verminderung des gesamten strateg. Potentials fest, wurde aber wegen des sowjet.

Staatsflagge

Staatswappen

Salt   Salta – salve!

Einmarschs in Afghanistan von den USA nicht ratifiziert. Beide Großmächte hielten die Vereinbarungen von SALT II auf freiwilliger Basis ein. →START.

Salta, nordwestargentin. Prov.hauptstadt, 260 000 E. Kath. Univ.; ethnolog. Museum; u. a. Zement-, Stahlwerk, Erdölraffinerie; internat. ✈. – 1582 von Spaniern gegründet.

Salten, Felix, eigtl. Siegmund Salzmann, * Budapest 6. 9. 1869, † Zürich 8. 10. 1945, österr. Schriftsteller. Schrieb Romane und Novellen; bekannt sind seine Tiergeschichten um ›Bambi‹ (1923).

Saltillo [span. sal'tijo], Hauptstadt des mex. Staates Coahuila, in der Sierra Madre Oriental, 321 800 E. Univ.; Zentrum eines Agrar- und Bergbaugebiets. Kolonialzeitl. Bauten. – 1575 gegründet.

Salt Lake City [engl. 'sɔːlt 'leɪk 'sɪtɪ], Hauptstadt des Staates Utah, USA, sö. des Great Salt Lake, über 1 Mio. E. Zentrum der Mormonen; Univ., genealog. Bibliothek. Im alten Stadtkern Tempel und Tabernakel (beide 19. Jh.) der Mormonen. – 1847 durch Mormonen gegründet.

Salto [lat.-italien.], Luftsprung, bei dem der Körper mindestens eine volle Umdrehung um die horizontale Achse ausführen muß; in der Artistik als *S. mortale* (›Todessprung‹) mit 2 und mehr Körperumdrehungen.

Saltykow, Michail Jewgrafowitsch [russ. sɐltɨ'kɔf], auch M. J. S.-Schtschedrin gen., * Spas-Ugol (Gebiet Kalinin) 27. 1. 1826, † Petersburg 10. 5. 1889, russ. Schriftsteller. Schrieb v. a. Satiren, u. a. ›Die Geschichte einer Stadt‹ (1870); auch satir. Märchen.

Saluen (Nujiang [chin. nudʑiaŋ]), Fluß in Südostasien, entspringt in Tibet, mündet in die Andamanensee, 2 500 km lang.

Saluki [arab.] →Windhunde.

Salurn, Gem. in Südtirol, Italien, an einer Engtalstrecke der Etsch (*Salurner Klause*: seit dem 17. Jh. dt.-italien. Sprachgrenze), 2 600 E. Barocke Pfarrkirche. – Seit Anfang des 13. Jh. Sitz der Grafen von Tirol.

Salut [lat.-frz.], militär. Ehrenbezeugung durch Abgabe von Schüssen (heute bis zu 21) meist aus Geschützen; **salutieren,** militär. grüßen (v. a. beim militär. Zeremoniell).

Salvador, Hauptstadt des brasilian. Bundesstaates Bahia, am östl. Ufer der Einfahrt in die Baía de Todos os Santos, 1,5 Mio. E. 2 Univ., Museen; Wirtschaftszentrum der Küstenebene und der Kakaoanbaugebiete in NO-Brasilien; Hafen, ✈. Kathedrale (17. Jh.) mit Spätrenaissancefassade, Basilika São Francisco (18. Jh.), Saldanha-Palast (um 1720). – 1549 Hauptstadt der portugies. Kolonie bis 1763.

El Salvador

Fläche: 21 041 km²
Einwohner (1990): 5,21 Mio.
Hauptstadt: San Salvador
Amtssprache: Spanisch
Nationalfeiertag: 15. 9.
Währung: 1 El-Salvador-Colón (¢) = 100 Centavos
Zeitzone: MEZ −7 Std.

Salvador, El [ɛl zalva'doːr, span. ɛl zalβa'ðor] (amtl. Republik El S.), Staat in Mittelamerika, grenzt im N und O an Honduras, im S an den Pazifik, im W an Guatemala.

Landesnatur: El S. ist durchweg gebirgig mit Höhen bis 2 700 m im NW des Landes. Die 15 bis 20 km breite Küstenebene wird durch eine bis 2 381 m hohe Küstenkette mit aktiven Vulkanen vom Bergland getrennt. El S. liegt in den äußeren Tropen. Die urspr. Vegetation ist weitgehend vernichtet.

Bevölkerung: El S. ist das dichtestbevölkerte Land Zentralamerikas. 70 % der überwiegend kath. E sind Mestizen, 20 % Indianer. Das Land verfügt über 19 Hochschulen, davon 5 mit Univ.rang.

Wirtschaft, Verkehr: Bisher hat die Kaffeemonokultur die Wirtschaft bestimmt. Exportorientiert ist auch der Anbau von Baumwolle und Zuckerrohr; intensive Rinderhaltung. El S. ist arm an Bodenschätzen. Die Ind. ist schwach entwickelt. Neben einer Erdölraffinerie bestehen ein Walzbetrieb und eine Stahlgießerei. Das Eisenbahnnetz hat eine Streckenlänge von 602 km, das Straßennetz ist 12 164 km lang. Wichtigste Häfen sind Acajutla, La Unión und La Libertad; 2 internat. ✈ bei San Salvador.

Geschichte: Ab 1524 eroberten die Spanier das von den mex. Pipil bewohnte Gebiet. Nach Erhebungen 1811 und 1814 erlangte El S. 1821 die Unabhängigkeit von Spanien und gehörte 1823–1838/39 zur Zentralamerikan. Föderation. 1841 erklärte El S. sich provisor. zur Republik (endgültig erst 1859). Nach den ersten freien Wahlen 1931 errichtete General M. Hernández Martínez eine Militärdiktatur. 1960 übernahm eine linksgerichtete Militärjunta die Macht, die 1961 einem Rechtsputsch weichen mußte. Die Verfassung von 1962 brachte einige demokrat. Rechte bei weiterhin bestimmendem Einfluß der führenden Familien und des Militärs. Seit 1978 verstärkten sich die Unruhen v. a. unter den Bauern. Nach einem Militärputsch 1979 wurde eine Junta aus Militärs und christdemokrat. Politikern eingesetzt; seitdem wird El S. von einem Guerillakrieg zw. Regierungstruppen und Linksgerichteten, in der Frente Farabundo Martí para la Liberación Nacional (FMLN) vereinten Freischärlern erschüttert. Am 18. 12. 1983 wurde eine neue Verfassung verkündet, die u. a. eine Obergrenze für Landbesitz enthält. Aus den Präsidentschaftswahlen 1984 ging der Christdemokrat J. N. Duarte als Sieger hervor. Die linksgerichtete Guerilla erklärte sich im Okt. 1984 zu den vom Präs. vorgeschlagenen Friedensgesprächen bereit, doch konnte der Guerillakrieg nicht endgültig beigelegt werden. Neben den inneren Auseinandersetzungen trug v. a. die wirtschaftlich aussichtslose Situation zur Wahlniederlage Präs. Duartes bei den Parlaments- und Kommunalwahlen vom März 1988 bei. Aus den Präsidentschaftswahlen im März 1989 ging A. F. Cristiani Burkard, Kandidat der ARENA, als Sieger hervor. Einen ersten Schritt zur Befriedung El S. markierten im April 1991 Übereinkommen der Bürgerkriegsparteien über Reformen in Justiz und Streitkräften. Im Jan. 1992 schlossen die Bürgerkriegsparteien einen Friedensvertrag.

Politisches System: Zentralist., präsidiale Republik; *Verfassung* von 1983. *Staatsoberhaupt* und oberster Inhaber der *Exekutive* ist der Präs., er wird für 5 Jahre gewählt. Die *Legislative* liegt bei der Nationalversammlung (84 Abg., für 3 Jahre gewählt). *Parteien:* Partido Democrátia Cristiano (PDC), Alianza Republicano Nacionalista (ARENA), Partido de Conciliación Nacional (PCN). – Karte XIII, Bd. 2, n. S. 320.

Salvation Army [engl. sæl'veɪʃən 'ɑːmɪ] →Heilsarmee.

Salvatore, Gaston, * Valparaiso 19. 9. 1941, chilen. Schriftsteller. Lebt seit 1965 in Berlin, heute auch in Venedig. Schreibt in dt. Sprache v. a. Dramen (›Büchners Tod‹, 1972; ›Freibrief‹, 1977; ›Tauroggen‹, 1979; ›Stalin‹, 1987; ›Lektionen der Finsternis‹, 1989); auch Erzählungen (›Kaiser von China‹, 1979); erhielt 1991 den →Kleist-Preis.

Salve [lat.-frz.], das gleichzeitige Abschießen mehrerer Geschütze oder Gewehre.

salve! [lat.], sei gegrüßt!

Salve regina [lat. ›sei gegrüßt, Königin‹], Anfang eines kath. Lobgesangs auf Maria.

Salz, 1. → Kochsalz; 2. → Salze.

Salzach, rechter Nebenfluß des Inn, bildet z. T. die dt.-österr. Grenze, mündet bei Burghausen, 225 km lang.

Salzburg, 1) Hauptstadt des österr. Bundeslandes Salzburg, am Austritt der Salzach aus den Alpen, 139 400 E. Univ., Hochschule für Musik und darstellende Kunst, Museen, u. a. Mozartmuseum und Haus der Natur, Landestheater. Alljährlich → Salzburger Festspiele. U. a. Nahrungs- und Genußmittel-Ind., internat. ⚓.

Bauten: Bed. Kirchen, u. a. Stiftskirche Sankt Peter (1130–43; Rokokoausstattung), Petersfriedhof mit Katakomben; roman.-got. Franziskanerkirche (1223 geweiht, mit spätgot. Chor 1408 ff.; Hochaltar von J. B. Fischer von Erlach mit Muttergottes von M. Pacher), Stiftskirche auf dem Nonnberg (jetziger Bau 1463–1506/07), Dom (frühbarocker Bau von S. Solari, 1614–28), Dreifaltigkeitskirche (1694 bis 1702), Kollegienkirche (1694–1707). Profanbauten: Festung Hohensalzburg (1077 und 1465–1519), Residenz (1595–1792), Schloß Mirabell (1606 ff., 1721–27 Umbau); am Stadtrand liegen die Schlösser Hellbrunn und Leopoldskron (1736 ff. und 18. Jh.); in der Getreidegasse Mozarts Geburtshaus.

Geschichte: In der Römerzeit Iuvavum (im 1. Jh. n. Chr. angelegt); 774 erstmals als Stadt erwähnte Kaufmannssiedlung. S. entwickelte sich unter Erzbischof Wolf Dietrich von Raitenau (1587–1612) sowie dessen Nachfolgern Marcus Sitticus (1612–19) und Paris Graf von Lodron (1619–53) zur Barockstadt.

2) Erzbistum, um 700 als Bistum gegr.; 739 durch Bonifatius kirchl. umgrenzt; ab 798 Erzbistum; 1803 Säkularisation; 1825 Neuumschreibung der Grenzen.

3) nördl. Bundesland von Österreich, 7 154 km², 461 900 E, Hauptstadt Salzburg. S. umfaßt im wesentl. das Einzugsgebiet der Salzach und erstreckt sich vom Alpenvorland bis in die Zentralalpen. Im Flachgau gemischtwirtschaftl. Betriebe mit Wiesennutzung, in den alpinen Tälern u. a. Grünlandwirtschaft; bed. Rinder- und Pferdezucht (Pinzgauer). Eine Konzentration der Ind.betriebe (Nahrungs- und Genußmittel-, chem. Ind., Holzverarbeitung) findet sich zw. Salzburg und Hallein. Bei Hallein wird Salz, bei Mittersill Wolframerz abgebaut; Wasserkraftwerke u. a. bei Kaprun und Schwarzach; bed. Fremdenverkehr.

Geschichte: Ab 1803 Kur-Ft. als habsburg. Sekundogenitur, fiel 1805, endgültig 1816 an Österreich (1810–16 zu Bayern); ab 1850 österr. Kronland, gehörte 1867–1918 zum österr. Reichsteil Zisleithanien; ab 1920 österr. Bundesland; gehörte 1938–45 als Reichsgau S. zum Dt. Reich.

Salzburger Exulanten, die (1731–33) im Zuge der Gegenreformation aus dem Erzbistum Salzburg vertriebenen Lutheraner; v. a. in Ostpreußen angesiedelt.

Salzburger Festspiele, seit 1920 alljährl. (Ausnahmen 1924 und 1944) im Juli/August in Salzburg stattfindende Festspiele mit Opern (v. a. Mozart), Konzert- und Schauspielaufführungen (v. a. Hofmannsthals ›Jedermann‹). Auf Initiative von H. von Hofmannsthal, M. Reinhardt und R. Strauss wurde 1917 die Salzburger Festspielhausgemeinde gegründet.

Salzbusch (Salzbaum, Senfbaum), strauchiges oder baumförmiges Gewächs in den Buschsteppen von NW-Indien bis Vorderasien, NW- und SW-Afrika, aus dessen Asche Salz gewonnen werden kann.

Salze, chem. Verbindungen aus positiv geladenen Metall-, Halbmetall- oder Komplexionen (Kationen) und negativ geladenen Nichtmetall-, Halbmetall- oder Komplexionen (Anionen). S. kristallisieren in einem Ionengitter und besitzen wegen der großen Anziehungskräfte zw. den Ionen hohe Schmelz- und Siedepunkte. S. entstehen z. B. durch Reaktion von metall. und nichtmetall. Elementen, von Metall- und Nichtmetalloxiden sowie bei der Umsetzung von Säuren und Basen. *Neutral-S.* enthalten keine Wasserstoffionen, H^+, oder Hydroxylionen, OH^-. *Saure S.* werden von Säuren mit mehreren abspaltbaren H^+-Ionen gebildet, wobei aber nicht alle H^+-Ionen durch Kationen ersetzt werden. Sie werden entsprechend der Anzahl der verbliebenen H^+-Ionen als *[Mono]hydrogen-, Di-* oder *Trihydrogen-S.* oder entsprechend der Anzahl der ersetzten H^+-Ionen als *primäre, sekundäre* oder *tertiäre S.* bezeichnet. Analog werden *bas. S.* von Basen mit mehreren abspaltbaren Hydroxylgruppen gebildet. S. mit Komplexionen werden als *Komplex-S.* bezeichnet.

Salzgarten → Saline.

Salzgitter, Stadt im nördl. Harzvorland, Nds., 112 000 E. Abbau von Eisenerz, u. a. Hüttenwerke; Solbad im Stadtteil S.-Bad. Roman., später umgestaltete Benediktinerklosterkirche.

Salzgitter AG, dt. Unternehmen der Montan-Ind., bundeseigene Holdinggesellschaft.

Salzgras (Andel, Strandsalzschwaden, Puccinellia maritima, Atropis maritima), 20–30 cm hohes, sich ausläuferartig ausbreitendes Süßgras der Gatt. *Salzschwaden* an den Meeresküsten Europas; wichtige Pionierpflanze auf häufig überfluteten, salzreichen Seeschlickböden; ausgedehnte Bestände bildend *(Andelwiesen).*

Salzkammergut, seenreicher Teil der Salzburg.-Oberösterr. Kalkalpen; Zentren der Salzgewinnung sind Hallstatt, Bad Ischl und Altaussee.

Salzmelde, Gatt. der Gänsefußgewächse mit rd. 100 Arten, v. a. in Wüsten und Steppen oder an Küsten. An Nord- und Ostseeküste kommen die *Portulak-S.* sowie die *Gestielte S.* vor.

Salzmiere (Fettmiere), Gatt. der Nelkengewächse mit der einzigen Art *Strand-S.* an den Küsten W- und N-Europas sowie N-Asiens und N-Amerikas; ausdauernde, sukkulente Pflanzen.

Salzpfanne, in abflußlosen, trockenen Gebieten flache Einsenkung mit Salzböden, -ausblühungen und -krusten.

Salzpflanzen (Halophyten), Pflanzen, die an salzreichen Standorten wachsen. Dem hohen Salzgehalt des Bodenwassers haben sich die S. durch Aufnahme entsprechend hoher NaCl-Mengen in den Zellsaft angepaßt.

Salzsäure (Chlorwasserstoffsäure), HCl, wäßrige, in reinem Zustand farblose Lösung des Chlorwasserstoffs, die bei 108,6 °C (mit 20,4 Gew.-% HCl) azeotrop siedet und alle Metalle mit negativem Normalpotential löst. S. wird zur Herstellung von Metallchloriden, zur Holzverzuckerung, als Metallbeize und zur Darstellung von Chlor verwendet. S. ist in reinem Magensaft zu 0,5 % enthalten.

Salzstock (Diapir), in Schwächezonen der Erdkruste aufgedrungene Salzmassen, die die überlagernden Schichten dom-, stock- oder pilzförmig durchstoßen haben.

Salzwedel, Kreisstadt in der Altmark, Sachsen-Anhalt, 23 700 E. Chemiewerk, Pumpenfabrik; Erdgasgewinnung. Mittelalterl. Stadtbild mit 3 Backsteintoren, got. Kirchen und got. Rathaus.

Samara, Gebietshauptstadt an der Wolga, Rußland, 1,25 Mio. E. Univ., Hochschulen, Museen, Theater, Philharmonie; eine der bedeutendsten sowjet. Ind.städte; Hafen; ⚓. – 1935–91 **Kuibyschew.**

Samaranch Torello, Juan Antonio [span. samar'antʃ], * Barcelona 17. 7. 1920, span. Sportfunktionär. 1977–80 Botschafter in Moskau, seit 1980 Präs. des Internat. Olymp. Komitees.

Salzburg
Stadtwappen

Salzburg
Landeswappen

Samaria [zama'ri:a, za'ma:ria], 1) (S. Sebaste) ehem. Stadt in Samaria, 10 km nw. von Nablus, das heutige Dorf Sabastijja. U. a. Reste des israelit. Königspalastes ausgegraben. – Gegr. um 880 v. Chr., Hauptstadt des Nordreichs Israel.
2) histor. Bez. für die nördl. zentrale Bergregion Palästinas, zentraler Ort Nablus.

Samaritaner (Samariter), Mischvolk aus den nach der assyr. Eroberung (722/721) in Z-Palästina verbliebenen Israeliten und Kolonisten, ben. nach Samaria. Die S. befolgen die Jahwereligion, erkennen aber nur die 5 Bücher Mose als hl. Schrift an *(samaritan. Pentateuch)*. Mit der Errichtung eines eigenen Tempels der S. auf dem Berg Garizim kam es zum Schisma zw. S. und Juden.

Samariter, 1. svw. →Samaritaner; 2. im Anschluß an das bibl. Gleichnis vom *Barmherzigen S.* Bez. für freiwillige Krankenpfleger und (bes. in der Schweiz) für Sanitäter.

Samaritervereine, Ende des 19. Jh. gegr. freie Vereinigungen zur Leistung Erster Hilfe; 1937 dem Dt. Roten Kreuz zwangsweise angegliedert. Nach 1945 Neugründung des **Arbeiter-Samariter-Bundes Deutschland e. V.,** Sitz Köln.

Samarium, chem. Symbol Sm; metall. chem. Element aus der Reihe der Lanthanoide des Periodensystems der chem. Elemente, Ordnungszahl 62, relative Atommasse 150,4; Schmelzpunkt 1072 °C, Siedepunkt 1778 °C. In der Natur kommt das dreiwertige S. meist als Phosphat oder Silicat und stets zus. mit den übrigen Metallen der seltenen Erden vor. Verwendung in Dauermagneten, in der Laser- und Kerntechnik.

Samarkand, Gebietshauptstadt in Usbekistan, in der Flußoase der Serawschan, 380 000 E. Univ., Hochschulen, Museen, Theater. Nach Taschkent das wichtigste Ind.zentrum Usbekistans.
Bauten: Schah-Sinde-Moschee (Ende des 14. Jh.), als Teile der Anlage erhalten sind Eingangsportal und 13 Mausoleen. Bibi-Chanym-Moschee (1399–1404; hoher Torbau), Gur-i-Mir-Mausoleum (1504/05; als Teile der Anlage Gräber von Timur-Leng, Schah Ruch und Ulug-Beg). Registanplatz mit Ulug-Beg-Medrese (1417–20), Schir-Dor-Medrese (1619–36) und Tillia-Kar-Medrese (1646–60); Basar (18. Jh.); im NO Observatorium Ulug-Begs (um 1420). In den Vororten der Stadt u. a. Abdi-Darun- und Tschupan-Ata-Mausoleum (15. Jh.), Namasgah-Moschee (17. Jh.), Chodscha-Achrar-Medrese.
Geschichte: Im 4. Jh. v. Chr. **Marakanda** (Hauptstadt der pers. Prov. Sogdiana); 712 n. Chr. von den Arabern erobert, 1220 von Dschingis-Khan zerstört. 1369 machte Timur-Leng S. zur Hauptstadt seines Reiches (bed. kulturelles Zentrum); ab 1500 Prov.-hauptstadt des Khanats Buchara; kam 1868 zu Rußland.

Samarra, Stadt am linken Ufer des Tigris, Irak, etwa 100 km nördlich von Bagdad, rd. 62 000 E. Schiit. Wallfahrtsort. Ausgrabungen weiträumiger Palastanlagen; Überreste der Großen Moschee (847–861). – 836–892 Abbasidenresidenz.

Samba [afrikan.-portugies.], formenreiche Gruppe brasilian. Tänze afrikan. Herkunft in schnellem geradem Takt mit synkopiertem Rhythmus.

Sambesi, Strom im südl. Afrika, entspringt in Sambia, bildet im Mittellauf *(Victoriafälle)* einen Teil der Grenze Sambias gegen Namibia und anschließend dessen gesamte Grenze gegen Simbabwe, durchfließt danach N-Moçambique, mündet bei Chinde in den Ind. Ozean, 2 660 km lang.

Sambia (amtl. Republik S.), Staat in Afrika, grenzt im N an Zaïre, im NO an Tansania, im O an Malawi, im SO an Moçambique, im S an Simbabwe und Namibia, im W an Angola.

Sambia
Fläche: 752 618 km²
Einwohner (1990): 8,5 Mio.
Hauptstadt: Lusaka
Verwaltungsgliederung: 9 Provinzen
Amtssprache: Englisch
Nationalfeiertag: 24. 10.
Währung: 1 Kwacha (K) = 100 Ngwee (N)
Zeitzone: MEZ + 1 Std.

Landesnatur: Der Binnenstaat besteht weitgehend aus einer Hochebene in 1 000–1 500 m Höhe, die von Inselbergen und -gebirgen überragt wird. Die höchste Erhebung (2 068 m) liegt an der Grenze zu Tansania. S. hat trop. Klima. Kennzeichnend für die Hochebene ist laubabwerfender Trockenwald.
Bevölkerung: Sie besteht überwiegend aus Angehörigen von Bantustämmen; zahlreiche Flüchtlinge aus Angola. 66 % der E sind Christen, außerdem traditionelle Religionen. Schulpflicht besteht von 7–14 Jahren. S. verfügt über eine Univ. in Lusaka.
Wirtschaft, Verkehr: Für den Eigenbedarf werden Mais, Hirse und Maniok angebaut. Marktorientiert werden Tabak, Erdnüsse und Baumwolle kultiviert. Wirtschaftl. Grundlage ist der Bergbau auf Kupfer, Steinkohle und Silbererze. In den Ind.zentren Lusaka und Ndola gibt es Nahrungsmittel- und Metall-Ind., eine Erdölraffinerie, chem. und pharmazeut. Werke. Das Eisenbahnnetz ist 1 266 km, das Straßennetz 37 279 km lang. Exportgüter werden im Hafen von Daressalam verschifft. Internat. ✈ bei Lusaka.
Geschichte: Im W des heutigen S. bestand seit dem 17. Jh. das Rotsereich; 1899 Bildung des Protektorats *Nordwest-Rhodesien,* 1901 des Protektorats *Nordost-Rhodesien* unter der Verwaltung der British South Africa Company (BSAC) C. Rhodes'; 1911 Vereinigung zum Protektorat *Nordrhodesien,* 1924 Kronprotektorat; gehörte 1953–63 zur Zentralafrikan. Föderation; 1964 als Republik S. unabhängig. Seit Beginn der 1980er Jahre schwere Wirtschaftskrise. Nach einer Verfassungsänderung 1991 erhielt der seit 1972 bestehende Einparteienstaat ein Mehrparteiensystem. Die Wahlen im Nov. 1991 gewann die Opposition mit rd. 64 % der Stimmen; neuer Staatspräs. wurde Frederick Chiluba (* 1943).
Politisches System: Präsidiale Republik; Verfassung von 1973. *Staatsoberhaupt* und Inhaber der *Exekutivgewalt* ist der Staatspräsident. Die *Legislative* liegt beim Parlament (National Assembly mit 125 gewählten und 10 ernannten Mgl.). Daneben besteht als beratendes Gremium das House of Chiefs (27 Mgl.). Wichtigste *Parteien* sind Movement for Multi-party Democracy (MMD) und United National Independence Party (Unip.).

Samen (Semen), 1) svw. →Sperma.
2) *Botanik:* ein nach der Befruchtung im Verlauf der S.entwicklung aus einer S.anlage entstehendes Verbreitungsorgan der S.pflanzen, das einzeln oder in Mehrzahl bei den Nacktsamern frei auf der S.schuppe der Zapfen, bei den Bedecktsamern im Fruchtknoten eingeschlossen liegt. Der S. besteht aus einem vorübergehend ruhenden Embryo, der meist in Nährgewebe eingebettet ist oder selbst Reservestoffe speichert und stets von einer S.schale umgeben ist. Die S.ruhe wird durch die Keimung beendet.

Samenanlage, auf den Samenschuppen der Nacktsamer bzw. den Fruchtblättern der Bedecktsamer gebildetes, mit ihnen durch den **Funiculus** (ein von einem Gefäßbündel durchzogenes Stielchen, mit dem die S. an der Plazenta befestigt ist) verbundenes

Sambia
Staatsflagge

Staatswappen

Stadt 48 %
Land 52 %
Bevölkerungsverteilung

Dienstleistung 21 %
Landwirtschaft 71 %
Industrie 8 %
Erwerbstätige

weibl. Fortpflanzungsorgan der Samenpflanzen, aus dem nach der Befruchtung der Samen hervorgeht. Die S. ist etwa 1 mm groß und eiförmig und besteht aus dem Gewebekern *(Nucellus)*, der von am Grunde der S. entstehenden Hüllen *(Integumenten)* umgeben ist. Die Integumente lassen am gegenüberliegenden Pol eine Öffnung **(Mikropyle)** für den Eintritt des Pollenschlauches frei.

Samenblase, 1) bei vielen Wirbellosen Teil der männl. Geschlechtsorgane; dient zur Speicherung der Spermien.
2) bei Säugetieren und beim Menschen eine als Drüsenorgan ausgebildete Aussackung der beiden Samenleiter; ihr alkal. Sekret regt (zus. mit dem der Prostata) die Samenzellen zu Eigenbewegungen an und reinigt nach der Ejakulation die Harn-Samen-Röhre von Resten des Ejakulats.

Samenerguß, svw. → Ejakulation.

Samenkäfer (Muffelkäfer, Bruchidae), weltweit verbreitete Käferfam. mit rd. 1 200 (einheim. rd. 25) Arten; z. T. Vorratsschädlinge (z. B. Bohnenkäfer).

Samenleiter, vom Hoden (bei Säugetieren und beim Menschen vom Nebenhoden) ausgehender, oft mit einer Samenblase versehener, schlauchförmiger, meist paariger Gang als Ausführungsgang für die Spermien. Bei (fast allen) Säugetieren münden die S. auf dem Samenhügel in die Harnröhre, die dann Harn-Samen-Röhre genannt wird.

Samenpflanzen (Spermatophyten, Blütenpflanzen, Anthophyten, Phanerogamen), Abteilung des Pflanzenreichs, charakterisiert durch Blüten- und bes. durch Samenbildung. Die S. werden in die beiden Organisationsstufen Nacktsamer und Bedecktsamer eingeteilt.

Samenschale, den Embryo umgebende Schutzhülle der Pflanzensamen; mit mannigfaltiger Färbung und Ausbildung, z. T. dick oder fleischig (z. B. Granatapfel) oder dünn (Nuß- und Steinfrüchte).

Samentasche (Samenblase), Anhangsorgan der weibl. Geschlechtswege bei vielen wirbellosen Tieren (z. B. Saug- und Ringelwürmer, Schnecken, Spinnen, Insekten): blasen- bis sackförmiges Organ zur Aufnahme und Speicherung des bei der Begattung aufgenommenen Samens.

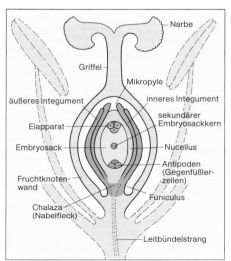

Samenanlage: Schematische Darstellung

Samenzellen, im Ggs. zur Eizelle die männl. Geschlechtszellen.

Sämischleder (Waschleder), bes. weiches Leder, u. a. für Handschuhe.

Samisdat-Literatur [russ.], Anfang 1966 in der UdSSR entstandene Bez. für literar. und publizist. Werke, die (aus Zensurgründen) nicht in einem offiziellen Verlag, sondern im ›Selbstverlag‹ erschienen; Hg. und Autoren der S.-L. wurden verfolgt. **Tamisdat-Literatur** bezeichnet das zuerst im Westen veröffentlichte Schrifttum sowjet. Autoren. Ab 1970 auch in der ČSSR unter der Bez. *Edice Petlice.*

Samjatin, Jewgeni Iwanowitsch, *Lebedjan (Gebiet Lipezk) 1. 2. 1884, †Paris 10. 3. 1937, russ. Schriftsteller. Emigrierte 1932 nach Paris; einer der bedeutendsten russ. Satiriker; bes. bekannt ist sein Roman ›Wir‹ (frz. und engl. 1924, russ. 1952 [in New York], dt. 1958); auch Erzählungen, u. a. ›Rußland ist groß‹ (dt. Auswahl 1976).

Samland, ostpreuß. Halbinsel zw. Frischem und Kur. Haff (UdSSR·). – 1255 vom Dt. Orden unterworfen; 1243/55–1525 bestand ein Bistum Samland zw. Pregel und Memel.

Sammelverwahrung → Depot.

Sammetblume (Samtblume, Tagetes), Gatt. der Korbblütler mit über 30 Arten in den wärmeren Gebieten Amerikas. Zahlr. Sorten, v. a. der mex. *Großen S.* und der *Kleinen S.,* sind als einjährige Sommerblumen beliebt.

Sammler und Jäger, svw. → Wildbeuter.

Samniten (Samniter), Volk der Italiker in **Samnium** (M-Italien). 424–420 eroberten sie Capua, Pompeji und Cumae und schlossen 354 ein Bündnis mit Rom. In den **Samnitenkriegen** (1. [wahrscheinl. unhistor.] S.krieg 343–341; 2. S.krieg 326–304; 3. S.krieg 299–291) konnten sie die Römer zunächst schlagen; 82 v. Chr. durch Sulla vernichtet.

Samoainseln, vulkan. Inselgruppe im südl. Pazifik, nö. der Fidschiinseln. Der westl. Teil bildet den Staat → Westsamoa, der östl. das amerikan. Territorium **Amerikanisch-Samoa;** 197 km² einschließlich Swains Island; 34 000 E, Hauptstadt Pago Pago.

Geschichte: 1722 von Europäern entdeckt. Auf der Samoa-Konferenz 1889 in Berlin einigten sich das Dt. Reich, Großbrit. und die USA auf eine gemeinsame Verwaltung der Inseln; 1899 zw. den USA (Amerikan.-Samoa) und dem Dt. Reich (Westsamoa) am 171. Längengrad geteilt.

Samojeden → Nenzen.

Samos, griech. Insel vor der W-Küste Kleinasiens, 476 km², bis 1 400 m hoch, Hauptort Samos. Berühmt das antike **Heraion** von S., seit Mitte des 3. Jt. Kultplatz einer weibl. Gottheit, gegen 1000 v. Chr. der Hera; Tempelbauten im frühen 8. Jh., Mitte des 7. Jh., 560–550 (abgebrannt und abgetragen), versetzter Neubau um 530 v. Chr. (Weiterbau um das 2. Jh. v. Chr.; unvollendet). Bed. techn. Bauten (Hafenmole der Stadt Samos und Wasserleitung). – Blütezeit unter dem Tyrannen Polykrates (538–522); im 5. Jh. v. Chr. Mgl. des Att.-Del. Seebundes; häufig unter Fremdherrschaft; 1912 dem neugriech. Staat angegliedert.

Samos [nach der gleichnamigen Insel], Dessertwein aus angewelkten Muskateller- oder Fukianotrauben.

Samothraki (Samothrake), griech. Insel im Thrak. Meer, 178 km², bis 1 586 m hoch, Hauptort Samothraki. Heiligtum der ›Großen Götter‹: Anaktoron (Palast der Anakes, d. h. Dioskuren; um 500 v. Chr.), Rundbau des Arsinoeion (3. Jh. v. Chr.). Oberhalb der Festplatz mit sog. Altem Tempel und Propylon (um 340 v. Chr.) mit Fries tanzender Mädchen (z. T. im Museum). Hinter dem Bezirk der sog. Neue Tempel (um 300 und 150 v. Chr.), Halle für Weihegeschenke (um 540 v. Chr.), Theater und eine Halle (beide um 200 v. Chr.). In einem Wasserbecken stand die *Nike von Samothrake* (190 v. Chr.; Paris, Louvre).

Sammetblume:
Kleine Sammetblume

Samowar [russ.], v. a. in Rußland verwendeter Wassererhitzer, aus dem Wasser zur Teeaufbereitung über einen Hahn entnommen wird.

Sampan [chin.], flaches, breites Ruder- oder Segelboot; in O-Asien auf Flüssen und in Seehäfen, auch als Hausboot.

Sample ['zampəl, engl. sɑːmpl; lat.], svw. →Stichprobe.

Samsara (Sansara) [Sanskrit ›Wanderung durch die Wiedergeburten‹], Hindus, Buddhisten und Dschainas gemeinsame Lehre, nach der alle Wesen dem ewigen Kreislauf der Wiedergeburt unterworfen sind.

Samson →Simson.

Samstag [griech.], in W- und S-Deutschland, Österreich, Schweiz →Sonnabend.

San Augustín: Menschengestaltige Statue (Höhe 4,25 m)

Samt, Polgewebe mit einem Flor (Pol), der das Grundgewebe etwa 1–2 mm überragt. Beim *Kettsamt (Velours)* entsteht die Flordecke durch Aufschneiden der Polkette beim Weben, beim *Schußsamt (Velvet)* durch nachträgl. Aufschneiden der Schußschlaufen.

Samtgemeinde →Gemeindeverbände.

Samtmuscheln (Sammetmuscheln, Glycimeridae), Fam. meerbewohnender Muscheln; Schalen dick, fast kreisförmig, 6–8 cm groß, mit stark haarig ausgefaserter Oberschicht.

Samuel ['za:muɛl], polit. und religiöser Führer des israelit. Stämmeverbands im 11. Jh. v. Chr.; der letzte Richter Israels; auch Seher, Priester und Prophet.

Samuelbücher ['za:muɛl], zwei Bücher des AT, Bestandteil des deuteronomist. Geschichtswerks. Sie berichten über das Ende der Richterzeit, die Geschichte Sauls, über den Aufstieg und die Regierungszeit Davids.

Paul Anthony Samuelson

Samuelson, Paul Anthony [engl. 'sæmjʊəlsn], * Gary (Ind.) 15. 5. 1915, amerikan. Nationalökonom. Erhielt 1970 den Nobelpreis für Wirtschaftswiss. für die Weiterentwicklung der stat. und dynam. Theorie.

Samuelsson, Bengt, * Halmstad 21. 5. 1934, schwed. Biochemiker. Klärte die Struktur der Prostaglandine auf und war an der Entdeckung der mit diesen verwandten Leukotrienen (mitverantwortl. für entzündl. und allerg. Reaktionen) beteiligt. S. erhielt mit S. K. Bergström und J. R. Vane den Nobelpreis für Physiologie oder Medizin 1982.

Samum [arab.], trocken-heißer, staub- oder sandbeladener Wüstenwind in N-Afrika.

Samurai [zamuˈraɪ, jap. saˈmurai ›Dienstmann‹], in Japan vom 13. Jh. an Bez. für direkte Vasallen der Schogune und der Territorialfürsten; ab dem 17. Jh. die oberste Klasse, aus der sich u. a. Militär, Beamte und Klerus rekrutierten. Die S. waren einem strengen Ehrenkodex verpflichtet.

Sana, Hauptstadt der Republik Jemen, im Hochland, 427 200 E. Univ.; Nationalmuseum; Textilfa-

Bengt Samuelsson

brik; internat. ⚘. Innerhalb der Stadtmauern mit 7 Toren stehen dicht gedrängt 4–7stöckige Lehmziegelbauten; zahlr. Moscheen mit Minaretten, u. a. Al-Kabir-Moschee (8. Jh.).

San Agustín [span. sanaɣusˈtin], kolumbian. Ort in der Zentralkordillere, nö. von Pasto. Zentrum des Totenkults der **San-Agustín-Kultur,** Fundort von über 400 von 0,5 bis über 2 m hohen Steinfiguren in menschl oder tier. Gestalt, die sich urspr. in den Grabstätten (unter Erdhügeln) befanden. Entstanden 50 v. Chr.–500 n. Chr.

San Andreas Fault [engl. sænˈændrɛɪs 'fɔːlt], erdbebenreiche Verwerfungszone in Kalifornien, erstreckt sich vom N-Ende des Golfs von Kalifornien über 1 100 km lang in nw. Richtung.

San Antonio [engl. sænənˈtoʊnɪoʊ], Stadt im südl. Texas, 785 900 E, 2 Univ.; naturhistor. Museum, Zoo; u. a. Erdölraffinerien. Gebäude im span. Kolonialstil, u. a. die Missionsstationen The Alamo und San José (beide 18. Jh.).

Sanatorium [lat.], unter [fach]ärztl. Leitung stehende stationäre Einrichtung zur Behandlung und Pflege chron. Kranker oder Genesender.

San Bernardino, Passo di [italien. sambernarˈdiːno] →Alpenpässe (Übersicht).

Sanchi ['sɑːntʃi], nö. von Bhopal gelegenes buddhist. Kultzentrum im ind. Unionsstaat Madhya Pradesh. Der große gut erhaltene Stupa (3. Jh. v. Chr.) gehört dem ältesten Typus an. Zwei weitere etwas jüngere Stupas zeigen reichen Skulpturenschmuck, ausgegraben u. a. eine Aschokasäule, zahlr. Klöster.

Sancho Pansa [...tʃo], der treue und pfiffige Knappe Don Quijotes.

San Cristóbal [span. saŋkrisˈtoβal], Hauptstadt des venezolan. Staates Táchira in der Cordillera de Mérida, 198 800 E. Univ.; Handels- und Gewerbezentrum.

sancta simplicitas [lat.], ›heilige Einfalt‹.

Sanctissimum (Sanktissimum) [lat.], svw. →Allerheiligstes.

Sanctus [lat. ›heilig‹], die sich an die Präfation der Messe anschließende Akklamation (seit um 400).

Sand [zand, frz. sɑ̃ːd], 1) George, eigtl. Aurore Dupin, verh. Baronin Dudevant, * Paris 1. 7. 1804, † Nohant-Vic bei Châteauroux 8. 6. 1876, frz. Schriftstellerin. Befreundet u. a. mit Balzac, Berlioz, Liszt, lebte 1833–35 mit A. de Musset, 1838–46 mit F. Chopin zusammen; schrieb zahlr. sozial-emanzipator. Romane. – *Werke:* Indiana (R., 1832), Lelia (R., 1833), Der Teufelssumpf (R., 1846), Sie und er (Autobiogr., 1859).

2) Karl Ludwig, * Wunsiedel 5. 10. 1795, † Mannheim 20. 5. 1820 (hingerichtet), dt. Student. Radikaler Burschenschafter; sein Mord am Dichter A. von Kotzebue (23. 3. 1819) löste die Demagogenverfolgung und die Karlsbader Beschlüsse aus.

Sand, Lockergestein, das aus Mineralkörnern (häufig Quarz) von 0,063–2 mm Durchmesser besteht.

Sandaale (Tobiasfische, Ammodytidae), Fam. aalförmiger Knochenfische; zahlr. Arten an sandigen Küsten der nördl. Meere und des Ind. Ozeans; Schwarmfische, die sich bei Gefahr im Sand vergraben.

Sandale [griech.], flacher offener Schuh; älteste Form ist die Riemen-S. (Riemen zw. großer und 2. Zehe), spätere S.formen mit Lasche und Fersenschutz; heute in zahlr. Varianten, auch mit Absatz.

Sandbahnrennen →Motorsport.

Sandburg, Carl [engl. 'sændbəːg], * Galesburg (Ill.) 6. 1. 1878, † Flat Rock (N. C.) 22. 7. 1967, amerikan. Lyriker. Schrieb v. a. Lyrik in freien Rhythmen, u. a. ›Chicago-Gedichte‹ (1916), ›Guten Morgen, Amerika‹ (1928); bed. auch seine Lincoln-Biographie (6 Bde., 1926–36).

Sanddollars (Clypeasteroidea), Ordnung ovaler bis nahezu kreisrunder, scheibenförmig abgeflachter Seeigel mit zahlr. Arten in den Flachwasserzonen aller Meere, bes. der trop. und subtrop. Regionen.

Sanddorn (Haffdorn, Seedorn), Gatt. der Ölweidengewächse mit je einer Art in Europa und in Asien; sommergrüne Bäume oder Sträucher mit dornigen Kurztrieben, zweihäusigen Blüten und Vitamin-C-reichen Früchten. Einheim. ist der *Echte S.*, bis 6 m hoch.

Sandelholz (gelbes S., Santalholz), sehr fein strukturiertes, stark aromat., gelbgrünl. bis goldbraunes, dekoratives, ölhaltiges Kernholz eines in Indien kultivierten *Weißen Sandelbaums (echtes S.),* verwendet für Drechsler- und Kunsttischlerarbeiten sowie als Räuchermittel.

Sandelöl (Sandelholzöl), aus dem Kernholz des Sandelbaums gewonnenes, farbloses, würzig riechendes äther. Öl, in der Parfüm-Ind. verwendet.

Sander [isländ.], fächerförmige Sand- und Schotterflächen, die von den Schmelzwässern im Vorfeld der Gletscher bzw. Inlandeismassen abgelagert wurden.

Sanders-Brahms, Helma, * Emden 20. 11. 1940, dt. Filmregisseurin. Drehte u. a. ›Shirins Hochzeit‹ (1975), ›Heinrich‹ (1976), ›Deutschland, bleiche Mutter‹ (1979), ›Laputa‹ (1986).

Sandfloh →Flöhe.

Sandglöckchen, Gatt. der Glockenblumengewächse mit rd. 10 Arten im Mittelmeergebiet und in Europa; eine Zierpflanze ist das *Ausdauernde Sandglöckchen.*

Sandgräber (Bathyergidae), Fam. 8–30 cm langer, kurzschwänziger Nagetiere in offenen und geschlossenen Landschaften Afrikas, südl. der Sahara; unterird. lebende Tiere (u. a. Graumulle, Nacktmull).

Sandguß →Gießverfahren.

Sandhaie (Carchariidae), Fam. bis 4 m langer, schlanker Haifische mit 2 Arten in Flachwasserzonen der trop. und subtrop. Meere: *Schildzahnhai* (im östl. Atlantik und im Mittelmeer) und *Echter S.* (Sandtiger: an der afrikan. Atlantikküste und im Karib. Meer).

Sandhurst [engl. 'sændhɜːst], engl. Gem., Gft. Berkshire, 6 400 E. Armeemuseum. Nahebei ›Royal Military Academy‹.

San Diego [engl. sændɪ'ɛɪɡoʊ], Stadt am Pazifik, Kalifornien, USA, 875 500 E. 3 Univ.; Zoo. Luftfahrt-Ind., Schiffbau; Hafen, Marinestützpunkt.

Sandinistische Nationale Befreiungsfront → Frente Sandinista de Liberación Nacional.

Sandkatze (Saharakatze, Wüstenkatze), bis 55 cm lange, einschließl. Schwanz bis 90 cm messende nachtaktive Kleinkatze in den Wüsten N-Afrikas und SW-Asiens.

Sandlaufkäfer (Sandläufer, Tigerkäfer, Cicindelidae), mit rd. 1 400 Arten v. a. in sandigen Landschaften weltweit verbreitete Fam. 8–70 mm langer räuber. Käfer.

Sandotter (Sandviper, Hornotter), bis 90 cm lange, für den Menschen sehr giftige Viper, v. a. in trockenen, steinigen und felsigen Landschaften S-Österreichs, der Balkanhalbinsel und SW-Asiens.

Sandpapier →Schleifpapier.

Sandpflanzen (Psammophyten), an das Leben auf trockenen Standorten angepaßte Pflanzen; sind meist licht- und wärmeliebend (hohe Bodentemperaturen), durch Wasser- und Nährstoffmangel im Substrat langsam wachsend.

Sandrart, Joachim von, * Frankfurt am Main 12. 5. 1606, † Nürnberg 14. 10. 1688, dt. Kunstschriftsteller. Die Biographien seiner ›Teutschen Academie der edlen Bau-, Bild- und Mahlerey-Künste‹ (2 Bde., 1675 bis 1679) sind eine wichtige Quelle der dt. Barockkunst.

Sandrock, Adele [...drɔk], * Rotterdam 19. 8. 1863, † Berlin 30. 8. 1937, dt. Schauspielerin niederl. Herkunft. Klass. Rollen u. a. in Wien und Berlin; auch kom. Filmrollen (›Der Kongreß tanzt, 1931; ›Amphitryon‹, 1935).

Sandschlange →Boaschlangen.

Sandstein, Sedimentgestein, entstanden aus Sand durch Verkittung der Mineralkörner. Je nach Bindemittel unterscheidet man Ton-, Kalk-, Kiesel- und Eisensandstein.

Sandstrahlgebläse, Gerät, mit dem ein Sandstrahl durch Druckluft auf Gegenstände geblasen wird, die von Rost, Farbe u. a. gereinigt werden sollen; auch zum Mattieren von Oberflächen.

Sanduhr (Stundenglas), altes Zeitmeßinstrument; besteht aus 2 bauchigen Gläsern mit engem Verbindungsrohr. Feiner Sand rieselt innerhalb einer bestimmten Zeitspanne in das untere Gefäß; Verwendung heute u. a. als sog. **Eieruhr.**

Sandwichbauweise ['zɛntvɪtʃ], Leichtbauweise, bei der zwei Deckschichten aus Metall, Sperrholz oder faserverstärkten Werkstoffen mit einem dazwischen angeordneten Stützkern verbunden werden.

Sandwich Islands [engl. 'sænwɪtʃ 'aɪləndz] →Hawaii.

sanforisieren Ⓦ [nach dem amerikan. Fabrikanten Sanford L. Cluett, * 1874, † 1968], Textilien mechan. stauchen, so daß sie beim Waschen kaum mehr einlaufen.

San Francisco [zanfran'tsɪsko, engl. sænfrən'sɪskoʊ], Stadt in Kalifornien, USA, an S-Ufer des Golden Gate, 749 000 E. 4 Univ.; mehrere Museen, Oper; Zoo. S. F. ist der größte Finanz- und Handelsplatz an der W-Küste und einer der größten Häfen der USA. Innerhalb des Metropolitan Area (4,3 Mio. E) zahlr. Ind.betriebe; gute Verkehrserschließung: Brücken, Schnellstraßennetz, Schnellbahnsystem, internat. ☒. Trotz des hügeligen Geländes wurde S. F. größtenteils im Schachbrettmuster angelegt. Kirche der ehem. span. Missionsstation (1782–91); zahlr. Hochhäuser, u. a. das 260 m hohe Transamerica Building (1972). Größte Chinatown in den USA; zahlr. Parkanlagen; seilgezogene Straßenbahn (Cable Car; seit 1873, heute noch 17 km Länge). – 1766 wurde eine Missionsstation errichtet (S. F. de Asís); 1821–47 in mex. Besitz, 1848 an die USA abgetreten. 1850 Stadtrecht; nach Zerstörung durch das große Erdbeben von 1906 sofortiger Wiederaufbau. – Auf der **Konferenz von San Francisco** (25. 4.–26. 6. 1945) wurde die Charta der UN beschlossen. Der **Frieden von San Francisco** (8. 9. 1951) beendete den 2. Weltkrieg zw. Japan und seinen nichtkommunist. Gegnern.

San Francisco Bay [engl. sænfrən'sɪskoʊ 'beɪ], Bucht in Kalifornien, 80 km lang, 5–20 km breit, mit dem Pazifik durch das Golden Gate verbunden.

Sangallo, 1) Antonio da, d. Ä., eigtl. Antonio Giamberti, * Florenz um 1455, † ebd. 27. 12. 1534, italien. Baumeister der Renaissance. Bruder von Giuliano da S.; bed. Zentralbau: Madonna di San Biagio in Montepulciano (1518–29).

2) Antonio da, d. J., eigtl. Antonio Cordiani, * Florenz 1483, † Terni 3. 8. 1546, italien. Baumeister. Neffe von Antonio da S. d. Ä. und Giuliano da S., Baumeister von Sankt Peter in Rom; auch Palazzo Farnese in Rom (Pläne 1514 ff., erbaut 1534 ff., vollendet von Michelangelo).

3) Giuliano da, eigtl. Giuliano Giamberti, * Florenz 1445, † ebd. 20. 10. 1516, italien. Baumeister. Bruder von Antonio da S. d. Ä.; ging von den Bauideen F. Brunelleschis und L. B. Albertis aus; Santa Maria delle Carceri in Prato (1484 ff.) ist der erste Kuppelbau über einem griech. Kreuz, die Villa Poggio a Cajano bei Florenz (um 1485 ff.) die erste Villa mit klass. Tempelfront, die Räume sind (wie in antiken Ther-

Sanddorn:
Echter Sanddorn

Sanduhr

George Sand
(Lithographie von
Louis Léopold
Boilly)

men) um einen Saal gruppiert, beim Palazzo Strozzi in Florenz (um 1490 ff.) um einen Binnenhof; Entwürfe für Sankt Peter in Rom.

Sang-de-bœuf [frz. sãd'bœf ›Ochsenblut‹] (chin. lang yao), Bez. für chin. Porzellan mit roter Glasur.

Sanger, Frederick [engl. 'sæŋə], * Rendcomb bei Bristol 13. 8. 1918, brit. Biochemiker. Arbeiten bes. über die Struktur und Synthese von Proteinen und Nukleinsäuren; erhielt – insbes. für die Aufklärung der Struktur des Insulins – 1958 den Nobelpreis für Chemie sowie für die Entwicklung eines Verfahrens der Sequenzanalyse der DNS mit P. Berg und W. Gilbert den Nobelpreis für Chemie 1980.

Frederick Sanger

Sänger, Eugen, * Preßnitz bei Komotau 22. 9. 1905, † Berlin (West) 10. 2. 1964, dt. Raketenforscher und Raumflugtechniker. Grundlegende Forschungen zur Raketenflugtechnik und Raumfahrt, Untersuchungen über Tragflächenprofile für Überschallflugzeuge.

Sangerhausen, Kreisstadt am NO-Rand der Goldenen Aue, Sachsen-Anhalt, 33 800 E. Zentrum des Kupferbergbaus; Fahrradherstellung. Roman. Kirche Sankt Ulrich (1389 erneuert), spätgot. Pfarrkirche Sankt Jakobi (1472 ff.), spätgot. Rathaus (1556 vergrößert).

Eugen Sänger

Sängerknötchen (Schreiknötchen), knotige Wucherungen auf den Stimmbändern infolge von Überanstrengungen beim Singen oder Schreien.

San Gimignano [italien. sandʒimiɲ'ɲa:no], italien. Gem. in der Toskana, 7 500 E. Mittelalterl. Stadtbild mit Kirchen, Palästen, Geschlechtertürmen, Stadtmauern.

Sangria [span.], andalus. Rotweinbowle.

Sanguineti, Edoardo [ita. saŋgui'ne:ti], * Genua 9. 12. 1930, ital. Schriftsteller. Schreibt v. a. Lyrik (u. a. ›Novissimum testamentum‹, 1986).

Sanguiniker [lat.], unter den vier hippokrat. Temperamentstypen der ›leichtblütige‹, heitere, lebhafte, leicht ansprechbare Mensch.

Sanherib, † 681 v. Chr. (ermordet), König von Assyrien (seit 704). Sohn Sargons II.; setzte sich militär. gegen Urartu und Elam, in Kilikien, Syrien, Phönikien und Palästina durch, zerstörte Babylon (689), baute Assur, ab 701 Ninive prachtvoll aus.

Sanierung [lat.], 1) *Wirtschaft:* Wiederherstellung der wirtschaftl. Rentabilität eines Betriebes.

Sankt Gallen
Stadtwappen

2) *Städtebau:* das Renovieren, Modernisieren oder der Abriß alter Gebäude (die durch neue ersetzt werden).

Sanikel [mittellat.], Gatt. der Doldengewächse mit rd. 40 fast weltweit verbreiteten, staudigen Arten; einheim. ist die Art *Gewöhnl. S.* (Europ. S., Heildolde), deren Teile Saponine, Bitter- und Gerbstoffe enthalten.

sanitär [lat.-frz.], das Gesundheitswesen, die Hygiene betreffend.

Sanitätswesen [lat./dt.], in den Streitkräften die Gesamtheit der Personen, Hilfsmittel und Maßnahmen, die die Erhaltung, Förderung und Wiederherstellung der Gesundheit des Soldaten zum Ziel haben; stehen im Krieg, mit dem Roten Kreuz (oder entsprechenden Symbolen) gekennzeichnet, unter dem bes. Schutz des Völkerrechts (Genfer Konventionen vom 12. 8. 1949).

Sankt Gallen
Kantonswappen

San Joaquin River [engl. sænwɔ'ki:n 'rɪvə], Zufluß des San Francisco Bay, USA, mündet zus. mit dem Sacramento River, 563 km lang.

San Jose [engl. sænhoʊ'zeɪ], Stadt in Kalifornien, USA, nahe dem S-Ufer der San Francisco Bay, 712 100 E. Univ.; u. a. Konserven- und Trockenfruchtherstellung.

San José [span. saŋxo'se], Hauptstadt von Costa Rica, im Valle Central, 241 500 E. Univ., Nationalbibliothek, -archiv; National-, ethnolog. Museum,

Theater, Oper; Zoo. S. J. ist das wichtigste Handels- und Ind.zentrum des Landes, an der Carretera Interamericana gelegen; internat. ✈. – 1755 gegr., seit 1823 Hauptstadt.

San-José-Schildlaus [span. saŋxo'se], vermutl. aus Ostasien (Amur-Gebiet) stammende, über Kalifornien (bei San Jose, span. San José) weltweit verschleppte Deckelschildlaus (in Europa seit 1927, in der BR Deutschland seit 1946); saugt an Laubgehölzen, v. a. an verholzten Teilen von Obstgehölzen.

San Juan [span. saŋ'xuan], Hauptstadt von Puerto Rico, 431 200 E. Univ., mehrere Museen. Zentrum der Insel; Hafen, internat. ✈. Kathedrale (1541–47, 1802 wiederaufgebaut), barocke Kirche San José, Fort El Morro (1591–1615). – 1519 von Spaniern gegründet.

Sankey-Diagramm [engl. 'sæŋkɪ; nach dem ir. Ingenieur M. H. P. R. Sankey, * 1853, † 1921] (Energieflußbild, Wärmeflußbild), graph. Darstellung des im Verlaufe eines techn. Prozesses (v. a. in Wärmekraftanlagen) erfolgenden Energieumsatzes.

Sankt Andreasberg, Stadt im Oberharz, Nds., 2 800 E. Bergwerks- und Heimatmuseum. – Vermutl. schon im 13. Jh. Erzbergbau; 1537 Bergstadtrecht.

Sankt Anton am Arlberg, österr. Wintersport- und Luftkurort in Tirol, 2 200 E.

Sankt Augustin, Stadt im Rhein-Sieg-Kreis, NRW, 49 500 E. Philos.-theol. Hochschule, Priesterseminar; Sitz der Konrad-Adenauer-Stiftung; Maschinenbau, elektron. Ind. u. a. – 1969 durch Zusammenschluß von 7 Gemeinden entstanden.

Sankt Bartholomä → Königssee.

Sankt-Bernhardin-Paß, dt. für Passo di San Bernadino, → Alpenpässe (Übersicht).

Sankt Blasien [...i-ən], Stadt im Hochschwarzwald, Bad.-Württ., 4 200 E. Heilklimat. Kurort. Frühklassizist. Abteikirche (1783 geweiht); barocke ehem. Klostergebäude (18. Jh.; heute Internat). – Der Abt des 858 erstmals das Benediktinerklosters (1806 säkularisiert) wurde 1746 Reichsfürst.

Sankt Gallen, 1) (amtl. St. Gallen) Hauptstadt des schweizer. Kt. Sankt Gallen, im Hochtal der Steinach, 73 500 E. Wirtschaftl. und kulturelles Zentrum der O-Schweiz; Stadttheater, Museen. Textil-, Nahrungsmittel-Ind., Maschinenbau.

Bauten: Spätbarocke ehem. Stiftskirche mit Otmarskrypta (9. Jh.); Stiftsbibliothek mit wertvollen Handschriften. Neue Pfalz (18. Jh.), Bürgerhäuser (17. und 18. Jh.).

Geschichte: An der Stelle der um 612 entstandenen Einsiedelei des hl. Gallus wurde um 719 eine Abtei gegründet, die im 9.–11. Jh. eine Blüte auf kulturellem Gebiet erlebte. Seit Anfang des 13. Jh. galt der Abt als Reichsfürst. 1451 wurde die Benediktinerabtei, 1454 die Stadt zugewandter Ort der Eidgenossenschaft; 1798 Ende der Stiftsherrschaft; 1805 Aufhebung des Klosters; ab 1803 Hauptstadt des neugegr. Kantons.

2) ostschweizer. Kt. am Alpennordrand, 2 014 km², 407 000 E, Hauptstadt Sankt Gallen. Der Kt. ist ein Zentrum der schweizer. Textil-Ind., bed. auch der Maschinenbau und Fremdenverkehr.

3) exemtes Bistum, 1823 für den Kt. S. G. als Doppelbistum Chur-S. G. errichtet; nach 1847 wurden die beiden Bistümer getrennt.

Sankt Goar, Stadt am linken Mittelrheinufer, Rhld.-Pf., 3 500 E. Ev. got. Pfarrkirche (1444 ff.) mit spätgot. Ausmalung (15. Jh.) und roman. Krypta (11. Jh.); Ruine der Burg Rheinfels. – 760 Bau eines Klosters über dem Grab des Einsiedlers Goar.

Sankt Goarshausen, Stadt am rechten Mittelrheinufer, Rhld.-Pf., 1 500 E. Burg Neukatzenelnbogen (›die Katz‹; 14. Jh.; wiederaufgebaut), Burg Thurnberg (›die Maus‹; 14. Jh., später ausgebaut); Altes Rathaus (1532).

Sankt Gotthard → Alpenpässe (Übersicht).

Sankt Helena, brit. Vulkaninsel im südl. Atlantik, 122 km², bis 823 m hoch, Hauptort Jamestown. – 1502 von Portugiesen entdeckt; 1659/61 von der engl. Ostind. Kompanie erworben; Verbannungsort Napoleons I. ab 1815.

Sankt Ingbert (amtl. St. Ingbert), Stadt nw. von Saarbrücken, Saarland, 41 000 E. U. a. Metall-Ind., Flachglasherstellung.

Sanktion [lat.-frz.], **1)** *Recht:* die Inkraftsetzung bzw. Bestätigung einer Norm sowie der Teil eines Gesetzes, in dem die Folgen eines Verstoßes dagegen festgelegt werden.
2) *Sozialwiss.:* die von der Gesellschaft oder einzelnen Gruppen angedrohten (getroffenen) Maßnahmen gegen regelwidriges Verhalten des Einzelnen.

Sankt Joachimsthal → Jáchymov.

Sankt Johann im Pongau, österr. Bezirkshauptort im Salzachtal, Salzburg, 7 700 E. Zentraler Ort des Pongaus.

Sankt Lambrecht, österr. Markt-Gem. in der Steiermark, 2 000 E. Benediktinerstift (gegr. im 11. Jh.) mit hochgot. Stiftskirche (1327/28–1421; z. T. barokkisiert).

Sankt-Lorenz-Golf, Teil des Nordatlantiks westl. von Neufundland.

Sankt-Lorenz-Strom, Fluß in N-Amerika, entfließt dem Ontariosee, mündet mit langer Trichtermündung in den Sankt-Lorenz-Golf, 1 287 km lang. Er ist, obwohl im Winter zugefroren, eine der wichtigsten Wasserstraßen der Erde. – 1534 von J. Cartier auf der Suche nach der NW-Passage entdeckt.

Sankt Moritz [mo'rɪts, 'mo:rɪts], heilklimat. Kurort im schweizer. Kt. Graubünden, im Oberengadin, 5 900 E. Engadiner Museum, Segantini-Museum; Wintersport.

Sankt Peter → Peterskirche.

Sankt Peter-Ording, Gem. an der W-Küste der Halbinsel Eiderstedt, Schl.-H., 5 400 E. Nordsee- und Schwefelheilbad.

Sankt Petersburg (russ. 1703–1914 Sankt Petersburg, 1914–24 Petrograd, 1924–91 Leningrad), russ. Gebietshauptstadt im Newadelta am Finn. Meerbusen, Rußland, 4,36 Mio. E. Nach Moskau wichtigstes Kultur- und Wirtschaftszentrum, Univ., Hochschulen, Forschungsinstitute und wiss. Einrichtungen, Museen, Theater, Philharmonie, Sternwarte, Planetarium. U. a. Bau von Schiffen, Werkzeugmaschinen, Traktoren, sowie Textil-, chem., opt., Nahrungsmittel-Ind. und Druckereien; Kernkraftwerk. Der Hafen ist der wichtigste für den sowjet. Überseehandel; er hat Kanalverbindung zum Kasp. und Weißen Meer; internat. ⚓.
Bauten: U. a. die Peter-und-Pauls-Festung (Umbau 1787), der Menschikow-Palast (Umbau um 1740), von B. F. Rastrelli das Smolny-Stift (1748–54, Kathedrale 1835 vollendet; klassizist. Innenausbau) und der sog. Vierte Winterpalast (1754–63; das Innere klassizist. erneuert). Bauten des Klassizismus sind u. a. die Kleine Eremitage (1764–67), die Akademie der Schönen Künste (1764–88), die Akademie der Wiss. (1783–89, von Giacomo Quarenghi [* 1744, † 1817]), die Eremitage (1775–84), die Alexander-Newski-Kathedrale (1776–90) im Alexander-Newski-Kloster, die Kasaner Kathedrale (1802–12, von Andrei Nikiforowitsch Woronichin [* 1759, † 1814]), die Admiralität (Neubau 1806–23, von Andrei Dmitrijewitsch Sacharow [* 1761, † 1811]) sowie die Isaak-von-Kiew-Kathedrale (1817–57). Karl Iwanowitsch Rossi (* 1775, † 1849) verdankt S. P. seine schönsten Platzanlagen.
Geschichte: 1703 Baubeginn der Peter-und-Pauls-Festung an der Mündung der Newa sowie des Hafens und der Festung Kronstadt durch Peter I.; 1712 Verle-

gung der Hauptstadt von Moskau nach Petersburg; rascher Aufschwung der Stadt (1726 Umschlagplatz von 90% aller Im- und Exportgüter). Nach dem Bau der ersten Eisenbahnen (1837) ergänzten neue Ind. (Maschinenbau, Papierfabriken) die traditionellen Ind.zweige (v. a. Textil- und Baustoff-Ind.). Die schlechte soziale Lage der Arbeiter (1862: 21 000; 1900: 131 000) und wirtschaftl. Krisen (1902–04) führten zu einer Reihe von Aufständen. 1941–44 war S. P. belagert. Alle Kriegsschäden im histor. Kern der Stadt wurden bald nach 1945 behoben.

Sankt Pölten, 1) Hauptstadt des österr. Bundeslandes Niederösterreich, 50 400 E. Philolog.-theol. Hochschule, Theater; u. a. Maschinen-, Zellulose- und Kunststoffabriken. Spätromanisch-frühgotischer Dom (im 18. Jh. barockisiert); barocker Bischofshof (1636–53 und 18. Jh.); barock sind auch das Rathaus, zahlr. Bürgerhäuser und die Dreifaltigkeitssäule.
2) österr. Bistum, 1785 als Suffragan von Wien gegründet.

Sankt Veit an der Glan, Bezirkshauptstadt in Kärnten, nördl. von Klagenfurt, 12 000 E. Roman. Stadtpfarrkirche (um 1200) mit spätgot. Chor; spätroman. ehem. Karner; spätgot. Rathaus (1468) mit barocker Fassade (1754).

Sankt Viktor, Schule von, nach der Augustinerabtei Sankt Viktor in Paris ben. philos.-theol. Richtung des MA mit dem Ziel der Vereinigung scholast. betriebener Wiss. und myst. verstandener Theologie.

Sankt Wendel (amtl. St. Wendel), Kreisstadt an der oberen Blies, Saarland, 26 400 E. Spätgot. Pfarr- und Wallfahrtskirche (14./15. Jh.) mit bed. Westturmanlage, got. Tumba des hl. Wendelin (um 1360).

Sankt Wolfgang im Salzkammergut, oberösterr. Fremdenverkehrsort am Sankt-Wolfgang-See, 2 500 E. Spätgot. Pfarrkirche (um 1440/50; barockisiert) u. a. mit Hochaltar von M. Pacher (1471–81).

Sankt-Wolfgang-See (Wolfgangsee, Abersee), See im Salzkammergut, 13,5 km².

San Lorenzo [span. sanlo'renso], archäolog. Fundort im mex. Staat Veracruz, 30 km sw. von Minatitlán; frühes Kultzentrum der Olmeken (1100–900); Steinskulpturen.

Sanlúcar de Barrameda [span. san'lukar ðe βarra'meða], span. Hafenstadt an der Mündung des Guadalquivir, 44 000 E. – Von hier aus begann Kolumbus 1498 seine 3. Amerikafahrt, Magalhães 1519 seine Weltumsegelung.

San Luis Potosí [span. san'luis poto'si], **1)** Hauptstadt des mex. Staates S. L. P. im zentralen Hochland, 406 600 E. Univ.; archäolog.-ethnolog. Museum, Theater; Bergbauzentrum. Klassizist. Palacio de Gobierno (1770), barocke Kathedrale (1670).
2) Staat im nördl. Z-Mexiko, 63 068 km², 2,02 Mio. E, Hauptstadt San Luis Potosí.

San Marino, Hauptstadt der Republik San Marino, 4 200 E. Mittelalterl. Stadtbild.

San Marino (amtl. Republik S. M.), Republik in Europa, wird allseits von Italien. Staatsgebiet umgeben.
Landesnatur: S. M., die kleinste Republik der Erde, liegt auf der O-Abdachung des Etrusk. Apennins.
Bevölkerung: Die überwiegend röm.-kath. Sanmarinesen leben z. T. im Ausland, v. a. in Italien.
Wirtschaft, Verkehr: Wichtigste Einnahmequelle ist der Fremdenverkehr sowie der Verkauf von Briefmarken. Busse, Hubschrauber und eine Seilbahn verbinden S. M. mit den italien. Nachbarorten und der adriat. Küste.
Geschichte: Nach der Überlieferung Anfang des 4. Jh. vom hl. Marinus gegr.; seit dem 13./14. Jh. unabhängig; 1599 Schaffung der im wesentl. bis heute gültigen Verfassung; 1862 Zollunion, 1897 (1953 erneuert) Freundschaftsvertrag mit Italien; im 1. Weltkrieg

199

San Marino

Fläche: 60,57 km²
Einwohner (1988):
22 700
Hauptstadt: San Marino
Amtssprache: Italienisch
Nationalfeiertag: 3. 9.
Währung: 1 Italien. Lira
(Lit.) = 100 Centesimi
(Cent.)
Zeitzone: MEZ

San Marino

Staatsflagge

Staatswappen

und im 2. Weltkrieg bis zum Sept. 1944 neutral. Seit 1978 regiert in S. M. eine Koalition aus Kommunisten, Sozialisten und Einheitssozialisten.

Politisches System: Selbständige Republik unter dem Schutz Italiens; letzte *Verfassung*revision 1939. *Staatsoberhaupt* sind die 2 aus dem Parlament für 6 Monate gewählten regierenden Kapitäne (Capitani reggenti); die *Exekutive* liegt bei den regierenden Kapitänen, 3 hauptberufl. Staatssekretären und 8 nebenberufl. Mgl.; *Legislative:* Consiglio Grande e Generale (60 für 5 Jahre gewählte Abg.). Die *Parteien* entsprechen im wesentl. den italienischen. – Karte VIII, Bd. 2, n. S. 320.

San Martin, José de, * Yapeyú am Uruguay 25. 2. 1778, † Boulogne-sur-Mer 17. 8. 1850, argentin. General. Errang die Unabhängigkeit Chiles und zog 1821 als Sieger und ›Protektor‹ Perus in Lima ein; ab 1824 im frz. Exil.

Sanmicheli, Michele [italien. sammi'kɛːli], * Verona 1484, † ebd. Anfang Sept. 1559, italien. Baumeister. Bahnbrechend im Festungs- und Palastbau in Verona und Venedig: Palazzo Grimani (um 1540 ff.).

San Miguel de Tucumán [span. sanmi'ɣɛl de tuku'man], argentin. Prov.hauptstadt am O-Fuß der Nevados del Aconquija, 393 000 E. 2 Univ., Konsumgüterindustrie.

Sannazaro, Iacopo [italien. sannad'dza:ro], * Neapel 28. 7. 1456, † ebd. 24. 4.1530, italien. Dichter. Begründete mit seinem Roman ›Arcadia‹ (1504) nach griech. und röm. Vorbildern den europ. Schäferroman.

San Remo, italien. Stadt im westl. Ligurien, 60 500 E. Seebad. – Auf der **Konferenz von San Remo** (19.–26. 4. 1920) bekräftigten die Ententemächte die Unverletzlichkeit des Versailler Vertrages.

San Salvador [span. sansal'βa'ðor; engl. sæn'sælvədɔ:], **1)** Hauptstadt von El Salvador, am Río Acelhuate, 452 600 E. 3 Univ.; Nationalbibliothek, Museum; botan. Garten, Zoo. Internat. ☒. – 1524 von Spaniern an anderer Stelle gegr., seit 1841 Hauptstadt von El Salvador; zw. 1575 und 1919 13mal durch Erdbeben zerstört.
2) eine der Bahamainseln, 155 km². – Hier betrat Kolumbus am 12. 10. 1492 erstmals den Boden der Neuen Welt.

Sansara →Samsara.

Sansculotten [sãsky...; frz. eigtl. ›ohne Kniehosen‹ (wie sie die Adligen trugen)], in der Frz. Revolution urspr. Spottbez. für Revolutionäre, dann Bez. für Republikaner.

San Sebastián, span. Prov.hauptstadt am Golf von Biskaya, 180 000 E. Ethnograph. und ozeanograph. Museum; Theater, Filmfestspiele. Seebad; Hafen mit großer Fischereiflotte.

Sansevieria [nach dem italien. Gelehrten R. di Sangro, Fürst von San Severo, * 1710, † 1771], svw. →Bogenhanf.

Sansibar ['zanziba:r], (amtl. Zanzibar), **1)** Hauptstadt des tansan. Landesteils Sansibar, 110 700 E.

George Santayana

Handelszentrum der Insel; Hafen. Ehem. Sultanspalast, arab. Altstadt.
2) Landesteil von →Tansania.
3) (amtl. Unguja) Insel im Ind. Ozean vor der ostafrikan. Küste, 1 658 km², größte Stadt S.; Anbau u. a. von Gewürznelken. – Karte II, Bd. 2, n. S. 320.

Sanskrit [Sanskrit], die altindische Sprache (→indische Sprachen).

Sanskritliteratur →indische Literaturen.

Sansovino, il, 1) eigtl. Andrea Contucci, * Monte San Savino bei Arezzo 1460, † ebd. 1529, italien. Bildhauer der Hochrenaissance. Schuf u. a. die ›Taufe Christi‹ über dem Ostportal des Florentiner Baptisteriums (1502–05), Grabmäler in Santa Maria del Popolo in Rom (um 1505–09).
2) eigtl. Iacopo Tatti, * Florenz 2. 7. 1486, † Venedig 27. 11. 1570, italien. Baumeister der Hochrenaissance. Prägte das Stadtbild Venedigs: Markusbibliothek (1536 ff.), Münze (heute Biblioteca Marciana, 1537–45), Loggetta di San Marco (1536–40); auch Bildhauer.

Sanssouci [frz. sãsu'si], Sommerschloß mit Park in Potsdam, das sich Friedrich II., d. Gr., 1745–47 z. T. nach eigenem Entwurf von G. W. von Knobelsdorff erbauen ließ.

Sánta, Ferenc ['ʃa:ntɔ], * Kronstadt 4. 9. 1927, ungar. Schriftsteller. Gehört zu den namhaften krit. Erzählern der ungar. Gegenwartsliteratur. – *Werke:* Das fünfte Siegel (R., 1963), Zwanzig Stunden (R., 1964), Az aruló (= Der Verräter, R., 1979).

Santa Catarina, Bundesstaat in S-Brasilien, 95 985 km², 4,24 Mio. E, Hauptstadt Florianópolis.

Santa Cruz, Isla [span. 'izla 'santa 'krus] →Galapagosinseln.

Santa Cruz de Tenerife [span. 'santa 'kruð ðe tene'rife], span. Prov.hauptstadt auf Teneriffa, 211 400 E. Hafen.

Santa Fe [engl. 'sæntə 'fɛɪ, span. 'santa 'fe], **1)** Hauptstadt des Staates New Mexico, USA, am SW-Abfall der Sangre de Cristo Mountains, 56 000 E. Gouverneurspalast (17. Jh.), Kirche der San-Miguel-Mission (1636), Häuser im Pueblostil. – 1610 von Spaniern gegr.; 1846 von den USA erobert.
2) argentin. Prov.hauptstadt am Paraná, 287 000 E. 2 Univ., Museen, Theater. Überseehafen, Werft. – 1573 gegr., Zentrum der Jesuitenmission.

Santa Isabel [span. 'santa isa'βɛl] →Malabo.

Santa Maria [portugies. 'sɐntɐ mə'riɐ], südlichste Insel der Azoren, 97 km², bis 590 m ü. d. M., Hauptort Vila do Porto.

Santa María, Flaggschiff von C. Kolumbus, mit dem er am 12. 10. 1492 San Salvador erreichte; die Begleitschiffe waren ›Pinta‹ und ›Niña‹.

Santa María, Isla →Galapagosinseln.

Santa Marta, kolumbian. Dep.hauptstadt am Karib. Meer, 218 200 E. Hafen, Ausgangspunkt der Magdalenabahn. – Älteste span. Stadt in Kolumbien (1525).

Santander, span. Prov.hauptstadt am Golf von Biskaya, 188 500 E. Univ., archäolog. Museum. Metall-Ind.; Hafen. Got. Kathedrale (14.–17. Jh.) mit roman. Krypta (12. Jh.). – Im Spät-MA wichtiger Handelsplatz.

Santarém [portugies. sɐntɐ'rɐ̃ĩ], portugies. Stadt am Tejo, 15 300 E. Spätgot. Graçakirche (1380), barocke Jesuitenkirche ›Pinta‹ und ›Niña‹. – Fiel im 1. Jh. v. Chr. an Rom. 1147 verloren die Mauren S. an Portugal.

Santayana, George [de] [span. santa'jana, engl. sænti'ænə], eigtl. Jorge Agustín Nicolás Ruiz de S. y Borrás, * Madrid 16. 12. 1863, † Rom 26. 9. 1952, amerikan. Philosoph und Dichter span. Herkunft. Zahlr. kulturphilos. Schriften; Hauptwerk: die kulturkrit. Utopie ›The life of reason or the phases of human progress‹ (5 Bde., 1905/06). Großen Erfolg hatte er mit dem Roman ›Der letzte Puritaner‹ (1936).

Santiago de Chile [span. san'tiaɣo ðe 'tʃile], Hauptstadt Chiles, am Río Mapocho, 4,86 Mio. E. 3 Univ., TU, Nationalarchiv, -bibliothek, zahlr. Museen, botan. Garten, Zoo. Wichtigstes Ind.zentrum Chiles; internat. ⚒. Kathedrale (1572–1681), Casa Conde de la Conquista (um 1750). – 1541 von Spaniern gegr.; 1552 Stadtrecht; 1609 Hauptstadt des Generalkapitanats Chile.

Santiago de Compostela [span. san'tiaɣo ðe kɔmpɔs'tela], span. Stadt in Galicien, 104 000 E. Univ. (gegr. 1501), Wallfahrtsort. Roman. Kathedrale (11./12. Jh.) mit Barockfassade (18. Jh.), spätgot. Kreuzgang (16. Jh.), Erzbischofspalast (12./13. Jh.); Hospital Real (1511). – Aufgrund des um 830 angebl. gefundenen Grabes des Apostels Jakobus d. Ä. wurde S. de C. Ende des 11. Jh. neben Jerusalem und Rom größter Wallfahrtsort der mittelalterl. Christenheit.

Santiago de Cuba [span. san'tiaɣo ðe 'kuβa], Prov.hauptstadt im östl. Kuba, 358 800 E. Univ.; u. a. petrochem. Ind.; Hafen; internat. ⚒. Fort El Morro (1600). – 1514 von Spaniern gegr., 1523–56 Hauptstadt Kubas.

Santillana, Íñigo López de Mendoza, Marqués de [span. santi'ʎana], * Carrión de los Condes bei Palencia 19. 8. 1398, † Guadalajara 25. 3. 1458, span. Dichter und Humanist. Früher Vertreter einer eigenständigen span. Kunstpoesie; verfaßte die erste span. Poetik.

Säntis, mit 2 503 m höchster Gipfel der Appenzeller Alpen, Schweiz.

Santo Domingo, Hauptstadt der Dominikan. Republik an der S-Küste von Hispaniola, 1,3 Mio. E. 2 Univ., Nationalmuseum, -archiv und -galerie. Wirtschaftl. Zentrum und wichtigster Hafen des Landes; internat. ⚒. Bauten aus der Kolonialzeit, u. a.: Kathedrale (erster Kirchenbau in Amerika; 1521/23–41); Hospital San Andrés (1509–49); Casa del Almirante (Palast, nach 1510). – Älteste dauernd bewohnte europ. Siedlung in Amerika, 1496 gegr.; span. Machtzentrum in der Neuen Welt; hieß 1936–61 **Ciudad Trujillo;** 1930 durch einen Hurrikan weitgehend zerstört.

Santorin (neugriech. Thira), griech. Insel der Kykladen, Hauptinsel (75,8 km²) einer aus den Resten eines alten Kraterrandes (Caldera) bestehenden ringförmigen Inselgruppe, Hauptort Thira. Unter der Bimssteinschicht bei Akrotirion wurde eine sehr gut erhaltene minoische Siedlung entdeckt (1967 ff.). – In der Antike **Thera,** von einem Vulkanausbruch um 1500 v. Chr. verwüstet; Anfang des 1. Jt. v. Chr. neu durch Dorier besiedelt; 1539–1821 osmanisch.

São Jorge [portugies. sɐ̃u'ʒɔrʒi], Insel der Azoren, 238 km², bis 1 066 m ü. d. M., Hauptort Velas.

São Luís [brasilian. sɐ̃u'lu̯is], Hauptstadt des brasilian. Bundesstaates Maranhão, auf einer Küsteninsel, 564 400 E. Univ.; Hafen. – 1612 von Franzosen gegr.; 1615 portugiesisch.

São Miguel [portugies. sɐ̃umi'ɣɛl], größte Insel der Azoren, 747 km², bis 1 103 m ü. d. M., Hauptort Ponta Delgada.

Saône [frz. so:n], rechter Nebenfluß der Rhone, entspringt in den Monts Faucilles, mündet bei Lyon, 480 km lang.

São Paulo [brasilian. sɐ̃um'pau̯lu], 1) Hauptstadt des brasilian. Bundesstaates São Paulo, im Hochbecken des Rio Tietê, 10,1 Mio. E. 4 Univ., Staatsarchiv, bedeutendstes Museum Südamerikas für moderne Kunst, Museum für brasilian. Geschichte, Ethnologie und Geographie, Planetarium. U. a. Textil-, Elektro- und Konsumgüterindustrie. U-Bahn; 2 internat. ⚒. Aus der Kolonialzeit stammen das wiederaufgebaute Kloster São Bento, der histor. Kern der Stadt sowie

Sanssouci: Gartenfront des Schlosses; 1745–47

die Kirchen Nossa Senhora da Luz und Santo Antônio; im 20. Jh. ein Zentrum moderner Architektur. – 1554 als Missionsstation gegr.; ab 1710 Hauptstadt des neugebildeten Kapitanats São Paulo. 1822 erklärte Kaiser Peter I. hier die Unabhängigkeit Brasiliens von Portugal.

2) Bundesstaat in Brasilien, erstreckt sich vom Atlantik bis zum Paraná, 247 898 km², 30,9 Mio. E, Hauptstadt São Paulo. – Seit 1532 kolonisiert; 1534 als Kapitanat São Vicente organisiert, 1710 mit Santo Amaro zum Kapitanat S. P. zusammengelegt; 1822–89 brasilian. Prov., seitdem Bundesstaat.

São Tiago [portugies. sɐ̃u'tiagu], mit 991 km² größte der Kapverdischen Inseln.

São Tomé [portugies. sɐ̃untu'mɛ], Hauptstadt von São Tomé und Príncipe, auf São Tomé, 35 000 E. Hafen.

São Tomé und Príncipe	
Fläche: 964 km²	
Einwohner (1989): 106 000	
Hauptstadt: São Tomé	
Amtssprache: Portugiesisch	
Nationalfeiertag: 12. 7.	
Währung: 1 Dobra (Db) = 100 Cêntimos	
Zeitzone: MEZ – 1 Std.	

São Tomé und Príncipe [portugies. sɐ̃untu'mɛ, 'prisipə] (amtl. Demokrat. Republik S.T.u.P.), Staat in Afrika, im Golf von Guinea, umfaßt die Inseln São Tomé und Príncipe sowie die umgebenden Inselchen.

Landesnatur: Beide Hauptinseln sind erloschene Vulkane. São Tomé erreicht 2 024 m, Príncipe 948 m Höhe. Es herrscht trop. Regenklima mit Regen- und Bergwäldern.

Bevölkerung: Die Foros gen. Bevölkerung setzt sich aus Bantu und Mischlingen zusammen; 80 % sind Katholiken. Es besteht allg. Schulpflicht.

Wirtschaft, Verkehr: Die Inseln sind das älteste trop. Plantagengebiet der Erde. Erzeugt werden Kakao, Kaffee, Palmöl und Kopra. Das Straßennetz ist 288 km lang. Wichtigster Hafen ist Ana Chaves auf São Tomé; 3 ⚒.

São Tomé und Príncipe

Staatsflagge

Staatswappen

Sarrazenie:
Purpursarrazenie

Geschichte: Um 1475 Kolonisation mit portugies. Sträflingen, Juden und Sklaven; 1951–75 portugies. Übersee-Prov. (seit 1973 innere Autonomie); seit 1975 selbständiger Staat. Seit 1984 betreibt S. T. und P. eine vorsichtige Politik der Öffnung nach Westen. **Politisches System:** Republik; *Verfassung* von 1982. *Staatsoberhaupt* und Inhaber der *Exekutivgewalt* ist der Präsident. *Legislativorgan* ist die Nat. Volksversammlung (55 Mgl. indirekt für 5 Jahre gewählt). Einheits*partei* Moviemento de Libertação de São Tomé e Príncipe. – Karte II, Bd. 2, n. S. 320.

SAP, Abk. für Sozialistische **A**rbeiter**p**artei **D**eutschlands (→Sozialdemokratie).

Saphir ['za:fɪr; za'fiːr; griech.] (Sapphir) →Korund.

Saponine [lat.], in zahlr. Pflanzen enthaltene oberflächenaktive, in wäßriger Lösung seifenartige Glykoside; z. T. stark giftig; einige S. werden medizin. als herzwirksame oder schleimlösende Mittel verwendet.

Saporoschje [russ. zɐpɐ'roʒjɛ], Gebietshauptstadt im S der Ukraine, 887 000 E. Hochschulen, Philharmonie. U. a. Eisenhütten, Hafen. – Gegr. 1770.

Sapotillbaum [indian.-span./dt.], **1)** (Breiapfel) Seifenbaumgewächs in M-Amerika; bis 20 m hoher Baum mit 6–7 cm großen, eiförmigen bis kugeligen eßbaren Früchten *(Breiäpfel).*

2) (Cochilsapote) Rautengewächs in Mexiko und Guatemala; großer Baum mit bis 8 cm großen, eßbaren Steinfrüchten *(weiße Sapoten).*

Sappho ['zapfo], eigtl. Psappho, griech. Lyrikerin um 600 v. Chr. in Mytilene auf Lesbos. Größte Lyrikerin des Altertums; sammelte im Kult der Aphrodite und der Musen junge Frauen um sich; das Thema ihrer Lyrik, die v. a. für Catull und Ovid zum Vorbild wurde, ist der geliebte Mensch (Freundinnen, Männer, die Tochter); ihr (heute nur fragmentarisch erhaltenes) Werk wurde von alexandrin. Philologen in 9 Büchern herausgegeben. – S. legendäre Lebensgeschichte bot den Stoff für zahlr. Literarisierungen: nach Ovid (›Heroides‹) soll sie sich aus unerwiderter Liebe (zum Schiffer Pharon) von einem Felsen gestürzt haben. Im neuen 19. Jh. ist v. a. F. Grillparzers Trauerspiel ›Sappho‹ (1819) bekannt.

Sapporo, jap. Stadt auf Hokkaido, 1,54 Mio. E. 2 Univ., Ainu-Museum; botan. Garten, Zoo. Kulturelles und wirtschaftl. Zentrum von Hokkaido; Heilbad. – 1869 nach amerikan. Plänen gegründet; Austragungsort der Olymp. Winterspiele 1972.

Saprobionten [griech.] (Saprobien, Fäulnisbewohner), heterotrophe Lebewesen an Standorten mit faulenden bzw. verwesenden Substanzen; wichtig zur Beurteilung der Wasserqualität.

Sapropel [griech.], svw. →Faulschlamm.

Saprophyten [griech.] (Fäulnispflanzen, Humuspflanzen, Moderpflanzen), pflanzl. Fäulnisbewohner, die ihren Nährstoffbedarf, da sie nicht oder nicht ausreichend zur Photosynthese befähigt sind, ganz oder teilweise aus toter organ. Substanz (v. a. Humus) decken (z. B. Pilze).

Saprozoen [griech.], tier. Fäulnisbewohner, die v. a. von sich zersetzenden organ. Substanz leben.

SAR, Abk. für engl. **s**earch **a**nd **r**escue [engl. sɑ:tʃ ənd 'reskju:] (›suchen und retten‹), der **SAR-Dienst** ist ein von der BR Deutschland aufgrund internat. Vereinbarungen vorgehaltener Rettungsdienst für Luft- und Seefahrzeuge. Der Teil der Luftrettung wird im wesentl. von den Heeres- und Marinefliegern der Bundeswehr mit eigenen **SAR-Hubschraubern** wahrgenommen, der Teil der →Seenotrettung ist der Dt. Gesellschaft zur Rettung Schiffbrüchiger (DGzRS) vom Bund übertragen. Auf Anforderung unterstützen die Hubschrauber des SAR-Dienstes den bodengebundenen Rettungsdienst (Aufgabe der Bundesländer).

Sari

Sara, Gestalt des AT; Halbschwester und Gattin Abrahams, dem sie in hohem Alter Isaak gebar; dadurch Stammutter Israels.

Sarabande [frz.], span. Tanz im Dreiertakt, der im 16./17. Jh. als schneller Paartanz verbreitet war. In der Instrumentalmusik gravität. Tanz im $^3/_2$- oder $^3/_4$-Takt; gehört zum festen Bestandteil der Suite.

Saragat, Giuseppe, *Turin 19. 9. 1898, †Rom 11. 6. 1988, italien. Politiker. Seine Kritik an der Volksfrontpolitik der Sozialisten führte 1947 zur Gründung der Italien. Sozialist. Arbeiterpartei (PSLI) und später der Sozialdemokrat. Partei Italiens (PSDI), deren Generalsekretär S. 1949–54, 1957–64 und 1976 war. 1947–49 und 1954–57 stellv. Min.-Präs., 1963/64 Außen-Min.; 1964–71 Staatspräsident; ab 1975 Präs. der PSDI.

Sarajevo, Hauptstadt der jugoslav. Republik Bosnien und Herzegowina (seit 1947), am O-Rand des Beckens von Sarajevo, 447 500 E. Univ., Islam. Hochschule, Nationalbibliothek, Museen; Theater. U. a. Tabakverarbeitung, Porzellanfabrik. Die orth. Erzengelkirche (16. Jh.) wurde wiederhergestellt (Ikonensammlung); Basargassen; Moscheen. – 1415 erstmals genannt. Die Ermordung des Erzherzogs Franz Ferdinand in S. (28. 6. 1914) wurde Anlaß für den 1. Weltkrieg.

Saransk, Hauptstadt Mordwiniens, 315 000 E. Univ., Museum; Theater; Maschinen- und Instrumentenbau.

Sarapis (Serapis), synkretist. Gott, dessen Name eine griäzisierte Form von ›Osiris-Apis‹ ist; v. a. in der Mittelmeerwelt verehrt; galt als Retter und Heilgott.

Saraswati, ind. Göttin der Rede und der Gelehrsamkeit; Gattin Brahmas.

Saratoga Springs [engl. særə'tougə 'sprɪŋz], Stadt im Tal des oberen Hudson River (N. Y.), 24 000 E. – In der **Schlacht von Saratoga** am 7. 10. 1777 im Nordamerikan. Unabhängigkeitskrieg kapitulierten brit. Truppen (17. 10.).

Saratow [russ. sa'ratəf], russ. Gebietshauptstadt am Wolgograder Stausee, 926 000 E. Univ., Hochschulen, Museen, Theater; u. a. Erdölraffinerie, Hafen.

Sarawak, Gliedstaat Malaysias, im NW der Insel Borneo, 124 449 km², 1,55 Mio. E, Hauptstadt Kuching.

Sarazenen, urspr. Name eines im NW der Arab. Halbinsel lebenden arab. Stammes; in der Antike und später von den Byzantinern auf alle Araber übertragen.

Sardanapal →Assurbanipal.

Sardellen [lat.-italien.] (Engraulidae), mit den Heringen verwandte Fam. der Knochenfische mit rd. 100 Arten in Meeren der trop. und gemäßigten Regionen; kleine, etwa 10–20 cm lange, sehr schlanke Schwarmfische; viele Arten von wirtschaftl. Bedeutung, bes. die *Anchoveta* (Südamerikan. S.; vor den Küsten Chiles und Perus; für Fischmehl und -öl verarbeitet) und die *Europ.* S. (An[s]chovis; v. a. im Mittelmeer, Schwarzen Meer und an den atlant. Küsten von der Nordsee bis W-Afrika).

Sarder [griech.] →Chalzedon.

Sardes (Sardis, Sardeis), antike kleinasiat. Stadt im Tal des Hermos (= Gediz nehri), Türkei. Mittelpunkt des Lyderreiches, ab 547 v. Chr. pers., seit 188 v. Chr. zum Pergamen. Reich, seit 129 v. Chr. röm.; von der lyd. Stadt sind Teile des Marktviertels (7.–3. Jh.), ein Artemistempel (um 300 v. Chr.), der Palast sowie ein Teil der Nekropole ausgegraben worden; aus röm. Zeit stammen Gymnasium (2. Jh.) und Synagoge (3. Jh.).

Sardine [lat.-italien.] (Pilchard), etwa 15–20 cm langer, vorwiegend bläulichsilbern schillernder Heringsfisch an den Küsten W- und SW-Europas, im

Mittelmeer und Schwarzen Meer; wichtiger Speisefisch.

Sardinien (italien. Sardegna), italien. Insel und Region (mit Nebeninseln 24 090 km²) im Mittelländ. Meer, bis 1 834 m ü. d. M., 1,66 Mio. E, Hauptstadt Cagliari.
Geschichte: Im 9. Jh. v. Chr. von Phönikern besiedelt, im 6. Jh. v. Chr. karthag.; 237 an Rom (228/227 Prov. zus. mit Korsika); um 455 an die Vandalen; 1016 nach verschiedenen Besitzwechseln (Byzanz, Ostgoten, Araber) Befreiung durch Pisa; 1297 an Aragonien, 1713 an Österreich; 1718/20 im Tausch gegen Sizilien an Savoyen, das 1714 mit Sizilien den Königstitel erhalten hatte. Mit Savoyen, Piemont und den übrigen Festlandsbesitzungen bildete S. das Königreich S., das nach der italien. Einigung 1859/61 im neuen Kgr. Italien aufging.

sardonisches Lachen [griech./dt.] (Risus sardonicus), in der *Medizin* Gesichtsstarre (durch → Tetanie); *allg.* höhn. Gelächter.

Sardou, Victorien [frz. sar'du], * Paris 7. 9. 1831, † ebd. 8. 11. 1908, frz. Dramatiker. Erfolgreicher Pariser Theaterautor; u. a. auch Opern- und Operettenlibretti für C. Saint-Saëns und J. Offenbach; sein Drama ›La Tosca‹ (1887) wurde 1900 von G. Puccini vertont.

Sargans, schweizer. Bezirkshauptort im Kt. Sankt Gallen, 4 600 E. Über der Stadt das ehem. Schloß.

Sargassosee, Name für einen Teil des nördl. Atlant. Ozeans südl. der Bermudainseln; Laichgebiet des Flußaals.

Sargon, Name mehrerer altoriental. Herrscher; bed. v. a.:
1) **Sargon von Akkad,** ⚰ etwa 2350–2295, erster Herrscher der *Dynastie von Akkad.* Schuf das erste von Semiten regierte Großreich in Mesopotamien (Hauptstadt Akkad).
2) **Sargon II.,** † 704 v. Chr., König von Assyrien (seit 722). Legte auf Feldzügen u. a. nach Palästina und Urartu (710) die Grundlagen für Assyriens größte Macht (Hauptstadt seit 713 Dur-Scharrukin [→ Chorsabad]).

Sari [Sanskrit], Wickelgewand der ind. Frauen, besteht aus einer 5–7 m langen und etwa 1 m breiten Stoffbahn.

Sarkasmus [griech.], beißender Spott, ins Extrem gesteigerte Form der Ironie.

Sarkom [griech.] (Fleischgeschwulst), bösartige, meist abnorm zellreiche Geschwulst, die aus dem Stütz- und Bindegewebe hervorgeht.

Sarkophag [griech.], monumentaler Sarg aus Stein, Holz, Ton oder Metall. Im alten Ägypten (Haus- und Tempelform, später den Umrissen des menschl. Körpers angenähert), Kreta (Wannen- und Truhenform), Assyrien (Kastenform), W-Kleinasien (Hausform), Phönikien (Sidon; u. a. → Alexandersarkophag) verbreitet. Für den etrusk. Klinen-S. (Ruhebettform) sind plast. Figuren charakteristisch. Der röm. Relief-S. gehört zu den bedeutendsten Leistungen der röm. Kunst. – Im MA sind anspruchsvolle S. selten (S. der Kaiser Heinrich VI. und Friedrich II. im Dom von Palermo). Renaissance, Barock und Klassizismus schufen repräsentative S., oft mit den Figuren der Verstorbenen.

Sarmaten, antikes iran. Nomadenvolk mit zahlr. Stämmen, den Skythen nahe verwandt, als Reiter und Bogenschützen gefürchtet. Bis ins 4. Jh. v. Chr. östl. von Don und Wolga ansässig, bis zum 1. Jh. n. Chr. Vordringen bis ins heutige Ungarn.

Sarmiento, Domingo Faustino [span. sar'miento], * San Juan 14. 2. 1811, † Asunción 11. 9. 1888, argentin. Schriftsteller und Politiker. Zw. 1831–55 mehrfach im Exil, 1868–74 argentin. Präs.; schrieb Essays gegen die Diktatur J. M. Rosas.

Sarnath ['sɑ:nɑ:t], Ruinenstätte im ind. Bundesstaat Uttar Pradesh, bei Varanasi; eine der hl. Stätten des Buddhismus, 1194 aufgegeben; u. a. Dhamekh-Stupa (6. Jh.). Im archäolog. Museum bed. Buddhastatuen (5. Jh.). Das Kapitell der Aschokasäule von S. (3. Jh. v. Chr.) ist heute das Staatswappen Indiens.

Sarnen, Hauptort des schweizer. Halbkantons Obwalden, am Sarner See, 7 600 E. Frauenkloster Sankt Andreas (17. Jh.), Pfarrkirche Sankt Peter (18. Jh.), barockes Rathaus (18. Jh.).

Saroyan, William [engl. sə'rɔɪən], * Fresno (Calif.) 31. 8. 1908, † ebd. 18. 5. 1981, amerikan. Schriftsteller armen. Herkunft. Schrieb zahlr. Kurzgeschichten (u. a. ›Ich heiße Aram‹, 1940) und Romane (›Menschl. Komödie‹, 1943; ›Es endet im Gelächter‹, 1953); auch Dramen, u. a. ›Ein Leben lang‹ (1939).

William Saroyan

Sarraute, Nathalie [frz. sa'ro:t], geb. Tscherniak, * Iwanowo-Wosnessensk (= Iwanowo) 18. 7. 1900, frz. Schriftstellerin russ. Herkunft. Wegbereiterin des → Nouveau roman; u. a. ›Tropismen‹ (1939), ›Porträt eines Unbekannten‹ (1948), › Die goldenen Früchte‹ (1963), ›Zwischen Leben und Tod‹ (1968); ›sagen die Dummköpfe‹ (1976), ›Kindheit‹ (Autobiogr., 1983); auch Dramen, Hörspiele und Essays.

Sarrazenie (Schlauchpflanze, Wasserkrug), Gatt. der Schlauchpflanzengewächse mit 9 Arten auf schwarzen, sandigen Humusböden in den feuchten, sumpfigen Präriegebieten des östl. N-Amerika; Stauden mit insektenfangenden Schlauchblättern; z. T. als Schnitt- und Topfpflanze kultiviert.

Nathalie Sarraute

Sartang → Jana.

Sartre, Jean-Paul [frz. sartr], * Paris 21. 6. 1905, † ebd. 15. 4. 1980, frz. Philosoph und Schriftsteller. Lebensgemeinschaft mit S. de Beauvoir. Vielfältige polit. Aktivitäten: u. a. Mgl. der Résistance (ab 1941), 1952–56 Annäherung an die frz. KP; Engagement gegen den Algerienkrieg sowie gegen die Intervention der UdSSR bzw. Warschauer-Pakt-Staaten in Ungarn und der Tschechoslowakei; 1964 Ablehnung des Nobelpreises für Literatur. Als Philosoph steht S. in der Tradition der → Existenzphilosophie (Hauptwerk: ›Das Sein und das Nichts‹, 1943), deren Aussagen auch im Zentrum seiner literar. Werke stehen. – *Werke:* Der Ekel (R., 1938), Die Fliegen (Dr., 1943), Bei geschlossenen Türen (Dr., 1945), Das Spiel ist aus (Drehbuch 1947), Die schmutzigen Hände (Dr., 1948), Der Teufel und der liebe Gott (Dr., 1951), Die Eingeschlossenen (Dr., 1960), Kritik der dialekt. Vernunft (1960), Die Wörter (Autobiographie, 1964), Tagebücher (hg. 1983).

Jean-Paul Sartre

SAS [schwed. ɛsa:'ɛs], Abk. für engl. Scandinavian Airlines System, dän.-norweg.-schwed. Luftverkehrsgesellschaft.

Saskatchewan [engl. səs'kætʃɪwən], kanad. Prärie-Prov., 570 113 km², 1,01 Mio. E, Hauptstadt Regina.
Geschichte: Erschließung durch frz. und engl. Pelzhändler ab Ende des 17. Jh.; 1869 an Großbrit., das es 1870 dem neu gegr. Dominion Kanada übergab. Die Métis (frz.-indian. Mischlinge) wurden verdrängt; 1905 Gründung der Prov. Saskatchewan.

Saskatchewan River [engl. səs'kætʃɪwən 'rɪvə], Fluß in Z-Kanada, mündet in den Cedar Lake, mit South S. R. und dessen Quellfluß Bow River rd. 1 940 km lang.

Sassafrasbaum [span./dt.] (Sassafras), Gatt. der Lorbeergewächse mit nur 2 Arten in N-Amerika und in O-Asien. Die wichtigste Art ist der im östl. N-Amerika verbreitete *Echte S.* (Fenchelholzbaum, Nelkenzimtbaum), bis 30 m hoch. Das Holz der Wurzel *(Sassafrasholz, Fenchelholz)* und die Wurzelrinde enthalten viel äther. Öl *(Sassafrasöl,* gelbl. bis rötl., aromat. riechend, enthält bis zu 80 % Safrol; in der Seifen-Ind. verwendet).

Sassaniden (Sasaniden), pers. Dynastie, regierte 224–651; ben. nach Sassan, dem Großvater des ersten S.herrschers Ardaschir I. (→ persische Geschichte).

Sassari, italien. Prov.hauptstadt in N-Sardinien, 120 900 E. Univ., archäolog. Museum; u. a. Erdölraffinerie. Roman. Dom (11.–13. Jh.) mit Barockfassade, barocker Brunnen (1606).

Sassenage, Les cuves de [frz. leky:vdəsassə-'na:ʒ] → Höhlen (Übersicht).

Saßnitz, Stadt auf Rügen, Meckl.-Vorp., 13 600 E. Fischfabrik, Kreidewerk; [Eisenbahn]fähre nach Schweden.

Sassou-Nguesso, Denis [frz. sasuŋgɛ'so], * Edou (Distrikt Owando) 1943, kongoles. Offizier und Politiker. Seit 1979 Staatspräsident.

Satan [hebr.], im AT zunächst der Gegner im Krieg und vor Gericht, dann der Opponent Gottes, schließl. der Versucher und Verführer (→ Teufel).

Satanspilz → Giftpilze (Übersicht).

Satellit [lat.], 1) (Trabant) Begleiter eines Planeten, Planetenmond. → Planeten (Übersicht).

2) *Weltraumforschung:* (künstl. S.) Raumflugkörper auf ellipt. oder kreisförmiger Bahn um eine Zentralmasse (Sonne, Planet, Mond), insbes. um die Erde (*Erd-S.*). Aufgrund des nicht exakt kugelsymmetr. Gravitationsfelds der Erde, durch Gravitationseinflüsse anderer Himmelskörper sowie durch den Einfluß der äußeren Schichten der Erdatmosphäre ergeben sich Abweichungen von den ellipt. bzw. kreisförmigen Raumflugbahnen. Die Bewegung in der äußeren Atmosphäre führt infolge der Reibung zu einer Verlangsamung und damit zu einer Abnahme der Bahnhöhe, im Endstadium zum Verglühen oder zum Absturz des Satelliten. – Nach der Entwicklung leistungsfähiger Trägerraketen begann mit dem ersten sowjet. S. ›Sputnik 1‹ 1957 und dem ersten amerikan. S. ›Explorer 1‹ 1958 die Erforschung des erdnahen Weltraums. Bereits 1961 konnten die ersten bemannten Raumflugkörper in eine Erdumlaufbahn gebracht werden. Parallel dazu liefen die Entwicklung und der Start von Forschungs-S. für geophysikal., astronom., biolog. u. a. Messungen sowie von Nutz-S. verschiedenster Art (Kommunikations-S., Wetter-S., Navigations-S., Frühwarn-S., Aufklärungs-S. u. a.). Außerdem befinden sich sog. *Jagd-S. (Killer-S.)* in Entwicklung, die sich anderen S. nähern und diese zerstören, indem sie z. B. selbst beim nahen Vorbeiflug explodieren.

Satellitenfunk, Funkverkehr mittels → Kommunikationssatelliten als Zwischenstation (Umsetzer und Verstärker). Nach demselben Prinzip arbeitet der Satellitenrundfunk zur weltweiten Übertragung von Hörfunk- und Fernsehprogrammen (Satellitenfernsehen). Die Hörfunk- bzw. Fernsehsatelliten sind im allg. geostationär, d. h., sie ›stehen‹ in 36 000 km Höhe über dem Äquator. Zum Empfang dienen Bodenstationen (sog. *Erdfunkstellen*) oder beim *Satellitendirektempfang* kleine Parabolantennen für den Fernsehteilnehmer.

Satellitenmeteorologie → Wettersatelliten.

Saterländisch → Friesisch.

Sathmarer Schwaben, im Zuge der dt. Ostsiedlung in das heute rumän. Gebiet um Sathmar (rumän. Satu Mare) und Großkarol (rumän. Carei) aus SW-Deutschland 1712–1815 eingewanderte Donauschwaben.

Satie, Erik, * Honfleur bei Lisieux 17. 5. 1866, † Paris 1. 7. 1925, frz. Komponist. Seine Verbindung zu Kubismus, Futurismus und Dadaismus beeinflußte v. a. die Gruppe der → Six; u. a. Klavierstücke, z. B. ›Trois gymnopédies‹ (1888), Ballette: ›Parade‹ (1917), ›Relâche‹ (1924), ›Musique d'ameublement‹ (1920), ›Messe des pauvres‹ (1895), sinfon. Drama ›Socrate‹ (1919).

Eisaku Sato

Erik Satie

Satin [za'tɛ̃:; arab.-frz.], Sammelbez. für in Atlasbindung hergestellte Stoffe (z. B. Futterstoffe), mit bes. glatter Oberfläche.

Satinieren (Satinage) [frz.] → Papier.

Satire [lat.], iron.-aggressive literar. Form des Komischen. Ziel der S. ist Einsicht in die Lächerlichkeit, Kritikwürdigkeit oder gar Gefährlichkeit der geschilderten Sachverhalte. Literar. S. gibt es seit der griech. (Aristophanes, Menippos) und röm. Antike (M. T. Varro, Lucilius, Seneca d. J., Petronius, Lukian, Horaz, Juvenal). Leitgedanke der Epen des MA war die *Ständesatire.* Renaissance und Humanismus erweiterten die satir. Formen: F. Rabelais' Roman ›Gargantua und Pantagruel‹ (1532–64) oder M. de Cervantes' ›Don Quijote‹ (1605–15). Neben der Prosa-S. gibt es die Vers-S. (→ Narrenliteratur), etwa S. Brants ›Narrenschiff‹ (1494), das zu einer wichtigen Schrift im Reformationskampf wurde. Für literar. S. im dt. Barock stehen die Romane Chr. Weises und Chr. Reuters sowie J. M. Moscheroschs *Zeitsatiren,* A. Gryphius (satir. Spiel), Johann Lauremberg (* 1590, † 1658; Vers-S.) und F. von Logau (Epigramme), die sich v. a. gegen kulturelle und sprachl. Überfremdung wandten. Gegen den Optimismus einer nur oberflächl. aufklärer. Geisteshaltung schrieben v. a. J. Swift, Voltaire, A. Pope, in Deutschland C. M. Wieland, G. E. Lessing, G. C. Lichtenberg. Klassik und Romantik bedienten sich der epigrammat., dialog. oder dramat. *Literatursatire* (Goethe, Schiller, L. Tieck). Nach C. H. Grabbe verband auch H. Heine literar. und polit. S.; satir. Werke des krit. Realismus schrieben H. Mann, F. Wedekind, C. Sternheim, K. Kraus. Meister der satir. Kleinform waren K. Tucholsky, E. Kästner; S. gegen den Nat.-Soz. verfaßte u. a. B. Brecht. Utop. S. schrieben A. Huxley, G. Orwell, E. Waugh. *Satir. Zeitschriften* bildeten sich seit Mitte des 19. Jh. aus (u. a. ›Kladderadatsch‹, ›Simplicissimus‹, ›Fliegende Blätter‹, ›Titanic‹). Neben → Kabarett und → Karikatur tritt auch der Film als Mittel der S. in den Vordergrund *(Filmsatire).*

Satisfaktion [lat.], svw. Genugtuung.

Sato, Eisaku, * Tabuse (Präfektur Jamagutschi) 27. 3. 1901, † Tokio 2. 6. 1975, jap. Politiker (Liberal-Demokrat. Partei). 1964–72 Min.-Präs., erreichte die Normalisierung des Verhältnisses zu Süd-Korea und leitete eine Wende in den jap.-chin. Beziehungen ein; Friedensnobelpreis 1974.

Satrap [altpers.-griech.], Titel der Statthalter der Prov. *(Satrapie)* im iran. Achämenidenreich.

Satsuma → Mandarine.

Sattel, 1) Sitz- bzw. Tragvorrichtung auf Reit- bzw. Lasttieren (Pack-S.). Im *Pferdesport* aus Leder bestehende Sitzvorrichtung für den Reiter; wichtig für dessen korrekten Sitz und das richtige Einwirken auf das Pferd. Man unterscheidet v. a. Dressur-, Spring- und Vielseitigkeitssattel.

2) *Geographie:* Senke im Verlauf eines Bergzuges.

Sattelschlepper → Kraftwagen.

Saturn [nach Saturnus], astronom. Zeichen ♄, der zweitgrößte Planet im Sonnensystem (charakterist. Daten →Planeten, Übersicht). Der Vorbeiflug der amerikan. Raumsonden Voyager 1 (Nov. 1980) und Voyager 2 (Aug. 1981) brachte aufsehenerregende Ergebnisse: Das Ringsystem von S. besteht aus Tausenden von Einzelringen, deren Dicke extrem gering ist. Die Planetenatmosphäre war im Aug. 1981 turbulenter als im Nov. 1980. In den Wolkenbändern gibt es im wesentl. nur einen äquatorialen Sturm mit Windgeschwindigkeiten bis 1770 km/h. Alle 17 bis dahin bekannten S.monde, darunter Mimas, Enceladus, Tethys, Dione, Rhea, Titan, Hyperion, Japetus und Phöbe, wurden sondiert und in den meisten Fällen auch oberflächenkartiert. Der Mond Hyperion, möglicherweise ein eingefangener Asteroid, wurde zum ersten Mal überhaupt photographiert, ebenso jene noch nicht mit Namen versehenen Kleinstmonde, die in den letzten Jahren von der Erde bzw. von Voyager aus neu gefunden wurden. Ende Febr. 1982 gab die NASA bekannt, daß bei einer sorgfältigen Bildauswertung 4 oder sogar 6 neue Kleinstmonde (∅ unter 20 km) entdeckt wurden. Damit erhöht sich die Zahl der S.monde auf 21 bzw. 23. 1982 wurden von der Internat. Astronom. Union einige der 1980 entdeckten S.monde ben.: Atlas, Calypso, Epimetheus, Janus, Telesto. – Im Juli 1991 wurde der 18. S.mond entdeckt.

Saturn: Atmosphäre und Ringsystem im Juli 1981 (Vorbeiflug von Voyager 2)

Saturn [lat.], Name einer Serie amerikan. Raketen speziell für die Raumfahrt. Die größte Bedeutung erlangte die dreistufige *Saturn 5* als Trägerrakete im Rahmen des Apollo-Programms.

Saturnus (Saturn), röm. (urspr. etrusk.?) Gott des Landbaues. Unter seiner und des Janus Herrschaft erleben die Menschen das Goldene Zeitalter. An dieses sollten die **Saturnalien** erinnern, ein Fest, das am 17. 12. mit einem Mahl auf Staatskosten begangen wurde, bei dem die Herren die Sklaven bedienten.

Satyrn, bei den Griechen die männl. [Fruchtbarkeits]dämonen aus dem Gefolge des Dionysos, ident. mit den **Silenen;** mischgestaltig, stellen sie in sprichwörtl. Lüsternheit den Nymphen nach.

Satyrspiel, heiteres, ausgelassenes szen. Nachspiel der klass. griech. Tragödientrilogie.

Satz, 1) *Sprachwiss.:* eine textl. Einheit, die intuitiv als eine abgeschlossene Einheit innerhalb eines Textgefüges aufgefaßt wird. In der Linguistik gab es viele unterschiedl. Versuche, den Begriff S. zu definieren. Traditionelle Grammatiken stellen den Aufbau des S. aus S.gliedern dar, wobei diese aus Nebensätzen bestehen können, die dem Hauptsatz (selbständiger, unabhängiger S.) untergeordnet sind.
2) *Musik:* Bez. für eine spezielle [mehrstimmige] Schreibweise (Tonsatz), z. B. den Vokal- oder Instrumental-S., den homophonen, kontrapunkt., freien Satz. S. ist ferner ein selbständiger, abgeschlossener Teil einer Komposition.
3) *Drucktechnik:* (Schriftsatz) Bez. für die aus Drucktypen, Gußzeilen, Linien, Blindmaterial u. a. zusammengefügte Druckform bzw. eine entsprechende kopierfähige Vorlage (z. B. Film). Nach der Herstellungsart unterscheidet man Hand-, Maschi-

nen- und Licht- bzw. Photosatz. Der S. dient entweder direkt als Druckform oder zur Herstellung von Matern, Galvanos, Stereos oder Kopiervorlagen.
4) *Sport:* Bez. für einen bei Erreichen eines bestimmten Spielergebnisses beendeten Spielabschnitt, u. a. im Tennis, Tischtennis und Volleyball.

Satzaussage, svw. →Prädikat.

Satzergänzung, svw. →Objekt.

Satzgegenstand, svw. →Subjekt.

Satzglied, in der Grammatik Bez. für satzkonstituierende Wörter oder Wortgruppen. Die traditionelle Grammatik unterscheidet nach Form und Funktion die S. Subjekt, Prädikat, Objekt und Adverbiale; Attribute sind nur als Teile von S. aufzufassen.

Satzlehre, 1) *Musik:* die Lehre von der musikal. Schreibweise.
2) *Sprachwiss.:* svw. →Syntax.

Satzung (Statut), durch schriftl. Niederlegung gesetztes Recht. Im geltenden *Privatrecht* wird unter S. die Grundordnung eines rechtl. Zusammenschlusses (z. B. einer Aktiengesellschaft oder eines Vereins) verstanden, die dessen Zweck und die wichtigsten Befugnisse seiner Organe regelt. Im *öffentl. Recht* werden als S. solche Rechtsvorschriften bezeichnet, die ein dem Staat eingeordneter selbständiger Verband (z. B. Gemeinden) zur Regelung eigener Angelegenheiten hoheitl. einseitig erläßt. Die S. bedarf einer staatl. Ermächtigung.

Satz vom ausgeschlossenen Dritten →Tertium non datur.

Satzzeichen, graph. Zeichen (z. B. Komma, Punkt, Ausrufezeichen), die z. T. Betonung, Pausen usw. des gesprochenen Textes ersetzen. →Interpunktion.

Sau, 1) *Tierzucht:* das zuchtreife weibl. Hausschwein.
2) *Jagdwesen:* Bez. für ein Stück Schwarzwild.

Säuberung, im *polit. Sprachgebrauch* die massenhafte Entfernung (oft auch phys. Vernichtung) polit. Gegner aus ihren Positionen (in Staat, Partei u. a.); als Kontroll- und Disziplinierungsmittel v. a. in den autoritären und totalitären Staaten und polit. Bewegungen des 20. Jh. praktiziert.

Saubohne, svw. Pferdebohne (→Wicke).

Sauckel, Fritz, * Haßfurt 27. 10. 1894, † Nürnberg 16. 10. 1946 (hingerichtet), dt. Politiker (NSDAP). Als Generalbevollmächtigter für den Arbeitseinsatz ab 1942 verantwortlich für Deportation und Zwangsarbeit von über 5 Mio. Menschen.

Saud, Ibn Abd Al Asis, * Kuwait 15. 1. 1902, † Athen 23. 2. 1969, König von Saudi-Arabien (1953–64).

Saudi-Arabien

Fläche: rd. 2,2 Mio km²
Einwohner (1991): 14,13 Mio.
Hauptstadt: Ar Rijad
Amtssprache: Arabisch
Nationalfeiertag: 2. 11.
Währung: 1 Saudi-Riyal (S. Rl.) = 20 Qirshes = 100 Hallalas
Zeitzone: MEZ +3 Std.

Saudi-Arabien (amtl. Kgr. S.-A.), Staat in Asien, grenzt im W an das Rote Meer, im N an Jordanien, Irak und Kuwait, im O an den Pers. Golf, Katar und die Vereinigten Arab. Emirate, im SO an Oman, im S an Jemen.

Landesnatur: S.-A. umfaßt das mittelarab. Hochland im W der Arab. Halbinsel, das steil zum Roten

Sauerdorn:
Berberitze;
OBEN Zweig mit
Blütenständen;
UNTEN Fruchtstand

Ferdinand Sauerbruch

Meer abfällt. Nach O schließen Plateaus und Sandgebiete an. Im S liegen das Hochgebirge Asir (Dschabal Sauda 2910 m) und die Wüste Rub Al Khali. Den N nimmt die Sandwüste Nefud ein. Im Inneren herrscht trockenheißes, an den Küsten feuchtheißes Klima.

Bevölkerung: Fast ausschließl. Araber (25 % Beduinen) sowie etwa 2 Mio. Gastarbeiter. Etwa 60 % der E leben in Oasen, 30 % in den Städten, 10 % sind Nomaden. Sie sind überwiegend Muslime sunnit. Richtung. S.-A. verfügt über 7 Universitäten.

Wirtschaft, Verkehr: Ackerbau ist nur mittels künstl. Bewässerung möglich. Lebensgrundlage der Nomaden ist die Viehhaltung (Schafe, Ziegen, Kamele, Dromedare, Pferde, Rinder, Esel). Rückgrat der Wirtschaft ist das Erdöl. Der zweite wichtige Wirtschaftsfaktor ist der Pilgerverkehr zu den hl. Stätten Mekka und Medina. Ad Dammam ist mit Ar Rijad durch 2 Eisenbahnlinien verbunden. Das Straßennetz ist 30 000 km lang. Wichtigste Häfen sind Dschidda, Ad Dammam, Janbu Al Bahr, Dschubail, Ras At Tanura und Mina Saud. Internat. ✈ sind Dhahran und Dschidda.

Geschichte: Um 1740 schlossen sich die zentralarab. Beduinen der Sekte der Wahhabiten an, die unter der Führung der Familie Saud Anfang des 19. Jh. Teile des Osman. Reiches bedrohten (1806 Eroberung Mekkas). 1883–1902 aus Ar Rijad vertrieben, verdrängten sie 1913 unter Abd Al Asis →Ibn Saud die Osmanen aus dem NO der Arab. Halbinsel, 1925 den Scherifen von Mekka, →Husain Ibn Ali, der sich zum König des Hedschas gemacht hatte. Ibn Saud ließ sich 1926 zum König des Nadschd und Hedschas ausrufen. 1932 wurde das Land in *Saudi-Arab. Kgr.* umbenannt. Die moderne Entwicklung wurde von der Erdölförderung eingeleitet (1933 Gründung der Arabian-American Oil Company [ARAMCO]). Ibn Sauds Sohn Ibn Abd Al Asis →Saud (⚭ 1953–64) wurde von seinem Bruder →Faisal Ibn Abd Al Asis Ibn Saud gestürzt, der S.-A. dem westl. Lebensstil öffnete, ohne jedoch die autokrat. Herrschaftsform zu lockern. Nach dessen Ermordung 1975 setzte Ibn Abd Al Asis Ibn Saud →Chalid zunächst Faisals Politik der Kooperation mit den USA und der freundschaftl. Unterstützung Ägyptens fort, die nach dem Einschwenken in die arab. Ablehnungsfront gegen Ägyptens Friedenspolitik mit Israel (Abbruch der diplomat. Beziehungen zu Ägypten 1979) in Frage gestellt wurde. Zu Spannungen mit Iran kam es 1987 aufgrund proiran. Unruhen in Mekka (1988 Abbruch der Beziehungen). Im Sommer 1990 wurde S.-A. zum Aufmarschgebiet der internat. Truppen, nachdem Irak das Scheichtum Kuwait besetzt hatte (→Golfkrieg).

Politisches System: Autokrat. Monarchie. *Staatsoberhaupt*, oberster Inhaber von *Exekutive* und *Legislative* ist der König, der außerdem als Hüter der hl. Stätten Mekka und Medina geistl. Oberhaupt des Landes ist. Seine Macht gründet sich formal auf den Koran und die Scharia. In der Praxis ist er auf die Unterstützung der geistl. Würdenträger angewiesen und wird von den nicht durchschaubaren internen Machtstrukturen der Dynastie beeinflußt. Es gibt kein Parlament und keine Wahlen. *Parteien* und *Gewerkschaften* sind verboten. Neben den *Streitkräften* (rd. 51 500 Mann) besteht die als bes. königstreu geltende Nationalgarde (rd. 25 000 Mann) und Grenztruppen (rd. 8 500 Mann). – Karte V, Bd. 2, n. S. 320.

Sauerampfer →Ampfer.

Sauerbronn, Karl Frhr. Drais von →Drais, Karl Frhr. D. von Sauerbronn.

Sauerbruch, Ferdinand, * Barmen (= Wuppertal) 3. 7. 1875, † Berlin 2. 7. 1951, dt. Chirurg. Grundlegende Arbeiten zur Brustkorbchirurgie (Einführung des Druckdifferenzverfahrens); entwickelte eine neuartige Hand- und Unterarmprothese (Sauerbruch-

Hand), die durch in die Armmuskulatur eingelassene, mit den Prothesenfingern durch Züge verbundene Stifte bewegt wird.

Sauerdorn (Berberitze, Berberis), Gatt. der Sauerdorngewächse mit rd. 500 Arten in Eurasien, N- bis SO-Afrika und in Amerika; immergrüne oder sommergrüne, dornige Sträucher mit roten bis schwarzen, säuerl. schmeckenden Beeren. Die bekannteste Art ist die *Berberitze* (Gemeiner S.), bis 3 m hoch, mit scharlachroten, eßbaren Beeren.

Sauerdorngewächse (Berberitzengewächse, Berberidaceae), zweikeimblättrige Pflanzenfam. mit fast 700 Arten in 14 Gatt., v. a. in den gemäßigten Gebieten der Nordhalbkugel.

Sauerkirsche (Weichselkirsche), im Kaukasus und in Kleinasien wild oder verwildert vorkommende Kirschenart, auf der Nordhalbkugel in vielen Varietäten und Sorten als bis 3 m hoher Obstbaum kultiviert; die roten Früchte (*Sauerkirschen*) enthalten reichl. Fruchtsäuren. Die wichtigsten Varietäten der S. sind: *Schattenmorelle* (Strauchweichsel), mit sauren, schwarzroten Früchten; *Glaskirsche* (Amarelle, Baumweichsel), mit nur mäßig sauren Früchten; *Morelle* (Süßweichsel) und die für die Herstellung von →Maraschino verwendete *Maraskakirsche*, v. a. in SO-Europa gepflanzt.

Sauerklee (Oxalis), Gatt. der S.gewächse mit rd. 850 sehr vielgestaltigen, weitverbreiteten Arten mit stark oxalsäurehaltigen Blättern. Bekannt sind neben dem einheim. *Wald-S.* (Blüten weiß mit purpurroten Adern und einem gelben Fleck am Grund) als Zierpflanzen noch 2 Arten des →Glücksklees.

Sauerkleegewächse (Oxalidaceae), Pflanzenfam. mit knapp 1 000 Arten in 8 Gatt., v. a. in den Tropen und Subtropen der Südhalbkugel.

Sauerkraut, feingehobelter Weißkohl, der mit Salz eingestampft und durch Milchsäuregärung haltbar gemacht wird.

Sauerland, nö. Teil des Rhein. Schiefergebirges, NRW, gegliedert in Rothaargebirge (Langenberg 843 m), Winterberger Hochfläche, Lennegebirge, Ebbe, Homertschwelle und Arnsberger Wald.

Säuerlinge, svw. →kohlensaure Quellen.

Sauermilch (Dickmilch), durch Ausflockung des Kaseins infolge bakterieller Milchsäurebildung (aus dem Milchzucker) geronnene, ungekochte Kuhmilch.

Sauerstoff, chem. Symbol O (von lat. oxygenium), gasförmiges chem. Element aus der VI. Hauptgruppe des Periodensystems der chem. Elemente, Ordnungszahl 8, relative Atommasse 15,9994. S. tritt normalerweise als O_2, d. h. molekular auf. Daneben kommt auch dreiatomiger S., das →Ozon, und kurzlebiger einatomiger S. vor. Molekularer S. ist ein farb-, geschmack- und geruchloses Gas mit einer Dichte von 1,4290 g/l (bei physikal. Normbedingungen); bei –182,96 °C geht S. in eine hellblaue Flüssigkeit über, die bei –218,4 °C erstarrt. Chem. Reaktionen von S. mit anderen Stoffen heißen →Oxidationen (z. B. Rosten von Eisen, Atmung, Verbrennung), wobei →Oxide entstehen. S. ist das häufigste Element; Luft besteht zu 20,95 % aus S.; in gebundener Form ist S. im Wasser zu 88,81 Gewichts-%, in der Erdkruste zu 47,3 Gewichts-% enthalten. Großtechn. wird S. durch Luftverflüssigung und anschließende fraktionierte Destillation gewonnen. Der für fast alle Lebewesen notwendige S. wird bei der Photosynthese der grünen Pflanzen an die Atmosphäre abgegeben und von Mensch und Tier durch die Atmung verbraucht.

Sauerstoffgeräte, Atem[schutz]geräte für den Aufenthalt in einer Umgebung, in der für die Atmung nur unzureichende Sauerstoffmengen zur Verfügung stehen, z. B. in großen Höhen (*Höhenatemgeräte*), im Wasser (→Tauchgeräte) oder in einer mit nicht atembaren Gasen angereicherten Umgebungsluft. – Bei den *Kreislauf-, Regenerations-* oder *Isoliergeräten,* die den Benutzer unabhängig von der Umgebung machen, durchläuft die Luft wiederholt den Kreislauf Lunge–Gerät–Lunge: Entstehendes Kohlendioxid und Wasser werden in der sog. Regenerationspatrone absorbiert, verbrauchter Sauerstoff wird aus einer Sauerstoffflasche ergänzt; man verwendet z. B. normale, komprimierte Luft *(Druckluft-, Preßluftgeräte)* oder spezielle Gasgemische, z. B. Sauerstoff-Helium-Gemische für Tieftauchgeräte. *Sauerstoffmasken* dienen der Beatmung von Frischoperierten, Herz- oder Lungenkranken.

Sauerstoffsäuren →Säuren.

Sauerteig, biolog. gesäuerter und gärender Teig.

Säugetiere (Säuger, Haartiere, Mammalia), weltweit verbreitete, höchstentwickelte Klasse der Wirbeltiere mit rd. 4250 Arten von etwa 5 cm bis über 30 m Länge und einem Gewicht von etwa 3 g (kleinste Spitzmaus- und Nagetierarten) bis weit über 100 t (Blauwal); die Jungen werden von der Mutter mit in bes. Milchdrüsen erzeugter Milch gesäugt. Mit Ausnahme der eierlegenden Kloakentiere sind alle S. lebendgebärend. – Die S. sind gleichwarm (›Warmblüter‹), ledigl. bei Winterschläfern (z. B. Fledermäuse, Igel, Hamster) kann die Körpertemperatur zeitweise stark herabgesetzt werden. Alle S. atmen durch Lungen. Körper- und Lungenkreislauf einschließl. Herzkammer und -vorkammer sind getrennt. – Das Gebiß ist stark differenziert. Meist findet ein einmaliger Zahnwechsel vom Milch- zum Dauergebiß statt. – Fast alle S. haben 2 Extremitätenpaare (mit Ausnahme der Wale und Seekühe); das vordere Paar kann zu Flügeln umgestaltet sein (Flattertiere). – Die Leibeshöhle der S. ist durch das Zwerchfell in Brust- und Bauchhöhle getrennt. Die Geschlechtsorgane sind paarig entwickelt. – Die Sinnesorgane der S. sind meist sehr hoch entwickelt, ebenso das Gehirn. Die Hirnrinde ist oft stark gefurcht.

Stammesgeschichtlich haben sich die S. parallel zu den Vögeln aus Kriechtiervorfahren entwickelt. Die ältesten Säugetierreste stammen aus der oberen Trias (vor rd. 200 Mio. Jahren). Viele Gruppen der S. sind inzwischen ausgestorben. Heute leben noch 19 Ordnungen: Kloakentiere, Beuteltiere, Insektenfresser, Riesengleitflieger, Flattertiere, Herrentiere, Zahnarme, Schuppentiere, Hasenartige, Nagetiere, Wale, Raubtiere, Robben, Röhrenzähner, Elefanten, Schliefer, Seekühe, Unpaarhufer und Paarhufer.

Säugling, das Kind im ersten Lebensjahr. Die Besonderheit der *menschl. Säuglingszeit* besteht v. a. darin, daß in ihr wesentl. Reifeprozesse ablaufen, die bei anderen Herrentieren noch in die Embryonalzeit fallen. So erfolgt die Massen- und Größenzunahme beim menschl. S. etwa ebenso rasch wie noch in der letzten Zeit der in der Gebärmutter ablaufenden Entwicklung, während sich nach der S.zeit das Wachstumstempo merkl. verlangsamt. Von weittragender Bedeutung ist für die psych. Entwicklung des Menschen, daß das erste Lebensjahr bereits in zunehmender Auseinandersetzung mit der sozialen Umwelt verläuft. In dieser Zeit werden alle wichtigen psych. Funktionen ausgebildet und (gegen Ende der S.zeit) die Wesensmerkmale des Menschen, wie aufrechte Körperhaltung, Anfänge der Wortsprache sowie des Denkens und Handelns, erworben. Im 2.–3. Monat beginnt die spontane Hinwendung des S. zur Umwelt. Mit der vollen Ausbildung der Augen bzw. des Gesichtssinns wird der sinnl. Nahraum zum Fernraum erweitert. Im 5. Lebensmonat etwa erreicht die S. durch zunehmende Koordinierung der Großhirnzentren und Sinnesleistungen und der damit zusammenhängenden Steuerung seiner Bewegungen das sog. Greifalter. Unwillkürl. Nachahmung, das (freudige) Erkennen von Bezugspersonen, das Erstaunen über

Fremde treten im 7. Monat auf. Ab dem 6. Monat setzt sich der S. aus der (vom 3. Monat an bevorzugten) Bauchlage auf und kann mit Unterstützung sitzen. Im 7. Monat beginnt er, sich von der Stelle zu bewegen, kann im 8. Monat bereits frei sitzen, kriechen und sich an Gegenständen hochziehen, im 10. Monat schon mit Unterstützung stehen und im 11. Monat sich zum Sitzen selbständig aufrichten. Er läßt im 12. Monat während des Stehens immer wieder eine Hand los und macht an Unterstützungsflächen seine ersten Schritte. Gegen Ende der S.zeit setzt das menschl. Kind Objekte gegenseitig in Beziehung, sucht bereits erkannte Gegenstände, organisiert seine Bewegungen entsprechend den gemachten Erfahrungen. Von da an beginnt es in seiner geistigen Entwicklung die höchstentwickelten Tiere rasch zu überholen.

Saugluftförderer → Fördermittel.

Saugnapf, scheiben-, schalen-, napf- oder grubenförmiges Haftorgan an der Körperoberfläche mancher Tiere (z. B. Blutegel).

Saugschmerlen (Gyrinocheilidae), Fam. der Knochenfische mit 3 kleinen Arten in SO-Asien; mit zu einem Saugorgan umgebildeter Mundöffnung.

Saugwürmer (Trematoden, Trematoda), Klasse etwa 0,5–10 mm (maximal bis 1 m) langer Plattwürmer mit über 6000 (ausschließl. parasit.) Arten.

Saul, erster König Israels (um 1022 [?] bis um 1002 [?]). War der militär. Führer der Israeliten und verteidigte die Ansprüche der israelit. Stämme auf das Kulturland. S. beging Selbstmord nach der Niederlage gegen die Philister in der Ebene Jesreel.

Säule, über kreisförmigem Grundriß stehende senkrechte Stütze im Steinbau, die sich nach oben verjüngt. Gelegentl. auch ohne tragende Funktion (röm. Triumphsäule). Sie besteht im allg. aus Basis, Schaft und Kapitell. Die Basis besteht meist aus einer quadrat. Platte (Plinthe) und einem wulstartigen oberen Teil. Der S.schaft kann zusätzl. mit senkrechten Rillen (Kanneluren) versehen sein. Griech. S. haben eine leichte Schwellung des Schafts (Entasis). In der ägypt. Kunst bilden S. Pflanzen nach (Papyrus, Lotos, Palmen). Neben der freistehenden S. gibt es die Halb- oder Dreiviertel-S. oder den →Dienst in Verbindung mit einer Wand. Urspr. trugen S. ein gerades Gebälk, seit der Römerzeit auch Wände über Bogenstellungen.

Säulenheilige, svw. →Styliten.

Säulenkaktus (Cereus), Gatt. der Kaktusgewächse mit rd. 40 Arten in S-Amerika; hochwüchsige, oft baum- oder strauchförmige Kakteen mit stark gerippten Sprossen und großen, langröhrigen, bei Nacht sich entfaltenden Blüten; z. T. Gewächshaus- oder Kübelpflanzen, u. a. der *Mandacaro,* der *Felsenkaktus* und der *Orgelkaktus.*

Säulenordnung, die von der Säule bestimmte Proportionierung (Ordnung) des architekton. Aufbaus im antiken Baukunst: Säule mit Kapitell und gegebenenfalls Basis, Gebälk mit Fries oder Zahnschnitt (oder beidem) und Giebel. Man unterscheidet die dor., kleinasiat.-ion., att.-ion. und korinth. Ordnung; in der hellenist. und röm. Kunst Kompositordnungen.

Saulgau, Stadt im Alpenvorland, Bad.-Württ., 15200 E. U. a. Möbelfabriken, Landmaschinenbau. Kath. spätgot. Stadtpfarrkirche (15. Jh.); in der barokkisierten Schwedenkapelle überlebensgroßes roman. Kruzifix, Kreuzweg von HAP Grieshaber. – 819 erstmals erwähnt.

Saumquallen, svw. →Hydromedusen.

Saumur [frz. so'my:r], frz. Stadt an der Loire, Dep. Maine-et-Loire, 32100 E. Wein- und Sektkellerei. Roman. Kirche Notre-Dame-de-Nantilly (12. und 15. Jh.), ehem. Schloß mit Renaissanceumbauten (16. Jh.), Rathaus (Anfang des 16. Jh.).

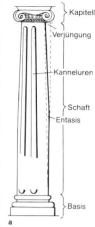

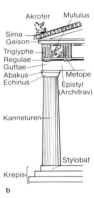

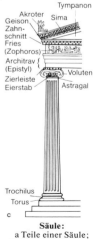

Säule:
a Teile einer Säule;
b dorische, c ionische
Säulenordnung

**Friedrich Karl
von Savigny**

Girolamo Savonarola
(Gemälde von
Fra Bartholommeo,
um 1498; Florenz,
Kloster San Marco)

Sauna [finn. ›Schwitzstube‹] (finn. Bad), kombiniertes Heißluft-Dampf-Bad in einer mit Holz ausgekleideten Kabine, bei dem trockene Hitze (etwa 80–90 °C) und Dampfstöße (durch Wassergüsse auf die glühend heißen Ofensteine) miteinander abwechseln.

Saunders, James [engl. 'sɔ:ndəz, 'sɑ:ndəz], * Islington (= London) 8. 1. 1925, engl. Dramatiker. Schreibt v. a. absurde Theaterstücke, u. a. ›Ein Duft von Blumen‹ (1964), ›Spiele‹ (1971), ›Irre, alte Welt‹ (UA 1975; hg. 1980, dt. 1976), ›Herbst‹ (UA 1981).

Saura, Carlos, * Huesca 4. 1. 1932, span. Regisseur. Bes. bekannt sind die Ballettfilme ›Bluthochzeit‹ (1981; nach F. García Lorca) und ›Carmen‹ (1983; Musik von und mit Paco de Lucia [* 1947] und aus der Oper von G. Bizet). – *Weitere Filme:* Der Garten der Lüste (1969), Anna und die Wölfe (1972), Zärtl. Stunden (1981), Liebeszauber (1986), Ay, Carmela (1991).

Säure-Base-Gleichgewicht, Bez. für das durch physiolog. Regelungsprozesse eingestellte, durch den biolog. neutralen pH-Wert 7,38–7,43 des Blutplasmas bzw. 7,28 der Zellen gekennzeichnete Gleichgewicht der in den Körperflüssigkeiten enthaltenen Säuren und Basen. Zur Konstanthaltung des *Säure-Base-Haushalts* tragen die Puffereigenschaften des Blutes und der Gewebe, der Gasaustausch in der Lunge und die Ausscheidungsmechanismen der Niere bei.

Säure-Base-Theorie, Teilgebiet der allg. Chemie, das die Begriffe Säure und Base definiert und ihr Reaktionsverhalten zu erklären versucht; allg.: 1. Säuren geben in wäßriger Lösung H^+-Ionen (Wasserstoffionen), Basen geben OH^--Ionen (Hydroxidionen) ab; bzw. bezogen auf nichtwäßrige Lösungsmittel und 2. Säuren protonenabspaltende Substanzen *(Protonendonatoren, Brønstedt-Säuren),* Basen protonenaufnehmende Substanzen *(Protonenakzeptoren, Brønstedt-Basen).* Die Säure geht durch Protonenabgabe in die korrespondierende Base, die Base durch Protonenaufnahme in die korrespondierende Säure über. Chem. Verbindungen, die nach dieser S.-B.-T. sowohl als Säuren als auch als Basen wirken können, werden als *Ampholyte* bezeichnet (z. B. Wasser). 3. sind nach G. N. Lewis Säuren *(Lewis-Säuren)* elektrophile Substanzen, die ein Elektronenpaar zur Bildung einer kovalenten Bindung aufnehmen *(Elektronenpaarakzeptoren, Antibasen),* umgekehrt sind *Lewis-Basen* nukleophil, d. h. sie wirken als *Elektronenpaardonatoren.*

Säuren, anorgan. (Mineral-S.) und organ. Verbindungen (Carbon- und Sulfon-S.), die in Wasser und anderen polaren Lösungsmitteln in Protonen (Wasserstoffionen) und negativ geladene Säurereste dissoziieren, d. h. Elektrolyte sind. Die Protonen lagern sich an die Moleküle des Lösungsmittels an und bilden z. B. mit Wasser H_3O^+-Ionen (Oxoniumionen), die die saure Reaktion und den sauren Geschmack bewirken. Viele S. lösen Metalle unter Wasserstoffentwicklung, wobei Salze entstehen. Mit Basen bilden S. unter Neutralisation ebenfalls Salze. Je nach Anzahl der (abdissoziierbaren) Wasserstoffionen werden einbasige, zweibasige usw. S. unterschieden; die mehrbasigen S. können mehrere Salzreihen bilden (primäre Salze, sekundäre Salze usw.). Weiter unterscheidet man *Wasserstoff-S.,* die nur aus Wasserstoff und einem weiteren Element bestehen und S., deren Anion aus mehreren Atomen zusammengesetzt ist (z. B. die *Sauerstoff-S.,* deren Anion aus einem Zentralatom mit mehreren koordinativ gebundenen Sauerstoffatomen besteht).

saurer Regen, Bez. für säurehaltige Niederschläge. Beim Verbrennen z. B. schwefelhaltiger Brennstoffe (Erdgas, Heizöl, Kohle) entstehen Abgase, die Schwefeldioxid, SO_2, enthalten, das sich im Regenwasser löst und zu schwefliger Säure wird. Der s. R. führt zu einer Versauerung des Bodens und gilt als eine der Hauptursachen des sog. *Baumsterbens* (→ Waldsterben).

Saurier [...i-ər; griech.], in der Zoologie Bez. für die Echsen (Eidechsen, Warane, Leguane, Geckos usw.). In der Paläontologie Bez. für die fossilen und rezenten Reptilien. Ihre ersten Vertreter kennt man seit dem oberen Unterkarbon.

Savannah [engl. sə'vænə], Hafen- und Ind.stadt am Savannah River, Georgia, USA, 225 600 E.

Savanne [indian.-span.], Vegetationsformation der wechselfeuchten Tropen mit geschlossenem Graswuchs sowie mit in Abständen voneinander wachsenden Holzgewächsen.

Save ['za:və], rechter Nebenfluß der Donau, längster Fluß Jugoslawiens, mündet bei Belgrad, 940 km lang.

Savigny, Friedrich Karl von ['zavɪnji], * Frankfurt am Main 21. 2. 1779, † Berlin 25. 10. 1861, dt. Jurist. Prof. in Berlin (1810–42); setzte durch, daß die Grundlage des jurist. Studiums das gemeine Recht wurde und nicht das Allg. Landrecht [für die preuß. Staaten]; begründete die histor. Rechtsschule.

Savoir-vivre [frz. savwar'vi:vr; eigtl. ›zu leben verstehen‹], Lebensart.

Savona, italien. Prov.hauptstadt in Ligurien, 70 600 E. U. a. Eisen- und Stahl-Ind., Werften; Hafen. Bed. Paläste und Kirchen, u. a. der barocke Dom (1589–1602; Fassade 19. Jh.). – 1809–12 wurde Papst Pius VII. von Napoleon I. in S. gefangengehalten.

Savonarola, Girolamo, * Ferrara 21. 9. 1452, † Florenz 23. 5. 1498, italien. Dominikaner (seit 1474) und Bußprediger. Predigte seit 1482 in norditalien. Städten und v. a. in Florenz (dort 1491 Prior des Klosters San Marco, der er 1493 zu einer eigenen Kongregation erhob) gegen die laxen Sitten der Stadt und die Entartungen an der Kurie und verkündete 1484 das nahe Endgericht und eine Erneuerung der Kirche. 1494 errichtete er einen theokrat. Staat und rief Christus zum König von Florenz aus; daraufhin von Alexander VI. wegen Häresie exkommuniziert (1497) und als Schismatiker und Häretiker gehenkt.

Savoyen [za'vɔyən], histor. Gebiet in Frankreich, erstreckt sich vom Genfer See bis zur Kluse von Chambéry und umfaßt das Hochalpengebiet bis zur frz.-italien. Grenze. – 121 v. Chr. Rom unterworfen; seit 354 als **Sapaudia** (kelt. ›Waldland‹) bezeugt; 443 Ansiedlung der Burgunder; S. teilte die Geschicke des Kgr. → Burgund. Die Grafen von S. errangen seit dem 11. Jh. durch Gebietserwerbungen (u. a. Aostatal, Chablais, oberes Wallis, Mark-Gft. Turin) eine Schlüsselstellung in den Westalpen. 1416 wurde die Gft. S. zum Hzgt. erhoben. Die Herzöge mußten 1720 das 1713 erworbene Kgr. Sizilien gegen Sardinien eintauschen. Das nunmehr sog. *Kgr. Sardinien (-Piemont)* wurde zum Vorkämpfer der nationalstaatl. Einigung Italiens (daher ab 1861 dessen Könige). S. wurde jedoch 1860 an Frankreich abgetreten.

Sawallisch, Wolfgang, * München 26. 8. 1923, dt. Dirigent. 1961–73 Generalmusikdirektor der Hamburger Philharmonie; 1970–80 Leiter des Orchestre de La Suisse Romande. Seit 1971 Generalmusikdirektor, seit 1982 auch Intendant der Bayer. Staatsoper in München.

Sawang Vattana, * Luang Prabang 13. 11. 1907, † Viengsay bei Vientiane 31. 12. 1980, König von Laos (1959–75). Min.-Präs. 1946–51; erreichte 1949 die laot. Autonomie im Rahmen der Frz. Union; als König 1975 von den Pathet Lao zur Abdankung gezwungen.

Sax, Antoine Joseph, gen. Adolphe S., * Dinant 6. 11. 1814, † Paris 4. 2. 1894, belg. Instrumentenbauer. Verbesserungen an der Klarinette führten ihn zur Erfindung des Saxophons.

Saxo Grammaticus, * auf Seeland (?) um 1150, † um 1220, dän. Geschichtsschreiber. Verfaßte um 1200 eine dän. Volksgeschichte in 16 Büchern, die neben bed. Geschichtsquellen auch viel Sagenhaftes (u. a. Hamlet) enthalten.

Saxophon, von A. J. Sax 1840/41 erfundenes Blasinstrument aus Metall mit einfachem Rohrblatt, parabol. Rohrverlauf, weiter Mensur und kurz ausladender Stürze. Das Klappensystem ähnelt dem der Oboe. Es wird in verschiedenen Größen vom Sopranino bis zum Subkontrabaß gebaut, heute, v. a. im Jazz, vorwiegend B- und Es-Stimmung, wobei das Tenor-S. und das Baß-S. bevorzugt werden. Der Tonumfang beträgt 2½ Oktaven.

Say, Jean-Baptiste [frz. sɛ], * Lyon 5. 1. 1767, † Paris 15. 11. 1832, frz. Nationalökonom. Unterschied als erster zw. den Funktionen von Unternehmer und Kapitalist. Bekannt wurde er v. a. durch seine Nachfragetheorie, das sog. *Saysche Theorem,* wonach jede Produktion (wegen der Nachfrage der Produzenten) sich selbst ihre Nachfrage schaffe.

Sayers, Dorothy L[eigh] [engl. 'sɛɪəz], * Oxford 13. 6. 1893, † Witham bei Chelmsford 17. 12. 1957, engl. Schriftstellerin. V. a. als Klassikerin der Detektiverzählung (um Lord Peter Wimsey) bekannt, u. a. ›Ein Toter zu wenig‹ (1923), ›Mord braucht Reklame‹ (1933).

Sayn und Wittgenstein, noch bestehendes rhein. Adelsgeschlecht, das von der Burg Sayn bei Bendorf ausging und 1361 die Gft. Wittgenstein an der oberen Lahn erbte. 1605 Aufspaltung in die Hauptlinien *Sayn-Wittgenstein-Berleburg* (1792 reichsfürstl.), *Sayn-Wittgenstein-Sayn* (1861 gefürstet) und *Sayn-Wittgenstein-Hohenstein* (1801 reichsfürstlich).

Sb, chem. Symbol für → Antimon.

S-Bahn ([Stadt]schnellbahn), Schnellverkehrsbahn für den Personennahverkehr in Ballungsgebieten.

SBZ, Abk. für Sowjetische **B**esatzungszone (→ deutsche Geschichte).

Sc, chem. Symbol für → Scandium.

sc., Abk. für lat. scilicet (›nämlich‹).

Scala [italien. 'ska:la] (Scaliger), norditalien. ghibellin. Adelsgeschlecht; 1259–1387 Stadtherren von Verona; bes. ↓

Scala, Cangrande I della, * Verona 9. 3. 1291, † Treviso 22. 7. 1329, Stadtherr von Verona (seit 1308/11). Sein Hof zog Dichter (u. a. Dante) und Gelehrte an.

Scala [italien. 'ska:la] (Teatro alla S.), 1776–78 von Giuseppe Piermarini (* 1734, † 1808) in Mailand erbautes Opernhaus, 1943 zerstört, 1946 wiederaufgebaut.

Scaliger, Julius Caesar, eigtl. Giulio Bordoni (?), * Riva 23. 4. 1484, † Agen (Lot-et-Garonne) 21. 10. 1558, italien. Humanist. Hg. des Aristoteles; bekannt ist v. a. seine Poetik, die für die (frz.) Dramatheorie des 17. Jh. richtungsweisend war.

Scandium [lat.], chem. Symbol Sc; metall. chem. Element aus der III. Nebengruppe des Periodensystems der chem. Elemente, Ordnungszahl 21, relative Atommasse 44,956, Dichte 2,989 g/cm³, Schmelzpunkt 1 541 °C, Siedepunkt 2 831 °C. Das silberweiße Metall tritt in seinen Verbindungen dreiwertig auf und ähnelt im chem. Verhalten den Lanthanoiden.

Scanner [engl. 'skænə], Gerät, das ein zu untersuchendes Objekt punkt- bzw. zeilenweise (z. B. mit einem Licht- oder Elektronenstrahl) abtastet (sog. **Scanning**) und die ermittelten Meßwerte registriert und weiterverarbeitet. – In der *Nuklearmedizin* z. B. werden ·S. zur Lokalisations- und Funktionsdiagnostik von inneren Organen verwendet. – In der *graph. Technik* benutzt man mit einem Lichtstrahl arbeitende S. zur Herstellung von Kopiervorlagen oder Farbauszügen.

Scapa Flow [engl. 'skæpə 'floʊ], Bucht zw. den südl. Orkneyinseln; im 1. und 2. Weltkrieg Hauptstützpunkt der brit. Kriegsmarine. Hier erfolgte im Juni 1919 die Selbstversenkung der internierten Schiffe der dt. Hochseeflotte.

Scarlatti [italien. skar'latti], 1) Alessandro, * Palermo 2. 5. 1660, † Neapel 22. 10. 1725, italien. Komponist. Hauptmeister der älteren → neapolitanischen Schule. Prägte in zahlr. Opern die Da-capo-Arie, schrieb u. a. über 800 Kantaten.

2) Domenico, * Neapel 26. 10. 1685, † Madrid 23. 7. 1757, italien. Komponist. Sohn und Schüler von Alessandro S.; bes. bekannt sind seine etwa ab 1730 geschaffenen Cembalosonaten.

Schaaf, Johannes, * Stuttgart 7. 4. 1933, dt. Regisseur. Gehörte zu den Vertretern des ›Jungen Dt. Films‹; u. a. ›Tätowierung‹ (1967), ›Trotta‹ (1971; nach J. Roths ›Kapuzinergruft‹); heute v. a. Theaterinszenierungen, u. a. für die Salzburger Festspiele; verfilmte 1985/86 M. Endes ›Momo‹.

Schabbes, jidd. Wort für Sabbat.

Schaben (Blattodea), mit rd. 3 500 Arten weltweit, v. a. in den Tropen, verbreitete Ordnung 0,2–11 cm langer Insekten; Körper längl.-oval, stark abgeflacht, von meist bräunl. bis dunkelbrauner Farbe; Kopf unter dem großen Halsschild verborgen, mit beißend-kauenden Mundwerkzeugen und langen, borstenförmigen Antennen; Hinterflügel häutig, unter den lederartigen Vorderflügeln zusammengefaltet; i. d. R. dämmerungsaktive, sehr flink laufende Allesfresser, einige Arten sind Pflanzen- und Vorratsschädlinge oder Krankheitsüberträger. Etwa 20 einheim. Arten, darunter die *Haus-S.* (Dt. Schabe), bis 15 mm groß, in Backstuben wie Lagerräumen, und der fast schwarze *Kakerlak* (Küchen-S.), 20–30 mm groß.

Schabkunst (Mezzotinto), Tiefdruckverfahren, bei dem die mit dem Wiegestahl aufgerauhte Kupferplatte mit dem Schabeisen geglättet wird. Die glatten Stellen bleiben im Abdruck hell, die mehr oder weniger rauhen geben weiche, abgestufte Tonwerte. Im 17. und 18. Jh. bes. in England gepflegt (daher auch ›engl. Manier‹).

Schablone, Vorlage, Muster zur Vervielfältigung bzw. analogen Anfertigung eines [Werk]stücks oder zum Führen des Zeichengeräts.

Schabracke [türk.-ungar.], 1) *Reitsport:* verzierte Decke unter dem Reitsattel.

2) *Innenarchitektur:* Überwurf bei Polstermöbeln; bezogene Verkleidung oberhalb der Fenster.

Schach [arab.] (Schachspiel), als **Turnierschach** das einzige, dem Sport zugeordnete Brettspiel; wird von 2 Personen auf dem quadrat., aus 64 abwechselnd hellen und dunklen, ebenfalls quadrat. Feldern bestehenden *Schachbrett* mit 16 hellen und 16 dunklen *Schachfiguren* gespielt; für beide Farben stehen jeweils zur Verfügung: 1 König (K, ♔), 1 Dame (D, ♕, Königin) 2 Türme (T, ♖), 2 Läufer (L, ♗), 2 Springer (S, ♘, Pferdchen), 8 Bauern (B, ♙); jede der S.figuren hat eine vorgeschriebene Gangart. Jede **Schachpartie** wird durch einen Zug von Weiß eingeleitet, dem ein Zug von Schwarz folgt; beide Parteien ziehen weiterhin abwechselnd so lange, bis entweder die Partie durch ein → Matt oder durch Aufgabe des Gegners entschieden (gewonnen) ist oder bis eine Position erreicht wird, in der sich kein Gegner mehr auf dem Brett befindl. Figuren ein Matt nicht mehr zu erzwingen ist (**Remis;** unentschieden); kann ein Spieler nicht mehr ziehen, ohne daß sein noch nicht angegriffener König beim nächsten Zug vom Gegner geschlagen wird, ist das Spiel **Patt** (auch unentschieden).

Schachbrettblume, bis 30 cm hohes Liliengewächs mit schachbrettartig purpurrot und weißlich gefleckten Blütenhüllblättern; geschützt; als Zierpflanze kultiviert.

Alessandro Scarlatti

Saxophon: Tenorsaxophon in B; um 1870 von Antoine Joseph Sax gebaut (Brüssel, Musée Instrumental du Conservatoire de Musique)

Schachbrettblume

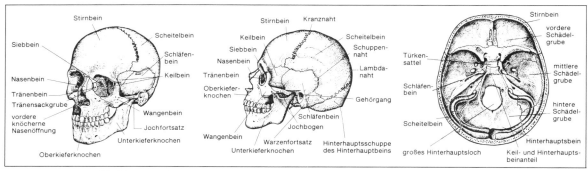

Schädel: LINKS und MITTE Ansicht des menschlichen Schädels von vorn und von der Seite; RECHTS Schädelbasis des Menschen

Schachcomputer [...kɔm'pjutər], Mikrocomputer mit spezieller Software (Schachprogramm), der in einer Schachpartie nach den Regeln des Schachspiels unter Anwendung gewisser Optimierungsstrategien Züge berechnet und ausführt bzw. Problemstellungen analysiert. Die Eingabe der Züge erfolgt mit speziellen Figuren auf einem Sensorbrett oder über Tastatur.

Schächer, ältere dt. Bez. für Räuber, Mörder; bes. Bez. für die beiden mit Jesus gekreuzigten Verbrecher.

Schacht, Hjalmar, *Tinglev bei Apenrade 22. 1. 1877, †München 3. 6. 1970, dt. Finanzpolitiker. 1923–30 und 1933–39 Reichsbank-Präs.; 1932/33 Förderer Hitlers; 1935–37 als Reichswirtschafts-Min. und Generalbevollmächtigter für die Wehrwirtschaft mitverantwortlich für die dt. Aufrüstung; wegen loser Kontakte zu konservativen Widerstandskreisen von Juli 1944 bis Kriegsende inhaftiert; vom Internat. Militärgerichtshof in Nürnberg 1946 freigesprochen.

Schachtelgesellschaft, Kapitalgesellschaft, an der eine andere Kapitalgesellschaft mit Anteilen von mindestens 25% beteiligt ist.

Schachtelhalm (Equisetum), einzige rezente Gatt. der S.gewächse mit rd. 30 Arten, verbreitet von den Tropen bis in die kühlen Gebiete; ausdauernde Pflanzen mit Erdsprossen, Blätter klein, zähnchenartig, in Quirlen stehend; einheim. sind u. a. Acker-S. (Zinnkraut), bis 50 cm hoch, blattgrünfreie, Sporophylle tragende und grüne sterile kieselsäurehaltige Halme, und der Wald-S. auf nassen Böden.

Schachtelhalmgewächse (Equisetaceae), Fam. der Schachtelhalmartigen mit mehreren seit dem Karbon bekannten fossilen Gatt. und der rezenten Gatt. Schachtelhalm.

Schächten [hebr.], Bez. für die den Vorschriften des jüd. Religionsgesetzes gemäße Schlachtung rituell reiner, zum Genuß erlaubter Tiere; sie erfolgt durch einen Schnitt durch Speise- und Luftröhre sowie Halsschlagader, was ein völliges Ausbluten bewirkt.

Schachtgrab, in der ägypt., minoischen und (mittel)hellad. Kultur vorkommende Grabform: in den Boden oder Felsen eingetiefter rechteckiger, großer Grabschacht (oft Mehrfachbestattungen); darüber Erdhügel oder Grabbauten (Mastaba); berühmt die beiden mittelhellad. S.bezirke von Mykene (16. Jh. v. Chr.).

Schad, Christian, *Miesbach 21. 8. 1894, †Stuttgart 25. 2. 1982, dt. Maler. Mgl. der Dada-Bewegung in Zürich; u. a. Photogramme (Schadographie). Seit 1920 Vertreter der Neuen Sachlichkeit, Porträts, Akte; später z. T. vielfigurige Bilder.

Schädel (Kranium, Cranium), der Teil des Skeletts, der die knöcherne (oder knorpelige) Grundlage des Kopfes beim Menschen und bei den Wirbeltieren bildet; beim Menschen und bei den meisten Wirbeltieren über Gelenkhöcker bewegl. mit der Wirbelsäule

Schachtelhalm:
Ackerschachtelhalm

verbunden. Der S. umschließt das Gehirn und die großen Sinnesorgane des Kopfes sowie den Anfangsteil des Atmungs- und Verdauungstraktes. – Im Verlauf der Individualentwicklung gehen dem ganz aus Knochen bestehenden Knochenschädel das Desmocranium (als erste bindegewebige S.anlage) und der embryonal bei allen Wirbeltieren angelegte, bei Haien und Rochen erhalten bleibende Knorpelschädel voraus.

Die Einzelknochen des menschl. S. sind – mit Ausnahme des Unterkiefers – fest miteinander verzahnt. Die wichtigsten Knochen des Hirnschädels, der das Gehirn als Gehirnkapsel umschließt: Das Stirnbein bildet die oberen Ränder der beiden Augenhöhlen und die paarige Stirnhöhle. Auf beiden S.seiten befindet sich je ein Scheitelbein; diese bilden den wesentl. Teil des Schädeldachs. Ebenfalls beidseitig liegt je ein Schläfenbein, das das Gehör- und Gleichgewichtsorgan enthält. Im Hinterhauptsbein liegen das Hinterhauptsloch, durch welches das Rückenmark verläuft, und die Hinterhauptshöcker, ein paariger Gelenkhöcker, an dem die Halswirbelsäule ansetzt. Das Keilbein steht mit allen Knochen des Gehirn-S. und den meisten Knochen des Gesichts-S. in Verbindung. Es besitzt eine Grube, in die die Hypophyse eingebettet ist. Als Skelettgrundlage der Nase dient das am Stirnbein gelegene Siebbein. – Der Gesichtsschädel besteht aus den Knochen des Nasenskeletts, dem paarigen Tränenbein an den Augenhöhlen, den beiden Wangen- und Gaumenbeinen sowie 2 Oberkieferknochen und einem Unterkieferknochen. – Die Schädelbasis bildet den Boden des Hirn-S. und das Dach des Gesichts-S.; sie setzt sich zus. aus Hinterhauptsbein, Felsenbein, Keilbein, den die Augen umschließenden Teilen des Stirnbeins und dem Siebbein.

Schädelbruch (Schädelfraktur), Bruch des knöchernen Schädels. Der Schädelbasisbruch (Basisfraktur) ist ein Knochenbruch infolge Gewalteinwirkung, meist mit Gehirnerschütterung oder Gehirnquetschung verbunden (oft mit Blutungen aus Ohr und Nase und Blutergüssen im Augenbereich).

Schädellose (Akranier, Leptokardier, Acrania), Unterstamm der Chordatiere mit 13 etwa 4–7,5 cm langen, ausschließl. meerbewohnenden Arten; Körper fischähnl., ohne Wirbelsäule, ohne Schädel und ohne Extremitäten; einzige Fam. →Lanzettfischchen.

Schädelstätte, dt. Bez. für →Golgatha.

Schaden, im Recht die unfreiwillige Einbuße an Rechtsgütern, die eine Person infolge eines Ereignisses erleidet. Der Vermögens-S. (materieller S.) besteht in einer Einbuße an in Geld bewertbaren Gütern; der Nichtvermögens-S. (ideeller, immaterieller S.) ist der S. an sonstigen Gütern (z. B. Gesundheit, Ehre). Weiterhin ist zw. der Einbuße an vorhandenen rechtl. geschützten Gütern (positiver S.) und der Einbuße an erst zu erwartenden, konkret in Aussicht stehenden Gütern *(negativer S.)* zu unterscheiden.

Schadenersatz, der Ausgleich eines entstandenen Schadens, der nur dann von einer anderen Person zu leisten ist, wenn sie aufgrund einer Rechtsnorm (z. B. aus Vertragspflichtverletzung) zur Leistung von S. verpflichtet ist. Grundsätzl. hat nur derjenige einen S.anspruch, der den Schaden erlitten hat. Ausnahmen sind z. B. der S.anspruch der Angehörigen eines Getöteten. – Der zum S. Verpflichtete hat den Zustand herzustellen, der bestehen würde, wenn der zum Ersatz verpflichtende Umstand nicht eingetreten wäre (Grundsatz der *Naturalrestitution*); bei Personenverletzung, Sachbeschädigung oder nach Ablauf einer dem Schädiger vom Geschädigten zur Wiederherstellung gesetzten Frist kann der Geschädigte statt dessen den dazu erforderl. Geldbetrag verlangen. Der Schädiger muß stets Geldersatz leisten, wenn die Wiederherstellung nicht möglich oder zur Entschädigung ungenügend ist.

Schadewaldt, Wolfgang, * Berlin 15. 3. 1900, † Tübingen 10. 11. 1974, dt. klass. Philologe. U. a. Prof. in Tübingen (1950–68); wiss. Leiter des ›Goethe-Wörterbuches‹ (ab 1966); bed. Übers. aus dem Griechischen, u. a. ›Homer: Die Odyssee‹ (1958), ›Homer: Die Ilias‹ (hg. 1975).

Schadli (Chadli), Bin Dschadid, * Bouteldja bei Annaba 14. 4. 1929, alger. Offizier und Politiker. 1978 Koordinator der Streitkräfte (= Generalstabschef), 1979–92 Präsident.

Schädlich, Hans Joachim, * Reichenbach (Vogtland) 8. 10. 1935, dt. Schriftsteller. Lebt seit 1977 in Berlin (West); 1976 Protest gegen die Ausbürgerung W. Biermanns; schreibt subtile Prosa, u. a. die Erzählsammlungen ›Versuchte Nähe‹ (1977), ›Ostwestberlin‹ (1987).

Schädlingsbekämpfung, die Bekämpfung von Schädlingen mit dem Ziel, Schäden von Pflanzen, Tieren oder Menschen, von Nahrungsmitteln, Vorräten und sonstigen Materialien abzuwenden oder auf ein tolerierbares Maß zu begrenzen.

Nach der Art der ergriffenen Maßnahmen und Mittel unterscheidet man abiot. (mechan., physikal. und chem.) und biot. (biotechn., biolog. und ökolog.) Verfahren.

Größte Verbreitung hat die mit der Verabreichung giftiger Substanzen arbeitende, schnell anwendbare und wirkende *chem. S.* gefunden. Die meisten der gegen tier. Organismen eingesetzten Stoffe sind *Nervengifte*. Sie lipidlösl. *Kontaktgifte* dringen über die Körperoberfläche in den Tierkörper ein. Die *Atemgifte* gelangen über das Atmungssystem, die *Fraßgifte* über den Darm in die Hämolymphe. *Systemische Mittel* werden durch die Blätter oder Wurzeln aufgenommen, mit dem Saftstrom in der Pflanze fortgeleitet, gelangen durch Diffusion von Zelle zu Zelle und werden von fressenden oder saugenden Gliederfüßern aufgenommen. – Die chem. S. hat erhebl. Erfolge in der Seuchenbekämpfung und zus. mit anderen chem. Pflanzenschutzmaßnahmen eine augenfällige Hebung der landwirtsch. Produktion erzielt. Mit diesen Erfolgen gekoppelt traten jedoch neue Gefährdungen der Umwelt und der menschl. Gesundheit auf, z. B. durch Rückstände in oder an Lebensmitteln, in Wohnungen und an Textilien. Besorgniserregend ist v. a. die Anhäufung der Wirkstoffe in der Nahrungskette, die beim Menschen schwere Vergiftungen, Krebsschäden und andere Erkrankungen zur Folge haben kann. Außerdem haben fast alle bekannten Schädlingsarten bereits gegen chem. Wirkstoffe resistente (vielfach multiresistente) Populationen entwickelt.

Bei der *biotechn. S.* werden künstl. erzeugte physikal. oder chem. (v. a. artspezif.) Schlüsselreize zweckentfremdet ausgenutzt; Lichtfallen mit UV-Licht bestimmter Wellenlänge locken z. B. nachtaktive Fluginsekten an.

Die *biolog. S.* sucht v. a. die Populationsdichte von Schädlingen auf ein erträgl. Maß zu begrenzen. Dazu bedient man sich v. a. der natürl. Feinde, die als Räuber, Schmarotzer oder Krankheitserreger oft Individuen nur einer Art schädigen oder töten; z. B. werden Marienkäfer sowie Schweb- und Florfliegenlarven gegen Blattläuse eingesetzt. – Zur *ökolog. S.* gehören die Wiederherstellung einer artenreichen Biozönose durch Einschränkung von Monokulturen, der Schutz einheim. Nützlinge und die Verbesserung der Lebensbedingungen, z. B. durch Vogelschutz, die Anlage von Hecken (als Nistplätze und Unterschlupfmöglichkeiten).

Schädlingsbekämpfungsmittel (Pestizide), zusammenfassende Bez. für chem. Substanzen zur Bekämpfung von solchen tier. und pflanzl. Organismen (z. T. auch Bakterien und Viren), die Nutztiere, Nutzpflanzen, Lebensmittel oder Materialien schädigen oder zerstören.

Schador (Tschador) [pers.], über den Kopf gelegter und vor das Gesicht gezogener bodenlanger Überwurf (Straßenbekleidung der Perserin).

Schadow [...do], 1) Gottfried, * Berlin 20. 5. 1764, † ebd. 27. 1. 1850, dt. Bildhauer. Hauptmeister des dt. Klassizismus; Quadriga mit Viktoria auf dem Brandenburger Tor in Berlin (Modell 1789; Kopie 1958); Grabmal des Grafen von der Mark (1789/90; Berlin, Museumsinsel), Kronprinzessin Luise und ihre Schwester Friederike von Preußen (1796/97; ebd.).

2) Wilhelm von (seit 1845), * Berlin 6. 9. 1788, † Düsseldorf 19. 3. 1862, dt. Maler. Sohn von Gottfried S.; → Nazarener (seit 1813); Historienbilder und Porträts.

Schaefer, Oda, eigtl. O. Lange, geb. Kraus, * Berlin 21. 12. 1900, † München 4. 9. 1988, dt. Schriftstellerin. Schrieb v. a. Lyrik (›Grasmelodie‹, 1959; ›Der grüne Ton‹, 1973); zuletzt Texte über ›Schwabing‹ (1985).

Schaeffer, Albrecht, * Elbing 6. 12. 1885, † München 5. 12. 1950, dt. Schriftsteller. 1939–50 in der Emigration in den USA; traditionsbewußter Lyriker (›Die Meerfahrt‹, 1912), setzte als Erzähler die Tradition des dt. Bildungsromans fort, u. a. ›Helianth‹ (1920–24).

Schafe (Ovis), Gatt. in Trupps oder Herden lebender Wiederkäuer mit 2 Arten (Dickhornschaf, Wildschaf) und zahlr. Unterarten, v. a. in Gebirgen S-Europas, Asiens und N-Amerikas; Körperlänge etwa 110–200 cm, Schulterhöhe rd. 60–125 cm, Männchen (Widder, mit kreisförmig gewundenen Hörnern) deutlich größer als Weibchen. Das *Dickhornschaf* (Körperlänge etwa 120–190 cm, Schulterhöhe etwa 80–100 cm) lebt in Rudeln in Gebirgsregionen O-Asiens und N-Amerikas. Das *Wildschaf* (Körperlänge etwa 110–200 cm, Schulterhöhe etwa 60–125 cm) ist in Asien und S-Europa heimisch; wichtige Unterarten sind *Argali* (in den Hochgebirgen Innerasiens) und *Mufflon* (Muffelwild; 110–130 cm Körperlänge, 60–90 cm Schulterhöhe; in Gebirgen Europas). → Hausschaf.

Schäferdichtung, als *Schäferspiel* und *Schäferroman* beliebte literar. Gatt. der europ. Renaissance und des Barock, in der Tradition der antiken bukol. Dichtung stehend; entwickelte sich aus aristokrat. Kostümfesten in Schäferverkleidung. Bed. Vertreter in Deutschland: M. Opitz, G. P. Harsdörffer, Johann Klaj (* 1616, † 1656), P. von Zesen und P. Fleming.

Schäferhunde, verschiedene Rassen und Schläge des Haushundes, die urspr. nur als Hütehunde eingesetzt wurden, später dann zunehmend auch als Schutz- und Begleithunde Verwendung fanden, z. B. Dt. Schäferhund, Bobtail und Collie.

Schaffhausen
Stadtwappen

Schaffhausen
Kantonswappen

a

b

Schafgarbe:
a Gemeine
Schafgarbe;
b Sumpfschafgarbe

Schäffer, 1) Bogusław, * Lemberg 6. 6. 1929, poln. Komponist. Gilt als der radikalste Vertreter der avantgardist. Musik in Polen, u. a. ›Miserere‹ für Sopran, Chor, Tonband und Orchester (1979).
2) Fritz, * München 12. 5. 1888, † Berchtesgaden 29. 3. 1967, dt. Politiker. 1945 Mitbegründer der CSU; 1945 von den Amerikanern vorübergehend als bayr. Min.-Präs. eingesetzt; Bundesfinanz-Min. 1949–57, Bundesjustiz-Min. 1957–61.
Schaffhausen, 1) Hauptstadt des schweizer. Kt. Schaffhausen, am Hochrhein, 34 000 E. Museum im ehem. Kloster Allerheiligen; u. a. Metall-Ind.; 3,5 km unterhalb von S. der Rheinfall. Über der Stadt die Festung Munot (16. Jh.); roman. Münster (1103/04 vollendet) mit großem Kreuzgang, Rathaus (1412 vollendet; später umgestaltet). – S. erlangte 1190 Reichsunmittelbarkeit (1330–1415 österr. Pfandbesitz); schloß sich 1452 der Eidgenossenschaft an (1454 zugewandter Ort, 1501 Mgl.); 1803 Hauptstadt des neuen Kt. Schaffhausen.
2) aus drei räuml. getrennten Teilen bestehender Kt. in der N-Schweiz, 298 km², 70 400 E, Hauptstadt Schaffhausen. Landwirtschaft v. a. im Klettgau, Ind.-betriebe im Raum Schaffhausen-Thayngen.
Schaffner, Martin, * um 1478/79, † Ulm zw. 1546/1549, dt. Maler. Renaissancealtäre, Bildnisse, Tischplatte (1533; Kassel, Gemäldegalerie).
Schafgarbe (Feldgarbe, Garbe, Achillea), Gatt. der Korbblütler mit über 100 Arten auf der N-Halbkugel, v. a. in der Alten Welt; Stauden, selten Halbsträucher; einheim. u. a.: *Gemeine S.* (Gachel; bis 80 cm hoch); *Sumpf-S.* (bis 100 cm hoch); *Weiße S.* (Weißer Speik, Steinraute; 5–30 cm hohe Staude).
Schafhaut, svw. → Amnion.
Schafiiten, Anhänger der von Abu Abd Allah Asch Schafii (* 767, † 820) begründete Schulrichtung der islam. Gesetzeslehre. Schafii baute das islam. Gewohnheitsrecht zu einer systemat. Rechtslehre aus.
Schafkälte, sehr häufig Mitte Juni (Zeit der Schafschur) in M-Europa auftretender Kaltlufteinbruch aus Nordwesten.
Schafkopf, eines der ältesten dt. [volkstüml.] Kartenspiele. Gespielt wird zw. 4 Spielern mit dt. oder frz. Karten (32 Blatt).
Schafott [altfrz.-niederl.], Gerüst für Hinrichtungen durch Enthauptung.
Schafschwingel, Sammelart des Schwingels in Eurasien, N-Afrika und N-Amerika; Horstgräser mit borstenförmigen, bläul. bereiften oder grünen Blättern; als Ziergras wird v. a. der *Blauschwingel* häufig angepflanzt.
Schaft, 1) (Web-S.) → Webstuhl.
2) *Waffentechnik:* aus Holz oder Metall gefertigter Teil von Handfeuerwaffen, in dem Lauf und Verschluß samt Schloß sowie Abzugs- und Mehrladevorrichtung gelagert sind.
3) *Handwerk:* Teil des Schuhs bzw. Stiefels oberhalb der Sohle (einschließl. Futter).
4) *Ornithologie:* svw. Federkiel (→ Vogelfeder).
5) *Biologie:* langer, blattloser Blütenstiel.
Schäftlarn, Gem. bei Starnberg, Bayern, 4 900 E. Ehem. Prämonstratenserkloster (als Benediktinerkloster 760 gegr.), barocke Anlage und Kirche (Rokokoausstattung).
Schah, pers. Bez. des Herrschers; *Schahanschah* bzw. *Schahinschah* (›König der Könige‹) war der Titel des iran. Kaisers, *Schahbanuh* Titel der Kaiserin.
Schahada [arab. ›Zeugnis‹], das Glaubensbekenntnis im → Islam.
Schah Dschahan, * Lahore 5. 1. 1592, † Agra 22. 1. 1666, ind. Großmogul (1628–58). Erweiterte das Mogulreich v. a. im S; ließ den Pfauenthron anfertigen, das Tadsch Mahal (→ Agra) erbauen und baute Delhi aus.

Schakale [Sanskrit-pers.-türk.], zusammenfassende Bez. für 3 Arten der Hundeartigen in SO-Europa, Asien und Afrika, überwiegend in trockenen, offenen Gebieten; Körper schlank und hochbeinig, bis etwa 90 cm lang; Schwanz buschig, bis etwa 35 cm lang. – S. sind scheu und überwiegend nachtaktiv. Sie ernähren sich v. a. von Kleintieren, Aas und Abfällen. Der *Gold-S.* (Wolfsschakal) ist im nördl. und mittleren Afrika, von SO-Europa bis S-Asien verbreitet; Körperlänge 70–85 cm, Schulterhöhe 45–50 cm. Der *Schabracken-S.* ist in O- und S-Afrika weit verbreitet; Körperlänge bis 90 cm. Der *Streifen-S.* ist in fast ganz Afrika verbreitet; Körperlänge bis 90 cm.

Schakale:
Schabracken-
schakal

Schäkel [niederdt.], U-förmiges Verbindungsglied mit Schraubenbolzen in den durchbohrten Enden; z. B. zum Verbinden von Ketten.
Schalamöben (Testacea), Ordnung der Amöben, überwiegend im Süßwasser, v. a. in Mooren; bilden Schalen aus organ. Grundsubstanz.
Schalenbauweise, 1) *Bautechnik:* Bauweise mit einfach oder doppelt gekrümmten Flächentragwerken (Schalen) großer Steifigkeit und geringer Dicke; bes. Bedeutung im Stahlbetonbau.
2) *[Luft]fahrzeugbau:* vorherrschende Metallbauweise, bei der die der äußeren Formgebung dienenden Wandungen zus. mit bes. Versteifungselementen die tragende Struktur in Form einer Röhre bilden.
Schalenmodell → Atommodell.
Schalenweichtiere (Konchiferen, Conchifera), Unterstamm 1 mm bis 6,60 m körperlanger Weichtiere mit rd. 125 000 Arten in Meeres- und Süßgewässern sowie am Festland; besitzen meist eine Mantelhöhle und ein bis zwei den Körper teilweise oder völlig umhüllende Schalen; man unterscheidet Napfschaler, Schnecken, Kahnfüßer, Muscheln und Kopffüßer.
Schalenwild, weidmänn. Bez. für alle wiederkäuenden Wildarten (z. B. Reh- und Rotwild, Gemse) und Wildschweine, deren Hufe bzw. Klauen als *Schalen* bezeichnet werden.
Schall, mechan. Schwingungen mit Frequenzen zw. 16 Hz und 20 000 Hz *(Hörbereich),* die sich in einem elast. Medium vorwiegend als Longitudinalwellen fortpflanzen und im menschl. Gehör einen adäquaten Reiz hervorrufen. Mechan. Schwingungen und Wellen mit Frequenzen unterhalb von 16 Hz werden als *Infraschall,* oberhalb von 20 000 Hz als *Ultraschall* und oberhalb von 1 GHz als *Hyperschall* bezeichnet. Wie bei allen anderen Wellenvorgängen sind auch beim S. die Erscheinungen der Brechung, Reflexion, Beugung und Interferenz zu beobachten.
Schallanalyse (Schallspektroskopie), die Zerlegung eines beliebigen Schalls in seine Teiltöne, um die einzelnen Teiltöne nach Tonhöhe (Frequenz) und Tonstärke (Amplitude) zu registrieren. Das Ergebnis der S. wird in Form eines Frequenz-Schalldruck-Diagramms, eines sog. *Schallspektrums,* aufgezeichnet.
Schallaufzeichnung, die Speicherung von Schallvorgängen auf einem Träger. Mit Hilfe von Mikrophonen werden die Schallvorgänge in elektr. Signale umgesetzt; diese werden beim *Nadeltonverfahren* elektromechan. mit einem Schneidstichel als Rille

auf Schallplatten, beim *Lichttonverfahren* opt. als Lichtspur auf Filmmaterial, bei der *magnet. S.* magnet. als Tonspur auf Magnettonträger aufgezeichnet. Bei der modernsten Form der S., werden analoge akust. Signale digitalisiert und mit Hilfe von Laserstrahlen in definierte Oberflächenstrukturen des Tonträgers (Compact Disc, →Schallplatte) übersetzt.

Schallfeldgrößen, physikal. Größen zur Beschreibung eines *Schallfeldes*, d. h. eines von Schallwellen erfüllten Raumgebietes in einem Medium, u. a.: **Schalleistung:** Die gesamte abgestrahlte Schallenergie (gemessen in Watt, W); **Schallstärke (Schallintensität):** Die pro Zeiteinheit durch eine zur Schallausbreitungsrichtung senkrecht stehende Flächeneinheit hindurchgehende Schallenergie (gemessen in W/cm^2); **Schalldruck (Schallwechseldruck):** Die durch die schwingenden Teilchen im Ausbreitungsmedium hervorgerufenen Druckschwankungen (in Pascal, Pa).

Schallgeschwindigkeit, die Ausbreitungsgeschwindigkeit für Schallwellen in festen, flüssigen oder gasförmigen Medien. Im allg. ist sie in Gasen kleiner als in Flüssigkeiten und dort kleiner als in Festkörpern. Außer vom Material ist die S. auch von Temperatur und Druck abhängig. →Überschallflug.

Schallgeschwindigkeiten in m/s (in Flüssigkeiten bei 15 °C, in Gasen bei 0 °C und einem Druck von 1 013,25 hPa)			
Messing	3 420	Quecksilber	1 430
Blei	1 250	Alkohol	1 170
Eisen	5 170	Luft	331
Tannenholz	5 260	Sauerstoff	316
Wasser	1 464	Wasserstoff	1 284

Schallmauer, Geschwindigkeitsbereich in unmittelbarer Nähe der Schallgeschwindigkeit, in dem der Luftwiderstand eines Luftfahrzeugs sprunghaft ansteigt.

Schallöcher, Öffnungen in Resonanzboden oder Decke von Saiteninstrumenten, bei Zupfinstrumenten ein rundes Loch, bei Violen ein C-förmiges, bei Violinen ein f-förmiger Einschnitt beidseitig vom Steg.

Schallplatte, scheibenförmiger Tonträger, auf dem nicht löschbare Schallaufzeichnungen gespeichert sind, die mit Hilfe eines Plattenspielers wiedergegeben werden können. Die Schallaufzeichnungen sind dabei einer spiralenförmig zum Mittelpunkt der Schallplatte hin verlaufenden Rille aufgeprägt. Man unterscheidet die heute nicht mehr hergestellten **Normrillenschallplatten** aus Schellack und Füllstoffen, die mit einer Drehzahl von 78 U/min abgespielt wurden, und die **Mikrorillen[schall]platten** aus Polyvinylchlorid, die meist mit einer Drehzahl von $33^1/_3$ und 45 U/min abgespielt werden. Mit 45 U/min abgespielte S. von 17 (neuerdings auch 30) cm Durchmesser und einem kurzen Musiktitel pro Plattenseite bezeichnet man als *Single-S. (Singles),* solche mit mehreren Titeln bzw. längerer Spielzeit als *Extended-Play-S.* und solche mit 25 oder 30 cm Durchmesser und $33^1/_3$ (neuerdings auch – zur Erreichung größerer Klangqualität – mit 45) U/min abgespielt werden, als *Langspielplatten* (Abk. LP, von engl. long-playing record).

Bei der *Schallplattenherstellung* werden zuerst die auf Magnetband gespeicherten Schallvorgänge mit einer Schneidanlage **(Plattenschneider)** auf eine mit Kunststofflack beschichtete Metallplatte übertragen; ausgehend von dieser **Originalplatte** stellt man mehrere Negative her, die in einer dampfbeheizten Presse als Matrizen zum Pressen des als Granulat eingebrachten thermoplast. S.materials dienen. Beim **Direct-cut-Verfahren** werden die Schallschwingungen

direkt, d. h. ohne den Weg über Magnetband dem Plattenschneider zugeführt und in eine Kupferschicht eingeschnitten (meist in **DMM-Technik**; Abk. für engl. **d**irect **m**etal **m**astering); dadurch wird eine dem Originalklang entsprechende höhere Dynamik erreicht **(Direktschnittplatte).** – Bei der Herstellung von **stereophonischen Schallplatten** *(Stereo[schall]platten)* werden die voneinander unabhängig aufgenommenen Schallsignale der beiden Kanäle in einem Winkel von +45° bzw. −45° gegenüber der Plattenoberfläche eingeschnitten.

Eine Neuentwicklung sind die **Digitalschallplatten:** Bei der nur einseitig bespielten, aus metallisiertem Kunststoff bestehenden **Kompaktschallplatte** *(Compact Disc;* 12 cm Durchmesser, 1,1 mm Dicke; Abk. CD) ist die Musikinformation unterhalb einer transparenten Schutzschicht in Form einer dichten Folge mikroskop. kleiner Vertiefungen, sog. Pits (Länge 1 μm, Breite 0,5 μm, Tiefe 0,1 μm), enthalten, die ebenfalls spiralig angeordnet sind, im Ggs. zur konventionellen S. jedoch von innen nach außen verlaufen. Diese Vertiefungen stellen die ›Bilder‹ eines digitalen Pulscode-Modulationssignals dar (PCM-Signal), in das analoge akust. Information bei der Musikaufnahme umgewandelt wird. Dieses PCM-Signal enthält neben der Musikinformation u. a. die Information für die Trennung der beiden Stereokanäle und eine Adresse, die den direkten Zugriff zu einem bestimmten Musikstück auf der S. ermöglicht. Beim Abspielen der S. wird die digitale Information mit Hilfe eines speziellen (opto-elektron.) Tonabnehmersystems gelesen, das die Pits berührungslos mit dem fokussierten Lichtstrahl eines Halbleiterlasers abtastet. Das digitale Signal im Abnehmersystem wird in einem Digital-Analog-Wandler in das übl. Stereotonsignal umgewandelt und nach Verstärkung im Lautsprecher hörbar. Die mit digitalen S.systemen verbundenen Vorteile beruhen v. a. auf einer erhebl. Verbesserung von Klangqualität, Dynamik und Rauschunterdrückung. Von diesen Digital-S. sind (ebenfalls als Digital-S. bezeichnete) herkömml. S. zu unterscheiden, bei denen lediglich die Tonaufnahme und die Zwischenspeicherung auf Magnetband digital erfolgt; →DAT.

Schallquanten, svw. →Phononen.

Schallspektroskopie, svw. →Schallanalyse.

Schallück, Paul, * Warendorf 17. 6. 1922, † Köln 29. 2. 1976, dt. Schriftsteller. Mitbegründer der dt.-jüd. Bibliothek ›Germania Judaica‹ in Köln; gehörte zur ›Gruppe 47‹; schrieb Romane, u. a. ›Don Quichotte in Köln‹ (1967), Hörspiele, Essays.

Schally, Andrew [engl. ˈʃælɪ], * Wilno (Polen) 30. 11. 1926, amerikan. Biochemiker. Erhielt für seine Forschungen über Hormone 1977 den Nobelpreis für Physiologie oder Medizin (mit R. S. Yalow und R. Guillemin).

Schalmei [altfrz.], 1. Oberbegriff für Blasinstrumente mit Rohrblatt; 2. Mittelalterl. Blasinstrument in Diskantlage mit doppeltem Rohrblatt. Als Volksinstrument bis heute im Orient, auf dem Balkan und in Spanien gespielt; 3. Register der Orgel mit aufschlagenden Zungen.

Schalom [hebr. ›Heilsein, Friede‹], jüd. Friedenswunsch und Gruß.

Schalotte, 15–80 cm hohe Kulturart des Lauchs mit ›Stöcken‹ aus zahlr. länglich-eiförmigen, von gold- bis braungelben Häuten umgebenen Zwiebeln.

Schaltalgebra (Schaltungsalgebra), die Anwendung der Booleschen Algebra bzw. der Gesetzmäßigkeiten Boolescher Verbände auf die Verknüpfung von elektr. Schaltelementen.

Schaltbild, →Schaltplan.

Schalter (elektr. Schalter), Gerät zum Ein- oder Ausschalten elektr. Stromkreise mittels metall. Kon-

Andrew Schally

taktstücke, die sich beim Schließen des Stromweges (Einschalten) berühren oder beim Unterbrechen des Stromweges (Ausschalten) trennen.

Schaltjahr →Zeitrechnung.

Schaltplan, häufig auch als *Schaltbild* bezeichnete symbol. Darstellung einer elektr. oder elektron. Einrichtung, deren Wirkungsweise mittels Schaltzeichen oder Schaltkurzzeichen erklärt wird.

Schaltzeichen, genormte Zeichen zur symbol. Darstellung der einzelnen Bau- und Schaltelemente elektr. Einrichtungen in Schaltplänen. **Schaltkurzzeichen** dienen zur vereinfachten Darstellung von Schaltungen.

Schalung, im Bauwesen: 1. Gußform aus Holz, Schal[ungs]platten, Stahlblech u.a. zum Betonieren. 2. Bretterbelag als Unterlage für die Dachdeckung, z. B. beim Schieferdach.

Scham, 1) Gefühl des Bloßgestelltseins (S.gefühl); bezieht sich häufig auf die Verletzung der Intimsphäre.

2) die äußeren weibl. Geschlechtsorgane.

Schamaiten (Samogitien), histor. Landschaft in Litauen, zw. N-Ostpreußen, Kurland und Ostsee. – Gehörte seit dem MA zu Litauen (1398–1411 zum Dt. Orden).

Schamane, Bez. für einen Typ mag.-religiöser Autorität; zentrale Gestalt des **Schamanismus,** versetzt sich mit Hilfe verschiedener Requisiten (v. a. *S.trommel*) sowie durch Tanz und Narkotika in Trance oder Ekstase, um übersinnl. Erkenntnisse zu gewinnen. Aufgabe des S. ist neben der Begleitung der Seelen der Verstorbenen v. a. die Heilung Kranker.

Schambein →Becken.

Schamberg (Schamhügel, Venusberg), bei der Frau eine durch ein verstärktes Unterhautfettpolster bedingte hügelartige Erhebung oberhalb der Scham.

Schamir, Yitzhak, * Ruzinoy (Ostpolen) 3. 11. 1914, israel. Politiker. Führend im Partisanenkampf während der brit. Mandatszeit; 1955–65 leitende Position im Geheimdienst Mossad; seit 1970 Mgl. der Cherut, seit 1975 Vors. in deren Exekutivkomitee; 1977–80 Präs. der Knesset; 1980–83 und 1984–86 Außen-Min.; 1983/84 und seit 1986 Min.-Präsident.

Schamlippen (Labien, Einz. Labium), zwei mehr oder weniger wulstige, sehr tastempfindl. Hautfaltenpaare der äußeren weibl. →Geschlechtsorgane: 1. Die beiden vorn (oben) in den →Schamberg übergehenden *großen S. (äußere S.)* umgrenzen die *Schamspalte.* 2. Die beiden den Scheidenvorhof einschließenden *kleinen S. (innere S., Nymphen)* liegen unter den großen Schamlippen. Im oberen (vorderen) Winkel oberhalb der Harnröhrenmündung liegt der →Kitzler. Ihre (haarfreie) Schleimhaut ist reich an Talgdrüsen. Bei geschlechtl. Erregung vergrößern Schwellkörper die Schamlippen.

Schammai, mit dem Ehrennamen ›der Alte‹, jüd. Schriftgelehrter der 2. Hälfte des 1. Jh. v. Chr. Religionsgesetzl. Autorität des Judentums, Gegner →Hillels.

Schammasch (Schammes) [hebr.], Synagogendiener.

Schamoni, 1) Peter, * Berlin 27. 3. 1934, dt. Filmregisseur und -produzent. War Vertreter des ›Jungen Dt. Films‹; u. a. ›Schonzeit für Füchse‹ (1965), ›Potato Fritz‹ (1976); spätere Filme: ›Frühlingssinfonie‹ (1983), ›Caspar David Friedrich‹ (1986).

2) Ulrich, * Berlin 9. 11. 1939, dt. Filmregisseur. Bruder von Peter S.; drehte u. a. ›Es‹ (1965), ›Chapeau claque‹ (1974), ›Das Traumhaus‹ (1980).

Schamotte [italien.], durch Brennen von Ton und Kaolin und anschließendes Mahlen erhaltenes Produkt zur Herstellung von feuerfestem S.mörtel und S.steinen; enthält Aluminium- und Siliciumdioxid; Schmelzpunkt bei 1 700 °C.

Schamun, Kamil (Chamoun, Camille), * Dair Al Kamar bei Tripoli 3. 4. 1900, † Beirut 7. 8. 1987, libanes. Politiker, maronit. Christ. 1952–58 Staats-Präs.; im Bürgerkrieg 1958 und ab 1975 als Führer der christl. Nationalpartei von Bedeutung.

Schanghai [ˈʃaŋhaɪ, ʃaŋˈhaɪ; chin. ʃaŋxaɪ], Stadt in O-China, am Hwangpukiang, 12,1 Mio. E. Zahlreiche Hochschulen und Univ., Museen. Die einstige Handelsmetropole Chinas hat sich nach 1949 zu einer der bedeutendsten Ind.städte des Landes entwickelt; Hafen; internat. ✈. – Bed. Handelsplatz seit dem 12. Jh.; im Opiumkrieg 1842 von den Briten erobert und dem ausländ. Handel geöffnet; 1937–45 jap. besetzt.

Schanker [lat.-frz.], bei Geschlechtskrankheiten vorkommende Geschwürbildung an den Geschlechtsorganen: 1. *harter S.,* Primäraffekt bei Syphilis; 2. *weicher S.* (Ulcus molle), Ausbildung von mehreren kreisförmig flachen, schmerzhaften, weichen Geschwüren mit scharfem, zackigem Rand an den Geschlechtsorganen.

Schansi →Shanxi.

Schanstaat, Verw.-Geb. in N-Birma, 158 222 km², 3,73 Mio. E, Hauptstadt Taunggy.

Schantung →Shandong.

Schantungseide (Shantung), taftbindiges Seidengewebe aus Wildseide.

Schanze, 1) *Militärwesen:* Erdwerk als Stützpunkt einer militär. Feldstellung.

2) *Skisport:* (Sprung-S.) Skisportanlage (Kunst- oder Natur-S.) für den Sprunglauf.

Schaper, Edzard, * Ostrowo (= Ostrów Wielkopolski) 30. 9. 1908, † Bern 29. 1. 1984, dt. Schriftsteller. Lebte seit 1947 in der Schweiz (schweizer. Staatsbürger), 1951 Übertritt zur kath. Kirche. V. a. legendenhafte Darstellung religiöser Themen. – *Werke:* Die Insel Tütarsaar (R., 1933), Die sterbende Kirche (R., 1936), Der letzte Advent (R., 1949), Das Feuer Christi (Dr., 1971), Taur. Spiele (R., 1971), Geschichten aus vielen Leben (1977).

Schapur (Sapor, Sapur), pers. Könige aus der Dynastie der Sassaniden; bed. v. a.:

1) Schapur I., ⚰ 241–272. Besiegte die Römer mehrfach (259 [oder 260] Gefangennahme Kaiser Valerians bei Edessa).

2) Schapur II., ⚰ 309–379. Gewann 363 die Gebiete jenseits des Tigris vertragl. von Rom zurück; schwere Christenverfolgung.

Scharade [frz.], Rätsel, bei dem das Lösungswort in Einzelsilben zerlegt und graph. oder pantomim. dargestellt werden.

Scharbock, svw. →Skorbut.

Scharbockskraut (Feigwurz), bis 15 cm hohe, ausdauernde Art der Gatt. Hahnenfuß in Europa und im Orient; blüht von März bis Mai.

Schärding, oberösterr. Bezirkshauptstadt am Inn, 5 800 E. Barocke Stadtpfarrkirche (18. Jh.). – Seit 804 belegt.

Schardscha, eines der →Vereinigten Arabischen Emirate.

Schärenküste, vom Meer überflutete Rundhöckerlandschaft, wobei die Rundhöcker kleine Inseln **(Schären)** bilden.

Scharf, Kurt, * Landsberg (Warthe) 21. 10. 1902, † Berlin 28. 3. 1990, dt. ev. Theologe und Kirchenpolitiker. 1966–72 ›Gesamtbischof‹ der Ev. Kirche in Berlin-Brandenburg; bis Jan. 1977 Bischof des westl. Teils der Ev. Kirche in Berlin-Brandenburg. 1957–60 Vors. des Rates der EKU, 1961–67 des Rates der EKD.

Schärfentiefe →Photoapparat.

Scharff, Edwin, * Neu-Ulm 21. 3. 1887, † Hamburg 18. 5. 1955, dt. Bildhauer und Grafiker. Modellierte in expressionistisch reduzierten Formen Reliefs und Einzelfiguren, darunter bed. Porträtbüsten; im

Yitzhak Schamir

Edzard Schaper

Salman Schasar

Scharbockskraut

Spätwerk Hinwendung zu v. a. religiösen Themen (Bronzetür der Klosterkirche Marienthal bei Wesel 1945–49).

Scharfrichter (Henker), zur Vollstreckung der Todesstrafe öffentl. bestellte Person; galt als unehrenhafter Beruf.

Scharhörn, unbewohnte Insel am westl. Rand der Außenelbe, 3 km²; gehört zu Hamburg; Vogelschutzwarte.

Schari, Hauptzufluß zum Tschadsee, entsteht durch die Vereinigung des *Bamingui* und des *Gribingui* sö. von Sarh, mündet als Grenzfluß gegen Kamerun, rd. 800 km lang (mit dem Nebenfluß Ouham, der oft als Quellfluß angesehen wird, über 1 400 km lang). Bildet im Mittellauf den 400 km langen *Bahr Erguig* als Nebenlauf.

Scharia [arab.] (Scheriat), Pflichtenlehre und religiöses Recht des Islams; sie umfaßt die kult. Pflichten (Gebet, Fasten, Almosen, Pilgerfahrt), die eth. Normen wie auch Rechtsgrundsätze für alle Lebensbereiche, u. a. Ehe, Erbschaft, Vermögen, Wirtschaft, innere und äußere Sicherheit der Gemeinschaft. Sie ist aus der systematisierenden Arbeit der islam. Gesetzesgelehrten des 7. bis 10. Jh. hervorgegangen und beruht auf dem Koran, ergänzt durch die Sunna, das normative Handeln des Propheten Mohammed.

Scharlach (Scarlatina), anzeigepflichtige, durch hämolysierende Streptokokken verursachte Infektionskrankheit v. a. des Kindesalters. Nach einer Inkubationszeit von 3–6 Tagen treten plötzl. hohes Fieber mit Kopfschmerzen und Erbrechen auf. Dazu kommen Halsschmerzen, nicht selten auch Schüttelfrost. In diesem Stadium sind die Mandeln, der gesamte Rachen und Gaumen flammend ›scharlachrot‹. Die Zunge ist weißl. und pelzig belegt. Die einzelnen Geschmacksknospen sind entzündl. geschwollen, so daß die Oberfläche der Zunge einer Himbeere ähnelt *(Himbeerzunge).* Auf der Haut erscheint 1–3 Tage nach Beginn der Erkrankung der S.ausschlag in Form von stecknadelkopfgroßen, dichtstehenden, hochroten Fleckchen, die etwas erhaben sind, wodurch die Haut sich samtartig anfühlt; blaßt nach 2–4 Tagen ab. Behandlung mit Penicillin.

Scharnhorst, Gerhard [Johann David] von (seit 1802), *Bordenau (= Neustadt an Rübenberge) 12. 11. 1755, †Prag 28. 6. 1813, preuß. General (seit 1806) und Heeresreformer; 1807–10 Chef des neugeschaffenen Kriegsministeriums; u. a. Aufhebung des Adelsprivilegs, Ausbildung des Generalstabs, Einführung des ›Krümpersystems‹ und der allg. Wehrpflicht; in den Befreiungskriegen Stabschef Blüchers.

Scharnier, Gelenk[band] aus zwei Platten mit angebogenem ösenförmigem Gelenk *(Gewerbe)* und durchgestecktem Verbindungsstift oder Bolzen; häufig auch als Bänder bezeichnet.

Scharoun, Hans [ʃaˈruːn], *Bremen 20. 9. 1893, †Berlin 25. 11. 1972, dt. Architekt. Schuf u. a. die Berliner Philharmonie (Entwurf 1956; 1960–63 erbaut), die Staatsbibliothek Preuß. Kulturbesitz ebd. (Entwurf 1964; 1967–78 erbaut), das Stadttheater in Wolfsburg (Entwurf 1965; 1971–73 erbaut) und das Dt. Schiffahrtsmuseum in Bremerhaven (1970–75).

Scharping, Rudolf, *Niederelbert 2. 12. 1947, dt. Politiker (SPD), seit Mai 1991 Min.-Präs. von Rheinland-Pfalz.

Schasar, Salman, urspr. S. Rubaschow, *Mir (Weißrußland) 6. 10. 1889, †Jerusalem 5. 10. 1974, israel. Politiker. Am Aufbau der Histadrut und der Mapai maßgeblich beteiligt; wurde 1956 Vors. des Exekutive der Jewish Agency; Staats-Präs. 1963–73.

Schastri →Shastri.

Schatt Al Arab, gemeinsamer Mündungsstrom von Euphrat und Tigris in den Pers. Golf; bed. Schiffahrtsstraße.

Schatten, der nicht oder weniger beleuchtete Raum hinter einem Körper (sog. *Schlagschatten*) samt dem unbeleuchteten Teil der Körperoberfläche. **Kernschatten** entsteht dort, wo kein Licht hingelangt, **Halbschatten** dort, wo nur Licht von Teilen der ausgedehnten Lichtquelle hingelangt. I. w. S. wird mit S. jeder Raumbereich hinter einem Hindernis bezeichnet, in den eine Strahlung infolge Reflexion und Absorption nicht gelangen kann (z. B. der *Funkschatten*).

Schattenblume, Gatt. der Liliengewächse mit nur 3 Arten in den gemäßigten Gebieten der Nordhalbkugel; einheim. ist die *Zweiblättrige S.* mit glänzenden, roten, kugeligen Beeren; als Bodendecker in Parks verwendet.

Schattenkabinett (urspr. im brit. Parlamentarismus), Bez. für die Spitzengruppe der Opposition, die beim Regierungswechsel das neue Kabinett bilden soll.

Schattenmorelle →Sauerkirsche.

Schattenriß, Profilbildnis, auch Riß der ganzen Figur. Mit Hilfe eines Silhouettierstuhls wird der Umriß des Schattens nachgezeichnet, dann schwarz ausgetuscht, ausgeschnitten und auf weißes Papier geklebt; v. a. im 18. Jh. Mode (chin. Einfluß).

Schattenspiel (Schattentheater), Sonderform des →Puppenspiels; ein Spiel mit flachen, schwarzen oder farbigen handgeführten Figuren aus Haut, Leder, Pergament oder Papier vor einer beleuchteten Glas-, Stoff- oder Papierwand; die Figuren können auch von hinten mit einer Lampe auf den Wandschirm projiziert werden. Urspr. aus China oder Indien, erhielt das S. seine kunstvollste Ausprägung in Bali und Java (→Wajang).

Schattenwirtschaft, wirtschaftl. Aktivitäten, die nach dem gegenwärtigen Sozialproduktkonzept nicht in die Berechnung eingehen, weil sie entweder nicht ermittelt werden (z. B. Hausarbeit, Nachbarschaftshilfe, Eigenarbeit) oder nicht erfaßt werden können, da sie mit Steuerhinterziehung (z. B. Schwarzarbeit) verbunden sind.

Schatzamt →Exchequer.

Schatzanweisungen, kurz- und mittelfristige (unverzinsl.) bzw. langfristige (verzinsl.) Schuldverschreibungen des Staates.

Schatzkanzler →Chancellor of the Exchequer.

Schaube, offener Überrock (bis ins 17. Jh.).

Schäuble, Wolfgang, *Freiburg im Breisgau 18. 9. 1942, dt. Politiker (CDU). Steuerjurist; seit 1972 MdB; 1984–89 im Bundeskanzleramt; seit April 1989 Bundesmin. des Inneren. Bei einem Attentat im Sept. 1990 schwer verletzt. Seit Nov. 1991 Vors. der CDU/CSU-Fraktion des Bundestages.

Schaubrote, dt. Bez. für die im AT genannten 12 ungesäuerten Brote, die auf einem Tisch *(Schaubrottisch)* im Heiligtum lagen; wurden am Sabbat erneuert.

Schauenburger, Geschlecht der Grafen von →Schaumburg; die S. besaßen 1110/11–1459 die Gft. Holstein; in der Stamm-Gft. 1640 erloschen.

Schauerroman, in der 2. Hälfte des 18. Jh. eine Hauptgattung der Unterhaltungsliteratur. Der S. knüpft an Tendenzen der Aufklärung an, indem er das ›Unheimliche‹ als erklärbare Mystifikation enthüllt; er wurde damit zum Vorläufer des Detektivromans (→Kriminalroman); eine andere Variante des S., die engl. *Gothic novel* (u. a. M. G. Lewis, H. Walpole), stellt das Irrationale als Wirklichkeit vor, die sich dem Zugriff von Kausalerklärungen entzieht; in der deutschsprachigen Literatur u. a. von L. Tieck (frühe Romane), E. T. A. Hoffmann und W. Hauff, in Frankreich u. a. von E. Sue vertreten.

Schäufelein, Hans, *zw. 1480/85, †Nördlingen zw. 1538/40, dt. Maler und Holzschnittzeichner. Holzschnitte für Kaiser Maximilians Schriften ›Theuerdank‹, ›Weißkunig‹ und ›Triumphzug‹; schuf unter

Gerhard von Scharnhorst (Gemälde von Friedrich Bury; Hannover, Provinzial-Museum)

Wolfgang Schäuble

Hans Scharoun

dem Eindruck Dürers u. a. den ›Ziegleraltar‹ (1521, Nördlingen, Sankt Georg und Reichsstadtmuseum), ›Lorenz und Katharina Tucher‹ (beide 1534, Nürnberg, German. Nationalmuseum).

Schauinsland, Berg im südl. Schwarzwald sö. von Freiburg im Breisgau, 1 284 m hoch.

Schaum, Gemenge, bei dem gasgefüllte Blasen in einer Flüssigkeit oder einem Feststoff feinst verteilt sind.

Schaumburg, ehem. Gft. der → Schauenburger mit Kerngebiet im Wesertal zw. Rinteln und Hameln, ben. nach der *Schaumburg* östl. von Rinteln; nach 1640 fiel ein Teil an Braunschweig-Lüneburg, aus dem übrigen Gebiet entstand die Gft. Schaumburg-Lippe.

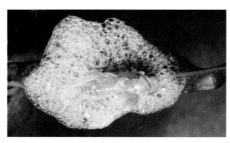

Schaumzikaden: Von Kuckucksspeichel (teilweise entfernt) umgebene Larve der Wiesenschaumzikade

Schaumburg-Lippe, nach 1640 entstandenes histor. Territorium des Hauses → Lippe, reichte von den Bückebergen bis zum Steinhuder Meer; 1681 Begründung der *Bückeburger* Haupt- und der *Alverdissenschen* Nebenlinie; 1807 Ft. und Mgl. des Rheinbunds, 1815 Mgl. des Dt. Bundes; 1918 Freistaat, 1946 Teil Niedersachsens.

Schaumgummi (Zellgummi), aus natürl. oder künstl. Latex durch Einarbeiten von Luft und anschließendes Vulkanisieren hergestelltes poröses Gummi.

Schaumkraut, Gatt. der Kreuzblütler mit rd. 100 Arten in den gemäßigten und kühleren Gebieten der Erde; einheimisch u. a. *Bitterkresse,* in Bächen und an sumpfigen Orten, und *Wiesen-S.* (Gauchblume), 20–60 cm hoch.

Schaumkresse, Gatt. der Kreuzblütler mit 10 Arten in den gemäßigten Zonen der Nordhalbkugel; einheimisch sind an Felsen oder auf Schuttplätzen die violett blühende *Sand-S.* und die weiß blühende *Felsen-S.,* auf feuchten Wiesen die weiß blühende *Wiesenschaumkresse.*

Schaumstoffe (Schaumkunststoffe), Kunststoffprodukte mit poröser Struktur, wobei je nach Ausbildung der Schaumzellen *geschlossenzellige S.* (die Gasbläschen sind vollständig vom Kunststoff umhüllt), *offenzellige S.* (die Gasbläschen stehen untereinander in Verbindung) und *gemischtzellige S.* unterschieden werden. Die mechan. Eigenschaften und das Wärmeisoliervermögen sind bei den geschlossenzelligen S. besser; die offenzelligen S. besitzen ein größeres Schallschluckvermögen. S. werden als Wärme- und Schallisolierstoffe sowie als Polster- und Verpackungsmaterial verwendet. I. w. S. zählen auch Schaumgummi, -glas und -beton zu den Schaumstoffen.

Schaumwein, Bez. für ein aus Wein hergestelltes alkohol. Getränk, das infolge eines großen Gehalts an gelöstem Kohlendioxid (Kohlensäure) beim Öffnen der Flasche ›schäumt‹. **Sekt** ist ein Qualitäts-S. mit einem bestimmten Mindestanteil an inländ. Weintrauben, *Prädikatssekt* muß zu mindestens 60 % aus

Schaumkraut: Wiesenschaumkraut

Walter Scheel

dt. Weinen hergestellt sein. *S. mit zugesetzter Kohlensäure* wird durch Zusatz von Kohlensäure unter Druck (mindestens 0,3 µPa = 3 bar) hergestellt *(Imprägnierung).* Bei der *Flaschengärung* wird die Nachgärung direkt in den dickwandigen Sektflaschen vorgenommen. Bei dem *Großraumgärverfahren* wird die Nachgärung in Drucktanks mit Rührwerken vorgenommen. Über den Zusatz von Schwefel bestehen gesetzl. Bestimmungen ebenso wie über Bez. wie trokken, halbtrocken, Diabetiker-S.; das gilt auch für ausländ. Erzeugnisse (z. B. *brut* für sehr trocken, d. h. nur 1,5 % Trockenextraktzusatz beim Champagner).

Schaumzikaden (Cercopidae), rd. 3 000 Arten umfassende, weltweit verbreitete Fam. bis 1,5 cm langer, oft käferartiger Zikaden; einheim. sind u. a.: *Blutzikade* mit lebhaft rot-schwarzen Vorderflügeln und die variabel gefärbte *Wiesen-S.;* Pflanzensauger; die Larven leben häufig in einem schützenden speichelähnl. Schaum *(Kuckucksspeichel).*

Schauspiel, 1. im allg. Sprachgebrauch unspezif. Begriff, der alle Gattungen des Dramas bezeichnet; 2. im Unterschied zu Tragödie oder Trauerspiel ein Drama, in dem das Tragische angelegt ist, jedoch positiv gelöst wird.

Schausteller, Personen, die gewerbsmäßig Jahrmärkte, Volksfeste usw. mit ihren Unternehmen beschicken.

Schawlow, Arthur Leonard, * Mount Vernon (N. Y.) 5. 5. 1921, amerikan. Physiker. Forschungen zur Hochfrequenz- und Mikrowellenspektroskopie, zur Physik des Lasers, Quantenelektronik und Laserspektroskopie sowie über Supraleitung; Nobelpreis für Physik 1981 (mit N. Bloembergen und K. M. Siegbahn).

Schdanow, Andrei Alexandrowitsch [russ. 'ʒdanɛf], * Mariupol (= Schdanow) 26. 2. 1896, † Moskau 31. 8. 1948, sowjet. Politiker. Ab 1934 Vors. der Leningrader Parteiorganisation der KPdSU; hatte entscheidenden Anteil an der Säuberungen 1934–38, der Sowjetisierung der balt. Staaten 1940 und der Verteidigung Leningrads 1941–44.

Scheck, unbedingte Anweisung des Ausstellers an eine Bank, eine (bestimmte) Geldsumme aus seinem Guthaben auszuzahlen. Ein S. mit dem Vermerk ›nur zur Verrechnung‹ *(Verrechnungs-S.)* darf jedoch nicht bar ausgezahlt, sondern nur dem Empfängerkonto gutgeschrieben werden.

Scheckkarte, von Kreditinstituten an ihre Kunden ausgegebene Garantiekarte, in der sie sich verpflichten, auf sie gezogene Schecks bis zu einem bestimmten Betrag einzulösen.

Scheckprotest, die förml. öffentl. Beurkundung der Bank, daß die Zahlung eines rechtzeitig vorgelegten Schecks verweigert wurde.

Schedelsche Weltchronik, 1493 in Nürnberg erschienene Weltchronik von Hartmann Schedel (* 1440, † 1514) mit 1 809 Holzschnitten nach Entwürfen M. Wolgemuts und W. Pleydenwurffs.

Scheel, Walter, * Solingen 8. 7. 1919, dt. Politiker (FDP). 1961–66 Bundes-Min. für wirtschaftl. Zusammenarbeit, Partei-Vors. 1968–74; 1969–74 Außen-Min.; 1974–79 Bundespräsident.

Scheelit [nach dem schwed. Chemiker C. W. Scheele, * 1742, † 1786] (Tungstein), grauweißes, gelbl. oder braunes, durchscheinendes Mineral, chem. $CaWO_4$; Mohshärte 4,5–5; Dichte 5,9–6,1 g/cm^3; wichtiges Wolframmineral.

Scheffel, Joseph Victor von (seit 1876), * Karlsruhe 16. 2. 1826, † ebd. 9. 4. 1886, dt. Schriftsteller. Schrieb u. a. das Versepos ›Der Trompeter von Säkkingen‹ (1854), den R. ›Ekkehard‹ (1855) sowie Kneipen- und Studentenlieder.

Scheffel, altes dt. Hohlmaß insbes. für Getreide; 1872 galt im Dt. Reich 1 S. = 50 Liter.

Scheffler, Johann, dt. Dichter, →Angelus Silesius.

Scheherazade [ʃehraˈzaːdə], die Erzählerin der Märchen in der Sammlung ›Tausendundeine Nacht‹.

Scheibe, Richard, * Chemnitz 19. 4. 1879, † Berlin 6. 10. 1964, dt. Bildhauer. Figuren-, Tierplastik und Medaillen; u. a. auch Ehrenmal für die Opfer des 20. Juli 1944 in Berlin.

Scheibenbäuche (Lumpfische, Cyclopteridae), Fam. etwa 10–50 cm langer Knochenfische mit etwa 150 Arten an Küsten und in der Tiefsee der nördl. Meeresregionen; Bauchflossen fast stets zu einer breiten Saugscheibe verwachsen; bekannteste Art ist der etwa 30 (♂) bis 50 cm (♀) lange *Seehase (Meerhase)* an den Küsten des N-Atlantiks; der gesalzene und gefärbte Rogen kommt als Kaviarersatz *(deutscher Kaviar)* in den Handel.

Scheibenhantel, im Gewichtheben Wettkampfgerät aus einer Metallstange, Scheiben verschiedenen Gewichts und Umfangs sowie 2 Verschlüssen.

Scheibenpilze, 1) (Diskomyzeten, Discomycetales) Unterklasse der Schlauchpilze mit offenem, schüsselförmigem Fruchtkörper (u. a. Morcheln, Lorcheln und die Trüffel). **2)** (Helotiales) Schlauchpilzordnung mit mehreren tausend, hauptsächl. saprophyt. Arten (z. T. gefährl. Parasiten und Krankheitserreger).

Scheibenzüngler (Discoglossidae), Fam. der Froschlurche in Eurasien und NW-Afrika; Zunge scheibenförmig, am Mundboden angewachsen; u. a. Geburtshelferkröte, Unken.

Scheich (Schaich) [arab.], oriental. Ehrentitel führender Persönlichkeiten der islam. Gesellschaft.

Scheide, 1) *Waffenwesen:* Schutzhülle für Hieb- und Stichwaffen (aus Metall, Holz oder Leder). **2)** *Anatomie:* (Vagina) bei *Tier* und *Mensch* der letzte, nach außen in eine →Kloake oder in einen Urogenitalsinus bzw. einen S.vorhof mündende, gangartige Abschnitt der inneren weibl. →Geschlechtsorgane; meist muskulös-elast. Hohlorgan zur Aufnahme des Penis bei der Kopulation, als Ausführungsgang für die Eier bzw. als Geburtsgang (Gebärkanal) für die Jungen sowie zur Ableitung des Menstruationsbluts. Die S. der Frau schließt sich an die Gebärmutter in Form eines 8–11 cm langen, häutig-muskulösen, einer Schleimhaut ausgekleideten Gangs an. Das primär alkal. *S.sekret* stammt aus Drüsen des Gebärmutterhalskanals.

Scheidemann, Philipp, * Kassel 26. 7. 1865, † Kopenhagen 29. 11. 1939, dt. Politiker (SPD). Buchdrucker und Journalist; als Anhänger der gemäßigten Linie der Sozialdemokratie rief S. am 9. 11. 1918 die (›deutsche‹) Republik aus; erster Min.-Präs. der Weimarer Republik (Febr.–Juni 1919); 1920–25 Oberbürgermeister von Kassel; mußte 1933 emigrieren.

Scheidenmuscheln (Messermuscheln, Solenidae), Fam. bis 20 cm langer Muscheln mit mehreren Arten im O-Atlantik, Mittelmeer und Schwarzen Meer; Schalen ähneln einer Messerscheide.

Scheidenvorfall (Prolapsus vaginae), das Heraustreten der Scheide aus der weibl. Scham (Vulva); eine geringe Ausprägung heißt **Scheidensenkung.**

Scheidt, Samuel, ≈ Halle/Saale 3. 11. 1587, † ebd. 24. 3. 1654, dt. Komponist und Organist. Hofkapellmeister in Halle; neben H. Schütz und J. H. Schein der bedeutendste prot. Kirchenmusiker des 17. Jahrhunderts.

Scheidung →Ehescheidung.

Schein, Johann Hermann, * Grünhain 20. 1. 1586, † Leipzig 19. 11. 1630, dt. Komponist. Thomaskantor in Leipzig; einer der 3 großen dt. Meister der prot. →Kirchenmusik in der 1. Hälfte des 17. Jh. (neben H. Schütz und S. Scheidt).

Scheinakazie →Robinie.

Scheinbockkäfer (Engdeckenkäfer, Oedemeridae), Fam. schlanker, bis 20 mm großer Käfer mit meist metall. glänzender Oberseite; mit knapp 1 000 Arten weltweit verbreitet.

Scheinbuche (Südbuche), Gatt. der Buchengewächse mit etwa 50 Arten v. a. auf der südl. Halbkugel; sommer- oder immergrüne Bäume oder Sträucher mit buchenähnl. Blättern.

Scheindolde →Blütenstand.

Scheiner, 1) Christoph, * Markt Wald bei Mindelheim 25. 7. 1575, † Neisse 18. 7. 1650, dt. Astronom. Jesuit; entdeckte die Sonnenflecken und bestimmte die Rotationszeit der Sonne; beschrieb erstmals die umgekehrten Bilder auf der Netzhaut des Auges. **2)** Julius, * Köln 25. 11. 1858, † Potsdam 20. 12. 1913, dt. Astrophysiker. Arbeitete über Spektroskopie sowie Photographie und Photometrie der Sterne und entwickelte ein Maßsystem der photograph. Empfindlichkeit *(Scheiner-Grade).*

Richard Scheibe (Selbstbildnis; Bronze, 1949; Essen, Folkwang-Museum)

Scheinfrüchte →Fruchtformen.

Scheinfüßchen (Pseudopodien), der Fortbewegung, i. d. R. auch der Nahrungsaufnahme dienende, formveränderl., rückbildbare Protoplasmaausstülpungen bei vielen einzelligen Organismen, v. a. bei Schleimpilzen und Wurzelfüßern.

Scheingeschäft, Rechtsgeschäft, bei dem sich die Vertragspartner darüber einig sind, daß die Erklärung nicht gewollt, sondern nur zum Schein abgegeben ist. Das S. ist nichtig.

Scheinmalve, Gatt. der Malvengewächse mit rd. 80 Arten in S-Afrika und Amerika; das *Fleißige Lieschen* wird als reichblühende Zimmerpflanze kultiviert.

Scheinmohn (Keulenmohn), Gatt. der Mohngewächse mit knapp 50 Arten in Eurasien und Amerika; mit gelbem Milchsaft und gelben, blauen oder violetten Blüten.

Scheinquitte (Zierquitte, Feuerquitte, Scharlachquitte), Gatt. der Rosengewächse mit nur wenigen Arten in O-Asien; Sträucher mit dornigen Zweigen; eine bekannte Art ist die *Jap. Quitte* (Jap. Zierquitte), bis 1 m hoch, mit roten oder weißen Blüten.

Scheintod, dem Tiefschlaf ähnl. komatöser Zustand mit kaum mehr erkennbaren Lebenszeichen (Atmung, Herzschlag, Puls); kommt u. a. bei Vergiftungen, elektr. Unfällen, Ertrinken und Erfrieren vor.

Scheinwerfer →Kraftfahrzeugbeleuchtung.

Arthur Leonard Schawlow

Scheinzypresse, Gatt. der Zypressengewächse mit 6 Arten in N-Amerika und Japan; immergrüne Bäume; kugelige, im 1. Jahr reifende Zapfen; zahlr. Gartenformen.

Scheitel, 1) in der *tier.* und *menschl. Anatomie* und *Morphologie* Spitze eines Organs, der höchstgelegene (mittlere) Teil der Schädelkalotte. **2)** *Biologie:* (Scheitelregion) Bez. für die äußerste Spitze des pflanzl. Vegetationskörpers (bei Lagerpflanzen) bzw. -organe (bei Sproßpflanzen); Sitz der *Scheitelzellen,* die durch ständige Segmentierung nach ein, zwei oder drei Raumrichtungen Tochterzellen abgeben, aus denen der gesamte Pflanzenkörper entsteht. **3)** *Mathematik:* (S.punkt) der Schnittpunkt zweier Geraden. **4)** *Astronomie:* svw. →Zenit. **5)** *Architektur:* der höchste Punkt eines Bogens oder Gewölbes.

Philipp Scheidemann

Scheitelauge, bei verschiedenen Reptilien (z. B. Eidechsen, Schleichen) unter der (lichtdurchlässigen) Haut und dem *Scheitelloch* des Schädels nach oben gerichtetes, unpaares, ausgestülptes Blasenauge mit Linse, Glaskörper und Sehzellen; kann noch Helligkeit wahrnehmen.

Scheitelbein →Schädel.

Scheitholz, 1) der Länge nach gespaltenes Rohholz.

2) *Instrumentenkunde:* (Scheitholt) eine vom MA bis ins 19. Jh. in Deutschland gebräuchl. Zither mit längl. Resonanzkasten, Bünden, 1–4 Griffsaiten und einigen Begleitsaiten.

Schekel (Sekel) [hebr.], urspr. (in Babylonien) Gewichtseinheit, dann auch Währungseinheit in verschiedenen Gebieten (z. B. der pers. **Siglos**); seit 1980 wieder nat. Währung in Israel.

Schelde, Fluß in Frankreich, Belgien und den Niederlanden, mündet unterhalb von Antwerpen als **Westerschelde** in die Nordsee, 430 km lang.

Scheler, Max, * München 22. 8. 1874, † Frankfurt am Main 19. 5. 1928, dt. Philosoph. Vertreter der Phänomenologie E. Husserls, schrieb u. a. ›Der Formalismus in der Ethik und die materiale Wertethik‹ (1913); trug zur Neubegründung der philos. Anthropologie bei.

Schelew (Jelew, Scheleff), Schelju, * Wesselinowo 3. 3. 1935, bulgar. Politiker. Wegen seiner Stalin-Kritik verbannt. 1989 Vors. der oppositionellen Union Demokrat. Kräfte (UDK). Am 1. 8. 1990 für 18 Monate zum bulgar. Staatspräs. gewählt; erstes nichtkommunist. Staatsoberhaupt Bulgariens nach dem 2. Weltkrieg.

Schelf [engl.] (Festlandsockel, Kontinentalsockel), Bez. für den Randbereich der Kontinente, der sich von der Küste bis zum Kontinentalabhang erstreckt. Die entsprechende Meeresregion wird **Schelfmeer** genannt.

Völkerrecht: eine grundsätzl. Regelung ist in der Genfer Konvention über den Festlandsockel vom 28. 4. 1958 enthalten, die inzwischen zu entsprechendem Völkergewohnheitsrecht geworden ist. Danach reicht der Festlandsockel so weit, wie die Wassertiefe über dem Meeresboden 200 m nicht übersteigt, oder so weit eine Ausbeutung der Naturschätze techn. möglich ist. Die Erforschung des Festlandsockels und die Ausbeutung seiner Naturschätze ist nur mit Zustimmung des Küstenstaates erlaubt; die über ihm befindl. Gewässer sind hohe See.

Schelfeis, am Rand eines Festlandes (z. B. Antarktika) über dem Schelf schwimmende, dicktafelige Eisplatte, die vom abfließenden Inlandeis und durch Schneeanwehung genährt wird.

Schell, 1) Maria, * Wien 15. 1. 1926, schweizer. Schauspielerin; Schwester von Maximilian S. Wurde in den 1950er Jahren als Filmschauspielerin bekannt, u. a. ›Die Ratten‹ (1955), ›Rose Bernd‹ (1956), ›Die Brüder Karamasow‹ (1958); Theaterrollen; zahlr. Fernsehfilme (›Frau Jenny Treibel‹, 1982).

2) Maximilian, * Wien 8. 12. 1930, schweizer. Schauspieler, Regisseur und Bühnenautor; Bruder von Maria Schell. – *Filme:* ›Das Urteil von Nürnberg‹ (1960), ›Die Eingeschlossenen‹ (1962) u. a.; drehte als Regisseur u. a. ›Der Richter und sein Henker‹ (1978, nach F. Dürrenmatt), ›Geschichten aus dem Wienerwald‹ (1979, nach Ö. von Horváth).

Schellack [niederl.], aus einem Ausscheidungsprodukt der Lackschildlaus gewonnenes natürl. Harz aus einem Gemisch von Polyestern; dient gereinigt als Möbellack sowie zur Herstellung von Firnissen, Kitten und Siegellack; früher auch für Schallplatten *(S.platten)* verwendet.

Schelladler → Adler.

Schellen, auf dt. Spielkarten die dem Karo entsprechende Farbe.

Schellenbaum (Halbmond), ein v. a. in Militärkapellen gebrauchtes Rasselinstrument aus einer Tragstange mit halbmondförmigen Aufsätzen, an denen Schellen, Glöckchen und Roßschweife hängen; im 16. Jh. aus der Janitscharenmusik übernommen.

Schellenberger Eishöhle → Höhlen (Übersicht).

Schellentrommel (Tamburin; span. pandero), eine seit dem MA in Europa, bes. in Spanien bekannte einfellige Rahmentrommel, in deren Zarge Metallplättchen oder Schellen eingelassen sind, die beim Schlagen des Fells erklingen.

Schellfisch → Dorsche.

Schelling, 1) Friedrich Wilhelm Joseph von (seit 1808), * Leonberg 27. 1. 1775, † Bad Ragaz 20. 8. 1854, dt. Philosoph. Im Tübinger Stift Freundschaft mit Hegel und Hölderlin; u. a. Prof. in Jena (Anschluß an den romant. Freundeskreis um Karoline Schlegel, die er 1803 heiratete); enge Beziehungen zum theosoph. Kreis um F. von Baader. Einstellung der (erfolglosen) Lehrtätigkeit. – S., ein Hauptvertreter des dt. Idealismus, entwickelte v. a. eine spekulative Naturphilosophie (›Ideen zu einer Philosophie der Natur‹, 1797) und eine Ästhetik (›Philosophie der Kunst‹, 1802/'03), die in eine ›Identitätsphilosophie‹ (Natur und Geist, Subjekt und Objekt als unterschiedl. Erscheinungsformen eines ident. Absoluten) mündeten; in der Spätzeit vollzog er die Wendung zu einer myst. Religionsphilosophie (›Philosophie der Offenbarung‹, 1854). – *Weitere Werke:* Erster Entwurf eines Systems der Naturphilosophie (1798/99), System des transzendentalen Idealismus (1800), Philos. Untersuchungen über das Wesen der menschl. Freiheit (1809).

2) Karoline von → Schlegel, Karoline.

Schelmenroman (pikaresker Roman), Sonderform des Abenteuerromans aus der Perspektive des Picaro (Schelms), des krit. Antihelden ›niederer‹ Herkunft, der sich im Dienst verschiedenster Herren mit List durchs Leben schlägt. Der europ. S. entstand in Spanien in der 2. Hälfte des 16. Jh. (›Lazarillo de Tormes‹, 1554). Bed. S. schrieben u. a. J. J. C. von Grimmelshausen, A. R. Lesage und J. Hašek.

Schelsky, Helmut [...ki], * Chemnitz 14. 10. 1912, † Münster 24. 2. 1984, dt. Soziologe. Einflußreiche Arbeiten zur Situation der Nachkriegszeit, u. a. ›Soziologie der Sexualität‹ (1955), ›Die skept. Generation‹ (1957).

Schema [griech.], vereinfachtes Muster, anschaul. (graph.) Darstellung.

Schema Israel [hebr. ›höre Israel‹] (Schma), nach den Anfangsworten bek. jüd. Gebet des tägl. Morgen- und Abendgottesdienstes.

Schemaitisch → Litauisch.

Schemone Esre (Schmone Esre) [hebr. ›achtzehn‹], das 19 (urspr. 18) Bitten umfassende Hauptgebet des werktägl. jüd. Morgen-, Nachmittags- und Abendgottesdienstes; auch **Achtzehngebet** genannt.

Schenjang, chin. Stadt, → Shenyang.

Schenk (Mundschenk), eines der 4 → Hofämter, dessen Inhaber für die Versorgung des Hofes mit Getränken verantwortl. war. Seit Beginn des 12. Jh. erschien der Hzg., später König von Böhmen als S. des Reiches (Titel später: *Erz[mund]schenk*). → auch Reichserbämter.

Schenkel, 1) bei den vierfüßigen Wirbeltieren der Ober- und Unter-S. der Vorder- und Hintergliedmaßen (→ Bein); bei den Menschenaffen und dem Menschen bezieht sich die Bez. nur auf die Hintergliedmaßen.

2) *Geometrie:* → Winkel.

Schenkung, eine durch Vertrag vorgenommene Zuwendung, durch die jemand aus seinem Vermögen einen anderen unentgeltl. bereichert. Wird die unentgeltl. Zuwendung erst für die Zukunft versprochen, so liegt ein notariell zu beurkundendes **Schenkungsversprechen** vor. Die S. kann mit einer → Auflage verbunden sein. Die **Schenkung von Todes wegen** ist ein formbedürftiges S.versprechen unter der Bedingung, daß der Beschenkte den Schenker überlebt.

Schensi, chin. Prov., → Shanxi.

Scherben, umgangssprachl. für Bruchstück von Glas, Keramik; in der Keramik Bez. für den gebrannten Rohstoff.

Friedrich Wilhelm Joseph von Schelling
(Zeichnung von Franz Krüger; 1844)

Scherbengericht, svw. →Ostrazismus.

Schere, 1) Werkzeug zum mechan. Trennen durch Abscherung. *Hand-S.* nutzen die Hebelwirkung aus und bestehen aus 2 drehbar verbundenen Schenkeln mit angeschliffenen Schneidkanten, die streifend gegeneinander bewegt werden *(Scharnier-S.). Handhebel-S.* sind größere S., bei denen eine Schneide feststeht und das gekrümmte Obermesser diese unter gleichbleibendem Winkel kreuzt. *Maschinen-S.* zur Blechbearbeitung zählen zu den *Hebel-* oder *Parallelscheren. Rasen-* und *Hecken-S.* arbeiten nach dem Prinzip des Mähbalkens.

2) *Biologie:* (Chela) scherenartige Struktur am Ende von Mundgliedmaßen oder Beinen bei verschiedenen Gliederfüßern (Spinnentiere, Krebse) zum Ergreifen und Zerkleinern der Beute und zur Verteidigung.

Scherengebiß →Zähne.

Scherenschnäbel (Rynchopidae), Fam. bis fast 50 cm langer, seeschwalbenähnl. Möwenvögel, v.a. an großen Flüssen und Seen Afrikas, Indiens und S-Amerikas.

Scherenschnitt, Papierschnitt mit Binnenzeichnung. Der ostasiat. S. stellt einzelne Motive dar, die z. B. auf Lampions geklebt werden. Der ornamentale europ. S. (seit Mitte des 17. Jh. als Weißschnitt, seit Mitte des 18. Jh. als Schwarzschnitt) ist durch Faltung beim Schneiden stets symmetrisch; daneben auch ungefaltete S. mit figürl. Motiven, Wappen.

Scherf, bis ins 15. Jh. gängige Bez. für den Halbpfennig (Hälbling); übertragen: ›kleine Spende‹ **(Scherflein).**

Scherif [arab. ›hochgeehrt‹], Titel der Nachkommen des Propheten Mohammed.

Schermaus, Name zweier dunkelbrauner Wühlmausarten, v.a. an Gewässern und in Kulturlandschaften großer Teile Eurasiens: *Ostschermaus* (Mollmaus, Wasserratte; bes. in O-Europa; bis maximal 20 cm körperlang) und die etwas größere *Westschermaus* (in W-Europa).

Scherrer, Paul, * Sankt Gallen 3. 2. 1890, † Zürich 25. 9. 1969, schweizer. Physiker. Arbeiten u. a. zu Kernphysik, Quantentheorie, Kristallstruktur. S. entwickelte zus. mit P. Debye das **Debye-Scherrer-Verfahren.**

Schertlin von Burtenbach (seit 1534), Sebastian (Sebastian Schärtlein von B.), * Schorndorf 12. 2. 1496, † Gut Burtenbach bei Augsburg 18. 11. 1577, dt. Landsknechtsführer. 1529 Mitverteidiger Wiens gegen die Osmanen; Bundeshauptmann der oberdt. Städte im Schmalkald. Krieg.

Scherung (Schiebung, Schub), **1)** *Elastomechanik:* die Verformung eines elast. Körpers unter der Wirkung einer Schubspannung (Scherspannung).

2) *Geologie:* tekton. Verformung eines Gesteins durch Verschiebung an zahlr. parallelen, senkrecht zur Druckrichtung stehenden Gleitflächen.

Scherzo [ˈskɛr...; italien.], dem Menuett vergleichbarer, lebhafter, meist heiterer Satz (Hauptsatz-Trio-Hauptsatz); von Beethoven in die Sonate (Sinfonie, Streichquartett) als 2. oder 3. Satz eingeführt; auch selbständiges Klavierstück.

Schesaplana, mit 2964 m höchster Berg des Rätikons (österr.-schweizer. Grenze).

Scheurebe [nach dem dt. Züchter Georg Scheu, * 1879, † 1949] →Rebsorten (Übersicht).

Scheveningen [niederl. ˈsxeːvənɪŋə], Stadtteil von Den →Haag.

Schewardnadse, Eduard Amwrossijewitsch, * Mamati (Grusin. SSR) 25. 1. 1928, sowjet. Politiker. 1965–72 Innen-Min. der Grusin. SSR, 1972–85 1. Sekretär der dortigen KP; wurde 1978 Kandidat, 1985 Mgl. des Politbüros; Außen-Min. Juli 1985 bis Dez. 1990 (Amtsverzicht) und Nov./Dez. 1991. Trat im Juli

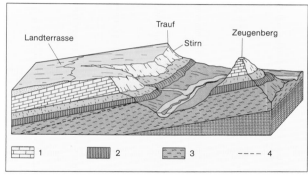

Schichtstufe (schematische Darstellung): 1 harte gebankte Kalke, obere Schichtstufe; 2 harte Kalke, untere Schichtstufe; 3 mergelige Schichten; 4 Grundwasserspiegel

1991 aus der KPdSU aus; Mitbegründer der Demokrat. Reformbewegung.

Schewtschenko, Taras Grigorjewitsch [russ. ʃəfˈtʃɛnkə], * Morinzy (Gebiet Tscherkassy) 9. 3. 1814, † Petersburg 10. 3. 1861, ukrain. Dichter und Maler. Schrieb v. a. histor. Poeme und Balladen (›Der Kobsar‹, 1840).

Schia [arab. ›Partei‹] →Schiiten.

Schiaparelli, Giovanni Virginio [italien. ski̯apaˈrɛlli], * Savigliano bei Cuneo 14. 3. 1835, † Mailand 4. 7. 1910, italien. Astronom. Arbeitete über Meteore, bestimmte die Rotationszeit von Merkur und Venus.

Schibboleth [hebr.], im AT (Richter 12, 5 f.) Losung der Männer von Gilead, an der sie wegen der anderen Aussprache ([s] statt [ʃ]) die feindl. Ephraimiten erkannten; übertragen: Losungswort.

Schicht, 1) *Soziologie:* Teilgruppe einer Gesellschaft, die durch gleichartige soziale Merkmale (z. B. Beruf, Einkommen) bestimmt ist.

2) *Geologie:* ein durch Ablagerung entstandener plattiger Gesteinskörper von größerer flächenhafter Ausdehnung.

Schichtarbeit, der regelmäßige Wechsel der täglichen Arbeitszeit zwischen vormittags (Frühschicht), nachmittags (Spätschicht) und nachts (Nachtschicht).

Schichtladungsmotor, eine Weiterentwicklung des Ottomotors. Der Sch. arbeitet mit 2 verschiedenen Kraftstoff-Luft-Gemischen. Ein fettes zündfähiges Gemisch entsteht durch Direkteinspritzung in eine zusätzl. Brennkammer unmittelbar bei der Zündkerze. Nach der Zündung greift der Verbrennungsvorgang auf den eigentl. Verbrennungsraum über und zündet dort ein relativ mageres Gemisch, das durch Saugrohreinspritzung entsteht. Die Vorteile des Sch. sind schadstoffärmere Abgase und verringerter Kraftstoffverbrauch.

Schichtstoffe (Schichtpreßstoffe, Laminate), Verbundwerkstoffe aus geschichtetem Trägermaterial (Papier, Zellstoff, Glasfasern) und einem Bindemittel (v. a. Phenoplaste, Melaminharze, Harnstoffharze oder auch thermoplast. Kunststoffe).

Schichtstufe, Geländestufe, die infolge der unterschiedl. Widerstandsfähigkeit von Gesteinsschichten durch Abtragung entsteht. Der Steilabfall zum Vorland wird **Trauf** genannt. Bei einer mehrfachen Folge schwach geneigter, unterschiedl. widerstandsfähiger Gesteinsschichten bildet sich der Typ der *S.landschaft* heraus mit großflächigen *Landterrassen,* z. B. in SW-Deutschland mit mehreren Schichtstufen, deren markanteste der Albtrauf ist.

Schichttechnik, in der *Mikroelektronik* Bez. für Methoden der Miniaturisierung zur Herstellung von diskreten bzw. integrierten Schaltungen aus vorwie-

Paul Scherrer

Eduard Schewardnadse

Egon Schiele: Umarmung; um 1917 (Wien, Österr. Galerie)

gend passiven Schaltelementen (leitende, halbleitende und/oder dielektr. Schichten auf einem Glas- oder Keramikplättchen); häufig mit Verfahren der Halbleitertechnik kombiniert (sog. **Hybridtechnik**).

Schichtung, in der *Geologie* Aufeinanderfolge von Sedimentlagen. Neben paralleler S. gibt es auch *Schrägschichtung,* die für Ablagerungen aus bewegten Medien (Wasser, Wind) typisch ist.

Schick, Gottlieb, * Stuttgart 15. 8. 1776, † ebd. 11. 4. 1812, dt. Maler des Klassizismus. Bildnisse (›Johann Heinrich Dannecker‹, 1798; ›Frau von Cotta‹, 1802; ›Heinrike Dannecker‹, 1802; alle in Stuttgart, Staatsgalerie), Historienbilder.

Schickele, René, * Oberehnheim bei Straßburg 4. 8. 1883, † Vence 31. 1. 1940, elsäss. Schriftsteller. Als Publizist und Lyriker (u. a. ›Weiß und Rot‹, 1910) einer der Wortführer des Expressionismus. Während des 1. Weltkrieges Emigration in die Schweiz; 1932 erneute Emigration (nach S-Frankreich); seine Romane, v. a. die Trilogie ›Das Erbe am Rhein‹ (1925–31, Nachdr. 1983–85), ›Symphonie für Jazz‹ (1929), zeigen ihn als kosmopolit. Vertreter Europas; auch Essays (›Der 9. November‹, 1919, Nachdr. 1973), Übersetzungen (G. Flaubert, H. de Balzac).

Schicksal, in der Religionsgeschichte das dem Menschen von einer höheren Macht zugeteilte Geschick.

Schieber, Absperrvorrichtung zum Verschließen einer Rohrleitung senkrecht zur Strömungsrichtung mittels Spindel und dem eigentl. Schieber (Platte, Keil oder Kugel).

Schieberegister, Anordnung von Speicherelementen in Datenverarbeitungsanlagen: Ein Eingabeimpuls veranlaßt die Speicherung der digitalen Information, ein Schiebeimpuls bewirkt die Verschiebung der gespeicherten Information innerhalb des S. um eine Stelle.

Schieblehre (Schublehre, Meßschieber), Meßwerkzeug für Außen-, Innen- und Tiefenmessung (Ablesegenauigkeit meist $\frac{1}{20}$ mm bzw. $\frac{1}{128}$''). Die S. ist im allg. mit zwei Meßschnäbeln ausgerüstet, von denen der eine mit der den Strichmaßstab tragenden Schiene fest verbunden ist, während der andere den Abschluß des Schiebers bildet. Auf dem Schieber befindet sich ein Nonius zum Ablesen.

Schiedam [niederl. sxi:'dɑm], niederl. Ind.stadt westl. von Rotterdam, 69 300 E. U. a. Schiffbau; Branntweinbrennerei; Hafen.

Schieder, Theodor, * Oettingen i. Bay. 11. 4. 1908, † Köln 8. 10. 1984, dt. Historiker. 1942–45 Prof. in Königsberg (Pr.), seit 1948 in Köln; befaßte sich bes. mit europ. Nationalbewegungen und mit Geschichtstheorie; u. a. Hg. des ›Handbuchs der europ. Geschichte‹ (1968 ff.).

René Schickele
(Gemälde von Fritz Rhein; Ausschnitt; 1925)

Schiedsgericht, im Privatrecht ein kraft Vereinbarung anstelle der staatl. Gerichte zur Entscheidung eines Rechtsstreits berufenes privates Gericht, das im schiedsrichterl. Verfahren durch Schiedsspruch entscheidet. Es besteht. i. d. R. aus einem oder drei von den Parteien gewählten bzw. ernannten Schiedsrichtern.

Schiedsgerichtsbarkeit, im *Völkerrecht* eine der Formen der friedl. Streitbeilegung. Die von einem oder mehreren (von den Streitparteien bestimmten) Schiedsrichtern getroffene Entscheidung (Schiedsspruch) bindet die Parteien, wobei jedoch die Umsetzung des Urteils von einer vorherigen Unterwerfung der Parteien unter die Zwangsvollstreckung abhängig ist; im *Privatrecht* kann ein schiedsrichterl. Verfahren nur aufgrund einer Schiedsgerichtsklausel in einem Schiedsvertrag eingeleitet werden.

Schiedsrichter, 1) *Recht:* → Schiedsgerichtsbarkeit.

2) *Sport:* Spielleiter, der auf die Einhaltung der Regeln achtet und Verstöße ahndet.

Schiedsspruch, im *Privatrecht* die Entscheidung des Schiedsgerichts, die in ihren Wirkungen einem rechtskräftigen gerichtl. Urteil gleichkommt.

Schiefblatt (Begonie), Gatt. der Schiefblattgewächse mit rd. 800 Arten, v. a. in den trop. und subtrop. Gebieten Afrikas, Amerikas und Asiens; Kräuter oder Halbsträucher mit Knollen oder Rhizomen; Zierpflanzen sind die *Knollenbegonien,* Blüten zw. 2,5 und 20 cm groß, rot, lachsfarben oder gelb, auch gefüllt.

Schiefblattgewächse (Begoniengewächse, Begoniaceae), Pflanzenfam. mit 5 Gatt. in den Tropen und Subtropen; krautige oder halbstrauchige Pflanzen mit meist unsymmetr. (›schiefen‹) Blättern.

schiefe Ebene, unexakt für → geneigte Ebene.

Schiefer, in dünnen, ebenen Platten brechendes Gestein.

Schieferöl, durch Schwelung von Ölschiefer gewonnenes Öl; durch Raffination zu Benzin und Heizöl verarbeitbar.

Schiefteller, Gatt. der Gesneriengewächse mit rd. 25 Arten, verbreitet von Mexiko bis zum trop. S-Amerika; Blüten mit enger Kronröhre, die sich zu einem schiefstehenden, breiten Teller erweitert; Topfzierpflanzen.

Schiele, Egon, * Tulln 12. 6. 1890, † Wien 31. 10. 1918, österr. Maler und Zeichner. Ausgehend vom Jugendstil der ›Wiener Sezession‹ (Freundschaft mit G. Klimt) wandte sich S. mit der Gründung der ›Neukunst-Gruppe‹ (1909) einem psychoanalytisch visionären Expressionismus zu. V. a. Akt- und (Selbst-)Bildnisdarstellungen sowie Landschaften. – *Werke:* u. a. Selbstporträt schreiend (1910; Privatbesitz); Umarmung (1917), Die Familie (1918; beide Wien, Österreichische Staatsgalerie).

Schielen (Strabismus), das Abweichen der Augenachsen von der normalen Parallelstellung beim Blick in die Ferne; am häufigsten begegnet das sog. *Begleitschielen (konkomitierendes S.,* Strabismus concomitans). Es wird v. a. durch Refraktionsfehler des dioptr. Apparats verursacht. Unter den verschiedenen Formen des Begleit-S. spielt das *Einwärts-S.* (Strabismus convergens) die wichtigste Rolle. Es beruht meist auf einer Übersichtigkeit (Konvergenzimpuls bei der Akkommodationsanstrengung, die auch schon beim Blick in die Ferne erforderl. ist). Das *Auswärts-S.* (Strabismus divergens) tritt umgekehrt oft bei starker Kurzsichtigkeit auf.

Schienbein → Bein.

Schienenbremse (Magnetschienenbremse) → Eisenbahn (Bremsanlage).

Schienenbus, Triebwagen mit Dieselantrieb und omnibusähnl. Aufbau; Nahverkehrsmittel.

Schienenechsen (Tejuechsen, Teiidae), sehr formenreiche Fam. der Echsen mit rd. 200 etwa 10–140 cm langen Arten, verbreitet vom mittleren N- bis nach S-Amerika.

Schienung, chirurg.-orthopäd. Maßnahme zur Fixierung und Entlastung von Skelettabschnitten (bes. von Knochenfragmenten) mit Hilfe einer *Schiene* (chirurg.-orthopäd. Hilfsmittel aus Gips, Metall, Kunststoff u. a.) zur entlastenden Lagerung von Extremitäten.

Schierling, Gatt. der Doldenblütler mit einer Art in S-Afrika und der Art *Gefleckter S.* in Eurasien; 1–2 m hohes Kraut. – Im antiken Athen wurde u. a. Sokrates mit einem S.sproßsaft enthaltenden Trank (›S.becher‹) hingerichtet.

Schießpulver → Sprengstoffe.

Schießsport, Bez. für die sportl. Wettbewerbe mit Schußwaffen; es gibt Wettbewerbe im **Gewehrschießen:** *Luftgewehr* 10 m; *Zimmerstutzen* 15 m; *Kleinkalibergewehr* 50 m; *Scheibengewehr* 100 m; *Freigewehr* 300 m; **Pistolenschießen:** *Luftpistole* 10 m; *Schnellfeuerpistole* 25 m; *Gebrauchs-* oder *Sportpistole* 25 m; *Standardpistole* 25 m; *Freie Pistole* 50 m. Geschossen wird auf Ring- bzw. Silhouettenscheiben. *Laufender Keiler* ist eine Disziplin, bei der eine mit einem Keiler bemalte Scheibe als Ziel dient; sie ist auf einer 10 m breiten Schneise je Schußversuch nur 5 bzw. 2,5 Sekunden sichtbar. Wettbewerbe des *Wurftaubenschießens* sind *Skeet-* und *Trapschießen.* Als Ziel dienen dabei von einer Wurfmaschine in die Luft geschleuderte Tonscheiben (›Wurftauben‹), die mit Schrotpatronen aus Jagdgewehren oder Wurftaubenflinten geschossen wird. Beim sportl. **Bogenschießen** betragen die Entfernungen 90, 70, 60, 50, 30 und 20 m zur **Ringscheibe. Armbrustschießen** wird heute nur noch in S-Deutschland und in der Schweiz ausgeübt.

Schiff, 1) Wasserfahrzeug, seerechtl. definiert als schwimmfähiger Hohlkörper von nicht unbedeutender Größe, der zum Transport von Personen oder Gütern über Wasser bzw. zur Ausübung von Seemacht auf dem Wasser dient.

Einteilung: Man unterscheidet S.: 1. nach ihrer *Vortriebsart:* Ruder-S., Segel-S., Seitenschaufelrad- bzw. Heckschaufelrad-S., Ein- oder Mehrschrauben-S., S. mit Voith-Schneider-Propeller-, Wasserstrahl-, Düsen- oder Luftschraubenvortrieb; 2. nach dem *Antrieb:* Dampf-S., Motor-S., Diesel-Elektro-S., Gasturbinen-S. und S. mit Kernenergieantrieb; 3. nach ihrem *Verwendungszweck:* Handels-, Fischerei-, Spezial- und Kriegsschiffe. Die Handels-S. wiederum dienen als Passagier-S. dem Personen-, als Fracht-S. dem Güterverkehr, wobei die Fähr-S. und Fahrgastfracht-S. beide Aufgaben erfüllen. Beim Gütertransport unterscheidet man Trockenfracht-S., Öl- oder Gastank-S., Stückgutfrachter, Massengutfrachter, Container-S., Behälter-S., Schwergut-S. und für leicht verderbl. Ladung Kühlschiffe. Zu den Spezial-S. gehören sowohl Arbeits-S. (Kran-, Dock-, Hebe-, Bergungs-S., Kabelleger, Saug- und Eimerkettenbagger, Schlepper und Eisbrecher) als auch Behörden-S. wie Forschungs-, Vermessungs-, Feuer-S., Polizei- und Zollboote, Seenotrettungs-S., Tonnenleger und Feuerlöschboote; 4. nach dem verwendeten *Material:* Holz-, Stahl-, Beton- und Glasfaserkunststoffschiffe.

Aufbau des Schiffes: Das S. besteht aus dem S.körper (Rumpf), den Aufbauten sowie der Takelage. Die Aufbauten am Bug werden als *Back,* am Heck als *Poop* bzw. *Hütte,* mittschiffs als *Brücke* bezeichnet. Zur S.maschinenanlage gehören neben der Hauptmaschinenanlage für den Vortrieb mit allen dafür notwendigen Einrichtungen die Hilfsmaschinenanlagen, die der Versorgung der Menschen an Bord, der Behandlung der Ladung sowie dem Betrieb und der

Sicherheit des S. (Stromerzeugung u. ä.) dienen. Der *S.propeller* (S.schraube) ist über die Schraubenwelle, die im sog. Wellentunnel läuft, mit der Hauptmaschinenanlage verbunden. Er besteht aus einer auf der Schwanzwelle befestigten Nabe mit 2–7 stark gewundenen Flügeln. Man unterscheidet u. a. den in einem Stück gegossenen *Festpropeller* und den sog. *Verstellpropeller,* bei dem die Steigung der Flügel während des Laufs verändert werden kann. Eine Sonderform ist der *Voith-Schneider-Propeller,* dessen 4–6 von einer rotierenden Kreisplatte senkrecht nach unten stehenden Spatenflügel (Messer) exzentergesteuert um ihre eigene Achse schwingen. Durch Änderung der Schwingungsbewegung der Spatenflügel wird die Schubrichtung geändert und so eine Steuerwirkung erzielt. Zur *Steuerung* des S. → Ruder, → Ruderanlage. Viele Vorgänge auf Schiffen werden heute mit Hilfe von [Mikro]computern gesteuert und geregelt.

Schiffsvermessung: Die Größe eines S. wird angegeben: 1. durch die *äußeren Maße:* Länge, Breite und Seitenhöhe bzw. Tiefgang in Fuß oder Metern; 2. durch den *Rauminhalt* des Rumpfes und der geschlossenen Aufbauten in BRT (Bruttoregistertonne; gesamter S.raum) und NRT (Nettoregistertonne; nur der gewinnbringende Teil des S.raums, wobei eine → Registertonne ein Volumen von 2,83 m³ hat. Die verschiedenen Vermessungsmethoden wurden durch die Einführung der Brutto- bzw. Netto-Raumzahl (BRZ/NRZ), die das Produkt aus dem Rauminhalt in m³ und einem Umrechnungsfaktor ist, vereinheitlicht; 3. durch die *Wasserverdrängung* (Deplacement), die gleich dem Gesamtgewicht des S. einschließl. der Ladung ist. Dies ist die normale Größenangabe für Kriegs-S. in t (= metr. Tonnen zu 1000 kg) oder in ts (long tons zu 1016 kg); 4. durch die *Trag-* bzw. *Zuladefähigkeit* in metr. Tonnen oder ts mit der Bezeichnung tdw (tons deadweight, Dead weighttons).

Geschichte: Die geschichtl. Entwicklung des S. reicht bis in prähistor. Zeiten zurück. Zw. dem 4. und 1. Jt. v. Chr. gab es lebhafte Fluß- und Küstenschiffahrt mit Papyrus- und Holzschiffen in Ägypten wie im mittleren und fernen Osten. Von etwa 1000 v. Chr. bis 500 n. Chr. baute man im Mittelmeerraum Holz-S. mit Kiel, Spanten, durchgehenden Decks und Aufbauten. In N-Europa befuhren ir. Mönche mit lederüberzogenen Kiel-Spant-Konstruktionen im 6. Jh. und ab dem 9. Jh. die Wikinger mit offenen ›Langschiffen‹, deren Kiel und Spanten in Klinkerbauweise beplankt waren, die Meere und erreichten auch Amerika. Als neuer S.typ wurde im 13. Jh. die Kogge entwickelt. Von ihr führte eine rasche Entwicklung über die Karavellen und Galeonen des MA zu den Vieldeckern der Spanier, Holländer und Briten. Im 19. Jh. ging man über der Holz- zur Stahlbauweise den Schiffsrumpf über. Das Zeitalter der Dampfschiffahrt setzte Anfang des 19. Jh. ein (→ Dampfschiff). Der Dieselmotor fand ab 1910 Eingang in den S.bau, der Kernenergieantrieb erstmals 1954. S. mit Gasturbinenenantrieb sind seit 1956 im Einsatz.

2) *Architektur:* Bez. für einen Innenraum, überwiegend im Kirchenbau.

Schiffahrtsgerichte, bestimmte Amtsgerichte, die 1. Instanz zuständig sind in *Binnenschiffahrtssachen,* z. B. bei Schadenersatzansprüchen aus Schiffahrtsunfällen.

Schiffahrtskunde, svw. → Nautik.

Schiffchen, svw. → Webschützen.

Schiffsbohrmuscheln (Teredinidae), Familie meerbewohnender, bis 1 m langer Muscheln mit mehreren Arten an allen Küsten der Erde; Körper wurmförmig, mit zu einem Raspelapparat umgebildeten Schalenklappen; werden durch ihre mechan. Bohrtätigkeit in untergetauchtem Holz, an Hafenbauten, Deichanlagen und Schiffen sehr schädlich. Die häufigste Art ist der *Schiffsbohrwurm* (Bohrwurm, Pfahl-wurm), 20–45 cm lang.

Schiffshalter (Echeneidae), Fam. etwa 20–100 cm langer Barschfische mit rd. 10 Arten in warmen und gemäßigten Meeren; Körper langgestreckt, auf der Oberseite des abgeflachten Kopfes eine große, ellipt. Saugscheibe; saugen sich am Untergrund, oft an bewegl. Gegenständen fest (Schiffe, Wale, große Fische oder Meeresschildkröten).

Schiffshebewerk, Anlage des Wasserbaus zur Überwindung von Höhenunterschieden im Fahrwas-ser von Binnenwasserstraßen; meist *Naßförderung*, wobei das Schiff in einem wassergefüllten Trog senk-recht oder auf geneigter Bahn befördert wird.

Schiffsklassifikation (Schiffsklassifizierung), die von einer Klassifikationsgesellschaft vorgenom-mene Einordnung eines Schiffes in eine Güteklasse; sie ist abhängig u. a. von Bauart, Verwendungszweck, Größe, Ladungsfähigkeit, Ausrüstung, Bauausfüh-rung.

Schiffskreisel (Gyrostat, Schlingerkreisel, Sta-bilisationskreisel, Schlickscher Kreisel) →Schlinger-dämpfungsanlage.

Schiffsoffizier, für Seeschiffe der Handelsschiff-fahrt qualifizierter Offizier. Zu den *naut. S.*, die für die Navigation sowie die die eigtl. Schiffsführung be-treffenden Bereiche (Nautik) zuständig sind, gehört auch der **Kapitän.** Auf hoher See hat er Disziplinarge-walt gegenüber der Schiffsbesatzung und führt das Siegel des Standesbeamten. Es gibt 3 Kapitänspatente als Befähigungszeugnis: naut. S./Kapitän auf großer Fahrt (AG), auf mittlerer Fahrt (AM), auf kleiner Fahrt (AK); Voraussetzungen: Ausbildung an Fach-hochschule bzw. Seefahrtsschule und z. T. mehrjäh-rige Fahrtzeit.

Der *techn. S.* ist für den Betrieb der Maschinen-anlagen an Bord zuständig (Erster bis Vierter Inge-nieur); Ausbildung: Fachhochschule und Fahrtzeit.

Schiffsregister, beim Amtsgericht des Heimat-hafens geführtes Register, in das getrennt nach See- und Binnenschiffen alle Schiffe mit ihrer Größe und dem Eigentümer eingetragen sind.

Schiffsschraube, svw. Schiffspropeller (→Schiff).

Schiffstagebuch (Bordbuch, Journal, Logbuch), gibt Auskunft über Zustand, Besatzung und Beladung eines Schiffes, über seinen Reiseverlauf mit Kurs-, Fahrt- und Wetterangaben sowie über Geburten oder Todesfälle.

Schihkiatschuang →Shijiazhuang.

Schiiten, die kleinere der beiden Hauptgruppen des Islams, die im Unterschied zu den →Sunniten An-hänger der **Schia** (= Partei) des 4. Kalifen Ali Ibn Abi Talib sind und nur dessen Nachkommen als rechtmä-ßige Imame anerkennen. Man unterscheidet die →Is-mailiten (›Siebener-S.‹), die →Zaiditen (›Fünfer-S.‹) und die →Imamiten (›Zwölfer-S.‹, →Zwölferschia). Die S. (etwa 10% aller Muslime) bilden in Iran und Irak die Mehrheit.

Schikaneder, Emanuel, eigtl. Johann Joseph Schickeneder, *Straubing 1. 9. 1751, †Wien 21. 9. 1812, dt. Bühnendichter und Theaterleiter. Gründete das Theater an der Wien (1801), schrieb u. a. das Li-bretto zu Mozarts Oper ›Die Zauberflöte‹ (1791).

Schikoku [jap. ʃiˈkoˈku], kleinste der jap. Haupt-inseln, 18 256 km², 4,23 Mio. E. Wird weitgehend von ei-nem bis 1 981 m hohen Mittelgebirge eingenommen.

Schilbung, in der german. Heldensage der dä-mon., zwergenhafte Bruder des Nibelung.

Schild, 1) *Waffenkunde:* tragbare Schutzwaffe des Kriegers zur Deckung von Körperblößen. Die älte-

sten S. in Europa sind aus der Urnenfelderzeit über-liefert; gegen Ende des 16. Jh. verlor die S. seine waf-fentechn. Bedeutung; i. d. R. aus Flechtwerk, Holz und Leder, oft mit Metallrand, auch mit Metallbe-schlägen; nach Funktion und Region in Form und Größe variabel.

2) (Wappen-S.) → Wappenkunde.

3) *Geologie:* Bez. für einen Festlandskern aus Ge-steinen des Präkambriums.

4) *Reaktorbau:* in Kernreaktoren der Mantel aus Absorbermaterial um den Reaktorkern.

Schildbogen →Schildmauer.

Schildbürger (Die S.), im →Lalebuch von 1598 die Bewohner von *Schilda* (dem heutigen *Schildau* bei Torgau zugeschrieben); danach **Schildbürgerstreich:** eine den urspr. Zweck in unsinniger Weise verfeh-lende Handlung.

Schilddrüse (Glandula thyreoidea), endokrine Drüse (Hormondrüse; →Nebenschilddrüse) im Hals-bereich aller Wirbeltiere und des Menschen; meist unpaar zweilappig oder zweigeteilt. Neben →Calcito-nin bildet die S. mindestens 4 stoffwechselaktive Jod-verbindungen, deren Hauptwirkung die Beeinflus-sung (Steigerung) des Energie-, d. h. Grundumsatzes, des Eiweiß-, Kohlenhydrat-, Fett-, Wasser- und Mine-ralstoffwechsels der Atmung und des Kreislaufs ist; außerdem besteht ein Einfluß auf das Nervensystem (bis zur Übererregbarkeit und Konzentrationsschwä-che), das Wachstum und (z. B. bei Amphibien) die Metamorphose. Die Tätigkeit der S. wird vom Hypo-physenvorderlappen durch das *thyreotrope Hormon* (TTH oder TSH) gesteuert. – Die **Hyperthyreose** (Schilddrüsenüberfunktion) ist eine Erkrankung durch vermehrte Bildung und Ausschüttung von S.hormonen, v. a. bei der →Basedow-Krankheit, bei einer bes. Form des Kropfes und beim tox. Adenom der S.; wichtige Symptome: erhöhter Grundumsatz, Gewichtsabnahme (trotz Heißhunger), vermehrte Schweißsekretion, Herzbeschleunigung, Durchfall, gesteigerte psych. und neuromuskuläre Erregbar-keit, Schlafstörungen, Haarausfall. Als **Hypothyreose** (Schilddrüsenunterfunktion, Schilddrüseninsuffi-zienz) wird eine Erkrankung durch angeborenen oder erworbenen Mangel an funktionstüchtigem S.gewebe bzw. an S.hormonen bezeichnet. Symptome: Wachs-tumsrückstand, geistige Entwicklungsstörungen, niedriger Blutdruck, Erhöhung der Blutfett- und Ver-minderung der Blutzuckerwerte, Gewichtszunahme sowie trockene und rauhe Haut.

Schildfarn, weltweit verbreitete Farngatt. mit mehr als 200 Arten; einheim. ist der in den Alpen vor-kommende *Lanzenschildfarn.*

Schildkäfer (Cassidinae), Unterfam. der Blatt-käfer; Halsschild und Flügeldecken überragen schild-förmig den Kopf bzw. Körper.

Schildkröten (Testudines, Chelonia), Ordnung etwa 10–200 cm langer Reptilien mit rd. 200 Arten; leben an Land (→Landschildkröten) sowie in Süßge-wässern und Meeresgewässern (→Wasserschildkrö-ten, →Meeresschildkröten) v. a. der trop. und sub-trop. Regionen; Körper in einen Knochenpanzer (gewölbter Rückenpanzer, flacher Bauchpanzer) ein-gehüllt, der einen Teil des Skeletts darstellt und meist mit Hornschildern, seltener mit einer lederartigen Haut bedeckt ist; Schwanz meist sehr kurz; Kiefer zahnlos mit Hornschneiden. – Land-S. ernähren sich hauptsächl. von Pflanzen, wasserbewohnende S. vor-wiegend von Tieren. Die Eiablage erfolgt stets an Land in einer Erdgrube, die vom Weibchen nachher zugescharrt wird. Die Eier werden dann durch die Wärmestrahlen der Sonne ›bebrütet‹, eine Brutpflege findet nicht statt. S. können bis 300 Jahre alt wer-den. – Man unterscheidet 2 Unterordnungen: →Hals-berger, →Halswender.

Schilddrüse (und Nebenorgane): a Zungenbein, b Schild-knorpel, c Kehlkopfmus-kel, d Ringknorpel, e Luftröhre, f rechter Seitenlappen, g linker Seitenlappen, h Mittelstück der Schilddrüse

Schildläuse (Coccinea), Unterordnung der Gleichflügler mit rd. 4000 fast weltweit verbreiteten 0,8–6 mm großen Arten. Die mit Mundwerkzeugen ausgestatteten, Pflanzensäfte saugenden Weibchen sind meist flügellos; sie bilden Schutzhüllen aus, die meist aus Wachs und einer Lackschicht (→ Schellack) bestehen. Die Männchen sind meist geflügelt und besitzen keine Mundwerkzeuge; gefürchtete Pflanzenschädlinge, v. a. die Deckelschildläuse, Napfschildläuse und Schmierläuse.

Schildmauer, 1. Abschlußmauer an den Stirnseiten eines überwölbten Raumes; am Schnitt mit der Gewölbelaibung entsteht der sog. *Schildbogen;* 2. bes. verstärkte Mauer einer Burg, die die Angriffseite schützen soll.

Schildpatt (Schildkrott), die (z. B. über kochendem Wasser) abgelösten Hornplatten der Rücken- und Bauchschilder des Panzers v. a. der Echten Karettschildkröte (Pattschildkröte; → Meeresschildkröten). Schon im Altertum diente S. u. a. zur Herstellung von Kämmen, Armreifen, als Schmuck für Luxusgegenstände, ferner für Einlegearbeiten v. a. in Holz.

Schildvulkan → Vulkanismus.

Schildwache, im MA die Wache in voller Rüstung (mit dem Schild in der Hand); dann Bez. für einen militär. Wachposten.

Schildwanzen (Baumwanzen, Pentatomidae), Fam. pflanzensaugender Landwanzen mit gedrungenem, verhältnismäßig breitem Körper, großem bis sehr großem Schildchen und paarigen Stinkdrüsen; z. T. an Nutzpflanzen schädlich.

Schildzecken (Ixodidae), Fam. der Zecken mit hartem Rückenschild auf dem Vorderkörper (♀) bzw. über den ganzen Rücken reichend (♂); blutsaugende Ektoparasiten an Reptilien, Säugetieren und Vögeln, z. T. gefährl. Krankheitsüberträger; einheimisch u. a. der *Holzbock* (Waldzecke), der sich aufgrund von Erschütterungs- und Geruchsreizen von Sträuchern und Gräsern auf die Wirtstiere fallen läßt, und die *Hundezecke,* die v. a. Haushunde, Raubtiere und Kaninchen befällt.

Schilf, Bez. für das Schilfrohr und die schilfrohrähnl. bestandbildenden Pflanzen (Rohrkolben, Großseggen u. a.) in der Verlandungszone von Gewässern.

Schilfrohr, weltweit verbreitete Gatt. ausdauernder Gräser mit 3 formenreichen Arten. Wichtigste (auch einheim.) Art ist das bis 4 m hohe *Gemeine S.* mit langen scharfrandigen Blättern und ästiger Rispe aus rotbraunen Ährchen; Halme werden u. a. zur Herstellung von Matten und zum Dachdecken verwendet.

Schilfrohrsänger → Rohrsänger.

Schilka, linker Quellfluß des Amur, 555 km, mit ihrem rechten Quellfluß Onon 1587 km lang.

Schill, Ferdinand von, * Wilmsdorf (= Possendorf bei Dresden) 6. 1. 1776, ✕ Stralsund 31. 5. 1809, preuß. Offizier. Versuchte 1809 vergebl., mit seinem Husarenregiment eine allg. Erhebung gegen Napoleon I. auszulösen.

Schiller, 1) [Johann Christoph] Friedrich von (seit 1802), * Marbach am Neckar 10. 11. 1759, † Weimar 9. 5. 1805, dt. Dichter. S., Sohn des Militärarztes Johann Caspar S. (* 1723, † 1796) mußte auf Befehl des Herzogs Karl Eugen ab 1773 die Militärakademie (→ Karlsschule) besuchen, studierte die Rechte, seit 1775 Medizin; trat 1780 den Dienst als Regimentsmedikus in Stuttgart an. 1777–80 verfaßte S. sein Erstlingsdrama ›Die Räuber‹ (gedr. 1781); der einzigartige Erfolg bei der Uraufführung in Mannheim am 13. 1. 1782 führte zum Konflikt mit seinem Landesherrn Karl Eugen (S. war u. a. ohne Urlaub zur UA gefahren), der ihm neben einer Arreststrafe unter Androhung von Festungshaft Schreibverbot erteilte; im September 1782 gelang die Flucht mit dem Freund und Musiker Andreas Streicher nach Oggersheim

(Ludwigshafen), wo S. das Trauerspiel ›Die Verschwörung des Fiesko zu Genua‹ vollendete. Von Nov. 1782 bis Juli 1783 Aufenthalt bei Henriette von Wolzogen in Bauerbach (Thüringen); hier arbeitete er u. a. an dem bürgerl. Trauerspiel ›Luise Millerin‹, das 1784 unter dem von W. A. Iffland umbenannten Titel ›Kabale und Liebe‹ (UA 13. 4. 1784 in Frankfurt) erschien; 1783/84 erfolgloser Theaterdichter am Mannheimer Theater; vergeblich suchte er durch Gründung einer Zeitschrift (›Rheinische Thalia‹) seine wirtschaftl. Lage zu verbessern; im April 1785 auf Anregung von Christian Gottfried Körner (* 1756, † 1831) und anderen sächs. Freunden Besuch in Leipzig; er folgte Körner noch im gleichen Jahr nach Dresden. Im Drama ›Dom Karlos‹ (1787) spiegelt sich der Übergang zur klass. Schaffensperiode. Auf Einladung besuchte S. 1787 Weimar, wo ihn Herder, Wieland und der Kreis um die Herzoginmutter Anna Amalia offen aufnahmen. Mit der ›Geschichte des Abfalls der vereinigten Niederlande‹ (1788) und der ›Geschichte des Dreißigjähr. Krieges‹ (1791–93) trat er als Geschichtsschreiber hervor. Zw. 1789 und 1791 lehrte er auf Vermittlung Goethes als unbesoldeter Prof. der Geschichte und Philosophie in Jena (Antrittsvorlesung ›Was heißt und zu welchem Ende studiert man Universalgeschichte?‹); 1790 heiratete er Charlotte von Lengefeld (* 1766, † 1826). 1791 ermöglichte ein dreijähriges dän. Stipendium philosoph. Arbeiten (›Über Anmuth und Würde‹, 1793). Im Juli 1794 führte eine kontrovers geführte Auseinandersetzung über die von Goethe naturwiss. begründete ›Urpflanze‹ zur Annäherung zw. Goethe und S.; es begann ein intensiver geistiger Austausch (u. a. Briefwechsel zw. S. und Goethe), der zu einer einzigartigen, für die Entwicklung der modernen dt. Literatur entscheidenden produktiven Zusammenarbeit zweier gegensätzl. Geister führte. 1795–97 gab S. die ›Horen‹, die bedeutendste Zeitschrift der Klassikerzeit heraus. Parallel zu seinen ästhet. Schriften (›Briefe über die ästhet. Erziehung des Menschen‹, 1795, ›Über naive und sentimentalische Dichtung‹, 1795/96), die das Wesen und Wirkung des ›Schönen‹ und dessen Zusammenhang mit dem ›Guten‹ reflektieren, entstanden die philosoph. Gedichte ›Das Ideal und das Leben‹ und ›Der Spaziergang‹. Mit Goethe schrieb er die →Xenien; die Gemeinsamkeit des Schaffens setzte sich im ›Balladenjahr‹ 1797 fort (›Der Taucher‹, ›Die Kraniche des Ibykus‹; 1798: ›Der Kampf mit dem Drachen‹, ›Die Bürgschaft‹; 1799: ›Das Lied von der Glocke‹. 1799 Umzug nach Weimar. Nach dem Abschluß seiner vieljähr. Arbeit am Wallenstein-Stoff (dramat. Trilogie: ›Wallensteins Lager‹, UA 12. 10. 1798; ›Die Piccolomini‹, UA 30. 1. 1799; ›Wallensteins Tod‹, UA 20. 4. 1799) vollendete der bereits schwerkranke S. nahezu jährlich ein neues Drama: ›Maria Stuart‹ (1800), ›Die Jungfrau von Orléans‹ (1801), ›Die Braut von Messina‹ (1803), ›Wilhelm Tell‹ (1804). Daneben übersetzte er u. a. Shakespeares ›Macbeth‹ (1801) und Racines ›Phädra‹ (1805). Unvollendet blieb sein ›Demetrius‹ (hg. 1815). In Schillers sogenanntem Ideendrama wird die moral. Freiheit zum großen Thema; eine Freiheit, die den Menschen, der an ihr festhält, noch im Untergang siegen läßt; entsprechend lebt sein lyr. Werk (wie auch die Erzählung ›Verbrecher aus Infamie‹, 1786, 1792 u. d. T. ›Der Verbrecher aus verlorener Ehre‹) von der Idee der Teilhabe des Menschen an einer idealen Ethik. In Auseinandersetzung mit den Schriften I. Kants, die die entscheidende Wende in S. theoret. Denken bewirkten, hielt S. eine Vereinigung von Pflicht und Neigung für möglich. – 5 Jahre nach seinem Tod begann Ch. G. Körner 1810 mit den Vorbereitungen zur ersten Gesamtausgabe seiner Werke (12 Bde., 1812–15).

Friedrich von Schiller (Pastell von Ludovika Simanowitz)

Ferdinand von Schill

2) Karl, * Breslau 24. 4. 1911, dt. Nationalökonom und Politiker (SPD). 1966–71 Bundeswirtschafts-Min., 1971/72 Bundes-Min. für Wirtschaft und Finanzen.

Schillerfalter, Gatt. der Tagfalter (Fam. Edelfalter) mit zahlr. Arten, v. a. in den Tropen; 2 Arten in M-Europa: *Großer S.* (♀ schwarzbraun, mit weißer Fleckenzeichnung; ♂ violettblau schillernd; *Kleiner S.* (♀ mit weißer oder gelbl. Fleckenzeichnung; ♂ mit violettblauem Schimmer); in feuchten, lichten Laubwäldern.

Schillerkragen, offener Hemdkragen.

Schiller-Nationalmuseum/Deutsches Literaturarchiv, Marbach am Neckar; umfangreichste und wichtigste Sammelstätte dt. Literatur ab 1750. – Gegr. 1903 als schwäb. Dichtermuseum; seit 1922 ›Sch.-N.‹ (Eigentümer und Träger: ›Dt. Schillergesellschaft‹); 1953 Angliederung des ›Cotta-Archivs‹, was 1955 zur Einrichtung des ›Dt. Literaturarchivs‹, dem mit einer Mio. Autographen größten Literaturarchiv der BR Deutschland, führte.

Schilling, german. Münzname; in der karoling. Münzordnung 1 S. = 12 Pfennige; erhalten in Großbrit. (Shilling, Abk. s oder sh) bis 1971 (= $^1/_{20}$ Pfund Sterling = 12 Pence) und in Österreich (Abk. S, 1 S = 100 Groschen).

Schimäre [frz.], Trugbild, Hirngespinst.

Schimmel, weißhaariges Pferd, das im Unterschied zu Albinos stets dunkelhaarig geboren wird. Die Umfärbung *(Schimmelung)* dauert etwa 10 Jahre.

Schimmel, staub- oder mehlartiger, meist weißer oder bläul. bis grünl. Überzug auf toten tier. oder pflanzl. Materialien bzw. auf Lebewesen; hervorgerufen durch bestimmte Strahlen- oder Schimmelpilze.

Schimmelpilze, Sammelbez. für zahlr. mikroskop. kleine Pilze aus verschiedenen systemat. Gruppen (Algenpilze, Jochpilze, Schlauchpilze, Deuteromyzeten), die als Saprophyten, Gelegenheitsparasiten oder Parasiten tote oder lebende Tiere und Pflanzen oder sonstige organ. Materialien mit Schimmel überziehen; z. T. gefährl. Vorratsschädlinge und Krankheitserreger. Einige S. besitzen erhebl. wirtschaftl. Bedeutung als Lieferanten von Antibiotika (Pinselschimmel), von Enzymen und bei der Schimmelreifung von Camembert und Roquefort (durch Penicilliumarten).

Schimonoseki, jap. Industrie- und Hafenstadt an der SW-Spitze Hondos, 269 200 E. – 1895 wurde durch den **Frieden von Schimonoseki** der Krieg mit China (1894/95) beendet.

Schimpanse [afrikan.], in Äquatorialafrika weit verbreiteter Menschenaffe; Körperlänge etwa 70 bis über 90 cm, Körperhöhe (aufrecht stehend) rd. 130 (♀) bis 170 (♂) cm; Arme länger als Beine; Gesicht, After- und Geschlechtsregion, Hand- und Fußflächen sowie Finger und Zehen unbehaart. – Der S. ist ein Wald- und Savannenbewohner (Baumbewohner), der gesellig in Großfamilien mit strenger Hierarchie lebt. Er frißt überwiegend Früchte, nimmt aber auch tier. Nahrung zu sich. Die innerartl. Verständigung erfolgt sowohl durch oft laute, sehr unterschiedl. Rufe als auch durch ausgeprägtes Mienenspiel. Nach einer Tragzeit von etwa acht Monaten wird meist ein (anfangs völlig hilfloses) Junges geboren. Die Geschlechtsreife tritt erst nach 7–9 Jahren ein. – Der S. ist neben dem → Bonobo zweifellos das nach dem Menschen geistig höchstentwickelte Säugetier.

Schindeln [lat.], Holzbrettchen zur Dachbedeckung oder Kirchenverkleidung.

Schinderhannes, eigtl. Johann Bückler, * Miehlen bei Bad Ems 25. 5. 1783 (1777?), † Mainz 21. 11. 1803 (hingerichtet), dt. Räuberhauptmann. Bandenführer im Hunsrück und Taunus; mit 19 Genossen zum Tode verurteilt; später romant. verklärt.

Schinkel, Karl Friedrich, * Neuruppin 13. 3. 1781, † Berlin 9. 10. 1841, dt. Baumeister. Anfänglich v. a. Maler (romant. Landschaften, oft mit got. Kirchen; Bühnenbildner); seine Bauten gelten als Höhepunkt des europ. Klassizismus. – *Werke:* in Berlin: Neue Wache (1817/18), Schauspielhaus am ehem. Gendarmenmarkt (= Akademieplatz; 1819–21), Schloß Tegel (1822–24), Altes Museum (1824–28), Friedrichswerdersche Kirche (1824–30); in Potsdam: Nikolaikirche (1830–37), Schloß Charlottenhof im Park von Sanssouci (1826/27).

Schintoismus (Shintoismus), japan. Nationalreligion; Gottheiten bzw. alles religiös Verehrungswürdige *(Kami)* sind Naturkräfte (Berge, Flüsse, Tiere, Bäume, Sonne, Mond), auch Ahnen, Helden oder der Kaiser (Tenno), dessen Erbfolgelinie bis auf die Sonnengöttin Amaterasu zurückgeführt wird. Nach dem 2. Weltkrieg erfolgte die Trennung zw. S. und Staat. → Kodschiki.

Schiphol [niederl. sxıp'hɔl, 'sxıphɔl], internat. ✈ von Amsterdam.

Schirach, Baldur von, * Berlin 9. 5. 1907, † Kröv 8. 8. 1974, dt. Politiker (NSDAP). Reichsjugendführer der NSDAP (1931–40) und Jugendführer des Dt. Reiches (ab 1933); als ehem. Gauleiter und Reichsstatthalter von Wien (1940–45) im Nürnberger Hauptkriegsverbrecherprozeß 1946 wegen Beteiligung an Judendeportationen zu 20 Jahren Haft verurteilt.

Schiras, Stadt in S-Iran, Oase im Sagrosgebirge, 848 300 E. Univ., Fars-Museum; Herstellung von Silberwaren, Teppichen; Erdölraffinerie; schiit. Wallfahrtsort. Mausoleum von Schah Tscheragh (1344–49), Freitagsmoschee (9. Jh.), Neue Moschee (1199–1218), Medrese Chan (16. Jh.).

Schirmlinge (Schirmpilze), Lamellenpilze mit weißen Sporen und einem aufgespannten Schirm gleichendem Fruchtkörper.

Schimpanse

Schirmtanne, Gatt. der Taxodiengewächse mit der einzigen rezenten Art *Japan. Schirmtanne* in Japan (bis 40 m hoher, immergrüner Baum), im Tertiär auch in M-Europa häufig (wesentl. Bestandteil der Braunkohlenwälder als ›Graskohle‹).

Schirokko [arab.-italien.], sehr heißer, trockener, staubbeladener Wind im Mittelmeerraum; entsteht in den Wüstengebieten N-Afrikas.

Schisma ['ʃı..., 'sçı...; griech. ›Trennung‹], Spaltung der kirchl. Einheit. Beim S. gibt der *Schismatiker* die Kircheneinheit auf, bei der Häresie die Glaubenseinheit.

Schitomir, Gebietshauptstadt im N der Ukraine, 282 000 E. Landwirtschaftshochschule, Theater, Philharmonie; Nahrungsmittel-, holzverarbeitende Ind., Musikinstrumentenbau.

Schiwa [Sanskrit ›der Gnädige‹], euphemist. Name eines der drei Hauptgötter des → Hinduismus, der den Aspekt der Zerstörung verkörpert.

Schiwkow, Todor [bulgar. 'ʒifkof], * Prawez bei Sofia 7. 9. 1911, bulgar. Politiker. 1944 führend an der kommunist. Machtübernahme beteiligt; Parteichef (1954–89), Min.-Präs. (1962–71), 1971–89 Staatsratsvors.; 1989 verhaftet und aus der kommunist. Partei ausgeschlossen.

Karl Friedrich Schinkel: Neue Wache in Berlin; 1817/18

schizoid [ʃi..., sçi...; griech.], die Symptome der Schizophrenie in leichterem Grade zeigend.

Schizophrenie [ʃi..., sçi...; griech.], häufigste der endogenen Psychosen, deren Ursache und Entstehung noch nicht genau bekannt ist. In charakterist. Weise gestört sind u. a.: 1. das Eigenbewußtsein (die Grenze zw. Ich und Außenwelt ist aufgehoben; eigene Körperteile, Gedanken und Gefühle werden als fremd bzw. von außen gesteuert erlebt); 2. die affektive Beziehung zur Umwelt (Mimik und Gefühlsäußerung erscheinen reduziert oder unangemessen); 3. die Wahrnehmung (Nebensächliches erscheint übergewichtig, Zufälliges von bes., meist bedrohl. Bedeutung; eigene Gedanken werden als ›Stimmen‹ gehört). Auch andere Halluzinationen und Wahnideen sind häufig. Je nach Vorherrschen bestimmter Störungen werden verschiedene Formen der S. unterschieden: die in jugendl. Alter beginnende, bes. durch Affektstörungen gekennzeichnete *Hebephrenie;* die durch motor. Symptome (Stupor oder Erregung) gekennzeichnete *Katatonie* (sog. Spannungsirresein); die *paranoide Schizophrenie,* bei der Wahn und Halluzination im Vordergrund stehen. – *Therapie:* medikamentöse Behandlung durch Psychopharmaka.

Schizothymie [ʃi..., sçi...; griech.], von E. Kretschmer stammender Begriff zur Bez. des dem leptosomen Körperbau zugeordneten Temperaments; typisch seien wenig flexible Denkweise und leicht verletzbare, sich abschließende Affektivität.

Schlabrendorff, Fabian von, * Halle/Saale 1. 7. 1907, † Wiesbaden 3. 9. 1980, dt. Widerstandskämpfer. Jurist; gehörte zum militär. Widerstandskreis um H. Oster; war bei den beiden mißglückten Bombenanschlägen im März 1943 beteiligt; im August 1944 verhaftet und zum Tode verurteilt, konnte der Vollstreckung des Urteils entgehen. 1967–75 Richter am Bundesverfassungsgericht.

Schlachta [poln.], der niedere poln. Adel; hatte vom 14.–18. Jh. beträchtl. polit. Bedeutung (bildete die ›poln. Nation‹ i. e. S.).

Schlachtgewicht, Gewicht geschlachteter Tiere ohne Haut (Fell) bzw. Federn, Kopf, Füße und die meisten Eingeweide.

Schlachtschiff, Nachfolger der Linien- und Großlinienschiffe des 1. Weltkrieges als Hauptkampfträger einer Flotte. Schon im 2. Weltkrieg traten die S. ihre führende Rolle an die Flugzeugträger ab. Die dt. Kriegsmarine besaß die beiden S. ›Bismarck‹ und ›Tirpitz‹.

Schladminger Tauern, Teil der Niederen Tauern, bis 2 863 m hoch.

Schlaf, Johannes, * Querfurt 21. 6. 1862, † ebd. 2. 2. 1941, dt. Schriftsteller. Vertrat (bis 1895) mit A. Holz den sog. ›konsequenten Naturalismus‹ in theoret. Schriften und gemeinsam verfaßten programmat. Dichtungen: ›Papa Hamlet‹ (Novellen, 1889), ›Die Familie Selicke‹ (Dr., 1890).

Schlaf, durch Änderungen des Bewußtseins, entspannte Ruhelage und Umstellung verschiedener vegetativer Körperfunktionen gekennzeichneter Erholungsvorgang des Gesamtorganismus, insbes. des Zentralnervensystems, der von einer inneren, mit dem Tag-Nacht-Wechsel synchronisierten Periodik gesteuert wird (→ auch Schlafzentrum).

Lückenhaft sind noch die Einsichten in die Bedeutung des S. als Erholungsphase des Organismus, insbes. des Zentralnervensystems. S. ist nicht einfach ein Ausdruck von Inaktivität und Ruhe im Bereich größerer Gehirngebiete, sondern eher eine Umstellung der Gehirnfunktionen.

Ebenso wie die Aufmerksamkeit im Wachen variieren kann, ändert sich auch die *Schlaftiefe,* kenntl. an der Stärke des zur Unterbrechung des S. erforderl. Weckreizes. Mit Hilfe des Elektroenzephalogramms (EEG) lassen sich die folgenden *S.stadien* unterscheiden:

Tiefschlaf (Stadium E), *mitteltiefer Schlaf* (Stadium D), *Leichtschlaf* (Stadium C), *Einschlafen* (Stadium B), entspanntes *Wachsein* (Stadium A). Während einer Nacht werden die verschiedenen S.stadien (bei insgesamt abnehmender S.tiefe) 3–5mal durchlaufen, begleitet von phas. Schwankungen zahlr. vegetativer Funktionen. Bezeichnend ist z. B. während des Durchlaufens des Stadiums B das salvenartige Auftreten rascher Augenbewegungen (engl. ›rapid eye movements‹, daher auch die Bez. *REM-Phase* des S.; dauert mehrere Minuten bis etwa ¹/₂ Stunde, 3–6mal während der Nacht). Charakteristisch für den REM-S. ist weiter die lebhafte Traumtätigkeit.

Im Verlauf des menschl. Lebens nimmt die *Schlafdauer* ab (beim Neugeborenen tägl. etwa 16 Stunden, beim Kleinkind 14–13, bei Kindern und Jugendlichen 12–8, bei Erwachsenen bis zu 40 Jahren 8–7 und im späten Alter etwa 6 Stunden), auch der Anteil des REM-S. (bei Neugeborenen etwa 50%, bei Kindern und Jugendlichen etwa 25–20%, bei Erwachsenen etwa 20% der Gesamtschlafzeit) verringert sich.

Schlafapfel (Rosenapfel), bis 5 cm dicke Gallen auf der Hundsrose; durch Larvenfraß der Gemeinen Rosengallwespe.

Schläfen [Mrz. von Schlaf zur Bez. der Stelle, auf der man beim Schlafen liegt], die bei den Wirbeltieren beiderseits oberhalb der Wange zw. Auge und Ohr gelegene Kopfregion. Beim Menschen liegt im S.bereich die flache Grube (*S.grube*) des Schläfenbeins.

Schläfenbein, paariger Schädelknochen, der zw. Hinterhaupts-, Keil- und Scheitelbein liegt; entsteht aus der Verschmelzung von Felsenbein, Paukenbein und Schuppenbein; trägt den äußeren Gehörgang sowie die Gelenkgrube für den Unterkiefer.

Schlafkrankheit (Hypnosie), krankhafte Schläfrigkeit, z. B. bei Gehirnentzündung, v. a. aber bei der *afrikan. S.* (afrikan. Trypanosomiase, Nalanane): Durch Trypanosoaarten verursachte, durch Stech-

Todor Schiwkow

fliegen (Tsetsefliegen) vom Menschen auf den Menschen übertragene, unbehandelt in 2–6 Jahren tödl. endende Infektionskrankheit in Afrika.

Schlafmittel (Hypnotika, Somnifera, Hypnagoga), auf das Zentralnervensystem wirkende Mittel, die dazu dienen, Müdigkeit und Schlaf zu erzeugen bzw. den natürl. Schlaf zu verlängern; man unterscheidet *Einschlafmittel* mit kurzdauernder Wirkung, *Durchschlafmittel* (Wirkungsdauer 6–7 Stunden) und *Dauerschlafmittel* (mit mehr als 8stündiger Wirkung und Folgeeffekten wie Schwindel und Benommenheit). Die S.einnahme führt nicht selten zu chron. Gebrauch und S.mißbrauch (Gewohnheitsbildung, Entziehungssymptome).

Schlafmohn →Mohn.

Schlafsucht (Hypersomnie), krankhaftes Schlafbedürfnis, u. a. bei Vergiftungen und Gehirnkrankheiten.

Schlafwandeln (Nachtwandeln, Mondsucht, Mondsüchtigkeit, Lunatismus, Noktambulismus, Nachtambulismus, Somnambulie, Somnambulismus), das Ausführen komplexer, z. T. wohlkoordinierter Handlungen während des Schlafs.

Schlafzentrum, nicht einheitl. Steuerungszentrum für den Schlaf-wach-Rhythmus, vermutlich mehrere Strukturen im Gehirnstamm, v.a. im mittleren Thalamus, dessen elektr. Reizung Schlaf auslöst.

Schlagadern, svw. →Arterien.

Schlaganfall (Hirnschlag, Gehirnschlag, Schlagfluß, zerebraler Gefäßinsult, vaskulärer zerebraler Insult, Apoplexie, Apoplexia cerebri), u. U. nach flüchtigen Vorläufern schlagartig einsetzende schwere Funktionsstörung des Gehirns durch Verminderung oder vollständige Unterbrechung der Blutversorgung umschriebener Gehirnbezirke. Ursache von Durchblutungsstörungen können Herzversagen und Blutdruckabfall, (bes. arteriosklerot.) Veränderungen der Gefäßbahn, Gehirnblutungen (bes. im Bereich der Pyramidenbahn) oder Gefäßverschlüsse in Form einer Embolie oder einer Thrombose sein.

Schlagball, mit Baseball und Kricket verwandtes Ball- und Laufspiel zw. 2 Mannschaften zu je 12 Spielern.

Schlager, liednaher, meist kurzlebiger Typ der Unterhaltungsmusik; übertragen: Waren, die sich für kurze Zeit gut verkaufen.

Schlaginstrumente (Perkussionsinstrumente), Musikinstrumente, deren Töne durch Anschlagen entstehen. S. gibt es mit bestimmten (z. B. Pauke, Glocke) und unbestimmten (z. B. Trommeln, Becken) Tonhöhen.

Schlagring, ringförmige, mit Spitzen und Kanten versehene, über die Finger der Hand zu streifende Schlagwaffe.

Schlagschatz (Münznutzen, Münzgewinn), der Reingewinn, der sich in der Münzprägung aus der Differenz zw. den Münzkosten und dem (i. d. R. höheren) Kurswert der fertigen Münzen ergibt.

Schlagwerk, vom Zeigerwerk einer Uhr gesteuerter Mechanismus *(Kadratur)* zur akust. Zeitanzeige (z. B. Glockenschlag).

Schlagwetterexplosion, Explosion von Methan-Luft-Gemischen bzw. Grubengas *(schlagende Wetter;* Methangehalt 5–10 %) im Kohlebergwerk.

Schlagwort, auf kürzeste Form gebrachte, oft an Emotionen appellierende Formulierung, meist als Mittel der Propaganda bzw. der Werbung (auch *Slogan)* eingesetzt.

Schlagzahl, im Kanu- und Rudersport die innerhalb 1 Minute mit Riemen, Skulls oder Paddeln ausgeführten Schläge.

Schlagzeug, die in Instrumentenensembles gebräuchl. Schlaginstrumente, u. a. Trommeln, Becken, Tamtam, Rasseln, Pauke, Gong, Röhrenglocken, Xylophone, Celesta, Vibraphon.

Schlamm, feinkörniges, mit Wasser durchtränktes und dadurch fließfähiges Gemisch u.a. aus Lehm, Mergel, Ton, Feinsand, häufig vermengt mit organ. Stoffen.

schlämmen, kleine Feststoffteilchen in einer Flüssigkeit (meist Wasser) aufwirbeln, um sie nach Korngröße zu trennen.

Schlammfliegen, 1) (Großflügler, Megaloptera) seit dem Perm bekannte Insektenordnung, mit 2 Fam. weltweit verbreitet: *Wasserflorfliegen* (Sialidae): 1–2 cm Länge und 2–4 cm Flügelspannweite; *Corydalidae* (Großflügler i. e. S.): in den Tropen; bis 7 cm Länge, bis 16 cm Flügelspannweite; leben v. a. in Wassernähe an Pflanzen. **2)** (Eristalinae) Unterfam. 5–15 mm spannender Schwebfliegen von oft täuschend bienenähnl. Aussehen (›Mistbienen‹).

Schlämmkreide, durch Schlämmen gereinigte, natürl. Kreide; Pigment für Anstriche, Bestandteil von Zahnputzmitteln.

Schlammpeitzger →Steinbeißer.

Schlammschnecken (Lymnaeidae), weltweit verbreitete Fam. der Wasserlungenschnecken mit zahlr. Arten in Süß- und Brackgewässern.

Schlammspringer, Gatt. der Knochenfische (Fam. Grundeln) an trop. und subtrop. Küsten der Alten Welt; Körper langgestreckt; Brustflossen armartig verlängert; S. verlassen häufig das Wasser, sie springen und klettern sehr geschickt.

Schlangen (Serpentes, Ophidia), Unterordnung der Schuppenkriechtiere mit rd. 2 500, etwa 15 cm bis 10 m langen Arten; Extremitäten fast immer vollständig rückgebildet; Wirbel sehr zahlreich, etwa 180 bis 435; bis über 400 frei endende, bewegl. Rippenpaare; Haut trocken, mit hornigen Schuppen und Schildern bedeckt, wird bei der Häutung als Ganzes abgeworfen; äußeres Ohr rückgebildet, Trommelfell stets fehlend; S. sind daher taub; Augenlider unbewegl., zu einer ›Brille‹ verwachsen; Nickhaut fehlend; Sehtüchtigkeit des Auges gering; Tast- und Geruchssinn bzw. Geschmackssinn (z. T. auch Temperatursinn) gut entwickelt. Die lange, zweizipfelig gespaltene, am Grund in eine Scheide zurückziehbare Zunge nimmt Riechstoffe auf und überträgt diese zum →Jacobson-Organ (›Züngeln‹ der Schlangen). Die Knochen des Oberkiefers sind nur locker miteinander verbunden und verschiebbar, ebenso die Unterkieferhälften. So können S. unter starker Dehnung des Mund- und Schlundbereichs ungewöhnl. große Beutetiere verschlingen. Alle S. leben von tier. Nahrung, u. a. von Wirbeltieren. Die Begattungsorgane sind (wie bei den Echsen) paarig; von ihnen wird bei der Kopulation nur eines in die Geschlechtsöffnung des Weibchens eingeführt. Die Lunge geht an ihrem hinteren Ende in einen stark dehnbaren Luftsack über, der bei Entleerung das kennzeichnende Zischen der S. hervorruft. – Fast alle S. legen Eier, lebendgebärend sind u. a. Boaschlangen, Kreuzotter. – Die Fortbewegung der S. erfolgt üblicherweise durch ›Schlängeln‹ (→Fortbewegung). Etwa ein Drittel aller S.arten ist so giftig, daß die Bißwirkung für den Menschen gefährlich wird (→Giftschlangen).

Schlangenadler (Circaetinae), Unterfam. bis 70 cm langer, vorwiegend Schlangen und Amphibien fressender Greifvögel in Wäldern, Savannen, Steppen und felsigen Landschaften der subtrop. und trop. Alten Welt; u.a. der bussardgroße *Gaukler* in Afrika.

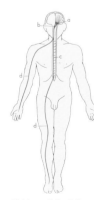

Schlaganfall: Schematische Darstellung eines Hirnschlags in der linken Hirnhalbkugel. Infolge Kreuzung der Bewegungsnerven (b) werden die rechtsseitigen motorischen Nerven gelähmt. Die Blutung tritt in der ›inneren Kapsel‹ auf, wo sich alle Bahnen aus der motorischen Rindenregion treffen; **a** Ort der Massenblutung; **b** Kreuzung der Bewegungsnerven im verlängerten Mark; **c** Rückenmark; **d** die gelähmten Bewegungsnerven der rechten Körperhälfte

Schlangenbad, hess. Staatsbad bei Wiesbaden, 6 000 E. Thermalquellen (Rheuma, Nerven- und Hauterkrankungen).

Schlangengifte, die von Giftschlangen durch die Giftzähne übertragenen, für Mensch und Tier hochtox. Substanzen. Sie lassen sich nach ihren physiolog. Wirkungen in 2 Gruppen unterteilen: die v. a. bei Seeschlangen und Giftnattern, ferner bei den Klapperschlangen vorkommenden *Nervengifte,* die zu Lähmungen des Nervensystems (u. a. Atemnot; Tod durch Ersticken) führen und die v. a. bei Vipern und Grubenottern (ausgenommen Klapperschlangen) vorkommenden *Blutgifte,* die v. a. Schmerzen und Blutungen (Tod durch Herz- und Kreislaufversagen) hervorrufen. Einzige sichere Gegenmittel bei Schlangenbissen sind die spezif. Schlangenseren.

Schlangenkaktus, 1) (Peitschenkaktus) Gatt. reichverzweigter, epiphyt. Kakteen mit nur wenigen Arten in Mexiko; mit bis 10 cm langen, rotvioletten Blüten. **2)** (Nachtkaktus) Gatt. kletternder oder rankender Kakteen mit rd. 20 Arten in S- und N-Amerika; mit meist großen, nur eine Nacht geöffneten Blüten (→ Königin der Nacht).

Schlangensterne (Ophiuroidea), mit rd. 1 900 Arten formenreichste Klasse 1 cm bis 1,50 m großer Stachelhäuter; z. T. leuchtend gefärbte und gezeichnete Meerestiere mit langen, zylindr., manchmal stark verzweigten Armen.

Schlankaffen (Colobidae), Fam. etwa 45–85 cm körperlanger, schlanker Affen mit etwa 15–110 cm messendem Schwanz. Zu den S. gehören u. a. →Languren und *Nasenaffe,* mit unbehaartem Gesicht und bis 10 cm (bei Männchen) langer, gurkenförmiger Nase.

Schlanklibellen (Schlankjungfern, Coenagrionidae, Agrionidae), artenreiche Fam. schlanker, zarter, 20–30 mm langer Kleinlibellen mit 18 einheim. Arten; Hinterleib rot oder blau (Männchen) bzw. gelbgrün, ocker oder orangefarben (Weibchen) mit schwarzer Zeichnung.

Schlaraffenland, märchenhaftes Land des Überflusses, in dem Faulheit eine Tugend und Fleiß das größte Laster ist; literarisiert u. a. 1494 als *Schluraffenland* bei S. Brant, satirisch in G. Büchners Lustspiel ›Leonce und Lena‹ (hg. 1842).

Schlauch, biegsame, rohrartige Leitung als *Kunststoff-, Gummi-, Gewebe-, Metallschlauch* u. a. für Flüssigkeiten und Gase; der elektr. Isolierung dient das *Bougirohr,* ein *Isolierschlauch,* oder der durch Heißluft sich zusammenziehende *Schrumpfschlauch.*

Schlauchboot, Wasserfahrzeug mit einem schlauchförmigen, meist in mehrere Kammern unterteilten, aufblasbaren Auftriebskörper (z. B. aus mehrschichtigem Kunststoffgewebe); als Sport-, Bei- und Rettungsboot, auch mit Außenbordmotor.

Schlauchpilze (Askomyzeten, Ascomycetes), größte Klasse der höheren Pilze, mit rd. 30 000 heute bekannten Arten weltweit verbreitet.

Schlauchwaage (Schlauchwasserwaage), Gerät zum Prüfen gleicher Höhenlage bzw. zum Nivellieren großer Flächen; 2 durch einen Schlauch verbundene, skalierte Glaszylinder mit Wasserfüllung. Die Flüssigkeitsoberflächen sind stets auf gleicher Höhe (Prinzip der kommunizierenden Röhren).

Schlauchwürmer (Rundwürmer, Nemathelminthes, Aschelminthes), Tierstamm mit rd. 12 500 bekannten, unter 0,1 mm bis mehrere Meter langen Arten; im Meer, Süßwasser oder an Land, oft parasitär.

Schlaun, Johann Conrad, * Nörde (= Warburg) 5. 6. 1695, † Münster 21. 10. 1773, dt. Baumeister des Barock. V. a. Backsteinbau, u. a. Schloß Nordkirchen (1724 ff.), Jagdschloß Clemenswerth bei Sögel (1737–44), Clemenskirche (1744–54), Residenz

(1767–73, nach 1945 wiederhergestellt als Univ.) in Münster.

Schlechtwettergeld →Arbeitslosenversicherung.

Schlegel, 1) August Wilhelm von (seit 1815), * Hannover 5. 9. 1767, † Bonn 12. 5. 1845, dt. Schriftsteller, Sprach- und Literaturwissenschaftler. Bruder von Friedrich von S.; 1796–1803 ∞ mit Karoline S.; Mitarbeit an Schillers ›Horen‹ und ›Musenalmanach‹; 1798–1800 mit seinem Bruder Hg. der romant. Zeitschrift ›Athenäum‹; ab 1804 Sekretär, Reisebegleiter und literar. Ratgeber der Madame de Staël; Begründer der altind. Philologie; bed. v. a. auch als Vermittler der romant. Ästhetik (›Vorlesungen über schöne Literatur und Kunst‹, hg. 1884); glänzende Übersetzungen (Dante, Calderón und Shakespeare). **2)** Dorothea von (seit 1815), * Berlin 24. 10. 1763, † Frankfurt am Main 3. 8. 1839, dt. Schriftstellerin. Tochter von M. Mendelssohn; ab 1804 ∞ mit Friedrich von S.; schrieb u. a. den fragmentar. Roman ›Florentin‹ (1801).

3) Friedrich von (seit 1815), * Hannover 10. 3. 1772, † Dresden 12. 1. 1829, dt. Ästhetiker und Dichter. Mitarbeit an verschiedenen Zeitschriften, u. a. ›Athenäum‹, ›Teutscher Merkur‹. Als Ästhetiker, Literaturtheoretiker und -historiker, Dichter und Kritiker geistiger Mittelpunkt der Frühromantik; entwickelte zus. mit Novalis (in Aphorismen) die romant. Idee von der Universalität der Kunst (u. a. auch ›Beiträge zur Kenntnis der romant. Dichtkunst‹, 1825); setzte mit ›Charakteristik des Wilhelm Meister‹ (1798) und ›Gespräch über die Poesie‹ (1800) den Beginn einer wiss. Literaturgeschichtsschreibung; Begründer des Sanskritstudiums und Wegbereiter der vergleichenden Sprachwiss. (›Von der Sprache und Weisheit der Inder‹, 1808). Autobiograph. Roman ›Lucinde‹ (1799).

4) Johann Elias, * Meißen 17. 1. 1719, † Sorø 13. 8. 1749, dt. Dichter. Mgl. der Bremer Beiträger. Als Dramatiker löste sich S. unter dem Eindruck Shakespeares von der normativen Poetik Gottscheds und Bodmers; versuchte die moral.-didakt. Regeldramatik und lebendige Individualität. Gestaltung zu verbinden, z. B. in dem Lustspiel ›Der Triumph der guten Frauen‹ (1748).

5) Karoline, * Göttingen 2. 9. 1763, † Maulbronn 7. 9. 1809, dt. Schriftstellerin. Wegen ihrer Verbindungen zum jakobin. Mainzer Klub 1793 inhaftiert; 1796 ∞ mit August Wilhelm S., mit dem sie in Jena zum Mittelpunkt des frühromant. Kreises wurde; ab 1803 ∞ mit F. W. J. von Schelling.

Schlegel (Schlägel), Gerät zum Anschlagen von Schlaginstrumenten, ein langer Holzstab mit abgerundetem Ende oder einem Kopf aus Schwamm, Filz, Kork, Leder, Holz, vorwiegend paarig verwendet.

Schlehdorn (Schwarzdorn), Rosengewächs, verbreitet von Europa bis W-Asien; bis 3 m hoher weißblühender Strauch mit in Dornen auslaufenden Kurztrieben; Steinfrüchte **(Schlehen)** roh erst nach mehrmaligem Durchfrieren genießbar.

Schlei, Förde der Ostsee, erstreckt sich, mehrere seenartige Erweiterungen bildend, 43 km landeinwärts bis Schleswig.

Schleichen (Anguidae), mit Ausnahme von Australien weltweit verbreitete Fam. der Echsen mit rd. 70, etwa 20–140 cm langen Arten; Schwanz kann abgeworfen werden; mit bewegl. Augenlidern; Gliedmaßen wohl ausgebildet bis vollkommen reduziert.

Schleicher, Kurt von, * Brandenburg/Havel 7. 4. 1882, † Neubabelsberg (= Potsdam) 30. 6. 1934 (ermordet), dt. General und Politiker. Am Sturz Brünings (1932) beteiligt; unter dem von ihm vorgeschobenen Kanzler von Papen Juni–November 1932 Reichswehr-Min., ab 3. 12. selbst Kanzler. Sein Versuch, durch seine Querverbindungen eine sozialpolit.

August Wilhelm Schlegel (Gemälde von A. Hoheneck; Dresden, Landesbibliothek)

Friedrich Schlegel (Kohlezeichnung von Philipp Veit; Frankfurt a. M., Goethemuseum)

Schlehdorn: OBEN blühend; UNTEN Früchte

Kurt von Schleicher

Friedrich Daniel
Ernst Schleiermacher
(anonymer
Kupferstich)

Interessenkoalition aus Gewerkschaften, Zentrum, einem Teil der NSDAP um G. Strasser und anderen Gruppen zustande zu bringen, scheiterte; er mußte am 28. 1. 1933 zurücktreten; anläßl. des sog. Röhm-Putsches ermordet.

Schleichkatzen (Viverridae), Fam. meist schlanker, kurzbeiniger Raubtiere mit über 80 bis etwa fuchsgroßen Arten in Afrika, Asien und (mit 2 Arten) in Europa; u. a. Ginsterkatzen.

Schleichwerbung, Werbung für ein Produkt oder Unternehmen in Massenkommunikationsmitteln in einer Form, die den Werbecharakter verschleiert.

Schleiden, Mathias Jacob (Jakob), * Hamburg 5. 4. 1804, † Frankfurt am Main 23. 6.1881, dt. Botaniker. Erkannte die Zelle als Basis des Lebensprozesses.

Schleie (Schlei), bis 60 cm langer Karpfenfisch, v. a. in ruhigen, warmen, pflanzenreichen Süßgewässern Eurasiens; mit auffallend kleinen Schuppen; Speisefisch.

Schleiereulen →Eulenvögel.

Schleierkraut →Gipskraut.

Schleiermacher, Friedrich Daniel Ernst, * Breslau 21. 11. 1768, † Berlin 12. 2. 1834, dt. ev. Theologe, Philosoph und Pädagoge. Gehörte in Berlin zum Kreis der Romantiker um die Brüder Schlegel; verband Glauben mit der Intellektualität universeller Bildung (u. a. Übers. von Platons Dialogen); wirkte mit Erfolg für die Union zw. Lutheranern und Reformierten in Preußen. – In seinem philos. Hauptwerk ›Dialektik‹ (hg. 1839) entwickelt S. ein method. Kunstverfahren zur Konstruktion gesicherten Wissens und leitet damit die Wende zu einer universalen Hermeneutik, verstanden als ›Kunstlehre des Verstehens‹ ein. – *Weitere Werke:* Über das Religion, Reden an die Gebildeten unter ihren Verächtern (1799), Der christl. Glaube, nach den Grundsätzen der ev. Kirche im Zusammenhange dargestellt (2 Bde., 1821/22).

Schleierschwanz (Schleierfisch), Zuchtform des Goldfischs mit verkürztem, rundl. Körper und stark verlängerten Flossen.

Schleife, in der *Datenverarbeitung* ein Teil eines Programms, der mit jeweils anderen Daten mehrfach durchlaufen wird. Die Anzahl der Durchläufe wird durch eine **Schleifenbedingung** festgelegt.

Schleifenblume (Bauernsenf), Gatt. der Kreuzblütler mit rd. 30 Arten im Mittelmeergebiet und in M-Europa; niedrige Kräuter oder Halbsträucher mit weißen, violetten oder roten Blüten; z. T. Beetblumen.

Schleiflacke, Lacke, die nach dem Trocknen glattgeschliffen werden.

Schleifmaschine, Elektrowerkzeug mit rotierendem *Schleifkörper* (Schleifstein oder -scheibe) zur Oberflächenbearbeitung und zum Schärfen von Werkzeugen. *Doppel-S.* bzw. *Schleifbock* (2 Steine verschiedener Körnung; stationärer Betrieb), *Naßschleifer* (mit Wasserzuführung, zur Steinbearbeitung), *Bandschleifer* (mit endlosem *Schleifband;* zur Holzbearbeitung). Im Ggs. zum *Geradschleifer* rotiert beim *Winkelschleifer* (beide zur Metallbearbeitung) der Schleifkörper (*Schleif-, Schrupp-* oder *Trennscheibe*) senkrecht zur Werkzeugachse.

Schleifpapier, zum Schleifen verwendetes festes Papier (oder Leinwand; *Schleifleinen*), auf das Schleifmittelkörner aufgeleimt sind; je nach Schleifmittel unterscheidet man u. a. *Glas-, Sand-, Schmirgelpapier.* Zum Naßschleifen von Grundierungen und Lacken werden wasserfeste S. verwendet.

Schleim, 1) (Mukus, Mucus) bei *Tier* und *Mensch* das vorwiegend aus Muzinen bestehende, kolloidviskōse (mukōse) Produkt der S.zellen und S.drüsen bzw. der S.haut. Dem S. kommen Schutzfunktion (z. B. im S.beutel, als Gelenkschmiere oder an der Magenwand) sowie Transportfunktion zu (z. B. im Spei-

chel für die Nahrung). Bei Schnecken unterstützt die S.absonderung der Epidermis das Haften des Fußes an der Unterlage.

2) bei *Pflanzen* mehr oder weniger zähe, nicht fadenziehende Substanzen aus Kohlenhydraten; meist als Reservestoffe in Vakuolen (z. B. bei Zwiebeln, Orchideenknollen) enthalten.

Schleimbeutel, zw. aufeinander gleitenden Organteilen ausgebildete, von einer Wand aus Bindegewebe umschlossene Lücken, die mit einer hochviskösen, der Gelenkschmiere ähnlichen Flüssigkeit (Schleim) gefüllt sind; Polster gegen Druck und Reibung, z. B. an der Kniescheibe, am Ellbogen.

Schleimbeutelentzündung (Bursitis), durch Verletzung oder Fortleitung aus der Nachbarschaft entstehende Entzündung eines Schleimbeutels, am häufigsten im Bereich des Ellbogen- oder Kniegelenks.

Schleimfischartige (Blennioidei), Unterordnung meist aalförmiger Knochenfische (Ordnung Barschartige) mit zahlr. Arten in trop., gemäßigten und arkt. Meeren; wenige cm bis 1,2 m lange Grundfische mit sehr schleimiger Haut.

Schleimhaut, durch das schleimige Sekret von Schleimzellen bzw. Schleimdrüsen stets feucht und schlüpfrig gehaltenes Epithel als Auskleidung von Hohlorganen des Körpers, v. a. des Darms, der Mund- und Nasenhöhle, der Luftwege und Geschlechtsgänge.

Schleimpilze (Myxomyzeten), Klasse der Pilze mit rd. 500 Arten in etwa 60 Gattungen; charakterist. für die S. ist ihr Vegetationskörper, der eine vielkernige, querwandlose Protoplasmamasse ist.

Schleiz, Kreisstadt im nördl. Vogtland, Thüringen, 8 200 E. Auto- und Motorradrennstrecke. Spätgot. Bergkirche (16. Jh.).

Schlemihl, (aus der Gaunersprache) Unglücksmensch, Pechvogel.

Schlemmer, Oskar, * Stuttgart 4. 9. 1888, † Baden-Baden 13. 4. 1943, dt. Maler und Bildhauer. 1920–28 am Bauhaus in Weimar. Um Integration der Künste bemüht (Malerei, Plastik, Bühnengestaltung und Tanz); setzt in den Bildern auf geometr.-stereometr. Grundformen reduzierte Figuren in einen konstruktivist. räuml. Bezugsrahmen; schuf das ›Triadische Ballett‹ (1920 ff., Draht- und Reifenkonstruktionen, u. a. im Bauhausarchiv, Berlin).

Schlepper, 1) (Acker-S., Traktor, Trecker) Zugmaschine für landwirtsch. Zwecke. Heutige S. haben mehr als 200 PS (rund 150 kW) Leistung, Getriebe mit bis zu 24 Gängen und Geschwindigkeiten von 1,5 km/h im Kriechgang und 25 km/h und darüber im Schnellgang. Zum Antrieb dient überwiegend der Dieselmotor, in Klein-S. auch der Ottomotor. Zum Betrieb von landwirtsch. Maschinen (z. B. Wasserpumpen) oder Anbaugeräten (z. B. Dungstreuer, Bodenfräse) mittels Gelenkwelle dient die Zapfwelle. Mit der Schlepperhydraulik werden hydraul. Hebeeinrichtungen (z. B. Frontlader, Dreipunktgestänge mit der sog. Ackerschiene zum Anbau von Pflügen, Eggen o. ä.) betrieben. Man unterscheidet Rad- und Raupen-(Ketten)-Schlepper. *Raupen-S.* eignen sich bes. für moorige Böden. Als Antriebsform bei *Rad-S.* überwiegt der Hinterradantrieb über grobstollige Reifen (mit Wasserfüllung zur Erhöhung der Achslast). *Allrad-S.* (zusätzl. Antrieb der Vorderräder hydraul. oder über Gelenkwelle) finden für Arbeiten bei bes. ungünstigen Bodenverhältnissen Verwendung. Die Differential- oder Ausgleichssperre verhindert das Durchdrehen eines Rades bei geringer Bodenhaftung. Weitere Bauformen sind der *Portal-* oder *Stelzen-S.* mit übergroßer Bodenfreiheit, der *Schmalspur-* oder *Plantagen-S.* oder der *Einachs-S.* Beim *Geräteträger,* einer S.sonderbauart, sitzt der Motor über der Hinterachse; Anbau- oder Arbeitsgeräte werden zw. den Achsen, z. B. am Rahmen hängend, montiert.

2) *Schiffswesen:* Spezialschiff zum Bewegen havarierter, bewegungsbehinderter oder motorloser Schiffe.

Schleppnetz, dem Fischfang im Meer dienender, von einem oder zwei Booten (Trawler) gezogener, trichterförmiger Netzsack; mündet in einen langen, engmaschigen Fangbeutel *(Stert).* Das *Grund[schlepp]-netz (Trawl)* läuft nach vorn in zwei lange seitl. Flügel mit je einer Zugleine *(Kurrleine)* aus; es wird über den Meeresgrund gezogen, wobei die Öffnung *(Netzmaul)* unten durch Ketten- oder Kugelbeschwerung, oben durch Schwimmkörper, seitl. durch 2 *Scherbretter* offengehalten wird. Das *Schwimmschleppnetz (Flyde-trawl)* wird freischwimmend gezogen (Länge bis 55 m, Durchmesser der Fangöffnung bis 40 m).

Schlern, bis 2564 m hoher Gebirgsstock in den Dolomiten, Südtirol, Italien.

Oskar Schlemmer: ›Bauhaustreppe‹; 1932 (New York, Museum of Modern Art)

Schlesien (poln. *Śląsk*), histor. Gebiet beiderseits der oberen und mittleren Oder, gegliedert in *Oberschlesien* und *Niederschlesien.*
Geschichte: Die 1000 gegr. Diözese Breslau deutet erstmals eine räuml. Einheit von S. an, das als Teilgebiet der poln. Dynastie der Piasten ab 1138 eine Sonderentwicklung nahm. Durch die Erbteilungen unter den schles. Piasten entstanden bis zu 17 Teil-Hzgt., hinzu kam das geistl. Ft. Breslau-Neisse. 1335/48 Lehnsbindung an Böhmen, mit dem S. 1526/27 an das Haus Österreich kam. Im Prager und im Westfäl. Frieden (1635 bzw. 1648) blieben Sondervergünstigungen unter internat. Garantie für die letzte Piastenlinie und die Stadt Breslau, verstärkt 1707 durch die Konvention zu →Altranstädt. Durch die 3 Schles. Kriege (1740–63) wurden ⁶/₇ des Landes preuß.; ¹/₇ blieb 1918 österr. (nach 1804 Kronland) und wurde dann zw. Polen und der Tschechoslowakei geteilt.

Das Ende des 1. Weltkrieges brachte Mittel- und Ober-S. Gebietsverluste und schließl. die Teilung zw. Polen und dem Dt. Reich. Nach dem 2. Weltkrieg kam

S. durch das Potsdamer Abkommen mit Ausnahme des kleinen Gebiets westl. der Lausitzer Neiße unter poln. Verwaltung. In Nieder-S. gibt es aufgrund von Flucht und Ausweisung (Hauptwelle 1945/46: rd. 1,4 Mio. Menschen), dann (v. a. seit 1955) durch die Spätaussiedlungen heute nur noch eine kleine dt. Minderheit. Aus dem 1921 beim Dt. Reich belassenen Teil von Ober-S. wurden bis Ende 1947 rd. 170 000 Personen ausgewiesen, rd. 150 000 wanderten 1956–65 aus. Mit dem Dt.-Poln. Vertrag von 1970 begann eine weitere Aussiedlungsphase. Im →Deutsch-Polnischen Grenzvertrag wurde S. als zu Polen gehörig anerkannt.

Schlesinger, Franz Helmut, * Penzberg/Obb. 4. 9. 1924, dt. Nationalökonom. Seit 1952 in verschiedenen leitenden Positionen der Dt. Bundesbank; ab 1980 deren Vizepräs., seit 1991 deren Präsident.

Schlesisch, ostmitteldt. Mundart, →deutsche Mundarten (Übersicht).

schlesische Dichterschule, Name für die aus Schlesien stammenden, für die Entwicklung der dt. Literatur bed. Dichter der Barockzeit. *1. schles. Schule:* M. Opitz, P. Fleming, Johann Peter Titz (* 1619, † 1689), Daniel Czepko (* 1605, † 1660); *2. schles. Schule:* D. C. von Lohenstein, C. Hofmann von Hofmannswaldau und A. Gryphius.

Schlesische Kriege, 3 preuß.-österr. Kriege zw. 1740 und 1763 um Schlesien. – Der **1. Schlesische Krieg** (1740–42) begann mit einem preuß. militär. Einfall unter Friedrich II. in Schlesien: Siege (u. a. bei Mollwitz, 10. 4. 1741) und die Ausdehnung des Konflikts zum Österr. Erbfolgekrieg brachten Preußen im Frieden von Berlin (28. 7. 1742) fast ganz Schlesien und Glatz. – Den **2. Schlesischen Krieg** (1744/45) begann Preußen wegen der diplomat.-militär. Erfolge Österreichs seit 1743: Trotz Niederlagen nach der Einnahme Prags (16. 9. 1744) behauptete Preußen durch verschiedene Siege (u. a. bei Hohenfriedeberg, 4. 6. 1744) den schles. Besitz. – **3. Schles. Krieg** →Siebenjähriger Krieg.

Schleswig, 1) Kreisstadt am inneren Ende der Schlei, Schl.-H., 29 400 E. Museen, Theater. U. a. Tauwerkfabrik. Roman.-got. Dom mit dem Bordesholmer Altar (1514 bis 1521) und der Grablege der Gottorfer Herzöge; ehem. Sankt-Johannis-Kloster im Ortsteil Holm, Schloß Gottorf (heute Landesmuseum). – Nachfolgesiedlung des im 11. Jh. untergegangenen Haithabu; 947/948–1541 (1541–51 ev.) Bischofssitz.
2) ehem. Hzgt. an Eider und Schlei (zur Geschichte →Schleswig-Holstein).

Schleswiger, in Schleswig-Holstein gezüchtete Rasse bis 160 cm schulterhoher, mittelschwerer Kaltblutpferde mit leichtem Gang und lebhaftem Temperament.

Schleswig-Holstein, nördlichstes Land der BR Deutschland, 15 728 km², 2,55 Mio. E, Hauptstadt Kiel. Im W sind Marschen verbreitet, im O Grundmoränen, dazwischen Geest. Im Bungsberg erreicht die von der Eiszeit geprägte Landschaft 168 m Höhe. Der Nordseeküste sind die Nordfries. Inseln und Halligen vorgelagert, die Ostseeküste ist durch Förden und Schmelzwasserrinnen in Halbinseln gegliedert. Der Fehmarnsund trennt die Insel Fehmarn vom Festland. Wichtigster Bodenschatz ist Erdöl. Der Anteil der kath. Bevölkerung des bis zum Ende des 2. Weltkriegs fast rein ev. Landes liegt heute bei 6,2 %. An der Grenze zu Dänemark lebt eine dän. Minderheit. S.-H. verfügt über eine Univ. in Kiel. In den Marschen findet sich v. a. Grünlandwirtschaft und Viehzucht, in den übrigen Gebieten Kartoffel- und Getreideanbau. Gemüse wird v. a. in Dithmarschen und auf Fehmarn kultiviert, Obst in den Elbmarschen. Hervorzuheben sind die zahlr. Baumschulen. Fischerei und Fischverarbeitung spielen eine bed. Rolle. Schiffbau und

Schleswig-Holstein
Landeswappen

chem. Ind. sind wichtige Ind.zweige; Bedeutung hat auch die Nahrungs- und Genußmittel-Ind. in Lübeck und Flensburg. Der Fremdenverkehr konzentriert sich auf die Nord- und Ostseebäder sowie die Holsteinische Schweiz.

Geschichte: 1386 erhielten die Schauenburger Grafen, die seit 1110/11 in Holstein regierten, das Hzgt. Schleswig als dän. Lehen. Nach ihrem Aussterben wurde 1460 der dän. König Christian I. Landesherr von Holstein und Schleswig unter der Zusage, daß beide Lande ›ewig ungeteilt‹ zusammenbleiben sollten. Dennoch kam es 1490, 1544, 1564 und 1581 zu Landesteilungen, die schließl. mit einem Kondominium von 2 Fürsten aus dem Hause Oldenburg endeten, von denen einer zugleich König von Dänemark, der andere nur Herzog (Dynastie Gottorf) war. Die Reformation festigte durch die gemeinsame Kirchenverfassung J. Bugenhagens (1537/42) den Zusammenhalt der Herzogtümer. Nach polit. Machtverlust des Adels wurde 1675 der letzte vollständige Landtag der Hzgt. einberufen. Erst 1773 waren die beiden Länder wieder unter einer Krone Teil des dän. Gesamtstaates. Ihre Regierungsorgane unterstanden der Dt. Kanzlei in Kopenhagen. 1806 gliederte der dän. König das herrenlose Holstein ein, trat jedoch 1815 als Hzg. von Holstein und Lauenburg dem Dt. Bund bei. Das Aufkommen nat. und liberaler Ideen führte zu verstärkten Spannungen im Gesamtstaat: Die ›Schleswig-Holsteiner‹ erstrebten den Anschluß beider Hzgt. an das künftige Dt. Reich; die Eiderdänen wollten nur Schleswig fest mit Dänemark verbinden. Als Friedrich VII. am 22. 3. 1848 die Einverleibung Schleswigs in Dänemark anerkannte, kam es zur schleswig-holstein. Erhebung in Kiel, die sich durch das Eingreifen des Dt. Bundes zum Dt.-Dän. Krieg (1848–50) ausweitete. Es folgten der Dt.-Dän. Krieg von 1864 und der Dt. Krieg (1866), die mit der Einverleibung von S.-H. als preuß. Prov. (ab 1876 mit dem Hzgt. Lauenburg, ab 1890 mit Helgoland) endeten. 1920 kam Nordschleswig durch Volksabstimmung an Dänemark. 1946 wurde aus der preuß. Prov. das Land S.-H. gebildet (1950 Verfassung). Regierungsbildende Partei war meist die CDU (Ausnahmen die SPD-Kabinette H. Lüdemann [1947–49] und B. Diekmann [1949/50]). Nachdem der Nachfolger von G. Stoltenberg (1971–82) als Min.Präs., U. →Barschel, zu ungesetzl. Mitteln bei der Bekämpfung des polit. Gegners gegriffen hatte und deshalb zurückgetreten war, konnte die SPD die Neuwahlen 1988 gewinnen und die Regierung unter Min.Präs. B. Engholm bilden.

Schlettstadt (frz. Sélestat), frz. Stadt im Elsaß, Dep. Bas-Rhin, 15 100 E. Museum; u. a. Tabakindustrie. Roman. Kirche Sankt Fides (v. a. 12. Jh., barokkisiert), got. Kirche Sankt Georg (13.–15. Jh.), ehem. Dominikanerinnenkloster mit got. Kirche (13. Jh.). – 728 als merowing. Königsgut erwähnt; von König Rudolf I. zur Reichsstadt, 1292 offiziell zur Stadt erhoben.

Schlettwein, Johann August, * Weimar 1731, † Dahlen bei Neubrandenburg 24. 4. 1802, dt. Nationalökonom. Bedeutendster Vertreter des Physiokrat. Lehre in Deutschland. Hauptwerk: ›Grundfeste der Staaten oder die polit. Ökonomie‹ (1778).

Schleuderball, mit Haar gefüllter Vollball aus kernigem Leder mit einer Schlaufe als Wurfgriff.

Schleudersitz (Katapultsitz), [in Kampf- und Testflugzeugen] mit einem Fallschirm versehener Sitz, mit dem sich der Pilot im Notfall aus der Maschine katapultieren kann.

Schleuse, 1) *Verkehrswasserbau:* wasserbaul. Anlage zur Überführung von Schiffen zw. Gewässern mit verschieden hohen Wasserständen (→Schiffshebewerk). Hauptteil einer S. ist die S.kammer mit den beiden wasserdicht verschließbaren Einfahröffnungen

Heinrich Schliemann

(*S.tore*) im *Ober-* bzw. *Unterhaupt.* Es gibt *Binnen-S.* in Flüssen und Kanälen, *See-S.* in Seekanälen und in Einfahrten sog. S.häfen. Bei der *Kammer-S.* wird das gesamte dem Oberwasser entnommene Füllwasser der S.kammer ins Unterwasser abgegeben, während bei der *Spar-S.* ein Teil in Sparbecken gespeichert und für die nächste Füllung wiederverwendet wird.

2) (*Druck-S.*) hermet. abschließbarer Verbindungsraum zw. zwei Räumen mit unterschiedl. [Luft]druck.

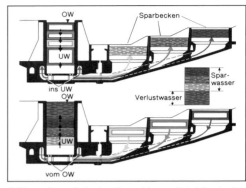

Schleuse: Querschnitt einer Sparschleuse mit drei Sparbecken verschiedener Niveaus. OBEN Entleerung der Schleuse bei Talfahrt; UNTEN Füllung der Schleuse bei Bergfahrt (OW Oberwasser, UW Unterwasser)

Schleyer, Hanns Martin, * Offenburg 1. 5. 1915, † 18. 10. 1977 (ermordet), dt. Manager. Ab 1973 Vorstandsmgl. der Daimler-Benz AG und Präs. der Bundesvereinigung der Dt. Arbeitgeberverbände sowie ab 1977 des Bundesverbandes der Dt. Industrie. Am 5. 9. 1977 von Mgl. der sog. Baader-Meinhof-Bande entführt, um die Freilassung inhaftierter Terroristen zu erpressen, am 19. 10. 1977 ermordet aufgefunden.

Schlichtung, Verfahren zur Bereinigung von Meinungsverschiedenheiten zw. den Parteien des kollektiven Arbeitsrechts. Bei Auseinandersetzungen zw. *Tarifvertragsparteien* kann ein S.verfahren eingeleitet werden, wenn zumindest eine Partei die Tarifverhandlungen für gescheitert erklärt. Bei *innerbetriebl. Auseinandersetzungen* zw. Arbeitgeber und Betriebsrat übernimmt die →Einigungsstelle die Schlichtung.

Schlick, im Meer, in Seen und Überschwemmungsgebieten abgelagertes, v. a. aus Tonpartikeln bestehendes Sediment.

Schliefer (Klippschlieferartige, Klippdachse, Hyracoidea), den Rüsseltieren nahestehende Ordnung nagetierähnl. Säugetiere mit der Fam. *Klippschliefer* (Procaviidae; etwa 40–50 cm körperlang, Schwanz rückgebildet; gesellig lebende, wiederkäuende Pflanzenfresser) in Afrika und SW-Asien; bekannte Gatt. sind *Wüstenschliefer* und *Waldschliefer.*

Schlieffen, Alfred Graf von, * Berlin 28. 2. 1833, † ebd. 4. 1. 1913, preuß. Generalfeldmarschall (seit 1911). 1891–1905 Chef des Generalstabs der Armee. Entwarf den **Schlieffenplan** für den Fall eines Zweifrontenkrieges: Nach einem strateg. Durchbruch in Belgien und Lothringen (Verletzung der belg. und luxemburg. Neutralität) rasche Vernichtung der frz. Streitkräfte, um sich dann gegen Rußland zu wenden.

Schliemann, Heinrich, * Neubukow bei Bad Doberan 6. 1. 1822, † Neapel 26. 12. 1890, dt. Altertumsforscher. Unternahm 1870–82 und 1890 Ausgrabungen in Troja, 1876 in Mykene, 1880–86 in Orchomenos, 1884/85 in Tiryns. Vor Grabungsbeginn systemat. Auswertung der literar. Quellen (S. beherrschte 15 Sprachen), topograph. Erkundung und klärende Untersuchungen mit der Sonde; entwickelte die stratigraph. Methode (→Stratigraphie); bezog v. a. auch Spezialisten anderer Fachbereiche in seine Arbeit ein.

Schlieren, räuml. begrenzte Bereiche in einem homogenen Medium (z. B. Glas, Flüssigkeiten, strömende Gase) mit der Umgebung abweichenden opt. Eigenschaften; S. beruhen auf unterschiedl. Dichte.

Schliersee, 1) Markt-Gem. am N-Ende des Schliersees, Bayern, 6 200 E. Luftkurort.

2) See am N-Rand des Mangfallgebirges, 2 km², bis 40 m tief.

Schließfrucht, aus einem oder mehreren Fruchtblättern gebildete pflanzl. Einzelfrucht, deren Wand sich bei der Reife bzw. Verbreitung nicht sofort öffnet, sondern erst nach ihrer Verrottung die Samen freigibt. →Fruchtformen.

Schließmundschnecken (Clausiliidae), artenreiche Fam. der Landlungenschnecken; mit etwa 5–20 mm langem, spindelförmig hochgetürmtem Gehäuse (rd. 30 Arten in M-Europa); Gehäusemündung mit kalkiger Verschlußplatte.

Schließmuskel, 1) allg. Bez. für Muskeln, deren Kontraktion einen Verschluß an Hohlorganen (z. B. Gallenblase, Magen, After) durch Verengen des Lumens oder an deren Mündung bewirkt.

2) (Schalen-S.) dem Verschluß der beiden Schalenklappen bei den Muscheln dienender Muskel; besitzt außerordentl. Kräfte und die Fähigkeit, über lange Zeiträume hinweg ohne Ermüdungserscheinungen die Kontraktion aufrechtzuerhalten.

Schließzellen, in der Epidermis der oberird. krautigen Teile der Moos-, Farn- und Samenpflanzen gelegene Zellen, die zw. sich einen Spalt (Porus) einschließen; regeln den Gasaustausch und die Transpiration zw. Pflanze und Außenwelt.

Schlingerdämpfungsanlage, Schiffseinrichtung zur Verringerung der Rollbewegungen im Seegang durch *Stabilisierungsflossen, Schlingertanks, Schiffs-* oder *Schlingerkreisel* oder *Schlingerkiel.*

Schlingern, Drehbewegung (Rollen) eines Schiffes um die Längsachse.

Schlingnattern, Gatt. zieml. kleiner, ungiftiger Nattern in Eurasien; umschlingen ergriffene Beutetiere mit ihrem Körper; relativ häufig ist die *Glattnatter,* rd. 75 cm lang, ernährt sich v. a. von Eidechsen.

Schlingpflanzen →Lianen.

Schlitten, Kufenfahrzeug zur Fortbewegung auf Schnee. Der S. besteht aus 2 durch Querstäbe verbundenen Kufen, die beim *Hörner-S.* vorn hörnerartig hochgezogen sind. Eine moderne Bauform stellt der *Motor-S.* dar; Antrieb durch Luftschraube oder Raupenband. S.formen zu sportl. Zwecken sind →Bob und →Rodel.

Schlittschuh, Gerät zur schnellen, leichten Fortbewegung auf dem Eis; ursprüngl. aus Röhrenknochen gefertigt (früheste Belege aus der Hallstattzeit); als Sportgerät zuerst im 17. Jh. in den Niederlanden.

Schlitz, hess. Stadt am Unteren Vogelsberg, 9 400 E. Limnolog. Flußstation des Max-Planck-Instituts. Stadtmauer (um 1400) mit 4 Burgen, außerhalb die z. T. klassizist. umgestaltete Hallenburg.

Schlitzblume (Spaltblume), Gatt. der Nachtschattengewächse mit rd. zehn Arten in Chile; eine Zierpflanze ist die *Gefiederte S.* mit gelben Blüten, roter Fleckenzeichnung und tiefgeteilten Blütenblättern.

Schlöndorff, Volker, * Wiesbaden 31. 3. 1939, dt. Filmregisseur. Internat. bekannt durch Literaturverfilmungen, u. a. ›Der junge Törless‹ (1965, nach R. Musil), ›Die verlorene Ehre der Katharina Blum‹ (1975, nach H. Böll), ›Der Fangschuß‹ (1976, nach M. Yourcenar), ›Die Blechtrommel‹ (1979, nach G. Grass), ›Die Geschichte der Dienerin‹ (1990, nach M. Atwood). →Trotta, M. von.

Schloß, 1) Vorrichtung zur Herstellung einer festen, jedoch lösbaren Verbindung (Verriegelung) zw. einem meist festen und einem bewegl. Teil, insbes. für Türen, die mit Hilfe eines Schlüssels, durch Einstellen bestimmter Buchstaben- bzw. Zahlenkombinationen an verstellbaren Ringen *(Kombinations-S.)* u. a. geöffnet werden sollen. Bei *Türschlössern* unterscheidet man nach der Art der Anbringung das *Kasten-S.* (Anbau-, Aufsetzschloß), bei dem das den Verriegelungsmechanismus enthaltende Gehäuse auf der einen Seite der Tür aufgeschraubt wird, und das *Einsteck-S.,* das in die Stirnseite des Türblattes eingelassen wird. Das *Chubb-S.* besitzt mehrere Zuhaltungen; der Bart des dazugehörigen Schlüssels ist entsprechend gezahnt oder gestuft. Kernstück des *Sicherheits-S.* (Zylinderschloß) ist ein drehbar im Gehäuse gelagerter Zylinder. In geschlossenem Zustand sperren mehrere Stifte (Gehäuse- und Kernstifte) die Trennlinie zw. Zylinder und Gehäuse. In Schließzylindern für *Hauptschlüsselanlagen* sind diese Stifte weiter unterteilt. Moderne Systeme ermöglichen das Öffnen mit *Magnetkarten (Sensorkarten),* die z. B. so programmiert sein können, daß das Öffnen nur zu bestimmten Zeiten möglich ist.

2) *Waffenwesen:* Teil der Handfeuerwaffe, in dem die Patronenzuführung, das Abfeuern und das Auswerfen der Hülse erfolgen.

3) *Baukunst:* Sitz eines weltl. oder geistl. Landesfürsten, auch der Adelsfamilien. Im Unterschied zur mittelalterl. Burg traten beim S. Repräsentation und Wohnlichkeit in den Vordergrund. Vorhandene Burgen wurden unter diesen Gesichtspunkten umgebaut (Fontainebleau, Heidelberg). Um 1500 neuartige italien. Vierflügelanlagen (4 gleichartig gestaltete Trakte umgeben einen Arkadeninnenhof; Ecktürme. Bed. Renaissanceschlösser u. a. auch in Frankreich (Loireschlösser). Mit der im 17. Jh. in Frankreich ausgebildeten Dreiflügelanlage mit offenem Hof (Cour d'honneur), betonten Mittel- und Eckrisaliten, großer Eingangshalle und Empfangsräumen (im Zentrum das [königl.] Schlafgemach) wurde ein neues Vorbild für ganz Europa geschaffen. Das Barock-S. dominiert im allg. einen von großen Achsen geprägten Garten, ggf. auch eine neugegr. Stadt. In Anlehnung an Versailles entstanden die meisten großen europ. Barockresidenzen (Blenheim Castle, Würzburg, Schönbrunn in Wien). In den österr.-böhm. und süddt. S. bildeten das Treppenhaus und der oft zweigeschossige Festsaal das Zentrum.

Schloßen, landschaftl. Bez. für Hagelkörner; **schloßen,** svw. hageln.

Schlot, 1) →Schornstein.

2) *Geologie:* röhrenförmiger Förderkanal von Vulkanen.

Schlözer, August Ludwig von (seit 1804), * Gaggstadt (= Kirchberg an der Jagst) 5. 7. 1735, † Göttingen 9. 9. 1809, dt. Historiker und Philologe. 1769 Prof. für Geschichte in Göttingen; einer der bedeutendsten Historiker der dt. Aufklärung. Schrieb u. a. ›Nestor, Russ. Annalen in ihrer Slavon. Grundsprache ...‹ (5 Teile, 1802–09). Hg. bed. histor. Zeitschriften.

Schluchsee, 5 km² großer, aufgestauter See im S-Schwarzwald.

Schlüchtern, hess. Stadt an der oberen Kinzig, 14 300 E; das ehem. Benediktinerkloster ist von einer Ringmauer umgeben; Reste der frühkaroling. Krypta.

Schluckauf (Schlucksen, Singultus), schnappendes Einatmungsgeräusch, hervorgerufen durch unwillkürl., ruckartiges Zusammenziehen des Zwerchfells und nachfolgende Schließung der Stimmritze.

Schlucken, angeborener, nach der Auslösung unwillkürl., durch das oberhalb des Atemzentrums liegende Schluckzentrum gesteuerter Reflexvorgang

Schlitzblume

(Schluckreflex). Bei Berührung der Gaumenbögen, des Zungengrundes oder der hinteren Rachenwand durch feste oder flüssige Stoffe kommt es zum reflektor. Verschluß der Luftröhre, worauf die Nahrung durch die Schlundmuskulatur in die Speiseröhre gepreßt und durch die peristalt.-wellenförmigen Kontraktionen der Speiseröhrenmuskulatur in den Magen befördert wird.

Schluckimpfung, aktive Immunisierung durch orale Zufuhr eines Lebendimpfstoffs (mit abgeschwächten Erregern).

Schluff, Lockergestein bzw. feinkörnige Bodenart mit Mineralkörnchen von 0,063 bis 0,002 mm Durchmesser.

Schlumberger, Jean ['ʃlɶmbɛrɡər; frz. ʃlæbɛr'ʒe, ʃlɔ̃..., ʃlum...], *Gebweiler 26. 5. 1877, †Paris 25. 10. 1968, frz. Schriftsteller. Trat bes. mit psycholog. Romanen hervor, u. a. ›Unruhige Vaterschaft‹ (1913); auch Dramatiker und Essayist.

Schlumpf, Leon, *Felsberg (Kt. Graubünden) 3. 2. 1925, schweizer. Politiker (SVP). 1966–74 Regierungsrat in Graubünden und Nationalrat, 1974–79 Ständerat; 1980–87 Bundesrat (Verkehrs- und Energiewirtschaftsdepartement), 1984 Bundespräsident.

Schlund, svw. → Pharynx.

Schlupf, das Zurückbleiben des angetriebenen Teils gegenüber dem antreibenden Teil, z. B. bei Reibradgetrieben oder Riemenantrieb.

Schlupfwespen (Ichneumonidae), weltweit verbreitete Fam. der Hautflügler mit rd. 20 000 bekannten Arten (in M-Europa rd. 3 000 Arten); Körper bis 5 cm lang, Weibchen mit langem Legebohrer; überwiegend dunkel, oft jedoch mit gelber Zeichnung; Larven leben als Innen- oder Außenparasiten ausschließl. bei anderen Gliederfüßern, v. a. Schmetterlingsraupen.

Schluß, in der *Logik* der gemäß einer *S.regel* vollzogene Übergang von einer Reihe von Aussagen (Prämissen) zu einer weiteren Aussage (Konklusion) in S. ist berechtigt oder gültig, wenn die Wahrheit der Prämissen auch die Wahrheit der Konklusion verbürgt. → Syllogismus.

Schlüssel, 1) Instrument zum Betätigen von Schlössern (→ Schloß).
2) *Nachrichtentechnik* und *Datenverarbeitung:* Teil eines Codes, der den Zugriff auf eine verschlüsselte (codierte) Nachricht, auf eine Informationseinheit u. a. ermöglicht.
3) svw. → Schraubenschlüssel.

Schlüssel 4): 1 Sopran-, 2 Mezzosopran-, 3 Alt-, 4 Tenor-, 5 Baritonschlüssel; 6 Bariton-, 7 Baß-, 8 Subbaßschlüssel; 9 französischer Violinschlüssel; 10 Violinschlüssel

4) *Musik:* (Noten-S.) ein stilisierter Tonbuchstabe zu Beginn eines Liniensystems, der die Tonhöhen der einzelnen Noten fixiert, v. a. in den Formen von C-, F- und G-Schlüssel; gebräuchlich sind v. a. Violin-, Baß- und Altschlüssel.

Schlüsselbein (Clavicula), stabförmiger, mehr oder weniger gekrümmter, jederseits zw. Brustbein und Schulterblatt (mit jeweils gelenkiger Verbindung) verlaufender Knochen des Schultergürtels der meisten Wirbeltiere; dient als Abstützung des Schulterblatts. Beim *Menschen* ist das S. 12–15 cm lang.

Schlüsselblume, volkstüml. Bez. für die Frühlingsschlüsselblume (→ Primel).

Schlüsselgewalt, 1) *Zivilrecht:* die unabhängig von den jeweiligen Güterständen jedem Ehegatten im Rahmen einer gemeinsamen Haushaltsführung zustehende Berechtigung, Rechtsgeschäfte zur angemessenen, d. h. den Lebensverhältnissen entsprechenden Deckung des Lebensbedarfs der Familie (z. B. Kauf von Lebensmitteln und Hausrat) mit Wirkung auch für den anderen Ehegatten zu besorgen.
2) *kath. Theologie:* Begriff für die von Matth. 16, 19 hergeleitete Kirchengewalt.

Schlüsselliteratur, literar. Werke, in denen meist zeitgenöss. Personen und Ereignisse mit deutl. Realitätsbezug unter fiktiven Namen mehr oder weniger erkennbar dargestellt werden, u. a. ›Der aufhaltsame Aufstieg des Arturo Ui‹ (1940/41, gedr. 1957) von Brecht.

Schlüsselreiz, spezif. Informationsreiz in Gestalt eines Form-, Farb-, Duft- oder Lautmerkmals, der ein bestimmtes, insbes. instinktives Verhalten in Gang setzt.

Schlüsselzuweisungen, im Rahmen des Finanzausgleichs zw. Bund, Ländern und Gemeinden nach Verteilungsschlüsseln (wie z. B. Einwohnerzahl) ermittelte Zuweisungen an einzelne Gebietskörperschaften.

Schlüssigkeit, im Prozeß die Begründetheit des mit der Klage erhobenen Anspruchs, wenn der Tatsachenvortrag des Klägers als richtig unterstellt wird.

Schlußrechnung → Dreisatzrechnung.

Schlußstein, der den Scheitel eines Bogens schließende Stein oder der Stein im Hauptknotenpunkt eines Rippengewölbes.

Schlußverkauf (Saisonschlußverkauf), gewerbsmäßiger Verkauf zu herabgesetzten Preisen an allg. festgelegten Zeitpunkten (Winter-S., Sommer-S.).

Schlüter, Andreas, *Danzig (?) um 1660, †Moskau oder Petersburg 1714, dt. Bildhauer und Baumeister. Hofbildhauer in Berlin, u. a. Reiterdenkmal des Großen Kurfürsten (Modell 1697–99; Bronzeguß 1700; Sklaven 1702–09; heute im Ehrenhof von Schloß Charlottenburg). 1698–1707 leitete er den Umbau des Berliner Schlosses (Kriegsruine, 1950 gesprengt); bes. berühmt war das Treppenhaus. 1696 entstanden die Schlußsteinreliefs am Zeughaus (u. a. 22 Masken sterbender Krieger).

Schlüter, Poul [dän. 'ʃly:dər], *Tondern 3. 4. 1929, dän. Politiker. Rechtsanwalt; seit 1964 Abg. im Folketing; 1974–82 Fraktionsführer; seit Sept. 1982 Min.-Präs. einer Minderheitsregierung.

Schmalböcke, Unterfam. der Bockkäfer mit zahlr. einheim. Arten, u. a. die 11 bis 19 mm lange *Vierstreifen-S.* (schwarz mit 4 gelben Querbinden auf den Flügeldecken; häufig auf Blüten).

Schmalfilm, Filmmaterial, dessen Breite von der des Normalfilms (35 mm) abweicht (z. B. 16-mm-, 8-mm-Film).

Schmalkalden (amtlich Kurort S.), Kreisstadt am SW-Abfall des Thüringer Waldes, Thüringen, 17 600 E. Herstellung von Präzisionswerkzeugen. Spätgotische Stadtkirche Sankt Georg (1437–1509), spätgotisches Rathaus (15. und 20. Jh.), Hessenhof (1551–53; umgestaltet); Renaissanceschloß Wilhelmsburg (1585–90; heute Museum), weitgehend erhaltene Stadtbefestigung. – 874 erstmals gen.; 1227 als Stadt bezeichnet.

Schmalkaldische Artikel, für den Schmalkald. Bund verfaßte Bekenntnisschrift Luthers (1536) über die grundlegenden Aussagen des christl. reformator. Glaubens; 1580 in das Konkordienbuch aufgenommen.

Schmalkaldischer Bund, 1531 in Schmalkalden geschlossener Bund ev. Reichsstände unter Führung

Kursachsens und Hessens; ermöglichte die friedl. Ausbreitung der Reformation und bot Philipp I. von Hessen die Möglichkeit zur gewaltsamen Rückführung Hzg. Ulrichs von Württemberg (1534). Bundeswidriges Verhalten einzelner Reichsstände führte Anfang der 1540er Jahre zur Schwächung des Bundes, dessen Schicksal im **Schmalkaldischen Krieg** 1546/47 mit der Gefangennahme Kurfürst Johann Friedrichs I. von Sachsen (Schlacht bei Mühlberg, 25. 4. 1547) und Landgraf Philipps I. von Hessen (Halle, 19. 6. 1547) besiegelt wurde.

Schmallenberg, Stadt an der Lenne, NRW, 24 500 E. Luftkurort. Geschlossenes Stadtbild schiefergedeckter Fachwerkhäuser.

Schmalnasen (Altweltaffen, Catarrhina), rein altweltl. Gruppe der Affen mit zwei Überfam. (Hundsaffen und Menschenartige) in Afrika (einschließl. Magot auf den Felsen von Gibraltar) und in S-Asien; mit schmaler Nasenscheidewand und dicht beieinander stehenden, nach vorn gerichteten Nasenlöchern.

Schmalte (Smalte) [italien.], zum Blaufärben von Glasflüssen (Herstellung von sog. *Kobaltglas*) verwendetes blaues Silicatglas aus Quarzsand, Pottasche und 2–7 % Kobalt(II)-oxid.

Schmaltier, weidmänn. Bez. für junges weibl. Rot-, Elch- oder Damwild im zweiten Lebensjahr bis zur ersten Begattung.

Schmalz, aus tier. Fettgeweben gewonnenes Fett von relativ weicher, etwas körniger Konsistenz; v. a. Schweineschmalz (z. B. aus Flomen und Gekrösefett) und Gänseschmalz.

Andreas Schlüter: Reiterdenkmal des Großen Kurfürsten; 1696–1709 (Berlin, Ehrenhof von Schloß Charlottenburg)

Schmalzblume, volkstüml. Bez. für verschiedene Pflanzenarten, v. a. für gelbblühende Arten wie Sumpfdotterblume, Trollblume, Scharbockskraut.

Schmalzüngler (Engzüngler, Neuschnecken, Stenoglossa, Neogastropoda), seit der Kreidezeit bekannte Unterordnung fast ausschließl. in Meeren lebender Vorderkieferschnecken mit rd. 16 000 Arten (u. a. Kegel-, Purpurschnecken).

Schmarotzer, svw. → Parasiten.

Schmätzer (Saxicolinae), Unterfam. etwa buchfinkengroßer Drosseln mit rd. 50 Arten, v. a. in Afrika und Eurasien; u. a. *Braunkehlchen* (etwa 12 cm groß), *Schwarzkehlchen* (bis 12 cm lang, Männchen oberseits schwarz, unterseits weiß und orangefarben) und die Gatt. *Steinschmätzer* mit 17 Arten.

Schmeißfliegen (Calliphoridae), rd. 1 500 Arten umfassende, weltweit verbreitete Fam. der Zweiflügler (→ Deckelschlüpfer); u. a. die metall. blauen, bis 14 mm großen *Blauen S.* (Brummer) und die etwa stubenfliegengroßen, goldgrün glänzenden *Goldfliegen*. S. sind häufig Aasfliegen und finden sich oft an tier. und menschl. Exkrementen sowie an Nahrungsmitteln; übertragen Krankheitskeime.

Schmeißfliegen: Blaue Schmeißfliege

Schmeling, Max, * Klein Luckow bei Strasburg 28. 9. 1905, dt. Berufsboxer. 1930–32 Weltmeister im Schwergewicht.

Schmelz (Zahnschmelz) → Zähne.

Schmelze, Stoff in geschmolzenem Zustand, z. B. Metall-, Salzschmelze.

Schmelzen, der Übergang eines Stoffes aus dem festen in den flüssigen Aggregatzustand durch Zufuhr einer bestimmten Wärmemenge (Schmelzwärme). Bei kristallinen Substanzen zerfällt das Kristallgitter bei einer bestimmten, nur vom Druck abhängigen sog. *Schmelztemperatur* (Schmelzpunkt). Stoffgemenge und v. a. amorphe Stoffe (z. B. Glas) schmelzen innerhalb eines mehr oder weniger großen Temperaturintervalls.

Schmelzflußelektrolyse, elektrolyt. Abscheidung eines Metalls aus einem geschmolzenen Gemisch von Salzen dieses Metalls; v. a. zur Gewinnung von Alkali- und Erdalkalimetallen, Aluminium und Titan.

Schmelzöfen, in Hüttenwerken, Gießereien und Halbzeugbetrieben verwendete Ofentypen, deren Auswahl von der Art der Metalle, der Höhe ihrer Schmelz- und Gießtemperatur u. a. abhängt. Die Beheizung erfolgt mit Öl, Gas oder elektr. Energie. Zum Umschmelzen und Legieren von Stahl dienen *Elektroöfen*. Bei den *Induktionsöfen* erfolgt die Erwärmung induktiv unter dem Einfluß eines magnet. Wechselfeldes, bei den *Lichtbogenöfen* durch die Wärmeeinwirkung eines Lichtbogens.

Schmelzpunkt (Fließpunkt, Fusionspunkt), die Temperatur, bei der eine Substanz aus dem festen in den flüssigen Aggregatzustand übergeht.

Schmer, svw. → Flomen.

Schmerlen (Cobitidae), Fam. etwa 3–30 cm langer Knochenfische mit rd. 200 Arten in Süßgewässern Eurasiens; vorwiegend Bodenfische mit kleinen, von der Haut überdeckten Schuppen.

Schmerling, Anton Ritter von, * Wien 23. 8. 1805, † ebd. 23. 5. 1893, österr. Politiker. Führer der großdt. Richtung in der Frankfurter Nationalversammlung 1848/49; 1849–51 österr. Justiz-Min.; 1860 Staats-Min. (Regierungschef; bis 1865); Übergang vom Neoabsolutismus zum Liberalismus josephin. Prägung.

Schmerling (Körnchenröhrling), in Kiefernwäldern häufig vorkommender, mittelgroßer, schmackhafter Pilz (Röhrling); mit leuchtend braungelbem Hut.

Schmerz (Schmerzsinn, Nozizeption, Dolor), durch bestimmte äußere oder innere Reize (S.reize, nozizeptive Reize) ausgelöste unangenehme Empfindung beim Menschen und bei vielen (bes. höheren) Tieren. S. informiert v. a. über Bedrohungen des Organismus, indem er auf gewebsschädigende Reize (Noxen) anspricht und den Organismus so vor Dauerschäden bewahrt. Als *Eingeweide-S.* (viszeraler S.) wird eine S.empfindung bezeichnet, die durch die rasche und/oder starke Dehnung innerer Hohlorgane oder durch starke Kontraktionen (Spasmen) glattmuskeliger Organe, bes. im Zusammenhang mit einer Unterbrechung der Durchblutung, ausgelöst wird. Somat. S. geht als *Oberflächen-S.* von der Haut und als *Tiefen-S.* von Muskeln, Knochen oder Gelenken aus. Oberflächen-S. ist teilweise von hellem, ›schnei-

Schmätzer: Eurasischer Steinschmätzer; Männchen (Körperlänge 15 cm)

dendem‹ Charakter und gut zu orten, andernteils wird er als dumpf empfunden, ist schlecht zu lokalisieren und dauert länger an. Ähnl. wie dieser sind auch der Tiefen-S. und der Eingeweide-S. dumpf, schlecht lokalisierbar und können in die Umgebung ausstrahlen.

Schmerzensgeld, Entschädigung in Geld für einen immateriellen Schaden im Falle der Verletzung des Körpers oder der Gesundheit sowie im Falle der Freiheitsentziehung durch unerlaubte Handlung.

Schmerzensmann, Darstellung des leidenden Christus; →Andachtsbild des 14. bis Mitte des 15. Jahrhunderts.

Schmerzklinik, Kliniken, in denen Fachärzte verschiedener Bereiche zusammenarbeiten, um die jeweiligen Ursachen eines chron. Schmerzzustandes zu klären und gezielt zu behandeln.

schmerzstillende Mittel, i. w. S. alle die Schmerzempfindung lindernden und beseitigenden Arzneimittel, einschließl. der örtl. wirkenden bzw. die Schmerzleitung unterbrechenden Stoffe; i. e. S. die zentral (im Bereich des Gehirns) wirkenden schmerzlindernden Arzneimittel oder *Analgetika.* Zu den *stark wirksamen Analgetika* gehört Morphin. Zu den *schwach wirksamen Analgetika* gehören die Salicylsäurederivate (z. B. Acetylsalicylsäure), die Pyrazolon-, Indol- und Pyrazolidinderivate (z. B. Aminophenazon) und die Anilinderivate (z. B. Paracetamol).

Schmetterlinge (Schuppenflügler, Falter, Lepidoptera), seit der oberen Trias bekannte, heute mit mehr als 150 000 Arten weltweit verbreitete Ordnung etwa 0,3 bis 30 cm spannende Insekten (davon 3 000 Arten in M-Europa) mit vollkommener Metamorphose; gekennzeichnet durch dachziegelartig überlappende, feine Schuppen auf den beiden Flügelpaaren und durch Umbildung der Mundteile zu einem in Ruhestellung nach unten eingerollten Saugrüssel; Kopf mit einem Paar meist großer Facettenaugen; zw. den Augen ein Paar Fühler als Träger des hochentwickelten Geruchsinnes sowie des Tast- und Erschütterungssinnes; am letzten Brust- oder am ersten Hinterleibssegment auf Ultraschall ansprechende Hörorgane; Vorder- und Hinterflügel meist durch Bindevorrichtungen gekoppelt (synchrones Schlagen); artcharakterist. Zeichnungs- und Farbmuster kommen durch spezif. Anordnung farbiger Flügelschuppen zustande. – S. sind überwiegend von Nektar, Honig und Obstsäften lebende Säftesauger. – Zu den S. gehören u. a. Ritterfalter, Weißlinge, Edelfalter, Bläulinge, Dickkopffalter, Augenspinner, Wickler und Zünsler.

Schmetterlingsblütler (Fabaceae, Papilionaceae, Papilionazeen), weltweit verbreitete Pflanzenfam. aus der Ordnung der Hülsenfrüchtler mit rd. 9 000 Arten in annähernd 400 Gatt.; in den Tropen meist holzige, in den außertrop. Gebieten überwiegend krautige Pflanzen mit *Schmetterlingsblüten.* Diese bestehen aus einem fünfblättrigen, verwachsenen Kelch und fünf verschieden gestalteten Blumenblättern. Frucht ist eine in zwei Hälften aufspringende Hülse oder eine in einzelne Teilstücke zerfallende Gliederhülse; Samen mit harter Schale und mächtig entwickelten Keimblättern, die Stärke, Eiweiß und Fett enthalten. – Bekannte S. sind z. B. Klee, Luzerne, Erbse, Linse, Gartenbohne, Sojabohne, Erdnuß, Goldregen, Ginster.

Schmetterlingsschwimmen →Schwimmen.

Schmetterlingsstrauch (Falterblume, Fliederspeer, Sommerflieder, Buddleja), Gatt. der *Buddlejaceae* mit über 100 Arten in den Tropen und Subtropen; Sträucher mit meist behaarten Blättern und röhrenförmigen Einzelblüten in meist großen Blütenständen; z. T. Gartenziersträucher.

Schmid, Carlo [ʃmiːt, ʃmɪt], * Perpignan 3. 12. 1896, † Bonn 11. 12. 1979, dt. Politiker. Rechtsanwalt,

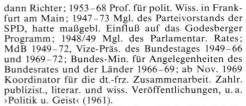

dann Richter; 1953–68 Prof. für polit. Wiss. in Frankfurt am Main; 1947–73 Mgl. des Parteivorstands der SPD, hatte maßgebl. Einfluß auf das Godesberger Programm; 1948/49 Mgl. des Parlamentar. Rates; MdB 1949–72, Vize-Präs. des Bundestages 1949–66 und 1969–72; Bundes-Min. für Angelegenheiten des Bundesrates und der Länder 1966–69; ab Nov. 1969 Koordinator für die dt.-frz. Zusammenarbeit. Zahlr. publizist., literar. und wiss. Veröffentlichungen, u. a. ›Politik u. Geist‹ (1961).

Schmidt, 1) **Arno,** * Hamburg 18. 1. 1914, † Celle 3. 6. 1979, dt. Schriftsteller. Wurde u. a. mit J. Joyce verglichen; schrieb (gegen dt. Klassiker gerichtete) Erzählungen und Romane, in denen er unter deutl. Einbeziehung von Zitaten assoziationsreich (oft mit höchst kom. Wirkung) mit Sprache und Erzählformen jongliert, u. a. indem Bewußtseinsprozesse in ›Foto-Technik‹ aufgezeichnet werden; bes. bekannt ist der Roman ›Zettels Traum‹ (1970). Auch Essays (›Der Triton mit dem Sonnenschirm‹, 1969); bed. Übersetzer. – *Weitere Werke:* Leviathan (En., 1949), Die Gelehrtenrepublik (R., 1957), Kaff auch Mare Crisium (1960), Abend mit Goldrand (1975).

2) **Auguste,** * Breslau 3. 8. 1833, † Leipzig 10. 6. 1902, dt. Pädagogin und Frauenrechtlerin. Mitbegründerin des Allg. Dt. Frauenvereins 1865, des Vereins Dt. Lehrerinnen und Erzieherinnen 1869 und des Allg. Dt. Lehrerinnen-Vereins 1890; 1894 Vors. des Bundes Dt. Frauenvereine.

3) **Helmut,** * Hamburg 23. 12. 1918, dt. Politiker. Volkswirt; seit 1946 Mgl. der SPD; ab 1958 Mgl. des Parteivorstands, 1967 des Präsidiums, 1968–84 stellv. Vors. der SPD. MdB 1953–62 und 1965–87; Hamburger Innensenator 1961–65; 1967–69 Vors. der SPD-Bundestagsfraktion; 1969–72 Verteidigungs-Min., 1972 Wirtschafts- und Finanz-Min., 1972–74 Finanz-Min.; nach dem Rücktritt von Bundeskanzler W. Brandt am 16. 5. 1974 zum Bundeskanzler gewählt; durch seine energ., v. a. von der Bewältigung wirtschafts- und innenpolit. Probleme geprägte Amtsführung erwarb S. sich hohes Ansehen im In- und Ausland, blieb aber innerhalb seiner Partei umstritten. S. wurde am 1. 10. 1982 als Bundeskanzler durch ein konstruktives Mißtrauensvotum von CDU/CSU und Teilen der FDP gestürzt. Seit 1983 Mit-Hg. der Wochenzeitung ›Die Zeit‹.

Schmidt-Rottluff, Karl, eigtl. K. Schmidt, * Rottluff (= Chemnitz) 1. 12. 1884, † Berlin (West) 10. 8. 1976, dt. Maler und Graphiker des Expressionismus. Mitbegründer der ›Brücke‹ (1905) in Dresden; ging 1911 nach Berlin; elementare Vereinfachung der Formen, leuchtende, plakathafte Farbflächen (Figurenbilder, Akte, Landschaften, Bildnisse und Stilleben); bed. seine auf großflächige Schwarzweißkontraste konzentrierten Holzschnitte.

Schmidt-Spiegel (Schmidt-Spiegelteleskop), von dem estn. Optiker Bernhard Schmidt (* 1879, † 1935) entwickeltes Spiegelteleskop mit großem Gesichtsfeld und hoher Lichtstärke. Beim S.-S. treffen die Strahlen nach Durchdringen einer asphär. Korrektionsplatte *(Schmidt-Platte)* auf einen sphär. Spiegel und werden so reflektiert, daß das Bild auf einer zur Spiegelfläche konzentr. Kugelfläche *(Fokalfläche)* entsteht, deren Radius gleich der Brennweite des Spiegels ist. Bei photograph. Aufnahmen mit einer sog. *Schmidt-Kamera* wird die entsprechende gewölbte Photoplatte in dieser Bildfläche angeordnet.

Schmied, einer der ältesten Handwerksberufe (seit der Eisenzeit), heute v. a. Industrieberuf mit dreijähriger Lehrzeit, Gesellen- bzw. Facharbeiter- und Meisterprüfung. – Bes. dem Waffen- und Gold-S. wurden in Sage und Dichtung mag. Kräfte zugeschrieben. Noch im MA hatte der S. das Recht, Asyl zu gewähren und Ehen zu schließen.

Arno Schmidt

Helmut Schmidt

Carlo Schmid

Schmiedearbeiten, durch Schmieden gefertigte Geräte aus Eisen, neben Werkzeugen und großem Gerät auch *Kunstschmiedearbeiten,* v. a. Beschläge, Gitter, Rüstungen und Waffen; auch Aushängeschilder, Grabbronze.

Schmieden, Verfahren der Warmformung, bei dem der im Schmiedefeuer, im Schmiedeofen oder elektr. durch Induktion auf die erforderl. Temperatur vorgewärmte metall. Werkstoff durch Schmiedehämmer, Schmiedepressen und/oder weitgehend automat. arbeitende Schmiedemaschinen verformt wird.

Schmiele, Gatt. der Süßgräser mit rd. 50 Arten in den gemäßigten Gebieten der N-Halbkugel; ausdauernde, meist dichte Horste bildende Gräser; u. a. in trockenen Kiefernwäldern und auf Heidewiesen die bis 1 m hohe *Drahtschmiele* (Flitter-S., Wald-S.), auf Wiesen und Flachmooren die *Rasenschmiele* (Goldschmiele).

Schmierfette, pastenartige oder flüssige kolloidale Dispersionen von Metallseifen in Schmierölen, z. T. mit Zusätzen (z. B. Molybdändisulfid für Hochdruck-S.); zur Schmierung von Gleit- und Wälzlagern.

Schmierläuse (Wolläuse, Pseudococcidae), Fam. der Schildläuse mit über 1 000 Arten (davon über 50 in M-Europa); 3–6 mm lang, meist mit mehligem oder fädigem Wachs bedeckt; z. T. Pflanzenschädlinge, z. B. die *Gewächshausschmierlaus.*

Schmierling (Gelbfuß), Gatt. der Blätterpilze mit dicken, den Stiel herablaufenden Lamellen, schwarzbraunen Sporen und dickem, schleimigem Schleierrest. Bekannte Speisepilze sind das *Kuhmaul* (Großer S.) und der *Kupferrote Schmierling.*

Karl Schmidt-Rottluff: ›In der Dämmerung‹; 1912 (Privatbesitz)

Schmieröle, flüssige, mehr oder weniger viskose Schmiermittel, eingeteilt u. a. in Motoren-, Kompressoren- und Kältemaschinenöle. Neben den aus Erdöl gewonnenen *Mineralölen* spielen *synthet. Kohlenwasserstofföle* (z. B. Polyäthylenöle) und *Polyesteröle* sowie *Siliconöle* eine große Rolle. → HD-Öle.

Schmierung, Schmiermittelversorgung von Maschinenteilen, die sich in gleitendem Kontakt gegeneinander bewegen; zur Verschleißminderung und Kühlung.

Schminke, Mittel zum Färben der (Gesichts)haut, Lippen, Augenbrauen o. ä.; zur Schönheitspflege und bes. in der Schauspielkunst verwendet.

Schmirgel (Smirgel) [italien.] → Korund.

Schmitt, Carl, * Plettenberg 11. 7. 1888, † ebd. 7. 4. 1985, dt. Staatsrechtler. Prof. in Greifswald, Bonn, Köln und Berlin (1933–45). Führender Staatsrechtler; aus seiner Ablehnung der Parteienzersplitterung in der Weimarer Republik entwickelte sich seine v. a. in den ersten Jahren des Dritten Reiches ausgeprägte Rechtfertigung der nat.-soz. Herrschaft. In seiner ebenso einflußreichen wie problemat. Staatslehre (u. a. ›Verfassungslehre‹, 1928, ›Legalität und Legitimität‹, 1932) reduzierte S. in seiner *Freund-Feind-Theorie* das Politische auf die Alternative ›Selbstbehauptung oder Untergang‹.

Schmitz, Richard, * Müglitz (= Mohelnice bei Olmütz) 14. 12. 1885, † Wien 27. 4. 1954, österr. Politiker (Christlichsoziale Partei). Journalist; zw. 1922 und 1934 mehrfach Min.; 1934–38 Bürgermeister von Wien; 1938–45 im KZ.

Schmoller, Gustav von (seit 1908), * Heilbronn 24. 6. 1838, † Bad Harzburg 27. 6. 1917, dt. Nationalökonom. Mgl. des preuß. Staatsrats (ab 1884); Begründer der jüngeren histor. Schule der Nationalökonomie, die der histor. Forschung den Vorrang vor der Bildung von theoret. Modellen gab; Mitbegründer (1872) und Leiter (ab 1890) des ›Vereins für Socialpolitik‹.

Schmuck, Verschönerung, Verzierung; schmückende Gegenstände. Neben sozialer und erot. Bed. hat der S. oft auch mag. Funktion (Amulette). Bevorzugt: Edelmetalle, Edelsteine, Perlen, geschnittene Steine, Glasfluß. In einigen Kulturen folgt der S. der Stilentwicklung der Kunst.

Schmücke → Hainleite.

Schmuckkörbchen (Kosmee), Gatt. der Korbblütler mit rd. 30 Arten v. a. in Mexiko; mit großen, an der Spitze gezähnten Strahlenblüten; z. T. beliebte Sommergartenblumen und Schnittblumen.

Schmucklilie (Liebesblume), Gatt. der Liliengewächse mit rd. zehn Arten in Südafrika, mit zahlr. trichterförmigen, blauen Blüten auf langem Schaft.

Schmuckschildkröten, Gatt. der Sumpfschildkröten mit 8 Arten und zahlr. Unterarten, verbreitet in ganz Amerika; Panzer etwa 20–40 cm lang, oft leuchtend bunt gezeichnet.

Schmucksteine, Sammelbez. für alle zur Herstellung von Schmuck verwendeten nichtmetall., durch schönes Aussehen hervorstechenden Materialien (›Steine‹). S. sind überwiegend natürl. vorkommende, z. T. auch synthet. *Minerale.* Daneben werden einige *Gesteine,* u. a. Abarten von Marmor (z. B. Onyxmarmor), Diorit, Syenit, Gips (z. B. Alabaster) sowie einzelne Gesteinsgläser (z. B. Obsidian) verwendet, ferner *Materialien organ. Ursprungs* wie Bernstein, Gagat (Jet), die Skelettsubstanzen der Korallen, Elfenbein, Perlmutter, z. T. auch Fossilien. Die als S. verwendeten Minerale wurden früher meist in die Gruppen der bes. klaren, harten *Edelsteine* und der vielfach undurchsichtigen und weniger wertvollen *Halbedelsteine* unterteilt; heute faßt man sie unter dem Begriff S. zusammen. Die wichtigste opt. Eigenschaft der S. ist die *Farbe;* sie ist entweder durch Zusammensetzung der Minerale bedingt oder wird durch farbgebende Substanzen verursacht, z. B. Verbindungen von Chrom, Eisen, Kobalt, Kupfer u. a. Neben der Farbe ist v. a. die *Transparenz* ein wichtiges Charakteristikum; man unterscheidet durchsichtige, durchscheinende und undurchsichtige Steine. Weitere Eigenschaften der S. sind der auf Reflexion bzw. Totalreflexion des Lichts beruhende *Glanz* sowie das durch Dispersion des Lichts bewirkte *Feuer.* Unter den mechan. Eigenschaften spielen v. a. die Härte und die Spaltbarkeit eine Rolle. S. werden meist durch Schleifen in geeignete Form gebracht.

Schmuggel, Hinterziehung von Zollabgaben; wird mit Freiheitsstrafe von 3 Monaten bis zu 5 Jahren bestraft.

Schnabel, 1) Artur, * Lipnik bei Oppeln 17. 4. 1882, † Morschach bei Schwyz 15. 8. 1951, österr. Pianist. Bed. Klaviervirtuose; auch Komponist.

Ernst Schnabel

2) Ernst, * Zittau 26. 9. 1913, † Berlin (West) 25. 1. 1986, dt. Schriftsteller. Schrieb Romane (u. a. ›Der sechste Gesang‹, 1956) und Erzählungen (u. a. ›Auf der Höhe der Messingstadt‹, 1979). Als Rundfunkautor gab S. dem Feature dichter. Rang; auch Drehbuchautor und Librettist (›Das Floß der Medusa‹, 1969, Oratorium von H. W. Henze).

3) Johann Gottfried, Pseud. Gisander, Gysander, * Sandersdorf bei Bitterfeld 7. 11. 1692, † Stolberg/ Harz nach 1750, dt. Schriftsteller. Bes. bekannt ist seine als R. erschienene Staats- und Sozialutopie ›Wunderl. Fata einiger Seefahrer‹ (1731–43; 1828 hg. u. d. T. ›Die Insel Felsenburg‹).

Schnabel, 1) *Zoologie:* (Rostrum) Bez. für die bes. ausgebildeten, mit Hornschneiden bewehrten Kiefer bei verschiedenen Wirbeltieren, v. a. den Vögeln, als Ersatz für entwicklungsgeschichtl. nicht mehr vorhandene Zähne. Bei den Vögeln dient der S. hauptsächl. als Greifwerkzeug zur Aufnahme bzw. zum Abreißen, Abschneiden der Nahrung und zum Nestbau. Bei vielen Vögeln ist die Oberschnabelwurzel von einer weichen, meist gelbl. oder auch lebhaft gefärbten Haut, der *Wachshaut*, bedeckt. Die Substanz der Hornschneiden wächst ständig nach, so daß die abgenutzten Stellen laufend ersetzt werden. – S.bildungen finden sich u. a. auch bei Schildkröten, beim Schnabeltier und Ameisenigel.

2) *Instrumentenkunde:* Mundstück von Klarinette, Saxophon und Blockflöte (Schnabelflöte).

Schnabelfliegen (Schnabelhafte, Mecoptera), rd. 300 Arten umfassende, weltweit verbreitete Ordnung 2,5–40 mm langer Insekten (davon neun Arten in M-Europa, u. a. die Skorpionsfliegen); mit senkrechtem, schnabelartig verlängertem Kopf.

Schnabelflöte, Längsflöte mit → Schnabel; i. e. S. svw. → Blockflöte.

Schnabeligel, svw. → Ameisenigel.

Schnabelkerfe (Halbflügler, Rhynchota), Überordnung der Insekten mit den beiden Ordnungen Wanzen und Gleichflügler; mit in einem ›Schnabel‹ vereinigten, stechend-saugenden Mundwerkzeugen.

Schnabelschuhe, absatzlose Halbschuhe mit nach vorn verlängerter, oft aufgebogener, mit Werg ausgestopfter Spitze; an oriental. Vorbildern orientierte Mode v. a. im 14./15. Jahrhundert.

Schnabeltier, bis etwa 45 cm langes (einschließl. des abgeplatteten Schwanzes rd. 60 cm messendes) Kloakentier, v. a. an Ufern stehender und fließender Süßgewässer O-Australiens und Tasmaniens; Füße mit Schwimmhäuten; mit breitem, zahnlosem Hornschnabel. – Das S. ernährt sich von im Wasser lebenden Würmern, Schnecken, Muscheln und Krebsen.

Schnabelwale (Spitzschnauzendelphine, Ziphiidae), Fam. der Zahnwale mit rd. 15 etwa 4,5 bis knapp 13 m langen Arten; Schnauze schnabelartig verlängert.

Schnaderhüpfl (Schnadahüpfl) [...pfəl], volkstüml. einstrophiges Scherzlied in den dt.sprachigen Alpengebieten.

Schnaken (Erdschnaken, Schnauzenmücken, Tipulidae), mit 12 000 Arten weltweit verbreitete Fam. schlanker, großer Mücken; Kopf schnauzenförmig verlängert; Fühler und Beine lang und dünn; können nicht stechen oder Blut saugen (regional unterschiedl. werden Stechmücken auch ›S.‹ genannt). Die Larven können an Kulturpflanzen schädlich werden.

Schnäpel [niederdt.] (Blaunase), bis 50 cm langer Lachsfisch (Gatt. → Felchen).

Schnapphahn, im MA ein [berittener] Wegelagerer.

Schnappschildkröten (Chelydridae), Fam. bis 75 cm panzerlanger Schildkröten mit zwei Arten, v. a. in Süßgewässern S-Kanadas bis Ecuadors; neben der *Alligatorschildkröte* (Geierschildkröte, mit hakenför-

migen Kiefern; bis 75 cm lang) die *Gewöhnl. Schnappschildkröte* (20–30 cm lang; Gewicht gewöhnlich bis rd. 15 kg).

Schnarchen, während des Schlafens beim Atmen durch den Mund auftretendes Geräusch; entsteht durch Vibration des entspannten Gaumensegels bei zurückgesunkener Zunge.

Schnauzer (Mittel-S., Rauhhaarpinscher), Rasse kräftiger, 40–50 cm schulterhoher Haushunde mit gedrungenem, quadrat. Rumpf und kennzeichnendem kräftigem Schnauzbart; Haar drahtig, rauh, schwarz oder grau (›Pfeffer-und-Salz‹); lebhafter Wach- und Begleithund.

Schnecke, 1) *Zoologie:* → Schnecken.

2) *Musikinstrumente:* die geschnitzte Krönung des Wirbelkastens von bestimmten Streichinstrumenten, bes. von Violine, Viola, Violoncello, Kontrabaß.

3) *Technik:* Bez. für eine in einen zylindr. Schaft eingeschnittene Schraube; sie überträgt in *S.getrieben* die Drehbewegung auf das in sie eingreifende *S.rad.*

4) *Anatomie:* → Gehörorgan.

Schnecken (Gastropoda), seit dem Kambrium bekannte, heute mit über 45 000 Arten in Meeren, Süßgewässern und auf dem Land weltweit verbreitete Klasse 1 mm bis 60 cm langer zwittriger Weichtiere; Körper gegliedert in einen *Kopf* (mit Augen, Tentakeln und Mundöffnung), einen *Fuß* (mit einer der Fortbewegung dienenden Kriechsohle) und in eine *Hautduplikatur* (Mantel) an der Rückenseite des Fußes, die den Eingeweidesack umhüllt und nach außen eine mehrschichtige Kalkschale (aus Konchiolin und Aragonit) abscheidet. Die Kalkschale kann teilweise oder völlig reduziert sein (z. B. bei Nacktschnecken). Bei starkem Längenwachstum des Eingeweidesacks kommt es zur spiraligen Einrollung und damit zur Bildung eines aufgetürmt-eingerollten Gehäuses (z. B. Weinbergschnecke, Turmschnecken). Zw. Mantel und Körper bildet sich ein Hohlraum (*Mantelhöhle, Mantelraum*) aus, in dem Atmungsorgane (Kiemen, ›Lungen‹) und Ausführgänge für Darm, Nieren und Geschlechtsorgane liegen.

Schneckenklee, Gatt. der Schmetterlingsblütler mit rd. 100 Arten in Europa, N- und S-Afrika, Vorder- und Zentralasien; Früchte meist geschlossen bleibende, spiralig eingerollte oder geschwungene Hülsen. Einheim. Arten sind: *Hopfenklee* (Gelbklee), 7–60 cm hoch, kleine, hellgelbe Blüten, Fruchthülsen nierenförmig, schwarz; *Luzerne* (Blaue Luzerne, Ewiger Klee), bis 80 cm hohe, dürre- und winterfeste Staude, wichtige Futter- und Gründüngungspflanze mit hohem Eiweißgehalt; *Sichelklee* (Gelbe Luzerne), 20–60 cm hoch, Hülsen sichelförmig.

Schneckling, artenreiche Gatt. der Lamellenpilze; Stiel und oft auch Hut schleimig-schmierig, u. a. *Elfenbein-S.* (im Sommer gruppenweise in Laub- und Nadelwäldern).

Schnee, fester Niederschlag aus meist verzweigten kleinen Eiskristallen, den *S.kristallen.* Die Kristallform hängt u. a. von der Lufttemperatur während der Bildung ab: Bei Temperaturen um 0 °C fällt S. meist in Form großer, lockerer *S.flocken,* bei größerer Kälte in Form von Eisplättchen, Eisnadeln oder S.sternchen. Trockener, feinkörniger S. setzt sich als *Pulverschnee,* feuchter, großflockiger S. als *Pappschnee* ab. Der frischgefallene *Neuschnee* wird unter dem Einfluß von Temperatur, Wind und Druck vielfältig verändert. Aus älterem S. wird im Hochgebirge durch Sonneneinstrahlung, Zusammensacken und nächtl. Gefrieren zunächst *Harsch* und allmählich *Firn.* Als *ewigen S.* bezeichnet man den oberhalb der S.grenze gefallenen und bleibenden S. der Hochgebirge oder der Polargebiete.

Schneeball, Gatt. der Geißblattgewächse mit rd. 120 Arten in den gemäßigten Gebieten der Nordhalbkugel; sommer- oder immergrüne Sträucher; einheim. der *Wollige S.* (60–80 cm hoch, mit bräunl., innen braun oder violett geäderten Blüten in Trauben) und der *Gemeine S.* (Drosselbeere, Gichtbeere; mit rahmweißen Blüten), als Ziersträucher kultiviert.

Schneeballsystem, rechtswidriges Verkaufsverfahren, bei dem der Käufer sich verpflichtet, einen Teil des Kaufbetrags durch Vermittlung neuer Kunden abzutragen, die ihrerseits der gleichen Verpflichtung unterworfen werden.

Schneebeere, Gatt. der Geißblattgewächse mit 15 Arten, v. a. in N-Amerika; niedrige, sommergrüne Sträucher, Früchte beerenartige, zweisamige Steinfrüchte. Als Ziersträucher werden kultiviert die *Gemeine S.* (rosafarbene bis weiße Blüten; zahlr. 8–12 mm dicke, schneeweiße Früchte; ›Knallbeeren‹), die *Korallenbeere* (gelblichweiße Blüten; 4–6 mm dicke, purpurrote Früchte) und die *Bastard-S.* (rosafarbene Blüten; kugelige, teils rote, teils weiße und rot gepunktete Früchte).

Schneeberg, Stadt im westl. Erzgebirge, Sachsen, 22 000 E. Spielwaren-Ind., Spitzenklöppelei. Spätgot. Stadtkirche, Hospitalkirche Sankt Trinitatis (beide 16. Jh.). – 1481 Stadtrecht, früher Silbererz-, seit 1946 Uranerzbergbau.

Schneeblindheit (Niphablepsie), akute Bindehautentzündung infolge übermäßiger Einwirkung ultravioletter Strahlen.

Schneebrett, der durch den Winddruck (bes. in Verbindung mit Nebeltröpfchen) an Luvseiten von Bergflanken oberflächl. brettartig verfestigte, oft hohlliegende Schnee (Lawinengefahr).

Schnee-Eule → Eulenvögel.

Schneeflockenbaum, Ölbaumgewächs im sö. N-Amerika; Strauch oder Baum mit weißen Blüten in bis 20 cm langen, überhängenden Rispen; winterharter Zierstrauch.

Schneefräse → Schneeräumgeräte.

Schneeglöckchen (Galanthus), Gatt. der Amaryllisgewächse mit 10 Arten in Europa und W-Asien; zwiebelbildende Stauden. Das *Echte S.* (Schneetröpfchen, Märzglöckchen) wird in vielen Sorten kultiviert.

Schneegrenze, Grenze zw. schneebedecktem und schneefreiem Gebiet. Die *temporäre S.* ist von der Jahreszeit abhängig, die *klimat.* S. ist die mittlere höchste Lage der S. im Sommer. Die *orograph.* S. liegt in den polaren Gegenden im Meeresniveau; sie steigt allg. zum Äquator hin an und erreicht in den subtrop. Trockengebieten bis über 6 000 m Höhe.

Schneeheide → Glockenheide.

Schneehühner, Gatt. rebhuhnähnl., bis 40 cm langer Rauhfußhühner mit nur 3 Arten, v. a. in Hochgebirgen, Mooren und Tundren N-Amerikas und Eurasiens; vorwiegend Bodenvögel, deren Gefieder im Winter meist völlig weiße Färbung hat. Zu den S. gehört u. a. das *Alpenschneehuhn* (Sommerfärbung grau- bis gelbbraun).

Schneeketten, grobmaschige Kettennetze aus gehärtetem Stahl oder Kunststoff mit Wabenmuster, die zum Fahren auf verschneiten Straßen um Kfz-Reifen gelegt werden.

Schneekoppe, mit 1 602 m höchste Erhebung des Riesengebirges.

Schneeleopard (Irbis), Großkatze in den Hochgebirgen des südl. Z-Asien; Körperlänge 1,2–1,5 m, Schulterhöhe etwa 60 cm, Schwanz etwa 90 cm lang, buschig behaart; Fell fahl gelblichgrau, mit leopardenähnl. schwärzl. Fleckenzeichnung.

Schneemensch (Yeti, Kangmi), angebl. in den Hochgebirgsregionen Z-Asiens (Himalaja, Pamir) lebendes Wesen, dessen umstrittene Existenz durch Fußspuren, Exkremente und Haare bezeugt sein soll.

Schneeräumgeräte, fahrbare Vorrichtungen und Maschinen zum Räumen der Straßen, Eisen-

bahnstrecken und Flugplätze von Schnee. Der *Schneepflug* hat 1 oder 2 keilförmig gegen die Straßenoberfläche geneigte, gewölbte Stahlbleche; Anbaugerät für Lkw, Schlepper oder Lokomotiven. *Schneefräsen* sind selbstfahrende (häufig mit Raupenfahrwerk) oder angebaute S., die mit Trommelfräsen den Schnee schichtweise abtragen und seitl. wegschleudern.

Schneerose, svw. Christrose (→ Nieswurz).

Schneeschuh (Schneereifen, Schneeteller), unter dem Fuß zu befestigendes Gerät zur Fortbewegung im Schnee. Man unterscheidet den aus einem Holzreifen bestehenden *Rahmen-S.* (bes. bei Indianern und Eskimo) und den aus einem längl., z. T. fellbezogenen Holzbrett bestehenden *Brett-S.* (v. a. in Asien und Europa), aus dem der Ski entwickelt wurde.

Schneeziege (Schneegemse), Art der Ziegenartigen in Hochgebirgen des nw. N-Amerika; Körperlänge 150–175 cm; Schulterhöhe rd. 1 m; Fell rein weiß.

Schneidemühl (poln. Piła), Stadt am N-Rand des Netzebruchs, Polen*, 61 600 E. U. a. Metallindustrie. – 1922–38 Hauptstadt der Prov. Grenzmark Posen-Westpreußen, seit 1945 zu Polen.

Schneider, 1) Reinhold, * Baden-Baden 13. 5. 1903, † Freiburg im Breisgau 6. 4. 1958, dt. Schriftsteller. Stand mit W. Bergengruen u. a. im Zentrum des kath. Widerstands gegen den Nat.-Soz.; sein Werk ist von christl.-humanist. Tradition geprägt. – *Werke:* Las Casas vor Karl V. (E., 1938), Der große Verzicht (Dr., 1950), Innozenz und Franziskus (Dr., 1953), Winter in Wien (Tagebuch, 1958), Innozenz die Dritte (Biogr., hg. 1960).

2) Rolf, * Chemnitz 17. 4. 1932, dt. Schriftsteller. 1979 aus dem Schriftstellerverband der DDR ausgeschlossen, seitdem in der BR Deutschland. – *Werke:* u. a. ›Die Reise nach Jaroslaw‹ (R., 1975), ›November‹ (R., 1979), ›Unerwartete Veränderungen‹ (E., 1980), ›Marienbader Intrigen‹ (Hsp., 1985).

3) Romy, eigtl. Rosemarie Albach, * Wien 23. 9. 1938, † Paris 29. 5. 1982, österr.-dt. Schauspielerin. Fand nach Unterhaltungsfilmen (›Sissi‹-Trilogie; 1955/1956/1957) internat. Anerkennung als differenzierte Charakterdarstellerin, u. a. in ›Der Prozeß‹ (1962, nach F. Kafka), ›Das Mädchen und der Kommissar‹ (1973), ›Gruppenbild mit Dame‹ (1977, nach H. Böll), ›Die Spaziergängerin von Sanssouci‹ (1982, nach J. Kessel). Lebte seit 1959 in Frankreich.

Schneider, 1) (Alandblecke) bis 15 cm langer, schwarmbildender Karpfenfisch in klaren, schnellfließenden Süßgewässern W-Europas bis W-Asiens; als Köderfisch verwendet.

2) (Echte Weberknechte, Phalangiidae) Fam. sehr langbeiniger Spinnentiere mit zahlr., v. a. auf der Nordhalbkugel verbreiteten Arten. Beine können leicht abgeworfen werden.

Schneifel (Schnee-Eifel), Höhenzug in der W-Eifel, bis 698 m hoch.

Schnellboot, kleines, sehr schnelles Kriegsschiff, zunächst als Torpedo-, dann als Kanonen- und heute auch als Raketenträger eingesetzt.

Schnelldrucker → Drucker.

Schneller, Johann Ludwig, * Erpfingen (= Sonnenbühl bei Reutlingen) 15. 1. 1820, † Jerusalem 18. 10. 1896, dt. ev. Missionar. Gründete in Jerusalem 1860 das Syr. Waisenhaus, aus dem später 1952 (Libanon) und 1959 (Jordanien) die **Schnellerschen Anstalten** entstanden sind, Internatshäuser, Schulen und Lehrwerkstätten zur christl. Erziehung und Berufsausbildung arab. Waisenkinder.

Schnellkäfer (Elateridae), mit rd. 8 500 Arten (davon mehr als 100 in Deutschland) weltweit verbreitete Käferfam.; Körper flach, 2–70 mm lang; können aus der Rückenlage emporschnellen.

Schneeball:
Gemeiner
Schneeball;
OBEN blühend;
UNTEN Fruchtstand

Schneeketten:
1 Leiterkette;
2 Zickzack-Kette;
3 Umlauf-Zickzack-Kette;
4 Spurkreuzkette;
5 asymmetrische Spurkreuzkette

Schnellzug, Reisezug mit hoher Durchschnittsgeschwindigkeit und wenigen Zwischenhalten; bei der Dt. Bundesbahn Kennbuchstaben **D** (›D-Zug‹, schrittweise durch den → Interregiozug abgelöst) und **FD** (Fern-D-Zug).

Schnepfen, Gattungsgruppe über 40 cm langer Schnepfenvögel mit 10 Arten, v. a. in Wäldern und sumpfigen Landschaften Eurasiens sowie N- und S-Amerikas; werden wegen ihres wohlschmeckenden Fleischs stark bejagt. – Die einzige in M-Europa brütende Art ist die *Waldschnepfe*, bis 35 cm lang, dämmerungs- und nachtaktiv.

Schnepfen:
Waldschnepfe

Schnepfenfische (Macrorhamphosidae), in Meeren (bes. der trop. und subtrop. Regionen) weit verbreitete Fam. bis etwa 25 cm großer Knochenfische; Schnauze röhrenartig verlängert; u. a. *Schnepfenfisch* (Meerschnepfe), bis 15 cm lang; im Mittelmeer und O-Atlantik.

Schnepfenvögel (Scolopacidae), Fam. bis 65 cm langer, relativ hochbeiniger Watvögel mit über 80 Arten, v. a. an Küsten, Ufern, auf Mooren und in Wäldern der Nordhalbkugel, S-Amerikas und SO-Asiens (bis Neuseeland); u. a. Brachvögel, Schnepfen, Wasserläufer, Strandläufer und Bekassinen.

Schneyder, Werner, * Graz 25. 1. 1937, österr. Kabarettist und Schriftsteller. In der BR Deutschland v. a. bekannt durch gemeinsame Auftritte mit D. Hildebrandt, u. a. ›Lametta & Co.‹ (1974–82).

Schnirkelschnecken:
Hainschnirkel-
schnecke

Schnirkelschnecken (Hainschnecken, Helicidae), mit rd. 800 Arten weltweit verbreitete Fam. der Landlungenschnecken; gekennzeichnet durch ein kugeliges Gehäuse und Liebespfeile im Genitalsystem; zahlr. Arten in M-Europa, z. B. *Weinbergschnecke* (bis 4 cm groß), *Gartenbänderschnecke* (Gartenschnecke; mit etwa 2 cm breitem Gehäuse; v. a. an Felsen, in Hecken und Gebüschen) und *Hainschnirkelschnecke* (Hainbänderschnecke; etwa 2 cm groß, in Gärten und Parks).

Schnitger, Arp, * Schmalenfleth bei Brake (Unterweser) 2. 7. 1648, □ Neuenfelde (= Hamburg) 28. 7. 1719, dt. Orgelbauer. Gilt als bedeutendster norddt. Orgelbauer. Sein größtes, jedoch nicht erhaltenes Werk war die Orgel von Sankt Nikolai in Hamburg (4 Manuale, 67 Stimmen; 1682–88). Erhaltene Orgeln u. a. in Hamburg (Sankt Jacobi, 1689–93) und Groningen (Aa-Kerk, 1700–02).

Schnitt, 1) *Technik:* die zum Sichtbarmachen des inneren Aufbaus dienende Darstellungsart eines Gegenstandes o. ä. in einer gedachten Schnittebene.
2) *Mathematik:* svw. Durchschnitt (→ Mengenlehre), insbes. die Gesamtheit der gemeinsamen Punkte zweier geometr. Gebilde. Den S. ebener oder räuml. Kurven bezeichnet man auch als *S.punkt* dieser Kurven, den S. zweier Flächen im Raum als deren *Durchdringungs-* oder *S.kurve*.
3) *Film* und *Fernsehen:* (Schneiden) Endphase bei Filmgestaltung – beim Fernsehen auch bei magnet. Bildaufzeichnung –, in der der Cutter in Zusammenarbeit mit dem Regisseur aus den einzelnen Einstellungen zunächst die *Rohschnittfassung* herstellt. Im *Feinschnitt* wird der Rhythmus, d. h. die Länge der Einstellungen, festgelegt und die genaue Synchronität zw. Bild und Ton hergestellt.

Schnittke, Alfred Garrijewitsch, * Engels 24. 11. 1934, russ.-sowjet. Komponist. Gehört zu den bedt. zeitgenöss. Komponisten; sein Werk umfaßt neben Kammermusik u. a. 2 Violinkonzerte (1957, 1966), 2 Sinfonien (1972, 1980) sowie das Oratorium ›Nagasaki‹ (1958).

Schnittlauch (Graslauch), in Europa, Asien und N-Amerika weit verbreitete, ausdauernde Art des Lauchs.

Schnittstelle (Interface), in der *Datenverarbeitung* Bez. für eine Stelle, an der zwei Anlageteile zusammengeschaltet sind und deren (genormter) techn. Aufbau die Übertragung von Daten zwischen diesen Teilen ermöglicht, z. B. zwischen Zentraleinheit und Peripheriegeräten oder zwischen Rechenwerk und Arbeitsspeicher eines Computers.

Schnittwinkel, der Winkel, den 2 sich schneidende Geraden miteinander bilden. Unter dem S. zweier Kurven versteht man den Winkel, den die Tangenten im Schnittpunkt miteinander bilden.

Schnitzler, Arthur, * Wien 15. 5. 1862, † ebd. 21. 10. 1931, österr. Schriftsteller. Arzt; wegen seiner subtilen Darstellungen des Wiener Fin de siècle gilt S. als literar. Pendant zu S. Freud; sein erzähler. Werk betonte (vor J. Joyce) den inneren Monolog (u. a. in den Novellen ›Leutnant Gustl‹, 1901; ›Fräulein Else‹, 1924). – *Weitere Werke:* Sterben (Nov., 1895), Liebelei (Schsp., 1896), Reigen (Dialogszenen, 1903), Professor Bernhardi (Kom., 1912), Casanovas Heimfahrt (Nov., 1918), Traumnovelle (1926), Therese (R., 1928), Über Krieg und Frieden (Schriften, hg. 1939), Jugend in Wien (Autobiogr., hg. 1968).

Schnorchel, 1. ausfahrbares Rohr mit Schwimmerventil zum Ansaugen von Frischluft für die Dieselmotoren von U-Booten bzw. Tauchpanzern; 2. [mit Rückschlagventil versehenes] Rohr mit Mundstück zum Atmen beim Tauchen ohne Gerät.

Schnorr von Carolsfeld, Julius, * Leipzig 26. 3. 1794, † Dresden 24. 5. 1872, dt. Maler und Zeichner. In seinen nazaren. Frühwerken (Landschaften, religiöse Bilder, Bildnisse) herrscht eine beseelte Grundstimmung, um Nibelungenzyklus in der Münchner Residenz (1831–67) ein theatral. Pathos vor; 240 Holzschnitte zur Bibel (1853–60).

Schnüffelstoffe, Bez. für die als Rauschgifte mißbrauchbaren, leicht flüchtigen Verdünnungsmittel für Farben, Klebstoffe, Haarsprays u. a., durch deren Inhalation (›Schnüffeln‹) Rauschzustände hervorgerufen werden.

Schnupfen (Nasenkatarrh, Nasenschleimhautentzündung, Rhinitis), durch Viren verursachte katarrhal. Infektion der Nasenschleimhäute mit Überproduktion der Schleimdrüsen. Durch das damit verbundene Anschwellen der Schleimhäute kommt es zur ›verstopften Nase‹. → Heuschnupfen.

Schnupftabak, die Nasenschleimhäute reizendes Tabakpulver; der nach einer Lagerzeit von 4–7 Jahren ausgereifte Tabak (u. a. Virginia, Kentucky) wird zerrieben und fermentiert (›gesoßt‹).

Schnurbaum (Kordon), Spalierobstbaum (v. a. bei Kernobst), der als senkrecht, schräg aufwärts oder waagerecht wachsender, 2–3 m langer Leittrieb gezogen ist.

Schnürboden, im *Theater* Raum über der Bühne für die Obermaschinerie zur Bedienung der Zugseile für Kulissen und Prospekte.

Schnüren, weidmänn. Bez. für das Traben v. a. von Fuchs und Wolf, wobei die Hinterpfoten in die Tritte der Vorderpfoten gesetzt werden.

Schnurfüßer (Julidae), rd. 8 000 Arten umfassende Fam. bis 6 cm langer, drehrunder, langgestreckter Tausendfüßer; mit 30 bis über 70 Körperringen, z. T. stark gepanzert; ernähren sich von modernden Pflanzenstoffen.

Schnurkeramik, vorgeschichtl. Tonware, mit Abdruckmustern gedrillter Schnüre verziert, kennzeichnend für einige endneolith. Kulturgruppen Mitteleuropas.

Wolfdietrich Schnurre

Schnurre, Wolfdietrich, * Frankfurt am Main 22. 8. 1920, † Kiel 9. 6. 1989, dt. Schriftsteller. Schrieb subtile Kurzgeschichten, Romane, Lyrik, Hör- und Fernsehspiele; u. a. Georg-Büchner-Preis 1983. – *Werke:* Die Rohrdommel ruft jeden Tag (En., 1950), Als Vaters Bart noch rot war (R., 1958), Kassiber und neue Gedichte (1979), Ein Unglücksfall (R., 1980).

Schnurrhaare, seitl. lang abstehende Tasthaare im Schnauzenbereich von Raubtieren (z. B. Katzen und Mardern). Die Distanz zw. den Haarspitzen der rechten und der linken Kopfseite entspricht etwa dem größten Körperdurchmesser der Tiere.

Schnurwürmer (Nemertini), den Plattwürmern nahestehender Tierstamm mit rd. 800 sehr dünnen, schnurförmigen, seltener bandartig abgeflachten Arten von wenigen cm bis 30 cm Länge; meist auffällig gefärbte oder gemusterte, vorwiegend an Meeresküsten lebende Tiere.

Schober, Johannes, * Perg 14. 11. 1874, † Baden bei Wien 19. 8. 1932, österr. Politiker. 1918–21 und 1922–29 Polizei-Präs. von Wien; 1921/22 und 1929/30 Bundeskanzler (parteilos; 1921/22 auch Außen-Min.); ab 1930 Führer des *S.blocks* (Großdt. Volkspartei und Landbund) im Nationalrat und Vizekanzler sowie Außen-Min. (bis 1932).

Schock, Rudolf, * Duisburg 4. 9. 1915, † Düren 13. 11. 1986, dt. Sänger (Tenor). V. a. erfolgreich mit Operetten und Unterhaltungsmusik.

Schock, altes dt. Zählmaß; 60 Stück.

Schock [frz.], *physiopsych.* Zustand nach plötzl. auftretenden, unerwarteten und katastrophenartigen Ereignissen, der mit Orientierungsverlust, Fassungslosigkeit, starker Erregung oder Erstarrung einhergeht; kann Ausgangspunkt für eine traumat. Neurosenentwicklung sein. →Kreislaufschock.

Schockbehandlung (Schocktherapie), in der *Medizin:* 1. Behandlungsmaßnahmen zur Behebung eines Kreislaufschocks; 2. psychiatr. Behandlungsmethoden zur Erzeugung eines Krampfzustandes.

Schoeck, Othmar [ʃœk], * Brunnen bei Schwyz 1. 9. 1886, † Zürich 8. 3. 1957, schweizer. Komponist und Dirigent. Neben Opern (›Penthesilea‹, 1927, nach H. von Kleist) und der dramat. Kantate ›Vom Fischer un syner Fru‹ (1930) sind v. a. seine Lieder (über 400) bed.

Schoeps, Hans Joachim [ʃœps], * Berlin 30. 1. 1901, † Erlangen 8. 7. 1980, dt. Historiker. Zahlr. Arbeiten zur jüd. Religionsgeschichte.

Schofar [hebr.], althebräisches mundstückloses Signalhorn.

Schöffe (früher: Geschworener), ehrenamtl. Richter in der Strafgerichtsbarkeit. S. wirken in Strafverfahren bei den Amts-, Land- und Jugendgerichten in der Hauptverhandlung mit. Sie haben volle richterl. Unabhängigkeit und gleiches Stimmrecht wie die Berufsrichter. Das Amt des S. ist ein Ehrenamt, das nur von Deutschen versehen werden kann und angenommen werden muß, falls keine Hinderungs- und Ablehnungsgründe vorliegen. Die S. werden auf 4 Jahre durch den beim Amtsgericht gebildeten S.wahlausschuß aufgrund von Vorschlagslisten der Gemeinden (die Jugend-S. auf Vorschlag des Jugendwohlfahrtsausschusses) gewählt.

Schöffer, Peter, d. Ä., latinisiert Opilio, * Gernsheim, † Mainz zw. 20. 12. 1502 und 8. 4. 1503, dt. Inkunabeldrucker. Wohl seit 1452 Druckgeselle bei J. Gutenberg; ab 1455/56 Zusammenarbeit mit J. Fust. Bed. Typenschöpfer, Farbdruck; erstes Druckersignet (zus. mit J. Fust, 1462).

Schogun [jap.], in Japan urspr. der im Kriegsfall ernannte Heerführer; Amtstitel bis 1867. Das *Schogunat* war ab 1192 Bez. für die Regierung des Schoguns.

Schokolade [aztek.], Nahrungs- und Genußmittel, das aus Kakaomasse, Zucker, Kakaobutter, Milchprodukten, Aromastoffen sowie bestimmten Zusätzen (Nüsse, Rosinen, Alkohol u. a.) besteht.

Scholar [griech.-lat.], im MA [fahrender] Schüler, Student.

Scholastik [griech.-lat.], 1) *Philosophie:* die Philosophie des MA. Die *Früh-S.* (9.–12. Jh.) hat sich aus dem Bedürfnis entwickelt, die theolog. Lehren der Bibel und der Kirchenväter auch philosophisch zu durchdringen und so zw. Theologie und Philosophie Einklang herzustellen (Vertreter: v. a. Abaelard und Anselm von Canterbury). Dies erfolgte mittels der **scholastischen Methode,** deren Grundlage klares Herausarbeiten der Frage *(Quaestio),* scharfe Abgrenzung und Unterscheidung der Begriffe *(Distinctio),* logische Beweisführung sowie Erörterung der Gründe und Gegengründe in formgerechtem Streitgespräch *(Disputatio)* war. Die *Hoch-S.* entwickelte sich bes. im 13. Jh. durch die neuen Universitäten und die Bettelorden. Aristoteles und seine griech. und arab. Erklärer wurden in die christl. Philosophie und Theologie integriert. Am bedeutendsten waren →Bonaventura, →Albertus Magnus, →Thomas von Aquin und † Duns Scotus, in deren Nachfolge die Richtungen des →Thomismus und Scotismus entstanden. Mit der *Spät-S.* (14.–15. Jh.) beginnt die Auflösung der Einheit mittelalterl. Denkens (W. von Ockham). Zugleich bereiteten naturphilosoph. Auffassungen die Physik der Neuzeit vor. Eine Neublüte der S. entstand im 16.–18. Jh. in Spanien (*Barock-S.;* Hauptvertreter: F. Suárez).
2) der säkulare Lern- und Übertragungsvorgang, durch den die christl. Glaubensinhalte den europ. Völkern zugänglich gemacht wurde.

Scholem, Gershom (Gerhard), * Berlin 5. 12. 1897, † Jerusalem 20. 2. 1982, jüd. Religionshistoriker. Sein Hauptverdienst ist die in zahlr. Werken vorgelegte grundlegende wiss. Bearbeitung der jüd. Mystik, v. a. der Kabbala; ab 1981 Mgl. des Ordens Pour le mérite für Wiss. und Künste.

Scholem Alejchem, eigtl. Schalom Rabinowitsch, * Perejaslaw (= Perejaslaw-Chmelnizki) 2. 3. 1859, † New York 13. 5. 1916, jidd. Schriftsteller. Schrieb u. a. ›Die Geschichte Tewjes, des Milchhändlers‹ (R., 1894, 1961 u. d. T. ›Tewje, der Milchmann‹; danach das Musical ›Anatevka‹, 1964).

Scholl, 1) Hans, * Ingersheim (= Crailsheim) 22. 9. 1918, † München 22. 2. 1943 (hingerichtet), dt. Widerstandskämpfer. Gründete als Medizinstudent an der Münchner Univ. die Widerstandsgruppe *Weiße Rose;* bei einer Flugblattaktion mit seiner Schwester Sophie S. am 18. 2. 1943 verhaftet; am 22. 2. vom Volksgerichtshof zum Tode verurteilt.

Hans Scholl

2) Sophie, * Forchtenberg 9. 5. 1921, † München 22. 2. 1943 (hingerichtet), dt. Widerstandskämpferin. Schloß sich als Studentin in München der von ihrem Bruder Hans S. gegr. *Weißen Rose* an.

Sophie Scholl

Schollen (Pleuronectidae), von der Arktis bis zur Antarktis verbreitete Fam. meerbewohnender Knochenfische mit zahlr., etwa 25 cm bis weit über 2 m langen Arten; Augen fast stets auf der rechten Körperseite, z. T. wirtschaftl. wichtige bed. Speisefische, z. B. *Flunder* (Butt, Elbbutt, Sandbutt, Graubutt), bis 45 cm lang, in Küstengewässern, Brackwasser und in die Flüsse aufsteigend; *Goldbutt* (Scholle i. e. S.), 25–40 cm lang, an den Küsten SW- bis N-Europas; *Heilbutt* (Riesenscholle), bis über 4 m lang (bis 300 kg schwer), im nördl. Atlantik und im N-Pazifik; *Kliesche,* 20–40 cm lang, v. a. in der Nordsee.

Schöllkraut (Schellkraut, Schminkwurz[el]), Gatt. der Mohngewächse mit der einzigen Art *Großes S.* auf Schuttstellen, Wegen, an Mauern in Eurasien und im Mittelmeergebiet; bis 1 m hohe Staude; Kraut und Wurzeln enthalten alkaloidhaltigen, giftigen Milchsaft.

Scholochow, Michail Alexandrowitsch [russ. ˈʃɔləxəf], * Kruschilin (Don) 24. 5. 1905, † Wjoschenskaja (Gebiet Rostow am Don) 21. 2. 1984, russ.-sowjet. Schriftsteller. Schilderte in seinem Hauptwerk ›Der stille Don‹ (R., 4 Teile, 1928–40) Leben und Schicksal der Donkosaken vor, während und nach der Revolution und im Bürgerkrieg. 1965 Nobelpreis

Schöllkraut:
Großes Schöllkraut

für Literatur. – *Weiteres Werk:* Neuland unterm Pflug (R., 2 Teile, 1932–60).

Schön, 1) Helmut, * Dresden 15. 9. 1915, dt. Sportlehrer. 1964–78 Bundestrainer des Dt. Fußball-Bundes.

2) Theodor von, * Schreitlaugken (= Šereiklaukis, Litauen) 20. 1. 1773, † Arnau bei Königsberg (Pr) 23. 7. 1856, preuß. Reformer. Bis Ende 1808 der bedeutendste Mitarbeiter Steins; 1816 Ober-Präs. der Prov. Westpreußen, 1824 der vereinigten Prov. Preußen. 1842 als Vorkämpfer liberaler Forderungen entlassen.

Schona, Bantuvolk in O-Simbabwe und im angrenzenden Moçambique.

Arnold Schönberg

Schönberg, Arnold, * Wien 13. 9. 1874, † Los Angeles 13. 7. 1951, österr. Komponist. Einer der auch als Theoretiker und Lehrer einflußreichsten und bedeutendsten Komponisten des 20. Jahrhunderts. 1933 Emigration über Paris in die USA; ab 1941 amerikan. Staatsbürger. Ab 1903 Lehrtätigkeit in Wien und Berlin (Schüler u. a. A. Webern, A. Berg, H. Eisler), ab 1925 Nachfolger von F. Busoni an der Berliner Akademie der Künste. Nach Frühwerken stehen in der ersten, durch expressive Harmonik gekennzeichneten Phase neben mehreren Liedzyklen das Streichsextett ›Verklärte Nacht‹ op. 4 (1899), die sinfon. Dichtung ›Pelleas und Melisande‹ op. 5 (1903) und als Höhepunkt die ›Gurrelieder‹ für Soli, Chor und Orchester (1900 bis 1911). An die Grenze der Tonalität reicht die 1. ›Kammersymphonie‹ für 15 Soloinstrumente op. 9 (1906). In der Phase der ›freien Atonalität‹ schrieb S. ›Sechs kleine Klavierstücke‹ op. 19 (1911), ›Fünf Orchesterstücke‹ op. 16 (1909), ›Pierrot Lunaire‹ für Sprechstimme und 5 Instrumentalisten op. 21 (1912), das Monodram ›Erwartung‹ op. 17 (1909) und das Drama mit Musik ›Die glückl. Hand‹ op. 18 (1908–13). Nach 1918 entwickelte S. die → Zwölftontechnik, angewandt u. a. im ›Quintett für Blasinstrumente‹ op. 26 (1923/24) und in den großangelegten ›Variationen für Orchester‹ op. 31 (1928). Sie liegt dann fast allen folgenden Werken zugrunde. Gerade im Exil griff S. aber gelegentlich auf Tonalität zurück, so in der 2. ›Kammersymphonie‹ op. 38 (1906–39). Im Exil komponierte S. auch polit.-religiöse Bekenntniswerke, u. a. die [unvollendete] Oper ›Moses und Aron‹ (1930–32), ›Kol Nidre‹ op. 39 (1938) und ›Ein Überlebender aus Warschau‹ für Sprecher, Männerchor und Orchester op. 46 (1947). Schriften, u. a. ›Harmonielehre‹ (1911, 7. Aufl. 1966).

Schönbrunn, Schloß in Wien, erbaut nach Plänen von J. B. Fischer von Erlach (1695 ff.); für Kaiserin Maria Theresia 1744–49 umgebaut (N. F. Pacassi).

Schönbuch, Teil des Schwäb.-Fränk. Schichtstufenlandes, Naturpark südl. von Stuttgart, bis 583 m hoch.

Schönbusch → Aschaffenburg.

Schönebeck/Elbe, Kreisstadt am linken Elbufer, Sachsen-Anhalt, 44 900 E. U. a. Traktoren-, Sprengstoff- und Dieselmotorenwerk; Hafen; Solbad im Ortsteil Bad Salzelmen.

Schönemann, Lilli, eigtl. Anna Elisabeth S., * Frankfurt am Main 23. 6. 1758, † Krautgersheim bei Straßburg 6. 5. 1817. Von April bis Okt. 1775 mit Goethe verlobt; erscheint als ›Lilli‹ in mehreren Gedichten Goethes.

Schonen (schwed. Skåne), histor. Prov. in Südschweden; größte Städte sind Malmö, Helsingborg, Lund, Landskrona, Trelleborg und Kristianstad.

Schoner (Schooner, Schuner) [engl.], Bez. für ein urspr. 2-, später 3- bis 7mastiges Segelschiff mit Gaffelsegeln. *S.jachten* sind 2- oder 3mastige Segeljachten.

Schönerer, Georg Ritter von (bis 1888), * Wien 17. 7. 1842, † Rosenau Schloß (Niederösterreich) 14. 12. 1921, österr. Politiker. Abg. des Reichsrates

1873–88 und 1897–1907; trat für den Anschluß Österreichs an das Dt. Reich ein und vertrat zunehmend einen rass. Antisemitismus. Nach seinem Überfall auf das liberale ›Neue Wiener Tagblatt‹ 1888 wurde er zu Kerker, Verlust des Mandats und des Adelstitels verurteilt.

Schöner Stil, svw. → Weicher Stil.

Schönfeld, Johann Heinrich, * Biberach an der Riß 23. 3. 1609, † Augsburg 1684 (?), dt. Maler und Graphiker des Barock. Bibl. und mytholog. Bilder, u. a. ›Ecce Homo‹ (München, Bayer. Staatsgemäldesammlungen), Altar (1699; Salzburg, Dom).

Schongau, Stadt am Lech, Bayern, 10 600 E. U. a. Strumpffabrik, Apparatebau. Stadtpfarrkirche Mariä Himmelfahrt (17. und 18. Jh.); Stadtmauer mit Wehrgängen und Türmen (15.–17. Jh.).

Schongauer, Martin, * Colmar wahrscheinl. um 1450, † ebd. 2. 2. 1491, dt. Maler und Kupferstecher. Spätgot. Malerei (›Maria im Rosenhag‹, 1473, Colmar, Sankt Martin, z. Z. in der Dominikanerkirche; Wandmalerei des „Weltgerichts“, wohl ab 1489, Breisach, Münster) unter niederl. Einflüssen (v. a. Rogiers van der Weyden); in über 100 erhaltenen, stilprägenden Blättern machte S. den Kupferstich zu einer eigenen Kunstgattung (›Versuchung des hl. Antonius‹, ›Große Kreuztragung‹, ›Die Passion Christi‹, ›Tod Mariä‹).

Schönherr, Albrecht, * Katscher (Oberschlesien) 11. 9. 1911, dt. ev. Theologe. 1973–81 Bischof von Berlin-Brandenburg und Vors. der Kirchenleitung des Bundes Ev. Kirchen in der DDR.

Schönjungfern (Prachtjungfern), Gatt. bis 4 cm langer, etwa 7 cm spannender Kleinlibellen mit 2 einheim. Arten: *Blauflügelprachtlibelle* (bes. an rasch fließenden Bächen) und *Gebänderte Prachtlibelle* (v. a. an langsam fließenden Gewässern).

Schönmalve (Samtmalve), Gatt. der Malvengewächse mit rd. 150 Arten in allen wärmeren Gebieten der Erde.

Schöntal, Gem. an der Jagst, Bad.-Württ., 5 400 E. Ehem. Zisterzienserabtei (1157–1803), Barockkirche (1707–36) nach Plan von J. L. Dientzenhofer.

Schonzeit (Hegezeit), Zeitraum, in dem Jagd und Fang einzelner jagdbarer Tierarten gesetzl. verboten sind.

Arthur Schopenhauer

Schopenhauer, Arthur, * Danzig 22. 2. 1788, † Frankfurt am Main 21. 9. 1860, dt. Philosoph. Prägender Einfluß im literar. Salon seiner Mutter Johanna S. (* 1766, † 1838) in Weimar: Begegnung mit Goethe, Wieland, den Brüdern Schlegel u. a.; Auseinandersetzungen v. a. mit Fichte und Hegel. – 1819 formuliert S. im Titel seines Hauptwerks programmat. seine Philosophie: ›Die Welt als Wille und Vorstellung‹. S. verbindet die transzendentale Ästhetik Kants mit einer buddhistisch beeinflußten Willensmetaphysik. Das Christentum lehnt er als unphilosoph. ab. Als höchstes Ziel der Philosophie gilt ihm die Aufhebung des Wollens in einem ›interesselosen Anschauen‹ der Kunst. Sein in glänzendem Stil geschriebenes Werk begann erst um die Mitte des 19. Jh. zu wirken; Einfluß v. a. auf den jungen Nietzsche sowie auch auf L. Wittgenstein; in der Kunst u. a. auf R. Wagner. In seiner Willens- und Trieblehre nahm S. Motive der Psychoanalyse vorweg. – *Weitere Werke:* Über den Willen in der Natur (1836), Die beiden Grundprobleme der Ethik (1841).

Schopfadler, bis über 50 cm langer, überwiegend braunschwarzer Greifvogel, v. a. in Galeriewäldern Afrikas (südl. der Sahara).

Schopfantilopen, svw. → Ducker.

Schopfpalme (Schirmpalme), Gatt. der Palmen mit 8 Arten in SO-Asien; bis 50 m hohe Bäume mit geringeltem oder gefurchtem Stamm; einige Arten sind wichtige Nutzpflanzen; das Mark liefert Sago.

Schöpfung, Begriff der *Religionsgeschichte* v. a. für myth. Vorstellungen über den Anfang der Welt (Kosmogonie) und die Entstehung des Menschen, auch für die geschaffene Wirklichkeit (Kreatur). Die S.lehre erscheint in mehreren charakterist. Typen. Einmal besteht die Ansicht, daß vor der eigtl. S. bereits ein *chaot. Urstoff* existiert habe, dessen Bearbeitung und Ordnung durch einen Gott den eigtl. S.akt darstellt. Dieser Anschauung steht die *S. aus dem Nichts* gegenüber. Sie erfolgt allein durch göttl. Wort (v. a. im Judentum und Christentum und im ›Popol Vuh‹, dem hl. Buch der Maya).

Martin Schongauer: Maria im Rosenhag; 1473 (Colmar, Stiftskirche Sankt Martin)

Schoppen [niederdt.-frz.], altes dt. Hohlmaß, 0,4–0,5 Liter; im Gaststättengewerbe noch übl. Bez. für ¹/₂, seltener für ¹/₄ Liter.

Schorf, 1) (Borke) umschriebene krustenartige Bildung auf der Haut oder Bindehaut; besteht aus abgestorbenem, eingetrocknetem Gewebe.
2) Sammelbez. für durch verschiedene Pilze hervorgerufene Pflanzenkrankheiten, charakterisiert durch oberfläche rauhe Verletzungen. Beim *Apfel-Sch.* treten auf der Blattoberseite schwarze Flecke auf. Auf den noch am Baum hängenden Früchten zeigen sich mattschwarze, silbrigweiß umrandete Flecke; der *Birnen-Sch.* verläuft ähnlich; beim *Kirschen-Sch.* erscheinen die Früchte schmutzigschwarz (*Rußfleckenkrankheit*).

Schorfheide, wildreiches Naturschutzgebiet in der sw. Uckermark, Brandenburg.

Schorfmilben (Räudemilben, Saugmilben, Psoroptidae), Fam. hautparasit., blutsaugender Milben; befallen u. a. Schafe, Pferde, Esel, Rinder, Katzen und Hunde (erzeugen in den äußeren Gehörgängen unerträgl. Juckreiz).

Schorndorf, Stadt an der Rems, Bad.-Württ., 35 700 E. U. a. Textil- und Lederindustrie. Ev. Stadtkirche mit spätgot. Chor (1477–82), barockes Rathaus (17. und 18. Jh.); Schloß (16. Jh.). – Ersterwähnung 1235, ab 1262 Amtsstadt.

Schornstein (Kamin), Abzugskanal für die Verbrennungsgase von Feuerungen (z. B. Haus-S.) oder für andere Abgase (z. B. freistehende Fabrik-S., Schlote).

Schoschonen →Shoshone.

Schößling (Schoß), bei Sträuchern der aus einer Knospenanlage (ruhendes Auge; v. a. an der Sproßbasis) entspringende Langtrieb.

Schostakowitsch, Dmitri Dmitrijewitsch, * Petersburg 25. 9. 1906, † Moskau 9. 8. 1975, russ. Komponist. Im Zentrum seines umfangreichen Schaffens stehen seine Instrumentalwerke, u. a. 15 Sinfonien, Konzerte, Kammer- (u. a. 14 Streichquartette) und Klaviermusik; Opern, u. a. ›Die Nase‹ (1930, nach N. W. Gogol), ›Lady Macbeth von Mzensk‹ (1934; Neufassung ›Katerina Ismailowa‹, 1962); auch Ballette, Oratorien, Schauspiel- und Filmmusiken.

Schot (Schote) [niederdt.], Tauwerk, das an einer Spiere oder an einem Segel angreift; damit werden Segel in die gewünschte Stellung gebracht.

Schote, längl. Kapselfrucht aus zwei miteinander verwachsenen Fruchtblättern und falscher Scheidewand.

Schöterich (Schotendotter), Gatt. der Kreuzblütler mit rd. 80 Arten in Europa und im Mittelmeergebiet; Kräuter mit meist grau behaarten Stengeln und gelben Blüten.

Schott, 1) Anselm, * Staufeneck (= Salach bei Göppingen) 5. 9. 1843, † Maria Laach 23. 4. 1896, dt. kath. Theologe. Benediktiner; schuf 1883 mit seinem lat.-dt. Meßbuch (der ›Schott‹) eine wichtige Grundlage der liturg. Bewegung.
2) Bernhard, ≈ Eltville 19. 8. 1748, † auf dem Sandhof bei Heidesheim am Rhein 26. 4. 1809, dt. Musikverleger. Gründete 1770 in Mainz einen Musikverlag, der sich zu einem der profiliertesten Musikverlage der Welt entwickelte (*B. Schott's Söhne*).
3) Friedrich Otto, * Witten 17. 12. 1851, † Jena 27. 8. 1935, dt. Chemiker. Gründete 1882 mit E. Abbe und C. Zeiss das Jenaer Glaswerk Schott & Gen.; übertrug 1919 seinen Anteil am Glaswerk der Carl-Zeiss-Stiftung.

Schott (Schotte) [niederdt.], Stahlwand im Schiffsrumpf zur gegenseitigen Abgrenzung von Lade-, Maschinen- u. a. Räumen zur Erhöhung der Sinksicherheit und der Festigkeit des Schiffes.

Schotten, hess. Stadt an der SW-Abdachung des Vogelsberges, 9 600 E. Luftkurort; Motorradrennstrecke. Got. Stadtkirche (14. Jh.), Fachwerkrathaus (um 1520).

Schottisch, die aus dem Altengl. hervorgegangene nordengl. Mundart, die seit dem 11. Jh. das Gälische zurückdrängte; im 16. Jh. vom Engl. verdrängt.

schottische Kirche (Kirche von Schottland, engl. Church of Scotland), die Staatskirche in Schottland mit ref. Bekenntnis und Presbyterialverfassung; im 16. Jh. entstanden; 1877 maßgebend an der Gründung des Ref. Weltbundes beteiligt, gehört seit 1929 der ökumen. Bewegung an.

Schottischer Schäferhund (Collie), aus Schottland stammende Schäferhundrasse mit Windhundcharakter; mittelgroße, 50–60 cm schulterhohe Hunde.

Schottisches Bekenntnis (Confessio Scotica), ref. Bekenntnis kalvinist. Prägung in 25 Artikeln; 1560 von J. Knox verfaßt und 1681 durch einen Covenant (Gegenthesen zur Gegenreformation) ergänzt.

Schottisch-Gälisch (Ersisch), zur goidel. Gruppe der →keltischen Sprachen gehörende Sprache, die von etwa 80 000 Menschen auf den Hebriden, im W der Highlands und in Ind.gebieten Schottlands als Muttersprache gesprochen wird; geht auf die irische Sprache zurück.

Schottland (engl. Scotland), Teil von →Großbritannien und Nordirland; umfaßt den N-Teil der Insel Großbrit. sowie die Hebriden, die Orkney- und die Shetlandinseln.
Geschichte: Im Altertum war das nördl. S. von den Pikten bewohnt, gegen die die Römer den Hadrians-

Dmitri Dmitrijewitsch Schostakowitsch

Martin Schongauer (Mädchenporträt; Federzeichnung)

wall errichteten. Seit dem 5. Jh. n. Chr. wanderten ir. Skoten ein, die bis zum 11. Jh. das ganze heutige S. in Besitz nahmen. Sitz der Könige wurde Ende des 11. Jh. Edinburgh. Das Verhältnis zu England war einerseits durch polit.-kulturelle Verbindungen (Lehnssystem nach normann. Muster), andererseits durch den Versuch, die Eigenständigkeit zu wahren, gekennzeichnet. Nach dem Aussterben der Dynastie Canmore 1286 zwang der engl. König Eduard I. S. unter seine Lehnsoberhoheit. Erst Robert I. Bruce (⚰ 1306 bis 1329) errang nach der Schlacht von Bannockburn 1314 die Unabhängigkeit zurück, jedoch geriet das Königtum in der Folgezeit wiederholt in starke Abhängigkeit vom schott. Adel (Familien Albany, Arran, Douglas). Nach dem Erlöschen des Hauses Bruce 1370 gelangte das Haus Stuart auf den Thron. Jakob IV. (⚰ 1488–1513) begründete durch seine Ehe mit einer Tudor den Erbanspruch der Stuarts auf die engl. Krone. Die Reformation entwickelte sich, vom Adel unterstützt, unter der Führung von J. Knox nach kalvinist. Vorbild. Die kath. Politik Maria Stuarts (⚰ 1542–67) führte zu ihrer Niederlage und Flucht nach England. Ihr Sohn Jakob VI. wurde 1603 als Jakob I. auch König von England. England und S. wurden im 17. Jh. in Personalunion regiert; seit 1707 sind sie in Realunion verbunden. Trotz des Zusammenwachsens mit England in polit. und wirtschaftl. Hinsicht hat sich Schottland stets eine gewisse Eigenständigkeit gegenüber London bewahrt.

Schraubstock:
Parallelschraubstock

Schraffur [italien.-niederl.], feine, parallele Striche, bei künstler. Zeichnungen, Schaubildern, Reliefkarten usw. zur Erzielung von Schatten- bzw. Raumwirkungen.

Schramberg, Stadt am O-Rand des mittleren Schwarzwalds, Bad.-Württ., 18 700 E. U. a. Uhren-Ind., Majolikaherstellung.

Schrämmaschine, Maschine für die schneidende Gewinnung von Rohstoffen, v. a. beim Steinkohlenabbau. Das Schneiden erfolgt bei der *Walzen-S.* mit Hilfe eines walzenartig rotierenden Werkzeugs oder bei der *Ketten-S.* durch eine *Schrämkette;* in Verbindung mit einer Ladevorrichtung als *Schrämlader* bezeichnet.

Schrammelmusik, Wiener Volksmusik, ben. nach den Brüdern Johann (* 1850, † 1893) und Josef Schrammel (* 1852, † 1895), mit charakterist. Besetzung von 2 Violinen, Gitarre und Akkordeon.

Schranke, 1) *allgemein:* stangenförmige Vorrichtung zum zeitweiligen Sperren von Straßen, Einfahrten u. a.; i. e. S. svw. *Eisenbahnschranke* bei schienengleichen Bahnübergängen.

2) *Mathematik:* Bez. für eine reelle Zahl *s,* für die für alle Elemente *x* einer Menge *M* reeller Zahlen $|x| \leq s$ gilt. Erfüllen alle Elemente *x* einer Menge *M* die Ungleichung $x \leq s$ bzw. $x \geq s$, so bezeichnet man *s* als *obere* bzw. *untere Schranke* der Menge *M*.

Schraper, Geräuschinstrumente mit gezähnter oder gekerbter Oberfläche, über die mit einem Stäbchen gestrichen wird (u. a. Ratsche).

Schrat (Schratt), koboldartiger Waldgeist.

Schratten, svw. →Karren.

Schraube, 1) →Schrauben.

2) (Schiffsschraube) →Schiff.

3) →Luftschraube.

4) *im Turnen* ganze Drehung des gestreckten Körpers um die Längsachse bei gleichzeitiger Drehung um die Breitenachse.

Schrauben, Verbindungselemente, als *Befestigungs-S.* für feste und lösbare Verbindungen von Bauteilen mit Spitzgewinde, als *Bewegungs-S.* zum

Bewegen von Maschinenteilen (z. B. am Schraubstock) mit Trapez- oder Rechteckgewinde. Einteilung und Bez. nach verschiedenen Gesichtspunkten: 1. *Maschinen-S.* im allg. mit Außengewinde (metr. Grob- oder Feingewinde); als *Kopf-S.* (mit Zylinderschaft und meist mit Sechskantkopf; wird in Bohrung mit Innengewinde geschraubt), als *Durchsteck-S.* (gehalten durch eine Mutter), als *Schloß-S.* (flachrunder Kopf, Vierkantansatz am Schaft; zur Verbindung Metall-Holz), als *Stift-S.* oder *Maden-S.* (ohne Kopf, Schaft geschlitzt). 2. *Holz-S.* mit tiefem Steilgewinde auf etwa halber Länge des sich verjüngenden Schaftes; auch mit Doppelganggewinde für Span- und

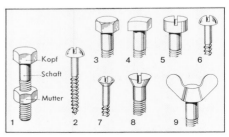

Schrauben: 1 Maschinenschraube (Kopfschraube mit Mutter), 2 Holzschraube, 3 Sechskantschraube, 4 Vierkantkopfschraube, 5 Zylinderkopfschraube, 6 Halbrundkopfschraube, 7 Linsensenkkopfschraube, 8 Senkkopfschraube, 9 Flügelkopfschraube

Gipsplatten. Je nach Material unterscheidet man *Metall-S.* (Eisen, Stahl, Messing [verchromt], Aluminium) und *Kunststoffschrauben.* Einteilung der S. nach Kopfform: Sechskant-, Vierkant-, Zylinderkopf-, [Halb]rundkopf-, Linsenkopf-, Senkkopfschrauben. Werkzeuge zum Anziehen und Lösen von S. sind →Schraubenschlüssel (für S. mit Vier- und Sechskantkopf), →Schraubenzieher, [Sechskant]stiftschlüssel (*Innensechskant-S.* oder *Inbus-S.* Ⓦ), Vielzahn- bzw. Keilzahnschlüssel (*Innenvielzahn-S.* bzw. *Innenkeilprofil-S.*). *Flügel-S.* und *Rändel-S.* werden von Hand angezogen, *Nagel-S.* mit Steilgewinde werden mit dem Hammer [in Holz] eingeschlagen. *Schneid-S.* (z. B. *Blech-S.;* zylindr. Schaft mit Spitze, Gewinde auf gesamter Länge) schneiden beim Eindrehen selbsttätig ein Gewinde, *Bohr-S.* werden ohne vorzubohren direkt in weiches Material (Holz, Gipsplatten) eingeschraubt.

Schraubenalge, Gatt. der Jochalgen mit rd. 300 weltweit verbreiteten, ausschließl. im Süßwasser lebenden Arten; fädige, unverzweigte Grünalgen, bilden im Hoch- und Spätsommer freischwebende ›Watten‹ in stehenden Gewässern.

Schraubenbaum (Schraubenpalme), größte Gatt. der S.gewächse mit über 600 Arten in Afrika, SO-Asien und Australien; Bäume oder Sträucher mit zahlr. starken Luftwurzeln; z. T. Nutzpflanzen.

Schraubenbaumgewächse (Schraubenpalmengewächse, Pandanaceae), Pflanzenfam. der Einkeimblättrigen mit rd. 900 Arten in drei Gatt., verbreitet in den Tropen der Alten Welt, nördl. bis S-China, südl. bis Neuseeland.

Schraubenschlüssel, Werkzeug zum Festziehen, Lösen oder Verstellen von Schrauben und Muttern. Man unterscheidet *Maul-* oder *Gabelschlüssel* mit einem U-förmigen, meist abgewinkelten Ende, *Ringschlüssel* mit ringförmiger Zwölfkant-Öffnung, hakenartige *Hakenschlüssel* für Nutmuttern, *Stirnlochschlüssel* für Zweilochmuttern, *[Rohr]steckschlüssel* für Drei-, Vier- oder Sechskantkopf, *Steckschlüssel-Einsätze* für Innen-Antriebsvierkant (sog. *Stecknüsse*), *Stiftschlüssel, [Ein]steckschlüssel* für Schrau-

Schraubenschlüssel: 1 Doppelschraubenschlüssel, 2 Hakenschlüssel, 3 Doppelringschlüssel, 4 Sechskant-Stiftschlüssel, 5 Rollgabelschlüssel, 6 Hohlsteckschlüssel

242

benköpfe mit entsprechenden Innenformen (z. B. *Innensechskant, Innenvielzahn, Innenkeilprofil*) u. a. – Um Schrauben mit bestimmter Vorspannkraft anzuziehen, werden *Drehmomentschlüssel* verwendet. S. mit verstellbarer Weite sind der *Rollgabelschlüssel* (Verstellung mit Hilfe eines Schneckengetriebes im Schlüsselkopf), weiter der sog. *Engländer* (Verstellung mit einer Gewindespindel im Schaft) und der sog. *Franzose* (Verstellung durch das Zusammenwirken einer Rechts- und einer Linksgewindespindel).

Schraubenschnecken (Pfriemenschnecken, Terebridae), Fam. der Vorderkiemerschnecken mit rd. 150 Arten, v. a. in trop. Meeren; Gehäuse sehr schlank und spitz, hochtürmig, bis 25 cm hoch.

Schraubenzieher (Schraubendreher), Werkzeug zum Festziehen, Lösen und Verstellen von Schrauben; Spitze der Klinge mit flachem Profil, beim *Kreuzschlitz-S.* mit kegelig-kreuzförmigem Profil.

Schraubstock, Vorrichtung zum Einspannen von Werkstücken zwischen 2 [Spann]backen; diese öffnen oder schließen sich mittels Gewindespindel scherenartig beim *Schlosser-S.* bzw. beim *Parallel-S.* parallel durch eine Prismen- oder Schwalbenschwanzführung.

Schraubzwinge, U-förmige, verstellbare Klemmvorrichtung mit Gewindespindel; zum Zusammenhalten oder -pressen von Werkstücken (z. B. beim Verleimen).

Schrecklähmung, bei manchen Tieren (v. a. Insekten) vorkommende, durch einen plötzl. Reiz (z. B. eine Erschütterung, Berührung) ausgelöste Bewegungslosigkeit.

Schreckstoffe (Abwehrstoffe), chem. Substanzen in der Haut mancher schwarmbildender Fische bzw. in bestimmten Drüsen mancher Tiere (v. a. Insekten) gebildete Sekrete, die bei anderen Tieren Flucht- bzw. Schreckreaktionen bewirken.

Schredder (Shredder) [engl.], ortsfeste oder fahrbare Anlage, mit der Autowracks u. a. sperrige Blech- bzw. Metallgegenstände zerkleinert werden. Leichte Kleinteile werden abgesaugt, in einer *Magnetanlage* wird Eisenschrott von Nichteisenmetallen getrennt, Aluminium und Magnesium werden in der *Schwimm-Sink-Anlage* heraussortiert.

Schreiadler →Adler.

Schreibautomaten (Textautomaten), elektr. Spezialschreibmaschinen, die u. a. auf Magnetbändern oder -karten gespeicherte Texte, durch diese Datenträger gesteuert, automat. schreiben.

Schreiber, Hermann, Pseud. Ludwig Bühnau, Ludwig Berneck, Ludwig Barring, Lujo Bassermann, * Wiener Neustadt 4. 5. 1920, österr. Schriftsteller. Zahlr. Romane und Novellen; große Erfolge mit [histor.] Sachbüchern, u. a. ›Midlife Crisis. Die Krise in der Mitte des Lebens‹ (1977), ›Auf Römerstraßen durch Europa‹ (1985).

Schreiber, in der *Meßtechnik* Gerät zur Aufzeichnung zeitlich veränderl. Meßgrößen auf Papier. Man unterscheidet kontinuierlich aufzeichnende S. *(Linien-S.)* und die Meßgröße nach gewissen Zeitintervallen punktuell darstellende S. *(Punkt-S.).* Mit Spannungskompensation arbeitende Linienschreiber *(Kompensations-S.)* zeigen sehr geringe Verzögerungszeiten und eignen sich daher bes. für die Aufzeichnung sich schnell veränderlicher Meßgrößen.

Schreibfeder (Feder), zum Schreiben mit Tinte o. ä. verwendete Schreibvorrichtung v. a. aus rostfreiem Stahl oder Edelmetallegierungen, mit einem Spalt, durch den die Tinte beim Schreiben abfließt.

Schreibmaschine, Gerät (Büromaschine) für maschinelle Schreibarbeiten, mit dem durch manuellen Tastendruck Buchstaben, Ziffern, Satzzeichen sowie Sonderzeichen (Typen) auf eingespanntes Papier ›gedruckt‹ werden. Man unterscheidet nach der Arbeitsweise *mechan. S.* und *elektr. S.,* nach Größe und Gewicht *Büro-, Groß-* oder *Standard-S., Klein-S.* und *Flach-* oder *Reiseschreibmaschinen.* Nach der Art des Schreibwerks unterscheidet man *Typenhebel-S.* mit zahlr. einzelnen, jeweils von einer Taste betätigten Typenträgern und S. mit einem einzigen Typenträger *(Single-Element-S.),* bei denen sich sämtl. Typen auf einem *Schreibkopf* (Kugelkopf-S., Schreibkern-S., Schreibzylinder-S.) oder auf einem flachen *Typenrad* befinden. Die Typenhebel-S. besitzen eine Tastatur (Tastenfeld) aus 44–48 Tastenhebeln mit *Typentasten,* die durch jeweils 2 Zeichen gekennzeichnet sind, und etwa 10 Tastenhebeln für bes. Funktionen. Weiter befindet sich am Gestell ein *Schlitten* oder *Wagen* mit einer *Schreibwalze,* um die das Papier gelegt wird, sowie ein *Farbband.* Die Anbringung von 2 Typen (Klein- und Großbuchstabe bzw. eine Ziffer und ein Zeichen) erfordert ein durch eine bes. Funktionstaste *(Umschalter)* bewirktes Senken des Typenhebellagers (Segments) bzw. Anheben des Wagens samt Walze *(Segment- bzw. Wagen- oder Walzenumschaltung),* um Großbuchstaben bzw. bestimmte Zeichen anzuschlagen. Nach jedem Anschlag wird der *Wagen,* von dem durch den Typenhebel betätigten *Schrittschaltwerk (Schaltschloß)* gesteuert, nach links gerückt. Bei *Mehrschritt-S.* ist jedem Buchstaben ein seiner typograph. Breite entsprechender Wagenschritt zugeordnet. Mit dem zum Schreiben von Tabellen, Rechnungen u. a. verwendeten *Tabulator* läßt sich der Wagen durch Drücken der Tabulatortaste selbsttätig an den jeweiligen Anfang einer Spalte bringen. Bei *Schreibkopfmaschinen* bewegt sich der leicht auswechselbare Schreibkopf samt Farbkassette auf einem Schlitten entlang der Schreibzeile und wird bei Bedienung der Tastatur so gehoben, gedreht und/oder gekippt, daß er mit der jeweils gewünschten Type an der Schreibstelle hammerartig das Farbband gegen das Schreibpapier schlagen kann. In *elektron. S.* übernehmen Mikroprozessoren Funktionen wie Randüberwachung, Textanordnung (Flatter- oder Blocksatz).

Die Mikroelektronik ermöglichte die Entwicklung sog. **Speicherschreibmaschinen** mit Display und Speicher, die z. T. an Computer, Teletex, Fernschreiber u. a. angeschlossen werden können. Bevor der Text geschrieben (bzw. gesendet) wird, kann er zuerst gespeichert und im Display korrigiert oder geändert werden. Bei den Speichern unterscheidet man *Floskel-* oder *Konstantenspeicher* mit einer Speicherkapazität für etwa 1 000 Zeichen zur Speicherung von Tagesdaten, Kennzeichen, Grußformeln u. a. und *Arbeitsspeicher* mit einer Speicherkapazität bis zu 32 000 Zeichen (und mehr), die den Aufbau eines Archivs für wiederkehrende komplette Texte und Formeln, z. B. für Standardbriefe, Verträge usw. ermöglichen. Einzelne Textteile können ›per Knopfdruck‹ abgerufen und mit anderen kombiniert werden, so daß beim Ausdruck nur noch Einzeldaten (z. B. Anschrift, Datum) ergänzt werden müssen. Durch *externe Speicherung* auf Magnetbändern, -platten u. a. kann ein solches *Textarchiv* um ein Vielfaches erweitert werden. Heute werden S. oft durch Personalcomputer ersetzt, die neben einer vielfältigen Textverarbeitung das Einfügen von Graphiken und die Anbindung an Datennetze und -banken erlauben. Texte und Graphiken können auch durch moderne Laserprinter in Druckqualität ausgedruckt werden.

Schreibschrift →Schrift.

Schreier, Peter, * Gauernitz bei Meißen 29. 7. 1935, dt. Sänger (lyr. Tenor). Mgl. der Dt. Staatsoper in Berlin, Gast an internationalen Opernhäusern, auch bed. Lied- und Oratoriensänger.

Schrein [lat.], 1) kastenförm. Behälter mit Deckel oder Türen, z. B. Reliquien-S., Altar-S. (mit Schnitzfiguren im Hohlkörper).

2) Heiligtum des Schintoismus, Sitz einer Gottheit (Kami); Pfahlbau aus Zypressenholz mit Satteldach, vor dem Eingang ein Tor aus Pfeilern und Querbalken.

Schreiter, Johannes, * Buchholz 8. 3. 1930, dt. Maler und Graphiker. 1963–87 Lehrer an der Hochschule für bildende Künste in Frankfurt am Main; wurde bekannt mit seinen Brandcollagen (Behandlung von Papier mit Feuer und Ruß) und v. a. als Exponent der →Glasmalerei.

Schreivögel (Clamatores), Unterordnung 7–50 cm langer Sperlingsvögel mit rd. 1000 Arten, v. a. in den Tropen.

Schreker, Franz, * Monaco 23. 3. 1878, † Berlin 21. 3. 1934, österr. Komponist. Bed. Opernkomponist, u. a. ›Der ferne Klang‹ (1912), ›Die Gezeichneten‹ (1918), ›Der Schmied von Gent‹ (1932).

Schreyvogl, Friedrich [...fo:gəl], * Mauer (= Wien) 17. 7. 1899, † Wien 11. 1. 1976, österr. Schriftsteller. Schrieb Romane, u. a. ›Die Dame in Gold‹ (1957), auch expressionist. Lyrik und Dramen.

Schrieffer, John Robert [engl. 'ʃri:fə], * Oak Park (Ill.) 31. 5. 1931, amerikan. Physiker. Hauptarbeitsgebiete: Theorie der Supraleitung, Ferromagnetismus, Oberflächenphysik; erhielt mit J. Bardeen und L. N. Cooper für die von ihnen 1957 entwickelte Theorie der Supraleitung *(BCS-Theorie)* 1972 den Nobelpreis für Physik.

Schriesheim, Stadt an der Bergstraße, Bad.-Württ., 13 800 E. Porphyrsteinbrüche. Ruine der Strahlenburg (v. a. 12. und 13. Jh.). – 766 erstmals erwähnt; um 1250 Anlage der Stadt.

Schrift, ein System graph. Zeichen, die zum Zwecke menschl. Kommunikation in konventioneller Weise verwendet und durch Zeichnen, Malen, Einkerben, Ritzen o. ä. auf feste Beschreibstoffe (Stein, Rinde, Holz-, Ton- und Wachstafeln, Leder, Knochen, Papyrus, Pergament, Papier usw.) hervorgebracht werden.

Entwicklung der Schrift: Vorstufen sind die sog. ›Gegenstands-S.‹ (Knotenschrift, Kerbzahlen, indian. Wampumgürtel u. ä.) und die prinzipiell nicht davon unterschiedene bildl. Ideen-S. (→Bilderschrift), in der einfache Bilder oder Bildfolgen unabhängig von der Sprache Inhalte darstellen. Von eigtl. S. kann erst nach dem Übergang zur Wiedergabe sprachl. Einheiten (Wörter, Silben, Laute) die Rede sein. Nach der Art der dargestellten Einheiten werden Wort-, Silben- und Laut-S. unterschieden. Eine *Wort-S.* stellt jedes Einzelwort durch bes. Zeichen, i. d. R. Bildzeichen (→Hieroglyphen), dar. In der sehr seltenen reinen *Silben-S.* werden die Silben der Wörter, in der *Laut-S.* deren einzelne Laute durch Zeichen ausgedrückt, die von dem jeweiligen Begriff unabhängige Lautwerte haben. Bevorzugt werden Mischformen aus Wort-S. und Silben-S., wie sie etwa in den ältesten Formen der altmesopotam. →Keilschriften, in der →ägyptischen Schrift, der S. des Hieroglyphenhethitischen oder auch der →japanischen Schrift vorliegen.

Der Übergang von der Silben- zur Laut-S. gelang zuerst den Griechen. Ohne grundlegende Änderung der äußeren Form der westsemit. (phönik.) S. entstand bei ihnen (vermutl. im 9. Jh. v. Chr.) das erste Alphabet. Es verbreitete sich früh bei den italischen Völkern und von Byzanz aus im Gebiet der orth. Kirche bei einem Teil der Slawen (→Glagoliza, →kyrillische Schrift); in Form bestimmter Arten der →lateinischen Schrift verbreitete es sich, nicht zuletzt unter dem Einfluß der röm.-kath. Kirche, über Sprach- und Volkstumsgrenzen hinweg über ganz Europa und in den letzten Jh. auch weit über Europa hinaus. So gehen letztl. alle modernen europ. S. auf die →griechische Schrift als Mutteralphabet zurück; diese wiederum geht, ebenso wie die Brahmi-S., aus der sich

fast alle →indischen Schriften entwickelt haben, auf eine semit. Schrift zurück.

Schreibschrift: Griechen und Römer verwendeten im tägl. Gebrauch an Abkürzungen und Zeichenverbindungen (Ligaturen) reiche kursive S.formen (die jüngere röm. Kursive mit Ober- und Unterlängen lebt in den heutigen Kleinbuchstaben fort). In der frühen röm. Kaiserzeit bildete sich eine Monumental-S. in Majuskelform heraus *(Kapitalis)* mit gleich hohen, unverbunden nebeneinanderstehenden Buchstaben (lebt in den Großbuchstaben der heutigen →Antiqua fort). Seit dem 3. Jh. n. Chr. bekannt ist die in streng gleichmäßigen, quadrat. oder stark gerundeten Formen geschriebene *Unziale.* Im frühen MA verschiedene Typen; mit Ausbildung der →karolingischen Minuskel im Zusammenhang mit einer S.reform Karls d. Gr. entstand wieder ein einheitl. S.wesen (abgesehen von der süditalien. Monte-Cassino-S. und der westgot. Schrift in Spanien). Seit dem 12. Jh. entwickelte sich aus ihr die spitzbogige got. Minuskel, die im 14./15. Jh. außer in Italien, wo die Goticoantiqua und Rotunda entstanden, allg. verbreitet war, sowohl als Prunkschrift *(Missalschrift, Textura)* wie als Gebrauchsschrift *(Notula)* bzw. *Bastarda* (got. Buchschrift). Die Humanisten belebten die karoling. Minuskel, Vorstufe der heutigen Antiqua, schufen aber auch eine got. S. der Renaissance, die →Fraktur. Sie war noch Grundlage der *Sütterlin-S.*, der dt. Schreib-S., bis die internat. vorherrschende lat. S. 1941 als Dt. Normal-S. eingeführt wurde.

Druckschrift: Die Inkunabeldrucker versuchten zunächst, die Handschriften möglichst getreu nachzuahmen (Textura für liturg. Drucke). Aus der Bastarda wurden die Fraktur und die *Schwabacher* entwickelt. Die Fraktur verdrängte seit Mitte des 16. Jh. im dt. Sprachbereich alle anderen S.arten. Die berühmteste Antiqua-S. schuf Nicolas Jenson (* um 1420, † 1480) um 1470 in Venedig. Bei der Renaissanceantiqua drucken alle Lettern stark gleich stark. Es wurden auch Antiqua-Kursive entwickelt (Aldus Manutius [* 1449, † 1515]). Die Antiqua-S. des 18. Jh. unterscheiden kräftige Grund- und feine Haarstriche (John Baskerville [* 1706, † 1775], F. A. und F. Didot und G. Bodoni). Anfang des 19. Jh. wurden auch wieder S. mit gleich starker Linienführung modern (Linear-Antiqua): Mediäval, Egyptienne, Groteskschriften. – 1964 erfolgte die Klassifikation der S. nach DIN 16 518.

Schriftkunde: Dem wiss. Studium von S.quellen und S.systemen widmen sich die →Epigraphik und →Paläographie sowie die *Graphemik* als Wiss. von der S. als Ausdrucksmittel sprachl. Zeichen (Grapheme). →Graphologie.

Schrift, Heilige →Bibel.

Schriftflechten (Graphidaceae), Fam. krustenartig auf Baumrinde (z. B. an Buchen) und Steinen wachsender Flechten mit über 1000 Arten in 12 Gattungen.

Schriftform →Form.

Schriftgelehrte (Soferim), einflußreiche Gruppierung des Frühjudentums, die die Ausbildung der mündl. Lehre einleitete.

Schriftgrad (Schriftgröße), neben Größenangaben der Druckschriften in mm (in neuen Systemen) heute noch gebräuchl. typograph. Maßsystem (mit dem typograph. Punkt [p] ≅ 0,376 mm als Einheit).

Schriftmetall →Bleilegierung.

Schriftsatz, die bei Gericht [in mehreren Ausfertigungen] einzureichenden schriftl. Erklärungen der am Prozeß beteiligten Parteien (insbes. der Anwälte).

Schriftsprache, die einheitl. verbindl. schriftl. Form einer Nationalsprache. →deutsche Sprache.

Schrimpf, Georg, * München 13. 2. 1889, † Berlin 19. 4. 1938, dt. Maler der → Neuen Sachlichkeit. Stilllebenhafte Figurenbilder und Landschaften.

Gerhard Schröder

Rudolf Alexander Schröder

Perl	5 p
Nonpareille	6 p
Kolonel	7 p
Petit	8 p
Borgis	**9 p**
Korpus	**10 p**
Cicero	**12 p**

Schriftgrade

Schrittgeschwindigkeit, in der *Datenverarbeitung* svw. Datenübertragungsrate (→ Baud).

Schrittmacher, 1) (Pacemaker) Läufer oder Fahrer, bes. bei den Steherrennen im Radrennsport, der einem anderen das Tempo angibt bzw. auf der (motorradähnl.) *S.maschine* dem Fahrer geringstmögl. Luftwiderstand gibt. 2) Automatiezentrum eines Organs, v. a. des Herzens, das in diesem Organ den anderen dort vorhandenen Automatiezentren übergeordnet ist und deren Rhythmus bestimmt; auch Bez. für den künstl. → Herzschrittmacher.

Schrittzähler → Wegmesser.

Schrobenhausen, Stadt an der Paar, Bayern, 14 300 E. Lenbachmuseum; Entwicklungszentrum der Luft- und Raumfahrt. Spätgotische Stadtpfarrkirche (15. Jh.), Rathaus (14., 16. und 19. Jh.); Teile der Stadtbefestigung (um 1400). – Erste Erwähnung um 800, seit 1447 als Stadt.

Schröder, 1) Friedrich Ludwig, * Schwerin 3. 11. 1744, † Rellingen bei Pinneberg 3. 9. 1816, dt. Schauspieler und Theaterleiter. Leitete die Hamburger Bühne 1771–80, 1786–98 und 1812/13; machte neben Dramen von Lessing, Goethe und J. M. R. Lenz v. a. Shakespeare bekannt. 2) Gerhard, * Saarbrücken 11. 9. 1910, † Kampen/Sylt 31. 12. 1989, dt. Politiker (CDU). 1949–80 MdB; 1953–61 Innen-Min., 1961–66 Außen-Min., 1966–69 Verteidigungs-Min.; 1969–80 Vors. des Bundestagsausschusses für auswärtige Angelegenheiten. 3) Gerhard, * Mossenberg 7. 4. 1944, dt. Politiker (SPD). Kaufmännischer Angestellter, Jurist; 1978–80 Bundesvors. der Jungsozialisten, 1980–86 MdB, seit 1990 Min.-Präs. von Niedersachsen. 4) Rudolf Alexander, * Bremen 26. 1. 1878, † Bad Wiessee 22. 8. 1962, dt. Schriftsteller. Erneuerer des prot. Kirchenlieds; in seiner Lyrik dem humanist. Erbe der Klassik verpflichtet; zahlr. Übers.: u. a. Homer, Vergil, Horaz, Molière und Shakespeare, Nachdichtungen niederländischer und flämischer Lyrik, auch literaturkrit. Essays.

Schröder-Devrient, Wilhelmine [de'fri:nt, de-'frɪnt, dəvri'ɛ:], * Hamburg 6. 12. 1804, † Coburg 26. 1. 1860, dt. Sängerin (Sopran). Bed. Wagnersängerin.

Schrödinger, Erwin, * Wien 12. 8. 1887, † ebd. 4. 1. 1961, österr. Physiker. Auf Vorstellungen von L. de Broglie über Materiewellen und dem Welle-Teilchen-Dualismus aufbauend, entwickelte S. 1962 die Wellenmechanik. Später bearbeitete er Probleme der relativist. Quantentheorie, der Gravitationstheorie und der einheitl. Feldtheorie; Nobelpreis für Physik 1933 (mit P. A. M. Dirac).

Schroeter, Werner, * Georgenthal/Thür. 7. 4. 1945, dt. Filmregisseur. Seine Bildersprache, die eng mit Theater und Musik verbunden ist, wirkte stilbildend; auch Theaterregisseur. – *Filme:* Eika Katappa (Opernfilm, 1969), Palermo oder Wolfsburg (1980), Tag der Idioten (1981), Der Rosenkönig (1986), Malina (1990, nach dem Roman von I. Bachmann, Drehbuch E. Jelinek).

Schröpfen (Hämospasie), örtl. Ansaugen von Blut in die Haut über erkrankten Organen unter Anwendung eines *Schröpfkopfs* (Glas- oder Gummiglocke mit abstufbarem Unterdruck).

Schrot, 1) *Müllerei:* grob zerkleinerte (geschrotete) Körnerfrüchte. 2) *Jagdwesen:* (Blei-S.) kleine Kugeln (2–4 mm ⌀) aus Schrotblei, u. a. für Jagdpatronen.

Schrotblatt, in der 2. Hälfte des 15. Jh. beliebte Form des Metallschnitts (Messing, Blei), bei dem mit Punzen und Stichel Vertiefungen in den Druckstock geschlagen bzw. hineingearbeitet wurden. Hochdruckverfahren: Die bearbeiteten Stellen bleiben weiß, die stehengebliebenen Stellen drucken schwarz.

Schröter, svw. → Hirschkäfer.

Schroth, 1) Hannelore, * Berlin 10. 1. 1922, † München 7. 7. 1987, dt. Schauspielerin. Engagements u. a. in Berlin und Wien; auch Filmrollen; nach 1945 zahlr. Fernsehrollen. 2) Johann, * Böhmischdorf (= Česká Ves, Nordmähr. Gebiet) 2. 2. 1800, † Lindewiese (= Lipová-lázně) 26. 3. 1856, österr. Landwirt und Naturheilkundiger. Führte die **Schroth-Kur** ein, eine Verabreichung wasserarmer Diätkost (trockene Brötchen, Brei, Haferschleim); bes. als Abmagerungskur bei Fettsucht verabreicht.

Schrotpatronen → Munition.

Schrumpfkopf → Kopfjagd.

Schrumpfleber → Leberzirrhose.

Schrumpfniere → Nierenerkrankungen.

Schrunde → Fissur.

Schruns, österr. Markt-Gem. in Vorarlberg, 3 700 E. Zentraler Ort des Montafons; Wintersport- und Luftkurort.

Schub (Schubkraft), Bez. für jede vorwärtsbewegende Antriebskraft; die von einem Luftstrahl- oder Raketentriebwerk erzeugte Antriebskraft.

Schubart, Christian Friedrich Daniel, * Obersontheim bei Schwäbisch Hall 24. 3. 1739, † Stuttgart 10. 10. 1791, dt. Schriftsteller und Publizist. Wegen satir. Veröffentlichungen 1773 als Kapellmeister am württemberg. Hof in Ludwigsburg amtsenthoben und des Landes verwiesen; gründete 1774 die freiheitl., gegen Hof und Kirche gerichtete Zeitung ›Dt. Chronik‹ in Augsburg; auf Geheiß von Herzog Karl Eugen 1777 verhaftet; bis 1787 auf der Festung Hohenasperg in Haft (›Gedichte aus dem Kerker‹, 1785). S. schrieb polit. Lyrik gegen die Fürstenwillkür (›Die Fürstengruft‹, ›Der Gefangene‹); von Einfluß auf Schiller, den er u. a. auf den ›Räuber‹-Stoff aufmerksam gemacht hatte.

Schubert, Franz, * Lichtental (= Wien) 31. 1. 1797, † Wien 19. 11. 1828, österr. Komponist. Lebte ab 1818 als freier Komponist in Wien. In Auseinandersetzung v. a. mit L. van Beethoven gelangte er zur unverwechselbaren Authentizität seiner Musik. Im Streichquintett C-Dur (1828), in den beiden letzten Sinfonien sowie in den späten Streichquartetten (›Der Tod und das Mädchen‹, 1824) und Klaviersonaten werden klass. Formprinzipien durch romant. Gehalte verändert. Im Zentrum seines Schaffens steht die Liedkomposition. V. a. Goethes Gedichte (etwa 80 Vertonungen) inspirierten S. zu ersten Meisterwerken, u. a. ›Gretchen am Spinnrade‹ (1814) und ›Erlkönig‹ (1815). Die Fülle von Formen und Gestaltungsweisen reicht vom stroph. bis zum durchkomponierten Lied; vollendete das die Kunst der kleinen lyr. Instrumentalform (Impromptus, Moments musicaux, Tänze). – *Werke:* 8 Sinfonien, u. a. 4. c-Moll (›Tragische‹, 1816), 5. B-Dur (1816), 6. C-Dur (1817/18), 8. h-Moll (›Unvollendete‹, 1822), 7. (= 9.) C-Dur (1828); Ouvertüren. – Oktett für Blas- und Streichinstrumente F-Dur (1824); Klavier-(›Forellen-‹)Quintett A-Dur (1819); 20 Streichquartette; 2 Streichtrios. – 23 Klaviersonaten; Tänze; vierhändige Sonaten, Märsche u. a. – Opern, Singspiele. 6 Messen, ›Dt. Messe‹ (1818); Kantaten; Chormusik; über 600 Klavierlieder, u. a. die Zyklen ›Die schöne Müllerin‹ (1824), ›Winterreise‹ (1827), ›Schwanengesang‹ (postum zusammengestellt, 1828).

Schublehre, svw. → Schieblehre.

Schubschiff (Schubboot), Motorschiff, das aufgrund einer bes. Bugform (in voller Schiffsbreite verlaufende Schubfläche, sog. Schubschulter) geeignet ist, Leichter oder Prahme mit entsprechender Heckform zu schieben.

Schubverarbeitung, in der *Datenverarbeitung* svw. → Stapelverarbeitung.

Christian Friedrich
Daniel Schubart

Franz Schubert

Erwin Schrödinger

Schuch, Carl, * Wien 30. 9. 1846, † ebd. 13. 9. 1903, österr. Maler. Schloß sich dem Kreis um W. Leibl an; ab 1876 in Venedig, 1882–94 in Paris; Stilleben.

Schudra [Sanskrit], Angehöriger der untersten der vier → Kasten der Inder.

SCHUFA, Abk. für **Schu**tz für **a**llgemeine Kreditnehmer, Schutzgemeinschaft von Unternehmen und Kreditinstituten zur Kreditsicherung in der BR Deutschland; Hauptsitz Wiesbaden.

Schuh, Oscar Fritz, * München 15. 1. 1904, † Grossgmain bei Salzburg 22. 10. 1984, dt. Regisseur. U. a. 1959–62 Generalintendant der Städt. Bühnen Köln, 1963–68 Intendant des Dt. Schauspielhauses Hamburg; u. a. Gastregisseur in Mailand (Scala), Rom, Venedig sowie Operninszenierungen (bes. Mozart) bei den Salzburger Festspielen.

Schuhe, alle Arten der Fußbekleidung. Der vollständige S. besteht aus Decksohle, Innensohle (Brandsohle), Zwischen-S. und Laufsohle (Lang- oder Durchaussohle), ggf. Absatz sowie Oberteil (mit Vorderkappe, Hinterkappe, Blatt u. a.) und ggf. Schaft. Das Hauptmaterial für S. ist Leder, Stoff, Holz und Bast sowie Gummi und Kunststoffe.

Schuhplattler, Volkstanz im $^3/_4$-Takt oder als Zwiefacher in Oberbayern und Tirol verbreitet.

Schukow, Georgi Konstantinowitsch [russ. 'ʒukɐf], * Strelkowa bei Kaluga 11. 12. 1896, † Moskau 18. 6. 1974, sowjet. Marschall (seit 1943). Koordinierte 1942/43 die sowjet. Truppen bei den Schlachten um Stalingrad und Leningrad und von Kursk; nahm 1945 die dt. Kapitulation entgegen; 1945/46 Oberbefehlshaber der sowjet. Truppen in Deutschland, 1955–57 Verteidigungs-Min., 1956/57 Mgl. des Politbüros; 1957 aller Ämter enthoben.

Schulaufsicht → Schule.

Schulbrüder (lat. Institutum Fratrum Scholarum Christianarum, Abk. FSC), größte kath. Laienkongregation für Erziehung und Unterricht; 1681 in Reims, 1684 in Paris von J. B. de La Salle gegründet.

Schulchan Aruch [hebr. ›gedeckter Tisch‹], Sammelwerk des jüd. Religionsgesetzes von J. Karo (1565); Gesetzeskodex des orth. Judentums; enthält die wichtigsten Vorschriften der Halacha.

Schuld, 1) *Religionsgeschichte:* die Belastung des menschl. Bewußtseins als Folge der Sünde. **2)** *Strafrecht:* als *Strafbegründungsschuld* meint S. die subjektiven Zurechnungsvoraussetzungen, die nach dem StGB die Verhängung einer Strafe gegenüber dem Täter begründen oder ausschließen. Der Kern des S.vorwurfs besteht darin, daß der Täter rechtswidrig gehandelt hat, obwohl er hätte rechtmäßig handeln können, weil er sowohl das Unrecht der Tat hätte einsehen als auch nach dieser Einsicht hätte handeln können. **3)** *Zivilrecht:* 1. als Verbindlichkeit die Verpflichtung zur Leistung im Rahmen eines Schuldverhältnisses; 2. als Vorwerfbarkeit die Bewertung eines menschl. Verhaltens.

Schuldanerkenntnis, einseitig verpflichtender Vertrag, durch den das Bestehen eines Schuldverhältnisses anerkannt wird.

Schuldausschließungsgründe, im Strafrecht gesetzl. normierte Gründe, die die Schuld des Täters entfallen lassen, z. B. die Fälle der Schuldunfähigkeit und des vermeidbaren Verbotsirrtums.

Schuldbrief, Urkunde bei der Errichtung einer Briefgrundschuld.

Schuldbuchforderungen, Darlehensforderungen gegen eine öffentl.-rechtl. Körperschaft, die nicht in Schuldverschreibungen, sondern nur durch Eintragung in ein Register, das *Staatsschuldbuch,* beurkundet sind.

Schuldenkrise, bezeichnet die Tatsache, daß die meisten Länder der dritten Welt einen übermäßig hohen Anteil ihres Bruttosozialprodukts für die Tilgung ihrer Auslandsschulden aufbringen müssen. Ursachen sind u. a. die großzügige Kreditvergabe zur Finanzierung von Prestigeobjekten, der Preisverfall bei Rohstoffen, der Anstieg der Ölpreise und der Kursverfall des US-$.

Schuldenmasse, die Gesamtheit der im *Konkurs* zu berücksichtigenden Konkursforderungen.

Schuldfähigkeit (früher: Zurechnungsfähigkeit), im Strafrecht die bei Personen über 18 Jahren im Normalfall vorausgesetzte Fähigkeit, das Unrecht einer Tat einzusehen und nach dieser Einsicht zu handeln.

Schuldgrundsatz, das im Verfassungsrang stehende Prinzip, nach dem Strafe (im strafrechtl. Sinne) Schuld voraussetzt (›nulla poena sine culpa‹ [›keine Strafe ohne Schuld‹]).

Schuldknechtschaft, Knechtschaft eines zahlungsunfähigen Schuldners; im Laufe des MA durch die Haft des zahlungsunfähigen Schuldners beim Gläubiger (private Schuldhaft) bzw. im Schuldturm (öffentl. Schuldhaft) ersetzt; im 19. Jh. abgeschafft.

Schuldner (Anspruchsgegner), der aus einem Schuldverhältnis dem → Gläubiger gegenüber zu einer Leistung Verpflichtete.

Schuldrama, Drama in lat. Sprache (seit dem 2. Drittel des 16. Jh. auch dt.sprachig), oft mit bibl. Stoffen (insbes. aus dem AT) für Lateinschulen im 16./ 17. Jh.; aus dem S. der Humanisten entwickelte sich im Laufe des 16. Jh. auch das sog. *Jesuitendrama.*

Schuldrecht, Gesamtheit der die Schuldverhältnisse ordnenden Rechtsnormen. Das S. ist im 2. Buch des BGB geregelt. Sein wichtigstes Prinzip ist das der *Vertragsfreiheit* (die Freiheit der Parteien, Abschluß, Ausgestaltung und Abwicklung der Schuldverhältnisse grundsätzl. selbst zu bestimmen).

Schuldschein, Urkunde über das Bestehen einer Forderung, die vom Schuldner zur Beweissicherung für den Gläubiger ausgestellt wird.

Schuldtitel, Urkunden, durch die jemand zur Leistung verpflichtet wird, insbes. Vollstreckungstitel.

Schuldübernahme, vertragsweise Übernahme der Schuld durch einen Dritten. Bei der *privaten* S. tritt der Dritte als neuer Schuldner an die Stelle des bisherigen Schuldners. Letzterer wird von seiner Schuld befreit. Bei der *kumulativen* S. *(Schuldmitübernahme, Schuldbeitritt)* tritt der Dritte als weiterer [Gesamt]schuldner neben den bisherigen Schuldner.

Schuldunfähigkeit, die mangelnde Fähigkeit, schuldhaft zu handeln. Schuldunfähig sind: Kinder (unter 14 Jahren), Jugendliche (zw. 14 und 18 Jahren), wenn das Gericht die S. positiv festgestellt hat, sowie Personen über 18 Jahren, deren Einsichts- und/oder Steuerungsfähigkeit bei Tatbegehung aufgehoben war *(Unzurechnungsfähigkeit).* Sie hat zur Folge, daß der Täter strafrechtl. nicht zur Verantwortung gezogen werden kann. Er kann jedoch Maßregeln der Besserung und Sicherung unterworfen werden.

Schuldverhältnis, Rechtsbeziehung zw. (mindestens) 2 Personen, kraft deren der Gläubiger berechtigt ist, von dem Schuldner eine Leistung zu fordern (schuldrechtl. Anspruch), und der Schuldner verpflichtet ist, die Schuld (Obligation) zu erfüllen. – Typischerweise entstehen S. durch Rechtsgeschäfte, meist gegenseitige Verträge (z. B. Kauf, Miete), können aber auch aus Rechtsverletzungen mit der Folge von Schadenersatzansprüchen erwachsen. Auch im öffentl. Recht gibt es schuldrechtl. Beziehungen (z. B. zw. der Post und den Postbenutzern).

Schuldverschreibung, übliche Bez. für ein Wertpapier, das den Aussteller zu einer Leistung verpflichtet.

Schuldversprechen, ein einseitig verpflichtender Vertrag, durch den eine Leistung in der Weise versprochen wird, daß das Versprechen die Verpflichtung selbständig, d. h. losgelöst von einem Verpflichtungsgrund, begründen soll.

Schule [griech.-lat.], Institution in öffentl. (staatl.) oder privater Trägerschaft (→ Privatschulen), in der planmäßig Unterricht erteilt wird an schulpflichtige Kinder und Jugendliche sowie im weiterführenden Schulwesen auch darüber hinaus. Aufgrund der im GG verankerten Kulturhoheit der Länder ist das Schulwesen Sache der Länder, eingeschränkt ledigl. durch die Aufsicht des Staates über das gesamte Schulwesen (Artikel 7 GG) sowie das in Artikel 6 GG normierte → Elternrecht. Die Aufsicht des Staates über das Schulwesen umfaßt die *Schulhoheit* (Norm- und Richtlinienkompetenz) und die *Schulaufsicht*, d. h. Rechts- und Fachaufsicht über die Lehrer sowie über die Schulverwaltung der Schulträger. Auf der Normen- und Richtlinienkompetenz des Staates (Schulhoheit) und der Kulturhoheit der Länder beruhte die Einrichtung des Deutschen Bildungsrats (1965–75), der sich mit der Bildungsplanung befaßte und den Strukturplan für das dt. Bildungswesen herausbrachte, der grundlegend für die Reform des Schul- und Bildungswesens wurde. Eine Koordinierung der Gesetzgebung der Länder versucht die von den Ländern gegr. Ständige Konferenz der Kultusminister der Länder (KMK); die dort gefaßten Beschlüsse sind Empfehlungen an die Länder.

Nach dem 2. Weltkrieg wurden in der BR Deutschland Schulbezeichnungen, Vollzeitschulpflicht (9 Jahre) und gegenseitige Anerkennung von Schulabschlüssen durch das Düsseldorfer Abkommen (1955) und das Hamburger Abkommen (1964) geregelt. Die Vorbereitung auf das Hochschulstudium wurde durch die Oberschulreform neu gestaltet: Den Tübinger Resolutionen 1951 folgten 1960 die Saarbrükener Rahmenvereinbarungen und 1972 die Vereinbarung zur Neugestaltung der gymnasialen Oberstufe in der Sekundarstufe II (freie Fächerwahl im Rahmen von Pflicht- und Wahlbereichen; Kurssystem; → Gymnasium). Außerdem wurden andere Möglichkeiten des Hochschulzuganges eröffnet (→ zweiter Bildungsweg). Ein wesentl. Ziel des Strukturplans für das dt. Bildungswesen ist die Durchlässigkeit des Bildungswesens durch den Abbau der vertikalen Gliederung des Schulsystems (→ Gesamtschule). Die Orientierungsstufe (5. und 6. Klasse innerhalb des dreigliedrigen Systems) soll die Wahl der Schullaufbahn erleichtern; mit sog. Aufbauzügen soll der Übergang in eine höhere Schulstufe ermöglicht werden. Insgesamt hält die Tendenz zu höheren Abschlüssen an, was an den Hochschulen u. a. die Einführung des → Numerus clausus bewirkte.

Schulenburg, dt. Adelsgeschlecht, 1563 in den Reichsfreiherrenstand erhoben, zwei Linien seit 1728 bzw. 1790 reichsgräflich. Bed. Vertreter: **1)** *Friedrich Werner* Graf von der, * Kemberg 20. 11. 1875, † Berlin-Plötzensee 10. 11. 1944 (hingerichtet), Diplomat. 1934–41 Botschafter in Moskau; als Außen-Min. einer Regierung Goerdeler vorgesehen; nach dem 20. 7. 1944 zum Tode verurteilt.
2) *Fritz-Dietlof* Graf von der, * London 5. 9. 1902, † Berlin-Plötzensee 10. 8. 1944 (hingerichtet), Widerstandskämpfer. Seit 1937 als stellv. Polizei-Präs. von Berlin (bis 1939) in der Widerstandsbewegung um L. Beck; als Offizier maßgebl. am Attentat auf Hitler beteiligt, am 8. 8. 1944 zum Tode verurteilt.

Schülermitverwaltung (Schülermitverantwortung), Abk. SMV, die Beteiligung der Schüler an der Gestaltung des Schullebens; eingeführt nach 1945 als Bestandteil der polit. Bildung.

Schulfähigkeit (Schulreife), der körperl.-geistigseel. Entwicklungsstand, der ein Kind befähigt, den Anforderungen der Grundschule nachzukommen. Die S. wird i. d. R. durch S.untersuchungen und -tests

vor der Einschulung festgestellt. Ist S. nicht gegeben, werden z. T. Förderkurse mit Vorschulcharakter zur Erreichung der S. angeboten (Schulkindergärten); u. U. erfolgt die Einschulung in eine Sonderschule.

Schulfernsehen, die von den öffentl. Rundfunk- und Fernsehanstalten übertragenen Fernsehprogramme für den Schulunterricht, zu denen i. d. R. Begleitmaterial geliefert wird; in der BR Deutschland seit 1964 (Bayer. Rundfunk).

Schulfunk, die von den öffentl. Rundfunkanstalten (seit 1924, in der BR Deutschland regelmäßig seit 1953) ausgestrahlten Hörfunkprogramme zur Ergänzung und Vertiefung des Schulunterrichts. Die Programmgestaltung bestimmen Beiräte, in denen Schulen, Schulbehörden und Rundfunk vertreten sind.

Schuljahr, ein in der BR Deutschland einheitl. vom 1. Aug. bis 31. Juli reichender Schulabschnitt, in dem der im Jahresstoffplan umschriebene Unterrichtsstoff vermittelt wird und die Leistungen der Schüler abschließend bewertet werden.

Schullandheime, von Schulen bzw. deren Trägern unterhaltene Erholungsheime auf dem Lande.

Schuller, Gunther [engl. ˈʃʊlə], * New York 22. 11. 1925, amerikan. Komponist. Vertritt die Synthese von Jazz und Konzertmusik, u. a. Oper ›Die Heimsuchung‹ (1966), Kammermusik, Ballette.

Schulmedizin, allg. herrschende medizin. Lehre; Richtung, die (im Ggs. zur sog. *Außenseitermedizin*) in Praxis und Lehre das von der großen Mehrzahl aller Ärzte Anerkannte vertritt.

Schulp [niederdt.], bei Kopffüßern ein bis über 10 cm langes, schildartig flaches, zungenförmiges kalkiges Schalenstück mit zugespitztem Ende; kommt als *weißes Fischbein (Sepiaknochen)* in den Handel.

Schulpflicht, die in den Schulgesetzen der Länder der BR Deutschland geregelte Pflicht zu einem Mindestschulbesuch. Die *allg. Schulpflicht* ist grundsätzl. vom 6. Lebensjahr an durch den 9jährigen Besuch der Volksschule bzw. Grund- und Hauptschule (eine Ausdehnung auf 10 Jahre ist zulässig) und anschließenden 3jährigen Besuch der Berufsschule bis zum vollendeten 18. Lebensjahr zu erfüllen.

Schulpforta (Schulpforte), berühmtes Gymnasium bei Naumburg/Saale, das 1543–1935 im ehem., 1137 gegr. Zisterzienserkloster *Pforta* (Pforte) bestand (heute erweiterte Oberschule mit Internat).

Schulpsychologie, Disziplin der angewandten Psychologie, die fachkundige Beratung bei auftretenden Lern- und Leistungsschwierigkeiten einzelner Schüler oder bei Spannungen zw. Schülern und Lehrern erteilt.

Schulreife → Schulfähigkeit.

Schuls (amtl. rätoroman. Scuol), Gem. im schweizer. Kt. Graubünden, im Unterengadin, 1700 (rätoroman.) E. Heilklimat. Kurort (Schwefel- und Eisenquellen), Wintersport.

Schulschiff, der seemänn. Ausbildung des Nachwuchses der Handels- oder Kriegsmarine dienendes [Segel]schiff. Ein berühmtes S. der dt. Handelsmarine war die ›Pamir‹; die Bundesmarine verfügt u. a. über das Segel-S. ›Gorch Fock‹.

Schulschwestern, kath. Schwesterngenossenschaften, deren ausschließl. Arbeitsgebiete Schule und Erziehung sind (Engl. Fräulein, Ursulinen u. a.).

Schult, H. A., eigtl. Hans Jürgen S., * Parchim 24. 6. 1939, dt. Aktionskünstler. Versucht mit Aktivitäten, die von der Aktionskunst bis zu Schaukästen mit von Müllhalden überwucherten Städtemodellen reichen, auf die Bedrohung der Umwelt aufmerksam zu machen.

Schulter, die seitl., obere, über jedem der beiden Schulterblätter gelegene Rückengegend; beim Menschen die Körperregion zw. Halsansatz und Schultergelenk.

Schulter-Arm-Syndrom, kompliziertes, in den Arm ausstrahlendes Krankheitsgeschehen im Bereich der Schulter, wobei es im Gefolge einer chron. Reizung und/oder einer Erkrankung einzelner Anteile des Halses über Schmerzen, Schonhaltung und Muskelschwund zu einem langwierigen Leiden mit schwer lokalisierbaren Schmerzen, Sensibilitätsstörungen und Bewegungseinschränkung kommen kann.

Schulterblatt, paariger dorsaler, meist breiter, flacher, auch (bei Vögeln) langer, schmaler Hauptknochen des Schultergürtels der Wirbeltiere; ohne direkte Verbindung zum übrigen Rumpfskelett, nur an Muskeln aufgehängt und durch das Schlüsselbein, soweit vorhanden, abgestützt; mit Gelenkfläche für den Oberarmknochen sowie häufig mit Knochenkamm *(Schulter[blatt]gräte)* auf seiner äußeren (dorsalen) Fläche zur Vergrößerung der Muskelansatzfläche. Beim Menschen ist das S. dreieckig ausgebildet.

Schultergelenk, Gelenk (Kugelgelenk) des Schultergürtels zw. Schulterblatt und Oberarmknochen, in dem sich die Vorderextremität bzw. der Oberarm dreht.

Schultergürtel, aus beiderseits mehreren Knochen zusammengesetzter, der (bewegl.) Befestigung der Vorderextremitäten dienender Teil des Skeletts des Menschen und der Wirbeltiere; ohne direkte Verbindung mit dem Schädel, nur indirekt (über den Brustkorb bzw. das Brustbein) mit der Wirbelsäule verbunden.

Schulterhöhe, ein Körpermaß, das beim stehenden vierfüßigen Wirbeltier den durch den obersten Rand der Schulter gegebenen Punkt größter Höhe des Rumpfes über dem Boden angibt. Bei landwirtsch. genutzten Säugetieren und beim Hund spricht man von *Widerristhöhe.*

Schulterstück → Epaulette.

Schultests, Anwendung von Testverfahren auf den schul. Bereich. Bei Schulfähigkeits- oder *Schulreifetests* wird die körperl. und sozio-emotionale Schulreife v. a. durch medizin. und päd. Anamnesebögen und durch Beobachtung, die kognitive mit speziellen Tests ermittelt. *Schulleistungstests* sind standardisierte Beurteilungsverfahren zur Feststellung des Lernerfolges, zur Einstufung in Leistungsgruppen oder in verschiedene Schulzweige.

Schultheiß → Dorf.

Schultz, 1) Johann Abraham Peter, dt. Komponist, → Schulz, Johann Abraham Peter.
2) Johannes Heinrich, * Göttingen 20. 6. 1884, † Berlin 19. 10. 1970, dt. Psychiater. Führte das → autogene Training als Behandlungsmethode ein.
3) Theodore William, * Arlington 30. 4. 1902, amerikan. Nationalökonom. Schrieb bed. agrarwiss. Arbeiten; erhielt 1979 den Nobelpreis für Wirtschaftswissenschaften zus. mit Sir W. A. Lewis (* 1915).

Schultze, Bernard, * Schneidemühl 31. 5. 1915, dt. Maler, Graphiker und Objektkünstler. Mitinitiator des dt. → abstrakten Expressionismus; seit 1961 auch phantast. Gebilde aus Draht, Stoff, Papier und Kunststoff (›Migofs‹).

Schulz, Johann Abraham Peter (Schultz), * Lüneburg 31. 3. 1747, † Schwedt/Oder 10. 6. 1800, dt. Komponist. Bed. Lieder, u. a. ›Der Mond ist aufgegangen‹, ›Alle Jahre wieder‹.

Schulze, Wolfgang, dt. Maler und Graphiker, → Wols.

Schulze, svw. Schultheiß (→ Dorf).

Schulze-Boysen, Harro, * Kiel 2. 9. 1909, † Berlin-Plötzensee 22. 12. 1942 (hingerichtet), dt. Widerstandskämpfer. Mgl. des Jungdt. Ordens; seit 1936 Informant der sowjet. Botschaft; eines der aktivsten Mgl. der Roten Kapelle.

Schulze-Delitzsch, Hermann, * Delitzsch 29. 8. 1808, † Potsdam 29. 4. 1883, dt. Sozialpolitiker. Gründete ab 1849 eine Reihe von Genossenschaften, die er 1859 zum ›Allg. Verband der auf Selbsthilfe beruhenden dt. Erwerbs- und Wirtschaftsgenossenschaften‹ zusammenschloß; Mitbegründer des Nationalvereins (1859) und der Dt. Fortschrittspartei (1861); ab 1867 Mgl. des Norddt. Reichstags, ab 1871 MdR.

Schumacher, 1) Emil, * Hagen 29. 8. 1912, dt. Maler und Objektkünstler. Vertreter des → abstrakten Expressionismus.
2) Kurt, * Culm 13. 10. 1895, † Bonn 20. 8. 1952, dt. Politiker (SPD). 1918/19 Mgl. des Berliner Arbeiter- und Soldaten-Rats; 1924–31 MdL in Württemberg, MdR 1930 bis 1933; aufgrund konsequenter Gegnerschaft zur NSDAP 1933–43 und 1944 in KZ-Haft; begann 1945 mit dem Wiederaufbau der SPD (Vors. ab 1946); widersetzte sich entschieden einer Vereinigung von SPD und KPD; lehnte als MdB, Fraktions-Vors. der SPD und Oppositionsführer (ab 1949) Adenauers Politik der Westintegration aus traditionell nat.-staatl. Orientierung ab.

Schuman, Robert ['ʃuːman, frz. ʃu'man], * Luxemburg 29. 6. 1886, † Scy-Chazelles bei Metz 4. 9. 1963, frz. Politiker. 1940 nach Deutschland deportiert, floh 1942 und schloß sich der Résistance an; 1944 Mitbegründer der MRP; 1947/48 und 1948 Min.-Präs.; setzte sich als Außen-Min. (1948 bis 1952) für die europ. Einigung und eine dt.-frz. Annäherung ein (1950 **Schumanplan** zur Bildung der Europ. Gemeinschaft für Kohle und Stahl); 1958–60 erster Präs. des Europ. Parlaments.

Schumann ['ʃuːman, frz. ʃu'man], 1) Clara, geb. Wieck, * Leipzig 13. 9. 1819, † Frankfurt am Main 20. 5. 1896, dt. Pianistin. Ab 1830 internat. Konzertkarriere; heiratete 1840 Robert S.; hervorragende Interpretin der Werke ihres Mannes, Beethovens, Chopins und Brahms', mit dem sie befreundet war; auch eigene Kompositionen; 1878–92 Klavierpädagogin am Hoch'schen Konservatorium in Frankfurt.
2) Robert, * Zwickau 8. 6. 1810, † Endenich (= Bonn) 29. 7. 1856, dt. Komponist. Klavierunterricht bei Friedrich Wieck (* 1785, † 1873); die angestrebte Virtuosenlaufbahn wurde durch eine Fingerzerrung vereitelt. 1840 heiratete S. gegen den Willen Wiecks dessen Tochter Clara. 1834 gründete S. als hochintellektueller Musikästhetiker und Kritiker die ›Neue Zeitschrift für Musik‹; war Komponist zunächst kaum bekannt; 1843 kam er durch F. Mendelssohn Bartholdy ans Konservatorium in Leipzig, 1844 als Chorleiter nach Dresden, 1850 wurde er Städt. Musikdirektor in Düsseldorf. 1854 Ausbruch einer Gemütskrankheit; bis zu seinem Tod blieb S. in einer Heilanstalt. – Sein umfangreiches und vielfält. Werk ist der Inbegriff musikal. Romantik. In der Klaviermusik setzte er Beethovens Klaviersatz und motiv. Arbeit zu differenzierter Stimmungsschilderung ein; die Sonatenform umgeht er durch Reihung kurzer Charakterstücke zu Zyklen, u. a. ›Papillons‹ (1829–32), ›Davidsbündlertänze‹ (1837), ›Carnaval‹ (1834/35), ›Kinderszenen‹ (1838), ›Kreisleriana‹ (1838), ›Album für die Jugend‹ (1848). Wesentlich für sein Schaffen ist auch die Liedkomposition, u. a. die Zyklen ›Liederkreis‹, ›Frauenliebe und -leben‹, ›Dichterliebe‹ (alle 1840), in der dem Klavier ein selbständiger, lyrisch betonter Part zukommt. Auch die Kammermusik (3 Streichquartette, 3 Klaviertrios, 3 Violinsonaten, Klavierquartett, Klavierquintett) ist stark vom Klavier her konzipiert. Neben den 4 Sinfonien: 1. B-Dur op. 38 (1841, ›Frühlingssinfonie‹), 2. C-Dur op. 61 (1845/1846), 3. Es-Dur op. 97 (1850, ›Rhein. Sinfonie‹), 4. d-Moll op. 120 (1851; erste Fassung 1841) sowie dem Klavierkonzert a-Moll op. 54 (1841–45) hat S. auf dem Gebiet der Oper (›Genoveva‹, 1847–50) und des Oratoriums (›Das Paradies und die Peri‹, 1841–43) sehr eigenwillige Werke geschaffen. – *Weitere Werke:*

Kurt Schumacher

Theodore William Schultz

u. a. Cellokonzert a-Moll op. 129 (1850), Ouvertüre ›Manfred‹ (1848/49).

Schumen, bulgar. Stadt im nördl. Balkanvorland, 99 600 E. Universität, landwirtschaftl. Forschungsinstitut, Volksmuseum, Theater; u. a. Metall- und Lederindustrie. Große Moschee (1744).

Schumpeter, Joseph Alois, * Triesch (Südmähr. Gebiet) 8. 2. 1883, † Taconic (Conn.) 8. 1. 1950, österr.-amerikan. Nationalökonom. Prof. in Graz und Bonn, seit 1932 an der Harvard University. S. entwickelte als einer der Wegbereiter der Ökonometrie in seiner ›Theorie der wirtschaftl. Entwicklung‹ (1912) ein geschlossenes Modell der kapitalist. Dynamik, das er zu einer umfassenden sozialwiss. Interpretation wirtschaftl. Entwicklung ausbaute.

Schundliteratur, moralisch und literarisch minderwertiges Schrifttum.

Schuppen, 1) *Zoologie:* bei *Tieren* mehr oder weniger große, flache Bildungen der Haut, die die Körperoberfläche ganz oder z. T. bedecken und u. a. Schutzfunktion haben. Bei den Insekten sind die S. abgeplattete, luftgefüllte epidermale Chitinhaare. Die *Flügel-S.* der Schmetterlinge bilden mehrere Schichten aus, sind dicht dachziegelartig angeordnet und leicht abstreifbar. Die Pigmentierung der Deck-S., auch der Mittel-S., ergibt die Flügelfärbung und -zeichnung. Bes. S.bildungen sind die Duft-S. an Flügeln, Beinen oder am Abdomen und die mit primären Sinneszellen in Verbindung stehenden Sinnesschuppen (u. a. auf den Flügeladern). Bei den Wirbeltieren sind am verbreitetsten die Fisch-S. Es sind mehr oder weniger ausgedehnte knochen- bzw. dentinartige Bildungen der Lederhaut, bei Haifischen und Rochen auch der Epidermis. Man unterscheidet u. a. *Plakoid-S.* (Hautzähne, von denen sich die menschl. Zähne ableiten lassen), rhomb. *Ganoid-S.* (Flösselhechte, Knochenhechte), rundl. *Zykloid-S.,* am Hinterrand kammartig gestaltete *Ktenoid-S.* (Kamm-S.) sowie die bei den meisten Fischen als dünne, knochenartige, von Epidermis überzogen bleibende Plättchen ausgebildeten *Elasmoidschuppen.* – Bei Reptilien, Vögeln (an den Beinen) und manchen Säugern (z. B. S.- und Gürteltieren und bei vielen Nagetieren, so am Schwanz von Ratte und Maus) sind die S. als *Horn-S.* Bildungen der Epidermis.

2) *Medizin:* beim *Menschen* durch den Nachschub neu gebildeter Zellen aus der Keimschicht und Abstoßung der obersten Hornhautschicht anfallendes Abschilferungsprodukt der Haut.

3) *Botanik:* Bez. für: 1. flächenhaft ausgebildete Haare (S.haare, z. B. bei der Ölweide); 2. die unterschiedl. Niederblattausbildungen wie Zwiebel- und Knospen-S.; 3. die reduzierten weibl. Blüten (Samen-S.) der Nadelhölzer.

Schuppenameisen (Formicidae), Familie der Ameisen mit schuppenartig verlängertem Hinterleibsstiel; verspritzen Gift (Ameisensäure); 4 000 Arten, v. a. in den Tropen; einheim. rd. 40 Arten (u. a. Waldameisen, Wegameisen).

Schuppenbäume, ausgestorbene, v. a. im Oberkarbon sehr häufig vorkommende baumförmige Vertreter der Bärlappe, die aufgrund ihrer großen Stoffproduktion die Hauptmasse der karbon. Steinkohle gebildet haben.

Schuppenflechte (Psoriasis), nicht ansteckende Hautkrankheit unbekannter Ursache mit jahreszeitl. schubweisem, insgesamt oft lebenslangem, gutartigem Verlauf. Zugrunde liegt ein Erbfaktor. Als sekundäre begünstigende Faktoren kommen u. a. entzündl. Prozesse, lokale Verletzungen und psychosomat. Störungen in Betracht. Bei einem neuen Schub entstehen i. d. R. kleine, gut abgegrenzte rote Hautflecken, auf denen bald weiße, fest haftende Schuppen erscheinen.

Schuppenkriechtiere (Squamata), weltweit verbreitete, rd. 5 500 Arten umfassende Ordnung der Reptilien mit den beiden Unterordnungen Echsen und Schlangen.

Schuppenmiere (Spärkling), Gatt. der Nelkengewächse mit mehr als 20 Arten von fast weiteiter Verbreitung; meist rasenbildende, niederliegende oder auch aufsteigende Kräuter; einheim. sind u. a. die *Rote S.* (in Unkrautgesellschaften) und die *Salz-S.* (mit blaßroten Blüten).

Schuppentiere (Tannenzapfentiere, Pangoline, Pholidota), Ordnung der Säugetiere mit sieben Arten in Afrika südl. der Sahara und S-Asien; etwa 75–175 cm lang, davon knapp die Hälfte bis $^2/_3$ auf den Schwanz entfallend; Körper, Kopf und Schwanz oberseits von sehr großen, dachziegelartig angeordneten Schuppen bedeckt; Kiefer zahnlos; Zunge ungewöhnlich lang, wurmförmig; ernähren sich von Ameisen und Termiten; größte Art ist das *Riesenschuppentier.*

Schuruppak, altorienta1. Stadt, heute Ruinenhügel Tall Fara in S-Irak. Ausgrabungen fanden u. a. frühe sumer. Keilschrifttafeln und Siegelabdrücke; galt als Stadt der babylon. Sintflut.

Schurwolle, Bez. für die am lebenden Tier geschorene Wolle.

Schurz, Carl, * Liblar (= Erftstadt) 2. 3. 1829, † New York 14. 5. 1906, amerikan. Politiker und Publizist dt. Herkunft. Nahm am pfälz.-bad. Aufstand 1849 teil, emigrierte 1852 in die USA; schloß sich Gegner der Sklaverei der Republikan. Partei an, nahm – zuletzt als General – am Sezessionskrieg teil; 1869–75 Senator von Missouri. Als Innen-Min. 1877–81 förderte S. die Integration der Indianer. Bekämpfte als Journalist (u. a. Mit-Hg. der ›Evening Post‹) den aufkommenden Imperialismus.

Schuschnigg, Kurt [...nik], urspr. Kurt Edler von S., * Riva del Garda 14. 12. 1897, † Mutters bei Innsbruck 18. 11. 1977, österr. Politiker. 1927–33 für die Christlichsoziale Partei im Nationalrat, 1932–34 Justiz-, ab 1933 zugleich Unterrichts-Min.; als Nachfolger von E. Dollfuß Bundeskanzler (30. 7. 1934–11. 3. 1938). S. wurde nach seinem Rücktritt verhaftet und war 1941 bis 1945 im KZ. 1948–67 Prof. in Saint Louis (Mo.), lebte seitdem in Österreich.

Schußatlas → Atlasbindung.

Schußwaffengebrauch, im Polizeirecht eine Form des unmittelbaren Zwangs; darf nur angewendet werden, wenn weniger einschneidende Mittel erfolglos angewendet worden sind. Der S. muß vorher angedroht werden und darf nur erfolgen, um einen Straftäter angriffs- oder fluchtunfähig zu machen.

Schusterpalme (Schildblume, Schildnarbe, Fleischerpalme), Gatt. der Liliengewächse mit acht Arten im östl. Himalaja, in China, Japan und auf Formosa; die *Hohe S.* mit immergrünen, ledrigen, einschließl. Blattstiel bis 70 cm langen Blättern ist eine beliebte Zimmerpflanze.

Schute, 1) offenes Wasserfahrzeug ohne Eigenantrieb meist zum Transport von Schüttgütern.

2) (Kiepenhut) [genähte] hutartige Haube mit gesteifter Krempe.

Schutt, allg. svw. Trümmer, Bauabfall. Unter *Gehänge-S.* versteht man an geneigten Flächen abrutschende Gesteinstrümmer. Sie häufen sich am Fuß des Hanges bzw. der Wand zu *S.halden,* am Auslauf von Steinschlagrinnen zu *S.kegeln* an.

Schüttelfrost, Kältegefühl und Muskelzittern zu Beginn eines raschen Fieberanstiegs, wenn der Temperatursollwert im Zwischenhirn durch Einwirkung pyrogener Stoffe erhöht ist und die normale Körpertemperatur als ›zu kalt‹ registriert wird.

Schüttellähmung (Paralysis agitans), durch unwillkürl. Muskelzittern und Lähmung der Gliedma-

Robert Schuman

Robert Schumann

Kurt Schuschnigg

ßen gekennzeichneter Zustand als Hauptsymptom der Parkinson-Krankheit bzw. des Parkinson-Syndroms.

Schutz, Roger [frz. ʃyts], eigtl. R. Schütz-Marsauche, meist ›Frère Roger‹ gen., * Provence bei Yverdon 12. 5. 1915, schweizer. und frz. ev. Pfarrer. Gründer und Prior der ›Communauté de → Taizé‹, schrieb u. a. ›Einmütig im Pluralismus‹ (1968); 1974 Friedenspreis des Börsenvereins des Dt. Buchhandels.

Schütz, Heinrich, latin. Henricus Sagittarius, * Köstritz (= Bad Köstritz) 14. 10. 1585, † Dresden 6. 11. 1672, dt. Komponist. Ab 1617 (mit Unterbrechungen, u. a. 1633 bis 1645 in Kopenhagen) kurfürstl. Hofkapellmeister in Dresden. Begründete mit wortbezogener Musik (›Musicus poeticus‹) die große Tradition der prot. Kirchenmusik (Madrigale, Motetten); begriff die Kontrapunktik bei gleichzeitiger Hinwendung zum Generalbaß bzw. zum neuen Stil der → venezianischen Schule (u. a. Studium bei G. Gabriel in Venedig) als Fundament des Komponierens. Bes. bekannt sind neben den ›Geistl. Konzerten‹ (1636, 1639) und den ›Symphoniae sacrae‹ (1629, 1642, 1650) das Weihnachtsoratorium (1664) sowie die Passionen nach Matthäus, Lukas und Johannes (1665/1666); schrieb auch die erste dt. Oper (›Dafne‹, 1627, Musik verschollen).

Heinrich Schütz
(Ausschnitt aus
einem Gemälde von
C. Spetner; Leipzig,
Universitäts-
bibliothek)

Schütz → Sternbilder (Übersicht).

Schutzbefohlene, strafrechtlich geschützter Personenkreis, der im StGB nicht einheitlich definiert ist. Dazu gehören Personen unter 16 und 18 Jahren, die jemandem zur Erziehung, Ausbildung oder zur Betreuung in der Lebensführung anvertraut sind, sowie leibl. Kinder unter 18 Jahren.

Schutzbrillen, Brillen ohne opt. Wirkung zum Schutz der Augen vor mechan. Einwirkungen (Splitter, Spritzer, Funken u. a.), vor schädigender Strahlung (Schweißbrillen mit Schutzfilter).

Schütz → Relais.

Schütze, in der Bundeswehr ein unterster Mannschaftsdienstgrad beim Heer.

Schutzengel, nach jüd., islam. und kath. Glauben ein dem Menschen zum Schutz beigegebener Engel. – Fest (in der kath. Kirche): 2. Oktober.

Schützengesellschaften (Schützengilden), im Spät-MA in den Städten freiwillige Vereinigungen der Bürgerschaft, die sich Schießübungen widmeten; heute örtliche Zusammenschlüsse zur Pflege des → Schießsports und zur Erhaltung der Schützentradition.

Schützenstück (Doelenstück), niederl. Sonderform des Gruppenbildnisses (Mitglieder einer Schützengesellschaft); u. a. von F. Hals und Rembrandt.

Schutzerdung → Berührungsspannungsschutz.

Schutzfrist, die zeitl. Begrenzung des Urheberrechts, nach deren Ablauf das Werk nicht mehr geschützt ist; in der BR Deutschland 70 Jahre nach dem Tode des Autors oder Komponisten.

Schutzgas, reaktionsträges (inertes) Gas (z. B. Edelgase, Stickstoff, Kohlendioxid), das bei chem. und techn. Vorgängen (Schmelzen, S.-Schweißen) oxidationsempfindl. Materialien vom Sauerstoff- und Wasserdampfgehalt der Luft abschirmt.

Schutzgebiete → deutsche Kolonien.

Schutzgewahrsam, präventive Festnahme einer Person zu ihrem eigenen Schutz; nur zulässig, wenn dies z. B. zur Abwehr einer drohenden Gefahr für Leib oder Leben der festzunehmenden Person erforderl. ist und sie selbst um Gewahrsam nachsucht oder sich in einer hilflosen Lage befindet.

Schutzhaft, in Umkehrung des urspr. Wortsinns von totalitären Regimen, aber auch von Rechtsstaaten entwickelte Praxis der polit. motivierten Vorbeugehaft.

Schutzheiliger → Patron.

Schutzkleidung, Spezialkleidung unterschiedl. Art zum Schutz vor gesundheitsschädl. Einflüssen; *Hitze-S.* aus Geweben mineral. oder synthet. Fasern mit dünner Metallbeschichtung, *Strahlen-S.* aus Bleigummi.

Schutzmacht, bes. Form des diplomat. Schutzes, bei der ein anderer Staat als der Heimatstaat des betreffenden Staatsbürgers für die Erfüllung von in dessen Interesse bestehenden völkerrechtl. Verpflichtungen eintritt (z. B. bei Nichtbestehen normaler diplomat. Beziehungen).

Schutzpolizei (Kurzwort Schupo), Bez. für die uniformierte Vollzugspolizei.

Schutzstaffel → SS.

Schutztruppe, Bez. für die dt. Kolonialtruppen (meist eingeborene Soldaten unter dt. Offizieren und Unteroffizieren).

Schutzzollpolitik, auf Förderung der einheim. Wirtschaft durch Abschirmung vor ausländ. Konkurrenz vermittels erhebl. Importabgaben abzielende staatl. Wirtschaftspolitik.

Schuwalow, Iwan Iwanowitsch [russ. ʃu'valɛf], * 12. 11. 1727, † Petersburg 25. 11. 1797. Gründer der Moskauer Univ. (1755) und der Akademie der Künste (1757).

Schwab, Gustav, * Stuttgart 19. 6. 1792, † ebd. 4. 11. 1850, dt. Schriftsteller. Lyriker der schwäb. Schule; 1833–38 mit A. von Chamisso Hg. des ›Dt. Musenalmanachs‹; schrieb v. a. Romanzen und Balladen. Auch Hg. und Nacherzähler klass. Sagen sowie der ›Dt. Volksbücher‹ (1836/37).

Schwabach, Stadt 15 km südl. von Nürnberg, Bayern, 33 600 E. Museum; metallverarbeitende Ind., Herstellung von Bauelementen für die Elektronik, Blattgoldschlägereien. Ev. spätgot. Pfarrkirche (15. und 16. Jh.); Fachwerkrathaus (1509), ehem. Fürstenherberge (18. Jh.), Schöner Brunnen (1716/17).

Schwabacher Artikel, von Luther u. a. erarbeitetes reformator. Bekenntnis in 17 Artikeln, das 1529 auf dem Schwabacher Konvent den oberdt. Städten vorgelegt wurde; eine der Grundlagen für das Augsburger Bekenntnis.

Schwaben, ehem. Stammes-Hzgt., umfaßte das Elsaß, den westl. Bodenseeraum, die Baar sowie das Gebiet der oberen Donau und des oberen Neckars; 746 Beseitigung des älteren Hzgt. der Alemannen; Eingliederung von S. ins Fränk. Reich; 917 Begründung des neuen Hzgt. durch Burchard I. († 926); danach Amts-Hzgt. (ab 1079 unter den Staufern). Hauptnutznießer der territorialen Auflösung nach 1268 wurden die Grafen von Württemberg.

Schwaben, Name von Volksstämmen und Volksgruppen: 1. Sweben; 2. dt. Volksstamm, dessen Siedlungsgebiet den größten Teil des heutigen Baden-Württemberg, das bayr. S., das Elsaß, die dt. Schweiz und Vorarlberg umfaßte; 3. Banater Schwaben; 4. Donauschwaben; 5. Sathmarer Schwaben.

Schwabenkrieg (Schweizerkrieg) → Schweiz (Geschichte).

Schwabenspiegel, am → Sachsenspiegel orientiertes oberdt. Rechtsbuch, um 1275 von einem Augsburger Franziskaner verfaßt.

Schwäbisch, oberdt. Mundart, → deutsche Mundarten.

Schwäbisch-Alemannisch, oberdt. Mundart, → deutsche Mundarten.

Schwäbische Alb, höchstes Stockwerk des südwestdt. Schichtstufenlandes, zw. sö. Schwarzwald, oberem Neckar, Ries und Donau, rd. 220 km lang, bis 40 km breit, im Lemberg 1 015 m hoch; stark verkarstet, mit zahlr. Höhlen.

Schwäbischer Bund, 1488–1534 bestehende Landfriedenseinung des schwäb. Adels und der Reichsstädte.

Schwäbische Rezat →Rednitz.

Schwäbischer Städtebund, Zusammenschluß von zunächst 14 schwäb. Städten unter Führung von Ulm am 4. 7. 1376 zur Sicherung ihrer Reichsunmittelbarkeit; am 5. 5. 1389 aufgelöst.

Schwäbisch-Fränkisches Schichtstufenland (Schwäb.-Fränk. Waldberge), von den rechten Neckarnebenflüssen gegliederter Teil des südwestdt. Schichtstufenlands zw. dem Neckar im W, den Gäuflächen im N und dem Trauf der Schwäb. Alb im SO.

Schwäbisch Gmünd, Stadt an der Rems, Bad.-Württ., 56 800 E. U. a. Schmuck- und Uhren-Ind., Glashütten. Got. Heiligkreuzmünster (14. und 15. Jh.), spätroman. Johanneskirche (um 1210–30) mit roman. Bauplastik; Rokokorathaus (18. Jh.), Kornhaus (1507).

Schwäbisch Hall, Kreisstadt am Kocher, Bad.-Württ., 31 300 E. Alljährl. Freilichtspiele; u. a. Textilindustrie; Solquelle. Ev. spätgot. Stadtkirche (15. und 16. Jh.); Reste der Stadtbefestigung. Am Stadtrand liegt die **Comburg,** ein befestigtes ehem. Benediktinerkloster; Stiftskirche (1700–05) mit 3 roman. Türmen des Vorgängerbaus. – Um 1037 erstmals als **Halle** erwähnt; im Hoch- und Spät-MA eine der wichtigsten Münzprägestätten des Hl. Röm. Reiches (→Heller); 1276 Reichsstadt.

Schwachsinn, die verschiedenen Formen der →Oligophrenie zusammenfassende Bez. für einen ererbten, angeborenen oder frühkindlich erworbenen Intelligenzdefekt.

Schwaden (Süßgras), Gatt. der Süßgräser mit rd. 30 Arten, v. a. auf der N-Halbkugel; ausdauernde, feuchtigkeitsliebende Gräser; einheimisch u. a. der in langsam fließenden und stehenden Gewässern wachsende *Flutende S.* (Manna-S.), dessen Früchte früher für Grütze (*S.grütze*) verwendet wurden, sowie der in Verlandungszonen vorkommende *Wasser-S.* (Großer S.).

Schwaiger, Brigitte, * Freistadt 6. 4. 1949, österr. Schriftstellerin. Bestsellererfolg mit ihrem ersten Roman ›Wie kommt das Salz ins Meer‹ (1977), auch Erzählungen, u. a. ›Liebesversuche‹ (1989), und Theaterstücke.

Schwäne: Höckerschwan

Schwalben (Hirundinidae), mit Ausnahme von Neuseeland, Arktis und Antarktis weltweit verbreitete, rd. 75 Arten umfassende Familie 10–23 cm langer Singvögel; vorwiegend Fluginsekten fressende, schnell und gewandt fliegende Vögel mit großen Augen, kurzem Schnabel und langen, spitzen, schmalen Flügeln; Schwanz gerade abgeschnitten oder gegabelt; häufig gesellige Koloniebrüter. Die meisten S.arten bauen (häufig auch an Gebäuden) aus Speichel und Lehm sog. Mörtelnester. Bekannte Arten sind: *Felsen-S.,* oberseits bräunl., unterseits schmutzig weiß; *Mehl-S.* (Hausschwalbe), in menschl. Siedlungen und offenen Landschaften Eurasiens (Zugvogel) und NW-Afrikas; *Rauch-S.,* in offenen Landschaften N-Afrikas, Eurasiens und N-Amerikas (Zugvogel); *Ufer-S.,* oberseits erdbraun, unterseits (mit Aus-

nahme eines braunen Brustbandes) weiß; gräbt sich zum Nisten bis 1,5 m tiefe, horizontale Röhren in senkrechte Erdwände (Flußufer); Zugvogel.

Schwalbenschwanz, bis 7 cm spannender Ritterfalter; von N-Afrika über Europa und das gemäßigte Asien bis Japan verbreitet.

Schwalbenschwanz

Schwalbenschwanzverbindung, Verbindung von 2 Holzteilen durch trapezförmige, ineinandergreifende Teile (Zinken); zur Führung bewegl. Maschinenteile (z. B. Schlitten der Drehmaschine) dient die *Schwalbenschwanzführung.*

Schwalbenwurzgewächse (Seidenpflanzengewächse, Asclepiadaceae), Pflanzenfam. der Zweikeimblättrigen mit rd. 2 000 Arten in 250 Gatt., v. a. in den Tropen.

Schwalm, Landschaft beiderseits der Schwalm (rechter Nebenfluß der Eder), zw. Alsfeld und Neuental.

Schwalmstadt, hess. Stadt an der Schwalm, 17 900 E. U. a. Maschinenbau. In **Treysa** Ruine der spätroman. Pfarrkirche Sankt Martin (13. Jh.), Stadtkirche (14. Jh.). In **Ziegenhain** ev. barocke Pfarrkirche (17. Jh.), ehem. Schloß (15. und 16. Jh.; heute Strafanstalt), Steinernes Haus (1659/60). – Entstand ab 1970 durch Zusammenschluß u. a. von Treysa und Ziegenhain (entwickelte sich um die Stammburg der Grafen von Ziegenhain).

Schwamm, 1) *Zoologie:* →Schwämme.

2) *Botanik:* Sammelbez. für holzzerstörenden Befall verbauten Holzes in Gebäuden durch verschiedene Pilze, z. B. den Echten Hausschwamm und den Kellerschwamm.

3) *Metallkunde:* poröse, locker zusammenhängende Metallkörper; z. B. der als Katalysator verwendete Platinschwamm.

Schwämmchen, sww. →Soor.

Schwämme (Porifera, Spongiae), Stamm vorwiegend meerbewohnender Wirbelloser (Abteilung Parazoa) mit nahezu 5 000 Arten, von wenigen Millimetern bis etwa 2 m Größe; auf dem Untergrund festsitzende, krusten-, strauch-, becher-, sack- oder pilzförmige, variabel gefärbte Tiere von ungewöhnl. einfacher Organisation und ohne echte Gewebe und Organe. Der Körper der S. besteht aus zahlr. Zellen, die in eine gallertartige Grundsubstanz eingebettet sind. Diese wird stets durch eine Stützsubstanz aus Kalk *(Kalkschwämme),* Kieselsäure *(Kieselschwämme)* oder aus hornartigem Material *(Hornschwämme,* darunter der *Badeschwamm)* gestützt. S. besitzen eine oder mehrere Ausströmöffnungen, deren Körperwand ist von zahlr. Poren durchsetzt, durch die mit dem einströmenden Wasser Nahrung aufgenommen wird. – Die ungeschlechtliche Fortpflanzung erfolgt meist durch Knospung; geschlechtl. vermehren sich die S. z. B. über eine begeißelte, sich später festsetzende Schwimmlarve.

Schwan →Sternbilder (Übersicht).

Schwandorf, Kreisstadt an der mittleren Naab, Bayern, 26 100 E. U. a. Aluminium- und Porzellanindustrie. Kath. Pfarrkirche (um 1400) am histor. Marktplatz.

Schwäne (Cygninae), Unterfam. bis 1,8 m langer, kräftiger, langhalsiger Entenvögel (Zugvögel) mit 5 Arten, v. a. auf vegetationsreichen Süßgewässern der gemäßigten und kalten Regionen aller Kontinente (mit Ausnahme von Afrika); ernähren sich vorwiegend von Wasserpflanzen; bauen im Schilfgürtel ein Schwimmnest aus Wasserpflanzen. – Zu den S. gehören u. a. *Höcker-S.,* mit ausgestrecktem Hals rd. 1,5 m lang; *Schwarzhals-S.,* etwa 1,2 m lang; *Sing-S.,* etwa 1,5 m lang; *Trauer-S.* (Schwarzer S.), etwa 1,1 m lang.

Schwanengesang, das letzte Werk (eines Dichters oder Komponisten); nach dem Glauben der

Schwalben: OBEN Rauschschwalbe; UNTEN Uferschwalbe

griech. Antike, daß der Klagelaut des sterbenden Schwans wundervoll klinge.

Schwangau, Gem. am S-Ufer des Forggensees, Bayern, 3 400 E. Schlösser Hohenschwangau (Neubau 1833–37) und → Neuschwanstein, barocke Wallfahrtskirche Sankt Koloman (1671 ff.).

Schwangerschaft (Gravidität), in der Humanmedizin Bez. für die Zeitspanne zw. der Einbettung (Nidation) einer befruchteten Eizelle und der Geburt. Das befruchtete Ei erreicht die Gebärmutterhöhle gewöhnl. am 18. Tag des Menstruationszyklus. Die Nidation des Eies in die vorbereitete Gebärmutterschleimhaut beginnt wahrscheinl. am 22. Tag und ist am 27. Tag beendet. 4 Tage später wird der Keimling an die mütterl. Blutgefäße angeschlossen; es beginnt die Ausbildung einer Plazenta. Der Ort der Implantation der Leibesfrucht ist gewöhnl. die Hinterwand des oberen Gebärmutterabschnitts.

Schwangerschaft		
Lunarmonat (28 Tage; Ende)	tatsächl. Länge der Frucht (in cm)	Gewicht der Frucht (in g)
2	3,0	1,1
3	9,8	14,2
4	18,0	108,0
5	25,0	316,0
6	31,5	630,0
7	37,1	1 045,0
8	42,5	1 680,0
9	47,0	2 375,0
10	50,0	3 405,0

Unter dem Einfluß des (plazentären) Choriongonadotropins (HCG) bleibt der schwangerschaftserhaltende Gelbkörper im mütterl. Eierstock erhalten, bis die Plazenta vom 3. S.monat an selbst ausreichende Progesteron- und Östrogenmengen produzieren kann. Progesteron erhält vom 3. S.monat an allein die S., es ist darüber hinaus zus. mit den Östrogenen v. a. auch an den S.veränderungen des mütterl. Körpers wesentl. beteiligt (Größen- und Gewichtszunahme der Gebärmutter [von 50 g auf über 1 000 g], Auflockerung auch der übrigen Genitalorgane, Brustwachstum). Während der S. kommt es am *Herz-Kreislauf-System* der Mutter zu einer Verlagerung und Vergrößerung des Herzens, zur Zunahme des Blut- und Herzzeitvolumens und der Pulsfrequenz. Auch die *Atemtätigkeit* ist (entsprechend einer Erhöhung des Sauerstoffverbrauchs und Grundumsatzes) um rd. 20 % gesteigert. Der Calciumbedarf der Schwangeren ist durch den Knochenaufbau des Fetus auf 1,5 g tägl. gesteigert, und auch der Eisenbedarf ist im zweiten Drittel der S. auf 12 bis 15 mg tägl. erhöht. Die *Gewichtszunahme* der Schwangeren beträgt normalerweise rd. 10 bis 12 kg. – Der Embryo bzw. der Fetus wird während der S. über die Plazenta ernährt. Diese ist allerdings zugleich auch durchgängig für Immunstoffe, manche Medikamente, Alkohol, Nikotin und die Erreger bestimmter Krankheiten (z. B. Syphilis, Toxoplasmose). – Die S. endet mit der Geburt des Kindes und der folgenden Nachgeburt.

S.dauer und Errechnung des Geburtstermins: Die S.dauer rechnet man von der Nidation bis zur Geburt; im allg. vergehen beim Menschen durchschnittl. 260 Tage (sog. *wahre Tragezeit*). Für den prakt. Gebrauch, z. B. zur Berechnung des wahrscheinl. Geburtstermins, geht man vom 1. Tag der letzten Regelblutung aus; von diesem Zeitpunkt an beträgt die durchschnittl. *Periodentragezeit* rd. 280 Tage. Nach der sog. *Naegele-Regel* (nach dem dt. Gynäkologen Franz Karl Naegele, * 1777, † 1851) errechnet man den zu erwartenden Geburtstermin unter den gleichen Voraussetzungen noch einfacher so, daß man

vom 1. Tag der letzten Regelblutung 3 Monate abzieht und 7 Tage (und ein Jahr) hinzuzählt.

Schwangerschaftsabbruch (Schwangerschaftsunterbrechung, Abtreibung, Abortus artificialis, Interruption), gynäkologischer Eingriff zum Abbruch einer intakten Schwangerschaft. Der S. muß laut Gesetz von einem Facharzt für Gynäkologie in einem Krankenhaus ausgeführt werden. Bis zum 3. Monat kann ein Absaugen des Uterusinhalts durchgeführt werden. Danach erfolgt ein S. durch Ausschaben oder dadurch, daß Prostaglandine in den Gebärmutterhals eingebracht werden, eine sehr umstrittene Methode, da die bezweckte Spontanausstoßung der Frucht frühestens nach 24 Stunden wehenartiger Schmerzen erfolgt; u. U. muß die Frucht operativ entfernt werden, wobei während des Ablösens der Plazenta schwerste Blutungen auftreten können. 1972 wurde eine Reform der bisherigen Strafbarkeit des S. in die Wege geleitet mit dem Ziel (bei einer Dunkelziffer von schätzungsweise 75 000 bis 300 000 illegalen Abtreibungen pro Jahr), durch teilweise Rücknahme der Strafandrohung eine legale Lösung unzumutbarer Konfliktlagen zu ermöglichen. Statt der für verfassungswidrig erklärten **Fristenlösung** (5. Strafrechtsreformgesetz vom 18. 6. 1974), die den S. durch einen Arzt in den ersten 3 Monaten seit Empfängnis bei vorheriger Beratung zulassen wollte, wurde eine medizin.-soziale Indikationenkonzeption eingeführt. Nach der Neufassung der §§ 218 ff. StGB wird der S. weiterhin grundsätzl. mit Freiheitsstrafe bis zu 3 Jahren oder mit Geldstrafe bestraft. Für die Schwangere ist der Strafrahmen im Höchstmaß auf Freiheitsstrafe bis zu 1 Jahr oder Geldstrafe beschränkt. Der mit Einwilligung der Schwangeren und durch einen Arzt vorgenommene S. ist jedoch legalisiert, wenn er aufgrund einer folgenden Indikationen erfolgt: 1. **medizin. Indikation** (nicht auf andere, zumutbare Weise abwendbare Gefahr für das Leben oder den körperl. oder seel. Gesundheitszustand der Schwangeren); 2. **eugen. (kindl.) Indikation** (Gefahr einer so schwerwiegenden, nicht behebbaren Schädigung des Gesundheitszustandes des Kindes, daß die Fortsetzung der Schwangerschaft nicht verlangt werden kann); 3. **eth. (kriminolog.) Indikation** (dringende Gründe für die Annahme, daß die Schwangerschaft auf einer an der Schwangeren begangenen rechtswidrigen Tat [Vergewaltigung] beruht); 4. **soziale Indikation** (nicht auf andere, zumutbare Weise abwendbare Gefahr einer so schwerwiegenden Notlage, daß die Fortsetzung der Schwangerschaft nicht verlangt werden kann). – Strafbar sind Abbruchshandlungen nach der 22. Woche mit Ausnahme der Fälle der medizin. Indikation, bis zur 22. Woche ist der S. zulässig bei der eugen. Indikation und bis zur 12. Woche bei der eth. und sozialen Indikation.

Vor der Ausführung des S. muß die Schwangere ein Beratungsverfahren bei einer anerkannten Beratungsstelle oder einem sachkundigen Arzt, der den S. jedoch nicht selbst vornehmen darf, durchlaufen, um das gesetzl. geforderte, von einem Arzt auszustellende Indikationsschreiben (Feststellung, daß eine Indikation vorliegt) zu erhalten. – Durch eine Weigerungsklausel ist klargestellt, daß ›niemand verpflichtet ist, an einem S. mitzuwirken‹. Damit gibt es gegenüber bestimmten Ärzten, ärztl. Hilfspersonal oder einem Krankenhaus keinen Anspruch auf Durchführung, Mitwirkung oder Zulassung eines indizierten S.; die öffentl.-rechtl. Körperschaften (Gemeinden, Landkreise) haben jedoch kein Weigerungsrecht.

In *Österreich* ist nach der Fristenlösung ein S. innerhalb der ersten 3 Schwangerschaftsmonate straffrei. In der *Schweiz* wird der S. als Abtreibung bzw. Fremdabtreibung grundsätzlich bestraft, nicht aber beim Vorliegen einer medizin. Indikation.

Schwangerschaftserbrechen (Emesis gravidarum), bei rd. 70 % aller Schwangeren auftretende morgendl. Übelkeit mit Brechreiz, Speichelfluß, Appetitlosigkeit und Ekel vor bestimmten Speisen; sie setzt gewöhnl. mit der 5.–12. Schwangerschaftswoche ein und verschwindet zumeist innerhalb von 3 Monaten.

Schwangerschaftstests, Laboruntersuchungen zur (möglichst frühzeitigen) Feststellung einer Schwangerschaft. Die biolog. und immunolog. S. beruhen auf dem Nachweis von HCG (Humanes Choriongonadotropin) im Urin der Schwangeren. Zu den *biolog. S.* gehört die **Aschheim-Zondek-Reaktion** (Auftreten von blutgefüllten Follikeln und Gelbkörpern bei infantilen Mäusen nach Injektion von HCG-haltigem Urin) und der **Galli-Mainini-Test** bzw. **Hogben-Test** (Spermatorrhö bei männl. Erdkröten *[Krötentest]* oder Wasserfröschen *[Froschtest]* nach Zufuhr von Schwangerenurin). Die biolog. S. werden 6–10 Tage nach Ausbleiben der erwarteten Regelblutungen positiv und haben eine Sicherheit von etwa 98 %. Die *immunolog. S.* liefern das Ergebnis schon innerhalb von Minuten (auf dem Objektträger) oder innerhalb von 2 Stunden (im Reagenzglas); ihre Treffwahrscheinlichkeit liegt bei über 95 %. Die immunolog. S. beruhen im Prinzip darauf, daß HCG, bei Tieren injiziert, als Antigen wirkt und die Bildung von spezif. Antikörpern anregt. Mit Hilfe von Antiseren, die man derartig sensibilisierten Tieren entnimmt, gelingt es, das menschl., die Schwangerschaft anzeigende Gonadotropin nachzuweisen. I. w. S. gehören zu den S. auch die sog. **Hormontests.** Die beruhen darauf, daß eine Östrogen-Gestagen-Mischung, an 2 aufeinanderfolgenden Tagen injiziert oder in Form von Dragées verabreicht, bei einer sekundären Amenorrhö innerhalb einiger Tage zur Blutung führt, die Blutung beim Vorliegen einer Schwangerschaft aber ausbleibt.

Schwank, seit dem 15. Jh. literar. Begriff für scherzhafte Erzählungen mit verblüffender Wendung; seit Ende des 19. Jh. auch Schauspiel mit derber Situations- und Typenkomik. Zur *Schwankliteratur* zählen z. B. die mittelalterl. S.erzählungen von H. Rosenplüt, H. Sachs und dem Stricker, die frz. *Fabliaux*, S.sammlungen (z. B. von J. Wickram) sowie S.romane (›Lalebuch‹, 1597).

Schwanthaler, Ludwig von (seit 1844), * München 26. 8. 1802, † ebd. 14. 11. 1848, dt. Bildhauer. Klassizist. Denkmäler (›Bavaria‹, 1837 ff.), Grabmäler und Bauplastik (Giebelfelder für die Glyptothek und die Propyläen in München sowie die Walhalla bei Regensburg).

Schwanz, bei Wirbeltieren eine oberhalb des Afters nach hinten verlaufende, verschmälerte, von den S.wirbeln gestützte und mit Muskulatur versehene Verlängerung des Körpers im Anschluß an den Rumpf. Bei verschiedenen Wirbeltieren ist der S. weitgehend (bis auf nur wenige S.wirbel) reduziert und tritt nicht mehr als S. in Erscheinung (v. a. bei Menschenaffen und beim Menschen). – Der S. ist Hauptfortbewegungsorgan (z. B. bei Reptilien), Balancierorgan (z. B. bei Mäusen), Steuerorgan (z. B. bei Eichhörnchen) und Greiforgan (z. B. bei Neuweltaffen).

Schwanzborsten, bei vielen primitiven Insekten (z. B. den Borstenschwänzen, Schaben) ein Paar kurzer, z. T. zangenförmiger Extremitäten des letzten (11.) Hinterleibssegments.

Schwanzfedern (Steuerfedern, Rectrices), bes. lange, breite Federn (meist 10 bis 12) am Schwanz der Vögel; mit steifem Schaft und fester Fahne; dienen als Seiten- und Höhensteuer beim Flug, als Bremse bei der Landung und als Stützorgan (beim Specht). Ein auffälliges Zurschaustellen bei der Balz gibt den S. bei den Männchen vieler Vögel (z. B. Fasanen) Schmuckfedercharakter. → Vogelfeder.

Schwanzflosse, der bei Fischen seitl. abgeplattete, der Fortbewegung (Vortrieb durch Rückstoß) und als Steuerruder dienende hinterste Teil des Körpers, der den unpaaren Flossen zuzurechnen ist.

Schwanzlurche (Caudata, Urodelen, Urodela), mit wenigen Ausnahmen auf die gemäßigten Regionen der N-Halbkugel beschränkte, rd. 220 knapp 4 cm bis maximal 150 cm (Jap. Riesensalamander) lange Arten und viele Unterarten umfassende Ordnung der Lurche; leben erwachsen meist an Land, v. a. in feuchten Lebensräumen, sind vorwiegend nachtaktiv und ernähren sich v. a. von Gliederfüßern und Würmern. – Zu den S. gehören u. a. Lungenlose Salamander, Olme, Riesensalamander.

Schwanzwirbel, die letzten (hintersten) Wirbel der Wirbelsäule im Anschluß an die Sakralwirbel bzw. das Kreuzbein, d. h. den Bereich, in dem der Beckengürtel befestigt ist; sind beim Menschen zum Steißbein verschmolzen.

Schwärmer (Sphingidae), Fam. bis knapp 20 cm spannender Schmetterlinge mit rd. 1 000 Arten, v. a. in den Tropen (etwa 30 Arten in Europa); Vorderflügel schmal, kräftig, in Ruhe dachförmig zurückgelegt; meist dämmerungs- und nachtaktive Besucher von Schwärmerblumen (u. a. Nachtkerze, Wunderblume).

Schwärmer (Schwarmgeister), i. e. S. die Strömungen der Reformationsbewegung, die von Luther abgelehnt (und als S. bezeichnet) wurden; i. w. S. apokalypt. und spiritualist. Gruppierungen.

Schwarmfische, Bez. für Fische, die in mehr oder weniger großen Verbänden ohne Rangordnung zusammengeschlossen sind, häufig gleichgerichtet schwimmen und auf bestimmte Reize hin einheitl. reagieren. Bekannte S. sind z. B. Heringe, Sardinen und Sardellen.

Melvin Schwartz

Schwartz, Melvin, * New York 2. 11. 1932, amerikan. Physiker. Erhielt mit L. M. Lederman und J. Steinberger den Nobelpreis für Physik 1988 für seine Arbeiten im Bereich der Elementarteilchen.

Schwarz, 1) Hans, * Augsburg um 1492, † nach 1532, dt. Bildschnitzer und Medailleur. Schuf neben bed. Kleinplastiken v. a. Bildnismedaillen.
2) Rudolf, * Straßburg 15. 5. 1897, † Köln 3. 4. 1961, dt. Architekt. Kath. Kirchenbauten u. a. in Aachen, Frankfurt am Main und Düren; Aufbau des Gürzenichs (1955) und des Wallraf-Richartz-Museums (1957) in Köln.

Schwarz, Bez. für die dunkelsten Körperfarben der Graureihe. Nach W. Ostwald ist *absolutes S. (Tief-S.)* die Farbe eines nicht selbstleuchtenden Körpers, der alles auffallende Licht vollständig absorbiert.

Schwarzarbeit, Dienst- oder Werkleistungen von erhebl. Umfang unter vorsätzl. Mißachtung der wettbewerbs- und gewerberechtl. Vorschriften; mit Geldstrafe bedroht (→ Schattenwirtschaft).

Schwarzbär (Baribal), in N-Amerika weitverbreitete Bärenart; kleiner und gedrungener als der Braunbär; Körperlänge 1,5–1,8 m, Schulterhöhe bis knapp 1 m; Färbung sehr variabel: schwarz, silbergrau (›Silberbär‹) oder braun (›Zimtbär‹) bis fast weiß; weitgehend allesfressend.

Schwarzburg, 1971 erloschenes thüring. Adelsgeschlecht sowie deren ehem. Gft. (ab 1697 bzw. 1710 zwei Ft.). Nach zahlr. Teilungen (u. a. *S.-Blankenburg*) bildeten sich 1571/99 die Hauptlinien *S.-Sondershausen* und *S.-Rudolstadt* heraus, deren Ft. 1909 in Personalunion verbunden wurden und 1920 im Land Thüringen aufgingen.

Schwarzdrossel, svw. → Amsel.

Schwarze Hand (serbokroat. Crna ruka), am 11. 5. 1911 gegr. serb. Geheimbund zur Befreiung der unter österr.-ungar. und osman. Oberhoheit stehenden Serben; verantwortl. für das Attentat von Sarajevo; 1917 zerschlagen.

Schwarze Johạnnisbeere →Stachelbeere.
schwarze Krankheit, svw. →Kala-Azar.
schwarze Messe →Teufelsmesse.
Schwạrzenberg, fränk. edelfreies, seit 1429 Freiherren-, seit 1566/99 Grafen-, seit 1671 Fürstengeschlecht. Bed. Vertreter:
1) Felix Fürst zu, * Krumau (= Český Krumlov) 2. 10. 1800, † Wien 5. 4. 1852, österr. Staatsmann. Am 21. 11. 1848 Min.-Präs., erreichte die Thronbesteigung Franz Josephs I. und leitete als Anhänger eines autokrat. Zentralismus mit der oktroyierten Verfassung vom 4. 3. 1849 und die Auflösung des Reichstags von Kremsier (7. 3. 1849) die Phase des Neoabsolutismus ein.
2) Karl Philipp Fürst zu, * Wien 15. 4. 1771, † Leipzig 15. 10. 1820, österr. Feldmarschall (seit 1812). Von Napoleon I. 1812 mit der Leitung des österr. Hilfskorps der Großen Armee betraut; in den Befreiungskriegen Oberbefehlshaber der alliierten Truppen.
Schwạrzenberg/Erzgeb., Kreisstadt im westl. Erzgebirge, Sachsen, 20 300 E. Bergbaumuseum; u. a. Herstellung von Waschmaschinen, Kühlschränken. Barocke Stadtkirche (1690–99); ehem. Schloß (12., 15. und 19. Jh.). – 1282 erstmals als Stadt bezeugt; seit etwa 1500 Zinn- und Eisenerzbergbau; nach 1945 zeitweilig Abbau von Uranerzen.
Schwarze Pumpe, Ind.ort in Brandenburg, 3 600 E. Standort des größten europ. Braunkohleveredelungswerks.
Schwạrzer, Alice, * Wuppertal 3. 12. 1942, dt. Publizistin. Seit Mitte der 1970er Jahre v. a. in der Frauenbewegung tätig; Hg. der Zeitschrift ›Emma‹ (ab 1977).
Schwarze Reichswehr, Bez. für die Einheiten von sog. Zeitfreiwilligen bzw. Arbeitskommandos, die 1919 bzw. 1921 direkt von oder mit Duldung der Reichswehr eingerichtet wurden; stellte eine friedensvertragswidrige Verstärkung der Reichswehr dar.
schwarzer Humọr, v. a. in Literatur und Kunst sich artikulierende Bewußtseinshaltung, die mit tabuisierten Themen, die ins Unbewußte (›Schwarze‹) verdrängt sind, spielerisch distanziert umgeht und sie entsprechend (makaber) darstellt.
Schwarzer Senf (Senfkohl), im Mittelmeergebiet, in S-, O- und M-Europa z. T. kultivierte und eingebürgerte Art des Kohls; 0,5–1,5 m hohe, einjährige Pflanze; Blüten goldgelb, in lockeren Doldentrauben; Schoten rund, etwa 2 cm lang; das Senfölglykosid der Samen wird u. a. zur Herstellung von Senf und hautreizenden Pflastern verwendet.
schwarzer Star, Form der Erblindung, bei der jede Lichtempfindung der Augen erloschen ist.
schwarzer Strahler (schwarzer Körper, Planckscher Strahler), ein idealer Temperaturstrahler, der auftreffende elektromagnet. Strahlung aller Wellenlängen vollständig absorbiert und selbst Strahlung (die sog. *schwarze Strahlung*) entsprechend seiner absoluten Temperatur gemäß den Strahlungsgesetzen abstrahlt.
Schwarzer Tod, svw. Beulenpest (→Pest).
Schwarzer Vọlta, rechter Quellfluß des Volta, rd. 800 km lang.
schwarzer Zwerg, in der *Astronomie* Bez. für: 1. den theoret. Endzustand eines Sterns von etwa einer Sonnenmasse (ein kaltes entartetes Gas nach Durchlaufen des Stadiums eines weißen Zwerges); 2. einen nicht selbstleuchtenden Himmelskörper, dessen Masse kleiner ist als 8 % der Sonnenmasse (in diesem Fall können in seinem Innern keine Kernfusionsprozesse einsetzen, die ihn soweit aufheizen, daß er selbst leuchtet).
schwarzes Fieber, svw. →Kala-Azar.
schwarzes Loch, in der *Astronomie* Bez. für infolge der Schwerkraft völlig in sich zusammenstürzende Sterne einschließl. des sehr kleinen Raumbereichs um sie herum, aus dem infolge hoher Gravitation kein Licht mehr herausgelangen kann. Beobachter können ein s. L. nur an seiner starken Gravitationswirkung auf in der Nähe befindl. Materie erkennen. Man vermutet, daß jeweils im Zentrum der Quasare und Galaxien ein s. L. existiert, in das aus der näheren Umgebung Materie stürzt und dabei die beobachtete, immens starke Strahlung erzeugt.
Schwarzes Meer, Randmeer des Mittelländ. Meeres, mit ihm durch Bosporus und Dardanellen, mit dem Asowschen Meer durch die Straße von Kertsch verbunden, 0,46 Mio. km², bis 2 244 m tief; Anrainer Georgien, Rußland, Ukraine, Rumänien, Bulgarien, Türkei. Der Salzgehalt liegt im Zentrum bei 17,5–18,5 ‰, verringert sich in Küstennähe auf 3 ‰. Da unterhalb von 100 m u. d. M. der Sauerstoff fast völlig fehlt und der Gehalt an Schwefelwasserstoff sehr hoch liegt, ist pflanzl. und tier. Leben auf die obersten Wasserschichten beschränkt.
Schwarze Witwe, von S-Kanada bis Argentinien und Chile verbreitete, etwa 0,3 (♂) bis 1,2 cm (♀) lange Kugelspinne mit roten bis rötlichgelben Flecken auf dem schwarzen Hinterleib. Die ♂♂ leben im Netz der ♀♀; sie werden unmittelbar nach der Paarung vom ♀ gefressen. Der Biß der S. W. ist auch für den Menschen gefährlich.
Schwarzfahren →Erschleichung.
Schwarzfußindianer, Gruppe nordamerikan. Indianerstämme; Blackfoot (→Algonkin).
Schwarzhandel (Schleichhandel), Verkauf von Waren unter Umgehung gesetzl. Vorschriften oder übl. Handelswege, bes. verbreitet in warenknappen Zeiten mit Bewirtschaftung und Rationierung durch den Staat. Als Folge eines dabei vorhandenen Nachfrageüberhanges entsteht ein *schwarzer Markt* für die betreffenden Waren mit stark überhöhten Preisen.
Schwarzkäfer (Tenebrionidae), mit rd. 20 000 Arten weltweit verbreitete Fam. etwa 2 bis über 30 mm langer Käfer von größtenteils dunkler bis schwarzer Färbung; können z. T. schädl. werden durch Fraß an Kulturpflanzen und Vorräten (z. B. Mehlkäfer).
Schwarzkehlchen →Schmätzer.
Schwarzkopf, Elisabeth, * Jarotschin (= Jarocin bei Posen) 9. 12. 1915, dt. Sängerin (Sopran). Bed. Mozart- und Strauss-Interpretin.
Schwarzkümmel, Gattung der Hahnenfußgewächse mit rd. 20 Arten, v. a. im Mittelmeergebiet; einheim. ist *Gretel im Busch* (Jungfer im Grünen, Braut in Haaren); 40–50 cm hoch.
Schwarzlichtlampe, svw. →Analysenlampe.
Schwarzlot →Glasmalerei.
Schwarzpulver →Sprengstoffe.
Schwarz-Rheindorf, Stadtteil von Bonn, am rechten Rheinufer. Bed. roman. Doppelkapelle (Unterkirche 1151 geweiht, mit Wandmalereien vor 1151; Umbau des Vierungsturms zum Obergeschoß 1173 ff.).
Schwarz-Rot-Gold →deutsche Farben.
Schwarzschild-Effekt [nach dem dt. Astronomen Karl Schwarzschild (* 1873, † 1916)], in der Photographie bei langen oder extrem kurzen (Kurzzeiteffekt) Belichtungszeiten auftretende Unterbelichtung trotz ausreichender Gesamtlichtmenge; bei Farbfilmen tritt außerdem eine Farbverschiebung (Farbstich) auf.
Schwạrz-Schilling, Christian, * Innsbruck 19. 11. 1930, dt. Politiker (CDU). Sinologe; seit 1976 MdB; seit 1982 Bundes-Min. für das Post- und Fernmeldewesen.
Schwạrzwald, Mittelgebirge in Bad.-Württ., erhebt sich steil aus dem Oberrheingraben, begleitet von einer nach N verschmälernden Vorbergzone, und dacht sich sanft nach O ab. Im S bilden Hoch-

Schwarze Witwe
(Unterseite)

Schwarzkümmel:
Gretel im Busch mit
Blüte (oben) und
Frucht (unten)

Christian
Schwarz-Schilling

rhein und Dinkelberg die Grenze, im N die Kraichgaumulde. Höchste Erhebung ist mit 1493 m der Feldberg. Nach dem Großrelief gliedert man das Gebirge in Nördl., Mittleren und Südl. Schwarzwald.

Schwarzwälder Hochwald → Hunsrück.

Schwarzwasserfieber, fiebrige Hämoglobinurie als Folge einer schweren Malariaerkrankung und einer Chininbehandlung; mit charakterist. Dunkel- bis Schwarzfärbung des Urins durch Hämolyse und Hämoglobinämie.

Schwarz-Weiß-Rot → deutsche Farben.

Schwarzwild, weidmänn. Bez. für Wildschweine.

Schwarzwurzel, Gatt. der Korbblütler mit rd. 100 Arten in Eurasien und N-Afrika. Eine bekannte Art ist die als Gemüsepflanze kultivierte *Garten-S.,* eine bis 120 cm hohe Staude, mit dicker, bis 30 cm langer, außen schwärzl., innen weißer Wurzel, die als Wintergemüse verwendet wird.

Schwaz, österr. Bezirkshauptstadt in Tirol, am Inn, 12 000 E. U. a. Herstellung von Tabak-, Goldmajolika- und Steingutwaren. Spätgot. Stadtpfarrkirche (um 1460–1502), Franziskanerkloster mit spätgot. Kirche und Kreuzgang; Fuggerhaus (16. Jh.), Palais Enzenberg (um 1700); über der Stadt Schloß Freundsberg (15. und 17. Jh.).

Schwebebahn, Beförderungsmittel für Personen und Lasten, dessen Laufwerk auf einer Schiene *(Hängebahnen)* oder auf Drahtseilen *(Seilbahn)* abrollt oder mit Hilfe von Magnetfeldern über Metallschienen schwebend geführt wird *(Magnet-S.).*

Schwebegeräte, Turn- und Gymnastikgeräte für Schweb-, Gleichgewichts- und Balancierübungen; der im Frauenturnen benutzte *Schwebebalken* ist ein 5 m langer [kunststoffbeschichteter] Balken mit 10 cm breiter Lauffläche, der auf pyramidenförmigen Untersetzern aufliegt; bei Wettkämpfen 1,20 m hoch.

Schwebfliegen (Schwirrfliegen, Syrphidae), mit rd. 4500 Arten fast weltweit verbreitete Fam. durchschnittl. 1,5 cm langer Fliegen, rd. 300 Arten einheim.; meist metall. glänzende oder schwarz-gelb gefärbte Insekten, von denen einige Arten wehrhafte Bienen, Wespen oder Hummeln nachahmen; stehen im Schwirrflug fast bewegungslos in der Luft.

Schwebrenken → Felchen.

Schwebstoffe, in einer Flüssigkeit oder in einem Gas feinst verteilte Stoffe.

Schwebung, akust. Erscheinung beim Zusammenklingen von 2 Tönen, deren Frequenzen sich nur um einen geringen Betrag unterscheiden. Das menschl. Gehör nimmt S.erscheinungen als selbständigen Ton wahr, wenn die Differenz- oder *Schwebungsfrequenz* über 16 Hz beträgt.

Schwechat, niederöster. Stadt, sö. an Wien anschließend, 15 000 E. Erdölraffinerie, internat. ✈.

Schweden
Fläche: 449 984 km²
Einwohner (1989): 8,5 Mio.
Hauptstadt: Stockholm
Verwaltungsgliederung: 24 Län
Amtssprache: Schwedisch
Nationalfeiertag: 6. 6.
Währung: 1 Schwed. Krone (skr) = 100 Öre
Zeitzone: MEZ

Schweden (amtl. Kgr. S.), Staat in Europa, grenzt im W an Norwegen, im NO an Finnland, im O und S an die Ostsee.

Landesnatur: S. liegt östl. des skandinav. Zentralgebirges (Kebnekajse 2123 m hoch). Nord-S. ist eine flachwellige Hochfläche, die allmähl. zur Ostsee abfällt. Südl. des Siljansees schließt sich die Mittelschwed. Senke an, die von Mälar-, Väner- und Vättersee geprägt wird. Zu Süd-S. gehören die Hochfläche Smålands und die Moränenlandschaft der Halbinsel Schonen. S. liegt im kontinentalen Klimabereich. Am N-Rand der Mittelschwed. Senke liegt die N-Grenze der Laubbäume.

Bevölkerung: Den größten Teil der Bevölkerung bilden Schweden, daneben gibt es eine finn. und lapp. Minderheit. Der größte Teil der Bevölkerung lebt südl. des 61. Breitengrades. Rd. 95 % der E gehören der ev.-luth. Staatskirche an. Allg. Schulpflicht besteht von 7–16 Jahren. S. verfügt über 34 Hochschulen, darunter 10 Universitäten.

Wirtschaft, Verkehr: S. ist eines der waldreichsten Länder Europas. Nur 9 % der Gesamtfläche werden landwirtschaftl. genutzt. S. verfügt über bed. Eisen-, Kupfer- und Bleierzvorkommen. Etwa 45 % der Energie werden aus Wasserkraft gewonnen, 50 % aus Kernkraft. Führende Ind.zweige sind Stahl-, Papier-, chem., Textil- und Automobilindustrie. Das staatl. Eisenbahnnetz hat eine Länge von 11 673 km, das Straßennetz 98 294 km. Die wichtigsten Häfen sind Helsingborg, Göteborg, Stockholm und Luleå. Internat. ✈ bei Stockholm, Göteborg und Malmö.

Geschichte: Um 300 n. Chr. treten Svear und Gauten (Göten) als Stämme im heutigen Mittel-S. hervor. Große Grabhügel, bes. bei den alten Kult- und Herrscherstätten Alt-Uppsala und Vendel (Verw.-Geb. Uppsala), und Schiffsbeisetzungen zeugen von den Stammeskönigtümern des Ynglingargeschlechts. Im 9./10. Jh. erschlossen schwed. Kriegerkaufleute (Waräger) das östl. Ostseegebiete und die Stromgebiete von Wolga und Dnjepr einem regelmäßigen Handel. König Olaf III. Skötkonung (›Schoßkönig‹; ⚭ etwa 995–1022) nahm mit der Taufe zugleich die Bischofsverfassung und die in M-Europa ausgebildeten staatl. Verwaltungsformen für S. an. Die folgenden Fehden zw. christl. Gauten und heidn. Svear, deren Gegenkönige die neue Staatsform zu beseitigen suchten, endeten mit der Gründung des eigenen Erzbistums Uppsala (1164). Bemerkenswert ist die stets freie Stellung des schwed. Bauerntums, so daß sich scharfe ständ. Unterschiede nicht ausgebildet haben. 1364 wurde nach einem Machtverfall Hzg. Albrecht von Mecklenburg zum König gewählt; als er 1389 von einem dän. Heer besiegt und gefangengenommen wurde, fiel ganz S. der Dänenkönigin Margarete I. zu, die im Kalmar die Vereinigung der 3 skandinav. Reiche erklärte (Kalmarer Union). Gustav Eriksson Wasa beseitigte die Dänenherrschaft und wurde als Gustav I. (⚭ 1523–60) zum König gekrönt.

Die Einführung der Reformation mit Einziehung des Kirchenguts, die Neuordnung der Landesverteidigung, der Staatsfinanzen und der Verwaltung kennzeichneten die Regierungstätigkeit Gustavs I. Der Anspruch auf die führende Rolle im Ostseeraum (Dominium maris Baltici) wurde für anderthalb Jh. das bestimmende Ziel der schwed. Großmachtpolitik (Ausgreifen in das Baltikum, norddt. Gebietsgewinne durch Teilnahme am Dreißigjährigen Krieg ab 1630). Die machtpolit. Voraussetzungen hatte Gustav II. Adolf (⚭ 1611–32) mit der Modernisierung des Militärwesens und der Staatsverwaltung sowie mit der Schaffung einer Flotte genial genutzt. Der Nachfolger von Gustav Adolfs Tochter Christine (⚭ 1632–54), ihr Vetter Karl X. Gustav aus dem Hause Pfalz-Zweibrücken (⚭ 1654 bis 1660), suchte das von einer kath. Wasa-Linie regierte Polen im Bündnis mit Brandenburg auszuschalten, wogegen sich jedoch eine russ.-poln.-dän. Koalition bildete (1. Nord. Krieg, 1655–60). Die Friedensschlüsse von Roskilde (1658) und Oliva (1660) bedeuteten den Höhepunkt der

Schweden

Staatsflagge

Staatswappen

Land 14 %
Stadt 86 %
Bevölkerungsverteilung

Landwirtschaft 6 %
Industrie 30 %
Dienstleistung 64 %
Erwerbstätige

schwed. Expansion; doch nach dem 2. Nord. Krieg (1700–21) verblieb S. von seinen festländ. Erwerbungen nur Vorpommern westl. der Peene.

Die nach dem Tod Karls XII. (⚰ 1697 bis 1718) durchgesetzte Ständeherrschaft (›Freiheitszeit‹) wurde von Gustav III. (⚰ 1771–92) beseitigt, der im Stil des aufgeklärten Absolutismus regierte. In der Napoleon. Zeit glaubten die Stände mit der Wahl des frz. Marschalls J.-B. Bernadotte zum Thronfolger (1810) eine Garantie für die Integrität ihres Landes zu finden. Bernadotte hielt als König Karl XIV. Johann (⚰ 1818–44) S. aus äußeren Konflikten heraus. Der als liberal geltende Oskar I. (⚰ 1844–59) trat für die gesamtskandinav. Bewegung ein, für deren Durchsetzung er im Dt.-Dän. Krieg 1848–50 Dänemark Truppenhilfe gab und nach dem Waffenstillstand von 1849 in Nordschleswig ein schwed. Militärgouvernement einrichtete. Seit dem Krimkrieg ist die Neutralität ein Grundsatz der schwed. Politik. 1905 löste sich Norwegen aus der Personalunion mit S.; 1909 wurde für die 2. schwed. Kammer das allg. Wahlrecht und für beide Kammern das Verhältniswahlrecht eingeführt. Seit den Wahlrechtsreformen von 1918/19 (allg. Wahlrecht auch für die 1. Kammer, Frauenwahlrecht für die 2. Kammer) wurde 1920 die erste rein sozialdemokrat. Regierung unter H. Branting gebildet, der weitere Kabinette vornehml. sozialdemokrat. Zusammensetzung folgten. Im Zweiten Weltkrieg vermochte S. seine Neutralität mit Hilfe einer relativ starken mobilisierten ›Neutralitätswacht‹ aufrechtzuerhalten. Das Hilfegesuch Finnlands im Finn.-Sowjet. Winterkrieg 1939/40 wurde abgelehnt.

In den Nachkriegsjahrzehnten wurde S. zum Muster des modernen Wohlfahrtsstaats unter sozialdemokrat. Führung (Min.-Präs. 1946–69 T. Erlander, 1969–76 O. Palme). Wachsende Unzufriedenheit infolge wirtschaftl. Schwierigkeiten, aber auch die umstrittene Frage des Ausbaus der Kernenergie führten zu mehrfachem Regierungswechsel. 1976–78 regierte eine bürgerl. Koalition unter dem Zentrums-Vors. T. Fälldin, 1978/79 eine liberale Minderheitsregierung unter O. Ullsten, die wieder durch eine von Fälldin geführte Koalition abgelöst wurde. Bei den Reichstagswahlen 1982, 1985 und 1988 konnten die Sozialdemokraten die Mehrheit erringen und die Regierung bilden; zunächst unter O. Palme, nach dessen Ermordung 1986 unter I. Carlsson. Mit der Sowjetunion gelang S. 1988 die Einigung über die Grenzziehung in der Ostsee östl. der Insel Gotland. Die Reichstagswahlen vom Sept. 1991 verlor die Sozialdemokrat. Partei; seither regiert wieder eine bürgerl. Koalition unter Min.-Präs. C. Bildt.

Politisches System: S. ist eine Erbmonarchie mit parlamentar. Regierungssystem; *Verfassung* von 1975. *Staatsoberhaupt* ist der König (seit 1973 Karl XVI. Gustav), dessen Funktion auf zeremonielle und repräsentative Aufgaben beschränkt ist. Die *Exekutive* liegt bei der dem Parlament verantwortl. Regierung. Der Min.-Präs. ernennt die Min., von denen jeder einzelne durch Mißtrauensvotum des Reichstags gestürzt oder vom Min.-Präs. entlassen werden kann. Die *Legislative* liegt allein beim Reichstag (349 auf 3 Jahre gewählte Abg.). Ombudsmänner kontrollieren zur Wahrung bürgerl. Rechte die Maßnahmen der zivilen und militär. Behörden, der Justiz u. a. öffentl. Institutionen. *Parteien:* Sozialdemokrat. Arbeiterpartei (SAP), gegr. 1889, 1932–76 und 1982–91 Regierungspartei, die christl.-demokrat. Zentrumspartei, gegr. 1900, die konservative Gemäßigte Sammlungspartei, gegr. 1904, die sozialliberale Volkspartei, gegr. 1934, und die Linkspartei Kommunisten (VKP), gegr. 1917. *Streitkräfte:* 68 000 Mann. – Karte VIII, Bd. 2, n. S. 320.

schwedische Kunst: Taufstein in der Kirche von Bro, Gotland; um 1170

Schwedisch, zum nord. Zweig der german. Sprachen gehörende Sprache, die heute in Schweden und Teilen Finnlands gesprochen wird (insgesamt etwa 8 Mio. Sprecher). – Mit dem Beginn der Wikingerzeit (um 800) löste sich das S. aus dem Verband der Urnordischen; die ältesten sprachl. Quellen sind die etwa 2 500 Runendenkmäler Schwedens. Mit der Reformation begann die Epoche des Neuschwed., 1540/41 erschien die ›Gustav-Wasa-Bibel‹. Heute wird die ausgeprägte Gliederung in dialektale Räume überlagert durch das Hochschwed. (›Rikssprȧk‹).

Schwedische Akademie (Svenska akademien), 1786 nach dem Vorbild der Académie française von König Gustav III. gestiftete Gesellschaft mit 18 Mgl. zur Pflege der schwed. Sprache, Dichtung und Rhetorik mit Sitz in Stockholm. Seit 1901 verleiht die S. A. den Nobelpreis für Literatur.

schwedische Kunst, aus roman. Zeit stammen Granitkirchen, auch Rundbauten und auf Gotland Hallenkirchen; dort gab es seit dem 6. Jh. auch Bildsteine, u. a. mit Reitern und Schiffen. – Im 13. Jh. kam der Backsteinbau auf. Der größte sakrale Bau Schwedens ist der Dom von Uppsala (1287 ff.), eine got. Backsteinkirche frz. Prägung. Der Dom von Linköping (13. Jh.) hat einen bed. got. Hallenchor eines Kölner Meisters (1408 ff.). Während in roman. Zeit bes. auf Gotland bed. Werke der Plastik entstanden, brachte die Gotik, abgesehen vom Import Lübecker Plastik (Georgs-Gruppe von B. Notke), v. a. eine Blüte der Wandmalerei hervor, u. a. in der Kirche von Rȧda (bei Lidköping), von Tensta (bei Uppsala), der Riddarholmskirche in Stockholm und zahlr. um den Mälarsee gelegenen Kirchen, wo Albertus Pictor (* um 1440, † 1509) wirkte.

schwedische Kunst: Alexander Roslin, Porträt der Anne Vallayer-Coster (Stockholm, Privatsammlung)

Nachreformator. Kunst bis zum Klassizismus: König Gustav I. berief ausländ. Renaissancebaumeister für seine Schloßanlagen in Gripsholm (1537 ff.), Uppsala (1547 ff.) und Kalmar. Sein Grabmal schuf Willem Boyen (* um 1520, † 1592) aus Mecheln (Domkirche von Uppsala, 1562–70). Schloß Skokloster am Mälarsee (1653 ff., für C. G. Wrangel) wurde nach Plänen von Simon de la Vallée (* um 1590, † 1642), der 1641 ff. auch das Riddarhus in Stockholm ebauute, und N. Tessin d. Ä. errichtet, der 1662 den Neubau des Schlosses Drottningholm begann; sein Sohn, N. Tessin d. J., schuf 1697 ff. den Neubau des Königl. Schlosses in Stockholm. In der Malerei wurde im 17. und 18. Jh. bes. das Porträt gepflegt. Zw. Rokoko und Klassizismus steht Schwedens großer Bildhauer Johan Tobias Sergel (* 1740, † 1814).

19. und 20. Jh.: Mit der Romantik rückte die Landschaftsmalerei in den Vordergrund (u. a. Carl Johan

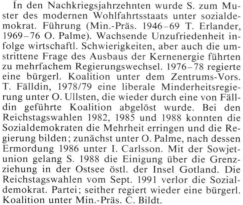

Fahlcrantz [* 1774, † 1861]). Realist. und impressionist. Tendenzen vertraten u. a. Carl Larsson (* 1853, † 1919) und A. Zorn. Die neuere schwed. Bildhauerei vertritt bes. Carl Milles (* 1875, † 1955; Orpheus-Brunnen, 1936, Stockholm). Viele junge Maler und Bildhauer folgen heute der internat. Entwicklung. Am Beginn der Architektur des 20. Jh. stehen Ferdinand Boberg (* 1860, † 1946; Postgebäude in Stockholm, 1904, und Malmö, 1906), Ragna Östberg (* 1866, † 1945; Rathaus in Stockholm, 1909–23) und – im Stil des internat. Funktionalismus – Erik Gunar Asplund (* 1885, † 1940).

schwedische Literatur, Zeugnisse aus der Epoche vor der Christianisierung (vor 1100 n. Chr.) finden sich an den zahlr. schwed. Runensteinen.

Mittelalter: Mit der Christianisierung kamen lat. Sprache und Schrift sowie Rechtsbücher nach Schweden. Die religiöse Literatur fand ihren Höhepunkt in den myst. Visionen der hl. Birgitta. Erster bed. Dichter in schwed. Sprache war Bischof Thomas von Strängnäs († 1443).

Reformationszeit (1520–1600): Die zunächst stark polem. Reformationsliteratur (O. und L. Petri) erhielt durch die Bibelübersetzungen ihr volkssprachl. Fundament.

Großmachtzeit (1611–1718): Künste und Wiss. wurden mit Öffnung nach Europa (Berufung von Descartes, Pufendorf, Comenius) vom schwed. Hof gefördert. Das enzyklopäd. Bewußtsein der Epoche spiegelt v. a. das Geschichtswerk des Universalgelehrten Olaf Rudbeck (* 1630, † 1702) wieder; von den Schriftstellern sind Lars Wivallius (* 1605, † 1669), Georg G. Stiernhielm (* 1598, † 1672), Lars Johansson (* 1638, † 1674) und Gunno Dahlstierna (* 1661, † 1709) zu nennen.

Aufklärung (1718–72): Mit dem Beginn der sog. ›Freiheitszeit‹ dominieren frz. und engl. Einflüsse. Olof von Dalin (* 1708, † 1763) gilt als Begründer der modernen schwed. Prosasprache; Jakob Wallenberg (* 1746, † 1778) schrieb v. a. humorist. Reiseberichte. Größter Schriftsteller des Jh. war C. M. Bellmann, dessen Popularität bis heute ungebrochen ist.

Klassizismus (Rokoko) (1772–1809): Gründung der Stockholmer Oper (1772) und des Theaters (1787) sowie der Schwed. Akademie (1786) durch König Gustav III., der selbst Opern und Dramen verfaßte. Johan Gabriel Graf Oxenstierna (* 1750, † 1818), J. H. Kellgren, Carl Gustaf af Leopold (* 1756, † 1829) und Anna Maria Lenngren (* 1754, † 1817) vertraten eine klassizist. Literaturauffassung; von Rousseau und dem dt. Sturm und Drang beeinflußt waren Bengt Lidner (* 1757, † 1793) und Thomas Thorild (* 1759, † 1808).

Romantik (1810–30): Zu Beginn des Jh. schlossen sich junge Schriftsteller in zahlr. literar. Diskussionszirkeln zusammen; die einflußreichste, unter dem Eindruck von F. W. J. von Schelling stehende Gruppierung war der ›Auroraförbundet‹ (Aurorabund), der durch P. D. A. Atterbom, Lorenzo Hammerskjöld (* 1781, † 1844) sowie Vilhelm Fredrik Palmblad (* 1788, † 1852) vertreten war; während die Schriftsteller um Atterbom v. a. die Fragen eines modernen Literaturbegriffs diskutierten, repräsentierte der ›Gotische Bund‹ (u. a. Arvid August Afzelius [* 1785, † 1871], Erik Gustaf Geijer [* 1783, † 1847] und der schwed. Turnvater Peter Henrik Ling [* 1776, † 1839]) eine die nord. Mythologie verherrlichende Nationalromantik. Relativ unabhängig von den beiden Gruppierungen schrieben Esaias Tegnér (* 1782, † 1846) sowie der Lyriker Erik Johan Stagnelius (* 1793, † 1823).

Liberalismus (1830–80): Die Übergangssituation zwischen Romantik und Realismus repräsentierten C. J. L. Almqvist, Frederik Cederborgh (* 1784,

† 1835), C. F. Dahlgren (* 1791, † 1844) sowie die Finnlandschweden J. L. Runeberg und Zacharias Topelius (* 1818, † 1898). Neben Almqvist waren an der Begründung einer realist. Romantradition u. a. beteiligt: Frederike Bremer (* 1801, † 1865; u. a. ›Die Nachbarn‹, 1837), Sofie von Knorring (* 1797, † 1848) und Emilie Flygare-Carlén (* 1807, † 1892, u. a. ›Ein Handelshaus in den Scheeren‹, 1859).

Naturalismus, Impressionismus und Symbolismus (1880–1910): Überragende Gestalt war A. Strindberg, der die Entwicklung des modernen europ. Dramas entscheidend beeinflußte. Zus. mit Gustaf af Geijerstam (* 1858, † 1909) exponierte sich v. a. die Gruppe ›Das junge Schweden‹ (Albert Baath [* 1853, † 1912], Tor Hedberg [* 1862, † 1931], Ola Hansson [* 1860, † 1925], Karl August Tavaststjerna [* 1860, † 1898]) für die Literatur des Naturalismus; fast alle vollzogen in den 1890er Jahren die Wendung zum Impressionismus und Symbolismus, wobei V. von Heidenstam in seinem Essay ›Renàssans‹ (1889) eine Polemik gegen den ›Schuhmacherrealismus‹ führte. Als Vertreterin der sog. Neuromantik wurde S. Lagerlöf neben Vilhelm Ekelund (* 1880, † 1949) und Hjalmar Söderberg (* 1869, † 1941) international bekannt.

20. Jh.: Nach dem Ende des 1. Weltkriegs entwikkelte sich (u. a. unter dem Einfluß der Philosophie H. Bergsons) eine bed. Erzählliteratur: Neben Hjalmar Fredrik Elgérus Bergmann (* 1883, † 1931; u. a. ›Clownen Jac‹, R., 1930) sind v. a. Ludwig Nordström (* 1882, † 1942; u. a. ›Planeten Markattan‹, R., 1937), Erik Gustaf Hellström (* 1882, † 1953; u. a. ›Stürm. Paradies‹, 1935), Elin Wägner (* 1882, † 1949, u. a. ›Das Drehkreuz‹, 1935), Sifrid Siwertz (* 1882, † 1970; u. a. ›Die Geldjäger‹, 1920) und Sven Lidman (* 1882, † 1960) repräsentativ. Als Exponenten der Lyrik sind V. Ekelund, Birger Sjöberg (* 1885, † 1929), Anders Österling (* 1884, † 1981), Bertil Malmberg (* 1899, † 1958), Karin Maria Boye (* 1900, † 1941), die avantgardist. Dichtergruppe der ›Fünf Jungen‹ (1929) um H. Martinson und Artur Lundkvist (* 1906) sowie v. a. Karl Gunnar Vennberg (* 1910) zu nennen. Neben Agnes von Krusenstjerna (* 1894, † 1940), die durch die Thematisierung von Geisteskrankheit und Sexualität einen Literaturskandal auslöste, Vilhelm Moberg (* 1898, † 1973) und Moa Martinson (* 1890, † 1964) prägten seit den 1930er Jahren die sog. Arbeiterschriftsteller I. Lo-Johannson, E. Johnson und M. Martinson eine realist., sozial engagierte Erzählweise, die bis heute für die schwed. Prosa charakteristisch ist. Zu den bed. zeitgenöss. Prosaisten gehören u. a. S. H. Dagerman, Lars Gustav Ahlin (* 1915), Lars Johan Wictor Gyllensten (* 1923) sowie vor allem Jan Myrdal (* 1917), Per Olov Enquist (* 1934) und L. Gustafsson; für die jüngste Erzählergeneration stehen Lars Andersson (* 1954) und Klas Östergren (* 1955).

Finnlandschwedische Literatur: Schwedisch schreibende finn. Dichter der Barockzeit waren Johann Paulinus Lilienstedt (* 1655, † 1732) und Jacob Frese (* 1691, † 1729). Eine spezif. finnlandschwed. Bewegung entwickelte sich mit der nat. gestimmten ›Åbo-Romantik‹ (Frans Michael Franzén [* 1772, † 1847], E. Lönnrot, J. L. Runeberg). Der Wandel vom Realismus zum Naturalismus vollzog sich um 1885 (K. A. Tavaststjerna). Nach 1917 wurde der europ. Modernismus vorherrschend (Hagar Olsson [* 1893, † 1978], Edith Irene Södergran [* 1892, † 1923]), Romane verfaßten Tito Colliander (* 1904) und S. Salminen. Die Orientierung an schwed. Vorbildern wird bes. nach 1945 deutl., v. a. in der Lyrik von Bo Carpelan (* 1926) und Thomas Warburton (* 1918). Bed. Prosaautoren sind Christer Kihlman (* 1930) und Jörn Donner (* 1933).

schwedische Musik, der seit dem 11. Jh. gepflegte Gregorian. Gesang blieb an das von außen übernommene Repertoire gebunden. Das reformator. Kirchenlied stand unter starkem dt. Einfluß. Ausländ. Einflüsse prägten auch die höf. Musik (Hofkapelle seit 1526, Hofkantorei seit Ende des 16. Jh.). Die Regierungszeit Gustavs III. und Gustavs IV. Adolf brachte eine bes. Blüte, u. a. 1771 die Gründung der Musikakademie, 1773 die der Hofoper, an der ausländ. Musiker wie Johann Gottlieb Naumann (* 1741, † 1801, ›Gustaf Wasa‹, 1786; erste schwed. Oper) und G. J. Vogler dominierten. Nach 1850 entwickelte sich eine nat. Schule, u. a. mit H. Alfvén. Nat. Elemente betonten auch die Spätromantiker, u. a. T. Rangström, K. M. Atterberg. An der internat. Moderne, bes. am Neoklassizismus orientierte sich Hilding Rosenberg (* 1892, † 1985). Zeitgenöss. Musik vertreten v. a. Karl-Birger Blomdahl (* 1916, † 1968), Ingvar Lidholm (* 1921), Bengt Hambraeus (* 1928) und Bo Nilsson (* 1937).

Schwedt/Oder, Stadt in der sö. Uckermark, Brandenburg, 52 400 E. Petrochem. Ind., Papier- und Zellstoffwerk.

Schwefel, chem. Symbol S; nichtmetall. chem. Element aus der VI. Hauptgruppe des Periodensystems der chem. Elemente, Ordnungszahl 16, relative Atommasse 32,066. S. tritt in mehreren allotropen Modifikationen auf: bei Normaltemperatur in leuchtend gelben, rhomb. Kristallen (Dichte 2,07 g/cm³, Schmelzpunkt 112,8 °C; α-Schwefel, oberhalb 95,6 °C als monoklin kristallisierender hellgelber β-Schwefel (Dichte 1,957 g/cm³, Schmelzpunkt 119 °C), oberhalb 119 °C bildet S. eine leicht bewegl., gelbe Flüssigkeit (λ-Schwefel), die ab 160 °C in eine rotbraune viskose Masse übergeht; bei 444,6 °C verdampft Schwefel. In Verbindungen besitzt S. meist die Wertigkeitsstufen −2, +2, +4 und +6. An der Luft entzündet er sich bei 260 °C und verbrennt zu S.dioxid, SO₂. In der Natur kommt S. in vulkan. Gebieten gediegen und z. a. in zahlr. Erzen und Mineralen gebunden vor (z. B. im Pyrit, Kupferkies, Bleiglanz, in der Zinkblende sowie in Sulfaten). S. ist auch Bestandteil von Kohle, Erdöl und Erdgas und ist in zahlr. natürl. organ. Verbindungen, wie Aminosäuren (Methionin, Cystein), Enzymen (Coenzym A), Vitaminen (Thiamin) und Antibiotika (Penicillin) enthalten. Gediegener S. wird im Tage- oder Untertagebau abgebaut sowie durch das sog. Frasch-Verfahren (→ Frasch) gewonnen.

Schwefelkies, svw. → Pyrit.

Schwefelkohlenstoff (Kohlen[stoff]-disulfid), CS₂, farblose, stark lichtbrechende, nach längerer Lagerung unangenehm riechende, sehr giftige Flüssigkeit, die als Lösungsmittel für Wachse, Öle, Fette, Harze, Schwefel und Phosphor sowie zur Herstellung von Viskose und Tetrachlorkohlenstoff dient.

Schwefelkopf, in M-Europa mit rd. 10 Arten vertretene Gatt. der Lamellenpilze; mit rötl., schwefel- oder grüngelbem Hut; meist gruppenweise auf Laub- und Nadelholzstümpfen, z. B. der bes. auf Fichtenstümpfen gehäuft wachsende Rauchblättrige S. und der auf morschen Laubholzstümpfen wachsende Ziegelrote S. (Speisepilze); ungenießbar ist der büschelig wachsende Grünblättrige S., der auf Eichen- und Buchenstümpfen wächst.

Schwefeln, zum Bleichen von Textilien, zur Konservierung von Obstprodukten sowie in der Kellereiwirtschaft zur Sterilisierung von Geräten und zur Unterbindung unerwünschter enzymat. oder nichtenzymat. Reaktionen angewandte Behandlung mit gasförmigem oder in Wasser gelöstem Schwefeldioxid bzw. mit Sulfit-, Hydrogensulfit- oder Disulfitlösungen.

Schwefeloxide, die Verbindungen des Schwefels mit Sauerstoff. Das wichtigste S. ist das gasförmige, farblose, stechend riechende, ätzend wirkende, korrosionsfördernde Schwefeldioxid, SO₂, das v. a. beim

Abrösten sulfid. Erze gewonnen wird und zur Herstellung von Schwefelsäure, in der Zellstoff-Ind. sowie zum Schwefeln verwendet wird. S. werden beim Verbrennen von Heizöl, Kohle und Erdgas freigesetzt. →saurer Regen.

Schwefelporling (Eierporling), häufig an Laubbäumen auftretender, parasit. Pilz (Porling); Hut schwefel- bis orangegelb, 30–40 cm groß; eßbar.

Schwefelritterling, verbreiteter, mittelgroßer, schwefelgelber Ritterling der herbstl. Laubwälder; ungenießbar.

Schwefelsauerstoffsäuren, Sauerstoffsäuren, deren Moleküle Schwefel (in verschiedenen Wertigkeitsstufen) als Zentralatom enthalten. Es werden zwei Reihen von S. mit den allg. Formeln H_2SO_n und $H_2S_2O_n$ (Dischwefelsäuren) unterschieden. Zur ersten Reihe (mit n = 2, 3, 4, 5) gehören: die Sulfoxylsäure, H_2SO_2, (Salze: Sulfoxylate), die schweflige Säure, H_2SO_3, (Salze: Sulfite), die →Schwefelsäure, H_2SO_4, (Salze: Sulfate) und die Peroxomonoschwefelsäure (Carosche Säure), H_2SO_5, (Salze: Peroxosulfate). Zur zweiten Reihe (mit n = 4, 5, 6, 7, 8) zählen die dithionige Säure (hyposchweflige Säure), $H_2S_2O_4$, (Salze: Dithionite, Hyposulfite), die dischweflige Säure, $H_2S_2O_5$, (Salze: Disulfite), die Dithionsäure, $H_2S_2O_6$, (Salze: Dithionate, Hyposulfate), die Dischwefelsäure (Pyroschwefelsäure), $H_2S_2O_7$, (Salze: Disulfate) und die Peroxodischwefelsäure, $H_2S_2O_8$, (Salze: Peroxodisulfate). Nur die Schwefelsäure, Dischwefelsäure, Peroxomono- und Peroxodischwefelsäure sind in freiem Zustand bekannt; die übrigen S. existieren nur in Form ihrer Salze.

Schwefelsäure, H_2SO_4, die Sauerstoffsäure des sechswertigen Schwefels. Wasserfreie S. ist eine farblose, ölige Flüssigkeit, Dichte 1,845 g/cm³, Schmelzpunkt 10 °C, Siedepunkt 338 °C. Sog. ›rauchende S.‹ enthält große Mengen an gelöstem Schwefeltrioxid, SO₃, konzentrierte S. ist 96 %ig, Akkumulatorensäure 30 %ig, verdünnte S. etwa 10 %ig. S. ist außerordentl. hygroskopisch und löst sich unter starker Wärmeentwicklung in Wasser. Sie bildet als Salze die primären Hydrogensulfate (Bisulfate) und die neutralen Sulfate, deren natürl. Vorkommen (Sulfatminerale) die Grundlage vieler großtechn. Synthesen bilden. S. wird u. a. zur Herstellung von Düngemitteln, Phosphor- und Salzsäure, Sulfonsäuren und (als Bestandteil von Nitriersäure) Nitroverbindungen sowie als Akkumulatorensäure verwendet.

Schwefelwasserstoff (Wasserstoffsulfid), H_2S, farbloses, unangenehm riechendes, sehr giftiges, wasserlösl. Gas, das bei der Zersetzung von Eiweiß entsteht, im Erdgas und Erdöl sowie in vulkan. Gasen und Schwefelquellen vorkommt. Als wässerige zweibasige Säure bildet S. zwei Salzreihen, die sauren Sulfide (primäre Sulfide, Hydrogensulfide) mit der Formel Me^IHS und die neutralen Sulfide (sekundäre Sulfide) mit der Formel Me_2^IS.

schweflige Säure, H_2SO_3, durch Einleiten von Schwefeldioxid in Wasser entstehende schwache Säure. Da das temperaturabhängige Gleichgewicht zw. Schwefeldioxid u. S. stark auf der Seite des Schwefeldioxids liegt, kann die s. S. als solche nicht isoliert werden. Sie bildet 2 Salzreihen, die sauren Sulfite (primäre Sulfite, Hydrogensulfite) mit der Formel Me^IHSO_3 und die neutralen Sulfite (sekundäre Sulfite) mit der Formel $Me_2^ISO_3$. Die Sulfite wirken stark reduzierend (Verwendung als Antioxidanzien, Bleichmittel u. a.). Calciumhydrogensulfit hat techn. Bedeutung für die Gewinnung von Zellstoff.

Schweigepflicht, für Angehörige bestimmter Berufe oder Amtsträger bestehende Verpflichtung, Geheimnisse, die ihnen in Ausübung ihres Berufes oder Amtes anvertraut wurden, nicht zu offenbaren (z. B. Ärzte, Rechtsanwälte).

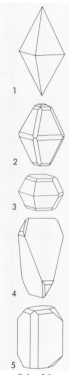

Schwefel:
Kristalle
(1–4 rhombischer
Schwefel,
5 monokliner
Schwefel)

Schweikart, Hans, * Berlin 1. 10. 1895, † München 1. 12. 1975, dt. Schauspieler und Regisseur. War u. a. 1934–38 Oberspielleiter am Münchner Residenztheater (Shakespeare-Zyklus), 1947–63 Intendant der Münchner Kammerspiele; auch Filme.

Schweine (Altweltl. S., Borstentiere, Suidae), Fam. etwa 50–180 cm langer Paarhufer mit 8 Arten in Eurasien und Afrika, kräftige, meist in kleinen Gruppen lebende Allesfresser mit rüsselartiger Schnauze; Fell borstig, oft mit Nacken- oder Rückenmähne. Die Sauen werfen einmal pro Jahr meist viele Junge *(Ferkel, Frischlinge).* – Zu den S. zählen Wild-S. (mit dem *Euras. Wild-S.* als Stammform des *Haus-S.), Fluß-S., Riesenwald-S.* und Warzenschwein.

Schweinebucht, Bucht des Karib. Meeres an der S-Küste Kubas. – Hier unternahmen 1961 Exilkubaner einen von der CIA geplanten (gescheiterten) Invasionsversuch.

Schweinelähme (Teschener Krankheit), anzeigepflichtige, durch ein Virus hervorgerufene seuchenhafte Gehirn-Rückenmarks-Entzündung beim Hausschwein; Verlauf meist tödlich.

Schweinepest (europ. S.), anzeigepflichtige, meist tödl. verlaufende, ansteckende Viruskrankheit der Schweine.

Schweineseuche, schnell tödlich verlaufende, seuchenhafte bakterielle Lungenerkrankung der Schweine.

Schweinfurt, Stadt am Mittelmain, Bayern, 52 000 E. Museum, Theater. U. a. Metallverarbeitung; Hafen. – Renaissancerathaus (1570–72); Sankt-Kilians-Kirche mit Chorfensterwand von G. Meistermann (1951). – Wohl im 7. Jh. entstanden; wurde zw. 1210 und 1230 Reichsstadt.

Schweinfurth, Georg, * Riga 29. 12. 1836, † Berlin 19. 9. 1925, dt. Afrikaforscher. Bereiste 1863–66 Ägypten und den Ostsudan (Abgrenzung des Nilgebiets im SW).

Schweinsfisch, etwa 40 cm langer Barschfisch im trop. W-Atlantik; kann durch Aneinanderreiben der Schlundzähne Töne hervorbringen.

Schweinswale (Phocaenidae), Fam. vorwiegend fischfressender Zahnwale mit sieben bis etwa 2 m langen Arten; Kopf kurz, abgerundet, ohne vorgezogene Schnauze. An den Küsten S-Afrikas bis Japans kommt der bis 1,5 m lange *Kleine Tümmler* (Finnen-S., Meerschwein) vor.

Schweiß (Sudor), das farblose, unzersetzt und ohne das Sekret von Duftdrüsen weitgehend geruchlose, salzig schmeckende, wäßrige Absonderungsprodukt der Schweißdrüsen, das neutral bis schwach sauer reagiert. Neben Wasser enthält S. je nach Tierart und auch beim Menschen unterschiedl. Mengen an Mineralsalzen, bes. Kochsalz, außerdem geringe Mengen organ. Verbindungen wie Harnstoff, Harnsäure, Glucose, Milchsäure, Fettsäuren. Verschiedene organ. Substanzen im S. entstammen dem Sekret von Duftdrüsen bzw. sind bakterielle Zersetzungsprodukte. Sie ergeben zus. mit Milchsäure, Komponenten aus der aufgenommenen Nahrung den (individuell) unterschiedl. S.- bzw. Körpergeruch. Der S. spielt eine wichtige Rolle im Rahmen der Temperaturregulation des Körpers und bildet einen schützenden (antibakteriellen) Säuremantel auf der Haut.

Schweißbrenner, Gerät zum autogenen Schweißen. Bestandteile: *Griffstück* mit 2 Ventilen für Brenngas (z. B. Acetylen) und Sauerstoff, auswechselbare *Schweißeinsätze* (*Schweißdüse* entsprechend der zu verschweißenden Materialstärke); mit *Schneideinsatz* Verwendung als *Schneidbrenner* zum *autogenen Schneiden (Brennschneiden).*

Schweißdraht →Schweißverfahren.

Schweißdrüsen, meist über die gesamte Haut verteilte, jedoch auch lokal konzentrierte (beim Menschen z. B. am Handteller und an der Fußsohle) Hautdrüsen beim Menschen und den meisten Säugetieren. Die 2–4 µm weite Mündung *(Schweißpore)* liegt zw. den Haaren bzw. auf den Hautleisten.

Schweißen →Schweißverfahren.

Schweißhunde, an der Leine geführte Hunde zum Aufspüren des angeschossenen Wildes auf dem durch Blut *(Schweiß)* gekennzeichneten Fluchtweg.

Schweißsekretion (Schweißabsonderung, Diaphorese, Transpiration), die nerval gesteuerte Ausscheidung von Schweiß aus den Schweißdrüsen der Säugetiere. Beim Menschen beträgt die durchschnittl. S. bei trockener Haut etwa 0,1 *l* pro Tag, sonst normalerweise 0,3–0,7 *l,* bei starker körperl. Arbeit bzw. starker Erwärmung aber auch bis 5 *l,* in den Tropen sogar bis 15 *l* pro Tag.

schweißtreibende Mittel (Hidrotika, Diaphoretika, Sudorifera), die Schweißabsonderung anregende Mittel; z. B. fiebersenkende Mittel, Acetylcholin, Pilokarpin und Muskarin.

Schweißverfahren, Verbindungsverfahren für schweißbare Werkstoffe.

Beim *Preßschweißen* wird das Werkstück zunächst an der Verbindungsstelle erhitzt und nachfolgend im plast. Zustand unter Druck zusammengefügt. Beim *Kaltpreßschweißen* erfolgt die Vereinigung unter sehr hohem Druck ohne Wärmeeinwirkung. Beim *Feuerschweißen* werden die Werkstückteile im Schmiedefeuer erwärmt und durch Hämmern *(Hammerschweißen)* oder durch Pressen und Walzen miteinander verbunden. Beim *Widerstandspreßschweißen* erzielt man die Erwärmung mit einem elektr. Strom durch den einen elektr. Widerstand darstellenden Werkstoff. Ähnlich arbeitet das *Punktschweißen,* das zur punktweisen Verbindung von Blechen dient; der Strom wird dabei über Druckelektroden zugeführt. Das *Nahtschweißen* verwendet scheibenförmige Elektrodenrollen zur Verbindung von Blechen. Beim *Induktionsschweißen* wird die induktive Erwärmung durch ein Wechselfeld mittlerer Frequenz (10 000 Hz) bewirkt. Beim *Schmelzschweißen* werden die Werkstückteile durch Aufschmelzen im Bereich der Verbindungsstelle miteinander verbunden. Meist wird mit einem Zusatzwerkstoff gearbeitet, der in Stab- oder Drahtform **(Schweißstäbe, Schweißdrähte)** zugeführt wird und der Füllung der Schweißfuge dient. Die *Autogen-* oder *Gasschweißverfahren* arbeiten meist mit Acetylen-Sauerstoff-Flammen. Große Bedeutung hat das *Lichtbogenschweißen,* bei dem ein Lichtbogen zum Aufschmelzen des Grund- und des Zusatzwerkstoffes dient. Beim *Lichtbogenschweißen unter Schutzgas* werden im Bereich der Schmelze Reaktionen mit der Außenatmosphäre durch Zuführen eines Edelgases *(Edelgas-Lichtbogenschweißen),* z. B. Helium, Argon, oder von Kohlendioxid verhindert; beim *atomaren Lichtbogenschweißen* wird das Gas auch an der Energieumsetzung im Bereich der Schweißstelle beteiligt *(Metall-Aktivgas-Verfahren, MAG-Verfahren).* Beim *Arcatomverfahren* brennt der Lichtbogen zw. zwei Wolframelektroden, die von Wasserstoff umspült werden. Entsprechend arbeitet ein bes. Plasmabrenner das *Plasmaschweißen.* Weitere Schutzgas-S. sind z. B. das *Wolfram-Inertgas-Verfahren (WIG-Verfahren)* mit Wolframelektrode und Zusatzwerkstoff, das *Metall-Inertgas-Verfahren (MIG-Verfahren),* das mit abschmelzender Metallelektrode arbeitet. Beim *Thermitschmelzschweißen (aluminothermisches Schmelzschweißen)* wird das Verschweißen durch die unter starker Wärmeentwicklung erfolgende Umsetzung von Aluminiumpulver und Metalloxid zu Aluminiumoxid und flüssigem Metall erzielt. Beim *Elektronenstrahlschweißen* dienen scharfgebündelte Elektronenstrahlen hoher Energiedichte als Wärmequelle. Mit dem *Schweißen mit Laserstrahlen* sind Spezialschweißungen insbes. an hochschmelzenden Werkstoffen möglich. Beim *Ultraschallschweißen* erzeugen hochfrequente mechan. Schwingungen eine örtl. Reibung zw. den fest zusammengepreßten zu verbindenden Teilen (z. B. Aluminium-, Kunststoffteile, auch Metall, Glas).

Albert Schweitzer

Schweitzer, Albert, * Kaysersberg bei Colmar 14. 1. 1875, † Lambaréné (Gabun) 4. 9. 1965, elsäss. ev. Theologe, Arzt und Organist. Gründete 1913 das Tropenhospital Lambaréné und wirkte dort bis zu seinem Tod als Missionsarzt. S. leistete als Vertreter einer konsequenten Eschatologie bed. Beiträge zur Theologie; Herausgabe (zus. mit C.-M. Widor) und Neuinterpretation des Orgelwerks von J. S. Bach, Einsatz für die ›Elsäss. Orgelreform‹. 1952 Friedensnobelpreis. – *Werke:* Dt. und frz. Orgelbaukunst (1906), Von Reimarus zu Wrede (1906, seit 1913 u. d. T. Geschichte der Leben-Jesu-Forschung), J. S. Bach (1908), Aus meinem Leben und Denken (1931), Das Problem des Friedens in der heutigen Welt (1954), Briefe aus Lambarene 1924–27 (1955).

Schweiz

Fläche: 41 293 km²
Einwohner (1989): 6,7 Mio.
Hauptstadt: Bern
Amtssprachen: Deutsch, Französisch, Italienisch
Nationalfeiertag: 1. 8.
Währung: 1 Schweizer Franken (sfr) = 100 Rappen
Zeitzone: MEZ

Schweiz

Staatsflagge

Staatswappen

Land 40 %
Stadt 60 %
Bevölkerungsverteilung

Dienstleistung 55 %
Landwirtschaft 7 %
Industrie 38 %
Erwerbstätige

Schweiz (amtl. Schweizerische Eidgenossenschaft), Staat in Europa, grenzt im N an die BR Deutschland, im NO und O an Österreich und Liechtenstein, im SO und S an Italien, im W an Frankreich.

Landesnatur: Die S. hat Anteil an 3 Großlandschaften: Alpen, Schweizer Mittelland und Jura. Durch eine W-O-gerichtete Längsfurche, der das obere Rhonetal, das Urserental und das Vorderrheintal folgen, gliedern sich die schweizer. Alpen in eine südl. Zone mit den Walliser Alpen (Dufourspitze 4 634 m hoch), den Tessiner Alpen, der Gotthardgruppe und der Adula sowie in eine nördl. Zone mit den Berner Alpen, den Glarner Alpen, den Thuralpen und der Finsteraarhorngruppe. Das Schweizer Mittelland, zw. Alpen und Jura gelegen, zeigt sehr unterschiedl. Oberflächengestaltung. Seinen W- und NW-Rand bildet das Mittelgebirge des Jura, dessen höchster Punkt in der S. der Mont Tendre (1 679 m hoch) ist. Die S. liegt im gemäßigten, teils ozean. beeinflußten Klimabereich. Die nach S geöffneten Täler des Tessin und Graubündens sind mediterran beeinflußt. Bis zu 1 200 m Höhe findet sich Berglaubwald, bis zu 1 800 m Nadelwald, bis zu 2 500 m zwergwüchsige Nadelhölzer.

Bevölkerung: 65 % der Bevölkerung sprechen Deutsch, 18,4 % Französisch, 9,8 % Italienisch, 0,8 % Rätoromanisch. 47,6 % der E sind kath., 44,3 % protestantisch. Der Anteil der ausländ. Arbeitnehmer ist hoch. Die allgemeine Schulpflicht beträgt 8–9 Jahre. Die S. verfügt über 12 Hochschulen.

Wirtschaft, Verkehr: 25 % der Gesamtfläche des Landes werden landwirtschaftl. genutzt. Hauptanbaugebiete sind das Schweizer Mittelland und die Talböden des Wallis, des Rhein- und Tessintales. Der Weinbau beschränkt sich auf die südexponierten Hänge der Kt. Wallis, Genf, Waadt, Neuenburg, Bern, Zürich und Tessin. Die Viehwirtschaft (Jura, Voralpen, Alpen) erbringt etwa 75 % des agrar. Ge-

samtertrages und ist Grundlage einer bed. milchverarbeitenden Industrie. Wichtig ist der Maschinenbau, gefolgt von Textil-, feinmechan. und chem. Industrie. Außerdem spielen Tabakwaren- und Schokoladenherstellung sowie die Konserven-Ind. eine Rolle. Zu den erfolgreichsten Branchen der schweizer. Volkswirtschaft zählen das Bankgewerbe und der Fremdenverkehr. Dank ihrer Lage ist die S. ein wichtiges Transitland. Die Gesamtlänge des Schienennetzes beträgt 5 020 km (davon 2 969 km Staatsbahnen), des Straßennetzes 70 926 km. Internat. ✈ bei Zürich, Genf und Bern sowie der auf frz. Gebiet liegende ✈ Basel-Mülhausen.

Geschichte: *Voreidgenöss. Zeit:* 58 v. Chr. wurde durch Cäsar der kelt. Stamm der Helvetier in der mittleren und westl. S. als Verbündeten ins Röm. Reich eingegliedert, 15 v. Chr. folgten die östl. und alpinen Gebiete der Räter. Nach dem Rückzug der röm. Legionen (Anfang des 5. Jh.) entstanden die 4 heute noch greifbaren histor. Räume: die südl. alpinen Randgebiete, die ab 568 zum lombard. Raum gehörten, der rät. Raum (großenteils ident. mit dem Bistum Chur), das Mittelland vom Bodensee bis in die Aaregegend als Teil des Hzgt. Alemannien (später Schwaben) und der zum Kgr. Burgund gehörige Westen. 497 wurde Alemannien, 534 Burgund, 539 Rätien, 773/774 die Lombardei ins Fränk. Reich eingegliedert, nach dessen Reichsteilungen Burgund (888–1032) und die Lombardei (888–951) erneut eine Periode der Selbständigkeit erlebten. Das Hzgt. Schwaben wurde im 12./13. Jh. im Reich der Staufer bedeutsam.

Die Entstehung der Eidgenossenschaft: Im 13. Jh. kristallisierten sich 3 Bündnissysteme von Städten und Talschaften heraus: Bünde der Städte Bern und Freiburg im burgund. Raum, Bund der Waldstätte Uri, Schwyz und Unterwalden (Bundesbrief von 1291, erneuert 1315; Befreiungssage erst im 15. Jh. belegt) im Gotthardgebiet, Bünde von Zürich u. a. Städten um den Bodensee. Die Waldstätte erweiterten ab 1315 (Schlacht am Morgarten) ihr Bündnissystem mit Luzern, Zürich, Zug, Glarus und Bern zum Bund der ›Acht alten Orte‹. Militär. entscheidend war der Sieg von Sempach (1386) gegen die Habsburger im Rahmen des oberdt. Städtekrieges. Im 15. Jh. bildete sich ein festes Staatssystem, die Eidgenossenschaft der Schweizer; sie umfaßte die Dreizehn alten Orte: aristokrat.-zünftige Stadtrepubliken (Zürich, Bern, Luzern, Basel, Freiburg, Solothurn und Schaffhausen) und ›demokrat.‹ Länder (Uri, Schwyz, Unterwalden, Glarus, Appenzell), außerdem das halb städt.-, halb ländl. Zug. Dazu traten Verbündete als →zugewandte Orte, v. a. die Städte Sankt Gallen, Biel (BE), Rottweil (bis ins 17. Jh.), Mülhausen und Genf, die Abtei Sankt Gallen, das Ft. Neuenburg und das Bistum Basel (erst 1579). Schließl. hatten sich die beiden Alpenrepubliken, das Wallis und Graubünden mit der Eidgenossenschaft engeren Kontakt gewonnen. Die Dreizehn alten Orte und ein Teil der zugewandten Orte waren durch Zweierdelegationen an der Tagsatzung vertreten. Diese wachte als Gesandtenkongreß über die gemeinsamen Angelegenheiten, unbeschadet der Souveränität des einzelnen Orts (Kantons). Die Kantone verwalteten zus. Untertanengebiete (gemeine Herrschaften, Landvogteien). – Der Bund der Schweizer gelangte zu internat. Ansehen durch die unerwarteten Siege über Karl den Kühnen von Burgund (Grandson und Murten 1476; Nancy 1477). Der Versuch, in den großen Italienkrieg zw. den Valois und den Habsburgern selbständig einzugreifen (1511–15), mißlang jedoch nach anfängl. Erfolgen gegen Frankreich (1515 Niederlage von Marignano). Nach dem Schwabenkrieg von 1499 war die Eidgenossenschaft fakt. aus dem Hl. Röm. Reich ausgeschieden (formell erst 1648).

Die konfessionelle Spaltung: In U. Zwingli fand Zürich einen Reformator, der sowohl die theol.-kirchl. als auch die polit.-soziale Seite der Neuordnung in Angriff nahm. 1523/25 beschloß die Stadt Zürich die Reformation. Ihr folgte die Mehrzahl der Städte (1528 Bern). Die Fünf Orte (Luzern, Uri, Schwyz, Unterwalden, Zug) organisierten den kath. Widerstand. 1531 kam es zum konfessionellen Krieg; Zwingli fiel am 11. 10. in der Schlacht von Kappel (= Kappel am Albis, Kt. Zürich). Der 2. Landfrieden von Kappel (20. 11.) schuf eine kath. Hegemonie. Fortan gab es 2 Blöcke: die kath. S. (Fünf Orte, Freiburg und Solothurn, Wallis, Abtei Sankt Gallen, Rottweil, Ennetbergische Vogteien) und die ref. S. (Zürich, Bern, Basel, Schaffhausen, Stadt Sankt Gallen, Biel [BE], Mülhausen, Neuenburg, Genf). Paritätisch (meist. Mehrheit) entwickelten sich Glarus, Appenzell, Graubünden, Toggenburg und die meisten gemeinen Herrschaften diesseits der Alpen. In der ›Confessio Helvetica posterior‹ (1566) schlossen sich die schweizer. Zwinglianer und Kalvinisten zu einer Glaubensgemeinschaft zusammen. Der ref. Neuorganisation folgte bald die kath. (Goldener Bund, 1586). Die Dreizehn alten Orte entwickelten während des Dreißigjährigen Krieges ihre grundsätzl. Neutralität, die sich in der Folge in allen europ. Kriegen des 17./18. Jh. bewährte. Innerhalb der S. kam es jedoch, abgesehen von i. d. R. regional beschränkten Unruhen, in den beiden Villmerger Kriegen (1656, 1712) zum gesamteidgenöss. Bürgerkrieg zw. den führenden ref. Kantonen Zürich und Bern und den kath. Fünf Orten.

Die Staatskrise (1798–1848): Nach dem Frieden von Campoformio (1797) wurde die S. in die imperialen Ziele des frz. Direktoriums einbezogen. Nach kurzer Gegenwehr kapitulierten die meisten Kt. im März 1798. Die von P. Ochs entworfene Verfassung der Helvet. Republik (1798–1803; sog. Helvetik) machte mit dem bisherigen Föderalstaat ein Ende; die Kt. (territorial teils stark verändert) wurden bloße Verwaltungsbezirke. Die Verfassung garantierte Bürgerrechte und polit. Gleichheit. Schon im Frühling 1799 wurde die S. Kriegsschauplatz des 2. Koalitionskrieges. Bis Ende 1800 geriet sie wieder vollständig in frz. Hände. Die Helvet. Regierung zerfiel im Parteihader zw. konservativen (Föderalisten) und fortschrittl. (Unitarier) Gruppierungen (Sommer 1802 Bürgerkrieg). Frankreich vermittelte eine neue Verfassung, diesmal die konservativen Kräfte stützend (Mediationsakte, 1803–13). Äußerl. blieb es bei der Abhängigkeit von Napoleon. System; innerl. wurden die Dreizehn alten Orte wieder selbständig, ergänzt um Graubünden und 5 neue Kt. aus ehem. Untertanengebieten (Sankt Gallen, Aargau, Thurgau, Tessin, Waadt). Der Wiener Kongreß erkannte die S. als unabhängigen Staat an und garantierte die Fortführung der Neutralität als immerwährend, ferner die Zusammensetzung der S. aus 22 Kantonen (zu den 19 von 1803 kamen die unter Napoleon f. frz. gewordenen Kt. Genf, Neuenburg und Wallis). Das säkularisierte Bistum Basel wurde großenteils dem Kt. Bern (Berner Jura) eingegliedert. Die Verfassung von 1815 (Bundesvertrag) betonte noch mehr als die Mediationsverfassung die Unabhängigkeit der Kantone. Nach einer Phase der Restauration gelangte eine starke nat. Bewegung mit liberalen, demokrat. und zentralist. Zügen in der Mehrheit der Kt. an die Macht (Regeneration, 1830–48). Hinter dem nat. Aufbruch stand ein sozialer Umbruch infolge um sich greifender Industrialisierung, veränderter Landwirtschaft, wachsender Armut (Pauperismus). Es bildeten sich 2 Kantonsgruppen: Konservative, agrar. und kath.-klerikale Kt. einerseits, die 1845 den Sonderbund gründeten (Fünf Orte mit Freiburg und Wallis); andererseits die weit überlegene Gruppe der liberalen bzw. radikalen, in-

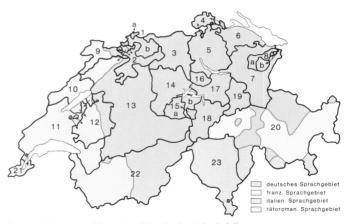

Schweiz: Kantone und Sprachen; 1 Basel: a Basel-Stadt, b Basel-Landschaft; 2 Solothurn; 3 Aargau; 4 Schaffhausen; 5 Zürich; 6 Thurgau; 7 Sankt Gallen; 8 Appenzell: a Außerrhoden, b Innerrhoden; 9 Jura; 10 Neuenburg; 11 Waadt; 12 Freiburg; 13 Bern; 14 Luzern; 15 Unterwalden: a Obwalden, b Nidwalden; 16 Zug; 17 Schwyz; 18 Uri; 19 Glarus; 20 Graubünden; 21 Genf; 22 Wallis; 23 Tessin

- deutsches Sprachgebiet
- franz. Sprachgebiet
- italien. Sprachgebiet
- rätoroman. Sprachgebiet

dustrialisierten und prot. bzw. freisinnig-kath. Kantone. Der Sieg der Majorität im Sonderbundskrieg (Nov. 1847) ermöglichte die Annahme einer neuen Bundesverfassung (1848), die im wesentl. heute noch in Kraft ist. Sie schuf bürgerl. Gleichheit, allg. und gleiches Wahlrecht (für Männer) und garantierte die liberalen Grundrechte. Bern wurde Bundeshauptstadt.

Die Vorherrschaft des Freisinns (1848–1914): Mit der Gründung des Roten Kreuzes (1863) begann eine bewußte Politik der Beteiligung an internat. Organisationen (die zunehmend die S. als Sitz ihrer Hauptbüros wählten) und der Einbindung der S. in ein größeres Netz europ. Einheiten (z. B. Münzreform von 1850 [Schweizer Franken]). In der Innenpolitik dominierten die Freisinnigen. Als Volksbewegung mit einem breiten Meinungsspektrum konnten sie allerdings die Ggs. zw. liberaler Unternehmerschaft und konservativem bäuerl.-kleingewerbl. Mittelstand oft nur schwer meistern. Der Kulturkampf fand in erster Linie auf kantonaler Ebene statt (und in den großen Städten Genf, Basel, Bern) und führte zu teilweise bis heute nicht völlig überwundenen Spaltungen zw. Altkatholiken, romorientierten Katholiken und Protestanten. Einer starken, von kleinbürgerl. Schichten getragenen Bewegung innerhalb des Freisinns gelang es seit den 1860er Jahren, die Beteiligung des Volkes an der polit. Willensbildung auf Bundesebene auszubauen und die Sozialpolitik voranzutreiben (u. a. 1877 Fabrikgesetz: Gesundheitssicherungen, Verbot der Kinderarbeit, Arbeitszeitbeschränkungen, Einsetzung von Fabrikinspektoren). Die Freisinnigen förderten konsequent eine weitere Vereinheitlichung und Zentralisation in Verwaltung und Rechtswesen; die Streitkräfte wurden vom alten Kontingentsystem zu einer einheitl. Bundesarmee umgebildet (1874/1907). Auf wirtschaftspolit. Gebiet wurde als Reaktion auf die große Depression seit dem letzten Viertel des 19. Jh. der Freihandel von protektionist. Maßnahmen abgelöst (Schutzzölle ab 1884, Gesetz zur Förderung der Landwirtschaft 1893). Im Zuge der Verschärfung der sozialen Ggs. in den 1890er Jahren und mit dem Aufstieg der Sozialdemokratie löste sich die urspr. Verbindung der frühen Arbeiterbewegung mit dem Freisinn, der seinerseits näher an die Konservativen rückte.

Verwaltungsgliederung (Jahresdurchschnitt 1988)

Kanton	km²	E in 1000	Hauptstadt
Aargau	1 405	484,3	Aarau
Appenzell Außerrhoden	243	50,3	Herisau
Appenzell Innerrhoden	172	13,3	Appenzell
Basel-Landschaft	428	228,2	Liestal
Basel-Stadt	37	190,9	Basel
Bern	6 049	932,6	Bern
Freiburg	1 670	200,2	Freiburg
Genf	282	371,4	Genf
Glarus	685	37,0	Glarus
Graubünden	7 106	167,9	Chur
Jura	838	64,7	Delémont
Luzern	1 492	311,8	Luzern
Neuenburg	797	157,4	Neuenburg
Sankt Gallen	2 014	410,8	Sankt Gallen
Schaffhausen	298	70,3	Schaffhausen
Schwyz	908	106,4	Schwyz
Solothurn	791	221,5	Solothurn
Tessin	2 811	280,6	Bellinzona
Thurgau	1 013	198,4	Frauenfeld
Unterwalden nid dem Wald (Nidwalden)	276	31,6	Stans
Unterwalden ob dem Wald (Obwalden)	491	27,9	Sarnen
Uri	1 076	33,5	Altdorf
Waadt	3 219	565,2	Lausanne
Wallis	5 226	239,0	Sitten
Zug	239	83,4	Zug
Zürich	1 729	1 141,5	Zürich

Die Entwicklung zur Konsensdemokratie (seit 1914):
Die Neutralität der S. im 1. Weltkrieg wurde von den kriegführenden Mächten respektiert; wirtschaftl. aber stand die S. unter starkem Druck der Entente. Vorzeitige Neuwahlen zum Nationalrat (1919) nach dem im Okt. 1918 vom Volk beschlossenen Verhältniswahlrecht brachten den Freisinnigen den Verlust der absoluten Mehrheit. Die 1920er Jahre waren durch den Ggs. zw. Bürgerblock (Freisinnige, Bauern-, Gewerbe- und Bürgerpartei, kath. Konservative) und Sozialdemokratie geprägt. Eine von der Weltwirtschaftskrise begünstigte Rechtsopposition gegen den herrschenden liberalen Staat (Frontismus) kam über Anfangserfolge nicht hinaus. Außenpolit. sicherte sich die S. 1938 durch die Rückkehr zur integralen Neutralität ab, die durch die Verpflichtung zu wirtschaftl. (nicht militär.) Völkerbundssanktionen 1920 in Frage gestellt worden war. Den 2. Weltkrieg belasteten v. a. Probleme der Asylgewährung und der Pressefreiheit Öffentlichkeit und Regierung. Nach dem Krieg schloß sich die S. zwar nicht den UN an, betätigte sich aber in deren nichtpolit. Sonderorganisationen. Auch

Eidgenössische Departemente

Departement (D.)	Hauptzuständigkeitsbereiche
D. für auswärtige Angelegenheiten (EDA)	Außenpolitik, internat. Beziehungen, diplomat. und konsular. Dienst
D. des Innern (EDI)	Bildungswesen, Kunst und Wissenschaft, Gesundheitswesen, Umweltschutz, Sozialversicherung, Straßenbau
Justiz- und Polizei-D. (EJPD)	Rechtswesen, Bundespolizei, Fremdenpolizei, Bundesanwaltschaft, Zivilschutz, Raumplanung
Militär-D. (EMD)	Landesverteidigung, Landestopographie, Militärversicherung
Finanz-D. (EFD)	Bundesfinanzen, Zoll- und Münzwesen, Steuerverwaltung, Personalamt
Volkswirtschafts-D. (EVD)	Handel, Industrie, Gewerbe, Landwirtschaft, Kriegsvorsorge
Verkehrs- und Energiewirtschafts-D. (EVED)	Verkehrs-, Post- und Fernmeldewesen, Radio und Fernsehen, Energiewirtschaft

den westeurop. Integrationsbestrebungen blieb die S. fern (Gründungs-Mgl. der EFTA, 1972 Freihandelsabkommen mit der EWG). Eine lang anhaltende Hochkonjunktur führte die S. wirtschaftl. in die Spitzengruppe der europ. Staaten. Seit 1943 stellen die Sozialdemokraten einen, seit 1959 zwei Mgl. des Bundesrates, womit die ›Konsensdemokratie‹ erreicht ist, abgesehen von Protestbewegungen (z. B. die Nat. Aktion, eine Rechtsbewegung gegen die Überfremdung). 1971 wurde auf Bundesebene den Frauen Stimm- und Wahlrecht gewährt. Die Jurafrage wurde 1979 aufgrund einer Volksabstimmung durch Bildung eines eigenen Kt. gelöst. 1980/81 gewalttätige Demonstrationen und Hausbesetzungen Jugendlicher in Zürich u. a. Großstädten. Die eidgenöss. Wahlen im Okt. 1983 und 1987 brachten insgesamt eine Stärkung der bürgerl. Parteien. Angesichts des mit dem Ablauf des Jahres 1992 im Rahmen der EG beginnenden Binnenmarktes wird zu Beginn der 90er Jahre in der Schweiz das Verhältnis zu den europ. Institutionen engagiert diskutiert.

Politisches System: Die Schweizer. Eidgenossenschaft ist eine föderative und demokrat. Republik aus 20 Kt. und 6 Halbkantonen. Die seit der Revision 1874 bestehende Bundesverfassung, deren Totalrevision noch diskutiert wird, gesteht der Bundesverwaltung ausdrückl. nur die ihr von den Kt. übertragenen Rechte zu; die zentralisierenden Tendenzen verstärken sich jedoch stetig. – *Staatsoberhaupt* ist der Bundes-Präs., der jährl. nach dem Dienstalter wechselt und gegenüber seinen Regierungskollegen nur unbed. Vorrechte besitzt (Vorsitz in den Bundesratssitzungen, Vertretung der S. nach außen). Die *Exekutive* liegt bei der Regierung, dem Bundesrat, dessen 7 Min. (Bundesräte) dem Parlament nicht verantwortl. sind und eine permanente ›große Koalition‹ bilden, die sich jedoch auf keinen expliziten Koalitionsvertrag stützt. Sie verstehen sich in erster Linie als Chefs ihrer Ministerien (Departemente) und erst in zweiter Linie als Mgl. eines Kollegialorgans, das jedoch in allen wichtigen Angelegenheiten formelle Entscheidungsinstanz bleibt. Während der Legislaturperiode des Nationalrats ist es der Bundesversammlung formell verwehrt, einen einzelnen Bundesrat oder die ganze Regierung abzusetzen. Seit 1959 sind die 4 größten Parteien im Bundesrat im Verhältnis 2:2:2:1 (FdP, CVP, SPS, SVP) vertreten. Die *Legislative* liegt beim Parlament, der Bundesversammlung, die aus 2 rechtl. gleichgestellten Kammern besteht: Der Nationalrat repräsentiert das Volk, der Ständerat vertritt die Kt.; die 200 Abg. des Nationalrats werden auf 4 Jahre von den über 20jährigen gewählt. Im Ständerat (46 Mgl.) entfallen auf jeden Kt. 2, auf jeden Halb-Kt. 1 Vertreter. Wahlmodus und Mandatsdauer bestimmt das kantonale Recht. Die aus den beiden Kammern bestehende Bundesversammlung ist ein Milizparlament, das i. d. R. 4mal jährl. zu je 3–4wöchigen Sessionen zusammentritt. Sie wählt den Bundesrat, den Bundes-Präs., das Bundesgericht, das Versicherungsgericht, den Bundeskanzler und den General der eidgenöss. Armee. Die dominierende Stellung des Bundesrats hat ein gewisses Gegengewicht in den direkt-demokrat. Rechten der Bürger (Referendum und Volksinitiative).

Bundesweit vertretene *Parteien* sind ledigl. die liberale Freisinnig-demokrat. Partei der S. (FdP), die Sozialdemokrat. Partei der S. (SPS) und die bürgerl.-konservative Christlichdemokrat. Volkspartei der S. (CVP). 4. Bundesratspartei ist die mittelständ. Schweizer. Volkspartei (SVP). Kantonale Regierungsparteien sind ferner der der Migros-Genossenschaft nahestehende Landesring der Unabhängigen (LdU) und die rechtsliberale Liberale Partei der S. (LPS, früher Liberal-demokrat. Union der S.), mit der sich die Ev-

Volkspartei der S. (EVP) im Nationalrat zu einer Fraktion zusammengeschlossen hat. Ebenfalls im Nationalrat vertreten sind POCH/Grün-Alternative, Grüne Partei, Autopartei, die Partei der Arbeit (PdA), Nachfolgeorganisation der 1940 verbotenen KP der S., sowie die beiden rechtsgerichteten Gruppen Schweizer. Republikan. Bewegung und die Nat. Aktion gegen die Überfremdung von Volk und Heimat (NA).

Der Charakter der S. als Bundesstaat bedingt eine weitgehende Aufteilung der *Verwaltungs*tätigkeit auf den Bund, die Kt. und die Gemeinden. Alle Kt. haben eine eigene Verfassung, die vom Bund genehmigt werden muß. Die kantonale Zentralverwaltung wird in Form eines Kollegialorgans vom Regierungsrat (auch: Kleiner Rat, in den roman. Kantonen Conseil d'État bzw. Consiglio di Stato) geleitet. Die Regierungs- bzw. Staatsräte als Vorsteher der 5–9 Departemente werden vom Volk durch Urnenwahl bzw. durch die Landsgemeinde direkt gewählt. – Die *Rechts*pflege gehört verfassungsmäßig zur Zuständigkeit der Kt., so daß es erhebl. Unterschiede hinsichtl. Zusammensetzung und Wahl der Gerichte wie auch der Rechtsmittelordnung gibt. Das Bundesgericht (letzte Instanz in zivil- und strafrechtl. Fällen) sorgt für die einheitl. Anwendung des Bundesrechts.

Landesverteidigung: Miliz; allg. Wehrpflicht vom 20. bis zum 50., für Offiziere bis zum 55. Lebensjahr. Die Wehrpflichtigen werden in 3 Klassen unterteilt: Die 21–32jährigen bilden den Auszug, die 33–42jährigen die Landwehr und die 43–50jährigen den Landsturm. Nur die Kommandeure der Flieger- und Flugabwehrtruppen, die der Division und der 4 Armeekorps, der Generalstab sowie ein Teil der Piloten und des Ausbildungskorps sind hauptberufl. Militärs (insgesamt 6 500). – Karte VIII, Bd. 2, n. S. 320.

schweizerische **Kunst:** Sophie Taeuber-Arp, Komposition mit Dreiecken, Rechtecken und Kreisen; Stickerei, 1916 (Privatbesitz)

Schweizerdeutsch (Schwyzerdytsch, Schwyzertütsch), die auf den Mundarten basierende mündl. Verkehrssprache der Deutschschweizer (im Unterschied zum Schuldeutsch). – Dialektgeograph. gehört die deutschsprachige Schweiz zum Süd- oder Hochalemannischen, nur der N, bes. Basel, ist niederalemann. beeinflußt.

Schweizergarde, Truppeneinheiten aus Schweizer Söldnern, vom Spät-MA bis zur Entstehung der Nationalheere in vielen Staaten aufgestellt; heute nur noch die 1506 gegr. päpstl. Schweizergarde (italien. Guardia Svizzera Pontificia, Abk. GSP).

Schweizerische Aluminium AG (Alusuisse), schweizer. Holding-Gesellschaft, Sitz Chippis (Wallis); gegr. 1888 als Aluminium-Industrie-AG, seit 1963 heutiger Name.

Schweizerische Bankgesellschaft, zweitgrößte schweizer. Geschäftsbank, Sitz Zürich; gegr. 1862.

Schweizerische Bundesbahnen (frz. Chemins de fer fédéraux suisses [CFF], italien. Ferrovie federali Svizzere [FFS]), Abk. SBB, staatl. schweizer. Eisenbahngesellschaft, gegr. 1902, Sitz Bern.

Schweizerische Eidgenossenschaft (frz. Confédération Suisse, italien. Confederazione Svizzera), amtl. Name der →Schweiz.

Schweizerische Kreditanstalt, älteste Großbank der Schweiz, gegr. 1856, Sitz Zürich.

schweizerische **Kunst:** Sankt Johann in Münster; Anfang des 9. Jahrhunderts

schweizerische Kunst, den sprachl. und kulturellen Unterschieden der Schweiz entsprechend eine Kunst, die in O-, W- und S-Schweiz jeweils dem Nachbarland Deutschland, Frankreich, Italien bzw. Tirol bes. nahesteht. Zur **karoling. Kunst** gehören Klosteranlagen (Sankt Gallen, bed. der Klosterplan von 820; Sankt Johann in Münster, Graubünden; in der Kirche Freskenzyklus, Anfang des 9. Jh.). Sankt Gallen war bed. Zentrum der karoling. und otton. Buchmalerei. Bed. Kirchenbauten der **Romanik** sind die Abteikirche in Schaffhausen und die Münster von Zürich (1080–1250) und Basel (Galluspforte 1170); roman. Malerei in Sankt Martin in Zillis (Holzdecke), Nikolauskapelle bei Sankt Gallen (Wandmalerei). Höhepunkt der **Gotik** sind die Kathedrale von Lausanne (1175–1232) sowie die Chorfenster (1325–30) der Abteikirche in Königsfelden. In Zürich entstand um 1320 die Große Heidelberger Liederhandschrift. Zürich, Bern und Luzern waren im 14./15. Jh. bed. künstler. Zentren. Die Werke des 1434 in Basel ansässigen K. Witz bedeuten eine Wende in der got. Tafelmalerei. Ebenfalls in Basel wirkte etwa 100 Jahre später H. Holbein d. J., der die **Renaissancekunst** bekanntmachte und eine eigenständige Entwicklung einleitete: U. Graf in Basel, N. Manuel aus Bern, H. Leu in Zürich, T. Stimmer aus Schaffhausen. Solothurn war ein Zentrum der Kabinettscheibenherstellung. Während Basel zahlr. spätgot. profane Baudenkmale besitzt (Stadttore, Brunnen, Rathaus von 1504 ff.), entwickelte sich der Profanbau im allg. erst mit dem neuen Aufblühen der Städte in der 2. Hälfte des 16. Jh.: Befestigungen mit Toren, Rathäuser (Murten, Romont, Solothurn, Luzern, Schaffhausen), Zunfthäuser (Basel, Geltenzunfthaus, 1578) und Patrizierhäuser (Luzern, Ritterscher Palast, 1556–61; Brig, Stockalper Palast, 1658–78). Bern und Freiburg sind für ihre Arkadengänge und Brunnen berühmt.

Schweizergarde

Bemerkenswerte Renaissancekirchen entstanden v. a. im Tessin (u. a. San Lorenzo in Lugano) und in Luzern (Hofkirche). Der Kirchenbau des **Barock** wurde in der Schweiz v. a. durch Vorarlberger Baumeister geprägt (K. Moosbrugger, P. Thumb u. a.), v. a. Einsiedeln und Sankt Gallen, während Tessiner Baumeister in Italien wirkten (F. Borromini). Auch die bedeutendsten der schweizer. Maler des **18. und 19. Jh.** waren v. a. im Ausland tätig (A. Graff, J. E. Liotard, J. H. Füssli, A. Böcklin). Über die Grenzen der Schweiz hinaus bedeutsam wurde die Malerei F. Hodlers an der Wende **zum 20. Jahrhundert.** 1916 ging von Zürich die Dada-Bewegung aus, an der als einzige Schweizerin S. Taeuber-Arp teilnahm. Schweizer. Vertreter der Avantgarde, in der Malerei P. Klee, in der Architektur Le Corbusier, in der Plastik A. Giacometti, M. Bill wirkten v. a. im Ausland, nach dem 2. Weltkrieg auch in der Schweiz selbst: Vertreter der Plastik (B. Luginbühl, J. Tinguely), der Objektkunst (D. Spoerri), Konzeptkunst (D. Roth), der surrealen (der Zeichner A. Thomkins), der konkreten Kunst (R. P. Lohse, K. Gerstner), des neuen Realismus (F. Eggenschwiler), des Photorealismus (F. Gertsch) und der Lichtkinetik (C. Megert). In der Architektur sind Schulbau und Terrassensiedlungen hervorzuheben (u. a. Atelier 5). Zuletzt fanden bedeutsame Stadterneuerungsprojekte in Zürich, Genf, Basel und Freiburg Beachtung.

schweizerische Literatur, das in dt., frz., italien. (und rätoroman.) Sprache verfaßte Schrifttum der Schweiz.

Deutschsprachige Literatur (seit 1648, als sich die Schweizer Eidgenossenschaft aus dem Reichsverband löste): An den Strömungen der europ. Literatur hatte die deutschsprachige Schweiz seit A. von Hallers Gedicht ›Die Alpen‹ (1732) teil, bes. durch die 1761 gegr. ›Helvet. Gesellschaft‹ und ihre Mgl. S. Geßner und J. K. Lavater. Den von J. C. Gottsched vertretenen klass. Normen der frz. Literatur setzten J. J. Bodmer und J. J. Breitinger engl. Vorbilder, bes. Shakespeare, entgegen, dem v. a. U. Bräker verpflichtet war. Der Einfluß Rousseaus gab den Anstoß zu J. H. Pestalozzis päd. Schriften, Romanen und Erzählungen; aufklärer. Volkserzählungen schrieb H. Zschokke. Um die Mitte des 19. Jh. entwickelte sich eine v. a. von G. Keller, C. J. Meyer und J. Gotthelf geschaffene Erzählliteratur, die, v. a. über die Gattung der Novelle, herausragender Bestandteil des deutschsprachigen Realismus ist (→deutsche Literatur). Das Werk C. Spittelers galt v. a. der Wiederbelebung des Versepos. Von weltliterar. Bedeutung ist die v. a. um die Jh.wende entstandene Prosa R. →Walsers.

Als Folge des geistigen Einflusses der dt. Exilanten während des 1. Weltkriegs entwickelte sich der Dadaismus zuerst in Zürich. In der Zwischenkriegszeit war bed. der Dramatiker Caesar von Arx (* 1895, † 1949). Während der Zeit des Nat.-Soz. in Deutschland und Österreich entfalteten sich Kabarett und städt. Sprechbühnen, die von der Emigrantenwelle vielfältige Impulse bekamen. M. →Frisch und F. →Dürrenmatt führten die deutschsprachige Theatersatire und Komödie zu einem Höhepunkt. Auf älterer Volksliedtradition aufbauend, vermochte sich die Mundartlyrik und -dramatik seit Anfang des 20. Jh. bis in die Gegenwart zu halten, u. a. Eugen Gomringer (* 1925) als Vertreter der konkreten Poesie sowie Ernst Burren (* 1944) und Rolf Niederhauer (* 1951). Daneben entwickelte sich eine neue Art Kabarett und Bänkelsang mit immer stärkerer Politisierung (K. Marti). Der Detektiv- und psycholog. untermauerte Kriminalroman (Friedrich Glauser [* 1896, † 1938], F. Dürrenmatt) sowie der gesellschaftskrit. realist. Zeitroman (M. Inglin) wurden zu parabelhaften Abbildungen von gesellschaftl. Grundproblemen.

Hieran knüpfte die neorealist. Prosa an, deren polit. Engagement als bewußter Versuch, die schweizer. Gesellschaft schreibend mitzugestalten und zu verändern, starke Beachtung fand (u. a. Tagebuch, Reportage, Kurzgeschichte, Erlebnis-, Dorf-, Arbeiterroman); zur älteren Generation zählen: A. Muschg, O. F. Walter, P. Bichsel, Walter Matthias Diggelmann (* 1927, † 1980), P. Nizon, Jürg Federspiel (* 1931), Walter Vogt (* 1927, † 1988), H. Loetscher; zur neueren: G. Späth, B. Brechbühl, W. Schmidli, E. Y. Meyer, H. Wiesner, J. Steiner, F. Hohler, Silvio Blatter (* 1946), Jürg Laederach (* 1945), Erica Pedretti (* 1930), Gertrud Leutenegger (* 1948), Reto Hänni (* 1947), Dominik Brun (* 1948) und Peter Mayer (* 1955).

Französischsprachige Literatur: Im 18. und frühen 19. Jh. erlangte sie u. a. mit J.-J. Rousseau, C. V. von Bonstetten (* 1745, † 1832), Madame de Staël und B. Constant de Rebecque europ. Bedeutung. Es begann die Vermittlerrolle der französischsprachigen Schweiz zw. dt. und frz. Kultur. Im 19. Jh. bed. waren der Genfer Prosaist R. Toepffer, die Waadtländer E. Rambert (* 1830, † 1886) und A. Vinet (* 1797, † 1847). In Frankreich Erfolg hatten V. Cherbuliez (* 1829, † 1899) und E. Rod (* 1857, † 1910), bed. auch H. F. Amiel (* 1821, † 1881) und B. Vallotton. Im 20. Jh. erhielt durch C. F. Ramuz der Regionalism weltliterar. Bedeutung. Genfer kosmopolit. Liberalismus kennzeichnen den Kreis um R. de Traz (* 1884, † 1951) und J. Chenevière (* 1886, † 1976); Erzähler im Gefolge von Ramuz: C. F. Landry (* 1909, † 1973) und M. Zermatten; als Lyriker traten G. Roud (* 1897, † 1976), M. Chappaz (* 1916), C. Bille (* 1912, † 1979) und P. Jaccottet (* 1925) hervor. Bekannte Romanciers: G. de Pourtalès (* 1881, † 1941), B. Cendrars, M. de Saint-Hélier (* 1895, † 1955), J.-P. Monnier (* 1921), R. Pinget, Y. Velan (* 1925), J. Chessex (* 1934), bed. als Lyriker A. Voisard (* 1930), als Dramatiker: H. Deblue (* 1914) und L. Gaulis (* 1932).

Italienischsprachige Literatur: Weltweiten Ruf erlangte der Erzähler, Lyriker und Essayist F. Chiesa; z. T. durch ihn beeinflußt sind G. Zoppi (* 1896, † 1952) sowie G. Galgari (* 1905, † 1969). Illusionslose Gegenwartsschilderungen geben in ihren Romanen P. Scanziani (* 1908), P. Martini (* 1923), M. Agliati (* 1922) und Giovanni Orelli (* 1928). Lyriker sind u. a. Giorgio Orelli (* 1936) und R. Fasani (* 1922). Bed. Dialektdichterin: A. Borioli (* 1887, † 1965).

schweizerische Musik, für Gregorian. Gesang, Tropus und Sequenz waren im MA die Benediktinerklöster Sankt Gallen und Engelberg bedeutend. Neben der weltl. Liedkunst des Minnesangs wurden Spielleute und Pfeifer in Europa bekannt. Die Reformation drängte die kirchl. und öffentl. Musikpflege zurück, so daß viele bed. Musiker (v. a. L. Senfl) in ausländ. Dienste traten. Daneben wirkte der große Musiktheoretiker H. L. Glareanus. Seit 1600 entstanden patriz. Musikgesellschaften (z. B. in Zürich, Winterthur). Anfang des 19. Jh. begründete H. G. Nägeli eine weitausstrahlende Chor- und Volkserziehungsbewegung. An diese und an lokale Traditionen knüpfte in Zürich F. Hegar, in Basel H. Suter an. Von der Spätromantik gehen aus O. Schoeck, W. Burkhard, R. Oboussier, H. Sutermeister, P. Burkhard; sie leiten zur Moderne (bes. bed. A. Honegger, F. Martin, W. Vogel) über, die heute u. a. von R. Liebermann, A. Schibler, J. Wildberger und K. Huber vertreten sind.

Schweizerische Nationalbank, Zentralnotenbank der Schweiz, gegr. durch Bundesgesetz vom 6. 10. 1905, eröffnet 1907, Sitz Bern und Zürich.

Schweizerische Post-, Telefon- und Telegrafenbetriebe, Abk. PTT, rechtl. selbständiger Betrieb für alle Angelegenheiten des Post- und Fernmeldewesens unter der Oberaufsicht des Bundesrats, die vom Verkehrs- und Energiewirtschaftsdepartement ausgeübt wird.

Schweizerische Radio- und Fernsehgesellschaft (1931–60: Schweizer. Rundspruch-Gesellschaft; frz. Société suisse de radiodiffusion et télévision [SSR], italien. Società svizzera di radiotelevisione [SSR]), Abk. SRG, privatrechtl. organisierter Verein (Mgl. der 3 Regionalgesellschaften der jeweiligen Sprachbereiche), der aufgrund einer Konzession des Bundesrats (erstmals 1964) den Rundfunk in der Schweiz betreibt.

Schweizerischer Bankverein, größte schweizer. Bank, gegr. 1872, Sitz Basel.

Schweizerischer Gewerkschaftsbund, Abk. SGB, 1880 gegr. gewerkschaftl. Spitzenverband von 15 Einzelgewerkschaften (444 000 Mgl. [1989]), konfessionell und parteipolit. neutral; Sitz in Bern; umfaßt Arbeiter, Angestellte und Beamte. – *Präs.* ist seit 1982 F. Reimann.

Schweizerische Volkspartei, Abk. SVP, 1971 durch den Zusammenschluß der 1919 gegr. Bauern-, Gewerbe- und Bürgerpartei (Abk. BGB) mit der Demokrat. Partei der Kt. Glarus und Graubünden entstandene schweizer. polit. Partei; konservativ geprägt.

Schweizer Mittelland, schweizer. Teil des Alpenvorlandes, erstreckt sich mit einer Breite zw. 10 km bei Genf und 80 km am Bodensee vom SW-Ende des Genfer Sees aus nach NO bei einer Durchschnittshöhe von 400–500 m.

Schweizer Sennenhunde, in der Schweiz gezüchtete Gruppe kräftiger Treib- und Hütehunde mit breitem Kopf und Hängeohren; charakterist. Fellfärbung: schwarz mit gelben oder rotbraunen und symmetr. weißen Abzeichen. Zu den S. S. zählen der *Appenzeller S.* (bis knapp 60 cm Schulterhöhe), der *Große Schweizer S.* (bis 70 cm Schulterhöhe), der *Entlebucher S.* (bis 50 cm Schulterhöhe) und der *Berner S.* (bis 70 cm Schulterhöhe; Schutz- und Begleithund).

Schwellenmächte, 1. Staaten, die ihre nukleartechnolog. Entwicklung so weit vorangetrieben haben, daß sie in der Lage sind, Atomwaffen herzustellen; 2. Staaten der dritten Welt, die ein ökonom. Niveau entwickelt haben, das an das der Ind.staaten heranreicht.

Schwellenwert, der kleinste Wert einer Größe, der als Ursache einer erkennbaren Veränderung ausreicht.

Schwellkörper, bei Säugetieren und beim Menschen die Harn-Samen-Röhre umschließende, die Penisschaft bildende Bluträume (Ruten-S. und Harnröhren-S.), die sich bei geschlechtl. Erregung mit Blut füllen und die → Erektion des → Penis bewirken. – S. befinden sich auch im → Kitzler, in den Schamlippen und im Scheidengang.

Schwellwerk, diejenigen Register einer Orgel, die eine stufenlose Lautstärkeregulierung ermöglichen.

Schwelm, Kreisstadt im Bergischen Land, NRW, 29 600 E. U. a. metallverarbeitende Ind., Klavierfabrik. Ehem. Wasserburg Haus Martfeld (im 18. Jh. umgebaut); ehem. Badehaus Friedrichsbad (19. Jh., im Empirestil).

Schwenckfeld (Schwenkfeld), Kaspar (Caspar) von, * Ossig bei Liegnitz 1489, † Ulm 10. 12. 1561, dt. reformator. Theologe und Mystiker. Wegen seines spiritualist. Abendmahlsverständnisses und Verdachts des Täufertums 1525 Bruch mit Luther.

Schwenkflügel (Verstellflügel), Flugzeugtragflächen, deren Pfeilung während des Fluges verändert werden kann; schwache Pfeilung für Langsamflug, starke Pfeilung für Überschallflug.

Schwenningen am Neckar → Villingen-Schwenningen.

Schwerathletik, zusammenfassende Bez. für athlet. Sportarten wie Boxen, Ringen, Gewichtheben, Judo, Rasenkraftsport; **Kunstkraftsport** umfaßt Parterre- (Gleichgewichtsübungen auf ebener Erde, Balanceübungen auf Podesten, Walzen und anderen Geräten) und Luftakrobatik (u. a. Übungen am Trapez, Vertikalseil).

Schwerbehinderte, Personen, deren Erwerbsfähigkeit aufgrund einer körperl., geistigen oder seel. Behinderung um wenigstens 50 % gemindert ist. Die bes. rechtl. Regelungen für S. sind im *Schwerbehindertengesetz* vom 29. 4. 1974 festgehalten. Auf Antrag des Behinderten wird vom Versorgungsamt der Grad der Erwerbsfähigkeitsminderung festgestellt. Arbeitgeber von mehr als 16 Arbeitsplätzen müssen davon wenigstens 6 % mit S. besetzen, andernfalls eine monatl. *Ausgleichsabgabe* (100 DM je unbesetzter Stelle) entrichten. Die *Entlassung* eines S. bedarf der vorherigen Zustimmung einer Hauptfürsorgestelle. Im Betrieb werden die S. durch einen von ihnen gewählten *Vertrauensmann* vertreten. S. haben Anspruch auf einen bezahlten *Zusatzurlaub* (6 Tage im Jahr). Des weiteren steht den S. eine *begünstigte Beförderung* im öffentl. Nahverkehr zu, sofern ihre Bewegungsfähigkeit im Straßenverkehr erhebl. beeinträchtigt ist.

Schwere, in der *Physik* allg. svw. Gewichtskraft. In der *Geophysik* versteht man unter S. die Fallbeschleunigung.

Schwereanomalie, Abweichung von der normalen Schwerkraft bzw. Fallbeschleunigung.

Schwerefeld, das Gravitationsfeld eines Himmelskörpers, insbes. der Erde.

schwereloser Punkt, svw. → abarischer Punkt.

Schwerelosigkeit (Gewichtslosigkeit), Zustand eines Körpers, wenn die auf ihn wirkende Schwerkraft durch eine entgegengesetzte, gleich große Kraft aufgehoben wird; z. B. am → abarischen Punkt oder beim Schweben oder Schweben im Wasser.

schwerer Wasserstoff, svw. → Deuterium.

schweres Heizöl → Erdöl.

schweres Wasser, Wasser, dessen Moleküle anstatt gewöhnl. Wasserstoff ($^1_1$H) Deuterium ($^2_1$D) enthalten und dessen Formel D_2O lautet; Gefrierpunkt bei 3,72 °C, Siedepunkt bei 101,42 °C, größte Dichte von 1,107 g/cm^3 bei 11,6 °C. Wegen seiner Bremswirkung und geringen Absorption für Neutronen wird s. W. als Moderator für Kernreaktoren (Schwerwasserreaktoren) verwendet. Wasser mit Tritiumatomen ($^3_1$T) im Molekül wird **überschweres Wasser** genannt.

Schwergewicht → Sport (Gewichtsklassen, Übersicht).

Schwerhörigkeit (Hebetudo auris, Hypakusis), vermindertes Hörvermögen infolge defekter Schalleitung (Schäden am Trommelfell, der Gehörknöchelchenkette; *Mittelohr-S.*) oder infolge gestörter Schallempfindung *(Innenohr-Schwerhörigkeit).*

Schwerin, Hauptstadt von Mecklenburg-Vorpommern, am Schweriner See, 130 700 E. Staatl. Museum, Museum für Vor- und Frühgeschichte; Philharmonie, Staatstheater, Zoo. U. a. Molkerei- und Dauermilch- sowie Kabelwerk. Got. Dom (14. und 15. Jh.), barocke Schelfkirche (Nikolaikirche, 1708–13); ehem. Residenzschloß (1843 ff.), klassizist. Marstall (1838–43), barockes Neustädt. Rathaus am Schelfmarkt (18. Jh.). – 1160 Stadtrecht, Sitz des Bistums Schwerin (bis 1648); seit Ende des 15. Jh. (außer 1764–1837) Residenz der Herzöge von Mecklenburg; 1918–52 Hauptstadt von Mecklenburg.

Schweriner See, See im W der Mecklenburg. Seenplatte, 63 km^2.

Schwerin von Krosigk, Johann Ludwig (Lutz) Graf (seit 1925 [durch Adoption]), * Rathmannsdorf bei Staßfurt 22. 8. 1887, † Essen 4. 3. 1977, dt. Politiker (parteilos, konservativ). 1932–45 Reichsfinanz-Min.;

Schwerin
Stadtwappen

2.–23. 5. 1945 Leiter der geschäftsführenden Reichsregierung, Außen- und Finanz-Min.; 1949 zu 10 Jahren Gefängnis verurteilt, 1951 vorzeitig entlassen.

Schwerin von Schwanenfeld, Ulrich-Wilhelm Graf, * Kopenhagen 21. 12. 1902, † Berlin-Plötzensee 8. 9. 1944 (hingerichtet), dt. Widerstandskämpfer. Führendes Verbindungsglied zw. militär. und zivilen Widerstandskreisen.

Schwerionenbeschleuniger →Teilchenbeschleuniger.

Schwerkraft →Gravitation.

Schwermetalle, Metalle mit einer Dichte über 4,5 g/cm³, u. a. Eisen, Silber, Gold, Platin sowie die giftigen Metalle Cadmium, Blei und Quecksilber. Ihre Salze werden von Pflanzen aus dem Boden aufgenommen und gelangen über die Nahrungsketten in den menschl. Körper, wo sie v. a. in Niere und Leber angereichert werden.

Schweröl, zw. 230 °C und 270 °C siedender Anteil von Erdöl und Steinkohlenteer; Treibstoff für große Schiffsmotoren.

Schwerpunkt (Massenmittelpunkt), ein für alle Teilchensysteme (z. B. starre Körper) definierter Punkt, der sich nach den Grundgesetzen des Mechanik so bewegt, als ob die gesamte Masse des Systems in ihm vereinigt wäre und alle auf das System wirkenden äußeren Kräfte (speziell die Schwerkraft) in ihm angreifen würden.

Schwerspat, svw. →Baryt.

Schwert, 1) *Waffenwesen:* ein- oder zweischneidige Hieb- oder Stichwaffe, bestehend aus Gefäß und meist gerader Klinge; in Europa seit der mittleren Bronzezeit.
Als *Rechts-* und *Herrschaftssymbol* der obrigkeitl. Gewalt galt v. a. das S. des Königs als Zeichen seiner Schutzherrschaft und Friedenssicherung, das S. des Richters (Gerichts-S.) als Symbol hoher Gerichtsbarkeit; auch Sinnbild der höchsten päpstl. Jurisdiktion (→Zweigewaltenlehre). Als Symbol der Macht spielte das S. in Sage und Dichtung eine bed. Rolle.
2) *Segeln:* meist mittschiffs oder an bzw. in den beiden Schiffsseiten angebrachte absenkbare Holz- oder Metallplatte zur Verhinderung der windbedingten Abdrift bei Segelbooten mit geringem Tiefgang.

Schwertbrüderorden, 1202 für die Mission in Livland gegr. Ritterorden; 1237 mit dem Dt. Orden vereinigt.

Schwerte, Stadt an der Ruhr, NRW, 48 400 E. Ruhrtal-Museum; metallverarbeitende Industrie. Ev. Pfarrkirche (ehem. Sankt Viktor; 14. Jh.), spätgot. Rathaus.

Schwertfisch →Makrelenartige.

Schwertleite →Rittertum.

Schwertlilie (Schilflilie, Iris), Gatt. der S.gewächse mit rd. 200 Arten in der nördl. gemäßigten Zone; ausdauernde Pflanzen mit Rhizomen, Knollen oder Zwiebeln; Laubblätter schwertförmig, grasähnl. oder stielrund; Blüten groß, einzeln oder in wenigblütigen Trauben. Einheim. u. a.: *Sibirische S.,* äußere Blütenhüllblätter hellblau, innere violett; *Sumpf-S.* (Gelbe S., Wasser-S.); *Dt. S., Florentiner S.,* beide mit blauen Blüten.

Schwertliliengewächse (Iridaceae), Pflanzenfam. der Einkeimblättrigen mit rd. 1 500 Arten in etwa 70 Gatt. in den Tropen und Subtropen, im N bis in die gemäßigten Gebiete.

Schwertträger, etwa 7 cm (♂) bis 12 cm (♀) langer Lebendgebärender Zahnkarpfen in S-Mexiko und Guatemala; unterste Strahlen der Schwanzflosse beim ♂ zu schwertartigem Fortsatz ausgezogen.

Schwertwale →Delphine.

Schwerwasserreaktor →Kernreaktor.

Schwetzingen, Stadt im Oberrhein. Tiefland, Bad.-Württ., 18 200 E. Zentrum eines Spargelanbaugebiets; alljährl. Festspiele. Aus einer Wasserburg des MA entstandenes Barockschloß (1699–1715; Rokokotheater 1752) mit Park, darin u. a. eine Moschee (1778–85). – 766 erstmals erwähnt; 1743–78 Sommerresidenz der Kurfürsten von der Pfalz.

Schwielensohler (Tylopoda), Unterordnung wiederkäuender Paarhufer mit kleinen, nagelartigen Hufen; treten auf den beiden letzten Zehengliedern auf, die eine Sohlenfläche aus einer dicken, federnden Schwiele ausbilden; einzige rezente Fam. Kamele.

Schwimmblase (Fischblase), gasgefüllter, längl. Sack, der bei allen nicht über Lungen atmenden Knochenfischen v. a. ein hydrostat. Organ darstellt (→Fische). Oft (v. a. bei Karpfenfischen, Welsen) übernimmt die S. auch als Schalleiter und Schallverstärker eine wichtige Rolle beim Hörvorgang der Fische.

Schwimmen, 1) Aufenthalt bzw. Fortbewegung des menschl. Körpers im Wasser mit Hilfe von Arm- und Beinbewegungen. Der **Schwimmsport** ist in verschiedene Fachbereiche unterteilt.
Heute gültige [Wettkampf]stilarten im **Sportschwimmen** sind: *Brust-S.* (bei ihm befindet sich der Körper in der sog. Gleitbootlage; Schultergürtel und Kopf ragen aus dem Wasser; die Beinbewegung wird mit der Armbewegung [Zug-Druck-Bewegung] zur Gesamtbewegung koordiniert), *Kraul-S.* (dauernder Wechselschlag der Arme und Beine), *Rückenkraul-S.* (*Rücken-S.;* Kopf auf der Brust liegend; die Arme werden fast gestreckt von seitl. oben zur Hüfte durchgezogen), *Schmetterlings-S.* (1960–80 *Delphin-S.,* auch *Butterflystil,* dauernde Wellenbewegung des Körpers, wobei der Vortrieb durch Armarbeit verstärkt wird; die Arme schwingen über Wasser nach vorn; die nahezu geschlossenen Beine schlagen ständig in einer von der Hüfte zu den Zehen gezogenen Bewegung auf und ab). Nach Brustkraul-S. (in dem, da es die schnellste Schwimmart ist, die Wettbewerbe im *Freistil-S.* ausgetragen werden) ist Schmetterlings-S. die zweitschnellste, Brust-S. die langsamste Schwimmart. Es werden Distanzen von 100 bis 1 500 m geschwommen. Außer Einzel- und Staffelwettbewerben in einer Stilart gibt es noch Lagenwettbewerbe, in denen von einzelnen Schwimmern oder in der Staffel die Stilarten gewechselt werden müssen *(Lagenschwimmen).*
Im **Wasserspringen** unterscheidet man *Kunstspringen* vom federnden 1-m- und 3-m-Brett sowie *Turmspringen* von 5-m-, 7-m- und 10-m-Plattformen. Im **Kunstschwimmen** bzw. **Synchronschwimmen** (wettkampfmäßig nur von Frauen und Mädchen ausgeführt) sollen ›tänzer.‹, formschöne Bewegungen kunstvoll mit Musik in Einklang gebracht werden. **Rettungsschwimmen** umfaßt Flossenkraulen, Kleiderschwimmen, Streckentauchen, Tieftauchen. Weitere Bereiche des Schwimmsports sind Tauchen und Wasserball.
2) *Zoologie* →Fortbewegung.

Schwimmhaut, bei bestimmten *Wassertieren* (wie z. B. Schwimmvögeln, Lurchen) zw. allen oder nur einigen Zehen ausgebildete Haut, die als Ruderfläche dient.

Schwimmkäfer (Dytiscidae), mit rd. 4 000 Arten v. a. auf der Nordhalbkugel verbreitete Fam. wenige mm bis 5 cm langer Käfer, davon einheim. rd. 150 Arten; Hinterbeine als Schwimmbeine abgeflacht und mit Schwimmhaaren besetzt; kommen zum Luftschöpfen an die Wasseroberfläche (u. a. Gelbrandkäfer).

Schwimmwanzen (Naucoridae), mit rd. 150 Arten v. a. in den Tropen verbreitete Fam. der Wasserwanzen; einzige einheimische Art: *Schwimmwanze,* 12–16 mm lang, olivbraun, glänzend; Stich für den Menschen sehr schmerzhaft.

Schwertlilie:
Deutsche Schwertlilie
(Höhe bis 80 cm)

Schwimmkäfer:
Großer
Gelbrandkäfer
(Länge 4–5 cm)

Schwimmweste →Seenotrettung.

Schwind, Moritz von, * Wien 21. 1. 1804, † München 8. 2. 1871, österr.-dt. Maler und Zeichner. Seine volkstüml.-poet. Bilder zu dt. Märchen und Sagen gehören zu den wichtigsten Werken der dt. Romantik: ›Rübezahl‹ (um 1845; München, Schackgalerie), ›Im Walde‹ (um 1848; ebd.), ›Die sieben Raben‹ (1857/ 1858; Weimar, Staatl. Kunstsammlungen), ›Die Morgenstunde‹ (um 1860; München, Schackgalerie), ›Die schöne Melusine‹ (1869/70; Wien, Österr. Galerie), auch zahlr. Wandbilder (bes. auf der Wartburg, 1853–55).

Schwindel (Vertigo), oft mit vegetativen Erscheinungen wie Übelkeit, Herzklopfen, Schweißausbrüchen und Erbrechen einhergehendes unangenehmes Gefühl des gestörten Körpergleichgewichts. S. ist wahrscheinl. die Folge der fehlenden Koordination zw. den Meldungen aus dem Gleichgewichtsorgan und den opt. bzw. sensiblen Signalen über die Lage und Bewegung des Körpers im Raum. →Bewegungskrankheit.

Schwindling, artenreiche Gatt. der Lamellenpilze, die bei Trockenheit stark einschrumpfen; z. T. Würzpilze, z. B. *Nelken-S., Knoblauch-S.* (Echter Mousseron).

Schwindsucht, svw. →Phthise.

Schwingel, Gatt. der Süßgräser mit über 200 Arten auf der ganzen Erde. In Deutschland kommen rd. 20 Arten vor; fast ausschließl. ausdauernde Rispengräser mit flachen oder zusammengerollten Blättern; z. T. wichtiges Futter- und Rasengras wie Wiesenschwingel und Rotschwingel.

Schwinger, Julian [engl. 'ʃwɪŋgə], * New York 12. 2. 1918, amerikan. Physiker. Seine Formulierung der Quantenelektrodynamik ermöglichte die Berechnung des anomalen magnet. Moments der Elektronen u. a.; Nobelpreis für Physik 1965 (mit R. P. Feynman und S. Tomonaga).

Schwingkreis, ein elektr. Schaltkreis, der eine Kapazität C (Kondensator) und eine Induktivität L (Spule) enthält und in dem die Elektronen zu *elektr. Schwingungen* angeregt werden können. Im S. fließt ein sinusförmiger Wechselstrom, für seine *Schwingungsdauer T* gilt: $T = 2\pi\sqrt{L \cdot C}$ *(Thomsonsche Formel).*

Schwingquarz (Piezoquarz, Oszillatorquarz), aus einem Quarzkristall herausgeschnittene Quarzplatte, die als frequenzbestimmendes Element verwendet wird. Unter Ausnutzung des piezoelektr. Effektes wird der S. durch ein elektr. Wechselfeld zu mechan. Resonanzschwingungen (Frequenz zw. 10^3 und 10^8 Hz) angeregt, deren Frequenz bei Temperaturkonstanz sehr genau eingehalten werden kann.

Schwingung (Oszillation), zeitl. period. Zustandsänderung, die auftritt, wenn bei Störungen eines mechan., elektr. oder auch therm. Gleichgewichts Kräfte wirksam werden, die den Gleichgewichtszustand wiederherzustellen suchen. Beispiel für eine mechan. S. ist die Bewegung eines aus seiner Ruhelage gebrachten Pendels. Man bezeichnet die Zeit, die für eine volle Schwingung erforderlich ist, als *Schwingungsdauer T* und die Zahl der S. pro Sekunde als *Schwingungszahl* oder *Frequenz* v. Ist die zur Ruhelage zurücktreibende Kraft proportional der Entfernung aus der Ruhelage *(Elongation),* so tritt eine *harmon. S.* (Sinus-S.) auf; für sie gilt folgende Beziehung zw. Elongation (Auslenkung aus der Ruhelage) x und Zeit t:

$$x = A \sin\left(\frac{2\pi t}{T} + \varphi\right),$$

wobei A die größtmögliche Elongation als Amplitude (S.weite), φ der Phasenwinkel ist; die Größe $2\pi/T = 2\pi v = \omega$ bezeichnet man als **Kreisfrequenz.** Bei einer *gedämpften S.* nimmt die Amplitude infolge

Energieverlustes ständig ab. Als *erzwungene S.* bezeichnet man solche, die durch zeitl. period. äußere Kräfte angeregt werden.

Schwingungsdämpfer →Stoßdämpfer.

Schwingungsweite, svw. →Amplitude.

Schwirle, Gatt. unscheinbar gefärbter Singvögel (Fam. Grasmücken) mit sieben Arten; v. a. auf Wiesen und in dichtem Pflanzenwuchs Eurasiens und N-Afrikas; Männchen mit monotonem, surrendem Gesang (›Schwirren‹); bauen ihre napfförmigen Nester dicht über oder auf dem Boden; meist Zugvögel, die in Afrika überwintern. – Zu den Schwirlen gehören u. a.: *Feldschwirl, Rohrschwirl* (Nachtigallenschwirl) und *Schlagschwirl.*

Schwitters, Kurt, * Hannover 20. 6. 1887, † Ambleside bei Kendal 8. 1. 1948, dt. Maler und Schriftsteller. Faßte seine dadaist. künstler. und literar. Arbeit unter dem Begriff *Merzkunst* zusammen, zw. *Merzdichtung* (u. a. ›Anna Blume‹, 1919), *Merzbildern* und *Merzbauten* (u. a. in Hannover, Lysaker bei Oslo, Langdale am engl. Lake District) unterscheidend (›Merz‹ nach Ende des Wortes ›Kommerz‹ auf einer Collage).

Schwund (Fading), die auf die Wirkung der leitenden Schichten der Ionosphäre zurückzuführende nachteilige Beeinflussung des Funkempfangs (Intensitätsschwankungen, insbes. im Kurzwellenbereich).

Schwungfedern (Schwingen), die als Konturfedern zum Großgefieder zählenden großen, relativ steifen und doch elast., durch Luftanströmung Auftrieb und Vortrieb erzeugenden Flügelfedern der Vögel, von denen die bes. langen, harten äußeren Handschwingen den *Handflügel (Handfittich),* die kürzeren, etwas breiteren und weicheren Armschwingen am Unterarm den *Armflügel (Armfittich)* des Vogelflügels bilden.

Schwungrad, Rad sehr großer Masse (großes Trägheitsmoment) zur Speicherung mechan. Energie.

Schwur, svw. →Eid.

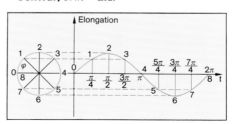

Schwingung: Graphische Darstellung einer harmonischen Schwingung

Schwurgericht, beim Landgericht fungierende Strafkammer, zuständig für Mord, Totschlag, Kindestötung und für bestimmte Delikte bei Todesfolge; besetzt mit 3 Berufsrichtern und 2 Schöffen. Im *österr.* und *schweizer. Recht* entsprechen den S. die **Geschwornengerichte.** Die Schuldfrage entscheiden die Geschwornen allein, die Straffrage jedoch unter Beiziehung der Berufsrichter.

Schwyz [ʃviːts], 1) Hauptort des schweizer. Kt. und Bezirks Schwyz, am Fuße des Mythen, 12 400 E. Bundesarchiv, Gemäldegalerie; u. a. Textil-Ind., Metallverarbeitung. Barocke Pfarrkirche Sankt Martin (18. Jh.), Renaissancerathaus (1642/43); Häuser aus Spätgotik, Renaissance und Barock.
2) zentralschweizer. Kt., 908 km², 100 400 E, Hauptort Schwyz. Der Kt. ist stark von der Landwirtschaft geprägt; Ind.betriebe v. a. in den Orten am Zürichsee.
Geschichte: 1240 Reichsfreiheit, von den Habsburgern nie anerkannt. 1291 ›Ewiges Bündnis‹ mit Uri und Unterwalden. 1315 polit. Selbständigkeit. 1814

Schwyz
Kantonswappen

lehnte es den Bundesvertrag ab, 1831 erzwangen eidgenöss. Truppen eine liberale Verfassung; 1845–47 Mgl. des Sonderbunds.

Schwyzerdytsch ['ʃviːtsərdyːtʃ] (Schwyzertütsch), svw. →Schweizerdeutsch.

Schygulla, Hanna, * Kattowitz 25. 12. 1943, dt. Schauspielerin. Spielte zunächst v. a. in den Filmen R. W. Fassbinders, so z. B. in ›Katzelmacher‹ (1969), ›Fontane Effi Briest‹ (1974), ›Die Ehe der Maria Braun‹ (1979), ›Lili Marleen‹ (1981). – *Weitere Filme:* ›Flucht nach Varennes‹ (1982), ›Heller Wahn‹ (1983), ›Die Geschichte der Piera‹ (1983).

Science-fiction [engl. 'saɪəns 'fɪkʃən ›Wissenschaftsdichtung, wiss. Erzählung‹], Bez. für phantast. Romane, Erzählungen, Hörspiele, Comic strips und Filme, die sich spekulativ mit künftigen Entwicklungen der Menschheit befassen: u. a. Weltraumfahrten, Invasionen oder Besuche der Erde durch außerird. Wesen. – Die Entstehung der *Science-fiction-Literatur* wird allg. mit den Romanen von J. Verne und H. G. Wells angesetzt; in Deutschland waren von Bedeutung Kurd Laßwitz (* 1848, † 1910; u. a. ›Auf zwei Planeten‹, 1897) und H. Dominik. Zum Erfolg der S.-f. haben v. a. die in den USA seit 1926 erscheinenden **Science-fiction-Magazine** beigetragen, v. a. ›Amazing stories‹ von Hugo Gernsback (* 1884, † 1967). In den Magazinen veröffentlichten u. a. I. Asimov, R. D. Bradbury, Arthur Ch. Clarke (* 1917; u. a. ›2001 – Odyssee im Weltraum‹, 1968, verfilmt von S. Kubrick) und Theodore Sturgeon (* 1918, † 1985). Seit Beginn der 60er Jahre wenden sich die Autoren der sog. ›New Wave‹ in Großbritannien (u. a. James Graham Ballard [* 1932], Michael Moorcock [* 1940]; Magazin ›New Worlds‹) und in den USA (u. a. John T. Sladek [* 1937], Roger Zelazny [* 1937], Philip K. Dick [* 1928, † 1982], Thomas M. Disch [* 1940], Vonda McIntyre [* 1948]) mehr einer künft. Psychologie und sozialen Ordnung zu. Für die europ. S.-f.-Szene sind u. a. zu nennen: die Franzosen Jean Pierre Andrevon (* 1937) und Gérard Klein (* 1937) sowie die Italiener Lino Aldani (* 1926) und Ugo Malaguti (* 1945), in dt.sprach. Raum: C. Amery, Georg Zanner (* 1920), Herbert W. Franke (* 1927) und Horst Pukallus (* 1949); die beliebteste dt. Heftserie ist ›Perry Rhodan, der Erbe des Universums‹ (seit 1961). Die Handlungen der S.-f. in den osteurop. Ländern spielen oft in einer kommunist. Zukunftsgesellschaft. Bed. Autoren der osteurop. Länder sind S. Lem, Alexandr A. Bogdanow (* 1873, † 1928), A. N. Tolstoi, J. I. Samjatin, Iwan A. Jefremow (* 1907, † 1972) sowie die Brüder Arkadi N. und Boris N. Strugazki (* 1925, * 1933). Als Nebenzweig der S.-f.-Literatur hat sich in den letzten Jahrzehnten die **Fantasy** entwickelt, die ihre Sujets, Themen und Motive aus Märchen, Sagen und Mythen meist kelt., skand. und oriental. Herkunft bezieht; die Szenerie der Fantasy spielt v. a. in einem fiktiven archaischen Zeitalter oder in einer postapokalypt. Zukunft; als Autoren sind u. a. Clark Ashton Smith (* 1893, † 1961), L. Ron Hubbard (* 1843, † 1961) und Robert E. Howard (* 1906, † 1936), Peter S. Beagle (* 1939; ›Das letzte Einhorn‹, 1968), Stephen R. Ponaldson (* 1947) sowie im dt.sprach. Bereich v. a. M. Ende zu nennen; Autorinnen wie Katherine Kurtz (* 1944), Joy Chant (* 1945), Tanith Lee (* 1947) u. a. verfolgen eine feminist. Linie in der Fantasy. – Das Interesse eines breiten Publikums an der S.-f. hat zu zahlr. Rundfunk-, Film- und Fernsehadaptionen literar. Vorlagen geführt.

Scientology Ⓦ [engl. saɪən'tɔlədʒɪ], nach eigenem Verständnis eine angewandte, religiösen Anspruch erhebende Philosophie über das ›Studium des Wissens‹ zur Veränderung der Lebensbedingungen des einzelnen und der Gesellschaft. 1954 wurde S. in den USA offiziell registriert und nahm das Aussehen einer Kir-

che an; seit 1970 gibt es die *S. Kirche Deutschland* (Sitz München). Ihre Methoden sind äußerst umstritten.

scilicet [lat.], Abk. sc., scil., nämlich.

Scipio, Beiname im röm. Patriziergeschlecht der Cornelier, bes. bekannt:
1) Publius Cornelius S. Aemilianus Africanus d. J. (Scipio d. J.), * 185 oder 184, † 129, Feldherr und Politiker. 147 Konsul; eroberte und zerstörte Karthago im Frühjahr 146; 142 Zensor, 134 erneut Konsul, vernichtete Numantia im Sommer 133 (Beiname Numantinus).
2) Publius Cornelius S. Africanus d. Ä. (Scipio d. Ä.), * 236 oder 235, † Liternum (Kampanien) 184 oder 183, Politiker und Feldherr. Vater der →Cornelia; unterwarf Spanien (206); Konsul 205 und 194; beendete den Sieg über Hannibal bei Zama (202) den 2. Pun. Krieg; 199 Zensor.

Scopolamin [nach dem Nachtschattengewächs Scopolia = Tollkraut] (Skopolamin, Hyoscin), in einigen Nachtschattengewächsen vorkommendes Alkaloid mit beruhigender, krampflösender Wirkung.

Scordatura (Skordatur) [lat.-italien. ›Verstimmung‹], die von der übl. Stimmung abweichende Umstimmung von Saiteninstrumenten.

Scorel, Jan van [niederl. 'skoːrəl], * Schoorl bei Alkmaar 1. 8. 1495, † Utrecht 6. 12. 1562, niederl. Maler des Romanismus. Maßgebl. Vermittler italien. Renaissancekunst. Altarbilder, z. B. das ›Lochorst-Triptychon mit dem Einzug Christi‹ (1525–27; Utrecht, Centraal Museum) und Bildnisse von lichter, kühler Farbigkeit.

Scorpius [griech.-lat.] →Sternbilder (Übersicht).

Scotch [skɔtʃ; engl.], schott. →Whisky.

Scotismus (Skotismus), die Lehre des →Duns Scotus.

Scotland Yard [engl. 'skɔtlənd 'jɑːd], Bez. für die Londoner [Kriminal]polizei und das Polizeigebäude.

Scott [engl. skɔt], **1)** Robert Falcon, * Devonport (= Plymouth) 6. 6. 1868, † in der Antarktis 29. (?) 3. 1912, brit. Polarforscher. Auf einer Expedition ab 24. 10. 1911 von der Rossinsel aus erreichte er den Südpol am 18. 1. 1912 (nach R. Amundsen); kam mit seinen Begleitern in Schneestürmen um.
2) Sir (seit 1820) Walter, * Edinburgh 15. 8. 1771, † Abbotsford bei Melrose 21. 9. 1832, schott. Dichter. Schrieb zunächst ep. Versromanen (›Das Fräulein vom See‹, 1810); Begründer des histor. Romans: ›Waverley‹ (1814) schildert die Zeit des 18. Jh., ›Ivanhoe‹ (1819) das mittelalterl. Schottland, ›Kenilworth‹ (1821) die Zeit Königin Elisabeths I. von England. S. hatte ›Waverley‹ anonym veröffentlicht und wertete den Erfolg dieses Romans geschickt mit der Serie der Romane ›vom Verfasser von Waverley‹ aus; erst 1827 gab er seine Identität preis. – *Weitere Werke:* Das Herz von Midlothian (1818), Quentin Durward (1823).

Scotus, Johannes Duns →Duns Scotus, Johannes.

Scout [engl. skaʊt ›Kundschafter‹], engl. Bez. für Pfadfinder.

Scrabble Ⓦ [engl. skræbl], aus den USA kommendes Buchstabenspiel, bei dem auf einem Brett mit verschieden bewerteten Feldern Buchstaben[steine] kreuzworträtselartig zusammengefügt werden.

Scribe, Eugène [frz. skrib], * Paris 24. 12. 1791, † ebd. 20. 2. 1861, frz. Dramatiker. Schrieb (z. T. mit zahlr. Mitarbeitern) rd. 400 Stücke und zahlr. Opernlibretti, die sehr beliebt waren; bekannt v. a. die Komödie ›Das Glas Wasser‹ (1840).

Scudéry, Madeleine de [frz. skyde'ri], * Le Havre 15. 10. 1607, † Paris 2. 6. 1701, frz. Schriftstellerin. Gründete um 1650 einen einflußreichen Salon; schrieb erfolgreiche preziöse [Schlüssel]romane (u. a. ›Clelia: eine Röm. Geschichte‹, 10 Bde., 1654–60).

Hanna Schygulla

Robert Falcon Scott

Walter Scott
(Ausschnitt aus einem Gemälde von Henry Raeburn)

Madeleine de Scudéry
(Stich von Johann Georg Wille nach einem Gemälde von Elisabeth Sophie Chéron)

Scudo [lat.-italien. ›Schild‹], Bez. für italien. Talersorten.

Scyphozoa [griech.] (Schirmquallen, Scheibenquallen, Skyphozoen), Klasse meerbewohnender Nesseltiere mit rd. 200 Arten; die oft sehr große (Durchmesser bis 1 m) Medusengeneration tritt häufig in riesigen (bis 15 km langen), oberflächennahen Schwärmen auf.

SD, Abk. für Sicherheitsdienst (→SS).

SDAP, Abk. für Sozialdemokratische Arbeiterpartei (→Sozialdemokratie).

SDB, Abk. für Societas Salesiana Sancti Joannis Don Bosco (→Salesianer).

S.D.G., Abk. für →soli Deo gloria.

SDI [engl. 'ɛsdi'ai], Abk. für Strategic defense initiative (Strateg. Verteidigungsinitiative), von US-Präs. Reagan erstmals 1983 unter der Bez. ›star wars‹ (›Krieg der Sterne‹) vorgestelltes Projekt eines durch Weltraumsatelliten gestützten Raketenabwehrsystems. Zentraler Bestandteil der SDI sind Satelliten, in denen mittels Kernenergie Laserstrahlen erzeugt werden, die angreifende Raketen und deren Atomsprengköpfe nach dem Start vom gegner. Territorium oberhalb der Erdatmosphäre zerstören. Die von den USA mit der SDI angestrebte Unverwundbarkeit würde das Ende der bisherigen Strategie der Abschreckung bedeuten. 1985 kündigten die USA ein SDI-Forschungsprogramm an und luden die übrigen NATO-Staaten zur Beteiligung ein. Die Entwicklung dieses Verteidigungsprogramms wird seit 1986 vorangetrieben, angesichts des großen Haushaltsdefizits der USA und des schwindenden Ost-West-Konflikts jedoch nicht im vorgesehenen Finanzvolumen.

SDS, 1) Abk. für Societas Divini Salvatoris, →Salvatorianer.

2) Abk. für →Sozialistischer Deutscher Studentenbund.

Se, chem. Symbol für →Selen.

se…, Se… [lat.], Vorsilbe mit der Bedeutung ›beiseite, von – weg, ohne‹.

Seaborg, Glenn Theodore [engl. 'si:bɔ:g], * Ishpeming (Mich.) 19. 4. 1912, amerikan. Chemiker. 1961–71 Leiter der amerikan. Atomenergiekommission; Mitentdecker der Transurane Plutonium (1940/1941), Americium (1944/45), Curium (1944/45), Berkelium und Californium (1950). 1951 erhielt S. (mit E. M. McMillan) den Nobelpreis für Chemie und 1959 den Enrico-Fermi-Preis.

Seal [engl. si:l ›Robbe‹] (Sealskin), Handelsbez. für das fertig bearbeitete Fell von Pelzrobben, bes. von Bärenrobben; besteht nach der Veredelung (Entfernung der Grannenhaare) nur aus der kurzen, seidenweichen Unterwolle und ist dunkelbraun bis fast schwarz.

Sealsfield, Charles [engl. 'si:lzfi:ld], eigtl. Karl Anton Postl, * Poppitz (= Popice, Südmähr. Gebiet) 3. 3. 1793, † Gut Unter den Tannen bei Solothurn 26. 5. 1864, österr.-amerikan. Schriftsteller. Erster deutschsprach. Schilderer der amerikan. Landschaft und Gesellschaft. – *Werke:* Lebensbilder aus beiden Hemisphären (Romane, 6 Bde., 1835–37), Das Cajütenbuch oder Nationale Charakteristiken (R., 1841).

Séance [frz. se'ã:s; lat.-frz.], Bez. für eine (häufig spiritist.) Sitzung.

SEAT, Abk. für Sociedad Española de Automóviles de Turismo, S. A., größtes span. Unternehmen der Kfz-Ind., Tochtergesellschaft der Volkswagen AG.

Seattle [engl. sɪ'ætl], Stadt im Staat Washington, USA, an der O-Küste des Puget Sound, 491 300 E. 3 Univ.; histor. Museum, Kunstmuseen. U. a. Flugzeug- und Schiffbau, Aluminiumverarbeitung; Hafen. – Gegr. 1851.

Sebastian, hl., * Mailand (?), † Rom im 3. oder 4. Jh., Märtyrer. Röm. Offizier und Märtyrer der Dio-

kletian. Verfolgung in Rom. Pestpatron (Pestpfeile) und Patron u. a. der Jäger, Schützen (Sebastianus-Bruderschaften). – Fest: 20. Januar.

Sebastiano del Piombo, eigtl. S. Luciani, * Venedig um 1485, † Rom 21. 6. 1547, italien. Maler. Unter Einfluß von Giorgione und Michelangelo Mittler zw. Venezian. und röm. Renaissance; bed. Porträts.

Seberg, Jean [engl. 'si:bə:g], * Marshalltown (Ia.) 13. 11. 1938, † Paris 30. 8. 1979 (Selbstmord), amerikan. Filmschauspielerin. Erster Filmerfolg mit ›Saint Joan‹ (1957); Darstellerin der frz. ›Neuen Welle‹ (u. a. ›Außer Atem‹, 1960).

Sebestyén, György [ungar. 'ʃɛbɛʃtjeːn], * Budapest 30. 11. 1930, † Wien 6. 6. 1990, österr. Schriftsteller. Sein erzähler. Werk, v. a. der Roman ›Die Werke der Einsamkeit‹ (1986), setzt die große österr. Tradition des Erzählens fort. – *Weitere Werke:* Die Türen schließen sich (R., 1957), Thennberg oder Versuch einer Heimkehr (Nov., 1969), Albino (R., 1984).

Sebnitz, Kreisstadt am Rande des Elbsandsteingebirges, Sachsen, 11 400 E. U. a. Webereien.

Seborrhö [lat./griech.] (Talgfluß, Schmerfluß), die (anlagemäßig) gesteigerte Absonderung der Talgdrüsen mit entsprechend vermehrtem Fettmantel der Haut, bes. im Bereich des Kopfes, der Achselhöhlen oder des Rumpfs.

sec, Funktionszeichen für den Sekans (→trigonometrische Funktionen).

sec [frz.] (italien. secco), trocken, Bez. für geringe Süße bei Wein und Schaumwein.

SECAM →Fernsehen.

Secco ['zɛko, italien. 'sekko ›trocken‹], Kurzform für das nur von Generalbaßinstrumenten begleitete *Recitativo secco* (→Rezitativ).

Seccomalerei ['zɛko, italien. 'sekko], Wandmalerei auf trockenen Putz.

Sechsflach, svw. →Hexaeder.

Sechstagekrieg →Israelisch-Arabischer Konflikt.

Sechstagerennen, Radrennen auf Hallenbahnen über rund 50 Stunden, von Mannschaften aus 2 sich beliebig ablösenden Berufsfahrern ausgetragen.

sechster Sinn, im Volksmund Bez. für ein bes. Ahnungsvermögen.

Seckau, österr. Ort in der Steiermark, nördl. von Knittelfeld, 1 300 E. Benediktinerabtei mit bed. roman. Basilika Mariä Himmelfahrt (1150–64; spätgot. Sterngewölbe 1480–1510).

Secondhandshop [engl. sɛknd'hænd-ʃɔp], Gebrauchtwarengeschäft.

Secretary of State [engl. 'sɛkrətrɪ əv 'steɪt ›Staatssekretär‹], in Großbrit. im 16. Jh. der leitende Min., heute Titel der wichtigsten Min.; in den USA Titel des Außenministers.

Secret Service [engl. 'si:krɪt 'sə:vɪs], der brit. Geheimdienst.

Section Française de l'Internationale Ouvrière [frz. sɛk'sjõ frã'sɛz də'lɛ̃ternasjɔnal uvri'ɛːr ›Frz. Sektion der Arbeiterinternationale‹], Abk. SFIO, Name des 1905 erfolgten Zusammenschlusses der Hauptgruppen der frz. Sozialismus (Reformismus, Marxismus, Blanquismus). 1920 mehrheitl. Abspaltung der KPF. 1936/37 unter L. Blum Führung einer Volksfrontregierung; stellte nach 1946 mehrfach den Min.-Präs., zuletzt 1956/57. 1965 mit anderen Linksgruppierung Bildung der Fédération de la Gauche Démocrate et Socialiste; 1969 unter Anschluß weiterer sozialist. Parteien Umbenennung in →Parti Socialiste.

SED, Abk. für Sozialistische Einheitspartei Deutschlands.

Sedan [frz. sə'dã], frz. Stadt an der Maas, Dep. Ardennes, 23 500 E. U. a. Stahlwerk; Festung Château-bas (1424 ff.). – Urkundl. zuerst 1259 erwähnt; 1642

Glenn Theodore
Seaborg

Charles Sealsfield
(Stahlstich von
Josef Weger)

endgültig Besitz der frz. Krone. Am 2. 9. 1870 kapitulierte hier die frz. Hauptarmee vor den Deutschen, Gefangennahme Kaiser Napoleons III. Im 2. Weltkrieg stark zerstört.

Sedatíva [lat.], svw. → Beruhigungsmittel.

Seder [hebr. ›Ordnung‹], v. a. die häusl. Liturgie des jüd. Passahfestes.

Sediment [lat.], i. e. S. nicht verfestigte Ablagerung, i. w. S. *Sedimentgestein* (→ Gesteine).

Sedimentation [lat.] (Ablagerung), Vorgang der Gesteinsbildung durch Ablagerung von Gesteinsbruchstücken, Ausfällen gelöster Bestandteile aus Lösungen, Anreicherung von Pflanzen- und Tierresten.

Sedisvakanz [lat.], das zeitweilige Unbesetztsein des päpstl. oder eines bischöfl. Stuhls (›sedes‹).

Sedum [lat.], svw. → Fetthenne.

Seeaal, 1) (Meeraal) bis 3 m lange Art der Meeraale in fast allen Meeren; Fleisch geräuchert im Handel.

2) Handelsbez. für das in Gelee marinierte Fleisch des Gemeinen Dornhais.

Seeadler, mit Ausnahme S-Amerikas weltweit verbreitete Gatt. bis 1,1 m langer Greifvögel mit acht Arten, v. a. in gewässerreichen Landschaften und an Küsten; gut segelnde, rot- bis schwarzbraune, häufig an Kopf, Hals, Brust, Flügelbug und Schwanz weiß gefärbte Vögel, die sich bes. von Wasservögeln und Fischen ernähren; bauen große Horste auf Bäumen oder Sträuchern. Zu den S. gehören u. a.: *Euras. S.,* maximale Spannweite 2,4 m; in Europa (östl. der Elbe) und in den nördl. und gemäßigten Regionen Asiens; *Schrei-S.,* an Süßgewässern Afrikas südl. der Sahara.

Seealpen, svw. → Meeralpen.

Seeanemonen, Gatt. der Aktinien mit bis zu 200 langen nesselnden Tentakeln.

Seebären, svw. → Pelzrobben.

Seebeck-Effekt, ein von dem dt. Physiker Thomas Johann Seebeck (* 1770, † 1831) 1821 entdeckter thermoelektr. Effekt: Wird die Kontaktstelle zweier verschiedener metall. Leiter (auch Halbleiter) eines Stromkreises erwärmt, so entsteht eine temperaturabhängige *Thermospannung,* bei geschlossenem Stromkreis ein *Thermostrom.*

Seeckt, Hans von, * Schleswig 22. 4. 1866, † Berlin 27. 12. 1936, dt. General. Als militär. Oberbefehlshaber (Chef der Heeresleitung 1920–26) organisierte S. den Aufbau der Reichswehr. Hierbei betrieb S. den Kurs einer strikten Entpolitisierung, förderte als Gegner der parlamentar. Demokratie aber auch monarchist. Traditionen; bei Putschversuchen von rechts praktizierte er eine Hinhaltetaktik, bei Umsturzversuchen von links ein Eingreifen der Reichswehr. 1930–32 MdR (DVP), an der Bildung der → Harzburger Front beteiligt; 1933 und 1934/35 militär. Berater Chiang Kai-sheks.

Seedrachen (Chimären, Meerdrachen, Holocephali), Unterklasse der Knorpelfische mit rd. 25 ausschließl. meerbewohnenden Arten (bis 1,5 m lang); mit auffallend großem Kopf und langem, peitschenschnurartig verlängertem Hinterkörper.

See-Elefanten (Elefantenrobben, Meerwölfe, Morunga), Robbengatt. in südl. Meeren und an der nordamerikan. Pazifikküste; ♂♂ bis 6,5 m, ♀♀ bis 3,5 m lang; Gewicht bis 3 600 kg; Nase bei ♂♂ rüsselartig verlängert; sehr gesellig. Man unterscheidet *Südl. S.* (in den subantarkt. Meeren) und *Nördl. S.* (nur noch kleine Herden im Pazifik vor Amerika).

Seegras, Gatt. der Laichkrautgewächse mit rd. 10 Arten auf den Meeresböden der Küstengebiete der gemäßigten Zonen; das bis über 1 m lange *Gemeine S.* wird als Polstermaterial und Düngemittel verwendet.

Seegurken (Seewalzen, Meergurken, Holothuridea), Klasse der Stachelhäuter mit über 1 000 etwa

1 cm bis 2 m langen, wurst- oder gurken- bis wurmförmigen Arten; fast ausschließl. am Meeresboden.

Seehase (Meerhase, Lump), etwa 30 (♂) bis 50 cm (♀) langer Knochenfisch (Fam. Scheibenbäuche) an den Küsten des N-Atlantiks; der Rogen kommt, mit Geschmacksstoffen versetzt und schwarz gefärbt, als Kaviarersatz *(dt. Kaviar)* in den Handel.

Seehund, Handelsbez. für Pelzwaren aus dem Fell von Jungtieren des Gemeinen Seehunds; mit silberblauem Haar.

Seehunde (Phocinae), Unterfam. etwa 1,2 bis über 3 m langer Robben mit 8 Arten, v. a. an Meeresküsten der N-Halbkugel. Am bekanntesten ist der die Küsten Eurasiens und N-Amerikas bewohnende *Gemeine S.* (Seehund i. e. S., Meerkalb), etwa 1,5 m

Seehunde: Gemeiner Seehund

(Weibchen) bis 2 m (Männchen) lang, bis rd. 100 kg schwer; nach einer Tragezeit von etwa 11 Monaten wird ein Junges (seltener 2) geboren; bei der Geburt von 2 Jungen wird nur ein Jungtier von der Mutter angenommen, das andere, als *Heuler* bezeichnete Junge, geht zugrunde. Weitere Arten: *Bartrobbe,* bis 3 m lang; an den Küsten N-Europas, Asiens und N-Amerikas; Oberlippe mit Bart aus auffallend langen, hellen Haaren; *Kegelrobbe,* 2–3 m lang; im N-Atlantik; Schnauze kegelförmig langgestreckt; *Mützenrobbe* (Klappmütze), bis 3,5 m lang; im N-Atlantik und nördl. Eismeer; mit bei Erregung aufblasbarem, mützenartigem Kopfaufsatz; Pelz jüngerer Tiere als *Blueback* im Handel; *Sattelrobbe,* bis 2,2 m lang, im Treibeisgebiet der Arktis; ziehen im Frühjahr in großen Herden nach S (Sankt-Lorenz-Strom, Neufundland), wo die Weibchen je ein weißfelliges Junges gebären, die von den Robbenfängern stark verfolgt werden. Die *Ringelrobben* sind eine Gatt. kleiner, bis 1,4 m langer Robben mit 3 Arten im N-Polarmeer und in osteurop. und asiat. Binnenseen; Färbung variabel, mit Ringflecken am Rücken.

Seeigel (Echinoidea), mit fast 900 Arten in allen Meeren (z. T. auch in Brackgewässern) weltweit verbreitete Klasse wenige Millimeter bis 32 cm großer Stachelhäuter; ohne Arme ausgebildete, meist schwarze, dunkelbraune, violette oder schmutziggelbe Tiere. Auf dem Außenskelett stehen häufig lange (auf gelenkförmigen Höckern durch Muskeln bewegbare, z. T. mit Giftdrüsen versehene) Stacheln.

Seejungfern (Prachtlibellen, Calopterygidae, Agriidae), weltweit verbreitete Fam. metall. bläulichgrün glänzender Kleinlibellen mit in M-Europa 2–7 cm spannenden Arten.

Seeklima (maritimes Klima, ozean. Klima), vom Meer beeinflußtes Klima; gekennzeichnet u. a. durch hohe Luftfeuchtigkeit, ergiebige Niederschläge, starke Bewölkung und einen ausgeglichenen Tagesund Jahresgang der Lufttemperatur mit milden Wintern und kühlen Sommern.

Seekrankheit → Bewegungskrankheit.

Seekühe (Sirenen, Sirenia), Ordnung 2,5–4 m langer, maximal fast 400 kg wiegender Säugetiere mit

Seejungfern:
Gebänderte
Prachtlibelle

vier rezenten Arten in küstennahen Meeresteilen der Tropen und Subtropen, auch in Flüssen und Binnenseen; Körper massig, walzenförmig, mit dicker Speckschicht; erwachsen ohne Haarkleid; Vordergliedmaßen flossenartig, Hintergliedmaßen völlig fehlend; Schwanz zu waagerechtem Ruder verbreitert; Nasenlöcher verschließbar, Ohrmuscheln fehlend; Weibchen mit zwei brustständigen Zitzen (›Meerjungfrau‹); gesellig lebend; Pflanzenfresser.

Seeland, 1) (Zeeland) Prov. in den sw. Niederlanden, 1793 km², 355 600 E, Verwaltungssitz Middelburg. – 1012/1090 Reichs- bzw. Afterlehen der Grafen von Flandern und derer von Holland. Im niederländ. Freiheitskampf 1579 Gründungsmitglied der ›Utrechter Union‹; der festländ. Teil *(Generalitätslande, Staatenflandern)* kam erst 1648 endgültig zur Republik der Vereinigten Niederlande; 1795 bis 1810 frz.-annektiert; seit 1814/15 als Prov. S. Teil des Kgr. der Vereinigten Niederlande.
2) größte Insel Dänemarks, zw. Sund, Großem Belt und Kattegat, 7 435 km², Hauptort Kopenhagen.

Seele, 1) *Religionsgeschichte:* das geistige, lebenspendende Prinzip im Menschen. Der S.glaube ist weltweit verbreitet. Die *christl. Theologie* sieht die S. als von Gott geschaffene geistige und unsterbl. Wesensform des Menschen an, die seine unverwechselbare Individualität bestimmt. – Zum Problem der S. in der *Philosophie* und der *philos. Psychologie* ›Leben. – Neben dem Glauben an die *Menschenseele* besteht derjenige an eine *Weltseele.* Er findet sich im Platonismus und Neuplatonismus sowie in der Stoa und in verschiedenen Richtungen des Pantheismus.
2) *Instrumentenkunde:* bei *Streichinstrumenten* der →Stimmstock.

Seelenwanderung (Metempsychose, Palingenese, Reinkarnation), Begriff, der den Glauben an den Geburtenkreislauf durch wiederholte Erdenleben in verschiedenen Existenzweisen bezeichnet. Das klass. Land des Wiedergeburtsglaubens ist Indien. Die Befreiung aus dem Kreislauf der S. (Samsara) wird als Erlösung gesehen. – In neuerer Zeit u. a. von Theosophie und Anthroposophie übernommen.

Seeler, Uwe, * Hamburg 5. 11. 1936, dt. Fußballspieler. Spielte 72mal in der Nationalmannschaft der BR Deutschland (1954–70).

Seelilien →Haarsterne.

seelische Krankheiten, Sammelbez. für Störungen bzw. Abweichungen des Verhaltens und Erlebens von der Norm. Die internat. Klassifikation der Weltgesundheitsorganisation unterscheidet folgende Gruppen: 1. exogene (körperl. begründbare) Psychosen und organ. Psychosyndrome; 2. endogene (oder funktionelle) Psychosen, bei denen die Zusammenhänge org. körperl. Ursachen bzw. Veränderungen und Verhaltensänderungen weitgehend unklar sind; 3. Neurosen, Konfliktreaktionen und Psychopathien (mit unterschiedl. Grenzen zur jeweiligen gesellschaftl. Norm; hinzugerechnet werden meist auch Süchte und sexuelle Normabweichungen).

Seelöwen (Haarrobben), zusammenfassende Bez. für sechs Arten der Ohrenrobben; u. a. *Kaliforn. S.,* vorwiegend an der kaliforn. Pazifikküste; etwa 1,8 (♀) bis 2,4 m (♂) lang.

Seelsorge, der Heilsdienst der christl. Kirchen durch Geistliche, auch durch kirchl. beauftragte Laien. Neben der Pfarr-S. zeigt sich in jüngster Zeit die zunehmende Bedeutung der Standes-, Berufs- und Gruppen-S. (z. B. Anstalts-, Kinder-, Gefangenen-, Kranken-S. u. a.) im Sinne einer über- bzw. unterpfarrl. Seelsorge. – Die wiss. Analyse und Darstellung von S. erfolgt in der (kath.) Pastoraltheologie bzw. der (ev.) prakt. Theologie.

Seemeile (internat. Seemeile, engl.: [international] nautical mile), Einheitszeichen **INM,** in der Seefahrt und Luftfahrt international verwendete Längeneinheit: 1 INM = 1,852 km.

Seenadeln (Syngnathidae), Fam. bis 60 cm langer Knochenfische mit rd. 175 Arten in allen Meeren; Körper entweder mäßig langgestreckt oder stabförmig, unbeschuppt; Mund lang, röhrenförmig.

Seenotrettung, Gesamtheit aller Maßnahmen zur Rettung aus Notlagen auf See, Teil des SAR-Dienstes (→SAR). In der BR Deutschland ist die S. der Dt. Gesellschaft zur Rettung Schiffbrüchiger (DGzRS) übertragen. S.mittel sind u. a. S.kreuzer, die auf den Schiffen mitgeführten Rettungsboote (z. T. ausgestattet mit Notproviant und Signalmitteln, durch Luftkästen oder Ausschäumung unsinkbar), Rettungsinseln (Schlauchboote mit Zeltdach mit einer Notausrüstung), Rettungsringe aus Kork oder Kunststoff mit Greifleinen. Rettungskragen und -westen (oft mit Notsender, Licht, Wasserfärbemittel) sollen einen Bewußtlosen mit dem Gesicht über Wasser halten.

Seepferdchen, Gatt. der Knochenfische (Fam. Seenadeln) mit rd. 25 Arten, bes. in warmen Meeren; meist in senkrechter Körperhaltung langsam schwimmend; Kopf nach vorn abgewinkelt; Schwanz stark verlängert, sehr dünn, ohne Schwanzflosse.

Seepocken (Meereicheln, Balanomorpha), Unterordnung der Krebstiere mit über 250, meist 1–1,5 cm großen Arten in oft dichten, weißl. Ansiedlungen, bes. in der Gezeitenzone.

Seeräuberei →Piraterie.

Seerecht, die Gesamtheit der Sondernormen, die das Recht der See und der Seeschiffahrt betreffen. Das *private S.* der BR Deutschland umfaßt insbes. das Seehandelsrecht. Wichtige Teile des *öffentl. S.* sind das *Seestaats-* und *Seeverwaltungsrecht* (Flaggenrecht, Schiffsregistrierung, Seestraßen- und Seehäfenordnung, Seeunfallrecht) und das im Seemannsgesetz geregelte *Seearbeitsrecht.* Das *völkerrechtl. S.* enthält insbes. internat. Vereinbarungen über das Anlaufen fremder Häfen, die Hilfeleistung in Seenot, die Verschmutzung der Meere, die Freiheit der Meere sowie über die Abgrenzung der Küstengewässer und den Festlandsockel.

Seerechtskonferenzen, internat. Konferenzen, die sich angesichts der Intensivierung der Meeresnutzung mit der Kodifizierung, Ergänzung und Fortbildung des bisher gewohnheitsrechtlich geltenden Seevölkerrechts befassen, so z. B. die S. der Vereinten Nationen 1958, 1960 *(Genfer S.)* und 1973–82 *(New Yorker S.).*

Seerose, Gatt. der Seerosengewächse (Nymphaeceae; Pflanzenfam. der Zweikeimblättrigen mit rd. 80 Arten in 8 Gatt.) mit rd. 40 fast weltweit verbreiteten Arten. In Deutschland kommen vor: *Weiße S.,* in stehenden oder langsam fließenden Gewässern; *Glänzende S.,* mit weißen, nur halbgeöffneten Blüten; beide Arten sind geschützt. Warmwasserbeckenpflanzen sind u. a.: *Blaue Lotosblume der Ägypter, Weiße Lotosblume der Ägypter, Rote S.* und *Blaue Lotosblume von Indien.*

Seerosen (Seeanemonen, Aktinien, Actiniaria), Ordnung wenige mm langer bis maximal 1,5 m Durchmesser erreichender Hexakorallen mit über 1 000 Arten in allen Meeren; oft lebhaft bunt gefärbte, meist einzeln lebende Tiere mit zylindr., skelettlosem Körper, der häufig mit einer flachen Fußscheibe am Untergrund festgeheftet ist; Tentakel in einem oder mehreren Kreisen um die Mundscheibe herum angeordnet, mit zahlr. Nesselkapseln, die dem Fang von Fischen, Krebsen, Weichtieren usw. dienen. In Atlantik, Mittelmeer und Nordsee stark verbreitet ist die *Purpur-S.* (Gemeine S.), bis 5 cm hoch, rot bis grün oder braun.

Seesaibling →Wandersaibling.

Seepferdchen:
Geflecktes
Seepferdchen
(Länge 12–18 cm)

Seerose:
Weiße Seerose
(Blüten bis
15 cm breit)

Giorgos Seferis

Hang-Segelflug

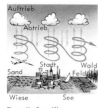

Thermik-Segelflug

Gewitter-Segelflug
(Fronten-Segelflug)
Segelflug

Seescheiden (Aszidien, Ascidiacea), artenreiche Klasse der Chordatiere; erwachsen stets festsitzend, einzeln lebend oder durch Knospung Kolonien bildend.

Seeschiffahrt (Seefahrt), die gewerbsmäßige Beförderung von Gütern und Personen über die offene See und über Seewasserstraßen, ohne Küstenschifffahrt und den Seeverkehr der Binnenhäfen. Unterschieden wird zwischen *kleiner Fahrt* (in küstennahen Gewässern) und *großer Fahrt* (über die Weltmeere).

Seeschlangen (Hydrophiidae), rd. 50 Arten umfassende, nur in den warmen, küstennahen Gewässern des Ind. und Pazif. Ozeans vorkommende Fam. furchenzähniger Giftschlangen von etwa 80 cm bis knapp 3 m Länge.

Seeschwalben (Sternidae), Fam. etwa 20–60 cm langer, vorwiegend weißer Möwenvögel mit rd. 40 Arten an Meeresküsten und Binnengewässern der trop., subtrop. und gemäßigten Regionen; Koloniebrüter. – Zu den S. gehören u. a.: *Fluß-S.*, etwa 35 cm lang; in großen Teilen Eurasiens und N-Amerikas; *Küsten-S.*, etwa 38 cm lang; im arkt. N bis zur Nord- und Ostsee; *Raubsee-S.*, bis 56 cm lang; an Meeresküsten.

Seesen, Stadt an nw. Harzrand, Nds., 21 700 E. Sankt Andreaskirche (1695–1702), Jagdschloß (1705; jetzt Museum).

Seesozialversicherung, die gesetzl. Kranken-, Renten- und Unfallversicherung der Seeleute auf dt. Seeschiffen. Träger der Unfallversicherung ist die *Seeberufsgenossenschaft,* Träger der Rentenversicherung die *Seekasse,* Träger der Krankenversicherung die *Seekrankenkasse.*

Seespinnen (Meerspinnen, Majidae), Fam. der Krabben mit zahlr. Arten in den Uferzonen fast aller Meere; Beine spinnenartig lang und dünn.

Seesterne (Asteroidea), Klasse der Stachelhäuter mit rd. 1 500, etwa 3 cm bis knapp 1 m spannenden Arten; meist fünf Arme; in Rinnen auf der Körperunterseite Saugfüßchen zur Fortbewegung; ernähren sich von Muscheln, Schnecken und Seepocken; u. a. *Gemeiner S.,* vom Weißen Meer bis zur europ. und westafrikan. Atlantikküste verbreitet, etwa 12–40 cm spannend.

Seetang (Tang), Sammelbez. für derbe Braun- und Rotalgen.

Seetaucher (Gaviidae), Fam. kräftiger, etwa 60–90 cm langer, gut tauchender Wasservögel mit 4 Arten an nord. Meeren (außerhalb der Brutzeit) bzw. an Süßgewässern der Tundren (während der Brutzeit). Etwa bis 95 cm lang ist der auf Gewässern N-Eurasiens und N-Kanadas vorkommende *Prachttaucher;* der *Sterntaucher* ist fast 60 cm lang.

Seewölfe (Wolfsfische, Anarrhichadidae), Fam. der Knochenfische mit neun bis etwa 2 m langen Arten in kalten und gemäßigten nördl. Meeren; langgestreckt; Kopf auffallend plump, mit breiter Mundspalte und sehr kräftigem Gebiß; bekannteste Art ist der *Atlant. S.* (Gestreifter S., Katfisch, Kattfisch), bis 1,2 m lang.

Seezeichen, im Wasser oder an Land befindl., feste (Leuchtfeuer, Richtfeuer, Baken, Stangen und Pricken) oder schwimmende (Feuerschiffe sowie Spitz-, Stumpf-, Baken-, Leucht-, Spiren-, Faß- oder Kugeltonnen) Hilfsmittel zur Navigation, deren Form, Farbe, eventuell Toppzeichen und Kennung genau festgelegt sind. *Laterale S.* (seitenbezogene S.) bezeichnen das Fahrwasser, *kardinale S.* (ortsbezogene S.) Untiefen, Schiffahrtshindernisse und Sperrgebiete.

Seezungen (Zungen, Soleidae), Fam. der Plattfische in gemäßigten bis trop. Meeren, verschiedene Arten in Süßgewässern; Körper gestreckt-oval; Augen auf der rechten Körperseite; geschätzte Speisefische.

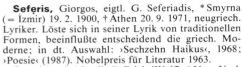

Seferis, Giorgos, eigtl. G. Seferiadis, * Smyrna (= İzmir) 19. 2. 1900, † Athen 20. 9. 1971, neugriech. Lyriker. Löste sich in seiner Lyrik von traditionellen Formen, beeinflußte entscheidend die griech. Moderne; in dt. Auswahl: ›Sechzehn Haikus‹, 1968; ›Poesie‹ (1987). Nobelpreis für Literatur 1963.

Segal [engl. 'si:gəl], **1)** Erich [Wolf], * New York 16. 6. 1937, amerikan. Schriftsteller. Welterfolg hatte sein verfilmter Trivialroman ›Love Story‹ (1970).
2) George, * New York 26. 11. 1924, amerikan. Bildhauer der Pop-art. Die Aufstellung seiner weißen Gipsfiguren (überarbeitete Abgüsse lebender Personen) erzeugt eine künstl. inszenierte Raumgestaltung (→ Environment).

Segel, aus festem, dichtem Baumwoll- oder Kunststoffgewebe (Segeltuch) hergestellte Tuchfläche, die an einem Fahrzeug (u. a. Segelboot, -schiff, Strandsegler, Eisjacht, Windsurfer) durch Umwandlung von Windenergie in Beschleunigungsarbeit vorwärts bewegt.

Segelboote, durch Windkraft fortbewegte Boote, aus Holz, Leichtmetall, Stahl oder Glasfaserkunststoff (GFK) gebaut. Nach ihrer Takelage unterscheidet man einmastige Catboote, Slups oder Kutter, anderthalbmastige Ketschs und Yawls sowie zwei- und mehrmastige Schoner. Die Sport-S. werden nach nat., internat. und olymp. Klassen in Bauart, Takelung und Größe unterschieden. Zur Erreichung von Höchstgeschwindigkeiten benutzt man heute Zweirumpf-S. (Katamaran) und Dreirumpf-S. (Trimaran).

Segelflosser (Blattflosser), Gatt. der Buntbarsche mit drei Arten im Amazonas und seinen Nebenflüssen. Körper scheibenförmig; bekannteste Art: *Großer S. (Skalar),* 12–15 cm lang, 20–26 cm hoch (mit Flossen), Rücken- und Afterflossen segelartig ausgezogen; beliebte Warmwasseraquarienfische.

Segelflug, Form des antriebslosen Fliegens, bei der aufsteigende Luftströmungen zum Höhengewinn ausgenutzt werden. Nach Art der Aufwinde unterscheidet man: *Hang-S.* im Aufwind an Berghängen; *Thermik-S.* in vertikalen Luftströmungen über Gebieten mit starker Sonneneinstrahlung; *Gewitter-* und *Fronten-S.* in den Frontaufwinden vor Gewitter-, Kalt- und Warmfronten. Bei zu geringem Aufwind ist nur *Gleitflug* unter ständigem Höhenverlust möglich. – *Wettbewerbsformen* sind verschiedene Streckenflüge (z. B. Dreiecksflug), Höhenflüge und Geschwindigkeitsflüge.

Segelflugzeug, Leichtflugzeug ohne eigene Antriebsmaschine; Start meistens mit Hilfe eines Schleppflugzeugs *(Flugzeugschleppstart)* oder einer Motorwinde *(Windenstart);* S. mit Hilfsmotor *(Motorsegler)* starten aus eigener Kraft.
S. werden einsitzig und als Doppelsitzer gebaut, für militär. Zwecke auch als *Lastensegler* mit großem Rumpf. – Neben der Gemischtbauweise und der Ganzmetallbauweise hat sich, bes. für Hochleistungssegler, die Bauweise mit glasfaserverstärkten Kunststoffen durchgesetzt.

Segeln, allg. das Voranbringen eines Segelfahrzeuges durch → Segel. I. e. S. svw. → Segelsport.

Segelschiff (Segler), großes, durch Windkraft getriebenes Wasserfahrzeug; nach den Vorschriften des Germanischen Lloyd jedes Schiff, dessen Segelfläche größer als das 1,5fache von Länge mal Breite ist. Man unterscheidet reine S. ohne Hilfsantrieb und *Motor-* oder *Auxiliarsegler.* Weitere Unterscheidungsmerkmale sind die Zahl der Masten (Ein- bis Siebenmaster) und die Art der Segel (Rah- oder Gaffelsegel). *Vollschiffe* sind immer dreimastige S., bei mehr Masten muß die Anzahl der Masten mitgenannt werden, die ›voll getakelt‹, d. h. rahgetakelt sind; *Barken* sind Dreimaster, deren hinterster Mast Gaffeltakelung hat. *Schoner* sind schrat- bzw. gaffelgetakelt. → Schiff.

Segelsport, allg. Bez. für das Befahren von Flüssen, Seen und Meeren unter sportl. Gesichtspunkten mit bes. Segelfahrzeugen. Die wichtigsten *Bootsklassen* sind neben den olymp. Klassen (Soling, Star, Viersiebziger, Flying Dutchman, Finn-Dingi, Katamaran, Tornado) die *internat. Klassen* (Optimist-Dingi, Moth, Drachen, 420er, OK-Jolle, Vaurien, Star, Laser, A-Katamaran, 505, Flying Junior, Fireball, Contender, Europe, Dart-Katamaran); daneben gibt es verschiedene nat. Klassen. Die Boote der *Einheitsklassen* sind alle nach demselben Bauplan und sehr enggefaßten Vorschriften gebaut; *Konstruktionsklassen* dürfen innerhalb von Grenzbestimmungen für Abmessungen und Formen konstruiert werden. – Bei nat. oder internat. *Regatten* auf Binnenrevieren oder an den Küsten fahren jeweils Boote derselben Bootsklasse gegeneinander. I. d. R. orientiert sich der zu bewältigende Kurs an der olymp. Regattabahn: Auf einem Rundkurs von 2 Seemeilen Durchmesser sind in regelmäßigem Abstand 8 Marken (Bojen) verteilt (bei Finn-Dingis beträgt der Durchmesser etwa 1,5 Seemeilen); die während des Rennens zu umsegelnden Marken werden erst kurz vor dem Start bekanntgegeben; 2–7 Wettfahrten; über die Plazierung entscheidet eine Punktwertung. Bei den *Hochseerennen* (Inselumsegelungen, Regatten zw. verschiedenen Seehäfen) segeln meist verschiedene Klassen gegeneinander.

Segelträger (Segelfische, Fächerfische, Istiophoridae), bes. in warmen Meeren weit verbreitete Fam. bis über 4 m langer, fast torpedoförmiger Knochenfische; mit segelartiger Rückenflosse; Fleisch sehr geschätzt.

Segeltuch, festes, dichtes, grobfädiges, meist leinwandbindiges Gewebe aus Baumwolle, Flachs, Hanf oder Chemiefasern; häufig imprägniert; u. a. für Planen, Zelte, Schiffssegel und Sportschuhe.

Segen, in der Religionsgeschichte Wort mit beabsichtigt heil- und glückbringender Wirkung; verstärkt u. a. durch Handauflegung oder Nennung eines Gottesnamens. Spender des S. sind Priester, Prophet, Familienvater, Häuptling, König oder Medizinmann. – Nach *ev.* Verständnis ist S. eine gottesdienstl. Handlung, durch die die Gnade Gottes in Form einer Bitte zugesprochen wird. Ähnl. bezeichnet S. in der *kath.* Liturgie einen im Wort ausgesprochenen und durch rituell festgelegte Zeichen begleiteten Zuspruch von Heilsgütern (Benediktion).

Segesta, lat. Name einer bed. antiken Stadt in NW-Sizilien, bei Alcamo. Berühmt der gut erhaltene unvollendeter dor. Tempel des 5. Jh. v. Chr. (6 × 14 Säulen, 23 × 58 m).

Segge [niederdt.], Gatt. der Riedgräser mit rd. 1 100 Arten weltweiter Verbreitung. In Deutschland kommen über 100 Arten vor; überwiegend ausdauernde Pflanzen, oft bestandbildend, u. a. in Ufer- und Sumpfgebieten und auf Sauerwiesen.

Seghers ['ze:gərs; niederl. 'se:xərs].
1) **Anna,** eigtl. Netty Radványi, geb. Reiling, * Mainz 19. 11. 1900, † Berlin (Ost) 1. 6. 1983, dt. Schriftstellerin. Ab 1928 Mgl. der KPD. Erhielt 1928 den Kleist-Preis für die Erzählung ›Aufstand der Fischer von St. Barbara‹. 1933 Emigration über Frankreich und Spanien nach Mexiko; Weltruhm erlangten die im Exil geschriebenen Romane ›Das siebte Kreuz‹ (1942; verfilmt 1944 von F. Zinnemann) und ›Transit‹ (span. 1944, dt. 1948). Lebte ab 1947 in Berlin (Ost), seitdem Mgl. der SED; als Exponentin der DDR-Literatur 1952–78 Präs. des Schriftstellerverbandes der DDR; erhielt 1951, 1959 und 1971 den Nationalpreis der DDR. – *Weitere Werke:* Die Toten bleiben jung (R., 1949), Die Entscheidung (R., 1959), Das Vertrauen (R., 1968), Steinzeit (En., 1977), Woher sie kommen, wohin sie gehen (Essays, 1980).

2) **Hercules,** * Haarlem 1589 oder 1590, † Den Haag nach Jan. 1638, niederl. Maler und Radierer. Landschaften mit phantast. Elementen (Ansichten von Rhenen, nach 1625; Berlin-Dahlem); mehrfarbige Radierungen auf unterschiedl. getönten Papieren.

Segler (Apodidae), mit rd. 75 Arten weltweit verbreitete Fam. 10–30 cm langer, sehr schnell (bis 180 km/h) fliegender, schwalbenähnl. Vögel der Ordnung Seglerartige. Zu den S. gehören u. a. *Mauer-S.* (in Großteilen Eurasiens; etwa 16 cm lang) und *Alpen-S.* (in den Alpen, an Küsten des Mittelmeers).

Seglerartige (Schwirrvögel, Schwirrflügler, Macrochires), weltweit verbreitete Ordnung der Vögel mit den Fam. Segler und Kolibris.

Segment [lat.], 1) Abschnitt, Teilstück; **segmentieren,** [in] Segmente zerlegen.
2) *Geometrie:* → Kreis.

Ségou [frz. se'gu], Regionshauptstadt in Mali, am Niger, 99 000 E. Kulturelles Zentrum der Bambara; Textilwerk, Reismühle, Teefabrik; Hafen, ⚓. – 1660–1861 Zentrum des Bambarareiches Ségou.

Segovia, Andrés [span. se'γoβja], * Linares 21. 2. 1893, † Madrid 2. 6. 1987, span. Gitarrist. Gefeierter Virtuose, auch Komponist.

Segovia [span. se'γoβja], span. Prov.hauptstadt in Altkastilien, 53 500 E. U. a. Elektrogerätebau, Kautschukverarbeitung. Röm. Aquädukt (1. Jh. n. Chr.); spätgot. Kathedrale (1525 ff.), über 20 roman. Kirchen (12./13. Jh.); Hieronymitenkloster (gestiftet 1447), Alkazar (11., 14./15. Jh.); Stadtmauer (urspr. iber., dann röm. sowie 11. und 12. Jh.) mit 3 Toren und zahlr. Türmen. – Um 80 v. Chr. röm.; 13.–15. Jh. Residenz der Könige von Kastilien.

Segrè, Emilio [italien. se'grɛ], * Tivoli 1. 2. 1905, † Lafayette (Cal.) 22. 4. 1989, amerikan. Physiker italien. Herkunft. 1934/35 an Neutronenexperimenten von E. Fermi beteiligt; mit O. Chamberlain (u. a.) entdeckte er 1955 das Antiproton; hierfür erhielten beide 1959 den Nobelpreis für Physik.

Segregation [engl. sɛgrɪ'geɪʃən; lat.-engl.], in der *Soziologie* die räuml. Absonderung von Personen mit gleichen sozialen Merkmalen (z. B. ethn., religiösen oder schichtspezif. Art). – I. e. S. ist S. Bez. für die (verbotene) Rassentrennung in den USA.

Sehen, Leistung des Lichtsinns bzw. Gesichtssinns (einschließl. des Farbensehens), die durch das Zusammenwirken opt., biochem., nervl. und psycholog. Prozesse zustande kommt und auch vom Sehobjekt selbst und dem den Raum zw. diesem und dem Lichtsinnesorgan einnehmenden Medium beeinflußt wird. Ein Objekt wird nur gesehen, wenn Größe, Leuchtdichte und Kontrast zur Umgebung ausreichend sind. → Auge.

Sehfarbstoffe (Sehpigmente), die in den Sehzellen des Auges lokalisierten Farbstoffe, v. a. Chromoproteide aus Retinal und dem Protein Opsin, die bei Belichtung mit unterschiedl. Lichtwellenlängen (Farbe) und unterschiedl. großen Lichtintensitäten zerfallen und dadurch eine Erregung in den Sehzellen auslösen, z. B. → Rhodopsin.

Sehne, 1) *Anatomie:* (Tendo) → Sehnen.
2) *Geometrie:* eine Strecke, die zwei Punkte einer Kurve (speziell eines Kreises) verbindet.

Sehnen, straffe, nur wenig dehnbare, z. T. von einer bindegewebigen Hülle **(Sehnenscheide)** umgebene Bündel paralleler Bindegewebsfasern, die die Skelettmuskeln der Wirbeltiere und des Menschen mit dem Skelett verbinden.

Anna Seghers

Segler:
Mauersegler

G 5432

Segelsport: Rennjolle (505er); **1** Windrichtungsanzeiger (Verklicker); **2** flexibler Mast; **3** Baum mit Niederholer; **4** Großsegel mit Klassenzeichen, Registriernummer und Steuerfenster; **5** Vorsegel (Rollfock); **6** Vorstag; **7** Want; **8** Schwert im Schwertkasten; **9** Querducht; **10** Traveller; **11** Großschott; **12** Ausreitgurte; **13** Ruder, Pinne, Pinnenausleger; **14** Seitentank (Auftriebskörper); **15** Spiegel mit Lenzventilen

Seidenschwänze:
Europäischer
Seidenschwanz

Sehnensatz, Lehrsatz der *Geometrie:* Wenn zwei durch einen innerhalb eines Kreises gelegenen Punkt *P* gehende Geraden den Kreis in den Punkten *A* und *B* bzw. *C* und *D* schneiden, so gilt für die Abschnitte $\overline{PA} : \overline{PC} = \overline{PD} : \overline{PB}$.

Sehnenscheide →Sehnen.

Sehnerv, einer der Hirnnerven (→Auge, →Gehirn).

Sehpurpur, svw. →Rhodopsin.

Sehrohr, svw. →Periskop.

Sehzellen, die die Lichtreize aufnehmenden Zellen (Photorezeptoren; z. B. Stäbchen, Zapfen) in den Lichtsinnesorganen (→Auge) der Tiere und des Menschen, in denen bei Lichteinwirkung Nervenimpulse ausgelöst werden.

Seide, aus den Gespinsten mehrerer Tierarten erhaltene Fasern (sog. *Natur-S.* aus Proteinen im Ggs. zu *Kunst-S.* auf Zellulosebasis); Textilrohstoffe. Große Bed. haben die von Seidenspinnern [beim Spinnen der Puppenkokons] erzeugten sog. *Raupen-S.* und unter diesen v. a. die vom Maulbeerseidenspinner gewonnene *Maulbeer-S. (edle* oder *echte S., Bombyxseide).* Zu den *Wild-S.* zählen die von mehreren anderen Seidenspinnern erhaltenen S. (z. B. Eria-, Fagara-, Tussahseide), ferner auch die von einigen Steckmuschelarten erzeugte Muschelseide. *Vegetabil. S.* bestehen aus weichen Pflanzenfasern. Maulbeer-S. besteht zu 75 % aus Fibroin (der eigentl. *S.substanz)* und zu 25 % aus dem das Fibroin umhüllenden Sericin *(S.leim, S.bast).* Ein Kokon enthält etwa 3 000 m Faden, jedoch können nur 300 bis 800 m als Grège *(Haspel-S., reale S.)* gewonnen werden. Die Reste werden zu *Schappe-S.* verarbeitet. Kürzere Fasern werden zu *Bourette-S.* versponnen. Durch leichtes Zusammendrehen von 2 oder 3 Rohseidenfäden erhält man *Trame (Schuß-S.),* durch stärkeres Drehen *Organsin (Kett-S.);* bes. scharf gedrehte Rohseidenfäden werden als *Grenadine,* überdrehte Rohseide als *S.krepp* bezeichnet. Bei der durch Entbasten (Entfernen des S.leims durch Kochen mit Seifenlösung) veredelten S. unterscheidet man die vollständig entbastete, weiße *Cuite-S.* und die teilweise entbastete *Souple-S. (souplierte Seide).* Durch Kochen mit Wasser erhält man die gelbl. *Ecruseide.* – Haupterzeugungsländer sind Japan, Korea, China, Indien, Italien und Frankreich.

Seidel, 1) Heinrich, * Perlin bei Schwerin 25. 6. 1842, † Groß-Lichterfelde (= Berlin) 7. 11. 1906, dt. Schriftsteller. Zentralfigur seiner Erzählungen (›Leberecht Hühnchen‹, 1900) ist ein humoresk dargestellter Sonderling.
2) Ina, * Halle/Saale 15. 9. 1885, † Ebenhausen (= Schäftlarn) bei München 2. 10. 1974, dt. Schriftstellerin. Schrieb Romane und Erzählungen, u. a. ›Das Wunschkind‹ (R., 1930); ihre Werke nach 1945 (v. a. der Roman ›Michaela‹, 1959) verharmlosen den Faschismus.

Seidelbast (Daphne), Gatt. der Seidelbastgewächse mit rd. 70 Arten in Europa, N-Afrika, im gemäßigten und subtrop. Asien und in Australien; immer- oder sommergrüne Sträucher, Blüten weiß, gelb oder rot, stark duftend. In Deutschland kommen vier geschützte Arten vor, u. a. der *Gemeine S.* (Kellerhals, Zeiland, Pfefferstrauch) mit 0,5–1,25 m hohen Stämmchen, sommergrün, mit roten, giftigen Steinfrüchten.

Seidelbastgewächse (Thymelaeaceae), Pflanzenfam. der Zweikeimblättrigen mit rd. 650 Arten in knapp 50 Gatt. von fast weltweiter Verbreitung.

Seidenpapier, dünnes Papier aus Zellstoff; Flächengewicht etwa 20 g/m².

Seidenraupen →Seidenspinner.

Seidenschwänze (Bombycillidae), Familie bis 24 cm langer, Insekten und Beeren fressender Singvögel mit 8 Arten, v. a. auf der Nordhalbkugel; be-

kannteste Art ist der *Europ. S.,* 18 cm lang, v. a. in Nadelwäldern; Zugvogel.

Seidenspinnen, mit rd. 70 Arten v. a. in den Tropen verbreitete Unterfam. der Radnetzspinnen.

Seidenspinner, Schmetterlingsarten, überwiegend aus der Fam. der Augenspinner, deren Raupen **(Seidenraupen)** wirtschaftlich verwertbare Seide durch ihre Puppenkokons liefern. Die für die Seidenproduktion wichtigsten Arten werden v. a. in Asien gehalten (u. a. Maulbeerseidenspinner, Eichenseidenspinner).

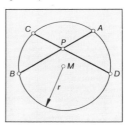

Sehnensatz

Seidenstraßen, mindestens seit dem 2. Jh. v. Chr. bes. für den Handel mit Seide benutzte Karawanenstraßen, die von China über Zentralasien bis nach Indien und ins Gebiet des Röm. Reiches (Syrien) führten.

Seifen, 1) die Natrium- und Kaliumsalze der höheren Fettsäuren; wasserlösl. und oberflächenaktive Substanzen, mit reinigender Wirkung, die jedoch in hartem Wasser durch Bildung unlösl. Kalkseife herabgesetzt ist. Natron-S. sind fest (im Ggs. zu den als *Schmier-S.* gehandelten Kali-S.) und kommen als *Kern-S.* in den Handel. Feste, gereinigte S. aus hochwertigen Fetten mit Farbstoff- und Parfümölzusätzen werden als *Fein-* oder *Toiletten-S.* bezeichnet. I. w. S. zählen zu den S. auch die als Desinfektionsmittel verwendeten *Invert-S.,* bei denen der wasserabstoßende (hydrophobe) organ. Molekülanteil als Kation vorliegt.
2) *Geologie:* durch Verwitterung und Abtragung primärer Lagerstätten und späterer Anreicherung in fluviatilen Sand- und Geröllschichten entstandene abbauwürdige Vorkommen z. B. von Gold (sog. Gold-Seifen).

Seifenbaum, Gatt. der S.gewächse (Sapindaceae) mit rd. 15 Arten im trop. Amerika und in Asien; mittelgroße Bäume; von Mexiko bis Argentinien der *Echte S.* vor, dessen saponinhaltiges Fruchtfleisch von den Einheimischen als Seife verwendet wird.

Seifenbaumgewächse, 1. (Sapindusgewächse, Sapindaceae) Pflanzenfam. der Zweikeimblättrigen mit rd. 1 500 Arten in rd. 140 Gatt. in den Tropen und Subtropen; liefern z. T. Öle oder Gifte; 2. (Sapotagewächse, Sapotaceae) Pflanzenfam. der Zweikeimblättrigen mit rd. 800 Arten in rd. 50 Gatt. in den Tropen und Subtropen; z. T. wichtige Nutzpflanzen, z. B. Guttaperchabaum.

Seifenkistenrennen, Wettfahrt von Jugendlichen mit Kleinfahrzeugen ohne Motor auf einer leicht abfallenden Strecke.

Seifenkraut, Gatt. der Nelkengewächse mit rd. 30 Arten im Mittelmeergebiet und im gemäßigten Eurasien; einjährige oder ausdauernde Kräuter. Einheim. u. a. das *Gemeine S.* (Echtes S., 30–70 cm hoch, blaßrosafarbene bis weiße Blüten in büscheligen Blütenständen), das *Niedrige S.* (niedrige Polster bildend, mit großen roten Blüten) und das *Rote S.* (bis 20 cm hoch; beide in den Alpen).

Seifert, Jaroslav, * Prag 23. 9. 1901, † ebd. 10. 1. 1986, tschech. Lyriker. Erhielt für sein lyr. Werk 1984 den Nobelpreis für Literatur. Wandte sich 1968 gegen

Seidelbast:
Gemeiner Seidelbast;
LINKS Früchte;
RECHTS Blüten

die Invasion seines Landes: Mitunterzeichner der Charta 77; in den 1970er Jahren Publikationsverbot. In dt. Übers. u. a. ›Was einmal Liebe war‹ (1954), ›Der Halleysche Komet‹ (1967), ›Im Spiegel hat er das Dunkel‹ (1982), ›Gewitter der Welt‹ (1983).

Seigneur [zɛnˈjøːr, frz. sɛˈɲœːr; lat.-frz.] (Kurzformen: Sire und Sieur), in Frankreich bis 1789 i. w. S. jeder Herr, der Rechte über Personen oder Sachen besaß, i. e. S. der Lehns- oder Grundherr.

Seikantunnel [jap. seˈkaŋ], Eisenbahntunnel zw. den jap. Inseln Hondo und Hokkaido, 53,9 km lang, davon 23,4 km unter Wasser; Baubeginn 1971, Eröffnung 1988.

Seilbahn (Drahtseilbahn), Beförderungsmittel, bei dem die Wagen oder Kabinen mit Hilfe langer Seile gezogen werden oder an langen Tragseilen laufen. Bei *Stand-S.* laufen die Wagen auf Schienen (am Boden), bei *Seilhängebahnen* an Hängeschienen, bei *Seilschwebebahnen (Luft-S.)* an Tragseilen.

Sein (lat. esse), in der antiken und scholast. →Ontologie sowie der Existenzphilosophie des 20. Jh. (u. a. bei Heidegger) der (nicht weiter zu ergründende) Inbegriff all dessen, was ist oder sein könnte.

Seine [ˈzɛːnə, frz. sɛn], Fluß in Frankreich, entspringt auf dem Plateau von Langres, mündet bei Le Havre in den Ärmelkanal, 776 km lang. Wichtiger Binnenschiffahrtsweg; häufe Paris, Rouen, Le Havre.

Seipel, Ignaz, * Wien 19. 7. 1876, † Pernitz bei Wiener Neustadt 2. 8. 1932, österr. Politiker. Prälat; an der Ausarbeitung der österr. Verfassung (1920) führend beteiligt; Bundeskanzler einer bürgerl. Koalitionsregierung 1922–24 und 1926–29; stützte sich auf die Heimwehren als Instrument zur Zurückdrängung der Sozialdemokratie; propagierte eine autoritäre ständ. Verfassungsreform.

Seismik [griech.] (Erdbebenkunde, Seismologie), die Wiss. von der Entstehung, Ausbreitung und Auswirkung von Erdbeben. Die *Spreng-S.* hat zur Aufgabe, aus dem Ausbreitungsverhalten (z. B. Brechung oder Reflexion an Schichtgrenzen) von künstl., durch Sprengungen erzeugten Erdbebenwellen Rückschlüsse auf Art, Mächtigkeit und Verlauf von Gesteinsschichten, Lagerstätten u. a. zu gewinnen.

Seismograph [griech.] (Seismometer), Gerät zur Erfassung und Registrierung von Erdbeben; besteht aus einer schweren Masse, die so gelagert ist, daß sie durch Bewegungen des Bodens möglichst wenig beeinflußt wird (z. B. Pendelaufhängung, Schneidenlagerung). Erschütterungen des Erdbodens wirken sich als relative Verschiebungen gegenüber der (ruhenden) Masse aus.

Seismophon [griech.], svw. →Geophon.

Seitenhalbierende (Mittellinie), Verbindungsstrecke einer Ecke eines Dreiecks mit der Mitte der gegenüberliegenden Seite. Die drei S. schneiden sich im Schwerpunkt des Dreiecks.

Seitenstechen →Milz.

Seitenverhältnis, svw. →Abbildungsmaßstab.

Seiters, Rudolf, * Osnabrück 13. 10. 1937, dt. Politiker (CDU). Jurist; seit 1969 MdB; 1984–89 Parlamentar. Fraktionsgeschäftsführer, April 1989–Okt. 1991 Bundesmin. für bes. Aufgaben und Chef des Bundeskanzleramts, seit Nov. 1991 Bundesminister des Innern.

Seiwal [norweg.] →Furchenwale.

Sejm [poln. sɛjm], der poln. Reichstag, seit 1493 das oberste Gesetzgebungsorgan; bestand aus den Vertretern der Landtage (Landbotenstube) und hohen Beamten sowie den Bischöfen (Oberhaus). 1919–39 bildete der S. die 2. Kammer neben dem Senat. →Polen (politisches System).

Sekans [lat.] →trigonometrische Funktionen.

Sekante [lat.] →Kreis.

Sékou Touré [frz. sekuˈtre] →Touré, Sékou.

Sekretär [mittellat.-frz.], langbeiniger, im Stand etwa 1 m hoher, bis 2 m spannender, vorwiegend grauer Greifvogel in den Steppen Afrikas (südl. der Sahara); ernährt sich v. a. von Schlangen und Eidechsen.

Sekretär [mittellat.-frz.], 1) *Dienstbezeichnungen:* 1. einer der Büroberufe, v. a. von Frauen ausgeübt *(Sekretärin);* 2. Funktionär einer Partei, Gewerkschaft oder einer anderen Organisation; 3. Beamter des mittleren Dienstes bei Bund, Ländern und Gemeinden. **2)** Schreibschrank (seit dem 18. Jh.).

Sekrete [lat.], die bei der Sekretion v. a. von Drüsen oder einzelnen Drüsenzellen *(Sekretzellen),* aber auch z. B. von Epidermiszellen oder von Neurohormone bildenden Nervenzellen *(Neurosekretion)* abgesonderte Produkte. Die S. erfüllen im Unterschied zu den Exkreten i. d. R. noch bestimmte Aufgaben für das Lebewesen. Sekrete i. e. S. sind u. a. Hormone (Inkrete), Verdauungsenzyme, Schutz-, Abwehr-, Duft- und Farbstoffe, Schleimstoffe, Nährsubstanzen (z. B. die Milch aus den Milchdrüsen), der pflanzl. Nektar, die Wuchsstoffe.

Sekretion [lat.] (Absonderung), die Ausscheidung von Sekreten nach außen oder ins Körperinnere (*innere S.;* Inkretion).

Sekt [italien.] →Schaumwein.

Sekten, religionswiss. Begriff für kleinere Glaubensgemeinschaften, die sich von einer Mutterreligion abgespalten haben, sowie für weltanschaul. Gruppen, die mit religiösem Anspruch auftreten, ohne jedoch unmittelbar aus einer größeren Religionsgemeinschaft durch Abspaltung entstanden zu sein. Immer aber ist ›S.‹ eine Kennzeichnung von außen, da die betreffenden Gruppen sich nicht als S. verstehen.

Sektion [lat.], 1) (Unter)abteilung.
2) *Medizin:* (Autopsie, Obduktion, Sectio) kunstgerechte Leichenöffnung und -zergliederung. Sie dient der Erkennung von Todesursachen sowie wiss. und Ausbildungszwecken.

Sektor [lat.], 1) [Sach]gebiet, Bezirk, Teil.
2) (Wirtschafts-S.) Zusammenfassung gleichartiger Wirtschaftssubjekte in der volkswirtschaftl. Gesamtrechnung.
3) bei der Magnetplattenspeicherung von Daten die kleinste adressierbare Einheit einer Spur. Beim *S.format* sind diese S. stets gleichlang, verfügen also über eine gleichgroße Speicherkapazität.
4) *Geometrie:* →Kreis.

Sekunda [lat.], veraltete Bez. für die 6. (Unter-S.) und 7. (Ober-S.) Klasse im Gymnasium; die amtl. Bez. lautet heute (für alle Schularten) 10. und 11. Klasse.

Sekundant [lat.], Betreuer eines Sportlers während des Wettkampfes; Beistand beim Duell.

sekundär [lat.-frz.], zweitrangig, untergeordnet.

Sekundärelektronen, Elektronen, die beim Auftreffen einer Strahlung auf ein Material (Metall) aus diesem herausgelöst werden.

Sekundärelemente →elektrochemische Elemente.

Sekundärenergie, Bez. für die durch Umwandlung natürl. Energieträger (Primärenergie) gewonnene Energie (z. B. Elektrizität).

sekundärer Sektor, in der volkswirtschaftl. Gesamtrechnung die verarbeitenden Betriebe.

Sekundärliteratur (Forschungsliteratur), wiss. Literatur über andere, oft literar.-philosoph. Werke (Primärliteratur).

Sekundärstrahlung, durch Aufprall von [primärer] Strahlung auf Materie erzeugte neue Strahlung, z. B. Röntgenstrahlung.

Sekundarstufe, im internat. Sprachgebrauch (UNESCO) die auf der →Primarstufe aufbauenden

Sekretär

allgemeinbildenden und berufsbezogenen Bildungsgänge. Der Sekundarbereich gliedert sich in zwei Abschnitte: S. I (5.–10. Schuljahr) mit der Möglichkeit eines qualifizierten ersten Abschlusses für die Mehrzahl aller Schüler; S. II (nach dem 10. Schuljahr) mit den Abschlüssen der gymnasialen Oberstufe und von Berufs-, Fach- und Fachoberschulen, die Zugangsmöglichkeiten innerhalb und außerhalb des Hochschulbereichs schaffen.

Sekunde [lat.], 1) *Zeitrechnung:* SI-Einheit der Zeit, Einheitenzeichen s.
2) *Mathematik:* → Grad.
3) *Musik:* der zweite Ton der diaton. Tonleiter, das Intervall im Abstand von 2 Stufen. Die S. kann als großes (Ganzton), kleines (Halbton), übermäßiges und vermindertes Intervall auftreten.

Sekundogenitur [lat.] → Primogenitur.

Selangor [indones. səˈlaŋɔr], Gliedstaat Malaysias, im W der Halbinsel Malakka, 7956 km², 1,52 Mio. E, Hauptstadt Shah Alam.

Selb, Stadt im Fichtelgebirge, Bayern, 20 300 E. U. a. Porzellanindustrie.

Selbständige Evangelisch-Lutherische Kirche, Abk. SELK, luth. Freikirche, die 1972 aus einer Vereinigung altluth. Kirchen (→ Altlutheraner) entstanden ist. Die SELK ist nicht Gliedkirche der EKD und der VELKD.

Selbstanzeige, im Steuerstrafrecht die Möglichkeit zur Erlangung von Straffreiheit durch tätige Reue.

Selbstauslöser, [Zusatz]einrichtung am Kameraverschluß; löst über ein Federwerk erst nach einer Vorlaufzeit den Verschluß aus.

Selbstbefriedigung, alle Formen sexueller Stimulierung ohne Beteiligung eines Partners.

Selbstbefruchter (Selbstbestäuber), Pflanzen, die sich durch Selbstbestäubung befruchten. Bei Arten mit Zwitterblüten wird der Pollen innerhalb derselben Blüte übertragen (z. B. bei Erbsen, Bohnen, Kartoffeln). Bei einhäusigen Arten wird der Pollen zw. den ♂ und ♀ Blüten desselben Individuums übertragen (z. B. bei der Walnuß).

Selbstbestäubung (Eigenbestäubung, Idiogamie), die Bestäubung unter den Blüten desselben Vegetationskörpers, neben der Nachbarbestäubung *(Geitonogamie)* zw. benachbarten Blüten derselben Pflanze v. a. die Bestäubung derselben Blüte *(Autogamie, direkte Bestäubung).*

Selbstbestimmungsrecht, 1. im *Verfassungsrecht* der BR Deutschland das Recht des einzelnen und gesellschaftl. Gruppen auf freigewählte, eigenverantwortl. Daseinsgestaltung (v. a. im weltanschaul., familiären und vermögensrechtl. Bereich); 2. im *Völkerrecht* das zu den Grundrechten der Staaten gezählte Recht aller Völker und Nationen, ihren polit., wirtschaftl., sozialen und kulturellen Status frei zu bestimmen.

Selbstbewußtsein, die Überzeugung vom Wert, von der Einmaligkeit der eigenen Persönlichkeit; in der *Philosophie* Begriff‹, der das Wissen um das ›Ich‹ bezeichnet.

Selbsterhaltungstrieb, Sammelbez. für psych. Antriebe oder Bedürfnisse in bezug auf die [Gesund]erhaltung des eigenen Lebens.

Selbstherrschaft (Autokratie), von dem Moskauer Großfürsten Iwan III. Wassiljewitsch begründetes Herrschaftssystem, bei dem der Herrscher selbst und allein regiert.

Selbsthilfegruppen, freiwillige Zusammenschlüsse von Menschen, die gleichgelagerte Probleme haben und sich gegenseitig ohne professionell geschulte Kräfte (Psychologen, Ärzte u. a.) helfen.

Selbsthilferecht, im bürgerl. Recht das Recht zur eigenmächtigen Durchsetzung oder Sicherung eines Anspruchs, wenn obrigkeitl. Hilfe nicht rechtzeitig zu erlangen ist und ohne sofortiges Eingreifen die Gefahr besteht, daß die Verwirklichung des Anspruchs vereitelt oder wesentl. erschwert wird. Dabei darf die Selbsthilfe nicht weiter gehen, als zur Abwendung der Gefahr erforderl. ist (→ Notwehr).

Selbstinduktion, die magnet. Rückwirkung eines sich ändernden elektr. Stromes auf den eigenen Leiterkreis.

Selbstlaut, svw. → Vokal.

Selbstmord (Selbsttötung, Freitod, Suizid), die selbst herbeigeführte Beendigung des eigenen Lebens. – Der S. bzw. S.versuch ist nicht mehr strafbar; Ausnahme: u. a. Großbritannien. – Die kath. Moraltheologie begreift den S. als Verstoß gegen das bibl. Tötungsverbot (5. Gebot).

Selbstreinigung, die bei gesunden Gewässern nach einer gewissen Fließzeit und Fließstärke durch biolog. Tätigkeit stattfindende Reinigung von fäulnisfähigen Schmutzstoffen durch Mikroorganismen. Die biolog. S. wird von chem. Prozessen (v. a. Oxidations- und Reduktionsvorgänge) begleitet und durch physikal. Faktoren (Fließgeschwindigkeit, Turbulenz, Wassertiefe, Wassertemperatur, Intensität der Sonneneinstrahlung u. a.) unterstützt.

Selbstschüsse, Anlagen, bei denen versteckt ausgelegte Drähte bei Berührung Schüsse mit großer Streuwirkung auslösen.

selbststeril (selbstunfruchtbar), ohne Samenbildung; Bez. für Pflanzen, bei denen die Samenbildung nach Bestäubung mit dem eigenen Pollen von genotypisch gleichen Individuen ausbleibt; s. sind z. B. viele Stein- und Kernobstsorten.

Selbstverstümmelung, 1) *Recht:* mutwillige Beschädigung des eigenen Körpers, z. B. bei schweren endogenen Depressionen oder zur Befreiung vom Wehrdienst (strafbar nach dem WehrpflichtG).
2) *Zoologie:* (Autotomie, Autoamputation) die Fähigkeit vieler niederer Tiere (Würmer, Weichtiere, Stachelhäuter, Gliederfüßer) und einiger Wirbeltiere (v. a. Eidechsen), Teile ihres Körpers aktiv freizugeben bzw. abzuwerfen, wenn diese festgehalten oder verletzt werden. Die Abtrennung erfolgt häufig reflektorisch und i. d. R. an einer ganz bestimmten formierten) Stelle (Wundverschluß durch präformierte doppelte Membran); Regeneration ist möglich.

Selbstverwaltung, allg. die (meist ehrenamtl.) Mitwirkung der Bürger bei der Wahrnehmung öffentl. Aufgaben; im jurist. Sinne die im Ggs. zur Auftragsverwaltung eigenverantwortliche Verwaltung öffentl. Aufgaben durch öffentlich-rechtl. Körperschaften *(S.körperschaften),* insbes. durch Gemeinden und Gemeindeverbände. Weitere S.körperschaften sind die Universitäten, die Sozialversicherungsträger, bestimmte Berufskammern (z. B. Rechtsanwalts-, Ärztekammern), die Industrie- und Handelskammern sowie die Handwerks- und Landwirtschaftskammern.

Selbstwählferndienst → Fernsprechen.

Selčuk [türk. ˈsɛltʃuk], türk. Ort in W-Anatolien, 11 000 E. Archäolog. Museum. Nahebei die Ruinen von → Ephesus.

Seldschuken, aus den → Ogusen hervorgegangene alttürk. Dynastie; die Ausdehnung ihres Reiches im 11. und 12. Jh. über Persien und Mesopotamien (Eroberung Bagdads 1055) nach Vorderasien (byzantin. Niederlagen bei Manzikert 1057 und Myriokephalon 1176) bildeten Auslöser der Kreuzzugsbewegung; den Zerfall des großseldschuk. Herrschaft (um 1090) überdauerte u. a. der Zweig der → Rum-Seldschuken (Ft. Ikonion 1134–1308).

Selektion [lat.], in der *Biologie* → Auslese.

Selektionstheorie, zur wiss. Fundierung der Deszendenztheorie von C. R. Darwin begründete und dem Darwinismus zugrundeliegende Theorie, die auf dem Ausleseprinzip *(Selektionsprinzip)* beruht: 1. Die Lebewesen auf der Erde bringen eine gewaltige Menge an Nachkommen hervor, von denen viele vor Erlangung der Geschlechtsreife zugrunde gehen. 2. Die Nachkommen der Lebewesen weisen Unterschiede auf; manche dieser Variationen sind erblich. 3. Im ständigen Konkurrenzkampf *(Kampf ums Dasein)* bleiben diejenigen Individuen am Leben und können sich vermehren, die besser an die jeweils herrschenden Bedingungen angepaßt sind; es kommt zu einer (natürl.) Auslese *(Selektion)* unter den Individuen einer Population. 4. Räuml. (geograph.) Barrieren (z. B. Wasserflächen) zw. verschiedenen Populationen einer Art führen zu isolierten Entwicklungsabläufen. Es bilden sich bes. Rassen, die zu neuen, nicht mehr untereinander fortpflanzungsfähigen Arten werden können. 5. Im Verlauf der Weiterentwicklung der Lebewesen kann auch der *Zufall* Bedeutung erlangen.

Selen [griech.], chem. Symbol Se; halbmetall. chem. Element aus der VI. Hauptgruppe des Periodensystems der chem. Elemente, Ordnungszahl 34, relative Atommasse 78,96. S. kommt in mehreren Zustandsformen (allotropen Modifikationen) vor: 1. das hexagonal kristallisierende metall., thermodynamisch stabile *graue S.* (Schmelzpunkt 217 °C, Siedepunkt 684,9 °C, Dichte 4,79 g/cm³), dessen Leitfähigkeit bei Belichtung um das Tausendfache gegenüber der Dunkelleitfähigkeit ansteigt; 2. das nichtmetall., nichtleitende rote *amorphe S.* und 3. das dunkelbraune *glasige Selen.* S. tritt in seinen (stark giftigen) Verbindungen in den Wertigkeitsstufen +2, +4, +6 und −2 auf. Reine S.minerale sind selten; S. kommt v. a. als Beimengung sulfid. Schwermetallerze vor. Metall. graues S. wird wegen seiner Halbleitereigenschaften zur Herstellung von S.gleichrichtern und Photozellen verwendet. S. ist für Säugetiere ein essentielles Spurenelement; sein Fehlen verursacht Wachstumsstörungen und Muskeldegeneration.

selektiv [lat.], auf Auswahl, Auslese beruhend.

Selene, griech. Mondgöttin, der bei den Römern Luna entspricht.

Selentschukskaja [russ. zılın'tʃukskɐjə], astrophysikal. Observatorium im nördl. Großen Kaukasus; größtes Spiegelteleskop der Erde (Durchmesser des Parabolspiegels 6,10 m); außerdem Radioteleskop (RATAN) bestehend aus 895 Reflektoren mit einer Sammelfläche von 14 000 m²).

Selenzelle, 1. (Selenphotoelement) Photoelement mit einer p-leitenden Halbleiterschicht aus Selen; 2. Photowiderstand mit einer photoleitenden Halbleiterschicht aus Cadmium- oder Bleiselenid.

Sélestat [frz. seles'ta] →Schlettstadt.

Seleukeia (Seleucia), Name mehrerer durch Seleukos I. gegr. antiker Städte; bes. bekannt: S. am rechten Tigrisufer (heute Tall Umar), 60 km nö. von Babylon. Ausgrabung 1928.

Seleukiden, hellenist. Herrscher-Dynastie (321 bzw. 312–64/63 v. Chr.), in den Diadochenkriegen begründet von →Seleukos I. Das **Seleukidenreich** umfaßte ab 304/281 ein Territorium vom Ägäischen Meer bis nach O-Gedrosien und Arachosien, vom Kaukasus bis zum Pers. Golf, zerfiel aber bald durch Selbständigwerden einzelner Staaten. 64/63 v. Chr. wandelte Pompejus den Reststaat in die röm. Prov. Syria um.

Seleukos I. Nikator (›der Sieger‹), * um 358, † Aug./Sept. 281 (ermordet), Satrap von Babylon (seit 321), König von Babylon (seit 309/308), Begründer und König des Seleukidenreiches (seit 305). Dehnte ab 312 seinen Machtbereich bis nach O-Gedrosien und Arachosien aus und gewann nach der Schlacht bei Ipsos (301) große Teile Syriens.

Selfmademan [engl. 'sɛlfmɛɪd'mæn], jemand, der es ohne bes. Voraussetzungen, aus eigener Kraft zu etwas gebracht hat.

Seligenstadt, hessische Stadt am Untermain, 16 900 E, bei Hanau und Offenbach am Main. Einhardsbasilika mit karoling. Langhaus (vor 840 vollendet) und frühgot. umgestalteten O-Teilen (um 1240–53); Ruine der Kaiserpfalz (13. Jh.). Roman. und got. Steinhaus, Fachwerkhäuser. – 828 gründete Einhard das Kloster S. (Abtei 1803 säkularisiert) als Grabstätte für sich und seine Gemahlin Imma.

Seligkeit, nach kath. Glaubenslehre die unmittelbare und ewige Gottesanschauung. Nach ev. Glaubenslehre der durch die →Rechtfertigung erreichte Zustand des Glaubenden.

Seligpreisungen, die eschatolog. Verheißung der 8 Seligkeiten im NT (Bergpredigt; Matth. 5, 3–12).

Seligsprechung, in der *kath. Kirche* die feierl. Erklärung des Papstes, daß ein verstorbenes Mgl. der Kirche von Gott in die Zahl der Seligen aufgenommen worden sei. Die S. gilt nicht als unfehlbar. →Heiligsprechung.

Selim →Salim.

Selinunt (italien. Selinunte), Ruinenstätte an der SW-Küste Siziliens, Italien, bei Castelvetrano. Griech. Kolonie (gegr. 628 v. Chr.); mehrmals von Karthago (409 und 250 v. Chr.) sowie im 6. Jh. n. Chr. durch ein Erdbeben zerstört; Ausgrabungen zahlr. Tempel in mehreren hl. Bezirken.

Sellagruppe, Gebirgsstock in den Südtiroler Dolomiten, bis 3 151 m hoch.

Sellerie [...ri; griech.-italien.] (Apium), Gatt. der Doldengewächse mit rd. 20 Arten in den gemäßigten Gebieten der Nordhalbkugel sowie in den trop. Gebirgen; weltweit verbreitet als Nutz- und Heilpflanze ist der zweijährige *Echte S.,* dessen Teile ein stark aromat. äther. Öl enthalten; man unterscheidet *Schnitt-S.* (mit krausen Blättern; für Suppengrün), *Bleich-S.* (Stiel-S., Stengel-S., Stangen-S.; mit verlängerten, fleischigen Blattstielen, die als Salat und Gemüse verzehrt werden), *Knollen-S.* (Wurzel-S.; mit bis rd. 20 cm dicker, eßbarer, knollenartiger Wurzel; diese wird für Salate und Gemüse sowie als Suppengewürz verwendet).

Peter Sellers

Sellers, Peter [engl. 'sɛləz], * Southsea (= Portsmouth) 8. 9. 1925, † London 24. 7. 1980, brit. Filmschauspieler. Spielte kom. Rollen, u. a. in ›Ladykillers‹ (1955), ›Die Maus, die brüllte‹ (1959), ›Der rosarote Panther‹ (1963), ›Dr. Seltsam oder wie ich lernte, die Bombe zu lieben‹ (1963), ›Willkommen, Mr. Chance‹ (1979).

Sellner, Gustav Rudolf, * Traunstein 25. 5. 1905, † Burgberg-Königsfeld 8. 5. 1990, dt. Regisseur. U. a. 1961–63 Intendant, dann bis 1972 Generalintendant der Dt. Oper Berlin.

Seltenerdmetalle, Bez. für die chem. Elemente Scandium, Yttrium, Lanthan sowie für die →Lanthanoide.

Selvas [lat.-brasilian.], Bez. für die trop. Regenwälder des Amazonastieflandes.

Selye, Hans ['zɛljə], * Wien 26. 1. 1907, † Montreal 16. 10. 1982, österr.-kanad. Mediziner und Biochemiker. Prägte die Begriffe Streß (1936) und Adaptationssyndrom.

Sem, Gestalt des AT, der älteste Sohn Noahs; gilt als Ahnherr der Semiten.

Semantik [griech.], Teilgebiet der jüngeren *Sprachwiss.* (Linguistik), das sich mit den Bedeutungen sprachl. Zeichen und Zeichenfolgen befaßt. – In der *Logik* versteht man unter S. die Interpretation formaler Sprachen oder axiomat. Theorien.

Semasiologie [griech.], Teilgebiet der (älteren) Sprachwiss., das sich bes. mit den Wortbedeutungen und ihren (histor.) Veränderungen befaßt.

**Ignaz Philipp
Semmelweis**

Semele, Gestalt der griech. Mythologie, Geliebte des Zeus; urspr. phryg. Erdgottheit.

Semen [lat.], 1) *Botanik:* →Samen.
2) *Zoologie:* svw. →Sperma.

Semeru, mit 3676 m höchster Berg Javas.

Semester [lat.], akadem. Studienhalbjahr.

semi..., Semi... [lat.], Bestimmungswort von Zusammensetzungen mit der Bedeutung ›halb‹.

Semikolon (Strichpunkt), Zeichen der Interpunktion (;), dem Trennungswert nach zw. dem Komma und dem Punkt stehend.

Seminar [lat.], 1. Lehrveranstaltung [an einer Hochschule], bei der die Teilnehmer mit Referaten und Diskussionen unter wiss. Leitung bestimmte Themen erarbeiten; 2. Institut für einen bestimmten Fachbereich an einer Hochschule mit den entsprechenden Räumlichkeiten; 3. Ausbildungsstätte für geistl. Berufe (Priester-S., Prediger-S.); 4. (Studien-S.) 1½- bis 2jährige Lehrgänge für Studienreferendare, die sich auf das 2. Staatsexamen vorbereiten.

Seminolen, Indianerstamm in Florida und v. a. in Oklahoma, eine der **Fünf zivilisierten Nationen,** dem Zusammenschluß der Stämme der Cherokee, Chikasaw, Choctaw, Creek und S. (1834–98).

Semiotik [griech.], in der *Logik* und der *Sprachwiss.* die Lehre von der Entstehung, dem Aufbau und der Wirkweise von Zeichen und Zeichenkomplexen (Symbolen); Teilgebiete der S. sind Syntaktik, Semantik und Pragmatik.

semipermeable Membran [lat.] (halbdurchlässige Membran), bei der Osmose und Dialyse verwendete, zwei Lösungen unterschiedl. Konzentration trennende Wand, die für größere Moleküle undurchlässig, für kleinere (Lösungsmittel)moleküle aber passierbar ist.

Semiramis, griech. Name einer legendären assyr. Königin: soll nach dem Tod ihres Gatten allein regiert haben (Kriegszüge bis Ägypten und Indien). Ihr werden in Babylon v. a. die sog. hängenden Gärten zugeschrieben. Urbild ist die histor. gesicherte **Sammuramat,** Gattin des Assyrerkönigs Schamschi-Adad V. (um 800 v. Chr.).

Semiten, die durch Verwandtschaft ihrer Sprachen gekennzeichneten Völker, die um 3000 n. Chr. wahrscheinlich aus der arab. Halbinsel nach Mesopotamien, Syrien, Palästina und, vor 700 v. Chr., von Südarabien auf das afrikan. Festland (Äthiopien) vorgedrungen sind; zu den S. gehören die Araber, die Äthiopier, die Akkader (Assyrer und Babylonier), die Kanaanäer (Ugarit, Phöniker, Punier, Israeliten, Moabiter u. a.) und die Aramäer (Syrer).

semitische Sprachen, Gruppe der →hamitosemitischen Sprachen. Der Ausdruck ›semitisch‹ wurde im Anschluß an 1. Mos. 10, 21–31; 11,10–26 geprägt. Unterschieden werden die nordostsemit. Sprachen mit dem Akkadischen, die nordwestsemit. Sprachen mit dem *Altkanaanäischen,* das nur aus akkad. Texten des 14. Jh. bekannt ist, sowie Ugaritisch, Phönikisch, Moabitisch, Hebräisch und Aramäisch, die südwestsemit. Sprachen mit dem Arabischen und den äthiop. Sprachen. – Charakteristisch sind die konsonant. Wurzeln (meist mit 3 Konsonanten), aus denen Verben und Nomina gebildet werden.

Semjonow [russ. sɪˈmjɔnɛf], Nikolai Nikolajewitsch, * Saratow 15. 4. 1896, † Moskau 28. 9. 1986, sowjet. Chemiker. Untersuchte die Kinetik von Kettenreaktionen bei Verbrennungsvorgängen; 1956 Nobelpreis für Chemie (mit C. N. Hinshelwood).

Semler, Johann Salomo, * Saalfeld/Saale 18. 12. 1725, † Halle/Saale 14. 3. 1791, dt. ev. Theologe. Wirkte epochemachend für die Entwicklung der →Exegese durch die Unterscheidung zw. der Schrift als dem menschl.-geschichtl. Zeugnis der Offenbarung und dem Wort Gottes selbst.

Semmelweis, Ignaz Philipp (Ignác Fülöp) [ˈzɛməlvaɪs, ungar. ˈzɛmɛlvaːjs], * Ofen (= Budapest) 1. 7. 1818, † Döbling (= Wien) 13. 8. 1865, ungar. Gynäkologe. Erkannte die Ursache und Ansteckungsweise des Kindbettfiebers und empfahl die Desinfektion als Vorbeugemaßnahme.

Semmering →Alpenpässe (Übersicht).

Sempach, Stadt im schweizer. Kt. Luzern, am 14 km² großen Sempacher See, 2500 E. – Mit dem Sieg der Eidgenossen in der **Schlacht von Sempach** (9. 7. 1386) wurde das Ende der [österr.-]habsburg. Herrschaft in der Schweiz eingeleitet.

Semper, Gottfried, * Hamburg 29. 11. 1803, † Rom 15. 5. 1879, dt. Baumeister. Hauptwerke in historist. Stil in Dresden (Opernhaus, 1838–41 und 1871–78, Gemäldegalerie, 1847–54) und in Wien (Neue Hofburg [Entwurf 1871] 1881–94) mit Museumsbauten sowie das [Hof]burgtheater (1874–88); auch kunsttheoret. Schriften.

Semprún, Jorge, * Madrid 10. 12. 1923, span.-frz. Schriftsteller. Lebte seit dem Span. Bürgerkrieg bis 1988 (Kulturmin. in Spanien 1988–91) vorwiegend in Paris. Mgl. der KP (1942–64) und der frz. Resistance; 1943 bis 1945 im KZ Buchenwald (darüber erster Roman ›Die große Reise‹, 1963); in weiteren Romanen v. a. Auseinandersetzung mit den Konsequenzen kommunist. Ideologien, u. a. ›Federico Sanchez‹ (Autobiogr., 1979), ›Algarabia oder die neuen Geheimnisse von Paris‹ (1981); auch Filmdrehbücher, u. a. zu Costa-Gavras' ›Z‹ (1968).

sen., Abk. für lat. →senior.

Senancour, Étienne Pivert de [frz. senãˈkuːr], * Paris 5. oder 6. 11. 1770, † Saint-Cloud 10. 1. 1846, frz. Schriftsteller. Frühromant. Briefroman ›Obermann‹ (1804).

Senat [lat.], 1) *Alte Geschichte:* offizielles Beratungsgremium des röm. Staates; S.beschlüsse waren bindend; u. a. war der S. beteiligt an der Vorbereitung der Gesetzesvorschläge, Kriegserklärungen, Aufstellung des Heeres, Einrichtung von Provinzen; er kontrollierte die Beamten und verhängte den Ausnahmezustand.
2) In der BR Deutschland die Landesregierungen der Stadtstaaten Bremen, Hamburg und (seit 1950) Berlin.
3) in polit. Zweikammersystemen Bez. für die erste Kammer des Parlaments (z. B. USA, Frankreich, Italien).
4) *Gerichtsverfassung:* mit mehreren Richtern besetzter Spruchkörper höherer Gerichte.
5) *Hochschulwesen:* oberstes kollegiales Selbstverwaltungsorgan der wiss. Hochschulen.

Senatus Populusque Romanus [lat. ›Senat und röm. Volk‹], Abk. S.P.Q.R., offizielle Bez. des röm. Staates.

Senckenbergische Naturforschende Gesellschaft, Abk. SNG, 1817 nach einem Aufruf J. W. von Goethes gegr. und nach dem Arzt Johann Christian Senckenberg (* 1707, † 1772) ben. naturwiss. Gesellschaft in Frankfurt am Main; Trägerin des *Naturmuseums und Forschungsinstituts Senckenberg* (größtes dt. Forschungsmuseum; Arbeitsgebiete: Zoologie, Botanik, Geologie/Paläontologie, Meeresbiologie, Anthropologie); größte Außenstation ist das 1928 gegr. *Institut für Meeresgeologie und Meeresbiologie Senckenberg* in Wilhelmshaven.

Sendai, jap. Stadt im nördl. Hondo, 866 000 E. Verwaltungssitz der Präfektur Mijagi; Univ., Handels- und Ind.zentrum; Kurbetrieb (Kochsalzthermen). – Im 8. Jh. Verwaltungszentrum für N-Japan.

Sender, Ramón José, * Alcolea de Cinca bei Lérida 3. 2. 1902, † San Diego (Calif.) 16. 1. 1982, span. Schriftsteller. Emigrierte nach Teilnahme am Span. Bürgerkrieg nach Mexiko, lebte ab 1942 in den

USA. Gehört zu den gesellschaftskrit. Erzählern der span. Literatur, u. a. ›Der Verschollene‹ (R., 1939), ›Requiem für einen span. Landmann‹ (Nov., 1953), ›Die Heilige und die Sünder‹ (R., 1967).

Sender, eine nachrichtentechn. Anlage, die Signale bzw. Informationen in modulierte elektromagnet. Wellen umsetzt und abstrahlt *(Funk-, Rundfunksender).*

Sendersuchlaufautomatik, bei Radiogeräten angewandte Technik, bei der eine eingebaute Automatik auf einen Knopfdruck hin den jeweils auf der Skala benachbarten Rundfunksender, der gerade mit ausreichender Lautstärke zu empfangen ist, sucht und exakt einstellt.

Sendgericht (Send) [griech./dt.], kirchl. Sittengericht über Laien, das sich vor 800 aus der Richterfunktion des Bischofs bei Visitationen gebildet hat; existierte z. T. bis Anfang des 19. Jahrhunderts.

Sendschirli →Zincirli.

Seneca, Lucius Annaeus, d. J. *Corduba (= Córdoba) um 4 v. Chr., †Rom 65 n. Chr. (Selbstmord), röm. Politiker, Philosoph und Dichter. Nach seiner Verbannung (41–48) Erzieher Neros; übernahm als Konsul) 54–59 zus. mit Sextus Afranius Burrus (†62 n. Chr.) die gesamte Reichspolitik; als angebl. Mitwisser der Pison. Verschwörung von Nero zur Selbsttötung gezwungen. Seine philos. Schriften waren der stoischen Ethik verpflichtet; sie gehörten bis zum 18. Jh. zur meistgelesenen philosoph. Literatur; seine 9 Tragödien (u. a. ›Phaedra‹, ›Oedipus‹) haben das neuzeitl. Drama bis zur frz. Klassik stärker beeinflußt als die griech. Originale.

Senefelder, Alois (Aloys), *Prag 6. 11. 1771, †München 26. 2. 1834, österr. Erfinder der →Lithographie.

Senegal

Fläche: 196 192 km²
Einwohner (1990): 7,17 Mio.
Hauptstadt: Dakar
Verwaltungsgliederung: 10 Regionen
Amtssprache: Französisch
Nationalfeiertag: 4. 4.
Währung: CFA-Franc
Zeitzone: MEZ − 1 Std.

Senegal (amtl. Republik S.), Staat in Afrika, grenzt im N an Mauretanien, im SO an Mali, im S an Guinea und Guinea-Bissau, im W an den Atlant. Ozean. Im südl. Landesteil greift von der Küste her 475 km den Fluß Gambia aufwärts der Staat Gambia in das Staatsgebiet von S. hinein.

Landesnatur: S. liegt im Bereich der Großlandschaft des Sudan und der Sahelzone. Es wird überwiegend von Tiefland eingenommen. Der S des Landes hat randtrop., der N Trockenklima. Südl. des Gambia gedeiht Feuchtwald, nach N folgen Feucht-, Trocken- und Dornstrauchsavanne. Die höchsten Erhebungen liegen bei 400 m.

Bevölkerung: Vorwiegend Sudanide der Stämme Wolof, Fulbe, Serer, Dyola und Tukulor. 91 % der E sind Muslime. Univ. in Dakar und Saint-Louis.

Wirtschaft, Verkehr: Die Landwirtschaft ist dominierend. Wichtigstes Anbau- und Exportprodukt sind Erdnüsse. Mit Hilfe künstl. Bewässerung werden Reis, Baumwolle und Zuckerrohr angebaut. Exportiert werden außerdem Thunfische, Sardinen, Krabben und Seezungen. Ind.standorte sind Dakar, Thiès und Kaolack. Das Eisenbahnnetz ist 905 km, das Straßennetz 9971 km lang. Wichtigste Häfen sind Dakar,

Saint-Louis, Kaolack und Ziguinchor. Internat. ✈ ist Dakar.

Geschichte: 15.–17. Jh. portugies., niederländ. und frz. Handelsniederlassungen. 1854 frz. Kolonie (1946 Überseeterritorium); 1895 Teil von Frz.-Westafrika; 1904 eigene Verwaltung; 1958 autonome Republik; bildete 1959 mit Soudan (→Mali) die Föderation Mali innerhalb der Frz. Gemeinschaft; 1960 unabhängige Republik unter Führung von Staats-Präs. L. S. Senghor, der mit einer Einheitspartei autoritär regierte (1980 freiwilliger Rücktritt zugunsten von A. Diouf); 1978 freie Wahlen für das Amt des Präs. und das Parlament. Außenpolit. steuert S. weiter einen prowestl. Kurs in enger Zusammenarbeit mit Frankreich und den EG. Im Dez. 1981 vereinbarten S. und Gambia die Errichtung der Konföderation →Senegambia. Die Wahlen 1988 gewann Präs. Diouf.

Politisches System: Präsidiale Republik; *Verfassung* von 1963 (mehrfach geändert). *Staatsoberhaupt* und oberster Inhaber der *Exekutivgewalt* ist der Präs., er wird für 5 Jahre direkt gewählt. *Legislative* ist die Nationalversammlung (100 Abg., auf 5 Jahre gewählt). *Parteien:* u. a. Parti Socialiste Démocratique (PSD, Regierungspartei), wichtigste Oppositionspartei Parti Démocratique Sénégalais (PDS). – Karte II, Bd. 2, n. S. 320.

Senegal, Fluß in W-Afrika, entsteht durch den Zusammenfluß von Bafing und Bakoy, bildet z. T. die Grenze zw. Mauretanien und Senegal, mündet bei Saint-Louis in den Atlantik, 1 080 km, mit Bafing 1 430 km lang.

Senegambia, 1982–89 bestehende Konföderation zw. Senegal und Gambia; sollte eine Wirtschafts- und Währungsunion, eine Armee und möglichst gemeinsame Außenpolitik betreiben.

Seneschall (Seneschalk), fränk. Hofbeamter (entspricht dem →Truchseß); in Frankreich unter den Kapetingern mächtigster Kronbeamter (seit 1191 nicht mehr besetzt).

Senf [griech.-lat.], Gatt. der Kreuzblütler mit zehn Arten, v. a. im Mittelmeergebiet; bekannte Arten sind *Ackersenf* (Falscher Hederich; bis 80 cm hoch, gelbblühend; Ackerunkraut) und *Weißer S.* (30–60 cm hoch, gelbblühend, Samen werden als Gewürz und für Tafelsenf verwendet).

Senfgas (Lost, Yperit, 2,2'-Dichloräthylsulfid), braune, ölige, stechend riechende Substanz; sehr gefährl. Hautgift, im 1. Weltkrieg als [Gelbkreuz]kampfstoff verwendet.

Senftenberg, Kreisstadt an der Schwarzen Elster, Brandenburg, 31 600 E. Zentrum eines Braunkohlenreviers.

Senghor, Léopold Sédar [frz. sɛ̃'gɔːr, sã'gɔːr], *Joal (Region Thiès) 9. 10. 1906, senegales. Politiker und Lyriker. 1946–58 Abg. in der frz. Nationalversammlung; 1960–80 Staats-Präs., 1962–70 auch Min.-Präs. der Republik Senegal. Zus. mit A. Césaire und L.-G. Damas einer der führenden Vertreter der →Négritude (Gedichte, Essays); 1968 Friedenspreis des Dt. Buchhandels; 1983 als erster Farbiger in die Académie française gewählt.

senil [lat.], greisenhaft; altersschwach.

senile Demenz →Altersblödsinn.

senior [lat.], Abk. sen., älter; (hinter Namen:) der Ältere.

Senior [lat. ›der Ältere‹], 1) (frz. seigneur) verfassungsrechtl. Bez. für den Lehnsherrn; auch svw. Grundherr (→Seigneur).

2) (meist Mrz.) ältere Menschen.

Seniorität [lat.], svw. →Ancienität.

Senkfuß (Fußsenkung), Form des →Plattfußes mit nur noch wenig ausgeprägtem Fußgewölbe.

senkrecht, mit einer vorgegebenen Geraden oder Ebene einen Winkel von 90° bildend.

Léopold Sédar
Senghor

Senegal

Staatsflagge

Staatswappen

Senkrechtstarter (VTOL-Flugzeug), Flugzeug, das vertikal abheben, dann in den Horizontalflug übergehen und später wieder mit senkrechtem Abstieg landen kann. Während der Start- bzw. Landephasen werden S. von vertikalen Schubstrahlen getragen, bei *Kippflüglern* werden die Tragflächen mit den daran angebrachten Triebwerken um etwa 90° gedreht.

Senkspindel, svw. → Aräometer.

Senkung, unbetonte Silbe eines Verses; Ggs. Hebung.

Senlis [frz. sä'lis], frz. Stadt in der Picardie, Dep. Oise, 14 500 E. Galloröm. Wall, frühgot. (ehem.) Kathedrale Notre-Dame (12. und 16. Jh.); Schloß mit got. Wohnbauten. – Die zunächst kelt., dann röm. befestigte Stadt wurde wahrscheinl. im 4. Jh. (gesichert 511) Bischofssitz (bis 1802); im Früh-MA Hauptstadt einer Grafschaft.

Senne, Landschaft am S-Fuß des Teutoburger Waldes.

Sennesblätter [arab./dt.], getrocknete, wegen ihres Gehaltes an *Sennosiden* (Glucoside) in der Volksmedizin als Abführmittel *(S.tee, Sennestee)* verwendete Blätter von zwei Kassiearten.

Sens [frz. sä:s], frz. Stadt 60 km westl. von Troyes, Dep. Yonne, 26 600 E. Got. Kathedrale (13.–16. Jh.), got. Palais Synodal (13. Jh.). – Das kelt. *Agedincum* (Hauptort der kelt. Senonen) wurde im 3. Jh. und erneut 1822 Erzbistum (1622–1801 nur Bistum); seit dem 9. Jh. beim Hzgt. Burgund.

sensibel [lat.-frz.], 1) die Empfindung, Reizaufnahme betreffend; Hautreize aufnehmend (über sensible Nerven).
2) empfindsam, feinfühlig.

Sensibilisierung (Sensibilisation) [lat.], 1) das Hervorrufen bzw. die Steigerung einer [Sinnes]empfindlichkeit (Sensibilität).
2) *Immunologie:* ein Vorgang im Organismus, auf dem die Fähigkeit des Organismus oder eines Gewebes zur Antikörperbildung gegen ein bestimmtes Antigen beruht. → Allergie, → Desensibilisierung.

Sensibilität [lat.], 1. Feinfühligkeit; 2. in der *Sinnesphysiologie* die Fähigkeit des Nervensystems, auf eine Auswahl von Umwelteinflüssen über die Erregung sensor. Nerven und die Integration solcher Erregungen in den sensor. Zentren in Form von Sinneseindrücken, Sinnesempfindungen und schließlich Wahrnehmungen zu reagieren; i. e. S. die *Oberflächen-S.* (von den sensiblen Nervenendigungen der Haut wahrgenommene und von Hautnerven weitergeleitete Berührungs-, Schmerz-, Wärme- und Kälteempfindung) und die *Tiefen-S.* (Empfindungen über Lage, Bewegungsrichtung und Spannungszustand des Bewegungsapparats, vermittelt v.a. über Gelenk-, Sehnen- und Muskelrezeptoren).

Sensillen [lat.], bei Gliederfüßern einfache Sinnesorgane aus mehreren Zellelementen (z. B. Sinneshaare).

Sensitivitätstraining [lat./engl.] (Sensitivity-training), in der Gruppentherapie zur Förderung der sozialen Kontaktfähigkeit eingesetzte Verfahren, die u. a. psych. Hemmungen beim Ausdrücken von Gefühlen entgegenwirken sollen.

Sensor [lat.] (Meßfühler), derjenige Teil einer Meß- und Registriervorrichtung, der unmittelbar der zu messenden oder zu erfassenden Größe ausgesetzt wird; auch Bez. für eine auf elektromagnet. Strahlung (z. B. *Infrarot-S.*) oder bei Berührung (z. B. *S.taste)* ansprechende Vorrichtung.

sensorisch (sensoriell), die Sinnesorgane oder die Aufnahme von Sinneswahrnehmungen bzw. -empfindungen betreffend; **Sensorium,** der Sinnesapparat, bestehend aus Nervensystem und Sinnesorganen; insbes. in der Humanmedizin die Großhirnrinde.

Sensualismus [lat.], erkenntnistheoret. Richtung, die alle Vorstellungsinhalte auf Sinneswahrnehmung zurückführt (u. a. J. Locke).

Sentenz [lat.], auf eine bestimmte Erkenntnis zugespitzter Satz; Sinnspruch.

Sentenzen, systemat. zusammengestellte einzelne Stellen aus der Hl. Schrift und den Kirchenvätern. Wichtig wurden die ›Sententiarum libri IV‹ (entstanden 1148 bis 1152) des → Petrus Lombardus.

sentimental [engl.], rührselig.

Senufo, Volk der Sudaniden im N der Republik Elfenbeinküste, im SW von Burkina Faso und in S-Mali; ihre Sprache, Senufo, gehört zu den Gursprachen.

Senussi [arab.], islam. Bruderschaft, die die Befreiung vom europ. Einfluß zum Ziel hat; 1833 von Muhammad Ibn Ali As Sanusi (* 1791, † 1859) gegr.; erlangte unter Muhammad Al Mahdi († 1902) polit. Einfluß. Der Enkel des Gründers wurde 1950 als Idris I. zum König von Libyen proklamiert (1969 gestürzt).

Seoul [ze'u:l, 'ze:ʊl], Hauptstadt Süd-Koreas, nahe der W-Küste der Halbinsel Korea, am unteren Han, 9,65 Mio. E. Mehrere Univ., Nationalmuseum, Nationalmuseum für moderne Kunst, Nationalbibliothek; bed. Textil-Ind., Metallverarbeitung, Elektro-Ind., Druckereien, Verlage; internat. ✇. Paläste aus dem 14. Jh., u. a. der Kyongbokpalast (1394; 1867 wiederaufgebaut; urspr. etwa 100 Gebäude) mit Thronhalle und Pagodengarten, Südtor (1396) und weiteren Toren (15./16. Jh.) sowie dem konfuzian. Altar (1601). – Stadtgründung 1096; als **Hanjang** regionale Hauptstadt; 1394 Hauptstadt der Yidynastie (1392 bis 1910). 1592/1637 Zerstörungen durch Japaner bzw. Chinesen; 1910–45 Sitz des jap. Generalgouverneurs. 1988 Austragungsort der Olymp. Sommerspiele.

Separation [lat.], Gebietsabtrennung zum Zweck der Angliederung an einen anderen Staat oder der polit. Verselbständigung.

Separatismus [lat.], allg. das Bestreben nach Loslösung von einer vorgegebenen und verfaßten Institution oder Absplitterung eines Gebietes aus einem bestehenden Staatsverband. Insbes. Bez. für die nach dem 1. Weltkrieg im Rheinland unternommenen Versuche einer Abtrennung vom Dt. Reich.

Separator [lat.], 1. Trennvorrichtung, Zentrifuge; 2. → Massenseparator.

Sephardim [hebr.], Nachkommen der Juden, die 1492 Spanien verlassen mußten *(Spaniolen)*. Sie unterscheiden sich von den → Aschkenasim durch einen eigenen Ritus und abweichende Aussprache des Hebräischen, die sich bei der Wiederbelebung der hebr. Sprache durchgesetzt hat.

Sepia [griech.], braun- bis grauschwarzes Pigment aus dem getrockneten Sekret des Tintenbeutels einiger Kopfüßer, v. a. der Gatt. Sepia; früher in Tuschen verwendet.

Sepien (Sepiidae) [griech.], rd. 80 Arten umfassende Fam. zehnarmiger, meerbewohnender Kopfüßer; im Mittelmeer und an den atlant. Küsten verbreitet ist der *Gemeine Tintenfisch,* bis etwa 30 cm lang; besitzt zwei bes. lange, am keulenförmigen Ende mit Saugnäpfen besetzte Fangarme, die dem Ergreifen von Beutetieren (bes. Fische, Krebse) dienen; wühlt sich tagsüber in den Sandboden ein; zeigt Farbwechsel; geschätztes Nahrungsmittel.

Sepsis [griech.] (Blutvergiftung), Allgemeininfektion mit dauerndem oder period. Eindringen von Krankheitserregern in die Blutbahn (meist Eitererregern) von einem Ausgangsherd aus.

Septakkord, svw. → Septimenakkord.

September [lat.], im altröm. Kalender bis zur Kalenderreform Cäsars 46 v. Chr. der 7. Monat des Jahres, danach der 9. Monat mit 30 Tagen.

Sepien:
Gemeiner Tintenfisch

Septembermorde, während der Frz. Revolution u. a. durch Marat veranlaßte Massenmorde vom 2. bis 6. 9. 1792, die der Bergpartei im Nationalkonvent zum Wahlsieg verhalfen.

Septemberrevolution →Märzrevolution.

Septen [lat.] (Scheidewände; Einz.: Septum), relativ dünne häutige, bindegewebige, durch Kalkeinlagerung feste, knorpelige oder knöcherne Wände zw. zwei Hohlräumen (z. B. Nasenseptum).

Septett [lat.-italien.], Musikstück für 7 Instrumental- oder Vokalstimmen sowie die Gruppe der Musizierenden.

Septime [lat.], der siebente Ton der diaton. Tonleiter, das Intervall im Abstand von 7 Stufen. Man unterscheidet kleine, große, übermäßige und verminderte Septime.

Septimenakkord (Septakkord), Akkord aus vier Tönen, der außer dem Grundton dessen Terz, Quinte und Septime enthält. Die drei mögl. Umkehrungen werden *Quintsextakkord, Terzquartakkord* und *Sekundakkord* genannt.

Septimius Severus (Lucius S. S. Pertinax), * Leptis Magna 11. 4. 146, † Eboracum (= York) 4. 2. 211, röm. Kaiser (seit 193).

septisch [griech.], auf die →Sepsis bezüglich; keimhaltig, fäulniserregend.

Septuagesima [mittellat.], der 3. Sonntag vor der Fastenzeit.

Septuaginta [lat.] (Abk. LXX), Bez. für die griech. Übersetzung des AT (3.–1. Jh.).

Sequenz [lat.], 1) liturg. Chorgesang, der im 9. Jh. entstand und sich in der röm. Meßliturgie an das Alleluja anschloß. Mit dem →Tropus war die S. von entscheidendem Einfluß auf Dichtungs- und Gesangsformen des MA. Das im späten MA mehrere Tausend umfassende S.repertoire wurde durch das Tridentinum auf 4 S. reduziert. Das neue röm. Meßbuch berücksichtigt nur noch die S. zu Ostern (›Victimae paschali laudes‹) und Pfingsten (›Veni sancte spiritus‹). 2) *Musik:* die auf- oder absteigende Wiederholung einer Tonfolge auf anderer Tonstufe. 3) *Biochemie:* die Abfolge von verschiedenen, aber chemisch nahe verwandten Monomeren in polymeren Naturstoffen; z. B. Aminosäuren in Polypeptiden *(Aminosäure-S.)* oder Nukleinsäurebasen in Nukleinsäuren *(Basen-S.).*

Serail [ze'raɪ(l); pers.-türk.-frz.], Palast des Sultans.

Serapeion (Serapeum) [ägypt.-griech.], altägypt. Begräbnisstätte der hl. Apisstiere, z. B. in Sakkara.

Seraph (Mrz. Seraphim) [hebr.], nur bei Jes. 6, 2 ff. erwähntes sechsflügeliges himml. Wesen, das Jahwe umschwebt und mit den Cherubim das →Trishagion singt.

Séraphine [frz. sera'fin], eigtl. S. Louis, * Arsy bei Compiègne 2. 9. 1864, †Clermont-de-l'Oise 11. 12. 1942, frz. naive Malerin. Malte Phantasiebäume.

Serapionsbrüder, nach dem Vorbild der Berliner ›S.‹ E. T. A. Hoffmanns 1921 in Petrograd gegr. literar. Gruppe, die für eine von Ideologie freie Literatur eintrat (u. a. J. I. Samjatin, K. A. Fedin, W. A. Kawerin).

Serapis →Sarapis.

Serben, südslaw. Volk.

Serbien, größter jugoslaw. Bundesstaat bis zum Auseinanderfallen Jugoslawiens, 88 361 km², 9,76 Mio. E, gliedert sich polit. in die autonomen Prov. Wojwodina und Kosovo sowie das eigtl. S. (Engeres S. oder Alt-S.), Hauptstadt Belgrad. *Geschichte:* Die slaw. Serben, im 5./6. Jh. oder im 7. Jh. auf die Balkanhalbinsel eingewandert, wurden um 1180 von Byzanz unabhängig. Das Kgr. S. (seit 1217) errang unter →Stephan Dušan (⚰ 1331–55) die Vormachtstellung im Balkanraum, zerfiel aber nach seinem Tode. Das serb. Restfürstentum geriet nach

der Niederlage auf dem Amselfeld (1389) unter türk. Oberherrschaft (1459 osman. Prov.). Im Freiheitskampf gegen die Osmanen (1804–15) erreichten die Familien und späteren Dynastien Karađorđević und Obrenović 1830 die Autonomie Serbiens, das 1878 als unabhängiger Staat anerkannt wurde (1882 Kgr.). In den Balkankriegen 1912/13 gewann S. N- und Zentralmakedonien. Das gegen Österreich-Ungarn gerichtete Streben nach einem Großserb. Reich führte am 28. 7. 1914 zum Attentat auf den österr. Thronfolger Franz Ferdinand in Sarajevo und damit zum 1. Weltkrieg. 1918 wurde das Kgr. der Serben, Kroaten und Slowenen gebildet (→Jugoslawien, Geschichte). 1945/46 wurde S. eine Republik in Jugoslawien. Seit 1990 kommt es hin zu Auseinandersetzungen über die Prov. Kosovo, deren Autonomiestatus durch S. aufgehoben wurde. Im jugoslaw. Bürgerkrieg seit Juni 1991 suchte S. mit Hilfe der jugoslaw. Bundesarmee den Zusammenhalt des jugoslaw. Gesamtstaates gewaltsam zu erhalten. Die Unabhängigkeit Kroatiens und Sloweniens wurde im Jan. 1992 u. a. von Staaten der EG anerkannt.

serbische Kunst ↑jugoslawische Kunst.

serbische Literatur →jugoslawische Literatur.

Serbokroatisch (Kroatoserbisch), zur südlichen Gruppe der slaw. Sprachen gehörende Sprache mit etwa 15 Mio. Sprechern v. a. in den Republiken Bosnien und Herzegowina, Kroatien, Montenegro und Serbien. Das S. verfügt über 2 bed. schriftsprachl. Varianten mit den kulturellen Zentren Belgrad (Serb.) und Zagreb (Kroatisch). Im kroat. Bereich wird in lat., im serb. in kyrill. Schrift geschrieben.

Seremban [indones. sərəmˈban], Hauptstadt von Negri Sembilan, Westmalaysia, 136 300 E. Zentrum eines Kautschukanbau- und Zinnerzbergbaugebiets.

Serenade [italien.-frz.], Komposition für kleinere instrumentale, vokale oder gemischte Besetzungen, oft mit Bläsern. Die Instrumental-S. des 18. Jh. besteht aus einer lockeren Folge von oft 5–7 Einzelsätzen, u. a. von W. A. Mozart (am bekanntesten ›Eine kleine Nachtmusik‹ KV 525, 1787).

Serengeti, Savanne in N-Tansania, im Hochland östl. des Victoriasees, etwa 1 500–1 800 m ü. d. M.; Kerngebiet des *S.-Nationalparks* (12 500 km²).

Sergeant [zɛrˈʒant, engl. ˈsɑːdʒənt; lat.-engl.] (frz. Sergent), 1. Unteroffiziersdienstgrad (u. a. im amerikan., frz. und brit. Heer); 2. (untergeordneter) Polizeidienstgrad, v. a. in den USA.

Sergipe [brasilian. serˈʒipi], Bundesstaat in NO-Brasilien, 21 863 km², 1,14 Mio. E, Hauptstadt Aracaju.

Sergius, eigtl. Iwan Nikolajewitsch Stragorodski, * Arsamas 23. 1. 1867, †Moskau 15. 5. 1944, Patriarch von Moskau und ganz Rußland (ab 1943). 1925 Leiter der russ.-orth. Kirche (Patriarchatsverweser); inhaftiert und 1927 nach seiner Loyalitätserklärung gegenüber dem sowjet. Staat freigelassen; 1943 zum Patriarchen gewählt.

serielle Kunst [lat./dt.], im Bereich der Minimal art, der Op-art und kinet. Kunst auf Wiederholungen basierende Objekte oder Reihen.

serielle Musik [lat./griech.], eine etwa 1950–55 herrschende Strömung in der musikal. Avantgarde, bei der möglichst alle Strukturelemente eines Werkes durch die vorweg festgelegte Ordnung von Zahlen- oder Proportionsreihen bestimmt sein sollen. Die extremste Form s. M. ist die *punktuelle Musik,* bei der sich der Tonsatz aus den einmal gewählten Reihen gewissermaßen automat. ergibt (P. Boulez, ›Structure Ia‹ für 2 Klaviere, 1952; K. Stockhausen, ›Kontra-Punkte‹ für 10 Instrumente, 1953).

Serienbetrieb →Parallelbetrieb.

Serien-Parallel-Umsetzer →Parallel-Serien-Umsetzer.

Serifen, kleine abschließende Striche am Buchstabenkörper.

Serigraphie [griech.], svw. Siebdruck (→Drukken).

seriös [lat.-frz.], vertrauenswürdig.

Serir [arab.], Kies- oder Geröllwüste; entsteht durch Ausblasung der feinkörnigen Bestandteile und die dadurch bedingte Anreicherung des groben Materials.

Serkin, Rudolf ['zɛrki:n, engl. 'sɛəkɪn], * Eger 28. 3. 1903, † Guilford (Vt.) 8. 5. 1991, amerikan. Pianist ungar. Herkunft. Schüler von A. Schönberg; 1933 Emigration. Gehörte zu den großen Pianisten des 20. Jh., auch Kammermusik; bed. Interpret der dt. Klassik und Romantik.

Sermon [lat.], 1. Rede, Vortrag; 2. langweiliges Geschwätz.

Serocki, Kazimierz [poln. sɛ'rɔtski], * Thorn 3. 3. 1922, † Warschau 9. 1. 1981, poln. Komponist. Bed. Komponist der poln. Avantgarde; u. a. zwei Sinfonien (1952 und 1953).

Serodiagnostik (Serumdiagnostik) [lat./griech.], Bez. für diagnost. Untersuchungen des Blutplasmas mit physikal.-chem. (z. B. Elektrophorese) oder biolog. Methoden.

serös [lat.], auf das Blutserum bezügl., aus diesem (wenigstens z. T.) bestehend, ihm ähnl.; auch Bez. für Organe, die solche Flüssigkeiten bilden.

Serotonin [lat./griech.] (5-Hydroxytryptamin, 5-HT), biogenes Amin und Gewebshormon, das aus der Aminosäure Tryptophan gebildet wird und als Neurotransmitter im Zentralnervensystem, im Magen-Darm-Trakt und in den Blutplättchen vorkommt; wirkt kontrahierend auf die glatte Muskulatur des Magen-Darm-Trakts.

Serow, Walentin Alexandrowitsch, * Petersburg 19. 1. 1865, † Moskau 5. 3. 1911, russ. Maler. Dem Impressionismus nahestehender Vertreter der Porträtkunst, u. a. ›Mädchen mit Pfirsichen‹ (1888); ›Nikolai Leskow‹ (1894); ›Des Malers Söhne‹ (1899); ›Miki Morosow‹ (1901; alle Moskau, Tretjakow-Galerie); auch Landschaften und Historienbilder.

Serpens [lat.] →Sternbilder (Übersicht).

Serpent [lat.], Baßinstrument aus der Familie der Hörner mit schlangenförmig gewundener Röhre, 6 Grifflöchern und abgebogenem Anblasrohr.

Serpentin [lat.] (Ophit), in dichten Aggregaten auftretendes, meist grünes Mineral, chemisch $Mg_6[(OH)_8Si_4O_{10}]$. Mohshärte 3–4; Dichte 2,5–2,6 g/cm^3; gesteinsbildendes Mineral.

Serpentine [lat.], Straßenführung mit engen Kehren an steilen Berghängen.

Serra, Richard Antony [engl. 'sɛrə], * San Francisco 1939, amerikan. Bildhauer. Vertreter der Minimal art.

Serra [portugies. 'sɛrɐ, brasilian. 'sɛrra], portugies. und brasilian. svw. Gebirge.

Sertão [brasilian. ser'tɐ̃u], die weiten Trockenlandschaften des nordostbrasilian. Binnenlandes.

Serum [lat.], svw. Blutserum (→Blutgerinnung).

Serumeiweißkörper (Serumproteine), im Blutserum und in der Lymphe enthaltenen Albumine *(Serumalbumine)* und Globuline *(Serumglobuline),* die v. a. für den osmot. Druck (→Osmose) des Bluts und der Lymphe wesentl. sind.

Serval [lat.-portugies.-frz.] ([Afrikan.] Buschkatze), hochbeinige, schlanke, 0,7–1 m körperlange (einschließl. Schwanz maximal 1/4 m messende) Kleinkatze, v. a. in Steppen und Savannen Afrikas südl. der Sahara; jagt v. a. Vögel und kleine bis mittelgroße Säugetiere.

Servatius, hl., † Maastricht im 4. Jh., erster Bischof von Tongern. Einer der sog. Eisheiligen. – Fest: 13. Mai.

Service [engl. 'sə:vɪs; lat.-engl.], 1) *allgemein:* Dienstleistung, [Kunden]dienst.
2) *Sport:* Aufschlag[ball] beim Tennis.

servil [lat.], unterwürfig.

Servitut [lat.], svw. →Dienstbarkeit.

Servo... [lat.], Bestimmungswort in Zusammensetzungen mit der Bedeutung ›Hilfs-‹.

Servoeinrichtung, Einrichtung, die eine die einleitende Betätigungskraft übersteigende Hilfskraft erzeugt, z. B. im Kfz die Servobremse und die Servolenkung. Die Kraftverstärkung kann z. B. elektr., magnet., hydraul. oder pneumat. erfolgen.

Servus servorum Dei [lat. ›Knecht der Knechte Gottes‹], seit Papst Gregor I. von den Päpsten als Titel geführte Devotionsformel.

Sesam [semit.-griech.], Gatt. der S.gewächse mit 18 Arten im trop. und subtrop. Afrika und im südl. Indien; eine in den Tropen und Subtropen angebaute Kulturpflanze ist der *Indische S.;* die Samen enthalten etwa 50 % fettes Öl, etwa 25 % Eiweiß und rd. 7 % Kohlenhydrate; Verwendung zu Speiseöl, für Margarine, als Viehfutter.

Sesambeine (Sesamknochen), bei Wirbeltieren und dem Menschen v. a. im Verlauf von Sehnen und Bändern vorkommende, meist kleine, rundl. Knochenelemente zur Verbesserung der Zugwirkung des betreffenden Muskels und als Stützelement (z. B. die Kniescheibe).

Sesamgewächse (Pedaliaceae), Pflanzenfam. mit über 50 Arten in 16 Gatt. in den Tropen und Subtropen der Alten Welt; einjährige oder ausdauernde Kräuter.

Sesschu [jap. 'se.ʃʃu:], eigtl. Oda Tojo (auch Unkoku), * Akahama bei Okajama 1420, * Masuda bei Matsu 26. 8. 1506, jap. Maler. Gründete als Zenpriester in Jamagutschi einen eigenen Tempel bzw. eine Malschule; verarbeitete in seinen Landschaftsbildern chin. Einflüsse.

Sesterz (Nummus), von Augustus bis etwa 268/ 270 schwerste Münze der Kupferwährung = 4 As.

Set (Seth), Gestalt des AT; Sohn Adams.

Set [engl. sɛt], Satz gleichart. Dinge.

Sète [frz. sɛt], frz. Hafenstadt auf einer Nehrung am Golfe du Lion, Dep. Hérault, 39 500 E. – Früher *Cette,* entstand mit dem Bau eines Hafens (1666–77) als Endpunkt des Canal du Midi.

Seth, ägypt. Gott der Unordnung.

Sethos I., † 1290 v. Chr., ägypt. König (seit 1303) der 19. Dynastie. Erbaute den Großen Säulensaal des Amuntempels in Karnak; sein Grab in Biban Al Muluk ist das größte aller ägypt. Könige.

Seto, jap. Stadt auf Hondo, am O-Rand der Nobiebene, 121 000 E. Porzellanindustrie.

Setter [engl.], dem Spaniel nahestehende Rassengruppe langhaariger, etwa 65 cm schulterhoher, temperamentvoller Vorstehhunde; u. a.: *Englischer S.,* mittelgroß (Widerristhöhe 55 cm), mit langem, seidigem, weißem Fell mit vereinzelten dunkleren Tupfen; *Gordon S.,* bis 70 cm Schulterhöhe, mit langem, schwarzem (mahagonifarbene Abzeichen) Fell; *Irischer S.* (Irish Setter), bis 67 cm Schulterhöhe, mit mittellangem, rotbraunem, weichem Fell.

Settlementbewegung [engl. 'sɛtlmənt], in Großbrit. und den USA sozial- und bildungspolit. Bewegung seit 1869, deren Ziel die Entwicklung gemeinnütziger Einrichtungen (Nachbarschaftsheime) in großstädt. Bezirken war. Führend in den USA waren J. Addams und E. G. Balch.

Setúbal [portugies. sə'tuβal], portugies. Hafenund Ind.stadt an der S-Küste der Halbinsel von Setúbal, 77 900 E. Kirche (1491 ff.; im Emanuelstil) des 1490 gegr. Franziskanerinnenklosters; Befestigungsmauer um die Altstadt; Kastell. – Nach 1237 entstanden; 1471–95 Residenz der Könige von Portugal.

Sesam:
Indischer Sesam

Serpentin

Setúbal, Halbinsel von [portugies. sə'tuβal], Halbinsel zw. Tejo- und Sadomündung, Portugal, an deren S-Küste sich die Serra da Arrábida erstreckt. Im SW liegt **Kap Espichel** mit einer Wallfahrtskirche.

Setzerei, Betriebsabteilung in graph. Gewerbe, in der die zur Wiedergabe von Text im Druck erforderl. Herstellung des Schriftsatzes **(Setzen)** geschieht. Beim **Handsatz** setzt der Setzer Zeile um Zeile, indem er die einzelnen Drucktypen dem *Setzkasten* entnimmt und im *Winkelhaken* zu vorgegebener Zeilenbreite zusammenstellt. Beim **Maschinensatz** unterscheidet man zw. dem Blei- bzw. Kunststoffsatz, dem Schreibsatz und dem *Photo-* bzw. *Lichtsatz.* Beim **Computersatz** werden Arbeitsgänge wie Ausschließen, Silbentrennung, Schriftwahl, Einzüge, Umbruch, Einfügen von Korrekturen usw. von einem sog. *Satzcomputer* oder *-rechner* programmgesteuert.

Setzmaschinen: Bei der *Zeilensetz- und -gießmaschine* (z. B. Linotype ⓦ, Intertype ⓦ) werden die Gießformen (Matrizen) der einzelnen Schrifttypen zu Zeilen aneinandergereiht; die Matrizenzeile wird mit geschmolzenem Letternmetall (oder Kunststoff) abgegossen; Satzleistung bis 10 000 Zeichen pro Stunde, bei mit Lochstreifen bzw. Computer gesteuerten *Schnellsetzmaschinen* (Setzautomaten) etwa 24 000 bzw. 30 000 Zeichen pro Stunde. Die *Einzelbuchstabensetz- und -gießmaschine* (z. B. Monotype ⓦ, Satzleistung 6 000 Zeichen pro Stunde) besteht aus Setzmaschine (Taster mit 255 Tasten für 3 Schriftarten) und Gießmaschine. Die Drucktypen werden einzeln abgegossen und anschließend zu Wörtern und Zeilen zusammengesetzt.

Schreibsetzmaschinen (z. B. IBM-Composer ⓦ) sind spezielle Speicherschreibmaschinen, mit denen reprofähige Vorlagen erstellt werden können.

Die Photo- und Lichtsetzmaschinen liefern eine als Kopiervorlage für die Druckformenherstellung im Tief- und Offsetdruck verwendbaren Satz auf Filmstreifen oder auf Photopapier. *Photosetzmaschinen* (z. B. Intertype-Fotosetter ⓦ, Monophoto ⓦ) enthalten eine spezielle Belichtungseinrichtung. Bei Lochband- bzw. Magnetbandsteuerung erreicht man bis zu 20 000 bzw. 60 000 Buchstabenbelichtungen pro Stunde. – Eine Weiterentwicklung sind die heute meist als *Lichtsetzmaschinen* bezeichneten *superschnellen* oder *CRT-Photosetzmaschinen,* die mit Hilfe von Kathodenstrahlröhren (engl. cathode ray tubes) oder Lasersystemen arbeiten und über Satzcomputer gesteuert werden. In modernen Lichtsetzmaschinen (z. B. Digiset ⓦ) werden die gespeicherten Schriftzeichen entsprechend dem ebenfalls gespeicherten Manuskript aus dem Speicher abgerufen, auf einem Display erzeugt und auf dem Photomaterial abgebildet (über 1 Mio. Buchstaben pro Stunde).

Setzling, 1) *Fischzucht:* (Besatzfisch, Satzfisch, Setzfisch) in der *Teichwirtschaft* ein Jungfisch, der zum weiteren Wachstum in den Streck- bzw. den Mastteich verbracht *(gesetzt)* wird.

2) (Setzpflanze) Jungpflanze, die aus Anzuchtkästen u. a. an ihren endgültigen Standort verpflanzt wird.

Setzmaschinen →Setzerei.

Seuche, svw. →Epidemie, →Tierseuchen.

Seuchenlehre, svw. →Epidemiologie.

Seume, Johann Gottfried, * Poserna bei Weißenfels 29. 1. 1763, † Teplitz 13. 6. 1810, dt. Schriftsteller. In den 1780er Jahren erzwungener Kriegsdienst in Amerika; Verfasser bed. Memoiren und Reiseberichte (›Spaziergang nach Syrakus im Jahre 1802‹, 1803; ›Einige Nachrichten über die Vorfälle in Polen im Jahre 1794‹, 1796).

Seurat, Georges [frz. sœ'ra], * Paris 2. 12. 1859, † ebd. 29. 3. 1891, frz. Maler. Entwickelte die Technik des Pointillismus (→ Impressionismus). – *Werke:* Ein

Sonntagnachmittag auf der Île de la Grande Jatte (1885; Chicago, Art Institute), Der Zirkus (1891; Paris, Louvre).

Seuse, Heinrich, sel., latinisiert Suso, * Konstanz oder Überlingen 21. 3. 1295 (1300?), † Ulm 25. 1. 1366, dt. Mystiker. Schüler Meister Eckharts; schrieb u. a. das ›Büchlein der Wahrheit‹ (um 1326), auch erste Selbstbiographie in dt. Sprache.

Severing, Carl, * Herford 1. 6. 1875, † Bielefeld 23. 7. 1952, dt. Politiker (SPD). Erreichte als preuß. Innen-Min. 1920–26 (mit kurzer Unterbrechung 1921) und 1930–32 eine Stabilisierung der preuß. Politik zw. den Extremen von rechts und links; Reichsinnen-Min. 1928–30. Wurde durch den Preußenputsch 1932 amtsenthoben.

Severini, Gino, * Cortona 7. 4. 1883, † Paris 26. 2. 1966, italien. Maler. Vertreter des Futurismus (›Im Tabarin‹, 1912, New York, Museum of Modern Art; ›Sphär. Expansion des Lichts‹, 1914, Mailand, Privatbesitz); später u. a. kubist. Bilder.

Severn [engl. 'sɛvən], mit 354 km der längste Fluß Großbritanniens, entspringt in den Cumbrian Mountains, mündet unterhalb von Gloucester in den Bristolkanal.

Severus Alexander, Marcus Aurelius (Alexander Severus), eigtl. Gessius Bassianus Alexianus, * Arca Caesarea (Syrien) 1. 10. 208, † Mogontiacum (= Mainz) 19. (oder 22.) 3. 235, röm. Kaiser (seit 222).

Seveso-Gift, svw. →Dioxin, ben. nach dem bei Mailand gelegenen Ort Seveso, in dessen Nähe das Gift bei einer Explosion in einer Chemiefabrik am 10. 7. 1976 freigesetzt wurde.

Sévigné, Marie Marquise de [frz. sevi'ɲe], geb. de Rabutin-Chantal, * Paris 5. 2. 1626, † Schloß Grignan (Drôme) 17. 4. 1696, frz. Schriftstellerin. Ihre rd. 1 500 Briefe an ihre Tochter über das höf. Leben in Paris zählen zur klass. frz. Prosa.

Sevilla [ze'vilja, span. se'βiʎa], span. Prov.hauptstadt in Andalusien, am Guadalquivir, 668 400 E. Univ. (gegr. 1502), archäolog. Museum, Kunstmuseum; Indienarchiv; u. a. Hüttenwerk, keram. Ind., Weinkellereien, Tabak- und Korkverarbeitung. Der Hafen ist für kleinere Hochseeschiffe zugängl.; bed. Fremdenverkehr.

Bauten: Der Sackgassengrundriß der Altstadt ist maur. Ursprungs. Aus röm. Zeit sind Teile der Stadtmauer und eines Aquädukts erhalten. Die fünfschiffige spätgot. Kathedrale (1402 ff.) bewahrt vom Vorläuferbau das Minarett als Glockenturm (die ›Giralda‹, 1184–98; Renaissanceaufsatz 1568). Ein Hauptwerk des Mudejarstils ist der Alkazar (mit Teilen aus almohad. Zeit, aus dem 14. und 16. Jh.; Hof mit 52 Marmorsäulen, 16. Jh.).

Geschichte: Das iber. **Hispalis** wurde 45 v. Chr. zur Colonia erhoben **(Colonia Iulia Romula);** 712 von den Arabern erobert; entwickelte sich zu einem Zentrum des maur. Spanien; 1248 an Kastilien; besaß nach der Entdeckung Amerikas (neben Cádiz) das Monopol für den Überseehandel; 1503–1717 Sitz des Indienrates, dem die Verwaltung aller span. Kolonien oblag.

Sèvres [frz. sɛːvr], im sw. Vorortbereich von Paris, Dep. Hauts-de-Seine, 20 200 E. Keramikmuseum; Porzellanmanufaktur. – Der am 10. 8. 1920 zur Beendigung des 1. Weltkrieges zw. der Türkei und den Alliierten abgeschlossene **Friede von Sèvres** wurde von Kemal Atatürk nicht anerkannt und durch den Griech.-Türk. Krieg hinfällig.

Sewastopol [se'vastopol, russ. sɪvas'topəlj], ukrain. Stadt an der SW-Küste der Krim, 345 000 E. Hochschule für Gerätebau, 2 Theater, Museen; u. a. Fischverarbeitung, Gerätebau; Hafen. – 1783 gegr.; 1804 Eröffnung des Kriegshafens, der als Hauptstützpunkt der russ. Schwarzmeerflotte im Krimkrieg 1854/55 und im 2. Weltkrieg heftig umkämpft war.

Sex [lat.-engl.], kurz für Sexualität.

Sexagesima [mittellat. ›der sechzigste (Tag)‹], bis 1969 Name des achten Sonntags vor Ostern.

Sex-Appeal [engl. 'sɛksə,pi:l], starke erot. Anziehungskraft.

Sexchromatin, svw. →Geschlechtschromatin.

Sexismus [lat.], Begriff der Frauenbewegung, der das (gesellschaftl.) Vorurteil von der geschlechtsbedingten Unterlegenheit der Frau (auch hinsichtl. intellektueller und schöpfer. Fähigkeiten) bezeichnet.

Sexologie [lat./griech.] (Sexuologie, Sexualwissenschaft), wiss. Disziplin, die sich mit der Erforschung der Sexualität und des Sexualverhaltens befaßt.

Sext (Sexte) [lat.] →Stundengebet.

Sexta [lat.], veraltete Bez. für die 1. Klasse im Gymnasium (5. Schuljahr).

Sextakkord, Akkord aus drei Tönen, der außer dem tiefsten dessen Terz und Sexte enthält.

Sextant [lat.], ein v. a. bei der Navigation zur Messung des Winkelabstandes zweier Sterne bzw. zur Bestimmung der Höhe eines Sterns über dem Horizont verwendetes Winkelmeßinstrument, bestehend aus einem Fernrohr, einem fest vor dem Fernrohr angeordneten halbdurchlässigen Spiegel und einem bewegl. Spiegel, dessen Winkelabweichung gegenüber dem festen Spiegel auf einem Teilkreis abgelesen werden kann *(Spiegel-S.).*

Sexte [lat.], der 6. Ton der diaton. Tonleiter, das Intervall im Abstand von 6 Stufen. Man unterscheidet große, kleine und verminderte Sexte.

Sextett [lat.-italien.], Musikstück für 6 Instrumental- oder Vokalstimmen sowie die entsprechende Gruppe der Musizierenden.

Sexualdelikte, svw. →Sexualstraftaten.

Sexualerziehung (Geschlechtserziehung), Erziehung (bes. die sexuelle Aufklärung), die sich auf die sexuelle Entwicklung von Heranwachsenden bezieht. – Nach den Empfehlungen der Kultusministerkonferenz 1968 gehört die S. in der BR Deutschland zum festen Bestandteil des Schulunterrichts. Sie soll über die reine **Sexualkunde** (Wissensvermittlung über die biolog. Grundlagen der Sexualität) hinausgehen, insofern die Schüler in einem fächerübergreifenden Unterricht die Einsicht in Zusammenhänge, das Wertempfinden, sittl. Entscheidungsfähigkeit und sprachl. Ausdrucksvermögen im sexuellen Bereich erwerben sollen. Nach dem Urteil des Bundesverfassungsgerichts 1977 ist die schul. S. nicht von der Zustimmung der Eltern abhängig.

Sexualhormone, svw. →Geschlechtshormone.

Sexualität [lat.] (Geschlechtlichkeit), das auf die Befriedigung der sexuellen Bedürfnisse und die geschlechtl. Vereinigung (→Geschlechtsverkehr) gerichtete Verhalten *(Geschlechtstrieb)* bei Mensch und Tier. – Während bei den Tieren die S. dem Zweck der Fortpflanzung dient und oft an bestimmte Zeiten (Brunst) gebunden ist, ist sie beim Menschen außerdem ein wesentl. Bestandteil (der Entwicklung) seiner Gesamtpersönlichkeit. Der Mensch verfügt im unterschiedl. Maß über die Fähigkeit zur Kontrolle seines sexuellen Verhaltens, das bis zum Triebverzicht (Keuschheit) reichen kann. Ein bes. Phänomen der menschl. S. ist die *Erotik,* die als umfassende Sensibilisierung psych. und phys. Erlebens über die unmittelbare Bedürfnisbefriedigung hinausgeht.

Sexualkunde →Sexualerziehung.

Sexualwissenschaft, svw. →Sexologie.

Sexualstraftaten, im 13. Abschnitt des StGB als ›Straftaten gegen die sexuelle Selbstbestimmung‹ definiert (z. B. sexuelle Nötigung, →Vergewaltigung); Reform des Sexualstrafrechts in der BR Deutschland 1973.

Sexus [lat.] →Geschlecht.

Seychellen

Staatsflagge

Staatswappen

Seychellen

Fläche: 453 km²
Einwohner (1990): 67 380
Hauptstadt: Victoria
Amtssprache: Kreolisch
Nationalfeiertag: 29. 6.
Währung: 1 Seychellen-Rupie (SR) = 100 Cents (c)
Zeitzone: MEZ + 2 bzw. 3 Std.

Seychellen [zɛ'ʃɛlən], Staat im westl. Ind. Ozean, umfaßt die nö. von Madagaskar gelegene Inselgruppe der S. sowie die Amiranten, Assumption Island, Aldabra Islands, Farquhar Islands und andere Inseln, insgesamt über 90 Inseln und Atolle.

Landesnatur: Überwiegend gebirgige Inseln, die auf Mahé 905 m Höhe erreichen. Trop.-ozean. Klima, in dem Kokospalmen ausgezeichnet gedeihen.

Bevölkerung: Überwiegend Kreolen, daneben ind., chin. und europ. Minderheiten. 90 % der E sind katholisch.

Wirtschaft, Verkehr: Kultiviert werden Kokospalmen und Zimtbäume. Weitere Erzeugnisse sind Maniok, Jams, Gemüse, Tabak, Tee und Vanille. Wichtigster Wirtschaftszweig ist der Fremdenverkehr. Straßen gibt es auf Mahé, Praslin und La Digue (insgesamt 264 km). Überseehafen ist Victoria; internat. ✈ auf Mahé.

Geschichte: Anfang des 16. Jh. von Portugiesen entdeckt; 1743 frz., 1814 brit. (ab 1903 zus. mit weiteren Inseln brit. Kronkolonie); am 28. 6. 1976 unabhängig als Republik. Nach dem Sturz (1977) des ersten Staats-Präs. James Richard Marie Mancham (* 1939) folgte France Albert René (* 1935), der 1978 seine sozialist. Fortschrittl. Volksfront der Seychellen (SPPF) zur Einheitspartei erklärte. Ein Gegenputsch, den etwa 45 weiße Söldner im Nov. 1981 einleiteten, scheiterte wie auch eine militär. Meuterei im Aug. 1982.

Politisches System: Präsidiale Republik im Commonwealth; *Verfassung* von 1979. *Staatsoberhaupt* und oberster Inhaber der *Exekutivgewalt* ist der Präs., er wird für 5 Jahre direkt gewählt. *Legislative* ist die Nationalversammlung (25 Abg., davon 23 für 5 Jahre gewählt, 2 vom Präs. ernannt). *Partei:* Seychelles People's Progressive front (SPPF). – Karte III, Bd. 1, n. S. 320.

Seychellennuß [zɛ'ʃɛlən] (Doppelkokosnuß, Maledivennuß), bis 20 kg schwere, einen von dicker Faser- und Fleischhülle umgebenen Steinkern enthaltende einsamige Frucht (von der Form einer Doppelkokosnuß) der S.palme; benötigt bis zur Reife etwa 10 Jahre.

Seydlitz ['zaɪdlɪts], 1) Friedrich Wilhelm von, * Kalkar 3. 2. 1721, † Ohlau bei Breslau 8. 11. 1773, preuß. General (seit 1757). Errang im Siebenjährigen Krieg als Oberbefehlshaber der gesamten preuß. Kavallerie die Siege bei Roßbach (5. 11. 1757) und Zorndorf (25. 8. 1758).

2) Walther von, eigtl. S.-Kurzbach, * Hamburg 22. 8. 1888, † Bremen 28. 4. 1976, dt. General. Verfügte im Jan. 1943 die Kapitulation seiner Truppen bei Stalingrad; in sowjet. Gefangenschaft 1943–45 Präs. des Bundes Dt. Offiziere; 1955 entlassen.

Seymour, Jane [engl. 'si:mɔ:] →Jane Seymour.

Seyß-Inquart, Arthur, * Stannern (= Stonařov bei Iglau) 22. 7. 1892, † Nürnberg 16. 10. 1946 (hingerichtet), österr. Politiker (NSDAP). Auf ein Ultimatum Hitlers ab 11. 3. 1938 Bundeskanzler; ermöglichte den dt. Einmarsch und vollzog den Anschluß Österreichs; 1938/39 Reichsstatthalter für die Ostmark; als Reichskommissar für die besetzten Niederlande (1940 bis 1945) führend mitverantwortl. für die Ausbeutung des niederl. Arbeitskräfte- und Wirtschaftspotentials und für Judendeportationen; 1946 zum Tode verurteilt.

Sezession [lat.], 1) *Völkerrecht:* die Herauslösung eines Staatsteiles aus einem Einheitsstaat oder einer Staatsverbindung, wobei der herausgelöste Staatsteil Teil eines anderen Staatsverbandes wird.

2) *Kunst:* (Secession) Absonderung einer Künstlergruppe von einer älteren Künstlergemeinschaft, z.B. *Münchner S.* (1892), *Wiener S.* unter G. Klimt (1897), *Berliner S.* unter M. Liebermann (1898).

Sezessionskrieg (Amerikan. Bürgerkrieg), der Bürgerkrieg in den USA 1861 bis 1865, verursacht durch den Ggs. zw. Nord- und Südstaaten, u.a. in der Frage der Sklaverei; ausgelöst wurde er durch die Wahl A. Lincolns zum Präs. der USA und den daraufhin erfolgenden Austritt (Sezession) von 11 Südstaaten aus der Union. Diese schlossen sich unter Präs. J. Davis zu den *Konföderierten Staaten von Amerika* zusammen (1861). Nach anfängl. Erfolgen der Südstaatenarmee endeten Versuche des Generals R. E. Lee, den Krieg in die Unionsstaaten zu verlagern, in der Niederlage bei Gettysburg (1.–3. 7. 1863). Mit dem Fall von Vicksburg (4. 7. 1863) kam das ganze Mississippital in die Gewalt der Unionstruppen. In der Schlacht von Chattanooga (23.–25. 11. 1863) gelang es General U. S. Grant, die wichtigsten Eisenbahnknotenpunkte des Südens und damit dessen Nachschublinien zu zerstören. General Lee kapitulierte am 9. 4. 1865 in Appomatox; die letzten konföderierten Truppen ergaben sich am 26. 5. 1865.

sezieren [lat.], eine kunstgerechte Leichenöffnung durchführen.

sf, Abk. für ↑ sforzato.

Sfax, tunes. Gouvernementshauptstadt am Golf von Gabès, 231 900 E. Theater; u.a. Öl- und Getreidemühlen, Kunstdünger-, Seifen- und Schuhfabriken; Seebad; Hafen. Maueerumgebene Altstadt (Medina) mit der Großen Moschee (10., 11. und 18. Jh.).

SFIO [frz. ɛsɛfi'o], Abk. für →Section Française de l'Internationale Ouvrière.

Sforza, italien. Adelsgeschlecht, dessen Mailänder Hauptlinie 1535 erlosch. Noch bestehende Nebenlinien sind die Hzg. *S.-Cesarini* und die Grafen *S. di Castel San Giovanni.* Bed. Vertreter:

1) Carlo Graf, * Montignoso bei Carrara 25. (23.?) 9. 1872, † Rom 4. 9. 1952, liberaler Diplomat und Politiker. 1920/21 und 1947–51 Außen-Min.; 1926–43 in der Emigration, bed. Wortführer des antifaschist. Widerstands.

2) Ludovico →Ludwig, Hzg. von Mailand.

sforzato (sforzando, forzato, forzando) [italien.], Abk. sf, sfz bzw. fz, musikal. Vortragsbez.: verstärkt, hervorgehoben.

sfumato [italien.], mit verschwimmenden Umrissen gemalt.

Sgraffito (Sgraffiato, Graffito, Graffiato) [italien.], eine Art Wandmalerei, bei der ein farbiger Putz mit einer weiteren Schicht überputzt und aus dieser, solange sie noch feucht ist, die Darstellung herausgekratzt wird; in Deutschland seit dem 14. Jh., dann v.a. an norditalien. Renaissancebauten. Als Volkskunst *(Kratzputz)* bes. in Thüringen, Hessen, Engadin.

's-Gravenhage [niederl. sxra:vən'ha:xə] →Haag, Den.

Shaanxi (Schensi), chin. Prov. am Mittellauf des Hoangho, 195 800 km², 30,43 Mio. E, Hauptstadt Xian.

Shaba [frz. ʃa'ba] (früher Katanga), an Erzen reiche Prov. im SO von Zaïre, 496 965 km², 3,87 Mio. E, Hauptstadt Lubumbashi.

Shaffer, Peter [engl. 'ʃæfə], * London 15. 5. 1926, engl. Dramatiker. Bes. bekannt ist sein Psychodrama ›Equus‹ (1973). – *Weitere Werke:* Amadeus (1980; schrieb das Drehbuch zu der gleichnamigen Verfilmung [1984] von M. Forman), Yonadab (1986).

Shaftesbury [engl. 'ʃɑ:ftsbərı], 1) Anthony Ashley Cooper, 1. Earl of (seit 1672), * Wimborne Saint Giles bei Salisbury 22. 7. 1621, † Amsterdam 21. 1. 1683, engl. Staatsmann. Hatte großen Anteil an der Restauration der Stuarts. Unter Karl II. Mgl. des →Cabalministeriums; konnte 1679 die Habeaskorpusakte durchsetzen.

2) Anthony Ashley Cooper, 3. Earl of (seit 1699), * London 26. 2. 1671, † Neapel 4. 2. 1713, engl. Philosoph. Bed. Vertreter der Aufklärung; die Verbindung von moral. und ästhet. Kategorien sowie insbes. sein Geniebegriff wurde v.a. bei Herder, Goethe und Schiller produktiv.

Shag [engl. ʃæg] →Tabak.

Shakespeare, William [engl. 'ʃɛɪkspɪə] (Shakspere, Shakspeare), ≈ Stratford-upon-Avon 26. 4. 1564, † ebd. 23. 4. 1616, engl. Dichter und Dramatiker. Gehört zu den größten Dramatikern der Weltliteratur. Nur wenige Lebensdaten sind zuverlässig überliefert; ab 1594 Autor und Schauspieler einer berühmten Londoner Schauspieltruppe (›Chamberlain's Men‹, ab 1603 ›King's Men‹; 1599 Bau des →Globe Theatre, dessen Mitinhaber er war); lebte ab 1612 wieder in Stratford. – Auch Entstehungszeit und Chronologie seiner Werke sind nur ungefähr bekannt; zu seinen frühen Stücken gehören die Komödien ›Komödie der Irrungen‹ (um 1591) und ›Der Widerspenstigen Zähmung‹ (um 1593). S. schrieb seine Dramen für seine Schauspieltruppe (auch im Kollektiv, u.a. mit C. Marlowe, B. Jonson, T. Kyd) zum einmaligen Zwecke der unmittelbaren Aufführung; gedruckt wurden sie ohne sein Zutun (zu seinen Lebzeiten 20 Dramen in Einzelausgaben im Quartformat, ›Quarto‹; erste wiss. Ausgabe: 1790 von Edmund Malone [* 1741, † 1812]). London repräsentierte (bis 1642) eine Theaterkultur, die das Theater mit einem breiten und engagierten Publikum (v.a. auch untere Volksschichten) zu einem wesentl. Bestandteil des öffentl. Lebens machte **(elisabethanisches Theater).** Zu S. frühen Werken gehören die in den Dramenzyklen angelegte *Geschichtsdramen:* zunächst ›Heinrich VI.‹ (3 Tle., entstanden etwa 1590–92, gedr. 1623) und ›Richard III.‹ (entstanden um 1593, gedr. 1597), gefolgt von ›Richard II.‹ (entstanden um 1595, gedr. 1597), ›Heinrich IV.‹ (2 Tle., entstanden um 1596/97, gedr. 1598) sowie ›Heinrich V.‹ (entstanden um 1599, gedr. 1600 [Raubdruck], dann 1623). Ebenso in die frühe Phase fallen im Teil seine *Sonette* (als Sammlung u.d.T. ›Sonnets‹ 1609 gedr.) und die dem Earl of Southampton gewidmeten *Verserzählungen* (›Venus und Adonis‹, um 1593; ›Tarquin und Lucrezia‹, um 1594). Um 1595 schrieb S. seine *poet. Dramen,* u.a. ›Romeo und Julia‹ und ›Ein Sommernachtstraum‹, es folgten die drei sog. *romant. Komödien* ›Viel Lärm um Nichts‹ (um 1598), ›Wie es euch gefällt‹ (um 1599), ›Was ihr wollt‹ (um 1601). Um 1601 ist ein Umbruch, eine vollständige Durchbrechung von Konventionen in S. Schaffen zu verzeichnen: im Unterschied zu der an der klass. griech. Tragödie (und in diesem Sinne an relativ festen Regeln orientierten) frz. Dramatik experimentierte S. unabhängig von Poetiken und Dramentheorien mit den verschiedensten Möglichkeiten überlieferter Dramenformen; Elemente der röm. Komödie mischen sich z. B. mit Elementen der mittelalterl. Mysterien- und Mirakelspiele oder mit denen volkstüml. Farcen und Possen. Die Verbindung von Tragischem und Komischem bzw. die Ambivalenz des Komischen steht für die unverwechselbare Einmaligkeit seiner Dramen. In die Zeit des Umbruchs

William Shakespeare (Porträt; London, National Portrait Gallery)

gehören die Tragödien ›Hamlet‹ (um 1601), ›Othello‹ (um 1604), ›King Lear‹ (um 1605), ›Macbeth‹ (um 1608) sowie die Tragikomödien ›Troilus und Cressida‹ (um 1602/03). S. letzte Dramen, die sog. *Romanzen* ›Ein Wintermärchen‹ und ›Der Sturm‹ (beide um 1611), leben von märchenhaft phantast. Dimensionen, die symbolhaft ins Visionäre weisen. – In Deutschland wurden Auszüge aus S.-Stücken in grober Form erstmals durch die **englischen Komödianten** (Wandertruppe engl. Berufsschauspieler, ab etwa 1590 in Deutschland) bekannt. Im 18. Jh. sorgten Herder, Lessing und Goethe für die originale literar. Aufnahme; die Auseinandersetzung mit S. war auch entscheidend für H. von Kleist, Ch. D. Grabbe und G. Büchner. Die herausragende dt. Übers. des S.-Werks ist von A. W. Schlegel (9 Tle., 1797–1810), fortgeführt unter L. Tiecks Leitung von Dorothea Tieck (* 1799, † 1841) und W. H. von Baudissin (9 Bde., 1825–33) setzte sich gegenüber zahlr. anderen Übersetzungen maßgeblich durch. Aus der neuesten Zeit ist die S.-Übersetzung von E. Fried zu nennen. – Nicht wenige Bühnenautoren der Gegenwart haben einzelne S.-Stücke durch Adaptationen aktualisiert: u. a. F. Dürrenmatt (›Titus Andronicus‹, 1970), E. Bond (›Lear‹, 1972), E. Ionesco (›Macbeth‹, 1972) und Heiner Müller (›Macbeth‹, 1972; ›Hamletmaschine‹, 1977, in Anlehnung daran die gleichnamige Oper von W. Rihm, 1987).

Shandong (Schantung), chin Prov. am Gelben Meer, 153 300 km², 77,76 Mio. E, Hauptstadt Jinan.

Shannon [engl. ˈʃænən], mit 361 km längster Fluß Irlands, entspringt am Fuß des Tiltinbane, mündet unterhalb von Limerick in den Atlantik.

Shantung [ˈʃan...], svw. →Schantungseide.

Shanty [engl. ˈʃænti], Arbeitslied der Matrosen; Seemannslied.

Shanxi (Schansi), chin. Prov. westl. der Großen Ebene, 157 100 km², 26,55 Mio. E, Hauptstadt Taiyuan.

Sharif, Omar [ʃaˈriːf], eigtl. Michael Chalhoub, * Alexandria 10. 4. 1932, ägypt. Schauspieler. Filme: u. a. ›Lawrence von Arabien‹ (1962), ›Doktor Schiwago‹ (1965), ›Funny Girl‹ (1968).

Sharpe, William Forsyth [engl. ʃɑːp], * Cambridge (Mass.) 16. 6. 1934, amerikan. Wirtschaftswissenschafter. Prof. an der Stanford University (Calif.). Für seine Ausarbeitung einer Preisbildungstheorie für Finanzvermögen erhielt S. 1990 mit Harry M. Markowitz (* 1927) und Merton Miller (* 1923) den Nobelpreis für Wirtschaftswissenschaften.

Shaw [engl. ʃɔː], 1) George Bernard, * Dublin 26. 7. 1856, † Ayot Saint Lawrence bei London 2. 11. 1950, ir. Schriftsteller. Ab 1884 Mgl. der sozialist. →›Fabian Society‹; 1885–98 Musik- und Theaterkritiker. Trug mit seinen über 50 Dramen zur literar. Erneuerung des engl. Theaters um die Wende zum 20. Jh. bei; bes. bekannt sind die Komödien ›Helden‹ (1898; verfilmt 1958) und ›Pygmalion‹ (1913; als Musical 1958 u. d. T. ›My fair lady‹ von Alan J. Lerner [* 1918, † 1986]) sowie die dramat. Chronik ›Die heilige Johanna‹ (1923; verfilmt 1957 von O. Preminger). Nobelpreis für Literatur 1925. – *Weitere Werke:* Frau Warrens Gewerbe (1898), Candida (1898), Caesar und Kleopatra (1901), Mensch und Übermensch (1903), Androklus und der Löwe (1916), Der Kaiser von Amerika (1929).

2) Irwin, * New York 27. 2. 1913, † Davos 16. 5. 1984, amerikan. Schriftsteller. Bekannt durch Kurzgeschichten und Romane, u. a. ›Die jungen Löwen‹ (1948), ›Abend in Byzanz‹ (R., 1973), ›Auf Leben und Tod‹ (R., 1982); auch Dramen.

Shawnee [engl. ʃɔːˈniː], Indianerstamm der Zentralen Algonkin in N-Amerika, bekannt durch die Bildung einer panindian. Allianz (1812–14) unter ihrem Führer →Tecumseh.

Sheffield [engl. ˈʃɛfiːld], engl. Stadt am O-Rand der Pennines, 477 100 E. Univ.; Museen, Theater. Stahl- und metallverarbeitende Industrie. Kathedrale (14./15. Jh.) mit Chor und Turm im Perpendicular style. – 1297 Stadtrechte, 1893 City.

Shelley [engl. ˈʃɛli], 1) Mary Wollstonecraft, * London 30. 8. 1797, † ebd. 1. 2. 1851, engl. Schriftstellerin. ∞ mit Percy Bysshe S.; schrieb Romane mit Anklängen an die Science-fiction, u. a. ›Frankenstein oder Der moderne Prometheus‹ (1818).

2) Percy Bysshe, * Field Place (= Warnham bei London) 4. 8. 1792, †bei Viareggio 8. 7. 1822 (Segelunfall), engl. Dichter. Zus. mit Lord Byron und J. Keats Exponent der engl. Romantik; bes. bekannt aus seinem lyr. Werk ist die ›Ode an den Westwind‹ (1819). Sein Versdrama ›Der entfesselte Prometheus‹ (1820) entwirft ein emanzipator. Zukunftsbild einer freien Menschheit.

Shenyang (Schenjang), Hauptstadt der chin. Prov. Liaoning, im mandschur. Tiefland, 4,29 Mio. E. Univ., Palastmuseum. Wirtschaftszentrum NO-Chinas. Von einer Mauer (1631) umschlossener Stadtkern, in dem eine kaiserl. Palast liegt. – 1625 bis 1644 als **Mukden** Hauptstadt der Mandschudynstie; 1907–11 Sitz des Vizekönigs der mandschur. Provinzen. – Im russ.-jap. Krieg erlitt die russ. Armee in der **Schlacht bei Mukden** (1905) eine entscheidende Niederlage.

Shepard, 1) Alan [engl. ˈʃɛpəd], * East Derry (N. H.) 18. 11. 1923, amerikan. Astronaut. Im Rahmen des Mercury-Programms 1961 als erster Amerikaner im Weltraum.

2) Sam, eigtl. Samuel Sh. Rogers, Jr., * Sheridan (Ill.) 5. 11. 1943, amerikan. Schriftsteller. Gehört zu den produktivsten Vertretern des zeitgenöss. Dramas in den USA, u. a. Trilogie: ›Fluch der verhungernden Klasse‹ (1978), ›Vergrabenes Kind‹ (1978), ›Goldener Westen‹ (1979); auch Drehbuchautor, u. a. für W. Wenders ›Paris, Texas‹ (1984). – *Weitere Werke:* Fool for love (1983; verfilmt 1985 von R. Altman mit S. in der Hauptrolle), Lügengespinst (1987).

Shepp, Archie [engl. ʃɛp], * Fort Lauderdale (Fla.) 24. 5. 1937, amerikan. Jazzmusiker (Saxophonist, Komponist). Einer der stilbildenden Musiker des Free Jazz; später (1970er/1980er Jahre) auch Rock- und Blueselemente.

Sheriff [engl. ˈʃɛrɪf], urspr. in England königl. Beamter mit richterl. Funktionen; heute in *England* und *Nordirland* der von der Krone ernannte ehrenamtl. Verwaltungsbeamte und Repräsentant einer County sowie Exekutivorgan der hohen Gerichte. – In den *USA* ist der S. der oberste, auf Zeit gewählte Vollzugsbeamte einer County mit [friedens]richterl. Befugnissen.

Sherlock Holmes [engl. ˈʃɔːlɔk ˈhoʊmz], Hauptgestalt in den Detektivromanen von A. C. Doyle.

Sherman, William Tecumseh [engl. ˈʃɔːmən], * Lancaster (Ohio) 8. 2. 1820, † New York 14. 2. 1891, amerikan. General (seit 1861/63). 1864 Nachfolger General U. S. Grants im Sezessionskrieg; zwang die Konföderierten zur Kapitulation.

Sherriff, Robert Cedric [engl. ˈʃɛrɪf], * Kingston upon Thames (= London) 6. 6. 1896, † Rosebriars (= Esher bei London) 13. 11. 1975, engl. Schriftsteller. Bekannt wurde sein Antikriegsdrama ›Die andere Seite‹ (1929; Romanfassung mit V. Bartlett, 1930).

Sherrington, Sir (seit 1922) Charles [engl. ˈʃɛrɪŋtən], * London 27. 11. 1857, † Eastbourne 4. 3. 1952, brit. Physiologe. Befaßte sich mit der Physiologie des Nervensystems, insbes. mit der Reflexen. Nobelpreis für Physiologie oder Medizin 1932 (mit E. D. Adrian).

Sherry [engl. ˈʃɛri; span.-engl.] (Jerezwein), trockener bis süßer span. Dessertwein, urspr. aus der Gegend um Jerez de la Frontera.

Percy Bysshe Shelley (Gemälde von Amelia Curran, 1819; London, National Portrait Gallery)

William Forsyth Sharpe

George Bernard Shaw

286

Shetland ['ʃɛtlant; engl. 'ʃɛtlənd], Stoffe aus der groben Wolle der auf den Shetlandinseln gezüchteten Schafe. Heute Bez. für Gewebe oder Gestricke v. a. aus Streichgarnen.

Shetlandinseln ['ʃɛtlant; engl. 'ʃɛtlənd], aus rd. 100 Inseln (17 bewohnt), Eilanden und Klippen bestehende Inselgruppe 200 km nö. der schott. Küste, 1 429 km², 23 500 E, Verwaltungssitz Lerwick. – Im 8./9. Jh. von Norwegen erobert und besiedelt, 1472 von Schottland erworben. – Karte VIII, Bd. 2, n. S. 320.

Shetlandpony ['ʃɛtlant; engl. 'ʃɛtlənd] →Ponys.

Shigellen [ʃi...; nach Kijoschi Schiga, * 1870, † 1957], Gatt. gramnegativer, unbewegl., sporenloser Enterobakterien; u. a. Erreger der Bakterienruhr.

Shijiazhuang (Schihkiatschuang), Hauptstadt der chin. Prov. Hebei, 1,19 Mio. E. Bed. Textilindustrie.

Shillong ['ʃilɔŋ], Hauptstadt des ind. Unionsstaates Meghalaya, im Shillong Plateau, 108 000 E. Univ., seismolog. Observatorium; Sägemühlen, ⚒.

Shillong Plateau ['ʃilɔŋ plæ'toʊ], Gebirgszug zw. dem Brahmaputratal im N, dem Tiefland von Bengalen im W und S sowie den birman. Randketten im O, bis 1930 m hoch.

Shira [engl. 'ʃiːrɑː] →Kilimandscharo.

Shirley, James [engl. 'ʃəːli], * London 18. (?) 9. 1596, □ ebd. 29. 10. 1666, engl. Dramatiker. Letzter erfolgreicher Bühnendichter der engl. Renaissance vor der Schließung der Theater durch die Puritaner (1642).

Shkodër [alban. 'ʃkodər] (dt. und italien. Skutari), alban. Stadt am Skutarisee, 111 000 E. Volkskundl.-histor. Museum, Theater; u. a. Textil-, Tabak-, Nahrungsmittelindustrie. – Entwickelte sich aus dem antiken **Skodra** (Scodra; →Illyrer); seit 168 v. Chr. röm.; kam 1396 als **Scutari** an Venedig, 1497–1913 osmanisch.

Shockley, William [engl. 'ʃɔkli], * London 13. 2. 1910, † Stanford (Cal.) 12. 8. 1989, amerikan. Physiker brit. Herkunft. Forschungen v. a. auf dem Gebiet der Halbleiterphysik. 1956 Nobelpreis für Physik (mit J. Bardeen und W. H. Brattain) für die Entdeckung des Transistoreffekts.

Short story [engl. 'ʃɔːt 'stɔːri], kürzere, pointierte Erzählung, die sich (verwandt mit der Novelle, der Anekdote und dem Essay) im 19. Jh. als spezif. Gattung der engl. und amerikan. Literatur (u. a. E. A. Poe) entwickelte. →Kurzgeschichte.

Shoshone [engl. ʃoʊˈʃoʊni], eine Gruppe von Indianerstämmen im nördl. Great Basin und im N der Great Plains. Ihre Sprache bzw. Dialekte (Shoshone) gehören zu den utoaztek. Sprachen.

Shreveport [engl. 'ʃriːvpɔːt], Stadt in Louisiana, USA, am Red River, 217 700 E. U. a. Erdölraffinerie. – 1863–65 Hauptstadt von Louisiana.

Shrewsbury [engl. 'ʃrouzbəri], engl. Earlstitel aus normann. Zeit; seit 1442 im Besitz der Familie Talbot. Bed. Inhaber:
Shrewsbury, Charles Talbot, Earl und (seit 1694) Hzg. von, * 24. 7. 1660, † Isleworth (= London-Hounslow) 1. 2. 1718, Staatsmann. 1688 Mitunterzeichner des Aufrufs an Wilhelm III. von Oranien, nach England zu kommen. 1688–90 und 1694–98 Min.; 1714 zum Ersten Lord der Schatzkammer ernannt; maßgebl. am Übergang der Krone an das Haus Hannover beteiligt.

Shrewsbury [engl. 'ʃrouzbəri, 'ʃruːzbəri], engl. Ind.stadt am oberen Severn, 59 800 E. Verwaltungssitz der Gft. Shropshire. Kirche Saint Mary (um 1170 bis 15. Jh.); Abteikirche Holy Cross (um 1080); Burg (12.–14. Jh.); Wohnhäuser (15., 16. Jh.).

Shunt [engl. ʃʌnt], 1) *Meßtechnik:* svw. →Nebenschluß.
2) *Medizin:* (Nebenschluß, Nebenleitung) 1. infolge angeborenen Defekts in der Herzscheidewand oder infolge falscher Einmündung der großen, herznahen Blutgefäße auftretender Nebenschluß zw. großem und kleinem Kreislauf; 2. operativ hergestellte künstl. Verbindung zw. Blutgefäßen des großen und kleinen Kreislaufs.

Shute, Nevil [engl. ʃuːt], eigtl. N. S. Norway, * Ealing (= London) 17. 1. 1899, † Melbourne 12. 1. 1960, engl. Schriftsteller. Schrieb Romane, u. a. den utop. Atomkriegsroman ›Das letzte Ufer‹ (1957; verfilmt 1959 von St. Kramer).

Shylock [engl. 'ʃailɔk], jüd. Wucherer in Shakespeares Schauspiel ›Der Kaufmann von Venedig‹.

Si, chem. Symbol für →Silicium.

SI, Abk. für Système International d'Unités (→Internationales Einheitensystem). →Einheit.

Sialk, Ruinenhügel in Iran, →Tappe Sialk.

Siam, früherer Name von →Thailand.

Siamesen, früher Name der →Thai.

siamesische Zwillinge, lebensfähiges eineiiges Zwillingspaar, das durch Gewebsbrücken (meist an der Brust oder am Rücken, auch an den Köpfen) miteinander verwachsen ist. Eine operative Trennung ist nur mögl., wenn keine lebenswichtigen Körperteile beiden gemeinsam sind. Die Bez. geht auf die siames. Brüder Chang und Eng Bunkes (* 1811, † 1874) zurück.

Siamkatze (Siames. Katze, Siamese), aus Asien stammende Rasse mittelgroßer Kurzhaarkatzen; wird in sieben Farbvarianten gezüchtet.

Sian, Hauptstadt der chin. Prov. Shanxi, →Xian.

Sibelius, Jean, eigtl. Johan Julius Christian S., * Hämeenlinna 8. 12. 1865, † Järvenpää 20. 9. 1957, finn. Komponist. Schöpfer eines nat.-finn. Stils; schrieb u. a. 7 Sinfonien, ›Karelia-Suite‹ (1893), sinfon. Dichtungen, u. a. ›Vier Legenden aus dem Kalevala‹ (1893), ›Finlandia‹ (1899/1900), Chorwerke, Kammermusik und Lieder.

Jean Sibelius

Šibenik [serbokroat. 'ʃibɛniːk], Stadt an der kroatischen Adriaküste, 30 000 E. Theater, Museum; Hafen. Dom (1431–1536), Renaissancerathaus mit Loggia (1534–1542); Paläste im venezian. Stil. – Im 11. Jh. Residenz der kroat. Könige.

Sibilant [lat.], Zischlaut, z. B. [s, z, ʃ, ʒ].

Sibirien, Gebiet im nördl. Asien, Rußland, zw. Ural im W und Pazifik im O, dem Nordpolarmeer im N sowie der Kasach. Schwelle und der Gebirgsumrahmung an den Grenzen zur Mongolei und zu China im S. Die N–S-Erstreckung beträgt rd. 3 500 km, die westl.-östl. rd. 7 000 km; 40 Mio. E bewohnen eine Fläche von rd. 13 Mio. km². Das Klima ist kontinental mit extrem kalten Wintern (Kältepol der N-Halbkugel bei Oimjakon mit −70 °C) und geringen Niederschlägen. Die Vegetationszonen verlaufen annähernd breitenparallel. Von N nach S folgen Tundra, Taiga, Waldsteppe und Steppe. Die größten Flüsse sind Ob, Irtysch, Jenissei, Lena, Chatanga, Indigirka und Kolyma. Die Besiedlung erstreckt sich hauptsächl. auf einen Gürtel beiderseits der Transsibir. Eisenbahn, zum geringen Teil entlang der großen Flüsse. Punktuelle Siedlungen finden sich in Verbindung mit Holzwirtschaft und Bergbau (Kohle, Eisenerz, Erdöl, Erdgas, Mineralien). Der S von West-S. bietet der Landwirtschaft im Waldsteppenbereich die günstigsten Voraussetzungen für Ackerbau (Weizen, Mais, Sonnenblumen) und Milchwirtschaft.

Geschichte: Von der Kama aus drang 1579 oder 1581 eine Expedition des Kosaken Jermak Timofejewitsch bis zum Irtysch vor (Okt. 1582). Bereits 1604 wurde Tomsk gegründet, 1619 der Jenissei, 1632 die Angara (Bratsk) im S und die Lena im O, 1639 der N-Pazifik (Ochotsk 1648) und 1645 die Amurmündung erreicht. Im 18./19. Jh. wurde S. durch weitere Expeditionen erschlossen. Ab 1708 wurden verschiedene Gouvernements gebildet, zuletzt 1897 Tobolsk,

Charles Sherrington

Tomsk, Jenisseisk, Irkutsk. Heute gibt es in S. 3 Autonome Republiken, 15 Gebiete, 3 Autonome Gebiete und 8 Nat. Bezirke. – Im 19.Jh. setzte die Verbannung von Verbrechern, polit. Mißliebigen und religiösen Dissidenten nach S. ein. 1947 gab es nach Angaben ehem. Häftlinge zw. 4 und 6 Mio. Verbannte in Sibirien. – Karte IV, Bd. 2, n. S. 320.

Sibiu → Hermannstadt.

Sibylle (lat. Sibylla), im Altertum Name weissagender Frauen; am bekanntesten ist die S. von Cumae, der man die im Jupitertempel in Rom aufbewahrten (83 v. Chr. verbrannten) **Sibyllin. Bücher** zuschrieb, die auf Beschluß der röm. Senats in Notfällen angerufen und befolgt wurden.

Sica, Vittorio De → De Sica, Vittorio.

Sichel, Handgerät zum Schneiden von Gras, Ried, Getreide.

Sichelzellen (Drepanozyten), bei Sauerstoffmangel (z. B. nach minutenlanger venöser Blutstauung) sich sichelförmig deformierende rote Blutkörperchen mit stark verkürzter Lebensdauer (nur rd. 40 Tage statt 4 Monate).

Sichelzellenanämie (Sichelzellanämie, Drepanozytose, Drepanozytenanämie, Herrick-Anämie), erbl. bedingte Erkrankung der roten Blutkörperchen, die als → Sichelzellen bei → Hypoxie relativ schnell hämolysieren, wobei es u. a. durch Kapillarverstopfung zu einem dem hämolyt. Ikterus (→ Gelbsucht) entsprechenden Krankheitsbild kommt.

Sichem, im Altertum bedeutendste Stadt M-Palästinas, heute Ruinenhügel Tall Balata nahe von Nablus; hatte als zentrales Stämmeheiligtum gesamtisraelit. Funktion.

Sicherheiten, schuld- oder sachenrechtl. Positionen (z. B. Bürgschaften, Hypotheken) zur Sicherung von Forderungen.

Sicherheitsbeauftragter, in allen Betrieben mit mehr als 20 Beschäftigten zu bestellender Mitarbeiter, der den Arbeitgeber bei der Durchführung des Unfallschutzes unterstützt.

Sicherheitsgurte (Anschnallgurte), in Kfz und Flugzeugen verwendete Gurtbänder aus unelast. dehnbarem, hochfestem Material, die bei Unfällen (in Flugzeugen auch bei Turbulenzen) Personen auf dem Sitz halten und so Verletzungen durch Aufprall verhindern sollen. – Verstöße gegen die seit 1. 1. 1976 bestehende Anschnallpflicht werden seit 1984 geahndet.

Sicherheitsleistung, Mittel zur Abwendung der Gefahr künftiger Rechtsverletzung oder sonstiger Benachteiligung. Im Zivilrecht kann sich die Pflicht zur S. aus Vertrag *(Kaution),* richterl. Anordnung oder Gesetz ergeben. Hauptformen sind die S. zur Sicherung des Darlehensgebers beim Darlehen und die S. des Mieters an den Vermieter (Mietkaution).

Sicherheitsrat der UN → UN.

Sicherheitsventil, svw. Überdruckventil (→ Ventil).

Sicherstellungsgesetze, sog. einfache Notstandsgesetze, die die für Zwecke der Verteidigung, insbes. zur Deckung des Bedarfs der Zivilbevölkerung und der Streitkräfte, erforderl. Versorgung mit Gütern und Leistungen sicherstellen sollen.

Sicherung, Schutzeinrichtung gegen Überlastung elektr. Leitungen und Geräte. *Schmelz-S.* enthalten einen sog. *Schmelzdraht* in einem sandgefüllten Porzellanrohr bzw. in einem Glasröhrchen *(Fein-S.). S. automaten* beinhalten zwei verschiedene Auslöseorgane: 1. *therm. Bimetallauslöser* mit träger Charakteristik (verhindert unnötig frühe Auslösung bei geringer Überlastung, z. B. durch Einschaltströme); 2. *elektromagnet. Schnellauslösung* (innerhalb weniger Millisekunden bei Kurz- und Erdschlüssen).

Sicherungsübereignung, Übereignung einer Sache des Schuldners an den Gläubiger (anstelle einer Verpfändung) zur Sicherung einer Forderung, wobei dem Schuldner Besitz und Nutzungsmöglichkeit verbleiben.

Sicherungsverwahrung, schwerste freiheitsentziehende Maßregel der Besserung und Sicherung, die der Sicherung der Allgemeinheit vor gefährlichen Hangtätern dient. Das Gericht ordnet die S. bei einer Verurteilung wegen einer vorsätzl. Straftat zu einer Freiheitsstrafe von mindestens zwei Jahren an, wenn der Täter schon zweimal rechtskräftig zu einer Freiheitsstrafe von mindestens einem Jahr verurteilt wurde und er infolge eines Hanges zu erhebl. Straftaten für die Allgemeinheit gefährlich ist.

Sichler, rd. 20 Arten umfassende Unterfam. bis 1 m langer Ibisse, v. a. in sumpfigen und gewässerreichen Landschaften der Tropen und Subtropen; mit langem, sichelförmig nach unten gebogenem Schnabel; Koloniebrüter, die ihre Nester vorwiegend auf Bäumen bauen. – Zu den S. gehören u. a. der *Hagedasch* (etwa 70 cm lang, in Afrika südl. der Sahara), der *Heilige Ibis* (bis 75 cm lang, in Afrika südl. der Sahara, Arabien und Mesopotamien; im alten Ägypten hl. Vogel), der *Rote S.* (etwa 65 cm lang; NO-Küste S-Amerikas), der einzige noch in Europa (bes. Donaudelta und S-Spanien) brütende *Braune S.* (55 cm lang, S-Eurasien, Australien, Afrika, Westind. Inseln) und der *Waldrapp* (Schopfibis; bis 75 cm lang, in Marokko und SW-Asien).

Sichtbeton, im Rohzustand belassene Betonwand, -decke o. ä.; Oberflächengestaltung durch spezielle Betonverarbeitung oder Schalung.

Sichteinlagen → Depositen.

Sichtvermerk (Visum), Urkunde über die Genehmigung des Grenzübertritts, meist in den Paß gestempelt.

Sichuan (Szetschuan), Prov. in Z-China, 569 000 km², 103,2 Mio. E, Hauptstadt Chengdu.

Sickingen, Franz von, * Ebernburg (= Bad Münster am Stein-Ebernburg) 2. 3. 1481, † Landstuhl 7. 5. 1523, Reichsritter. Als kaiserl. Feldhauptmann gewährte der von U. von Hutten für die Reformation gewonnene S. den Anhängern der neuen Konfession Unterstützung; nach der vergebl. Belagerung Triers scheiterte die sog. **Sickingensche Fehde** von 1522/23 am Widerstand der verbündeten Fürsten von Trier, Hessen und der Pfalz; in Landstuhl eingeschlossen starb S., schwer verwundet, am Tag der Kapitulation.

Siddhartha [Sanskrit ›der sein Ziel erreicht hat‹], Beiname des → Buddha.

siderisch [lat.], auf die Sterne bezogen.

siderisches Pendel [griech./mittellat.], im Okkultismus verwendetes Metallstück an einem dünnen Faden (oder einem Haar), das durch Ausschlagen oder Kreisen Wasser, Erz u. a. nachweisen oder Entscheidungsfragen beantworten soll.

Siderit [griech.], svw. → Eisenspat.

Siders (frz. Sierre), Bezirkshauptort im schweizer. Kt. Wallis, an der Rhone, 13 100 E. Kirche Notre-Dame-des-Marais (1331 und 1422) mit spätgot. Fresken; Viztumschloß (15. Jh.).

Sidney, Sir Philip [engl. 'sɪdnɪ], * Penshurst bei London 30. 11. 1554, † Arnheim 17. 10. 1586, engl. Dichter. Sein Schäferroman ›Arcadia‹ (um 1580) wurde von M. Opitz ins Deutsche übersetzt.

Sidon → Saida.

SIDS [engl. sɪdz; Abk. für engl. **s**udden **i**nfant **d**eath **s**yndrome ›plötzl. Tod im Kindesalter‹], meist während des Schlafs bei Säuglingen und Kleinkindern auftretender Atemstillstand, der einen plötzl. Tod führt; Ursachen: vermutl. Störung der Atemregulation oder Unterentwicklung des Kinn-Zungen-Muskels, evtl. auch Luftverschmutzung.

Siebbein (Riechbein, Ethmoid), unpaarer, zweiseitig-symmetr. Schädelknochen zw. den Augenhöh-

Sichler:
Heiliger Ibis

len des Menschen an der Schädelbasis, mit einer horizontalen, längl., für den Durchtritt der Fasern des (paarigen) Riechnervs siebartig durchlöcherten Knochenplatte **(Siebplatte).**

Siebdruck (Serigraphie) → Drucken.

siebenarmiger Leuchter → Menora.

Siebenbürgen (Transsilvanien), Gebiet in Rumänien, umfaßt im wesentl. das von den Karpaten in N, O und S sowie dem Westsiebenbürg. Gebirge im W begrenzte Siebenbürg. Hochland.

Geschichte: Seit Beginn des 11. Jh. unterlagen die seit dem 10. Jh. bestehenden rumän. Woiwodschaften den Magyaren. Magyaren, Siebenbürger Sachsen (ab etwa 1150) und vorübergehend der Dt. Orden (1211–25 im Burzenland) wurden angesiedelt; 1541 wurde S. eigenständiges Ft. unter osman. Oberhoheit; 1691 wurde es dem Haus Österreich unterstellt, 1867 ungarisch. Im Frieden von Trianon (1920) mußte Ungarn nach einer Volksabstimmung S. an Rumänien abtreten.

Siebenbürger Sachsen, dt. Volksgruppe in Siebenbürgen, der Herkunft nach wohl überwiegend Moselfranken; der Name ›Sachsen‹ ist keine Herkunftsbez., sondern war in SO-Europa für dt. Bergleute in Gebrauch.

Siebenerschiiten → Ismailiten.

Sieben Freie Künste → Artes liberales.

Siebengebirge, vulkan. Berggruppe des Rhein. Schiefergebirges am rechten Mittelrhein, im Großen Ölberg 460 m hoch. Naturschutzgebiet.

Sieben gegen Theben, in der griech. Mythologie der Heereszug von sieben Fürsten unter Führung des Adrastos gegen Theben, um Polyneikes, den Sohn des Ödipus, wieder in seine Rechte einzusetzen. An dem Unternehmen beteiligen sich neben Adrastos und Polyneikes: Tydeus, Kapaneus, Hippomedon, Amphiaraos und Parthenopaios. Den drohenden Sieg der Belagerer hindert der freiwillige Opfertod von Kreons Sohn Menoikeus. Erst 10 Jahre später gelingt es den → Epigonen, Theben zu erobern.

Siebengestirn → Plejaden.

Sieben Hügel (italien. Sette Monti), Bez. für die Erhebungen im Stadtgebiet von Rom: Aventin, Caelius mons, Esquilin, Kapitol, Palatin, Quirinal und Viminal.

Siebenjähriger Krieg, Bez. für den *3. Schles. Krieg* und den gleichzeitigen frz.-brit. Krieg in den Kolonien (1756–63). – Friedrich II. von Preußen, verbündet mit Großbrit., fiel nach dem Beitritt der Zarin Elisabeth zur frz.-österr. Allianz in Kursachsen ein, besiegte die Österreicher bei Prag, mußte Böhmen aber nach der Niederlage bei Kolin wieder räumen. Im Herbst 1757 waren die Lausitz und Niederschlesien verloren, die Russen waren nach dem Sieg bei Groß Jägersdorf in Ostpreußen, die Schweden in Pommern eingefallen. Neue preuß. Erfolge waren die Siege bei Roßbach über Franzosen und Reichstruppen, bei Leuthen über die Österreicher, und bei Zorndorf über die Russen. Am 14. 10. 1758 eroberten die Österreicher das preuß. Lager bei Hochkirch, am 12. 8. 1759 unterlag Friedrich den Russen bei Kunersdorf. Der Tod der Zarin Elisabeth (5. 1. 1762) brachte die entscheidende Wende (preuß.-russ. Separatfriede und Bündnis 5. 5./19. 6. 1762). Der Friede von Hubertusburg (15. 2. 1763) brachte eine Bestätigung der territorialen Status quo und die preuß. Zusage zur Wahl des späteren Kaisers Joseph II. zum Röm. König. – In N-Amerika mußten die Franzosen nach der Schlacht von Quebec (13. 9. 1759) und nach der Kapitulation Montreals (8. 9. 1760) u. a. Kanada aufgeben. Nach dem Kriegseintritt Spaniens (1761) besetzten die Briten auch Kuba (Juni 1762) und die Philippinen (Sept. 1762). Erfolgreich blieben die Briten auch in Afrika und Indien (R. Clive). Im Pariser Frieden (10. 2. 1763)

verlor Frankreich fast alle Besitzungen in N-Amerika und Indien an Großbritannien.

Siebenkampf, leichtathletischer Mehrkampf für Frauen (seit 1981): 100-m-Hürdenlauf, Kugelstoßen, Hochsprung, 200-m-Lauf, Weitsprung, Speerwerfen, 800-m-Lauf.

Siebenschläfer, nach der Legende 7 christl. Brüder, die bei der Verfolgung unter Decius in einer Höhle eingemauert wurden; durch ein Wunder in einen 200jährigen Schlaf versetzt, bezeugten sie anschließend die leibl. Auferstehung von den Toten. – Tag: 27. Juni.

Siebenschläfer → Bilche.

Siebenstern, Gatt. der Primelgewächse mit nur 3 Arten in den gemäßigten und kälteren Gebieten der Nordhalbkugel; kleine Stauden, Blüten mit 7 Kronblättern; einheim. ist der *Europ. S.* (mit weißen Blüten).

Siebentagefieber, svw. → Denguefieber.

Siebenter Himmel, im Islam der oberste Himmel.

Sieben Weise, Gruppe histor. Persönlichkeiten der griech. Geschichte, denen knapp formulierte Lebensweisheiten zugeschrieben werden: Kleobulos von Lindos, Solon von Athen, Chilon von Sparta, Bias von Priene, Thales von Milet, Pittakos von Mytilene, Periander von Korinth.

Sieben Weltwunder, seit der Antike berühmte Bau- und Kunstwerke: 1. die ägypt. Pyramiden; 2. die hängenden Gärten der Semiramis; 3. der Tempel der Artemis in Ephesus; 4. das Kultbild des Zeus von Olympia von Phidias; 5. das Mausoleum zu Halikarnassos; 6. der Koloß von Rhodos (Statue des Helios); 7. der Leuchtturm der ehem. Insel Pharus bei Alexandria.

Siebröhren, Transportbahnen für Assimilate (Kohlenhydrate, Fette) im Siebteil der Farne und Samenpflanzen; bestehen aus langen Reihen lebender, kernloser, durchlässiger Zellen.

Siebschaltung (Siebkette), elektron. Schaltung zur Aussonderung bestimmter Frequenzbereiche; in Gleichrichterschaltungen zum Glätten der im sog. pulsierenden Gleichstrom enthaltenen Wechselstromkomponente.

Sieburg, Friedrich, * Altena 18. 5. 1893, † Gärtringen bei Herrenberg 19. 7. 1964, dt. Schriftsteller und Publizist. Literaturkritiker; schrieb Essays (u. a. ›Gott in Frankreich?‹, 1929) und histor. Biographien (u. a. ›Chateaubriand‹, 1959).

Friedrich Sieburg

Siebzehnter Juni 1953, der Aufstand in der DDR am 17. 6. 1953. Aus einem Streik der Bauarbeiter der Berliner Stalinallee am 16. 6. wegen erhöhter Arbeitsnormen entwickelte sich am 17. 6. ein Arbeiteraufstand in der gesamten DDR, in dessen Verlauf es in mehr als 250 Orten, darunter allen Ind.zentren, zu Streiks und Demonstrationen kam. Das urspr. wirtschaftl. Begehren schlug rasch in weitgehende polit. Forderungen (z. B. Rücktritt der Regierung und freie Wahlen) um. Die Erhebung wurde von sowjet. Truppen niedergeschlagen.

Siedepunkt (Kochpunkt), Abk. Sp oder Kp, ein Wertepaar von Druck und Temperatur, bei dem ein chemisch einheitl. Stoff vom flüssigen in den gasförmigen Aggregatzustand übergeht, wobei in der gesamten Flüssigkeit eine Blasenbildung einsetzt (Sieden). Der zu einer bestimmten Temperatur gehörende Druck wird als **Siededruck,** umgekehrt die zu einem bestimmten [äußeren Luft]druck gehörende Temperatur als **Siedetemperatur** bezeichnet. Durch Druckerniedrigung wird die Siedetemperatur allg. herabgesetzt.

Sieg, rechter Nebenfluß des Rheins, 131 km lang.

Siegbahn, 1) Kai Manne, * Lund 20. 4. 1918, schwed. Physiker. Sohn von Karl Manne S.; entwik-

Kai Manne Siegbahn

kelte die Methode der Photoelektronenspektroskopie, welche Rückschlüsse auf die Elektronenstruktur und die chem. Zusammensetzung von Festkörpern zuläßt; Nobelpreis für Physik 1981 (zus. mit N. Bloembergen und A. L. Schawlow).

2) Karl Manne, * Örebro 3. 12. 1886, † Stockholm 26. 9. 1978, schwed. Physiker. Systemat. Untersuchung der Röntgenspektren nahezu aller chem. Elemente; Nobelpreis für Physik 1924.

Siegburg, Kreisstadt in der Kölner Bucht, NRW, 33 700 E. U. a. chem. Ind., Steinzeugherstellung. Benediktinerabteikirche Sankt Michael mit frühroman. Krypta; Pfarrkirche Sankt Servatius mit roman. W-Turm.

Siegel, Don, * Chicago 26. 10. 1912, † Nipomo (Calif.) 20. 4. 1991, amerikan. Regisseur. Bekannt durch Western und Actionfilme, u. a. ›Ein Fressen für die Geier‹ (1969), ›Der große Coup‹ (1973), ›Flucht von Alcatraz‹ (1979).

Siegel [lat.], Abdruck einer Metallplatte mit spiegelverkehrt eingraviertem S.bild und Schrift (*S.stempel* [Petschaft], *S.ring*) in eine weiche, später erhärtende Masse (z. B. Siegellack, Wachs) als Erkennungs- und Beglaubigungszeichen, auch als Verschluß von Schriftstücken oder Gefäßen zum Schutz vor unbefugter Kenntnisnahme bzw. Verfälschung des Inhalts; heute auch der Abdruck eines Farbstempels (*Amts-S.* bei Behörden).

Die histor. Hilfswiss. der **Sphragistik (Siegelkunde)** befaßt sich mit der rechtl. Funktion und Bedeutung des Siegels. – S. (aus Stein, Halbedelstein, Metall) sind seit den frühen Hochkulturen bekannt, sowohl als Stempel-S. als auch in der Form der *Rollsiegel* (S.zylinder), die mit negativ eingeschnittener bildl. Darstellung auf die noch feuchte Tontafel abgerollt wurden.

Siegelbaumgewächse (Sigillariaceae), vom Unterkarbon bis zum Perm verbreitete, später ausgestorbene Fam. der Schuppenbäume mit der Gatt. *Siegelbaum (Sigillaria):* bis über 30 m hohe und über 2 m dicke Schopfbäume mit bandförmigen Blättern; ein wichtiges Ausgangsmaterial für die Bildung der Steinkohle.

Siegelbewahrer, im MA der mit der Aufbewahrung des Staats- oder Regentensiegels beauftragte Ministeriale; im Dt. Reich bis 1806 der Kurfürst von Mainz.

Siegelbruch, Beschädigung, Ablösung oder Unkenntlichmachung eines dienstl. Siegels (z. B. Pfandsiegel des Gerichtsvollziehers); wird mit Freiheitsstrafe oder mit Geldstrafe geahndet.

Siegelkunde →Siegel.

Siegellack, aus Schellack, Kolophonium, Terpentin und Farbstoffen bestehendes, beim Erwärmen schmelzendes Gemisch zum Versiegeln u. a. von Briefen.

Siegen, Kreisstadt an der oberen Sieg, NRW, 106 400 E. Gesamthochschule; v. a. Metallverarbeitung. Nikolaikirche (13. Jh.), spätroman.-frühgot. Martinikirche (13. und 16. Jh.), Oberes Schloß (16. bis 18. Jh., heute Museum).

Siegfried, Gestalt der dt. Heldensage (→Nibelungenlied).

Siegmund →Sigismund (Hl. Röm. Reich).

Siegwurz (Gladiole), Gatt. der Schwertliliengewächse mit rd. 250 Arten im Mittelmeergebiet, in M-Europa und im trop. und südl. Afrika. Einheimisch (selten) sind *Sumpf-S.* und *Wiesen-S.,* beide 30–60 cm hoch, Blüten purpurrot.

SI-Einheit [εs''i:], physikal. Einheit des →Internationalen Einheitensystems.

Siel [niederdt.], schmaler, meist der Entwässerung des Binnendeichlandes dienender Durchlaß in einem Deich.

Siemens, dt. Erfinder- und Industriellenfamilie. Bed. Vertreter: **1)** Friedrich, * Menzendorf bei Grevesmühlen 8. 12. 1826, † Dresden 26. 5. 1904, Industrieller. Bruder von Werner und Wilhelm von S.; erfand 1856 den Regenerativflammofen, der 1864 beim Siemens-Martin-Verfahren zur Anwendung kam.

2) Werner von (seit 1888), * Lenthe (= Gehrden bei Hannover) 13. 12. 1816, † Berlin 6. 12. 1892, Ingenieur und Unternehmer. Grundlegende Erfindungen auf dem Gebiet der Elektrotechnik, u.a. Zeiger- und Drucktelegraph; entdeckte das dynamoelektr. Prinzip und konstruierte 1866 die Dynamomaschine; Herstellung und Verlegung von Tiefseekabeln.

3) Wilhelm, seit 1883 Sir William S., * Lenthe (= Gehrden bei Hannover) 4. 4. 1823, † London 19. 11. 1883, dt.-brit. Industrieller. Entwickelte mit Friedrich S. und P. Martin das S.-Martin-Verfahren.

Siemens AG, dt. Unternehmen der Elektroindustrie, Sitz Berlin und München; gegr. 1847 von Werner von Siemens und J. G. Halske.

Siemens-Martin-Verfahren [nach F. und Wilhelm Siemens und P. Martin] →Stahl.

Siena, italien. Prov.hauptstadt in der Toskana, 58 700 E. 2 Univ.; Museen; kulturelles Zentrum der mittleren Toskana. Mittelpunkt der Stadt ist die halbkreisförmige Piazza del Campo, an der SO-Seite der Palazzo Pubblico (1297–1310, spätere Erweiterungen; im Inneren bed. Fresken u. a. von S. Martini und A. Lorenzetti mit 102 m hohem Turm (1338–48); Dom (Ende des 12. Jh. begonnen, im wesentl. 13. und 14. Jh.) mit berühmter Marmorfassade und bed. Innenausstattung (u. a. von N. Pisano); Baptisterium mit Taufbecken von 1417. – Als röm. Colonia **(Sena Julia)** gegr.; seit dem 4. Jh. Bischofssitz (1459 Erzbischofssitz); wurde im 12. Jh. unabhängige Republik; 1557 an das Hzgt. Toskana.

Sienkiewicz, Henryk [poln. cɛŋ'kjɛvitʃ], * Wola Okrzejska bei Maciejowice 5. 5. 1846, † Vevey (Schweiz) 15. 11. 1916, poln. Schriftsteller. Verfasser histor. Romane; ein Welterfolg war der Roman aus der Zeit der Christenverfolgung ›Quo vadis?‹ (1894–96, verfilmt 1951 von Mervyn Le Roy). 1905 Nobelpreis für Literatur.

Sierra [span. 'si̯ɛrra], span. svw. [Hoch]gebirge.

Karl Manne Siegbahn

Sierra Leone

Staatsflagge

Staatswappen

Sierra Leone

Fläche: 71 740 km²
Einwohner (1990): 4,14 Mio.
Hauptstadt: Freetown
Amtssprache: Englisch
Nationalfeiertag: 19. 4.
Währung: 1 Leone (Le) = 100 Cents (c)
Zeitzone: MEZ − 1 Std.

Sierra Leone (amtl. Republik S. L.), Staat in Afrika, grenzt im N und O an Guinea, im SO an Liberia, im W an den Atlant. Ozean.

Landesnatur: Die westl. Landeshälfte ist ein Flachland in etwa 150 m Höhe, dem eine 40 km breite Küstenebene vorgelagert ist. Die östl. Landeshälfte ist ein Bergland, das im äußersten Osten 1 948 m ü. d. M. erreicht. S. L. hat randtrop. Klima mit Regenwald im S und Feuchtsavanne im N.

Bevölkerung: Von den 17 ethn. Gruppen sind die Mende und Temne die wichtigsten. Rd. 52% der E sind Anhänger traditioneller Religionen, 39% Muslime. In Freetown besteht eine Universität.

Wirtschaft, Verkehr: Die Landwirtschaft dient weitgehend der Eigenversorgung. Exportprodukte sind die Ölpalmfrucht und der Kaffee. Wichtigste Bodenschätze sind Diamanten, Eisenerz, Bauxit- und Rutilvorkommen. Die Industrie ist schwach entwickelt. Das Straßennetz ist rd. 7 500 km lang. Wichtigster Hafen ist Freetown. Internat. ☒ ist Lungi bei Freetown.

Geschichte: 1447 von Portugiesen entdeckt. 1808 wurde die Halbinsel um Freetown, eine 1787 gegr. Kolonie befreiter Negersklaven, brit. Kronkolonie, 1896 das ganze Hinterland brit. Protektorat. 1958 erhielt S. L. die volle innere Autonomie, am 27. 4. 1961 die Unabhängigkeit innerhalb des Commonwealth. In den Machtkämpfen (Militärputsche 1967/68) um die Nachfolge von Milton Margai (* 1895, † 1964) setzte sich Siaka Stevens (* 1905, † 1988) durch; unter seiner Präsidentschaft erklärte sich S. L. 1971 zur Republik. Im Aug. 1985 übergab Stevens das in Folge krisengeschüttelte Amt (Putschversuch und Ausrufung des wirtschaftl. Notstandes 1987, Verwicklung in den liberian. Bürgerkrieg) an Joseph Saidu Momoh (* 1937).

Politisches System: Präsidiale Republik; *Verfassung* von 1978. *Staatsoberhaupt* und oberster Inhaber der *Exekutivgewalt* ist der Präs., er wird für 7 Jahre von der Delegiertenkonferenz der *Einheitspartei* All People's Congress gewählt. *Legislativorgan* ist das Parlament (124 Abg., davon 105 für 5 Jahre direkt gewählt, 12 Distriktvorsteher, 7 vom Präs. ernannt). – Karte II, Bd. 2, n. S. 320.

Sierra Nevada [span. si̯ɛrra neˈβaða; engl. sɪˈɛrə nɛˈvɑːdə], 1) Gebirge in S-Spanien, im Mulhacén 3 478 m hoch.

2) Hochgebirge in Kalifornien und Nevada, im Mount Whitney 4 418 m hoch.

Sievert [nach dem schwed. Radiologen R. Sievert (* 1896, † 1966)], Einheitenzeichen Sv, gesetzl. SI-Einheit der Äquivalentdosis insbesondere radioaktiver Strahlen: 1 Sv = 1 J/kg.

Sieyès, Emmanuel Joseph Graf (seit 1809) [frz. sjeˈjɛs], * Fréjus 3. 5. 1748, † Paris 20. 6. 1836, frz. Politiker. Geistlicher **(Abbé S.);** in seinen die Revolution von 1789 theoretisch vorbereitenden Kampfschriften (u. a. ›Was ist der 3. Stand?‹) bekannte sich S. zur Nation gleichberechtigter Bürger. Auf seinen Antrag hin erklärten sich die Vertreter des 3. Standes am 17. 6. 1789 zur Nationalversammlung; beteiligt an der Ausarbeitung der Verfassung von 1791 wie am Staatsstreich Napoléon Bonapartes 1799.

Sif (Siv) [altnord.], in der nordgerman. Mythologie die Gattin des Gottes Thor.

Sigel (Sigle) [lat.], feststehende Abkürzung eines Wortes, eines Namens o. ä. durch Buchstaben oder graph. Zeichen.

Sighişoara [rumän. siɡiˈʃoara] (dt. Schäßburg), rumän. Stadt in Siebenbürgen, 33 000 E. Spätgot. Bergkirche (14.–15. Jh.), Burg (14. Jh.). – Gegr. von seit 1191 angesiedelten dt. Kolonisten.

Sigiriya [engl. ˈsɪɡɪri̯ə], Ruinenstätte auf Ceylon, 90 km nördl. von Kandy. Der schwer zugängl. Fels wurde von Kassapa I. (477–495) zur Festung ausgebaut. Vermutl. war der ganze Felsen bemalt, restauriert die sog. ›Wolkenmädchen‹ (Apsaras) aus dem späten 5. Jahrhundert.

Sigismund, Name von Herrschern:

Hl. Röm. Reich: **1)** Sigismund (Si[e]gmund), * Nürnberg 15. 2. 1368, † Znaim (= Znojmo) 9. 12. 1437, König von Ungarn (seit 1387) und von Böhmen (seit 1419/36), Röm. König (seit 1410/11), Kaiser (seit 1433). Sohn Kaiser Karls IV.; 1378 Markgraf von Brandenburg; seit 1385 ∞ mit Maria von Ungarn. Die Verteidigung Ungarns v. a. gegen die Osmanen (Niederlage bei Nikopolis, 1396) zwang ihn 1388 zur Verpfändung der Mark Brandenburg an seinen Vetter und Rivalen bei der Königswahl von 1410, Jobst von

Mähren († 1411). Als Röm. König verfolgte S. das Ziel einer europ. Koalition gegen die osman. Bedrohung; auf dem Konstanzer Konzil gelang ihm hierzu zwar die Beseitigung des Abendländ. Schismas, die Ansätze zur Kirchenreform und zur Überwindung der ›Ketzerei‹ (Verbrennung J. Hus' 1415) scheiterten und banden sogar Kräfte in den Hussitenkriegen in Böhmen seit 1419. Die von S. angestrebte Reichsreform scheiterte am Widerstand der Fürsten.

Polen: **2) Sigismund I., der Alte** oder **der Große,** * Krakau 1. 1. 1467, † ebd. 1. 4. 1548, Großfürst von Litauen und König (seit 1506). Konnte durch den Ausgleich mit Habsburg, durch die Umwandlung des Ordensstaates in ein lehnspflichtiges weltl. Hzgt. Preußen (1525) und durch die Sicherung der Ostgrenze die außenpolit. Stellung Polens konsolidieren. Unter dem Einfluß seiner zweiten Frau, einer Sforza, konnte sich eine bed. Renaissancekultur entfalten.

3) Sigismund II. August (August I.), * Krakau 1. 8. 1520, † Knyszyn bei Białystok 7. 7. 1572, Großfürst von Litauen (seit 1522[?]/44) und König (seit 1529/1548). Konnte 1561 Anschluß und Säkularisation Livlands und Kurlands sowie die Umgestaltung der Personalunion mit Litauen in eine Realunion (Union von Lublin, 1569) erreichen.

4) Sigismund III. Wasa, * Schloß Gripsholm 20. 6. 1566, † Warschau 30. 4. 1632, König von Polen (seit 1587) und Schweden (1592–99). Sohn Johanns III. von Schweden und einer Jagellonin. Wegen seiner gegenreformator. Politik 1599 vom schwed. Reichstag abgesetzt; S. verlor im poln.-schwed. Krieg (1601–29) Livland bis zur Düna. Versuchte vergebl., die Herrschaft seines Sohnes Wladislaw (IV.) in Moskau durchzusetzen.

Sigma [griech.], 20. Buchstabe des urspr., 18. des klass. griech. Alphabets mit dem Lautwert [s]: Σ, σ, am Wortende ç.

Sigmaringen, Kreisstadt an der oberen Donau, Bad.-Württ., 14 800 E. Fürstl. Hohenzollernsches Museum, Hoftheater; u. a. Maschinenfabrik, Brauerei. Schloß (romantisierender Wiederaufbau 1893 ff.), Pfarrkirche Sankt Johannes (18. Jh.). – 1077 erstmals erwähnt; 1362 Stadtrecht; seit 1575 Sitz der Linie Hohenzollern-S. (seit 1653 reichsfürstl.; 1806–49 selbständiges Ft.).

Sigmund, Name von Herrschern, →Sigismund.

Signac, Paul [frz. siˈɲak], * Paris 11. 11. 1863, † ebd. 15. 8. 1935, frz. Maler. Neben G. Seurat Hauptvertreter des Pointillismus.

Signal [lat.-frz.], jedes durch opt., akust. oder andere physikal. oder techn. Mittel *(S.mittel)* gegebene Zeichen zur Übermittlung von Meldungen, Nachrichten oder Daten.

Signalflaggen, in der Schiffahrt zur opt. Nachrichtenübermittlung verwendete Flaggen, internat. festgelegt in einem Flaggensystem, bestehend aus 26 *Buchstabenflaggen* **(Flaggenalphabet)** zur Darstellung der Buchstaben A bis Z, aus 10 *Zahlenwimpeln* zur Darstellung der Zahlen 0 bis 9 sowie 3 Hilfsstandern und einem Antwortwimpel.

Signatar [lat.], Unterzeichner (eines Vertrages); **Signatarstaat,** der einen internat. Vertrag unterzeichnende Staat.

Signatur [lat.], **1)** [Kenn]zeichen, Unterschrift, Namenszeichen.

2) *Bibliothekswesen:* Kurzbez. für den Standort eines Buches.

Signete [lat.-frz.] →Drucker- und Verlegermarken.

Signorelli, Luca [italien. siɲɲoˈrɛlli], * Cortona um 1445/50, † ebd. 14. 10. 1523, italien. Maler. Bed. Fresken in Loreto (um 1480), Rom (1482/83), Perugia (1484) und v. a. im Dom von Orvieto (1499–1504) sowie religiöse und mytholog. Tafelbilder.

Werner von Siemens

Władysław Eugeniusz Sikorski

Signoret, Simone [frz. siɲɔ'rɛ], eigtl. S. Kaminker, * Wiesbaden 25. 3. 1921, † Paris 30. 9. 1985, frz. Schauspielerin. Ab 1950 ∞ mit Y. Montand; bed. Charakterdarstellerin des internat. Films, u. a. ›Der Reigen‹ (1950), ›Der Weg nach oben‹ (1958), ›Das Geständnis‹ (1970), ›Madame Rosa‹ (1977); schrieb u. a. den Roman ›Adieu Wolodja‹ (1985).

Signoria [italien. siɲɲo'ri:a ›Herrschaft‹] (Signorie), monarch.-autokrat. Herrschaftsform in Italien seit dem Versagen des kommunalen Kollegialregiments im 13. Jh. Im oligarch. Venedig und im republikan. Florenz Bez. für die leitende Behörde.

Signum (Mrz. Signa) [lat.], Zeichen; verkürzte Unterschrift, Monogramm.

Sigtuna, schwed. Stadt an einem nördl. Arm des Mälarsees, 4300 E. Kirchenruinen (12.–14. Jh.), Kirche Sankt Maria (um 1240–50) mit Wandmalereien. – Um 1000 als Ersatz für das zerstörte Birka gegründet.

Sigurdlieder, Lieder der edd. Sammlung über Sigurd, der den Drachen Fafner tötet und damit den Nibelungenhort erwirbt.

Sihanuk → Norodom Sihanuk.

Sikahirsch [jap./dt.], gedrungener, etwa 1–1,5 m langer und 85–110 cm schulterhoher Echthirsch in Wäldern und parkartigen Landschaften O-Asiens (in M-Europa und anderen Erdteilen vielerorts eingebürgert); rot- bis dunkelbraun.

Sikhs, die Anhänger einer von Nanak (* 1469, † 1539[?]) gegr. ind. Religionsgemeinschaft, deren Religion eine Synthese von Hinduismus und Islam ist. Nach ihrer im ›Adigrantha niedergelegten Lehre gelten für die S. die Karmalehre und der Geburtenkreislauf. Unter Gobind Singh († 1708) wurden die S. zu einer militanten Gemeinschaft (Namenszusatz ›Singh‹, dt. Löwe, ungeschnittenes Haar unter einem Turban, Bewaffnung), die im 18. Jh. schweren Verfolgungen mit krieger. Verwicklungen ausgesetzt war. Für die S. wurde 1966 ein eigener ind. Unionsstaat (Punjab) geschaffen (→ Indien [Geschichte]).

Sikhs: Traditionelle Kleidung

Sikkim, ind. Unionsstaat im östl. Himalaja, 7299 km², 316400 E, Hauptstadt Gangtok. – Seit 1641 Königreich; seit 1861 brit., seit 1950 ind. Protektorat; 1973 konstitutionelle Monarchie; wurde 1975 als 22. Bundesstaat der Ind. Union eingegliedert.

Sikkurat → Zikkurat.

Sikorski, Władysław Eugeniusz [poln. ɕi'kɔrski], * Tuszów Narodowy (bei Mielec) 20. 5. 1881, † bei Gibraltar 4. 7. 1943 (Flugzeugabsturz), poln. General und Politiker. Armeeführer im poln.-sowjet. Krieg 1920; Min.-Präs. 1922/23, Kriegs-Min. 1924/25; als Gegner der Diktatur Piłsudskis im Exil; seit 30. 9. 1939 Vors. der poln. Exilregierung in London und Oberbefehlshaber der poln. Truppen.

Silajew, Iwan Stepanowitsch, * 21. 10. 1930, russ. Politiker. Luftfahrtingenieur; 1980/81 Min. für Flugzeugmaschinenbau, 1981/85 Min. für Luftfahrtindustrie, 1985–90 stellv. Min.-Präs. der UdSSR, Juni 1990 bis Sept. 1991 russ. Min.-Präs.; vorübergehend Vors. des sowjet. Übergangskabinetts unter Präs. M. Gorbatschow.

Silber, chem. Symbol Ag (von lat. argentum); metall. chem. Element aus der I. Nebengruppe des Periodensystems der chem. Elemente, Ordnungszahl 47, relative Atommasse 107,868, Dichte 10,50 g/cm³, Schmelzpunkt 961,93 °C, Siedepunkt 2212 °C. Das weißglänzende, gut verformbare Edelmetall ist der beste Strom- und Wärmeleiter. In seinen Verbindungen liegt S. meist ein-, seltener zweiwertig vor. Von nichtoxidierenden Säuren (z. B. Salzsäure) wird S. nicht, von oxidierenden Säuren rasch angegriffen. Mit Schwefelwasserstoff reagiert es zu schwarzem *Silbersulfid*, Ag_2S, worauf das Anlaufen von S. gegenständen an der Luft beruht, in der Schwefelwasserstoff in Spuren enthalten ist. S. ist mit anderen Edelmetallen und Quecksilber unbegrenzt legierbar. S. wird (meist mit Kupfer und Nickel legiert) als Münzmetall sowie zur Herstellung von Schmuck, Tafelbestecken, Spiegeln, in Form von Amalgamen als Zahnfüllmasse und v. a. in der photograph. Ind. in Form der Silberhalogenide verwendet.

Silberblatt, Gatt. der Kreuzblütler mit nur 3 Arten, verbreitet in M- und S-Europa; mit weißen oder purpurfarbenen Blüten in Trauben; die papierartige, silbrige, durchscheinende Scheidewand der Fruchtschoten bleibt stehen.

Silberdistel → Eberwurz.

Silberfischchen, fast weltweit verbreitetes, etwa 1 cm langes Urinsekt; mit silberglänzend beschupptem Körper.

Silberfuchs → Füchse.

Silberglanz, svw. → Argentit.

Silberhalogenide, die [auch als Minerale vorkommenden] Verbindungen des Silbers mit Fluor, Chlor, Brom und Jod. Wichtig sind die lichtempfindl., in der Photographie zum Beschichten von Filmen und Photopapieren verwendeten S.: *Silberchlorid*, AgCl, eine weiße, wasserunlösl. Substanz; das weiße bis grüne Kristalle bildende, in der Photographie meistverwendete *Silberbromid*, AgBr; das lichtempfindlichste, gelbl. *Silberjodid*, AgJ. Diese S. färben sich am Licht durch photochem. Spaltung schwarz (Freiwerden von feinstverteiltem Silber).

Silberlöwe, svw. → Puma.

Silbermann, dt. Orgel- und Klavierbauerfamilie; bed. Vertreter: **1)** Andreas, * Kleinbobritzsch bei Frauenstein 16. 5. 1678, † Straßburg 16. 3. 1734. Baute u. a. die Münsterorgeln von Basel und Straßburg sowie die Orgeln der ehem. Benediktinerabteien Maursmünster und Ebersmünster.

2) Gottfried, * Kleinbobritzsch bei Frauenstein 14. 1. 1683, † Dresden 4. 8. 1753. Bruder von Andreas S.; baute Orgeln u. a. in Freiberg, Dresden und Zittau; förderte den Einheitsklang der Orgel.

Silcher, Friedrich, * Schnait (= Weinstadt) 27. 6. 1789, † Tübingen 26. 8. 1860, dt. Komponist und Musikerzieher. Förderer des Laienchorwesens; schrieb zahlr. volkstüml. Lieder, u. a. ›Ännchen von Tharau‹.

Silen → Satyrn.

Silesius, Angelus → Angelus Silesius.

Silex [lat.], ein gelb und braunrot gestreifter Jaspis; u. a. für Gemmenschnitzerei.

Silhouette [zilu'ɛtə; frz., nach dem frz. Finanz-Min. É. de Silhouette, * 1709, † 1767] → Schattenriß; Umriß.

Silicagel [lat.], svw. →Kieselgel.

Silicasteine →Silikasteine.

Silicate (Silikate) [lat.], die Salze und Ester der Monokieselsäure H_4SiO_4 und ihrer Kondensationsprodukte (→Kieselsäuren). Die anorgan. S. sind als *Silicatminerale* wesentl. am Aufbau der Erdkruste beteiligt; z. B. Glimmer, Quarz, Feldspäte, Hornblenden, Granate und Beryll. Künstl. S. liegen in Zement, Porzellan und Wasserglas vor.

Silicium [lat.], chem. Symbol Si; halbmetall. chem. Element aus der IV. Hauptgruppe des Periodensystems der chem. Elemente, Ordnungszahl 14, relative Atommasse 28,0855, Dichte 2,33 g/cm³, Schmelzpunkt 1 410 °C, Siedepunkt 2 355 °C. Das dunkelgraue bis schwarze S. ist ein Halbleiter; in geschmolzenem Zustand besitzt es metall. Eigenschaften und leitet Strom. S. ist nicht sehr reaktionsfähig; es reagiert z. B. mit Sauerstoff erst bei hoher Temperatur zu *Siliciumdioxid*, SiO_2, das in der Natur in zahlr. Modifikationen, d. h. in Form zahlr. Minerale vorkommt. S. tritt fast immer vierwertig auf. Hochreines S. wird zur Herstellung von Halbleiterbauelementen verwendet.

Siliciumcarbid, SiC, Silicium-Kohlenstoff-Verbindung; dient als Schleifmittel (Carborundum Ⓦ) und als feuerfester Werkstoff.

Silicone [lat.] (Silikone, Polyorganosiloxane), synthetische, polymere siliciumorgan. Verbindungen. S. sind therm. und chem. sehr beständig und wasserabstoßend; sie werden vielseitig verwendet, z. B. die *Silikonöle* (mit kurzen Kettenmolekülen) als Hydraulikflüssigkeiten, Schmiermittel, Entschäumer und zum Imprägnieren von Textilien und Papier; die *Silikonfette* (mit längeren Kettenmolekülen) als Schmiermittel und Salbengrundlagen; der *Silikonkautschuk* (mit langen, durch Vulkanisieren z. B. mit Peroxiden vernetzten Kettenmolekülen) als dauerelast., witterungsbeständiges, säuren- und laugenfestes Dichtungsmaterial und die *Silikonharze* (mit räuml. stark vernetzten Molekülen) als elektr. Isoliermaterial und Lackrohstoffe für temperaturbeständige Lacke.

Silieren [span.], svw. →Einsäuerung.

Silikasteine (Silicasteine) [lat./dt.], feuerfeste Steine (Erweichungstemperatur etwa 1 700 °C); zur Auskleidung v. a. von Koks- und Glasöfen.

Silikonharze →Silicone.

Silikonkautschuk →Silicone.

Silikonöle →Silicone.

Silikose [lat.], durch eingeatmeten kieselsäurehaltigen Staub verursachte Staublungenerkrankung.

Silja, Anja, * Berlin 17. 4. 1940, dt. Sängerin (Sopran). Neben Wagner-Opern v. a. internat. bekannte Mozart-, Verdi-, Strauss-Interpretin. ∞ mit C. von Dohnányi.

Siljansee, See im südl. N-Schweden, in einem Teil eines Meteoritenkraters gelegen, 290 km².

Sillanpää, Frans Emil [finn. 'sillampæ:], * Hämeenkyrö 16. 9. 1888, † Helsinki 3. 6. 1964, finn. Schriftsteller. Schrieb Romane über die von Dorfarmut und Bürgerkrieg geprägten finn. Verhältnisse, u. a. ›Silja, die Magd‹ (1931), ›Schönheit und Elend des Lebens‹ (1945). 1939 Nobelpreis für Literatur.

Sillitoe, Alan [engl. 'sɪlɪtoʊ], * Nottingham 4. 3. 1928, engl. Schriftsteller. Schreibt engagierte Erzählungen (›Die Einsamkeit des Langstreckenläufers‹, 1959) und Romane (›Samstag Nacht und Sonntag Morgen‹, 1958; verfilmt 1960 von K. Reisz). – *Weitere Werke:* Der Mann, der Geschichten erzählte (1980), Insel im Nebel (1987).

Silo [span.], Großspeicher für Schüttgüter (z. B. Getreide, Erz).

Siloah, bibl. Bez. für eine unterird. Wasserleitung in Jerusalem; das Sammelbecken vor der Tunnelmündung ist der S.-Teich (Siloam-Teich) des NT (Joh. 9, 7).

Silone, Ignazio, eigtl. Secondo Tranquilli, * Pescina bei L'Aquila 1. 5. 1900, † Genf 22. 8. 1978, italien. Schriftsteller. 1921–30 Mgl. der KP; 1930–44 Exil in der Schweiz, wo sein erster Roman ›Fontamara‹ (dt. 1933, italien. 1947) erschien. Schrieb v. a. sozialkrit. Romane, u. a. ›Brot und Wein‹ (engl. und dt. 1936, italien. 1937), ›Das Geheimnis des Luca‹ (1956), ›Der Fuchs und die Kamelie‹ (1960) und Essays.

Silvaner →Rebsorten (Übersicht).

Silvanus, röm.-italischer Bauern- und Hirtengott.

Silvester, Name von Päpsten:

1) Silvester I., hl., † Rom 31. 12. 335, Papst (seit 31. 1. 314). Taufte angebl. Konstantin I., den Großen. – Fest: 31. Dezember.

2) Silvester II., * in der Auvergne um 940/950, † Rom 12. 5. 1003, vorher Gerbert von Aurillac, Papst (seit 2. 4. 999). Sein Schüler, der spätere Kaiser Otto III., veranlaßte seine Wahl zum Papst (erster frz. Papst). S. galt als der größte abendländ. Gelehrte seiner Zeit.

Silvester (Sylvester), der letzte Tag im Jahr, benannt nach dem Tagesheiligen (31. Dez.), Papst Silvester I.

Silvia, urspr. Silvia Renate Sommerlath, * Heidelberg 23. 12. 1943, Königin von Schweden. Dolmetscherausbildung; seit 1976 ∞ mit Karl XVI. Gustav, König von Schweden.

Silvrettagruppe, Gruppe der Zentralalpen, über die die österreich.-schweizer. Grenze verläuft, bis 3 411 m hoch.

Frans Eemil Sillanpää

Simbabwe

Fläche: 390 759 km²
Einwohner (1990): 9,37 Mio.
Hauptstadt: Harare
Verwaltungsgliederung: 8 Provinzen
Amtssprache: Englisch
Nationalfeiertag: 18. 4.
Währung: 1 Simbabwe-Dollar (Z. $) = 100 Cents (c)
Zeitzone: MEZ + 1 Std.

Simbabwe, Staat in Afrika, grenzt im N an Sambia, im NO und O an Moçambique, im S an die Republik Südafrika, im SW und W an Botswana.

Landesnatur: S. ist ein weites Hochland, das im äußersten W Anteil am Kalaharibecken hat. Das Land gliedert sich in das zentrale Middle- und Highveld (900–1 200 bzw. über 1 200 m ü. d. M.), das im Inyangani 2 596 m Höhe erreicht, und in das nach S und N anschließende Lowveld (400–800 m hoch). S. hat randtrop. Klima mit einer Regenzeit. Savannen und Dornstrauchsavannen bestimmen das Landschaftsbild.

Bevölkerung: Sie besteht zu 96,5 % aus Afrikanern, zu 3 % aus Europäern und zu 0,5 % aus Mischlingen. Wichtigste Stämme sind Schona und Matabele (Ndebele). Schulpflicht besteht vom 7.–15. Lebensjahr. In Harare gibt es eine Universität.

Wirtschaft, Verkehr: Die wichtigsten landwirtschaftl. Produkte sind Rindfleisch, Mais, Tabak, Baumwolle, Obst und Gemüse. Der Bergbau ist von großer wirtschaftl. Bedeutung; abgebaut werden Chrom-, Eisen-, Lithium-, Tantal-, Nickel- und Zinnerze sowie Asbest und Steinkohle. Es gibt Metallverarbeitung, Nahrungsmittel-, Textil-, Tabakwaren-, chem. und holzverarbeitende Industrie. Wichtigster Energieträger ist Strom aus dem Großkraftwerk am Karibastausee. Die Länge des Eisenbahnnetzes ist 3 394 km, des Straßennetzes 85 237 km. Internat. ✈ bei Harare.

Simbabwe

Staatsflagge

Staatswappen

Bevölkerungsverteilung

Erwerbstätige

Georges Simenon

**Johannes Mario
Simmel**

**Herbert Alexander
Simon**

Geschichte: Auf dem Gebiet von S. lag das Reich des → Monomotapa, das Ende des 17. Jh. unter die Herrschaft der Rotse kam, zw. 1834 und 1836 von den Ndebele unterworfen wurde. 1889 erhielt die British South Africa Company unter Führung C. Rhodes' durch eine Royal Charter Hoheitsbefugnisse; sie verwaltete das Land, bis Südrhodesien 1923 den Status einer von den weißen Siedlern selbst verwalteten Kolonie erhielt. 1953 vereinigte Großbrit. Südrhodesien mit Nordrhodesien und Njassaland zur Zentralafrikan. Föderation (bis 1963). Gegen die Weigerung Großbrit., die seit 1964 (Nordrhodesien war als Sambia unabhängig geworden) **Rhodesien** gen. autonome Kolonie ohne volle Regierungsbeteiligung der Afrikaner in die Unabhängigkeit zu entlassen, erklärte Premier-Min. Ian Douglas Smith (* 1919) nach dem Sieg der radikalen Rhodesian Front 1965 einseitig die Unabhängigkeit. Ein von Großbrit. und den UN verhängtes Embargo und Sanktionen waren nur begrenzt wirksam. 1970 wurde die Republik Rhodesien ausgerufen. Nachdem Gespräche über eine zukünftige Verfassung zw. der rhodes. Regierung und dem die schwarzen Rhodesier vertretenden African National Council (ANC) 1975/76 gescheitert waren, nahmen die Guerillaaktionen (seit 1972) von ZANU (Zimbabwe African National Union) und ZAPU (Zimbabwe African People's Union), die von Moçambique bzw. Sambia aus operierten (mit Tansania, Botswana und Angola die sog. Frontstaaten), gegen das weiße Regime in Rhodesien ständig zu. Die Exilführer dieser beiden Bewegungen, J. Nkomo (ZAPU) und R. G. Mugabe (ZANU), schlossen sich zur sog. Patriotic Front zusammen. Nach Entzug der von Südafrika gewährten militär. Unterstützung und auf massiven Druck der USA hin erkannte die Regierung Smith schließl. den Grundsatz der schwarzen Mehrheitsregierung an. Nach dem Fehlschlagen der Genfer Rhodesienkonferenz (Okt. – Dez. 1976) erreichte Smith im März 1978 mit dem Methodisten-Bischof und Leiter des United African National Council (UANC, ehem. ANC), A. T. Muzorewa, und dem ZANU-Gründer Pastor Ndabaningi Sithole (* 1920) ohne die militanten Befreiungsbewegungen Einvernehmen über eine neue Verfassung, die die Parlamentsmehrheit und das Amt des Premier-Min. den Schwarzen überließ, jedoch gleichzeitig den Weißen erhebl. Vorrechte einräumte. Aus den Wahlen vom April 1979 gingen die Parteien der Schwarzen, v. a. Muzorewas UANC, als Sieger hervor. Angesichts des Widerstandes von ZANU und ZAPU und der OAU gegen diese ›interne Lösung‹ fand von Sept. bis Dez. 1979 erneut eine Verfassungskonferenz in London statt: Das Land, April bis Dez. 1979 S.-*Rhodesien* gen. und danach vorübergehend als Rhodesien wieder brit. Kolonie, wurde am 18. 4. 1980 als S. unabhängig. Die v. a. von Stammesgegensätzen bestimmten Spannungen zw. Mugabe und Nkomo blieben bestehen, Nkomo ging 1982 vorübergehend ins Exil. 1987 wurden im Zuge einer Verfassungsänderung die noch bestehenden Vorrechte für Weiße abgeschafft. Im Dez. 1987 vereinigten sich ZANU und ZAPU zur ZANU (PF), damit wurde der Weg zum von Mugabe angestrebten Einparteienstaat frei. Bei den Parlamentswahlen im März 1990 erreichte die ZANU (PF) 116 der 120 Sitze. Eine von der Regierung im Dez. 1990 angestrebte Verfassungsänderung soll die Enteignung weißer Großfarmer durchsetzen.

Politisches System: Präsidiale Republik; *Verfassung* von 1979 (geändert 1987). *Staatsoberhaupt* und oberster Inhaber der *Exekutivgewalt* ist der Präs., er wird vom Parlament für 6 Jahre gewählt. *Legislativorgan* ist ein Zweikammerparlament aus Senat (40 für 5 Jahre gewählte Mgl., darunter 10 Stammeshäuptlinge und 6 vom Premiermin. vorgeschlagene Mgl.)

294

und Abgeordnetenhaus (120 Abg., für 5 Jahre gewählt). *Parteien:* Zimbabwe African National Union-Patriotic Front (ZANU[PF]), Conservative Alliance of Zimbabwe (CAZ, Vertretung der Weißen). – Karte III, Bd. 2, n. S. 320.

Simbabwe, Ruinenstätte sö. von Fort Victoria (Simbabwe). Ruinen von mehr als 100 Bauten aus Stein (v. a. 13.–15. Jh.). Eine ellipt. Mauer, die bis 10 m hoch und bis 4,50 m breit ist (18. Jh.?) umfaßt Baureste (Turm, Treppen und zwei Monolithe). Funde von Gold, Gußformen, Specksteinschnitzereien, vorder- und ostasiat. Importwaren (8.–15. Jh.).

Simchat Thora [hebr. ›Freude über das Gesetz‹], jüd. Fest, der 9. Tag des → Laubhüttenfestes.

Simenon, Georges [frz. sim'nõ], Pseud. G. Sim, * Lüttich 13. 2. 1903, † Lausanne 4. 9. 1989, belg. Schriftsteller. Weltbekannt durch seine psycholog. fundierten [rd. 100] Kriminalromane um die Gestalt des Kommissars Maigret; auch zahlr. psycholog. Zeitromane, z. B. ›Der Schnee war schmutzig‹ (1948).

Simeon I., der Große, * um 864/865, † Preslaw 27. 5. 927, Khan (seit 893) und Zar (seit 918) der Bulgaren. Eroberte einen Großteil der Balkanhalbinsel; Gründer des ersten bulgar., von Byzanz unabhängigen Patriarchats.

Simferopol [russ. simfı'rɔpɐlj], Hauptstadt des Gebiets Krim, Ukraine, 333 000 E. Univ.; Museen.

Simiae [griech.-lat.], svw. → Affen.

Simmel, 1) Georg, * Berlin 1. 3. 1858, † Straßburg 26. 9. 1918, dt. Soziologe und Philosoph. Befaßte sich u. a. mit der Beziehungsformen zw. Individuen (Über-/Unterordnung, Konkurrenz, Arbeitsteilung, Parteiung, Repräsentation); entwickelte die Begrifflichkeit der modernen Soziologie.
2) Johannes Mario, * Wien 7. 4. 1924, österr. Schriftsteller. Hat Welterfolge mit seinen moralisch engagierten, zeitkrit. (Unterhaltungs)romanen, von denen viele auch verfilmt wurden. – *Werke:* Es muß nicht immer Kaviar sein (R., 1960), Lieb Vaterland magst ruhig sein (R., 1965), Der Stoff, aus dem die Träume sind (1971), Hurra, wir leben noch (R., 1978), Die im Dunkeln sieht man nicht (1985), Doch mit den Clowns kamen die Tränen (1987), Im Frühling singt zum letzten Mal die Lerche (1990).

Simmerring Ⓦ [nach dem dt. Ingenieur W. Simmer] → Dichtung (Technik).

Simon von Kyrene, aus Kyrene stammender Mann, der gezwungen wurde, das Kreuz Jesu zum Richtplatz zu tragen.

Simon [engl. 'saɪmən, frz. si'mõ], 1) Claude, * Antananarivo (Madagaskar) 10. 10. 1913, frz. Schriftsteller. Führender Vertreter des → Nouveau roman, u. a. ›Das Gras‹ (1958), ›Der Palast‹ (1962), ›Die Leitkörper‹ (1971), ›Les Géorgiques‹ (1981). Erhielt 1985 den Nobelpreis für Literatur.
2) Herbert Alexander, * Milwaukee (Wis.) 15. 6. 1916, amerikan. Wirtschaftswissenschaftler. Erhielt 1978 v. a. für seine Untersuchungen der Struktur von Wirtschaftsunternehmen und Verwaltungen den sog. Nobelpreis für Wirtschaftswissenschaften.
3) Neil, * New York 4. 7. 1927, amerikan. Schriftsteller. Autor zahlr. witziger Boulevardstücke, u. a. ›Sonny-Boys‹ (1973).

Simonie [nach Simon Magus], Verkauf oder Ankauf geistl. Sachen (z. B. eines Amtes, einer Pfründe) gegen Entgelt. Nach kath. Kirchenrecht unter Strafe gestellt; in der Kirchengeschichte jedoch häufig.

Simon Magus, trat nach Apg. 8, 9ff. in Samaria als Zauberer auf; wollte Petrus und Johannes die Gabe der Geistverleihung abkaufen.

Simonow, Konstantin Michailowitsch [russ. 'simɐnɐf], eigtl. Kirill M. S., * Petrograd 28. 11. 1915, † Moskau 28. 8. 1979, russ.-sowjet. Schriftsteller. Schrieb den erfolgreichen Stalingradroman ›Tage und Nächte‹ (1944) sowie die Romantrilogie ›Die Lebenden und die Toten‹ (1959; verfilmt 1964 von Alexander Stolper [* 1907, † 1979]), ›Man wird nicht als Soldat geboren‹ (1965) und ›Der letzte Sommer‹ (1971).

Simons, Menno → Menno Simons.

Simplicissimus, 1896 in München gegr. polit.-satirische Wochenschrift; erschien bis 1944, erneut 1954–67 und seit 1980.

Simplicius Simplicissimus, Titelheld in Grimmelshausens Roman ›Der Abentheurliche Simplicissimus Teutsch‹ (1669).

simplifizieren [lat.], stark vereinfachen.

Simplon [...plo:n] → Alpenpässe (Übersicht).

Simrock, Karl, * Bonn 28. 8. 1802, † ebd. 18. 7. 1876, dt. Germanist und Schriftsteller. Förderte durch die Übertragung ahd. Dichtungen ins Neuhochdeutsche die Rezeption der mittelalterl. Dichtung durch die Romantik; Sammler und Hg. von Sagen und Märchen.

Simse (Binse), weltweit verbreitete Gatt. der Riedgräser mit 250 Arten; männl. und weibl. Blüten in einem Ährchen; europ. Arten sind u. a.: *Strand-S.* (Meer-S.), 0,3 – 1,3 m hoch; auf Schlickböden der Küstengebiete; an Ufern stehender und fließender Gewässer wächst die 0,8 – 3 m hohe *Teich-S.* (Flecht-S.); in wärmeren Gebieten wächst das immerharte, bis 20 cm hohe *Frauenhaargras* (Nickende S.).

Simson (in der Vulgata Samson), im AT der letzte große Richter (Richter 13 – 16). Mit übermenschl. phys. Kraft ausgestattet; aus Liebe zur Philisterin Delila verrät er ihr das Geheimnis seiner Kraft (ungeschorenes Haupthaar); Delila verrät S. an ihre Landsleute, die ihm das Haar abschneiden, ihn blenden und versklaven. Seine Kraft kehrt noch einmal zurück, als er beim Osterfest der Philister die Mittelsäulen des Tempels zum Einsturz bringt und so sich und 3 000 Philister tötet.

Simson, Eduard Martin von (seit 1888), * Königsberg (Pr) 10. 11. 1810, † Berlin 2. 5. 1899, dt. Politiker. Jurist; ab Dez. 1848 Präs. der Frankfurter Nationalversammlung (Erbkaiserl. Partei), 1867 – 70 Präs. des Norddt. Reichstags und des Zollparlaments, 1871 – 74 des Dt. Reichstags, 1879 bis 1891 des Reichsgerichts.

Simulant [lat.], jemand, der etwas, bes. eine Krankheit, vortäuscht *(simuliert)*.

Simulation [lat.], in *Wiss.* und *Technik* Bez. für die modellhafte Nachbildung eines beliebigen Systems oder Prozesses durch ein anderes [kybernet.] System bzw. einen anderen Prozeß und das Experimentieren mit diesem Modell. Geräte bzw. Systeme (z. B. Computer) zur Durchführung von S. bezeichnet man als **Simulatoren.**

simultan [lat.], gleichzeitig.

Simultankirche, Kirchengebäude, das mehreren Bekenntnissen zur Verfügung steht.

Simultanschule → Gemeinschaftsschule.

sin, Funktionszeichen für Sinus (→ trigonometrische Funktionen).

Sinai ['zi:na-i] (Horeb), im AT Berg der Gesetzgebung und des Bundesschlusses zw. Jahwe und dem Volk Israel in der gleichnamigen Wüste; eine genaue Lokalisierung ist nicht möglich.

Sinai, Halbinsel ['zi:na-i], Halbinsel zw. dem Golf von Sues und dem Golf von Akaba, Verbindungsglied zw. Afrika und Asien. Den N bildet ein verkarstetes Wüstenplateau, im S erreicht ein kristallines, stark zerklüftetes Gebirge 2 637 m Höhe im Gabal Katrina, an dessen N-Fuß das **Katharinenkloster** (gegr. um 557) liegt. – Im Israel.-Arab. Krieg vom Juni 1967 von Israel besetzt, bis 25. 4. 1982 schrittweise geräumt. – Karte II, Bd. 2, n. S. 320.

Sinaloa, Staat in NW-Mexiko, am Pazifik, 58 328 km², 2,43 Mio. E, Hauptstadt Culiacán.

Sinanthropus [griech.] → Mensch.

Sinatra, Frank [engl. sɪˈnɑːtrə], eigtl. Francis Albert S., * Hoboken (N. J.) 12. 12. 1915, amerikan. Sänger und Filmschauspieler italien. Herkunft. Unterhaltungssänger bei Film, Funk und Fernsehen; typ. Vertreter des amerikan. Showbusineß; zahlr. Filme, u. a. ›Verdammt in alle Ewigkeit‹ (1953), ›Der Mann mit dem goldenen Arm‹ (1955), ›Der ,schärfste' aller Banditen‹ (1970).

Sinclair ['zɪŋklɛ:r, engl. 'sɪŋklɛə, 'sɪŋklə], **1)** Isaak von, * Homburg (= Bad Homburg v. d. H.) 3. 10. 1775, † Wien 29. 4. 1815, dt. Diplomat, Dichter und Philosoph. Ab 1795 Diplomat in Diensten des Landgrafen von Hessen-Homburg, Anhänger der Frz. Revolution und der Idee einer Republik; Freund Hölderlins.

2) Upton, * Baltimore 20. 9. 1878, † Bound Brook (N. J.) 25. 11. 1968, amerikan. Schriftsteller. Wandte sich in seinen Romanen v. a. gegen die sozialen Mißstände in seinem Land; u. a. ›Der Sumpf‹ (1906), ›König Kohle‹ (1917), ›Hundert Prozent‹ (1920), ›Drachenzähne‹ (1942; Roman über den dt. Nat.-Soz.).

Sind, Prov. in SO-Pakistan, 140 914 km², 21,67 Mio. E, Hauptstadt Karatschi.

Sindbad (Syntipas, Sindabar, Sendban), Held einer in oriental. und abendländ. Versionen bekannten Sammlung von Erzählungen pers. Ursprungs (entstanden um 600 n. Chr.).

Sindelfingen, Stadt am Rand des Schönbuchs, Bad.-Württ., 56 900 E. Zus. mit der Nachbarstadt Böblingen bed. Ind.zentrum (u. a. Kfz-, Computer-Ind.). Roman. Stadtkirche (11. Jh., 16. Jh. verändert) mit freistehendem Glockenturm; spätgot. Altes Rathaus (1478), Salzhaus (1592).

Sindermann, Horst, * Dresden 5. 9. 1915, † Berlin 20. 4. 1990, dt. Politiker. 1934–45 als Kommunist in Zuchthaus und KZ. Ab 1957 Leiter der Abteilung Agitation und Propaganda im ZK der SED, ZK-Mgl. seit 1963; seit 1967 Mgl. des Politbüros; 1971–73 1. Stellv. Vors., 1973–76 Vors. des Min.rats, 1976–89 Präs. der Volkskammer. Im Nov. 1989 aller Posten enthoben und zeitweise in Haft.

Sindhi, zu den neuindoar. Sprachen (→ indische Sprachen) gehörende Sprache mit etwa 5 Mio. Sprechern in Pakistan und etwa 2 Mio. in Indien; wird in einer Variante der arab. Schrift geschrieben.

Sinding, Christian, * Kongsberg 11. 1. 1856, † Oslo 3. 12. 1941, norweg. Komponist. Spätromantiker, u. a. Oper ›Der heilige Berg‹ (1914), 4 Sinfonien, Klaviermusik.

Sinekure [lat.], 1. Pfründe ohne Amtsgeschäfte; 2. müheloses, einträgl. Amt.

Sinfonia concertante [...tʃer...; italien.] (konzertante Sinfonie, Konzertante), Komposition für mehrere Soloinstrumente und Orchester, meist dreisätzig, v. a. in der zweiten Hälfte des 18. Jh.; im 19. Jh. meist als *Doppel-, Tripel-* oder *Quadrupelkonzert* bezeichnet.

Sinfonie (Symphonie), großangelegte Komposition für Orchester; zus. mit der (Klavier)sonate und dem Streichquartett als Hauptgattungen der Instrumentalmusik eine Errungenschaft der Komponisten der Wiener Klassik: J. Haydn, W. A. Mozart, L. van Beethoven. – Der Aufbau der klass. S. folgt der → Sonatensatzform; sie hat gewöhnlich 4 Sätze mit folgender Satzfolge: *Allegro* (in Sonatensatzform), *Andante* oder *Adagio, Scherzo* und ein abschließendes *Allegro* (oft in Sonatensatz-, Rondo- oder Menuettform).

sinfonische Dichtung, um 1850 entstandene Gattung der orchestralen Programmusik, die begriffl. faßbare Inhalte in Musik übersetzt; besteht meist aus einem Satz oder aus einer lockeren Folge von Einzelsätzen. Schöpfer der s. D. waren H. Berlioz und F. Liszt; weitere Vertreter: R. Strauss, B. Smetana, J. Sibelius, C. Debussy.

Singapur

Fläche: 626 km²
Einwohner (1989):
2,7 Mio.
Hauptstadt: Singapur
Amtssprachen: Englisch,
Malaiisch, Chinesisch,
Tamil
Nationalfeiertag: 9. 8.
Währung: 1 Singapur-
Dollar (S$) =
100 Cents (c)
Zeitzone: MEZ + 7 Std.

Singapur

Staatsflagge

Staatswappen

Singapur (amtl. Republik S.), Staat in SO-Asien, umfaßt die vor der S-Spitze der Halbinsel Malakka gelegene Hauptinsel S. und 58 kleinere Inseln.
Landesnatur: Flachwelliges Gebiet, bis 174 m hoch. Warm-feuchtes, innertrop.-maritimes Klima.
Bevölkerung: 76% Chinesen, 15% Malaien, 6,5% Inder und Pakistaner. In einzelnen Wohnbezirken werden Bevölkerungsdichten bis 200 000 E/km² erreicht. Schulpflicht besteht von 6–12 Jahren. Es gibt 5 Hochschulen, 2 davon haben Univ.rang.
Wirtschaft, Verkehr: S. ist ein bed. Verkehrs-, Handels-, Finanz- und Dienstleistungszentrum SO-Asiens. Neben 5 Erdölraffinerien verfügt S. über opt. und Elektronik-Ind. sowie Schiff-, Maschinen- und Fahrzeugbau. Die Länge des Straßennetzes beträgt 2 810 km, die der Eisenbahn 26 km; internat. ✈.
Geschichte: 1819 errichteten die Briten an der Stelle des mittelalterl. Handelsplatzes S. eine Faktorei der brit. Ostind. Kompanie, die 1824 die gesamte Insel erwarb (1867 Kronkolonie). 1942–45 jap. besetzt; erhielt 1946 den Status einer eigenen, von der Malayan Union getrennten Kolonie; schloß sich 1963 Malaysia an, wurde aber 1965 als souveräner Staat Mgl. des Commonwealth. Bis 1990 unter der Regierung Lee Kuan Yew (* 1923), erlebte S. einen bed. wirtschaftl. Aufschwung (u. a. Bankenzentrum SO-Asiens). Die letzten Parlamentswahlen im Sept. 1991 konnte die People's Action Party (PAP) überlegen gewinnen. Eine Verfassungsänderung im Jan. 1991 erweiterte die Befugnisse des Staatspräsidenten.
Politisches System: Republik; *Verfassung* von 1958 (mit Zusätzen). *Staatsoberhaupt* ist der Präs., er wird für 5 Jahre direkt gewählt. Bei ihm und der Regierung liegt die *Exekutivgewalt*. Als *Legislative* fungiert das Einkammerparlament (81 Abg., für 5 Jahre direkt gewählt). *Parteien:* People's Action Party (PAP, seit 1959 Regierungspartei), Singapore Social Democratic Party (SSDP). – Karte V, Bd. 2, n. S. 320.
Singdrossel, fast 25 cm langer Singvogel (Fam. Drosseln), v. a. in Wäldern und Parkanlagen Europas und der nördl. und gemäßigten Regionen Asiens (bis M-Sibirien); Zugvogel.
Singen (Hohentwiel), Stadt im Hegau, Bad.-Württ., 42 400 E. Hegau-Museum; u. a. Aluminiumwalzwerk, Nahrungsmittelindustrie. – Ersterwähnung 787.
Singer ['zɪŋər, engl. 'sɪŋə, 'sɪŋgə], 1) Isaac, * Pittstown (N. Y.) 27. 10. 1811, † Torquay (= Torbay) 23. 7. 1875, amerikan. Mechaniker. Gründete eine Nähmaschinenfabrik.
2) Isaac Bashevis, * Radzymin bei Warschau 14. 7. 1904, † Miami (Fla.) 24. 7. 1991, jidd. Schriftsteller. Bedeutendster zeitgenöss. Erzähler jidd. Sprache; kam 1934 in die USA. Seine Romane und Erzählungen spielen meist in der Welt des poln. Judentums; u. a. ›Der Zauberer von Lublin‹ (R., 1960), ›Jakob der Knecht‹ (R., 1962), ›Das Landgut‹ (R., 1967), ›Das Erbe‹ (R., 1969), ›Schoscha‹ (R., 1978); ›Verloren in Amerika‹ (Autobiographie, dt. 1983). 1978 Nobelpreis für Literatur.

Isaac Bashevis Singer

Singhalesen, zahlenmäßig größte Bevölkerungsgruppe in Sri Lanka, deren Vorfahren im 1. Jt. aus N-Indien nach Ceylon eingewandert sind; brachten den Reisanbau nach Ceylon.
Singhalesisch, zum indoar. Zweig der indogerman. Sprachen gehörende Sprache, die die Vorfahren der Singhalesen aus N-Indien nach Ceylon mitgebracht haben.
Single [engl. sɪŋl; lat.], 1) Bez. einer Spielkarte des Kartenspiels, die als einzige ihrer Farbe im Blatt eines Spielers vertreten ist.
2) → Schallplatte.
3) jemand, der aus Überzeugung auf ein Leben zu zweit verzichtet.
Singspiel, zunächst eine Komödie mit musikal. Einlagen; dann insbes. der deutschsprachige Typus des musikal. Bühnenstücks mit gesprochenem Prosadialog. Das dt. S. entstand unter dem Einfluß der engl. Ballad opera, der frz. Opéra comique und der italien. Opera buffa. Komponisten von S. waren J. A. Hiller, J. Haydn, K. Ditters von Dittersdorf und W. A. Mozart.
Singular [lat.] (Singularis, Einzahl), Abk. Sing., in der Sprachwiss. Numerus, der beim Nomen oder Pronomen anzeigt, daß es sich um eine einzelne Person oder Sache bezieht, und der beim Verb anzeigt, daß nur ein Subjekt zu gehören ist.
singulär [lat.], vereinzelt [vorkommend].
Singvögel (Oscines), weltweit verbreitete, mit rd. 4 000 Arten fast die Hälfte aller rezenten Vögel umfassende Unterordnung der Sperlingsvögel; gekennzeichnet durch mehr als 3 (meist 7–9) Paar Muskeln, die am Lautäußerungsorgan (Syrinx) ansetzen und durch deren wechselseitige Kontraktion die Syrinxmembranen mehr oder weniger gespannt und mit Hilfe der ausgestoßenen Atemluft zum Vibrieren gebracht werden. Man unterscheidet 45 Fam., u. a. Lerchen, Schwalben, Stelzen, Zaunkönige, Spottdrosseln, Grasmücken, Drosseln, Meisen, Kleiber, Finkenvögel, Rabenvögel.
Singzikaden (Singzirpen, Cicadidae), rd. 4 000 Arten umfassende, v. a. in den Tropen und Subtropen verbreitete Fam. bis 7 cm langer Zikaden; Pflanzensauger; Männchen mit lauterzeugenden Trommelorganen an der Hinterleibsbasis.
sinh, Funktionszeichen für Hyperbelsinus (→ Hyperbelfunktionen).
Sinhalit [nach Sinhala (Sanskrit für Ceylon)], rhombisches, gelbliches bis goldbraunes Mineral, chem. Mg(Al, Fe)BO₄; Schmuckstein. Mohshärte 6,5; Dichte 3,48 g/cm³.
Sining, chin. Stadt, → Xining.
Sinjawski, Andrei Donatowitsch, * Moskau 8. 10. 1925, russ. Schriftsteller. Veröffentlichte unter dem Pseud. Abram Terz im westl. Ausland u. a. den Roman ›Der Prozeß beginnt‹ (frz. 1953) und ›Phantast. Geschichten‹ (frz. 1961), in denen er den kommunist. Staat kritisierte; 1965–71 in Haft; emigrierte 1973 nach Frankreich. – *Weitere Werke:* Im Schatten Gogols (Prosa, 1970–73), Eine Stimme im Chor (R., 1974), Klein Zores (E., 1980), Gute Nacht (R., 1984).
Sinne, physiolog. die Fähigkeit von Mensch und Tier, Reize diffus über den gesamten Körper oder mittels spezieller, den einzelnen S. zugeordneter Sinnesorgane zu empfinden bzw. wahrzunehmen und ggf. spezif. darauf zu reagieren.
Sinnesepithel → Epithel.
Sinnesnerven (sensible Nerven, Empfindungsnerven), diejenigen Nervenstränge, die afferente (sensor.) Erregungsleitung zw. Sinnesorganen und nervösen Zentren (Ganglien, Gehirn) als Teil des peripheren Nervensystems übernehmen.
Sinnesorgane (Rezeptionsorgane), der Aufnahme von Reizen dienende, mit Sinnesnerven ver-

sorgte Organe bei Vielzellern (bei Einzellern sind Sinnesorganellen ausgebildet, z. B. der Augenfleck), bestehend aus Sinneszellen sowie diversen Hilfszellen bzw. -organen. Die Funktionsfähigkeit jedes S. beruht auf der Fähigkeit der einzelnen Sinneszelle, bestimmte, quantitativ und qualitativ begrenzte, als Reize wirkende Energieformen in neurale Erregung umzuwandeln. Während bei *indifferenten* S. verschiedene Reize wahrgenommen werden können, da hier als einfachster Fall ledigl. einzelne Sinneszellen oder freie Nervenendigungen über die gesamte Körperoberfläche verstreut sind, entstehen die eigtl. S. durch Zusammenlagerung von Sinneszellen und zusätzl. Ausbildung von Hilfseinrichtungen, wie z. B. beim Auge der dioptr. Apparat und die Pigmentzellen. Dadurch sind diese S. gegenüber inadäquaten Reizen abgeschirmt. Die Zuordnung adäquater Reize zu ihren spezif. S. ermöglicht die Identifizierung der verschiedenen Sinne. Allerdings reagiert jedes Sinnesorgan nur bei normaler Reizstärke auf die ihm zugeordneten Reize. Bei überstarkem Reiz kann auch ein Fremdreiz beantwortet werden, jedoch immer nur mit der dem Sinnesorgan eigenen Sinnesempfindung. So erzeugt z. B. ein Schlag auf das Auge eine Lichtempfindung.

Sinneszellen, bes. differenzierte Epithelzellen der Vielzeller, deren Protoplasma durch Reize von außen eine spezif. Zustandsänderung erfährt, die die Erregung ergibt (Nervenzellen übernehmen nur diese Erregung, bewirken sie also selbst nicht). Die S. können zerstreut in der Haut vorkommen oder in Sinnesepithelien oder Sinnesorganen angereichert sein.

Sinn Féin [engl. 'ʃɪn 'feɪn; ir. ›wir selbst‹], nationalist. ir. Partei, gegr. 1905 von A. Griffith; nach dem brit.-ir. Vertrag von 1921 über die Errichtung des Ir. Freistaats Spaltung in Vertragsanhänger (→ Fine Gael) und Vertragsgegner (→ Fianna Fáil).

Sinngedicht, svw. Epigramm.

Sinnpflanze (Mimose), Gatt. der Mimosengewächse mit rd. 450 Arten, hauptsächl. im trop. und subtrop. Amerika; Kräuter, Sträucher oder Bäume, oft dornig oder stachelig; Blätter reagieren auf Berührungsreize durch Zusammenklappen der Fiedern und Absenken der Blattstiele.

sino..., Sino..., Bestandteil von Zusammensetzungen mit der Bedeutung ›China, chinesisch‹.

Sinologie, die wiss. Erforschung der chin. Sprache, Literatur, Geschichte und Kultur.

Sinop, Stadt an der türk. Schwarzmeerküste, 25 000 E. Museum; Bootsbau; Fischerei. – Mitte des 7. Jh. v. Chr. von den Milesiern als **Sinope** gegr., Ende des 2./Anfang des 1. Jh. v. Chr. Hauptstadt des Kgr. Pontus, 72 v. Chr. durch die Römer erobert; ab 1214 beim Reich der Rum-Seldschuken; ab 1461 osmanisch.

sinotibetische Sprachen (tibetochines. Sprachen), in Ost- und Südostasien beheimatete Sprachen und Sprachgruppen: chines. Sprache, Thaisprachen und die tibetobirmanischen Sprachen. Gemeinsame charakterist. Merkmale der s. S. sind Monosyllabität (einsilbige Wörter), bedeutungsdifferenzierende Worttonsysteme und isolierende Strukturen, hinter denen Übereinstimmungen der Syntax und des jeweiligen Wortschatzes zurücktreten.

Sinowatz, Fred, * Neufeld an der Leitha 5. 2. 1929, österr. Politiker (SPÖ). Ab 1964 Landtags-Präs. im Burgenland, 1971–83 österr. Unterrichts-Min., 1981–83 Vizekanzler, 1983–86 Bundeskanzler, 1983–87 Vors. der SPÖ.

Sinowjew, Grigori Jewsejewitsch, eigtl. G. J. Radomylski, * Jelisawetgrad (= Kirowograd) 11.9. 1883, † 25. 8. 1936 (hingerichtet), sowjet. Politiker. 1917 Vors. des Petrograder Sowjets; ab 1919 Mgl. des Politbüros und Vors. des Exekutivkomitees der Komintern; ab 1923 lag die kollektive Führung der Partei

in Händen der ›Troika‹ Stalin-S.-Kamenew; 1925 bildete S. mit Trotzki und Kamenew die ›Vereinigte Opposition‹ gegen Stalin; verlor 1926/27 alle Parteiämter; 1935 zu 10 Jahren Gefängnis, 1936 im 1. Moskauer Schauprozeß zum Tode verurteilt.

Sinsheim, Stadt im Kraichgau, Bad.-Württ., 27 500 E. Auto + Technik-Museum; u. a. metallverarbeitende Industrie. Ev. Stadtpfarrkirche (16. und 18. Jh.); Fachwerkrathaus (18. Jh.); 5 km südlich Burg Steinsberg (12. Jh.).

Sinter, mineral. Ausscheidung (v. a. Kalk- und Kieselsinter) aus fließendem Wasser, bildet Krusten, Wälle und Terrassen.

Sinterglas, durch Sintern von Glaskörnern oder -pulver hergestellter poröser Werkstoff, u. a. zu Filtern verarbeitet.

Sinterhartmetalle → Hartmetalle.

Sintern, das Verdichten (Zusammenfritten, Stükkigmachen) hochschmelzender pulverförmiger bzw. körniger Stoffe unter Druck- und/oder Temperatureinwirkung (bei Temperaturen unterhalb des Schmelzpunktes), z. B. zur Herstellung von Formteilen.

Sintflut, in den Sagen vieler Völker des Altertums eine durch göttl. Zorn verursachte Flutkatastrophe, die alles Leben vernichtet; in der Bibel wird Noah mit seiner Familie und vielen Tieren in einer Arche gerettet.

Sinti → Roma.

Sinuitis [lat.], svw. → Nasennebenhöhlenentzündung.

Sinus [lat.], 1) *Mathematik:* → trigonometrische Funktionen.

2) *Anatomie:* 1. die Hohlräume in Geweben und Organen (z. B. Nasennebenhöhlen); 2. die Erweiterungen von Gefäßen.

Sinusitis [lat.], svw. → Nasennebenhöhlenentzündung.

Sinussatz, Lehrsatz der *Trigonometrie:* Sind a, b, c die Seiten und α, β, γ die ihnen gegenüberliegenden Winkel eines Dreiecks, so gilt:

$$a : b : c = \sin\alpha : \sin\beta : \sin\gamma.$$

Siodmak, Robert, * in der County Shelby (Tenn.) 8. 8. 1900, † Locarno 10. 3. 1973, dt.-amerikan. Regisseur. Drehte von 1933 in Deutschland (›Abschied‹, 1930); 1933 bis 1940 in Frankreich; bis 1952 in Hollywood (v. a. Kriminalfilme, u. a. ›Die Wendeltreppe‹, 1945); ab 1955 wieder in der BR Deutschland (u. a. ›Nachts, wenn der Teufel kam‹, 1957; ›Kampf um Rom‹, 2 Tle., 1968, nach dem Roman von F. Dahn).

Sioux ['ziːʊks, 'ziːu; engl. suː], weit verbreitete indian. Sprachfamilie, zu der zahlr. Dialektgruppen und Stämme gehören, u. a. Dakota, Assiniboin, Winnebago, Iowa, Missouri, Omaha, Osage, Crow. Urspr. seßhafte Feldbauern im östl. Nordamerika. Mit Erwerb des Pferdes im 18. Jh. wurden einige S.stämme zu berittenen Bisonjägern und nahmen an der neuen Präriekultur teil.

Siphon [zi'fõ:; griech.-frz.], 1) svw. → Geruchsverschluß.

2) (Syphon) Gefäß zum Herstellen, Aufbewahren und Ausschenken von kohlensäurehaltigen Getränken. Beim Einleiten von komprimiertem Kohlendioxid [aus speziellen Patronen] in das mit Wasser gefüllte Gefäß wird ein Teil des Gases gelöst, der übrige Teil dient als Treibgas, das das kohlensäurehaltige Wasser aus dem Gefäß treibt.

Sippe, 1) *Völkerkunde:* Bez. für eine Gruppe, deren Zusammengehörigkeitsgefühl auf gemeinsamer, aber nicht genau nachzuweisender Abstammung beruht.

2) *Biologie:* eine Gruppe von Individuen gleicher Abstammung.

Sitar
(Münchner
Stadtmuseum)

Sippenhaftung, urspr. das Eintreten eines Sippschaftsverbandes für von einem seiner Mgl. begangene Handlungen; heute in totalitären Staaten pervertiert zu Terrormaßnahmen gegen Angehörige polit. Gegner, deren man nicht selbst habhaft werden kann.

SIPRI, Abk. für →Stockholm International Peace Research Institute.

Sir [engl. sə:], Titel des niederen engl. Adels (Baronet, Knight); außerdem Anredeform von Fremden, im Briefstil im Sinne von ›mein Herr‹.

Sirach (Jesus S., in der Vulgata Ecclesiasticus), von Jesus Sirach um 190 v. Chr. verfaßte, von dessen Enkel um 130 v. Chr. ins Griech. übersetzte deuterokanon. bzw. apokryphe Schrift des AT mit einer Sammlung von eth. Handlungsanweisungen.

Sire [frz. si:r; lat.-frz.], Anrede von Königen und Kaisern (gleichwertig mit Majestät); in Frankreich bis zum 16. Jh. gebräuchl. für Lehnsfürsten.

Sirene [griech.-frz.], ein Schallgeber, bei dem der Schall durch die period. Unterbrechung eines Luftstromes (z. B. durch eine rotierende Lochscheibe) und die dadurch bewirkten Druckschwankungen hervorgerufen wird.

Sirenen, Fabelwesen der griech. Mythologie. Drei jungfräul. Schwestern, die vorüberfahrende Seeleute durch unwiderstehl. Gesang anlocken, um sie zu töten.

Sirenen [griech.], svw. →Seekühe.

Sirius [griech.-lat.] (Hundstern), der Stern α im Sternbild Großer Hund, der hellste Fixstern des Himmels; Entfernung von der Sonne: 8,8 Lichtjahre. S. ist ein Doppelsternsystem.

Sirk, Douglas [engl. sə:k], eigtl. Detlef Sierck, * Skagen (Dänemark) 26. 4. 1900, † Lugano 14. 1. 1987, amerikan. Regisseur dän. Herkunft. Regisseur bei der UFA (u. a. ›Zu neuen Ufern‹, 1937). 1937 Emigration über Frankreich in die USA; hatte große Erfolge mit Melodramen wie ›Was der Himmel erlaubt‹ (1955), ›In den Wind geschrieben‹ (1956), ›Duell in den Wolken‹ (1957).

Sirmione, italien. Gem. in der Lombardei, auf einer Halbinsel im südl. Gardasee, 4600 E. Thermalbad. Scaligerburg (14. Jh.); Reste einer röm. Villa.

Sirmium →Sremska Mitrovica.

Sirtaki [griech.], griech. Volkstanz, der langsam beginnt und immer schneller wird; wird in Ketten- oder Kreisform getanzt.

Sirup [arab.-mittellat.], eingedickter Obstsaft mit Zucker (*Frucht-S.*) oder Zuckerrübensaft (Rübenkraut).

SIS, Abk. für Schwerionensynchrotron; ein ringförmiger Schwerionenbeschleuniger (→Teilchenbeschleuniger); 1990 von der Gesellschaft für Schwerionenforschung (GSI; Darmstadt) in Betrieb genommen.

Sisal (Sisalhanf), Bez. für die aus den Blättern der Sisalagaven erhaltenen cremeweißen bis gelbl., leicht einzufärbenden, glänzenden Blattfasern.

Sisalagave →Agave.

Sisley, Alfred [frz. si'slɛ], * Paris 30. 10. 1839, † Moret-sur-Loing bei Fontainebleau 29. 1. 1899, frz. Maler. Einer der Hauptvertreter des frz. Impressionismus; malte v. a. Landschaften sowie u. a. den ›Marktplatz in Marly‹ (1876; Mannheim, Kunsthalle).

Sistema Económico Latinoamericano, Abk. SELA, 1975 gegründete lateinamerikan. Wirtschaftsgemeinschaft.

sistieren [lat.], ein Verfahren (vorläufig) einstellen; jemanden zur Feststellung seiner Personalien polizeilich festnehmen.

Sisyphus (Sisyphos), Gestalt der griech. Mythologie. Urbild des ›Frevlers‹. In alle Ewigkeit muß er in der Unterwelt einen Felsblock einen steilen Berg hinaufwälzen; bevor er den Gipfel erreicht, rollt der

Stein wieder ins Tal, und S. beginnt seine Arbeit *(Sisyphusarbeit)* von neuem.

SI-System, svw. →Internationales Einheitensystem.

Sitar [pers.], ind. Langhalslaute mit birnenförmigem Schallkörper aus Holz oder Kürbis, langem, flachem Hals mit 16–20 bewegl. Bünden und meist 4–7 Metallsaiten.

Sitka [engl. 'sıtkə], Stadt im Panhandle von Alaska, USA, auf Baranof Island, 7800 E. Indianerschule; Hafen. – 1799 russ. Stützpunkt; 1867 an die USA; bis 1900/06 Verwaltungssitz von Alaska.

Sitkafichte →Fichte.

Sitte, eine an Normen und Werte gebundene, auf Überlieferung beruhende Regulierung des sozialen Handelns, deren Beachtung als verbindlich angesehen wird.

Sitten (frz. Sion), Hauptort des schweizer. Kt. Wallis, an der Rhone, 22900 E. Archäolog. Museum, Ind.- und Handelsstadt. Kathedrale (11., 13., 15./16. und 20. Jh.), spätgot. Theodulkirche (1512–14); spätgot. Haus Supersaxo (1505), Renaissancerathaus (1660/61); über S. die Ruinen des Schlosses Tourbillon (1294) sowie die Burg Valeria mit der roman.-frühgot. Kirche Notre-Dame-de-Valère (darin eine der ältesten Orgeln Europas, Ende des 14. Jh.). – Bischofssitz seit 585.

Sittengesetz, oberste Norm zur Begründung und Beurteilung menschl. Handelns in der Gesellschaft.

Sittenlehre, svw. →Ethik.

Sittenstück, Drama, das zeitgenöss. Gebräuche, Moden, sinnentleerte oder korrumpierte Sitten in krit. Absicht darstellt. Europ. Bedeutung hatte das S. seit dem 17. Jh.: in Spanien als *Mantel-und-Degen-Stück,* in England als *Comedy of manners,* im 19. Jh. in Frankreich als *Comédie de mœurs,* in Deutschland v. a. als *Tendenz-* und *Zeitstück* im polit. Vormärz.

Sittenwidrigkeit, Verstoß gegen die guten Sitten. Die guten Sitten ergeben sich im Einzelfall aus den in den beteiligten Kreisen herrschenden Ansichten und unterliegen zeitl. Wandel. – Ein Rechtsgeschäft, das nach Inhalt, Zweck und Motiv gegen die guten Sitten verstößt, ist nichtig.

Sittewald, Philander von, Pseud. des dt. Satirikers J. M. →Moscherosch.

Sittiche [griech.-lat.], Sammelbez. für alle kleinen bis mittelgroßen Papageien (u. a. Wellensittich, Nymphensittich).

Sitting Bull [engl. 'sıtıŋ 'bʊl ›sitzender Stier‹] (indian. Tatanka Yotanka), * im heutigen South Dakota um 1831, † bei Fort Yates (N. Dak.) 15. 12. 1890 (erschossen), Häuptling der Hunkpapa-Sioux (Gruppe der Teton-Dakota). Ab den 1860er Jahren einer der Führer der indian. Freiheitskämpfe; 1876 zus. mit Crazy Horse Führer im siegreichen Kampf am →Little Bighorn River.

Sittlichkeit, in der *prakt. Philosophie* Inbegriff der Eigenschaften, der Begründungsprinzipien und das Bewertungskriterium des menschl. Handelns und Wollens; Gegenstand der Ethik.

Sitwell [engl. 'sıtwəl], **1)** Dame (seit 1954) Edith, * Scarborough 7. 9. 1887, † London 9. 12. 1964, engl. Schriftstellerin. Gehörte als Lyrikerin zur Avantgarde der 1920er Jahre (›Gedichte‹, dt. Auswahl 1964); auch biograph. und krit. Essays sowie Romane, u. a. ›Ich lebe unter einer schwarzen Sonne‹ (R., 1937).

2) Sir Osbert, * London 6. 12. 1892, † Florenz 6. 5. 1969, engl. Schriftsteller. Bruder von Dame Edith S.; schrieb satir. Lyrik und Romane; auch Kurzgeschichten und [auto]biograph. Studien.

Sivas [türk. 'sivas], türk. Stadt am oberen Kızılırmak, 197300 E. Baumwollverarbeitung, Zementfabrik, Stahlwerk. Große Moschee (vermutl. 12. Jh.); bed. seldschuk. Medresen (13. Jh.).

Siwalikketten →Himalaja.

Six [frz. sis ›sechs‹] (Les S.; Gruppe der S.), Name einer 1918 in Paris entstandenen Gruppe der sechs Musiker D. Milhaud, A. Honegger, F. Poulenc, G. Tailleferre, G. Auric und Louis Durey (* 1888, † 1979).

Sixpence [engl. 'sıkspəns], bis 1969 geprägte brit. Münze = ½ Shilling = 6 Pence.

Sixtinische Kapelle, unter Papst Sixtus IV. 1473–84 im Vatikan als päpstl. Palastkapelle errichteter Bau. Die Deckenfresken (1508–12) sowie das ›Jüngste Gericht‹ an der Altarwand (1534–41) sind Hauptwerke Michelangelos. Außerdem Wandbilder von S. Botticelli, D. Ghirlandaio.

Sixtus, Name von Päpsten; bed.:
1) Sixtus IV., * Celle (= Celle Ligure) 1414, † Rom 12. 8. 1484, vorher Francesco della Rovere, Papst (seit 9. 8. 1471). Trieb systemat. Nepotismus; seine Politik führte zur Zerrüttung des Kirchenstaates und zum wachsenden Ruf nach Kirchenreform. Er förderte als bed. Mäzen Kunst und Wiss. (u. a. Bau der →Sixtinischen Kapelle).
2) Sixtus V., *Grottammare bei Ascoli Piceno 13. 12. 1521, † Rom 27. 8. 1590, vorher Felice Peretti, Papst (seit 24. 4. 1585). Führte die kath. Reform innerkirchl. und in der (gegenreformator.) Kirchenpolitik Europas konsequent fort, förderte die röm. Zentralisierung der kath. Kirche; schuf maßgebl. das barocke Rom.

Sixtus-Affäre, die nach Sixtus von Bourbon-Parma (* 1886, † 1934; Bruder der österr. Kaiserin Zita) ben. geheimen österr. Friedensbemühungen im Frühjahr 1917; führten, 1918 von G. B. Clemenceau bekanntgemacht, zu erhebl. Spannungen zw. Berlin und Wien.

Siyaad Barre, Maxamed, * im Distrikt Luuq (Oberer Juba) 1919, somal. General und Politiker. Nach einem Putsch 1969 Staatsoberhaupt; ab 1976 Generalsekretär des ZK der Somal. Sozialist. Revolutionspartei und Vors. des Ministerrats; nach einem Bürgerkrieg im Jan. 1991 gestürzt.

Sizilianische Vesper, Aufstand der Bürger Palermos gegen die Herrschaft Karls I. von Neapel-Sizilien, der am Ostermontag (30. März) 1282 zur Vesper ausbrach. Endete mit dem Verlust Siziliens an Peter III. von Aragonien.

Sizilien (italien. Sicilia), größte italien. Insel (25 426 km²), autonome Region (mit Nebeninseln 25 708 km²) am S-Rand des Tyrrhen. Meeres, 5,16 Mio. E, Hauptstadt Palermo.
Geschichte: Seit der Mitte des 8. Jh. v. Chr. im O und S zahlr. griech., im W phönik. (später karthag.) Kolonien. Im 1. Pun. Krieg (264–241) von Rom erobert, wurde die Insel 228/227 zur röm. Prov. Sicilia; Syrakus blieb noch bis 212 selbständig. Im Früh-MA unter vandal. (seit 440 n. Chr.), ostgot. (seit 493), byzantin. (seit 535/555) und arab. Herrschaft (seit 827). 1061–91 setzten sich die Normannen durch, Roger II. vereinigte die Insel 1130 mit seinen unteritalien. Besitzungen zu einem Kgr. (→ Neapel).

SJ, Abk. für Societas Jesu (→Jesuiten).

Sjöwall [schwed. 'ʃøːval], Maj, * Stockholm 25. 9. 1935, schwed. Schriftstellerin. Verfaßte mit ihrem Mann P. Wahlöö den gesellschaftskrit. Kriminalromanzyklus ›Roman einen Verbrechen‹ (10 Bde.), u. a. ›Die Tote im Götakanal‹ (1965), ›Und die Großen läßt man laufen‹ (1970), ›Die Terroristen‹ (1975).

Skabies [lat.], svw. →Krätze.

Skabiose [lat.] (Grindkraut, Krätzekraut), altweltl., bes. mediterrane Gatt. der Kardengewächse mit rd. 80 Arten; meist behaarte Kräuter oder Halbsträucher mit verschiedenfarbigen, in Köpfchen stehenden Blüten. Einheim. Arten sind u. a. die in den Alpen und im Mittelgebirge (über 1 000 m Höhe)

wachsende *Glänzende S.,* 20–30 cm hoch, mit rotlilafarbenen Blüten, und die auf Magerwiesen verbreitete *Tauben-S.,* bis 50 cm hoch, mit meist blauvioletten Blüten.

Skácel, Jan [tschech. 'skaːtsɛl], * Vnorovy 7. 2. 1922, tschech. Schriftsteller. Bed. Lyriker; 1969–1981 Schreibverbot; in dt. Übers. (von R. Kunze) sind ›Fährgeld für Charon‹ (1967), ›wundklee‹ (1989) erschienen.

Skagen [dän. 'sgaːyən], dän. Hafenstadt im nördlichsten Jütland, 14 000 E. Südl. von S. der Turm einer seit 1795 vom Flugsand verschütteten got. Kirche (14. Jh.).

Skagens Horn →Jütland.

Skagerrak, Meeresarm, der sich von der Nordsee im W zw. die Skandinav. Halbinsel und Jütland schiebt, geht im S in das Kattegat über, 225 km lang, 110 bis 150 km breit. – Die dt.-brit. **Schlacht vor dem Skagerrak** (31. 5./1. 6. 1916), bei der es keinen eindeutigen Sieger gab, war die einzige größere Seeschlacht im 1. Weltkrieg.

Skala [italien.], 1) (Skale) an Meßinstrumenten angebrachte Maßeinteilung (Striche, Zahlen).
2) *Musik:* svw. →Tonleiter.

Skalar [lat.-italien.], durch einen Zahlenwert bestimmte Größe (Ggs. →Vektor).

Skalarprodukt, in der Vektorrechnung Bez. für das Produkt zweier Vektoren, das durch das Produkt aus den Beträgen dieser Vektoren und dem Kosinus des von diesen Vektoren eingeschlossenen Winkels definiert ist.

Skaldendichtung, Gattung der altnord. Literatur. Die vom 9.–14. Jh. an den norweg. Königshöfen gepflegte lyr. Dichtung der **Skalden** (norweg. und isländ. Dichter) umfaßte umfangreiche *Preisgedichte, Gelegenheitsgedichte* und *Liebesdichtung.* Blüte: die isländ. S. im 11. Jahrhundert.

Skalp [engl.] → Kopfjagd.

Skalpell [lat.], in der *Chirurgie* und *Anatomie* gebräuchl. Operations- bzw. Seziermesser.

Skanda, der ind. Kriegsgott; gilt als Sohn Schiwas.

skandieren [lat.], 1. Verse mit starker Betonung der Hebungen sprechen; 2. rhythm. abgehackt, in einzelnen Silben sprechen.

Skandinavien, i. e. S. Bez. für die *Skandinav. Halbinsel* (Norwegen und Schweden); i. w. S. wird Dänemark zu S. gerechnet, im weitesten Sinn auch Finnland.

skandinavische Sprachen (nordgerman. Sprachen, nord. Sprachen), eine Gruppe eng verwandter Sprachen german. Ursprungs: Dänisch, Färöisch, Isländisch, Norwegisch und Schwedisch.

Skandinavistik (Nordistik, skandinav. oder nord. Philologie), Wiss. von den skandinav. Sprachen und Literaturen.

Skapulier [lat.], Bez. für einen von manchen kath. Orden getragenen breiten, über Brust und Rücken bis zu den Füßen reichenden Tuchstreifen.

Skarabäen [griech.-lat.] →Pillendreher.

Skarabäiden (Scarabaeidae) [griech.-lat.], Fam. kleiner (1 mm) bis sehr großer (15 cm), weltweit verbreiteter Blatthornkäfer mit mehr als 20 000 Arten (davon etwa 140 Arten in M-Europa); oft bunt und mit Fortsätzen an Kopf und Halsschild; Käfer und Larven (Engerlinge) ernähren sich von frischen Pflanzenteilen oder vom Kot pflanzenfressender Säugetiere; z. T. sehr schädl., z. B. Maikäfer.

Skármeta, Antonio, * Antofagasta 7. 11. 1940, chilen. Schriftsteller. 1974–89 im Exil in Berlin (West); bed. sein Roman ›Mit brennender Geduld‹ (dt. 1984, span. 1986) über P. Neruda und den Sturz von S. Allende. – *Weitere Werke:* Ich träumte, der Schnee brennt (R., 1975), Der Aufstand (1979), Nix-

Skalpell

passiert (1980), Der Radfahrer von San Cristóbal (En., 1986), Heimkehr auf Widerruf. Chile im Umbruch? (1989).

Skat [italien.], Kartenspiel für 3 Personen mit dt. oder frz. Karten (32 Blatt). Jeder Spieler erhält 10 Karten, 2 Karten werden als ›Skat‹ verdeckt abgelegt. Durch ›Reizen‹ wird festgestellt, welcher Spieler gegen die beiden anderen zu spielen hat.

Skateboard [engl. 'skɛɪtbɔ:d] (Rollerbrett), Freizeitsportgerät, bestehend aus einem Brett (55–90 cm lang, 15–25 cm breit), an dem 4 federnd gelagerte Rollen angebracht sind.

Skating [engl. 'skɛɪtɪŋ] → Plattenspieler.

SKE, Einheitenzeichen für → Steinkohleneinheit.

Skeetschießen [ski:t; engl.] → Schießsport.

Skeleton ['skɛlətən; griech.-engl.], niedriger [schwerer] Rennschlitten; wird bäuchlings mit Händen und Füßen, v. a. aber durch Gewichtsverlagerung gesteuert.

Skelett [griech.], im weitesten Sinne der innere *(Endoskelett)* und/oder äußere Stützapparat *(Ektoskelett)* beim Menschen und tier. Organismen, wobei die zur Abstützung nötige Versteifung durch den Wasserinhalt des Körpers bzw. die Zölomflüssigkeit (z. B. bei den Ringelwürmern) bewirkt werden kann *(hydrostat. S.),* i. d. R. jedoch durch bes. Stützstrukturen zustande kommt, die durch die Einlagerung von Kieselsäure oder, häufiger, von Kalk verfestigt bis extrem verhärtet sind. Im Unterschied zum v. a. bei den Wirbellosen häufig vorkommenden, den Körper umhüllenden Ektoskelett liegt das knorpelige bzw. knöcherne Endoskelett im Körper, der von ihm durchsetzt bzw. durchzogen wird. Es findet sich v. a. bei den Schwämmen, Blumentieren und Wirbeltieren, wobei das Knorpel- oder Knochengerüst **(Gerippe)** der Wirbeltiere das S. im engeren Sinne ist und neben seiner stützenden Funktion auch einen passiven Bewegungsapparat darstellt, indem die [S.]muskeln des Körpers an ihm ansetzen.

Skelettbauweise (Gerippebauart), im Hochbau eine Bauweise, bei der Stützen gerippeartig den Bau tragen, z. B. die Stahlskelettbauweise.

Skene [griech.], im altgriech. Theater das Bühnenhaus bzw. die Bühnenwand.

Skepsis [griech.], Zweifel; krit. Betrachtungsweise; auch die Schule der skept. Philosophie.

Skeptizismus [griech.], philos. Richtung, die die Skepsis zum allg. Prinzip des Denkens erhebt und die Erkenntnismöglichkeit von (absoluter) Wahrheit und (objektiver) Wirklichkeit ganz oder teilweise in Zweifel zieht. – Die *skept. Schule* wurde in der griech. Antike von Pyrrhon von Elis begründet.

Sketch [skɛtʃ; italien.-engl.], im Kabarett o. ä. kurze, effektvolle Szene mit scharfer Schlußpointe.

Ski [ʃi:; norweg.] (Schi), brettförmiger sportl. Schnee[gleit]schuh mit spezieller → Skibindung. Der *Holz-S.* wird aus mehrfach verleimten Holzschichten gearbeitet. Beim *Metall-S.* sind die beiden Deckplatten aus Metall, die Füllung (Kern) besteht aus Holz und/oder Kunststoff. Zur Herstellung des *Kunststoff-S.* werden verschiedene Kunstharze verwendet. Die Lauffläche des Kunststoff-S. ist aus gleitfähigem Polyäthylen.

Skibindung [ʃi:] (Bindung), Haltevorrichtung für den Skischuh am Ski. Die **Sicherheitsbindung** für den alpinen Skisport besteht aus *Sicherheitsbacken* (›Kopf‹) und *Fersenautomatik* und bewirkt, daß sich bei Stürzen nach vorn die Fersenautomatik, bei Drehstürzen Sicherheitsbacken und Fersenautomatik lösen.

Skibob ['ʃi:bɔp], Wintersportgerät; besteht aus einem Stahlrohrrahmen, der auf einen kurzen Ski (Gleitkufe) montiert ist, und einer Lenkvorrichtung mit Lenk- oder Leitkufe.

Skien [norweg. ˌʃi:ən], Hauptstadt des norweg. Verw.-Geb. Telemark, 47 600 E. Zus. mit der südl. Nachbarstadt **Porsgrunn** (31 200 E) wirtschaftl. Schwerpunkt Telemarks.

Skiff [ahd.-roman.-engl.], svw. → Einer.

Skinheads [engl. 'skɪnhɛdz ›Hautköpfe‹], in Gruppen auftretende männl. Jugendliche, die sich äußerlich durch Kurzhaarschnitt bzw. Glatze kennzeichnen und zu aggressivem Verhalten und Gewalttätigkeiten neigen.

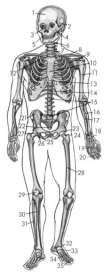

Skelett des Menschen: 1 Stirnbein, 2 Schläfenbein, 3 Nasenbein, 4 Jochbein, 5 Oberkieferbein, 6 Unterkiefer, 7 Halswirbel, 8 Schlüsselbein, 9 Schulterblatt, 10 Brustbein, 11 Oberarmknochen, 12 Rippen, 13 Schwertfortsatz, 14 Brustwirbel, 15 Lendenwirbel, 16 Speiche, 17 Elle, 18 Handwurzelknochen, 19 Mittelhandknochen, 20 Fingerknochen, 21 Darmbein, 22 Kreuzbein, 23 Hüftgelenkkopf, 24 Schenkelhals, 25 Hüftbeinloch, 26 Sitzbein, 27 Schambeinfuge, 28 Oberschenkelknochen, 29 Kniescheibe, 30 Schienbein, 31 Wadenbein, 32 Sprungbein, 33 Fußwurzelknochen, 34 Mittelfußknochen, 35 Zehenknochen

Skinke [griech.] (Glattechsen, Walzenechsen, Wühlechsen, Scincidae), fast ausschließl. die Tropen und Subtropen (v. a. Afrika, S-Asien und Australien-Polynesien) bewohnende, rd. 700 Arten umfassende Fam. meist 20–30 cm (maximal 65 cm) langer Echsen mit walzenförmigem, gestrecktem Körper und glatten, glänzenden, mit Knochenplättchen unterlegten Schuppen; meist Bodenwühler; ernähren sich v. a. von Insekten und Pflanzenteilen.

Skipetaren → Albaner.

Skisport [ʃi:], Wettkampf- und Freizeitsport, der auf Skiern ausgeübt wird. **Alpiner Skisport:** *Abfahrtslauf* wird von Männern und Frauen auf einer abschüssigen Strecke ausgetragen; Höhenunterschied: 800–1000 m (Männer) bzw. 400–700 m (Frauen). Beim *Slalom* (Torlauf) müssen eine Anzahl von Toren (Männer 55–75, Frauen 40–60) durchfahren werden; Höhenunterschied: 180–220 m bzw. 120–180 m. Elemente des Slaloms und des Abfahrtslaufs vereinigt der *Riesenslalom* (Riesentorlauf): mindestens 30 Tore, Höhenunterschied 400–500 m bzw. 350–450 m). Der **nordische Skisport** gliedert sich in *Langlauf* (Strecken der Männer: 15, 30 und 50 km, der Frauen 5 und 10 km) und *Sprunglauf* (Skispringen), der nur von Männern von einer Sprunganlage aus (→ Schanze) ausgeübt wird; bewertet werden Flughaltung und Weite. Im Unterschied hierzu wird beim *Skifliegen* nur die erzielte Weite gewertet (die Absprunggeschwindigkeit liegt z. T. über 110 km/h). → alpine Kombination, → nordische Kombination.

Skizze [italien.], 1. Zeichnung, die sich (als Entwurf) auf das Wesentliche beschränkt; 2. kurzer, stichwortart. Entwurf; Konzept; auch erster Entwurf, Handlungsgerüst eines (literar.) Werks.

Skjaldbreiður [isländ. 'skjaldbrɛiðʏr], größter Schildvulkan auf Island, Basisdurchmesser 12 km.

Skladanowsky (Skladanowski), Max [...ki], * Berlin 30. 4. 1863, † ebd. 30. 11. 1939, dt. Erfinder und Filmproduzent. Entwickelte u. a. eine Filmkamera und einen Bildwerfer (›Bioskop‹), mit dem er am 1. 11. 1895 mit seinem Bruder Emil S. (*1859, †1945) im Berliner ›Wintergarten‹ die erste Filmvorführung in Deutschland veranstaltete. Ihre selbstgedrehten Kurzfilme führten die Brüder S. [im Ausland meist unter dem Pseud. Max und Emil Hamilton] auf zahlr. Tourneen vor.

Sklavenkriege, drei Kriege der Römer gegen aufständ. Sklaven: in Sizilien 136–132 und 104–101 v. Chr. sowie der Spartakusaufstand 73–71 v. Chr. in Italien.

Sklavenküste, veraltete Bez. für das Küstengebiet an der Bucht von Benin, zw. Goldküste und Nigerdelta.

Sklaverei, Zustand völliger rechtl. und wirtschaftl. Abhängigkeit eines Menschen *(Sklave),* der Eigentum eines anderen Menschen *(Sklavenhalter)* ist. Urspr. wohl durch krieger. Unterwerfung entstanden, wird S. in den Gesellschaften, in denen sie üblich war oder ist, von den Freien i. d. R. als ›natürl.‹, von Gott oder den Göttern zur Belohnung der Guten und zur Bestrafung der Schlechten eingerichtete Institution angesehen und damit ideologisch gerechtfertigt. S. gab es schon in den altorienteal. Kulturen Vorderasiens; für Ägypten ist S. seit etwa 2300 v. Chr. nachweisbar. Im griech. Bereich gibt es erst seit dem 6. Jh. v. Chr. Sklavenhandel größeren Stils; im Röm. Reich nahm er seit dem 4. Jh. v. Chr. größere Maßstäbe an. Die S. hielt sich als wichtige gesellschaftl. Institution bis in die Neuzeit hinein, v. a. in den Ländern Nordafrikas und Vorderasiens. Mit der Entdeckung und Erschließung Amerikas durch die Europäer erhielt die S. einen bes. Auftrieb.

Ein gemeinsamer europ. Beschluß gegen die S. erfolgte 1815, die Abschaffung der S. in den Kolonien jedoch i. d. R. erst später. 1807/08 verbot der amerikan. Kongreß die S., dennoch gelang die Abschaffung der S. erst nach der Niederlage der Südstaaten im Sezessionskrieg und fand 1865 als 13. Zusatz Eingang in die amerikan. Verfassung. – Die internat. Zusammenarbeit zur Bekämpfung der S. wurde 1926 vom Völkerbund durch die Antisklavereiakte verstärkt; in der Menschenrechtskonvention der UN von 1948 wurde die S. verboten.

Sklerenchym [griech.], Festigungsgewebe in nicht mehr wachsenden Pflanzenteilen, meist aus langgestreckt-spindelförmigen, toten Zellen, die zu Strängen, Bändern oder Scheiden vereinigt sind.

Skleroblasten [griech.], Bindegewebszellen, die bei Tier und Mensch die Hartsubstanzen der Stützgewebe bilden.

Sklerose [griech.] → Arteriosklerose.

Sklerotien [...i-ən; griech.] (Einz. Sklerotium), bei Schlauchpilzen mehrzellige Dauerstadien zur Überbrückung ungünstiger Vegetationsperioden; z. B. das Mutterkorn.

sklerotisch [griech.], im Zustand der Gewebsverhärtung befindlich, verhärtet (von Geweben gesagt); mit Gewebsverhärtung einhergehend.

Skoliose [griech.] → Wirbelsäulenverkrümmung.

Skonto [lat.-italien.], Preisnachlaß; Zahlungskondition mit der Anreiz zur vorzeitigen Zahlung.

Skooter (Scooter) ['sku:tər; engl.], elektr. angetriebenes, lenkbares Kleinfahrzeug [auf Jahrmärkten o. ä.].

Skopas, aus Paros stammender griech. Bildhauer des 4. Jh. v. Chr. Schuf den Ostfries des Mausoleums von Halikarnassos (um 350 v. Chr.; heute London, British Museum); in Kopien erhalten sind Meleager (340/330; u. a. Vatikan. Sammlungen) und eine Mänade (Dresden).

Skopje, Hauptstadt von Makedonien, am Vardar, 504 900 E. Univ., archäolog., ethnolog., naturhistor. Museum, Theater. Messestadt und bed. Ind.standort. Reste eines röm. Aquädukts (6. Jh.), Moscheen (v. a. 15. Jh.), Badeanlage Daut Pascha Hammam (15. Jh.; heute Kunstgalerie), Steinbrücke zur Altstadt (14./15. Jh.). – In der Antike **Scupi;** 1189 bis 1393 zeitweise Residenz der serb. Könige.

Skorbut (Scharbock), die nach vier bis sechs Wochen bei völligem Fehlen von Vitamin C (Ascorbinsäure) in der Nahrung entstehende Vitaminmangelkrankheit; mit Hautblässe, Mattigkeit, multiplen punkt- und streifenförmigen Blutungen (in Haut, Unterhaut- und Fettgewebe), Lockerung und Ausfallen der Zähne, Störungen der Herztätigkeit.

Skordatur, svw. → Scordatura.

Skorpion [griech.] → Sternbilder (Übersicht).

Skorpione (Scorpiones) [griech.], mit über 600 Arten v. a. in den Tropen und Subtropen verbreitete Ordnung bis 18 cm langer Spinnentiere; letztes Segment des Hinterkörpers mit Giftblase und Stachel. Nachtaktive Tiere, die versteckt vorwiegend in trokkenen, wasserarmen Gebieten (z. B. Sand- und Steinwüsten, Steppen) leben; Stich bei einigen Arten gefährlich für den Menschen.

Skorpionsfliegen (Panorpidae), weltweit (mit Ausnahme von S-Amerika) verbreitete, rd. 120 Arten umfassende Fam. etwa 2 cm langer Schnabelfliegen; Hinterleibsende des ♂ verdickt, zangenbewehrt, nach oben gekrümmt.

Skorpionsspinnen (Pedipalpi), mit knapp 200 Arten in trop. und subtrop. Gebieten verbreitete Ordnung bis 8 cm körperlanger Spinnentiere.

Skorpionswanzen (Nepidae), mit rd. 150 Arten weltweit verbreitete Fam. der Wasserwanzen; bes. von anderen Insekten räuber. lebende Tiere.

Skript (Scriptum) [lat.], 1. Schriftstück, schriftl. Ausarbeitung; 2. Nachschrift einer Vorlesung; 3. Drehbuch für Filme; 4. kurz für → Manuskript.

Skrjabin, Alexandr Nikolajewitsch, * Moskau 6. 1. 1872, † ebd. 27. 4. 1915, russ. Komponist. Wegbereiter der Moderne; der für sein späteres Schaffen bestimmende ›myst. Akkord‹ (c-fis-b-e¹-a¹-d²) ist Vorgriff auf die Atonalität. Schrieb u. a. 3 Sinfonien, 2 sinfon. Dichtungen (u. a. ›Prometheus‹, 1909/10; mit Farbenklavier) und v. a. zahlr. Klavierwerke.

Skrofulose [lat.], tuberkulosebedingte Veränderungen im Bereich der Haut und der Lymphknoten von Gesicht und Hals.

Skrupel [lat.], erhebl. moral. Bedenken.

Skulptur [lat.], plast. Bildwerk der Bildhauerkunst.

Skunks [indian.-engl.], svw. → Stinktiere.

skurril [lat.], sonderbar, eigenwillig; **Skurrilität,** skurriles Wesen.

Skutarisee, mit rd. 370 km² größter See Südosteuropas, in Jugoslawien (Rep. Montenegro) und Albanien.

Skye [engl. skaɪ], mit 1 735 km² größte Insel der Inneren → Hebriden.

Skylab [engl. 'skaɪlæb ›Himmelslab(or)‹], erste amerikan. Raumstation; Start 14. 5. 1973 (unbemannt); Inbetriebnahme 25. 5. 1973; Absturz aus der Erdumlaufbahn (430 km Höhe) am 11. 7. 1979.

Skylightfilter [engl. sk'aɪlaɪt], photograph. Filter zur Minderung des ultravioletten und blauen Beleuchtungsanteils.

Skyline [engl. 'skaɪlaɪn], Horizont[linie], Silhouette einer Stadt.

Skylla, in der griech. Mythologie ein Seeungeheuer mit sechs Hundsköpfen und zwölf Füßen. An einer Meerenge (später mit der von Messina identifiziert), der → Charybdis gegenüber, lauert sie den vorbeifahrenden Seeleuten auf, um sie zu fressen. – Die

Max Skladanowsky

Alexandr Nikolajewitsch Skrjabin

Wendung ›zw. S. und Charybdis‹ bezeichnet heute noch eine Situation, in der von zwei Übeln eines gewählt werden muß.

Skythen, ostiran. Reiternomadenvolk, das spätestens im 8./7. Jh. von den mittelasiat. Steppen in seine histor. Wohnsitze zw. Don und Karpaten einwanderte und etwa im 6. Jh. v. Chr. bis ins heutige Rumänien vorstieß; seit dem 4./3. Jh. von den Sarmaten verdrängt; das letzte skyth. Ft. auf der Krim wurde 109/108 von Mithridates VI. dem Pont. Reich eingegliedert.

skythische Kunst, Kunst der skyth. Völkerstämme seit dem Ende des 7. Jh. bis ins 3. Jh. v. Chr., v. a. Verzierungstechnik von Waffen und Gerät im Tierstil. Die Motive sind z. T. schon in den altoriental. Hochkulturen (Iran, China) nachzuweisen. Eigenständig sind die spiralig-ornamentale Formgebung der Tiere und eine scharfgratige Abgrenzung der Körperflächen, hergeleitet wohl von der Bein- und Holzschnitzkunst der nördl. Jägervölker. Die s. K. bildet den wesentl. Teil der *Steppenkunst* der Nomadenvölker Eurasiens.

Slaby, Adolf [...bi], * Berlin 18. 4. 1849, † ebd. 6. 4. 1913, dt. Elektrotechniker. S. entwickelte ab 1897 mit dem Grafen G. von Arco ein System der drahtlosen Telegrafie; 1903 Gründung der ›Gesellschaft für drahtlose Telegraphie‹, der späteren Telefunken AG.

Slalom [norweg.] (Torlauf), →Skisport.

Slang [engl. slæŋ], saloppe Umgangssprache.

Slánský, Rudolf [tschech. 'sla:nski:], eigtl. R. Salzmann, * Nezvěstice bei Pilsen 31. 7. 1901, † Prag 3. 12. 1952 (hingerichtet), tschechoslowak. Politiker. Schuf als Generalsekretär der KPČ die Voraussetzungen für die kommunist. Machtübernahme im Febr. 1948; mit Zustimmung Stalins von seinem Rivalen K. Gottwald am 6. 9. 1951 entmachtet, im Nov. 1951′ verhaftet und in einem Schauprozeß (20.–27. 11. 1952) zum Tode verurteilt. 1968 rehabilitiert.

Slaný [tschech. 'slani:] (dt. Schlan), Stadt im Mittelböhm. Gebiet, ČSFR, 15 100 E. – Auf dem die Stadt überragenden **Schlaner Berg** Kulturschichten prähistor. Höhensiedlungen, v. a. des Neolithikums, der Bronze- und der Hallstattzeit. – Erste Erwähnung 1239, 1305 Magdeburger Stadtrecht.

Slapstick [engl. 'slæpstık ›Narrenpritsche‹], Form der Situationskomik; sie äußert sich in Gestik und Mimik der Darstellertypen sowie in grotesken Gags; unübertroffen in der *S.-Comedy* des frühen amerikan. Stummfilms (H. Lloyd, C. Chaplin, B. Keaton, Marx Brothers).

Slaweikow [bulgar. sla'vɛjkof], 1) Pentscho, * Trjawna 27. 4. 1866, † Brunate bei Como 28. 5. 1912, bulgar. Schriftsteller. Sohn von Petko Ratschew S.; gilt mit seinem ep. und lyr. Werk als Wegbereiter des Symbolismus in Bulgarien.
2) Petko Ratschew, * Tarnowo 17. 11. 1828, † Sofia 1. 7. 1895, bulgar. Schriftsteller. Vertreter der nat. Aufklärung; sein in der Volkssprache geschriebenes lyr. und erzähler. Werk hatte nachhaltige Wirkung auf die stilist. Entwicklung der neueren bulgar. Literatur.

Slawen, urspr. nördl. der Karpaten zw. Weichsel und Dnjepr beheimatete, einheitl. europide Völkergruppe, heute in O-, SO- und M-Europa verbreitet. Einteilung: *Ost-S.* (v. a. Russen, Ukrainer, Weißrussen), *West-S.* (v. a. Polen, Masuren, Tschechen, Slowaken, Obotriten) und *Süd-S.* (v. a. Serben, Kroaten, Slowenen, Bulgaren, Makedonier). 584 überrannten die S. Griechenland und wurden gefürchtete Nachbarn Ostroms; einzelne Stämme (Obotriten) drangen über die Elbe nach W vor. Im 9./10. Jh. begann die

Christianisierung der S. sowohl von Rom als auch von Byzanz aus.

slawische Sprachen (slavische Sprachen), zu den indogerman. Sprachen gehörende Sprachen der slaw. Völker; werden gewöhnl. in drei Gruppen gegliedert: das *Ostslaw.* mit der russ., ukrain. und der weißruss. Sprache; das *Westslaw.* mit der poln., tschech. und slowak. Sprache sowie dem Ober- und Niedersorbischen; das *Südslaw.* mit der slowen., serbokroat., bulgar. und der makedon. Sprache. Die westslaw. Gruppe wird weiter unterteilt in eine nördl. oder lechische Gruppe mit Polnisch sowie Elb- und Ostseeslawisch, eine mittlere, sorb. Gruppe und eine südl., tschech.-slowak. Gruppe. Zu diesen heutigen 12 slaw. Schriftsprachen kommt noch das Altkirchenbzw. Kirchenslawische mit bed. Einfluß auf die Ausbildung der slaw. Schriftsprachen.

Slawonien, Gebiet in der Republik Kroatien, zw. Drau und Donau im N und Save im S. Gehörte seit dem 10. Jh. zu Kroatien, nach dem Frieden von Karlowitz (1699) zum Habsburgerreich, 1918 zum späteren Jugoslawien, im jugoslaw. Bürgerkrieg seit 1991 umkämpft und zw. Kroatien und Serben teilweise besetzt.

Slevogt, Max ['sle:fo:kt], * Landshut 8. 10. 1868, † auf Hof Neukastel bei Leinsweiler 20. 9. 1932, dt. Maler und Graphiker. Neben Liebermann und Corinth wichtigster Vertreter des dt. Impressionismus, u. a. ›Der ‚weiße‘ D'Andrade in der Rolle Don Giovannis‹ (1902; Stuttgart, Staatsgalerie) sowie Landschafts- und Gartenbilder; auch Buchillustrationen.

Slezak, Leo ['slɛzak], * Mährisch-Schönberg (= Šumperk) 18. 8. 1873, † Rottach-Egern 1. 6.1946, österr. Sänger (Heldentenor) und Filmschauspieler.

Slibowitz [serbokroat.], Zwetschgenbranntwein aus O-Bosnien und W-Serbien.

Slip [engl.], 1) svw. → Aufschleppe.
2) beinlose Unterhose.

Slogan [engl. 'sloʊgən], einprägsamer Werbespruch.

Sloterdijk, Peter ['slo:tədaık], * Karlsruhe 26. 6. 1947, dt. Kulturphilosoph. Gehört zu den profilierten deutschsprachigen Denkern der Nachkriegsgeneration; wurde bekannt mit dem philosophiekrit. Werk ›Kritik der zyn. Vernunft‹ (2 Bde., 1983); die ›Entstehung des Psychoanalyse im Jahr 1785‹ ist Gegenstand des 1985 erschienenen Buches ›Der Zauberbaum‹; auch Hg. (u. a. ›Die Weltrevolution der Seele‹, 2 Bde., 1991). – *Weitere Werke:* Der Denker auf der Bühne (1986), Eurotaoismus (1986), Kopernikan. Mobilmachung und ptolemäische Abrüstung (1987), Versprechen auf Deutsch. Rede über das eigene Land (1990).

Słowacki, Juliusz [poln. suɔ'vatski], * Krzemieniec 4. 9. 1809, † Paris 3. 4. 1849, poln. Dichter. Mit A. Mickiewicz u. Z. Krasiński Hauptvertreter der poln. Romantik, schrieb Lyrik und Poeme, auch bed. Dramen, u. a. ›Maria Stuart‹ (1830), ›Balladyna‹ (1839), ›Mazepa‹ (1840).

Slowakei, histor. Gebiet, heute Nationalstaat (Slowak. Republik) der ČSFR, 49 035 km², 5,26 Mio. E, Hauptstadt Preßburg. – Gehörte seit dem 10. Jh. zu Ungarn (›Oberungarn‹). Beim Zerfall Österreich-Ungarns wurde die S. am 28. 10. 1918 Teil der Tschechoslowakei.

Slowaken, zu den Westslawen gehörendes Volk v. a. in der ČSFR und Ungarn.

Slowakisch, zu den westslaw. Sprachen gehörende Sprache der Slowaken mit etwa 4,5 Mio. Sprechern in der ČSFR und kleineren Sprachinseln v. a. in Ungarn; eine der beiden offiziellen Sprachen der ČSFR; das S. wird in lat. Schrift mit diakrit. Zeichen geschrieben.

Slowenen, südslaw. Volk in Slowenien, in Italien (in Friaul-Julisch-Venetien), Österreich (v. a. in Kärnten) und Ungarn.

skythische Kunst: OBEN goldenes Pektorale aus einem Fürstengrab in der Nähe von Ordschonikidse, Ukraine; Breite 30 cm, 4. Jh. v. Chr. (Kiew, Historisches Museum); UNTEN goldener Kamm; 5.–4. Jh. v. Chr. (St. Petersburg, Eremitage)

Slowenien, Republik, 20 251 km², 1,94 Mio. E, Hauptstadt Ljubljana. – Die 1918 an das neugegr. Kgr. der Serben, Kroaten und Slowenen gefallenen Teile der ehem. österr. Kronländer Krain, Kärnten und Steiermark wurden mit dem ehem. ungar. Übermurgebiet (Prekmurje) zum Verw.-Geb. (Pokrajina) S. vereinigt. 1941 wurde S. unter Deutschland, Italien und Ungarn aufgeteilt, nach dem 2. Weltkrieg wiederhergestellt, vergrößert um wesentl. Teile Julisch-Venetiens. S. erklärte im Dez. 1990 seine Unabhängigkeit, die im Jan. 1992 u. a. von Staaten der EG anerkannt wurde; seitdem krieger. Auseinandersetzungen mit der Bundesarmee und Serbien, die den Zerfall Jugoslawiens verhindern wollen.

Slowenisch, zu den südslaw. Sprachen gehörende Sprache der Slowenen mit etwa 1,7 Mio. Sprechern in Slowenien, SO-Österreich (Kärnten), NO-Italien und Ungarn; wird in lat. Schrift mit diakrit. Zeichen geschrieben.

Slowfox [engl. 'slouʊfɔks] → Foxtrott.

Slums [engl. slʌmz], Elendsviertel von Großstädten.

Sluter, Claus (Claes, Klaas) [niederl. 'sly:tər], * Haarlem zw. 1355/60, † Dijon zw. 24. 9. 1405 und 30. 1. 1406, niederl. Bildhauer. Schuf für die Kartäuserkirche Champmol die Grabtumba des Herzogs Philipp des Kühnen (1404/05; heute Dijon, Musée des Beaux-Arts) und den sog. Mosesbrunnen (1395 bis 1402) im ehem. Kreuzgang der Kartause. Der Wirklichkeitssinn seiner Kunst und die Kraft ihrer plast. Gestaltung waren von weitreichendem Einfluß.

Sm, chem. Symbol für → Samarium.

S. M., Abk. für Seine Majestät.

SMAD, Abk. für → Sowjetische Militäradministration in Deutschland.

Småland [schwed. 'smo:land], histor. Prov. im südl. Schweden.

Smalltalk [engl. smɔ:l'tɔ:k], unverbindliches Geplauder.

Smalte → Schmalte.

Smaltin [italien.], svw. → Speiskobalt.

Smaragd [griech.] (Emerald), durch Chromtrioxid, Cr_2O_3, tiefgrün gefärbte Varietät des → Berylls.

smart [engl.], gewandt; modisch elegant.

Smetana, Bedřich (Friedrich), * Litomyšl (Ostböhm. Gebiet) 2. 3. 1824, † Prag 12. 5. 1884, tschech. Komponist. Zus. mit A. Dvořák herausragender Vertreter der tschech. Kunstmusik, u. a. 8 Opern, u. a. ›Die verkaufte Braut‹ (1866), 1 Sinfonie (1854), 9 sinfon. Dichtungen (die letzten 6 als Zyklus ›Mein Vaterland‹ (1874–79; darin ›Die Moldau‹, 1874), Ouvertüren, Kammermusik, u. a. Streichquartett e-Moll ›Aus meinem Leben‹ (1876).

Smith [engl. smiθ], 1) Adam, ≈ Kirkcaldy 5. 6. 1723, † Edinburgh 17. 7. 1790, schott. Nationalökonom und Moralphilosoph. In seinem philosoph. Hauptwerk ›Theorie der Gefühle‹ (1759) entwarf er eine Theorie des sozialen Handelns, die auch Grundlage für sein nationalökonom. Hauptwerk ›Untersuchung über die Natur und die Ursachen des Nationalreichtums‹ (1776) war. Für S. stellt der Zusammenhang des ökonom. Handelns ein sich selbst regulierendes System dar, das ohne Regulierung durch den Staat ein sinnvolles Ganzes ergibt. Grundlage seiner nationalökonom. Theorie ist die → Arbeitswertlehre, wonach der Wert einer Ware sich nach der in ihr vergegenständlichten gesellschaftl. notwendigen Arbeit bestimmt; S. gilt als Begründer der klass. Nationalökonomie.

2) Bessie, eigtl. Elizabeth S., * Chatanooga (Tenn.) 15. 4. 1898, † Clarksdale (Miss.) 26. 9. 1937 (Autounfall), amerikan. Bluessängerin. Gilt als bedeutendste Bluessängerin aller Zeiten.

3) Gladys M. → Pickford, Mary.

4) Hamilton O., * New York 23. 8. 1931, amerikan. Mikrobiologe. Grundlegende Arbeiten zur Molekularbiologie; erhielt 1978 zus. mit W. Arber und D. Nathans den Nobelpreis für Physiologie oder Medizin.

Hamilton O. Smith

Smog [Kw. aus engl. **smoke** ›Rauch‹ und **fog** ›Nebel‹], starke Luftverunreinigung (Immission) mit Dunst- oder Nebelbildung über städt. oder industriellen Ballungsräumen, insbes. bei Inversionswetterlagen (kein Luftaustausch mit den oberen Luftschichten). Um gesundheitsschädigenden Auswirkungen des S. zu begegnen, wurden *S.warn-* bzw. *S.alarmpläne* entwickelt, die in einzelnen Stufen in Kraft treten, sobald festgelegte Grenzwerte für die Konzentration von Schwefeldioxid und anderen Schadstoffen in der Luft (Stickoxid, Kohlenmonoxid, Schwebstaub) überschritten werden (bei S.alarm u. a. Drosselung der Emission industrieller Betriebe, Benutzungsverbot für Kfz).

Smoking [engl.], Gesellschaftsanzug für Herren; tiefausgeschnittenes Jackett mit seidenen Aufschlägen, dazu schwarze (auch farbige) Schleife.

Smolensk [russ. sma'ljɛnsk], Gebietshauptstadt am oberen Dnjepr, Rußland, 334 000 E. Hochschulen, Museen, Theater; u. a. Maschinen- und Gerätebau. Erhalten sind die Peter-und-Paul-Kirche (1146 und 18. Jh.), die Johann-Bogoslow-Kirche (1173–76 und 18. Jh.), die Erzengel-Michael-Kirche (1191–94) und die Uspenski-Kathedrale (17. und 18. Jh.). – Ab 882 in der Kiewer Rus; wurde im 12. Jh. Mittelpunkt des selbständigen Ft. Smolensk; 1404–1514 im Besitz Litauens, dann Rußlands; wichtigster strateg. Punkt der russ. Westgrenze; 1618–67 bei Polen; im Juli 1941 bei der **Schlacht von Smolensk** weitgehend zerstört.

Smollett, Tobias [engl. 'smɔlit], ≈ Dalquharn (= Dumbarton) 19. 3. 1721, † Artignano bei Livorno 17. 9. 1771, schott. Schriftsteller. Übersetzte A. Lesage und Cervantes; schrieb Schelmenromane voller origineller Charaktere, u. a. ›Die Abenteuer Roderick Randoms‹ (1748), ›Peregrine Pickle‹ (1751).

Smuts, Jan Christiaan [afrikaans smœts], * Farm Bovenplaats bei Kapstadt 24. 5. 1870, † bei Pretoria 11. 9. 1950, südafrikan. Politiker. Erster Innen- und Verteidigungs-Min. der Südafrikan. Union, ab 1917 als Vertrauensmann der Dominions im brit. Kriegskabinett. Maßgebl. am Aufbau des Völkerbunds und seines Mandatssystems beteiligt; 1919–24 und 1939–48 Premier-Min., 1933–39 Justiz-Min., 1945 Mitbegründer der UN.

Jan Christiaan Smuts

Smyrna → Izmir.

Sn, chem. Symbol für → Zinn.

Snæfellsnes [island. 'snajfɛlsnɛ:s] → Faxabucht.

Snake River [engl. 'sneɪk 'rɪvə], linker Nebenfluß des Columbia River, entspringt im Yellowstone National Park, mündet 130 km sw. von Spokane, 1 600 km lang.

SNAP [engl. snæp], Abk. für engl. **s**ystem for **n**uclear **a**uxiliary **p**ower, Sammelbez. für amerikan. Stromerzeugungsanlagen auf Kernenergiebasis v. a. für Raumfahrzeuge, Satelliten, automat. Wetterstationen und Leuchttürme.

SNCF [frz. ɛsɛnse'ɛf], Abk. für frz. →Société Nationale des Chemins de Fer Français.

Snell, George Davis, * Haverhill (Mass.) 19. 12. 1903, amerikan. Genetiker und Immunologe. Entdeckte die erbl. Antigene (Histokompatibilitätsantigene), die für die Verträglichkeit bzw. die Abstoßung bei Transplantationen zwischen übertragenem Gewebe und Empfängergewebe verantwortlich sind. Nobelpreis für Physiologie oder Medizin 1980 (zus. mit B. Benacerraf und J. Dausset).

Snellius, Willebrordus [niederl. 'snɛli:ʏs], eigtl. Willebrord van Snel van Royen, * Leiden 1580, † ebd. 30. 10. 1626, niederl. Mathematiker und Physiker. Arbeiten zur Trigonometrie, zur geometr. Optik und Me-

Bedřich Smetana

Bessie Smith

ridianmessung. Fand 1621 das nach ihm benannte *Snelliussche Brechungsgesetz* (→ Brechung).

Snob, jemand, der einen manierierten Anspruch auf Extravaganz zur Schau stellt **(Snobismus).**

Snofru, ägypt. König (um 2570–2545) und Begründer der 4. Dynastie. 2 Pyramiden bei Dahschur.

Snorri Sturluson [isländ. 'snɔrɪ 'stʏrdlʏsɔn], * Hvamm 1178 (1179?), † Gut Reykjaholt 22. (23.?) 9. 1241 (ermordet), isländ. Dichter, Geschichtsschreiber und Staatsmann. 1215–18 und 1222–31 Gesetzessprecher und damit höchster Amtsträger in Island; gilt als Verfasser der sog. jüngeren Edda (›Snorra-Edda‹, ab 1220) und einer bis 1177 reichenden Geschichte der norweg. Könige (›Heimskringla‹, um 1230).

Snow, Sir (seit 1957) Charles Percy [engl. snoʊ], Baron of Leicester (seit 1964), * Leicester 15. 10. 1905, † London 1. 7. 1980, engl. Schriftsteller. Schrieb einen 11bändigen Romanzyklus, u. a. ›Zeit der Hoffnung‹ (1949), ›Korridore der Macht‹ (1964).

Snowdon [engl. snoʊdn], mit 1085 m höchster Gipfel in Wales.

Snowy Mountains [engl. 'snoʊɪ 'maʊntɪnz], während der Eiszeit vergletscherter höchster Teil der Ostaustral. Kordilleren, im Mount Kosciusko 2228 m hoch; Wintersportgebiet.

Soares, Mario [portugies. 'suarɪʃ], * Lissabon 7. 12. 1924, portugies. Politiker. Gründete im Exil in der BR Deutschland 1973 die Sozialist. Partei Portugals, seitdem deren Generalsekretär; 1974/75 Außen-Min.; 1976–78 und 1983–85 Premier-Min.; seit 1986 Staatspräsident.

Sobieski, Jan → Johann III. Sobieski.

Sobtschak, Anatolij Alexandrowitsch, * Tschita 1937, russ. Politiker. Jurist, Hochschullehrer; wurde im Mai 1990 bei den ersten freien Kommunalwahlen der Sowjetunion zum Bürgermeister von Leningrad (heute St. Petersburg) gewählt; im Juli 1990 Austritt aus der KPdSU. Schrieb: ›Für ein neues Rußland‹ (1991).

Soccer [engl. 'sɔkə], amerikan. Bez. für europ. Fußball, im Ggs. zum Football.

Social Gospel [engl. 'soʊʃəl 'gɔspəl, ›soziales Evangelium‹], Ende des 19. Jh. entstandene Bewegung amerikan. Protestanten für einen religiösen Sozialismus.

Societas Jesu [lat.], svw. → Jesuiten.

Société Nationale des Chemins de Fer Français [frz. sɔsje'te nasjɔ'nal də 'ʃmɛ̃ d'fɛr frã'sɛ], Abk. SNCF, frz. Eisenbahngesellschaft, gegr. 1938, Sitz Paris.

Socii [lat.] → Foederati.

SOCist, Abk. für lat. Sacer Ordo Cisterciensis, → Zisterzienser.

Sockenblume (Elfenblume), Gatt. der Sauerdorngewächse mit rd. 25 Arten, verbreitet von S-Europa bis O-Asien; einheim. ist die *Alpen-S.,* bis 30 cm hoch, Blüten gelb.

Soda [span., italien.] (Natron, Natriumcarbonat), das farblose, kristalline Natriumsalz der Kohlensäure, das mit unterschiedl. Kristallwassergehalt sowie in Form von Doppelsalzen vorkommt. Durch Erhitzen entsteht kristallwasserfreie, sog. *kalzinierte (calcinierte) S.,* Na_2CO_3. In Wasser reagiert S. infolge Hydrolyse stark basisch. Wird in der Glas- und Seifen-Ind. sowie zur Wasserenthärtung verwendet.

Sodawasser, mit Kohlensäure versetztes Trinkwasser.

Sodbrennen (Pyrosis), brennendes Gefühl im Bereich der unteren Speiseröhre, das durch Rückführung von Mageninhalt in die Speiseröhre zustande kommt.

Soddy, Frederick [engl. 'sɔdɪ], * Eastbourne 2. 9. 1877, † Brighton 22. 9. 1956, brit. Chemiker. Als Mitarbeiter von E. Rutherford in Montreal (1901–03) an

Nathan Söderblom

Mario Soares

der Erforschung des radioaktiven Zerfalls beteiligt; mit Sir W. Ramsay wies er die Entstehung von Helium beim Zerfall von Radium nach und führte den Begriff der Isotopie ein. 1921 Nobelpreis für Chemie.

Soden, Hans Freiherr von, * Dresden 4. 11. 1881, † Marburg 2. 10. 1945, dt. ev. Theologe. Begründer der Bekennenden Kirche in Kurhessen, Verfasser der Gutachten gegen die Anwendung des Arierparagraphen in der Kirche (1933).

SODEPAX, Abk. für Society (engl. ›Gesellschaft‹) Development (engl. ›Entwicklung‹) **Pax** (lat. ›Friede‹), 1968 gegr. gemeinsamer Ausschuß der päpstl. Kommission *Iustitia et Pax* und des Ökumen. Rates der Kirchen mit Sitz in Genf; fördert die Zusammenarbeit mit allen Religionen und Völkern für soziale Gerechtigkeit, Entwicklung und Frieden.

Söderblom, Nathan [schwed. ˌsøːdərblum], eigtl. Lars Olof Jonathan S., * Trönö (Gävleborg) 15. 1. 1866, † Uppsala 12. 7. 1931, schwed. luth. Theologe und Religionswissenschaftler. Ab 1914 Erzbischof von Uppsala. Weltweite Bed. durch seine ökumen. Bestrebungen und die Initiative zur Stockholmer Weltkirchenkonferenz der Bewegung für prakt. Christentum (Life and Work) 1925; 1930 Friedensnobelpreis.

Södermanland, histor. Prov. im östl. Mittelschweden; 1560 Hzgt.; 1719 Bildung des heutigen Län Södermanland.

Sodoma, eigtl. Giovanni Antonio Bazzi, * Vercelli 1477, † Siena 14. 2. 1549, italien. Maler. Fresken in der Stanza della Segnatura des Vatikans (1508) und der Villa Farnesina (›Hochzeit Alexanders d. Gr. mit Roxane‹, 1512); weiche Helldunkelmalerei.

Sodomie [nach der bibl. Stadt Sodom], sexueller Verkehr von Menschen mit Tieren; war bis zur Strafrechtsreform 1969 mit Gefängnis zu bestrafen.

Sodom und Gomorrha, nach 1. Mos. 19 zwei Städte, die wegen ihrer Lasterhaftigkeit von Gott vernichtet wurden, wobei nur Lot gerettet wurde; heute sprichwörtlich.

Soest [zoːst], Kreisstadt am Hellweg, NRW, 40000 E. Stadt-, Dommuseum, Wilhelm-Morgner-Haus; u. a. Maschinenbau.

Bauten: Nach dem 2. Weltkrieg sind u. a. wiederhergestellt: ehem. Stiftskirche Sankt Patroklus, Höhepunkt der westfäl. Romanik (1166 vollendet, Westwerk um 1190–1230), roman. Pfarrkirche Sankt Petri (um 1150, v. a. gotische Erweiterungsbauten um 1200–1322), roman. Pfarrkirche Maria zur Höhe (Hohnekirche, um 1220–30), got. Pfarrkirche Maria zur Wiese (Wiesenkirche, im Kern 14. Jh.); zahlr. ehem. Adelshöfe v. a. des 13. bis 17. Jh., bürgerl. Fachwerkbauten des 16. bis 18. Jh., Wälle und Gräben, Kattenturm (13. Jh.) und Osthofentor (1523–26) der Stadtbefestigung.

Geschichte: 836 erstmals erwähnt. Das *Soester Stadtrecht* (um 1120 aufgezeichnet) erhielten etwa 60 westfäl. Städte; es wurde Grundlage des lüb. Rechts. Bis 1622 war S. bed. Mgl. der Hanse. Errang in der *Soester Fehde* (1444–49) die Unabhängigkeit von Kurköln und die Bestätigung seiner Herrschaft über die *Soester Börde,* das seit 1274 erworbene std. Territorium.

Soffitte [lat.-italien.], oberer Abschluß des Bühnenbildes einer Illusionsbühne.

Soffittenlampe (Linienlampe), langgestreckte, zylindr. Glühlampe mit je einem Anschlußkontakt an den Enden.

Sofia ['zɔfia, 'zɔːfia], Hauptstadt Bulgariens, am N-Fuß der Witoscha, 1,13 Mio. E. Sitz der Regierung, des Parlaments, der Zentralbehörden, der Bulgar. Akademie der Wiss.; Univ., 11 Hochschulen, Staatsarchiv; Nationalbibliothek, -galerie, Museen; Nationaloper, Theater, Sinfonie- und Kammerorchester;

Frederick Soddy

Zoo. S. ist der wichtigste Ind.standort Bulgariens; Heilquellen; internat. ♨.

Bauten: Röm. Bauwerk mit Rotunde, die im 5. Jh. zur Georgskirche umgebaut wurde. Die Sophienkirche entstand im 5. Jh. (im 9. Jh. erneuert und abgeändert, mehrfach umgebaut, restauriert). Aus der Osmanenzeit stammen die Große Moschee (1474; heute archäolog. Museum), die Schwarze Moschee (1527, von Sinan, heute Siebenheiligenkirche). Nach 1878 klassizist. oder historisierender, sich auf byzantin. Formen stützender Baustil (Alexander-Newski-Kathedrale, 1896–1912). Innenministerium (1936), Dimitrow-Mausoleum (1949).

Geschichte: Das röm. **Serdica** wurde 447 von den Hunnen zerstört; 809 von den Bulgaren eingenommen; 1018–85 bei Byzanz; 1189 von den Kreuzfahrern, 1382 von den Osmanen erobert; seit dem 15. Jh. bed. Verwaltungs- und Handelszentrum.

Sofortbildphotographie, Sammelbez. für photograph. Verfahren, die unmittelbar nach der Aufnahme ein fertiges Positiv liefern. Die Entwicklungschemikalien sind in den Bildschichten enthalten, die Entwicklung des Bildes vollzieht sich in der Kamera bzw. sofort nach dem Verlassen der Kamera bei Tageslicht. Man unterscheidet das nach dem Silbersalzdiffusionsprinzip arbeitende *Trennbildverfahren* (Negativ und Positiv müssen nach der Entwicklung getrennt werden) und das *Integralverfahren* (Einblattverfahren; die Negativschichten verbleiben unterhalb des positiven Bildes im Schichtaufbau). Gegenwärtig sind nach Patentstreitigkeiten nur noch Polaroid-Land-Materialien auf dem Markt. – Das gebräuchlichste Polaroid-Land-Verfahren ist das **SX-70-Verfahren**, ein Integralprozeß, bei dem sich auf dem Filmblatt 17 Schichten übereinander befinden. Hier enthält eine Aktivatorkapsel außer dem Entwicklungsalkali einen Lichtschutzfarbstoff, der die zuunterst liegenden Negativschichten während der Entwicklung schützt und zum Schluß völlig durchsichtig wird, und sich schichtförmig ausbreitendes Titandioxid in hochalkal. wäßriger Lösung, das von den Farbstoffmolekülen durchdrungen wird und den weißen Bildhintergrund abgibt.

Software [engl. 'sɔftwɛə; eigtl. ›weiche Ware‹] →Datenverarbeitung.

Sogdiana (altpers. Sugda, Sogdien), histor. Landschaft in M-Asien zw. Amudarja und Syrdarja; wichtigste Stadt war Marakanda (→Samarkand).

Sognefjord [norweg. ˌsɔŋnəˈfjuːr], Fjord mit zahlr. Seitenarmen in W-Norwegen, 204 km lang.

Sohar [hebr. ›Glanz‹], Hauptwerk der jüd. Kabbala, aus der 2. Hälfte des 13. Jh., wahrscheinl. von dem span. Kabbalisten Moses Ben Schem Tov de Leon in aramäischer Sprache verfaßt. Hauptinhalt sind myst. Ausdeutungen der Thora und anderer bibl. Bücher.

Sohn Gottes, Würde- bzw. Hoheitstitel für →Jesus Christus. Ein Zusammenhang zw. der Vorstellung vom S. G. *(Gottessohnschaft)* und der des Messias bereits im Judentum ist nicht eindeutig nachzuweisen.

Söhnker, Hans, * Kiel 11. 10. 1903, † Berlin 20. 4. 1981, dt. Schauspieler. Theaterengagements in den 1930er Jahren; zahlr. Filme, u. a. ›Große Freiheit Nr. 7‹ (1944), ›Die Fastnachtsbeichte‹ (1960), sowie Fernsehrollen.

soigniert [zoan'ji:rt; frz.], sorgfältig gekleidet; gepflegt.

Soissons [frz. swa'sõ], frz. Ind.stadt in der Picardie, Dep. Aisne, 30 200 E. Got. Kathedrale (12. bis 14. Jh.), karoling. Krypta der ehem. Abteikirche Saint-Médard (9. Jh.), got. ehem. Abteikirche Saint-Léger (13. Jh.). – Das röm. **Augusta Suessionum** wurde 486/487 merowing. Residenzstadt; seit dem 3. Jh. Bischofssitz; 1325 Teil der frz. Krondomäne.

Sojabohne [jap./dt.] (Rauhhaarige Soja), Hülsenfrüchtler, Art der Gatt. Glyzine; wird v. a. in O-Asien, aber auch in allen gemäßigt-warmen Gebieten in vielen Kulturformen angebaut; 30–100 cm hoher, bräunl. behaarter Schmetterlingsblütler mit etwa 8 mm langen Samen *(Sojabohnen)* in Hülsen. Die Samen enthalten bis 40% Eiweiß und bis 20% Fette sowie bis 20% Kohlenhydrate und 2% Lezithin. Aus den Samen wird durch Extraktion das *S.öl (Sojaöl)* gewonnen (für Speiseöle und -fette sowie zur Herstellung von Seifen, Glyzerin und Firnis). Die eiweißreichen Rückstände *(S.kuchen* und *Sojaextraktionsschrot)* werden als Viehfutter verwendet. Das Sojaeiweiß enthält alle essentiellen Aminosäuren und ist zu 97% verdaulich. Als sog. Eiweißaustauschstoff ist es heute für die menschl. Ernährung bes. wichtig.

Sojus [russ. sa'jus › Bündnis‹], Name einer Serie bemannter sowjet. Raumflugkörper; Masse rd. 6 800 kg. Sie bestehen aus einer kugelförmigen Orbitalsektion (Arbeitsraum und Schlafkabine), einer als Rückkehreinheit ausgebildeten Kommandokabine und einer zylindr. Energieversorgungseinheit (mit zwei 14 m² großen Solarzellenauslegern) sowie Triebwerken zur Bahnkorrektur und zur Lageregelung. – *S. 1* wurde am 23. 4. 1967 auf eine Erdumlaufbahn gebracht. Seit 1979/80 ist ein neuer Typ für 3 Kosmonauten, S. T, im Einsatz.

Sokolowski, Wassili Danilowitsch [russ. sʌka-'lɔfskij], * Kosliki (Gouvernement Grodno) 21. 7. 1897, † Moskau 10. 5. 1968, sowjet. Marschall (ab 1946). 1943/44 Kommandeur der Westfront, 1946–49 Oberbefehlshaber der sowjet. Streitkräfte in Deutschland; 1952–60 Chef des Generalstabs; 1955–60 1. stellv. Verteidigungsminister.

Sokoto, Stadt in NW-Nigeria, 148 000 E. Hauptstadt des Bundesstaates Sokoto; Univ.; Konsumgüterindustrie. – Hauptstadt des Haussastaates Gobir; im 14. Jh. Zentrum der islam. Kultur; 1903 britisch.

Sokotra, Insel im Ind. Ozean vor Kap Guardafui, etwa 3 600 km², bis 1 503 m hoch, Hauptort Tamrida; gehört zu Jemen. – 1505 portugiesisch, 1835 britisch besetzt; gehörte bis 1967 zum Protektorat Aden bzw. Südarabien.

Sokrates, * Athen um 470, † ebd. 399, griech. Philosoph. Von grundlegender Bedeutung für die Geschichte der abendländ. Philosophie. S. hinterließ keine Schriften, da er nur mündl. lehrte, so daß über seine Philosophie nur seine Schüler (v. a. →Platon, auch Xenophon) Auskunft geben. – Als Ethiker widmete S. sein Denken dem sittl. Handeln. Im Unterschied zu den →Sophisten bestand seine Methode nicht in dem dialektisch-rhetor. Kunststück, das Wahre falsch und das Falsche wahr erscheinen zu lassen, sondern in der dialekt. Kunst, das Wahre als solches zu erkennen; Ziel war nicht (wie bei den Sophisten) die Erkenntnis des Nützlichen als des Guten, sondern die Erkenntnis des Guten als des allg. Nützlichen. Nach Aristoteles bestand das Neue in der Kunst des S. darin, einerseits von der Betrachtung des Besonderen zum Allgemeinen aufzusteigen *(Induktion)*, andererseits durch das Abstrahieren vom Unwesentlichen sowie durch Zusammenfassung des Wesentlichen zu festen allg. Begriffen zu gelangen *(Definition)*. Diese Methode wurde von S. in Form des Dialogs mit seinen Schülern geübt: er verfuhr hierbei in der Weise, daß der Fragende, obgleich er der Wissende ist, sich unwissend stellt, wobei er von dem Gefragten, als ob dieser wissend wäre, belehrt zu werden vorgibt. Die Methode, in dieser Form die Wahrheit zu lehren, nennt man **sokratische Ironie** oder **Mäeutik** (Hebammenkunst). In bezug auf sein eigenes Handeln berief sich S. auf sein sog. **Dämonion,** eine warnende Stimme, die, wenn er etwas Unrechtes zu tun im Begriff sei, sich vernehmbar mache. Da S. das Sittliche

Sojabohne: OBEN Pflanze mit Blüten und Hülsen; UNTEN Hülse mit Samen

auf die Selbstgewißheit des Menschen gründete (nicht auf Ordnungen wie Sitte, Staat, Religion), wurde er wegen Gottlosigkeit angeklagt und zum Tode durch den Schierlingsbecher (Giftbecher) verurteilt. – Aus der antiken Literatur über S. sind die Platonischen Dialoge hervorzuheben.

Sokratiker [griech.], Philosophen des 4. Jh. v. Chr., die im weitesten Sinne als Schüler des Sokrates gelten und meist eigene Schulen gründeten.

Sol, röm. Sonnengott, dem griech. Helios entsprechend.

Sol [Kw], in einem Dispersionsmittel kolloidal verteilter Stoff, dessen Teilchen im Ggs. zum Gel frei bewegl. sind; ist das Dispersionsmittel gasförmig, spricht man von *Aerosol,* bei Wasser von *Hydrosol,* bei anderen flüssigen Dispersionsmitteln von *Lyosol,* bei organ. Dispersionsmitteln von *Organosol.* →Kolloid.

Solanin [lat.], in zahlr. Arten der Gatt. Nachtschatten (u. a. in unreifen Tomaten, in den Früchten der Kartoffelpflanze, aber auch in unreifen bzw. vergrünten Kartoffelknollen und -keimen) vorkommendes, stark giftiges Alkaloid.

Solarisation [lat.], Bildumkehr im Bereich der Maximalschwärzung bei starker Überbelichtung.

Solarium, Einrichtung zur Ganzkörperbestrahlung, insbes. zur Bräunung der Haut; Lichtquelle mit sonnenähnl. Spektrum.

Solarkollektor, svw. →Sonnenkollektor.

Solarkonstante, der Energiebetrag, den die Erde an der Grenze der Atmosphäre von der Sonne pro Quadratzentimeter in der Minute zugestrahlt bekommt. Der mittlere Wert der S. beträgt 8,12 $J/(cm^2 \cdot min) = 1,94\ cal/(cm^2 \cdot min) = 1,353\ kW/m^2$.

Solarkraftwerke →Sonnenkraftwerke.

Solartechnik (Heliotechnik), moderner Teilbereich der Energietechnik, der mit der energet., insbes. elektro- und wärmetechn. Ausnutzung der Sonnenenergie befaßt ist.

solarterrestrische Physik [lat./griech.], moderne Forschungsdisziplin im Bereich zw. Astro- und Geophysik; befaßt sich mit der Auswirkung von Vorgängen auf der Sonne (insbes. der Sonnenaktivität) auf die Magnetosphäre, Ionosphäre und untere Atmosphäre der Erde sowie mit der Energieumsetzung der Sonnenstrahlung in der Atmosphäre.

Solarwind, svw. →Sonnenwind.

Solarzelle, svw. →Sonnenzelle.

Solawechsel →Wechsel.

Sold [lat.], Lohn für geleistete [Kriegs]dienste.

Soldanella [lat.-italien.], svw. →Troddelblume.

Soldat [italien.], Angehöriger der Streitkräfte eines Staates. In der BR Deutschland: Wehrpflichtige, Soldaten auf Zeit, Berufssoldaten.

Soldatengesetz, Kurzbez. für das Gesetz über die Rechtsstellung der Soldaten vom 19. 3. 1956. Das S. trifft nähere Bestimmungen darüber, wann ein Wehrdienstverhältnis entsteht und endet, und enthält Grundsätze über die Ernennung und Verwendung der Soldaten. Im einzelnen regelt es die Rechtsstellung der Soldaten auf Zeit und der Berufssoldaten; es enthält Bestimmungen für alle Soldaten über ihre Rechte und Pflichten.

Soldatenkaiser, Bez. für die röm. Kaiser des 3. Jh. n. Chr. (ab 235). →römische Geschichte.

Soldatenverbände (Kriegervereine), in Deutschland seit der 1. Hälfte des 19. Jh. entstandene Organisationen ehem. Soldaten, insbes. Kriegsteilnehmer, zur Pflege militär. Tradition und Kameradschaft, z. T. auch zu polit. Einflußnahme. In der BR Deutschland bilden ehem. Bundeswehrsoldaten den Verband der Reservisten der Dt. Bundeswehr e. V.

Soldateska [italien.], abwertend für: disziplinloser, gewalttätiger Soldatenhaufen.

Söldner, geworbener, für Sold dienender Krieger; im MA und bis zur Frz. Revolution vorherrschende militär. Erscheinungsform; verschwand weitgehend mit der Einführung der allg. Wehrpflicht; heute noch in der →Fremdenlegion.

Soldo [lat.-italien.], heute volkstüml. für 5 Centesimi in Italien.

Sole (Salz-S.), eine aus Kochsalzquellen gewonnene Natriumchloridlösung, i. w. S. Bez. für jede Salzlösung.

Solebergbau, Abbau von Steinsalz, bei dem das Salz innerhalb der Lagerstätte durch Einpumpen von Wasser gelöst (ausgesolt) und abgepumpt wird.

solenn [lat.-frz.], feierlich, festlich.

Solesalz, svw. →Kochsalz.

Solesmes [frz. sɔ'lɛm], frz. Ort 50 km sw. von Le Mans, 1 200 E. Die Benediktinerabtei Saint Pierre (1010 gegr.) betreibt Forschungsarbeiten über den Gregorian. Gesang.

Solf, Wilhelm Heinrich, * Berlin 5. 10. 1862, † ebd. 6. 2. 1936, dt. Politiker. Leitete als Staatssekretär des Äußeren (1918) die Waffenstillstandsverhandlungen ein; Botschafter in Tokio 1920–28. Um ihn und seine Frau Johanna (* 1887, † 1954) bildete sich der *Solf-Kreis,* eine Widerstandsgruppe gegen den Nationalsozialismus.

Solidarität [lat.-frz.], Zusammengehörigkeitsgefühl von Individuen oder Gruppen [in einem sozialen Ganzen]. Von der *Soziologie* allg. als Zustand gedeutet, in dem eine Vielheit als Einheit besteht. Als Gemeinsinn eigentl. eine zeitlose Erscheinung; in der Moderne wurde v. a. die Arbeiterbewegung durch S. in Gesinnung und Handeln geprägt; Voraussetzung dafür war das Bewußtsein der gemeinsamen Interessenlage oder (nach marxist. Sprachgebrauch) ein entwickeltes Klassenbewußtsein.

Solidaritätsprinzip, Grundsatz des Füreinandereintretens (›Einer für alle, alle für einen‹); in der gesetzl. *Sozialversicherung* der Grundsatz, daß alle zu versichernden Risiken solidar. von allen Versicherten zu tragen sind, die Leistungen jedoch z. T. unabhängig von der Beitragshöhe gewährt werden.

Solidarność [poln. soli'darnoctc; = Solidarität], unabhängiger poln. Gewerkschaftsverband, gegr. am 17. 9. 1980 in Danzig. Der Gründung vorausgegangen war eine Bewegung von Streiks und Betriebsbesetzungen im Sommer 1980, die erst durch das *Danziger Abkommen* vom 31. 8. 1980 zw. der Regierung und dem überbetriebl. Streikkomitee beendet wurde. S. konnte rund 10 Mio. Mitglieder gewinnen; Vors. wurde L. Wałęsa. Mit der Verhängung des Kriegsrechts über Polen am 13. 12. 1981 wurde jede Tätigkeit der Gewerkschaft untersagt. Kleine Gruppen arbeiteten jedoch illegal weiter, bis 1986 die Führung beschloß, ihrer Tätigkeit öffentl. nachzugehen. 1989 an den Gesprächen zw. Regierung und Opposition maßgebl. beteiligt, konnte das Bürgerkomitee S. die Parlamentswahlen gewinnen und mit T. Mazowiecki 1989/1990 den Regierungschef stellen. Bes. seit dem Wahlkampf um das Präsidentenamt zw. Mazowiecki und dem im Dez. 1990 letztlich siegreichen Wałęsa zeichnete sich ein Zerfall des polit. Arms der S. ab.

soli Deo gloria! [lat. ›Gott allein (sei) Ehre!‹], Abk. S. D. G., Inschrift u. a. an Kirchenportalen, Orgeln.

Solid-state [engl. 'sɒʊlidsteɪt ›Festkörper‹], allg. svw. feste Körper, den festen Aggregatzustand betreffend; in der Elektronik svw. aus Halbleitern, integrierten Schaltkreisen u. a. aufgebaut.

Solidus [lat.], röm. Goldmünze = $^1/_{72}$ röm. Pfund, trat 324 n. Chr. im Röm. Reich an die Stelle des Aureus.

Solifluktion [lat.] (Bodenfließen), in polaren, subpolaren und Hochgebirgsregionen auftretende Um-

Alexandr Issajewitsch
Solschenizyn

lagerung und Fließbewegung von Bodenteilen infolge Schwerkraftwirkung, bedingt durch tages- oder jahreszeitl. Auftauen und Wiedergefrieren des Bodens. Bei einer Hangneigung von über 2° bilden sich u. a. **Fließerden**, Blockströme, -meere. Bei vorhandener Vegetationsdecke wird die Wirkung der S. gebremst; unter Zerreißen der Grasnarbe entstehen Girlandenböden, Fließerdeterrassen und -wülste.

Solimena, Francesco, gen. l'Abate Ciccio, * Canale (= Serino bei Avellino) 4. 10. 1657, † Barra (= Neapel) 3. 4. 1747, italien. Maler. Spätbarocke Malerei; u. a. Fresken in der Kirche Gesù Nuovo (1725), Neapel.

Solin, kroatischer Ort am Adriat. Meer, zu Split. Bed. Ruinen von **Salona,** der Hauptstadt der röm. Prov. Dalmatia.

Soling, modernes, einmastiges Rennsegelboot aus Kunststoff, Kieljacht für 3 Mann Besatzung, seit 1972 Olympiaklasse, mit Ω als Klassezeichen im Großsegel.

Solingen, Stadt im Mittelberg. Land, NRW, 159 100 E. Dt. Klingenmuseum, Bergisches Museum auf Schloß Burg; Theater und Konzerthaus; u. a. Schneidwaren- und Besteckindustrie. Kath. Pfarrkirche (1690), am Kleinstadtmarkt u. a. die ev. Kirche (18. Jh.); nahebei die Müngstener Eisenbahnhochbrücke (1894–97). – 965 erstmals gen.; im 16./17. Jh. bed. Klingenherstellung, entstanden aus Schwertschmieden.

Sol invictus [lat. ›unbesiegte Sonne‹], der von Kaiser Elagabal (218–222) in Rom eingeführte Gott ›Sol Invictus Heliogabalus‹; Kaiser Aurelian ließ den ›Geburtstag der unbesiegten Sonne‹ am 25. Dez. feiern; das Christentum hat dieses Datum später für das Fest der Geburt Christi übernommen.

Solipsismus [lat.], erkenntnistheoret. Position, die nur das eigene Ich mit seinen Bewußtseinsinhalten als das einzig Wirkliche gelten läßt; zugespitzt vertreten durch M. Stirner.

Solitär [lat.-frz.], einzeln gefaßter, bes. schöner und großer Brillant.

Solitude [frz. səli'tyd ›Einsamkeit‹], Lustschloß westl. von Stuttgart (1763–67 im Rokokostil erbaut).

Soll, linke Seite eines Kontos; bei Aktivkonten Eintragung der Vermögenszunahme, bei Passivkonten der Schuldenabnahme; bei den Erfolgskonten auf der S.seite Ausweis der Aufwendungen. – Ggs. → Haben.

Söller [lat.] → Altan.

Solling, zw. Weser und Leine gelegenes Bergland, in der Großen Blöße 528 m hoch; z. T. Naturpark.

Sollwert, der unter vorgegebenen Bedingungen erwartete bzw. gewünschte Wert einer Größe; der tatsächl. auftretende Wert wird als **Istwert** bezeichnet.

Solmisation [italien.], System von Tonbezeichnungen unter Verwendung der Tonsilben ut (später do), re, mi, fa, sol, la (erstmals um 1025 von Guido von Arezzo beschrieben). Mit drei auf c, f und g einsetzenden Sechstonskalen und deren Transpositionen konnte der im MA benötigte Tonraum exakt bezeichnet werden.

Solms, edelfreies Geschlecht im Lahngau mit Stammsitz Burgsolms (Gem. Solms bei Wetzlar) 1129 erstmals erwähnt; 1420/36 Teilung in die Hauptlinien S.-**Braunfels** und S.-**Lich;** 1806 mediatisiert.

Solnhofener Plattenkalke (Solnhofener Schiefer), im S der Fränk. Alb verbreiteter, feinkörniger, dünnplattiger, fossilreicher Kalkstein aus dem oberen Malm; bevorzugter Lithographiestein.

Solo, längster Fluß Javas, entspringt am Fuß des Vulkans Lawu, mündet mit einem Delta nw. von Surabaya in die Javasee, 540 km lang.

Solo [lat.-italien.], 1) *Musik:* von einem einzelnen Künstler *(Solist)* auszuführende, meist bes. an-spruchsvolle Vokal- oder Instrumentalstimme; auch ein solist. vorzutragendes Musikstück.
2) *Sport:* Einzelleistung im Rahmen eines Mannschaftsspiels.

Solon, * Athen um 640, † ebd. um 560, athen. Staatsmann, einer der Sieben Weisen. Als Archon 594/593 zum ›Friedensstifter‹ zw. den Ständen berufen; ordnete den Staat durch die *Solon. Gesetze:* u. a. Aufhebung von Hypothekenschulden, Verbot der Schuldknechtschaft; Einteilung der Bürgerschaft in 4 Klassen nach ihrem Einkommen mit entsprechender Zuteilung der polit. Rechte und Pflichten (dadurch Aufhebung der bisherigen Privilegien des Adels); Einführung des Rates (Bule) der Vierhundert als Gegengewicht zum Areopag; Gesetze zur wirtschaftlichen Stabilisierung; Maß-, Münz- und Gewichtsreform, die von großer Bed. für den Handel Athens war.

Solothurn, 1) Hauptstadt des schweizer. Kt. Solothurn (seit 1803), an der mittleren Aare, 15 400 E. Kunstmuseum, Stadttheater; Filmtage; u. a. Maschinenbau. Barock-klassizist. Sankt-Ursen-Kathedrale (1762–73), barocke Jesuitenkirche (1680–88) mit Kreuzgang (jetzt Lapidarium); Rathaus (15., 17. und 20. Jh.); Altes Zeughaus (1610–14) mit Rüstkammer, zahlr. Renaissance- und Barockbauten, Reste von 4 Befestigungssystemen (röm., mittelalterl., 16. und 17. Jh.). – Das einst röm. **Salodurum** kam 1032/33 an das Hl. Röm. Reich; 1218 Reichsstadt; 1481 als Städteort in die Eidgenossenschaft aufgenommen; verblieb trotz anfängl. Erfolge der Reformation seit 1533 im kath. Lager.
2) nordwestschweizer. Kt. im Mittelland und Jura, 791 km², 221 500 E, Hauptstadt Solothurn. Bed. Land- und Forstwirtschaft, Uhren- und Papier-Ind. sowie Eisenwerke. – 1803 in den Grenzen des ehem. Stadtgebiets entstanden; 1814–30 ständ. Verfassung.

Solothurn
Kantonswappen

Solowjow, Wladimir Sergejewitsch [russ. səlavj-'jɔf], * Moskau 16. 1. 1853, † Uskoje bei Moskau 31. 7. 1900, russ. [Religions]philosoph, Schriftsteller und Publizist. Vertrat eine christlich orientierte Religionsphilosophie; als Lyriker und Ästhetiker bed. für den russ. Symbolismus.

Solquellen, svw. → Kochsalzquellen.

Solschenizyn, Alexander Issajewitsch [russ. səlʒə-'nitsin], * Kislowodsk 11. 12. 1918, russ. Schriftsteller. Steht in der Tradition der großen russ. Erzähler; seine Romane und Erzählungen machten ihn zur weltweit bekannten Symbolfigur des Widerstands gegen den Totalitarismus in der UdSSR. 1945–53 in Straflagern, bis 1956 verbannt, 1957 rehabilitiert; ab 1966 Publikationsverbot, 1969 Ausschluß aus dem Schriftstellerverband; 1974 Ausweisung aus der UdSSR; lebt seit 1976 in USA; 1990 rehabilitiert. 1970 Nobelpreis für Literatur. – *Werke:* Der erste Kreis der Hölle (1968), Krebsstation (1968, im Samisdat), August Vierzehn (1971, stark erweitert 1983); Das rote Rad (Romanzyklus, 1971 ff., u. a. ›November Sechzehn‹, 1984), Der Archipel GULAG (1973–75), Offener Brief an die sowjet. Führung (1974), Die Eiche und das Kalb (1975), Lenin in Zürich (1975).

Wladimir
Sergejewitsch
Solowjow

Solstitium [lat.], svw. → Sonnenwende.

Solti, Sir (seit 1969) Georg (György) [ungar. 'ʃolti], * Budapest 21. 10. 1912, brit. Dirigent ungar. Herkunft. Gehört zu den bed. Dirigenten des 20. Jh.; u. a. 1961–71 Leiter des Royal Opera House Covent Garden in London; seit 1969 Chefdirigent des Chicago Symphony Orchestra. 1979–83 Chefdirigent des London Philharmonic Orchestra.

solvent [lat.-italien.], zahlungsfähig; **Solvenz,** Zahlungsfähigkeit.

Somal, ostäthiopides Volk auf der Somalihalbinsel in Somalia, Äthiopien und NO-Kenia. Ihre Sprache, *Somali,* gehört zu den kuschit. Sprachen.

Georg Solti

Somalia

Fläche: 637 657 km²
Einwohner (1991): 7,6 Mio.
Hauptstadt: Mogadischu
Amtssprachen: Somali und Arabisch
Nationalfeiertag: 21. 10.
Währung: 1 Somalia-Schilling (So. Sh.) = 100 Centesimi (Cnt)
Zeitzone: MEZ + 2 Std.

Somalia

Staatsflagge

Staatswappen

Somalia (amtl. Somal. Demokrat. Repuplik), Staat in Afrika, grenzt im N, O und SO an den Ind. Ozean, im W an Kenia und Äthiopien, im NW an Dschibuti.
Landesnatur: Nord-S. besteht aus einer steilgestellten Scholle (im Surud Ad 2 408 m), die nach N steil, nach S flach abfällt. Süd-S. ist eine Rumpfebene, an die sich im S Aufschüttungsebenen der Flüsse Juba und Webbe Shibeli anschließen. S. hat monsunales Klima. Im N des Landes findet sich Halbwüste, im S Trockensavanne.
Bevölkerung: 95 % der E sind Somal, die sich zum Islam sunnit. Richtung bekennen. 15 % der E sind Flüchtlinge aus S-Äthiopien. Hohe Analphabetenquote. Universität (seit 1960) in Mogadischu.
Wirtschaft, Verkehr: Die Viehwirtschaft der Nomaden ist das wirtschaftl. Rückgrat des Landes. Industrie ist kaum entwickelt. Das Straßennetz ist 17 215 km lang (davon 2 500 km asphaltiert). Überseehäfen sind Mogadischu, Berbera, Kismaayo und Marka. Internat. 𝕏 ist Mogadischu.
Geschichte: Ende der 1880er Jahre entstanden in Verträgen mit einheim. arab. Autoritäten Britisch- wie Italienisch-Somaliland; nach wechselhaftem Einfluß beider Kolonialmächte verschmolzen beide Territorien 1960 zur unabhängigen Republik S., in der 1969 das Militär unter Leitung des Vors. des Obersten Revolutionsrates (bis 1976) Mohammed Siyaad Barre (* 1919), gleichzeitig Staatsoberhaupt, die Macht übernahm. Die nun einsetzende Umwandlung S. in einen sozialist. Staat (1974 Freundschaftsvertrag mit der UdSSR, 1976 Ausrufung der sozialist. Republik S.) wurde begleitet von einem Kurs intensiver Modernisierung (Alphabetisierungskampagne 1973/75). Somal. Territorialansprüche führten zu Kriegen gegen Kenia (1963–70) und Äthiopien (1977/78), deren wenig erfolgreiche Gestaltung innere Krisen (Putschversuch 1978) begünstigten und auch durch Zugeständnisse Barres (Verkündung einer neuen Verfassung und Parlamentswahlen 1979) nicht beseitigt werden konnten. Trotz außenpolit. Erfolge (Stillhalteabkommen mit Äthiopien 1988) kam es im Jan. 1991 in einem blutigen Bürgerkrieg zum Sturz Barres; die Rebellen ernannten Ali Mahdi Mohammed zum Präs., der nicht verhindern konnte, daß sich der nördl., ehemals brit. besetzte Landesteil im Mai 1991 als ›Republik Somaliland‹ von Mogadischu lossagte. Präs. Ali Mahdi Mohammed wurde im Nov. 1991 von General Mohammed Farrah Aidid gestürzt.
Politisches System: Präsidiale Republik; *Verfassung* von 1984 (zuletzt geändert 1990). *Staatsoberhaupt* und oberster Inhaber der *Exekutivgewalt* war der Präs., er wurde vom ZK der *Einheitspartei* Somali Revolutionary Socialist Party (SRSP) vorgeschlagen und direkt für 7 Jahre gewählt. *Legislativorgan* war das Einkammerparlament, die Volksversammlung (171 Abg., von einer Einheitsliste der SRSP direkt für 5 Jahre gewählt, 6 vom Präs. ernannte Abg.). – Karte II, Bd. 2, n. S. 320.
Somalihalbinsel, keilförmige, deshalb auch Horn gen. Halbinsel im O Afrikas.

somatisch [griech.], den Körper betreffend, auf den Körper bezogen, körperlich; im Unterschied zu psychisch.
Somatotropin [griech.] (somatotropes Hormon, STH, Wachstumshormon), bei Wirbeltieren und dem Menschen artspezifisches, aus 188 Aminosäuren bestehendes Polypeptidhormon aus dem Vorderlappen der Hypophyse, das das Wachstum der Körpersubstanzen und damit den aufbauenden Stoffwechsel (Blutzuckerspiegel, Fettspaltung, Proteinsynthese) fördert.
Somazellen (Körperzellen, somat. Zellen), Gesamtheit der diploiden Körperzellen im Ggs. zu den Geschlechtszellen.
Sombart, Werner, * Ermsleben bei Aschersleben 9. 1. 1863, † Berlin 18. 5. 1941, dt. Nationalökonom und Soziologe. Untersuchte die Entwicklung vom Kapitalismus zum Sozialismus; Hauptwerk: ›Der moderne Kapitalismus‹ (1902).
Sombrero [lat.-span.], in Zentral- und Südamerika getragener Strohhut mit kegelförmigem Kopf und breiter Krempe.
Somme [frz. sɔm], Fluß in der Picardie, mündet bei Abbeville mit einem Ästuar in den Kanal, 245 km lang.
Sommer →Jahreszeiten.
Sömmerda, Kreisstadt an der Unstrut, Thüringen, 23 700 E. Spätgot. Pfarrkirche Sankt Bonifatius und spätgot. Rathaus.
Sommerfeld, Arnold, * Königsberg (Pr) 5. 12. 1868, † München 26. 4. 1951, dt. Physiker. S. gehörte zu den frühen Anhängern der Relativitätstheorie und der Bohrschen Atomtheorie, die er zum Bohr-Sommerfeld-Atommodell (→Atommodell) ausbaute; 1915 Theorie der Feinstruktur des Wasserstoffspektrums, 1916 Quantentheorie des Zeeman-Effekts.
Sommerflieder, svw. →Schmetterlingsstrauch.
Sommergetreide (Sommerfrucht, Sommerung), Getreide, das im Frühjahr gesät und im gleichen Jahr geerntet wird, z. B. Sommerweizen, Mais.
Sommerschlaf, schlafähnl. Ruhestadium bei manchen in den Tropen und Subtropen lebenden Tieren während der Hitzeperiode im Sommer bzw. der Trockenzeit (dann auch *Trockenschlaf* bzw. *Trockenruhe* genannt). Für den S. graben sich die Tiere häufig im Boden ein.
Sommersprossen, anlagebedingte kleine, bräunliche Hautflecke (jahreszeitl. schwankende Pigmentanreicherung in der untersten Schicht der Oberhaut) an Körperstellen, die bes. dem Sonnenlicht ausgesetzt sind.
Sommerwurz, Gatt. der Sommerwurzgewächse mit rd. 100 Arten in den gemäßigten und subtrop. Gebieten; Parasiten an den Wurzeln von Schmetterlings-, Lippen- und Korbblütlern; u. a. *Kleeteufel,* bis 50 cm hoch, Blüten gelblich- oder rötlichweiß.
Sommerwurzgewächse (Orobanchaceae), Familie der Zweikeimblättrigen mit rd. 150 Arten in 13 Gatt., v. a. in der nördl. gemäßigten Zone; schmarotzende Kräuter ohne Chlorophyll.
Sommerzeit, gegenüber der Zonen- bzw. Standardzeit um meist eine Stunde vorverlegte Zeit während der Sommermonate; seit 1980 auch in der BR Deutschland.
Sommeschlacht [frz. sɔm], eine der größten Materialschlachten des 1. Weltkriegs (Juli–Nov. 1916) im frz. Dep. Somme; brachte den brit.-frz. Verbänden keinen strateg. bedeutsamen Durchbruch; Verluste auf dt. Seite rd. 500 000 Mann, bei den Alliierten rd. 650 000 Mann.
Somnambulie (Somnambulismus) [lat.], svw. →Schlafwandeln.
Somoza [span. so'mosa], nicaraguan. Familie; bekannt neben *Anastasio Somoza García* (* 1896, † 1956

[ermordet]; 1937–47 und 1950–56 diktator. Staats-Präs.) v. a. seine Söhne *Luis Anastasio Somoza Debayle* (* 1922, † 1967; diktator. Staats-Präs. 1956–63) und *Anastasio Somoza Debayle* (* 1925, † 1980 [ermordet]; 1967–72 sowie ab 1974 Staats-Präs., im Juli 1979 nach einem schweren Bürgerkrieg gestürzt und in die USA geflohen).

Sonar [zo'na:r, 'zo:nar], Abk. für engl. sound navigation and ranging, in der Schiffahrt ein mit Schall oder Ultraschall arbeitendes Navigations- und Entfernungsmeßgerät; dient u. a. zum Orten (z. B. von U-Booten, Untiefen, Eisbergen) und zur Bestimmung der Geschwindigkeit über Grund.

Sonate [italien.], eine der Hauptgattungen der Instrumentalmusik, v. a. für Klavier allein – die *Klavier-S.* stand im Zentrum des Klavierschaffens der Wiener Klassik – oder für Klavier und ein anderes Instrument (v. a. Violine); der Aufbau der S. folgt der →Sonatensatzform, wobei die klass. S. des 18. Jh. in der Regel aus 3 oder 4 Sätzen besteht (Allegro, Andante oder Adagio, [Menuett oder Scherzo], Allegro).

Sonatensatzform (Sonatenhauptsatzform), die S. ist das zentrale Gestaltungsprinzip der Wiener Klassik; sie bestimmt nicht nur den ersten, in vielen Fällen auch den letzten Satz der *Sonate,* der *Sinfonie* und des *Streichquartetts* o. ä., sondern auch andere Formen, u. a. das *Rondo.* In der Regel wird das Schema der S. als dreiteilige Form mit Exposition, Durchführung und Reprise beschrieben; bis etwa zur mittleren Schaffensperiode Beethovens wurde sie jedoch als zweiteilige Form begriffen, deren erster Teil (Exposition) und zweiter Teil (Durchführung und Reprise) jeweils wiederholt wurden. Die *Exposition* ist in Hauptsatz mit dem 1. Thema in der Grundtonart, Überleitung und Seitensatz mit dem 2. Thema in einer anderen Tonart unterteilt und wird oft durch einen Epilog abgeschlossen; die *Durchführung* bringt eine Verarbeitung des themat. Materials der Exposition mit Modulationen in entferntere Tonarten; ihr folgt die *Reprise* mit der Wiederaufnahme der Elemente der Exposition.

Sonatine [lat.-italien.], kleinere, leicht spielbare Sonate.

Sonde [frz.], 1) *Medizin:* stab-, röhren- oder halbröhrenförmiges Instrument aus Stahl, Kunststoff oder Gummi zur Einführung in Körperhöhlen bzw. -hohlorgane zu diagnost. und therapeut. Zwecken. 2) Bez. für eine bewegl. Vorrichtung, die zur Abtastung, Prüfung oder Untersuchung örtl. variierender Verhältnisse eingesetzt wird, z. B. Elektronensonde, Radiosonde. 3) →Raumflugkörper.

Sonderausgaben →Einkommensteuer.

Sonderbund, 1845 gegr. Schutzbündnis von 7 konservativen schweizer. Kantonen. →Schweiz (Geschichte).

Sonderburg (dän. Sønderborg [dän. 'sønɔrbɔr']), dän. Hafen- und Ind.stadt auf Alsen, 28 000 E. Schloß (13. Jh.). – 1461 Stadtrecht; im 16. Jh. zur Residenz der Linie Schleswig-Holstein-Sonderburg des Hauses Oldenburg ausgebaut.

Sondergerichte, Gerichte mit einer allg. festgelegten, aber auf eine besondere Materie beschränkten Zuständigkeit, die anstelle der (allg.) Gerichte entscheiden. Sind im Ggs. zu den Ausnahmegerichten zulässig (z. B. die Schiffahrtsgerichte). In der Zeit des Nat.-Soz. wurden bei jedem Oberlandesgericht S. gebildet, deren Urteile (v. a. bei polit. Straftaten) unanfechtbar waren.

Sondermüll, Abfallstoffe, die aufgrund ihrer bes. Beschaffenheit (z. B. Giftigkeit) in bes. Anlagen gesammelt, nach Möglichkeit entgiftet und ohne Umweltgefährdung beseitigt bzw. in S.deponien gelagert werden müssen.

Sonderpädagogik (Sondererziehung, Heilpädagogik), Bereich der Erziehung, der sich mit der Betreuung von Kindern, Jugendlichen und Erwachsenen befaßt, die in ihrer psychosozialen Entwicklung beeinträchtigt sind. Die S. ist untergliedert u. a. in Blinden-, Hör- und Sprachgeschädigten-, Körper- und Lernbehinderten-, Verhaltensgestörten- sowie Geistigbehindertenpädagogik. Die pädagog. Maßnahmen erfolgen in 4 Förderungsabschnitten: 1. vorschulische Erziehung (Früherkennung, Sonder- und Schulkindergarten); 2. →Sonderschulen; 3. Berufseingliederung (beschützende Werkstätten); 4. Erwachsenenbildung (Rehabilitation bei abweichendem sozialen Verhalten durch geeignete therapeut. Maßnahmen).

Sonderschulen, allgemeinbildende Pflichtschulen für Kinder und Jugendliche, die in ihrer körperl., seel. oder geistigen Entwicklung vom Normalfall krass abweichen.

Sondershausen, Kreisstadt im Tal von Wipper und Bebra, Thüringen, 24 300 E. Schloß- und Heimatmuseum; Kalibergbau. – 1571–1918 Residenz der Grafen (seit 1697 Fürsten) von Schwarzburg-Sondershausen.

Sondersprache, sich vom Wortschatz der Gemeinsprache unterscheidende Sprache, die von sozialen, sachl.-begriffl., geschlechts- und altersspezif. Besonderheiten herrührt (Berufssprachen, Gruppensprachen, Geheimsprachen).

Sondervermögen, 1. im *Zivilrecht:* Vermögensgegenstände, die vom [übrigen] Vermögen einer oder mehrerer Personen rechtl. getrennt sind (z. B. das Vermögen einer Erbengemeinschaft); 2. im *öffentl. Recht:* rechtlich unselbständige Teile des Erwerbsvermögens, z. B. ist die Deutsche Bundesbahn ein S. des Bundes. Sie führen eigene Haushalte.

Sonderverwahrung →Depot.

Sonderzeichen, in der *Datenverarbeitung* alle Zeichen, die nicht Buchstaben oder Ziffern sind, z. B. + oder §.

Sonderziehungsrechte →Internationaler Währungsfonds.

Søndre Strømfjord [dän. 'sønrə 'sdrœmfjo:'r], Bucht an der W-Küste Grönlands, nahebei internat. ✈, Knotenpunkt des Luftverkehrs auf der Polarroute.

Sonett [italien.], gehört zu den bevorzugten Formen der europ. Lyrik; entwickelt in Italien im 13. Jh. (Höhepunkte: Dante, Petrarca). Die Grundform besteht aus einem Gedicht von 14 Zeilen, die sich zu 2 Vierzeilern *(Quartette)* und 2 Dreizeilern *(Terzette)* gruppieren. Quartette und Terzette sind in sich durchgereimt.

Song [engl.], nach dem angloamerikan. Sprachgebrauch svw. Lied (Folksong usw.); in Deutschland (seit Brecht-Weills ›Dreigroschenoper‹, 1928) v. a. balladenhaftes, parodist. Lied (mit Sprechgesang).

Sonnabend (Samstag), der 6. Tag der Woche.

Sonne, Zentralkörper des S.systems, der durch seine große Masse (333 000 Erdmassen) die Planeten (samt Monden) sowie zahlreiche Kleinkörper auf kreisähnl. Bahnen hält. Die S. ist ein Stern, der aus etwa 75 % Wasserstoff, 23 % Helium und 2 % schweren Elementen zusammengesetzt ist. Im Zentrum der S. herrscht eine Temperatur von etwa 15 Mio. K und ein Druck von rd. $2 \cdot 10^{16}$ Pa (= 200 Mrd. bar). Die Energieerzeugung verläuft im S.zentrum (→Bethe-Weizsäcker-Zyklus). Die erzeugte Energie gelangt dann durch Konvektion und Strahlung an die Oberfläche und wird von dort in einer etwa 400 km dicken Schicht, der *Photosphäre* (Temperatur rd. 5 800 K), abgestrahlt. Die Oberfläche ist nicht gleichmäßig hell, sie zeigt vielmehr eine körnige Struktur, hervorgerufen durch aufsteigende, etwa um 300 K heißere Gasmassen (Granulen; rd. 1 000 km Durchmesser). Grö-

Werner Sombart

Arnold Sommerfeld

ßere fleckige Gebilde sind die **Sonnenflecken** (rd. 2 000–50 000 km, gelegentlich bis über 100 000 km Durchmesser), verursacht durch starke, den nach außen fließenden Energiestrom erhebl. vermindernde Magnetfelder. Die Fleckenhäufigkeit schwankt in Perioden von 11,07 Jahren *(Sonnenfleckenzyklus).* **Fakkeln,** Ausbrüche heißer Gase *(S.eruptionen),* lassen sich am S.rand beobachten. Größere Ausbrüche, in denen Gasmassen bis über 100 000 km hoch geschleudert werden, nennt man **Protuberanzen.** Über der Photosphäre (also außerhalb des ›Randes‹ der hellen S.scheibe) liegt die *Chromosphäre.* Die Dichte dieser Schicht ist sehr gering; ihre Mächtigkeit beträgt etwa 6 000 km (Temperatur rd. 5 000 K). Weiter nach außen steigt dann die Temperatur steil an, bis sie in der *S.korona* rd. 1 Mio. K erreicht. Die →Korona, die sich strahlenförmig weit in den interplanetaren Raum erstreckt, ist bei totalen S.finsternissen sichtbar.

Charakteristische Daten der Sonne	
Radius	696 000 km (= 109 Erdradien)
Oberfläche	6,087 · 10¹² km² (= 11 930 Erdoberflächen)
Volumen	1,412 · 10¹⁸ km³ (= 1 304 000 Erdvolumen)
Masse	1,98 · 10³³ g (= 333 000 Erdmassen)
mittlere Dichte	1,41 g/cm³ (= 0,26 Erddichte)
Schwerebeschleunigung an der Oberfläche	274 m/s²
effektive Temperatur	rd. 5 800 K
emittierte Strahlung	3,86 · 10²⁶ J/S
absolute Helligkeit (visuelle)	4,71 Mag
Neigung des Sonnenäquators gegen die Ekliptik	7° 15′ 00″

Geschichte: Von den Babyloniern ist die älteste datierte (15. 6. 763 v. Chr.) Beobachtung einer S.finsternis überliefert. Um 275 v. Chr. stellte Aristarchos von Samos die Hypothese auf, daß die S. ruhendes Zentrum unseres Planetensystems sei; N. Kopernikus knüpfte bei der Erarbeitung des heliozentr. Systems hier an. 1868 entdeckte J. N. Lockyer im S.spektrum das Helium. 1908 wies G. Hale das Vorhandensein von Magnetfeldern in den S.flecken nach.

Sonneberg, Kreisstadt am S-Abfall des Thüringer Waldes, Thüringen, 27 100 E. Spielzeugmuseum; Mittelpunkt der thüring. Spielzeugindustrie.

Sonnenbarsche (Sonnenfische, Centrarchidae), Fam. 4–50 cm langer Barschfische mit rd. 30 Arten in fließenden und stehenden Süßgewässern von S-Kanada bis M-Amerika; farbenprächtige Fische mit ungeteilter Rückenflosse, deren vorderer Abschnitt Stachelstrahlen aufweist.

Sonnenbatterie (Solarbatterie, Solarzellengenerator), eine durch Zusammenschaltung vieler →Sonnenzellen entstehende Anordnung zur direkten Umwandlung von Strahlungsenergie der Sonne in elektr. Energie; die S. enthält außerdem einen Akkumulator als Speicherbatterie. Anwendung zur Stromversorgung u. a. von Raumflugkörpern, Fernsehumsetzern, meteorolog. Stationen.

Sonnenblume (Helianthus), Gatt. der Korbblütler mit rd. 100 Arten in Amerika; einjährige oder ausdauernde, oft hohe, meist behaarte Kräuter; Blüten gelb oder (die Scheibenblüten) purpurfarben bis violett. Die bekannteste Art ist die *Gemeine S.* (Einjährige S.), bis über 3 m hoch; aus den Samen *(S.kerne)* wird *Sonnenblumenöl* gewonnen (besteht v. a. aus Glyceriden der Ölsäure und der Linolsäure; Speiseöl, Rohstoff für Margarine). Eine weitere bekannte Art ist der *Topinambur* (Roßkartoffel), bis über 2 m hoch; die Knollen der unterird. Ausläufer werden als Gemüse oder Viehfutter und zur Alkoholherstellung verwendet.

Sonnenbrand (Dermatitis solaris, Erythema solare), Rötung, z. T. auch Schwellung der Haut mit Brennen und Schmerzen, hervorgerufen durch übermäßige Sonnenbestrahlung (auch durch künstl. Ultraviolettstrahlen). Der **Gletscherbrand** (Erythema glaciale) ist eine Haut- und Bindehautentzündung, die durch ultraviolette Strahlung und deren Reflexion (bes. an Schnee und Eis) entsteht.

Sonnenenergie, die im Zentrum der →Sonne erzeugte Energie; in der Energietechnik die mit Hilfe von Sonnenkollektoren, Sonnenkraftwerken, Sonnenöfen, Sonnenbatterien u. a. technisch genutzte bzw. nutzbare Strahlungsenergie der Sonneneinstrahlung.

Sonnenferne, svw. Aphel (→ Apsiden).

Sonnenfinsternis → Finsternis.

Sonnenhut (Rudbeckie), nordamerikan. Korbblütlergatt. mit rd. 30 Arten; einjährige oder ausdauernde, oft rauh behaarte, hohe Kräuter mit Blütenköpfchen aus gelben Randblüten und meist purpurfarben Scheibenblüten; Gartenpflanzen sind u. a. die *Kleinblütige Sonnenblume* (bis 2,5 m hoch, Scheibenblüten schwarzbraun, Zungenblüten gelb) und der *Rote S.* (bis 1 m hoch, mit weinroten Randblüten und schwarzbraunen Röhrenblüten).

Sonnenjahr →Jahr.

Sonnenkollektor (Solar[energie]kollektor), Anlage, mit der Sonnenenergie absorbiert und die entwickelte Wärme mit einem relativ günstigen Wirkungsgrad (30–50 %) zur Wärmebereitung (u. a. Gebäudeheizung) sowie zur Stromerzeugung (→Sonnenkraftwerke) genutzt wird.

Sonnenkönig (frz. Roi Soleil), Beiname →Ludwigs XIV. von Frankreich.

Sonnenkraftwerke, Anlagen, die die Sonnenenergie in großem Maßstab in elektr. Energie umwandeln. Bei *Solarturmkraftwerken* befindet sich innerhalb eines Feldes von Hohlspiegeln *(Heliostate)* ein Turm, auf dessen Spitze ein ortsfester Strahlungsempfänger *(Receiver)* installiert ist. Jeder Heliostat des Feldes wird der Sonne computergesteuert nachgeführt. Die eingestrahlte Sonnenenergie wird im Receiver gesammelt, wobei Arbeitstemperaturen bis zu 530 °C möglich sind. Als Wärmeträgermedien werden neben Wasser v. a. Flüssigmetalle und Salzschmelzen verwendet, wobei die Stromerzeugung durch einen über einen Dampferzeuger angekoppelten zweiten Kreislauf erfolgt. Bei *Solarfarmkraftwerken* wird das Wärmeträgermedium (meist spezielles Öl oder Wasser) in hintereinandergeschalteten Sonnenkollektoren aufgeheizt. Die Sonnenkollektoren werden dem Sonnenstand ebenfalls computergesteuert nachgeführt. Die Betriebstemperatur in Solarfarmkraftwerken beträgt zw. 300 und 400 °C. In speziellen *Sonnenkraftanlagen* wird Sonnenenergie bzw. die daraus gewonnene Wärmeenergie benutzt, um damit chem. Prozesse, Metallschmelzprozesse, Meerwasserentsalzung u. a. durchzuführen.

Sonnennähe, svw. Perihel (→ Apsiden).

Sonnenofen, Anlage zur Erzielung hoher Temperaturen durch Konzentrierung der Sonnenstrahlung; man verwendet dazu parabol. Zylinderspiegel (etwa 30fache Konzentrierung der eingestrahlten Energie) oder Parabolspiegel (bis 900fache Konzentrierung und Temperaturen bis 3 900 °C).

Sonnenröschen (Helianthemum), Gatt. der Zistrosengewächse mit rd. 80 Arten, v. a. im Mittelmeergebiet; einjährige Kräuter, Stauden oder Halbsträucher; einheim. das *Gemeine S.,* ein bis 10 cm hoher, niederliegender, wintergrüner →Halbstrauch.

Sonnenstich (Heliosis), durch langdauernde starke Sonneneinstrahlung auf unbedecktem Kopf und Nacken entstandene vermehrte Blutansammlung und Reizung der Gehirnhäute in Form einer serösen Entzündung (u. U. mit örtl. Gehirnödem und kleinsten Blutungen einhergehend).

Sonnensystem →Planetensystem.

Sonnenröschen:
Gemeines
Sonnenröschen

Sonnentau (Drosera), vielgestaltige Gatt. der Sonnentaugewächse mit 90 Arten, v. a. auf der Südhalbkugel; fleischfressende Pflanzen, deren Blätter mit Verdauungsdrüsen und zahlr. reizbaren Tentakeln, die rötl., klebrige Sekrettropfen zum Festhalten der Beutetiere (kleine Insekten) ausscheiden, besetzt sind; Blüten weiß oder rosenrot. In Deutschland kommen auf Hoch- und Flachmooren drei Arten vor: *Rundblättriger, Langblättriger* und *Mittlerer S.* (alle geschützt).

Sonnentaugewächse (Droseraceae), Familie fleischfressender Zweikeimblättriger mit über 90 Arten in vier Gatt. in den trop., subtrop. und gemäßigten Gebieten.

Sonnentierchen (Heliozoa), Ordnung bis 1 mm großer, kugelförmiger, meist freischwebender Einzeller, v. a. in Süßgewässern, z. T. auch in Meeren; senden nach allen Seiten Scheinfüßchen aus, an denen Kleinstorganismen klebenbleiben; Formen mit gallertiger Hülle und hüllenlose Formen.

Sonnenuhr, ein die wahre Sonnenzeit angebender Zeitmesser, bestehend aus einem parallel zur Erdachse stehenden Stab, dessen Schatten auf eine Ebene, das Zifferblatt, fällt.

Sonnenweite, svw. →astronomische Einheit.

Sonnenwende (Solstitium), Zeitpunkt, an dem die Sonne während ihres jährl. Laufs ihren höchsten bzw. tiefsten Stand erreicht (21./22. Juni bzw. 21./22. Dez.).

Sonnenwind (Solarwind), ständig von der Sonne ausgehender Partikelstrom aus Protonen (Wasserstoffionen), Alphateilchen (Heliumionen), kleinen Mengen weiterer Ionenarten und Elektronen.

Sonnenzeit →Zeitmessung.

Sonnenzelle (Solarzelle), ein Halbleiterelement, mit dem durch Ausnutzung des Photoeffekts Strahlungsenergie der Sonne bei relativ hohem Wirkungsgrad (bis zu 18%; theoret. bis 25%) direkt in elektr. Energie umgewandelt wird. Bei der techn. Anwendung werden mehrere hundert bis mehrere 10 000 S. zu Sonnenbatterien zusammengeschaltet; Kombination mit therm. Kollektoren zur Wärmenutzung ist möglich.

Sonnenzyklus, die etwa elfjährige Periode der Sonnenaktivität, insbes. der Sonnenfleckenhäufigkeit.

Sonntag, der 7. (bis 1976 der 1.) Tag der Woche; 1. Werktag der jüd. Woche (nach dem Sabbat); im Christentum der 1. Tag der Woche, an dem der Tag der Auferstehung Christi gefeiert wird. Seit Konstantin I. (321) Tag der Arbeitsruhe.

Sonntagsschule, in den ev. Kirchen der Kindergottesdienst.

Sonnwendfeier, Fest der Sommer- (21./22. Juni) und Wintersonnenwende (21./22. Dez.); heute noch übl. am Johannistag (→Johannes der Täufer).

Sonograph [lat./griech.], Gerät zur Schallanalyse; zeichnet die verschiedenen Frequenzteile eines Schalls auf *(Sonogramm).*

Sonographie → Ultraschalldiagnostik.

sonor [lat.], klangvoll, volltönend.

Sonora, mex. Staat am Golf von Kalifornien; 182 052 km², 1,83 Mio. E, Hauptstadt Hermosillo.

Sontag, Susan, * New York 28. 1. 1933, amerikan. Schriftstellerin. Schreibt Romane im Stil des Nouveau roman (›Der Wohltäter‹, 1963; ›Todesstation‹, 1967), Short stories sowie bed. literatur-, kunst- und kulturkrit. Essays (›Kunst und Antikunst‹, dt. Auswahl 1968; ›Über Photographie‹, 1977; ›Im Zeichen des Saturns‹, 1980).

Sontheimer, Kurt, * Gernsbach 31. 7. 1928, dt. Politologe. Seit 1969 Prof. in München; arbeitet u. a. an Analysen zur vergleichenden Politikwiss. und zur polit. Kultur; schrieb u. a. ›Antidemokrat. Denken in der Weimarer Republik‹ (1962), ›Grundzüge des polit. Systems der BR Deutschland‹ (1971).

Sonthofen, Kreisstadt und Luftkurort im Allgäu, Bayern, 20 100 E. Barocke Pfarrkirche Sankt Michael, Ruine Fluhenstein.

Soonwald →Hunsrück.

Soor (Soormykose, Candidiasis, Kandidose, Kandidamykose, Moniliasis, Schwämmchen), Pilzerkrankung beim Menschen (und bei Tieren), deren Auftreten durch verminderte Widerstandsfähigkeit des Organismus gefördert wird; bes. gefährdet sind Säuglinge. S. äußert sich v. a. als weißl. bis grauer, leicht blutender Belag, v. a. auf Schleimhäuten des Mundes (bzw. Mauls) und Rachens, der Geschlechtsorgane, bes. der Scheide.

Sophia, hl., wohl legendäre röm. Märtyrerin (3./4. Jh.); zählt zu den →Eisheiligen (›Kalte Sophie‹). – Fest: 15. Mai.

Sophie, Name von Fürstinnen:
Hannover: **1) Sophie von der Pfalz,** * Den Haag 14. 10. 1630, † Herrenhausen (= Hannover) 8. 6. 1714, Kurfürstin. Tochter Friedrichs V. von der Pfalz, Enkelin Jakobs I. von England; übertrug ihre Rechte auf den engl. Thron auf ihren Sohn Georg Ludwig.

Sophie von der Pfalz

Preußen: **2) Sophie Charlotte,** * Iburg (= Bad Iburg) 30. 10. 1668, † Hannover 1. 2. 1705, Königin. Tochter der Kurfürstin Sophie von Hannover; ab 1684 ∞ mit dem späteren König Friedrich I.; stand in enger Verbindung mit Leibniz; veranlaßte mit ihm die Gründung der ›Kurfürstl.-Brandenburg. Societät der Wiss.‹ (1700).

Rußland: **3) Sophie Alexejewna,** * Moskau 27. 9. 1657, † ebd. 14. 7. 1704, Regentin (1682–89). Tochter des Zaren Alexei Michailowitsch; setzte durch, daß ihr Halbbruder Peter I., d. Gr., zum Zaren erhoben wurde; mußte sich unter dem Druck Peters I. 1689 in ein Kloster zurückziehen.

Sophisten [griech.], griech. Philosophen des 5./4. Jh., die als bezahlte Lehrer Philosophie, Staatskunde, Literatur und v. a. Rhetorik im Hinblick auf den prakt. Nutzen unterrichteten. Sie vertraten einen Skeptizismus, der keine absolute Wahrheit anerkennt. Bed. Vertreter: Protagoras, Gorgias aus Leontinoi, Hippias aus Elis, Prodikos aus Keos, Thrasymachos, Kritias, Antiphon. – Von →Sokrates kritisiert.

Sophistik, Bez. für die Lehre und die Epoche der →Sophisten; auch abwertend für spitzfindige Scheinbeweise.

Sophokles, * Athen um 496, † ebd. um 406, griech. Dichter. Bekleidete hohe polit. und kulturelle Ämter; die griech. Tragödie wurde von ihm durch die Einführung eines 3. Schauspielers und die kunstvolle Ausbildung des Chores in ihrer klass. Form entwikkelt; von seinen 123 Dramen sind nur 7 erhalten, die bis heute eine außergewöhnl. Wirkungsgeschichte haben, u. a.: ›Antigone‹ (442), ›König Ödipus‹ (vor 425), ›Elektra‹ (wahrscheinl. vor 409), ›Philoktet‹ (409).

Sophonias →Zephanja.

Sophrosyne [griech.], Begriff und Personifikation der Besonnenheit; eine der vier Kardinaltugenden der griech. Ethik.

Sopoćani [serbokroat. 'sɔpɔtɕaːni], orth. Kloster in Raszien, Serbien, bei Novi Pazar; die um 1265 vollendete Ausmalung der Dreifaltigkeitskirche bedeutet einen Höhepunkt der serb. Malerei.

Sopor [lat.], Bewußtseinsstörung stärkeren Grades.

Sopran [lat.-italien.], musikal. Stimmlagenbez. (Umfang [a] c¹–a² [c³, f³]), die höchste Gattung der menschl. Singstimmen.

Kurt Sontheimer

Sopron [ungar. 'ʃopron] (dt. Ödenburg), Stadt in NW-Ungarn, 57 000 E. Mittelalterl. Stadtturm; got. ehem. Franziskanerkirche (13. Jh.), got. Heilig-Geist-

$C_6H_8O_2$

CH_3
/
CH
\\
CH
/
CH
\\
CH
/
$COOH$

Sorbinsäure

Kirche (13. Jh.), Pfarrkirche Sankt Michael (v. a. 14. Jh.), spätgot. Georgskirche (14./15. Jh.; barockisiert), Synagoge (13./14. Jh.); Dreifaltigkeitssäule (1701). – Im 10. Jh. dt. Stadtrecht (älteste Stadt Ungarns); fiel mit der ungar. Krone 1526 an das Haus Österreich. 1921 aufgrund einer Volksabstimmung vom Burgenland getrennt; blieb bei Ungarn.

Soraya [zo'ra:ja] (pers. Soraija Esfandjari Bachtjari), * Isfahan 22. 6. 1932. 1951–58 ∞ mit dem damaligen Schah des Iran, Mohammad Resa Pahlawi.

Sorben (Wenden), nat. Minderheit in Deutschland (Kulturautonomie seit 1945), v. a. in der Lausitz; die rd. 100 000 S. sind Reste eines elbslaw. Volksstamms.

Sorbet (Sorbett, Scherbett) [arab.-türk.-italien.], **1)** eisgekühltes Getränk aus Fruchtsaft oder Wein, Wasser und Zucker.
2) Halbgefrorenes auf Fruchtsaftbasis und Süßwein oder Spirituosen.

Sorbinsäure [lat.] (2,4-Hexadiensäure), zweifach ungesättigte Monocarbonsäure; wird als Konservierungsmittel verwendet; natürl. Vorkommen in Ebereschenfrüchten.

Sorbisch (Lausitzisch, Wendisch), zur westl. Gruppe der slaw. Sprachen gehörende Sprache der Sorben, gegliedert in das *Nieder-* und das *Obersorbische* mit den Zentren Cottbus bzw. Bautzen. Beide werden in lat. Schrift mit diakrit. Zeichen geschrieben.

Sorbit [lat.] (D-Sorbit), sechswertiger, süß schmeckender Alkohol; Zuckeraustauschstoff für Diabetiker.

Sorbonne [frz. sɔr'bɔn], bis zur Neuordnung des frz. Hochschulwesens (13 Pariser Univ.) Name der Univ. von Paris. Der Name geht zurück auf ein urspr. von R. de Sorbon (* 1201, † 1274) gegr. Wohnkolleg für Theologiestudenten im Quartier Latin, seit 1554 Sitz der theol. Fakultät. Die S. spielte v. a. im ausgehenden MA eine wichtige Rolle in den kirchenpolit. Auseinandersetzungen.

Sorbus [lat.], Gatt. der Rosengewächse mit rd. 100 Arten (davon 8 Arten in M-Europa) in den nördl. gemäßigten Zonen; Bäume oder Sträucher mit kleinen, apfelartigen Früchten (u. a. Eberesche, Elsbeere, Mehlbeere).

SOrdCist, Abk. für Sacer **Ord**o **Cist**erciensis, → Zisterzienser.

Sordino [italien.] → Dämpfer.

Sorel, Georges, * Cherbourg 2. 11. 1847, † Boulogne-sur-Seine (= Boulogne-Billancourt) 30. 8. 1922, frz. Publizist und Sozialphilosoph. Zunächst Marxist, später durch seine Lehre vom sozialen Mythos und von der Gewalt (›Über die Gewalt‹, 1908) einer der ideolog. Wegbereiter des Faschismus.

Sorge, Richard, * Baku 4. 10. 1895, † Tokio 9. 7. 1944 (hingerichtet), dt. Journalist und Geheimagent. Im Dienst der Komintern ab 1929 in China, ab 1933 in Japan. Seine frühzeitigen Meldungen über den Termin des dt. Angriffs auf die Sowjetunion und über den geplanten jap. Überfall auf Pearl Harbor wurden von Stalin nicht beachtet. Im Okt. 1941 verhaftet, 1944 zum Tode verurteilt.

Sorgerecht → elterliche Sorge.

Sorghumhirse [italien./dt.] (Mohrenhirse, Sorgho, Sorgum), Gatt. der Süßgräser mit rd. 35 Arten in den Tropen und Subtropen; 1–5 m hohe Pflanzen mit großen rispigen Blütenständen; z. T. wichtige Nutzpflanzen, v. a. *Kaffernhirse* (Dari, Zuckerhirse; bis 3 m hoch), *Kaffernkorn* (Kafir), *Kauliang* (Kaoliang; v. a. in China angebaut) und *Durrha* (Mohrenhirse; 1–5 m hoch, Brotgetreide, Futterpflanze). Aus den Rispen werden Besen und Bürsten hergestellt.

Soria, span. Prov.hauptstadt am oberen Duero, 31 400 E. Kollegiatkirche San Pedro (12./13. und

16. Jh.) und weitere roman. Kirchen. Nahebei → Numantia.

Sormiou, kleiner Ort in Frankreich, sö. von Marseille an den Calanques, Dep. Bouches-du-Rhône. Nahebei die Höhle von S. [→ Höhlen (Übersicht: Cosquerhöhle)]; entdeckt von dem Taucher und Höhlenforscher Henri Cosquer (* 1950). An den Wänden zahlr. Malereien, die hauptsächlich (heute ausgestorbene) Tiere zeigen. Ihr Alter wurde 1991 auf ca. 18 000 Jahre geschätzt (paläolith. Felsenmalerei).

Sorrent, italien. Stadt in Kampanien, südl. von Neapel, 17 600 E. Kurort; alljährl. Filmfestspiele. Stadttor aus griech. Zeit (5. Jh. v. Chr., im 16. Jh. ergänzt); Reste röm. Villen; Dom (15. Jh.), Kirche Sant'Antonio (im Kern vor 1000) mit Portal des 12. Jahrhunderts. – Wohl im 7. Jh. v. Chr. von Griechen gegr.; wurde nach 90 v. Chr. röm. Munizipium; kam 1137 zum normann. Kgr. Neapel.

Sorsa, Kalevi [finn. 'sɔrsɑ], * Keuruu (Mittelfinnland) 21. 12. 1930, finn. Politiker. 1969–75 Generalsekretär, seit 1975 Vors. der Sozialdemokrat. Partei; 1972, 1975/76 und 1987–89 Außen-Min.; 1972–75, 1977 bis 1979 und 1982–87 Ministerpräsident.

Sorte [lat.-roman.] (Kulturvarietät), Zuchtform einer Kulturpflanzenart, die auf einen bestimmten Standardtyp hin gezüchtet ist und deren Individuen physiolog. und morpholog. weitgehend übereinstimmen.

Sorten → Devisen.

Sortenschutz, dem Patentrecht ähnl. vererbl. Recht des Züchters oder Entdeckers eine bestimmten Pflanzenarten, Vermehrungsgut der geschützten Sorte gewerbsmäßig zu erzeugen und zu vertreiben. Der S. wird vom *Bundessortenamt* erteilt.

Sortimentsbuchhandel, Buchhandelszweig, der in Läden für den Käufer ein Sortiment von Büchern aus den verschiedensten Verlagen bereithält.

SOS, internationales [See]notzeichen (seit 1912); die nach dem Morsecode gesendete oder in Form von Lichtblitzen übermittelte Buchstabenfolge SOS (...– – –...); nachträglich als Abk. für engl.: ›save our souls‹ (›rettet unsere Seelen‹) oder ›save our ship‹ (›rettet unser Schiff‹) gedeutet.

Soschtschenko, Michail Michailowitsch [russ. 'zɔʃtʃʲinkə], * Petersburg 10. 8. 1895, † Leningrad 22. 7. 1958, russ. Schriftsteller. Schrieb humorist. Kurzgeschichten und Satiren über die sowjet. Alltagswirklichkeit, u. a. ›Schlaf schneller, Genosse‹ (1937).

SOS-Kinderdörfer → Kinderdörfer.

sostenuto [italien.], Abk. sost., musikal. Vortragsbez.: gehalten, getragen.

Soter [griech. ›Retter, Heiland‹], im Christentum Hoheitstitel für Jesus Christus, im Hellenismus sakraler Herrschertitel.

Sotho, Bantugruppe im südl. Afrika, die die Nord-S., die Süd-S. und die Tswana umfaßt.

Soto, Domingo de (Dominicus de S.), * Segovia 1495, † Salamanca 15. 11. 1560, span. scholast. Theologe und Philosoph. Dominikaner; 1545–58 Teilnahme am Konzil von Trient; 1548–50 Beichtvater Kaiser Karls V.; einer der Hauptvertreter der Schule von Salamanca.

Sotschi, Seeheilbad am Schwarzen Meer, Rußland, 313 000 E. Das Stadtgebiet erstreckt sich über einen fast 150 km langen Küstenabschnitt mit mehreren Kurorten. Schwefelwasserstoff-, jod- und bromhaltige Quellen.

sotto voce ['vo:tʃe; italien.], Abk. s. v., musikal. Vortragsbez.: mit halblauter Stimme, gedämpftem Ton.

Sou [frz. su], frz. Münze zu 5 Centimes = $\frac{1}{20}$ Franc.

Soubirous, Bernadette [frz. subi'ru] (Ordensname: Marie-Bernard), hl., * Lourdes 17. 2. 1844,

† Nevers 16. 4. 1879, frz. kath. Ordensschwester. Erlebte 1858 mehrere Marienerscheinungen in der Grotte von Massabielle bei →Lourdes, aufgrund deren Lourdes später zu einem bed. Wallfahrtsort wurde. – Fest: 18. Februar.

Soubrette [zu...; lat.-frz.], weibl. Rollenfach für Sopran, oft kom. Mädchenrolle.

Soufflé [frz. su'fle; frz.], durch geschlagenes Eiweiß schaumig aufgegangener Auflauf.

Souffleur [zu'flø:r; lat.-frz.] (weibl.: Souffleuse) →Theater.

Soufflot, Jacques Germain [frz. su'flo], * Irancy bei Auxerre 22. 7. 1713, † Paris 29. 8. 1780, frz. Baumeister. Baute u. a. die Kirche Sainte-Geneviève (heute Panthéon) in Paris.

Soufrière [frz. sufri'ɛ:r], aktiver Vulkan auf Guadeloupe, mit 1484 m ü. d. M. höchste Erhebung der Kleinen Antillen.

Soul [engl. soʊl], Stilform des Hardbop, insbes. Gospel und Work-Song; auch Variante des späten Rhythm and Blues.

Sound [engl. saʊnd], im *Jazz* und in der *Rockmusik* Bez. für eine bestimmte, charakteristische Klangfarbe.

Soupault, Philippe [su'po], * Chaville (Hauts-de-Seine) 2. 8. 1897, * Paris 12. 3. 1990, frz. Schriftsteller. Als Lyriker, Romancier und Essayist Exponent des Surrealismus; auch bed. Theater- und Filmkritiker (›Schriften über das Kino‹, 1979). – *Weitere Werke:* Die magnet. Felder (mit A. Breton, Ged., 1920), Die Reise des Horace Pirouelle (R., 1925), Der Neger (E., 1927), Begegnungen mit Dichtern und Malern (Essays, 1980), Bitte schweigt. Ged. und Lieder 1917–1986 (dt. Ausw. 1989).

Sousaphon [zuza...], nach dem amerikan. Komponisten John Philip Sousa (* 1854, † 1932) ben. Blechblasinstrument, eine Baßtuba (→Tuba) mit kreisförmig gewundenem Rohr und großer Stürze.

Sousse [frz. sus], tunes. Stadt am Golf von Hammamet, 83 500 E. U. a. Lkw.-Montage, Spinnerei; Seebad; Hafen. Maueeumgebene Altstadt, islam. Klosterburg (9. Jh.; Kunstgewerbemuseum), Große Moschee (851); Kasba (Museum). – Im 9. Jh. v. Chr. von Phönikern gegr.; bed. karthag. Stadt, seit Trajan röm. Colonia **(Hadrumetum);** im 7. Jh. durch Araber zerstört, im 9. Jh. neu errichtet.

Soustelle, Jacques [frz. sus'tɛl], * Montpellier 3. 2. 1912, frz. Ethnologe und Politiker. Schloß sich 1940 in London de Gaulle an; Generalgouverneur von Algerien 1955/56; 1959/60 Sonder-Min. für Saharafragen, Überseegebiete und Atomenergie (wegen Widerstands gegen de Gaulles Algerienpolitik entlassen); 1961–68 als Mgl. der OAS im Exil; 1983 zum Mgl. der Académie française gewählt.

Soutane (Sutane) [zu...; italien.-frz.], bis zu den Knöcheln reichendes Obergewand des kath. Geistlichen.

Souterrain [zutɛ're:, 'zu:tɛrɛ̃; lat.-frz.], Untergeschoß, Kellergeschoß.

Southampton [engl. saʊθ'æmptən], engl. Stadt nahe der S.-Küste, Gft. Hampshire, 204 400 E. Univ., Museum, Theater; Zoo. U. a. Schiffbau, Erdölraffinerie; Haupthandelshafen der engl. S.-Küste. Normann. Kirche Saint Michael (11./12. Jh.), King John's Palace (12. Jh.), Häuser aus dem 12. bis 14. Jh., Teile der Stadtmauer (14. und 15. Jahrhundert). – Entstand 43 n. Chr. als röm. Siedlung **Clausentum.**

South Carolina [engl. saʊθ kærə'laɪnə], Staat im SO der USA, erstreckt sich von der Küste bis zu den Appalachen, 80 432 km², 3,47 Mio. E, Hauptstadt Columbia.

Geschichte: Verabschiedete 1788 als 8. Gründerstaat die Verfassung der USA. Trat 1806 als erster Südstaat aus der Union aus; die Beschießung des dem Hafen von Charleston vorgelagerten Fort Sumter löste den Sezessionskrieg aus; 1868 wieder als Staat zur Union zugelassen, blieb aber bis 1876 von Truppen der Union besetzt. Die Durchsetzung der Bürgerrechte der Schwarzen in S. C. trifft bis heute auf harten Widerstand.

South Dakota [engl. 'saʊθ də'koʊtə], Staat im nw. Mittelwesten der USA, 199 551 km², 708 000 E, Hauptstadt Pierre.

Geschichte: 1861 Teil des Territoriums Dakota; 1889 40. Staat der USA. – Nach dem Massaker bei →Wounded Knee (29. 12. 1890) war der indian. Widerstand gebrochen.

Southey, Robert [engl. 'saʊðɪ, 'sʌðɪ], * Bristol 12. 8. 1774, † Greta Hall am See von Keswick 21. 3. 1843, engl. Dichter. Mit umfangreichen ep. Dichtungen und Balladen einer der Hauptvertreter der ersten Generation der engl. Romantik.

South Saskatchewan River [engl. 'saʊθ səs'kætʃwən 'rɪvən], rechter Quellfluß des Saskatchewan River, 885 km lang.

South West African People's Organization [engl. 'saʊθ 'wɛst 'æfrɪkən 'pi:plz ɔ:gənaɪ'zeɪʃən], Abk. SWAPO, 1959 gegr. Befreiungsbewegung, von OAU und UN als authent. Vertretung der Bevölkerung Namibias anerkannte Organisation. Seit der Unabhängigkeit Namibias (1990) stärkste Partei.

Soutine, Chaïm [frz. su'tin], eigtl. Chaim Soutin, * Smilowitsch bei Minsk 1893, † Paris 9. 8. 1943, frz. Maler litauisch-jüd. Abstammung. Formverzerrungen prägen sein expressionist. Werk, u. a. ›Hügellandschaft bei Céret‹ (um 1921; Privatbesitz), ›Ausgeweideter Ochse‹ (um 1925; Grenoble, Musée de Peinture et de Sculpture).

Soutter, Michel [frz. su'tɛr], * Genf 18. 6. 1932, schweizer. Film- und Fernsehregisseur. Gehört zu den wichtigsten Vertretern des schweizer. Films, u. a. ›Der Mond am Zähnen‹ (1966), ›Haschisch‹ (1967), ›Die Landvermesser‹ (1972), ›Rollenspiele‹ (1977), ›L'amour des femmes‹ (1982).

Souvanna Phouma, Prinz [frz. suvana fu'ma] →Suvannavong.

Souvannavong, Prinz [frz. suvana'vɔŋ] →Suvannavong.

souverän [zuvə...; mittellat.-frz.], die staatl. Hoheitsrechte [unumschränkt] ausübend; überlegen, [lässig] beherrschend; **Souverän,** [unumschränkter] Herrscher, Fürst eines Landes.

Souveränität [zuvə...; mittellat.-frz.], Bez. für die höchste unabhängige Herrschafts- und Entscheidungsgewalt eines Staates, die dessen oberste Hoheitsgewalt auf seinem Territorium sowie dessen Recht einschließt, seine Gesellschafts- und Staatsordnung, sein Verfassungs- und Rechtssystem frei und unabhängig zu gestalten sowie die Richtlinien seiner Innen- und Außenpolitik selbst zu bestimmen.

Sovereign [engl. 'sɔvrɪn], engl.-brit. Goldmünze = 1 Pfund Sterling, geprägt ab 1489; im prakt. Verkehr seit 1814 durch Banknoten ersetzt.

Sowchose [Kw. aus **sow**jetskoje **chos**jaistwo ›Sowjetwirtschaft‹], staatl. landwirtsch. Großbetrieb in der ehemaligen Sowjetunion; Boden und Inventar sind Staatseigentum und die dort Beschäftigten Lohnarbeiter. Die S. produzierten knapp 50 % der agrar. Gesamtproduktion der ehemaligen UdSSR.

Soweto, Stadt im sw. Vorortbereich von Johannesburg (**So**uth **We**stern **To**wnship), Republik Südafrika, 1–1,5 Mio. E (offiziell: 800 000 E). Wohnsiedlung für Schwarze; seit 1976 wiederholt blutige Straßenkämpfe zw. den Bewohnern und der Polizei.

Sowjet [russ. ›Rat‹], staatl. und gesellschaftl. Organe (›Räte‹) in der ehemaligen Sowjetunion.

Sowjetische Besatzungszone (Sowjetzone), Abk. SBZ, Teil Deutschlands, der 1945 von sowjet.

Sousaphon

Truppen besetzt und in dem 1949 die DDR errichtet wurde.

Sowjetische Militäradministration in Deutschland, Abk. SMAD, oberste sowjet. Besatzungsbehörde der SBZ, deren Chef der Oberbefehlshaber der sowjet. Besatzungstruppen war; am 9. 6. 1945 in Berlin-Karlshorst errichtet, am 10. 10. 1949 durch die Sowjet. Kontrollkommission abgelöst.

Sowjetunion
(Stand: 1990)

Fläche: 22 402 200 km²
Einwohner (1990): 284 Mio.
Hauptstadt: Moskau
Amtssprache: Russisch
Nationalfeiertage: 7. 10. und 7. 11.
Währung: 1 Rubel (Rbl) = 100 Kopeken
Zeitzone: MEZ + 2 bis + 11 Std.

Sowjetunion (ehemals amtlich Union der Sozialist. Sowjetrepubliken; seit 1991 Gemeinschaft Unabhängiger Staaten, GUS), Staat in Europa und Asien, grenzt im W an das Schwarze Meer, an Rumänien, Ungarn, die ČSFR und Polen, im NW an Finnland und Norwegen, im N an das Nordpolarmeer, im NO an die Beringstraße, im O an den Pazif. Ozean, im SO an das Jap. Meer, Nord-Korea und China, im S an China, die Mongolei und Afghanistan, im SW an Iran und die Türkei.
Landesnatur: Mit rd. 10 000 km W–O-Ausdehnung und über 5 000 km N–S-Erstreckung besaß die S. das größte zusammenhängende Staatsgebiet der Erde. Westl. des Ural (bis 1 894 m), der Grenze zw. europ. und asiat. Bereich der S., liegt die Osteurop. Ebene, die über die zentrale Oka-Don-Ebene in die Kaspische Senke überleitet. Karpaten, Kaukasus und Ural begrenzen diesen Raum im SW, S und O. Östl. des Ural bis zum Jenissei erstreckt sich das Westsibir. Tiefland, das im S in die Kasach. Schwelle und die Kasachensteppe übergeht. Die mittelsibir. Ebenen und Bergländer grenzen im O an die nordostsibir. Gebirge, von denen Werchojansker (bis 2 389 m) und Tscherskigebirge (bis 3 147 m) die wichtigsten sind. Der südl. Gebirgsrahmen Sibiriens wird durch eine Reihe hoher Bergländer und Gebirge gebildet, u. a. Tienschan (Pik Pobeda 7 439 m), Pamir (Pik Kommunismus 7 483 m), Altai, die Gebirgsketten Baikaliens und Transbaikaliens. Hinzu kommt im Fernen Osten der Sichote-Alin (2 077 m). Das Territorium der ehemaligen S. wird vom Typ des kontinentalen Klimas beherrscht. Im N des Landes findet sich Tundra. Nach S schließt sich die Nadelwaldzone (Taiga) an. Im europ. Bereich folgt südl. eine Laub-Mischwaldzone, die in einen Steppengürtel übergeht. Im S Sibiriens finden sich noch Halbwüsten- und Wüstengebiete.
Bevölkerung: Die ehemalige S. war einer der größten Nationalitätenstaaten der Erde. Die wichtigsten, heute autonomen Völker sind Russen (137,4 Mio.), Ukrainer (42,3 Mio.), Usbeken (12,5 Mio.), Weißrussen, Tataren, Kasachen, Aserbaidschaner, Armenier, Georgier, Moldauer, Litauer, Juden, Tadschiken, Tschuwaschen und andere. Auf dem Gebiet der ehemaligen S. gibt es 20 Städte mit über 1 Mio. E. Neben etwa 50 Mio. Christen der russ.-orth. Kirche gibt es Raskolniki (3 Mio.), röm.-kath. Christen (3,5 Mio.) und 2,5 Mio. Gläubige der armen. Kirche, 40–50 Mio. Muslime und 1,9 Mio. Juden. Die gesetzliche Schulpflicht beträgt 8 Jahre. Kernstück des Schulsystems ist die zehnklassige allgemeinbildende polytechn.

Ehemalige Sowjetunion

Land 34%

Stadt 66%
Bevölkerungsverteilung

Dienstleistung 49%

Landwirtschaft 17%

Industrie 34%
Erwerbstätige

Mittelschule. Es bestehen 859 Hochschulen, darunter 63 Universitäten.
Wirtschaft, Verkehr: Die Bodenbewirtschaftung in der ehemaligen S. wurde durch Staatsgüter (Sowchosen) und durch Kollektivwirtschaften (Kolchosen) betrieben. Hauptanbauprodukte sind Weizen, Roggen, Baumwolle, Hanf, Zuckerrüben und Sonnenblumen. Wichtige Zweige der Viehhaltung sind Rinder-, Schweine- und Schafzucht, v. a. im europ. Teil der S., in Kasachstan und in Mittelasien. Aus dem Gebiet der ehemaligen S. stammen fast alle Zobelfelle, etwa 50% aller Persianer- und Blaufuchsfelle sowie 30% aller Nerzfelle. Die Republiken der ehemaligen S. verfügen über ⅓ der Weltfischereitonnage; wichtigstes Fischereizentrum ist Murmansk. Bed. sind die Vorkommen an Eisen- und Manganerz, Kohle (58% der Weltvorräte) und Kupfer. Die ehemalige S. verfügt über die größten Erdölvorräte der Erde und stand mit rd. 20% (1989) der Weltförderung an erster Stelle. Nach der Republik Südafrika war sie zweitgrößter Goldproduzent der Erde. Der Diamantenabbau wird auf jährl. 10 Mio. Karat geschätzt. 1979 waren 23 Kernkraftwerke in Betrieb, 18 im Bau. Auf die europ. Landesteile einschließl. des Ural entfielen rd. 70% der Ind.produktion. Große Eisenmetallurgiezentren sind Magnitogorsk, das Ural-Kusnezker Kombinat, Tscheljabinsk und Nowossibirsk. Weitere Ind.zentren sind: Wolgagebiet und Kaukasien (Maschinenbau), Moskau (Werkzeugmaschinenbau), Donbass und Dnjeprgebiet (Schwermaschinenbau), Mittelsibirien (Buntmetall-Ind.). Die Zentren der chem. Industrie befinden sich in der Ukraine, im Wolgagebiet, im Ural, in Sibirien, Kasachstan, Mittelasien, Transkaukasien und im Baltikum.
Der NO des europ. Teils und das Gebiet östl. des Jenissei sind verkehrstechn. kaum erschlossen. Die Länge des Eisenbahnnetzes (Breitspur) beträgt 143 000 km, davon 45 000 km elektrifiziert. Rd. 7 500 km entfallen auf die Transsibir. Eisenbahn von Tscheljabinsk nach Wladiwostok. Die zweite transsibir. Eisenbahn, die Baikal-Amur-Magistrale (3 200 km), verbindet Ust-Kut an der oberen Lena mit Komsomolsk-na-Amure. Die Länge des Straßennetzes beträgt 1,4 Mio. km, davon 741 600 km mit fester Decke. Die Länge der schiffbaren Wasserwege beträgt 145 400 km, davon 19 600 km Kanäle, jedoch beeinträchtigt durch lange Frostperioden. Eine Ausnahme bilden die Wolga und der Wolga-Ostsee-Wasserweg. Wichtigste Häfen sind Murmansk und Wladiwostok. Internat. ⚓ befinden sich bei Moskau, Sankt Petersburg und Kiew.
Geschichte: *Rußland bis zu Peter I., d. Gr.:* Unter Wladimir I. (⚰ um 978–1015), mit dessen Taufe 988 das Christentum von Byzanz aus dauernden Eingang fand, und dessen Sohn Jaroslaw Mudry (⚰ 1019–54) erreichte die Macht des Kiewer Reiches ihren Höhepunkt. Als weitere Machtzentren traten daneben im SW das Ft. Galitsch-Wolynien, im NW das Ft. Nowgorod, die sich untereinander ständig bekriegten. 1252 mußte Alexander Newski, der Großfürst von Wladimir (Residenz des Kiewer Reichs seit 1169), die mongol. Oberhoheit anerkennen. Von dem 1263 gebildeten Teil-Ft. Moskau aus (ab 1326 Sitz des Metropoliten, ab 1328 Groß-Ft.) begann die ›Sammlung der russ. Erde‹ (Wiedervereinigung der Gebiete des Kiewer Reichs). Großfürst Dmitri Iwanowitsch Donskoi (⚰ 1359–89) gelang es 1380, das Tatarenkhanat der Goldenen Horde erstmals zu schlagen und damit den Moskauer Führungsanspruch endgültig durchzusetzen. Unter Iwan III., d. Gr. (⚰ 1462–1505), wurde Rußland ein autokrat. Einheitsstaat; nach der Heirat mit einer Nichte des letzten byzantin. Kaisers (1473) verkündete er den Anspruch Moskaus, der Erbe von Byzanz und das Dritte Rom zu sein. Iwan IV. Wassil-

jewitsch (⚭ 1533–84), 1547 zum ersten ›Zaren von ganz Rußland‹ gekrönt, konsolidierte den Staat nach innen und außen. Im W suchte er einen Zugang zur Ostsee zu gewinnen, um Rußland aus der wirtschaftl., polit. und kulturellen Isolation zu lösen. Der mit dem Einfall in Livland bewirkte Krieg (1558–82/83) endete jedoch nach dem Eingreifen Schwedens und Polens mit dem Verlust aller Eroberungen und führte zum wirtschaftl. und sozialen Niedergang des russ. Staates. Anfang der 1560er Jahre begann der Zar einen Vernichtungskampf gegen die Fürsten- und Bojarenaristokratie unter weiterer Förderung des Dienstadels. 1565 schuf er die Opritschnina, durch Massenumsiedlungen und andere Gewaltmaßnahmen enteignete Ländereien, die er seinen Leibgardisten übertrug. Unmittelbare Folgen der Bindung der Bauern an die Scholle und ihrer feudalen Ausbeutung waren eine fortgesetzte Massenflucht der Bauern zu den Kosaken und eine schwere Wirtschaftskrise. B. F. Godunow (⚭ 1598–1605) gelang es, die Katastrophe hinauszuzögern. Nach seinem Tod begann die ›Smuta‹ (Zeit der Wirren), aus der die Autokratie des Zaren jedoch ungeschwächt hervorging (ab 1613 Haus Romanow, in weibl. Linie bis 1917 [ab 1762 Holstein-Gottorf]).

Das imperiale Rußland: 1694 übernahm Peter I., d. Gr. (⚭ 1682–1725), die Regierungsgeschäfte. Seine Politik zielte darauf ab, die ›Europäisierung‹ Rußlands verstärkt weiterzutreiben. 1700 griff er Schweden an, um die balt. Länder zu erobern; im Verlauf des 2. Nord. Krieges erreichte er mit der Einnahme von Narwa (1704) und Dorpat seine wichtigsten Kriegsziele. Mit dem Sieg über die Schweden bei Poltawa (1709) übernahm Rußland die Vormacht im Ostseeraum; im Frieden von Nystad (1721) wurde es europ. Großmacht. Im Innern kam es, u. a. wegen Erhöhung vorhandener und Einführung neuer Steuern, zu mehreren Aufständen. Unter Peters Tochter Elisabeth Petrowna (⚭ 1741–62) setzte eine außenpolit. Reaktion ein, die Rußland am Siebenjährigen Krieg an der Seite Österreichs und Frankreichs gegen Preußen teilnehmen ließ. Katharina II., d. Gr. (⚭ 1762–96), gewann in 2 Türkenkriegen (1768–74 und 1787–92) die N-Küste des Schwarzen Meeres und schob in den Poln. Teilungen (1772, 1793, 1795) die russ. W-Grenze bis an Bug und Memel vor. Ihre in einer aufklärer. Geisteshaltung begonnene Innenpolitik (Reorganisation der Zentralbehörden 1763) wurde zunehmend reaktionär, als die mit Rücksicht auf den Adel vorgenommene Verschärfung der bäuerl. Leibeigenschaft Bauern- und Kosakenaufstände auslöste.

1801 geriet Grusinien, 1809 Finnland und 1812 Bessarabien unter russ. Herrschaft. Nach dem militär. Fiasko Napoleons I. bestimmte Alexander I. (⚭ 1801–25) als ›Retter Europas‹ auf dem Wiener Kongreß 1815 die neue Ordnung des Kontinents maßgebl. mit. Die geplanten liberalen Reformen im Innern blieben jedoch unverwirklicht. Hauptziel der Expansion unter Nikolaus I. Pawlowitsch (⚭ 1825–55) blieb das Osman. Reich, wobei Rußland jedoch zunehmend in Konflikt mit den anderen europ. Großmächten geriet (→ Krimkrieg 1853/54–56). Daneben gewannen Zentralasien und der Ferne Osten zunehmende Bedeutung; 1858/60 mußte China Amur und Ussuri als Grenze anerkennen. Der siegreiche Russ.-Türk. Krieg von 1877/78 schien das Programm der Panslawisten, den polit. und kulturellen Zusammenschluß aller Slawen, zu verwirklichen; auf dem Berliner Kongreß 1878 mußte sich Rußland jedoch einem Schiedsspruch der europ. Mächte beugen. Einen empfindl. Prestigeverlust erlitt es durch die Niederlage im Russ.-Jap. Krieg 1904/05 (Zurückdrängung des russ. Einflusses in Korea und der südl. Mandschurei). 1907 gelang der Ausgleich der russ. und

Die Republiken der ehemaligen Sowjetunion (Stand 1990, ohne die baltischen Staaten)			
Unionsrepublik	km²	E in 1000	Hauptstadt
Armenien	29 800	3 283	Jerewan
Aserbaidschan	86 000	7 029	Baku
Nachitschewan	5 500	295	Nachitschewan
AG Bergkarabach	4 400	188	Stepanakert
Georgien	69 700	5 449	Tiflis
Abchasische Republik	8 600	537	Suchumi
Adscharische Republik	3 000	393	Batumi
AG der Südosseten	3 900	99	Zchinwali
Kasachstan	2 717 300	16 538	Alma-Ata
Kirgisien	198 500	4 291	Bischkek
Moldawien	33 700	4 053	Chişinău
Russische Föderation	17 075 400	147 386	Moskau
Baschkirische Republik	143 600	3 952	Ufa
Burjatische Republik	351 300	1 042	Ulan-Ude
Dagestanische Republik	50 300	1 792	Machatschkala
Jakutische Republik	3 103 200	1 081	Jakutsk
Kabardino-Balkarische Republik	12 500	760	Naltschik
Kalmückische Republik	75 900	322	Elista
Karelische Republik	172 400	792	Petrosawodsk
Republik der Komi	415 900	1 263	Syktywkar
Republik der Mari	23 200	750	Joschkar-Ola
Mordwinische Republik	26 200	964	Saransk
Nordossetische Republik	800	634	Ordschonikidse
Tatarische Republik	68 000	3 640	Kasan
Tschetscheno-Inguschische Republik	19 300	1 277	Grosny
Tschuwaschische Republik	18 300	1 336	Tscheboxary
Tuwinische Republik	170 500	309	Kysyl
Udmurtische Autonome Republik	42 100	1 609	Ischewsk
Adygisches AG	7 600	432	Maikop
AG der Chakassen	61 900	569	Abakan
AG Hochaltai	92 600	192	Gorno-Altaisk
AG der Juden	36 000	216	Birobidschan
AG der Karatschaier und Tscherkessen	14 100	418	Tscherkessk
Tadschikistan	143 100	5 112	Duschanbe
AG Bergbadachschan	63 700	161	Chorog
Turkmenien	488 100	3 534	Aschchabad
Ukraine	603 700	51 704	Kiew
Usbekistan	447 000	19 906	Taschkent
Karakalpakische Republik	165 000	1 214	Nukus
Weißrußland	207 600	10 200	Minsk

AG = Autonomes Gebiet

brit. Interessegebiete in Asien: Rußland zog sich aus Afghanistan und Tibet zurück, behielt jedoch eine Einflußsphäre in N-Persien.

Die innere Entwicklung Rußlands bis 1917: Die Aufhebung der Leibeigenschaft der Bauern 1861 löste nur die zivilrechtl., nicht aber die wirtschaftl. Probleme der Neuordnung; auch die übrigen Reformen Alexanders II. (⚭ 1855–81) brachten nicht den Anschluß an die Entwicklung in W-Europa. Die Ermordung Alexanders II. durch die radikale Opposition führte unter seinem Sohn Alexander III. (⚭ 1881–94) zu einer scharfen Unterdrückungspolitik, die sich auch in der rücksichtslosen Russifizierung der nichtruss. Völker des Reiches äußerte. Die Industrialisierung brachte die Bildung eines Industrieproletariats mit sich, das in den elendesten Verhältnissen lebte und der sozialist. Agitation zugänglich war. In der Revolution von 1905–07 vereinigten sich das Verlangen der Intelligenz nach einer liberalen Verfassung, die Landforderung der Bauern und der Versuch der marxist. geführten Arbeiterschaft, die staatl. Ordnung grundlegend zu verändern. Als Nikolaus II. (⚭ 1894–1917) den Liberalen mit der Schaffung der Duma, einer gewählten Repräsentativversammlung mit gesetzgebender Funktion, entgegenkam (Okt. 1905), hatten die Sozialdemokraten den Kampf zunächst verloren; die sozialist. Mehrheiten in der Duma wurden 1907 durch eine Wahlrechtsänderung ausgeschaltet. – Einen für

den Ausbruch des 1. Weltkrieges mitentscheidenden Schritt tat Rußland mit der überstürzten Mobilmachung vom 27. 7. 1914. Nach Anfangserfolgen mußte das russ. Heer bereits 1915 den Rückzug antreten, nach 2 Jahren Krieg stand Rußland vor der wirtschaftl. Katastrophe. Die → Februarrevolution (27. 2. [12. 3.] 1917) brachte das Ende des Zarenreiches (2. [15.] 3. Abdankung Nikolaus' II.).

Oktoberrevolution und Bürgerkrieg: Die im März 1917 von bürgerl.-liberalen Kräften gebildete Provisor. Regierung unter A. F. Kerenski verlor angesichts der sich verschlechternden inneren und äußeren Lage Rußlands zunehmend an Boden. In dieser Phase entschlossen sich die Bolschewiki unter Führung von Lenin und Trotzki zur Übernahme der Macht. Am 25. 10. (7. 11.) 1917 besetzten bolschewist. Truppen und Arbeitermilizen alle wichtigen Zentren Petrograds. Trotzki erklärte die Provisor. Regierung für abgesetzt und das Militärrevolutionäre Komitee des Petrograder Sowjets zum Träger der Staatsgewalt (→Oktoberrevolution). Der 2. Allruss. Sowjetkongreß verabschiedete am 26./27. 10. 1917 (8./9. 11.) 3 Dekrete. Das Dekret über den Frieden bot allen kriegführenden Staaten Frieden an, doch führte es schließl. nur zum Bruch mit den bisherigen Verbündeten und zu dem verlustreichen Frieden von → Brest-Litowsk (3. 3. 1918) mit den Mittelmächten. Das Dekret über das Land enteignete die Grundbesitzer entschädigungslos. Das 3. Dekret setzte als provisor. Arbeiter-und-Bauern-Regierung den Rat der Volkskommissare unter dem Vorsitz Lenins ein. Nach dem Mißerfolg bei den Wahlen zur Konstituierenden Versammlung, die von den Bolschewiki gewaltsam aufgelöst wurde (5. [18.] 1. 1918), konzentrierte sich Lenins Innenpolitik auf die völlige Ausschaltung aller nichtbolschewist. Kräfte. Die wirtschaftl. Maßnahmen der Sowjetregierung führten jedoch bald zu einem drast. Produktionsrückgang; die Ind.produktion sank auf ¹/₇ der Vorkriegsleistung. Umfangreiche Streiks in Petrograd und ein blutig niedergeschlagener Aufstand der Kronstädter Matrosen im Febr. und März 1921 hatten einen weiteren Ausbau der Doktrin von der unumschränkten Herrschaft der bolschewist. Partei zur Folge. Der radikale wirtschaftspolit. Kurswechsel zur → Neuen Ökonomischen Politik (NÖP) im März 1921 ermöglichte eine wirtschaftl. Erholung im agrar. und industriellen Bereich.

Zu den inneren Schwierigkeiten des Sowjetregimes kamen äußere Gefährdungen: im Frieden von Riga nach dem Krieg mit Polen 1920/21 mußte Sowjetrußland einen Teil Weißrußlands und Wolyniens abtreten. Der fast 3jährige Bürgerkrieg gegen Monarchisten, bürgerl. Demokraten, Sozialrevolutionäre und Menschewiki (›Weiße‹) brachte das Sowjetregime mehrfach in schwere Bedrängnis. Bei den ›weißen‹ Armeen unter den Generalen A. W. Koltschak, N. N. Judenitsch, A. I. Denikin und P. N. Wrangel trugen polit., soziale und nat. Gegensätze, mangelhafte Koordination der militär. Aktionen und das Fehlen eines konstruktiven gesellschaftl. Programms entscheidend zur Niederlage (endgültig um die Jahreswende 1921/ 1922) bei.

Das Regime Stalins bis 1945: Nach der Konsolidierung der Union der Sozialist. Sowjetrepubliken (Unionsvertrag Dez. 1922; 1. Verfassung 1924 ratifiziert) und dem Tod Lenins (21. 1. 1924) schaltete Stalin, 1922 zum Generalsekretär des ZK ernannt, alle Gegner und Konkurrenten aus dem polit. Leben aus; die Beendigung der NÖP (1927), die zwangsweise Kollektivierung der Landwirtschaft und eine radikale Industrialisierung unter Bevorzugung der Grundstoff-, Investitionsgüter- und Rüstungs-Ind. kennzeichneten die stalinist. Wirtschaftspolitik. Die Zwangskollektivierung begann mit der Liquidierung der mittelbäu-

erl. Schicht (Kulaken); die Konsequenz war die Verringerung der Erträge sowie des Viehbestandes und eine 2. große Hungersnot mit etwa 10–11 Mio. Toten.

Die sowjet. Außenpolitik vertrat seit Beginn der 1930er Jahre das Konzept der ›kollektiven Sicherheit‹. Verstärkt wurde v. a. die 1922 (Rapallovertrag) eingeleitete sowjet.-dt. Zusammenarbeit auf wirtschaftl. und militär. Gebiet. 1932 schloß die S. Nichtangriffsverträge mit Finnland, Lettland, Estland, Polen und Frankreich. Nach De-jure-Anerkennung durch die USA (1933) und andere westl. Staaten erfolgte 1934 die Aufnahme in den Völkerbund (Ausschluß im Dez. 1939 wegen des sowjet. Angriffs auf Finnland). 1935 wurden militär. Beistandsverträge mit Frankreich und der ČSR abgeschlossen. Die Wirkungslosigkeit der sowjet. Politik kollektiver Sicherheit in Europa 1938/39 beim Versuch Hitlers, die Tschechoslowakei zu zerschlagen, und die außenpolit. Isolierung der S. angesichts der Stalinschen Säuberungen bewogen die S. zum →Deutsch-Sowjetischen Nichtangriffspakt vom 23. 8. 1939, aufgrund dessen sie im Sept. 1939 Ostpolen annektierte und die balt. Staaten zu militär. Beistandspakten zwang; 1940 folgte deren staatl. Integration in die S. als Sowjetrepubliken. Nur Finnland widersetzte sich im → Finnisch-Sowjetischen Winterkrieg (1939/40) der Erpressungspolitik. 1940 zwang die S. Rumänien, Bessarabien und die N-Bukowina an sie abzutreten.

Am 22. 6. 1941 begann der dt. Angriff auf die S., der die dt. Truppen bis vor die Tore Leningrads, Moskaus und an den Zugang zum Kaukasus führte. Der Umschwung zugunsten der S. (u. a. durch die Hilfe der USA) führte zur dt. Katastrophe von Stalingrad im Febr. 1943. Auf den Konferenzen von Teheran (1943), Jalta und Potsdam (beide 1945) konnte Stalin die weitgehende Billigung seiner Pläne durch die Westmächte erreichen. Die Einflußsphäre der S. reichte nunmehr von Deutschland, O-Mitteleuropa, Finnland und dem Adriat. Meer bis zur Mandschurei, die sie nach der Kriegserklärung an Japan (8. 8. 1945) besetzte (ebenso den S der Insel Sachalin sowie die Kurilen).

Kalter Krieg und friedl. Koexistenz: Mit der Volksfronttaktik und durch den Druck der Roten Armee erreichte die S. bis 1948 die Sowjetisierung O-Mitteleuropas und den Aufbau eines Satellitengürtels. 1949 wurde der →Rat für gegenseitige Wirtschaftshilfe (RGW bzw. COMECON) gegründet. Nord-Korea bis zum 38. Breitengrad wurde von den Westmächten als Besatzungsgebiet der S. anerkannt. Im Zuge des (aus den Interessengegensätzen der Siegermächte des 2. Weltkriegs hervorgegangenen) kalten Krieges unternahm die S. gegenüber dem Westen Vorstöße bis hart an den Rand militär. Konflikte, erreichte aber weder mit der Berliner Blockade 1948/49 noch im Koreakrieg 1950–53 die gesteckten Ziele. Stalin konnte die dt. Frage nicht im kommunist. Sinne lösen und konsolidierte seinen unmittelbaren dt. Machtbereich durch die Gründung der DDR 1949. Mit der Gründung der VR China 1949 erwuchs der S. ein ranggleicher kommunist. Nachbar.

Nach Stalins Tod (5. 3. 1953) trat an die Stelle der totalitären Diktatur eines einzelnen wieder das Prinzip der kollektiven Führung; die Außenpolitik war geprägt durch die ›rivalisierende Partnerschaft‹ mit den USA, den Kampf gegen alle westl. Militärblöcke sowie gegen die EWG (bis 1975/76), den seit den 1960er Jahren vertieften Ggs. zur VR China und die damit verbundene Konkurrenz um Verbündete und Gefolgschaft in der Dritten Welt. Parallel zur Auflockerung im Innern wurde eine Politik der Entspannung und begrenzten Kooperation eingeleitet (korean. Waffenstillstandsabkommen 1953, Österr. Staatsvertrag 1955). Die Einbeziehung der BR

Deutschland in die NATO beantwortete die S. 1955 mit dem Abschluß des → Warschauer Pakts. In Ggs. zur VR China setzte sich Chruschtschow 1956 mit der Theorie der friedl. Koexistenz, die den Beginn der sowjet.-amerikan. Annäherung ausdrückte. Diese wurde auch durch die Phase aggressiver sowjet. Außenpolitik (Berlin-Ultimatum 1958, Kubakrise 1962) nicht nachhaltig beeinträchtigt (Atomteststopp-abkommen 1963, Atomwaffensperrvertrag 1968), während die Spannungen mit China 1969 in Grenz-kämpfen am Ussuri gipfelten.

Nach dem v. a. innenpolit. (wirtschaftl. Mißerfolge) bedingten Sturz Chruschtschows 1964 wurde die kollektive Führung mit L. I. Breschnew als 1. Parteisekretär (seit 1966 Generalsekretär), A. N. Kossygin als Min.-Präs. und N. W. Podgorny als Staatsoberhaupt an der Spitze wiederhergestellt. Sie mußte neben den großen wirtschaftl. Aufgaben den Rüstungsgleich-stand mit den USA erzielen, weitgestreute Militärhilfe leisten und schließl. die zunehmenden Selbständig-keits- und Liberalisierungstendenzen in der kommunist. Staatenwelt bekämpfen. Während sie die eigen-ständige rumän. Außenpolitik tolerierte, schritt sie gegen den ›Prager Frühling‹ im Aug. 1968 militär. ein (→ Breschnew-Doktrin). Ihr Ziel der Festschreibung der Nachkriegsgrenzen verfolgte die S. mit dem → Deutsch-Sowjetischen Vertrag von 1970 (→ Berlin-abkommen) und mit der Konferenz über Sicherheit und Zusammenarbeit in Europa (→ KSZE). Die seit 1969 geführten Gespräche mit den USA über die Begrenzung strateg. Rüstungen (→ SALT) führten im Mai 1972 zu einem ersten SALT-Abkommen. Nach langen Verhandlungen unterzeichneten Breschnew und US-Präs. Carter im Juni 1979 ein 2. SALT-Abkommen, das jedoch durch den US-Senat infolge des sowjet. Einmarsches in Afghanistan im Dez. 1979 nicht ratifiziert wurde. Dennoch blieb das Bemühen der beiden Supermächte vorherrschend, v. a. im Gebiet der Abrüstung den Dialog nicht abreißen zu lassen; nach dem Beginn der Stationierung nuklearer Mittelstreckenwaffen in Westeuropa (Nov. 1983; → NATO-Doppelbeschluß) brach die S. bis 1985 sämtl. Abrüstungsverhandlungen ab (→ Abrüstung). – Nach dem Tod von Generalsekretär L. Breschnew im Mai 1982 folgten in schnellem, durch Tod bedingten Wechsel J. Andropow und K. Tschernenko im Amt des Generalsekretärs der KPdSU. M. Gorbatschow, seit 1985 im Amt, betrieb energisch eine Verjüngung der Führungsspitze der Partei und verfolgte innenpolitisch einen Kurs der Liberalisierung und Umstellung der Wirtschaft auf Leistung und mehr Eigenverantwortung. Zu diesem Kurs der Umgestaltung (Perestroika) gehört auch das Prinzip der öffentl. Information und Diskussion (Glasnost), mit dem Partei und Gesellschaft auf die Reformpolitik festgelegt werden sollen. Die im Juni 1988 abgehaltene XIX. Parteikonferenz der KPdSU setzte neben einer Beschleunigung der Wirtschaftsreformen auch personelle Konsequenzen und bestätigte damit den Reformkurs Gorbatschows. Die notwendigen Verfassungsänderungen sowie eine Reihe von Reformgesetzen (u. a. zur Reform der Justiz) wurden im Nov. 1988 vorgelegt und vom Obersten Sowjet am 1. 12. 1988 verkündet.

Ende Sept. 1988 bestätigte der Oberste Sowjet die vom ZK vorgeschlagenen personellen Veränderungen in der Staatsführung und wählte Generalsekretär M. Gorbatschow zum neuen Vors. des Präsidiums des Obersten Sowjets (Staatsoberhaupt, seit Juni 1989 mit dem Titel Präs. des Obersten Sowjet). Die für die Einführung der von Gorbatschow angestrebten Präsidial-verfassung notwendigen Verfassungsänderungen verabschiedete der Kongreß der Volksdeputierten am 13. 3. 1990. Gleichzeitig strichen die Delegierten die Verfassungsbestimmungen über die führende Rolle

der KPdSU und machten damit den Weg frei für ein Mehrparteiensystem. Am 14. 3. 1990 wählte der Kongreß der Volksdeputierten M. Gorbatschow zum ersten Präs. der Sowjetunion und stattete ihn mit weitreichenden Vollmachten aus.

Neben den Reformen in der Wirtschaft drängte v. a. das Nationalitätenproblem nach einer Lösung. Seit Frühjahr 1988 kommt es in der autonomen Region Nagorny-Karabach zu Aufständen und Streiks der armen. Bev.mehrheit gegen die aserbaidschan. Regierung. V. a. in den balt. Republiken Estland, Lettland und Litauen setzten sich bei den Wahlen zu den Obersten Sowjets der Republiken (1990) die Nationalbewegungen durch. Der Versuch Litauens, sich für unabhängig zu erklären, scheiterte zunächst an den wirtschaftl. Sanktionen der Moskauer Zentralregierung. Die für Frühjahr 1991 geplante Volksabstimmung in Litauen über die Unabhängigkeit wurde von Staatspräs. Gorbatschow für verfassungswidrig erklärt. In den balt. Republiken ging außerdem die sowjet. Armee gegen öffentl. Gebäude, u. a. das Parlamentsgebäude in Wilna, vor (Jan. 1991). Vor dem Hintergrund dieses Nationalitätenkonflikts ließ sich Präs. Gorbatschow vom Obersten Sowjet der UdSSR weitreichende Vollmachten übertragen, u. a. die Möglichkeit, einzelne Sowjetrepubliken direkt von Moskau aus zu verwalten. Außenmin. Schewardnadse trat aus Protest gegen die neuerliche (Perestroika und Glasnost bedrohende) Zentralisierung der Macht durch Gorbatschow im Dez. 1990 zurück.

Im Verlauf des Jahres 1991 zerfiel die S., einzelne ehemalige Republiken bildeten im Dez. 1991 die Gemeinschaft Unabhängiger Staaten.

Ukraine

Usbekistan

Weißrußland

Sowjetunion, Staatsoberhäupter	
Vorsitzender des Allruss. Zentralen Exekutivkomitees:	
Jakow Michailowitsch Swerdlow	1917–1919
Michail Iwanowitsch Kalinin	1919–1922
Vorsitzender des Zentralen Exekutivkomitees der UdSSR:	
Michail Iwanowitsch Kalinin	1922–1937
Vorsitzender des Präsidiums des Obersten Sowjets:	
Michail Iwanowitsch Kalinin	1937–1946
Nikolai Michailowitsch Schwernik	1946–1953
Kliment Jefremowitsch Woroschilow	1953–1960
Leonid Iljitsch Breschnew	1960–1964
Anastas Iwanowitsch Mikojan	1964–1965
Nikolai Wiktorowitsch Podgorny	1965–1977
Leonid Iljitsch Breschnew	1977–1982
Juri Wladimirowitsch Andropow	1983–1984
Konstantin Ustinowitsch Tschernenko	1984–1985
Andrei Andrejewitsch Gromyko	1985–1988
Michail Sergejewitsch Gorbatschow	1988–1990
Staatspräsident:	
Michail Sergejewitsch Gorbatschow	1990–1991

Politisches System: Die seit dem 7. 10. 1977 geltende Verfassung wurde durch den Obersten Sowjet am 1. 12. 1988 und den Kongreß der Volksdeputierten am 13. 3. 1990 geändert. Aufgrund der inneren Entwicklung der S. wurden dem Staatspräs. und nach dem 21. 8. 1991 dem Staatsrat wichtige Befugnisse übertragen.

Höchstes Organ und *Legislativorgan* war bis Sept. 1991 der Kongreß der Volksdeputierten der UdSSR. Seine 2 250 Mgl. wurden für 5 Jahre in allg., gleichen, geheimen und direkten Wahlen gewählt. Ein Drittel der Volksdeputierten (750) wurde aus gesellschaftl. Organisationen gewählt: der KPdSU, den Berufsverbänden, den Genossenschaftsorganisationen, dem Sowjet. Jugendverband u. a., die aufgrund von Gesetzen gegr. wurden und Organe auf Unions- oder Republikebene besaßen. Der ausschließl. Behandlung

Von der Sowjetunion zur Gemeinschaft Unabhängiger Staaten
Der Zerfall der Sowjetunion

13. 1.1991	Sowjet. Truppen besetzen die Fernsehanstalt in Wilna. Es kommt immer wieder zu gewalttätigen Auseinandersetzungen zwischen den sowjet. Truppen und den nach Unabhängigkeit strebenden Litauern.
17. 3.1991	Ein neuer Unionsvertrag wird in einer Volksabstimmung angenommen.
27. 6.1991	Der RGW löst sich formell auf.
1. 7.1991	Der Warschauer Pakt löst sich auf.
26. 7.1991	Die KPdSU billigt ein neues Parteiprogramm, das mit dem Marxismus-Leninismus als herrschender Staatsdoktrin bricht.
18./19. 8.1991	Einen Tag vor der geplanten Unterzeichnung des neuen Unionsvertrages wird Staatspräs. Gorbatschow durch konservative Kommunisten auf der Krim unter Hausarrest gestellt. Eine Junta, der u. a. Vizepräs. Janajew, Min.-Präs. Pawlow, Verteidigungsmin. Jasow und KGB-Chef Krjuschkow angehören, zieht Truppen in Moskau zusammen und erklärt die Reformen für beendet.
19./20. 8.1991	B. Jelzin stellt sich an die Spitze der Gegenbewegung; es gelingt ihm, Teile der eingesetzten Truppen auf seine Seite zu ziehen.
21. 8.1991	Der Putsch ist gescheitert; Präs. Gorbatschow kehrt nach Moskau zurück.
22. 8.1991	In Litauen wird die KPdSU verboten.
24. 8.1991	Gorbatschow tritt als Generalsekretär der KPdSU zurück und fordert das ZK zur Auflösung der Partei auf. Die Ukraine erklärt ihre Unabhängigkeit.
25. 8.1991	Die nord. Staaten erkennen die Unabhängigkeit Estlands, Lettlands und Litauens an, die EG folgt am 27. 8. 1991.
29. 8.1991	Der Oberste Sowjet verbietet die Tätigkeit der KPdSU und friert deren Bankkonten ein. Rußland und die Ukraine schließen ein Wirtschafts- und ein Militärbündnis.
20. 8.1991	Aserbeidschan erklärt seine Unabhängigkeit und stellt eigene Streitkräfte auf.
31. 8.1991	Usbekistan und Kirgisien erklären sich für unabhängig.
5. 9.1991	Das sowjet. Parlament setzt eine Übergangsregierung ein und beschließt den Übergang zu einer Konföderation souveräner Staaten.
6. 9.1991	Die Sowjetunion erkennt die Unabhängigkeit der drei balt. Staaten an.
12. 9.1991	Die balt. Republiken und die 12 Staaten der Sowjetunion vereinbaren eine gemeinsame Verteidigungspolitik und die zentrale Kontrolle der Atomstreitkräfte durch die Sowjetunion.
21. 9.1991	Armenien stimmt für die Unabhängigkeit.
1.10.1991	Die 12 Republiken der Sowjetunion vereinbaren eine Wirtschaftsunion.
17.10.1991	Ukraine schließt sich der Wirtschaftsunion nicht an, will am 4. 11. aber schließlich doch beitreten.
18.10.1991	Staatspräs. Gorbatschow und die Präs. von acht Republiken unterzeichnen den Vertrag über die Wirtschaftsunion.
16.11.1991	Rußland übernimmt die Kontrolle über die Währung, den Handel mit Öl, Gold, Diamanten und Devisen.
22.11.1991	Acht der zwölf Republiken sind bereit, die Garantie für die sowjet. Auslandschulden zu übernehmen (mehr als 100 Mrd. $).
25.11.1991	Die Unterzeichnung des Unionsvertrages durch sieben Republiken scheitert, der Entwurf wird den Republikparlamenten zugeleitet.
1.12.1991	Das ukrain. Volk stimmt für die Unabhängigkeit der Ukraine.
4.12.1991	Der Oberste Sowjet billigt den Unionsvertrag, sieben Republiken erklären ihre Bereitschaft zur Unterzeichnung.
8.12.1991	Rußland, Ukraine und Weißrußland gründen in Minsk einen Staatenbund und erklären die Sowjetunion für nicht mehr bestehend.
13.12.1991	Die fünf zentalasiat. Republiken beschließen, dem von den slaw. Staaten gegründeten Staatenbund beizutreten.
17.12.1991	B. Jelzin und M. Gorbatschow beschließen die Auflösung der Sowjetunion bis zum Jahresende.
21./22.12.1991	In Alma-Ata unterzeichnen die Präs. von 11 Republiken den Vertrag über die Gründung der Gemeinschaft Unabhängiger Staaten (GUS).
25.12.1991	M. Gorbatschow tritt als Präs. der Sowjetunion zurück, die Flagge mit Hammer und Sichel wird auf dem Kreml eingeholt und die Flagge Rußlands gehißt. Die Sowjetunion hört auf zu bestehen. In den folgenden Tagen wird Rußland als Rechtsnachfolger der Sowjetunion international anerkannt; es nimmt den sowjet. Sitz im UN-Sicherheitsrat ein.

durch den Kongreß der Volksdeputierten der UdSSR unterlagen u. a. Verfassungsänderungen, Grenzänderungen zw. Unionsrepubliken, die Wahl des Obersten Sowjets, dessen Präs. und 1. Stellvertreters, die Bestätigung des Vors. des Min.rats der UdSSR, die Wahl des Kontrollausschusses für die Einhaltung der Verfassung. Der Kongreß der Volksdeputierten der UdSSR trat im allg. einmal jährl. zusammen.

Als ständig handelndes Gesetzgebungs- und Kontrollorgan fungierte der Oberste Sowjet der UdSSR. Er wurde vom Kongreß der Volksdeputierten der UdSSR gewählt und war diesem verantwortlich. Der Oberste Sowjet bestand aus 2 Kammern, dem Unionssowjet und dem Nationalitätensowjet, die aus der gleichen Anzahl Abg. bestanden und beide gleichberechtigt waren. Ein Fünftel der Mgl. des Obersten Sowjets wurde jährl. erneuert. Dem Obersten Sowjet oblagen insbes. die Ernennung des Vors. des Min.rats der UdSSR, Bildung des Verteidigungsrates, Wahl des Komitees für Volkskontrolle, Ernennung des Generalstaatsanwalts der UdSSR, Sorge für die Einheit der Gesetzgebung, Gesetzesauslegung, Außerkraftsetzung von Erlassen, Anordnungen usw. des Präsidiums des Obersten Sowjets, seines Präs., des Min.rats der UdSSR oder einer Unionsrepublik. Der Oberste Sowjet hatte das Recht, Referenden zu Gesetzesvorhaben oder ›anderen hochbedeutenden Fragen des staatl. Lebens‹ zu veranlassen. Bei unterschiedl. Voten von Unionssowjet und Nationalitätensowjet hatte eine paritätisch besetzte Schlichtungskommission eine Lösung zu erarbeiten. Das Präsidium des Obersten Sowjets war dem Obersten Sowjet rechenschaftspflichtig. Es bestand aus dem Präs., seinem Stellvertreter (beide vom Kongreß der Volksdeputierten gewählt), den Vors. der Obersten Sowjets der Unionsrepubliken (als weitere stellv. Vors.), den Vors. des Unionssowjets und des Nationalitätensowjets, den Vors. des Komitees für Volkskontrolle und den Vors. der Ständigen Ausschüsse der Kammern und der Komitees des Obersten Sowjets. *Staatsoberhaupt* war der Präs. der Sowjetunion. Er wurde in allg., gleicher, geheimer und direkter Wahl für 5 Jahre vom Volk gewählt. Der erste und einzige Präs. der Sowjetunion, M. Gorbatschow, wurde ausnahmsweise vom Kongreß der Volksdeputierten gewählt. Zu seinen Vollmachten gehörte u. a. die Möglichkeit, Teilrepubliken der UdSSR seiner direkten Verwaltung zu unterstellen. Auf der Grundlage der Verfassung konnte der Präs. für das gesamte Staatsgebiet geltende Verordnungen erlassen sowie Beschlüsse und Verordnungen der Regierung vorübergehend außer Kraft setzen. Gegen Gesetze des Obersten Sowjets stand ihm ein Vetorecht zu.

Der Kontrollausschuß für die Einhaltung der Verfassung der UdSSR wurde vom Kongreß der Volksdeputierten der UdSSR für 10 Jahre gewählt. Er war formal unabhängig und nur der Verfassung unterworfen. Er überprüfte die Gesetze und Verfassungen der Unionsrepubliken auf ihre Vereinbarkeit mit der Verfassung der UdSSR. Dem Kontrollausschuß für die Einhaltung der Verfassung der UdSSR stand ein direktes Berichtsrecht an den Kongreß der Volksdeputierten der UdSSR und den Obersten Sowjet oder den Min.rat der UdSSR zu. In den *Unionsrepubliken* war als Legislativorgan ebenfalls ein Kongreß der Volksdeputierten vorgesehen. Die Volksdeputierten sämtl. Ebenen bildeten nach der Verfassung ein einheitl. Organ.

Die *Exekutive* der Union, der Min.rat der S., wurde vom Obersten Sowjet bestellt. Er bestand aus dem Vors., dem Ersten und 8 weiteren stellv. Vors., den Min., Vors. von Staatskomitees, zentralen Institutionen und den Vors. der Min.räte der Unionsrepubliken. Der Min.rat war dem Obersten Sowjet und (zw.

den Tagungen) dessen Präsidium verantwortl. und rechenschaftspflichtig, doch bestand weder verfassungsrechtl. noch prakt. eine Möglichkeit der beiden formal übergeordneten Organe, der Reg. das Vertrauen zu entziehen.

Einzige *Partei* war die Kommunistische Partei der Sowjetunion (KPdSU). Die von ihr behauptete Einsicht in die geschichtsnotwendige Entwicklung der Gesellschaft und die Unterstellung einer Identität von Parteiwillen und Willen des gesamten Volkes bildeten die Legitimationsbasis ihrer Alleinherrschaft. Die Übertragung des Parteiwillens auf den Staatsapparat wurde sichergestellt 1. durch die häufige Vereinigung von Partei- und Staatsämtern in einer Hand, insbes. auch auf höchster Ebene; 2. durch die Weisungsgewalt einer Parteidienststelle gegenüber einem staatl. Organ auf gleicher und nachgeordneter Verwaltungsebene; 3. durch das Vorschlagsrecht der Partei für die Zusammensetzung von staatl. Organen. Durch die Verfassungsänderung vom 13. 3. 1990 verlor sie ihr Machtmonopol; Ende Aug. 1991 wurde sie als Folge des versuchten Staatsstreichs verboten; in Aserbaidschan löste sie sich im Sept. 1991 auf.

Die *föderative Struktur* der S.: Formal betrachtete das sowjet. Verfassungsrecht die Unionsrepubliken als souveräne Staaten (einschließl. des Rechts auf Austritt aus der S.). Tatsächl. hatte die Union aber weitgehende Kompetenzen (u.a. Außen-, Verteidigungs- und Außenhandelspolitik, staatl. Sicherheit, Rahmengesetzgebung im Rechtswesen, Budget, Steuer- und Währungshoheit, Verkehrs-, Post- und Fernmeldewesen). Die Gesetzgebung in den (wenigen) nicht der Union vorbehaltenen Bereichen übten die Obersten Sowjets der Unionsrepubliken aus. Aus einer Kammer bestehend, wählten sie ihr Präsidium und bestellten ihren Ministerrat. National heterogene Unionsrepubliken sind in weitere Einheiten untergliedert. Je nach der zahlenmäßigen Stärke einer Nationalität gab es Autonome Sozialist. Sowjetrepubliken (ASSR), Autonome Gebiete und Autonome Kreise.

Die sowjet. *Streitkräfte* haben eine Gesamtstärke von 5,1 Mio. Mann. Davon entfallen 706 000 Mann auf die strateg. Nuklearstreitkräfte, 1,9 Mio. auf das Heer, 444 000 auf die Luftwaffe und 458 000 auf die Marine. Paramilitär. Verbände: 230 000 Mann Grenztruppen und 340 000 Mann Sicherheitstruppen. Es besteht allg. Wehrpflicht (2 Jahre bei Heer und Luftwaffe, 2–3 Jahre bei Marine und Grenztruppen). – Karten IV/V, VIII/IX, Bd. 2, n. S. 320.

Soyfer, Jura, * Charkow 8. 12. 1912, † KZ Buchenwald 16. 2. 1939 (ermordet), österr. Schriftsteller. Ab 1934 Mgl. der KPÖ; 1938 von den Nationalsozialisten verhaftet; schrieb v. a. satir. Theaterstücke, 1936–37 unter Zensurbedingungen bes. kabarettist. Kurzdramen.

Soyinka [engl. sɔˈjɪŋkə], Wole, eigtl. Akinwande Oluwole S., * bei Abeokuta 13. 7. 1934, nigerian. Schriftsteller. Dramatiker und Erzähler (u. a. ›Der Mann ist tot. Aufzeichnungen aus dem Gefängnis‹, 1972); schreibt in engl. Sprache. Seine Dramen (u. a. ›Die Straße‹, 1965; ›A play of giants‹, 1984) leben von den Möglichkeiten der Komödie und Farce, seine Romane (u. a. ›Die Plage der tollwütigen Hunde‹, 1973) von denen der Satire; auch Lyrik und Essays; 1986 Nobelpreis für Literatur.

SOZ, Abk. für **Straßenoktanzahl** (→ Oktanzahl).

sozial [lat.], 1. die Struktur der Gesellschaft betreffend; 2. dem Gemeinwohl dienend; den Schwächeren schützend; 3. gesellig lebend (von Tieren, bes. von staatenbildenden Insekten).

Sozialabgaben (Sozialbeiträge), vom Arbeitgeber und Arbeitnehmer aufzubringende Beiträge für die Einrichtungen der Sozialversicherung.

Sozialamt, kommunale Behörde zur Durchführung aller gesetzl. vorgeschriebenen Maßnahmen der → Sozialhilfe.

Sozialanthropologie, 1) (Ethnobiologie) Wiss.zweig, der sich mit den Wechselbeziehungen zw. der biolog. (bes. genet.) Beschaffenheit des Menschen und den sozialen Vorgängen befaßt.

2) aus dem engl. Sprachgebrauch (Social anthropology) übernommene Bez. für → Ethnosoziologie.

Sozialarbeit, die Betreuung von aufgrund ihres Alters, ihrer sozialen Stellung, ihres körperl. oder seel. Befindens hilfsbedürftigen Personen oder Gruppen; S. umfaßt u. a. Familienfürsorge, Gesundheitsfürsorge, Heimerziehung, Bewährungshilfe, Jugendarbeit. Ihre wichtigsten Methoden sind *Einzelfallhilfe, Gruppenarbeit* und *Gemeinwesenarbeit.*

Sozialbeiträge, svw. → Sozialabgaben.

Sozialbericht, 1. jährl. von der Bundesregierung abzugebender Bericht über Maßnahmen und Vorhaben im Bereich der Sozialpolitik; 2. in der *Rentenversicherung* von der Bundesregierung jährl. bis zum 30. 9. zu erstattender Bericht über die Finanzlage der Rentenversicherungen, der gleichzeitig den Vorschlag für die (jährl.) Rentenanpassung enthält.

Sozialbilanz, gesellschaftsbezogene Berichterstattung von Wirtschaftsunternehmen; sie weist Kosten und Nutzen der unmittelbaren und mittelbaren Auswirkungen der wirtschaftl. Tätigkeit eines Unternehmens in sämtl. gesellschaftl. Bereichen aus, auch wenn sie sich zahlenmäßig nicht in Geldwerten ausdrücken lassen.

Sozialbindung des Eigentums → Eigentum.

Sozialdemokratie, polit. Bewegung der Arbeiter bzw. Arbeitnehmer (→ Arbeiterbewegung), die in einer gerechten und solidar. Gesellschaft umfassende Freiheitsrechte verwirklichen will (→ auch Sozialismus). Das Wort S. taucht in Deutschland erstmals 1848 auf. Bereits in der Frühphase der Arbeiterbewegung wird der Dualismus von Revolution und Reform deutlich, der in Deutschland jedoch nicht eindeutig der organisator. Trennung zw. dem 1863 von F. Lassalle gegr. Allg. dt. Arbeiterverein (ADAV) und der von A. Bebel und W. Liebknecht geführten Richtung entsprach, die sich seit dem Eisenacher Kongreß (1869) Sozialdemokratische Arbeiterpartei (SDAP) nannte. Beide Organisationen vereinigten sich 1875 zur Sozialist. Arbeiterpartei Deutschlands (SAP), die sich das *Gothaer Programm* gab. Marxist. Vorstellungen in der S. setzten sich erst unter dem Sozialistengesetz durch. Die Überzeugung vom zwangsläufigen Zusammenbruch der kapitalist. Gesellschaft und naturgesetzl. Sieg des Sozialismus wurde im 1. Teil des *Erfurter Programms* (1891) der Sozialdemokrat. Partei Deutschlands (SPD; seit 1890) von K. Kautsky formuliert. Demgegenüber erkannte Eduard Bernstein (* 1850, † 1932) im 2. Teil zumindest indirekt den bestehenden Staat als Rahmen für prakt. Arbeit an. Bernstein wurde zum Verfechter einer demokrat.-sozialist. Reformpolitik (→ Revisionismus), deren Verbindlichkeit jedoch erst das *Görlitzer Programm* von 1921 (Entwurf von Bernstein) brachte. Nach der Wiedervereinigung der seit 1916/17 in Mehrheits-S. (MSPD) und Unabhängige Sozialdemokrat. Partei Deutschlands (USPD) gespaltenen Partei wurde unter der Federführung K. Kautskys das *Heidelberger Programm* von 1925 erarbeitet, das das Eintreten für den parlamentar.-demokrat. Staat erhebl. abschwächte. Nach der Katastrophe der NS-Machtergreifung 1933 distanzierte sich die S. zunächst im *Prager Manifest* (1934), dessen Bedeutung jedoch gering blieb, von der Legalitätstaktik und einem ziellosen Reformismus. Wegweisend für die Programmdiskussion der Nachkriegs-S. in Westdeutschland und Berlin waren K. Schumachers ›polit. Richtlinien‹ vom

Aug. 1945: enge Verbindung von Sozialismus und Demokratie, Aufbau eines pluralist. Parteiensystems, Gewinnung der alten und neuen Mittelschichten für die soziale Demokratie, Absage an eine Einheitspartei mit den Kommunisten. Das →Godesberger Programm von 1959 vollzog endgültig den Abschied vom Sozialismus als Weltanschauung; die SPD wurde eine gesellschaftlich offene Volkspartei und in Folge Teilhaberin an der Regierungsverantwortung; auf jenen 1959 getroffenen Grundsätzen baut auch das seit 1989 gültige *Berliner Programm* auf.

Sozialdemokratische Arbeiterpartei Österreichs, an der Jahreswende 1888/89 auf dem Hainfelder Parteitag unter maßgebl. Beteiligung V. Adlers gegr. Organisation, die sich als ›internat. Partei‹ für alle Länder der österr. Reichshälfte verstand; wurde 1907 zweitstärkste Fraktion im Reichsrat; zerfiel im 1. Weltkrieg in ihre nat. Bestandteile. Die dt.-österr. Sozialdemokratie stellte 1918 mit K. Renner den ersten Regierungschef der Republik und konnte wichtige sozialpolit. Reformen durchsetzen; seit 1920 in der Opposition, betrieb sie – geprägt durch Austromarxismus, Antikommunismus und Anschlußbestrebungen – gegen die bürgerl.-konservative Staatsführung eine kämpfer. Opposition; nach den bürgerkriegsähnl. Februarunruhen 1934 Verbot sämtl. Organisationen der Sozialdemokratie und der freien Gewerkschaften durch die autoritäre Regierung Dollfuß. →Sozialistische Partei Österreichs.

Sozialdemokratische Arbeiterpartei Rußlands, Abk. SDAPR, russ. Partei 1898–1918, 1903 in Menschewiki und Bolschewiki gespalten, →Kommunistische Partei der Sowjetunion.

Sozialdemokratische Partei der Schweiz, Abk. SPS, schweizer. polit. Partei, gegr. 1888; nach Abspaltung des linken Flügels als KP der Schweiz 1921 entwickelte sich die SPS zur Volkspartei und gewann zunehmend ein positives Verhältnis zur bürgerl. Demokratie; 1943–53 und seit 1959 an der Regierung beteiligt.

Sozialdemokratische Partei Deutschlands, Abk. SPD, älteste bestehende polit. Partei in Deutschland (→Sozialdemokratie). 1912 stellte sie die stärkste Reichstagsfraktion und hatte 1913 rd. 1 Mio. Mgl.; an der prakt.-polit. Arbeit wie auch am zunehmenden Einfluß der Gewerkschaftsführung entzündeten sich um 1890 heftige innerparteil. Flügelkämpfe (Revisionismusstreit), die letztlich über der Frage der Kriegskreditbewilligung 1917 in die Abspaltung des linken Flügels (→Unabhängige Sozialdemokratische Partei Deutschlands [USPD]) mündeten. Im Winter 1918/19 entschied sich die SPD mehrheitl. für die parlamentar. Demokratie; aufgrund ihrer nach den Wahlen zur Nationalversammlung von 1919 abnehmenden Wählerbasis fand sie sich aber seit 1923/24 im Reich wie in den meisten Ländern in der Opposition, konzentrierte sich daraufhin auf Preußen sowie auf die Kommunalpolitik. Die 1928 gebildete große Koalition unter Hermann Müller (SPD) scheiterte in der Weltwirtschaftskrise. Von der KPD als ›Sozialfaschisten‹ bekämpft, erlitten die Sozialdemokraten in der doppelten Frontstellung gegen rechts und links große Einbußen an Wählern; 1931 Abspaltung der linkssozialist. Sozialist. Arbeiterpartei Deutschlands (SAP). Zur wirkungsvollen Abwehr der nat.-soz. Machtergreifung war die SPD nicht mehr fähig. Der Vorstand der Exil-SPD (›SoPaDe‹) amtierte 1933–37 in Prag, 1938–40 in Paris und 1941–45 in London. Die im Reich illegal tätigen SPD-Gruppen wurden größtenteils 1938/39 zerschlagen. Führende Sozialdemokraten waren an der Widerstandsbewegung beteiligt. Nach 1945 Reorganisation der SPD, in den 3 Westzonen und in Berlin unter Ablehnung der Vereinigung mit der KPD, wie sie 1946 in der SBZ unter starkem

sowjet. Druck erfolgte. 1949–66 in der Opposition, vollzog die SPD nach der vollständigen Einbindung beider dt. Staaten in das westl. bzw. östl. Paktsystem (1955) im →Godesberger Programm von 1959 den Schritt zur linken Volkspartei. 1966–69 bildete sie eine große Koalition mit der CDU/CSU, 1969 bis Sept. 1982 eine Koalition mit der FDP, die eine Neuorientierung der Deutschland- und Ostpolitik vornahm und innere Reformen einleitete (bis 1974 unter W. Brandt, 1974–82 unter H. Schmidt), seitdem ist sie in der Opposition. Im Sept. 1990 erfolgte die Vereinigung mit der SPD der DDR. Partei-Vors.: K. Schumacher (1946–52), E. Ollenhauer (1952–63), W. Brandt (1964–87), H.-J. Vogel (1987–91), B. Engholm (seit 1991); rd. 1 Mio. Mgl. (1992); Jugendorganisation der SPD sind die →Falken (Nachfolgeorganisation der 1919 gegr. Sozialist. Arbeiterjugend [SAJ]). **Jungsozialisten (Juso)** sind SPD-Mgl. bis zu 35 Jahren.

soziale Frage, seit dem 19. Jh. Schlagwort für die ökonom. (Krisen)lage der Lohnabhängigen und die daraus resultierenden Probleme. Die s. F. entstand mit der im Verlauf der industriellen Revolution sich bildenden Arbeiterklasse, die der wirtschaftl. Überlegenheit der Fabrikbesitzer ausgeliefert war. V. a. nach dem Entstehen einer zunehmend am Marxismus orientierten Arbeiterbewegung engagierten sich in der 2. Hälfte des 19. Jh. vielfach auch bürgerl. Kreise (z. B. →Verein für Socialpolitik) im Kampf u. a. gegen unbeschränkte Arbeitszeiten, Kinderarbeit, elende Wohnverhältnisse. Durch das von Bismarck ins Leben gerufene System der sozialen Sicherung, durch strukturelle Veränderungen in der Arbeitswelt und einen im Zuge der polit. Gleichberechtigung der Arbeiter wachsenden Einfluß der Organisationen der Arbeiterbewegung auf die Regierungstätigkeit wurde die s. F. allmählich entschärft.

soziale Indikation →Schwangerschaftsabbruch.

soziale Insekten (staatenbildende Insekten), Insektenarten, bei denen alle Nachkommen eines oder mehrerer Weibchen (Königin) in einjähriger (z. B. Wespen) oder mehrjähriger (z. B. Bienen) Nestgemeinschaft mit strenger Arbeitsteilung zusammenleben; der Zusammenhalt ist z. T. instinkt-, z. T. hormonal gesteuert.

soziale Marktwirtschaft →Marktwirtschaft.

Sozialenzykliken, päpstl. Rundschreiben, die zur Lösung der sozialen Frage beitragen wollen und das Fundament der kath. Soziallehre bilden: ›Rerum novarum‹ (1891), ›Quadragesimo anno‹ (1931), ›Mater et Magistra‹ (1961), ›Populorum progressio‹ (1967), ›Laborem exercens‹ (1981), ›Sollicitudo rei socialis‹ (1988).

sozialer Wandel, bezeichnet sowohl die grundlegenden Veränderungen der gesamten Sozialstruktur einer Gesellschaft (z. B. Übergang von der Stände- zur Klassengesellschaft) als auch Veränderungen innerhalb der bestehenden Struktur (z. B. Veränderungen der sozialen Schichtung) auch in Teilbereichen (z. B. Wirtschaft, gesellschaftl. Institutionen, Ideologien).

sozialer Wohnungsbau, durch öffentl. Mittel geförderter Bau von Wohnungen, die hinsichtl. Miete bzw. Belastung, Ausstattung und Größe für sozial benachteiligte Bevölkerungsgruppen bestimmt sind.

soziales Jahr →freiwilliges soziales Jahr.

Sozialethik, institutioneller oder allg. gesellschaftl. Rahmen zur moral. Begründung und Beurteilung von menschl. Handlungen. Damit verbindet sich bes. in der Tradition der *evangelischen Soziallehre* das Verständnis, daß jede Ethik S. ist, da eth. Probleme erst im Zusammenleben der Menschen und dessen institutioneller Regelung entstehen.

Sozialfaschismus, 1924 von G. J. Sinowjew entwickelter kommunist. Kampfbegriff zur Bez. der Sozialdemokratie, die als ›Hauptfeind‹ bekämpft wurde.

Sozialgerichtsbarkeit, bes. Zweig der Verwaltungsgerichtsbarkeit, der im *Sozialgerichtsgesetz* (Abk. SGG) vom 3. 9. 1953 (mit späteren Änderungen) geregelt ist. Die Gerichte der S. entscheiden über öffentl.-rechtl. Streitigkeiten in Angelegenheiten der Sozialversicherung, der Arbeitslosenversicherung und der übrigen Aufgaben der Bundesanstalt für Arbeit sowie über die Kriegsopferversorgung; ferner sind die Gerichte der S. zuständig in Angelegenheiten des Kassenarztrechts.

Sozialgeschichte, method. Prinzip, mit dem Gegenstände der Verfassungs-, Wirtschafts-, Ideen- und Politikgeschichte auf ihre gesellschaftl. Trägergruppen, Ursachen und Bedingungen hin untersucht werden.

Sozialgesetzbuch (Abk. SGB), die Zusammenfassung des gesamten Sozialrechts in einem Gesetzbuch. Das S. gliedert sich in folgende Bücher: 1. Allg. Teil (im wesentl. bereits am 1. 1. 1976 in Kraft getreten); 2. Ausbildungsförderung; 3. Arbeitsförderung; 4. Sozialversicherung, deren Allg. Teil bereits am 1. 7. 1977 in Kraft getreten ist; 5. soziale Entschädigung für Gesundheitsschäden; 6. Kindergeld; 7. Wohngeld; 8. Jugendhilfe; 9. Sozialhilfe; 10. Verwaltungsverfahren.

Sozialhilfe, Gesamtheit der im Bundessozialhilfegesetz (BSHG; 1. Fassung 30. 6. 1961) geregelten und früher als öffentl. Fürsorge bezeichneten Hilfen, die einem Menschen in einer Notlage von öffentl. Seite gewährt werden; neben der Sozialversicherung und der Versorgung ein wichtiges Glied im System der sozialen Sicherung in der BR Deutschland. Die S. setzt nur ein, wenn der Bedürftige sich nicht selbst helfen kann und auch keine Hilfe durch andere erhält; sie wird sowohl in Form von Geld und Sachleistungen als auch in Form individueller Betreuung gewährt *(persönl. Hilfe).* Das BSHG unterscheidet 1. die *Hilfe zum Lebensunterhalt,* die ein Existenzminimum ohne Rücksicht auf die Ursache der Bedürftigkeit garantieren soll, und 2. die *Hilfe in besonderen Lebenslagen,* umfassend die Hilfen zum Ausbau oder zur Sicherung der Lebensgrundlage, Ausbildungshilfe, vorbeugende Gesundheitshilfe, Krankenhilfe, Hilfe zur Familienplanung, Hilfe für werdende Mütter und Wöchnerinnen, Eingliederungshilfe für Behinderte, Tuberkulosehilfe, Blindenhilfe, Hilfe zur Pflege, Hilfe zur Weiterführung des Haushalts, Hilfe zur Überwindung bes. sozialer Schwierigkeiten sowie die Altenhilfe. – *Träger* der S. sind städt. und Kreissozialämter *(örtl. Träger)* und von den Bundesländern bestimmte *überörtl. Träger* (Landeswohlfahrtsverbände, Regierungsbezirke, Landschaftsverbände oder die Bundesländer selbst).

Sozialisation [lat.], die Entwicklung, durch die der Mensch zur gesellschaftl. handlungsfähigen Persönlichkeit wird. In der *primären S.* werden Sprache, Denken, Fühlen und Handeln betreffende Persönlichkeitsmerkmale ausgeformt. *Sozialisationsinstanzen* sind alle gesellschaftl. Einrichtungen, die die S.prozesse (bewußt oder unbewußt) steuern und bestimmte Normen und Wertvorstellungen, Ziele und Verhaltensformen vermitteln. Etwa nach Vollendung des 3. Lebensjahres beginnt die *sekundäre S.,* in der das Individuum lebenslang neues soziales Rollenverhalten hinzulernt; Erziehung als bewußtes und abgrenzendes Handeln kann dabei bestimmte Einflüsse des S.prozesses unterstützen, anderen entgegenwirken.

Sozialisierung (Vergesellschaftung), die Übertragung von Eigentum an bzw. Verfügungsgewalt über Produktionsmittel auf kollektive (gesellschaftl.) Instanzen, mit der eine Änderung der Wirtschafts- und Gesellschaftsstruktur angestrebt wird. Unter S. wurde urspr. die Beseitigung des Privateigentums an Pro-

duktionsmitteln verstanden, wogegen heute als S. jede Überführung des Eigentums an Produktionsmitteln aus privater sowohl in öffentl. Hand als auch in Formen der Gemeinwirtschaft bezeichnet wird, die das Eigentum nicht entzieht, sondern nur die Verfügungsrechte der Eigentümer beschneidet.

Sozialismus [zu lat. socialis ›gemeinschaftlich‹], 1. polit. Lehre; 2. Idealbild einer Staats-, Gesellschafts- und Wirtschaftsordnung, die im Ggs. zum individualistisch orientierten Liberalismus auf den kollektiven Grundsätzen von Freiheit, Gleichberechtigung und Solidarität fußt; 3. meist ethisch begründete polit. Bewegung zur Herbeiführung dieser zukunftsorientierten Zielutopie durch die Neugestaltung der bestehenden sozialen Verhältnisse (staatl. Kontrolle der Wirtschafts- und Eigentumsstruktur, gesellschaftl. wie betriebl. Mitbestimmung, Mindestmaß an sozialer Sicherung, Internationalismus). Seit Antike und MA kannte man v. a. über religiöse und jurist. Wertvorstellungen vergleichbares Gedankengut. Am Anfang des 19. Jh. wurde der S. jedoch nach Aufklärung und Frz. Revolution von 1789 in Zusammenhang mit der einsetzenden Industrialisierung (Entfaltung der kapitalist. Produktionsweise mit Entstehung der ›sozialen Frage‹) zum kämpferischen Oberbegriff. Die intellektuellen und prakt. Experimente des sog. *Vor-* und *Frühsozialismus* (F. Babeuf, H. de Saint-Simon, C. Fourier, L. Blanc, R. Owen, W. Weitling, Moses Heß [* 1812, † 1875]) leisteten vor 1848 einen gewichtigen Beitrag zur Einführung eigentumsfreier genossenschaftl. Produktions- und Konsumformen *(genossenschaftl. S.).* Ihnen fehlte aber die genaue Analyse der zeitgenöss. ökonom. wie gesellschaftl. Rahmenbedingungen, wie sie seit den 1840er Jahren von F. Engels und K. Marx (›Zur Kritik der polit. Ökonomie‹, 1859) als sog. *wissenschaftl. S.* niedergelegt wurde (→ Marxismus). Deren Modell erachtete einen Prozeß des Ringens um die ›Diktatur des Proletariats‹ wegen der als spannungsreich prognostizierten wirtschaftl. Entwicklung für unumgänglich. Dem S. wurde darin allerdings nur die Rolle einer Übergangsphase zw. Klassengesellschaft (Kapitalismus) und klassenloser Gesellschaft (→ Kommunismus) eingeräumt. In der Verbindung mit der umfassenden Herrschaft der mit einer staatl.-ökonom. Bürokratie eng verzahnten Partei der Arbeiterklasse (nach Lenin die ›Speerspitze des Proletariats‹) bildete dieses Axiom bis in die frühen 1990er Jahre die Grundlage des sog. *real existierenden S.* der sozialist. Staaten. Der anarchistisch geprägte *libertäre S.* propagiert dagegen die direkte revolutionäre Auflösung des Herrschaftsinstrumentes ›Staat‹ zugunsten einer basisdemokrat. Selbstverwaltung frei assoziierter Kommunen (Rätedemokratie). Bereits noch zu Lebzeiten Marx' entstanden aber im polit. Denken Stephan Borns (* 1824, † 1898) und F. Lassalles, im Revisionismus Eduard Bernsteins (* 1850, † 1932) oder im Umkreis der Fabian Society krit. Alternativen für eine gewaltfreie und evolutionäre Ausbildung einer sozialist. Ordnung. Auf ihnen beruht letztlich der *demokrat. S.* der reformistisch eingestellten sozialdemokrat. wie sozialist. Parteien. Dieser garantiert in den parlamentar. Demokratien W-Europas die uneingeschränkte Gültigkeit der Grundrechte aller Bürger, verzichtet angesichts des Anschwungs nach 1945 unter teilweise erhebl. Abstrichen vom traditionellen Sozialisierungsprogramm aber auf die Überwindung des Kapitalismus (z. B. Godesberger Grundsatzprogramm der SPD 1959). Die anhaltende Faszination des Schlagwortes S. verdeutlicht nicht zuletzt dessen Verwendung und Mißbrauch über die unterschiedl. polit. Lager hinweg, etwa als *christl. S.* (J. Wichern, A. Stoecker, Adam Stegerwald [* 1874, † 1945], ›Bund religiöser Sozialisten in Dt.‹, 1926) ebenso wie als *nat. S.* (F. Naumann, O. Spengler, A. Moeller van den Bruck) und als ›Kathedersozialismus‹ liberalbürgerl. Sozialreformer vor 1900 (G. Schmoller, L. Brentano). Infolge der sowjet. Politik des wirtschaftl. und polit. Wandels unter Präs. M. Gorbatschow (seit 1985) vollzog sich in den ehemaligen Ostblockstaaten eine revolutionäre, jedoch meist unblutige Abkehr vom sozialist. Modell; die Öffnung zugunsten liberal-marktwirtschaftl. Ideen erfolgte aber gegen teilweise erhebl. Widerstand (u. a. Staatsstreich gegen Gorbatschow im Aug. 1991).

Sozialistengesetz [lat./dt.], Bez. für das (nach 2 von Bismarck den Sozialdemokraten angelasteten Attentaten auf Kaiser Wilhelm I.) am 21. 10. 1878 vom Reichstag verabschiedete Ausnahmegesetz ›gegen die gemeingefährl. Bestrebungen der Sozialdemokratie‹. Es sollte die sozialdemokrat. Parteiorganisation im Dt. Reich durch Versammlungs-, Organisations- und Publikationsverbot zerschlagen und wurde bis 1890 regelmäßig verlängert.

Sozialistische Arbeiter-Internationale, Abk. SAI, → Internationale.

Sozialistische Einheitspartei Deutschlands, Abk. SED, 1946–89 Staat und Gesellschaft beherrschende Partei der DDR, entstanden durch den Zusammenschluß von KPD und SPD in der SBZ im April 1946; zunächst parität. mit Sozialdemokraten und Kommunisten besetzt (Partei-Vors.: W. Pieck und O. Grotewohl), bis 1955 nach dem Vorbild der KPdSU umgewandelt (mit vom Parteitag gewähltem Zentralkomitee [ZK], dessen ständige Organe Politbüro und Sekretariat unter dem Generalsekretär die eigtl. Machtzentrale bildeten). Nach Massenfluchten und Demonstrationen drohte die SED in der DDR im Spätjahr 1989 zu zerfallen. Ein außerordentl. Parteitag beschloß Veränderungen in der Parteistruktur, wählte am 8. 12. G. Gysi zum Vors. und änderte den Namen zunächst in SED – Partei des Demokrat. Sozialismus (SED-PDS); im Febr. 1990 erfolgte die Umbenennung in → Partei des Demokratischen Sozialismus. Generalsekretäre (1953–76 1. Sekretär gen.): W. Ulbricht (1950–71), E. Honecker (1971–89), E. Krenz (1989).

Sozialistische Internationale, Abk. SI, → Internationale.

sozialistische Parteien, i. w. S. alle Parteien, die sich auf die Ideen des → Sozialismus berufen; i. e. S. und mit überwiegenden Sprachgebrauch der Parteien, die dem *demokrat. Sozialismus* verpflichtet sind und heute größtenteils in der Sozialist. Internationale zusammengeschlossen sind.

Die 1889 gegr. 2. Internationale vereinigte in sich die unterschiedlichsten sozialist. Gruppierungen. Unter den s. P. in Europa beeinflußten v. a. 4 nat. Parteien die sozialist. Parteibildungen in anderen Ländern: 1. Die → Sozialdemokratische Partei Deutschlands beeinflußte stark die Bildung der s. P. in Österreich-Ungarn (→ Sozialdemokratische Arbeiterpartei Österreichs), in der Schweiz (→ Sozialdemokratische Partei der Schweiz), in Nordeuropa und in den USA. 2. Der frz. Sozialismus, dessen Vielgestaltigkeit auch nach dem Zusammenschluß der verschiedenen sozialist. Gruppen in der → Section Française de l'Internationale Ouvrière (SFIO; 1905) erhalten blieb und in dem der Marxismus keine dominierende Bedeutung erlangte, wirkte stark auf die Bildung s. P. in Spanien, Italien und Belgien. 3. Die 1900/06 entstandene brit. → Labour Party, in der der Marxismus gleichfalls keine zentrale Bedeutung hatte, beeinflußte die Bildung der s. P. in Irland sowie in Australien und Neuseeland. 4. Die 1898 gegr. Sozialdemokrat. Arbeiterpartei Rußlands (SDAPR) wirkte beispielhaft auf die Bildung s. P. in Serbien, Bulgarien und Rumänien vor

1914. Der von Lenin seit 1903 geprägte Typus der kommunist. Kaderorganisation wurde zum Vorbild der → kommunistischen Parteien.

Ostmitteleuropa: Die Geschichte der tschech. Sozialisten war von ihren Anfängen 1878 bis zur Gründung der *Tschechoslowakei* 1918 eng mit der Entwicklung der Sozialdemokrat. Arbeiterpartei Österreichs verbunden. Die 1918 gegr. Tschechoslowak. Sozialdemokrat. Arbeiterpartei war 1920–26 und 1929–38 an Koalitionsregierungen beteiligt; 1945 wiedergegründet, 1948 mit der KPČ zwangsweise zusammengeschlossen. In den deutschsprachigen Gebieten der ČSR wurde 1919 die Dt. Sozialdemokrat. Arbeiterpartei gegründet (1929–38 in der Regierung vertreten). 1990 Gründung einer neuen sozialist. Partei. In *Ungarn,* wo sich die sozialist. Gruppen erst 1890 auf ein gemeinsames Programm einigten, ging nach Gründung der Räterepublik (1919) die Mehrheit der Sozialdemokraten zu den Kommunisten über; 1948 unter sowjet. Druck Vereinigung mit den Kommunisten. Nachdem sich die KP 1990 aufgelöst hatte, wurde eine neue sozialist. Partei gegründet. Die s. P. in *Polen* entwickelten sich entsprechend der Dreiteilung des Landes. Der 1892 im russ. Teil gegr. Poln. Sozialist. Partei (PPS) schlossen sich 1918 nach Abspaltung des linken Flügels die poln. s. P. Galiziens und Preußens an; 1948 mit der KP Polens zur Poln. Vereinigten Arbeiterpartei (PZPR) verschmolzen. 1990 löste sich die PZPR auf, Teile bildeten die Sozialist. Partei.

Skandinavien: In *Dänemark* wurde 1880 der Socialdemokratisk Forbund gegr.; 1924–26 und 1929–42 führend an Koalitionsregierungen beteiligt, blieb nach 1945 die größte Partei. In *Schweden* wurde die 1889 gegr. Sozialdemokrat. Arbeiterpartei nach dem 1. Weltkrieg zur stärksten Partei und bildete meist die Regierung. In *Norwegen* war die 1887 entstandene Norweg. Arbeiterpartei mehrheitlich reformistisch; 1921–27 Abspaltung einer linken Minderheit. Die Arbeiterpartei hatte 1935–63 (1940–45 im Exil) die Regierungsverantwortung ununterbrochen inne. In *Finnland* wurde 1899 eine Arbeiterpartei gegründet, die sich 1903 als Demokrat.-Sozialist. Partei Finnlands der 2. Internationale anschloß. Ab 1907 stärkste Fraktion im Reichstag, nach dem 1. Weltkrieg mehrfach Regierungspartei; ab 1966 meist Volksfrontregierungen.

West- und Südeuropa: In den *Niederlanden* ging aus der 1894 gegr. Sociaal-Democratische Arbeiderspartij und anderen Gruppen 1946 die Partij van de Arbeid hervor (1946–58, 1973–77 und 1981/82 Regierungspartei). In *Belgien* bildete die 1885 entstandene Parti Ouvrier Belge (POB) 1940 aufgelöst, 1944 als Parti Socialiste Belge (PSB) wiedergegründet, 1945–49 Regierungspartei, in den 1960er und 1970er Jahren mehrfach Koalitionspartner. In *Spanien* kam es 1879 zur Gründung der marxist. orientierten Sozialist. Arbeiterpartei, aus der 1888 die Partido Socialista Obrero Español (PSOE) Span. Sozialist. Arbeiterpartei, die sich 1889 der 2. Internationale anschloß. Ab 1936 in der Volksfrontregierung, ging ihre Parteiführung nach dem Sieg Francos ins frz., dann mex. Exil. Die seit Anfang der 1970er Jahre in Spanien wiederentstandene PSOE errang im Okt. 1982 die absolute Mehrheit. In *Portugal* spielen die Sozialisten erst seit der Revolution 1974 eine bed. Rolle. Die 1973 gegr. Partido Socialista wurde 1976 (und wieder 1983) stärkste Partei, war bis 1978 und ist erneut seit 1983 Regierungspartei. Die 1974 in *Griechenland* gebildete Panellinio Sosialistiko Kinima (Panhellen. Sozialist. Bewegung, PASOK) war 1981–89 Regierungspartei. In *Italien* 1892 gegr. Partito Socialista Italiano (PSI) schloß 1912 die reformist. Gruppe aus; 1921 Abspaltung der Kommunist. Partei; 1922 Spaltung, 1926 Verbot der PSI. Im Exil entstand die Partito Socialista Italiano di Unità Proletaria (PSIUP), die sich 1947 in den Nenni-Flügel (PSI) und in eine Gruppe unter G. Saragat spaltete, die mit anderen demokrat.-sozialist. Gruppen 1951 die Partito Socialista Democratico Italiano (PSDI) bildete; 1966–69 Wiedervereinigung als Partito Socialista Unificato (PSU).

Sozialistische Partei Österreichs, Abk. SPÖ, österr. sozialdemokrat. Partei; Mgl. der Sozialist. Internationale; gegr. 1945; verstand sich als Nachfolgerin der Sozialdemokrat. Arbeiterpartei Österreichs wie die illegale Organisation der ›Revolutionären Sozialisten‹. 1945–66 an der großen Koalition beteiligt; die Vors. der SPÖ (1945–57 Adolf Schärf [* 1890, † 1965], 1957–67 Bruno Pittermann [* 1905, † 1983]) waren jeweils auch Vizekanzler. Bei Bundespräsidentenwahlen konnten sich bis 1987 die Kandidaten der SPÖ (K. Renner, T. Körner, A. Schärf, F. Jonas, R. Kirchschläger) durchsetzen. 1970–83 war die SPÖ alleinige Regierungspartei unter Bundeskanzler B. Kreisky (Partei-Vors. 1967–83); 1983–87 Regierungskoalition mit der FPÖ, seit 1988 mit der ÖVP unter den Bundeskanzlern F. Sinowatz (1983–86) und F. Vranitzky (seit 1986).

Sozialistischer Deutscher Studentenbund, Abk. SDS, 1946 als Studentenverband der SPD gegr., marxist. orientierter Hochschulverband; propagierte in der 1. Hälfte der 1960er Jahre das Konzept der →neuen Linken; 1969 aufgelöst.

sozialistischer Realismus, Parteirichtlinie der KPdSU für Literatur, bildende Kunst, Musik und Film (beschlossen am 23. 4. 1932), seit 1934 (nach Auflösung aller literar. Gruppierungen) Bestandteil der Satzung des sowjet. Schriftstellerverbandes; nach dem 2. Weltkrieg auch in den Ländern des Warschauer Pakts als Staats- bzw. Parteikunst (bis Ende 1989) verbindlich; in der kurzen Zeit des ›Tauwetters‹ (1956 bis etwa 1965) begann in der Sowjetunion und v. a. in der Tschechoslowakei, in Polen und Ungarn eine Zeit der öffentl. Auseinandersetzung mit den Maximen des s. R. und seinen Konsequenzen für den kulturellen Zustand der betroffenen Länder, die jedoch in erneuten Diskriminierungen endete. – Der s. R. hat den Realismusbegriff des 19. Jh. weitgehend aufgehoben: Realität löst sich auf in Ideologie. Daneben lebte jedoch die sich diesen Normen nicht unterwerfende Kunst ungemein vielfältig im Exil oder im Untergrund der jeweiligen Länder weiter.

Sozialklausel →Miete.

Sozialkunde, das Unterrichtsfach, das der →politischen Bildung dient, auch *Politik* (NRW, Saarland), *Gesellschaftslehre* (Hessen), *Wirtschaft/Politik* (Schl.-H.), *Gemeinschaftskunde* (Grundkurs) bzw. *S./Politik* (Leistungskurs) in Bad.-Württemberg genannt.

Sozialleistungen, Geld-, Sach- und Dienstleistungen, die Personen oder Personengruppen von öffentl.-rechtl. Leistungsträgern oder von Arbeitgebern erhalten und mit denen bestimmte soziale Risiken abgedeckt werden.

Sozialpädagogik →Pädagogik.

Sozialplan, im Arbeitsrecht schriftl. Einigung zw. Arbeitgeber und Betriebsrat über den Ausgleich oder die Milderung wirtschaftl. Nachteile, die Arbeitnehmern infolge einer (geplanten) Betriebsänderung einschließl. einer Betriebsstillegung entstehen; regelt v. a. Abfindungen wegen Entlassung und vorzeitige Ruhegeldleistungen. Von den (unmittelbar und zwingend geltenden) Bestimmungen des S. kann nur zugunsten des Arbeitnehmers abgewichen werden.

Sozialpolitik, Gesamtheit der staatl. und privaten Maßnahmen, die mit Rechtsansprüchen auf Geld-, Sach- oder Dienstleistungen ein Minimum an sozialer Absicherung garantieren. Die private S. kann in kirchl., betriebl., gewerkschaftl. oder auch allg. karitative S. aufgeschlüsselt werden; innerhalb der staatl. S. besteht Arbeitsteilung zw. den verschiedenen Ebenen der öffentl. Hand (Bund, Länder, Gemeinden); v. a. auf kommunaler Ebene (Gesundheitswesen) gibt es eine Zusammenarbeit mit privaten Trägern. Zu den Bereichen der staatl. S. zählen i. w. S. neben der Regelung der Sozialversicherung, -fürsorge und -versorgung die Gesundheits-, Wohnungs-, Beschäftigungs- und Vermögenspolitik.

Geschichte: Die moderne S. entstand als Folge der Verschärfung der sozialen Notlagen im Zuge der Industrialisierung. Sie war Reaktion auf ein mit rascher Verstädterung und Verelendung einhergehendes Bevölkerungswachstum, auf die Politisierung der sich daraus ergebenden Probleme und das Entstehen der Arbeiterbewegung. Diese als Systembedrohung wahrgenommene Situation ließ die Abkehr von der bislang allenfalls karitativen S. ratsam erscheinen; der Ausbau der Staatsverwaltung erlaubte staatl. Reglementierungen der Arbeitswelt und sog. Fabrikinspektionen (Vorläufer der Gewerbeaufsichtsämter). Um 1920 verfügte die Mehrzahl der westeurop. Länder über ein unterschiedlich dicht ausgebautes Sicherungsnetz. In Deutschland bestanden seit Bismarck Pflichtversicherungen gegen Krankheit (1883), Berufsunfälle (1884) sowie Invalidität und Alter (1889); in den Jahren der Weimarer Republik trat den Ausbau (gesetzl. Anerkennung von Tarifverträgen, 1918; Arbeitslosenversicherung, 1927) neben die v. a. durch die Weltwirtschaftskrise bedingte Beschneidung der S., die nach 1933 zum Willkürinstrument der nat.-soz. Ideologie geriet (Mutterschaftsprämien, Ausgrenzung der Opfer des nat.-soz. Terrors); die BR Deutschland räumt dem Sozialstaatsprinzip Verfassungsrang ein (Art. 20. GG).

Sozialprodukt, zusammengefaßtes Produktionsergebnis einer Volkswirtschaft in einer bestimmten Periode, das über die Konten der →volkswirtschaftlichen Gesamtrechnung ermittelt wird. Die Wertsumme aller im Inland erzeugten Güter und Dienstleistungen ist das *Bruttoinlandsprodukt zu Marktpreisen* (ohne Abschreibungen das *Nettoinlandsprodukt zu Marktpreisen*). Durch Addition der Einkommen von Inländern im Ausland und Subtraktion der Einkommen von Ausländern im Inland erhält man das *Bruttosozialprodukt zu Marktpreisen.* Zieht man davon als Äquivalent für die Ersatzinvestitionen die Abschreibungen ab, ergibt sich das *Nettosozialprodukt zu Marktpreisen.* Aus dem Abzug der indirekten Steuern und der Addition der vom Staat geleisteten Subventionen resultiert das **Volkseinkommen,** das sich von der Verwendungsseite auch als Summe der Einkommen aller Inländer darstellt.

Sozialpsychologie, Wiss., die sich mit den sozialen Einflüssen auf die Entwicklung und das Verhalten eines Individuums sowie den Rückwirkungen dieses Verhaltens auf die Gesellschaft befaßt.

Sozialstaat, ein Staat, der (gemäß seiner Verfassung) soziale Sicherheit, Chancengleichheit und Gerechtigkeit anstrebt, im Ggs. zum →Wohlfahrtsstaat die Existenzsicherung jedoch an die individuelle Leistungsfähigkeit und Lage koppelt (→Subsidiaritätsprinzip). In der dt. Geschichte wurde ein solches **Sozialstaatsprinzip** erstmals im GG (Artikel 20 und 28) verankert. Dieses S.prinzip wird als Erweiterung des Rechtsstaatsprinzips um eine soziale Komponente interpretiert.

Sozialverhalten (soziales Verhalten), Sammelbez. für Verhaltensformen von Tieren, die in Gruppen leben, sowie vom Menschen als sozialem Wesen. Soziale Verhaltensweisen sind z. B. die Kind-Eltern-Beziehungen, Rangordnungs- und Statusbeziehungen sowie Sexual- und Aggressionsverhalten. Ein wesentl. Teil des S. dient der sozialen Verständigung bzw. Kommunikation. Dem tier. Kommunikationsverhalten dienen opt., akust. oder chem. Verständigungsmittel, z. B. bestimmte Körperbewegungen, Lockrufe und Warnlaute oder das Absetzen von Duftmarken. Das S. der Tiere wird zwar weitgehend instinktiv gesteuert und durch bestimmte Signale veranlaßt, doch spielen (bes. bei höherentwickelten Tieren) auch soziale Lernprozesse eine bed. Rolle. Das S. des Menschen wird auch durch kulturelle Symbole (v. a. in sprachl. Hinsicht) und Normen gesteuert.

Sozialversicherung, öffentl.-rechtl., genossenschaftl. Vorsorge gegenüber Lebens- und Beschäftigungsrisiken. In der BR Deutschland gilt das *Solidaritätsprinzip:* Die Beitragshöhe richtet sich nach dem jeweiligen wirtschaftl. Leistungsvermögen des Versicherten, die Leistungen werden jedoch z. T. unabhängig von der Beitragshöhe gewährt. Versicherungszweige: → Krankenversicherung, → Rentenversicherung (unterteilt in Angestelltenversicherung und Arbeiterrentenversicherung), → Altershilfe für Landwirte, → Unfallversicherung, → Arbeitslosenversicherung, Knappschaftsversicherung (Kranken- und Rentenversicherung) für alle Arbeitnehmer in knappschaftl. Bergbaubetrieben.

Österreich: 1887 Arbeiterunfall-, 1888 Arbeiterkrankenversicherungsgesetz, 1906 Pensionsversicherung für Angestellte, Ende der 1930er Jahre Altersversicherung für Arbeiter; seit 1956 zusammengefaßt im Allg. Sozialversicherungsgesetz.

Schweiz: Bundesgesetze 1911 über die Kranken- und Unfall-, 1946 Alters- und Hinterlassenen-, 1951 Arbeitslosen- und 1959 Invalidenversicherung.

Sozialwahlen, Bez. für die alle 6 Jahre stattfindenden Wahlen zu den Selbstverwaltungen der Renten-, Kranken- und Unfallversicherungen.

Sozialwissenschaften (Gesellschaftswissenschaften), die Wiss., deren Untersuchungsgegenstand das Verhältnis von Mensch und Gesellschaft ist. Ganz oder teilweise lassen sich unter dem Begriff S. einordnen: Soziologie, polit. Wiss., [Sozial- und Kultur]anthropologie, Ethnologie, Pädagogik, [Sozial]geschichte, [Sozial]psychologie, [Sozial]philosophie, Sprach- und Kunstwiss., Wirtschafts- und Rechtswissenschaften.

Sozialwohnungen, nach dem 20. 6. 1948 bezugsfertig gewordene Wohnungen, für deren Bau öffentl. Mittel verwendet wurden und die nur gegen ein Entgelt zur Deckung des laufenden Aufwands (Kostenmiete) vermietet werden dürfen.

Sozietät [lat.], eine v. a. bei Angehörigen freier Berufe (Ärzte, Rechtsanwälte) häufige, zur gemeinschaftl. Berufsausübung gebildete Gesellschaft des bürgerl. Rechts.

Soziolinguistik [lat.], Teilgebiet der Sprachwiss. mit der Aufgabe, die sozialen Bedingungen sprachl. Unterschiede und Veränderungen zu erforschen.

Soziologie [lat./griech.], Wiss., die die Bedingungen und Formen menschl. Zusammenlebens, die komplexen Struktur- und Funktionszusammenhänge der Gesellschaft und ihrer Institutionen in der geschichtl. Entwicklung und in der Gegenwart systemat. untersucht und beschreibt.

Sp, Abk. für → Siedepunkt.

Spa, belg. Heilbad in den Ardennen, 10 000 E. Spielbank; Mineralquellen. – Die **Konferenz von Spa** zur Regelung der Entwaffnungs- und Reparationsfrage (5.–16. 7. 1920) endete nahezu ergebnislos.

Spaak, Paul Henri [frz. spak, niederl. spa:k], * Schaerbeek 25. 1. 1899, † Brüssel 31. 7. 1972, belg. sozialist. Politiker. Wiederholt Außen-Min.; Mai 1938 bis Febr. 1939, März 1946, 1947–49 Min.-Präs.; förderte entscheidend die Bildung von Benelux und setzte sich

für die europ. Einigung unter Einschluß von Großbrit. ein; leitete 1950–55 den Internat. Rat der Europ. Bewegung; 1957–61 Generalsekretär der NATO.

Spacelab [engl. 'speɪslæb ›Raumlabor‹], von der europ. Weltraumorganisation ESA in Zusammenarbeit mit der NASA entwickeltes Raumlabor, das mit Hilfe eines Raumtransporters (Space shuttle) 1983 erstmals in eine Erdumlaufbahn gebracht wurde (D-1-Mission). 1992 fand ein weiterer Flug statt (D-2-Mission).

Space shuttle [engl. 'speɪs 'ʃʌtl] → Raumtransporter.

Spadolini, Giovanni, * Florenz 21. 6. 1925, italien. Politiker. Historiker und Journalist; seit 1979 Polit. Sekretär des Partito Repubblicano Italiano; Juni 1981–Dez. 1982 Min.-Präs., 1983–87 Verteidigungsmin., seit 1987 Senatspräsident.

Spalatin, Georg, eigtl. G. Burckhardt, * Spalt (Mittelfranken) 17. 1. 1484, † Altenburg 16. 1. 1545, dt. reformator. Theologe. Geschichtsschreiber des sächs. Kurfürsten Friedrich III., des Weisen; 1517–22 Förderer Luthers; Mitorganisator des landesherrl. Kirchenregiments; wichtiger Verbindungsmann zw. Luther, Melanchthon und dem Kurfürsten.

Spalier [lat.-italien.], 1. im Garten- und Obstbau eine senkrechte Gerüstwand zur Bildung einer ›lebenden Wand‹ aus angehefteten Pflanzen; 2. Anlage von an S.gerüsten befestigten, niedrigstämmigen Zier- oder Obstbäumen, Weinreben, Sträuchern oder Stauden.

Spallation [engl.] (Vielfachzerlegung, Kernzersplitterung), Kernreaktion, bei der aus einem Kern mehrere Nukleonen (Protonen, Neutronen) herausgeschlagen werden und ein schwerer Restkern zurückbleibt.

Spaltfrucht (Schizokarp), bes. bei Doldenblütlern ausgebildete mehrsamige Schließfrucht (→ Fruchtformen).

Spaltfüßer (Spaltfußkrebse, Mysidacea, Schizopoda), Ordnung sehr primitiver Ranzenkrebse mit rd. 450 fast ausschließl. meerbewohnenden Arten; wenige Millimeter bis 35 cm lang; Körper garnelenähnl., schlank, durchscheinend.

Spaltöffnungen, in der Epidermis der grünen, oberird. Organe (krautige Sproßachsen, Laub- und z. T. auch Blütenblätter) der Farn- und Samenpflanzen in meist großer Anzahl (bis zu mehreren tausend pro mm^2) auftretende Strukturen aus zwei Schließzellen, die zw. sich einen Spalt einschließen, der eine Verbindung zw. Außenluft und Interzellularsystem der Pflanze herstellt; zur Regelung des Gasaustauschs (Kohlendioxidaufnahme und Sauerstoffabgabe).

Spaltprodukte, die bei → Kernspaltung als Bruchstücke auftretenden radioaktiven Atomkerne und ihre Folgekerne, v. a. mit Massenzahlen um 95 (*leichte S.,* z. B. Sr 90) und 135 (*schwere S.,* z. B. I 131 und Cs 137).

Spanferkel, im allg. bis zu drei Wochen altes, noch saugendes Ferkel.

Spaniels [frz.-engl.], v. a. in England und Amerika herausgezüchtete Rassengruppe etwa 40–60 cm schulterhoher Stöberhunde.

Spanien (amtl. Kgr. S.), Staat in Europa, grenzt im N an den Atlantik, an Frankreich und Andorra, im O und SO an das Mittelmeer, im S an Gibraltar, im W an Portugal und den Atlantik. Zu S. gehören außerdem die Kanar. Inseln, die Balearen, Melilla und Ceuta sowie einige kleinere Inseln.

Landesnatur: Den Kernraum bildet die Hochfläche der Meseta. Sie wird vom Kastil. Scheidegebirge (in der Sierra de Gredos 2 592 m) in N- und S-Meseta unterteilt. Fast allseits wird die Meseta von Randgebirgen umgeben, die meerwärts nur schmalen Küstentiefländern Raum geben. Die Gebirgsumrahmung bil-

Spanien

Fläche: 504 750 km²
Einwohner (1991): 39,2 Mio.
Hauptstadt: Madrid
Verwaltungsgliederung: 17 autonome Regionen
Amtssprache: Spanisch
Nationalfeiertage: 24. 6. und 12. 10.
Währung: 1 Peseta (Pta.) = 100 Céntimos (cts)
Zeitzone: MEZ

Spanien

Staatsflagge

Staatswappen

Bevölkerungsverteilung

Land 23 %
Stadt 77 %

Erwerbstätige

Dienstleistung 49 %
Landwirtschaft 18 %
Industrie 33 %

den im N die Pyrenäen und das Kantabr. Gebirge, im O das Iber. Randgebirge, im S die Sierra Morena bzw. die Bet. Kordillere (im Mulhacén 3 478 m hoch). In Süd-S. liegt das Guadalquivir-, in Nordost-S. das Ebrobecken. Mit Ausnahme des Nordens hat S. ein sommertrockenes mediterranes Klima. Im N finden sich Eichen-, Buchen- und Edelkastanienwälder, im sommertrockenen Bereich prägen Steineichen- und Kiefernwälder das Landschaftsbild.

Bevölkerung: Sie spricht zu 63 % Spanisch (Kastilisch), zu 24 % Katalanisch, zu 10 % Galicisch und zu 3 % Baskisch. 99,9 % der E sind Katholiken. Es besteht allg. Schulpflicht von 6–14 Jahren. S. verfügt über 34 Universitäten.

Wirtschaft, Verkehr: Während im N kleinbäuerl. Betriebe vorherrschen, findet sich im S extensiv bewirtschafteter Großgrundbesitz. Im Trockenfeldbau werden Ölbäume, Feigen- und Mandelbäume kultiviert. Haupterzeugnisse der Landwirtschaft sind Getreide, Hülsen- und Zitrusfrüchte, Olivenöl, Wein, Zuckerrüben, Gemüse, Baumwolle und Tabak. 51 % der Gesamtfläche wird von Wald eingenommen. Wirtschaftl. bed. ist die Korkeiche. Die wichtigsten Bergbauprodukte sind Kohle, Eisen-, Kupfer-, Blei-, Zink-, Zinn- und Manganerze, Quecksilber, Pyrit, Phosphate, Stein- und Meersalz. Die wichtigsten Ind.-zweige sind Metallurgie, Schiff- und Maschinenbau, chem., pharmazeut., Textil-, Bekleidungs-, Zement- und Nahrungsmittelindustrie. Ein bed. Erwerbszweig ist der Fremdenverkehr. Von den rd. 12 691 km Schienennetz sind 6 226 km elektrifiziert. Das Straßennetz hat eine Länge von 318 225 km. Die wichtigsten Häfen sind Bilbao, Cartagena, Gijón und Barcelona. Internat. ✈ sind Madrid und Barcelona.

Geschichte: *Antike und Völkerwanderung:* Wahrscheinl. noch während des Neolithikums wanderten die Iberer von Afrika her nach S. ein. Von etwa 1100 v. Chr. bis ins 6. Jh. v. Chr. setzten sich die Phöniker entlang der gesamten S-Küste fest. Seit dem 7. Jh. v. Chr. griff auch die griech. Kolonisation nach S. über. Seit der Mitte des 6. Jh. v. Chr. gerieten weite Teile unter karthag. Herrschaft; nach dem 2. Pun. Krieg (218–201) mußte Karthago sein gesamtes span. Gebiet an Rom abtreten. – Bis in die Zeit des Augustus dehnten die Römer ihre Herrschaft über die ganze Pyrenäenhalbinsel aus. 409 n. Chr. strömten Sweben, Alanen und Vandalen nach S. ein, kurz darauf auch die Westgoten, die in S-Frankreich und Spanien das 475 von Rom unabhängige Tolosan. Reich errichteten. Nach dem Sieg des Frankenkönigs Chlodwig I. über die Westgoten (507) beschränkte sich deren Reich auf Spanien, wo sie sich nach ihrem Übertritt vom arian. zum kath. Bekenntnis an die hispanoroman. Bevölkerung assimilierten. Ihre Herrschaft endete mit dem Eingreifen der in Thronstreitigkeiten zu Hilfe gerufenen nordafrikan. Mauren, die das Heer des Thronkandidaten Roderich (Rodrigo) 711 bei Jerez de la Frontera schlugen. In wenigen Jahren unterwarfen sie fast ganz S., ledigl. im N konnten sich christl. Kleinreiche behaupten.

Das maurische Spanien und die Zeit der Reconquista: Seit 756 bildete das muslim. S. das polit. selbständige Emirat (ab 929 Kalifat) von Córdoba unter der Dynastie der Omaijaden. Unter wirtschaftl. und kulturellen Gesichtspunkten bedeutete die gegenüber Juden und Christen weitgehende Toleranz übende muslim. Herrschaft eine Blütezeit, wie sie S. bis in die Moderne nicht wieder erlebt hat (→ auch Averroes, →Córdoba, →Granada). 1030 zerfiel das Kalifat nach dem Sturz des letzten Omaijaden in eine Reihe von Teil-Ft. (arab. Taifa), die in der Folgezeit ein Opfer der christl. Reconquista wurden.

Das früheste christl. Herrschaftszentrum seit dem Untergang des Westgotenreichs lag in *Asturien,* von wo die christl. Reconquista unter König Pelayo 722 ihren Ausgang nahm. – Im Pyrenäenraum stieg die Gft. *Barcelona* als ein Teil der zu Beginn des 9. Jh. eingerichteten Span. Mark des Fränk. Reiches zu bestimmendem Einfluß in Katalonien auf. Auch *Navarra,* das sich im wesentl. mit dem bask. Siedlungsgebiet deckte, kam im 10./11. Jh. zu einer bed. Staatsbildung. *Kastilien* nahm als selbständiges Kgr. seit 1035 einen raschen Aufstieg (1037 Erwerb Leóns [endgültig 1230]; im Kampf gegen die Mauren [→ auch Cid, el] bis um 1085 Eroberung Neukastiliens). 1236 wurde Córdoba, 1243/66 Murcia, 1248 Sevilla, 1262 Cádiz, 1344 Algeciras, 1462 Gibraltar erobert. Als einziges muslim. Reich in S. konnte sich Granada behaupten. In *Aragonien,* ebenfalls seit 1035 selbständig, gelang es den Königen, den Muslimen Zaragoza zu entreißen (1118), den Herrschafts- bzw. Siedlungsbereich bis zum Ebro auszuweiten, 1137 durch Heirat Katalonien zu erringen, 1229–87 die Balearen, etwa 1238 Valencia zu erobern und Sizilien (1282), Sardinien (1323–25) und Neapel (1442) zu erwerben. In ihrer inneren Struktur waren die aragones. Reiche – in deutl. Unterschied zu den unitar. Tendenzen Kastiliens – föderalist. organisiert (eigene Verfassungs- und Sozialordnung in Aragonien, Katalonien und Valencia.

Spanien unter dem Kath. Königspaar und den Habsburgern (1479–1700): Nach jahrhundertelangen Rivalitäten wurden die beiden Kgr. Kastilien und Aragonien als Folge der Heirat Isabellas I. von Kastilien-León (⚭ 1474–1504) und Ferdinands II. von Aragonien (⚭ 1479–1516) nach dem Kastil. Erbfolgekrieg 1479 in einer Personalunion vereinigt, blieben jedoch in ihrer jeweils bes. Verfassungs- und Sozialordnung erhalten. Wichtigstes polit. Werkzeug des Kath. Königspaares war die →Inquisition, die einzige gemeinsame Verfassungsinstitution der beiden Reiche. Für die äußere Staatenbildung Spaniens war zunächst der Abschluß der Reconquista mit der Eroberung Granadas (1492) wichtig. Die Entdeckung Amerikas durch Kolumbus im gleichen Jahr sowie der Vertrag von →Tordesillas (1494) schufen die Grundlagen für die überseeischen Reiche der Krone Kastiliens. Nach dem Tode Ferdinands II. (1516) wurde dessen Enkel Karl, Sohn Johannas der Wahnsinnigen und Philipps des Schönen von Burgund, span. König. Von mütterl. Seite Erbe der span. Reiche, war Karl I. von väterl. Seite zugleich Herr der habsburg. Besitzungen in Österreich und Burgund einschließl. der Niederlande. 1519 wurde er überdies als Karl V. zum Röm. König gewählt. In der 2. Hälfte des Jh. war S. die bedeutendste europ. Macht, obwohl die Kaiserwürde bei den dt. Habsburgern lag. Die Conquista eroberte riesige Gebiete in Nord-, Mittel- und Südamerika (→spanische Kolonien). Die Wirtschaft nahm einen Aufschwung. Philipp II. konnte 1559 gegenüber Frankreich im Frieden von Cateau-Cambrésis die span. Vorherrschaft in Italien (unter Karl V. um Mailand erweitert) wie in ganz Europa behaupten (abgesehen von den zunächst unterschätzten aufständ. niederl. Generalstaaten). Mit dem Seesieg von Lepanto (1571) wurde die Seeherrschaft der Osmanen im westl. Mittelmeer gebrochen. Die Annexion Portugals mitsamt seinen überseeischen Kolonien (1580) legte den Grund für die Verlagerung der Außenpolitik auf den atlant. Raum mit dem Hauptgegner England (offene Konfrontation 1588; → Armada). – Das Jh. vom Tode Philipps II. (1598) bis zum Aussterben der span. Habsburger (1700) war für S. eine Epoche des Niedergangs. 1648 mußte S., das auf seiten der österr. Habsburger in den Dreißigjährigen Krieg eingegriffen hatte, die Unabhängigkeit der niederl. Generalstaaten und ihrer Kolonien anerkennen. 1640 riß sich Portugal wieder los. Hinzu kam der Niedergang der span. Herrschaft in Übersee: Niederländer, Franzosen und Engländer brachen tief in das span. Kolonialreich ein, seit der Mitte des Jh. dominierte die engl. Flotte im Atlantik.

Spanien unter den ersten Bourbonen (1700–1808): Im → Spanischen Erbfolgekrieg (1701–13/14) konnte der Bourbone Philipp V. (⚭ 1700–46) sein Königtum behaupten, sein Herrschaftsbereich wurde auf Kastilien (unter Verlust Gibraltars an Großbritannien), Aragonien und die amerikan. Reiche beschränkt (Verlust der sog. span. Nebenländer, der span. Niederlande, Mailands, Neapel-Siziliens und Sardiniens im wesentl. an Österreich). Die Zentralverwaltung wurde ausgebaut und in ihrer Effektivität verbessert. Grundlage der bourbon. Außenpolitik war der Neuaufbau von Heer und Flotte; bereits um die Mitte des 18. Jh. war S. wieder eine der stärksten Seemächte Europas. Wichtigster Bündnispartner war seit den Bourbon. Familienpakten (1733, 1743, 1761) Frankreich (mit kurzer Unterbrechung im 1. Koalitionskrieg). Die daraus folgenden verlustreichen Auseinandersetzungen mit Großbrit. und Portugal (Vernichtung der frz.-span. Flotte bei Trafalgar, 1805) führten zur Abhängigkeit von Frankreich; 1808 zwang Napoleon I. Ferdinand VII. zum Thronverzicht und machte seinen Bruder Joseph zum König von Spanien.

Von der frz. Fremdherrschaft bis zur Republik (1808–74): Am 2. 5. 1808 brach in Madrid ein Aufstand aus, der sich zum span. Unabhängigkeitskrieg ausweitete. 1812 verabschiedeten die in Cádiz zusammengetretenen Cortes eine Verfassung, die von nat. und liberalem Geist geprägt war. 1814 kehrte Ferdinand VII. (⚭ 1814–33) zurück, weigerte sich jedoch, auf die Verfassung von 1812 den Eid abzulegen, und regierte absolutistisch mit Unterstützung konservativer Kreise. Unter ihm gingen die spanischen Kolonien in Lateinamerika bis auf Kuba und Puerto Rico verloren. Thronfolger Ferdinands VII. war seine Tochter Isabella II. Der jüngste Bruder Ferdinands, Carlos, erkannte jedoch die weibl. Erbfolge nicht an und ließ sich als Karl V. zum Gegenkönig ausrufen. Der folgende blutige Bürgerkrieg (→ Karlisten; 1833–39) entschied den Thronfolgestreit zugunsten Isabellas (⚭ 1833–68). Die wegen ihrer klerikal-absolutist. Neigungen bei fast allen Parteien verhaßte Königin wurde 1868 durch eine Revolte radikal-liberaler Militärs gestürzt. Der im Nov. 1870 von den Cortes zum König gewählte Amadeus, der Sohn König Viktor Emanuels II. von Italien, verzichtete angesichts eines neuen Karlistenkrieges (1872–76) 1873 auf den Thron. Alfons, der Sohn Isabellas, wurde im Dez. 1874 durch einen Generalsputsch zum König proklamiert (Alfons XII.; ⚭ 1875–85).

Von der Restauration bis zum bourbon. Exil (1875–1931): Das polit. System der Restauration war durch eine enge Verbindung liberaler und konservativer Prinzipien im Interesse von Landbesitz und Industriebürgertum bestimmt. Weder die Landbevölkerung noch die neu entstandene Ind.arbeiterschaft v. a. Kataloniens wurden in das polit. und gesellschaftl. System integriert. Für die span. Außenpolitik dieser Epoche war der → Spanisch-Amerikanische Krieg

1898, der zum Verlust Kubas, Puerto Ricos und der Philippinen führte, das wichtigste Geschehen. Ersatz für die Verluste von 1898 suchte S. seit 1904 in Marokko. Im 1. Weltkrieg blieb S. neutral. Im Sept. 1923 errichtete M. Primo de Rivera y Orbaneja mit Zustimmung des Königs eine Militärdiktatur; es gelang ihm jedoch nicht, die erwünschte Legitimation durch das Volk zu erreichen (Rücktritt Febr. 1930). Nach einem Wahlsieg der Republikaner im April 1931 verließ Alfons XIII. ohne förml. Abdankung das Land. Unmittelbar darauf wurde die Republik proklamiert.

Die 2. Republik und der Bürgerkrieg (1931–39): Die 2. Republik wollte S. zu einem demokrat. (Verfassung vom Dez. 1931), regionalist. (begrenzte Autonomie für Katalonien) und laizist. Staat umformen, traf aber sowohl bei den Anarchosyndikalisten und revolutionären Marxisten als auch beim Großgrundbesitz und dem Großbürgertum sowie bei der kath. Kirche auf Opposition. 1934 wurde der Trend zur gewaltsamen Auseinandersetzung unverkennbar; er führte 1936 zum Bürgerkrieg. – Im Febr. 1936 errang eine Volksfront aus Linksparteien einschließl. der Kommunisten einen knappen Wahlsieg. Schwere Unruhen erschütterten das Land; die polit. Rechte appellierte immer offener an das Militär, S. vor dem Marxismus zu retten. Am 17./18. 7. 1936 kam es in Marokko zu einer Militärrevolte, die sofort auf das Mutterland übergriff und zum → Spanischen Bürgerkrieg (1936–39) führte. Die Führer des Aufstandes bildeten eine Junta, die im Sept. General F. → Franco Bahamonde zum Chef der nationalspan. Regierung und des span. Staates ernief. Bereits im Nov. 1936 wurde seine Regierung von Deutschland und Italien anerkannt und seitdem polit. wie militär. unterstützt. Anfang 1939 brach die Republik zusammen; am 28. 3. 1939 zogen die nationalspan. Truppen in Madrid ein.

Das Regime Francos (1936/39–75): Das Regime Francos beruhte auf der Verbindung von traditionell konservativen Vorstellungen mit faschist. Prinzipien, letztere v. a. von der Falange verfochten (der Parteiname wurde später vom Begriff ›Movimiento Nacional‹ abgelöst). Widerstand jeder Art wurde mit Hilfe der Guardia civil, notfalls der Armee unterdrückt. Ende der 1950er Jahre wurden mit Hilfe des Internat. Währungsfonds und der OEEC umfassende Stabilisierungs- und Entwicklungsmaßnahmen realisiert, die zum ›span. Wirtschaftswunder‹ führten. Die Reihe der span. Verfassungsgesetze von 1940–67 (u. a. sehr beschränkter Grundrechtskatalog) brachte eine allmähl. Milderung der diktator. Züge des Franco-Regimes, jedoch keinen grundsätzl. Kurswechsel. Parallel dazu regte sich polit. Widerstand (seit 1951 große Streiks v. a. in Katalonien und dem Baskenland; terrorist. Aktionen illegaler Untergrundorganisationen, z. B. der radikalen bask. ETA [seit 1959]). – Seit den 1950er Jahren gab S. nach und nach fast alle seine afrikan. Besitzungen auf (→ spanische Kolonien). – Für die Nachfolge Francos war bereits 1947 die Wiedereinführung der Monarchie vorgesehen worden. Unter den verschiedenen Thronprätendenten der Bourbonen und Karlisten entschied Franco sich für Juan Carlos, den Enkel Alfons' XIII. Seit 1971 war er Stellvertreter des Staatschefs. Zwei Tage nach dem Tode Francos wurde er im Nov. 1975 als Juan Carlos I. zum span. König proklamiert.

Der Weg in die Demokratie (seit 1975): Seit der Ernennung von A. Suárez González zum Min.-Präs. im Juli 1976 kam die Demokratisierung in Gang. Aus den ersten demokrat. Wahlen seit dem Bürgerkrieg im Juni 1977, in denen die beiden Kammern des Parlaments bestimmt wurden, ging die Union des Demokrat. Zentrums unter Suárez González als stärkste Gruppierung, wenn auch ohne absolute Mehrheit, hervor. Eine Verfassung demokrat. Natur wurde am

7. 12. 1978 vom Volk angenommen. Störversuche, die diesen Demokratisierungsprozeß verhindern wollten, fanden von seiten der extremen Linken (Gruppe ›Grapo‹), der extremen Rechten und der ETA statt. Neuwahlen ergaben am 1. 3. 1979 eine relative Mehrheit für die bisherige Regierungspartei. Nach den Wahlen wurden Autonomiestatuten für das Baskenland und Katalonien (sog. Autonome Gemeinschaften) in Volksabstimmungen im Okt. 1979, für Galicien im Dez. 1980 angenommen, während das andalus. Autonomiestatut erst im Jan. 1982 zustande kam. Bis zum Febr. 1983 billigte der Kongreß der Deputierten 13 Autonomiestatuten für das übrige S. (außer Ceuta und Melilla). – Nach zwei Regierungsneubildungen trat Min.-Präs. Suárez González Ende Jan. 1981 von seinem Amt zurück. Vor der Bestätigung des von der Union des Demokrat. Zentrums zu seinem Nachfolger nominierten stellv. Min.-Präs. Leopoldo Calvo-Sotelo (* 1926) kam es zu einem Putschversuch rechtsgerichteter Militärs, der jedoch im wesentl. durch das Eintreten des Königs für die demokrat. Verfassung zusammenbrach. Die Parlamentswahlen 1982 und 1986 brachten den Sozialisten unter Führung von F. González Márquez die absolute Mehrheit im Parlament. Sie bildeten die erste rein sozialist. Regierung Spaniens, die auch durch den denkbar knappen Verlust der absoluten Mehrheit von 1989 nicht gefährdet wurde. Unter ihrer Leitung verblieb S. in der NATO (Referendum März 1986) und wurde mit Beginn desselben Jahres Mgl. der EG.

Politisches System: Konstitutionelle Erbmonarchie (erst männl., dann weibl. Thronfolge im Haus Bourbon-Anjou) mit parlamentar. Regierungssystem; *Verfassung* vom Dez. 1978. *Staatsoberhaupt* ist der König, dem er wesentl. die Funktionen eines republikan. Staatsoberhaupts hat. Die *Exekutive* liegt bei der Regierung; der Min.-Präs. wird vom König nach Beratung mit den von den parlamentar. vertretenen polit. Gruppen bestimmten Repräsentanten vorgeschlagen und vom Kongreß gewählt. Die *Legislative* liegt beim Parlament, das aus dem Kongreß der Deputierten (mindestens 300, höchstens 400 auf 4 Jahre gewählte Abg.) und dem Senat besteht. Der Senat ist die Kammer der territorialen Vertretung, seine Mitglieder werden in den Prov. (jeweils 4 Senatoren in den meisten Prov.) direkt auf 4 Jahre gewählt. *Parteien:* Partido Socialista Obrero Español (PSOE), Partido Popular (PP), Centro Democrático y Social, Democracia Socialista (DS), Partido Comunista Español (PCE); daneben gibt es eine Vielzahl v. a. regionaler Parteien. *Streitkräfte:* rd. 347 000 Mann. – Karte VIII, Bd. 2, n. S. 320.

Spaniolen →Sephardim.

Spaniolisch, svw. →Ladino.

Spanisch, zu der roman. Sprachen gehörende Sprache, die aus dem auf der Iber. Halbinsel gesprochenen Latein (Vulgärlatein) hervorgegangen ist. Unter den Mundarten setzte sich das Kastilische durch und wurde zur verbindl. Schriftsprache. Nach der Eroberung Amerikas wurde S. zur Sprache fast ganz S- und M-Amerikas sowie Mexikos. Es hat heute etwa 250 Mio. Sprecher, davon etwa 37 Mio. in Europa. – Das heutige S. ist u. a. durch folgende Eigenheiten gekennzeichnet: nur 19 konsonant. Phoneme (gegenüber 36 im Italien.), häufiges Vorkommen von Reibelauten. Im S. ist das lat. Element stärker vertreten als in den übrigen roman. Sprachen; während der Westgotenzeit wurden westgot. german. Elemente übernommen; eine Vielzahl von Wörtern ist dem Arab. entlehnt; dazu kommen Entlehnungen aus dem Baskischen, in S-Amerika aus den indian. Sprachen.

Spanisch-Amerikanischer Krieg (1898), Krieg zwischen Spanien als Kolonialmacht auf Kuba, Puerto Rico und den Philippinen sowie den USA, die deren Unabhängigkeitsbewegungen unterstützten. Die span. Flotte wurde in 2 Seeschlachten vernichtet. Im Pariser Frieden vom 10. 12. 1898 wurde Kuba von den USA die Unabhängigkeit zugesichert, während Puerto Rico und die Philippinen in den Besitz der USA übergingen.

Spanische Fliege →Ölkäfer.

spanische Kolonien, der überseeische Besitz Spaniens. Im Laufe des 15. Jh. sicherte sich Spanien die Kanar. Inseln, 1497 in Marokko Melilla sowie 1580 Ceuta. Nach der Entdeckung *Amerikas* durch Kolumbus baute es dort ein Kolonialreich von Florida und Kalifornien bis zur Magalhãesstraße auf. Ab dem 16. Jh. entstanden eine Reihe von Vize-Kgr.: 1535 → Neuspanien, 1543 Peru, 1717/39 Neugranada (→Kolumbien, Geschichte), 1776 Río de la Plata; 1777 wurde das im Tausch gegen Florida und das westl. Louisiane 1763 erworbene Kuba, 1778 Chile Generalkapitanat. Durch die amerikan. Unabhängigkeitsbewegungen verblieb Spanien nur noch Kuba und Puerto Rico, die nach dem Span.-Amerikan. Krieg von 1898 den USA überlassen wurden. Santo Domingo war 1861–65 noch einmal span.; Jamaika war schon 1655/60 an die Engländer verlorengegangen. Im *asiat.-ozean. Bereich* wurden die Philippinen (ab etwa 1571 von den Spaniern besiedelt) 1898 an die USA abgetreten, 1899 wurden die Marshallinseln, die Karolinen und die Palauinseln an das Dt. Reich verkauft. In *Afrika* suchte Spanien seit 1904 für die Verluste in Marokko Ersatz, wo es die Herrschaft über Span.-Marokko (Rifgebiet) jedoch erst 1926 wirkl. sichern konnte (→auch Abd El Krim). 1954 verzichtete es auf die heutige südmarokkan. Prov. Tarfaya, 1956 auf das nordafrikan. Tétouan mit Ausnahme der Häfen Ceuta und Melilla, die im wesentl. das heutige *Span.-Nordafrika* bilden. 1969 trat es die Übersee-Prov. (seit 1958) Ifni ab. Der N-Teil der Westsahara (ehem. Übersee-Prov. Span. Sahara [seit 1958]) wurde 1976 Marokko angegliedert, der S-Teil zunächst Mauretanien (1979 ebenfalls von Marokko besetzt). Span.-Guinea (Übersee-Prov. seit 1959) wurde 1968 als Äquatorialguinea unabhängig.

spanische Kunst, die Kunst auf der Iber. Halbinsel setzt mit altsteinzeitl. Felsbildern in etwa 60 Höhlen in N-Spanien ein (Altamira), die Felsbilder aus der mittleren Steinzeit zeigen Beziehungen zu N-Afrika. Aus den letzten vorchristl. Jahrhunderten stammen die iber. (›Dame von Elche‹, 4. Jh., Madrid, Archäolog. Museum) und kelt. Zeugnisse (›Stiere von Guisando‹ bei Ávila). Die Römer hinterließen die Aquädukte in Mérida und Segovia, die westgot. Kunst bezeugen Santa María de Naranco (ehem. königl. Palast) oder San Miguel de Lillo bei Oviedo sowie Votivkronen. Elemente islam. bzw. maur. Baukunst (Moschee von Córdoba, 785 ff., →Alhambra, 14. Jh.) und Buchmalerei wurden in roman. Zeit (11./ 12. Jh.) von christl. Künstlern aufgegriffen (→mozarabischer Stil). Die Hauptbauten der **Romanik** entstanden an der Pilgerstraße nach Santiago de Compostela, bed. auch die Bauplastik: Portal der Kathedrale von Santiago (1168–1211); Kreuzgang in Santo Domingo de Silos bei Burgos. Auch Wandfresken, u. a. im Portikus von San Isidoro in León (1167–88). In der **Gotik** sind die großen Kathedralen von Cuenca (um 1197 ff.), Burgos (1221 ff.), Toledo (1226 ff.) und León (1255 ff.) frz. beeinflußt, die Kathedralen von Barcelona (1298 ff.), Palma de Mallorca (um 1306 ff.) und Sevilla (1402 ff.) stellen einen spezif. Beitrag der Iber. Halbinsel dar. Im spätgot. **Isabellastil** des 15. Jh. verbinden sich fläm. und dt. Einflüsse mit dem maur. Vorliebe für flächenbezogene Dekorationsprinzipien (z. B. an der Kartäuserklosterkirche von Miraflores bei Burgos, nach 1478 ff., sowie deren Hauptaltar von G. de Siloé, 1496–99; Fassaden der Klosterkirche San

Pablo und des Colegio San Gregorio in Valladolid). In der Plastik wurden erste bis ins Gewölbe reichende monumentale Altarretabel in den Kathedralen von Sevilla (1482–1525) und Toledo (1502 ff.) entwickelt.

spanische Kunst: El Greco, Christus auf dem Ölberg; 1590–95 (London, National Gallery)

Den hispano-fläm. Stil der Malerei des 15. Jh. vertreten Lluis Dalmau (nachweisbar 1428 bis 1460), Jaime Huguet (* um 1418, † 1492), Fernando Gallegos (* um 1440, † nach 1507) sowie als erster Vermittler des Formengutes der italien. Renaissance Pedro Berruguete (* um 1450, † 1504; Hochaltar des Klosters Santo Tomás in Ávila). Der **platereske Stil** des 16. Jh. ist wie der Isabellastil v. a. ein Ornamentstil, er bezieht die Groteske der Renaissance ein: Fassaden der Univ. von Salamanca (um 1525), der Univ. von Alcalá de Hena-

spanische Kunst: José Churriguera, Hauptretabel in S. Esteban in Salamanca; 1693

res (1543), des Klosters San Marcos in León (1533 bis 1541). Bauten der klass. italien. **Renaissance** in Spanien sind der Palast Karls V. auf der Alhambra in Granada (1527 ff.) von Pedro Machuca († 1550) und der → Escorial. Alonso Berruguete (* um 1490, † 1561)

orientierte sich mit seiner Plastik an Michelangelo, in der Malerei war der ab 1577 in Toledo tätige El Greco beherrschend, ein Hauptvertreter des europ. **Manierismus.** Im **Barock** entstanden bed. Rathausplätze (›plazas mayores‹): Madrid, Salamanca. Der span. Dekorationsstil der Barockbaukunst ist der **Churriguerismus.** Während die Bildhauer kaum bekannt wurden, errang die span. Barockmalerei internat. Ruhm: D. Velázquez, B. E. Murillo, J. de Ribera und F. de Zurbarán. Um die Wende des **18. zum 19. Jh.** setzte Goya sowohl als Maler als auch mit seinen graph. Zyklen Maßstäbe, die einen neuen Abschnitt in der europ. Kunst einleiteten. – An der Entwicklung der europ. Kunst im **20. Jh.** haben span. Künstler wesentl. Anteil. Außer A. Gaudí, der seine Jugendstil-Konzepte in Barcelona verwirklichen konnte, arbeiteten die meisten in Frankreich: P. Picasso, J. Gris, Julio González (* 1876, † 1942; Erneuerer der Eisenskulptur), S. Dalí, J. Miró, A. Tàpies und Eduardo Chillida (* 1924), dessen Eisenplastiken von wesentl. Bed. für die zeitgenöss. Bildhauerkunst sind.

spanische Literatur,

Mittelalter (12.–15. Jh.): Bedeutendstes überliefertes *Heldenepos* ist ›Poema del Cid‹ (entstanden um 1140; →Cid, el). Hauptvertreter der *gelehrten, didakt.-erzählenden Dichtung* war Gonzalo de Berceo (* um 1195, † nach 1264). In der 2. Hälfte des 14. Jh. entwickelte die *Lyrik* eine eigenständige kastil. Kunstsprache. Unter Alfons X. von Kastilien, dessen Gedichte in Galic.-Portugies. (das bis 1350 Sprache der span. Lyrik blieb) abgefaßt sind, begann in Toledo eine rege *Übersetzertätigkeit* aus dem Lat., Arab., Hebr. ins Spanische. Bed. *Chroniken* verfaßten P. López de Ayala und J. Ruiz. Mit der Herstellung der nat. Einheit durch die Vereinigung von Aragonien und Kastilien erhielt die s. L. neue Impulse. Noch im 15. Jh. entstanden wichtige Sammlungen der höf. Lyrik (Cancioneros). Italien.-humanist. Einflüsse verarbeiteten I. López de Mendoza, Marqués de Santillana und Juan de Mena (*1411, † 1456). Das bedeutendste Zeugnis span. Geistes ist die *Volksromanze* (→Romanze) des 15. Jahrhunderts. Während auf dem *Theater* Mysterienspiele, Passions- und Krippenspiele erschienen, wurden philos., päd., jurist. und histor. Schriften verbreitet; bes. berühmt wurde das *Lesedrama* ›Celestina‹ (1499); in den *Ritterromanen* wurde versucht, ideale ritterl. Bewährung in Abenteuer und Minnedienst zu entwickeln.

Siglo de oro (›goldenes Zeitalter‹, 16./17. Jh.): In der Zeit Karls V. erfolgte eine intensive Auseinandersetzung mit der italien. Dichtung und dem italien. Humanismus. Im Ggs. zur frz. gab es in der span. Renaissance jedoch keinen Bruch mit dem MA: Die einheim. lyr. Gattungen des MA wurden weiter gepflegt, die religiöse Tradition lebte in den Dichtungen der Mystiker weiter, der Humanismus stellte sich in den Dienst der Bibelauslegung. Daneben entwickelten sich eigenständige span. Formen: der *Schelmenroman* und die *Comedia.* In der *Lyrik* übernahmen Juan Boscán Almogáver (* um 1493, † 1542) und Garcilaso de la Vega Dichtungsformen (Sonett, Kanzone) und -inhalte F. Petrarcas sowie der italien. Petrarkisten. In der klass. Epoche des Siglo de oro (1556–1681) bildeten sich 2 Lyrikrichtungen heraus: um Fray Luis de Léon (* 1527 oder 1528, † 1591) die Gruppe von Salamanca, um F. de Herrera die Gruppe von Sevilla, die eine Sondersprache der Lyrik anstrebte, weitergeführt von L. de Góngora y Argote (Gongorismus); im Ggs. zu dessen kult. Lyrik stand F. Gómez de Quevedo y Villegas. Neben einer großen Anzahl humanist. gelehrten Schrifttums entstand (v. a. ab Mitte des 16. Jh.) auch eine umfangreiche fiktionale *Prosa;* realist. *Schelmenromane* (›Lazarillo de Tormes‹, 1554) sowie idealist. *Ritter-* (→Amadisroman) und *Schäfer-*

romane. Ein Meisterstück der Weltliteratur schuf M. de Cervantes Saavedra mit seinem Roman ›Don Quijote de la Mancha‹ (1605–15). Bedeutendster span. Moralist der Zeit war B. Gracián y Morales. Religiöses Erleben wurde in einem umfangreichen *myst. Schrifttum* zur Darstellung gebracht. Die Eigenart span. *Bühnendichtung* fand durch die →Comedia und das →Auto sacramental überzeugendsten Ausdruck. Bedeutendste Autoren dieser Zeit sind Lope F. de Vega Carpio und P. Calderón de la Barca.

18. und 19. Jahrhundert: Die im 17. Jh. beginnende Abkapselung Spaniens wurde im 18. Jh. durch frz. Einflüsse unterbrochen (Umarbeitung der klass. Comedias nach dem Muster der frz. Komödie; bed. v. a. Leandro Fernández de Moratín [*1760, †1828]). Wie die *Aufklärung* (vertreten u. a. durch José Cadalso y Vázquez [*1741, †1782] und Gaspar Melchor de Jovellanos y Ramírez [*1744, †1811]) erreichte auch die *Romantik* Spanien mit zeitl. Abstand. Den Durchbruch der Romantik brachte die nach der Amnestie von 1834 erfolgte Rückkehr der liberalen Emigranten. Für die Lyrik bed. waren J. L. de Espronceda y Delgado, G. A. Bécquer; für die Dramatik Francisco Martínez de la Rosa (*1787, †1862) und A. de Saavedra, Herzog von Rivas. Den Übergang zum *Realismus* und *Naturalismus* bildeten die wirklichkeitsgetreuen Darstellungen der engeren Heimat (Regionalismus) im Roman (u. a. P. A. de Alarcón y Ariza, Armando Palacio Valdés [*1853, †1938], J. Valera y Alcalá Galiano). Zum *Naturalismus* führten B. Pérez Galdós, Emilia Pardo Bazán (*1851, †1921), V. Blasco Ibáñez; bed. Bühnenstücke verfaßten u. a. auch Adelardo López de Ayala y Herrera (*1828, †1879), J. Echegaray y Eizaguirre. Literaturkritiker dieser Zeit: Marcelino Menéndez y Pelayo (*1856, †1912).

20. Jahrhundert: Nach der Niederlage im Span.-Amerikan. Krieg (1898) bildete sich die Gruppe der ›Generation von 98‹, die nicht nur die span. Geschichte überprüfen, literar. und künstler. Schöpfungen der Vergangenheit aufarbeiten, sondern auch in die polit. Praxis eingreifen wollte (M. de Unamuno y Jugo, Azorín, P. Baroja y Nessi, A. Machado y Ruiz, Ramon Menéndez Pidal [*1869, †1968]). Führend in der Lyrik war der Nicaraguaner R. Darío, der den *Modernismo* begründete (bedeutendste Autoren: R. M. del Valle-Inclán, A. Machado y Ruiz, J. R. Jiménez). In den 1920er Jahren bildete sich eine neue Dichtergruppe, die ›Generation von 1927‹, die vom Symbolismus über den Futurismus zum Surrealismus und Hermetismus gelangte: u. a. P. Salinas, J. Guillén, V. Aleixandre, R. Alberti, J. Benavente; bedeutendster Bühnendichter war F. García Lorca. Als Romanciers traten R. Pérez de Ayala und F. Gómez de la Serna, als Kulturkritiker J. Ortega y Gasset hervor. Nach dem Bürgerkrieg (1936–39), der zahlr. Schriftsteller zur Emigration zwang, wurde zunächst modernist. Lyrik verfaßt, daneben polit. und sozial engagierte, gegen den Modernismo gerichtete Dichtung z. B. von Blas de Otero (*1916, †1979), Gabriel Celaya (*1911, †1991); unter den Dramatikern sind Antonio Buero Vallejo (*1916) und A. Sastre (*1926) sozial engagiert, existentialist. orientiert ist Alejandro Casona (*1903, †1965). Im Roman herrscht der *Neorealismus* vor (u. a. R. J. Sender, C. J. Cela, J. M. Gironella, C. Laforet, A. M. Matute, J. Goytisolo). Mit der zunehmenden Lockerung der Zensur fanden die Werke der im Exil lebenden Autoren (u. a. R. Alberti, J. Guillén, J. R. Jiménez, P. Salinas) in Spanien Verbreitung. Seit Beendigung des Franco-Regimes dringen zunehmend literar. und literaturkrit. Einflüsse aus anderen europ. Ländern nach Spanien ein.

spanische Musik, mit der Besetzung der Iberischen Halbinsel durch Phöniker, Griechen, Römer, Goten und Araber beeinflußten die bodenständige Musiktradition. Eine überragende abendländ. Bedeutung gewann Isidor von Sevilla mit seinen um 600 verfaßten Schriften. Im 6. und 7. Jh. wurde das Repertoire des →mozarabischen Gesangs ausgebildet, mit bes. Zentren seiner Pflege u. a. in Zaragoza, Segovia und Toledo. Vielfach bezeugt ist eine reiche Musikpflege im Kalifat von Córdoba sowie an den späteren christl. Höfen. Sie spiegelt sich in der ein- und mehrstimmigen Überlieferung des 12. Jh. von Santiago de Compostela (›Codex Calixtinus‹) ebenso wie in den ›Cantigas de Santa María‹ von Alfons X., dem Weisen, König von Kastilien und León (✉ 1252–84). Die Vertrautheit mit der Entwicklung der Mehrstimmigkeit des 13. Jh. erweist der bed. ›Codex Las Huelgas‹ (aus dem Zisterzienserkloster Las Huelgas bei Burgos). Um 1500 trat J. del Encina als internat. bedeutender Komponist hervor. Die hohe Blüte der s. M. im 16. Jh. belegen die Namen von Antonio de Cabezón (*1510, †1566) und C. Morales. T. L. de Victoria vertrat in seinen Messen und Motetten den Palestrina-Stil. Zu Beginn des 17. Jh. wurde auch in der s. M. ein starker italien. Einfluß wirksam, der sich v. a. in mehrstimmiger Kirchenmusik niederschlug. In der Zarzuela mit ihren Musikeinlagen brachte Spanien einen eigenen Beitrag zu den Bühnenwerken des 17./18. Jahrhunderts. Die Stärke der span. Orgelmusik dokumentierte sich u. a. in den Werken von Juan Cabanilles (*1644, †1712). Im 18. Jh. weiteten die Italiener ihren Einfluß als Opernkomponisten, Sänger, Cembalisten und Kammermusiker aus. Umgekehrt drang mit span. Formen (nach Folia, Sarabande, Passacaglia seit dem 16./17. Jh. nun Bolero, Fandango, Flamenco, Malagueña, Seguidilla, Zapateado) span. Kolorit in die europ. Musik ein. Mit dem Wirken von F. Pedrell verbanden sich im 19. Jh. nat.-span. Tendenzen, die bis in die Gegenwart lebendig blieben. Neben dem auch hier spürbaren Einfluß R. Wagners folgten die Kompositionen von Isaac Albéniz (*1860, †1909), Enrique Granados y Campiña (*1867, †1916), M. de Falla und Joaquin Turina (*1882, †1940) gegen 1900 der frz. Musik. Span. Komponisten der jüngeren Generation sind u. a. Cristóbal Halffter Jiménez (*1930), L. de Pablo Costales (*1930), X. Benguerel (*1931), E. Raxach (*1932) und J. Soler (*1935).

Spanischer Bürgerkrieg, als Folge des von falangist.-faschist. und konservativen Kräften getragenen und von Militärs geführten Aufstandes gegen die 2. Republik entstandene krieger. Auseinandersetzung 1936–39; unmittelbar ausgelöst wurde die Militärrevolte vom 17./18. 7. 1936 durch die Ermordung des Monarchistenführers José Calvo Sotelo (*1893; 13. 7. 1936). – *1. Phase* (Juli 1936 bis Frühjahr 1937): Die Aufständischen konnten rd. ¹/₃ des Landes unter ihre Kontrolle bringen. Nach dem Übersetzen der Fremdenlegion und marokkan. Truppen mit dt. Hilfe eroberten sie den W (Verbindung zw. Nord- und Südarmee), den SW sowie den N und NW (außer dem Baskenland, Santander und Asturien). – *2. Phase* (Frühjahr 1937 bis Frühjahr 1938): Den Nationalisten gelang die Eroberung der N-Prov.; am 26. 4. 1937 zerstörten dt. Bomber der Legion Condor Guernica, die ›hl. Stadt‹ der Basken. Mitte Juni 1937 wurde von den Nationalisten Bilbao eingenommen (im Aug. Santander, im Sept./Okt. Asturien). – *3. Phase* (Frühjahr bis Dez. 1938): Mitte April 1938 stießen die Aufständischen in der Prov. Castellón de la Plana an das Mittelmeer durch. Nach einem letzten großen Sieg am Ebro im Juli befand sich das republikan. Heer nur noch in der Defensive. – *4. Phase* (Dez. 1938 bis März 1939): Katalonien wurde bis Febr. 1939 erobert. Nach dem Rücktritt des republikan. Staats-Präs. im Febr. ergriff im republikan. Madrid eine Junta die Macht, die einen Verständigungsfrieden mit Franco aushandeln wollte. Ohne darauf einzugehen, besetzte dieser am 28. 3. Madrid und erklärte am 1. 4. 1939 den Bürgerkrieg für beendet.

Eine internat. Dimension gewann der S. B. v. a. durch das Eingreifen ausländ. Mächte. Das Dt. Reich und Italien unterstützten die Aufständischen, die Sowjetunion und internat. Brigaden halfen der Republik; Großbrit., Frankreich und die USA bekannten sich zum Prinzip der Nichteinmischung. Die Zahl der im S. B. Getöteten beläuft sich wahrscheinlich auf mehr als 500 000.

Spanische Reitschule, 1572 als ›Span. Reithsall‹ gegr., bis 1919 und 1939–45 als ›Span. Hofreitschule‹ geführte, die Hohe Schule pflegende Reitschule in Wien.

Spanischer Erbfolgekrieg (1701–13/14), Konflikt um das span. Erbe nach dem Tod des letzten span. Habsburgers Karl II. (1700) zw. Frankreich (verbündet mit Bayern und Köln) und Österreich (in der Haager Großen Allianz verbündet mit England, den Generalstaaten, Portugal, Savoyen sowie dem Reich); ausgebrochen wegen der Thronansprüche, die sowohl Ludwig XIV. als auch Kaiser Leopold I. als Schwiegersöhne Philipps IV. von Spanien für ihre Dynastien erhoben. Die Siege der Alliierten (Prinz Eugen, Hzg. von Marlborough) über die Franzosen (Höchstädt a. d. Donau, 13. 8. 1704; Ramillies[-Offus], 23. 5. 1706; Turin, 7. 9. 1706; Oudenaarde, 11. 7. 1708; Malplaquet, 11. 9. 1709) brachten Bayern, die span. Niederlande und Italien in ihre Hand. Ein polit. Umschwung trat durch den Sturz der hinter Marlborough stehenden Kriegspartei in Großbrit. (1710) und durch die Nachfolge des span. Thronanwärters, des österr. Erz-Hzg. Karl (als Karl VI.), auf dem Kaiserthron ein, die eine Machtkonzentration unter österr. Führung befürchten ließ. Im Frieden von Utrecht (11. 4. 1713) erhielt der Bourbone Philipp V. Spanien und die span. Kolonien, Österreich und Savoyen die europ. Nebenländer, Großbrit. erhielt Gibraltar und v. a. umfangreichen frz. Kolonialbesitz in N-Amerika. Karl VI. und die Reichsstände traten dem Frieden in den Friedensschlüssen von Rastatt (6. 3. 1714) und Baden [im Aargau] (7. 9. 1714) bei.

Spann, Oberseite des menschl. Fußes.

Spannbeton, Stahlbeton, der mit Hilfe von gespannten Stahleinlagen im unbelasteten Zustand vorgespannt (unter Druck gesetzt) wird.

Spanner (Geometridae), mit rd. 15 000 Arten weltweit verbreitete Fam. kleiner bis mittelgroßer, überwiegend dämmerungs- und nachtaktiver Schmetterlinge, davon rd. 400 Arten einheimisch; in Färbung und Zeichnung meist sehr gut an die Umgebung angepaßte, großflügelige Falter, die mit flach ausgebreiteten Flügeln ruhen; Raupen unbehaart mit Fortbewegung durch S.bewegung (buckelndes Hochkrümmen und anschließendes Strecken des Körpers nach vorn).

Spannung, 1) *Technik:* (elast. S.) die bei Beanspruchung und Verformung (Deformation) eines elast. Körpers durch äußere Kräfte wirksam werdenden Gegen- oder Reaktionskräfte, die die Formänderung des Körpers wieder rückgängig zu machen suchen. Je nach Art der Beanspruchung unterscheidet man Zug-, Druck-, Knick-, Biege-, Scher- und Torsionsspannungen.

2) *Elektrotechnik:* (elektr. S.) Formelzeichen U, die bei unterschiedl. elektr. Ladung zw. zwei Punkten meßbare elektr. Potential- oder Spannungsdifferenz, Einheit: → Volt.

Spannungsoptik (Elastooptik), die Lehre von der prakt. Anwendung der Spannungsdoppelbrechung zur Untersuchung der Spannungsverhältnisse in stark beanspruchten Maschinenteilen. Dazu wird ein Modell aus durchsichtigem Werkstoff (Acrylglas u. a.) zw. gekreuzte Polarisatoren gebracht. Beim

Simulieren der tatsächl. Spannungsverhältnisse beobachtet man eine Aufhellung bzw. bei Verwendung von weißem Licht eine Färbung in den Spannungszonen.

Spannungsprüfer, Nachweisgerät für elektr. Spannungen; häufigste Form: Schraubenzieher mit Glimmlampe und hochohmigem [Vor]widerstand.

Spannungsreihe, die Einordnung der chem. Elemente nach bestimmten elektr. Eigenschaften. Bei der *elektrochem. S.* (Redoxreihe, S. der chem. Elemente) werden die zw. den Elementen und wäßrigen Lösungen ihrer positiven oder negativen Ionen entstehenden Potentialdifferenzen, die Standardnormalpotentiale E_0, in einer Tabelle eingeordnet (z. B. die elektrochem. S. der Metalle).

Je negativer das Standardnormalpotential eines Metalls ist, desto unedler ist es, d. h. desto leichter gibt es Elektronen ab (wird es oxidiert); je positiver das Standardnormalpotential ist, desto edler ist das Metall, d. h. desto leichter nehmen seine Ionen Elektronen auf (werden reduziert). Die Differenz der Standardnormalpotentiale zweier Metalle gibt die Spannung an, die ein aus ihnen gebildetes elektrochem. Element liefert. Die *elektr. S.* (Voltasche S.) ist die Einordnung von Metallen nach Größe ihrer Kontaktpotentiale in bezug auf ein anderes Metall; Metalle mit positiver Kontaktspannung stehen vor denen mit negativer Kontaktspannung: Rb, K, Al, Zn, Pb, Sn, Sb, Bi, Fe, Cu, Ag, Au, Pt. Eine *thermoelektr. S.* erhält man bei Einordnung der Metalle nach der Größe der Thermospannung gegen ein Bezugsmetall (meist Kupfer). Bei Erwärmen eines aus zwei dieser Metalle gebildeten Thermoelements erhält das in der thermoelektr. S. voranstehende Metall eine positive, das andere eine negative Spannung. Metalle der thermoelektr. S. sind: Sb, Fe, Sn, Au, Cu, Ag, Pb, Al, Pr, Hg, Ni, Bi.

Spannungsreihe		
Metall	Metallionen	E_0 [in Volt]
K	K^+	−2,92
Ca	Ca^{2+}	−2,87
Mg	Mg^{2+}	−2,37
Al	Al^{3+}	−1,66
Zn	Zn^{2+}	−0,76
Fe	Fe^{2+}	−0,44
Co	Co^{2+}	−0,28
Ni	Ni^{2+}	−0,23
Sn	Sn^{2+}	−0,14
Pb	Pb^{2+}	−0,13
Cu	Cu^{2+}	+0,34
Ag	Ag^+	+0,80
Hg	Hg^{2+}	+0,85
Au	Au^{3+}	+1,42

Spanplatten, svw. → Holzspanplatten.

Spant [niederdt.], 1) *Schiffbau:* eine Außenhautversteifung aus Stahl oder Holz; meist querschiffs angeordnet *(Quer-S.).*

2) *Luftfahrzeugbau:* ein ring- bzw. rahmenförmiges Bauteil von Rümpfen, Gondeln und Leitwerksträgern (quer zu deren Längsachse).

SPAR [niederl. spar ›Tanne‹], Name von Handelsketten in 16 Ländern, die durch freiwilligen Zusammenschluß von Groß- und Einzelhändlern zur Rationalisierung von Einkauf, Verkauf, Werbung und Verkaufsförderung zuerst 1932 in den Niederlanden (1952 in der BR Deutschland) entstanden sind.

Spargel [griech.-roman.], 1) (Asparagus) Gatt. der Liliengewächse mit rd. 300 Arten in den gemäßigten und subtrop. Gebieten der Alten Welt; Kräuter oder Halbsträucher; Blätter sehr klein, schuppenförmig; Blüten klein, grünl.; Frucht eine kleine, kugelige, breiige Beere.

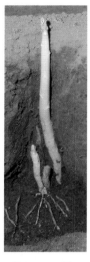

Spargel:
Gemüsespargel;
OBEN Spargelstangen;
UNTEN Kraut mit
Früchten

2) (Gemüse-S., Echter S.) in M- und S-Europa, N-Afrika, Vorderasien und W-Sibirien heim., heute überall in den gemäßigten Gebieten kultivierte Art des S.; 0,30–1,50 m hoch, mit nadelartigen Flachsprossen und 6–9 mm dicken, scharlachroten Früchten. Das horizontal im Boden wachsende Rhizom entwickelt jedes Frühjahr bis zu sechs aufrecht wachsende, oberird. Hauptsprosse, die durch Aufschütten von Erde in der Länge von etwa 20 cm bleich und zart bleiben *(S.stangen)*. Sobald die Knospen dieser Sprosse die Erdoberfläche durchstoßen, werden die Sprosse ›gestochen‹. Die nährstoffarmen S.stangen enthalten etwa 2% Eiweiß, viel Vitamin C und Vitamine der B-Gruppe. Ihr Aroma wird durch den hohen Gehalt an freier Asparaginsäure bewirkt.

Spargelhähnchen, 5–7 mm langer Blattkäfer, schädlich durch Blatt- und Wurzelfraß an Spargelpflanzen.

Spargelkohl (Brokkoli, Broccoli), mit dem Blumenkohl verwandte Varietät des Gemüsekohls mit zahlr. Formen.

Spark, Muriel Sarah [engl. spɑːk], geb. Camberg, * Edinburgh 1. 2. 1918, engl. Schriftstellerin. Arbeitet in ihren Romanen und Erzählungen mit den Mitteln der Satire, Groteske und des Tragikomischen; u. a. ›Memento Mori‹ (R., 1959), ›Mädchen mit begrenzten Möglichkeiten‹ (R., 1963), ›Die Übernahme‹ (R., 1976), ›Das einzige Problem‹ (R., 1984).

Sparkassen, als Anstalten des öffentl. Rechts, seltener auch auf privater Rechtsgrundlage organisierte Kreditinstitute, die insbes. den Sparverkehr pflegen, aber (in der BR Deutschland auch) Bankgeschäfte aller Art betreiben.

Die S. sind in regionalen Girozentralen zusammengeschlossen, die in der *Dt. Girozentrale – Dt. Kommunalbank,* Berlin und Frankfurt am Main, bzw. dem *Dt. Sparkassen- und Giroverband e. V.,* Bonn, ihre Dachorganisation haben. → Banken.

Spärkling → Schuppenmiere.

Sparren, schrägstehende, paarweise aneinanderstoßende Balken bei der Dachkonstruktion.

Sparring [engl.], Trainingsboxen.

Sparta, griech. Stadt. in der sö. Peloponnes, 11 900 E. Hauptort des Verw.-Geb. Lakonien.

Geschichte: Von eingewanderten Doriern zw. 950 und 800 v. Chr. durch Zusammenschluß von 5 Ortschaften als **Lakedaimon** (lat. **Lacedaemon**) gegr.; eroberte im 8./7. Jh. Messenien. Die Unterworfenen wurden zu → Heloten oder → Perioken; Vollbürger waren nur die *Spartiaten.* Durch die Gründung des Peloponnes. Bundes (Ende des 6. Jh.) wurde S. neben Athen zur Vormacht in Griechenland (→ Griechenland [Geschichte]). Seit dem Ende des 7. Jh. kam es zu rigorosen Militarisierung. Nach entscheidender Beteiligung an den Perserkriegen (490–449/448), dem Sieg über Athen im Peloponnes. Krieg (431–404) und vorübergehend führender Stellung nach dem Königsfrieden 387/386 verlor S. seine Macht durch die Niederlagen gegen Theben 371 und 362 (Verlust Messeniens); das Königtum endete 222 v. Chr.

Spartakus (lat. Spartacus), ✕ in Lukanien 71 v. Chr., röm. Sklave thrak. Herkunft. Entfloh 73 aus einer Gladiatorenschule in Capua, fand großen Zulauf unter den Sklaven und schlug mit seinen Anhängern (zuletzt 60 000?) mehrere röm. Heere. S. wurde durch Marcus Licinius Crassus Dives in Lukanien besiegt; die Reste des Sklavenheeres vernichtete Pompejus.

Spartakusaufstand, Massendemonstration der Berliner Arbeiter am 5./6. 1. 1919, initiiert von den Kommunisten, der USPD und den revolutionären Obleuten (Vertrauensleute) der Metallarbeiter; von Freikorps blutig niedergeschlagen (u. a. Ermordung R. Luxemburgs und K. Liebknechts).

Spartakusbund, ab 11. 11. 1918 Bez. für den früheren äußersten linken Flügel der SPD, am 1. 1. 1916 von K. Liebknecht, R. Luxemburg und F. Mehring aus Opposition gegen den Burgfrieden konstituiert (April 1917 – Dez. 1918 der USPD angeschlossen). Das von R. Luxemburg verfaßte ›Spartakusprogramm‹ tendierte zu einem demokrat. Kommunismus. Am 30. 12. 1918 gründeten S. und Bremer Linksradikale die KPD.

spartanisch [nach der altgriech. Stadt Sparta], genügsam, anspruchslos, einfach.

Spartiaten [griech.], die vollberechtigten Bürger von Sparta im Ggs. zu den → Perioken.

Spar- und Darlehnskassen, ländl. Kreditgenossenschaften, deren Aufgabe v. a. das Kredit- und Spargeschäft ist.

spasmisch (spasmodisch, spastisch) [griech.], krampfhaft, zu Krämpfen neigend, krampfartig.

Spasmolytika [griech.], krampflösende Mittel.

Spastiker [griech.], an einer spasm. Erkrankung Leidender.

Spat, 1) *Mathematik:* svw. → Parallelepiped.

2) *Mineralogie:* Bez. für ein Mineral mit guter Spaltbarkeit, z. B. Feldspat oder Flußspat.

Spateisenstein, svw. → Eisenspat.

Späth, 1) Gerold, * Rapperswil 16. 10. 1939, schweizer. Schriftsteller. Gehört mit seinen fabulierfreudigen, grotesken Romanen zu den bed. Vertretern der deutschsprachigen Literatur; Hauptschauplatz seiner Romane ist seine Heimatstadt Rapperswil; auch Hörspiele und Drehbücher. – *Werke:* Unschlecht (R., 1970), Die heile Hölle (R., 1974), Balzapf oder Als ich auftauchte (R., 1977), Commedia (R., 1980), Sacramento (En., 1983), Sindbadland (Prosa, 1984).

2) Lothar, * Sigmaringen 16. 11. 1937, dt. Politiker (CDU). In Bad.-Württ. 1972–78 Vors. der CDU-Landtagsfraktion, 1978 Innen-Min., 1978–91 Min.-Präs. (Rücktritt nach Vorwürfen der Verquickung privater wirtschaftl. Interessen mit dem polit. Amt); 1979–91 Landes-Vors. der CDU, seit 1991 Vorstandsvors. der Jenoptik ›Carl Zeiss‹ und Beratertätigkeit in Thüringen.

Lothar Späth

Spätlese, Qualitätswein mit Prädikat zw. Kabinett und Auslese.

SPD, Abk. für → Sozialdemokratische Partei Deutschlands.

Spe von Langenfeld, Friedrich → Spee von Langenfeld, Friedrich.

Speaker ['spiːkɐ, engl. 'spiːkə; eigtl. ›Sprecher‹], in Großbrit. der Vors. des Oberhauses (Lord Chancellor) und der des Unterhauses, in den USA der Vors. des Repräsentantenhauses.

Spechte (Picinae), mit nahezu 200 Arten fast weltweit verbreitete Unterfam. (häufig auch als Fam. *Picidae* aufgefaßt) 10–55 cm langer Vögel, die mit Hilfe kräftiger Greiffüße an Baumstämmen ausgezeichnet klettern können, wobei der Körper bei den Kletterbewegungen von steifen Schwanzfedern unterstützt wird. Schnabel kräftig, meißelartig, dient sowohl zum ›Auszimmern‹ von Bruthöhlen in Stämmen als auch zum Freilegen von im Holz verborgenen Insekten, die mit Hilfe einer weit vorstreckbaren, klebrigen Zunge aufgenommen werden. Der Schnabel wird vom Männchen außerdem zum ›Trommeln‹ benutzt (zum Anlocken von Weibchen). – S. sind meist einzeln lebende Standvögel. Zu ihnen gehören u. a. *Buntspecht* (Großer Buntspecht; etwa 25 cm lang), *Kleinspecht* (Kleiner Buntspecht; sperlingsgroß, oberseits schwarz mit weißen Querbändern, und roter oder weißl. Kappe), *Mittelspecht* (Mittlerer Buntspecht; etwa 22 cm lang, Färbung wie Großer Buntspecht, aber rote Kopfplatte), *Grünspecht* (etwa 32 cm lang, dunkelgrüne Oberseite, graue Unterseite, rote Kopf-

Spechte:
OBEN Buntspecht;
UNTEN Grünspecht

platte), *Grauspecht* (25–30 cm lang), *Schwarzspecht* (krähengroß, schwarz, Männchen mit roter Kopfplatte).

Spechtmeisen, svw. → Kleiber.

Spechtvögel (Piciformes), mit 380 Arten fast weltweit verbreitete Ordnung 8–60 cm langer Vögel; häufig bunt befiederte, sich vorwiegend von Insekten, Früchten, Sämereien und auch von Bienenwachs ernährende Tiere; Höhlenbrüter.

Speckkäfer (Dermestidae), mit fast 900 Arten weltweit verbreitete Fam. rundl. bis längl.-ovaler, 2–10 mm langer Käfer (davon 35 Arten einheim.); Larven fressen an organ. (fetthaltigen) Stoffen meist tier. Herkunft. Am bekanntesten sind *Pelzkäfer* (3–5 mm groß, Larven fressen an Pelzen, Wollstoffen, Teppichen), *Kabinettskäfer* (2–3 mm groß, Larven fressen an Woll- und Pelzwaren), *Museumskäfer* (2–3 mm groß, Larven fressen an Bälgen und Insektenpräparaten), *Gemeiner Speckkäfer* (7–9 mm lang) und *Teppichkäfer* (3–4,5 mm lang, Larven fressen an Teppichen).

Speckstein, svw. → Steatit.

Spee, Maximilian Reichsgraf von, * Kopenhagen 22. 6. 1861, ✕ bei den Falklandinseln 8. 12. 1914, dt. Admiral (seit 1910). 1912 Chef des dt. Ostasiengeschwaders; nach dem Sieg bei Coronel wurde sein Geschwader am 8. 12. 1914 bei den Falklandinseln vernichtet.

Spee von Langenfeld, Friedrich (Spe), * Kaiserswerth (= Düsseldorf) 25. 2. 1591, † Trier 7. 8. 1635, dt. kath. Theologe und Dichter. Jesuit; gilt mit seinen myst.-geistl. Liedern als bedeutendster religiöser Lyriker des Frühbarock; z. B. ›Trutz-Nachtigall ...‹ (1649), das ›Güldene Tugend-Buch ...‹ (hg. 1649). Als entschiedener Gegner der Hexenprozesse schrieb er die 1631 anonym erschienene Schrift ›Cautio criminalis ...‹.

Speedway [engl. 'spi:dwɛɪ ›Schnellweg‹], engl. Bez. für Motorrad- und Autorennstrecke; auch Kurzbez. für Speedwayrennen bzw. *Eisspeedway* (Reifen der Motorräder sind mit Spikes gespickt; Weltmeisterschaften seit 1965).

Speedwayrennen [engl. 'spi:dwɛɪ] (Dirt-Track-Rennen), Motorradrennen auf einem 400-m-Aschenbahnrundkurs (Fahrzeuge ohne Wechselgetriebe und Bremsanlagen); Weltmeisterschaften seit 1936.

Speer, Albert, * Mannheim 19. 3. 1905, † London 1. 9. 1981, dt. Architekt und Politiker (NSDAP). Errichtete bzw. plante ab 1933 für und mit Hitler gigant. Repräsentationsbauten in Berlin, München und Nürnberg; 1937 Generalbauinspekteur für Berlin; 1942 Reichs-Min. für Bewaffnung und Munition (1943 für Rüstung und Kriegsproduktion); im Nürnberger Kriegsverbrecherprozeß 1945/46 zu 20 Jahren Haft verurteilt, 1966 entlassen; schrieb u. a. ›Erinnerungen‹ (1969), ›Spandauer Tagebücher‹ (1975), ›Der Sklavenstaat‹ (1981).

Speer, 1) *Waffenkunde:* Stangenwaffe für Stoß und Wurf; hölzerner, mit Spitze (Klinge) aus Stein, Bronze oder Eisen versehener Stab; bei Naturvölkern z. T. bis heute verwendet.

2) *Sport:* Sportgerät der Leichtathletik; Wurfstange aus Holz oder Metall mit einer Metallspitze (mindestens 25 cm, höchstens 35 cm lang); für Frauen soll der S. 2,20 bis 2,30 m (für Männer 2,60–2,70 m) lang und 600 g (Männer: 800 g) schwer sein. Der Anlauf beim *Speerwerfen* variiert zw. 30 und 36,50 m; gültig ist ein Wurf, wenn die S.spitze vor dem Schaft zu Boden kommt.

Speiche, 1) *Technik:* stabförmiges Radteil; Verbindungsglieder zw. Nabe und Felge.

2) *Anatomie:* (Radius) Unterarmknochen an der Daumenseite der vierfüßigen Wirbeltiere; bildet mit der Elle das Skelett des Unterarms; beim Menschen

am unteren Ende stark verdickt mit gelenkiger Verbindung zu den Handwurzelknochen.

Speichel, von Speicheldrüsen gebildetes und in die Mundhöhle oder den Anfangsteil des Darmtrakts abgegebenes Sekret von entweder wäßriger (seröser) oder schleimiger (muköser) Konsistenz. Beim S. der Säugetiere (einschließl. Mensch) aus Ohrspeicheldrüse, Unterkieferdrüse und Unterzungendrüse sowie aus Drüsen der Mundschleimhaut handelt es sich um einen *Misch-S.,* dessen chem. Zusammensetzung und Menge (beim Menschen normalerweise 1–1,5 l pro Tag; beim Rind bis zu 60 l pro Tag), abhängig von der Nahrung sowie von psych. und nervösen Einflüssen, erhebl. variieren kann. Der *S. des Menschen* ist meist schwach sauer (pH 5,8–7,8, im Mittel 6,4), wasserklar (er wird jedoch beim Stehen durch entstandenes Calciumcarbonat trüb), geruch- und geschmacklos und viskos. Er enthält zu über 99 % Wasser, außerdem bakterizid wirkende Leukozyten, Schleimstoffe, ein Enzym und andere Eiweiße sowie Salze. Die Funktion des S. ist es, die Nahrung anzufeuchten, zu verdünnen und schlüpfrig zu machen, um das Schlucken zu erleichtern. Außerdem bringt der S. Geschmacksstoffe in Lösung, und die dauernde, wenn auch geringe (im Schlaf zusätzlich stark verminderte) S.abgabe hat Spülfunktion, d. h., sie dient der Selbstreinigung der Mundhöhle und führt zu ständigem Leerschlucken. Durch die S.amylase (Ptyalin) kommt es zu einer Spaltung von Stärke und Glykogen, d. h. zu einer Vorverdauung (die im Magen noch einige Zeit weitergeht). Im Ggs. zu anderen Verdauungssekreten erfolgt die Sekretion des S. unter nervöser Kontrolle.

Speicheldrüsen (Mundspeicheldrüsen), in die Mundhöhle mündende, den Mundspeichel sezernierende Drüsen v. a. bei Landwirbeltieren; kleine und verstreut in der Mundschleimhaut liegende Drüsen und größere Drüsenkörper, die bei Mensch und Säugetieren neben kleineren Drüsen in Dreizahl als paarige Ohrspeicheldrüse, Unterkieferdrüse und Unterzungendrüse vorkommen.

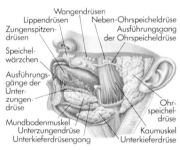

Wangendrüsen / Lippendrüsen / Neben-Ohrspeicheldrüse / Zungenspitzendrüsen / Ausführungsgang der Ohrspeicheldrüse / Speichelwärzchen / Ausführungsgänge der Unterzungendrüse / Ohrspeicheldrüse / Mundbodenmuskel / Unterzungendrüse / Unterzungendrüsengang / Kaumuskel / Unterkieferdrüse / **Speichel:** Lage der Speicheldrüsen

Speicher, urspr. ein [Dachboden]raum, Gebäude oder Bauwerk zur Lagerung von Gegenständen, insbes. von landwirtschaftl. Produkten; i. w. S. jede techn. Einrichtung, Anlage u. a., die feste, flüssige oder gasförmige Stoffe, Energie oder Daten *(Daten-S.),* Informationen u. a. aufbewahren und zu einem späteren Zeitpunkt wieder zur Verfügung stellen kann; i. e. S. die auch als Speichereinheit bezeichnete Funktionseinheit einer Datenverarbeitungsanlage (→ Datenverarbeitung). Man unterscheidet *analoge S.* zur Speicherung von Analoggrößen (z. B. Kurven, Diagramme) und *digitale S.,* die Daten und Informationen in diskreter (digitaler) Form speichern. Die mit gleicher Adresse versehenen und damit durch einen einmaligen Zugriff erreichbaren Speicherelemente bilden eine *Speicherzelle.* Das Einspeichern einer Information wird als Schreiben, das Abfragen einer Information aus dem S. als Lesen bezeichnet; dazu ist der Aufruf adressierter Speicherzellen erforderlich.

Digitale S. gehören entweder als *interne S. (Intern-speicher)* zur Zentraleinheit einer Datenverarbeitungsanlage (z. B. der Haupt- oder Arbeitsspeicher), oder sie zählen als *Extern-S. (Zubringerspeicher)* zu den peripheren Geräten; als Intern-S. werden v. a. Halbleiterspeicher, als Extern-S. meistens → Magnetspeicher verwendet (Speicherkapazität bis zu einigen 10^8 Bytes).

Speicherabzug (Speicherauszug), svw. → Dump.

Speicherring → Teilchenbeschleuniger.

Speierling (Sperberbaum, Zahme Eberesche, Schmerbirne), der Eberesche ähnl. Art der Gatt. Sorbus, verbreitet im Mittelmeergebiet sowie vom mittleren Frankreich über Deutschland bis zum Schwarzen Meer; 10–20 m hoher Baum; die apfel- oder birnenähnl. Früchte *(Spieräpfel)* wurden früher gegessen und wegen des hohen Gerbstoffgehalts als Heilmittel verwendet.

Speik [lat.], 1) (Echter S., Gelber S., Roter S.) in den Alpen von 2 000 bis 3 500 m Höhe vorkommende Art des Baldrians; 5–15 cm hohe Staude; Blüten gelblichweiß; die Wurzel enthält etwa 1% äther. Öl und wird bei der Parfümherstellung verwendet. 2) → Lavendel.

Speischlangen (Speikobras), zusammenfassende Bez. für drei Brillenschlangenarten, die in offenen Landschaften (bes. Savannen) Afrikas südl. der Sahara und S-Asiens vorkommen und die ihr Gift durch Muskeldruck über 1 m zielsicher gegen Angreifer speien.

Speisepilze, Sammelbez. für die eßbaren Schlauch- und Ständerpilze.

Speiseröhre (Ösophagus), meist ausschließlich als Gleitrohr dem Nahrungstransport dienender, mit Schleimhaut und Muskulatur versehener Teil des Darmtrakts (Vorderdarm) der Wirbeltiere zw. Kiemenregion (bei Kiemenatmern) oder hinterer Mundhöhle bzw. Schlund und dem Mitteldarmbereich bzw. Magen. – Beim *Menschen* ist die S. ein rd. 25 cm langer, muskulöser Schlauch; ihre Dehnbarkeit ist an drei Stellen beim Erwachsenen bis auf maximal 15 mm Weite eingeengt, so daß größere verschluckte Objekte steckenbleiben können.

Speisesalz, svw. → Kochsalz.

Speisetäubling, Ständerpilz (Täubling) mit regelmäßig halbkugelig bis flach ausgebreitetem Hut, 5–10 cm groß, in der Mitte niedergedrückt, fast genabelt; Juni bis Okt. in Wäldern, bes. unter Eichen und Buchen; Speisepilz.

Speiskobalt (Smaltin), zinnweißes bis hell stahlgraues Mineral, chem. $(Co,Ni)As_3$; bildet kub. Kristalle, tritt meist mit Nickelerzen auf, Mohshärte 6; Dichte 6,8 g/cm³; wichtiges Kobalterz.

Speitäubling (Speiteufel, Kirschroter Speitäubling), Ständerpilz (Täubling) mit 3–8 cm breitem, meist kirschrotem Hut; von Juli bis Nov. in Wäldern zw. Moos auf feucht-moorigem Grund; schwach giftig (Fleisch schmeckt sehr scharf).

Speke, John Hanning [engl. spi:k], *Jordans bei Taunton 4. 5. 1827, † Neston Park bei Bath 18. 9. 1864, brit. Afrikaforscher. Entdeckte u. a. 1858 den Tanganjikasee und den Victoriasee.

Spektakel [lat.], aufsehenerregender Vorgang; veraltet für turbulentes Theaterstück.

Spektralanalyse (spektrochem. Analyse), Methode zur qualitativen und quantitativen chem. Analyse fester, flüssiger oder gasförmiger Stoffe durch Erzeugung ihres Spektrums und dessen Beobachtung sowie Ausmessung mit einem Spektralgerät. Bei der *Absorptions-S.* werden die von der gelösten, flüssigen oder dampfförmigen, meist organ. Probensubstanz aus einem kontinuierl. Spektrum bekannter Intensität absorbierten Wellenlängen gemessen. Bei der *Emissions-S.* wird die gas- oder dampfförmige Probensubstanz zum Leuchten angeregt (therm., im Lichtbogen, in einer Funkenstrecke) und ihr Emissionsspektrum untersucht.

Spektralgeräte (Spektralapparate), opt. Geräte, mit denen sichtbares Licht bzw. elektromagnet. Strahlung benachbarter Wellenlängenbereiche in die spektralen Anteile zerlegt und beobachtet bzw. registriert werden kann. Nach der Art des spektral zerlegenden Teiles unterscheidet man *Prismen-, Gitter-, Filter-* und *Interferenz-S.,* nach der Beobachtungs- bzw. Registrierungsart **Spektroskope** (mit Fernrohr zur Beobachtung von Spektren), **Spektrographen** (mit Kamera) und **Spektrometer** (mit Präzisionsskalen zur Wellenlängenmessung von Spektrallinien). Die Kombination von S. und Photometer bezeichnet man als **Spektralphotometer.**

Spektralklassen (Spektraltypen), nach der Art ihres Spektrums eingeteilte Klassen von Sternen.

Spektrallinie, das von einem Spektralgerät von einer monochromat. Strahlung erzeugte linienförmige Spaltbild; i. w. S. auch Bez. für die von Atomen, Molekülen oder Atomkernen einheitl. Art emittierte *(Emissionslinie)* oder absorbierte *(Absorptionslinie)* monochromat. Strahlung selbst bzw. für ihre Frequenz oder Wellenlänge.

Spektralserie, die Zusammenfassung derjenigen Spektrallinien eines Linienspektrums, die in den strahlenden Atomen eines Elements durch Elektronenübergänge aus angeregten Ausgangszuständen in denselben Endzustand entstehen.

Spektroskopie [lat./griech.], die Lehre von der Erzeugung, Beobachtung und Registrierung der von Ionen, Atomen, Molekülen und Atomkernen (bei der *Kern-S.*) als elektromagnet. Strahlung emittierten bzw. absorbierten Spektren, einschließl. ihrer Ausmessung (Bereich der **Spektrometrie**). I. w. S. bezeichnet man damit jede Beobachtung und Ausmessung eines beliebigen Spektrums, z. B. der Massen- und Energieverteilungen von Atom- und Molekülgemischen in der *Massen-S.* oder von Elementarteilchen in der Hochenergiephysik. – Die S. ermöglicht einen Einblick in die Wechselwirkungen zw. Materie und elektromagnet. Strahlung und weiter in die Struktur der Materie. Sie erlaubt u. a. Rückschlüsse auf die in einer Lichtquelle oder durchstrahlten Substanz vorhandenen Elemente oder Verbindungen (z. B. bei der Spektralanalyse) sowie auf deren Zustandsgrößen (z. B. Temperatur, Druck u. a.). In der *Hochfrequenz-* oder *Mikrowellen-S.* werden durch Einstrahlen von Hochfrequenz- oder Mikrowellen Übergänge zw. Atom- und Molekülzuständen induziert und deren energet. Abstände sehr genau bestimmt. Die *Molekül-S.* untersucht im Vergleich zu Atomspektren sehr viel komplizierteren Molekülspektren; sie ist wichtiges Hilfsmittel bei der chem. Analyse und liefert Aussagen über Molekülstrukturen. Die von den amerikan. Physikern N. Bloembergen und A. L. Schawlow entwickelte *Laser-S.* und die von dem schwed. Physiker K. M. Siegbahn entwickelte *Elektronen-S.* erbrachten neue hochauflösende spektroskop. Methoden. Die **Kernresonanzspektroskopie** findet Anwendung in der analyt. Chemie und der Medizin (→ Kernspintomographie).

Spektrum [lat.], allg. die Häufigkeits- bzw. Intensitätsverteilung der Bestandteile eines Gemisches in Abhängigkeit von einer gemeinsamen Eigenschaft, z. B. der Energie bzw. Geschwindigkeit oder der Masse, v. a. von der Wellenlänge bzw. Frequenz. Urspr. nur das bunte Lichtband, das entsteht, wenn weißes Licht (z. B. Sonnenlicht) durch ein Glasprisma fällt und dabei in Licht unterschiedl. Wellenlänge zerlegt wird. Licht von glühenden festen oder flüssigen Körpern (Temperaturstrahlern) zeigt eine kontinuierl. Farbfolge und somit ein *kontinuierl. S.;* das Licht

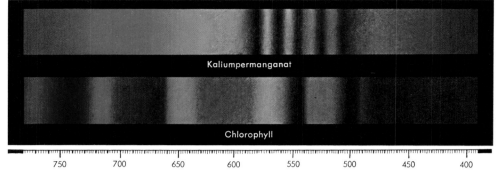

Kaliumpermanganat

Chlorophyll

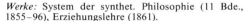

750 700 650 600 550 500 450 400

Spektrum: Kontinuierliche Spektren. Die Zahlen der Skala bedeuten Wellenlänge in nm

leuchtender Gase oder Metalldämpfe hingegen liefert ein aus einzelnen farbigen Linien bestehendes S., ein sog. *Linien-S.,* das für die einzelnen chem. Elemente bzw. Atome charakterist. ist. Das S. des Lichts, ausgehend von den Atomen eines glühenden Körpers, heißt *Emissions-S.;* als *Bogen-S.* bezeichnet man insbes. das S. von neutralen Atomen. Läßt man weißes Licht durch ein relativ kühles, selbst nicht leuchtendes Gas hindurchtreten, so zeigen sich im S. schwarze Linien. Man spricht dabei von einem *Absorptions-S.*

Spekulation [lat.], 1) *Philosophie:* hypothet. Gedankenführung.

2) *Wirtschaft:* Käufe und Verkäufe unter Ausnutzung von (erwarteten) Preisveränderungen, bes. auf Wertpapier-, Waren- und Grundstücksmärkten und im Börsenhandel.

Spekulatius [niederl.], Weihnachtsgebäck in Figurenform.

Spekulum (Speculum) [lat.], röhren- oder trichterförmiges ärztl. Instrument zur Untersuchung von Hohlorganen bzw. -räumen, z. B. der Scheide.

Speläologie [griech.], Höhlenkunde.

Spelzen, trockenhäutige, zweizeilig angeordnete Hochblätter im Blütenstand der Gräser; man unterscheidet die schuppenförmigen *Hüllspelzen,* die oft begrannten, kahnförmigen *Deckspelzen* und die meist zweikieligen *Vorspelzen.*

Spemann, Hans, * Stuttgart 27. 6. 1869, † Freiburg im Breisgau 12. 9. 1941, dt. Zoologe. Erhielt für die Entdeckung des Organisatoreffekts während der embryonalen Entwicklung 1935 den Nobelpreis für Physiologie oder Medizin.

Spencer, Herbert [engl. 'spensə], * Derby 27. 4. 1820, † Brighton 8. 12. 1903, engl. Philosoph. Vertreter eines naturwiss. orientierten Evolutionismus, dem der Gedanke eines alle erkennbaren Erscheinungen umfassenden Entwicklungsgeschehens zugrunde liegt. –

Oswald Spengler

Edmund Spenser

Werke: System der synthet. Philosophie (11 Bde., 1855–96), Erziehungslehre (1861).

Spener, Philipp Jakob, * Rappoltsweiler (Elsaß) 13. 1. 1635, † Berlin 5. 2. 1705, dt. ev. Theologe. Mit seiner Hauptschrift ›Pia Desideria oder Herzl. Verlangen nach gottgefälliger Besserung der wahren Ev. Kirchen‹ (1675) legte S. zus. mit der Frankfurter Pfarrerschaft (Collegia pietatis) das Reformprogramm des luth. Pietismus vor und trug wesentl. zu dessen Verbreitung bei.

Spengler, Oswald, * Blankenburg/Harz 29. 5. 1880, † München 8. 5. 1936, dt. Kultur- und Geschichtsphilosoph. In seinem Hauptwerk ›Der Untergang des Abendlandes‹ (2 Bde., 1918–22) wendet sich S. gegen die übl. Periodisierung Altertum, MA, Neuzeit sowie gegen die Vernachlässigung der nichtwestl. Kulturen. Kulturen sind nach S. ›Organismen‹ und durchlaufen jeweils einen Zyklus von Blüte, Reife und Verfall. Aufgrund des als ›Schicksal‹ aufgefaßten Zyklengesetzes prognostiziert S. den ›Untergang des Abendlandes‹. – *Weitere Werke:* Der Mensch und die Technik (1931), Jahre der Entscheidung (1933), Frühzeit der Weltgeschichte (hg. 1966).

Spenser, Edmund [engl. 'spensə], * London 1552 (?), † ebd. 16. 1. 1599, engl. Dichter. Sein Hauptwerk, das unvollendete Epos ›The faerie queene‹ (1590–96, dt. Auswahl ›Fünf Gesänge der Feenkönigin‹, 1854), stellt allegor. die Werbung König Artus' um die ›Feenkönigin‹ Gloriana – gemeint ist Elisabeth I. – dar. S. schrieb auch Eklogen, satir. Gedichte, Sonette.

Sperber, Manès [frz. spɛr'bɛːr], * Zablotów (= Sabolotow) bei Kolomyja 12. 12. 1905, † Paris 5. 2. 1984, frz. Schriftsteller österr. Herkunft. Emigrierte 1933 nach Frankreich. Setzte sich in Romanen, u. a. ›Wie eine Träne im Ozean‹ (R.-Trilogie, 1949–53) und Essays mit dem Kommunismus und jegl. Form von Totalitarismus auseinander. Friedenspreis des Dt. Buchhandels 1983. – *Weitere Werke:* All das Vergangene (Erinnerungen, 3 Bde., 1974–77), Essays zur tägl. Weltgeschichte (1981).

Sperber → Habichte.

Sperlinge (Passerinae), mit rd. 25 Arten weltweit verbreitete Unterfam. 12–20 cm langer, meist unscheinbar gefärbter Singvögel (Fam. Webervögel) mit kräftigem, kegelförmigem Schnabel; brüten entweder in Baumhöhlen oder in frei gebauten, überdachten Nestern (z. B. an Mauern oder in Büschen). Zu den S. gehören u. a.: *Feld-S.* (etwa 14 cm lang; lebt im offenen Gelände), *Haus-S.* (knapp 15 cm groß) und *Weiden-S.* (♂♂ mit charakterist. ›Kehlfleck‹ und braunem Scheitel).

Sperlingskauz → Eulenvögel.

Sperlingsvögel (Passeriformes), mit über 5 000 Arten in fast allen Lebensräumen weltweit verbreitete Ordnung 7 bis 110 cm langer Vögel, deren Junge blind

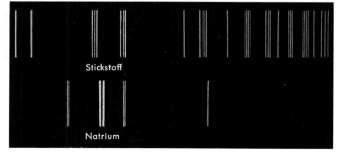

Spektrum: Charakteristische Linienspektren von Stickstoff und Natrium

Stickstoff

Natrium

schlüpfen und Nesthocker sind. Man unterscheidet vier Unterordnungen: Zehenkoppler, Schreivögel, *Primärsingvögel* (Leierschwanzartige) und Singvögel.

Sperma [griech.] (Samenflüssigkeit, Samen, Semen), das beim Samenerguß (→ Ejakulation) vom männl. Begattungsorgan abgegebene Ejakulat: eine die Spermien enthaltende schleimige, alkal. reagierende Flüssigkeit mit Sekret v. a. aus dem Nebenhoden, der Prostata und der Bläschendrüse.

Spermatophore [griech.] (Samenpaket, Samenträger), bei verschiedenen Tiergruppen (viele Würmer, Gliederfüßer, Weichtiere, Schwanzlurche) von den Männchen abgegebenes Gebilde, das eine größere Menge loser Spermien oder mehrere Spermienbündel enthält; wird entweder direkt in die weibl. Geschlechtsöffnung übertragen oder vom Weibchen aktiv aufgenommen.

Spermien [griech.] (Einz. Spermium; Spermatozoen, Samenzellen), nicht mehr teilungsfähige, i. d. R. bewegl. männl. Geschlechtszellen der menschl. und tier. Vielzeller; meist durch eine lange Geißel fadenförmig *(Samenfäden)*. Beim typischen menschl. *Geißelspermium*, das 0,05–0,06 mm lang ist, unterscheidet man drei Hauptabschnitte: 1. den Kopf mit dem sehr kompakten Zellkern; 2. das Mittelstück aus dem Hals und dem Verbindungsstück: Im Hals liegt ein Zentriol, aus dem in der Eizelle der Teilungsapparat (Spindel, Polstrahlen, Zugfasern) für die Furchungsteilung hervorgeht; 3. den langen Schwanz *(Geißel, S.geißel)* als Bewegungsorganell (Geschwindigkeit etwa 3,5 mm pro Minute). – Die S. werden in sehr großer Anzahl in den Hodenkanälchen gebildet und, noch bewegungsunfähig, in den Nebenhoden gespeichert (bei den Säugern).

Sperr, Martin, *Steinberg (= Marklhofen bei Dingolfing) 14. 9. 1944, dt. Dramatiker. Schreibt gesellschaftskrit. Theaterstücke (›Jagdszenen aus Niederbayern‹, 1966 [als Oper 1979]; ›Landshuter Erzählungen‹, 1967; ›Münchner Freiheit‹, 1972; alle 1972 u. d. T. ›Bayr. Trilogie‹).

sperren (spationieren), in der graph. Technik: die Buchstaben eines Wortes durch einen kleinen Zwischenraum *(Spatium;* Mrz. *Spatien)* trennen und dadurch hervorheben.

Sperrfrist, in der *Publizistik* die vom Urheber einer Nachricht (z. B. Text einer noch nicht gehaltenen Rede) festgesetzte Zeitspanne, während der die Nachricht nicht veröffentlicht werden soll.

Sperrholz, Holzplatten aus mindestens drei in unterschiedl. Faserrichtung verleimten Holzlagen. *Tischlerplatten* enthalten eine Mittellage aus Holzleisten und mindestens eine Furnierlage auf jeder Seite.

Sperrminorität, im Aktienrecht eine Beteiligung von mindestens 25 % des Aktienkapitals. Durch die S. können Beschlüsse der Hauptversammlung vereitelt werden, für die Gesetz oder Satzung Dreiviertelmehrheit vorschreiben.

Sperrschicht → Halbleiter.

Sperry, Roger Wolcott [engl. 'spɛrɪ], *Hartford (Conn.) 20. 8. 1913, amerikan. Neurologe. Bed. Arbeiten zur Erforschung des Gehirns (v. a. über die Funktionen der beiden Hemisphären); erhielt 1981 (zus. mit D. H. Hubel und T. N. Wiesel) den Nobelpreis für Physiologie oder Medizin.

Sperrzeit (Polizeistunde), durch Rechtsverordnung in den einzelnen Bundesländern festgelegte Uhrzeit, zu der Gaststätten o. ä. geschlossen werden müssen.

Spesen [italien.], die Auslagen oder Kosten, die in Verbindung mit der Erledigung eines Geschäfts erwachsen.

Spessart, waldreiches Bergland zw. Main (im O, S und W) und Kinzig (im N), im Geiersberg 585 m hoch.

Speyer, 1) Stadt an der Mündung des Speyerbachs in den Oberrhein, Rhld.-Pfalz, 45 700 E. Hochschule für Verwaltungswiss., Histor. Museum der Pfalz, Feuerbachmuseum. U. a. Metallverarbeitung, Druckereien; Hafen. **Bauten:** →Speyerer Dom, ev. Dreifaltigkeitskirche (1701–17), Reste der ehem. Synagoge (11. Jh.) mit unterird. Frauenbad (12. Jh.); barockes Rathaus (18. Jh.). **Geschichte:** Kelt. Oppidum (**Noviomagus**), 58 v. Chr. von Cäsar unterworfen; 496 von den Franken erobert und im 6. Jh. erstmals als **Spira** bezeichnet. Konnte sich 1294 von der bischöfl. Herrschaft befreien und in der Folge zur freien Reichsstadt entwickeln; fiel 1816 an Bayern. → Protestation von Speyer. 2) Bistum, erstmals 614 bezeugt (ein Bischof von S. wird schon um 346 erwähnt); bis 1801 Suffragan von Mainz, seit 1821 von Bamberg (1801–21 aufgelöst, 1817/21 neu errichtet).

Speyerer Dom, einer der drei großen romanischen Kaiserdome am Rhein. In zwei Bauperioden (um 1030–1061; vor 1082 bis um 1106) unter Kaiser Konrad II. und Heinrich IV. errichtet; 1689 und 1794 verwüstet; seit 1816 Wiederherstellung. Der S. D. ist eine dreischiffige Basilika mit Querhaus. Die Krypta (1041 geweiht) unter Chor und Querhaus ist die Grablege von 8 Königen und Kaisern. Restaurierung des Doms 1957–72.

Spezia, La, italien. Prov.hauptstadt im östl. Ligurien, 110 100 E. Archäolog. und Marinemuseum; u. a. Erdölraffinerie, Werften, Stahlwerk; (Kriegs)hafen.

Spezies (Species) [lat.], svw. →Art.

Spezifikum [lat.], 1. Besonderheit, Eigentümlichkeit; 2. Arzneimittel, das gegen eine bestimmte Krankheit oder einen bestimmten Krankheitserreger wirksam ist.

spezifische Masse, svw. →Dichte.

spezifisches Gewicht, svw. →Wichte.

spezifische Wärme, die Wärmekapazität (spezif. Wärmekapazität), die Wärmemenge, die erforderl. ist, um 1 g *(wahre s. W.)* oder ein Mol eines Stoffes *(molare s. W.* oder **Molwärme)** um 1 °C zu erwärmen.

Sphäre [griech.], 1) *allgemein:* svw. Bereich, Macht-, Einfluß-, Verantwortungsbereich, Gesichts-, Wirkungskreis. 2) svw. Kugel; in der *Astronomie* Bez. für die Himmelskugel.

Sphärenharmonie, nach der Lehre der Pythagoreer die durch Zahlenverhältnisse geordnete Konstellation der Himmelskörper (Sonne, Mond, Planeten, Fixsterne) als Abbild der Harmonie des Weltalls und deren Entsprechung in Wissenschaften (Kosmologie, Mathematik) und Kunst (Musik).

sphärisches Dreieck, aus Großkreisbögen auf der Kugeloberfläche gebildetes Dreieck.

Sphäroid [griech.], Bez. für 1. einen kugelähnl. Körper (bzw. seine Oberfläche); 2. einen Rotationsellipsoid (→ Ellipsoid).

Spherics [engl. 'sfɛrɪks; griech.-engl.] (Atmospherics), Funkstörungen, die von Blitzen herrühren (Knack- und Kratzgeräusche beim [Rundfunk]empfang).

Sphinx, Fabelwesen der ägypt. und griech. Mythologie. In Ägypten symbolisiert sie den Pharao (Löwenleib). Die griech. S. (geflügelter Löwenrumpf mit Mädchenkopf) haust auf einem Felsen bei Theben und tötet jeden Wanderer, der ihr Rätsel (›Was ist am Morgen vierfüßig, zu Mittag zweifüßig, am Abend dreifüßig?‹) nicht lösen kann. Als Ödipus die richtige Antwort (›der Mensch‹) findet, stürzt sich die S. in die Tiefe.

Sphragistik [griech.], svw. Siegelkunde, →Siegel.

Spiegel [lat.], 1) *Optik:* Vorrichtung, die das auffallende Licht entsprechend dem Reflexionsgesetz zurückwirft (reflektiert). Die Wirkung beruht auf einer dün-

Manès Sperber

Sperlinge:
Haussperling
(Männchen)

Roger Wolcott Sperry

Sphinx:
Ausschnitt von
einer Amphora
des Achilleusmalers;
450–440 v. Chr.
(Boston, Museum of
Fine Arts)

nen *S.*schicht, meist aus Silber oder Aluminium (bei hochwertigen S. im Vakuum aufgedampft) oder auch anderen Metallen, die auf die Vorderfläche (z. B. bei S.teleskopen und Scheinwerfern) oder Rückfläche einer sehr glatten, meist polierten Trägerfläche aufgebracht ist. – Man unterscheidet *ebene S. (Plan-S.)* und *gekrümmte S.;* reflektieren die gekrümmten S. mit ihrer hohlen Seite das Licht, so werden sie als *Sammel-, Hohl-* oder *Konkav-S.* bezeichnet, anderenfalls als *Zerstreuungs-, Wölb-* oder *Konvexspiegel.* Der ebene

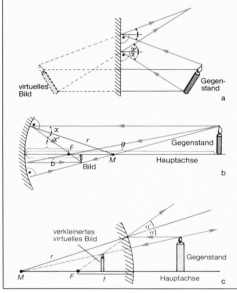

Spiegel: Schematische Darstellung der Abbildungsverhältnisse beim ebenen Spiegel (a), beim Konkavspiegel (b) und beim Konvexspiegel (c). α Einfallswinkel, α' Reflexionswinkel, M Krümmungsmittelpunkt, r Krümmungsradius, F Brennpunkt, f Brennweite, g Gegenstandsweite, b Bildweite

S. liefert von einem vor ihm stehenden Gegenstand ein virtuelles (scheinbares) Bild gleicher Größe, das ebensoweit hinter dem S. zu liegen scheint, wie der Gegenstand sich vor dem S. befindet. Hohl- bzw. Wölb-S. entsprechen in ihrer Wirkung den Sammelbzw. Zerstreuungslinsen. – **2)** *Jagdwesen:* Bez. für den weißen bzw. heller gefärbten Fleck um den After beim Reh-, Rot- und Damwild.

Spiegel, Der, dt. Nachrichtenmagazin. 1946 von brit. Presseoffizieren in Hannover als ›Diese Woche‹ gegr.; ging 1947 in dt. Hände über und wurde von R. Augstein als Hg. seitdem als ›D. Sp.‹ weitergeführt (seit 1952 in Hamburg).

Spiegelaffäre, innenpolitische Krise in der BR Deutschland 1962, ausgelöst durch eine Polizeiaktion gegen das Nachrichtenmagazin ›Der Spiegel‹ (Vorwurf des publizist. Landesverrats); der Hg. R. Augstein und mehrere Redakteure wurden verhaftet, was heftige öffentl. Reaktionen auslöste, zumal durch die bes. Aktivität des (damaligen) Verteidigungs-Min. F. J. Strauß der Eindruck einer gegen die polit. links orientierte Linie des ›Spiegels‹ gerichteten Kampagne entstanden war. Strauß und zwei Staatssekretäre verloren ihre Posten.

Spiegelreflexkamera → Photoapparat.

Spiegelteleskop (Reflektor, Spiegelfernrohr), ein astronom. Fernrohr, dessen Objektiv aus einem Hohlspiegel oder einem zusammengesetzten (aplanat.) Spiegelsystem besteht. Das größte S. war für viele Jahre das Hale-Teleskop auf dem Mount Palomar (Spiegeldurchmesser 5,10 m). 1975/76 wurde bei Selentschukskaja (Rußland) ein S. mit einem Spiegeldurchmesser von 6,10 m in Betrieb genommen. Seit 1990 befindet sich das Hubble-Weltraumteleskop in einer Erdumlaufbahn.

Spiegelung, 1) *Optik:* Bez. für die gerichtete Reflexion.

2) *Medizin:* svw. Endoskopie (→ Endoskope).

3) *Optik:* (Achsen-S.) geometr. Abbildung einer Ebene, bei der die Punkte einer gegebenen *Spiegelachse (Symmetrieachse)* auf sich abgebildet werden und die Verbindungsstrecken von nicht auf der Spiegelachse liegenden Punkten und der entsprechenden Bildpunkte senkrecht zur Spiegelachse verlaufen und von dieser halbiert werden.

Spiekeroog [...'o:k], eine der Ostfries. Inseln, zw. Langeoog im W und Wangerooge im O, 17 km²; Seebad.

Spiel, Hilde, * Wien 19. 10. 1911, † ebd. 30. 11. 1990, österr. Schriftstellerin, Journalistin und Kritikerin. Übersiedelte 1936 nach Großbrit.; lebte ab 1963 wieder in Wien. Schrieb Romane (›Lisas Zimmer‹, engl. 1961, dt. 1965), ›Die Früchte des Wohlstands‹, um 1940, gedr. 1981), Erzählungen (›Der Mann mit der Pelerine‹, 1985), Essays und Hörspiele (u. a. ›Die Dämonie der Gemütlichkeit‹, Prosa, hg. 1991).

Spiel, 1) *Pädagogik:* Tätigkeit, die aus Vergnügen an der Ausübung als solcher bzw. am Gelingen vollzogen wird. – V. a. in den ersten beiden Lebensjahren übt das Kind mit Hilfe häufig wiederholter Bewegungen und Handlungsabläufe körperl. Funktionen ein *(Funktions-S.);* meist während des 2. Lebensjahres setzt die Form des *Fiktions-S.* ein, in dem das Kind mit Mimik und Gestik Handlungen und Verhaltensweisen anderer nachahmt. Bis zum Vorschulalter bleibt das S. meist Einzelbeschäftigung *(Einzel-S.),* erst später, als *Gruppen-S.,* bekommt es Wettbewerbscharakter und wird durch die Einigung auf Vorgabe von Vorschriften zum *Regel-S.;* Wettbewerbs- und Regel-S., v. a. die sog. Gesellschafts-S., dienen auch der Entspannung im Erwachsenenalter.

2) svw. → Glücksspiel.

Spielberg, Steven [engl. 'spi:lbə:g], * Cincinnati (Ohio) 18. 12. 1947, amerikan. Filmregisseur und -produzent. Drehte u. a. ›Duell‹ (1971), ›The Sugarland Express‹ (1973), ›Der weiße Hai‹ (1974), ›Unheiml. Begegnung der dritten Art‹ (1976), ›Die Farbe Lila‹ (1986); in den 1980er Jahren Hinwendung v. a. zu verbrauchsorientierten Filmen, u. a. ›Indiana Jones‹-Trilogie (1981–89), ›E. T. – Der Außerirdische‹ (1982), ›Gremlins‹ (1984).

Spieldose, mechan. Musikinstrument, bei dem die Töne durch das Anzupfen von Metallzungen mittels Stift entstehen. Die Stifte sitzen auf einer rotierenden Metallscheibe oder Walze.

Spielhagen, Friedrich, * Magdeburg 24. 2. 1829, † Berlin 25. 2. 1911, dt. Schriftsteller. Einer der erfolgreichsten dt. Romanciers der 2. Hälfte des 19. Jh. (u. a. ›Problemat. Naturen‹, 1861; ›Hammer und Amboß‹, 1869; ›Sturmflut‹ 1876).

Spielkarten, Blätter für Unterhaltungs- und Glücksspiele. Die *dt.* S. haben 32 Blätter, die *frz.* 52, die *Tarock-S.* 78. Die europ. S. sind in vier Reihen mit bes. Farben oder Serienzeichen eingeteilt: Eichel (Kreuz, Treff), Grün (Schippen, Pik), Rot (Herz, Cœur), Schellen (Karo, Carreau). Rangordnung in der dt. und frz. Karte: Daus oder As, König, Ober oder Dame, Unter oder Bube, Zehn, Neun, Acht, Sieben; in der frz. bis Zwei hinab. Die frühesten S. stammen aus Korea, China (7. Jh.) und kamen im 13. Jh. nach Europa.

Spielmann, fahrender Sänger des MA, der durch artist., musikal. und literar. Darbietungen seinen Lebensunterhalt bestritt.

Spieltheorie, Zweig der Mathematik, in dem Spiele behandelt werden, deren Ausgang auch (oder ausschließl.) vom Verhalten der Spieler abhängt *(strateg. Spiele)*. Der Begriff *Spiel* umfaßt dabei auch soziolog., wirtschaftl., techn. und polit. Gegebenheiten (Wettbewerb, Konkurrenzkampf, Störfall, Konflikt u. a.), die ähnl. Strukturen aufweisen wie die übl., durch feste Spielregeln bestimmten Spiele. Das Hauptziel der S. ist das Auffinden der für einen Spieler günstigsten Spielverfahren, d. h. der bestmögl. Strategie.

Spierstrauch [griech./dt.] (Spiräe), Gatt. der Rosengewächse mit über 90 Arten in der nördl. gemäßigten Zone; sommergrüne Sträucher; Blüten klein, Blütenstände doldig oder traubig; z. T. Ziersträucher.

Spießbürger, 1. im MA die ärmeren, nur mit Spießen bewaffneten Mgl. der Bürgerwehr; 2. (heute) engstirniger Mensch, der sein kleinl. Weltbild zum Maßstab aller Dinge macht.

Spieße →Geweih.

Spießglanze, Gruppe meist nadelig-spießig ausgebildeter Sulfidminerale.

Spießhirsche → Neuwelthirsche.

Spießrutenlaufen (Gassenlaufen), Militärstrafe Ende des 16.–19. Jh., bei der der Verurteilte ein- oder mehrmals durch eine von bis zu 300 Mann gebildete Gasse laufen mußte und dabei Rutenhiebe auf den entblößten Rücken erhielt; übertragen: öffentl. Verachtung ausgesetzt sein.

Spill, windenähnl. Vorrichtung mit senkrechter *(Gang-S.)* oder waagerechter *(Brat-S., Pump-S.)* Achse der Trommel; die Leine, Trosse oder Kette wird mehrfach um die S.trommel gelegt und bei der Drehung durch Reibung mitgenommen, jedoch (im Ggs. zur Winde) nicht aufgewickelt.

Spin [engl. spɪn ›schnelle Drehung‹], allg. Bez. für den Eigendrehimpuls, d. h. den Drehimpuls eines um eine körpereigene Achse rotierenden Körpers. I. e. S. eine an Elementarteilchen und Atomkernen meßbare, als ihr *Eigendrehimpuls* zu interpretierende, unveränderl., vektorielle physikal. Größe.

spinal [lat.], in der *Anatomie* und *Medizin:* zur Wirbelsäule gehörend, zum Rückenmark gehörend, im Bereich der Wirbelsäule liegend oder erfolgend.

Spinalnerven (Rückenmarksnerven), paarige, meist in jedem Körpersegment vorhandene, die Rückenmark über je eine vordere und eine hintere Wurzel entspringende Nerven beim Menschen (31 Paar S.) und Wirbeltieren. In den vorderen Wurzeln verlaufen efferente, in den hinteren Wurzeln afferente Fasern. Die S. innervieren die Streckmuskulatur des Rückens, die vordere Rumpfmuskulatur, die Extremitätenmuskulatur und die entsprechenden Hautbezirke.

Spinat [pers.-arab.-span.], Gatt. der Gänsefußgewächse mit nur drei Arten, verbreitet vom Mittelmeergebiet bis Zentralasien. Die wichtigste Art ist der einjährige *Gemüse-S.* (Echter S.) mit hohem Gehalt an Vitaminen (Provitamin A, Vitamine der B-Gruppe und Vitamin C).

Spindelbaumgewächse (Baumwürgergewächse, Celastraceae), Pflanzenfam. mit rd. 850 Arten in 60 Gatt., v. a. in den Tropen und Subtropen; Bäume oder Sträucher; Früchte als Kapseln, Steinfrüchte oder Beeren.

Spindelstrauch (Pfaffenbaum), Gatt. der Spindelbaumgewächse mit über 200 Arten in den gemäßigten Zonen, den Subtropen und Tropen; sommergrüne oder immergrüne Sträucher; einheim. ist das *Pfaffenhütchen* (Gemeiner S.; 3–6 m hoch, mit gelblich-grünen Blüten, roten Kapselfrüchten und weißen Samen; alle Pflanzenteile sind giftig); z. T. Ziersträucher.

Spinelle [lat.-italien.], Gruppe isomorpher kubischer Minerale; allg. $MM_2^1O_4$ bzw. $MO \cdot M_2^1O_3$, wobei M ein zweiwertiges Metall (meist Mg, Zn, Mn, Fe) und M^1 ein dreiwertiges Metall (meist Al, Fe, Cr) bedeutet. Zu den Aluminat-S. zählt das als *Spinell* bezeichnete Mineral, chemisch $MgAl_2O_4$, in Form glasig glänzender, farbloser oder je nach Beimengungen roter, grüner, blauvioletter Kristalle (Mohshärte 8; Dichte 3,5–4,1 g/cm³). Bes. schön ausgebildete Kristalle *(Edelspinell)* werden als Schmucksteine verwendet.

Spinelle

Spinett [italien.], kleines fünfeckiges Tasteninstrument, bei dem die Saiten im Ggs. zum Cembalo spitzwinklig zur Klaviatur angeordnet sind (Umfang meist C-c³ oder f³).

Spinnaker [engl.], ein leichtes, großflächiges Ballonsegel, das auf Sportsegelbooten gesetzt wird, wenn sie vor dem Wind fahren.

Spinndrüsen, Sammelbez. für bestimmte tier. Drüsen, die ein an der Luft erhärtendes Sekret aus Proteinen in Form eines Spinnfadens ausscheiden.

Spinnen (Webespinnen, Araneae), mit über 30 000 Arten weltweit (bes. in warmen Ländern) verbreitete Ordnung etwa 0,1–9 cm langer Spinnentiere; getrenntgeschlechtige Gliederfüßer, Körper von einem chitinigen Außenskelett umgeben (Wechsel durch Häutung), äußerl. nur in zwei Abschnitte gegliedert: Von einem einheitl. Kopf-Brust-Stück ist ein weichhäutiger, ungegliederter Hinterleib deutl. abgesetzt. Der vordere Abschnitt weist in der Brustregion stets vier Laufbeinpaare auf und in der Kopfregion ein Paar Kieferfühler (mit einschlagbaren Giftklauen), ein Paar Kiefertaster sowie zwei bis (meist) acht Augen. Der Gesichtssinn ist im allgemeinen gut ausgebildet, daneben spielen der Tastsinn (Sinneshaare) und der Erschütterungssinn (Vibrationsorgane an den Beinen) eine große Rolle. Im Hinterleib finden sich fast stets zwei Paar Atemorgane. Am Hinterleibsende stehen die Spinnwarzen des Spinnapparats. Die Männchen sind meist kleiner als die Weibchen und tragen an den Pedipalpen einen bes. Kopulationsapparat. Die Eier werden in Kokons abgelegt, die entweder in einem Gespinst aufgehängt oder vom Weibchen, zw. den Kieferfühlern oder an den Spinnwarzen befestigt, umhergetragen werden. S. können mehr als 10 Jahre alt werden (z. B. bestimmte Vogelspinnen), die meisten einheim. Arten sind jedoch einjährig. – Als Beutetiere werden Insekten bevorzugt. Die Giftwirkung des Bisses kann bei wenigen Arten auch für den Menschen gefährl. werden (→Giftspinnen).

Spinnen, Herstellung von Fäden (Garnen, Gespinsten) aus natürl. oder synthet. Textilfasern auf mechan. Wege sowie für die Herstellung von Chemiefasern bzw. -fäden auf chem.-physikal. Wege aus Spinnflüssigkeiten, -schmelzen.

Spinnenkrabben, svw. →Gespensterkrabben.

Spinnennetz, aus feinsten Spinnenfäden gefertigte Fanggewebe der Spinnen, die zum Festhalten der Beutetiere entweder mit feinen Leimtröpfchen (Klebfäden) oder mit feiner Fadenwatte ausgerüstet sind. Die verschiedenen Netzformen sind erbl. festgelegt.

Spinnenpflanze, im trop. und subtrop. Amerika beheimatetes Kapemgewächs der Gatt. Senfklapper; Halbstrauch oder einjähriges Kraut mit langgestielten, purpur-, rosafarbenen oder weißen Blüten; Gartenzierpflanze.

Spinnentiere (Arachnida), weltweit verbreitete Klasse der Gliederfüßer mit rd. 45 000 bisher beschriebenen, knapp 1 mm bis 18 cm langen Arten; Körper in Kopf-Brust-Stück und Hinterleib gegliedert (nur bei den Milben sind beide Abschnitte verschmolzen); meist mit vier Beinpaaren; atmen durch Röhrentracheen oder Tracheenlungen; hauptsächl.

Spindelstrauch:
Zweig mit Früchten

landbewohnend (u. a. Skorpione, Weberknechte, Spinnen, Milben).

Spinnmilben (Blattspinnmilben, Tetranychidae), Fam. 0,25 bis knapp 1 mm großer Milben; fast ausschließl. schädl. Pflanzenparasiten; saugen die Pflanzenzellen aus und überziehen die Blätter mit einem Gespinst; u. a. die bis 0,4 mm lange, im weibl. Geschlecht rot gefärbte *Obstbaum-S.* und die *Gemeine S.* (Bohnen-S.).

Spinnrad, einfaches Gerät zum Spinnen von Fäden; die zu verspinnenden, auf einem senkrechten Stab (Rocken) befestigten Textilfasern werden einer rotierenden waagerechten *Spindel* zugeführt und verdrillt.

Spinnwebenhauswurz, 5–10 cm hohe, dichte Polster bildende Art der Gatt. Hauswurz, verbreitet von den Pyrenäen über die Alpen bis zum Apennin und zu den Karpaten.

Carl Spitteler

Spin-offs [engl.], Nebenprodukte oder Kenntnisse aus oft auf andere Ziele ausgerichteter Forschung, die v. a. in der Ind. Anwendung finden, z. B. neue Werkstoffe aus der Luft- und Raumfahrttechnik.

Spínola, António Sebastião Ribeiro de [portugies. ıʃ'pinulɐ], * Estremoz 11. 4. 1910, portugies. General und Politiker. 1973 bis März 1974 stellv. Generalstabschef. Miturheber der Revolution vom 25. 4. 1974 zunächst Vors. der Junta, Mai–Sept. 1974 Staatspräs.; nach einem mißglückten Putschversuch gegen die linke Militärregierung 1975/76 im Exil.

Spinoza, Baruch (Benedict[us]) [...'no:tsa; niederl. spi:'no:za:], * Amsterdam 24. 11. 1632, † Den Haag 21. 2. 1677, niederl. Philosoph. Bedeutendster Systematiker des Rationalismus und Pantheismus. Seine Philosophie postuliert die Identität von Gott und Natur (Monismus): Gott, verstanden als die alles umfassende Natur, ist die absolute, ewige Substanz, von deren unendl. Attributen dem Menschen Ausdehnung (Materie) und Denken (Geist) zugängl. sind. In seinem anonym erschienenen ›Tractatus theologicopoliticus‹ (1670), neben einem Traktat über Descartes' ›Principia philosophiae‹ der einzigen zu seinen Lebzeiten erschienenen Schrift, verteidigt S. die Ideen der Freiheit des Denkens und der Toleranz. Bed. Einfluß gewann er im dt. Idealismus und in der dt. Romantik.

Baruch de Spinoza: Ausschnitt aus einem anonymen Gemälde; um 1665 (Den Haag, Gemeentemuseum)

Spionage [...'na:ʒə; italien.-frz.], das Auskundschaften von (v. a. militär.) Einrichtungen und Vorgängen, die von Bedeutung für die Sicherheit eines Staates sind, im Auftrag oder im Interesse einer fremden Macht.

Spiräengewächse [griech./dt.] →Rosengewächse.

Spirale [griech.-lat.], **1)** *Mathematik:* eine ebene Kurve, die in immer weiter werdenden Windungen einen Punkt (Pol) umläuft.
2) *Medizin:* umgangssprachl. Bez. für ein spiralig gewundenes Intrauterinpessar (→Empfängnisverhütung).

Spiralnebel →Nebel (Astronomie).

Spirans (Spirant) [lat.], svw. →Reibelaut.

Spirillen [griech.], allg. Bez. für schraubig gewundene Bakterien.

Spiritismus [lat.], Bez. für Lehre und Praxis der Beschwörung von Geistern, die sich in Materialisationen zeigen und sich in schriftl. Form oder in Tranceäußerungen von Medien mitteilen sollen.

Spiritualen, bes. Richtung im Franziskanerorden, die im Armutsstreit gegen die Konventualen die Intention des Franz von Assisi ohne Abstriche verwirklichen wollte.

Spiritualismus [lat.], in der Philosophie Lehre, nach der alles Wirkliche Geist bzw. Erscheinungsform des Geistes ist *(metaphys. S.).* Auch Bez. für verschiedene Bewegungen in der Geschichte des Chri-

Spitzhörnchen

stentums, die das unmittelbare Heilswirken Gottes durch dessen Geist betonen und sich deshalb gegen die verfaßte Kirche und das kirchl. Amt wenden.

Spirituosen [lat.-frz.], Getränke mit einem Gehalt an Alkohol (Äthanol) von mindestens 20%, z. B. Branntweine, Liköre.

Spiritus [lat.], svw. Weingeist, Äthylalkohol (→Äthanol, →Branntwein).

Spiritus rector [lat.], treibende Kraft.

Spiritus sanctus [lat.] →Heiliger Geist.

Spirochäten [griech.], Bakterien mit schraubig gewundenen, flexiblen und sehr bewegl. Zellen; z. T. krankheitserregend (Syphilis, Rückfallfieber u. a.).

Spirometer [lat./griech.] (Atemmesser), Apparat zur Messung von Atemfrequenz, Atemvolumen, Reserveluft, Komplementärluft, Vitalkapazität u. a. Atemgrößen.

Spirre [niederdt.] →Blütenstand.

Spitteler, Carl, Pseud. Carl Felix Tandem, * Liestal 24. 4. 1845, † Luzern 29. 12. 1924, schweizer. Dichter. Schrieb Versepen, u. a. ›Prometheus und Epimetheus‹ (1881, Neufassung 1924 u. d. T. ›Prometheus der Dulder‹), Lyrik, Erzählungen und Essays. 1919 Nobelpreis für Literatur.

Spitzbergen, gebirgige, zu rd. 60% von Eis bedeckte Inselgruppe im Nordpolarmeer, bildet zus. mit der Bäreninsel das norweg. Verw.-Geb. Svalbard, 3 900 E, davon ca. 2 000 Russen; Sitz des Gouverneurs: Longyearbyen. S. besteht aus den 4 großen Inseln *Spitzbergen* (39 043 km²), *Nordostland* (14 530 km²), *Edgeinsel* (5 030 km²) und *Barentsinsel* (1 330 km²) sowie zahlr. kleineren Inseln, Gesamtfläche 62 050 km². Abbau von Kohle: Die Norweger fördern bei Longyearbyen; sowjet. Gruben liegen bei Barentsburg und Pyramiden. Meteorolog. und Radiostationen, ✈ bei Longyearbyen.

Geschichte: 1194 von Wikingern (›Svalbard‹ [›kalte Küste‹]), 1596 vom Niederländer W. Barentsz entdeckt; 1912 Begründung der meteorolog. Station Barentsburg; 1920/25 an Norwegen vorbehaltl. des Rechts aller Signatarmächte zu Kohleabbau, Jagd und Fischfang.

Spitze, Sammelbez. für Hunderassen mit spitzen Stehohren und Ringelrute. Man unterscheidet: *Europ. S.* (Großspitz, Kleinspitz, Wolfsspitze, Finnenspitz, Samojedenspitz, Eurasier), *Chin. S.* (Chow-Chow) und *Jap. S.* (Akita-Inu).

Spitze, durchbrochenes Gewebe (urspr. nur ein schmaler Streifen mit gezacktem Rand); bei echten S. bilden Muster bzw. Stege und Muster selbst das Gewebe (im Ggs. etwa zu spitzenähnl. Stickereien). Handgearbeitete S. (Hand-S.) sind u. a. →Klöppelspitze.

Spitzenentladung, eine elektr. Entladung an den Spitzen hochspannungsführender Leiter. →Büschelentladung.

Spitzentanz, im klass. Ballett Tanz auf der Fußspitze im Spitzenschuh (Spezialschuh mit geleimter oder geblockter Spitze).

spitzer Winkel, ein Winkel, der kleiner als ein rechter Winkel bzw. 90° ist.

Spitzhörnchen (Tupajas, Tupaiidae), Fam. der Insektenfresser mit 18 Arten in S- und SO-Asien; Körperlänge etwa 15–20 cm; Schwanz ebensolang; Fell meist bräunl.; Schnauze lang und spitz.

Spitzmäuse (Soricidae), mit Ausnahme von Australien nahezu weltweit verbreitete Fam. vorwiegend nachtaktiver Insektenfresser mit über 250, etwa 3–18 cm langen Arten; mäuseähnl., mit stark verlängerter, zugespitzter Schnauze und kurzem, dichtem Fell; oberseits einfarbig braun bis schwarz, unterseits hell; fressen überwiegend Insekten. Einheim. Arten sind u. a. die *Wald-S., Wasser-S., Feld-S.* und die geschützte *Hausspitzmaus.*

Spitzrüßler (Spitzmäuschen, Apioninae), Unter-Fam. 1,2–5 mm großer Rüsselkäfer mit über 100 einheim. Arten; meist schwarz, oft mit Metallglanz; Larven oft in Samen von Hülsenfrüchten.

Spitzweg, Carl, * München 5. 2. 1808, † ebd. 23. 9. 1885, dt. Maler und Illustrator. Apotheker; zeichnete für humorist. Zeitschriften und malte kleinformatige Gemälde (›Der arme Poet‹, 1839, München, Neue Pinakothek), die mit Witz und Humor Menschen der Biedermeierzeit darstellen; auch Landschaften.

Carl Spitzweg: Der arme Poet; 1839 (München, Neue Pinakothek)

Spitzwegerich → Wegerich.

Spleen [ʃpliːn, spliːn; griech.-lat.-engl.], phantast. Einfall; verrückte Angewohnheit.

Splendid isolation [engl. 'splɛndɪd aɪsəˈleɪʃən ›glanzvolles Alleinsein‹], Schlagwort für die brit. Bündnislosigkeit im 19. Jh. (bis 1902/04), um polit. Handlungsfreiheit zu wahren.

Splint [niederdt.], 1) gespaltener Metallstift zur Sicherung von Bolzen oder Schrauben.
2) (Splintholz) → Holz.

Splintholzkäfer (Holzmehlkäfer, Schattenkäfer, Lyctidae), Fam. kleiner (weniger als 1 cm großer) Käfer mit rd. 60 Arten, davon 6 einheimisch; Larven engerlingähnl., in gefälltem, entrindetem Holz; u. a. der gelbbraune, 2,5–5 mm lange europ. *Parkettkäfer.*

Split (italien. Spalato), Hafenstadt an der jugoslaw. Adriaküste (Rep. Kroatien), 169 000 E. Univ.; Museen, Theater. U. a. Werft, Zementfabriken. Mausoleum Diokletians, im frühen MA zum Dom umgebaut mit roman.-got. Glockenturm; ehem. Jupitertempel, im MA in ein Baptisterium umgewandelt; Altes Rathaus in venezian. Gotik (1432). – Entstand um den von Kaiser Diokletian 295–305 errichteten Palast; im 6. Jh. (erneut 1969) Erzbischofs-, 1828 Bischofssitz; bereits im 8. Jh. bed. Hafen- und Handelsstadt; 12.–15. Jh. zeitweilig ungar., 1420–1797 venezian.; 1797–1815 österr.; 1918 an das spätere Jugoslawien.

Splitt [niederdt.], Zuschlagstoff aus zerkleinertem Felsgestein für im Straßenbau verwendeten Beton; als sog. *Roll-S.* mit Teer gemischt zur Befestigung oder Ausbesserung von Straßendecken.

Splitting [engl.], 1) *Steuerrecht:* → Veranlagung.
2) *Wahlrecht:* bei Wahlsystemen mit doppelter Stimmabgabemöglichkeit die Auftrennung der Erst- und Zweitstimme auf zwei verschiedene Parteien.

Splügen → Alpenpässe (Übersicht).

SPÖ, Abk. für → Sozialistische Partei Österreichs.

Spodumen [griech.] (Triphan), zur Gruppe der monoklinen → Augite gehörendes Mineral, chem. $LiAl[Si_2O_6]$; bildet durchsichtige Kristalle. Mohshärte 6,5–7; Dichte 3,1–3,2 g/cm³; wichtiger Rohstoff für die Lithiumgewinnung.

Spoerl [ʃpœrl], Heinrich, * Düsseldorf 8. 2. 1887, † Rottach-Egern 25. 8. 1955, dt. Schriftsteller. Schrieb humorvolle Romane (›Die Feuerzangenbowle‹, 1933; ›Wenn wir alle Engel wären‹, 1936) und Erzählungen.

Spohr, Louis, eigtl. Ludewig S., * Braunschweig 5. 4. 1784, † Kassel 22. 10. 1859, dt. Komponist, Violinist und Dirigent. Einer der großen Violinisten seiner Zeit; schrieb Opern (u. a. ›Faust‹, 1816), Sinfonien, zahlr. Violinkonzerte und Kammermusik.

Louis Spohr

Spoiler [engl. 'spɔɪlə], Luftleitblech (*Bug-* oder *Heck-S.*) an Autos, das durch Beeinflussung der Luftströmung die Bodenhaftung des Fahrzeugs verbessert oder als *Dach-S.* den Luftwiderstand bes. bei Lkw oder Pkw mit Wohnwagen verringert.

Spoleto, italien. Stadt im südl. Umbrien, 37 500 E. Archäolog. Museum; jährl. Kunsthandwerksmesse. Reste der antiken Stadtmauer, roman. Dom (1194 geweiht), mit Renaissancevorhalle (1491); über der Stadt die Festung (14. Jh.; jetzt Gefängnis); Aquädukt (14. Jh.). – Das antike **Spoletium** wurde Mitte des 4. Jh. Bischofssitz (seit 1820 Erzbischofssitz); um 570/580 Sitz eines langobard. Hzg.; später Teil des Kirchenstaates (bis 1861).

Spondeus [griech.-lat.], aus 2 langen Silben (– –) bestehender antiker Versfuß.

Sponsor [lat.-engl.], Gönner, Geldgeber, Förderer (z. B. im Sport).

Spontaneität [...e-i'tɛːt] (Spontanität) [lat.], Art und Weise, wie jemand aus einem unmittelbaren Impuls heraus handelt, sich bewegt und Gedanken äußert.

Spontini, Gaspare, * Maiolati (= Maiolati Spontini bei Ancona) 14. 11. 1774, † ebd. 24. 1. 1851, italien. Komponist. Opernkomponist in Italien und Paris, 1820–41 am preuß. Hof in Berlin; u. a. ›La vestale‹ (1807), ›Fernand Cortez‹ (1809).

Sporaden, zusammenfassende Bez. für die Inselgruppen der *Südl. S.* (→ Dodekanes) und der *Nördl. S.* vor der O-Küste Griechenlands (Skopelos, Skiathos, Alonisos, Skiros und zahlr. kleinere Inseln).

sporadisch [griech.-frz.], vereinzelt vorkommend.

Sporangien (Einz. Sporangium) [griech.], vielgestaltige, einzellige (bei vielen Algen und Pilzen) oder mehrzellige (bei Moosen und Farnen) Behälter, in denen die Sporen (**Sporangiosporen**) gebildet und aus denen sie bei der Reife durch deren Öffnung freigesetzt werden.

Sporen [griech.], ein- oder mehrkernige kleine Vermehrungs- und Verbreitungszellen, die keine Geschlechtszellen (Gameten) darstellen; v. a. bei Kryptogamen, Schleimpilzen; auch Bez. für die Dauerformen von Bakterien.

Sporenpflanzen, svw. → Kryptogamen.

Sporentierchen (Sporozoen, Sporozoa), Stamm der Protozoen (Urtierchen) mit sehr geringer Zelldifferenzierung und entoparasit. Lebensweise; z. T. gefährl. Krankheitserreger bei Tier und Mensch.

Sporn, 1) *zoolog. Anatomie* und *Morphologie:* allg. Bez. für spitze knöcherne oder knorpelige Bildungen an verschiedenen Organen bei manchen Wirbeltieren.
2) *Botanik:* hohle, spitzkegelförmige Aussackung der Blumen- und Kelchblätter bei verschiedenen Pflanzenarten (z. B. Akelei, Ritter-S., Veilchen).
3) *Reitsport:* (Mrz. Sporen) stumpfer Metallstift am Absatz des Reitstiefels (teilweise mit Rädchen) zum Vorwärtstreiben des Pferdes.

Sporophyt [griech.] (Sporobiont), die die Sporen hervorbringende diploide, ungeschlechtlich aus der

Sport (Gewichtsklassen)			
Bezeichnung	Amateur-boxen	Berufsboxen (EBU)[1]	Berufsboxen (WBA)[2]
Boxen			
Juniorfliegengewicht	–	–	bis 47,627 kg
Halbfliegengewicht	bis 48 kg	–	bis 48,988 kg
Fliegengewicht	bis 51 kg	bis 50,802 kg	bis 50,802 kg
Superfliegengewicht	–	bis 52,095 kg	–
Bantamgewicht	bis 54 kg	bis 53,525 kg	bis 53,524 kg
Superbantamgewicht (Junior-Federgewicht)	–	–	bis 55,338 kg
Federgewicht	bis 57 kg	bis 57,153 kg	bis 57,153 kg
Superfedergewicht	–	bis 58,967 kg	bis 58,967 kg
Junior-Leichtgewicht	–	–	bis 59,020 kg
Leichtgewicht	bis 60 kg	bis 61,235 kg	bis 61,235 kg
Halbweltergewicht (Junior-Weltergewicht)	bis 63 kg	bis 63,503 kg	bis 63,503 kg
Weltergewicht	bis 67 kg	bis 66,678 kg	bis 66,678 kg
Superweltergewicht	–	bis 69,853 kg	bis 69,853 kg
Halbmittelgewicht	bis 71 kg	–	–
Mittelgewicht	bis 75 kg	bis 72,575 kg	bis 72,575 kg
Halbschwergewicht	bis 81 kg	bis 79,379 kg	bis 79,379 kg
Cruiserklasse	–	bis 88,183 kg	bis 88,183 kg
Schwergewicht	bis 91 kg	über 88,183 kg	über 88,183 kg
Superschwergewicht	über 91 kg		

[1] European Boxing Union, Sitz Rom. - [2] World Boxing Association, Sitz New York.

	Herren	Damen[1]
Gewichtheben		
Fliegengewicht	bis 52 kg	bis 44 kg
Bantamgewicht	bis 56 kg	bis 48 kg
Federgewicht	bis 60 kg	bis 52 kg
Leichtgewicht	bis 67,5 kg	bis 56 kg
Mittelgewicht	bis 75 kg	bis 60 kg
Leichtschwergewicht	bis 82,5 kg	bis 67,5 kg
Mittelschwergewicht	bis 90 kg	bis 75 kg
1. Schwergewicht	bis 100 kg	bis 82,5 kg
2. Schwergewicht	bis 110 kg	über 82,5 kg
Superschwergewicht	über 110 kg	
Ringen		
Papiergewicht	bis 48 kg	bis 40 kg
Fliegengewicht	bis 52 kg	bis 44 kg
Bantamgewicht	bis 57 kg	bis 47 kg
Federgewicht	bis 62 kg	bis 51 kg
Leichtgewicht	bis 68 kg	bis 57 kg
Weltergewicht	bis 74 kg	bis 61 kg
Mittelgewicht	bis 82 kg	bis 65 kg
Halbschwergewicht	bis 90 kg	bis 70 kg
Schwergewicht	bis 100 kg	von 70–75 kg
Superschwergewicht	von 100–130 kg	
Judo		
Superleichtgewicht	bis 60 kg	bis 48 kg
Halbleichtgewicht	bis 65 kg	bis 52 kg
Leichtgewicht	bis 71 kg	bis 56 kg
Halbmittelgewicht	bis 78 kg	bis 61 kg
Mittelgewicht	bis 86 kg	bis 66 kg
Halbschwergewicht	bis 95 kg	bis 72 kg
Schwergewicht	über 95 kg	über 72 kg

Allkategorie (Open) ohne Gewichtsbegrenzung nur bei Europa- und Weltmeisterschaften

[1] Für die Gewichtsklassen der Damen gibt es Bezeichnungen nur im Ringen.

befruchteten Eizelle hervorgehende Generation im Fortpflanzungszyklus der Moose und Farne sowie Samenpflanzen (→ auch Gametophyt).

Sport [lat.-engl.], alle als Bewegungs-, Spiel- oder Wettkampfformen geprägten körperl. Aktivitäten des Menschen.

Im *Breitensport* werden Fitneß und Geselligkeit gefördert, wobei das ansteigende Masseninteresse durch Angebote (z. B. Ausrichtung von Volksläufen) und Anregungen (Trimm-Aktion) von S.organisatio-nen *(Vereins-* und *Verbands-S.)* sowie von Institutionen wie Gemeinden, Kirchen, Betrieben *(Betriebs-S.)*, Schulen, Univ. *(Hochschul-S.)*, aber auch zunehmend im Sinne eines Marktes durch die Freizeitindustrie befriedigt wird. Der *Leistungssport* (Hochleistungs-S., Spitzen-S.) präsentiert Spitzenleistungen im Rahmen von Wettkämpfen. Der *Behindertensport* (Versehrten-S., Invaliden-S.) ist heute Teil einer umfassenden Therapie zur Rehabilitation von Behinderten.

Sportabzeichen → Deutsches Sportabzeichen.

Sporteln [lat.], (früher) eine Verwaltungsgebühr, die unmittelbar dem beteiligten Beamten zufloß.

Sportlerherz (Sportherz), trainingsbedingte Vergrößerung des Herzens mit Zunahme der Herzmuskelfaserdicke, der Wandstärke, des Volumens der Herzhöhlen sowie der Kapillarisierung und des Myoglobingehalts des Herzmuskels.

Sportmedizin, Spezialgebiet der Medizin, in dem mit klin. und physiolog. Methoden die Auswirkungen sportl. Betätigungen auf den menschl. Organismus geprüft werden.

Sportwagen, im Automobilsport Wettbewerbsfahrzeuge, die im Ggs. zu Rennwagen den Bestimmungen der Straßenverkehrszulassungsordnung unterliegen.

Spot [engl. ›Fleck, Stückchen‹] (Werbespot), Werbekurzfilm (Fernsehen, Kino) oder Werbetext in Hörfunksendungen von durchschnittl. 10–30 Sek. Dauer.

Spotlight [engl. 'spotlaɪt], Scheinwerfer mit engem Lichtbündel für Effektbeleuchtung (z. B. in der Bühnentechnik).

Spotmarkt [engl.], Handelsplatz, an dem nicht vertragl. gebundene Mengen von Rohöl oder Mineralölprodukten an den Meistbietenden verkauft werden; bekannte S. sind u. a. New York und Rotterdam.

Spötter → Grasmücken.

S.P.Q.R., Abk. für lat. → Senatus Populus que Romanus.

Sprache, die Fähigkeit zu sprechen sowie die Gesamtheit der sprachl. Ausdrucksmittel, die einer menschl. Gemeinschaft zur Verfügung stehen. S. kann als soziales Phänomen (insofern für das Zustandekommen sprachl. Ereignisse mindestens 2 Sprecher/Hörer notwendig sind), als akust. (Folge von Schallereignissen) oder psych. Phänomen (insofern das Stattfinden sprachl. Ereignisse bestimmte innerpsych. Prozesse *vor* einer sprachl. Äußerung und *nach* deren Rezeption voraussetzt) oder auch als System log. Operationen aufgefaßt werden, insofern S. die Wirklichkeit in die symbol. Form sprachl. Zeichen überführt und dieser Prozeß nach bestimmten Regeln abläuft. Natürl. S. (z. B. Deutsch, Engl., Frz.) unterscheiden sich von sog. künstl. S. (z. B. die Programmier-S. zur Steuerung von Computern) und von tier. Kommunikationssystemen v. a. dadurch, daß die natürl. S. eine gewisse *Redundanz* aufweisen (eine bestimmte außersprachl. Wirklichkeit kann mit mehreren verschiedenen sprachl. Zeichen repräsentiert werden), ferner dadurch, daß ein einzelnes sprachl. Zeichen verschiedene außersprachl. Wirklichkeiten repräsentieren kann. Entscheidend für die Theorie vom Funktionieren der S. sind folgende Grunderkenntnisse: Die Beziehung zw. Zeichen (z. B. sprachl. Äußerung) und Bezeichnetem (ein Ausschnitt aus der außersprachl. Wirklichkeit) hängt von der jeweiligen Sprachgemeinschaft ab; dieselbe Wirklichkeit kann mit den unterschiedlichsten Zeichen bezeichnet werden, die Zeichen sind daher nicht der notwendige oder ›natürl.‹ Ausdruck der Wirklichkeit, sondern sie werden ihr von jeder Sprachgemeinschaft konventional zugeordnet.

Sprachen der Erde: Die insgesamt auf der Erde gesprochenen (bzw. schriftl. überlieferten) Sprachen, deren Zahl auf 2 500 bis 3 500 geschätzt wird, unterscheiden sich sehr stark voneinander. Diese Unterschiede sind Gegenstand der genet. und der typolog. Sprachbetrachtung. Eine Klassifikation fußt, soweit mögl., auf genet. Sprachbetrachtung, ordnet aber andere Sprachen und Sprachgruppen je nach der gegenwärtigen Forschungslage nach typolog. oder geograph. Gesichtspunkten.

Sprachfehler →Sprachstörungen.

Sprachgesellschaften, im 17. Jh. entstandene Vereinigungen zur Förderung der dt. Sprache. Ziel war u. a. die Loslösung von Fremd- und Dialekteinflüssen, die Vereinheitlichung der Orthographie sowie die Klärung poetolog. Fragen im Hinblick auf die Entwicklung einer dt. Literatursprache. Nach dem Vorbild der Accademia della Crusca in Florenz wurde 1617 in Weimar die erste und bedeutendste der dt. S. gegründet, die ›Fruchtbringende Gesellschaft‹, die während ihrer Blütezeit 1640–80 über 500 Mitglieder hatte.

Sprachlabor, mit audiovisuellen Unterrichtsmitteln ausgestattete, nach dem Prinzip des →programmierten Unterrichts arbeitende Einrichtung des Fremdsprachenunterrichts.

Sprachrohr →Megaphon.

Sprachspiel, von L. Wittgenstein eingeführter Begriff für das Geflecht der Verwendung sprachl. Ausdrücke im Kontext beliebiger, auch sprachfreier Handlungen.

Sprachstörungen, Abweichungen von den (alterstyp.) Normen der Sprache bzw. des Sprechens. Gelegentlich werden *Sprachfehler* als Normvarianten ohne wesentl. Einschränkung der Mitteilungsfähigkeit der gravierenden, langfristig behandlungsbedürftigen *Sprachbehinderung* gegenübergestellt. Eine Reihe von Sprachbesonderheiten (z. B. Stammeln, Echolalie oder Schwierigkeiten beim Bilden grammatikal. richtiger Sätze) treten auch beim normalen Spracherwerb auf und sind nur dann als abnorm zu werten, wenn sie über die übl. Altersstufen hinaus fortbestehen.

Sprachwissenschaft, die wiss. Beschäftigung mit der Sprache in allen ihren Bezügen, mit den Einzelsprachen und ihren Gliederungen. Gleichbedeutend mit S. wird häufig die Bez. →Linguistik verwendet. Die Beschreibung der *Sprachstruktur* ist Aufgabe der Grammatik, die sich in Phonologie, Morphologie, Syntax und Semantik gliedert (wobei Phonologie und Semantik häufig als eigene Gebiete betrachtet werden). *Soziale* und *räuml. Gliederung* der Sprache werden von der Soziolinguistik und von der Dialektologie (Mundartforschung) untersucht. Die Entwicklung der *Sprechfähigkeit* beim Kind ist Gegenstand der Spracherwerbsforschung als Teil der →Psycholinguistik. Die *geschichtl. Veränderungen* von Sprachen, Dialekten, Soziolekten werden in der histor. S. behandelt.

Spranger, 1) Bartholomäus, *Antwerpen 21. 3. 1546, †Prag im Aug. 1611, niederl. Maler. 1575/76 Hofmaler Kaiser Maximilians II. in Wien, ab 1581 Kaiser Rudolfs II. in Prag. Bed. Vertreter des Manierismus, u. a. allegor.-mytholog. Szenen.
2) Carl-Dieter, *Leipzig 28. 3. 1939, dt. Politiker (CSU). Jurist; seit 1972 MdB, 1982–90 Parlamentar. Staatssekretär im Bundesministerium des Innern, seit 1991 Bundesmin. für wirtschaftl. Zusammenarbeit.
3) Eduard, *Groß-Lichterfelde (= Berlin) 27. 6. 1882, †Tübingen 17. 9. 1963, dt. Kulturphilosoph und Pädagoge. Schüler W. Diltheys. Einer der führenden Theoretiker einer geisteswiss. normativen Pädagogik sowie einer ›Psychologie des sinnbezogenen Erlebens‹ (›Lebensformen‹, 1914). Seine ›Psychologie des Jugendalters‹ (1924, [29]1979) gilt als klass. Werk der Pädagogik.

Spratlyinseln [engl. 'sprætlɪ], im Südchin. Meer gelegene unbewohnte Inselgruppe, auf die China, Taiwan, Vietnam, Malaysia und die Philippinen Anspruch erheben.

Spray [engl. sprɛɪ; niederl.-engl.], Flüssigkeit (z. B. Farben, Desodorants, Haarfestiger), die sich zus. mit einem unter Druck stehenden, unbrennbaren Treibgas (z. B. Halogenkohlenwasserstoffe) in einem bruch- und druckfesten Gefäß *(Spraydose)* befindet; das Treibgas treibt die Flüssigkeit in feinsten Tröpfchen aus einer Düse. Die chem. nicht abbaubaren, in die Atmosphäre gelangenden Treibgase bewirken eine Schwächung der Ozonschicht der Erdatmosphäre durch Reaktion der durch UV-Strahlung freiwerdenden Halogenradikale mit dem Ozon. Die Produktion von S. mit Fluorchlorkohlenwasserstoffen (FCKW) als Treibmittel wurde daher in der BR Deutschland und in anderen Staaten bereits verboten.

Sprechfunkgerät, für die Sprachübertragung konzipiertes Funkgerät (kombinierte Sende- und Empfangsanlage). S. für den Nahbereich (bis etwa 50 km) arbeiten überwiegend im UKW-Bereich, für mittlere und größere Entfernungen im Grenz- und Kurzwellenbereich. Kleine batteriebetriebene S. werden meist als *Funksprechgeräte (Walkie-talkies)* bezeichnet. →CB-Funk.

Spree, linker Nebenfluß der Havel, mündet bei Berlin-Spandau, 403 km lang.

Spreewald, bis 16 km breite und 45 km lange Niederung in der Niederlausitz, von der in mehrere Arme aufgeteilten Spree durchflossen. – Urspr. Siedlungsgebiete der Sorben, bis im 10. Jh. die dt. Besiedlung einsetzte.

Spreite, svw. Blattspreite (→Laubblatt).

Spreizfuß, Lockerung der Querverspannung des Fußes, was eine Abplattung und Verbreiterung des Fußes zur Folge hat.

Spremberg, Kreisstadt an der Spree, Brandenburg, 24 700 E. Textil-Industrie. Spätgot. Pfarrkirche (16. Jh.), Barockschloß (nach 1731).

Sprengel, kirchl. (Pfarrei, Diözese) oder weltl. (z. B. Gerichts-S.) Amtsbezirk.

Sprengstoffe (Explosivstoffe), zum Sprengen verwendete feste oder flüssige (auch pastenartige oder gelatinöse) Substanzen oder Gemische, die nach Zündung (Funken, Flammen, Reibung, Schlag oder indirekt durch eine Sprengkapsel) rasch große Mengen heißer, komprimierter Gase freisetzen. Bei geringster Erwärmung bzw. geringstem Stoß reagierende S. werden als *Primärsprengstoffe (Initial-S.)* den weniger empfindl., durch sie gezündeten *Sekundär-S.* gegenübergestellt. Die *Sprengkapsel (Zündhütchen)* enthält Initial-S. (z. B. Bleiazid, Bleipikrat) und ist in den zu zündenden Sekundär-S. eingebettet. Wichtige Kenndaten eines S. sind *Detonationsgeschwindigkeit* (zw. 300 und 8 500 m/s), *Explosionswärme* (zw. 2 500 und 5 900 kJ/kg) und *Explosionstemperatur* (zw. 2 000 und 5 000 °C). Als *Schießmittel* (Schießstoffe, Treibmittel, z. B. für Gewehre, Feuerwerkskörper) bezeichnet man S. mit geringeren Detonationsgeschwindigkeiten von 300 bis 500 m/s. Hierzu zählt das *Schießpulver* (Pulver), explosive Substanzgemische, die sich im Ggs. zu den Sprengstoffen bei Zündung mit gleichförmiger Geschwindigkeit zu Gasen umsetzen und einem Geschoß die erforderl. Anfangsgeschwindigkeit erteilen. Man unterscheidet *einbasige Schießpulver,* die nur aus (gelatinierter) Nitrozellulose bestehen, *zweibasige Schießpulver* aus Nitrozellulose und Nitroglycerin oder Diglykoldinitrat und *dreibasige Schießpulver,* die sich alle gegenüber dem früher gebräuchl. *Schwarzpulver* (Gemisch aus 75 % Kalisalpeter, 10 % Schwefel, 15 % Holzkohle) durch fehlende Rückstandsbildung im Lauf und geringere

Eduard Spranger

Rauchbildung auszeichnen. *Sprengmittel (S. im engeren Sinn)* sind dagegen einheitl. oder gemischte S., die wesentl. heftiger reagieren und dabei zertrümmernd auf die Umgebung wirken; sie werden für militär. und zivile (gewerbl.) Zwecke mit unterschiedl. Eigenschaften hergestellt. Wichtige S. (für militär. Zwecke sowie für den Berg- und Straßenbau) sind die Salpetersäureester, aromat. Nitroverbindungen, Nitramine, Ammonsalpeter-S. und Chloratsprengstoffe. Zu den Salpetersäureestern gehört das Pentaerythritnitrat, das Nitroglycerin (als *Sprengöl* bezeichnet) und die Nitrozellulose (mit 12,6 bis 13,5 % Stickstoffgehalt als weiße, watteartige Substanz: sog. Schießbaumwolle [Schießwolle, Pyroxylin]); eine gelatinöse Masse aus 7–8 % Nitrozellulose und 92–93 % Nitroglycerin wird als *Sprenggelatine (Nitrogelatine)* bezeichnet (Detonationsgeschwindigkeit 7 700 m/s). *Dynamit* besteht aus Sprenggelatine, der zur Abstufung der Sprengkraft Natronsalpeter und Holzmehl zugegeben wird. S. aus der Reihe der aromat. Nitroverbindungen sind die Pikrinsäure und das 2,4,6-Trinitrotoluol (→ Nitrotoluole). Nitramin-S. sind u. a. das →Hexogen und Tetryl. Pulverige S. können durch Zusatz von Plastiziermitteln (Vaseline, Wachse, Kunststoffe) leichter handhabbar gemacht werden (*Plastik-S.* z. B. in sog. Plastikbomben).

Sprengwerk, Baukonstruktion (Tragwerk) aus Holz, Stahl oder Stahlbeton, bei der ein horizontaler Träger durch geneigte Streben abgestützt wird.

Sprichwort (Proverb), kurzer, einprägsamer Satz, der in volkstüml. bildl. Sprache eine prakt. Lebensweisheit enthält; Herkunft und Entstehung von Sprichwörtern ist meist nicht nachweisbar, wobei das Sammeln von Sprichwörtern eine lange Tradition hat. Im Dt. Sprichwörterlexikon (5 Bde., 1867–80) von Karl Friedrich Wilhelm Wander (* 1803, † 1879) sind mehr als 300 000 Sprichwörter zusammengetragen.

Spring, Howard [engl. spriŋ], * Cardiff 10. 2. 1889, † Falmouth 3. 5. 1965, engl. Schriftsteller. Schrieb zahlr. sozialkrit. Romane, u. a. ›Geliebte Söhne‹ (1938), ›Tumult des Herzens‹ (1953), ›Es fing damit an‹ (1965).

Springantilopen (Antilopinae), Unterfam. der Antilopen mit rd. 20 Arten, v. a. in trockenen, offenen Landschaften Afrikas und Asiens. In den Steppen Indiens lebt die etwa damhirschgroße *Hirschziegenantilope* (Sasin).

Springbock, Gatt. der Gazellenartigen mit einer einzigen Art in Südafrika; vielerorts ausgerottet; Länge 1,2–1,5 m, Schulterhöhe etwa 70–90 cm; Männchen und Weibchen mit etwa 30 cm langen, leierförmigen Hörnern.

Springer, Figur im Schach.

Springer, Axel Caesar, * Altona 2. 5. 1912, † Berlin 22. 9. 1985, dt. Verleger. Baute einen der größten Zeitungsverlage in der BR Deutschland auf (u. a. ›Hör zu‹, gegr. 1946, ›Hamburger Abendblatt‹, gegr. 1948, ›Bild‹, gegr. 1952, ›Die Welt‹, 1953 von der brit. Besatzungsmacht gekauft, 1959 Übernahme des Ullstein Verlags mit der ›Berliner Zeitung‹). Die Umsetzung seiner monopolartigen Stellung in der Informations- und Meinungsverbreitung führte 1967/68 zu heftigen Auseinandersetzungen mit der APO. 1970 faßte S. die Druckmedien in der *Axel Springer Verlag AG* zusammen, als Holding fungiert seit 1971 die *Axel Springer GmbH Gesellschaft für Publizistik KG.* Zum Konzern gehören außerdem die *Ullstein Tele Video* und die *Verlags- und Industrie-Versicherungsdienste GmbH.*

Springfield [engl. 'spriŋfi:ld], Hauptstadt des Staates Illinois (seit 1837), USA, am Sangamon River, 99 600 E. Kunst-, histor. Museum; Lincoln-Gedenkstätten (u. a. Wohnhaus, Grabdenkmal).

Springkraut (Balsamine), Gatt. der Balsaminengewächse mit über 400 Arten; meist im trop. Afrika

Springmäuse:
Wüstenspringmaus

Springkraut:
Fleißiges Lieschen

und im trop. und subtrop. Asien; acht Arten in den gemäßigten Bereichen der Nordhalbkugel; Kräuter oder Halbsträucher; Frucht eine bei Berührung elast. mit fünf Klappen aufspringende, die Samen wegschleudernde Kapsel. In Deutschland kommen u. a. vor: *Rührmichnichtan* (Großes S., Wald-S.), bis 1 m hoch, Blüten zitronengelb, innen rot punktiert; *Gartenbalsamine,* eine 20–60 cm hohe Sommerblume mit meist gefüllten, verschiedenfarbigen Blüten; *Fleißiges Lieschen,* mit 30–60 cm hohen dickfleischigen Stengeln und bis 4 cm breiten Blüten.

Springmäuse (Springnager, Dipodidae), Fam. der Mäuseartigen mit rd. 25 Arten in Trockengebieten und Wüsten Asiens und N-Afrikas; Länge 4–15 cm; Schwanz weit über körperlang, mit Endquaste; Hinterbeine stark verlängert, Vorderbeine kurz; bewegen sich in großen Sprüngen (auf zwei Beinen) sehr rasch fort; nachtaktiv (u. a. Pferdespringer und Wüstenspringmaus).

Springprozession, bes. Form der Prozession, v. a. in →Echternach.

Springschwänze (Kollembolen, Collembola), mit rd. 3 500 (einheim. rd. 300) Arten weltweit verbreitete Unterordnung primär flügelloser Insekten von 0,3–10 mm Länge; Körper langgestreckt, behaart oder glänzend beschuppt; durch Körperpigmente blau, violett, rotbraun, gelb, grün oder schwarz gefärbt; Kopf mit meist viergliedrigen Fühlern; schabende oder stechende Mundwerkzeuge in die Kopfkapsel eingesenkt; Augen einfach gebaut oder völlig rückgebildet; können sich bei Beunruhigung vom Boden abschnellen. – S. leben in oft riesigen Mengen an feuchten Orten in und auf der Erde, auf der Wasseroberfläche oder auch auf Schneefeldern (z. B. *Gletscherfloh*). Sie ernähren sich v. a. von zerfallenden organ. Substanzen; spielen eine bed. Rolle bei der Humusbildung.

Springspinnen (Hüpfspinnen, Salticidae), weltweit verbreitete, mit rd. 3 000 Arten größte Fam. 2–12 mm langer Spinnen (davon 70 Arten einheim.); weben keine Fangnetze, sondern packen ihre Beute im Sprung.

Springtiden →Gezeiten.

Springwanzen (Uferwanzen, Saldidae), Fam. 2–7 mm langer Wanzen mit rd. 150 großäugigen Arten, bes. an Teichufern, moorigen Stellen und Meeresküsten.

Sprinkleranlage [engl./dt.], selbsttätige Feuerlöschanlage mit zahlr. Löschwassersprühvorrichtungen *(Sprinkler)* an der Decke des zu schützenden Raumes. Im Brandfall öffnen sich die über dem Brandherd befindl. Sprinkler beim Erreichen einer bestimmten Temperatur.

Sprint [engl.], in Leichtathletik, Eisschnellauf und Radsport kurzes, mit größtmögl. Geschwindigkeit zurückgelegtes Rennen.

Sprit [engl.], 1) *Chemie:* gereinigter, hochprozentiger Alkohol.

2) *umgangssprachl.:* Treibstoff.

Spritzguß, Verfahren v. a. bei der Kunststoffverarbeitung; früher übliche Bez. für den Druckguß (→Gießverfahren).

Spritzloch, 1) kleine verkümmerte vorderste Kiemenspalte hinter jedem Auge und vor den eigtl. Kiemenspalten v. a. bei Knorpelfischen und z. T. bei Knochenfischen.

2) bei Walen paarige oder unpaare Nasenöffnung, die (mit Ausnahme des Pottwals) weit nach hinten auf die Körperoberseite verschoben ist und beim Ausatmen der verbrauchten Luft eine (durch Kondensation) mehrere Meter hohe Dampffontäne hochsteigen läßt.

Sproß (Trieb), der aus Sproßachse und Blatt gebildete, aus der zw. den Keimblättern liegenden Sproßknospe hervorgehende Teil des Vegetationskörpers der Sproßpflanzen. Er entwickelt sich meist oberird., bei Wasserpflanzen untergetaucht oder ganz bzw. teilweise unterird. (Rhizom, S.knolle, Zwiebel). Je nach Art des Wachstums und der Funktion der Blätter werden *Laubsprosse* und *Blüten* unterschieden.

Sproßachse (Achsenkörper), neben Blatt und Wurzel eines der Grundorgane der Sproßpflanzen; Trägersystem für die assimilierenden Blätter bzw. Fortpflanzungsorgane. Die S. entwickelt sich von einem an ihrer Spitze gelegenen Vegetationskegel durch Zellteilung. Die S. ist gegliedert in *Epidermis, Rinde* und *Zentralzylinder*. Im Bereich des Zentralzylinders bilden sich durch Längsteilung von Zellen Initialbündel, aus denen die Leitbündel hervorgehen. Innerhalb des Zentralzylinders bleibt bei den ausdauernden S. der Nacktsamer und Zweikeimblättrigen ein teilungsfähiger Gewebszylinder, das Kambium, erhalten, von dem im Zuge des sekundären Dickenwachstums die Bildung verholzter S. ausgeht (Stamm).

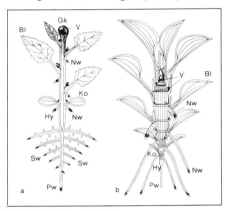

Sproßachse: Sproß und Wurzelsystem einer Zweikeimblättrigen (a) und einer Einkeimblättrigen (b); Bl Laubblatt, Gk Gipfelknospe, Hy Hypokotyl, Ko Kotyledone, Nw sproßbürtige Nebenwurzel, Pw Primärwurzel, Sw Seitenwurzel, V Vegetationskegel

Sprosser (Poln. Nachtigall), mit der Nachtigall nah verwandte Drossel (Gatt. Erdsänger); etwa 17 cm lang; Oberseite olivbraun, Unterseite hellbräunl.; verbreitet von N- und O-Europa bis nach W-Sibirien.

Sproßpflanzen, svw. →Kormophyten.

Sprotten [niederdt.], Gattung bis 20 cm langer, schwarmbildender Heringsfische mit 6 Arten, v.a. im S-Pazifik. Die einzige Art an den Küsten Europas und N-Afrikas ist der *Sprott (Sprotte);* wichtiger Speisefisch, z.B. mariniert als Anchovis und geräuchert als *Kieler Sprotten.*

Spruchdichtung, 1. Gedicht bzw. Lied mit moral., religiöser oder polit. Stoßrichtung; 2. von Karl Simrock 1833 für mhd. Dichtung eingeführte Bez., wobei zw. *Sprechspruch* (meist vierhebige Reimpaare ohne Stropheneinleitung; u.a. Freidank, H. Folz, H. Rosenplüt) und *Sangspruch* (strophisch gegliedert, wurde gesungen; Walther von der Vogelweide, Heinrich von Meißen u.a.) unterschieden wird.

Sprüche Salomos (in der Vulgata: Proverbia), Name des bibl. Buchs der Sprüche, König Salomo zugeschrieben; wohl in nachexil. Zeit gesammelt.

Sprue [engl. spru:; niederl.-engl.], Vitamin-B_2-Mangelkrankheit, fieberhafte Erkrankung mit Gewebsveränderungen im Zungen- und Dünndarmschleimhautbereich mit Durchfällen und Fettstühlen.

Sprungbein, Fußwurzelknochen des Menschen und der Säugetiere.

Sprunglauf (Skispringen) →Skisport.

Sprungschanze →Schanze.

Sprungtemperatur (kritische Temperatur) →Supraleitung.

SPS, Abk. für →Sozialdemokratische Partei der Schweiz.

Spule, 1) *allgemein:* röhrenförmiger Körper zum Aufwickeln z.B. von Garn oder Draht. **2)** *Elektrotechnik:* elektr. Schaltungselement; Wicklung eines isolierten metall. Leiters auf einen meist zylindr. Körper *(S.körper).* Im Innern der S. wird bei Stromdurchgang ein Magnetfeld erzeugt. Jede S. besitzt neben dem ohmschen Widerstand des Leiters noch einen frequenzabhängigen Blindwiderstand (induktiver Widerstand).

Spulwürmer (Askariden, Ascarididae), Fam. der Fadenwürmer mit zahlr., bis maximal 40 cm langen, im Darm von Wirbeltieren (insbes. Säugetieren, einschließl. Mensch) parasitierenden Arten; erwachsen im Dünndarm; Entwicklung ohne Zwischenwirt.

Spund, Holzpflock, Pfropfen; zum Verschließen des *Spundlochs* beim Faß.

Spundwand, wasserdichte Wand aus Profileisen oder Bohlen (Spundbohlen); u.a. zur Umschließung von Baugruben, zur Befestigung von Ufern.

Spur, 1) *allgemein:* →Fährte. **2)** *Fahrzeugtechnik:* svw. →Spurweite.

Spurenelemente (Mikronährstoffe), eine Reihe von chem. Elementen, die für die menschl., tier. und pflanzl. Ernährung und den Stoffwechsel unentbehrl. sind, jedoch nur in sehr geringen Mengen benötigt werden; u.a. Eisen, Mangan, Kupfer, Kobalt, Zink, Fluor, Jod; meist Bestandteile von Enzymen, Vitaminen und Hormonen.

Spurkranz, ringförmiger Wulst an der Innenkante der Lauffläche eines Rades bei Schienenfahrzeugen zur Führung des Fahrzeuges im Gleis.

Spurt [engl.], bei Rennen das Laufen über eine längere Strecke eine plötzl. Steigerung der Geschwindigkeit innerhalb *(Zwischen-S.)* oder zum Ende des Rennens *(End-S.; Finish).*

Spurweite (Spur), 1. bei Kfz-Fahrwerken der Abstand der Reifenmitten zweier Räder derselben Achse; 2. bei Gleisanlagen der Abstand der Innenkanten der Schienenköpfe. Etwa 70% des Welteisenbahnnetzes haben *Normal-* oder *Regelspur* (1 435 mm); kleinere S. bezeichnet man als *Schmalspur* (z.B. 1 000 mm als sog. *Meterspur,* 1 067 mm als sog. *Kapspur),* größere als *Breitspur* (z.B. 1 524 mm in der Sowjetunion, 1 668 mm in Spanien). →Modelleisenbahn.

Sputnik [russ., eigtl. ›Weggenosse‹], Name des ersten künstl. Erdsatelliten; Start 4. 10. 1957 in der Sowjetunion; Umlaufzeit 96,2 min., Lebensdauer 92 Tage.

Sputtertechnik, ein nach dem Prinzip der Kathodenzerstäubung arbeitendes Beschichtungsverfahren der Halbleitertechnik (Dünnschichttechnik). Mit einem Ionenstrahl werden aus einem Target Atome herausgeschlagen, die sich als durch Maskierung vorgegebene Strukturen auf einem Substrat niederschlagen.

Sputum [lat.], svw. →Auswurf.

Spyri, Johanna ['ʃpi:ri], geb. Heußer, * Hirzel bei Zürich 12. 6. 1827, † Zürich 7. 7. 1901, schweizer. Schriftstellerin. Weltbekannt wurde ihre Erzählungen um ›Heidi‹ (mehrmals verfilmt).

sq, Abk. für →Square ...

Square ... [engl. skwεə; lat.-engl.], Abk. **sq,** Vorsatz vor angelsächs. Längeneinheiten zur Bez. von Flächeneinheiten, z.B. beim *Square foot* (1 sq ft = 9,290 dm²).

Square dance [engl. 'skwεə 'dɑ:ns], nordamerikan. Volkstanz, bei dem sich 4 Paare im Quadrat

(›square‹) gegenüberstehen und nach Anweisungen eines Ansagers verschiedene Figuren ausführen.

Squash [engl. skwɔʃ] (Squash Racket), Rückschlagspiel gegen eine Wand. Gespielt wird in geschlossenen Räumen mit einer Art Tennisschläger und einem hohlen, unterschiedl. steifen Weichgummiball (28,345 g schwer, 4 cm Durchmesser). S. wird wie Tennis als Einzel, Doppel und gemischtes Doppel gespielt.

Squaw [engl. skwɔ:; indian.], nordamerikan. Indianerfrau.

Squire [engl. 'skwaɪə], in Großbrit. Kurzform von → Esquire.

Sr, chem. Symbol für → Strontium.

Šrámek, Jan [tschech. 'ʃraːmɛk], * Grygov bei Olmütz 11. 8. 1870, † Prag 22. 4. 1956, tschechoslowak. Politiker. Repräsentant der Tschech. Volkspartei in fast allen Kabinetten der ČSR; 1940–45 Premier-Min. der Exilregierung in London; danach bis zum Februarumsturz 1948 stellv. Min.präsident.

Sredna gora [bulgar. gɔ'ra], dem Balkan südlich vorgelagertes Mittelgebirge in Bulgarien, bis 1604 m hoch.

Sremska Mitrovica [serbokroat. 'mitrovitsa], jugoslaw. Stadt 90 km wnw. von Belgrad, Hauptort von Sirmien, 32 000 E. Stadtmuseum (röm. Funde). – Das röm. **Sirmium** war in der späten Kaiserzeit Kaiserresidenz; im 4. Jh. Bischofssitz.

SRG, Abk. für ↑ Schweizerische Radio- und Fernsehgesellschaft.

Sri Lanka

Staatsflagge

Staatswappen

Bevölkerungsverteilung

Stadt 21 %
Land 79 %

Erwerbstätige

Dienstleistung 32 %
Landwirtschaft 54 %
Industrie 14 %

Sri Lanka

Fläche: 65 610 km²
Einwohner (1989): 16,8 Mio.
Hauptstadt: Colombo
Amtssprache: Singhalesisch
Währung: 1 Sri-Lanka-Rupie (S. L. Re.) = 100 Sri-Lanka-Cents (S. L. Cts.)
Zeitzone: MEZ +4¹/₂ Std.

Sri Lanka (amtl. Republik S. L.), Inselstaat im Ind. Ozean, umfaßt die Insel Ceylon sowie die in der Palkstraße gelegene Insel Kachchativu.

Landesnatur: Die Insel Ceylon ist dem ind. Subkontinent vorgelagert. Die südl. Hälfte der Insel wird vom zentralen Hochland beherrscht (im Pidurutalagala 2 524 m hoch), das allseits von Tiefländern und breiten Küstenebenen umgeben wird. S. L. hat innertrop. Äquatorialklima. Im SW gibt es immergrünen trop. Regenwald, in den übrigen Gebieten herrscht Monsunwald vor. Im NW und SO sind Trockenwald und Dornsavannen verbreitet.

Bevölkerung: Die Hauptgruppe der E sind Singhalesen (74 %), gefolgt von Tamilen (18,2 %). 69 % der E sind Buddhisten, 16 % Hindus. Es besteht Schulpflicht vom 6.–11. Lebensjahr. Es gibt 8 Universitäten.

Wirtschaft, Verkehr: Grundlage der Wirtschaft bilden die heute verstaatlichten Plantagen, deren Haupterzeugnisse Tee, Kautschuk und Kokosnüsse sind. Die landwirtschaftl. Produktion stagniert seit Jahren. An Ind.unternehmen gibt es eine Erdölraffinerie, ein Stahlwerk und eine Reifenfabrik. Die Länge des Schienennetzes beträgt 1 453 km, die des Straßennetzes 25 650 km. Wichtigste Häfen sind Colombo, Trincomalee und Galle. Internat. ⚓ bei Colombo.

Geschichte: Im 3. Jh. v. Chr. kam der [südl.] Buddhismus auf die Insel. 1505 landete eine Expedition der Portugiesen, die im Laufe des 16. Jh. die westl. Küstengebiete und den N in Besitz nahmen. 1656 niederl., 1796 brit.; das Innere der Insel blieb unabhängig. 1815 brit. Kronkolonie. Nach Unruhen 1915 mußte Großbrit. der entstandenen polit. Unabhängigkeitsbewegung allmähl. Zugeständnisse machen. 1948 unabhängig. Die konservative United National Party (UNP) stellte bis 1956 und 1965–70 den Min.-Präs., dazwischen regierte die Sri Lanka Freedom Party (SLFP; unter Führung von S. Bandaranaike), die im Zusammenwirken des singhales.-buddhist. Nationalismus mit sozialist. Ideen einen tiefgreifenden kulturellen und wirtschaftl. Wandel in Gang setzte. Nach Bandaranaikes Ermordung 1959 folgte ihm seine Witwe Sirimawo Bandaranaike im Amt (1960–65, erneut 1970–77). Als Folge des mit ausländ. Hilfe niedergeschlagenen Umsturzversuchs der Volksbefreiungsfront (April 1971) wurde ein buddhist., teils marxist. inspiriertes Sozialisierungsprogramm eingeführt (u. a. Staatskontrolle über ökonom. Schlüsselbereiche, Verstaatlichung der letzten 396 Plantagen [1975]). Im Mai 1972 gab sich das Land, das zuvor **Ceylon** hieß, eine neue Verfassung und als Republik (zuvor parlamentar. Monarchie) den Namen Sri Lanka. 1977 erneuter Wahlsieg der UNP unter Junius Richard Jayawardene (* 1906): repressive Gesetze wurden aufgehoben, die Rückkehr zur freien Marktwirtschaft beschleunigt; die zw. den singhales. Bevölkerungsmehrheit und der tamil. Minderheit bestehenden Spannungen wurden vorübergehend durch konstitutionelle Zugeständnisse beruhigt. 1977 Einführung des Präsidialsystems. Wiederholt Verhängung des Ausnahmezustandes aufgrund blutiger Unruhen zw. Singhalesen und Tamilen (Extremisten der tamil. Minderheit fordern einen eigenen Tamilenstaat). 1987 schlossen Indien und Sri L. ein Abkommen über die tamil. Autonomie; trotzdem geht der Bürgerkrieg weiter. Aus den Präsidentschaftswahlen 1988 ging Ranasinghe Premadasa (* 1924) als Sieger hervor.

Politisches System: Präsidiale Republik, *Verfassung* von 1978. *Staatsoberhaupt* und oberster Inhaber der *Exekutivgewalt* ist der Staatspräsident. Er wird für 6 Jahre direkt gewählt. *Legislativorgan* ist die Nationalversammlung (168 Mgl. auf 6 Jahre gewählt). *Parteien:* United National Party (UNP), Tamil United Liberation Front (TULF), Sri Lanka Freedom Party (SLFP). – Karte V, Bd. 2, n. S. 320.

Srinagar, Hauptstadt des ind. Unionsstaates Jammu and Kashmir, am Jhelum, 588 300 E. Univ., Museum. Wirtschafts- und Handelszentrum mit berühmtem Handwerk. Malerisches Stadtbild mit Moscheen, Tempeln, Klöstern, Basaren und Holzhäusern mit reich geschnitzten Lauben. – Im 6. Jh. gegr. als Hauptstadt von Kaschmir.

SS, Abk. für Schutzstaffel, 1925 entstandene Sonderorganisation zum Schutz Hitlers und anderer NSDAP-Funktionäre, die unter ihrem Reichsführer H. Himmler (ab 1929) zugleich den ›Polizeidienst‹ innerhalb der NSDAP ausübte. Formal der Obersten SA-Führung, nach dem sog. Röhm-Putsch (30. 6. 1934) Hitler unmittelbar unterstellt. Neben dem SS-Amt für die allg. Führung und Verwaltung bestand Himmlers Führungsapparat ab 1931 aus dem Rasse- und Siedlungsamt, später **Rasse- und Siedlungshauptamt** (Abk. RuSHA), das aus Himmlers Anspruch erwachsen war, mit der SS einen nat.-soz. Führungsorden auf der Grundlage biolog. Auslese zu bilden, und dem SD-Amt (SD: Abk. für **Sicherheitsdienst**), dem von R. Heydrich geprägt. Nachrichtendienst gegen politische Gegner und innerparteil. Oppositionelle, ab 1936 offizieller Nachrichtendienst des Reiches. Himmlers Ernennung zum ›Reichsführer der SS und Chef der Dt. Polizei‹ (1936) brachte die Kopplung von Partei- und Staatsamt. Die **Sicherheitspolizei** (Abk. Sipo) – Gestapo und Kriminalpolizei unter R. Heydrich – wurde 1939 mit dem SD im → Reichssicherheitshauptamt zusammengeschlossen. Die damit begonnene Überordnung der Polizei über die Justiz nahm während des Krieges ganz neue Dimensionen an, als **Einsatzgruppen** aufgestellt wurden, die Hunderttausende von Juden, Partisanen und polit. Gegnern ermordeten. Aus dem Reservoir der Allg. SS (berufstätige Mgl. 1939: rd. 240 000) stellte die SS-Führung ab 1933 kasernierte Verbände auf: die **SS-Verfügungstruppe** (1939: 18 000 Mann) und die **SS-Totenkopfverbände** zur Bewachung der KZ (Ende 1938: 8 500 Mann). Nach Kriegsbeginn übernahm deren militär.-terrorist. Doppelfunktion die durch ihre rasche Erweiterung gebildete → Waffen-SS. Ab 1939 wurden die 3 urspr. Hauptämter der SS auf 12 erweitert. In den Nürnberger Prozessen wurde die SS 1946 zur verbrecher. Organisation erklärt.

SSD, Abk. für → Staatssicherheitsdienst.

SSR, Abk. für Sozialistische Sowjetrepublik.

SSSR, Abk. für russ. Sojus Sowetskich Sozialistitscheskich Republik (→ Sowjetunion).

SSW, Abk. für → Südschleswigscher Wählerband.

Staat [lat.], Vereinigung einer Vielheit von Menschen innerhalb eines abgegrenzten geograph. Raumes unter einer souveränen Herrschaftsgewalt. Der Begriff erscheint im 15. Jh. erstmals bei Machiavelli, seit Ende des 18. Jh. auch im dt. Sprachbereich üblich. – Das **Staatsvolk** bildet die Gesamtheit der durch dieselbe Staatsangehörigkeit verbundenen Mgl. eines S. (National-S.), manchmal mehrere Nationen umfassend (Nationalitäten-S.). – Das **Staatsgebiet** ist der geograph. Raum (einschließlich des Luftraums darüber und den Eigen- und Küstengewässern), in dem der S. seine Herrschaftsrechte ausübt. – Die **Staatsgewalt** ist die Herrschaftsmacht des S. über sein Gebiet und die auf ihm befindlichen Personen sowie über die eigenen Staatsangehörigen. – Die **Staatsorgane** sind alle Personen, Körperschaften und Behörden, die im Namen und in Vollmacht des S. kraft eigener Zuständigkeit an der Ausübung der Staatsgewalt teilnehmen. – **Staatsformen** sind die verschiedenen Systeme, in denen die staatl. Herrschaft (Herrschaftsform) und die Staatsgewalt ausgeübt werden (Regierungsform). – Als **Herrschaftsformen** unterschied Aristoteles *Monarchie, Aristokratie, Tyrannis, Oligarchie, Demokratie.* Machiavelli setzte die Monarchie in Ggs. zur *Republik.* – **Regierungsformen** sind die durch Staatspraxis oder Verfassung festgelegten Methoden, in denen die Staatsgewalt ausgeübt wird. Demokrat. Regierungsformen der Gegenwart sind u. a. der → Parlamentarismus und das → Präsidialsystem.

Staatenbund, svw. → Konföderation.

Staatenlose → Staatsangehörigkeit.

Staatsangehörigkeit, die (rechtl.) Zugehörigkeit zu einem Staat; sie ist Unterscheidungsmerkmal zu Ausländern oder Staatenlosen. Die S. bestimmt sich bei der Geburt entweder nach der S. eines Elternteils (*Abstammungsprinzip, ius sanguinis,* z. B. im dt. Recht) oder nach dem Staatsgebiet, auf dem die Geburt stattfand (*Territorialprinzip, ius soli,* z. B. in den USA). Ausländer können die dt. S. erwerben, wenn sie mindestens 8 Jahre in der BR Deutschland gelebt haben, gute dt. Sprachkenntnisse besitzen, ihre bisherige S. aufgeben und nicht strafrechtlich verfolgt werden. Die S. enthält neben Rechten (z. B. Anspruch auf Schutz, Wahlrecht) auch Pflichten (z. B. zur Steuerzahlung, Wehrpflicht). Der *Verlust* der S. tritt ein durch Entlassung auf Antrag, Erwerb einer ausländ. S., Adoption durch einen Ausländer. Die dt. S. darf nicht von Amts wegen entzogen werden.

Staatsanwaltschaft, den Gerichten gleichgeordnetes Rechtspflegeorgan bei den ordentl. Gerichten. Als Strafverfolgungsbehörde obliegt der S. die Leitung des Ermittlungsverfahrens, Erhebung und Vertretung der Anklage sowie die Strafvollstreckung. Die S. hat das Gericht bei der Wahrheits- und Rechtsfindung zu unterstützen. Sie ist eine hierarch. aufgebaute Justizbehörde (Verwaltungsbehörde) und als solche weisungsgebunden. Das Amt der S. wird durch **Staatsanwälte** wahrgenommen, die stets in Vertretung oder im Auftrag des Behördenleiters (Vorgesetzten) handeln und an dessen Weisungen gebunden sind. In *Österreich* gilt eine entsprechende organisator. und funktionelle Regelung. In der *Schweiz* sind die Aufgaben der S. kantonal geregelt.

Staatsbibliothek Preußischer Kulturbesitz, Staatsbibliothek in Berlin, → Preußische Staatsbibliothek.

Staatsexamen (Staatsprüfung), i. w. S. Bez. für jede nach einem staatl. geregelten Verfahren mit staatl. bestellten Prüfern durchgeführte Abschlußprüfung; i. e. S. Bez. für eine Prüfung, die die Voraussetzung für die Zulassung zu bestimmten akadem. Berufen (z. B. Jurist, Arzt, Apotheker, Lehrer) ist, wobei i. d. R. das *Erste S.* (theoret. Prüfung) das Hochschulstudium und das *Zweite S.* (prakt. Prüfung) den Vorbereitungsdienst (für Ärzte und Apotheker → Approbation) abschließt.

Staatshandelsländer, Bez. für Länder mit staatl. Außenhandelsmonopol, insbes. für die Mitglieder des RGW.

Staatskanzlei, in den meisten Ländern der BR Deutschland das Büro des Min.-Präs. (Ausnahme Bad.-Württ.: Staatsministerium).

Staatskapitalismus, Wirtschaftsform, in der der Staat sich direkt wirtschaftl. Unternehmen bedient, um bestimmte Zwecke zu erreichen. In die marxist. Terminologie wurde der Begriff von Lenin eingeführt und bezeichnet hier die letzte Stufe in der Entwicklung des Kapitalismus: die Produktionsmittel sind direktes Eigentum des (bürgerl.) Staates, nicht mehr diejenigen von konkurrierenden Monopolunternehmen (›staatsmonopolist. Kapitalismus‹, STAMO-KAP).

Staatskirchenrecht, die die bes. Beziehungen zw. dem Staat und den Religionsgesellschaften auf der Basis des öffentl. Rechts (in der kath. Kirche im Konkordat, in den ev. Kirchen in Kirchenverträgen) regelnden Normen.

Staatskirchentum, kirchenpolit. System, wie es sich in Europa vom 16. bis 18. Jh. herausbildete. Die Staatskirche ist Staatsanstalt mit dem Staatsoberhaupt i. d. R. als höchstem kirchl. Würdenträger. Die Säkularisierung des Staates hat bes. seit der Frz. Revolution das S. überwunden, das jedoch u. a. in Großbritannien bewahrt blieb.

Staatsminister, in früheren Monarchien in der Staatsverwaltung tätige Min.; Min. ohne bestimmtes Ressort; in Bayern der Leiter eines Ministeriums; auch Amtsbez. einzelner parlamentar. Staatssekretäre.

Staatsmonopol (staatl. Monopol), mit Wettbewerbsausschluß privater Unternehmer verbundene Form des Monopols, bei der eine Tätigkeit ausschließl. staatl. Verwaltung vorbehalten ist (z. B. Postmonopol).

Staatsquallen (Röhrenquallen, Siphonophora), Ordnung mariner Nesseltiere mit rd. 150 Arten; bilden wenige Zentimeter bis über 3 m lange, freischwimmende Kolonien, glasartig durchscheinend, oft schimmernd bunt; am oberen Teil mit Schwimmglocken, die übrigen Individuen sind nach ihrer Funktion (z. B. Nährpolypen, Geschlechtstiere) unterschiedl. ausgebildet.

Staatsräson [rɛˌsõ:], der Grundsatz, daß die Verwirklichung des Staatswohls, der Machterhaltung und -erweiterung Maßstab und Maxime staatl. Handelns seien; v.a. im Absolutismus von bes. Bedeutung.

Staatsrat, Kollegialorgan auf der obersten Ebene eines Staates mit unterschiedl. Aufgaben und Kompetenzen; bestand seit dem 19. Jh. nur noch in einzelnen Ländern mit vorwiegend beratenden Funktionen (in Großbrit. bis heute [Privy Council]). – In der *Schweiz* führen die Regierungen mehrerer Kantone die Bez. S.; in den skandinav. Ländern und in der VR China das Min.kollegium, in Frankr. und Italien das höchste Verwaltungsgericht.

Staatsrecht, der Teil des öffentl. Rechts, der die rechtl. Grundordnung eines Staates darstellt. Das S. regelt insbes. Organisation, Aufbau und Befugnisse der Staatsgewalt und das Grundverhältnis zw. Staat und Bürgern.

Staatsschutzdelikte, Delikte gegen den Bestand und die verfassungsmäßigen Einrichtungen des Staates, z. B. Friedens-, Hoch- und Landesverrat, Rechtsstaatsgefährdung, Gefährdung der Landesverteidigung, Völkermord.

Staatssekretär, seit 1919 in Deutschland Bez. für den nach dem Min. ranghöchsten Beamten eines Ministeriums. Neben beamteten S., die den Min. außer in Regierungsgeschäften in allen Ressortfragen vertreten, gibt es in der BR Deutschland seit 1967 auch das Amt des parlamentar. Staatssekretärs.

Staatssekretariat (Päpstl. Sekretariat, Secretaria Status seu Papalis), oberste Behörde der röm. Kurie.

Staatssicherheitsdienst, eigtl. Ministerium für Staatssicherheit (MfS; gegr. 1950), kurz Stasi, bis 1990 bestehende polit. Geheimpolizei der DDR; nur der SED-Führung verantwortlich.

Staatsstreich, gegen die Verfassung gerichteter planmäßig und meist gewaltsam durchgeführter Umsturz(versuch) durch einen bereits etablierten Träger eines Teils der Staatsgewalt.

Staatstheorie, theoret. Annahmen und Gedankengebilde über Wesen und Wert, Zweck und Funktionen staatl. Organisationsformen und staatl. Macht. Soweit Staatstheorien als Entwürfe idealer Staaten angefertigt werden, haben sie u. a. den Charakter des utop. Reiseberichts oder Romans (z. B. Th. More, ›De optimo statu reipublicae deque nova insula Utopia‹, 1516; T. Campanella, ›La città del sole‹, 1602). Andere Staatstheorien setzen sich mit den Ideologien und der Politik bestimmter Staaten auseinander.

Staatsverträge, Vereinbarungen mit rechtl. Bindungswirkung zw. zwei oder mehreren Staaten. – In der *BR Deutschland* werden S. gemäß dem GG vom Bundespräsidenten im Namen des Bundes durch Unterzeichnung der S. *(Ratifikation)* geschlossen, nachdem bevollmächtigte Unterhändler der jeweiligen Regierungen den Inhalt der S. ausgehandelt und in einer Vertragsurkunde festgelegt haben *(Paraphierung).* Soweit S. die polit. Beziehungen des Bundes regeln oder sich auf Gegenstände der Bundesgesetzgebung beziehen, muß das Parlament sie durch Gesetz billigen.

Staatswissenschaften, wiss. Disziplinen, die sich mit dem Wesen, der Entstehung, Veränderung und dem Untergang von Staats- und Regierungsformen befassen; umfassen 1. die allg. *Staatslehre* (Wiss. von den Erscheinungsformen staatl. Gebilde), 2. die *Staatsphilosophie,* die sich mit den in Herrschaftsverbänden mit öffentl. Gewalt verfaßten Gesellschaften beschäftigt, 3. die Politologie (Politikwiss.), 4. die *Staatssoziologie,* die v. a. Verfassungsnormen und -wirklichkeit vergleicht.

Stabat mater (S. m. dolorosa) [lat. ›es stand die (schmerzensreiche) Mutter‹], nach den Anfangsworten ben. →Sequenz über das Mitleiden Marias am Kreuz Jesu; vermutl. im 13./14. Jh. entstanden.

Stabhochsprung, leichtathletische Disziplin für Männer; nach dem Anlauf schwingt sich der Springer mit Hilfe der [aus Glasfiber bestehenden] biegsamen *Sprungstange* über die Latte.

Stabilisator, in der *Technik* allg. eine Vorrichtung, die Schwankungen unterschiedl. Art verhindert oder vermindert, z. B. Glimmlampen zur Spannungsstabilisierung, Drehstabstabilisatoren zur Verringerung der Kurvenneigung beim Kfz.

Stabilität [lat.], **1)** *allgemein:* svw. Beständigkeit, Festigkeit, Dauerhaftigkeit.
2) *Physik, Chemie* und *Technik:* 1. die Beständigkeit eines beliebig zusammengesetzten und durch innere Kräfte zusammengehaltenen Systems (z. B. chem. Verbindungen) auch bei äußeren Einwirkungen, sofern diese eine bestimmte Stärke nicht überschreiten; 2. die Eigenschaft eines biophysikal., physikal. oder techn. Systems, eines physikal. Zustandes oder Vorgangs, bei einer aus einem stabilen Gleichgewicht herausführenden äußeren Störung dieser entgegenzuwirken und nach dem Ende der äußeren Einwirkung bzw. infolge auftretender Rückstellkräfte in den stabilen Gleichgewichtszustand zurückzukehren.

Stabilitätsgesetz, Kurzbez. für das Gesetz zur Förderung der Stabilität und des Wachstums der Wirtschaft vom 8. 6. 1967. Das S. stellt die rechtl. Grundlage für eine antizykl. Konjunkturpolitik dar und fordert (§ 1) das gleichzeitige Anstreben von Preisstabilität, hohem Beschäftigungsstand und außenwirtsch. Gleichgewicht bei stetigem und angemessenem Wirtschaftswachstum *(mag. Viereck).* Das S. ermächtigt und verpflichtet die Bundesregierung, zur Abwehr von Störungen des gesamtwirtsch. Gleichgewichts steuerl. (z. B. Aussetzung oder Beschränkung der degressiven Abschreibung, Steuererhöhungen bzw. -ermäßigungen bis zu 10 %, Ergänzungsabgabe) und haushaltspolit. (z. B. Bildung einer *Konjunkturausgleichsrücklage* in der Phase der Hochkonjunktur, erhöhte Kreditaufnahme bei nachlassender Nachfrage) Maßnahmen zu ergreifen.

Stabkirche von Borgund bei Lærdal; 12./13. Jahrhundert

Stabkirche (Mastenkirche), in Skandinavien (v. a. Norwegen) seit dem 11. Jh. übl. Form der Holzkirche, deren tragende Elemente bis an den Dachstuhl des Hauptraumes reichende Pfosten (Stäbe, Masten) sind. Die Außenwände sind aus senkrechten Planken, die Dächer sind steil und stufenförmig angeordnet, bisweilen reiche Schnitzereien an Giebeln und Türen. Bed. die S. von Borgund bei Lærdal (12./13. Jh.) in

W-Norwegen und in Heddal bei Notodden in S-Norwegen (um 1250).

Stabreim, Lautreim, der auf dem Gleichklang im Anlaut von betonten Wörtern beruht. Alle Vokale können dabei miteinander staben, Konsonanten jedoch nur bei gleichem Laut. Bes. verbreitet in der altengl. (›Beowulf‹), altnord. (›Edda‹), und altsächs. (›Heliand‹) Dichtung. – In der dt. Sprache bis heute in festen Fügungen der Alltagssprache (mit Kind und Kegel, bei Wind und Wetter).

Stabsichtigkeit →Astigmatismus.

Stabsoffiziere, Dienstgradgruppe der Offiziere.

staccato [italien.], Abk. stacc., musikal. Vortrags-Bez.: abgestoßen, d. h., die Töne sollen deutl. voneinander getrennt werden; angezeigt durch einen Punkt (oder Keil) über bzw. unter der Note. Ggs. →legato.

Stachanow-Bewegung, nach dem sowjet. Grubenarbeiter Alexei Grigorjewitsch Stachanow (* 1905, † 1977), der 1935 seine Arbeitsnorm mit 1300% übertraf, benannter, von der Regierung der Sowjetunion propagierter Arbeitswettbewerb mit Akkordleistungen und Normenerhöhungen; wurde fester Bestandteil im Arbeitsleben der Sowjetunion und anderer kommunist. Länder.

Stachelbeere, 1) zu den Steinbrechgewächsen gehörende Gatt. der Stachelbeergewächse mit rd. 150 Arten (Sträucher) in der nördl. gemäßigten Zone und den Gebirgen S-Amerikas; Früchte als Beeren ausgebildet. Die wichtigsten Arten sind: *Stachelbeere* (Hekkenbeere), Strauch mit unter den Blättern stehenden, einfachen Stacheln; Beerenfrüchte rötlich, grün oder gelb, derbschalig, behaart oder glatt, mit zahlr. Samen; enthalten neben Kohlenhydraten v. a. Vitamin C und Vitamine der B-Gruppe. *Johannisbeere,* unbestachelte Sträucher mit roten (*Rote Johannisbeere*), gelblichen oder schwarzen Beeren (*Schwarze Johannisbeere,* Aalbeere, Ahlbeere); reich an Vitamin C, organ. Säuren und Zucker.
2) (Chin. S.) → Kiwifrucht.

Stachelgurke, Gatt. der Kürbisgewächse mit einer in S-Amerika, Westindien und Westafrika kultivierten Art; vitaminreiche Früchte bis 1 kg schwer, birnenförmig; die bis 10 kg schweren, bis 20% Stärke enthaltenden Wurzelknollen werden wie Kartoffeln gekocht; auch Viehfutter.

Stachelhäuter (Echinodermata), Stamm ausschließl. mariner wirbelloser Deuterostomier mit rd. 6000 wenige mm bis über 1 m großen Arten; meist freilebende Bodenbewohner mit im Erwachsenenstadium mehr oder minder ausgeprägter fünfstrahliger Radiärsymmetrie. Das Kalkskelett der S. besteht aus einzelnen Plättchen oder (meist) einem festen Panzer. Es ist häufig mit Stacheln besetzt. – Die fünf rezenten Klassen sind: Haarsterne, Seegurken, Seeigel, Seesterne und Schlangensterne.

Stachelmakrelen (Carangidae), Familie der Barschfische mit über 100 Arten in allen trop. und gemäßigten Meeren; z. T. weit wandernde Raubfische; sehr geschätzte Speisefische, u. a. *Lotsenfisch* (Pilotfisch; 70–160 cm lang) und *Stöcker* (Bastardmakrele; bis 50 cm lang).

Stachelmohn, Gatt. der Mohngewächse mit 10 Arten in N- und S-Amerika; meist einjährige, aber auch ausdauernde, bis 1 m hohe Kräuter mit stachelig gezähnten Blättern; Blüten weiß oder gelb; Kapselfrüchte längl., borstig behaart.

Stacheln, 1) bei *Tieren* spitze Gebilde unterschiedl. Herkunft und Bedeutung, häufig mit Schutzfunktion; z. B. durch Kalk oder Gerbstoffe verhärtete, spitze Chitinvorsprünge, umgebildete Hinterleibsextremitäten bei weibl. Insekten (Lege-S., Gift-S.), entsprechend umgebildete Schuppen, Hautzähne, Flossenstrahlen bei Fischen, in eine Spitze ausgezogene Hornschuppen bei vielen Echsen, Borsten in

Form von dicken, steifen Haaren aus Hornsubstanzen bei Säugetieren.
2) bei *Pflanzen* harte, spitze Anhangsgebilde der pflanzl. Oberhaut, die im Ggs. zu den Dornen keine Sproß- und Blattmetamorphosen sind (z. B. bei der Rose).

Stachelpilze (Stachelschwämme, Hydnaceae), Fam. der Ständerpilze mit mehreren einheim. Gattungen. Die S. tragen die Fruchtschicht auf der Oberfläche von freistehenden Stacheln, Warzen oder Zähnen. Eßbare Arten sind: *Habichtspilz* (Hirschling), mit graubraunem, grobschuppigem, 5–20 cm breitem, gestieltem Hut; *Semmelstoppelpilz,* mit blaßgelbem, buckligem Hut.

Stachelpilze:
Semmelstoppelpilz
(Hut 5–12 cm breit)

Stachelschweine (Altweltstachelschweine, Erdstachelschweine, Hystricidae), Fam. der Nagetiere mit fünf Gatt. und 15 Arten in Afrika, S-Asien und S-Europa; Körperlänge rd. 35–80 cm; bes. am Rükken mit oft sehr langen Stacheln, die in Abwehrstellung aufgerichtet werden, u. a. *Gewöhnl. S.* in N-Afrika und in Italien sowie in SO-Europa; Körperlänge etwa 60–70 cm; dämmerungs- und nachtaktiv.

Stade, Kreisstadt am N-Rand des Alten Landes, Nds., 41700 E. Kreis-, Heimat- und Freilichtmuseum. An der Elbe Vorhafen **Stadersand** mit Großunternehmen der Chemie und Aluminiumgewinnung. Got. Pfarrkirche Sankt Willehad (14. Jh.), Stadtkirche Sankt Cosmas und Damian (13., 15. und 17. Jh.); Bürgerhäuser (16. und 17. Jh.), barockes Rathaus (1667). – 1168/81 Stadtrecht; fiel 1236 mit der seit dem 10. Jh. nachweisbaren Gft. endgültig an das Bremer Erzstift; schwed. Residenz 1652–1712.

Stadion [griech.], **1)** *Antike:* altgriech. Längeneinheit; meist zw. 179 und 213 m.
2) *Sport:* mit Zuschauerrängen versehene Sportstätte; in der Antike zunächst Schauplatz des Laufes über zwei Stadien (Diaulos) und 7–24 Stadien (Dolichos), später auch Kampfstätte für andere Sportarten. Heute Sportanlage mit hohem Zuschauerfassungsvermögen.

Stadium (Mrz. Stadien) [griech.-lat.], Zustand, Entwicklungsstufe.

Stadler, 1) Ernst, * Colmar 11. 8. 1883, ✕ bei Ypern 30. 10. 1914, elsäss. Lyriker. Einer der Wegbereiter expressionist. Lyrik (›Der Aufbruch‹, 1914).
2) Toni, * München 5. 9. 1888, † ebd. 5. 4. 1982, dt. Bildhauer. Figuren- und Porträt- sowie Tierplastik; Nereidenbrunnen in Frankfurt am Main (1963).

Stadt, größere Siedlung, gekennzeichnet u. a. durch Geschlossenheit des Ortsform, hohe Bebauungsdichte, zentrale Funktionen in Handel, Kultur und Verwaltung. In der BR Deutschland unterscheidet man: Landstadt (2000–5000 E), Kleinstadt (5000–20000 E), Mittelstadt (20000–100000 E) und Großstadt (über 100000 E).

Geschichte: Die S.entwicklung setzte im 9./8. Jt. v. Chr. in Palästina (Jericho), seit dem 5. Jt. in den Tälern des Nil, Indus, Euphrat und Jangtsekiang ein, begann in Europa im 2. Jt. v. Chr. im östl. Mittelmeerraum und erreichte bis zum 1. Jh. n. Chr. den Rhein. Hier traf die S.werdung jedoch auf bestehende Ansätze eines v. a. fortifikator. S.wesens (u. a. kelt. ›oppida‹). Die antiken griech. und röm. S. waren v. a. organisator. Mittelpunkte des öffentl. Lebens, polit., kulturelle und wirtschaftl. Zentren. Das Ende des Röm. Reiches brachte (v. a. im Westen) auch den Niedergang der antiken S.kultur mit sich. Die german. und slaw. Völker übernahmen erst allmähl. im MA die städt. Lebensformen. Neben die gleichsam gewachsenen S. traten seit dem 13./14. Jh. verstärkt planmäßig gegr. S. (sog. *Gründungsstädte*). Ein gewisses Maß an Selbstverwaltung und eigener städt. Gerichtsbarkeit wurde teils durch Privilegierung, teils in Auseinandersetzungen mit dem S.herrn erworben.

Stachelbeere
OBEN Stachelbeere;
UNTEN Rote und
Schwarze
Johannisbeere

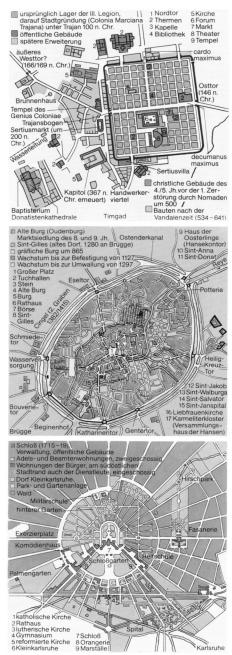

ursprünglich Lager der III. Legion, darauf Stadtgründung (Colonia Marciana Trajana) unter Trajan um 100 n. Chr.
öffentliche Gebäude
spätere Erweiterung

1 Nordtor
2 Thermen
3 Kapelle
4 Bibliothek

5 Kirche
6 Forum
7 Markt
8 Theater
9 Tempel

äußeres Westtor? (166/169 n. Chr.)

cardo maximus

Osttor (146 n. Chr.)

Brunnenhaus
Tempel des Genius Coloniae
Trajansbogen
Sertiusmarkt (um 200 n. Chr.)

Wasserleitung

decumanus maximus

Sertiusvilla

Kapitol (367 n. Chr. erneuert)
Handwerkerviertel

Baptisterium
Donatistenkathedrale

Timgad

christliche Gebäude des 4./5. Jh. vor der 1. Zerstörung durch Nomaden um 500 /
Bauten nach der Vandalenzeit (534–641)

Alte Burg (Oudenburg)
Marktsiedlung des 8. und 9. Jh.
Sint-Gilles (altes Dorf, 1280 an Brügge)
gräfliche Burg von 865
Wachstum bis zur Befestigung von 1127
Wachstum bis zur Umwallung von 1297

Ostenderkanal

9 Haus der Oosterlinge (Hansekontor)
10 Sint-Anna
11 Sint-Donat

Reye

1 Großer Platz
2 Tuchhallen
3 Stein
4 Alte Burg
5 Burg
6 Rathaus
7 Börse
8 Sint-Gilles

Eseltor

Cingel (2. Graben 1302/1415)

Potterie

Schmiedetor

Wasserversorgung

Heilig-Kreuz-Tor

Bouverietor

12 Sint-Jakob
13 Sint-Walburga
14 Sint-Salvator
15 Sint-Janspital
16 Liebfrauenkirche
17 Karmeliterkloster (Versammlungshaus der Hansen)

Brügge
Beginenhof
Katharinentor
Gentertor

Schloß (1715–19)
Verwaltung, öffentliche Gebäude
Adels- und Beamtenwohnungen, zweigeschossig
Wohnungen der Bürger, am südöstlichen Stadtrand der Dienstleute, eingeschossig
Dorf Kleinkarlsruhe
Park- und Gartenanlage
Wald

Militärschule
hinterer Garten

Hirschpark

Exerzierplatz

Fasanerie

Komödienhaus

Reitschule

Schloßgarten

Palmengarten

1 katholische Kirche
2 Rathaus
3 lutherische Kirche
4 Gymnasium
5 reformierte Kirche
6 Kleinkarlsruhe

Spital

7 Schloß
8 Orangerie
9 Marställe

Karlsruhe

Stadt: OBEN Römische Stadtanlage (Timgad); MITTE Mittelalterliche Stadt mit Radialplan (Brügge); UNTEN Planmäßig angelegte Residenzstadt mit kombinierter Keil- und Radialanlage (Karlsruhe; ab 1715)

Die persönl. Freiheit, die Rechtsgleichheit und die besseren wirtschaftl. Möglichkeiten in der S. übten eine außerordentl. Anziehungskraft auf die Landbevölkerung aus. Die Leistung der mittelalterl. S. bestand v.a. in der Konzentration von Handel und Gewerbe, in der wirtschaftl. Beherrschung des Umlandes

und der Erschließung neuer Absatzräume. Ihre polit. Bedeutung beruhte bes. auf ihrer überlegenen Finanzkraft. Polit. und wirtschaftl. Zusammenschlüsse (→Städtebünde) sicherten sich einen Einfluß auf die Reichs- und Territorialpolitik. Die →Reichsstädte nahmen ab 1489 als geschlossene Kurie an den Reichstagen teil.

Der entstehende neuzeitl. Staat, auf die Steuerleistung der S. angewiesen, gliederte sie immer stärker in den Staatsverband ein. Die S. wurde Amts- und Verwaltungszentrum im institutionellen Flächenstaat. Im 18. Jh. finden sich Ansätze zu einheitl. S.ordnungen, wenn auch die Grundlage der neueren kommunalen Selbstverwaltung zuerst 1808 mit den →preußischen Reformen geschaffen wurde. Die industrielle Revolution führte im 19. Jh. zu enormem Bevölkerungszuwachs in und bei den Ind.zentren und zur Proletarisierung der Bevölkerung; neue S.teile aus Mietskasernen wurden errichtet. Gleichzeitig wuchsen die öffentl. Aufgaben der S. (u.a. Wasserversorgung, Kanalisation, Müllabfuhr, Gas- und Elektrizitätsversorgung, Nahverkehr, Sozialfürsorge, Schulen).

Die heutigen S. wuchsen bevorzugt den Ausfallstraßen, es entstanden auch zahlr. neue Einfamilienhaus- und Villenviertel sowie an den S.peripherien *Trabantenstädte* oder *Satellitenstädte* (Hochhauskomplexe) ohne wesentl. Gewerbeansiedlung. Das zusätzl. Verkehrsaufkommen ins Zentrum führte zu aufwendigem Straßen- und Brückenbau (S.autobahnen) sowie U- und S-Bahnbau. Zahlr. Verwaltungs- und Repräsentationsbauten drängten die Wohnbereiche im Zentrum stark zurück. – Die **Stadtplanung** ist heute nicht mehr allein Aufgabe von Architekten und Bauingenieuren, sondern auch von Ökologen, Soziologen und Sozialpsychologen.

Stadtbahn, svw. →S-Bahn.

Städtebauförderungsgesetz →Baugesetzbuch.

Städtebünde, im MA Zusammenschlüsse von Städten zur Verteidigung ihrer Ansprüche; in Deutschland ab dem 13. Jh. zur Sicherung des Landfriedens gebildet, v.a. aber gegen die Beeinträchtigung städt. Rechte und gegen die fürstl. Territorialpolitik gerichtet. Bed. S.: Schwäb. S. (1376), Rhein. S. (1254/1381), Hanse (1356).

Stadtgas (Leuchtgas), v.a. für Heizzwecke verwendetes Brenngas, das durch Rohrleitungen zum Verbraucher geleitet wird; heute weitgehend durch Erdgas ersetzt.

Stadtguerilla [ge'rıl(j)a] →Tupamaros.

Stadthagen, Kreisstadt westl. von Hannover, Nds., 22 500 E. Stadtkirche Sankt Martin (14./15. Jh.), frühbarockes Mausoleum (1608–25), Schloß (1534ff.), Rathaus (16. Jh.). – Residenz der Grafen von Schaumburg bis 1608.

Stadtkreise, svw. →kreisfreie Städte.

Stadtrechte, die innerhalb einer Stadt geltenden Rechtsnormen; die vom MA z. T. bis ins 19. Jh. geltenden S. umfaßten Gewohnheits-, Kaufmanns- und Marktrecht sowie die vom Stadtherrn verliehenen Privilegien (urkundlich erstmals für Freiburg i. Br. 1120); bed. v.a. das Lübische und das Magdeburger Recht. Die S. älterer Städte wurden auch an Neugründungen verliehen, wodurch sog. *Stadtrechtsfamilien* entstanden. – Zum geltenden Recht →Gemeindeverfassungsrecht.

Stadtstaat, eine Stadt, die ein selbständiges Staatswesen mit Verfassung bildet; z. B. in der Antike griech. Polis. In der BR Deutschland Berlin, Hamburg und Bremen.

Staeck, Klaus [ʃtɛːk], * Pulsnitz 28. 2. 1938, dt. Graphiker, Jurist; gesellschaftskrit. polit. Plakate (Photomontagen).

Staël, Germaine Baronin von S.-Holstein, geb. Necker, gen. Madame de S. [frz. stal], * Paris 22. 4.

1766, † ebd. 14. 7. 1817, frz. Schriftstellerin schweizer. Herkunft. Tochter von J. Necker; ab 1794 befreundet mit B. H. Constant de Rebecque; Gegnerin Napoleons I.; 1802 aus Paris verbannt; bereiste u. a. 1803/04 und 1807 Deutschland, wo sie mit Goethe, Schiller, Wieland u. v. a. A. W. Schlegel (ab 1804 ihr Berater) bekannt wurde. Ihr Hauptwerk, die Abhandlung ›Deutschland‹ (1810, dt. 1814) bestimmte für lange Zeit das Deutschlandbild der Franzosen. In ihren [autobiograph.] Romanen (u. a. ›Corinna, oder Italien‹, 1807) trat sie v. a. für die Emanzipation der Frau ein. Ihr Domizil in Coppet am Genfer See war für lange Zeit Treffpunkt der europ. Intelligenz.

Staffage [...'fa:ʒə; frz.-niederl.], Menschen und Tiere in einem Landschafts- oder Architekturbild v. a. des Barock, nicht selten von anderer Hand.

Staffelbruch → Verwerfung.

Staffelei, Gestell, auf dem der Maler beim Arbeiten das Bild in Höhe und Neigung verstellen kann.

Staffellauf, Mannschaftswettbewerb in mehreren Sportarten; z. B. in der Leichtathletik: ein Läufer übergibt dem nachfolgenden innerhalb einer 20-m-Zone den *Staffelstab.*

Staffelsee, See im Alpenvorland bei Murnau, Bayern, 8 km².

Stafford [engl. 'stæfəd], engl. Stadt in den West Midlands, 55 500 E. Verwaltungssitz der Gft. Staffordshire. Schuh-Ind., Maschinenbau, Gießereien. – Gegr. 899.

Stagflation [Kurzwort aus **Stag**nation und In**fla**tion], im Konjunkturzyklus (→ Konjunktur) die Phase des Tiefs bei gleichzeitigem Preisauftrieb.

Stagnation [lat.-engl.], Stockung, Stauung, Stillstand. Im Konjunkturzyklus die Phase des Tiefs mit gleichbleibendem (oder rückläufigem) Sozialprodukt.

Stahl, 1) Friedrich Julius, urspr. F. J. Jolson-Uhlfelder, * Würzburg 16. 1. 1802, † Bad Brückenau 10. 8. 1861, dt. Rechtsphilosoph und Politiker (Konservativer). Verfasser der als Grundlage der preuß. konservativen Partei geltenden Schrift ›Das monarch. Prinzip‹ (1845).
2) Hermann, * Dillenburg 14. 4. 1908, dt. Schriftsteller. Urspr. Maler und Bühnenbildner. Schreibt v. a. Romane, u. a. ›Tage der Schlehen‹ (1960), ›Das Pfauenrad‹ (1979), auch Lyrik (u. a. ›Wolkenspur‹, 1954) und Hörspiele.

Stahl, große Gruppe von Eisenlegierungen, deren Eigenschaften (Festigkeit, Zähigkeit, chem. Beständigkeit) sich durch Änderung der Legierungszusammensetzung und durch Wärmebehandlung in weitem Maß variieren lassen. Das wichtigste Legierungselement des Eisens ist der Kohlenstoff, dessen Gehalt bei S. unter 1,7 % liegt. Nichtrostender S. enthält zusätzlich Chrom, Nickel u. a. Elemente. – Bei der Herstellung von S. aus dem im Hochofen gewonnenen Roheisen werden die im Roheisen gelösten Begleitelemente des Eisens, insbes. der Kohlenstoff, durch *Frischen* (d. h. durch Oxidieren mit Luft bzw. reinem Sauerstoff oder sauerstoffabgebenden Substanzen) in Form von Schlacke oder gasförmigen Verbindungen ganz oder teilweise entfernt. Beim *Bessemer-Verfahren* und beim *Thomas-Verfahren* wird das Roheisen in Konvertern durch Einblasen von Luft vom Konverterboden aus gefrischt. Große techn. Bedeutung haben die *Sauerstoffblasverfahren,* unter denen v. a. das für phosphorarmes Roheisen geeignete *LD-Verfahren* sowie das für phosphorreiches Roheisen entwickelte *LD-AC-Verfahren* zu nennen sind, bei denen das Roheisen in Konvertern durch Aufblasen von reinem Sauerstoff gefrischt wird. *Herdfrischverfahren* sind das *Siemens-Martin-Verfahren,* bei dem die unerwünschten Begleitstoffe durch Einwirkung heißer, oxidierender Flammengase und durch die Frischwirkung des von Schrott oder oxid. Eisenerz abgegebe-

nen Sauerstoffs entfernt werden, und das *Elektrostahlverfahren,* in Elektroschmelzöfen wie Lichtbogen- oder Induktionsöfen. Neben der Aufarbeitung von Roheisen zu S. gewinnt in den letzten Jahren die S.erzeugung durch Direktreduktion von Eisenerz zunehmend an Bedeutung.

Stahlbeton [betö:], mit Stahleinlagen (i. d. R. Rundstahl) versehener Beton.

Stahlhelm (eigtl. Stahlhelm, Bund der Frontsoldaten), 1918 von F. Seldte gegr. Zusammenschluß von Soldaten des 1. Weltkrieges (seit 1924 auch von Nichtkriegsteilnehmern); bekämpfte ab 1929 zus. mit den antidemokrat. Parteien offen die Republik (→ Harzburger Front). 1935 aufgelöst; 1951 Neugründung in der BR Deutschland.

Stahlhelm → Helm.

Stahlhof → Stalhof.

Stahlpakt, dt.-italien. Bündnisvertrag vom 22. 5. 1939.

Stahlstich (Siderographie), graph. Tiefdruckverfahren; eine Stahlplatte wird vor dem Gravieren oder Ätzen durch Ausglühen enthärtet; nach dem anschließenden Härten dient sie als Druckplatte.

Staiger, Emil, * Kreuzlingen 8. 2. 1908, † Horgen 28. 4. 1987, schweizer. Literaturwissenschaftler. Begründete die Methode der stilkrit. [immanenten] Interpretation; Hauptwerk: ›Die Grundbegriffe der Poetik‹ (1946).

stakkato, svw. → staccato.

Stalag, Abk. für Kriegsgefangenen-Mannschafts-Stammlager, v. a. an der Ostgrenze des Dt. Reiches (Ostpreußen) und in Polen eingerichtete Lager für sowjet. Kriegsgefangene im 2. Weltkrieg.

Stalagmiten [griech.] → Tropfsteine.

Stalaktiten [griech.], **1)** *Geologie:* → Tropfsteine.
2) *Architektur:* (Mukarnas) Schmuckelemente der islam. Architektur; zusammengesetzt aus Reihen kleiner nischen- oder kuchenförmiger oder prismat. Formen. Verwendet als Überleitung vom Viereckplan zur Kuppel, auch als *S.gewölbe.*

Stalhof (fälschl. Stahlhof), Hansekontor in London (13. Jh. – 1598).

Stalin, Iossif (Josef) Wissarionowitsch, eigtl. I. W. Dschugaschwili, * Gori 21. 12. 1879, † Kunzewo (= Moskau) 5. 3. 1953, sowjet. Politiker. Vom Priesterseminar Tiflis 1899 wegen Verbindungen zu marxist. Kreisen ausgeschlossen. Mehrfach wegen illegaler Tätigkeit verhaftet und verbannt (1903 und 1913); seit Jan. 1912 im bolschewist. ZK; 1917 als Mgl. des Politbüros an der Vorbereitung und Durchführung der Oktoberrevolution beteiligt. 1917–23 Volkskommissar für Nationalitätenfragen, 1919–22 für Arbeiter- und Bauerninspektion. Ab 1922 Generalsekretär des ZK, Ausbau seiner Machtposition, v. a. nach Lenins Tod (Jan. 1924). Ab 1927 unumschränkter Diktator, rücksichtslose Vernichtung mögl. Gegner (›Säuberungen‹ und Schauprozesse der 1930er Jahre). Als Marschall (1943) und schließl. Generalissimus (1945) im 2. Weltkrieg weitere Steigerung des Personenkults. In den Verhandlungen mit den Westmächten konnte S. die Einflußsphäre der UdSSR wesentlich erweitern. Zunächst neben Lenin aufgebahrt, wurde sein Leichnam 1961 an die Kremlmauer umgebettet.

Stalingrad, 1925–61 Name der sowjet. Stadt → Wolgograd.

Stalingrad, Schlacht von (1942/43), eine der kriegsentscheidenden Schlachten des 2. Weltkrieges. Ende Nov. 1942 wurde die dt. 6. Armee unter F. Paulus mit rd. 280 000 Mann durch eine sowjet. Gegenoffensive eingekesselt. Die dt. Armee kapitulierte am 31. 1./2. 2. 1943; rd. 146 000 Gefallene, rd. 90 000 Kriegsgefangene.

Stalinismus, 1. von I. W. Stalin geprägte theoret. Interpretation des Marxismus, gekennzeichnet durch

Madame de Staël (Ausschnitt eines Gemäldes von Elisabeth Vigée-Lebrun; um 1800; Genf, Musée d'Art et d'Histoire)

Iossif Wissarionowitsch Stalin

Dogmatisierung des Marxismus, Reduzierung der Dialektik auf bloße Gegensätzlichkeit sowie durch eine starre Schematisierung. 2. Als Herrschaftsform wird unter S. die Diktatur einer kommunist. Parteiführung oder – wie im Falle Stalins – eines Parteiführers verstanden (mit Repression, Terror, Personenkult).

Stalinorgel, dt. Bez. für den im 2. Weltkrieg eingesetzten sowjet. Mehrfachraketenwerfer (russ. ›Katjuschka‹).

Stamitz, Johann (tschech. Jan Stamic [tschech. 'stamits]), * Deutsch-Brod (= Havlíčkův Brod) 19. 6. 1717, † Mannheim 27. 3. 1757, böhm. Violinist und Komponist. Begründer der →Mannheimer Schule. Mit seinen Kompositionen (74 Sinfonien, Konzerte, Kammermusik, geistl. Vokalwerke) schuf er die Voraussetzungen für die Wiener Klassik.

Stamm, 1) *Botanik:* die verdickte und verholzte Sproßachse von Bäumen und Sträuchern. **2)** *Biologie:* (Phylum) in der biolog., hauptsächl. der zoolog. Systematik Bez. für die zweithöchste (nach dem Reich) oder dritthöchste Kategorie (nach der S.gruppe bzw. dem Unterreich); S. des Tierreichs sind z. B. Ringelwürmer und Gliederfüßer. **3)** *Ethnologie:* Einheit, die Menschen gleicher Sprache und Kultur sowie mit gemeinsamem Siedlungsgebiet umfaßt.

Stammaktie, die übl. Form einer →Aktie (ohne die Vorrechte der Vorzugsaktie).

Stammbaum, 1) *Biologie:* die bildl. Darstellung der natürl. Verwandtschaftsverhältnisse zw. systemat. Einheiten des Tier- bzw. Pflanzenreichs. **2)** *Genealogie:* →Stammtafel. **3)** *Bibel:* →Geschlechtsregister.

Stammbuch, 1) *Tierzucht:* svw. →Herdbuch. **2)** *Recht:* urspr. Verzeichnis aller Familienangehörigen; vom 16. Jh. bis ins 19. Jh. ein Album für Eintragungen von Verwandten und Freunden. Heute Familienbuch (→Personenstandsbücher).

Stammeinlage →Gesellschaft mit beschränkter Haftung.

Stämme Israels, die das [Gesamt]volk des (alten) Israel bildenden 12 Volksgruppen bzw. Familienzusammenschlüsse, die auf Jakob (Israel) als ihren Ahnherrn zurückgeführt werden (→Stammväter).

Stammesherzogtum →Herzog.

Stammformen, Konjugationsformen des Verbs, von denen mit Hilfe von Endungen und Umschreibungen sämtl. anderen Formen abgeleitet werden können.

Stammfunktion →Integralrechnung.

Stammhirn, svw. Hirnstamm (→Gehirn).

Stammkapital →Gesellschaft mit beschränkter Haftung.

Stammtafel (Deszendenztafel), genealog. Tafel, die alle Söhne und Töchter der Ehen eines Geschlechts erfaßt, nicht aber die Nachkommen der verheirateten Töchter; wird oft in Form eines **Stammbaumes** bildl. dargestellt.

Stammväter, die Häupter der 12 Stämme Israels im AT: Ruben, Sim[e]on, Levi, J[eh]uda, Issachar, Sebulon, Josef, Benjamin, Dan, Naftali, Gad und As[ch]er.

Stams, österr. Gem. im Oberinntal, Tirol, 1 000 E. Zisterzienserstift mit roman. Klosterkirche (geweiht 1284, 1601–15 eingewölbt, 1729–32 barockisiert), Grablege der Grafen von Görz-Tirol.

Stand, in Abgrenzung zu Klasse, Schicht, Kaste die Gesamtheit der Mgl. einer abgeschlossenen gesellschaftl. Großgruppe in einem hierarch. gegliederten Gesellschaftssystem (v. a. im Feudalismus), gekennzeichnet u. a. durch Geburt, Privilegien, Besitz und gesellschaftl. Funktion (Beruf). Das häufigste Ständemodell war dreigliedrig: 1. S. Klerus, 2. S. Adel,

3. S. ›Volk‹. Im 19. Jh. kam als *vierter Stand* die Arbeiterschaft hinzu.

Standard [frz.-engl.], Maßstab, Norm; Leistungs-, Qualitäts-, Lebensführungsniveau.

Standardabweichung, Formelzeichen σ, ein Streuungsmaß einer Zufallsgröße bzw. einer Meßreihe; die Wurzel aus der Varianz.

Standardisierung, das Aufstellen von allgemein gültigen und akzeptierten festen Normen *(Standards)* zur Vereinheitlichung der Bez., Kennzeichnung, Handhabung, Ausführung u. a. von Produkten und Leistungen; in der *Technik* svw. Normung.

Standard Oil Company [engl. 'stændəd 'ɔil 'kʌmpəni] →Exxon Corp.

Standardsprache (Hochsprache, Gemeinsprache), die über Mundarten, Umgangssprache und Gruppensprache stehende, allgemeinverbindl. (genormte) Sprachform.

Standardtänze, die neben den →lateinamerikanischen Tänzen für den Turniertanz festgelegten Tänze: langsamer Walzer, Tango, Slowfox, Wiener Walzer und Quickstep.

Standardzeit (Normalzeit), die für ein bestimmtes Gebiet gültige Zeit mit einer festgelegten Differenz zur mittleren Greenwicher Zeit (Weltzeit); z. B. die mitteleurop. Zeit (MEZ).

Standarte [frz.], 1) im MA fahnenartiges Feldzeichen des Heeres; bis ins 20. Jh. [kleine] Fahne berittener Truppen; auch Hoheitszeichen von Staatsoberhäuptern, z. B. an Kraftfahrzeugen. **2)** etwa einem Regiment entsprechender Verband in der (nat.-soz.) SA und der SS.

Ständemehr, im schweizer. Verfassungsrecht die Mehrheit der Kantone.

Stander [frz.], 1. kleine viereckige Flagge *(Verklikker)* an der Mastspitze von Segelbooten zur Anzeige der scheinbaren Windrichtung; 2. dreieckige Signal- oder Kommandoflagge auf Schiffen oder an Kfz zur Anzeige des Ranges einer mitfahrenden Person.

Ständer (Stator), in elektr. Maschinen der feststehende elektromagnet. wirksame Teil (im Ggs. zum Läufer bzw. Rotor).

Ständerat, die föderative Kammer der schweizer. Bundesversammlung.

Ständerpilze (Basidiomyzeten, Basidiomycetes), Klasse der höheren Pilze mit rd. 15 000 Arten. Die S. haben ein umfangreiches Myzel, dessen Zellwände vorwiegend aus Chitin bestehen. Sie sind Fäulnisbewohner oder Parasiten vorwiegend an Pflanzen. Ihre Sporen werden i. d. R. nach außen in charakterist. Fruchtkörpern auf Ständern gebildet. Die S. sind weltweit verbreitet und maßgebl. an der Mineralisation beteiligt, die den Stoffkreislauf in der Biosphäre in Gang hält.

Standesamt, Amt zur Erledigung der im Personenstandsgesetz vorgesehenen Aufgaben, insbes. zur Führung der Personenstandsbücher.

Standesherren, 1815–1918 Bez. für die 1803/06 mediatisierten reichsfürstl. und reichsgräfl. Häuser.

Ständestaat, 1. europ. Staat des Spät-MA und der frühen Neuzeit, in dem die Stände Inhaber von Staat unabhängiger Herrschaftsgewalt sind; 2. im Rückgriff auf den histor. S. gegen Mitte des 19. Jh. entstandenes und noch im 20. Jh. vertretenes (von Papen) Konzept einer staatl. Ordnung, in der die Berufsstände Träger des Staates sein sollten *(berufsständ. Ordnung).*

Ständiger Schiedshof, von den Unterzeichnerstaaten der Haager Friedenskonferenzen ins Leben gerufene schiedsgerichtl. Einrichtung zur friedl. Erledigung internat. Streitfälle; Sitz Den Haag.

Standrecht, Vorschriften, die der Exekutive (insbes. militär. Befehlshabern) gestatten, in Krisenzeiten für bestimmte Delikte in Schnellverfahren Strafgerichtsbarkeit auszuüben, v. a. die Todesstrafe zu verhängen und zu vollstrecken; in der BR Deutschland derzeit nicht zulässig.

Standspur (Standstreifen) → Autobahnen.

Standvögel, Vögel, die im Ggs. zu den Strichvögeln und Zugvögeln während des ganzen Jahres in der Nähe ihrer Nistplätze bleiben; z. B. Dompfaff, Haussperling, Amsel.

Stanislaus, Name polnischer Könige:

1) **Stanislaus I. Leszczyński** [poln. lɛʃˈtʃíiski], * Lemberg 20. 10. 1677, † Lunéville 23. 2. 1766, König (1704/ 1706–09, 1733–36). Wurde unter schwed. Druck anstelle des Wettiners August II., des Starken, 1704 König; mußte 1736 August III. von Polen-Sachsen weichen; 1738 mit den Hzgt. Lothringen und Bar abgefunden.

2) **Stanislaus II. August** (S. A. Poniatowski), * Wolczyn 17. 1. 1732, † Petersburg 12. 2. 1798, König (1764–95). Auf Betreiben Katharinas I., d. Gr., König; konnte die Poln. Teilungen nicht verhindern und wurde noch vor der 3. Teilung 1795 zur Abdankung gezwungen.

Stanislaus Kostka (Stanisław K.), hl., * Rostow (Masowien) 28. 10. 1550, † Rom 15. 8. 1568, poln. Adliger. Patron Polens und der studierenden Jugend. – Fest: 13. November.

Stanislawski, Konstantin Sergejewitsch, eigtl. K. S. Alexejew, * Moskau 17. 1. 1863, † ebd. 7. 8. 1938, russ.-sowjet. Schauspieler, Regisseur und Theaterwissenschaftler. Gründete 1898 mit Wladimir Iwanowitsch Nemirowitsch-Dantschenko (* 1858, † 1943) das Moskauer Künstlertheater; von großem Einfluß auf das internat. Theater; bed. Schriften zur Schauspielkunst.

Stanley [engl. stænlı], 1) Sir (seit 1899) Henry Morton, eigtl. John Rowlands, * Denbigh bei Liverpool 28. 1. 1841, † London 10. 5. 1904, brit. Forschungsreisender. Fand am 28. 10. 1871 in Ujiji den verschollenen D. Livingstone; erforschte im Auftrag des belg. Königs Leopold II. 1879–84 das Kongobecken.

2) Wendell Meredith, * Ridgeville (Ind.) 16. 8. 1904, † Salamanca 15. 6. 1971, amerikan. Biochemiker. 1935 gelang ihm die erste Isolierung eines Virus (Tabakmosaikvirus, TMV); erhielt 1946 (mit J. H. Northrop und J. B. Sumner) den Nobelpreis für Chemie.

Stanley [engl. 'stænlı], Hauptort der Falklandinseln, auf Ostfalkland, 1 200 E. Hafen, ✈.

Stanleyfälle → Kongo (Fluß).

Stanleyville [frz. stanlɛ'vil] → Kisangani.

Stanniol [lat.], dünne Zinnfolie für Verpackungszwecke; heute meist durch Aluminiumfolie ersetzt.

Stannum, lat. Name für → Zinn.

Stans, Hauptort des schweizer. Halbkantons Nidwalden, am N-Fuß des Stanserhorns, 6 200 E. Ehem. Frauenkloster Sankt Clara (durch H. Pestalozzi seit 1798/99 Waisenhaus).

stante pede [lat. ›stehenden Fußes‹], sofort, unverzüglich.

Stanton, Elizabeth Cady [engl. 'sta:ntən, 'stæntən], * Johnstown (N. Y.) 12. 11. 1815, † New York 26. 10. 1902, amerikan. Frauenrechtlerin. Kämpfte v. a. für das Frauenwahlrecht; organisierte 1848 den ersten Frauenrechtskongreß.

Stanze [italien.], urspr. Strophe aus 8 weibl. Elfsilblern (Reimschema; ab ab ab cc): die auch als *Oktave* oder *Ottaverime* bezeichnete vorherrschende Form in der klass. Epik Italiens; in Deutschland seit dem 17. Jh. verwendet.

Stanzen (Ausstanzen), Herausschneiden beliebig geformter Teile aus Blechtafeln, Kunststoffplatten o. ä. mit entsprechend geformten Stanzwerkzeugen.

Stapellauf, Zuwasserlassen des fertigen Schiffsrumpfes auf geneigten Ablaufbahnen; als Querablauf

(v. a. auf Binnenschiffswerften) oder Längsablauf. Vor dem S. wird die **Schiffstaufe** vollzogen, wobei eine Flasche Sekt gegen den Bug des Schiffes geschleudert wird.

Stapelrecht, im MA das Recht verschiedener Städte, durchreisende Kaufleute zu zwingen, ihre Waren eine Zeitlang (Stapeltage) in der Stadt zum Verkauf anzubieten.

Stapelverarbeitung (Schubverarbeitung), Betriebsart einer elektron. Datenverarbeitungsanlage, bei der die Informationen zunächst gesammelt und dann schubweise verarbeitet werden. Ggs. → Echtzeitbetrieb.

Staphylokokken [griech.], Bakterien der Gatt. *Staphylococcus* mit drei Arten; am häufigsten vorkommende Eitererreger, leben auf der Oberhaut von Warmblütern; verursachen u. a. Allgemeininfektionen (Blutvergiftung, Lungenentzündung) und Lebensmittelvergiftungen.

Star → Stare.

Star, Name verschiedener Augenkrankheiten, → Starerkrankungen.

Stara Sagora, bulgar. Stadt am S-Fuß der östl. Sredna gora, 156 400 E. Histor. Museum; Zoo; u. a. Düngemittelfabrik.

Starboot (Star), Rennsegeljacht (Knickspantbauweise) mit zwei Mann Besatzung. Länge 6,92 m, Breite 1,73 m, Segelfläche 26,13 m²; Kennzeichen: ein Stern im Segel.

Stare (Sturnidae), Fam. sperlings- bis dohlengroßer Singvögel mit über 100 Arten, v. a. in den Tropen und Subtropen der Alten Welt; meist gesellig lebende Vögel, die sich v. a. von Insekten, Würmern, Schnecken und Früchten ernähren; Gefieder meist schwarz bis braun, oft metall. glänzend; vorwiegend Höhlenbrüter. Zu den S. gehören u. a. → Glanzstare und der *Gemeine Star* in Eurasien (bis Sibirien).

Starerkrankungen, mit Beeinträchtigung des Sehvermögens einhergehende Augenkrankheiten. Eine Vermehrung des Kammerwassers (meist infolge einer Abflußbehinderung unterschiedl. Ursache) führt zum Druckanstieg im Auge, den man als *grünen Star* (*Glaukom,* Glaucoma) bezeichnet. Die Abflußgeschwindigkeit wird wesentl. durch die Weite des vorderen Kammerwinkels bestimmt. Augen mit flachen Kammerwinkeln sind daher glaukomgefährdet (Engwinkelglaukom). Auch die Pupillenerweiterung (durch Dunkelanpassung und bes. durch pupillenerweiternde Mittel) führt infolge Fältelung der Regenbogenhaut zu einer Einengung der Abflußwege.

Der *graue Star* (*Katarakt,* Cataracta) ist eine Trübung der Augenlinse mit je nach Sitz und Ausprägung unterschiedl. Beeinträchtigung des Sehvermögens. Am häufigsten ist der doppelseitige *Altersstar* (Cataracta senilis), der nach dem 50. Lebensjahr in verschiedenen Reifegraden auftritt. Die Beschwerden des Altersstars sind anfangs eine Blendwirkung des hellen Tageslichtes als Folge der Lichtstreuung. Im Endzustand kann gewöhnl. nur noch Hell und Dunkel wahrgenommen werden. – Der angeborene Star, eine nicht fortschreitende, gleichbleibende Trübung, kann jeweils charakterist. Anteile oder die gesamte Augenlinse betreffen (*Cataracta totalis,* meist Folge einer mütterl. Virusinfektion in der Frühschwangerschaft, z. B. Mumps oder Masern).

Starez [russ. 'starıts ›der Alte‹] (Mrz. Starzen), geistl. Führergestalt im ostkirchl. Mönchtum.

Stargard i. Pom. (poln. Stargard Szczeciński), Stadt in Pommern, Polen`, osö. von Stettin, 69 000 E. Spätgot. Rathaus (16. Jh.), Marienkirche (13., 14./ 15. Jh.), Johanniskirche (15. Jh.).

Starhemberg, Ernst Rüdiger [Fürst], * Eferding 10. 5. 1899, † Schruns 15. 3. 1956, österr. Politiker. Bundesführer der österr. Heimwehren ab 1930; trat

Stanislaus II. August
König von Polen

Stare:
Gemeiner Star

für eine enge Anlehnung an Mussolini, gegen das nat.-soz. Deutschland ein. 1937–55 im Exil.

Stark, Johannes, * Schickenhof (= Thansüß bei Amberg) 15. 4. 1874, † Traunstein 21. 6. 1957, dt. Physiker. Bed. Arbeiten zur elektr. Leitung in Gasen. Entdeckte 1913 die Aufspaltung der Spektrallinien von Atomen im elektr. Feld (Stark-Effekt); Nobelpreis für Physik 1919.

Starkbier, biersteuerrechtl. Bez. für Bier mit mehr als 16% Stammwürze, insbes. Bock- und Doppelbockbiere.

Stärke (Amylum), von Pflanzen bei der Photosynthese gebildetes Polysaccharid, allg. Formel $(C_6H_{10}O_5)_n$, das zu 80–85% aus wasserunlösl. Amylopektin und zu 15–20% aus wasserlösl. Amylose besteht. Die S. wird zu einem geringen Teil sofort in den pflanzl. Stoffwechsel eingeführt, zum größten Teil jedoch als Reservestoff in den Leukoplasten verschiedener Organe (Speichergewebe in Mark, Früchten, Samen, Knollen) abgelagert. Die mit der Nahrung aufgenommene S. wird bei Mensch und Tier zunächst bis zu Glucose gespalten, in der Leber wird daraus wieder als Vorratsstoff → Glykogen (tier. Stärke) aufgebaut. S. ist das wichtigste Nahrungsmittel-Kohlenhydrat.

Stärkegranulose [dt./lat.], svw. → Amylopektin.

Stärkezellulose, svw. → Amylose.

Stärlinge (Icteridae), Fam. finken- bis krähengroßer Singvögel mit fast 100 Arten, bes. in S-Amerika; brüten meist in an Zweigenden hängenden Beutelnestern.

Starnberg, Kreisstadt am N-Ende des Starnberger Sees, Bayern, 20300 E. Pendlerwohngemeinde von München.

Starnberger See (Würmsee), See im bayr. Alpenvorland, 57 km².

Starogard Gdański [poln. sta'rɔgard 'gdaĩski] (dt. Preuß. Stargard), poln. Stadt am W-Rand der Weichsel-Nogat-Niederung, 47000 E. Got. Pfarrkirche (14. Jh.); z. T. erhaltene Stadtbefestigung. – Gehörte 1309–1466 zum Gebiet des Dt. Ordens, 1772–1920 bei Preußen, seitdem polnisch.

Starost [russ., eigtl. ›Ältester‹], im Moskauer Reich ein Gemeinde- bzw. Dorfvorsteher; 1919–39 in Polen Vorsteher einer Gemeinde.

Starr, Ringo [engl. stɑ:] → Beatles.

Starrachse → Fahrwerk.

Stars and Stripes [engl. 'stɑ:z ənd 'straıps ›Sterne und Streifen‹] → Sternenbanner.

START [engl. stɑ:t], Abk. für Strategic Arms Reduction Talks (›Gespräche über den Abbau strateg. Rüstungen‹), am 29. 6. 1982 in Genf begonnene Abrüstungsverhandlungen zw. den USA und der Sowjetunion. Im Unterschied zu SALT wird bei START nicht nur eine Begrenzung, sondern eine Reduzierung der strateg. Waffenpotentiale angestrebt. Nach mehreren Unterbrechungen (u. a. wegen der Stationierung amerikan. Mittelstreckenraketen in Europa und des amerikan. Beharrens auf der ›Strategischen Verteidigungsinitiative‹ [→ SDI]) gelang, beginnend mit dem Gipfeltreffen von Reykjavik 1986, in der Amtszeit Präs. Gorbatschows ein Durchbruch: am 31. 7. 1991 wurde in Moskau ein erster Vertragsabschluß über die Obergrenzen von Kernsprengköpfen und deren Trägersysteme erzielt, der u. a. eingehende Kontrollmaßnahmen der zugesagten Abrüstungsschritte enthält.

Startautomatik → Vergaser.

Starterklappe → Vergaser.

Starzen, Mrz. von → Starez.

Stasi → Staatssicherheitsdienst.

State Department [engl. 'steıt dı'pɑ:tmənt], das Außenministerium der USA.

Statement [engl. 'steıtmənt; lat.-engl.], öffentl. [polit.] Erklärung.

Staten Island [engl. 'stætn 'aılənd], Insel an der W-Seite der Mündung des Hudson River, Teil der Stadt New York.

Statik [griech.], Teilgebiet der *Mechanik;* die Lehre vom Gleichgewicht der an einem ruhenden Körper angreifenden Kräfte und den dabei zu erfüllenden Gleichgewichtsbedingungen (im Ggs. zur → Kinetik). Die S. der starren Körper spielt insbes. in der Bautechnik eine bed. Rolle *(Bau-S.),* um aus den Belastungen eines Bauwerks die Spannungen und Formänderungen von Bauteilen zu deren Bemessung zu ermitteln.

Station [lat.], allg. ein Ort, an dem sich etwas befindet (z. B. eine techn. oder wiss. Anlage: Sende-S., Umspann-S.) oder aufhält (z. B. Haltepunkt öffentl. Verkehrsmittel: Bahnhof); in der *Medizin:* räuml. und funktionelle Einheit in einem Krankenhaus, im allg. Untereinheit einer Abteilung.

stationär [lat.], 1) *allgemein:* svw. bleibend, ortsfest, stillstehend (als Folge eines dynam. oder stat. Gleichgewichts).

2) *Medizin:* die Behandlung in einer Klinik betreffend; nicht ambulant.

Stationstasten, Druck- oder Sensortasten an Rundfunkempfängern, die es ermöglichen, einen einmal eingestellten Sender ohne erneutes Suchen auf der Skala wieder einzustellen.

statisch, stillstehend, ruhend, unbewegt; die Statik betreffend. – Ggs. dynamisch.

statische Organe, svw. → Gleichgewichtsorgane.

Statist [lat.] → Komparse.

Statistik [lat.], 1. (meist in Tabellenform zusammengestellte) Ergebnisse von zahlenmäßigen Erfassungen bestimmter Sachverhalte (z. B. Bevölkerungs-, Ind.-, Landwirtschafts-, Verkehrs- und Preisstatistik); 2. Teilgebiet der angewandten Mathematik, das sich mit der Erfassung und Auswertung von Massenerscheinungen befaßt, also mit Erscheinungen, die an Gesamtheiten von vielen Objekten beobachtbar sind. Die *deskriptive (beschreibende) Statistik* beschäftigt sich damit, empirisches Material über Zufallsgrößen zu sammeln, geeignet darzustellen und zu charakterisieren. – Die Aufgabe der *analytischen (beurteilenden) Statistik* besteht darin, mit Hilfe der Wahrscheinlichkeitsrechnung aus dem statist. Material Rückschlüsse auf die Grundgesamtheit zu ziehen (z. B. Schätzen von Wahrscheinlichkeiten, Testen von Hypothesen).

Statistisches Bundesamt → Bundesämter (Übersicht).

Stativ [lat.], verstellbare Haltevorrichtung für Laborgeräte, opt. Instrumente, z. B. Photoapparate.

Stator [lat.], svw. → Ständer.

Statthalter, ständiger Vertreter eines Staatsoberhaupts bzw. einer Regierung in einem bestimmten Teil des Staatsgebiets.

Statue, in der *Bildhauerkunst* frei stehende Plastik, die einen Menschen oder ein Tier in ganzer Gestalt darstellt.

statuieren [lat.], festsetzen, bestimmen. → Exempel.

Status [lat.], 1) *allgemein:* Lage, Situation, Zustand.

2) *Soziologie:* (sozialer S.) der Grad der sozialen Wertschätzung von sozialen Positionen. Individuen, die einen bes. S. anstreben, umgeben sich mit bes. Besitzgegenständen, Titeln usw. (sog. *Statussymbole),* die als Indikatoren für den angestrebten S. bedeutsam sind.

Status quo [lat.], der gegenwärtige Zustand; im *Völkerrecht* die gegebenen fakt. und rechtl. Verhältnisse.

Statut [lat.], svw. Satzung.

Staub, 1) feinste Schwebstoffe (Aerosol), deren Bestandteile vom Boden aufgewirbelt werden, insbes.

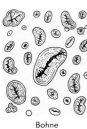

Bohne

Roggen

Kartoffel

Stärke:
Verschiedene Arten
von Stärkekörnern

aber bei Verbrennungsprozessen und in speziellen Ind.-Betrieben (z. B. Zementfabriken) entstehen und in die Luft gelangen. Die →Entstaubung industrieller Abgase spielt daher im Rahmen des Umweltschutzes eine bed. Rolle.

2) (kosm. S., interstellarer S.) →interstellare Materie.

Staubblatt, zu einem männl. Geschlechtsorgan umgebildetes Blattorgan in der Blüte der Samenpflanzen. Die Staubblätter der Nacktsamer sind meist schuppenförmig, die der Bedecktsamer gegliedert in *Staubfaden* und den an seiner Spitze stehenden *Staubbeutel.*

Staubexplosion, durch Funken oder Reibungswärme ausgelöste rasche Verbrennungsreaktion fester, feinverteilter, brennbarer Substanzen (z. B. Mehl-, Kohlenstaub) im Gemisch mit Luft.

Staubgefäß, umgangssprachliche Bez. für das →Staubblatt.

Stäublinge (Staubpilze), zur Ordnung der Bauchpilze gehörende, weltweit verbreitete Gatt. mit rd. 50 Arten (u. a. Hasenbofist, Flaschenbofist, Riesenbofist).

Staublunge (Staublungenerkrankung, Staubinhalationskrankheit, Pneumokoniose), Sammelbez. für alle krankhaften Veränderungen des Lungengewebes, die durch das Einatmen von Staubteilchen hervorgerufen werden. Das Einatmen zahlr. Metall-, Kalk- und Kohlenstäube führt meist zu einer unspezif. Ablagerung der Staubteilchen (Koniose) im lymphat. Gewebe, ohne im allg. Krankheitssymptome zu verursachen (so z. B. bei der *Kohlenstaublunge,* die i. d. R. die Lungentätigkeit nicht beeinträchtigt). Durch Einatmen von Quarz-, Asbest- und Talkumstäuben, die eine starke fibroplast. Reizwirkung auf das Lungengewebe ausüben, entsteht dagegen eine fortschreitende Lungenfibrose mit Emphysem, Rechtsvergrößerung des Herzens und Bronchitis.

Staudamm →Talsperre.

Stauden, ausdauernde Pflanzen mit meist stark entwickelten unterird. Sproßorganen (als Speicherorgane), deren meist krautige oberird. Sproßsysteme (Laub- und Blütensprosse) jährl. am Ende der Vegetationsperiode teilweise oder ganz absterben.

Staudinger, Hermann, * Worms 23. 3. 1881, † Freiburg im Breisgau 8. 9. 1965, dt. Chemiker. Ermittelte die Beziehung zw. Viskosität und Molekulargewicht gelöster Polymere *(Staudinger-Index).* Für seine Arbeiten über Makromoleküle erhielt er 1953 den Nobelpreis für Chemie.

Staudte, Wolfgang, * Saarbrücken 9. 10. 1906, † Žigarski (Slowenien) 19. 1. 1984, dt. Filmregisseur. Bis 1955 in der DDR; drehte v. a. zeit- und sozialkrit. Filme, u. a. ›Die Mörder sind unter uns‹ (1946), ›Der Untertan‹ (1951); ›Rosen für den Staatsanwalt‹ (1959); seit 1970 v. a. Fernsehfilme (u. a. ›Der eiserne Gustav‹, 1978/79; ›Die Pawlaks‹, 1982).

Staufen im Breisgau, Stadt am W-Rand des Südschwarzwaldes, 6 800 E. Festspiele; Weinbau. Spätgot. Martinskirche (15. Jh.); Renaissancerathaus; Ruine der Burg Staufen (Kern 12. Jh.).

Staufer (Hohenstaufen), schwäb. Adelsgeschlecht (Anfänge: 1. Hälfte des 11. Jh.), benannt nach dem Stammsitz (Burg Stoph bzw. Stauf). Friedrich I., Sohn Friedrichs von Büren (†um 1055), wurde von Heinrich IV. 1079 zum Hzg. von Schwaben ernannt und mit dessen Tochter Agnes vermählt. 1138 konnte Konrad III. seine Wahl zum König durchsetzen. Unter Friedrich I. Barbarossa und Heinrich VI. gelangte die Dynastie auf den Höhepunkt ihrer Geltung. Der Erbanfall Siziliens und der Machtverfall des Königtums im stauf.-welf. Thronstreit (1198–1214/15) verlagerten das Schwergewicht ihrer Herrschaft; die glanzvolle Regierung Friedrichs II. konnte den Nie-

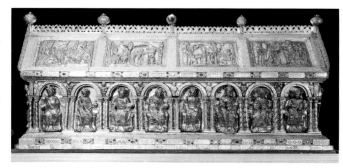

staufische Kunst: Karlsschrein; vollendet 1215 (Aachen, Domschatz)

dergang der Dynastie nicht verhindern. Mit der Enthauptung des letzten S., Konradin (1268), in Neapel starb das Geschlecht aus.

Stauffacher, Rudolf, * um 1250, † um 1310, Landamman von Schwyz (1275–86 und 1302–05). Wesentl. an der schweizer. Freiheitsbewegung beteiligt.

Stauffenberg, Schenken von, schwäb. Adelsgeschlecht; 1698 Reichsfreiherren, 1791 Reichsgrafen; bis heute besteht die Linie S.-Amerdingen. Bed. Vertreter:

1) **Stauffenberg,** Berthold Graf Schenk von, * Stuttgart 15. 3. 1905, † Berlin 10. 8. 1944 (hingerichtet), Widerstandskämpfer. Ab 1939 Völkerrechtsberater bei der Seekriegsleitung; als enger Vertrauter seines Bruders Claus an den Vorbereitungen des 20. Juli 1944 unmittelbar beteiligt.

2) **Stauffenberg,** Claus Graf Schenk von, * Schloß Jettingen (= Jettingen-Scheppach bei Günzburg) 15. 11. 1907, † Berlin 20. 7. 1944 (erschossen), Offizier und Widerstandskämpfer. 1940–43 in der Organisationsabteilung des Generalstabs des Heeres. Wurde allmählich zur treibenden Kraft der Widerstandsgruppen. Als Oberst seit 1. 7. 1944 Stabschef beim Befehlshaber des Ersatzheeres, hatte er unmittelbar Zugang zu Hitlers Hauptquartier. Das von ihm als unabdingbare Voraussetzung für den Umsturz betrachtete Attentat auf Hitler führte er am 20. 7. selbst durch. Nach dessen Scheitern wurde er standrechtl. erschossen.

staufische Kunst, die Kunst während der Regierungszeit der Staufer (12./13. Jh.); sie gehört stilist. gesehen zur Romanik. Die Staufer selbst errichteten Pfalzen und Burgen (Trifels, Gelnhausen, Wimpfen), unter Friedrich II. v. a. in Apulien und Sizilien (Kastelle von Catania, Enna, Bari, Lucera, Castel del Monte).

Staumauer →Talsperre.

Staupe [niederl.], gefährliche ansteckende Viruserkrankung der Hunde, Katzen, Pferde u. a. Tiere.

Staupitz, Johann von, * Motterwitz (= Dürrweitzschen bei Oschatz) 1468/69, † Salzburg 28. 12. 1524, dt. kath. Theologe. Augustiner-Eremit; Prof. und erster Dekan der theol. Fakultät in Wittenberg; setzte 1512 Luther als seinen Nachfolger auf den Lehrstuhl für Bibelwiss. ein; förderte maßgebl. Luthers theol. Neuansatz.

Stausee, künstl. angelegter, auch durch natürl. Vorgänge, z. B. durch Bergsturz oder Lavastrom, aufgestauter See.

Stavanger, Hafenstadt in SW-Norwegen, 96 900 E. Werften; Zentrum der norweg. Off-shore-Industrie. Roman.-got. Domkirche (12./13. Jh.).

Stavelot [frz. sta'vlo] (Stablo), um 650 gegr. Benediktinerabtei im heutigen Belgien (Prov. Lüttich); eines der frühesten Zentren christl. Kultur in den Niederlanden; 1796 Aufhebung des Klosters.

Claus Schenk Graf von Stauffenberg

Hermann Staudinger

Wolfgang Staudte

Stavenhagen, Fritz, * Hamburg 18. 9. 1876, † ebd. 9. 5. 1906, dt. Schriftsteller. Schrieb niederdt. Theaterstücke (u. a. ›Mudder Mews‹, 1904).

Stavenhagen (amtl. Reuterstadt S.), Stadt auf der Mecklenburg. Seenplatte, Mecklenburg-Vorpommern, 9 000 E. Geburtshaus F. Reuters (heute Fritz-Reuter-Literaturmuseum).

St. Cyr, Johnny [engl. snt'sɪə], eigtl. John Alexander St. C., * New Orleans 17. 4. 1890, † Los Angeles 17. 6. 1966, amerikan. Jazzmusiker. Einer der bedeutendsten Banjospieler des New-Orleans-Jazz.

Steady-state-Theorie [engl. 'stɛdɪ, 'stɛɪt] → Kosmologie.

Stearin [griech.], aus den Fettsäuren Palmitinsäure und Stearinsäure bestehendes, wachsartiges Gemisch; verwendet für Kerzen, in der Seifen-, Gummi- und Textilindustrie.

Stearinsäure (Octadecansäure), farb- und geruchlose gesättigte Fettsäure, die als Glycerinester in zahlr. tier. und pflanzl. Fetten vorkommt.

Steatit [griech.] (Speckstein, Seifenstein), Mineral von meist weißer Farbe, dicht, Varietät des Talks; wird als Schneidekreide, Isolierzuschlagstoff in der Elektro-Ind. sowie für Bildschnitzereien (Mohshärte 1) verwendet.

Stechapfel (Dornapfel, Stachelapfel), Gatt. der Nachtschattengewächse mit rd. 20 Arten in den trop. bis gemäßigten Gebieten; giftige Kräuter, Sträucher oder kleine Bäume mit meist stacheligen oder dornigen, vielsamigen Kapselfrüchten; u. a. der *Gemeine S.* (mit weißen, bis 10 cm langen Blüten).

Stechfliegen (Stomoxydinae), rd. 50 Arten umfassende, fast ausschließl. in trop. Gebieten verbreitete Unterfam. etwa 3 – 9 mm langer, blutsaugender Echter Fliegen mit langem, waagrecht gehaltenem Stechrüssel; z. T. Krankheitsüberträger.

Stechginster (Stachelginster, Gaspeldorn, Ulex), Gatt. der Schmetterlingsblütler mit 15 Arten in W-Europa; Sträucher mit in scharfe Dornspitzen endenden Zweigen; Blüten gelb; Hülsenfrucht zweiklappig; einheim. ist der *Europ. S.,* 1 – 1,5 m hoch.

Stechimmen (Stechwespen, Aculeata), Gruppe der Taillenwespen; Legeröhre der Weibchen in Verbindung mit Giftdrüsen zu einem Wehrstachel umgewandelt (u. a. Bienen).

Stechmücken (Gelsen, Moskitos, Culicidae), weltweit, v. a. in den Tropen, verbreitete Fam. mittelgroßer Mücken mit rd. 2 500 Arten; Weibchen mit langem Saugrüssel, z. T. Blutsauger und gefährl. Krankheitsüberträger (z. B. von Malaria, Gelbfieber); Männchen nehmen nur Wasser und Pflanzensäfte auf. Einheim. sind u. a. die → Aedesmücken und die *Gemeine S.* (Hausmücke).

Stechpalme (Ilex), Gatt. der zweikeimblättrigen Pflanzenfam. *Stechpalmengewächse* (Aquifoliaceae) mit über 400 Arten, v. a. in den Tropen und Subtropen Asiens und Amerikas, wenige Arten in der gemäßigten Zone; immer- oder sommergrüne Bäume oder Sträucher mit oft dornig gezähnten Blättern; Frucht eine beerenartige Steinfrucht. Einheim. ist die *Stecheiche* (S. im engeren Sinne, Hülse, Hülsdorn), ein immergrüner Strauch oder kleiner Baum von 3 – 10 m Höhe; Früchte korallenrot, giftig. Eine wichtige Nutzpflanze in S-Amerika ist die immergrüne, 5 – 14 m hohe *Matepflanze* (Mateteestrauch, Verbabaum), deren Blätter für → Mate verwendet werden.

Stechrochen (Stachelrochen, Dasyatidae), Fam. vorwiegend nachtaktiver Rochen mit rd. 90 überwiegend marinen, bis etwa 3 m langen Arten im Flachwasser; Körper scheibenförmig; Giftstachel auf dem peitschenförmigen Schwanz, dessen Giftwirkung auch dem Menschen gefährlich werden kann.

Steckbrief, aufgrund eines Haft- oder Unterbringungsbefehls erlassene kurze Beschreibung einer

Stechpalme:
OBEN Zweig mit Früchten, MITTE männliche Blüten, UNTEN Zwitterblüten

Steiermark
Landeswappen

verdächtigen Person sowie der Tat, des Tatortes und der Tatzeit.

Steckdose → Steckvorrichtungen.

Stecker → Steckvorrichtungen.

Steckrübe, svw. → Kohlrübe.

Steckschlüssel → Schraubenschlüssel.

Steckvorrichtungen, berührungssichere, von Hand lösbare elektr. Verbindung, bestehend aus *Stecker* und entsprechender *Kupplung* bzw. fest eingebauter *Steckdose.* Weit verbreitet sind *Schukostecker* (2polig; mit Schutzkontakt) zum Netzanschluß ortsverändert. Verbraucher (Elektrogeräte) über flexible Leitungen. *Kragen-, Perilex-* oder *Cekon-Stecker* dienen zum Anschluß an das Kraft- oder Drehstromnetz. Im Bereich der Unterhaltungselektronik finden sich u. a. einpolige *Bananenstecker,* mehrpolige *Klinkenstecker, Lautsprecherstecker, Diodenstecker,* jeweils mit entsprechenden Kupplungen bzw. Buchsen; in der Elektronik insbes. für abgeschirmte Leitungen: *HF-Stecker* und *BNC-Stecker.*

Stedingen, Marschengebiet nw. von Bremen.

Steele, Sir (seit 1715) Richard [engl. sti:l], ≈ Dublin 12. 3. 1672, † Carmarthen 1. 9. 1729, engl. Schriftsteller. Bed. Essayist und Publizist der engl. Aufklärung; Hg. von → moralischen Wochenschriften.

Steen, Jan, * Leiden 1625 oder 1626, □ ebd. 3. 2. 1679, niederl. Maler. Malte Genrebilder des niederl. Volkslebens.

Stefan, Josef, * Sankt Peter (= Klagenfurt) 24. 3. 1835, † Wien 7. 1. 1893, österr. Physiker. Arbeiten zur kinet. Gastheorie und zur Theorie der Wärme führten 1879 zur Entdeckung des nach ihm und L. Boltzmann ben. Strahlungsgesetzes.

Stefan-Boltzmannsches Gesetz, von J. Stefan 1879 aufgefundene, von L. Boltzmann theoret. begründete Gesetzmäßigkeit für die reine Temperaturstrahlung eines Schwarzen Strahlers: Das gesamte Emissionsvermögen ist der 4. Potenz der absoluten Temperatur proportional.

Stefano, Giuseppe Di, italien. Sänger, → Di Stefano, Giuseppe.

Steffani, Agostino, * Castelfranco Veneto 25. 7. 1654, † Frankfurt am Main 12. 2. 1728, italien. Komponist. Schrieb für die Höfe von München (dort Kammermusikdirektor), Hannover (ab 1688 Opernkapellmeister) und Düsseldorf zahlr. Opern; auch Kirchenmusik.

Steg, 1) schmaler Fußweg; allg.: schmales Verbindungs- oder Zwischenstück.
2) *Instrumentenkunde:* bei Saiteninstrumenten eine Leiste oder kleine Platte aus Holz, auf der die Saite aufliegt.

Stegreifkomödie, Komödie ohne literar. Textvorlage: Monologe bzw. Dialoge, Mimik o. ä. werden von den Schauspielern improvisiert. → auch Commedia dell'arte.

Steherrennen → Radsport.

Steiermark, sö. Bundesland von Österreich, 16 387 km², 1,180 Mio. E, Hauptstadt Graz. Die S. liegt weitgehend in den Ostalpen, die hier 2 995 m ü. d. M. erreichen (Dachstein). An das Grazer Bergland schließen nach O das Joglland und Randgebiete des Pannon. Tieflandes an. In Grenznähe leben slowen. Minderheiten. Wichtigste Wirtschaftszweige sind Bergbau, Eisen-, Stahl-, Elektro- u. a. Industrie sowie Viehzucht; bed. Fremdenverkehr.

Geschichte: Etwa 45 n. Chr. röm. Prov. Noricum. Ab 500 Einwanderung von Bayern, um 590 der Slowenen, die im 7./8. Jh. das Hzgt. Karantanien (Kärnten, Obersteiermark und Teile der Untersteiermark) errichteten; 772 bayr.; von Karl d. Gr. dem Fränk. Reich angeschlossen. Nach 976 z. T. beim Hzgt. Kärnten; 1180 Schaffung des Hzgt. S. (Ober- und Mittelsteiermark, Traungau); 1282 an die Habsburger.

1867–1918 Kronland der österr.-ungar. Monarchie. 1919/20 wurde der slowen. Teil an Jugoslawien abgetreten, während das dt. Siedlungsgebiet Bundesland der Republik Österreich wurde.

Steigbügel, 1) *Anatomie:* →Gehörorgan.

2) *Reitsport:* Bügel aus Metall, der den Fuß des im Sattel sitzenden Reiters stützt.

Steigeisen, 1) Hilfsmittel des Bergsteigers v. a. für Eistouren; am Bergschuh befestigtes zweiteiliges Leichtmetallgerippe mit 10 vertikalen und 2 Frontzakken.

2) Stahlbügel als Steig- und Greifhilfe an der Wand z. B. von Schächten.

Steiger, frühere, seit dem MA übl. Berufsbez. für Bergleute, die auch unter Tage Aufsichtsaufgaben durchführten.

Steigerung, svw. →Komparation.

Steigerwald, Teil des fränk. Schichtstufenlandes zw. oberer Aisch und dem Main bei Haßfurt, bis 498 m hoch.

Steigung, 1) (Anstieg) allg. das Verhältnis der Höhendifferenz zweier auf einer ansteigenden Geraden liegender Punkte zu ihrem in der Horizontalen gemessenen Abstand; in der *Mathematik* der Tangens des Winkels, den die Tangente an eine ebene Kurve mit der positiven Richtung der x-Achse bildet (→auch Differentialrechnung).

2) →Gewinde.

Stein [ʃtain, engl. stain]:

1) Charlotte von, geb. von Schardt, * Eisenach 25. 12. 1742, † Weimar 6. 1. 1827. Ab 1764 ∞ mit Friedrich Frhr. von S.; Freundschaftsverhältnis zu Goethe (1775 bis 1786).

2) Edith (Ordensname Teresia Benedicta a Cruce), * Breslau 12. 10. 1891, † KZ Auschwitz 9. 8. 1942, dt. Philosophin. Aus orth. jüd. Familie; 1922 Übertritt zum Katholizismus; 1933 Karmelitin in Köln. Versuchte eine Synthese der Husserlschen Phänomenologie mit der Seinslehre des Thomismus und der augustin. Metaphysik.

3) Gertrude, * Allegheny (Pa.) 3. 2. 1874, † Paris 27. 7. 1946, amerikan. Schriftstellerin. Lebte ab 1902 zus. mit ihrer Lebensgefährtin Alice B. Toklas (* 1877, † 1972) meist in Paris, wo ihr Salon zum Treffpunkt bed. Künstler (P. Picasso, H. Matisse, G. Bracque) wurde. Ihr avantgardist. Prosastil hatte großen Einfluß u. a. auf E. Hemingway, J. Dos Passos, F. S. Fitzgerald, für die sie die Bez. →›Lost generation‹ prägte. In dt. Übers. sind u. a. ›Drei Leben‹ (En., 1909), ›Church Amiably‹ (R., 1930), ›Ida‹ (R., 1941), ›Kriege, die ich gesehen habe‹ (Autobiogr., 1945) und ›Keine keiner‹ (R., hg. 1948) erschienen.

4) Heinrich Friedrich Karl Reichs-Frhr. vom und zum, * Nassau 25. 10. 1757, † Cappenberg 29. 6. 1831, dt. Staatsmann. Als preuß. Finanz- und Wirtschafts-Min. (1804 bis Jan. 1807) suchte S. den Staat für die Auseinandersetzung mit Napoleon I. vorzubereiten. Von Sept. 1807 bis Nov. 1808 leitender Min. in Preußen, wo er grundlegende Neuerungen (Bauernbefreiung, Städteordnung) durchsetzte (→preußische Reformen). Er gründete 1819 die ›Gesellschaft für ältere dt. Geschichtskunde‹ (→Monumenta Germaniae Historica).

5) Karl Frhr. von S. zum Altenstein →Altenstein, Karl Frhr. von Stein zum.

6) Lorenz von (seit 1868), * Borby (= Eckernförde) 15. 11. 1815, † Weidlingau (= Wien) 23. 9. 1890, dt. Staatsrechtler. Machte die sozialist. und kommunist. Lehren einem breiteren Publikum in Deutschland bekannt. Theoret. Hauptwerk: ›Die Verwaltungslehre‹ (8 Bde., 1865–84).

7) Peter, * Berlin 1. 10. 1937, dt. Regisseur. Gehört zu den Regisseuren, die das dt. Theater ab Ende der 60er Jahre auf internat. Niveau geprägt haben; u. a.

ab 1970 Regisseur und 1970–85 [mit Unterbrechungen] künstler. Leiter der Schaubühne in Berlin (West) [1962 gegr. unter dem Namen Schaubühne am Halleschen Ufer, seit 1981 Schaubühne am Lehniner Platz]; seit 1991 Schauspieldirektor der Salzburger Festspiele; auch Film- und Fernsehinszenierungen.

8) William Howard, * New York 25. 6. 1911, † ebd. 2. 2. 1980, amerikan. Biochemiker. Erhielt mit C. B. Anfinsen und S. Moore für gemeinsame Forschungsarbeiten zur Aufklärung der molekularen Struktur und der Funktion des Enzyms Ribonuklease (→RNasen) 1972 den Nobelpreis für Chemie.

Steinadler →Adler.

Stein am Rhein, Bezirkshauptort im schweizer. Kt. Schaffhausen, am rechten Ufer des Hochrheins, 2 600 E. Ehem. Benediktinerabtei Sankt Georgen mit frühroman. Kirche (um 1060) und spätgot. Klosterbauten. Rathaus (1539 und 1745/46) mit Fassadenmalerei von 1900. Oberhalb der Stadt Burg Hohenklingen (12. Jh.). – 1457 reichsfrei, nach dem Anschluß an Zürich (1484) zum Kt. Schaffhausen (1803).

Steinbeck, John [engl. 'stainbɛk], * Salinas (Calif.) 27. 2. 1902, † New York 20. 12. 1968, amerikan. Schriftsteller. Kriegsberichterstatter im 2. Weltkrieg und in Vietnam; bed. Vertreter des sozialkrit. Romans; 1962 Nobelpreis für Literatur. – *Werke:* Die wunderl. Schelme von Tortilla Flat (R., 1935), Von Mäusen und Menschen (R., 1937; Dr., 1937), Früchte des Zorns (R., 1939), Die Straße der Ölsardinen (R., 1945), Jenseits von Eden (R., 1952), Laßt uns König spielen (Märchen, 1957).

Steinbeere (Felsenbeere), 10–30 cm hohe Staude in den Gebirgen und Mittelgebirgen Europas und Asiens; kleine weiße Blüten und rote Früchte.

Steinbeißer (Cobitinae), Unterfam. überwiegend kleiner Schmerlen mit rd. 50 Arten in raschfließenden bis stehenden Süßgewässern Eurasiens und N-Afrikas; Körper langgestreckt, mit drei Paar Bartfäden; u. a. *Schlammpeitzger* (Bißgurre; 20 bis 30 cm lang, braun bis gelbbraun) und *Euras. S.* (Steinpeitzger, Dorngrundel; bis 12 cm lang, grünlichbraun, gefleckt).

Steinberger, Jack [engl. 'stainbə:gə], * Bad Kissingen 25. 5. 1921, amerikan. Physiker dt. Herkunft. Erhielt mit L. M. Lederman und M. Schwartz den Nobelpreis für Physik 1988.

Steinbock →Sternbilder (Übersicht).

Steinbock, geselliges, in Hochgebirgen Eurasiens und NO-Afrikas lebendes, gewandt kletterndes und springendes Säugetier (Gatt. Ziegen); Länge etwa 1,1–1,7 m; Schulterhöhe rd. 0,6–1,0 m; Gewicht 35–150 kg; Männchen mit sehr großen, bis über 1 m langen, zurückgebogenen Hörnern, meist mit ausgeprägten Querwülsten, Weibchen mit kleinen Hörnern; Färbung grau- bis gelb- oder dunkelbraun; u. a.: *Alpen-S.* (bis 1 m schulterhoch), *Nubischer S.* (knapp 80 cm schulterhoch, auf der Arab. Halbinsel, in Israel und im nö. Afrika), *Sibir. S.* (bis 1,6 m schulterhoch, im Hochgebirge von Afghanistan bis O-Sibirien).

Steinbrech (Saxifraga), Gatt. der S.gewächse mit rd. 350 Arten, überwiegend in den Hochgebirgen der arkt. und der nördl. gemäßigten Zone und in den Anden; häufig rasen- oder rosettenbildende Kräuter mit oft ledrigen oder fleischigen Blättern; Blüten weiß, gelb oder rötlich; einheimisch u. a. der bis 40 cm hohe *Körnige S.* (mit weißen, sternförmigen Blüten). Als Topfpflanze kultiviert wird der *Judenbart* (mit nierenförmigen Blättern und weißen Blüten).

Steinbrechgewächse (Saxifragaceae), Fam. der Zweikeimblättrigen mit rd. 1 200 Arten in etwa 80 Gatt., meist in den gemäßigten Gebieten; überwiegend ausdauernde Kräuter oder Sträucher (u. a. Hortensie, Stachelbeere, Johannisbeere, Steinbrech).

Freiherr vom Stein (Bleistiftzeichnung von Ferdinand Olivier, 1820; Frankfurt am Main, Städelsches Kunstinstitut)

John Steinbeck

Jack Steinberger

Steinbuch, Karl, * Stuttgart 15. 6. 1917, dt. Nachrichtentechniker und Informatiker. Wurde bekannt als gesellschaftskrit. Schriftsteller; Vorschläge zur Lösung kultur- und gesellschaftspolitischer Probleme (›Falsch programmiert‹, 1968; ›Die rechte Zukunft...‹, 1981).

Steinbutte (Scophthalmidae), Fam. etwa 0,1 – 2 m langer Knochenfische an den Küsten des N-Atlantiks (einschließl. Nebenmeere); Augen auf der linken Körperseite; geschätzte Speisefische, z. B. der bis 70 cm lange *Glattbutt* und der *Steinbutt,* bis 1 m lang, Körperumriß fast kreisrund.

Steiner, Rudolf, * Kraljevica (Kroatien) 27. 2. 1861, † Dornach 30. 3. 1925, österr. Anthroposoph. Trennte sich 1913 von der Theosoph. Gesellschaft und gründete die Anthroposoph. Gesellschaft und das Goetheanum (→ Anthroposophie).

Rudolf Steiner

Steinfliegen (Uferfliegen, Uferbolde, Plecoptera), mit rd. 2 000 Arten v. a. in den gemäßigten Zonen verbreitete Ordnung 3,5 – 30 mm langer Insekten (darunter rd. 100 einheim. Arten).

Steinfrucht, Schließfrucht, deren reife Fruchtwand in einen inneren, den Samen enthaltenden *Steinkern* und einen äußeren, entweder fleischig-saftigen (Kirsche, Pflaume) oder ledrig-faserigen (Mandel, Wal- und Kokosnuß) Anteil differenziert ist. → Fruchtformen.

Steinfurt, Stadt im Münsterland, NRW, 30 100 E. Im Ortsteil Burgsteinfurt Wasserburg (12./13. und 16. – 18. Jh.), Pfarrkirche (15. Jh.), Rathaus (1561).

Steingaden, Gem. bei Füssen, Bayern, 2 500 E. Roman. Kirche (1176 geweiht) der ehem. Prämonstratenserabtei, im Innern barockisiert (17. und 18. Jh.); nahebei die → Wies.

Steingut → Keramik.

Steinhäger Ⓦ [nach der Gem. Steinhagen, NRW], zweifach destillierter Wacholderbranntwein.

Steinhausen → Bad Schussenried.

Steinheim an der Murr, Stadt bei Marbach, Bad.-Württ., 8 400 E. Urmensch-Museum. Roman.-got. Pfarrkirche; Fachwerkrathaus (1686). – In pleistozänen Schottern wurde 1933 der Schädel des Steinheimmenschen gefunden.

Steinheimer Becken, um 100 – 120 m eingetieftes Becken von 3,5 km Durchmesser im O-Teil der Schwäb. Alb. Meteorkrater-Museum im Ortsteil Sontheim der Gem. Steinheim am Albuch.

Steinheimmensch → Mensch.

Steinholz (Xylolith), aus Magnesitbinder und Füllstoffen (z. B. Sägemehl, Korkschrot) hergestellter Werkstoff; Wärmedämmung für Fußböden und Wände.

Steinhuder Meer, See nw. von Hannover, 29 km², bis 2,8 m tief. Auf einer Untiefe im See wurde während des Siebenjährigen Krieges die Festung Wilhelmstein erbaut.

Steinigung, im Altertum und MA die Hinrichtung durch Steinwürfe.

Steinkauz → Eulenvögel.

Steinklee, Gatt. der Schmetterlingsblütler mit rd. 25 Arten im gemäßigten und subtrop. Eurasien und in N-Afrika bis Äthiopien; in Deutschland u. a. der gelbblühende, nach Honig duftende, 30 – 100 cm hohe *Echte S.,* der bis 1,5 m hohe, gelbblühende *Hohe S.* und der bis 1,25 m hohe *Weiße S.* (Bucharaklee).

Steinkohleneinheit, als Wärmeinhalt von 1 kg Steinkohle mit dem Brennwert von 7000 kcal bzw. rd. 29 300 kJ definierte techn. Energieeinheit, Einheitenzeichen SKE; 10^3 SKE = 1 t SKE (Tonnen S.).

Steinkorallen (Madreporaria), Ordnung der Korallen mit rd. 2 500 Arten in allen Meeren trop. bis gemäßigter Regionen; scheiden mit der Fußscheibe stets ein Kalkskelett ab, wodurch die S. die wichtigsten Riffbildner darstellen.

Steinkrabben (Lithodidae), Fam. krabbenähnl. Krebse (v. a. in kalten Meeren); Panzerlänge bis über 20 cm; u. a. der im N-Pazifik vorkommende *Kamtschatkakrebs* (Königskrabbe); Männchen bis 8 kg schwer; das konservierte Fleisch kommt in Dosen als *Crabmeat* in den Handel.

Steinkraut (Steinkresse, Schildkraut), mit rd. 100 Arten in M-Europa und vom Mittelmeergebiet bis Z-Asien verbreitete Gatt. der Kreuzblütler; meist gelbe, in Trauben stehende Blüten; Schötchenfrüchte.

Steinkrebs → Flußkrebse.

Steinleiden (Steinkrankheit, Lithiasis), Erkrankung durch lithogene Veränderungen (Konkrementbildungen) in inneren Organen (bes. in der Niere und in den ableitenden Harnwegen, in Gallengängen und Gallenblase).

Steinlinde, Gatt. der Ölbaumgewächse mit 4 Arten, verbreitet vom Mittelmeergebiet bis nach Kleinasien und zum Kaukasus; immergrüne Sträucher mit weißen, wohlriechenden Blüten; typisch für die Macchie.

Steinmarder (Hausmarder), über fast ganz Europa und weite Teile Asiens verbreiteter Marder; Länge etwa 40 – 50 cm; Schwanz bis 25 cm lang; dunkelbraun mit weißem, hinten gegabeltem Kehlfleck; dämmerungs- und nachtaktives Raubtier; frißt hauptsächl. Mäuse und Ratten.

Steinmispel (Zwergmispel, Steinquitte, Quittenmispel, Cotoneaster), Gatt. der Rosengewächse mit knapp 100 Arten im gemäßigten Asien; immer- oder sommergrüne Sträucher, u. a. die bis 1,5 m hohe *Gemeine S.* mit blaßroten Blüten und purpurroten Früchten.

Steinobst, Bez. für Obstsorten aus der Gatt. Prunus (v. a. Kirsche, Pflaume, Mirabelle, Reneklode, Pfirsich, Aprikose), deren Früchte einen Steinkern enthalten.

Steinpilz (Eichpilz, Edelpilz, Herrenpilz), Röhrling der Laub- und Nadelwälder mit mehreren schwer unterscheidbaren Unterarten; Hut bis 35 cm breit, Oberhaut glatt oder feinrunzelig, Stiel anfangs rundl., später langgestreckt, bis 30 cm lang; Fleisch rein weiß; geschätzter Speisepilz.

Steinsalz (Halit), meist farbloses, sonst durch Verunreinigungen gefärbtes Mineral (Mohshärte 2, Dichte 2,1 – 2,2 g/cm³), chem. NaCl (Natriumchlorid); kommt als Meeres- und Salzseesediment meist im Wechsel mit Anhydrit und Gips in fast allen geolog. Formationen in großen Lagerstätten vor. Rohstoff für die chem. Industrie, gereinigt als Kochsalz zu Speise- und Konservierungszwecken.

Steinschneidekunst (Glyptik, Litholyptik), die Herstellung von *Gemmen,* d. h. mit Relief verzierten Steinen; solche mit Hochrelief heißen *Kameen,* die mit vertieftem Relief *Intaglien.* Von Hand geschnitten wird nur Speckstein, während die härteren Materialien – Halbedelsteine, Edelsteine, Glas – mit speziellen Bohrern bearbeitet und geschliffen werden. Die ältesten glypt. Werke sind Intaglien, die als Siegel dienten (Altmesopotamien, Ägypten), Griechenland schuf Schmuckintaglien; seit hellenist. Zeit auch Kameen, dann in Rom. Diese waren meist aus mehrschichtigem Sardonyx geschnitten, i. d. R. helle Figuren vor dunklem Grund. Im MA gab es in karoling. Zeit Bergkristallschnitte, am italien. Hof Friedrichs II. entstanden Sardonyx-Kameen (bei denen dunkle Figuren vor hellem Grund stehen), in Frankreich im 13./14. Jh. Intaglien. Im 15. und 16. Jh. waren für Hof Lorenzos (l) de' Medici und den Hof Rudolfs II. Zentren der S.; im 18. Jh. stellte man bevorzugt Bildnisse her (Intaglien).

Steinwälzer (Arenariinae), Unterfamilie der Strandvögel mit drei Arten, v. a. an steinigen Meeresküsten der Nordhalbkugel; drehen bei der Nahrungssuche bes. Muscheln und kleine Steinchen um; in Deutschland der *Gewöhnl. Steinwälzer.*

Steinway & Sons [engl. 'staɪnweɪ ənd 'sʌnz], amerikan. Klavierfabrik in New York mit Filialen in London (seit 1875) und Hamburg (seit 1880); gegr. 1853 in New York von Heinrich Engelhard Steinweg (* 1797, † 1871, ab 1854 anglisiert zu Henry E. Steinway); 1972 der CBS eingegliedert.

Steinwolle (Gesteinsfasern, Gesteinswolle), aus einem Glasfluß, der durch Schmelzen von flußmittelreichen Gesteinen erzeugt wird, mittels Verblasens durch Platindüsen hergestellte Mineralfasern.

Steinzeit, nach dem Dreiperiodensystem (→ Vorgeschichte) älteste und längste (mindestens 2 Mio. Jahre) Periode der Menschheitsgeschichte, in der die wichtigsten Werkzeuge aus Stein hergestellt wurden; vielfach gegliedert in Paläolithikum, Mesolithikum und Neolithikum mit jeweils weiteren Untergliederungen.

Steinzeug, Sammelbez. für *Grob-S.* (bräunl. oder grauer Scherben) und *Fein-S.* (→ Keramik).

Steißbein, bei Menschenaffen und beim Menschen ausgebildeter, auf das Kreuzbein folgender letzter Abschnitt der Wirbelsäule aus mehr oder weniger miteinander verschmolzenen, rückgebildeten Wirbeln *(Steiß[bein]wirbeln);* ein Rest des Schwanzskeletts.

Steißhühner (Tinamiformes), über 40 Arten umfassende Ordnung bis rebhuhngroßer Bodenvögel in Z- und S-Amerika; u. a. das etwa 40 cm lange *Pampashuhn.*

Stele [griech.], freistehende aufrechte Platte aus Stein, mit Inschriften und Reliefs, diente u. a. als Grab-, Weihe-, Urkunden- und Grenzstein, Siegesdenkmal, Kultobjekt. Seit dem 3. Jt. v. Chr. in Ägypten und in Mesopotamien; berühmt die altsumer. Geierstele (Siegesstele) oder die Gesetzes-S. des babylon. Königs Hammurapi.

Stella polaris [lat.], svw. → Polarstern.

stellar [lat.], die Sterne betreffend.

Stellenwertsystem (Positionssystem), ein durch die arab. Ziffern ermöglichtes Zahlensystem, bei dem der Wert einer Ziffer außer von ihrem Eigenwert (Ziffernwert) auch von ihrer Stellung innerhalb der Zahl abhängt, z. B. steht in der Dezimalzahl 54 die erste Ziffer für 5 · 10 = 50, die zweite für 4 · 1 = 4.

Stellvertretung, rechtsgeschäftl. Handeln einer geschäftsfähigen Person *(Vertreter)* im Namen einer anderen *(Vertretener)* für diese, d. h. für fremde Rechnung.

Stellwerk → Eisenbahn.

Stelzen (Motacillidae), mit rd. 50 Arten fast weltweit in Gras- und Sumpflandschaften sowie an Flußufern verbreitete Fam. 12–23 cm langer Singvögel. Man unterscheidet die beiden Gruppen → Pieper und *Motacilla* (eigentl. S.); zu den letzteren gehören u. a. die *Bachstelze* (etwa 18 cm lang, in ganz Eurasien) und die bis über 15 cm lange *Schafstelze* (Wiesen-S.; ♂ mit Ausnahme des blaugrauen Kopfes oberseits olivgrün, unterseits gelb; auf Wiesen und Äckern N-Afrikas und Eurasiens).

Stelzer-Motor [nach dem dt. Erfinder F. Stelzer, * 1934], neuartiger, doppelt nach dem Zweitaktverfahren arbeitender Freikolbenmotor mit zwei Brennräumen und einem doppelt wirkenden Mehrstufenkolben, dessen aus dem Motorblock herausragende Endstufen als eigtl. Arbeitskolben in den Brennräumen gleiten, während eine mittlere Kolbenstufe sich in einer zw. diesen liegenden Vorverdichtungskammer bewegt und sie unterteilt.

Stelzvögel (Schreitvögel, Ciconiiformes), mit über 100 Arten weltweit v. a. an Ufern und in Sümpfen verbreitete Ordnung meist langbeiniger und langhalsiger Vögel (u. a. Reiher, Störche, Ibisse).

Stemmeisen, svw. → Beitel.

Stempel, 1) *Graph. Gewerbe:* Vorrichtung zum Abdrucken oder Einprägen *(Präge-S.)* kurzer Hinweise, spezieller Angaben, Daten u. ä. (in Form von Schriftzeichen und/oder bestimmter graph. Darstellungen (z. B. in Form von Behörden-S. mit dem Charakter eines Siegels). Die reliefartigen Zeichen aus Gummi, Kunststoff oder Metall werden mit Hilfe eines mit *Stempelfarbe* (Lösung von stark färbenden Farbstoffen) getränkten *Stempelkissens* eingefärbt. Spezial-S. besitzen verstellbare Drucktypen und können so für unterschiedl. Angaben verwendet werden.

2) *Botanik:* das aus einem oder mehreren Fruchtblättern gebildete, in Fruchtknoten, Griffel und Narbe gegliederte weibl. Geschlechtsorgan in der Blüte der Samenpflanzen.

Stempelsteuer, Steuer, die durch Kauf von *Steuermarken* entrichtet wird.

Stendal [...da:l, ...dal], Stadt in der Altmark, Sachsen-Anhalt, 45 400 E. Winckelmann-Memorial, Theater, Tiergarten. U. a. Dauermilchwerke. Zahlr. got. Backsteinbauten aus dem 14. und 15. Jh., u. a. der Dom Sankt Nikolaus und weitere Kirchen, das Rathaus mit Roland (Kopie) vor der Gerichtslaube. – 1258–1309 Sitz der brandenburg. Askanier; Mgl. der Hanse 1359 bis 1518; Hauptort der Altmark; bis 1488 führend bei den märk. Städtebünden. Im 19. Jh. wurde S. bed. Eisenbahnknotenpunkt.

Stendhal [frz. stɛ̃'dal], eigtl. Marie Henri Beyle, * Grenoble 23. 1. 1783, † Paris 23. 3. 1842, frz. Schriftsteller. Pseudonym nach J. J. Winckelmanns Geburtsort Stendal; schrieb neben Essays, Tagebüchern und Reiseberichten v. a. Novellen (›Renaissance-Novellen‹, hg. 1855) und Romane, u. a. ›Rot und Schwarz‹ (1830), ›Die Kartause von Parma‹ (1839), ›Lucien Leuwen‹ (hg. 1855, unvollendet); in den ›Bekenntnissen eines Egoisten‹ (1832) entwickelte S. eine Philosophie des Ichkults. – *Weitere Werke:* Über die Liebe (Studie, 1822), Racine und Shakespeare (1823 bis 1825), Das Leben des Henri Brulard (Autobiogr., hg. 1890, unvollendet).

Stendhal

Stengel, die gestreckte Sproßachse krautiger Samenpflanzen. – Ggs. Stamm.

Stenographie [griech.] (Stenografie, Kurzschrift), eine aus einfachen Zeichen gebildete Schrift, die schneller als die traditionelle ›Langschrift‹ geschrieben werden kann. Die heutige S. ist ihrem Wesen nach eine Buchstabenschrift, enthält aber auch Elemente der Silbenschrift und Wortschrift (festgelegte ›Kürzel‹). Nach Systemen von Franz Xaver Gabelsberger (1834), Wilhelm Stolze (1841) und Ferdinand Schrey (1887) wurde 1924 die *Dt. Einheitskurzschrift* (DEK) geschaffen.

Stenose [griech.], angeborene oder erworbene Verengung eines Körperkanals oder einer Kanalöffnung.

Stentor, griech. Held aus der ›Ilias‹, dessen Stimme so laut war wie die von 50 Männern; daher die sprichwörtl. Bez. *Stentorstimme.*

Stephan, Name von Herrschern:

Polen: **1) Stephan IV. Báthory** [ungar. 'ba:tori], * Szilágysomlyó (= Şimleu Silvaniei) 27. 9. 1533, † Grodno 12. 12. 1586, König (seit 1575). Aus ungar. Magnatengeschlecht; 1571 Fürst von Siebenbürgen; kämpfte als poln. König 1578–82 mit Schweden gegen Rußland, gewann einen Teil Livlands zurück, konsolidierte die königl. Macht in Polen.

Serbien: **2) Stephan Dušan** [serbokroat. ˌduʃan] (S. D. Uroš IV.), * um 1308, † 20. 12. 1355, König (seit 1331), Kaiser (Zar) der Serben und Griechen (seit Ende 1345). Schuf ein serb.-griech. Großreich (bis 1343 Eroberung von Albanien, bis Ende 1345 von Makedonien, um 1347/48 von Epirus, 1348 von Thessalien).

Stelzen: Bachstelze

Heinrich von Stephan

George Stephenson

Stephanskrone

Ungarn: **3) Stephan I.,** der Heilige (ungar. I. István), * um 975, † Esztergom 15. 8. 1038, König (seit 1001). Schwager Kaiser Heinrichs II.; zog zahlr. Deutsche in sein Land, das er, z. T. mit Gewalt, christianisierte; Gründung des Erzbistums Esztergom; hl. seit 1087.

Stephan II. (III.), † Rom 26. 4. 757, Papst (seit 26. 3. 752). Realisierte den Bund des Papsttums mit den Franken.

Stephan, Heinrich von (seit 1885), * Stolp 7. 1. 1831, † Berlin 8. 4. 1897, Organisator des dt. Postwesens. Generalpostmeister des Norddt. Bundes und des Dt. Reiches; Gründer des Weltpostvereins.

Stephansdom, Metropolitankirche Wiens (seit 1722, Bischofskirche seit 1469); nach dem 2. Weltkrieg vollständig erneuert; got. Bauwerk (Hallenchor 1304 bis 1440, Langhaus in Form einer Staffelhalle mit Steildach 1350 ff., Netzgewölbe 1446 ff.).

Stephanskrone, urspr. wohl von Papst Silvester II. um 1000 dem Ungarnkönig Stephan I., dem Heiligen, verliehene Krone, die 1270 entführt und von Stephan V. (✉ 1270–72) durch die heute erhaltene S. (1945–78 in den USA) ersetzt wurde.

Stephanus (Stephan), hl., einer der sieben ›Diakone‹ der Apostelgeschichte. Erlitt als erster Christ das Martyrium (Erzmärtyrer). – Fest: 26. Dezember.

Stephenson, George [engl. sti:vnsn], * Wylam bei Newcastle upon Tyne 9. 6. 1781, † Chesterfield 12. 8. 1848, brit. Ingenieur. Konstruierte ab 1813 Dampflokomotiven; baute die Lokomotive für die am 27. 9. 1825 eröffnete und erstmals auch zur Personenbeförderung dienende Eisenbahn zw. Stockton und Darlington.

Steppe, in außertropisch kontinentalen Trockengebieten vorherrschende, baumlose Vegetationsformation, die v. a. aus dürreharten Gräsern gebildet wird. Die sog. *Waldsteppe* ist das Übergangsgebiet von der S. zum geschlossenen Wald.

Steppenfuchs, svw. Korsak (→ Füchse).

Steppenschwarzerde → Bodentypen.

Steptanz [engl./dt.], Tanz, bei dem der Rhythmus durch das Klappern (steppen) der mit *Stepeisen* versehenen Schuhe akzentuiert wird.

Ster [griech.-frz.], svw. → Raummeter.

Sterbebüchlein → Ars moriendi.

Sterbehilfe, Erleichterung des Sterbeprozesses durch lebensverkürzende, aktive Handlungen bzw. durch Unterlassen lebensfördernder Handlungen (Sterbenlassen). Der Bereich zulässiger S. ist rechtlich umstritten.

Sterbesakramente, in der kath. Liturgie die Sakramente der Buße, Eucharistie und v. a. der Krankensalbung, mit denen Kranke und Sterbende versehen werden sollen.

Stereo [griech.] → Drucken (Hochdruck).

stereo..., Stereo... [griech.], Bestimmungswort von Zusammensetzungen mit der Bedeutung ›fest, massiv; räumlich, körperlich‹.

Stereochemie (Raumchemie), Teilgebiet der Chemie, das sich mit der räuml. Anordnung (Konfiguration und Konformation) der Atome bzw. Atomgruppen in einem Molekül, ihren Abständen und Bindungswinkeln sowie den daraus folgenden chem. und physikal. Eigenschaften der Verbindungen befaßt. → Isomerie.

Stereoisomerie [...eo-i...] → Isomerie.

Stereokamera, ein Photoapparat mit zwei Objektiven und doppelter Bildbühne für die Stereophotographie.

Stereophonie [griech.], elektroakust. Schallübertragungsverfahren, durch das bei der Wiedergabe mit Hilfe von Lautsprechern bzw. Kopfhörern ein räuml. Höreindruck hervorgerufen wird, der dem unmittelbaren Eindruck am Aufnahmeort weitgehend entspricht. Bei der *Kunstkopf-S.* wird als Aufnahme-

organ die Nachbildung eines Kopfes verwendet, die an der Stelle der Ohren Mikrophone mit einer dem menschl. Hörorgan entsprechenden Richtcharakteristik enthält; Wiedergabe mit Hilfe von Kopfhörern. Die *Zweikanal-S.* beruht v. a. auf der bei der Aufnahme mit zwei Mikrophonen sich ergebenden Intensitätsunterschieden *(Intensitäts-S.);* sie ist mit der einkanaligen Wiedergabe *(Monophonie)* verträglich. Durch Bildung der Summen- und Differenzspannung beider Mikrophone ergeben sich die Tonfrequenzpegel für die beiden stereophon. Wiedergabekanäle. Bei der *Hörfunk-S. (Hochfrequenz-S.)* werden Summen- und Differenzsignal in Form des sog. *Multiplexsignals* einer UKW-Trägerfrequenz (als Frequenzmodulation) aufmoduliert. Dabei stellt das Summensignal den Hauptkanal dar, es kann von jedem Monoempfänger empfangen werden. Die Stereoinformation wird in Form des Differenzsignals einem Hilfsträger aufmoduliert. Der Stereoempfänger unterscheidet sich von gewöhnl. Empfängern durch ein zusätzl. Multiplexteil, den *[Stereo]decoder,* der das Multiplexsignal decodiert und die beiden Seiteninformationen zwei getrennten Verstärkern zuführt. Um eine möglichst günstige stereophon. Wiedergabe zu erreichen, sollten die Lautsprecher etwa in Kopfhöhe des Hörers angebracht werden und zus. mit dem Kopf des Hörers etwa ein gleichseitiges Dreieck bilden. → Schallplatte.

Stereophotographie [griech.], photograph. Verfahren zur Aufnahme und Wiedergabe von Bildern, die bei der Betrachtung einen dreidimensionalen Raumeindruck vermitteln (→ Stereoskopie). Als Aufnahmebasis wird im allg. der normale Augenabstand von 62–65 mm gewählt.

Stereoskop [griech.], opt. Gerät, mit dem sich gezeichnete oder photographierte Stereobildpaare betrachten lassen, wobei jedem Auge nur eines der Einzelbilder (Halbbilder) dargeboten wird.

Stereoskopie [griech.], Verfahren zur raumgetreuen Bildwiedergabe nach dem Prinzip des plast. Sehens. Man unterscheidet das → Anaglyphenverfahren, die Stereobetrachtung mit dem → Stereoskop und die Stereoprojektion mit polarisiertem Licht, die Spezialbrillen mit gekreuzten Analysatoren erfordert. → Holographie.

stereotaktische Operation, Gehirnoperation, bei der mit Hilfe eines am Kopf des Patienten befestigten Zielgerätes eine Sonde oder Elektrode durch eine kleine, in den knöchernen Schädel gebohrte Öffnung unter Schonung benachbarter empfindlicher Strukturen (Gehirngewebe, Gefäße) millimetergenau zu einer tiefliegenden Hirnbahn oder einem Nervenkern vorgeschoben wird, die als therapeut. Gründen unterbrochen oder ausgeschaltet werden sollen. Der Operationsvorgang wird am Röntgenfernsehschirm kontrolliert.

stereotyp [griech.], 1. mit feststehender Schrift gedruckt; 2. formel-, klischeehaft [wiederkehrend].

Stereotypie [griech.], Verfahren zur Anfertigung von Druckplattennachformungen für den Hochdruck.

Sterilisation [lat.], 1) *Hygiene:* Keimfreimachen von Operationsinstrumenten, Wäsche u. a. durch Erhitzen auf Temperaturen über 100 °C im Sterilisator (→ Autoklav).

2) *Medizin:* das Unfruchtbarmachen beim Menschen und bei Tieren durch Unterbinden der Samenstränge bzw. Eileiter, wobei (im Ggs. zur Kastration) der Sexualtrieb erhalten bleibt; sicherste Methode der Empfängnisverhütung.

Sterilität [lat.], 1) *Mikrobiologie, Medizin* und *Lebensmitteltechnik:* die Keimfreiheit, d. h. das Freisein von lebenden Mikroorganismen (einschließlich Sporen) in oder auf einem Material.

2) *Biologie* und *Medizin:* Unfruchtbarkeit (♀), Zeugungsunfähigkeit (♂).

Sterine [griech.] (Sterole), zu den →Steroiden gehörende einwertige Alkohole, z. B. Cholesterin.

Sterke [niederdt.], svw. →Färse.

Sterkuliengewächse [lat./dt.] (Stinkbaumgewächse, Sterculiaceae), Pflanzenfam. der Zweikeimblättrigen mit rd. 1000 Arten, überwiegend in den Tropen; Bäume, Sträucher oder Kräuter (u. a. Kakaobaum, Kolabaum).

Sterlet [russ.], rd. 1 m langer, schlanker Stör in Gewässern O-Europas; Speisefisch.

Sterling ['ʃtɛrlɪŋ, engl. 'stɑ:lɪŋ] engl. Silbermünze, Sonderform des Penny, geprägt 1180 bis ins 16. Jahrhundert.

Stern, 1) Carola, eigtl. Erika Zöger, geb. Asmush, * Ahlbeck 14. 11. 1925, dt. Publizistin. Grundlegende Arbeiten u. a. über die SED und den Staatsapparat der DDR. 1961 Mitbegründerin der Dt. Sektion von Amnesty International.

2) Otto, * Sohrau (= Żory bei Kattowitz) 17. 2. 1888, † Berkeley (Calif.) 18. 8. 1969, dt.-amerikan. Physiker. Nachweis der Richtungsquantelung des Gesamtdrehimpulses eines Atoms im Magnetfeld (→Stern-Gerlach-Versuch); 1943 Nobelpreis für Physik.

3) William, * Berlin 29. 4. 1871, † Durham (N. C.) 27. 3. 1938, dt. Psychologe und Philosoph. Emigrierte 1933 in die USA; unternahm den Versuch einer Synthese von experimenteller und verstehender Psychologie; prägte die Bez. Intelligenzquotient und begründete die differentielle Psychologie.

Stern, allg. Bez. für jedes leuchtende Objekt an der Himmelssphäre (mit Ausnahme des Mondes). Man unterscheidet *Wandel-S.* (→Planeten) und *Fix-S.* (die Sterne i. e. S.), die auch mit den größten Spiegelteleskopen nur als punktförmige Lichtquellen auszumachen sind. Die Mehrzahl der S. ist der Sonne in Aufbau, Masse und Dichte sowie in der Energieerzeugung ähnlich (sog. Hauptreihen-S.). Es gibt aber – wenn auch seltener – einige extreme S.typen, z. B. Riesen und Überriesen, Unterzwerge und weiße Zwerge, die in ihren Zustandsgrößen stark von denen der Sonne abweichen (→auch Hertzsprung-Russell-Diagramm). Die Radien können zw. den Extremwerten von 2000 Sonnenradien und wenigen Kilometern liegen, die Massen zw. fünfzigfacher Sonnenmasse und ihrem 100. Teil. Die weißen Zwerge zeigen eine mittlere Dichte von der Größenordnung 10^5 bis 10^7 g/cm³; Neutronen-S. besitzen noch extremere Dichtewerte. – S. kommen nicht nur einzeln, sondern auch als Doppelsterne und Mehrfachsysteme vor. →Astronomie, →Kosmologie.

Sternassoziation, Ansammlung von physikal. einander ähnl. Sternen.

Sternberg, 1) Alexander von, Pseud. des dt. Schriftstellers Alexander Freiherr von →Ungern-Sternberg.

2) Josef von, eigtl. J. S., * Wien 29. 5. 1894, † Los Angeles-Hollywood 22. 12. 1969, amerikan. Filmregisseur österr. Herkunft. Entdecker und Regisseur von M. Dietrich (›Der blaue Engel‹, 1929; ›Marokko‹, 1930; ›Die blonde Venus‹, 1932; ›Shanghai-Express‹, 1932).

Sternberg, Kreisstadt am Sternberger See, Mecklenburg-Vorpommern, 5300 E. Frühgot. Stadtkirche (13. Jh.).

Sternbilder, auffällige Konfigurationen hellerer Sterne, die sich zu einprägsamen Figuren verbinden lassen und seit frühester Zeit phantasievoll zu Bildern ergänzt wurden. Für die *Astronomie* sind die S. seit 1928 festgelegte Himmelsareale, deren Grenzen durch Stunden- und Deklinationskreise festgelegt sind, wobei im wesentlichen die alten Konstellationen

beibehalten wurden. 30 S. befinden sich nördl. des Himmelsäquators, 11 beiderseits von ihm und 47 auf der südl. Himmelshalbkugel. – Abb. S. 360.

Sterne, Laurence [engl. stɑ:n], * Clonmel (Irland) 24. 11. 1713, † London 18. 3. 1768, engl. Schriftsteller. Sein Roman ›Das Leben und die Ansichten Tristram Shandys‹ (9 Bde., 1760–67) begründete die Tradition des experimentellen Romans, bes. Wirkung u. a. auf Jean Paul, im 20. Jh. auf J. Joyce und M. Proust. – *Weitere Werke:* ›Yoricks Predigten‹ (7 Bde., 1760–69), ›Yoricks empfindsame Reise durch Frankreich und Italien‹ (1768).

Sternenbanner (engl. Stars and Stripes), seit 1777 die Flagge der USA; jeder der 50 Staaten ist durch einen Stern, jeder der 13 Gründungsstaaten durch einen Streifen vertreten.

Stern-Gerlach-Versuch, ein erstmals 1921 von O. Stern und W. Gerlach ausgeführter Versuch: In einem inhomogenen Magnetfeld erfolgt eine Aufspaltung eines Atomstrahls, wenn dessen Atome ein magnet. Moment besitzen.

Otto Stern

Sternhaufen, Ansammlung von kosmogonisch zusammengehörenden Sternen. Man unterscheidet →offene Sternhaufen, →Sternassoziationen und →Kugelhaufen.

Sternheim, Carl, * Leipzig 1. 4. 1878, † Brüssel 3. 11. 1942, dt. Schriftsteller. Schrieb u. a. die satirisch-groteske Komödienreihe ›Aus dem bürgerl. Heldenleben‹: ›Die Hose‹ (1911), ›Die Kassette‹ (1912), ›Bürger Schippel‹ (1913).

Sternkunde, svw. →Astronomie.

Sternmiere (Sternkraut), Gatt. der Nelkengewächse mit rd. 100 weltweit verbreiteten Arten; einheimisch u. a.: *Vogelmiere* (Mäusedarm), mit niederliegendem oder aufsteigendem Stengel und weißen Blüten; verbreitetes Unkraut; *Große S.,* mit vierkantigem Stengeln und weißen Blüten, in Laubwäldern und Hecken.

Sternmotor, ein Mehrzylinderverbrennungsmotor, dessen Zylinder in einer senkrecht zur Kurbelwellenachse liegenden Ebene sternförmig angeordnet sind (v. a. als Flugzeugmotoren verwendet).

Sternschnuppe →Meteorite.

Sternseher →Himmelsgucker.

Sternsystem (Galaxie), Ansammlung von etwa 100 Mio. bis 200 Mrd. Sternen und großen Mengen interstellarer Materie, die kosmogonisch und dynamisch eine Einheit bilden. Das S., dem die Sonne und alle mit bloßem Auge sichtbaren Sterne angehören, ist das →Milchstraßensystem. Man unterscheidet *ellipt. Nebel* (∅ etwa 10^4 pc), die keine inneren Strukturen zeigen, *Spiralnebel* (∅ $3 \cdot 10^4$ bis $5 \cdot 10^4$ pc), bei denen im allg. zwei oder mehrere ›Spiralarme‹ um einen zentralen Kern gewunden sind, und *unregelmäßige (irreguläre) S.* (∅ etwa $5 \cdot 10^3$ pc), bei denen eine deutlich ausgeprägte Symmetrieebene und das typ. Aussehen einer Rotationsfigur fehlen.

Sterntag, die Zeit zw. zwei aufeinanderfolgenden oberen Durchgängen (Kulminationen) des Frühlingspunktes durch den Meridian. Der als Einheit der *Sternzeit* verwendete S. ist um 3 min 56,6 s kürzer als ein mittlerer Sonnentag.

Sternwarte (astronom. Observatorium), astronom. Forschungsstätte mit Geräten und Anlagen zur Beobachtung des Sternhimmels bzw. einzelner Gestirne.

Steroide [griech.], große Gruppe natürl. vorkommender Verbindungen, deren Molekülen das Cyclopentanoperhydrophenanthren *(Gonan, Steran)* als Grundgerüst zugrunde liegt. Zu den S. gehören die *Steroidhormone* (Geschlechtshormone und Nebennierenrindenhormone), einige *Glykoside* (z. B. die Digitalisglykoside), die Sterole, die Gallensäuren, die Vitamine der D-Gruppe sowie einige Alkaloide.

Sternbilder					
Name	Abk.	dt. Bezeichnung	Name	Abk.	dt. Bezeichnung
Andromeda	And	Andromeda	Lacerta	Lac	Eidechse
Antlia	Ant	Luftpumpe	Leo	Leo	Löwe
Apus	Aps	Paradiesvogel	Leo Minor	LMi	Kleiner Löwe
Aquarius	Aqr	Wassermann	Lepus	Lep	Hase
Aquila	Aql	Adler	Libra	Lib	Waage
Ara	Ara	Altar	Lupus	Lup	Wolf
Aries	Ari	Widder	Lynx	Lyn	Luchs
Auriga	Aur	Fuhrmann	Lyra	Lyr	Leier
Bootes	Boo	Bärenhüter	Mensa	Men	Tafelberg
Caelum	Cae	Grabstichel	Microscopium	Mic	Mikroskop
Camelopardalis	Cam	Giraffe	Monoceros	Mon	Einhorn
Cancer	Cnc	Krebs	Musca	Mus	Fliege
Canes Venatici	CVn	Jagdhunde	Norma	Nor	Winkelmaß, Lineal
Canis Maior	CMa	Großer Hund	Octans	Oct	Oktant
Canis Minor	CMi	Kleiner Hund	Ophiuchus	Oph	Schlangenträger
Capricornus	Cap	Steinbock	Orion	Ori	Orion
Carina	Car	Kiel des Schiffes	Pavo	Pav	Pfau
Cassiopeia	Cas	Kassiopeia	Pegasus	Peg	Pegasus
Centaurus	Cen	Kentaur	Perseus	Per	Perseus
Cepheus	Cep	Kepheus	Phoenix	Phe	Phönix
Cetus	Cet	Walfisch (Wal)	Pictor	Pic	Malerstaffelei
Chamaeleon	Cha	Chamäleon	Pisces	Psc	Fische
Circinus	Cir	Zirkel	Piscis Austrinus	PsA	Südlicher Fisch
Columba	Col	Taube	Puppis	Pup	Achterschiff
Coma Berenices	Com	[Haupt]haar der Berenike	Pyxis	Pyx	[Schiffs]kompaß
Corona Australis	CrA	Südliche Krone	Reticulum	Ret	Netz
Corona Borealis	CrB	Nördliche Krone	Sagitta	Sge	Pfeil
Corvus	Crv	Rabe	Sagittarius	Sgr	Schütze
Crater	Crt	Becher	Scorpius	Sco	Skorpion
Crux	Cru	Kreuz [des Südens]	Sculptor	Scl	Bildhauerwerkstatt
Cygnus	Cyg	Schwan (Kreuz des Nordens)	Scutum	Sct	[Sobieskischer] Schild
			Serpens (Caput)	Ser	(Kopf der) Schlange
Delphinus	Del	Delphin	Serpens (Cauda)	Ser	(Schwanz der) Schlange
Dorado	Dor	Schwertfisch	Sextans	Sex	Sextant
Draco	Dra	Drache	Taurus	Tau	Stier
Equuleus	Equ	Füllen	Telescopium	Tel	Fernrohr
Eridanus	Eri	Fluß Eridanus	Triangulum	Tri	Dreieck
Fornax	For	[Chemischer] Ofen	Triangulum Australe	TrA	Südliches Dreieck
Gemini	Gem	Zwillinge	Tucana	Tuc	Tukan
Grus	Gru	Kranich	Ursa Maior	UMa	Großer Bär, Großer Wagen
Hercules	Her	Herkules			
Horologium	Hor	Pendeluhr	Ursa Minor	UMi	Kleiner Bär, Kleiner Wagen
Hydra	Hya	Weibliche oder Nördl. Wasserschlange	Vela	Vel	Segel [des Schiffes]
			Virgo	Vir	Jungfrau
Hydrus	Hyi	Männliche oder Südl. Wasserschlange	Volans	Vol	Fliegender Fisch
			Vulpecula	Vul	Fuchs (Füchschen)
Indus	Ind	Inder			

Sterzing (italien. Vipiteno), Stadt in Südtirol, Italien, im oberen Eisacktal, 5300 E. Spätgot. Spitalkirche zum Hl. Geist, spätgot. Rathaus (1524); südl. von S. spätgot. Pfarrkirche mit Madonna des Sterzinger Altars von H. Multscher (1456–59).

Stethaimer, Hans, † nach 1459, dt. Baumeister und Steinmetz. Führte u. a. den von → Hans von Burghausen (eventuell sein Vater, auch Hans Stethaimer d. Ä. genannt) um 1380 begonnenen Bau der Stadtpfarrkirche Sankt Martin in Landshut nach dessen Tod (1432) weiter; schloß an die Parlertradition an.

Stethoskop [griech.] (Hörrohr), Instrument zur → Auskultation; in früheren Zeiten ein Holzrohr mit zwei trichterartig geformten Enden; heute als ypsilonförmiger Schlauch gestaltet; zwei Enden sind mit Ohrstücken besetzt, das Einzelende läuft in ein glockenförmiges oder mit einer Membran bestücktes Rundteil aus.

stetige Teilung, svw. → Goldener Schnitt.

Stetigkeit, eine Funktion ist an der Stelle x_0 stetig, wenn 1. der Funktionswert $f(x_0)$ existiert; 2. die Funktion für $x \to x_0$ einen Grenzwert hat; 3. Grenzwert und Funktionswert an der Stelle x_0 gleich sind.

Stettin (poln. Szczecin), Ind.- und Hafenstadt am westl. Mündungsarm der Oder, Polen', 396 600 E. TH, staatl. Seeschule; Museen, mehrere Theater, Philharmonie. Werften, Elektro-, Maschinen- und Kfz-Indu-

strie. Schloß der Hzg. von Pommern (v.a. 16. Jh.); wiederaufgebaut; jetzt Kulturhaus), got. Jakobikirche und Johanniskirche (beide 14. Jh.); Hafentor (18. Jh.). – Im 11. Jh. Hauptstadt Pommerns, erhielt 1237/43 Magdeburger Stadtrecht; Mgl. der Hanse etwa seit 1278; 1630–32 von den Schweden befestigt; kam 1713/20 an Preußen, 1724–40 zur Festung ausgebaut.

Stettiner Haff, Haff an der Odermündung, Polen' und BR Deutschland, durch die Inseln Usedom und Wollin von der Ostsee getrennt.

Steuben, Friedrich Wilhelm von, * Magdeburg 17. 9. 1730, † Oneida County (N. Y.) 28. 11. 1794, amerikan. General dt. Herkunft. Ging 1777 nach Amerika, sorgte als Generalmajor und Generalinspekteur erfolgreich für Organisation und Ausbildung der Armee G. Washingtons; trug im Nordamerikan. Unabhängigkeitskrieg erheblich zum Sieg über das brit. Heer bei.

Steuerberatung, geschäftsmäßige Beratung und Vertretung bei der Bearbeitung der Steuerangelegenheiten sowie Hilfeleistung in Steuerstrafsachen; wird durchgeführt von zugelassenen Steuerberatern, Steuerbevollmächtigten und S.gesellschaften.

Steuerbilanz, aus der Handelsbilanz abzuleitende, nach steuerl. Vorschriften zu erstellende Jahresbilanz.

Steuerbord, rechte Schiffsseite (vom Heck aus gesehen).

Steuererklärung, Darstellung der Vermögens- und Einkommensverhältnisse zur Festsetzung der Steuerschuld.

Steuerfedern, die Schwanzfedern des Vogels.

Steuerflucht, Übertragung von Vermögen ins Ausland durch Verlegung des Wohn- oder Unternehmenssitzes in einen Staat mit niedrigerer Besteuerung (sog. Steueroase).

Steuergerät, svw. → Receiver.

Steuerhinterziehung → Steuern.

Steuern, Abgaben, die öffentl.-rechtl. Gemeinwesen natürl. und jurist. Personen zwangsweise und ohne Anspruch auf eine spezielle Gegenleistung zur Deckung des Finanzbedarfs der öffentl. Körperschaften auferlegen. Das Recht, S. zu erheben, die Regelung der Kompetenzen zw. verschiedenen öffentl. Körperschaften und die Verteilung des S.aufkommens zw. ihnen (→ Finanzausgleich) sind Gegenstand der → Finanzverfassung. Ein bes. Fall ist dabei das den Kirchen vom Staat verliehene Steuererhebungsrecht (→ Kirchensteuer).

Unter dem Gesichtspunkt der S.überwälzung unterscheidet man *direkte S.,* bei denen eine Identität von S.zahler und S.destinatar gegeben ist (z. B. bei der → Einkommensteuer) und *indirekte S.* (z. B. die Umsatzwertsteuer [→ Umsatzsteuer]). *Finanz-S.* dienen allein der Erlangung staatl. Einkommens, *Ordnungs-S.* dagegen sollen bestimmte ökonom. Wirkungen erzielen. Nach der Ermittlung der S.schuld wird unterschieden in S., bei denen die persönl. Verhältnisse des S.pflichtigen (z. B. Familienstand bei der Lohnsteuer) berücksichtigt werden *(Personen-S., Personal-S., Subjekt-S.),* und in S., bei denen die Ermittlung der S.schuld an einen Gegenstand oder Sachverhalt (z. B. eines Hundes bei der Hunde-S.) geknüpft ist *(Objektsteuer).* Das allg. **Steuerrecht** ist v. a. im → Abgabenrecht geregelt. Das bes. S.recht besteht aus den die einzelnen S. betreffenden Regeln, wobei für fast jede einzelne S. ein bes. Gesetz besteht. Die Entscheidung von Streitigkeiten im Bereich des S.rechts obliegt der → Finanzgerichtsbarkeit. Zentraldelikt der S.straftaten ist die **Steuerhinterziehung,** d. h. die vorsätzl. Vereitelung der rechtzeitigen Festsetzung der S. in voller Höhe **(Steuerverkürzung)** durch unvollständige oder unrichtige Angaben.

Die Feststellung, ob und in welcher Höhe eine S.schuld besteht, erfolgt durch *S.veranlagung.* Die Feststellung der Besteuerungsgrundlagen ist entweder im *S.bescheid* mit enthalten oder ergeht in einem Feststellungsbescheid. Während und nach dem S.festsetzungsverfahren besteht die Möglichkeit, Steuern, deren Erhebung nach Lage des einzelnen Falles unbillig wäre, niedriger festzusetzen und Besteuerungsgrundlagen unberücksichtigt zu lassen *(Steuererlaß).*

Steuerung, 1) *allgemein:* die Einstellung, Erhaltung oder Veränderung der Zustände eines Systems durch externe Festlegung einer oder mehrerer das Verhalten des Systems bestimmender Größen ohne Rückkopplung. → Regelung.

2) *Technik:* Vorrichtung zur Führung z. B. eines Fahrzeugs, eines Flugkörpers.

Steuerwerk (Leitwerk), wesentlicher Bestandteil der Zentraleinheit einer elektron. Datenverarbeitungsanlage, von dem alle Steuerungsfunktionen zentral ausgehen. Das S. erfüllt folgende Aufgaben: Steuerung der Reihenfolge der Befehle eines Programms, Entschlüsselung der Befehle einschließlich Adressen- und Befehlsmodifikationen, Ausgabe der für die Befehlsausführung erforderl. digitalen Signale.

Steven [niederdt.], Bauteil, das den Schiffskörper vorn *(Vorder-S.)* und hinten *(Achter-S.)* abschließt.

Stevenson, Robert Louis [engl. stiːvnsn], * Edinburgh 13. 11. 1850, † Haus Vailima bei Apia (Westsamoa) 3. 12. 1894, schott. Schriftsteller. Schrieb u. a. die Abenteuererzählung ›Die Schatzinsel‹ (1883) und die unheiml. Schilderung einer Persönlichkeitsspaltung in ›Der seltsame Fall des Doctor Jekyll und des Herrn Hyde‹ (1886).

Robert Louis
Stevenson

Steward [ˈstjuːət, engl. stjʊəd] (weibl.: **Stewardeß** [ˈstjuːədɛs]), Bedienungspersonal in Verkehrsmitteln (v. a. Schiff, Flugzeug).

Stewart [engl. stʊət], 1) James, * Indiana (Pa.) 20. 5. 1908, amerikan. Schauspieler. Spielte u. a. in ›Mr. Smith geht nach Washington‹ (1939), ›Die Nacht vor der Hochzeit‹ (1940) sowie zahlr. Western, u. a. ›Der gebrochene Pfeil‹ (1950), ›Der Mann, der Liberty Valance erschoß‹ (1961).

2) Mary, geb. Rainbow, * Sunderland 17. 9. 1916, engl. Schriftstellerin. Populäre, abenteuerlich-spannende Unterhaltungsromane, u. a. ›Reise in die Gefahr‹ (1954), ›Die Geisterhunde‹ (1967), ›Rühr nicht die Katze an‹ (1975).

Steyler Missionare (eigtl. Gesellschaft des Göttl. Wortes, lat. Societas Verbi Divini, Abk. SVD), 1875 von Arnold Janssen (* 1837, † 1909) in Steyl (Prov. Limburg, Niederlande) gegründete Kongregation von Priestern und Ordensbrüdern für Mission und Seelsorge.

Steyler Missionsschwestern (eigtl. Missionsgenossenschaft der Dienerinnen des Hl. Geistes, lat. Congregatio Missionalis Servarum Spiritus Sancti, Abk. SSpS), 1889 von Arnold Janssen (* 1837, † 1909) gegründet.

Steyr [ˈʃtaɪər], oberösterr. Stadt an der Enns, 38 900 E. Stadttheater; u. a. Kfz-Ind., Herstellung von Wälz- und Kugellagern. Barockschloß Lamberg (nach 1727 ff.), Rokokorathaus (1765–78), spätgot. Stadtpfarrkirche (1433 ff.), Wallfahrtskirche zum göttl. Christkindl (1702–25); Innerberger Stadel (1612; heute Städt. Museum); Stadttore (15., 16. und 17. Jh.). – Wurde im 13. Jh. Stadt, kam 1254 zu Oberösterreich.

StGB, Abk. für Strafgesetzbuch.

STH, svw. → Somatotropin.

Stibium [griech.-lat.], lat. Name des → Antimons.

Stich, graph. Blatt in Grabsticheltechnik, z. B. Kupferstich, Stahlstich.

Stichel, svw. → Grabstichel.

Stichlinge (Gasterosteidae), Fam. etwa 4–20 cm langer Knochenfische mit wenigen Arten in Meeres-, Brack- und Süßgewässern der Nordhalbkugel; Körper schlank, schuppenlos, mit Knochenplatten, 2–17 freistehenden Stacheln vor der Rückenflosse und sehr dünnem Schwanzstiel; Männchen treiben Brutpflege. Zu den S. gehört u. a. der 10–20 cm lange Seestichling (Meerstichling), an den Küsten W- bis N-Europas, auch in der Ostsee.

Stichprobe (Sample), durch ein Auswahlverfahren gewonnene Teilmenge einer statist. Grundgesamtheit. Der Vorteil einer S.erhebung (Teilerhebung) gegenüber der Vollerhebung liegt v. a. in der Kosten- und Zeitersparnis, der Nachteil im Auftreten von zufälligen Fehlern, die aber bei Zufalls-S. (Randomverfahren), bei denen jedes Element der Grundgesamtheit die gleiche Trefferwahrscheinlichkeit hat, quantifizierbar sind (das Ergebnis liegt innerhalb berechenbarer Sicherheitsgrenzen).

Stickelberger, Emanuel, * Basel 13. 3. 1884, † Sankt Gallen 16. 1. 1962, schweizer. Schriftsteller. Schrieb geschichtl. Romane, u. a. ›Holbein-Trilogie‹ (1942–46), ›Das Wunder von Leyden‹ (1956).

Stickerei, Verzierung von Textilien (auch von Leder, Papier) durch Muster, mit Fäden auf- oder eingenäht, ausgeführt in Handarbeit oder mit Stickmaschinen.

Stickoxide, svw. →Stickstoffoxide.

Stickstoff, chem. Symbol N (von lat. Nitrogenium); gasförmiges chem. Element aus der V. Hauptgruppe des Periodensystems der chem. Elemente, Ordnungszahl 7, relative Atommasse 14,0067, Schmelzpunkt −209,86 °C, Siedepunkt −195,8 °C. S. ist ein farb-, geruch- und geschmackloses, reaktionsträges, ungiftiges, in Form zweiatomiger Moleküle, N_2, vorliegendes Gas. Mit 78,09 Vol.-% ist S. das häufigste Element der Erdatmosphäre; v. a. in Proteinen und Nukleinsäuren enthalten; kann von Pflanzen und Tieren nur in Form von S.verbindungen aufgenommen werden; ledigl. einige Mikroorganismen (→stickstoffoxidierende Bakterien) können elementaren S. in S.verbindungen überführen. S. wird in großen Mengen zur Herstellung wichtiger S.verbindungen (wie Ammoniak, Salpetersäure, Kalk-S. und Nitriden) für die Düngemittel-Ind. verwendet.

Stickstoffoxide (Stickoxide), die Verbindungen des Stickstoffs mit Sauerstoff; man unterscheidet: *Distickstoff[mon]oxid* (Lachgas), N_2O, ein farbloses, süßlich riechendes Gas, das als Narkosemittel verwendet wird. *Stickstoffmonoxid,* NO, ist ein farbloses, giftiges Gas, das bei der Herstellung von Salpetersäure als Zwischenprodukt auftritt; ferner Distickstofftrioxid, N_2O_3, Stickstoffdioxid, NO_2, Hauptbestandteil der sog. nitrosen Gase, Distickstoffpentoxid, N_2O_5. Der Gehalt an umweltschädigendem NO und NO_2 (zusammenfassend als NO_x bezeichnet) in Abgasen von mit Ottokraftstoffen betriebenen Kraftfahrzeugen kann durch eine Abgasnachbehandlung mit einem Abgaskatalysator deutlich verringert werden.

stickstoffoxidierende Bakterien (Stickstoffbakterien), Bakterien, die Luftstickstoff zu Ammonium (NH_4^+) reduzieren; leben teils frei in Böden und Gewässern (z. B. Azotobacter), teils in Symbiose mit Pflanzen (Knöllchenbakterien der Hülsenfrüchtler, Strahlenpilze bei Erlen und Sanddorn).

Stickstoffwasserstoffsäure (Azoimid), HN_3, farblose, stechend riechende, explosive Flüssigkeit; ihre Salze heißen Azide.

Stiefmütterchen (Wildes S., Feld-S., Acker-S.), formenreiche Sammelart der Gatt. Veilchen im gemäßigten Europa und in Asien, meist auf Äckern und Wiesen; einjähriges oder ausdauerndes, 5–30 cm hohes Kraut, Blüten meist bunt, Frucht eine dreiklappige Kapsel. Zur Züchtung der *Garten-S.* (Pensée; mit samtartigen, ein- oder mehrfarbigen, auch gefleckten, gestreiften, geflammten oder geränderten Blüten) wurde auch das *Gelbe Veilchen* mit gelben, violetten oder mehrfarbigen Blüten (auf Gebirgswiesen in M- und W-Europa) verwendet.

Stieglitz [slaw.] (Distelfink), bis 12 cm langer Finkenvogel, v. a. auf Wiesen, in lichten Auenwäldern, Parkanlagen und Gärten NW-Afrikas, Europas, SW- und Z-Asiens; eingebürgert in Australien, Neuseeland und in den USA; Teilzieher.

Stier →Sternbilder (Übersicht).

Stier →Bulle.

Stierkampf (span. Corrida de toros), ein im antiken Ägypten, in Mesopotamien, in der minoischen Kultur Kretas und später bei den Mauren S-Spaniens bekannter [unblutiger] Kampf von Menschen mit Stieren. Der S. wird heute in Spanien, dort auch zu Pferde sowie [in unblutigen Formen] in Portugal, S-Frankreich und Lateinamerika ausgetragen. Im span. S. wird der Stier zu Beginn des Kampfes von Helfern *(Peones)* gereizt und vom berittenen *Picador* durch Stiche in den Nacken geschwächt, dann tritt dem Stier der *Torero* (in der Endphase *Matador* gen.) mit einem 90 cm langen Stoßdegen und der *Muleta* (einem an einem Stock befestigten roten Tuch) entgegen, mit der er ihn zu einer bestimmten Reihe von

Adalbert Stifter
(Holzstich, Mitte des
19. Jahrhunderts)

Stiefmütterchen:
Gartenform

Passagen *(Pases)* veranlaßt. Zuletzt muß der Matador das Tier von vorn durch einen Degenstoß *(Estocada)* zw. die Schulterblätter töten.

Stierkopfhaie (Heterodontidae, Hornhaie, Doggenhaie, Schweinshaie), Fam. der Haifische mit bis rd. 2 m messenden Arten im Pazif. und Ind. Ozean; mit plumpem Körper, breitem Kopf, vor den beiden Rückenflossen je ein großer Stachel.

Stierkult, kult. Verehrung des Stiers als Symbol von Gottheiten aufgrund seiner Stärke, Wildheit und Zeugungskraft, z. B. im alten Ägypten (Apisstier), im Mithraskult und in der kanaanäischen Umwelt des AT (→Goldenes Kalb).

Stifel (Stiefel, Styfel), Michael, * Esslingen am Neckar um 1487, † Jena 19. 4. 1567, dt. Mathematiker. Trug wesentlich zur Entwicklung der Algebra bei.

Stift, im kath. Kirchenrecht ein mit einer Stiftung dotiertes (ausgestattetes) Kollegium von kanonisch lebenden Klerikern *(Stiftsherren* oder Kanoniker) mit der Aufgabe des Chordienstes an der Stiftskirche, d. h. an der Domkirche eines Bistums *(Domstift, Hochstift)* oder an einer anderen Kirche *(Niederstift, Kollegiatstift);* innerhalb des S. bildet das *Stiftskapitel* die rechtl. Gemeinschaft seiner vollberechtigten Mgl.; die Bez. Stift ging auch auf die geistl. Fürstentümer über (das Territorium eines Erzbistums hieß *Erzstift,* das eines geistl. Kurfürstentums *Kurstift).*

Stifter, Adalbert, * Oberplan (= Horní Planá, Südböhm. Gebiet) 23. 10. 1805, † Linz 28. 1. 1868 (wahrscheinlich Selbstmord), österr. Schriftsteller und Maler. Vertreter des sog. poet. Realismus; sein Erzählwerk umfaßt 6 Novellenbände, u. a. ›Studien‹ (1844–50; darin ›Der Hochwald‹), ›Bunte Steine‹ (1835; darin ›Bergkristall‹) sowie den Bildungs- und Erziehungsroman ›Nachsommer‹ (1857) und den histor. Roman ›Witiko‹ (1865–67).

Stifterverband für die Deutsche Wissenschaft e. V., seit 1920 bzw. 1949 bestehende Gemeinschaftsaktion der dt. Wirtschaft zur Förderung der Wiss. in Forschung und Lehre.

Stiftsherr ↑ Stift.

Stiftshütte (Bundeszelt), seit Luther gebräuchl. Bez. für das Zelt, das auf der Wüstenwanderung der Israeliten die Bundeslade beherbergte.

Stiftskapitel (Kollegiatkapitel) →Stift.

Stiftung, Sondervermögen, das gemäß dem Willen eines Stifters selbständig verwaltet und zur Förderung eines bestimmten Zweckes verwendet wird. Man unterscheidet selbständige, nämlich als jurist. Personen rechtsfähige, und unselbständige S., und unter den ersteren wiederum privatrechtl. *(S. des bürgerl. Rechts)* und öffentl.-rechtl. *(S. des öffentl. Rechts).*

Stiftung Deutsche Sporthilfe, 1967 gegr. Einrichtung zur materiellen Unterstützung von Spitzensportlern in der BR Deutschland, Sitz Frankfurt am Main.

Stiftung F.V.S. zu Hamburg, 1931 von dem Kaufmann Alfred Toepfer (*1894) gegr. Stiftung mit Sitz in Hamburg. Das Vermögen der Stiftung beträgt rd. 200 Mio. DM. Vergibt Preise für kulturelle, wiss. und humanitäre Leistungen (Gottfried-von-Herder-Preis, Hansischer Goethe-Preis, Robert-Schuman-Preis, Shakespeare-Preis) sowie Stipendien.

Stiftung Mitbestimmung →Hans-Böckler-Stiftung.

Stiftung Preußischer Kulturbesitz, 1957 durch Bundesgesetz errichtete Stiftung des öffentl. Rechts mit Sitz in Berlin. Träger sind der Bund und die Länder. Zur Stiftung gehörten 1989 die 14 staatl. Museen (die Museen in Berlin-Dahlem, in Berlin-Charlottenburg, die neue Nationalgalerie), die Staatsbibliothek Preuß. Kulturbesitz, das Geheime Staatsarchiv, das Iberoamerikan. Institut und das Institut für Musikforschung (Instrumentenmuseum).

Stiftung Volkswagenwerk, seit 1989 unter dem Namen **Volkswagen-Stiftung,** 1961 von der BR Deutschland und dem Land Niedersachsen gegr. Stiftung zur Förderung von Wiss. und Technik in Forschung und Lehre; Sitz Hannover. Die Förderungsmittel stammen aus den Zinsen des Stiftungsgrundkapitals sowie den jährl. Dividenden der Volkswagenaktien des Bundes und des Landes Niedersachsen, sie überschritten 1989 eine Gesamtsumme von 3 Mrd. DM.

Stiftung Warentest, staatl. unterstütztes, 1964 mit Mitteln des Bundes gegr. Warentestinstitut, Sitz Berlin. Verbrauchernahe Qualitätsprüfungen von Waren und Dienstleistungen.

Stiftzahn, Zahnersatz, bei dem der künstl. Zahn mit Hilfe eines Stiftes im Zahnwurzelkanal verankert ist.

Stilleben: Willem Claesz. Heda, ›Stilleben‹; 1632 (Köln, Wallraf-Richartz-Museum)

Stigler, George Joseph, * Renton (Washington) 17. 1. 1911, amerikan. Wirtschaftswissenschaftler. Untersuchte in zahlr. Arbeiten die traditionelle Theorie der Ertragsunterschiede sowie die Auswirkungen gesetzl. Eingriffe in das Wirtschaftsleben; 1982 Nobelpreis für Wirtschaftswissenschaften.

Stigmatisation [griech.], das Auftreten äußerlich sichtbarer, psychogen bedingter Körpermerkmale (z. B. Hautblutungen) bei Personen mit vegetativen Störungen. S. erscheinen oft als Identifikationsprodukte. – Im *theolog.* Sinn das plötzl. Auftreten der Leidensmale Jesu (Stigmata) am Leib eines lebenden Menschen, die nicht zu Entzündungen führen und sich ärztl. Therapie entziehen. Der erste geschichtl. belegte Fall von S. ist Franz von Assisi; bes. bekannt ist im 20. Jh. Therese Neumann (* 1898, † 1962).

Stijl-Gruppe [niederl. stɛil], niederl. Künstlergruppe, gegr. 1917 von P. Mondrian, T. van Doesburg und den Architekten Jacobus Johannes Pieter Oud (* 1890, † 1963) und Gerrit Rietveld (* 1888, † 1964) u. a.; Monatsschrift ›De Stijl‹. In der Malerei geometr. Formsprache (elementare Elemente: Senkrechte und Waagrechte, die Grundfarben Rot, Blau und Gelb und die Nichtfarben Schwarz, Weiß, Grau). In der Architektur Raumbeziehungen rechteckiger Flächen, unterstützt von den Grundfarben. Die Entwicklung kub. Baukörper bewirkte eine grundlegende Umgestaltung der europ. Architektur; Einfluß auf das Bauhaus.

Stil [lat.], 1. charakterist. Besonderheit, etwas auszudrücken, zu formulieren; 2. in der Literatur, bildenden Kunst und Musik das, was im Hinblick auf Ausdrucksform, Gestaltungsweise charakteristisch, typisch, einmalig ist, bzw. die typ. Besonderheit, durch

die sich das Kunstschaffen von Völkern bzw. kulturellen Regionen *(National-* oder *Regional-S.),* histor. Zeitabschnitten *(Epochen-S., Zeit-S.),* einzelnen Künstlern *(Personal-* oder *Individual-S.)* und die Ausprägungsformen bestimmter Werktypen *(Gattungs-S.)* oder einzelner Kunstprodukte *(Werk-S.)* von anderen unterscheidet.

Stilblüte, durch einen Denkfehler oder durch Unachtsamkeit entstandene doppelsinnige sprachl. Äußerung, die eine unbeabsichtigte kom. Wirkung auslöst.

Stilett [lat.-italien.], kleiner Dolch.

Stilfser Joch →Alpenpässe (Übersicht).

Stilisierung [lat.], allg. svw. 1. abstrahierende, auf wesentl. Grundzüge reduzierte Darstellung, 2. Nachahmung eines Stilideals oder -musters.

Stilistik [lat.], als Wiss. vom [literar.] Stil 1. Theorie des literar. Stils; 2. Analyse und Beschreibung verschiedener stilist. Mittel, Ausdrucksformen; 3. Anleitung zu einem guten [Schreib]stil.

Stilleben, in der Malerei die Darstellung unbewegter (›stiller‹) Gegenstände wie Blumen, Früchte, Wildbret, Krüge, Gläser, [Musik]instrumente, die nach dekorativen, symbol. oder formal-kompositor. Gesichtspunkten angeordnet werden.

stille Gesellschaft, Sonderform der [Handels-] Gesellschaft. Der stille Gesellschafter ist nur mit einer Vermögenseinlage am Gewerbe eines anderen beteiligt, ohne Einfluß auf die Geschäfte zu nehmen und ohne haftbar zu sein. Das eingebrachte Vermögen geht in das Vermögen des Geschäftsinhabers über. Dem stillen Gesellschafter steht dafür eine Gewinnbeteiligung zu.

Stillen (Laktation, Brusternährung), Ernährung des Säuglings mit →Muttermilch. In der Norm gilt eine *Stilldauer* von 4–6 (höchstens 8) Monaten als zweckmäßig.

stille Reserven, aus der Zurückbehaltung von Gewinnen entstehende Rücklagen, die in der Bilanz nicht ausgewiesen sind. Sie werden meist zur Finanzierung von Investitionen genutzt.

Stiller, Mauritz, eigtl. Moses S., * Helsinki 17. 7. 1883, † Stockholm 18. 11. 1928, schwed. Filmregisseur. Meister des Stummfilms; neben den Verfilmungen von Romanen S. Lagerlöfs (›Herrn Arnes Schatz‹, 1919; ›Johan‹, 1921; ›Gösta Berlings Saga‹, 1924) wurde v. a. der Film ›Sangen om den eldröda blomman‹ (Das Lied von der purpurroten Blume, 1919) weltbekannt. S. entdeckte und förderte Greta Garbo, mit der er 1925 nach Hollywood ging; 1927 Rückkehr nach Schweden.

Stiller Ozean →Pazifischer Ozean.

Stillhalteabkommen, allg. eine Übereinkunft zw. Gläubiger und Schuldner über die Stundung von Krediten.

Stilling, Heinrich, dt. Schriftsteller, →Jung-Stilling, Johann Heinrich.

Stimmbänder →Kehlkopf.

Stimmbruch (Mutation, Mutierung, Stimmwechsel), bei männl. Jugendlichen das Tieferwerden (um etwa eine Oktave) der Stimmlage in der Pubertät; wird hervorgerufen durch das Wachstum des Kehlkopfs und die Verlängerung der Stimmbänder.

Stimme, Lautäußerung bei Menschen und vielen Tieren mit bestimmtem Klangcharakter und Signalwert zur Verständigung v. a. unter Artgenossen. Bei der menschl. S. versetzt durchströmende Luft die Stimmbänder im Kehlkopf in Schwingungen, die durch Resonanzhöhlen in Kopf und Brust verstärkt werden. Die Tonhöhe kann durch unterschiedl. Spannen der Stimmbänder, die Klangfarbe durch unterschiedl. Form und Größe der Resonanzhöhlen (Bruststimme, Kopfstimme, Falsett) verändert werden. Die Tonhöhenbereiche der menschl. S. bezeichnet man

George Joseph Stigler

als →Stimmlagen, die v. a. durch unterschiedl. Resonanzeffekte bewirkte Klangfarbe als →Register.

Auch Bez. für den Teil eines mehrstimmigen Werkes, den ein Musiker (Sänger, Instrumentalist) auszuführen hat. Im satztechn. Sinne spielen Unterscheidungen wie Haupt- und Neben-, Ober-, Mittel- und Unter-, Zusatz- und Füllstimme eine charakterisierende Rolle. – Bei Streichinstrumenten wird der →Stimmstock auch S. genannt, bei der Orgel eine Gruppe gleichklingender Pfeifen (→Register).

Stimme Amerikas →Voice of America.

Stimmenkauf und -verkauf, die aktive bzw. passive Bestechung Stimmberechtigter; bei polit. Wahlen als Wählerbestechung strafbar.

Stimmer, Tobias, * Schaffhausen 17. 4. 1539, † Straßburg 4. 1. 1584, schweizer. Maler und Zeichner der Renaissance. Wand- und Fassadenmalereien (Haus zum Ritter in Schaffhausen), Glasmalerei, Malereien der Astronom. Uhr im Straßburger Münster (1571–74).

Stimmgabel, gabelförmiges Gerät aus Stahl zur Bestimmung einer Tonhöhe, speziell des →Kammertons.

Stimmhaftigkeit (Sonorität), Eigenschaft von Sprachlauten, bei deren Erzeugung die Stimmlippen des Kehlkopfes schwingen. – Ggs. Stimmlosigkeit.

Stimmlage, die nach ihrem Tonhöhenumfang unterschiedenen Bereiche der menschl. Singstimme, eingeteilt in Sopran (Umfang [a] $c^1 - a^2$ [c^3, f^3]), Mezzosopran ($g - g^2$ [b^2]), Alt ($a - e^2$ [f^2, c^3]), Tenor ($c - a^1$ [c^2]), Bariton ($A - e^1$ [g^1]) und Baß ($E - d^1$ [f^1]).

Stimmrecht, allg. das Recht, an einer Abstimmung oder an Wahlen teilzunehmen. – Nach dem *Zivilrecht* steht jedem Mgl. einer Gesellschaft das Recht zu, in der Mgl.versammlung bei den zu fassenden Beschlüssen mitzustimmen. Im *Aktienrecht* wird das S. nicht nach den Köpfen, sondern nach Aktiennennbeträgen ausgeübt.

Stimmritze →Glottis, →Kehlkopf.

Stimmritzenkrampf (Kehlkopfkrampf, Glottiskrampf, Laryngospasmus), eine Kehlkopferkrankung, bei der es durch (ton.) Krampf der Kehlkopfmuskulatur zur Einengung bzw. zum Verschluß der Stimmritze mit Sprach- und Atemstörungen kommt.

Stimmstock, 1. Stäbchen im Innern des Resonanzkörpers von Streichinstrumenten, das die Schwingungen von der Decke zum Boden und umgekehrt überträgt (auch *Stimme* oder *Seele* genannt); 2. bei besaiteten Tasteninstrumenten Bauteil, in das die Wirbel eingeschraubt sind.

Stimmton (Normalton), Bez. für den durch eine bestimmte Frequenz (Schwingungszahl) definierten Ton, nach dem die Instrumente eingestimmt werden. Früher stark differierend, konnte der S. erst durch die Erfindung der Stimmgabel vereinheitlicht werden. →Kammerton.

Stimmung, 1) *Musik:* (Intonation) die theoret. und prakt. Festlegung der absoluten und der relativen Tonhöhe. Die S. von Instrumenten und der auf ihnen gespielten Musik hängt zunächst von der absoluten Tonhöhe ab, die heute im allg. durch die Frequenz des →Kammertons a^1 festgelegt ist. Darüber hinaus hängt die S. vom System der von einem Instrument spielbaren und durch ein Musikstück geforderten Tonhöhenverhältnisse, den relativen Tonhöhen, ab. Dieses System der relativen Tonhöhen ist von der absoluten Tonhöhe unabhängig und legt lediglich die Menge aller mögl. musikal. Intervalle fest. Die S. der meisten Blasinstrumente (Ausnahme u. a. Posaune) und der gestimmten Schlaginstrumente wird überwiegend durch den Instrumentenbau bestimmt und kann nur geringfügig vom Spieler beeinflußt werden. Saiteninstrumente können vor jedem Spiel (z. B. Gitarre, Violine) oder in größeren Zeitabständen (z. B. Kla-

vier, Harfe) gestimmt werden. In der *reinen Stimmung* sollen die Dreiklänge auf dem Grundton, der Unter- und der Oberquinte ›rein‹ sein; die Frequenzen der Dreiklangstöne verhalten sich wie 4:5:6. Dadurch sind alle diaton. Töne einer Tonart festgelegt; auf einem ›rein‹ gestimmten Tasteninstrument erklingt jede andere Tonart unrein. Das Spielen in allen Tonarten ermöglichte seit dem 18. Jh. die *temperierte Stimmung* (Temperatur), die auf einer physikal. gleichmäßigen Zwölfteilung der reinen Oktave beruht.

2) *allgemein:* bestimmter Gemütszustand, bestimmte Atmosphäre einer Gruppe o. ä.

Stimmwechsel, svw. →Stimmbruch.

Stimulanzien [lat.] (Stimulantia, Energetika, Energizer), anregende, vorwiegend antriebsteigernde Mittel (Reizmittel, Drogen, Pharmaka).

Stimulation (Stimulierung) [lat.], Reizung, Anregung, und zwar entweder durch Stimulanzien oder durch bes. Erlebnisse bzw. Vorstellungen (psych. Stimulation).

Stinkdrüsen, der Haut eingelagerte Drüsen bei manchen Tieren (z. B. bei Wanzen, Schaben u. a. Insekten sowie z. B. beim Stinktier); sie sondern bei Bedrohung des Tiers zur Abwehr ein stark und unangenehm riechendes Sekret ab.

Stinkmorchel (Aasfliegenpilz, Gichtmorchel, Leichenfinger), von Juni an in Gärten und Wäldern vorkommender Rutenpilz; Fruchtkörper in jungem Zustand als weißl., kugel- bis eiförmiges Gebilde *(Hexenei, Teufelsei);* der Hut des reifen Pilzes ist mit der dunkelolivfarbenen, klebrigen Sporenmasse bedeckt, die einen widerlichen, aasartigen Geruch ausströmt.

Stinktiere (Skunks, Mephitinae), Unterfam. der Marder mit neun Arten in N-, M- und S-Amerika; Körperlänge etwa 25–50 cm; Schwanz buschig; Fell dicht und langhaarig, meist schwarz mit weißen Streifen; Stinkdrüsen am After sondern ein stark und anhaltend riechendes Sekret ab.

Stinkwanze (Grüne S., Faule Grete), 11–14 mm lange Schildwanze in Europa und Vorderasien; Larven hinterlassen oft einen widerl. Geruch.

Stinnes, Mathias, * Mülheim a. d. Ruhr 4. 3. 1790, † ebd. 16. 4. 1845, dt. Industrieller. Ruhrschiffer, begann als erster die Schleppschiffahrt auf dem Rhein; aus seinen Unternehmungen ging der S.-Konzern hervor.

Stinnes-Konzern, dt. Unternehmensgruppe der Montan-Ind. und der Schiffahrt; unter Hugo Stinnes (* 1870, † 1924) eine der größten dt. Unternehmensgruppen. 1924/25 nach Liquiditätsschwierigkeiten zur Hälfte in ausländ. Besitz.

Stinte [niederdt.] (Osmeridae), Fam. kleiner, silberglänzender, heringsförmiger Lachsfische mit rd. zehn Arten im N-Pazifik und N-Atlantik; steigen auch in Süßgewässer auf, z. B. der *Europäische Stint* (Stint, Seestint, Spierling; bis 30 cm lang).

Stipendium [lat.], Studenten, Doktoranden und jungen Wissenschaftlern oder Künstlern gewährte Geldleistungen für Studium, Promotion, Habilitation, Auslandsaufenthalte, bestimmte Forschungsvorhaben oder künstler. Projekte, vergeben von Stiftungen und staatl. Institutionen (→auch Ausbildungsförderung).

Stipes [lat.], Unterbau des Altars.

Stirling [engl. 'stə:lɪŋ], schott. Stadt am Forth, 38 600 E. Verwaltungssitz der Central Region; Univ.; u. a. Landmaschinenbau. – Im MA im Wechsel mit Edinburgh Hauptstadt Schottlands.

Stirling-Motor [engl. 'stə:lɪŋ; nach dem schott. Geistlichen Robert Stirling, * 1790, † 1878], periodisch arbeitende Wärmekraftmaschine (Kolbenkraftmaschine), die als Antriebsmittel eine abwechselnd stark erhitzte und abgekühlte, von zwei Kolben (Arbeits-

Stinkmorchel:
LINKS Hexenei (längsgeschnitten); RECHTS reifer Fruchtkörper

Stinktiere:
Ferkelskunk

und Verdrängerkolben) hin- und hergeschobene Gasmenge benutzt und die zugeführte Wärmeenergie in mechan. Energie umwandelt. Die benötigte Wärme wird in einer Brennkammer außerhalb des Zylinders erzeugt.

Stirn (Frons), über den Augen gelegene, von zwei Schädelknochen bzw. dem Stirnbein geformte Gesichtspartie beim Menschen und bei anderen Wirbeltieren.

Stirnbein, der bei vielen Reptilien, manchen Affen und beim Menschen als einheitl. Deckknochen in Erscheinung tretende vordere Teil des Schädeldachs im Anschluß an das paarige Scheitelbein; bildet die knöcherne Grundlage der Stirn.

Stirner, Max, eigtl. Johann Kaspar Schmidt, *Bayreuth 25. 10. 1806, †Berlin 26. 6. 1856, dt. Philosoph. Vertreter des →Solipsismus (›Der Einzige und sein Eigentum‹, 1845).

Stirnhöhle →Nasennebenhöhlen.

Stoa [griech.], von Zenon von Kition um 300 v. Chr. gegründete, nach ihrem Versammlungsort, der *Stoa Poikile* (Säulenhalle an der Agora Athens), ben. griech. Philosophenschule, die bis zur Mitte des 3. Jh. n. Chr. bestand. Der sog. *älteren* S. (Zenon, Chrysippos u. a.) stehen die *frühe* bzw. *mittlere* S. (Panaitios, Poseidonios) und die *kaiserzeitl.* S. (Seneca d. J., Kaiser Mark Aurel u. a.) gegenüber, die sich jedoch nur geringfügig unterscheiden. – Oberste Maxime der Ethik, die im Mittelpunkt steht, ist die Forderung, Neigungen und Affekte als der Vernunft zuwiderlaufend und die Einsicht behindernd zu bekämpfen (Apathie). – Im 1. Jh. n. Chr. Modephilosophie der Römer und Griechen, ging im Neuplatonismus auf.

Stochastik [griech.], Bez. für mathemat. Verfahren zur Untersuchung zufallsabhängiger Ereignisse (z. B. von Stichproben); **stochastisch,** zufallsabhängig.

Stöchiometrie [griech.], die Lehre von den mengenmäßigen Zusammensetzung chem. Verbindungen und der mathemat. Berechnung chem. Umsetzungen.

stöchiometrische Formel →chemische Formeln.

Stockach, Stadt in Oberschwaben, Bad.-Württ., 12 900 E. Fastnachtsmuseum im Schloß Langenstein. U. a. Textil-, Elektro-, Maschinenbau- und Metallwarenindustrie.

Stockente →Enten.

Stöcker, Helene, *Elberfeld (= Wuppertal) 13. 11. 1869, †New York 24. 2. 1943, dt. Frauenrechtlerin und Pazifistin. 1905 Mitbegründerin des Bundes für Mutterschutz und Sexualreform; aktiv in der Dt. Friedensgesellschaft und in der Internationale der Kriegsdienstgegner; emigrierte 1933.

Stock Exchange [engl. 'stɔk ɪks'tʃeɪndʒ], urspr. Name der Londoner Börse, heute generell engl. Bez. für eine Effektenbörse.

Stockfisch, im Freien auf Holzgestellen getrockneter, ausgenommener und geköpfter Fisch. →Klippfisch.

Stockhaar, aus mittellangen Grannenhaaren mit dichter Unterwolle gebildetes Haarkleid bei Hunden, z. B. beim Dt. Schäferhund.

Stockhausen, Karlheinz, *Mödrath (= Kerpen) 22. 8. 1928, dt. Komponist. War maßgebend an allen Entwicklungen der Neuen Musik nach 1945 beteiligt. Sein umfangreiches Werk reicht von streng seriellen instrumentalen und elektron. Kompositionen der 1950er und 1970er Jahre bis zu ›intuitiver Musik‹, bei der die Musiker, durch Texte eingestimmt, aufeinander frei reagieren zu neuen musikal. Ausdrucksqualitäten finden sollen. Arbeitet u. a. seit 1977 an einem siebenteil. Opernzyklus ›Licht‹ (bislang: ›Donnerstag‹, UA 1981; ›Samstag‹, UA 1984; ›Montag‹, UA 1988). – *Weitere Werke:* Kontra-Punkte für 10 Instrumente, 1952/53; Klavierstücke I–IV, 1952/53; Gruppen für 3 Orchester, 1955–57; Gesang der Jünglinge, 1955/56; Mantra für 2 Pianisten (1970); Trans für Orchester und Tonband (1971); Sirius für elektron. Klänge, Trompete, Sopran, Baßklarinette, Baß (1975/1976); Michaels Reise um die Erde für Trompete und Orchester (1978), Michaels Jugend, Michaels Heimkehr (1980).

Stockholm, Hauptstadt Schwedens an beiden Ufern des Ausflusses des Mälarsees in einen Arm der Ostsee sowie auf einigen Inseln, 666 800 E; Groß-S. hat 1,6 Mio. E. Residenz des schwed. Königs, Sitz der Regierung und des Parlaments; Reichsarchiv, mehrere Theater, über 50 Museen; Univ., TH; botan. Garten, Zoo; Sitz von Großbanken, Reedereien und Handelsunternehmen; größte schwed. Ind.stadt; Hafen; U-Bahn, internat. ✈ Arlanda.

Bauten: Bed. Kirchen sind die Storkyrka (13., 14./15. und 18. Jh.), die Riddarholmskyrka (13. Jh.; mehrfach erneuert), die Tyska kyrka (Dt. Kirche, 1638–42), die kath. Domkirche (1983 geweiht). Königl. Schloß (nach 1697); Riddarhus (Ritterhaus, 1641 bis 1674). Im 19. Jh. entstanden das Nationalmuseum und andere öffentl. Gebäude, im 20. Jh. das Rathaus, die königl. Bibliothek sowie Satellitenstädte.

Geschichte: 1252 erstmals belegt; wahrscheinlich von Birger Jarl als Handelsplatz gegründet. 1520 eroberte der Dänenkönig Christian II. S. (›Stockholmer Blutbad‹). Seit dem 16. Jh. häufig Königsresidenz; seit dem 17. Jh. ständige Hauptstadt Schwedens.

Stockholm International Peace Research Institute [engl. 'stɔkhoʊm ɪntə'næʃənəl 'pi:s rɪ'sɜ:tʃ 'ɪnstɪtju:t›Internat. Friedensforschungsinstitut Stockholm‹, Abk. SIPRI, 1966 als Stiftung vom schwed. Parlament gegr. Institution; veröffentlicht u. a. das SIPRI-Jahrbuch, das die internat. Rüstungsentwicklung laufend dokumentiert.

Stockmalve (Eibisch), Gatt. der Malvengewächse mit 25 Arten im gemäßigten Eurasien; bekannte Arten sind die bis 3 m hohe *Stockrose* (Roter Eibisch) mit verschiedenfarbigen Blüten in bis 1 m langer Ähre und der *Echte Eibisch,* eine bis 1,5 m hohe Staude mit weißen oder rosafarbenen Blüten.

Stockmutter, svw. Bienenkönigin.

Stockpunkt, Temperatur, bei der eine flüssige Substanz so viskos wird, daß sie gerade aufhört zu fließen.

Stockschwämmchen (Laubholzschüppling), sehr häufiger, v. a. im Herbst auf Laubholzstubben büschelig wachsender Lamellenpilz; Hut 3–7 cm breit; Speisepilz.

Stoff, 1) jede Form von Materie unabhängig von Aggregatzustand und Zusammensetzung.

2) *Philosophie:* svw. →Materie.

3) *Textilkunde:* aus Garnen durch Weben, Wirken oder Stricken hergestelltes Erzeugnis.

Stoffdruck (Textildruck, Zeugdruck), Aufbringen von ein- und mehrfarbigen Mustern auf die Oberfläche von Textilien, heute oft in Walzen- oder Siebdruckverfahren. Daneben gibt es zahlreiche spezielle S.verfahren sowie kunstgewerbl. Druck- bzw. Färbeverfahren (z. B. →Batik).

Stoffmenge (Teilchenmenge), Formelzeichen n, eine der 7 Basisgrößen des SI-Systems; festgelegt als die durch die →Avogadro-Konstante N_A dividierte Anzahl N gleichartiger Teilchen (Atome, Ionen, Moleküle): $n = N/N_A$. – Die SI-Einheit der S. ist das →Mol.

Stoffwechsel (Metabolismus), die Gesamtheit der biochem. Vorgänge, die im pflanzl., tier. und menschl. Organismus oder in dessen einzelnen Teilen ablaufen und dem Aufbau, Umbau und der Erhaltung der Körpersubstanz sowie der Aufrechterhaltung der Körperfunktionen dienen. Die S.prozesse verbrauchen Energie, die durch Abbau zelleigener Substan-

Karlheinz
Stockhausen

zen exergon (energiefreisetzend, katabolisch) im Vorgang der →Dissimilation gewonnen wird. Die durch die Dissimilation verbrauchten Substanzen und die für Aufbau und Wachstum erforderl. Zellsubstanzen werden durch endergone (energieverbrauchende, anabolische) Reaktionen im Vorgang der →Assimilation ersetzt. Praktisch lassen sich alle S.vorgänge nach Funktionskreisen in Assimilation, Ernährung, Atmung, Verdauung, Resorption und Exkretion unterteilen. Generell unterschieden werden der *Bau-S.* (Aufbau-S., Anabolismus bzw. heute meist Assimilation genannt) vom *Energie-* oder *Betriebs-S.*, der auch als Katabolismus, abbauender S. bzw. Dissimilation bezeichnet wird und die beiden Vorgänge der inneren Atmung und der Gärung umfaßt.

Unter *Fett-S. (Lipid-S.)* versteht man die Vorgänge zum Auf- und Abbau der Fette oder fettartiger Substanzen im Organismus. Er umfaßt i. w. S. den S. der komplexen Lipide, d. h. der Phospholipide, Glykolipide, Karotinoide und des Cholesterins, in dem die Fettsäuren als Ausgangsmaterial dienen. – Unter *Eiweiß-S.* versteht man die Gesamtheit aller biolog. Vorgänge und biochem. Umsetzungen, die den Auf- und Abbau von Proteinen bei Pflanzen und Tieren sowie beim Menschen betreffen. Der Abbau erfolgt im Magen-Darm-Trakt durch eiweißspaltende Enzyme (Proteasen) bis hin zu den resorptionsfähigen Aminosäuren. – Der *Nukleinsäure-S. (Nukleotid-S.)* umfaßt die →DNS-Replikation und die Biosynthese von RNS. – Der *Mineral-S.* umfaßt die chem. Umsetzungen der Mineralstoffe und Spurenelemente; wird bei Tieren und beim Menschen hormonell durch Mineralokortikoide geregelt.

Stoffwechselkrankheiten, Krankheiten, die durch Stoffwechselstörungen bedingt sind und/oder mit Stoffwechselstörungen einhergehen, z. B. Fettsucht, Gicht, Diabetes mellitus.

Stoiker [griech.], Anhänger der →Stoa.

Stoizismus [griech.], nach der griech. Philosophenschule →Stoa ben. Position, die v. a. durch die Haltung der Gelassenheit, der Freiheit von Affekten sowie durch eth. Rigorismus gekennzeichnet ist.

Stoke-on-Trent [engl. 'stoʊk ɔn 'trɛnt], engl. Stadt in den West Midlands, 252 400 E. Herstellung von Kacheln, Porzellanwaren, Steingut. – Seit 1910 Stadtgrafschaft.

Stoker, Bram [engl. 'stoʊkə], eigtl. Abraham S., * Dublin 1847, † London 20. 4. 1912, ir. Schriftsteller. Welterfolg hatte sein Vampirroman ›Dracula‹ (1897), der zu zahlr. literar. Nachahmungen und Verfilmungen anregte (→Dracula).

Stokes, Sir (seit 1889) George Gabriel [engl. stoʊks], * Skreen (Sligo) 13. 8. 1819, † Cambridge 1. 2. 1903, brit. Mathematiker und Physiker. Lieferte wichtige Beiträge zur Analysis und zur mathemat. Physik. Seine physikal. Forschungen betrafen v. a. die Hydrodynamik und die Optik.

Stokowski, Leopold [engl. stoʊ'kɔfski], * London 18. 4. 1882, † Nether Wallop bei Winchester 13. 9. 1977, amerikan. Dirigent. Förderte v. a. die zeitgenöss. Musik; u. a. 1912–36 Leiter des Philadelphia Orchestra; 1962 Gründung des American Symphony Orchestra.

Stola [griech.-lat.], 1) schalartiger Umhang, urspr. Übergewand der Römerin.
2) Teil der liturg. Bekleidung; etwa 2,5 m langer, 5–8 cm breiter Stoffstreifen.

Stolberg/Harz (amtl. Kurort S./H.), Stadt im S-Harz, Sachsen-Anhalt, 2 100 E. Rathaus (1492; 1600 erneuert), ehem. Stolberg. Münze (1535; jetzt Thomas-Müntzer-Gedenkstätte und Museum); zahlr. Fachwerkhäuser. – Vermutlich im 12. Jh. als Bergbausiedlung entstanden; Stadtrecht vor 1300. – Geburtsort von Thomas Müntzer.

Stolberg (Rhld.) (Rheinland), Ind.stadt am N-Rand der Eifel, NRW, 55 700 E. Die Burgruine wurde 1888 ff. schloßartig ausgebaut. – Besaß schon im 14. Jh. Werkstätten zur Eisenbearbeitung und Hüttenwerke; im 17./18. Jh. führend in der europ. Messingverarbeitung.

Stolberg-Stolberg, 1) Christian Reichsgraf zu, * Hamburg 15. 10. 1748, † Schloß Windebye bei Eckernförde 18. 1. 1821, dt. Schriftsteller. Bruder von Friedrich Leopold Reichsgraf zu S.-S.; Mgl. des →Göttinger Hains; schrieb Singspiele und Lyrik; bed. Übersetzungen.
2) Friedrich Leopold Reichsgraf zu, * Bramstedt (= Bad Bramstedt) 7. 11. 1750, † Schloß Sondermühlen bei Osnabrück 5. 12. 1819, dt. Schriftsteller. Mgl. des →Göttinger Hains; schrieb Lyrik, Romane, Dramen, Reiseberichte, kirchenhistor. Schriften; Übersetzungen (u. a. ›Ilias‹).

Stolgebühren, Abgaben, v. a. in der kath. Kirche, die bei Amtshandlungen, bei denen die Stola getragen wird, zu zahlen sind.

Stollberg/Erzgeb., Kreisstadt am N-Rand des Erzgebirges, Sachsen, 12 300 E. Spätgot. Marienkirche (14./15. Jh.), Jakobikirche (1653–59).

Stollen, 1) →Stollenstrophe.
2) unterird. Gang; im *Bergwesen* ein horizontaler Grubenbau, von einem Hang aus in den Berg vorgetrieben.
3) *Sport:* runde Leichtmetall-, Nylon- oder Lederteile an der Sohle von Sport-, insbes. Fußballschuhen; zur Erhöhung der Rutschfestigkeit.
4) *Lebensmittelkunde:* (Stolle) als Laib gebackener Kuchen; beim *Christstollen* u. a. mit Korinthen, Zitronat, Mandeln.

Stollenstrophe, die im dt. Minnesang übernommene →Kanzonenstrophe, bestehend aus dem in 2 musikal. und metr. gleichgebauten *Stollen* gegliederten Aufgesang und dem metrisch und musikalisch abweichenden Abgesang; gängigste Strophenform des MA und der frühen Neuzeit.

Stolp (poln. Słupsk), Stadt in Pommern, Polen’, 96 200 E. Hauptstadt des Verw.-Geb. Słupsk; Museen; u. a. Metallverarbeitung. Tore der Stadtbefestigung; Marienkirche (14./15. Jh.); Renaissanceschloß (16. Jh.; Museum). Nahebei das Seebad **Stolpmünde** mit Fischereihafen.

Stolpe, Manfred, * Stettin 16. 5. 1935, dt. Politiker (SPD). Kirchenjurist; bis 1990 Konsistorialpräs. der ev. Kirche Berlin-Brandenburg; seit 1. 11. 1990 erster Min.-Präs. des neuen Bundeslandes Brandenburg.

Stoltenberg, Gerhard, * Kiel 29. 9. 1928, dt. Politiker (CDU). Historiker; 1965–69 Bundes-Min. für wiss. Forschung; 1971–82 Min.-Präs. von Schleswig-Holstein; 1982–88 Bundesfinanzmin., seit 1988 Bundesmin. für Verteidigung.

Stolypin, Pjotr Arkadjewitsch [russ. sta'lipin], * Dresden 14. 4. 1862, † Kiew 18. 9. 1911 (ermordet), russ. Politiker. Ab 1906 Innen-Min. und Min.-Präs.; führte eine grundlegende Agrarreform zur Stabilisierung der sozialen Verhältnisse durch.

Stolz, Robert, * Graz 25. 8. 1880, † Berlin (West) 27. 6. 1975, österr. Komponist. Komponierte neben zahlr. Operetten, u. a. ›Venus in Seide‹ (1932), beliebte Filmmusiken.

Stolze, Wilhelm, * Berlin 20. 5. 1798, † ebd. 8. 1. 1867, dt. Stenograph. Veröffentlichte 1841 ein Stenographiesystem, das zu den Grundlagen der dt. Einheitskurzschrift (→Stenographie) gehört.

Stoma (Mrz. Stomata) [griech.], in der *Zoologie* und *Medizin* svw. →Mund.

Stomatitis [griech.], Entzündung der Mundschleimhaut.

Stone, Sir Richard [engl. stoʊn], * 30. 8. 1913, brit. Nationalökonom. 1945–80 an der Univ. Cambridge

Manfred Stolpe

Gerhard Stoltenberg

Robert Stolz

Richard Stone

tätig; erhielt 1984 den Nobelpreis für Wirtschaftswissenschaften für seine Leistungen bei der Entwicklung von Systemen der volkswirtschaftl. Gesamtrechnung.

Stonehenge [engl. 'stoʊn'hɛndʒ], vorgeschichtl. Steinkreisanlage (Kromlech) in der Salisbury Plain, S-England, 12 km nördlich von Salisbury; am besten erhaltene Megalithanlage aus dem 3./2. Jt.; das größte prähistor. Steindenkmal Europas. Die Konzeption der Anlage und die bes. Stellung einzelner Steine zum jeweiligen Sonnenstand legen nahe, daß hier während des Jahresablaufs, z. B. zur Sonnenwende, kult. Handlungen stattfanden.

Stoph, Willi, * Berlin 9. 7. 1914, dt. Politiker (SED). Maurer, dann Bautechniker; schloß sich 1931 der KPD an; seit 1950 Mgl. des ZK der SED, seit 1953 des Politbüros; 1952–55 Innen-, 1956–60 Verteidigungs-Min., 1964–73 und 1976–89 Vors. des Min.-rates; 1973–76 Vors. des Staatsrates.

Stoppard, Tom [engl. 'stɔpəd], urspr. Thomas Straussler, * Zlín 3. 7. 1937, engl. Dramatiker tschech. Herkunft. Schreibt v. a. satir. Theaterstücke, u. a. ›Rosenkranz und Güldenstern sind tot‹ (1967; verfilmt 1991), ›Akrobaten‹(1972), ›Travesties‹ (1974), ›Das einzig Wahre‹ (1982).

Stoppuhr, mechan. oder elektr. [Kurz]zeitmeßgerät, mit dem sich der Zeitunterschied zweier aufeinanderfolgender Ereignisse in allg. auf Zehntel- oder Hundertstelsekunden genau messen und festhalten läßt.

Stör → Störe.

Störche (Ciconiidae), Fam. bis etwa 1,4 m hoher, häufig schwarz und weiß gefiederter Stelzvögel mit annähernd 20 Arten, v. a. in ebenen, feuchten Gegenden der gemäßigten und warmen Regionen; ernähren sich v. a. von Fröschen, Kleinsäugern, Eidechsen und Insekten; Schnabel sehr lang. S. können lediglich klappern und zischen. – Zu den S. gehören u. a. Nimmersatte, Marabus sowie der bis 1,1 m lange, über 2 m spannende *Weiße Storch* (Hausstorch), v. a. in feuchten Landschaften Europas, NW-Afrikas, Kleinasiens sowie M- und O-Asiens; baut seinen Horst auf Bäumen und Dächern, brütet 3–6 Eier aus. Der etwa 1 m lange *Waldstorch* (Schwarzstorch) baut sein Nest meist auf hohen Bäumen. Der schwarz und weiß gefärbte *Sattelstorch* ist rd. 1,3 m hoch; in Sümpfen und an Seen der trop. Afrika. Die Arten der Gatt. *Klaffschnäbel* kommen in sumpfigen und wasserreichen Landschaften des trop. Afrika, Indiens und SO-Asiens; hierzu gehört u. a. der *Jabiru* an Flußufern und Sümpfen S-Mexikos bis Argentiniens.

Storchschnabel (Schnabelkraut, Geranium), Gatt. der S.gewächse mit rd. 300 Arten, überwiegend in den gemäßigten Gebieten; Kräuter oder Stauden; Teilfrüchte mit verlängertem Fortsatz (›Granne‹), der sich bei der Reife spiralig zusammenrollt und dabei den Samen ausschleudert. Einheimisch sind u. a. das 20–60 cm hohe *Ruprechtskraut* (Stinkender S.; mit drüsig behaarten, meist blutroten Stengeln und kleinen rosafarbenen Blüten von widerl. Geruch) und der 30–60 cm hohe *Wald-S.* (Blüten rotviolett).

Storchschnabel, svw. → Pantograph.

Storchschnabelgewächse (Geraniaceae), Pflanzenfam. mit knapp 800 Arten in 11 Gatt. v. a. in den gemäßigten Gebieten der Erde; meist Kräuter oder Halbsträucher (u. a. Storchschnabel, Pelargonie).

Store [ʃtoːr, stoːr; lat.-frz.], die Fensterfläche in ganzer Breite bedeckender, durchscheinender Vorhang.

Störe (Knorpelganoiden, Knorpelschmelzschupper, Chondrostei), Überordnung bis fast 9 m langer, spindelförmiger Knochenfische in den Meeren (z. T. auch in Süßgewässern) der Nordhalbkugel; Schwanzflosse asymmetrisch; Haut nahezu schuppenlos oder

mit fünf Reihen großer Knochenschilde; um die unterständige Mundöffnung stehen vier Barteln; Maul meist zahnlos; Nahrung wird durch Einsaugen der Beutetiere aufgenommen. Die meisten Arten (rd. 25) gehören zu den *Echten Stören* (Rüssel-S.); wandern häufig zum Laichen bis in die Oberläufe der Flüsse, u. a. der bis über 3 m lange *Gemeine Stör* (Balt. S.), an der sibir. und europ. Küste des Atlantiks und seiner Nebenmeere; Speisefisch (→ Kaviar).

Storm, Theodor, * Husum 14. 9. 1817, † Hademarschen (= Hanerau-Hademarschen bei Rendsburg) 4. 7. 1888, dt. Dichter. Jurist; als bed. Vertreter der Novellistik von Einfluß auf die Novelle des 20. Jh. (u. a. Th. Mann); schrieb u. a. ›Sommergeschichten und Lieder‹ (1851; darin ›Der kleine Häwelmann‹ und ›Immensee‹), ›Pole Poppenspäler‹ (1875), ›Aquis submersus‹ (1877), ›Die Söhne des Senators‹ (1881), ›Zur Chronik von Grieshuus‹ (1884), ›Der Schimmelreiter‹ (1888).

Theodor Storm

stornieren [italien.], einen Auftrag (einen Vertrag, eine Buchung) rückgängig machen.

Störsender, Funksendeeinrichtungen, die gezielt den Empfang der anderen Sender beeinträchtigen; von verschiedenen Staaten betrieben, um die eigene Bevölkerung gegen Information und Propaganda aus dem Ausland abzuschirmen.

Störstelle, lokale Abweichung vom idealen Bau eines Kristallgitters, hervorgerufen durch Fremdatome auf Zwischengitterplätzen bzw. in Leerstellen (Fehlstellen); die S. beeinflussen die elektr. Leitfähigkeit von Halbleitern.

Störtebeker, Klaus, Seeräuber, → Vitalienbrüder.

Storting [norweg. ˌstuːrtiŋ], Name des norweg. Parlaments (seit 1814).

Storz, Gerhard, * Rottenacker bei Ehingen (Donau) 19. 8. 1898, † Leonberg 30. 8. 1983, dt. Literaturhistoriker, Schriftsteller und Politiker. 1958–64 Kultus-Min. von Bad.-Württ.; bed. Untersuchungen zur dt. Klassik und Romantik, v. a. zu Schiller.

Stoß, Veit, * Horb am Neckar (?) um 1448, † Nürnberg 22. 9. 1533, dt. Bildhauer. Einer der Hauptmeister der Spätgotik. Arbeitete ab 1477 in Krakau (Hochaltar der Marienkirche, 1477–89; Grabplatte für König Kasimir IV., nach 1492, Dom) und kehrte 1496 nach Nürnberg zurück. Bildwerke befinden sich in St. Sebald und St. Lorenz in Nürnberg (der ›Englische Gruß‹, eine von einem fast 4 m hohen Rosenkranz umrahmte Darstellung der Verkündigung) und im Bamberger Dom (Altar, 1520–23). – Abb. S. 368.

Störche:
Waldstorch

Stoß, 1) *Physik:* der im allg. nur kurz dauernde Zusammenprall zweier sich relativ zueinander bewegender Körper, die dabei ihre Geschwindigkeit nach Größe und Richtung ändern. Beim *elast.* S. gilt neben dem stets gültigen →Impulssatz der Erhaltungssatz für die Summe der kinet. Energien. Beim *unelast. (inelast.)* S. wird ein Teil der kinet. Energien des S.partner in Wärme umgewandelt. Beide Körper bleiben nach dem S. zusammen und bewegen sich mit gemeinsamer Geschwindigkeit weiter. Der S. mikrophysikal. Teilchen spielt als Streuung in der Kern- und Elementarteilchenphysik eine große Rolle.

2) Bez. für die ebenen Flächen, an denen 2 zu verbindende Bauteile aneinanderstoßen, z. B. der Schienenstoß.

Stoßdämpfer (Schwingungsdämpfer), allg. Vorrichtung zur Dämpfung mechan. Schwingungen an Maschinen (z. B. bei Kraftfahrzeugen). Beim *hydraul. S.,* bei dem Schwingungsenergie durch Reibung einer Flüssigkeit in Wärme überführt wird, ist die vorwiegend verwendete Form der *Teleskop-S.,* der am häufigsten als *Zweirohrdämpfer* gebaut wird. Dieser besteht im wesentlichen aus einem Arbeitszylinder, in dem ein Arbeitskolben, der über eine Kolbenstange mit der Karosserie verbunden ist, auf- und abgleiten

Storchschnabel:
Waldstorchschnabel

kann. Den Arbeitszylinder umgibt ein 2. Zylinder, der als Vorratsbehälter für das Hydrauliköl dient. Beim *Einrohrdämpfer* ist die Wärmeabfuhr besser als beim Zweirohrdämpfer. Bei einem funktionell einfachen Einrohrdämpfer ist im unteren Teil des Arbeitsraumes ein Gas unter einem Druck von rd. 2,5 Mio. Pa (= 25 bar) eingesperrt und über einen abgedichteten Trennkolben vom ölgefüllten Arbeitsraum getrennt. Dieser Gasraum gleicht die durch das Ein- oder Austauchen der Kolbenstange und durch die Änderung der Öltemperatur bedingte Volumenänderung des Arbeitsraumes aus *(Gasdruckstoßdämpfer)*.

Stoßen, Disziplin im → Gewichtheben.

Veit Stoß: Der ›Englische Gruß‹; 1517–18 (Nürnberg, Sankt Lorenz)

Stoßwelle (Schockwelle), eine sich räumlich ausbreitende abrupte, aber stetige Veränderung von Dichte, Druck und Temperatur insbes. in gasförmiger Materie. Eine S. entsteht, wenn plötzlich ein großer Energiebetrag freigesetzt wird (z. B. durch eine Explosion); die Vorderfront der Energieausbreitung stellt eine S. dar. Die Ausbreitungsgeschwindigkeit kann ein Vielfaches der Schallgeschwindigkeit des Mediums sein.

Stoßzähne, die mehr oder weniger mächtigen, beständig weiterwachsenden Schneidezähne im Ober- und/oder Unterkiefer v. a. bei den Rüsseltieren, bei den Männchen der Gabelschwanzseekühe und beim Narwal.

Stottern, mehrfache Unterbrechung des Redeflusses durch unkoordinierte Bewegungen der Atmungs-, Stimm- und Artikulationsmuskulatur. S. ist die häufigste Sprachstörung im Kindesalter (etwa 1% der Kinder stottern); gehäuft tritt S. im 3. und 4. Lebensjahr ein; bei Erwachsenen verstärkt bei Anwesenheit bestimmter Personen oder unter Streß.

Stowe, Harriet Beecher [engl. stoʊ], geb. Beecher, * Litchfield (Conn.) 14. 6. 1811, † Hartford (Conn.) 1. 7. 1896, amerikan. Schriftstellerin. Setzte sich für die Aufhebung des Sklavenstatus der Schwarzen in den Südstaaten ein, u. a. in dem Roman ›Onkel Toms

Hütte‹ (1852), der zu einem der politisch wirksamsten Bücher der nordamerikan. Literatur wurde.

StPO, Abk. für Strafprozeßordnung.

Strabismus [griech.], svw. → Schielen.

Strabon (lat. Strabo), * Amaseia (= Amasya) um 63 v. Chr., † 28(?, nach 23/26) n. Chr., griech. Geograph und Geschichtsschreiber. In seinem geograph. Werk (17 Bücher) u. a. erstmals ausführl. Darstellung Britanniens und Germaniens.

Stradella, Alessandro, * Montefestino bei Neapel 1. 10. 1644, † Genua 25. 2. 1682 (ermordet), italien. Komponist. Komponierte Opern, Oratorien (u. a. ›San Giovanni Battista‹, 1675), Kantaten, Triosonaten und Concerti grossi, die zu den frühesten der Gattung gehören. Berichte über sein abenteuerl. Leben waren Anlaß zahlreicher literar. und musikdramat. Darstellungen.

Stradivari, Antonio, latinisiert Antonius Stradivarius, * Cremona 1644 (1648 oder 1649?), † ebd. 18. 12. 1737, italien. Geigenbauer. Schüler von N. Amati; entwickelte eine eigene Geigenform (breit, vollendete Proportionen, goldgelber Lack, großer, voller Ton). Erhalten sind etwa 540 Violinen, 50 Violoncelli, 12 Violen.

Strafantrag, schriftl. oder zu Protokoll zu stellende Erklärung des in seinen Rechten Verletzten, daß er Strafverfolgung wegen einer Straftat wünsche.

Strafanzeige (Anzeige), Mitteilung des Verdachts einer Straftat an die Polizei, die Staatsanwaltschaft oder das Amtsgericht.

Strafaufschub, vorläufiger Aufschub der Vollstreckung einer Geld- oder Freiheitsstrafe bis zu 4 Monaten, wenn durch den sofortigen Vollzug der Strafe erhebl., außerhalb des Strafzwecks liegende Nachteile drohen.

Strafausschließungsgründe, in der Person des Täters liegende, zur Tatzeit gegebene Umstände (z. B. Alter unter 18 Jahren).

Strafaussetzung (S. zur Bewährung), die Aussetzung der Vollstreckung einer Freiheitsstrafe gegen den Verurteilten. Bei einer Verurteilung zur Freiheitsstrafe von einem Jahr kann das Gericht die S. im Urteil aussprechen, wenn zu erwarten ist, daß der Verurteilte sich schon die Verurteilung zur Warnung dienen lassen und künftig auch ohne die Einwirkung des Strafvollzugs keine Straftaten mehr begehen wird. Die **Bewährungszeit** beträgt 2–5 Jahre. Die S. ist i. d. R. mit Auflagen und Weisungen verbunden. Nach Ablauf der Bewährungszeit wird die Strafe erlassen, wenn sich kein Anlaß zum Widerruf der S. ergeben hat (z. B. erneute Straffälligkeit).

Strafbefehl, schriftl. Festsetzung einer Strafe für Vergehen durch den Amtsrichter ohne mündl. Verhandlung auf Antrag der Staatsanwaltschaft; nur zulässig für Geldstrafen, Fahrverbot, Einziehung und Unbrauchbarmachung. Der Beschuldigte kann durch den Einspruch binnen einer Woche die Verhandlung vor dem zuständigen Gericht erwirken.

Strafe, im strafrechtl. Sinne Rechtsnachteile, die bei Straftaten angedroht werden (Kriminalstrafen). Hauptstrafen des StGB sind die *Freiheitsstrafe* und die *Geldstrafe*. Die früher bestehenden unterschiedl. Arten der Freiheitsstrafe (Zuchthaus, Gefängnis, Einschließung und Haft) sind 1970 zugunsten der *Einheitsstrafe* abgeschafft worden; man unterscheidet jetzt nur noch die zeitige (1 Monat bis 15 Jahre) und die lebenslange Freiheitsstrafe. Die Geldstrafe wird in Tagessätzen bemessen. Das StGB kennt außer diesen Haupt-S. als einzige Neben-S. noch das Fahrverbot und als Nebenfolgen einer Straftat den Verlust der Amtsfähigkeit, der Wählbarkeit und des Stimmrechts. Nicht zu der S. werden die Maßregeln der Besserung und Sicherung gerechnet.

Strafgesetzbuch, Abk. StGB, → Strafrecht.

Strafkammer, Spruchkörper für Strafsachen beim Landgericht.

Strafmandat, umgangssprachl. Bez. für den Bußgeldbescheid (→ Bußgeld).

Strafprozeß → Strafverfahren.

Strafprozeßordnung, Abk. StPO, → Strafverfahren.

Strafrecht, die Gesamtheit der Rechtsnormen, die regeln, welches Verhalten der Gesetzgeber zum Schutz wichtiger Gemeinschaftsgüter und zur Sicherung eines gedeihl. Zusammenlebens in der staatl. Gemeinschaft verbietet und welche Sanktionen für verbotswidriges Verhalten drohen *(materielles S.).* Zum Strafrecht i. w. S. gehört auch das Strafverfahrensrecht *(formelles S.).* Gesetzl. Grundlage des (zum öffentl. Recht gehörenden) materiellen S. ist das **Strafgesetzbuch** (StGB) vom 15. 5. 1871 in der Fassung der Neubekanntmachung vom 2. 1. 1975. Sein ›Allgemeiner Teil‹ regelt die allg. Voraussetzungen und Folgen der Straftat, sein ›Besonderer Teil‹ normiert die einzelnen, mit Strafe bedrohten Handlungen und die jeweils vorgesehenen Strafrahmen. Das **Nebenstrafrecht** setzt sich aus zahlr. Strafnormen in Spezialgesetzen zusammen; z. B. Paß-, Betäubungsmittel-, Straßenverkehrs-, Wehrstraf- und Ausländergesetz.

In *Österreich* ist das S. im StGB vom 23. 1. 1974 geregelt. – In der *Schweiz* gilt das StGB vom 21. 12. 1937, das 1942 in Kraft trat und bisher zwei Teilrevisionen (1950 und 1971) unterzogen wurde.

Strafregister, früher bei der Staatsanwaltschaft des Landgerichts, in dessen Bereich der Verurteilte geboren wurde, geführtes Register; jetzt → Bundeszentralregister.

Strafstoß (Penalty), beim Fußball als **Elfmeter** das Ahnden einer Regelwidrigkeit (Foul, Handspiel) der verteidigenden Mannschaft im Strafraum. Dabei stößt ein Spieler den Ball von der S.marke *(Elfmeterpunkt)* gegen das Tor.

Straftat, die rechtswidrige, schuldhafte Handlung, die einen strafgesetzl. Tatbestand erfüllt. Unterschieden werden *Verbrechen* (Strafandrohung: mindestens 1 Jahr Freiheitsstrafe) und *Vergehen* (alle übrigen Straftaten).

Straftilgung, die Löschung einer Eintragung im Bundeszentralregister über Verurteilungen, die nach bestimmten, gesetzl. geregelten Tilgungsfristen zu geschehen hat.

Strafverfahren (Strafprozeß), förml. Verfahren zur Ermittlung von Straftaten und zur Durchsetzung des staatl. Strafanspruchs. Gesetzl. Grundlage für das S. sind v. a. die *Strafprozeßordnung* (Abk. StPO) und das *Gerichtsverfassungsgesetz.* Letzteres regelt insbes. die Organisation der *Strafgerichtsbarkeit.* Das erstinstanzl. Verfahren verläuft in 3 Abschnitten: Vor- oder Ermittlungsverfahren, Zwischenverfahren, Hauptverfahren. Herr des → Ermittlungsverfahrens ist der Staatsanwalt. Im *Zwischenverfahren* entscheidet das Gericht über die Eröffnung des Hauptverfahrens. Nach Erlaß des Eröffnungsbeschlusses kann die Anklage nicht mehr zurückgenommen werden. Kern des *Hauptverfahrens* ist die öffentl. Hauptverhandlung (Strafprozeß i. e. S.). In der geheimen Urteilsberatung wird aufgrund des Ergebnisses der Hauptverhandlung über Schuld oder Unschuld und über die zu verhängenden Sanktionen beraten und abgestimmt. Danach wird das Urteil öffentl. verkündet und mündl. begründet. Rechtsmittel sind Berufung und Revision.

In *Österreich* ist das S. in der StPO vom 23. 5. 1873 (wieder verlautbart 1960), in der Fassung des am 1. 1. 1975 in Kraft getretenen Strafprozeßanpassungsgesetzes von 1974 geregelt. Sie entspricht in ihren wesentl. Grundsätzen der dt. StPO. – In der *Schweiz* fällt

das Strafverfahrensrecht in die Gesetzgebungszuständigkeit der einzelnen Kantone. Einheitl. geregelt ist lediglich der Bundesstrafprozeß.

Strafversetzung, im Disziplinarrecht die Versetzung in ein Amt derselben Laufbahn mit geringerem Endgrundgehalt.

Strafvollzug, die Art und Weise der Durchführung von Freiheitsstrafen und Maßregeln der Besserung und Sicherung. Zu unterscheiden ist der Begriff des Strafvollzugs von dem der **Strafvollstreckung:** hierunter versteht man lediglich das Verfahren von der Rechtskraft des Urteils bis zum Strafantritt sowie die anschließende generelle Überwachung der Durchführung angeordneter Straffolgen (hierfür ist grundsätzl. die Staatsanwaltschaft zuständig). Nach dem *Strafvollzugsgesetz* von 1976 soll der Strafgefangene im Vollzug der Freiheitsstrafe fähig werden, künftig in sozialer Verantwortung ein Leben ohne Straftaten zu führen. Die *halboffenen Justizvollzugsanstalten* unterscheiden sich von den geschlossenen Anstalten dadurch, daß der einzelne Häftling mehr Bewegungsfreiheit innerhalb und außerhalb der Vollzugsanstalt hat (z. B. kein Zelleneinschluß, weniger ausgeprägte Sicherheitsvorkehrungen).

Strafzumessung, richterl. Entscheidung zur Bestimmung der im Einzelfall angemessenen Strafe für den Verstoß gegen eine Norm des Strafrechts.

Stragula Ⓦ [lat.], Fußbodenbelag; Grundschicht aus bitumengetränkter Wollfilzpappe, Deckschicht aus mit Öllacken bedruckten Kunststoffen (z. B. PVC).

Strahl, 1) *Mathematik:* die Menge aller derjenigen Punkte einer Geraden, die von einem Punkt P (dem Anfangspunkt des S.) aus betrachtet auf ein und derselben Seite liegen.

2) *Physik* und *Technik:* jeder gerichtete kontinuierl. Materie- oder Energiestrom, z. B. ein Flüssigkeits-, Elektronen- oder Lichtstrahl.

Strahlendetektor (Strahlungsdetektor), der strahlungsempfindl. Teil eines Strahlenmeß- bzw. Strahlenüberwachungsgerätes (z. B. Ionisationskammer oder Zählrohr), in dem die einfallende Strahlung infolge von Ionisation oder innerem Photoeffekt elektr. Strom- oder Spannungsimpulse erzeugt, die dann vom Gerät registriert und analysiert werden oder ein Alarmsignal auslösen.

Strahlendosis → Dosis, → Strahlenschutz.

Strahlenflosser (Aktinopterygier), Unterklasse der Knochenfische, bei denen der untere Teil des Skeletts der paarigen Flossen so weit verkürzt ist, daß die Flossen nur noch von Flossenstrahlen getragene Hautfalten darstellen. Mit Ausnahme der Quastenflosser und Lungenfische sind alle rezenten Arten der Knochenfische Strahlenflosser.

Strahlenpilze (Aktinomyzeten, Actinomycetales), Ordnung von v. a. im Boden lebenden Bakterien; grampositive, teilweise säurefeste Zellen; zahlr. Arten liefern Antibiotika, einige rufen S.erkrankungen hervor.

Strahlenpilzkrankheit (Aktinomykose), durch Infektion mit Strahlenpilzen verursachte Erkrankung bei Mensch und Tier. Beim Menschen sind meist die Mundhöhle, der Atmungs- und Verdauungstrakt befallen. An den Schleimhäuten bilden sich abgegrenzte, zunächst verhärtete Infiltrate mit zahlr. Fistelöffnungen.

Strahlensätze, Lehrsätze der Elementargeometrie: *1. Strahlensatz:* Werden 2 von einem Punkt ausgehende Strahlen von parallelen Geraden geschnitten, so sind die Verhältnisse entsprechender Strecken auf den Strahlen gleich:

$$\overline{SA} : \overline{SA'} = \overline{SB} : \overline{SB'}.$$

2. Strahlensatz: Werden 2 von einem Punkt ausgehende Strahlen von parallelen Geraden geschnitten, so verhalten sich die Abschnitte auf den Parallelen wie die entsprechenden Scheitelabschnitte:

$$\overline{AB} : \overline{A'B'} = \overline{SA} : \overline{SA'} = \overline{SB} : \overline{SB'}.$$

Strahlenschutz (Strahlungsschutz), Gesamtheit der Maßnahmen gegen Strahlenschäden, die im menschl. Körper durch ↑ Absorption ionisierender Strahlen verursacht werden können. Der S. erstreckt sich von der Überwachung der in Kernkraftwerken und Beschleunigeranlagen beschäftigten Personen und solchen, die mit radioaktiven Stoffen und Abfällen umgehen, bis hin zur Strahlenüberwachung der Umwelt (Atmosphäre, Gewässer u. a.). – In der BR Deutschland darf nach der S.verordnung vom 13. 10. 1976 die auf den Menschen wirkende *Strahlendosis* (Strahlungsdosis) bestimmte Toleranzwerte nicht überschreiten. Maßgebend für die Strahlenbelastung von Personen ist die in J/kg Körpergewicht (bis 31. 12. 1985 in Rem) gemessene *Äquivalentdosis*, die die unterschiedl. biolog. Wirkung der verschiedenen Strahlenarten durch Einbeziehung der relativen biolog. Wirksamkeit (RBW) als Faktor berücksichtigt.

Übliche Strahlungsüberwachungsgeräte sind die → Dosimeter, aber auch chem. Präparate und Gläser, die sich bei Bestrahlungen verfärben. Für genauere Messungen werden Strahlungsmeßgeräte (Zählrohre, Szintillationszähler u. a.) verwendet, die im Bereich starker Strahlungsquellen als Monitoren fest installiert sind und bei Gefahr automat. eine Alarmvorrichtung auslösen.

Strahlenstürme (Gammastrahlenschauer), von noch nicht bekannten statistisch verteilten Punkten des Milchstraßensystems oder anderer Galaxien ausgehende, sekundenlange Gammastrahlenpulse (Bursts), deren Energie die Sonnenstrahlungsenergie um den Faktor 10^6 übertrifft; nicht zu verwechseln mit den durch Sonneneruptionen verursachten Gammastrahlenpulsen (Flares).

Strahlentherapie (Radiotherapie, Röntgentherapie, Strahlenbehandlung), i. w. S. die therapeut. Anwendung von Strahlen in der Medizin (z. B. Mikrowellen, Kurzwellen, Infrarot-, Ultraviolettbestrahlung; → auch Elektrotherapie); i. e. S. als Teilgebiet der Radiologie die Anwendung von ionisierender Strahlung, insbes. von konventionellen (bis 300 kV) und ultraharten Röntgenstrahlen (bei der Röntgentherapie) und den Strahlen radioaktiver Stoffe, unter Ausnutzung der biolog. und physikal. Wirkung dieser Strahlen.

Die *Bestrahlungsschäden*, d. h. die unerwünschten, jedoch noch zu tolerierenden Nebenwirkungen einer S. umfassen u. a. Hautreizungen, Röntgendermatitis, Schädigungen von empfindl. Organen, die im Bestrahlungsfeld liegen.

Strahlentierchen (Radiolarien, Radiolaria), mit rd. 5 000 Arten in allen Meeren verbreitete Klasse sehr formenreicher, meist mikroskop. kleiner Einzeller. Zellkörper meist kugelig, bildet aus Kieselsäure oder Strontiumsulfat häufig kugel- oder helmförmige Gehäuse, die mit zahlr. Öffnungen durchsetzt sind, ernähren sich entweder von Mikroorganismen oder durch Symbiose mit Algen; Fortpflanzung erfolgt ungeschlechtl. durch Zweiteilung.

Strahler (Strahlungsquelle), allg. jeder Körper, der elektromagnet. oder Partikelstrahlung aussendet, z. B. eine Lichtquelle, eine radioaktive Substanz; auch jede techn. Vorrichtung bzw. Anlage, die Strahlung aussendet (z. B. Lampe, Sender).

Strahlstrom (Jetstream), sehr starker (über 200 km/h) Luftstrom in der oberen Troposphäre oder unteren Stratosphäre, normalerweise Tausende von Kilometern lang, Hunderte von Kilometern breit und einige Kilometer tief. Zwei markante S.systeme treten auf jeder Halbkugel der Erde auf: der *Subtropenjet*

und der *Polarfrontjet*. Beide S.systeme werden durch den Austausch von unterschiedl. temperierten Luftmassen aus den verschiedenen Breitenzonen der Erde hervorgerufen und sind wegen ihrer sehr hohen Windgeschwindigkeiten von Bedeutung für die Luftfahrt.

Strahltriebwerke, Bez. für alle Triebwerke, bei denen die für den Antrieb benötigte Kraft (Schub) durch gerichtetes Ausstoßen von Masseteilchen (in Form eines Abgasstrahls) erfolgt.

Strahlung, die mit einem gerichteten Transport von Energie oder Materie (bzw. von beiden) verbundene räuml. Ausbreitung eines physikal. Vorgangs; auch Bez. für die hierbei transportierte Energie oder Materie. Bei einer *Wellen-S.*, wie z. B. bei der elektromagnet. S., erfolgt die Ausbreitung in Form von Wellen. Eine *Korpuskular-S.* (Partikel- oder Teilchen-S.) besteht aus meist schnell bewegten Teilchen (Moleküle, Atome, Ionen, Elementarteilchen).

Strahlungsgürtel → Van-Allen-Gürtel.

Strahlungsthermometer, svw. → Pyrometer.

Straits Settlements [engl. 'streits 'setlmənts] → Malaysia (Geschichte).

Stralsund, Kreisstadt am Strelasund, Mecklenburg-Vorpommern, 74 600 E. Theater; Werft; Hafen. Got. Nikolaikirche (um 1270 ff.), got. Marienkirche (nach 1382–1473), got. Jakobikirche (14./15. Jh.); das ehem. Dominikanerkloster Sankt Katharinen (15. Jh.) beherbergt Museen; got. Rathaus (13. Jh.) mit berühmter Fassade (15. Jh.); Bürgerhäuser (15. bis 18. Jh.). – Trat 1283 dem Bündnis Lübecks mit Rostock und Wismar von 1259 bei (Keimzelle der Hanse); fiel 1648 an Schweden, 1815 an Preußen. – Im *Frieden von Stralsund* (1370) mit Dänemark sicherte sich die Hanse die Handelsvormacht im Norden.

Stramin [lat.-niederl.], Gitterstoff aus Baumwolle, Leinen o. ä.; Stickereigrundlage.

Strandflöhe (Talitridae), Fam. bis 3 cm langer, meist nachtaktiver Krebse mit zahlr. Arten in trop. und gemäßigt warmen Meeres-, Brack- und Süßgewässern sowie auf bzw. in feuchten Sandstränden; bekannt v. a. der etwa 2 cm große *Küstenhüpfer* und der bis 1,5 cm lange *Strandhüpfer* (Gemeiner Strandfloh, Sandhüpfer; springt bis 30 cm weit).

Strandhafer (Helmgras, Sandrohr), Gattung der Süßgräser mit drei Arten an den Küsten Europas, N-Afrikas und N-Amerikas; einheim. ist der *Gemeine S.*, eine 0,6–1 m hohe weißlichgrüne, lange Ausläufer bildende Pflanze; dient oft als Dünenbefestigung.

Strandkrabbe, in gemäßigten und warmen Meeren beider Hemisphären weit verbreitete Krabbe, häufigste Krabbe der Nordsee; Rückenpanzer 5,5 (♀) bis 6 cm (♂) breit; stets seitwärts laufendes Tier, das sich v. a. von Weichtieren, Flohkrebsen, Würmern und kleinen Fischen ernährt.

Strandläufer, Gatt. meisen- bis amselgroßer, relativ kurzbeiniger Schnepfenvögel mit rd. 20 Arten, v. a. an Meeres- und Süßwasserstränden N-Eurasiens und N-Kanadas; trippelnd laufende Watvögel; Zugvögel; u. a. der häufig an der Nord- und Ostsee überwinternde, etwa 20 cm lange *Meerstrandläufer*.

Strandnelke, svw. → Grasnelke.

Strandseeigel (Strandigel), bis etwa 4 cm großer, abgeflachter, grünl. Seeigel im nördl. Atlantik sowie in der Nord- und westl. Ostsee; Stacheln kurz.

Strandsegeln, dem Eissegeln ähnl. Wettbewerb mit drei- oder vierrädrigen Segelwagen auf Sandpisten oder Sandstränden.

Strangguß → Gießverfahren.

Strängnäs [schwed. 'strɛŋnɛːs], schwed. Stadt am S-Ufer des Mälarsees, 12 000 E. Domkirche (1291 geweiht); Roggeborg (Bischofsburg des 15. Jh.; jetzt Museum). – Seit 1080 Bischofssitz.

Strangpressen → Kunststoffverarbeitung.

Strangulation [lat.], Abdrosselung der Luftröhre bzw. Kompression der Halsschlagader durch Zupressen des Halses (z. B. beim Erwürgen).

Stranitzky, Josef Anton [...ki], * Knittelfeld (?) um 1676, † Wien 19. 5. 1726, österr. Volkskomödiant. Begründer des → Wiener Volkstheaters.

Strasbourg [frz. stras'bu:r] → Straßburg.

Straß [nach dem frz. Juwelier Georges Frédéric Stras, * 1700, † 1773], Bez. für stark lichtbrechende Schmucksteine aus Bleiglas.

Straßburger Münster: Westfassade; 1276–1439

Straßburg, 1) österr. Stadt in Kärnten, im Gurktal, 2 600 E. Große Wehranlage der ehem. Burg der Bischöfe von Gurk (v. a. 16. und 17. Jh.) mit roman. Doppelkapelle (12. Jh.; barockisiert).
2) (amtl. Strasbourg), frz. Stadt im Unterelsaß, an der Mündung der Ill in den Rhein, 248 700 E. Hauptstadt der Region Elsaß, Verwaltungssitz des Dep. Bas-Rhin; Sitz des Europarats; Univ., Kernforschungszentrum; Observatorium; bed. Museen, Theater, Oper; Musikfestspiele. U. a. Erdölraffinerien, petrochem. Ind., Walzwerke, Europ. Messe; Hafen, ⚓ Entzheim.
Bauten: Berühmt ist das → Straßburger Münster. Got. Thomaskirche (um 1200 bis 14. Jh.), got. Simultankirche Alt-Sankt-Peter (1328 ff.), ev. spätgot. Wilhelmer-Kirche (1485 ff.), Frauenhaus, ein Baukomplex aus Gotik und Renaissance (1347 und 1579 bis 1585), ehem. bischöfl. Palais Château des Rohan (1730–42; Museum), barockes Rathaus (1730), zahlr. Bürgerhäuser, u. a. Kammerzellsches Haus (Fachwerkbau von 1589 über Steingeschoß von 1467; altes Gerberviertel; Europahaus (1977).
Geschichte: Das röm. **Argentorate,** ein Hauptort der sweb. Triboker, entstand um 16. n. Chr. als Legionslager. 498 dem Fränk. Reich einverleibt (seit dem Ende des 6. Jh. Name **Strateburgum**); fiel 870 an das Ostfränk. Reich; erstes Stadtrecht um 1150; im 13./14. Jh. Entwicklung zur Reichsstadt. Ab 1381 Mgl. des Rhein. Städtebundes; 1531 Beitritt zum Schmalkald. Bund; 1681 an Frankreich, 1871–1918 Hauptstadt des dt. Reichslandes Elsaß-Lothringen; 1940–44 dt. besetzt; seit 1949 Sitz des Europarats, seit 1958 im Wechsel mit Luxemburg Tagungsort des Europ. Parlaments.
3) Bistum, seit dem 4. Jh. bezeugt; bis 1801 Suffraganbistum von Mainz, dann von Besançon, seit 1871 exemt.

Straßburger Eide (14. 2. 842), von Nithard überlieferter Bündnisschwur Karls des Kahlen (in ahd. Sprache) und Ludwigs (II.) des Deutschen (in altfrz. Sprache) gegen Lothar I.; bed. Sprachdenkmal.

Straßburger Meister, Meister einer Bildhauerwerkstatt, die aus Chartres kam; war ab etwa 1225 am Straßburger Münster tätig. Die Tympana am Portal des südl. Querhauses mit Marientod und -krönung, der Weltgerichtspfeiler im südl. Querhaus sowie die Figuren der Ecclesia und der Synagoge am Portal (Originale im Frauenhaus-Museum) gehören zu den bedeutendsten bildhauer. Werken der Frühgotik.

Straßburger Münster, Bischofskirche in Straßburg. Sie steht auf den Grundmauern eines otton. Baus (1015 ff.; Krypta erhalten). Der Chor und Teile des Querhauses sind spätroman., beim südl. Querhaus wird ab 1220 frz. got. Einfluß spürbar; das 1275 vollendete Langhaus zeigt das frz. got. Kathedralsystem. Der Entwurf (Riß B) der W-Fassade (1276; Autorschaft umstritten) wurde von Erwin von Steinbach bis zur Balustrade ausgeführt (mit Portalen, der großen Rose, dem vorgelegten Stab- und Maßwerk); 1399–1419 durch Ulrich von Ensingen weitergeführt. Nur der nördl. der beiden Türme wurde vollendet (1419–39). Bed. Bildwerke des → Straßburger Meisters und Glasmalerei des 12.–15. Jh.

Straße [lat.], i. w. S. Verkehrsweg zu Lande, zu Wasser und in der Luft; i. e. S. befestigter Verkehrsweg für nicht schienengebundene Fahrzeuge. Je nach Lage werden unterschieden Stadt-S. (innerhalb bebauter Gebiete) und Land-S. (außerhalb bebauter Gebiete). Nach dem Träger der Baulast werden die Land-S. eingeteilt in: Bundes-S., Staats-S., Kreis-S., Gemeinde-S. und Privatstraßen. → Autobahnen.
Der **Straßenbau** ist die Fertigung der S. auf dem anstehenden Boden (Untergrund), mit geschütteten Dämmen als *Unterbau* (Gründung), der eigtl. Fahrbahnkonstruktion (Trageschichten der Fahrbahndecke und befestigte Randstreifen) als *Oberbau* sowie den Nebenanlagen (Böschungen, Entwässerungsgräben). *Fahrbahndecken* werden u. a. als bituminöse Decken (Schwarzdecken) aus Gußasphalt (Bitumen bzw. Naturasphalt mit Splitt, Kies u. a. Füllzusätzen) oder Asphaltmakadam (Gemisch aus grobkörnigem Gestein [z. B. Schotter, Splitt] und bituminösen Bindemitteln) ausgeführt. Zementbetondecken haben als Vorteile hohe Lebensdauer, gleichbleibend hohe Ebenheit infolge geringer und gleichmäßiger Abnutzung, hohe Festigkeit bei jeder Witterung und Temperatur sowie große Tragfähigkeit. Die Gesamtdicke einer ausreichend frostsicheren Fahrbahnkonstruktion beträgt 60–70 cm.

Straßenbahn (Tram[bahn]), elektr. betriebenes, schienengebundenes Personenbeförderungsmittel im Stadt- und Vorortverkehr, dessen Gleise (Regelspur 1 435 mm, Meterspur 1 000 mm) in die Straßenflächen verlegt sind bzw. auf einem eigenen Bahnkörper oder auch unterirdisch (bei Unterpflasterbahnen) verlaufen. Zum *Antrieb* dienen Gleichstromreihenschlußmotoren mit einer Leistung von 60–75 kW. Die elektr. Energie (Spannung 500–750 V) wird mittels Stromabnehmer der Oberleitung entnommen und über die geerdeten Schienen abgeführt. Zum Bremsen werden die Motoren als Generatoren geschaltet. Die Bremsausrüstung moderner Fahrzeuge besteht aus einer druckluftbetätigten Klotz- oder Scheibenbremse und aus einer unmittelbar auf die Schienen wirkenden Magnetschienenbremse.

Straßenverkehr, i. w. S. jede Benutzung öffentl. Straßen, bes. durch Kraftfahrzeuge. Zu unterscheiden ist nach dem Zweck der Nutzung zw. Güter- und Personenverkehr, nach der Entfernung zw. Fern- und Nahverkehr, nach dem Träger zw. Individual- und öffentl. Verkehr.

Straßenverkehrsrecht, die Gesamtheit der Vorschriften, die die Benutzung der öffentl. Straßen, Wege und Plätze zu Zwecken des Verkehrs regeln. Rechtsquellen sind im wesentl. das *Straßenverkehrsgesetz* (StVG) vom 19. 12. 1952, die *Straßenverkehrsordnung* (StVO) vom 16. 11. 1970 und die *Straßenverkehrs-Zulassungs-Ordnung* (StVZO) vom 15. 11. 1974. Das StVG legt u. a. fest, daß Kfz für den Betrieb auf öffentl. Straßen zugelassen sein müssen und der Führer einer Fahrerlaubnis bedarf, die ihm unter bestimmten Voraussetzungen entzogen werden kann. Im Anschluß daran regelt die StVZO die Zulassung von Personen und Kraftfahrzeug zum Verkehr auf öffentl. Straßen. Die StVO stellt eingehende Verkehrsregeln auf.

Strasser, 1) Gregor, * Geisenfeld bei Manching 31. 5. 1892, † Berlin 30. 6. 1934 (ermordet), dt. Politiker (NSDAP). Nahm 1923 am Hitlerputsch teil; einer der für die Entwicklung der NSDAP wichtigsten Funktionäre (u. a. 1928–32 Reichsorganisationsleiter); führend an der versuchten Abspaltung der norddt. Parteiorganisation 1925 beteiligt; stürzte, als er Ende 1932 die Beteiligung der NSDAP an einer Rechtskoalition vertrat; trat am 8. 12. 1932 von allen Parteiämtern zurück; beim sog. Röhm-Putsch ermordet.
2) Otto, * Windsheim (= Bad Windsheim) 10. 9. 1897, † München 27. 8. 1974, dt. Politiker und Publizist. Bruder von Gregor S.; vertrat als Leiter des Berliner Kampfverlages (ab 1926) publizist. eine eigene antikapitalist. Konzeption des Nat.-Soz. im Ggs. zur Partei; nach dem offenen Bruch mit Hitler 1930 gründete er die ›Kampfgemeinschaft revolutionärer Nationalsozialisten‹ (→Schwarze Front); 1933–55 im Exil.

Straßmann, Friedrich (Fritz) Wilhelm, * Boppard 22. 2. 1902, † Mainz 22. 4. 1980, dt. Chemiker. Als Mitarbeiter O. Hahns 1938 an der Entdeckung der Kernspaltung beteiligt, wofür er 1966 zus. mit O. Hahn und Lise Meitner den Enrico-Fermi-Preis erhielt.
Strategic Arms Limitation Talks [engl. strə-'tiːdʒɪk 'ɑːmz lɪmɪ'teɪʃən 'tɔːks] →SALT.
Strategic Arms Reduction Talks [engl. strə-'tiːdʒɪk 'ɑːmz rɪ'dʌkʃən 'tɔːks] →START.
Strategie [griech.], i. e. S. die Kunst der Kriegführung; allg. der Entwurf und die Durchführung eines Gesamtkonzepts, nach dem das Handelnde [in der Auseinandersetzung mit anderen] ein bestimmtes Ziel zu erreichen sucht.
strategische Waffensysteme, Trägersysteme zum Transport nuklearer Sprengköpfe über eine Distanz von mehr als 5 500 km.
Stratford-upon-Avon [engl. 'strætfəd ə'pɒn 'ɛɪvən], engl. Stadt am Avon, Gft. Warwick, 20 900 E. Holy Trinity Church (12.–15. Jh.) mit dem Grab Shakespeares; zahlr. Fachwerkhäuser, u. a. Shakespeares Geburtshaus, Harvardhaus. – 691 erstmals erwähnt.
Stratigraphie [lat./griech.], **1)** Teilgebiet der *Geologie,* untersucht die räuml. und zeitl. Abfolge von Gesteinsschichten.
2) *Archäologie:* Untersuchung der Abfolge der Kulturschichten bei der Ausgrabung.
Stratokumulus [lat.] (Stratocumulus, Haufenschichtwolke) →Wolken.
Stratosphäre [lat./griech.] →Atmosphäre.
Stratovulkan [lat.] →Vulkanismus.
Straub, 1) Jean-Marie [frz. stroːb], * Metz 8. 1. 1933, frz. Filmregisseur. Dreht in Zus.arbeit mit seiner Frau Danièle Huillet (* 1936) Filme von bed. künstler. Niveau, u. a. ›Chronik der Anna Magdalena Bach‹ (1967), ›Moses und Aron‹ (1974, Verfilmung der Oper von A. Schönberg), ›Klassenverhältnisse‹ (1983, nach Kafkas Roman ›Der Verschollene‹), ›Der Tod des Empedokles‹ (1987, nach Hölderlin).

Max Streibl

Franz Josef Strauß

2) Johann Baptist, * Wiesensteig bei Geislingen an der Steige 1704, † München 15. 7. 1784, dt. Bildhauer des Rokoko. Kirchenausstattungen (Altäre) in München-Berg am Laim (1743–67), Schäftlarn (1755–64) und Ettal (1757–62).
Straube, Karl, * Berlin 6. 1. 1873, † Leipzig 27. 4. 1950, dt. Organist, Orgellehrer und Chorleiter. Organist und Thomaskantor in Leipzig; Verdienste um die Erneuerung des Orgelspiels.
Straubing, Stadt im Dungau, Bayern, 40 100 E. Stadt- und Gäuboden-Museum. Roman. Pfarrkirche Sankt Peter (12. Jh.), spätgot. Jakobskirche (1415 ff.; barockisiert), spätgot. Karmelitenkirche (1371 bis 1466; barockisiert), barocke Ursulinenkirche der Brüder Asam (1736 ff.); got. Schloß (1356 ff.); Stadtturm (1316 ff.); zahlr. Bürgerhäuser. – Reiche prähistor. Funde (v. a. Straubinger Kultur aus der frühen Bronzezeit). – Entstand um ein röm. Kohortenkastell; 1218 Stadt; 1353–1425 Residenz des bayr. Teil-Hzgt. S.-Holland.
Strauch (Busch), Holzgewächs, das sich vom Boden an in mehrere, etwa gleich starke Äste aufteilt, so daß es nicht zur Ausbildung eines Hauptstammes kommt.
Straus, Oscar, * Wien 6. 3. 1870, † Bad Ischl 11. 1. 1954, österr. Komponist. 1938 bis 1948 Emigration; Operetten, u. a. ›Ein Walzertraum‹ (1907), Filmmusiken.
Strausberg, Kreisstadt am Straussee, Brandenburg, 28 600 E. Got. Pfarrkirche Sankt Marien (13. und 15. Jh.), Reste der Stadtmauer (13. Jh.).
Strauß, österr. Musikerfamilie; am bekanntesten:
1) Johann (Vater), * Wien 14. 3. 1804, † ebd. 25. 9. 1845, Komponist. Gründete 1825 in Wien ein eigenes Orchester, wurde 1835 Hofballdirektor; komponierte mehr als 150 Walzer sowie Polkas und Märsche (›Radetzkymarsch‹, 1848).
2) Johann (Sohn), * Wien 25. 10. 1825, † ebd. 3. 6. 1899, Komponist. Wurde mit seiner 1844 gegr. Kapelle, in der auch seine Brüder Josef (* 1827, † 1870) und Eduard (* 1835, † 1916) mitwirkten, zum internat. berühmten ›Walzerkönig‹ (u. a. ›Wiener Blut‹). Von seinen 16 Operetten sind ›Die Fledermaus‹ (1874), und ›Der Zigeunerbaron‹ (1885) seine größten Erfolge.
Strauß, 1) Botho, * Naumburg/Saale 2. 12. 1944, dt. Schriftsteller. Einer der meistgespielten zeitgenöss. Bühnenautoren; u. a. ›Die Hypochonder‹ (1972), ›Trilogie des Wiedersehens‹ (1978), ›Groß und Klein‹ (1978), ›Kalldewey, Farce‹ (1981), ›Der Park‹ (1983), ›Besucher‹, ›Die Zeit und das Zimmer‹, ›Sieben Türen‹ (alle 1988); auch Romane, u. a. ›Der junge Mann‹ (1984).
2) David Friedrich, * Ludwigsburg 27. 1. 1808, † ebd. 8. 2. 1874, dt. ev. Theologe. Mit ›Das Leben Jesu, kritisch betrachtet‹ (1835) wurde S. Mitbegründer der →Leben-Jesu-Forschung und zum Wegbereiter der histor.-philolog. Bibelkritik.
3) Franz Josef, * München 6. 9. 1915, † Regensburg 3. 10. 1988, dt. Politiker. Mitbegründer der CSU, ab 1961 deren Vors.; 1949–78 MdB; 1953–55 Bundes-Min. für bes. Aufgaben, 1955/56 für Atomfragen. Leitete als Verteidigungs-Min. ab 1956 den Aufbau der Bundeswehr. Der Vorwurf, in der Spiegelaffäre den Bundestag belogen zu haben, führte 1962 zu seinem Rücktritt als Min.; 1966–69 Bundesfinanz-Min.; ab Nov. 1978 Min.-Präs. von Bayern.
Strauß [griech.-lat.] (Afrikan. S.), bis fast 3 m hoher, langhalsiger und langbeiniger, flugunfähiger Vogel, v. a. in Halbwüsten, Steppen und Savannen Afrikas südl. der Sahara; an schnelles Laufen angepaßter Laufvogel (bis zu 50 km/h), der sich vorwiegend von Blättern, Früchten und Kleintieren ernährt; an den Füßen sind nur die dritte und vierte Zehe entwickelt;

Gefieder des ♂ schwarz mit weißen Schmuckfedern an Flügeln und Schwanz; die bis 1,5 kg schweren Eier werden vorwiegend vom ♂ bebrütet. – Es entspricht nicht der Realität, daß der S. bei Gefahr seinen Kopf in den Sand steckt.

Strauss, Richard, * München 11. 6. 1864, † Garmisch-Partenkirchen 8. 9. 1949, dt. Komponist und Dirigent. Einer der führenden Vertreter der → Programmusik des 19. Jh., u. a. ›Don Juan‹ (1888), ›Macbeth‹ (1888, 1890), ›Tod und Verklärung‹ (1889), ›Till Eulenspiegels lust. Streiche‹ (1895), ›Also sprach Zarathustra‹ (1896), ›Eine Alpensinfonie‹ (1915) und bed. Musikdramatiker des 20. Jh.; seine 15 Opern zeigen sehr verschiedenartige Konzeptionen; 6 Werke sind in Zusammenarbeit mit H. von Hofmannsthal entstanden, u. a. ›Elektra‹ (1909), ›Der Rosenkavalier‹ (1911), ›Ariadne auf Naxos‹ (1912) ›Die Frau ohne Schatten‹ (1919), ›Die ägypt. Helena‹ (1928, 1933) und ›Arabella‹ (1933), bes. bekannt ist auch die Oper ›Salome‹ (1905); schrieb auch Ballette, Chöre, Kammer- und Klaviermusik.

Straußfarn (Trichterfarn), Gatt. der Tüpfelfarngewächse; einheim. ist der *Deutsche S.* mit bis 1,5 m hohen Blättern; als Zierpflanze kultiviert.

Straußgras, Gatt. der Süßgräser mit rd. 200 Arten, v. a. im gemäßigten Bereich der N-Halbkugel; einjährige oder ausdauernde Gräser, Ährchen meist in zierl., stark verzweigten, pyramiden- oder eiförmigen Rispen. Einheimisch sind u. a. das 10–60 cm hohe *Rote S.,* das als gutes Futtergras geschätzte *Weiße S.* und das bis 1,5 m hohe *Fioringras* (häufig als Rasengras verwendet).

Strauß und Torney, Lulu von, verh. Luise Diederichs, * Bückeburg 20. 9. 1873, † Jena 19. 6. 1956, dt. Schriftstellerin. Schrieb histor. Balladen und Romane.

Strawinski, Igor, * Oranienbaum (= Lomonossow) 17. 6. 1882, † New York 6. 4. 1971, amerikan. Komponist russ. Herkunft. Lebte ab 1910 v. a. in der Schweiz, ab 1920 in Frankreich, ab 1939 in Kalifornien. Sein umfangreiches Werk umfaßt alle Bereiche der Komposition; einen Schwerpunkt bilden Bühnenwerke, v. a. Ballette. Für Diaghilews ›Balletts Russes‹ entstanden u. a. ›Der Feuervogel‹ (1910), ›Petruschka‹ (1911), ›Le sacre du printemps‹ (1913). Anfänglich entwickelte S. einen folklorist. getönten Stil mit motor. Rhythmik und kurzgliedriger, oft diaton. Motivik. Epochemachend mit ihrer Trennung der musiktheatral. Elemente und parodist. Verwendung traditioneller Musiktypen wirkten dann u. a. die Ballett-Burleske ›Renard‹ (1922) und ›Die Geschichte vom Soldaten‹ (1918). Hier wie in späteren Werken, u. a. ›Rag-Time‹ (1918), ›Piano-Rag-Music‹ (1919), ›Ebony Concerto‹ für Klarinette und Jazzband (1945), bezog S. Elemente des Jazz ein. Der von ihm seit den 1920er Jahren vertretene sog. Neoklassizismus, u. a. die Ballette ›Pulcinella‹ (Musik nach Pergolesi, 1920), ›Jeu de cartes‹ (1937); das Opern-Oratorium ›Oedipus rex‹ (konzertant 1927, szen. 1928): die ›Psalmensinfonie‹ (1930); die Oper ›The rake's progress‹ (1951) galt als Alternative zur Zwölftonmusik. In seinem Spätwerk benutzte S. dann reihentechn. Verfahren, ohne aber die Tonalität preiszugeben, u. a. in den ›Threni‹ (1957/58), der Kantate ›A sermon, a narrative, and a prayer‹ (1960/61), dem Ballett ›Agon‹ (1957), den Sologesängen ›In memoriam Dylan Thomas‹ (1954) und ›Abraham and Isaac‹ (1962/63), ›Elegy for J. F. K.‹ (1964).

Stream of consciousness [engl. 'stri:m əv 'kɔnʃəsnɪs ›Bewußtseinsstrom‹] → innerer Monolog.

Strebewerk, konstruktives Verspannungssystem zur Ableitung der Gewölbeschübe, insbes. in der kirchl. Baukunst der Gotik. Die Gewölbeschübe werden mittels *Strebebögen* zu den *Strebepfeilern* am Außenbau geleitet, die sie auf die Fundamente übertragen.

Strecke, 1) *Geometrie:* die Gesamtheit der Punkte des kürzesten Verbindungsweges zw. zwei festen Punkten *A* und *B* einer Ebene; mathemat. symbolisiert durch $\overline{AB}$.

2) *Jägersprache:* Bez. für 1. die Stückzahl des bei einer Jagd oder in einem Distrikt während eines Jahres erlegten Wildes; 2. das nach Beendigung einer Jagd auf der Erde niedergelegte Wild.

Streckmuskeln (Extensoren), Muskeln, die durch Kontraktion die gelenkig miteinander verbundenen Skeletteile, v. a. von Extremitäten, zum Strecken bringen.

Streckverband → Extensionsverband.

Strehler, Giorgio, * Barcola (heute zu Triest) 14. 8. 1921, italien. Regisseur und Theaterleiter. Gründete 1947 mit Paolo Grassi (* 1919) das ›Piccolo Teatro‹ in Mailand; bis 1968 gemeinsam mit Grassi, seit 1972 dessen alleiniger Leiter. 1968–72 eigene Schauspieltruppe (›Gruppo Teatro e Azione‹); auch Operninszenierungen, u. a. an der Mailänder Scala (1977–82 auch deren künstler. Berater) und bei den Salzburger Festspielen; u. a. 1983–89 Leiter des Pariser ›Europatheaters‹.

Streibl, Max, * Oberammergau 6. 1. 1932, dt. Politiker (CSU). Jurist; seit 1962 MdL in Bayern; 1977–88 mehrfach Min., seit 1988 Ministerpräsident.

Streichen, 1) *Geologie:* die als Abweichung von der Nordrichtung in Grad angegebene Richtung der Schnittfläche einer geneigten geolog. Schichtfläche mit der Horizontalen.

2) seemänn. svw. Herunterlassen, z. B. S. der Segel; S. der Flagge.

Streicher, 1) Johann Andreas, * Stuttgart 13. 12. 1761, † Wien 25. 5. 1833, dt. Klavierbauer. – Begleitete 1782 seinen Freund F. Schiller auf dessen Flucht von Stuttgart nach Mannheim (›Schiller-Biographie‹, hg. 1974); 1794 heiratete er *Nanette Stein* (* 1769, † 1833), die Tochter des Klavierbauers Johann Andreas Stein (* 1728, † 1792), und verlegte die Steinsche Werkstatt nach Wien, die ab 1802 als ›Nanette S., née Stein‹ firmierte.

2) Julius, * Fleinhausen bei Augsburg 12. 2. 1885, † Nürnberg 16. 10. 1946 (hingerichtet), dt. Politiker (NSDAP). War maßgebl. am Hitlerputsch 1923 beteiligt; 1928–40 NSDAP-Gauleiter in Franken, einer der fanatischsten Propagandisten des Antisemitismus (seit 1923 Hg. des Hetzblattes ›Der Stürmer‹); 1946 vom Internat. Militärgerichtshof zum Tode verurteilt.

Streichgarn, aus kurzem, ungleichmäßigem Fasermaterial (Wolle u. a. feine Tierhaare, Baumwolle, synthet. Fasern) hergestelltes, schwach gedrehtes Garn.

Streichholz, svw. → Zündholz.

Streichinstrumente, Musikinstrumente, die mit einem → Bogen angestrichen werden: Violine, Viola, Gambe, Violoncello, Kontrabaß.

Streichquartett, kammermusikal. Ensemble aus zwei Violinen, Viola und Violoncello sowie eine Komposition für diese Besetzung.

Streifenfarn, weltweit verbreitete Gatt. der Tüpfelfarngewächse mit rd. 700, teilweise epiphyt. lebenden Arten; einheimisch sind u. a. der *Braune S.* mit schwarzbraunen Blattstielen, der *Grüne S.* mit grünen Blattstielen und der auf Blumen siedelnde *Nestfarn.*

Streifengans → Gänse.

Streifenhörnchen, längsgestreifte, bes. in Asien, N-Amerika und Afrika beheimatete Nagetiere (Fam. Hörnchen), die häufig vom Menschen gehalten werden.

Streik (Ausstand), gemeinsame, planmäßige Arbeitsniederlegung durch eine größere Zahl von Ar-

Richard Strauss

Igor Strawinsky
(aus einer Zeichnung
von Pablo Picasso,
1920)

Strauß

Gustav Stresemann

Strelitzie:
Paradiesvogelblume

beitnehmern mit dem Ziel, die Arbeitsbedingungen und Löhne zu verbessern *(sozialer S.)* oder polit. Forderungen durchzusetzen *(politischer S.).* Der *organisierte S.* wird von einer Gewerkschaft, der *wilde S.* unabhängig von den Gewerkschaften, meist gegen deren Willen durchgeführt. Beim *Sympathie-S.* wird zugunsten der Arbeitnehmer eines anderen Betriebs gestreikt. Beim *Sitz-S.* bleiben die Arbeitnehmer an ihren Arbeitsplätzen, verweigern aber die Arbeit. Beim *Bummelstreik* werden die Dienstvorschriften so genau befolgt, daß die Arbeit nur schleppend vorangeht (›Dienst nach Vorschrift‹). Die schärfste Form des S. ist der alle Arbeitsbereiche erfassende *Generalstreik.* – Das *S.-Recht* ist in vielen Staaten, so in einigen Länderverfassungen der BR Deutschland, anerkannt. Umstritten ist die Rechtmäßigkeit des polit. Streiks. In den kommunist. Ländern war der S. mit der Begründung, die Arbeiter könnten als Besitzer der Produktionsmittel nicht gegen sich selbst streiken, de facto verboten.

Während des S. ruhen die Arbeitsverhältnisse der S.teilnehmer. Der Streikende hat keinen Anspruch auf Lohn oder Gehalt, auch nicht auf Arbeitslosengeld. Gewerkschafts-Mgl. erhalten S.unterstützung von der Gewerkschaft. Der bestreikte Arbeitgeber ist zur → Aussperrung berechtigt.

Streisand, Barbra [engl. 'straısənd], eigtl. Barbara Joan S., * New York 24. 4. 1942, amerikan. Sängerin und Schauspielerin. Star in den (mit ihr auch verfilmten) Musicals ›Funny girl‹ und ›Hello Dolly‹; nuancenreiche Komikerin; auch Filmregie (›Yentl‹, 1983; nach I. B. Singer).

Streitgegenstand, der im Zivilprozeß geltend gemachte *prozessuale Anspruch,* der sich aus dem Klageantrag und dem Klagegrund ergibt.

streitige Gerichtsbarkeit →ordentliche Gerichtsbarkeit.

Streitwert, im Zivilprozeß und in verwandten Verfahrensarten der in Geld ausgedrückte Wert des Streitgegenstandes. Nach dem S. bemessen sich die sachl. Zuständigkeit der ordentl. Gerichte, die Zulässigkeit von Rechtsmitteln sowie die Höhe der Gerichts- und Anwaltsgebühren.

Strelasund, Meeresstraße der Ostsee zw. der vorpommerschen Küste bei Stralsund und der Insel Rügen.

Strelitzen [russ.], von Zar Iwan IV. Wassiljewitsch geschaffene stehende Truppe. Die S. mußten lebensläng. und erbl. dienen; von Peter I. gewaltsam aufgelöst.

Strelitzie (Strelitzia) [nach Charlotte Sophia, Prinzessin von Mecklenburg-Strelitz, * 1744, † 1818], Gatt. der Bananengewächse mit vier Arten in S-Afrika; bis 5 m hohe Gewächse mit sehr großen, ledrigen, längl.-eiförmigen oder lanzenförmigen Blättern; Blüten weiß und blau, von einer kahnförmigen, rötl. oder grünen Blütenscheide umgeben; z. B. die 1–2 m hohe *Paradiesvogelblume* (Papageienblume).

Streptokokken [griech.], Bakterien der Gatt. *Streptococcus* mit rd. 20 Arten aus der Gruppe der Milchsäurebakterien. Einige S. gehören zur normalen Flora der Schleimhäute des Nasen-Rachen-Raumes und des Darms; andere Arten rufen gefährl. Infektionen wie Kindbettfieber, Sepsis, Mittelohrentzündung, Wundeiterung und Entzündung der Herzinnenhaut hervor. Einige Arten spielen in der Milchwirtschaft als Säurewecker oder Starterkultur sowie bei der Herstellung von Gärfutter eine wichtige Rolle.

Streptomyzeten (Streptomycetaceae) [griech.], Fam. der Strahlenpilze; überall verbreitete Bodenbewohner. Aus zahlreichen Arten wurden Antibiotika isoliert.

Streptomyzin (Streptomycin) [griech.], Antibiotikum, das von dem Strahlenpilz Streptomyces griseus

gebildet wird und v. a. gegen gramnegative Kokken und Bakterien, daneben bes. gegen Tuberkelbakterien wirksam ist.

Stresemann, Gustav, * Berlin 10. 5. 1878, † ebd. 3. 10. 1929, dt. Politiker. Schloß sich 1903 der Nationalliberalen Partei an; vertrat als Mgl. des Alldt. Verbandes im 1. Weltkrieg eine extensive Annexionspolitik im W und O; hatte 1917 wesentl. Anteil am Sturz des Kanzlers Bethmann Hollweg; gründete 1918 die Dt. Volkspartei; führte seine Partei – obwohl eigtl. Monarchist – aus realpolit. Gründen zur Mitarbeit auf dem Boden der Weimarer Verfassung. 1920–29 MdR; als Reichskanzler (bis Nov. 1923) und Außen-Min. ab Aug. 1923 erreichte S. eine relative Stabilisierung der Weimarer Republik (1923 Überwindung der Ruhrbesetzung, 1924 Dawesplan, 1925 Locarnopakt, 1926 Aufnahme Deutschlands in den Völkerbund). Er strebte die Revision des Versailler Vertrags im Rahmen eines kollektiven Sicherheitssystems an, scheiterte aber letztl. – trotz der vertrauensvollen Zusammenarbeit mit A. Briand – am frz. Bedürfnis nach Sicherheit auf der Basis des Status quo. Erhielt 1926 zus. mit Briand den Friedensnobelpreis.

Stresemann, nach G. Stresemann ben. Gesellschaftsanzug: schwarzgrau gestreifte umschlaglose Hose, schwarzer Sakko und graue Weste.

Streß [engl.], von H. Selye 1936 geprägter Begriff für ein generelles Reaktionsmuster, das Tiere und Menschen als Antwort auf erhöhte Beanspruchung zeigen. Die Belastungen *(Stressoren)* können physikal., chem., medizin. oder psych. Art sein. Die dadurch ausgelösten Körperreaktionen umfassen eine Überfunktion der Nebennieren (erhöhter Tonus des sympath. Nervensystems, Ausschüttung von Adrenalin) und Schrumpfung des Thymus und der Lymphknoten. – Langdauernder starker S. kann gesundheitl. Schäden vielfältiger Art verursachen; häufig entstehen Magengeschwüre, Bluthochdruck oder Herzinfarkt.

Stressoren →Streß.

Stretta (Stretto) [italien.], in Arie, Opernfinale oder Konzertstück der effektvolle, oft auch im Tempo beschleunigte Abschluß.

Streulage, svw. Gemengelage (→ Flurformen).

Streulicht, das von kleinen Teilchen (Staubpartikeln, Gasmolekülen) aus seiner urspr. Richtung abgelenkte Licht.

Streuung, 1) *Physik:* die Ablenkung eines Teils einer [gebündelten] Teilchen- oder Wellenstrahlung aus seiner urspr. Richtung durch kleine, im allg. atomare Teilchen *(Streuzentren).* Die diffus in die verschiedenen Richtungen gestreute Strahlung wird als *Streustrahlung,* der Wechselwirkung eines Teilchens oder Quants der Strahlung mit einem einzelnen Streuzentrum als *Streuprozeß* bezeichnet. **2)** *Physik: (magnet. S.)* Bez. für die magnet. Kreisen zu beobachtende Erscheinung, daß der magnet. Induktionsfluß z. B. bei Transformatoren nicht völlig im Eisenkern verläuft, sondern z. T. als sog. *Streufluß* auch in der [Luft]umgebung. Das zugehörige Magnetfeld wird als *Streufeld* bezeichnet. **3)** *Statistik:* svw. → Varianz.

Streuvels, Stijn [niederl. 'strø:vəls], eigtl. Frank Lateur, * Heule (= Kortrijk) 3. 10. 1871, † Ingooigem (= Anzegem) 15. 8. 1969, fläm. Schriftsteller. Bedeutendster Erzähler Flanderns; bed. v. a. ›Der Flachsacker‹ (R., 1907), ›Die Männer im feurigen Ofen‹ (Nov., 1926).

Strichätzung, nach einer Strichzeichnung hergestellte Hochdruck-Druckplatte, bei der die (zeichnungsfreien) Zwischenräume durch Ätzen vertieft werden.

Strichcode [...ko:t], zum maschinellen ›Lesen‹ (bes. von Kennummern) verwendeter Code, bestehend aus unterschiedlich dicken, parallel verlaufenden Strichen. → Europäische Artikel-Numerierung.

Strichprobe, Untersuchungsmethode zur Bestimmung von Mineralen; beim Reiben des Minerals auf unglasiertem Porzellan entsteht eine Reibspur, deren Farbe *(Strichfarbe)* der Eigenfarbe des Minerals entspricht.

Strichpunkt, svw. → Semikolon.

Strichvögel, Bez. für Vögel, die nach der Brutzeit meist schwarmweise in weitem Umkreis umherschweifen (z. B. Bluthänfling, Grünling, Goldammer, Stieglitz).

Stricker, der, † um 1250, mhd. Dichter. Einer der ersten bed. Vertreter der satir., schwankhaften Verserzählung (Bispel): ›Der Pfaffe Amis‹ (um 1230); auch Versepos ›Karl‹ (Neubearbeitung des → Rolandsliedes).

Strickleiternervensystem, das bei den Ringelwürmern und Gliederfüßern unterhalb des Darms als Bauchmark verlaufende Zentralnervensystem mit hintereinanderliegenden paarigen Ganglien.

Stridulationsorgane [lat./griech.] (Zirporgane), der Lauterzeugung dienende Einrichtungen bei Insekten; funktionieren durch Gegeneinanderstreichen von Kanten, Leisten und dergleichen.

Strindberg, August ['ʃtrɪntbɛrk, schwed. ‚strindbærj], * Stockholm 22. 1. 1849, † ebd. 14. 5. 1912, schwed. Dichter und Maler. Bedeutendster schwed. Dramatiker mit wesentl. Einfluß auf das europ. Drama des 20. Jh., u. a. ›Fräulein Julie‹ (1888), ›Nach Damaskus‹ (Trilogie, 1898–1904), ›Totentanz‹ (1901), ›Ein Traumspiel‹ (1902) sowie die Kammerspiele ›Gespenstersonate‹ (1907) und ›Scheiterhaufen‹ (1907); auch Romane (u. a. ›Das rote Zimmer‹, 1879; ›Der Sohn einer Magd‹, autobiogr., gedr. 1886–1909; ›Die got. Zimmer‹, 1904) und Novellen (›Heiraten‹, 1884).

stringendo [strɪn'dʒɛndo; italien.], Abk. string., musikal. Vortragsbez.: allmähl. schneller werdend.

stringent [lat.], bündig, streng, zwingend.

Striptease [engl. 'strɪptiːz], erot. stimulierende Entkleidungsvorführung [in Nachtlokalen].

Strittmatter, Erwin, * Spremberg 14. 8. 1912, dt. Schriftsteller. Seit 1947 Mgl. der SED; war vielgelesener Schriftsteller in der DDR; Erzählungen und Romane, u. a. ›Der Wundertäter‹ (1957–73), ›Ole Bienkopp‹ (1963), ›Der Laden‹ (1983).

Stroboskop [griech.], Gerät zur Bestimmung der Frequenz und zur Beobachtung einzelner Phasen period. Bewegungen. Das *Lichtblitz-S.* ist eine Gasentladungslampe, die in konstanten Zeitabständen Lichtblitze aussendet. Stimmt deren Frequenz mit der des angeblitzten Vorgangs überein (oder ist sie ein ganzzahliges Vielfaches oder ein Bruchteil davon), so scheint der period. Vorgang stillzustehen. Bei niedrigerer Blitzfrequenz scheint der Vorgang verlangsamt abzulaufen, bei höherer Blitzfrequenz scheint er rückwärts abzulaufen *(stroboskop. Effekt).*

Stroessner, Alfredo ['ʃtrœsnər], * Encarnación 3. 11. 1912, paraguayischer General und Politiker. 1953 Oberbefehlshaber der Streitkräfte; diktatorisch regierender Staats-Präs. 1954–89.

Stroganow, russ. Händler-, Industriellen- und Großgrundbesitzerfamilie, als deren Stammvater *Anikita S.* (* 1497, † 1570) gilt. Die S. betrieben in großem Umfang Landwirtschaft, Salz- und Erzgewinnung, bauten Städte und erschlossen neue Gebiete im Ural und in Sibirien. Ihre von Zar Iwan IV. gewährten Privilegien wurden 1722 aufgehoben. Als bed. Mäzene unterhielten sie u. a. Werkstätten für Ikonenmalerei (sog. *Stroganowschule*).

Stroh, die trockenen Blätter und Stengel von gedroschenem Getreide, Hülsenfrüchtlern oder Öl- und Faserpflanzen.

Strohblume, Gatt. der Korbblütler mit rd. 500 (außer in Amerika) weltweit verbreiteten Arten; Kräuter, Halbsträucher oder Sträucher; Hüllblätter der Blütenköpfchen mehrreihig, dachziegelartig angeordnet, trockenhäutig, oft gefärbt; verschiedene Arten, v. a. die *Garten-S.,* werden zur Verwendung als Trockenblumen kultiviert.

Strohblumen, svw. → Immortellen.

Stroheim, Erich, Pseud. E. von S., E. S. von Nordenwald, * Wien 22. 9. 1885, † Maurepas bei Versailles 12. 5. 1957, amerikan. Filmschauspieler und -regisseur österr. Herkunft. Ab 1906 in den USA; drehte gesellschaftskrit. Stummfilme, u. a. ›Närr. Frauen‹ (1921), ›Gier nach Geld‹ (1923); nach 1933 (ab 1936 in Frankreich) nur noch Schauspieler.

Strohmann, jemand, der unter seinem Namen in Auftrag und Interesse eines anderen handelt.

Strom, 1) *Elektrotechnik:* (elektr. Strom) allg. jede geordnete Bewegung von elektr. Ladungsträgern. Die *Stromrichtung* in einem Stromkreis verläuft vom Pluspol zum Minuspol einer Stromquelle (willkürl. festgelegte sog. *techn. Stromrichtung*); da in elektr. Leitern der Ladungstransport auf der Bewegung von Elektronen beruht, ist die sog. *physikal. Stromrichtung* der techn. entgegengesetzt. Bewegen sich die Ladungsträger konstant in einer Richtung, dann spricht man von einem *Gleichstrom,* pendeln sie dagegen hin und her, dann liegt ein *Wechselstrom* vor. Mit einem elektr. S. ist stets ein Magnetfeld und eine Wärmewirkung (Joulesche Wärme) verbunden.

2) *Geographie:* Bez. für einen größeren → Fluß.

Stroma [griech.] (Grundgewebe), in der *Zoologie* und *Medizin* das die inneren Organe umhüllende und durchziehende bindegewebige Stützgerüst.

Stromabnehmer, Vorrichtung zur Stromzufuhr bei elektr. Fahrzeugen; bei Oberleitungen werden *Rollen-, Bügel-, Scheren-* oder *Einholm-S.,* bei Stromschienenzufuhr *Gleitschuhe* benutzt.

Stromboli, eine der Lipar. Inseln, Italien, 12,6 km², 926 m hoch; von einem einzigen, noch aktiven Vulkan gebildet.

Stromkreis, geschlossener Kreis elektr. Leiter, in dem nach Anlegen einer Spannung elektr. Strom fließt.

Stromlinien, Kurven, d. h. Schnittbilder von Flächen gleicher Strömungsgeschwindigkeit, als anschaul. Darstellung der Strömungsverhältnisse bei umströmten Körpern.

Stromlinienform, eine strömungstechnisch günstige Körperform, die den Strömungswiderstand verringert. → Luftwiderstand.

Strommesser, Geräte zur Messung der elektr. Stromstärke (z. B. Amperemeter).

Stromschiene, unter Spannung stehende Schiene, über die einem elektr. Schienenfahrzeug mittels Gleitschuhen der Betriebsstrom zugeführt wird.

Stromschnelle (Katarakt), Flußstrecke, in der infolge Verkleinerung des Flußbettquerschnitts oder plötzl. Gefälles das Wasser meist reißend fließt.

Stromstärke, allg. die in der Zeiteinheit durch einen beliebigen Querschnitt einer Strömung hindurchtretende Menge an strömender Substanz. – *Elektr. S.* (Formelzeichen I): Quotient aus während der Zeitdauer durch einen Leiterquerschnitt hindurchfließender Ladung (Elektrizitätsmenge) und dieser Zeitdauer selbst. Ihre SI-Einheit ist das → Ampere.

Strömung, die in zusammenhängender, stetiger Weise erfolgende Bewegung von Flüssigkeiten, Gasen und Plasmen. Bleibt die S.geschwindigkeit an jeder Stelle des Raumes zeitl. unverändert, so liegt eine *stationäre S.* vor.

Strömungsenergie, die in einem strömenden Medium (Flüssigkeit, Gas oder Plasma) enthaltene, mit der Strömung verknüpfte und durch Strömungs-

August Strindberg

maschinen (z. B. Turbinen) in mechan. Leistung umsetzbare kinet. Energie.

Strömungsgetriebe, svw. Flüssigkeitsgetriebe (→Strömungswandler).

Strömungskupplung (hydraul. Kupplung, Flüssigkeitskupplung), Kupplung, bei der die Strömungsenergie eines flüssigen Mediums (meist Öl) zur Übertragung des Drehmoments von der Antriebs- auf die Abtriebswelle benutzt wird.

Strömungslehre, die Lehre von der Bewegung und dem Verhalten flüssiger und gasförmiger Medien. → Aerodynamik, → Gasdynamik, → Hydrodynamik.

Strömungssinn, die Fähigkeit im Wasser lebender Tiere, mit Hilfe spezif. (Seitenlinienorgane der Fische und Amphibienlarven) und unspezif. (druckempfindl. Haare bei Wasserinsekten) mechan. Sinnesorgane Strömungen wahrzunehmen.

Strömungswandler (Drehmomentwandler, Föttinger-Getriebe, hydrodynam. Getriebe), Getriebe, bei dem die Drehmomentübertragung von der Antriebs- auf die Abtriebswelle durch die dem flüssigen Medium (meist Öl) von der Antriebsseite her erteilte und auf der Abtriebsseite sich auswirkende Bewegungsenergie bei gleichzeitiger Wandlung der Größe des Drehmoments erfolgt *(Flüssigkeitsgetriebe):* S. geben bei großem Drehzahlunterschied zw. Antriebs- und Abtriebswelle, wie es z. B. beim Anfahren eines Kraftfahrzeugs der Fall ist, ein großes Drehmoment ab.

Strömungswiderstand, entgegen der Anströmungsrichtung weisende Kraft, die auf einen umströmten Körper wirkt.

Stromwärme → Joulesches Gesetz.

Strontium [nach dem schott. Ort Strontian], chem. Symbol Sr; metall. chem. Element aus der II. Hauptgruppe des Periodensystems der chem. Elemente, Ordnungszahl 38, relative Atommasse 87,62, Dichte 2,54 g/cm³, Schmelzpunkt 769 °C, Siedepunkt 1 384 °C. S. ist ein silberweißes bis graues, in seinen Verbindungen zweiwertig vorliegendes Leichtmetall und, wie alle Erdalkalimetalle, sehr reaktionsfähig.

Strontiummethode, svw. → Rubidium-Strontium-Methode.

Strophanthine [griech.], Sammelbez. für mehrere, v. a. in Strophanthusarten enthaltene, früher als Pfeilgifte verwendete, bei intravenöser Anwendung herzwirksame Glykoside.

Strophanthus [griech.], Gatt. der Hundsgiftgewächse mit 50 Arten in den trop. Gebieten Afrikas und Asiens; die Samen enthalten → Strophanthine.

Strophe [griech.], in der lyr. und ep. Dichtung eine durch Verbindung mehrerer → Verse entstandene rhythm. Einheit; zahlr. Formen, unterschieden nach Verszahl, Reimart und Metrum.

Štrougal, Lubomír [tschech. 'ʃtrougal], * Veselí nad Lužnicí bei Tábor 19. 10. 1924, tschechoslowak. Politiker (KPČ). 1961–65 Innen-Min.; 1968 stellv. Min.-Präs.; konsolidierte als Min.-Präs. 1970–88 die Lage in der ČSSR im Sinne der sowjet. Besatzungsmacht.

Strozzi, seit dem 13. Jh. urkundl. erwähntes florentin. Patriziergeschlecht; Gegner der Medici.

Karin Struck

Struck, Karin, * Schlagtow (= Groß Kiesow bei Greifswald) 14. 5. 1947, dt. Schriftstellerin. Verfasserin autobiograph. Bekenntnisliteratur, u. a. ›Klassenliebe‹ (R., 1973), ›Mutter‹ (R., 1975), ›Blaubarts Schatten‹ (R., 1991).

Strudel, in die Tiefe ziehender Wasserwirbel.

Strudelwürmer (Turbellaria), mit rd. 3 000 Arten weltweit v. a. in Meeres-, Brack- und Süßgewässern verbreitete Klasse etwa 0,5 mm bis maximal 60 cm langer Plattwürmer; mit dichtem Wimpernkleid, mit dessen Hilfe sie sich schwimmend fortbewegen.

Strudler, meist festsitzende Tiere, die durch Wimpern- oder Gliedmaßenbewegungen einen Wasserstrom in die Mundöffnung hinein erzeugen und sich damit kleine, im Wasser schwebende Organismen und organ. Substanzen als Nahrung zuführen.

Struensee, Johann Friedrich Graf von (seit 1771) ['ʃtruː ɘnzeː, dän. 'sdruːɘnsɐ], * Halle/Saale 5. 8. 1737, † Kopenhagen 28. 4. 1772 (hingerichtet), dän. Staatsmann dt. Herkunft. 1769 Hofarzt Christians VII.; 1771 Geheimer Kabinetts-Min.; Reformen im Sinn des aufgeklärten Absolutismus; wegen seines Verhältnisses mit der Königin hingerichtet.

Struktogramm [griech.], Darstellung des Ablaufs eines Algorithmus bzw. Programms mit speziellen Symbolen.

Struktur [lat.], 1) *allgemein:* spezif. Aufbau, Gefüge eines gegliederten Ganzen, bei dem jeder Teil eine bestimmte Funktion erfüllt, die nur vom Ganzen her verständlich ist.
2) *Mathematik:* svw. → algebraische Struktur.

Strukturalismus [lat.-frz.], eine in den 1960er Jahren von Frankreich ausgehende Theorie (v. a. in der Linguistik, Kulturwiss., Psychoanalyse, Ethnologie und Anthropologie) mit dem Ziel, eine den exakten Untersuchungsmethoden der Naturwiss. analoge Form der Analyse für die Geistes- und Sozialwiss. zu finden; erkenntnistheoretisch geht der S. davon aus, daß die verschiedenen Systeme *(Ordnungen)* des kulturellen und gesellschaftl. Lebens auf kleinste Einheiten bzw. auf eine zu allen Zeiten gleiche Struktur zurückgeführt werden können. Bes. bekannt als Vertreter der strukturalist. Ethnologie ist C. Lévi-Strauss.

Strukturböden → Solifluktion.

Strukturformel → chemische Formeln.

Strukturresonanz, svw. → Mesomerie.

Struve ['ʃtruːvɘ, engl. 'struːvɪ] (russ. Struwe), Astronomenfamilie; bed. Vertreter: **1)** Friedrich Georg Wilhelm von (seit 1862), * Altona (= Hamburg) 15. 4. 1793, † Petersburg 23. 11. 1864, russ. Astronom dt. Herkunft. Erforschte v. a. Doppel- und Mehrfachsterne.
2) Otto von, * Charkow 12. 8. 1897, † Berkeley (Calif.) 6. 4. 1963, amerikan. Astronom russ. Herkunft. Enkel von Otto Wilhelm von S.; wanderte 1921 in die USA aus (1927 eingebürgert); arbeitete über Radialgeschwindigkeit und Sternrotationen, über Doppelsternsysteme, über Sternentwicklung, interstellare Materie und Radioquellen.
3) Otto Wilhelm von, * Dorpat 7. 5. 1819, † Karlsruhe 16. 4. 1905, balt. Astronom und Geodät. Sohn von Friedrich Georg Wilhelm von S.; untersuchte u. a. die Bewegung des Sonnensystems.

Struve, Gustav von, * München 11. 10. 1805, † Wien 21. 8. 1870, dt. Politiker. Scheiterte 1848 im Vorparlament mit seinem föderativen republikan. Verfassungsentwurf; am Aprilaufstand F. F. K. Heckers (1848) führend beteiligt; 1851–63 im Exil in den USA.

Strychnin [griech.], giftiges Alkaloid aus den Samen des Brechnußbaumes; wirkt bei Warmblütern lähmend auf hemmende Synapsen: heftige Krämpfe und u. U. Tod durch Atemlähmung.

Strychnos [griech.], Gatt. der Loganiengewächse mit rd. 150 Arten in den Tropen mit zahlr. durch Alkaloide giftige Arten, z. B. dem Brechnußbaum, aus dessen Samen Strychnin gewonnen wird. Mehrere in S-Amerika heim. Arten liefern Kurare.

Stuart [engl. stjʊɘt] (Steuart, Stewart), schott. Geschlecht seit dem 11. Jh.; ben. nach dem Amt des Steward (›Seneschall‹). Seit 1371 auf dem schott. (Robert II.), seit 1603 auch auf dem engl. (Jakob I. [VI.], der Sohn Maria S.) Thron aufgrund von Erbansprüchen aus der Ehe zw. Jakob IV. und Maria I. Tudor. 1688/89 wurde Jakob II. gestürzt, die kath. Linie der

S. 1701 endgültig von der Regierung ausgeschlossen. Seine prot. Tochter Anna (⚭ 1702–14) war die letzte S. auf dem Thron. Die männl. Linie der S. erlosch 1807, die weibl. und weitere Nebenlinien bestehen bis heute fort.

Stubaier Alpen, stark vergletscherter Teil der Zentralalpen zw. Ötz- und Wipptal (Österreich und Italien), bis 3 507 m hoch.

Stubbenkammer, Steilküste im NO der Insel Rügen, im Königsstuhl 119 m hoch.

Stubbs, George [engl. stʌbz], * Liverpool 25. 8. 1724, † London 10. 7. 1806, engl. Maler. Studien menschl. und tier. Anatomie in der Tradition der Renaissance (Leonardo); bed. Tiermaler des 18. Jh., v. a. Pferdebilder.

Stubenfliege (Große S., Gemeine S.), v. a. in menschl. Siedlungen weltweit verbreitete, etwa 1 cm lange Echte Fliege; Körper vorwiegend grau mit vier dunklen Längsstreifen auf der Rückenseite des Thorax; als Krankheitsüberträger gefährl. Insekt, dessen ♀ jährl. bis zu 2 000 Eier an zerfallenden organ. Substanzen ablegt, wo sich auch die Larven entwickeln.

Stuck, Franz von (seit 1906), * Tettenweis bei Passau 23. 2. 1863, † München 30. 8. 1928, dt. Maler und Bildhauer. Mytholog. und symbolist. Themen (›Die Sünde‹, 1893; ›Der Krieg‹, 1894, beide München, Neue Pinakothek).

Stuck: Detail des Stucks am Deckengewölbe im Chor der Wallfahrtskirche Mariahilf in Neumarkt i. d. OPf. von Johann Bajerna; 1724

Stuck [italien.], Gemisch aus S.gips, Kalk, Sand und Wasser, das sich feucht leicht formen läßt und nach dem Abbinden sehr hart wird.

Stuckarbeiten: In Ägypten und Kreta überzog man Ziegelwände mit S. und bemalte ihn. Bei griech. Tempeln diente er der Verbesserung der Detailformen. Die Römer schätzten S.dekor, der in Vorderasien weiter tradiert wurde (Ktesiphon) und in der ganzen islam. Welt Verbreitung fand (Alhambra in Granada). In der Renaissance wurde die antike S.-Technik zuerst in Italien, dann in Frankreich und Deutschland aufgegriffen; im Barock war der S. unentbehrl. für die Gestaltung von Innenräumen: im 17. Jh. schwere, stets weiße Fruchtgehänge, Girlanden, Putten oder Trophäen; im 18. Jh. farbig gefaßt und flacher gearbeitet (Bandelwerk, Rocaille). In Süddeutschland erlebten die Stukkaturen ihre letzte große Blüte (Wessobrunner Schule).

Stücke, im *Bankwesen* Bez. für die auf bestimmte Nennbeträge lautenden Wertpapiere.

Stückelung, 1) *Münzwesen:* die Aufteilung der jeweils maßgebl. Gewichtseinheit auf die einzelnen Münzsorten.

2) *Effektenverkehr:* bei Wertpapieren die Aufteilung einer Emission auf die Nennbeträge der einzelnen, auf Teilbeträge lautenden Wertpapiere.

Stückkosten (Einheitskosten), die auf die Leistungseinheit bezogenen durchschnittl. Kosten.

Stücklen, Richard, * Heideck bei Hilpoltstein 20. 8. 1916, dt. Politiker (CSU). 1949–90 MdB; 1953–57 und 1967–76 stellv. Vors. der CDU/CSU-Fraktion; 1957–66 Bundes-Min. für das Post- und Fernmeldewesen; 1976–79 und ab 1983 Vize-Präs., 1979–83 Präs. des Dt. Bundestages.

Stücklohn, Arbeitsentgelt, das nach der Anzahl der erbrachten Leistungseinheiten bemessen wird.

Stuckmarmor (Scagliola), Marmorimitation aus gefärbtem, poliertem Stuck.

stud., Abk. für. **stud***iosus* (→ Student); stets mit Bez. der Disziplin verwendet, z. B. stud. jur. (Student der Rechtswiss.).

Student [lat.], der zu einer wiss. Ausbildung ordentl. eingeschriebene Besucher einer Hochschule. Mit der Einschreibung (Immatrikulation) wird der S. Mgl. der Hochschule und der → Studentenschaft.

Studentenbewegung, die etwa seit 1960 in verschiedenen Ländern aufgetretenen und Anfang der 1970er Jahre abgeklungenen Unruhen unter Studenten mit polit. Aktionen an den Hochschulen, die sich zunächst v. a. gegen schlechte Studienbedingungen, bald aber gegen polit. und soziale Verhältnisse schlechthin wandten. In der BR Deutschland manifestierte sie sich v. a. in der → außerparlamentarischen Opposition.

Studentenschaft, die Gesamtheit der an einer Hochschule immatrikulierten Studenten, die in je nach Landesrecht unterschiedl. Ausprägung die Verwaltung student. Angelegenheiten (z. B. in Studentenwerken und Selbsthilfeeinrichtungen) und die Mitwirkung an der Hochschulselbstverwaltung wahrnimmt. Abgesehen von den Ländern Bayern, Bad.-Württ. und Berlin, wo die Interessen der Studenten nur noch in den gesamtuniversitären Gremien wahrgenommen werden können, ist der *Allg. Studentenausschuß* (AStA) als Exekutivorgan der S. tätig, gewählt vom *Studentenparlament.* Auf Fachbereichs- und Fakultätsebene gibt es die sog. Fachschaften.

Studentenwerk, Einrichtung an Hochschulen im Rahmen der → Studienförderung, heute meist als eingetragener Verein oder Anstalt des öffentl. Rechts geführt. Zuständigkeiten: Errichtung und Unterhaltung von Studentenwohnheimen und Mensen, die Verwaltung von Stipendienmitteln (→ Ausbildungsförderung) und die Interessenwahrung der Studenten im sozialen Bereich.

studentische Verbindungen (Korporationen), Gemeinschaften von (meist männl.) Studenten (und [berufstätigen] Akademikern), deren Grundsätze, Umgangs-, Organisations- und auch Sprachformen bis heute von Traditionen aus dem 18. und 19. Jh. geprägt sind. Feste *Institutionen* sind der Konvent, die Kneipe, Vortragsabende sowie das alljährl. Stiftungsfest mit → Kommers, für schlagende Verbindungen außerdem der Pauktag (→ Mensur). Es gibt farbentragende (Couleur) und nichtfarbentragende (sog. schwarze) s. V.; die Mgl. sind zuerst *Füchse,* nach 2 Semestern werden sie vollberechtigte *Burschen,* im 5. Semester *Inaktive* und nach dem Examen *Alte Herren.*

studentische Vereinigungen, Zusammenschlüsse von Studenten zur Wahrung ihrer Interessen, zur Vertretung ihrer sozialen, wirtschaftl., fachl., kulturellen und polit. Belange und zur Durchführung internat. Beziehungen. Es gibt u. a. den polit. Parteien

Richard Stücklen

nahestehende s. V.: Ring Christl.-Demokrat. Studenten (RCDS), Juso-Hochschulgruppe, Liberaler Hochschulverband (LHV), Marxist. Studentenbund Spartakus (MSB) sowie undogmat. sozialist. orientierte ›Basisgruppen‹ und den Sozialist. Hochschulbund (SHB).

Studienförderung, die finanziell-materielle Unterstützung von Studenten durch Stipendien und Darlehen, bes. unter Aspekten des sozialen Ausgleichs, der Chancengleichheit und der Begabtenförderung, sowie durch das → Studentenwerk. S. wird nach unterschiedl. Kriterien vom Bund, von Ländern, Hochschulen, Stiftungen, einzelnen Ind.betrieben, kirchl. Stellen u. a. gewährt. In der BR Deutschland erhielten 1988 rund 20 % der Studenten an Univ., pädagog., theolog. Hochschulen und Gesamthochschulen eine → Ausbildungsförderung nach dem Bundesausbildungsförderungsgesetz (BAföG), davon erhielten 40 % den Höchstförderungssatz (1991: DM 690).

Studienkolleg, Einrichtung an den meisten Hochschulen der BR Deutschland, die ausländ. Studenten in einem einjährigen Vorbereitungskurs zur sprachl. und fachl. Hochschulreife führen soll.

Studienkongregation → Kurienkongregationen.

Studienrat, Amtsbez. für den Inhaber eines Lehramtes (Beamter auf Lebenszeit) an weiterführenden Schulen (v. a. Gymnasium und berufsbildenden Schulen). Voraussetzung zur Übernahme in den Staatsdienst sind das 1. und 2. → Staatsexamen. Beförderungsstellen sind der Ober-S., der Studiendirektor und der Oberstudiendirektor (Schulleiter). → Lehrer.

Studienstiftung des deutschen Volkes e. V., Einrichtung der Ausbildungsförderung zur Förderung des Studiums überdurchschnittl. Begabter; die Fördermittel stammen vom Bund, von den Ländern, vom Stifterverband für die dt. Wissenschaft und von Einzelpersonen; Sitz in Bonn. Gefördert wurden 1988 rd. 4 600 Studenten.

Studienstufe, Bez. für die reformierte Oberstufe der Gymnasien.

Studio [italien.], 1. Künstlerwerkstatt, Atelier; 2. Aufnahmeraum (Film, Fernsehen, Hörfunk, Schallplatten); 3. Versuchsbühne (modernes Theater); 4. Übungsraum (u. a. für Tänzer); 5. Einzimmerappartement.

Studium [lat.], allg. das wiss. Erforschen eines Sachverhaltes; i. e. S. die Ausbildung an einer Hochschule.

Studium generale (Generalstudium) [lat.], im MA Bez. für die Univ. als die mit Privilegien (u. a. Promotionsrecht, Gerichtsbarkeit) ausgestattete, allen Nationen zugängl. Hochschule; an den heutigen Hochschulen versteht man unter S. g. Vorlesungen und Seminare allgemeinbildender Art, die Hörern aller Studiendisziplinen, aber auch fachlich interessierten Außenstehenden zugänglich sind.

Stufe, 1) *allgemein:* Abschnitt einer Treppe; auch Bez. für einen Abschnitt oder Teil u. a. eines Vorgangs oder einer [techn.] Vorrichtung.

2) *Geomorphologie:* Gelände-S. der Erdoberfläche, z. B. Bruchstufe, Schichtstufe.

3) *Musik:* Bez. für den Tonort der Töne einer diaton. Tonleiter.

Stufenausbildung, Bez. des Berufsbildungsgesetzes von 1969 für ein neues Gliederungsprinzip bei Ausbildungsberufen. In der ersten Stufe *(berufl. Grundbildung)* sollen Grundfertigkeiten und -kenntnisse vermittelt werden; in der darauf aufbauenden Stufe *(allg. berufl. Fachbildung)* soll die Ausbildung für mehrere Fachrichtungen gemeinsam fortgeführt werden. Berufsqualifizierender Abschluß nach 2 Jahren. In der 3. Stufe bauen darauf verschiedene spezielle Fachausbildungen auf; berufsqualifizierender Abschluß i. d. R. nach 9–12 Monaten.

Stufenlinse, svw. → Fresnel-Linse.

Stufenwinkel, zwei sich in ihrer Lage entsprechende Winkel, die von einer Geraden mit zwei diese schneidenden parallelen Geraden gebildet werden, sind gleich groß.

Stuhl, svw. → Kot.

Stuhlgang (Stuhlentleerung, Defäkation), die Darmentleerung beim Menschen.

Stuhlweißenburg → Székesfehérvár.

Stukkateur [italien.], Handwerker, der Stuckarbeiten ausführt.

Stüler, Friedrich August, * Mühlhausen 28. 1. 1800, † Berlin 18. 3. 1865, dt. Architekt. Hauptvertreter des Historismus in Berlin um die Jh.mitte, erbaute u. a. das Neue Museum (1843–56, im 2. Weltkrieg zerstört). Bed. ist sein Wiederaufbau der Burg Hohenzollern (1850–67).

Stulpe, breiter Aufschlag an der Kleidung, auch bei Stiefeln (Stulpenstiefel).

Stülpnagel, Karl-Heinrich von, * Darmstadt 2. 1. 1886, † Berlin-Plötzensee 30. 8. 1944 (hingerichtet), dt. General. Leitete 1940 die dt.-frz. Waffenstillstandskommission; Armeeführer im Osten (1940/41) und Militärbefehlshaber in Frankreich (1942 bis 1944); ab 1938 im Widerstandskreis um L. Beck, organisierte für den 20. Juli 1944 den Umsturzversuch in Paris.

Stumm, Karl Ferdinand, Freiherr von S.-Halberg (seit 1888), * Saarbrücken 30. 3. 1836, † Schloß Halberg bei Saarbrücken 8. 3. 1901, dt. Unternehmer. Begründer des Stumm-Konzerns; hatte großen Einfluß auf die gegen die Gewerkschaften und die SPD gerichtete Innenpolitik unter Wilhelm II. (›Ära Stumm‹).

Stummabstimmung, svw. → Muting.

Stummelaffen, Gattung baumbewohnender Schlankaffen mit drei Arten in den Wäldern des trop. Afrika; Länge 50–80 cm, mit etwa ebenso langem Schwanz; Daumen rückgebildet.

Stummelfüßer (Onychophora), mit rd. 70 Arten in feuchten Biotopen der Tropen und südl. gemäßigten Regionen verbreiteter Stamm der Gliedertiere; Körper 1,5–15 cm lang, wurmförmig, eng geringelt; mit 14–43 Paar Stummelfüßen.

Stummfilm → Film.

stumpfer Winkel, ein Winkel, der größer als 90° und kleiner als 180° ist.

Stunde, Zeiteinheit, Einheitenzeichen h, bei Angabe des Zeitpunktes (Uhrzeit) hochgesetzt, [h]; das 60fache einer Minute (min) bzw. 3 600fache einer Sekunde (s).

Stundenbücher (Livres d'heures), mittelalterl. Gebetbücher für Laien mit Texten für die Stundengebete (Horen). Als Erzeugnisse der Malerei wurden v. a. die niederl.-frz. S. des 14./15. Jh. wichtig, mit Miniaturen ausgestattet u. a. von den Brüdern → Limburg (u. a. ›Les très riches heures‹ des Jean Duc de Berry, vor 1416, Chantilly, Musée Condé).

Stundengebet, in der kath. Kirche dem Klerus für bestimmte Stunden vorgeschriebenes (Offizium) privates bzw. liturg. Gebet der ganzen Kirche, zusammengestellt im Brevier: Psalmen, Schriftlesung und Gesänge (z. B. Hymnen). Das S. setzt sich zusammen aus den (meist nach den Tagesstunden ben.) Horen: *Matutin* (›Mette‹, Morgengebet um Mitternacht), *Laudes* (Lobgebet), *Prim* (Gebet zur 1. Stunde [Arbeitsbeginn]), *Terz* (zur 3. Stunde), *Sext* (zur 6. Stunde), *Non* (zur 9. Stunde), *Vesper* (Abendgebet zum Abschluß des Arbeitstages), *Komplet* (›Vollendung‹, zur letzten Nachtgebet). – Das 2. Vatikan. Konzil vereinfachte seine Struktur, ließ die Landessprachen zu und erleichterte die Gebetsverpflichtung.

Stundenglas → Sanduhr.

Stundenkreis, jeder auf der Himmelskugel von Pol zu Pol verlaufende größte Kreis, der auf dem

Himmelsäquator senkrecht steht; der *Stundenwinkel* ist der Winkel zw. dem Meridian und dem S. eines Gestirns.

Stundung, Vereinbarung, durch die der Gläubiger dem Schuldner einen späteren Zeitpunkt für die Erbringung der Leistung einräumt als den vertragl. oder gesetzl. vorgesehenen.

Stuntman [engl. 'stʌntmən], Schauspieler, der in Film und Fernsehen anstelle des eigtl. Darstellers [als Double] bei riskanten, gefährl. Szenen eingesetzt wird.

Stupa [Sanskrit], buddhist. Sakralbau; besteht aus einer vom Grabhügel abgeleiteten massiven Halbkugel mit Reliquienkammer, die von einer Balustrade mit zentralem Mast und mehreren übereinanderliegenden Ehrenschirmen bekrönt wird. Ein Zaun mit vier Toren nach den vier Himmelsrichtungen umschließt das auf einer Terrasse liegende Heiligtum. Mit dem Buddhismus kam der S.bau frühzeitig von Indien nach Ceylon (hier als *Dagoba* bezeichnet), dann nach SO-Asien (u. a. Birma, Indonesien *[Tjandi]*), SO-Asien *(Pagode),* Z-Asien (Nepal, Tibet *[Tschorten]*).

stupid (stupide) [lat.], stumpfsinnig; **Stupidität,** Stumpfsinnigkeit.

Stupor [lat.], völlige körperl. und geistige Regungslosigkeit.

Stürgkh, Karl Graf, * Graz 30. 10. 1859, † Wien 21. 10. 1916, österr. Politiker. 1911 bis 1916 Min.-Präs.; regierte autoritär mit Notverordnungen; von F. Adler erschossen.

Sturlunga saga, Name eines umfangreichen Sammelwerkes (um 1300) über die isländ. Geschichte zw. etwa 1120 und 1264.

Sturm, 1) starker Wind (auf der Windstärkeskala nach Beaufort 9–11 mit Geschwindigkeiten von 20,8–32,6 m/s), der Schäden und Zerstörungen anrichtet.

2) (magnet. S.) → Erdmagnetismus.

Sturm, Der → Sturmkreis.

Sturmabteilung → SA.

Stürmer, Der, 1923–45 von J. Streicher in Nürnberg hg. antisemit. nat.-soz. Wochenschrift.

Sturmflut, ungewöhnl. hohes Ansteigen des Wassers an Meeresküsten und Tidenflüssen, bedingt durch Zusammenwirken von Flut und landwärts gerichtetem (auflandigem) Sturm, zuweilen durch eine Springtide verstärkt.

Sturmi (Sturm, Sturmius), hl., * in Oberösterreich um 715, † Fulda 17. 12. 779, erster Abt von Fulda. Benediktiner; Gefährte des Bonifatius; gründete 744 das Kloster Fulda, das er zum wirtschaftl. und geistig bedeutendsten Kloster Ostfrankens machte. – Fest: 17. Dezember.

Sturmkreis, Berliner Künstlerkreis (u. a. K. Schwitters, T. Tzara) um die von H. Walden hg. Zeitschrift ›Der Sturm‹ (1910–32). 1914 wurde ein eigener Verlag und 1917 die *Sturm-Bühne* begründet.

Sturmschwalben (Hydrobatidae), Fam. sperlings- bis amselgroßer, meist schwärzlicher oder braunschwarzer Sturmvögel mit fast 20 Arten im Bereich aller Weltmeere. Zu den S. gehören u. a. der *Wellenläufer* (v. a. über dem N-Atlantik und N-Pazifik) und die *Gewöhnl. S.* (über dem östl. N-Atlantik und Mittelmeer).

Sturmtaucher (Procellariinae), Unterfam. etwa 25–50 cm langer, vorwiegend braun bis grau gefärbter Sturmvögel mit mehr als 40 Arten über allen Meeren; häufig nach Fischen und Kopffüßern tauchende Vögel.

Sturmtief (Sturmwirbel), bes. stark ausgeprägtes Tiefdruckgebiet (Luftdruck häufig unter 975 mbar) mit Luftströmungen hoher Geschwindigkeit (bis Orkanstärke).

Sturm und Drang (Geniezeit), geistige Bewegung in Deutschland etwa von der Mitte der 1760er bis Ende der 1780er Jahre. Der Name wurde nach dem Titel des Schauspiels ›S. u. D.‹ (1776, urspr. Titel ›Wirrwarr‹) von F. M. Klinger auf die ganze Bewegung übertragen. Leitideen des S. u. D. sind Selbsterfahrung und Befreiung des Individuums; betont werden der Wert des Gefühls, der Sinnlichkeit, der Spontaneität und der Naturerfahrung. Höchste Steigerung des Individuellen wie des Naturhaften ist das Genie; der Künstler ist als *Originalgenie* schlechthin unvergleichlich; Shakespeare war das Ideal der Epoche. Anregungen erfuhr der S. u. D. durch die Kulturkritik J.-J. Rousseaus und das Genieverständnis E. Youngs sowie durch die pietist. und empfindsame Tradition; unmittelbarer Wegbereiter der antirationalen und religiösen Komponente war J. G. Hamann. Der literar. S. u. D. begann mit der Begegnung zw. J. G. Herder und Goethe 1770 in Straßburg. Von Herders ästhet. Ideen beeinflußt, verfaßte Goethe die initiierenden Werke: ›Sesenheimer Lieder‹ (Ged., 1771), ›Götz von Berlichingen‹ (Dr., 1773), ›Die Leiden des jungen Werthers‹ (R., 1774). Bevorzugte Gatt. wurde das Drama, bes. Tragödie und Tragikomödie. Regeln wurden abgelehnt, die drei Einheiten des aristotel. Dramas aufgelöst; fast alle Dramen sind in Prosa, einer alltagsnahen Sprache geschrieben (v. a. Goethe, Schiller, F. M. Klinger, Johann Anton Leisewitz [1752–1806], Heinrich Leopold Wagner [1747–79], J. M. R. Lenz). In der Epik spiegelte sich die Neigung zum Autobiographischen, beispielhaft J. J. W. Heinses ›Ardinghello und die glückseligen Inseln‹ (R., 1787). Die Lyrik wurde [in Ballade, Hymne und Lied] Ausdruck persönl. Erlebens (G. A. Bürger, C. F. D. Schubart, M. Claudius), gelegentl. (wie bei den Dichtern des → Göttinger Hains) auch einer gesellschaftskrit. Einstellung.

Sturmvögel, 1) (Röhrennasen, Procellariiformes) Ordnung etwa 15–130 cm langer, meist sehr gewandt fliegender Vögel mit rd. 90 Arten über allen Meeren von der Arktis bis zur Antarktis; Schnabel aus mehreren schmalen, längs verlaufenden Hornstücken zusammengesetzt; Füße mit Schwimmhäuten; ernähren sich vorwiegend von Fischen, Kopffüßern und Quallen. Man unterscheidet vier Fam.: Albatrosse, S. im engeren Sinne, Sturmschwalben und Taucherstumvögel.

2) (S. im engeren Sinne, Möwen-S.) Fam. möwenähnl. aussehender Hochseevögel mit rd. 50 Arten über allen Meeren; bis 85 cm lang. Hierher gehören u. a. Sturmtaucher, die etwa 36 cm große *Kaptaube* (über den Südmeeren) und der fast 50 cm große *Eis-S.* über den Meeren der arkt. und kühl-gemäßigten Regionen; folgt häufig Fischdampfern.

Sturz, 1) Träger über einer Maueröffnung.

2) (Rad-S.) → Fahrwerk.

Stürze, Bez. für den Schalltrichter von Blechblasinstrumenten, im Ggs. zum Becher der Holzblasinstrumente.

Sturzgeburt, Geburt, bei der alle Phasen des Geburtsvorgangs stark verkürzt sind und das Kind bereits nach einigen Wehen und innerhalb weniger Minuten geboren wird.

Sturzo, Luigi, * Caltagirone 26. 11. 1871, † Rom 8. 8. 1959, italien. Theologe, Sozialtheoretiker und Politiker. 1919 Gründer und bis 1923 Generalsekretär des Partito Popolare Italiano (PPI); als Antifaschist 1924–46 im Exil; beeinflußte stark das Programm der Democrazia Cristiana.

Stute, geschlechtsreifes weibl. Tier der Fam. Pferde und der Kamele.

Stuttgart, Hauptstadt von Bad.-Württ., in einer kesselartigen Weitung des Nesenbachs gegen das Neckartal, 552 300 E. Sitz der Landesregierung, Univ.

Stuttgart
Stadtwappen

**Adolfo Suárez
Gonzáles**

u. a. Hochschulen, Max-Planck-Inst. für Festkörperforschung und Metallforschung, Museen (u. a. Württemberg. Landesmuseum, Linden-Museum, Daimler-Benz-Museum, Weinmuseum), Staatsgalerie, Hauptstaatsarchiv; Staatstheater, Kammertheater, Konzerthaus (Liederhalle); Sternwarte und Planetarium; botan.-zoolog. Garten (Wilhelma). Mineralquellen in *Bad Cannstatt* und *Berg*. Elektrotechn. und elektron. Ind., Fahrzeug- und Maschinenbau. Messe- und Ausstellungsgelände im Höhenpark Killesberg; Neckarhafen; internat. ✈ in Echterdingen.

Bauten: Ev. got. Stiftskirche zum Hl. Kreuz (14. bis 16. Jh.), spätgot. Leonhardskirche (15. Jh.), spätgot. Spitalkirche (1471 ff.); Altes Schloß (v. a. 1553 ff., mit Renaissanceinnenhof), barockes Neues Schloß (1746 ff.); Hauptbahnhof (1914–27, von P. Bonatz); Weißenhofsiedlung (1926/27, u. a. von Mies van der Rohe, Le Corbusier und W. Gropius); Liederhalle (1955/56).

Geschichte: Um 1160 wird die Siedlung S., entstanden aus einem Gestüt (**Stuotgarte**; 1. Hälfte des 10. Jh.), erstmals urkundl. bezeugt; nach 1250 Stadt. Seit 1482 Haupt- und Residenzstadt der Gft. Württemberg (1492 geschriebenes Stadtrecht); seit 1374 Münzstätte. Im 15.–17. Jh. Erweiterung der Stadt; 1945 Hauptstadt von Württemberg-Baden, seit 1952 von Baden-Württemberg. – Der seit 1905 eingemeindete Ortsteil **Cannstatt** wurde 708 zuerst erwähnt; 1330 Stadtrecht.

Stuttgarter Liederhandschrift →Weingartner Liederhandschrift.

Stütz, Grundhaltung im Geräteturnen; der Körper wird entweder mit gestreckten *(Streck-S.)* oder gebeugten Armen *(Beuge-S.)* auf dem Gerät abgestützt.

Stutzen, 1) *Waffenkunde:* kurzes einläufiges Jagdgewehr für Kugelschuß.

2) Ansatzrohrstück.

3) kurzer Wadenstrumpf (ohne Füßling) der alpenländ. Gebirgstracht.

Stützgewebe, pflanzl. (→Festigungsgewebe), tier. und menschl. Gewebe (→Bindegewebe), das dem Organismus Festigkeit und Stütze gibt.

StVO, Abk. für Straßenverkehrsordnung.

StVZO, Abk. für Straßenverkehrs-Zulassungs-Ordnung.

Styling [engl. 'staɪlɪŋ; lat.-engl.], Formgebung, Formgestaltung, insbes. im Hinblick auf das funktionsgerechte Äußere.

Styliten (Säulenheilige), im 4.–6. Jh. christl. Asketen, die ihr Leben auf einer hohen Säule (griech. stýlos) verbrachten, deren Kapitell eine Plattform trug (von einem Geländer umgeben).

Stylus (Mrz. Styli) [lat.], 1) *Zoologie:* griffelartiges Rudiment von Gliedmaßen am Hinterleib mancher Insekten.

2) *Botanik:* →Griffel.

Stymphalische Vögel (Stymphaliden), menschenfressende Vögel der griech. Sage, die ihre Opfer zuvor mit pfeilspitzen, eisenharten Federn durchbohren; Herakles überwindet sie in seiner 5. ›Arbeit‹.

Styraxbaum (Storaxbaum), Gatt. der Styraxbaumgewächse mit rd. 100 Arten in den Tropen und Subtropen (mit Ausnahme Afrikas); immergrüne oder laubabwerfende Sträucher oder Bäume; u. a. der *Benzoebaum* in Hinterindien und im Malaiischen Archipel (liefert ein festes Benzoeharz) und der *Echte S.* in S-Europa und Kleinasien (lieferte früher das Balsamharz Storax).

Styria, neulat. Name der Steiermark.

Styrol [griech./arab.] (Vinylbenzol, Phenyläthylen), ungesättigter, aliphat.-aromat. Kohlenwasserstoff; farblose, wasserunlösl. Flüssigkeit, die leicht polymerisiert; zur Herstellung von Kunststoffen (Polystyrol) verwendet.

Styropor Ⓦ [Kurzwort], Handelsbez. für Schaumstoffe aus Polystyrol und Styrolmischpolymerisaten.

Styx, in der griech.-röm. Mythologie ein Fluß der Unterwelt.

s. u., Abk. für siehe unten!

Suaheli, svw. →Swahili.

Suárez, Francisco [span. 'suareθ], * Granada 5. 1. 1548, † Lissabon 25. 9. 1617, span. Philosoph und Theologe. Jesuit; bedeutendster Vertreter der span. Barockscholastik; seine ›Disputationes metaphysicae‹ (1597) sind die erste systemat. Darstellung der Metaphysik; im sog. Gnadenstreit suchte er mit seinem *Kongruismus* (dem angepaßten ›Zusammentreffen‹ von göttl. Gnade und individuellem Handeln) zu vermitteln; von weitreichender Bedeutung war sein rechts- und staatsphilosoph. Werk ›De legibus ac Deo legislatore‹ (1612).

Suárez González, Adolfo [span. 'suareð ɣon-'θaleθ], * Cebreros bei Ávila 25. 9. 1932, span. Politiker. Jurist; Mitgründer der Union de Centro Democrático (UCD); 1976–81 Min.-Präs., leitete die Demokratisierung Spaniens ein.

sub..., Sub... (auch suf..., sug..., suk..., sup..., sur...) [lat.], Vorsilbe mit der Bedeutung ›unter, unterhalb; von unten heran‹.

subaltern [lat.], unterwürfig, untergeordnet.

Subdominante (Unterdominante), in der *Musik* die 4. Stufe einer Dur- oder Molltonleiter sowie der über diesem Ton errichtete Dur- bzw. Molldreiklang.

subfebril, leicht, jedoch nicht fieberhaft erhöhte Körpertemperatur; beim Menschen zw. 37,4 und 38 °C.

Subiaco [italien. su'bja:ko], italien. Stadt in Latium, östl. von Rom, 8900 E. Burg (11. Jh.); Kloster Santa Scolastica (Kirche von 1764, roman. Kampanile von 1053, 3 Kreuzgänge), Kloster Sankt Benedikt (13. und 14. Jh.).

Subjekt [lat.], 1) *Sprachwissenschaft:* (Satzgegenstand) Bez. für denjenigen Teil eines Satzes, der den Träger der Aussage, den Ausgangspunkt der Äußerung bezeichnet und meist durch ein Nomen oder Pronomen (immer im Nominativ), aber z. B. auch durch einen Nebensatz (sog. *S.satz*) ausgedrückt wird.

2) *Philosophie:* das denkende, seiner selbst bewußte, handelnde Ich.

3) *Musik:* das Thema einer kontrapunkt. Komposition.

Subjektivismus [lat.], in der Erkenntnistheorie die Auffassung, daß alles Erkennen nicht das Wesen der Dinge, sondern nur die Auffassung der Dinge durch das subjektive Bewußtsein wiedergebe.

subjektiv [lat.], von persönl. Gefühlen, Interessen, Vorurteilen bestimmt; unsachlich.

Subjektivität [lat.], subjektive Darstellung, Beurteilung, Sichtweise.

Subkontinent, Teil eines Kontinents, der aufgrund seiner Größe und halbinselartigen Abgliederung als quasiständige Einheit betrachtet werden kann, z. B. Vorderindien.

Subkultur, innerhalb der Gesamtkultur einer Gesellschaft Teil- oder Eigenkultur einer relativ kleinen und geschlossenen Gruppe, gekennzeichnet durch erhöhte Gruppensolidarität; v. a. in hochdifferenzierten, pluralist. Gesellschaften.

subkutan [lat.], in der *Medizin* für: 1. unter die Haut verabreicht (z. B. Injektionen, Infusionen; Abk. s. c.); 2. unter der Haut liegend.

Sublimation [lat.], der direkte Übergang eines Stoffes vom festen Aggregatzustand in den gasförmigen [oder umgekehrt], ohne daß der normalerweise dazwischenliegende flüssige Zustand angenommen wird.

Sublimierung (Sublimation) [lat.], nach S. Freud die Umwandlung von Triebenergien in intellektuelle, kulturelle Leistungen.

submarin, unter dem Meeresspiegel befindl., lebend bzw. entstanden.

Submission, svw. →Ausschreibung.

Subnormale, die Projektion des Normalenabschnitts (zw. dem Punkt einer ebenen Kurve, in dem die Normale errichtet ist, und ihrem Schnittpunkt mit der Abszissenachse) auf die Abszissenachse. Die Projektion des Tangentenabschnitts auf die Abszissenachse wird als **Subtangente** bezeichnet.

Subordination, svw. Unterordnung.

subpolares Klima, zw. dem gemäßigten Klima der mittleren Breiten und dem Polarklima befindl. Klima. Es ist auf der Nordhalbkugel *(subarkt. Zone)* stärker ausgebildet als auf der Südhalbkugel *(subantarkt. Zone).*

Subroutine [-ru-], in der *Datenverarbeitung* Teil einer →Routine zur Lösung kleinerer Aufgaben, deren Ergebnisse innerhalb des Unterprogramms weiterverarbeitet werden.

Subsidiarität [lat.], das Zurücktreten einer von mehreren an sich anwendbaren Rechtsnormen kraft ausdrückl. oder durch Auslegung zu ermittelnder gesetzl. Anordnung.

Subsidiaritätsprinzip, der kath. Sozialphilosophie entnommenes Prinzip, wonach jede gesellschaftl. und staatl. Tätigkeit ihrem Wesen nach ›subsidiär‹ (unterstützend und ersatzweise eintretend) sei, die höhere staatl. oder gesellschaftl. Einheit also nur dann Funktionen der niederen Einheiten an sich ziehen darf, wenn deren Kräfte nicht ausreichen, diese Funktionen wahrzunehmen.

Subsistenz [lat.], in der *Philosophie* das Substanzsein, das Bestehen der Substanz in sich und für sich selbst.

Subskription [lat.], die Vorbestellung eines noch nicht gedruckten oder erst in einigen Bänden erscheinenen Werkes. Der S.preis liegt meist etwa 10–20% unter dem Ladenpreis.

Subsonicfilter ['sʌbsəʊnik...; engl.] (Infraschallfilter), Frequenzfilter bei Hi-Fi-Verstärkern, das Frequenzen unterhalb des Hörbereichs (20 Hz) unterdrückt, da diese die Lautsprecheranlage schädigen können.

sub specie aeternitatis ['spe:tsi·e ɛ...; lat.], unter dem Gesichtspunkt der Ewigkeit (nach Spinozas ›Ethik‹ 5, 29–31).

substantiell (substantial) [lat.], wesentlich; stofflich, dinglich.

Substantiv [lat.] (Hauptwort, Dingwort, Gegenstandswort), eine Wortart, die zur Bezeichnung von Konkreta (Eigennamen bzw. -wesen, Gattungsnamen, Sammelnamen) und Abstrakta dient. Das S., der Häufigkeit nach die wichtigste Wortart, gehört zur Kategorie → Nomen.

Substanz [lat.], **1)** *allgemein:* das den Wert, Gehalt, Stoff einer Sache Ausmachende; das Wesentliche, der Kern der Sache.

2) *Philosophie:* das, was ein jedes in sich und für sich selbst ist, das unabhängig Seiende im Ggs. zum Akzidens, dem unselbständig Seienden.

3) *Chemie:* (Stoff) ein festes, flüssiges oder gasförmiges Material.

Substitution [lat.], **1)** *Wirtschaftswiss.:* das Ersetzen von bestimmten Gütern oder Produktionsfaktoren durch andere.

2) *Chemie:* der Ersatz eines Atoms oder einer Atomgruppe in einem Molekül durch ein anderes Atom bzw. eine andere Atomgruppe *(Substituenten).*

3) *Sprachwissenschaft:* Bez. für den Austausch oder Ersatz von sprachl. Elementen innerhalb gleicher Umgebung.

4) *Psychoanalyse:* einer der Abwehrmechanismen: Ein Objekt, auf das urspr. die psych. Antriebsenergie gerichtet war, wird durch ein anderes ersetzt.

5) *Neuro[physio]logie:* die Übernahme von Funktionen durch unbeschädigte Hirnareale bei gehirnorganischen Ausfällen.

Substitutionstherapie, medikamentöser Ersatz (Substitution) eines dem Körper fehlenden, eventuell lebensnotwendigen Stoffes (z. B. von Insulin bei Zuckerkrankheit).

Substrat [lat.], **1)** das einer Sache Zugrundeliegende, (materielle) Grundlage.

2) *Sprachwissenschaft:* Bez. für eine sprachliche Schicht, die von anderssprachigen Eroberern überlagert und verdrängt wird, aber ihrerseits auf die Sprache der Sieger in gewisser Weise einwirkt oder in Relikten erhalten bleibt.

3) *Mikrobiologie:* (Nährboden) Substanz aus flüssigen oder festen Stoffen als Untergrund für Pilz- und Bakterienkulturen.

Subsumtion (Subsumption) [lat.], die Unterordnung von Begriffen unter einen Oberbegriff.

Subtangente →Subnormale.

subtil [lat.], in die Feinheiten gehend, nuanciert, differenziert; **Subtilität,** das Subtilsein, Subtile.

Subtrahend [lat.] → Minuend, →Subtraktion.

Subtraktion [lat.], eine der vier Grundrechenarten, die Umkehrung der Addition, symbolisiert durch das Zeichen – (minus). Bei einer S.: $a - b = c$ gelten folgende Bez.: a Minuend, b Subtrahend, $a - b$ *Differenz,* c Wert der Differenz.

Subtropen, Übergangszone zw. den Tropen und der gemäßigten Zone der mittleren Breiten.

Subventionen [lat.], zweckgebundene Unterstützungszahlungen öffentl. Finanzwirtschaften an bestimmte Wirtschaftszweige, Wirtschaftsgebiete oder auch an einzelne Unternehmen ohne Gegenleistung.

Subversion [lat.], (polit.) Umsturz, **subversiv,** umstürzlerisch; zerstörend.

Succinate [zʊki...; lat.], die Salze und Ester der Bernsteinsäure.

Suceava [rumän. su'tʃeava], rumän. Stadt in der Moldau, 96 300 E. Zentrum der rumän. Bukowina. Zahlr. Kirchen: Miräuțikirche (1380–90), Eliaskirche (1488 ff.), Gheorghekirche (1514–22), Dumitrukirche (1534/35), befestigte Klosterkirche Zamca (1606); Fürstenherberge (17. Jh.). – 1388 bis 1565 Hauptstadt der Moldau.

Suchkopf, in der Spitze von Flugkörpern, Torpedos, gelenkten Geschossen oder Bomben eingebautes, meist mit Infrarotstrahlen, Laserstrahlen oder Radar arbeitendes Peilgerät zur automat. Ausrichtung der Flugbahn auf das Ziel.

Sucht, die durch den Mißbrauch von Rauschgiften und bestimmten Arzneimitteln zustande kommende zwanghafte psych. und phys. Abhängigkeit, die zu schweren gesundheitl. Schäden führen kann. – Anstelle von S. wird heute vielfach der von der Weltgesundheitsorganisation vorgeschlagene und definierte Begriff Drogenabhängigkeit verwendet.

Suchumi, Hauptstadt der Autonomen Republik Abchasien innerhalb Georgiens. Schwarzmeerkurort, 128 000 E. Theater, botan. Garten; Hafen. – Mitte des 15. bis Anfang des 19. Jh. osman.; seit 1829 russisch.

Suckert, Kurt Erich, italien. Schriftsteller, →Malaparte, Curzio.

Sucre [span. 'sukre], Hauptstadt Boliviens und Dep.hauptstadt, 420 km sö. von La Paz, 2 800 m ü. d. M., 86 000 E. Univ., Museen, Nationalbibliothek und -archiv; Handelszentrum. Im Schachbrettgrundriß angelegtes, kolonialzeitl. Stadtbild; Kathedrale (16. und 17. Jh.). – Gegr. 1538; seit 1776 Sitz einer Intendencia des Vize-Kgr. La Plata; 1809 offizielle Umbenennung in Chuquisaca; 1839 als S. (nach General

A. J. de Sucre y de Alcalá) Hauptstadt Boliviens, verlor aber nach und nach seine Hauptstadtfunktionen an La Paz.

Sucre y de Alcalá, Antonio José de [span. 'sukre i ðe alka'la], * Cumaná (Venezuela) 3. 2. 1795, † Berruecos (bei Pasto) 4. 6. 1830, südamerikan. General und Politiker. Bedeutendster militär. Mitstreiter S. Bolívars; 1826–28 erster verfassungsmäßiger Präs. Boliviens.

Sucrose (Sukrose) [frz.], svw. →Saccharose.

Südafrika

Fläche: 1 123 226 km^2
Einwohner (1989): 30,2 Mio.
Hauptstadt: Pretoria
Amtssprachen: Englisch und Afrikaans
Nationalfeiertag: 31. 5.
Währung: 1 Rand (R) = 100 Cents (c)
Zeitzone: MEZ + 1 Std.

Südafrika

Staatsflagge

Staatswappen

Land 44 %
Stadt 56 %
Bevölkerungsverteilung

Dienstleistung 47 %
Landwirtschaft 28 %
Industrie 25 %
Erwerbstätige

Südafrika (amtl. Republik S.), Staat in Afrika, grenzt im W, S und O an den Atlantischen bzw. Indischen Ozean, im N an Namibia und Botswana, im NO an Simbabwe, Moçambique und Swasiland. Außerdem gehört die Exklave Walfischbai zu Südafrika. Innerhalb des Staatsgebietes liegen Lesotho und die nur von S. anerkannten Rep. Bophuthatswana, Ciskei, Transkei und Venda. **Landesnatur:** S. gliedert sich in die Flächentreppe in den Küstenzonen, den gewaltigen Steilanstieg der Großen Randstufe zu den Randschwellen des Binnenhochlandes und die weitflächige, sanfte Abdachung der Hochfläche gegen das tiefer liegende Kalaharibecken. Die höchste Erhebung ist der Grenzberg Champagne Castle mit 3 375 m (Drakensberge). S. hat weitgehend randtrop. Klima; der äußerste S hat mediterranes Klima. Es finden sich immergrüne Wälder, Feuchtsavannen, offene Grasländer, Trockenwälder und Dornstrauchsavannen. Von den Tierreservaten ist der Krüger-Nationalpark der bekannteste.

Bevölkerung: Die Politik der strengen Apartheid wurde 1991 aufgegeben, d. h. die getrennte Entwicklung der 4 Volksgruppen: Schwarze (überwiegend Bantu) 69,9 %, Weiße 16,5 %, Mischlinge (Coloureds) 10,5 % und 3,1 % Asiaten. 92 % der Weißen und 74 % der Bantu sind Christen, 62 % der Asiaten Hindus. Allg. Schulpflicht für Kinder vom 7.–16. Jahr. Es bestehen 17 Univ., davon 4 speziell für Schwarze und je eine für Mischlinge und Asiaten.

Wirtschaft, Verkehr: Die Landwirtschaft der Schwarzen ist weitgehend Selbstversorgungswirtschaft, während die Weißen marktorientierten Anbau betreiben. Wichtigste Produkte sind Zuckerrohr und Mais. Außerdem liefert die Landwirtschaft Bananen, Ananas, Mangos, Zitrusfrüchte, Wein und europ. Obstsorten. S. zählt zu den bed. Wollproduzenten der Erde (Schafe, Angoraziegen). Die Rinderzucht nimmt stetig zu. Die Fisch-Ind. ist exportorientiert; wichtigstes Zentrum ist Walfischbai. Industrielles Zentrum ist das Bergbaugebiet am Witwatersrand mit Johannesburg (chem., Eisen- und Stahl-Ind.). Weitere Ind.-zentren (Nahrungsmittel-, Textil- und Bekleidungs-Ind., Metallverarbeitung, Kfz-Montage, Elektro- und Papier-Ind.) sind Kapstadt, Durban, Port Elizabeth und East London. S. ist für Platin, Gold, Chrom und Vanadium der wichtigste, für Antimon, Diamanten und Lithium der zweitwichtigste Lieferant am Weltmarkt. Außerdem verfügt S. über bed. Kohlevorräte. Das Eisenbahnnetz hat (einschließl. Namibia) eine

Länge von 23 259 km (davon 8 440 km elektrifiziert). Das Straßennetz umfaßt 228 268 km (davon 52 504 km asphaltiert). Wichtigste Häfen sind Durban, Kapstadt, Richards Bay und Saldanha Bay. Internat. ✈ bei Johannesburg, Pretoria, Kapstadt und Durban.

Geschichte: Seit 1652 entstand, ausgehend von einer Verpflegungsstation in der Tafelbucht, die Niederl. Kapkolonie, in der die nomad. lebenden sog. ›Treck-Buren‹ (Viehzüchter) und die seßhaften Weißen (die sich seit etwa 1800 ›Afrikaander‹ nennen) als Herrenschicht zus. mit den Mischlingen (Coloureds) lebten. Die urspr. hier lebenden Hottentotten wurden abgedrängt; 1795/1806 brit. Kronkolonie. Der Abzug von 14 000 Buren (¹/₉ aller Weißen) nach 1835 in benachbarte Gebiete, um der brit. Herrschaft zu entgehen, führte zu blutigen Kämpfen mit den dort lebenden Völkern (Ndebele, Zulu). Seit 1838 ließen sich die weißen ›Vortrekker‹ in Natal, dem Oranjegebiet und Transvaal nieder und gründeten mehrere Republiken. Zw. 1852 und 1860 erkannte Großbrit. den Oranjefreistaat und die Südafrikan. Republik (das heutige Transvaal) an, die wiederum die brit. Oberhoheit hinnehmen mußten. Nach der Niederlage der Buren im →Burenkrieg (1899–1902) wurden ihre Republiken brit. Kolonien, ab 1907 mit voller Selbstregierung. 1910 Vereinigung der brit. Kolonien in S-Afrika zum Dominion Südafrikan. Union unter Premier-Min. L. Botha (bis 1919). Gegen die Beschränkung der polit. Rechte der Schwarzen kam es zu Protesten schwarzer Intellektueller, u. a. 1912 zur Gründung des ›Afrikan. Nationalkongresses‹ (ANC). Nach der Fusion der weißafrikan. National Party mit der oppositionellen Südafrikan. Partei spaltete sich ihr radikaler Flügel unter Daniel François Malan (* 1874, † 1959; Min.-Präs. 1948–54) als ›gereinigte‹ National Party ab und bildete 1948 die Regierung. Entsprechend der nun forcierten Apartheidpolitik gelten alle Weißen als eine einheitl. ›Nation‹, während die Schwarzen, auch im weißen Gebiet lebende, in 9 verschiedene ›Bantunationen‹ (nach Sprache und vorkolonialer Geschichte) unterteilt werden und ein sog. →Bantuheimatland zugewiesen bekommen. Mischlinge und Asiaten (v. a. Inder) bilden eine weitere ›Nation‹, jedoch ohne eigenes Gebiet. 1959 spaltete sich der militante ›Panafrikan. Kongreß‹ (PAC) vom ANC ab. Demonstrationen von Schwarzen führten 1960 zum Massaker von Sharpeville (67 Tote). Auf das gegen ANC und PAC ausgesprochene Verbot folgte ein anhaltender Kampf gegen die Regierung aus dem Untergrund. Die Organization of African Unity (OAU) erkannte 1963 ANC und PAC als Befreiungsbewegungen an. 1961 trat S. aus dem Commonwealth aus und wurde Republik. Unter Premier-Min. B. J. Vorster (1966–78; 1978/79 Staats-Präs.) begann die Entlassung der Bantuheimatländer in die staatl. Unabhängigkeit (Transkei 1976; Bophuthatswana 1977; Venda 1979; Ciskei 1981). Unruhen 1976 in Soweto wurden durch die Polizei blutig unterdrückt (mindestens 250 Tote). Organisationen (und Presseorgane) der Schwarzen sowie weiße Antiapartheidgruppen wurden verboten (1977). Premiermin. W. P. Botha (1978–84) bemühte sich um eine Modifikation der Apartheidpolitik und setzte eine neue Verfassung für S. durch. Zugleich sicherte er sich mit dem Präsidentenamt (1984–89) die entscheidende Machtposition. In der Außenpolitik hielt S. daran fest, für →Namibia eine ›interne Lösung‹ zu finden, um die SWAPO in Namibia von der Macht fernzuhalten. S. mußte sich aber 1989 dem internat. Druck beugen, nachdem es mit Angola einen Ausgleich gefunden hatte, und Namibia unter Beteiligung der SWAPO im März 1990 in die Unabhängigkeit entlassen. Mit Angola und Moçambique traf S. bereits 1984 eine Regelung über die Nichtunterstützung von Widerstandskämpfern, wobei die Einhaltung dieser

Abkommen durch S. zweifelhaft erschien. Der Nachfolger Bothas als Präs., Frederik Willem de Klerk (seit 1989; * 1936), setzt sich für eine weitere vorsichtige Lockerung der Apartheidpolitik ein. Ende Febr. 1990 begnadigte er den Führer des African National Congress (ANC), N. Mandela, und hob gleichzeitig das Verbot des ANC auf. Ab Aug. 1990 kam es zu schweren Kämpfen zwischen ANC-Anhängern und der Inkatha-Bewegung des Zuluführers Mangosuthu Gatsha Buthelezi (* 1928). Im Juni 1991 wurden mit der Abschaffung der Gesetze über die Registrierung der Bev., über rassenmäßig getrennte Wohngebiete und über den Bodenbesitz wichtige Grundlagen der bisherigen Apartheidspolitik beseitigt. Als Folge begann sich die diplomat. und wirtschaftspolit. Isolation S. zu lockern. Eine Allparteienkonferenz soll bis 1993 eine neue Verfassung ausarbeiten, die folgende Grundprinzipien enthalten soll: allg. gleiches Wahlrecht, unabhängige Justiz, Mehrparteiensystem, Zweikammerparlament, das nach einem Verhältniswahlrecht gewählt wird, Direktwahl des Präsidenten. Im Zuge der Verfassungsreform soll S. in 10 Prov. oder Regionen gegliedert werden, die jeweils alle ethn. Gruppen umfassen sollen.

Politisches System: Präsidialsystem; *Verfassung* von 1984; eine grundlegende Reform ist beabsichtigt. Der Grundsatz der Apartheid wurde durch Verfassung und Gesetze auf allen Lebensgebieten durchgesetzt zur Sicherung der Vorherrschaft der weißen Rasse. *Staatsoberhaupt* und Spitze der *Exekutive* ist der für 5 Jahre indirekt gewählte Staats-Präs.; die Regierung besteht aus dem Kabinett unter dem Vorsitz des Staats-Präs., dem als beratendes Organ ein Präsidialrat (35 von den Kammern gewählte, 25 vom Präs. ernannte Mgl.) zur Seite steht. *Legislative* ist ein Dreikammerparlament, bestehend aus dem Abg.haus für die Weißen (178 Mgl.), dem Repräsentantenhaus für die Mischlinge (85 Mgl.) und dem Deputiertenhaus für die Inder (45 Mgl.). Gesamtstaatl. Angelegenheiten werden von allen drei Kammern behandelt (bei Uneinigkeit entscheidet der Präsidialrat), Angelegenheiten der Bevölkerungsgruppen (z. B. Kultur, Lokalverwaltung) von der jeweiligen Kammer. Als Exekutivorgane für Gruppenangelegenheiten fungieren drei vom Präs. ernannte Min.räte (je 5 Mgl.). *Parteien:* Politisch entscheidend waren bisher nur die Parteien der Weißen: die bur. National Party (zunächst strenge Apartheidpolitik, tritt seither für Lockerung bzw. Abschaffung der Apartheid ein); von ihr spaltete sich 1982 die Conservative Party (gegen Reformen) ab; die Oppositionsparteien vertreten im wesentl. den englischsprachigen Bevölkerungsteil: die New Republic Party, die Progressive Federal Party und die Herstigte Nasionale Party; kommunist. Parteien sind verboten. Halblegale und illegale Befreiungsbewegungen der schwarzen Mehrheit sind die Black United Front (BUF) sowie die im Okt. 1991 zur Patriot. Einheitsfront zusammengeschlossenen Organisationen African National Congress of South Africa (ANC, 1960–90 verboten) und Pan-Africanist Congress of Azania (PAC). *Streitkräfte:* rd. 82 400 Mann (allg. Wehrpflicht für alle Weißen). – Karte III, Bd. 2, n. S. 320.

Südamerika, der mit 17,8 Mio. km² viertgrößte Erdteil umfaßt den S des Doppelkontinents Amerika, über die Atratosenke mit Mittelamerika verbunden. Die N–S-Erstreckung beträgt 7 600 km, die von O nach W 5 000 km. Höchster Punkt ist der Aconcagua (6 958 m ü. d. M.). Nur die patagon. Pazifikküste ist durch Fjorde und Inseln stark gegliedert.

Gliederung: Im W wird der Erdteil vom Hochgebirge der Anden (zahlr. Vulkane) durchzogen. Östl. davon erstreckt sich eine Senkungszone, durch niedrige Schwellen in Orinokobecken, Amazonastiefland

Staatliche Gliederung (Schätzung 1990)				
Land	km²	E in 1000	E/km²	Hauptstadt
Argentinien	2 780 092	32 686	11,8	Buenos Aires
Bolivien	1 098 581	6 500	6,0	Sucre/La Paz
Brasilien	8 511 965	155 563	18,3	Brasilia
Chile	756 945	12 985	17,0	Santiago de Chile
Ecuador	283 561	10 780	38,0	Quito
Guyana	214 969	1 000	5,0	Georgetown
Kolumbien	1 141 748	32 978	28,9	Bogotá
Paraguay	406 752	4 157	10,2	Asunción
Peru	1 285 216	22 332	17,3	Lima
Surinam	163 820	417	2,5	Paramaribo
Trinidad und Tobago	5 124	1 264	246,7	Port of Spain
Uruguay	176 215	3 090	17,5	Montevideo
Venezuela	912 050	19 730	21,6	Caracas
abhängige Gebiete				
von Frankreich				
Französisch-Guayana	91 000	115	1,3	Cayenne
von Großbrit.				
Falkland Islands and Dependencies	12 173	13	1,0	Stanley

und La-Plata-Becken geteilt. Im O liegt das große Brasilian. Bergland, im NO das von Guayana. Beide erreichen Mittelgebirgshöhen. Der Amazonas und seine Nebenflüsse bilden das größte Stromnetz der Erde.

Klima: Nördl. und südl. des immerfeuchten trop. Klimas des Amazonastieflands herrscht wechselfeuchtes Tropenklima. Nach S folgt subtrop. Klima. Ständig feucht ist das Gebiet am unteren Paraná und am Uruguay, westl. davon, im Regenschatten der Anden, herrscht Steppenklima. Im Gebirgsraum der Anden findet sich Höhenstufung von der heißen Zone bis zur Zone ewigen Schnees. Die Pazifikküste hat teilweise Wüstenklima.

Vegetation: Trop. Regenwald kennzeichnet das Amazonastiefland. In den Bergländern überwiegt Feuchtsavanne, in NO-Brasilien Dornbusch. Die Trockenwälder des Gran Chaco leiten über zu den Steppen der Pampas und O-Patagoniens. Im N der Anden wächst trop. Regen- und Bergwald, im S immer- bis sommergrüner Mischwald. In den innerandinen Becken finden sich Gras- und Wüstensteppe sowie Wüste.

Tierwelt: Zahlr. Tierarten kommen sowohl in Süd- als auch in Mittelamerika vor, z. B. Ameisenbär, Faultier, Brüll- ihr spaltete Klammeraffe, Königsgeier, Gürteltiere, Papageien und Kolibris. Auf S. beschränkt sind u. a. Anakonda, Jaguar, Andenkondor, Nandu, Löwenäffchen, Kurz- und Langschwanzchinchilla, Riesenotter, Brillenbär, Piraya, Vikunja und Guanako sowie die Haustiere Lama und Alpaka.

Bevölkerung: Indian. Bauern konnten sich im Bereich der altamerikan. andinen Kulturen behaupten, indian. Wildbeuter leben v. a. im Amazonastiefland. Durch afrikan. Sklaven erhielt v. a. Brasilien einen bed. Anteil an Schwarzen und Mulatten. Masseneinwanderung aus Europa fand v. a. im 19. Jh. statt, im 20. Jh. aus Japan.

Geschichte Süd- und Mittelamerikas: Zu den *präkolumbischen Hochkulturen* →altamerikanische Kulturen.

Entdeckung und Eroberung: Auf 4 Reisen (1492 bis 1504) entdeckte C. Kolumbus die Großen und Kleinen Antillen, berührte 1498 im Golf von Paria (Orinokodelta) erstmals das südamerikan. Festland und erforschte 1502–04 die Ostküste M-Amerikas. Die überseeischen Interessensphären der Rivalen Portugal und Spanien waren 1494 im Staatsvertrag von Tordesillas (Demarkationslinie 370 span. Meilen westl. der Kapverd. Inseln) abgegrenzt worden. Portugal, dem die Inseln und Länder östl. dieser Linie zufielen, erwarb sich damit Besitzansprüche auf Brasilien. A. Vespucci, der 1497–1504 (oder 1499 bis 1502) die südamerikan. N- und O-Küste befuhr, erkannte als erster in Amerika einen eigenständigen Kontinent. Der Portugiese P. A. Cabral landete 1500 in Brasilien. Den Pazif. Ozean erreichte 1513 V. Núñez de Balboa über den Isthmus von Panama. F. de Magalhães gelang es 1519–21, die S-Spitze Südamerikas zu umfahren (erste Weltumsegelung). 1531–35 eroberten die Spanier unter F. Pizarro das Inkareich in Peru.

Die Kolonialreiche: Schon mit den ersten Eroberern kamen auch schwarze Sklaven in die Neue Welt, die sich den körperl. Anstrengungen der Plantagenwirtschaft und des Bergbaus im trop. Tiefland besser gewachsen zeigten als die Indianer. Weiße, Indianer und Schwarze sowie Mestizen, Mulatten, Zambos und andere Mischlingsgruppen ergaben ein von sozialen Abstufungen verschiedenster Art geprägtes Völkergemisch. Der Ggs. zw. in Amerika geborenen Nachkommen span. Einwanderer (Kreolen) und Europa-Spaniern, der in der Unabhängigkeitsbewegung zu Beginn des 19. Jh. voll aufbrach, zeichnete sich schon bald ab. 1524 wurde der Indienrat, oberste Verwaltungs- und Gerichtsbehörde für das span. Amerika, errichtet. Daneben wurden mit den Audiencias (kollegiale Gerichts- und Verwaltungsbehörden) Aufsichtsbehörden geschaffen, die dem Machtstreben einzelner Personen vorbeugen konnten. 1535 entsandte Karl V. einen Vizekönig nach Neuspanien (mit der Hauptstadt Mexiko), das neben großen Teilen N-Amerikas auch M-Amerika (ohne Panama) und Venezuela umfaßte. 1543 wurde das Vize-Kgr. Peru gegründet mit der Hauptstadt Lima und ganz Span.-Südamerika außer Venezuela als Herrschaftsbereich. Im 18. Jh. wurden 2 weitere Vize-Kgr. neu gebildet: Neugranada (1717/39) mit Sitz in Bogotá umfaßte die heutigen Länder Ecuador, Kolumbien, Panama und Venezuela; Río de la Plata (1776) mit Sitz in Buenos Aires verwaltete die heutigen Länder Argentinien, Uruguay, Paraguay und Bolivien.

Da zunächst Seeherrschaft und Organisation von Handelsfaktoreien Ziele der portugies. Politik waren, wurde erst in der Zeit der Personalunion der iber. Reiche (1580 bis 1640) nach span. Vorbild ein Indienrat (1604) errichtet. In Brasilien selbst begann jedoch der Aufbau einer staatl. Territorialverwaltung schon 1549: dem Generalgouverneur (Residenz Bahia) unterstanden die Prov.gouverneure des in Kapitanate geteilten Landes.

Die Staaten Süd- und Mittelamerikas:
Entstehung: Erst die frz. Eroberung der iber. Kolonialmächte ermöglichte den Erfolg der lateinamerikan. Unabhängigkeitsbewegung. Brasilien erlangte 1822/25 seine Unabhängigkeit von Portugal fast ohne Kampf. In den span. Kolonien in S. befreite S. Bolívar 1817–24 die heutigen Länder Venezuela, Kolumbien, Ecuador und Peru. 1817/18 befreite das Heer der Vereinigten Prov. von Río de La Plata (später Argentinien), die 1816 die Unabhängigkeit errungen hatten, unter der Führung von J. de San Martín Chile. Paraguay erklärte schon 1811 seine Unabhängigkeit. Z-Amerika (die heutigen Staaten Costa Rica, Honduras, Nicaragua und El Salvador) folgte 1821 der Unabhängigkeitserklärung Mexikos; 1822 schlossen sich die Prov. des Generalkapitanats Guatemala dem Kaiserreich Mexiko unter Itúrbide an, mit dessen Sturz (1823) die Prov. als Zentralamerikan. Föderation die volle Unabhängigkeit erlangten. Mit Haiti war 1804 der erste unabhängige Staat in S- und M-Amerika entstanden; Kuba und Puerto Rico konnte Spanien hingegen noch bis 1898 behaupten.

Die von Bolívar 1819 durchgesetzte Bildung Groß-Kolumbiens hatte nur vorübergehend Bestand. Als General A. J. de Sucre y de Alcalá Oberperu (Boli-

vien) 1825 prakt. ohne Kampf von den Spaniern befreite, schloß er es nur kurze Zeit Groß-Kolumbien an. Auch Peru verließ 1825 die Großrepublik wieder, 1829/30 spalteten sich Venezuela und Ecuador ab. Schließl. gelang es 1828 der Banda Oriental (Uruguay), sich mit argentin. Hilfe von der brasilian. Herrschaft (seit 1816) zu befreien; mit der Befreiung Perus von der Herrschaft (1836–39) des bolivian. Präs. Andrés de Santa Cruz (* 1792, † 1865) durch Chile und Argentinien zerfiel S. in die heute bestehenden Staaten. Zur gleichen Zeit zerbrach die Zentralamerikan. Föderation. Die Grenzen der neuen lateinamerikan. Republiken lagen zunächst nur in groben Zügen fest; im 19. und 20. Jh. wurde eine Reihe von Kriegen um umstrittene Gebiete geführt (z. B. Salpeterkrieg, Chacokrieg).

Innere Entwicklung im 19. Jh.: Die innerpolit. Verhältnisse in Lateinamerika wurden weitgehend durch → Caudillos geprägt. Zwei polit. Gruppen bekämpften sich in Lateinamerika während des 19. Jh., z. T. noch heute: Konservative und Liberale. Die Konservativen suchten ihre Anhänger v. a. unter den Großgrundbesitzern, sie befürworteten den föderalist. Staatsaufbau und die Schutzzollpolitik und unterstützten die Kirche. Die Liberalen rekrutierten ihre Gefolgschaft in den Städten, forderten den unitar. Staat und den Freihandel und gaben sich meist antiklerikal. Generell gesehen verpaßte Lateinamerika im 19. Jh. den Anschluß an die Industrialisierung; die Einbeziehung in den Weltmarkt als Rohstofflieferant machte den Kontinent von den Konjunkturschwankungen in Europa und N-Amerika abhängig. Nur die Staaten mit starker europ. Einwanderung konnten schon im 19. Jh. beachtl. Fortschritte erzielen (Argentinien, Chile, Uruguay, Brasilien). Durch den neuen Mittelstand gewannen die Liberalen an Macht; mehrere lateinamerikan. Staaten erhielten unter ihrem Einfluß in der 2. Hälfte des 19. Jh. die z. T. heute noch gültigen Verfassungen.

Verhältnis zu den USA: Die Unabhängigkeitsbewegung wurde von den USA unterstützt. Die → Monroedoktrin von 1823 war ein entscheidender diplomat. Beitrag zur Verhinderung europ., speziell span. Intervention in Lateinamerika. Das wirtschaftl. Engagement der USA setzte Mitte des 19. Jahre ein, als amerikan. Kapital die Plantagenkulturen, zunächst auf den Großen Antillen, bald darauf auch in Z-Amerika und im nw. S., belebte. Die durch den 1. panamerikan. Kongreß in Washington (1889) geschaffene Internat. Union Amerikan. Republiken (1910 in Panamerikan. Union umbenannt) und das Handelsbüro Amerikan. Republiken wurden von den USA zur Durchsetzung ihres dem Sinn der Monroedoktrin zuwiderlaufenden Hegemonieanspruchs über das gesamte Amerika benutzt. Einen bes. Rang unter diesen Einmischungen nimmt die von den USA offen unterstützte Abspaltung Panamas von Kolumbien ein (1903), die den USA die Panamakanalzone sicherte.

Die Krise der lateinamerikan. Staaten: Die Weltwirtschaftskrise förderte das Überhandnehmen ziviler und militär. Autokratien und Diktaturen, machte aber auch deutl., daß neue polit. Kräfte entstanden, deren Ziel umfassende wirtschaftl., soziale und polit. Reformen sein sollten. Die lateinamerikan. Staaten erhielten jedoch auch Hilfe von den USA, die mit dem Amtsantritt von Präs. F. D. Roosevelt (1933) ihre Lateinamerikapolitik auf gutnachbarl. Beziehungen umzustellen begannen. Im Rahmen der Blockbildung nach dem 2. Weltkrieg kam es über den Interamerikan. Pakt für gegenseitigen Beistand (Rio-Pakt, 30. 8. 1947) 1948 in Bogotá zur Bildung der Organization of American States (OAS). Seit den 1930er Jahren waren neue Parteien entstanden, die eine gegen die USA und gegen die in Politik und Wirtschaft herrschenden

Oligarchien gerichtete Politik verfolgten. Diese Parteien gewannen mit der gegen Ende der 1950er Jahre sich verschärfenden Strukturkrise – sinkende Exporterlöse, steigende Bevölkerungszahlen – immer wieder Zulauf, konnten in einer Reihe von Staaten die Regierungsgewalt erlangen und ihre Programme teilweise realisieren. Zur Koordinierung der eigenen Bemühungen und zur Verbesserung ihres inneren Warenaustausches gründeten die lateinamerikan. Staaten 1960 zwei Wirtschaftsgemeinschaften, die Lateinamerikan. Freihandelszone (ALALC) und den Mercado Común Centroamericano (MCCA). An der wirtschaftl. und sozialen Krise, die sich dennoch weiter verschärfte, scheiterten in den 1960/70er Jahren die meisten demokrat. Regierungen.

Neue Staaten entstanden in S- und M-Amerika nach dem 2. Weltkrieg. Frankreich gliederte seine Kolonien 1946 als Überseedepartements (Frz.-Guayana, Guadeloupe, Martinique) ein, die Niederlande gaben ihren Gebieten den Status von mit dem Mutterland gleichberechtigten konstituierenden Reichsteilen (→ Niederländische Antillen), Surinam wurde 1975 unabhängig. Großbrit. entließ seine größeren Kolonien in die Unabhängigkeit und bemüht sich, für die allein nicht lebensfähigen kleineren Kolonien neue Regelungen zu finden, v. a. seit sich zeigte, daß es wegen dieser Gebiete (Falklandinseln 1982) zu krieger. Verwicklungen kommen kann. – Karte XIV, XV, Bd. 2, n. S. 320.

Sudan

Fläche: 2 505 813 km²
Einwohner (1990): 23,8 Mio.
Hauptstadt: Khartum
Amtssprachen: Arabisch, Englisch (Südregion)
Nationalfeiertag: 1. 1.
Währung: 1 Sudanes.
Pfund (sud£) = 100
Piastres (PT)
Zeitzone: MEZ + 1 Std.

Sudan [zu'da:n, 'zu:dan] (amtl. Demokrat. Republik S.), Bundesstaat in Afrika, grenzt im NO an das Rote Meer, im O an Äthiopien, im S an Kenia, Uganda und Zaïre, im SW an die Zentralafrikan. Republik, im W an Tschad, im NW an Libyen, im N an Ägypten.

Landesnatur: S. ist weitgehend ein Flachland, das im NO, S und W von Bergländern umrahmt wird. An der Grenze nach Uganda liegt in den Imatong Mountains der Kinyeti (3 187 m), die höchste Erhebung des Landes. Das zentrale Bergland von Kordofan erreicht in den Nubabergen 1 450 m Höhe. Im zentralen S bilden Bahr Al Gabal und Bahr Al Ghasal die Überschwemmungs- und Sumpflandschaft des Sudd. Es herrscht trop. und randtrop. Klima. Die Vegetation reicht vom Regenwald im Süden über Feucht- und Trockensavanne bis zur vollariden Wüste im Norden.

Bevölkerung: Große Probleme bringt der Gegensatz zw. den Arabern im N und den Sudaniden (Niloten, Nilotohamiten) im S des Landes. 73 % sind Muslime. Rd. 60 % der E sind Analphabeten; keine allg. Schulpflicht; 4 Universitäten.

Wirtschaft, Verkehr: Wichtigstes Exportprodukt ist Baumwolle, außerdem werden Erdnüsse, Zuckerrohr, Weizen und Mais angebaut. S. liefert 80 % der Weltproduktion an Gummiarabikum. Die schwach entwickelte Ind. ist in der Region Khartum konzentriert. Die Länge des Eisenbahnnetzes beträgt 4 786 km. Das Straßennetz ist rd. 50 000 km lang; ganzjährig befahr-

bar sind 3 000 km. Einziger Hafen ist Port Sudan; internat. ✠ ist Khartum.

Geschichte: 1820 begann unter Mehmet Ali die ägypt. Eroberung des Sudan, dem ›Land der Schwarzen‹. Nach der Niederschlagung des Mahdi-Aufstandes und der Beilegung der Faschodakrise wurde 1899 das anglo-ägypt. Kondominium S. proklamiert. Der brit.-ägypt. Vertrag von 1953 sah für 1955 eine Volksabstimmung im S. über Unabhängigkeit oder Anschluß an Ägypten vor. Der Erklärung der Unabhängigkeit 1956 folgte jedoch ein Aufstand der schwarzafrikanisch-christlich/animistisch dominierten Süd-Prov. gegen den arabisch-islam. N des Landes. Doch auch die Armee, die 1958–64 die Macht ausübte, konnte den Süden nicht unterwerfen. Nach einer neuerlichen Phase einer zivilen Regierung brachte ein Militärputsch 1969 Oberst D. M. An Numairi an die Macht, der alle polit. Institutionen auflöste. Seit 1971 erfolgte allmähl. die Bildung einer Kabinettsregierung, Gründung der Einheitspartei und Ausarbeitung einer Verfassung. 1972 gewährte An Numairi den rebell. Süd-Prov. weitgehende innere Autonomie. Im Okt. 1981 löste Numairi das Parlament der autonomen Südregion auf; das neugewählte Gesamtparlament ersetzte er im Febr. 1982 durch eine ernannte Volksvertretung. Seine Islamisierungspolitik (Sept. 1983 Einführung der Scharia als alleinige Grundlage des Rechtswesens) provozierte im nichtislam. Süd-S. eine Verschärfung der Kämpfe gegen die südsudanes. Volksbefreiungsfront um John Garang (* 1943?). Im Mai 1984 setzte der Präs. an Stelle der Regierung einen Präsidialrat mit nur beratender Funktion ein. Sein autoritäres Regime wurde neben polit. auch von wirtschaftl. Schwierigkeiten bedroht, insbes. aufgrund einer Dürrekatastrophe und des Zustroms von Flüchtlingen aus den Hungergebieten Äthiopiens und des Tschad. Im April 1985 wurde Numairi durch einen Militärputsch gestürzt. Nach Wahlen wurde im Mai 1986 eine zivile Regierung unter dem früheren Min.-Präs. Sadek al Mahdi (* 1936) gebildet; doch schon im Juni 1989 ergriff die Armee in dem von Hungersnöten und dem anhaltenden Bürgerkrieg schwer gezeichneten S. wieder die Macht; unter Staatschef Omar Hassan Ahmed al Baschir (* 1944) wurde die Gültigkeit der Scharia für den N beschränkt und S. 1991 in einen Bundesstaat umgewandelt. Die Bundesstaaten haben weitgehende Autonomie bei der Regelung ihrer Angelegenheiten.

Politisches System: Militärregime; 1989 Aufhebung der Übergangs*verfassung* von 1985 (*Staatsoberhaupt* war der fünfköpfige Oberste Staatsrat; die *Exekutivgewalt* lag beim Ministerrat unter Leitung des Min.-Präs.; als *Legislative* fungierte die Nationalversammlung mit 301 Abg., davon 28 ernannte Repräsentanten aus Wiss. und Technik). – Karte II, Bd. 2, n. S. 320.

Sudan [zu'da:n, 'zu:dan], Großlandschaft in den wechselfeuchten Tropen N-Afrikas, die sich als breiter Gürtel fast über den gesamten Kontinent zw. Sahara im N und Regenwald im S erstreckt; im O endet der S. am W-Fuß der Abessin. Hochlands.

Südäquatorialstrom, in der Passatregion der niederen südl. Breiten in allen Ozeanen auftretende, beständig westwärts gerichtete Oberflächenströmung.

Südasien, umfaßt den ind. Subkontinent einschließl. Ceylon.

Südaustralien (South Australia), Bundesland des Austral. Bundes im zentralen S des Kontinents, 984 377 km², 1,35 Mio. E, Hauptstadt Adelaide.

Südchinesisches Meer, Randmeer des westl. Pazifik, im N begrenzt vom chin. Festland und Taiwan, im W von Vietnam und der Halbinsel Malakka, im SW von Sumatra, im SO und O von Borneo, Palawan und Luzon, bis 4 614 m tief.

Sudd, Überschwemmungsgebiet im S von Sudan.

Sudan

Staatsflagge

Staatswappen

Stadt 21 %
Land 79 %

Bevölkerungsverteilung

Dienst-
leistung
19 %
Landwirtschaft 72 %
Industrie 9 %

Erwerbstätige

Süddeutsche Zeitung, in München erscheinende liberale dt. Tageszeitung mit überregionaler Verbreitung; gegr. 1945.

Sudeten, in eine Reihe von Schollen zerlegtes Mittelgebirge in Polen', in der ČSFR und der BR Deutschland, erstreckt sich zw. der Elbtalzone im NW und der Mähr. Pforte im SO, rd. 150 km lang, bis 60 km breit, bis 1 602 m hoch (Schneekoppe im Riesengebirge).

Sudetendeutsche, seit 1919 allg. Bez. für die dt. Volksgruppe in der Tschechoslowakei (rd. 3,5 Mio.), die größtenteils in einem geschlossenen Sprachgebiet lebte; nach dem 2. Weltkrieg fast völlig vertrieben. → Sudetenland.

Sudetendeutsche Partei, Abk. SdP, polit. Partei in der ČSR, ging 1935 aus der 1933 von K. Henlein gegr. *Sudetendt. Heimatfront* (SHF) hervor; betrieb unter offenem Bekenntnis zum Nat.-Soz. seit 1937/38 die Eingliederung in das Dt. Reich; 1938 in die NSDAP eingegliedert.

Sudetenland, 1938–45 offizielle Bez. für einen im Anschluß an das Münchner Abkommen eingerichteten Reichsgau S. mit rd. 3 Mio. E und dem Verwaltungssitz Reichenberg. – Die angebl. nat. Unterdrückung der Sudetendeutschen diente Hitler 1938 als Vorwand, um in der durch dt. Kriegsdrohungen gegen die ČSR hervorgerufenen *Sudetenkrise* im Münchner Abkommen die Abtrennung des S. von der ČSR zu erzwingen.

Südgeorgien → Falkland Islands and Dependencies.

Sudhaus, Brauereigebäude, in dem die Bierwürze bereitet wird; mit Schrotmühlen, Maischpfannen, Läuterbottich, Würzpfannen, Kochbottichen und Kühlanlagen.

Südholland, Prov. in den westl. Niederlanden, 2 906 km², 3,21 Mio. E, Verwaltungssitz Den Haag.

Südinsel, eine der beiden Hauptinseln → Neuseelands.

Südkaper → Glattwale.

Süd-Korea → Korea (Republik).

Südliche Hungersteppe → Kysylkum.

Südlicher Bug, Fluß in der Ukraine, mündet in den Dnjepr-Bug-Liman, 792 km lang.

Südlicher Landrücken, durch das Norddt. Tiefland ziehender Höhenzug (Endmoräne), verläuft von den Harburger Bergen über Lüneburger Heide, Altmark, Fläming, Niederschles.-Lausitzer Landrücken bis zum Katzengebirge (bis 257 m ü. d. M., höchster Punkt des S. L.) in Polen.

Südliches Eismeer, svw. → Südpolarmeer.

Südlicht → Polarlicht.

Süd-Molukken, am 25. 4. 1950 von den Ambonesen ausgerufene Republik (→ Molukken, Geschichte); im Okt. 1950 indones. Eroberung und Anschluß an Indonesien.

Süd-Orkney-Inseln [engl. 'ɔːknɪ], Inselgruppe im sw. Atlantik, nö. der Antarkt. Halbinsel, 622 km²; unbewohnt, abgesehen von brit. und argentin. meteorolog. Rundfunk- und Forschungsstationen. – 1821 entdeckt und für Großbrit. in Besitz genommen; gehören seit 1962 zur Kolonie British Antarctic Territory.

Südostasien, Bez. für die Halbinsel Hinterindien und den Malaiischen Archipel.

Südosteuropa, geograph. Bez. für die Balkanhalbinsel; histor. und kulturhistor. Bez. für die Balkanhalbinsel, die Donauländer und Jugoslawien.

Südpazifischer Rücken, untermeer. Schwelle im südl. Pazifik, trennt das Südpazif. vom Pazif.-Antarkt. Becken, bis 878 m u. d. M. aufragend.

Südpol → Pol, → Antarktis.

Südpolarmeer (Südl. Eismeer), zusammenfassende Bez. für die antarkt. Bereiche des Atlant., Ind. und Pazif. Ozeans.

Süd-Sandwich-Inseln [engl. 'sænwɪtʃ] → Falkland Islands and Dependencies.

Südschleswigscher Wählerverband, Abk. SSW, 1948 gegr. polit. Vertretung der dän. Minderheit in Schleswig-Holstein, für die seit 1955 die Fünfprozentklausel keine Anwendung mehr findet; seit 1962 mit einem Abg. im Landtag vertreten.

Südsee, älteste Benennung des Pazif. Ozeans; heute Bez. für den Teil des Pazifiks, der die Inseln Ozeaniens umfaßt.

Süd-Shetland-Inseln [engl. 'ʃetlənd], gebirgige, vergletscherte Inselkette nördl. der Antarkt. Halbinsel, 4 460 km². – 1819 entdeckt und für Großbrit. in Anspruch genommen; gehören seit 1962 zur Kolonie British Antarctic Territory.

Südsternwarte (Europ. S., European Southern Observatory, Abk. ESO), die von der BR Deutschland, Belgien, Dänemark, Frankreich, Schweden und den Niederlanden unterhaltene, in N-Chile auf dem Berg La Silla am Südende der Atacama in 2 400 m Höhe errichtete Sternwarte (3,6-Meter-Spiegelteleskop).

Südtirol (italien. Alto Adige, 1948–72 amtl. dt. Bez. Tiroler Etschland), südl. des Brenners gelegener Teil von Tirol; entspricht der italien. autonomen Prov. Bozen innerhalb der autonomen Region → Trentino-Südtirol; auch Bez. für das Gebiet der Region Trentino-S. insgesamt. – Das durch die Angliederung von S. (Prov. Bozen und Trient) an Italien 1919/20 entstandene Nationalitätenproblem **(Südtirolfrage)** wurde während des italien. Faschismus durch eine verstärkte Italianisierungspolitik (u. a. Unterdrückung der dt. Sprache) verschärft. Der dt.-italien. Umsiedlungsvertrag von 1939 (86 % der dt.sprachigen Bevölkerung entschieden sich für die dt. Staatsbürgerschaft, damit für die Umsiedlung) wurde (wegen des Krieges) nur begrenzt realisiert, ebenso das *Gruber-De-Gasperi-Abkommen* vom 5. 9. 1946, das der dt.sprachigen Bevölkerung (1982: rd. 70 % der E) Gleichberechtigung und weitgehende Autonomie gewähren sollte. Die österr.-italien. Verhandlungen (seit 1956) und damit die S.frage fanden erst 1969 durch Annahme des *Südtirolpakets* (Wahrung des Sonderstatus der Region; weitgehende, auch sprachl. Autonomie) ihren Abschluß.

Südwestafrika → Namibia.

Südwestasien → Vorderasien.

Sueben → Sweben.

Suebicum Mare [lat.], antiker Name der Ostsee.

Sues (Suez), ägypt. Hafenstadt am N-Ende des Golfs von Sues, 194 000 E.

Sues, Golf von, nw. Arm des Roten Meeres, zw. Afrika und der Halbinsel Sinai, Ägypten; Teil des Ostafrikan. Grabensystems, rd. 300 km lang, bis zu 45 km breit, maximal 80 m tief.

Sueskanal, Großschiffahrtskanal zw. dem Mittelmeer und dem Golf von Sues, Ägypten; durchschneidet ohne Schleusen unter Benutzung des Timsah- sowie des Großen und des Kleinen Bittersees die *Landenge von Sues.* Er ist 195 km lang, an der Oberfläche 100–365 m, an der Sohle 45–100 m breit und bis 20 m tief.

Geschichte: Zum Bau und Betrieb eines Schiffahrtskanals zw. Mittelmeer und Rotem Meer erhielt F. M. Vicomte de Lesseps 1854 vom ägypt. Vizekönig eine vorläufige Konzession für 99 Jahre (ab Inbetriebnahme des Kanals). Am 17. 11. 1869 wurde der S. eingeweiht. 1882 besetzte Großbrit. die Kanalzone. Die von 9 Staaten unterzeichnete Konvention von Konstantinopel (29. 10. 1888) garantierte die freie Durchfahrt durch den S. für Handels- und Kriegsschiffe aller Flaggen in Kriegs- und Friedenszeiten. 1967–75 war der S. von Ägypten gesperrt. – Karte II, Bd. 2, n. S. 320.

Sueskonferenzen, 3 Londoner Konferenzen zur Beilegung der Sueskrise (16. bis 25. 8., 19.–21. 9., 1.–5. 10. 1956). Beschlossen wurde die Konstituierung einer internat. Vereinigung der Sueskanalbenutzer (von Ägypten abgelehnt).

Sueskrise, polit.-militär. Nahostkrise (die die Gefahr eines Weltkriegs heraufbeschwor), ausgelöst nach dem Abzug der brit. Truppen aus der Sueskanalzone (Juni 1956) durch die Verstaatlichung der Sueskanalgesellschaft seitens Ägyptens (Juli 1956). Aufgrund einer geheimen Absprache mit Israel, das am 29. 10. 1956 den 2. Israel.-Arab. Krieg begann, und unter Ausnutzung der sowjet. Bindung durch den ungar. Volksaufstand intervenierten Großbrit. und Frankreich militärisch (Bombardement der Kanalzone und Landung von Truppen bei Port Said), mußten jedoch am 6. 11. unter dem Druck der USA und der Sowjetunion der Forderung der UN nach einem Waffenstillstand nachgeben.

Sueton [swe...] (Gajus Suetonius Tranquillus), * Hippo Regius (= Annaba) (?) um 70, † um 140, röm. Schriftsteller. Kaiserbiographien von Cäsar bis Domitian sowie Kurzbiographien namhafter Persönlichkeiten der röm. Literatur.

suf..., Suf... →sub..., Sub...

süffisant spöttisch, selbstgefällig.

Suffix [lat.] (Nachsilbe), an ein Wort, einen Wortstamm angehängte Ableitungssilbe, z.B. Frucht–frucht*bar*.

Suffraganbistum [mittellat./dt.], im kath. Kirchenrecht Bez. für ein zu einer Kirchenprovinz gehörendes Bistum.

Suffragetten [lat.-frz.-engl.], die radikalen Mgl. (z. T. auch Bez. für andere aktivist. Gruppen) der Frauenbewegung in Großbrit., die vor 1914 für die polit. Gleichberechtigung der Frauen mit Hungerstreiks, Demonstrationen, aber auch gewaltsamen Aktionen kämpften.

Sufismus, islam. Mystik, die in Anknüpfung an hellenist. Vorbilder neben der Gesetzesreligion entstand mit dem Ziel, die Kluft zw. Mensch und Gott zu überwinden. Der *Sufi* will durch myst. Selbstentäußerung bis hin zur Ekstase alles überwinden, was ihn von Gott trennt. Der S. wirkte auf die arab., bes. die pers. Dichtung; in ihm wurzeln auch die Orden der Derwische.

Suggestion [lat.], starke Beeinflussung des Denkens, Fühlens, Wollens oder Handelns eines Menschen unter Umgehung der rationalen Persönlichkeitsanteile. Man unterscheidet *Hetero-S.* bzw. *Fremd-S.* und *Auto-S.* (Beeinflussung erfolgt durch ichbezogen erlebte, affektbetonte Vorstellungsinhalte) unterschieden.

Suggestivfrage, Frage, die so formuliert ist, daß eine Aussage in ganz bestimmter Richtung naheliegend ist bzw. nahegelegt wird.

Suharto, * Kemusu (Z-Java) 8. 6. 1921, indones. General und Politiker. Wurde nach 1945 zum bedeutendsten Partisanenführer Z-Javas; 1962 Kommandant der Truppen zur Befreiung W-Neuguineas; entmachtete allmähl. A. Sukarno (1966 Regierungschef, seit 1968 Staatspräsident).

Suhl, Stadt im Thüringer Wald, Thüringen, 56 100 E. Heimat- und Waffenmuseum; Freilichttheater. U.a. Jagd- und Sportwaffenproduktion; Solquelle. Spätgot. Hauptkirche (15. und 18. Jh.); modernes Stadtzentrum.

Sühneversuch, förml. Versuch des Gerichts oder eines anderen Rechtspflegeorgans zur gütl. Beilegung einer Rechtsstreitigkeit.

Suhr, Otto, * Oldenburg (Oldenburg) 17. 8. 1894, † Berlin (West) 30. 8. 1957, dt. Politiker (SPD). 1945 Mitbegründer des DGB in Berlin; 1946–48 Stadtverordnetenvorsteher von Groß-Berlin, 1948–50 von Berlin (West), 1951–55 Präs. des Westberliner Abg.-hauses, ab 1955 Regierender Bürgermeister von Berlin (West).

sui generis [lat.], (nur) durch sich selbst eine Klasse bildend, einzig, besonders.

Suitbert ['zu:ɪtbɛrt, zu'i:tbɛrt] (Suidbert, Swidbert), hl., † Kaiserswerth (= Düsseldorf) im März 713, Missionsbischof aus Northumbria. Missionar bei den Friesen und Brukterern; gründete um 695 in Kaiserswerth ein Kloster. – Kostbarer S.schrein (13./14. Jh.) in der Stiftskirche.

Suite ['svi:tə; lat.-frz.], 1) *Musik:* mehrteilige Komposition aus einer Folge von in sich geschlossenen, nur lose, etwa durch gleiche Tonart oder motiv. Verwandtschaft verbundenen Tänzen oder tanzartigen Sätzen. Die Bez. S. kam in der Lautenmusik des 16. Jh. auf für eine Zusammenstellung mehrerer gleichartiger Einzeltänze oder durch Umrhythmisierung und Variation geschaffener Tanzpaare. In Oper und Ballett entfaltete sich im 17. Jh. die *Orchestersuite.* Die kammermusikalisch besetzte S. entwickelte sich v. a. in Italien und Frankreich, wo auch die *Lauten-S.* und die neugeschaffene *Klavier-S.* beliebt waren. Seit dem 17. Jh. gehören Allemande, Courante, Sarabande und Gigue zum Kernbestand, der oft um weitere Tanztypen und tanzfreie, oft programmat. betitelte Stücke vermehrt wurde. In der 2. Hälfte des 18. Jh. wurde die S. von anderen Formen, wie Divertimento oder Serenade abgelöst.

2) Folge von Zusammengehörendem, z. B. von Zimmern in Hotels, von Graphiken.

Suizid [lat.], →Selbstmord.

Suka, Dschabal, höchster Berg Saudi-Arabiens, nahe dem Roten Meer, 3 133 m hoch.

Sukarno, Achmed, * Surabaja 6. 6. 1901, † Jakarta 21. 6. 1970, indones. Politiker. Maßgebl. Führer der indones. Unabhängigkeitsbewegung; ab 1945 Staatspräs. der Republik Indonesien; setzte 1949 die Anerkennung der Souveränität durch; 1965 schrittweise entmachtet.

Achmed Sukarno

Sukkot (Sukkoth) [hebr.], svw. →Laubhüttenfest.

Sukkubus (Succubus) [mittellat.], im Dämonenglauben Bez. für einen weibl. Teufel, der mit Menschen sexuell verkehrt.

Sukkulenten [lat.] (Fettpflanzen, Saftpflanzen), v.a. in Trockengebieten verbreitete Pflanzen, die Wasser über lange Dürreperioden hinweg in bes. großzelligem Grundgewebe speichern können. Man unterscheidet: *Blatt-S.* mit fleischig verdickten Blättern (z. B. Aloe, Agave, Fetthenne), *Stamm-S.,* deren mehr oder weniger verdickte Sproßachsen wegen fehlender oder reduzierter Blätter auch der Assimilation dienen (v. a. Kakteen- und Wolfsmilchgewächse), und *Wurzel-S.,* (einige Arten der Pelargonie).

Sukzession [lat.], im *Staatsrecht* svw. Thronfolge; im *Zivilrecht* svw. Rechtsnachfolge.

Sukzessionsstaaten →Nachfolgestaaten.

Sulaiman II., der Große oder **der Prächtige** (nach türk. Zählung S. I.) (Suleiman, Soliman, türk. Süleyman), * 6. 11. 1494 (April 1495?), † vor Szigetvár 6. 9. 1566, Sultan (seit 1520). Eroberte Belgrad (1521) und Ungern (1526), das 1541 dem osman. Reich eingegliedert wurde, und stieß bis Wien (1529) vor. Unter S. erreichte das osman. Reich den Höhepunkt seiner Macht und seine höchste kulturelle Blüte.

Sulaiman Range [engl. sʊ'laɪmɑ:n 'reɪndʒ], Gebirgskette in der pakistan. Prov. Belutschistan, bis 3 441 m hoch.

Sulfate [lat.], 1. die Salze der →Schwefelsäure; 2. die Ester der Schwefelsäure.

Sulfatierung [lat.], Veresterung von Alkoholen mit Schwefelsäure; im Ggs. zur →Sulfonierung wird die Sulfogruppe, –SO_3H, hier über ein Sauerstoffatom an den organ. Rest gebunden.

Suharto

Sulfatminerale, natürl. vorkommende Salze der Schwefelsäure. Zu den *kristallwasserfreien S.* gehören u. a. die Minerale Baryt, Zölestin, Anhydrit; zu den *kristallwasserhaltigen S.* zählen v. a. Gips, Kieserit, Alaune, Bittersalz und Kupfervitriol.

Sulfide [lat.], 1. Salze des Schwefelwasserstoffs; die Alkali-S. gehen durch Kochen mit Schwefel in *Poly-S.* über, aus denen durch Ansäuern *Polyschwefelwasserstoffe (Sulfane)* freigesetzt werden; Schwermetall-S. bilden in der Natur wichtige Erzlagerstätten; 2. die Ester des Schwefelwasserstoffs; bei den Halbestern *(Mercaptane)* ist nur ein Wasserstoffatom durch einen organ. Rest, bei den neutralen Estern sind beide Wasserstoffatome durch organ. Reste ersetzt.

Sulfidminerale, Sammelbez. für natürl. vorkommende, sauerstofffreie Verbindungen von Metallen, v. a. mit Schwefel, auch mit Arsen, Antimon, Wismut, Selen und Tellur. S. haben große Bedeutung als Rohstoffe zur Gewinnung vieler Metalle. Unterteilung in: *Kiese* (metall. Glanz, große Härte, z. B. Pyrit), *Glanze* (dunkelgrau, gut spaltbar, metall. Aussehen, geringere Härte, z. B. Bleiglanz), *Fahle* (grau, spröde, v. a. die Fahlerze) und *Blenden* (nicht metall. erscheinend, durchsichtig oder durchscheinend, kräftig gefärbt, z. B. Zinkblende).

Sulfite [lat.], die Salze und Ester der schwefligen Säure.

Sulfonamide [Kw.], die Amidderivate der Sulfonsäuren, v. a. der Sulfanilsäure. Das einfachste S. ist das von der Sulfanilsäure abgeleitete *Sulfanilamid,* von dem sich weitere, gegen grampositive und gramnegative Bakterien sowie gegen einige Chlamydien- und Protozoenarten wirksame S. ableiten. Die antibakterielle Wirkung beruht auf einer Konkurrenzreaktion mit der den Bakterien als Wuchsstoff dienenden p-Aminobenzoesäure. Die Heilwirkung wurde 1935 von G. Domagk entdeckt.

Sulfonierung [lat.], Einführung einer Sulfongruppe, $-SO_3H$, direkt an ein Kohlenstoffatom einer organ. Verbindung (Ggs. → Sulfatierung), wobei Sulfonsäuren entstehen.

Sulfonsäuren (Sulfosäuren), feste, in Wasser mit stark saurer Reaktion lösl. Substanzen, die wichtige Zwischenprodukte insbes. bei der Herstellung von Farbstoffen und Waschmitteln sind.

Sulky ['zʊlki, engl. 'sʌlki], leichter, zweirädriger, gummibereifter Wagen mit Spezialsitz, für Trabrennen.

Sulla, Lucius Cornelius, * 138, † bei Puteoli (= Pozzuoli) 78 v. Chr., röm. Politiker. 88 und 80 Konsul; erhielt den Oberbefehl im Krieg gegen Mithridates VI.; brach 82 v. Chr. die Herrschaft des Marius und schaltete seine Gegner durch Proskriptionen (freiwilliger Verzicht) aus. Regierte bis 79 v. Chr. (öffentl. Bekanntgabe von Ächtungen) als Diktator.

Sullivan [engl. 'sʌlivən], 1) Sir (seit 1883) Arthur Seymour, * London 13. 6. 1842, † ebd. 22. 11. 1900, engl. Komponist. Neben Opern, Bühnenmusiken, Orchesterwerken v. a. bekannt durch seine Operetten, u. a. ›The Mikado‹ (1885).
2) Louis Henry, * Boston 3. 9. 1856, † Chicago 14. 4. 1924, amerikan. Architekt. Funktionelle Bauten (→ Hochhaus) in Stahlkonstruktion; hatte bed. Einfluß auf die Architektur des 20. Jahrhunderts.

Sully, Maximilien de Béthune, Hzg. (seit 1606) von [frz. syl'li], * Rosny-sur-Seine bei Paris 13. 12. 1560, † Villebon bei Chartres 22. 12. 1641, frz. Staatsmann. Hugenotte; als Min. (1597–1610) bed. Finanz- und Wirtschaftspolitiker.

Sully Prudhomme [frz. syllipry'dɔm], eigtl. René François Armand P., * Paris 16. 3. 1839, † Châtenay-Malabry bei Paris 7. 9. 1907, frz. Dichter. Schrieb v. a. philos. Gedichte; erster Nobelpreisträger für Literatur (1901).

Sumach: Hirschkolbensumach; Zweig mit Fruchtstand

Sully Prudhomme

Sultan [arab. ›Macht, Herrschaft‹], seit dem 11. Jh. Herrschertitel in islam. Ländern.

Sultaninen [arab.-italien.], getrocknete, kernlose, hellgelbe Beeren der *Sultanatraube,* v. a. aus der Türkei.

Suluinseln, philippin. Inselgruppe zw. Mindanao und Borneo 2688 km², Verwaltungssitz Jolo.

Sulzbach-Rosenberg, Stadt am O-Rand der Fränk. Alb, 17700 E. Textil- und Elektroindustrie. Spätgot. Stadtpfarrkirche Mariä Himmelfahrt (14., 15. und 17. Jh.); Schloß (15., 16. und 18. Jh.); spätgot. Rathaus (um 1400); Stadtmauer (14. Jh.) z. T. erhalten. – Sulzbach wurde 1614 Sitz des Ft. Pfalz-Sulzbach; Rosenberg wurde 1934 mit Sulzbach vereinigt.

Sulzburg, Stadt am W-Rand des Schwarzwalds, Bad.-Württ., 2200 E. Landesbergbaumuseum; Weinbau. Ehem. Klosterkirche Sankt Cyriacus, otton. Bau (Weihe 993) mit roman. Krypta (11. Jh.). – Siedlung erstmals 840 erwähnt; 1250 Stadtgründung.

Sumach [arab.], Gatt. der Anakardiengewächse mit rd. 60 Arten im gemäßigten Asien, im Mittelmeergebiet und in N-Amerika; sommer- oder immergrüne Bäume oder Sträucher. Viele Arten sind giftig, v. a. der in N-Amerika vorkommende *Gift-S.* Als Ziergehölz wird u. a. der *Hirschkolben-S. (Essigbaum)* angepflanzt; 5–12 m hoher Baum mit samtig behaarten Zweigen und gefiederten Blättern; Blüten grünl., in 15–20 cm langen, dichten Rispen; Früchte rot, in kolbenartigen Ständen. Die Blätter und jungen Triebe des *Sizilian. S.* dienen zum Gerben des Saffianleders.

Šumadija [serbokroat. ʃu,madija], serbisches Berg- und Hügelland zw. Save und Donau im N, Morava im O, Westl. Morava im S und Kolubara im W, bis 1132 m hoch.

Sumatra [zu'ma:tra, 'zu:matra], zweitgrößte der Großen Sundainseln, Indonesien, durch die Sundastraße von Java und die Malakkastraße von der Halbinsel Malakka getrennt, 1770 km lang, bis 400 km breit, mit benachbarten Inseln 473606 km², im Vulkan Kerinci 3805 m hoch, 28 Mio. E (v. a. Alt- und Jungmalaien sowie umgesiedelte Javaner und Balinesen). – Zur *Geschichte* → Indonesien.

Sumba, eine der Kleinen Sundainseln, Indonesien, 11031 km², bis 1225 m hoch, Hauptort Waingapu. – Mitte des 19. Jh. Niederl.-Indien angegliedert.

Sumbawa, eine der Kleinen Sundainseln, Indonesien, 13890 km², bis 2851 m ü. d. M., Hauptort Raba. – 1978 wurden auf S. 20000 bzw. 30000 Jahre alte Steinsärge gefunden. – Die urspr. 6 Sultanate (davon 2 Anfang des 19. Jh. erloschen) gehörten seit 1673/74 zu Niederl.-Ostindien; durch Verträge (1765, 1875 und 1905) erlangten sie weitgehende Selbständigkeit.

Sumer [akkad.], Bez. für M- und S-Babylonien als Land der Sumerer.

Sumerer, die Bewohner von Sumer, mindestens seit Ende des 4. Jt. nachgewiesen; Herkunft und Einwanderungsfrage sind ungeklärt. Entscheidend an der Schaffung der altoriental. Hochkultur, der altmesopotam. Kunst und der Entwicklung der babylon. Keilschrift beteiligt. An der Spitze ihrer weitgehend selbständigen Stadtstaaten im 3. Jt. standen Stadtfürsten. Seit etwa dem 27./26. Jh. Ansätze von Reichsbildungen um die Städte Uruk, Kisch, Ur, Lagasch; unter der 3. Dynastie von Ur (2070–1950) Herrschaft der S. über ein einheitl. Reich in ganz Babylonien; danach übernahmen die semit. Babylonier und Assyrer die polit. Führung.

Sumerisch, Sprache der Sumerer, in Keilschrifttexten des 3.–1. Jt. überliefert; als lebende Sprache spätestens im 19./18. Jh. vom Akkadischen verdrängt.

sumerisch-akkadische Kunst → altmesopotamische Kunst.

sumerische Literatur → babylonische Literatur.

sumerische Religion, die Zahl der sumer. *Götter* war außerordentl. groß, da urspr. jeder Stadtstaat eigene Gottheiten verehrte. Neben der Dreiheit des Himmelsgottes An, des Sturmgottes Enlil und des Grundwassergottes Enki besaßen die Liebesgöttin Inanna, der Sonnengott Utu, der Mondgott Nanna und Ereschkigal, die Herrin der Unterwelt, bes. Bedeutung. An der Spitze jedes Stadtstaates stand ein *Priesterfürst,* dessen vornehmste Aufgabe es war, im Kult den Göttern zu dienen. Der Jenseitsglaube war mit der Vorstellung eines freudlosen Totenreiches verbunden.

Summa [lat.], Abk. Sa., svw. Summe.

summa cum laude [lat. ›mit höchstem Lob‹], bestes Prädikat bei der Doktorprüfung.

Summanden [lat.], diejenigen Zahlen bei einer Addition, die zusammengezählt werden.

summa summarum [lat. ›die Summe der Summen‹], alles in allem.

Summe [lat.], Ergebnis einer Addition; mathemat. Ausdruck der Form $a + b$. Die S.bildung aus n Summanden $x_1, x_2, ..., x_n$ wird mit Hilfe des *S.zeichens* Σ symbolisiert; es ist

$$\sum_{i=1}^{n} x_i = x_1 + x_2 + \ldots + x_n.$$

Summenformel →chemische Formeln.

Summepiskopat [lat./griech.], die seit Ende des 17. Jh. dem ev. Landesherrn (*summus episcopus* ›oberster Bischof‹) zugeschriebene oberste Kirchengewalt; in Deutschland nach 1918 abgeschafft.

Summerhill [engl. 'sʌmǝhil], engl. Internatsschule in Leiston bei Ipswich, gegr. 1924 von A. S. →Neill.

Sumner, James [engl. 'sʌmnǝ], * Canton (Mass.) 19. 11. 1887, † Buffalo (N. Y.) 12. 8. 1955, amerikan. Biochemiker. Isolierte 1926 die Urease als erstes Enzym in kristalliner Form, wofür er 1946 (mit J. H. Northrop und W. M. Stanley) den Nobelpreis für Chemie erhielt.

Sumo [jap.], traditioneller jap. Ringkampf; mit 48 verschiedenen Griffen kann der Gegner zu Boden geworfen oder aus dem Ring gedrängt werden.

Sumpfschildkröte: Europäische Sumpfschildkröte

Sumpfdotterblume →Dotterblume.

Sumpffieber, svw. →Malaria.

Sumpfgas, bei bakteriellen Fäulnisprozessen in Sümpfen entstehendes, v. a. aus Methan bestehendes Gasgemisch.

Sumpfhühner (Sumpfhühnchen), weltweit verbreitete Gatt. etwa 15–25 cm langer Rallen mit 13 Arten in vegetationsreichen Sümpfen und Sumpfgewässern; Oberseite vorwiegend bräunl. bis schwarzbraun, oft weiß getüpfelt; Unterseite hell, mit schwarz und weiß gestreiftem Bauch.

Sumpfried (Sumpfsimse, Sumpfbinse), weltweit verbreitete Gatt. der Riedgräser mit über 100 Arten; einheimisch ist die 8–60 cm hohe *Gemeine Sumpfbinse,* in Verlandungszonen und Flachmooren.

Sumpfschildkröten (Emydidae), mit rd. 80 Arten umfangreichste Fam. der Schildkröten, v. a. in den wärmeren Zonen der nördl. Erdhalbkugel; überwiegend wasserbewohnende Reptilien mit meist flach gewölbtem, ovalem Panzer. Neben den →Schmuckschildkröten gehört hierher die *Europ. S.,* Panzerlänge bis 30 cm; Rückenpanzer fast schwarz, gelb getüpfelt oder mit strahlenförmiger Zeichnung; Bauchpanzer bräunl.; in Deutschland unter Naturschutz.

Sumpfschnepfen, Gatt. etwa 30–40 cm langer Schnepfenvögel mit zwölf Arten; einheimisch ist u. a. die *Bekassine,* mit Schwanz etwa 28 cm lang, mit langem, geradem Schnabel, schwarzem bis rötlichbraunem Rücken.

Sumpfzypresse (Sumpfeibe, Sumpfzeder), Gatt. der Sumpfzypressengewächse mit drei 30–50 m hohen Arten im südl. N-Amerika einschließl. Mexiko; hohe Bäume mit nadelförmigen Blättern, die zus. mit den Kurztrieben im Herbst, bei der halbimmergrünen *Mexikan. S.* erst nach mehreren Jahren, abgeworfen werden.

Sumpfzypressengewächse (Taxodiaceae), Fam. der Nadelhölzer mit nur 15 Arten in acht Gatt. im südl. N-Amerika einschließl. Mexiko, O-Asien sowie auf Tasmanien, meist große Bäume mit schuppen-, nadel- oder sichelförmigen Blättern.

Sumy, ukrain. Gebietshauptstadt am Psjol, 262 000 E. Museen, Theater, Philharmonie; u. a. Maschinenbau, Superphosphatwerk. – In den 1650er Jahren von ukrain. Kosaken gegründet.

Sun, The [engl. ðǝ 'sʌn ›Die Sonne‹], brit. unabhängige Boulevardzeitung; 1912 als ›Daily Herald‹ in London gegr., seit 1964 ›The Sun‹.

James Sumner

Sund (Öresund), Meerenge zw. der dän. Insel Seeland und der südschwed. Küste, östlichster Ostseeausgang zum Kattegat.

Sund, svw. →Meerenge.

Sundagraben, Tiefseegraben im Ind. Ozean, südl. der Inseln Sumatra und Java, bis 7455 m tief.

Sundainseln, Teil des Malaiischen Archipels, umfaßt die →Großen Sundainseln und die →Kleinen Sundainseln.

Sunday Mirror [engl. 'sʌndɪ 'mɪrǝ], brit. Sonntagszeitung; gegr. 1915 als ›Sunday Pictorial‹; seit 1963 unter dem heutigen Titel.

Sundby, Carl Olof Werner [schwed. 'sʊndby:], * Karlskoga 6. 12. 1917, schwed. ev.-luth. Theologe. 1972–83 Erzbischof von Uppsala, 1975–83 Präs. des Ökumen. Rats der Kirchen.

Sünde, theol. Begriff, mit dem in theist. Religionen ein Verstoß gegen Gott und seinen Willen bezeichnet wird. In allen Religionen versucht der Mensch, sich durch Waschungen, Bußgesinnung, Opfer u. a. von der S. zu befreien bzw. sie durch Erkenntnis oder Erleuchtung, durch Einswerden mit der Gottheit aufzuheben. – Nach *kath.* Lehre ist S. eine persönl. Schuld, die aus der freien Entscheidung gegen den in der Schöpfungsordnung und in der Wortoffenbarung erkannten Willen Gottes entsteht. Eine Handlung gilt dann als **Todsünde,** wenn sie eine schwerwiegende Übertretung darstellt, die mit klarer Erkenntnis und freiwillig begangen wurde; beim Fehlen eines oder mehrerer dieser Momente liegt eine **lässliche Sünde** vor. Die vollkommene Reue und das Sakrament der Buße heben den Zustand der Gottferne wieder auf. – Von der Grundverfassung des gefallenen Menschen ausgehend, begreift die *ev. Theologie* die S. als Auflehnung gegen Gott, die sich in Unglaube und Egozentrik manifestiert. Alle konkreten Verfehlungen lassen sich auf diese Grundverfassung zurückführen. S. ist immer zugleich auferlegtes Schicksal (Erbsünde) und persönl. Schuld.

Sündenbekenntnis, als persönl. Schuldgeständnis Bestandteil des kath. Bußsakraments, als allg.

Schuldgeständnis Bestandteil des ev. Abendmahlsgottesdienstes und der kath. Messe.

Sündenbock, Bock, dem der jüd. Hohepriester am Jom Kippur als Zeichen der Übertragung der Sünden des Volkes die Hände auflegte und der dann in die Wüste gejagt wurde. – Übertragen: Mensch, der für die Schuld anderer büßen muß, dem man die Verantwortung für etwas zuschiebt.

Sündenfall, in Bibel und Theologie Sünde der ersten Menschen Adam und Eva (1. Mos. 2, 8–3, 24); entsprungen aus dem neugierigen Verlangen nach gottähnl. Erkenntnis, der S. Verletzung des göttl. Gebots. Durch ihn verlieren die Stammeltern für sich und ihre Nachkommen die Verbundenheit mit Gott; aus ihm folgt die Erlösungsbedürftigkeit des Menschengeschlechts. → Erbsünde.

Sunderland [engl. 'sʌndələnd], engl. Ind.-Stadt an der Mündung des Wear in die Nordsee, 196 200 E. Verwaltungssitz der Metropolitan County Tyne and Wear; Museum, Kunstgalerie, Theater; Hafen.

Sundgau, Hügelland im Oberelsaß, zw. den südl. Vogesenausläufern, dem Schweizer Jura und dem Oberrheingraben.

Sundman, Per Olof, * Vaxholm 4. 9. 1922, schwed. Schriftsteller. Bed. Vertreter des Dokumentarromans, u. a. ›Ingenieur Andrées Luftfahrt‹ (1967), ›Bericht über Samur‹ (1977).

Sungari (Songhuajiang [chin. suŋxuadzjan]), rechter und größter Nebenfluß des Amur, in der Mandschurei, entfließt dem Kratersee des Paitow Shan, mündet bei Tungkiang an der chin.-sowjet. Grenze, 1 865 km lang.

Sunna [arab.], die Gesamtheit der von Mohammed überlieferten Aussprüche, Entscheidungen und Verhaltensweisen, die im Islam als Richtschnur des persönl., gesellschaftl. und staatl. Handelns betrachtet werden.

Sunniten, die größere der beiden Hauptgruppen des Islams (etwa 90% der Muslime). Im Ggs. zu den →Schiiten erkennen sie die Nachfolger des Propheten Mohammed, die nicht dessen Nachkommenschaft entstammen, als rechtmäßig an. Ihre Glaubens- und Pflichtenlehre beruht auf der ›Sunna‹ des Propheten.

Sun Yixian (Sun Yat-sen, Sun Wen, Sun Chungshan), * Siangshan (Kwangtung) 12. 11. 1866, † Peking 12. 3. 1925, chin. Politiker. 1905 Gründer des ›Chin. Revolutionsbundes‹; nach gescheitertem Aufstandsversuch gegen das alte Regime in Kanton 1895–1911 im Exil. Nach der Revolution von 1911 und dem Sturz des Kaisertums Jan./Febr. 1912 Präs. der neuen Republik China. 1917/18 und seit 1921 an der Spitze einer Gegenregierung in Kanton. 1919 benannte er seine bereits 1911 aufgetretene Partei, in der u. a. der Revolutionsbund aufgegangen war, endgültig in Guomindang (›Nat. Volkspartei‹) um. 1922 aus Kanton vertrieben; Reorganisation des Guomindang und ihre Umwandlung in eine Kaderpartei.

Suomi, finn. für Finnland.

sup, Abk. für Supremum (→Grenze).

super..., Super... [lat.], Vorsilbe mit der Bedeutung ›über, über–hinaus‹; zu sehr‹.

Superbenzin →Vergaserkraftstoffe.

Supercomputer [...kɔm'pju:tə], ein Höchstleistungsrechner, der sich durch hohe Rechenleistung, Datenspeicherkapazität und Übertragungsgeschwindigkeit auszeichnet. Einsatz neuester Entwicklungen der Mikroelektronik: Vektorprozessoren, parallele Architektur (→Parallelcomputer), 4- oder 16-Mbit-Chips, 64-bit-Datenbus u. a.

Superhelden, Comicfiguren (→Comics), die in den 1930er Jahren in der USA erfunden wurden: ›Doc Savage‹ (1933), ›Phantom‹ (1936), ›Batman‹ (1937) und ›Superman‹ (1938). Neben omnipotenten Kräften und Fähigkeiten im Kampf gegen das ›Böse‹

Sun Yixian

hat die Figur des S. einen Hang zum Doppelleben: Batman ist z. B. außerhalb seiner Superheldenexistenz der Millionär und Playboy Bruce Wayne, Superman der Reporter Clark Kent. *Superman* (Text von Jerôme Siegel [* 1914] und Bild Joseph Schuster [* 1914]) war das Urbild des S. und verhalf der Comicheftindustrie in den 1940er Jahren zu ihrem Aufschwung (ab 1939 eigene Heftreihe, dt. erstmals 1953); 1988 wurde Superman von dem engl. Autor und Zeichner John Byrne (* 1950) rekonzipiert.

Superintendent [lat.], in einigen dt. ev. Landeskirchen der aufsichtführende geistl. Amtsträger eines Kirchenkreises mit Leitungs- und Verwaltungsaufgaben.

Superior [lat.], im *kath. Ordensrecht* der Leiter eines Klosters o. ä.

Superior, Lake [engl. 'leɪk sju'pɪərɪə] →Oberer See.

Superlativ [lat.] (Meiststufe, Höchststufe) →Komparation.

Superleichtgewicht →Sport (Gewichtsklassen, Übersicht).

Supernova, Stern mit plötzl. Helligkeitszunahme von z. T. mehr als einer 10^8-fachen Leuchtkraftsteigerung. Im Milchstraßensystem sind 3 S. mit Sicherheit bekannt: der Crabnebel (seit 1054), Tychos Nova (seit 1572) und Keplers Nova (seit 1604). 1885 wurde im Andromedanebel die erste S. außerhalb des Milchstraßensystems beobachtet. 1987 wurde in der Großen Magellanschen Wolke die Supernova 1987 A entdeckt.

Superposition (Überlagerung), gleichzeitiges Zusammenwirken mehrerer, von verschiedenen Ursachen oder Quellen hervorgerufener physikal. Größen gleicher Art (Felder, Kräfte u. a.), insbes. von zeitl. period. Größen, v. a. von Wellen (→Interferenz).

Supervielle, Jules [frz. sypɛr'vjɛl], * Montevideo 16. 1. 1884, † Paris 17. 5. 1960, frz. Dichter. Vom Surrealismus beeinflußt; bevorzugt in Lyrik, Romanen (›Der Kinderdieb‹, 1926) und Komödien (›Ritter Blaubarts letzte Liebe‹, 1932) mit Fabel- und Märchenmotiven.

Suppè, Franz von [italien. sup'pɛ], * Split 18. 4. 1819, † Wien 21. 5. 1895, österr. Komponist. Schrieb v. a. Operetten, u. a. ›Das Pensionat‹ (1860), ›Boccaccio‹ (1879), und Bühnenmusik, u. a. ›Dichter und Bauer‹ (1846).

Suppenschildkröte →Meeresschildkröten.

Supplement [lat.], Ergänzungsband; Beiheft.

Supplementwinkel, ein Winkel, der einen gegebenen Winkel zu 180° ergänzt.

Suppositorien [lat.] (Zäpfchen), kegel- oder walzenförmige Arzneiform, bei der das Medikament zur rektalen *(Stuhlzäpfchen)* bzw. vaginalen *(Vaginalzäpfchen)* Applikation in eine bei Körpertemperatur schmelzende Grundmasse eingebettet ist.

supra..., Supra... [lat.], Bestimmungswort von Zusammensetzungen mit der Bedeutung ›über, oberhalb‹.

Supraleitung (Supraleitfähigkeit), eine bei Temperaturen nahe dem absoluten Nullpunkt zu beobachtende, 1911 von H. Kamerlingh Onnes entdeckte physikal. Erscheinung: Der elektr. Widerstand vieler Metalle (u. a. Quecksilber, Blei, Aluminium, Zinn, Niob, Zirkonium und Titan), Metallegierungen und intermetall. Verbindungen verschwindet vollkommen bei Abkühlung auf Temperaturen unterhalb einer für das jeweilige Material charakterist. Temperatur, der sog. *Sprungtemperatur* T. Zeigt ein Stoff ein derartiges Verhalten, so befindet er sich im *supraleitenden Zustand* und wird als *Supraleiter* bezeichnet. Das Verschwinden des elektr. Widerstandes hat zur Folge, daß sich in einem Supraleiter beim Stromdurchgang keinerlei Joulesche Wärme entwickelt, ein einmal induzierter Strom *(Suprastrom)* bleibt über längere Zeit bestehen; Anwendung z. B. in *supraleitenden Magneten* zur Erzeugung bes. starker Magnetfelder. Mit der Entdeckung keram. Supraleiter, deren Sprungtemperatur über 77 K liegt *(Hochtemperatursupraleiter),* öffnen sich weitere Anwendungsgebiete, z. B. in der Computertechnik (Supraleitungsspeicher), da als Kühlmittel flüssiger Stickstoff verwendet werden kann. Die bisher höchste erreichte Sprungtemperatur beträgt 135 K (1989).

supranationale Organisationen, durch einen völkerrechtl. Vertrag begründete Staatenverbindungen, deren Exekutivorgane über selbständige Entscheidungs- und Handlungsbefugnisse verfügen.

Supremat (Suprematie) [lat.], Oberhoheit; Obergewalt; Vorrang des Papstes.

Suprematismus [lat.], eine von K. S. →Malewitsch begr. Richtung in der Malerei, die unter ausschließl. Verwendung von Rechteck und Kreis die ›Suprematie der reinen Empfindung‹ anstrebt.

Suprematsakte (engl. Act of Supremacy), engl. Parlamentsgesetz von 1534, das eine von Rom unabhängige engl. Nationalkirche begründete mit dem König als Oberhaupt. →anglikanische Kirche.

Supreme Court [engl. sjʊˈpriːm 'kɔːt], in einigen Staaten mit angloamerikan. Recht der oberste Gerichtshof (z. B. USA).

Supremum [lat.] →Grenze.

Suprenum, ein 1989 in der BR Deutschland für numer. Anwendungen entwickelter →Parallelcomputer.

Surabaya [indones. suraˈbaja], indones. Stadt in O-Java, 2,03 Mio. E. Verwaltungssitz der Prov. Ostjava; Univ., TU; wichtiger Ind.standort, Exporthafen, ⚓. Um die Mitte des 15. Jh. gegr.; unter niederl. Verwaltung bedeutendste indones. Handelsstadt.

Surakarta, indones. Stadt in Z-Java, 470 000 E. 2 Univ., Theater, Museum, Zoo; u. a. Maschinenbau. Palast (1745), Hof des Fürsten Mangkunegora (1788), ehem. niederl. Fort (1779). – 1755 bis zur Unabhängigkeit Indonesiens Residenz des Ft. Surakarta.

Suramgebirge →Kaukasus.

Surat, Stadt im ind. Unionsstaat Gujarat, am Golf von Cambay, 776 900 E. Univ.; u. a. Textil-Ind.; Hafen. Erhalten sind Moscheen sowie Tempel der Parsen, Hindus und Dschainas.

Sure [arab.], Kapitel des → Korans.

Surfen [ˈsɔːfən; engl.], bes. Segeltechnik, bei der man versucht, das Boot möglichst lange von einem Wellenkamm nach vorn schieben zu lassen.

Surfing [engl. ˈsɔːfɪŋ] (Surfen, Wellenreiten, Brandungsschwimmen, Brandungsreiten), Wassersportart polynes. Ursprungs; der *Surfer* läßt sich auf einem flachen Brett aus Balsaholz oder Kunststoff (etwa 2,50–2,80 m lang, etwa $\frac{1}{2}$ m breit) stehend, mit den Brandungswellen ans Ufer tragen. Eine Kombination aus S., Segeln und Wasserskilaufen ist *Windsurfing:* Der Windsurfer steht auf einem Kunststoffbrett (rd. 3,65 m lang und 0,50 m breit) und steuert mit dem Gabelbaum des um 360° schwenkbaren, 4,20 m hohen Mastes, an dem ein Segel (5,2 m²) angebracht ist.

Surinam (amtl. Republik S.), Staat in Südamerika, grenzt im N an den Atlantik, im W an Guyana, im S an Brasilien, im O an Frz.-Guayana.

Landesnatur: Die breite Küstenebene geht allmähl. in ein 50–400 m hohes Hügelland über, das zum Wilhelminagebirge (1 280 m) und zur Sierra Tumucumaque ansteigt. S. hat trop. Klima mit Mangroven an der Küste und trop. Regenwald im Landesinnern.

Bevölkerung: Sie konzentriert sich auf die Küstenebene. Neben den Nachkommen der urspr. indian. Bewohner (Aruak, Kariben) finden sich rd. 35 % Inder, 32 % Kreolen, 15 % Javaner, 10 % Buschneger sowie Chinesen und Europäer. Rd. 30 % sind Christen,

Surinam

Fläche: 163 820 km²
Einwohner (1990): 416 840
Hauptstadt: Paramaribo
Amtssprache: Niederländisch
Nationalfeiertag: 25. 11.
Währung: 1 Surinam-Gulden (Sf) = 100 Cents
Zeitzone: MEZ − 4½ Std.

23 % Hindu, 17 % Muslime. Es besteht Schulpflicht vom 6.–12. Lebensjahr; es gibt eine Univ. (in der Hauptstadt).

Wirtschaft, Verkehr: Die Wirtschaft ist weitgehend agrar. bestimmt. Hauptanbaupflanzen sind Reis, Bananen und Zitrusfrüchte. Wichtigstes Exportprodukt ist Bauxit. Es besteht eine Eisenbahnstrecke von 86 km Länge; das Straßennetz ist 8 917 km lang (davon 2 300 km asphaltiert). Wichtigster Hafen ist Paramaribo; internat. ✈ ist Zanderij, nahe der Hauptstadt.

Geschichte: 1593 in span., 1650 in brit. Besitz, 1667 niederländisch. Im 18. Jh. zw. Briten, Franzosen und Niederländern umstritten, wurde S. (in Deutschland bis 1975 ›Niederländ.-Guayana‹) vom Wiener Kongreß endgültig den Niederlanden zugesprochen. 1863 Abschaffung der Sklaverei. Ab 1954 autonom, gleichberechtigter Reichsteil des Kgr. der Niederlande. 1973 übernahm Henck Alfonsius Eugene Arron (* 1936), der Führer der kreol. Nationale Partij Suriname, die Regierung; seine Koalition wurde in den ersten allg. Wahlen 1977 nach Erlangen der Unabhängigkeit am 25. 11. 1975 bestätigt. Bis zu diesem Zeitpunkt emigrierten etwa 140 000 Surinamer, um die niederländ. Staatsbürgerschaft zu behalten. Am 25. 2. 1980 wurde Arron durch einen Militärputsch abgesetzt, das Parlament aufgelöst. Das daraufhin eingerichtete Militärregime ließ nach blutigen Verfolgungswellen gegen internat. Druck im Nov. 1987 Wahlen zu, aus denen Ramsewak Shankar als Präs. hervorging. Ein weiterer Putsch der Militärs um Desi Bouterse im Dez. 1990 scheiterte erneut an internat. Widerstand; aus den Wahlen vom Mai 1991 ging Ronald Venetiaan als Sieger und Präs. hervor.

Politisches System: Präsidiale Republik; *Verfassung* von 1987. *Staatsoberhaupt* und oberster Inhaber der *Exekutivgewalt* ist der Staatspräs., er wird für 5 Jahre von der Nationalversammlung gewählt. Ihm steht ein Staatsrat zur Seite, der auch die Gesetze auf ihre Verfassungsmäßigkeit hin prüft. *Legislative* ist die Nationalversammlung (51 Abg., für 5 Jahre gewählt). *Parteien* u.a.: Kerukanan Tulodo Pranatan, Nationale Partij Suriname, Vooruitstrevende Hervormings Partij. – Karte XIV, Bd. 2, n. S. 320.

Suriname [niederl. syˈriːˈnaːma], Fluß in Surinam, entspringt im Bergland von Guayana, mündet bei Paramaribo in den Atlantik, rd. 500 km lang.

Surrealismus [zʏ..., sy...], nach 1918 in Paris entstandene avantgardist. Bewegung in Literatur, bildender Kunst, Photographie und Film, die die eigtl. Wirklichkeit in einem mit traditionellen Erkenntnismitteln nicht zu begreifenden, nichtrationalen Unbewußten suchte; Ausgangsbasis künstler. Produktion waren daher Träume, Visionen, spontane Assoziationen, hypnot. Mechanismen, Bewußtseinszustände nach Genuß von Drogen. Haupttheoretiker war A. Breton (›Erstes Manifest des S.‹, 1924). Tendenzen zur Auflösung der surrealist. Gruppe wurden nach 1928 bzw. 1929 deutlich. Die Résistance 1940–44 brachte eine gewisse Neubelebung; surrealist. Ein-

Staatsflagge

Staatswappen

Rita Süßmuth

flüsse wurden u. a. in der Malerei aufgenommen bzw. weitergeführt.

Die surrealist. *Literatur* (u. a. L. Aragon, A. Artaud, J. Prévert, Philippe Soupault [* 1897, † 1990], R. Vitrac) wollte unter totalem oder teilweisem Verzicht auf Logik, Syntax und ästhet. Gestaltung nur ›passiv‹ die von psych. Mechanismen gesteuerten Bildsequenzen als vorrationale Tiefenschichten festhalten. Außer in Frankreich entstanden u. a. auch im dt. Sprachraum (A. Döblin, H. H. Jahnn, H. Kasack, A. Kubin u. a.) literar. Texte mit surrealist. Gepräge.

Die surrealist. *Malerei* (aus der Pariser Dada-Bewegung: H. Arp, M. Ernst, M. Duchamp, M. Ray, F. Picabia, denen sich u. a. A. Masson, R. Magritte, Y. Tanguy, S. Dalí, P. Delvaux, R. Oelze, Hans Bellmer [* 1902, † 1975], J. Miró anschlossen) hat ihre Wurzeln in Dada und in der ›Pittura metafisica‹ von G. de Chirico: In der verfremdeten, illusionist. Bildbühne stellten die Surrealisten Gegenstände und Situationen in scheinbar widersprüchl. Kombinationen zusammen, um durch traumhafte Vieldeutigkeit die herkömml. Erfahrungs-, Denk- und Sehgewohnheiten zu erschüttern, Realität und Irrealität in einer Überwirklichkeit aufzulösen. M. Duchamp und M. Ray erweitern die surrealist. Malerei zur surrealist. Objektkunst und verwenden z. T. als neue Medien *Photographie* und *Film*.

Surrey, Henry Howard, Earl of [engl. 'sʌrɪ], * Kenninghall bei Norwich 1517 (?), † London 21. 1. 1547, engl. Dichter. Bed. Sonettdichter; führte den Blankvers in die engl. Literatur ein.

Surrogat [lat.], Ersatz, Ersatzstoff.

Sursee, Bezirkshauptort im schweizer. Kt. Luzern, am Ausfluß der Sure aus dem Sempacher See, 7 500 E. Spätrenaissancekirche Sankt Georg (1639/40), Kapuzinerkloster (1704 umgebaut), barocke Wallfahrtskirche Mariazell (1657); spätgot. Rathaus (1538–46).

Surt (Surtr) [altnord.], in der nordgerman. Mythologie der Herr über Muspelheim (ein südl. ›Feuerland‹), der bei der Götterdämmerung (Ragnarök) den Weltbrand entzündet.

Surtsey [island. 'syrtsɛi], 1963–66 entstandene Vulkaninsel 33 km südl. von Island, 2,8 km², bis 174 m hoch.

Susa, 1) italien. Stadt im westl. Piemont, 7 100 E. Römischer Augustusbogen (9 v. Chr.), roman. Dom (11. Jh. ff.).

2) Ruinenstätte südwestl. von Desful, Iran; ehem. Hauptstadt von Elam. Ausgrabungen seit 1884. Ältester Teil ist die sog. Akropolis mit Grabfunden aus der Zeit ab etwa 4000 v. Chr., bes. der dünnwandigen, bemalten sog. Susa-I-Keramik. Um 3000 v. Chr. entwickelte sich eine Stadtkultur, u. a. Funde von Tontafeln mit protoelam. Strichinschriften. Aus dem 13. und 12. Jh. v. Chr. stammen eine reliefierte Backsteinfassade des Inschuschinaktempels sowie Beutestücke aus Babylon und Eschnunna, u. a. der sog. Kodex Hammurapi. Unter den Achämeniden wurde S. Residenzstadt; Ruinen des großen Palasts Darius' I. und Artaxerxes' II. mit glasierten farbigen Ziegelreliefs.

Susanna, Hauptfigur eines apokryphen Zusatztextes zum alttestamentl. Buch Daniel (Daniel 13): Die Jüdin S. wird von zwei jüd. Ältesten im Bade überrascht; da sie sich weigert, sich ihnen hinzugeben, wird sie von ihnen des Ehebruchs bezichtigt und zum Tod verurteilt, jedoch von Daniel gerettet, der die Ältesten der Falschaussage überführt.

Susdal [russ. 'suzdəlj], russ. Stadt 30 km nördl. von Wladimir, etwa 10 000 E. 10 Klöster und 25 Kirchen bestimmen das Stadtbild: Im Kern des Kreml die Roschdestwenski-Kathedrale (1101–20, zweiter Bau 1222–25); Rispoloschenski-Kloster (Heiliges Tor 1688, Kathedrale 16. Jh.); neben dem Pokrowski-Kloster liegt die große Peter-und-Pauls-Kirche (1694).

Süßklee:
Alpensüßklee

Um den Markt erheben sich eine Reihe Kreuzkuppelkirchen (18. Jh.). – Eine der ältesten russ. Städte (erstmals 1024 erwähnt). Seit dem 13. Jh. Hauptstadt des Ft. *Susdal* (bis 1350); im 15. Jh. Anschluß an das Groß-Ft. Moskau.

Süskind, Patrick, * Ambach 26. 3. 1949, dt. Schriftsteller. Hatte großen Erfolg mit dem Einpersonenstück ›Der Kontrabaß‹ (1984) und dem Roman ›Das Parfüm‹ (1985); auch Drehbuchautor.

Suso, Heinrich → Seuse, Heinrich.

suspekt [lat.], fragwürdig, zweifelhaft.

suspendieren [lat.], [einstweilen] des Dienstes entheben; zeitweilig aufheben.

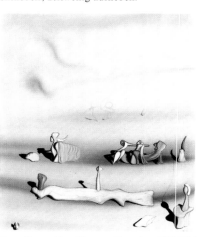

Surrealismus: Yves Tanguy, ›Demain‹; 1938 (Zürich, Kunsthaus)

Suspension [lat.] (Aufschwemmung), disperse Verteilung kleiner Teilchen eines Feststoffs in einer Flüssigkeit. → Dispersion.

Suspensorium [lat.], tragbeutelartige Verbandsform zur Anhebung und Ruhigstellung herabhängender Körperteile.

Sussex [engl. 'sʌsɪks], eines der angelsächs. Kgr. in SO-England. – Nach 477 gegr.; ab 681 christianisiert; im 9. Jh. an Wessex. Gft. seit dem 11. Jahrhundert.

Süßgräser, systemat. Bez. für die in der Umgangssprache → Gräser gen. Fam. Gramineae der Einkeimblättrigen.

Süßholzstrauch, Gatt. der Schmetterlingsblütler mit rd. 15 Arten im Mittelmeergebiet und in gemäßigten und subtrop. Asien; oft drüsenhaarige Kräuter oder Halbsträucher; die durch den Gehalt an Glycyrrhizinsäure, Glucose und Rohrzucker süß schmekkenden Wurzeln einiger Arten *(Süßholz)* dienen zur Gewinnung von Lakritze.

Süßkartoffel, svw. → Batate.

Süßkirsche, Bez. für die zahlr. Sorten der Vogelkirsche, die in die Kulturformen Herz- und Knorpelkirsche untergliedert werden. Das Fruchtfleisch der *Herzkirsche* ist weich, saftig und meist schwärzlich. Die *Knorpelkirsche* hat schwarzrote bis gelbe Früchte mit hartem Fruchtfleisch.

Süßklee, Gatt. der Schmetterlingsblütler mit über 150 Arten in der nördl. gemäßigten Zone, v. a. im Mittelmeergebiet und in Z-Asien; meist Stauden oder Halbsträucher; Blätter unpaarig gefiedert; Blüten purpurfarben, weiß oder gelb, in achselständigen Trauben. Wichtige Futterpflanzen sind *Alpen-S.* (bis 60 cm hoch, purpurrote Blüten) und *Hahnenkamm* (Span. Esparsette; über 1 m hoch, purpurrote Blüten; auch Zierpflanze).

Süssmuth, Rita, * Wuppertal 17. 2. 1937, dt. Politikerin (CDU). Hochschullehrerin; 1986–88 Bundesmin. für Jugend, Familie, Frauen und Gesundheit, seit 1988 Bundestagspräsidentin.

Süß-Oppenheimer, Joseph, eigtl. Joseph Süß Oppenheimer, gen. Jud Süß, * Heidelberg 1692 oder 1698 (1699?), † Stuttgart 4. 2. 1738, jüd. Finanzmann. Geheimer Finanzrat (1736) Hzg. Karl Alexanders von Württemberg; nach dessen Tod (1737) wegen Verfassungsbruchs und persönl. Bereicherung im Amt hingerichtet.

Süßreserve, dem fertigen Wein kurz vor der Flaschenabfüllung zugesetzter Anteil (4–10%) unvergorenen oder leicht angegorenen, steril gemachten Mostes von Trauben gleicher Sorte, Qualität und Lage.

Süßstoffe, künstl. und natürl. Verbindungen mit stärkerer Süßkraft als Saccharose (Rohr- oder Rübenzucker; seine Süßkraft wird gleich 1 gesetzt), die aber keinen entsprechenden Nährwert besitzen. Der älteste S. ist das *Saccharin* und dessen leicht wasserlösl. Natriumsalz, dessen Süßkraft 418 beträgt. Weitere S. sind die *Cyclamate,* die Salze der N-Cyclohexylsulfaminsäure, z. B. das Natriumcyclamat mit einem Süßwert von 30.

Süßwassergewinnung →Meerwasserentsalzung.

Süßwasserpolypen (Hydridae), Fam. süßwasserbewohnender Nesseltiere mit etwa 1–30 mm langen einheim. Arten mit etwa 1–25 cm langen Tentakeln, ohne Medusengeneration, einzellebend; Fortpflanzung überwiegend ungeschlechtl. durch Knospung; sehr verbreitet ist die Gatt. *Hydra* mit den einheim. Arten *Braune Hydra, Graue Hydra* und *Grüne Hydra.*

Süßwasserschwämme (Spongillidae), Familie der Kieselschwämme mit mehreren einheim. Arten; bilden meist krustenförmige Kolonien auf Wasserpflanzen oder Steinen.

Susten →Alpenpässe (Übersicht).

Sutane →Soutane.

Sutermeister, Heinrich, * Feuerthalen bei Schaffhausen 12. 8. 1910, schweizer. Komponist. V. a. durch Opern bekannt, u. a. ›Romeo und Julia‹ (1940), ›Die Zauberinsel‹ (1942), ›Titus Feuerfuchs‹ (1958), ›Madame Bovary‹ (1967).

Sutherland [engl. 'sʌðəlænd], **1)** Earl, * Burlingame (Kansas) 29. 11. 1915, † Miami (Fla.) 9. 3. 1974, amerikan. Physiologe. Arbeitete ab etwa 1950 auf dem Gebiet der Hormonforschung. Erhielt 1971 den Nobelpreis für Physiologie oder Medizin.
2) Graham, * London 24. 8. 1903, † ebd. 17. 2. 1980, brit. Maler. Verwandelte Formen aus der Welt der Tiere und Pflanzen in neuartige, bedrohl. Metaphern.
3) Joan, * Sydney 7. 11. 1926, austral. Sängerin (Koloratursopran). Singt seit 1959 an allen bed. Opernhäusern der Welt.

Sutlej [engl. 'sʌtlɪdʒ], größter der fünf Pandschabflüsse, entspringt in Tibet, ist für 110 km Grenzfluß zw. Indien und Pakistan, vereinigt sich bei Alipur mit dem Trinab, rd. 1 370 km lang.

Sutra [Sanskrit], in der ind. Tradition knapp formulierter Lehrsatz; auch die aus S. bestehenden Werke u. a. des Rechts, der Poetik, der Erotik (→Kamasutra).

Sutri, Synode von, nach Sutri (Prov. Viterbo) 1046 einberufene Kirchenversammlung, in deren Verlauf im Dez. die Päpste Gregor VI., Silvester III. und Bendikt IX. unter maßgebl. Einfluß des dt. Königs Heinrich III. abgesetzt wurden; an ihre Stelle trat als Klemens II. der Bamberger Bischof Suitger.

Sütterlin, Ludwig, * Lahr 23. 7. 1865, † Berlin 20. 11. 1917, dt. Graphiker. Schuf die Frakturschrift, die 1935–41 als ›Dt. Schreibschrift‹ an den dt. Schulen eingeführt war.

Suttner, Bertha Freifrau von, geb. Gräfin Kinsky, Pseud. B. Oulot, * Prag 9. 6. 1843, † Wien 21. 6. 1914, österr. Pazifistin und Schriftstellerin. Schrieb den Roman ›Die Waffen nieder!‹ (1889); gründete 1891 die ›Österr. Gesellschaft der Friedensfreunde‹ (seit 1964 ›Suttner-Gesellschaft‹); Vize-Präs. des ›Internat. Friedensbureaus‹ in Bern; regte die Stiftung des Friedensnobelpreises an. Sie erhielt ihn selbst 1905 erhielt.

Suu Kyi [su:'kxi], eigtl. Aung San Suu Kyi, * 1945, birman. Politikerin. Tochter von General Aung San (* 1916?, † 1947), der die birman. Unabhängigkeit gegen die Briten durchsetzte. Lebte bis 1988 im Ausland; gründete trotz Verbots der Militärregierung 1988 die National League of Democracy (NLD), die bei den Wahlen 1990 einen triumphalen, von der Militärregierung nicht anerkannten Wahlsieg errang. Seit 1989 unter strengem Hausarrest; erhielt für ihren gewaltfreien Einsatz für Demokratie und Menschenrechte 1991 den Friedensnobelpreis.

Suva, Hauptstadt von Fidschi, auf Viti Levu, 71 600 E. Univ., Schiffbau; Hafen; ⚓.

Suvannavong, * Luang Prabang 12. 7. 1912(?), laot. Politiker. Aus der königl. Familie, Halbbruder des ehem. Min.-Präs. (1962–75) **Suvanna Phuma** (* 1901, † 1984); ab 1938 aktiver nationalist. Politiker; unter S. entstand 1944 der prokommunist. Pathet Lao; nach Errichtung der Demokrat. VR Laos 1975–86 Staatspräsident.

Suzeränität [lat.-frz.], im *Völkerrecht* eine Staatenverbindung, bei der ein Staat *(Suzerän)* die auswärtigen Beziehungen eines anderen Staates regelt, der über Souveränität nur hinsichtlich seiner inneren Verhältnisse verfügt *(Halbsouveränität).*

Sv, Einheitenzeichen für →Sievert.

Svarez (entstellt zu: Suarez), Carl Gottlieb, eigtl. C. G. Schwar[e]tz, * Schweidnitz 27. 2. 1746, † Berlin 14. 5. 1798, dt. Jurist. Leistete die entscheidenden Vorarbeiten für die großen Kodifikationen der Aufklärung in Preußen (z. B. Allg. Landrecht [für die preuß. Staaten]).

SVD, Abk. für lat. Societas Verbi Divini, →Steyler Missionare.

Svear (lat. Sviones), Kernstamm der Schweden; schloß sich mit seinem Königsgeschlecht der Ynglingar zw. dem 6. und 10. Jh. mit den Gauten in S-Schweden sowie die Inseln Öland und Gotland zum Schwedenreich (Svea-Rike) zusammen.

Svedberg, The (Theodor) [schwed. ˌsve:dbærj], * Valbo 30. 8. 1884, † Kopparberg 26. 2. 1971, schwed. Chemiker. Arbeiten über Kolloide; Konstruktion von Ultrazentrifugen; erhielt für seine Arbeiten über disperse Systeme 1926 den Nobelpreis für Chemie.

Svedberg-Einheit (Svedberg) [nach T. Svedberg], Einheitenzeichen S; Einheit für die Sedimentationskonstante (= Quotient aus Absinkgeschwindigkeit und Zentrifugalbeschleunigung) von Molekülen oder kleinen Teilchen; 1 S = 10^{-13} Sekunden.

Svendsen, Johan Severin [norweg. 'svɛnsən], * Oslo 30. 9. 1804, † Kopenhagen 14. 6. 1911, norweg. Komponist und Violinist. Schrieb Orchester- und Kammermusik, Lieder und Chöre.

Svenska Dagbladet, 1884 gegr. konservative Stockholmer Tageszeitung.

Svenska Kullagerfabriken AB [schwed. ˌsvɛnska ˌkʉlːagərfaːbriˈkɑːn ɑːˈbeː], Abk. SKF, schwed. Unternehmen der Wälzlagerindustrie, Sitz Göteborg; gegründet 1907.

Svensson, Jón, eigtl. J. Stefán Sveinsson, * Möðruvellir 16. 11. 1857, † Köln 16. 10. 1944, isländ. Erzähler. Seine autobiograph. Kinderbücher über den Jungen Nonni wurden in 30 Sprachen übersetzt.

Sverdrup Islands [engl. 'svɛədrʌp 'aɪləndz], Inselgruppe im N des Kanad.-Arkt. Archipels; größte Insel ist Axel Heiberg Island.

Bertha Suttner

Earl Sutherland

The Svedberg

Ludwig Sütterlin:
Deutsche
Schreibschrift

Svevo, Italo [italien. 'zvɛ:vo], eigtl. Ettore Schmitz, * Triest 19. 12. 1861, † Motta di Livenza bei Venedig 13. 9. 1928 (Autounfall), italien. Schriftsteller. Erster und wichtigster Vertreter des psychoanalyt. Romans in Italien (›Ein Leben‹, 1892; ›Ein Mann wird älter‹, 1898; ›Zeno Cosini‹, 1923); befreundet mit J. Joyce.

Svoboda, Ludvík, * Hroznatín (Mähren) 25. 11. 1895, † Prag 20. 9. 1979, tschechoslowak. Offizier und Politiker (KPČ). 1945–51 Verteidigungs-Min. und Oberbefehlshaber der Armee; 1968–75 Staatspräsident.

SVP, Abk. für →Schweizerische Volkspartei.

Swahili (ki-Swahili, Suaheli, Kisuaheli), Bantusprache, die urspr. nur an der O-Küste Afrikas zw. Kismaayo im N und Ibo (Insel 75 km nördl. von Pemba, Moçambique) im S gesprochen wurde. Heute ist S. Amtssprache in Tansania, Uganda und Kenia und Verkehrssprache in weiten Teilen O-Afrikas. Wird heute in lat. Schrift geschrieben. – Die alten Versdichtungen des S. sind in arab. Schrift überliefert; das älteste erhaltene Manuskript stammt aus dem Jahr 1728.

Swansea [engl. 'swɒnzɪ], Stadt in S-Wales, 167 800 E. Verwaltungssitz der Gft. West Glamorgan; u. a. Stahlwerke; Hafen.

Swanson, Gloria [engl. swɒnsn], * Chicago 27. 3. 1899, † New York 4. 4. 1983, amerikan. Schauspielerin und Filmproduzentin. Einer der großen internat. Filmstars; berühmt u. a. durch ›Königin Kelly‹ (1928), ›Boulevard der Dämmerung‹ (1950).

Swapgeschäft [engl. swɒp], im Devisenhandel Verbindung von Kassa- mit Termindevisengeschäft v. a. zur Ausschaltung des Kursrisikos bei Handelsgeschäften, aber auch zu Spekulationszwecken. Der *Swapsatz* ist dabei die zum Kassakurs ins Verhältnis gesetzte Differenz zw. Termin- und Kassakurs.

SWAPO, Abk. für →South West African People's Organization. → Namibia.

Swarowsky, Hans, * Budapest 16. 9. 1899, † Salzburg 10. 9. 1975, österr. Dirigent. Ab 1959 Dirigent der Wiener Staatsoper; bed. Bruckner- und Mahlerinterpret.

Swasi, Bantuvolk in Swasiland und in der Republik Südafrika, bilden in →Swasiland das Staatsvolk.

Swasiland	
Fläche: 17 373 km²	
Einwohner (1989): 737 000	
Hauptstadt: Mbabane	
Verwaltungsgliederung: 4 Distrikte	
Amtssprachen: isi-Swazi und Englisch	
Nationalfeiertag: 6. 9.	
Währung: 1 Lilangeni (E) = 100 Cents (c)	
Zeitzone: MEZ + 1 Std.	

Swasiland (amtl. Kgr. S.), Staat in Afrika, grenzt im NO an Moçambique, ansonsten allseits an die Republik Südafrika.

Landesnatur: Die Landschaft von S. ist charakterisiert durch 4 Landschaftszonen: das Highveld (900–1 800 m), das Middleveld (350–1 050 m), das Lowveld (60–700 m) und die Lebombo Range (270–810 m). S. hat gemäßigtes Klima mit ausgedehnten Grasfluren und Trockensavannen.

Bevölkerung: Über 90 % der Bevölkerung gehören dem Volk der Swasi an, daneben gibt es Zulu und Tsonga sowie andere Bantu. Es gibt eine Universität.

Wirtschaft, Verkehr: Die Swasi betreiben Selbstversorgungswirtschaft. Wichtigstes Anbauprodukt ist Zuckerrohr. Viehzucht ist wichtiger als Ackerbau. An Bodenschätzen gibt es Asbest, Eisenerz und Steinkohle. Die Eisenbahnlänge beträgt 370 km, davon 220 km zum Freihafen Maputo in Moçambique. Das Straßennetz ist rd. 2 800 km lang (davon 689 km asphaltiert). Internat. ✈ bei Manzini.

Geschichte: Die Swasi wanderten erst Anfang des 19. Jh. in ihr heutiges Land ein, das seit 1894 von Südafrika verwaltet wurde. 1907 wurde S. brit. Protektorat; am 6. 9. 1968 erhielt das Kgr. die volle Unabhängigkeit, verblieb jedoch bis heute im Einflußbereich von Südafrika. Im Okt. 1978 wurde eine neue Verfassung in Kraft gesetzt, die die absolute Position des Königs bestätigt.

Politisches System: Absolute Monarchie im Rahmen des Commonwealth; *Verfassung* von 1978. *Staatsoberhaupt,* oberster Inhaber der *Exekutiv-* und der *Legislativgewalt* ist der Monarch. Er wird unterstützt von einem Kabinett und Stammesinstitutionen. Das Zweikammerparlament besteht aus Nationalversammlung (40 indirekt gewählte, 10 vom König ernannte Abg.) und Senat (10 indirekt gewählte, 10 vom König ernannte Mgl.). *Parteien* ist seit 1973 die Tätigkeit untersagt. – Karte III, Bd. 2, n. S. 320.

Sweater [engl. 'swɛtə], Sportpullover.

Sweben (Sueben, Schwaben, lat. Suebi, Suevi), Gruppe westgerman. Völker (Hauptgruppe: Semnonen). Urspr. wohl im Gebiet Brandenburg ansässig, stießen bis nach Hessen, im Maingebiet und in S-Deutschland vor (Markomannen, Quaden). Teile der S. unter Ariovist (Nemeter, Vangionen) wurden 58 v. Chr. in Gallien von Cäsar besiegt und am weiteren Vordringen gehindert.

Swedenborg, Emanuel ['sve:dənbɔrk, schwed. ‚sve:dənbɔrj], eigtl. E. Svedberg, * Stockholm 29. 1. 1688, † London 29. 3. 1772, schwed. Naturforscher und Theosoph. Schwerpunkte seiner wiss. Tätigkeit lagen bei techn. Konstruktionen, Studien zur Kristallographie und Kosmogonie, daneben astronom., geolog., paläontolog. und anatom.-physiolog. Arbeiten (z. B. Entdeckung der Lokalisation der Gehirnfunktionen). 1744/45 religiöse Wende durch Christusvisionen; ausschließl. Hinwendung zu einer visionären Theorie der spirituellen Welt. Umfangreiche Bibelkommentare dienten dem Entwurf einer universalen Religion, der ab 1782 zur Bildung zahlr. Gemeinden der ›Neuen Kirche‹ (u. a. in England, Deutschland, in den USA; **Swedenborgianer**) führte.

Sweelinck, Jan Pieterszoon, * Deventer 10. 5. 1562, † Amsterdam 16. 10. 1621, niederl. Komponist und Organist. Einer der großen Orgelmeister seiner Zeit; schrieb u. a. auch Vokalwerke.

Swerdlowsk, russ. Gebietshauptstadt am Isset, Rußland, 1,35 Mio. E. Univ., Hochschulen, 5 Museen, 5 Theater, Philharmonie; u. a. Maschinenbau; eine der beiden Ausgangsstationen der Transsib; ✈. – S. erhielt 1991 wieder den bis 1924 geführten Namen **Jekaterinburg.** In Jekaterinburg wurde 1918 die Zarenfamilie ermordet.

Swift, Jonathan, * Dublin 30. 11. 1667, † ebd. 19. 10. 1745, ir.-engl. Schriftsteller. Gehört zu den bedeutendsten Satirikern der Weltliteratur; seine polit., gesellschaftl. und weltanschaul. Attacken, u. a. ›Ein Märchen von einer Tonne‹ (1704), ›Tuchhändlerbriefe‹ (1724), fanden in der umfassenden Zeit- und Menschheitssatire ›Gullivers sämtl. Reisen‹ (4 Teile, 1726) ihren künstler. Höhepunkt.

Swinburne, Algernon Charles [engl. 'swɪnbə:n], * London 5. 4. 1837, † Putney (= London) 10. 4. 1909, engl. Dichter. Bed. Erneuerer der engl. Verskunst; schockierend wirkten die Sinnlichkeit und erot. Deutlichkeiten seiner ›Gesänge und Balladen‹ (3 Bde., 1866–89). Sein Hauptwerk ist die Dichtung ›Atalanta in Calydon‹ (1865); auch histor. Dramen.

Emanuel Swedenborg (Ausschnitt aus einem Ölgemälde von Per Kraft d. Ä.; Gripsholm)

Swasiland

Staatsflagge

Staatswappen

Swinemünde (poln. Świnoujście), Stadt auf Usedom und Wollin, an der Mündung der Swine in die Ostsee, Polen*, 47 000 E. Vorhafen Stettins.

Swing [engl.], 1) *Musik:* 1. im Jazz Bez. für die rhythm. Spannung, die durch das Aufeinandertreffen von → Beat und → Off-Beat sowie durch Polyrhythmik entsteht. 2. Stilbereich des Jazz der 1930/40er Jahre, bei dem europ. Klangvorstellungen dominierend wurden. Bed. Orchester des S. leiteten F. Henderson, D. Ellington, C. Basie, B. Goodman.

2) (techn. Kredit) Toleranzvolumen bei bilateral abgeschlossenen Verrechnungsabkommen, innerhalb dessen kein Zahlungsausgleich durch Devisen erfolgt.

Swing-by-Technik [engl. swiŋ baı] → Raumflugbahnen.

Swissair Schweizerische Luftverkehr AG ['svisɛːr], schweizer. Luftverkehrsgesellschaft, Sitz Zürich, gegr. 1931.

Sybaris, berühmte griech. Kolonie am Golf von Tarent (Gründung um 720 v. Chr.); sprichwörtl. reich, weil es ein großes Gebiet im Hinterland beherrschte; 510 v. Chr. durch Kroton (= Crotone) vernichtet.

Sybel, Heinrich von, * Düsseldorf 2. 12. 1817, † Marburg 1. 8. 1895, dt. Historiker. Schüler L. von Rankes; Gründer der Histor. Zeitschrift (1859).

Syberberg, Hans-Jürgen, * Nossendorf bei Demmin 8. 12. 1935, dt. Filmregisseur. Bes. bekannt wurde ›Hitler – Ein Film aus Deutschland‹ (1977); v. a. Zusammenarbeit mit E. → Clever. – *Weitere Filme:* Scarabea (1968, nach Tolstoi), Ludwig – Requiem für einen jungfräul. König (1972), Karl May (1974), Winifred Wagner – Die Geschichte des Hauses Wahnfried von 1914–75 (1975).

Sydney [engl. 'sıdnı], Hauptstadt des austral. Bundeslandes Neusüdwales, an der SO-Küste des Kontinents, als Metropolitan Area, die außer der Stadt S. (52 000 E) 36 weitere Städte umfaßt, 3,53 Mio. E. 3 Univ., Konservatorium, Museen, Theater, Oper; botan. Garten, Zoo. Führendes Wirtschaftszentrum und bedeutendster Hafen Australiens; östl. Endpunkt der transkontinentalen Bahnlinie von Perth; internat. ✈ an der Botany Bay. Berühmt ist das Opernhaus (1959–73), Wahrzeichen der Stadt. – 1788 als Sträflingskolonie **(Sydney Cove)** gegr.; älteste Siedlung Australiens.

Sydow, Max von [schwed. 'syːdɔv], * Lund 10. 4. 1929, schwed. Schauspieler. Spielte im Film zunächst v. a. unter der Regie von I. Bergman, u. a. in ›Das siebente Siegel‹ (1956), ›Die Jungfrauenquelle‹ (1959), ›Wie in einem Spiegel‹ (1961), ›The Touch‹ (1970). – *Weitere Filme:* Die drei Tage des Condor (1975), Verstecktes Ziel (1978), Hannah und ihre Schwestern (1986).

Syenit [nlat.], hellgraues bis rötl. Tiefengestein mit hohem Feldspat- und geringem Quarzgehalt.

Syktywkar [russ. siktifˈkar], Hauptstadt der Autonomen Republik der Komi innerhalb Rußlands, an der Mündung der Syssola in die Wytschegda, 218 000 E, Univ., Theater; u. a. Schiffbau; Hafen.

Syllabus [griech.-lat.], der von Papst Pius IX. am 8. 12. 1864 veröffentlichte Katalog von 80 ›Zeitirrtümern‹ hinsichtl. der Säkularisierung des geistigen, sittl. und polit. Lebens.

Syllogismus [griech.], deduktiv. Schluß, der von zwei Prämissen ausgeht, um über einen beiden gemeinsamen Mittelbegriff die gült. Schlußsatz (Konklusion) abzuleiten. Die **Syllogistik** ist das auf Aristoteles zurückgehende Kernstück der traditionellen Logik.

Sylt, nördlichste und größte der Nordfries. Inseln, Schl.-H., 99,1 km², bis 52 m ü. d. M., mit Dünen und Kliffen; Fremdenverkehr in den Badeorten (u. a. Westerland, Wenningstedt, Kampen, List, Hörnum); Bahnverbindung über den Hindenburgdamm.

Symbolismus: Fernand Khnopff, ›Die Kunst oder Die Liebkosungen‹; 1896 (Brüssel, Musées Royaux des Beaux-Arts)

Sylvensteinsee ['zılvən...], Stausee der Isar in Bayern, 6,2 km².

Sylvester → Silvester.

Sylvin (Kaliumchlorid, Chlorkalium), Salzmineral, farblos oder gefärbt, glasglänzend; chem. KCl; Mohshärte 2; Dichte 1,9–2 g/cm³; Kalisalz, Verwendung als Düngemittel.

Symbiose [griech.], das Zusammenleben artverschiedener, aneinander angepaßter Organismen *(Symbionten)* zu gegenseitigem Nutzen. Die bekanntesten Beispiele für *pflanzl.* S. bieten die Flechten (S. zw. Algen und Pilzen) und die Knöllchenbakterien in den Wurzeln von Hülsenfrüchtlern. Die Gemeinschaft von Ameisenpflanzen und Ameisen stellt eine *S. zw. Pflanzen und Tieren* dar. Ein Beispiel für *tier. S.* ist das Zusammenleben der Putzerfische mit Raubfischen.

Symbol [griech.], Zeichen bzw. Sinnbild, das stellvertretend für etwas nicht Wahrnehmbares steht. So wird z. B. in der *Religionsgeschichte* eine profane Erscheinung durch das Zusammentreffen mit der Sphäre des Göttl. zu einem S. und erhält dadurch selbst einen religiösen Sinn und vermittelt die Gegenwart des Heiligen. – I. e. S. ist S. jedes Schrift- oder Bildzeichen mit verabredeter oder unmittelbar einsichtiger Bedeutung, das zur verkürzten oder bildhaften Kennzeichnung und Darstellung eines Begriffs, Objekts, Sachverhalts u. a. verwendet wird.

Symbolik [griech.], 1) Sinnbildgehalt einer Darstellung; durch Symbole dargestellter Sinngehalt; Wiss. von den Symbolen und ihrer Verwendung. 2) seit der Reformation Bez. für die Einleitung in die Bekenntnisschriften bzw. für die konfessionellen Unterscheidungslehren.

Symbolismus [griech.], etwa 1860 in Frankreich entstandene uneinheitl. Richtung in Literatur und Kunst in Europa; gekennzeichnet v. a. durch subjektivist.-idealist., irrationalist. und myst. Tendenzen. Stand im Ggs. zu den realist. und naturalist. Strömungen der Zeit. In der **Literatur** (insbes. der Lyrik) bis in die Gegenwart wirkende Ausprägung des europ. Manierismus. Vorbild war v. a. C. Baudelaire und dessen Dichtungstheorie. Der symbolist. Dichter lehnt die gesellschaftsbezogene Wirklichkeit ab; er verzichtet prinzipiell auf Zweckhaftigkeit. Seine dichter. Phantasie zerlegt vielmehr die Elemente der realen Welt in Bildzeichen, Symbole und erzeugt so eine autonome Welt der Schönheit. Die Verwendung der Realitätsbruchstücke führt zu traumhaften Bildern, verrätselten Metaphern, zu Vertauschungen realer und imaginärer Sinneseindrücke, zu bewußt dunkler, hermet. Aussage. Bed. Vertreter waren v. a. S. Mallarmé, P. Verlaine, A. Rimbaud. Der S. beeinflußte die gesamte europ. Lyrik, in Deutschland S. George, auch H. von Hofmannsthal, R. M. Rilke, R. Dehmel.

In der **bildenden Kunst** ist der S. Gegenentwurf zum herrschenden Realismus. Seine ästhet. Opposition richtete sich gegen die Leere des gründerzeitl.-viktorian. Protzes, den vordergründigen wiss. Positivismus der Zeit und die Gedankenleere des Impressionismus.

Jonathan Swift
(aus einem Gemälde von C. Jervas; London, National Portrait Gallery)

Algernon Charles Swinburne
(aus einem Gemälde von Daniel Gabriel Rossetti; Cambridge, Fitzwilliam Museum)

Zu seinen Vorläufern oder frühen Vertretern zählen u. a. W. Blake, Puvis de Chavannes, die Präraffaeliten, A. Böcklin, H. von Marées und G. Moreau. Die Symbolisten sind Wegbereiter der modernen Malerei: Eugène Carrière (* 1849, † 1906), M. Denis, J. Ensor, P. Gauguin, F. Hodler, A. Kubin, E. Munch, P. Sérusier, J. F. Willumsen haben dem Expressionismus vorgearbeitet; G. de Chirico, J. Ensor, F. Khnopff, F. Rops, M. Klinger, A. Kubin, O. Redon dem Surrealismus, F. Hodler, L. von Hofmann, G. Klimt, E. Munch, Giovanni Segantini (* 1858, † 1899), F. von Stuck, Jan Toorop (* 1858, † 1928), F. Vallotton dem Jugendstil. M. Klinger, A. Maillol, G. Minne schufen symbolist. Plastik.

Symmetrie [griech.], 1) Ebenmäßigkeit, spiegelbildl. Gleichheit. – Ggs. Asymmetrie.

2) *Geometrie:* Bez. für die Eigenschaft zweier ebener Figuren, die sich durch →Spiegelung an einer Geraden *(Achsen-S.)* oder durch Drehung um einen Punkt *(Punkt-S.)* zur Deckung bringen lassen. Auch zwei geometr. Körper können zueinander symmetr. sein; sie besitzen dann an Stelle der Symmetrieachse eine Symmetrieebene. Figuren, die sich durch eine Achse bzw. Ebene in zwei symmetr. Teilfiguren gliedern lassen oder durch Drehung um einen festen Punkt bzw. eine feste Achse in sich selbst übergeführt werden können, bezeichnet man ebenfalls als symmetrisch.

Sympathie [griech.], Zuneigung, positive Gefühlsreaktion.

Sympathikolytika (Sympatholytika) [griech.], Arzneimittel, die aufgrund ihrer chem. Ähnlichkeit mit Noradrenalin und Adrenalin, den natürl. Überträgerstoffen des Sympathikus, in der Lage sind, die Wirkung einer sympath. Erregung (oder Sympathikusreizung) und auch diejenige von →Sympathikomimetika auf das Erfolgsorgan zu verhindern oder aufzuheben. In der Therapie haben v. a. die *β-S.* (sog. *β-Blocker*) eine große Bedeutung bei Herzkranzgefäßinsuffizienz und Herzarrhythmien erlangt.

Sympathikomimetika (Sympathomimetika) [griech.], Arzneimittel, deren Wirkung einer Erregung des Sympathikus gleicht. *Direkt wirkende S.* können die adrenergen Rezeptoren im Erfolgsorgan (aufgrund ihrer chem. Ähnlichkeit mit den natürl. Überträgerstoffen Noradrenalin und Adrenalin) direkt beeinflussen und somit die Erregung sympath. Neurone bzw. die des Nebennierenmarks imitieren. Dabei sind sog. α-*Wirkungen* (über α-Rezeptoren; meist die Kontraktion glatter Muskeln; Gefäßverengung) von sog. β-*Wirkungen* (über β-Rezeptoren; im allg. die Erschlaffung glatter Muskeln wie Gefäßerweiterung, Bronchodilatation und Herzerregung) zu unterscheiden.

Sympathikus [griech.] (sympath. Nervensystem), der efferente Anteil des vegetativen Nervensystems der Wirbeltiere (einschließl. Mensch), der am stärksten als Antagonist zum Parasympathikus wirkt. Der S. nimmt seinen Ursprung von den Ganglienzellen in den Seitenhörnern der grauen Substanz des Rückenmarks im Bereich der Brust- und Lendensegmente, deren Neuriten als ›weißer Verbindungsstrang‹ (markhaltiger Spinalnervenast) zu den Ganglien des →Grenzstrangs weiterleiten. Von diesen Umschaltstellen des S. aus stellen marklose Fasern als ›grauer Verbindungsstrang‹ die eigentl. Verbindung zu den Erfolgsorganen (die glatte Muskulatur, das Herz, die Drüsen) her. – Der S. befindet sich aufgrund ständiger Impulse, die von bestimmten übergeordneten Regionen des Zentralnervensystems (v. a. vom Hypothalamus sowie von Bezirken des Mittelhirns und des verlängerten Marks) ausgehen, in einem variablen Zustand der Erregung *(Sympathikotonus)* und kann allein oder (meist) im Wechselspiel mit dem Para-S. zahlr. Organ-

funktionen beeinflussen. Dabei bewirkt der S. allg. eine Leistungssteigerung (augenblickl. Höchstleistung) des Gesamtorganismus (u. a. Pupillenerweiterung, eine Steigerung der Herztätigkeit, die Erweiterung der Herzkranzgefäße, eine Hemmung der Aktivität der Drüsen des Magen-Darm-Trakts und seiner Peristaltik, die Kontraktion des Samenleiters und der Samenblase [führt zur Ejakulation] sowie allg. eine Verengung der Blutgefäße).

Sympathisant [griech.], jemand, der einer Angelegenheit, einer Anschauung u. a. wohlwollend gegenübersteht und sie unterstützt).

Symphonie →Sinfonie.

Symphyse [griech.], in der Anatomie allg. Bez. für feste, faserig-knorpelige Verbindungen (Verwachsungen) zweier Knochenstücke.

Symposion (Symposium) [griech.], 1. das auf eine festl. Mahlzeit folgende Trinkgelage im alten Griechenland, bei dem das [philos.] Gespräch im Vordergrund stand; 2. [wiss.] Tagung, auf der in Vorträgen und Diskussionen bestimmte Fragen erörtert werden.

Symptom [griech.], Krankheitszeichen.

symptomatisch [griech.], anzeigend; warnend, alarmierend; bezeichnend.

syn..., Syn... (sym..., Sym..., syl..., Syl..., sy..., Sy...) [griech.], Vorsilbe mit der Bedeutung ›mit, zusammen, gleichzeitig mit; gleichartig‹.

Synagoge [griech.] (hebr. bet ha-knesset ›Haus der Versammlung, der Zusammenkunft‹), nach dem Tempel in Jerusalem die wichtigste kult. Institution der jüd. Religion. Nach der Zerstörung des 2. Tempels (70 n. Chr.) wurde die S. zur alleinigen Kultstätte des Judentums und in allen Ländern der Diaspora zum örtl. Zentrum des religiösen und sozialen Lebens.

Synapse [griech.], Struktur, über die eine Nervenzelle oder (primäre) Sinneszelle mit einer anderen Nervenzelle oder einem Erfolgsorgan (z. B. Muskel, Drüse) einen Kontakt für die Erregungsübertragung bildet. Im menschl. Gehirn bildet im Durchschnitt jede Nervenzelle mehrere hundert synapt. Kontakte aus. Die Erregungsübertragung erfolgt auf chem. Weg durch Freisetzung von Neurotransmittern. Viele Medikamente (v. a. Psychopharmaka, Blutdruckmittel, Rauschmittel), chem. Kampfstoffe und Insektizide entfalten ihre Wirkung durch Beeinflussung der S.funktion.

Synästhesie [griech.] (Mitempfindung), die [Mit]erregung eines Sinnesorgans durch einen nichtspezif. Reiz; z. B. subjektives Wahrnehmen opt. Erscheinungen (Farben) bei akust. und mechan. Reizeinwirkung.

synchron [...'kro:n; griech.], gleichzeitig, zeitgleich [verlaufend].

Synchronie [...kro:...; griech.], Zustand einer Sprache in einem bestimmten Zeitraum im Ggs. zu ihrer geschichtl. Entwicklung. →Diachronie.

Synchronisierung (Synchronisation) [...kro:...; griech.], allg. die Herstellung des Gleichlaufs zw. Vorgängen, Maschinen oder Geräten bzw. -teilen.

Synchronmotor [...'kro:n...] →Wechselstrommaschinen.

Synchronorbit [...'kro:n...], Bez. für diejenige Umlaufbahn um eine Zentralmasse (z. B. ein Planet), auf der der umlaufende Körper (Satellit) ständig die gleiche Position über einem bestimmten Punkt der Zentralmasse beibehält. Beim Umlauf eines Satelliten auf einem S. um die Erde spricht man von einer **geostationären Bahn.**

Synchrotron ['zynkrotro:n, zynkro'tro:n; griech.] →Teilchenbeschleuniger.

syndetisch [griech.], Bez. für durch Konjunktionen verbundene Reihungen gleichgeordneter Wörter, Wortgruppen oder Sätze. – Ggs. asyndetisch (→Asyndeton).

Syndets [Kurzwort aus engl. **sy**nthetic und deter**gents**], aus dem Engl. übernommene Bez. für: 1. synthet. waschaktive Substanzen (Detergenzien; Tenside); 2. deren stückige Zubereitungen (anstelle von [Toiletten]seifen).

Syndikalismus [griech.-frz.], eine in der Arbeiterbewegung Ende des 19. Jh. entstandene Richtung (Hauptwirkungszeit: von der Jh.wende bis zum 1. Weltkrieg), die in den gewerkschaftl. Zusammenschlüssen der Lohnarbeiter (Syndikate) den Träger revolutionärer Bestrebungen sah. Der S. lehnte den polit. [parlamentar.] Kampf als Umweg ab; der Klassenkampf müsse vielmehr in dem die Klassengegensätze verursachenden ökonom. Bereich, im einzelnen Betrieb durch die direkte Aktion geführt werden. In Theorie und Praxis eng mit dem Anarchismus verflochten, ist das Ziel des S. eine Gesellschaft ohne [staatl.] Zentralgewalt.

Syndikat [griech.-frz.], 1) → Kartell.
2) Bez. für eine geschäftl. getarnte Verbrecherorganisation in den USA.

Syndikus [griech.], ständiger Rechtsbeistand, z. B. bei Unternehmen und Verbänden.

Syndrom [griech.], eine Gruppe von Merkmalen oder Faktoren (Symptome), deren gemeinsames Auftreten einen bestimmten Zusammenhang oder Zustand anzeigt, z. B. in der Medizin.

Synedrium [griech.-lat.], (Synedrion, Hoher Rat, hebr. Sanhedrin), oberste religiöse, gerichtl. und polit. Behörde des Judentums in röm. Zeit (71 Mgl.); nach Zerstörung des Tempels (70 n. Chr.) entscheidende polit. Instanz des Judentums des gesamten Röm. Reiches; bestand bis zur Auflösung des Patriarchats im Jahre 425.

Synergetik [griech.], neues, interdisziplinäres Forschungsgebiet, das sich mit der Aufdeckung von Entsprechungen und gemeinsamen Wesenszügen von Phänomenen völlig verschiedener Wissensgebiete (z. B. Thermodynamik, Laserphysik, Biologie, Ökologie und Soziologie) und der Entstehung von Strukturen befaßt.

Synergist [griech.] (Agonist), 1) *Physiologie:* im Ggs. zum → Antagonisten ein Muskel, der einen anderen Muskel bei einem Bewegungsvorgang unterstützt.
2) *Chemie* und *Pharmakologie:* Bez. für eine Substanz, die die Wirkung einer anderen additiv oder verstärkend ergänzt (z. B. verstärkt Alkohol die Wirkung zahlr. Arzneimittel).

Synge [engl. sɪŋ], 1) John Millington, * Rathfarnham bei Dublin 16. 4. 1871, † Dublin 24. 3. 1909, ir. Dramatiker. Machte den angloir. Dialekt bühnenfähig; u. a. ›Kesselflickers Hochzeit‹, ›Ein wahrer Held‹ (beide 1907).
2) Richard Laurence Millington, * Liverpool 28. 10. 1914, brit. Biochemiker. Entwickelte mit A. J. P. Martin die Verteilungschromatographie, wofür beide 1952 den Nobelpreis für Chemie erhielten.

Synklinale [griech.] → Falte.

Synkope [griech.], 1) *Grammatik:* ['zyŋkope] Ausfall eines Vokals im Wortinneren (z. B. ew'ger für ewiger).
2) *Musik:* [zyn'ko:pə] eine rhythm. Verschiebung gegenüber der regulären Taktordnung bzw. die Betonung eines regulär unbetonten Taktteils.

Synkretismus [griech.], in der *Religionswiss.* Bez. für eine Vermischung verschiedener Religionen bzw. einzelner ihrer Phänomene, meist ohne innere Einheit.

Synod [griech.] (Heiliger Synod, offiziell: Allerheiligster Dirigierender Synod), heute nur noch neben dem Patriarchat bestehendes, von 1721–1917 jedoch oberstes Organ der russ.-orth. Kirche, staatl. Instrument in der Hand des Zaren.

Synodale, Mgl. einer → Synode.

Synodalverfassung, Form der ev. kirchl. Verfassung auf der Grundlage gleichberechtigter Repräsentanz der Kirchengemeinden.

Synode [griech.], in der *alten Kirche* die Versammlung von Bischöfen und Gemeindevorstehern zu Beratung, Beschlußfassung und Gesetzgebung unter der Leitung des Bischofs von Rom (des Papstes). – Während bis zum 2. Vatikan. Konzil in der *kath. Kirche* unter S. v. a. das allg. Konzil verstanden wurde, nimmt seither die Bedeutung von Regional-S. (z. B. Pastoral-S.) zu. – Die Verfassung sowohl der einzelnen, selbständigen (autokephalen) *orth. Kirchen* als auch die der gesamten orth. Kirche ist synodal. Die ständigen S. sind die höchsten Verwaltungsorgane der einzelnen orth. Kirchen. – In den *ev. Kirchen* ist S. das regelmäßige, durch Kirchengesetz landeskirchl. geregelte Zusammentreten von Gemeinde- bzw. Kirchenkreisbeauftragten *(Synodalen)* zu gegenseitiger Beratung und Entscheidung. Entsprechend der landeskirchl. Gliederung unterscheidet das ev. Kirchenrecht *Kreis-* und *Landes-S.* sowie S. übergeordneter Kirchenverbände (EKD, EKU), die jedoch keine direkte Leitungsbefugnis besitzen.

Synökie (Synözie) [griech.], das Zusammenleben zweier oder mehrerer Arten von Organismen in der gleichen Behausung, ohne daß die Gemeinschaft den Wirtstieren nützt oder schadet.

Synonym [griech.], Wort, das mit einem anderen Wort derselben Sprache (fast) bedeutungsgleich ist, z. B. *Samstag – Sonnabend, Junggeselle – unverheirateter Mann, selten – nicht oft.* → Homonyme.

Synopse (Synopsis) [griech.], die Anordnung von verwandten Texten in parallelen Spalten v. a. zu wiss. Zwecken; in der *Theologie* die entsprechende Anordnung der *synopt. Evangelien* des Matthäus, Markus und Lukas.

Syntagma [griech.] → Paradigma.

Syntaktik [griech.], Teilgebiet der → Semiotik.

Syntax [griech.], 1) (Satzlehre) Lehre vom Bau des Satzes. Als Teilgebiet der *Grammatik* erforscht die S. die in einer Sprache zulässigen Verbindungen von Wörtern zu Wortgruppen und Sätzen hinsichtl. ihrer äußeren Form, ihrer inneren Struktur und ihrer Funktion bzw. Bedeutung.
2) *Datenverarbeitung:* die nach bestimmten Regeln festgelegten Verknüpfungsmöglichkeiten von Zeichen und Befehlen aus dem Zeichen- und Befehlsvorrat einer Programmiersprache. Abweichungen *(S.fehler)* bewirken eine Unterbrechung des Programmablaufs und eine Fehlermeldung.

Synthese [griech.], 1) Zusammenfügung [einzelner Teile zu einem Ganzen].
2) *Philosophie:* die wechselseitige, etwas (qualitativ) anderes ergebende Verbindung verschiedener (gegensätzl.) gedankl. Vorstellungen, Aussagen o. ä.; auch das Verfahren, von elementaren zu komplexen Begriffen zu gelangen.
3) *Chemie:* die Herstellung von Verbindungen aus Elementen der Verbindungen.

Synthesekautschuk (Kunstkautschuk), künstl. hergestellte Elastomere, die sich gegenüber dem Naturkautschuk durch größere Abriebfestigkeit, Beständigkeit gegen Chemikalien und Wärme oder geringere Gasdurchlässigkeit auszeichnen. Bes. wichtige S. werden aus Butadien bzw. Butadien und Styrol oder Acrylnitril durch [Misch]polymerisation hergestellt, z. B. *Butadienkautschuk* (Abk. BR; von engl. butadiene rubber), *Styrol-Butadien-Kautschuk* (Abk. SBR), *Nitril-Butadien-Kautschuk* (Abk. NBR), *Chloroprenkautschuk* (Abk. CR), *Butylkautschuk* (Abk. IIR), *Chlorbutylkautschuk* und der bes. verschleißfeste *Acrylkautschuk.*

Synthesizer ['sʏntesaɪzər; engl. 'sɪnθɪsaɪzə; griech.-engl.], elektron. Musikinstrument, das aus ei-

Richard Laurence
Millington Synge

ner Kombination aufeinander abgestimmter elektron. Bauelemente und Geräte (Module) besteht, mit der sich auf rein elektron. Wege Töne und Klänge, Tongemische und Geräusche jegl. Art erzeugen und [halbautomat.] zu musikal. Abläufen oder synthet.-sprachl. Abfolgen zusammenfügen bzw. verändern lassen.

Synthetasen [griech.], svw. → Ligasen.

synthetisch [griech.], allg. svw. zusammengesetzt, künstl. hergestellt.

synthetische Sprachen, 1) Sprachen, in denen syntakt. Beziehungen am Wort selbst und nicht durch selbständige Wörter ausgedrückt werden.

2) Abfolge von Schallereignissen, die der menschl. Sprache physikalisch und linguistisch ähnlich sind und mit Hilfe eines Sprachgenerators erzeugt werden. S. S. sind u. a. bedeutungsvoll bei der akust. Ausgabe der von Datenverarbeitungsanlagen gelieferten Informationen.

Syphilis [nach dem Lehrgedicht ›Syphilis sive morbo gallico‹ von G. Fracastoro, in dem die Geschichte eines an dieser Krankheit leidenden Hirten namens Syphilus erzählt wird] (Lues, harter Schanker, Franzosenkrankheit), als chron. Infektionskrankheit verlaufende, wegen ihrer Spätfolgen gefährlichste Geschlechtskrankheit. Erreger der S. ist das Bakterium Treponema pallidum. Die erworbene S. wird am häufigsten durch den Geschlechtsverkehr übertragen. Die S. verläuft in drei Stadien. Für das *Primärstadium* (zus. mit dem Sekundärstadium auch unter der Bez. *Früh-S.* zusammengefaßt) ist der *Primäraffekt* vom Beginn der 3. bis 6. Woche nach der Infektion an kennzeichnend. Er tritt meist als einzelnes kleines, hartes, gerötetes Knötchen im Bereich der Infektionsstelle auf und entwickelt sich gewöhnl. zu einem oberflächl. Geschwür mit hartem Rand *(harter Schanker)*. Das zweite oder *Sekundärstadium* der S. wird durch Hautausschläge *(Syphilide)* eingeleitet, die 9–10 Wochen nach der Ansteckung (oder etwa 45 Tage nach Erscheinen des harten Schankers) auftreten. Betroffen sind v. a. Mund, Mandeln, Nase, Genitale und After. Nach etwa 20 Wochen klingen die Hautausschläge ab. Nach einer zweiten Latenzzeit von drei bis fünf Jahren folgt das dritte oder *Tertiärstadium* der Syphilis. In diesem Stadium können große, entzündl. Geschwülste *(Syphilome, Gummen)* auftreten, die schließl. geschwürig zerfallen und die befallene Gewebe, wie z. B. Knochen, Gelenke, Nieren, die Leber oder das Nervensystem *(Neurosyphilis),* zerstören. In der Gefäßwand führt die tertiäre S. zu entzündl. Veränderungen, die das Bindegewebe schädigen; dadurch kommt es u. a. zur sackartigen Ausweitung der Schlagaderwand. Das Nervensystem schließl. kann durch Gehirngefäß- oder Gehirnhautgummen geschädigt werden. – Als *metasyphilit. Erkrankungen (Metasyphilis, 4. Stadium der S.)* bezeichnet man Rükkenmarksschwindsucht und progressive → Paralyse. Beide beruhen auf einem Schwund des Nervengewebes im Rückenmark bzw. im Gehirn.

Bei der *angeborenen S. (konnatale S., Heredosyphilis)* erfolgt die Ansteckung durch die syphilit. Mutter über den Plazentakreislauf gegen Ende der ersten Schwangerschaftshälfte. Für S. eigentüml. ist daher eine Fehlgeburt in der zweiten Schwangerschaftshälfte. Die gesetzlich vorgeschriebene Behandlung erfolgt mit Penicillin, Tetrazyklinen oder Erythromyzin.

Syrakus, italien. Prov.hauptstadt in SO-Sizilien, 124 400 E. Museen, Staatsarchiv; u. a. Erdölraffinerie, Fischerei, Meersalzgewinnung, Hafen.

Bauten: Ruinen antiker Bauten, u. a. dor. Apollontempel (um 565 v. Chr.), Altar Hierons II. (3. Jh. v. Chr.), griech. Theater (nach 238 v. Chr.), röm. Amphitheater (3. Jh. n. Chr.), große Steinbrüche. Der Dom (7. und 17. Jh.) auf Fundamenten und mit den Säulen des Athenatempels (um 480 v. Chr.). Ausge-

dehnte Katakomben. Aus staufischer Zeit stammen u. a. Palazzo Bellomo (13. und 15. Jh.) und die Ruine des Kastells Maniace (1038, erneuert vor 1239).

Geschichte: Um 733 v. Chr. von Korinth gegr.; unter dem Tyrannen Gelon Herrschaft über das ganze griech. Sizilien; 480 v. Chr. Sieg über Karthago; die Regierungszeiten Hierons I. und Dionysios' I. waren kulturelle Blütezeiten; 413 v. Chr. Sieg über das athen. Invasionsheer; 212 v. Chr. von Rom erobert (lat. *Syracusae*), Hauptstadt der Prov. Sizilien.

Syrdarja [russ. sirdarj'ja] (im Altertum *Jaxartes*), Zufluß des Aralsees, entsteht durch den Zusammenfluß von Naryn und Karadarja, 3 019 km lang (mit Naryn).

Syrien

Fläche: 185 180 km²
Einwohner (1988): 11,3 Mio.
Hauptstadt: Damaskus
Verwaltungsgliederung: 14 Muhafasa
Amtssprache: Arabisch
Nationalfeiertag: 17. 4.
Währung: 1 Syrisches Pfund (syr£) = 100 Piastres (PS)
Zeitzone: MEZ + 1 Std.

Syrien (amtl. Arab. Republik S.), Staat in Asien, grenzt im N an die Türkei, im O und SO an Irak, im S an Jordanien, im SW an Israel, im W an Libanon und das Mittelmeer.

Landesnatur: S. ist weitgehend ein ebenes Tafelland, das nach O in den mesopotam. Trog übergeht. Im NO wird es von einem Hügelland (bis 920 m) überragt, im S von einer Vulkanlandschaft (bis 1 735 m) begrenzt. Die höchsten Erhebungen liegen im W des Landes: Hermon (bis 2 814 m) und Antilibanon (bis 2 629 m). S. liegt im Übergangsbereich vom winterfeuchten Mittelmeerklima (im W) zum kontinentalen Trockenklima (im O).

Bevölkerung: Der überwiegende Teil sind Araber (89 %), der Rest Kurden (6 %), Armenier (3 %) und Splittergruppen (Turkmenen, Tscherkessen, Türken, Zigeuner, Perser). 90 % der E sind Muslime, rd. 9 % Christen. Es besteht Schulpflicht von 6–12 Jahren. S. verfügt über 4 Universitäten.

Wirtschaft, Verkehr: Hauptanbauprodukte im N, im sog. Fruchtbaren Halbmond, sind Weizen und Baumwolle. Zentral-S. wird durch die Weidewirtschaft der Nomaden genutzt. S. ist arm an Bodenschätzen. Die Erdölfelder im NO des Landes liefern Rohöl minderer Qualität. In den Ind.standorten Aleppo, Damaskus, Hama und Homs gibt es Nahrungsmittel-, Möbel- und Textil-Ind., Maschinen- und Fahrzeugbau; bed. Kunsthandwerk. Das Streckennetz der Eisenbahn ist 1 686 km, das der Straßen 30 208 km lang. Bed. Häfen sind Al Ladhakijja und Tartus. Internat. ⚓ ist Damaskus.

Geschichte: Im Altertum urspr. Bez. für das Gebiet zw. Mittelländ. Meer im W und Arabien im O, etwa dem heutigen Aleppo im N und Palästina im S (die Zuordnung Phönikiens ist unterschiedl.). Im 2./1. Jt. v. Chr. befand sich S. im Überschneidungsbereich der Interessen der altoriental. Mächte Ägypten, Babylonien, der Churriter, Hethiter, Assyrien und Persien. 301 v. Chr. wurde S. unter Ptolemäer und Seleukiden geteilt; 195 v. Chr. gänzl. seleukid.; 64/63 richtete Pompejus die röm. Provinz Syria ein, die später mehrfach geteilt wurde. Ab 395 gehörte S. zum Oström. Reich. 634/640 wurde es von den muslim. Arabern erobert; ab 750 in Abhängigkeit von Ägypten, fiel es 1517 an das Osman. Reich. 1920 wurde S. als vom Os-

Syrien

Staatsflagge

Staatswappen

Stadt 49 %
Land 51 %

Bevölkerungsverteilung

Dienstleistung 49 %
Landwirtschaft 33 %
Industrie 18 %

Erwerbstätige

man. Reich unabhängiges Kgr. Groß-S. unter Faisal I. proklamiert, kam jedoch noch 1920 als Völkerbundsmandat unter frz. Herrschaft. 1925/26 wurde das Gebiet Libanon selbständig. Im 2. Weltkrieg besetzten brit. Truppen S., de Gaulle erklärte S. für unabhängig, doch räumten die brit. und frz. Truppen erst nach wachsenden Unruhen 1946 das Land. 1945 wurde S. Mgl. der UN und der Arab. Liga; 1958 wurde die Vereinigte Arab. Republik (VAR) gegründet, aus der S. aber bereits 1961 wieder ausschied. Aus den einsetzenden Machtkämpfen ging die sozialist. Bath-Partei 1963 siegreich hervor. Der 3. Israel.-Arab. Krieg 1967 brachte den Verlust der Golanhöhen (im Dez. 1981 von Israel annektiert). Das direkte Eingreifen syr. Streitkräfte im libanes. Bürgerkrieg seit Juni 1976 belastete zeitweilig die Beziehungen zu fast allen arab. Staaten. Nach kurzzeitiger Annäherung an Irak nach Abschluß des ägypt.-israel. Friedensvertrags brach im Zusammenhang mit dem irak.-iran. Krieg die alte Feindschaft (seit 1966) wieder auf (1982 Schließung der Grenzen). Nach der israel. Invasion im Libanon kam es im Sommer 1982 zu Kämpfen zw. israel. und syr. Truppen. Einer israel.-libanes. Vereinbarung vom Mai 1983 über den Abzug aller fremden Truppen aus dem Libanon verweigerte S. seine Zustimmung. 1987 intervenierten syr. Truppen in Beirut. Nachdem S. Verbindungen zum internat. Terrorismus nachgewiesen worden waren, sah sich das Land mehr isoliert. Im →Golfkrieg stellte sich S. auf die Seite der Alliierten und forderte den irak. Rückzug aus Kuwait.

Politisches System: Demokrat., sozialist. VR; *Verfassung* von 1973. *Staatsoberhaupt* und Inhaber der *Exekutive* ist der Staatspräsident. Er hat u. a. Gesetzgebungsinitiative und -veto, ernennt und entläßt die Regierung mit dem Min.-Präs. an der Spitze. Die *Legislative* liegt beim Volksrat (195 Mgl.). Von den polit. *Parteien* ist die weitaus mächtigste die sozialist. →Bath-Partei; dominierend auch in der Progressiven Nat. Front (gegr. 1972), die außerdem die Kommunist. Partei, die Syr. Arab. Sozialist. Union, die Sozialist. Unionisten und die Arab. Sozialist. Partei umfaßt. *Streitkräfte:* rd. 404 000 Mann. – Karte II, Bd. 2, n. S. 320.

Syrinx [griech.], 1) *Musik:* griech. Bez. für →Panflöte.
2) für die Vögel (mit Ausnahme der Störche, Strauße und Neuweltgeier) charakterist. Stimmbildungsorgan, das an der Gabelung der Luftröhre in die beiden Hauptbronchien als sog. *unterer Kehlkopf* ausgebildet ist.

Syrisch →Aramäisch.

syrische Kirchen, Bez. für eine Gruppe östl. Kirchen, die dem west- oder ostsyr. Ritus angehören und voneinander unabhängig sind. →orientalische Kirchen.

syrische Kunst, im Altertum Teilbereich der altoriental. Kunst im Gebiet von Aleppo bis Palästina. Jericho war schon vor 7000 befestigt; frühe Porträtplastik (Modellierungen über Schädeln). Seit dem 5. Jt. mesopotam. Kultureinflüsse (Tall Halaf); Ebla (Tall Mardich) und Mari sind bed. Städte des sumer.-akkad. Kulturkreises. Im 2. und 1. Jt. im N →hethit. Kunst (im 10. bis 7. Jh. spricht man von syrohethit. Kunst), in den Küstenstädten →phönikische Kunst. Im 4. Jh. v. Chr. begann die Einbeziehung Altsyriens in den hellenist. Kulturkreis. Bed. der frühchristl. Sakralbau in N-Syrien (3.–6./7. Jh.); die älteste christl. Kirche befindet sich in Dura-Europos (3. Jh.), den klass. Typ der nordsyr. Basilika mit 2 S-Eingängen vertritt v. a. Markianos Kyris (um 400). →altmesopotamische Kunst.

Syrische Wüste, wüstenhaftes Kalkplateau westl. des Euphrat in Syrien, Jordanien und Irak.

Syrjänen →Komi.

System der Pflanzen und Tiere

Die systematischen Kategorien

Reich *(Regnum)*
  Unterreich *(Subregnum)*
  Stamm/Abteilung *(Phylum/Divisio)*
    Unterstamm/Unterabteilung
    (Subphylum/Subdivisio)
      Überklasse *(Superclassis)*
      Klasse *(Classis)*
        Unterklasse *(Subclassis)*
          Überordnung *(Superordo)*
          Ordnung *(Ordo)*
            Unterordnung *(Subordo)*
              Überfamilie *(Superfamilia)*
              Familie *(Familia)*
                Unterfamilie *(Subfamilia)*
                Gattung *(Genus)*
                  Art *(Species)*
                    Unterart (Rasse) *(Subspecies)*

System, Pflanzenreich
(nach Lehrbuch der Botanik, 33. Aufl., 1991)

	Prokaryonten
Organisationstyp	*Bakterien*
1. Abteilung	Archebakteria (80*)
2. Abteilung	Eubacteria (1600)
Organisationstyp	*Prokaryontische Algen*
1. Abteilung	Cyanophyta (Blaualgen, 2000)
2. Abteilung	Prochlorophyta
	Eukaryonten
Organisationstyp	*Schleimpilze* (600)
1. Abteilung	Acrasiomycota
2. Abteilung	Myxomycota (500)
3. Abteilung	Plasmodiophoromycota
Organisationstyp	*Pilze*
1. Abteilung	Oomycota (500)
2. Abteilung	Eumycota
1. Klasse	Chytridiomycetes (500)
2. Klasse	Zygomycetes (500)
3. Klasse	Ascomycetes (Schlauchpilze, 30 000)
4. Klasse	Basidiomycetes (Ständerpilze, 30 000)
Organisationstyp	*Flechten* (20 000)
Organisationstyp	*Eukaryontische Algen*
1. Abteilung	Euglenophyta (800)
2. Abteilung	Cryptophyta (120)
3. Abteilung	Dinophyta (1 000)
4. Abteilung	Haptophyta (250)
5. Abteilung	Heterokontophyta (Chrysophyta, 9 500)
6. Abteilung	Rhodophyta (Rotalgen, 4 000)
7. Abteilung	Chlorophyta (Grünalgen, 7 000)
Organisationstyp	*Moose und Gefäßpflanzen*
1. Abteilung	Bryophyta (Moose, 24 000)
2. Abteilung	Pteridophyta (Farnpflanzen)
1. Klasse	Psilophytopsida (Urfarne †)
2. Klasse	Psilotopsida (Gabelblattgewächse, 4)
3. Klasse	Lycopodiopsida (Bärlappgewächse, 1200)
4. Klasse	Equisetopsida (Schachtelhalmgewächse, 32)
5. Klasse	Filicopsida, Pteridopsida (Farne, 10 000)
3. Abteilung	Spermatophyta (Samenpflanzen, 240 000)
Entwicklungsstufe	Gymnospermae (Nacktsamer, 800)
1. Unterabteilung	Coniferophytina (gabel- und nadelblättrige Nacktsamer, 600)
1. Klasse	Ginkgoopsida (1)
2. Klasse	Pinopsida (Nadelhölzer)
2. Unterabteilung	Cycadophytina (fiederblättrige Nacktsamer, 200)
1. Klasse	Lyginopteridopsida (Samenfarne †)
2. Klasse	Cycadopsida
3. Klasse	Bennettitopsida (†)
4. Klasse	Gnetopsida (†)
Entwicklungsstufe u.	Angiospermae (Bedecktsamer)
3. Unterabteilung	
1. Klasse	Dictyledonae (Zweikeimblättrige, 174 000)
2. Klasse	Monocotyledonae (Einkeimblättrige, 66 000)

---

* alle Zahlen geben nur die ungefähre Anzahl der rezenten Arten an.
† ausgestorben.

System, Tierreich
(nach A. Remane, V. Storch und U. Welsch, 1989)

1. Unterreich	PROTOZOA (EINZELLER, 27 100*)
1. Klasse	Flagellata (Geißeltierchen, 5 890)
2. Klasse	Rhizopoda (Wurzelfüßer, 11 100)
3. Klasse	Sporozoa (Sporentierchen)
4. Klasse	Cnidosporidia
5. Klasse	Ciliata (Wimpertierchen, 5 500)
2. Unterreich	METAZOA (VIELZELLER)
Stamm	Porifera (Schwämme, 5 000)
Stamm	Cnidaria (Nesseltiere, 8 900)
1. Klasse	Hydrozoa (2 700)
2. Klasse	Cubozoa
3. Klasse	Scyphozoa (200)
4. Klasse	Anthozoa (Blumentiere, 6 000)
Stamm	Ctenophora (Rippenquallen, 100)
	COELOMATA (BILATERIA)
	Reihe: Protostomia
Stamm	Tentaculata (Tentakelträger, 4 300)
Stamm	Sipunculida
Stamm	Plathelminthes (Plattwürmer, 15 600)
1. Klasse	Turbellaria (Strudelwürmer, 3 300)
2. Klasse	Trematoda (Saugwürmer, 6 250)
3. Klasse	Cestoda (Bandwürmer, 3 500)
Stamm	Mesozoa (50)
Stamm	Gnathostomulida (100)
Stamm	Nemertini (Schnurwürmer, 900)
Stamm	Aschelminthes (Schlauchwürmer, 18 000)
Stamm	Kamptozoa (Kelchtiere, 150)
Stamm	Mollusca (Weichtiere, 130 000)
1. Klasse	Aplacophora (Wurmmollusken, 240)
2. Klasse	Polyplacophora (Käferschnecken, 1 000)
3. Klasse	Monoplacophora (Napfschaler, 15)
4. Klasse	Gastropoda (Schnecken, 105 000)
5. Klasse	Scaphopoda (Kahnfüßer, 350)
6. Klasse	Lamellibranchiata (Muscheln, 20 000)
7. Klasse	Cephalopoda (Kopffüßer, 600)
Stamm	Articulata (Gliedertiere)
1. Unterstamm	Annelida (Ringelwürmer, 17 000)
1. Klasse	Polychaeta (Vielborster, 10 000)
2. Klasse	Clitellata (Gürtelwürmer, 6 500)
3. Klasse	Echiurida (Igelwürmer, 140)
2. Unterstamm	Pentastomida (Zungenwürmer, 100)
3. Unterstamm	Tardigrada (Bärtierchen, 500)
4. Unterstamm	Arthropoda (Gliederfüßer, 1 000 000)
1. Überklasse	Trilobitomorpha (†)
2. Überklasse	Chelicerata (Fühlerlose, 70 000)
1. Klasse	Merostomata (5)
2. Klasse	Arachnida (Spinnentiere, 66 200)
3. Klasse	Pantopoda (Asselspinnen, 1000)
5. Unterstamm	Mandibulata
1. Überklasse	Crustacea (Krebstiere, 50 000)
2. Überklasse	Antennata (Tracheentiere)
1. Klasse	Chilopoda (Hundertfüßer, 2 500)
2. Klasse	Progoneata (Tausendfüßer, 10 660)
3. Klasse	Insecta (Insekten, 1 000 000)
	Reihe: Deuterostomia
Stamm	Chaetognatha (Pfeilwürmer, 80)
Stamm	Pogonophora (Bartwürmer, 115)
Stamm	Hemichordata (Kragentiere, 110)
Stamm	Echinodermata (Stachelhäuter, 6 000)
Stamm	Chordata (Chordatiere, 40 000)
1. Unterstamm	Tunicata (Manteltiere, 1 200)
2. Unterstamm	Copelata (60)
3. Unterstamm	Acrania (Schädellose, 20)
4. Unterstamm	Vertebrata (Wirbeltiere, 46 500)
1. Überklasse	Agnatha (Kieferlose, 75)
2. Überklasse	Gnathostomata (Kiefermäuler)
1. Klasse	Placodermi (†)
2. Klasse	Acanthodii (†)
3. Klasse	Chondrichthyes (Knorpelfische, 800)
4. Klasse	Osteichthyes (Knochenfische, 20 000)
5. Klasse	Amphibia (Lurche, 3 000)
6. Klasse	Reptilia (Kriechtiere, 6 000)
7. Klasse	Aves (Vögel, 8 800)
8. Klasse	Mammalia (Säugetiere, 5 000)

* alle Zahlen geben nur die ungefähre Anzahl der rezenten Arten an.
† ausgestorben.

Syrlin ['zʏrliːn] (Sürlin, Sirlin), 1) Jörg, d. Ä., * Ulm um 1425, † ebd. 1491, dt. Bildschnitzer der Gotik. Schuf 1468 den Dreisitz und 1469–74 das Chorgestühl für das Ulmer Münster.
2) Jörg, d. J., * Ulm um 1455, † ebd. nach 1532, dt. Bildschnitzer. Sohn von Jörg S. d. Ä., dessen Werkstatt er fortführte; zahlr. Chorgestühle (u. a. in Blaubeuren, 1493).

Syromalabaren →Thomaschristen.

System [griech.], 1) *allgemein:* Prinzip, nach dem etwas gegliedert geordnet wird.
2) *Wiss.* und *Philosophie:* natürl. oder künstl. Gebilde, deren Teile in Abhängigkeit voneinander stehen und so als Ganzes eine bestimmte Ordnung aufweisen.
3) *Naturwissenschaft* und *Technik:* jede Gesamtheit von Objekten, die sich in einem Zusammenhang befinden und gegenüber ihrer Umgebung abzugrenzen sind. Ein *physikal.* S. wird im Hinblick auf seine Wechselwirkung mit der Umwelt als *offenes* oder *abgeschlossenes* S. bezeichnet, je nachdem, ob das S. mit der Umgebung in Energie- und Materieaustausch steht oder nicht. *Techn.* S. sind im allg. Zusammenfügungen unterschiedl. Bauelemente, z. B. alle Apparate, Geräte, Maschinen oder techn. Anlagen, als *elektrotechn.* S. alle elektr. Schaltungen und Netzwerke. →Kybernetik.
4) *Geologie:* Bez. für eine Gesteinsschichtenfolge innerhalb eines Zeitalters (z. B. Devon); hat die veraltende Bez. ›Formation‹ abgelöst.
5) *zoolog.* und *botan. Systematik:* die übersichtl., hierarchisch nach dem Grad der (natürl.) verwandtschaftl. Zusammengehörigkeit geordnete und dementsprechend in verschiedene Kategorien gegliederte Zusammenstellung der verschiedenartigen Tiere bzw. Pflanzen, die deren stammesgeschichtl. Entwicklung widerspiegeln soll. – Tabelle S. 399 und S. 400.
6) *Politik:* abwertende, verallgemeinernde Bez. für eine jeweils vorgegebene, aber abgelehnte polit.-soziale und/oder wirtschaftl. Ordnung.

Systemanalyse, die Untersuchung der Funktion, der Struktur und des Verhaltens kybernet. Systeme unter Zuhilfenahme von Modellsystemen und -methoden.

Systematik [griech.], 1) Darstellung, Gestaltung nach einem bestimmten System.
2) *Zoologie* (Tier-S., systemat. Zoologie; als Teilgebiet der speziellen Zoologie) und *Botanik* (*Pflanzen-S., systemat. Botanik;* als Teilgebiet der speziellen Botanik): umfassender Begriff für die Wiss. und Lehre von der Vielfalt der Organismen mit der übersichtl. Erfassung dieser Vielfalt in einem hierarch., der Abstammungslehre gerecht werdenden Ordnungsgefüge (→System). Zur Benennung der Tiere und Pflanzen bedient sich die S. der Nomenklatur. – Begründer der S. ist C. von Linné.

systematische Theologie, v. a. in der prot. Theologie die theol. Kerndisziplinen (Dogmatik, Apologetik, theol. Ethik).

systemische Mittel, Pflanzenschutzmittel, die über Blätter und Stengel oder über die Wurzel von der Pflanze aufgenommen und mit dem Saftstrom im Gefäßsystem und durch Diffusion von Zelle zu Zelle transportiert werden; vernichten saugende oder fressende Schädlinge, ohne die Pflanze selbst zu schädigen.

Systole ['zʏstole, zʏs'toːlə; griech.], in der *Physiologie* die mit der Diastole (als Ruhephase) rhythm. wechselnde Kontraktionsphase des Herzmuskels vom Beginn der Anspannungszeit bis zum Ende der Austreibungszeit.

systolischer Blutdruck →Blutdruck.

Szabó [ungar. 'sɔboː], 1) István, * Budapest 18. 2. 1938, ungarischer Filmregisseur. Drehte u. a. ›Vater‹

(1967), ›Der grüne Vogel‹ (1979), ›Mephisto‹ (1980; nach K. Mann), ›Oberst Redl‹ (1984).

2) Magda, * Debrecen 5. 10. 1917, ungar. Schriftstellerin. Schreibt v. a. Romane; u. a. ›Das Fresko‹ (1958), ›Die andere Esther‹ (1959), ›1. Moses 22‹ (1967), ›Katharinenstraße‹ (1969).

Szálasi, Ferenc [ungar. 'sɑ:lɔʃi], * Košice 6. 1. 1897, † Budapest 12. 3. 1946 (hingerichtet), ungar. Politiker. Gründete 1935 die spätere Bewegung der →Pfeilkreuzler; unter dt. militär. Schutz Okt. 1944–April 1945 Staatschef.

Szczypiorski, Andrzej [poln. ʃtʃi'pjɔrski], * Warschau 3. 2. 1924, poln. Schriftsteller. Nahm 1944 am Warschauer Aufstand gegen die dt. Besatzung teil; bis April 1945 im KZ Sachsenhausen. Ab 1968 Kritiker des poln. Regimes; Dez. 1981–Mai 1982 interniert. In dt. Übers. sind bislang ›Eine Messe für die Stadt Arras‹ (R., 1971), ›Die schöne Frau Seidenmann‹ (R., 1986), ›Amerikan. Whisky‹ (En., 1989), ›Nacht, Tag und Nacht‹ (R., 1991) erschienen.

Szeged [ungar. 'sɛgɛd] (dt. Szegedin), ungar. Stadt an der Mündung der Maros in die Theiß, 188 000 E. Univ., u. a. Hochschulen, Museum, Theater, Oper; Sommerfestspiele. U. a. Maschinenbau, Herstellung von Gewürzpaprika, Salami. Roman. Demetriusturm (12./13. Jh.), spätgot. Marienkirche (15. Jh.) mit barokker Einrichtung. – 1498 königl.-ungar. Freistadt; fiel 1542 an die Osmanen; 1686 wieder ungarisch.

Székesfehérvár [ungar. 'se:kɛʃfɛhɛ:rvɑ:r] (dt. Stuhlweißenburg), ungar. Stadt zw. Platten- und Velencer See, 113 000 E. Museum; u. a. Aluminiumwalzwerk, Motorradfabrik. Im Ruinengarten u. a. Reste der roman. Basilika und Mausoleum Stephans I. (beide 11. Jh.); spätgot. Annakapelle (um 1470). Zahlr. Barockbauten, u. a. Dom, Rathaus und Bischofspalast. – Erhielt unter König Stephan I., dem Heiligen, Stadtrecht **(Alba regia)**; Residenz- und (bis 1526) Krönungsstadt sowie (bis 1540) Begräbnisstätte der ungar. Könige; im 15./16. und ab Ende des 17. Jh. königl. Freistadt.

Szekler ['se:...], ungar. sprechende ethn. Minderheit in SO-Siebenbürgen, seit dem 12. Jh. nachweisbar.

Szell, George (György) [engl. sɛl], * Budapest 7. 6. 1897, † Cleveland (Ohio) 30. 7. 1970, amerikan. Dirigent tschech.-ungar. Abkunft. 1939 Emigration in die USA; leitete 1946–70 das Cleveland Orchestra.

Szenarium [griech.-lat.] (Szenar, Szenario), **1)** Szenenfolge eines Dramas; v. a. im Stegreifspiel Skizze des Handlungsablaufs. Seit dem 18. Jh. im Theater Übersichtsplan für die Regie und das techn. Personal. Auch Rohentwurf eines Dramas, auch eines Filmdrehbuchs.

2) in vielen Bereichen der öffentl. und industriellen Planung method. Instrument zur Vorbereitung von Entscheidungen im Hinblick auf zukünftige Situationen. Szenarien charakterisieren weniger wahrscheinl. Ereignisse und Entwicklungen, deren Eintreten erhebl. Folgen für das untersuchte Gesamtsystem haben könnte.

Szene [griech.], **1)** Schauplatz einer [Theater]handlung; Bühne.

2) (Auftritt) Gliederungseinheit des Dramas; kleinere Einheit eines Theateraktes, Hörspiels oder Films.

Szenerie [griech.], Landschaftsbild, Schauplatz; Bühnenbild.

Szent-Györgyi von Nagyrapolt, Albert [ungar. 'sɛndjørdji, 'nɔtj..., engl. sɛnt'dʒø:dʒi], * Budapest 16. 9. 1893, † Woods Hole (Mass.) 22. 10. 1986, amerikan. Biochemiker ungar. Herkunft. Arbeiten u. a. zur Erforschung von Vitaminen, speziell von Vitamin P und Vitamin C; 1937 Nobelpreis für Physiologie oder Medizin.

Szepter →Zepter.

Szeryng, Henryk [poln. 'ʃɛriŋk], * Zelazowa-Wola bei Warschau 22. 9. 1918, † Kassel 3. 3. 1988, mexikan. Violinist poln. Herkunft. Während des Zweiten Weltkriegs Verbindungsoffizier der poln. Exilregierung in Großbritannien; ab 1946 mexikan. Staatsbürger. S. gehört zu den großen Geigern des 20. Jh., Konzertreisen ab 1933; auch Musikpädagoge, Komponist (Schüler von N. Boulanger) und Kulturdiplomat, u. a. ab 1970 musikal. Sonderbeauftragter der permanenten Delegation Mexikos bei der UNESCO.

Szetschuan, Prov. in China, →Sichuan.

Szientismus (Scientismus) [lat.], Wissenschaftstheorie, nach der die Methoden der vermeintlich exakten (Natur)wiss. auf die Geistes- und Sozialwiss. übertragen werden sollen.

Szilla [griech.] (Blaustern, Scilla), Gatt. der Liliengewächse mit rd. 100 Arten in Europa, im gemäßigten Asien und in den trop. Gebirgen Asiens und Afrikas; bis 30 cm hohe Stauden mit stern- oder glockenförmigen, blauen, rosa- oder purpurfarbenen, in Trauben stehenden Blüten; einheim. ist das *Hasenglöckchen* in Laubwäldern; mit zahlr. blauen, weißen, roten oder rosafarbenen Blütenglöckchen in überhängender Traube; wird häufig in Gärten kultiviert.

Szintigraphie [lat./griech.], Untersuchungsmethode der Nuklearmedizin: Nach oraler oder parenteraler Applikation werden radioaktive Stoffe innerhalb kürzerer, organspezif. Zeit in bestimmten Organen des Körpers selektiv angereichert. Die abgegebene radioaktive Strahlung wird mit Hilfe eines →Szintillationszählers zweidimensional erfaßt *(Scanning)* und graph. dargestellt *(Szintigramm)* oder mit einer →Szintillationskamera aufgenommen.

Szintillation [lat.], **1)** Glitzern und Funkeln der Sterne aufgrund der Luftunruhe.

2) das scharf lokalisierte Aufblitzen in einem Szintillationskristall beim Auftreffen eines energiereichen Teilchens.

Szintillationskamera (Gammakamera), nuklearmedizin. Gerät zur Funktionsdiagnostik von Organen, insbes. zur Untersuchung des zeitl. Verlaufs von Verteilung bzw. Anreicherung eingespritzter kurzlebiger Radionuklide (z. B. Jod 131 in der Schilddrüse). Die S. besteht aus Szintillationskristall, Photomultiplier, Impulshöhenanalysator und Bildschirm.

Szintillationszähler (Leuchtstoffzähler), Gerät zur Zählung oder Bestimmung der Energie schneller Elementarteilchen und Gammaquanten. Die in einem Szintillator ausgelösten Lichtblitze werden mit einem Photomultiplier registriert.

Szintillator [lat.], in Szintillationszählern verwendeter durchsichtiger fluoreszierender Leuchtstoff (z. B. mit Thallium aktivierter Cäsiumjodidkristall), in dem energiereiche geladene Teilchen oder Gammaquanten Szintillationen hervorrufen.

Szombathely [ungar. 'sombɔthɛj] (dt. Steinamanger), ungar. Stadt am W-Rand des Kleinen Ungar. Tieflands, 87 000 E. Röm. Isistempel; Ruine einer frühchristl. Basilika (4. Jh.), Dom (1781 ff.), ehem. Bischofspalast (18. Jh.).

Szymanowski, Karol [poln. ʃima'nɔfski], * Timoschewka (Ukraine) 6. 10. 1882, † Lausanne 29. 3. 1937, poln. Komponist. Gelangte, angeregt durch den frz. Impressionismus, bis hin zur Atonalität; u. a. Opern (›König Roger‹, 1926), Ballette, 4 Sinfonien, Kammer- und Klaviermusik, Chorwerke.

Szymborska, Wislawa [ʃim'bɔrska], * Bnin bei Posen 2. 7. 1923, poln. Dichterin. Exponentin der poln. Gegenwartslyrik; in dt. Sprache sind die Auswahlbände ›Salz‹ (1973), ›Deshalb leben wir‹ (1980) und ›Hundert Freuden‹ (1986) erschienen; schreibt auch Essays. Erhielt 1991 den Frankfurter Goethepreis.

Szilla:
Hasenglöckchen
(Höhe 15–30 cm)

Albert Szent-Györgyi

T

T, 1) 20. Buchstabe des dt. Alphabets (im lat. der 19.), im Griech. τ (Tau).
2) *(T)* Formelzeichen für die Schwingungsdauer einer Schwingung.
3) chem. Symbol für →Tritium.
4) Einheitenzeichen für →Tesla.
5) *(T)* Formelzeichen für die absolute Temperatur [in K].
6) →Vorsatzzeichen (Tera).
t, 1) *(t)* Formelzeichen für die Zeit.
2) Einheitenzeichen für die Massen- bzw. Gewichtseinheit Tonne.
3) *(t)* Formelzeichen für die Temperatur [in °C].
Ta, chem. Symbol für →Tantal.
Tabak [indian.], Gattung der Nachtschattengewächse mit rd. 100 Arten, v. a. im trop. und subtrop. Amerika; meist Kräuter mit großen, oft drüsig behaarten Blättern und in endständigen Trauben oder Rispen stehenden, weißen, gelben, roten oder rosafarbenen Blüten mit langröhriger oder glockiger Krone. Die beiden wirtschaftl. bedeutendsten Arten sind der bis 3 m hohe *Virgin. T.* und der bis 1,2 m hohe *Bauern-T.* (Machorka). Einige Arten werden als Zierpflanzen kultiviert. Alle T.arten enthalten das Alkaloid →Nikotin. Zur *T.gewinnung* (für Rauch-T., Schnupf-T., Kau-T.) wird der Virgin. T. heute in zahlr. Sorten von den Tropen bis in die gemäßigten Zonen (38° südl. Breite bis 56° nördl. Breite) angebaut (in der BR Deutschland v. a. in der Vorderpfalz, im Hess. Ried, im Kraichgau, in der Ortenau sowie in Franken), Bauern-T. wird in der UdSSR und in Polen kultiviert.
Die Blatternte findet zeitl. gestaffelt in Abständen von 10–20 Tagen für die einzelnen Blattqualitäten statt, die man an der Pflanze (von unten nach oben) als *Grumpen, Sandblatt, Mittelgut, Hauptgut* (Bestgut) und *Obergut* bezeichnet. Nach der Ernte werden die Blätter nach Länge, Farbe und Schadbild sortiert, auf Fäden aufgezogen (sog. *Bandolieren*) und getrocknet. Die fertig getrockneten Blätter werden sortiert und in Büscheln zusammengelegt; diese werden zu Ballen gepreßt und mit Jute umhüllt als *Rohtabak* zur Weiterverarbeitung der Tabak-Ind. zugeführt.
Bei der T.verarbeitung werden die T.blätter zunächst einer mehrere Wochen dauernden Fermentation unterworfen, durch die unerwünschte Substanzen abgebaut und gleichzeitig Aromastoffe gebildet werden. Anschließend werden die T.blätter von den stärkeren Blattrippen befreit, danach häufig mit aromagebenden Substanzen besprüht (›soßiert‹, ›gesoßt‹) und auf die gewünschte Schnittbreite geschnitten. Zuletzt wird das Schneidgut in Trockenanlagen ›geröstet‹. Je nach den verwendeten T.sorten und der Art der Verarbeitung erhält man sehr unterschiedl. Endprodukte als *Rauch-T.* (z. B. der fein geschnittene, speziell gesoßte *Shag*). →Rauchen.
Tabasco [span. ta'βasko], mex. Staat am Golf von Campeche, 25 267 km², 1,32 Mio. E, Hauptstadt Villahermosa.
Tabatiere [indian.-frz.], österr., sonst veraltete Bez. für [Schnupf]tabakdose.
Tabernakel [lat.], seit dem 12. Jh. Bez. für ein schrein- oder gefäßförmiges Behältnis zur Aufbewah-

Tabak:
Virginischer Tabak

rung der Hostien, später auch der Monstranz; daneben, seit dem Tridentin. Konzil wieder verstärkt auftretende Gestaltung als transportables *Altar-T.,* seit dem 13. Jh. u. a. als *Wand-T.* (in einer Nische in der N-Wand des Chores), → *Sakramentshäuschen* oder *Ziboriums-T.* (Altarüberbau mit Baldachin, an dem der Hostienbehälter hängt; v. a. in Italien).
Tablette (Tabuletta) [lat.-frz.], aus pulverförmiger Substanz in gewöhnlich flach-zylindr. Form gepreßte Arzneizubereitung.
Tabor, kegelförmiger Berg in Israel, östl. von Nazareth, 588 m hoch.
Tabori, George [engl. 'tɛibərɪ], eigtl. György T., * Budapest 24. 5. 1914, Schriftsteller und Regisseur ungar. Herkunft. Sohn jüd. Eltern; 1936 Emigration nach London (engl. Staatsbürger), lebte 1946–70 in den USA, ab 1971 in der BR Deutschland, 1987–90 in Wien (eigenes Theater), seit 1990 v. a. in Berlin tätig. Sein Vater und andere Mgl. seiner Familie sind in Auschwitz getötet worden. T. gehört als Dramatiker und Regisseur zu den großen Vertretern der Theaterkunst des 20. Jh.; mit seinen Komödien (u. a. ›Die Kannibalen‹, 1968; ›Jubiläum‹, 1983; ›Mein Kampf‹, 1987; ›Weisman und Rotgesicht‹, 1990; ›Die Goldberg-Variationen‹, 1991) hat T. in der Tradition des Shakespearetheaters und der Kultur des jüd. Witzes den Mordkult von Auschwitz auf die Bühne gebracht. T. schreibt auch Prosa (u. a. ›Meine Kämpfe‹, En., 1986) und Drehbücher.
Taboriten, nach dem Berg Tabor benannter Zweig der →Hussiten.
Täbris ['tɛːbrɪs, tɛ'briːs], Stadt in NW-Iran, 971 500 E. Hauptstadt des Verw.-Geb. Aserbaidschan-Ost; Univ.; Museum, Theater; großer Basar; u. a. Werkzeugmaschinenbau, Kugellagerfabrik. Ruinen der Zitadelle (14. Jh.); sog. Blaue Moschee (1465 bis 1466). – Unter den mongol. Ilkhanen 1265–1304 offizielle Hauptstadt Irans; auch in der nachmongol. Zeit meist Hauptstadt des Landes; im 19. Jh. Residenz des pers. Thronerben.
Tabu [ta'bu:, 'ta:bu; polynes.], religiös, magisch oder rituell begründetes und allg. respektiertes Meidungsgebot oder Verbot, bestimmte Gegenstände oder Personen anzurühren oder zu verletzen, gewisse Handlungen vorzunehmen oder gewisse Namen auszusprechen, um durch übernatürl. Macht bewirktes Unheil zu vermeiden (Ggs. →Noa). – Der Begriff T. bezeichnet heute v. a. Themen, Bereiche, Dinge, über die ›man‹ nicht spricht und die ›man‹ nicht tut, deren ›Ächtung‹ *(Tabuierung, Tabuisierung)* aber im allg. weder rational noch funktional begründet ist.
Tabula rasa [lat.], in der Antike Bez. für eine wachsüberzogene Schreibtafel, deren Schrift vollständig gelöscht werden konnte; übertragen **tabula rasa machen:** rücksichtslos reinen Tisch machen.
Tabulator [lat.] →Schreibmaschine.
Tabulatur [lat.], vom 14. bis 18. Jh. die Notierung von Musik für mehrstimmige solist. Instrumente (Orgel, Cembalo, Laute). Hauptformen sind die *Orgel-* oder *Klavier-T.,* in der Mensuralnoten, Buchstaben und Ziffern verwendet werden, und die *Lauten-T.,* die mit Ziffern bzw. Buchstaben die Kreuzungsstellen von Saiten und Bünden bezeichnet.

Tachismus [ta'ʃɪsmus; frz.] →abstrakter Expressionismus.

tacho..., Tacho... (tachy..., Tachy...) [griech.], Bestimmungswort von Zusammensetzungen mit der Bedeutung ›schnell, Geschwindigkeit‹.

Tachometer (Geschwindigkeitsmesser), als →Drehzahlmesser gebautes Gerät zur Anzeige der Geschwindigkeit von Fahrzeugen bzw. der Umdrehungsgeschwindigkeit von Zentrifugen u. a.; bei Kfz stets in Verbindung mit einem *Kilometerzähler*.

Tachtigers [niederl. 'tɑxtaxərs ›Achtziger‹], Gruppe von Schriftstellern, die ab 1880 die →niederländische Literatur erneuerten.

tachy..., Tachy... →tacho..., Tacho...

Tachykardie [griech.] (Herzbeschleunigung, Herzjagen), Zunahme der Herzfrequenz auf Werte über 100 Schläge pro Minute.

Tachymeter (Tacheometer) →Theodolit.

Tacitus, Publius (?) Cornelius, *um 55, †nach 115, röm. Geschichtsschreiber. Seine erste Schrift, die Biographie ›Agricola‹ (wohl 98), enthält einen bed. Exkurs über Britannien; in seinem geograph.-ethnograph. Werk ›Germania‹ rügt T. mittels eines idealisierten Germanenbilds die in seinen Augen dekadente röm. Gesellschaft der Kaiserzeit. Die beiden nur teilweise erhaltenen Hauptwerke, die ›Annalen‹ und die ›Historien‹, umfassen die Zeit vom Tod des Augustus (14 n. Chr.) bis zum Ende Domitians (96).

Tadschiken, Volk der Iranier, rd. 70% in N-Afghanistan (v. a. Hindukusch), rd. 30% in Tadschikistan, Kirgisien, Usbekistan. Außer Tadschikisch (→iranische Sprachen) werden Pamirdialekte gesprochen.

Tadschikistan, Republik in Mittelasien, 143 100 km², 4,65 Mio. E, Hauptstadt Duschanbe. – 1924 als Tadschikistan aus dem Turkestan. SSR ausgegliedert; 1929 in eine SSR umgewandelt; erklärte sich im Sept. 1991 für unabhängig.

Tadsch Mahal →Agra.

Taekwondo [tɛ....,; korean.], korean. Zweikampfsportart auf der Basis von Fuß- (Tae) und Handtechniken (Kwon).

Tafel, in der *Geologie* ein Teil der Erdkruste aus ungefalteten, überwiegend flach liegenden Schichten.

Tafelberg, Berg mit großem Gipfelplateau, unmittelbar südl. der Tafelbucht, Republik Südafrika, 1 086 m hoch.

Tafelberg (Mesa), Bez. für eine isolierte, plateauartige Bergform, deren meist tischebene Oberfläche durch eine widerstandsfähige Gesteinsschicht gebildet wird; häufig in trockenen Klimagebieten.

Tafelbucht, Bucht des Atlantiks an der südafrikan. Küste, Hafenbucht von Kapstadt.

Taft, William Howard [engl. tæft, tɑːft], *Cincinnati (Ohio) 15. 9. 1857, †Washington D. C. 8. 3. 1930, 27. Präs. der USA (1909–13; Republikaner). Verfolgte außenpolitisch den Kurs der Dollar-Diplomatie, verbunden auch mit Prohibitivzöllen.

Taft (Taffet) [pers.], leinwandbindiges Gewebe mit feinen Querrippen, die durch dichte Ketteinstellung und weniger dichte Schußeinstellung entstehen; aus Seidengarn, heute auch aus Chemiegarnen.

Taftbindung →Bindungslehre.

Taft-Hartley-Gesetz [engl. 'tæft 'hɑːtlɪ, 'tɑːft...] (amtl. Labor-Management Relations Act), nach Senator Robert Alfonso Taft (*1889, †1953) und dem Abg. Fred A. Hartley (*1902, †1960) ben. Gesetz zur Einschränkung gewerkschaftl. Macht in den USA von 1947.

Tag, 1. der durch die Erdrotation bestimmte Zeitraum von Mitternacht bis Mitternacht *(Sonnen-T.)* bzw. zw. 2 aufeinanderfolgenden Höchstständen des Frühlingspunktes *(Stern-T.).* Der mittlere Sonnen-T. (Zeichen: d), der die Grundlage der heutigen Zeit-

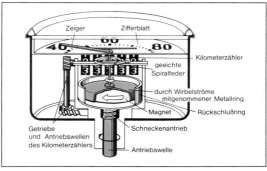

Tachometer: Schematische Darstellung (Längsschnitt)

rechnung bildet (1 d = 24 h), ist um 3 min 56,6 s länger als der Sterntag. 2. die Zeit zw. Sonnenaufgang und -untergang. Die T.länge hängt von der Jahreszeit und der geograph. Breite des Beobachtungsortes ab.

Tagalen, jungmalaiisches Volk, v. a. auf der Insel Luzon, kleinere Gruppen auf den Marianen, den Hawaii-Inseln und in Kalifornien.

Tagalog, zur nordwestl. Gruppe der indones.-malaiischen Sprachen gehörende Sprache der Tagalen; seit 1946 ist das T. die als ›Pilipino‹ (Filipino) bezeichnete Staatssprache der Philippinen.

Tagangrog, russ. Stadt am Asowschen Meer, 291 000 E; Hochschule; Theater; u. a. Schiffsreparatur, Hüttenwerk; Hafen. – 1698 gegründet.

Tag der deutschen Einheit, 1. Gedenktag des →Siebzehnten Juni 1953, gesetzl. Feiertag in der BR Deutschland 1954–90; 2. Gedenktag des 3. Oktober (Beitritt der ehemaligen DDR zur BR Deutschland), gesetzl. Feiertag seit 1990.

Tagebau →Bergbau.

Tagebuch, Buch, Heft für (tägl.) Eintragungen persönl. Erlebnisse und Gedanken.

Tagelied, in der mhd. Lyrik ein meist dreistrophiges Lied, das (nach provenzal. Vorbild) den Abschied zweier Liebenden – einer Dame und eines Ritters – am Morgen nach einer Liebesnacht schildert.

Tages-Anzeiger, schweizer. bürgerl. Tageszeitung; gegr. 1893 in Zürich.

Tagesbefehl, Anweisung, die allg. militär. Angelegenheiten regelt.

Tageslicht, das am Tage vorhandene Licht mit je nach Sonnenstand, Wolkenbedeckung, Dunst u. a. unterschiedl. *Farbtemperatur:* rd. 5 500 K für reines Sonnenlicht, 10 000–25 000 K für das Licht des blauen Himmels, rd. 7 000 K für bedeckten Himmel. Das Licht künstl. Lichtquellen *(Kunstlicht)* hat (aufgrund des geringen Blauanteils im Spektrum) eine Farbtemperatur von 2 800–3 800 K, dasjenige einer *T.lampe* von 6 500 K.

Tageslichtprojektor →Projektionsapparate.

Tagessatzsystem, die Festsetzung einer Geldstrafe nach der Schwere der Tat und die Bestimmung der Höhe der Tagessätze nach den persönl. und wirtschaftl. Verhältnissen des Täters.

Tageswert (Tagespreis, Marktwert), Börsen-, Markt- oder Wiederbeschaffungspreis eines Vermögensgegenstandes zu einem bestimmten Zeitpunkt.

tageszeitung, die, Abk. taz, 1979 in Berlin gegr. linksalternative Zeitung, hg. vom Verein Freunde der alternativen Tageszeitung e. V.; berichtet gezielt über Themen und gesellschaftl. Gruppen, die von der gängigen Tagespresse weniger berücksichtigt werden.

Tagetes [lat.], svw. →Sammetblume.

Taglilie (Hemerocallis), Gatt. der Liliengewächse mit 16 Arten in S-Europa und im gemäßigten Asien;

Taglilie: Großblütige Taglilie

Staatsflagge

Staatswappen

Land 49 %

Stadt 51 %

Bevölkerungsverteilung

Dienst-
leistung
42 %

Land-
wirtschaft
18 %

Industrie 40 %

Erwerbstätige

Hippolyte Taine

mit großen, trichterförmigen, gelben oder orangefarbenen, nur einen Tag lang geöffneten Blüten; Gartenzierpflanzen.

Tagore, Rabindranath, * Kalkutta 6. 5. 1861, † Santiniketan (Bengalen) 7. 8. 1941, ind. Dichter und Philosoph. Mittler zw. östl. und westl. Kultur; lehnte das Kastensystem ab; spielte eine führende Rolle im Widerstand gegen die Teilung Bengalens 1905; leistete mit Lyrik (u. a. ›Gitanjali‹, 1910), Romanen und Dramen einen bed. Beitrag zur bengal. Literatursprache; 1913 Nobelpreis für Literatur.

Tagpfauenauge, etwa 5–6 cm spannender, von W-Europa bis Japan verbreiteter Tagschmetterling.

Tagschmetterlinge (Tagfalter, Diurna), zusammenfassende Bez. für die am Tage fliegenden Schmetterlinge: 1. *Echte Tagfalter* mit den wichtigsten einheim. Familien Ritterfalter, Weißlinge, Augenfalter, Edelfalter und Bläulinge; 2. *Unechte Tagfalter* mit der Fam. Dickkopffalter.

Tagundnachtgleiche → Äquinoktium.

Tahiti, größte der Gesellschaftsinseln, Frz.-Polynesien, mit dessen Hauptstadt Papeete an der NW-Küste, 1 042 km², bis 2 237 m hoch. – 1767 von S. Wallis entdeckt; ab 1842 frz. Protektorat (1880 Kolonie).

Tai, Volk in Südostasien, → Thai.

Taifun [chin. bzw. griech.-engl.] → Wirbelstürme.

Taiga [russ., aus Turksprachen entlehnt], borealer Nadelwald Sibiriens und der europ. Teils Rußlands.

Taille ['taljə; frz.], zw. Brust und Hüfte gelegener schmalster Abschnitt des Rumpfes.

Tailleferre, Germaine [frz. taj'fɛːr], * Le Parc-de-Saint-Maur (= Saint-Maur-des-Fossés) 14. 4. 1892, † Paris 7. 11. 1983, frz. Komponistin. Als Mgl. der Gruppe der → Six war sie an der Komposition des Balletts ›Les mariés de la tour Eiffel‹ (1921) beteiligt; Opern, Orchesterwerke, Kammer- und Klaviermusik.

Taillenwespen ['taljən] (Apocrita), weltweit verbreitete Unterordnung der Hautflügler mit deutl. Abschnürung des Hinterleibs vom Vorderkörper (›Wespentaille‹) (Legwespen und Stechimmen).

Taimyr [russ. taj'mïr], nordsibir. Halbinsel zw. Jenissei- und Chatangabucht, vom Byrrangagebirge durchzogen; Tundravegetation.

Tainan, Stadt auf SW-Taiwan, 657 000 E; Univ.; u. a. Maschinenbau. – Seit 1590 chin. besiedelt; älteste Stadt auf Taiwan, von 1684 bis ins 19. Jh. Verwaltungszentrum.

Taine, Hippolyte [frz. tɛn], * Vouziers bei Reims 21. 4. 1828, † Paris 5. 3. 1893, frz. Kulturkritiker, Philosoph und Historiker. Als Vertreter der → Milieutheorie von Einfluß auf den literar. Naturalismus; Begründer des literarhistor. Positivismus (›Geschichte der engl. Literatur‹, 1863; ›Die Entstehung des modernen Frankreich‹, 1875–93).

Taipeh ['taɪpe, taɪ'peː] (Taibei), Hauptstadt von Taiwan, nahe der N-Küste der Insel Taiwan, 2,64 Mio. E, 6 Univ., Museen, Nationalgalerie, Nationalbibliothek; traditionelle Pekinglager; botan. Garten, Zoo. U. a. Konsumgüterindustrie, Verlage. Nördl. von T. zahlr. Schwefelthermen (Kurorte); internat. ✈. Buddhist. Lungshan-(›Drachenberg‹-)Tempel (1739 bis 1741). – Entstanden ab 1720; Hauptstadt der 1885 gebildeten Prov. Taiwan (1895–1945 jap.); seit 1950 Hauptstadt von Taiwan.

Tairow, Alexander Jakowlewitsch [russ. ta'irɛf], * Romny 6. 7. 1885, † Moskau 25. 9. 1950, russ. Regisseur. Mit seiner Frau, der Schauspielerin Alissa G. Koonen (* 1889, † 1974), 1914 Begründer des Moskauer Kammertheaters.

Taiwan ['taɪvan, taɪ'va(ː)n] (amtl. Republik T.), Staat in Asien, umfaßt die durch die Formosastraße vom chin. Festland getrennte Insel Taiwan, die Pescadoresinseln sowie die unmittelbar dem chin. Festland vorgelagerten Inseln Quemoy und Matsu.

Taiwan
Fläche: 35 981 km²
Einwohner (1990): 20,3 Mio.
Hauptstadt: Taipeh
Amtssprache: Chinesisch
Nationalfeiertag: 10. 10.
Währung: 1 Neuer Taiwan-Dollar (NT$) = 100 Cents (c)
Zeitzone: MEZ + 7 Std.

Landesnatur: T. wird im zentralen Teil von N–S-verlaufenden Faltengebirgszügen eingenommen (im Mount Morrison 3 997 m hoch). Die Küstenebene ist allg. 8–40 km breit. T. liegt im trop. Klimabereich mit einem sehr differenzierten, nach der Höhe abgestuften Vegetationsbild.

Bevölkerung: Chinesen, die sich überwiegend zum Buddhismus bekennen. Allg. Schulpflicht besteht von 6–15 Jahren. T. verfügt über 14 Universitäten.

Wirtschaft, Verkehr: Bei ganzjährig günstiger Vegetationszeit werden Reis, Süßkartoffeln, Champignons, Spargel, Tee, Zuckerrohr, Bananen und Ananas angebaut. Zunehmende Bedeutung gewinnen Holzexport und Hochseefischerei. T. verfügt über Erdöl, Erdgas, Kohle und Goldvorkommen. Die wichtigsten Ind.zweige sind Nahrungsmittel-, Textil-, Bekleidungs-, elektron., petrochem. und metallurg. Ind. sowie Schiff- und Maschinenbau. Die Länge des Eisenbahnnetzes beträgt 2 526 km, des Straßennetzes 19 981 km. Die wichtigsten Häfen sind Kaohsiung und Keelung; internat. ✈ bei Taipeh und Kaohsiung.

Geschichte: Von malaiisch-polynes. Urbevölkerung besiedelt; seit dem 7. Jh. chines. Einwanderung; 1590 von den Portugiesen entdeckt und ›[Ilha] Formosa‹ (›schöne Insel‹) gen.; 1642–62 niederl.; 1683 von der chin. Ch'ingdynastie erobert; 1895 an Japan; 1945/51 von den Alliierten China zugesprochen (ohne Volksabstimmung auf der Insel). Nachdem die Guomindang-Regierung vor den Kommunisten vom chin. Festland nach T. geflohen war, wurde am 1. 3. 1950 durch den Staats-Präs. (1948–75) Chiang Kai-shek die ›Republik China‹ (Nationalchina) ausgerufen. Nach Chiang Ching-kuos (* 1910, † 1988, ältester Sohn und Nachfolger Chiang kai-sheks), setzte Staatspräs. Lee Teng-hui (* 1923) die in den 1980er Jahren begonnene Politik eines graduellen Reformprozesses im vormals ausgeprägt repressiv-antikommunist. T. fort. Im Gefolge einer prosperierenden wirtschaftl. Entwicklung entkrampfte sich das Verhältnis sowohl zu den USA wie auch zur VR China (Vereinigungspläne); 1991 wurde das Ausnahmerecht aufgehoben.

Politisches System: Kombiniertes Präsidial- und Kabinettsystem. Nat.-chin. *Verfassung* von 1946, z. T. suspendiert. Da T. den Anspruch auf Alleinvertretung aller Chinesen erhebt, existieren eine Nat.regierung und eine Prov.regierung mit den entsprechenden parlamentar. Körperschaften. *Staatsoberhaupt* ist der Staats-Präs., gewählt von der Nat.versammlung. Gewaltenteilung wird in einem Fünfersystem (nach Sun Yat-Sen) von Staatsräten (Yüan) praktiziert. Der Regierungschef als Vors. des *Exekutiv*-Yüan wird vom Staats-Präs. im Einvernehmen mit dem *Legislativ*-Yüan ernannt, der seinerseits vom Volk gewählt wird. Beim Kontroll- und beim Prüfungs-Yüan werden die gesellschaftl. Überwachung bzw. die Beamtenauswahl. Dem Justiz-Yüan untersteht das Gerichtswesen. Dominierende *Partei* ist die → Guomindang; seit 1986 bestehen Oppositionsparteien. – Karte V, Bd. 2, n. S. 320.

Taiyuan [chin. taiẙæn], Hauptstadt der chin. Prov. Shanxi, am Fenho, 1,8 Mio. E. Zentrum des Maschinenbaus. – Schon im 6. Jh. bed. Stadt (buddhist. Zentrum); seit der Mingdynastie Hauptstadt der Prov. Schansi.

Taizé [frz. tɛ'ze] (Communauté de T.), ökumen., urspr. ausschließl. ev. Kommunität, ben. nach ihrem Sitz in Taizé bei Cluny; von ihrem Initiator Roger Schutz seit 1949 als Prior geleitet. Die ›Brüder‹ haben sich durch ›Engagements‹ zur Ehelosigkeit, Gütergemeinschaft und Anerkennung einer Autorität verpflichtet und leben vom Ertrag ihrer eigenen Arbeit.

Tajín, El [span. ɛlta'xin], seit 1934 freigelegte Ruinenstätte im mex. Staat Veracruz, 500–900 bed. Kultzentrum, dann übernommen von den Totonaken (bis ins 13. Jh.); siebenstufige ›Nischenpyramide‹ mit 364 quadrat. Nischen; dekorfreudiger Stil (Reliefs, Keramik).

Tajo [span. 'taxo] (portugies. Tejo), mit 1008 km längster Fluß der Iber. Halbinsel, entspringt in der span. Sierra de Albarracín, bildet unterhalb des Tajobeckens 60 km lang die span.-portugies. Grenze, mündet nahe bei Lissabon in den Atlantik.

Tajumulco [span. taxu'mulko], Vulkan in SW-Guatemala, mit 4210 m höchster Berg Z-Amerikas.

Take [engl. tɛik], in Film und Fernsehen 1. Szenenausschnitt; 2. Filmabschnitt für die Synchronisation.

Takelage [...'la:ʒə; niederdt.] (Takelwerk), seemänn. Bez. für die Gesamtheit der Masten, Rahen, Bäume, Stengen und Segel eines Schiffes.

Takelung (Taklung) [niederdt.], Art der Takelage eines Schiffes: *Rah-T.* (Anordnung der Segel quer zum Schiff), *Gaffel-* bzw. *Schoner-T.* (Segel in Längsrichtung).

Takt [lat.], 1) *Musik:* musikal. Maß- und Bezugssystem, das die Betonungsabstufung und zeitl. Ordnung der Töne regelt und insofern nicht nur den → Rhythmus grundlegend bestimmt, sondern auch mit dem melod. und harmon. Geschehen in engstem Wechselverhältnis steht. Die T.art wird am Beginn eines Stücks durch einen Bruch angegeben. Der Nenner gibt die Einheiten an, in denen gezählt werden soll (Achtel, Viertel, Halbe usw.), der Zähler die Anzahl solcher Einheiten in einem Takt.
2) kleinste formale Einheit der *Lyrik* (→ Vers).
3) bei Verbrennungsmotoren ein einzelner Arbeitsgang während des Kolbenlaufs im Zylinder (z. B. Ansaugen, Verdichten).
4) *Datenverarbeitung:* in bestimmtem Abstand aufeinanderfolgende Zeitpunkte, denen diskrete Signalwerte zugeordnet sind. Das für techn. Anwendungen notwendige Zeitraster wird durch *T.impulse* gebildet, die von einem *T.generator* (Impulsgenerator) erzeugt werden. Der zeitl. Abstand zweier Taktimpulse wird **Taktfrequenz** genannt.
5) Rücksichtnahme und Feinfühligkeit.

Taktik [griech.], die planvollen Einzelschritte im Rahmen eines Gesamtkonzepts (Strategie), bes. im militär. Bereich; berechnendes, zweckbestimmtes Vorgehen (›taktieren‹).

Taktmesser → Metronom.

Tal, langgestreckte, offene Hohlform der Erdoberfläche mit i. d. R. gleichsinnigem Gefälle in der Längsachse, geschaffen von einem fließenden Gewässer. *Längstäler* folgen den Achsen geolog. Mulden oder Sättel, *Durchbruchstäler* queren Gebirge. Man unterscheidet nach dem Querschnitt → Klamm, Schlucht, → Cañon, *Kerbtal* oder *V-Tal* (mit V-förmigem Querschnitt), *Muldental* mit breitem, ohne deutl. Grenze in die flachen T.hänge übergehendem T.boden, *Sohlen-* oder *Kastental* mit sehr breitem T.boden und scharfem Knick am Fuß der T.hänge sowie das glazial überformte *Trogtal* oder *U-Tal* (mit U-förmigem Querschnitt).

Talaing, Volk in Hinterindien, → Mon.

Talar [italien.], knöchellanges, weites Amtskleid von Geistlichen, Gerichtspersonen und von Hochschullehrern.

Talbot, William Henry Fox [engl. 'tɔ:lbət], * Melbury House (Dorset) 11. 2. 1800, † Lacock Abbey bei Bath 17. 9. 1877, brit. Physiker und Chemiker. Einer der Erfinder der Photographie; entwickelte ab 1834 das erste photograph. Negativ-Positiv-Verfahren *(Talbotypie),* das die Vervielfältigung photograph. Bilder erlaubte.

Talent [griech.], Gewichtseinheit des Altertums, u. a. in Athen; auch Recheneinheit im Münzwesen.

Talent [mittellat.], Anlage zu überdurchschnittl. geistigen oder körperl. Fähigkeiten auf einem bestimmten Gebiet.

Taler, Bez. für zahlr. Silbermünzen und Rechnungswerte; entstanden aus dem Versuch, den Gegenwert eines rhein. Goldguldens in Silber darzustellen; namengebend war der **Joachimstaler** (Guldengroschen), der 1518–28 in Sankt Joachimsthal (= Jáchymov) geprägt wurde. 1566 wurde der zunächst bekämpfte T. förml. anerkannt, und es kam zur Spaltung in sog. *Guldenländer* (Österreich, Süddeutschland) und *T.länder* (Mitteldeutschland und große Teile Nord- sowie Westdeutschlands); daneben stand noch das *Markgebiet* lüb. Währung, die sich die Überschichtung durch die seit 1566 sog. **Reichstaler** (1572 = 2 Mark, 1624 = 3 Mark) hinnehmen mußte. Die letzten T. wurden in Deutschland 1871 geprägt und 1908 außer Kurs gesetzt.

Talg, 1) (Hauttalg) → Talgdrüsen.
2) (Unschlitt) körnig-feste, gelbl. Fettmasse, die aus inneren Fettgeweben von Rindern, Schafen u. a. Wiederkäuern ausgeschmolzen und als Speisefett sowie auch zur Herstellung von Seifen, Kerzen, Lederfettungsmitteln, Salben (als *Sebum*) u. a. verwendet wird.

Talgdrüsen, neben den Schweißdrüsen auf dem Körper weit verbreitete, mehrschichtige Hautdrüsen der Säugetiere und des Menschen, die meist den Haarbälgen der Haare (als *Haarbalgdrüsen*) zugeordnet sind. Das talgige, v. a. aus Neutralfetten, freien Fettsäuren und zerfallenden Zellen sich zusammensetzende Sekret *(Hauttalg)* dient zum Geschmeidighalten der Haut und der Haare.

Talien, chin. Stadt, → Dalian.

Talisman [arab.-roman.], Gegenstand, der gegen Schäden schützen und Glück bringen soll.

Talk [arab.], Mineral von weißer, gelbl. oder grünl. Farbe, auch farblos; chem. $Mg_3[(OH)_2|Si_4O_{10}]$; Mohshärte 1; Dichte 2,7–2,8 g/cm³; Schichtsilikat. T. fühlt sich fettig an und ist fein pulverisierbar *(Talkum).* Rohstoff u. a. für Puder, feuerfeste Geräte, Füllstoff für Papier, Weißpigment, Polier- und Gleitmittel.

Talk-Show ['tɔk-], Unterhaltungssendung im Fernsehen, in der ein Moderator *(Talkmaster)* seine meist prominenten Gäste u. a. zu Themen ihres berufl. und privaten Werdegangs befragt.

Tall (Tell, Tepe), arab. Bez. für alte Besiedlungshügel.

Tallahassee [engl. tælə'hæsɪ], Hauptstadt des Staates Florida, USA, nahe der S-Grenze gegen Georgia, 125 500 E. 2 Univ., Kunst-, geolog. Museum. State Capitol (1839–45).

Tall Al Amarna → Amarna.
Tall Al Asmar → Eschnunna.
Tall Al Uhaimir → Kisch.

Tall Brak, Ruinenhügel in NO-Syrien; brit. Ausgrabungen (1937–39 und 1977 ff.) legten den sog. Augentempel (Augenidole), eine Palastfestung und Karawanserei frei, von Naramsin von Akkad um 2270 v. Chr. erbaut und von Ur-Nammu und Schulgi aus der 3. Dynastie von Ur erneuert.

Rabindranath
Tagore

Charles Maurice
de Talleyrand

Igor Jewgenjewitsch
Tamm

Talleyrand (T.-Périgord) [frz. tal'rã (peri'gɔːr), talɛ'rã], altes frz. Adelsgeschlecht. Bed. Vertreter:

Talleyrand, Charles Maurice de, Fürst von Benevent (seit 1806), Hzg. von Talleyrand-Périgord (seit 1807), Hzg. von Dino (seit 1815), * Paris 2. 2. 1754, † ebd. 17. 5. 1838, Staatsmann. Bischof von Autun; seit 1791 im Kirchenbann; wurde royalist. Umtriebe beschuldigt und emigrierte (1792–96 Großbrit., USA); 1797–1807 Außen-Min. des Direktoriums und Napoleons I.; vergebl. Versuche zur Verständigungspolitik mit Großbrit. und Österreich. 1814 nahm er entscheidenden Einfluß auf die Rückkehr der Bourbonen. Dank seiner überragenden diplomat. Fähigkeiten blieb auf dem Wiener Kongreß Frankreichs Rang innerhalb Europas gewahrt. 1830 betrieb er die Thronkandidatur Louis Philippes.

Tall Fara → Schuruppak.

Tall Halaf, Ruinenhügel einer altmesopotam. Stadt in NO-Syrien, bei Ras Al Ain. Die in ganz Mesopotamien verbreitete sog. *T.-H.-Keramik* (5.–4. Jt.) ist mehrfarbig mit geometr. (Bandkeramik) und figürl. Motiven (Stierkopf oder Doppelaxt). Im 10. Jh. v. Chr. Sitz einer Aramäerdynastie, im 9. Jh. als Gusana (bibl. Gozan) assyr. Provinzhauptstadt (Palast des 9./8. Jh.).

Tallin, russ. Name der Stadt → Reval.

Tallit (Tallith) [hebr.], viereckiges mit Quasten versehenes Tuch (Gebetsmantel), das die Juden bei religiösen Verrichtungen anlegen.

Tall Mardich, Ruinenhügel der altoriental. Stadt Ebla (Ibla) in N-Syrien, sw. von Aleppo. Besiedelt seit dem 4. Jt., 2400–1600 von polit. Bedeutung; aus dieser Zeit sind auf dem Burgberg u. a. freigelegt ein Tempel, ein Palast und ein Keilschriftarchiv (bisher etwa 16 000 Tontafeln) mit Texten in sumer.-akkad. und einer altsemit. Sprache (Eblaitisch).

Tall Ubaid (Obeid), Ruinenhügel im südl. Irak bei Ur; Fundort des späten 5. Jt. v. Chr. mit der geometr. verzierten sog. *Ubaidkeramik* (6.–4. Jt.); Tempel der Göttin Ninchursanga (nach 2500 v. Chr.).

Talmi [Kurzform der nach dem frz. Erfinder Tallois ben. Kupfer-Zink-Legierung **Tallois-demi-or**] → Tombak.

Talmud [hebr.] Name der beiden großen, zu den hl. Schriften zählenden Literaturwerke des Judentums, → Mischna (Kommentare und Ergänzungen zur Thora; bestehend aus 63 Traktaten, die in 6 ›Ordnungen‹ thematisch zusammengestellt sind) und deren rabbin. Kommentare (Gemara); beide sind in einem langen Prozeß seit der Rückkehr der Juden aus dem Babylon. Exil entstanden. Entsprechend den beiden Zentren jüd. Gelehrsamkeit in Palästina und Babylonien entstanden ein palästin. oder Jerusalemer (›Jeruschalmi‹; 5. Jh. n. Chr.) und ein babylon. T. (›Babli‹; 7. Jh. n. Chr.). – Inhaltl. unterscheidet man die beiden Gattungen → Halacha und → Haggada.

Talon [ta'lõ:; lat.-frz.], beim Kartenspiel der nicht ausgegebene Kartenrest.

Talsperre, Bauwerk, das ein Tal in seiner ganzen Breite abschließt und damit einen Stauraum zur Wasserspeicherung (Stausee) schafft; besteht aus der Staumauer oder dem Staudamm und den dazugehörigen Betriebsanlagen. *Staumauern* werden aus Bruchstein, Ziegeln, Beton und Stahlbeton so gebaut, daß der Wasserdruck entweder durch das Eigengewicht oder durch Pfeiler auf die Talsohle oder (bei der Bogenstaumauer) auf die Talflanken übertragen wird; beide Möglichkeiten sind kombinierbar. *Staudämme* können in Ggs. zu Staumauern auf jedem Baugrund errichtet werden.

Tamanrasset [frz. tamanra'sɛt], Oasenort im Ahaggar, Algerien, 38 100 E.

Tamarinde [arab.], Gatt. der Caesalpiniengewächse mit einer einzigen Art; bis 25 m hoher und bis

8 m Stammumfang erreichender Baum; Früchte mit breiig-faserigem Fruchtfleisch, das zu Heilzwecken und als Nahrungsmittel verwendet wird; in den Tropen und Subtropen kultiviert.

Tamariskengewächse (Tamaricaceae), Fam. der Zweikeimblättrigen mit vier Gatt. und rd. 100 Arten in M- und S-Europa, im gemäßigten Asien und in Afrika; kleine Bäume, Sträucher oder Stauden mit häufig mit Salzdrüsen versehenen Blättern; v. a. in Steppen- und Wüstengebieten sowie auf salzhaltigen Böden verbreitet.

Tamaulipas, Staat in NO-Mexiko, 79 384 km², 2,29 Mio. E, Hauptstadt Ciudad Victoria.

Tambour [frz. tã'buːr], meist zylindr. Unterbau einer Kuppel; vielfach mit Fenstern.

Tambourin [frz. tãbu'rɛ̃], längl., zylindr. Trommel, die mit zwei Fellen bespannt ist.

Tambourmajor [...buːr...], Anführer eines Spielmannszuges.

Tamburin [pers.-arab.-frz.], svw. → Schellentrommel.

Tamerlan → Timur-Leng.

Tamil, zu den drawid. Sprachen gehörende Literatursprache (v. a. in S-Indien und Sri Lanka) mit über 2000jähriger kontinuierl. Tradition und einer eigenen Schrift; mehr als 30 Mio. Sprecher. – Die **Tamilliteratur** ist die erste unter den ind. Literaturen, die unabhängig vom Vorbild des Sanskrit entstanden ist. Sie umfaßt Kunstepen, Spruchsammlungen, religiöse Dichtung, wiss. Literatur; ab dem 18. Jh. auch Hymnen, Dramen, Texte zu Balletten u. a. → indische Literaturen.

Tamilen, eine drawid. Sprache sprechendes Volk in S-Indien, Sri Lanka, O- und S-Afrika, Mauritius, Malaysia und Fidschi.

Tamil Nadu (früher Madras), Unionsstaat in S-Indien, 130 058 km², 48,4 Mio. E, Hauptstadt Madras.

Tamisdat-Literatur → Samisdat-Literatur.

Tamm, Igor Jewgenjewitsch, * Wladiwostok 8. 7. 1895, † Moskau 12. 4. 1971, sowjet. Physiker. Lieferte 1937 (mit I. M. Frank) die theoret. Erklärung des Tscherenkow-Effekts; erhielt 1958 (mit Frank und P. A. Tscherenkow) den Nobelpreis für Physik.

Tampere (schwed. Tammerfors), Stadt in SW-Finnland, 171 000 E. Univ., TH, Museen, Theater. U. a. Maschinenbau.

Tampico [span. tam'piko], mex. Stadt in der Golfküstenebene, oberhalb der Mündung des Río Pánuco, 268 000 E. Zentrum eines bed. Erdölfördergebiets; Hafen.

Tamponade [frz.], Ausstopfung, z. B. von Wunden, Hohlorganen oder Körperhöhlen, mit *Tampons* (Watte- oder Mullbäusche) u. a. zur Blutstillung.

Tamsweg, österr. Bezirkshauptort im oberen Murtal, Bundesland Salzburg, 5 300 E. Zentraler Ort des Lungau. Spätgot. befestigte Wallfahrtskirche Sankt Leonhard (15. Jh.); Rathaus (16. Jh.), Schloß (1742). – 1160 bezeugt.

Tamtam [Hindi-frz.], ein aus O-Asien stammender großer Gong.

tan, Funktionszeichen für Tangens (→ trigonometrische Funktionen).

Tana, größter Fluß Kenias, entspringt am O-Hang der Aberdare Range, mündet in 2 Armen bei Kipini in den Ind. Ozean, rd. 800 km lang.

Tanasee, mit 3 630 km² größter See Äthiopiens, im nördl. Abessin. Hochland; mehrere Inseln mit Klöstern.

Tandem [lat.-engl.], Fahrrad mit 2 hintereinander angeordneten Sitzen sowie 2 Tretkurbelpaaren.

Tandschur [tibet. ›Übersetzung der Lehre‹], neben dem ›Kandschur‹ die andere große, im 14. Jh. abgeschlossene Schriftensammlung des Lamaismus.

Tang, svw. →Seetang.

Tanganjika, Landesteil von Tansania.

Tanganjikasee, Süßwassersee im Zentralafrikan. Graben, zu Tansania, Sambia, Burundi und Zaïre, 34 000 km², bis 1 435 m tief.

Tangaren [indian.], Unterfam. 10–25 cm langer, häufig farbenprächtiger, finkenähnl. Singvögel mit mehr als 200 Arten, verbreitet in Amerika; z. B. *Violettblauer Organist.*

Tange, Kenso, * Imabari 4. 9. 1913, jap. Architekt. Gilt als einer der bedeutendsten Architekten der Gegenwart; bes. bekannt wurden als Friedenszentrum in Hiroschima (1949–55), in Tokio die Kathedrale St. Maria (1962–65) und das Olympiastadion (1961–64); Planung und Realisation der Weltausstellung in Osaka (1970).

Tangelos [Kw.] →Mandarine.

Tangens [lat.] →trigonometrische Funktionen.

Tangente [lat.], 1) *Geometrie:* eine Gerade, die eine Kurve in einem Punkt berührt.
2) *Musikinstrumente:* →Klavichord.

tangential [lat.], eine Kurve oder gekrümmte Fläche berührend, in Richtung der Tangente verlaufend.

Tangentialebene (Tangentenebene), eine Ebene, die eine gekrümmte Fläche in einem Punkt berührt.

Tanger, marokkan. Prov.hauptstadt an der Straße von Gibraltar, 266 300 E. Univ. (gegr. 1971), Volkskunst- und Altertümermuseum; u. a. Schiffbau; bed. Hafen. – Unter dem Namen **Tingis** im 5. Jh. v. Chr. pun. Hafen, ab 40 n. Chr. Hauptstadt der röm. Prov. Mauretania Tingitana; 1661–84 engl.; 1912–56 internat. Zone (1923 entmilitarisiert); 1940–45 span. besetzt; 1956 an Marokko.

Tangerhütte, Stadt im südl. Altmark, Sachsen-Anhalt, 6 900 E. U. a. Eisenwerk.

Tangerinen [nach Tanger] →Mandarine.

Tangermünde, Stadt an der Mündung der Tanger in die Elbe, Sachsen-Anhalt, 11 900 E. U. a. Spanplattenwerk. Reste der Burg (11. und 14. Jh.), Stadtmauer mit Wiekhäusern, Toren und Wehrtürmen; Pfarrkirche Sankt Stephan und Rathaus (Backsteingotik).

tangieren [lat.], eine Kurve oder eine gekrümmte Fläche berühren; übertragen: berühren, betreffen, beeindrucken.

Tango [span.], aus Argentinien stammender Tanz im ²/₄- oder ⁴/₈-Takt, in synkopiertem Rhythmus, mit Kreuz- und Knickschritten und abruptem Stillstand.

Tanguy, Yves [frz. tã'gi], * Paris 5. 1. 1900, † Waterbury (Conn.) 15. 1. 1955, frz. Maler. 1939 Emigration in die USA; v. a. (surrealist.) Darstellung unendlich erscheinender Ebenen; in der Spätzeit mit architekton. Elementen.

tanh, Funktionszeichen für Hyperbeltangens (→Hyperbelfunktionen).

Tanis, ägypt. Ruinenstätte im östl. Nildelta, osö. von Al Mansura; Residenz der 21. Dynastie; gegr. Mitte des 10. Jh. v. Chr.; Wiederverwendung von Material der Ramsesstadt; unversehrte Gräberfunde.

Tanit →Tinnit.

Tanjug →Nachrichtenagenturen.

Tank [engl.], Behälter zur Aufnahme und Lagerung bzw. zum Mitführen (Treibstoff-T.) von Flüssigkeiten, Gasen oder pulverförmigen Stoffen.

Tanka [jap.], jap. Kurzgedicht (→Waka).

Tanker [engl.] (Tankschiff), Spezialschiff zum Transport von flüssiger Ladung. Je nach Art der Ladung unterscheidet man u. a. Öl-, Chemikalien- und Gas-T. Das Flüssighalten der Gase beim Transport in Gastanken geschieht durch Kühl- und Drucksysteme; wegen der beträchtl. Beanspruchung des Materials werden nur aus Sonderstählen hergestellte, meist kugelförmige Tanks verwendet. Öltanker besitzen meist mehrere Tanks, die untereinander mit einem Rohrleitungssystem verbunden sind. →Schiff.

Tannaiten [aramäisch], die in der Mischna zitierten jüd. Gesetzeslehrer bis Jehuda Ha-Nasi (* 135, † nach 200).

Tanne (Abies), Gatt. der Kieferngewächse mit rd. 40 Arten in den außertrop. Gebieten, v. a. in den Gebirgen der N-Halbkugel; immergrüne, meist pyramidenförmig wachsende, bis 80 m hohe Bäume mit nadel- bis schmallinealförmigen, zerstreut oder zweizeilig stehenden Blättern, unterseits meist mit zwei weißl. Wachsstreifen; Zapfen aufrecht, Samen einseitig geflügelt. – Wichtige Waldbäume sind u. a.: *Weiß-T. (Edeltanne, Silbertanne),* bis 50 m hoch und bis 500 Jahre alt werdend, mit weißl. Rinde; in den Gebirgen S- und M-Europas. *Nordmanns-T.,* bis 30 m hoch, mit schwärzlichgrauer Rinde; im westl. Kaukasus, heute auch in M-Europa verbreitet. *Himalaja-T.,* bis 50 m hoch, mit breiter Krone und weit abstehenden Ästen; im Himalaja, in Sikkim und Bhutan. *Balsam-T.,* bis 25 m hoch, mit glatter schwarzer Rinde; in N-Amerika; liefert →Kanadabalsam. – Das weltweit zu beobachtende sog. *T.sterben* wird auf →sauren Regen zurückgeführt (→Waldsterben).

Tännel, weltweit verbreitete Gatt. der zweikeimblättrigen Pflanzenfam. Tännelgewächse *(Elatinaceae)* mit zwölf Arten, davon vier in Deutschland; meist einjährige Sumpf- und Wasserpflanzen.

Tannenberg (poln. Stębark), Ort im westl. Masuren, Polen'. – In der **Schlacht bei Tannenberg** (Schlacht von Grunwald) am 15. 7. 1410 besiegten die Polen, unterstützt von russ.-tatar. Hilfstruppen, den Dt. Orden. In der **Schlacht bei Tannenberg** vom 23. bis 31. 8. 1914 siegte die dt. 8. Armee unter P. von Hindenburg (Stabschef E. Ludendorff) entscheidend über die 2. russ. Armee. – Das 1927 errichtete **Tannenbergdenkmal** wurde 1945 gesprengt.

Tannenhäher, Gatt. 30–34 cm langer Rabenvögel mit zwei Arten in den Nadelwäldern großer Teile Eurasiens und N-Amerikas, darunter der *Eurasiat. T.* (Nußhäher, Nußknacker, Zirbelkrähe); bes. in Gebirgen; ernährt sich bevorzugt von Samen der Nadelhölzer.

Tannenläuse (Fichtenläuse, Adelgidae), Fam. sehr kleiner, ausschließl. auf Nadelbäumen lebender Blattläuse; erzeugen zapfenähnl. Gallen.

Tanner, Alain ['tanər, frz. ta'nɛr], * Genf 6. 12. 1929, schweizer. Filmregisseur. Mitbegründer des neuen schweizer. Films, u. a. mit ›Charles tot oder lebendig‹ (1969), ›Der Salamander‹ (1971), ›Der Mittelpunkt der Welt‹ (1974), ›Messidor‹ (1979).

Tannhäuser, der (mhd. Tan[n]huser), * vermutl. Tannhausen bei Neumarkt i. d. OPf. bald nach 1200, † nach 1266, mhd. Dichter. Schrieb Tanzlieder und parodist. Minnedichtung. – Die **Tannhäusersage** wird im späten 14. Jh. greifbar: Der Ritter T. wird von Frau Venus in ihren Zauberberg gelockt. Von seinem Gewissen geplagt, pilgert er nach Rom, wo ihm der Papst (Urban IV.) jedoch keine Vergebung gewährt. Als das Zeichen göttl. Verzeihung eintritt (Wunder vom grünenden Wanderstab), ist T. bereits in den Venusberg zurückgekehrt; Oper von R. Wagner (1845).

Tannin [mittellat.-frz.] (Gallusgerbsäure), in Holz, Rinde und Blättern zahlr. Pflanzen sowie in Pflanzengallen enthaltene gallussäurehaltige Substanz; T. denaturiert Proteine und wird in der Lederherstellung als Gerbstoff, in der Medizin als Adstringens sowie bei der Herstellung von Eisengallustinten verwendet.

Tano [engl. 'tɑnoʊ], Sprachfamilie des Uto-Aztek-Tano-Sprachstammes. Die T. sprechenden Indianer (rd. 10 000) gehören kulturell zu den Puebloindianern im Tal des Rio Grande, New Mexico, USA.

Tansambahn [Tansania-Sambia-Bahn], Eisenbahnlinie in O-Afrika, zw. Daressalam in Tansania und Kapiri Mposhi in Sambia; 1 860 km lang; 1970–76 von der VR China erbaut.

Tanne:
Weißtanne; OBEN blühend, weiblich (links), männlich (rechts); UNTEN Zweig mit Zapfen

Tansania

Fläche: 945 087 km²
Einwohner (1989):
24 Mio.
Hauptstadt: Daressalam
Verwaltungsgliederung:
22 Regionen
Amtssprache: Swahili
Nationalfeiertag: 26. 4.
Währung: 1 Tansania-
Schilling (T. Sh.) =
100 Cents (c)
Zeitzone: MEZ + 2 Std.

Tansania

Staatsflagge

Staatswappen

Tansania [tan'zaːnia, tanza'niːa] (Tanzania), Bundesrep. in Afrika, grenzt im S an Moçambique, im SW an Malawi und Sambia, im W an Zaire, im NW an Burundi und Rwanda, im N an Uganda, im NO an Kenia, im O an den Ind. Ozean. Im Ind. Ozean liegen die Inseln Sansibar und Pemba, die den autonomen Teilstaat Sansibar bilden, sowie Mafia Island.

Landesnatur: T. ist weitgehend ein Hochland in 1 000–2 000 m Höhe, das im W vom Zentralafrikan. Graben begrenzt wird und dem im SO eine nach S sich verbreiternde (bis 450 km) Küstenebene mit bis zu 700 m Höhe vorgelagert ist. Am Rand der Hochebene liegen meist erloschene Vulkanmassive, u. a. der Kilimandscharo (im Kibo 5 895 m). T. hat weitgehend trop. Hochlandklima. Das Landschaftsbild bestimmen Savannen und im Bereich der Gebirge immergrüne Berg- und Nebelwälder. Reich an Großwild, zu dessen Schutz Tierreservate und Nationalparks angelegt wurden (u. a. Serengeti-Nationalpark).

Bevölkerung: Die E sind größtenteils Bantu (etwa 120 Stämme). Außerdem gibt es Inder, Pakistani, Araber (60 % der E auf Sansibar) und Europäer. 23 % der Afrikaner sind Anhänger von Naturreligionen, 33 % Muslime, 40 % Christen. Es besteht keine allg. Schulpflicht. In T. gibt es 2 Universitäten.

Wirtschaft, Verkehr: Wichtige Exportgüter sind Baumwolle und Kaffee sowie Gewürznelken und Sisal. Bes. gefördert wird der Anbau von Tee und Tabak. Die Holzwirtschaft liefert die Edelhölzer Mahagoni, Ebenholz und Sandelholz. Die Ind. ist noch schwach entwickelt. Auf dem Bergbausektor ist nur die Diamantenförderung bei Shinyanga von Bedeutung. Die Länge des Eisenbahnnetzes beträgt 3 569 km, die des Straßennetzes rd. 82 000 km, davon 7 530 km mit fester Decke. Die wichtigsten Seehäfen sind Daressalam, Tanga und Mtwara. Internat. ✈ sind Daressalam und Kilimandjaro Airport.

Geschichte: 1503 machten sich die Portugiesen das Sultanat Sansibar (spätestens seit dem 10. Jh. arab.-pers. Niederlassungen) tributpflichtig; nach 1698 erneut unter Arabern aus Oman (Sklaven- und Elfenbeinhandel). Seit 1884 erwarb C. Peters Festlandgebiete in O-Afrika, die seit 1885 durch einen kaiserl. Schutzbrief faktisch dt. Kolonien wurden. Durch den →Helgoland-Sansibar-Vertrag 1890 wurde Sansibar brit. Protektorat. Im 1. Weltkrieg konnte sich die dt. Schutztruppe unter General P. von Lettow-Vorbeck bis 1916 gegen belg.-portugies.-brit.-südafrikan. Truppen halten, im Nov. 1918 stellte sie die Kampfhandlungen ein. 1919/20 vergab der Völkerbund den größten Teil des vormaligen Dt.-Ostafrika, Tanganjika, an Großbrit., dem auch 1946 die UN das Gebiet als Treuhandgebiet übertragen. 1960 bildete J. K. Nyerere die erste afrikan. Regierung. Am 9. 12. 1961 entließ Großbrit. Tanganjika in die Unabhängigkeit, ab 1962 als Republik innerhalb des Commonwealth mit Nyerere als Staatspräsident. 1963 wurde auch Sansibar als Sultanat unabhängig. 1964 nach Sturz des Sultans wurde Scheich Abeid Amani Karume (* 1906, † 1972, Attentat) Staats-Präs. der neugebilde-

ten VR Sansibar und Pemba. Am 26. 4. 1964 schlossen sich Tanganjika und Sansibar unter Beibehaltung eigener Legislativ- und Exekutivorgane sowie separater Rechtssysteme unter Staats-Präs. Nyerere, der für eine sozialist. Politik eintrat, zu der Vereinigten Republik von Tanganjika und Sansibar (seit Okt. 1964 T.) zusammen. 1985 wurde Ali Hassan Mwinyi (* 1925) zum neuen Präs. gewählt; nach seiner Wiederwahl 1990 kündigte Mwinyi eine polit. Öffnung T. an.

Politisches System: Föderative präsidiale Republik, bestehend aus den beiden Landesteilen Tanganjika und Sansibar. *Verfassung* von 1977. *Staatsoberhaupt* und oberster Inhaber der *Exekutive* ist der vom Volk auf 5 Jahre gewählte Staats-Präs.; er ist zugleich Präs. der Einheitspartei. Die *Legislative* liegt bei der Nationalversammlung (239 Mgl., teils direkt gewählt, teils vom Präs. ernannt, teils Vertreter gesetzl. Körperschaften). Einzige *Partei* ist die Staatspartei Chama Cha Mapinduzi (Abk. CCM) mit dem Ziel eines unabhängigen Sozialismus, 1977 gegründet. – Karte II/III, Bd. 2, n. S. 320.

Tantal [griech., nach Tantalus], chem. Symbol Ta; metall. chem. Element aus der V. Nebengruppe des Periodensystems der chem. Elemente, Ordnungszahl 73, relative Atommasse 180,9479, Dichte 16,6 g/cm³, Schmelzpunkt 2 996 °C, Siedepunkt 5 425 (± 100) °C; wird zur Herstellung chirurg. Instrumente und chem. Geräte, für Gleichrichter und Kondensatoren sowie als Legierungsbestandteil für nichtrostende Stähle verwendet. – T. wurde 1802 von Anders Gustav Ekeberg (* 1767, † 1813) im Tantalit entdeckt.

Tantalit [griech., wegen des Gehalts an Tantal], schwarzes bis bräunliches Mineral, chemisch (Fe,Mn) (TaO₃)₂; Mohshärte 6, Dichte 8,1 g/cm³.

Tantalus (Tantalos), Gestalt der griech. Mythologie. Um die Allwissenheit der Götter zu prüfen, setzte er ihnen das Fleisch seines Sohnes vor, wofür er ewige Qualen erleiden muß: In der Unterwelt in einem See stehend, über ihm köstl. Früchte, weichen Wasser und Früchte bei jedem Versuch, sie zu erreichen, vor ihm zurück.

Tantieme [tã…, tan…; frz.], 1. Beteiligung am Gewinn, seltener am Umsatz eines Unternehmens; 2. Zahlungen an Autoren als Beteiligung am Erlös aus Aufführungen musikal. oder literar. Werke.

Tantrismus, religiöse Strömung in Indien, die seit dem 5. Jh. großen Einfluß auf Hinduismus und Buddhismus gewann. Die Erlösung sucht der T. auf dem Weg des Rituals (im *Tantra* niedergelegt) mit Hilfe magischer, mitunter auch orgiast. Praktiken; im Mittelpunkt stehen die Rezitation myst. Silben (›Mantra‹; im *Mantrajana* galt dies als wichtiges Mittel zur Erlösung) und der Genuß der fünf mit ›M‹ beginnenden Dinge: *Mada* (Wein), *Maithuna* (Geschlechtsverkehr), *Matsja* (Fisch), *Mamsa* (Fleisch), *Mudra* (geröstete Körner).

Tanz, rhythm. Körperbewegung zu Musik- oder Geräuschbegleitung, auch die zum T. erklingende Musik oder deren Stilisierung in instrumentaler (Instrumental-T.) oder vokaler Form (T.lied). – Urspr. ein rein religiöser Akt, war der T. neben dem Opfer wichtigster Bestandteil des Kultes. Der T. verleiht wichtigen Akten des menschl. Lebens eine religiöse Weihe; dabei diente er oft zugleich der Abwehr dämon. Einflüsse, z. B. bei Initiationsriten, beim Hochzeits-T. sowie bei Totentänzen. Daneben hat der T. oft auch die Bedeutung einer mag. Analogiehandlung, z. B. Fruchtbarkeitstänze, die den Ertrag der Felder fördern sollten. – Gesellschaftstanz, →Volkstanz, →Ballett, →Tanzsport.

Tanzlied, Lied, das im Hoch- und Spät-MA zum Tanz gesungen wurde; dazu gehören [stroph.] Refrainlieder (→Ballade, →Rondeau) und auch das [nichtstroph.] →Leich.

408

Tanzmaus, durch Mutation aus der ostasiat. Hausmaus hervorgegangene Zuchtform, die infolge krankhafter Veränderungen im Labyrinth Zwangsbewegungen ausführt und sich dabei im Kreise dreht.

Tanzsport (Turniertanz), die wettkampfmäß. Variante des →Gesellschaftstanzes. Zu den Turniertänzen gehören die 5 Standardtänze langsamer Walzer, Tango, Slowfox, Wiener Walzer und Quickstep sowie die 4 lateinamerikan. Tänze Rumba, Samba, Cha-Cha-Cha und Pasodoble; die Berufstänzer tanzen zusätzlich den Jive.

Tao ['ta:o, tao] →Taoismus.

Taoismus, religiös-philos. Richtung in China, als deren Begründer →Laotse gilt. Baut seine Metaphysik und Ethik auf den Begriffen Tao (›Weg‹) und Te (›Tugend‹) auf. Tao, das Absolute, bringt das Universum und die Dinge der Welt hervor. Te ist das Wirken des Tao in der Welt. Für den Menschen bedeutet deshalb das Te die Norm für sein eth. und polit. Verhalten. Da das Tao ›ohne Handeln‹ ist, ist die Handlungsnorm (eth. und polit.) das Angleichen an das Tao.

Taormina, italien. Stadt auf O-Sizilien, 10 000 E. Filmfestspiele. Bed. griech. Theater (im 1. Jh. n. Chr. röm. erneuert); Reste eines kleinen röm. Theaters und der sog. Naumachia (Badeanlage). Got. Dom (13. und 15. Jh.); got. eheme. Adelspaläste. – In der Antike **Tauromenion;** 396 v. Chr. von Sikelern gegr.; 358 griech., um 215 v. Chr. an Rom; ab 902 arab., ab 1079 normannisch.

Tao-te-ching →Daodejing.

Tapete [griech.], Wandverkleidung aus Papier, textilem Material, Leder oder Kunststoff, die in Bahnen auf den Putz geklebt wird. Heute verwendet man v. a. farbig bedruckte oder auch geprägte Papiertapeten, daneben auch unter Zusatz von grobem Holzschliff oder durch Aufwalzen von Sägemehl hergestellte Papier-T. mit rauher Oberfläche *(Rauhfasertapeten).*

Tàpies, Antoni [katalan. 'tapiəs], eigtl. A. T. Puig, * Barcelona 23. 12. 1923, span. Maler. Vertreter des →abstrakten Expressionismus.

Tapioka [indian.] →Maniok.

Tapire: Schabrackentapir (Körperlänge bis 2,5 m)

Tapire (Tapiridae) [indian.], mit vier Arten in den Wäldern SO-Asiens, M- und S-Amerikas vertretene Fam. der Unpaarhufer; primitive Säugetiere, mit zieml. plumpem, rd. 1,8–2,5 m langem, bis 1,2 m schulterhohem Körper, deren Kopf einen kurzen Rüssel aufweist; Extremitäten stämmig, am Vorderfuß mit vier, am Hinterfuß mit drei funktionsfähigen Zehen. Zu den T. gehört u. a. der *Schabracken-T.* auf Malakka und Sumatra.

Tappa Gaura (Tepe Gawra), Ruinenhügel in Irak bei Chorsabad; amerikan. Ausgrabungen (1930–37); lückenlose Siedlungsschichten vom späten 6. Jt. bis ins 14. Jh. v. Chr., reiche Funde.

Tappe Sialk [pers. tæp'pe si'a:lk], Name von zwei vor- und frühgeschichtl. Ruinenhügeln (5.–1. Jt.) bei Kaschan in Iran; frz. Ausgrabungen (1933–38).

Tara [arab.-italien.], Gewicht der (für den Versand einer Ware benötigten) Verpackung oder die Verpackung selbst.

Tarantella [italien.], süditalien. Volkstanz, der im schnellen ³/₈- oder ⁶/₈-Takt mit sich steigerndem Tempo zur Begleitung von Kastagnetten und Schellentrommel getanzt wird; heute v. a. Schautanz.

Taranteln [italien.], zusammenfassende Bez. für verschiedene trop. und subtrop., z. T. giftige Arten bis 5 cm langer Wolfspinnen; am bekanntesten die *Apul. T.* (Tarantelspinne), etwa 3–4 cm lang; verbreitet im Mittelmeergebiet; Biß für den Menschen schmerzhaft, aber ungefährlich.

Tarasken, Indianerstamm im mex. Staat Michoacán. Gründeten (nach der Sage im 15. Jh.) ein bed. Reich; 1522 von den Spaniern ohne Kampf unterworfen.

Tarbes [frz. tarb], frz. Dep.hauptstadt im Pyrenäenvorland, 51 400 E. U. a. Raketenbau. Got. Kathedrale (13.–15. und 18. Jh.), got. Kirche Sainte-Thérèse (v. a. 15. Jh.), Garten ›Jardin Massey‹. – Im 1. Jh. v. Chr. röm.; seit dem 5. Jh. Bischofssitz.

Tardieu, André [frz. tar'djø], * Paris 22. 9. 1876, † Menton 15. 9. 1945, frz. Politiker. Als enger Mitarbeiter G. B. Clemenceaus an der Ausarbeitung des Versailler Vertrags beteiligt; 1926–32 mehrfach Min.; Min.-Präs. 1929/30 und 1932.

Tarent, italien. Prov.hauptstadt in Apulien, am Golf von Tarent, 244 700 E. U. a. Werften, Hütten- und Stahlwerke; Hafen. Der Dom (im 18. Jh. barockisiert) besitzt im Innern antike Säulen mit roman. Kapitellen; got. Kirche San Domenico Maggiore (13. Jh.); Kastell (15./16. Jh.). – Das griech. **Taras,** gegr. um 706 v. Chr., wurde im 5. Jh. mächtigste Stadt Großgriechenlands; mußte sich 272 den Römern unterwerfen; wurde 123 v. Chr. röm. Kolonie; nach häufigem Besitzwechsel im frühen MA 1063 normann. Teil des Kgr. Sizilien.

Tarentaise [frz. tarã'tɛ:z], Talschaft der oberen Isère in den frz. Nordalpen.

Target [engl. 'ta:gɪt] (Auffänger), in der Kernphysik Bez. für ein Materiestück (Folie, Flüssigkeits- oder Gasvolumen), in dem hochenerget. Teilchen eines Teilchenbeschleunigers Kernreaktionen auslösen.

tarieren [arab.-italien.], eine unbelastete Waage auf den Nullpunkt (Gleichgewicht) einstellen.

Tarif [arab.-italien.-frz.], Verzeichnis für Preis- bzw. Gebührensätze für bestimmte Lieferungen und Leistungen, z. B. Eisenbahn-, Zoll-, Lohntarif.

Tarifa, span. Hafenstadt an der Straße von Gibraltar, 14 000 E. Maur. Stadtbild mit Alkazar.

Tarifpartner →Tarifvertrag.

Tarifvertrag, schriftl. Vertrag zw. einer oder mehreren Gewerkschaften und einem einzelnen Arbeitgeber oder einem Arbeitgeberverband *(T.parteien)* zur Festlegung von Arbeits- und Wirtschaftsbedingungen; gehört zum kollektiven Arbeitsrecht. Rechtsgrundlage ist das T.gesetz in der Fassung vom 25. 8. 1969. Voraussetzung für die Tariffähigkeit einer Vereinigung ist, daß die Mitgliedschaft freiwillig ist, daß sie vom Staat und vom tarifl. Gegenspieler unabhängig ist und daß sie mächtig genug ist, den Abschluß von T. wirksam zu verfolgen, ggf. durch Arbeitskampfmaßnahmen. Gegenstand von T. ist die Höhe der Arbeitsentgelte in verschiedenen, im T. beschriebenen Tarifgruppen *(Entgelt-T.)* und die Regelung sonstiger Arbeitsbedingungen wie Arbeitszeit, Urlaub, Kündigungs-, Rationalisierungsschutz *(Mantel-T., Rahmen-T.).* Die Bestimmungen im T., die den Inhalt der einzelnen Arbeitsverhältnisse regeln *(Inhaltsnormen),* sind Mindestbedingungen, von denen nur zugunsten des Arbeitnehmers abgewichen werden darf *(Günstigkeitsprinzip).* Rechtsanspruch auf Leistungen aus T. haben nur die Mgl. einer T.partei.

Taranteln:
Apulische Tarantel

Tarquinia: ›Tänzerin und Tänzer‹; Wandmalerei aus dem ›Grab des Löwen‹, um 510 v. Chr.

Tarik Ibn Sijad, † um 720, arab. Heerführer berber. Herkunft. Landete 711 bei den nach ihm ben. Gibraltar (Djebel al-Tarik) und eroberte große Teile der Pyrenäenhalbinsel.

Tarim [ta'rım, ta'ri:m, 'ta:rım], 2 179 km langer Fluß in NW-China, entsteht (4 Quellflüsse) sö. des Oasenortes Aksu, gabelt sich sö. von Kucha: der eigtl. T. fließt nach SO bzw. S und mündet, z. Z. etwa für 10 Monate des Jahres wasserlos, in das Sumpfgebiet des Kara Buran Köl; der zweite Arm endet im Lop Nor.

Tarimbecken [ta'rım, ta'ri:m, 'ta:rım], abflußloses Hochbecken in Sinkiang, China, mit einer Länge von 1 500 km und maximal 650 km Breite, zw. 780 und 1300 m ü. d. M.; im zentralen Teil liegt die Wüste Takla Makan, im O der Lop Nor.

Tarkowski, Andrei Arsenjewitsch, * Sawraschje (Geb. Iwanowo) 4. 4. 1932, † Paris 29. 12. 1986, russ. Filmregisseur. Verließ 1983 die UdSSR, schuf systemkritische Filmkunst, u. a. ›Iwans Kindheit‹ (1962), ›Andrej Rubljow‹ (1966), ›Solaris‹ (1972, nach S. Lem), ›Der Spiegel‹ (1974), ›Der Stalker‹ (1979); in Italien drehte er ›Nostalghia‹ (1983), in Schweden entstand sein letzter Film ›Das Opfer‹ (1985).

Tarn, rechter Nebenfluß der Garonne, 375 km lang.

Tarnopol (russ. Ternopol), Gebietshauptstadt am Seret, Ukraine, 189 000 E. Theater, Philharmonie; u. a. Nahrungsmittelind., Porzellanfabrik. – Entstand Mitte des 16. Jh. als Festung.

Tarnów [poln. 'tarnuf], poln. Stadt an der Mündung der Biała in den Dunajec, 118 400 E. U. a. Maschinenbau, Holzind., Ölraffinerie. Got. Kathedrale (um 1400; mehrfach umgebaut), got. Rathaus (14. und 16. Jh.), ehem. Patrizierhäuser (16.–18 Jh.). – 1105 erstmals erwähnt; gehörte 1772–1918 zu Österreich; seit 1785 Bischofssitz.

Tarnung, in der *Biologie* bei (v. a. wehrlosen) Tieren eine Schutzanpassung gegenüber Feinden in Form von Schutzfärbungen und -zeichnungen des Körpers, die eine Mimese oder eine abschreckende Mimikry darstellen.

Taro [polynes.] (Kolokasie, Blattwurz, Zehrwurz), Gatt. der Aronstabgewächse mit 6 Arten im trop. Asien; große Stauden mit meist knollig verdicktem Rhizom, Blütenkolben mit großer Blütenscheide. Von einer überall in den Tropen angebauten Art wird v. a. das bis 4 kg schwere, knollige Rhizom als wichtiger Stärkelieferant (Stärkegehalt zw. 15 und 26 %) genutzt (Verwendung gekocht oder geröstet bzw. zur Mehlherstellung oder als Futtermittel).

Tarock [italien.], Kartenspiel für 3 Personen mit 78 Karten (52 gewöhnl. Blätter, vier Reiter [Cavall], 21 T. [Trumpfkarten] und ein Einzelblatt, der Sküs).

Tarquinia, italien. Stadt in Latium, nahe der tyrrhen. Küste, 13 500 E, Marktort mit Landmaschinenmesse. Mittelalterl. Stadtbild mit 13 Geschlechtertürmen, Kastell mit der roman. Kirche Santa Maria di Castello (1121–1208); Dom (17. Jh., z. T. älter), Palazzo dei Priori (13. Jh.), Palazzo Vitelleschi (15. Jh.); Nationalmuseum. Nahebei bed. etrusk. Nekropole. – **Tarquinii,** eine bed. etrusk. Stadt, wurde im 3. Jh. v. Chr. von Rom unterworfen. Nach Zerstörung durch die Sarazenen im 8. Jh. entstand an der Stelle einer älteren Siedlung **Corneto** (1872–1922 **Corneto Tarquinia**).

Tarquinius Collatinus, Lucius, nach der Überlieferung 509 v. Chr. zus. mit Lucius Junius Brutus erster röm. Konsul.

Tarquinius Priscus, Lucius, nach der Sage der 5. König von Rom. Soll 616–578 regiert und u. a. das Forum Romanum und den Circus maximus angelegt haben.

Tarquinius Superbus, Lucius, nach der Sage der 7. (letzte) König von Rom. Soll 533–509 willkürl. geherrscht haben; als sein Sohn →Lucretia entehrt hatte, wurde er vertrieben.

Tarragona, span. Prov.hauptstadt in Katalonien, 109 600 E; Museen; u. a. petrochem. Industrie, Weinexport (v. a. Süßweine: *Tarragonawein*); Reste eines röm. Amphitheaters, des Augustuspalastes und der iber.-röm. Stadtmauer; Kathedrale im roman.-got. Übergangsstil mit roman. Kreuzgang; nahebei röm. Aquädukt. – **Tarraco** fiel 218 v. Chr. an Rom; 476 von Westgoten, 714 von Arabern in Besitz genommen; nach Rückeroberung 1117 Erhebung des alten Bistums zum Erzbistum.

Tarsus, türk. Stadt im südl. Anatolien, 160 200 E. – Alte kilik. Siedlung; pers. Satrapensitz, 333 v. Chr. von Alexander d. Gr. eingenommen; Hochblüte unter den Seleukiden (griech. **Tarsos**) und anschließend unter den Römern; Heimat des Apostels Paulus; seit 1515 beim Osman. Reich.

Tartan Ⓦ, Handelsbez. für einen wetterfesten Kunststoffbelag für Sportbahnen.

Tartaren, fälschl. für →Tataren.

Tartarus (Tartaros), bei den Griechen ein Teil der Unterwelt.

Tartini, Giuseppe, * Piran (Istrien) 8. 4. 1692, † Padua 26. 2. 1770, italien. Violinist und Komponist. Seine Violintechnik (Bogentechnik, Doppelgriffe, Triller) wurde Grundlage für das moderne Violinspiel; schrieb etwa 125 Violinkonzerte, 50 Triosonaten, 200 Violinsonaten, darunter die ›Teufelstrillersonate‹; auch musiktheoret. Schriften.

Tartrate [mittellat.-frz.] →Weinsäure.

Tartu →Dorpat.

Tartus, Hafenstadt an der syr. Mittelmeerküste, 52 600 E. Erhalten sind bed. Bauten aus der Kreuzfahrerzeit, u. a. die Kathedrale (jetzt Museum) und die Festung der Templer (beide 12. und 13. Jh.). – In der Antike **Antarados**; lag gegenüber der auf einer kleinen Insel gelegenen altphönik. Stadt **Arwada** (griech. **Arados**); 1099 und erneut 1102 von den Kreuzfahrern erobert (**Tortosa**), 1183–1291/1303 Hauptfestung der Templer.

Tarzan, Dschungelheld in den Abenteuerromanen des amerikan. Schriftstellers Edgar Rice Burroughs (* 1875, † 1950); danach auch in Filmen und als Comicfigur.

Täschelkraut →Pfennigkraut.

Taschenbuch, preiswertes, broschiertes Buch im handl. Taschenformat, das meist im Rotationsdruck und mit Klebebindung (Lumbeckverfahren) hergestellt wird.

Taschenkrebs, bis etwa 20 cm breite, rotbraune Krabbe an den europ. und nordafrikan. Küsten; wird in großen Mengen gefangen.

Taschenmäuse (Heteromyidae), Nagetierfam. mit rd. 70 mäuse- bis rattengroßen Arten, verbreitet in ganz Amerika; u. a. die nachtaktiven *Taschenspringer* (Känguruhratten); Fortbewegung fast ausschließl. hüpfend.

Taschenrechner, kleine, handl. elektron. Rechengeräte mit mindestens 2 Registern (Anzeige- und Rechenregister), die wegen ihrer kompakten, durch Miniaturisierung erreichten Bauweise leicht mitgeführt werden können. Die Anzeige der Werte erfolgt in Leuchtdioden- oder Flüssigkristallanzeige (LED- bzw. LCD-Anzeige). Nach der Ausstattung unterscheidet man gewöhnl. T. (4 Grundrechenarten), T. mit Funktionstasten (für die Berechnung von Prozenten, Wurzeln, trigonometr. Funktionen usw.), T. mit Hierarchie oder mit Klammertasten, T. mit saldierenden, rechnenden oder adressierbaren Speichern und programmierbare T. (für eigene Programmerstellung oder Eingabe fertiger Programme; die Ergebnisse lassen sich bei Kopplung mit einem Tischdrucker bzw. bei eingebautem Drucker ausdrucken. Als *Taschencomputer* bezeichnet man T., die über ein geeignetes Interface (Schnittstelle) an Peripheriegeräte (z. B. Plotter, Printer, Kassettenlaufwerk, Datensichtgerät, Fernsehgerät, Terminal), an Datenfernübertragungssysteme und/oder an Meßgeräte angeschlossen werden können.

Taschkent [russ. taʃˈkjɛnt], Hauptstadt von Usbekistan und des Gebiets Taschkent, im westl. Vorland des Tienschan, 2,21 Mio. E, Univ., Hochschulen, Museen, Theater; alle 2 Jahre Filmfestival; botan. Garten; Zoo; bedeutendstes Ind.zentrum in Mittelasien. 1966 starke Zerstörungen durch Erdbeben; erhalten blieben die Kukeldasch-Medrese und die Barak-Khana-Medrese (beide 15. und 16. Jh.). – Bereits im 5./4. Jh. Stadt; Anfang des 8. Jh. von den Arabern erobert; unterstand im 11./12. Jh. dem Reich der Ilekchane; im 14. Jh. von Timur-Leng erobert; kam 1865 an Rußland, wurde 1867 Hauptstadt des Generalgouvernements Turkestan; seit 1930 Hauptstadt der Usbek. SSR, seit 1991 Usbekistans.

Tasman, Abel Janszoon, * Lutjegast bei Groningen um 1603, † Batavia (= Jakarta) vor dem 22. 10. 1659, niederl. Seefahrer. Entdeckte 1642 Van Diemen's Land (= Tasmanien), 1643 die Tongainseln und die Fidschiinseln.

Tasmanien, Bundesland des Austral. Bundes, umfaßt die durch die Bass-Straße vom Kontinent getrennte, bis 1167 m hohe Insel Tasmanien sowie die sie umgebenden Inseln, 68 331 km², 436 400 E, Hauptstadt Hobart. – 1642 von A. J. Tasman entdeckt, hieß bis 1853 **Van Diemen's Land;** gehörte bis 1825 zu Neusüdwales; trat 1901 dem Austral. Bund bei. – Karte VI, Bd. 2, n. S. 320.

TASS →Nachrichtenagenturen.

Tassili der Adjer [frz. adˈʒeːr], Teil der zentralen Sahara, nö. des Ahaggar (Algerien), bis 2 554 m hoch; zahlr. Felsbilder, die ältesten zw. 10 000 und 5 000 v. Chr.

Tassilo III., * um 741, † Kloster Lorsch 11. 12. nach 794, Hzg. von Bayern (748/749–788). Agilolfinger; wurde nach Aufstand (787) gegen seinen fränk. Lehnsherrn 788 von Karl d. Gr. zu lebenslanger Klosterhaft verurteilt.

Tasso, Torquato, * Sorrent 11. 3. 1544, † Rom 25. 4. 1595, italien. Dichter. Lebte als gefeierter Dichter seit 1565 im Dienste der Este in Ferrara; danach Wanderleben. Nach dem Ritterepos ›Rinaldo‹ (1562) wurde sein Hauptwerk, das Kreuzzugsepos ›Das befreite Jerusalem‹ (1581), zu einem europ. Erfolg; weites Echo fand auch sein Schäferspiel ›Aminta‹ (UA 1573); auch lyr. Dichtungen, philos. und literar. Dialoge. – Schauspiel von Goethe (›Torquato T.‹, 1790).

Tassoni, Alessandro, * Modena 28. 9. 1565, † ebd. 25. 4. 1635, italien. Dichter. Schuf mit den ersten kom.-heroischen Epos ›Der geraubte Eimer‹ (1622) die Literaturgattung der burlesken Eposparodie.

Tastatur [lat.-roman.], Eingabegerät für elektron. Datenverarbeitungsanlagen, bestehend aus Tasten für die manuelle Eingabe von Zeichen oder Befehlen (Funktionstasten). Die Zeichenbelegung der einzelnen Tasten hängt von den installierten Zeichensätzen ab und ist variierbar. Neben Funktionstasten mit einmalig festgelegten Befehlen gibt es auch solche, die durch einfache Anweisungen mit neuen Befehlen oder ganzen Befehlsverknüpfungen belegt werden können.

Taster [lat.-roman.], 1) *Zoologie:* bei Tieren svw. →Palpen.
2) *Technik:* 1. mit einer Taste (sog. *Geber*) oder einer Tastatur ausgestattetes Gerät (z. B. Setzmaschine), auch Bez. für die ein solches Gerät bedienende Person; 2. svw. Abtastvorrichtung, Meßfühler; 3. zirkelähnl. Gerät *(T.zirkel)* mit an den Enden spitz zulaufenden, gekrümmten Schenkeln zum Abgreifen (und Übertragen) von Werkstückmaßen.

Tasthaare, 1) *Zoologie:* bei den *Säugetieren* die als Tastsinnesorgane fungierenden Sinushaare (z. B. die Schnurrhaare).
2) *Botanik:* (Fühlhaare) bei *Pflanzen* haarartige Bildungen, die Berührungsreize registrieren.

Tastkörperchen →Tastsinnesorgane.

Tastsinn (Fühlsinn), mechan. Sinn, der Organismen (Tier und Mensch) befähigt, Berührungsreize wahrzunehmen.

Tastsinnesorgane (Tastorgane, Fühlorgane, Tangorezeptoren), bei Tieren und beim Menschen: mechan. Einwirkungen auf den Körper in Form von Berührungsempfindungen (Tastempfindungen) registrierende Sinnesorgane; v. a. Hautsinnesorgane *(Tastkörperchen,* u. a. die →Meißner-Körperchen), die bevorzugt an Stellen lokalisiert sind, die für die Reizaufnahme entsprechend exponiert liegen, so beim Menschen gehäuft an den Händen bzw. den Fingerspitzen, bei Tieren v. a. am Kopf bzw. an der Schnauze (als Tasthaare) an den Antennen (Fühlern) oder Tentakeln sowie an den Beinen bzw. Pfoten und an den Flügeln (bei Gliederfüßern). Die T. kommen aber auch weit über den Körper verstreut vor. Die zw. den Zellen der Epidermis vieler Tiere (auch des Menschen) verteilt vorkommenden freien Nervenendigungen sind v. a. Schmerzrezeptoren.

Tataren (fälschl. Tartaren), urspr. Name eines von Dschingis-Khan vernichteten mongol. Stammes, später Bez. der Russen für die →Goldene Horde; nach deren Zusammenbruch seit etwa 1420 Bez. für das aus dieser entstandene Mischvolk in Z-Asien.

Tatarisch (Kasantatarisch), zur Nordwestgruppe (kiptschak. Gruppe) der Turksprachen gehörende Sprache der Tataren in der Tatar. Republik, in einigen angrenzenden Gebieten und in W-Sibirien. Seit dem Ende des 19. Jh. setzten sich Bestrebungen durch, den zentralen Dialekt als Schriftsprache zu benutzen (seit 1939 mit kyrill. Schrift).

Tatarische Republik, autonome Republik innerhalb Rußlands, am Kuibyschewer Stausee der Wolga, 68 000 km², 3,54 Mio. E, Hauptstadt Kasan. – Im 10. Jh. Bildung eines Khanats turksprachiger bulgar. Stämme; 1236–41 von den Mongolen erobert, kam an die Goldene Horde, im 15. Jh. an das Khanat Kasan; 1552 Anschluß an Rußland; Bildung der Tatar. Autonomen Sowjetrepublik 1920. Die T. R. hat sich im Okt. 1991 in Tatarstan für unabhängig erklärt.

Tatauierung (Tätowierung) [polynes.-engl.], Anbringen von Mustern auf die menschl. Haut durch

Torquato Tasso
(Ausschnitt
aus einem
zeitgenössischen
Gemälde)

411

Tauben:
1 Felsentaube,
2 Ringeltaube,
3 Turteltaube,
4 Kropftaube

Einstiche, verbunden mit Einführung von Farbstoffen; bes. kunstvoll in Polynesien und Mikronesien; bei dunkelhäutigen Menschen (Afrika, Australien, Melanesien) v. a. durch Narbenbildung.

Tatbestand, im Strafrecht die abstrakte Beschreibung verbotenen Verhaltens in einem Strafgesetz. Der Tatbestand enthält alle Merkmale, die die Strafwürdigkeit einer Handlung, ihren materiellen Unrechtsgehalt sowie den Schuldgehalt einer Straftat ausmachen. Die einzelnen Bestandteile des T. sind die **Tatbestandsmerkmale.**

Täter, derjenige, der eine Straftat selbst oder durch einen anderen begeht. Handeln bei einer Straftat mehrere (gemeinschaftlich) im bewußten und gewollten Zusammenwirken, so sind sie **Mittäter.** Vollenden mehrere durch die Gesamtheit ihrer Handlungen eine Straftat, ohne gemeinschaftl. zu handeln, sind sie **Nebentäter** und werden als Täter bestraft.

Tatform (Tätigkeitsform), svw. → Aktiv.

Tati, eigtl. Jacques Tatischeff, * Le Pecq bei Saint-Germain-en-Laye 9. 10. 1907, † Paris 4. 11. 1982, frz. Filmschauspieler und -regisseur. Übertrug die Stummfilmkomik in den Tonfilm; u. a. ›Tatis Schützenfest‹ (1947), ›Die Ferien des Monsieur Hulot‹ (1951), ›Mein Onkel‹ (1958).

Tatian (T. der Syrer), frühchristl. Apologet und Kirchenschriftsteller des 2. Jh. aus Syrien. Schrieb nach 172 das ›Diatessaron‹, eine Evangelienharmonie; die von Hrabanus Maurus um 830 im Kloster Fulda angeregte Übersetzung ins Althochdt. zählt zu den großen Frühwerken der dt. Literatur.

tätige Reue, strafbefreiender Rücktritt vom vollendeten Versuch, der vom Täter ein Tätigwerden zur Verhinderung des von ihm urspr. gewollten Taterfolges verlangt, nachdem er alles getan hat, was nach seiner Vorstellung zum Taterfolg erforderl. war.

Tätigkeitswort, svw. → Verb.

Tätowierung [polynes.-engl.], in der *Völkerkunde* svw. → Tatauierung.

Tatra, Gebirgsmassiv der Westkarpaten zw. Arva und Poprad (ČSFR und Polen), z. T. Nationalpark. Höchster Teil ist die **Hohe Tatra,** die ein durch Vergletscherungen geprägtes Hochgebirgsrelief und zahlr. Gipfel über 2 000 m besitzt.

Tatum [engl. 'teɪtəm], 1) Art[hur], * Toledo (Ohio) 13. 10. 1909, † Los Angeles 4. 11. 1956, amerikan. Jazzmusiker (Pianist). Wurde v. a. durch sein 1943 gegr. Trio bekannt (mit Gitarre und Baß). T. war der überragende Virtuose der Swing-Epoche.
2) Edward Lawrie, * Boulder (Colo.) 14. 12. 1909, † New York 5. 11. 1975, amerikan. Biochemiker und Genetiker. Entdeckte in Zusammenarbeit mit G. W. Beadle, daß bestimmte chem. Vorgänge beim Aufbau der Zelle durch Gene reguliert werden; 1958 Nobelpreis für Physiologie oder Medizin (mit Beadle und J. Lederberg).

Tatverdacht, Vermutung, daß eine bestimmte Person Täter einer strafbaren Handlung ist.

Tau, Max, * Beuthen O. S. (Oberschlesien) 19. 1. 1897, † Oslo 13. 3. 1976, dt. Schriftsteller. Emigrierte 1938; norweg. Staatsbürger seit 1943. Schrieb Romane (›Denn über uns ist der Himmel‹, 1955), Essays, Autobiogr. (›Trotz allem‹, 1973); erhielt 1950 als erster den Friedenspreis des Dt. Buchhandels.

Tau [griech.], 21. Buchstabe des urspr., 19. des klass. griech. Alphabets mit dem Lautwert [t]: T, τ.

Tau, abgesetzter Niederschlag in Form kleiner Tröpfchen; entsteht durch Kondensation von Wasserdampf an der Erdoberfläche oder an Pflanzen und Gegenständen, wenn deren Temperatur unter den Taupunkt der Luft absinkt.

Tau [niederdt.], dickes, kräftiges Seil.

Taube, Henry, * Neudorf (Prov. Saskatchewan) 30. 11. 1915, amerikan. Chemiker kanad. Herkunft.

Seit 1961 Prof. in Stanford (Calif.); erhielt für seine Arbeiten über die Reaktionsmechanismen der Elektronenübertragung, insbes. bei der Bildung von Metallkomplexen 1983 den Nobelpreis für Chemie.

Tauben (Columbidae), mit rd. 300 Arten v. a. in Wäldern und Baumsteppen nahezu weltweit verbreitete Fam. etwa 15–80 cm langer Taubenvögel; fluggewandte Tiere mit variabel gefärbtem Gefieder (häufig blaugrau oder braun); Schnabel kurz, mit Wachshaut an der Oberschnabelbasis. T. ernähren sich vorwiegend von Samen und grünen Pflanzenteilen. – Zu den T. gehören u. a.: *Felsen-T.,* bis 33 cm lang, v. a. in felsigen Landschaften großer Teile S-Eurasiens sowie N- und M-Afrikas; Stammform der → Haustaube. *Lach-T.,* etwa 26 cm lang, in NO-Afrika und SW-Arabien; Ruf dumpf lachend. *Ringel-T.,* rd. 40 cm lang, in Wäldern und Parkanlagen Europas, NW-Afrikas sowie SW-Asiens. *Türken-T.,* fast 30 cm lang, in Gärten und Parkanlagen Europas, des Sudans und S-Asiens; oberseits graubraun, unterseits heller. *Turtel-T.,* fast 30 cm lang, v. a. in lichten Wäldern, Gärten und Parkanlagen NW-Afrikas und Eurasiens bis Turkestan. – Zur Erleichterung der Übersicht hat man die über 200 Rassen der Haustaube (in der BR Deutschland) in einer Anzahl Rassengruppen zusammengefaßt: u. a. Feld-T., Formen-T. (u. a. Brieftauben), Kropf-T., Struktur-T., Tümmler und Warzen-T. (Bagdetten).

Taubenkropf → Leimkraut.

Taubenschwänzchen (Taubenschwanz), bis 4,5 cm spannender, in Eurasien weit verbreiteter Schmetterling (Fam. Schwärmer) mit fächerartig ausbreitbarem, dunklem Haarbusch am Hinterleibsende; Rüttelflug vor Blüten, um Nektar zu saugen.

Taubenvögel (Columbiformes), mit über 300 Arten weltweit verbreitete (Polargebiete ausgenommen) Ordnung bis 80 cm langer Vögel mit großem Kropf, relativ kleinem Kopf und nackter oder fehlender Bürzeldrüse. Man unterscheidet drei Familien: Flughühner, Tauben und Dronten.

Tauber, Richard, * Linz 15. 5. 1891, † London 8. 1. 1948, brit. Sänger (lyr. Tenor) österr. Herkunft. Ab 1913 Mgl. der Dresdner Hofoper; 1933 Emigration nach Großbrit.; u. a. gefeierter Mozartinterpret; auch Operetten.

Tauber, linker Nebenfluß des Mains, mündet bei Wertheim, 120 km lang.

Tauberbischofsheim, Kreisstadt an der Tauber, Bad.-Württ., 12 200 E, Olympiastützpunkt der Fechter. Ehem. kurmainz. Schloß (15. und 16. Jh.; heute Museum) mit Teilen eines ehem. Stadtturms; zahlr. v. a. barocke Wohnbauten (17. und 18. Jh.). – 978 erstmals erwähnt.

Taubheit (Gehörlosigkeit), angeborener oder erworbener, völliger oder teilweiser Verlust des Hörvermögens. *Absolute T.* (Kophosis) besteht bei einem Hörverlust für alle Schallreize, *prakt. T.* bei Einschränkung des Hörvermögens auf sehr laute Geräusche von mehr als 70 dB. Bei *angeborener T.* bleibt die normale Sprachentwicklung aus, und es kommt ebenso wie bei Verlust des Hörvermögens vor dem achten Lebensjahr zur → Taubstummheit. Bei den später erworbenen Formen der T. handelt es sich meist um eine Schädigung des Innenohrs oder der Hörbahnen als Folge einer Gehirnentzündung (z. B. durch Poliomyelitis-, Masern-, Mumps-, Diphtherieinfektionen).

Täublinge, mit rd. 250 Arten weltweit verbreitete Gatt. der Ständerpilze; mit mürbem, trockenem Fleisch ohne Milchsaft; Speisepilze sind u. a. der *Leder-Täubling* mit 3 Arten in Laub- und Nadelwäldern und der → Speisetäubling.

Taubnessel, Gatt. der Lippenblütler mit rd. 40 Arten in Europa, N-Afrika sowie im gemäßigten und subtrop. Asien; Kräuter oder Stauden mit herzförmigen, gesägten Blättern und purpurroten, gelben oder weißen Blüten in achselständigen Quirlen. Einheim. sind u. a. die 30–60 cm hohe *Weiße T.* und die bis 30 cm hohe, in feuchten Laubwäldern verbreitete *Goldnessel.*

Taubstummensprache, Zeichensystem, mit dessen Hilfe sich Taubstumme untereinander bzw. mit anderen verständigen. Es gibt ›künstl. Gebärdensprachen‹, mit denen man sich durch Handzeichen verständigen kann (Chirologie), und ›Lautsprachmethoden‹, mit denen durch Absehen vom Munde artikuliertes Sprechen eingeübt wird. 1778 erste dt. Taubstummenschule, gegr. von S. Heinicke.

Taubstummheit (Surdomutitas), das Ausbleiben der normalen Sprachentwicklung bei intaktem Sprechorgan infolge angeborener Taubheit; auch das Verlernen der artikulierten Sprache bei vor dem 8. Lebensjahr erworbener, sekundärer Taubheit.

Tauchen, Aufenthalt und Fortbewegung unter Wasser. T. ohne Gerät bzw. nur mit Tauchermaske, Schnorchel und Flossen (sog. ABC-Geräte) bis etwa 40 m Tiefe und etwa 3 Min. Dauer; T. mit Atem-, Preßluft- oder Mischgasgerät (→ Tauchgeräte), Kälteschutzanzug, Gewichtsgürtel u. a. über längere Zeit in Tiefen bis etwa 90 m.

Taucherkrankheit → Druckfallkrankheit.

Tauchgeräte, Gerätschaften und Hilfsmittel, die ein längeres Verweilen unter Wasser erlauben. *Taucherglocken* sind unten offene Stahlkonstruktionen, in denen mehrere Personen gleichzeitig unter Wasser arbeiten können. *Helm-T.* bestehen aus einem wasserdichten Spezialanzug mit allseits geschlossenem Metallhelm (mit Sichtscheiben); Zuführung von Atemluft über einen Schlauch von der Wasseroberfläche aus *(Schlauchgeräte)* und mit Hilfe eines Regenerationsgeräts (→ Sauerstoffgeräte). – *Sport-T.* enthalten Atemluft in Preßluftflaschen (Nenndruck meist 20 oder 30 MPa, entsprechend 200 oder 300 bar), die dem Taucher über den sog. *Lungenautomaten* (eine durch den bei der Atmung entstehenden Unter- und Überdruck automat. gesteuerte Dosiereinrichtung) zugeführt wird. Für Tieftauchversuche und Forschungszwecke werden mit Greifwerkzeugen ausgerüstete, druckfeste *Panzer-T.,* kugelförmige *Tiefsee-T.* (→ Bathyscaph) und unterseebootähnliche Fahrzeuge eingesetzt.

Tauchsieder, Heizvorrichtung für Flüssigkeiten, besteht aus einem wendelförmigen Rohr mit einem in Isoliermasse eingebetteten Heizleiter.

Taufe, das allen christl. Kirchen gemeinsame Sakrament; geht urspr. zurück auf die Taufbewegung des Judentums. Unmittelbarer Vorgänger der christl. Taufpraxis ist Johannes der Täufer, an dessen Tätigkeit Jesus anknüpfte. Im Urchristentum wurde die T. wahrscheinl. zunächst durch Untertauchen des Täuflings gespendet. Die Heilsbedeutung wird darin gesehen, daß mit der T. die Sünden (v. a. die Erbsünde) vergeben werden (Symbol des Abwaschens), der Geist empfangen und der Täufling in die christl. Heilsgemeinde eingegliedert wird (Initiation). Die T. ist unwiederholbar; sie kann von jedem Menschen gültig gespendet werden, wenn er die Absicht dazu hat und die notwendige Form wahrt. Darin gründet die Möglichkeit der **Nottaufe,** der in dringenden Fällen (z. B. zu erwartender Tod des Täuflings) von einem getauften oder ungetauften Laien vollzogenen nichtfeierl. Taufe. Die hierin deutl. werdende Betonung der Heilsnotwendigkeit der T. führte zu der verbindl. *kath.* Praxis der *Kinder-T.,* wobei die Glaubensvoraussetzung durch die Eltern oder Paten gewährleistet wird. – Nach *luth.* Lehre durchdringen sich in der T. Gottes rechtfertigende Macht, sakramentale Symbolhandlung und persönl. Tat des Täuflings. Im *ref.* Verständnis setzt T. als Vergebung der Schuld im Tod

Christi gläubige Annahme von seiten des Täuflings voraus; deshalb wird die *Erwachsenen-T.* bevorzugt.

Mit der Feier der T. sind im christl. Abendland viele Bräuche verbunden. Der Termin der T. lag bis ins 12./13. Jh. an der Oster- und Pfingstvigil, dann wenige Tage nach der Geburt. Erst seit dem frühen MA ist mit der T. die Verleihung des Vornamens *(Taufname)* verknüpft. In einigen Bräuchen zeigt sich eine enge Verbindung von christl. Denken (z. B. Abschwörung) mit vorchristl. Dämonenabwehrzauber. Seit dem späten MA wurden *Taufkerze* und (meist weißes) *Taufkleid* in die Taufliturgie übernommen.

Täufer (Anabaptisten, Wiedertäufer), nach ihrer [strikten] Praxis der Erwachsenentaufe ben. Anhänger einer uneinheitl., bald unterdrückten Nebenbewegung der Reformation mit eigenständigen theol. Ansätzen v. a. in der polit. Ethik und in der Lehre von der Kirche. Die radikalen sozialrevolutionären Kreise um T. Müntzer diskreditierten das täufer. Anliegen in der Öffentlichkeit, was zu anhaltenden Verfolgungen führte.

Taufkirche, svw. → Baptisterium.

Taufliegen (Essigfliegen, Drosophilidae), weltweit verbreitete, rd. 750 Arten umfassende Fam. 1–5 mm langer Fliegen (davon rd. 50 Arten in Europa); Körper meist gelbl. oder rötlichbraun, häufig rotäugig; leben bes. in der Nähe faulender und gärender Stoffe (v. a. von Früchten). Die bekannteste Art ist *Drosophila melanogaster* (Taufliege i. e. S.; etwa 2,5 mm lang); Versuchstier für die genet. Forschung.

Tauffliegen: Drosophila melanogaster, OBEN Weibchen; UNTEN Männchen

Taufnamen → Personennamen.

Tauler, Johannes, * Straßburg um 1300, † ebd. wahrscheinl. 15. 6. 1361, dt. Mystiker und Prediger. Dominikaner; vielleicht Schüler Meister → Eckharts; seine volkssprachl. Predigten haben wesentlich zur Herausbildung eines dt. Prosastils beigetragen.

Taumelkäfer (Drehkäfer, Kreiselkäfer, Gyrinidae), weltweit verbreitete, über 800 Arten umfassende Fam. etwa 5–10 mm langer Wasserkäfer (davon 12 Arten einheimisch).

Taumelscheibe, kreisförmige Scheibe mit schräg durch die Scheibenmitte verlaufender Drehachse.

Taumesser (Drosometer), Geräte zur Messung der Taumenge, i. d. R. durch Bestimmung des Gewichts der als Tau abgesetzten Flüssigkeit.

Taunggyi, Stadt im östl. Birma, im Schanhochland, 107 600 E. Hauptstadt des Schanstaates; u. a. Holzindustrie.

Taunton [engl. 'tɔːntən], engl. Stadt auf der Halbinsel Cornwall, 35 300 E. Verwaltungssitz der Gft. Somerset; u. a. Landmaschinenbau. Pfarrkirchen im Perpendicular style: Saint Mary Magdalene (1508) und Saint James (15. Jh.). – Entstand bei einer um 710 gegr. sächs. Königsburg.

Taunus, sö. Teil des Rhein. Schiefergebirges, Mittelgebirge zw. der Lahn im N und dem oberen Mittelrhein im W, S gegen das Tiefland an Rhein und Untermain, nach O gegen die Wetterau abfallend, im Großen Feldberg 878 m hoch.

Taupunkt, die Temperatur, bei der in einem Gas-Dampf-Gemisch (z. B. Luft und Wasserdampf) das Gas mit der vorhandenen Dampfmenge gerade gesättigt ist, also keinen weiteren Wasserdampf mehr aufnehmen kann. Das Gemisch hat am T. demnach seine (temperaturabhängige) maximale Feuchtigkeit erreicht, seine relative Feuchtigkeit beträgt 100 %.

Tauragė [litauisch tauraˈgɛ:] (dt. Tauroggen), Stadt im W Litauens, 22 000 E. – Die **Konvention von Tauroggen** (30. 12. 1812) zw. dem preuß. General J. D. L. Graf Yorck von Wartenburg und dem russ. General Johann Graf Diebitsch (* 1785, † 1831) leitete die Trennung des preuß. Hilfskorps von der frz. Armee ein.

Taurische Chersones [çɛr...] → Krim.

Edward Lawrie Tatum

413

Tauroggen →Tauragė.

Taurus [griech.-lat.] (Stier) →Sternbilder (Übersicht).

Taurus, Gebirgssystem in der südl. und östl. Türkei, gliedert sich in den *Lyk. T.* (West-T.; bis 3 086 m hoch), den östl. anschließenden Mittel-T., dessen O-Teil auch *Kilik. T.* genannt wird (bis 3 585 m hoch), den nach N anschließenden Aladağ (3 734 m hoch); danach Gabelung in den Inneren Ost-T., der sich bis zum Ararat erstreckt und in den Äußeren Ost-T., der bis zum Vansee reicht. Ein wichtiger Durchlaß nw. von Adana ist die *Kilikische Pforte.*

Tauschhandel, direkter Austausch von Waren ohne Vermittlung durch Geld.

Tauschieren [arab.] (Damaszieren), Verzieren unedler Metalle durch Einlegearbeiten mit Edelmetall. In Gegenstände (bes. Rüstungen und Waffen) z. B. aus Eisen oder Kupfer gräbt oder ätzt man Muster, in die Gold- oder Silberstückchen eingehämmert und durch Erhitzen mit dem Untergrund verbunden werden. In der islam. Kunst war das T. bes. hoch entwickelt, da der Koran den Gebrauch von Gegenständen aus Edelmetall als unerlaubten Luxus verbietet.

Täuschung, vorsätzl. Verhalten mit dem Ziel, bei einem anderen einen Irrtum zu erregen. Die T. ist im Strafrecht Tatbestandsmerkmal z. B. des Betrugs.

Tausendblatt, weltweit verbreitete Gatt. der Meerbeerengewächse mit zahlr. Arten (davon drei einheimisch); mehr oder weniger untergetaucht lebende Wasserpflanzen; z. T. Aquarienpflanzen.

Tausendfüßer (Myriapoda, Myriapoden), mit über 10 000 Arten v. a. in feuchten Biotopen weltweit verbreitete Klasse landbewohnender Gliederfüßer; gekennzeichnet durch einen deutl. abgesetzten Kopf, ein Paar Fühler (→Antennen) und einen weitgehend gleichförmig gegliederten Körper, dessen Segmente fast alle ausgebildete Laufbeine tragen (bis 340 Beinpaare). – Zu den T. gehören u. a. Hundertfüßer und Doppelfüßer.

Tausendgüldenkraut:
Echtes
Tausendgüldenkraut

Tausendgüldenkraut, Gattung der Enziangewächse mit rd. 40 Arten auf der nördl. Halbkugel, in S-Amerika und Australien mit rosafarbenen, gelben oder weißen Blüten; einheimisch u. a. das 10–50 cm hohe *Echte T.* (mit hellroten Blüten; auf Wiesen und Waldlichtungen; geschützt).

tausendjähriges Reich, vom Nat.-Soz. ins Polit. gewendeter, urspr. geschichtstheolog. (→Chiliasmus) Begriff.

Tausendundeine Nacht, arab. Sammlung von über 300 Erzählungen; den Kern bilden pers. Bestandteile (bezeugt im 10. Jh.), die auf einer ind. Vorlage basieren. Um ihn gruppiert sind Erzählungen arab. und ägypt. Stoffe; ind. Herkunft ist v. a. die Rahmenhandlung, in der die kluge Scheherazade ihren zukünftigen Gatten, den König von Samarkand, während 1001 Nacht mit ihren spannenden Erzählungen so gut unterhält, daß er seinen Vorsatz, sie töten zu lassen, aufgibt.

Taut, Bruno, * Königsberg (Pr.) 4. 5. 1880, † Ankara 24. 12. 1938, dt. Architekt. Ab 1908 v. a. in Berlin, ab 1933 in Japan, ab 1936 an der türk. Kunstakademie in Istanbul tätig; schuf Ausstellungsbauten (Leipzig 1913, Köln 1914), die den Baustoffen Stahl und Glas neue Formen abgewannen; wirkte wegweisend für die Reform der Wohnungen in Siedlungen (in Berlin Hufeisensiedlung Britz, 1925–30; Zehlendorf, 1926–31), bemühte sich um die Farbe als Gestaltungselement im Stadtbild.

Tauteilchen (τ-Teilchen, Taulepton, schweres Lepton), ein zu den Leptonen zählendes, negativ geladenes →Elementarteilchen.

tauto…, Tauto… [griech.], Bestimmungswort von Zusammensetzungen mit der Bedeutung ›dasselbe, das gleiche‹.

Tautologie [griech.], 1) Fügung, die einen Sachverhalt doppelt wiedergibt, meist im Wortpaar, z. B. einzig und allein, nackt und bloß. →Pleonasmus.

2) *Philosophie:* in der *formalen Logik* (v. a. in der Junktorenlogik) die logisch wahre Aussage (log. Axiom), sofern sie zur Eindeutigkeit des Gemeinten, z. B. durch Erläuterung des Inhalts, beiträgt.

Tautomerie [griech.], Form der Strukturisomerie bei benachbarten Verbindungen, die in zwei miteinander im Gleichgewicht stehenden Molekülformen *(Tautomeren)* vorliegen und aufgrund verschiedener physikal. und chem. Eigenschaften häufig einzeln isolierbar sind. Bei der *Keto-Enol-T.* steht eine Enolverbindung mit einer oder mehreren Hydroxylgruppen an ungesättigten Kohlenstoffatomen im Gleichgewicht mit einem (gesättigten) Keton.

Tavernier, Bertrand [tavɛrn'je:], * Lyon 25. 4. 1941, frz. Filmregisseur. Zeitweise Assistent von C. Chabrol und J.-L. Godard. – *Filme:* Der Uhrmacher von St. Paul (1974, nach G. Simenon), Der Dichter und der Mörder (1976), Der Saustall (1982), Ein Sonntag auf dem Lande (1984), Die Passion Béatrice (1988), Das Leben und nichts anderes (1989), Daddy Nostalgie (1990).

Taviani, Paolo, * San Miniato 8. 11. 1931, und sein Bruder Vittorio, * ebd. 20. 9. 1929, italien. Filmregisseure. Gemeinsame Arbeit, u. a. ›San Michele hatte einen Hahn‹ (1971), ›Allonsanfan‹ (1974), ›Padre Padrone‹ (1977), ›Die Nacht von San Lorenzo‹ (1982), ›Kaos‹ (1984), ›Good Morning Babylon‹ (1986).

Taxameter [frz.], in ein Taxi eingebautes, geeichtes Gerät, das den jeweils zu zahlenden Betrag in Abhängigkeit von der gefahrenen Strecke und der [Warte]zeit) automat. berechnet und anzeigt.

Taxe [lat.], ein durch Wertbeurteilung (Taxierung) im Wege der Schätzung festgestellter Preis bzw. Gebühr.

Taxi [lat.-frz.] (Taxe, Kraftdroschke), Pkw mit →Taxameter zur gewerbl. Beförderung von Personen an ein vom Fahrgast zu bestimmendes Ziel; für T. besteht eine gesetzl. Beförderungspflicht.

Taxis, lombard. Geschlecht; war seit dem 15. Jh. im päpstl. Kurierdienst tätig (›Erfinder‹ des Postwesens). →Thurn und Taxis.

Taxis (Mrz. Taxien) [griech.], Ortsbewegungen frei bewegl. tier. und pflanzl. Lebewesen, die von der Richtung abhängen, aus der ein Reiz auf den Organismus einwirkt. Man unterscheidet einzelne Taxien nach der Art des Reizes: Viele Einzeller und Spermatozoiden reagieren im Wasser auf ein Konzentrationsgefälle der unterschiedlichsten Substanzen *(Chemotaxis).* Das gleiche gilt für die Einstellung auf einseitig einfallendes Licht *(Phototaxis);* wird die Beleuchtung zu stark, wendet sich das Lebewesen von der Reizquelle ab. Mit Hilfe kleiner, fester Inhaltskörper im Zytoplasma ist ein Pantoffeltierchen in der Lage, die Richtung der Schwerkraft festzustellen. Weitere wichtige Reize sind Wärme *(Thermotaxis)* und Feuchtigkeit *(Hydrotaxis).* Bei der *Phonotaxie* erfolgt eine Ortsbewegung auf Richtung und Entfernung von Schallwellen, z. B. die Ultraschallorientierung bei Fledermäusen.

Taxkurs, geschätzter Kurs eines Wertpapiers, für das im amtl. Handel (mangels Umsatzes) keine Notierung erfolgte.

Taxonomie [griech.], 1) in *Zoologie* und *Botanik* als Zweig der Systematik die Wiss. und Lehre von dem prakt. Vorgehen bei der Einordnung der Organismen in systemat. Kategorien *(Taxa;* Einz.: *Taxon).* Die so gebildeten Organismengruppen stellen Einheiten dar, deren Vertreter in stammesgeschichtl. Hinsicht unmittelbar miteinander verwandt sind. Das elementare Taxon ist die →Art. →System.

2) Richtung der strukturalist. Sprachwiss.

Taxus [lat.], svw. → Eibe.

Taygetos, Gebirge auf der südl. Peloponnes, bis 2 407 m hoch.

Taylor [engl. 'tɛɪlə], 1) Bayard, * Kennet Square (Pa.) 11. 1. 1825, †Berlin 19. 12. 1878, amerikan. Schriftsteller. Hauptwerk ist die auch metr. original-getreue Übersetzung von Goethes ›Faust‹ (1870/71).
2) Cecil Percival, * New York 15. 3. 1929, amerikan. Jazzmusiker (Pianist). Leitete ab 1956 zahlr. Grupen (u. a. mit A. Shepp), die wegbereitend für die Entwicklung des → Free Jazz waren, dessen bedeutendster Pianist er bis heute ist (Verbindung von europ. Avantgardemusik mit der rhythm. Energie des Free Jazz).
3) Elizabeth, * London 27. 2. 1932, amerikan. Film-schauspielerin brit. Herkunft. Kinderstar; entwickelte sich seit den 1950er Jahren zum internat. bekannten Filmstar, u. a. in den Filmen ›Ein Platz an der Sonne‹ (1951), ›Die Katze auf dem heißen Blechdach‹ (1958), ›Cleopatra‹ (1962), ›Wer hat Angst vor Virginia Woolf?‹ (1966).
4) Richard Edward, * Medicine Hat 2. 11. 1929, kanad. Physiker. Erhielt 1990 mit J. I. Friedman und H. W. Kendall für den Nachweis der Quarkelemen-tarteilchen den Nobelpreis für Physik.
5) Zachary, * Orange County (Va.) 24. 11. 1784, † Washington 9. 7. 1850, 12. Präs. der USA (1849/50).

Taylorismus [te:lə...], von dem amerikan. Inge-nieur Frederick Winslow Taylor (* 1856, † 1915) ent-wickeltes System der wiss. Betriebsführung, das v. a. auf dem Prinzip der Zerlegung von Arbeitsvorgängen in einzelne Bewegungsabläufe zum Zweck der Ratio-nalisierung beruht.

Taylor-Wulst [engl. 'tɛɪlə; nach dem amerikan. Admiral David Watson Taylor, * 1864, † 1940], svw. → Bugwulst.

Tb, 1) chem. Symbol für → Terbium.
2) (Tbc, Tbk) Abk. für → Tuberkulose.

Tc, chem. Symbol für → Technetium.

TCDD → Dioxine.

tdw, Abk. für engl. **t**ons **d**ead**w**eight (Deadweight-tons; → Deadweight).

Te, 1) chem. Symbol für → Tellur.
2) → Taoismus.

Teakbaum [ti:k; Malajalam-portugies.], Gatt. der Eisenkrautgewächse mit vier Arten in SO-Asien und auf den pazif. Inseln. Der in den Tropen forstl. kulti-vierte, bis 50 m hohe Baum liefert das harte und termi-tenfeste *Teakholz.*

Team [engl. ti:m], 1. Arbeitsgruppe, **Teamarbeit, Teamwork** [-wə:k], Gemeinschaftsarbeit; 2. (im Sport) Mannschaft.

Tébessa, Stadt in NO-Algerien, 111 700 E. Ruinen eines Minervatempels (3. Jh.), Caracalla-Triumph-bogen (214), Basilika (5. Jh.). – Im 7. Jh. v. Chr. von Karthago gegr. **(Theveste);** im 1./2. Jh. röm.; 597 durch die Berber, 682 durch die Araber erobert; im 16. Jh. osman. Garnison; 1840 französisch.

Technetium [griech.] (früher Masurium), chem. Symbol Tc; radioaktives, nur künstl. darstellbares chem. Element aus der VII. Nebengruppe des Peri-odensystems der chem. Elemente, Ordnungszahl 43, Dichte 11,5 g/cm³, Schmelzpunkt 2172 °C. An Isoto-pen sind Tc 90 bis Tc 110 bekannt, wobei Tc 98 mit 4,2 · 10⁶ Jahren die längste Halbwertszeit hat.

Technicolor-Verfahren Ⓦ → Film.

Technik [griech.], Bez. für die Gesamtheit aller Objekte (Werkzeuge, Geräte, Maschinen u. a.), Maß-nahmen und Verfahren, die vom Menschen durch Ausnutzung der Naturgesetze und -prozesse sowie ge-eigneter Stoffe hergestellt bzw. entwickelt werden und sich bei der Arbeit und in der Produktion anwenden lassen. Darüber hinaus bezeichnet T. die Wiss. von der Anwendung naturwiss. Erkenntnisse. Die Eintei-lung der T. in bestimmte Sachbereiche erfolgt nach prakt. und organisator. Gesichtspunkten. Durch die T. sind in der Vergangenheit die Lebensbedingungen des Menschen zunehmend verbessert und erweitert worden. Andererseits beeinflußt jedoch die T. heute die Umwelt schon so weit, daß ernste ökolog. Schä-den bereits eingetreten sind und der Nutzen der T. in ihrem heutigen Ausmaß nicht mehr unumstritten ist. Die mit Technik. Entwicklungen eng verknüpfte Ver-änderung handwerkl. Produktionsformen bis hin zur industriellen Produktionsform zog die ›techn. Revo-lution‹ des Maschinenzeitalters nach sich, der eine zweite techn. Revolution durch die Automatisierung des 20. Jh. entspricht. → Übersicht S. 416 f.

Richard Edward Taylor

Techniker [griech.-frz.], Berufsbez. für verschie-dene techn. Ausbildungsberufe des Handwerks (Ra-dio- und Fernsehtechniker, Fernmeldetechniker, Zahntechniker) sowie für alle Berufe, die den Ab-schluß einer techn. Fachschule voraussetzen (staatl. geprüfter Techniker).

Technikum [griech.-nlat.], 1) früher allg. Bez. für Ingenieurschulen (heute Fachhochschulen).
2) in der *Schweiz* Bez. für Höhere Techn. Lehran-stalt (HTL); entspricht unseren Fachhochschulen (Ausbildung diplomierter Ingenieure).

technische Arbeitsfähigkeit, svw. → Exergie.

technische Hochschulen und Universitäten, Abk. TH, TU, wiss. Hochschulen für Forschung und Lehre in den Natur- und Ingenieurwiss.; seit den 1950er Jahren wurden den t. H. und U. geistes- und sozialwiss. Fachbereiche angegliedert, die den allgemein-bildende Aufgaben wahrnehmen und z. B. ein Lehrer-studium ermöglichen. Die TH entstanden aus poly-techn. Lehranstalten meist Ende des 19. Jh. und wur-den um die Jh.wende den Univ. gleichgestellt. 1967 wurden die TH Stuttgart und Karlsruhe in Univ., Ber-lin (1956), München (1970) sowie Braunschweig, Clausthal-Zellerfeld und Hannover (1968) in TU um-benannt. Die TH in Aachen und Darmstadt haben die Bez. beibehalten.

technische Produktgestaltung → Industrie-design.

technische Richtkonzentrationen → TRK-Werte.

Technisches Hilfswerk, Abk. THW, dem Bun-desamt für Zivilschutz eingegliederte Bundesanstalt, gegr. 1950/53; nimmt als Teil des Katastrophenschut-zes techn. Dienste wahr; rd. 52 300 ehrenamtl. Helfer.

technisches Werken, Lernbereich in Fachver-bindung mit Arbeitslehre, Textilgestaltung bzw. Tex-tilarbeit oder Hauswirtschaftslehre.

technisches Zeichnen, die Anfertigung exakter [Konstruktions]zeichnungen von techn. Gegenstän-den (Maschinenteilen, Werkstücken u. a.); insbes. als Vorlagen für die Fertigung.

technische Überwachung, durch Gesetze bzw. Verordnungen festgelegte Überprüfung von Kfz und Kfz-Führern sowie Überwachung bestimmter techn. Anlagen (z. B. Dampfkessel) durch amtl. anerkannte Sachverständige oder Prüfer bzw. durch *Techn. Über-wachungsvereine,* Abk. TÜV (eingetragene Vereine, Selbstverwaltungsorganisationen der Wirtschaft) bzw. (in Hessen) durch die Staatl. Techn. Überwa-chung.

Technokratie [griech.], eine Gesellschaft, in der die rationale, effektive Planung und Durchführung aller gesellschaftl. Ziele vorherrscht. Die Ausrichtung der gesellschaftl. Entwicklung nach wiss.-techn. Kri-terien verringert die Bedeutung demokrat. Willens-bildung und polit. Entscheidungsprozesse.

Technologie [griech.], die Wiss. von den techn. Produktionsprozessen. Als T. wird auch das Verfah-ren und die Methodenlehre eines einzelnen [inge-nieurwiss.] Gebietes oder eines bestimmten Ferti-

Technische Erfindungen		
Zeit	Erfinder	Lebensdaten
um 1285 ... Brille	Salvino degli Armati	† 1317
1427 ...... Uhrfeder	Heinrich Arnold	† 1460
um 1450 ... Buchdruck mit beweglichen Lettern	Johannes Gutenberg	zw. 1397 u. 1400–1468
1510 ...... Taschenuhr („Nürnberger Ei")	Peter Henlein	um 1485–1542
1590 ...... Mikroskop	Zacharias Janssen	† zw. 1628 u. 1638
1608 ...... dioptrisches Fernrohr	Hans Lipperhey	um 1570–1619
1611 ...... Linsenfernrohr mit sammelndem Okular	Johannes Kepler	1571–1630
1616 ...... Spiegelteleskop	Nicola Zucchi	1586–1670
1642 ...... Rechenmaschine	Blaise Pascal	1623–1662
1643 ...... Barometer	Evangelista Torricelli	1608–1647
1650 ...... Luftpumpe	Otto von Guericke	1602–1686
1656/57 .... Pendeluhr	Christiaan Huygens	1629–1695
1671 ...... Multiplikationsmaschine	Gottfried Wilhelm Leibniz	1646–1716
1675 ...... Federunruh	Christiaan Huygens	1629–1695
1679 ...... Dampfkochtopf	Denis Papin	1647–zw. 1712 u. 1714
1709 ...... Porzellan	Johann Friedrich Böttger	1682–1719
um 1710 ... Dreifarbendruck	Jakob Christoph Le Blon	1667–1741
1712 ...... atmosphärische Dampfmaschine	Thomas Newcomen	1663–1729
1716/18 .... Quecksilberthermometer	Daniel Gabriel Fahrenheit	1686–1736
1735 ...... Schiffschronometer	John Harrison	1693–1776
1752 ...... Blitzableiter	Benjamin Franklin	1706–1790
1765 ...... Prinzip der modernen Dampfmaschine	James Watt	1736–1819
1770 ...... Dampfkraftwagen	Joseph Cugnot	1725–1804
1783 ...... Heißluftballon	Étienne Jacques Montgolfier	1745–1799
	Michel Joseph Montgolfier	1740–1810
1784 ...... mechanischer Webstuhl (Patent 1785)	Edmund Cartwright	1743–1823
1786 ...... Dreschmaschine	Andrew Meikle	1719–1811
1793 ...... Baumwollentkörnungsmaschine	Eli Whitney	1765–1825
1795 ...... hydraulische Presse	Joseph Bramah	1749–1814
1797 ...... Lithographie (Steindruck; Patent 1799)	Alois Senefelder	1771–1834
1800 ...... elektrische Batterie	Alessandro Graf Volta	1745–1827
1803/04 .... Dampflokomotive	Richard Trevithick	1771–1833
1805 ...... Webstuhl für gemusterte Stoffe	Joseph-Marie Jacquard	1752–1834
1807 ...... Schaufelrad-Flußdampfschiff	Robert Fulton	1765–1815
1812 ...... Zylinderdruckmaschine (Schnellpresse)	Friedrich König	1774–1833
1814 ...... Dampflokomotive	George Stephenson	1781–1848
1816 ...... Stirling-Motor	Robert Stirling	1790–1878
1817 ...... Fahrrad (Draisine)	Karl von Drais	1785–1851
1821 ...... Thermoelement	Thomas Johann Seebeck	1770–1831
1821 ...... Elektromotor	Michael Faraday	1791–1867
1824 ...... künstlicher Zement (Portlandzement)	Joseph Aspdin	1799–1855
1824 ...... Photographie (Heliographie)	Joseph Nicéphore Niepce	1765–1833
1831 ...... Transformator	Michael Faraday	1791–1867
1837 ...... Schreibtelegraf	Samuel Morse	1791–1872
1839 ...... Photographie (Daguerreotypie)	Louis Jacques Mandé Daguerre	1787–1851
1839 ...... photographisches Negativverfahren	William Henry Fox Talbot	1800–1877
1839 ...... Kautschukvulkanisation	Charles Goodyear	1800–1860
1839 ...... Dampfhammer	James Nasmyth	1808–1890
1846 ...... elektrischer Zeigertelegraf	Werner von Siemens	1816–1892
1852 ...... Gyroskop	Léon Foucault	1819–1868
1854 ...... Glühlampe	Henry Goebel	1818–1893
1855 ...... Typendrucktelegraf	David Edward Hughes	1831–1900
1855 ...... Windfrischverfahren zur Stahlerzeugung (Bessemer-Birne)	Henry Bessemer	1813–1898
1855 ...... Bunsenbrenner	Robert Wilhelm Bunsen	1811–1899
1856 ...... Anilinfarben	Sir William Henry Perkin	1838–1907
1860 ...... elektrische Zündung für Mororen	Étienne Lenoir	1822–1900
1861 ...... erster Fernsprecher	Johann Philipp Reis	1834–1874
1866 ...... Dynamomaschine	Werner von Siemens	1816–1892
1866/67 .... Dynamit	Alfred Nobel	1833–1896
1868 ...... Druckluftbremse	George Westinghouse	1846–1914
1875 ...... erster betriebsfähiger Kraftwagen mit Benzinmotor	Siegfried Marcus	1831–1898
1876 ...... Ammoniak-Kältemaschine	Carl von Linde	1842–1934
1876 ...... Fernsprechapparat	Alexander Graham Bell	1847–1922
1876 ...... Viertakt-Gasmotor	Nikolaus August Otto	1832–1891
1877 ...... Phonograph (Patent 1878)	Thomas Alva Edison	1847–1931
1879 ...... elektrische Lokomotive	Werner von Siemens	1816–1892
1884 ...... Lochscheibe zum Abtasten von Bildern (Grundlage für das Fernsehen)	Paul Nipkow	1860–1940
1884 ...... Rollfilm	Hannibal Goodwin,	1822–1900
	George Eastman	1854–1932
1884 ...... Setzmaschine Linotype)	Ottmar Mergenthaler	1854–1899
1884 ...... dreirädriger Motorwagen (Patent 1886)	Carl Benz	1844–1929
1884 ...... mehrstufige Dampfturbine	Sir Charles Parsons	1854–1931
1885 ...... Motorrad	Gottlieb Daimler	1834–1900
1887 ...... Schallplatte (mit Wachsschicht versehene Zinkplatte)	Emil Berliner	1851–1929
1888 ...... Luftreifen	John Boyd Dunlop	1840–1921
1891 ...... Segelflugzeug	Otto Lilienthal	1848–1896

Technische Erfindungen (Forts.)		
Zeit	Erfinder	Lebensdaten
1891 . . . . . . Kinetograph (Filmaufnahmekamera)	Thomas Alva Edison	1847–1931
1893 . . . . . . Dieselmotor	Rudolf Diesel	1858–1913
1895 . . . . . . Kinematograph	Auguste Marie Louis Nicolas Lumière	1862–1954
	und Louis Jean Lumière	1864–1948
1895 . . . . . . drahtlose Telegrafie (Patent 1896)	Guglielmo Marchese Marconi	1874–1937
1895 . . . . . . Röntgenstrahlen	Wilhelm Conrad Röntgen	1845–1923
1899 . . . . . . Tonband[gerät] („Telegraphon")	Valdemar Poulsen	1869–1942
1900 . . . . . . Starrluftschiff	Ferdinand Graf von Zeppelin	1837–1917
1900 . . . . . . Elektronenröhre (Patent 1904)	Ambrose Fleming	1849–1945
1903 . . . . . . Farbphotographie (Autochromplatte)	Auguste Marie Louis Nicolas Lumière	1862–1954
	und Louis Jean Lumière	1864–1948
1904 . . . . . . Offsetdruck	Ira W. Rubel	† 1908
1908 . . . . . . Kreiselkompaß	Hermann Anschütz-Kaempfe	1872–1931
1910 . . . . . . Neonröhre	Georges Claude	1870–1960
1911 . . . . . . Verfahren zur direkten Kohlehydrierung	Friedrich Bergius	1884–1949
1915 . . . . . . Ganzmetallflugzeug	Hugo Junkers	1859–1935
1929 . . . . . . Schweröl-Flugmotor	Hugo Junkers	
1931 . . . . . . Elektronenmikroskop	Max Knoll und	* 1897
	Ernst Ruska	* 1906
1937 . . . . . . Düsenmotor	Frank Whittle	* 1907
1938 . . . . . . Xerographie	Chester F. Carlson	1906–1968
1942 . . . . . . erste kontrollierte nukleare Kettenreaktion	Enrico Fermi	1901–1954
1945/46 . . . . Rechenautomat	John William Mauchly und	* 1907
(elektronische Großrechenmaschine ENIAC)	J. Presper Eckert	* 1919
1947 . . . . . . Polaroidkamera	Edwin Land	1909–1990
1947/48 . . . . Herz-Lungen-Maschine	Åke Senning und	* 1915
	Clarence Crafoord	* 1899
1948 . . . . . . Holographie	Dennis Gábor	1900–1979
1948 . . . . . . Kunststofflangspielplatte	Peter Carl Goldmark	1906–1977
1948 . . . . . . Transistor	William Shockley, ...	* 1910
	John Bardeen und	* 1908
	Walter Houser Brattain	* 1902
1954 . . . . . . Luftkissenboot (Hovercraft)	Sir Christopher Cockerell	* 1910
1954/55 . . . . Maser	Herbert Jack Zeiger, ...	* 1925
	Charles Hard Townes und	* 1915
	J. P. Gordon	20. Jh.
1954/55 . . . . Gasmaser	Nikolai Gennadijewitsch Bassow und	* 1922
	Alexandr Michailowitsch Prochorow	* 1916
1957 . . . . . . Drehkolbenmotor	Felix Wankel	1902–1988
1959 . . . . . . Floatglasherstellung	Sir Lionel Alexander Bethune Pilkington . . .	* 1920
1960 . . . . . . Rubinlaser	Theodore Harold Maiman	* 1927
1960/63 . . . . PAL-System (Farbfernsehen)	Walter Bruch	* 1908
1961 . . . . . . Gaslaser	William Ralph Bennett jr., ...	* 1930
	A. Javan und	* 1926
	D. R. Herriott	20. Jh.
1962 . . . . . . Leuchtdiode	Nick Holonyak	* 1928
1969/70 . . . . Mikroprozessor	Marcian Edward Hoff	* 1937
1973 . . . . . . Computertomograph	Godfrey Newbold Hounsfield	* 1919
1973 . . . . . . Kernspintomographie	P. C. Lauterbur	20. Jh.
1977 . . . . . . Neutronenbombe	USA	
1981 . . . . . . Rastertunnelmikroskop	Gerd Binnig und	* 1947
	Heinrich Rohrer	* 1933
1986 . . . . . . keramische Hochtemperatursupraleiter	Johannes Georg Bednorz und	* 1950
	Karl Alexander Müller	* 1927
1988 . . . . . . Stehbild-Videokamera	Japan	
1989 . . . . . . Teilchenbeschleuniger LEP	CERN, Schweiz	
1989 . . . . . . Suprenum-Computer	BR Deutschland	

gungsablaufs sowie der alle techn. Einrichtungen u. ä. umfassende Bereich eines Forschungsgebietes (z. B. Raumfahrt-T.) bezeichnet, ferner der einzelne technolog. Prozeß, d. h. die Gesamtheit der zur Gewinnung und/oder Bearbeitung eines Materials bzw. Werkstücks erforderl. Prozesse, einschließl. der Arbeitsmittel, Werkzeuge und Arbeitsorganisation.

technologische Lücke, aus dem Engl. (›technological gap‹) übernommene Bez. für den Abstand in der techn. Forschung, im techn. Wissen und im Einsatz techn. Methoden zw. verschiedenen Ländern, bes. zw. den wirtschaftlich hochentwickelten und den unterentwickelten Ländern.

Teckel [niederdt.], svw. → Dackel.

Tecklenburg, Stadt im westl. Teutoburger Wald, 250 m ü. d. M., NRW, 8 900 E, Luftkurort; Freilichtbühne. Schloßruine (v. a. 16./18. Jh.); ev. Stadtkirche (16. Jh.; Grablege der Grafen von T.); Fachwerkhäu-

ser (16.–18. Jh.). – Ab der 1. Hälfte des 12. Jh. Mittelpunkt der Gft. Tecklenburg, die 1263 an die Grafen von Bentheim kam.

Tecumseh, * Piqua (Ohio) zw. 1768 und 1780, ⚔ bei Thamesville (Ontario) 5. 10. 1813, Häuptling der Shawnee. Suchte das Vordringen der weißen Siedler zu hindern, scheiterte jedoch nach der Niederlage seiner Krieger am Tippecanoe River (7. 11. 1811); fiel als Brigadegeneral in brit. Diensten.

Tedeum [lat.] (Ambrosian. Lobgesang), nach den Anfangsworten ›Te Deum laudamus‹ (›Dich, Gott, loben wir‹) benannter Dankhymnus der lat. Liturgie. – Seit dem 13. Jh. auch als Motette (di Lasso), später als Kantate, Messe oder Oratorium (Händel, Haydn), im 19. Jh. mit sinfon. Zügen (Berlioz, Verdi, Bruckner).

Tee [chin.], **1)** (echter T.) die getrockneten Blattknospen und jungen Blätter des Teestrauchs, die je nach Herkunft und Qualität 1–5% Koffein, ferner Theobromin, Theophyllin, etwas äther. Öl und 7–12% Gerbstoffe enthalten. Beim Aufbrühen werden das Koffein und die Aromastoffe rasch, die Gerbstoffe, die auch die Bräunung bestimmen, erst nach und nach ausgezogen. Bei der Herstellung des *schwarzen Tees* wird das Pflückgut nach dem Welken gerollt (um die Zellwände aufzubrechen) und dann in Gärkammern bei 35–40 °C über vier Stunden fermentiert. Das Trocknen erfolgt bei 85 bis 125 °C. – Beim *grünen Tee* unterbleibt die Fermentation. Durch kurzes Dämpfen über siedendem Wasser bleibt die grüne Farbe erhalten. – Grüner T. ist ebenso wie der halbfermentierte ›gelbe‹ *Oolong-Tee* v. a. in China und Japan verbreitet. Die Handelssorten werden nach der Blattqualität unterschieden: *Flowery Orange Pekoe* (im wesentl. nur Knospen), *Orange Pekoe* (Knospen und oberstes Blatt), *Pekoe Souchong* (das zweite Blatt) und *Souchong* (das dritte, gröbste Blatt). Der Rest wird als *Fannings* (Blattbruch und Blattstiele), als *Backsteintee* (Ziegel-T., Tafel-T.; zusammengepreßte Blattabfälle) und als *Dust* (abgesiebter Teestaub) gehandelt. Auch die beim Rollen gebrochenen Blätter werden sortiert und in den Qualitäten *Broken Orange, Pekoe, Broken Pekoe* oder *Broken* angeboten. Der beste T. kommt aus den klimat. günstigen Hochlagen von Darjeeling, Ceylon und Assam (Temperatur im Jahresdurchschnitt 18 °C, 2 000 mm Jahresniederschlag). **2)** allg. Bez. für Getränke aus Aufgüssen und Abkochungen bestimmter Pflanzenteile bzw. für die dazu verwendete, meist getrocknete Substanz, z. B. Kräutertee, Pfefferminztee.

Teenager [engl. 'ti:neɪdʒə; gebildet aus der engl. Nachsilbe -teen von den Zahlen 13 bis 19 und age ›Alter‹], Junge oder Mädchen etwa zw. 13 und 16 Jahren.

Teer, flüssige bis halbfeste, braune bis schwarze, bei der therm. Zersetzung (Schwelung, Verkokung, Vergasung) von Stein- und Braunkohle, Holz, Torf und Erd- bzw. Schieferöl neben gasförmigen und leichtflüchtigen Substanzen anfallende Produkte. Wichtig sind v. a. der *Steinkohlenteer* und der *Braunkohlenteer* (Destillationsprodukte liefern Kraftstoffe, Paraffinöl).

Teeren und Federn, Form der amerikan. Lynchjustiz; das Opfer wird mit Teer bestrichen, mit Federn überschüttet und getötet.

Teerkrebs (Teerkarzinom), nach längerem Umgang mit Kohle, Teer und Pech auftretender Krebs der Haut (Spinaliom), des Kehlkopfs oder der Lunge; häufigster Berufskrebs.

Teesside [engl. 'ti:zsaɪd], engl. Ind.stadt an der Mündung des Tees, 410 000 E. Verwaltungssitz der Gft. Cleveland; u. a. petrochem., Eisen- und Stahlindustrie, Hafen. – Entstand 1968 durch den Zusammenschluß mehrerer Gemeinden.

Teestrauch, in Assam und Oberbirma beheimatete Art der Kamelie; kleiner, immergrüner Baum oder Strauch; zwei Varietäten: der 10 bis 15 m hoch werdende *Assam-T.* und der meist nur 3–4 m hohe *Chin. T.*; in Kultur durch Schnitt in einer Höhe von 1–2 m gehalten.

Teestrauchgewächse (Teegewächse, Theaceae), Pflanzenfam. mit rd. 600 Arten in 35 Gatt.; überwiegend in Gebirgswäldern der Tropen und Subtropen; meist immergrüne Bäume oder Sträucher; Früchte als Kapseln, Steinfrüchte oder Beeren ausgebildet.

Tefillin [hebr.], jüd. Gebetsriemen mit 2 Kapseln, die auf Pergament geschriebene Bibelstellen enthalten; werden beim Morgengebet an Kopf und Arm angelegt.

Teflon ⒲ [Kw.], Handelsbez. für einen Kunststoff aus Polytetrafluoräthylen (→ Kunststoffe [Übersicht]).

Teichhuhn

Teestrauch: Chinesischer Teestrauch

Tegea, antike Stadt auf der Peloponnes, sö. von Tripolis. Ausgegraben wurden u. a. Teile der Stadtmauer und der neuere Tempel der Athena Alea (von Skopas, 350–340).

Tegeler See, 4 km² große seeartige Ausbuchtung der Havel im NW von Berlin.

Tegernsee, 1) Stadt am O-Ufer des Tegernsees, Bayern, 5 000 E. Olaf-Gulbransson-Museum; heilklimatischer Kurort, Mineralbad. Barocker Umbau der Pfarrkirche (ehem. Abteikirche) Sankt Quirin (1684–89) mit roman. (11.Jh.) und spätgot. (15.Jh.) Resten. – Bedeutendstes Benediktinerkloster Bayerns (746–1803). **2)** Moränenstausee am Alpennordrand, Bayern, 9 km².

Tegucigalpa [span. teɣusiˈɣalpa], Hauptstadt von Honduras, 604 600 E. Univ., Nationalarchiv, -bibliothek und -museum, Theater; u. a. Konsumgüter-Ind.; ⚓ Kathedrale (1758–82), Kirche Los Dolores (1736–1815). – 1579 gegr., seit 1880 Hauptstadt von Honduras.

Teheran ['teːhəraːn, tehəˈraːn], Hauptstadt von Iran, am S-Fuß des Elbursgebirges, 6,04 Mio. E. Sitz der Regierung, 6 Univ., Nationalbibliothek, Museen. Wirtschaftszentrum des Landes, internat. Messen; großer Basar; u. a. Erdölraffinerie, Konsumgüter-Ind., internat. ⚓. Zahlr. Moscheen, u. a. Sepah-Salar-Moschee (19.Jh.), Golestanpalast (18./19.Jh.). – In frühislam. Zeit unbed. Kleinstadt, seit 1786 offizielle Hauptstadt des Landes. – Auf der **Konferenz von Teheran** (28. 11.–1. 12. 1943) zw. Churchill, F. D. Roosevelt und Stalin wurde die Landung alliierter Truppen in der Normandie und in S-Frankreich (Sommer 1944) mit der gleichzeitigen sowjet. Offensive koordiniert (›zweite Front‹), die sowjet. Beteiligung am Krieg gegen Japan nach dem Sieg in Europa in Aussicht gestellt und die ›Westverschiebung‹ Polens geplant.

Tehuantepec, Isthmus von [span. teɣuanteˈpɛk], Landenge im sö. Mexiko, zw. dem Golf von Campeche und dem Golf von Tehuantepec, morpholog. Grenze zw. dem Kontinent Nordamerika und der mittelamerikan. Landbrücke.

Teichhuhn, über 30 cm lange, fast weltweit verbreitete Ralle, v. a. auf stehenden Süßgewässern; Teilzieher.

Teichjungfern (Lestidae), mit über 100 Arten bes. an Tümpeln und Teichen weltweit verbreitete Fam. schlanker, metall. grüner, bronze- oder kupferfarbener Kleinlibellen; Flügel farblos.

Teichlinse, Gatt. der Wasserlinsengewächse mit drei fast weltweit verbreiteten Arten.

Teichmolch (Grabenmolch), 8–11 cm langer, schlanker Molch in Europa und Asien (bis Sibirien); häufigste einheim. Molchart in Tümpeln und Wassergräben.

Teichmuschel (Schwanenmuschel), bis 20 cm lange Muschel, v. a. in ruhigen Süßgewässern M-Europas; Schalen außen bräunlichgrün, Innenschicht mit Perlmutter bekleidet.

Teichoskopie [griech.] (Mauerschau), dramentechn. Mittel, das dazu dient, bestimmte Szenen (z. B. Schlachten) durch eine Art synchroner Reportage auf der Bühne zu vergegenwärtigen (nach der Szene in der ›Ilias‹, in der Helena von der trojan. Mauer aus dem Priamos die Haupthelden der Achäer zeigt).

Teichrose (Mummel), Gatt. der Seerosengewächse mit wenigen Arten auf der nördl. Halbkugel; ausdauernde Wasserpflanzen mit herzförmigen Blättern; einheim. u. a. die *Gelbe T.* mit wohlriechenden, gelben, kugeligen Blüten (5 cm im Durchmesser).

Teide, Pico de [span. ðeˈtei̯ðe], höchster Berg (Vulkan) der Kanar. Inseln, auf Teneriffa, 3 718 m hoch.

Teilchen (Korpuskel, Partikel), allg. die Bez. für sehr kleine materielle Körper, z. B. *Staub-T.* und *Schwebe-T.* in Gasen und Flüssigkeiten; in der Mikrophysik die *atomaren T.:* Atome, Moleküle, Ionen, Elektronen, Atomkerne (z. B. Deuteronen, Alpha-T.), Nukleonen sowie alle übrigen Elementarteilchen.

Teilchenbeschleuniger (Akzeleratoren, Beschleuniger), Bez. für verschiedenartige Vorrichtungen zur Beschleunigung elektr. geladener Teilchen (Elektronen, Protonen, Ionen). Um hochenerget. Teilchen zu erhalten, läßt man sie eine einzelne, sehr hohe [Beschleunigungs]spannung durchlaufen bzw. eine oder mehrere relativ kleine Spannungen sehr oft in derselben Richtung, so daß sie ihre Energie stufenweise erhöhen. Daraus ergeben sich zwei verschiedene Bauarten: die Linearbeschleuniger und die Kreis- bzw. Zirkularbeschleuniger.

Bei den *Linearbeschleunigern* erfolgt die Beschleunigung auf geradlinigen Bahnen. Große Bedeutung erlangten Linearbeschleuniger beim Bau sog. *Schwerionenbeschleuniger,* in denen Ionen vorbeschleunigt, zusätzlich ionisiert dann in weiteren Beschleunigerstufen auf ihre Endenergie gebracht werden (über 10 MeV/Nukleon).

Bei den *Kreisbeschleunigern* werden die beschleunigten Teilchen auf kreisartigen Bahnen geführt und können auf diese Weise ein oder mehrere elektr. Felder fast beliebig oft durchlaufen. Das *Zyklotron* (von E. O. Lawrence 1932 entwickelt) besteht aus zwei flachen, metallischen, D-förmigen Halbkreisdosen *(Duanten).* Die aus einer Ionenquelle im Zentrum ausgehenden Teilchen laufen im homogenen Magnetfeld in den Duanten auf Spiralbahnen von innen nach außen und werden tangential aus dem Zyklotron herausgeführt; erreichbare Endenergie über 1 GeV. Das *Betatron (Elektronenschleuder)* arbeitet nach dem Prinzip des Transformators. An die Stelle der Sekundärwicklung tritt eine evakuierte Ringröhre, in der die eingeschossenen Elektronen durch ein induziertes elektr. Wechselfeld in einer zum Magnetfeld senkrechten Richtung beschleunigt werden. Das *Synchrotron* ist ein T. zur Erreichung höchster Energien, bei dem geladene Teilchen während ihrer Beschleunigung in einer evakuierten Ringröhre durch Magnetfelder auf einer geschlossenen Bahn gehalten und an mehreren Stellen durch geradlinige Hochfrequenzstrecken beschleunigt werden. Zusatzanlagen an T. sind die sog. *Speicherringe,* in denen die Teilchen durch magnet. Führungsfelder auf geeigneten Bahnen für Experimente gespeichert werden.

Teilchenstrahlen, svw. →Korpuskularstrahlen.

Teileigentum, beim Wohnungseigentum das Sondereigentum an nicht zu Wohnzwecken dienenden Räumen eines Gebäudes.

Teiler, Begriff der elementaren Zahlentheorie: Eine ganze Zahl *b* wird als T. einer ganzen Zahl *a* bezeichnet, wenn die Division von *a* durch *b* ohne Rest aufgeht; *a* nennt man dann *Vielfaches* von *b.* Als *gemeinsamen T.* mehrerer Zahlen bezeichnet man jede Zahl, die T. jeder dieser Zahlen ist; die größte Zahl dieser gemeinsamen T. heißt *größter gemeinsamer T.* (ggT).

Teilhaber, im *Handelsrecht* der [mit einem Geschäftsanteil beteiligte] Gesellschafter einer Personengesellschaft.

Teilhard de Chardin, Marie-Joseph Pierre [frz. tɛjardɔʃarˈdɛ̃], * Landsitz Sarcenat bei Clermont-Ferrand 1. 5. 1881, † New York 10. 4. 1955, frz. Paläontologe und Philosoph. Jesuit; mehrere Forschungsreisen nach China, Afrika und Indien; beteiligt an der Auswertung der Ausgrabung des Pekingmenschen. – Versuch in seinem philos. Hauptwerk ›Der Mensch im Kosmos‹ (1955) die materialist. Evolutionstheorie und die christl. Heilslehre in Einklang zu bringen.

Teilmenge →Mengenlehre.

Teilschuldverschreibung, in einer eigenen Urkunde verbriefter Teil des Gesamtbetrages einer als Anleihe herausgegebenen Schuldverschreibung.

Teilung, in der Geometrie →harmonische Teilung, →Goldener Schnitt.

Teilungsgewebe, svw. →Bildungsgewebe.

Teilzahlung →Abzahlungsgeschäft.

Teilzahlungsbanken, Spezialkreditinstitute, die Abzahlungsgeschäfte durch Kredite finanzieren.

Teilzeitbeschäftigung, Arbeitsverhältnis, bei dem eine geringere als die übliche durchschnittl. Arbeitszeit vereinbart ist.

Teilzieher, Vogelarten, bei denen nur ein Teil der Individuen (meist die nördl. Populationen) einer Art nach S zieht (z. B. Star, Ringeltaube, Kiebitz, Teich- und Bläßhuhn).

Teiresias (Tiresias), in der griech. Mythologie Thebens blinder Seher (→Ödipus).

Teja (Theia, Tejus, Theja), ⚔ Mons Lactarius (= Sant'Angelo a Trepizzi bei Positano) 553, letzter ostgot. König in Italien (seit 552). Nachfolger des Totila; wurde von den Byzantinern unter Narses geschlagen.

Tejo [portugies. 'tɐʒu], Fluß in Portugal, →Tajo.

Tektonik [griech.], Lehre vom Bau und den Lagerungsstörungen der Erdkruste.

Telanaipura, indones. Prov.hauptstadt in SO-Sumatra, 230 400 E. Univ., Erdölgewinnung, Hafen, ☒. – 1858 kam das Sultanat Djambi (bis 1973 Name von T.) unter die Schutzherrschaft der niederl. Ostindienkompanie, 1901 unter deren direkte Verwaltung.

Tel Aviv-Jaffa, größte Stadt Israels, an der Mittelmeerküste, 317 800 E. Univ., Institut für Talmudforschung, Afroasiat. Institut für Zusammenarbeit, Museen; Theater, Nationaloper, Kammertheater; Planetarium, Zoo. Wirtschaftszentrum Israels, mit internat. Fachmessen und Diamantenbörse; Hafen. In Jaffa: Franziskanerklosterkirche Sankt Peter (1654), Große Moschee (1810); in Tel Aviv: zahlr. Synagogen, Kunstgalerie Helena Rubinstein (1959) mit Konzerthalle, Tempel der Kultur (1957). – **Jaffa** (griech. **Ioppe**), seit dem 5. Jt. v. Chr. besiedelt, war im 3. Jt. v. Chr. wichtige Hafenstadt für Jerusalem; ab 64/63 röm.; im 4. Jh. n. Chr. Bischofssitz; 1948 im 1. Israel.-Arab. Krieg von Israel erobert und 1950 mit **Tel Aviv** (1908 als zionist. Siedlung gegr.; 1948–50 Hauptstadt Israels) vereinigt. – Am 14. 5. 1948 proklamierte in Tel Aviv der Nationalrat der Juden den Staat Israel.

tele..., **Tele...** [griech.], Bestimmungswort von Zusammensetzungen mit der Bedeutung ›fern, weit‹.

Telebrief, Briefdienst der Dt. Bundespost, bei dem Schrift- oder Zeichenvorlagen bis zum Format DIN A 4 mit Fernkopierer übertragen und wie Eilbriefe zugestellt werden.

Telefax →Fernkopierer.

Telefon [griech.], svw. Fernsprechapparat, Fernsprecher (→Fernsprechen).

Telefonseelsorge, Form der Stadtseelsorge, die jedem Anrufer die Möglichkeit zu anonymem seelsorgl. Gespräch mit (meist ehrenamtl.) Mitarbeitern bietet.

Telefonüberwachung, gerichtlich angeordnete Überwachung des Fernmeldeverkehrs; erfolgt aufgrund des Abhörgesetzes, wenn der begründete Verdacht staatsgefährdender Straftaten vorliegt.

Telegraaf, De [niederl. də te:lə'xra:f], unabhängige niederl. Tageszeitung; gegr. 1893.

Telegraf (Telegraph), Gerät zur Übertragung codierter Informationen auf opt., akust. oder elektr. Wege. →Fernschreiber.

Telegrafenalphabet, die Gesamtheit der in einem Telegrafiersystem den zu übertragenden Buchstaben, Ziffern, Zeichen zugeordneten Codeelement-

Marie-Joseph Pierre
Teilhard de Chardin

folgen. Das *Morsealphabet* verwendet Kombinationen von Punkten und Strichen. Eine erste internat. Normung wurde mit dem *Internat. T. Nr. 1* (ein sog. Fünferalphabet) erreicht; seit 1929 ist das *Internat. T. Nr. 2* eingeführt, ebenfalls ein *Fünferalphabet,* das mit Gruppen von je fünf Schritten arbeitet.

Telegrafie (Telegraphie), die Übermittlung von Informationen in Form von codierten Signalen. Bei der heute übl. Art der T. werden die zu übertragenden Informationen vom Sender (z. B. Fernschreiber) nach einem bestimmten Code (→Telegrafenalphabet) in elektr. Schrittfolgen (Impulse) umgesetzt und auf der Übertragung über Leitungen (als modulierter Gleichstrom bei der *Gleichstromtelegrafie* bzw. mittels amplituden- oder frequenzmodulierter Wechselströme bei der *Wechselstromtelegrafie*) oder auf dem Funkwege *(Funktelegrafie)* im Empfänger wieder in ihre urspr. Form zurückverwandelt.

Telegramm, von der Post im Telegrafendienst (auf Wunsch auf bes. Schmuckblättern) telegrafisch übermittelte Nachricht.

Telekinese, die psych. Beeinflussung externer Materie (z. B. ›Tischrücken‹) durch angebl. okkulte Kräfte.

Telekolleg, Weiterbildungseinrichtung in Form eines Medienverbundsystems aus Fernseh- und/oder Hörfunksendungen, schriftl. Begleitmaterial und einem Gruppenunterricht, der etwa einmal im Monat die Teilnehmer versammelt.

Telekommunikation, der Austausch von Nachrichten und Informationen über größere Entfernungen mit Hilfe von *T.mitteln* wie Fernsprecher, Fernseh- bzw. Bildschirmgerät, Fernkopierer u. a. →Breitbandkommunikation, →ISDN.

Telekopie, svw. Fernkopieren; auch die dabei entstehende Kopie des Originals.

Telemachos, Sohn des →Odysseus. Hauptperson der ersten vier Bücher der ›Odyssee‹ (›Telemachie‹).

Telemann, Georg Philipp, * Magdeburg 14. 3. 1681, † Hamburg 25. 6. 1767, dt. Komponist. Ab 1721 in Hamburg Musikdirektor der fünf Hauptkirchen und Kantor am Johanneum, ab 1722 auch Leiter der Oper. Befreundet mit J. S. Bach und G. F. Händel. Sein ungemein umfangreiches Werk umfaßt Opern, Passionen, Kirchenkantaten, Orchestersuiten, Solokonzerte für verschiedene Instrumente, Kammer-, Klavier- und Orgelwerke; T. gilt als Wegbereiter der Klassik.

Telemetrie [griech.], die automat. Übertragung von Meßwerten über oder -daten über eine größere Entfernung über Draht oder auf dem Funkwege.

Teleobjektive →Photoapparat.

Teleologie [griech.], in der Philosophie (und Theologie) Lehre von der Zielgerichtetheit menschl. Handlungen, der Naturereignisse und des allg. Geschichts- bzw. Entwicklungsverlaufs. →Gottesbeweis.

Teleostei [...te-i; griech.] (Teleostier, Echte Knochenfische), mit rd. 20 000 Arten in Meeres- und Süßgewässern weltweit verbreitete Überordnung wenige Zentimeter bis etwa 4 m langer Knochenfische; meist vollständig verknöchertem Skelett. Zu den T. gehört die überwiegende Mehrzahl aller Knochenfische.

Telepathie [griech.], in der Parapsychologie die Übertragung von Gefühlen, Gedanken o. ä. von einer Person auf eine andere ohne Vermittlung der Sinnesorgane. →außersinnliche Wahrnehmung.

Teleprocessing [engl. 'tɛliprouˈsɛsiŋ], svw. Datenfernverarbeitung (→Datenverarbeitung).

Teleskop [griech.], svw. Fernrohr; auch Bez. für radioastronom. Geräte (Spiegel-, Radio-T.) und Nachweisgeräte für Höhenstrahlen, Neutrinos u. a. Elementarteilchen.

Teleskopaugen, stark hervortretende bis röhrenförmig ausgezogene Augen bei manchen Fischen, Kopffüßern und Schlammbewohnern.

Telespiele, svw. →Bildschirmspiele.

Teletex, von der Dt. Bundespost betriebener Fernmeldedienst für die Textkommunikation; Übertragungsgeschwindigkeit 2 400 Bit/s. Als Teletex-Endgeräte können u. a. Speicherschreibmaschinen (→Schreibmaschinen) und Textverarbeitungsanlagen verwendet werden.

Teletext, allg. Bez. für unterschiedl. Systeme zur elektron. Übermittlung von Texten, die auf dem Bildschirm eines Fernsehgeräts dargestellt werden; i. e. S. svw. →Videotext.

Television [televiˈʒịoːn, engl. 'tɛlivỉʒən], aus dem Engl. übernommene Bez. für →Fernsehen.

Telexnetz [Kw. aus engl. **tele**printer **ex**change ›Fernschreiberaustausch‹] →Fernschreiber.

Telgte, Stadt an der Ems, NRW, 16 600 E. Spätgot. Pfarrkirche (1868 erweitert), barocke Wallfahrtskapelle (Zentralbau, 1654–57).

Tell, Wilhelm, Sagengestalt, Nationalheld der Schweiz. T. schießt, von dem habsburg. Landvogt Geßler gezwungen, einen Apfel vom Kopf seines Sohnes, tötet danach den Landvogt und gibt damit das Zeichen zum Volksaufstand gegen die Habsburger. Literar. Bearbeitung u. a. von Schiller (›Wilhelm T.‹, 1804).

Tell, svw. →Tall.

Tellatlas →Atlas.

Teller, Edward [engl. 'tɛlə], * Budapest 15. 1. 1908, amerikan. Physiker ungar. Herkunft. Beiträge zur Kernphysik und Quantentheorie; maßgebl. an der Entwicklung der Atom- und Wasserstoffbombe beteiligt.

Telloh ['tɛlo], Ruinenhügel der altoriental. Stadt Girsu im südl. Irak, von Gudea von Lagasch ausgebaute Residenzstadt. Frz. Ausgrabungen (1877 bis 1933): Ningirsutempel (3. Jt. v. Chr.), Dioritstatuen (bes. des Königs Gudea) in neusumer. Stil sowie Keilschrifttexte.

Tellur [lat.], chem. Symbol Te; halbmetall. chem. Element aus der VI. Hauptgruppe des Periodensystems der chem. Elemente, Ordnungszahl 52, relative Atommasse 127,60, Schmelzpunkt 449,5 °C, Siedepunkt 989,8 °C. T. tritt in einer silberweißen metall.-, hexagonal kristallisierenden und einer braunschwarzen, amorphen Modifikation auf; alle Verbindungen des Selen und Schwefel ähnl. T. sind giftig; Legierungsbestandteil für Blei, Kupfer und Gußeisen, Verwendung in der Halbleitertechnik.

Tellus, röm. Erd- und Fruchtbarkeitsgöttin.

Telophase [griech.] →Mitose.

Telos [griech.], Ziel, [End]zweck.

Teltow ['tɛlto], 1) Stadt am südl. Stadtrand von Berlin, Brandenburg, 15 100 E. 2) Grundmoränenlandschaft in der mittleren Mark Brandenburg und in Berlin.

Tema, wichtigste Hafenstadt von Ghana, am Golf von Guinea, 99 600 E. Bedeutendstes Ind.zentrum des Landes; Fischereihafen; Eisenbahnendpunkt.

Temesvar (Timișoara), rumän. Stadt am Rand des Großen Ungar. Tieflands, 319 000 E. Univ., Hochschulen, Sternwarte; Museum des Banats; rumän., ungar. und dt. Theater, Oper; u. a. Maschinenbau, Meßgerätefabrik. Schloß (14. und 15. Jh.), barocke Kirchen- und Verwaltungsbauten. – Im 14. Jh. zeitweise Residenz der ungar. Könige, 1552 osman.; nach der Befreiung durch Prinz Eugen (1716) Sitz der Banater Landesadministration.

Temex (Abk. für engl. **Tel**emetry **Ex**change ›Meßdatenfernaustausch‹), Dienst für den Austausch von Daten über das Telefonnetz zur Meßdatenerfassung und zur Steuerung von Anlagen und Geräten.

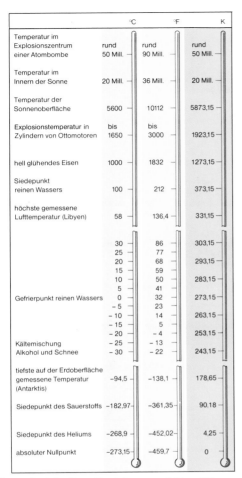

	°C	°F	K
Temperatur im Explosionszentrum einer Atombombe	rund 50 Mill.	rund 90 Mill.	rund 50 Mill.
Temperatur im Innern der Sonne	20 Mill.	36 Mill.	20 Mill.
Temperatur der Sonnenoberfläche	5600	10112	5873,15
Explosionstemperatur in Zylindern von Ottomotoren	bis 1650	bis 3000	1923,15
hell glühendes Eisen	1000	1832	1273,15
Siedepunkt reinen Wassers	100	212	373,15
höchste gemessene Lufttemperatur (Libyen)	58	136,4	331,15
	30	86	303,15
	25	77	298,15
	20	68	293,15
	15	59	288,15
	10	50	283,15
	5	41	278,15
Gefrierpunkt reinen Wassers	0	32	273,15
	– 5	23	268,15
	– 10	14	263,15
	– 15	5	258,15
	– 20	– 4	253,15
Kältemischung	– 25	– 13	248,15
Alkohol und Schnee	– 30	– 22	243,15
tiefste auf der Erdoberfläche gemessene Temperatur (Antarktis)	–94,5	–138,1	178,65
Siedepunkt des Sauerstoffs	–182,97	–361,35	90,18
Siedepunkt des Heliums	–268,9	–452,02	4,25
absoluter Nullpunkt	–273,15	–459,7	0

Temperaturskala: Gegenüberstellung von Celsius- (°C), Fahrenheit- (°F) und Kelvin-Skala (K) mit ausgewählten Temperaturen

Tẹmin, Howard Martin, * Philadelphia 10. 12. 1934, amerikan. Biologe. Klärte bei Stoffwechseluntersuchungen an durch Viren infizierten Tumorzellen den Chemismus der Virusreplikation auf; erhielt 1975 (mit D. Baltimore und R. Dulbecco) den Nobelpreis für Physiologie oder Medizin.

Tempel [lat.], in vielen Kulturen urspr. ein Bezirk, der dem sakralen Kult vorbehalten war; dann auch der den Göttern, der Gottheit geweihter Kultbau. Die ersten T. im alten *Mesopotamien* bestanden aus einem in zwei Bereiche (für den Opferaltar und das Kultbild) unterteilten Rechteckraum (5. Jt.), woraus sich mehrere T.typen bildeten, u. a. in *Uruk* T-förmiger Innenraum mit seitl. Raumgruppen (4./3. Jt.), der *assyr. T.,* bei dem dem Eingang an der Schmalseite ein Breitraum vorgelegt war (16. Jh. v. Chr.), der *babylon. T.* (Ende des 3. Jt.), dessen Eingang von der Langseite in einen Innenhof führte und von dort erst zum Kultraumbereich (→auch Zikkurat). Die *hethit. T.* sind gekennzeichnet durch Innenhof und wechselnde Durchgangsrichtungen zu den Kulträumen. Der *ägypt. T.* ist axial angeordnet (Prozessionsweg): Pylon, offener Hof, Säulenhalle, Speisesaal und Kultbildraum. Der *jüd. T.* Salomons in Jerusalem war nach der bibl. Überlieferung ein Langhaus-T. mit ab-

getrenntem Allerheiligsten an einer Schmalseite. Der *griech. T.* besteht aus einem langgestreckten fensterlosen Raum (Cella) mit Säulenumgang. In der Cella stand das Kultbild, für das ein Teil des Raums abgetrennt sein konnte (Adyton). Vor der Cella liegt eine Vorhalle (Pronaos). Der Aufbau des T. wurde von der dor. oder ion. Säulenordnung bestimmt. Der *röm. T.* ist im 2. Jh. v. Chr. aus dem italoetrusk. T., einem Podium-T. mit Fronttreppe und Vorhalle durch Verschmelzung mit griech. Bauformen entstanden (korinth. Ordnung). In *Mesoamerika* standen meist mehrere kleine T. (mit zwei Räumen) auf einer Stufenpyramide. Der *hinduist. T.* war im 4. Jh. (Gupta) eine Cella mit einem Steinplattendach. Dieser Schrein wurde zum Turm, erhielt einen Umgang sowie eine Plattform (später mit Terrassen). Die buddhist. Baukunst entwickelte den →Stupa.

Tempelherren →Templerorden.

Tẹmperamalerei [italien./dt.], Malerei mit Farben, die mit anorgan. Pigmenten in Emulsionen aus Lein-, Mohn- oder Nußöl und wäßrigen Bindemitteln (Lösungen von Ei bzw. Kasein) angerieben werden. Sie trocknen matt und deckend auf. Bis zur allmähl. Durchsetzung der →Ölmalerei (15. Jh.) gebräuchl. Maltechnik; heute auch als *Plakat-* oder *Schultemperafarben* angeboten.

Temperamẹnt [lat.], die für ein Individuum spezif., relativ konstante Weise des Fühlens, Erlebens, Handelns und Reagierens; auch der spezif. Grad der Antriebsstärke. – Versuche, T. mit körperl. Gegebenheiten (›Körpersäfte‹) in Beziehung zu setzen, gehen auf Hippokrates zurück, er unterschied vier *T.typen* (Sanguiniker, Choleriker, Phlegmatiker, Melancholiker). Neuere Versuche, Körperbau und T. aufeinander zu beziehen, gehen u. a. bei E. Kretschmer.

Temperatur [lat.], Maß für den Wärmezustand eines Körpers bzw. für die mittlere kinet. Energie der sich in ungeordneter Wärmebewegung befindl. kleinsten Bestandteile (→Brownsche Molekularbewegung). Die tiefstmögliche T. ist diejenige, bei der die kinet. Energie der Moleküle gleich Null ist *(absoluter Nullpunkt).* Will man die T. eines Körpers erhöhen, so muß man ihm Energie zuführen, etwa in Form von Wärme oder mechan. Energie. Viele physikal. Eigenschaften eines Körpers oder Systems, wie z. B. Druck, Volumen, elektr. Widerstand oder Aggregatzustand sind eindeutig von der T. abhängig und können zur T.messung verwendet werden (→Thermometer). SI-Einheit der T. ist das →Kelvin.

Temperaturmethode →Empfängnisverhütung.

Temperaturregler (Thermostat), das Einhalten einer vorgegebenen Temperatur bewirkender Regler (z. B. in Bügeleisen, Kühlanlagen, Brutschränken u. a.). *Bimetall-T.* enthalten Bimetallstreifen, die sich bei einer bestimmten Temperatur so stark durchbiegen, daß ein elektr. Kontakt unterbrochen oder hergestellt wird. *Thermostatventile* an Heizkörpern enthalten einen metallenen Faltenbalg mit einer Flüssigkeit, die sich bei Temperaturerhöhung stark ausdehnt und dadurch ein Ventil (Schieber) betätigt.

Temperatursinn (Thermorezeption), die Fähigkeit des Menschen und (wahrscheinl.) aller Tiere, mittels Thermorezeptoren in der Körperoberfläche bzw. Haut (auch Mund- und Nasenschleimhaut) [örtl.] Unterschiede und Änderungen in der Umgebungstemperatur wahrzunehmen.

Temperaturskala, auf physikal. Gesetzmäßigkeiten zurückgeführte, durch Fundamental- bzw. Fixpunkte festgelegte Einteilung der Temperaturwerte. Die *relativ. Temperaturskalen* gehen von temperaturabhängigen Stoffeigenschaften wie z. B. dem Eispunkt und dem Siedepunkt des Wassers aus; dazu gehören z. B. die Celsius-Skala und die Fahrenheit-Skala. Die *absolute T.* ist die 1848 von Lord Kelvin

Howard Martin Temin

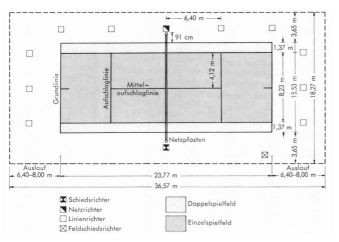

Tennis: Spielfeld

Schiedsrichter
Netzrichter
Linienrichter
Feldschiedsrichter

Doppelspielfeld

Einzelspielfeld

erstmals aufgestellte *thermodynam. T. (Kelvin-Skala).* Der absolute Nullpunkt bei 0 K = − 273,15 °C und der Tripelpunkt des Wassers bei 273,16 K = 0,01 °C sind die beiden Fundamentalpunkte dieser Skala.

Temperaturumkehr → Inversion.

temperieren [lat.], 1) die Temperatur regeln, auf einem bestimmten Wert halten; auch svw. [ein wenig] erwärmen.

2) mäßigen, mildern.

Tempest [lat.-engl.], Sportsegelboot für zwei Mann, das mit Trapez gesegelt wird und einen Spinnaker tragen kann.

Templerorden, 1119 gegr. geistl. Ritterorden der *Templer* (Tempelherren); ben. nach ihrem Domizil auf dem Tempelberg in Jerusalem (ab 1291 auf Zypern); Tracht: rotes Kreuz auf weißem Gewand. Breitete sich rasch v. a. in W- und SW-Europa aus. Philipp IV., der Schöne, von Frankreich vernichtete den T., v. a. wegen dessen Reichtums (1307 Verhaftung aller frz. Templer einschließl. des Großmeisters J. B. de Molay, Todesurteile), 1312 Aufhebung des T. durch Papst Klemens V.

Templin, Kreisstadt 30 km sw. von Prenzlau, Brandenburg, 14 500 E. Stadtmauer mit 3 Toren; Barockkirche Sankt Maria Magdalena (1749).

Tempo [italien.], 1) Geschwindigkeit.

2) *Musik:* das Zeitmaß, in dem ein Stück gespielt wird. Zu den langsamen Tempi gehören largo, adagio, grave, lento, zu den mittleren andante, moderato, zu den schnellen allegro, vivace und presto; sie stellen typenhafte, keine absoluten Zeitmaße dar; im 20. Jh. findet sich auch die Angabe der Aufführungsdauer in Minuten und Sekunden. → Metronom.

Tempora, Mrz. von → Tempus.

Temporalsatz [lat./dt.], Adverbialsatz, der ein Geschehen zeitl. einordnet, eingeleitet mit ›als‹, ›nachdem‹ u. a.

temporär [lat.], zeitweilig, vorübergehend.

Tempo rubato [italien.] (verkürzt rubato), in der Musik bewußte Temposchwankung.

Tempus (Mrz. Tempora) [lat.], grammat. Form des Verbs, durch welche Gegenwart, Vergangenheit oder Zukunft eines Geschehens, Sachverhalts ausgedrückt wird: Präsens, Präteritum, Futur, Perfekt, Plusquamperfekt.

Tenda, Colle di → Alpenpässe (Übersicht).

Tendenz [lat.], sich abzeichnende Entwicklung in eine bestimmte Richtung; **tendenziös,** weltanschaulich einseitig, parteilich Stellung nehmend.

Alfred Tennyson
(Kreidezeichnung;
London, National
Portrait Gallery)

Tendenzbetriebe (Tendenzunternehmen), Unternehmen und Betriebe, die unmittelbar und überwiegend 1. polit., konfessionellen, karitativen, erzieher., wiss. oder künstler. Bestimmungen oder 2. Zwecken der Berichterstattung oder Meinungsäußerung dienen. Für T. ist die Anwendung des Betriebsverfassungsgesetzes eingeschränkt. Der bes. Schutz für T. **(Tendenzschutz)** bezweckt die Sicherung des aus dem Grundrecht auf freie Meinungsäußerung abgeleiteten Rechts der Inhaber solcher Betriebe, die Tendenz frei zu bestimmen; die Mitbestimmungsrechte der Arbeitnehmer stehen demgegenüber zurück.

Tendenzschutz → Tendenzbetriebe.

Tender [lat.-engl.], 1) *Schiffahrt:* (Begleitschiff) Zubringer- bzw. Anlandungsschiff in der Passagier- und Kreuzschiffahrt; Mutter- und Versorgungsschiff in der Marine.

2) *Eisenbahnwesen:* Behälter für Kohle oder Treibstoff und Wasser hinter dem Dampflok-Führerhaus bei sog. *T.lokomotiven;* bei größeren Lokomotiven auch als mehrachsiger Anhänger.

Teneriffa (span. Tenerife), mit 1929 km² größte der → Kanarischen Inseln, bis 3 718 m hoch, Hauptort Santa Cruz de Tenerife.

Teng Hsiao-p'ing → Deng Xiaoping.

Teniers, David, d. J. [niederl. tə'niːrs], * Antwerpen 15. 12. 1610, † Brüssel 25. 4. 1690, fläm. Maler. Darstellungen des fläm. Volkslebens.

Tennengebirge, stark verkarsteter Teil der Salzburg.-Oberösterr. Kalkalpen, östl. der Salzach, bis 2 431 m hoch.

Tennessee [engl. 'tɛnəsiː, tɛnə'siː], Staat im SO der USA, 109 412 km², 4,9 Mio. E, Hauptstadt Nashville-Davidson.

Geschichte: Die ersten Weißen im westl. T. waren 1541 Spanier; um 1750 drangen in das von Stämmen der Cherokee bewohnte östl. T. die ersten Briten ein; 1790 als Bundesterritorium südl. des Ohio organisiert und 1796 in die USA aufgenommen. Schloß sich 1861 als letzter Staat den Konföderierten an; 1866 als erster Staat der Konföderation wieder in die Union aufgenommen.

Tennessee River [engl. 'tɛnəsi: 'rɪvə], linker Nebenfluß des Ohio, mündet nahe Paducah, 1 049 km, mit Quellfluß Holston River 1 450 km lang.

Tennis [frz.-engl.], in seiner heutigen Form um 1875 in Großbrit. entwickeltes Rückschlagspiel, das von 2 männl. oder weibl. Spielern oder im Doppel ausgetragen wird. Gespielt wird mit *T.schlägern (Rakets)* sowie mit einem filzüberzogenen *T.ball* (Durchmesser 6,35–6,67 cm) über ein in der Mitte eines Spielfeldes befindl. Netz, wobei der Ball auf jeder Seite des Spielfeldes höchstens einmal auf den Boden aufspringen darf. Das Netz muß in der Mitte 0,915 m, außen 1,06 m hoch sein. Jeder Ball, der von einem Spieler ins Netz oder ›Aus‹ (d. h. außerhalb des Spielfeldes auftreffend) oder erst nach zweimal. Bodenberührung geschlagen wird, ist für den Gegner ein gewonnener Punkt. Zählweise: 15 beim ersten gewonnenen Punkt, 30 beim zweiten, 40 beim dritten, ›Spiel‹ beim vierten (40:40 = Einstand; danach Vorteil-Spiel oder erneut Einstand). 6 gewonnene Spiele ergeben einen Satzgewinn, wobei aber der Gewinner einen Vorsprung von 2 Spielen haben muß. Seit 1970 dient der *Tie-Break* beim Spielstand von 6:6 Sätzen (Sieg mit 7 Gewinnpunkten zum 7:6) zur Abkürzung überlanger Spiele. Ein Match besteht aus zwei bzw. drei Gewinnsätzen.

Tennit, svw. → Tinnit.

Tenno [jap. ›himml. Kaiser‹], Titel der Herrscher Japans; gelten als direkte Nachfahren der Sonnengöttin Amaterasu.

Tennyson, Alfred Lord (seit 1884) [engl. 'tɛnɪsn], * Somersby bei Lincoln 6. 8. 1809, † Aldworth bei Reading 6. 10. 1892, engl. Dichter. Spätromant. Dichtung, u. a. ›In memoriam A. H. H.‹ (1850), ›Königs-Idyllen‹ (1859–85; 12 Kleinepen in Blankversen) um König Artus.

Tenochtitlán [span. tɛnɔtʃtiˈtlan], Hauptstadt des Aztekenreiches, → Mexiko (Stadt).

Tenor [italien.], 1. hohe Männerstimme (Umfang c–a¹[c²]); 2. Sänger mit Tenorstimme.

Tenor [lat.], 1) *allgemein:* Sinn, Wortlaut; Inhalt (z. B. eines Gesetzes, eines Urteils).

2) *Musik:* in der mehrstimm. Musik des 13.–16. Jh. die den → Cantus firmus tragende Stimme.

Tenside [lat.], aufgrund ihrer Molekülstruktur als Wasch-, Reinigungs-, Spül- und Netzmittel verwendete grenzflächenaktive Stoffe.

Tension [lat.], svw. Dehnung bzw. Spannung; in der physikal. Chemie häufig verwendete Bez. für [Dampf]druck.

Tentakel [lat.], in der *Zoologie* Bez. für meist in der Umgebung der Mundöffnung stehende, mehr oder weniger lange, mit Sinnesorganen versehene sehr bewegl. Körperanhänge z. B. bei Nesseltieren, Kopffüßern (mit Saugnäpfen), Schnecken; dienen als Tastorgane *(Fühler)* v. a. dem Aufspüren der Beutetiere und (als *Fangarme, Fangfäden*) zu deren Ergreifen.

Teppich: Handknüpfen von Orientteppichen (Iran)

Tentakelträger (Kranzfühler, Tentaculata), Stamm der Wirbellosen mit rd. 5 000 etwa 0,5 mm bis 30 cm langen Arten im Meer und (seltener) im Süßwasser; fast ausschließl. festsitzende, häufig koloniebildende Tiere; Mundöffnung von einem Tentakelkranz umgeben.

Tenuis (Mrz. Tenues) [lat.], stimmloser Verschlußlaut, z. B. [k, p, t].

Teos, bed. antike (ion.) Hafenstadt in W-Kleinasien beim heutigen Sıgacık, sw. von İzmir; Sitz der (gesamtgriech.) Dionysoskünstlergemeinschaft (sog. *Techniten,* Schauspieler und Musiker). – Überreste u. a. des hellenist. Theaters, des Dionysostempels (2. Jh. v. Chr.), in den Gymnasiums.

Teotihuacán [span. teotiṷaˈkan], Ruinenstadt nö. der Hauptstadt Mexiko, gegr. 2. Jh. v. Chr.; hatte um 100 n. Chr. 60 000 E, um 600 mehr als 150 000 E, im 8. Jh. aufgegeben. Schachbrettartige Anlage um 200 n. Chr. An der Kreuzung der Hauptachsen Verwaltungszentrum (3. Jh. n. Chr., mit Quetzalcoatl-Palast mit Tempel; Skulptur und Reliefschmuck 5. Jh.). An der N–S-Achse (›Straße der Toten‹) liegen im N zwei große Stufenpyramiden (›Sonnen‹- und ›Mondpyramide‹, 5. Jh.). Hochentwickelt waren Bewässerungsfeldbau, Verwaltung, Handel und [Kunst]handwerk: Keramik, Steinschneiderei (u. a. Masken aus Jade), Obsidianabbau und -verarbeitung (Waffen, Werkzeug).

Tepaneken, voreurop. Volk in Zentralmexiko, mit Nahua-Sprache, das um 1230 Azcapotzalco be-

setzte und von dort aus um die Hegemonie im Becken von Mexiko kämpfte; 1430 aztek. Eroberung von Azcapotzalco, Ende des T.staates.

Teplice [tschech. ˈtɛplitsɛ] (dt. Teplitz), Stadt im sö. Vorland des Erzgebirges, ČSFR, 55 300 E. Erzgebirgstheater. Ältestes Heilbad Böhmens (Quellen seit 762 bekannt); Braunkohlentagebau, Glas- und Keramikindustrie. Rathaus (1545); Dekanatskirche (um 1700 barocker Umbau); barocke Dreifaltigkeitssäule (1718); ehemaliges Schloß (v. a. 18. Jh.; heute Museum). – Entwickelte sich im 13. Jh. um das 1156 erwähnte Kloster **Teplitz.**

Teppich [griech.-lat.], textiles Erzeugnis, das v. a. als Bodenbelag oder Wandbehang genutzt wird. Mit verschieden eingefärbten Fäden gewirkt oder geknüpft (seit dem 19. Jh. auch maschinell), wodurch Musterungen entstehen. *Wirk-T.:* Bei den gewirkten, d. h. mit einfacher Bindung gewebten, meist kleineren T. bilden die verschiedenfarbigen Schußfäden das Muster. Beim oriental. Wirk-T. sind durch ihre Technik v. a. Kelim und Sumakh zu unterscheiden, der europ. gewirkte Wand-T. des 17. und 18. Jh. ist der → Gobelin. *Knüpf-T.:* Zunächst wird die Kette meist senkrecht auf ein Rahmengestell gespannt. Nachdem die ersten festigenden ›Schüsse‹ (Querfäden) eingebracht sind, werden kurze farbige Fäden um die Kettfäden geschlungen (Flor) und bilden das Muster. Am weitesten verbreitet ist der *türk.* Knoten (Gördesknoten), bei dem das Fadenstück vor zwei Kettfäden gelegt, die Enden zw. diesen beiden Kettfäden gemeinsam wieder hervorgezogen werden; beim *pers.* Knoten (Senneknoten; in O-Iran, Indien und China angewandt) erscheint jeweils ein Fadenende neben einem Kettfaden. Die Anzahl der Knoten variiert, z. B. 200 pro dm² bei einfachen Nomaden-T., 12 700 bei alten pers. Teppichen.

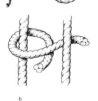

Teppich:
a Türkischer Knoten,
b Persischer Knoten

Geschichte: Die älteste überlieferte Darstellung eines T. (Kelims?) wird um 5000 v. Chr. datiert (Çatal Hüyük), die ältesten realen Funde (Knüpf- und Filz-T.) aus dem Altai-Gebirge um 500 v. Chr. (Pasyryk-teppiche). Im 12.–13. Jh. Blüte des geometr. seldschuk. und osman. T. in Anatolien (Konya), im 12. bis 16. Jh. T.kunst der Mamelucken in Ägypten. Unter den Mogulherrschern gelangte die T.kunst im 16. Jh. auch nach Indien. Bed. Entwicklung in Persien im 15. und 16. Jh. an der Hofmanufaktur. Die pers. T.kunst wurde v. a. von der türk. Hofmanufaktur in Istanbul, auch von Bursa und Kaschgar aufgenommen. Abgesehen von Spanien kannte Europa im MA nur gewirkte und gestickte Wand-T., berühmt der Bayeux-Teppich (um 1077). Spanien importierte schon im 13. Jh. den oriental. Knüpf-T. und hatte auch eigene Manufakturen (bes. Knüpfteppiche in Alcaraz bei Albacete). Seit dem Ende des 14. Jh. werden Orient-T. in ganz Europa importiert. Eine nennenswerte eigene europ. Verbrauchsproduktion ist trotz verschiedener Ansätze erst mit der Einführung der Bányai-Knüpfmaschine in den 1920er Jahren entstanden.

Teppichboden, in Bahnen oder als Fliesen verlegter Fußbodenbelag, Oberschicht aus textilen Materialien (Chemiefasern, Wolle, Haargarn, Kokos-, Sisalfasern), Unterschicht häufig aus geschäumtem Kunststoff. Nach dem Herstellungsverfahren unterscheidet man *Nadelvliesteppiche* (Laufschicht aus Nadelfilz) und *Tuftingteppiche* (Nadelflorteppiche), nach der Art der Oberfläche *Schlingenware* (mit nicht aufgeschnittenen Florgarnschlingen), *Velourware* (mit geschnittenem Flor und veloursartiger Oberfläche) und sog. *Strukturware* (mit strukturierter Oberfläche).

Teppichkäfer → Speckkäfer.

Tequila [teˈkiːla], aus Agavensaft gewonnener mex. Branntwein.

Tera... [griech.] → Vorsatzzeichen.

Teramo, italien. Prov.hauptstadt in den nördl. Abruzzen, 52 500 E. Amphitheater, Dom (12. bis 14. Jh.). – In der Antike **Interamnia.**

Terbium [nach dem schwedischen Ort Ytterby], chem. Symbol Tb; metall. chem. Element aus der Reihe der Lanthanoide des Periodensystems der chem. Elemente, Ordnungszahl 65, relative Atommasse 158,9254, Schmelzpunkt 1 360 °C, Siedepunkt 3 123 °C; kommt in zwei Modifikationen vor.

Terborch, Gerard, d. J. [niederl. tɛr'bɔrx], * Zwolle 1617, † Deventer 8. 12. 1681, niederl. Maler. Bürgerl. Genrebilder mit wenigen Figuren.

Terboven, Josef, * Essen 23. 5. 1898, † Oslo 11.(?) 5. 1945 (Selbstmord), dt. Politiker (NSDAP). 1935 Ober-Präs. der Rhein-Prov.; 1940–45 Reichskommissar für die besetzten norweg. Gebiete.

Terbrugghen (ter Brugghen), Hendrick [niederl. tɛr'brʏxə], * Deventer (?) 1588 (?), □ Utrecht 9. 11. 1629, niederl. Maler. Bed. Vertreter der niederl. Nachfolge Caravaggios (Utrechter Schule).

Terceira [portugies. tər'sɐire], Azoreninsel, 396 km², bis 1 022 m ü.d.M., Hauptort Angra do Heroísmo.

Terebinthe [griech.], svw. Terpentinpistazie.

Terengganu, Gliedstaat Malaysias, im O der Halbinsel Malakka, 12 953 km², 615 000 E, Hauptstadt Kuala Terengganu.

Terenz (Publius Terentius Afer), * Karthago 185 (um 195?), † 159 während einer Griechenlandreise, röm. Komödiendichter. Kam als Sklave nach Rom. Seine 6 sämtlich erhaltenen Stücke stammen aus den Jahren 166–160. Vorgeführt werden sensible Figuren und differenzierte eth. Probleme; die Handlungen sind meist komplizierte Intrigengeflechte.

Term [lat.-frz.], 1) *Mathematik:* spezielles System von Zeichen in der mathemat. Theorie, auch ein aus diesen Zeichen gebildeter mathemat. Ausdruck, z. B. $x + 5$.
2) *Physik:* (Energie-T.) Bez. für die einzelnen Energiezustände von Atomen und Molekülen, insbes. im Hinblick auf ihre Anordnung in einem **Termschema,** der graph. Darstellung aller Terme bzw. Energiestufen.

Termin [lat.], allg. ein festgelegter Zeitpunkt; Liefer-, Zahlungstag.

Terminal [engl. 'təːmɪnl; lat.], 1) *Verkehrswesen:* Abfertigungsgebäude oder -anlage eines Flughafens für Fluggäste oder Luftfracht *(Fracht-T.);* Umschlaganlage für Container *(Container-T.)* in Häfen und an Bahnanlagen; Be- und Entladeanlage für Tanker *(Erdöl-T.).*
2) *elektron. Datenverarbeitung:* svw. Datenstation; besteht aus Ein- und Ausgabewerk (im allg. mit Tastatur, Datensichtgerät, Drucker u. a.) und Datenübertragungswerk. Programmierbare T. werden auch als *intelligente T.* bezeichnet.

Termingeschäft, Börsengeschäft zum Kurs des Tages der Geschäftsabschlusses, dessen Erfüllung jedoch erst zu einem vereinbarten späteren Termin erfolgt.

Terminologie [lat./griech.], Gesamtheit der in einem Fachgebiet übl. Fachwörter und -ausdrücke.

Terminus [lat.], in Rom Begriff und vergöttlichte Personifikation der Grenze, bes. des Grenzsteins. Zu Ehren des T. wurden jährl. am 23. Febr. die *Terminalien* begangen.

Terminus [lat.], festgelegte Bezeichnung, Fachausdruck; auch **Terminus technicus.**

Termiten [lat.] (Isoptera), mit rd. 2 000 Arten in den Tropen und Subtropen verbreitete Ordnung staatenbildender Insekten, nächstverwandt mit den Schaben und Fangheuschrecken (nicht dagegen mit den Ameisen); Körper 0,2–10 cm lang (eierlegende ♀♀); Geschlechtstiere mit Facettenaugen und zeitweise ge-

Termiten:
1 Junges Weibchen,
2 Arbeiter,
3 Weibchen
(Königin), 4 Soldat,
5 entflügeltes
Männchen (König),
6 und 7 Soldaten

flügelt; Arbeiter und Soldaten ungeflügelt, fast stets augenlos; Mundwerkzeuge beißend-kauend (mit Ausnahme der Soldaten). – Bei T. gibt es ausgeprägte Kasten: 1. *Primäre Geschlechtstiere* (geflügelte ♂♂ und ♀♀): Diese erscheinen einmal im Jahr. Nach dem Hochzeitsflug gründen je ein ♂ und ein ♀ eine neue Kolonie, sie bleiben als König und Königin zusammen und erzeugen alle anderen Koloniemitglieder. 2. *Ersatzgeschlechtstiere* (mit kurzen Flügelanlagen oder völlig ungeflügelt): Diese können bei Verlust der primären Geschlechtstiere aus Arbeiterlarven nachgezogen werden. 3. *Arbeiter* (fortpflanzungsunfähige, stets ungeflügelte ♂♂ und ♀♀): Sie machen normalerweise die Masse des Volks aus und übernehmen gewöhnlich (zus. mit den Larven) alle Arbeiten, v. a. die Ernährung der übrigen Kasten. 4. *Soldaten* (fortpflanzungsunfähige ♂♂ und ♀♀): Mit meist sehr kräftigen Mandibeln oder einem nasenartigen, ein Sekret ausscheidenden Stirnzapfen. Die T. legen ihre *Nester* meist unterird. oder in Holz an; mit zunehmendem Alter ragen die bei manchen Arten steinharten Bauten über den Erdboden hinaus, z. T. bis 6 m hoch. Das Baumaterial besteht aus zerkautem Holz, mit Speichel vermischtem Sand bzw. Erde oder Kotteilchen. – In trop. Gebieten sind einige Arten der T. wegen der Zerstörung von Holz (Möbel, ganze Gebäude) sehr schädl. und gefürchtet. Nach S-Europa sind einige Arten vorgedrungen.

Termone [Kw.], hormonähnl., geschlechtsbestimmende Stoffe bei bestimmten niederen Pflanzen und Tieren, v. a. bei Flagellaten. Das Mengenverhältnis in den Zellen zw. den das männl. Geschlecht bestimmenden *Andro-T.* und den das weibl. Geschlecht bestimmenden *Gyno-T.* entscheidet über die endgültige Ausprägung des Geschlechts bei einem Kopulationsprodukt.

Terms of trade [engl. 'təːmz əv 'treɪd ›Handelsbedingungen‹], die Austauschrelation zw. den Import- und Exportgütern eines Landes, in ihrer einfachen Form berechnet als Verhältnis zw. den (gewichteten) Preisindizes für Einfuhr- und für Ausfuhrgüter oder als Mengenverhältnis zw. bestimmten Gütern.

Terni, italien. Prov.hauptstadt in der südl. Umbrien, 110 500 E. U. a. Stahlwerke. Röm. Amphitheater (32 n. Chr.); romanisch-gotischer Dom (im 17. Jh. erneuert), romanische Kirche San Salvatore (12. Jh.); Paläste (16. Jh.). – In der Antike **Interamna,** angeblich 673 v. Chr. von Umbrern gegr.; fiel 1420 an den Kirchenstaat.

Terpene [griech.], im Pflanzen- und Tierreich häufig vorkommende, gesättigte oder ungesättigte Kohlenwasserstoffe, die sich formal als Kondensationsprodukte des Isoprens auffassen lassen (daher auch als **Isoprenoide** bezeichnet). Bekannte T. sind u. a. Menthol, Thymol, Kampfer, Thujon, Guttapercha.

Terpentin [griech.], die beim Anritzen der Rinde harzreicher Kiefernarten austretenden Harze (Balsame), die sich durch Destillation in 70 bis 85 % feste Bestandteile, v. a. Harzsäuren (→ Kolophonium), und 15 bis 30 % flüchtige Bestandteile, v. a. das **Terpentinöl** (Lösungsmittel für Harze, Kautschuk, Lacke, Wachsprodukte; zur Herstellung von Riechstoffen, Schuhcreme, Bohnerwachs), trennen lassen.

Terpentinpistazie [...tsi-ə] (Terebinthe), im Mittelmeergebiet heim. Art der Pistazie; 2–5 m hoher, laubabwerfender Strauch oder Baum; aus der Rinde wird das wohlriechende *Chios-Terpentin* gewonnen.

Terpsichore [...çore] → Musen.

Terracina [italien. terra'tʃiːna], italien. Hafenstadt am Tyrrhen. Meer, in der südl. Latium, 37 000 E. Reste zweier röm. Thermen, eines Tempels, eines Amphitheaters und eines Triumphbogens; Dom (1074, 12. bis 14. und 17. Jh.) mit antiken Säulen und Mosaikfußboden (12./13. Jh.). – Geht auf die alte volsk. Siedlung **Anxur** zurück, die 329 v. Chr. röm. Colonia **(Tarracina)** und zur bedeutendsten Küstenstadt Latiums neben Ostia wurde.

Terra di Siena [italien.] (Sienaerde), in der Toskana (früher v. a. bei Siena) gewonnenes Gemenge von eisenhaltigen Tonmineralen, das gebrannt als Farbpigment verwendet wird; enthält bis zu 65 % Eisen(III)-oxid, Fe_2O_3.

Terra ferma [italien.], die ehem. Festlandsbesitzungen Venedigs, die seit Ende des 14. Jh. zu einem geschlossenen Territorium zw. Adria, Alpen, Po und Adda ausgebaut wurden.

Terrain [tɛ'rɛ̃:; lat.-frz.], Gebiet, Gelände.

Terrakotta [italien. ›gebrannte Erde‹], bei niedriger Temperatur gebrannte unglasierte Tonware oder -plastik mit meist rötl. Scherben; Verzierung durch Auftrag von Tonschlicker mit und ohne Ritzungen oder Bemalung. Früheste Funde im Nahen und Mittleren O aus dem 8. Jt. v. Chr.; in China lebensgroße T.figuren (Grab des Kaisers Shih Huang Ti, † 210) und Grabplastik aus der Tang-Zeit; bei Griechen und Etruskern tritt neben die Gefäßkunst figürl. T.plastik (Grabbeigaben, Bauplastik), z. B. die Tanagrafiguren (3. Jh. v. Chr.) oder der Apollon von Veji (um 500 v. Chr.). Die Technik wurde erneuert in der italien. Frührenaissance (L. Della Robbia, Entwicklung zur → Fayence) und gelangte von dort auch in die dt. Kunst (Tonplastik von der Spätgotik [Weicher Stil] bis zum Barock). Seit dem 17. Jh. v. a. für Modellentwürfe (Bozetti).

Terrarium [lat.], Behälter zur Haltung bes. von Kriechtieren entweder in Räumen oder im Freien.

Terra rossa [italien.] → Bodentypen.

Terra sigillata [lat.], röm. Tafelgeschirr aus Ton mit glänzend rotbraunem Schlicküberzug und Reliefverzierung; in Italien (Arretium, Puteoli) ab etwa 30 v. Chr.; von Südgallien (1. Jh.) in die röm. Provinzen verbreitet (2. Jh. n. Chr.).

Terrasse [lat.-frz.], 1) *Geologie:* Hangstufe; man unterscheidet: 1. Fluß-T., die entweder bei tekton. Bewegungen oder Klimaschwankungen entstehen; 2. Denudations-T., entstanden durch Verwitterung und Abtragung wechselnd widerständiger Gesteine; 3. Land-T. der Schichtstufenlandschaft; 4. Strandterrassen.
2) *Bauwesen:* befestigte Plattform oder auch größerer Vorbau (meist ohne Überdachung) am Erdgeschoß eines Gebäudes.

Terre des Hommes [frz. tɛrde'sɔm ›Erde der Menschen‹, Abk. TdH], 1959 in der Schweiz gegr., seit 1967 auch in der BR Deutschland bestehende Organisation, die Kindernot und -elend bekämpft. Nat. Sektionen bestehen auch in Frankreich, Österreich, Luxemburg, Belgien, den Niederlanden, Dänemark, Norwegen und Spanien sowie in Syrien und Indien.

Terres Australes et Antarctiques Françaises [frz. 'tɛrz o'stral eãtark'tik frã'sɛːz], frz. Überseeterritorium im südl. Ind. Ozean und in der Antarktis, umfaßt die Kerguelen, die Crozetinseln, die Île Nouvelle-Amsterdam, die Île Saint-Paul und Terre Adélie, rd. 440 000 km², Verwaltungssitz Paris; mehrere Forschungsstationen.

Terrier [tɛriər; lat.-engl.], aus England stammende, formenreiche Rassengruppe von Haushunden (urspr. Jagdhunde) mit länglich-schmalem Kopf und meist kleinen Kippohren; häufig drahthaarig; u. a. Airedale-T., 60 cm schulterhoch, rauhhaarig, meist gelblichbraun mit schwarzen Platten; Fox-T., 35–40 cm schulterhoch, weiß mit schwarzen und gelblichen Flecken und Platten, Behaarung beim Kurzhaar-Foxterrier dicht, glatt, beim Rauhhaar-Foxterrier (Drahthaar-T.) hart drahtig; Schott. T. (Scotch-T.), klein, mit Schnauzbart und Stehohren, langes, drahtiges Haar, meist schwarz.

Terrine [lat.-frz.], große Suppenschüssel, meist mit Deckel; auch Pastetenform.

territorial [lat.], zu einem [Staats]gebiet gehörend, dieses betreffend.

Territorialgewässer, die Küstenstreifen des Meeres, in dem der Küstenstaat durch einseitige Erklärung volle Hoheitsgewalt beansprucht; früher allg. 3 Seemeilen, heute bis zu 200 Seemeilen.

Territorialheer, Teil des Heeres der dt. Bundeswehr, der im Ggs. zum Feldheer im Verteidigungsfall nicht der operativen Führung der NATO unterstellt ist, sondern unter nat. Kommando Aufgaben der territorialen Verteidigung wahrnimmt.

Territorialitätsprinzip [lat.], Grundsatz der Rechtsgeltung und -anwendung, nach dem der räuml. Aspekt (meist das Hoheitsgebiet eines Staates) und nicht der personenbezogene ausschlaggebend ist (u. a. Erwerb der Staatsangehörigkeit).

Territorium [lat.], allg. ein Teil der Erdoberfläche. Im *Völkerrecht* das Hoheitsgebiet eines Staates, auch ein (umgrenztes) Gebiet, das zu keinem Staat gehört.

Terror [lat.], 1. Einschüchterung, Unterdrückung; 2. Schreckens-, Gewaltherrschaft; Form des polit. Machtkampfs und -mißbrauchs.

Terrorismus [lat.], polit. motivierte Gewaltanwendung v. a. durch revolutionäre oder extremist. Gruppen und Einzelpersonen. Mit auf bes. hervorragende Vertreter des herrschenden Systems gezielten oder auch wahllos die Bevölkerung treffenden *direkten Aktionen* will der T. die Hilfosigkeit des Regierungs- und Polizeiapparates gegen solche Aktionen bloßstellen, Loyalität von den Herrschenden abziehen und eine revolutionäre Situation schaffen. Trotz der jahrtausendelangen Tradition des T. (Tyrannenmord) entwickelte sich eine Theorie des T. (u. a. Bakunin) erst seit etwa 1800. Die Abgrenzung der Bez. Terrorist, Freiheitskämpfer, Widerstandskämpfer, Guerilla (Guerillero) ist problematisch. Zumindest zeit- und teilweise haben sich im 20. Jh. zur Befreiung von fremder Herrschaft die nat. Befreiungsbewegungen in der Dritten Welt, die ETA, die Irisch-Republikan. Armee (IRA), jüd. Organisationen in Palästina vor 1948 sowie die palästinens. Befreiungsorganisationen terrorist. Mittel bedient. Die von palästinens. Gruppen zur polit. Erpressung unternommenen Flugzeugentführungen brachten den Übergang zum *internat. Terrorismus.*

Terschelling [niederl. tɛr'sxɛlɪŋ], eine der Westfries. Inseln, 108 km², Hauptort West-Terschelling.

Tersteegen, Gerhard, eigtl. Gerrit ter Steegen, * Moers 25. 11. 1697, † Mülheim a. d. Ruhr 30. 4. 1769, dt. ev. Mystiker. Zahlr. Epigramme und Kirchenlieder (›Ich bete an die Macht der Liebe‹).

Tertia [lat.], früher Bez. für die 4. (Untertertia) und 5. (Obertertia) Klasse des Gymnasiums (8. und 9. Schuljahr).

tertiär [lat.-frz.], 1) *allgemein:* die dritte Stelle in einer Reihe einnehmend.
2) *Chemie:* in mehrfacher Bedeutung verwendetes Wort: *t.* Salze sind Salze dreibasiger Säuren, bei denen alle drei Wasserstoffatome durch Metallatome ersetzt sind; *t. Kohlenstoff-* und *Stickstoffatome* sind mit drei [weiteren] Kohlenstoffatomen verbunden.

Tertiär [lat.-frz.], das ältere System der Erdneuzeit, → Geologie (erdgeschichtliche Zeittafel).

Tertiärbereich, Sammelbez. für alle Bildungseinrichtungen, die an den Sekundarbereich II (→ Sekundarstufe) anschließen und dessen Abschluß voraussetzen: Universitäten, Gesamthochschulen, techn., pädagog., Kunst- und Fachhochschulen.

tertiärer Sektor, in der volkswirtschaftl. Gesamtrechnung das Dienstleistungsgewerbe.

Tertium comparationis [lat.], Vergleichspunkt, das Gemeinsame (›Dritte‹), in dem die zu verglei-

Terrakotta:
Apollo Veji,
175 cm hoch;
Ende des 6. Jh. v. Chr.
(Rom, Villa Giulia)

chenden Gegenstände oder Sachverhalte übereinstimmen.

Tertium non datur [lat.] (Satz vom ausgeschlossenen Dritten), log. Prinzip, das besagt, daß *A* oder *nicht-A* gilt und eine dritte Möglichkeit nicht besteht.

Tertullian (Quintus Septimius Florens Tertullianus), * Karthago um 160, † ebd. nach 220, lat. Kirchenschriftsteller. Trennte sich um 205 von der christl. Gemeinde in Karthago und wandte sich dem Montanismus, einer religiösen Bewegung mit schwärmer. Endzeiterwartungen, zu; gilt als Schöpfer der lat. Kirchensprache.

Teruel [span. te'ruɛl], span. Prov.hauptstadt im Iber. Randgebirge, 27 300 E. Bauten im Mudejarstil, u. a. Kathedrale (v. a. 16. Jh.; Turm von 1257), Aquädukt (16. Jh.).

Terz, Abram [russ. tjɛrts], Pseud. des russ. Schriftstellers A. D. → Sinjawski.

Terz [lat.], 1) *Musik:* der dritte Ton der diaton. Tonleiter, das Intervall im Abstand von 3 diaton. Stufen. Man unterscheidet die große (c–e), kleine (c–es), übermäßige (c–eis) und die verminderte T. (cis–es). → Dreiklang.

2) *kath. Kirche:* → Stundengebet.

Terzerol [lat.-italien.], kleine ein- oder doppelläufige Vorderladerpistole.

Terzett [lat.-italien.], Komposition für drei konzertierende Singstimmen, meist mit Instrumentalbegleitung. → Trio.

Terzine [lat.-italien.], dreizeilige italien. Strophenform mit durchlaufender Reimverkettung nach dem Schema aba/bcb/cdc/ded/ ... und einem abschließenden Vers, der den Mittelreim der letzten Strophe aufgreift; von Dante für seine ›Divina Commedia‹ entwickelt.

Terzka (Terzky, tschech. Trčka), Adam Erdmann, Graf von der Lipa (seit 1628), * um 1599, † Eger 25. 2. 1634 (ermordet), kaiserl. General (nach 1630). Schwager und engster Vertrauter Wallensteins; zus. mit C. Frhr. von Ilow und W. Kinský beim Festmahl des Kommandanten J. Gordon ermordet.

Teschen → Cieszyn.

Tesla, Nikola, * Smiljan 10. 7. 1856, † New York 7. 1. 1943, amerikan. Physiker und Elektrotechniker serb. Herkunft. Entwickelte ab 1881 (unabhängig von G. Ferraris und F. Haselwander) das Prinzip des Elektromotors mit rotierendem Magnetfeld (Drehstrommotor) und gab 1887 das Mehrphasensystem zur elektr. Energieübertragung an.

Tesla [nach N. Tesla], Einheitenzeichen T, SI-Einheit der magnet. Induktion oder Flußdichte. 1 T ist gleich der Flächendichte des homogenen magnet. Flusses 1 Weber (Wb), der die Fläche 1 m² senkrecht durchsetzt: $1\,T = 1\,Wb\,m^{-2}$.

Tesla-Transformator [nach N. Tesla] (Hochfrequenztransformator), ein spezieller Transformator zur Erzeugung hochfrequenter Wechselströme geringer Stromstärke, aber sehr hoher Spannung bzw. hochfrequenter elektr. Schwingungen.

Tessin, 1) Nicodemus, d. Ä., * Stralsund 7. 12. 1615, † Stockholm 24. 5. 1681, schwed. Baumeister. Vater von Nicodemus T. d. J.; Erbauer von Schloß → Drottningholm und des Doms in Kalmar (1660 ff.).

2) Nicodemus Graf (seit 1714), d. J., * Nyköping 23. 5. 1654, † Stockholm 10. 4. 1728, schwed. Baumeister des Barock. Gartenanlagen, Stockholmer Schloß (nach 1697).

Tessin, 1) (amtl. Cantone Ticino [italien. ti't ʃi:no]) schweizer. Kt., erstreckt sich vom Alpengebiet des Sankt Gotthard bis in die Nähe der Poebene, 2 811 km², 280 600 E, Hauptstadt Bellinzona. Zentren des Fremdenverkehrs sind Lugano, Locarno und Ascona.

Geschichte: Zw. 196 und 15 v.Chr. von den Römern erobert, 12.–14.Jh. im Besitz von Mailand.

1496–1516 von der Eidgenossenschaft erobert und in der Folgezeit als gemeinsames Untertanengebiet *(Ennetberg. Vogteien)* verwaltet; 1803 Kanton.

2) linker Nebenfluß des Po, 248 km lang.

Test [lat.-engl.], 1) *allgemein:* Prüfung zur Feststellung der Eignung, Leistung o. ä. einer Person oder Sache.

2) *Statistik:* ein mathemat. Verfahren zur Prüfung von Hypothesen an Zufallsstichproben.

Testakte (Test Act), 1673–1829 gültiges engl. Gesetz, das die Zulassung zu öffentl. Ämtern an die Zugehörigkeit zur anglikan. Staatskirche und die Ableistung des Suprematseids band.

Testament [lat.], im Erbrecht die einseitige, frei widerrufl. Willenserklärung des Erblassers, mit dem er den Erben abweichend von der gesetzl. Erbfolge bestimmt *(letztwillige Verfügung,* einseitige Verfügung von Todes wegen). Die Freiheit, nach Belieben einseitige Verfügungen zu treffen *(Testierfreiheit),* wird lediglich durch Pflichtteilsrechte, einen Erbvertrag oder ein gemeinschaftl. T. beschränkt. Voraussetzung für ein gültiges T. ist die **Testierfähigkeit** des Erblassers (die Fähigkeit, ein Testament zu errichten, zu ändern oder aufzuheben), die beschränkt auf die öffentl. T., mit dem 16. Lebensjahr beginnt. Entmündigte sind nicht testierfähig. Der Erblasser muß das Testament stets persönl. errichten und darf sich keines Vertreters bedienen. Das *öffentl.* T. wird durch mündl. Erklärung oder Übergabe einer Schrift zur Niederschrift eines Notars errichtet. Das *eigenhändige* T. ist die handgeschriebene und unterschriebene Erklärung des Erblassers, wer Erbe sein soll. In den Fällen, in denen der Erblasser wegen naher Todesgefahr nicht (mehr) in der Lage ist, ein öffentl. T. zu errichten, kann der fremdhändige, vom Erblasser unterzeichnete letzte Wille, vor dem Bürgermeister des Aufenthaltsortes und zwei Zeugen oder vor drei Zeugen in einem *Not-T.* niedergelegt werden. Ein *gemeinschaftl.* T. kann nur von Ehegatten errichtet werden, und zwar als eigenhändiges T. in der Weise, daß der eine Ehegatte das T. schreibt und beide handschriftl. unterzeichnen.

Testamentsvollstrecker, vom Erblasser testamentarisch berufene Person(en) zur Ausführung seiner letztwilligen Anordnungen.

testieren [lat.], 1. bescheinigen, bestätigen; 2. ein Testament machen.

Testosteron [Kw.], wichtigstes männl. → Geschlechtshormon.

Tetanie [griech.], auf einer Verminderung des in Form von Ionen vorliegenden Calciums in den Körperflüssigkeiten beruhende neuromuskuläre Übererregbarkeit. Bezeichnend sind v. a. die von Angst begleiteten Krampfzustände im akuten tetan. Anfall bes. der Extremitäten, die gewöhnl. bei vollem Bewußtsein auftreten.

Tetanus [griech.], svw. → Wundstarrkrampf.

Tethys, Titanin (→ Titanen).

Tétouan [frz. te'twã], Prov.hauptstadt in NW-Marokko, 199 600 E. Archäolog. Museum; Kalifenpalast (17. Jh.).

tetra..., Tetra..., tetr..., Tetr... [griech.], Bestimmungswort von Zusammensetzungen mit der Bedeutung ›vier‹.

Tetrachloräthan (Acetylentetrachlorid), farblose, nicht brennbare, chloroformartig riechende, giftige Flüssigkeit, Lösungsmittel für Fette und Öle.

Tetrachlorkohlenstoff (Kohlenstofftetrachlorid, Tetrachlormethan), farblose, stark lichtbrechende, süßl. riechende, giftige, nur mit organ. Lösungsmitteln mischbare Flüssigkeit; Lösungsmittel, z. B. für Fette, Harze und Kautschuk, sowie als Ausgangsstoff zur Herstellung organ. Chlorverbindungen.

Tessin
Kantonswappen

Tetrachord [...'kɔrt; griech.], Anordnung von 4 aufeinanderfolgenden Tönen im Rahmen einer Quarte.

Tetracycline, svw. →Tetrazykline.

Tetrade (Nibble, Halbbyte), in der Datenverarbeitung binäres Informationswort aus 4 Bits.

Tetraeder [griech.] (Vierflach, Vierflächner), eine Pyramide mit dreieckiger Grundfläche. →platonische Körper.

Tetrafluoräthylen (Perfluoräthylen), farb- und geruchloses, brennfähiges Gas; Verwendung zur Herstellung von Kunststoffen wie Polytetrafluoräthylen (Teflon ⓦ) und T.-Kopolymeren.

Tetragramm →Jahwe.

Tetralogie, Folge von vier selbständ. (literar.) Werken, die aufeinander bezogen eine Einheit bilden, z. B. Th. Manns ›Joseph und seine Brüder‹ (1933–43).

Tetrameter, aus 4 metr. Einheiten zusammengesetzter antiker Vers.

Tetrapoden (Tetrapoda) [griech.], svw. →Vierfüßer.

Tetrarchie [griech.], in der Antike durch Vierteilung eines Territoriums entstandenes Herrschaftsgebiet (z. B. in Thessalien, Galatien, Judäa), meist unter eigenen Dynasten *(Tetrarchen).*

Tetrazykline (Tetracycline) [griech.], von Bakterien der Gattung Streptomyces gewonnene, oral wirksame Breitbandantibiotika und deren halbsynthet., substituierte Derivate, die gegen zahlr. grampositive und gramnegative Bakterien sowie auch gegen Spirochäten, Mykobakterien und Rickettsien wirksam sind.

Tettnang, Stadt im östl. Bodenseebecken, Bad.-Württ., 14 800 E. Barockes Neues Schloß (1712 ff.; jetzt Museum), ehem. Altes Schloß (1667; jetzt Rathaus).

Tetzel, Johannes (Johann), * Pirna um 1465, † Leipzig 11. 8. 1519, dt. kath. Theologe und Ablaßprediger. Dominikaner; die materielle Zielsetzung seiner Ablaßpredigten veranlaßte Luther zur Veröffentlichung seiner 95 Thesen (1517).

Teuerlinge, weltweit verbreitete Gatt. der Nestpilze mit zwei Arten in M-Europa: *Gestreifter T.* und *Topf-T.;* beide auf humusreichen Böden oder (faulendem) Holz.

Teufel, von griech. diábolos (›Verleumder‹; lat. diabolus) abgeleiteter Begriff für die Personifikation der widergöttl. Macht. Die Gestalt des T. geht im christl. Bereich auf den Satan des AT zurück. Im MA und in der beginnenden Neuzeit findet der T.glaube seine stärkste Verbreitung. Der T. erscheint im Volksglauben in vielfältiger Gestalt, meist mit Hörnern, Vogelkrallen, Bocksbeinen, Flügeln, Hufen und Schwanz. Er gilt als gefallener Engel und kann vom Menschen angerufen und durch Pakt zu Hilfeleistungen veranlaßt werden. Diese von Augustinus ausgebildete T.pakttheorie (Dämonenpakttheorie) hatte großen Einfluß auf den Hexenwahn.

Teufel, Erwin, * Rottweil 4. 9. 1939, dt. Politiker (CDU). 1964–72 Bürgermeister in Spaichingen (Bad.-Württ.); seit 1972 MdL in Bad.-Württ., 1974–78 Staatssekretär, 1978–91 Fraktionsvors., seit Febr. 1991 Min.-Präs.; seit Okt. 1991 Landesvors. der CDU.

Teufelsaustreibung →Exorzismus.

Teufelskrabbe (Meerspinne, Große Seespinne), größte Krabbenart im Mittelmeer; Körperlänge bis 12 cm; mit langen, schlanken Scheren und rotem, zottig behaartem Rücken mit Warzen und Höckern.

Teufelskralle (Rapunzel), in Europa heim. Gatt. der Glockenblumengewächse mit ca. 30 Arten v. a. in den Alpen und Voralpen; Stauden mit in Ähren oder Köpfchen stehenden, blauen, weißen, purpurfarbenen oder gelben Blüten; z. T. Gartenzierpflanzen; u. a. *Halbkugelige T.,* bis 30 cm hoch, mit schwärzl.-

blau-violetten Blüten; *Hallers T.,* 0,3–1 m hoch, mit schwarzvioletten bis schwarzblauen Blüten.

Teufelsmesse (schwarze Messe), seit dem MA zu Ehren des Teufels oder einer Hexe begangene, der kath. Meßfeier nachgebildete orgiast. Feier.

Teufelsmoor, weitgehend abgetorfte, urspr. aus Hoch- und Niedermooren bestehende Landschaft in Niedersachsen.

Teufelsnadeln (Edellibellen, Aeschnidae), weltweit verbreitete Fam. der Libellen mit über 600 schlanken, meist sehr bunten Arten, davon 13 in Mitteleuropa; u. a. die Teufelsnadel (bis 6 cm lang, grün, blau gefleckt) und die →Königslibellen.

Teufelsrochen (Mantarochen, Hornrochen, Meerteufel, Mobulidae), Fam. der Rochen mit wenigen Arten, v. a. in trop. und subtrop. Meeren; bis 7 m groß und 2000 kg schwer, je ein löffelartiger Lappen an jeder Seite der breiten Mundöffnung.

Teutoburger Wald, Höhenzug in NRW und Nds., trennt die Westfäl. Bucht vom Weserbergland, rd. 120 km lang, bis 468 m hoch; im SO liegt die Grotenburg mit dem Hermannsdenkmal. – Im **Teutoburgiensis saltus** (Tacitus, Annalen 1, 60) vernichtete der Cheruskerfürst Arminius mit Verbündeten 9 n. Chr. ein röm. Heer unter Publius Quinctilius Varus.

Teutonen, german. Volk an der W-Küste Jütlands und an der Elbmündung, zog um 120 v. Chr. nach S; 102 v. Chr. unter Gajus Marius bei Aquae Sextiae (= Aix-en-Provence) vernichtend geschlagen.

Tex [lat.] →Garnnumerierung.

Texaco Inc. [engl. 'tɛksəkoʊ ɪn'kɔːpəreɪtɪd], amerikan. Erdölkonzern, Sitz New York; zweitgrößter Erdölkonzern der Erde; gegr. 1926.

Texas ['tɛksas, engl. 'tɛksəs], Staat im S der USA, am Golf von Mexiko, 692 403 km², 16,84 Mio. E, Hauptstadt Austin.

Geschichte: Ende des 17. Jh. erste span. Niederlassungen, ab 1821 Entstehung einer durch Einwanderung aus den USA anwachsenden Kolonie in der Republik Mexiko. Die Spannungen mit der mex. Regierung (u. a. Sklavenfrage; Verbot weiterer angloamerikan. Einwanderung) entluden sich 1835 in einem Aufstand der Angloamerikaner. Der Einsatz mex. Truppen (Schlacht von Alamo, 6. 3. 1836) scheiterte, als die Texaner am 21. 4. 1836 am San Jacinto River den mex. Präs., General Antonio López de Santa Anna (* 1795, † 1876), gefangennahmen. T. wurde nach kurzfristiger Unabhängigkeit unter Präs. Sam Houston (* 1793, † 1863) 1845 als 28. Staat in die Union aufgenommen und erhielt 1848, nach dem aufgrund des Anschlusses T. an die USA ausgebrochenen Mex. Krieg, seine im wesentl. noch heute gültigen Grenzen; im Sezessionskrieg auf der Seite der Konföderierten.

Texasfieber, von der Rinderzecke übertragene, seuchenhafte Hämoglobinurie bei Rindern in warmen Ländern (bes. in Texas, Mexiko und Argentinien).

Texel [niederl. 'tɛsəl], mit 163 km² größte der Westfries. Inseln, Hauptorte Den Burg und Het Horntje.

Text [lat.], (schriftlich fixierte) im Wortlaut festgelegte Folge von Aussagen; auch der Wortlaut eines Liedes, einer Oper (Libretto) o. ä.; auch Bibelstelle, auf die eine Predigt aufbaut. →Textsorte.

Textildruck, svw. →Stoffdruck.

Textkritik, philolog. Methode der Geistes-, Rechts- und Bibelwiss. zur krit. Prüfung solcher Texte, deren Authentizität nicht gesichert ist oder von denen mehrere autograph. Entwürfe oder Fassungen *(Redaktionen)* vorliegen. Die Analyse der Texte und ihrer Überlieferung soll zur Herstellung (Synthese) eines dem Original nahestehenden Textes *(Archetypus)* oder zu einer vom Autor mutmaßl. intendierten Fassung führen.

CCl_4

$$Cl-\overset{\displaystyle Cl}{\underset{\displaystyle Cl}{C}}-Cl$$

Tetrachlorkohlenstoff

Teuerlinge: Gestreifter Teuerling (Durchmesser des Fruchtkörpers 1 cm)

Erwin Teufel

Textsorte, Begriff, der die spezif. Eigenschaft eines Textes im Unterschied zu anderen bezeichnet; z. B. wiss., lyr., ep., nichtliterar. Text; Pressebericht, Reportage, Werbung.

Texturierung [lat.], Sammelbez. für alle Verfahren, durch die glatte endlose Chemiefäden gekräuselt und gebauscht werden; u. a. zur Erhöhung der Dehnbarkeit, Wärmehaltigkeit und des Feuchtigkeitsaufnahmevermögens der aus den Chemiefäden hergestellten Textilien.

Textverarbeitung, Sammelbez. für alle Methoden und Verfahren zur rationalisierten Verarbeitung von Texten beliebiger Art. Zur T. werden neben Schreibmaschinen und Kopiergeräten sog. T.systeme (z. B. Speicherschreibmaschinen, Personalcomputer) eingesetzt, die z. B. durch Verkabelung zu einem Informationsnetz zusammengeschlossen bzw. an Informationsnetze angeschlossen werden können.

tg, Funktionszeichen für Tangens (→trigonometrische Funktionen).

TGV [frz. teʒeˈveː], Abk. für frz. Train à Grande Vitesse; frz. Hochgeschwindigkeitszug. Der TGV Atlantique stellte 1990 mit einer Geschwindigkeit von 510,5 km/h einen neuen Weltrekord für Schienenfahrzeuge auf.

Th, chem. Symbol für →Thorium.

Thackeray, William Makepeace [engl. 'θækərɪ], *Kalkutta 18. 7. 1811, †London 24. 12. 1863, engl. Schriftsteller. Als Satiriker und Humorist bed. Vertreter der engl. Literatur des 19. Jh., schrieb v. a. gesellschaftskrit. (›Die Snobs‹, 1846/47; ›Jahrmarkt der Eitelkeit‹, 1847) und histor. Romane.

Thaddäus →Judas Thaddäus, hl.

Thai (Tai), zu den Palämongoliden gehörende, Thaisprachen sprechende Völker und Stämme in S-China und Hinterindien. Zu den T. gehören v. a. die früher *Siamesen* gen. Thai i. e. S., das Staatsvolk Thailands, die Lao, Lü und Schan. In W-Yünnan bestand etwa 740–1253 das Thaireich der Nan-Chao. Die Thai Noi (›Kleine Thai‹) bildeten den Kern der heutigen Staatsvölker von Laos und Thailand. Nach Eroberung des Kgr. der Khmer gründeten sie 1238 das Reich Sukhothai. 1353 spaltete sich das laot. Kgr. Lanchang ab.

Thai (Thailändisch, früher auch Siamesisch gen.), zu den →Thaisprachen gehörende Sprache v. a. in Thailand.

Thailand

Staatsflagge

Staatswappen

Stadt 18%

Land 82%

Bevölkerungsverteilung

Dienstleistung 24%

Landwirtschaft 66%

Industrie 10%

Erwerbstätige

Thailand

Fläche: 513 115 km^2
Einwohner (1988): 55,97 Mio.
Hauptstadt: Bangkok
Verwaltungsgliederung: 73 Changwats
Amtssprache: Thai
Nationalfeiertag: 5. 12.
Währung: 1 Baht (฿) = 100 Stangs (St., Stg.)
Zeitzone: MEZ +6 Std.

Thailand (amtl. Kgr. T.), Staat in Asien, grenzt im NW und W an Birma, im S an die Andamanensee, Malaysia und den Golf von Thailand, im SO an Kambodscha, im O und NO an Laos.

Landesnatur: Der Kernraum von T. ist das rd. 140 km lange und an der Küste bis 100 km breite Menamtiefland. Dieses wird von N–S-verlaufenden Gebirgsketten (bis 2 595 m hoch), die auf der Halbinsel Malakka ihre Fortsetzung finden, umrahmt. Den O des Landes nimmt das Khoratplateau ein. T. wird vom trop. Monsunklima geprägt. 60% der Landfläche sind von Wald bestanden.

Bevölkerung: Staatstragendes Volk sind die Thai mit rd. 99% der Gesamtbevölkerung. Ferner gibt es Chinesen, Malaien, Inder und Birmanen. Rd. 86% sind Buddhisten, 3,4% Muslime. Schulpflicht besteht von 7–14 Jahren. Von 18 Hochschulen haben 14 Univ.rang.

Wirtschaft, Verkehr: T. ist einer der führenden Reisexporteure Asiens. Weitere wichtige Produkte sind Mais, Maniok, Kautschuk, Jute, Kenaf, Zuckerrohr, Kokosnüsse, Sago und Sojabohnen. Bed. ist außerdem die Seidenraupenzucht. T hat bed. Wolframproduktion und Zinnerzabbau. Die Industrie ist traditionell auf die Verarbeitung der agrar. Erzeugnisse ausgerichtet. Daneben gibt es 3 Erdölraffinerien sowie Betriebe der Eisen-, Stahl-, petrochem., Reifen- und Textilindustrie. Bed. Fremdenverkehr. Die Länge des Eisenbahnnetzes beträgt 3 924 km, die des Straßennetzes 156 776 km. Bedeutendster Überseehafen ist Bangkok; internat. ✈ bei Bangkok, Chiang Mai, Hat Yai und Phuket.

Geschichte: Nachdem die Thaivölker von Yünnan kommend sich im N des Khmerreiches niedergelassen hatten, gründeten sie das Reich Sukhothai (1238), das u. a. durch den Mongolenansturm von 1258 weit nach S bis auf die Halbinsel Malakka expandierte; es wurde im 14. Jh. durch das um die südl. Thai-Ft. und Kambodscha erweiterte Reich von Ayutthaya ersetzt. Seit 1686 zeitweise Errichtung von Handelsniederlassungen, Missionstätigkeit frz. Priester und Stationierung frz. Truppen in der Hauptstadt. 1767 zerstörten die Birmanen Ayutthaya, wurden jedoch von Paya Tak (⚔1767–82) vertrieben. Sein Nachfolger, General Paya Chakkri, bestieg als Rama I. (⚔1782–1809) den Thron und verlegte seine Residenz nach Bangkok. Aufgrund einer umsichtigen Außen- und Handelspolitik mit den europ. Großmächten und den USA konnte T. als einziges Land SO-Asiens dem europ. Kolonialismus widerstehen und staatl. Unabhängigkeit wahren, wenn es auch auf frz. und brit. Druck weite Gebiete abtreten mußte. Unter König Rama V. (Chulalongkorn, ⚔1868–1910) Reformen in allen Bereichen des staatl. und öffentl. Lebens (u. a. Abschaffung der Sklaverei). 1932 konstitutionelle Monarchie; 1938–44 Militärdiktatur unter Marschall Pibul Songgram (*1897, †1964); im 2. Weltkrieg auf jap. Seite. In der Nachkriegszeit zahlr. meist unblutige Putsche und Parlamentsauflösungen: 1946 Ermordung König Ramas VIII., Pibul Songgram erneut Min.-Präs.; 1957 Staatsstreich Sarit Thanarats, Außerkraftsetzung der Verfassung; 1963–73 Militärdiktatur unter General Thanom (*1911) Kittikachorn (1968–71 von einer Periode mit demokrat. Verfassung unterbrochen), der eine prowestl. Außenpolitik mit enger Bindung an die USA verfolgte; im Okt. 1976 beendete ein neuer Militärputsch den Versuch einer demokrat. Regierung (seit 1973); die von der Militärjunta eingesetzte Zivilregierung wurde bereits 1977 erneut gestürzt. Unter dem neuen Machthaber General Kriangsak Chamanand (*1917) wurde die Armee entpolitisiert, 1978 eine neue Verfassung in Kraft gesetzt, und im April 1979 wurden Wahlen zum Unterhaus abgehalten, die ihn zum neuen Min.-Präs. machten (Rücktritt Ende Febr. 1980). Unter seinem Nachfolger, Prem Tinsulanonda (*1920), erlebte T. trotz verschiedener Putschversuche eine Phase relativer innenpolit. Stabilität. Nachdem aus den Wahlen 1988 die Chart Thai als stärkste Partei hervorgegangen war, wurde Chatichai Choonhavan (*1922) neuer Min.-Präs. Er wurde in einem unblutigen Militärputsch am 23. 2. 1991 gestürzt. Die Militärregierung stellte Neuwahlen und eine neue Verfassung in Aussicht; im März 1991 wurde Anand Panyarachun als Min.-Präs. eingesetzt.

William Makepeace Thackeray

Politisches System: Konstitutionelle Monarchie; Übergangs*verfassung* seit März 1991. *Staatsoberhaupt* ist der König (seit 1946 Rama IX. Bhumibol Aduladadej); er ist auch religiöses Oberhaupt. Die *Exekutive* liegt bei der Regierung unter Führung des PremierMin. Die *Legislative* nehmen der Senat (Oberhaus; 243 Mgl., vom König ernannt) und das Repräsentantenhaus (Unterhaus; 324 Mgl., vom Volk gewählt) wahr. Für *Parteien* gilt ein zunächst unbefristetes Betätigungsverbot. – Karte V, Bd. 2, n. S. 320.

Thailand, Golf von, Meeresbucht zw. der Halbinsel Malakka und der SW-Küste Hinterindiens.

Thaisprachen, zu den sinotibet. Sprachen gehörende Sprachengruppe (u. a. Thai, Laotisch). Charakterist. Merkmale der T. sind bedeutungsdifferenzierende Worttöne, einsilbige Wortwurzeln, isolierende Struktur und Bestimmung der grammatikal. Kategorien durch die Satzstellung.

Thalamus [griech.], i. w. S. zusammenfassende Bez. für die den dritten Gehirnventrikel umschließenden Wände des Zwischenhirns (→ Gehirn) bei Wirbeltieren und beim Menschen. Die beiden seitl. Wände, der (paarige) *Thalamus* i. e. S., weisen meist eine beträchtl. Dicke auf. – Der T. darf mit seinen zahlr. afferenten sensor. Bahnen als wichtigste subkortikale (also unbewußt arbeitende) Sammel-, Umschalt- und Integrationsstelle der allg. körperl. Sensibilität (Tastempfindung, Tiefensensibilität, Temperatur- und Schmerzempfindung, Seh-, Gehör- und Riechfunktionen) angesehen werden, als ein Ort, den alle zum Bewußtsein gelangenden Impulse passieren müssen und an dem gleichzeitig ›unwesentliche‹, die Konzentration störende Meldungen abgeschirmt werden.

Thales von Milet, * Milet um 625, † um 547, griech. (?) Philosoph und Mathematiker. Begründer der ion. Naturphilosophie; nahm als Seinsgrund des Kosmos das Wasser an. Der nach ihm ben. geometr. Lehrsatz *(Satz des Thales)* war bereits den Babyloniern bekannt: Alle Winkel, deren Scheitel auf einem Halbkreis, dem sog. **Thales-Kreis,** liegen und deren Schenkel durch die Endpunkte eines Durchmessers gehen, sind rechte Winkel.

Thalia →Musen.

Thalidomid [Kw.] (Handelsbez.: Contergan Ⓦ), heute nicht mehr verwendetes, schwere Mißbildungen an menschl. Embryonen und bei Erwachsenen Nervenschädigungen verursachendes Schlaf- und Beruhigungsmittel.

Thallium [griech.], chem. Symbol Tl; metall. chem. Element aus der III. Hauptgruppe des Periodensystems der chem. Elemente, Ordnungszahl 81, relative Atommasse 204,38, Dichte 11,85 g/cm³, Schmelzpunkt 303,5 °C, Siedepunkt 1457 °C. Das weiche, weiß glänzende, sehr reaktionsfähige Schwermetall liegt in seinen sehr giftigen Verbindungen meist einwertig, seltener dreiwertig vor; Verwendung: in Quecksilberlegierungen für Thermometerfüllungen, T.sulfid, -selenid, -tellurid und -arsenid in der Halbleitertechnik, T.sulfat als Ratten- und Mäusegift.

Thallus (Mrz. Thalli) [griech.], vielzelliger Vegetationskörper der niederen Pflanzen (→ Lagerpflanzen), der im Ggs. zum Kormus (→ Kormophyten) der höheren Pflanzen nicht in echte Organe gegliedert ist und keine oder eine nur wenig ausgeprägte Gewebsdifferenzierung aufweist.

Thalluspflanzen, svw. →Lagerpflanzen.

Thälmann, Ernst, * Hamburg 16. 4. 1886, † KZ Buchenwald 18. 8. 1944, dt. Politiker. 1917 Wechsel von der SPD zur USPD, 1920 zur KPD; 1924 in der Parteiführung der Roten Frontkämpferbundes; 1925–33 Vors. der KPD, Vertrauensmann Stalins. 1924–33 MdR; 1925 und 1932 Kandidat für die Reichspräsidentenwahl; am 3. 3. 1933 verhaftet, von der SS ermordet.

Thanatos, bei den Griechen Begriff und Personifikation des Todes.

Thanh Phô Hô Chi Minh [vietnames. θaịn fo ho tʃi miṇ] (Ho-Chi-Minh-Stadt; bis 1976 Saigon), vietnames. Stadt am N-Rand des Mekongdeltas, rd. 3 Mio. E. 2 Univ., Museum; botan. Garten. Wichtigstes Ind.zentrum S-Vietnams; Flußhafen; internat. ♒. Europ. Stadtbild mit Bauten im Kolonialstil, Alleen und Parks; im Vorort Cholon Pfahlbauten an Kanälen. – Die ehem. Khmersiedlung **Saigon** wurde 1859 Sitz des frz. Gouverneurs von Kotschinchina, 1887–1902 Hauptstadt des frz. Indochina; 1945 von jap. Truppen erobert; 1954–76 Hauptstadt Süd-Vietnams.

Thanka (Thangka) [tibet.], tibet. Rollbild auf grobem Leinen.

Thanksgiving Day [engl. 'θæŋksgiviŋ 'deɪ] (Danksagungstag), 1621 von den Pilgervätern eingeführtes Erntedankfest; seit 1941 am 4. Donnerstag im Nov. gefeiert.

Thar, Wüstensteppe im NW Vorderindiens (v. a. in Indien, zum kleineren Teil in Pakistan), zw. der Aravalli Range im SO und dem Tiefland von Indus und Sutlej im NW, rd. 260000 km².

Thasos, griech. Insel im Thrak. Meer, 379 km², bis 1203 m hoch, Hauptort Thasos. U. a. Reste der antiken Stadtmauer mit Toren und der von hellenist. und röm. Säulenhallen umgebenen Agora mit Archäolog. Museum; Herakles- und Artemistempel. – Berühmt durch seine Goldbergwerke; bis 465 v. Chr. Mgl. des Att.-Del. Seebundes; 340/339–196 makedonisch.

Thatcher, Margaret Hilda [engl. 'θætʃə], * Grantham bei Lincoln 13. 10. 1925, brit. Politikerin (Konservative Partei). 1970–74 Min. für Erziehung und Wiss., 1975–90 Vors. der Konservativen Partei, 1979–90 als erste Frau in der brit. Geschichte Premierminister. Ihre Politik des ›Thatcherismus‹ verband eine teilweise erfolgreiche, extrem am Markt orientierte Wirtschaftspolitik (Senkung der Staatsausgaben, Privatisierungen, Steuerreformen) mit einer rigoros nationalist. Außenpolitik (Falkland-Konflikt 1982, skept. Haltung zur europ. Einigung).

Margaret Hilda Thatcher

Thayngen ['ta:ŋən], Bezirkshauptort im schweizer. Kt. Schaffhausen, 3800 E. U. a. Maschinenbau. – Bed. Fundort mehrerer vorgeschichtl. Siedlungsplätze: u. a. die Höhle Keßlerloch mit reichen Funden des Magdalénien.

Thales von Milet: Satz des Thales

Theater [griech.], 1. Sammelbegriff für alle für Zuschauer bestimmten Darstellungen eines in Szene gesetzten Geschehens; zu den Formen des T. gehören u. a. das Schauspiel, die Pantomime, die Oper und das Musiktheater; 2. die Gesamtheit aller Einrichtungen, die eine T.darstellung ermöglichen (v. a. T.bau und Bühne) sowie die Gesamtheit des künstler., techn. und organisator. Ensembles, das Planung, Inszenierung und Realisierung von T.aufführungen übernimmt.

Der **Theaterbau** besteht üblicherweise aus dem Bühnen- und dem Zuschauerhaus, die durch brandsichere Wände und den sog. eisernen Vorhang (Feuerschutz) voneinander getrennt sind. Zum *Bühnenhaus* gehören die Bühne als eigtl. Spielfläche mit der dazugehörenden Bühnentechnik sowie Künstlergarderoben, Probenräume, Chor- und Ballettsaal, techn. Betriebsräume, Werkstätten, oft auch Verwaltungsräume. Zum *Zuschauerhaus* gehört der Zuschauerraum, der von Foyers, Zuschauergarderoben, Eingangs- und Kassenhallen umgeben ist. Der Zuschauerraum besteht aus dem im Parterre gelegenen vorderen Parkett, den hinteren, von den oberen Stockwerken erreichbaren Rängen und den abgeteilten Logen. Bei Opern- und gemischten Bühnen befinden sich zw. Bühne und Zuschauerraum der (meist versenkte) Orchesterraum. In jüngerer Zeit wird eine T.architektur bevorzugt, die Bühne und Zuschauerraum als Ein-

Ernst Thälmann

Theater: Simultan-Flächen-Bühne; 16. Jahrhundert

heit in einer großen Halle zusammenfaßt, um Spielfläche und Zuschauersitze nach den Erfordernissen eines Stücks oder des Ensembles jeweils neu anordnen zu können. Dieser Intention kommen oft kleine, zusätzlich im T.bau untergebrachte Studios und sog. Werkstatt-T. entgegen. Daneben steht die Nutzung von freien Plätzen, Straßen, Zelten, leerstehenden Fabriken durch mobile T.gruppen. Die **Theateraufführung** ist Ergebnis künstler. Kollektivarbeit zw. →Intendant, →Regisseur, →Dramaturg, Bühnenbildner und techn. Personal, das sich, im Ggs. zum Filmtheater, in jeder Vorstellung neu erweisen muß. Im Musik-T. werden leitende Funktionen zusätzlich u. a. vom Dirigenten, der Choreographie, der Ballett- und Chorleitung wahrgenommen. Der techn. Bereich besteht aus verschiedenen Abteilungen: u. a. der Bühnentechnik (Werkstätten mit Dekorateuren, Tischlern, Polsterern, Schlossern u. a.), der Beleuchtungs- und Tontechnik, dem Malersaal, der Requisiten-, Maskenbildner-, Kostümabteilung und dem Wagenpark.

Seit Ende des 19. Jh. gelten als wichtigste maschinelle **Bühnensysteme** (die miteinander kombiniert werden können): 1. die *Drehbühne* (in den Bühnenboden eingelassene drehbare kreisförmige Fläche, die sektorenartig mit den einzelnen Szenenbildern bebaut ist); 2. die *Schiebebühne* (Szenenwechsel mit Hilfe von sog. Bühnenwagen, flachen, auf Rollen leicht bewegl. Podien); 3. die *Versenkbühne* (Verwandlung der Bühne durch hydraul. Heben oder Senken des Bühnenbodens); 4. die *Doppelstockbühne* (zwei übereinanderliegende, starr miteinander verbundene Spielflächen, die eine in der Höhe der Spielebene, die andere in der Unterbühne; zum Szenenwechsel wird die gesamte Konstruktion angehoben). Die techn. Einrichtungen der *Bühnenmaschinerie* lassen sich in folgende Baugruppen einteilen: 1. feste und bewegl. Untermaschinerie, 2. feste und bewegl. Obermaschinerie, 3. Sicherheitseinrichtungen. Zur Untermaschinerie gehören u. a. die Unterbühne, die Versenkungen und die Antriebselemente. Der Bühnenboden trägt mehrere Unterteilungen (Bühnenpodien), die elektrisch oder hydraulisch bewegt werden können. Zur Obermaschinerie zählen alle oberhalb des Bühnenbodens liegenden maschinellen Einbauten. Sie sind zum großen Teil im *Rollenboden* (fälschlich oft als Schnürboden bezeichnet) untergebracht. Der Rollenboden ist ein über dem Bühnenraum liegendes Geschoß mit stählernen Trägern oder Fachwerken, der u. a. Arbeitsgalerien, Beleuchtungsbrücken, Verbindungstreppen, Vorhänge, Prospekte, Flugwerk und Berieselungsanlagen aufnimmt. Die Bühne wird durch den *Rundhorizont* (große, die gesamte Bühnenfläche umspannende Leinwand) zum Hintergrund abgeschlossen.

Geschichte: Die Bühne des antiken griech. Dramas war urspr. der runde Tanzplatz (→Orchestra) vor dem Tempel des Dionysos mit dem Altar des Gottes als Mittelpunkt. Die Literarisierung des Dramas (seit Aischylos) führte zur Trennung von Bühne und Kultstätte: als Spielfläche diente ein einfaches Podest (Proskenion) vor der Bühnenwand (Skene); der →Chor hielt sich in der Orchestra auf, zu der er auf zwei Aufmarschstraßen (Paradoi) Zugang hatte. Die Skene schloß in klass. Zeit die auf einen Halbkreis reduzierte Orchestra nach rückwärts ab.

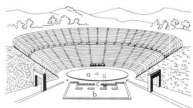

Theater: Griechisches Theater; a Orchestra, b Skene, c Proskenion

Auch das →geistliche Spiel des MA fand zunächst im sakralen Raum (Kirche) statt; die Zunahme weltl. Elemente führte dann zur Verlegung auf Straßen und öffentl. Plätze. Typ. Bühnenformen waren die *Wagenbühne* (in England seit 1264; die verschiedenen Schauplätze sind auf einzelne Wagen verteilt) und die *Simultan-Raum-Bühne* (die Schauplätze sind an verschiedenen Plätzen in der Stadt aufgebaut); jünger ist die *Simultan-Flächen-Bühne* (die einzelnen Schauplätze stehen nebeneinander auf einem größeren Podium). Die Bühnenformen des 16. Jh. waren z. T. Weiterbildungen des neutralen Bühnenpodiums: die *Meistersingerbühne* grenzt die Spielfläche auf dem Podium seitlich und nach rückwärts durch Vorhänge ab; bei der *Terenzbühne* (Badezellenbühne) des Humanistendramas bilden den rückwärtigen Abschluß des Podiums durch Säulen und Pfeiler getrennte ›Häuser‹, die Einblick in kleine Innenräume (Badezellen) gewähren konnten. Die engl. *Shakespearebühne* (zuerst 1576; Globe-Theatre 1599; durch die →englischen Komödianten nach Deutschland gebracht) verwendet eine gegliederte Bühnenrückwand mit Ballustrade als Abschluß der offenen Hauptspielfläche. Die *Winkelrahmenbühne* (in Ferrara seit 1508) besteht aus einer breiten Vorderbühne (Spielbühne) und einer schmalen, nach hinten ansteigenden Hinterbühne

Max Theiler

(Bildbühne), auf der mit Hilfe zweier rechts und links angebrachter, mit bemalter Leinwand bespannter Winkelrahmen und eines abschließenden perspektivisch gemalten → Prospekts u. a. die Illusion einer Straßenflucht vorgetäuscht wird. Mit dem Entstehen fester Theaterbauten entstand die neuzeitl. *Guckkastenbühne.* Beim Guckkastensystem sind Zuschauerraum und Bühnenraum architektonisch getrennt. Die Frühform der Guckkastenbühne (Telaribühne) arbeitete mit dem Telarisystem (seit 1589; an die Stelle der Winkelrahmen treten Telari: mehrere entlang der linken und rechten Bühnenseite aufgestellte, drehbare Prismenkörper). Normalform war bis ins späte 19. Jh. die *Kulissenbühne* (seit 1620; an Stelle der Winkelrahmen bzw. Telari treten die paarweise nach rückwärts gestaffelten seitlich verschiebbaren Kulissen; der Prospekt ist im Rollenboden aufgehängt und vertikal auswechselbar). Eine bes. Rolle spielt neben der Guckkastenbühne die *Freilichtbühne,* entstanden im Zusammenhang mit den Versuchen, das antike Drama im Sinne eines (kult.) Festspiels erneut zu beleben; als ›Naturtheater‹ diente sie den Aufführungen höf. Liebhabertheater des 17./18. Jh. sowie dem volkstüml. Laientheater des 19./20. Jahrhunderts.

Theateragentur, Agentur zur Vermittlung von Schauspielern und Regisseuren auf Provisionsbasis.

Theatiner (offiziell lat. Ordo Clericorum Regularium vulgo Theatinorum, Abk. OTheat; Cajetaner), Name für die Mgl. des 1524 von Cajetan von Thiene und Gian Pietro Carafa (Papst Paul IV.) in Rom gegr. Ordens von Regularklerikern mit dem Ziel der religiösen Reform des Klerus. Seit 1633 auch **Theatinerinnen.**

Théâtre-Libre [frz. teatrə'libr ›freies Theater‹], von André Antoine (* 1858, † 1943) 1887 gegr. Privatbühnenverein, der in geschlossenen, vor der staatl. Zensur geschützten Aufführungen der naturalist. Moderne (z. B. H. Ibsen, G. Hauptmann, L. N. Tolstoi) zur Premiere verhalf.

Theben, 1) ehem. Stadt in Oberägypten, beiderseits des Nil; Hauptstadt in der 18. Dynastie, zerstört durch Assurbanipal (633). Die Wohnstadt lag auf dem O-Ufer des Nil (heute → Karnak und → Luxor), auf dem W-Ufer die Nekropolen: Tal der Königsgräber (Biban Al Muluk), der Königinnengräber (Biban Al Harim), Felsgräber (Beamte der 11. und 17.–20. Dynastie), Totentempel (bes. des Neuen Reiches) von Hatschepsut, Ramses II. (Ramesseum), Ramses III. *(Madinat Habu)* und Amenophis III., von dem die *Memnonkolosse* erhalten sind.

2) griech. Stadt nw. von Athen, 19 000 E. Zentraler Ort für das südl. Böotien. Reste des myken. Königspalastes, Turmruine der Kreuzfahrerburg (13. Jh.). – Der Sage nach von Kadmos gegr. Ort der Sage von Ödipus und den Sieben gegen Theben. In spätmyken. Zeit Zentrum eines Kgr., festigte seine Stellung in dem 447 gebildeten Böotischen Bund. Mit dem Sieg von Epaminondas und Pelopidas 371 bei Leuktra über Sparta errichtete T. die Hegemonie über Griechenland, scheiterte aber am Eingreifen König Philipps II. von Makedonien (338 Niederlage bei Chaironeia). Nach einem Aufstand gegen Alexander d. Gr. 335 zerstört; 316 wiedererrichtet.

Theiler, Max [engl. 'θaɪlə], * Pretoria 30. 1. 1899, † New Haven (Conn.) 11. 8. 1972, amerikan. Mikrobiologe südafrikan. Herkunft. Forschungen über Tropenkrankheiten, bes. über das Gelbfiebervirus (Entwicklung eines Impfstoffs). 1951 Nobelpreis für Physiologie oder Medizin.

Thein (Tein) [chin.], svw. → Koffein.

Theismus [griech.], im Ggs. zum → Deismus Glaube an einen persönlich wirkenden, überweltl. Gott (Monotheismus) oder an mehrere Götter (Polytheismus).

Theiß, linker Nebenfluß der Donau, entspringt im SW der Waldkarpaten, durchfließt die Große Ungar. Tiefebene, mündet 40 km nnw. von Belgrad, etwa 970 km lang.

Thema [griech.], 1) *allgemein:* Gegenstand einer Rede, wiss. Untersuchung, künstler. Darstellung, eines Gesprächs o. ä.

2) *Musik:* Melodie, die den musikal. Grundgedanken einer Komposition oder eines Teils derselben bildet: 1. das T., das von den Einzelstimmen einer Komposition nacheinander vorgetragen wird, z. B. in der Fuge. 2. Das Basso-ostinato-T. (→ Ostinato) und das Lied-T. in Variationswerken, u. a. Tanz-, Marsch-, Liedsätze und Arien. 3. Das T. der Sonatensatzform, wobei in der Regel einem markanten, bewegten Haupt-T. ein kantables Seiten-T. gegenübertritt. Das T. selbst besteht meist aus mehreren Gliedern (→ Motiv), die zumal bei den Wiener Klassikern an eine harmon.-metr. Ordnung (→ Metrum, → Periode) gebunden sind.

3) *Geschichte:* byzantin. Militäreinheit, zugleich Verwaltungsbezirk (Themenverfassung).

Themistokles, * Athen um 525, † Magnesia am Mäander kurz nach 460, athen. Politiker. Schuf als Archon 493/492 durch Anlage des Hafens von Piräus die Voraussetzungen für die See- und Handelsmacht Athens. Als Führer des athen. Flottenkontingents erzwang er die Schlacht (und den Sieg) bei Salamis gegen die Perser (Ende Sept. 480); ließ 479/478 Athen befestigen; wurde 471 (?) durch → Ostrazismus verbannt, (468/466 ?) wegen angebl. Hochverrats zum Tode verurteilt; floh 465 nach Persien.

Themse (engl. Thames), Hauptfluß Englands, entspringt an der O-Flanke der Cotswold Hills, mündet unterhalb von London mit einem Ästuar in die Nordsee, 346 km lang.

Theobromin [griech.] (3,7-Dimethylxanthin), in Kakaobohnen, echtem Tee und Kolanüssen enthaltenes leicht harntreibendes, herzkranzgefäßerweiterndes Alkaloid.

Theoderich, Name got. Könige:

1) Theoderich I. (Theoderid), ✕ auf den Katalaun. Feldern 451, König der Westgoten (seit 418). Begründer des Tolosanischen Reiches; erreichte wohl 425 die Anerkennung der Unabhängigkeit durch Rom; verband sich mit Flavius Aetius gegen die Hunnen und fiel in der Entscheidungsschlacht.

2) Theoderich der Große, * um 453, † Ravenna 30. 8. 526, König der Ostgoten (ab 474, in Italien ab 493). Aus dem Geschlecht der Amaler; führte sein Volk an die untere Donau; bekämpfte im Auftrag des oström. Kaisers 489/493 Odoaker und gewann Italien, das er durch bed. Römer (Cassiodor, Boethius) verwalten ließ. T. wurde nach seinem Tod früh zur Sagengestalt (Dietrich von Bern).

Theodizee [griech.], i. e. S. der Versuch einer Rechtfertigung Gottes angesichts des von ihm trotz seiner Allmacht und Güte zugelassenen (phys.) Übels, (moral.) Bösen und Leidens in der Welt; i. w. S. Bez. für die Gesamtheit der Probleme der philos. Gotteserkenntnis. Der Begriff T. wurde 1697 von Leibniz geprägt.

Theodolit, mechan.-opt. Präzisionsinstrument zur Bestimmung von Horizontal- und Vertikalwinkeln; Hauptbestandteile: Grundplatte mit horizontalem Teilkreis *(Limbus),* Fernrohr mit Faden- oder Strichkreuz, Dosen- und Röhrenlibelle zum Horizontieren. Der T. ist auf einem dreibeinigen Stativ montiert. T. mit Einrichtungen zur Entfernungsmessung werden als **Tachymeter** *(Schnellmesser)* bezeichnet. *Elektron. Tachymeter* arbeiten mit einem modulierten Infrarotsender und einem Reflektor am Zielpunkt. Die Entfernung wird durch Phasenvergleich zw. reflektiertem und Referenzsignal bestimmt.

Theodolit

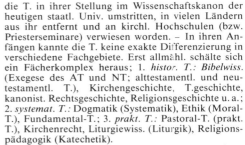

Theodor von Mopsuestia, * Antiochia (= Antakya) um 352, † Mopsuestia (= Misis) bei Adana 428, syr. Kirchenschriftsteller und Bischof (ab 392). Mönch; bedeutendster Exeget der Antiochen. Schule; zu Unrecht als Urheber des → Nestorianismus 553 auf dem 2. Konzil von Konstantinopel als Häretiker verurteilt.

Theodora, * Konstantinopel um 500, † ebd. 28. 6. 548, byzantin. Kaiserin. Einflußreiche Gattin des byzantin. Kaisers Justinian I., d.Gr., vor ihrer Heirat Schauspielerin. T. verhinderte beim Nikaaufstand (532) die Flucht des Kaisers und rettete ihm so Thron und Reich.

Theodorakis, Mikis, * auf Chios 29. 7. 1925, griech. Komponist. 1964–67 Abgeordneter der EDA-Partei (Vereinigte Demokrat. Linke) im griech. Parlament, war 1967–70 (wie schon 1947–49) inhaftiert, 1981–86 erneut Abg. im griech. Parlament als Mgl. der kommunist. Fraktion (KKE); seit April 1990 nach Abkehr von der KKE Min. ohne Geschäftsbereich im bürgerl. Kabinett K. Mitsotakis. T. komponierte Ballette, Orchestermusik, Kammermusik, Oratorien, Lieder sowie Filmmusiken (u. a. ›Alexis Sorbas‹, 1964).

Theodoros Studites (Theodor von Studion), hl., * Konstantinopel 759, † auf den Prinzeninseln (= Istanbul) 11. 11. 826, byzantin. Theologe. Formte das Studionkloster in Konstantinopel zu einem Idealkloster für das byzantin. Mönchtum; erbitterter Gegner der Ikonoklasten (→ Bild). Fest: 11. November.

Theodosius, Name von Herrschern des Röm. Reichs bzw. des Byzantin. Reichs:
1) Theodosius I., der Große, * Cauca (= Coca, Prov. Segovia, Spanien) 11. 1. 347, † Mediolanum (= Mailand) 17. 1. 395, röm. Kaiser (seit 379). Durch Gratian 379 zum Augustus im Osten erhoben, unterwarf bis 394 auch den Westteil des Reiches. 380 getauft; beendete mit dem 1. Konzil von Konstantinopel (381) durch Sanktionierung der Beschlüsse des 1. Konzils von Nizäa den Kirchenstreit seit 325. Die Teilung des Reiches (395) unter die Söhne Arcadius und Honorius bedeutete das Ende der Reichseinheit.
2) Theodosius II., * Konstantinopel 30. 8. 401, † ebd. 28. 7. 450, byzantin. Kaiser (seit 408). Sohn und Nachfolger des Arcadius; nach T. ist die Kodifizierung der seit Konstantin d.Gr. erlassenen Gesetze (›Codex Theodosianus‹, 438) benannt.

Theogonie [griech.], myth. Bericht über die Herkunft der Götter, an den sich oft Göttergenealogien anschließen.

Theokratie [griech.], ganz von der Religion her geprägte und durch sie legitimierte Staatsform *(Gottesstaat),* in der religiöse und weltl. Ordnung deckungsgleich sind, z. B. das alttestamentl. Israel.

Theologie [griech.], die mit wiss. Methoden betriebene theoret. Bemühungen um Inhalte, Grundlage und Geschichte religiöser Glaubensaussagen. Der Begriff T. ist erstmals bei Platon bezeugt, für den er Aufdeckung des Wahrheitsgehalts der religiösen Mythenerzählungen bedeutet. Darüber hinaus kennt Aristoteles T. auch als philos. Reflexion der metaphys. Dimension. Im *christl.* MA umfaßte T. die Lehre von Gottes Wesen, Existenz und Trinität. Erst mit dem Beginn der Hochscholastik (etwa ab 1200) wurde er zum Oberbegriff für die wiss. Beschäftigung mit allen Gegenständen der christl. Tradition: T. wurde zur *Glaubenswissenschaft.* – Bis ins MA hinein wurde die T. nur von Männern betrieben, die aufgrund einer bes. geschichtl. Situation oder eines kirchl. Amtes literar. tätig wurden; eine kirchl. oder wiss. Ausbildung gab es so gut wie nicht. Mit der Vermittlung des Christentums in den noch wenig entwickelten abendländ. (german. und kelt.) Kulturraum wurde T. nur noch mögl. im Umkreis von [Kathedral- und Kloster]schulen; T. wurde zur schul. (d. h. scholast.) Vermittlung und trug so wesentl. zur Entfaltung der Univ. bei. Dennoch ist

die T. in ihrer Stellung im Wissenschaftskanon der heutigen staatl. Univ. umstritten, in vielen Ländern aus ihr entfernt und an kirchl. Hochschulen (bzw. Priesterseminare) verwiesen worden. – In ihren Anfängen kannte die T. keine exakte Differenzierung in verschiedene Fachgebiete. Erst allmähl. schälte sich ein Fächerkomplex heraus; 1. *histor. T.: Bibelwiss.* (Exegese des AT und NT; alttestamentl. und neutestamentl. T.), Kirchengeschichte, T.geschichte, kanonist. Rechtsgeschichte, Religionsgeschichte u. a.; 2. *systemat. T.:* Dogmatik (Systematik), Ethik (Moral-T.), Fundamental-T.; 3. *prakt. T.:* Pastoral-T. (prakt. T.), Kirchenrecht, Liturgiewiss. (Liturgik), Religionspädagogik (Katechetik).

Theologie der Befreiung, in den 1960er Jahren in den lateinamerikan. Ländern entstandene vielschichtige [vorwiegend kath.] theolog. Bewegung mit dem Ziel, die polit. Unterdrückung großer Teile der Bevölkerung Lateinamerikas zu beseitigen und ihre sozioökonom. Lage zu bessern.

Theologie der Revolution → politische Theologie.

theologische Ethik, in der ev. Theologie die Lehre vom Ethos auf der theol. Grundlage der Rechtfertigung des Sünders aus dem Heilshandeln Christi; systemat. Grundlage der Ethik ist die luth. Zweireichelehre. Der t. E. entspricht in der kath. Theologie die → Moraltheologie.

Theophanes Confessor (Theophanes Homologetes), hl., * Konstantinopel um 750 (765?), † auf Samothrake (= Samothraki) 12. 3. 817 (?), byzantin. Historiker. Beeinflußte mit seiner für die byzantin. Geschichte zw. 769 und 814 bed. ›Weltchronik‹ die abendländ. Historiographie.

Theophanes der Grieche → Feofan Grek.

Theophanie [griech.], Gotteserscheinung.

Theophanu (Theophano), * um 955, † Nimwegen 15. 6. 991, Röm. Kaiserin. Byzantin. Prinzessin, seit 972 ∞ mit Kaiser Otto II., auf den sie großen Einfluß ausübte; nach dessen Tod (983) Regentin für ihren Sohn Otto III.

Theophrast (Theophrastos), eigtl. Tyrtamos, * Eresos um 372, † Athen 287, griech. Philosoph. 322 Nachfolger des Aristoteles in der Leitung des Peripatos; forderte für jeden Gegenstandsbereich eine eigene Methodologie.

Theophyllin [griech.] (1,3-Dimethylxanthin), in geringen Mengen in Teeblättern enthaltenes Alkaloid mit koffeinähnl. Wirkung.

Theorbe (Tiorba) [italien.], Baßlaute mit Spielsaiten und Bordunsaiten.

Theorell, Hugo [schwed. teu'rεl], * Linköping 6. 7. 1903, † Stockholm 15. 8. 1982, schwed. Biochemiker. Bed. Forschungen über Struktur und Wirkungsweise v. a. der Enzyme; stellte erstmals das gelbe Atmungsferment rein dar und konnte es reversibel in Flavinfarbstoff (Koenzym) und Trägerprotein (Apoenzym) spalten; erhielt 1955 den Nobelpreis für Physiologie oder Medizin.

Theorem [griech.], Lehrsatz, der für wahr gehalten werden muß (z. B. wegen Bestätigung durch Experiment).

Theorie [griech.-lat.], 1. Bez. für die Erkenntnis um ihrer selbst willen *(reine T.);* 2. Bez. sowohl für ein System von (wiss.) Aussagen über eine (hypothet.) gesetzmäßige Ordnung als auch über empir. Befunde eines bestimmten Erkenntnis- bzw. Objektbereichs.

Theosophie [griech.], religiös (meist synkretist.) motivierte Weltanschauung, die versucht, über Philosophie, Theologie und andere Wiss. hinaus von einem Glauben aus zu einer höheren Wahrheitsschau aufzusteigen, um zu höchster Ethik und Vollendung im Sein zu gelangen.

Hugo Theorell

Theosophische Gesellschaft, 1875 in New York von H. P. Blavatsky und Henry Steel Olcott (* 1832, † 1902) gegr. Gesellschaft mit dem Ziel, die verstreuten Wahrheiten der Theosophie zu sammeln und sie durch die Bildung einer universalen Bruderschaft der Menschheit im Leben zu verwirklichen. Die starke Hinwendung zu Buddhismus und Hinduismus führte 1913 zur Abspaltung der → Anthroposophie.

Therapeut [griech.], Arzt oder Angehöriger eines medizin. Heilberufes, der eine Behandlung mittels eines Therapieplans durchführt.

Therapie [griech.], alle [medizin.] Maßnahmen zur Heilung einer Krankheit. Während die *spezif. T.* möglichst gezielt auf die Krankheit abgestimmt ist, bedient sich die *unspezif. T.* allg. heilungsfördernder Maßnahmen. Die *kausale T.* ist gegen die Krankheitsursachen gerichtet, z. B. gegen Krankheitserreger; die *symptomat. (pallative) T.* dagegen zielt nur gegen bestimmte Krankheitserscheinungen, z. B. gegen Schmerzen.

Theresa (Teresa), gen. Mutter T., eigtl. Agnes Gonxha Bojaxhio, * Skopje 27. 8. 1910, ind. Ordensgründerin alban. Herkunft. Gründete 1950 die Kongregation ›Missionaries of Charity‹ (Missionarinnen der Liebe; Sitz Kalkutta) mit dem Ziel der Sorge für die Sterbenden, Waisen und [Lepra]kranken. Die Kongregation ist heute weltweit verbreitet (inzwischen auch ein männl. Zweig). Mutter T. erhielt 1971 als erste Trägerin den ›Friedenspreis des Papstes‹ und 1979 den Friedensnobelpreis.

Therese von Konnersreuth → Neumann, Therese.

Theresia vom Kinde Jesu (T. v. K. J. und vom hl. Antlitz, Theresia von Lisieux), eigtl. Marie Françoise Thérèse Martin, gen. Kleine hl. Theresia, hl., * Alençon 2. 1. 1873, † Lisieux 30. 9. 1897, frz. Karmelitin. Ihre Autobiographie ›Geschichte einer Seele‹ (hg. 1898) zeigt wie ihre anderen Schriften eine klare christozentr. und kirchl. Theologie; seit 1927 Hauptpatronin aller Missionen. – Fest: 1. Oktober.

Theresia von Ávila (Teresa de Ávila, Teresa de Jesús), eigtl. Teresa de Cepeda y Ahumada, gen. T. die Große, hl., * Ávila 28. 3. 1515, † Alba de Tormes bei Salamanca 4. 10. 1582, span. Mystikerin. Reformierte den Karmelitenorden; Begründerin des Reformzweigs der Unbeschuhten Karmelitinnen. Ihre Schriften gelten als Höhepunkt der span. Mystik. Seit 1617 Patronin Spaniens; 1970 zum ›Doctor Ecclesiae‹ ernannt. – Fest: 15. Oktober.

Theresienstadt (tschech. Terezin), Stadt an der Eger, ČSFR, 2 700 E. – Das im Nov. 1941 in T. errichtete KZ diente v. a. als Durchgangslager für den Transport von Juden in die Vernichtungslager. Von den bis April 1945 in T. rd. 141 000 Inhaftierten starben im Lager rd. 33 000, etwa 88 000 wurden in Vernichtungslager deportiert. Heute Gedenkstätte.

Theriak [griech.], beliebtes Arzneimittel des MA aus über 60 (später 80) Bestandteilen (u. a. pflanzl. Drogen und Gewürze).

Thermaischer Golf, Golf des nördl. Ägäischen Meeres, zw. der Halbinsel Chalkidike und der Griech. Halbinsel.

Thermen [griech.], öffentl. Badeanstalten der Antike, urspr. mit Wannensitzbad, Schwitzbad und Schwimmbecken, ab dem 1. Jh. v. Chr. mit Umkleideraum (Apodyterium), mäßig warmem Bad (Tepidarium), Warmbad (Kaldarium), Kaltbad (Frigidarium), evtl. Schwitzbad (Laconium), Warmluftraum (Sudatio), in den Kaiserthermen außerdem u. a. Ringkampfanlagen (Palästren), Freibad (Natatio) und Massageräume, Gärten, Wandelhallen.

Thermidor [griech.-frz.], 11. Monat des Kalenders der Frz. Revolution (Juli/Aug.); bekannt v. a. der 9. T. (= 27. 7. [1794]): Sturz Robespierres.

Thermik [griech.], durch starke Erwärmung des Bodens und der darüberliegenden Luftschichten hervorgerufener Aufwind; wird von Segel- und Drachenfliegern zum Höhengewinn ausgenutzt.

Thermionikelement [griech./lat.] (thermion. Energiewandler, thermion. Konverter), eine den glühelektr. Effekt ausnutzende Vorrichtung zur direkten Umwandlung hochwertiger, d. h. auf hoher Temperatur befindl. Wärmeenergie in elektr. Energie. Anordnungen von in Reihe geschalteten T. bezeichnet man als **Thermionikgeneratoren.**

thermische Energie, svw. Wärmeenergie (→ Wärme).

Thermistor [Kw. aus griech. **therm**al und lat.-engl. res**istor** ›Widerstand‹], Halbleiterbauelement, bei dem die Temperaturabhängigkeit seines Widerstands zu Meß- und Regelzwecken genutzt wird.

thermo..., Thermo..., therm..., Therm... [griech.], Bestimmungswort von Zusammensetzungen mit der Bedeutung ›Wärme, Hitze; Wärmeenergie; Temperatur‹.

Thermodiffusion → Isotopentrennung.

Thermodynamik (Wärmelehre), Teilgebiet der Physik, in dem das Verhalten physikal. Systeme bei Zu- oder Abführung von Wärmeenergie und bei Temperaturänderungen untersucht wird. Grundlage der Th. sind die sog. *Hauptsätze der Wärmelehre:*
1. Hauptsatz **(Energieerhaltungssatz):** Wärme ist eine bes. Form der Energie; sie kann in andere Energieformen umgewandelt werden und umgekehrt. In einem abgeschlossenen System bleibt die Summe aller Energiearten (mechan., therm., elektr., magnet. und chem. Energie) konstant.
2. Hauptsatz **(Entropiesatz):** Die → Entropie eines abgeschlossenen Systems kann sich thermodynam. Systems kann sich nur durch Austausch mit der Umgebung ändern, oder sie kann sich nur von selbst vermehren. Damit ist gleichzeitig der Richtungscharakter aller Wärmevorgänge ausgedrückt: Wärme kann nicht von selbst von einem kälteren auf einen wärmeren Körper übergehen.
3. Hauptsatz **(Nernstsches Wärmetheorem):** Die Entropie eines festen oder flüssigen Körpers hat am absoluten Nullpunkt den Wert Null.

Thermoelektrizität, alle Erscheinungen in elektr. leitenden festen Stoffen (Metalle und Halbleiter), in denen Temperaturdifferenzen, elektr. Spannungsdifferenzen bzw. Ströme und Wärmeenergien (oder Wärmeströme) miteinander verknüpft sind.

Thermoelement, ein Leiterkreis aus zwei oder mehreren verschiedenen Metallen oder halbleitenden Materialien, deren Verbindungsstellen (Lötstellen) auf verschiedene Temperaturen gebracht, infolge des → Seebeck-Effektes eine Thermospannung bzw. einen Thermostrom liefern. T. mit metall. Leiterpaar werden v. a. zur Temperaturmessung verwendet, T. aus halbleitenden Materialien zur direkten Umwandlung von Wärmeenergie in elektr. Energie.

Thermographie, Verfahren zur Abbildung von Objekten mittels ihrer Wärmestrahlung (Infrarotstrahlung). Die Sichtbarmachung von Temperaturverteilungen auf Oberflächen erfolgt direkt mit Hilfe von Wärmesichtgeräten oder auf Wärmebildern *(Thermogrammen),* die mit Wärmebildgeräten (Thermographen) aufgenommen werden. Die T. wird v. a. in der Bautechnik (z. B. Überprüfung der Wärmedämmung) und in der Fertigungskontrolle angewendet. Bei der *Platten-T.* werden zwei durchsichtige Kunststoffolien, zw. denen sich eine dünne Schicht aus einer flüssigkristallinen Substanz befindet, in direkten Kontakt mit der zu untersuchenden Oberfläche gebracht. Die flüssigkristalline Substanz nimmt dann bei Vorhandensein von Bereichen unterschiedl. Temperatur an diesen Stellen unterschiedl. Farbe an. Auf

Mutter Theresa

Thermographie: Wärmekarte eines Mehrfamilienhauses, durch die die Zonen unzureichender Wärmedämmung im Mauerwerk aufgespürt werden

Thermometer: Maximum- Minimum- Thermometer

diese Weise lassen sich z. B. in der Medizin auch Temperaturmuster der Haut aufzeichnen, die ihre Durchblutung sowie Tumorbildungen aufzeigen.

Thermometer, Gerät zur Messung der Temperatur. *Ausdehnungs-T.* sind meist als *[Flüssigkeits]glas-T.* ausgeführt, bei denen eine Meßkapillare an ein flüssigkeitsgefülltes Glasgefäß als Fühler angesetzt ist; nimmt die Temperatur zu, so dehnt sich die Flüssigkeit aus und steigt in der Kapillare hoch. Je nach dem gewünschten Meßbereich verwendet man hierzu organ. Flüssigkeiten, z. B. Alkohol *(Alkohol-T.),* Toluol oder Pentan und sehr häufig Quecksilber *(Quecksilber-T.;* Meßbereich von –35 °C bis 600 °C). Beim *Maximum-T.,* z. B. dem *Fieber-T.,* sorgt eine Einschnürung der Kapillare dafür, daß bei Abkühlung der Quecksilberfaden abreißt. Das *Minimum-T.* ist ein Alkohol-T., bei dem ein kleiner Glasstift das Temperaturminimum anzeigt. Das *Maximum-Minimum-T.* mit U-förmigem Kapillarrohr dient zum Messen der höchsten bzw. tiefsten Temperatur innerhalb eines bestimmten Zeitraumes. *Bimetall-T.* bestehen aus einem häufig spiralförmigen Streifen von 2 aufeinandergeschweißten Metallen verschiedener Ausdehnungskoeffizienten; dieser Streifen krümmt sich bei steigender Temperatur. Im *Gas-T.* befindet sich im Meßfühler ein nahezu ideales Gas, dessen Druck bei konstantem Volumen *linear* von der Temperatur abhängt. Bei *Dampfdruck-T. (Dampfspannungs-* oder *Tensions-T.)* ist der Druck im Wasser und Wasserdampf enthaltenden Fühler ein Maß für die Temperatur. Beim *Thermoelement* und beim *Widerstands-T.* wird die Temperaturabhängigkeit des Widerstandes eines Leiters ausgenutzt. *Halbleiter-T.* arbeiten mit Halbleiterwiderständen, die eine nichtlineare Abhängigkeit ihres Widerstandes von der Temperatur aufweisen.

thermonukleare Reaktion, svw. →Kernfusion.

thermonukleare Waffen, Bez. für die auf der Kernfusion beruhenden Waffen. →ABC-Waffen.

Thermopylen, etwa 7 km lange Engstrecke in M-Griechenland, zw. dem Malischen Golf und dem Fuß des Kallidromon, urspr. nur bis 40 m, heute etwa 4 km breit; am westl. Eingang Schwefelthermen. – Berühmt durch die Vernichtung eines Teils der griech. Truppen unter dem spartan. König Leonidas (480 v. Chr.) durch das pers. Heer Xerxes' I.

Thermoregulation (Temperaturregulation, Wärmeregulation), die Fähigkeit homöothermer (warm-

blütiger) Organismen, ihre Körpertemperatur unter wechselnden Umweltbedingungen und unterschiedl. eigenen Stoffwechselleistungen bei geringen Schwankungen konstant zu halten. Die *Wärmebildung* wird v. a. durch eine Zunahme der motor. Nervenimpulse mit einer entsprechenden Steigerung des Skelettmuskelstoffwechsels (Zunahme des reflektor. Muskeltonus bis zum Kältezittern) bewerkstelligt. Mechanismen der *Wärmeabgabe* an die Umgebung sind die Wärmeleitung, Konvektion und die Wärmeabstrahlung von der Haut (sie sind variabel durch Aufrichten von Haaren bzw. Federn) sowie der Abkühlung durch Wasserverdunstung von der Hautoberfläche (durch die Schweißsekretion). Auch die Schleimhäute der Atemwege können durch Wasserverdunstung an der Wärmeabgabe beteiligt sein, bes. bei hechelndem Atmen.

Thermorezeptoren (Temperaturrezeptoren), nervale Strukturen des tier. und menschl. Körpers, die Temperaturänderungen registrieren. Man unterscheidet **Thermoenterorezeptoren,** die als Innenrezeptoren die Temperatur im Körperinnern (v. a. die des Blutes) kontrollieren, von den **Thermoexterorezeptoren,** die als Außenrezeptoren in der Körperperipherie, d. h. der Haut, liegen und die Temperaturreize aus der Umwelt aufnehmen. Letztere sind in Form von **Temperaturpunkten** nachweisbar. Diese kommen in erhöhter Dichte im Bereich des Gesichts (v. a. an der Nasenspitze und am Mund) sowie an Händen, Füßen und in Mund- und Nasenhöhle vor.

Thermosgefäße Ⓦ [griech./dt.]. Vakuummantelgefäße (→Dewar-Gefäß) zur Aufbewahrung z. B. von Speisen und Getränken über längere Zeit bei nahezu gleichbleibender Temperatur. →Weinhold.

Thermostat [griech.], svw. →Temperaturregler.

These [griech.], aufgestellter Lehrsatz; zu beweisende Behauptung.

Theseus, Gestalt der griech. Mythologie; nach seiner Heimfahrt von den Königshof von Athen, auf der er das Land von sechs Plagen befreit hatte, tötet T. mit Hilfe von →Ariadnes Faden im Labyrinth des kret. Königs Minos den Stiermenschen Minotaurus.

Thespiskarren, der Wagen, auf dem der Tragödiendichter Thespis (nach Horaz) seine Stücke aufgeführt haben soll; übertragen für Wanderbühne.

Thessalien, Landschaft (Region) im O des mittleren Griechenland, Hauptorte sind Wolos und Larisa. – In der Antike berühmt durch die Pferdezucht. Die Einheit des Landes wurde erst unter Jason von Pherä Anfang des 4. Jh. v. Chr. erreicht; 352–196 makedon.; 148 v. Chr. von Rom unterworfen.

Thessalonicherbriefe (Abk. 1. Thess./2. Thess.), im NT zwei Briefe des Apostels Paulus an die Gemeinde in Thessalonike (Saloniki) um 50/51 entstanden. – 1. Thess. betont die Autorität der apostol. Verkündigung und gibt Ermahnungen für das Leben der Gemeinde; 2. Thess. (Echtheit umstritten) spricht vom göttl. Gericht und ermahnt zum Leben aus dem Glauben.

Thessalonike, antiker Name von →Saloniki. 1204–46 bestand um T. ein Kreuzfahrerstaat (Kgr. Thessalonike).

Theta [griech.], 9. Buchstabe des urspr., 8. des klass. griech. Alphabets: Θ, ϑ.

Thetis, in der griech. Mythologie die schönste der Nereiden; Mutter des Achilleus.

Thiamin [Kw.], svw. Vitamin B₁ (→Vitamine).

Thibaut IV (Thibaud IV) **de Champagne** [frz. tibo-'katrə dəʃã'paɲ], * Troyes 30. 5. 1201, † Pamplona 7. 7. 1253, König von Navarra (seit 1234), frz. Dichter. Mit seinen [Liebes]liedern einer der bedeutendsten Lyriker des frz. Mittelalters.

Thidrekssaga (þiðreks saga), altwestnord. Erzählung über den Sagenhelden Dietrich von Bern (piðrekr), entstanden in der Mitte des 13. Jh. in Norwegen.

Thielicke, Helmut, * Barmen (= Wuppertal) 4. 12. 1908, † Hamburg 5. 3. 1986, dt. ev. Theologe. Entschiedener Vertreter der Bekennenden Kirche; verfaßte zahlr. Arbeiten zur luth. Dogmatik und Ethik.

Thierack, Otto Georg, * Wurzen 19. 4. 1889, † Sennelager (= Paderborn) 22. 11. 1946 (Selbstmord), dt. Politiker (NSDAP). 1933 als sächs. Justiz-Min. mit der Gleichschaltung beauftragt; Präs. des Volksgerichtshofs (1936–42), Reichsjustiz-Min. (1942–45).

Thiers, Adolphe [frz. tjɛ:r], * Marseille 14. 4. 1797, † Saint-Germain-en-Laye 3. 9. 1877, frz. Politiker. 1836 und 1840 Min.-Präs. und Außen-Min.; widersetzte sich dem Staatsstreich des späteren Napoleon III., 1851/52 im Exil. Ab 1863 Abg. und Führer der liberalen Opposition. 1871–73 Präs. der 3. Republik; schlug im Mai 1871 den Aufstand der Pariser Kommune nieder.

Thierse, Wolfgang, * Breslau 22. 10. 1943, dt. Politiker. Germanist; Juni bis September 1990 Vors. der SPD (DDR), wurde nach dem Vereinigungsparteitag der SPD stellv. Vorsitzender; MdB seit 1990.

Thieß, Frank, * Eluisenstein bei Ogre (Livland) 13. 3. 1890, † Darmstadt 22. 12. 1977, dt. Schriftsteller. Prägte den Begriff der →inneren Emigration; schrieb v. a. zahlr. Romane, u. a. ›Die Verdammten‹ (1923), ›Tsushima‹ (1936), ›Die Geburt Europas‹ (1959), ›Der Zauberlehrling‹ (1975).

Thietmar (Dietmar) **von Merseburg,** * Walbeck (?) bei Haldensleben 25. 7. 975, † 1. 12. 1018, dt. Geschichtsschreiber. Bischof von Merseburg (ab 1009). Seine Chronik behandelt die Zeit von Heinrich I. bis 1018 und ist eine wichtige Quelle v. a. für die otton. Ostpolitik.

Thiêu, Nguyên Văn → Nguyên Văn Thiêu.

Thimphu, Hauptstadt von Bhutan, im Tal des gleichnamigen Flusses, 15 000 E. Kunsthandwerk, Wollweberei.

Thimig, österr. Schauspielerfamilie; bed.:
1) **Hans,** * Wien 23. 7. 1900, † ebd. 17. 2. 1991, Schauspieler und Regisseur. Sohn von Hugo T.; subtiler Komiker; u. a. 1918–24 und ab 1949 am Burgtheater in Wien.
2) **Helene,** * Wien 5. 6. 1889, † ebd. 7. 11. 1974, Schauspielerin. Tochter von Hugo T.; spielte u. a. in Meiningen und Berlin (1917–33); ∞ mit M. Reinhardt; 1933–46 Emigration in die USA; 1948–54 und 1960 Prof. an der Wiener Akademie für Musik und darstellende Kunst.
3) **Hugo,** * Dresden 16. 6. 1854, † Wien 24. 9. 1944, Schauspieler. Ab 1874 am Wiener Burgtheater, 1912–17 dessen Direktor.

Thing (Ding), in german. Zeit die Volks-, Heeres- und Gerichtsversammlung, auf der alle Rechtsangelegenheiten des Stammes (auch die Entscheidung über Krieg und Frieden) behandelt wurden. Das T. fand unter Vorsitz des Königs (Stammes-, Sippenoberhauptes) unter freiem Himmel an bestimmten Orten *(Mal-, T.statt)* statt. Alle Freien (d. h. Waffenfähigen) mußten mit Waffen erscheinen *(T.pflicht).* Die Entscheidungen wurden einstimmig getroffen. Während des T. bestand ein Sonderfriede *(T.friede),* dessen Verletzung streng bestraft wurde.

Thioalkohole, svw. → Mercaptane.

Thiobarbiturate → Barbitursäure.

Thiocarbamid [Kw.], svw. → Thioharnstoff.

Thiocyanate (Rhodanide), die Salze und Ester der *Thiocyansäure* (Rhodanwasserstoffsäure); farbloses, leicht wasserlösl. Gas). Die meist wasserlösl. Salze färben sich in Gegenwart von Fe^{3+}-Ionen dunkelrot; *Kaliumthiocyanat (Kaliumrhodanid)* wird zur Herstellung von Kältemischungen, Schädlingsbekämpfungs- und Textilhilfsmitteln verwendet.

Hans Thoma: Schwarzwaldlandschaft; 1867 (Bremen, Kunsthalle)

Thioharnstoff (Thiocarbamid, Schwefelharnstoff), farblose, kristalline, wasserlösl. Substanz, die u. a. zur Herstellung von Aminoplasten und Vulkanisationsbeschleunigern sowie zur Synthese heterocycl. Verbindungen dient.

Thionville [frz. tjõ'vil] (dt. Diedenhofen), frz. Stadt an der Mosel, Dep. Moselle, 40 600 E. Eisenerzbergbau, metallurg. Industrie. Got. Bauwerke sind ehem. Schloß und Altes Rathaus (1669 aufgestockt). – Bevorzugte Residenz der Karolinger; 870 an das Ostfränk. Reich; im Hoch-MA zu Luxemburg; 1445 an das Hzgt. Burgund, danach an das Haus Österreich; 1659 frz.; im 18./19. Jh. bed. Festung.

Thiophen [griech.] (Thiofuran), heterocycl. Verbindung mit einem Schwefelatom im fünfgliedrigen Ring; farblose Flüssigkeit; Zwischenprodukt u. a. bei der Arzneimittel- und Schädlingsbekämpfungsmittelherstellung; als Odoriermittel (Duftstoff) für Gase wird das sehr unangenehm riechende *Tetrahydro-T.* verwendet.

Thioplaste (Polyäthylenpolysulfide, [Alkyl]polysulfide, Polysulfidkautschuk), gegen Sauerstoff, Säuren und zahlr. organ. Lösungsmittel beständige, kautschukartige Polymere; werden durch Polykondensation von Alkylhalogeniden und Natriumpolysulfid erhalten.

Thiosulfate, die Salze der Thioschwefelsäure; Alkali-T. lösen Schwermetallverbindungen unter Komplexbildung, z. B. wird Natrium-T. als Fixiersalz in der Photographie verwendet.

Thixotropie [griech.], Eigenschaft bestimmter Gele, die sich bei mechan. Beanspruchung (Rühren, Schütteln, Ultraschall) verflüssigen (Solzustand), bei Beendigung der mechan. Beanspruchung jedoch wieder verfestigen. Thixotrope Flüssigkeiten werden als nichttropfende Lacke verwendet.

Thjórsá [pjórsá] [isländ. 'θjɔ:ursau], mit 230 km längster Fluß Islands, mündet rd. 20 km sö. von Selfoss in den Atlantik.

Tholos [griech.], in der griech. Antike ein runder Kultbau (um eine Opfergrube, ein Grab, eine Tempelcella), auch mit umlaufender Säulenhalle (Monopteros); u. a. in Delphi (6. Jh. v. Chr.) und Samothrake (um 280 v. Chr.).

Thoma, 1) Hans, * Bernau bei Sankt Blasien 2. 10. 1839, † Karlsruhe 7. 11. 1924, dt. Maler. Landschaftsbilder sowie Genrebilder aus seiner bäuerl. Umwelt (›Mutter und Schwester‹, 1866).

Helmut Thielicke

Wolfgang Thierse

Helene Thimig

Ludwig Thoma

Christian Thomasius

Edward Donnall Thomas

2) **Ludwig,** Pseud. Peter Schlemihl, * Oberammergau 21. 1. 1867, † Rottach (= Rottach-Egern) 26. 8. 1921, dt. Schriftsteller. Bes. bekannt sind seine ›Lausbubengeschichten‹ (1905) sowie ›Jozef Filsers Briefwexel‹ (1912), auch Bauernromane und Komödien; Ambivalenz zw. nat. Pathos und Gesellschaftskritik.

Thomanerchor, aus Schülern der wohl bis 1212 zurückreichenden Thomasschule in Leipzig gebildeter Knabenchor.

Thomas, hl., Apostel. Nach Joh. 20, 24 ff. zweifelte er an der Auferstehung Jesu (›ungläubiger T.‹). Die spätere Überlieferung macht T. zum Apostel in Persien und Indien. – Fest: 3. Juli.

Thomas a Kempis (T. von Kempen), eigtl. T. Hemerken, latin. Malleolus, * Kempen 1379 oder 1380, † Kloster Agnetenberg bei Zwolle 25. 7. 1471, dt. Mystiker. Bedeutendster Vertreter der →Devotio moderna.

Thomas von Aquin (T. Aquinas), hl., gen. Doctor communis und Doctor angelicus, * Burg Roccasecca bei Aquino 1225 (1226?), † Kloster Fossanova 7. 3. 1274, scholast. Theologe und Philosoph. Dominikaner; Schüler von Albertus Magnus; lehrte v. a. in Paris und Rom. Schuf ein umfassendes Denksystem, das in der Synthese von Theologie und Philosophie, Glauben und Wissen, Offenbarung und Vernunft, Gnade und Natur- bzw. Schöpfungsordnung die ganze Universum erfassen sollte. In seinen Kommentaren zu den Schriften des Aristoteles bediente sich T. der aristotel. Kategorien (z. B. Akt und Potenz, Wirklichkeit und Möglichkeit), die er mit christl. Inhalten füllte. Hauptwerke: ›Summa theologiae‹ (1266–73), ›Summa contra gentiles‹ (1254–56). Im Blick auf die Heilsgeschichte entwickelt T. seine Lehre eines auf natürl. Vernunft begründeten und durch prakt. Vernunft zu realisierenden Naturrechts, in dessen Rahmen auch seine Anschauung von Staat, Obrigkeit und Gesellschaft zu sehen ist. – T. wurde 1567 zum Kirchenlehrer erhoben. – Fest: 7. März.

Thomas von Canterbury [engl. 'kæntəbərɪ] →Thomas Becket.

Thomas von Kempen →Thomas a Kempis.

Thomas ['to:mas, engl. 'tɔməs, frz. tɔ'mɑ]:

1) **Ambroise,** * Metz 5. 8. 1811, † Paris 12. 2. 1896, frz. Komponist. Komponierte v. a. Opern, u. a. ›Mignon‹ (1866).

2) **Dylan,** * Swansea (Wales) 27. 10. 1914, † New York 9. 11. 1953, engl. Schriftsteller walis. Herkunft. Bed. v. a. als Lyriker (›Collected poems‹ 1934–52); auch surrealist. Kurzgeschichten und Hörspiele (›Unter dem Milchwald‹, 1954 [auch als Schsp.]).

3) **Edward Donnall,** * Mart (Tex.) 15. 3. 1920, amerikan. Arzt; für seine Arbeiten zur Überwindung der Immunabwehr bei Organ- und Zelltransplantationen erhielt er 1990 (mit J. E. Murray) den Nobelpreis für Physiologie oder Medizin.

4) **Kurt,** * Tönning bei Husum 25. 3. 1904, † Bad Oeynhausen 31. 3. 1973, dt. Komponist und Chorleiter. War 1956–60 Thomaskantor in Leipzig, 1960–65 Leiter der Chorkonzerte des Bach-Vereins Köln.

5) **Sidney Gilchrist,** * Canonbury (= London) 16. 4. 1850, † Paris 1. 2. 1885, brit. Metallurg. Erfand 1876/77 mit seinem Vetter, dem Chemiker Percy Carlyle Gilchrist (* 1851, † 1935), ein Verfahren zur Erzeugung von Eisen und Stahl aus phosphorreichem Erz (→Thomas-Verfahren).

Thomas Becket [engl. 'tɔməs 'bɛkɪt] (T. von Canterbury), hl., * London 21. 12. 1118, † Canterbury 29. 12. 1170, engl. Lordkanzler, Erzbischof von Canterbury (seit 1162). 1155–62 Kanzler, Freund und Ratgeber König Heinrichs II.; 1162 vom König zum Erzbischof von Canterbury erhoben; widersetzte sich der Wiedereinführung königl. Vorrechte im kirchl. Bereich. 1163/64 wurde T. B. der Felonie (Treue-

bruch gegenüber dem Lehnsherrn) angeklagt und floh nach Frankreich. 1170 Rückkehr nach Canterbury; von königstreuen Rittern in der Kathedrale ermordet.

Thomaschristen, Selbstbez. der Christen an der Malabarküste Indiens. Nach alter Überlieferung soll der Apostel Thomas hier missioniert haben. Die Liturgie der T. (malabar. Liturgie) gehört zur antiochen. (westsyr.) Liturgiefamilie. Durch mehrere Spaltungen zerfiel die alte Kirche Indiens in eine Vielzahl von Kirchen, z. B. [Syro]malankaren, Syromalabaren, jakobit. (syr.-orth.) Kirche, Mar-Thomas-Kirche.

Thomasin von Circlaere (Zerklaere) ['to:mazi:n, tsɪr'klɛrə], * Friaul um 1186, † nach 1216, mhd. Dichter. Verfaßte um 1215/16 das moralphilosoph. Werk ›Der wälsche Gast‹ (über 14 700 Verse), ein weitverbreitetes, umfangreiches Lehrgedicht über allgemeine Tugenden und Laster.

Thomasius, Christian, * Leipzig 1. 1. 1655, † Halle/Saale 23. 9. 1728, dt. Jurist und Philosoph. Bed. Vertreter der Aufklärung und der Naturrechtslehre; trug wesentl. zur Beseitigung der Hexenprozesse und der Folter bei.

Thomaskantor, der Kantor der Thomaskirche in Leipzig und Leiter des →Thomanerchors. Zu den T. zählen u. a. J. S. Bach (1723–50), K. Straube (1918–39), G. Ramin (1940–56), K. Thomas (1956 bis 1960), Erhard Mauersberger (* 1903, † 1982) (1961–72), Hans Joachim Rotzsch (* 1929) (1972–91).

Thomas Morus →More, Sir Thomas.

Thomas-Verfahren [nach S. G. Thomas], älteres Verfahren zur Stahlerzeugung (Thomasstahl) aus phosphorreichen Eisenerzen, wobei durch die am Boden des mit bas. Futter (Dolomitsteinen oder -stampfmassen) ausgekleideten Konverters (Thomas-Konverter, Thomas-Birne) befindl. Düsenöffnungen Luft in das flüssige Roheisen geblasen wird. Die anfallende Thomasschlacke wird fein gemahlen als Phosphatdünger (Thomasmehl) in den Handel gebracht.

Thomismus, Sammelbez. für an →Thomas von Aquin anschließende theol.-philos. Positionen und Richtungen; erlebte im 19. Jh. eine neue Blüte (Neuscholastik).

Thomson [engl. tɔmsn], 1) **Sir** (seit 1943) **George,** * Cambridge 3. 5. 1892, † ebd. 10. 9. 1975, brit. Physiker. Sohn von Sir Joseph John T.; bestätigte 1927 (unmittelbar nach C. J. Davisson und L. H. Germer) anhand von Beugungserscheinungen beim Durchgang von Elektronenstrahlen durch Metallfolien den Welle-Teilchen-Dualismus des Elektrons. Erhielt hierfür 1937 (mit Davisson) den Nobelpreis für Physik.

2) **James,** * Ednam bei Edinburgh 11. 9. 1700, † Richmond (= London) 27. 8. 1748, schott. Dichter. Bekannt ist v. a. die Blankversdichtung ›Die Jahreszeiten‹ (1726–30; danach das Oratorium (1801) von J. Haydn).

3) **Sir** (seit 1908) **Joseph John,** * Cheetham Hill (= Manchester) 18. 12. 1856, † Cambridge 30. 8. 1940, brit. Physiker. Mitbegründer der modernen Atomphysik. Untersuchte v. a. den Elektrizitätsdurchgang in Gasen, wobei er die elektr. und magnet. Ablenkung der Kathodenstrahlen nachwies, das Ladung-Masse-Verhältnis der vermuteten Kathodenstrahlteilchen bestimmte und somit zum eigtl. Entdecker des Elektrons wurde. 1906 Nobelpreis für Physik.

4) **Sir William,** brit. Physiker, →Kelvin, William Lord K. of Largs.

Thonburi, thailänd. Stadt am Menam, gegenüber von Bangkok, zu dem es seit 1972 gehört. – 1767–82 Hauptstadt Thailands.

Thonet, Michael ['tɔnɛt], * Boppard 2. 7. 1796, † Wien 3. 3. 1871, dt. Industrieller. Erfinder eines Verfahrens zum Biegen von Holz (Bugholz; 1830); gründete in Wien eine Möbelfabrik (T.-Stühle).

Thonon-les-Bains [frz. tɔnõleˈbɛ̃], frz. Stadt am Genfer See, Dep. Haute-Savoie, 27 000 E. Heilbad. Kirche Saint-Hippolyte (12. und 17. Jh.).

Thöny, Eduard [...ni], * Brixen 9. 2. 1866, † Holzhausen (= Utting a. Ammersee) 26. 7. 1950, österr. Karikaturist. Mitarbeiter am →›Simplicissimus‹.

Thor (german. Donar), altgerman. Gott (→ Asen); Gott des Donners, der Winde und Wolken.

Thora (Tora) [ˈtoːra, toˈraː; hebr.], im Judentum Bez. für den →Pentateuch; als Gesetz Gottes Kernstück jüd. Glaubens; im Gottesdienst wird am Sabbat aus der *Thorarolle* vorgelesen, die in dem meist reich geschmückten *Thoraschrein* aufbewahrt wird.

Thorax [griech.], bei Wirbeltieren und beim Menschen → Brustkorb.

Thorbecke, Johan (Jan) Rudolf, * Zwolle 14. 1. 1798, † Den Haag 4. 6. 1872, niederl. liberaler Politiker. 1848 als Vors. der Verfassungskommission maßgebl. an der Umgestaltung der Niederlande in eine konstitutionelle Monarchie beteiligt; 1849–53, 1862–66 und 1871/72 Regierungschef.

Thorianit [zu →Thorium], seltenes, relativ stark radioaktives Mineral, chem. (Th,U)O₂; Mohshärte 6; Dichte 8,8–9,5 g/cm³.

Thorium [nach dem altgerman. Gott Thor], chem. Symbol Th; radioaktives metall. chem. Element aus der Reihe der Actinoide des Periodensystems der chem. Elemente, Ordnungszahl 90, mittlere relative Atommasse 232,0381, Dichte 11,72 g/cm³, Schmelzpunkt 1 750 °C, Siedepunkt etwa 4 790 °C. An Isotopen sind Th 212 bis Th 236 bekannt; Th 232 besitzt mit 1,405 · 10¹⁰ Jahren die längste Halbwertszeit und ist Ausgangselement der *Thorium-Zerfallsreihe,* deren stabiles Endprodukt das Bleiisotop Pb 208 *(Thorblei, Thoriumblei)* ist. **Thoriumdioxid** (Thorerde), ThO₂, wird als keram. Werkstoff für hochtemperaturfeste, chem. resistente Geräte verwendet. T. wird im Gemisch mit Plutonium oder angereichertem Uran als Kernbrennstoff sowie (in Form des Isotops Th 232) als Brutstoff für das spaltbare Uranisotop U 233 verwendet.

Thorn, Gaston, * Luxemburg 3. 9. 1928, luxemburg. liberaler Politiker. 1961–80 Präs. der Demokrat. Partei; 1969–79 Außen-Min., 1974–79 Regierungschef (Staats-Min.); 1970–82 Präs. der Liberalen Internationale, 1976–80 Präs. der Föderation der liberalen und demokrat. Parteien der EG; 1981–84 Präs. der EG-Kommission.

Thorn (poln. Toruń), poln. Stadt an der unteren Weichsel, 197 000 E. Hauptstadt der Verw.-Geb. Toruń; Univ., Museen, Theater; u. a. Maschinen- und Fahrzeugbau; Flußhafen. Erhalten die auf der Weichselseite die Stadtmauern (14. Jh.) mit 3 Tortürmen. Altstädt. Kauf- und Rathaus (1602/03 im Renaissancestil umgebaut), Altstädt. Pfarrkirche Sankt Johann (im 15. Jh. vollendet). Marienkirche (14. Jh.) mit Mausoleum der schwed. Prinzessin Anna Wasa (1636); Neustädt. Pfarrkirche Sankt Jakob (14. und 15. Jh.), barocke Patrizierhäuser. **Geschichte:** 1234 Errichtung einer Burg des Dt. Ordens (1454 zerstört). Nachdem der Dt. Orden im **1. Thorner Frieden** (1. 2. 1411) trotz der Niederlage bei Tannenberg sein Gebiet außer dem Land Dobrzyń und Schamaiten behauptet hatte, mußte er im **2. Thorner Frieden** (19. 10. 1466) Pomerellen, das Culmer Land das Ermland samt den schon 1454 abgefallenen Städten Danzig, Elbing, T. und Marienburg an Polen abtreten. T. kam 1793/1815 an Preußen, fiel 1920 an Polen, gehörte 1939–45 zum Reichsgau Danzig-Westpreußen; seit 1945 wieder zu Polen.

Thorndike, Edward Lee [engl. ˈθɔːndaɪk], * Williamsburg (Mass.) 31. 8. 1874, † Montrose (N. Y.) 10. 8. 1949, amerikan. Psychologe. Befaßte sich vorwiegend mit Fragen des Lernens und Verhaltens.

Thorn Prikker, Johan (Jan), * Den Haag 6. 6. 1868, † Köln 5. 3. 1932, niederl. Maler. Glas- und Wandmalereien, Mosaiken u. a., bes. für rheinländ. Kirchen (Jugendstil).

Thorvaldsen, Bertel [dän. ˈtɔrvalsən], * Kopenhagen 13. 11. 1768 (19. 11. 1770[?]), † ebd. 24. 3. 1844, dän. Bildhauer. 1797–1842 (mit Unterbrechungen) in Rom. Schuf klassizist. Figuren, Reliefs und Denkmäler (T.-Museum in Kopenhagen); Grabmal Papst Pius' VII. (1823–31, Rom, Peterskirche), Reiterstandbild Kurfürst Maximilians I. in München (1830–39).

Thot, ägypt. Mondgott; Erfinder der Schreib- und Rechenkunst (→ Hermes Trismegistos).

Thraker, indogerman. Volk, das in viele Stämme gegliedert war und mindestens seit dem 2. Jt. v. Chr. Thrakien sowie die vorgelagerten Inseln (v. a. Samothrake) bewohnte, ferner Dakien, seit dem 8. Jh. v. Chr. auch Mysien und Bithynien (NW-Kleinasien). Die T. bildeten bis ins 6./7. Jh. eine sprachl., ethn. und kulturelle Einheit. – Von der hochstehenden *Kultur* der T. zeugen Dolmen (12.–6. Jh. v. Chr.) und Schatzfunde (Waltschitran, 8. Jh., Sofia, Nationalmuseum).

Thrakien (Thrazien), histor. Landschaft auf der östl. Balkanhalbinsel, in Griechenland, Bulgarien und in der Türkei. **Geschichte:** Zur Bildung eines eigenen thrak. Reiches kam es um 450 v. Chr., als der König der Odrysen die Thrakerstämme einigte. Seine größte Ausdehnung (im N bis zur Donau) erreichte dieses Reich unter Sitalkes (⚰ um 440–424); 341 v. Chr. wurde T. makedon. und war seit 15 v. Chr. röm. Klientelstaat (röm. Prov. Mösien und Thrakien). Byzanz verlor den größten Teil des alten T. an die Bulgaren. Seit der Mitte des 14. Jh. wurde T. osman. (Rumelien); zw. 1912 und 1923 heutige Grenzziehung zw. der Türkei, Griechenland und Bulgarien.

Thrakische Chersones [çɛr...], antike Bez. für die Halbinsel →Gelibolu.

Thrasybulos, * um 445, ✕ Aspendos 388, athen. Feldherr und Politiker. Gegner des oligarch. Staatsstreiches 411/410; 404 verbannt; er fiel in Attika ein und führte den Sturz der Dreißig Tyrannen herbei.

Thrazien →Thrakien.

Threni [griech.-lat.], svw. →Klagelieder Jeremias.

Thriller [engl. ˈθrɪlə; engl.-amerikan.], auf emotionale Spannungseffekte, Horror zielender Kriminalfilm, -roman o. ä.

Thrombin [griech.], für die Blutgerinnung wichtiges eiweißspaltendes Enzym im Blut; entsteht aus Prothrombin und wandelt Fibrinogen in Fibrin um.

Thromboplastin [griech.] (Thrombokinase, Faktor III), in den Thrombozyten gespeichertes Lipoproteid, das bei der Blutgerinnung die Fibrinbildung veranlaßt.

Thrombose [griech.] (Blutpfropfbildung), Entstehung eines Blutgerinnsels (→Thrombus) in der Blutbahn (mit Blutgefäßverstopfung) und den entsprechenden Krankheitssymptomen. Bevorzugter Sitz einer T. sind die Venen der unteren Extremität und des Beckens. Zu den Folgen der T. zählt v. a. die Lungenembolie.

Thrombozyten [griech.] →Blut.

Thrombus [griech.] (Blutpfropf), im lebenden Organismus entstehendes oberflächlich rauhes, brüchiges, mit der Gefäßwand verklebtes Blutgerinnsel, das zu einer Thrombose führt.

Thron [griech.-lat.], hervorgehobener Sitz eines weltl. oder geistl. Würdenträgers, Zeichen der Herrschaft (auch Gottes); seit dem Altertum (Assyrien, Ägypten) bekannt.

Thronfolge (Sukzession), Übernahme der Rechte und Pflichten eines Monarchen durch dessen Nachfolger kraft Wahl oder Erbrecht.

George Thomson

Joseph John Thomson

Thurgau
Wappen

Thüringen
Wappen

Thujon [griech.] (Absinthol, Tanaceton), im äther. Öl des Lebensbaums, Salbeis, Echten Wermuts und Rainfarns enthaltene, pfefferminzartig riechende Terpenverbindung; in Wermutwein und Absinth enthalten.

Thukydides, * Athen zw. 460 und 455, † um 400, athen. Geschichtsschreiber. Gilt mit seiner Monographie über den Peloponnes. Krieg (erhalten 8 Bücher bis 411) als Begründer der wiss. polit. Geschichtsschreibung.

Thule, 1) antike Bez. einer Insel im N; heute meist mit dem mittelnorweg. Küstengebiet (so zuerst F. Nansen) gleichgesetzt.
2) (Qaanaaq), grönländ. Ort am Murchisonsund, 400 E. Verwaltungssitz für Nordgrönland. – Geht auf den 1910 von K. Rasmussen gegr. Handelsposten T. 100 km südl. zurück, 1953 verlegt; beim alten T. Luftwaffenstützpunkt der USA *(Dundas)*.

Thulegesellschaft, 1918 gegr. logenartiger Bund (Mgl. u. a. R. Heß, A. Rosenberg), der in München antisemit. Propaganda trieb und u. a. die NSDAP unterstützte.

Thulin, Ingrid, * Sollefteå 27. 1. 1929, schwed. Schauspielerin. Eindringl. Interpretationen von existentiell gefährdeten Frauen, insbes. in Filmen von I. Bergman, u. a. ›Das Schweigen‹ (1963). – *Weitere Filme:* Schreie und Flüstern (1972), Moses (1975), Eins und eins (1977).

Thulium [nach der sagenhaften Insel Thule], chem. Symbol Tm; metall. chem. Element aus der Reihe der Lanthanoide des Periodensystems der chem. Elemente, Ordnungszahl 69, relative Atommasse 168,9342, Dichte 9,32 g/cm³, Schmelzpunkt 1 545 °C, Siedepunkt 1 727 °C; ähnelt in seinem chem. Verhalten den übrigen Lanthanoiden.

Thumb, dt. Baumeisterfamilie, die zu den Begründern der → Vorarlberger Bauschule zählt; bed. Vertreter: **1)** Michael, * um 1640, † Bezau 19. 2. 1690. Vater von Peter T.; u. a. Wallfahrtskirche auf dem Schönenberg bei Ellwangen (1686 ff., vollendet von seinem Bruder Christian T. [* um 1645, † 1726] und Franz Beer von Bleichten [* 1660, † 1726]).
2) Peter, * Bezau 18. 12. 1681, † Konstanz 4. 3. 1766. Abteikirche Ebersmünster (1719–27) und Abteikirche Sankt Peter im Schwarzwald (1724–27); Hauptwerk ist die Wallfahrtskirche in → Birnau, Spätwerk der Bibliothekssaal des Benediktinerstifts Sankt Gallen (1766 vollendet).

Thun, Bezirkshauptort im schweizer. Kt. Bern, am Ausfluß der Aare aus dem Thuner See, 37 400 E. Histor. Museum, Kunstsammlung; u. a. Maschinen- und Apparatebau. Neben der Burg (12. Jh.) spätgot. Amtsschloß (1429) und Kirche (1738); Rathaus (1514 ff.). – Kam 1384 an Bern; Sitz des Berner Landvogts; 1798–1803 Hauptstadt des Kt. Oberland.

Thunbergie (Thunbergia) [nach dem schwed. Botaniker C. P. Thunberg, * 1743, † 1828], Gatt. der Akanthusgewächse mit rd. 150 Arten in den Tropen und Subtropen der Alten Welt; die bekannteste der zahlr. in Kultur befindl. Arten ist die *Schwarze Susanne,* bis 2 m hohes windendes Kraut, Blüten braungelb, trichterförmig.

Thunder Bay [engl. 'θʌndə 'beɪ], kanad. Hafenstadt an der Thunder Bay des Oberen Sees, 112 300 E. Univ.; Museum; kanad. Endpunkt der Schiffahrt auf den Großen Seen.

Thuner See, von der Aare durchflossener Alpenrandsee im schweizer. Kt. Bern, 48,4 km².

Thunfische [griech.-lat./dt.], zusammenfassende Bez. für die Gatt. *Thunnus* und einige weitere nah verwandte Gatt. etwa 0,5–5 m langer Makrelen in Meeren der nördl. bis südl. gemäßigten Regionen; Körper spindelförmig, Beschuppung weitgehend rückgebildet, Schwanzflosse annähernd mondsichelförmig ge-

staltet; gesellige Schwimmer, die sich räuberisch von kleineren Schwarmfischen ernähren. Z. T. geschätzte Speisefische, u. a. der *Bonito* (70–100 cm lang) und der *Unechte Bonito* (bis 60 cm lang).

Thuralpen, Gebirgsgruppe in den schweizer. Kt. Sankt Gallen und Appenzell, mit dem Säntis.

Thurandt → Alken (Gemeinde).

Thurgau, schweizer. Kt. im nö. Mittelland, 1 013 km², 198 400 E, Hauptstadt Frauenfeld. Das thurgauische Bodenseeufer ist das wichtigste schweizer. Obstbaugebiet neben dem Wallis; Textil- und Stickerei-Ind., Maschinen- und Fahrzeugbau.
Geschichte: 58 v. Chr. von den Römern unterworfen; 455 allemann.; im 8. Jh. Gau des Fränk. Reiches; 1264 fiel der T. als Land-Gft. an die Grafen von Habsburg; 1460 von den Eidgenossen erobert und als gemeine Herrschaft verwaltet; 1798–1803 Kt. der Helvet. Republik; ab 1803 selbständiger Kanton.

Thüringen, Bundesland in der BR Deutschland, rd. 16 200 km², 1,6 Mio. E, Hauptstadt Erfurt. T. umfaßt den Thüringer Wald und das Thüringer Becken, reicht im W bis an die Werra und die Rhön, im N bis zu den Ausläufern des Harz und greift im O noch über die Saale hinaus. Das Land ist gleichmäßig dicht besiedelt bei geringem Verstädterungsgrad. Neben der Univ. in Jena gibt es die Medizin. Akademie in Erfurt und die Hochschule für Architektur und Bauwesen in Weimar. Im fruchtbaren Thüringer Becken werden Weizen, Gerste und Zuckerrüben angebaut; Erfurt ist ein bed. Gartenbauzentrum. Im Thüringer Wald herrschen Grünlandwirtschaft und Viehhaltung vor; an Saale und Unstrut wird Weinbau betrieben. Bed. Kalibergbau im Werragebiet, Uranerzvorkommen in Ronneburg. Vorherrschende Ind.-Zweige sind Automobilind. (Eisenach), opt. und feinmechan. Ind. (Jena), Textilind., Spielzeugind. (Sonneberg) und Glasindustrie. Eine wichtige Rolle spielt der Fremdenverkehr.
Geschichte: Anfang des 5. Jh. Reichsgründung der Thüringer; 531 von Franken und Sachsen besiegt. Die Ludowinger (Landgrafen von Th. ab 1130) genossen als Reichsfürsten und Kreuzfahrer, Förderer der Minnesänger und des Kirchenwesens (v. a. Ludwig IV., Gemahl der hl. Elisabeth) hohes Ansehen. Nach ihrem Aussterben (1247) fiel T. an die Wettiner Markgrafen von Meißen (1294–1307 veräußert). Durch die Leipziger Teilung von 1485 zersplitterten die Wettiner ihren Besitz in T.: Die Hauptmasse kam an die sächs. Kurlinie der Ernestiner, der N an die Albertin. Linie (später zahlr. Teilungen). Die albertin. Teile, seit 1547 kursächs., seit 1806 beim Kgr. Sachsen, fielen 1815 an Preußen, das schon 1803 das kurmainz. Eichsfeld und Erfurt sowie die Reichsstädte Nordhausen und Mühlhausen gewonnen hatte. Erst 1920 wurden die verbliebenen thüring. Kleinstaaten – 4 ernestin. Sächs. Hzgt., die Ft. Schwarzburg (Rudolstadt und Sondershausen) und Reuß (jüngere und ältere Linie) – zum Land T. (Hauptstadt Weimar) vereinigt. 1934 verlor T. seine Eigenständigkeit, 1944 kamen von der preuß. Provinz Sachsen der Regierungsbezirk Erfurt und vom preuß. Hessen-Nassau der Kreis Schmalkalden an Thüringen. Nach kurzer amerikan. Besetzung 1945 wurde T. Teil der SBZ. 1952 erfolgte die Auflösung in die Bezirke Erfurt, Gera und Suhl. 1990 wurde das Land T. wieder errichtet. Die ersten Landtagswahlen am 14. 10. 1990 gewann die CDU, die sich mit der FDP zu einer Regierungskoalition unter J. Duchač (CDU) verband, der im Jan. 1992 zurücktrat. Neuer Min.-Präs. wurde B. Vogel.

Thüringer Becken, durch Höhenzüge und Hochflächen gegliederte Mulde zw. Harz und Thüringer Wald.

Thüringer Wald, Kammgebirge zw. der oberen Werra und dem Thüringer Becken, rd. 60 km lang, im

Großen Beerberg 982 m hoch. Auf der Kammlinie verläuft der Rennsteig.

Thüringisch, ostmitteldt. Mundart, →deutsche Mundarten.

Thurn und Taxis, dt. Fürstenfamilie aus dem urspr. lombard. Geschlecht der Taxis; seit 1615 im Besitz des erbl. Reichspostgeneralats; 1695 Reichsfürsten; 1806 mediatisiert, 1815 bundesunmittelbare Stellung. Die T. und T. mußten 1867 die gesamte Postorganisation an den preuß. Staat abtreten.

Thusis, Bezirkshauptort im schweizer. Kt. Graubünden, am Hintereingang, am Eingang der Via Mala, 2 500 E. Spätgot. Kirche (1506); Haus Rosenroll (1634), Schlößli (1727), Via-Mala-Brunnen.

Thutmosis, 4 ägypt. Könige der 18. Dynastie (gräzisierte Form). Bed. v. a.:
1) Thutmosis I., ⚰ 1506 (?) – 1493. Er leitete die Eroberung Asiens ein, drang bis zum Euphrat vor.
2) Thutmosis III., ⚰ 1490 – 1436. Unterwarf die Stadtstaaten Palästinas und Syriens (der ›Eroberer-pharao‹); errichtete Bauten u. a. in Karnak.

Thymian (Thymus) [griech.-lat.], Gatt. der Lippenblütler mit über 30 Arten in Eurasien und N-Afrika; durch den Gehalt an äther. Ölen aromat. duftende Halbsträucher oder Zwergsträucher. Einheim. Arten: *Feld-T.* (Feldkümmel), polsterbildender Halbstrauch (bis 30 cm hoch) mit rosafarbenen Blüten; *Gemeiner T.* (Garten-T.), ästiger Halbstrauch (20–40 cm hoch), Blüten lilarosa; Gewürz- und Heilpflanze.

Thymin [griech.] (5-Methyluracil), zu den Nukleinsäurebasen zählende Pyrimidinbase (Pyrimidinbase), die in Form ihres Desoxyribosids *Thymidin* in der →DNS, stets gepaart mit Adenin, vorkommt.

Thymol [griech./arab.] (2-Isopropyl-5-methylphenol), in äther. Ölen von Thymianarten u. a. Lippenblütlern enthaltenes antisept. wirkendes Terpen; verwendet für Mundwässer und Zahnpasten.

Thymus [griech.] (T.drüse, Brustdrüse), paarige, im Hals- und/oder Brustbereich vor dem Herzbeutel liegende, ›endogene Drüse‹ (ohne eigtl. Drüsenzellen) der Wirbeltiere, mit Ausnahme der Rundmäuler. Der T. ist ein während der Embryonal- bzw. Jugendzeit stark entwickeltes lymphat. Organ, wird jedoch während der Geschlechtsreife und danach nahezu völlig rückgebildet (nicht bei Robben, Delphinen und verschiedenen Nagetieren). Der T.wirkstoff (vermutl. ein Wachstumshormon) ist noch unbekannt. – Der T. hemmt die (körperl.) Geschlechtsreife (als Antagonist zu den Keimdrüsen) und ist durch die Bildung weißer Blutkörperchen bzw. die Antikörperbildung wichtig für Immunreaktionen des Körpers.

Thyreocalcitonin [griech./lat.], svw. →Calcitonin.

Thyreotropin [griech.] (thyreotropes Hormon, thyroidstimulierendes Hormon, TSH, Thyrotrophin), Hormon (Glykoprotein) der Hirnanhangdrüse, das die Jodidaufnahme durch die Schilddrüse und die Freisetzung der Schilddrüsenhormone stimuliert.

Thyreostatika [griech.], Stoffe, die durch Behinderung des Jodeinbaus zur Hemmung der Synthese von Schilddrüsenhormon führen.

Thyristor [griech.-lat.], Halbleiterbauelement auf Siliciumbasis mit 4 abwechselnd n- und p-leitenden Bereichen in der Reihenfolge npnp; Anwendungen u. a. in Regelschaltungen, Gleichrichtern zur steuerbzw. regelbaren Ausgangsspannung, Wechselrichtern und regelbaren Antrieben (z. B. Steuerung der Fahrmotoren von E-Loks). Ein spezieller T.typ ist der **Triac,** bei dem der Stromfluß in beiden Richtungen gesteuert werden kann.

Thyrotrophin [griech.], →Thyreotropin.

Thyroxin [griech.] (3,3′,5,5′-Tetrajodthyronin, T_4), wichtigstes Schilddrüsenhormon; Wirkung: Steigerung des Grundumsatzes und Erhöhung der An-

sprechbarkeit des Organismus auf Adrenalin und Noradrenalin.

Thyssen-Gruppe, größter dt. Konzern der Eisen- und Stahl-Ind., Sitz Duisburg; in der zweiten Hälfte des 19. Jh. von August Thyssen (* 1842, † 1926) aufgebaut. Hauptunternehmen war die 1890 gegr. August Thyssen-Hütte AG.

Ti, 1) chem. Symbol für →Titan.
2) röm. Abk. für Tiberius.

Tiahuanaco [span. tiaua'nako], bolivian. Ort nahe dem Titicacasee, westl. von La Paz, Ruinenfeld des Kultzentrums der *T.kultur* (ab 300 n. Chr.), deren Kern das Hochland von Bolivien bildet (Altperu). Residenz des zeitweilig bed. Reiches (um 600–800) war vermutl. →Huari; pfeilartige große Steinskulpturen, Sonnentor (ehem. Tempeltor) mit dem Hauptgott (›Stabgottheit‹); Keramikfunde (Jaguar- und Kondormotiv).

Tianjin (Tientsin), regierungsunmittelbare Stadt in NO-China, 5,46 Mio. E. 2 Univ., Observatorium, stadthistor. Museum. Ind.zentrum, Werft; zweitgrößter Handelshafen Chinas. – Unter der Sungdynastie (960–1127) gegr.; 1860 Öffnung als Vertragshafen (zum **Vertrag von Tientsin** [1858] →China [Geschichte]).

Tiara [pers.-griech.], **1)** Kopfbedeckung altiran. und assyr. Herrscher, kegelförmig, mit Diademreif am unteren Rand.
2) außerliturg. dreifache Krone des Papstes; seit 1964 außer Gebrauch.

Tibaldi, Pellegrino, * Puria bei Como 1527, † Mailand 27. 5. 1596, italien. Maler und Baumeister. U. a. Fresken in der Nachfolge Michelangelos (Bologna, Palazzo und Cappella Poggi); 1587 ff. Bauintendant des →Escorial.

Tiber (italien. Tevere), mit 405 km größter Fluß Mittelitaliens, entspringt im südl. Etrusk. Apennin, mündet westl. von Lido di Ostia mit einem Delta in das Tyrrhen. Meer.

Tiberias, Stadt in Israel, am W-Ufer des Sees von Genezareth, 28 000 E. Archäolog. Museum; Kurort (heiße Mineralquellen). – Ben. nach Kaiser Tiberius; seit Ende des 2. Jh. n. Chr. Zentrum jüd. Gelehrsamkeit; 637 arab.; 1099–1187 in der Hand der Kreuzfahrer.

Tiberias, See von →Genezareth, See von.

Tiberius (Tiberius Julius Caesar), eigtl. Tiberius Claudius Nero, * Rom 16. 11. 42 v. Chr., † Misenum (am heutigen Kap Miseno) 16. 3. 37 n. Chr., röm. Kaiser (seit 14 n. Chr.). Stief- und Adoptivsohn des späteren Kaisers Augustus; ∞ in durch Augustus erzwungener Ehe mit →Julia; einer der bedeutendsten Feldherren dieser Zeit (u. a. 8/7 Unterwerfung Germaniens zur Elbe; als Kaiser Beschränkung auf die Rheingrenze). Sein Rückzug aus Rom (21/22) nach Kampanien und Capri führte in Rom zu einem Schreckensregiment durch den Prätorianerpräfekten Sejan.

Tibesti, Gebirge in der östl. Sahara, Republik Tschad und S-Libyen; stark zerklüftete Vulkanlandschaft, bis 3 415 m hoch; frühgeschichtl. Felszeichnungen.

Tibet ['ti:bɛt, ti'be:t], autonome Region in W-China, 1 220 000 km², 2 Mio. E, überwiegend Tibeter, Hauptstadt Lhasa.
Geschichte: 620–649 wurden die nomad. Hochlandstämme vereinigt und Lhasa zur Hauptstadt gemacht; Einführung des Buddhismus (→Lamaismus). Im 13. Jh. zeitweilig unter mongol., seit dem 14. Jh. unter chin. Vorherrschaft. Nach der Vertreibung der Dsungaren, die 1717 Lhasa erobert hatten, wurde T. chin. Protektorat. Mehrere tibet. Aufstände wurden von den Chinesen blutig unterdrückt. Obwohl eine brit. Militärexpedition 1904 bis Lhasa vorgedrungen

Thymian:
Gemeiner Thymian

war, erkannten Großbrit. (1906) und Rußland (1907) die chin. Oberhoheit über T. an. 1911 von China gelöst, wurde T. nach dem chin. Einmarsch 1950/51 unter Zusicherung regionaler Autonomie in die VR China eingegliedert. Mit der Flucht des 14. Dalai Lamas nach Indien 1959, wo er eine Exilregierung bildete, setzte eine breite Fluchtbewegung ein. 1965 wurde die ›Autonome Region T.‹ errichtet.

Tibet, Hochland von ['ti:bet, ti'be:t], Hochland im südl. Innerasien, China, mit rd. 2 Mio. km² und einer mittleren Höhe von 4 500 m die ausgedehnteste geschlossene und höchstgelegene Landmasse der Erde, zugleich der isolierteste Großraum Asiens, da allseits von bis 7 000–8 000 m Höhe erreichenden Gebirgsmauern umrahmt (Kunlun in N, osttibet. Randketten im O, Himalajasystem im S sowie Pamir und Karakorum im W).

Tibeter (Eigenbez. Bod), teils zu den Mongoliden, teils zu den Turaniden zählendes Volk im Hochland von Tibet sowie in den angrenzenden Teilen des Himalaja; Anhänger des Lamaismus.

Tibetisch, zur tibetobirman. Gruppe der sinotibet. Sprachen gehörende Sprache in der autonomen Region Tibet, angrenzenden Gebieten sowie einigen Sprachinseln, u. a. in Indien. Die Schrift hat 30 Grundbuchstaben. Im Wortschatz gibt es heute viele Lehnübersetzungen aus dem Chinesischen.

tibetobirmanische Sprachen, zu den sinotibet. Sprachen gehörende Sprachgruppe, die sich in folgende Untergruppen gliedert: *Tibeto-Himalaja-Sprachen,* u. a. mit Tibetisch sowie Newari und Lepcha in Nepal; *Birma-Sprachen,* zu denen u. a. die birman. Sprache sowie Arakanisch am Golf von Bengalen gehört; weitere Gruppen sind die *Assam-Sprachen* und die *Lolo-Sprachen.*

tibetochinesische Sprachen →sinotibetische Sprachen.

Tibull (Albius Tibullus), * um 50, † um 17 v. Chr., röm. Dichter. Zus. mit Properz Vertreter der klass. röm. → Elegie.

Tic (Tick) [frz.], (Tic convulsif) krampfartiges, willkürl. nicht unterdrückbares Zucken von Muskeln oder Muskelgruppen, bes. häufig im Gesichtsbereich.

Tick [frz.], **1)** svw. → Tic.
2) umgangssprachl. svw. Spleen.

Ticket [engl.], Flug-, Fahr-, Eintrittskarte.

Tiden [niederdt.] →Gezeiten.

Tidenhub →Gezeiten.

Tieck, Ludwig, Pseud. Peter Lebrecht, Gottlieb Färber, * Berlin 31. 5. 1773, † ebd. 28. 4. 1853, dt. Dichter. Gehörte u. a. zu dem kulturrevolutionären Kreis der kosmopolitisch gesinnten Jenaer → Romantik; von F. Hebbel ›König der Romantik‹ genannt. Beherrschte virtuos die vielfältigen Möglichkeiten des Erzählens (schuf u. a. die Gattung der Märchennovelle, der dramat. Darstellung und der lyr. Gestaltung. Charakteristisch für sein Werk ist das spielerisch realisierte Prinzip der romant. Ironie. Unter dem programmat. Titel ›Volksmärchen‹ (3 Bde., 1797) gab T. modellhafte Texte der frühen Romantik heraus (u. a. die Volksbucherzählung ›Liebesgeschichten der schönen Magelone‹, die Literaturkomödie ›Der gestiefelte Kater‹, das Kunstmärchen ›Der blonde Eckbert‹); seine Konzeption einer mobilen künstler. Imagination, gewonnen aus der Analyse Shakespearescher Dramen, verbündet sich in dem Künstlerroman ›Franz Sternbalds Wanderungen‹ (2 Bde., 1798) mit der Kunstbegeisterung seines früh verstorbenen Freundes Wilhelm Heinrich Wackenroder (* 1773, † 1798). Unter dem Titel ›Romant. Dichtungen‹ (1799/1800) erschienen die Literaturkomödie ›Prinz Zerbino‹, das Trauerspiel ›Leben und Tod der heiligen Genoveva‹ sowie ›Der getreue Eckhart und der Tannhäuser‹, Dichtungen, die zum Teil in dem von

Ludwig Tieck
(Lithographie von
Ludwig Zöllner)

Rahmengesprächen umfaßten Sammelwerk ›Phantasus‹ (3 Bde., 1812–16) wieder aufgelegt wurden. In dem Lustspiel ›Kaiser Octavianus‹ (1804) verbindet er alle Gattungen der Literatur. T. setzte auch das von A. W. Schlegel begr. Unternehmen der Shakespeare-Übersetzung unter Mitarbeit seiner Tochter Dorothea T. (* 1799, † 1841) und Wolf Heinrich Graf Baudissins (* 1789, † 1878) fort. Dem früh verstorbenen Freund Novalis setzte er ein Denkmal mit einer ersten Werkausgabe, auch für J. M. R. Lenz und H. von Kleist besorgte er Editionen. – *Weitere Werke:* Die Geschichte des Herrn William Lovell (Brief-R., 1795/96), Liebeszauber (Nov., 1811), Der Aufruhr in den Cevennen (Nov., 1826), Krit. Schriften (4 Bde., 1848–52).

Tief, 1) Rinne in Küstengewässern.
2) *Meteorologie:* →Druckgebilde.

Tiefbau, Teilgebiet des Bauwesens, umfaßt die Arbeiten des Straßen-, Eisenbahn-, Erd- und Grundbaues, des Wasserbaues und der Abwasserbeseitigung.

Tiefdruck →Drucken.

Tiefdruckgebiet →Druckgebilde.

Tiefenbronn, Gem. 10 km sö. von Pforzheim, Bad.-Württ., 4 300 E. In der got. Pfarrkirche Hochaltar (1469) und der *Tiefenbronner Altar* mit der Darstellung der Magdalenenlegende, auf dem Rahmen signiert (Lucas Moser) und datiert (1432).

Tiefenpsychologie, psycholog. und psychotherapeut. Lehren und Schulen, die die Bedeutung unbewußter Prozesse betonen (z. B. Psychoanalyse, analyt. Psychologie, Individualpsychologie).

Tiefenrausch, beim Tieftauchen (etwa ab 50 m) auftretende, dem Alkoholrausch ähnl. Erscheinung, die zur Bewußtlosigkeit führen und tödlich enden kann; Ursache noch nicht sicher bekannt.

Tiefenschärfe →Photoapparat.

Tiefenschrift, svw. →Edison-Schrift.

Tiefgang, der Abstand des tiefsten Punkts eines Schiffes von der Wasserlinie.

Tiefkühlen →Gefrieren.

Tieflader, Spezialfahrzeug für Schwertransporte.

Tiefland →Flachland.

Tiefpaß →Filter.

Tiefsee, Bereich des Weltmeeres mit Tiefen von mehr als 1 000 m. Damit umfaßt die T. den unteren Teil des Kontinentalabhanges, die T.becken und -gräben sowie den größten Teil des mittelozean. Rückensystems; insgesamt 318 Mio. km² (rd. 62 % der Erdoberfläche und rd. 80 % des Weltmeeres).

Tiefseebergbau, Teilbereich der Meerestechnik zur Gewinnung von Tiefsee-Erzen (insbes. der auf dem Meeresboden lagernden Manganknollen) sowie hydrothermalen Erzschlämmen (z. B. die kupfer- und zinkhaltigen Schlämme des Roten Meeres). Erforderl. sind ferngesteuerte Meeresbodenfahrzeuge und Explorationssysteme sowie Prospektierungsverfahren, die neben einer genauen Lokalisierung eine Aufnahme des Tiefseebodens mit Unterwasserkameras oder seine akust. Abbildung (z. B. nach dem Sonarverfahren) und eine Bestimmung der Metallgehalte an Ort und Stelle erlauben; ferner neuartige Fördermethoden.

Tiefseefauna, die Tierwelt der Tiefsee mit Vertretern aus fast allen Tierstämmen, die jedoch auf unterschiedl. maximale Wassertiefen verteilt sind; z. B. Fische bis in Tiefen von rd. 7 600 m, Schwämme bis etwa 8 600 m, Foraminiferen, manche Korallen, Faden- und Ringelwürmer, verschiedene niedere Krebstiere, Weichtiere und Seegurken bis über 10 000 m Tiefe; Tiefseetiere besitzen oft rückgebildete oder ungewöhnl. große, hochentwickelte Augen (Teleskopaugen) und Leuchtorgane.

Tieftemperaturphysik (Kryophysik, Cryophysik), Forschungsgebiet der Physik, das seine Untersuchungen der physikal. Eigenschaften der Materie bei Temperaturen nahe dem absoluten Nullpunkt durchführt; hierbei treten als bes. Eigenschaften der Materie die Supraleitung und die Suprafluidität auf. Die Untersuchung dieser Phänomene liefert Kenntnisse über die Struktur der Materie (insbes. des Festkörpers) und eröffnet zunehmend Möglichkeiten techn. Anwendung (Bau supraleitender Magnete). – Mit dem Verfahren der adiabat. Entmagnetisierung können Temperaturen im μK-Bereich erreicht werden.

Tienschan (Tianshan) [chin. tjɛnʃan], Gebirgssystem in Z-Asien (Kirgisien, Kasachstan und v.a. China), erstreckt sich von der Kysylkum im W über rd. 2 500 km bis zur Gobi im O, höchste Erhebung im Kokschaaltau (Pik Pobeda, 7 439 m hoch).

Tientsin, Stadt in China, →Tianjin.

Giovanni Battista Tiepolo: ›Jupiter und Danae‹; um 1735 (Stockholm, Universität)

Tiepolo, Giovanni Battista, * Venedig 5. 3. 1696, † Madrid 27. 3. 1770, italien. Maler. Der letzte herausragende Meister der venezian. Kunst schuf in heller Farbigkeit eine Fülle von Altarbildern und Fresken für Kirchen, Paläste und Villen in Venedig und anderen Städten Oberitaliens; auch Deckengemälde in Treppenhaus und Kaisersaal der fürstbischöfl. Residenz in Würzburg; seit 1762 in Madrid (›Apotheose Spaniens‹, 1764).

Tierarzt, Berufsbez. für Tiermediziner nach Erteilung der Approbation. Aufgaben: v.a. Behandlung kranker Tiere, Überwachung der Herstellungs-, Lagerungs-, Transport- und Verkaufshygiene von Lebensmitteln tier. Herkunft.

Tierdichtung, Sammelbez. für literar. Werke, in denen Tiere im Zentrum stehen. Aitiolog. *Tiersagen* wollen die Eigentümlichkeit der Tiere, die Tiersprache oder die Erschaffung der Tiere erklären; *Tiermärchen* von dankbaren und hilfreichen Tieren sind bes. verbreitet. Das Symbolhaft-Dialektische überwiegt in *Tierbüchern* (Bestiarium), *Tierfabeln* und *Tierepen* (z. B. →Reineke Fuchs), die mit eindeutig didakt., auch krit. Stoßrichtung eine allgemeingültige Maxime oder Lehre exemplifizieren, fortgesetzt u. a. in E. T. A. Hoffmanns ›Lebensansichten des Katers Murr...‹ (2 Bde., 1819–21) und G. Orwells Roman ›Farm der Tiere‹ (1945). Seit dem 19. Jh. entwickelte sich der *Tierroman* bzw. die *Tiererzählung* (R. Kipling, Francis Jammes [* 1868, † 1938], J. London, W. Bonsels). Vertreter einer auf realist. Beobachtung aufbauenden T. sind u.a. M. Maeterlinck, Manfred Kyber (* 1880, † 1933) und S. Fleuron.

Tiere (Animalia), Lebewesen, die sich im Ggs. zu den (meist) autotrophen Pflanzen →heterotroph ernähren. T. sind fast immer freibewegl. und mit Sinnesorganen zur Aufnahme von Reizen sowie einem Erregungsleitungssystem (Nervensystem) ausgestattet. Rd. 20 000 der 1,2 Mio. heute bekannten Tierarten

sind Einzeller, die übrigen mehrzellig. Die Zellen haben (im Unterschied zur Zellulosezellwand der Pflanzen) nur eine sehr dünne Zellmembran und sind (bei den Mehrzellern) fast stets gegeneinander abgegrenzt. T. haben (im Unterschied zu den Pflanzen mit größerer äußerer Oberfläche) eine eher kompakte Form mit reich gegliederten inneren Oberflächen (Körperhohlräumen), an denen der Stoffaustausch mit der Umgebung überwiegend stattfindet. Da tier. Zellen meist keinen ausgeprägt hohen Turgor (Zelldruck) haben, wird die Ausbildung von bes. Stützorganen notwendig (Außen-, Innen-, Hydroskelett). Im Unterschied zu vielen Pflanzen ist das Wachstum bei Tieren i. d. R. zeitl. begrenzt (→Lebensdauer), da die teilungsfähigen, undifferenzierten Zellen größtenteils aufgebraucht werden.

Tiergeographie (Zoogeographie, Geozoologie), Wiss. und Lehre von der Verbreitung der Tiere auf der Erde und von den Ursachen, die dieser Verteilung zugrunde liegen.

tiergeographische Regionen (Tierregionen, Faunenregionen), in der Tiergeographie bestimmte, mehr oder weniger in sich abgeschlossene oder über Durchmischungsgebiete ineinander übergehende geograph. Verbreitungsräume der Tiere mit jeweils charakteristischer Fauna. Große, wenig einheitliche t. R. werden auch als *Tierreiche* (tiergeograph. Reiche, Faunenreiche), kleinere Untereinheiten als *Subregionen* bezeichnet.

Man unterscheidet in bezug auf das Festland: **Holarktis** (gemäßigter und kalter kontinentaler Bereich der nördl. Halbkugel), bestehend aus der *Paläarktis* (Eurasien und N-Afrika) und *Nearktis* (N-Amerika und Grönland); **Paläotropis** *(paläotrop. Tierreich),* bestehend aus der *äthiop. Region* (Afrika südl. der Sahara und Madagaskar) und der *oriental. Region* (Vorder- und Hinterindien, Ceylon, S-China, Taiwan, Große Sundainseln, Philippinen); **Neotropis** *(neotrop. Region;* S- und Mittelamerika einschließl. der Westind. Inseln); **Notogäa** *(austral. Region;* Australien, Tasmanien, Neuguinea, Neuseeland, pazif. Inseln östl. Australiens und Neuguineas); **Antarktika** *(antarkt. Region, Archinotis,* als Bereich der vom →Gondwanaland abgedrifteten Antarktis). – **Arktogäa** (Megagäa) ist die zusammenfassende Bez. für die paläarkt., nearkt., äthiop. und oriental. Regionen. – Bes. Bereiche der Gewässer sind **Pelagial** (das freie Wasser der Meere und Binnengewässer, von der Oberfläche bis zur größten Tiefe) und **Benthal** (Bodenregion der Seen und Meere); hinzu kommt v. a. in den Ozeanen das →Abyssal.

Tierhalterhaftung, Haftung desjenigen, der ein Tier im eigenen Interesse hält, für die durch das Tier verursachten Personen- und Sachschäden.

Tierkörperbeseitigungsanstalt (Abdeckerei), Anlage zur Lagerung, Behandlung und Verwertung (z. B. Tiermehl als Futtermittel) von verendeten oder nicht zum menschl. Genuß verwertbaren getöteten Tieren und tier. Erzeugnissen (z. B. Fleisch, Eier, Milch) sowie von Schlachthausabfällen (z. B. Borsten, Häuten, Knochen).

Tierkreis (Zodiakus), die Himmelssphäre umspannende Zone von 12 Sternbildern *(Tierkreissternbilder)* entlang der Ekliptik (scheinbare Sonnenbahn); in dieser Zone bewegen sich Sonne, Mond und Planeten. Zur *Tierkreisastrologie* →Astrologie.

Tierkreiszeichen, Bez. für die jeweils 30° umfassenden Abschnitte der Ekliptik, die die Namen der Tierkreissternbilder tragen. – Tab. S. 442.

Tiermedizin (Veterinärmedizin, Tierheilkunde), Wiss. vom gesunden und kranken Funktionszustand des tier. Organismus sowie von den Ursachen, den Erscheinungsformen, der Vorbeugung und der Heilung von Krankheiten der Tiere.

Tierkreiszeichen				
Sym-bol	Tierkreiszeichen		Zeitraum	Angangspunkt in der Ekliptik
	deutsch	lateinisch		
♑	Steinbock	Capricornus	22. Dez. – 20. Jan.	270°
♒	Wassermann	Aquarius	21. Jan. – 19. Febr.	300°
♓	Fische	Pisces	20. Febr. – 20. März	330°
♈	Widder	Aries	21. März – 20. April	0°
♉	Stier	Taurus	21. April – 20. Mai	30°
♊	Zwillinge	Gemini	21. Mai – 21. Juni	60°
♋	Krebs	Cancer	22. Juni – 22. Juli	90°
♌	Löwe	Leo	23. Juli – 23. Aug.	120°
♍	Jungfrau	Virgo	24. Aug. – 23. Sept.	150°
♎	Waage	Libra	24. Sept. – 23. Okt.	180°
♏	Skorpion	Scorpius	24. Okt. – 22. Nov.	210°
♐	Schütze	Sagittarius	23. Nov. – 21. Dez.	240°

Tigerauge

Tierreich, oberste Kategorie der zoolog. Systematik; umfaßt die Gesamtheit aller Tiere und den Menschen.

Tierschutz, im Unterschied zu Maßnahmen zur Erhaltung von Tierarten und deren Lebensmöglichkeiten (→ Naturschutz) Bez. für Bestrebungen zum Schutz des Lebens und zur angemessenen Behandlung von Tieren (insbes. der Haus- und Laborversuchstiere). *T.vereine* unterhalten *Tierheime* (zur Unterbringung herrenloser Tiere) und wirken aufklärend in der Bevölkerung, und zwar sowohl im Hinblick auf die Vermeidung von Tierquälereien als auch im Hinblick auf die nutzbringende Funktion freilebender Tiere. Verboten sind nach dem *Tierschutzgesetz* in der Neufassung von 1986 u. a. das Töten ohne einsichtigen Grund, *Tierquälerei* (unnötiges, rohes Mißhandeln von Tieren), das Schlachten und Kastrieren ohne vorhergehende Betäubung, die Verwendung schmerzbereitender Tierfallen, die zwangsweise Fütterung und das Aussetzen von Tieren, um sich ihrer zu entledigen (bis zu 2 Jahre Freiheitsstrafe, Geldbuße bis 10 000 DM). Genauen Vorschriften sind mit etwaigen Leiden verbundene wiss. Versuche mit Wirbeltieren, der gewerbsmäßige Tierhandel und die Massentierhaltung unterworfen.

Tierseuchen, Infektionskrankheiten der Haustiere und der wildlebenden Tiere. – Das *Tierseuchengesetz* (früher Viehseuchengesetz) in der Fassung vom 26. 3. 1980 sieht bei T. u. a. Quarantänemaßnahmen (z. B. Stallsperren, Ortssperren), Schlacht-, Abhäutungs-, Verkaufs- und Transportverbote oder -beschränkungen und Zwangstötungen vor. Es regelt den Handel (Ein-, Durch- und Ausfuhr) mit lebenden und toten Tieren, mit Tierteilen, tier. Erzeugnissen, Sera und Impfstoffen und schreibt Schutzmaßnahmen für Viehmärkte, Schlachthöfe, Körungen und Tierschauen vor.

Tierstaaten, Nestgemeinschaften sozialer Insekten, die aus dem Nachkommen eines Elternpaares bzw. eines befruchteten Weibchens entstehen und deren Individuen für längere Zeit zusammenbleiben.

Tierstock, durch Knospung und ausbleibende Ablösung der neu gebildeten Individuen entstehendes Gebilde aus zahlr. Einzeltieren als bes. Form einer Tierkolonie, z. B. bei Schwämmen.

Tierwanderungen, bei vielen Tierarten führen meist ganze Populationen *(Massenwanderung),* z. T. auch einzelne Tiere Wanderungen aus, die oft weit über die Grenzen ihres eigtl. Lebensbezirks hinausgehen. Die Gründe für diese Wanderaktivität sind einerseits Umwelteinflüsse (Winterkälte, Nahrungsmangel, Massenvermehrung), andererseits endogene

442

Stoffwechselrhythmen (Fortpflanzungstrieb). *Aperiodische Wanderungen* finden sich z. B. bei den Lemmingen (Lemmingzüge) und den Wanderheuschrecken (Heuschreckenschwärme). *Periodische Wanderungen* treten u. a. vor als Vogelzug und in Form der Laichwanderungen vieler Amphibien.

Tierzucht, allg. die Zucht landwirtsch. Nutztiere, wobei oft auch die Haltung zur Produktion z. B. von Fleisch oder Milch gemeint ist. I. e. S. ist T. die planmäßige Paarung von Tieren zur Erzeugung von Nachkommen mit bestimmten erbl. Eigenschaften und/oder Merkmalen. – Die urspr. zur Eindämmung von Deckinfektionen vorgesehene künstl. →Besamung dient heute der großräumigen Verbreitung des Erbgutes hervorragender Vatertiere.

Tiffany, Louis Comfort [engl. 'tifəni], * New York 18. 2. 1848, † ebd. 17. 1. 1933, amerikan. Kunsthandwerker des Jugendstils. Farbige Glaskunstarbeiten, auch Schmuck, Möbel und Bronzen.

Tiflis (offiziell Tbilissi), Hauptstadt Georgiens (Grusinien), an der Kura, 1,21 Mio. E. Univ., Hochschulen, Museen, Theater, Philharmonie, Zirkus; botan. Garten, Zoo. U. a. Maschinen- und Apparatebau, Filmstudio; warme Quellen. Reste der Zitadelle (13. Jh. und 1576); Metechikirche (urspr. 5. Jh.), Antschischatikirche (7. und 12. Jh.). – Mitte des 5. Jh. Hauptstadt des christl. grusin. Reiches Khartli; 7.–11. Jh. wiederholt Belagerungen und Zerstörungen durch Byzantiner, Chasaren, Perser und Seldschuken; 721 Hauptstadt eines arab. Emirats; 1122 erneut Hauptstadt eines grusin. Staates; 1386 Einfall Timur-Lengs (bis 1402), danach der Osmanen; 1555–1747 unter pers. Herrschaft; 1783 russ. Protektorat; 1795 von den Persern weitgehend zerstört. 1800 mit O-Grusinien an Rußland angeschlossen, 1922–36 Hauptstadt der Transkaukas. SFSR und der Grusin. SSR, seit 1991 Georgiens.

Tiger, Theobald, Pseud. des dt. Journalisten und Schriftstellers K. →Tucholsky.

Tiger: Königstiger

Tiger [awest.-griech.-lat.], mit maximal 2,8 m Körperlänge größte u. sehr kräftige Großkatze in verschiedenen Biotopen SW- bis O-Asiens (einschließlich der Sundainseln); Kopf rundlich, mit Backenbart (bes. beim Männchen); Schwanzlänge 60–95 cm; Färbung blaß rötlichgelb bis rotbraun mit schwarzen Querstreifen; Einzelgänger. Beutetiere sind v. a. Huftiere und Vögel. – Man unterscheidet 8 Unterarten, darunter der *Sibir. T.* (Amur-Ussuri-Gebiet; größte T.unterart), *Insel-T.* (zusammenfassende Bez. für die auf den Sundainseln vorkommenden *Sumatra-T.,* bis 170 cm Körperlänge, *Java-T.,* fast ausgerottet, und *Bali-T.,* vermutlich ausgerottet) und *Königs-T* (Bengal. Tiger; in Vorder- und Hinterindien, etwa 2 m lang).

Tigerauge, goldgelbe bis goldbraune Varietät des Quarzes; zeigt an Bruchflächen seidigen Glanz, an polierten Flächen wandernden Lichtschimmer *(Chatoyance);* beliebter Schmuckstein.

Tigerblume, Gatt. der Schwertliliengewächse mit 15 Arten in Mittelamerika, Peru und Chile; Zwiebelpflanzen mit großen schalenförmigen Blüten, u. a. *Pfauenblume,* mit bis 15 cm langen, verschiedenfarbigen Blüten, die nur einen Tag blühen; Gartenblume.

Tigerhai, bis 6 m langer, lebendgebärender Haifisch, v. a. in flachen Küstengewässern (teilweise auch in Flußmündungen) trop. und subtrop. Meere; Körperseiten mit auffallender Fleckenzeichnung; kann dem Menschen gefährlich werden.

Tigerlilie → Lilie.

Tiglatpileser III., ⌂ 745–727, assyr. König. Schuf das eigtl. neuassyr. Großreich; eroberte 733/732 Israel und Damaskus; 729 auch König von Babylon (unter dem akkad. Namen *Pulu,* AT *Phul*); festigte die assyr. Macht.

Tigon [Kw. aus engl. ti**ger** und li**on** ›Löwe‹] → Löwe.

Tigranokerta (armen. Tigranakert), jüngere Hauptstadt (neben Artaxata) des antiken Armenien, nahe dem heutigen Siirt (Türkei).

Tigre, Volk in N-Äthiopien; die T. sprechen *Tigre,* eine äthiop. Sprache; meist Christen.

Tigrinja, Volk im N des Hochlandes von Äthiopien, sprechen Tigrinja, eine äthiop. Sprache; meist Muslime.

Tigris, Fluß in Vorderasien, entfließt dem See *Hazar gölü* im Äußeren Osttaurus, vereinigt sich in Irak mit dem Euphrat zum Schatt Al Arab, der in den Pers. Golf mündet, rd. 1 800 km lang.

Tikal, Ruinenstadt der Maya im Peténgebiet in N-Guatemala, nö. von Flores. Besiedelt 600 v. Chr. bis 900 n. Chr., eine der größten Städte der Maya (16 km²); die Fürsten beherrschten auch die umliegenden Orte. Das Tempelzentrum mit 6 Pyramiden war vor weiteren Plätzen umgeben; datierte Stelen (81 v. Chr.–869), geschnitzte Tempeltüren; 1956–67 amerikan. Ausgrabungen. Touristenzentrum.

Tilburg [niederl. 'tɪlbʏrx], niederl. Stadt am Wilhelminakanal, 155 100 E. Museen, Theater; traditionelle Wollindustrie.

Tilde [lat.-span.], Aussprachezeichen (˜); bezeichnet z. B. im Span. die palatale Aussprache des n (z. B. doña [span. 'doɲa]), im Portugies. die nasalierte Aussprache eines Vokals (z. B. Camões [portugies. ka-'mõiʃ]).

Tilgung (Amortisation), die Rückzahlung langfristiger Schulden, wobei die jährl. T.raten gewöhnlich im *Tilgungsplan* festgelegt sind.

Till Eulenspiegel → Eulenspiegel.

Tillich, Paul, * Starzeddel bei Guben 20. 8. 1886, † Chicago (Ill.) 22. 10. 1965, dt.-amerikan. ev. Theologe und Philosoph. 1933 Emigration in die USA, ab 1940 amerikan. Staatsbürger. Bed. Vertreter der philosoph. Theologie, dessen umfangreiches Werk der Vermittlung von Kirche und Gesellschaft, Religion und Kultur, Luthertum und Marxismus gewidmet war; Hauptwerk: ›Systemat. Theologie‹ (1951–66); 1962 Friedenspreis des Dt. Buchhandels.

Tilly, Johann Tserclaes Graf von (seit 1623) ['tɪli], * Schloß Tilly (Brabant) im Febr. 1559, † Ingolstadt 30. 4. 1632, kaiserl. Feldherr. Siegte 1620 in der Schlacht am Weißen Berg (bei Prag) und schlug 1626 die Dänen bei Lutter am Barenberge; eroberte 1631 Magdeburg; von Gustav II. Adolf bei Breitenfeld besiegt, 1632 bei Rain am Lech tödlich verwundet.

Tilsit (russ. Sowetsk), Stadt an der Memel, Rußland', 41 000 E. Theater; u. a. Schiffbau, Zellstoff-Papier-Kombinat; Hafen. Die Lutherkirche war einer der frühesten prot. Kirchenbauten Ostpreußens (1598–1612, W-Turm 1702); Litauische Landeskirche (1757); Rathaus (18. Jh.). – Der **Friede von Tilsit** zw. Frankreich und Rußland bzw. Preußen (7./9. 7. 1807) beendete den 4. Koalitionskrieg (1806/07): Aus einem Gebiete zw. Rhein und Elbe wurde das Kgr. Westfalen gebildet, aus den durch die Poln. Teilungen preuß. gewordenen Gebieten das Hzgt. Warschau, aus Danzig eine Freie Stadt.

Timalien (Timaliinae), Unterfam. 9–40 cm langer Singvögel mit fast 250 Arten, verbreitet v. a. in Afrika, S- und SO-Asien, Australien; u. a. die *Bartmeise* in großen Teilen Eurasiens, Oberseite zimtbraun, Unterseite rötlichbraun, und der *Chin. Sonnenvogel* (Chin. Nachtigall), in SO-Asien, Käfigvogel.

Timbales [span.] aus M-Amerika stammendes, auf einem Ständer befestigtes Trommelpaar, bes. in der Schlagzeuggruppe von Tanzorchestern verwendet.

Timbre ['tɛ̃ːbrə; frz.], charakterist. Klangfarbe eines Instruments oder einer Singstimme.

Timbuktu, Oasenstadt im nördl. Z-Mali, 7 km nördlich des Niger, 20 500 E. 14. bis 16. Jh. Ausgangspunkt der Transsaharakarawanen.

timen ['taɪmən; engl.], 1. die Zeit mit der Stoppuhr messen; 2. den geeigneten Zeitpunkt für ein Vorgehen bestimmen.

Times, The [engl. ðə 'taɪmz ›die Zeit‹], 1785 in London gegr. brit. Tageszeitung (heutiger Name seit 1788).

Time-sharing [engl. 'taɪm,ʃɛərɪŋ], zeitl. ineinandergeschachtelte Benutzung einer Datenverarbeitungsanlage durch mehrere Benutzer mit eigenen Ein- und Ausgabegeräten im On-line-Betrieb.

Timm, Uwe, * Hamburg 30. 3. 1940, dt. Schriftsteller. Schreibt Romane, u. a. ›Heißer Sommer‹ (1974), ›Der Schlangenbaum‹ (1986), auch Hörspiele und Lyrik.

Timmelsjoch → Alpenpässe (Übersicht).

Timmendorfer Strand, Ostseebad an der Lübecker Bucht, Schl.-H., 11 500 E.

Timmermans, Felix, * Lier bei Antwerpen 5. 7. 1886, † ebd. 24. 1. 1947, fläm. Schriftsteller und Maler. Seine zahlr. Romane und Erzählungen schildern ein Bild des Lebens in Brabant; u. a. ›Pallieter‹ (R., 1916), ›Pieter Bruegel‹ (R., 1928), ›Adriaan Brouwer‹ (R., hg. 1948).

Timor, östlichste und größte der Kleinen Sundainseln, Indonesien, 32 300 km², bis 2 960 m hoch, rd. 2 Mio. E, Hauptort Kupang. – 1520 landeten Portugiesen auf T.; 1859 Teilungsvertrag mit den Niederlanden; Portugies.-Timor war 1951–76 portugies. Überseeprovinz.

Timorsee, Teil des Australasiat. Mittelmeeres, zw. Australien, Timor und den Tanimbarinseln, bis 3 108 m tief.

Timotheus [...te-ʊs], hl., * Lystra bei Konya, † Ephesus (?) 97 (?), Apostelschüler. Begleiter des Paulus. – Fest: 24. Jan. (bei den Griechen und Syrern: 22. Jan.).

Timotheusbriefe [...te-ʊs], Abk. 1./2. Tim., die beiden Pastoralbriefe, die an → Timotheus adressiert sind; Entstehungsort und -zeit sind unbekannt; bed. für die frühchristl. Bezeugung des kirchl. Amtes.

Timur-Leng [›Timur, der Lahme‹] (Tamerlan), * Kasch (= Schachrissabs, Usbekistan) 1336, † Otrar (bei Tschimkent) im Febr. (Jan.?) 1405, transoxan. Herrscher. Türkisierter Mongole; durch seine Grausamkeit berüchtigter Eroberer; erlangte um 1370 die Herrschaft in Transoxanien (Ausbau Samarkands), eroberte 1380–82 Chorasan, 1384–88 W- und S-Iran, Georgien, Anatolien, 1388–91 das Gebiet der Goldenen Horde und drang 1398 bis Delhi vor. Unter seinen Söhnen und Enkeln (**Timuriden**) zerfiel das Reich (endgültig 1506). Der Timuride → Babur begründete die ind. Moguldynastie.

Tinbergen [niederl. 'tɪnbɛrxə], 1) Jan, * Den Haag 12. 4. 1903, niederl. Nationalökonom. Bruder von Nikolaas T.; bed. Arbeiten v. a. zur Ökonometrie, Konjunkturtheorie und Außenwirtschaftspolitik; erhielt 1969 den Nobelpreis für Wirtschaftswissenschaften (zus. mit R. Frisch).

2) Nikolaas (Niko), * Den Haag 15. 4. 1907, † Oxford 21. 12. 1988, niederl. Zoologe. Mitbegründer der

Jan Tinbergen

Nikolaas Tinbergen

vergleichenden Verhaltensforschung (›Instinktlehre‹, 1950). Für seine grundlegenden verhaltensphysiolog. Forschungen erhielt er (mit K. Lorenz und K. von Frisch) 1973 den Nobelpreis für Physiologie oder Medizin.

Tindale, William [engl. tɪndl], →Tyndale, William.

Tindemans, Leo, *Zwijndrecht bei Antwerpen 16. 4. 1922, belg. Politiker (Christelijke Volkspartij [CVP]). Mehrfach Min.; 1974–78 Min.-Präs.; 1979–88 Präs. der CVP; Außen-Min. 1981–89.

Ting, Samuel Chao Chung, *Ann Arbor 27. 1. 1936, amerikan. Physiker chin. Herkunft. Entdeckte 1974 zus. mit B. Richter ein schweres Elementarteilchen, das von ihm als J-Teilchen bezeichnete *Psiteilchen.* Hierfür erhielten beide 1976 den Nobelpreis für Physik.

Tinguely, Jean ['tɪŋəli, frz. tε̃ge'li], *Fribourg 22. 5. 1925, †Bern 30. 8. 1991, schweizer. Objektkünstler. ∞ mit N. de Saint-Phalle; Vertreter des →Nouveau réalisme; v. a. kinet. Montagen.

Jean Tinguely:
Baluba III.; 1959
(Köln, Museum
Ludwig)

Tinktur (Tinctura) [lat.], Abk. Tct., flüssiger, meist alkohol. Auszug aus Drogen.

Tinnit (Tennit, unrichtig Tanit), Hauptgöttin von Karthago und des pun. N-Afrika.

Tinos, griech. Kykladeninsel, 194 km², bis 760 m hoch, Hauptort Tinos. – In der Antike **Tenos;** seit 1207 venezianisch, 1715–1830 osmanisch.

Tinten [mittellat.], aus meist wäßrigen Lösungen organ. Farbstoffe bestehende intensiv gefärbte, lichtbeständige Schreibflüssigkeiten mit bestimmten Zusätzen: Dextrine und Glycerin für *Kopier-T.,* Silbernitrat oder ein Anilingemisch mit Oxidationsmitteln für *Wäsche[zeichen]-T.; Geheim-T. (sympathet. T.)* werden nach dem Trocknen unsichtbar und können erst nach Behandlung mit Chemikalien, Erhitzen oder UV-Bestrahlung sichtbar gemacht werden (z. B. Lösungen von Tannin, Kobaltchlorid oder opt. Aufhellern).

Tintenfische, i. w. S. svw. →Kopffüßer; i. e. S. svw. →Sepien.

Tintenstrahldrucker (Farbstrahldrucker), in der *Datenverarbeitung* ein Matrixdrucker (→Drucker).

Tintling, Pilz aus der Gatt. der Tintlinge mit rd. 80 Arten; Fruchtkörper bis 10 cm hoch, weiß, grau bis braun; Hut faltig gefurcht und wie die Lamellen im Alter manchmal zerfließend; Sporen schwarz oder schwarzbraun; bekannte Arten: *Rad-T.* und *Schopf-T.* (Tintenpilz, Spargelpilz, Porzellantintling; jung eßbar).

Tintoretto, eigtl. Iacopo Robusti, *Venedig Ende Sept./Anfang Okt. 1518, †ebd. 31. 5. 1594, italien. Ma-

ler des Manierismus. Schulte sich an Tizian und Michelangelo. Nach seinem ersten Erfolg, ›Das Wunder des hl. Markus‹ (1548, Venedig, Gallerie dell'Accademia), schuf er bes. großformat. Gemälde. Seit den 1560er Jahren verstärkte T. die perspektiv. Illusion der oft diagonal geführten Tiefenräume und die kompliziert verschränkten Figurenbewegungen und entwickelte eine das Kolorit zersetzende Lichtwirkung bei dünnem (trockenen) Farbauftrag, der die Leinwandstruktur hervortreten läßt (›Bergung des Leichnams des hl. Markus‹, Venedig, Gallerie dell'Accademia). – *Weitere Werke:* Vulkan überrascht Mars und Venus (um 1552, München, Alte Pinakothek), Susanna im Bade (um 1560, Wien, Kunsthistor. Museum), 56 Bilder für die Scuola di San Rocco, Venedig (1564–87), Geschichte des Hauses Gonzaga (1579/80, München, Alte Pinakothek), Selbstbildnis (1588, Paris, Louvre), Abendmahl (1594, Venedig, San Giorgio Maggiore).

Tiorba [italien.], svw. →Theorbe.

T. I. R. [frz. tei'ε:r], Abk. für frz. Transport International de Marchandises par la Route (›Internationaler Warentransport auf der Straße‹), von den Zollbehörden ausgegebenes Kennzeichen für Transportfahrzeuge zur vereinfachten Grenzabfertigung.

Tirade [frz.], 1) wortreiche (nichtssagende) Darlegung; Wortschwall.
2) *Musik:* (Tirata) schneller Lauf zwischen zwei Melodietönen.

Tirana (Tiranë), Hauptstadt Albaniens, am Rand des inneralban. Berglandes, 206 000 E. Univ.; Museen, Nationalbibliothek, Theater, Oper, Filmstudio. U. a. Zementfabrik, Maschinenbau; internat. ✈. Oriental. geprägte Altstadt mit zahlr. Moscheen, modernes Regierungsviertel. – Im 15. Jh. erstmals gen., seit 1920 Hauptstadt.

Tirata →Tirade.

Tiresias →Teiresias.

Tîrgu Mureş ['tɪrgu 'mureʃ] (dt. Neumarkt), rumän. Stadt im östl. Siebenbürgen, 157 400 E. Zentrum des Szeklerlandes; rumän. und ungar. Theater; Zoo. U. a. Metallindustrie. Innerhalb der Mauern der Stadtburg (15.–17. Jh.) steht die got. ref. Kirche (15. Jh.); barocke röm.-kath. Kirche (1728–50); Kulturpalast (1911 bis 1913). – U. a. neolith., skythenzeitl., dak.-röm. Funde; erstmals 1332 als Sitz eines Stuhles der Szekler erwähnt.

Tirich Mir ['tɪərɪtʃ 'mɪə], mit 7 708 m höchster Berg des Hindukusch (Pakistan).

Tirol, österr. Bundesland, setzt sich aus den räuml. getrennten Teilen Nordtirol und Osttirol zusammen; 12 647 km², 613 700 E, Hauptstadt Innsbruck. Nord-T. liegt im Einzugsbereich von Inn und Lech, Ost-T. in dem der Drau. Im unteren Inntal bestehen gemischtwirtschaftl. Betriebe mit höherem Ackeranteil, in allen anderen Landesteilen überwiegt die Grünland- und Viehwirtschaft. An Bodenschätzen kommen Magnesit, Wolfram- und Uranerz, Schwerspat, Gips und Salz vor. Schwerpunkte des Fremdenverkehrs sind der Raum Kitzbühel, das Zillertal, Innsbruck, Stubaital, Seefeld, das Arlberggebiet und das Ötztal.

Geschichte: Ab 16/15 v. Chr. romanisiert (Prov. Rätien und Noricum). Die seit dem Ende des 6. Jh. vordringenden Bayern verdrängten Slawen und Alemannen; 788 wurde das Gebiet dem Fränk. Reich einverleibt. 952 wurde die Mark Verona geschaffen und dem Hzgt. Bayern unterstellt, das sie jedoch bereits 976 an das neugegr. Hzgt. Kärnten verlor. Im 11. Jh. kamen die Gft. nördl. und südl. des Brenners an die Bischöfe von Brixen und Trient. Nach der Herrschaft in T. strebten bes. die Grafen von Andechs und die Grafen von T., nach deren Aussterben (1248 bzw. 1253) das Land an die Grafen von Görz, 1363 durch Margarete Maultasch an die Hzg. von Österreich fiel.

Tirol
Wappen

1564–1665 bestand eine tirol. Linie des Hauses Öster-reich. 1803 wurden Brixen und Trient säkularisiert und mit T. vereinigt; 1805 fiel T. an Bayern. Darauf-hin kam es unter A. Hofer im April 1809 zu einem Aufstand, der jedoch nach anfängl. Erfolgen von bayr., frz. und italien. Truppen am 1. 11. 1809 nieder-geschlagen wurde **(Tiroler Freiheitskampf);** T. wurde zw. Bayern, Italien und Österreich geteilt, kam jedoch 1814 wieder ganz an Österreich. 1919 wurde T. erneut geteilt. Aus Nord- und Ost-T. wurde das österr. Bun-desland T., → Südtirol wurde italienisch.

Tirpitz, Alfred von (seit 1900), * Küstrin 19. 3. 1849, † Ebenhausen (= Schäftlarn) 6. 3. 1930, dt. Großadmiral (seit 1911). Ab 1892 Stabschef der Ma-rine; 1897–1916 Staatssekretär im Reichsmarineamt (ab 1898 preuß. Marine-Min.), forcierte T. den Auf-bau der dt. Schlachtflotte und trug hierdurch zur dt.-brit. Flottenrivalität bei (›Risikogedanke‹). Im 1. Weltkrieg scheiterte T. mit seiner Konzeption und trat 1916 aus Protest gegen eine Einschränkung des U-Boot-Krieges zurück. – 1917 Mitbegründer der Dt. Vaterlandspartei.

Tirschenreuth, Kreisstadt am S-Rand des Fich-telgebirges, Bayern, 9 500 E. U. a. Porzellanindustrie. Renaissancerathaus (1582/83); barocke Pfarrkirche (17. Jh.) mit spätgot. Chor (1475).

Tirso de Molina, eigtl. Gabriel Téllez, * Madrid vielleicht 9. 3. 1584 (1571?), † Soria 12. 3. 1648, span. Dichter. Erzähler und Dramatiker in der Nachfolge von Lope de Vega Carpio (rd. 90 Stücke erhalten); dramatisierte als erster den Don-Juan-Stoff; bekannt v. a. die Intrigenkomödie ›Don Gil von den grünen Hosen‹ (1635).

Tiruchirapalli [tɪrʊtʃɪˈrɑːpəli], Stadt im ind. Uni-onsstaat Tamil Nadu, an der Cauvery, 361 000 E. U. a. Lokomotiven- und Waggonbau. – Das heutige Vor-ort **Uraiyur** war die urspr. Hauptstadt des Tschola-reiches.

Tiryns (neugriech. Tirins), antike Ruinenstätte bei Argos, früher am Argol. Golf, im 2. Jt. v. Chr. ein Zen-trum der → mykenischen Kultur. Dt. Ausgrabungen 1884–1929 (H. Schliemann, W. Dörpfeld u. a.) und er-neut seit 1965. Das flache Felsplateau hatte seit dem späten 3. Jt. einen Rundbau (Wehrturm?); befestigt im 2. Jt., seit 1500 v. Chr. folgten einander 3 myken. Burgen, die jüngste Burg (ab 1300) mit gewaltigen kyklop. Mauern. Die große myken. Stadt lag um den Burgberg.

Tischa Be-Aw [hebr.], jüd. Trauer- und Festtag zum Gedenken an die zweimalige Zerstörung des Tempels in Jerusalem sowie die Vertreibung der Ju-den aus Spanien (1492).

Tischbein, 1) Friedrich August, gen. Leipziger T., * Maastricht 9. 3. 1750, † Heidelberg 21. 6. 1812, dt. Maler. Schüler seines Onkels Johann Heinrich T. d. Ä.; Rokokoporträts im Übergang zum Klassizis-mus.

2) Johann Heinrich, d. Ä., der sog. Kasseler T., * Haina (Kloster) bei Frankenberg (Eder) 14. 10. 1722, † Kassel 22. 8. 1789, dt. Maler des Rokoko. Religiöse und mytholog. Bilder, Bildnisse mitteldt. Fürsten.

3) Johann Heinrich Wilhelm, gen. der Goethe-T., * Haina (Kloster) bei Frankenberg (Eder) 15. 2. 1751, † Eutin 26. 6. 1829, dt. Maler. Studierte bei seinem On-kel Johann Heinrich T. d. Ä.; lange in Rom und Nea-pel, wohin er 1787 mit Goethe reiste; klassizist. Por-träts (u. a. ›Goethe in der Campagna‹, 1787; Frank-furt am Main, Städel).

Tischendorf, Konstantin von (seit 1869), * Len-genfeld 18. 1. 1815, † Leipzig 7. 12. 1874, dt. ev. Theo-loge. Zahlr. Entdeckungen und Editionen bibl. Hand-schriften, deren wichtigste, der ›Codex Sinaiticus‹, ihn zur Neuformulierung textkrit. Grundsätze veran-laßte.

Tintoretto: ›Susanna im Bade‹; undatiert (Wien, Kunsthisto-risches Museum)

Tischlerplatte → Sperrholz.

Tischrechner, mit höheren Programmierspra-chen programmierbare kleine elektron. Datenverar-beitungsanlage, z. B. *Heimcomputer, Personalcompu-ter* und *Arbeitsplatzcomputer.*

Tischrücken, Phänomen des Okkultismus in spi-ritist. Sitzungen: Bewegungen des Tisches und Klopf-zeichen *(Tischklopfen)* werden als Verständigung mit Geistern gedeutet.

Tischtennis, Rückschlagspiel, bei dem 2 Spieler oder 2 Paare versuchen, an einer durch ein Netz (15,25 cm hoch; 15,25 cm über beide Plattenseiten hinausreichend) in 2 Hälften getrennten waagerech-ten Platte (274 × 152,5 cm, 76 cm hoch), einen Zellu-loidball (Ø 37,2–38,2 mm; 2,4–2,53 g schwer) mit einem Schläger so auf die gegner. Plattenhälfte zu schlagen, daß er nicht mehr regelgerecht zurückge-spielt werden kann.

Tiselius, Arne, * Stockholm 10. 8. 1902, † Uppsala 29. 10. 1971, schwed. Biochemiker. Entwickelte Me-thoden zur Analyse und Trennung biochem. Substan-zen durch Elektrophorese und Adsorptionschromato-graphie; 1948 Nobelpreis für Chemie.

Tintling: Schopftintling

Tisza, István (Stephan) Graf (seit 1897) [ungar. ˈtisɔ], * Pest (= Budapest) 22. 4. 1861, † Budapest 31. 10. 1918 (ermordet), ungar. Politiker. 1903–05 und 1913–17 Min.-Präs.; versuchte den 1. Weltkrieg zu verhindern, stimmte dann dem Kriegseintritt nach dem Ultimatum an Serbien zu.

Titan [nach den Titanen], chem. Symbol Ti; metall. chem. Element aus der IV. Nebengruppe des Peri-odensystems der chem. Elemente, Ordnungszahl 22, mittlere relative Atommasse 47,88, Dichte 4,54 g/cm^3, Schmelzpunkt 1 660 °C, Siedepunkt 3 287 °C. Bei Rot-glut verbrennt T. zu *T.dioxid* (Titan(IV)-oxid), TiO_2, einem weißen, in der Natur in Form der Minerale Ru-til, Anatas und Brookit vorkommenden Pulver. Fein-verteiltes T. *(T.schwamm)* reagiert mit Sauerstoff u. a. Gasen schon bei niederen Temperaturen sehr heftig. T. wird v. a. als Legierungsbestandteil für Stähle und als leichter, hochwarmfester Werkstoff in der Flug-zeug- und Raketentechnik verwendet; wegen seiner Korrosionsbeständigkeit dient T. auch zur Herstel-lung chem. Geräte und dem Seewasser ausgesetzter Gegenstände.

Arne Tiselius

Titaneisen (Titaneisenerz), svw. → Ilmenit.

Titanen, in der griech. Mythologie die 6 Söhne und 6 Töchter aus der Verbindung der göttl. Erstahnen Uranos (›Himmel‹) und Gäa (›Erde‹): Okeanos, Koios, Krios, Hyperion, Iapetos, Kronos und deren Schwestern Tethys, Phoibe, Eurybie, Theia, Klymene und Rheia. Im ›Kampf der T.‹ *(Titanomachie)* unterliegen diese gegen die ›Kroniden‹ (Kronossöhne) unter Zeus.

Titanic [engl. taɪˈtænɪk], brit. Passagierschiff der White-Star-Line, Stapellauf am 31. 5. 1911, 46 329 BRT; beim Zusammenstoß mit einem Eisberg am 14. 4. 1912 im Verlauf der Jungfernreise in der Nähe Neufundlands unter Verlust von 1 503 Menschenleben gesunken.

Titanit [griech.] (Sphen), 1) grünlichgelbes oder braunschwarzes Mineral, chem. Zusammensetzung CaTi[O|SiO₄]; Mohshärte 5–5,5, Dichte 3,4–3,6 g/cm³; wichtiges Titanerz.
2) ⓦ Handelsbez. für eine Gruppe von Sinterhartmetallen aus Titan-, Molybdän- und Wolframcarbiden.

Titel [lat.], 1) Überschrift eines Schriftwerks, Films, eines Werkes der Musik, Kunst o. ä.
2) dem Namen vorangestellter Rang, Stand oder Würde seines Trägers kennzeichnender Zusatz.
3) Abschnitt eines Gesetzes- oder Vertragswerkes.
4) [Kurz]bez. für Vollstreckungstitel.
5) im Haushalt Bez. des Verwendungszwecks von zu einer Gruppe zusammengefaßten Ausgaben.

Titicacasee, mit 8 100 km² größter See Südamerikas, im Altiplano, Peru und Bolivien.

Titisee, See im südlichen Schwarzwald, 1,3 km².

Titisee-Neustadt, Stadt im südl. Schwarzwald, an Gutach und Titisee, Bad.-Württ., 11 000 E. Kneippkurort und Wintersportzentrum.

Tizian: ›Verlöbnis der heiligen Katharina mit dem Jesuskind‹; um 1530 (Paris, Louvre)

Josip Tito

Tito, Josip ['ti:to, serbokroat. 'tito], eigtl. J. Broz, * Kumrovec bei Varaždin 25. 5. 1892, † Ljubljana 4. 5. 1980, jugoslaw. Marschall (seit 1943) und Politiker. Urspr. Sozialdemokrat, ab 1915 Kommunist; emigrierte 1934; 1936–38 im Span. Bürgerkrieg für die Republik aktiv; ab 1937 Generalsekretär der KPJ. Ab 1941 organisierte T. in Jugoslawien den Partisanenkampf gegen die dt. und italien. Besatzung; wurde 1943 Präs. des ›Antifaschist. Rates der Nat. Befreiung‹; ab 1945 Min.-Präs. und Verteidigungs-Min., ab 1953 Staatspräsident. Nach Abkehr vom Stalinismus 1948 verfolgte T. einen eigenen Weg zum Sozialismus (→Titoismus); innenpolitisch weithin anerkannte Integrationsfigur, in der internat. Politik einer der Wortführer der ›Blockfreien‹.

Titograd, Hauptstadt der Republik Montenegro, an der Morača, 95 800 E. Univ., Theater. U. a. Aluminiumkombinat. Georgskirche (10. Jh.; umgebaut);

Uhrturm, alte Brücke, 2 Moscheen und die alte Zitadelle stammen aus der osman. Zeit. – 1326 als **Podgorica** erstmals erwähnt; wurde 1946 unter dem Namen T. Hauptstadt Montenegros.

Titoismus, nach J. Tito ben., in Jugoslawien ausgeprägte nationalkommunist. Variante des Kommunismus. Wichtigste Besonderheiten: Einführung der Arbeiterselbstverwaltung, Durchsetzung marktwirtschaftl. Tendenzen bei weiterbestehender kommunist. Vormachtstellung der Partei, offener Kulturpolitik, außenpolitisch Übergang zur ›Blockfreiheit‹.

Titrimetrie [lat.-frz./griech.], svw. →Maßanalyse.

Titularbischof [lat./griech.], nach röm.-kath. Kirchenrecht Bischof, der keine Diözese leitet.

Titus (T. Flavius Vespasianus), 1) * Rom 30. 12. 39, † Aquae Cutiliae bei Rieti 13. 9. 81, röm. Kaiser (seit 79). Sohn Vespasians; ab Ende 69 Oberbefehlshaber im 1. jüd.-röm. Krieg (70 Eroberung und Zerstörung Jerusalems); 69 Caesar, 71 Imperatortitel. Als Kaiser vollendete er das Kolosseum und erbaute die nach ihm ben. Thermen.
2) hl., Apostelschüler des 1. Jh. n. Chr. Von Paulus bekehrt. – Fest: 6. Febr. (in der griech. und syr. Kirche: 25. August).

Titusbrief, Abk. Titus, Tit, Pastoralbrief, der an den Apostelschüler →Titus adressiert ist; Autor, Entstehungsort und -zeit sind unklar; bed. für die Bezeugung frühkirchl. Ämterbesetzung.

Tiu →Tyr.

Tivoli, 1) italien. Stadt in Latium, östl. von Rom, 53 800 E. Rundtempel (2. Jh. v. Chr.), barocker Dom (17. und 18. Jh.) mit Kampanile (12. Jh.). Berühmt sind die Villa d'Este und die nahegelegene Hadriansvilla. – In der Antike **Tibur,** bed. Mgl. des Latinischen Städtebundes; fiel (endgültig) 338 v. Chr. an Rom.
2) Name von Vergnügungsparks, u. a. in Kopenhagen.

Tizian, eigtl. Tiziano Vecellio, * Pieve di Cadore bei Belluno um 1477 (oder 1488/90?), † Venedig 27. 8. 1576, italien. Maler. Ausgehend von seiner farbbetonenden Ausbildung in Venedig, nahm T. mit der dramat. ›Himmelfahrt Marias‹ (1516–18, Venedig, Frarikirche) barocke Wirkungen (Diagonalkomposition) vorweg, ebenso in der Madonna des Hauses Pesaro (1519–26, ebd.) oder der Darstellung von ›Bacchus und Ariadne‹ (1523, London, National Gallery). Seit etwa 1530 näherte er sich der beruhigten klass. Auffassung mit klarer Raumdefinition und Figurenmodellierung (›La Bella‹, um 1536, Leningrad, Eremitage; ›Venus von Urbino‹, 1538, Florenz, Uffizien); zahlr. bed. Bildnisse, u. a. von Karl V., für den er ab 1530 arbeitete, sowie von Papst Paul III. und seinen Nepoten (1546, Neapel, Museo di Capodimonte); mytholog. und allegor. Darstellungen, u. a. ›Venus mit dem Orgelspieler‹ (um 1550–52, Berlin-Dahlem). Um die Mitte der 1550er Jahre setzte sein visionäres, farblich wie zeichnerisch gröberes Spätwerk ein, u. a. ›Mädchen mit der Fruchtschale‹ (um 1555, Berlin-Dahlem), ›Iacopo da Strada‹ (1567/68, Wien, Kunsthistor. Museum), ›Dornenkrönung‹ (um 1576, München, Alte Pinakothek). T. Wirkung reicht bis ins 20. Jahrhundert.

Tjumen [russ. tjuˈmenj], Gebietshauptstadt im Westsibir. Tiefland, Rußland, 440 000 E. Univ., Hochschulen, Theater, Philharmonie, Zirkus. U. a. Schiffbau, Kammgarnkombinat; Flußhafen. – 1586 als erster Stützpunkt bei der Eroberung Sibiriens von Kosaken gegründet.

Tjuttschew, Fjodor Iwanowitsch [russ. 'tjuttʃif], * Gut Owstjug bei Brjansk 5. 12. 1803, † Zarskoje Selo (= Puschkin) 27. 7. 1873, russ. Dichter. Lyriker der russ. Romantik; übersetzte u. a. Goethe, Schiller und Heine.

tkm, Abk. für →Tonnenkilometer.

Tl, chem. Symbol für →Thallium.

Tlaloc, bed. Gottheit Z-Mexikos, Regengott der Azteken.

Tlaxcala [span. tlas'kala], Staat in Z-Mexiko, 4016 km², 676 400 E, Hauptstadt Tlaxcala de Xicoténcatl.

Tlaxcala de Xicoténcatl [span. tlas'kala ðe xiko-'teŋkatl], Hauptstadt des mex. Staates Tlaxcala, im N des Beckens von Puebla-Tlaxcala, 23 000 E. Univ.; bed. Bauten sind der Palacio Municipal (um 1550), die barocke Pfarrkirche und das ehem. Franziskanerkloster (1524–27).

Tlemcen [frz. tlɛm'sɛn], alger. Stadt 100 km sw. von Oran, 146 100 E. Archäolog. Museum; Handelszentrum. – 1035 gegr., drei Jh. Mittelpunkt eines selbständigen Kgr.; 1559 von den Osmanen erobert, 1830 von Frankreich besetzt; bis heute eine den Muslimen hl. Stadt.

Tm, chem. Symbol für → Thulium.

TNT, Abk. für den Sprengstoff 2,4,6-Trinitrotoluol (→Nitrotoluole).

Toamasina (früher Tamatave), Hafenstadt an der O-Küste Madagaskars, 139 000 E.

Tobago →Trinidad und Tobago.

Tobel, schluchtartige, steilwandige Kerbtalform mit unausgeglichenem Gefälle.

Tobey, Mark [engl. 'toʊbɪ], *Centerville (Wis.) 11. 12. 1890, †Basel 24. 4. 1976, amerikan. Maler. Beeinflußt von ostasiat. Kunst; Mitbegründer des →abstrakten Expressionismus in den USA.

Tobias (hebr. Tobija, Tobit), Vater und Sohn T. sind die Hauptgestalten des gleichnam. apokryphen alttestamentl. Buches T. (Abk. Tob.).

Tobin, James [engl. 'toʊbɪn], *Champaign (Ill.) 5. 3. 1918, amerikan. Wirtschaftswissenschaftler. Erhielt 1981 den Nobelpreis für Wirtschaftswissenschaften für seine Arbeiten zur Geldtheorie und zur staatl. Finanzwirtschaft.

Tobruk, Hafenstadt an der ostlibyschen Küste, 94 000 E. – Im 2. Weltkrieg hart umkämpft.

Toccata (Tokkata) [italien.], ein zunächst frei präludierendes, aus Akkorden und Läufen gemischtes Stück für Tasteninstrumente, das als Vorspiel dient und die Nähe zur Improvisation zeigt. Im 17. und 18. Jh. eigenständ. Satztypus (Höhepunkt: J. S. Bach), dessen Teile abwechselnd von virtuoser Spielfreude und strengem fugiertem Satz bestimmt sind.

Tochtergeneration, svw. →Filialgeneration.

Tochtergeschwulst, svw. →Metastase.

Tochtergesellschaft, eine von einer anderen Gesellschaft *(Muttergesellschaft)* durch Beteiligung abhängige Kapitalgesellschaft.

Tocqueville, Charles Alexis Henri Clérel de [frz. tɔk'vil], *Verneuil-sur-Seine bei Paris 29. 7. 1805, †Cannes 16. 4. 1859, frz. Schriftsteller und konservativer Politiker. 1849–51 Außenminister. Nach einer Reise in die USA 1831/32 schrieb T. sein berühmtes Werk ›Über die Demokratie in Amerika‹ (1835–40), in dem er die amerikan. Gesellschaft als Modell für die sich unausweichlich ausbreitende Demokratie beschrieb; ab 1841 Mgl. der Académie française.

Tod (Exitus), der Stillstand der Lebensfunktionen bei Mensch, Tier und Pflanze. Lediglich einzellige Lebewesen besitzen *potentielle Unsterblichkeit,* da ihr Zellkörper durch Teilung immer wieder vollständig in den Tochterzellen aufgeht, so daß kein Leichnam zurückbleibt. *Medizinisch gesehen* tritt der Stillstand der Lebensfunktionen in den verschiedenen Organen und Geweben zeitlich versetzt ein. Unter **klin. Tod** versteht man den Status in einer Zeitspanne von etwa drei Minuten nach einem Herz- und Atemstillstand, während der im Prinzip eine Wiederbelebung v. a. durch Herzmassage und Beatmung noch möglich ist. Das Absterben einzelner lebenswichtiger Organe *(Partialtod, Organtod)* kann den Untergang anderer Organe und des gesamten Organismus nach sich ziehen (z. B. Hirn-T. als *zentraler Tod),* wenn keine Maßnahme zum Ersatz der betreffenden Organfunktionen getroffen werden kann (z. B. Wiederherstellung der Kreislauffunktion). Ohne Reanimation geht der klin. T. in den *biolog. Tod* (endgültiger, allg. T.) über, mit irreversiblem Untergang aller Organe und Gewebe (Stoffwechselstillstand, Ausfall von Zellteilung, Erregbarkeit und Kontraktilität, schließlich Ausbildung der →Todeszeichen und Strukturverfall).

In der *Philosophie* wird die Frage behandelt, inwieweit mit dem Erlöschen des organ. Lebens auch ein Erliegen der seel. bzw. geistigen Funktionen verbunden ist. Teils wird das individuelle Weiterleben der Seele (u. a. Platon, christl. MA), teils auch eine Auflösung in eine nicht mehr als individuell zu bezeichnende Substanz gelehrt (u. a. in der Stoa). – Für die Existenzphilosophie ist der T. die spezif. Form des Lebens.

In der Sicht der *Religionen* ist der T. äußerst selten ein unwiderrufl., die menschl. Existenz auslöschendes Ereignis. Vorherrschend ist der Glaube an ein Weiterleben nach dem T. in veränderter Existenz, entweder als Auferstehung des Leibes oder als Unsterblichkeit des Leibes oder der Seele.

Alexander Todd

Todd, 1) Sir (seit 1954) Alexander, Baron of Trumpington (seit 1962), *Glasgow 2. 10. 1907, brit. Chemiker. Arbeiten v. a. über organ. Naturstoffe und zur Strukturermittlung von Nukleotiden und Nukleotidkoenzymen; Nobelpreis für Chemie 1957.

2) Mike (Michael), eigtl. Avrom Goldenbogen, *Minneapolis 22. 6. 1907, †in den Zuni Mountains (N. Mex.) 21. 3. 1958 (Flugzeugabsturz), amerikan. Theater- und Filmproduzent. Wandte 1956 in den Filmen ›In 80 Tagen um die Welt‹ und ›Oklahoma‹ zum ersten Mal das Todd-AO-Verfahren Ⓦ (→Breitbildverfahren) an.

Todeserklärung, Festlegung von Tod und Todeszeitpunkt einer verschollenen Person durch gerichtl. Entscheidung. Die T. ist frühestens zulässig nach Ablauf einer Frist *(Verschollenheitsfrist)* von regelmäßig 10 Jahren im Fall der allg. Verschollenheit bzw. von 1 Jahr und weniger bei Kriegs-, See- und Luftverschollenheit. Bedeutung hat sie v. a. für die Möglichkeit der Wiederverheiratung (die frühere Ehe bleibt selbst dann aufgelöst, wenn die T. aufgehoben wird) sowie im Erb- und Sozialversicherungsrecht.

Nach *röm.-kath. Kirchenrecht* wird bei irriger kirchl. T. die Zweitehe als nichtexistent angesehen, da die erste Ehe nur durch den Tod gelöst wird.

Todesstrafe, in den Strafrechtsordnungen vieler Länder vorgesehene schwerste Kriminalstrafe. Die abschreckende Wirkung der T. ist in der Kriminalistik umstritten. – In der BR Deutschland ist die T. durch Artikel 102 GG abgeschafft.

In *Österreich* ist die T. durch Artikel 85 Bundesverfassungsgesetz abgeschafft. In der *Schweiz* kennt das bürgerl. Strafrecht die Todesstrafe nicht; nach Militärstrafrecht kann sie in Kriegszeiten verhängt und vollstreckt werden. In den *USA* ist die 1972 beseitigte T. seit 1976 in einigen Bundesstaaten wieder zulässig.

Todeszeichen, nach dem biolog. Tod auftretende sichere Anzeichen des Ablebens, u. a. Totenstarre, Totenflecke, Fäulnisvorgänge und Verwesungsgeruch.

Todi, italien. Stadt im südl. Umbrien, 17 200 E. Dom (12.–16. Jh.), got. Kirche San Fortunato (1292 ff.); mehrere Paläste (13./14. Jh.).

Todscho, Hideki, *Tokio 30. 12. 1884, †ebd. 23. 12. 1948 (hingerichtet), jap. General und Politiker. 1940 Heeres-Min., 1941–44 Min.-Präs. und Inhaber verschiedener Min.-Posten; führte Japan in den 2. Weltkrieg; nach militär. Rückschlägen zum Rücktritt gezwungen; als Hauptkriegsverbrecher von den Alliierten zum Tode verurteilt.

Togo

Staatsflagge

Staatswappen

Bevölkerungsverteilung

Stadt 23 %

Land 77 %

Erwerbstätige

Dienst-
leistung
24 %

Land-
wirtschaft
66 %

Industrie
10 %

Todsünde →Sünde.

Todt, Fritz, * Pforzheim 4. 9. 1891, † Rastenburg 8. 2. 1942 (Flugzeugabsturz), dt. Politiker. 1922 Eintritt in die NSDAP, ab 1931 in der Obersten SA-Führung; von Hitler zum Generalinspekteur für das dt. Straßenwesen ernannt, leitete T. seit 1933 den Reichsautobahnbau; 1938 mit dem Bau des Westwalls betraut. Die dabei aufgestellte techn. Spezialtruppe **Organisation Todt** übernahm im Krieg wichtige Aufgaben im militär. Bauwesen; 1940–42 Reichs-Min. für Bewaffnung und Munition.

Toe-Loop [engl. 'toʊluːp], Sprung im Roll- und Eiskunstlauf; mit einem Bogen rückwärtsauswärts, Einstechen der Zacke des Spielfußes, nach Absprung volle Drehung in der Luft, Landung auf dem anderen Bein; Auslauf rückwärts-auswärts.

Toga [lat.], Obergewand des freien röm. Bürgers; die rechte Schulter blieb beim Drapieren des Tuchs (ein Kreissegment von gut 3 m Länge) frei; in der Kaiserzeit offizielles Staats- und Festgewand.

Toggenburg, Landschaft im schweizer. Kt. Sankt Gallen, umfaßt die Talschaft der Thur von der Paßhöhe Wildhaus bis Wil. – Seit 1209 unter der Herrschaft der gleichnamigen Grafen, fiel 1468 an das Kloster Sankt Gallen; kam 1802 zum Kt. St. Gallen.

Togliatti, Palmiro [italien. toʎˈʎatti], * Genua 26. 3. 1893, † Jalta 21. 8. 1964, italien. Politiker. 1921 Mitbegründer des Partito Comunista Italiano (PCI); seit 1926 im Exil (ab 1940 in Moskau); proklamierte nach der Rückkehr nach Italien (März 1944) die ›Partei neuen Typs‹ (Übergang von der Kader- zur Volks- und Massenpartei); 1944/45 stellv. Min.-Präs., 1945/46 Justiz-Min., ab 1947 Generalsekretär des PCI.

Togo

Fläche: 56 785 km²
Einwohner (1990): 3,4 Mio.
Hauptstadt: Lomé
Verwaltungsgliederung: 5 Regionen
Amtssprache: Französisch
Nationalfeiertag: 27. 4.
Währung: 1 CFA-Franc = 100 Centimes (c)
Zeitzone: MEZ − 1 Std.

Togo (amtl. Republik T.), Staat in Afrika, grenzt im W an Ghana, im N an Burkina Faso, im O an Benin, im S an den Atlantik.

Landesnatur: T. nimmt einen maximal 140 km breiten Gebietsstreifen ein, der sich von der Küste 600 km ins Landesinnere erstreckt. Er ist weitgehend ein Plateau in 200–500 m Meereshöhe, das vom Togo-Atakora-Gebirge (bis 1 020 m ü. d. M.) zentral von SW nach NO durchzogen wird. T. hat randtrop. Klima mit zwei Regenzeiten. Im südl. Landesteil findet sich Feuchtsavanne, die nach N in Trockensavanne übergeht.

Bevölkerung: Unter den 35 ethn. Gruppen dominieren Ewe, Kabre und Gurrna. 46 % sind Anhänger traditioneller Religionen, 37 % Christen, 17 % Muslime. An der Küste ist die Bevölkerungsdichte am größten. In Lomé gibt es eine Universität.

Wirtschaft, Verkehr: Etwa 70 % der Bevölkerung leben von der Landwirtschaft. Wichtige Exportkulturen sind Kaffee, Kakao und Baumwolle. Im N dominiert die Weidewirtschaft, im S die Schweinehaltung. Wichtigstes Bergbauprodukt ist Phosphat. Größte Ind.unternehmen sind eine Textilfabrik und eine Erdölraffinerie. T. verfügt über 525 km Eisenbahnlinien. Das Straßennetz ist 7 850 km lang. Einziger Überseehafen und internat. ✈ ist Lomé.

Geschichte: G. Nachtigal errichtete am 5. 7. 1884 im Auftrag der Reichsregierung das dt. Schutzgebiet Togo. 1919 wurde es Mandat des Völkerbundes, 1946 Treuhandgebiet der UN unter frz. (O.-T.) und brit. (W.-T.) Verwaltung. Das brit. T. wurde bis 1957 zusammen mit der Goldküste verwaltet; seitdem ist es ein Teil Ghanas. Das frz. T. ist seit 1960 unabhängige Republik. Die prowestl. Außenpolitik des Landes blieb von mehreren Umstürzen in den 1960er Jahren, aus denen 1967 General Gnassingbe Eyadéma (* 1935) als Präsident hervorging, unberührt. Innenpolitisch betreibt Eyadéma eine Politik der ›authenticité‹ (Rückbesinnung auf afrikaspezif. kulturelle Grundlagen). Mit Verabschiedung einer neuen Verfassung wurde Ende 1979 der Ausnahmezustand (seit 1967) aufgehoben und die 3. Republik T. proklamiert. Nach Protestaktionen der Opposition gestand der 1986 in seinem Amt bestätigte Eyadéma im Dez. 1991 die Bildung einer Regierung mit Beteiligung der Opposition zu.

Politisches System: Präsidiale Republik; *Verfassung* von 1980. *Staatsoberhaupt* und oberster Inhaber der *Exekutivgewalt* ist der Präs., er wird auf 7 Jahre direkt gewählt. Organ der *Legislative* ist das Einkammerparlament (77 Abg., für 5 Jahre gewählt). Einzige zugelassene *Partei* war der Rassemblement du Peuple Togolaise (RPT); ihr Polit. Büro und ZK waren das faktische Machtzentrum des Staates. – Karte II, Bd. 2, n. S. 320.

Tohuwabohu [hebr. ›Wüste und Öde‹], chaot. Urzustand der Welt nach 1. Mos. 1, 2; übertragen: heilloses Durcheinander.

Toile [frz. twal; lat.] (Toile de Soie), leinwandbindiges Gewebe aus feinfädiger Schappe- oder Kunstseide; v. a. Blusen- und Kleiderstoff.

Toilette [toaˈlɛtə; frz.], **1)** festl. [Ball]kleid.

2) (Abort, Abtritt, Klosett), Raum mit Einrichtungen zum Aufnehmen und Abführen menschl. Ausscheidungen (Fäkalien). Als *Trockenabort* über Gruben angelegt (im Freien: *Latrine*). Heute als *Spülklosett* (engl. watercloset, Abk. WC) gebaut, wobei Spülkästen und Druckspülungen verwendet werden.

Tokaj [ungar. 'tokɔj], ungar. Ort an der Theiß, 5 500 E. Weinmuseum; Zentrum eines Weinbaugebiets *(Tokajer).*

Tokamak [russ.], Bez. für in der ehemaligen Sowjetunion entwickelte Versuchsanlagen zur Erzielung kontrollierter Kernfusionen. →JET.

Tokio ['toːkjo], Hauptstadt Japans, auf Hondo, an der NW-Küste der Tokiobucht, 8,16 Mio. E. 4 staatl., 36 private und 1 städt. Univ., 7 TU, zahlr. Museen, u. a. Nationalmuseum, Nationalmuseum für moderne Kunst, Volkskunstmuseum; Nationalbibliothek, Nationaltheater, botan. Garten, Zoo. T. ist Mittelpunkt des wichtigsten jap. Ind.gebiets, größter Verbrauchermarkt des Landes und Finanzzentrum Japans. Der Hafen ist Teil einer Hafengemeinschaft, die sich von Jokohama bis Tschiba erstreckt; U-Bahn, Stadtautobahnen, internat. ✈.

Bauten: Mittelpunkt ist der kaiserl. Palast in der Oberstadt, inmitten des größten der 215 Parks. Nahebei befinden sich das Parlament, die Ministerien und ausländ. Vertretungen; daran schließt sich sö. zum Hafen hin die eigtl. City mit der Ginsa (Einkaufs- und Vergnügungsviertel) an. Wahrzeichen ist der 335 m hohe Tokioturm (1958).

Geschichte: Seit dem 12. Jh. Lehnssitz einer Kriegerfamilie, die den Namen des Gebiets *Edo* angenommen hatte. Seit Bau der Burg Edo 1457 entwickelte sich eine gleichnamige Burgstadt. 1590 kam sie in den Besitz der Familie Tokugawa und ist seit 1603 das polit. Zentrum Japans. 1868 kam die Burg in kaiserl. Besitz, und Edo wurde in T. umbenannt; ab 1869 Residenz des Tenno und Regierungssitz.

Tokio-Runde ['to:kjo] →GATT.

Tokkata →Toccata.

Toland, John [engl. 'toʊlənd], * Redcastle (Donegal) 30. 11. 1670, † Putney (= London) 11. 3. 1722, ir.-engl. Religionsphilosoph. Als einer der Hauptvertreter des engl. Deismus beeinflußte T. stark die frz. Aufklärung.

Toledo [to'le:do; span. to'leðo], span. Prov.-Hauptstadt in Kastilien, am Tajo, 58 400 E. U. a. El-Greco-Museum; Handelszentrum.

Bauten: Das Stadtbild wird beherrscht vom Alkazar (1538 ff., 1937 stark zerstört, wiederaufgebaut als Nationaldenkmal) und der got. Kathedrale (13. bis 15. Jh.); außerdem zahlr. Kirchen und Klöster, z. T. im Mudejarstil. Die westgot. Kapelle San Cristo de la Luz wurde 999 Moschee, im 12. Jh. wieder Kirche.

Geschichte: Das antike **Toletum** wurde 192 v. Chr. von den Römern erobert; 576–711 war die Stadt Hauptstadt des Westgotenreiches und wurde im 7. Jh. dessen kirchl. Zentrum; 711 von den Arabern eingenommen; ab 1036 Residenz eines unabhängigen Teil-Ft. (Taifa); seit dieser Zeit wegen seiner Waffenproduktion berühmt (Toledaner Klingen); 1085 zu Kastilien und León (bis 1561 dessen bzw. Spaniens Hauptstadt); das ma. T. erlebte durch eine muslim.-jüd.-christl. Symbiose eine kulturelle Blüte europ. Ranges (Übersetzerschule des 13. Jh., die über arab. Schriftgut dem Abendland die ›heidn.‹ griech. und arab. Philosophie vermittelte).

Toledo, Montes de [span. 'mɔntez ðe to'leðo], Gebirge in Spanien, zw. Tajo im N und Guadiana im S, bis 1 448 m hoch.

Toleranz [lat.], Handlungsregel für das Geltenlassen der religiösen, eth.-sozialen, polit., wiss.-philos. Überzeugungen, Normen und Wertesysteme sowie der ihnen entsprechenden Handlungen anderer.

Toleranzen, im techn. Bereich die Differenzen zw. den durch den Fertigungsvorgang gegebenen tatsächl. Maßen eines Werkstücks *(Istmaß)* und den angestrebten *Nenn-* oder *Sollmaßen.*

Tolkien, John Ronald Reuel [engl. 'tɔlki:n], * Bloemfontein 3. 1. 1892, † Bournemouth 2. 9. 1973, engl. Schriftsteller und Philologe. Schuf mit der Romantrilogie ›Der Herr der Ringe‹ (1954/55) eine systematisch geschlossene, phantast. Mythenwelt.

Toller, Ernst, * Samotschin (= Szamocin bei Posen) 1. 12. 1893, † New York 22. 5. 1939 (Selbstmord), dt. Dramatiker. 1933 Emigration, ab 1936 in den USA. Wurde als Mgl. der Münchner Räterepublik zu 5 Jahren Festungshaft verurteilt; in der Haft entstanden die meisten seiner expressionist. Dramen, u. a. ›Masse Mensch‹ (1921), ›Die Maschinenstürmer‹ (1922), ›Hinkemann‹ (1924); auch Lyrik und Essays; nach seiner Autobiographie ›Eine Jugend in Deutschland‹ (1933) entstand das Schauspiel ›Toller‹ (1968) von T. Dorst.

Tollkirsche, Gatt. der Nachtschattengewächse mit 5 Arten im gemäßigten Eurasien; einheimisch ist die in Laubwäldern vorkommende *Schwarze T.* (Belladonna), eine bis 1,5 m hohe Staude. V. a. die Beerenfrüchte sind durch ihren hohen Alkaloidgehalt (Hyoscyamin, Atropin, Scopolamin) sehr giftig. Der Extrakt aus Wurzeln und Blättern wird medizinisch als krampflösendes-, gefäß- und pupillenerweiterndes Mittel verwendet.

Tollkraut, Gatt. der Nachtschattengewächse mit 4 Arten im gemäßigten Eurasien; einheim. ist das *Krainer T.;* Rhizom giftig (alkaloidhaltig).

Tollwut (Hundswut, Wut, Lyssa, Rabies), viröse Infektionskrankheit des Zentralnervensystems (Gehirnentzündung), die, unbehandelt, bei allen Warmblütern (mit Ausnahme der blutsaugenden mittel- und südamerikan. Echten Vampire) stets tödlich endet. Das Auftreten der T. beim Menschen ist meldepflich-

tig, beim Tier anzeigepflichtig. Die Übertragung der T. erfolgt durch Speichelinfektion (meist Biß, auch Lecken im Bereich verletzter Haut- und Schleimhautstellen). Infektionsquelle für den Menschen sind v. a. an T. erkrankte Katzen und Hunde, die mit erkrankten Wildtieren, v. a. Füchsen, Mardern und Eichhörnchen, in Berührung gekommen sind oder von frischen Kadavern solcher Tiere gefressen haben. Erreger der T. sind die *Tollwutviren.* Die T. beginnt nach einer Inkubationszeit von ein bis drei Monaten uncharakteristisch mit leichtem Fieber, Kopfschmerzen, Angst, Beklemmungsgefühl und Niedergeschlagenheit. Häufig werden auch Schmerzen an der Bißstelle empfunden. An dieses erste ›Stadium der Melancholie‹ schließt sich das ›Erregungsstadium‹ mit starker Reizbarkeit an (motor. Unruhe, Krämpfe, bes. augenfällig der Schluck- und Atemmuskulatur, die reflektor. schon durch geringste äußere Reize ausgelöst werden können). Eine aktive Immunisierung nach tollwutverdächtiger Verletzung ist möglich, weil die Inkubationszeit i. d. R. ungewöhnlich lang ist. Bei Haustieren kann das Erregungsstadium fehlen; die Tiere werden dann aber apathisch und melancholisch (›stille Wut‹). Schließlich tritt nach einem ›Lähmungsstadium‹ mit fortschreitender Benommenheit, Muskel- und Empfindungslähmung innerhalb von zwei bis drei Tagen der Tod ein. Wildlebende Tiere fallen v. a. durch den Verlust ihrer natürl. Scheu gegenüber Menschen auf.

Tolosanisches Reich, Bez. für das westgot. Reich von 419 bis 507 mit Aquitanien als Kerngebiet (ben. nach der Residenz Tolosa [= Toulouse]). – →Spanien (Geschichte).

Tölpel (Sulidae), Fam. vorwiegend schwarz-weiß gefärbter, bis 1 m langer Meeresvögel mit 9 Arten, v. a. an trop. bis gemäßigten Küstenregionen; stoßtauchende Fischfresser, brüten kolonieweise in Bodennestern; bekannt ist v. a. der etwa gänsegroße *Baßtölpel.*

Tolstoi [tɔl'stɔy], russ. Adelsfamilie, Grafen (seit 1724); bed. v. a.:

1) **Alexei Konstantinowitsch Graf,** * Petersburg 5. 9. 1817, † Krasny Rog (Gebiet Brjansk) 10. 10. 1875, Schriftsteller. Bed. Balladendichter; histor. Roman ›Fürst Serebränj‹ (1862), Dramentrilogie ›Der Tod Iwan des Grausamen‹ (1866), ›Zar Fjodor‹ (1868), ›Zar Boris‹ (1870).

2) **Alexei Nikolajewitsch** [Graf], * Nikolajewsk (= Pugatschow, Gebiet Saratow) 10. 1. 1883, † Moskau 23. 2. 1945, Schriftsteller. 1918–23 in der Emigration; Romantrilogie ›Der Leidensweg‹ (1920–41); unvollendet ist der histor. Roman ›Peter der Erste‹ (1929–45); auch utop. Romane, Gedichte, Dramen und Novellen.

3) **Lew Nikolajewitsch Graf** (Leo T.), * Jasnaja Poljana 9. 9. 1828, † Astapowo (Gebiet Lipezk) 20. 11. 1910, Dichter. Studierte oriental. Sprachen und Jura in Kasan (1844–47); 1851–56 Offizier der Kaukasusarmee, 1854/55 Teilnahme am Krimkrieg; 1857 erste, 1860/61 zweite Reise nach Westeuropa (v. a. Studium des Schulwesens); 1862 ∞ mit Sofia Andrejewna Bers (* 1844, † 1919); lebte ab 1855 als Gutsbesitzer teils in Jasnaja Poljana (gab dort den Bauernkindern Schulunterricht), teils in Moskau und St. Petersburg. Verließ 1910 seine Familie, um sein Leben in asket. Einsamkeit zu beenden, starb während der Reise auf der Bahnstation Astapowo. – Gehört zu den großen Schriftstellern der Weltliteratur. Seine literar. Tätigkeit begann mit einer autobiograph. Trilogie (den Erzählungen ›Kindheit‹ (1852), ›Knabenjahre‹ (1854) und ›Jünglingszeit‹; in den Erzählungen ›Der Überfall‹ (1852) und ›Die Kosaken‹ (begonnen 1852, abgeschlossen 1862) verarbeitet T. seine Erlebnisse im Kaukasus; ein Aufenthalt im belagerten Sewastopol

Tollkirsche:
Schwarze Tollkirsche

Tölpel:
Baßtölpel

**Lew Nikolajewitsch
Tolstoi**
(Gemälde von Ilja
Jefimowitsch Repin)

Tomate

C_7H_8

CH₃

CH_3

Toluol

gab die Anregung zu den ›Sewastopoler Erzählungen‹ (1855). T. war ein typischer Vertreter des psycholog. Realismus: die anschaul. und nuancenreiche Darstellung von Natur und Gesellschaft entspricht einer subtilen Gestaltung der komplizierten psych. Struktur des Menschen. Charakteristisch für sein Erzählwerk ist die mehrschichtige Komposition (innerer Monolog; zwei oder mehr ineinander verflochtene Parallelhandlungen); v. a. seine Romane ›Krieg und Frieden‹ (6 Bde., 1868/69) und ›Anna Karenina‹ (1878) gehören zu den Gipfelleistungen dieser Gattung. Seine Dramen (u. a. ›Die Macht der Finsternis‹, 1886; ›Der lebende Leichnam‹, 1900) sind bei vergleichbarer Bed. weniger bekannt. – Als Ethiker vertrat T. einen rigorosen, am Urchristentum orientierten Standpunkt; durch die Idealisierung des naturnahen Lebens und des ›einfachen Volkes‹, durch die heftige Kritik an gesellschaftl. Konvention und des sozialen Unrechts und eine in tiefes Mißtrauen gegen alle intellektuellen Leistungen des Menschen gelangte er zu einer Art Kulturnihilismus; bekämpfte jegl. polit., soziale und kirchl. Organisation (1901 Ausschluß aus der orth. Kirche). – *Weitere Werke:* Polikuschka (Nov., 1863), Volkserzählungen (1881–86), Kirche und Staat (Schrift, 1882), Meine Beichte (Bekenntnisschrift, 1884), Der Tod des Iwan Ilitsch (E., 1886), Die Kreutzersonate (E., 1889), Was ist Kunst (1895), Chadschi Murat (E., 1896–1904, hg. 1912), Auferstehung (R., 1899).

Tolteken, prähistor. Volk in Z-Mexiko. Die T. wanderten im 9. Jh. aus dem N ein, gründeten um 920 die Hauptstadt Tula und schufen ein größeres Reich; innere Kämpfe führten 987 zur Auswanderung einer Gruppe nach Yucatán. Das zentralmex. T.reich brach 1160 zusammen.

Toluol [span./arab.] (Methylbenzol), farblose, brennbare Flüssigkeit; Lösungsmittel für Lacke, Kautschuk und Fette; wird aus Steinkohlenteer und Erdöl gewonnen.

Tomahawk der Apachen mit lederüberzogener Steinkugel (oben) und Stahlaxt der Osage

Tomahawk [ˈtɔmahaːk, ˈtɔmahoːk; indian.-engl.], urspr. Bez. für eine Steinkeule bzw. -axt der Indianer N-Amerikas, später die nach Vorbild europ. Zimmermannsbeile gestaltete Wurf- und Hiebwaffe mit Stahlblatt; als Zeremonialgegenstand auch in Verbindung mit einer Tabakspfeife.

Tomar [portugies. tuˈmar], portugies. Stadt am Nabão, 16 000 E. Zur Christusritterburg (12.–17. Jh.) gehören die frühgot. Templerkirche, die Christuskirche und Klostergebäude (u. a. 4 Kreuzgänge).

Tomasi di Lampedusa, Giuseppe, eigtl. G. Tomasi, Fürst von Lampedusa, * Palermo 23. 12. 1896, † Rom 23. 7. 1957, italien. Schriftsteller. Hatte außergewöhnl. Erfolg mit seinem einzigen Roman ›Der Leopard‹ (postum 1958; verfilmt von L. Visconti, 1963).

Tomate [aztek.] (Liebesapfel, Paradiesapfel), wahrscheinlich aus Peru und Ecuador stammendes

Nachtschattengewächs, 0,3–1,5 m hohe, einjährige, sehr frostempfindl. Pflanze, Blüten gelb, Frucht eine vielsamige, rote oder gelbe Beere. Die Früchte enthalten pro 100 g eßbaren Anteil etwa 94 g Wasser, nur wenig Kohlenhydrate, v. a. aber 24 mg Vitamin C sowie Vitamine der B-Gruppe. Das im grünen Zustand vorhandene giftige Alkaloid Solanin wird während der Reife abgebaut. Die T. wird heute in zahlr. Kultursorten fast weltweit angebaut.

Tombak [malaiisch-niederl.], Sammelbez. für rote bis gelbe Kupfer-Zink-Legierungen mit 72 bis 95 % Kupfer; fein ausgehämmert als *unechtes Blattgold,* vergoldet als *Talmi* bezeichnet.

Tombola [italien.], Verlosung von [gestifteten] Gegenständen; Warenlotterie.

Tomis → Konstanza.

Tommaso da Modena, * Modena zw. 9. 3. 1325 und 6. 5. 1326, † ebd. vor dem 16. 7. 1379, italien. Maler. Vorläufer der Internat. Gotik mit Einfluß auf die venezian. und böhm. (Tafeln auf Burg Karlstein, Prag) Malerei. – *Werke:* u. a. Fresko zur Ursulalegende (Treviso, S. Margherita).

Tomographie [griech.] → Röntgenuntersuchung.

Tomonaga, Schinitschiro, * Kioto 31. 3. 1906, † Tokio 8. 7. 1979, jap. Physiker. Entwickelte eine mit der speziellen Relativitätstheorie verträgl. Form der Quantenelektrodynamik; 1965 Nobelpreis für Physik (mit R. P. Feynman und J. S. Schwinger).

Tomsk, Gebietshauptstadt im Westsibir. Tiefland, Rußland, 483 000 E. Univ.; Theater, botan. Garten. T. ist eines der wichtigsten Ind.zentren in W-Sibirien; Flußhafen.

Tomtom (Tom-Tom, Jazzpauke), Trommelart mit zylindr. Korpus, meist an Ständern montiert.

Ton [griech.], 1) *Physik:* eine vom Gehör wahrgenommene Schwingung der Luft (Schwallschwingung) mit sinusförmigem Schwingungsverlauf *(harmon. T.* oder *Sinus-T.).* Da das Schallspektrum eines T. im Unterschied zum → Klang nur eine einzige Frequenz enthält, wird er auch *reiner* oder *einfacher T.* bezeichnet. Die charakterist. Merkmale eines T. sind *T.höhe* und *T.stärke,* die durch die Frequenz bzw. die Amplitude der zugehörigen Schallschwingung bestimmt sind.

2) *Malerei:* fein abgestufter Farbwert.

Ton, Lockergestein, → Tone.

Tonabnehmer → Plattenspieler, → Schallplatte.

Tonacatecutli [span. tonakateˈkutli], aztek. Gott des Maises, der Lebensmittel; gilt als Manifestation des obersten Gottes.

Tonalität [griech.-lat.], i. w. S. jede Beziehung zwischen Tönen, Klängen und Akkorden; i. e. S., gültig für die Musik des 17. bis 19. Jh., die Bezogenheit von Tönen und Akkorden auf ein Zentrum sowie ihre Funktion und Rangordnung innerhalb dieses Bezugssystems. T. prägt sich harmonisch durch ein gestuftes System von Akkordbeziehungen aus: Die sog. Hauptfunktionen Tonika (Dreiklang der I. Stufe), Subdominante (Dreiklang der IV. Stufe) und Dominante (Dreiklang der V. Stufe) bestimmen die → Tonart, wobei die Tonika als übergeordnetes Zentrum fungiert (→ Kadenz).

Tonarm → Plattenspieler.

Tonart, Bestimmung des → Tongeschlechts als Dur und Moll auf einer bestimmten Tonstufe, z. B. C-Dur und a-Moll. Die T. prägt sich einerseits aus in der Tonleiter, andererseits wird sie in der Musik vom 17. bis 19. Jh. durch die Kadenz eindeutig festgelegt. Die Kirchentonarten wurden im 17. Jh. durch Dur und Moll verdrängt. Bestimmend für Dur ist die große Terz eines Dreiklangs (z. B. c e g), für Moll die kleine Terz (a c e). Grundskalen sind C-Dur und a-Moll. Aus der Transposition der beiden Grundskalen auf andere Ausgangstöne ergeben sich mit 12 Dur-

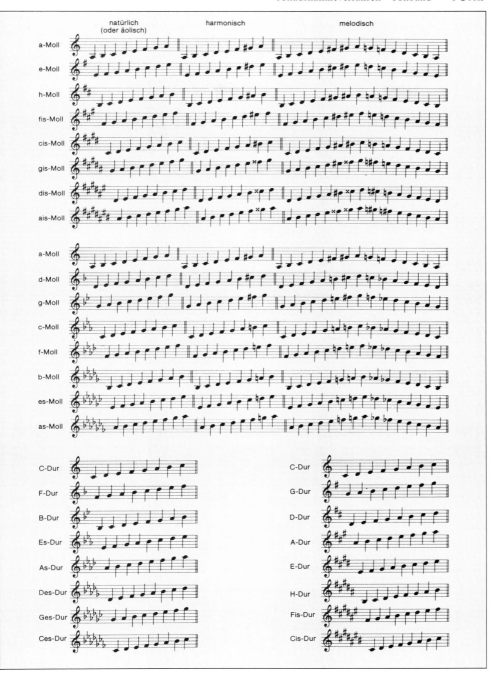

Tonart: OBEN Molltonarten; UNTEN Durtonarten

und 12 Moll-T. die 24 T. des temperierten Systems (→ Stimmung), die sich im → Quintenzirkel darstellen lassen.

Tonaufnahmeverfahren, Sammelbez. für die verschiedenen Verfahren der → Schallaufzeichnung.

Tonband (Magnettonband, Band, Tape), Magnetband, das in Tonbandgeräten oder Kassettenrecor-

dern zur magnet. Speicherung von Musik und Sprache verwendet wird. Die normale Breite der T. beträgt 6,25 mm, daneben gibt es für Bandkassetten 3,81 mm breite und für Spezialzwecke 12,65 und 25,4 mm breite Bänder; *Normal-* oder *Standardbänder* haben eine Dicke von rund 50 μm, *Langspielbänder* von 33–40 μm, *Doppelspielbänder* von 24–29 μm, *Tripel-*

(Dreifach-)Bänder von etwa 18 μm. Qualitativ hochwertige Bänder sind bes. rauscharm (›low noise‹) und hoch aussteuerbar (›high output‹). Als magnetisierbare Schicht dient mit Bindemitteln und Zusatzstoffen versehenes γ-Eisen(III)-oxid (γ-Fe$_2$O$_3$) beim *Eisenoxidband* und/oder Chrom(IV)-oxid (Chromdioxid, CrO$_2$) beim *Chromdioxidband*. T. mit Eisenoxid- und Chromdioxidbeschichtung, sog. *Doppelschicht-* oder *Zweischichten-T.*, die für hochwertige Musikaufzeichnungen bes. geeignet sind, werden als *Ferrochrom-*, *Ferrichrom-* oder *FeCr-Bänder* bezeichnet. Neuentwicklungen sind Tonbänder mit nichtoxid. Beschichtung, z. B. sog. *Reineisenbänder, Metallpigment- (M P-)* oder *Metall-Alloy-Bänder (M A-Bänder)*.

Tonbandgerät (Bandaufnahmegerät), Gerät zur magnet. Schallaufzeichnung und -wiedergabe, bei dem die Schallereignisse von einem Magnetkopf, dem *Aufnahme-, Aufzeichnungs-* oder *Sprechkopf,* in Form einer Magnetspur auf einem vorbeilaufenden Tonband aufgezeichnet werden (Bandgeschwindigkeit in allg. 19,05 cm/s, 9,53 cm/s bzw. 4,75 cm/s). Bevor das Tonband den Aufnahmekopf erreicht, wird es an einem als *Löschkopf* bezeichneten Magnetkopf vorbeigeführt, der in der Stellung ›Wiedergabe‹ unwirksam ist, in der Stellung ›Aufnahme‹ hingegen das Band durch ein Hochfrequenzfeld entmagnetisiert. Bei der Wiedergabe wird das bespielte Tonband über einen als *Wiedergabe-* oder *Hörkopf* bezeichneten Magnetkopf geführt (in vielen T. zus. mit dem Sprechkopf zum *Kombikopf* bzw. *Tonkopf* vereint); die dort entstehenden Wechselspannungen werden über den Wiedergabeverstärker dem Lautsprecher zugeführt und dort in Schallschwingungen umgewandelt. Nach der Anzahl von Tonspuren (Spuren), die auf einem Band unterzubringen sind, unterscheidet man T. für *Doppelspuraufzeichnung (Halbspurverfahren)* und T. für *Vierspuraufzeichnung (Viertelspurverfahren).* – Abgesehen von Studiogeräten (Tonbandmaschinen) heute meist von Kassettenrecordern abgelöst.

Tonblende (Klangblende, Klangfarberegler), Vorrichtung an Radios, Verstärkern u. a., mit der die Lautstärke der hohen *(Höhenregler)* bzw. der tiefen *(Baßregler)* Teiltöne eines Schalls geregelt werden kann.

Tondern (dän. Tønder [dän. 'tønʼər]), dän. Stadt im sw. Nordschleswig, 13 000 E. Christuskirche (v. a. 16. Jh.); alte Häuser mit reichem Schnitzwerk. – Erhielt 1243 lüb. Recht; kam 1920 mit Schleswig an Dänemark.

Tondo [italien.], Rundbild; Ursprünge in antiken Bildnismedaillons; Ausbildung v. a. im 15. Jh. (Jean Malouel [* um 1370, † 1415], Michelangelo); im Barock zum Oval gewandelt.

Ton Duc Thang, * in der Prov. Long Xuyên 20. 8. 1888, † Hanoi 30. 3. 1980, vietnames. kommunist. Politiker. 1929–45 in frz. Haft; ab 1945 enger Kampfgefährte Ho Chi Minhs; seit 1969 Staats-Präs. Nordvietnams; 1976–80 Staats-Präs. der Sozialist. Republik Vietnam.

Tone (Tongesteine), Bez. für verfestigte Gesteinsmehle, bestehen v. a. aus Tonmineralen, ferner aus Quarz, Feldspat, Glimmer und biogenen Resten. T. sind quellfähig, wasserstauend und neigen an Hängen zum Rutschen. Etwa 70 % aller Sedimentgesteine sind Tone.

Tonegawa, Susumu, * Nagoya 5. 9. 1939, japan. Virologe. Seit 1981 Prof. für Biologie am Krebsforschungsinstitut des Massachusetts Institute of Technology in Cambridge bei Boston; erhielt 1987 den Nobelpreis für Physiologie oder Medizin für die Erforschung der genet. Grundlagen der Antikörpervielfalt.

Tonerde, 1) *Chemie:* svw. →Aluminiumoxid.
2) *Pharmazie:* →essigsaure Tonerde.

Tonga

Staatsflagge

Staatswappen

Susumu Tonegawa

Tonfrequenzspektrometer, Gerät zur Durchführung einer Schallanalyse.

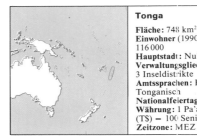

Tonga

Fläche: 748 km^2
Einwohner (1990): 116 000
Hauptstadt: Nukualofa
Verwaltungsgliederung: 3 Inseldistrikte
Amtssprachen: Englisch, Tonganisch
Nationalfeiertag: 4. 6.
Währung: 1 Pa'anga (T$) = 100 Seniti (s)
Zeitzone: MEZ + 12 Std.

Tonga (amtl. Kgr. T.), Staat im südl. Pazifik, umfaßt die Tongainseln, deren rd. 170 Inseln und Eilande sich in 3 Hauptgruppen anordnen: Vavau-, Haapai- und Tongatapugruppe.

Landesnatur: Die Tongainseln bestehen aus zwei Inselreihen, die N–S-verlaufenden untermeer. Rükken aufsitzen. Die westl. Reihe ist vulkan. Ursprungs (bis 939 m hoch), die östl. Reihe besteht aus Atollen und Korallenriffen. T. besitzt trop. Regenklima. Auf den Vulkaninseln gibt es z. T. Regenwald, auf den Koralleninseln Kokospalmen.

Bevölkerung: 98 % der E sind (überwiegend christl.) Polynesier. Schulpflicht besteht für 6–14jährige Kinder.

Wirtschaft, Verkehr: Haupterzeugnisse sind Kopra und Bananen. Für den Eigenbedarf kultiviert man Maniok, Jams, Melonen, Mais, Erdnüsse, Zuckerrohr und Orangen. Industrie ist kaum entwickelt, Bodenschätze sind nicht bekannt. Insgesamt 1 242 km Straßen, davon 291 km Allwetterstraßen. Wichtigste Häfen sind Nukualofa und Neiafu. Internat. ✈ bei Nukualofa.

Geschichte: Die Tongainseln wurden 1616 von Niederländern entdeckt (J. Cook, der sie 1773 und 1777 erreichte, nannte sie *Freundschaftsinseln).* Im 18. Jh. von Europäern besiedelt. 1845 schuf Georg Tupou I. (⚭ 1845–93) ein christl. Kgr. T.; seit 1900 brit. Protektorat. Am 4. 6. 1970 unabhängig; trat dem Commonwealth bei. Seit 1965 regiert König Taufa'ahau Tupou IV. (* 1918).

Politisches System: Konstitutionelle Monarchie; *Verfassung* von 1875. *Staatsoberhaupt* und Inhaber der *Exekutivgewalt* ist der König, ihm steht der Staatsrat zur Seite. *Legislative* ist die Gesetzgebende Versammlung (11 Mgl. des Staatsrats, 9 vom Erbadel bestimmte Vertreter, 9 von Teilen der Bevölkerung für 3 Jahre gewählte Abg.). Polit. *Parteien* gibt es nicht. – Karte VII, Bd. 2, n. S. 320.

Tonga, Bantustamm in Sambia und Simbabwe, beiderseits des Karibasees.

Tongagraben, Tiefseegraben im sw. Pazifik, östl. der Tongainseln, bis 10 882 m tief.

Tongenerator (Tonfrequenzgenerator), Gerät zur Erzeugung tonfrequenter Wechselspannungen; in Verbindung mit einem Lautsprecher auch Schallquelle mit einstellbarer Frequenz; u. a. in der Meßtechnik und als Bauelement von elektron. Musikinstrumenten bzw. Synthesizern verwendet.

Tongern (amtl. niederl. Tongeren [niederl. 'tɔŋərə], frz. Tongres), belg. Stadt nw. von Lüttich, 29 000 E. Museen; Marktzentrum des Haspengaus. Got. Onze-Lieve-Vrouwe-Kerk mit roman. Kreuzgang und 75 m hohem Turm. – Im 4. Jh. Bischofssitz; entstand im 10. Jh. nach Zerstörung neu.

Tongeschlecht, die charakterist., jeweils durch eine bestimmte Abfolge von Intervallschritten festgelegte Gestalt von Tonleitern eines Tonsystems. Seit

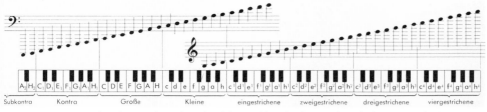

Tonbezeichnung: Tastenreihe eines Klaviers mit Tonbezeichnung, Oktaveinteilung und zugehöriger Notenreihe in Baß- und Violinschlüssel

dem 16./17. Jh. bildeten sich aus den Kirchentonarten die T. Dur und Moll heraus.

Tongesteine →Tone.

Tonika [griech.-lat.], in der Musik der Grundton einer Tonart, die von ihm ihren Namen erhält (z. B. C-Dur, c-Moll, D-Dur).

Tonikum [griech.], Kräftigungsmittel.

Tonkin, Gebiet in Vietnam, umfaßt das v. a. vom Roten Fluß aufgebaute Delta am Golf von Tonkin und das umgebende, bis 3 143 m hohe Bergland.

Tonkin, Golf von, flache Bucht des Südchin. Meeres, im W und N von den Küsten N-Vietnams und S-Chinas, im O von der chin. Halbinsel Leitschou und der Insel Hainan begrenzt.

Tonkin-Zwischenfall →Vietnamkrieg.

Tonkopf →Tonbandgerät.

Tonleiter (Skala), stufenweise in jeweils bestimmten Intervallabständen angeordnete Abfolge von Tönen innerhalb eines →Tonsystems. Die T. wird durch Rahmentöne begrenzt (meist die Oktave) und ist i. d. R. jenseits dieser Grenze wiederhol- bzw. transponierbar. Entscheidende Bestimmungsmerkmale der vielfältigen T.typen (Pentatonik, Ganztonleiter, Zigeunertonleiter) sind Zahl, Abstand und Abfolge der Tonstufen. In der abendländ. Musik stehen seit dem MA die diaton. T. im Vordergrund, so bereits im System der →Kirchentonarten. Aus diesen entwickelten sich die beiden heute gebräuchlichsten T. Dur und Moll, die auf alle 12 Stufen der chromat. T. transponierbar sind.

Tonmalerei, die Nachahmung sicht- oder hörbarer außermusikal. Erscheinungen oder Vorgänge durch Musik; wichtiges Verfahren in der →Programmusik.

Tonminerale, wasserhaltige Aluminiumsilicate mit Schichtgitteraufbau (Schichtsilicate); entstanden durch Verwitterung silicat. Gesteine, z. B. von Feldspäten und Glimmern; Hauptbestandteile der Tone und des Kaolins. Mit Wasser ergeben sich plastisch leicht formbare Massen für die Herstellung von Keramik.

Tonnage [tɔˈnaːʒə; mittellat.-frz.], Bez. für den Rauminhalt, die Tragfähigkeit bzw. Wasserverdrängung eines Schiffes.

Tonne [mittellat.], 1) *allgemein:* zylindr. Behälter.

2) *Maßwesen:* (metr. T.) Einheitenzeichen t, gesetzl. Einheit der Masse: 1 t = 1 000 kg. 1 000 t = 1 kt (Kilotonne); 1 000 000 t = 1 Mt (Megatonne).

3) *Schiffahrt:* schwimmendes → Seezeichen.

Tonnengewölbe →Gewölbe.

Tonnenkilometer, Abk. tkm, Berechnungseinheit der Transportleistungen und -kosten auf dem Land-, Wasser- oder Luftwege (Tonnen mal Kilometer).

Tonnenschnecken (Tonnoidea), Familiengruppe großer Vorderkiemer, zu der u. a. die Sturmhauben, Tritonshörner und die Faßschnecke gehören.

Tönnies, Ferdinand [...njɛs], * Riep (= Oldenswort bei Husum) 26. 7. 1855, † Kiel 11. 4. 1936, dt. Soziologe und Philosoph. 1909 Mitbegründer (1922–33

Präs.) der Dt. Gesellschaft für Soziologie; Hauptwerk: ›Gemeinschaft und Gesellschaft‹ (1887).

Tonplastik →Terrakotta.

Tonschiefer, meist bläulichgraues, dünnschiefriges, in Platten spaltendes Tongestein; bes. dunkler T. dient zur Herstellung von Schreibtafeln.

Tonsillen [lat.] →Mandeln.

Tonsillitis [lat.] (Mandelentzündung), Entzündung der Gaumenmandeln (→Angina).

Tonsur [lat.], ausgeschorene Stelle auf dem Kopf als Zeichen der Zugehörigkeit zum Stand der Kleriker; 1973 abgeschafft.

Tonsystem, der musikalisch verwendete Tonvorrat einer Kultur oder Epoche, der nach bestimmten Prinzipien (Intervallaufbau, Melodiestruktur, akust. Stimmung) geordnet ist. Grundlage jedes T. ist die Tonleiter. Das antike T. beruhte auf Viertonfolgen (Tetrachord), nach deren interner Struktur das Tongeschlecht als Diatonik, Chromatik und Enharmonik bestimmt wurde; zwei Tetrachorde bildeten eine Tonleiter (Oktavgattung). Das mittelalterl. T. übernahm die griech. Oktavgattungen und – mit abweichender Zuordnung – deren Namen (→Kirchentonarten). In der Dur-Moll-Tonalität des 17.–19. Jh. bilden die 12 Halbtöne der chromat. Skala den verfügbaren Tonbestand. In den einzelnen Oktavlagen (Subkontraoktave bis viergestrichene Oktave) werden die Töne durch Zahlen oder Striche (z. B. a^1 oder a^i) gekennzeichnet. Andere Oktavteilungen zeigen z. B. das indones. T., das von fünf- (Slendro) und siebenstufigen (Pelog) Leitern ausgeht. Das fünftönige T. der halbtonlosen →Pentatonik ist aus Ganztönen und Terzen aufgebaut.

Tonus [griech.-lat.], 1) *Human-* und *Tierphysiologie:* svw. →Muskeltonus; i. w. S. svw. Spannung[szustand] von Geweben.

2) *Pflanzenphysiologie:* der durch innere oder äußere Faktoren (Abstumpfung durch wiederholte Reizung, Temperatur) beeinflußbare Zustand der Empfindlichkeit gegenüber Außenreizen.

top..., Top... [engl.], Bestimmungswort in Zusammensetzungen mit der Bedeutung ›äußerst, höchst, Spitzen...‹.

Topas [griech.-lat.], verschieden gefärbtes, durchsichtiges, glasglänzendes Mineral, chem $Al_2[F_2|SiO_4]$. Der klare, goldgelbe *Edel-T.* wird als Schmuckstein verwendet; Mohshärte 8; Dichte 3,5–3,6 g/cm³.

Topeka [engl. təˈpiːkə], Hauptstadt des Staates Kansas, USA, am unteren Kansas River, 115 300 E. Univ.; u. a. Verlage.

Töpfer, Klaus, * Waldenburg/Schlesien 29. 7. 1938, dt. Politiker (CDU). Volkswirt; 1978/79 Prof. an der Univ. Hannover, seit 1987 Bundesmin. für Umwelt, Naturschutz und Reaktorsicherheit.

Töpferscheibe (Drehscheibe), zur Formung rotationssymmetr. Keramik verwendete einfache Maschine, bei der eine waagerecht liegende Scheibe über eine senkrechte Welle durch Fußantrieb oder mit Hilfe eines Elektromotors in Rotation versetzt wird. – →Keramik.

Topi [afrikan.] →Leierantilopen.

Topik [griech.], in der griech. und röm. Rhetorik entwickelte Zusammenstellung von relevanten Fragestellungen und Begriffen (Mrz. **Topoi**), die, allg. nachvollziehbar, der Diskussionsfähigkeit dienen.

topo..., Topo... [griech.], Bestimmungswort von Zusammensetzungen mit der Bedeutung ›Ort, Gegend, Gelände‹.

Topographie, Teilgebiet der →Geodäsie.

topographische Karten →Karte.

topographische Lage →geographische Lage.

Topologie, Teilgebiet der Mathematik, das diejenigen Eigenschaften mathemat. Gebilde (Kurven, Flächen, Räume) behandelt, die bei umkehrbar eindeutigen stetigen Abbildungen erhalten bleiben, d. h. topologisch invariant sind.

Topos [griech.], in der antiken Rhetorik svw. ›Ort‹, ›Gemeinplatz‹; wurde als anerkannter Begriff oder Gesichtspunkt in der Rede angewendet; heute ein von E. Curtius eingeführter Begriff, der ein Motiv bezeichnet, das fester Bestandteil der literar. Tradition ist.

Topp [niederdt.], oberes Ende eines Mastes oder einer Stenge.

Topspin, im Tennis und Tischtennis Bez. für einen [starken] in der Flugrichtung wirkenden Aufwärtsdrall des Balles; auch der Schlag selbst.

Tora, svw. →Thora.

Torberg, Friedrich, eigtl. F. Kantor-Berg, * Wien 16. 9. 1908, † ebd. 10. 11. 1979, österr. Schriftsteller und Publizist. Emigrierte 1938; Rückkehr 1951; setzte sich in seinen Romanen v. a. mit der Tragik des Judentums im 20. Jh. auseinander (›Hier bin ich, mein Vater‹, 1948; ›Die zweite Begegnung‹, 1950; ›Süßkind von Trimberg‹, 1972), ›Golems Wiederkehr‹ (En., 1968); Übersetzer von E. Kishon.

Friedrich Torberg

Tordesillas, Vertrag von [span. tɔrðe'siʎas], 1494 in Tordesillas (bei Valladolid) nach einem Schiedsspruch Papst Alexanders VI. abgeschlossener Vertrag zw. Spanien und Portugal zur Abgrenzung ihrer überseeischen Besitz- und Entdeckungsräume.

Torelli, Giuseppe, * Verona 22. 4. 1658, † Bologna 8. 2. 1709, italien. Violinist und Komponist. Komponierte v. a. Sonaten, Sinfonien, Concerti grossi und gilt als Schöpfer des Violinkonzerts.

Torero [span.] →Stierkampf.

Torf [niederdt.], unter Luftabschluß als erste Stufe der Inkohlung v. a. in Mooren gebildetes Zersetzungsprodukt überwiegend pflanzl. Substanzen; enthält in frisch gewonnenem Zustand bis zu 90 % Wasser, lufttrocken noch 25–30 %. Die Gewinnung erfolgt nach Entwässerung der Moore in sog. *T.stichen* mit Hand oder maschinell. Bes. Moos-T. und gut zersetzte Niederungsmoor-T. werden als *Preß-T.* (*T.briketts*) nach Trocknung zum Heizen verwendet. Der Heizwert von wasserfreiem T. liegt zw. 9200 und 16400, maximal bei 24000 kJ/kg. Jüngerer Moos-T. kommt, zu Ballen gepreßt, als *Faser-T.* oder (durch Trocknen und Zerkleinern gewonnener) *T.mull* in den Handel. Er wird u. a. zu Bodenbedeckungs-, Verpackungs- und Dämmzwecken sowie als Einstreu verwendet. Flachmoor-T. sind inhomogen, mit schwach saurer oder neutraler Reaktion und werden u. a. zur Herstellung von Erdgemischen für die Pflanzenanzucht und zur Verbesserung leichter Böden benutzt.

Torfbeere, svw. →Moltebeere.

Torfmoos, Gatt. der Laubmoose mit knapp 350 Arten in den gemäßigten und kalten Zonen der Nord- und Südhalbkugel sowie im Gebirgen der Tropen; bleichgrüne oder bräunl. Pflanzen mit dachziegelartig angeordneten Blättchen, die große, tote, wasserspeichernde Zellen enthalten; vermögen bis zum 40fachen ihres Eigengewichts an Wasser aufzunehmen; wichtigste Torfbildner.

Torgau, Kreisstadt an der mittleren Elbe, Sachsen, 22700 E. Steingutproduktion; Hafen. Renaissanceschloß Hartenfels (nach 1456 ff.; heute Sitz der Kreisverwaltung und Museum) mit Treppenturm (Großer Wendelstein) und Schönem Erker sowie Schloßkirche; spätgot. Marienkirche (um 1390 ff.), Renaissancerathaus (1561/62); Denkmal der Begegnung (amerikan. und sowjet. Truppen am 25. 4. 1945). – Erste Erwähnung 973; erhielt 1255/67 Stadtrecht; zeitweilige Residenz der Kurfürsten von Sachsen im späten 15. Jh., in der 1. Hälfte des 16. Jh. geistiges und polit. Zentrum Obersachsens; 1815 an Preußen.

Tories [engl. 'tɔːrɪz; irisch], in England/Großbrit. seit 1679 urspr. abwertende Bez. für die Gruppierung im Parlament, die Jakob II. gegen die Whigs unterstützte; 1710–14 und 1784–1830 regierungstragend, wurden die T. gleichgesetzt mit Anglikanismus und ländl. Grundbesitz. Die Reform Bill der Whigs von 1832 löste die Wandlung der T. zur →Konservativen und Unionistischen Partei aus.

Tornado [span.-engl.] →Wirbelstürme.

Tornado, Kurzbez. für die dt.-engl.-italien.-span. Gemeinschaftsentwicklung des mittelschweren Kampfflugzeuges Panavia Tornado.

Tornister [slaw.], [früher mit Fell überzogene] Rückentasche (Affe), bes. der Soldaten; [Schul]ranzen.

Toronto [to'rɔnto, engl. tə'rɔntoʊ], Hauptstadt der kanad. Prov. Ontario, am N-Ufer des Ontariosees, 612300 E, Metropolitan Area 3,43 Mio. E. 2 Univ., Ontario-Museum, Marinemuseum, Kunstgalerie, Theater, Zoo. U. a. Maschinenbau, Verlage, Erdölraffinerien; Hafen, internat. ✈. Rathaus (1958–65), Campus der York University (1965 ff.), mit Antenne 550 m hoher Fernsehturm (1973–75). – 1793 wurde am Ufer der heutigen Toronto Bay die Siedlung York angelegt, die 1796 Hauptstadt von Oberkanada wurde; 1817 Town, 1834 unter dem Namen T. City; 1849–51, 1855–59 Hauptstadt von Kanada, seit 1867 Hauptstadt der Prov. Ontario.

Torpedo [lat.], zigarrenförmiges, 4–9 m langes Unterwassergeschoß (Kaliber meist 533 mm, Gesamtmasse bis über 2000 kg) mit Eigenantrieb sowie Seiten- und Tiefenrudern zur Aktivlenkung.

Torquemada, Tomás de [span. tɔrke'maða], * Valladolid 1420, † Ávila 16. 9. 1498, span. Geistlicher. Dominikaner; Beichtvater von Isabella I. und Ferdinand II.; seit 1484 als span. Generalinquisitor für den Aufbau der gegen konvertierte Juden und Muslime gerichteten span. Inquisition verantwortlich.

Torques [lat.], Halsschmuck der Kelten, aus 2 oder mehreren umeinander gedrehten Metallbändern.

Torr [nach E. Torricelli], gesetzl. nicht mehr zugelassene Einheit des Drucks, 1 Torr = 133 Pa; 1 atm = 760 Torr = 1,013 bar = 101325 Pa.

Torre Annunziata, italien. Stadt in Kampanien, am S-Fuß des Vesuvs, 57200 E. Kurort (Thermen). Ausgrabungen einer röm. Villensiedlung (wohl zum antiken **Oplontis** gehörend).

Torricelli, Evangelista [italien. torri'tʃɛlli], * Faenza 15. 10. 1608, † Florenz 25. 10. 1647, italien. Physiker und Mathematiker. Lebte ab 1641 in Florenz, wo er mit G. Galilei zusammenarbeitete und 1642 dessen Nachfolger als Hofmathematiker wurde; übertrug die Galileischen Fallgesetze auf ausströmende Flüssigkeiten; Erfinder des Quecksilberbarometers.

Tórshavn [färöisch 'tɔːrshaʊn], Hauptstadt der Färöer, im SO der Insel Streymoy, 14500 E. U. a. Werft; Hafen.

Torsion [lat.] (Drillung, Verdrehung, Verwindung), bes. Form der Scherung, v. a. bei langgestreckten Körpern (Stab, Draht), die an einem Ende festgehalten werden, während am freien Ende ein Drehmoment angreift.

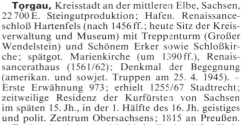

Torsionsstab, svw. →Drehstabfeder.

Torso [griech.-italien.], in der bildenden Kunst eine beschädigte oder unvollendete Statue (ohne Kopf und Gliedmaßen); in künstler. Absicht fragmentierte Skulpturen seit dem 16. Jh. (Vorbild antiker Funde).

Tortona, italien. Stadt in Piemont, an der Scrivia, 29 000 E. Roman. Kirche Santa Maria Canale (12. und 14. Jh.), Dom (nach 1570; im Innern barockisiert).

Tortosa, span. Stadt am unteren Ebro, 47 000 E. Kathedrale in katalan. Gotik (1347 ff.; mit maur. Turm); bischöfl. Palast (14. Jh. und 18. Jh.); Colegio de San Luis Gonzaga (16. Jh.).

Tortur [lat.], svw. →Folter.

Torus [lat.] (Ringfläche, Ringkörper, Kreiswulst), eine Fläche, die durch Rotation eines Kreises um die in seiner Ebene liegende, den Kreis nicht treffende Gerade entsteht; auch Bez. für den von dieser Fläche begrenzten Körper.

Toscanini, Arturo [italien. toska'ni:ni], * Parma 25. 3. 1867, † New York 16. 1. 1957, italien. Dirigent. 1898–1903, 1906–08, 1921–29 an der Mailänder Scala, 1908–15 an der Metropolitan Opera in New York, leitete ab 1927 das New York Philharmonic Orchestra, 1937–54 das NBC Symphony Orchestra; dirigierte u. a. auch 1931–37 bei den Salzburger Festspielen; 1938 Emigration in die USA.

Toskana (italien. Toscana), mittelitalien. Region und histor. Großlandschaft, 22 992 km², 3,57 Mio. E, Hauptstadt Florenz.

Geschichte: In der T., dem antiken **Etrurien,** wurde im 9. Jh. die Mark-Gft. **Tuszien** gebildet, die nach dem Aussterben der Markgrafen (1115) zw. Kaiser und Papst umstritten war. Im 14./15. Jh. gewann Florenz die Vorherrschaft unter den seit dem 12. Jh. rivalisierenden Stadtstaaten; 1531 Errichtung des unter der Herrschaft der Medici stehenden Hzgt. Florenz (1569 Groß-Hzgt. T.). Nach dem Tod der letzten Medici fiel die T. 1737 an den späteren Kaiser Franz I.; ab 1765 habsburg. Sekundogenitur. Nach frz. Besetzung (1799) und Bildung des von Frankreich abhängigen Kgr. Etrurien (1801) und Groß-Hzgt. T. (1809) erhielten die Habsburger die T. 1815 zurück, wurden jedoch 1848/49 und endgültig 1859 vertrieben. Durch Volksabstimmung vom März 1860 erfolgte die Vereinigung der T. mit dem Kgr. Sardinien; damit war der Anschluß an den italien. Nationalstaat erreicht.

Tosken, Gruppe der →Albaner.

Toskisch, Dialekt des →Albanischen.

totaler Krieg, von J. Goebbels geprägte Bez. für einen Krieg, in dem alle menschl., materiellen und moral. Reserven eines Volkes erfaßt und in den Dienst einer Vernichtungsstrategie gestellt werden: die herkömml. Unterscheidung zw. Kombattanten und Nichtkombattanten wird aufgelöst, moderne Technologie zur Massenvernichtung (Terrorkrieg) ebenso eingesetzt wie Wirtschaftskrieg, psycholog. und ideolog. Kriegführung; in umfassender Form erstmals während des 2. Weltkrieges in Deutschland verwirklicht.

totales Differential (vollständiges Differential) →Differentialrechnung.

Totalisator [lat.-frz.], im Pferdesport Bez. für den amtl. Wettbetrieb beim Renn- und Turniersport.

Totalitarismus [lat.], das Prinzip einer polit. Herrschaft, die einen uneingeschränkten, ›totalen‹ Verfügungsanspruch über die von ihr Beherrschten stellt. Der Begriff ›totalitär‹ wurde von der Opposition des italien. Faschismus in den 1920er Jahren geprägt, von B. Mussolini und Giovanni Gentile (* 1875, † 1944; ›Grundlagen des Faschismus‹, 1929) übernommen. – Nach dem 2. Weltkrieg entbrannte eine wissenschaftl. Diskussion um die Theorie des T.; als Kennzeichen des **totalitären Staates** wurden angesehen: die Beseitigung des freiheitlich-demokrat. Verfassungssystems, bes. der Gewaltenteilung, der freien Parteibildung, der freien Wahlen, der Grundrechte und der richterl. Unabhängigkeit, die Zusammenfassung der gesamten Staatsgewalt in der Hand einer Machtgruppe (Partei, Bewegung), die geistige Manipulation und physische Unterdrückung der Bevölkerung durch eine diktatorische Ideologie, eine terrorist. Geheimpolizei und ein Waffen- und Kommunikationsmonopol der Einheitspartei, ferner die Zentralverwaltungswirtschaft. Im gegenseitigen Aufrechnen der Greuel des Nat.-Soz. und Stalinismus entwickelte sich das Schlagwort T. zum polem. Kampfbegriff.

Totalreflexion, die vollständige Reflexion von [Licht]wellen beim Auftreffen auf eine Grenzfläche zw. einem opt. dichteren und einem dünneren Medium, wenn der Einfallswinkel größer ist als der Grenzwinkel der T.; Anwendung in der Glasfaseroptik.

Totemismus, von dem indian. Wort ›totem‹ (›Verwandtschaft, Schutzgeist‹) abgeleiteter Begriff zur Bez. der Vorstellung einer myst. Verwandtschaft und Schicksalsgemeinschaft zw. Menschen und Naturobjekten, v. a. Tieren (**Totem**).

Totempfahl, bei den Indianern NW-Amerikas ein hoher geschnitzter und bemalter Pfahl mit Darstellungen des Totemtiers und einer menschl. Ahnenreihe.

Totenamt, svw. →Requiem.

Totenbuch, auf Papyrus geschriebene altägypt. Sammlung von Sprüchen (›Kapiteln‹), die dem Verstorbenen im Jenseits von Nutzen sein sollen, allerlei Gefahren (Dämonen, Feuersee, Totengericht) zu überwinden; seit etwa 1500 v. Chr. bekannt.

Totenflecke (Leichenflecke), nach dem Tod einsetzende Verfärbung der Haut infolge Absinkens des Blutes in die tiefer gelegenen Körperstellen.

Totengericht, in vielen Religionen ausgebildete Vorstellung von einem individuellen oder kollektiven Gericht am Weltende.

Totengräber, Gatt. meist schwarzer Aaskäfer mit acht etwa 1,5–3 cm langen einheim. Arten; leben an Kadavern kleiner Wirbeltiere, die sie in vorbereitete Erdgruben ziehen.

Totenheer →Wilde Jagd.

Totenpfäffchen →Kapuzineraffen.

Totenkopfschwärmer, bis 13 cm spannender Schmetterling in Afrika und S-Europa; Rücken mit totenkopfähnl. Zeichnung; fliegt alljährlich aus dem trop. Afrika nach Deutschland ein; Raupe (bis 13 cm lang) frißt an Nachtschattengewächsen (bes. an Blättern der Kartoffel).

Totenkopfschwärmer

Totenmaske, Gesichtsabdruck eines Verstorbenen in Gips oder Wachs.

Totenmesse, svw. →Requiem.

Totenreich →Jenseits.

Totensonntag →Ewigkeitssonntag.

Totenstarre (Leichenstarre), die Erstarrung der Muskulatur nach dem Tode v. a. durch Anhäufung saurer Metabolite (v. a. Milchsäure) als Folge des Stillstands der Blutzirkulation; beginnt beim Menschen etwa eine Stunde nach dem Tode an den Lidern, der Kaumuskulatur und den Muskeln der kleinen Gelenke, breitet sich innerhalb von 8 Stunden über Kopf, Rumpf und Extremitäten aus; 48–96 Stunden nach dem Tode erschlafft die Muskulatur wieder.

Totentanz, im 15. und 16. Jh. weit verbreitete Darstellung eines Reigens, in dem Menschen jeden Alters und Standes von je einem Toten (Skelett) tanzend fortgeführt werden; u. a. Holzschnittfolge H. Holbeins d. J. (1522–26).

Totentrompete (Füllhorn, Herbsttrompete), im Herbst in Laubwäldern vorkommender, 5–15 cm hoher, trichter- oder trompetenförmiger Leistenpilz; Speisepilz, getrocknet als Würzpilz.

Totenwelt →Jenseits.

toter Punkt, in der *Physiologie* vorübergehender Leistungsabfall zu Beginn einer längerdauernden körperl. Belastung infolge örtl. Anhäufung von Milchsäure bei zunächst noch unzureichender Durchblutungssteigerung der betreffenden Muskelpartien.

toter Winkel, Bez. für einen nicht erreichbaren oder einsehbaren Raum[winkel]bereich, z. B. bei der Beobachtung der rückwärtigen Fahrbahn im Rückspiegel.

Totes Gebirge, Gebirgsstock der Nördl. Kalkalpen, Steiermark und Oberösterreich, bis 2 515 m hoch.

Totes Meer, durch eine Halbinsel in 2 Becken geteilter Salzsee im Jordangraben (Jordanien und Israel), rd. 940 km², Wasserspiegel bei etwa 403,5 m u. d. M., tiefste Stelle 794 m u. d. M. Das Wasser ist extrem salzhaltig; Gewinnung von Kali-, Brom- und Magnesiumsalzen; Behandlung der Schuppenflechte in En Boqeq.

totes Rennen, unentschiedener Ausgang eines Lauf- oder Rennwettbewerbs.

Totila, † Caprae (= Caprara [zu Gualdo Tadino bei Assisi]) Ende Juni/Anfang Juli 552, König der Ostgoten (seit 541). Eroberte in wenigen Jahren fast ganz Italien (Dez. 546 und Jan. 550 Einnahme Roms); im Frühsommer 552 auf der Hochebene ›Busta Gallorum‹ (wohl im Raum von Serragualdo bis nördlich von Fabriano) durch die Byzantiner unter Narses geschlagen.

Michel Tournier

Henri de Toulouse-Lautrec: ›Die Modistin‹; 1900 (Albi, Musée Toulouse-Lautrec)

Toto [Kw. für Totalisator], Einrichtung zum Wetten im Fußball- und Pferdesport.

Totpunkt (toter Punkt), die Stellung eines Mechanismus, bei der eines seiner Glieder durch Richtungsumkehr kurzzeitig in Ruhe ist. Beim Kurbeltrieb von Kolbenmaschinen befindet sich der Kolben abwechselnd im *oberen T.* bzw. *im unteren Totpunkt.*

Tötung, vorsätzl. oder fahrlässige Vernichtung von Tier- und Menschenleben. Die T. von Tieren wird im Tierschutzgesetz geregelt; die grundlose T. von Wirbeltieren ist mit Freiheits- oder Geldstrafe bedroht.

Beim Menschen stehen als T.delikte Mord und Totschlag strafrechtlich im Vordergrund. **Mord** ist die durch bes. sozialeth. Verwerflichkeit charakterisierte

vorsätzl. Tötung. Als die Verwerflichkeit kennzeichnende Mordmerkmale nennt § 211 StGB Tatmotive (Mordlust, Befriedigung des Geschlechtstriebs [sog. *Lustmord*], Habgier und sonstige niedrige Beweggründe), die Art der Tatausführung (heimtückisch, grausam, Verwendung von gemeingefährl. Mitteln) und Ziele der T. (um eine andere Straftat zu ermöglichen oder zu verdecken). Mord ist mit lebenslanger Freiheitsstrafe bedroht. Fehlen die Mordmerkmale, wird die vorsätzliche T. als **Totschlag** i. d. R. mit 5 bis 15 Jahren Freiheitsstrafe bestraft (§ 212 StGB). Für *fahrlässige* T. droht Freiheitsstrafe bis zu 5 Jahren oder Geldstrafe.

Tötung auf Verlangen, Tötung, zu der der Täter durch das ausdrückl. und ernstl. Verlangen des Getöteten bestimmt worden ist; wird mit Freiheitsstrafe von 6 Monaten bis zu 5 Jahren bestraft.

Toubkal, Djebel [frz. dʒebɛltub'kal], mit 4 165 m höchster Berg des Hohen Atlas, Marokko.

Toul [frz. tul], frz. Stadt an der Mosel, Dep. Meurthe-et-Moselle, 17 000 E. Got. ehem. Kathedrale (13.–15. Jh.) mit Kreuzgang; Kollegiatkirche Saint-Gengoult (13.–16. Jh.). – In der Antike **Tullum Leucorum;** wohl seit dem 4. Jh. Bischofssitz (bis 1801); erlangte im 13. Jh. Reichsfreiheit; Stadt und Bistum wurden 1552 von König Heinrich II von Frankreich besetzt, 1648 endgültig an Frankreich abgetreten.

Toulon [frz. tu'lõ], frz. Dep.hauptstadt an einer Bucht des Mittelländ. Meeres, 179 400 E. Universitätszentrum, Forschungszentrum für Ozeanographie; Schiffahrtsmuseum; Theater; Kriegshafen; Kathedrale (12./13., 17. und 18. Jh.), Tour Royale (16. Jh.). – In der Römerzeit **Telo Martius;** wegen seiner Purpurfärberei bekannt; 441–1801 Bischofssitz; kam 1481/86 mit der Gft. Provence an die frz. Krondomäne; im 17. Jh. Ausbau zum Kriegshafen; wurde nach 1815 der bedeutendste frz. Marinehafen (nach 1945 modernisiert).

Toulouse [frz. tu'lu:z], frz. Stadt an der Garonne und am Canal du Midi, 348 000 E. Hauptstadt der Region Midi-Pyrénées und des Dep. Haute-Garonne; Univ., Raumforschungszentrum, mehrere Museen; v. a. Rüstungs- und Luftfahrtindustrie.

Bauten: Aus röm. Zeit stammen Reste der Stadtmauer, der Wasserleitung und eines Amphitheaters. Kathedrale (11.–16. Jh.), roman. Basilika Saint-Sernin (11./12. Jh.), barocke Basilika Notre-Dame-la-Daurade (18. Jh.), Rathaus (im 18. Jh. vollständig erneuert), Donjon (16. Jh.), zahlr. Palais des 16. und 17. Jahrhunderts.

Geschichte: T., das antike **Tolosa,** wurde um 250 Bischofssitz; 419 Hauptstadt des Tolosan. Reichs der Westgoten, 507 fränk., schließl. Vorort des Hzgt. und späteren Unter-Kgr. Aquitanien; seit dem 9. Jh. Sitz der Grafen von T., die ihre Herrschaft auf ganz S-Frankreich ausdehnten; 1271 der frz. Krondomäne einverleibt; 1317 wurde das Bistum T. Erzbistum.

Toulouse-Lautrec, Henri de [frz. tuluzlo'trɛk], * Albi 24. 11. 1864, † Schloß Malromé (Gironde) 9. 9. 1901, frz. Maler und Graphiker (Lithographien). Fand, angeregt von E. Degas, P. Gauguin und dem japan. Holzschnitt, zu einem unverkennbaren Stil in der Darstellung der Pariser Halbwelt; neuartig waren seine Farblithographien, bes. Plakate, die durch ihn auf künstler. Niveau gehoben wurden.

Toupet [tu'pe:; frz.], Teilperücke (für Herren).

Touraine [frz. tu'rɛn], histor. Gebiet beiderseits der unteren Loire, Mittelpunkt Tours; bed. Fremdenverkehr zu den Loireschlössern.

Tour de France [frz. turdə'frã:s], im Radsport das berühmteste Etappenrennen für Berufsfahrer; 1903 zum ersten Mal ausgefahren. Der Streckenverlauf wird jährlich neu festgelegt (20–26 Etappen), Ziel ist Paris. Seit 1984 auch T. de F. der Frauen.

Tour de Suisse [frz. turdə'sɥis], über 7–10 Etappen führende Radrundfahrt für Berufsfahrer in der Schweiz; wird seit 1933 jährlich im Juni durchgeführt.

Touré, Sékou [frz. tu're], *Faranah am oberen Niger 9. 1. 1922, †Cleveland (Ohio) 26. 3. 1984, guineischer Politiker. Ab 1958 Präs. des unabhängigen Guinea; setzte ein Einparteiensystem durch; war einer der Wortführer im Kampf gegen die weißen Minderheitsregierungen in Afrika.

Tourenwagen ['tu:rən], im →Motorsport Rennwagen der Kategorie A.

Tourismus [tu'rɪsmʊs; lat.-frz.-engl.] (Fremdenverkehr), das Reisen, der Reiseverkehr [in organisierter Form] zum Kennenlernen fremder Orte oder Länder und zur Erholung.

Tournai [frz. tur'nɛ] (niederl. Doornik), belg. Stadt an der Schelde, 66 700 E. U. a. Zementwerke. Roman.-got. Kathedrale (geweiht 1213/14), frühgot. Kirchen Saint-Nicolas und Saint-Jacques (12./13. Jh.); ehem. Tuchhalle (1610/11); Rathaus (1763); Beffroi (1188 ff.). – T., das röm. **Turis Nerviorum,** war um 440–486/487 polit. Mittelpunkt der sal. Franken (1653 Entdeckung des Childerichgrabes); 1188–1521 freie Stadt, berühmt v. a. im 14./15. Jh. durch Teppichherstellung und Malerschule (R. Campin, R. van der Weyden).

Tournier, Michel [frz. tur'nje], *Paris 19. 12. 1924, frz. Schriftsteller. Schreibt Romane, u. a. iron. Version des Robinsonstoffes in ›Freitag oder Im Schoß des Pazifik‹ (R., 1967, 1973 u. d. T. ›Freitag und Robinson im Bann der wilden Insel‹). – *Weitere Werke:* Der Erlkönig (1970), Zwillingssterne (1975), Der Goldtropfen (1985).

Tours [frz. tu:r], frz. Stadt an der Loire, oberhalb der Chermündung, 132 200 E. Mittelpunkt der Touraine, Verwaltungssitz des Dep. Indre-et-Loire; Univ.; u. a. Maschinenbau. Kathedrale (13.–16. Jh.), got. Abteikirche Saint-Julien (13. Jh.) mit roman. Turm (12. Jh.); zahlr. Häuser und Palais (15. bis 17. Jh.). – T., das röm. **Caesarodunum,** war seit dem 3. Jh. Bischofs-, seit dem 9. Jh. Erzbischofssitz (1790–1801 nur Bistum); schon im frühen MA große Bedeutung als Kulturzentrum (insbes. ausgehend vom Kloster Saint-Martin), als Hauptstadt der Gft. und Prov. Touraine.

Tower [engl. 'tauə] (T. of London), das älteste erhaltene Bauwerk und eines der Wahrzeichen Londons; als Festung um 1078–97 erbaut (White T.); später erweitert; bis 1820 Staatsgefängnis; heute Museum mit Waffensammlung im White T. und den Kronjuwelen im Wakefield Tower.

Tower [engl. 'tauə; lat.-engl.] (Kontrollturm) →Flughafen.

Townes, Charles Hard [engl. taunz], *Greenville (S. C.) 28. 7. 1915, amerikan. Physiker. Konstruierte 1954 mit H. J. Zeiger und J. P. Gordon den ersten →Maser; beschrieb 1958 mit A. L. Schawlow die Bedingungen für die Anwendung des Maserprinzips im opt. Frequenzen (→Laser); 1964 Nobelpreis für Physik mit N. B. Bassow und A. M. Prochorow.

Toxämie (Toxikämie, Toxhämie) [griech.], 1. Schädigung bzw. Zersetzung des Bluts durch Giftstoffe; 2. die durch Giftstoffe verursachte Anämie *(Toxanämie, toxische Anämie);* 3. die Vergiftung des Blutes und Überschwemmung des Organismus durch Toxine *(Toxinämie).*

toxigen (toxogen) [griech.], in der Medizin für: 1. Giftstoffe erzeugend; 2. durch eine Vergiftung verursacht, auf Gifteinwirkung zurückzuführen.

Toxikologie [griech.], die Lehre von den Giften und ihren Einwirkungen auf den Organismus; Teilgebiet der Pharmakologie.

Toxine [griech.], Gifte, die von Gifttieren, Giftpflanzen oder Bakterien ausgeschieden bzw. aus diesen freigesetzt werden; meist Proteine oder Lipopolysaccharide, die als Antigene wirken.

Toxizität [griech.], die je nach Applikationsart und Spezies unterschiedl., zum Vergleich auf eine Norm (Dosis letalis, DL) bezogene Giftigkeit einer Verbindung (als DL 50 bezeichnet man z. B. jene Dosis, bei der im Tierversuch 50 % der eingesetzten Tiere nicht überleben).

toxogen, svw. →toxigen.

Toxoplasmose [griech.], meldepflichtige, durch *Toxoplasma gondii* (ein etwa 10 µm großes Sporentierchen) hervorgerufene Infektionskrankheit des Menschen und zahlr. Tierarten. Die Erscheinungen der akuten T. des Erwachsenen sind u. a. Unwohlsein, Fieber, Gelenkschmerzen, Lymphknotenschwellungen, am Auge Ader- und Netzhautentzündung sowie Gehirnhautentzündung. Bei Haustieren (Schafen, Kälbern und Ferkeln) kommt es zu Fehlgeburten und erhöhter Sterblichkeit.

Charles Hard Townes

Toynbee, Arnold Joseph [engl. 'tɔɪnbɪ], *London 14. 4. 1889, †York 22. 10. 1975, brit. Historiker, Kulturtheoretiker und Geschichtsphilosoph. Schrieb u. a. ›A study of history‹ (12 Bde., 1934–61), eine Darstellung aller Zivilisationen; knüpfte damit an O. Spenglers Morphologie der Weltgeschichte an.

Trab, mittelschnelle Gangart bei diagonaler Fußfolge, hauptsächl. des Pferdes und anderer Huftiere.

Trabant [tschech.], svw. →Satellit.

Traben-Trarbach, Stadt an der mittleren Mosel, Rhld.-Pf., 6 200 E. Mittelmosel-Museum; Weinkellereien; Thermalheilbad im Ortsteil **Bad Wildstein.**

Trabrennen →Reitsport.

Trabzon [türk. 'trabzɔn] (früher Trapezunt), Hafenstadt an der östlichen türk. Schwarzmeerküste, 156 000 E. – Das im 7./6. Jh. v. Chr. gegr. **Trapezus** gehörte seit Mithridates VI. zum Kgr. Pontus; ab 64 n. Chr. röm.; ab 1204 Sitz des Kaiserreichs von Trapezunt; seit 1461 osmanisch.

Arnold Joseph Toynbee

Tracer [engl. 'treɪsə] (Leitisotop), für die →Indikatormethode verwendetes radioaktives Element bzw. Isotop.

Tracheen [griech.], 1) *Pflanzenphysiologie:* Elemente des Leitgewebes; ein die gesamte Pflanze durchziehendes Röhrensystem, das dem Transport von Wasser und der darin gelösten Nährsalze dient; meist tonnenförmige, abgestorbene, hintereinanderliegende Zellen.

2) *Tierphysiologie:* Atmungsorgane der Stummelfüßer, Spinnentiere, Tausendfüßer und Insekten. Häufig sind die T. zu *T.säcken (Luftsäcke)* erweitert, die als Luftreservoir dienen oder schallverstärkend wirken.

Tracheenlungen, svw. →Fächertracheen.

Tracheentiere (Röhrenatmer, Tracheaten, Tracheata), Unterstamm mit nahezu 800 000 Arten vorwiegend auf dem Land, z. T. auch in Gewässern weltweit verbreiteter, etwa 0,2 mm bis 33 cm langer Gliederfüßer; umfaßt Tausendfüßer und Insekten.

Tracheotomie [griech.] (Luftröhrenschnitt), operative Eröffnung der Luftröhre.

Trachom [griech.] (Conjunctivitis trachomatosa, ägypt. Augenkrankheit, Körnerkrankheit, granulöse Bindehautentzündung), v. a. in den Tropen und Subtropen endem. bis epidem., in gemäßigten Zonen meist sporadisch vorkommende anzeigepflichtige Infektionskrankheit (Erreger: Chlamydia trachomatis); Anzeichen: hartnäckige, akute bis chron. Bindehautentzündung; Auftreten sagokornartiger Follikel *(T.körner),* die platzen und unter Narbenbildung ausheilen.

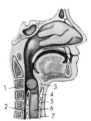
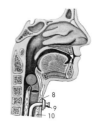

Tracheotomie: OBEN 1 Atemhindernis, 2 Speiseröhre, 3 Kehldeckel, 4 Schildknorpel, 5 Ringknorpel, 6 Luftröhre, 7 Knorpelring der Luftröhre; UNTEN 8 Ringknorpel, 9 Kanüle, 10 oberste Trachealringe

Tracht, 1) *Ethnologie:* die verschiedenen Völkern *(National-T.),* Stämmen, Volksgruppen oder Ständen und Berufsgruppen *(Standes-T.)* eigentüml. Bekleidung. → Volkstrachten.

2) *Imkerei:* von Bienen, v. a. der Honigbiene, eingetragene Nahrung; insbes. Nektar, Pollen und Honigtau.

Trächtigkeit (Gestation), von der Befruchtung bis zur Geburt der Jungtiere dauernder Zustand weibl. Säugetiere. Die *T.dauer (Trag[e]zeit)* hängt i. d. R. von der Körpergröße der betreffenden Art ab.

Trächtigkeitsdauer bei einigen Säugetieren (in Tagen)	
Elefant	610–670
Pferd	etwa 336
Blauwal	300–365
Kuh	etwa 285
Wisent	260–270
Reh (einschließl. 4½ Monate Keimruhe)	etwa 240
Rothirsch	231–238
Schimpanse	216–261
Braunbär	214–244
Schaf	etwa 150
Ziege	etwa 150
Schwein, Wildschwein	112–116
Tiger	103–110
Hund	etwa 63
Katze	etwa 60
Feldhase	42–44
Kaninchen, Wildkaninchen	28–30
Hausmaus	14–21

Trachyt [griech.], graues oder rötl., meist poröses Ergußgestein, Hauptbestandteile: Kalifeldspat, Kalknatronfeldspat und Augit.

Track [engl. træk], **1)** [übl.] Route, Bahn, Seeweg. **2)** Vorrichtung zur Übertragung von Zugkräften, z. B. Riemen, Bänder, Seile.

Tracy, Spencer [engl. 'treɪsɪ], * Milwaukee 5. 8. 1900, † Los Angeles-Hollywood 10. 6. 1967, amerikan. Schauspieler. Sein ausdrucksstarkes Spiel prägte zahlr. Filme, u. a. ›Das siebte Kreuz‹ (1944), ›Stadt in Angst‹ (1954), ›Der alte Mann und das Meer‹ (1958), ›Das Urteil von Nürnberg‹ (1961).

Trademark [engl. 'treɪdmɑːk], engl. Bez. für Warenzeichen; genießt internationalen gesetzl. Schutz; auf Etiketten, in Anzeigen u. a. durch das Zeichen ® (= registered as trademark) kenntlich gemacht.

Trades Union Congress [engl. 'treɪdz 'juːnjən 'kɔŋgrɛs], Abk. TUC, → Gewerkschaften.

Tradition [lat.], das, was im Hinblick auf Kenntnisse, Fertigkeiten, Ideen, Kultur oder auch Verhaltensweisen von Generation zu Generation weitergegeben (und entwickelt) wird. – Seit der Aufklärung besteht ein Spannungsverhältnis zwischen **Traditionalismus** (Skepsis gegenüber Neuem) und der Idee des Fortschritts.

Religionsgeschichtlich sind T. in allen Gesetzes- und Kulturreligionen festzustellen. Die inhaltl. Entfaltung des T.begriffs führte in der *kath.* Kirche zur Deutung der T. als einer von der Hl. Schrift unabhängigen zweiten Offenbarungsquelle, die von den *reformator.* Kirchen aufgrund ihres Schriftprinzips abgelehnt wird.

Traëtta, Tommaso, * Bitonto 30. 3. 1727, † Venedig 6. 4. 1779, italien. Komponist. Zahlr. Opern (u. a. ›Ifigenia in Tauride‹, 1763; ›Antigona‹, 1772).

Trafalgar, Kap, span. Kap sö. von Cádiz. – In der **Seeschlacht bei Trafalgar** siegte die brit. Flotte unter dem in der Schlacht gefallenen H. Nelson am 21. 10. 1805 entscheidend über die frz.-span. Flotte.

Trafik [italien.-frz.], österr. svw. Tabak- und Zeitschriftenladen.

Tragant:
Bärenschote

Trafo, Kw. für → Transformator.

Tragant [griech.-lat.], Gatt. der Schmetterlingsblütler mit rd. 1 600, überwiegend in trockenen Gebieten der Nordhalbkugel, v. a. in Vorder- und Zentralasien, verbreiteten Arten; einheimisch ist u. a. die *Bärenschote* (über 1 m hoch, v. a. in lichten Wäldern); mehrere Arten liefern den für Klebstoffe, Emulsionen u. a. verwendeten **Tragant,** ein hornartig erhärtendes und gallertartig quellbares Produkt.

Tragblatt → Brakte.

Trägerfrequenz → Modulation.

Trägerfrequenztechnik, Teilbereich der Nachrichtentechnik; Verfahren und Geräte zur Übertragung einer Vielzahl von Nachrichten (v. a. Ferngespräche) gleichzeitig und unabhängig voneinander über einen einzelnen Nachrichtenübertragungsweg (Koaxialleitung, Richtfunkstrecke, Satellitenfunkverbindung) großer Frequenzbandbreite *(Frequenzmultiplexverfahren).*

Trägerrakete, eine meist mehrstufige Rakete zum Transport von bemannten (Raumkapseln, -transporter) und unbemannten Raumflugkörpern (Satelliten, Raumsonden) ins All. Wichtige T. sind in den USA Delta, Saturn und Titan, in der UdSSR Sojus, Proton und Energija sowie die europ. Ariane.

Trägerwelle → Modulation.

Tragflügel (Flügel, Tragfläche) → Flugzeug.

Tragflügelboot (Tragflächenboot), Wasserfahrzeug mit starr oder klappbar angebrachten Tragflügeln unter dem Rumpf, die mit steigender Geschwindigkeit den Bootskörper durch ihren dynam. Auftrieb aus dem Wasser heben und so den Wasserwiderstand stark herabsetzen.

Trägheit, allg. die Eigenschaft eines [physikal. oder techn.] Systems, auf eine äußere Einwirkung verzögert zu reagieren. I. e. S. als *T. der Masse* (Beharrungsvermögen) das Bestreben jedes Körpers, seinen Bewegungszustand beizubehalten. Maß für die T. eines Körpers ist seine Masse bzw. bei Rotationsbewegungen sein Trägheitsmoment.

Trägheitsgesetz (Beharrungsgesetz, Galileisches T., Trägheitssatz), das erste der 3 Newtonschen Axiome der Mechanik, das bereits von G. Galilei und J. Kepler erkannt und formuliert wurde: Jeder Körper verharrt im Zustand der Ruhe oder der geradliniggleichförmigen Bewegung, solange keine äußere Kraft auf ihn einwirkt (und diesen Bewegungszustand ändert).

Trägheitskraft, diejenige Kraft, die ein Körper während eines Beschleunigungsvorgangs infolge seiner Trägheit der beschleunigenden Kraft entgegensetzt *(Trägheitswiderstand).*

Trägheitsmoment (Drehmasse), Maß für die Trägheit eines rotierenden Körpers bei Änderung der Rotationsgeschwindigkeit; entspricht der Masse bei Translationsbewegungen. Das T. eines Massenpunktes ist gleich dem Produkt aus seiner Masse und dem Quadrat seines Abstands von der Drehachse.

Trägheitsnavigation (Inertialnavigation), ein v. a. in der Luft- und Raumfahrt angewandtes Navigationsverfahren, bei dem die [Eigen]ortung mit Hilfe einer ständigen Registrierung der (während des Fluges infolge von Geschwindigkeits- und Richtungsänderungen auftretenden) Trägheitskräfte bzw. der ihnen proportionalen Beschleunigungen erfolgt.

Tragik [griech.], das in der Tragödie gestaltete Spannungsverhältnis eines ausweglosen Konflikts, der dem Helden zum Verhängnis wird und notwendig zum Untergang führt.

Tragikomödie [griech.-lat.], (heute bevorzugte) dramat. Gatt., die die Synthese von Tragischem und Komischem verkörpert.

Traglufthalle, Halle aus luftdichten Stoffen, die – ohne sonstige Unterstützung – durch einen geringen

Überdruck der Innenluft getragen wird; Luftschleuse als Eingang oder Einfahrt.

Tragödie [griech.], neben der Komödie die wichtigste Gattung des europ. Dramas, für die das Tragische konstituierendes Element ist. Die dichter. Gestaltung der Tragik als Darstellung eines ungelöst bleibenden trag. Konflikts löste sich aus dem religiösen [griech.] Ursprung und wechselte mit den Epochen; konstant blieben jedoch die existentiellen Fragen der Menschheit über die Problematik von Freiheit und Notwendigkeit, Charakter und Schicksal, Schuld und Sühne, Mensch und Gott, Ich und Welt. – Im Drama der Gegenwart scheint die T. nicht mehr möglich, bevorzugt wird die (absurde, groteske) Tragikomödie oder auch die trag. Farce.

Trägspinner (Wollspinner, Schadspinner, Nonnenspinner, Lymantriidae), mit rd. 3 000 Arten (davon 17 einheim.) weltweit verbreitete Fam. meist nachtaktiver, mittelgroßer Schmetterlinge; die teilweise mit bürstenartigen Haarbüscheln auf der Rückenmitte und seitl. Haarpinseln *(Bürstenraupen)* versehenen Raupen sind oft gefürchtete Wald- oder Gartenschädlinge (z. B. → Nonne).

Tragwerk, 1) → Flugzeug.
2) *Architektur:* System aus Trägern oder anderen Bauelementen, das darauf wirkende Kräfte (Lasten) auf das Auflager überträgt. Man unterscheidet zw. *Stabtragwerken* (aus Balken, Stäben und Stützen) und *Flächentragwerken* (meist Platten, Roste u. a.).

Trailer ['tre:lər; engl. 'treɪlə; lat.-engl.], allg. svw. Anhänger; Einachsanhänger zum Transport kleinerer Boote.

Training ['trɛːnɪŋ; lat.-engl.], planmäßiges Üben zur Steigerung der Leistungsfähigkeit, Ausbildung von Fertigkeiten o. ä.
Das *sportl.* T., das unter Anleitung eines *Trainers* erfolgt, dient der Anpassung des Organismus an erhöhte Leistungsanforderungen in der jeweiligen Disziplin. Beim *Intervall-T.* z. B. wird durch ständige Wiederholung von Laufstrecken (insbes. über 200 m und 400 m) und dazwischenliegenden Erholungspausen die organ. Kraft gesteigert (→ Circuittraining).

Trajan (Marcus Ulpius Traianus), * Italica (beim heutigen Sevilla) 18. 9. 53, † Selinus (kilik. Küste, beim heutigen Gazipaşa) 8. 8. 117, röm. Kaiser (seit 98). 97 von Nerva adoptiert und zum Caesar ernannt. 101/ 102 und 105/106 eroberte T. Dakien, 106 annektierte er das Gebiet der Nabatäer als Prov. Arabia. Im Partherkrieg (ab 113/114) wurden Armenien, Mesopotamien und Assyrien Provinzen. Seine Außenpolitik war strategisch und wirtschaftlich begründet, im Innern blieb der Staat politisch und sozial stabil; seine umfangreiche Bautätigkeit dokumentieren u. a. T.forum und T.thermen in Rom.

Trajanssäule, marmorne Ehrensäule für Kaiser Trajan in Rom, vollendet 113 (Höhe 29,60 m). Um den Schaft zieht sich spiralförmig ein (urspr. bemaltes) Reliefband von über 200 m Länge (Darstellung der Dakerkriege von 101/102 und 105/106); seit 1588 durch eine Petrusstatue gekrönt.

Trajekt [lat.], svw. Fährschiff, Fähre.

Trakehner (Ostpreuß. Warmblutpferd), nach dem Ort Trakehnen (russ. Jasnaja Poljana) ben. edelste Rasse dt. Warmblutpferde aus Ostpreußen; 162–168 cm Widerristhöhe, elegante Renn-, Spring- und Dressurpferde von lebhaftem Temperament; hauptsächlich Füchse und Braune.

Trakl, Georg, * Salzburg 3. 2. 1887, † Krakau 3. 11. 1914, dt. Dichter. Militärapotheker; starb im Lazarett an einer Überdosis Kokain. Einer der bedeutendsten Lyriker des Expressionismus, u. a. ›Sebastian im Traum‹ (hg. 1915), ›Gesang des Abgeschiedenen‹ (hg. 1933), ›Offenbarung und Untergang‹ (lyr. Prosadichtungen, hg. 1947).

Trakt [lat.], 1. Gebäudeteil, Flügel; 2. Zug, Strang; Gesamtlänge (z. B. Darmtrakt).

Traktandengesetz, in der Politikwissenschaft und der Soziologie eine Gesetzmäßigkeit, nach der die Zahl der Tagesordnungspunkte (Traktanden) umgekehrt proportional zur Häufigkeit von Versammlungen, zur Zahl der Teilnehmer und zur Dauer einer Veranstaltung ist. Die erste Ableitung des T. besagt, daß die Zahl der Teilnehmer einer Versammlung mit zunehmender Dauer derselben immer geringer wird.

Traktat [lat.], schriftl. Behandlung eines religiösen, moral. oder wiss. Problems (Abhandlung); Streitschrift; abschätzig für eine tendenziöse Publikation.

Traktor [lat.-engl.], svw. → Schlepper.

Traktur [lat.], bei der → Orgel die Verbindung zw. den Tasten und dem Spiel- oder Tonventilen.

Traminer [nach dem Ort Tramin (italien. Tremeno)], seit rd. 1 500 Jahren am Oberrhein angebaute, sehr anspruchsvolle, mittelfrühe bis spätreife Rebsorte mit dichtbeerigen Trauben. Reine T. zählen zu den großen, duftigen Dessertweinen. Wegen seines geringen Säuregehaltes wird er oft mit Riesling verschnitten.

Tramp [trɛmp; engl.], umherziehender Gelegenheitsarbeiter.

Trampeltier → Kamele.

Trampolin [italien.], Sprunggerät für sportl., artist. Darbietungen; besteht aus einem Rohrrahmen, an dem mit Gummi- bzw. Stahlfedern ein aus Nylonbändern geflochtenes und vernähtes Sprungtuch angebracht ist. Die Elastizität des Sprungtuches erlaubt 5–6 m hohe Sprünge.

Trampschiffahrt [trɛmp], Seeschiffahrt auf nicht regelmäßig befahrenen Routen zw. [beliebig festzusetzenden] Häfen.

Tran, v. a. von Walen und Robben, z. T. auch von Fischen gewonnene, dickflüssige Öle. → Lebertran.

Trance ['trãːs(ə); lat.-engl.], Sammelbez. für eingeengte (schlafähnl.) Bewußtseinszustände wie etwa bei Benommenheit, Schlafwandeln, Hypnose, Ekstase oder meditativer Entrückung; verbunden mit nachfolgender Erinnerungslosigkeit.

Tranche ['trãːʃə; frz.], Teilbetrag einer Wertpapieremission, der entweder in gewissen Zeitabständen oder zu gleicher Zeit in verschiedenen Ländern aufgelegt wird.

tranchieren (transchieren) [trã'ʃiːrən; frz.], Wild und Geflügel sachgerecht zerlegen; Fleisch in Scheiben schneiden.

Tränen → Tränendrüsen.

Tränendes Herz (Herzblume, Frauenherz), Gatt. der Mohngewächse mit 17 Arten im westl. China und in N-Amerika; Stauden mit roten, gelben oder weißen Blüten; bekannteste Art ist *Flammendes Herz (Tränende Herzblume, Brennende Liebe;* herzförmige, meist rosafarbene hängende Blüten).

Tränendrüsen, Tränenflüssigkeit absondernde Drüsen bei Reptilien (außer Schlangen), Vögeln und Säugetieren. – Beim *Menschen* liegen die T. als etwa bohnengroßer Drüsenkomplex jeweils hinter dem äußeren, oberen Rand der Augenhöhlen. Das Sekret (tägl. Menge etwa 1–3 ml) ist wäßrig, schwach salzig (rd. 660 mg Natriumchlorid pro 100 ml) und in geringem Umfang eiweißhaltig; es wird über zahlr. Ausführgänge in die Bindehautfalte des oberen Augenlids ausgeschieden und dann mit Hilfe des Lidschlags über die Hornhaut des Auges (die dabei angefeuchtet und gereinigt wird) nach dem inneren Augenwinkel hin befördert. Von dort aus fließt die Tränenflüssigkeit über eine kleine Öffnung in die beiden zu einem unpaaren Gang zusammenlaufenden *Tränenkanälchen (Tränenröhrchen)* und dann in den *Tränensack* ab. Dieser bildet die Verlängerung des *Tränen-Nasen-Gangs,* der in den unteren Nasengang mündet. – Die

Tränendes Herz:
Flammendes Herz

Georg Trakl

Absonderung der Tränenflüssigkeit erfolgt unter nervaler Steuerung; sie kann unter psych. Einfluß (Schmerz, Trauer, Freude) so stark werden, daß die Tränenflüssigkeit (beim *Weinen*) in Form von *Tränen* über die Lidränder abläuft.

Tränenreizstoffe, meist leicht flüchtige chem. Substanzen (v. a. halogenierte Kohlenwasserstoffe), die zu einer starken Absonderung von Tränenflüssigkeit führen; z. B. *Tränengas* (u. a. α-Chloracetophenon, Benzylbromid). In der Küchenzwiebel ist Thiopropionaldehyd enthalten.

Trani, italien. Hafenstadt in Apulien, 45 800 E. Seebad. Roman. sind die Kathedrale (1197 ff.) und die Kirchen Ognissanti und San Francesco (beide 12. Jh.). – Seit etwa 500 Bischofssitz; im 12./13. Jh. ein Stützpunkt der stauf. Macht in Unteritalien.

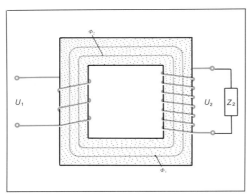

Transformator: Aufbau und Funktionsweise eines Einphasentransformators (schematisch); N_1, N_2 Windungszahlen; U_1, U_2 Klemmenspannungen der auf den Schenkeln des geschlossenen Eisenkerns befindlichen Primär- und Sekundärwicklung; I_1, I_2 Stromstärke der in den Wicklungen fließenden Ströme; Φ_1, Φ_2 die von ihnen induzierten magnetischen Flüsse; Z_2 Wechselstromwiderstand eines angeschlossenen Verbrauchers

Tranninhplateau [...pla‚to:] (Ebene der Tonkrüge), Hochland in N-Laos, am NW-Ende der Küstenkette von Annam.

Tranquilizer [engl. 'træŋkwɪlaɪzə; lat.-engl.] (Tranquillanzien, Ataraktika), Gruppe von Psychopharmaka mit vorwiegend dämpfender Wirkung, die zur Beseitigung nichtpsychot. Angst-, Spannungs- und Erregungszustände sowie der durch sie bedingten Schlafstörungen verwendet werden.

tranquillo [italien.], musikal. Vortragsbez.: ruhig.

trans..., Trans... [lat.], Vorsilbe mit der Bedeutung ›quer, durch – hindurch, hinüber, jenseits‹.

Transactinoide (Transaktinidenelemente), die auf das letzte Actinoid Lawrencium (Ordnungszahl 103) folgenden Elemente der Ordnungszahlen 104 bis 121, von denen bisher nur das Kurtschatovium (Ku; Ordnungszahl 104), das Hahnium (Ha; Ordnungszahl 105) sowie die Elemente 106 bis 110 in wenigen Atomen künstl. hergestellt werden konnten. Mit der Ordnungszahl 122 setzen die (hypothet.) *Superactinoide* ein.

Transaminasen [Kw.] (Aminotransferasen), Enzyme (Transferasen) in pflanzl. und tier. Geweben, die Aminogruppen übertragen.

Transaminierung, die Übertragung von Aminogruppen durch →Transaminasen; bed. für die Verknüpfung des Eiweißstoffwechsels mit dem Kohlenhydrat- bzw. mit dem Fettstoffwechsel.

Transaxle-Bauweise [engl. træns'æksəl; lat.-engl./dt.], Kfz-Konstruktion mit Frontmotor und

Getriebe an der Hinterachse (= Antriebsachse); dadurch wird eine gleichmäßigere Gewichtsverteilung auf Vorder- und Hinterachse erreicht.

Transcoder, Zusatzbauteil für Farbfernsehgeräte, der die Farbartsignale eines Systems (z. B. SECAM) in die eines anderen Systems (z. B. PAL) umwandelt und so mit einem Gerät den Empfang zweier nach unterschiedl. Normen arbeitender Farbfernsehsysteme ermöglicht.

Transdanubien, Bez. für das Gebiet Ungarns westlich der Donau.

Transfer [lat.-engl.], **1)** *Tourismus:* Überführung, z. B. vom Flugzeug zum Hafen oder Hotel.

2) *Wirtschaft:* Wertübertragung im zwischenstaatl. Zahlungsverkehr.

3) *Pädagogik:* (Lernübertragung, Mitlernen) die gegenseitige Beeinflussung von 2 oder mehreren Lernvorgängen, wenn diese ident. Elemente aufweisen oder die Übertragung von Einsichten und Methoden von einem auf andere Bereiche selbst geübt wird.

Transferasen [lat.], Sammelbez. für →Enzyme, die Molekülteile reversibel von einem Molekül auf ein anderes übertragen.

Transfereinkommen, Einkommen, die ein Empfänger ohne ökonom. Gegenleistung erhält, z. B. Stipendien für Studenten und Schüler, Kindergeld, karitative Leistungen der Kirchen, Sozialhilfe, Renten.

Transferstraße, Fertigungsstraße, bei der die Bearbeitung und Weitertransport des Werkstücks automatisch erfolgen (v. a. bei der Kfz-Montage).

Transfluxor [lat.], ein aus dem ringförmigen Ferritkern entwickeltes magnet. Schalt- bzw. Speicherelement (z. B. in elektron. Datenverarbeitungsanlagen), bei dem sich 4 verschiedene Zustände realisieren lassen.

Transformation [lat.], **1)** *allgemein:* svw. Umwandlung, Umformung, Umgestaltung.

2) *Mathematik:* eine Abbildung, die eine Menge auf sich bzw. in eine andere Menge abbildet (z. B. Koordinatentransformation).

Transformator [lat.] (Kurzwort Trafo; Umspanner), zu den elektr. Maschinen zählendes Gerät zur Erhöhung oder Herabsetzung der elektr. Spannung von Wechselströmen. Der *Einphasen-T.* besteht aus 2 Spulen, einer *Primärspule* oder -*wicklung* (Windungszahl N_1) und einer *Sekundärspule* oder -*wicklung* (Windungszahl N_2), die auf die Schenkel eines geschlossenen Eisenkerns (Joch) gewickelt sind *(Kerntransformator)*. Die Wirkungsweise des T. beruht auf der elektromagnet. Induktion: Der in der Primärspule fließende Wechselstrom (Primärstrom) induziert in der Sekundärspule eine Spannung im Verhältnis N_2/N_1 der Windungszahlen. In der Nachrichtentechnik heißt ein T. *Übertrager,* in der Meßtechnik *Meßwandler*; in der Starkstromtechnik werden vorwiegend *Drehstrom-T.* verwendet.

Transfusion [lat.], **1)** *Chemie:* die Diffusion von Gasen durch eine poröse Scheidewand.

2) *Medizin:* svw. →Bluttransfusion.

transgene Organismen, gentechnisch veränderte Organismen, die in jeder ihrer Zellen ein neues, fremdes Gen tragen, so daß man dessen Funktion in jeder zellulären Umgebung untersuchen kann.

Transgression [lat.], Vordringen eines Meeres auf das Festland.

Transhimalaja →Himalaja.

Transistor [Kw. aus engl. **transfer resistor** ›Übertragungswiderstand‹], Halbleiterbauelement, das elektr. Ströme und Spannungen verstärken und als Steuer- und Schaltelement dienen kann. Die *bipolaren T.* bestehen jeweils aus 3 verschieden dotierten, wenige μm dicken elektronen- (n-) bzw. löcher-(p-)leitenden Bereichen eines Halbleitereinkristalls (aus Silicium, Germanium oder Galliumarsenid) mit zwei dazwischen befindlichen p-n-Übergängen, wobei je nach Anordnung der Bereiche ein *npn-Transistor* oder ein *pnp-Transistor* vorliegt. Man bezeichnet die beiden äußeren Bereiche gleichen Leitungstyps als *Emitter[zone]* und *Kollektor[zone]*, den sehr dünnen Bereich vom anderen Leitungstyp als *Basis[zone];* die entsprechenden Anschlüsse werden auch kurz als *Emitter, Kollektor* und *Basis* bezeichnet. – Bei entgegengesetzter Polung von Emitter-Basis- und Kollektor-Basis-Spannung sind die beiden p-n-Übergänge in *Durchlaßrichtung* oder – bei Umkehr beider Spannungen – in *Sperrichtung* gepolt, d. h., der T. kann als Schalter wirken. Eine Verstärkerwirkung läßt sich bei Bipolar-T. durch folgende drei Verstärkerschaltungen *(T.grundschaltungen)* erreichen: 1. die *Emitterschaltung* bewirkt bei einer kleinen Spannungsänderung im Emitter-Basis-Kreis eine sehr viel größere Spannungsänderung am Arbeitswiderstand in der Kollektorzuleitung (bis zu 10^3-fache Spannungsverstärkung); 2. die *Basisschaltung* wird zur Spannungsverstärkung (10^4- bis 10^5-fach) in Hochfrequenzschaltungen verwendet; 3. die *Kollektorschaltung* dient häufig als Impedanzwandlerschaltung; sie ermöglicht eine Stromverstärkung, aber keine Spannungsverstärkung. – Der mit Hilfe der *Planartechnik* (abwechselndes Ätzen und Aufdampfen unterschiedl. leitender Schichten) hergestellte *Planar-T.* ist eine sehr stabiler bipolarer T.; damit er durch eine kleine Kollektor-Basis-Kapazität auch gute HF-Eigenschaften hat, wird auf ein niederohmiges Grundscheibchen eine hochohmige Schicht aufgebracht *(Epitaxial-Planartransistor).*

Bei den *unipolaren T.* ist nur eine Ladungsträgerart am Verstärkermechanismus beteiligt; der Stromfluß wird allein von den Majoritätsträgern besorgt und mit Hilfe eines elektr. Feldes *(Feldeffekt-T.; Abk. FET)* gesteuert, dessen Feldlinien quer zur Stromrichtung verlaufen. Die Emitter und Kollektor [bei einem bipolaren T.] entsprechenden Anschlüsse werden hier als *Quelle (Source, s-Pol)* und *Senke (Drain, d-Pol),* die Steuerelektrode als *Tor (Gate, g-Pol)* bezeichnet. Die drei Grundschaltungen bezeichnet man als *Source-, Gate-* und *Drain-Schaltung.* – Die Ausführungsformen des unipolaren T. unterscheiden sich folgendermaßen: Beim *Sperrschicht-* oder *Junktion-Feldeffekt-T.* (Abk. *SFET* oder *JFET*) wird der Stromkanal zw. Quelle und Senke mit Hilfe der Sperrschichten zw. dem Kanal und dem umgebenden Material verändert und damit der Stromfluß gesteuert. Beim *Oberflächen-FET* ist die metall. Steuerelektrode vom dotierten Halbleitereinkristall durch eine Isolatorschicht, meist eine Siliciumdioxidschicht, getrennt; entsprechend heißen diese T. *MOS-Feldeffekt-T.* (*MOSFET;* MOS, Abk. für engl. **m**etall **o**xid **s**ilicon).

Transit [lat.], Durchfuhr von Waren und Beförderung von Personen von einem Staat in einen anderen durch das Hoheitsgebiet eines dritten Staates.

transitiv [lat.], Bez. für Verben, die in einem Satz ein direktes Objekt (normalerweise im Akkusativ) regieren, z. B. *ich schreibe einen Brief.* – Ggs. → intransitiv.

transitorische Aktiva, Rechnungsabgrenzungsposten in der Bilanz für Ausgaben des alten Geschäftsjahres, die bei der Bilanzierung der folgenden Rechnungsperiode zuzurechnen sind.

Transjordanien, der östlich des Jordan gelegene Teil Jordaniens.

Transkarpatien, Gebiet in der Ukraine, am Oberlauf der Theiß, 12 800 km², 1,2 Mio. E, Hauptstadt Uschgorod. – Kam 1919 als autonomes Gebiet Karpato-Rußland zur ČSR (1938 Bundesland). Im Nov. 1938 erhielt Ungarn den südl. Teil, im Juni 1939 ganz T.; im Juni 1945 trat die wiederhergestellte ČSR das Gebiet an die Sowjetunion ab.

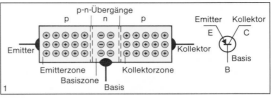

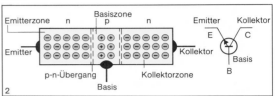

Transistor: Schema und Schaltsymbol eines pnp-Transistors (1) und eines npn-Transistors (2)

Transkaukasien, Teil Kaukasiens südlich des Großen Kaukasus, Armenien, Aserbaidschan, Georgien.

Transkaukasische SFSR, 1922–36 Sowjetrepublik in Transkaukasien, Zusammenschluß der Sowjetrepubliken Armenien, Aserbaidschan und Grusinien, die 1936 jeweils den Status einer SSR erhielten.

Transkei, aus 3 Teilgebieten bestehendes ehem. Heimatland der Xhosa, 43 798 km², 2,88 Mio. E, Hauptstadt Umtata. – 1963 innere Selbstverwaltung; 1976 als erstes Bantuheimatland von Südafrika formal unabhängig, bisher jedoch von keinem Staat außer Südafrika anerkannt. 1978 brach T. die diplomat. Beziehungen zu Südafrika wegen territorialer und rassenpolit. Streitigkeiten ab.

Transkription [lat.], 1) i. w. S. jede Übertragung einer Schrift in eine andere (z. B. eine phonet. Umschrift: König ['kø:nɪç]), i. e. S. die Wiedergabe von Texten in fremder Schrift mit lautlich ungefähr entsprechenden Zeichen der eigenen Schrift. → Transliteration.

2) *Musik:* die Bearbeitung eines Musikstücks für eine andere als die ursprüngliche Besetzung.

Translation [lat.], geradlinig fortschreitende Bewegung eines Körpers.

Transleithanien, inoffizielle Bez. für die ungar. Reichshälfte Österreich-Ungarns (östl. der Leitha).

Transliteration [lat.], buchstabengetreue Umsetzung eines in einer Buchstabenschrift geschriebenen Textes in eine andere Buchstabenschrift, evtl. unter Verwendung diakrit. Zeichen, so daß der Text mit Hilfe einer T.tabelle korrekt in die Originalschrift zurückübertragen werden kann. → Transkription.

Transmission [lat.], 1) *Technik:* Vorrichtung zur Kraftübertragung von einer Antriebsmaschine auf mehrere Arbeitsmaschinen (Gruppenantrieb), bestehend aus Wellen mit Riemenscheiben, über die Treibriemen laufen.

2) *Physik:* Durchgang von [Licht]strahlen durch ein Medium ohne Frequenzänderung.

Transmissionsgrad [lat.] (Durchlässigkeit), in der *Optik* das Verhältnis von hindurchgelassener zu der auf das transparente Medium auftreffenden Lichtintensität; der Kehrwert wird als *Opazität* bezeichnet.

Transmissometer [lat./griech.], Gerät zur Messung der Transmission (Lichtdurchlässigkeit) der Atmosphäre bzw. zur Ermittlung der Sichtweite auf Flughäfen.

Transmitter [lat.-engl.], allg. svw. Übertrager, Übertragungsmittel bzw. -anlage; auch Sender, Sendestation.

Transoxanien → Buchara.

Transparent [lat.-frz.], [öffentlich angebrachtes, mitgeführtes] Spruchband.

Transparentapfel (Klarapfel) → Äpfel.

Transparenz [lat.], Durchsichtigkeit, [Licht]durchlässigkeit; Klarheit, Durchschaubarkeit.

Transphosphatasen (Phosphokinasen) → Phosphomutasen.

Transpiration [lat.], bei *Pflanzen* die physikalisch und physiologisch gesteuerte Abgabe von Wasserdampf (Verdunstung) durch oberird. Organe (Spaltöffnungen auf den Blattunterseiten) als Schutz gegen Überhitzung bei starker Sonneneinstrahlung; kann bei Bäumen bis 50 *l,* maximal bei starker Sonneneinstrahlung bis 400 *l,* bei Kräutern bis etwa 1 *l* pro Tag betragen. – Bei Tieren und Menschen →Schweißsekretion.

Transplantation [lat.], operative Übertragung von Zellen, Geweben *(Gewebsverpflanzung)* oder Organen *(Organ-T.)* innerhalb eines Organismus *(Auto-T.)* oder von einem Organismus auf den anderen. Die Auto-T. findet breite Anwendung z. B. bei der Übertragung von Haut, Nervenfasern und Gefäßen. Die *Homo-T.* (vom Menschen auf den Menschen) wird bei der Übertragung von Blutkonserven, Hornhauttransplantaten, konservierten Blutgefäßen und Knochen sowie schließl. bei der Übertragung ganzer Organe angewendet. Dabei waren T. von Nieren am erfolgreichsten, auch Empfänger von fremden Herzen überlebten mehrere Jahre, während Versuche von Leber-T. bislang am wenigsten Erfolg hatten. Die Erfolge einer T. hängen von der Gewebsverträglichkeit zw. Spender und Empfänger ab. Diese ist am größten, je enger die genet. Verwandtschaft ist. Bei Gewebsunverträglichkeit kommt es zur Abstoßung des Transplantats.

Transpluto, ein möglicherweise existierender Planet jenseits der Plutobahn.

Transponder [Kw. aus lat.-engl. **trans**mitter (›Sender‹) und res**ponder** (›Antwortgeber‹)] (Abfragegerät, -funkfeuer, Antwortgerät, -funkfeuer), aus einem Funkempfänger und einem ihm nachgeschalteten Sender bestehende nachrichtentechn. Anlage, die Funksignale einer Sendestation aufnimmt, verstärkt und mit veränderter Trägerfrequenz wieder abstrahlt.

transponieren [lat.], ein Musikstück in eine andere Tonart versetzen (unter Beibehaltung von Intervallfolge, Rhythmus und Metrum).

transponierende Instrumente, [Blas]instrumente, die in der Partitur in anderer Tonhöhe notiert werden als sie erklingen. Dabei wird die Naturskala des Instruments, z. B. der Klarinette in A, als C-Dur notiert. T. I. sind u. a. Englischhorn, Waldhorn, Kornett und Flügelhorn. Es gibt auch Oktavtranspositionen, z. B. für Piccoloflöte und Kontrabaß.

Transportgefährdung, Beeinträchtigung der Sicherheit des Schienenbahn-, Schwebebahn-, Schiffs- oder Luftverkehrs, z. B. durch Zerstörung oder Beschädigung der Anlagen, Errichtung von Hindernissen; mit Freiheitsstrafe bis zu 5 Jahren oder Geldstrafe bedroht.

Transportschnecke, svw. Schneckenförderer (→ Fördermittel).

Transputer [...'pju:tə, engl.], Mikroprozessoren mit eigenem Arbeitsspeicher, die durch spezielle Kanäle miteinander kommunizieren können. Der Aufbau von T.-Netzwerken ermöglicht eine parallele Datenverarbeitung.

Transrapid, in der BR Deutschland entwickelte, für Geschwindigkeiten bis 500 km/h ausgelegte Magnetschwebebahn. Versuchsanlage im Emsland.

Transsexualismus [lat.], psych. Identifizierung mit dem Geschlecht, das dem eigenen körperl. Geschlecht entgegengesetzt ist (→Geschlechtsumwandlung).

Transsexuellengesetz, Bundesgesetz vom 10. 9. 1980, das Personen, die sich seit mehr als 3 Jahren als dem anderen Geschlecht zugehörig empfinden, ermöglicht, beim Amtsgericht eine Änderung ihres Vornamens zu erreichen. Ebenfalls nach dem T. erfolgt die gerichtl. Feststellung der Geschlechtszugehörigkeit nach einer operativen Geschlechtsumwandlung.

Transsibirische Eisenbahn (Transsib), 9 300 km lange Eisenbahnlinie in Rußland zw. Moskau und Wladiwostok; erbaut 1891–1916, Fahrtdauer für Personenzüge 7 Tage; entlastet wird die T. E. durch die neue →Baikal-Amur-Magistrale.

Transsilvanien →Siebenbürgen.

Transsubstantiation [mittellat.], in der kath. Theologie eine seit dem 12. Jh. gebräuchl. Bez. für die Lehre von der Realpräsenz des ganzen und ungeteilten Christus in der Eucharistie in den beiden Gestalten von Brot und Wein, nach der in der Messe im Glauben die Substanz von Brot und Wein durch *Konsekration* in die von Leib und Blut Christi ›verwandelt‹ wird. Die *Reformatoren* sprechen statt von T. von →Konsubstantiation.

Transurane, die im Periodensystem der chem. Elemente auf das Uran (Ordnungszahl 92) folgenden, stets radioaktiven Elemente, von denen nur einige Nuklide der Elemente Neptunium, Plutonium, Americium und Curium in geringsten Mengen natürlich vorkommen. In wachsendem Maß werden T. in der Technik verwendet, z. B. das Plutoniumisotop Pu 239 als Kernbrennstoff und Pu 238 als Energiequelle von Nuklidbatterien und Herzschrittmachern. Die T. bis zum Lawrencium (Ordnungszahl 103) bilden mit den Elementen Thorium, Protactinium und Uran die Gruppe der →Actinoide; die folgenden Elemente heißen →Transactinoide.

Transvaal, Prov. im NO der Republik Südafrika, 262 499 km², 7,53 Mio. E, Hauptstadt Pretoria.

Transversale [lat.] (Treffgerade, Sekante), eine Gerade, die eine geometr. Figur schneidet.

Transvestismus (Transvestitismus) [lat.], das Bedürfnis, Kleider und Verhalten des anderen Geschlechts anzunehmen; Spielart des →Fetischismus, überwiegend bei heterosexuell orientierten Männern *(Transvestiten).*

Trans World Airlines Inc. [engl. 'trænz 'wə:ld 'εəlaɪnz ɪn'kɔ:pəreɪtɪd], Abk. TWA, amerikan. Luftverkehrsgesellschaft, Sitz Kansas City, gegr. 1926.

transzendent [lat.], die Grenzen der Erfahrung und der sinnlich erkennbaren Welt überschreitend; in der *Mathematik* svw. nicht algebraisch.

transzendental [lat.], 1. in der [neu]scholast. Philosophie (oft auch *transzendent*) im Sinne von überschreitend in bezug auf der Grenzen der Kategorien, Gattungs- und Artbestimmungen gebraucht; 2. bei Kant dasjenige, was der Erfahrung als apriorische Bedingung einer mögl. Erkenntnis vorausgeht, diese also nicht überschreitet.

Transzendentale Meditation, Abk. TM, aus dem Hinduismus hervorgegangene, von dem ind. Mönch Maharischi Mahesch Jogi 1958 in Madras gegr. Meditationsbewegung. Mit Hilfe einer Meditationssilbe (›Mantra‹) sollen höhere Bewußtseinszustände sowie eine Steigerung der Lebensmöglichkeiten erreicht werden.

Transzendentalphilosophie, bei Kant eine erkenntniskrit. Wiss., die ›aller Metaphysik notwendig vorhergeht‹ und die die apriorischen Bedingungen untersucht, die – unabhängig von aller Erfahrung – Erkenntnis von Gegenständen ermöglichen.

transzendente Zahl, Zahl, die sich nicht als Lösung einer algebraischen Gleichung darstellen läßt, z. B. die Zahl e = 2,71828... (Basis der natürl. Logarithmen) und die Ludolphsche Zahl π = 3,14159... (→ Pi).

Transzendentien, svw. →Transzendentalien.

Transzendenz [lat.], im Ggs. zur →Immanenz das jenseits des Bereichs der (sinnl.) Erfahrung und ihrer Gegenstände Liegende.

Traoré, Moussa [frz. traoˈre], * Kayes 25. 9. 1936, malischer Politiker. Von 1968 bis zu seinem Sturz im Mai 1991 Staatspräsident.

Träuschling: Grünspanträuschling

Trapani, italien. Prov.hauptstadt in NW-Sizilien, 73 100 E. Salinen, Weinkellereien, Schiffbau. Barocke Kathedrale (17./18. Jh.), gotisch sind die Kirchen Sant'Agostino und die Wallfahrtskirche Santuario dell'Annunziata (barockisiert).

Trapez [griech.], 1) *Geometrie:* ein ebenes Viereck mit zwei parallelen, aber nicht gleich langen Seiten. 2) *Sport:* (Schaukelreck) Turngerät für Schwungübungen.

Trapezunt →Trabzon.

Trappen (Otididae), mit den Kranichen nah verwandte Fam. etwa haushuhn- bis truthahngroßer Bodenvögel (Standhöhe 30 bis 110 cm) mit über 20 Arten, v. a. in ausgedehnten Feldern, Steppen und Halbwüsten Eurasiens und Afrikas (eine Art in Australien); u. a.: *Groß-T.,* bis 100 cm lang, in Eurasien; *Riesen-T.* (Koritrappe), bis 130 cm lang, in den Steppen O- und S-Afrikas; *Zwerg-T.,* etwa 30 cm lang, in den Mittelmeerländern, O-Europa und W-Asien.

Trapper [engl.], Bez. für einen nordamerikan. Fallensteller oder Pelztierjäger.

Trappisten (Zisterzienser der strengen Observanz, Reformierte Zisterzienser; lat. Ordo Cisterciensium Reformatorum seu Strictioris Observantiae, Abk. OCR und OCSO), Angehörige des 1664 im Kloster La Trappe (bei Alençon) von Jean Le Bouthillier de Rancé (* 1626, † 1700) gegr. Reformzweigs der Zisterzienser, der in strengster Askese, absolutem Stillschweigen und tägl. Feldarbeit lebt; 1892 endgültige Abtrennung vom Zisterzienserorden. – Seit 1689 weibl. Zweig **(Trappistinnen).**

Trapschießen [engl./dt.] →Schießsport.

Trasimenischer See, mit 128 km² größter See auf der Apenninenhalbinsel, westlich von Perugia. – 217 v. Chr. besiegte hier Hannibal die Römer.

Trassant [lat.-italien.], Aussteller eines gezogenen Wechsels.

Trassat [lat.-italien.], Bezogener eines gezogenen Wechsels.

Trasse [lat.-frz.], geplante Linienführung eines Verkehrsweges, einer Versorgungsleitung u. a.; **Trassierung,** die Festlegung einer T., ist wesentl. Teil der Bauvorarbeiten.

Trastámara (Burgund-T.) →Burgund.

Tratte [lat.-italien.], gezogener Wechsel, im kaufmänn. Sprachgebrauch meist für einen [noch] nicht akzeptierten Wechsel.

Traube, 1) →Blütenstand.
2) gemeinsprachl. Bez. für den Fruchtstand der Weinrebe, der morphologisch jedoch eine Rispe ist.

Traubenhyazinthe (Träubelhyazinthe), Gatt. der Liliengewächse mit rd. 50 Arten im Mittelmeergebiet (einige Arten in Deutschland eingebürgert); Zwiebelpflanzen mit in Trauben stehenden Blüten; Gartenzierpflanzen.

Traubenkirsche (Ahlkirsche), im gemäßigten Eurasien heim. Rosengewächs; Strauch oder kleiner Baum mit wohlriechenden, weißen Blüten in überhängenden Trauben.

Traubenwickler, Bez. für zwei Schmetterlingsarten der Fam. Wickler; ihre Raupen fressen als *Heuwürmer* an Knospen und Blüten, als *Sauerwürmer* an Beeren eingesponnener Trauben der Weinstöcke.

Traubenzucker, svw. →Glucose.

Trauerente →Meerenten.

Trauerflor (Flor), schwarzes Band am Mantelärmel, Hut oder Anzugsaufschlag sowie an einer Fahne oder Flagge.

Trauermantel, etwa 8 cm spannender Tagschmetterling in Eurasien und N-Amerika; Flügel oberseits samtig braunschwarz mit gelbem bis weißem Außenrand, davor eine Reihe hellblauer Flecke; Dornraupen schwarz mit roten Rückenflecken, gesellig an Weiden und Birken.

Trauermücken (Lycoriidae), weltweit verbreitete, über 500 Arten umfassende Fam. kleiner, meist schwärzl. Mücken an feuchten, schattigen Orten; Larven führen z. T Massenwanderungen aus *(Heerwurm).*

Trauerschnäpper →Fliegenschnäpper.

Trauerspiel →Drama.

Trauerweide →Weide.

Traufe, die untere Kante eines schrägen Daches; aus der Dachrinne abfließendes Regenwasser.

Traugespräch, Bez. für den Brautunterricht der ev. Kirchen; entspricht dem kath. →Brautexamen.

Traum, i. e. S. Bez. für Phantasieerlebnisse vorwiegend opt. und akust. Art während des Schlafs; i. w. S. Bez. für etwas Unwirkliches oder Ersehntes bzw. für etwas eigtl. unvorstellbar Großartiges. – Neuere Untersuchungen belegen, daß alle Menschen und auch höherentwickelte Tiere träumen: Besonderheiten des T. (im Unterschied zum Wachbewußtsein) sind: Vorherrschen des Emotionalen, mangelnde Scheidung zw. Umwelt und Ich, unklare Zeit- und Ortsbegriffe, assoziatives Denken und mehr- bzw. vieldeutige Bilder als T.inhalte.
Älteste Zeugnisse der *T.deutung* sind ägypt. Papyri aus der Zeit um 2000 v. Chr. In der Antike (z. B. AT, Homer) galten T. als göttl., gelegentlich auch als dämon. Eingebungen, die insbes. als Weissagung für die Zukunft ausgelegt wurden. – Die moderne *T.forschung* leitete S. Freud ein; nach ihm wird der T. durch drei Elemente gebildet: nächtl. Sinneseindrücke, Tagesreste (Gedanken und Vorstellungen, die mit dem aktuellen Tagesgeschehen zusammenhängen) und ›Verdrängtes‹; letzteres ist nach Freud entscheidend. – Wichtigste Ergebnisse der empir.-biolog. T.forschung sind: Jeder Mensch träumt, und zwar meist drei- bis sechsmal pro Nacht in Phasen von 5 bis 40 Minuten. Beim T. treten Augenbewegungen (REM-Phase des →Schlafs), leichte Muskelspannungen, unregelmäßiges Atmen und sexuelle Erregungen auf; mehr als 50 % aller T. enthalten Auszüge aus dem Vortag (›Tagesreste‹).

Trauma [griech.] (Verletzung), 1. durch plötzl. äußere Einwirkung auf den Organismus entstehender körperl. Schaden; 2. starke seel. Erschütterung, die im Unbewußten noch lange wirksam ist.

Traun, rechter Nebenfluß der Donau, mündet bei Linz, 153 km lang.

Traunsee, See im oberösterr. Salzkammergut, 24,5 km².

Traunstein, Kreisstadt im Vorland der Chiemgauer Alpen, Bayern, 16 900 E. Barocke Pfarrkirche

Traubenwickler: Sauerwurm

Sankt Oswald (17. Jh.), frühbarocke Salinenkapelle (1630).

Träuschling, Lamellenpilz-Gatt. mit über 10 einheim. Arten, darunter der *Riesen-T.* (Hut gelb bis rötlich-braun, bis 25 cm breit, auf moderndem Laub oder Stroh; Speisepilz) und der häufige und auffällige, eßbare *Grünspan-T.* (in lichten Wäldern). – Abb. S. 463.

Trautonium, eines der ersten und histor. wichtigsten →elektronischen Musikinstrumente, vor 1930 von dem dt. Ingenieur Friedrich Trautwein [* 1888, † 1956] konstruiert.

Trauzeuge, der Zeuge bei der Eheschließung; T. sollen volljährig, eidesfähig und im Besitz der bürgerl. Ehrenrechte sein.

Travée [tra've:; frz.], svw. Gewölbejoch (→Joch).

Travellerscheck ['trɛvələr], svw. →Reisescheck.

Travemünde →Lübeck.

Traven, B., * Chicago (?) 3. 5. 1890 (?), † Mexiko 26. 3. 1969, Schriftsteller. Starb unter dem Namen B. T. Torsvan alias Hal Croves; vielleicht identisch mit einem unter dem Pseud. *Ret Marut* 1908–15 in München tätigen Theaterschauspieler und Regisseur. Marut war Mgl. der 1. bayer. Räteregierung in München; danach Flucht nach Mexiko. Schrieb sozialkrit. Romane; u. a. ›Das Totenschiff‹ (1926), ›Der Schatz der Sierra Madre‹ (1927), ›Die Rebellion der Gehenkten‹ (1936).

Travers, Pamela [engl. 'trævəz], * in Queensland (Australien) 1906, engl. Jugendschriftstellerin austral. Herkunft. Verfasserin der phantast.-humorvollen Kinderbuchserie um Mary Poppins.

Travers [tra'vɛːr, tra'vɛrs; lat.-frz.], Bez. für den Seitengang des Pferdes im Dressurreiten.

Traverse [lat.-frz.], in der Technik Bez. für einen quer [zum Hauptteil] verlaufenden Bauteil, z. B. einen Querträger.

Traversflöte, svw. →Querflöte.

Travertin →Kalktuff.

Travestie [lat.-frz.-engl.], literar. Genre, das die Verspottung eines bekannten literar. Werkes durch Wiedergabe seines Inhalts in grob veränderter Stillage intendiert; mit der →Parodie verwandt.

Trawl [engl. trɔ:l] →Schleppnetz.

Trawler [engl. 'trɔ:lə] →Fischerei.

Treasury [engl. 'trɛʒəri; frz.-engl.], Bez. für das brit. Finanzministerium. Seit Mitte des 18. Jh. selbständiges Ministerium unter dem Chancellor of the Exchequer. Den Titel **First Lord of the Treasury** führt traditionsgemäß der brit. Premierminister.

Treatment [engl. 'tri:tmənt; lat.-engl.] →Drehbuch.

Treble [engl. trɛbl], Diskant, hoher Ton, in der Rundfunktechnik Bez. für den Klangfarberegler im Hochtonbereich.

Treblinka, poln. Ort am Bug, in der Woiwodschaft Ostrołęka; im 1942 von der SS errichteten Vernichtungslager von T. wurden bis Okt. 1943 (Zerstörung durch die SS) zw. 700 000 und 900 000 v. a. poln. Juden (mehr als 300 000 aus dem Warschauer Ghetto) ermordet.

Treck [niederdt.], Zug, Auszug; bes. die Auswanderungszüge der Buren aus der Kapkolonie seit 1835 *(Großer T.);* auch Bez. für die nach W führenden Züge der nordamerikan. Siedler sowie für die Flüchtlingszüge aus dem O Deutschlands gegen Ende des 2. Weltkriegs und danach.

Trecker [niederdt.], svw. →Schlepper.

trefe, svw. →treife.

Treff [frz.] →Spielkarten.

Treffgerade, svw. →Transversale.

Trefulka, Jan, * Brünn 15. 5. 1929, tschech. Schriftsteller und Literaturkritiker. Hatte ab 1969 Publikationsverbot; schreibt Erzählungen und Romane (u. a. ›Der verliebte Narr‹, 1978).

Treibarbeit (getriebene Arbeit), Technik der Goldschmiedekunst, bei der die Form aus dem Gold- und Silberblech (auch Kupfer, Messing, Bronze) herausgetrieben wird; die ganze Hohlform wird über einem Pechblock o. ä. aufgezogen, die Festigkeit verleihenden Reliefs über dem Amboß gehämmert. T. waren in Mykene (Goldmasken), Ägypten wie in der Hallstattkultur, bei den Skythen wie in der antiken Metallbearbeitung verbreitet. Im MA wurde insbes. liturg. Gerät in dieser Technik hergestellt.

Treibeis, auf Flüssen, Seen oder dem Meer driftende Eisschollen.

Treibgase, 1) brennbare Gase zum Antrieb von Verbrennungsmotoren.

2) →Spray.

Treibhaus, heizbares →Gewächshaus.

Treibhauseffekt, in Treibhäusern zur Temperaturerhöhung ausgenutzte Erscheinung, daß normales Glas zwar die energiereiche UV-Strahlung der Sonne passieren läßt, nicht jedoch Wärmestrahlung (Infrarotstrahlung). Die in Wärmeenergie umgewandelte UV-Strahlung führt deshalb in dem betreffenden Raum zur Temperaturerhöhung. – In der Erdatmosphäre bewirken v. a. die Kohlendioxidmoleküle einen vergleichbaren Temperaturanstieg, weil sie die Rückstrahlung der eingestrahlten Sonnenenergie in den Weltraum behindern (ohne den T. würde die mittlere Temperatur auf der Erde bei etwa $-31\,°C$ liegen). Die im Verlauf der industriellen Entwicklung ständig gestiegene Emission von Kohlendioxid (CO_2) und der weltweit angestiegene Energieverbrauch führen zu einem Anstieg des CO_2 in der Atmosphäre, aus dem eine Erhöhung der mittleren globalen Durchschnittstemperatur resultieren könnte.

Treibjagd, *Jägersprache:* eine Jagdart, bei der das Wild v. a. durch Hilfspersonen *(Treiber)* aufgescheucht und den Schützen zugetrieben wird.

Treibmittel (Treibgase), **1)** gasförmige oder sich zu gasförmigen Substanzen zersetzende Stoffe, die bei der Herstellung von Schaumstoffen zugegeben werden.

2) svw. →Triebmittel zur Teiglockerung.

3) svw. Schießmittel (→Sprengstoffe).

Treibsand (Mahlsand), in der Meeresströmung leicht bewegl. Feinsand an Flachküsten.

treideln [lat.] →Leinpfad.

treife (trefe) [hebr.-jüd.], unrein, verboten; bezieht sich im Judentum auf jede rituell unreine und deswegen verbotene Speise. – Ggs. →koscher.

Treitschke, Heinrich v., * Dresden 15. 9. 1834, † Berlin 28. 4. 1896, dt. Historiker und polit. Publizist. Prof. in Freiburg i. B., Kiel, Heidelberg und Berlin; 1886 Historiograph des preuß. Staates; 1858–63 Mitarbeiter und 1866–89 Redakteur der Preuß. Jahrbücher; 1871–84 MdR (Gegner des Sozialismus). Für das Kaiserreich forderte T. die Stärkung der obrigkeitsstaatl. Regierung gegenüber dem Parlament und eine aggressive Weltpolitik mit kolonialen Erwerbungen. Schrieb u. a. die unvollendete ›Dt. Geschichte im 19. Jh.‹ (1879).

Trema [griech.], Bez. für zwei Punkte, die nebeneinander als diakrit. Zeichen über einem Buchstaben stehen, oft um anzugeben, daß zwei Vokale getrennt zu sprechen sind, z. B. Zaïre [za'i:r(ə)].

Tremolo [italien.], bei Musikinstrumenten das schnelle Wiederholen eines Tones. Beim Gesang bedeutet T. im Unterschied zu →Vibrato Intensitätsschwankungen der Stimme ohne Tonhöhenveränderung.

Tremor [lat.] (Zittern), durch rasch aufeinanderfolgende Kontraktionen antagonist. (gegensinnig wirkender) Muskeln (bzw. Muskelgruppen) hervorgerufene schnelle Bewegungen einzelner Körperteile; u. a. bei Kälte, als Folge von Nervenkrankheiten (z. B.

multiple Sklerose, Parkinson-Krankheit), ferner bei Vergiftungen und bei psych. Belastungen.

Trenchcoat [engl. 'trɛntʃkoʊt], zweireihiger [Regen]mantel.

Trenck, 1) Franz Freiherr von der, * Reggio di Calabria 1. 1. 1711, † auf dem Spielberg bei Brünn 4. 10. 1749, österr. Offizier preuß. Herkunft. 1746 von einem österr. Kriegsgericht wegen der Grausamkeit seines Reiterkorps (Panduren) im 1. und 2. Schles. Krieg zum Tode verurteilt, dann zu lebenslängl. Haft begnadigt.
2) Friedrich Freiherr von der, * Königsberg (Pr) 16. 2. 1726, † Paris 25. 7. 1794, preuß. Offizier und Abenteurer. Vetter von Franz Frhr. v. d. Trenck. Als Ordonnanzoffizier Friedrichs d. Gr. 1745 wahrscheinlich wegen Spionage auf die Festung Glatz inhaftiert. 1754–63 nochmals inhaftiert; 1794 in Paris als österr. Spion hingerichtet.

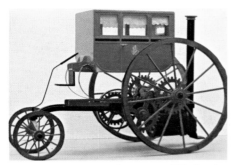

Richard Trevithick: Dampfwagen; um 1800 (London, Science Museum)

Trend [engl.], Grundrichtung einer sich über längere Zeiträume erstreckenden (statistisch erfaßten) Entwicklung.

Trenker, Luis, * Sankt Ulrich (Südtirol) 4. 10. 1892, † Bozen 13. 4. 1990, Filmschauspieler, -regisseur und Schriftsteller. Bekannt v. a. durch sog. Bergfilme: u. a. ›Der Rebell‹ (1932), ›Der verlorene Sohn‹ (1934), ›Sein bester Freund‹ (1962); auch Reportage- und Fernsehfilme, Romane und Erzählungen.

Trennschärfe (Selektivität), bei Funkempfängern insbes. die für einen ungestörten Empfang nötige Unterdrückung von Frequenzen, die der eingestellten Empfangsfrequenz benachbart sind.

Trennungsentschädigung, Ausgleich für Mehrkosten, die einem Arbeitnehmer dadurch entstehen, daß er aus dienstl. Gründen nicht bei seiner Familie wohnen kann.

Trennung von Tisch und Bett, nach *röm.-kath. Kirchenrecht* Bez. für die Aufhebung der ehel. Lebensgemeinschaft, durch die jedoch die Ehe nicht gelöst wird.

Trense [span.-niederl.] → Zaum.

Trentino-Südtirol, norditalien. autonome Region in den Z- und S-Alpen, 13 619 km², 884 200 E, Hauptstadt Trient. – Zur Geschichte → Südtirol.

Trenton [engl. trɛntn], Hauptstadt des Bundesstaates New Jersey (seit 1790), USA, am Delaware River, 92 100 E. U. a. Motorfahrzeug-, Maschinenbau; Hafen.

Treponemen [griech.], Bakterien; in Säugetieren parasitierende Erreger u. a. von Syphilis.

Trepper, Leopold, * Nowy Targ 23. 2. 1904, † Jerusalem 19. 1. 1982, poln. Widerstandskämpfer. Aus jüd. Familie; seit 1936 im sowjet. Geheimdienst, baute in W-Europa ein Agentennetz auf; leitete mit diesem die wichtigste Organisation der sowjet.

Geheimdienstes; 1947 in Moskau zu 15 Jahren Haft verurteilt; 1954 rehabilitiert; durfte 1973 von Polen (seit 1957) nach Israel ausreisen.

Tresckow, Henning von [...ko], * Magdeburg 10. 1. 1901, † bei Ostrów Mazowiecka 21. 7. 1944 (Selbstmord), dt. General (seit 1944) und Widerstandskämpfer. Nach mehreren fehlgeschlagenen Attentatsversuchen seiner Widerstandsgruppe auf Hitler 1943/44 mit Stauffenberg führend an der Planung für den Umsturz beteiligt.

Tresor [griech.-frz.], aus Stahlblech bzw. Panzerstahl *(Panzerschrank),* oft mit Doppelwand und einer Zwischenschicht aus Beton oder Hartklinker hergestellter, mit Sicherheitsschlössern (z. B. Kombinations- oder Zeitschlössern), oft auch mit elektr. Alarmvorrichtungen versehener Stahlschrank zur diebstahlsicheren und feuerfesten Aufbewahrung von Geld *(Geldschrank),* Wertsachen, Dokumenten u. a.; ein getrennt verschließbares Fach innerhalb eines T.raums wird als *Safe* oder *Schließfach* bezeichnet (z. B. zur Aufbewahrung von Wertgegenständen eines Bankkunden).

Tresse [frz.], Litze mit Metallfäden als Kleidungsbesatz oder zur Rangbezeichnung auf Uniformen.

Trester, nach dem Auspressen (Keltern) von Früchten verbleibende Maische; Rückstand bei der Bereitung von Wein *(Trauben-T.)* und Obstwein *(Obst-T.);* dient u. a. zur Herstellung von T.wein und T.branntwein *(Grappa)* und zur Pektingewinnung.

Tretjakow, Sergei Michailowitsch [russ. trɪtjɪˈkɔf], * Kuldīga (Lettland) 20. 6. 1892, † 9. 8. 1939 (in Haft), russ. Schriftsteller. Wurde 1937 verhaftet; 1956 rehabilitiert. Schrieb u. a. das Agitationsdrama ›Brülle China!‹ (1926).

Treuepflicht, i. w. S. die sich aus dem Arbeitsverhältnis ergebenden, über den reinen Austausch von Arbeit gegen Vergütung hinausgehenden Verpflichtungen der Parteien des Arbeitsvertrages. → Fürsorgepflicht.

Treuhand, Ausübung oder Verwaltung fremder Rechte *(Treugut)* durch eine Person *(Treuhänder, Treunehmer)* im eigenen Namen, aber in schuldrechtl. Bindung gegenüber demjenigen, dem die Rechte an sich zustehen *(Treugeber).* Kennzeichnend für T.verhältnisse ist, daß dem Treuhänder nach außen mehr Befugnisse übertragen werden, als er im Verhältnis zum Treugeber ausüben darf.

Treuhandanstalt, im Zuge des Einigungsprozesses von ehemaliger DDR und BR Deutschland (Vertrag über die Währungs-, Wirtschafts- und Sozialunion vom 18. 5. 1990, Einigungsvertrag vom 31. 8. 1990) errichtete rechtsfähige bundesunmittelbare Anstalt des öffentlichen Rechts, die der Aufsicht des Bundesmin. für Finanzen untersteht. Ihre Aufgabe ist es, die früheren volkseigenen Betriebe auf dem Gebiet der ehemaligen DDR wettbewerblich zu strukturieren und zu privatisieren. Sitz Berlin, mit Nebenstellen in sämtl. Bezirken der ehemaligen DDR.

Treuhandgebiete (Trust territories), Territorien, die gemäß Art. 75–91 der UN-Charta unter Aufsicht der UN von einer Treuhandmacht verwaltet werden.

Treuhandgeschäfte, entgeltl. Übernahme von Treuhandschaften, im Bankwesen insbes. die Vermögensverwaltung.

Treu und Glauben, allgemeiner Rechtsgrundsatz, nach dem von jedem ein redliches, das Vertrauen des Partners nicht mißbrauchendes Verhalten gefordert wird.

Treverer (lat. Treveri), german.-kelt. Mischvolk etwa zw. Ardennen, Eifel und Hunsrück. Die T. unterwarfen sich Cäsar; in röm. Zeit war ihr Hauptort Augusta Treverorum (= Trier).

Treviso [italien. treˈviːzo], italien. Prov.hauptstadt in Venetien, 84 500 E. Museen; u. a. Keramikindustrie. Dom (11./12., 15./16. Jh.) mit roman. Krypta, Fresken von Pordenone und Gemälde Tizians. Bed. Paläste und Bürgerhäuser mit Arkaden und Fassadenmalerei. – Seit 396 als Bischofssitz bezeugt; seit dem 12. Jh. freie Kommune und Mgl. des Lombardenbundes; gehörte 1339–1797 zu Venedig, dann bis 1866 zu Österreich.

Trevithick, Richard [engl. 'trɛvɪθɪk], * Illogan (Cornwall) 13. 4. 1771, † Dartford (Kent) 22. 4. 1833, brit. Ingenieur. Konstruierte um 1800 einen Dampfwagen und 1803/04 die erste Dampflokomotive. – Abb. S. 465.

Trevor-Roper, Hugh Redwald [engl. 'trɛvə'roʊpə], * Glanton (Northumberland) 15. 1. 1914, brit. Historiker. Untersuchte als Mgl. des brit. Intelligence Service 1945 den Tod Hitlers (schrieb u. a. ›Hitlers letzte Tage‹ [1947]); 1979 geadelt (Baron Dacre of Glanton).

tri..., Tri... [griech.-lat.], Bestimmungswort von Zusammensetzungen mit der Bedeutung ›drei‹.

Triac [Kw. aus engl. **tri**ode **a**lternating **c**urrent switch ›Trioden-Wechselstromschalter‹ → Thyristor.

Trial-and-error-Methode ['traɪəl ənd ɛrə ›Versuch und Irrtum‹], (idealisiertes) Lernverfahren für solche Situationen, bei denen 1. ein Ziel feststeht, 2. eine Reihe von alternativen Lösungsversuchen möglich ist, von denen unbekannt ist, welche zum Erfolg führt, und 3. bekannt ist, daß sie alle gleichwahrscheinlich erfolgreich (bzw. erfolglos) sind. In solchen Situationen sind beliebige Lösungsversuche zu unternehmen, bis nach irrtüml. Versuchen die erste erfolgreiche Wahl getroffen ist.

Trialsport ['traɪəl; engl.], fahrtechn. Geschicklichkeitsprüfung für Motorradfahrer. Befahren werden Steilhänge, Wasser-, Geröll-, Sand- und Schlammstrecken.

Triangel [lat.], idiophones Schlaginstrument in der Form eines Stahlstabs, der zu einem gleichseitigen, an einer Ecke offenen Dreieck gebogen ist und mit einem geraden Metallstab angeschlagen wird.

Triangulierung (Triangulation) [lat.], geodät. Verfahren zur Bestimmung der Lage von Punkten auf der Erdoberfläche. Bei der T. wird ein aus möglichst gleichseitigen Dreiecken bestehendes Festpunktnetz festgelegt. Die Länge der Dreiecksseiten und damit die Lage der Festpunkte (*trigonometr. Punkte,* Abk. *TP*) kann ausgehend von einer Basisline bestimmt werden.

Triangulum [lat. ›Dreieck‹] → Sternbilder (Übersicht).

Trianon [frz. tria'nõ], zwei Lustschlösser im Park von Versailles: *Grand T.,* 1687/88 von J. Hardouin-Mansart für Madame de Maintenon erbaut; *Petit T.,* 1764–68 von J.-A. Gabriel für Ludwig XV. erbaut. – Am 4. 6. 1920 wurde in Grand T. der **Friede von Trianon** zur Beendigung des 1. Weltkrieges zw. den Alliierten und Ungarn als einem Rechtsnachfolger der Donaumonarchie abgeschlossen. Ungarn verlor über ²⁄₃ seines Staatsgebiets an Rumänien, Jugoslawien und die Tschechoslowakei.

Trias [griech. ›Dreiheit‹], ältestes System des Erdmittelalters, ausgebildet als *german. T.* (kontinentale Ablagerungen) und *alpine T.* (marine Sedimente).

Triaspolitik, die polit. Bestrebungen im Dt. Bund, durch ein aus den Klein- und Mittelstaaten gebildetes ›drittes Deutschland‹ dem österr.-preuß. Dualismus entgegenzuwirken.

Triathlon [griech. ›Dreikampf‹], Ausdauer-Mehrkampf aus Schwimmen (3,8 km), Radfahren (180 km) und Laufen (über die Marathondistanz von 42,195 km) an einem Tag; entstand um 1977 auf Hawaii.

Tribadismus (Tribadie) [griech.], → Homosexualität unter Frauen.

Triberg im Schwarzwald, Stadt im Gutachtal, unterhalb der Triberger Wasserfälle, Bad.-Württ.,

6 000 E. Heilklimat. Kurort. Spätbarocke Wallfahrtskirche Maria in der Tanne (1700–1705).

Tribun [lat.], Amtsbezeichnung im röm. Staats- und Militärwesen. Die *tribuni militum* **(Militärtribune)** waren die Stabsoffiziere der Legion. Das wichtigste Amt lag bei den 10 *tribuni plebis* **(Volkstribune),** die die Plebejer gegenüber dem Senat vertraten. Sie waren vor Strafverfolgung geschützt, besaßen ein Vetorecht gegen magistrat. Akte und Senatsbeschlüsse sowie das Recht, Plebiszite herbeizuführen. Seit Augustus war die tribuniz. Gewalt (tribunicia potestas) wesentl. Teil der kaiserl. Amtsgewalt.

Tribunal [lat.], 1. im antiken Rom der erhöhte Amtsplatz der Magistrate auf dem Forum Romanum, wo u. a. Recht gesprochen wurde; 2. danach [frz.] Bez. für [hoher] Gerichtshof; 3. häufig Bez. für ein polit. Sondergericht, z. B. das frz. Revolutions-T. (1793–95) oder das Internationale Militär-T. (1945/46).

Tribüne [lat.-roman.], meist schräg nach hinten ansteigende, z. T. überdachte Tragkonstruktion für Zuschauer[sitzplätze] in Sportstadien u. ä.

Tribus [lat.], Aushebungs-, Wahl- und Steuerbezirk der röm. Bürgerschaft.

Tribut [lat.], 1) bis in die Neuzeit Bez. für Geld- oder Sachleistungen der Besiegten an den Sieger.

2) übertragen: Opfer, Beitrag; schuldige Verehrung, Hochachtung.

Trichine [griech.-engl.], parasit., etwa 1,5 (♂) bis 4 mm (♀) langer Fadenwurm im Menschen und in fleisch- sowie in allesfressenden Säugetieren (z. B. Schweine, Ratten und viele Raubtierarten). Durch den Verzehr von trichinösem Fleisch (mit im Muskelgewebe eingekapselten T.) gelangen T. in den Darm *(Darm-T.),* wo sie geschlechtsreif werden. Die Larven gelangen über das Blutgefäßsystem in stark durchblutete Muskeln *(Muskel-T.).* Dort entwickeln sie sich, werden von dem Wirtsgewebe eingekapselt und bleiben viele Jahre lebensfähig. Der Genuß trichinenhaltigen Fleisches ruft beim Menschen die sog. **Trichi-**

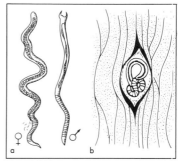

Trichine: a Darmtrichinen (links Weibchen, rechts Männchen), b eingekapselte Muskeltrichine

nose (Trichinenkrankheit), eine schwere, oft tödl. verlaufende Infektionskrankheit, hervor. Infektionsquelle ist trichinenhaltiges rohes oder ungenügend gekochtes Schweine- und Wildschweinfleisch. Als Verhütungsmaßnahme dient die → Fleischbeschau.

Trichloräthen (Trichloräthylen) [triklo:r...], nicht brennbare, farblose Flüssigkeit; Reinigungs- und Entfettungsmittel; bei Inhalation narkot. wirkend.

Trichlormethan [...klo:r...], svw. → Chloroform.

Trichlorphenole [...klo:r...], die sechs stellungsisomeren, durch drei Chloratome substituierten Derivate des Phenols; 2,4,5-Trichlorphenol ist Zwischenprodukt bei der Herstellung von Herbiziden.

Trichophyton [griech.], Gatt. der Deuteromyzeten mit tier- und menschenpathogenen Hautpilzen; rufen Fußpilz und Haarkrankheiten hervor.

Trichromasie [...kro:...; griech.] → Farbenfehlsichtigkeit.

Trichterwinde

Trichterbecherkultur, nach einer typ. Gefäßform ben. jungneolith., mehrstufige Kulturgruppe (Beginn 3. Jt. v. Chr.), die vom östl. M-Europa bis NW-Deutschland und in den Niederlanden sowie in S-Skandinavien verbreitet war.

Trichterlilie (Paradieslilie), Gatt. der Liliengewächse mit zwei Arten; die *Schneeweiße T.* wird als Gartenzierstaude kultiviert.

Trichterling, Pilzgatt. mit über 60 Arten in Europa und N-Amerika; Hut flach, später meist trichterförmig nach oben gerichtet; einheimisch ist u. a. der eßbare und häufig vorkommende *Mönchskopf* (ledergelblich; bis 30 cm hoch; oft als → Hexenring).

Trichtermalve (Sommermalve), Gatt. der Malvengewächse mit drei Arten im Mittelmeergebiet; eine Art mit großen, hellpurpurroten Blüten und dunklerer Aderung wird als Sommerblume kultiviert.

Trichterspinnen (Agelenidae), weltweit verbreitete Fam. kleiner bis mittelgroßer Spinnen mit über 500 Arten, davon 23 einheimisch; weben meist große, waagrechte Netze, die trichterförmig in die Wohnröhre übergehen, in der die Spinne auf Beute lauert.

Trichterwinde (Prunkwinde, Purpurwinde), Gatt. der Windengewächse mit rd. 400 Arten in den Tropen und Subtropen (u. a. die → Batate).

Trickfilm, mit Hilfe von techn. oder photograph. Tricks hergestellter Film, in dem unbelebten Objekten (z. B. gezeichneten Figuren) Bewegung verliehen wird. Der *Animationsfilm* umfaßt den *Zeichen-* und den *Puppen[trick]film.* → Film.

Tricktrack [frz.] → Backgammon.

Tridentinum [lat.] (Konzil von Trient, Trienter Konzil, Tridentin. Konzil), das 20. bzw. 19. allg. Konzil (1545–63), das in drei Tagungsperioden (1545–47; 1551/52; 1562/63) in Trient und einer Zwischenperiode (1547/48; Bologneser Tagungsperiode) tagte. Das T. faßte als Reaktion auf die Herausforderung durch die Reformation Glaubenssätze (Dogmen) schärfer, stellte kirchl. Mißbräuche ab und festigte die Stellung der Päpste. – Es prägte den Katholizismus so entscheidend, daß theologiegeschichtlich die Zeit bis zum 2. Vatikan. Konzil (1962–65) als ›nachtridentin.‹ bezeichnet wird. Theol. trug das T. zwar zu einer Erneuerung der kath. Kirche bei, besiegelte auf der anderen Seite jedoch die Glaubensspaltung zw. kath. und ev. Christen.

Trieb, 1) *Verhaltensforschung* und *Psychologie:* die auf → Automatismen beruhende, das → Appetenzverhalten auslösende, auf Abreaktion drängende und anschließend neu entstehende aktionsspezif. Antriebsenergie. Die innere Erregung dafür wird nach den Vorstellungen der modernen Verhaltenslehre fortlaufend zentralnervös produziert und staut sich an (*T.stau*). Bei starkem T.stau reicht schon ein schwacher spezif. Reiz aus, der die innere Sperre über einen Auslösemechanismus beseitigt, um die Handlung ablaufen zu lassen (*T.befriedigung*). – Bleibt der Reiz aus, wird die angestaute Erregung in einer → Leerlaufhandlung aufgebracht.

2) *Botanik:* junger Sproß.

3) *Technik:* die Übertragung einer Kraft bzw. eines Drehmoments.

Triebmittel (Treibmittel), zusammenfassende Bez. für Substanzen, die sich zur Teiglockerung eignen, u. a. Backpulver, [Back]hefe und Sauerteig.

Triebwagen → Eisenbahn.

Triebwerke, Sammelbez. für Maschinen zum Antrieb von Fahrzeugen, insbes. aber von Flugzeugen und Raketen. Zu den *Flug-T.* zählt neben dem von einem Kolbenmotor oder einer Turbine angetriebenen Propeller-T. insbes. das *Turboluftstrahl-T.* (Turbinen-Luftstrahl-T. oder TL-Triebwerk). Bei diesem Typ von Luftstrahl-T. wird der angesaugte Luftstrom im Einlaufdiffusor durch einen Turbokompressor verdichtet und in der anschließenden Brennkammer durch Verbrennen des kontinuierl. eingespritzten Treibstoffs hoch erhitzt; die Heißgase liefern in der nachgeschalteten Gasturbine die Energie zum Antrieb des Turbokompressors und der notwendigen Hilfsaggregate und bewirken beim Ausströmen aus der Schubdüse den Antriebsschub. Beim *Turboproptriebwerk (Propeller-Turbinen-Luftstrahltriebwerk, PTL-T.)* wird durch einen Propeller eine zusätzl. Vortriebskraft geliefert. → Raketen.

Triele (Dickfüße), Fam. bis über 50 cm langer, dämmerungs- und nachtaktiver Watvögel mit neun Arten an Ufern, Küsten und in Trockengebieten der gemäßigten bis trop. Regionen; in Deutschland nur der *Gewöhnl. Triel* (Brachhuhn; etwa 40 cm lang).

Trient: Torre Civica am Palazzo Pretorio

Trient (italien. Trento), Hauptstadt der autonomen italien. Region Trentino-Südtirol (seit 1948) und einer Prov., im Etschtal, 101 100 E. Museen; bed. Ind.standort. Roman.-got. Dom (12.–16. Jh.), Palazzo Pretorio (ehem. bischöfl. Palast), Castello del Buonconsiglio, ehem. Residenz der Fürstbischöfe (13., 15. und 16. Jh.) mit Fresken; zahlr. Paläste. – Das röm. **Tridentum** ist seit dem 4. Jh. als Bischofssitz bezeugt; 952 als Teil der Mark Verona an Bayern; 1004/27 Hauptstadt des reichsunmittelbaren Bistums T.; 1545–63 Tagungsort des **Konzils von Trient** (→ Tridentinum); kam 1919 mit Südtirol an Italien.

Trienter Konzil → Tridentinum.

Trier, 1) Stadt an der mittleren Mosel, Rhld.-Pf., 94 100 E. Verwaltungssitz des Reg.-Bez. Trier und des Landkreises Trier-Saarburg; Univ.; Museen, Theater. U. a. Stahlwerke, Kautschukverarbeitung; Hafen. **Bauten:** Bed. röm. Reste: Amphitheater (um 100 n. Chr.), Thermen (2. und 4. Jh.); Stadttor → Porta Nigra; Basilika (um 310, jetzt ev. Pfarrkirche), Römerbrücke; Teile der frühchristl. Doppelkirche (4. Jh.) über einem röm. Palast wurden Kern des Domes (11., 12. und 13. Jh.); frühgot. Liebfrauenkirche (um 1235–65). Zur roman. Benediktinerabteikirche Sankt Matthias (1127 ff.) gehört eine frühgot. Klosteranlage (13. Jh.). Ehem. Abteikirche Sankt Maximin (1680 bis 1698); spätbarocke ehem. Stiftskirche Sankt Paulin (1734–57). Ehem. kurfürstl. Barockschloß (17. und 18. Jh.).

Geschichte: Um 15 v. Chr. von Kaiser Augustus im Gebiet der Treverer gegr. **(Augusta Treverorum);** unter Konstantin I. Chlorus (305/306) Kaiserresidenz und Verwaltungssitz der gall. Präfektur (bis Ende des 4. Jh.); mit rd. 70 000 E für ein Jh. größte Stadt nördl. der Alpen; seit dem 3. Jh. ist ein Bischof nachweisbar; 475 fränk.; 902 erlangte der Erzbischof die Herrschaftsrechte über T.; um 1195 Stadtrechtskodifizierung; Mittelpunkt und Sitz des geistl. Kurfürstentums T. (bis Ende des 18. Jh.); im 15. Jh. Reichsstadt; um 1580 kurfürstl. Landstadt; 1473–1798 Sitz einer Univ.; 1794–1814 Hauptstadt des frz. Saardepartements; 1815 an Preußen. **2)** Bistum und ehem. geistl. Kurfürstentum. Im 3. Jh. als Bistum, im 6. Jh. als Erzbistum nachweisbar. Unter Karl d. Gr. wurden ihm die Bistümer Metz, Toul und Verdun als Suffragane unterstellt. Erzbischof Balduin von Luxemburg (✠ 1307–54) war der eigtl. Schöpfer des Kurfürstentums. Unter der Herrschaft der Franzosen (1794–1814) wurde das Erzbistum T. als Bistum dem Erzbistum Mecheln unterstellt. Die verbliebenen rechtsrhein. Gebiete wurden von einem Apostol. Vikar mit Sitz in Ehrenbreitstein (= Koblenz) verwaltet. Seit 1821 gehört T. als Suffragan zur Kirchen-Prov. Köln.

Triere [griech.] (Trireme, Dreiruderer), antikes Kriegsschiff (mit Rammsporn). Ungeklärt ist, ob die Ruderer in drei Reihen übereinander saßen oder ob jeweils drei Ruderer einen Riemen bedienten.

Triest, Hauptstadt der italien. Region Friaul-Julisch-Venetien (seit 1962) und einer Prov., am Golf von Triest, 235 000 E. Univ., mehrere Museen, botan. Garten, Meerwasseraquarium. Kultureller und wirtschaftl. Mittelpunkt NO-Italiens; Hafen. Röm. Theater (2. Jh. n. Chr.), Dom San Giusto (1385 geweiht) mit Kampanile, Schloß (1470/71 anstelle eines venezian. Kastells); nahebei Schloß Miramare (1856 bis 1860). – Seit dem 2. Jh. als Bischofssitz bezeugt; nach mehrfachem Besitzerwechsel 1382 an Österreich, bei dem es fast ununterbrochen bis 1918 blieb; 1719–1891 Freihafen; 1919 an Italien; seit 1945 Streitobjekt zw. Italien und Jugoslawien. 1947 wurde T. mit seinem Umland Freistaat unter Aufsicht der UN, der 1954 zw. Italien und Jugoslawien (Slowenien) aufgeteilt wurde.

Trifels, Bergkegel bei Annweiler am Trifels, Rhld.-Pf., 493 m hoch. Die Stauferburg war im 12./13. Jh. Aufbewahrungsort der Reichskleinodien.

Triforium [lat.-frz.], im Kirchenbau zum Innenraum durch Bogenstellungen geöffneter Laufgang zw. Arkaden und Fensterzone.

Trift, der vom Vieh benutzte Weg zw. Hutweide und Stall bzw. Tränkstelle oder Melkplatz.

Trigeminus [lat.], Kurzbez. für: Nervus trigeminus (Drillingsnerv), der paarige, vom verlängerten Mark ausgehende fünfte Hirnnerv (→Gehirn).

Trigger [engl.], [elektron.] Bauteil zum Auslösen eines Vorgangs; Zünd-, Auslösevorrichtung; auch Bez. für das auslösende Signal (z. B. ein Impuls).

Triglav [slowen. triˈɡlau], mit 2 863 m höchster Berg der Jul. Alpen und zugleich Sloweniens.

Triglyceride, zusammenfassende Bez. für die Triester des Glycerins, z. B. Fette.

Triglyphe [griech.], im dor. Gebälkfries rechteckiges Bauelement mit 2 Einkerbungen und 2 Halbschlitzen am Rand (sowie einer Deckplatte).

Trigon [griech.], svw. Dreieck.

Trigonometrie [griech.], Dreiecksmessung; Teilgebiet der Mathematik; befaßt sich mit der Berechnung von ebenen und sphär. Dreiecken und mit den Eigenschaften der trigonometr. Funktionen *(Goniometrie).*

trigonometrische Funktionen (Kreisfunktionen, Winkelfunktionen, goniometrische Funktionen),

die transzendenten Funktionen *Sinus* (Funktionszeichen sin), *Kosinus* (Cosinus, Funktionszeichen cos), *Tangens* (Funktionszeichen tan [auch tg]), *Kotangens* (Cotangens, Funktionszeichen cot [auch ctg]), *Sekans* (Secans, Funktionszeichen sec) und *Kosekans* (Cosecans, Funktionszeichen cosec [auch csec]). Geometr. anschaul. erhält man die t. F. als Funktionen der in Grad gemessenen Winkel φ für $0 \leq \varphi \leq 360°$ auf folgende Weise: In der (x, y)-Ebene sei ein Kreis (Radius R) mit dem Mittelpunkt im Ursprung O gegeben, von der positiven x-Achse trägt man (entgegen dem Uhrzeigersinn) den Winkel φ ab, der (von der x-Achse verschiedene) Schenkel schneidet den Kreis im Punkt $B(x, y)$. Man definiert dann:

$$\sin \varphi \quad = y/R, \quad \cos \varphi = x/R$$
$$\tan \varphi \quad = \sin \varphi / \cos \varphi = y/x \qquad (\varphi \neq 90°, 270°)$$
$$\cot \varphi \quad = \cos \varphi / \sin \varphi = 1/\tan \varphi = x/y$$
$$\qquad\qquad\qquad\qquad\qquad (\varphi \neq 0°, 180°, 360°)$$
$$\sec \varphi \quad = R/x = 1/\cos \varphi \qquad (\varphi \neq 90°, 270°)$$
$$\operatorname{cosec} \varphi = R/y = 1/\sin \varphi \qquad (\varphi \neq 0°, 180°, 360°)$$

Gewöhnlich betrachtet man die t. F. als Funktionen der im Bogenmaß z (Länge des Bogens von A bis B auf dem Einheitskreis) angegebenen Winkel φ; sie sind dann also für alle reellen Zahlen z mit $0 \leq z \leq 2\pi$ erklärt (mit Ausnahme der Stellen $z = \pi/2, 3\pi/2$ bei tan bzw. $z = 0, \pi, 2\pi$ bei cot z); durch period. Fortsetzung definiert man die t. F. schließlich für alle reellen Argumentwerte z (mit gewissen Ausnahmen bei tan und cot).

Trijet (Tri-Jet) [engl. ˈtraɪdʒɛt], Bez. für ein Flugzeug mit 3 Strahltriebwerken.

Trijodthyronin [griech./frz./griech.] (T_3, Liothyronin), Schilddrüsenhormon; therapeut. angewendet bei Schilddrüsenunterfunktion.

Trikolore [lat.-frz.], i. w. S. jede Flagge mit drei Bahnen in unterschiedl. Farben; i. e. S. seit 1790 die frz. Nationalflagge (seit 1794 blau-weiß-rot senkrecht gestreift).

Triller, Abk. t, tr; musikal. Verzierung, die in raschem, mehrmaligem Wechsel zw. einer Hauptnote und ihrer oberen Nebennote (große oder kleine Sekunde) besteht; Zeichen ᪲, ᪲, +. Ein *Doppeltriller* wird von zwei Stimmen gleichzeitig ausgeführt.

Trilobiten [griech.] (Dreilapper, Trilobita), ausgestorbene Klasse meerbewohnender Gliederfüßer, die nicht näher mit den Krebsen verwandt sind; bis 50 cm lange Tiere, deren Oberseite gepanzert war.

Trilogie, Folge von drei selbständ. Werken, die aufeinander bezogen eine Einheit bilden, z. B. Schillers ›Wallenstein‹ (1800); im griech. Altertum drei hintereinander aufgeführte Tragödien.

Trimere [griech.], aus 3 Grundmolekülen aufgebaute Moleküle.

Trimester [lat.], Zeitabschnitt von 3 Monaten; auch ein Drittel des Schul- oder Studienjahres.

Trimeter [griech.], in der antiken Metrik ein aus 3 metr. Einheiten bestehender Vers, u. a. der *jamb. T.* des griech. Dramas; in der röm. Dichtung u. a. bei Horaz und Seneca.

trimmen [engl.], **1)** *Nautik:* 1. die richtige Schwimmlage eines Schiffes einstellen (durch zweckmäßige Beladung, Ballastverteilung u. ä.); 2. ein Segel- oder Ruderboot auf die Besegelung bzw. Gewichtsverhältnisse der Besatzung einstellen. **2)** *Kerntechnik:* bei Kernreaktoren kleine Abweichungen vom krit. Zustand [durch neutronenabsorbierende *Trimmstäbe*] ausgleichen. **3)** *Funktechnik:* bei Funkempfängern die Schwingkreise [mit Hilfe von *Trimmern*] abgleichen, auf gleiche Resonanzfrequenz bzw. Frequenzdifferenz einstellen.

Trimurti [Sanskrit], die hinduist. Götterdreiheit, symbolisiert den Schöpfer (Brahma), die Erhaltung

Trilobiten

(Wischnu) und die Zerstörung (Schiwa) der Schöpfung.

Trinab →Chenab.

Trinidad und Tobago

Fläche: 5 124 km²
Einwohner (1990): 1,23 Mio.
Hauptstadt: Port of Spain
Verwaltungsgliederung: 9 Counties
Amtssprache: Englisch
Nationalfeiertag: 31. 8.
Währung: 1 Trinidad-und-Tobago-Dollar (TT$) = 100 Cents (c)
Zeitzone: MEZ − 5 Std.

Trinidad und Tobago, Staat vor der N-Küste Südamerikas, umfaßt die Inseln Trinidad und Tobago.

Landesnatur: Trinidad wird von 3 W–O-verlaufenden Gebirgen durchquert (bis 940 m hoch). Tobago wird von einem 25 km langen und bis zu 576 m hohen Gebirgszug aufgebaut. Die Inseln haben trop. Klima und sind von immergrünem Regenwald, Feuchtwald und Savannen bedeckt.

Bevölkerung: Tobago hat eine schwarze Bevölkerung; auf Trinidad leben u. a. Schwarze, Mulatten, Inder. Rd. 49 % sind Christen, 25 % Hindus, 6 % Muslime. Es besteht allg. Schulpflicht. In Port of Spain befindet sich die agrarwiss. Fakultät der University of the West Indies.

Wirtschaft, Verkehr: Exportorientierter Anbau von Zuckerrohr, Kakao, Zitrusfrüchten, Bananen, Reis und Mais. Führender Wirtschaftszweig ist die Erdölindustrie. Exportiert wird v. a. Asphalt (Asphaltsee Pitch Lake). Das Straßennetz (6 435 km) ist auf Trinidad gut ausgebaut, auf Tobago kaum entwickelt. Wichtigster Hafen und internat. ✈ ist Port of Spain.

Geschichte: 1498 entdeckte Kolumbus beide Inseln; ab 1552 span. Kolonisation; 1802 wurde Trinidad, 1814 Tobago britisch (Kronkolonie). 1941 errichteten die USA auf Trinidad militär. Stützpunkte. 1958–62 Mgl. der Westind. Föderation; 1962 unabhängig. 1976 wurde T. und T. – bis dahin Monarchie mit der brit. Königin als Staatsoberhaupt – Republik im Rahmen des brit. Commonwealth. 1978 erhielt Tobago die innere Selbstverwaltung innerhalb der Republik T. und Tobago. Im Dez. 1991 gewann die linksgerichtete Nationale Volksbewegung (People's National Movement) die Parlamentswahlen mit 21 von 36 Sitzen.

Politisches System: Republik; *Verfassung* von 1976. *Staatsoberhaupt* ist der Präs., er wird von einem Wahlkollegium aus beiden Häusern des Parlaments gewählt. Die *Exekutivgewalt* liegt beim Kabinett. Organ der *Legislative* ist das Zweikammerparlament aus Repräsentantenhaus (36 Abg., für 5 Jahre gewählt) und Senat (31 vom Staatspräs. ernannte Mgl.). *Parteien:* National Alliance for Reconstruction, People's National Movement. – Karte XIV, Bd. 2, n. S. 320.

Trinitarier [lat.] (Orden der Allerheiligsten Dreifaltigkeit vom Loskauf der Gefangenen), allg. übl. Bez. für die Mgl. eines im 12. Jh. zur Gefangenenbefreiung gegr. Ordens (Augustinerregel).

Trinitarierinnen, Angehörige des 1236 für Frauen gegr. *Zweiten Ordens* der Trinitarier mit strenger Klausur.

Trinität [lat.] (Dreieinigkeit, Dreifaltigkeit), Bez. für die im Christentum geglaubte Dreiheit der Personen (Vater, Sohn und Hl. Geist) in Gott. Der in strengem Sinn *eine* Gott hat sich im Verlauf der Heilsgeschichte auf dreifache Weise offenbart: als ursprungs-

loser Anfang und uneinholbares Ziel menschl. Geschichte (als ›Vater‹), in Gestalt und Werk Jesu von Nazareth (als ›Sohn‹) und in den Menschen, die in der Nachfolge und aus dem Geist Jesu leben (als ›Geist‹). Dieser triad. Selbstoffenbarung liegt eine triad. Struktur Gottes selbst zugrunde, insofern dieser *eine* Gott *als* ›Vater‹, ›Sohn‹ und ›Geist‹ von Ewigkeit her *ist.* Trotz der Dreiheit gibt es also in Gott nur *eine* Subjektivität, *ein* Aktzentrum, *ein* Ich oder – im modernen Sinn – *eine* Personalität. Die daraus zwangsläufig erwachsene Diskussion um die Frage, wie Einheit und Dreiheit zusammen gedacht werden könnten, führte zu den verschiedensten Lösungsmodellen (trinitar. ›Häresien‹). Die schließl. ›Problemlösung‹ (›Sohn‹ und ›Geist‹ sind mit dem ›Vater‹ ›gleichwesentlich‹), die auf dem 1. Konzil von Nizäa (325) und auf dem 1. Konzil von Konstantinopel (381) formuliert wurde, brachte den Sieg des Monotheismus bei Aufrechterhaltung der Dreiheit, die aber auch immer wieder bestritten wird (Antitrinitarier).

Trinitatis [lat.], svw. →Dreifaltigkeitssonntag.

Trinitrophenol (2,4,6-T.), svw. →Pikrinsäure.

Trinitrotoluol, Abk. TNT, →Nitrotoluole.

Trinkwasseraufbereitung →Wasserversorgung.

Trio [lat.-italien.], Komposition für drei Stimmen; v. a. dreistimmiges, solist. Instrumentalstück und das entsprechende Ensemble *(Streich-T., Bläser-T., Klavier-T.).* – Als Formbegriff bezeichnet T. in der Sinfonik des 18. und 19. Jh. den Teil des Menuetts oder Scherzos, der zw. dem Hauptteil und seiner Wiederholung eingefügt ist. →Triosonate.

Triode [griech.], eine Elektronenröhre mit drei Elektroden.

Triole [lat.-italien.], eine Folge von 3 Noten, die für 2 (seltener 4) Noten gleicher Gestalt bei gleicher Zeitdauer eintreten.

Triosen [lat.] →Monosaccharide.

Triosonate, Komposition für zwei gleichberechtigte Melodieinstrumente in Sopranlage (v. a. Violinen, auch Zinken, Flöten, Oboen) und Generalbaß (Orgel oder Cembalo, oft ergänzt durch ein Streichoder Blasinstrument in Baßlage, z. B. Gambe, Fagott). Die T. war im Barock die meistgepflegte Gattung der kirchl. (Kirchensonate oder Sonata di chiesa) und weltl. (Kammersonate oder Sonata di camera) Instrumentalmusik. Sie entstand zu Beginn des 17. Jh. in Italien aus der Übertragung von Vokalsätzen in die Instrumentalmusik. Seit etwa 1650 war sie auch in Deutschland und England verbreitet. Nach 1650 setzte sich die Unterscheidung zw. der meist viersätzigen Kirchen-T. und der auf Tanzformen zurückgreifenden dreisätzigen Kammer-T. durch. Seit etwa 1750 gab die T. ihre führende Rolle an die (Klavier)sonate und das Streichquartett der Wiener Klassik ab.

Tripel [lat.-frz.], geordnete Zusammenfassung dreier Elemente, z. B. dreier Zahlen (a_1, a_2, a_3).

Tripel... [lat.-frz.], Bestimmungswort von Zusammensetzungen mit der Bedeutung ›drei, dreifach‹.

Tripelentente [frz. ...ã'tãt] (Dreiverband), Bez. für das seit dem brit.-russ. Petersburger Vertrag (1907) bestehende, um den brit.-frz. Entente cordiale (1904) und den frz.-russ. Zweiverband (1892) ergänzte brit.-frz.-russ. Bündnisverhältnis gegen den dt.-österr.-italien. Dreibund.

Tripelpunkt (Dreiphasenpunkt), durch Druck und Temperatur festgelegter Punkt im Zustandsdiagramm eines chem. einheitl. Stoffes, in dem sein fester, flüssiger und gasförmiger Aggregatzustand gleichzeitig nebeneinander im Gleichgewicht auftreten.

Triphenylmethanfarbstoffe, sich vom *Triphenylmethan* (dem mit drei Phenylgruppen substituierten Derivat des Methans) durch Einführung v. a. von Amino- oder Hydroxygruppen in p-Stellung ablei-

Trinidad und Tobago

Staatsflagge

Staatswappen

tende, nicht lichtbeständige Farbstoffe (z. B. Methylviolett, Fuchsin, Malachitgrün); verwendet für Lacke, Tinten, Papier, Druckfarben sowie zum Anfärben histolog. Präparate.

triploid [griech.], mit dreifachem Chromosomensatz versehen, z. B. Zellkerne oder Lebewesen mit solchen Körperzellen.

Tripoli, libanes. Stadt an der Mittelmeerküste, 175 000 E. Hauptstadt des Verw.-Geb. Libanon-Nord; Museum, Theater; Handelszentrum mit internat. Messe; 3 km nw. Hafen; Pipelineendpunkt, Erdölraffinerie. Große Moschee (1294; ehem. Kathedrale), Ruine des Kastells (Burg Raimunds von Toulouse; 12. und 14. Jh.), Löwenturm (1441). – Urspr. phönik. Handelsniederlassung; 1109 Einnahme durch die Kreuzritter (nach 7jähriger Belagerung); 1289 Wiedereinnahme durch die Mamelucken; 1516–1918 osmanisch.

Tripolis, 1) Hauptort des griech. Verw.-Geb. Arkadien, in der mittleren Peloponnes, 21 300 E. – Im 14. Jh. von Albanern gegr., in osman. Zeit Hauptstadt der Peloponnes.
2) Hauptstadt von Libyen, am westl. Küstenabschnitt, 858 000 E. Prov.hauptstadt, Univ., Museen; internat. Messe. Hafen, internat. ✈. Erhalten sind der Triumphbogen Mark Aurels und Reste von Häusern mit Wandbemalung und Mosaiken aus röm. Zeit. – Als **Oea** im 7. Jh. v. Chr. von Phönikern gegr.; 146 v. Chr. röm. besetzt; seit 256 als Bischofssitz nachweisbar; Mitte des 7. Jh. von den Arabern erobert; 1510–51 unter span. Herrschaft; dann Hauptstadt einer osman. Prov.; 1911 von Italien besetzt, wurde T. Hauptstadt seiner Kolonie (seit 1939 Prov.) Libyen; 1943–51 brit. besetzt.

Tripper (Gonorrhö), häufigste Geschlechtskrankheit, deren Erreger (Bakterien der Art Neisseria gonorrhoeae; die sog. *Gonokokken*) meist durch Geschlechtsverkehr, nur sehr selten auch außergeschlechtl. übertragen werden. Die Inkubationszeit beträgt zwei bis acht Tage. Die ersten Krankheitserscheinungen des *akuten T. des Mannes* sind Juckreiz und leichtes Brennen beim Wasserlassen, dann schleimiger, nach weiteren ein bis zwei Tagen eitriger Ausfluß aus der Harnröhre; später kommt es nach dem Wasserlassen zu schneidenden Schmerzen. Der *chron. T. des Mannes* zeigt nur geringe Entzündungserscheinungen der Harnröhre. Bezeichnend ist die Entleerung einiger Eitertropfen morgens beim ersten Wasserlassen. – Auch bei der infizierten *Frau* tritt zwei bis fünf Tage nach der Ansteckung als Anzeichen der Harnröhrenentzündung zuerst Brennen beim Wasserlassen auf, gefolgt von Hitzegefühl, zuweilen auch (eitrigem) Ausfluß. Alle über den Gebärmutterkanal aufsteigenden Entzündungen gehen infolge Bauchfellreizungen mit heftigen Unterleibsschmerzen einher.

Triptychon [griech.], dreiteil. Tafelbild; Altar mit einem Mittelstück und zwei Seitenflügeln.

Tripura ['trɪpʊrə], ind. Unionsstaat im Tiefland von Bengalen und mit Anteil an den westbirman. Grenzgebirgen, 10 486 km², 2,1 Mio. E, Hauptstadt Agartala.

Trireme [lat.], svw. →Triere.

Trisaccharide, aus drei Monosaccharideinheiten aufgebaute →Kohlenhydrate.

Trischen, Nordseeinsel vor der Meldorfer Bucht, Schl.-H., 4 km²; Vogelschutzgebiet.

Trisektion →Dreiteilungsproblem.

Trishagion [griech. ›dreimal heilig‹], liturg. Akklamation im östl. und westl. Ritus (›Heiliger Gott, heiliger Starker, heiliger Unsterblicher, erbarme dich unser‹); erstmals auf dem Konzil von Chalkedon (451) bezeugt.

Tristan da Cunha [engl. 'trɪstən də 'ku:nə], Inselgruppe im S-Atlantik, Teil der brit. Kronkolonie Sankt Helena (seit 1938), umfaßt die Vulkaninsel T. da C. (104 km², bis 2 062 m ü. d. M., 313 E) und einige unbewohnte Inseln. – 1506 entdeckt, 1816 von brit. Truppen besetzt.

Tristano, Lennie [engl. trɪs'tænoʊ], eigtl. Leonard Joseph T., * Chicago 19. 3. 1919, † New York 18. 11. 1978, amerikan. Jazzmusiker (Pianist, Komponist). Gilt als der Initiator des →Cool Jazz.

Tristan und Isolde, die durch einen Zaubertrank in trag. Liebe verbundenen Hauptgestalten eines mittelalterl. Sagenstoffs. Von den kelt. Ländern kam die Sage über Frankreich und England; älteste überlieferte Fassung von Eilhart von Oberg[e]; zur Idealgestalt des Liebenden wurde Tristan bei Gottfried von Straßburg und Ulrich von Türheim; später zahlr. weitere Bearbeitungen; als Musikdrama von R. Wagner (1865).

Tritium [griech.] (überschwerer Wasserstoff), chem. Symbol ³H oder T; das betastrahlende Isotop des Wasserstoffs mit der Massenzahl 3 (Halbwertszeit 12,3 Jahre). T. wird in der oberen Atmosphäre durch Reaktion von Neutronen der Höhenstrahlung mit Stickstoff gebildet; künstl. wird T. z. B. in Kernreaktoren durch Einwirken von Neutronen auf Lithium erzeugt; wichtig als Tracer und bei Kernfusionsreaktionen.

Tritiummethode (Tritiumdatierung), eine Methode zur Altersbestimmung wasserhaltiger Stoffe durch Untersuchung des Tritiumgehaltes des Wassers.

Tritol [Kw.] →Nitrotoluole.

Triton, Meergottheit der griech. Mythologie; gehört zum Gefolge seines Vaters Poseidon.

Triton [griech.], 1) *Kernphysik:* physikal. Zeichen t; Atomkern des Tritiums, aus einem Proton und zwei Neutronen bestehend.
2) *Astronomie:* Mond des Planeten Neptun; 1989 Vorbeiflug und Erforschung durch die Raumsonde Voyager 2.

Tritonshörner [nach einer griech. Meergottheit] (Trompetenschnecken), Gatt. räuber. Meeresschnecken der wärmeren Regionen; Gehäuse schlank kegelförmig, bis 40 cm lang, wurden früher (teilweise noch heute von Mittelmeerfischern) als Signalhorn bzw. Alarm- oder Kriegstrompete verwendet.

Tritonus [griech.], stark dissonierendes Intervall von drei Ganztönen (z. B. in C-Dur f–h): die übermäßige Quarte.

Triumph [lat.], Genugtuung, Frohlocken, Siegesfreude; großer Erfolg, Sieg, insbes. Feier zur Ehrung siegreicher röm. Feldherren. Die Genehmigung des röm. Senats war erforderlich; der T. war nur Trägern des Imperiums zur Kaiserzeit nur Kaisern erlaubt.

Triumphbogen, 1) Monument mit einem oder mehreren (3) Bogen (Tonnen) und Attika. Mit Reliefs, Säulen und (in Nischen gestellten) Statuen geschmückt, urspr. von einer Quadriga gekrönt. In der röm. Republik von siegreichen Feldherrn, in der Kaiserzeit vom Senat für den Kaiser errichtet (u. a. Titus-, Septimius-Severus- und Konstantinsbogen in Rom). – Erneuert wurde der T. für festl. Anlässe in Renaissance und Barock (aus Holz); die Aufbauprinzipien finden für Fassadengestaltungen, Portale, Grabmäler, Tore Anwendung; bed. Beispiele in Stein: T. für Maria Theresia in Florenz (1739), in Paris für Napoleon I. der Arc de Triomphe du Carrousel (1808) sowie de l'Étoile (1836), in Rom der Titusbogen (nach 81), in Berlin das Brandenburger Tor (1788–91 von C. G. Langhans).
2) im mittelalterl. Kirchenbau der Bogen vor der Apsis oder dem Querschiff.

Triumphkreuz, im Triumphbogen einer Kirche hängendes oder auf dem dort errichteten Kreuzaltar bzw. Lettner stehendes monumentales Kruzifix.

Triumvirat [lat. ›Dreimännerbund‹], 1. der 60 v. Chr. geschlossene private Bund zw. Cäsar, Gnaeus Pompejus Magnus und Marcus Licinius Crassus zur Durchsetzung ihrer polit. Interessen; 56 v. Chr. erneuert. – 2. Der 43 v. Chr. geschlossene, gegen Senat und Cäsarmörder gerichtete Bund zw. Oktavian (Augustus), Marcus Aemilius Lepidus und Marcus Antonius; 37 v. Chr. erneuert.

Trivandrum [tri'vændrəm], Hauptstadt des ind. Unionsstaates Kerala, an der südl. Malabarküste, 499 000 E. Univ., Museen, botan. Garten, Zoo. U. a. Textilindustrie; Hafen.

trivial [lat.-frz.], gedanklich abgedroschen; alltäglich.

Trivialliteratur, der Begriff T. bezeichnet im allg. die unterste Stufe der Unterhaltungsliteratur: die Stoff- und Motivwahl, die Charakterisierung der Personen sowie Sprache und Satzbau sind ebenso wie die Handlungsführung von Klischees und Schablonen geprägt. Die Verfasser von T. (oft in Form von Heftromanen) bevorzugen v. a. das Genre des Familien- und Liebesromans, des Heimat-, Arzt-, Science-fiction- oder Wildwestromans; auch Schlagertextproduktion.

Triumphbogen: Titusbogen in Rom; nach 81

Trizeps [lat.], Kurzbez. für *Musculus triceps,* anatom. Bez. für zwei Muskeln, den *dreiköpfigen Wadenmuskel* und den *dreiköpfigen Oberarmmuskel;* letzterer ist Armtragemuskel und Armstrecker.

Trizone → Bizone.

TRK-Werte (Abk. für technische Richtkonzentration), Konzentrationsangaben krebserzeugender und erbgutändernder Arbeitsstoffe in Form von Gasen, Dämpfen oder Schwebstoffen, für die unter toxikolog. oder arbeitsmedizin. Gesichtspunkten keine ↑ MAK-Werte aufgestellt werden können. Die Einhaltung der TRK-Werte mindert das Risiko einer Gesundheitsgefährdung.

Troas, histor. Gebiet in Kleinasien, an der Dardanellenküste, um Troja.

Trochäus [griech.], Versfuß aus einer langen (bzw. betonten) mit folgender kurzer (bzw. unbetonter) Silbe: $-\,\cup$.

Trochiten [griech.] (Bonifatiuspfennige, Bischofspfennige), versteinerte, rädchenähnl. Stielglieder von Seelilien.

trocken, beim Wein und Schaumwein: geringe Restsüße (bis 9 Gramm) enthaltend.

Trockenbeere, im Weinbau → Edelfäule.

Trockenbeerenauslese → Wein.

Trockeneis, festes (gefrorenes) Kohlendioxid, CO_2 *(Kohlensäureschnee, Trockenschnee),* das bei $-78,476\,°C$ ohne zu schmelzen in den gasförmigen Zustand übergeht.

Trockenelement → elektrochemische Elemente.

Trockenfäule, Bez. für Pflanzenkrankheiten, die zur Vermorschung oder Verhärtung pflanzl. Gewebes (v. a. von Knollen, Wurzeln und Früchten) führen; verursacht durch Parasiten oder Nährstoffmangel.

Trockenfeldbau, vielfach verwendete, aber irreführende Bez. für einen Feldbau, der ohne künstl. Bewässerung auskommt.

Trockenlöschmittel → Feuerlöschmittel.

Trockenmasse, in der Lebensmitteltechnik Bez. für den Anteil der wasserfreien Substanz an der Gesamtmasse.

Trockenmilch (Milchpulver), durch Sprüh-, Zerstäubungs- oder Walzentrocknung von Voll- und Magermilch hergestellte pulverförmige Milchkonserve.

Trockenmittel, hygroskop. (wasseranziehende) Substanzen, die sich zum Trocknen von Gasen und Flüssigkeiten bzw. zum Trockenhalten von Feststoffen eignen, z. B. Calciumchlorid und -oxid, Bariumoxid, Magnesiumperchlorat, konzentrierte Schwefelsäure, Phosphorpentoxid und Kieselgel.

Trockensavanne, Vegetationstyp der Savanne in Gebieten mit 5–7 trockenen Monaten; die geschlossene Grasdecke erreicht 1–2 m Höhe, die Bäume sind regengrün.

Trockenschlaf, ein länger andauerndes, schlafähnl. Ruhestadium mancher Tiere (v. a. von Feuchtlufttieren wie Schnecken und Lurchen, bei Schildkröten, Lungenfischen) bei großer Trockenheit, v. a. in Trockengebieten.

Trockenwald, regengrüner, lichter Wald der wechselfeuchten Tropen und Subtropen in Gebieten mit 5–7 trockenen Monaten. Die 8–20 m hohen, meist laubabwerfenden Bäume weisen dicke Borken, Verdornung, teilweise immergrünes Hartlaub auf.

Trocknen (Trocknung), das Entziehen von Feuchtigkeit aus wasserhaltigen Stoffen; i. w. S. auch die Verflüchtigung von organ. Lösungsmitteln aus aufgetragenen Farb- und Lackschichten, beim Drucken, Stempeln, Kleben, Leimen u. a. (→ auch Konservierung).

trocknende Öle, Gruppe der fetten, v. a. aus Triglyceriden ein- oder mehrfach ungesättigter Fettsäuren bestehenden Öle, die durch Oxidations- und Vernetzungsreaktionen zu harten bis elast. Filmen erstarren.

Troddelblume (Alpenglöckchen, Soldanella), Gatt. der Primelgewächse mit sechs Arten in den Alpen; kleine Stauden mit nickenden Blüten mit blauvioletten oder rosafarbenen, geschlitzten Kronblättern; bekannte Art ist das *Alpenglöckchen* (Echtes Alpenglöckchen), bis 15 cm hoch, blaue Blüten; geschützt.

Troeltsch, Ernst [trœltʃ], * Haunstetten (= Augsburg) 17. 2. 1865, † Berlin 1. 2. 1923, dt. ev. Theologe, Philosoph und Historiker. Bed. Vertreter des Historismus; formulierte in ›Absolutheit des Christentums und die Religionsgeschichte‹ (1902) die Ablehnung des Absolutheitsanspruchs des Christentums (›Neuprotestantismus‹). – *Weiteres Werk:* ›Der Historismus und seine Probleme‹ (1922).

Troer, die Bewohner von Troja.

Troger, Paul, ≈ Welsberg bei Bozen 30. 10. 1698, † Wien 20. 7. 1762, österr. Maler. Zahlr. Deckenfresken (Stift Melk, Dom von Brixen) in heller Farbgebung sowie dramat. Altarbilder.

Trogons [griech.] (Nageschnäbler, Trogonidae), Fam. bis etwa 40 cm langer, oft prächtig bunt gefärbter Vögel mit über 30 Arten in trop. Wäldern der Alten und Neuen Welt.

Troddelblume: Alpenglöckchen

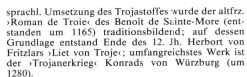

Troika [russ.], Pferdegespann, in dem drei Pferde nebeneinander vor einer Kutsche oder einem Schlitten angeschirrt werden.

Troisdorf ['troːsdɔrf], Stadt in der Kölner Bucht, NRW, 60 200 E. U. a. Eisen-, Stahl- und chem. Industrie.

Trois-Frères [frz. trwaˈfrɛːr], 1916 entdeckte mehrstufige Höhle (Gem. Montesquieu-Avantès, Dep. Ariège, Frankreich) mit techn. meisterhaft ausgeführten Gravierungen (seltener Malereien) des Magdalénien.

Trommel: 1 große Trommel; 2 Doppelfell-Handtrommel; 3 Rahmentrommeln (Handtrommeln); 4 Bongos, 5 kleine Trommel (Wirbeltrommel); 6 Rahmentrommel mit Plastikfell; 7 Rahmenschellentrommeln

Troja (auch Ilion), von Homer überlieferter griech. Name einer prähistor. Stadt, deren Ruinenhügel (Hisarlık) von H. Schliemann an der NW-Spitze Kleinasiens nahe dem Eingang der Dardanellen in der Ebene des Skamander aufgrund der topograph. Angaben Homers entdeckt und 1870–94 (seit 1882 zus. mit W. Dörpfeld) ausgegraben wurde (amerikan. Ausgrabungen 1932–38). Es wurden die Hauptsiedlungen 0–IX festgestellt, die durch Brandkatastrophen zugrunde gingen (VI durch Erdbeben).

Bei Homer ist T. Handlungszentrum des bedeutendsten Sagenkreises der griech. Mythologie. Unter Priamos kommt es wegen der Entführung Helenas durch den trojan. Prinzen Paris zum *Trojan. Krieg:* Agamemnon führt eine vereinigte Streitmacht der Griechen, der u. a. Achilleus und Odysseus angehören, gegen die von Hektor und Äneas verteidigte Stadt. Im 10. Kriegsjahr bringt eine List des Odysseus die Entscheidung: Dem in die Stadt geholten hölzernen *Trojan. Pferd* entsteigen nachts 30 Kämpfer der Griechen, um ihren Kampfgefährten die Tore zu öffnen; die Stadt wird ein Raub der Flammen. Nur Äneas gelingt es mit einigen Getreuen, dem Blutbad zu entkommen und die Stadtgötter nach Italien zu retten.

Literarisiert wurde der Trojan. Krieg in den spätantiken und mittelalterl. **Trojaromanen.** Für die volks-

Trommel:
Sanduhrtrommel aus
Neuguinea

sprachl. Umsetzung des Trojastoffes wurde die altfrz. ›Roman de Troie‹ des Benoît de Sainte-More (entstanden um 1165) traditionsbildend; auf dessen Grundlage entstand Ende des 12. Jh. Herbort von Fritzlars ›Liet von Troje‹; umfangreichstes Werk ist der ›Trojanerkrieg‹ Konrads von Würzburg (um 1280).

Trökes, Heinz, * Hamborn (= Duisburg) 15. 8. 1913, dt. Maler. Informelle Bilder, seit 1967 halluzinator. Bildfindungen.

Troll, Thaddäus, eigtl. Hans Bayer, * Stuttgart 18. 3. 1914, † ebd. 5. 7. 1980 (Selbstmord), dt. Schriftsteller. Humorist. Erzähler; auch Satiren, u. a. ›Deutschland deine Schwaben‹ (1967), Lyrik und Essays.

Troll, im nord. Volksglauben Dämon in Riesen- oder Zwergengestalt.

Trollblume, Gatt. der Hahnenfußgewächse mit rd. 20 Arten in den kalten und gemäßigten Gebieten der Nordhalbkugel. Einheimisch auf feuchten Wiesen und Bergwiesen ist die 10–50 cm hohe, ausdauernde, geschützte *Europ. T.* (Goldranunkel, Schmalzblume; mit kugeligen, goldgelben Blüten).

Trolleybus ['trɔli; engl.], svw. →Oberleitungsomnibus.

Trollinger, Blauer T., seit Anfang des 18. Jh. in Württemberg angebaute, anspruchsvolle, spätreifende Rebsorte aus Tirol; als Kelter- und Tafeltraube (Meraner Kurtraube) geeignet. Der T. ist ein leichter, blumiger, lange haltbarer Rotwein.

Trombe [italien.-frz.], Bez. für einen engbegrenzten Wirbelwind.

Trommel, Sammelbez. für →Membranophone, die als Schlaginstrumente benutzt werden. Man unterscheidet ein- oder zweifellige T., solche mit oder ohne Resonator (z. B. Röhre oder Gefäß aus Holz, Ton, Metall), der Form nach Rahmen-, Walzen-, Faß-, Becher-, Sanduhrtrommel. Die T. wird entweder mit verschiedenen Teilen der Hände (Finger, Handballen, flache Hand, Knöchel) oder mit Schlegeln angeschlagen; v. a. mit Schlegeln gespielt werden z. B. kleine und große T., Rühr-T., Tambourin, Tomtom, Timbales; mit Fingern bzw. Händen Rahmen-T. (Schellen-T., Bongo, Conga). – Die Form der *kleinen T.* ist zylindrisch; Höhe 16–18 cm, beim Jazz 8–14 cm; Durchmesser der Felle um 35 cm. Das obere Fell (Schlagfell) wird meist in der Mitte angeschlagen. Das untere (Resonanzfell) schwingt mit. Es wird quer darüber gespannte Schnarrsaiten geteilt, die den geräuschhaften Charakter der kleinen T. verstärken. Die Felle sind auf Fellwickelreifen gezogen und werden durch Schrauben gespannt. Ähnlich gebaut ist die *große T.;* Höhe 15–76 cm, Durchmesser der Felle 36–100 cm; sie wird z. B. im Jazz mit einer Fußmaschine angeschlagen.

Trommelfell →Gehörorgan.

Trommelfellentzündung (Myringitis), entsteht durch das Übergreifen einer Mittelohr- oder Gehörorganentzündung auf das Trommelfell.

Trommelsucht (Aufblähung), bes. bei Wiederkäuern auftretende Krankheit mit starker Auftreibung des Leibes infolge gesteigerter Gasbildung in Magen und Darm *(Meteorismus)* nach Aufnahme gärender oder quellender Futtermittel.

Trompe [frz.], halbkugelförmiger, hohler Ecktrichter (zur Überführung eines Grundrißquadrats in das Rund einer Kuppel).

Trompete [frz.], in der Instrumentenkunde Sammelbez. für Blasinstrumente mit Kesselmundstück und überwiegend zylindr. Röhre. – I. e. S. ein Blechblasinstrument mit Kesselmundstück, enger Mensur, zylindr.-kon. Röhre (v. a. aus Messing oder Neusilber) und mittelbreit ausladender Stürze. Die T. hat Bügelform: Neben einer längl., in sich geschlossenen Windung verläuft das gestreckte Schallstück. Im Unterschied zur *Orchester-T.* hat die (auch in frz. und amerikan. Orchestern gebräuchl.) *Jazz-T.* Pump- (statt Zylinder-)Ventile und weitere Mensur; der kon. Rohrteil ist oft länger als die zylindrische. – Standardinstrument ist die T. in B (Umfang e bis etwa c³); oft ist das Umstimmen nach A oder C möglich. Gebräuchlich sind weiter T. in C (über B), F und Es (unter B). ›Kleine T.‹ sind die höher als die C-T. klingenden T. (in D, Es, F). Für die heutige Wiedergabe der hohen T.partien des Barock gibt es u. a. sehr kurze Ventil-T. (in hoch B), sog. *Bach-T.*, aber auch lange *Natur-T.*, in der Art des Barock. Weitere Typen: *Baß-T.* (in Es, C, B), *Aida-T.* und *Fanfare*.

Trompetenbaum (Katalpe), Gatt. der Bignoniengewächse mit 13 Arten in O-Asien, N-Amerika und auf den Westind. Inseln; sommergrüne Bäume mit meist sehr großen Blättern; z. T. Parkbäume.

Trompetentierchen, Gatt. bis etwa 1 mm langer, trichterförmiger Wimpertierchen mit mehreren einheim. Arten in nährstoffreichen Süßgewässern; Bakterienfresser.

Tromsø ['trɔmzø, norweg. ˌtrumsø:], Stadt in N-Norwegen, 50 200 E. Hauptstadt des Verw.-Geb. Troms; Univ., Nordlichtobservatorium, Erdbebenwarte; u. a. Schiffbau.

Trondheim → Drontheim.

Tropen [griech.], die Gebiete beiderseits des Äquators (bis zu den Wendekreisen) mit ständig hohen Temperaturen und geringen tages- und noch geringeren jahreszeitl. Temperaturschwankungen, gegliedert in die äquatornahen inneren T., wo die Trockenzeiten nur kurz und schwach ausgeprägt sind, und die äußeren wechselfeuchten T. mit ausgeprägten Regen- und Trockenzeiten.

Tropen (Einz. Trope oder Tropus) [griech.], in der *Rhetorik* zusammenfassende Bez. für die sprachl. Ausdrucksmittel der uneigentl. Rede. T. betreffen das Einzelwort, das nicht im eigtl. Sinne, sondern in einem übertragenen gebraucht wird, z. B. ›Blüte‹ für ›Jugend‹.

Tropenmedizin, Teilgebiet der Medizin, das sich mit der Erforschung, Behandlung und präventiven Bekämpfung von Tropenkrankheiten beschäftigt und die Lebensbedingungen in den trop. Zonen erforscht.

Tröpfcheninfektion, unmittelbare Übertragung von Krankheitserregern über feinste Speichel- oder Schleimtröpfchen beim Sprechen, Husten und Niesen.

Tröpfchenmodell → Kernmodell.

Tropfsteine, v. a. in Karsthöhlen vorkommende Kalksinterabsätze, ausgebildet als zapfenförmige **Stalaktiten,** die von der Decke herabwachsen, und breitere **Stalagmiten,** die diesen vom Boden her entgegenwachsen, wobei beide zu Säulen **(Stalagnaten)** verschmelzen können.

Trophäe [griech.-lat.], Siegesmal aus erbeuteten Waffen; Siegeszeichen (z. B. erbeutete Fahne eines Feindes); Jagdbeute.

trophogene Zone [griech.] (trophogene Region), in der Ökologie die obere, lichtdurchlässige Schicht der Gewässer, in der durch Photosynthese organ. Substanz aufgebaut wird.

Tropikvögel [griech./dt.] (Phaethontidae), Fam. bis fast 50 cm langer, weißer, teilweise schwarz gezeichneter Seevögel mit drei Arten über trop. Meeren.

Tropismus [griech.], durch verschiedene Außenreize verursachte, im Ggs. zur → Nastie in Beziehung zur Reizrichtung stehende Orientierungsbewegung von Teilen festgewachsener Pflanzen bzw. bei sessilen Tieren (z. B. Moostierchen). Nach Art des auslösenden Reizes unterscheidet man u. a.: *Chemo-T.*, eine durch chem. Reize verursachte Bewegung (z. B. Wachstumsbewegung der Wurzeln). *Geo-T.*, Bewe-

gungsreaktion auf den Reiz der Erdschwerkraft. *Hapto-T.*, durch Berührungsreiz ausgelöste Wachstumsbewegung mit in deutl. Beziehung zur Reizrichtung stehender Bewegungsrichtung (bes. bei Rankenpflanzen). *Photo-T.*, durch einseitige Lichtreize ausgelöste, zur Reizquelle gerichtete Lageveränderung oberird. Pflanzenteile.

Troposphäre [griech.] → Atmosphäre.

Tropsch, Hans, * Plan (= Planá, Westböhm. Gebiet) 7. 10. 1889, † Essen 8. 10. 1935, dt. Chemiker. Arbeiten u. a. zur Theorie der Kohleentstehung; entwickelte mit F. Fischer die → Fischer-Tropsch-Synthese.

Tropus [griech.], 1) *Rhetorik:* → Tropen.
2) *Liturgie des MA:* die textl. (Textierung von → Melismen) oder textl. und musikal. Erweiterung eines liturg. Gesanges durch vorangestellte, eingeschaltete oder angehängte Zusätze. Mit der Einführung von Versmaß und Reim wurden die Tropen zu einem eigenen Zweig mittelalterl. Dichtung.

Trossingen, Stadt in der Baar, Bad.-Württ., 11 000 E. Staatl. Hochschule für Musik, Musikinstrumentenbau.

Trotta, Margarethe von, * Berlin 21. 2. 1942, dt. Schauspielerin und Filmregisseurin; ∞ mit V. Schlöndorff. Spielte u. a. in ›Der Fangschuß‹ (1976); führte Regie u. a. in ›Die verlorene Ehre der Katharina Blum‹ (1975; zus. mit V. Schlöndorff), ›Die bleierne Zeit‹ (1981), ›Rosa Luxemburg‹ (1985).

Trottoir [trɔto'a:r; frz.], Bürgersteig.

Trott zu Solz, Adam von, * Potsdam 9. 8. 1909, † Berlin-Plötzensee 26. 8. 1944 (hingerichtet), dt. Widerstandskämpfer. Seit 1940 im Auswärtigen Amt; versuchte alliierte Unterstützung für die dt. Widerstandsbewegung zu gewinnen.

Trotyl [Kw.] → Nitrotoluole.

Trotzalter (Trotzphase), typ. Phase in der psychosozialen Entwicklung des Kindes (gewöhnl. in der Zeit des 3. und 4. Lebensjahres), in der das Kind die (neuentdeckte) Fähigkeit übt, eigenen Willen zu erfahren und auch durchzusetzen. Hinzu kommt, daß das Kind mit dieser Fähigkeit experimentiert und sie unabhängig davon, ob sie der jeweiligen Situation angemessen ist, demonstriert. Die Phase etwa zw. dem 12. und 15. Lebensjahr wird – v. a. wegen der Protesthaltung Jugendlicher gegen Erwachsene (→ Pubertät) – häufig auch als zweites T. bezeichnet.

Trotzki, Leo (Lew), russ. Lew Dawidowitsch Trozki, eigtl. Leib Bronschtein, * Iwanowka (?) (Gouvernement Cherson) 7. 11. 1879, † Coyoacán bei Mexiko 21. 8. 1940, russ. Revolutionär und Politiker. Urspr. Menschewik, schloß er sich 1917 den Bolschewiki an; führend an der Oktoberrevolution beteiligt; 1917/18 Volkskommissar des Äußeren und Leiter der Sowjetdelegation bei den Friedensverhandlungen in Brest-Litowsk. Als Volkskommissar für Verteidigung (seit 1918) schuf T. die Rote Armee und damit die Voraussetzung für den Sieg der Bolschewiki im Bürgerkrieg 1918–22. Nach Lenins Tod (1924) griff T. offen den Bürokratismus, Stalins Wirtschaftskonzeption und dessen Theorie vom ›Sozialismus in einem Land‹ an; wurde von Stalin aus Regierungs- (1925) und Parteiämtern (1926/27) entfernt; 1929 ausgewiesen, kämpfte er im Exil gegen den Stalinismus und gründete 1938 die Vierte Internationale; vermutl. von einem GPU-Agenten ermordet.

Trotzkismus, von L. Trotzki entwickelte polit. Theorie, deren Kernstück die Theorie der permanenten Revolution (die Revolution als ständiger Prozeß muß zur Weltrevolution werden), das Festhalten am proletar. Internationalismus und die Kritik an der unter Stalin eingeleiteten bürokrat. Entartung der Sowjetunion ist.

Troubadour ['tru:badu:r, tru:ba'du:r; provenzal.-frz.], provenzal. Dichter-Sänger des 12. und 13. Jh.,

Trollblume:
Europäische
Trollblume

Trompete

Leo Trotzki

der Texte und Melodien seiner Lieder meist auch selbst vortrug. T. waren u. a. Adelige, Ministerialen, Kleriker, Bürgerliche, darunter auch Frauen. Im Mittelpunkt ihrer Lyrik stand der Minnekult, die Verehrung einer unerreichbaren höf. Herrin. Die T.dichtung ist eine in den Rahmen der aristokrat. Hierarchie eingespannte Gesellschaftskunst. Sie stellt die erste Blüte weltl. Lyrik dar (bed. für den dt. → Minnesang) und hat sich in zahlr. Handschriften (u. a. ›Chansonnier du roi‹, 13. Jh.) erhalten. Hauptgattung war die → Kanzone, Sprache die Langue d'oc. Als ältester T. gilt Wilhelm IX., Herzog von Aquitanien; weitere bed. Vertreter: Bernart de Ventadour (* zw. 1125 und 1130, † um 1195), Peire Cardenal (* um 1174, † um 1272), Bertran de Born (* um 1140, † vor 1215), Peire Vidal (* um 1175, † um 1210).

Trouvère [frz. truˈvɛːr; eigtl. ›Erfinder von Versen‹], mittelalterl. frz. Dichter-Sänger, nordfrz. Entsprechung zum provenzal. → Troubadour; seit dem 2. Hälfte des 12. Jh. an nordfrz. Höfen. Bed. Vertreter: Chrétien de Troyes, Thibaut IV. de Champagne, Adam de la Halle.

Troyat, Henri [frz. trwaˈja], eigtl. Lew Tarassow, * Moskau 1. 11. 1911, frz. Schriftsteller russ. Herkunft. Schrieb psycholog., historisch und familiengeschichtl. Themen, u. a. ›Die Giftspinne‹ (1938); auch Dramen, Reiseberichte und Biographien (›Die große Katharina‹, 1977).

Troyes [frz. trwa], frz. Stadt in der südl. Champagne, 65 400 E. Verwaltungssitz des Dep. Aube; Museen; u. a. Wirkwarenindustrie. Got. Kathedrale (1208 ff.) mit bed. Glasfenstern, got. ehem. Stiftskirche Saint-Urbain (1262–86); zahlr. alte Häuser und Paläste (13.–17. Jh.). – Seit dem 4. Jh. Sitz der Bischöfe, im frühen MA Stadtherren, bis sie 958/959 von den Grafen von T. (später der Champagne) abgelöst wurden; 12.–14. Jh. bed. Messeort. – Westl. der Stadt liegen die → Katalaunischen Felder.

Trubar, Primož (Primus Truber), Pseud. Philopatridus Illyricus, * Rašica 9. 6. 1508, † Derendingen (= Tübingen) 28. 6. 1586, slowen. Schriftsteller. Prediger; wirkte für die Ausbreitung der Reformation unter den Slowenen; Mitbegründer der slowen. Schriftsprache.

Trübglas, Bez. für Gläser, die durch Zuschläge zur Glasschmelze oder durch teilweise Entglasung (Rekristallisation) des fertigen Glases undurchsichtig gemacht sind und nach der mehr oder weniger dichten, meist weißen Trübung auch als *Milch-* oder *Opal[es]zent]glas,* bei Entglasung auch als *Alabasterglas* bezeichnet werden.

Trübner, Wilhelm, * Heidelberg 3. 2. 1851, † Karlsruhe 21. 12. 1917, dt. Maler. Gehörte zum Kreis um W. Leibl; später impressionist. Züge (Landschaften, Bildnisse).

Truchseß, Inhaber des vornehmsten der german. Hausämter; Hausverwalter und Küchenmeister. Das mit einem Territorium verbundene [Ehren]amt des **Erztruchseß** war seit dem 12. Jh. im Besitz der Pfalzgrafen bei Rhein.

Trud, oberdt. Bez. für Hexe oder Alp; männl. Entsprechung: **Trudner, Truder.**

Trudeau, Pierre Elliott [frz. tryˈdo], * Montreal 18. 10. 1919, kanad. Politiker. 1967/68 Justiz-Min. und Generalstaatsanwalt; 1968–84 Führer der Liberalen Partei; 1968–79, erneut 1980–84 Premierminister.

Truffaut, François [frz. tryˈfo], * Paris 6. 2. 1932, † ebd. 21. 10. 1984, frz. Filmregisseur. Gehörte u. a. mit ›Sie küßten und sie schlugen ihn‹ (1959), und ›Jules und Jim‹ (1961) zu den Protagonisten der → Neuen Welle. – *Weitere Filme:* Fahrenheit 451 (1966), Die Geschichte der Adèle H. (1975), Die letzte Metro (1980), Die Frau nebenan (1982), Auf Liebe und Tod (1983).

Trüffel:
Sommertrüffel;
LINKS angeschnitten

**Harry Spencer
Truman**

François Truffaut

Trüffel [lat.-frz.], Gattung der Trüffelpilze mit rd. 50 Arten in Europa und N-Amerika; Fruchtkörper unterirdisch, kartoffelähnlich, mit rauher, dunkler Rinde. T. sind die kostbarsten Speise- und Gewürzpilze, z. B. *Perigord-T.* (bis 15 cm groß, von leicht stechendem, pikantem Geruch), *Winter-T.* (Muskat-T., bis 5 cm groß; aromatisch duftend) und die innen hellbraune *Sommertrüffel.* Wo Trüffeln in größeren Mengen vorkommen (z. B. S-Frankreich), werden sie mit Hilfe von Hunden und Schweinen aufgespürt.

Trüffelpilze (Tuberales), Ordnung der Scheibenpilze mit knolligen unterird. Fruchtkörpern, in deren Innerem in gekammerten Hohlräumen die Fruchtschicht entsteht; rd. 30 Gatt. in vier Familien.

Trugdolde → Blütenstand.

Trughirsche (Odocoileinae), Unterfam. etwa hasen- bis rothirschgroßer Hirsche mit rd. 15 Arten in Eurasien, N- und S-Amerika; Männchen mit Geweih; die T. umfassen Rehe, Ren, Elch und Neuwelthirsche.

Trugnattern (Boiginae), bes. in den Tropen verbreitete Unterfam. der Nattern, deren hinterer Teil des Oberkiefers verlängerte Giftzähne trägt; Biß für den Menschen meist ungefährlich mit Ausnahme der über 1,5 m langen *Boomslang* in M- und S-Afrika und der schlanken, spitzköpfigen *Lianenschlange.* Zu den T. gehören ferner u. a. → Eidechsennatter, *Kapuzennatter* (etwa 50 cm lang, auf der Pyrenäenhalbinsel und in N-Afrika) und *Katzennatter* (etwa 80 cm lang, in SW-Asien und auf dem Balkan).

Trujillo [span. truˈxijo], peruan. Dep.hauptstadt, in der Küstenebene, 491 000 E. Univ., archäolog. Museum, Theater. Kathedrale (17. und 18. Jh.), Kirche El Belén (um 1759). – 1535 von F. Pizarro gegründet.

Trulli (Einz. Trullo) [italien.], steinerne Kegeldachbauten (unechte Gewölbe) v. a. in Apulien.

Truman, Harry Spencer [engl. ˈtruːmən], * Lamar (Mo.) 8. 5. 1884, † Kansas City (Mo.) 26. 12. 1972, 33. Präs. der USA (1945–53). Demokrat; 1945 Vize-Präs.; nach Roosevelts Tod 1945 Nachfolger im Präsidentenamt; führte die Kriegspolitik der USA bis zur Niederwerfung Japans weiter; suchte mit der Politik des → Containment und der → Truman-Doktrin eine weitere sowjet. Expansion zu verhindern; förderte mit der Marshallplanhilfe den wirtschaftl. Wiederaufbau W-Europas; engagierte die USA im Koreakrieg; führte die Wirtschafts- und Sozialpolitik nach dem → Fair Deal fort.

Truman-Doktrin [engl. ˈtruːmən], außenpolit. Leitlinie der USA, wonach sie anderen Völkern auf deren Ersuchen hin militär. und wirtschaftl. Hilfe gegen eine Gefährdung ihrer Freiheit von innen oder außen gewährten; vom amerikan. Präs. H. S. Truman in einer Rede vor dem Kongreß am 12. 3. 1947 formuliert.

Trumscheit (Trompetengeige, Marientrompete, Tromba marina), Streichinstrument mit langem schmalem Schallkörper, nicht selten manns- oder übermannshoch, und nur einer Saite.

Trundholm [dän. ˈtronhoʼlm], Moor bei Nykøbing, NW-Seeland, Dänemark; Fundstelle (1902) von Teilen eines bronzenen Kultwagens (›Sonnenwagen‹) des 14./13. Jh. v. Chr.

Trunkenheitsdelikte, Straftaten, die unter dem Einfluß alkohol. Getränke begangen werden. Im Straßenverkehr gilt der Kraffahrer ab einer Blutalkoholkonzentration von 1,1‰ als absolut fahruntüchtig. Ab 0,8‰ liegt eine Ordnungswidrigkeit vor, die mit Geldbuße bis zu DM 3 000,– geahndet werden kann.

Trunksucht, die Gewöhnung an häufigen Alkoholgenuß (→ Alkoholismus).

Truppengattungen, die nach militär. Auftrag, Ausrüstung und Bewaffnung unterschiedenen Truppen (früher Waffengattungen); im Heer der dt. Bundeswehr:

Kampftruppen	Kampfunterstützungstruppen
Jäger	Artillerie
Gebirgsjäger	Heeresflugabwehrtruppe
Fallschirmjäger	Heeresflieger
Panzergrenadiere	Pioniere
Panzertruppe	ABC-Abwehrtruppe
Panzerjäger	
Panzeraufklärer	
Führungstruppen	**Logistiktruppen**
Fernmeldetruppe	Instandsetzungstruppe
Feldjäger	Nachschubtruppe
Fernspäher	**Sanitätstruppe**
Topographietruppe	
PSV-Truppe	

Trust [engl. trʌst; Kurzbez. für engl. trust company ›Treuhandgesellschaft‹], Unternehmenszusammenschluß unter einer Dachgesellschaft, bei dem die einzelnen Unternehmen im Unterschied zum Konzern meist ihre rechtl. und wirtschaftl. Selbständigkeit verlieren.

Truthühner (Meleagridinae), Unterfam. bis fast 1,3 m langer, in kleinen Trupps lebender, ungern auffliegender Hühnervögel (Fam. Fasanenartige) mit nur zwei Arten in Wäldern Z-Amerikas und der südl. N-Amerika; Kopf und Hals nackt, rötlichviolett, mit lappenförmigen Anhängen; Lauf des Männchens mit Sporn. Das **Wildtruthuhn** ist die Stammform des *Haustruthuhns* mit etwa acht Schlägen, darunter *Bronzeputen* (♂ bis 15 kg, ♀ bis 8 kg schwer) und *Beltsville-Puten* (♂ bis 12 kg, ♀ bis 6 kg schwer).

Trybuna, poln. Tageszeitung; Organ der Sozialdemokratie der Republik Polen, bis 1 990 u. d. T. Trybuna Ludu Organ der Vereinigten Poln. Arbeiterpartei; gegr. 1948; erscheint in Warschau.

Trypanosomen [griech.], farblose parasit. Flagellaten der Fam. Trypanosomatidae. Die T. besitzen nur eine Geißel, die über eine undulierende Membran mit der Zelloberfläche verbunden sein kann. Wichtige Gatt. sind Leishmania, Leptomonas und Trypanosoma mit etwa 200 Arten, darunter gefährl. Krankheitserreger beim Menschen (Schlafkrankheit) und bei Haustieren (Beschälseuche).

Trypsin [griech.], eine → Peptidase (Enzym) der Bauchspeicheldrüse.

Tsaratananamassiv, Gebirge im N Madagaskars, im Maromokotro 2 876 m hoch.

Tsavo-Nationalpark [engl. 'tsɑːvoʊ], mit 20 800 km² größter Nationalpark Kenias, östl. des Kilimandscharo.

Tschad

Fläche: 1 284 000 km²
Einwohner (1990): 5,54 Mio.
Hauptstadt: N'Djamena
Verwaltungsgliederung: 14 Präfekturen
Amtssprache: Französisch
Nationalfeiertag: 11. 8.
Währung: CFA-Franc (FC. F. A.)
Zeitzone: MEZ + 1 Std.

Tschad [tʃat, tʃaːt] (amtl. Republik T.), Staat in Afrika, grenzt im N an Libyen, im O an Sudan, im S an die Zentralafrikan. Republik, im SW an Kamerun, im Tschadsee an Nigeria, im W an Niger.

Landesnatur: T. liegt in der Sahara, im Sahel und im Sudan, und zwar im Osteil des Tschadbeckens, einer Rumpffläche in 200–500 m Höhe. Im O wird T. von der Wadaischwelle (im Ennedi 1 450 m), im N

vom Tibesti (im Emi Kussi 3 415 m) begrenzt. Hydrograph. Zentrum ist der abflußlose Tschadsee. Der S des Landes hat randtrop. Klima, der N Wüstenklima. Das Landschaftsbild wird von Savannen, Trockenwäldern und Wüsten bestimmt.

Bevölkerung: Im nördl. und mittleren T. leben Araber (Händler und Viehzüchter), im S Sara und Bagirmi (Ackerbauern). Weitere ethn. Gruppen sind u. a. Tubu, Mbum, Mabang, Tama, Mubi, Sokoro, Haussa. 44 % der E sind Muslime, 17 % Christen. Schulpflicht besteht für alle 6–14jährigen; Univ. in N'Djamena.

Wirtschaft, Verkehr: Anbau von Baumwolle, Weizen, Zuckerrohr und Tabak. Grundnahrungsmittel sind Hirse, Maniok und Süßkartoffeln; Fischerei im Tschadsee; Natron- und Steinsalzgewinnung. Kaum industrialisiert. Von den 40 000 km Straßen ist der größte Teil nur zur Trockenzeit befahrbar. Internat. ✈ ist N'Djamena.

Geschichte: Das Tschadbecken gehörte vor dem Eindringen der Europäer zu den alten Reichen Bagirmi (16.–19. Jh.), Kanem-Bornu und Wadai. 1900 hatte sich Frankreich im Tschadbecken festgesetzt. Das Gebiet gehörte 1910 zum Generalgouvernement Frz.-Äquatorialafrika und wurde 1946 ein Überseeterritorium innerhalb der Frz. Union, 1958 eine autonome Republik der Frz. Gemeinschaft, in der T. auch nach der Unabhängigkeit (1960) verblieb. Staats-Präs. N'Garta Tombalbaye (* 1918, † 1975) konnte sich mit Hilfe frz. Truppen gegen die von Libyen unterstützten Aufständischen der ›Front de Libération Nationale‹ (FROLINAT) im N behaupten, wurde aber 1975 von der Armee gestürzt und getötet. Nach dem Eingreifen der Nachbarstaaten (u. a. Nigeria) kam im Nov. 1979 eine Übergangsregierung der Nat. Union unter Beteiligung von 11 rivalisierenden Gruppen zustande; Staats- und Regierungschef wurde der FROLINAT-Befehlshaber Goukouni Oueddei (* 1944). In die im März 1980 ausbrechenden Kämpfe griffen auf Ersuchen Oueddeis libysche Streitkräfte ein und vertrieben den Rebellenführer Hissène Habré (* 1936?). Sie zogen sich erst Ende 1981 zurück, als eine Friedenstruppe der OAU nach T. entsandt wurde, die den Fortgang des Bürgerkriegs jedoch nicht verhindern konnte. Im Juni 1982 eroberten Truppen Habrés die Hauptstadt N'Djamena und stürzten Präs. Oueddei. Habré wurde im Okt. 1982 Staatspräsident. Anfang 1983 flammte der Bürgerkrieg wieder auf und führte zur direkten Konfrontation zw. Frankreich und Libyen. Nachdem sich Oueddei von Libyen 1986 losgesagt hatte, wandte er sich zus. mit Präs. Habré gegen Libyen, das den N-Teil des T. besetzt hielt. Kurzfristig konnten 1987 tschad. Truppen auf libysches Staatsgebiet vorstoßen. Ein Friedensvertrag (1991 erweitert) beendete die Kämpfe im Aug. 1989. Im Nov. 1990 wurde der 1989 in seinem Amt bestätigte Habré von dem aus dem Sudan operierenden, ehem. tschad. Kommandanten Idriss Deby (* 1952) gestürzt; Deby stellte Wahlen in einem Mehrparteiensystem in Aussicht.

Politisches System: Republik; Übergangs*verfassung* von 1991. *Staatsoberhaupt* und Inhaber der *Exekutivgewalt* war bislang der für 7 Jahre direkt gewählte Präsident. *Legislativorgan* war die für 5 Jahre gewählte Nationalversammlung. *Parteien:* bislang nur der Zusammenschluß 15 kleinerer Gruppen, die Union Nationale pour l'Independence et la Révolution (UNIR). – Karte II, Bd. 2, n. S. 320.

Tschadbecken [tʃat, tʃaːt], großräumiges Senkungsgebiet in Z-Afrika, in der Sahara und im Sudan; tiefste Stelle (160 m ü. d. M.) ist das Bodélé bzw. Tschadsee und Tibesti.

Tschador [pers.] →Schador.

Tschadsee [tʃat, tʃaːt], abflußloser Süßwassersee in Afrika (Endsee des Schari) mit wechselnder Aus-

Tschad

Staatsflagge

Staatswappen

dehnung; v. a. im O-Teil zahlr. Inseln. Etwa 6 800 km² sind Sumpfgebiet, etwa 17 000 km² offene Wasserfläche; Anteil am T. haben Tschad, Niger, Kamerun und Nigeria.

tschechische Kunst: Tafel des Hohenfurther Altars, ›Christus auf dem Ölberg‹; um 1350 (Prag, Národní Galerie)

Pjotr Iljitsch Tschaikowski

Tschaikowski, Pjotr Iljitsch, * Wotkinsk 7. 5. 1840, † Petersburg 6. 11. 1893, russ. Komponist. Seine westlich orientierte, gleichermaßen dramat. wie lyr. Musiksprache, verbunden mit dem Sinn der Romantik für ausdrucksstarke, wirkungsvolle Instrumentation, zeigt sich u. a. in den Orchesterfantasien ›Romeo und Julia‹ (1869), ›Francesca da Rimini‹ (1876), den 7 Sinfonien (darunter 6. h-Moll ›Pathétique‹, 1893) sowie den 3 Klavierkonzerten. Sein vielfältiges Opernschaffen (10 Werke) umfaßt verschiedene Typen, die histor. Oper (›Die Jungfrau von Orléans‹, 1881, nach Schiller), das lyr. Drama (›Eugen Onegin‹, 1879, nach Puschkin), das psycholog. Drama (›Pique Dame‹, 1890, nach Puschkin). Die Ballette (›Schwanensee‹, 1877; ›Dornröschen‹, 1890; ›Der Nußknacker‹, 1892) begründeten das Genre des sinfon. Balletts; auch Kammer- und Klaviermusik.

Tschako [ungar.], hohe Mütze (aus Leder oder Filz) mit Stirnschirm; im 19. Jh. von fast allen Armeen übernommen, vorwiegend von Jägern und vom Train (Gefolge) sowie von Spezialeinheiten und nach 1918 von der dt. Polizei getragen.

Tschandragupta Maurja (griech. Sandrakottos), ind. König (um 322 bis um 300). Gründer der Dynastie Maurja; stürzte um 322 v. Chr. die Dynastie Nanda und schuf von Magadha aus ein Großreich. Um 300 wurde er Dschainamönch.

Tschangscha, chin. Stadt, →Changsha.

Tschangtschun, Stadt in China, →Changchun.

Tschapka, Kopfbedeckung der Ulanen; auf rundem Helmkörper sitzt ein quadrat. Deckel, eine Spitze nach vorn weisend.

Tschardschou [russ. tʃɪrˈdʒou], Gebietshauptstadt in Turkmenien, am Amudarja, 162 000 E. Turkmen. Ind.zentrum; Hafen.

Tschawtschawadse, Ilja Grigorjewitsch [russ. tʃɐftʃɪˈvadzɪ], * Kwareli 27. 10. 1837, † bei Tiflis 12. 9. 1907 (ermordet), georg. Dichter. Schöpfer der georg. Literatursprache; schrieb lyrische Gedichte, Versepen und Erzählungen; setzte sich für die nat. und soziale Befreiung ein.

Tscheboxary [russ. tʃɪbakˈsari], Hauptstadt der Tschuwasch. Republik innerhalb Rußlands, an der

Wolga, 402 000 E. Univ., Theater, Philharmonie; u. a. Traktorenersatzteilwerk; Hafen.

Tschechen (Eigenname Češi [Einz. Čech]), westslaw. Volk in Böhmen und Mähren, ČSFR.

Tschechisch, zum westl. Zweig der slaw. Sprachen gehörende Sprache der Tschechen, die in der Tschechoslowakei von fast 10 Mio. Menschen und von mehr als 500 000 Emigranten gesprochen wird. – Die neutschech. Schriftsprache wird in lat. Buchstaben mit diakrit. Zeichen geschrieben. Im Konsonantensystem fallen die ausgeprägte Stimmtonkorrelation und eine Palatalitätskorrelation auf; die Laute [r, l] können auch silbenbildend sein. Bei der Nominalflexion gibt es die Belebtheitskategorie. Bei der Verbflexion werden perfektiver und imperfektiver Aspekt unterschieden. Die Dialekte werden in zwei Gruppen eingeteilt: das Böhmische und das Mährische.

tschechische Kunst, früheste Baudenkmäler in *Böhmen* und *Mähren* sind kleine Rundkirchen (seit dem 9. Jh.), seit dem 10. Jh. tritt auch der Basilikatypus auf (Ordenskirchen). Prag, seit dem 10. Jh. ausgebaut, wird im 14. Jh. als Residenzstadt des dt. Königs Karls IV. ein Zentrum europ. mittelalterl. Kunst. Die Prager Dombauhütte (seit 1344 unter Matthias von Arras, seit 1353 unter P. Parler) ist gleichermaßen berühmt für ihre Wölbetechnik wie für ihre dekorative und figürl. Plastik (Przemyslidengrabmäler; Triforienbüsten, die frühesten naturalist. Porträtdarstellungen in der Skulptur; Schöne Madonnen des Krumauer Meisters). Die zuvor schon durch Miniaturen vertretene Malerei (Kodex aus Vyšehrad, 1085) kam im 14. Jh. ebenfalls zu hoher Blüte: Hohenfurther Altar (um 1350), Tommaso da Modena, Theoderich von Prag (Wandbilder in Burg Karlstein, um 1360), Meister von Wittingau. Eine vergleichbare fruchtbare Epoche von europ. Rang war das böhm. Barock mit den Werken der Baumeisterfamilie Dientzenhofer, der Bildhauer M. Braun und Ferdinand Maximilian Brokoff (* 1688, † 1731), der Maler Peter Johannes Brandl (* 1668, † 1735) und Wenzel Lorenz Reiner (* 1689, † 1743). Eine nat. betonte t. K. setzte im 19. Jh. ein (romant. Historien- und Landschaftsmalerei, u. a. Josef Navrátil (* 1798, † 1865), Josef Mánes (* 1820, † 1871), Mikoláš Aleš (* 1852, † 1913). In Paris profilierten sich Alfons Mucha (* 1860, † 1939) als Vertreter des Jugendstils, F. Kupka als Mitbegründer der orphist. und abstrakten Malerei; in Prag stellte die ›Gruppe der Acht‹ (Emil Filla [* 1882, † 1953]) den Kubismus vor. Für die neut.-tschech. Plastik war der Bildhauer Josef Václav Myslbek (* 1848, † 1922) die bestimmende Figur. Der historisierenden Architektur (Prager Nationaltheater, 1867–83) setzte Jan Kotěra (* 1871, † 1923) moderne Konzepte entgegen. Die vielfältige Entwicklung der 1960er Jahre wurde wieder zurückgedrängt; bes. bekannt ist Jiři Kolář (* 1914).

tschechische Literatur, erste schriftl. literar. Schöpfungen aus dem 10.–14. Jh.; zunächst kirchenslaw. Übersetzungsschrifttum, dann lat. Literatur. Anfang des 14. Jh. setzte die *alttschech. L.* mit höf. Verskunst ein, z. B. ›Alexandreis‹ (um 1310), ›Dalimilchronik‹. Die Regierungszeit Karls IV. (1346–1378) bewirkte eine Steigerung des Kulturschaffens. Die tschech. reformator. Bewegung kulminierte im 15. Jh. mit J. Hus, der seine Ideen in tschech. Predigten und Erbauungsschriften verbreitete. Die geistigen Grundlagen der Böhm. Brüder schuf Petr Chelčický (* um 1390, † 1460). Die 2. Hälfte des 15. Jh. und das 16. Jh. zeigten eine starke Hinwendung zu humanist. Gedankengut und nlat. Dichtung, vorbildl. auch für die tschech. Schriftsprache, bes. durch Übersetzungen (Kralitzer Bibelübersetzung, 1579–93) und Nachdichtungen. Vers und Prosa des ausgehenden 16. Jh. zeigen zeitbezogene und moralisierende Thematik.

Das *17. und 18. Jh.* bedeutete eine Periode der literarischen Stagnation, in der insbes. dt. Einfluß vorherrschte. Die hervorragenden Vertreter t. L. und Kultur emigrierten (böhm. Exulanten) und setzten sich für Tschechentum und vaterländ. Literatur ein, z. B. J. A. Comenius.

Die *neuere tschech. L.* wurzelt in der nat. Wiedergeburt des Tschechentums (etwa ab 1780), das sich unter dem Einfluß der Herderschen Ideen sowie der Frz. Revolution der drohenden Selbstentfremdung und Germanisierung entzog, v. a. durch Josef Dobrovský (* 1753, † 1829) und Josef Jungmann (* 1773, † 1847), die die Grundlagen der modernen neutschech. Sprache schufen. Höhepunkte der tschech. *Romantik* bildeten die Sonette J. Kollárs sowie die Vers- und Prosadichtungen K. H. Máchas. Das moderne tschech. Drama begründeten Václav Kliment Klicpera (* 1792, † 1859) und Josef Kajetán Tyl (* 1808, † 1856). In den 1860er Jahren konnten sich drei literar. Strömungen entfalten: die ›Máj‹-Bewegung (u. a. J. Neruda, Vítězslav Hálek [* 1835, † 1874]), die nat. Akzente setzende ›Ruch‹-Gruppe (Svatopluk Cech [* 1846, † 1908] u. a.) und die ›Lumír‹-Bewegung mit Julius Zeyer (* 1841, † 1901) und Jaroslaw Kvapil (* 1868, † 1950). In den 1890er Jahren formte sich die tschech. *Moderne* unter dem Einfluß bes. des frz. Symbolismus (František Xaver Salda [* 1867, † 1937]) und erreichte ihren Höhepunkt in der (auch soziale Themen gestaltenden) Lyrik von O. Březina, Antonín Sova (* 1864, † 1928), Petr Bezruč (* 1867, † 1958). Nach Wiedererringung der staatl. Selbständigkeit (1918) formte sich um die dem *Futurismus* nahestehende Künstlergruppe ›Devětsil‹ (›Neunkräfte‹) die literar. Avantgardebewegung des Poetismus (J. Seifert, Karel Teige [* 1900, † 1951], Jiří Wolker [* 1900, † 1924], Vítězslav Nezval [* 1900, † 1958], Jiří Mahen [* 1882, † 1939]). Europ. Geltung erlangten v. a. die Erzähler J. Hašek und K. Čapek sowie der Dramatiker F. Langer. – Nach 1945 Verarmung der Literatur (→ sozialistischer Realismus). Zw. 1960–68 Aufschwung der freien Literatur, vertreten u. a. durch L. Vaculik, Bohumil Hrabal (* 1914), I. Klíma, M. Kundera, Ladislav Fuks (* 1923), J. Skácel, P. Kohout und V. Havel. Nach der sowjet. Okkupation (1968) entstand eine bed. Exilliteratur (u. a. P. Kohout, M. Kundera, O. Filip, Josef Škvorecký [* 1924]), die seit dem polit. Umbruch Ende 1989 (V. → Havel) v. a. auch im eigenen Land frei gelesen werden kann.

tschechische Musik, im MA v. a. volkssprachl. Kirchenmusik und volkstüml. Liedkunst; im 15./16. Jh. Blütezeit der Motette. Die böhm. Musik des 18. Jh. wird von Bohuslav Černohorsky (* 1684, † 1742), Franz Xaver Dušek (* 1731, † 1799; befreundet mit Mozart) und Václav Jan Tomášek (* 1774, † 1850) vertreten; die Brüder Franz (* 1709, † 1786) und Georg (* 1722, † 1795) Benda machten sich in Berlin, J. Stamitz in Mannheim (→ Mannheimer Schule) und J. L. Dussek in Paris einen Namen. – Im 19. Jh. schufen B. Smetana und A. Dvořák eine authentisch tschech. M. von Weltrang; Dvořák und J. Janácek, dessen Spätwerk bereits zur Neuen Musik gehört, bildeten Komponistenschulen: u. a. Vitězslav Novák (* 1870, † 1949) und Josef Suk (* 1874, † 1935); weitere Vertreter der neueren Musik sind B. Martinů und A. Hába; die zeitgenöss. Musik ist u. a. durch Zybynek Vostrák (* 1920), Jan Tausinger (* 1921), Marek Kopelent (* 1932), Ladislav Kupkovič (* 1936) und Petr Kotík (* 1942) vertreten.

Tschechoslowakei (amtl. Tschechoslowak. Föderalist. Republik, Abk. ČSFR), Staat in Europa, grenzt im W an die BR Deutschland, im N an Polen, im O an die Ukraine, im S an Ungarn und Österreich.

Landesnatur: Die ČSFR gliedert sich in zwei Großlandschaften. Im W findet sich die Böhm. Masse, de-

Tschechoslowakei
Fläche: 127 869 km²
Einwohner (1989): 15,62 Mio.
Hauptstadt: Prag
Amtssprachen: Tschechisch, Slowakisch
Nationalfeiertage: 9. 5., 29. 8., 28. 10.
Währung: 1 Tschechoslowak. Krone (Kčs) = 100 Haleru (h)
Zeitzone: MEZ

ren Gebirgsrahmen vom Böhmerwald im SW über das Erzgebirge im NW, das Böhm. Mittelgebirge, das Elbsandsteingebirge und die Sudeten bis zur Mähr. Pforte im NO verläuft. Das Innere Böhmens ist in Hügelländer und flachwellige Hochländer gegliedert. Im O, in der Slowakei, setzt der Karpatenbogen bei Preßburg ein und endet im Raum von Košice. Wichtigste Gebirgsabschnitte sind die Westkarpaten, die Tatra (Gerlsdorfer Spitze, 2 655 m), die Kleine und Große Fatra, die Niedere Tatra sowie die West- und Ostbeskiden. Im südl. Karpatenvorland hat die ČSFR noch Anteil am Kleinen Ungar. Tiefland. Sie gehört zum mitteleurop. Klimabereich mit ausgeprägten kontinentalen Zügen. Über 35% des Staatsgebietes sind von Wald bedeckt.

Bevölkerung: Tschechen und Slowaken haben einen Anteil von rd. 95% an der überwiegend kath. Gesamtbevölkerung. Minderheiten sind u. a. Ungarn, Deutsche und Polen. Schulpflicht besteht von 6–15 Jahren. Von 36 Hochschulen haben 5 Univ.rang.

Wirtschaft, Verkehr: Angebaut werden Getreide, Kartoffeln, Mais und Zuckerrüben; bed. Schweine- und Rinderzucht. Hauptexportartikel sind Braugerste, Rübenzucker, Hopfen und Bier. An Bodenschätzen werden Braun- und Steinkohle, Eisenerz und Kaolin abgebaut. Hauptindustriezweige sind Lokomotiv- und Automobilbau, metallurg., chem., Kunststoff-, Glas-, Keramik-, Holz-, Papier- und Zellstoffindustrie. Die Länge des Eisenbahnnetzes beträgt 13 103 km, des Straßennetzes 73 540 km. Internat. ⚓ sind Prag, Preßburg und Poprad.

Geschichte: Zur Geschichte vor 1918 → Böhmen, → Mähren. – *Die Erste Republik (1918 bis 1939):* Am 28. 10. 1918 wurde die Tschechoslowak. Republik (Abk. ČSR) in Prag als slaw. Nachfolgestaat der österr.-ungar. Monarchie ausgerufen. Sie faßte die wirtschaftlich und sozial entwickelten Gebiete Böhmen, Mähren und Schlesien mit der rückständigen Slowakei und dem unterentwickelten Karpato-Rußland in einem Nationalitätenstaat zusammen: 9,75 Mio. Tschechen und Slowaken, 3,32 Mio. Deutsche, 720 000 Ungarn und 100 000 Polen (1930). 1920 wurde ohne Mitwirkung der Minderheitenvertreter eine zentralist. Verfassung verabschiedet. Außenpolit. war die T. seit 1921 in das frz. Paktsystem und die kleine Entente einbezogen. Unter dem Gründer-Präs. T. G. Masaryk (1918 bis 1935) und seinem Außen-Min. und Nachfolger E. Beneš stabilisierte sich rasch das polit. Leben mit einer Vielzahl von Parteien. Doch die Weltwirtschaftskrise seit 1929 und die Erfolge Hitlers führten zu einer Radikalisierung der nat. Minderheiten. Bes. die von K. Henlein geführte Sudetendt. Partei verlangte nach ihrem Wahlerfolg 1935 (68% der Stimmen) eine Föderalisierung der ČSR. Gegen Hitlers Entschlossenheit, die ČSR zu zerschlagen, war die Prager Regierung machtlos. Im Münchner Abkommen (29. 9. 1938) stimmten Großbrit. und Frankr. der Übergabe der dt., bald danach der poln. und ungar. Siedlungsgebiete an die Nachbarstaaten zu. Das Restgebiet wurde am 14./15. 3. 1939 als ›Pro-

Tschechoslowakei

Staatsflagge

Staatswappen

Land 34%
Stadt 66%
Bevölkerungsverteilung

Landwirtschaft 10%
Dienstleistung 44%
Industrie 46%
Erwerbstätige

tektorat Böhmen und Mähren‹ dem Dt. Reich angegliedert; die Slowakei wurde ein dem dt. Einfluß ausgelieferter ›Schutzstaat‹.

Protektorat und Schutzstaat (1939–45): Im Protektorat Böhmen und Mähren, dem eine Selbstverwaltung unter strikter dt. Oberaufsicht zugestanden wurde, blieb der Einfluß der Widerstandsorganisationen gering. Alle Ansätze für Unruhen, Sabotage oder einen Aufstand wurden im Keim erstickt. Nach dem geglückten Attentat auf R. Heydrich (27. 5. 1942) wurde die Zerstörung des Dorfes Lidice und die Ermordung von dessen männl. Bevölkerung zum Symbol nat.-soz. Willkürherrschaft. Im Schutzstaat Slowakei schlossen sich 1943 tschechoslowak. orientierte Politiker mit den Kommunisten zusammen und lösten am 29. 8. 1944 den Slowak. Nat.-Aufstand aus (im Okt. 1944 von dt. Truppen niedergeschlagen). Die in London gebildete ›Provisor. Regierung der T.‹ wurde 1940 von den Alliierten anerkannt. Eine Auslandsarmee wurde in Großbrit. und in der UdSSR aufgebaut. 1942 distanzierten sich die Westalliierten vom Münchner Abkommen und stellten nach dem Sieg über Hitler die Wiederherstellung der ČSR in den Grenzen von 1937 in Aussicht.

Die Volksdemokratie (1945–89): Die neue Regierung unter dem Sozialdemokraten Zdeněk Fierlinger (* 1891, † 1976) proklamierte am 5. 4. 1945 ihr Programm: Wohlfahrtsstaat, Verstaatlichung der Grundindustrien, Banken und Versicherungen, Verwaltungsreform, Säuberungen im Erziehungs- und Kulturbereich. Die rasche Aussiedlung der Sudeten- und Karpatendeutschen erschütterte das bisherige Sozialgefüge. Dank ihrer Kontrolle über Schlüsselministerien und Massenmedien wurde die KPČ stärkste polit. Kraft (37,9 % bei den Wahlen am 26. 5. 1946). Der von der Sowjetunion erzwungene Verzicht auf die Teilnahme am Marshallplan (Juli 1947) erschwerte den Wiederaufbau der Wirtschaft. Die demokrat. Parteien suchten seit Herbst 1947 die KPČ aus ihrer dominierenden Stellung zu verdrängen. Den Rücktritt bürgerl. Min. nutzten die Kommunisten und erzwangen unter Androhung des Generalstreiks die Ernennung eines neuen Koalitionskabinetts unter dem Kommunisten K. Gottwald am 25. 2. 1948. E. Beneš, seit Mai 1945 wieder Staats-Präs., trat am 7. 6. 1948 zurück; Gottwald wurde sein Nachfolger. Die KPČ, der die Sozialdemokraten in beiden Landesteilen im Juni bzw. Sept. 1948 zwangsweise eingegliedert worden waren, ging unter Abbau der slowak. Autonomie daran, die gesamte Staats- und Wirtschaftsorganisation nach sowjet. Vorbild zu ordnen und der Kontrolle der Partei zu unterwerfen. 1949 wurde die T. Mgl. des Rates für gegenseitige Wirtschaftshilfe, 1955 des Warschauer Pakts. Dem Kampf gegen die Kirchen 1949–51 folgten stalinist. Säuberungen innerhalb der KPČ, denen auch der Generalsekretär R. Slánský zum Opfer fiel (3. 12. 1952 hingerichtet).

Die Entstalinisierung in der UdSSR ab 1956 wirkte sich in der T. kaum aus. Erst nach 1962 sah sich Staats-Präs. Antonin Novotný (* 1904, † 1975) zu einem liberaleren Kurs gezwungen. Die öffentl. Diskussion über die Ursachen der stalinist. Terrorprozesse wie auch die Forderung der Slowaken nach echter Föderalisierung entfachten Unruhe. Am 5. 1. 1968 wurde Novotný als 1. Sekretär des ZK der KPČ von A. Dubček abgelöst. Die nun folgende Reformphase des sog. *Prager Frühlings* brachte breite wirtschafts- und gesellschaftspolit. Diskussionen mit sich und außerhalb der KPČ (›Sozialismus mit menschl. Antlitz‹), wobei jedoch das Bündnis mit der Sowjetunion nicht in Frage gestellt wurde. Mit diplomat. und militär. Druck gelang es der Sowjetunion nicht, die Reformen zu stoppen. Erst die militär. Besetzung der T. durch Truppen des Warschauer Pakts am 21. 8. 1968 been-

dete den ›Prager Frühling‹. Dubček wurde im April 1969 von G. Husák abgelöst, der 1975 auch Staats-Präs. wurde. 1973 schlossen die BR Deutschland und die T. einen Gewaltverzichtsvertrag. Die Kampagnen gegen den ›Prager Frühling‹ und gegen die von mehr als 1 000 prominenten Künstlern, Wissenschaftlern und ehem. Politikern getragene Menschenrechtsbewegung ›Charta 77‹ seit Sommer 1978 schadeten weltweit dem Ansehen der Tschechoslowakei. Das wirtschaftl. Wachstum ging seit 1974 immer mehr zurück. – Die Politik der vorbehaltlosen Unterstützung aller sowjet. Initiativen erlitt Anfang 1987 durch die innenpolit. Reformversuche in der Sowjetunion einen Rückschlag. Sie veranlaßten die Führung der T. jedoch im Juli 1987, eine Umstrukturierung der Wirtschaft zugunsten größerer Entscheidungsfreiheit der Unternehmen anzukündigen. Im Dez. 1987 gab Parteichef G. Husák sein Amt auf, sein Nachfolger wurde Milos Jakeš (* 1922). Bei der Regierungsumbildung im April 1988 zeichnete sich eine vorsichtige Bereitschaft zu Reformen ab. Min.präs. L. Strougal trat im Okt. 1988 von seinem Amt zurück, neuer Min.präs. wurde Ladislav Adamec (* 1929).

Mit Demonstrationen, an denen seit Aug. 1989 immer mehr Menschen teilnahmen und die zunächst von der Polizei brutal zerstreut wurden, erzwang das Volk im Nov. 1989 den Dialog zw. Reg. und Oppositionsgruppen, die sich im sog. Bürgerforum zusammengeschlossen hatten; dessen Sprecher, der Schriftsteller V. Havel, wurde nach dem Rücktritt von Staatspräs. Husák (10. 12. 1989) am 30. Dez. zu dessen Nachfolger gewählt. Bereits am 29. Nov. hatte das Parlament den Führungsanspruch der KPČ aus der Verfassung gestrichen. Im April 1990 erfolgte die Umbenennung in Tschech. und Slowak. Föderative Republik. Die Neuwahlen im Juni 1990 gewann mit 46,2 % der Stimmen das Bürgerforum, das bis zu seiner Spaltung im Frühjahr 1991 seine dominierende Stellung bewahren konnte (Kommunalwahlen 1990). Staatspräs. Havel wurde im Juli 1990 für 2 Jahre im Amt bestätigt.

Politisches System: Republik; *Verfassung* von 1968, Änderung bis 1992 vorgesehen. *Staatsoberhaupt* ist der Präs., er wird von der Bundesversammlung gewählt. Die *Exekutivgewalt* liegt bei der Bundesregierung unter Leitung des Min.präsidenten. *Legislativorgan* ist die Bundesversammlung, die aus Volkskammer (150 im Gesamtstaat direkt gewählte Abg.) und Länderkammer (je 75 in der Tschech. Republik und in der Slowak. Republik direkt gewählte Abg.) besteht. *Parteien:* Demokrat. Bürgerpartei, Bürgerbewegung, Demokrat. Bürgerallianz (hervorgegangen aus dem Tschech. Bürgerforum)/Öffentlichkeit gegen Gewalt, Bewegung für eine demokrat. Slowakei (slowak.), Kommunist. Partei, Christl. Demokrat. Union, Nationale Mährisch-Schles. Bewegung, Slowak. Nationalpartei. – Karte XI, Bd. 2, n. S. 320.

Tschechoslowakische Hussitische Kirche (bis 1971: Tschechoslowak. Kirche), 1920 in Prag begründete tschech. kath. Nationalkirche, hervorgegangen aus der Los-von-Rom-Bewegung; die Verfassung der T. H. K. ist presbyterianisch.

Tschechow, Anton Pawlowitsch [ˈtʃɛçɔf, russ. ˈtʃexɐf], * Taganrog 29. 1. 1860, † Badenweiler 15. 7. 1904, russ. Schriftsteller. Sein Erzählwerk (u. a. ›Der Dicke und der Dünne‹, 1883; ›Schatten des Todes‹, 1889; ›Ariadna‹, 1895; ›Der Mann im Futteral‹, 1898; ›Die Dame mit dem Hündchen‹, 1899; ›In der Schlucht‹, 1900) und seine Dramen, u. a. ›Die Möwe‹ (1896), ›Onkel Wanja‹ (1897), ›Drei Schwestern‹ (1901), ›Der Kirschgarten‹ (1904) wurden Bestandteil der Weltliteratur des 20. Jahrhunderts.

Tscheka [ˈtʃɛka, russ. tʃɪˈka], Abk. der russ. Kurzbez. Tschreswytschajnaja Komissija ([Allruss.] Au-

**Anton Pawlowitsch
Tschechow**

ßerordentl. Kommission [für den ›Kampf gegen Konterrevolution und Sabotage‹]), sowjet. Staatssicherheitsorganisation 1917–22; trug als ›Roter Terror‹ zur Konsolidierung des Sowjetsystems bei. →GPU.

Tschekiang, chin. Prov., →Zhejiang.

Tscheljabinsk, russische Gebietshauptstadt am O-Rand des Südl. Ural, Rußland, 1,13 Mio. E. Hochschulen, Theater; u. a. Hüttenwerk; chem. Industrie.

Tscheljuskin, Kap, nördlichster Punkt des asiat. Festlandes, auf der Halbinsel Taimyr, Rußland.

Tschengtschou, Stadt in China, →Zengzhou.

Tschengtu, chin. Stadt, →Chengdu.

Tschenstochau: Der 105 m hohe Turm des Paulinerklosters Jasna Góra

Tschenstochau (poln. Częstochowa; Czenstochau), poln. Stadt an der oberen Warthe, 252 900 E. TH, Museum; Theater; u. a. Textil-Ind., Eisenhütte, Stahlwerk. Wallfahrtskirche (14./15. Jh., barockisiert), Kapelle (17. Jh.) mit der Schwarzen Madonna (14. Jh.). – Erhielt 1356 dt. Stadtrecht; seit Gründung des Paulinerklosters Jasna Góra 1382 bedeutendster Wallfahrtsort in Polen.

Tscherenkow, Pawel Alexejewitsch [russ. tʃɪrɪn-'kɔf], * Nowaja Chigla (Bezirk Woronesch) 28. 7. 1904, russ. Physiker. Entdeckte 1934 die nach ihm ben. **Tscherenkow-Strahlung,** eine in einem durchsichtigen Medium von sehr schnellen (schneller als Lichtgeschwindigkeit in diesem Medium), energiereichen geladenen Teilchen (z. B. Elektronen) erzeugte elektromagnet. Strahlung. Hierfür 1958 mit I. M. Frank und I. J. Tamm, die 1937 die theoret. Deutung dieses Phänomens lieferten, Nobelpreis für Physik.

Tscherepnin, Alexandr Nikolajewitsch [tʃɪrɪp-'nin], * Petersburg 20. 1. 1899, † Paris 29. 9. 1977, russ. Komponist und Pianist. Lebte ab 1922 im Ausland (u. a. Paris, Chicago); u. a. Opern, Orchesterwerke, Kammermusik.

Tscherkassy, [russ. tʃɪr'kassɨ], Gebietshauptstadt in der Ukraine, am Krementschuger Stausee des Dnjepr, 280 000 E. PH, Planetarium, Theater; u. a. Maschinenbau; Hafen. – Fiel nach 1569 an Polen-Litauen; kam 1793 zu Rußland.

Tscherkessen (Eigenbez. Adyge), kaukas. Volk in Rußland, im Adyg. Autonomen Gebiet und im Autonomen Gebiet der Karatschaier und T.; zu den T. werden auch die als *Ober-T.* bezeichneten Kabardiner gerechnet. Als Folge der Unterwerfung durch die Russen (1861–64) wanderten über 80 % aller T. aus (in

das heutige Syrien, Jordanien, Israel und die Türkei), höchstens 100 000 T. verblieben in Kaukasien.

Tscherkessk [russ. tʃɪr'kjɛssk], Hauptstadt des Autonomen Gebiets der Karatschaier und Tscherkessen, Rußland, im nördl. Großen Kaukasus, 105 000 E.

Tschermak, Erich, Edler von Seysenegg, * Wien 15. 11. 1871, † ebd. 11. 10. 1962, österr. Botaniker. Gelangte 1900 zur Wiederentdeckung der Mendel-Regeln, die er auf die Züchtung von Kulturpflanzen anwandte.

Tschernenko, Konstantin Ustinowitsch [russ. tʃɪr'njɛnkɐ], * Bolschaja Tes (Region Krasnojarsk) 24. 9. 1911, † Moskau 10. 3. 1985, sowjet. Politiker. Seit 1931 Mgl. der KPdSU; 1971 Mgl. und ab 1976 Sekretär des ZK, ab 1978 Politbüro-Mgl.; ab 1984 Generalsekretär; ab April 1984 Vors. des Präsidiums des Obersten Sowjets (Staatsoberhaupt).

Tschernigow [russ. tʃɪr'nigɐf], Gebietshauptstadt im N der Ukraine, 285 000 E. Museen, Theater, Philharmonie; u. a. Textilindustrie. Transfigurationskathedrale (1675 wieder aufgebaut), Karfreitagskirche (12. Jh.). – 1024–1239 (Mongolensturm) Hauptstadt des Ft. Tsch. und dadurch bed. kulturelles Zentrum.

Tschernobyl, Stadt in der Ukraine, am Pripjet; am 26. 4. 1986 kam es im Kernkraftwerk von T. zu dem bislang folgenschwersten Nuklearunfall, in dessen Verlauf große Mengen radioaktiven Materials freigesetzt und großräumig in der Atmosphäre verbreitet wurden. Radioaktive Niederschläge führten in weiten Teilen Europas zu erhöhter Strahlenbelastung.

Tschernosem →Bodentypen.

Tschernowzy [russ. tʃɪrnaf'tsɨ] (dt. Czernowitz), Gebietshauptstadt in der Ukraine, am Pruth, 249 000 E. Univ., medizinische Hochschule, Museen, Theater, Philharmonie; u. a. Nahrungsmittelindustrie. – 1850–1918 Hauptstadt des Hzgt. Bukowina; 1918 an Rumänien, 1940 (endgültig 1947) an die Ukraine.

Tschernyschewski, Nikolai Gawrilowitsch [russ. tʃɪrni'ʃɛfskij], * Saratow 24. 7. 1828, † ebd. 29. 10. 1889, russ. Publizist. 1864–86 als Anhänger des Sozialismus nach Sibirien verbannt; hatte als Theoretiker des Nihilismus großen Einfluß.

Tscherwonez [russ. tʃɪr'vɔnɪts], russ. Bez. für Goldmünzen; bes. der sowjet. Nachfolger des Imperial, geprägt 1923 und seit 1975, samt gleichwertigen Geldscheinen.

Tschetschenen, Volk im nördl. Kaukasien, v. a. in der Tschetscheno-Inguschischen Republik sowie in der Dagestan. Republik.

Tschetscheno-Inguschische Republik, autonome Republik innerhalb Rußlands, im Großen Kaukasus und seinem nördl. Vorland, 19 300 km², 1,22 Mio. E, Hauptstadt Grosny. – 1936–44 und ab 1957 ASSR; strebt die Unabhängigkeit an.

Tschiang Kai-schek →Chiang Kai-shek.

Tschimkent [russ. tʃim'kjɛnt], Gebietshauptstadt im S Kasachstans, 379 000 E. PH, TH, Theater; Zentrum des Baumwollanbaugebiets am Arys.

Tschingis Khan ['ka:n] →Dschingis-Khan.

Tschistka [russ. ›Säuberung‹], in der ehemaligen UdSSR die Entfernung (auch Ermordung) polit. Gegner aus ihren Positionen. Das ZK der KPdSU beschloß die T. 1921 gegen kleinbürgerl. Gruppen (30 % der Partei-Mgl. entfernt), 1929 gegen ›kapitalist. Elemente‹ (11,5 % entfernt); 1929–31 T. *des Sowjetapparats* (von 2 Mio. Überprüften 10 % entfernt). Dagegen war die ›*Große T.*‹ (1935–39) nach der Ermordung S. M. Kirows Ende 1934 eine Massenliquidierung ohne Parteibeschluß. Ihre Opfer wurden nach Schauprozessen alle prominenten innerparteil. Gegner Stalins (Sinowjew, Kamenew, Radek, Bucharin, Rykow u. a.), die Masse der Altbolschewiki und rd. 25 % der höheren Offiziere.

Tschenstochau: Schwarze Madonna

Pawel Alexejewitsch Tscherenkow

Tschita, Gebietshauptstadt in Transbaikalien, Rußland, 342 000 E. Medizin. Hochschule, PH, Theater; u. a. Braunkohlenbergbau.

Tschitscherin, Georgi Wassiljewitsch, * auf dem Gut Karaul (Gouvernement Tambow) 24. 11. 1872 (offizielles, infolge einer falschen Eintragung entstandenes Geburtsdatum: 2. 12.), † Moskau 7. 7. 1936, sowjet. Politiker. Nachfolger Trotzkis als Volkskommissar des Äußeren 1918–30, u. a. maßgebl. beteiligt am Zustandekommen des Rapallovertrags 1922.

Tschogha Sanbil [pers. tʃoˈɣɑːzæmˈbiːl] (Choga Sambil, Zanbil Zenbil), Ruinenstätte der Mitte des 13. Jh. gegr., 645 v. Chr. zerstörten elam. Stadt *Dur-Untasch*, 25 km sö. von Susa; frz. Ausgrabungen legten eine im Ggs. zu babylon. Tempeltürmen durch innere Treppenhäuser zugängliche Zikkurat (heute noch 25 m hoch) frei.

Tscholareich (Cholareich) → Indien (Geschichte).

Tschombé, Moïse Kapenda, * Musumba (Shaba) 10. 11. 1919, † Algier 29. 6. 1969, kongoles. Politiker. Erklärte nach der Unabhängigkeit Kongos 1960 die Prov. Katanga (= Shaba) für selbständig (Präs. bis 1963). 1965 im Exil; 1967 aus Spanien nach Algerien entführt, wo er in der Haft starb.

Tschorten [tibet. ›Kultschrein‹], tibet. Form des → Stupa.

Tschou En-lai → Zhou Enlai.

Tschudi, Hans-Peter, * Basel 22. 10. 1913, schweizer. Politiker (Sozialdemokrat). 1956–59 Ständerat; leitete als Bundesrat 1959–73 das Eidgenöss. Departement des Inneren; 1965 und 1970 Bundespräsident.

Tuareg: Targi aus der zentralen Sahara

Tschuikow, Wassili Iwanowitsch [russ. tʃujˈkɔf], * Serebrjanyje Prudy (Gebiet Moskau) 12. 2. 1900, † Moskau 18. 3. 1982, sowjet. Marschall (ab 1955). U. a. Armeekommandeur im Finn.-Sowjet. Winterkrieg (1939/40); 1949–53 Oberbefehlshaber der sowjet. Streitkräfte in Deutschland, zugleich Chef der sowjet. Kontrollkommission in der DDR; 1960–64 stellv. Verteidigungs-Min., ab 1964 Chef der Zivilverteidigung.

Tschuktschen, zu den Paläosibiriern gehörendes Volk in NO-Sibirien.

Tschuktschengebirge (Anadyrgebirge), Gebirgssystem in NO-Sibirien zw. Tschaun- und Koljutschinbucht, bis 1843 m hoch.

Tschuktschenhalbinsel, gebirgige Halbinsel zw. Tschuktschensee, Beringstraße und Anadyrgolf (Beringmeer).

Tschuktschensee, Randmeer des Nordpolarmeeres, zw. der Tschuktschenhalbinsel (Rußland) und Alaska (USA).

Tschungking, chin. Stadt, → Chongqing.

Tschurtschen (chin. Chin), Nomadenvölkerschaft der mandschu-tungus. Sprachgruppe, im Gebiet der östl. Mandschurei ansässig, gründeten im 12. Jh. die Chindynastie (1115–1234), die Nordchina beherrschte.

Tschuwaschen, Turkvolk in der Tschuwasch. der Tatar. und Baschkir. Republik, in den Gebieten Kuibyschew und Uljanowsk sowie in Sibirien. – Die Tsch. gehörten nach dem Mongolensturm im 13. Jh. zum Reich der Goldenen Horde, dann zum Khanat Kasan; 1552 Anschluß an Rußland.

Tschuwaschische Republik, autonome Republik innerhalb Rußlands, an der mittleren Wolga, 18 300 km², 1,32 Mio. E, Hauptstadt Tscheboxary. – 1920 Autonomes Gebiet, 1925 ASSR.

Tsetsefliegen [Bantu/dt.], Gatt. etwa 1 cm langer Echter Fliegen mit rd. 25 Arten im trop. Afrika; blutsaugende Insekten, die durch ihren Stich Krankheiten übertragen (→ Schlafkrankheit).

Tsimshian [engl. ˈtʃimʃiən], bed. indian. Sprach- und Kulturgruppe der NW-Küste Nordamerikas, besteht aus den eigtl. T., Gitksan und Niska; Holzplankenhäuser mit bemalten Giebeln, Totempfähle.

Tsinan, chin. Stadt, → Jinan.

Tsinghai, chin. Stadt, → Qinghai.

Tsingtau, chin. Hafenstadt, → Qingdao.

Tsinlingschan, Gebirgszug im nördl. China, → Qinling Shan.

Tsugarustraße, Meeresstraße zw. den jap. Inseln Hondo und Hokkaido, an der schmalsten Stelle 20 km breit.

Tsunami [jap.], plötzlich auftretende, durch Bewegungen des Meeresbodens hervorgerufene Meereswelle im Pazifik; oft verheerende Wirkung an den Küsten.

Tsuschima, jap. Inselgruppe in der Koreastraße, 682 km², Hauptort Isuhara. – Der jap. Sieg in der **Seeschlacht von Tsuschima** am 27. 5. 1905 entschied den Russ.-Jap. Krieg.

Tswana (Betschuana, Tschwana), Bantuvolk in Botswana, in der Republik Südafrika (Homeland Bophuthatswana) und in Namibia.

TTL (T²L) [Abk. für Transistor-Transistor-Logik], in der Mikroelektronik Bez. für eine Schaltkreistechnik, bei der zur log. Verknüpfung und zur Verstärkung der Signale nur Transistoren verwendet werden; Schaltzeiten unter 10 ns.

TTL-Messung [Abk. für engl. through the lens], in der Photographie die Belichtungsmessung durch das Objektiv der Kamera.

Tuamotuinseln, zu Frz.-Polynesien gehörende Inselgruppe im Pazifik, 11 800 E, 885 km² (z. T. frz. Atombombenversuchsgelände). 30 Atolle sind unbewohnt.

Tuareg [tuˈaːrɛk; ˈtuːarɛk, tuaˈrɛk] (Einz. Targi; Eigenbez. Imuschag), Volk in den Gebirgen der zentralen Sahara und im südl. anschließenden Sudan (Algerien, Niger, Mali), berber. oder arab. Ursprungs. Nur die nördl. T. sind reine Wüstenbewohner, alle anderen (über 90%) leben in der Savanne; ausgeprägtes Kastensystem; die Männer tragen Baumwollschleier. Die T. sind Muslime, haben aber ältere Glaubensvorstellungen und das Mutterrecht bewahrt und leben in Monogamie; sie sprechen Tamaschek, eine Berbersprache. Ihre Abstammung führen sie auf die Königin Ti-N-Hiane zurück, deren Grab in Abelessa, einer Oase nw. von Tamanrasset, verehrt wird.

Tuba [lat.], in der *Musik* 1. bei den Römern eine gerade Heerestrompete; 2. Blechblasinstrument in Baßlage, von weiter Mensur, mit drei bis fünf Ventilen: *Baß-T.* (Orchester-T.) in F, Baß-T. in Es (in der Blasmusik verwendet), *Doppel-T.* (Verbindung von Baß- und Kontrabaß-T.) in F/C und F/B, *Kontrabaß-T.* in C oder B. Zu den Tuben rechnen auch *Bariton, Helikon, Sousaphon, Kaiserbaß* und *Wagnertuba.*

Tube [lat.], 1) meist aus dünnem Aluminiumblech gefertigter zylinderförmiger Behälter für pastenartige Stoffe.
2) *Anatomie:* Bez. für den trichterförmigen menschl. Eileiter und die Eustachi-Röhre (Ohrtrompete).

Tubenkatarrh, Entzündung der knorpelig-häutigen Verbindung zw. Nasenrachenraum und Mittelohr.

Tubenruptur, Zerreißung des Eileiters bei Eileiterschwangerschaft mit äußerem Fruchtkapselaufbruch zur freien Bauchhöhle hin.

Tuberkel [lat.], Tuberkelbakterien enthaltende, knötchenförmige Geschwulst (Granulom) als örtl. Reaktion des infizierten Gewebes (→Tuberkulose).

Tuberkelbakterium [lat./griech.] (Tuberkelbazillus), gemeinsprachl. Bez. für den (leicht kultivierbaren) Erreger der menschl. Tuberkulose und der Rindertuberkulose. Wurde 1882 von R. Koch entdeckt und isoliert.

Tuberkulin [lat.], aus gelösten Zerfallsprodukten von Tuberkelbakterien bestehendes Allergen; dient als Testsubstanz in der Tuberkulosediagnostik (→Tuberkulinreaktion).

Tuberkulinreaktion, allg. und bes. lokale allerg. Reaktion des Organismus nach der Applikation von Tuberkulin auf bzw. in die Haut (Moro-Probe, *Moro-Reaktion*); leichte Temperaturerhöhung, Rötung, Infiltratbildung; weisen auf einen bestehenden oder überstandenen tuberkulösen Prozeß bzw. eine erfolgreiche Tuberkuloseschutzimpfung hin.

Tuberkulose [lat.], Abk. Tb, Tbc, Tbk, in der Regel zyklisch-chronisch verlaufende meldepflichtige Infektionskrankheit, hervorgerufen durch das Tuberkelbakterium (Mycobacterium tuberculosis). Die Übertragung der T. erfolgt meist durch Tröpfcheninfektion, die Ausbreitung je nach Organstruktur vom Erstherd aus durch schrittweises Vordringen innerhalb des gleichen Gewebes, durch Einbruch in Organkanäle (z. B. in den Bronchialbaum), durch Einbruch in die Lymphbahn oder durch Verschleppung mit dem Blut. Aus Kavernen in der Lunge kann tuberkulöses Material nicht nur in die Bronchien, sondern auch in den Brustfellraum (tuberkulöse Rippenfellentzündung) gelangen. Die blutseitige (hämatogene) Verschleppung streut meist bes. weit, die lymphseitige (lymphatogene) Ausbreitung wird unter Lymphknotenbeteiligung in den Lymphknotenfiltern aufgehalten *(Lymphknotentuberkulose).*

Häufigster Sitz der Erkrankung ist die Lunge. Die **Lungentuberkulose** verläuft in der Regel chronisch. *Erstes Stadium (Primär-T.):* 5–6 Wochen nach dem ersten Kontakt entsteht eine Überempfindlichkeit gegen die Bakteriengifte, die Tuberkulinprobe ist positiv. In der Lunge kommt es meist im Oberlappen zu einer kleinen Einschmelzung oder einer tuberkulösen Verkäsung (Primärherd). Von dort gelangen die Tuberkelbakterien mit der Lungenlymphe in die zugehörigen Hiluslymphknoten an der Lungenpforte, die ebenfalls tiefgreifend erkranken. Die Kombination von Parenchym- und Lymphknotenherd ist der typ. Ausdruck der tuberkulösen Primärinfektion *(tuberkulöser Primärkomplex).* Es kommt u. a. zu uncharakterist. Unwohlsein, leichtem Husten, Müdigkeit, Appetitlosigkeit, Kopf- und Brustschmerzen sowie geringem Temperaturanstieg. Das *zweite Stadium* der Lungen-

T., das u. U. lange Zeit nach der Primärinfektion auftritt, wird durch die Aussaat von Tuberkelbakterien geprägt. Die Bakterien gelangen bei Gewebseinschmelzungen direkt oder auf dem Umweg über die Lymphe in die Blutbahn. Sie können sich wieder in der Lunge absiedeln, mit dem Blut aber auch in den Körper ausgeschwemmt werden. Dort entstehen durch die Gewebsreaktion die hirsegroßen, später auch im Röntgenbild sichtbaren Tuberkel *(Miliar-T.).* Die Krankheitserscheinungen sind hohes Fieber, Husten, Atemnot, Kopfschmerz, Erbrechen, Blausucht und Atembeschwerden. Am häufigsten sind neben der Lunge Leber und Milz befallen. Beim *dritten Stadium* kommt es infolge verminderter Abwehrkraft zum Wiederaufflammen alter, ruhender Tuberkuloseherde. Diese Reaktivierung der Lungen-T. geht meist von einem walnußgroßen, nach der früheren Aussaat zunächst inaktiven Herd unterhalb des Schlüsselbeins aus *(Frühinfiltrat).* Schmilzt das Lungengewebe erst ein und entsteht durch Entleerung eine Frühkaverne, so verläuft der Heilungsprozeß langwierig. Unter starkem Husten wird jetzt oft bröckeliger, manchmal auch blutiger Auswurf mit ansteckungsfähigen Erregern entleert *(offene T.).* In diesem Stadium kann es auch zu stärkeren Blutungen (Blutsturz) kommen. Es entsteht schließlich eine späte Lungenentzündung, die mit hohem Fieber und schwerer Beeinträchtigung des Allgemeinzustandes einhergeht (sog. *galoppierende Schwindsucht).* Mit Ausnahme der Lunge befällt die T. die Nieren, die Haut, die Gelenke (→Gelenkerkrankungen) und die Knochen. Die **Nierentuberkulose** (Nierenphthisis) befällt zuerst die Nierenrinde, dann das Nierenmark und die ableitenden Harnwege. Die **Hauttuberkulose** tritt v. a. auf als 1. *Lupus vulgaris (Hautwolf):* im Bereich des Gesichtes (bes. Ohren, Mund und Nase) entstehen bräunlichgelbe Hautflecken über kleinen, weichen Knötchen, die in Geschwülste übergehen und mit Narben abheilen können. – 2. *Tuberculosis cutis colliquativa:* es entstehen v. a. im Gesicht sowie im Halsbereich weiche, zunächst schmerzlose Knoten. Die darüberliegende Haut verfärbt sich allmählich braun-blaurot, die Knoten fluktuieren und brechen später unter Entleerung eines dünnflüssigen Eiters nach außen hin durch. – 3. *Tuberculosis cutis verrucosa (Schwindwarzen):* Auftreten bräunlichroter Knötchen, die mit warzenartigen Hornauflagerungen bedeckt sind. Bei der **Knochentuberkulose** ist das blutbildende Knochenmark (Wirbelkörper, Röhrenknochen) betroffen. Nach Ausbildung eines tuberkulösen Granulationsgewebes folgt meist eine Verkäsung mit eitriger Einschmelzung des Herdes mit Knochenzerstörung. – Die **Genitaltuberkulose** befällt als sog. primäre Genital-T. beim Mann in erster Linie Vorsteherdrüse und Nebenhoden, von denen aus sie sich auf die Hoden, den samenabführenden Apparat und (je nach Ausgangspunkt) auf Nebenhoden oder Vorsteherdrüse ausbreitet. Der Hoden wird seltener, meist erst im späteren Stadium von den Nebenhoden aus beteiligt. Bei der Frau handelt es sich in rd. 80 % der Fälle um eine T. der Eileiter, die auf die Eierstöcke und die Gebärmutter übergreifen kann und häufig auch das Bauchfell befällt. In beiden Fällen besteht die Gefahr der Sterilität.

Die Behandlung der T. erfolgt durch Chemotherapie und Antibiotika.

Tuberkuloseschutzimpfung, aktive Immunisierung gegen Tuberkulose mit einem Lebendimpfstoff (z. B. mit →BCG).

Tuberose [lat.], vermutlich in Mexiko heim. Agavengewächs; Zwiebelpflanze mit stark duftenden, weißen Blüten an bis 1 m hohem Stengel.

Tubifex [lat.] (Gemeiner Schlammröhrenwurm, Bachröhrenwurm), bis etwa 8 cm langer, sehr dünner, durch Hämoglobin rot gefärbter Ringelwurm im

Tuberose

Schlamm von stehenden und fließenden Süßgewässern (z. T. auch im Meer); lebt in selbstgebauten Schlammröhren. Wichtiges Lebendfutter für Aquarienfische.

Tübingen: Rathaus; 1435

Tübingen, Kreisstadt am Neckar, Bad.-Württ., 71 700 E. Verwaltungssitz des Reg.-Bez. Tübingen; Univ., Max-Planck-Institut für Biologie, biolog. Kybernetik und Virusforschung, Sternwarte; Museen; Landes- und Zimmertheater; botan. Garten. Renaissanceschloß (1507 ff.), ev. spätgot. Stiftskirche (1470–83) mit Grablege der württ. Herzogsfamilie, ev. roman. und spätgot. Kirche Sankt Jakob (12. und 16. Jh.); spätgot. Rathaus (1435), Fachwerkhäuser (v. a. 17. und 18. Jh.). Im Ortsteil **Bebenhausen** ehem. Zisterzienserkloster (Kirche 1188–1227 erbaut; Turm 15. Jh.). – Geht zurück auf ein alemann. Dorf; um die Mitte des 11. Jh. von den Grafen von T. mit einer Burg befestigt; 1231 erstmals als Stadt (›civitas‹) bezeichnet; 1477 Gründung der Eberhard-Karls-Univ.; 1945–52 Hauptstadt des Landes Württemberg-Hohenzollern.

Tübinger Stift, nach der Einführung der Reformation in Württ. von Hzg. Ulrich als ›Hochfürstl. Stipendium‹ zur Heranbildung des theol. Nachwuchses 1536 gegr. Bildungsanstalt, von der ein starker Einfluß auf das dt. Luthertum ausging; am T. S. studierten u. a. Hegel, Hölderlin, F. W. J. Schelling.

Tübke, Werner, * Schönebeck/Elbe 30. 7. 1929, dt. Maler. Seit 1972 Prof. an der Hochschule für Graphik und Buchkunst in Leipzig; verbindet in seinen Werken (u. a. Wandbild ›Arbeiterklasse und Intelligenz‹, Universität Leipzig, 1971–73; Panoramabild aus dem Bauernkrieg [Niederlage T. Müntzers 1525], Bad Frankenhausen/Kyffhäuser, 1983–89) stilist. Anleihen aus →Manierismus (Veronese, El Greco), Romantik (→Nazarener) und Surrealismus (Dali) mit Zitaten der jeweils thematisch zeitgenöss. Symbolik; Wiederbelebung der dioramenhaft realist. →Historienmalerei.

Kurt Tucholsky

Tubman, William Vacanarat Shadrach [engl. 'tʌbmən], * Harper (Liberia) 29. 11. 1895, † London 23. 7. 1971, liberian. Politiker. Ab 1944 regelmäßig zum Präs. der Republik gewählt; einer der Initiatoren der OAU.

Tubus [lat.], allg. svw. Rohr, Rohrstück, Röhre; z. B. Fassungsrohr für Linsen (an opt. Geräten) oder Inhalationsröhre bei der Narkose.

TUC [engl. 'ti: 'ju: 'si:], Abk. für Trades Union Congress, brit. Gewerkschaft, →Gewerkschaften.

Tuch, Sammelbez. für Streichgarn- und Kammgarngewebe in T.- oder Köperbindung, die durch Walken, Rauhen und Scheren (sog. *T.ausrüstung*) eine filzartige Haardecke erhalten haben.

Tuchatschewski, Michail Nikolajewitsch [russ. tuxa'tʃɛfskij], * Gut Alexandrowskoje (Gebiet Smolensk) 16. 2. 1893, † Moskau (?) 11. 6. 1937 (hingerichtet), sowjet. Armeeführer und Militärtheoretiker. Kämpfte im Bürgerkrieg erfolgreich gegen Koltschak und Denikin, schlug 1921 zus. mit Trotzki den Kronstädter Aufstand nieder; Leiter des Rüstungswesens ab 1931 und verantwortlich für die techn. Umrüstung und Motorisierung der Roten Armee. 1937 unter haltlosen Beschuldigungen verhaftet; in einem Geheimprozeß zum Tode verurteilt; 1961 voll rehabilitiert.

Tuchhalle, svw. →Gewandhaus.

Tucholsky, Kurt [...ki], Pseud. Kaspar Hauser, Peter Panter, Theobald Tiger, Ignaz Wrobel, * Berlin 9. 1. 1890, † Hindås bei Göteborg 21. 12. 1935 (Selbstmord), dt. Journalist und Schriftsteller. 1913–33 Mitarbeiter der Zeitschrift ›Schaubühne‹ (später ›Weltbühne‹); lebte ab 1924 größtenteils im Ausland; 1933 durch den NS-Staat ausgebürgert; seine Bücher wurden verbrannt; seitdem Verzicht auf Veröffentlichungen; T. vertrat als bed. Satiriker und Zeitkritiker einen linksgerichteten pazifist. Humanismus (›Deutschland, Deutschland über alles‹ Ein Bilderbuch‹, 1929 [zus. mit J. Heartfield]); auch humorist. Erzähler ›Rheinsberg. Ein Bilderbuch für Verliebte‹ (1912), ›Träumereien an preuß. Kaminen‹ (1920), ›Schloß Gripsholm‹ (R., 1931).

Tucson [eng. tu:'sɔn], Stadt in SO-Arizona, 384 400 E. Univ., Institut zur Erforschung der Wüstenvegetation, Staatsmuseum; u. a. Flugzeugbau.

Tudeh-Partei, 1941 von Kommunisten gegr. iran. Partei; 1949 verboten, wirkte bis zum Sturz des Schah-Regimes 1979 (und erneut seit 1983) illegal.

Tudor ['tu:dər, engl. 'tju:də], walis. Geschlecht, engl. Königshaus 1485–1603. Heinrich VII. bestieg als Erbe des Hauses Lancaster (→Rosenkriege) nach dem Sieg bei Bosworth (1485) über Richard III. den Thron; ihm folgten sein Sohn Heinrich VIII. (1509–47) und dessen Kinder Eduard VI. (1547–53), Maria I. (1553–58) und Elisabeth I. (1558–1603).

Tudor, David [engl. 'tju:də], * Philadelphia 20. 1. 1926, amerikan. Pianist und Komponist. Bed. Interpret avantgardist. Musik. Seine eigenen Werke verbinden elektron. Musik mit Tanz, Theater, Film.

Tudorstil ['tu:dər, engl. 'tju:də], Baustil der späten engl. Gotik (1510–58) mit Renaissanceelementen (u. a. King's College Chapel, Cambridge, 1508–15); charakteristisch v. a. der *Tudorbogen*, ein leicht angespitzter Flachbogen.

Tuff [lat.-italien.], 1) sekundär verfestigte vulkan. Aschen.
2) Bez. für →Sinter.

Tu Fu svw. →Du Fu.

Tugan-Baranowski, Michail Iwanowitsch, * Gouvernement Charkow 8. 1. 1865, † in der Eisenbahn nahe Odessa 21. 1. 1919, russ. Nationalökonom und Politiker. Mit seiner Schrift ›Geschichte der russ. Fabrik‹ (1898) über in Rußland bereits entwickelte kapitalist. Elemente beeinflußte er die russ. Sozialdemokratie, bes. Lenin.

Tugend, im Vermögen des Menschen gründende sittl. Festigkeit, sein Bestreben zur steten Ausbildung und Vervollkommnung von gesellschaftlich anerkannten Wertmustern. Zunächst eine an den sozialen Ständen orientierte Dreiheit, orientiert man sich seit Platon am Kanon von vier *Grund-* oder *Kardinaltugenden* (Weisheit, Standhaftigkeit, Besonnenheit, Gerechtigkeit).

Tuilerien [tyilə'ri:ən; lat.-frz.], ehem. Schloß *(Palais des Tuileries)* in Paris (1564ff.) nahe dem Louvre, erbaut für Katharina von Medici (nach Brand 1882 abgetragen); A. Le Nôtre baute 1664ff. den Garten an *(Jardins des Tuileries);* Orangerie und Ballhaus sind heute Museen für impressionist. Kunst.

Tukane [indian.], svw. →Pfefferfresser.

Tula ['tu:la, russ. 'tulɐ], Gebietshauptstadt auf der Mittelruss. Platte, Rußland, 541000 E. Polytechn. Hochschule, Museen, Theater; Radrennbahn. Metall-Ind. (seit Ende 16. Jh.). – Erstmals 1146 erwähnt.

Tula de Allende [span. 'tula ðe a'jende], mex. Ort im zentralen Hochland, 7500 E. Kirche eines 1529 gegr. Franziskanerklosters. – Nahebei liegt **Tula** *(Tollan),* 920–1160 Hauptstadt der Tolteken. Nur in Teilen ausgegraben, v. a. die ›Morgensternpyramide‹.

Tularämie [nach Tulare (County in Kalifornien)/griech.] (Hasenpest), in der BR Deutschland meldepflichtige bakterielle Seuche bei Nagetieren und Hasen; Übertragung v. a. durch blutsaugende Insekten auch auf andere wildlebende Tiere und Haustiere; Übertragung auf den Menschen durch Kontakt mit infiziertem Fleisch oder frischen Häuten.

Tulcea [rumän. 'tultʃea], rumän. Hafenstadt am Rand des Donaudeltas, 86000 E.

Tulla, Johann Gottfried, * Karlsruhe 20. 3. 1770, † Paris 27. 3. 1828, dt. Bauingenieur. Leitete die 1817 begonnene Regulierung des Oberrheins.

Tulle [frz. tyl], frz. Stadt im Limousin, 18900 E. Verwaltungssitz des Dep. Corrèze; Waffenmanufaktur. Got. Kathedrale (nur Langhaus und Turm; 12. bis 14. Jh.).

Tullius, Servius, nach der Sage der 6. König von Rom. Soll 577–534 regiert haben; T. wird u. a. die Einteilung der Bürgerschaft in regionale Tribus und in Zenturien *(Servian. Verfassung)* zugeschrieben.

Tulln, niederösterr. Bezirkshauptstadt an der Donau, 12000 E. U. a. Zuckerfabrik. Roman.-got. barockisierte Pfarrkirche (12., 14./15. und 18. Jh.), spätroman. Karner (13. Jh.), spätbarocke ehem. Minoritenkirche (1732–39). – Entstand an der Stelle des röm. Kastells *Comagenis.*

Tullus Hostilius, nach der Sage der 3. König von Rom. Regierte angeblich 672–640; ihm wird u. a. die Unterwerfung Alba Longas zugeschrieben.

Tulpe (Tulipa) [pers.-frz.-niederl.], Gatt. der Liliengewächse mit rd. 60 Arten in Vorder- und Zentralasien, S-Europa und N-Afrika; Zwiebelpflanzen mit meist einblütigen Stengeln; Blüten groß, meist aufrecht, glockig oder fast trichterförmig mit 6 Blütenhüllblättern, 6 Staubblättern und einem dreiteiligen Stempel. Neben der eigtl. *Garten-T.* (in vielen Formgruppen) sind zahlr. Wild-T. in Kultur, u. a. die *Damen-T.,* die in zahlr. Sorten verbreitete *Fosteriana-T.,* die *Greigii-T.* und die *Seerosen-T.* Die einzige in Deutschland wild vorkommende Art ist die *Wald-T.* (20–40 cm hoch, vereinzelt in Weinbergen).

Tulpenbaum (Liriodendron), Gatt. der Magnoliengewächse mit je einer Art in N-Amerika und China; sommergrüne Bäume mit vier- bis sechslappigen, großen Blättern und einzelnstehenden, tulpenähnl. Blüten.

Tumba [griech.-lat.] →Grabmal.

Tümmler, 1) →Delphine.
2) *Ornithologie:* (Flugtauben) an Rassen und Schlägen zahlenreichste Rassengruppe von Haustauben;

vermögen ausdauernd und hoch zu fliegen (sog. *Hochflieger),* meist in Gruppen (Trupps).

Tumor [lat.], svw. →Geschwulst.

Tumorviren (onkogene Viren), Viren, die infizierte tier. (auch menschl.) Zellen zu tumorigem Wachstum veranlassen können. T. finden sich unter den DNS-Viren und RNS-Viren. – T. sind als Ursache zahlr. tier. Krebserkrankungen nachgewiesen.

Tumulus [lat.], Grabhügel; i. e. S. für etrusk. Kuppelgräber.

Tundra [finn.-russ.], baumloser, artenarmer Vegetationstyp jenseits der polaren Baumgrenze auf Böden, die im Sommer nur kurzzeitig auftauen. Das Übergangsgebiet zum geschlossenen Wald wird *Wald-T.* genannt.

Tuner [engl. 'tju:nə], in der Hochfrequenztechnik eine auf die gewünschte Sendefrequenz abstimmbare Eingangsschaltung (z. B. in Rundfunkempfängern); bei manchen Stereoempfangsanlagen in einem vom Verstärker getrennten, ebenfalls als T. bezeichneten Gerät enthalten.

Tunesien

Fläche: 163 610 km²
Einwohner (1988): 7,75 Mio.
Hauptstadt: Tunis
Verwaltungsgliederung: 23 Gouvernements
Amtssprache: Arabisch
Nationalfeiertag: 1. 6.
Währung: 1 Tunes. Dinar (tD) = 1 000 Millimes (M)
Zeitzone: MEZ

Tunesien (amtl. Republik T.), Staat in Afrika, grenzt im N und O an das Mittelmeer, im SO an Libyen, im W an Algerien.

Landesnatur: T. ist im N ein Bergland, das vom mitteltunes. Gebirgsrücken (Djebel Chambi 1544 m) beherrscht wird. Das Bergland senkt sich im S in die Senkungszone der Schotts über. Den S des Landes nimmt das Kalkplateau Dahar ein (bis 715 m), das nach O steil zum Küstenvorland abfällt. T. hat mediterranes Klima, das im S in Wüstenrandklima übergeht. Im N finden sich Macchie, Korkeichenwälder und Steineichenbestände, im S Steppe und Wüstensteppe.

Bevölkerung: Über 95 % der E sind Araber und arabisierte Berber. Der Islam ist Staatsreligion. Schulpflicht besteht von 6–14 Jahren; Univ. in Tunis, Sousse und Sfax.

Wirtschaft, Verkehr: Wichtigste Exportgüter sind Wein und Oliven. Außerdem werden Zitrusfrüchte, Obst, Gemüse und Getreide angebaut. An bergbaul. Produkten sind Phosphat, Erdöl und Erdgas von Bedeutung. Die wichtigsten Ind.zweige sind Nahrungs-, Genußmittel- und Textilindustrie. Das Eisenbahnnetz hat eine Länge von 2 167 km, das Straßennetz von 26 741 km, davon rd. 10 000 km asphaltiert. Wichtige Häfen sind Sfax, Tunis, Biserta, Sousse und Gabés; internat. ✈ bei Tunis.

Geschichte: Nach Zerstörung Karthagos im 3. Pun. Krieg (146 v. Chr.) wurde das Gebiet des heutigen T. Teil der röm. Prov. Africa. 670–696 eroberten die Araber das Land und gründeten Kairuan als Prov.-hauptstadt des Kalifenreichs. Vom 10. bis 16. Jh. unter der Herrschaft verschiedener islam. Dynastien (Fatimiden, Almohaden, Hafsiden), kam T. 1574 an die Osmanen; als Vertreter des Sultans regierte der Bei von Tunis (ab 1612 erbl. Amt). Husain Ibn Ali (⌂ 1705–40) begründete die bis 1957 regierende Dynastie der Husaniden. 1881 rückten frz. Truppen in T. ein (1883 frz. Protektorat). 1920 schloß sich die ein-

Tunesien

Staatsflagge

Staatswappen

Land 44 %
Stadt 56 %
Bevölkerungsverteilung

Landwirtschaft 32 %
Dienstleistung 40 %
Industrie 28 %
Erwerbstätige

Tunis: Blick auf die Altstadt

heim. Führungsschicht in der Destur-Partei zusammen, die als Endziel die Unabhängigkeit verlangte. Ihr zu Kompromissen nicht bereiter Flügel spaltete sich 1934 als Neo-Destur-Partei unter der Führung von H. Burgiba ab. Obwohl Frankreich die neue Partei verbot, Burgiba wie auch andere Führer der Partei in Haft genommen wurden, fand sie rasch breite Unterstützung. 1952 riefen die Nationalisten die UN an, nach einer erneuten Verhaftung Burgibas kam es zu blutigen Unruhen. 1956 erkannte Frankreich die Unabhängigkeit von T. an; Burgiba wurde zum Min.-Präs. gewählt. 1957 setzte das Parlament den Bei ab, erklärte T. zur Republik und wählte Burgiba zum Staats-Präs. (1975 auf Lebenszeit). 1964 wurden die Destur-Partei und die Neo-Destur-Partei in der Einheitspartei Parti Socialiste Destourien (PSD) neu organisiert. Die vorsichtige innenpolit. Liberalisierung seit 1980 führte zur Zulassung weiterer polit. Gruppen bei den Parlamentswahlen vom Nov. 1981. Die Wahlen vom Nov. 1986 wurden von der Opposition boykottiert. Im Nov. 1987 wurde Staatspräs. Burgiba durch Min.präs. Zine El Abidine Ben Ali (* 1936) entmachtet, nachdem Burgiba durch mehrere Ärzte Amtsunfähigkeit bescheinigt worden war; Ben Ali übernahm selbst das Amt des Staatspräs. am 8. 11. 1987. Um die durch Willkürherrschaft Burgibas geprägten letzten Jahre schnell zu überwinden, amnestierte Ben Ali rd. 3 000 Gefangene. Ein im April 1988 verabschiedetes Parteiengesetz institutionalisierte zwar das Mehrparteiensystem, wird aber wegen des darin festgeschriebenen Vorrangs für die Regierungspartei Rassemblement Constitutionnel Démocratique (RCD), der früheren PSD, und der restriktiven Bestimmungen von der Opposition abgelehnt. Im Nov. 1988 wurden die ersten zwei Oppositionsparteien offiziell zugelassen. Die Wahlen im April 1989 gewann der RCD. Im Mai 1990 scheiterte ein Putschversuch islam. Fundamentalisten, deren theokrat. Bewegung al-Nahda (›Wiedergeburt‹) wegen der wirtsch. und sozialen Probleme T. einigen Rückhalt in der Bev. genießt.

Politisches System: Präsidiale Republik; *Verfassung* von 1988. *Staatsoberhaupt* und Inhaber der *Exekutivgewalt* ist der vom Volk gewählte Staatspräs., er wird für 5 Jahre gewählt. Die *Legislative* liegt beim Einkammerparlament (Nationalversammlung; 141 Abg., auf 5 Jahre gewählt). *Parteien:* Rassemblement Constitutionnel Démocratique (RCD), Rassemblement Socialist Progressiste (RSP), Parti Liberal Social (RLS), Mouvement des Démocrates Socialistes (MDS). – Karte II, Bd. 2, n. S. 320.

Tungsten [...ste:n; schwed.], svw. →Wolfram.

Tungusen, zusammenfassende Bez. für die Völker M- und O-Sibiriens sowie NO-Chinas, die mandschutungus. Sprachen sprechen.

Tunhwang (Dunhuang), chin. Oasenstadt im NW der Prov. Gansu; nahebei die ›Grotten der Tausend Buddhas‹, über 400 Höhlentempel mit Wandmalereien (5. Jh. bis um 1300), Rollbildern, Handschriften, u. a. der sog. Diamant-Sutra (datiert 868; heute London, Brit. Museum).

Tunika [lat.], 1) *Antike:* ein aus zwei Teilen genähtes, gegürtetes Gewand der röm. Männer und Frauen; mit kurzen Ärmeln, etwa knielang.
2) *orth. Kirchen:* liturg. Gewand.

Tuning [engl. 'tju:nɪŋ], 1) *Motorsport:* die Leistungserhöhung von [serienmäßigen] Kfz-Motoren durch nachträgl. Maßnahmen (›Frisieren‹), z. B. Erhöhung der Verdichtung, Vergrößerung des Ansaugvolumens.
2) *Hochfrequenztechnik:* svw. Abstimmung.

Tunis ['tu:nɪs, frz. ty'nis], Hauptstadt Tunesiens, am See von Tunis, nahe dem Mittelmeer, 596 700 E. Univ., Konservatorium; Nationalbibliothek, -archiv und -museum, Museum islam. Kunst; Zoo. V. a. Konsumgüter-Ind.; alle 2 Jahre internat. Messe; Hafen; internat. ✈. Altstadt mit zahlr. Moscheen, u. a. die Große Moschee (732 gegr., v. a. 13. und 15. Jh.) und am Westrand der Altstadt gelegene Moschee der Kasba (13. Jh.). – Im Altertum **Tynes, Tunes;** erlangte erst unter arab. Herrschaft ab 697 Bedeutung. Seit 1957 Hauptstadt.

Tunja [span. 'tuŋxa], kolumbian. Dep.hauptstadt in einem Hochtal der Ostkordillere, 95 500 E. Päd. Univ., TU. Kathedrale (1579–1606); Rosenkranzkapelle in der Kirche Santo Domingo (um 1590); Casa de Juan de Vargas (um 1585; jetzt Kolonialmuseum). – Entstand an der Stelle der 1538 von Gonzalo Jiménez de Quesada eroberten Hauptstadt des Chibchareiches.

Tunnel [frz.-engl.], künstlich angelegte unterird. Bauwerke, die im Verlauf von Verkehrswegen durch Bergmassive oder unter Flußläufen, Meerengen, städt. Bebauungen u. a. hindurchführen (auch als Abwasser-T. innerhalb einer städt. Kanalisation).

Geschichte: Als erster Alpen-T. der Eisenbahn wurde 1848–54 der 1430 m lange Semmering-Scheitel-T. erbaut. Ein Druckluftbohrer wurde erstmals beim 1857–71 erbauten 12,2 km langen Mont-Cenis-T. eingesetzt, das Dynamit beim 1872–81 erbauten, 15 km langen Gotthard-T.; nach knapp achtjähriger Bauzeit war 1906 der 19,8 km lange Simplon-T. vollendet. Bereits 1911 wurde in Hamburg ein 448 m langer Elbtunnel (mit Fahrstuhleinrichtung [auch für Kfz]) in Betrieb genommen, 1974 folgte ein 3,3 km langer, sechsspuriger, unter der Elbe hindurchführender Autobahntunnel. Die Eröffnung des 16,3 km langen Gotthard-Straßentunnels ist ebenso wie die des 12,8 km langen Straßentunnels von Fréjus (zw. Italien und Frankreich) 1980 erfolgt. 1971–88 wurde in Japan der 53,85 km lange Seikantunnel erbaut. Seit 1987 ist ein T. unter dem Ärmelkanal im Bau (geplanter Abschluß 1993).

Tunneldiode (Esaki-Diode), Diode aus extrem hoch dotierten Halbleiterbauelementen, die in einem Teil des Durchlaßbereichs infolge des Tunneleffektes einen negativen differentiellen Widerstand hat. Verwendung als schnell arbeitender elektron. Schalter.

Tunneleffekt, in der Quantenmechanik Bez. für das Hindurchdringen eines Teilchens durch eine schmale Zone (Potentialwall), in der die potentielle Energie höher ist als seine kinet. Energie.

Tunnelmikroskop, ein auf der Grundlage des Tunneleffektes arbeitendes, hochauflösendes Mikroskop zur Untersuchung sehr feiner Oberflächenstrukturen. Die Tiefenauflösung liegt bei 0,01 nm und ist damit um den Faktor 100 besser als beim Rasterelektronenmikroskop. Anwendung in der Mikroelektronik zur Beurteilung von Halbleiterschichten u. a.

Tupamaros [span.], die Mgl. der linksgerichteten Guerillabewegung Uruguays, die um 1962/63 entstand; leiten die Bez. von dem peruan. Indianerführer Tupac Amaru II. (eigtl. José Gabriel Condorcanqui, * 1743, † 1781) ab.

Türbe: Mausoleum in Kayseri; um 1275

Tüpfel, v. a. dem Stoffaustausch zw. den Zellen dienende Aussparungen in der Sekundärwand pflanzl. Zellen.

Tüpfelfarn, Gatt. der T.gewächse mit rd. 50 v. a. in den Tropen verbreiteten, vielgestaltigen, häufig epiphyt. Arten. Einheimisch ist u. a. der auf kalkarmen Böden vorkommende *Gemeine T.* (Engelsüß); das süß schmeckende oberirdische kriechende Rhizom wird in der Volksheilkunde als Hustenmittel verwendet.

Tüpfelfarngewächse (Tüpfelfarne, Polypodiaceae), größte Fam. der Farne mit 7 000 überwiegend trop., häufig epiphyt. Arten in 170 Gatt. (u. a. →Adlerfarn, →Frauenhaarfarn, →Geweihfarn); Sporangiengruppen oft klein und rund (tüpfelförmig).

Tupí-Guaraní [tu'pi: guara'ni:], zweitgrößte Gruppe der Indianersprachen in S-Amerika; Tupí wird v. a. in O-Brasilien, Guaraní in Teilen von Paraguay, Argentinien und Bolivien gesprochen. Beide sind wichtige Verkehrssprachen; Guaraní ist heute allg. Umgangssprache in Paraguay, z. T. auch in NO-Argentinien.

Tupolew, Andrei Nikolajewitsch [russ. 'tupɐlif], * Pustomasowo (Gebiet Kalinin) 10. 11. 1888, † Moskau 23. 12. 1972, sowjet. Flugzeugkonstrukteur. Baute ab 1924 die ersten sowjet. Ganzmetallflugzeuge; entwarf mehr als 100 Flugzeugtypen (Serienbez. ANT, später Tu). Die Tu-104 (1956) war eines der ersten Verkehrsflugzeuge mit Turboluftstrahltriebwerk. – Sein Sohn Alexei Andrejewitsch T. (* 1925) konstruierte das Überschallverkehrsflugzeug Tu-144 (Erstflug am 31. 12. 1968).

Turakos [afrikan.] (Bananenfresser, Musophagidae), mit den Kuckucken nah verwandte Fam. etwa 40–70 cm großer, langschwänziger, sehr bunter Vögel mit fast 20 Arten v. a. in Afrika; brüten in flachen Baumnestern.

Turan, Tiefland von, Tiefland im Bereich von Kasachstan, Usbekistan und Turkmenien mit den Sandwüsten Kysylkum und Karakum.

Turban [pers.-türk.], bereits im alten Orient belegte Kopfbedeckung, bei der über die Kappe Musselin oder anderer Stoff drapiert ist. Von Hindus und Muslimen getragen.

Türbe [türk.] (arab. Turba), islam. turmförmiges Mausoleum, mit Kuppel oder Kegeldach, Prachtbauten mit Portalvorbau, Umgang, Sockel sowie Gärten (Tadsch Mahal in →Agra).

Turbinen [lat.-frz.], Kraftmaschinen, in denen die Strömungsenergie von Dampf *(Dampf-T.),* Gas *(Gas-T.),* Wasser *(Wasser-T.)* bzw. Wind unmittelbar in Rotationsenergie umgesetzt wird. Hauptteil der T. ist ein mit gekrümmten Schaufeln versehenes Laufrad, das von dem jeweiligen Arbeitsmittel durchströmt wird. Eine T., die zus. mit dem Generator in einem rohrartigen System untergebracht ist, heißt *Rohrturbine.*

turbo..., Turbo... [lat.], Bestimmungswort von Zusammensetzungen mit der Bedeutung ›Turbine‹.

Turbogenerator, durch eine Dampf- oder Gasturbine angetriebener Generator zur Stromerzeugung.

Turbulenz [lat.], Bez. für den v. a. durch Wirbelbildung und Zerfallen dieser Wirbel sowie durch unregelmäßige Schwankungen des Strömungsverlaufs gekennzeichneten Zustand von Strömungen zäher Flüssigkeiten und Gase; tritt nach Störungen durch innere und äußere Einflüsse oder nach Überschreiten einer krit. Strömungsgeschwindigkeit auf.

Turenne, Henri de La Tour d'Auvergne, Vicomte de [frz. ty'rɛn], * Sedan 11. 9. 1611, ✕ Sasbach bei Breisach am Rhein 27. 7. 1675, frz. Marschall (seit 1643) und Militärtheoretiker. Enkel Wilhelms I. von Oranien; seit 1630 in frz. Dienst. Zunächst auf seiten der Fronde, söhnte er sich 1651 mit dem Hof aus und führte das königl. Heer im Bürgerkrieg und im Krieg mit Spanien (bis 1659). 1667/68 plante er den Devolutionskrieg, ab 1672 den Niederl.-Frz. Krieg (u. a. Verwüstung der Pfalz 1674).

Turf [engl. tə:f], Rennbahn; Pferderennsport.

Turfansenke, Becken im östl. Tienschan, bis 154 m u. d. M. (tiefster Punkt Chinas).

Turgenjew, Iwan Sergejewitsch [tʊr'gɛnjɛf, russ. tur'gjenif], * Orel 9. 11. 1818, † Bougival bei Paris 3. 9. 1883, russ. Dichter. Gehört zu den bed. Erzählern des europ. Realismus; bes. bekannt ist der Roman ›Väter und Söhne‹ (1862). – *Weitere Werke:* Aufzeichnungen eines Jägers (En., 1852), Rudin (R., 1856), Assja (Nov., 1858), Das adelige Nest (R., 1859), Dunst (R., 1867), Neuland (R., 1877).

Iwan Sergejewitsch
Turgenjew

Turgor [lat.] (Turgordruck, Turgeszenz, Saftdruck), der von innen aus die Zellwand lebender pflanzl. Zellen ausgeübte Druck. Er entsteht durch osmosebedingte Wasseraufnahme in die Vakuole, wodurch der Protoplast (Zelleib) zunehmend gegen die Zellwand gedrückt und diese gedehnt wird. Bei Wasserverlust (sinkendem T.) tritt Erschlaffung *(Welken)* ein.

Turgot, Anne Robert Jacques [frz. tyr'go], Baron de l'Aulne, * Paris 10. 5. 1727, † ebd. 20. 3. 1781, frz. Staatsmann und Wirtschaftstheoretiker. 1774–76 Generalkontrolleur der Finanzen unter Ludwig XVI. Seine Reformen, v. a. der Versuch einer Sanierung der Finanzen, scheiterten weitgehend an der Verschwendungssucht des Hofes und am Widerstand der privilegierten Stände. Als Wirtschaftstheoretiker wird T. zu den →Physiokraten gezählt (jedoch größere Betonung des Produktionsfaktors Arbeit); formulierte erstmals das Gesetz vom abnehmenden Ertragszuwachs (→Ertragsgesetz). – *Hauptwerk:* Betrachtungen über die Bildung und Verteilung des Reichtums (1766).

Turin (italien. Torino), Hauptstadt der italien. Region Piemont und einer Prov., in der westl. Poebene,

1,01 Mio. E. Univ., TH, bed. Museen, Gemäldegalerien und naturwiss. Sammlungen, mehrere Theater, Autorennstrecke, botan. Garten, Zoo. Eines der wichtigsten italien. Wirtschafts- und Ind.zentren, u. a. Automobilwerke; internat. Messen (u. a. Autosalon). **Bauten:** Das Stadtbild wird geprägt von Barock- und modernen Hochbauten. Zahlr. Kirchen, u. a. Renaissancedom (1492–98) mit der 1667 ff. errichteten Cappella della Santa Sindone (für das → Turiner Grabtuch), San Lorenzo (1668 ff., Zentralbau), La Consolata (1679 ff., mit lombard. Kampanile des 11. Jh.) und viele Paläste, u. a. Palazzo Reale (ehem. königl. Schloß, 1646–58), Palazzo Madama (13., 15. und 18. Jh.). Röm. Überreste sind die Porta Palatina (1. Jh. v. Chr.) und Teile eines Theaters. **Geschichte:** Im Altertum Hauptort der ligur. Tauriner, unter Augustus als **Augusta Taurinorum** röm. Kolonie; ab dem 5. Jh. Sitz eines Bistums, ab 1515 eines Erzbistums; nach 569 Mittelpunkt eines langobard. Hzgt., dann einer fränk. Gft.; 1048, endgültig 1280 an Savoyen; ab 1720 Hauptstadt des Kgr. Sardinien-Piemont; 1861–65 Hauptstadt des Kgr. Italien.

Turiner Grabtuch, vermutlich aus der 1. Hälfte des 14. Jh. stammendes, wegen des Abdrucks eines menschl. Körpers bis 1988 als das Grabtuch Jesu Christi angesehenes Leinengewebe, das seit 1578 im Turiner Dom bewahrt und verehrt wird.

Turkanasee (früher Rudolfsee), abflußloser, fischreicher See im Ostafrikan. Graben, in Kenia und Äthiopien, über 8 500 km², Hauptzufluß ist der Omo.

Türkei

Fläche: 779 452 km²
Einwohner (1985): 50,67 Mio.
Hauptstadt: Ankara
Verwaltungsgliederung: 67 Iler
Amtssprache: Türkisch
Nationalfeiertag: 20. 10.
Währung: 1 Türk. Pfund/Türk. Lira (TL.) = 100 Kuruş (krş)
Zeitzone: MEZ + 1 Std.

Türkei (amtl. Türk. Republik), Staat in Asien (Anatolien) und Europa (Ostthrakien), grenzt im W an das Ägäische Meer, im NW an Griechenland und Bulgarien, im N ans Schwarze Meer, im NO an die Sowjetunion, im O an Iran, im S an Irak und Syrien sowie an das Mittelländ. Meer.
Landesnatur: Anatolien ist ein weites Hochland, das von küstenparallelen Gebirgsketten begrenzt wird: im N das Pont. Gebirge, im S der Taurus. Im O der T. treffen sich die randl. Gebirgssysteme und gestalten O-Anatolien zu einem fast unzugängl. Gebirgsland. Hier befinden sich der Vansee und der Ararat (5 165 m ü. d. M.), der höchste Berg des Landes. Das inneranatol. Becken mit Salzseen und -sümpfen geht nach W in die Ägäische Küstenregion über. Inneranatolien liegt ganzjährig im Regenschatten. O-Thrakien, W-Anatolien und der Taurus haben Mittelmeerklima. Die Gebirge sind bewaldet, Inneranatolien hat Steppenvegetation, ansonsten mediterrane Vegetation.
Bevölkerung: Neben Türken leben in der T. etwa 10 Mio. Kurden. Außerdem gibt es an ethn. Minderheiten Araber, Tscherkessen, Georgier, Lasen, Griechen, Armenier und Juden. 98 % der E sind Muslime. In der T. besteht allg. Schulpflicht von 5 Jahren zw. dem 6. und 14. Lebensjahr. Es bestehen 29 Universitäten.
Wirtschaft, Verkehr: 50 % der Erwerbstätigen sind in der Landwirtschaft beschäftigt. Angebaut werden neben den Grundnahrungsmitteln exportorientiert

Baumwolle, Tabak und Haselnüsse. Ein wichtiges landwirtsch. Produkt sind Trockenfrüchte (Feigen, Sultaninen) und Tee. Neben Chromerz werden Steinkohle und Eisenerz abgebaut. Bed. Ind.standorte sind Istanbul, Ankara, İzmir, Adana und Bursa. Wichtigster Ind.zweig ist die Textil-Ind., zu der auch die Teppichknüpferei gehört. Es folgen Zement-, Zucker- und Kfz-Industrie. Das Streckennetz der Eisenbahn ist 8 439 km, das Straßennetz 58 915 km lang, davon 55 946 km asphaltiert. Wichtigste Häfen sind Istanbul, İzmir, Trabzon, Samsun, Mersin und İskenderun; die wichtigsten internat. ✕ bei Istanbul und Ankara.
Geschichte: *Beginn und Ausdehnung der Osmanenherrschaft:* Nach dem Sieg der Seldschuken unter Alp Arslan über Byzanz (1071 bei Manzikert) drang mit turkmen. Nomadenstämmen der Islam in Anatolien ein. Um 1300 begründete Osman I. Ghasi die Dynastie der Osmanen. Das 1361 eroberte Adrianopel (= Edirne) wurde Hauptstadt des Osman. Reiches, dem das Byzantin. Reich tributpflichtig wurde. Thrakien und Makedonien kamen 1371 nach dem Sieg über die Heere Serbiens, Ungarns, Bulgariens und Bosniens an der Maritza in osman. Besitz. Nach dem Sieg Murads I. auf dem Amselfeld 1389 wurde Serbien tributpflichtig, 1395 die Walachei; Bulgarien und Thessalien wurden erobert. Trotz der Niederlage gegen Timur-Leng 1402 bei Ankara blieb das Osman. Reich in seinem Grundbestand erhalten und konnte den letzten Kreuzzug zur Rettung des Byzantin. Reiches 1444 abwehren. Muhammad II. annektierte das restl. Byzantin. Reich, eroberte Konstantinopel am 29. 5. 1453 und machte es zur Hauptstadt des Osman. Reiches, das in den folgenden 100 Jahren seine größte Macht und Ausdehnung erfuhr. 1454–63 wurden Serbien, Trapezunt und Bosnien annektiert. Der Krieg mit Venedig 1463–79 brachte die Peloponnes und Athen ein und sicherte die Herrschaft über Albanien. Das Osman. Reich wurde zur beherrschenden Seemacht im östl. Mittelmeer. Der Sultan trug seit 1517 auch den Kalifentitel und übernahm den Schutz der hl. Stätten des Islam in Mekka und Medina. Sulaiman II. besetzte Belgrad und nach der Schlacht von Mohács (1526) große Teile Ungarns; 1529 drang er bis Wien vor. Algier kam 1519, Tripolitanien 1551, Zypern 1570/71, Tunesien 1574 unter osman. Herrschaft.
Niedergang des Osman. Reiches: Mit dem Vorstoß bis Wien 1683 und dessen vergebl. Belagerung war die Kraft der osman. Armee erschöpft. Der folgende Große Türkenkrieg (1683–99) mit der Hl. Liga von 1684 endete in den Friedensverträgen von Karlowitz und Konstantinopel (1699/1700) mit dem Verlust der Peloponnes, Athens, des westl. Dalmatiens, Ungarns, des größten Teils Kroatiens mit Slawonien, Siebenbürgens, Podoliens, der poln. Ukraine und Asows. In der 2. Hälfte des 18. Jh. wurde Rußland zum Hauptgegner der Osmanen, die es in den Friedensschlüssen von Küçük Kaynarci (1774) und Jassy (1792) zwang, alle Gebiete im N des Schwarzen Meeres bis zum Dnjestr aufzugeben (weitere Gebietsverluste im Russ.-Türk. Krieg 1806–12). Frankreich, Großbrit. und Rußland setzten nach dem Sieg über die türk.-ägypt. Flotte bei Navarino (20. 10. 1827) die Unabhängigkeit der Griechen durch. Nach dem Russ.-Türk. Krieg von 1828/29 mußte der Sultan die Autonomie Serbiens, der Moldau und der Walachei anerkennen. In der Folge des verlorenen Krimkrieges 1853/54–56 mußte das Osman. Reich die Zahlungsunfähigkeit erklären. Trotz aller Reformbemühungen nahm die Schwäche des Reiches weiter zu (›Kranker Mann am Bosporus‹). Nach dem Russ.-Türk. Krieg 1877/78 erhielten Serbien, Montenegro und Rumänien auf dem Berliner Kongreß 1878 die volle Unabhängigkeit, Bosnien und Herzegowina kamen zu

Österreich, Zypern zu Großbritannien. Frankreich, das 1830–70 Algerien annektiert hatte, besetzte 1881 Tunesien, Großbrit. 1882 Ägypten. Die liberal-reformer. und panislam. ausgerichteten ›Jungtürken‹ unter Enwer Pascha und Talat Pascha setzten 1909 Sultan Abd Al Hamid II. ab und entmachteten seinen Nachfolger Muhammad V. Doch die Schwächung des Reichs setzte sich fort: Unabhängigkeit Bulgariens 1908; Verlust von Tripolis, der Cyrenaika und des Dodekanes im Italien.-Türk. Krieg 1911/12; fast völliger Verlust der verbliebenen europ. Besitzungen in den Balkankriegen 1912/13. Ansätze einer inneren Erneuerung verhinderte der Kriegseintritt auf der Seite der Mittelmächte am 1. 11. 1914. Im 1. Weltkrieg gingen Irak, Palästina und Syrien verloren. Im Vertrag von Sèvres 1920 mußte sich die T. auf Kleinasien und einen Zipfel des europ. Festlandes beschränken und kam unter alliierte Militär- und Finanzkontrolle. Die Griechen besetzten 1919–22 İzmir; Istanbul und die Meerengen kamen 1918–23 unter alliierte Verwaltung. Die vollständige Demobilisierung wurde von Mustafa Kemal Pascha (→Kemal Atatürk) verhindert, der sich 1919 in Anatolien an die Spitze der nat. Widerstandsbewegung stellte und die Griechen aus den von ihnen besetzten westanatol. Gebieten vertrieb (Griech.-Türk. Krieg 1919–22). Im Frieden von Lausanne 1923 gewann die T. Teile O-Thrakiens sowie die volle Kontrolle über Anatolien zurück.

Die Republik: Nach der Absetzung Muhammads VI. wurde am 29. 10. 1923 die Republik ausgerufen. Mustafa Kemal Pascha wurde ihr erster Präs., bemühte sich, die T. zu einem europ. orientierten, säkularen Nationalstaat zu formen (u. a. Einführung der latein. Schrift) und außenpolit. durch Ausgleich mit den Siegermächten und den Nachbarstaaten abzusichern. Im 2. Weltkrieg blieb die T. neutral. 1952 wurde die T. Mgl. der NATO, 1955 des Bagdadpakts (1959 CENTO). Gegen die regierende Republikan. Volkspartei gewann 1950 die konservative Demokrat. Partei die Wahlen: Mahmud Celal Bayar (* 1883, † 1986) wurde Staats-Präs.; als Min.-Präs. A. Menderes infolge wirtschaftl. Schwierigkeiten die Unterstützung des Parlaments verlor, hielt er sich durch Unterdrückung der Opposition an der Macht. Er wurde 1960 durch Militärputsch gestürzt. 1961 wurde eine neue Verfassung verabschiedet. Die ungelöste Zypernfrage, blutige Studentenunruhen und zahlr. Terrorakte führten 1971 erneut zum Eingreifen des Militärs. Min.-Präs. B. Ecevit von der Republikan. Volkspartei (ab 1974) löste durch sein Vorgehen im Konflikt mit Griechenland, v. a. durch die Besetzung des N-Teils von Zypern durch türk. Truppen 1974, nat. Begeisterung aus. Die immer instabilere innenpolit. Situation ab 1975 mit z. T. bürgerkriegsähnl. Zuständen beendete das Militär am 12.9. 1980 durch einen unblutigen Militärputsch unter Generalstabschef Kenan Evren. Alle polit. Aktivitäten wurden verboten. Es kam zu zahlr. willkürl. Verhaftungen, Hinrichtungen und anderen Menschenrechtsverletzungen (v. a. Verfolgung der Kurden). Eine neue, im Auftrag des Militärregimes ausgearbeitete Verfassung wurde 1982 in einer Volksabstimmung gebilligt. Gleichzeitig wurde General Evren zum Staats-Präs. gewählt. Aus den Parlamentswahlen 1983 und 1987 ging die Mutterlandspartei unter T. Özal als Wahlsieger hervor. Özal wurde am 31. 10. 1990 zum Nachfolger Evrens als Staatspräs. gewählt und trachtete im Golfkrieg 1991 nach einer Hegemonialposition der T. Die T. sah sich auch nicht in der Lage, das Elend der flüchtenden irak. Kurden zu lösen; sie bekämpfte vielmehr militärisch die nach Autonomie strebenden Organisationen in Kurdistan. Menschenrechtsbewegungen kritisieren die mangelnde Wahrung der Menschenrechte in der T., v. a. die Haltung gegenüber den Kurden.

Politisches System: Präsidiale Republik; *Verfassung* von 1982. *Staatsoberhaupt* und oberster Inhaber der *Exekutivgewalt* ist der Präs., der für eine einmalige Amtszeit von 7 Jahren von der Nationalversammlung gewählt wird. Er hat u. a. das Recht, Parlamentswahlen anzusetzen, den Vors. im Ministerrat zu führen und den Oberbefehl über die Streitkräfte. Der Min.-Präs. wird aus den Reihen der Abg. vom Präs. ernannt; der Ministerrat muß sich nach Vorlage des Regierungsprogramms einer Vertrauensabstimmung stellen. *Legislativorgan* ist die Nationalversammlung, deren 450 Abg. für 5 Jahre gewählt werden. Die Bildung von *Parteien* ist starken Beschränkungen unterworfen. In der Nationalversammlung sind vertreten: Mutterlandspartei, Sozialdemokrat. Volkspartei, Partei des Rechten Weges. Die *Streitkräfte* umfassen rd. 653 000 Mann. – Karte IX, Bd. 2, n. S. 320.

Türkenbund →Lilie.

Türkenkriege, die Kriege der europ. christl. Staaten gegen das seit 1354 in S-Europa eingedrungene islam. Reich der osman. Türken (→Türkei [Geschichte]).

Türkenlouis →Ludwig Wilhelm I., Markgraf von Baden.

Turkestan ['tʊrkɛsta:n, tʊrkɛs'ta:n], östl. des Kasp. Meeres gelegenes Gebiet in Asien, durch die Gebirgszüge von Pamir und westl. Tienschan geschieden in *West-T.* (früher *Russ.-T.*), der den Raum zw. Sibirien, Iran und Afghanistan umfaßt, und *Ost-T.* *(Chin.-T.),* das heute den sw. Teil von Sinkiang bildet. – Einige Gebiete des von iran. Völkern besiedelten histor. West-T. (das auch Teile von Iran und Afghanistan umfaßte) gehörten seit dem 6. Jh. v. Chr. zum Perserreich und traten in hellenist. Zeit schließl. an das gräko-baktr. Reich. In Ost-T. trafen Chinesen und Hsiungnu (→Hunnen) aufeinander und verdrängten seit dem 2. Jh. v. Chr. die iran. Bevölkerung nach West-T., das um die Mitte des 6. Jh. zw. den Sassaniden und dem alttürk. Großreich aufgeteilt wurde. Anfang des 8. Jh. drangen muslim. Araber in T. ein. Die islamisierten Oghusen verdrängten 999 die arab. Samaniden aus Buchara und gründeten das Reich der Ilekchane (bis zum 13. Jh.). Dschingis-Khan besetzte das Land 1219/20. Um 1370 brachte Timur-Leng Transoxanien unter seine Gewalt und machte es zur Ausgangsbasis seiner Eroberungszüge. Nach der Timuridenherrschaft in Samarkand bis zum Ende des 15. Jh. herrschten Usbeken (Schaibaniden) ein Jh. lang. Danach bestanden in T. die Khanate Buchara, Chiwa und Kokand, die zw. 1868 und 1876 an Rußland gelangten. Aus der Neuorganisation der Turkestan. ASSR 1924 gingen die Turkmen. SSR, die Usbek. SSR sowie schließl. die Kirgis. SSR und die Tadschik. SSR hervor, die 1991 unabhängige Republiken wurden. – Zum von China beherrschten Teil von T. →Uigurische Autonome Region Sinkiang.

Turkestankette ['tʊrkɛsta:n, tʊrkɛs'ta:n], Gebirge in Tadschikistan, bis 5 621 m hoch, z. T. vergletschert.

Turkestan-Sibirische Eisenbahn ['tʊrkɛsta:n, tʊrkɛs'ta:n] (Turksib), russ. Eisenbahnlinie von Arys über Alma-Ata nach Nowossibirsk, 2 531 km.

Türkis [frz.] (Kallait), sehr feinkörniges, wachsglänzendes, blaues, blaugrünes oder grünes Mineral. Reiner T. wird als Schmuckstein verwendet.

Türkisch, zur südwestl. Gruppe der Turksprachen gehörende Sprache der Bevölkerung der Türkei bzw. früher des Osman. Reichs; auch auf Zypern, in Syrien und im Irak gesprochen; Sprecherzahl etwa 38 Mio. – Innerhalb des T. unterscheidet man Altosman. (mit Seldschukisch, 13.–15. Jh.), Mittelosman. (15. bis 17. Jh.), Osman. (17.–20. Jh.) und (Türkei-)Türkisch (20. Jh.). Nach der weitgehenden Ersetzung arab. pers. Lehnwörter durch neugeschaffene Wörter (seit 1932 Sprachreform) sind ältere Texte heute den jün-

Türkei

Staatsflagge

Staatswappen

Stadt 46%
Land 54%

Bevölkerungsverteilung

Dienstleistung 27%
Landwirtschaft 58%
Industrie 15%

Erwerbstätige

Türkis

Türk   Türkische Hasel – Turku

William Turner: ›Genfer See mit Dent d'Oche‹; um 1841 (London, Britisches Museum)

geren Türken nicht verständlich. Die Schrift war bis 1928 die arab., seitdem lat. Schrift mit Zusatzzeichen.

Türkische Hasel (Baumhasel), in SO-Europa und Kleinasien heim. Art der Gatt. Hasel: bis 20 m hoher Baum mit kegelförmiger Krone; Früchte sehr dickschalig, mit eßbarem Samen; wertvoller Straßen- und Parkbaum.

türkische Kunst, innerhalb der →islamischen Kunst zeitweise bes. geprägte Kunst, so der *seldschuk.* und der *osman. Stil.*

türkische Literatur, im 13. Jh. v. a. histor. Aufzeichnungen und Verarbeitungen alter Epenstoffe; bed. die Derwischdichtung. Einer der ersten nachweisbaren Dichter ist Sultan Walad (* 1226, † 1312). Die t. L. stand bis ins 19. Jh. unter pers. Einfluß. Vorbild für Dichter, die sich der starken Überfremdung durch arab.-pers. Elemente widersetzten, ist bis heute der Mystiker Junus Emre († um 1320). Die einflußreiche Hof- und Gelehrtendichtung der altosman. Zeit (13.–15. Jh.) wurde in der mittelosman. Literatur (15.–17. Jh.) mit Chroniken und Reichsannalen fortgesetzt. Um die Mitte des 19. Jh. Einfluß westl. (v. a. frz.) Literatur, bed. der Erzähler Ahmad Midhat (* 1844, † 1912) und der Dramatiker Ibrahim Schinasi (* 1826, † 1871). Im 20. Jh. kamen europ. Einflüsse in allen literar. Gattungen zur Geltung (Ömer Seyfeddin [* 1884, † 1920]). In der Zeit des Freiheitskampfes unter Kemal Atatürk Aufschwung der literar. Moderne; bed. v. a. die Prosa von Halide Edib Adıvar (* 1884, † 1964), Yakup Kadri Karaosmanoğlu (* 1889, † 1974) und Reşad Nuri Güntekin (* 1889, † 1956). Der eigtl. Durchbruch begann mit dem v. a. als Lyriker bed. Nazım Hikmet (* 1902, † 1963) und dem Satiriker und Erzähler Sabahattin Ali (* 1906, † 1948); mit Orhan Kemal (* 1914, † 1970) Beginn einer proletar. t. L.; Kurzgeschichten von Sait Faik (* 1906, † 1954), Satiren von A. Nesin. In den 1950er Jahren wurde das anatol. Dorfleben zu einem wichtigen Thema: Yaşar Kemal (* 1922), Fakir Baykurt (* 1929). Seit den 1960er Jahren treten v. a. Autorinnen wie Adalet Ağaoğlu (* 1929), Nezihe Meriç (* 1925) und Selçuk Füruzan (* 1935) hervor, in der Lyrik v. a. Behcet Necatigil (* 1916, † 1979), Fazıl Hüsnü Dağlarca (* 1914), Attila İlhan (* 1935). Wichtige Dramatiker sind Vasif Öngören (* 1938) und Haldun Taner (* 1915). Seit den 1970er Jahren findet die Migrantenproblematik ihren literar. Niederschlag, v. a. durch im Ausland lebende türk. Autoren, u. a. Aras Ören (* 1939), der in der BR Deutschland in dt. und türk. Sprache schreibt.

türkische Musik, die höf. Kunstmusik der Osmanen gründet auf der im 14. Jh. übermittelten pers. Hofmusik (→Maqam), die in Konstantinopel weiterentwickelt wurde und bis zum 19. Jh. zu immer komplexeren Formen führte. Gesangssätze, umrahmt von Instrumentalstücken, wurden in kammermusikal. Besetzung auf Laute (Ud), Harfe, Hackbrett (Santur), Zither (Kanun), Langhalslaute (Tanbur), Streichinstrumenten (Rabab, Kemantsche) und Rohrflöte (Naj) gespielt, begleitet von Pauken u. a. Rhythmusinstrumenten und geleitet vom ›Obersänger‹. – Die nat. Militärmusik, urspr. zentralasiat. Herkunft, wurde unter den Osmanen in bis zu 300 Mann starker Besetzung gespielt und während des 18. Jh. als →Janitscharenmusik in Europa nachgeahmt. Wesentlich zur reichen türk. Musikkultur trugen auch (bis 1925) die Derwischorden bei. – In der vielfältigen ländl. Musik herrschen diaton. (z. B. pentaton.) Melodien vor. Neben fest metrisierten Volksliedern zeigen metrisch freie ›lange Lieder‹ zentralasiat. Verwandtschaft, ebenso das Spiel auf großer Trommel und Oboe, womit Volkstänze begleitet werden.

Turkmenen →Ogusen.

Turkmenien, amtlich Turkmenistan, Republik im Süden der Sowjetunion in Mittelasien, 488 100 km², 3,27 Mio. E, Hauptstadt Aschchabad. – 1924 aus Teilen der Turkestan gebildet. ASSR gebildet. Erklärte sich im Okt. 1991 für unabhängig.

Turkmenisch, zur südwestl. Gruppe der Turksprachen gehörende Sprache der Turkmenen. Bis in das 20. Jh. wurde als Literatursprache das Tschagataiische benutzt; nach der Entstehung der Turkmen. SSR 1924 entwickelte sich die turkmen. Schriftsprache rasch (seit 1940 in kyrill. Schrift geschrieben).

Turkologie, die Wiss. von Sprache, Literatur und Kultur der Turkvölker.

Turksprachen (Türksprachen), eine Gruppe von einander verhältnismäßig nahestehenden Sprachen in O-Europa, Vorderasien, Innerasien und Sibirien. Die T. haben Vokalharmonie, sind agglutinierend, kennen kein Genus, keine Präfixe, keine Präpositionen, keine Relativpronomina und Konjunktionen. – Im SW des Sprachgebiets hebt sich die südwestl. oder ogus. Gruppe mit einer seldschuk. (Türkisch, Gagausisch, Aserbaidschanisch) und einer turkmen. Untergruppe (Turkmenisch) ab. Zur nordwestl. oder kiptschak. Gruppe gehören Karaimisch (in Polen, Litauen, Südukraine), Krimtatarisch, die nordkaukas. T. (Karatschaiisch-Balkarisch, Kumykisch), Tatarisch, Baschkirisch, Kasachisch und Kirgisisch. Das Altaische (Altaitürk.) bildet einen Übergang zur nordöstl. Gruppe in Sibirien mit den heutigen Schriftsprachen Chakassisch, Tuwinisch und dem zieml. fern stehenden Jakutischen. Zur südöstl. Gruppe rechnet man das Usbekische und das Uigurische. Die Gesamtzahl der heutigen Sprecher von T. wird auf 60–100 Mio. geschätzt.

Turks- und Caicosinseln [engl. tɔːks; 'kaɪkəs], brit. Kronkolonie im Bereich der Westind. Inseln, besteht aus den durch die Turks Islands Passage getrennten Gruppen der Caicos- und Turksinseln, 430 km², 13 000 E, Verwaltungssitz Cockburn Town auf Grand Turk Island. – Zur Zeit der Entdeckung (1512) unbewohnt; 1962 Kronkolonie; seit 1976 eigene Verfassung.

Turku (schwed. Åbo), Stadt in SW-Finnland, an der Mündung des Aurajoki in den Finn. Schärenhof, 159 900 E. Schwedischsprachige Åbo Akademi, finnischsprachige Univ., Museen. U. a. Werft, Stahlwerk; Hafen; Autofähren nach Mariehamn und Schweden. Spätroman. Domkirche (1290 geweiht), Observatorium (1818), Rathaus (1885); Schloß (Anfänge der Burg um 1280; heutige Gestalt v. a. 16. Jh.). – Seit dem 13. Jh. bed. Handelsplatz und wichtigste Festung Finnlands sowie bis 1812 finn. Hauptstadt; wurde 1276 (erster finn.) Bischofssitz.

Turmalin [singhales.-frz.], in zahlr. Farbvarianten vorkommendes Mineral; Magnesiumaluminiumborasilikat; starker Pleochroismus, piezo- und pyroelektrische Eigenschaften; Schmucksteine. Wichtige Abarten sind *Achroit* (farblos bis blaßgrün), *Rubellit* (rot), *Apyrit* (pfirsichrot), *Siberit* (lilarot bis violettblau), *Indigolith* (blau), *Dravit* (braun), *Verdelith* (grün), *Chrom-T.* (tiefgrün) und *Schörl* (schwarz).

Turmbau zu Babel → Babylonischer Turm.

Turmfalke, fast 35 cm langer Greifvogel (Fam. Falken), v. a. in offenen Landschaften Europas sowie in großen Teilen Asiens und Afrikas; häufigster Greifvogel Deutschlands. Er späht oft im Rüttelflug (Standrütteln, Platzrütteln) nach seiner Nahrung (v. a. Mäuse) aus; brütet in verlassenen Krähen- und Elsternestern auf Bäumen oder in Höhlungen und Nischen von Gebäuden; Teilzieher.

Turmschnecken (Turritellidae), mit rd. 50 Arten in allen Meeren verbreitete Schneckenfam.; Gehäuse hochgetürmt, schlank und spitz; sehr häufig in Schlammböden europ. Meere die *Gemeine Turmschnecke.*

Turmspringen → Schwimmen.

Turnen [griech.-lat.], Bez. für alle Leibesübungen; i. e. S. *Geräteturnen* in der Halle sowie *Bodenturnen;* i. w. S. alle im Dt. Turner-Bund gepflegten Arten des T. wie Geräteturnen, Gymnastik, Turnspiele, Fechten, Judo, Schwimmen u. a. Wettkampfmäßig ausgetragene Form des T. ist das *Kunstturnen.*
Anfang des 19. Jh. entstand in Deutschland unter maßgebl. Einfluß F. L. Jahns eine an den Ideen des Liberalismus und Nationalismus orientierte, organisierte *Turnbewegung;* nach anfängl. Verboten verbreiteten sich die durch bes. Kleidung und Sprache verbundenen *Turngemeinden* rasch; 1841 wurde in Frankfurt am Main das erste größere dt. *Turnfest* ausgerichtet; die gesamte dt. *Turnerschaft* traf sich erstmals 1860 in Coburg (dort seit 1898 alle 5 Jahre). – 1990 wurde der Dt. Turn-Verband (ehem. DDR) in den 1950 gegr. Dt. Turner-Bund aufgenommen.

Turner [engl. 'tə:nə], 1) Tina, eigtl. Anna Mae Bullock, * Brownsville/Tenn. 25. 11. 1940, amerikanische Rocksängerin. Seit 1960 Erfolge als Interpretin schwarzer Rhythm und Blues-Musik (zus. mit ihrem damaligen Ehemann Ike Turner); in den 1980er Jahren Hinwendung zum Mainstream-Pop (›What's love got to do with‹, ›Better be good to me‹); Filmrollen.
2) William, * London 23. 4. 1775, † ebd. 19. 12. 1851, engl. Maler. Mit seiner atmosphär. Farbmalerei bed. Mittler zw. der niederl. wie frz. Kunst des 17. Jh. und der Moderne (Impressionismus).

Turnerkreuz → FFFF.

Turnerschaften, sportlich aktive farbentragende → studentische Verbindungen.

Turner-Syndrom [engl. 'tə:nə; nach dem amerikanischen Endokrinologen Henry H. Turner, * 1892, † 1970], angeborene Mißbildung bei Mädchen als Folge einer Chromosomenanomalie. Symptomat. sind primäre Amenorrhö, Minderwuchs, ein Flügelfell beiderseits am Hals, schildförmige Brust und Auswüchse an den Beckenknochen.

Turnhout [niederl. 'tʏrnhɔut], belg. Stadt im Kempenland, 37 600 E. Ind.standort; Kanalhafen. Got. Kirche Sint-Pieter (13. und 18. Jh.); Renaissanceschloß (16. und 17. Jh.). – Entstand bei einem um 1100 erbauten Jagdschloß der Herzöge von Brabant.

Turnier [frz.], 1) *Geschichte:* Waffenspiele zu Pferd oder zu Fuß (11. bis Mitte 16. Jh.); Ziel war die Demonstration der vollkommenen Beherrschung von Pferd und Waffe. Beim Zweikampf (**Tjost**) mußte der Gegner mit der Lanze aus dem Sattel gehoben *(Gestech)* oder an einer bestimmten Stelle getroffen wer-

den *(Rennen);* ab dem 13. Jh. wurden die T.waffen entschärft; kirchl. Verbote blieben wirkungslos.
2) *Sport:* ein Wettkampf zw. Einzelsportlern oder Mannschaften.

Turnus [griech.-lat.], in gleicher Weise sich wiederholender Ablauf, Reihenfolge.

Turnu Severin → Drobeta-Turnu Severin.

Turteltaube [lat./dt.] → Tauben.

Tusche [frz.], Pigmentaufschwemmung oder Farbstofflösung, die größere Mengen an Bindemitteln enthält und daher (im Ggs. zu den Tinten) in Form feiner Filme auftrocknet.

Tuschmalerei, ostasiatische Aquarellmalerei mit schwarzer Tusche (aus Lampenruß) auf Papier oder Seide; in China unter dem Einfluß des Zen-Buddhismus entwickelt, findet sie ihre bedeutendsten Vertreter bereits in der Sungzeit (Liang K'ai und Mu Ch'i) (→ japanische Kunst).

Tuschmalerei: Mu Ch'i, Sechs Kakifrüchte; undatiert (Kioto, Daitokudschi)

Tuschpa, Residenz von Urartu, → Van.

Tusculum, röm. Stadt bei → Frascati.

Tussaud, Marie [frz. ty'so], geb. Grosholtz, bekannt als Madame T., * Straßburg (?) 7. 12. 1761, † London 16. 4. 1850, frz. Wachsbildnerin schweizer. Abkunft. Seit 1802 in London, wo sie das heute noch bestehende Wachsfigurenkabinett bekannter Personen eröffnete.

Tussi, urspr. äthiopides Volk im Zwischenseengebiet Ostafrikas, sprechen Rwanda bzw. Rundi (beides Bantusprachen). Tussimonarchien bestanden in Rwanda bis 1959, in Burundi bis 1966.

Tussi, *umgangssprachlich* abwertend für Mädchen, (junge) Frau; Freundin.

Tutanchamun (Tutenchamun), urspr. Tutanchaton, † 1337 v. Chr. (ermordet), ägypt. König (seit 1347) der 18. Dynastie. Nachfolger Echnatons (vermutl. sein Sohn); bestieg etwa zehnjährig den Thron; kehrte 1344 zur alten Amunreligion zurück. Sein Grab in Biban Al Muluk wurde 1922 von H. Carter fast unversehrt gefunden (u. a. Thronsessel, Goldsarg des Königs, Goldmaske und goldener Brustschmuck der Mumie).

Tutanchamun: Goldmaske des Königs

Tutilo (Tuotilo), * um 850, † Sankt Gallen 24. 4. 913 (?), Mönch in Sankt Gallen. Zw. 895 und 912 vielseitige künstler. und literar. Tätigkeit; Baumeister, Gold-

Desmond Mpilo Tutu

schmied, Elfenbeinschnitzer (sog. *T.tafeln*). Komponist und erster namentlich gen. Verfasser dt. und lat. Tropen in Prosa.

Tutor [lat.], erfahrener Student, der Studienanfänger betreut.

Tutti [italien.], das volle Orchester oder der ganze Chor, im Ggs. zum Solo.

Tuttlingen, Kreisstadt an der oberen Donau, Bad.-Württ., 31 500 E. U. a. Herstellung medizin. Instrumente. – Funde aus der Bronze- und Hallstattzeit sowie röm. Überreste. 797 erstmals erwähnt; um 1250 Stadt; gehörte seit 1377 zu Württemberg.

Tutu, Desmond Mpilo, * Kerksdorp (Transvaal) 7. 10. 1931, südafrikan. anglikan. Geistlicher. 1977/78 Bischof von Lesotho, ab 1984 von Johannesburg, seit 1986 Erzbischof von Kapstadt; 1978–84 Generalsekretär des Südafrikan. Kirchenrats; erhielt 1984 den Friedensnobelpreis für seine Verdienste in der südafrikan. Antiapartheidbewegung.

Tutuola, Amos, * Abeokuta 11. 6. 1920, nigerian. Schriftsteller. Schreibt v. a. englischsprachige Erzählungen, in denen Mythen und Märchen verarbeitet sind; in dt. Übers.: ›Der Palmweintrinker‹ (1952).

Tutzing, Gem. am W-Ufer des Starnberger Sees, Bayern, 9 200 E. Ev. Akademie für polit. Bildung.

Tuvalu	
Fläche: 25 km^2	
Einwohner (1985): 8 230	
Hauptstadt: Funafuti	
Amtssprache: Englisch	
Nationalfeiertag: 1. 10.	
Währung: 1 Austral.	
Dollar ($A) =	
100 Cents (c)	
Zeitzone: MEZ + 11 Std.	

Tuvalu

Staatsflagge

Staatswappen

Tuvalu, Staat im sw. Pazifik, umfaßt die 9 Atolle der Elliceinseln, die sich in einer Kette von 590 km von NW nach SO erstrecken.

Landesnatur: Die Korallenkalkinseln ragen selten höher als 4 m über den Meeresspiegel. Das Klima ist tropisch. Außer Kokospalmen finden sich Brotfrucht- und Schraubenbäume.

Bevölkerung: Überwiegend prot. Polynesier.

Wirtschaft, Verkehr: Die E betreiben Taro- und Gemüseanbau, Schweine- und Geflügelhaltung sowie Fischerei. Devisen werden durch den Verkauf von Kopra und Briefmarken eingenommen. Wichtigster Hafen und ⚓ auf Funafuti.

Geschichte: Am 1. 10. 1975 (de facto 1. 1. 1976) Loslösung von der brit. Kolonie *Gilbert and Ellice Islands*; am 1. 10. 1978 erlangte T. die volle Selbständigkeit.

Politisches System: Konstitutionelle Monarchie im Rahmen des Commonwealth; *Verfassung* von 1978. *Staatsoberhaupt* und oberster Inhaber der *Exekutivgewalt* ist der brit. Monarch, vertreten durch einen Generalgouverneur. Der Premierm. wird aus dem Kreis der Abg. von diesen gewählt. *Legislativorgan* ist das Einkammerparlament (12 Abg. direkt für 4 Jahre gewählt). Keine *Parteien*. – Karte VII, Bd. 2, n. S. 320.

Tuwim, Julian, * Łódź 13. 9. 1894, † Zakopane 27. 12. 1953, poln. Schriftsteller. Mitgründer der futurist. Zeitschrift ›Skamander‹; schrieb satir. Lyrik.

Tuwinen, Volk in der Tuwin. Republik und der Mongolei, sprechen Tuwinisch, eine Turksprache.

Tuwinische Republik, autonome Republik innerhalb Rußlands, in S-Sibirien, 170 500 km^2, 284 000 E, Hauptstadt Kysyl. – 1914 russ. Protektorat, 1921 VR Tannu-Tuwa, 1944 autonomes Gebiet innerhalb der RSFSR, 1961 ASSR.

Tux, österr. Gem. in Tirol, im Tuxertal, einem Nebental des Zillertales, 1 700 E. Thermalbad und Wintersport im Ortsteil **Hintertux.**

TV [engl. 'ti:'vi:], Abk. für Television (→ Fernsehen).

TV-Sat, Bez. für 2 direktstrahlende Rundfunksatelliten der BR Deutschland, über die Stereohörfunk- und Stereofernsehprogramme direkt empfangen werden können. Während der Ende 1987 gestartete TV-Sat 1 1988 wegen Defekten am Sonnensegel aufgegeben werden mußte, konnte TV-Sat 2 1989 in Betrieb genommen werden.

TWA [engl. 'ti:dʌblju:'ɛɪ], Abk. für →Trans World Airlines Inc.

Twain, Mark →Mark Twain.

Twardowski, Alexandr Trifonowitsch, * Sagorje (Gebiet Smolensk) 21. 6. 1910, † Moskau 18. 12. 1971, russ.-sowjet. Schriftsteller. 1950–54 und 1958–70 Chefredakteur der literar. Zeitschrift ›Nowy Mir‹; nach 1953 Unterstützung des ›Tauwetters‹; schrieb u. a. die Verssatire ›Tjorkin im Jenseits‹ (1963), auch Lyrik.

Tweed [engl. twi:d; nach dem südschott. Fluß Tweed], urspr. Bez. für handgewebte Stoffe aus handgesponnenen Garnen; heute Bez. für handwebartige Stoffe aus groben Garnen, die eine melierte oder haarige Oberfläche zeigen, mit Noppen durchsetzt bzw. durch Kette und Schuß in unterschiedl. Farbe gemustert sind.

Twens [zu engl. twenty ›zwanzig‹], Bez. für etwa 20–30jährige junge Menschen.

Twer, Gebietshauptstadt in Rußland, an der Wolga, 447 000 E. Univ., Gemäldegalerie, Museen; mehrere Ind.kombinate; Wolgahafen; frühklassizist. Magistratsgebäude (1770–80). – 1246–1485 Hauptstadt des Ft. Twer; hieß 1931–90 **Kaliningrad.**

Twist [engl.], weich gedrehter Zwirn aus mehreren lose nebeneinanderliegenden Fäden zum Sticken oder Stopfen.

Twist [engl.-amerikan.], Ende der 1950er Jahre aufgekommener Modetanz.

Tyche, bei den Griechen Göttin des Glücks und des Zufalls.

Tyler [engl. 'taɪlə], 1) * Charles City County (Va.) 29. 3. 1790, † Richmond 18. 1. 1862, 10. Präs. der USA (1841–45). Bed. Maßnahmen seiner Administration waren die Festlegung der NO-Grenze der USA (Webster-Ashburton-Vertrag, 1842) und die (später vollendete) Annexion von Texas (1845).

2) Wat (eigtl. Walter), † Smithfield (heute London) 15. 6. 1381. Anführer im ersten großen Volksaufstand der engl. Geschichte, der 1381 nach sozialen Mißständen ausgebrochenen, von König Richard II. blutig niedergeworfenen (Ermordung Tylers) **Peasants' Revolution.**

Tympanalorgane [griech.] (Trommelfellorgane), unterschiedl. hoch differenzierte, symmetr. angeordnete paarige Gehörorgane am Körper verschiedener Insekten, die mit einem ›Trommelfell‹ *(Tympanum)* ausgestattet sind.

Tympanon [griech.], Giebelfeld des antiken Tempels; auch Bogenfeld über dem Türsturz roman. und got. Kirchenportale.

Tyndale (Tindale), William [engl. tɪndl], * in der Gft. Gloucester 1490/91 (1484?), † Vilvoorde bei Brüssel 6. 10. 1536, engl. luth. Theologe und Bibelübersetzer. Seine Bibelübersetzung ging in die ›Authorized version‹ der engl. Bibelübersetzung ein.

Tyndall, John [engl. tɪndl], * Leighlinbridge bei Dublin 2. 8. 1820, † Hindhead bei Guildford 4. 12. 1893, ir. Physiker. Seine Arbeiten betrafen v. a. die Absorption von Wärmestrahlung in Gasen und Dämpfen sowie die Streuung von Licht an feinen Partikeln *(Tyndall-Effekt)* und Molekülen (u. a. Erklärung der Himmelsfarbe).

Typ [griech.], Modell, Muster, Bauart; Gattung. →Typus.

Type [griech.], svw. Drucktype, Schrifttype; erhabener Metallbuchstabe auf einem Typenhebel einer Schreibmaschine.

Typhon, Ungeheuer der griech. Mythologie; 100köpfiger Drache; von Zeus unter dem Ätna begraben, der seither Feuer speit.

Typhon [griech.], elektrisch, mit Dampf oder Druckluft betriebenes Signalhorn auf Schiffen.

Typhus [griech.] (Typhus abdominalis, Enterotyphus, Unterleibstyphus), durch Salmonella typhosa verursachte, meldepflichtige Infektionskrankheit mit überwiegendem Befall des Krummdarms *(Ileotyphus)* oder des Grimmdarms *(Kolotyphus).* Die Übertragung erfolgt durch den Kontakt mit Stuhl oder Urin von Kranken. Nach einer Inkubationszeit von 7–11 Tagen schleichender Krankheitsbeginn mit Unwohlsein, Kopf- und Bauchschmerzen und allmähl. Temperatursteigerung. In der ersten Krankheitswoche ist der Bauch meist etwas aufgetrieben, es besteht Stuhlverstopfung; die Zunge ist belegt. Am Ende der ersten Krankheitswoche ist das Fieber auf 40/41 °C angestiegen und bleibt auf diesem Niveau. In diesem Stadium kommt es häufig zu gelbgefärbten Durchfällen. In der zweiten Krankheitswoche erscheint der rotfleckige T.ausschlag. Ohne Behandlung zeigen sich erste Zeichen der Besserung zu Beginn der vierten Krankheitswoche (Fieberanfall, Aufhellung des Bewußtseins, wiederkehrender Appetit).

typisch, kennzeichnend, unverkennbar.

Typisierung [griech.], die Einteilung in Typen (→Typus); in der *Technik* svw. Typenbeschränkung (→Normung).

Typographie [griech.], Gestaltung eines Druckwerks nach ästhet. Gesichtspunkten, u.a. Wahl der Schrifttypen, Anordnung des Satzes und der Bebilderung.

Typologie [griech.], 1) *Bibelexegese:* die Auslegung v.a. des NT anhand von **Typoi** (Typen; Personen und Vorgänge im AT als Vorbilder für das NT). 2) *Anthropologie:* die Lehre von der Gruppenzuordnung aufgrund einer Ganzheit von Merkmalen, die einen Menschentyp kennzeichnen; drei Hauptklassen: die *Konstitutions-T.;* die *Wahrnehmungs- und Erlebnis-T.;* die *geisteswiss.-weltanschaul. Typologie.*

Typus (Typ) [griech.], 1) *allgemein:* 1. Urgestalt, Urbild oder Grundform; 2. die von den als unveränderl. und wesentl. angesehenen Merkmalen einer Sache oder Person ausgehende Gesamtvorstellung dieser Sache oder Person. 2) *zoolog.* und *botan. Nomenklatur:* dasjenige Exemplar einer Art bzw. Unterart, das bei deren Entdeckung und erstmaliger Beschreibung vorlag und seitdem als Richtmaß für die betreffende Art bzw. Unterart gilt. 3) *Anthropologie:* die Summe der (phys. und psych.) Merkmale, die einer Gruppe von menschl. Individuen gemeinsam sind und eine bestimmte Ausprägung darstellen. Reine Typen, die alle diese Merkmale und keine anderen aufweisen, sind (gedachte) Idealfälle *(Idealtypen).*

Tyr (Tiu, Ziu), altnord. Kriegsgott.

Tyrann [griech.], 1. in der antiken griech. Dichtung der Landesherr, König; 2. der Inhaber der →Tyrannis; 3. übertragen für: herrschsüchtiger Mensch.

Tyrannen (Tyrannidae) [griech.], formenreiche Fam. 7–30 cm langer Sperlingsvögel mit über 350 Arten in fast allen Biotopen N- und S-Amerikas.

Tyrannis [griech.], in der antiken griech. Staatstheorie gesetzl. Form der Herrschaft eines Einzelnen, im Ggs. zur Monarchie. Die Entstehung der T. (*ältere T.* 7./6.Jh. bis etwa Mitte 5.Jh., *jüngere T.* Ende des 5.Jh. bis 3.Jh.) erklärt sich aus den durch das Aufkommen neuer Wirtschaftsformen (Ausdehnung des Handels, Geldwirtschaft) bedingten polit.-sozialen Auseinandersetzungen. Durch gewaltsame Aktionen zur Macht gelangt, versuchten die Tyrannen ihre Macht zu sichern (Förderung unterer Schichten auf Kosten oberer, Arbeits- und Kolonisierungsprogramme, Steuerpolitik); so wurden Tyrannen zu bed. Trägern kulturellen Fortschritts und schufen in einer antiaristokrat. Politik gleichzeitig die Grundlagen einer Demokratisierung.

Tyrus (Tyros; hebr. Tsor), phönik. Hafenstadt, heute Sur; wurde im 11./10. Jh. zur wichtigsten Stadt Phönikiens (neben Sidon), Ausgangspunkt der phönik. Kolonisation u.a. von Kition, Utica und Karthago; erst Alexander d. Gr. nahm 332 nach einem Dammbau die Inselstadt ein; seit 64/63 v. Chr. röm.; 638 durch die Araber erobert, 1124–1291 in der Hand der Kreuzfahrer.

Tzara, Tristan, * Moineşti 16. 4. 1896, † Paris 25. 12. 1963, frz. Schriftsteller rumän. Herkunft. Mitbegründer des Dada in Zürich; ab 1917 Hg. der Zeitschrift ›Dada‹; ab 1920 in Paris, v.a. surrealist. Lyrik.

Tristan Tzara

U

U, 1) 21. Buchstabe des dt. Alphabets, der erst im 10. Jh. als Vokalzeichen aus →V differenziert wurde. 2) Abk. für Umdrehung[en] (bei der Angabe von Drehzahlen). 3) chem. Symbol für →Uran. 4) Münzbuchstabe für die Münzstätte Turin (1802–13).

u, Einheitenzeichen für die atomare Masseneinheit (→Atommasse).

Uabayo [afrikan.], in W- und O-Afrika aus dem Holz von Arten der Gatt. Giftschön gewonnenes Pfeilgift; enthält v.a. das stark herzwirksame g-Strophanthin.

Ubangi, rechter Nebenfluß des Kongo, mündet 90 km sw. von Mbandaka, rd. 1 000 km lang; Grenzfluß Zaire/Zentralafrikan. Republik.

Überbau, im *Recht* die Bebauung eines Grundstücks unter Verletzung der Grenze zum Nachbargrundstück; liegt weder Vorsatz noch Fahrlässigkeit vor und erhebt der Nachbar nicht sofort Widerspruch, so ist der Ü. zu dulden, und der Nachbar ist durch eine Geldrente zu entschädigen.

Überbein (Ganglion, Hygrom), im Bereich von Gelenkkapseln oder Sehnenscheiden (v.a. an der Streckseite des Handgelenks, in der Kniekehle und auf dem Fußrücken) lokalisierte langsam wachsende, schmerzhafte Geschwulst aus schleimig verändertem Bindegewebe.

Überbrettl, Beiname des 1901 von E. von Wolzogen eröffneten ›Bunten Theaters‹ in Berlin (→Kabarett).

Übereignung, svw. →Eigentumsübertragung.

Überlingen: Münster Sankt Nikolaus; 1350–1562

Überfall, *strafrechtl.* ein unvorhergesehener Angriff, auf den sich der Angegriffene nicht rechtzeitig einstellen kann. *Zivilrechtl.* das Hinüberfallen von Früchten auf ein Nachbargrundstück, wobei die Früchte als Früchte des Nachbargrundstücks gelten.

Überfamilie, v. a. in der zoolog. Systematik eine zw. Ordnung bzw. Unterordnung und Fam. stehende, mehrere Fam. zusammenfassende Kategorie.

Überfangglas, mehrfarbiges Glas, bei dem zwei oder auch mehrere Schichten aufeinandergebracht sind.

Überflußgesellschaft → Reichtum.

Überfunktion (Hyperfunktion), [krankhaft] gesteigerte Tätigkeit eines Organs, bes. einer Hormondrüse.

Übergangsmetalle → Periodensystem der chemischen Elemente.

Übergangswiderstand, svw. → Kontaktwiderstand.

Übergewicht → Körpergewicht.

Überhangmandat → Wahlen.

Überhöhung, im *Verkehrswesen* der Betrag, um den der äußere Kurventeil einer Straße oder eines Gleises gegenüber dem inneren höher gelegt ist. → Ausbaugeschwindigkeit.

Über-Ich (Superego), nach S. Freud eine Kontrollinstanz der Persönlichkeit (Gewissen), die die triebhaften Impulse des → ›Es‹ einer normativen Zensur unterzieht.

Überkompensation, Bez. A. Adlers für den ›Ausgleich‹ unbewußter Minderwertigkeitsgefühle, etwa durch Überheblichkeit, überzogenes Geltungs-, Leistungs- oder Machtstreben.

überkritische Lösungen, Stoffgemische unbestimmten Aggregatzustands (weder Gas noch Flüssigkeit), der auftritt, wenn Temperatur und Druck über den Werten des kritischen Punktes liegen. Anwendung bei Prozessen wie Entkoffeinierung, Extraktion von Aromastoffen, von Nikotin aus Tabak u. a.

Überlagerung, svw. → Superposition.

Überlagerungsempfänger (Superheterodynempfänger, Superhet, Super), Funkempfänger, bei dem die Empfangsfrequenz in einer sog. Mischstufe durch Mischung mit einer vom Hilfssender (Oszillator) erzeugten Oszillatorfrequenz in eine Zwischenfrequenz umgesetzt wird, die nach Verstärkung im Demodulator in die Niederfrequenz (NF) umgewandelt wird. Ein NF-Verstärker verstärkt diese auf die im Lautsprecher erforderl. Leistung. Ü. werden v. a. als Rundfunkempfänger verwendet.

Überlauf → Bereichsüberschreitung.

Überleitungsgesetze, die Gesetze, mit denen nach Gründung der BR Deutschland Lasten (v. a. Aufwendungen für Kriegsfolgelasten) und Deckungsmittel (v. a. Steuerquellen) von den Ländern auf den Bund ›übergeleitet‹ wurden.

Überlingen, Stadt am Überlinger See, Bad.-Württ., 19 200 E. Kneippkurort. Got. Münster Sankt Nikolaus (1350–1562) mit Hochaltar von J. Zürn (1613–19), spätgotische Franziskanerkirche (geweiht 1466); Rathaus (15. Jh.); Patrizierhaus der Reichlin von Meldegg (1462 ff.; heute Museum). – 770 erstmals gen.; 1268–1803 Reichsstadt; seit 1547 Salzmonopol.

Überlinger See → Bodensee.

übermäßig, in der *Musik* werden solche Intervalle als ü. bezeichnet, die um einen chromat. Halbton größer sind als reine (z. B. c–fis). Der *übermäßige Dreiklang* (z. B. c–e–gis) setzt sich aus zwei großen Terzen zusammen.

Übermensch → Nietzsche.

Überriesen (Übergiganten) → Stern.

Übersäuerung, krankhafte Steigerung des Säuregehalts des Magensaftes.

Überschallflug, die Bewegung eines Flugkörpers mit einer Geschwindigkeit, die größer ist als die Schallgeschwindigkeit in Luft. Dabei bilden sich von der Spitze des Flugkörpers ausgehenden Schallwellen eine Wellenfront in Form eines Kegels *(Machscher Kegel, Kopfwelle),* die sich als Lärmteppich über das überflogene Gebiet zieht; ihre kegelmantelförmige Verdichtungszone ist als *Überschallknall,* der auch mechan. Zerstörungen bewirken kann, wahrnehmbar. Der erste Ü. eines bemannten Flugzeugs wurde 1947 mit dem Raketenflugzeug Bell X-1 durchgeführt. → Flugzeug (Geschichte).

Überschiebung, Lagerungsstörung von Gesteinsschichten, bei der ein Gesteinskomplex auf einen anderen aufgeschoben wurde, so daß ältere Gesteine über jüngere zu liegen kommen.

Überschlag, 1) *Elektrotechnik:* (elektr. Ü.) elektr. Entladung zw. spannungsführenden Teilen in Form eines Funkens oder Lichtbogens.

2) *Mathematik:* näherungsweise Berechnung des Wertes einer zusammengesetzten Größe unter Verwendung gerundeter Zahlenwerte.

3) *Sport:* Übung im Turnen, bei der der Körper aus dem Stand oder Sprung vor-, rück- oder seitwärts eine ganze Umdrehung um die Breitenachse mit zusätzl. Stütz der Hände auf den Boden oder ein Gerät macht.

Überschuldung, Verschuldung, die das Vermögen eines Wirtschaftssubjekts übersteigt; bei jurist. Personen Konkursgrund.

überschweres Wasser → schweres Wasser.

Überseedepartement [...departamã:] → französische Kolonien.

Überseeterritorium → französische Kolonien.

Übersetzung, 1) Wiedergabe eines Textes in einer anderen Sprache, Form der schriftl. Kommunikation im Unterschied zur unmittelbar mündl. Vermittlung des Dolmetschers.

2) *Technik:* svw. → Übersetzungsverhältnis.

Übersetzungsmaschine, elektron. Datenverarbeitungsanlage zur Übersetzung eines Textes in eine andere Sprache.

Übersetzungsverhältnis (Übersetzung), im *Maschinenbau* das Verhältnis der Drehzahlen zweier gekoppelter Wellen, gerechnet in Richtung des Kraftflusses; man unterscheidet zw. Übersetzung ins Schnelle und Übersetzung ins Langsame (›Untersetzung‹). Kfz-Getriebe sind i. d. R. Untersetzungsgetriebe.

Übersichtigkeit (Weitsichtigkeit, Hyperopie, Hypermetropie), Form der Fehlsichtigkeit, bei der parallel ins Auge einfallende Strahlen erst hinter der Netzhaut vereinigt werden.

Übersprungbewegung (Übersprunghandlung), bes. Verhaltensweise bei Tieren (auch beim Menschen) im Verlauf eines Verhaltenskomplexes ohne sinnvollen Bezug zur gegebenen Situation, etwa wenn der normale Ablauf einer Instinkthandlung gestört ist oder wenn gegenläufige Impulse (Flucht und Angriff) miteinander in Konflikt geraten. Ausweichhandlungen (Ersatzhandlungen) sind z. B. das plötzl. Gefiederputzen oder In-den-Boden-Picken bei kämpfenden Vogelweibchen sowie die menschl. Verlegenheitsgeste des Sich-am-Kopf-Kratzens (ohne Juckreiz).

Übersteuern, 1) *Kraftfahrzeugtechnik:* Eigenlenkverhalten beim Kfz, das Fahrzeug drängt in der Kurve mit dem Heck nach außen.
2) *Elektronik:* das Überschreiten einer bestimmten Signalspannung (→ Aussteuerung).

Übertrager, in der Elektronik Bez. für einen Transformator zum Anpassen von Widerständen zw. verschiedenen Netzwerken.

Übertragung (Schwangerschaftsübertragung), Überschreitung der durchschnittl. Schwangerschaftsdauer von 280 Tagen um mehr als 10–14 Tage, ohne daß die Geburt in Gang kommt.

Übertragungsbilanz → Zahlungsbilanz.

Übertragungsgeschwindigkeit, in der *Datenverarbeitung* die Gesamtzahl der pro Sekunde übermittelten Informationseinheiten (Binärzeichen); Einheit: bit/s. Die höchsten Ü. von Chips liegen im Bereich Gbit/s = Mrd. bit/s.

Überversicherung, vertragl. Vereinbarung einer Versicherungssumme, die den Versicherungswert übersteigt; aufgrund des Bereicherungsverbots wird im Schadensfall nur der tatsächl. Schaden ersetzt.

Übervölkerung (Überbevölkerung), eine zu große Bevölkerungszahl eines bestimmten Raumes, gemessen an den wirtschaftl. Existenzgrundlagen. Ü. zwingt zur Abwanderung eines Teils der Bevölkerung oder zu beschleunigter wirtschaftl. Entwicklung, deren Möglichkeiten jedoch durch eine große Zahl von Arbeitskräften beeinträchtigt werden.

Überweisungsverkehr, svw. → Giroverkehr.

Überzeichnung, bei der Emission von Wertpapieren das Übersteigen der Summe der gezeichneten Beträge über den angebotenen Gesamtbetrag; bewirkt meist eine beschränkte Zuteilung.

Überzeugungstäter, Straftäter, der sich trotz Kenntnis von der Strafbarkeit seines Tuns wegen den geltenden Strafrecht aufgrund seiner sittl., religiösen oder polit. Überzeugung zur Tat berechtigt oder verpflichtet hält.

Überziehung (Überziehen), Kreditinanspruchnahme ohne vorhergehende Vereinbarung (Konto-Ü.), im Rahmen eines vereinbarten Dispositionskredits (Ü.kredit) oder über den vereinbarten Kreditbetrag oder Termin hinaus.

Ubier (lat. Ubii), westgerman. Stamm; nach 38 v. Chr. war ihr Mittelpunkt das Oppidum Ubiorum (= Köln).

Ubiquität [lat.], Allgegenwart (Gottes); in der Theologie Argument für die leibl. Realpräsenz Christi im Abendmahl.

üble Nachrede → Beleidigung.

U-Boot, svw. → Unterseeboot.

Ucayali, Río [span. 'rrio uka'jali], Fluß in Peru, entsteht durch den Zusammenfluß von Río → Urubamba und Río → Apurímac bei Atalaya, bildet mit dem Río Marañón den Amazonas, etwa 1900 km lang.

Uccello, Paolo [italien. ut'tʃɛllo], eigtl. Paolo di Dono, * Portovecchio bei Arezzo um 1397, † Florenz 10. 12. 1475, italien. Maler. Bed. Vertreter der Florentiner Frührenaissance (u. a. Darstellung eines Reiter-

standbildes für John Hawkwood [Giovanni Acuto] im Dom, 1436, Fresken für Santa Maria Novella, um 1446, heute im Refektorium); seine Gemälde zeigen Ansätze zu perspektiv. Darstellung (mehrere Fluchtpunkte).

Uckermark, von der Eiszeit überprägtes Gebiet beiderseits von Uecker und Randow, Brandenburg.

Udaipur, Stadt im ind. Unionsstaat Rajasthan, am See Pichola, 230 000 E. Univ.; Herstellung von Spitzen und Terrakotten. Residenz des Maharadscha (um 1570); Jaganatha-Tempel (um 1640). – 1559 gegr.; war bis 1948 Hauptstadt des hinduist. Fürstenstaates von U. (oder Mewar).

Uddevalla [schwed. ˌʊdəvala], Stadt im sw. Schweden, am Ende des Byfjords, 46 500 E. U. a. Werft; Hafen. – Im 18. Jh. eine der bedeutendsten Handels- und Hafenstädte Schwedens.

Udet, Ernst [...dɛt], * Frankfurt am Main 26. 4. 1896, † Berlin 17. 11. 1941 (Selbstmord), dt. General. Im 1. Weltkrieg Jagdflieger; ab 1936 Chef des Techn. Amtes der Luftwaffe, ab 1938 Generalluftzeugmeister. Für das Scheitern der Schlacht um England verantwortl. gemacht, nahm U. sich das Leben.

Udine, italien. Prov.hauptstadt in der Tagliamentoebene, Friaul-Julisch-Venetien, 99 400 E. Museen, Staatsarchiv. Palazzo del Comune in venezian. Gotik (gegen 1456 vollendet), Loggia di San Giovanni (1533–39) mit Uhrturm, Schloß (1517 ff.), zahlr. Paläste (16.–18. Jh.); roman.-got. Dom (13.–15. Jh.; barokkisiert). – 1238 Residenz des Patriarchen von Aquileja, kam 1420 an Venedig; ab 1752 Erzbischofssitz; fiel 1797 an Österreich, 1866 an Italien.

Udmurten, Volk im europ. Teil Rußlands; 69% leben in der Udmurt. Autonomen Republik, sprechen Udmurt, eine finn.-ugr. Sprache.

Udmurtische Autonome Republik, autonome Republik im europ. Teil Rußlands, an der Kama, 42 100 km², 1,57 Mio. E, Hauptstadt Ischewsk. – War ab 1934 ASSR.

UDR [frz. yde'ɛːr], Abk. für frz. → Union des Démocrates pour la République.

UdSSR, Abk. für Union der Sozialistischen Sowjetrepubliken (→ Sowjetunion).

Uecker, Günther ['ʏkər], * Wendorf (Mecklenburg) 13. 3. 1930, dt. Objektkünstler. Mitbegründer der Gruppe ›Zero‹; seine geweißten Nagelobjekte suggerieren Bewegung.

UEFA [u'efa; yəɛ'fa], Abk. für frz. Union Européenne de Football Association, Europ. Fußballunion; 1954 in Basel gegr. internat. Vereinigung der europ. Fußballverbände; Sitz Bern.

Uelzen ['ʏltsən], Kreisstadt in der Lüneburger Heide, Nds., 35 000 E. Hafen am Elbeseitenkanal. Got. ev. Marienkirche (geweiht 1292); Heilig-Geist-Kapelle (14./15. Jh.). Nahebei Mühlenmuseum Suhlendorf. – Entstand zw. 1250 und 1266 bei einem um 970 errichteten Kloster; Stadtrecht 1270.

Uexküll, 1) Jakob Baron von ['ʏkskʏl], * Gut Keblas (Estland) 8. 9. 1864, † auf Capri 25. 7. 1944, balt. Biologe. Begründer einer *Umwelttheorie,* in der die subjektive, artspezif. Umwelt als Teil einer sinnvollen biolog. Einheit dargestellt wird (›Umwelt und Innenwelt der Tiere‹, 1909); Vorläufer der Verhaltensforschung.
2) Carl Wolmar Jakob von, * Uppsala 19. 8. 1944, schwed.-dt. Journalist und Philanthrop. Enkel von Jakob Baron von U.; gründete 1980 die Stiftung ›Right Livelihood Foundation‹, die seither jährlich die ›alternativen Nobelpreise‹ vergibt.

Ufa, Hauptstadt der Baschkir. Republik innerhalb Rußlands, an der Mündung der Ufa (933 km lang) in die Belaja, 1,11 Mio. E. Univ., Hochschulen, Museen, Theater; u. a. Erdölraffinerien. – 1574 gegr.; seit 1922 Hauptstadt der Baschkir. ASSR.

Ludwig Uhland
(Lithographie von
Paul Rohrbach)

Uganda

Staatsflagge

Staatswappen

Ufa (UFA), Abk. für Universum Film AG, am 18. 12. 1917 gegr. dt. Filmunternehmen (Zusammenschluß der wichtigsten Filmproduzenten in einem Kartell); ab 1937 im Besitz der NS-Regierung, 1945 Einstellung der Produktion.

Uferläufer →Wasserläufer.

Ufermoräne →Gletscher.

Uferschnepfe, 40 cm langer, hochbeiniger, auf rostbraunem Grund schwarz und grau gezeichneter Schnepfenvogel, v. a. auf Sümpfen und nassen Wiesen sowie an Flüssen und Seen der gemäßigten Region Eurasiens, mit langem Schnabel; Zugvogel.

Uferschwalbe →Schwalben.

Uffizien [lat.-italien.] (Galleria degli Uffizi), bed. Gemäldegalerie in Florenz.

UFO (Ufo) [Abk. für engl. unidentified flying object ›nichtidentifiziertes fliegendes Objekt‹], Bez. für die in verschiedensten Gebieten der Erde immer wieder beobachteten, vielfach tellerförmigen *(›fliegende Untertassen‹),* häufig hell leuchtenden und sich bewegenden (›fliegenden‹) Objekte unbekannter Art und Herkunft; häufig opt. Täuschungen.

Uganda

Fläche: 236 036 km²
Einwohner (1989): 17 Mio.
Hauptstadt: Kampala
Verwaltungsgliederung: 34 Distrikte
Amtssprachen: Swahili und Englisch
Nationalfeiertag: 9. 10.
Währung: 1 Uganda-Schilling (U. Sh.)
Zeitzone: MEZ + 2 Std.

Uganda (amtl. Republik U.), Staat in Afrika, grenzt im N an Sudan, im O an Kenia, im S an Tansania (Grenzverlauf im Victoriasee), im SW an Rwanda, im W an Zaire.

Landesnatur: U. ist Teil des Ostafrikan. Hochlandes, das vom Ostafrikan. Grabensystem durchzogen wird; es liegt durchschnittl. 1 000–2 000 m hoch. Die Vulkane, die den Randschwellen des Grabensystems aufsitzen, sind 4 322 m (Mount Elgon) und 5 109 m (Margherita) hoch. U. hat trop. temperiertes Klima. Feucht- und Trockensavanne sowie Regen- und Bergwälder prägen das Landschaftsbild.

Bevölkerung: Die ethn. Vielseitigkeit Ostafrikas ist für U. typisch. Im W des Landes leben Bantus, im N vorwiegend Hirtenstämme und Nilotohamiten. Rd. 62 % des E sind Christen, 6 % Muslime. In U. besteht keine Schulpflicht. Es gibt 3 Universitäten.

Wirtschaft, Verkehr: U. ist ein Agrarland, rd. 96 % der Exporterlöse stammen aus der Landwirtschaft. Wichtigste Anbauprodukte sind Kaffee, Vanille und Kakao. Außerdem werden Mehlbananen, Hirse, Bataten, Bohnen und Erdnüsse angebaut. Abgebaut werden Kupfererze. Von Bedeutung ist die Metall-Ind. mit Kupferschmelzwerk, Elektrostahlwerk und Walzwerk in Jinja. Das Eisenbahnnetz ist 1 286 km, das Straßennetz 27 222 km lang. Internat. ✈ ist Entebbe bei Kampala.

Geschichte: 1890 wurden im Helgoland-Sansibar-Vertrag die 4 Himastaaten im Gebiet des heutigen U. (Ankole, Buganda, Bunyoro, Toro) Großbrit. überlassen, das 1896 das Protektorat U. proklamierte. U. erlangte am 9. 10. 1962 die Unabhängigkeit und wurde 1963 Republik. Nach einem Staatsstreich (1966) wurde der ehem. Premier-Min. A. M. Obote Staatsoberhaupt, der einen sozialist. Kurs verfolgte. 1971 putschte die Armee, Obote floh nach Tansania; neuer Präs. wurde Idi Amin Dada (* 1928), der die Verfas-

sung von 1967 suspendierte und sich 1976 zum Präs. auf Lebenszeit ernennen ließ. Außenpolit. wandte sich U., das von der Sowjetunion unterstützt wurde, den arab. Ländern, bes. Libyen, zu; 1976/77 Abbruch der diplomat. Beziehungen zu Großbritannien. Amin Dada, der sich ausschließl. auf die Armee stützte, vermochte sich nur durch systemat. Terror und Massenmorde an der Macht zu halten. Ein begrenzter militär. Angriff gegen Tansania im Nov. 1978 löste einen Krieg aus, in dem tansan. Truppen und Verbände der in der Emigration gegr. ›Uganda National Liberation Front‹ (UNLF) U. bis zum Mai 1979 eroberten; Amin Dada floh nach Libyen. Seit dem 10. 5. 1980 lag nach Absetzung der Präs. Yusufu Lule (* 1911?, † 1985) (1979) und Godfrey Binaisa (* 1924?) (1979/80) die Macht in den Händen der Militärkommission der UNLF unter dem Vorsitz von Paulo Muwanga (* 1924, † 1991). Am 27. 5. 1980 kehrte der ehem. Präs. A. M. Obote nach U. zurück. Aus den Wahlen vom Dez. 1980 ging der linksorientierte Uganda People's Congress (UPC) mit seinem Präsidentschaftskandidaten Obote als Sieger hervor; er wurde 1985 durch einen Militärputsch gestürzt. Nachdem die Drangsalierung der Bev. durch Regierungstruppen kein Ende nahm, konnte das Uganda Patriotic Movement unter Yoweri Musaweni (* 1943?) mit Hilfe des National Resistance Movement (NRM) die Macht erringen; Musaweni wurde Ende Jan. 1986 neuer Staatspräsident. Zeitweilige Schließung der Grenzen zu den Nachbarländern und andauernde Putschgerüchte deuten auf weitere Unruhen hin.

Politisches System: Präsidiale Republik; *Verfassung* von 1967 (1971–79 und 1985/86 außer Kraft). *Staatsoberhaupt* und oberster Inhaber der *Exekutivgewalt* ist der Präsident. Als *Legislative* fungiert ein Einkammerparlament, der Nat. Widerstandsrat (210 Mgl. indirekt gewählt, 68 ernannte Mgl.). *Parteien:* u. a. National Resistance Movement, Democratic Party, Uganda People's Congress. – Karte II, Bd. 2, n. S. 320.

Ugarit, altoriental. Hafenstadt an der Mittelmeerküste, heute *Ras Schamra* bei Al Ladhakijja, Syrien. Frz. Ausgrabungen (seit 1929) erschlossen Siedlungsschichten bis ins 7. Jt. v. Chr.; im 2. Jt. semit. Dynastie, bed. Funde (Goldschalen, [Bronze]statuetten, Keilschrifttafeln des Palasts), bes. aus der Blütezeit von U. im 15.–13. Jh.; kurz nach 1200 v. Chr. zerstört.

Ugli, auf Jamaika gezüchtete dickschalige Zitrusfrucht, eine Kreuzung zw. Pampelmuse, Orange und Mandarine.

ugrische Sprachen →finnisch-ugrische Sprachen.

Uhde, Fritz von, * Wolkenburg/Mulde 22. 5. 1848, † München 25. 2. 1911, dt. Maler. Religiöse Szenen, Darstellungen aus dem Leben seiner Familie.

UHF, Abk. für engl. Ultra High Frequency (→Dezimeterwellen).

Uhland, Ludwig, * Tübingen 26. 4. 1787, † ebd. 13. 11. 1862, dt. Dichter. 1819 freisinniger Abg. im württemberg. Landtag; 1848 liberaler Abg. der Frankfurter Nationalversammlung, 1849 des Stuttgarter Rumpfparlaments. Wurde mit volkstüml. Liebes- und Naturlyrik, u. a. ›Der gute Kamerad‹, ›Schäfers Sonntagslied‹, ›Die Kapelle‹, ›Der Wirtin Töchterlein‹ (alle 1815), sowie Balladen und Romanzen, u. a. ›Des Sängers Fluch‹ (1804), zum Vollender der schwäb. Romantik.

Uhr [lat.-frz.], Zeitmeßgerät, das als Zeitmaß periodisch wiederkehrende [Schwingungs]vorgänge benutzt. I. e. S. sind U. Zeitanzeiger, die mittels Stunden-, Minuten- und Sekundenzeiger vor einem Zifferblatt *(Analog-U.)* oder digital mittels elektron. Ziffernanzeige *(Digital-U.)* die Tageszeit (U.zeit) angeben. I. w. S. werden auch Meßgeräte als U. bezeichnet,

z. B. Gas-, Wasseruhr. – Bei *Sonnen-U.* gilt die Wanderung des Schattens, bei *Wasser-* und *Sand-U.* die Menge des ausfließenden Wassers bzw. des rinnenden Sandes, bei *Öl-* und *Kerzen-U.* das Sinken des Ölspiegels bzw. das Kürzerwerden der Kerze als Zeitmaß. *Mechanische U.* sind im allg. *Räder-U.,* die mechan. Schwingungen erzeugen, deren zeitl. Folge über Zahnräder auf Zeiger vor einem Zifferblatt übertragen werden. Im einfachsten Fall besteht ein *U.werk* aus Aufzug und Antrieb, Räder- und Zeigerwerk, Hemmung und Schwingungssystem (z. B. Pendel, Unruh). Dem Zeigerwerk können angegliedert sein: Datum-, Wochentag- und Monatsangaben sowie Mondphasen u. a. astronom. Angaben. Bei Armband-U. mit automat. Aufzug (*Selbstaufzug-* oder *Automatik-U.*) ziehen die durch Armbewegungen verursachten Drehungen eines kleinen Rotors die antreibende Zugfeder auf. *Elektromechan. U.* entnehmen die zum Antrieb ihres mechan. U.werkes erforderl. Energie entweder dem Stromnetz oder Batterien. Bei *elektr. U.* wird das Schwingungssystem unter Verwendung von elektron. Bauelementen direkt durch elektr. Energie (aus dem Stromnetz, Batterien und/oder Solarzellen) angetrieben. *Netzgespeiste elektr. U.* ohne eigenes Schwingungssystem sind meist *Synchron-U.,* bei denen ein Motor, dessen Drehzahl mit der Netzfrequenz indirekt synchron läuft, die Zeiger antreibt. Bei der *Stimmgabel-U.* werden durch einen transistorgesteuerten Stromkreis die magnetbehafteten Zinken einer bes. geformten Stimmgabel gegenphasig angeregt und deren Schwingungen auf das Zeigerwerk übertragen (Genauigkeit ca. ± 0,2 s pro Tag). Bed. höhere Genauigkeiten liefern die →Quarzuhr und die →Atomuhr.

Uhu →Eulenvögel.

Uhuru Peak [engl. pi:k; Swahili/engl. ›Freiheitsgipfel‹], amtl. Name des Kibo (→Kilimandscharo).

Uiguren, Volk in NW-China, Kasachstan, Kirgisien und Usbekistan; sprechen Uigurisch. – Das Turkvolk der U. gründete um 745 ein Großreich (bis 840). Von nachhaltigem Einfluß durch Schrifttum (manichäisch, christlich, buddhistisch), Kunst, Verwaltung.

Uigurisch, zu den Turksprachen gehörende Sprache, die urspr. im Uigur. Reich (um 745–840) und seinen Nachfolgestaaten gesprochen wurde. Das heutige Neu-U. (von etwa 5 Mio. Menschen gesprochen) wird in Kasachstan, Kirgisien und Usbekistan in kyrill., in China in arab. bzw. (seit 1976 offiziell) in lat. Schrift geschrieben.

Uigurische Autonome Region Sinkiang, Region in NW-China (Dsungarei, östl. Tienschan, Tarimbecken), 1 646 800 km², 13,8 Mio. E, Hauptstadt Ürümqi. – Nach Unterwerfung der →Dsungaren chin. (1759); 1884 Schaffung der Prov. Sinkiang (O-Turkestan; zw. 1911 und 1941 von der Zentralregierung unabhängig); 1955 Konstituierung der Autonomen Region. Nach 1962 Schließung der Grenze zur Sowjetunion.

UIT [frz. y-i'te], Abk. für frz. Union Internationale des Télécommunications, →Internationale Fernmelde-Union.

U-Jagd-Waffen (Anti-Submarine-Weapons [Abk. ASW]), Waffensysteme und Einrichtungen zur Abwehr und Bekämpfung von Unterseebooten, die von Schiffen, von Flugzeugen (U-Jagd-Flugzeuge und U-Jagd-Hubschrauber) und von bes. U-Jägern (kleine, schnelle Schiffe und U-Boote mit Unterwasserortungsanlagen) aus eingesetzt werden: u. a. Wasserbomben, U-Abwehr-Raketen und U-Abwehr-Torpedos mit Zielsuchzünder.

Ujjain [u:'dʒaɪn], Stadt im ind. Bundesstaat Madhya Pradesh, auf dem Malwaplateau, 278 000 E. Univ.; Handelszentrum. – Durch U. verläuft der

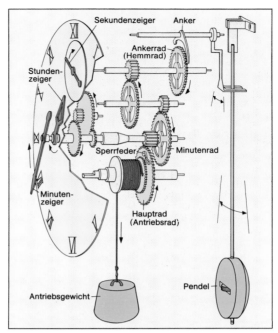

Nullmeridian der ind. Astronomie; es ist eine der 7 hl. Städte Indiens.

Ujung Pandang ['udʒʊŋ 'pandaŋ] (früher Makassar), indones. Hafenstadt an der W-Küste der südl. Halbinsel von Celebes, 709 000 E. 3 Universitäten.

UK [engl. 'ju:'keɪ], Abk. für engl. United Kingdom [of Great Britain and Northern Ireland], →Großbritannien und Nordirland.

Ukelei [slaw.] (Laube, Blinke), meist 10–15 cm langer, heringsförmiger Karpfenfisch in langsam fließenden und stehenden Süßgewässern (z. T. auch Brackgewässern) Europas; stark silberglänzend.

Ukijo-E [jap. ›Bilder der fließenden, vergängl. Welt‹], jap. Genremalerei (seit Mitte des 17. Jh.). Von Moronobu um 1660 in Edo (Tokio) begründet. Motive aus dem Milieu der Kurtisanen, Schauspieler u. a.; in der Kunst des jap. Holzschnitts erlangte es Weltgeltung (Utamaro, Hiroschige, Hokusai u. a.).

Ukraine, Republik in O-Europa, 603 700 km², 50,99 Mio. E, Hauptstadt Kiew.

Geschichte: Seit dem 10. Jh. entstand am mittleren Dnjepr die Kiewer Rus, die 1239/40 unter die Herrschaft der Goldenen Horde geriet. Mit deren Verfall

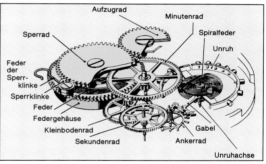

Uhr: Mechanische Uhr; OBEN Funktionsprinzip einer Uhr mit Pendel; UNTEN Aufbau einer Uhr mit Unruh

Ulme:
Feldulme; OBEN
blühender Zweig;
MITTE Laubzweig;
UNTEN Frucht

rissen Litauen und Polen Gebiete der Ukraine an sich (Podolien, Kiew, Wolynien, Galizien). Die N-Bukowina ging an das Ft. Moldau; in der S-Ukraine entstand im 15. Jh. das Krimkhanat. Die Herrschaft der poln.-litauischen Adelsrepublik führte schließl. zum Befreiungskampf der Kosaken (1648–54) unter Hetman S. B. M. Chmelnizki; 1654 begaben sich die Kosaken unter russ. ›Schutz‹. 1667 wurde die Ukraine zw. Rußland und Polen geteilt, mit dem Dnjepr als Grenze; im Gefolge der 2. und 3. Poln. Teilung Angliederung der Gebiete rechts des Dnjepr und Wolyniens durch Rußland (Russifizierungspolitik, Aufhebung der Autonomie der Saporoger Kosaken 1775). Nach der Ausrufung der Ukrain. VR (19. 11. 1917) verbündete sich diese mit den Mittelmächten. Die im Jan. 1919 in Kiew einziehenden Bolschewiki wurden nur noch vorübergehend verdrängt. Im Frieden von Riga (18. 3. 1921) mußte Galizien Polen überlassen werden. Die U. SSR, die am 10. 3. 1919 ihre erste Verfassung erhalten hatte, nahm an der Gründung der Sowjetunion im Dez. 1922 teil; Gründungs-Mgl. der UN. 1991 erklärte die U. ihre Unabhängigkeit und ihren Austritt aus der UdSSR. Gemeinsam mit Rußland und Weißrußland bildete U. im Dez. 1991 die Gemeinschaft Unabhängiger Staaten (GUS), →Sowjetunion.

Ukrainer (früher Kleinrussen, Ruthenen), ostslaw. Volk in der Ukraine und in Rußland (über 42 Mio.).

Ukrainisch (Ruthenisch), zum östl. Zweig der slaw. Sprachen gehörende Sprache der Ukrainer mit rd. 42 Mio. Sprechern und weiteren etwa 2 Mio. Emigranten; kyrill. Buchstaben; das *phonolog.* System weist sechs kurze und auch in unbetonter Stellung nicht reduzierte Vokale sowie eine Stimmton- und Palatalitätskorrelation der Konsonanten auf. Der Wortakzent ist frei und beweglich. Das *morpholog.-syntakt.* System ähnelt dem Russischen.

Ukulele [polynes.], kleine Gitarre mit vier Stahlsaiten, wird mit Plektron gespielt.

UKW, Abk. für Ultrakurzwellen.

Ulan Bator, Hauptstadt der Mongolei, im N des Landes, 1350 m ü. d. M., 500 000 E. Univ., Staatsarchiv, zahlr. Museen, Nationaltheater; wichtigstes Ind.zentrum der Mongolei; durch die Transmongol. Eisenbahn Anschluß an das russ. Eisenbahnnetz; internat. ✈.
Bauten: Um den Suhe-Bator-Platz liegen das Regierungsgebäude, das Mausoleum für Suhe Bator und K. Tschoibalsan, das Theater, die Univ., das Staatl. Zentralmuseum. Nur 4 Klosteranlagen sind erhalten.
Geschichte: Ab 1778 der ständige Sitz des Hauptes der Lamaisten in der Mongolei **(Urga);** 1911–21 Sitz der Autonomen Mongol. Regierung; nach Gründung der Mongol. VR (1924) deren Hauptstadt.

Ulanen [türk.-poln.], mit Lanzen bewaffnete Reiter. Im 16. Jh. in Polen als leichte Kavallerie aufgestellt; seit 1734 in Preußen; trugen Tschapka und Ulanka (Waffenrock).

Ulan-Ude, Hauptstadt der Burjat. Republik innerhalb Rußlands, in S-Sibirien, 342 000 E. TH, PH u. a. Hochschulen, Museen, Theater; u. a. Schiffsreparatur, Kabelwerk; Anlegeplatz an der Selenga. – Entstand im 18. Jh. um die Festung **Werchneudinsk.**

Walter Ulbricht

Ulbricht, Walter, * Leipzig 30. 6. 1893, † Berlin (Ost) 1. 8. 1973, dt. Politiker (SED). Trat 1912 der SPD, 1919 der KPD bei; 1923 in die Zentrale der KPD gewählt; 1928–33 MdR. 1929–32 Mgl. des Politbüros und Berliner Bezirksleiter der KPD; emigrierte 1933 nach Frankreich, 1938 in die Sowjetunion; 1943 Mitbegründer des Nationalkomitees Freies Deutschland; kehrte mit seiner ›Gruppe Ulbricht‹ am 29. 4. 1945 nach Deutschland zurück. 1946–50 stellv. Vors. der SED und Mgl. des ZK; ab 1949 Mgl. des Politbüros, 1950–53 Generalsekretär, danach bis 1971 1. Sekretär der SED; 1949–60

1. stellv. Vors. des Min.rates; ab 1960 Vors. des Staatsrates und 1960–71 des Nat. Verteidigungsrates der DDR. U., der lange dogmatisch die sowjet. Positionen verfochten hatte, seit Mitte der 1960er Jahre aber eine Aufwertung der DDR verfolgte, mußte seinen Platz im Mai 1971 zugunsten E. Honeckers räumen.

Ulcus (Mrz. Ulcera; Ulkus) [lat.], svw. →Geschwür.

Ulema [arab.], die religiösen Gelehrten und Repräsentanten der religiösen Institutionen des Islams.

U. L. F., Abk. für →Unsere Liebe Frau.

Ulfilas (Ulfila, Gulfilas, Wulfila), * um 311, † Konstantinopel [?] 383, westgot. Bischof. Arianer, übersetzte die Bibel ins Gotische.

Ulixes, lat. Name des →Odysseus.

Uljanow, Wladimir Iljitsch [russ. ulj'janɐf] →Lenin, Wladimir Iljitsch.

Uljanowsk [russ. ulj'janɐfsk], Gebietshauptstadt in Rußland, am Kuibyschewer Stausee, 464 000 E. PH, Lenin-Museum, Palast des Buches, Kunstmuseum, 2 Theater; u. a. Schuhkombinat; Hafen. – 1648 als Festung gegr. **(Simbirsk);** seit 1924 U. (Geburtsort Lenins).

Ulkus (Mrz. Ulzera; Ulcus) [lat.], svw. →Geschwür.

Ulkuskrankheit, Sammelbez. für chron., in Abständen wiederkehrende Geschwürsleiden im Bereich des Magens und des Zwölffingerdarms.

Ullmann, Liv, * Tokio 16. 12. 1938, norweg. Schauspielerin. Bed. Charakterdarstellerin; Filme v. a. unter der Regie von I. Bergman, u. a. ›Persona‹ (1966), ›Schreie und Flüstern‹ (1972), ›Szenen einer Ehe‹ (1973), ›Von Angesicht zu Angesicht‹ (1975), ›Herbstsonate‹ (1978). Seit 1980 Sonderbotschafterin der UNICEF.

Ullr ['ʊlər] (Ull), nordgerman. Gott (›der Herrliche‹) aus dem Geschlecht der Asen; Bogenschütze, der auf Skiern jagt.

Ullstein GmbH, Verlag, 1877 gegr. Großunternehmen der Verlagsbranche in Berlin; Gesellschafterin Axel Springer Verlag AG; umfaßt heute den Verlag Ullstein, Propyläen Verlag, Safari Verlag, Ullstein Taschenbuchverlag.

Ulm, Kreisstadt an der Mündung der Blau in die Donau, Bad.-Württ., 103 600 E. Univ., Fachhochschule, Museen, Theater; u. a. Textilindustrie.
Bauten: Das Ulmer Münster (1377 ff.) war urspr. als Halle angelegt; U. Ensinger begann 1392 W-Vorhalle und W-Turm; dieser wurde 1474–92 von Matthäus Böblinger (* um 1450, † 1505) weitergeführt und nach dessen Riß 1890 vollendet (höchster Kirchturm der Welt); bed. Chorgestühl der Werkstatt J. Syrlins d. Ä. Nach 1945 wieder hergestellt: Rathaus (14.–20. Jh.), Kornspeicher (1585–93), Kornhaus (1594); Reste der Stadtbefestigung (v. a. 14. Jh.). Im Stadtteil Wiblingen ehem. Benediktinerabtei mit barocker Kirche.
Geschichte: 854 als königl. Pfalz erstmals erwähnt **(Ulma);** erhielt zw. 1163 und 1181 Stadtrecht; wurde im 14. Jh. Reichsstadt; spielte eine führende Rolle im schwäb. Städtebündnissen und im Schwäb. Bund; 1616–23 zu einer der stärksten dt. Festungen des 17. Jh. ausgebaut; 1802 von Bayern besetzt, kam 1810 an Württemberg; im 19. Jh. Bundesfestung des Dt. Bundes.

Ulme [lat.] (Rüster), Gatt. der Ulmengewächse mit rd. 25 Arten in der nördl. gemäßigten Zone und in den Gebirgen des trop. Asien; sommergrüne Bäume oder Sträucher; Blätter eiförmig, häufig doppelt gesägt, Blüten unscheinbar, Frucht eine von einem breiten Flügelrand umgebene Nuß. Wichtige einheim. Arten sind: *Bergulme* (Bergrüster), bis 30 m hoch, v. a. in Bergregionen; *Feldulme* (Feldrüster), 10–40 m hoch, in Wäldern und Flußauen tieferer Lagen; *Flatterulme* (Flatterrüster), bis 35 m hoch, v. a. in feuchten Wäldern.

Ulmengewächse (Ulmaceae), Pflanzenfam. mit mehr als 150 Arten in 15 Gatt., v. a. in den Tropen Asiens und Amerikas.

Ulmensplintkäfer, Bez. für einige Borkenkäfer, deren Weibchen v. a. unter der Rinde kränkelnder Ulmen Gänge anlegen; Verbreiter des Ulmensterbens durch Übertragung von Pilzsporen; der einheim. schwarze oder dunkelbraune *Große U.* ist 7 mm lang.

Ulmensterben (Ulmenkrankheit), erstmals 1919 in den Niederlanden beobachtete Krankheit der Ulme mit großen Schäden in Alleen und Parkanlagen; verursacht durch einen bald über ganz Europa verbreiteten Schlauchpilz. Das Pilzmyzel dringt in die wasserführenden Gefäßbündel ein; diese werden unter der Einwirkung eines pilzeigenen Toxins verstopft.

Ulpianus, Domitius, * Tyrus um 170, † Rom 223 (ermordet), bed. röm. Jurist. Prätorianerpräfekt und Mgl. des kaiserl. Rates des Severus Alexander. Zahlr. Fragmente seines Werkes in den Digesten des Corpus Iuris Civilis.

Ulrich (Udalrich) **von** Augsburg, hl., * Augsburg 890, † ebd. 4. 7. 973, Bischof von Augsburg. Verteidigte erfolgreich die Stadt beim Ungarneinfall im Jahre 955. – Fest: 4. Juli.

Ulrich von Ensingen → Ensinger, Ulrich.

Ulrich von Türheim, mhd. Epiker der 1. Hälfte des 13. Jahrhunderts. Schrieb eine Fortsetzung (um 1235) zu Gottfried von Straßburgs Tristanroman. Eine Fortsetzung von Wolfram von Eschenbachs ›Willehalm‹ ist das zw. 1240 und 1250 entstandene Epos ›Rennewart‹ (35 500 Verse).

Ulrich von Württemberg, * Reichenweier 8. 2. 1487, † Tübingen 6. 11. 1550, Hzg. von Württemberg (ab 1498). Konnte 1514 die Erhebungen des Armen Konrad niederwerfen; wurde, als er die Reichsstadt Reutlingen besetzte, 1519 von einem Heer des Schwäb. Bundes unter F. Geyer vertrieben. Durch Philipp I. von Hessen 1534 in sein Land zurückgeführt; erhielt Württemberg als österr. Afterlehen; führte die Reformation ein.

Ulster [engl. 'ʌlstə], histor. Prov. im N der Insel Irland.

Ulster [nach der gleichnamigen ir. Provinz], zweireihiger Herrenmantel mit Rahmentaschen und breitem Rückengürtel.

Ulster Defence Association [engl. 'ʌlstə dɪ'fens əsoʊsɪ'eɪʃən], Abk. UDA, 1972 gegr. militante prot. Organisation in Nordirland.

Ultima ratio [lat.], letztmögl. Mittel.

Ultimatum [lat.], 1. letzte Aufforderung; 2. im *Völkerrecht* eine eindeutige, letzte und befristete Mitteilung eines Standpunkts oder einer Forderung eines Völkerrechtssubjekts, verbunden mit einer Drohung (insbes. mit einer Kriegserklärung) für den Fall einer ablehnenden Antwort.

Ultimo [lat.], *Börsenverkehr:* der letzte Geschäftstag des Monats.

Ultimogeld, am Geldmarkt aufgenommenes Leihgeld, das am Monatsende zur Rückzahlung fällig ist.

ultra..., Ultra... [lat.], Vorsilbe mit der Bedeutung ›jenseits von, über... hinaus, übertrieben‹.

Ultrahocherhitzung (Uperisation), Konservierungsverfahren für → Milch: Erhitzung durch eine etwa 2 Sekunden dauernde Dampfinjektion auf 150 °C, danach rasche Abkühlung.

Ultrakurzwellen, Abk. UKW (internat. Abk. VHF), Bez. für elektromagnet. Wellen mit Wellenlängen zw. 10 m und 1 m, d. h. mit Frequenzen zw. 30 MHz und 300 MHz.

Ultramarin [lat.] (Lasurblau), Gruppe bes. lichtbeständiger Farbpigmente, die u. a. zur Herstellung von Malerfarben verwendet werden. Natürl. blaues U. wurde urspr. durch Pulverisieren von Lapislazuli gewonnen.

Ultramontanismus [lat.], im Ggs. zum → Gallikanismus im 18./19. Jh. streng päpstl. Gesinnung im polit. Katholizismus.

Ultraschall, für den Menschen unhörbarer Schall mit Frequenzen oberhalb 20 000 Hz. Intensiver U. wird in Technik und Medizin vielseitig verwendet.

Ultraschalldiagnostik, Verfahren zur Erkennung von krankhaften Veränderungen innerhalb des Organismus durch die Anwendung von Ultraschallwellen nach dem Echolotprinzip. Dabei werden Ultraschallimpulse mittels eines Schallübertragungsmediums (z. B. Kontaktpaste, Wasserbad) durch die Haut in den Körper eingestrahlt und die von den verschiedenen Gewebs- oder Organschichtgrenzen reflektierten Ultraschallimpulse auf einem Bildschirm sichtbar gemacht. Mit der U. können u. a. Mißbildungen und Fehlentwicklungen des Fetus während der Schwangerschaft erkannt werden.

Ultraschallholographie (akust. Holographie), ein der opt. Holographie entsprechendes Verfahren der Bildgewinnung, -speicherung und -wiedergabe durch Überlagerung kohärenter Ultraschallwellen *(akust. Hologramm).*

Ultraschallortung (Ultraschallpeilung), die Suche, Lokalisierung und Entfernungsbestimmung von Objekten durch Erfassung der von einem Ultraschallgeber ausgesendeten und an den Objekten reflektierten Ultraschallimpulse, wobei die Entfernung durch Messung der Laufzeit der Ultraschallwellen bestimmt wird. – Eine U. kommt auch bei *Tieren* vor. Sie ist nachgewiesen für Fledermäuse, Delphine und Spitzmäuse. → Sonar.

Ultraschallprüfung, zerstörungsfreie Werkstoffprüfung mit Ultraschall zur Auffindung von Fehlern. Zur Erzeugung und Erfassung der Ultraschallwellen benutzt man piezoelektr. Quarzkristalle *(Schwingquarze).* Beim *Durchschallungsverfahren* wird ein Schallwellenbündel vom Empfängerquarz an der Gegenseite empfangen und auf einem Bildschirm sichtbar gemacht. Beim *Impulsechoverfahren* werden Ultraschallimpulse auf das Werkstück übertragen, an der gegenüberliegenden Begrenzungsfläche reflektiert und vom selben als Empfänger geschalteten Schwingquarz wieder aufgenommen. Tiefe und Größe des Fehlers lassen sich aus Lage und Form der ›Echos‹ auf dem Bildschirm ermitteln.

Ultraviolett, Abk. UV, elektromagnet. Wellen, die sich an das violette Ende des sichtbaren Spektrums anschließen (Wellenlängen zw. 400 nm und 3 nm). Im Ggs. zu sichtbarem Licht wird UV-Strahlung von Glas und Luft in starkem Maße absorbiert (verschluckt). Eine natürl. UV-Quelle ist die Sonne; künstl. UV-Strahler sind Wolframbandlampen mit Quarzfenster, Edelgaslampen, Quecksilberdampflampen und Wasserstofflampen sowie hocherhitzte Temperaturstrahler. – Wichtig sind die biolog. Wirkungen der UV-Strahlung: Bei kleiner Dosierung werden Stoffwechsel, Atmung, Kreislauf, Blutbeschaffenheit, Drüsenfunktion und Allgemeinzustand des Menschen meist günstig beeinflußt sowie eine Pigmentierung (Bräunung) der Haut bewirkt. Eine Überdosierung kann zu Schädigungen des Organismus führen (Sonnenbrand u. a.). Die zellzerstörende Wirkung der Strahlung auf Viren, Bakterien, Bakteriophagen wird vielseitig therapeutisch sowie technisch zur Luftentkeimung und Sterilisation ausgenutzt.

Uludağ [türk. u'luda:] (Mysischer Olymp), Bergmassiv sö. von Bursa, Türkei, 2 543 m hoch, Wintersportgebiet.

Ulysses [ju:'lɪsi:z, 'ju:lɪsi:z, engl. ›Odysseus‹], eine von NASA und ESA gemeinsam entwickelte Raumsonde, die den Planeten Jupiter und die beiden Pole der Sonne überfliegen soll. Der Start erfolgte im Okt. 1990. U. ist mit einer Geschwindigkeit von 11,4 km/s die bisher schnellste Raumsonde.

Umberfische (Adlerfische, Sciaenidae), Fam. bis etwa 3 m langer Barschfische mit über 150 Arten, v. a. in küstennahen Meeresregionen der trop. bis gemäßigten Zonen; vermögen durch sehr rasche Kontraktionen besonderer Muskeln krächzende bis trommelnde Laute zu erzeugen (›Trommelfische‹), wobei die Schwimmblase als Resonanzkörper dient.

Umberto, italien. Herrscher:
1) **Umberto I.,** * Turin 14. 3. 1844, † Monza 29. 7. 1900 (ermordet), König (seit 1878). Regierte konstitutionell, schloß den Dreibund (1882) ab.
2) **Umberto II.,** * Racconigi bei Turin 15. 9. 1904, † Genf 18. 3. 1983, König (1946). 1944 Generalstatthalter des Kgr.; Mai/Juni 1946 König von Italien, das er aufgrund des Referendums für die Republik verließ; lebte in Portugal.

Umbra [lat.], 1) das dunkle Kerngebiet eines Sonnenflecks.
2) (Umbrabraun, Sepiabraun, Erdbraun) durch Verwitterung von Eisen- und Manganerzlagern entstandenes, braunes Pigment. Natürl. und gebrannte U. werden als Farbzusätze verwendet.

Umbralgläser ⓦ [lat./dt.], farbige Brillengläser, die im sichtbaren Spektralbereich die Helligkeit gleichmäßig herabsetzen und UV-Strahlen absorbieren.

Umbrer (lat. Umbri), altitalisches Volk; nach 1000 v. Chr. von N her nach Ober- und Mittelitalien eingewandert, siedelte schließl. im Gebiet östl. des oberen Tibertales im Apennin und bildete kleine Stadtstaaten, u. a. Spoletium (= Spoleto).

Umbrien (italien. Umbria), mittelitalien. Region und Gebirgslandschaft, 8 456 km², 819 600 E, Hauptstadt Perugia. – Gehörte unter Augustus zur 6. Region (**Umbria**); nach der Völkerwanderungszeit dominierte das langobard. Hzgt. Spoleto; seit dem Hoch-MA ständige Konflikte zw. den Kommunen und kaiserl. wie päpstl. Herrschaftsansprüchen; 1549 fiel ganz U. an den Kirchenstaat, 1860 an das Kgr. Italien.

Umbruch (Umbrechen), im *graph. Gewerbe* das Zusammenstellen des Schriftsatzes zu Buch-, Zeitungs- oder Zeitschriftenseiten, unter Einbeziehung der vorgesehenen Abbildungen.

Umdruckverfahren, Verfahren zum Übertragen von Druckvorlagen auf eine für den Auflagendruck verwendete Flachdruckform.

Umeå [schwed. ˌʉːmɔɔː], schwed. Stadt am Umeälv, nahe seiner Mündung, 86 800 E. Hauptstadt des Verw.-Geb. Västerbotten, Univ., Museum, Oper; u. a. Papier- und Zellstoffabriken; Hafen.

Umformer, elektr. Maschinen und Maschinensätze, mit deren Hilfe elektr. Energie einer Form in eine andere (z. B. andere Spannung oder Frequenz) umgeformt wird, z. B. Transformatoren, Frequenz-U. und Motorgeneratoren.

Umfrageforschung →Meinungsforschung.

Umgangssprache, zw. den Mundarten und der überregionalen Standardsprache stehende Sprachebene, die die Normen der Hochsprache nur locker anwendet.

Umiak [eskimoisch], offenes Boot (fellbespanntes Holzgerüst) von Eskimos.

Umkehrfilm, photograph. Filmmaterial, das im Umkehrprozeß zu einem Diapositiv entwickelt wird (→ Photographie).

Umkehrfunktion (inverse Funktion), in der Mathematik →Funktion.

Umkehrung, in der Musik das Versetzen von Tönen und Stimmverläufen in der Vertikalen. Ein Intervall wird umgekehrt, indem ein Ton in die obere oder untere Oktave versetzt wird; dabei wird die Sekunde

zur Septime (1), die Terz zur Sexte (2), die Quarte zur Quinte (3) usw. Bei der U. von Akkorden wird ein anderer Ton als der Grundton zum Baßton. Die U. des Dur- bzw. Molldreiklangs (4) sind der Sextakkord (5) und der Quartsextakkord (6); die U. des Septimenakkords (7) sind der Quintsextakkord (8), der Terzquartakkord (9) und der Sekundakkord (10). Die vertikale U. von Motiven, Themen oder Melodien wird auch als Gegenbewegung bezeichnet. Die U. in der Horizontalen nennt man Krebs.

Umkippen, Gewässer kippen um, wenn durch → Eutrophierung der Sauerstoffgehalt so stark reduziert wird, daß kein aerobes Leben mehr möglich ist.

Umkreis, ein Kreis, der durch alle Ecken eines Vielecks geht.

Umlaufvermögen (Betriebskapital), unter den Aktiva ausgewiesene Vermögensteile, die nur kurzfristig (im Ggs. zum Anlagevermögen) im Unternehmen verbleiben, z. B. Vorräte, liquide Mittel.

Umlaufzeit, die Zeit, die ein Körper benötigt, um eine geschlossene Bahnkurve einmal vollständig zu durchlaufen; speziell die Zeit, die ein Himmelskörper benötigt, um einen zweiten zu umkreisen. Man unterscheidet *sider. U.* (in bezug auf die Fixsterne) und *synod. U.* (in bezug auf die Richtung Sonne–Erde).

Umlaut, Veränderung eines Vokals infolge des Einflusses des Vokals (oder eines Halbvokals) der Folgesilbe; bes. wichtig für die Entwicklung der dt. Sprache war der i-Umlaut, bei dem die Vokale a, o und u durch (urspr.) folgendes *i, j* zu den ›Umlauten‹ *ä, ö, ü* wurden.

Umma [arab.], die Religionsgemeinschaft des Islams.

Umm Al Kaiwain, Scheichtum der → Vereinigten Arabischen Emirate.

Umsatz, Wert der abgesetzten Erzeugnisse und/ oder der erbrachten Leistungen. Der U. pro Periode (Jahr, Monat) ist eine der wesentl. betriebl. Kennzahlen.

Umsatzsteuer, Steuer auf Lieferungen und sonstige Leistungen, auf den Eigenverbrauch eines Unternehmens sowie auf die Einfuhr von Gegenständen in das Zollgebiet *(Einfuhr-U.).* Am 1. 1. 1968 wurde die alte Brutto-U. durch eine Netto-U. (**Mehrwertsteuer**) ersetzt, bei der nur der dabei das Unternehmen erarbeitete Wertzuwachs besteuert wird; die in Zahlungen für Vorleistungen anderer Unternehmen enthaltene U. wird als **Vorsteuer** von der Steuerschuld abgezogen. Steuerträger ist letztlich der Endverbraucher.

Umschuldung, die Umwandlung von Schulden, insbes. die Ablösung von Krediten durch neue Kredite.

Umsiedlung, die Verlegung des Wohnsitzes von Personen- oder Volksgruppen durch staatl. Förderung oder aufgrund völkerrechtl. Verträge; bei zwangsweiser U. über die Grenzen eines Staatsgebietes hinweg spricht man von → Vertreibung. U. haben in der Vergangenheit häufig dem nationalstaatl. Ziel einer ethnisch einheitl. Bevölkerung gedient. – Als **Umsiedler** werden v. a. die während des 2. Weltkrieges umgesiedelten →Volksdeutschen bezeichnet.

Umspannstation, svw. Transformatorenstation.

Umstandsangabe (Umstandsbestimmung), svw. →Adverbiale.

Umstandssatz, svw. →Adverbialsatz.

Umstandswort →Adverb.

Umtata, Hauptstadt der Transkei, in Südafrika, 175 km nö. von East London, rd. 50 000 E.

Umtausch, von der Kulanz des Verkäufers oder seinen allg. Geschäftsbedingungen bzw. dem Bestehen eines entsprechenden Handelsbrauchs abhängige Rückgabe gekaufter Waren (bei Nichtgefallen) gegen Gutschrift des Rechnungsbetrags oder gegen Bezug anderer Waren. Bei Rückgabe der Kaufsache wegen ihr anhaftender *Mängel* kann der Käufer auf Rückerstattung des Kaufpreises bestehen.

Umtrieb (Umtriebszeit), in der *Forstwirtschaft* die Zeitspanne vom Pflanzen bis zum Ernten eines Bestandes bzw. bis zum Abholzen des Unterholzes im Mittelwald (z. B. bei Fichte und Tanne 80–100, bei Buche, Lärche, Kiefer 120–140, bei der Eiche 180–300 Jahre).

U-Musik, Kurzbez. für → Unterhaltungsmusik.

Umwandlung, im *Handelsrecht* die Veränderung der Unternehmensform entweder durch bloße Annahme einer anderen Rechtsform oder durch Übertragung des Vermögens auf ein anderes Unternehmen als Gesamtrechtsnachfolger.

Umwelt, im engeren biolog. Sinn *(physiolog. U.)* die spezif., lebenswichtige Umgebung einer Tierart, die als *Merkwelt* (Gesamtheit ihrer Merkmale) wahrgenommen wird und als *Wirkwelt* (Gesamtheit ihrer Wirkungen) das Verhalten der Artvertreter bestimmt. Als einziges Wesen (und alleinige Art) ist der Mensch nicht an eine spezif. Natur-U. gebunden. Im weiteren, kulturell-zivilisator. Sinn *(Zivilisations-U., Kultur-U.)* versteht man unter U. auch den vom Menschen existentiell an seine Lebensbedürfnisse angepaßten und v. a. durch Technik und wirtschaftl. Unternehmungen künstlich veränderten Lebensraum, wodurch eine Art künstl. Ökosystem geschaffen wurde.

Umweltbilanz, die systemat. Erfassung der Auswirkungen des Schadstoffausstoßes und des Energie- und Rohstoffverbrauchs bei der Güter- und/oder Dienstleistungserstellung. U. sollen der Verbesserung der polit. und wirtschaftl. Entscheidungsfindung und -umsetzung (Optimierung der Einschätzung des Volkseinkommens und Sozialproduktes, Kosten-Nutzen-Analyse bezüglich Erhalt bzw. Wiederherstellung des Kapitals des ökolog. Gleichgewichts) dienen. Sie werden auf der Grundlage von *Umweltverträglichkeitsprüfungen* von multinationalen (OECD, Weltbank), nationalen (Bundesumweltamt) und regionalen Einrichtungen erstellt, im Rahmen der Sozialbilanz auch von Wirtschaftskonzernen.

Umweltbundesamt → Bundesämter (Übersicht).

Umweltchemikalien, chem. Substanzen, die durch industrielle Herstellung, Anwendung chem. Produkte usw. in die Umwelt gelangen und als Schadstoffe wirken; sie werden mit den natürlich vorkommenden Schadstoffen unter dem Begriff *Umweltschadstoffe* zusammengefaßt.

Umweltfaktoren, die biot. und abiot. Gegebenheiten und Kräfte, die als mehr oder minder komplexe Erscheinung die Umwelt eines Lebewesens bilden und auf dieses einwirken. Zu den biot. U. zählen Pflanzen, Tiere und Menschen sowie deren biolog. Lebensäußerungen und Beziehungen zueinander. Zu den abiot. Faktoren gehören v. a. Boden, Wasser, Luft, Klima, Erdmagnetismus, Schwerkraft als vom Menschen gestalteten oder produzierten dingl. Gegebenheiten und Energien.

Umweltforschung, im biologischen Sinne svw. → Ökologie; im soziolog. Sinne *(Environtologie)* die Untersuchung und Erforschung der durch die Tätigkeit des Menschen auftretenden Veränderungen seiner Umwelt und der Wechselwirkung zw. dieser und dem natürl. Ökosystem.

Umweltschutz, Gesamtheit aller Maßnahmen (und Bestrebungen), die dazu dienen, die natürl. Lebensgrundlagen von Pflanze, Tier und Mensch zu erhalten bzw. ein gestörtes ökolog. Gleichgewicht wieder auszugleichen; i. e. S. der Schutz vor negativen Auswirkungen, die von der ökonom. Tätigkeit des Menschen, seinen techn. Einrichtungen und sonstigen zivilisator. Gegebenheiten ausgehen, wobei die *Umweltvorsorge* für die Allgemeinheit effektiver und

billiger ist als nachträgl. Maßnahmen des techn. Umweltschutzes. Zum U. gehören u. a. Maßnahmen zur Bewahrung von Boden und Wasser vor Verunreinigung durch chem. Fremdstoffe, durch Abwasser, durch Auslaugung abgelagerter Stoffe auf Deponien und durch Erdöl; ferner Vorschriften und Auflagen z. B. zur Erreichung größerer Umweltverträglichkeit von Wasch- und Reinigungsmitteln, zum Schutz der Bevölkerung und der Umwelt vor Gefährdung durch Pflanzenschutzmittel, Maßnahmen des Immissionsschutzes, die der Verunreinigung der Luft und Rauchschäden durch Emissionen (v. a. von Ind.betrieben und Kfz sowie aus dem Wohnbereich) entgegenwirken, der Strahlenschutz im Hinblick auf die Betreibung von Kernkraftwerken und die Lagerung von radioaktivem Abfall, Wiedergewinnung von Abfallstoffen (→ Recycling) und Abwärme. – Teilaspekte des U. sind in zahlr. Gesetzen, Rechtsverordnungen und Verwaltungsvorschriften des Bundes und der Länder geregelt. Durch das Gesetz zur Bekämpfung der Umweltkriminalität vom 28. 3. 1980 werden schwerwiegende Schädigungen und Gefährdungen der Umwelt mit umfassenden strafrechtl. Sanktionen bedroht (im Höchstfall Freiheitsstrafe bis zu 10 Jahren). – Geplante und bewußte **Umweltpolitik** erfolgt erst seit dem Beginn der 1970er Jahre. In der BR Deutschland wurde 1986 nach dem Reaktorunfall in → Tschernobyl ein Bundesministerium für Umwelt, Naturschutz und Reaktorsicherheit eingerichtet, dem das Umweltbundesamt nachgeordnet ist. Bei den Landesregierungen liegt die Zuständigkeit für den U. bei den Landwirtschafts- oder eigenen Umweltministerien. Internat. Bemühungen um den U. verfolgen u. a. die UN sowie die EG. Infolge der Mangelhaftigkeit der Umweltpolitik staatl. Stellen und etablierter Parteien entstand aus der Ökologiebewegung Ende der 1970er Jahre die Partei der → Grünen. Internat. Aufsehen erregt ferner die 1971 in Kanada gegründete U.organisation ›Greenpeace‹. – ökologische Bewegung.

Umweltverträglichkeitsprüfung, (Abk. UVP), Verwaltungsverfahren zur Prüfung aller öffentl. Maßnahmen (z. B. Straßenbau) und der genehmigungsbedürftigen privaten Anlagen unter dem Gesichtspunkt des Umweltschutzes.

UN [uːˈɛn, engl. ˈjuːˈɛn], Abk. für engl. United Nations (UNO, Abk. für engl. United Nations Organization; ONU, Abk. für frz. Organisation des Nations Unies), die Organisationen der Vereinten Nationen. Vereinigung von Staaten zur Sicherung des Weltfriedens und zur Förderung friedl. zwischenstaatl. Beziehungen und internat. Zusammenarbeit. Am 26. 6. 1945 in San Francisco von 51 Staaten als Nachfolgeorganisation des Völkerbundes gegr.; 161 Mgl. (1990); Sitz New York, europ. Amt in Genf.

Generalsekretäre der UN	
Trygve Halvdan Lie (Norwegen)	1946–52
Dag Hammarskjöld (Schweden)	1953–61
Sithu U Thant (Birma)	1961–71
Kurt Waldheim (Österreich)	1972–81
Javier Pérez de Cuéllar (Peru)	1982–91
Butros Ghali (Ägypten)	seit 1992

Organe: Die *Generalversammlung* (Vollversammlung) aller Mgl. der UN tagt mindestens einmal im Jahr, wobei jedes Land von höchstens 5 Mgl. mit zus. einer Stimme vertreten wird. Die Generalversammlung berät über alle Gegenstände, die durch die Charta erfaßt werden.

Abstimmungen in ›wichtigen Fragen‹ (z. B. Aufrechterhaltung von Frieden und Sicherheit sowie Aufnahme oder Ausschluß von Mgl.) bedürfen der Zwei-

UN-Sonderorganisationen und -unterorganisationen (Stand: 1990)				
Abk.	Name englisch (deutsch)	Sitz	Grün-dungs-jahr	Zahl der Mit-glieder
UN-Sonderorganisationen				
FAO	Food and Agriculture Organization of the United Nations (Ernäh-rungs- und Landwirtschaftsorganisation)	Rom	1945	158
GATT	General Agreement on Tariffs and Trade (Allg. Zoll- und Handels-abkommen)	Genf	1948	96
IAEA	International Atomic Energy Agency (Internat. Atomenergie-Organisation)	Wien	1956	113
IBRD	International Bank for Reconstruction and Development (World-bank; Internat. Bank für Wiederaufbau und Entwicklung; Welt-bank)	Washington	1944	151
IDA	International Development Association (Internat. Entwicklungs-Organisation)	Washington	1960	137
IFAD	International Fund for Agricultural Development (Internat. Fonds für landw. Entwicklung	Rom	1976	143
IFC	International Finance Corporation (Internat. Finanz-Corporation)	Washington	1956/57	133
ICAO	International Civil Aviation Organization (Internat. Zivilluftfahrt-organisation)	Montreal	1944	159
ILO	International Labour Organization (Internat. Arbeitsorganisation)	Genf	1919	150
IMF	International Monetary Fund (Internat. Währungsfonds)	Washington	1944	151
IMO	International Maritime Organization (Internat. Seeschiffahrts-Organisation)	London	1948	132
ITU	International Telecommunication Union (Internat. Fernmelde-Union)	Genf (1932)	1947	164
UNESCO	United Nations Educational, Scientific and Cultural Organization (Organisation der UN für Erziehung, Wiss. und Kultur)	Paris	1945	158
UNIDO	United Nations Industrial Development Organization (Organi-sation der UN für industrielle Entwicklung)	Wien	1967/86	152
UPU	Universal Postal Union (Weltpostverein)	Bern (1874)	1948	169
WHO	World Health Organization (Weltgesundheitsorganisation)	Genf	1946	166
WIPO	World Intellectual Property Organization (Weltorganisation für geistiges Eigentum)	Genf	1967	121
WMO	World Meteorological Organization (Weltorganisation für Meteo-rologie)	Genf	1947	160
UN-Unterorganisationen[1]**)**				
UNCTAD	UN Conference on Trade and Development (Konferenz der UN für Handel und Entwicklung; Welthandelskonferenz)	Genf	1964	168
UNCHS	UN Centre for Human Settlements (Zentrum der UN für Siedlungs-fragen)	Nairobi	1978	58
UNDP	UN Development Programme (Entwicklungsprogramm der UN)	New York	1965	
UNEP	UN Environment Programme (Umweltprogramm der UN)	Nairobi	1972	
UNHCR	United Nations High Commissioner for Refugees (Hoher Flücht-lingskommissar der UN)	Genf	1950/51	
UNICEF	United Nations Children's Fund (Weltkinderhilfswerk)	New York	1946	
UNITAR	United Nations Institute for Training and Research (Ausbildungs-und Forschungsinstitut der UN)	New York	1963	
UNRWA	United Nations Relief and Works Agency for Palestine Refugees (Hilfswerk der UN für arabische Flüchtlinge aus Palästina)	Beirut	1950	
WFP	World Food Programme (Welternährungsprogramm)	Rom	1963	
Regionale UN-Wirtschaftskommissionen				
ECA	Economic Commission for Africa (Wirtschaftskommission für Afrika)	Addis Abeba	1958	52
ECE	Economic Commission for Europe (Wirtschaftskommission für Europa)	Genf	1947	34
ECLAC	Economic Commission for Latin America and the Caribbean (Wirt-schaftskommission für Lateinamerika und die Karibik)	Santiago de Chile	1948	40 (+4 asso-ziierte Mitgl.)
ESCWA	Economic and Social Commission for Western Asia (Wirtschafts-und Sozialkommission für Westasien)	Bagdad	1974/85	14
ESCAP	Economic and Social Commission for Asia and the Pacific (Wirt-schafts- und Sozialkommission für Asien und den Pazifik)	Bangkok	1947	36 (+9 asso-ziierte Mitgl.)

[1]) Die Unterorganisationen UNDP bis WFP besitzen keine feste Mitgliederzahl (sog. offene Programme).

drittelmehrheit der Anwesenden; in anderen Fragen genügt einfache Mehrheit. Nach außen gerichtete Be-schlüsse haben den Charakter von ›Empfehlungen‹, d. h., sie sind nicht bindend. Anders verhält es sich mit Beschlüssen, durch die das Völkerrecht fortgebildet wird oder Fragen der internat. Zusammenarbeit in verschiedenen Bereichen berührt sind.

Der *Sicherheitsrat* (Weltsicherheitsrat), bestehend aus 5 ständigen Mgl. (USA, Rußland, Großbrit., Frankreich, VR China) und 10 alle 2 Jahre von der Generalversammlung gewählten Mgl., trägt die Hauptverantwortung für die Einleitung und Durch-führung von Verfahren zur friedl. Beilegung internat. Streitigkeiten. Im Rahmen der Charta sind die Mgl.

seinen Entscheidungen unterworfen. Jedes Rats-Mgl. hat jeweils eine Stimme, jedes ständige Mgl. kann darüber hinaus mit seinem Veto jede Entscheidung des Rates blockieren. Außer in Fällen der Friedensgefährdung oder einer bereits eingetretenen Verletzung der Friedenspflicht gibt auch der Sicherheitsrat nur Empfehlungen ab. Da die von der UN-Charta vorgesehene *internat. Streitmacht* für Fälle des Friedensbruchs bisher noch nicht bereitgestellt werden konnte, kann die UN nur mit von einzelnen Mgl. freiwillig gestellten Truppeneinheiten militär. eingreifen (›Blauhelme‹). Als Folge des unter UN-Mandat geführten Golfkrieges gegen den Irak setzte 1991 eine Debatte über Reformen der polit. Strukturen der UN ein.

Der *Wirtschafts- und Sozialrat* (Economic and Social Council, Abk. ECOSOC; 54 Mgl.) fördert den wirtschaftl. und sozialen Fortschritt sowie die umfassende friedl. Zusammenarbeit der Staaten auf allen Gebieten und sucht den allg. Menschenrechten überall zur Geltung zu verhelfen. Er kann allg. Empfehlungen geben, internat. Abkommen entwerfen und internat. Staatenkonferenzen einberufen.

Der *Treuhandrat* (Trusteeship Council) ist das verantwortl. Organ für das Treuhandsystem und die Gebiete ohne Selbstregierung.

Dem *Internat. Gerichtshof* in Den Haag, Nachfolgeorgan des Ständigen Internat. Gerichtshofs des Völkerbundes, gehören 15 von der Generalversammlung und vom Sicherheitsrat gewählte Richter an. Der Gerichtshof kann nur von Staaten angerufen werden.

Das *Sekretariat,* das Verwaltungsorgan der UN, steht unter der Leitung des *Generalsekretärs,* der von der Generalversammlung für 5 Jahre gewählt wird. Er kann Fälle der Friedensbedrohung vor den Sicherheitsrat bringen, faßt im Rahmen seiner Zuständigkeit Beschlüsse im eigenen Ermessen und hat eigene diplomat. Handlungsmöglichkeiten.

Die *Sonderorganisationen* sind keine Organe der UN im engeren Sinn. Sie erfüllen Aufgaben in den Zuständigkeitsbereichen des Wirtschafts- und Sozialrats. Mgl. von Sonderorganisationen können auch Länder sein, die nicht Mgl. der UN selbst sind.

Unabhängige Sozialdemokratische Partei Deutschlands, Abk. USPD, politische Partei in Deutschland 1917–22; aus der SPD als Abspaltung der Kriegsgegner hervorgegangen; nach der Novemberrevolution 1918 bis Jahresende neben der SPD im Rat der Volksbeauftragten vertreten. Im Okt. 1920 Vereinigung der linken Mehrheit mit der KPD; im Sept. 1922 Vereinigung der Restpartei mit der SPD.

Unabhängigkeit, 1. *Völkerrecht:* Teil der Souveränität eines Staates, die darin besteht, daß der Staat über seine inneren und äußeren Angelegenheiten im Rahmen des Völkerrechts selbständig entscheiden kann. 2. Die U. der Richter ist in Art. 97 GG gewährleistet. 3. Nach Art. 38 GG sind Abg. in der Ausübung ihres Mandats unabhängig, d. h. in Weisungen und Aufträge (auch aufgrund ihrer Parteizugehörigkeit) nicht gebunden.

Unamuno y Jugo, Miguel de [span. ...i'xuɣo], * Bilbao 29. 9. 1864, † Salamanca 31. 12. 1936, span. Schriftsteller und Philosoph. Führender Vertreter der ›Generation von 98‹, die sich für die Verbindung von span. Tradition und europ. Moderne einsetzte; vorwiegend Essayist, auch Lyriker, Romancier (u. a. ›Nebel‹, 1914) und Dramatiker. Philos. Hauptwerke: ›Das trag. Lebensgefühl‹ (12 Essays, 1913), ›Die Agonie des Christentums‹ (Essay, 1925).

Una-Sancta-Bewegung, v. a. nach dem 2. Weltkrieg in Deutschland entstandene kath. Form der ökumen. Bewegung.

Unbedenklichkeitsbescheinigung, Bescheid des zuständigen Finanzamts über die steuerl. Unbedenklichkeit einer beabsichtigten Eigentumsübertragung von Grundstücken.

Unbefleckte Empfängnis (Conceptio immaculata), Dogma der kath. Kirche (1854) über die Erbsündlosigkeit Marias, der Mutter Jesu. Das Fest der U. E. wird am 8. Dez. gefeiert.

Unberührbare →Paria.

unbestimmtes Fürwort, svw. Indefinitpronomen (→Pronomen).

unbewegliche Sachen, svw. →Immobilien.

Unbewußtes (das Unbewußte), in der Psychoanalyse (nach S. Freud) der Bereich nicht bewußter Prozesse, der v. a. aus Verdrängtem besteht. Das Unbewußte entspricht weitgehend dem →Es. – C. G. Jung unterscheidet vom *persönl. Unbewußten* (Vergessenes, Verdrängtes usw.) das *kollektive Unbewußte,* das überindividuelle menschl. Urerfahrungen enthalte.

UN-Charta [...'karta], die am 26. 6. 1945 in San Francisco unterzeichnete und am 24. 10. 1945 in Kraft getretene Verfassung der Vereinten Nationen (→UN). Die Charta regelt in einer Präambel und in 19 Kapiteln (111 Artikeln) Ziele und Grundsätze der UN, Mitgliedschaft, Aufgaben und Verfahrensvorschriften ihrer Organe.

Uncle Sam [engl. 'ʌŋkl 'sæm ›Onkel Sam(uel)‹], scherzhafte Bez. für die USA; Ursprung ist wohl die ehem. amtl. Abkürzung U. S.-Am. (= U. S.-America).

UNCTAD ['ʊŋktat, engl. 'ʌŋktæd], Abk. für engl. United Nations Conference on Trade and Development, →Weltwirtschaftskonferenz.

Underground [engl. 'ʌndəɡraʊnd], 1) in Kontroverse zum offiziellen Kulturbetrieb und bürgerl. Normalitätsauffassungen agierende literar. und künstler. Bewegungen (v. a. in den 1960er Jahren); u. a. *-Film* (Untergrundfilm), *U.-Literatur* (Untergrundliteratur). 2) svw. →Untergrundbewegung.

Understatement [engl. 'ʌndə'steɪtmənt], das Untertreiben (u. a. in der Selbstdarstellung).

Undezime [lat.], das Intervall von 11 diaton. Stufen (Oktave und Quarte).

Undine (Undene), weibl. Wassergeist, der durch Vermählung mit einem ird. Mann eine Seele erhalten kann.

Sigrid Undset

UND-Schaltglied →Logikelemente.

Undset, Sigrid [norweg. 'ʉnset], * Kalundborg (auf Seeland) 20. 5. 1882, † Lillehammer 10. 6. 1949, norweg. Schriftstellerin. 1940–45 Emigration in die USA; Exponentin des norweg. Romans (u. a. ›Jenny‹, 1911; ›Der brennende Busch‹, 1930); bes. bekannt sind ihre Werke ›Kristin Lavranstochter‹ (Trilogie, 1920–22) und ›Olav Audunssohn‹ (1925–27). 1928 Nobelpreis für Literatur.

Undulation [lat.], in der *Physik* svw. Wellenbewegung, Schwingung.

Unechte Karęttschildkröte →Meeresschildkröten.

unehrliche Gewerbe, vom MA bis ins 19. Jh. Berufe, die von Zunft, Gericht und Rat sowie vom kirchl. Begräbnis ausgeschlossen waren, z. B. Scharfrichter, Abdecker, Gaukler.

unendlich, 1) *Mathematik:* svw. größer als jede endl., aber beliebig große Zahl (*u. groß* oder *transfinit;* Formelzeichen ∞). 2) *geometr. Optik* und *Photographie:* diejenige Gegenstandsweite bei einer opt. Abbildung, bei der die bilderzeugenden, von den Dingpunkten ausgehenden Strahlen als achsenparallel gelten dürfen und die Abbildung in der Brennebene des Systems erfolgt.

Unendliches (das Unendliche), Begriff, der Dimensionen bezeichnet, die jenseits von Raum und Zeit liegen.

unerlaubte Handlung, widerrechtl. und schuldhafte Verletzung einer allg. Verhaltenspflicht, die bei

Miguel de Unamuno y Jugo

einem dadurch entstandenen Schaden Ansprüche auf Schadenersatz auslöst. Aus u. H. haftet, wer vorsätzlich oder fahrlässig das Leben, den Körper, die Gesundheit, die Freiheit, das Eigentum oder sonstige *absolute Rechte* (z. B. Besitz, Urheberrechte, Persönlichkeitsrechte) eines anderen widerrechtlich verletzt.

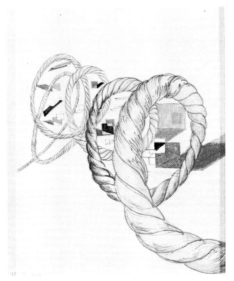

Ungarische Kunst: László Moholy-Nagy; Zeichnung, 1945 (Privatbesitz)

UNESCO, Abk. für engl. United Nations Educational, Scientific and Cultural Organization [›Organisation der Vereinten Nationen für Erziehung, Wissenschaft und Kultur‹], Sonderorganisation der Vereinten Nationen, 1945 in London gegr., seit 1946 mit Sitz in Paris. *Aufgaben:* v. a. die Förderung der internat. Zusammenarbeit auf den Gebieten der Erziehung, Wiss. und Information, die Förderung des Zugangs aller Menschen zu Bildung und Kultur, Durchsetzung der Menschenrechte und Hebung des Bildungsniveaus. *Organe:* die Generalkonferenz, der Exekutivrat und das Sekretariat. → UN (Übersicht).

Unfallflucht (Fahrerflucht, seit 1975 unerlaubtes Entfernen vom Unfallort), begeht, wer sich als Beteiligter nach einem Unfall im Straßenverkehr vom Unfallort entfernt, bevor die Art seiner Unfallbeteiligung festgestellt werden kann. U. begeht auch, wer z. B. nach einer leichten Karambolage nicht eine angemessene Zeit wartet und so notwendige Ermittlungen erschwert. Der Unfallflüchtige wird mit Geld- oder Freiheitsstrafe bestraft; er verliert außerdem seinen Versicherungsschutz.

Unfallverhütungsvorschriften, Abk. UVV, Mindestnormen für eine unfallsichere Einrichtung der Betriebe und Betriebsanlagen sowie für unfallsicheres Verhalten; werden von den Berufsgenossenschaften erlassen und überwacht.

Unfallversicherung, als *Individual-U.* die Gewährung von Versicherungsschutz gegen die Folgen eines Unfalls. Die *Unfallfolgen* werden unterschieden in vorübergehende Arbeitsunfähigkeit, dauernde Arbeitsunfähigkeit, Invalidität und Tod. Von der Individual-U. zu unterscheiden ist die *gesetzl. U.* als Zweig der Sozialversicherung. Versicherungspflicht besteht für alle aufgrund eines Arbeits-, Dienst- oder Ausbildungsverhältnisses Beschäftigten (auch für Kinder in Kindergärten, Schüler und Studenten), ausgenom-

men Beamte und Personen, für die beamtenrechtl. Unfallfürsorgevorschriften gelten. Die Mittel der gesetzl. U. werden durch die Beiträge der Unternehmer aufgebracht, die versichert sind oder Versicherte beschäftigen. Die Leistungen der gesetzl. U. bestehen v. a. in *Heilbehandlung, Übergangsgeld,* in *besonderer Unterstützung,* in berufsfördernden Leistungen zur Rehabilitation *(Berufshilfe),* in *Verletztenrente* (bei Minderung der Erwerbsfähigkeit über die 13. Woche hinaus), in *Sterbegeld* und *Hinterbliebenenrente* sowie in *Elternrente,* wenn der Versicherte überwiegend den Unterhalt der Eltern getragen hat.

Unfehlbarkeit (Infallibilität), in der *kath. Kirche* 1870 auf dem 1. Vatikan. Konzil dogmatisch definierte Irrtumslosigkeit, die der kirchl. Lehrverkündigung in Glaubens- und Sittenfragen zukommt: Grundlage ist die U. der *Kirche* (Gesamtheit der Bischöfe), die der Papst als Leiter *repräsentiert.* Die U. ist eingeschränkt auf ›ex-cathedra-Entscheidungen‹, in denen der Papst eine gesamtkirchl. Lehre verkünden will. Sachlich ist die U. des Papstes auf die Interpretation der Hl. Schrift beschränkt.

Unfruchtbarkeit, in *Biologie* und *Medizin* die Unfähigkeit zur Zeugung (→ Impotenz) bzw. zum Gebären lebender Nachkommen (→ Sterilität).

Unfruchtbarmachung → Sterilisation.

Ungaretti, Giuseppe, * Alexandria (Ägypten) 10. 2. 1888, † Mailand 1. 6. 1970, italien. Lyriker. Zus. mit E. Montale und S. Quasimodo Vertreter der symbolist. italien. Lyrik (›Hermetismus‹); u. a. ›Das verheißene Land‹ (1950), ›Notizen des Alten‹ (1960, 1968 u. d. T. ›Das Merkbuch des Alten‹).

Ungarisch (Magyarisch, Madjarisch), zum finn.-ugr. Zweig der ural. Sprachen gehörende Sprache mit etwa 10 Mio. Sprechern in Ungarn, etwa 3 Mio. in den Nachbarstaaten Ungarns und etwa 1 Mio. in W-Europa und Amerika. Mit Ostjakisch und Wogulisch bildet das U. den ugr. Zweig der →finnisch-ugrischen Sprachen. – Im Wortschatz finden sich noch etwa 1000 Grundwörter finn.-ugr. Herkunft; bed. Lehnwortschichten stammen aus den Turksprachen, den slaw. Sprachen sowie dem Deutschen und Lateinischen.

ungarische Kunst, die ältesten Zeugnisse sind die pers.-sassanid. beeinflußten Metallarbeiten (bes. Säbeltaschenplatten) des ungar. Reitervolks (9. Jh.); die Zeugnisse der christl. Bautätigkeit fielen vielfach dem Mongolensturm (1241) zum Opfer; roman. Architektur und Plastik überdauerten in den Abteikirchen von Ják, Lébény (beide 1. Hälfte 13. Jh.) und Zsámbék (1220–56, Ruine). Wandmalereien zeigen byzantin. Einfluß, v. a. in der Krypta von St. Martin in Feldebrö (Bezirk Heves, Ende 12. Jh.) und in der Palastkapelle in Veszprém (um 1250). Got. Freskenmalerei u. a. in der Burgkapelle in Esztergom (14. Jh.), die got. Tafelmalerei gipfelt im Werk des Meisters M. S. (um 1500). Die Renaissance fand im Hofkunst unter König Matthias I. Corvinus frühzeitig Eingang (Bakócz-Kapelle in Esztergom, 1506–07). Nach der Türkenherrschaft blühte im 18. Jh. die Barockkunst, Aufträge erhielten v. a. österr. Künstler. Im 19. Jh. ist neben der klassizist. Bildhauerei (Istvan Ferenczy [* 1792, † 1856]) v. a. das realist. Werk des Malers M. Munkácsy zu nennen (bes. sozialkrit. Genrebilder). Wichtig wurde auch der Freilichtmalerei, u. a. Károly Ferenczy (* 1862, † 1917), der der bis heute einflußreichen poetisch-realist. Schule von Nagybánya (Baia Mare) angehörte. Nach dem 1. Weltkrieg bis 1919 entfaltete sich eine Avantgarde: L. Kassák, Sándor Bortnyik (* 1893, † 1976), F. Molnár kehrten zurück; L. Moholy-Nagy, Marcel Lajos Breuer (* 1902, † 1981), Alfréd Forbát (* 1897, † 1972) gingen ans Bauhaus und/oder nach Schweden, USA oder Frankreich (V. de Vasarély).

ụngarische Literatur, ältester erhaltener Text ist eine Marienklage (um 1300). Die *Reformation* verhalf der nat. Sprache in der Literatur zum Durchbruch: Neben aktueller polit. Literatur (z. B. Schriften gegen die Türkenbesetzung) entstanden Reformationsdichtung und weltl. histor. Epik (Historiengesänge). Den Höhepunkt der ungar. *Renaissancedichtung* bildeten die Lyrik von Bálint Balassi (* 1554, † 1594). In der Epoche des *Barock* rief Miklos Zrinyi (* 1620, † 1664) in einem Heldenepos und in Prosaschriften zum Widerstand gegen die Türken auf; glänzendster Stilist der Zeit war Kardinal Peter Pázmány (* 1570, † 1637). Im *18. Jh.* war der Klassizismus (Ferenc Kazinczy [* 1759, † 1831]) vorherrschend. Die ungar. *Romantik* fiel mit einer Zeit polit. Reformbestrebungen zusammen, die bes. von Schriftstellern vorangetrieben wurden; zu nennen sind v. a. Ferenc Kőlcsey (* 1790, † 1838) und Károli Kisfaludy (* 1788, † 1830). Ihren Höhepunkt erreichte die u. L. des *19. Jh.* im Werk von S. Petöfi und Jaros Arany (* 1817, † 1882); bed. Vertreter des histor. Romans sind Jószef von Eötvös (* 1813, † 1871) und M. Jókai. Während das letzte Drittel des 19. Jh. im Zeichen des sich entfaltenden *Realismus* stand (u. a. vertreten durch den Erzähler Kálmán Mikszáth [* 1847, † 1910] und den Lyriker János Vajda [* 1827, † 1897]), hinterließen die großen Stilrevolutionen des *20. Jh.* in der u. L. nachhaltige Spuren. Führende Vertreter des *Modernismus* waren Endre Ady (* 1877, † 1919), Mihaly Babits (* 1883, † 1941), Dezsö Kosztolányi (* 1885, † 1936), Z. Móricz und Ferenc Móra (* 1879, † 1934). Nach dem 1. Weltkrieg setzte ein Prozeß der Neuorientierung ein. Aus der Bewegung der ›Populisten‹, die im Bauerntum den Garanten des nat. Fortschritts sah, gingen vorwiegend Prosaschriftsteller hervor, u. a. Péter Veres (* 1897, † 1970), János Kodolányi (* 1899, † 1968) und Aron Tamási (* 1897, † 1966). Repräsentanten der bürgerl. Strömungen waren in der Prosa Ferenc Herczeg (* 1863, † 1954), Lajos Zilahy (* 1891, † 1974) sowie Sandor Márai (* 1900, † 1989), in der Dramatik F. Molnár. Zu den Vertretern der urbanen, humanistisch-intellektuellen Lyrik gehören Löric Szabo (* 1900, † 1957) und Sandor Weöres (* 1913, † 1989). Bekannter Vertreter der sozialist. Literatur war der Lyriker Attila József (* 1905, † 1937). Ebenfalls der Arbeiterbewegung nahe standen der Romancier T. Déry, der Novellist Andor Endre Gelléri (* 1907, † 1945) und der Lyriker Lajos Kassák (* 1887, † 1967); in der Emigration wirkten bis 1945 u. a. Béla Illés (* 1895, † 1974) und G. Háy. *1945 bis zur Gegenwart:* Während Schriftsteller wie S. Márai und L. Zilahy Ende der 1940er Jahre Ungarn verließen, verstanden sich andere namhafte (teilweise aus dem Exil zurückgekehrte) Vertreter der u. L. (u. a. T. Déry, G. Háy, L. Nemeth, Gyula Illyes [* 1902, † 1983]) und Literaturkritik (u. a. G. Lukács, Jozsef Révai [* 1898, † 1959]) zunächst als sozialist. Kulturpolitiker; es gelang jedoch, die u. L. von dem parteipolit. Diktat des sog. sozialist. Realismus zu befreien, wobei Déry und Háy auch zu den Köpfen des Aufstands von 1956 gehörten. Zu den Exponenten der etwa seit den 1960er Jahren publizierenden Schriftstellergeneration gehören neben G. Konrád, M. Szabó, Miklos Mészöly (* 1921) und Ferencz Sánta (* 1927) u. a. Iván Mándy (* 1918), Janos Pilinszky (* 1921, † 1981), Endre Fejes (* 1923), Laszló Nagy (* 1925, † 1978), Sandor Csoóri (* 1930), György Moldova (* 1934), Andráṣ Tabák (* 1938) und Deszsö Tandori (* 1938); von den jüngeren Vertretern der u. L. sind v. a. Péter Nadas (* 1942), Jozsef Belázs (* 1944), György Dalos (* 1943) und Péter Esterhazy (* 1950) zu nennen.

ụngarische Musịk, die Kunstmusik beginnt mit Gregorian. Gesängen sowie volkssprachl. Epik und dem Wirken ausländ. Musiker am Königshof (um 1000); vermittelt durch Fahrende sind seit Ende des *15. Jh.* ungar. Tänze Bestandteil des gesamteurop. Repertoires. Während der türk. Herrschaft (ab 1526) lebten bes. im österr. Teil ›Historiengesänge‹ weiter; sie fanden 1690–1711 in den ›Kurutzenliedern‹ eine Fortsetzung. Ab etwa 1750 erschien der meist von Roma (Zigeunern) gespielte Verbunkos und der Csárdás. F. Liszt und F. Erkel schufen eine nat. u. M. romant. Prägung. Jenö Hubay (* 1858, † 1937) und E. von Dohnányi leiten zur *Moderne* über. Z. Kodály und B. Bartok griffen, bei hochentwickelter Kompositionstechnik, auf die urspr. Bauernmusik zurück. Kodálys System (seine vielen Schüler, u. a. Mátyás György Seiber [* 1905, † 1960], Antal Dorati [* 1906, † 1988], Sandor Veress [* 1907], wirkten in aller Welt) schuf die Grundlage der neuen ungar. Musikkultur. Zur jüngeren Komponistengeneration zählen u. a. György Kurtág (* 1926), I. Láng (* 1933) und die im Ausland tätigen G. Ligeti und Robert Wittinger (* 1945).

Ụngarische Pforte, Talabschnitt der Donau zw. Hainburg an der Donau (Österreich) und Preßburg (ČSFR).

Ungarn

Fläche: 93 033 km^2
Einwohner (1989): 10,59 Mio.
Hauptstadt: Budapest
Verwaltungsgliederung: 20 Komitate
Amtssprache: Ungarisch
Nationalfeiertage: 4. 4., 1. 5., 20. 8., 7. 11.
Währung: 1 Forint (Ft) = 100 Filler (f)
Zeitzone: MEZ

Ụngarn (amtl. Republik U.), Staat in Europa, grenzt im N an die Tschechoslowakei, im NO an die Ukraine, im O an Rumänien, im S an Kroatien, Serbien, im W an Österreich.

Landesnatur: U. liegt fast ganz im Bereich des Pannon. Beckens. Das Ungar. Tiefland wird durch das Ungar. Mittelgebirge in das Kleine Ungar. Tiefland und das Große Ungar. Tiefland, das Alföld, gegliedert. Die Donau trennt das Ungar. Mittelgebirge in das Transdanub. (bis 757 m ü. d. M.) und in das Nordungar. Mittelgebirge (bis 1015 m ü. d. M.). Im W des Landes liegt zw. Plattensee und Donau das Mezőföld. Das Klima ist überwiegend kontinental. In den Gebirgen wachsen Eiche, Esche, Buche, Ahorn und Birke. Im Großen Ungar. Tiefland, urspr. eine an den Flüssen von Auen- und Moorwäldern durchsetzte Waldsteppe (Pußta), bilden Robinien geschlossene Wälder.

Bevölkerung: Rd. 94% der Bevölkerung sind Ungarn. Ethn. Minderheiten sind Deutsche, Slowaken, Slowenen, Serben, Kroaten, Rumänen, Roma (Zigeuner). Rd. 50% sind Katholiken, 24% Protestanten. Schulpflicht besteht vom 6.–14. Lebensjahr. 4 der 58 Hochschulen sind Universitäten.

Wirtschaft, Verkehr: Angebaut werden Weizen, Roggen, Mais, Reis, Gerste, Zuckerrüben, Paprika, Tomaten, Hanf und Sonnenblumen, außerdem Wein und Obst. Bed. Schweine-, Schaf-, Enten-, Truthahn- und Gänsezucht. An Rohstoffen verfügt U. über Braunkohle, Erdöl, Erdgas, Eisen- und Uranerz sowie Bauxit. Die Ind. konzentriert sich v. a. auf den Raum Budapest. Es gibt Maschinen- und Fahrzeugbau, Nahrungsmittel-, chem., metallurg., Textil-, Bekleidungs-, Baustoff-, Leder-, Holz- und Papierindustrie. Das Eisenbahnnetz hat eine Länge von 7 770 km, das Straßennetz von 29 701 km. Donau und Theiß spielen

Ungarn

Staatsflagge

Staatswappen

Land 45%
Stadt 55%
Bevölkerungsverteilung

Landwirtschaft 15%
Dienstleistung 45%
Industrie 40%
Erwerbstätige

für den Inlandverkehr kaum eine Rolle. Internat. ⚓ ist Budapest.

Geschichte: *Ungarn bis 1526:* Seit 896 besetzten die Magyaren das Pannon. Becken, assimilierten die hier lebenden Völker (Germanen, Slawen, Dakoromanen u. a.) und unternahmen Raubzüge in ganz Europa (933 bei Riade, 955 auf dem Lechfeld, 970 vor Byzanz besiegt). Stephan I., der Heilige, ließ sich im Jahre 1001 mit einer von Papst Silvester II. verliehenen Krone (Stephanskrone) zum König krönen. 1091 wurde Kroatien (samt Dalmatien) in Personalunion mit U. verbunden. Ab etwa 1150 wurden die Siebenbürger Sachsen angesiedelt. 1239 wurden die Kumanen aufgenommen. 1241/42 besetzten die Mongolen das Land. Nach dem Aussterben der Arpaden (1301) folgten Herrscher aus verschiedenen Häusern. Sigismund von Luxemburg (⚭ 1387–1437, ab 1410/11 auch Röm. König) wandte sich nach der Niederlage gegen die Osmanen bei Nikopolis (1396) stärker der Reichspolitik zu, mit dem Ziel einer europ. Koalition gegen die Osmanen. Aber erst J. Hunyadis Sieg bei Belgrad (1456) bannte die osman. Gefahr für Jahrzehnte. Sein Sohn Matthias I. Corvinus (⚭ 1458–90) eroberte Mähren, Schlesien und die Lausitz, Niederösterreich und die Steiermark. 1485 zog er in Wien ein und machte es zu seiner Residenz. Unter seinem Nachfolger, dem Jagellonen Wladislaw II. (⚭ 1490 bis 1516), verfiel die Zentralmacht.

Ungarn unter den Osmanen und den Habsburgern (bis 1918): Johann I. Zápolya (⚭ 1526–40) konnte mit osman. Unterstützung den Machtbereich seines habsburg. Gegenkönigs Ferdinand I. (⚭ 1526–64) auf Ober-U. (die Slowakei) und einen schmalen Streifen im W des Landes beschränken. Die Mitte des Landes mit Slowenien blieb ab 1541 als Paschalik Buda in osman. Hand. Fürst Stephan Báthory (⚭ 1571–86) legte die Grundlagen eines starken siebenbürg. Staates, der über Jahrzehnte eine selbständige Politik zw. Wien und der Pforte zu verfolgen vermochte und dessen Unabhängigkeit 1606 von König Rudolf (⚭ 1576 bis 1608) anerkannt wurde. Nach der vergebl. türk. Belagerung Wiens 1683 sowie der raschen Befreiung von U. durch kaiserl. Truppen (1686 Fall Budas, 1697 Sieg bei Zenta) traten die Osmanen im Frieden von Karlowitz 1699 U. mit Ausnahme des Banats, Kroatien und Slawonien an die Habsburger ab. Nach dem ungar. Freiheitskampf 1703–11 (Friede von Sathmar 1711: Sicherung der ungar. ständ. Verfassung) wurde die Unteilbarkeit des Habsburgerreiches gesetzlich festgelegt, als der ungar. Landtag 1722/23 der Pragmat. Sanktion zustimmte. Die Kolonisation (u. a. Banater Schwaben) im 18. Jh. ließ die Magyaren im Lande zur Minderheit werden. Die Reformpolitik Josephs II. (⚭ 1780–90) scheiterte am Widerstand des Adels. Nach einem aus Revolutionsfurcht hervorgegangenen Polizeiregime unter Franz II. (⚭ 1792–1835) brach unter dem Eindruck der Revolutionen in Paris und Wien am 15. 3. 1848 in Pest die *ungar. Revolution* aus, deren führende Gestalt L. Kossuth wurde und die mit russ. Hilfe im Aug. 1849 erstickt wurde. Das um Siebenbürgen, Kroatien mit Slawonien und das Banater Gebiet verkleinerte U. wurde nun nach dem Muster eines österr. Kronlandes regiert. 1867 wurde der Gesamtstaat Österreich durch den österr.-ungar. Ausgleich in die österr.-ungar. Monarchie (→ Österreich-Ungarn) umgewandelt. Der kroat.-ungar. Ausgleich vom Juni 1868 regelte das Verhältnis zu Kroatien mit Slawonien; die Union Siebenbürgens mit U. wurde im Dez. 1868 endgültig vollzogen. Das Banat war bereits 1860 wieder an U. gekommen. Für die Zukunft folgenschwer wurde die nun einsetzende Magyarisierungspolitik.

Die Republik Ungarn und die Restauration (1918–45): Die Niederlage im 1. Weltkrieg führte zur Ausrufung der Republik am 16. 11. 1918. U. mußte weite Gebiete im S und O des Landes räumen. Kroatien-Slawonien hatte bereits am 29. 10. die staatsrechtl. Verbindung mit U. gelöst. Der Budapester Arbeiterrat proklamierte am 21. 3. 1919 die Räterepublik (bis 1. 8. 1919) unter B. Kun. Die im Jan. 1920 gewählte Nationalversammlung wählte am 1. 3. 1920 M. Horthy zum Reichsverweser. Der Friedensvertrag von Trianon wurde am 4. 6. 1920 unterzeichnet. U. verlor 68% seines früheren Staatsgebietes und 59% seiner früheren Bevölkerung, darunter 3 Mio. Magyaren. Die Nationalversammlung sprach am 6. 11. 1921 die Thronenthebung der Habsburger aus. Die Wiener Schiedssprüche von 1938/40 und die Teilnahme am Angriffskrieg gegen Jugoslawien 1941 brachten U., das am 20. 11. 1940 dem Dreimächtepakt beigetreten war, einen Teil der im 1. Weltkrieg verlorenen Gebiete zurück. Am 19. 3. 1944 besetzten dt. Truppen das Land; Horthy dankte im Okt. ab, sein Nachfolger wurde F. Szálasi. Die Sowjets besetzten das Land schrittweise bis zum 4. 4. 1945. Am 22. 12. 1944 hatte sich inzwischen eine provisor. Gegenregierung gebildet, die den Sowjets einen Waffenstillstand schloß und Deutschland den Krieg erklärte.

Nachkriegszeit und Gegenwart (seit 1945): Der Pariser Friede vom 10. 1. 1947 stellte die ungar. Grenzen vom 1. 2. 1938 wieder her. 1946–49 vollzog sich die sozialist. Umgestaltung des Landes nach sowjet. Muster. Die treibende Kraft der innenpolit. Entwicklung waren die Kommunisten, die von der sowjet. Militärmacht unterstützt wurden. Die Parteien wurden bis zum Sommer 1948 verboten oder lösten sich selbst auf, die Sozialdemokraten wurden gezwungen, sich mit der KP zur Partei der Ungar. Werktätigen zu vereinigen (ab 1956 Ungar. Sozialist. Arbeiterpartei). Durch die Verfassung vom 18. 8. 1949 wurde U. eine Volksrepublik. 1953 folgte dem Stalinisten M. Rákosi I. Nagy als Min.-Präs., der bis 1955 polit. und wirtschaftl. Reformen durchführte. 1956 wurde Rákosi durch den dogmat. Stalinisten Erno Gerő (* 1898, † 1980) als Generalsekretär abgelöst. Dessen starre und unbesonnene Haltung am 23. 10. 1956 zum *ungar. Volksaufstand,* der nur durch das militär. Eingreifen der sowjet. Streitkräfte niedergeschlagen werden konnte. Fast 200 000 Ungarn flüchteten ins westl. Ausland. – Parteisekretär J. Kádár (Nov. 1956–58 und 1961–68 auch Min.-Präs.) betrieb nach vergebl. Versuchen einer blockfreien Politik wieder eine prosowjet. Politik. U. erholte sich polit. und wirtschaftlich und schlug den Weg einer vorsichtigen Liberalisierung ein. U. galt als dasjenige Land unter den osteurop. Staaten, das am ehesten die Forderungen der Schlußakte von Helsinki (1975) umzusetzen suchte. Ab 1978 erfolgten Wirtschaftsreformen (in begrenztem Umfang Mitbestimmung, Leistungslohn [1987], Einkommensteuer u. a.). Auf dem Parteitag der USAP im Mai 1988 wurde neben J. Kádár die gesamte Parteispitze ausgewechselt, neuer Parteichef wurde Károly Grosz (* 1930). Der Rücktritt des gesamten Politbüros im April 1989 und die folgende Neuwahl stärkten die Reformkräfte in der USAP um Miklós Németh (* 1948) und Imre Pozsgay (* 1933). Schon im Febr. 1989 hatte die USAP auf ihren verfassungsmäßigen Führungsanspruch verzichtet und ein Mehrparteiensystem zugelassen. Im Okt. 1989 löste sich die USAP schließlich auf, Teile gründeten eine sozialdemokratisch orientierte Partei. Seit Mai 1989 begann U. mit der Grenzöffnung zu Österreich; die Ausreise zahlr. Bürger der DDR über den Westen v. a. im Sept. 1989 besaß Signalcharakter für die Absetzung des SED-Regimes. Die ersten freien Wahlen im März und April 1990 gewann das konservativ ausgerichtete Ungar. Demokrat. Forum (UDF) unter Jószef Antall (* 1932), der auch neuer Min.-Präs. wurde; die

Regierungskoalition erlitt aber bei den Kommunalwahlen im Okt. 1990 erhebl. Einbußen zugunsten der Liberalen. Mit der Rehabilitierung der Opfer des Aufstandes von 1956, der Aufnahme in den Europarat im Nov. 1990 und der assoziierten Mitgliedschaft in der NATO bei gleichzeitigem Abzug der sowjet. Truppen 1991 bestätigte U. seine Annäherung an W-Europa. **Politisches System:** Republik; *Verfassung* von 1949 (1972 und 1989 geändert). *Staatsoberhaupt* ist der Präs., er wird vom Parlament gewählt. Die *Exekutivgewalt* liegt beim Ministerrat unter Leitung des Min.-Präsidenten. *Legislativorgan* ist die Nationalversammlung (357 Abg. für 5 Jahre direkt gewählt). *Parteien:* Ungar. Sozialist. Partei, Ungar. Demokrat. Forum, Bund freier Demokraten, Partei der Kleinlandwirte, Bund junger Demokraten (Fidesz), Nationale Demokrat. Allianz. – Karte XI, Bd. 2, n. S. 320.

ungerade Zahl, Bez. für eine nicht durch 2 teilbare natürliche Zahl.

ungerechtfertigte Bereicherung, ohne rechtl. Grund auf Kosten eines anderen erlangte Vermögensvermehrung, die rückgängig gemacht werden muß.

Ungerer, Jean Thomas U., * Straßburg 28. 11. 1931, frz. Zeichner. Gehört als Karikaturist zu den bed. Vertretern des schwarzen Humors; auch Buchillustrator und Kinderbuchautor.

ungesättigte Verbindungen, organ. chem. Verbindungen mit Doppel- oder Dreifachbindungen.

Ungeziefer, aus hygien. und wirtschaftl. Gründen bekämpfte tier. Schädlinge (z. B. Flöhe, Läuse, Wanzen, Milben, Schaben, Motten), die als Blutsauger und Hautschmarotzer bei Menschen und Haustieren sowie als Schädlinge in Wohnräumen, Speichern, an Textilien, Vorräten und an Zimmer- und Gartenpflanzen auftreten.

Ungleichung, aus Zeichen für mathemat. Objekte (Zahlen, Variable, Funktionen u. a.) zusammengesetzter Ausdruck, der eines der Zeichen $\neq$ (ungleich), $<$ (kleiner als), $>$ (größer als), $\leq$ (kleiner oder gleich), $\geq$ (größer oder gleich) enthält.

uni..., Uni... [lat.], Bestimmungswort von Zusammensetzungen mit der Bedeutung ›einzig, nur einmal vorhanden, einheitlich‹.

UNICEF ['ɔnitsɛf, 'u:n...; engl. 'ju:nɪsɛf], Abk. für engl. United Nations International Children's Emergency Fund (Weltkinderhilfswerk der UN); 1946 gegr. Organisation der UN; Sitz New York; Organe: Verwaltungsrat und beratender Ausschuß. 1965 Friedensnobelpreis.

UNIDO [engl. jʊ'naɪdoʊ], Abk. für engl. United Nations Industrial Development Organization; 1967 gegr. Organisation der UN für industrielle Entwicklung, Sitz Wien. Organe sind der industrielle Entwicklungsrat und das Sekretariat.

unierte Kirchen [lat./dt.], 1) eine Gruppe →orientalischer Kirchen, die mit Rom verbunden (uniert) sind.

2) im prot. Bereich Kirchen, die im 19. Jh. durch Zusammenschluß von Kirchen verschiedener Bekenntnisses entstanden.

Uniform [lat.-frz.], nach einheitl. Richtlinien hergestellte [Dienst]kleidung, die die Zugehörigkeit einer Person zu einer bestimmten Institution (Militär, Polizei, Feuerwehr, Vereine) äußerlich kennzeichnet.

Uniformitätsakte [lat.] (engl. Acts of Uniformity), Bez. für 4 engl. Staatsgesetze (1549, 1552, 1559, 1662) zur Einführung einer einheitl. Liturgie in der anglikan. Kirche.

Unikat [lat.], einzige Ausfertigung eines Schriftstücks, Kunstwerks u. a.

Unikum [lat.], etwas in seiner Art Einziges, Seltenheit; übertragen: sonderl. Mensch.

UNILAC [Abk. für engl. Universal linear accelerator ›universeller Linearbeschleuniger‹], Schwer-

ionenbeschleuniger der Gesellschaft für Schwerionenforschung (GSI), Darmstadt. Mit dem 120 m langen U. können sämtl. Elemente auf variable Energien bis 12 MeV pro Nukleon beschleunigt werden, z. B. Blei- oder Uranionen auf rd. 2,5 GeV. →SIS.

Unilever-Konzern [engl. 'ju:nɪlɪ:və, niederl. 'y:ni:le:vər], größter Nahrungsmittelkonzern der Erde, Sitz Rotterdam und London; gegr. 1930.

Unio mystica [lat./griech.] →Mystik.

Union [lat.], 1) *Staatsrecht:* bes. Fall eines Staatenbundes; man unterscheidet Real- und Personal-U.; auch Bez. für supranat. Einrichtungen, die zur Erreichung eines gemeinsamen polit. Zieles geschaffen werden (z. B. Montan-U., Zoll- und Währungsunion).

2) *Kirchen:* Zusammenschluß von Kirchen verschiedener Riten (z. B. die U. der röm.-kath. Kirche mit den Griechen) oder – v. a. im prot. Raum – verschiedenen Bekenntnisses.

3) *Geschichte:* (prot. U., ev. U.) auf Betreiben der Kurpfalz 1608 geschlossenes Bündnis süd- und westdt. prot. Reichsstände, das zum Stütz- und Mittelpunkt aller antikath. und antihabsburg. Bestrebungen wurde. Bei Ausbruch des Dreißigjährigen Krieges erwies sich die U. der 1609 gegr. kath. Liga als nicht gewachsen; sie löste sich 1621 auf.

Union der Europäischen Rundfunkorganisationen (Abk. UER; Europ. Rundfunk-Union; engl. European Broadcasting Union, Abk. EBU; frz. Union Européenne de Radiodiffusion, Abk. UER), Organisation von 40 europ. Rundfunkanstalten, der 67 außereurop. Anstalten als Assoziierte angeschlossen sind; gegr. 1950 (als Nachfolgerin der Internat. Rundfunkunion [1925–50]), Verwaltungssitz Genf, techn. Zentrum Brüssel. Hauptaufgaben: Vertretung der Interessen der Mitgliedsorganisationen, Förderung der Koordination und des Informationsaustausches, Gewährleistung der Einhaltung internat. Abkommen auf allen Sektoren des Rundfunkwesens sowie Nachrichten- und Programmaustausch im Rahmen der Eurovision.

Union des Démocrates pour la République [frz. y'njõ de demo'krat purlarepy'blik], Abk. UDR, 1968–76 Name der gaullist. Partei in Frankreich. Im Okt. 1958 als *Union pour la Nouvelle République* (Abk. UNR) gegr.; 1962 Zusammenschluß mit der 1959 gegr. linksgaullist. *Union Démocratique du Travail* (Abk. UDT) zur UNR-UDT. Im Nov. 1967 nahm die Partei den Namen *Union des Démocrates pour la Ve République* an, im Mai 1968 erfolgte die Umbenennung U. d. D. p. la R., im Dez. 1976 von J. R. Chirac zum *Rassemblement pour la République* (RPR) umgewandelt.

Union Jack [engl. 'ju:njən 'dʒæk], volkstüml. Bez. für die brit. Nat.flagge: Verschmelzung des engl. Georgskreuzes (Rot auf weißem Grund), des schott. Andreaskreuzes (Weiß auf blauem Grund) und des ir. roten Patrickskreuzes.

Union pour la Démocratie Française [frz. y'njõ purlademɔkra'si frã'sɛːz], Abk. UDF, 1978 gegr. Zusammenschluß der damaligen frz. Staats-Präs. V. Giscard d'Estaing stützenden Parteien: Centre des Démocrates Sociaux (CDS), Parti Radical-Socialiste (PRS) und Parti Républicain (PR).

Unisono [italien.], das Fortschreiten mehrerer Stimmen im Einklang (auf gleicher Tonhöhe) oder in Oktaven.

Unità, L', italien. Tageszeitung, gegr. 1859; Organ der kommunist. Partei; erscheint in Mailand und Rom.

Unitarier [lat.], seit Ende des 16. Jh. Bez. für die Gegner des Trinitätsdogmas (Antitrinitarier), die nur die Lehre vom Vater als einzig wahren Gott vertraten.

Unität [lat.], Einheit; Einzigkeit.

Unken:
OBEN Gelbbauchunke;
UNTEN Rotbauchunke

Fritz von Unruh

United Artists Corporation [engl. jʊ'naɪtɪd 'ɑːtɪsts kɔːpə'reɪʃən], amerikan. Filmproduktions- und -verleihgesellschaft, 1919 von C. Chaplin, M. Pickford, D. Fairbanks und David Wark Griffith (* 1875, † 1948) gegr.; 1967 Teil der Transamerica Corporation in San Francisco.

United Fruit Company [engl. jʊ'naɪtɪd 'fruːt 'kʌmpəni], amerikan. Unternehmen der Nahrungsmittel-Ind., gegr. 1899; seit 1970 Teil der United Brands Company. Der Konzern nahm in vielen Ländern der Karibik und Mittelamerikas aufgrund seiner wirtschaftl. Monopolstellung großen Einfluß auf die Innenpolitik.

United Nations [engl. jʊ'naɪtɪd 'neɪʃənz] → UN.

United Press International [engl. jʊ'naɪtɪd 'prɛs ɪntə'næʃənəl] → Nachrichtenagenturen.

United States of America Standards Institute [engl. jʊ'naɪtɪd 'steɪts əv ə'mɛrɪkə 'stændədz 'ɪnstɪtjuːt], Abk. USASI, die im Jahre 1966 aus der *American Standards Association* (ASA) hervorgegangene zentrale amerikan. Normungs- und Standardisierungskörperschaft (Sitz New York); ihr gehören über 100 nat. techn. Organisationen an.

universal [lat.], allumfassend; auf das Ganze, die ganze Welt bezogen.

Universalgeschichte (Weltgeschichte), die Erforschung und Darstellung der geschichtl. Entwicklung aller Völker und Kulturen in ihrer Gesamtheit, wobei häufig nach Gesetzen des Geschichtsprozesses gesucht wurde (F. Schiller, O. Spengler, A. J. Toynbee). → Geschichtsphilosophie.

Universalienstreit, die über das gesamte MA hinweg (v. a. in der Scholastik) geführte Diskussion um die Wirklichkeit (Realität, deshalb auch *Realienstreit* genannt) und Bedeutung oder Unwirklichkeit der Allgemeinbegriffe *(Universalien)* in ihrem Verhältnis zum konkreten Einzelnen, aus dem sie durch Abstraktion gewonnen werden. In der Hauptsache wurden 3 Positionen vertreten: 1. der *Idealismus* (radikaler Begriffsrealismus), der den Allgemeinbegriffen eine von der des Einzeldings verschiedene Realität (Idee) zusprach (Vertreter: Johannes Scotus Eriugena u. a.); 2. der [gemäßigte] *Realismus,* der den Allgemeinbegriffen eine objektive Gültigkeit zuerkannte, da durch sie das Wesen des Seienden erfaßt werde (Vertreter: P. Abälard, Albertus Magnus, Thomas von Aquin); 3. der *Nominalismus* (Konzeptualismus), der in den Allgemeinbegriffen bloße Worte (›nomina‹) sah, durch die ledigl. Ähnliches zusammengefaßt werde (Vertreter: W. von Ockham). → Via moderna, → Sprachphilosophie.

Universalismus [lat.], 1. Denkmethode, die den Vorrang des Allgemeinen, Ganzen gegenüber dem Besonderen, Einzelnen betont; 2. umfassendes Denken und Wissen.

Universalitätsprinzip (Weltrechtsprinzip), Grundsatz im *Strafrecht,* nach dem jeder Staat bestimmte von ihm ergriffene Verbrecher verfolgen kann; dies ohne Rücksicht auf dessen Staatsangehörigkeit und auf den Tatort. Das U. gilt u. a. für Völkermord und Menschenhandel.

Universalmotor (Allstrommotor), Elektromotor für Gleich- und Wechselstrom.

Universalsprachen, svw. → Welthilfssprachen.

universell [lat.-frz.], (von Eigenschaften, Fähigkeiten o. ä.) umfassend, vielseitig.

Universität [lat.], traditionell die ranghöchste und älteste Form der wiss. → Hochschule.

Universitäten der Bundeswehr, 1973 in Hamburg und München als Hochschulen der Bundeswehr errichtete bundeswehreigene Univ.; Studenten sind nur Offiziere.

Universum [lat.], Weltall, Kosmos; übertragen unendl. Vielfalt.

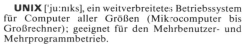

UNIX ['juːnɪks], ein weitverbreitetes Betriebssystem für Computer aller Größen (Mikrocomputer bis Großrechner); geeignet für den Mehrbenutzer- und Mehrprogrammbetrieb.

Unken (Feuerkröten), Gatt. der Froschlurche mit mehreren, etwa 3,5–7 cm großen Arten in Eurasien; Körper plump, mit warziger Rückenhaut, ohne Trommelfell; in M-Europa kommen zwei Arten vor: *Gelbbauchunke* (Bergunke) grau, unterseits mit orangegelben Flecken) und *Rotbauchunke* (Tieflandunke) schwarz-grau, unterseits mit roten und weißen Flecken).

Unkosten, unkorrekte Bez. für den betriebswirtschaftl. Begriff Kosten.

Unkrautbekämpfungsmittel, svw. → Herbizide.

Unkräuter (Segetalpflanzen), Stauden *(Wurzel-U.)* oder ein- bzw. zweijährige Kräuter *(Samen-U.),* die in Kulturpflanzenbeständen eindringen und mit den Nutz- bzw. Zierpflanzen um Bodenraum, Licht, Wasser und Nährstoffe konkurrieren und damit deren Ertrag mindern. U. besitzen gegenüber den Kulturpflanzen meist eine kürzere Entwicklungszeit, höhere Widerstandsfähigkeit (z. B. gegen Trockenheit) sowie ausgeprägtere Regenerations- und Ausbreitungsfähigkeit. – Heute häufig als *Wildkräuter* bezeichnet.

unlauterer Wettbewerb, sittenwidriges, z. T. mit Strafe bedrohtes Verhalten im Geschäftsverkehr. Gegen die guten Sitten verstoßen z. B. der wirtschaftl. Boykott, ruinöse Konkurrenz, insbes. Preisschleuderei, die vergleichende Werbung, Kundenfang, Lockvogelwerbung, Falschwerbung durch wissentlich unwahre und irreführende Angaben, Verrat von Geschäftsgeheimnissen. Verstöße gegen die Wettbewerbsregeln bewirken grundsätzlich Ansprüche auf Unterlassung und auf Schadenersatz.

Unmittelbarkeitsgrundsatz, das zu den Prozeßmaximen gehörende Prinzip, wonach mündl. Verhandlungen und Beweisaufnahme unmittelbar vor dem erkennenden Gericht erfolgen müssen.

Unmündigkeit, rechtl. Zustand bis zur Volljährigkeit.

Unna, Kreisstadt im östl. Ruhrgebiet, NRW, 57 000 E. Hellweg-Museum; u. a. Maschinen-, Rohrleitungs- und Apparatebau. Ev. dt. got. Stadtpfarrkirche (1322–1467). – 1032 erstmals belegt, erlangte um 1290 städt. Rechte; war Münzstätte der Grafen von der Mark und wohl seit dem 14. Jh. Hansestadt.

UNO, Abk. für engl. United Nations Organization, → UN.

Unpaarhufer (Unpaarzeher, Perissodactyla, Mesaxonia), seit dem Eozän bekannte, im Miozän sehr formenreiche, heute nur noch mit 17 Arten vertretene Ordnung der Säugetiere (Gruppe Huftiere); nicht wiederkäuende Pflanzenfresser, gekennzeichnet durch eine ungerade Anzahl der Zehen mit deutl. Tendenz zur Verstärkung oder alleinigen Ausbildung der mittleren (3.) Zehe (Tapire, Nashörner, Pferde).

Unreinheit, in der *Religionsgeschichte* das kult. Beflecktsein durch den Umgang mit dem negativ Numinosen (→ Numen), dem Dämonischen. Als unreinigend gilt z. B. die Berührung mit geschlechtl. Vorgängen oder Toten.

Unruh, 1) Friedrich Franz von, * Berlin 16. 4. 1893, † Merzhausen 16. 5. 1986, dt. Schriftsteller. Bruder von Fritz von U.; 1924–32 Journalist; warnte vor der nat.-soz. Gefahr (›Nationalsozialismus‹, 1931); schrieb u. a. Erzählungen, u. a. ›Der Teufel im Ruhestand‹ (1977), und Essays, u. a. ›Jahrtausendwende. Umkehr oder Untergang‹ (1983).

2) Fritz von, * Koblenz 10. 5. 1885, † Diez 28. 11. 1970, dt. Schriftsteller. Exponent des expressionist. Dramas (›Ein Geschlecht‹, 1917; ›Platz‹, 1920); 1932 Emigration über Italien und Frankreich (dort 1940 interniert) in die USA; schrieb auch zahlr. Romane, u. a. ›Der nie verlor‹ (1947), ›Kaserne und Sphinx‹ (1969).

Unruh, als Drehschwinger ausgebildetes, taktgebendes Schwungrad in Uhren.

Unschärferelation (Heisenbergsche U.), in der Quantentheorie eine Beziehung zw. zwei physikal. Größen eines mikrophysikal. Systems (z. B. eines Elementarteilchens), die sich darin auswirkt, daß sich gleichzeitig immer nur eine von beiden Größen genau bestimmen läßt.

Unschlitt, svw. →Talg.

Unsere Liebe Frau, Abk. U. L. F., Ehrentitel Marias, der Mutter Jesu.

Unsterblichkeit, der Glaube an die Überwindung des Todes als Übergang in eine neue (höhere oder niedere) Existenz findet sich in fast allen Kulturen; das Christentum vertritt den Glauben an die U. der Seele.

Unstrut ['ʊnstrʊt, 'ʊnstruːt], linker Nebenfluß der Saale, durchbricht bei Heldrungen in der *Thüringer Pforte* die nördl. Randgebirge des Thüringer Beckens, mündet bei Naumburg/Saale, 188 km lang.

Untätigkeitsklage, im Verwaltungsrecht Bez. für Klagen, die erhoben werden können, wenn die Behörde z. B. über einen Widerspruch ohne zureichenden Grund in angemessener Frist (i. d. R. 3 Monate) sachlich nicht entschieden hat.

Unterägypten, Bez. für Ägypten im Bereich des Nildeltas.

Unterart (Subspezies, Rasse), systemat. Einheit, in der innerhalb einer Tier- oder Pflanzenart Individuen mit auffallend ähnl. Merkmalen zusammengefaßt werden.

Unterbewertung, 1. in der *Bilanz* der Ansatz von Aktivposten mit einem niedrigeren, von Passivposten mit einem höheren Betrag, als er sich nach den gesetzl. Vorschriften und den Grundsätzen ordnungsgemäßer Buchführung ergäbe; führt zur Bildung stiller Rücklagen; 2. bei *Währungen* ein Wechselkurs, der nicht der wirtschaftl. Stärke des betreffenden Landes entspricht.

Unterbewußtsein, psycholog. Terminus, mit dem die Bereiche des Bewußtseins bezeichnet werden, die der rationalen Kontrollierbarkeit entzogen sind (sie manifestieren sich z. B. in Fehlleistungen oder Träumen); teilweise auch Synonym für →Unbewußtes.

Unterbrecher, Vorrichtung zur period. Unterbrechung eines Stromkreises. Der U. einer Kfz-Zündanlage besteht aus einem nockenbetätigten Kontakt, der den Primärstrom der Zündspule unterbricht.

Unterbrechung, im *Verfahrensrecht* das zeitweilige Ruhen oder Abbrechen einer Gerichtsverhandlung. Für die Hauptverhandlung im Strafprozeß ist die Dauer der U. gesetzlich vorgeschrieben.

Unterbringung (U. in einer Anstalt), landesrechtlich geregelte Einweisung psychisch Kranker und Suchtkranker in [geschlossene] psychiatr. Krankenhäuser bzw. Entziehungsanstalten; im *Strafrecht* eine Maßregel der Besserung und Sicherung.

Untere Tunguska, rechter Nebenfluß des Jenissei, mündet 200 km ssö. von Igarka, 2989 km lang.

Unterflurmotor, Motor mit liegend angeordneten Zylindern, der insbes. bei Omnibussen und Lkws unter dem Fahrzeugboden angebracht ist.

Unterfunktion (Hypofunktion), (krankhaft) verminderte Funktion eines Organs, bes. einer Hormondrüse (z. B. der Schilddrüse).

Untergewicht →Körpergewicht.

Unterglasurfarben →keramische Farben.

Untergrund, kurz für →Untergrundbewegung.

Untergrundbahn (U-Bahn), der Personenbeförderung dienende, elektr. Schnellbahn (bis 100 km/h) in großen Städten, deren Gleisnetz [weitgehend] un-

terird. in Tunnelbauten verläuft. Die Sicherungsanlagen von U. arbeiten vorwiegend automat. (Streckenblockanlagen mit Indusi oder Fernsteuerung), so daß eine sehr dichte Zugfolge (bis zu 90 s) möglich ist; z. T. erfolgt eine Regelung auch durch mitgeführte Programmrechner.

Untergrundbewegung, polit. Bewegung, die im geheimen auf den Umsturz bestehender Verhältnisse hinarbeitet. Sie ist häufig dadurch bedingt, daß keine legale Opposition zugelassen ist. Daneben gibt es polit. Bewegungen, die in bewußter Abkehr von legaler polit. Opposition den Weg in den Untergrund wählen (→Terrorismus, →Geheimbünde).

Untergrundliteratur, 1) (in totalitären Staaten) Literatur, die offiziell verboten ist und insofern unter illegalen Umständen entsteht und verbreitet wird.

2) → Underground.

Unterhaar, Bez. für die im Unterschied zum Oberhaar (→Deckhaar) meist kürzeren, der Wärmedämmung dienenden Wollhaare der Säugetiere.

Unterhalt, Sach-, Dienst- und Geldleistungen, derer eine Person zum Leben bedarf (u. a. Ernährung, Bekleidung, Ausbildung und Erfüllung persönl. Bedürfnisse, bei Kindern Erziehung und Betreuung).

Unterhaltspflicht, im Familienrecht allg. die auf Ehe oder Verwandtschaft beruhende gesetzl. Verpflichtung, für den Unterhalt eines anderen zu sorgen. Ihr gegenüber steht auf seiten des Berechtigten der *Unterhaltsanspruch.* Er setzt voraus, daß der Berechtigte außerstande ist, aus eigenem Einkommen und Vermögen den angemessenen Unterhalt zu bestreiten *(Bedürftigkeit),* und der Verpflichtete in der Lage ist, ohne Gefährdung seines eigenen angemessenen Unterhalts den Unterhalt zu gewähren *(Leistungsfähigkeit).* Die Verletzung der gesetzl. U. wird mit Freiheitsstrafe bis zu 3 Jahren oder mit Geldstrafe bestraft.

Unterhaltspflicht der Ehegatten ist die gegenseitige Verpflichtung von in ehel. Lebensgemeinschaft lebenden Ehegatten, durch ihre Arbeit und mit ihrem Einkommen und Vermögen die Familie angemessen zu unterhalten *(Familienunterhalt).*

Der *getrennt lebende Ehegatte* kann vom anderen den nach den Lebensverhältnissen und den Erwerbs- und Vermögensverhältnissen der Ehegatten angemessenen Unterhalt verlangen. Nach der *Ehescheidung* besteht bei Bedürftigkeit des einen und bei Leistungsfähigkeit des anderen Ehegatten ein Unterhaltsanspruch, wenn 1. eine Erwerbstätigkeit nicht erwartet werden kann wegen der Pflege und Erziehung eines gemeinsamen Kindes oder wegen Alters, Gebrechlichkeit oder Krankheit; 2. ein Teil keine angemessene Erwerbstätigkeit zu finden vermag; 3. der Ehegatte des Unterhalts bedarf, um eine in Erwartung der Ehe oder während der Ehe nicht aufgenommene oder abgebrochene Schul- oder Berufsausbildung aufzunehmen und 4. von ihm aus sonstigen schwerwiegenden Gründen eine Erwerbstätigkeit nicht erwartet werden kann. Das Maß des Unterhalts bestimmt sich nach den ehel. Lebensverhältnissen.

Unterhaltspflicht der Verwandten ist die nur in der geraden Linie der Verwandtschaft, wozu auch die durch die Annahme als Kind begründete Verwandtschaft gehört, bestehende Verpflichtung, für den Unterhalt zu sorgen. Eltern sind verpflichtet, alle verfügbaren Mittel zu ihrem und zum Unterhalt der minderjährigen unverheirateten Kinder gleichmäßig zu verwenden. – Unterhaltspflichtig sind die Abkömmlinge (in der Reihenfolge Kind, Kindeskinder usw.) vor den Verwandten der aufsteigenden Linie (Eltern, Großeltern usw.). – Ein nichtehel. Kind hat gegen seinen festgestellten Vater bis zur Vollendung des 18. Lebensjahres Anspruch mindestens auf Zahlung des durch Verordnung festgesetzten Regelunterhalts.

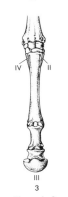

Unpaarhufer:
1 Tapir; 2 Nashorn; 3 Pferd (II–V: zweite bis fünfte Zehe)

Unterhaltungselektronik, Bez. für elektron. Geräte zum Empfangen, Aufzeichnen und/oder zur Wiedergabe von Ton- und Bildsignalen. Zur U. zählen z. B. Radios, Fernsehgeräte, Videorecorder, Kassettenrecorder, Plattenspieler.

Unterhaltungsliteratur, (theoretisch umstrittener) Sammelbegriff, der Werke aus dem Bereich der Belletristik (meist Romane) bezeichnet, die im allg. keine bes. ästhet. Qualitäten für sich in Anspruch nehmen; die U. ist im unmittelbaren Sinn des Wortes Literatur, die der Unterhaltung dient; das Spektrum der U. reicht von Werken mit literar. Qualitäten (z. B. im Bereich des Kriminalromans oder der Science-Fiction) bis zu minderwertigen Erzeugnissen. → Trivialliteratur.

Unterhaltungsmusik (Abk. U-Musik), Begriff, der in Unterscheidung zur Kunstmusik (sog. ernste Musik, Abk. **E-Musik**) den Bereich der Musik bezeichnet, der der Geselligkeit, dem Vergnügen dient: u. a. Song und Schlager, Tanz- und Salonmusik, Operette und Musical, Beat- und Rockmusik, z. T. (bes. in der Swing-Ära) auch der Jazz. Zwischen der sog. U- und E-Musik gibt es ständige Wechselwirkungen (in beiden Richtungen); nicht selten wird jedoch der Begriff der U. (v. a. im deutschsprachigen Raum) im abwertenden Sinn gebraucht, was v. a. deshalb fragwürdig ist, weil es die Einsicht in die qualitativen Unterschiede zwischen den verschiedenen Möglichkeiten und Dimensionen der Musik eher verhindert.

Unterhaus, verbreitete Bez. für die 2. Kammer eines Zweikammerparlaments, v. a. für das brit. *House of Commons.*

Unterhefen (untergärige Hefen), zur Bierbereitung verwendete, bei 5–9 °C gärende Hefen, die nach dem Gärvorgang auf den Boden der Gärgefäße sinken.

Unterkühlung, 1) *Chemie:* Abkühlung eines Stoffes bis unter die Temperatur eines Umwandlungspunktes, ohne daß eine Änderung des Aggregatzustandes oder der vorliegenden Modifikation erfolgt. Viele Flüssigkeiten lassen sich, wenn sie sehr rein sind und nicht erschüttert werden, durch langsames Abkühlen bis tief unter ihrem Schmelzpunkt flüssig halten; z. B. Wasser bis unterhalb $-70\,°C$.
2) *Medizin:* die Verminderung der Körperkerntemperatur unter den Normwert.

unterlassene Hilfeleistung, das strafbare (Geldstrafe oder Freiheitsstrafe bis zu 1 Jahr) Unterlassen einer Hilfeleistung bei Unglücksfällen, gemeiner Gefahr (z. B. Naturkatastrophen) oder Not, obwohl die Hilfeleistung objektiv erforderlich und den Umständen nach zumutbar gewesen wäre.

Unterlassungsdelikt, Straftat, die im Unterschied zum Begehungsdelikt (→ Delikt) an das Unterlassen einer von der Rechtsordnung geforderten Handlung strafrechtliche Sanktionen geknüpft werden, z. B. die Nichtanzeige geplanter Straftaten.

Unterlassungsklage, auf die Verurteilung des Beklagten zur Unterlassung einer bestimmten Handlung gerichtete Klage.

Unterlauf → Bereichsüberschreitung.

Unterleib, der untere Bereich des menschl. Bauchs, bes. die (inneren) weibl. Geschlechtsorgane.

Untermiete (früher Aftermiete), die Weitervermietung einer gemieteten Sache, insbes. Wohnraum durch den Mieter; sie bedarf der Erlaubnis des Vermieters.

Unternehmen (Unternehmung), die rechtl. und organisator. Verwaltungseinheit der → Betriebe in marktwirtschaftl. Wirtschaftssystemen. Bei *Privat.-U.* steht i. d. R. die Erwirtschaftung eines Gewinns im Vordergrund, während bei *staatl. U.* häufig die Gemeinwohlorientierung an die Stelle des Erwerbsprinzips tritt.

Unternehmensberater (Betriebsberater), im Dienstleistungssektor freiberuflich oder auch in einem speziellen Unternehmen für Unternehmensberatung Tätiger, der die für die Unternehmensplanung notwendigen statist. Unterlagen auszuwerten und neu zu schaffen hat.

Unternehmensform, Rechts- bzw. Organisationsform von Unternehmen; man unterscheidet Einzelunternehmen, Personengesellschaften (offene Handelsgesellschaft, Kommanditgesellschaft), Kapitalgesellschaften (Aktiengesellschaft, Gesellschaft mit beschränkter Haftung), Mischformen (Kommanditgesellschaft auf Aktien, GmbH & Co. KG) und Sonderformen (Genossenschaften, bergrechtl. Gewerkschaften und Versicherungsvereine auf Gegenseitigkeit).

Unternehmer, derjenige, der selbständig und eigenverantwortlich ein Unternehmen leitet und hierüber zu umfassenden Entscheidungen befugt ist; er muß aber nicht Inhaber des Unternehmens sein.

Unternehmungsforschung, svw. → Operationsresearch.

Unteroffizier, Soldat mit Dienstgrad vom Unteroffizier bis zum Oberstabsfeldwebel; in der Bundeswehr Laufbahngruppe mit den Dienstgradgruppen der *U. mit Portepee* (Feldwebel, Oberfeldwebel, Hauptfeldwebel, Stabsfeldwebel, Oberstabsfeldwebel), der *U. ohne Portepee* (Unteroffizier, Stabsunteroffizier) und der Unteroffiziersanwärter.

Unterprima [lat.], früher Bez. für die vorletzte Klasse des Gymnasiums (Klasse 12).

Unterprogramm, in der *Datenverarbeitung* → Routine.

Untersberg, Gebirgsstock sw. von Salzburg, 1972 m hoch.

Unterschlagung, die rechtswidrige Aneignung einer fremden bewegl. Sache, die man in Besitz oder Gewahrsam (z. B. zur Aufbewahrung) hat, wobei nach außen erkennbar sein muß, daß der Täter die Sache unter Ausschluß des Eigentümers seinem Vermögen einverleibt (z. B. durch Verkauf, Vermietung); mit Freiheitsstrafe bis zu 3 (bei *Veruntreuung,* d. h. bes. Vertrauensbruch bis zu 5) Jahren oder mit Geldstrafe bedroht. Die Nichtanzeige eines Funds (mit Ausnahme der Kleinfunde) kann als *Fundunterschlagung* strafbar sein.

Unterschrift, das schriftl. Bekenntnis zum Inhalt einer Urkunde durch den eigenhändigen Namenszug, der nicht unbedingt lesbar sein, jedoch charakterist. Besonderheiten aufweisen muß. Bei nicht des Schreibens Kundigen wird die U. durch ein beglaubigtes Handzeichen ersetzt.

Unterseeboot (U-Boot), Schiff zum Einsatz unter der Wasseroberfläche, als Forschungs- bzw. Arbeitsfahrzeug für Unterwasserarbeiten oder für den militär. Einsatz. Im Rumpf, der als Druckkörper ausgelegt ist, befinden sich die Aufenthalts- und Versorgungsräume für die Besatzung, die Operationsräume mit Ortungs-, Navigations- und Kommunikationseinrichtungen und der Kommandozentrale, die Antriebsanlagen, die Trimm- und Regelzellen mit ihren Leitungen zum Manövrieren des U., Betriebsstofftanks sowie bei militär. U. meistens die Bewaffnung, die im allg. aus zielsuchenden oder drahtgesteuerten Torpedos oder Marschflugkörpern und/oder Kurz-, Mittelstrecken- oder Interkontinentalraketen besteht. Das Tauchen bzw. Auftauchen eines U. erfolgt durch Fluten bzw. Leerpumpen der Tauch- und Ballastzellen. Neben Küsten-U. (bis ca. 1000 ts) und Ozean-U. (bis ca. 3500 ts) mit konventionellem Antrieb werden v. a. Jagd-U. (bis ca. 4000 ts) und strateg. U. (bis ca. 27000 ts) mit Nuklearantrieb verwendet.

Geschichte: Das erste eigtl. U. war die ›Turtle‹ des Amerikaners Bushnell 1775. Wilhelm Bauer (* 1822,

† 1875) (›Brandtaucher‹, 1850), der Franzose Gustave Zédé (* 1825, † 1891), der Schwede Torsten Vilhelm Nordenfelt (* 1842, † 1920) und der Amerikaner John Philipp Holland (* 1840, † 1914) zählen zu den weiteren Pionieren des U.baues des 19. Jh.; erst mit der Serienreife des Dieselmotors kurz vor dem 1. Weltkrieg wurde das U. zu einem Seekriegsmittel, das in beiden Weltkriegen eingesetzt wurde. Das erste nuklear angetriebene U. war die ›SSN 571 Nautilus‹ (4 040 ts, 98 × 8,5 × 6,7 m, 1954–1980). Die modernen Atom-U. der amerikan. OHIO-Klasse haben eine Wasserverdrängung von (getaucht) 18 770 ts bei einer Länge von 171 m, die der sowjet. TYPHOON-Klasse 26 500 ts bei gleicher Länge; die Geschwindigkeit bei beiden Typen beträgt unter Wasser etwa 25 kn (47 km/h).

Untersetzung → Übersetzungsverhältnis.

Untersteuern, Eigenlenkverhalten von Kfz in Kurven, bei dem das Fahrzeug über die Vorderräder nach außen drängt; die Vorderräder müssen stärker eingeschlagen werden, als es der Straßenverlauf verlangt.

Untersuchungsausschuß, durch ein Parlament eingesetztes Gremium zur Aufklärung bestimmter Sachverhalte. Nach Artikel 44 GG hat der Dt. Bundestag das Recht, auf Verlangen von ¹/₄ der Mgl. die Pflicht, einen U. zu installieren. Die Mgl. werden entsprechend der Sitzverteilung der Fraktionen bestimmt. Grundlage für die Verhandlung ist die Strafprozeßordnung. Der Abschlußbericht wird dem Parlament vorgelegt. Die Problematik der U. liegt darin, daß er die Funktion des Richters, Anklägers und Verteidigers gleichzeitig innehat.

Untersuchungshaft, die durch Haftbefehl i. d. R. bei Vorliegen eines Haftgrundes angeordnete Freiheitsbeschränkung, um ein Strafverfahren durchführen oder die spätere Strafvollstreckung sichern zu können. Während der U. kann der *Untersuchungsgefangene* (der in U. genommene Beschuldigte) jederzeit eine gerichtl. Haftprüfung beantragen. Solange kein Urteil ergangen ist, darf der Vollzug der U. wegen derselben Tat über 6 Monate hinaus nur aufrechterhalten werden, wenn die bes. Schwierigkeit oder der Umfang der Ermittlungen die Fortdauer der Haft rechtfertigen. – Im einzelnen obliegt dem Richter die Gestaltung des Vollzugs (Kontrolle des Schriftverkehrs, Beschränkung des Besuchs, Verhängung von Hausstrafen). Die vollstreckte U. ist bei der Strafzumessung auf die Freiheits- oder Geldstrafe grundsätzlich anzurechnen.

Untersuchungsmaxime → Inquisitionsprinzip.

Untertagebau → Bergbau.

Unterwalden nid dem Wald (Nidwalden), zentralschweizer. Halbkanton, 276 km², 30 000 E, Hauptort Stans. Bed. Milchviehhaltung; die Industrie, v. a. Maschinenbau, befindet sich überwiegend in der Nähe von Luzern.

Geschichte (Nidwalden und Obwalden): 1291 schloß *Nidwalden* den Bund mit Uri und Schwyz, dem wenig später auch *Obwalden* beitrat. 1309 erlangte ganz Unterwalden die Reichsunmittelbarkeit. – In der Reformation stellten sich die beiden Länder entschieden auf die Seite der alten Kirche. In der Helvet. Republik wurde Unterwalden mit Uri, Schwyz und Zug zum Kt. *Waldstätten* verschmolzen. 1803 wurden die beiden gleichberechtigten Halbkantone gebildet. Die Unabhängigkeitserklärung von der Eidgenossenschaft (1815) und Streitigkeiten um die neue Bistumseinteilung (1818) führten in Nidwalden zu militär. Besetzungen. Beide Halbkantone nahmen 1845–47 am kath. Sonderbund teil; 1850 und 1965/68 erhielten sie neue Verfassungen.

Unterwalden ob dem Wald (Obwalden), zentralschweizer. Halbkanton, 491 km², 28 300 E, Hauptort Sarnen. Die Wirtschaft wird geprägt von Holzver-

arbeitung, Maschinenbau, Milchviehhaltung. – Zur *Geschichte* → Unterwalden nid dem Wald.

Unterwassermassage, in der Hydrotherapie: 1. die unter Wasser, d. h. gewöhnl. im warmen Vollbad bei entspannter Muskulatur, durchgeführte manuelle Massage; 2. die Massage von Weichteilen unter Wasser mit einem Wasserstrahl, dessen Druck 2–5 bar beträgt.

Unterwasserortung, Verfahren zur Erkennung und Ortung von unter Wasser befindl. Objekten, insbes. von Unterseebooten, sowie zur geomorpholog. Aufnahme des Meeresbodens. Dabei kommen v. a. mit Schall oder Ultraschall bzw. mit Laserstrahlen arbeitende Verfahren zur Anwendung.

Unterwelt, in den Vorstellungen vieler Religionen das Reich der Verstorbenen, oft verbunden mit der Ansicht eines dort stattfindenden Totengerichts und einer Verschlechterung der Existenz gegenüber dem ird. Leben.

Untreue, die strafbare vorsätzl. Schädigung fremden Vermögens durch Verletzung der Vermögensbetreuungspflicht gegenüber dem Vermögensträger.

Unverantwortlichkeit, in *Österreich* und der *Schweiz* die → Immunität der Mgl. des Nationalrats, des Bundesrats und der Landtage bzw. der Bundesversammlung und der Kantonsparlamente. → Indemnität.

Unverletzlichkeit der Wohnung, das dem Inhaber (Eigentümer, Besitzer [Mieter]) einer Wohnung (auch Betriebs- und Geschäftsräume) in Artikel 13 GG gewährleistete Grundrecht. Es steht jedermann, d. h. auch Ausländern und jurist. Personen, zu und ist Abwehrrecht gegen die Staatsgewalt. Wohnungsdurchsuchungen bedürfen grundsätzlich der richterl. Anordnung.

Unwucht, unsymmetr. Massenverteilung eines rotierenden Körpers (Massenschwerpunkt außerhalb der Drehachse).

Unze, 1. antike Maß-, Gewichts- und Münzeinheit (lat. uncia; 2. im MA und in der frühen Neuzeit = ¹/₁₂ Pfund bzw. ¹/₈ Gewichtsmark, später vielfach durch das Lot verdrängt; 3. als Feingewicht für Edelmetalle 29,82 g bzw. 30 g; in Großbrit. und den USA: Ounce.

Unzertrennliche, Gatt. bis 17 cm langer, kurzschwänziger, vorwiegend grüner, meist an Kopf, Bürzel und Schwanz bunt gezeichneter Papageien mit rd. 10 Arten in Steppen, Savannen und Wäldern Afrikas; die Paare sitzen bei Gefahr eng aneinandergeschmiegt.

Unziale [lat.], mittelalterl. Majuskelschrift mit gerundeten Formen (*griech. U.* 4.–12. Jh.; *röm. U.* 4.–8. Jh.).

Unzucht, Verhalten, das das allg. Scham- und Sittlichkeitsgefühl in geschlechtl. Hinsicht nicht unerheblich verletzt. Das reformierte Strafrecht verwendet statt U. den Begriff der sexuellen Handlungen.

Unzumutbarkeit, die (auf den Einzelfall bezogene) Unangemessenheit, ein von der Rechtsordnung an sich gebotenes Verhalten zu verlangen.

Unzurechnungsfähigkeit → Schuldunfähigkeit.

Upanischaden [Sanskrit], philos.-theol. Abhandlungen des Brahmanismus im Anschluß an die Weden (ab etwa 800 v. Chr. entstanden). Im Mittelpunkt der U. steht das Nachdenken über den Ursprung der Welt, den Geburtenkreislauf, das Wirken des Karma und die Erlösung.

Updike, John [engl. 'ʌpdaɪk], * Shillington (Pa.) 18. 3. 1932, amerikan. Schriftsteller. Gesellschaftskrit., z. T. satir. Romane und Erzählungen, v. a. über das Alltagsleben der amerikan. Mittelklasse. – *Werke:* Hasenherz (R., 1960), Ehepaare (R., 1968), Unter dem Astronautenmond (R., 1971), Bessere Verhältnisse (R., 1981), Die Hexen von Eastwick (R., 1984), Das Gottesprogramm (R., 1986).

Unterwalden nid dem Wald
Wappen

Unterwalden ob dem Wald
Wappen

Ur: Luftaufnahme des Ruinenhügels Tall Al Mukaijar

Uperisation [Kw. aus Ultrapasteurisation], svw. → Ultrahocherhitzung.

UPI [engl. 'ju:pi:'aɪ] → Nachrichtenagenturen.

Uppercut ['apərkat; engl.], kurzer Aufwärtshaken beim Boxen.

Uppland, histor. Prov. in Schweden, an Botten- und Ostsee; wichtigste Städte sind Stockholm und Uppsala.

Uppsala ['ʊpsala, schwed. ‚ʊpsɑ:la], schwed. Stadt 60 km nnw. von Stockholm, 161 800 E. Hauptstadt des Verw.-Geb. Uppsala, Univ. (gegr. 1477) mit berühmter Bibliothek, PH, Afrikainstitut, Museen; u. a. graph. Betriebe, pharmazeut. und Nahrungsmittelindustrie. Got. Domkirche (1435 geweiht), Dreifaltigkeitskirche (z. T. aus dem 12. Jh.). – Entstand im 12. Jh. als **Östra Aros**; 1130 Verlegung des Bistums Sigtuna nach **Gamla Uppsala** (**Alt-Uppsala**; etwa 5 km nördlich von Östra Aros), dem alten polit.-religiösen Zentrum des Reiches der Svear; 1164 zum Erzbistum erhoben (seit 1531 luth.); 1314 Stadtrecht; Mitte des 16. Jh. bis ins 17. Jh. ständige Residenz der schwed. Könige.

up to date [engl. 'ʌp tə 'dɛɪt], auf dem neuesten Stand, zeitgemäß.

Ur, altoriental. Stadt in Sumer; der Ruinenhügel Tall Al Mukaijar im südl. Irak liegt jetzt rd. 15 km vom Euphrat entfernt. Ur war eine bed. Handelsstadt (Seehandel) und in frühdynast. Zeit (1. Dynastie von Ur um 2500), v. a. unter der 3. Dynastie (etwa 2070–1950), polit. Zentrum von Sumer. Engl. Ausgrabungen (bes. 1922–34 durch L. Woolley) fanden über der Kulturschicht des 5./4. Jt. (Ubaidkeramik) eine bis 4 m hohe Schlammschicht (4. Jt.); frühdynast. Königsfriedhof (um 2500) mit Sklavenbestattungen; reiche Beigaben, oft mit Einlegearbeiten verziert. Aus der Zeit der 3. Dynastie v. a. Reste des Nanna-Heiligtums Ekischnugal mit dreistufiger Zikkurat Etemenniguru.

Ur, svw. Auerochse (→ Rinder).

Urabstimmung, in verschiedenen Organisationen Abstimmung aller Mgl. zur Entscheidung grundsätzl. Fragen, v. a. Abstimmung von gewerkschaftlich organisierten Arbeitnehmern über Einleitung und Durchführung bzw. Beendigung eines Streiks.

Urach (seit 1983 Bad U.), Stadt am N-Rand der Schwäb. Alb, Bad.-Württ., 10 500 E, Luftkurort. Histor. Museum (im Schloß); Thermalbad. Ev. spätgot. Pfarrkirche (1479–99), Schloß (1443 ff., im 15. und 16. Jh. verändert) mit Goldenem Saal (um 1610 umgebaut); Fachwerkrathaus (1562 und 1907), spätgot. Marktbrunnen. – Im 11. Jh. erstmals erwähnt; Residenz der Linie Württemberg-U. (1442–84).

Uracil (2,4(1H,3H)-Pyrimidindion), als Nukleinsäurebase ausschließl. in der → RNS enthaltene Pyrimidinverbindung; *Uridintriphosphat* (UTP) ist funktionell dem ATP analog.

Uradel, der alte Adel (bis 1400), der nicht auf landesherrl. Verleihung beruht *(Briefadel).*

Ural, 1) über 2 000 km langes, größtenteils meridional verlaufendes Mittelgebirge zw der Osteurop. Ebene und dem Westsibir. Tiefland (Grenze Europa/ Asien), bis 1894 m hoch in der Narodnaja. Über die Rücken des *Pachoiberglandes* setzt sich der U. über 1 200 km bis zum N-Ende der Doppelinsel Nowaja Semlja fort, nach S, jenseits des Flusses Ural, über 200 km in den *Mugodscharbergen.*
2) Grenzfluß zw. Europa und Asien, entspringt im Südl. Ural, mündet 25 km sw. von Gurjew in das Kasp. Meer, 2 428 km lang.

Uralsk, Gebietshauptstadt am Fluß Ural, Kasachstan, 197 000 E. PH, Theater; u. a. Maschinenbau; seit 1868 Zentrum des Uralgebietes.

Urämie [lat.], svw. → Harnvergiftung.

Uran [griech.], chem. Symbol U; radioaktives, metall. chem. Element aus der Reihe der Actinoide des Periodensystems der chem. Elemente, Ordnungszahl 92, relative Atommasse 238,029, Dichte 18,95 g/cm^3, Schmelzpunkt 1 132 °C, Siedepunkt 3 818 °C. An Isotopen sind U 226 bis U 240 und U 242 bekannt, von denen U 238 mit $4{,}51 \cdot 10^9$ Jahren die längste Halbwertszeit hat; U 238 und U 235 sind die Anfangsglieder natürl. Zerfallsreihen. Die wichtigste Sauerstoffverbindung ist das **Urandioxid** (Uran(IV)-oxid), UO$_2$, das mit U 235 angereichert als Kernbrennstoff dient. Für die U.gewinnung wichtige Erze sind Uranglimmer und Uranpecherz.

Uranblei, Bez. für das Bleiisotop Pb 206, Endglied der Uran-Radium-Zerfallsreihe.

Urania, eine der → Musen.

Uranos, in der griech. Mythologie Begriff und Personifikation des ›Himmels‹, eines der göttl. Ursprungsprinzipien.

Uranpecherz, stark radioaktives, meist in Form kryptokristalliner bis kolloidaler, schwarzer bis pechglänzender Massen *(Pechblende, Uranpech),* seltener in würfeligen oder oktaedr., schwarz glänzenden Kristallen *(Uraninit)* oder in pulverigen, schwarzen Massen *(Uranschwärze)* auftretendes Mineral, das v. a. aus Urandioxid, UO$_2$, besteht.

Uranus [griech.], astronom. Zeichen ♅, der [von der Sonne aus gerechnet] siebte Planet (charakterist. Daten des U. → Planeten [Übersicht]). Der von Friedrich Wilhelm Herschel (* 1738, † 1822) am 13. 3. 1781 entdeckte Planet unterscheidet sich durch die Lage seiner Rotationsachse, die fast genau in seiner Bahnebene liegt, von allen anderen Planeten. Seine Temperatur ist wegen seines großen Sonnenabstandes sehr niedrig (etwa −216 °C). Spektroskopisch konnten freier Wasserstoff und Methan in der Atmosphäre nachgewiesen werden. Uranus besitzt 15 Monde, darunter Miranda, Ariel, Umbriel, Titania und Oberon. Die 10 kleineren Monde wurden 1985/86 von der Raumsonde Voyager 2 entdeckt. 1977 wurde bei Beobachtung einer Sternbedeckung ein innerhalb der Miranda-Bahn liegendes Ringsystem festgestellt; 1986 von Voyager 2 bestätigt.

Urartäer (fälschl. Chalder, Chaldäer), die Bewohner des Reiches von **Urartu**, dessen Zentrum sich im armen. Hochland (zw. Vansee, Urmiasee, Sewansee) befand (Residenz Tschupa [= Van]). Im 9./8. Jh. dehnten die U. ihr Reich bis nach N-Syrien und in den W-Iran aus und waren zeitweise gefährl. Rivalen Assyriens. 609 v. Chr. erlag ihr Reich den Kimmeriern. – Erhalten sind umfangreiche Terrassen- und Kanalbauten; Steinbau (mehrstöckig), Metallkunst (Bronzeschmuck und -beschläge) und Elfenbeinschnitzerei waren hoch entwickelt.

Urate [griech.], die Salze der Harnsäure.

Uraufführung, die erste öffentl. Aufführung eines Bühnenwerkes oder Films, im Unterschied zu den nachfolgenden *Erstaufführungen* eines bereits uraufgeführten Werks bzw. Films in anderen Städten.

Uräusschlange [griech./dt.], bis 2 m lange Kobra in Trockengebieten von N- bis SO-Afrika sowie auf der Arab. Halbinsel; einfarbig hellbraun bis fast schwarz; wird oft von Schlangenbeschwörern zur Schau gestellt; Giftwirkung für den Menschen sehr gefährlich. – In der *altägypt. Kunst* v. a. königl. Symbol (an der Krone).

Urban, Name von Päpsten:
1) Urban II., sel., * bei Châtillon-sur-Marne (?) um 1035, † 29. 7. 1099, vorher Oddo von Châtillon (oder Lagery), Papst (seit 12. 3. 1088). Führte das gregorian. Reformpapsttum einem neuen Höhepunkt zu; leitete mit dem Aufruf zum (ersten) Kreuzzug (1095) die Kreuzzugsbewegung ein.
2) Urban VIII., * Florenz 1568, † Rom 29. 7. 1644, vorher Maffeo Barberini, Papst (seit 6. 8. 1623). Unterstützte im Dreißigjährigen Krieg Frankreich gegen Habsburg und damit indirekt die prot. Partei; berühtigt wegen seines Nepotismus; grandiose Bautätigkeit (1626 Weihe der Peterskirche); bekämpfte →Gallikanismus und →Jansenismus und verurteilte 1633 G. Galilei.

Urbanisation [lat.], 1. städtebaul. Erschließung; 2. durch städtebaul. Erschließung entstandene moderne Stadtsiedlung; 3. (Urbanisierung) der Prozeß zunehmender Bevölkerungsverdichtung in städt. Gebieten bei entsprechendem Rückgang der Bevölkerung in ländl. Bereichen als Folge der Industrialisierung.

Urbanistinnen →Klarissen.

Urbar [lat.], ma. Güter- und Abgabenverzeichnis größerer Grundherrschaften.

urbi et orbi [lat.] →Apostolischer Segen.

Urbino, italien. Stadt in den Marken, 16 000 E. Universität. Palazzo Ducale (1444 ff.; heute Nationalgalerie); Dom (1789 wiederaufgebaut). – Bischofssitz seit dem 6. Jh. bezeugt (1563 Erzbistum); fiel 756 an den Kirchenstaat; 1443/74 Hzgt.; 1631 direkt dem Kirchenstaat unterstellt.

Urchristentum (Urkirche), die ersten Christengemeinden, die seit dem Tod Jesu (etwa im Jahre 30) zunächst in Jerusalem bzw. Palästina, bald aber auch im angrenzenden syr. Raum und dann in zahlr. Städten v. a. Kleinasiens und Griechenlands bis hin nach Rom entstanden sind (etwa die ersten 70–100 Jahre christl. Geschichte). Im U. wurden für die spätere Kirche konstitutive Prozesse in Gang gesetzt: 1. Trennung von der jüd. Tempelgemeinde, Öffnung der Mission und Gründung einer weltweiten Kirche aus Christen jüd. Herkunft *(Judaisten, Judenchristen)* und Christen heidn. Herkunft *(Heidenchristen).* 2. Zurücktreten des jüd. zugunsten des hellenist. Denkens. 3. Entwicklung des Christentums zu einer ›Schriftreligion‹. 4. Ausbildung zentraler gottesdienstl. Formen und einer kirchl. Ämterstruktur.

Urd →Nornen.

Urdinger Linie, nördlichste Linie des →rheinischen Fächers, die durch den Krefelder Stadtteil Uerdingen verläuft und bis zu der in der zweiten Lautverschiebung -*k* zu -*ch* (*ik* zu *ich*) verschoben wurde.

Urdu, in Indien und Pakistan (Staatssprache) gesprochene Sprache (→indische Sprachen).

Urease [griech.], Enzym, das Harnstoff in Kohlendioxid und Ammoniak spaltet.

Urese [griech.], svw. Harnentleerung (→Harn).

Urethane [Kw.], die Ester der Carbamidsäure. Bed. als Schlaf-, Beruhigungs-, Schädlingsbekämpfungsmittel. →Polyurethane.

Urethritis [griech.], svw. →Harnröhrenentzündung.

Urey, Harold Clayton [engl. 'jʊərɪ], * Walkerton (Ind.) 29. 4. 1893, † La Jolla (Calif.) 6. 1. 1981, amerikan. Chemiker. Für seine Entdeckung des Wasserstoffisotops Deuterium (1931) erhielt er 1934 den Nobelpreis für Chemie.

Urfa (Şanlıurfa), türk. Stadt in SO-Anatolien, 206 400 E. U. a. Fleischwarenkombinat. In beherrschender Lage Reste einer Festung aus der Kreuzfahrerzeit (12. Jh.) mit 2 Säulen eines ehem. Baaltempels. Unterhalb der sog. Teich Abrahams mit hl. Karpfen; mehrere Moscheen. Bed. altoriental. Stadt; 333 v. Chr. von Alexander d. Gr. eingenommen (griech. **Orrhoe, Edessa);** 132 v. Chr. bis 216 n. Chr. Hauptstadt des Reiches der Abgariden; 1098–1144/45 Zentrum eines Kreuzfahrerstaates; seit 1637 zum Osman. Reich.

Harold Clayton Urey

Urfarne (Psilophytatae), im Devon verbreitete Klasse der Farnpflanzen; U. sind die ältesten Landpflanzen.

Urfaust, älteste, in einer Abschrift des Fräuleins von Göchhausen erhaltene Fassung von Goethes ›Faust‹ (→Faust, Johannes).

Urfé, Honoré d' [frz. yr'fe], * Marseille 11. 2. 1568 (1567?), † Villefranche (Alpes-Maritimes) 1. 6. 1625, frz. Dichter. Bes. bekannt wurde sein Schäferroman ›L'Astrée‹ (5 Bde., 1607–27).

Urfehde, 1. der die Fehde beendigende Eid der Parteien (und deren Sippen), künftig Frieden zu halten. 2. Im MA (z. T. bis ins 19. Jh.) auch der eidl. Verzicht des Freigesprochenen oder Freigelassenen auf Rache gegenüber Ankläger und Gericht.

Urgebirge, veraltete Bez. für den kristallinen Unterbau der Erdkruste.

Urgemeinde, die aus Judenchristen (→Urchristentum) bestehende Gemeinde von Jerusalem als die älteste Kirche.

Urgeschichte, ältester Abschnitt der Menschheitsgeschichte; seit den 1920er Jahren vielfach statt Vorgeschichte oder für deren ältere Abschnitte (Paläo- und Mesolithikum) verwendet.

Urgestein, fälschl. Bez. für magmat. und metamorphe Gesteine.

Urheberrecht, das dem Urheber *(Autor, Verfasser, Bearbeiter, Übersetzer)* eines Werkes der Literatur, Wissenschaft oder Kunst zustehende, gegen jedermann wirkende (absolute) Recht an seiner geistigen Schöpfung; geregelt im Gesetz über Urheberrecht und verwandte Schutzrechte (Urheberrechtsgesetz) von 1965. Bei der grenzüberschreitenden Nutzung geistiger Schöpfungen ist der **internationale Urheberrechtsschutz** von bes. Bedeutung. Seine Grundlagen bilden die Berner Übereinkunft von 1886 und das *Welturheberrechtsabkommen* von 1952. Eine international wichtige Sonderregelung enthält das *Copyright* in den USA.

Der Schutz des *geistigen Eigentums* sichert die ideellen und materiellen Interessen. Zu den ideellen Interessen gehört das sog. *Veröffentlichungsrecht,* wonach der Urheber allein darüber bestimmt, ob, wann und in welcher Form sein Werk der Öffentlichkeit zugänglich gemacht wird; im Mittelpunkt der materiellen Interessen steht sein alleiniges *Verwertungsrecht* am Werk in Form der Vervielfältigung, Verbreitung und Ausstellung. Vervielfältigung ist auch die Übertragung des Werkes auf Bild- oder Tonträger (Tonbänder, Kassetten). Das Verwertungsrecht des Autors erstreckt sich auch auf Bearbeitungen oder Umgestaltungen des Werkes (z. B. Übersetzungen, Verfilmungen). Der bildende Künstler besitzt außerdem das sog. *Folgerecht,* d. h. eine 5 %ige Beteiligung am Erlös, den später ein Kunsthändler oder sonstiger Vermittler beim Weiterverkauf des Werkes erzielt. Ein Urheber ist vielfach weder willens noch in der Lage, seine Rechte selbst auszuwerten. Hier greift die Vermittlungsfunktion des *Verlegers* ein, dem der Autor durch den Verlagsvertrag sein Werk gegen ein zu vereinbarendes Honorar zur Vervielfältigung und Verbreitung überläßt (Verlagsrecht). Will der Autor dem Vermittler nur ein begrenztes Werknutzungsrecht überlassen, so räumt er ihm eine begrenzte Nutzungserlaubnis, die sog. *Lizenz*, ein. Neben den Verlegern sind v. a. die sog. Verwertungsgesellschaften tätig.

Einschränkungen des U.: Nach dem Ablauf einer Schutzdauer von 70 Jahren, gerechnet vom Ende des Todesjahres des Urhebers, wird sein Werk gemeinfrei. Eine verkürzte Schutzdauer von 25 Jahren gilt u. a. für Werke der Photographie, für das Leistungsschutzrecht des ausübenden Künstlers und für Funksendungen. – Bei öffentl. Reden und Vorträgen, insbes. im Parlament und vor Gericht, besteht weitgehend Wiedergabefreiheit. Auch sind Presse, Film und Funk bei der Bild- und Tonberichterstattung über Tagesereignisse von einer Rücksichtnahme auf etwaige U. befreit. – Schließlich findet das U. seine Schranke am Recht der durch das Werk des Autors betroffenen Persönlichkeit. Unzulässig ist die ungenehmigte Anfertigung und Verbreitung eines Personenbildnisses oder der unerlaubte Eingriff in ein fremdes Lebensbild *(Schlüsselroman)*.

Die Verletzung geschützter U. gilt als unerlaubte Handlung im Sinne des bürgerl. Rechts mit den sich daraus ergebenden Rechtsfolgen (Ansprüche auf Unterlassung, Beseitigung und Schadenersatz).

Uri, zentralschweizer. Kt., umfaßt im wesentl. das Flußgebiet der Reuß vom Urserental bis zum Urner See, 1 076 km², 33 800 E, Hauptort Altdorf (UR). Seit jeher ist der Durchgangsverkehr auf der Gotthardroute eine wichtige wirtschaftl. Basis des Kantons.

Geschichte: 853 von König Ludwig (II.), dem Deutschen, dem Kloster Fraumünster in Zürich geschenkt. Seine überragende Bedeutung gewann das Gebirgstal durch die Erschließung des Passes über den Sankt Gotthard (vor 1230). 1231 reichsfrei; 1291 Zusammenschluß mit Schwyz und Unterwalden gegen die Habsburger. Die Reformation konnte in U. nicht Fuß fassen.

Uria (Urija, Urias), hethit. Offizier im Heer Davids, dessen Frau Bathseba von David verführt wird, der U. durch einen Brief *(Uriasbrief)* an die vorderste Front einer Schlacht schickt, damit er den Tod finde (2. Sam. 11).

Urin [lat.], svw. → Harn.

Urinsekten (Flügellose Insekten, Apterygoten, Apterygota), zusammenfassende Bez. für die ursprünglichsten und ältesten Ordnungen primär flügelloser, in ihrer Individualentwicklung kein bes. Larvenstadium durchlaufender Insekten: Doppelschwänze, Beintastler, Springschwänze, Borstenschwänze.

Uris, Leon [engl. 'jʊərɪs], * Baltimore 3. 8. 1924, amerikan. Schriftsteller. Bekannt v. a. durch den Roman ›Exodus‹ (1958; 1960 von O. Preminger verfilmt), der die Entstehung des Staates Israel schildert. – *Weitere Werke:* QB VII. (1970), Trinity (1976).

Urkantone, die 3 ersten Kantone der Schweizer. Eidgenossenschaft (Schwyz, Uri und Unterwalden), die 1291 den ›Ewigen Bund‹ schlossen.

Urkilogramm, Bez. für das Normal der Masseneinheit Kilogramm, das in Sèvres bei Paris aufbewahrt wird: Ein Zylinder aus Platin-Iridium von etwa 39 mm Durchmesser und 39 mm Höhe.

Urkirche, svw. → Urchristentum.

Urknall (Big Bang) → Kosmologie.

Urkunde, 1) *Zivilrecht:* jede in Schriftform verkörperte Gedankenerklärung. *Öffentl. U.* ist die von einer öffentl. Behörde oder von einer mit öffentl. Glauben versehenen Person (z. B. Gerichtsvollzieher, Notar) in der vorgeschriebenen Form aufgenommene Urkunde.

Uri
Wappen

Privat-U. ist jede nicht öffentl. Urkunde; ist sie vom Aussteller unterschrieben, so gilt dies als Beweis dafür, daß die in ihr enthaltene Erklärung vom Aussteller abgegeben ist. U. sind Beweismittel im Sinne der ZPO.

2) *Geschichtswissenschaft:* (lat. instrumentum, privilegium; mhd. brief, handveste) in der Urkundenlehre ein schriftl., unter Beachtung bestimmter Formen angefertigtes Zeugnis rechtl. Natur. Dabei wird je nach *rechtl. Geltung* zw. Geschäfts- und Beweis-U., nach dem *Aussteller* zw. Königs-, Papst- und Privat-U. sowie nach dem *Inhalt* w. (feierlichem, nach streng formalen Gesichtspunkten gegliedertem) Diplom und Mandat unterschieden. Da die Rechtsstellung des einzelnen und der Institution im MA kaum durch allgemein bindende Gesetze, sondern vielmehr durch individuelles Privilegienrecht festgesetzt wurde, ist die U. eine der grundlegenden Quellen der Mediävistik.

Urkundenfälschung, Herstellung einer unechten, die Verfälschung einer echten oder der Gebrauch einer verfälschten oder unechten Urkunde im Rechtsverkehr. Zur U. zählt auch das unbefugte Ausfüllen eines mit der Unterschrift eines anderen versehenen Papiers (z. B. Scheck-, Wechselformular). U. wird mit Freiheitsstrafe bis zu 5 Jahren bestraft.

Urkundenlehre (Diplomatik), histor. Hilfswiss., die die Echtheit, Entstehung, Datierung, Merkmale und Überlieferung von Urkunden erforscht und sie krit. Editionen zugänglich macht.

Urkundenprozeß, ein beschleunigtes summarisches Zivilverfahren, in dem die den Klageanspruch begründenden Behauptungen durch Urkunden bewiesen werden müssen.

Urlaub, von Berufspflichten freier, der Erholung dienender Zeitraum für jeden Arbeitnehmer bei Fortzahlung des Arbeitsentgelts. Rechtlich geregelt ist der U. für Arbeitnehmer im *Bundesurlaubsgesetz* vom 8. 1. 1963 sowie in zahlr. Sondervorschriften, v. a. auch in Tarifverträgen, und für Beamte im Bundesbeamtengesetz. Der *Mindesturlaub* beträgt jährl. 18 Werktage. Das *Urlaubsentgelt,* d. h. die Lohnfortzahlung während der Arbeitsbefreiung, ist vor Antritt des U. zuzuzahlen. Durch ärztl. Zeugnis nachgewiesene Krankheitstage während des U. werden auf den Jahres-U. nicht angerechnet.

Urmaß → Normale.

Urmensch, in vielen Religionen verbreitete Vorstellung von einem ersten Menschen als Ahnherrn der gesamten Menschheit.

Urmenschen, svw. Australopithecinae (→ Mensch, Abstammung).

Urmia (früher Resaijje), iran. Stadt westlich des Urmiasees, 300 700 E. Hauptstadt des Verw.-Geb. Aserbaidschan-West. Freitagsmoschee (vermutlich vor 1277).

Urmiasee, abflußloser Salzsee in NW-Iran, zw. 3 900 und 5 900 km².

Urnenfelderkulturen, vorgeschichtl. Kulturgruppen, die die Leichenbrände ihrer Toten in Urnen bergen und diese zu größeren Feldern (Friedhöfen) zusammenstellen; bes. typ. für die *Urnenfelderzeit* (13.–8. Jh.; späte Bronzezeit); von O-Europa bis W-Europa verbreitet (z. B. Lausitzer Kultur), grundlegend für die Hallstattkultur.

Urner See, zw. der Reußmündung und Brunnen gelegener sö. Teil des Vierwaldstätter Sees.

Urogenitalsystem (Urogenitaltrakt, Harn-Geschlechts-Apparat), zusammenfassende Bez. für die beiden bei den Wirbeltieren und beim Menschen morphologisch-funktionell miteinander verknüpften Organsysteme der Exkretion und Fortpflanzung.

Urologie [griech.], Wiss. und Lehre vom Bau, von der Funktion und den Krankheiten der Harnorgane. Der Facharzt für U. heißt *Urologe.*

Ursache → Kausalität.

Ursa Maior → Sternbilder (Übersicht).

Ursa Minor → Sternbilder (Übersicht).

Ursprungsbezeichnung, Bez. auf der Verpackung oder der Ware selbst, die das Herkunftsland angibt. Die U. erfolgt durch die Angabe ›Made in ...‹ mit dem Namen des Herkunftslandes; zuerst 1887 von Großbrit. für Importe vorgeschrieben.

Urstromtal, während der pleistozänen Eiszeiten als Sammelrinne der Schmelzwässer des Inlandeises vor dessen Front entstandene breite, flache Talung.

Ursulinen (lat. offiziell: Ordo Sanctae Ursulae, Abk. OSU; Gesellschaft der hl. Ursula), die Mgl. des 1535 in Brescia von der hl. Angela Merici gegr. Schwesternordens mit eigener Regel und der Verpflichtung zur Erziehung der weibl. Jugend.

Urteil, 1) *Verfahrensrecht:* die bes. Formvorschriften unterliegende schriftl. Entscheidung eines Gerichts, die einen Rechtsstreit in der jeweiligen Instanz ganz *(End-U.)* oder teilweise *(Teil-U.)* beendet.

Im *Strafprozeß* beendet das U. das Hauptverfahren. Das U. soll am Schluß der Hauptverhandlung, es muß spätestens am 11. Tag danach öffentl. verkündet werden.

2) *Philosophie:* in der Logik eine Aussage in Form eines einfachen Behauptungssatzes: *S* ist *P*.

Urtierchen, svw. → Protozoen.

Urubamba, Río, rechter Quellfluß des Río Ucayali (Peru), etwa 700 km lang.

Uruguay

Fläche: 176 215 km²
Einwohner (1989): 3,1 Mio.
Hauptstadt: Montevideo
Amtssprache: Spanisch
Nationalfeiertag: 25. 8.
Währung: 1 Uruguayischer Neuer Peso (urug. N$) = 100 Centésimos (cts)
Zeitzone: MEZ – 4 Std.

Uruguay ['ʊrugvaɪ, uru'gva:i] (amtl. Republik U.), Staat in Südamerika, grenzt im W an Argentinien, im N und NO an Brasilien, im SO und S an den Atlant. Ozean und den Río de la Plata.

Landesnatur: U. nimmt den äußersten S des Brasilian. Schildes ein. Die O–W-verlaufenden Hügelreihen werden als Cuchillas bezeichnet. Die höchste Erhebung erreicht 501 m im SO des Landes. U. hat subtrop. Klima. Vorherrschend sind die weiten Grasflächen der Campos.

Bevölkerung: Die indian. Urbevölkerung ist ausgestorben. U. ist ein traditionelles Einwandererland, in dem 90 % der überwiegend kath. E. europ. Herkunft sind. In Montevideo gibt es eine Universität.

Wirtschaft, Verkehr: Wichtigste Zweige der Landwirtschaft sind Rinder- und Schafzucht. Bed. Anbauprodukte sind Weizen, Reis, Mais und Gerste. U. ist arm an Bodenschätzen. Wichtige Ind.zweige sind die Nahrungsmittel-, Lederwaren-, Textil-, Metall-, chem., Glaswaren- und Papierindustrie. Das Streckennetz der Eisenbahn hat eine Länge von 2 991 km, das der Straßen von rd. 52 000 km, davon 12 000 km asphaltiert. Bedeutendster Seehafen und internat. ⚓ ist Montevideo.

Geschichte: Seit um 10 000 v. Chr. bevölkert. – 1515 von den Spaniern entdeckt; erst Ende des 17. Jh. entstanden span. und portugies. Siedlungen. Nach Ausrufung der Unabhängigkeit (1810) erhoben sich die Bewohner von U. gegen die Spanier; 1817 wurde U. als ›Cisplatan. Prov.‹ Brasilien eingegliedert. Die am

25. 8. 1825 proklamierte Unabhängigkeit wurde nach dreijährigem Kampf gegen Brasilien endgültig gesichert. Die Einmischung Argentiniens und Brasiliens in die bürgerkriegsähnl. Auseinandersetzungen in U. v. a. zw. Liberalen (Colorados) und Konservativen (Blancos) führte zu dem Krieg der Tripelallianz Argentiniens, Brasiliens und U. gegen Paraguay (1865 bis 1870). Präs. José Batlle y Ordóñez (* 1856, † 1929; amtierte 1903–07, 1911–17) schuf die Grundlagen des heutigen U. (Arbeitsgesetzgebung, staatl. Sozialfürsorge, staatl. Kontrolle des Eisenbahn- und Straßenbaus). 1952 Verfassungsreform: Der Staats-Präs. wurde durch den kollegial besetzten Nationalrat ersetzt (bis 1966). Vor dem Hintergrund der Guerillatätigkeiten der sozialrevolutionären Tupamaros entwickelte sich U. unter Präs. Jorge Pacheco Areco (* 1920, amtierte 1967–72) seit 1970 zu einem diktator. Staat. In einem Staatsstreich 1973 ersetzte Präs. Juan María Bordaberry (* 1928, amtierte 1972–76; Partido Colorado) mit Zustimmung des Militärs das Parlament durch einen von ihm ernannten Staatsrat. 1976 putschten die Militärs, die langfristig eine demokrat.-parlamentar. Entwicklung anstrebten. Ein Entwurf für eine neue Verfassung wurde in einer Volksabstimmung 1980 abgelehnt. Nach der Wieder- bzw. Neugründung von Parteien 1984 fanden Parlaments- und Präsidentschaftswahlen statt. Neuer Präs. wurde Julio Maria Sanguinetti (* 1936; Partido Colorado), dem im Nov. 1989 Luis Alberto Lacalle Herrera (* 1941; Partido Nacional) nachfolgte.

Politisches System: Präsidiale Republik; *Verfassung* von 1967. *Staatsoberhaupt* ist der Präs., er wird für 5 Jahre direkt gewählt. Die *Exekutivgewalt* liegt beim Präs. und beim Ministerrat. Als *Legislativorgan* fungiert der Kongreß, bestehend aus Deputiertenkammer (99 Deputierte für 5 Jahre direkt gewählt) und Senat (31 Senatoren für 5 Jahre gewählt). Die Parlaments- und Präsidentschaftswahlen finden gleichzeitig statt. *Parteien:* Partido Colorado, Partido Nacional, Frente Amplio (Zusammenschluß von 13 kleineren Parteien), Nuevo Espacio. – Karte XV, Bd. 2, n. S. 320.

Uruguay ['ʊrugvaɪ, uru'gva:i, span. uru'ɣuai], Fluß in Südamerika (im Oberlauf **Rio Pelotas**), entspringt in der Serra do Mar, durchfließt das Brasilian. Bergland und das Paraná-Uruguay-Tiefland, mündet nördl. von Buenos Aires in den Río de la Plata, 1 600 km lang. Bildet z. T. die argentin.-brasilian. und argentin.-uruguay. Grenze.

Uruk (sumer. Unug), altorientral. Stadt, heute Ruinenstätte Warka im südl. Irak. Besiedelt vor 4000 v. Chr., im 5. Jh. n. Chr. wegen der Verlagerung des Euphrat aufgegeben. Am Beginn und am Ende des 3. Jt. v. Chr. mächtigste Stadt Sumers. Von frühdynast. Königen (Enmerkar, Lugalbanda, Gilgamesch, dem auch der Bau der Stadtmauer [um 2700] zugeschrieben wird) handeln sumer. Mythen und Epen. Wiederholte Ausgrabungen brachten v. a. Reste des Inannaheiligtums Eanna und des Anuheiligtums vom 4. Jt. an zutage; Stiftmosaike des 4. Jt., Plastik (Alabasterkopf, 28. Jh.), Reliefkunst auf Stelen und Gefäßen, zahlr. Keilschrifttafeln.

Ürümqi, Hauptstadt der chin. Autonomen Region Sinkiang, Oasenstadt am NO-Fuß des Tienschan, 1,04 Mio. E. U. a. Eisen- und Stahl-Ind.; Eisenbahnendpunkt.

Urvogel, svw. → Archäopteryx.

Urwald, im Ggs. zum Wirtschaftswald bzw. Naturwald der vom Menschen nicht oder wenig beeinflußte Wald der verschiedenen Vegetationszonen der Erde. U. ist heute als Folge von Rodung und Raubbau nur noch in begrenzter, in den einzelnen Vegetationszonen in unterschiedl. Ausdehnung vorhanden (v. a. in S-Amerika).

Uruguay

Staatsflagge

Staatswappen

Land 15 %
Stadt 85 %

Bevölkerungsverteilung

Land-wirtschaft 11 %
Dienstleistung 57 %
Industrie 32 %

Erwerbstätige

Urzeugung (Abiogenese, Archigonie), die spontane, elternlose Entstehung von Lebewesen aus anorgan. *(Autogonie)* oder organ. Substanzen *(Plasmogonie)*, im Ggs. zur Erschaffung von Lebewesen durch einen göttl. Schöpfungsakt. Es darf heute als gesichert angesehen werden, daß sich (ausgenommen die erste Entstehung von Leben überhaupt) ein lebender Organismus nur aus Lebendigem entwickeln kann.

Urzidil, Johannes ['ʊrtsidɪl], * Prag 3. 2. 1896, † Rom 2. 11. 1970, östr. Schriftsteller. Emigrierte 1939, lebte ab 1941 in New York. Schrieb v. a. Erzählungen (u. a. ›Der Trauermantel‹, 1945; ›Prager Triptychon‹, 1960) und Essays (u. a. ›Da geht Kafka‹, 1965).

USA
Fläche: 9 363 130 km²
Einwohner (1990): 246 Mio.
Hauptstadt: Washington
Verwaltungsgliederung:
50 Bundesstaaten,
1 Bundesdistrikt
Amtssprache: Englisch
Nationalfeiertag: 4. 7.
Währung: 1 US-Dollar
(US-$) = 100 Cents (c, c)
Zeitzone: MEZ − 6 bis
− 12 Std.

USA

Staatsflagge

Staatswappen

Bevölkerungsverteilung

Erwerbstätige

USA [u:'ɛs''a:; engl. 'ju:ɛs'ɛɪ] (amtl. United States of America; dt. Vereinigte Staaten von Amerika), Staat in Nordamerika und im Pazifik. Der zusammenhängende festländ. Teil wird im W vom Pazifik, im N von Kanada, im O vom Atlantik und im S vom Golf von Mexiko sowie von Mexiko begrenzt. Außerdem gehören → Alaska und → Hawaii zum Staatsgebiet.

Landesnatur: Der festländ. Teil der USA hat Anteil an 4 Großlandschaften: den Kordilleren im W, den Inneren Ebenen, den Appalachen und den Küstenebenen am Atlantik und am Golf von Mexiko. Die Kordilleren lassen sich in zwei Gebirgssysteme untergliedern: Das pazif. Gebirge (bis 4 418 m hoch) im W und die Rocky Mountains (bis 4 398 m hoch) im O; sie werden durch zahlr. intramontane Becken und Plateaus voneinander getrennt (Great Basin, Colorado Plateau, Hochland von Arizona). Östl. der Rocky Mountains schließen sich in einer W–O-Ausdehnung von 2 000 km die Inneren Ebenen an. Sie lassen sich in 4 große Teilräume gliedern: die Great Plains, das Zentrale Tiefland um die Großen Seen, die südl. davon gelegenen zentralen Plateaulandschaften und das Appalachenplateau. Nach O schließt sich das Gebirgssystem der Appalachen an, das durch die Hudson-Champlain-Senke in je einen nördl. und südl. Bereich geteilt wird. Das jüngste Formenelement bilden die Küstenebenen am Atlantik und Golf von Mexiko, die im Bereich der Halbinsel Florida ineinander übergehen. Der größte Teil der USA liegt im Bereich vorherrschender Westwinde in der warm- und kühlgemäßigten Zone. Südkalifornien hat winterfeuchtes Mediterranklima, auf Florida und Texas greifen die sommerfeuchten Randtropen über. Hawaii hat trop. Seeklima und Alaska Boreal- oder Tundrenklima. Im NO und O der USA gedeihen Tanne, Fichte, Eiche, Buche, Ahorn und Kiefer. Nach W geht die Waldzone in ein baumarmes Grasland, die Prärie, über. Die höheren Lagen (oberhalb 1 500 m) des W werden von Nadelwald eingenommen. Im SW von Texas findet sich Dornstrauchsavanne, für Teile von Texas sind Hartlaubwälder charakteristisch.

Bevölkerung: Urspr. bevölkerten etwa 1 Mio. Indianer das Land. Heute leben deren Reste in ihnen zugewiesenen Reservaten, die überwiegend westl. des Mississippi liegen. Von 1820–1987 kamen insgesamt 53,7 Mio. Menschen in die USA, u. a. aus Deutschland,

Italien, Großbrit., Irland, Rußland/UdSSR, China und Mexiko. Rd. 32 % sind Protestanten, 22 % Katholiken, 2,4 % Juden. Der Anteil der Schwarzen an der Gesamtbevölkerung betrug 1981 11,8 %. I. d. R. besteht Schulpflicht vom 7.–16. Lebensjahr. Insgesamt bestehen 3 587 staatl. und private Univ. bzw. Colleges.

Wirtschaft, Verkehr: Die USA besitzen außerordentl. reiche landwirtschaftl. Möglichkeiten mit stark spezialisierten Betrieben. Die USA sind der bedeutendste Exporteur für Weizen, Reis und Tabak. Außerdem werden angebaut: Mais, Sojabohnen, Hafer, Zuckerrüben und Erdnüsse. Obst, Gemüse und andere Sonderkulturen werden v. a. in Kalifornien, der Golfküstenebene und Florida angebaut. Ananas und Bananen kommen ausschließl. von den Hawaii-Inseln. Bed. Rinder-, Schweine-, Schaf-, Pferde- und Geflügelzucht. ²/₃ des heutigen Waldbestandes sind wirtschaftl. nutzbar. Die forst- und holzwirtschaftl. bed. Regionen sind die Nadelwälder des NW und die Kiefern- und Mischwälder im SO. In Alaska, das zu 35 % waldbedeckt ist, nimmt die Holzwirtschaft die zweite Stelle hinter der Fisch-Ind. ein. Die USA sind ein an Bodenschätzen sehr reiches Land. In der Förderung von Steinkohle, Kupfer-, Molybdän-, Uran-, Vanadiumerz, Erdgas, Schwefel, Kali, Salz, Eisen-, Bleierz, Steinkohle, Erdöl und Gold nehmen die USA eine führende Stelle in der Weltproduktion ein. Die USA verbrauchen, mit 6 % der Weltbevölkerung, 30 % der Weltenergieproduktion. Die Herausbildung von Großbetrieben und der Zusammenschluß zu umfangreichen Konzernen ist charakterist. für die Wirtschaft; so werden 80 % der Autoproduktion von den 3 Konzernen General Motors, Ford und Chrysler erbracht. Die Eisen- und Stahl-Ind. hat ihre Schwerpunkte um Pittsburgh, Chicago und Gary am Michigansee sowie an der Atlantikküste und in Texas (Houston). Die Aluminium-Ind. findet sich im Gebiet des Columbia bzw. Tennessee River und in der Golfküstenebene. Schwerpunkt der Auto-Ind. ist Detroit. Die USA stellten 1986 25,1 % der Weltproduktion von Kfz; bei der Luftfahrt-Ind. betrug ihr Anteil fast 75 %. Bei der Flugzeug-, Raumfahrt- und Elektronik-Ind. wird eine führende Rolle eingenommen (Golfküste, Kalifornien). Große Schlachthäuser, Konservenfabriken, Getreidemühlen und Nahrungsmittelfabriken gibt es v. a. im Mittleren Westen und in den Prärie- und Plainsstaaten. Das Schienennetz ist 296 497 km lang. Die Streckennetz der Straßen umfaßt 6 247 243 km, davon sind 5 031 696 km Land- und Fernstraßen. Das Rohrleitungsnetz für den Transport von Erdöl- und Raffinerieprodukten hat eine Länge von 343 880 km. Bei rd. 40 000 km schiffbaren Gewässern dominiert der Verkehr auf dem Mississippiflußsystem mit 62 % der Gesamtleistungen vor den Großen Seen mit 19 %. Seit dem Bau des Sankt-Lorenz-Seeweges können rd. 80 % aller Seeschiffe vom Atlantik aus in das Seengebiet einlaufen. Im inneramerikan. Liniendienst sind rd. 40 Fluggesellschaften tätig, die über 500 Städte bedienen. Die am häufigsten frequentierten internat. ✈ sind Atlanta, O'Hare (Chicago), Los Angeles, John F. Kennedy International Airport (New York), San Francisco, La Guardia (New York), Miami, Dallas, National Airport (Washington), Boston und Denver.

Geschichte: Zur Vorgeschichte, Entdeckungs- und Kolonialgeschichte → Nordamerika (Geschichte).
Vom Unabhängigkeitskrieg bis zum Sezessionskrieg (1763–1865): 1763–89 lösten sich die 13 brit. Kolonien an der Ostküste Nordamerikas vom Mutterland und bildeten die Vereinigten Staaten von Amerika (→ Nordamerikanischer Unabhängigkeitskrieg). Im Pariser Frieden (1783) erkannte Großbrit. die Unabhängigkeit seiner ehem. Kolonien an und verzichtete auch auf die Gebiete westl. der 13 Staaten bis zum

Mississippi. Die neuen Verfassungen, die sich 11 Staaten zw. 1776 und 1780 gaben, garantierten Grundrechte und sahen Gewaltenteilung vor. Mit den 1777 vom 2. → Kontinentalkongreß angenommenen, 1781 in Kraft getretenen Konföderationsartikeln schlossen sich die souveränen Einzelstaaten zu einem lockeren Staatenbund zusammen. Dessen Umwandlung in einen Bundesstaat mit gestärkter Zentralgewalt erfolgte erst durch die 1787 formulierte und 1788 ratifizierte Verfassung. Mit dem Kauf des westl. Louisiane von Frankreich (1803) begann die territoriale Ausdehnung der USA. 1845 wurde Texas, 1846–48 im Mex. Krieg das Gebiet von New Mexico bis Kalifornien annektiert; die Erwerbung von Florida (1810/19) und die Teilung Oregons (1846) brachten die USA im wesentlichen auf ihren heutigen Stand. Der Landhunger der nach W vordringenden Siedler führte zur Verdrängung der → Indianer; den Überlebenden der Ausrottungskriege und Deportationen wurden erst 1924 die Bürgerrechte zuerkannt, ohne daß dadurch ihre wirtschaftl. Lage verbessert worden wäre.

Dem Mittleren W bzw. NW mit relativ breit gestreutem landwirtschaftl. Privateigentum standen um die Mitte des 19. Jh. der industrialisierte NO und das auf Sklaverei beruhende Plantagensystem des S gegenüber. V. a. die wirtschaftspolit. Vorstellungen der Industrie – Wirtschaftsexpansion, gefördert durch Schutzzölle und liberalist. Arbeitsmarktpolitik – waren mit den stat. gesellschaftspolit. Vorstellungen der Sklaven- und Plantagenbesitzer nicht vereinbar. Den wirtschaftl. Interessen des N kam die Bewegung der Abolitionisten entgegen, die die Sklaverei aus humanitären Gründen abschaffen wollten. Weiterer wichtiger Streitpunkt war der von der Verfassung bestimmte Primat der Union vor den Einzelstaaten, den insbes. die Südstaaten bekämpften. Der Wahlsieg des populären, der Sklaverei kritisch gegenüber stehenden republikanischen Präsidentschaftskandidaten A. Lincoln (1860), der den Kapital- und Ind.interessen Schutzzölle und Privatbanken, den unteren Einkommensschichten freies Siedlungsland versprach, veranlaßte 11 Südstaaten, sich unter den Präs. J. Davis als Konföderierte Staaten von Amerika vom N zu lösen. In dem mit Erbitterung geführten → Sezessionskrieg (1861–65) wurde der S verwüstet, das Plantagensystem zerbrochen, während der N und NW einen ungeheuren konjunkturellen Aufschwung erfuhren.

Von der Reconstruction bis zum Ende des 2. Weltkriegs (1865–1945): Die Periode der Reconstruction (1865–77), in der sich zwar die regionalen wirtschaftl. Unterschiede verringerten, die Situation der Schwarzen hingegen trotz Abschaffung der Sklaverei auf lange Sicht kaum veränderte, leitete eine Phase der explosionsartigen Industrialisierung ein. Diese wurde begleitet von der fortschreitenden Erschließung des Kontinents (1869 Vollendung der 1. transkontinentalen Eisenbahnlinie) und – trotz mehrerer Krisen – begünstigt durch hohe Schutzzölle, Erschließung großer Mineralvorkommen, Einwanderung (etwa 15 Mio. Menschen zw. 1865 und 1900) und Laissez-faire-Politik bei gleichzeitiger Verschärfung der sozialen Gegensätze. Die gegen Ende des 19. Jh. rasch anwachsenden privaten Auslandsinvestitionen, v. a. im polit. unruhigen Lateinamerika, führten in zunehmendem Maße zu Interventionen der USA. Diese Phase des Dollarimperialismus leitete über zu einer Politik des Erwerbs von Außenterritorien unter Anwendung der expansiv umgedeuteten → Monroedoktrin. Durch den Span.-Amerikan. Krieg (1898) gewannen die USA Puerto Rico, Kuba (1902 formal unabhängig), die Philippinen und Guam; ebenfalls 1898 wurde Hawaii annektiert. Die Abspaltung Panamas von Kolumbien (1903) brachte den USA die Herrschaft über den Panamakanal ein.

Verwaltungsgliederung (Schätzung 1989)			
Bundesstaat bzw. -distrikt	km²	E in 1000	Hauptstadt
Alabama	133 915	4 118	Montgomery
Alaska	1 530 700	527	Juneau
Arizona	295 260	3 556	Phoenix
Arkansas	137 754	2 406	Little Rock
California (Kalifornien)	411 049	29 063	Sacramento
Colorado	269 596	3 317	Denver
Connecticut	12 997	3 239	Hartford
Delaware	5 295	673	Dover
District of Columbia	178	604	–
Florida	151 939	12 671	Tallahassee
Georgia	152 576	6 486	Atlanta
Hawaii	16 759	1 112	Honolulu
Idaho	216 432	1 014	Boise
Illinois	145 934	11 658	Springfield
Indiana	93 720	5 593	Indianapolis
Iowa	145 753	2 840	Des Moines
Kansas	213 098	2 513	Topeka
Kentucky	104 660	3 727	Frankfort
Louisiana	123 677	4 382	Baton Rouge
Maine	86 156	1 222	Augusta
Maryland	27 092	4 694	Annapolis
Massachusetts	21 456	5 913	Boston
Michigan	151 586	9 273	Lansing
Minnesota	218 601	4 353	Saint Paul
Mississippi	123 515	2 621	Jackson
Missouri	180 516	5 159	Jefferson City
Montana	380 848	806	Helena
Nebraska	200 350	1 611	Lincoln
Nevada	286 352	1 111	Carson City
New Hampshire	24 032	1 107	Concord
New Jersey	20 169	7 736	Trenton
New Mexico	314 925	1 528	Santa Fe
New York	127 190	17 950	Albany
North Carolina	136 413	6 571	Raleigh
North Dakota	183 119	660	Bismarck
Ohio	107 044	10 907	Columbus
Oklahoma	181 186	3 224	Oklahoma City
Oregon	251 419	2 820	Salem
Pennsylvania	117 348	12 040	Harrisburg
Rhode Island	3 140	998	Providence
South Carolina	80 582	3 377	Columbia
South Dakota	199 730	715	Pierre
Tennessee	109 152	4 940	Nashville
Texas	691 030	16 991	Austin
Utah	219 889	1 707	Salt Lake City
Vermont	24 900	567	Montpelier
Virginia	105 586	6 098	Richmond
Washington	176 479	4 761	Olympia
West Virginia	62 759	1 857	Charleston
Wisconsin	145 436	4 867	Madison
Wyoming	253 326	475	Cheyenne

Mit dem Eintritt in den 1. Weltkrieg auf seiten der Westmächte (1917) gerieten die USA zu einer Weltmacht. Als Grundlage für die Friedensverhandlungen verkündete Präs. T. W. Wilson 1918 seine moral.-idealist. ›Vierzehn Punkte‹. Der Senat lehnte jedoch 1919/20 die Ratifizierung des Versailler Vertrags ab, die USA blieben somit außerhalb des Völkerbundes und kehrten zum Isolationismus zurück. Unter den republikanischen Präsidenten W. G. Harding und C. Coolidge begann eine neue Periode des Big Business (1919–29), die von Korruptionsskandalen erschüttert wurde. Die große Arbeitslosigkeit während der Weltwirtschaftskrise (ab 1929) veranlaßte Präs. F. D. Roosevelt, durch das Konzept des → New Deal mehr soziale Gerechtigkeit anzustreben. Nach dem japanischen Überfall auf Pearl Harbor und der dt. und italien. Kriegserklärung (Dez. 1941) traten die USA in den 2. Weltkrieg ein. Ihr Einsatz auf dem europ. Kriegsschauplatz trug entscheidend zur bedingungslosen Kapitulation Deutschlands im Mai 1945 bei. Der Abwurf der beiden ersten Atombomben auf Japan (6./9. 8. 1945) führte im Sept. 1945 zur japanischen Kapitulation.

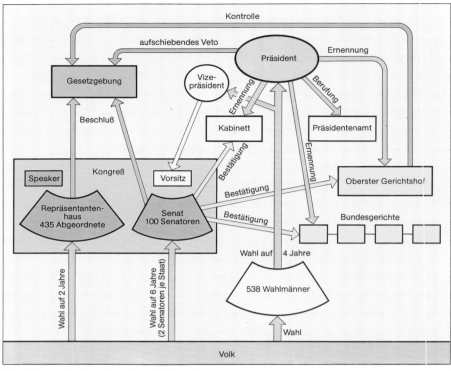

Kontrolle

aufschiebendes Veto

Präsident

Ernennung

Gesetzgebung

Vize-
präsident

Ernennung

Berufung

Beschluß

Kabinett

Präsidentenamt

Ernennung

Kongreß

Vorsitz

Speaker

Bestätigung

Oberster Gerichtshof

Repräsentanten-
haus
435 Abgeordnete

Senat
100 Senatoren

Bestätigung

Bestätigung

Bundesgerichte

Bestätigung

Wahl auf 4 Jahre

Wahl auf 2 Jahre

Wahl auf 6 Jahre
(2 Senatoren je Staat)

538 Wahlmänner

Wahl

Volk

USA: Schematische Darstellung des politischen Systems

Die Weltmacht USA und ihre inneren Krisen (ab 1945): Bald nach Kriegsende zerbröckelte die Allianz mit der UdSSR aufgrund der völligen Divergenz über die Gestaltung des Friedens; der daraus entstehende kalte Krieg wurde zuerst außenpolitisch (1949 Gründung der NATO, 1950–53 Koreakrieg), unter Präs. D. D. Eisenhower aber auch innenpolitisch geführt (Kommunistengesetze 1954, Senatsausschuß zur Verfolgung unamerikan. Umtriebe unter J. R. McCarthy); Außen-Min. John Foster Dulles (* 1888, † 1959) formulierte in Abkehr von Präs. H. S. Trumans Politik der Eindämmung des Ostblocks (Containment) die Politik der Zurückdrängung (Roll back). Präs. J. F. Kennedys verstärkt nach der Kubakrise (1962) einsetzende Entspannungsbemühungen wurden teilweise durch den militär. Einsatz in Vietnam belastet, der sich unter den Präs. L. B. Johnson und R. M. Nixon bis Anfang der 1970er Jahre stetig steigerte (→ Vietnamkrieg). Das Ausbleiben dauerhafter Erfolge und die ab 1965 von den Universitäten ausgehende Protestbewegung gegen die amerikan. Kriegsbeteiligung führten 1973 zum Abzug der amerikan. Truppen. Durch den Vietnamkrieg war nicht nur der Glaube an die Unbesiegbarkeit der USA und an ihre Rolle als ›Weltpolizist‹ sowie die beherrschende Stellung des Dollars im Weltwährungssystem verlorengegangen, sondern auch das Vertrauen auf die moral. Integrität und die Glaubwürdigkeit der Regierung. Teilerfolge erzielten Nixon und Außen-Min. H. A. Kissinger jedoch mit ihrer Entspannungspolitik gegenüber den beiden kommunist. Großmächten (Abkommen mit der Sowjetunion, Normalisierung der Beziehungen zu China, SALT-, MBFR- und KSZE-Verhandlungen). Präs. J. E. Carter, der 1977 G. R. Ford folgte, vereinbarte in den 1978 ratifizierten Verträgen mit Panama die schrittweise Übergabe des Panamakanals. Die Entspannungspolitik wurde fortgesetzt, bis sie durch den sowjet. Einmarsch in Afghanistan im Dez. 1979 in eine schwere Krise geriet. Die islam. Revolution in Iran 1979 brachte die USA, die das Schah-Regime gestützt hatten, in außenpolit. Verwicklungen, die im Nov. 1979 in der Besetzung der Teheraner US-Botschaft und der bis Jan. 1981 währenden Festsetzung von über 50 US-Bürgern als Geiseln gipfelten. Unter dem republikan. Präs. R. W. Reagan rückte die Verteidigungs- und Rüstungspolitik in den Mittelpunkt. Das erklärte Streben nach militär. Überlegenheit gegenüber der Sowjetunion, das zur beträchtl. Erhöhung der Militärausgaben bei drast. Sparmaßnahmen im Gesamthaushalt führte, rief Kritik aus den anderen NATO-Staaten hervor und gab einer sich ständig verbreiternden Friedensbewegung Auftrieb. Auch wirtschaftl. und rüstungstechn. Erfordernisse zwangen zu einer Korrektur: im Nov. 1981 wurden amerikan.-sowjet. Abrüstungsverhandlungen über Mittelstreckenwaffen aufgenommen; im Juni 1982 begannen Verhandlungen über den Abbau strateg. Rüstungen (→ START). Die Stationierung amerikan. Mittelstreckenraketen in Europa ab Nov. 1983 führte zwar zum Abbruch der Abrüstungsverhandlungen, doch nach der Wiederwahl Präs. Reagans (Nov. 1984) wurden Anfang 1985 in Genf neue amerikan.-sowjet. Rüstungskontrollgespräche (unter Einschluß der geplanten Weltraumwaffen) aufgenommen und 1988–90 erfolgreich abgeschlossen (u. a. Beseitigung der landgestützten Mittelstreckenraketen). Auf den Ggs. zw. den Supermächten führte die amerikan. Regierung auch regionale Konflikte zurück, v. a. im Nahen Osten (1983/84 verlustreiches Eingreifen amerikan. Truppen in den libanes. Bürgerkrieg) und in Mittelamerika (Unterstützung der Diktaturen in El Salvador, Honduras und Guatemala, Verminung nicaraguan. Häfen

Präsidenten der USA	
1. George Washington, Föderalist 1789–1797	21. Chester A. Arthur, Rep. 1881–1885
2. John Adams, Föderalist 1797–1801	22. S. Grover Cleveland, Dem. 1885–1889
3. Thomas Jefferson, Rep. (Dem.) 1801–1809	23. Benjamin Harrison, Rep. 1889–1893
4. James Madison, Rep. (Dem.) 1809–1817	24. S. Grover Cleveland, Dem. 1893–1897
5. James Monroe, Rep. (Dem.) 1817–1825	25. William McKinley, Rep. 1897–1901
6. John Qu. Adams, Unabhängiger 1825–1829	26. Theodore Roosevelt, Rep. 1901–1909
7. Andrew Jackson, Dem. 1829–1837	27. William H. Taft, Rep. 1909–1913
8. Martin Van Buren, Dem. 1837–1841	28. T. Woodrow Wilson, Dem. 1913–1921
9. William H. Harrison, Whig 1841	29. Warren G. Harding, Rep. 1921–1923
10. John Tyler, Whig	30. Calvin Coolidge, Rep. 1923–1929
(später Dem.) 1841–1845	31. Herbert C. Hoover, Rep. 1929–1933
11. James K. Polk, Dem. 1845–1849	32. Franklin D. Roosevelt, Dem. 1933–1945
12. Zachary Taylor, Whig 1849–1850	33. Harry S. Truman, Dem. 1945–1953
13. Millard Fillmore, Whig 1850–1853	34. Dwight D. Eisenhower, Rep. 1953–1961
14. Franklin Pierce, Dem. 1853–1857	35. John F. Kennedy, Dem. 1961–1963
15. James Buchanan, Dem. 1857–1861	36. Lyndon B. Johnson, Dem. 1963–1969
16. Abraham Lincoln, Rep. 1861–1865	37. Richard M. Nixon, Rep. 1969–1974
17. Andrew Johnson, Dem. 1865–1869	38. Gerald R. Ford, Rep. 1974–1977
18. Ulysses S. Grant, Rep. 1869–1877	39. James E. Carter, Dem. 1977–1981
19. Rutherford B. Hayes, Rep. 1877–1881	40. Ronald W. Reagan, Rep. 1981–1989
20. James A. Garfield, Rep. 1881	41. George H. Bush, Rep. . . . . seit 1989

Rep.: Republikaner, Dem.: Demokrat

durch die CIA, Okt. 1983 Invasion Grenadas durch US-Truppen, Dez. 1989 Invasion in Panama). Die Auflösung des O-W-Gegensatzes und das von Präs. G. H. W. Bush im Okt. 1990 verkündete Ende des kalten Krieges führte im Weltsicherheitsrat der UN zu einem engen Zusammenspiel zw. der Sowjetunion und den USA in der Auseinandersetzung um die Besetzung Kuwaits durch Irak. Unter amerikan. Führung konnte eine multinat. Truppe den Irak im Febr. 1991 zur Räumung Kuwaits zwingen. In diesem Konflikt konnten die USA ihre Weltmachtposition stärken und (gegenüber der Sowjetunion) ausbauen.

Innenpolitisch war während der 1960er Jahre die Rassenfrage das brisanteste Problem. Das Bürgerrechtsgesetz von 1964 gewährte den Schwarzen Schutz bei der Ausübung des Wahlrechts, förderte die Schulintegration und verbot Rassendiskriminierung in öffentl. Einrichtungen. Die dennoch fortdauernde wirtschaftl.-soziale Benachteiligung der Schwarzen mündete zum Teil in Radikalisierung (›Black Power‹) und Gewalt (Ghettoaufstände 1966/67, Ermordung M. L. Kings 1968). Zu dem Krisenbewußtsein trug neben Vietnamkrieg und Rassenfrage auch der massivste polit. Skandal der Geschichte der USA, die →Watergate-Affäre, bei, die mit dem Rücktritt von Präs. Nixon am 9. 8. 1974 endete. Ende der 1960er Jahre hatte überdies die tiefste Rezession seit der Weltwirtschaftskrise begonnen, die – anders als frühere Krisen – durch eine Kombination von starker Arbeitslosigkeit und hoher Inflationsrate gekennzeichnet war. Erst 1983 setzte ein Konjunkturaufschwung und die Dämpfung des Preisauftriebs ein, ohne daß sich die soziale Situation der Bevölkerungsmehrheit entscheidend verbesserte.

Politisches System: Bundesstaatl. Republik mit präsidentieller Demokratie; *Verfassung* von 1787 (eine Präambel und 7 Artikel), die die zentralen Institutionen und Prinzipien der bundesstaatl. Ordnung festlegen, 1791 wurden 10 Verfassungssätze (›amendments‹) hinzugefügt, die einen Grundrechtskatalog enthalten. Insgesamt enthält die Verfassung der USA heute 26 Verfassungszusätze. Grundlegende Prinzipien für die institutionelle Ordnung der USA sind Gewaltenteilung (›separation of powers‹) und Gewaltenbalance (›checks and balances‹).

Die *exekutive Gewalt* des Bundes liegt beim Präsidenten. Er ist zugleich *Staatsoberhaupt,* Regierungschef und Oberbefehlshaber der Streitkräfte. Der Präs. wird zus. mit dem Vize-Präs. für 4 Jahre gewählt; ein-

malige Wiederwahl ist zulässig. Der Präs. ernennt mit Zustimmung des Senats u. a. die Min. (›secretaries‹), Botschafter, Gesandten und Konsuln sowie die Bundesrichter. Er spielt heute eine bed. Rolle im Gesetzgebungsprozeß, wenngleich ihm kein formales Recht zur Gesetzesinitiative zusteht. Hinzu kommt das suspensive Vetorecht des Präs. gegenüber allen Beschlüssen des Kongresses, dem er nicht verantwortlich ist. Er kann ebenso wie der Vize-Präs. nur auf dem Wege der Anklage und Verurteilung wegen Verfassungs- und Rechtsverletzungen abgesetzt werden (→Impeachment). Der Vize-Präs. hat nur die Bedeutung, die ihm der Präs. zugesteht. Er ist Nachfolger des Präs., wenn dieser stirbt, zurücktritt oder abgesetzt wird. Das Kabinett setzt sich neben dem Präs. und dem Vize-Präs. aus den Leitern der Ministerien (›departments‹) sowie anderen vom Präs. ausgewählten hohen Beamten und persönl. Beratern zusammen, ist aber ein rein beratendes Gremium, da die Exekutive allein in der Hand des Präs. ruht. Dem Präs. zur Seite steht ein umfangreiches, von den Ministerien unabhängiges Präsidentenamt (Executive Office of the President). Zu seinen wichtigsten Abteilungen gehören das Büro des Weißen Hauses (White House Office) und der Nat. Sicherheitsrat (National Security Council), der sich am Außenministerium vorbei zum zentralen Ort des außenpolit. Entscheidungsprozesses entwickelt hat.

Die *Legislative* liegt beim Kongreß; er besteht aus Senat und Repräsentantenhaus. Der Senat hat 100 Mgl. (zwei aus jedem Staat), alle zwei Jahre wird ein Drittel der Senatoren neu gewählt. Das Repräsentantenhaus besteht aus 435 Abg., die für zwei Jahre nach dem Mehrheitswahlrecht gewählt werden. Beide Häuser sind im wesentl. gleichberechtigt. Das Repräsentantenhaus hat jedoch gegenüber dem Senat die Budgetinitiative. Der Senat andererseits hat Vorrechte in der Exekutive. Die eigtl. Arbeit des Kongresses geschieht in den Ausschüssen und Unterausschüssen (unter Vorsitz der Mehrheitsfraktion).

Parteien: Die USA haben ein Zweiparteiensystem, das bestimmt wird von der Demokrat. Partei (Democratic Party) und der Republikan. Partei (Republican Party). Im Unterschied zu den europ. sind die amerikan. Parteien keine Mitglieder- und Programmparteien, sondern Wählerparteien, deren Finanzierung hauptsächl. durch Spenden erfolgt. Sie kennen weder eine Organisation mit fester Mitgliedschaft noch einen hauptamtl. Apparat. Der eigtl. Führer der sieg-

USA, Kunst: Frank Lloyd Wright, Fricke House im Oak Park in Chicago; 1902

reichen Partei ist der Präs., während die unterlegene Partei in diesem Sinne meist keinen nat. Führer hat. Obgleich sich in beiden großen Parteien progressive, gemäßigte und konservative Politiker finden und zw. den Parteien keine ideolog. Konflikte vorherrschen, lassen sich doch unterschiedl. polit. Tendenzen feststellen. Mit allen Vorbehalten können die Demokraten als eher staatsinterventionistisch und wohlfahrtsstaatlich orientiert bezeichnet werden. Dem Einfluß von Interessengruppen sind die Politiker angesichts des organisatorisch und ideologisch-programmatisch schwach ausgebildeten Parteiensystems direkter ausgesetzt als etwa in der BR Deutschland. – Rund 20 Mio. Arbeitnehmer sind in den *Gewerkschaften* organisiert, denen es v. a. um höhere Löhne und bessere Arbeitsbedingungen im Rahmen des privatwirtschaftl. Systems geht, nicht jedoch um einen Systemwandel der Gesellschaft.

Die *bundesstaatl. Ordnung:* Die polit. Struktur der Einzelstaaten stimmt mit der des Bundes weitgehend überein. Die Legislative liegt in allen Staaten mit Ausnahme von Nebraska bei einem Zweikammerparlament. Die Exekutive ruht in der Hand eines Gouverneurs, der in allg. und direkten Wahlen vom Volk gewählt wird.

Dem Präs. als Oberbefehlshaber der *Streitkräfte* unterstehen der Verteidigungs-Min. und die Vereinigten Stabschefs (Joint Chiefs of Staff), die beiden wichtigsten Entscheidungszentren des Verteidigungsministeriums (Pentagon). Seit 1973 ist der Militärdienst freiwillig. Die Streitkräfte umfassen rd. 2,16 Mio. Soldaten einschl. 198 700 Frauen. Die strateg. Atomstreitkräfte (Strategic Nuclear Forces) umfassen die atomgetriebenen Raketen-U-Boote der Flotte, das strateg. Luftkommando (Strategic Air Command) und die Luftverteidigungseinrichtungen. Als Heeresreserve dient die Nationalgarde (Army National Guard; 576 000 Mann). – Karte XII/XIII, Bd. 2, n. S. 320.

USA, Kunst, Voraussetzung der Kunst in den USA bildet die europ. Kunst. Seit Mitte des 20. Jh. gingen von der amerikan. Kunstszene jedoch bed. Rückwirkungen auf Europa aus.

Architektur: Der Wohn- und Repräsentationsbau in den USA wurzelt in den Kolonialstilen. Indian. Elemente (Lehmziegel [Adobe], abgerundete Ecken und fensterlose Fassaden) gehen in die span. Kolonialarchitektur ein, z. B. beim Palace of the Governors (1610–14, heute Museum of New Mexico) in Santa Fe. Der Kolonialstil an der O-Küste ist vom engl. und niederl. Klassizismus (Palladianismus) geprägt, es entstanden v. a. Holzhäuser, z. T. mit Backsteinfassaden. Wohnhäuser des 18. Jh. sind u. a. in Salem (Mass.) und in Philadelphia erhalten. Den ›Georgian style‹ zeigen bes. das Pennsylvania State House (1732, die spätere Independence Hall) sowie Landhäuser in Virginia und Carolina (Backsteinbauten mit hellen

Fenster- und Türrahmen). Die New Yorker Wohnhäuser waren vierstöckig, meist mit Außentreppen (niederl. Einfluß). Neben den öffentl. Gebäuden in klassizist. Repräsentationsstil (Kapitol in Washington, 1793 ff.) entstanden im 19. Jh. Kirchen in neugot. Stil (›gothic revival‹). Der amerikan. Wolkenkratzer entstand mit den Verwaltungshochhäusern der Schule von Chicago (John Wellborn Root [* 1850, † 1891], L. H. Sullivan) in den 1880er und 1890er Jahren. An den Landhausstil knüpfte der moderne Villenstil von F. L. Wright an. Großen Einfluß auf alle Gattungen der Architektur gewannen die europ. Vertreter funktionalen Bauens (W. Gropius, L. Mies van der Rohe, R. J. Neutra, Le Corbusier, A. Aalto) in und v. a. nach dem 2. Weltkrieg. Zu den bekanntesten Architekturbüros zählt Skidmore, Owing & Merrill, für die Gordon Bunshaft (* 1909, † 1990) tätig war. Louis Isidore Kahn (* 1901, † 1974), E. Saarinen, Paul Marvin Rudolph (* 1918), Ieoh Ming Pel (* 1917) und P. C. Johnson erhielten zahlr. Aufträge. In jüngerer Zeit gewann die Trivialarchitektur (Las Vegas) an Bedeutung (Robert Venturi [* 1925], Charles Willard Moore [* 1925]).

Plastik: Neoklassizist. Stiltendenzen bestimmen die Marmorfiguren und -porträts des 19. Jh., Ende des Jh. realist. Bronzeplastik, u. a. Augustus Saint-Gaudens (* 1848, † 1907), Frederic Remington (* 1861, † 1909; Western art). Im 20. Jh. wirkten starke Einflüsse der europ. Avantgarde: Kubismus (J. Lipchitz), Konstruktivismus (N. Gabo, I. Moholy-Nagy); A. Calder (Mobiles) wurzelte ebenfalls in europ. (frz.) Kunst, mittelbar waren auch David Smith (* 1906, † 1965) und Jim Henson (* 1936, † 1990) von ihr beeinflußt; er gab im Unterschied zu Isamu Noguchi (* 1904, † 1988) die organ. zugunsten einer streng geometrisch-kub. Formenwelt auf. Die *Minimal art* wirkte ihrerseits nach Europa, ebenso wie das *Environment* der Pop-art (G. Segal, D. Hanson).

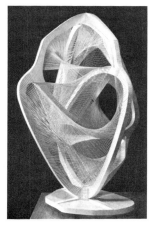

USA, Kunst: Naum Gabo, ›Lineare Konstruktion‹; 1959 (Privatbesitz)

In der **Malerei** entfaltete sich ab Mitte des 17. Jh. eine naive Porträtkunst, die sich zunehmend am europ. Geschmack ausrichtete; die bedeutendsten Porträt- und Historienmaler des 18. Jh. (J. S. Copley, B. West) gingen nach England. Das 19. Jh. war Blütezeit der naiven Malerei sowie einer von der dt. Romantik beeinflußten Landschaftsmalerei; schulbildend war v. a. T. Cole (* 1801, † 1848; Hudson River School). Romant. Abenteurergeist prägte die → Western art, wachsendes Geschichtsbewußtsein das Historienbild (S. Morse, Emanuel Leutze [* 1316, † 1868]). Als Begründer des amerikan. Stillebens gilt Raphaelle Peale (* 1774, † 1825). Von der frz. Freilichtmalerei sind William Morris Hunt (* 1824, † 1879), George Inness (* 1825, † 1894) und William Page (* 1811, † 1885) beeinflußt. Hauptvertreter einer realist. Konzeption (Landschaft, Genre) ist Winslow Homer (* 1836, † 1910). Realist. Porträts schufen Thomas Eakins (* 1844, † 1916) und John Singer Sargent (* 1856, † 1925). Die erste Begegnung mit moderner Kunst des 20. Jh. vermittelte 1913 die →Armory Show. Nach dem 2. Weltkrieg setzte sich allg. ein Regionalismus durch, der bei Peter Blume (* 1906), Ivan Albright (* 1897, † 1983) und A. Wyeth mag. Qualitäten erreichte. Edward Hopper (* 1882, † 1967) und Ben Shan (* 1898, † 1969) erhoben die Großstadt zum Thema. New York wurde in den 1940er Jahren ein Zentrum des Surrealismus, neben den Immigranten ist v. a. Arshile Gorky (* 1905, † 1948) zu nennen. Von hier gingen seit den 1950er Jahren zahlr. avantgardist. Strömungen aus und prägten auch die europ. Kunstentwicklung: abstrakter Expressionismus (Action painting: W. de Kooning, J. Pollock), Happening, Farbfeldmalerei und Hard-edge-Malerei (Frank Stella [* 1936]), Pop-art (A. Warhol, R. Lichtenstein), Konzeptkunst und Land-art sowie der Photorealismus. Neben New York etablierte sich eine bed. Kunstszene in Los Angeles.

USA, Literatur,

Koloniale Phase (1607–1763): Literarisch von Bedeutung sind die Schriften der Puritaner der Massachusetts Bay Colony (gegr. 1630 von John Winthrop [* 1606, † 1676]) um Boston. Die Religiosität förderte sowohl persönl. Literaturformen wie Tagebuch und Autobiographie (Thomas Shepard [* 1605, † 1649], John Woolman [* 1720, † 1772]) als auch Traktate und Predigten. Cotton Mathers (* 1663, † 1728) Schriften, v. a. seine in Stil eines christl. Epos gehaltene Kirchengeschichte Neuenglands ›Magnalia Christi Americana‹ (1702), geben das beste Bild dieser Zeit.

Nationale Konstitutionsphase (1763–1850): Benjamin Franklins Autobiographie (4 Tle., 1771–90) dokumentiert den Übergang zur pragmat. Haltung eines neuen Bürgertums. Die Pamphlete T. Paines sowie die polit. Schriften T. Jeffersons und J. Adams hatten Einfluß auf die demokrat. Staatsform der Vereinigten Staaten. Michel Guillaume Jean de Crèvecœurs (* 1735, † 1813) Beschreibungen und die Abenteuergeschichten aus der Pionierzeit J. F. Coopers prägten das romant. Amerikabild der Europäer. Eine eigenständige nat. Literatur wurde zuerst von der akadem. Dichterschule *Hartford wits* angestrebt; Charles Brockden Brown (* 1771, † 1810) ist als erster bed. amerikan. Romancier (›Wieland oder die Verwandlung‹, 1798) und Philip Morin Freneau (* 1752, † 1832) als erster amerikan. Lyriker von Rang zu nennen. Auch die Bewegung des neuengl. *Transzendentalismus* (1836–60) betonte das amerikan. Wagnis einer demokrat. Nation. In Anknüpfung an die Transzendentalphilosophie I. Kants stellte diese intellektuelle Bewegung eine bed. Spielart der amerikan. *Romantik* dar, die u. a. von Margaret Fuller (* 1810, † 1850), George Ripley (* 1802, † 1880) und v. a. R. W. Emerson und Henry David Thoreau (* 1817, † 1862) vertreten wurde.

Prämoderne (1850–1917): Im *Roman* griff Nathaniel Hawthorne auf die (zur Verbannung Andersdenkender neigende) puritan. Geschichte zurück, um symbolisch die Verschuldung des Menschen sowie der Nation zu zeigen. H. Melville schuf mit ›Moby Dick‹ (1851) eine Art Nationalepos. E. A. Poes *Short stories* begründeten eine eigenständige Literaturgattung. Das Werk W. Whitmans war für die (amerikan.) Lyrik des 20. Jh. wegweisend.

Aufgrund der rücksichtslosen wirtschaftl. Expansion waren die gesellschaftl. Konflikte vorprogrammiert, die in der lebensnahen Wiedergabe der Situa-

USA, Kunst: Edward Hopper, ›Nighthawks‹; 1942 (Chicago, Art Institute)

tion der Schwarzen (H. Beecher Stowe), der kaliforn. Goldgräbersiedlungen (Brett Harte [* 1836, † 1902]) und dem Auftreten regionaler Aspekte (u. a. Harold Frederic [* 1856, † 1898]) Eingang in den *realist. Roman* fanden. William Dean Howells (* 1837, † 1920) und Mark Twain machten die Beschreibung menschl. Schwächen zur Grundlage einer an moral. Kriterien orientierten Gesellschaftskritik. *Naturalist. Einflüsse* zeigen sich bei A. G. Bierce, S. Crane, J. London und Frank Norris (* 1870, † 1902). Bed. Lyrik verfaßte E. Dickinson; zu den ersten Dramatikern der USA gehören James A. Herne (* 1839, † 1901) und David Belasco (* 1859, † 1931). Wegweisend für die Moderne war der kosmopolit. Romancier H. James mit seinem psychologisch-analyt. Romanwerk (sog. Bewußtseinsromane).

Moderne (1917–1950): Nach dem 1. Weltkrieg erfolgte ein intensiver Kulturaustausch mit Europa (u. a. E. Pound, T. S. Eliot, G. Stein). Im *Roman* wurde die sozialkrit. Komponente durch die Darstellung grotesker Gestalten (S. Anderson) oder die satir. Spiegelung der Gesellschaft (S. Lewis) variiert. In den 1920er Jahren setzte eine Konzentration auf die existentielle Befindlichkeit des Menschen ein, die F. S. Fitzgerald am ›Jazz age‹, E. Hemingway an der Desillusionierung der Nachkriegszeit, W. Faulkner an der Desintegration der Südstaatenkultur, T. Wolfe an der Sehnsucht nach Alleinheit und H. Miller an der Sexualität festmachte. Die Komplexität moderner Existenz fand ihre Entsprechung in der Überlagerung verschiedener Zeitebenen (Faulkner) sowie in der Collage- und Montagetechnik (J. Dos Passos). Für die Radikalisierung der Sozialproblematik in den 1930er Jahren stehen stellvertretend die entwurzelten Menschen bei J. Steinbeck, E. Caldwell und R. Wright. Eine Zuspitzung der grotesken und absurden Weltsicht zeigte sich in der Pervertierung des ›American dream‹ (Nathanael West [* 1902, † 1940]), in den Kriegsromanen von J. Jones und N. Mailer sowie in den zur grotesken Welt verkommenen Bildern der Südstaatenkultur (C. McCullers, Flannery O'Connor [* 1925, † 1964], R. P. Warren) und der schwarzen Existenz (Ralph Waldo Ellison [* 1914]). Zu den internat. bekannten Schriftstellerinnen dieser Zeit gehören Djuna Barnes (* 1892, † 1982), J. C. Oates, D. Parker, A. Nin, M. McCarthy, M. Mitchell und P. S. Buck. In der *Lyrik* begann die Moderne mit E. Pounds 1912 begründeter Bewegung des →Imagismus, die H. Crane und Wallace Stevens (* 1879, † 1955) durch symbolist. Entwürfe ergänzten. Traditionelle Formen wählten V. Lindsay, C. Sandburg, R. L. Frost und E. A. Robinson. Mit radikalen Sprach- und Formelementen experimentierten E. E. Cummings, W. C. Williams und L. Zukofsky. Auf dem Gebiet des Dramas begann eine Neuorientierung mit der Rezeption des europ. expressionist. und symbolist. Dramas an der Harvard University, an der Talente wie E. O'Neill gefördert wurden. In der neuen amerikan. Version des ep. Theaters unterstreicht T. Wilder den Gedanken der Lösung des menschl. Dilemmas durch die Demokratie. T. Williams bereitete mit seiner Konzeption des ›plastic theatre‹ den postmodernen Theaterexperimenten den Weg. E. Albee schuf mit seinen Stücken eine amerikan. Version des absurden Theaters, zu dessen bed. Vertretern auch Arthur Kopit (* 1937) zählt. L. Hughes, R. Wright und J. Baldwin erlangten als Vertreter des afroamerikan. Theaters Bedeutung.

Postmoderne (seit 1950): In der *Lyrik* zeigt sich der Übergang zum postmodernen Spiel bei den als Avantgarde begriffenen Vertretern der drei Zentren der 1950er und 1960er Jahre: New York (Frank O'Hara [* 1926, † 1966], Kenneth Koch [* 1925] und John Ashbery [* 1927]), Black Mountain (Charles Olson [* 1910, † 1970], Robert Duncan [* 1919, † 1988]), San Francisco (A. Ginsberg, Kenneth Rexroth [* 1905, † 1982], John Wieners [* 1934]). Die Stellung der Frau in der Gesellschaft ist dominantes Thema bei den Schriftstellerinnen Sylvia Plath (* 1932, † 1963) und Adrienne Rich (* 1929).

Im *Drama* verlief die Entwicklung zu den Visionen eines poet. Theaters, das von privaten Kleinbühnen (Off-Broadway) realisiert wurde. Von bes. produktiver Wirkung für die Gegenwartsdramatik ist das Bildertheater *(Theatre of Images)* im Sinne eines multimedialen Gesamtkunstwerks von Robert Wilson und das Werk von Sam Shepard (* 1943).

Uschebti
(Kairo, Ägyptisches Museum)

Der *Roman* nutzt sowohl traditionelle Erzählweisen als auch deren parodist. Infragestellung. Autoren wie S. Bellow, I. B. Singer, B. Malamud und P. Roth konzentrieren sich auf die Darstellung existentiellhumanist. Anliegen, andere auf die des deformierten amerikan. Alltags (M. McCarthy, Walker Percy [* 1916, † 1989], J. D. Salinger, K. Vonnegut, G. Vidal, E. L. Doctorow [* 1931], J. Updike, Tom Robbins [* 1936], J. C. Oates, John Winslow Irving [* 1942]). Bei den Afroamerikanern Ishmael Reed (* 1938) und Clarence Major (* 1936), den Indianern Navarre Scott Momaday (* 1934) und Leslie Marmon Silko (* 1948) verbindet sich das Thema der Identitätssuche mit phantast. Elementen. Die parodist. Auseinandersetzung mit Krieg, Gewalt, Drogen und Sex als universellen Phänomenen (J. Kerouac, W. S. Burroughs, V. Nabokov, John Hawkes [* 1925], Joseph Heller [* 1923], William Styron [* 1925], Jerzy Nikodem Kosinski [* 1933], Thomas Pynchon [* 1937]) wird zus. mit der oft autobiograph. Thematisierung der eigenen Schriftstellersituation sowie der Unmöglichkeit des Erzählens angesichts des Verlusts von log. Handlungszusammenhängen (John Barth [* 1930], Donald Barthelme [* 1931], William Gaddis [* 1923], William Howard Gass [* 1924], Raimond Federman [* 1928], Steve Katz [* 1935], Susan Sontag [* 1933]) zu den beherrschenden Themen postmoderner Fiktion. Die Erneuerung realist. Prosa als Lust am Erzählen (J. Hawkes, N. Mailer) oder als narrative Affirmation des Lebens, die den schon im ›New journalism‹ (T. Capote, T. Wolfe) problematisierten fiktionalen Charakter der Realität nicht verkennt (J. Barth, John Gardner Jr. [* 1933, † 1982]), bestimmt den Roman Anfang der 1980er Jahre. Gleichzeitig bildete sich in den 1970er und 1980er Jahren eine (teilweise feminist.) Schreibweise heraus, die traditionelle Kulturwerte mit phantast. Elementen zur Lösung der Mann-Frau-Beziehung verbindet (so die Afroamerikanerinnen Toni Morrison [* 1931] und Alice Walker [* 1944], die Jüdin Cynthia Ozick [* 1926]), polit. Engagement und Kulturkritik zur Verbesserung von Gegenwarts-

Usambaraveilchen

problemen einsetzt (Renata Adler [* 1938], Joan Didion [* 1934]) sowie radikale utop. Visionen zur Veränderung der bestehenden Rollenverhältnisse in allen Bereichen der Gesellschaft entwirft (Ursula Le Guin [* 1929], Marge Piercy [* 1936], Joanna Russ [* 1937]).

USA, Musik, die Musik der puritan. Siedler in Neuengland beschränkte sich auf metr. Psalmengesänge; in den Städten entfaltete sich nach engl. und dt. Muster ein gehobenes bürgerl. Musikleben. Nach 1800 wurden unter starker dt. Beteiligung Musikgesellschaften, Chöre und Orchester gegründet. Seit etwa 1800 bildete sich das → Negro Spiritual und die Minstrel show (→ Minstrel) als eine spezif. US-amerikan. Form heraus. Ein bed. Komponist dieser Sphäre war Stephen Collins Foster (* 1826, † 1864). An klass.-romant. Traditionen orientierten sich die ›Bostoner Klassizisten‹ (u. a. George Whitefield Chadwick [* 1854, † 1931]). Nach dem Vorbild der nat. europ. Schulen bezogen dagegen die ›Amerikanisten‹ folklorist. Elemente ein, so A. Copland und E. Bloch, die zur neuen Musik überleiteten. Stärker spätromant. Traditionen verpflichtet sind u. a. W. Piston und S. Barber. Zur sehr verbreiteten gemäßigten Moderne zählen u. a. Roger Huntington Sessions (* 1896, † 1985), Virgil Thomson (* 1916, † 1989), William Howard Schuman (* 1910) und L. Bernstein. Der bisher bedeutendste Komponist ist der universale C. Ives; ebenfalls eine Sonderstellung hat G. Gershwin, mit ›Porgy and Bess‹ (1935) Schöpfer der US-amerikan. ›Volksoper‹. – Als spezifische Form des populären Musiktheaters entwickelte sich in den 1920er Jahren das → Musical. – Die durch den Nationalsozialismus seit 1933 ausgelöste Einwanderung europ. Komponisten wie A. Schönberg, H. Eisler, P. Hindemith, I. Strawinsky, B. Bartók bestärkte bereits bestehende avantgardist. Bestrebungen: u. a. bei Henry Dixon Cowell (* 1897, † 1965), G. Antheil und E. Varèse. Den stärksten Einfluß hatte der Neoklassizismus und Schönbergs Zwölftontechnik, u. a. bei Milton Byron Babbitt (* 1916). Eine Verschmelzung von Jazz und sinfon. Musik strebt u. a. G. Schuller an. Seit Mitte der 1950er Jahre wirkt J. Cage entscheidend auf die europ. Avantgarde; stark unter seinem Einfluß stehen u. a. Lejaren Hiller (* 1924), Earle Brown (* 1926), Morton Feldman (* 1926), Christian Wolff (* 1934) und S. Reich.

Abgesehen vom → Jazz mit seiner relativ eigenständigen Entwicklung zeigte der afroamerikan. Blues bes. Folgewirkungen: städtische Weiterbildungen (→ Rhythm and Blues) setzten sich seit den 1940er Jahren in wachsendem Maß als Teil der populären Musik durch. Wie in den Rock'n'Roll seit Mitte der 1950er Jahre gehen auch in die neuere Rockmusik (→ Rock) neben der → Country-music v. a. des Mittelwestens und Südens immer wieder Elemente afroamerikan. städt. Folklore (→ Gospel, → Soul) ein. In letzter Zeit wird auch die Musik anderer farbiger Minderheiten (Salsa der Puertorikaner) oder exot. Folklore verwertet.

Usambaraveilchen [nach den Usambara Mountains im NO-Tansania], in O-Afrika heim. Gattung der Gesneriengewächse mit rd. 20 Arten; kleine Stauden mit in Rosetten stehenden, weich behaarten Blättern und blauvioletten, fünfzähligen Blüten; als Zimmerpflanze kultiviert.

Usance [frz. y'zãːs; lat.-frz.], Brauch, Gepflogenheit im Geschäftsverkehr.

Usbeken, Volk in Usbekistan, in N-Afghanistan und W-China; sprechen Usbekisch; aus Turkstämmen hervorgegangen.

Usbekisch, zur südöstl. Gruppe der Turksprachen gehörende Sprache der Usbeken mit rd. 9 Mio. Sprechern in 2 Dialektgruppen. Schrift seit 1940 kyrillisch.

Usbekistan (Usbekien), Republik in Mittelasien, 447 400 km², 18,49 Mio. E, Hauptstadt Taschkent. – 1924 aus einem Teil der Turkestan. ASSR und den beiden Sozialist. Sowjetrepubliken Choresmien und Buchara gebildet; 1936 Anschluß der Karakalpak. ASSR. 1991 Unabhängigkeitserklärung. →Turkestan (Geschichte).

Uschebti, altägypt. Figürchen (Grabzeichen), die dem Verstorbenen im Jenseits die Arbeit abnehmen sollen.

Uschgorod [russ. 'uʒgɐrɐt], Hauptstadt des Gebiets Transkarpatien, am S-Fuß der Waldkarpaten, Ukraine, 108 000 E. Univ.; u. a. Möbelkombinat.

Usedom ['u:zədɔm], Insel im Odermündungsbereich zw. Stettiner Haff und Pommerscher Bucht, BR Deutschland und Polen', 445 km².

Usija (Asarja, Osias), König von Juda (787–736).

Usingen, hessische Stadt im östl. Hintertaunus, 11 000 E. Mittelpunkt des Usinger Beckens. Ev. Pfarrkirche (1651–58) mit spätgot. W-Turm (1490 ff.), Rathaus (1687). – Sitz der Grafen (seit 1688 Fürsten) von Nassau-U. (1659–1744 und 1813/14).

Uskoken [serbokroat.], Bez. für seit Ende des 15. Jh. vor den Osmanen geflüchteten Serben, Bosnier und Kroaten, 1617 durch Österreich an der Militärgrenze angesiedelt (Uskokengebirge).

Uskokengebirge, Gebirge westlich von Zagreb, bis 1 181 m hoch.

USPD, Abk. für →Unabhängige Sozialdemokratische Partei Deutschlands.

Ussuri (chin. Wusulijiang), rechter Nebenfluß des Amur, entspringt im Sichote-Alin, z. T. Grenze China/Rußland, mündet bei Chabarowsk auf russ. Gebiet, 588 km lang.

Ustascha (kroatisch Ustaša [›Aufständischer‹]), kroat. rechtsradikale Unabhängigkeitsbewegung, ab Frühjahr 1929 aus Protest gegen die Errichtung der ›Königsdiktatur‹ durch König Alexander I. von A. Pavelić aus dem italien. Exil aufgebaut; kämpfte für die staatl. Unabhängigkeit →Kroatiens.

Uster, schweizer. Bezirkshauptort östlich des Greifensees, Kt. Zürich, 25 000 E. Klassizist. Kirche (1823/24) mit Freitreppe; Burg (um 1100; umgebaut).

Ustinov, Peter [engl. 'ʊstɪnɔf], eigtl. Petrus Alexandrus von U., * London 16. 4. 1921, engl. Schriftsteller, Regisseur und Schauspieler. Vielseitig für Bühne, Film und Fernsehen tätig; schrieb zahlr. Theaterstücke (u. a. ›Romanoff und Julia‹, 1956; ›Beethovens Zehnte‹, 1985); auch Opernregie; als Filmdarsteller u. a. in ›Quo vadis?‹ (1952), ›Lola Montez‹ (1955), ›Spartacus‹ (1959).

Ust-Kamenogorsk [russisch ustjkɐmɪna'gorsk], Hauptstadt des Gebiets Ostkasachstan, Kasachstan, 313 000 E. Straßenbauhochschule; u. a. Nichteisenmetallverhüttung; Anlegeplatz am Irtysch.

Ust-Urt-Plateau [russ. ustj'urt pla'to:], Plateau im Tiefland von Turan, östlich der Halbinsel Mangyschlak und des Kara-Bogas-Gol, etwa 200 000 km².

Usurpation [lat.], widerrechtl. Inbesitznahme, gesetzwidrige Machtergreifung.

Usus [lat.], Brauch, Gewohnheit, Sitte.

UT [engl. 'ju:'ti:], Abk. für engl. Universal Time (→Zeitmessung).

Utah [engl. 'ju:ta:], Staat im W der USA, im östl. Great Basin und den westl. Rocky Mountains, 219 932 km², 1,645 Mio. E, Hauptstadt Salt Lake City.

Geschichte: Die Besiedlung leiteten die →Mormonen ein, die 1847 Salt Lake City gründeten; 1848 kam U. von Mexiko in den Besitz der USA; 1850 als Territorium eingerichtet; am 4. 1. 1896 als 45. Staat in die Union aufgenommen; zuvor zugunsten von Colorado, Wyoming und Nevada beträchtlich verkleinert.

UTC [engl. 'ju:'ti:'si:], Abk. für engl. Universal Time Coordinated (→Zeitmessung).

Maurice Utrillo: ›Le Lapin agile‹; 1910 (Paris, Centre national d'art et de culture Georges Pompidou)

Utensilien [lat.], notwendige Geräte, Gebrauchsgegenstände, Hilfsmittel.

Uterus [lat.], svw. →Gebärmutter.

Utgard [altnord. ›äußeres Gehöft‹], in der nordgerman. Kosmologie das Reich der Riesen und Dämonen.

U Thant, Sithu, * Pantanaw (Verw.-Geb. Irrawaddy) 22. 1. 1909, † New York 25. 11. 1974, birman. Politiker. 1961–71 Generalsekretär der UN.

Utica, histor. Ort in Tunesien, 30 km sö. von Biserta. – Im 11. Jh. v. Chr. von Phönikern aus Tyrus gegr., nach 146 v. Chr. Hauptstadt der röm. Prov. Africa.

Utilitarismus [lat.], u. a. von J. Bentham und J. S. Mill vertretene pragmat. Richtung der Sozialethik, nach der eine Handlung danach bewertet wird, in welchem Maße sie zur Förderung des Glücks einer größtmögl. Anzahl von Menschen beiträgt. Der U. diente der Begründung einer wohlfahrtsstaatl. Sozialpolitik.

Sithu U Thant

Utopie [griech.], romanhafte Schilderung *(utop. Roman, Zukunftsroman)* eines bloß erdachten Staats- und Gesellschaftszustandes, bis zum 20. Jh. meist eines namengebenden Roman von T. More (›Utopia‹, 1516). Ihm folgten u. a. T. Campanella (›Sonnenstaat‹, 1623), F. Bacon (›Neu-Atlantis‹, hg. 1627), J. Schnabel (›Insel Felsenburg‹, 1731–43), Louis Sébastien Mercier (* 1740, † 1814; ›Das Jahr 2440. Ein Traum aller Träume‹, 1771), É. Cabet (›Reise nach Ikarien‹, 1842) und Edward Bellamy (* 1850, † 1898; ›Ein Rückblick aus dem Jahre 2000 auf das Jahr 1887‹, 1888). – Im *20. Jh.* überwiegen die sog. *Antiutopien,* in denen die Schreckensvisionen einer totalitär beherrschten Gesellschaft dargestellt werden: u. a. J. I. Samjatin (›Wir‹, frz. 1924, russ. 1952), A. Huxley (›Schöne neue Welt‹, 1932), G. Orwell (›1984‹, 1949), S. Lem (›Der futurolog. Kongreß‹, 1972).

Utraquisten [lat.] →Hussiten.

Utrecht ['u:trɛçt, niederl. 'y:trɛxt], 1) niederl. Prov.-hauptstadt am Kromme Rijn und Amsterdam-Rhein-Kanal, mit 230 600 E viertgrößte Stadt des Landes. Univ. (1636 gegr.), Museen; botan. Garten. Zentrum des niederl. Binnenhandels mit zahlr. Fachmessen und Kongressen; bed. Ind.standort.

Peter Ustinov

Bauten: Bed. Kirchen, u. a. gotische Kathedrale (1254–1517) mit isoliert stehendem Turm (1321–82) und Kreuzgang (14./15. Jh.); Janskerk (11., 16. und 17. Jh.), Pieterskerk (11. Jh.), Catharijnekerk (1524–37; Fassade von 1900). Paushuize (Papsthaus, um 1520); got. ehem. Patrizierhaus Oudaen, Theater Lucas Bolwerk (1938–41).

Geschichte: Etwa 48 n. Chr. Gründung eines röm. Kohortenkastells, in dessen Umgebung die zivile Ansiedlung **Traiectum (ad Rhenum)** entstand. 695 Bischofssitz; v. a. im 11. Jh. Ausbau eines größeren Territoriums (Niederstift im Kerngebiet, Oberstift östl. der IJssel) des Bistums. **(Ut-)Trecht** stieg im 12. Jh. zur bedeutendsten nordniederl. Stadt auf. In napoleon. Zeit Residenz König Ludwigs von Holland (1806–10). – In der **Union von Utrecht** schlossen sich 1579 sieben niederl. (v. a. kalvinist.) Prov. als Gegenbewegung zur kath. Union von Arras zusammen. – Der **Friede von Utrecht** beendete mit 9 Verträgen 1713–15 den Span. Erbfolgekrieg.
2) niederl. Prov. nördlich des Lek, 1 402 km² (davon sind 71 km² Binnenwasserflächen), 873 800 E, Verwaltungssitz Utrecht.
Utrecht, Kirche von (offiziell: Kerkgenootschap der Oud-Bischoppelijke Clerezie), seit dem 18. Jh. von Rom getrennte niederl. Kirche jansenist. Prägung; schloß sich am 24. 9. 1889 in der **Utrechter Union** mit

den Altkatholiken zusammen und gilt heute als altkath. Kirche der Niederlande.
Utrillo, Maurice [u'trɪljo, frz. ytri'jo], * Paris 26. 12. 1883, † Dax 16. 11. 1955, frz. Maler. Sohn der expressionist. Malerin Suzanne Valadon (* 1865, † 1938). Malte in satten, pastosen Farben (teilweise mit Gips gemischt) v. a. Pariser Straßen (bes. Montmartre) und Vororte. – Abb. S. 521.
Uttar Pradesh, nordind. Unionsstaat, 294 413 km², 110,9 Mio. E, Hauptstadt Lucknow.
Utu, der Sonnengott der Sumerer.
Uusima [finn. 'u:sima:] (schwed. Nyland), Verw.-Geb. und histor. Prov. in S-Finnland, am Finn. Meerbusen, 10 351 km², davon 9 898 km² Land, 1,23 Mio. E, Hauptstadt Helsinki. Wirtschaftlich wichtigstes Gebiet Finnlands.
UV, Abk. für → Ultraviolett.
UvD, Abk. für Unteroffizier vom Dienst.
Uxmal [span. uʃ'mal], Ruinenstätte der Maya auf der Halbinsel Yucatán, Mexiko, südlich von Mérida. Besiedelt zw. dem 7. und 11. Jahrhundert. Bed. Bauten im *Puucstil,* bei denen die Außenwände mit Steinmosaikfriesen (Masken des Regengottes und geometr. Muster) verziert sind.
Uz, Johann Peter, * Ansbach 3. 10. 1720, † ebd. 12. 5. 1796, dt. Dichter. Typ. Anakreontiker, dessen heitere Lyrik Wein, Liebe und Freundschaft preist.

V

V, 1) 22. Buchstabe des dt., 20. des lat. Alphabets (hier mit dem Lautwert [u]), der auf griech. → Ypsilon zurückgeht; die Beschränkung auf konsonant. Verwendung des Zeichens (während zur Vokalbezeichnung → U herausgebildet wurde) vollzog sich im MA; so bezeichnet V heute meist den stimmhaften labiodentalen Reibelaut [v], teils (wie im Deutschen) den stimmlosen labiodentalen Reibelaut [f].
2) chem. Symbol für → Vanadium.
3) Einheitenzeichen für → Volt.
4) *(V)* Formelzeichen für → Volumen.
v, physikal. Zeichen für die → Geschwindigkeit (v, *v*).
V1, V2 → V-Waffen.
VA, Einheitenzeichen für → Voltampere.
Vaal [engl. vɑ:l, Afrikaans fɑ:l], rechter Nebenfluß des Oranje, Republik Südafrika, entspringt in den Drakensbergen, mündet westlich von Douglas, 1 200 km lang.
Vaalserberg [niederl. va:lsər'bɛrx], mit 322 m ü. d. M. höchste Erhebung in den Niederlanden (im SO des südlimburg. Hügellandes).
Vaasa [finn. 'vɑ:sa] (schwed. Vasa; beides amtlich), finn. Hafenstadt am Bottnischen Meerbusen, 53 400 E.
va banque spielen [frz. va'bã:k ›es geht (gilt) die Bank‹], alles aufs Spiel setzen.
Vaccarès, Étang de [frz. etɑ̃dvaka'rɛs], Strandsee in der südl. Camargue; Naturreservat.
Vaculík, Ludvík [tschech. 'vatsuli:k], * Brumov (Südmähr. Gebiet) 23. 7. 1926, tschech. Schriftsteller und Publizist. Sein Roman ›Das Beil‹ (1966) und das ›Manifest der 2 000 Worte‹ (1968) waren von entscheidender Bedeutung für die Bürgerrechtsbewegung in der ČSSR; nach 1968 Publikationsverbot; danach Initiator der *Edice Petlice* (Verlegen und Verbreiten verbotener Literatur). – *Weitere Werke:* ›Die

Ludvik Vaculík

Meerschweinchen‹ (R., dt. 1971), ›Tagträume‹ (Prosa, dt. 1981).
Vademekum (Vademecum) [lat. ›geh mit mir!‹], Bez. für ein Buch handl. Formats, das als Leitfaden für das im Titel angegebene Gebiet benutzt werden soll.
Vadim, Roger, eigtl. R. V. Plemiannikov, * Paris 26. 1. 1928, frz. Filmregisseur. U. a. ∞ mit B. Bardot (1952–57) und J. S. Fonda (1964–69); drehte u. a. ›Und immer lockt das Weib‹ (1956), ›Gefährliche Liebschaften‹ (1959), ›Barbarella‹ (1968), ›La femme fidèle‹ (1976).
Vaduz [fa'duts], Hauptstadt des Ft. Liechtenstein, am Rand der Alpenrheinebene, 4 900 E. Gemäldesammlung, Landes-, Postmuseum; zus. mit dem nördl. angrenzenden Schaan größter Ind.standort Liechtensteins. Schloß (1905–12 erneuert; Residenz). Aus dem MA stammen Bergfried und Schloßkapelle (12. Jh.), aus dem 16. Jh. die Eckbastionen. – 1342 Hauptstadt der später gleich benannten Gft. (Schloß V. war Sitz der Grafen seit der Mitte des 14. Jh.); 1396 reichsunmittelbar; 1712 an das Haus Liechtenstein (1719 reichsfürstlich, 1806 souverän).
Vagabund [lat.], Landstreicher.
Vagantendichtung, umstrittene Bez. für weltl. lat. Dichtung v. a. des 12. und 13. Jh., bes. für mittelalterl. Lyrik verschiedenster Gattungen wie Bettel- und Scheltlieder, Trink-, Spiel- und Buhllieder, Liebes- und Tanzlieder **(Vagantenlieder),** Parodien, Satiren und Schwänke (→ Carmina Burana). Die V. wurde durch meist umherfahrende Kleriker und Scholaren **(Vaganten)** verbreitet.
vage (vag) [lat.-frz.], unbestimmt.
Vagina [lat.] → Scheide.
Vagotonie [lat./griech.], erhöhte Erregbarkeit des parasympath. Nervensystems (Übergewicht über das sympath. System).

Vagus [lat.] (Eingeweidenerv) →Gehirn.

Vaihingen an der Enz ['faⁱŋən], Stadt an der Enz, Bad.-Württ., 23 200 E. Weinmuseum; u. a. Leim- und Lederfabrik. Ev. spätgot. Stadtkirche (1513); ehem. Schloß Kaltenstein (16. Jh.).

Vaihinger, Hans ['faⁱŋər, 'vaⁱ...], * Nehren bei Reutlingen 25. 9. 1852, † Halle/Saale 18. 12. 1933, dt. Philosoph. Kantforscher; entwickelte den *Fiktionalismus:* Alle Begriffe sind Fiktionen, d. h. bildl. Vorstellungsweisen, die so betrachtet werden, *als ob* sie wahr wären.

Vaison-la-Romaine [frz. vɛzõlaʁɔ'mɛn], frz. Stadt in der Provence, Dep. Vaucluse, 5 900 E. Archäolog. Museum. – Ausgrabungen zweier ausgedehnter röm. Wohnviertel. Von der mittelalterl. Stadt zeugen u. a. Kathedrale (11.–13. Jh.; merowing. Teile), Kloster (11./12. Jh.), Kapelle (12. Jh.) sowie die Ruine des Schlosses des Grafen von Toulouse (12. Jh.).

vakant [lat.], frei, leer, unbesetzt, offen.

Vakuole [lat.] (Zellvakuole), meist von einer Membran umschlossener, flüssigkeitsgefüllter Hohlraum in tier. und pflanzl. Zellen. Der V.inhalt *(Zellsaft)* ist für die osmot. Eigenschaften der pflanzl. Zelle bestimmend. – Bei Einzellern und tier. Zellen dienen V. v. a. der Nahrungsaufnahme und Verdauung.

Vakuum [lat.], luftleerer Raum; auch Bez. für einen Raumbereich, in dem ein Druck herrscht, der wesentlich geringer ist als der Atmosphärendruck; auch Bez. für den Zustand [der Materielosigkeit] dieses Raumbereichs.

Vakuumtechnik, Teilgebiet der Technik, das sich mit den Verfahren zur Erzeugung bzw. Aufrechterhaltung eines Vakuums (mit Hilfe von Vakuumpumpen) und seiner Anwendung sowie – im Rahmen der *Vakuummeßtechnik* - mit den Verfahren zur Messung kleiner Gasdrücke befaßt. Zur Erzeugung eines Vakuums werden unterschiedl. Pumpentypen verwendet. Die wichtigsten *Vakuumpumpen* sind spezielle Verdrängerpumpen sowie Treibmittel-, Getter-, Molekular- und Kryopumpen. Die Arbeitsweise der *Verdrängerpumpen* beruht auf der period. Erweiterung und Verengung des Pumpraums. *Treibmittelpumpen* nutzen die Saugwirkung eines aus einer Düse austretenden Flüssigkeits- oder Gasstrahls. Die *Dampfstrahlpumpen* arbeiten mit Wasser-, Quecksilber- oder Öldampf. In *Diffusionspumpen* wird als Treibmittel Quecksilber- oder Öldampf niedriger Dampfstrahldichte benutzt, wobei diese *Quecksilber-* bzw. *Öldiffusionspumpen* im Vorvakuum von 1 bis 0,1 Pa (= 10^{-2} bis 10^{-3} mbar) benötigen; das abzupumpende Gas diffundiert hier in das Strahlinnere. *Getterpumpen* sind Vorrichtungen, die in einem bereits weitgehend evakuierten Gefäß Gase durch *Getter* sorptiv oder chem. binden, wodurch eine Pumpwirkung erzielt wird. *Ionengetterpumpen* stellen eine Kombination von Getter- und Ionenpumpen dar: Das Gettermaterial (z. B. ein Titandraht) wird durch einen Elektronenstrahl verdampft, schlägt sich an den Wänden nieder und absorbiert die Gasmoleküle, die zum Teil durch Stoßionisation zusätzl. ionisiert werden und im elektr. Feld beschleunigt auftreffen. *Molekularpumpen* erteilen im Druckbereich der Molekularströmung infolge der sehr schnellen Bewegung ihrer Flächen Molekülen eine Bewegungsrichtung, so daß sie in einen Raum höheren Druckes gefördert werden; erreichbares Endvakuum bis 10^{-8} Pa (= 10^{-10} mbar). *Kryopumpen* enthalten tiefgekühlte Wandflächen, an denen eine Kondensation von Gasen und Dämpfen erfolgt; sie werden insbes. zur Erzeugung von Hochvakuum (10^{-4} bis 10^{-1} Pa = 1 – 1 000 nbar) und Ultravakuum (Druck kleiner als 10^{-4} Pa = 1 nbar) verwendet.

Vakuumtrocknung, zur Konservierung von Lebensmitteln (auch zur Herstellung von Pulvern für Instantgetränke) angewandte Trocknung bei Unterdruck.

Vakzine (Vakzin) [lat.], svw. Impfstoff (→Impfung).

Val [Kurzwort aus Äquivalent], svw. Grammäquivalent (→Äquivalentmasse).

Val Camonica, rd. 80 km langer Talabschnitt des Oglio zw. Tonalepaß und Iseosee, Italien; Felsbilder der Bronze- und Eisenzeit.

Valdes, Petrus →Waldes, Petrus.

Val-d'Isère [frz. valdi'zɛːr], Wintersportort in den frz. Alpen, Dep. Savoie, 1 600 E.

Valdivia, Pedro de [span. bal'diβia], * Villanueva de la Serena (Prov. Badajoz) 1500, † Tupacel (Chile) 25. 12. 1553, span. Konquistador. Brach 1540 zu einer Expedition nach Chile auf; gründete u. a. 1541 Santiago de Chile.

Valdivia [span. bal'diβia], chilen. Hafenstadt im Kleinen Süden, 117 200 E. Univ.; u. a. Werften. – 1552 von P. de Valdivia gegr.; 1960 schwere Erdbebenschäden.

Valence [frz. va'lãːs], frz. Dep.hauptstadt an der mittleren Rhone, 68 200 E. U. a. Maschinen- und Apparatebau. Roman. Kathedrale (11./12. und 17. Jh.), ehem. bischöfl. Palais (16. und 18. Jh.).

Valencia [va'lɛntsia, va'lɛnsia; span. βa'lenθia], **1)** span. Prov.hauptstadt an der Mündung des Turia in den Golf von Valencia, 738 600 E. Univ., Hochschulen, bed. Museen, botan. Garten. Eine der wichtigsten Handelsstädte Spaniens; Hafen.

Bauten: Bed. Kirchen, u. a. gotische Kathedrale (1262–1480) mit barocker W-Fassade (1703–13) und Glockenturm ›Miguelete" (1381–1429); spätgot. Lonja de la Seda (Seidenbörse, 1483–98); Palacio de la Generalidad del Reino (15. und 16. Jh.); Palacio del Marqués de Dos Aguas (18. Jh.).

Geschichte: 138 v. Chr. als **Valentia Edetanorum** von den Römern gegr.; 413 von den Westgoten, 714 von den Arabern erobert; 1021 Hauptstadt eines unabhängigen Kgr.; 1102 wieder an das maur. Kgr.; 1238 endgültig von Aragonien zurückerobert. Im Span. Bürgerkrieg Nov. 1936–Okt. 1937 Sitz der republikan. Regierung.

2) histor. Prov. (Region) in O-Spanien, längs der Küste des Golfs von Valencia, erreicht im Bergland von Alcoy 1 558 m ü. d. M. Bed. Bewässerungsfeldbau: Reisfelder, Apfelsinen-, Mandarinen- und Zitronenkulturen; Schwer-Ind. in den Städten Sagunto und Valencia.

3) Hauptstadt des Staates Carabobo in N-Venezuela, 624 100 E. Univ.; Handels- und Ind.zentrum. – Gegr. 1555; im 19. Jh. zeitweise Hauptstadt von Venezuela.

Valenciennes [frz. valã'sjɛn], frz. Stadt an der Schelde, Dep. Nord, 40 000 E. Univ.zentrum; Zentrum des östl. nordfrz. Kohlenreviers. Got. Kirche Saint-Géry (13. Jh.).

Valens, Flavius, * Cibalae (= Vinkovci) 328, ✕ Adrianopel (= Edirne) 9. 8. 378, röm. Kaiser (seit 364). Wurde durch seinen Bruder Valentinian I. Kaiser im östl. Reichsteil; fiel im Kampf gegen die Westgoten.

Valentin ['va:lɛnti:n] (V. von Rom, V. von Terni), hl., Märtyrer und Bischof (?). Sein Fest am 14. Febr., der **Valentinstag,** ist zu einem Geschenktag (v. a. der Liebenden) geworden.

Valentin, Karl ['falɛnti:n], eigtl. Valentin Ludwig Fey, * München 4. 6. 1882, † ebd. 9. 2. 1948, dt. Komiker und Schriftsteller. Mit seiner Partnerin L. Karlstadt deckte er in hunderten von Kurzkomödien die grotesken und absurden Dimensionen des Alltäglichen bis zum Exzeß auf; auch Filme (u. a. ›Die Orchesterprobe‹, 1933; ›Der Firmling‹, 1934; ›Das verhängnisvolle Geigensolo‹, 1936); ab 1941 Filmverbot.

Karl Valentin

Valentinian (lat. Valentinianus), Name röm. Kaiser:

1) Valentinian I. (Flavius Valentinianus), * Cibalae (= Vinkovci) 321, † Brigetio (Pannonien) 17. 11. 375, Kaiser (seit 364). Ernannte seinen Bruder Valens und 367 seinen Sohn Gratian zu Augusti; kämpfte als Kaiser der westl. Reichsteils ab 365 u. a. erfolgreich gegen die Alemannen; sicherte 368–370 die Grenzen Britanniens.

2) Valentinian III. (Flavius Placidus Valentinianus), * Ravenna 2. 7. 419, † Rom 16. 3. 455, Kaiser (seit 425). Sohn des Konstantius III. und der Galla Placidia; tötete nach dem Hunnensieg von 451 seinen zu mächtig gewordenen Berater Aetius und wurde selbst von dessen Gefolgsleuten ermordet.

Valentino, Rudolph, eigtl. Rodolfo Guglielmi, * Castellaneta bei Tarent 6. 5. 1895, † New York 23. 8. 1926, italien.-amerikan. Tänzer und Schauspieler. Ab 1918 in Hollywood; als Stummfilmstar von legendärem Ruf, u. a. ›Der Scheich‹ (1921), ›Der Sohn des Scheichs‹ (1926). Sein Leben wurde u. a. von Ken Russell (* 1927) verfilmt.

Valentinstag ['vaːlɛntiːn] → Valentin, hl.

Valenz [lat.] (Wertigkeit), in der *Chemie* Bez. für das Mengenverhältnis, in dem sich ein Element mit einem anderen zu einer Verbindung umsetzt. Die *Valenzzahl* oder *stöchiometr. Wertigkeit* eines Elements gibt an, mit wievielen (einwertigen) Wasserstoffatomen sich ein Atom des Elements verbinden kann.

Valenztheorie, theoret. Begründung für die Entstehung von Molekülen und die Ausbildung chem. Bindungen. Nach der *elektrochem. Theorie* von J. J. von Berzelius (1811) sind Verbindungen aus Atomen oder Atomgruppen entgegengesetzter Ladung aufgebaut; durch Übertragung dieser Theorie auf die organ. Chemie entstand die *Radikaltheorie,* nach der bestimmte Atomgruppen, sog. Radikale, als Molekülbausteine angenommen wurden. Aufbauend auf dem von Edward Frankland (* 1825, † 1899) 1852 geprägten Begriff der Wertigkeit schufen 1854 Archibald Scott Couper (* 1831, † 1892) und A. Kekulé von Stradonitz (1865) die eigtl. V., wonach den Elementen bestimmte Wertigkeiten zukommen. Erweiterungen der V. waren die Annahme von Mehrfachbindungen, die Aufstellung der Ringformel des Benzols mit alternierenden Doppelbindungen durch A. Kekulé von Stradonitz (1865) sowie die Grundlegungen der Stereochemie durch J. H. van't Hoff und J. A. Le Bel (1874). 1916 wurde von W. Kossel und G. N. Lewis die *Elektronentheorie der Valenz* (Valenzelektronentheorie) aufgestellt, wonach die Bindung der Atome untereinander durch Elektronenpaare (bei der Atombindung), durch Übertragung von Elektronen bzw. elektrostat. Wechselwirkung (bei der Ionenbindung) oder (bei Metallen) durch zw. den Atomrümpfen freibewegl. Elektronen zustandekommt. Diese Theorie wurde durch die Quantenmechanik erweitert *(quantenmechan. Valenztheorie).*

Valera, Eamon de [engl. də vəˈlɛərə], * New York 14. 10. 1882, † Dublin 29. 8. 1975, ir. Politiker. Seit 1913 führend in der ir. Freiheitsbewegung; lehnte als Führer des radikalen Flügels der Sinn Féin (deren Präs. 1917–22) den von seinen Unterhändlern 1921 mit Großbrit. abgeschlossenen Vertrag über die Errichtung des ir. Freistaates im Rahmen des Commonwealth unter Abtrennung von Nordirland ab. An der Spitze der von ihm gegr. Fianna Fáil, mit der er Irland zur vollen Unabhängigkeit führen wollte, wurde er 1932–48 sowie 1951–54 und 1957–59 Premier-Min.; 1959–73 Präs. der Republik Irland.

Valera y Alcalá Galiano, Juan [span. βaˈlera i alkaˈla yaˈljano], * Cabra (Prov. Córdoba) 18. 10. 1824, † Madrid 18. 4. 1905, span. Schriftsteller. Bed. Essayist und Romancier, u. a. ›Pepita Jiménez‹ (1874), ›Die

Illusionen des Doctor Faustino‹ (1875); auch maßgebl. Übers. von Goethes ›Faust‹.

Valerian (Publius Licinius Valerianus), * um 190, † nach 259, röm. Kaiser (seit 253). Ernannte seinen Sohn Gallienus zum Mitregenten und zog gegen die Perser; starb in Gefangenschaft Schapurs I.

Valerius Flaccus, Gaius, † vor 95 n. Chr., röm. Epiker. Zählt mit dem [unvollendeten] myth. Epos ›Argonautica‹ zu den Nachklassikern der röm. Literatur.

Valéry, Paul (Ambroise) [frz. valeˈri], * Sète (Hérault) 30. 10. 1871, † Paris 20. 7. 1945, frz. Dichter. Setzte mit seinem Werk (u. a. ›Die junge Parze‹, 1917; ›Palme‹, 1919; ›Der Friedhof am Meer‹, 1920) die große Tradition der frz. Symbolisten (S. Mallarmé, P. Verlaine) fort; seine Lyrik ist der Darstellung der autonomen Ästhetik von Sprache und Dichtung gewidmet; auch seine zahlr. Aphorismen (u. a. ›Tel quel‹, 1941–43) und theoret. Schriften (u. a. ›Rede zu Ehren Goethes‹, 1932; ›Erinnerungen an Degas‹, 1938; ›Zur Theorie der Dichtkunst‹, 1938) sind der Analyse des künstler. Bewußtseins gewidmet. – *Weitere Werke:* Herr Teste (Prosazyklus, 1926, 1946 erweitert hg.), Mein Faust (zwei dramat. Skizzen, hg. 1945).

Valeurs [vaˈløːrs; lat.-frz.], Tonwerte in der Malerei.

Validität [lat.], die Gültigkeit eines wiss. Versuchs oder eines Meßverfahrens; die V. gibt den Grad der Genauigkeit an, mit dem ein Verfahren das mißt, was es messen soll.

Valin [Kw.] (2-Amino-3-methylbuttersäure), Abk. Val, eine essentielle Aminosäure.

Valla, Lorenzo, auch L. della Valle, * Rom 1407, † ebd. 1. 8. 1457, italien. Humanist. Wies die Unechtheit der → Konstantinischen Schenkung nach.

Valladolid [span. βaʎaˈðoˈlið], span. Prov.hauptstadt in Kastilien, 341 200 E. Univ., Nationalmuseum für Skulpturen, Archäolog. Prov.museum; Ind.standort. Bed. Kirchen, u. a. die unvollendete Kathedrale (1585 ff.), San Pablo (1488–91), und Klöster, u. a. Las Huelgas Reales (1282 gegr.), und Santa Ana (1780 klassizist. umgebaut) sowie Paläste (z. T. 15. Jh.). – Seit der Mitte des 15. Jh. Residenz der kastil. Könige.

Valle-Inclán, Ramón María del [span. ˈβaʎein̩ˈklan], * Villanueva de Arosa (Prov. Pontevedra) 28. 10. 1866, † Santiago de Compostela 5. 1. 1936, span. Schriftsteller. Originellster Vertreter des span. → Modernismo; schrieb Romane (u. a. ›Sonatas‹, 4 Romane, 1902–05) und grotesk-satir. Theaterstücke (u. a. ›Karneval der Krieger‹, 1930).

Vallendar [ˈfaləndar], Stadt am Mittelrhein, Rhld.-Pf., 9 400 E. Wallfahrtsort, Heilbad und Luftkurort.

Valletta (amtl. il-Belt Valletta), Hauptstadt des Staates Malta, an der O-Küste der Insel Malta, 9 300 E. Sitz des Parlaments und des höchsten Gerichtshofes; Univ. (gegr. 1592 als päpstl. Akademie), Nationalmuseum; öffentl. botan. Garten; Hafen. Die bedeutendsten Bauwerke stammen aus dem 16. Jh., u. a. die Kirche San Giovanni und das Großmeisterhospital des Johanniterordens. – 1566 durch den Großmeister des Johanniterordens, Jean Pansot de La Valette (* 1494, † 1568), gegr.; seit 1964 Hauptstadt der Republik Malta.

Vallotton [frz. valɔˈtõ], **1)** Benjamin, * Gryon (Waadt) 10. 1. 1877, † Sanary-sur-Mer (Var) 19. 5. 1962, schweizer. Schriftsteller. Humorvolle Romane [in frz. Sprache], u. a. ›Polizeikommissär Potterat‹ (1915).

2) Félix, * Lausanne 28. 12. 1865, † Paris 29. 12. 1925, frz. Maler und Graphiker schweizer. Herkunft. Ging 1882 nach Paris, u. a. Mgl. der → Nabis. Vertreter von Symbolismus und Art Nouveau (Jugendstil).

Valmy [frz. valˈmi], frz. Gem. bei Sainte-Menehould, Dep. Marne, 304 E. – Mit der **Kanonade von**

Valmy (20. 9. 1792) im 1. Koalitionskrieg begann der siegreiche Vormarsch der frz. Revolutionstruppen zum Rhein.

Valois [frz. va'lwa], Seitenlinie des frz. Königshauses der Kapetinger, die nach dem Aussterben der Kapetinger im Mannesstamm 1328 zur Herrschaft gelangte, in direkter Linie bis 1498 und danach in den Linien des älteren Hauses Orléans bis 1589 regierte.

Valois, Dame (seit 1947) Ninette de [engl. 'vælwa:], geb. Edris Stannus, verh. Connell, * Baltiboys bei Dublin 6. 6. 1898, ir. Tänzerin und Choreographin. Leitete 1931–63 das Royal Ballet in London.

Valoren [lat.] (Valeurs), allg. Wertgegenstände, Schmuck, Wertpapiere.

Valparaíso [span. βalpara'iso], Hauptstadt der Region Aconcagua in Zentralchile, am Pazifik, 278 800 E. Univ., TU, naturhistor. Museum. U. a. Werften, Hauptimporthafen Chiles. – 1536 oder 1544 gegr.; 1885–1916 wichtigster Hafen für den Salpeterhandel.

Valpolicella [italien. valpoli'tʃɛlla; nach dem gleichnamigen Tal (nw. von Verona)], Rotwein aus der Lombardei.

Valuta [lat.-italien.], 1) eine fremde Währung. 2) die Wertstellung eines Postens auf dem Konto.

Valutageschäft, Umtausch von inländ. Geld in ausländ. und umgekehrt.

Valuten, Bez. für ausländ. Geldsorten (Banknoten und Münzen) im Ggs. zu Devisen.

Valvation [lat.], Festlegung des Kurswertes umlaufender, bes. landfremder Münzen.

Vampir [slaw.], Verstorbener, der nachts als lebender Leichnam aus dem Grab steigt, um Menschen das Blut auszusaugen; die V.vorstellung entstammt dem südslaw., rumän. und griech. Volksglauben vom *Wiedergänger.* – Zahlr. Bearbeitungen in Literatur (u. a. E. T. A. Hoffmann, N. Gogol, Joseph Sheridan Le Fanu [* 1814, † 1873], B. Stoker) und Film (seit 1913). → Dracula.

Vampire [slaw.] (Echte V., Desmodontidae), Fam. der Fledermäuse mit drei Arten, v. a. in trockenen Landschaften und feuchten Wäldern der amerikan. Tropen und Subtropen; Körperlänge 6,5–9 cm, ohne äußerl. sichtbaren Schwanz; ernähren sich vom Blut von Säugetieren oder Vögeln; sie schneiden dabei mit ihren messerscharfen Schneide- und Eckzähnen eine Wunde und lecken das ausfließende Blut auf.

Van, türk. Prov.hauptstadt nahe dem O-Ufer des Vansees, 121 300 E. Das heutige V. wurde in den 1920er Jahren angelegt in einer Oase, von der Altstadt stehen nur noch 2 Moscheen. Auf dem Felsen von V. am Seeufer lag die ältere Residenz der Könige von Urartu mit Namen *Tuschpa (Turuschpa),* Reste der Burg Sardurs I. (⊠ etwa 835–825). Auf einem anderen nahen Felsen *(Toprakkale)* lag die jüngere Residenz *Rusachinili* (Ende des 8. Jh. v. Chr.). Fund von zahlr. Metallarbeiten.

Vanadium (Vanadin) [nach dem Beinamen Vanadis der altnord. Göttin Freya], chem. Symbol V; metall. chem. Element aus der V. Nebengruppe des Periodensystems der chem. Elemente, Ordnungszahl 23, relative Atommasse 50,9415, Dichte 6,11 g/cm³, Schmelzpunkt etwa 1890 ± 10 °C, Siedepunkt 3380 °C. V. wird nur von oxidierenden Säuren angegriffen; wichtigste Sauerstoffverbindung des V. ist *V.pentoxid* (Vanadium(V)-oxid), V_2O_5, ein orangegelbes bis rotes Pulver, das u. a. als Katalysator verwendet wird. In seinen Verbindungen tritt V. meist fünf-, seltener zwei-, drei- und vierwertig auf. Techn. Bedeutung hat das aus V.pentoxid und Eisenoxid durch Aluminium oder Silicium reduzierte *Ferro-V.,* das zur Herstellung harter, zäher, schwingungs- und hitzebeständiger Stähle *(V.stähle)* dient.

Van Allen, James Alfred [engl. væn 'ælin], * Mount Pleasant (Iowa) 7. 9. 1914, amerikan. Physiker. Entdeckte die nach ihm ben. Strahlungsgürtel der Erde, für deren Entstehung er auch die theoret. Deutung lieferte.

Van-Allen-Gürtel [engl. væn 'ælin; nach J. A. Van Allen], zwei *Strahlungsgürtel* der Erde, als Zonen ionisierender Strahlung hoher Intensität; 1958 mit Satelliten entdeckt.

Van Buren, Martin [engl. væn 'bjʊrən], * Kinderhook (N. Y.) 5. 12. 1782, † ebd. 24. 7. 1862, 8. Präs. der USA (1837–41). Demokrat; 1829–31 Außen-Min., 1833–37 Vizepräsident.

Vancouver [engl. væn'ku:və], kanad. Hafenstadt am Pazifik, 431 100 E, Metropolitan Area 1,38 Mio. E. Univ.; Stadt-, Schifffahrts-, geolog., anthropolog. Museum; Wirtschaftszentrum des zum Pazifik orientierten äußersten W von Kanada; internat. ⚓. – Seit etwa 1865 besiedelt.

Vancouver Island [engl. væn'ku:və 'ailənd], kanad. Insel im Pazifik, vor dem Festland von British Columbia und dem Bundesstaat Washington, USA, 31 284 km², bis 2 200 m hoch, wichtigste Stadt Victoria. – Um 1775 durch George Vancouver (* 1757, † 1798) erstmals erforscht; 1789 erste span. Dauersiedlung am Nootka Sound, die nach einem Krieg mit Spanien von Großbrit. übernommen wurde; 1849 Kronkolonie; 1871 dem Dominion Kanada als Prov. eingegliedert.

Vandalen (lat. Vandali; Wandalen), ostgerman. Volk, wohl aus N-Jütland oder M-Schweden; um die Zeit vor Christi Geburt im Besitz M-Schlesiens (ben. nach dem vandal. Teilstamm der Silingen); seit der 2. Hälfte des 2. Jh. n. Chr. nördl. von Dakien nachweisbar; 406 Vorstoß nach Gallien, 409 nach Spanien; von dort unter →Geiserich 429 nach N-Afrika (Reichsgründung). 533/534 Vernichtung des V.reiches durch den Byzantiner Belisar.

van de Graaff, Robert Jemison [engl. 'vændəgræf], * Tuscaloosa (Ala.) 20. 12. 1901, † Boston 16. 1. 1967, amerikan. Physiker. Entwickelte den nach ihm ben. elektrostat. Generator zur Hochspannungserzeugung (→ Bandgenerator).

Vandenberg Air Force Base [engl. 'vændənbɒ:g 'ɛafɔ:s 'beis], Raketentestgelände der amerikan. Luftstreitkräfte an der kaliforn. Küste, 220 km nw. von Los Angeles.

Van-der-Waals-Kräfte [niederl. vɑndər'wa:ls; nach J. D. van der Waals], zw. den Gitterbausteinen von Molekülkristallen, zw. Gasmolekülen und zw. unpolaren Molekülgruppen wirkende, auf gegenseitiger Induzierung von Dipolmomenten beruhende Anziehungskräfte.

Vane, John Robert [engl. vein], * Tardebigge (Worcestershire) 29. 3. 1927, brit. Pharmakologe. Wies nach, daß die in Blutgefäßen gebildeten Prostazykline (Abkömmling der Prostaglandine) die Entstehung von Blutgerinnseln verhindern und die Blutgefäße erweitern. 1982 Nobelpreis für Physiologie oder Medizin (zus. mit S. K. Bergström und B. Samuelsson).

Vanen → Wanen.

Vänersee (schwed. Vänern), See im westl. Mittelschweden, 5 585 km².

Vanille [va'nɪljə; lat.-span.], Gatt. der Orchideen mit rd. 100 Arten im trop. Amerika, in W-Afrika, auf Malakka und Borneo; Lianen mit Luftwurzeln, in Trauben stehenden Blüten und schotenähnl. Kapselfrüchten. Die wirtschaftl. wichtigste Art ist die in den gesamten Tropen kultivierte *Gewürz-V.* (Echte V.) mit gelblichweißen, duftenden Blüten. Die zu Beginn der Reife geernteten Früchte liefern die glänzend schwarzbraunen *V.stangen* (V.schoten; *Bourbon-* und *Mexiko-V.;* enthalten u. a. Vanillin, Vanillinalkohol und Zimtsäureester, Verwendung als Gewürz und zur

Vanille:
Echte Vanille;
OBEN Blüten;
UNTEN Fruchtstand

Parfümherstellung). Die v. a. auf Tahiti angepflanzte *Pompon-V.* liefert *Vanillons* (*Tahitivanille;* enthält u. a. Anisalkohol, Verwendung in der Parfüm-Ind.).

Vanillin (Vanillinaldehyd, 4-Hydroxy-3-methoxy-benzaldehyd), in äther. Ölen zahlr. Pflanzen, v. a. in den Kapselfrüchten von Vanillearten enthaltener aromat., farbloser, kristalliner Aldehyd; Geruchs- und Geschmacksstoff.

Vannes [frz. van], frz. Dep.hauptstadt an der Bucht von Morbihan, Bretagne, 42 200 E, archäolog. Museum; Hafen. Kathedrale (13., 15./16. und 18. Jh.); Häuser des 16. Jh.; Reste der Stadtbefestigung (13. bis 17. Jh.). – Hauptort der kelt. Veneter (Dariotitum); im 5. Jh. Bischofssitz; im späten MA Residenz der breton. Herzöge.

Vansee, abflußloser See in Ostanatolien, 3 574 km². Eisenbahnfähre zw. Tatvan am W- und Van İskelesi am O-Ufer (Teil der Verbindung Europa–Iran). Im S liegt die Insel → Ahtamar.

Vansittart, Robert Gilbert, Baron (seit 1941) [engl. væn'sɪtət], *Farnham (Surrey) 25. 6. 1881, †Denham (Buckinghamshire) 14. 2. 1957, brit. Diplomat. Forderte als Unterstaatssekretär im Außenministerium eine rigorose antidt. Politik *(Vansittartismus),* warnte die brit. Regierung vor dem nat.-soz. Regime.

Vanuatu

Fläche: 12 190 km²
Einwohner (1989): 142 600
Hauptstadt: Vila (auf Efate)
Verwaltungsgliederung: 4 Distrikte
Amtssprachen: Bislama, Englisch und Französisch
Nationalfeiertag: 30. 7.
Währung: Vatu (V. T.)
Zeitzone: MEZ + 10 Std.

Vanuatu, Republik im sw. Pazifik, umfaßt die Neuen Hebriden, mit den Hauptinseln Espiritu Santo, Malekula, Eromanga, Efate, Ambrim, Tana, Pentecost, Epi, Maewo, Aoba und Aneityum.

Landesnatur: Die Inselgruppe erstreckt sich als doppelte Kette von NW nach SO über rd. 725 km. Es sind überwiegend Vulkaninseln, die von Korallenriffen gesäumt werden. Es herrscht trop. Regenklima, im S mit trockenen Wintern. Auf den nördl. Inseln findet sich trop. Regenwald, auf den südl. gibt es Trockenwälder und Savannen.

Bevölkerung: Überwiegend christl. Melanesier (rd. 93 %) sowie Polynesier, Mikronesier und Europäer.

Wirtschaft, Verkehr: Hauptwirtschaftszweig ist die Kopragewinnung. Außerdem gibt es Kaffee- und Kakaoplantagen. Zur Eigenversorgung baut man Jams, Taro, Gemüse, Süßkartoffeln und Maniok an (Brandrodungsfeldbau). Auf Efate wird Manganerz abgebaut. Das Straßennetz ist 1 062 km lang, davon 250 km asphaltiert; Überseehäfen und internat. ✈ sind Vila und Santo.

Geschichte: 1606 entdeckten die Spanier die Neuen Hebriden; 1906 unter frz.-brit. Verwaltung (Kondominium). Mitte 1977 einigten sich Frankreich und Großbrit. darauf, die Inseln 1980 in die Unabhängigkeit zu entlassen. Nach der Verabschiedung der Verfassung und dem Wahlsieg der Unser-Land-Partei (Nov. 1979) kam es im Mai 1980 nach Unruhen zu einem erfolglosen Sezessionsversuch der Insel Espiritu Santo. Am 30. 7. 1980 wurden die Neuen Hebriden unter dem Namen V. eine unabhängige parlamentar. Republik. Gemeinsam mit den Salomonen und Papua-Neuguinea bildete V. eine panmelanes. Union; 1988 Abkommen dieser Staaten über eine engere Zu-

sammenarbeit. Polit. Mißhelligkeiten führten im Dez. 1988 zur Absetzung Präs. George Sokomanus; in der Amtszeit Präs. Fred Timakatas (* 1936) trat der langjährige Premier-Min. Walter Lini (* 1942) im Sept. 1991 zugunsten Donald Kalpokas zurück.

Politisches System: Parlamentar. Republik; *Verfassung* von 1979. *Staatsoberhaupt* ist der Präs.; *Exekutivorgan* ist die dem Parlament verantwortl. Regierung. Die *Legislative* liegt beim Parlament (39 Mgl.), ein Rat der Häuptlinge hat beratende Funktion. *Parteien:* Unser-Land-Partei (Vanuaaki Pati), Union of Moderate Parties, Melanesian Progressive Party. – Karte VII, Bd. 2, n. S. 320.

Vanvitelli, Luigi, * Neapel 12. 5. 1700, †Caserta 1. 3. 1773, italien. Baumeister. Für König Karl III. von Neapel-Sizilien baute V. nach dem Vorbild von Versailles das Schloß in Caserta (1752 ff.). In Neapel entstand die Chiesa dell'Annunziata (1761–82).

Van Vleck, John Hasbrouck [engl. væn'vlɛk], * Middletown (Conn.) 13. 3. 1899, †Cambridge (Mass.) 27. 10. 1980, amerikan. Physiker. V. war wesentl. an der Entwicklung der Quantentheorie des magnet. Suszeptibilität und des Magnetismus beteiligt. Nobelpreis für Physik 1977 (mit P. W. Anderson und Sir N. F. Mott).

Varanasi (früher Benares), ind. Stadt am Ganges, Unionsstaat Uttar Pradesh, 708 000 E. Sanskrit-Univ., Hindu-Univ., archäolog. Museum. Mit über 1 500 Hindutempeln bedeutendster Pilgerort der Hindus: 6 km des Gangesufers sind hl. Land, Steintreppen (›ghats‹) führen zum Fluß hinab. – Seit der 1. Hälfte des 1. Jt. v. Chr. archäolog. nachweisbar; im späten 12. Jh. muslim.; 1781 britisch.

Varangerfjord [norweg. va'raŋərfju:r], von der Barentssee ausgehender größter Fjord Norwegens, südl. der Varangerhalbinsel.

Varaždin [serbokroat. va,raʒdi:n], kroatische Stadt an der Drau, 34 000 E. Burg (13. Jh.; mit Museum); barocke Bauten, u. a. Jesuitenkirche, Franziskanerkloster.

Vardar, Hauptfluß Makedoniens, entspringt sw. von Gostivar (Jugoslawien), mündet westl. von Saloniki (Griechenland) in den Thermaischen Golf des Ägäischen Meeres, 420 km lang.

Varese [italien. va're:se], italien. Prov.hauptstadt in der Lombardei, am S-Rand der Bergamasker Alpen, 88 000 E. Wichtiger Ind.standort. Basilika San Vittore (1580–1615) mit klassizist. Fassade.

Varèse, Edgar [frz. va'rɛ:z], * Paris 22. 12. 1883, †New York 6. 11. 1965, amerikan. Komponist italien. Herkunft. Zählt als Protagonist der → Neuen Musik zu den Vätern der elektron. Musik; sein Werk (u. a. ›Ionisation‹, 1929–31; ›Deserts‹, 1950–54; ›Poème électronique‹, 1958) realisierte die Idee der ›liberation of sound‹ (›Emanzipation des Geräuschs‹).

Vargas Llosa, Mario [span. 'βaryaz 'josa], * Arequipa 28. 3. 1936, peruan. Schriftsteller und Literaturkritiker. 1976–79 Präs. des internat. PEN-Clubs. Gehört zu den herausragenden Vertretern des lateinamerikan. Romans, u. a. ›Die Stadt und die Hunde‹ (1962), ›Das grüne Haus‹ (1965), ›Tante Julia und der Lohnschreiber‹ (1977), ›Der Krieg am Ende der Welt‹ (1982), ›Maytas Geschichte‹ (1985); auch bed. Essayist. 1990 Präsidentschaftskandidat.

Variabilität [lat.], in der Biologie die Fähigkeit der Lebewesen zum Abweichen von der Norm.

Variable [lat.] (Platzhalter, Leerstelle), ein Symbol, für das Elemente einer Grundmenge eingesetzt werden können (→ Funktion).

Variante [lat.], Bez. der *Textkritik* für Textabweichungen bei zwei oder mehreren Fassungen.

Varianz [lat.], in der Wahrscheinlichkeitsrechnung und Statistik verwendetes Maß für die Größe der Abweichung einer Zufallsgröße von ihrem Mittelwert.

John Hasbrouck
Van Vleck

Vanuatu

Staatsflagge

Staatswappen

Edgar Varèse

Variation [lat.], 1) *allgemein:* svw. Abänderung, Veränderung.

2) *Biologie:* die bei einem Lebewesen im Erscheinungsbild (Phänotyp) zutage tretende Abweichung von der Norm, die der betreffenden Art bzw. einer entsprechenden Population eigen ist. Die individuelle V. ist durch innere (physiolog. oder genet. [Mutation]) und/oder äußere Faktoren (z. B. Umwelteinflüsse) bewirkt.

3) *Musik:* i. w. S. die Veränderung einer gegebenen melod., klangl. oder rhythm. Struktur als elementares Gestaltungsprinzip. Bei der als Reihungsform gestalteten V. wird ein umfangsmäßig und meist auch harmonisch festgelegtes Modell in jeweils neuer Gestalt wiederholt. Die Ostinato-V. des 16./17. Jh. entsteht über einer als Gerüst konstant bleibenden Baßmelodie. Die V.suite entsteht aus nur rhythm. Wechsel bei konstanter Oberstimmenmelodie. Bei der freien V. (Charakter-V.) wird das Thema nicht als Modell variiert, sondern aus seinem Ausdrucksgehalt heraus bis hin zur Aufgabe seines Grundcharakters entwickelt.

Varieté [vari-e'te:; lat.-frz.], Theater mit bunt wechselndem Programm artist., tänzer. und gesangl. Darbietungen.

varikös [lat.], in der *Medizin:* krampfadrig, Krampfadern betreffend.

Variometer [lat./griech.], allg. ein Gerät zur Messung bzw. Registrierung *(Variograph)* der örtl. oder zeitl. Veränderungen einer Meßgröße, z. B. der Steig- und Sinkgeschwindigkeit eines Flugzeugs *(Höhenänderungsmesser).*

Variskisches Gebirge [nach dem german. Volksstamm der Varisker], im Paläozoikum in Mitteleuropa aufgefaltetes Gebirge, das sich vom Frz. Zentralplateau in 2 großen Bögen nach NW erstreckt; der bis in die Bretagne, nach SW-England und S-Irland reichende Teil heißt *Armorikan. Gebirge.*

Varistor [lat.-engl.; Kw.] (VDR-Widerstand), spannungsabhängiger elektr. Widerstand, meist aus gesintertem Siliciumcarbid.

Varizellen [lat.], svw. →Windpocken.

Värmland, histor. Prov. im westl. M-Schweden, zentraler Ort Karlstad; 1639 gebildet.

Varmus, Harold Eliot, * Oceanside (N. Y.) 18. 12. 1939, amerikan. Mediziner. Seit 1979 Prof. für Mikrobiologie und Immunologie; für die Entdeckung des zellulären Ursprungs der retroviralen Onkogene erhielt er 1989 mit J. M. Bishop den Nobelpreis für Physiologie oder Medizin.

Varnhagen von Ense ['farnha:gən], 1) Karl August, * Düsseldorf 21. 2. 1785, † Berlin 10. 10. 1858, dt. Publizist. Vertreter des literar. Vormärz; lebte ab 1819 meist in Berlin; ab 1814 ∞ mit Rahel V. v. E.; schrieb ›Biograph. Denkmale‹ (5 Bde., 1824–30) und aufschlußreiche Tagebücher (14 Bde., hg. 1861–70); auch umfangreicher Briefwechsel, u. a. mit H. Heine, B. von Arnim, T. Carlyle und K. von Metternich.

2) Rahel, geb. Levin, * Berlin 26. 5. 1771, † ebd. 7. 3. 1833. Ab 1814 ∞ mit Karl August V. von Ense. Ihr Berliner Salon war Mittelpunkt eines bed. Kreises von Philosophen, Literaten und Künstlern (Zentrum der Berliner Romantik); ihre umfangreichen Briefe und literar. Aufzeichnungen weisen sie als eine der bedeutendsten Frauen ihrer Zeit aus. – Abb. S. 528.

Varro, Marcus Terentius, gen. Reatinus (nach Reate [= Rieti], wo er Landbesitz hatte), * 116, † 27 v. Chr., röm. Gelehrter. Vielseitigster und produktivster Gelehrter der röm. Republik; schrieb über Recht, Kunst, Sprache und Literatur, Philosophie, Landwirtschaft u. a. sowie eine Enzyklopädie in 41 Büchern über röm. Staats- und Kultaltertümer.

Varuna (Waruna), Gott der →wedischen Religion.

Varus, Publius Quinctilius, * um 46 v.Chr., † im Teutoburger Wald 9 n.Chr. (Selbstmord), röm. Statt-

halter Germaniens (ab 7 n.Chr.). 13 v.Chr. Konsul, wohl 7 v. Chr. Prokonsul von Africa, 6–4 Statthalter (Legat) in Syrien. Wurde im Herbst 9 n.Chr. im Teutoburger Wald vernichtend durch den Cherusker Arminius geschlagen.

Vasall [kelt.-mittellat.-frz.], im →Lehnswesen der Freie, der sich in den Schutz eines mächtigen Herrn begab, von diesem seinen Unterhalt bezog und sich dafür zu Gehorsam und Dienst, später zu Rat und Hilfe verpflichtete.

Victor de Vasarély: Relief vert-rouge; 1965

Vasarély, Victor de [frz. vaza're'li], eigtl. Viktor Vásárhelyi, * Pécs 9. 4. 1908, frz. Maler ungar. Herkunft. Ausbildung in der Bauhaustradition. Lebt seit 1930 in Frankr., seit 1959 frz. Staatsbürger; zunächst figürl. Bilder mit Schwarz-Weiß-Kontrasten; um 1951 formulierte er die Prinzipien der →Op-art bzw. der Farbkinetik: Durch sich kreuzende Linien bzw. Netzüberlagerungen werden Bewegungseffekte hervorgerufen.

Vasari, Giorgio, * Arezzo 30. 7. 1511, † Florenz 27. 6. 1574, italien. Maler, Baumeister und Kunstschriftsteller. Baute die Uffizien in Florenz (1560 ff.); auch manierist. Fresken und Gemälde; seine Künstlerbiographien (›Die Lebensbeschreibungen der berühmtesten italien. Architekten, Maler und Bildhauer‹, 1550, erweitert 1568) sind (bis heute) eine wichtige Quelle der kunstgeschichtl. Forschung.

Vasco da Gama [portugies. 'vaʃku ðɐ 'ɣɐmɐ], →Gama, Dom Vasco da.

Vasektomie [lat./griech.], in der *Medizin* die operative Entfernung eines Stücks des Samenleiters (z. B. zur Sterilisation).

Vaseline [dt./griech., Kw.], aus Gemischen v. a. gesättigter Kohlenwasserstoffe bestehendes, salbenartiges, aus hochsiedenden Erdölfraktionen oder durch Lösen von Paraffin in Paraffinöl gewonnenes Produkt, das als Salbengrundlage in der pharmazeut. Ind. und in der Technik als Schmierstoff und Rostschutzmittel dient.

Vasenformen, Gefäßtypen, die von der griech. Kunst in mannigfachen Formen ausgebildet wurden; verziert wurden zunächst v. a. *Krater* (Weinmischkrüge; auf großen Exemplaren des 6. Jh. schwarzfigurige Malerei), Mitte des 6. Jh. verdrängt von *Amphoren* (Gefäße für Wein, Öl, Getreide u. a.; Aschenurnen, Grabmäler; statt Friesen Bilder), seit Mitte des 5. Jh. auch große weiße *Lekythen* (Salbgefäße, Grabmäler).

Mario Vargas Llosa

Harold Eliot Varmus

**Rahel Varnhagen
von Ense**
(Zeichnung von
Wilhelm Hensel)

Vasenmalerei, Bemalung von Tongefäßen; schon in vorgeschichtl. Zeit verbreitet, dann in der kretisch-myken. Kultur; zur Vollendung entwickelt in der griech. Kunst: die frühe griech. V. (900–700 v. Chr.) gehört der geometr. Kunst an; im 6. Jh. v. Chr. setzte sich zunächst in Korinth, dann bes. in Attika der **schwarzfigurige Stil** (die auf das luftgetrocknete Gefäß aufgebrachte Umrißzeichnung wird mit einem Tonschlicker ausgemalt, der beim Brennen schwarz wird, wobei der Grund rötlich ist) mit großfigur. Szenen aus Mythos und Alltagsleben durch; die Künstler sind z. T. durch Signaturen bekannt, u. a. Exekias (3. Viertel des 6. Jh. v. Chr.). Um 530 v. Chr. kam der **rotfigurige Stil** (der Grund zw. den Figuren wird mit dunklem Malschlicker überzogen, so daß die Binnenzeichnung mit einem Pinsel aufgetragen werden kann). Griech. Vasen wurden in alle Länder der antiken Welt ausgeführt und v. a. in etrusk. Gräbern gefunden.

Vasenmalerei: Schwarzfiguriger Stil auf einer Bauchamphora; um 540 v. Chr. (Privatbesitz)

vaskulär [lat.], in der *Medizin* und *Biologie* zu den Körpergefäßen gehörend, Gefäße enthaltend.
vasomotorisch [lat.], in der *Medizin* und *Biologie:* auf die Gefäßnerven bezüglich; von den Gefäßnerven gesteuert, durch sie ausgelöst.
Vasoneurose [lat./griech.] (Angioneurose, Gefäßneurose), vasomotor. Übererregbarkeit, z. B. bei vegetativer Dystonie (geht mit Erröten und Erblassen, Kopfschmerzen und Migräne einher).
Vasopressin [lat.] (Adiuretin, ADH), Peptidhormon des Hypophysenhinterlappens; hemmt die Diurese, d. h. es fördert die Rückresorption des Wassers in der Niere und damit eine Konzentrierung des Harns.
Vassilikos (Bassilikos), Vassilis, * Kavala 18. 11. 1933, neugriech. Schriftsteller. Lebte zur Zeit der Militärjunta im Exil (Paris, London, Rom); von seinem Erzählwerk sind in dt. Sprache u. a. die Romane ›Griech. Trilogie‹ (1961) und ›Z‹ (1966; 1968 von Constantin Costa-Gavras (* 1933) verfilmt, Drehbuch: J. Semprun) sowie Erzählungen u. d. T. ›Griech. Tragödie‹ (1989) erschienen. Als Lyriker.
Västerås [schwed. vɛstərˈoːs], schwed. Ind.stadt am N-Ufer des Mälarsees, 117 700 E.
Västerdalälv [schwed. ˌvɛstərdalælf] →Dalälv.
Vater, der Erzeuger eines Kindes; im *rechtl.* Sinn der Mann, der zus. mit der Mutter die elterl. Sorge

über ein Kind ausübt (auch der *Adoptiv-V.,* nicht aber der *Stief-V.*). *Religionsgeschichtlich* die verbreitete Bez. des Hochgottes.
Vaterländische Front, 1933 von E. Dollfuß gegr. polit. Sammlungsbewegung, die programmatisch der Selbständigkeit Österreichs, einen autoritär-ständestaatl. Gesellschaftsaufbau und die Überwindung des Parteienstaates verfocht; nach dem Führerprinzip organisiert; 1938 aufgelöst.
Vaterländischer Krieg (1812), in Rußland bzw. in der Sowjetunion gebräuchl. Bez. für den Krieg gegen Napoleon I. (→ Napoleonische Kriege).
Vatermörder, Bez. für einen hohen steifen Kragen, mit Spitzen bis an die Wangen. Mode von etwa 1800 bis etwa in die 1940er.
Vater-Pacini-Körperchen (Vater-Pacini-Tastkörperchen) [italien. paˈtʃiːni; nach dem dt. Arzt Abraham Vater (* 1684, † 1751), und Filippo Pacini (* 1812, † 1883)], in der Unterhaut sowie im Bindegewebe zahlr. innerer Organe lokalisierte Drucksinnesorgane bei Reptilien, Vögeln, Säugetieren und beim Menschen.
Vaterrecht, ethnolog. Begriff zur Bez. einer Gesellschaftsstruktur, die durch die Vormachtstellung des Mannes gekennzeichnet ist.
Vaterschaft, im Recht die Feststellung des Erzeugers eines Kindes, d. h. des Vaters. Zur Feststellung der V. bei einer *V.klage* ist die Bestimmung der Blutgruppenantigene sowie die anthropologisch-erbbiolog. V.untersuchungen ein Hilfsmittel.
Vaterunser (Paternoster), das in 2 Fassungen (Matth. 6, 9–13, und Luk. 11, 2–4) überlieferte ›Gebet des Herrn‹ (Herrengebet); bis heute das elementare Gebet aller christl. Konfessionen.
Vatikan, nach dem auf dem *Mons Vaticanus* (Monte Vaticano) in Rom gelegenen Wohnsitz (und Residenz) des Papstes geprägte Kurzbez. für die oberste Behörde der röm.-kath. Kirche.
Vatikanische Konzile (V. Konzilien), die nach ihrem Tagungsort (Vatikan) ben. allg. Konzile der kath. Kirche; das *1. Vatikan. Konzil* (Vaticanum I [= 21. bzw. 20. allg. Konzil] 1869/1870; Pius IX.) und das *2. Vatikan. Konzil* (Vaticanum II [= 22. bzw. 21. allg. Konzil] 1962–1965; Johannes XXIII., Paul VI.). Wichtigste Entscheidung des **1. Vatikanischen Konzils** ist die in der Konstitution ›Pastor aeternus‹ formulierte Lehre über die Stellung des Papstes in der Kirche, v. a. die Dogmatisierung der → Unfehlbarkeit des Papstes, die v. a. in Deutschland eine Opposition hervorrief, die sich später im Altkatholizismus sammelte. Das Konzil wurde am 22. 10. 1870 wegen des Dt.-Frz. Krieges und der Besetzung Roms durch die italien. Regierung auf unbestimmte Zeit vertagt. – Die Bedeutung des **2. Vatikanischen Konzils,** an dem neben den über 2 500 Konzilsvätern auch 93 Vertreter nichtkath. christl. Gemeinschaften teilnahmen, liegt bes. in der Neuregelung der Liturgie, in den Aussagen über die Kirche, u. a. über die Kollegialität der Bischöfe, über die Religionsfreiheit und über den →Ökumenismus. Ungeklärt ist die Frage, welche dogmat. Verbindlichkeit den einzelnen Konzilsaussagen zukommt.
Vatikanische Sammlungen (Pinacoteca Vaticana), organisator. Zusammenfassung der in päpstl. Besitz befindlichen Kunstschätze, die zu den bedeutendsten Kunstsammlungen der Welt gehören.
Vatikanisches Archiv (italien. Archivio Segreto Vaticano), umfangreiche, v. a. für die europ. Geschichte des 13.–16. Jh. bed. päpstl. Archivsammlung im Vatikan.
Vatikanstadt (amtl. [Stato della] Città del Vaticano), autonomer Stadtstaat (seit 1929) im NW von Rom, 0,44 km², etwa 1 000 E. Umfaßt die Peterskirche, den Petersplatz, den Vatikanspalast und seine Gärten

Vatikanstadt
Wappen

mit Vatikan. Sammlungen, Vatikan. Bibliothek und Vatikan. Archiv. Die V. besitzt eine Garde (Schweizergarde), zahlr. Studieneinrichtungen, eine Rundfunkanstalt (Radio Vatikan sendet in 33 Sprachen), ein Observatorium, Zeitungen, Post- und Telegrafenamt, Druckerei, einen eigenen Bahnhof mit Anschluß an das Netz der italien. Staatsbahnen, zahlr. Banken. Zur **Geschichte** → Kirchenstaat, → Papsttum.

Vatnajökull [isländ. 'vahtnajœ:kydl], Plateaugletscher in SO-Island, mit 8 456 km² der größte Gletscher Europas.

Vättersee (schwed. Vättern), See im östlichen S-Schweden, 1912 km².

Vauban, Sébastien le Prestre de [frz. vo'bã], * Saint-Léger (= Saint-Léger-Vauban bei Vézelay) 1. 5. 1633, † Paris 30. 3. 1707, frz. Festungsbaumeister. 1678 Generalinspekteur des Festungswesens; sein System des Festungsbaus (u. a. Metz, Neubreisach) war bis in das 19. Jh. maßgebend. Als Volkswirtschaftler war V. ein Vertreter des Merkantilismus.

Vaudeville [vodə'vi:l; frz.], in Frankreich seit dem 15. Jh. zunächst Spottlied, seit Mitte des 17. Jh. satir. Liedeinlage in den Stegreifstücken der italien. Komödianten in Paris, dann auch die Stücke selbst (als Vorläufer der kom. Oper); die V.-Komödie erlebte ihre Glanzzeit in der 2. Hälfte des 19. Jh. (v. a. E. Labiche).

Vaudou (Vaudoux) [frz. vo'du] → Wodu.

Vaughan Williams, Ralph [engl. 'vɔ:n 'wɪljəmz], * Down Ampney bei Oxford 12. 10. 1872, † London 26. 8. 1958, engl. Komponist. Integrierte Traditionen des engl. Volkslieds und der Kunstmusik; Opern (u. a. ›The pilgrim's progress‹, 1951), Oratorien, Ballette, Orchesterwerke (u. a. 9 Sinfonien).

Vauthier, Jean [frz. vo'tje], * Bordeaux 20. 9. 1910, frz. Dramatiker. Sein Drama ›Kapitän Bada‹ (1952) steht am Beginn der Ära des absurden Theaters.

Vauvenargues, Luc de Clapiers, Marquis de [frz. vov'narg], * Aix-en-Provence 6. 8. 1715, † Paris 28. 5. 1747, frz. philos. Schriftsteller. Bed. Vertreter der frz. → Moralisten. – *Werke:* Einleitung zur Kenntnis des menschl. Geistes (1746), Betrachtungen und Maximen (1746).

Vázquez (Vásquez), Gabriel [span. 'βaθkeθ], gen. Bellomontanus, * Villaescusa de Haro 18. 6. 1549, † Jesús del Monte 30. 9. 1604, span. kath. Theologe und Jesuit. Einer der bedeutendsten Vertreter der Schule von → Salamanca; beeinflußte v. a. die Sozial- und Rechtsgeschichte.

v. Chr., Abk. für vor **Chr**istus (vor Christi Geburt).

VDE, Abk. für → **V**erband **D**eutscher **E**lektrotechniker e. V.

VDI, Abk. für → **V**erein **D**eutscher **I**ngenieure e. V.

VDS, Abk. für **V**ereinigte **D**eutsche **S**tudentenschaften, → Studentenschaft.

VEB, Abk. für **V**olks**e**igener **B**etrieb.

Veblen, Thorstein Bunde [engl. 'vɛblən], * Valders (Wis.) 30. 7. 1857, † Menlo Park (Calif.) 3. 8. 1929, amerikan. Nationalökonom und Soziologe. Bekannt durch seine Analyse externer Effekte beim Konsum, wonach bei gegebenen tatsächl. Preis eines Gutes die Nachfrage um so größer ist, je höher der vermeintl. Preis in den Augen der anderen liegt *(Veblen-Effekt).*

Vechta ['fɛçta], Kreisstadt im Oldenburg. Münsterland, Nds., 22 500 E. Maschinenbau, Elektro-, Textil- und Ziegelindustrie. Pfarrkirche Sankt Georg (1452 ff., im 18. Jh. wesentl. erneuert), ehemalige Franziskanerkirche (1642).

Veda → Weda.

Vedanta → Wedanta.

Vedute [italien. ›Ansichten‹; lat.], topograph. getreue Wiedergabe einer Landschaft, eines Stadtpanoramas.

Vega, Garcilaso de la [span. 'βeɣa] → Garcilaso de la Vega.

Vega Carpio, Lope Félix de [span. 'βeɣa 'karpjo] (Lope de Vega), * Madrid 25. 11. 1562, † ebd. 27. 8. 1635, span. Dichter. Gehört (zus. mit Calderón de la Barca, mit dem er befreundet war) zu den herausragenden Dramatikern des span. Theaters; seine eigenen Angaben zufolge rd. 1 500 Dramen (rd. 500 sind erhalten) verkörpern das Nebeneinander von mittelalterl. Tradition (→ Auto sacramental) und neuzeitl. *Comedia,* deren neue Struktur er auch in theoret. Ausführungen beschrieb: Einteilung in drei Akte, Mischung des Tragischen und des Komischen, Sprachnuancierung nach Alter und Stand, situationsbezogener Wechsel der metr. Formen (z. B. Sonette für Monologe, zehnteilige Strophen für Klagen, vierzeilige Strophen für Liebesszenen); in dt. Übers. u. a. ›Der Richter von Zalamea‹ (1600), ›Die Jüdin von Toledo‹ (1617), ›Das brennende Dorf‹ (1619), ›Der Ritter von Mirakel‹ (1621), ›Die schlaue Susanne‹ (hg. 1635); auch Lyriker von außergewöhnl. Rang (Romanzen, Kanzonen, Sonette) und Erzähler (u. a. ›Arkadien‹, R., 1598; ›Dorothea‹, autobiograph. R., 1632).

Lope Félix
de Vega Carpio

Vegetarier [lat.-engl.], jemand, der ausschließlich oder vorwiegend pflanzl. Nahrung zu sich nimmt.

Vegetation [lat.] (Pflanzendecke), Gesamtheit der Pflanzen, die die Erdoberfläche bzw. ein bestimmtes Gebiet mehr oder weniger geschlossen bedecken.

Vegetationsorgane, *Botanik:* die Teile der Pflanze, die im Ggs. zu den Geschlechtsorganen nur der Lebenserhaltung dienen (z. B. Wurzeln).

Vegetationsperiode (Vegetationszeit), derjenige Zeitraum des Jahres, in dem Pflanzen photosynthetisch aktiv sind, d. h. wachsen, blühen und fruchten; im Ggs. zu der durch Trockenheit oder Kälte verursachten **Vegetationsruhe.**

Vegetationspunkt (Vegetationskegel), kegel- oder kuppenförmige Spitzenregion von Sproß und Wurzel bei Farn- und Samenpflanzen; besteht aus primärem Bildungsgewebe, das durch fortlaufende Zellteilungen das Ausgangsmaterial für die Organbildung und Gewebsdifferenzierung liefert. Der V. gewährleistet das lebenslang anhaltende Wachstum der Pflanze.

Vegetationsstufen (Höhenstufen), durch Temperatur und Niederschlag bedingte Vegetationszonen (auch Wirtschaftszonen), die an einem Gebirgshang (vertikal) aufeinander folgen. Die *kolline Stufe* (Hügellandstufe) umfaßt das Hügelland und die Hanglagen der Mittelgebirge bis maximal 800 m (wärmeliebender Eichenmisch- und Kiefernwald). Die *montane Stufe* (Bergwaldstufe) wird im allg. von einer charakteristischen Waldformation gebildet; bis etwa 1 400–1 600 m. Die *alpine Stufe* verläuft von der Baumgrenze bis zur klimat. Schneegrenze; bis etwa 2 500 m. Nach den Wuchsformen der vorherrschenden Pflanzen werden unterschieden (von unten nach oben aufeinanderfolgend): Krummholz-, Zwergstrauch-, Matten- *(subalpine Stufe)* und Polsterpflanzengürtel. Die in der *nivalen Stufe* (Schneestufe) noch wachsenden Moose und Flechten treten in Gruppen oder nur noch einzeln an schneearmen Standorten (Grate, Felswände) auf; in den Alpen von 2 700 bis 3 100 m.

Vegetationszonen (Vegetationsgürtel, Vegetationsgebiete), den Klimazonen der Erde zugeordnete, mehr oder weniger breitenkreisparallel verlaufende Gebiete, die von bestimmten, für die jeweiligen klimat. Bedingungen charakterist. Pflanzenformationen besiedelt werden.

vegetativ [lat.], 1) ungeschlechtlich; nicht mit der geschlechtl. Fortpflanzung in Zusammenhang stehend.

2) unwillkürlich, unbewußt; in der *Biologie* und *Medizin* von den Funktionen des → vegetativen Nervensystems gesagt.

vegetatives Nervensystem (autonomes Nervensystem, Eingeweidenervensystem), bei den Wirbeltieren und beim Menschen; das im Unterschied zu dem hauptsächl. die Extremitätenmuskulatur innervierenden (willkürl.) Nervensystem das v. a. die Funktionen der Eingeweideorgane steuernde und kontrollierende (unwillkürl.) Nervensystem, das sich aus →Sympathikus und →Parasympathikus zusammensetzt.

vehement [lat.], mit heftigem Nachdruck.

Vehikel [lat.], 1. Hilfsmittel; etwas, wodurch etwas ausgedrückt oder begründet wird; 2. umgangssprachlich für altes, klappriges Fahrzeug.

Veidt, Conrad [faɪt], * Berlin 22. 1. 1893, † Los Angeles-Hollywood 3. 4. 1943, dt. Schauspieler. Ab 1917 beim Film, u. a. ›Das Kabinett des Dr. Caligari‹ (1919); emigrierte 1932 nach Großbrit.; ab 1940 in Hollywood. – *Weitere Filme:* Der Kongreß tanzt (1931), Casablanca (1943).

Veil, Simone [frz. vɛj], * Nizza 13. 7. 1927, frz. Politikerin. Während der nat.-soz. Zeit zeitweise im KZ Ravensbrück; 1974–79 Min. für Gesundheit (und soziale Sicherheit); 1979–81 Präs. des Europ. Parlaments, seit 1984 Fraktions-Vors. der Liberalen im Europ. Parlament.

Veilchen [lat.] (Viola), Gatt. der V.gewächse mit rd. 450 Arten in der nördl. gemäßigten Zone und den Gebirgen der Tropen und Subtropen; meist Stauden; Blüten mit Sporn, oft blau bis violett oder gelb. – Die häufigsten einheim. Arten sind *März-V.* (Wohlriechendes V.; Blüten dunkelviolett, duftend, an Bachufern und in lichten Laubgehölzen), *Hunds-V.* (auf Heiden und in Wäldern mit sauren Böden), *Wald-V.* (5–20 cm hohe Staude, Blüte violett, geruchlos; in Mischwäldern), *Sporn-V.* (4–10 cm hoch, Blüten meist dunkelviolett, mit meist 8–15 mm langem Sporn; in den Alpen ab etwa 1 600 m). Zur Gatt. V. gehören auch das →Stiefmütterchen und das *Horn-V.* (20–25 cm hoch, Blüten violett).

Veilchen: Märzveilchen

Diego Rodríguez de Silva y Velázquez: ›Las Meninas‹; 1666 (Madrid, Prado)

Veilchengewächse (Violaceae), Fam. der Zweikeimblättrigen mit rd. 850 Arten in 16 Gatt., v. a. in den Tropen, Subtropen und in den gemäßigten Zonen; Bäume, Sträucher, Halbsträucher oder Kräuter.

Veit, hl. [faɪt] → Vitus, hl.

Veitshöchheim [faɪts'hø:çaɪm], Gem. am Main, bei Würzburg, Bayern, 9 400 E. Ehem. Lustschloß der Würzburger Fürstbischöfe (1763 ff. umgestaltet und erweitert).

Veitstanz ['faɪts; nach dem hl. Veit (→Vitus)], 1. (Chorea minor) v. a. bei Mädchen zw. dem 6. und 13. Lebensjahr auftretende, meist günstig verlaufende Nervenkrankheit. Die Kinder fallen anfangs durch Reizbarkeit, Zappeligkeit und Verschlechterung des Schriftbildes auf. Hauptsymptome sind eine Abnahme des Muskeltonus der Skelettmuskulatur und Hyperkinese (Grimassieren und choreat., d. h. ungewollte, unkoordiniert-ausfahrende schleudernde Bewegungen und Zuckungen der Gliedmaßen). 2. (Huntington-Chorea, Chorea chronica progressiva hereditaria, Chorea major, erbl. Veitstanz) dominant vererbbare unheilbare Erkrankung des Zentralnervensystems. Anzeichen des zw. dem 30. und 50. Lebensjahr beginnenden Leidens sind regellose, plötzlich einschießende Bewegungen der Arme, Beine oder des Gesichtes (Grimassieren, Schmatzen), später körperl. Verfall und zunehmende Verblödung.

Veji (lat. Veii), wohl größte etrusk. Stadt, etwa 19 km nw. von Rom, bei Isola Farnese; Funde der Villanovakultur; Mgl. im etrusk. Zwölfstädtebund; antike Quellen rühmen den Tonplastiker Vulca (um 510 bis 500); 396 v. Chr. von den Römern erobert; röm. Munizipium. Etrusk. Reste: Minervatempel (Apollon von Veji, heute Rom, Villa Giulia), ein in den Felsen gehauener Wassertunnel (Ponte Sodo; 6. Jh. v. Chr.), Grotta Campana (wohl älteste etrusk. Grabmalereien, 6. Jh. v. Chr.), Akropolis.

Vektor [lat.], eine in *Mathematik, Physik* und *Technik* verwendete Größe, die in geometr. Deutung als eine mit bestimmtem Richtungssinn versehene Strecke aufgefaßt und durch einen Pfeil dargestellt werden kann, der beliebig parallel verschoben werden darf. V. sind im allg. durch zwei oder mehrere Zahlen (V.komponenten) festgelegt, die sich als Koordinatendifferenzen deuten lassen.

Vektorraum (linearer Raum), eine Menge V, für deren als *Vektoren* bezeichnete Elemente (u, v, w, ...) die Addition, ferner die Multiplikation mit den als *Skalare* bezeichneten Elementen eines Körpers K auf folgende Weise definiert sind: 1. Je zwei Elementen u, $v \in V$ ist eindeutig ein Element ($u - v$) $\in V$ zugeordnet, die Summe von u und v; V bildet bezügl. der Addition eine Abelsche →Gruppe. 2. Die Multiplikation mit einem Skalar $k \in K$ ordnet jedem Element $u \in V$ eindeutig ein Element $k \cdot u \in V$ zu; für diese [äußere] Multiplikation mit Skalaren aus K gelten die Regeln:

(a) $a \cdot (u + v) = a \cdot u + a \cdot v$
(b) $(a + b) \cdot u = a \cdot u + b \cdot u$
(c) $a \cdot (b \cdot u) = (a \cdot b) \cdot u$
(d) $1 \cdot u = u$

für alle $a, b \in K$ und $u, v \in V$.

Vektorrechner, schnelle Spezialrechner mit mehreren Rechenwerken, die einfache Operationen z. B. bei der Multiplikation von Vektoren oder Matrizen parallel ausführen können.

Vektorrechnung, Teilgebiet der Mathematik, das sich mit den Vektoren und ihren algebraischen Verknüpfungen befaßt (*Vektoralgebra*), i. w. S. auch mit der Anwendung der Differential- und Integralrechnung auf Vektorfunktionen (*Vektoranalysis*).

Velar [lat.], in der Phonetik der Hintergaumenlaut; z. B. der Laut [x] in *ach*, g, k vor a, o, u.

Velázquez, Diego Rodríguez de Silva y [span. βe-'laθkeθ], ≈ Sevilla 6. 6. 1599, † Madrid 6. 8. 1660, span. Maler. Verarbeitete im Typus der Darstellung einfachen Volkslebens (Bodegón) wie in seinen zahlr. höf. Szenerien und (Ganzfiguren)porträts Einflüsse Caravaggios und der niederl. Malerei, wobei die genaueste Beobachtung von Farb- und Lichtverhältnissen ein Hauptphänomen seiner Kunst ist; dabei verband V.

im noch mittelalterl. geprägten Spanien eine aufgelockerte Malweise mit thematisch und motivisch viel-
schichtigen Kompositionen und nuancierten psycholog. Darstellungen. Nach einem Porträt Philipps IV.
Beginn einer glänzenden Karriere als Hofmaler (1652
Schloßmarschall); Bekanntschaft mit Rubens (1628),
auf einer Italienreise 1629–31 mit J. de Ribera. Das
leuchtende Kolorit der großen Venezianer (Tizian)
wirkte in der folgenden Zeit auf sein Werk, er
dämpfte die Farbigkeit seiner Malerei jedoch wieder
bis hin zu einem Silberton feinster (v. a. Grau-)Nuan-
cen in seinem Spätwerk, dabei ist der Farbauftrag vergleichsweise dick (pastos). 1649–51 erneut in Italien
(Bildnis Papst Innozenz' X., Rom, Galleria Doria
Pamphili). Zahlr. Werke (Studienobjekte der Impres-
sionisten) befinden sich im Prado in Madrid: Triumph des Bacchus (1629), Apollo in der Schmiede
Vulkans (1630), Prinz Baltasar Carlos zu Pferde
(1634/35), Die Übergabe von Breda (1635), Der Hof-
narr Don Diego de Acedo (1644), Las Meninas (1656),
Die Spinnerinnen (um 1657), Die Infantin Margarita
(um 1660).

Velbert ['fɛlbərt], Stadt im Niederberg. Land,
NRW, 87 300 E. Dt. Schloß- und Beschlägemuseum.
Zentrum der dt. Beschläge-, Schlösser- und Schlüssel-
industrie. – 875 zuerst erwähnt; seit 1860 Stadt; 1975
mit Langenberg und dem Wallfahrtsort Neviges zusammengeschlossen.

Veld [fɛlt; Afrikaans], das subtrop., sommerfeuchte
Grasland im inneren Hochland S-Afrikas.

Velde, van de [niederl. 'vɛldə], niederl. Malerfami-
lie des 16. und 17. Jh.; bed.:
  1) **Adriaen** van de, ≈ Amsterdam 30. 11. 1636,
□ ebd. 21. 1. 1672. Bruder von Willem van de V. d. J.;
Strandbilder und Winterlandschaften von heiterer
festlicher Stimmung, u. a. ›Strand von Scheveningen‹
(1658, Kassel, Staatl. Kunstsammlungen).
  2) **Willem** van de, d. J., ≈ Leiden 18. 12. 1633,
† London 6. 4. 1707. Bruder von Adriaen van de V.;
seit 1674 am engl. Hof; transparent gemalte See-
schlachtenbilder.

Velde, 1) **Henry** van de, * Antwerpen 2. 4. 1863,
† Zürich 25. 10. 1957, belg. Maler, Architekt und
Kunstschriftsteller. Seit 1902 tätig in Weimar, ab 1926
in Brüssel, ab 1947 in der Schweiz. Führender Künstler und Theoretiker des Jugendstils.
  2) **Theodo[o]r Hendrik** van de, * Leeuwarden 12. 2.
1873, † 27. 4. 1937 (Flugzeugabsturz), niederländ.
Frauenarzt und Sexualforscher. Versuchte phys. und
psych. Störungen in Ehebeziehungen zu erforschen
und klin. zu behandeln. – *Hauptwerk:* Die vollkommene Ehe. Eine Studie über ihre Physiologie und
Technik (dt. 1926).

VELKD, Abk. für ↑Vereinigte Evangelisch-Lutherische **K**irche **D**eutschlands.

Velletri [italien. vel'le:tri], italien. Stadt in Latium,
am S-Rand der Albaner Berge, 41 500 E. Museen.
Dom (13.–17. Jh.) mit roman. Krypta.

Velodrom [lat.-frz./griech.], [geschlossene] Radrennbahn mit überhöhten Kurven.

Velours [və'lu:r, ve'lu:r; lat.-frz.], 1. svw. Samt; 2.
Bez. für Gewebe mit gleichmäßig langer, samtartiger
Haardecke, die durch Rauhen, mehrmaliges Hoch-
bürsten und Scheren (*V.ausrüstung*) entstanden ist.

Veloursleder [və'lu:r, ve'lu:r], auf der Fleischseite
durch bes. feines Schleifen zugerichtetes Kalb- oder
Rindleder.

Veltlin [fɛlt'li:n, vɛlt'li:n], Tal der Adda bis zu ihrem Einfluß in den Comer See. – Im MA lombard.,
1512 an Graubünden; 1797 zur Zisalpin. Republik;
1814/15 mit der Lombardei an Österreich, 1859/61 an
Sardinien bzw. Italien.

Velvet [fɛlt'li:n; engl.], Baumwollsamt mit glatter
Oberfläche.

Henry van de Velde: ›Engelwache‹; Bildteppich, 1893 (Zürich,
Kunstgewerbemuseum)

Ven [schwed. ve:n], schwed. Insel im Sund, 7,5
km²; Tycho-Brahe-Museum. – 1576–97 dem schwed.
Astronomen T. Brahe überlassen. Vom Schloß und
dem Observatorium sind nur Reste erhalten.

Venda, südafrikan. Homeland (nur von Südafrika
als Staat anerkannt, seit 1979) der Venda, 7 410 km²,
548 000 E, Hauptstadt Thoho ya Ndou (im Aufbau). –
Erhielt 1969 innere Selbstverwaltung.

Vendée [frz. vã'de], histor. frz. Gebiet südl. der unteren Loire. – Während der Frz. Revolution Zentrum
royalist.-klerikaler Bauernerhebungen gegen die Revolutionsregierung (1793–96, 1799/1800); 1815 und
1832 kämpften die Bauern der V. erneut für das
Thronrecht der Bourbonen.

Vendetta [italien.], Rache, v. a. in Sizilien Bez. für
Blutrache.

Vendôme [frz. vã'do:m], frz. Stadt am Loir, Dep.
Loir-et-Cher, 18 000 E. Benediktinerabteikirche (11.
bis 16. Jh.).

Venedig (italien. Venezia), Hauptstadt der italien.
Region Venetien und einer Prov., auf Inseln in der
Lagune von Venedig, 324 300 E. Univ. u. a. Hochschulen. Markusbibliothek, Staatsarchiv, zahlr. Museen
und Gemäldesammlungen; internat. Biennale für
zeitgenöss. Kunst, Film- und Musikfestspiele, Opern-
häuser und Theater. Eisenbahn- und Straßenbrücke
vom Festland; der innerstädt. Verkehr erfolgt mit
Barken und Motorbooten. Durch Absenkung des
gesamten Lagunengebiets sind die auf Pfählen errichteten Häuser gefährdet, auch durch mangelhafte
Kanalisation, gestiegenen Schiffsverkehr und Luftverunreinigung insbes. der petrochem. Ind. in den
festländ. Ortsteilen *Marghera* und *Mestre*.
  Bauten: Mittelpunkt ist der Markusplatz mit dem
→ Dogenpalast, dem Kuppelbau der Basilika San
Marco (3. Bau an dieser Stelle; 11. Jh.; Säulenfassade
und die Auskleidung mit Mosaiken und Marmor-
inkrustationen 13. Jh.), der Alten Bibliothek (1537 ff.),
den Prokurazien (16.–19. Jh.), dem Uhrturm (um
1500), der Münze (1537–45) und dem Kampanile
(12. Jh.). Am Canal Grande mit der berühmten Rialto-
brücke (1588–91) liegen zahlr. Paläste aus Gotik, Renaissance und Barock. Neben der Markuskirche sind
u. a. bed.: Santi Giovanni e Paolo (13.[?]–15. Jh.),
Santa Maria Gloriosa dei Frari (14./15. Jh.; mit Tizians ›Assunta‹), San Giorgio Maggiore (1566–1610
von A. Palladio), Santa Maria della Salute (1631–87
von Baldassare Longhena [* 1598, † 1682]).
  Geschichte: Die im Zug der hunn., dann langobard.
Verwüstungen auf dem Festland (5./6. Jh.) von Vene-
tern besiedelten Laguneninseln unterstanden seit 697
einem gewählten Dogen. Seit dem 9./10. Jh. war V.
Haupthandelspartner von Byzanz und der Levante;

Venedig: Canal Grande mit Santa Maria della Salute (rechts)

Venezuela

Staatsflagge

Staatswappen

Bevölkerungsverteilung

Erwerbstätige

seit dem 10. Jh. hatte es Stützpunkte in Istrien und Dalmatien; seit dem 12. Jh. (Ausnutzung der Kreuzzüge) Ausbau seiner polit. und wirtschaftl. Stellung im östl. Mittelmeer (1204 während des 4. Kreuzzuges Erwerb griech. Inseln [u. a. Kreta] und Küstenplätze auf der Peloponnes). Im Innern der Markusrepublik (nach den Reliquien des hl. Markus ben.) Ausbildung einer streng oligarch. Verfassung: Der Große Rat, seit 1172 Gremium der großen und alten Adelsfamilien, wählte die Dogen (auf Lebenszeit) und beschränkte dessen Macht; seine Funktion übernahm 1310 der Rat der Zehn. Im sog. Chioggiakrieg (1378–81) Sieg über den Handelskonkurrenten Genua; bis zum Frieden von Lodi (1454) Eroberung eines geschlossenen Gebietes im östl. Oberitalien (→Terra ferma). Handelsverbindungen nach England und Flandern; im 15./16. Jh. kulturelle Blüte der Renaissance. Die transatlant. Schwerpunktverlagerung des Welthandels durch die Entdeckungen der Neuzeit sowie die osman. Expansion zum Adriat. Meer schwächten die Machtstellung von V. entscheidend (1669/70 Verlust Kretas). Mitte des 18. Jh. ›Hauptstadt des Rokoko‹. Nach der Absetzung des letzten Dogen durch frz. Truppen 1797 an Österreich, 1805–14 an das napoleon. Kgr. Italien, 1815 an die habsburg. Kgr. Lombardo-Venetien, 1866 an das Kgr. Italien.

Venedigergruppe, westlichste Gruppe der Hohen Tauern, im Großvenediger 3 674 m hoch.

Venen [lat.] (Blutadern), bei Wirbeltieren und beim Menschen diejenigen Blutgefäße, die im Unterschied zu den Arterien (mit denen sie über Kapillaren in Verbindung stehen) das Blut dem Herzen zuführen. Ihre Wand ist ähnlich wie die der Arterien gebaut, sie weist jedoch weniger elast. Fasern und Muskelzellen auf. Mit Ausnahme der Lungen-V. führen die V. mit Kohlensäure beladenes (venöses) Blut, dessen Druck geringer ist als in den Arterien und dessen Strömungsrichtung durch Venenklappen gesteuert wird.

Venenentzündung (Phlebitis), vom Gefäßvolumen (z. B. bei einer infizierten Thrombose) oder von der entzündeten Umgebung ausgehende entzündl. Erkrankung der Venenwand, bes. häufig bei Krampfadern.

Venenverödung (Varizenverödung, Gefäßverödung), Unwegsammachen von Krampfadern durch die Injektion von Verödungsmitteln, die über eine Entzündung der Gefäßinnenhaut zur Bildung eines wandständigen Thrombus und dann schließlich zur dauernden narbigen Verlegung der Gefäßlichtung führen.

venerisch [lat., nach der röm. Liebesgöttin Venus], die Geschlechtskrankheiten betreffend, durch Geschlechtsverkehr übertragen; **venerische Krankheiten,** svw. →Geschlechtskrankheiten.

Venerologe [lat.-griech.], Arzt mit speziellen Kenntnissen auf dem Gebiet der Geschlechtskrankheiten.

Venerologie [lat.-griech.], Lehre von den Geschlechtskrankheiten, als Teilgebiet der Medizin verbunden mit der Dermatologie.

Veneter (lat. Veneti), Name mehrerer antiker Völker bzw. Stämme, u. a.: 1. V. an der italien. Adriaküste; wurden 215 v. Chr. von den Römern abhängig; 2. V. in der südl. Bretagne an der Atlantikküste, als Seefahrer berühmter Keltenstamm, den Cäsar 56 v. Chr. unterwarf.

Venetien (italien. Veneto), italien. Region und Großlandschaft am Adriat. Meer, 18 364 km², 4,38 Mio. E, Hauptstadt Venedig. – V. war seit dem 14./15. Jh. das Gebiet der Republik Venedig. Italien kannte zw. den Weltkriegen 3 V.: 1. die heutige Region **Venetien;** 2. **Julisch-Venetien,** seit 1947 (außer Triest) im wesentl. bei Jugoslawien (Slowenien), die restl. Teile gehören seitdem zur Region Friaul-Julisch-V.; 3. **Tridentinisch-Venetien,** für das 1919/20 an Italien gefallene Gebiet der Prov. Bozen und Trient, die heutige Region Trentino-Südtirol.

venezianische Schule, Gruppe von Komponisten, die zw. 1530 und 1620 als Kapellmeister an der Markuskirche in Venedig wirkten, u. a. A. Willaert, C. Monteverdi, Andrea (*1510?, †1586) und G. Gabrieli; neben verschiedenen Formen der Barockmusik entwickelten sie v. a. in der geistl. Vokalmusik eine von kontrastreichen Klangwirkungen geprägte Mehrchörigkeit, die auch auf die Instrumentalmusik übertragen wurde.

Venezuela

Fläche: 912 050 km²
Einwohner (1989): 19,25 Mio.
Hauptstadt: Caracas
Amtssprache: Spanisch
Nationalfeiertag: 5. 7.
Währung: 1 Bolivar (Bs) = 100 Centimos (c, cts)
Zeitzone: MEZ −5 Std.

Venezuela (amtl. Republik V.), Staat in Südamerika, grenzt im N an das Karib. Meer und den offenen Atlantik, im O an Guyana, im S an Brasilien, im W an Kolumbien.

Landesnatur: V. hat im SO Anteil am Bergland von Guayana, im W und N an das nö. Ausläufern der Anden mit dem Senkungsfeld von Maracaibo und der karib. Küstenkordillere. Im Andenteil liegt der Pico Bolivar, mit 5 007 m die höchste Erhebung des Landes. Zw. Kordilleren und Bergland von Guayana ist das Orinokotiefland eingesenkt. V. hat wechselfeuchtes Tropenklima. Trop. Regenwald und Trockenwald sind ebenso verbreitet wie Savannen.

Bevölkerung: Etwa ²/₃ der Bev. sind Mestizen und Mulatten; die Weißen sind v.a. span. und italien. Herkunft. Die Indianer leben in Stammesverbänden in Rückzugsgebieten. Rd. 90% der E sind katholisch. Es besteht Schulpflicht vom 7.–13. Lebensjahr. V. verfügt über 17 Universitäten.

Wirtschaft, Verkehr: Die wichtigsten Anbauprodukte sind Mais, Reis, Kaffee, Baumwolle, Zuckerrohr, Erdnüsse, Maniok und Sesam. Trop. Früchte (Bananen, Ananas, Orangen) werden in großen Mengen geerntet. Bedeutendster Wirtschaftszweig ist die verstaatlichte Erdölindustrie. Wichtige Bergbauprodukte sind außerdem Eisenerz, Manganerz, Gold, Diamanten, Kohle, Nickel-, Kupfer-, Blei- und Zinkerze. Führend sind Nahrungs-, Genußmittel-, chem., Metall- und Textilindustrie. Die einzige Eisenbahnstrecke Puerto Cabello–Barquisimeto-Acarigua ist 336 km lang. Das Straßennetz hat eine Länge von 62 601 km, davon 24 036 km asphaltiert. Die wichtigsten Häfen sind La Guaira, Puerto Cabello, Maracaibo und Puerto Ordaz. Wichtigster internat. ✈ ist Caracas.

Geschichte: 1498 entdeckt und 1499 nach den Pfahlbauten der Indianer V. (›Klein-Venedig‹ gen.; 1528–46 Versuch der Kolonialisierung des Landes durch die von Karl V. dazu berechtigten Augsburger Welser. 1546–1717 zum Vize-Kgr. Neuspanien, danach zum Vize-Kgr. Neugranada gehörig. 1810 Revolution, 1811 Unabhängigkeitserklärung und Ausrufung der Republik. Unter S. Bolívars Leitung wurde V. ein Teil Groß-Kolumbiens (1819/22), nach dessen Zerfall (1829/30) ein eigener Staat; in der Folgezeit immer wieder Bürgerkriege oder Diktaturen. Unter dem Diktator General Juan Vicente Gómez (* 1857, † 1935; 1908–29 und 1931–35) innerer Aufbau und wirtschaftl. Aufschwung v.a. durch Ausbeutung der Erdölvorkommen seit den 1920er Jahren. Im 2. Weltkrieg Entstehung neuer polit. Parteien zur Lösung drängender sozialer Fragen (z.B. die Acción Democrática, AD, seit 1945 wiederholt an der Macht). 1947 erster verfassungsmäßiger Präs.wechsel. 1979–84 war Luis Herrera Campins (* 1925), Vertreter des christl.-sozialen, linksliberalen Comitado Organización Política Electoral Independiente (COPEI), Präsident. Die Präsidentschaftswahlen 1983 und 1988 konnte die Acción Democrática gewinnen. – Außenpolit. distanzierte sich V. von den Militärdiktaturen Südamerikas. Im Rahmen der OPEC sucht V. eine aktive Rolle zu spielen. Die sozialen Gegensätze sind noch immer scharf ausgeprägt.

Politisches System: Republik mit bundesstaatl. Elementen und präsidialer Regierungsform; *Verfassung* von 1961. *Staatsoberhaupt* und oberster Inhaber der *Exekutivgewalt* ist der Präs., er wird für 5 Jahre direkt gewählt. *Legislative* ist das Zweikammerparlament aus Senat (49 Mgl.) und Abgeordnetenhaus (201 Abg., für 5 Jahre gewählt). Wichtigste *Parteien:* Acción Democrática, Partido Social Cristiano (früher: Comité de Organización Política Electoral Independiente [COPEI]). – Karte XIV, Bd. 2, n. S. 320.

Venezuela, Golf von, Bucht des Karib. Meers vor der Küste Venezuelas und Kolumbiens.

Venia legendi [lat.], Lehrbefugnis an wiss. Hochschulen.

Veniselos →Weniselos.

veni, vidi, vici [lat.], ›ich kam, ich sah, ich siegte‹ (nach Plutarch Aussage Cäsars über seinen 47 v. Chr. bei Zela errungenen Sieg über den pont. König Pharnakes II.).

Venlo [niederl. 'vɛnlo:], niederl. Stadt an der Maas, 63 600 E. Zentrum der nördl. Prov. Limburg, Mittelpunkt eines Erwerbsgartenbaugebiets. Spätgot. Kir-

che Sint Martinus (15. Jh.), Renaissancerathaus (1597–99), Giebelhäuser (16. und 18. Jh.). – 1343 Stadtrecht, 1481 Hansestadt; kam 1543 unter habsburg. Herrschaft, 1715 an die Vereinigten Niederlande.

Venosa, italien. Stadt in der Basilicata, 12 000 E. Dom (1470–1502), Benediktinerabtei (gegr. 1046) mit 2 Kirchen, Kastell (15. Jh.), Ruinen eines röm. Amphitheaters. – Das antike **Venusia,** seit 291 v. Chr. röm. Colonia, war der Geburtsort des Dichters Horaz.

Venstre [dän. 'vɛnsdrə ›Linke‹], dän. liberale Partei; 1872–1924 stärkste Partei im Folketing. Heute versucht die V. ihre primär agrar. Ausrichtung aufzugeben und gegen ihren Ruf als liberale Laissez-faire-Partei anzugehen. Seit 1905 besteht neben der V. die Sozialliberale Partei (Radikale Venstre).

Venta, La [span. la 'βenta], Ruinenstätte auf einer Anhöhe im Küstentiefland von Mexiko; um 1000 v. Chr. als Kultstätte gegr.; Ausgrabungen seit 1938; bed. Fundstätte der **La-Venta-Kultur,** Hauptausprägung der kulturellen Manifestationen der →Olmeken.

Ventile [lat.], 1) häufigste Form der Absperrorgane *(Absperrventil).* Das strömende Medium tritt beim *Kegel-V.* in das meist kugelförmig verdickte Gehäuse ein, wird etwas umgelenkt, fließt durch eine Öffnung, den sog. *V.sitz,* und verläßt das *V.gehäuse* fast immer auf der dem Eintritt gegenüberliegenden Seite. Durch Drehen an einem Hahnrad oder Drehgriff drückt eine Spindel den daran befindl. *V.kegel* in den *V.sitz* und verschließt das Ventil. *Platten-V.* besitzen statt des V.kegels eine V.platte (die meist als ›Wasserhähne‹ bezeichneten V.). Beim *Sicherheits-V.* oder *Überdruck-V.* wird der V.kegel durch eine einstellbare Feder auf den Sitz gedrückt. Bei Kolbenmotoren dienen die im Einlaß- und Auslaßkanal eines Zylinders angebrachten V. zur Steuerung des Ladungswechsels. Es werden ausschließl. *Teller-V.* verwendet, bestehend aus dem V.teller mit kegeliger Paßfläche, die sich an den V.sitz anlegt, und dem Schaft, der das V. führt.

2) (elektr. V.) elektr. Bauelemente, deren Widerstand von der Stromrichtung abhängig ist.

ventilieren [lat.-frz.], 1. lüften; 2. sorgfältig prüfen.

Ventimiglia [italien. venti'miʎʎa], italien. Hafenstadt im westl. Ligurien, 26 000 E. Archäolog. Museum; Grenzbahnhof zw. Frankreich und Italien. Roman. Dom (11. und 12. Jh.) mit Baptisterium, Kirche San Michele (12. Jh.) über einem Tempel des Kastor und Pollux. Nahebei röm. Theater (2. Jh. n. Chr.).

ventral [lat.], in der *Anatomie:* an der Bauchseite (Vorderseite) gelegen, zur Bauchseite (Vorderseite) hin.

Ventrikel [lat.], in der *Anatomie:* Kammer, Hohlraum, bes. von Organen.

Ventura, Lino, eigtl. Angelo Borrini, * Parma 14.7. 1919, † Saint Cloud 22. 10. 1987, frz. Filmschauspieler italien. Herkunft. Rollen in Gangster- und Kriminalfilmen, u.a. ›Der Panther wird gehetzt‹ (1959), ›Die Filzlaus‹ (1973), ›Ein glückl. Jahr‹ (1974).

Venus, röm. Göttin der Liebe, mit der griech. →Aphrodite gleichgesetzt.

Venus [nach der röm. Göttin], astronom. Zeichen ♀, der (von der Sonne aus gesehen) zweite Planet unseres Sonnensystems. Als innerer Planet kann sie sich, von der Erde aus gesehen, nicht weit von der Sonne entfernen (größte Elongation 47°, jeweils östl. oder westl. der Sonne). Steht V. westl. der Sonne, so geht sie als **Morgenstern** vor der Sonne im Osten auf. Bei östl. Elongation läuft V. scheinbar hinter der Sonne her und ist am Abendhimmel als **Abendstern** zu sehen (charakterist. Daten der V. →Planeten [Übersicht]). V. und Erde sind sich bezügl. Masse, Dichte und Radius sehr ähnlich; in den anderen physikal. Parametern treten jedoch kaum Gemeinsamkeiten auf. Eine Besonderheit gegenüber allen anderen Planeten ist die langsame V.rotation von 244 Erdtagen. Da die Rotation um die Achse und die Bahnbewegung um die Sonne entgegengesetzt gerichtet sind, entspricht die Länge eines Sonnentages auf der V. 117 Erdtagen.

Die Atmosphäre der V. ist völlig anders aufgebaut als die der Erde (97% Kohlendioxid, 2% Stickstoff und Edelgase, weniger als 0,4% Sauerstoff, 0,1–0,2% Wasserdampf). Die V. wird von einer globalen Wolkenhülle umgeben, deren oberste und mit maximal 14 km Dicke stärkste Schicht sich zw. 56 und 70 km Höhe erstreckt. Die durchschnittl. Temperatur dieser Schicht beträgt etwa –20°C; in ihr wurde ein großer Anteil von Schwefelsäurepartikeln nachgewiesen. Das Kohlendioxid, der atmosphär. Wasserdampf sowie die nachgewiesenen festen und flüssigen Schwefelpartikel bewirken eine Aufheizung *(Glashauseffekt)* der Venusoberfläche, so daß Temperaturen bis zu 480°C erreicht werden. Der Druck am Boden beträgt um 9 Mio. Pa (= 90 bar).

Die durch Krater zerklüftete Oberfläche der V. macht nach Radarmessungen von Bord amerikan. Venussonden (zuletzt 1991 ›Magellan‹) aus einen flachen bis hügeligen Eindruck. Auf der Nordhalbkugel wurde jedoch ein Hochplateau (3 200 km Länge, 1 600 km Breite) entdeckt, das fast 5 000 m höher als die Umgebung ist und an dessen Rändern sich drei große Berggruppen bis zu 12 000 m über das Grundniveau der V. erheben. Ferner wurde ein 250 km breites und mindestens 1 500 km langes Kluftsystem aufgefunden, in dem sich eine etwa 6,5 km tiefe und etwa 400 km lange Spalte befindet.

Venusberg (Venushügel), svw. →Schamberg.

Venusstatuetten, jungpaläolith., in der Regel 6–12 cm hohe weibl. Statuetten.

Veracruz [veraˈkruːs; span. βeraˈkrus], mex. Staat am Golf von Mexiko, 71 699 km², 6,8 Mio. E, Hauptstadt Jalapa Enríquez.

Veracruz Llave [span. βeraˈkruz ˈjaβe], mex. Hafenstadt am Golf von Mexiko, 305 500 E. Angelegt im Schachbrettgrundriß; Kathedrale Nuestra Señora de la Asunción (1734). – 1519 von H. Cortés gegründet; besaß in der Kolonialzeit das Monopol für die Aus- und Einfuhr des Landes.

Veränderliche (veränderliche Sterne, Variable), Sterne, bei denen eine oder mehrere Zustandsgrößen, insbes. die scheinbare Helligkeit und das Magnetfeld, einer zeitl. Änderung unterworfen sind.

Veränderungssperre, im Planungsrecht vorgesehene Möglichkeit zur Sicherung der Planung, insbes. der Bebauungsplanung. Durch die V. soll verhindert werden, daß während der Planung Fakten geschaffen werden, die dem späteren Planungsvollzug entgegenstehen.

Veranlagung (Steuerveranlagung), Feststellung und Festsetzung der Höhe der Steuerschuld in all den Fällen, in denen die Steuerbemessungsgrundlage nicht von vorneherein feststeht, z. B. bei Einkommen-, Vermögen-, Umsatz-, Gewerbe-, Körperschaftsteuer.

Verätzung, mit einem Substanzverlust durch Nekrose einhergehende flächenhafte Schädigung der Haut oder Schleimhaut durch starke Säuren oder Laugen. →Erste Hilfe.

Veräußerung, Übertragung von Sachen (Übereignung), Forderungen (Abtretung) und dingl. Rechten (Übertragung); eine V. kann durch Gesetz oder Gericht untersagt werden *(Veräußerungsverbot).*

Verb [lat.] (Verbum, Zeitwort, Tätigkeitswort, Tuwort; Mrz. Verben, Verba), Wortart, die in ihrer Form veränderlich ist (→Flexion); ist i. d. R. der grammat. Kern der Aussage eines Satzes (Prädikat); ein V., das nur in Verbindung mit einem anderen V. seine Funktion erfüllen kann, heißt *Modalverb* (z. B. ›Ich muß gehen‹).

Verband Deutscher Elektrotechniker (VDE) e. V.

Verbalinjurie [...i-ə; lat.], durch Worte verübte Beleidigung.

verballhornen [nach J. Balhorn], eine Formulierung, einen Namen o. ä. entstellen (in der Absicht, etwas vermeintlich Falsches zu berichtigen).

Verband, 1) *allgemein:* zur Verfolgung gemeinsamer Interessen gebildeter Zusammenschluß.

2) *techn. Bereich:* 1. Konstruktion im Fachwerkbau, die der Aufnahme von Seitenkräften und der Formerhaltung eines Tragwerkes dient; 2. versteifendes, stützendes oder tragendes Bauteil (Längs-, Quer-, Stütz-V.) im Schiffbau.

3) *Mathematik:* (Dualgruppe) eine algebraische Struktur V mit zwei zweistelligen inneren Verknüpfungen (Zeichen $\sqcup$ und $\sqcap$), in der für beliebige Elemente $a, b, c \in V$ folgende Axiome gelten:

$$\left. \begin{array}{l} a \sqcup b = b \sqcup a \\ a \sqcap b = b \sqcap a \end{array} \right\} \text{(Kommutativ-gesetze)},$$

$$\left. \begin{array}{l} a \sqcap (b \sqcap c) = (a \sqcap (b) \sqcap c) \\ a \sqcup (b \sqcup c) = (a \sqcup b) \sqcup c \end{array} \right\} \text{(Assoziativ-gesetze)},$$

$$\left. \begin{array}{l} a \sqcup (a \sqcap b) = a \\ a \sqcap (a \sqcup b) = a \end{array} \right\} \text{(Verschmelzungs-gesetze)}.$$

Gelten zusätzl. noch die beiden Distributivgesetze

$$a \sqcup (b \sqcap c) = (a \sqcup b) \sqcap (a \sqcup c),$$
$$a \sqcap (b \sqcup c) = (a \sqcap b) \sqcup (a \sqcap c),$$

so spricht man von einem *distributiven Verband.* Ein Verband V heißt komplementär, wenn er ein Nullelement 0 und ein Einselement 1 besitzt und wenn es zu jedem Element $a \in V$ ein $\bar{a} \in V$ gibt mit $a \sqcap \bar{a} = 0$ und $a \sqcup \bar{a} = 1$.

4) *Medizin:* →Verbände.

Verband Deutscher Elektrotechniker (VDE) e. V., 1893 gegr. techn.-wiss. Verband; Sitz Frankfurt am Main. Zu den Aufgaben gehören u. a. die Fortbildung der Mgl., die Erstellung gesetzlich anerkannter elektrotechn. Sicherheitsvorschriften und die Prüfung von Elektroerzeugnissen durch die *VDE-Prüfstelle.*

Verband deutscher Schriftsteller e. V. (VS), 1969 aus der ›Bundesvereinigung Dt. Schriftsteller e. V.‹ (BDS) hervorgegangener Schriftstellerverband; seit 1974 in der IG Medien – Druck und Papier; Sitz: Stuttgart.

Verbände, Hilfsmittel zur Abdeckung von offenen Wunden *(Schutzverband)* oder zur Fixierung und Ruhigstellung von Körperteilen bei geschlossenen Verletzungen bzw. zur Stützung und Stellungskorrektur von Gliedmaßen und Rumpf. Bei geschlossenen Körperverletzungen wie Prellungen, Zerrungen oder nach Verrenkungen sind *Stütz-V.* aus Zinkleim- oder elast. Pflasterbinden gebräuchlich. Bei Knochenbrüchen dient der aus Gipsbinden hergestellte *Gipsverband* als umhüllender Verband zur Fixierung der Bruchenden, bei Brüchen im Becken- und Wirbelsäulenbereich als Lagerungsschale. Bei Brüchen, deren Bruchenden zur Verlagerung neigen, werden *Streck-V.* in Form von einfachen Zugmanschetten oder als →Extensionsverband angelegt.

Verbandsgemeinde, Gebietskörperschaften mit Selbstverwaltungsaufgaben, die aus benachbarten Ortsgemeinden des gleichen Landkreises bestehen.

Verbandsklage, von Verbänden erhobene Klage, mit der diese keine eigenen Rechte, sondern die ihrer Mgl. oder der Allgemeinheit geltend machen.

Verbannung, seit der Antike praktizierte Verweisung einer Person aus einem bestimmten Gebiet auf Dauer oder für bestimmte Zeit.

Verbena [lat.], svw. →Eisenkraut.

Verbindlichkeiten, vorwiegend aus Warenlieferungen und Leistungen resultierende Verpflichtungen gegenüber Geschäftspartnern.

Verblödung, svw. →Demenz.

Verblutung, zum Tode führender akuter Blutverlust. Beim Gesunden ist gewöhnl. ein Blutverlust von 1,5–2,5 *l* tödlich.

Verbotsirrtum, Irrtum über das Verbotensein eines strafrechtlich relevanten Verhaltens. Der Täter nimmt irrig an, sein Verhalten sei erlaubt, so daß ihm das Unrechtsbewußtsein fehlt; kann zur Strafmilderung führen bzw. Schuldausschließungsgrund sein.

verbrannte Erde, eine Kriegstaktik, die die Vernichtung der gesamten Lebensgrundlage der beim Rückzug geräumten Gebiete beabsichtigt: u. a. Tötung oder Deportation der Bevölkerung, Zerstörung von Verkehrsverbindungen, Ind.- und Versorgungsanlagen sowie der Ernte.

Verbraucher, Käufer von Waren (und Dienstleistungen) zur eigenen Bedürfnisbefriedigung, auch zur gewerbl. Herstellung oder für den Handel.

Verbraucherpreise, die [Endverkaufs]preise für Güter und Dienstleistungen, die von den Konsumenten zu entrichten sind.

Verbraucherschutz, die Gesamtheit der rechtl. Vorschriften, die den Verbraucher vor Benachteiligungen im Wirtschaftsleben schützen sollen (z. B. Preisauszeichnungspflicht).

Verbraucherverbände, Organisationen, deren satzungsgemäße Aufgabe die Vertretung der Interessen der Verbraucher ist, v. a. durch Information (*Verbraucheraufklärung*) und *Rechtsberatung.* Außerdem sind die V. berechtigt, mit Unterlassungsklagen gegen Verstöße gegen das Gesetz gegen den unlauteren Wettbewerb vorzugehen.

Verbrauchsteuern, indirekte Steuern, die durch die Besteuerung der Einkommensverwendung für bestimmte Güter die persönl. Leistungsfähigkeit nur mittelbar erfassen. Durch V. belastete Waren sind u. a. Mineralöl, Branntwein, Zucker, Salz, Tabakwaren, Kaffee, Tee. Zu den V. im weiteren Sinne gehören auch die *Aufwandsteuern* (z. B. Kraftfahrzeugsteuer, Hundesteuer).

Verbrechen →Straftat.

Verbrechen gegen die Menschlichkeit, staatl. angeordnete und geduldete Verbrechen gegen Menschen aus polit., religiösen oder rass. Gründen, im Ggs. zu Kriegsverbrechen. Wird nach allg. Strafrechtsnormen bestraft.

Verbrennung, 1) *Chemie:* unter Flammenbildung und Wärmeentwicklung ablaufende Reaktion von Stoffen mit Sauerstoff oder anderen Oxidationsmitteln nach Erreichen der jeweiligen Entzündungstemperatur. Bei vollständiger V. von organ. Brennstoffen entstehen vorwiegend Kohlendioxid und Wasserdampf, bei unvollständiger V. Ruß und Kohlenmonoxid.

2) *Medizin:* (Combustio, Kombustion) durch örtl. Hitzeeinwirkung hervorgerufene Gewebeschädigung. Bei *V. ersten Grades* kommt es zu einer schmerzhaften Rötung der Oberhaut. Bei einer *V. zweiten Grades* entstehen die außerordentl. schmerzhaften Brandblasen durch Schädigung der Blutkapillaren mit Austritt von Blutflüssigkeit und Abhebung der obersten Hautschicht. Bei *V. dritten Grades* ist auch die Lederhaut mit ihren Gefäßen und Nerven (verbrannte Partien zeigen stellenweise Gefühllosigkeit und ein verkohltes oder weißl.-lederartiges Aussehen) betroffen. Die nekrot. Hautpartien werden abgestoßen und hinterlassen tiefe Narben. V. größerer Ausdehnung (ab 15 % der Körperoberfläche) sind lebensgefährlich. Der Eiweiß- und Flüssigkeitsverlust bei Störung der Wärmeregulation der Haut und die Giftwirkung der durch die V. veränderten Eiweißstoffe führen u. a. zum Kreislaufversagen. →Erste Hilfe.

Verbrennungskraftmaschinen, Kraftmaschinen, bei denen mechan. Arbeit durch die unmittelbar im Zylinder bzw. einer Brennkammer stattfindende rasche Verbrennung eines Brennstoff-Luft-Gemisches gewonnen wird, z. B. Gasturbinen (→Turbinen) und →Verbrennungsmotoren.

Verbrennungsmotoren (Explosionsmotoren), Kraftmaschinen, bei denen im Zylinder durch Verbrennung eines Brennstoff-Luft-Gemisches ein Kolben bewegt und so über diesen die Wärmeenergie in mechan. Energie umgewandelt wird. Nach dem Arbeitsablauf unterscheidet man z. B. Zweitakt- und Viertaktmotoren, nach der Art der Gemischbildung und -zündung Ottomotoren, Einspritzmotoren und Dieselmotoren.

Verbundwerkstoffe (Kompositwerkstoffe), aus mehreren Komponenten zusammengesetzte Werkstoffe. Typ. Beispiel für *Faser-V.* sind die glasfaserverstärkten Kunststoffe (**GFK;** →GFK-Technik), ferner Faser-V. mit Bor- (*borfaserverstärkte Kunststoffe;* **BFK**) oder Kohlenstoffasern (*kohlefaserverstärkte Kunststoffe;* **KFK**), die in Kunststoffe, Aluminium oder Titan eingebettet sind, sowie Faser-V. mit Kristallfäden **(Whisker),** die bezüglich der Festigkeitswerte an der Spitze aller Faser-V. liegen. – *Schicht-V.* sind V., die aus mehreren Lagen unterschiedl. Materials bestehen.

Vercelli [italien. verˈtʃɛlli], italien. Prov.hauptstadt in der westl. Poebene, Piemont, 50 500 E. Museen und Gemäldesammlungen, Staatsarchiv; Mittelpunkt des norditalien. Reisanbaugebiets. Dom (16. und 18. Jh.) mit roman. Kampanile, roman. Zisterzienserkirche Sant'Andrea (1219–24). – Bei dem röm. Munizipium **Vercellae** schlug 101 v. Chr. Gajus Marius die Kimbern; im 4. Jh. Bischofssitz; 1335 an die Visconti, 1427 an Savoyen.

Verchromen, Verfahren der Oberflächenbehandlung, bei dem Metallgegenstände im galvan. Bad mit einer Chromschicht als Korrosionsschutz überzogen werden. Beim *Glanzverchromen* werden meist Schichten von 0,3–0,5 μm Dicke, beim *Hartverchromen* (v. a. zum Schutz von mechan. stark beanspruchten Metallgegenständen) Schichten bis zu 0,5 mm Dicke aufgetragen.

Vercingetorix, *um 82, † Rom 46 v. Chr., König der gall. Arverner. 52 v. Chr. Führer des gesamtgall. Aufstandes gegen Cäsar; siegte bei Gergovia; wurde in Alesia eingeschlossen und besiegt, 46 v. Chr. im Triumphzug Cäsars mitgeführt und anschließend hingerichtet.

Verdacht, im Recht die auf konkrete Anzeichen (Indizien) oder Beweise gegründete Wahrscheinlichkeit oder Möglichkeit, daß jemand als Täter oder Teilnehmer einer Straftat in Betracht kommt. Der zum Erlaß eines Haftbefehls erforderl. *dringende Tatverdacht* liegt vor, wenn der zu Inhaftierende sich mit großer Wahrscheinlichkeit als Täter oder Teilnehmer strafbar gemacht hat.

Verdammnis, nach bibl. und christl. Auffassung der Zustand ewiger Totalbestrafung (ewige V.); Ort der V. ist die →Hölle.

Verdampfung, Bez. für den Übergang eines Stoffes vom flüssigen in den gasförmigen Aggregatzustand, die v. a. dann benutzt wird, wenn dieser Übergang nur an der Oberfläche der Flüssigkeit, also ohne Blasenbildung stattfindet.

Verdampfungswärme, diejenige Wärmemenge, die erforderl. ist, um einen Körper ohne Temperaturerhöhung aus dem flüssigen in den gasförmigen Aggregatzustand zu überführen.

Verdauung (Digestion), Abbau der organ. Grundnahrungsstoffe Kohlenhydrate, Eiweiße und Fette in einfache und für den Organismus bzw. eine einzelne Zelle resorbierbare Bausteine des Stoffwechsels durch die Einwirkung von →Verdauungsenzymen. Bei Einzellern, Schwämmen, Hohltieren, Strudelwürmern, einigen Muscheln und Schnecken erfolgt die V.

innerhalb der Zellen *(intrazellulare Verdauung).* Bei höheren Tieren erfolgt die V. im Darm *(extrazellulare Verdauung).*

Verdauungsenzyme, Enzyme, die eine Verdauung bewirken, insbes. die von in den Darmtrakt mündenden Verdauungsdrüsen bzw. aus Darmepithelzellen stammenden Enzyme. Man unterscheidet Carbohydrasen, Proteasen und Lipasen. **Carbohydrasen** sind die die Stärke und das Glykogen bis zu den Oligo- bzw. Disacchariden abbauenden Amylasen, die die Zellulose bis zur Glucose abbauenden Zellulasen und die Chitinasen, die Chitin zu einfachen Zukkern spalten; Maltase und Lactase spalten Glykoside und Oligosaccharide zu Monosacchariden. Bei den **Proteasen** unterscheidet man Proteinasen (Endopeptidasen; Pepsin, Trypsin, Chemotrypsin), die Proteine und höhere Polypeptide in niedermolekulare Eiweißstoffe spalten, und die Peptidasen i. e. S. (Exopeptidasen), die v. a. niedermolekulare Eiweißstoffe in die einzelnen Aminosäuren zerlegen. Die die Fette in Glycerin und Fettsäuren spaltenden **Lipasen** können erst nach Einwirken der Gallensäuren wirksam werden.

Verden (Aller) [ˈfeːrdən], Kreisstadt oberhalb der Mündung der Aller in die Weser, Nds., 23 700 E. Dt. Pferdemuseum; Reiterstadt mit Turnieren, Rennen und Reitpferdauktionen. Got. ev. Dom (12.–15. Jh.) mit roman. W-Turm, ev. roman. Andreaskirche (1212–20). – 810 als **Ferdi** urkundl. erstmals gen.; nach 800, spätestens 849, Bischofssitz; fiel mit dem 1566 reformierten und 1648 säkularisierten Bistum 1648 an Schweden, 1712/19 an Kurhannover, 1866 an Preußen. – 782 sollen nach histor. Überlieferung bei V. 4500 aufständ. Sachsen auf Befehl Karls d. Gr. hingerichtet worden sein **(Blutbad von Verden).**

Giuseppe Verdi (aus einem Gemälde von Giovanni Boldini; 1886)

Verdi, Giuseppe, * Le Roncole (= Busseto bei Cremona) 10. 10. 1813, † Mailand 27. 1. 1901, italien. Komponist. Gehört (als Repräsentant der europ. Oper) zu den herausragenden Vertretern der italien. Oper; nach einem betont patriot. Frühwerk entwikkelte V. über ›Nabucco‹ (1842), ›Macbeth‹ (1847, nach Shakespeare; Neufassung 1865) und ›Luisa Miller‹ (1849, nach Schiller) v. a. in ›Rigoletto‹ (1851, nach V. Hugo), ›Der Troubadour‹ (1853) und ›La Traviata‹ (1853, nach A. Dumas d. J.) eine hinreißende, von der Dramaturgie einer überzeugend differenzierten Charakterdarstellung geprägte Musiksprache. In ›Don Carlos‹ (1867, nach Schiller, Neufassung 1894) und ›Aida‹ (komponiert 1869 zur Eröffnung des Sueskanal; UA 1871 in Kairo) vollzieht sich (unabhängig von R. Wagner) in der Synthese von Arie, Rezitativ, Ensemblegesang und Orchestermusik der Schritt zu einer musikdramat. Einheit, die in den zwei Spätwerken ›Otello‹ (1887) und ›Falstaff‹ (1893, beide nach Shakespeare; Libretti von A. Boito) ihre Vollendung fand. – *Weitere Opern:* Ernani (1844, nach V. Hugo), Ein Maskenball (1859), Die Macht des Schicksals (1862). Außerdem ein Streichquartett, Kirchenmusik (u. a. ›Requiem‹, 1873/74; A. Manzoni gewidmet), Romanzen und Lieder.

Verdichter (Kompressor), ein- und mehrstufig gebaute Arbeitsmaschine zum Verdichten von Gasen und Dämpfen. Nach Bauart und Funktion des Förderelementes unterscheidet man *Kolben-V., Drehkolben-V. (Umlauf-V.), Kreisel-V. (Kreiselkompressor), Turbo-V.* und *Strahlverdichter.*

Verdichtungsverhältnis, der Quotient ε aus dem Volumen vor der Verdichtung und demjenigen nach der Verdichtung. Übl. V. bei Verbrennungsmotoren: $\varepsilon = 7–11$ für Ottomotoren, $\varepsilon = 16–24$ für Dieselmotoren.

Verdienstorden der Bundesrepublik Deutschland (Bundesverdienstkreuz), vom Bundes-Präs. 1951 gestiftete Auszeichnung für ›Leistungen, die im Be-

reich der polit., wirtschaftl., sozialen und geistigen Arbeit dem Wiederaufbau des Vaterlandes dienten‹; 3 Klassen: Verdienstkreuz, Großes Verdienstkreuz und Großkreuz.

Verdikt [lat.], vernichtendes Urteil.

Verdingung, svw. → Ausschreibung.

Verdingungsordnungen, Bestimmungen für die Vergabe von Aufträgen und für den Inhalt der entsprechenden Verträge, enthalten in der *Verdingungsordnung für Bauleistungen (VOB)* und in der *Verdingungsordnung für* [andere] *Leistungen (VOL);* v. a. von der öffentl. Verwaltung verwendet.

Verdoppelung des Würfels →delisches Problem.

Verdrängung (Repression), in der *Psychoanalyse* Bez. für einen Abwehrmechanismus, durch den Triebwünsche und damit zusammenhängende Vorstellungen und Erinnerungen, die im Konflikt mit anderen Forderungen (z. B. des Gewissens) stehen, ins Unbewußte abgedrängt und dort fixiert werden. Das Verdrängte kehrt in Träumen, Fehlhandlungen (z. B. Sichversprechen) und Krankheitssymptomen (z. B. denen der Hysterie) wieder.

Verdun [frz. vɛrˈdœ̃], frz. Stadt an der Maas, Dep. Meuse, 21 500 E. Kriegs- und archäolog. Museum. – Roman. Kathedrale (11. und 12. Jh.) mit spätgot. Kreuzgang, Bischofspalais (18. Jh.); Barockrathaus (17. Jh.); Reste der Stadtbefestigung (14. Jh.). – Keltische Gründung **Verodunum;** im 4. Jh. Bischofssitz (1801–22 aufgehoben); kam bei der Teilung des Fränk. Reichs im **Vertrag von Verdun** 843 zunächst an das Mittelreich, 880 zum Ostfränk. Reich, somit später zum Hl. Röm. Reich; im 13. Jh. Reichsstadt; 1552/1648 frz.; wegen seiner strateg. wichtigen Lage (Maasübergang) von Vauban zur starken Festung ausgebaut. Die verlustreiche **Schlacht um Verdun** (Febr. bis Dez. 1916) wurde zum Symbol der nat. Widerstandskraft Frankreichs (rd. 700 000 Tote auf beiden Seiten).

Verdunklungsgefahr, die dringende Gefahr, daß der einer Straftat Beschuldigte zur Erschwerung der Wahrheitsfindung Beweismittel vernichten, verändern, beiseite schaffen, unterdrücken oder fälschen bzw. auf Mitschuldige, Zeugen oder Sachverständige in unlauterer Weise einwirken oder andere zu solchem Verhalten veranlassen wird; V. ist ein Haftgrund.

Verdunstung, der sich unterhalb des Siedepunktes vollziehende Übergang einer Flüssigkeit in den gasförmigen Zustand, v. a. von Wasser in Wasserdampf. Die beim V.vorgang verbrauchte Wärme (bei Wasser von 25 °C 2441 kJ/kg = 583 kcal/kg) wird zunächst dem Wärmereservoir der [verdunstenden] Flüssigkeit und damit der Umgebung entzogen; daher ist V. mit Abkühlung verbunden *(V.kühlung* z. B. beim Schwitzen). Die V. ist ein wichtiges Glied im Kreislauf des Wassers zw. Meer, Atmosphäre und Festland. Sie bildet die Grundlage für das gesamte pflanzl. Leben, da erst durch die Wasser-V. von den Blättern den Pflanzen die Aufnahme von Nährlösungen aus dem Boden ermöglicht wird.

Verdunstungsmesser, ein mit einer speziellen Flüssigkeit gefülltes Glasröhrchen (mit Skala) an Heizkörpern. Die entsprechend der Betriebsdauer und der Heizkörpertemperatur daraus verdunstete Flüssigkeitsmenge ist ein Maß für die abgegebene Wärmemenge.

Veredelung (Veredlung), 1) *verarbeitende Industrie:* die Bearbeitung eines Rohstoffs oder Halbfabrikats zu qualitätshöheren u. verbrauchsfähigen Erzeugnissen.

2) *Pflanzenbau:* das der Qualitätssteigerung, der vegetativen Vermehrung, der Resistenz gegen Krankheitserreger u. a. Zwecken dienende Überpflanzen eines Teils *(Edelreis, Edelauge)* einer gewünschten Pflanze (v. a. Obst- und Rosensorten) auf eine geeig-

nete (weniger edle) Unterlage, mit der der überpflanzte Teil zu einer künstl. Lebensgemeinschaft verwächst. – Man unterscheidet **Okulation** (Augen-V.; ein Stück Rinde mit einer daraufsitzenden Knospe wird unter die mit einem T-Schnitt gelöste Rinde der Unterlage geschoben) und **Reisveredelung** (Vereinigung eines Edelreises mit einer geeigneten Unterlage). Reisveredelungsverfahren sind: **Pfropfung,** dabei wird ein kronenbildendes *Edelreis* mit einer geeigneten wurzelbildenden Unterlage an der Wundstelle zum Anwachsen vereinigt. **Ablaktieren,** dabei wird das Edelreis erst nach Verwachsung mit der Unterlage von der Mutterpflanze abgetrennt. Dann wird auch die Unterlage dicht oberhalb der V.stelle abgeschnitten. Bei der **Kopulation** wird das Edelreis über schräge, gleichlange Schnittflächen mit der Unterlage vereinigt.

Verein, freiwilliger Zusammenschluß von Personen zu einem bestimmten Zweck mit einer von der Individualität der jeweiligen Mgl. unabhängigen (körperschaftl.), den Bestand auf Dauer sichernden Organisation. Die Gründung eines V. geschieht durch Einigung der Gründer, die die Satzung mit Namen und Zweck des V. feststellen. Gesetzlich vorgeschriebene Organe des V. sind Mitgliederversammlung und Vorstand. Der *rechtsfähige V.* ist jurist. Person, d. h., er ist selbst Träger von Rechten und Pflichten; er erlangt die Rechtsfähigkeit durch Eintragung in das vom Amtsgericht geführte *Vereinsregister* (*eingetragener Verein,* ›e. V.‹). Der *nichtrechtsfähige* (nichteingetragene) *V.* hat keine eigene Rechtsfähigkeit; auf ihn finden die Vorschriften über die Gesellschaft Anwendung.

Verein Deutscher Ingenieure e. V. [ɪnʒəni'o:rə], Abk. VDI, 1856 gegr. Verein von Ingenieuren aller Fachrichtungen mit dem Ziel der Förderung und des Austausches der techn.-wiss. Erkenntnisse und der Vertretung ihrer berufl. Interessen. 1946 Neugründung mit Sitz in Düsseldorf. Innerhalb des VDI bestehen 18 Fachgliederungen, in denen u. a. die *VDI-Richtlinien* als ›anerkannte Regeln der Technik und Maßstäbe für einwandfreies techn. Verhalten‹ erarbeitet werden.

Verein für Socialpolitik, 1872 u. a. von G. Schmoller, L. Brentano und A. H. G. Wagner gegr. Verein, der sich theoretisch an den Lehren der histor. Schule der Nationalökonomie orientierte. Er befürwortete eine den nat. Interessen entsprechende Wirtschaftspolitik (gegen den Freihandel) und förderte innenpolit. Bestrebungen zu einer reformerisch orientierten Sozialpolitik, v. a. zur Verbesserung der Lage der Arbeiterschaft. Ab 1905 Wandlung zu einer rein wiss. Forschungsgesellschaft zu Fragen der Wirtschaftstheorie und -politik; 1936 aufgelöst. 1948 neu gegr.; seit 1955 unter dem Namen ›Gesellschaft für Wirtschafts- und Sozialwissenschaften – Verein für Socialpolitik‹.

Vereinigte Arabische Emirate (früher **Vertragsstaaten,** auch **Piratenküste**), Föderation von 7 Emiraten (Abu Dhabi, Dubaij, Schardscha, Adschman, Umm Al Kaiwain, Ras Al Chaima und Fudschaira) auf der Arab. Halbinsel. Sie grenzen im N an den Pers. Golf, im NO an den Golf von Oman, im O an Oman, im S und W an Saudi-Arabien.

Landesnatur: Das Gebiet der V. A. E. umfaßt die flachen Küstenabschnitte im NO der Arab. Halbinsel. Das Hinterland ist Teil der Sandwüste Rub Al Khali. Im äußersten NO haben die V. A. E. Anteil am Omangebirge. Das Klima ist schwülheiß; Vegetation findet sich nur in den Oasen.

Bevölkerung: Die einheim. Araber sind in der Minderzahl. Etwa ³/₄ der Bevölkerung sind Gastarbeiter (Inder, Pakistani, Araber aus anderen Staaten, Iraner, Europäer, Nordamerikaner). Es gibt eine Universität.

Vereinigte Arabische Emirate

Fläche: 83 600 km²
Einwohner (1988): 1,6 Mio.
Hauptstadt: Abu Dhabi
Amtssprachen: Arabisch, Englisch
Währung: 1 Dirham (DH) = 100 Fils
Zeitzone: MEZ +3 Std.

Wirtschaft, Verkehr: In den Oasen finden sich Gemüsebau. Die Erdölförderung ist der wichtigste Wirtschaftszweig. Es gibt Zementfabriken und Betriebe zur Herstellung von Schwefel, Soda und Kunstdünger. Das Straßennetz umfaßt rd. 2 200 km. Die wichtigsten Häfen sind Dubaij, Abu Dhabi und Schardscha (Tiefwasserhafen). Internat. ✈ sind Abu Dhabi, Dubaij, Schardscha und Ras Al Chaima.

Geschichte: Seit dem 18. Jh. Versuche der brit. Ostind. Kompanie, den Seeweg im Pers. Golf zu kontrollieren, dessen Südküste wegen der europ. und einheim. Piraten als *Piratenküste* bekannt war. Seit 1853 unterstanden die lokalen Herrscher der späteren V. A. E. als ›Befriedetes Oman‹ brit. Oberhoheit. 1968 entstand der Plan einer Föderation der *Arab. Emirate am Pers. Golf.* Am 2. 12. 1971 erklärte Großbrit. die Unabhängigkeit des Gebiets; gleichzeitig schlossen sich 6 der Scheichtümer zu den V. A. E. zusammen, erließen eine provisor. Verfassung und wählten den Herrscher des Scheichtums Abu Dhabi zum Präsidenten. Im Febr. 1972 schloß sich auch Ras Al Chaima der Föderation an. 1975 wurde Abu Dhabi Sitz der zentralen Regierung, die für Außen-, Verteidigungs-, Wirtschafts- und Kulturpolitik zuständig ist. 1981 bildeten die V. A. E. mit 5 weiteren Anrainerstaaten des Pers. Golfs den sog. Golfrat, dessen Bemühungen im →Golfkrieg allerdings scheiterten.

Politisches System: Föderation von 7 selbständigen Emiraten. *Staatsoberhaupt* ist der Präs., seine Amtszeit beträgt 5 Jahre. Höchstes Föderationsorgan ist der Oberste Rat; er wird von den Emiren der 7 Emirate gebildet und ist sowohl *Exekutive* als auch *Legislative.* Keine *Parteien.* – Karte V, Bd. 2, n. S. 320.

Vereinigte Arabische Republik, Abk. VAR, 1958–61 Staatenbund zw. Syrien und Ägypten; dann bis 1971 Staatsname von Ägypten.

Vereinigte Deutsche Studentenschaften, Abk. VDS, →Studentenschaft.

Vereinigte Evangelisch-Lutherische Kirche Deutschlands, Abk. VELKD, im Juli 1948 erfolgter Zusammenschluß der 8 luth. Landeskirchen von Bayern, Braunschweig, Eutin (bis 1977), Hamburg, Hannover, Lübeck (bis 1977), Schaumburg-Lippe, Schleswig-Holstein (bis 1977); die urspr. dazugehörenden Landeskirchen in Sachsen, Thüringen und Mecklenburg bildeten ab 1. 12. 1968 die VELK in der DDR; die Landeskirchen von Sachsen und Thüringen sind seit 1991 wieder der VELKD angeschlossen.

Vereinigte Großlogen von Deutschland [...loʒən], Abk. VGLvD, Zusammenschluß aller dt. freimaurer. Großlogen zu einer souveränen Körperschaft (seit dem 17. 5. 1958); Sitz: Berlin.

Vereinigte Österreichische Eisen- und Stahlwerke – Alpine Montan AG, Kurzform VÖEST-ALPINE, größtes Unternehmen der österr. Stahl-Ind., Sitz: Linz.

Vereinigte Ostindische Kompanie (niederl. Vereenigde Oost-Indische Compagnie), niederl. Handelskompanie (1602–1798), die beim Aufbau des niederl. Kolonialreichs in SO-Asien mitwirkte.

Vereinigte Arabische Emirate

Staatsflagge

Staatswappen

Land 21 %

Stadt 79 %

Bevölkerungsverteilung

Landwirtschaft 6 %

Industrie 15 %

Dienstleistung 79 %

Erwerbstätige

Vereinigte Polnische Arbeiterpartei (Polska Zjednoczona Partia Robotnicza [Abk. PZPR]), kommunist. Partei Polens, 1948 entstanden aus der Zwangsvereinigung der kommunist. Poln. Arbeiterpartei und der Poln. Sozialist. Partei; Regierungspartei 1948–89; 1990 Selbstauflösung.

Vereinigte Staaten von Amerika → USA.

Vereinigung (V.menge, Aggregat), die Menge der Elemente, die (bei zwei gegebenen Mengen *A* und *B*) in *A* oder in *B* enthalten sind; Formelzeichen $A \cup B$. → Mengenlehre.

Vereinigungen, Zusammenschlüsse von (gleichgesinnten) Personen zur Verfolgung eines gemeinsamen Zweckes, die im Unterschied zum Verein rechtl. unverbindl. gestaltet sein können.

Vereinigung evangelischer Freikirchen in Deutschland, seit 1926 bestehende Arbeitsgemeinschaft aus dem ›Bund Ev.-Freikirchl. Gemeinden‹, dem ›Bund Freier ev. Gemeinden‹ und der ›Ev.-methodist. Kirche‹.

Vereinigungsfreiheit (Vereinsfreiheit), die in Artikel 9 GG allen Deutschen gewährte Freiheit, Vereine und Gesellschaften zu bilden, insbes. die → Koalitionsfreiheit. Vereinigungen, deren Zwecke oder deren Tätigkeit den Strafgesetzen zuwiderlaufen oder die sich gegen die verfassungsmäßige Ordnung oder gegen den Gedanken der Völkerverständigung richten, sind verboten.

Vereinigungskirche e. V. (Unification Church), 1954 von dem Koreaner San Myung Mun (* 1920) unter dem Namen ›Tong-Il‹ (korean. ›Vereinigung‹) gegr. Religion; heute meist ›Mun-Sekte‹ genannt.

Vereinsregister → Verein.

Vereinte Nationen → UN.

Vereisung, 1) *Luftfahrt:* Bildung von Eis (Klareis, Rauheis) an Körpern beim Auftreffen unterkühlter Wassertröpfchen, speziell an Luftfahrzeugen beim Flug durch Wolken mit Temperaturen unterhalb 0 °C. **2)** *Medizin:* 1. oberfläch. Anästhesie durch Einfrieren des Gewebes mit Chloräthylspray, Kohlensäureschnee oder flüssigem Stickstoff; 2. Einfrieren von Gewebe zum Zweck der Zerstörung und/oder operativen Entfernung.

Verelendungstheorie, in der ersten Hälfte des 19. Jh. im Zuge der frühkapitalist. Industrialisierung entstandene Theorie, wonach die Löhne der Industriearbeiter im Verlauf der kapitalist. Entwicklung unter das Existenzminimum sinken würden. Wichtiger Bestandteil des Marxismus.

Vererbung, die Übertragung von Merkmalsanlagen (d. h. von genet. Information) von den Elternindividuen auf deren Nachkommen bei Pflanzen, Tieren und beim Menschen. Die Entstehung eines neuen Organismus aus Strukturen seiner Eltern kann vegetativ oder sexuell erfolgen (→ Fortpflanzung). Immer ist der materielle Träger der im Erbgut enthaltenen, als Gene bezeichneten ›Anweisungen‹ zur Ausbildung bestimmter Eigenschaften die DNS bzw. (bei einigen Viren) die virale RNS. Bei Organismen mit echtem Zellkern, den Eukaryonten, ist die genet. Information v. a. in den einzelnen Chromosomen bzw. deren Genen lokalisiert, die dann beim V.vorgang von Generation zu Generation weitergegeben werden (*chromosomale V., karyont. V.;* im Unterschied zur *akaryont. V.* bei den Prokaryonten [Bakterien, Blaualgen]). Je nachdem, ob entsprechende (allele) Erbanlagen (allele Gene), die die Nachkommen von ihren Eltern mitbekommen haben, gleich oder ungleich sind, spricht man von rein- oder ungemischterbigen Merkmalen bzw. Individuen (→ Homozygotie, → heterozygot); bei Mischerbigkeit kann das eine allele Gen dominant (↑ Dominanz) und damit das andere rezessiv sein, oder beider Einfluß auf die Merkmalsausbildung ist etwa gleich stark *(intermediäre Vererbung).*

Auf diesen Verhältnissen beruhen die klass. → Mendelschen Gesetze (→ Faktorenaustausch, → Mutation). Von einer *geschlechtsgebundenen V.* wird dann gesprochen, wenn im V.gang → geschlechtsgebunde Merkmale eine bes. Rolle spielen. Die Ausbildung des jeweiligen Geschlechts erfolgt v. a. durch die Geschlechtschromosomen. Ein einzelnes Merkmal kann durch ein einzelnes Gen, durch mehrere oder durch viele Gene bedingt sein. Neben der chromosomalen V. gibt es noch die (nicht den Mendel-Regeln folgende) *extrachromosomale V. (Plasmavererbung)* über im Zellplasma lokalisierte Plasmagene. Die Plasma-V. höherer Organismen zeigt, entsprechend den Plasmaanteilen von Eizelle und Spermien, bei der → Zygote einen mütterl. Erbgang. Die den → Genotyp ergebenden V.faktoren führen zusammen mit (modifizierenden) Umweltfaktoren zur Ausbildung des jeweiligen → Phänotyps.

Vererbungslehre, svw. → Genetik.

Verfahrenstechnik, Teilgebiet der chem. Technik, das sich mit den ingenieurtechn. Fragen bei der Herstellung formloser, insbes. fließfähiger Stoffe beschäftigt.

Verfall, 1. Verlust eines Rechtes ohne Willen des Berechtigten; 2. die Einziehung der durch eine rechtswidrige Tat erlangten Vermögensvorteile; diese verfallen an den Staat.

Verfallklausel (Verwirkungsklausel, kassatorische Klausel), eine Vereinbarung, durch die der Schuldner eines Teiles oder aller seiner Rechte verlustig gehen soll, sofern er seine Pflichten aus dem Vertrag schuldhaft nicht oder nicht in der gehörigen Weise (z. B. nicht rechtzeitig) erfüllt.

Verfassung (Konstitution, lat. constitutio), i. w. S. die in einem Staat bestehende polit. Kräfteverteilung sowie deren gebräuchl. Macht- und Entscheidungsmechanismen, die nicht unbedingt in bestimmter Form fixiert sein müssen; i. e. S. die Gesamtheit der Regeln über die Staatsform, die Leitung des Staates, über die Bildung und den Aufgabenkreis der obersten Staatsorgane *(Verfassungsorgane),* über Verfahren zur Bewältigung von Konflikten und die Beschreibung der → Grundrechte *(Verfassungsrecht).* Diese Regeln sind meist (nicht jedoch z. B. in Großbrit.) in einem formellen Gesetz – das selbst auch V. genannt wird – niedergelegt, das i. d. R. in einem bestimmten Verfahren (durch eine verfassunggebende Versammlung [Konstituante]) zustande kommt und nur mit qualifizierten Mehrheiten geändert werden kann. Die geschriebene V. steht im allg. in einem Spannungsverhältnis zur tatsächl. Machtverteilung (z. B. Parteien- und Verbändeeinfluß) und zum polit. Prozeß in einem Staat *(Verfassungswirklichkeit).* Als *Verfassungsstaaten* werden allg. alle Staaten mit einer V.urkunde bezeichnet, i. e. S. nur Staaten, in denen durch V. die Staatsgewalt prinzipiell beschränkt und aufgeteilt ist, eine unabhängige Rechtsprechung besteht und Grundrechte der Bürger garantiert sind.

Verfassungsbeschwerde, Rechtsschutzmittel des einzelnen Bürgers, zum Schutz gegen verfassungswidrige Eingriffe der Staatsgewalt in seine von der Verfassung geschützten Rechte ein Verfassungsgericht anzurufen.

Verfassungsgerichtsbarkeit, die in der BR Deutschland durch das Bundesverfassungsgericht und in den Ländern durch die Staats- bzw. Verfassungsgerichtshöfe ausgeübte Gerichtsbarkeit zur Entscheidung von Verfassungsstreitigkeiten. Das Bundesverfassungsgericht entscheidet u. a. in folgenden Fällen: 1. Streitigkeiten über den Umfang der Rechte und Pflichten eines obersten Bundesorgans oder anderer Beteiligter, die durch das GG oder die Geschäftsordnung eines obersten Bundesorgans mit eigenen Rechten ausgestattet sind, z. B. einer Fraktion

Vergißmeinnicht: Sumpfvergißmeinnicht

(Organstreitigkeiten); 2. im Verfahren der → Normenkontrolle; 3. Streitigkeiten zw. Bund und Ländern und zw. verschiedenen Ländern; 4. Verfassungsbeschwerden (zahlenmäßig bedeutendste Form der V.); 5. in sonstigen im GG genannten Fällen (z. B. Parteiverbot, Verwirkung von Grundrechten). Die Staats- und Verfassungsgerichtshöfe der Länder entscheiden über landesrechtliche Verfassungsstreitigkeiten; Prüfungsmaßstab ist die jeweilige Landesverfassung.

Verfassungsschutz, i. w. S. die Gesamtheit der Normen, Einrichtungen und Maßnahmen zum Schutz der freiheitl. demokrat. Grundordnung, des Bestandes und der Sicherheit der BR Deutschland; i. e. S. Sammelbez. für das Bundesamt für V. (→ Bundesämter, Übersicht) und die *V.ämter* der Länder.

Verflechtung, in der Wirtschaft die durch Beteiligung vermittelte Verbindung zw. rechtl. selbständigen Unternehmen, die – im Unterschied zum Konzern – nicht unter einer Dachgesellschaft zusammengefaßt sind.

Verflüssigung, die Überführung von Stoffen in den flüssigen Aggregatzustand. → Gasverflüssigung.

Verfolgungsrennen → Radsport.

Verfolgungswahn, Vorstellung und Überzeugung, von anderen beobachtet, überwacht, bedroht und verfolgt zu werden; tritt v. a. bei Schizophrenie und Alkoholismus auf.

Verfremdung, das Verändern gewohnter Erscheinungen ins Ungewöhnliche; bes. in Literatur und Kunst die Differenz zw. Alltagsrealität und künstler. Darstellungsweise. → episches Theater.

Verfügung, 1. im *öffentl. Recht* ein Verwaltungsakt; 2. im *Verfahrensrecht* die meist prozeßleitende gerichtl. Entscheidung des Vorsitzenden oder eines beauftragten oder ersuchten Richters, die meist den äußeren Ablauf des Verfahrens betrifft; 3. im *Zivilrecht* ein Rechtsgeschäft, das unmittelbar darauf gerichtet ist, ein bestehendes Recht zu übertragen, zu ändern oder aufzuheben.

Verfügung von Todes wegen, Oberbegriff für Testament oder Erbvertrag.

Verführung (Verführung Minderjähriger), im Strafrecht das für den Beischläfer strafbare Verleiten eines Mädchens unter 16 Jahren zum Vollzug des Beischlafs. Verführen ist jede Form des Einwirkens auf den Willen unter Ausnutzung der sexuellen Unerfahrenheit oder geringen Widerstandskraft des Mädchens.

Verga, Giovanni [italien. 'verga], * Aci bei Catania 31. 8. 1840, † Catania 27. 1. 1922, italien. Schriftsteller. Hauptvertreter des Verismo (→ Verismus); schrieb Romane (u. a. ›Die Malavoglia‹, 1881) und Novellen (›Sizilian. Novellen‹, 1883), darunter ›Cavalleria rusticana‹ (1884 dramatisiert, Opernlibretto für P. Mascagni).

vergällen → denaturieren.

Vergaser, Vorrichtung an Ottomotoren, die das zum Betrieb notwendige Kraftstoff-Luft-Gemisch aufbereitet. Zur restlosen Verbrennung von einem Gewichtsanteil Benzin werden theoret. rd. 15 Gewichtsteile Luft benötigt. Wird mehr Luft beigemischt, so wird das Gemisch als *mager,* bei Luftmangel als *fett* bezeichnet. Beim Start bzw. bei kaltem Motor soll z. B. das Gemisch extrem fett sein, da sich ein Teil des Kraftstoffs auf dem Weg bis zum Zylinder an den kalten Wandungen niederschlägt und das verbleibende Gemisch zündfähig sein muß. Spezielle Startvorrichtungen bewirken die extreme Gemischfettung, z. B. die drehbar am Eingang des Mischkanals sitzende *Starterklappe;* Betätigung von Hand *(Choke)* oder automat. über eine Bimetallfeder *(Startautomatik).* Zur Herstellung der im Leerlauf des Motors notwendigen Gemischzusammensetzung dienen Leerlaufeinrichtungen (z. B. Leerlaufdüse). *Beschleuni-*

gungspumpen erlauben den Ausgleich der Gemischabmagerung bei raschem Gasgeben.

Vergaserkraftstoffe (Ottokraftstoffe, Motorenbenzin), Gemische verschiedener flüssiger Kohlenwasserstoffe. Anforderungen an V.: hoher Heizwert, Reinheit, hohe Klopffestigkeit, günstiger Siedeverlauf (zw. 30 und 200 °C), rückstandsarme Verbrennung. Im allg. unterteilen sich V. in *Normalbenzin* und *Super[benzin],* wobei Super im wesentl. nur eine höhere Klopffestigkeit und eine etwas höhere Dichte besitzt.

Vergasung, 1) Umwandlung fester oder flüssiger Brennstoffe in Brenngase durch Umsetzen mit Luft (Sauerstoff) oder Wasserdampf bei erhöhten Temperaturen. → Kohleveredlung.

2) während der Nat.-Soz. Massenvernichtung von Juden durch Giftgase in → Vernichtungslagern.

Vergatterung, beim Militär urspr. das Signal zur Wachablösung; heute die formelle Belehrung der Soldaten beim Antritt des Wachdienstes.

Vergehen → Straftat.

Vergeilung (Etiolement), durch Lichtmangel bedingte Wachstumsstörung bei Pflanzen; u. a. extreme Verlängerung der Stengelglieder, Verkümmerung der Blattspreiten, keine Chlorophyllbildung.

Vergeltung, 1) *allgemein:* die Reaktion auf eine moral. abzulehnende oder anzuerkennende Tat.

2) *Strafrecht:* eine der mögl. Sinngebungen für die staatl. Strafe. Die vergeltende Strafe will durch die gewollte Zufügung des mit ihr verbundenen Übels die geschehene Rechtsverletzung ausgleichen.

3) *Religionsgeschichte:* der Glaube an eine über die jeweils aktuelle Situation hinauswirkende und künftiges Schicksal des Menschen bestimmende Bedeutung ird. Taten. Dieser V.gedanke hat große Bed. für das eth. Verhalten des Menschen.

Vergesellschaftung, svw. → Sozialisierung.

Vergewaltigung (Notzucht), erzwungener Geschlechtsverkehr: Wer eine Frau mit Gewalt oder durch Drohung mit gegenwärtiger Gefahr für Leib und Leben zum Beischlaf mit dem Täter selbst oder einem Dritten nötigt, wird mit Freiheitsstrafe nicht unter 2 Jahren und, wenn der Täter leichtfertig den Tod des Opfers verursacht, nicht unter 5 Jahren bestraft.

Vergiftung, 1) *Medizin:* (Intoxikation) schädigende Einwirkung von chem., tier., pflanzl., bakteriellen oder sonstigen Giftstoffen auf den Organismus. → Erste Hilfe.

2) *Strafrecht:* das Beibringen von Gift oder anderen Stoffen, die geeignet sind, die Gesundheit zu zerstören, in der Absicht, die Gesundheit eines anderen zu schädigen; wird mit Freiheitsstrafe von einem bis zu zehn Jahren (bzw. bei Todesfolge mit lebenslanger Freiheitsstrafe) bestraft.

Vergil (Publius Vergilius Maro), * Andes (= Pietole) bei Mantua 15. 10. 70, † Brundisium (= Brindisi) 21. 9. 19 v. Chr., röm. Dichter. Lebte meist in Neapel; von → Maecenas gefördert; sein in Auseinandersetzung mit den Epen Homers entstandenes Heldenepos ›Äneis‹ (12 Bücher, 29 – 19 v. Chr.), das die Herrschaft des Augustus darstellt, wurde zum Nationalepos der Römer: das Epos gliedert sich in zwei Teile (Buch 1 – 6: Irrfahrten des → Äneas, Buch 7 – 12: Ansiedlung in Italien); als Klassiker der Antike gelten auch die 10 Hirtengedichte (›Bucolica‹, auch ›Eclogae‹ gen., 42 – 39 v. Chr.) sowie die Lehrdichtung über die Arbeit der ital. Bauern ›Georgica‹ (4 Bücher, 39 – 29 v. Chr.). Vorbildhaft für die gesamte lat. Dichtung, erlebte die V.-Rezeption in karoling. Zeit, im Hoch- und Spätmittelalter (Dante) und während der italien. Renaissance (T. Tasso) eine bes. Blütezeit.

Vergißmeinnicht, Gatt. der Rauhblattgewächse mit rd. 80 Arten im gemäßigten Eurasien, in den Ge-

Vergil
(aus einem römischen Mosaik; 1. Jh. n. Chr.)

birgen des trop. Afrika bis zum Kapland, auf Neuguinea, in Australien und Neuseeland; einjährige, zweijährige oder ausdauernde Kräuter; Blüten in traubenbis ährenförmigen Wickeln; Blütenkrone blau, rosafarben oder weiß. Einheimisch sind u. a. das *Sumpf-V.* (bis 50 cm hoch, mit blauen oder weißen Blüten) und das *Acker-V.;* vom *Wald-V.* leiten sich zahlr. zweijährig gezogene Gartenformen ab.

Émile Verhaeren

Vergleich, 1) *Recht:* 1. im Schuldrecht ein Vertrag, durch den der Streit oder die Ungewißheit der Parteien über ein Rechtsverhältnis im Wege gegenseitigen Nachgebens beseitigt wird; 2. der im Vergleichsverfahren zustandegekommene Vertrag; 3. im Prozeßrecht der Prozeßvergleich. – Im *österr. Recht* ein zweiseitig verbindl. Vertrag, in dem streitige oder zweifelhafte Rechte bestimmt werden. Die gerichtl. Entscheidung über die Änderung von Forderungen, die mehreren Gläubigern gegenüber einem Schuldner zustehen, wird als *Ausgleich* bezeichnet.

2) *Literaturwissenschaft:* rhetor. Figur zur Steigerung der Anschaulichkeit einer Aussage. → Gleichnis, Parabel.

Vergleichsmiete, der der Kostenmiete vergleichbare, zulässige Mietzins bei Sozialwohnungen sowie das einem Mieterhöhungsverlangen zugrundeliegende ortsübl. Mietniveau.

Vergleichsverfahren, das in der *Vergleichsordnung* vom 26. 2. 1935 geregelte gerichtl. Verfahren zur Abwendung des Konkurses. Ziel des V. ist die Herbeiführung eines Vergleichs (sog. Akkord), d. h. eines Vertrages zw. dem Schuldner und der Gläubigermehrheit, der mit Wirkung für und gegen alle Gläubiger die anteilige Befriedigung der Gläubiger gegen den Erlaß der Restforderungen sicherstellen soll, damit das schuldner. Unternehmen fortgeführt und saniert werden kann. Der Antrag auf Eröffnung des Vergleichs kann nur vom Schuldner und nur bis zur Konkurseröffnung gestellt werden; er setzt einen *Vergleichsgrund,* i. d. R. die Zahlungsunfähigkeit des Schuldners oder die Überschuldung, voraus. Der Antrag muß einen *Vergleichsvorschlag* enthalten, der angibt, zu welchem Teil, d. h. zu welcher Quote **(Vergleichsquote)** – mindestens 35 % – die Forderungen der Gläubiger befriedigt werden. Mit Antragstellung sind bis zur rechtskräftigen Beendigung des V. einzelne Vollstreckungsmaßnahmen ausgeschlossen. Der Vergleich kommt durch die Annahme des Vergleichsvorschlags und eine gerichtl. Bestätigung zustande. Lehnt das Gericht die Eröffnung des V. oder die Bestätigung des Vergleichs ab oder stellt das Verfahren ein, hat es von Amts wegen über die Eröffnung des Konkursverfahrens zu entscheiden.

Vergleichsverwalter, mit Prüfungs- und Überwachungsaufgaben betrauter, von Schuldner und Gläubiger unabhängiger Amtsträger im Vergleichsverfahren.

Vergnügungssteuer, örtl., den Gemeinden zufließende Verbrauchs- und Aufwandsteuer.

Vergolden, das Aufbringen dünner Goldüberzüge auf Gegenstände, z. B. durch Auftragen von Blattgold oder Goldamalgam (und anschließendes Verdampfen des Quecksilbers; sog. *Feuervergoldung*), durch Aufdampfen oder durch elektrolyt. Abscheidung.

Vergöttlichung → Apotheose.

Vergreisung, [vorzeitiges] Auftreten von Alterserscheinungen, meist auf genet. Grundlage.

Vergrößerung, 1) (V.zahl) das Verhältnis vom Tangens des Sehwinkels mit vergrößerndem Instrument (z. B. Fernrohr) zum Tangens des Sehwinkels ohne Instrument.

2) (Lateral-V., Seitenmaßstab, Seitenverhältnis) das (positive) Verhältnis von Bildgröße zur Objektgröße bei einer opt. Abbildung.

Vergrößerungsapparat → Projektionsapparate.

Vergrößerungsglas, svw. → Lupe.

Vergrusung, Gesteinszerfall grobkristalliner Gesteine.

Vergütung (Vergüten, Entspiegelung), das Aufbringen von dünnen reflexvermindernden Schichten (*Antireflexbelag,* z. B. aus Calciumfluorid) z. B. auf Linsen oder Prismen.

Verhaeren, Émile [frz. vɛra'rɛn, niederl. vər'ha:rə], * Sint-Amands (Antwerpen) 21. 5. 1855, † Rouen 27. 11. 1916 (Eisenbahnunglück), belg. Dichter. Bed. frz.sprachiger Lyriker: ›Die geträumten Dörfer‹ (1895), ›Die Gesichter des Lebens‹ (1899) u. a. trugen ihm den Ruf eines lebensbejahenden ›Sängers des Maschinenzeitalters‹ ein; auch Dramatiker (›Die Morgenröte‹, 1898; ›Philipp II.‹, 1901).

Verhalten, i. w. S. die Gesamtheit aller beobachtbaren (feststellbaren oder meßbaren) Reaktionsweisen oder Zustandsänderungen von Materie, insbes. das Reagieren lebender Strukturen auf Reize; i. e. S. die Gesamtheit aller Körperbewegungen, Körperhaltungen und des Ausdrucksverhaltens eines lebenden tier. Organismus in seiner Umwelt. Dieses letztere V. ist der Untersuchungsgegenstand der vergleichenden Verhaltensforschung (→ Behaviorismus). Unter *autochthonem V.* versteht man die Gesamtheit der Reaktionen, die auf einem spezif. Antrieb beruhen und durch einen passenden Schlüsselreiz ausgelöst werden. Im Unterschied dazu wird V., dem auch individuelle Lernvorgänge zugrunde liegen, als *allochthones V.* bezeichnet. Des weiteren wird etwa zw. *spontanem V., agonist. V.* (V. im Zusammenhang mit [kämpfer.] Auseinandersetzungen) und *appetitivem V.* (→ Appetenzverhalten) unterschieden. Bes. Interesse wird dem insgesamt *artspezif. V.* in seiner Angepaßtheit (Funktion) und stammesgeschichtl. Entwicklung (Evolution) entgegengebracht, das bei der Mehrzahl der einer bestimmten Tierart zugehörigen Individuen in relativ ähnl. Situationen und unter relativ ähnl. Begleitumständen regelmäßig auftritt. Bei kybernet. Modellen der *V.organisation* ist der Organismus weniger ein Wesen, das auf seine (inneren) Bedürfnisse und (äußeren) Verhältnisse oder Situationen nach einer durch Vererbung und Erfahrung entstandenen Vorprogrammierung reagiert, als vielmehr ein in hohem Grade aktives System, das sich Reizen zuwendet, sie aufnimmt, umformt, koordiniert und verarbeitet und die Verarbeitungsergebnisse in neue Aktivitäten umsetzt.

Verhaltensforschung (vergleichende V., Ethologie), Teilgebiet der Biologie, das sich mit der objektiven Erforschung des Verhaltens der Tiere und des Menschen befaßt. Die *deskriptive V.* beobachtet und registriert Verhaltensabläufe in möglichst natürl. Umgebung. Demgegenüber arbeitet die *analyt. (experimentelle) V.* mit veränderten Untersuchungsbedingungen, um Einblick in die Kausalzusammenhänge zu gewinnen. Von der *allg. V.* werden v. a. die neuro- und sinnesphysiolog. sowie die hormonalen und auch morpholog. Grundlagen des Verhaltens untersucht. Die *spezielle V.* befaßt sich u. a. mit den Formen der Orientierung, des Fortpflanzungsverhaltens und des sozialen Verhaltens. – Als Begründer der modernen V. gilt K. Lorenz.

Verhaltensstörungen, eine Gruppe funktioneller psychophys. Störungen (z. B. Konzentrationsschwäche, Schreckhaftigkeit), die zu einer mehr oder minder starken Beeinträchtigung im Leistungs- und sozialen Bereich führen, aber nicht primär auf körperl. Veränderungen oder Schädigungen zurückzuführen sind.

Verhaltenstherapie, Sammelbez. für Formen der Psychotherapie, die psych. Störungen auf der Basis psycholog. Lerntheorien erklären und behandeln und sich dabei experimenteller Methodik bedienen;

bestimmte Verhaltensweisen sollen verlernt oder erlernt werden.

Verhältnis (V.größe), Bez. für Brüche, in denen Zähler und Nenner Größen gleicher Art (z. B. Längen, Leistungen) oder auch reine Zahlen sind.

Verhältnismäßigkeitsgrundsatz, die sich aus dem Rechtsstaatsprinzip ergebende Leitregel staatl. Handelns, wonach jeder Eingriff der öffentl. Gewalt (Gesetzgebung, Verwaltung, Rechtsprechung) in den grundrechtlich geschützten Bereich des Bürgers unter dem rechtsstaatl. Gebot der Verhältnismäßigkeit steht: Von mehreren mögl. geeigneten Maßnahmen darf zur Erreichung eines rechtmäßigen Zieles nur diejenige gewählt werden, die den Betroffenen und die Allgemeinheit am wenigsten beeinträchtigt.

Verhältniswahl → Wahlen.

Verhältniswort, svw. → Präposition.

Verhandlungsgrundsatz (Verhandlungsmaxime), im Zivilprozeß zu den Prozeßmaximen gehörender Verfahrensgrundsatz. Das Gericht darf bei seiner Entscheidung nur solche Tatsachen berücksichtigen, die die Parteien selbst in der Darlegungsstation oder im Laufe des Verfahrens vorgetragen haben, sowie nur die von den Parteien angebotenen Beweise erheben.

Verharzung, Bez. für die Bildung harzartiger, schwer- bis unlösl. Produkte durch Polymerisation chem. Verbindungen.

Verhoeven [fɛr'høːfən], 1) Michael, * Berlin 13. 7. 1938, dt. Schauspieler und Regisseur. Sohn von Paul V.; Arzt. Zahlr. Kino- und Fernsehfilme, u. a. ›o. k.‹ (1970), ›Die weiße Rose‹ (1982), ›Killing Cars‹ (1986), ›Das schreckliche Mädchen‹ (1989). 2) Paul, * Unna 23. 6. 1901, † München 22. 3. 1975, dt. Schauspieler und Regisseur. War u. a. 1945–49 Intendant des Bayer. Staatstheaters, ab 1959 an den Münchner Kammerspielen und im Fernsehen tätig.

Verhüttung, industrielle Verarbeitung von Erzen zur Gewinnung von Metallen.

Verifikation [lat.], die Überprüfung einer (logisch-analyt. oder empir.) Aussage auf ihre Richtigkeit; **verifizieren,** durch Überprüfen die Richtigkeit einer Hypothese bestätigen. – Ggs. → Falsifikation.

Verinnerlichung → internalisieren.

Verismus [lat.], dem → Naturalismus verpflichtete Darstellung sozialer Zeitprobleme, bes. in Italien **(Verismo)** in Literatur (Hauptvertreter: G. Verga) und Oper (G. Puccini, R. Leoncavallo); nach dem 2. Weltkrieg vom Einfluß (v. a. auch im Film) auf den (italien.) → Neorealismus.

veritabel [lat.-frz.], wahrhaft, echt.

Verjährung, im *Zivilrecht* der durch Zeitablauf eintretende Verlust der Durchsetzbarkeit eines Rechts. Ihr unterliegen grundsätzlich alle Ansprüche, dagegen nicht die sonstigen Rechte wie Persönlichkeitsrechte, das Eigentum, Gestaltungsrechte usw. Die *Verjährungsfrist* beträgt allg. 30 Jahre, für Entgeltansprüche aus den häufigsten und prakt. wichtigsten Umsatz- und Dienstleistungsgeschäften, d. h. den Geschäften des tägl. Lebens, hingegen 2 Jahre. Die V. beginnt i. d. R. mit dem Tag der Entstehung des Anspruchs. Die *Hemmung der V.* tritt ein, wenn die Leistung gestundet ist, oder bei Stillstand der Rechtspflege. Bei Ordnungswidrigkeiten tritt die *Verfolgungs-V.* je nach Höhe der angedrohten Geldbuße nach 3, 2, 1 Jahr bzw. nach 6 Monaten ein (bei Verkehrsordnungswidrigkeiten i. d. R. nach 3 Monaten); die *Vollstreckungs-V.* tritt nach 5 bzw. 3 Jahren ein (→ Strafverfolgung).

Verkalkung, in der *Medizin* 1. die physiolog. Einlagerung von Calciumsalzen in die Knochen *(Kalzifizierung);* 2. die krankhafte Ablagerung von Calciumsalzen im Bereich abgestorbener oder schlecht

ernährter Gewebe, auch im Gefolge abgelaufener Entzündungen; volkstüml. auch im Sinne einer Arterienverkalkung (→ Arteriosklerose).

Verkäufermarkt, Markt, auf dem die Verkäufer aufgrund eines Nachfrageüberschusses das Marktgeschehen entscheidend beeinflussen können. – Ggs. → Käufermarkt.

Verkaufsförderung → Merchandising.

Verkaufspreis, Preis, zu dem Waren angeboten werden; der *Brutto-V.* enthält noch Rabatt, Skonto u. a., der *Netto-V.* ist der Preis, den der Käufer effektiv zahlt.

Verkehr, 1. svw. → Geschlechtsverkehr; 2. i. w. S. alle Arten und Formen sozialer Kontakte; in diesem Sinne spricht man von gesellschaftl. V., V.sitte (z. B. unter Kaufleuten); 3. in der Wirtschaftswiss. die Ortsveränderungen von Personen, Gütern und Nachrichten als grundlegende Voraussetzung für arbeitsteilige Wirtschaften und wirtschaftl. Spezialisierung. Die durch den modernen *Personen-V.* gewonnene Mobilität begünstigte die Auflösung der engen räuml. Beziehung zw. Wohnung und Arbeitsplatz und beeinflußte infolgedessen grundlegend die Siedlungsstrukturen. Die Funktionsfähigkeit des *Güter-V.* ist Voraussetzung für die Intensität des Welthandels in seiner heutigen Form und veränderte die Verbrauchergewohnheiten und -zwänge (Einschränkung von Hungerkatastrophen). Je nach V.weg wird unterschieden zw. *Straßen-, Schienen-, Wasser-* und *Luftverkehr.* Die Benutzung elektr. Leiter (neuerdings auch Glasfasern und Laserstrahlen) bzw. elektromagnet. Wellen für die Zwecke der Nachrichtenübertragung heißt *Nachrichtenverkehr.* Nach Art der V.teilnehmer und V.mittel unterscheidet man v. a. zw. *Individual-V.* (Fußgänger, Pkw) und *öffentl. V.* (Busse, Straßenbahn, Eisenbahn) sowie zw. *Berufs-V.* (zw. Wohnung und Arbeitsplatz), *Einkaufs-V.* (zw. Wohnung und Geschäftsvierteln) sowie *Erholungs-* und *Freizeitverkehr.* Darüber hinaus wird je nach der Entfernung zw. *Nah-, Binnen-* und *Fern-V.* unterschieden. Infolge seiner großen wirtschaftl. und sozialen Bedeutung wie seiner spezif. Problematik (Organisation, Kosten) hat sich bes. die staatl. Planung des Verkehrswesens angenommen *(Verkehrsplanung).* Dies betrifft v. a. die Bereiche des Schienenverkehrs, dessen Bedeutung für den *Nahverkehr* in den großen Ballungsgebieten durch den Zusammenschluß verschiedener Verkehrsbetriebe (Dt. Bundesbahn, kommunale und private V.betriebe) zu einem **Verkehrsverbund** (z. B. die V. in Hamburg, im Ruhrgebiet, Rhein-Main-Gebiet, Stuttgart, München) beträchtl. gewachsen ist, und den Bereich des *Straßenverkehrs,* der v. a. durch die *Straßenverkehrszulassungsordnung* und die *Straßenverkehrsordnung* reglementiert ist (→ Verkehrspolitik).

Verkehrserziehung, besondere pädagog. Maßnahmen, mit denen Menschen jeden Alters Kenntnisse der Straßenverkehrsordnung und verantwortungsbewußtes verkehrsgerechtes Verhalten vermittelt werden.

Verkehrsfunk (Verkehrsrundfunk, Verkehrswarnfunk), in regelmäßigen Abständen von bestimmten UKW-Sendern ausgestrahlte Verkehrsmitteilungen (für Autofahrer), die über die aktuelle Verkehrssituation Auskunft geben. Das in der BR Deutschland seit Juni 1974 offiziell eingeführte Verfahren (**ARI;** Abk. für **A**utofahrer-**R**undfunk-**I**nformationssystem) arbeitet mit doppelter Kennung: Den Sendern wird eine nicht hörbare Frequenz von 57 kHz (sog. *Pilot[ton]frequenz*) aufmoduliert, die mit Hilfe eines V.decoders zur opt. und/oder akust. Anzeige am Autoradio führt. Zusätzlich wird eine Modulationsfrequenz zw. 23,75 und 53,98 Hz ausgestrahlt, die jeweils einem bestimmten Bereich der BR Deutschland zugeordnet ist. Entsprechende Decoder im Autoradio sprechen auf Sender- und Bereichskennung an, so daß der Empfänger bei entsprechender Einstellung nur V.sender aufnimmt, wenn eine mit der in Betracht kommenden Bereichskennung versehene Durchsage erfolgt. Auf derselben Pilotfrequenz wie ARI sendet neuerdings **RDS** (**R**adio-**D**aten-**S**ystem) digitale Signale, die in Klarschrift auf einem LCD-Display am Autoradio erscheinen (z. B. Senderkennzeichnung) und streckenspezifische, mit gespeicherten Texten formulierte Informationen ausgeben. RDS soll ARI im Lauf der nächsten Jahre ablösen.

Verkehrsgefährdung, die mit Freiheits- oder Geldstrafe bedrohte Gefährdung des Bahn-, Schiffs-, Luft- und Straßenverkehrs.

Verkehrsgewerbe, alle Dienstleistungsbetriebe, die am Transport, an der Verteilung von Gütern sowie an der Beförderung von Personen und Nachrichten beteiligt sind.

Verkehrspolitik, alle Maßnahmen des Staates und der öffentl. Körperschaften im Zusammenhang mit dem Transport von Personen, Gütern und Nachrichten. Maßnahmen der *Ordnungspolitik* beziehen sich auf die Regulierung des Verkehrs, während die *Strukturpolitik* auf volkswirtschaftl. Ziele ausgerichtet ist (z. B. Beeinflussung der Anteile der konkurrierenden Verkehrsträger [öffentl. betriebener] Schienenverkehr zur [privatwirtschaftl.] Straßenverkehr).

Verkehrsrecht, Recht der Eltern auf persönl. Umgang mit dem Kind. Wird einem Elternteil die Personensorge entzogen, z. B. infolge einer Ehescheidung, so bleibt das V. (auch *Besuchsrecht* genannt) bestehen.

Verkehrssicherungspflicht, Rechtspflicht des Anliegers, die für die Sicherheit des Verkehrs erforderl. Maßnahmen im Rahmen des Zumutbaren zu treffen (z. B. den zu seinem Grundstück gehörenden Weg bei Glatteis zu streuen). Der Verkehrssicherungspflichtige haftet für einen entstandenen Schaden aus unerlaubter Handlung.

Verkehrssignalanlage (Lichtzeichenanlage, Lichtsignalanlage), mit Wechselzeichen (Rot, Gelb, Grün) arbeitende Anlage zur Regelung des Straßenverkehrs (meist als *[Verkehrs]ampel* bezeichnet). V. können festzeitgesteuert (mit festgelegten Signalzeiten) oder verkehrsabhängig gesteuert sein; dabei wird der Verkehr meist durch Induktionsschleifen in der Fahrbahndecke erfaßt und die Signalschaltung der Verkehrsdichte angepaßt. Ist die V. eines Knotenpunktes mit der benachbarter Knoten zeitl. abgestimmt (sog. grüne Welle), so spricht man von *koordinierter Signalsteuerung.*

Verkehrssitte, Inbegriff von ungeschriebenen Rechtsgrundsätzen, die sich im Rechtsverkehr bei der Abwicklung von Rechtsgeschäften (z. B. Verträge) herausgebildet haben. Die V., d. h. die herrschende Anschauung und tatsächl. Übung *(Verkehrsanschauung)* der am Rechtsverkehr Beteiligten, ist bei der Auslegung von Rechtsgeschäften, insbes. von der Rechtsprechung zur Erreichung lebensnaher Entscheidungen nach Treu und Glauben, zu berücksichtigen.

Verkehrssprache, Sprache, mit deren Hilfe Angehörige verschiedener Sprachgemeinschaften miteinander kommunizieren können, z. B. Pidgin-Englisch.

Verkehrssünderkartei →Verkehrszentralregister.

Verkehrsteuern, Steuern auf Vorgänge des volkswirtschaftl. Güter- und Leistungstauschs. Zu den V. werden gezählt: 1. die Umsatzsteuer; 2. Steuern auf den Vermögensverkehr; 3. Steuern auf den Beförderungsverkehr.

Verkehrswacht, eingetragener Verein auf Bundes-, Landes- und Kommunalebene, der als gemeinnützige Selbsthilfeorganisation zur Erhöhung der Verkehrssicherheit durch die Schaffung eines höheren Verantwortungsbewußtseins der Verkehrsteilnehmer beitragen will.

Verkehrszeichen, Zeichen zur Regelung des Straßenverkehrs, unterschieden in Gefahrzeichen (Grundform Dreieck), Vorschriftzeichen (Grundform Kreis; u. a. auch Fahrbahnmarkierungen) und Richtzeichen (Grundform Viereck, z. B. Wegweiser). *Wechsel-V.* zeigen einen wechselnden Inhalt und werden ferngesteuert der Verkehrssituation angepaßt. – Die in der BR Deutschland gültigen V. sind in der Straßenverkehrsordnung aufgeführt.

Verkehrszentralregister, vom Kraftfahrt-Bundesamt in Flensburg geführtes Verzeichnis (sog. *Verkehrssünderkartei*) über Verkehrsverstöße von Kraftfahrern und entsprechende Verwaltungs- und Gerichtsentscheidungen (z. B. rechtskräftige Verurteilungen wegen Verkehrsstraftaten, Geldbußen von mehr als 80 DM). Jeder Verkehrsverstoß wird nach dem Bußgeldkatalog mit 1–7 Punkten bewertet. Beim Erreichen von 9 Punkten erfolgt eine schriftl. Verwarnung, bei 14 Punkten muß die theoret., evtl. auch die prakt. Fahrprüfung wiederholt werden; werden 18 Punkte in zwei Jahren erreicht, erfolgt Führerscheinentzug.

Verklappen, das Einbringen von Abfallstoffen (Dünnsäure, Klärschlamm) durch Schiffe ins Meer.

Verkleinerungsform, svw. →Diminutiv.

Verknüpfung (algebraische Operation, Komposition), zwei- oder mehrstellige Abbildungen; Beispiele für V. sind Addition und Multiplikation von Zahlen.

Verkohlung, die Zersetzung organ. Stoffe durch Erhitzen unter Sauerstoffmangel oder durch Einwirken wasserabspaltender Substanzen, z. B. konzentrierter Schwefelsäure.

Verkokung, die therm. Zersetzung von Kohle, Holz, Torf u. ä. unter Luftabschluß.

Verkrampfung (Muskel-V.), Muskelverspannung im Bereich der Rumpf- oder Extremitätenmuskulatur aufgrund unphysiolog. Beanspruchung (z. B. ungewohnte Körperhaltung).

Verkündigung Mariä, die im NT berichtete Mitteilung des Engels Gabriel an Maria über die Empfängnis Jesu *(Engl. Gruß).* Bevorzugtes Thema der christl. Kunst.

Verkündung, 1. (V. von Rechtsvorschriften) amtl. Bekanntmachung in der durch Verfassung oder sonstige Bestimmungen vorgeschriebenen Form von Gesetzen und Verordnungen in den durch Verkündungsblättern; Voraussetzung für das Inkrafttreten der Vorschriften; 2. (V. von Entscheidungen) das Verlesen von Urteilen, Beschlüssen oder Verfügungen durch den Vorsitzenden des Gerichts. Mit der V. beginnen die Fristen für die Einlegung von Rechtsmitteln.

Verkupfern, das Aufbringen dünner Kupferschichten, z. B. als Korrosionsschutz, auf metall. Unterlagen; meist durch elektrolyt. Metallabscheidung.

Verlag, 1) Unternehmen, das die Veröffentlichung (Herstellung und Vertrieb [direkt oder über den →Sortimentsbuchhandel]) von Druckerzeugnissen betreibt, indem es entweder von den Verfassern der Manuskripte das V.recht erwirbt oder die Manuskripte im V. selbst erstellen läßt. Man unterscheidet im wesentl. den als Teil des →Buchhandels (herstellender Buchhandel) fungierenden Buchverlag und den der journalist. Presse zuzuordnenden Zeitungs- und Zeitschriftenverlag. Eine Besonderheit des V.wesens in der BR Deutschland ist die nach dem Wettbewerbsrecht einzig für V.erzeugnisse zulässige vertikale →Preisbindung.

2) *Wirtschaft:* →Verlagssystem.

Verlagsbuchhandel, herstellender →Buchhandel (→Verlag).

Verlagsrecht, →Urheberrecht.

Verlagssystem, frühe Form der arbeitsteiligen und dezentralisierten Güterzeugung und -verteilung, die als Stadium in der Entwicklung des Kapitalismus zw. dem selbständigen Handwerk und der Manufaktur liegt. Das V. entstand im 14. und 15. Jh. in Norditalien und Flandern. Im V. geraten ehem. selbständige Handwerker in die Abhängigkeit von Großkaufleuten, die ihnen die Rohstoffe zur Produktion in Heimarbeit ›vorlegen‹ und dafür die Abnahme des Produkts garantieren. Die Ablösung des V. im 19. Jh. durch industrielle Produktionsweisen, z. B. bei den Webern, rief beträchtl. Widerstand der Betroffenen hervor und war eine der Ursachen für den frühsozialist. Arbeiterradikalismus.

Jan Vermeer: ›Die Malkunst‹; um 1660/69 (Wien, Kunsthistorisches Museum)

Verlaine, Paul [frz. vɛr'lɛn], * Metz 30. 3. 1844, † Paris 8. 1. 1896, frz. Dichter. Als einer der bedeutendsten Lyriker des frz. Symbolismus von großem Einfluß auf die Lyrik des 20. Jh. 1871–73 homophile Freundschaft mit A. Rimbaud, dem er im Verlauf einer Auseinandersetzung eine Schußverletzung beibrachte; dafür 1873–75 Gefängnisstrafe. – Der unverwechselbare Stil seiner Lyrik (thematisiert in dem Gedicht ›L'art poétique‹, in: ›Einst und jüngst‹, 1885, dt. Auswahl 1922) lebt v. a. von einem Satzbau, der musikal. Strukturen folgt (bes. ungerade Versmaße und Assonanzen). – *Weitere Werke:* Saturn. Gedichte (1866), Galante Feste (1869), Lieder ohne Worte (1874), Les poètes maudits (literar. Porträts, 1884), Frauen (1890), Chair (1896).

Verleumdung →Beleidigung.

Verlöbnis, das gegenseitige Versprechen, die Ehe miteinander einzugehen (Verlobung). Bes. Förmlichkeiten sind für das V. nicht erforderlich. Aus einem V. kann nie auf Eingehung der Ehe geklagt werden. Ein Rücktritt vom V. ohne Vorliegen eines anerkennungswerten wichtigen Grundes verpflichtet gegenüber dem Partner zum Schadenersatz. Verlobungsgeschenke *(Brautgeschenke)* sind nach den Regeln der ungerechtfertigten Bereicherung zurückzugeben.

verlorene Generation →Lost generation.

Verlust, Haben-Saldo zw. Erträgen und Aufwendungen in der Gewinn-und-Verlust-Rechnung bzw. Überschuß der Passiv- über die Aktivposten in der Bilanz.

Verlustausgleich, nach § 2 Abs. 3 des Einkommensteuergesetzes bestehende Möglichkeit, Verluste aus einer oder mehreren Einkunftsarten mit anderen Einkünften auszugleichen (Einschränkungen bei Spekulationsgeschäften, erhöhten Absetzungen, Sonderabschreibungen und bei beschränkt Steuerpflichtigen).

Verlustvortrag, bei Kapitalgesellschaften Übertragung des Verlustes auf das neue Geschäftsjahr.

Vermächtnis, aufgrund von Testament oder Erbvertrag erfolgende Zuwendung eines bestimmten Vermögensvorteils, ohne daß der Bedachte als Erbe eingesetzt wird. Der V.nehmer erwirbt den betreffenden Gegenstand nicht mit dem Tode des Erblassers unmittelbar, sondern erlangt ein [schuldrechtl.] Anspruch gegen den mit dem V. Belasteten (i. d. R. ist das der Erbe).

Vermeer, Jan (Johannes), gen. V. van Delft, ≈ Delft 31. 10. 1632, □ ebd. 15. 12. 1675, niederl. Maler. In seinen sorgfältig ausgearbeiteten Genrebildern mit häufig auch allegor. Gehalt gestaltete V. in Nachfolge der niederl. Malerei des 15. Jh. (J. van Eyck) Porträts, Landschaften und (häufig) Innenräume; deren oft poet. Stimmung beruht auf dem subtilen Zusammenspiel einer strengen Perspektive, einer intimen Farbskala und einer sphär. wie barock-theatral. Inszenierung des Lichteinfalls. Zu den bedeutendsten seiner rund 40 Werke zählen ›Bei der Kupplerin‹ (1656; Dresden, Gemäldegalerie), ›Die kleine Straße‹ (um 1660; Amsterdam, Rijksmuseum), ›Ansicht von Delft‹ (um 1660; Den Haag, Mauritshuis), ›Die Briefleserin‹ (um 1664; Amsterdam, Rijksmuseum), ›Die Spitzenklöpplerin‹ (um 1664/65; Paris, Louvre), ›Das Mädchen mit der Perle‹ (um 1665; Den Haag, Mauritshuis), ›Die Allegorie der Malerei‹ (um 1665; Wien, Kunsthistorisches Museum).

Vermehrung →Fortpflanzung.

Vermeil [vɛr'mɛ:j; lat.-frz.], vergoldetes Silber.

Vermittlungsausschuß, im →Gesetzgebungsverfahren institutionalisiertes Organ zur Harmonisierung der Gesetzgebungsarbeit zw. Bundestag und Bundesrat. Der V. besteht aus je 11 Mgl. beider Organe; er kann vom Bundesrat und bei Zustimmungsgesetzen von Bundestag und Bundesregierung angerufen werden; seine Änderungsempfehlungen müssen dann von beiden Gesetzgebungsorganen beschlossen bzw. abgelehnt werden.

Vermizid [lat.], wurmtötendes Arzneimittel.

Vermögen, die auf der Aktivseite der Bilanz ausgewiesenen V.gegenstände: *Anlage-V., Umlauf-V.;* nach Abzug der Schulden ergibt sich das *Reinvermögen.*

Vermögensbildung (V. in Arbeitnehmerhand), die durch das 3. V.gesetz vom 27. 6. 1970 (mit späteren Änderungen) geförderten **vermögenswirksamen Leistungen,** bis maximal 936,– DM pro Jahr, die der Arbeitgeber entweder im Auftrag des Arbeitnehmers zur Anlage bringt oder die er selbst entsprechend bestehenden Tarifverträgen oder Betriebsvereinbarungen für diesen leistet (Anlagemöglichkeiten in Sparverträgen, Kapitalversicherungen, Bausparverträgen u. a.). Sofern das zu versteuernde Einkommen 27 000,– DM (54 000,– DM bei Verheirateten) nicht übersteigt, steht dem Arbeitnehmer eine **Arbeitnehmer-Sparzulage** zu, die seit 1990 vom Finanzamt ausgezahlt wird (vorher durch den Arbeitgeber).

Vermögenskonzentration →Vermögensverteilung.

Vermögensteuer, wie die Einkommensteuer eine direkte Steuer, deren Bemessungsgrundlage das Gesamtvermögen des Steuerpflichtigen unter Berücksichtigung von Freibeträgen ist. Unbeschränkt vermögensteuerpflichtig sind alle natürl. (Steuersatz 0,5 %) und jurist. (0,7 %) Personen, die im Inland wohnen;

Paul Verlaine
(Gemälde von Eugène Carrière; Ausschnitt, 1891; Paris, Louvre)

Paolo Veronese: ›Die Hochzeit zu Kana‹; 1563 (Paris, Louvre)

beschränkt vermögensteuerpflichtig sind Personen, die im Ausland wohnen, nur mit ihrem Inlandsvermögen; von der V. befreit sind verschiedene Körperschaften des öffentl. Rechts sowie alle Körperschaften, die ausschließl. gemeinnützigen, mildtätigen oder kirchl. Zwecken dienen.

Vermögensverteilung, die Verteilung (Distribution) der Verfügungsgewalt über Sachgüter und Rechtstitel unter die Mgl. einer Gesellschaft. Eine enge wechselseitige Beziehung besteht zw. der V. und der → Einkommensverteilung. Bes. beim Eigentum am Produktivvermögen besteht trotz zaghafter Ansätze zu Vermögensbildungsmaßnahmen eine ungeminderte *Vermögenskonzentration.* Maßnahmen der *Eigentumspolitik* zielen darauf ab, das Eigentum breiter zu streuen, indem die Eigentumsbildung auf breiter Basis gefördert wird und bestehende Vermögen steuerlich stärker belastet werden.

Vermögensverwaltung → Treuhandgeschäfte.

vermögenswirksame Leistungen → Vermögensbildung.

Vermont [engl. vəːˈmɔnt], Staat im NO der USA, 24 887 km², 541 000 E, Hauptstadt Montpelier.
Geschichte: 1724 erste Dauersiedlungen; 1777 erste amerikan. Staatsverfassung, die die Sklaverei verbot und das allg. Wahlrecht für Männer vorsah. 1791 als erster Nichtgründerstaat in der Union.

Vernalisation [lat.] (Jarowisation), von dem sowjet. Agrarbiologen T. D. Lyssenko ausgearbeitete Methode in der Pflanzenzüchtung und Landwirtschaft zur Beschleunigung der Entwicklung und Generationsfolge; erfolgt durch künstl. Kältebehandlung der (vorgequollenen) Samen.

Verne, Jules [frz. vɛrn], * Nantes 8. 2. 1828, † Amiens 24. 3. 1905, frz. Schriftsteller. Seine Abenteuer- und Zukunftsromane, in denen er oft techn. Erfindungen vorwegnahm, stehen am Beginn der › Science-fiction‹; u. a. ›Reise nach dem Mittelpunkt der Erde‹ (1864), ›Von der Erde zum Mond‹ (1865), ›20 000 Meilen unter'm Meer‹ (1870), ›Reise um die Erde in 80 Tagen‹ (1873).

Vernehmung (Verhör), die i. d. R. mündl. Befragung einer Person (Zeuge, Sachverständiger, Beschuldigter u. a.) zur Klärung verfahrensrechtlich bedeutsamer Sachverhalte; Zeugen müssen vor der V. zur Sache auf ein etwaiges → Zeugnisverweigerungsrecht hingewiesen werden.

Vernichtungslager, im Unterschied zu den nat.-soz. → Konzentrationslagern von der SS seit Ende 1941 zur Massentötung der europ. Juden errichtete

Jules Verne

Lager. Mehr als die Hälfte der nahezu 6 Mio. Opfer der nat.-soz. Judenverfolgung kamen in V. um. V., die aus Geheimhaltungsgründen im besetzten Polen errichtet wurden, waren u. a. Bełżec, Chełmno, Sobibór, Treblinka, Auschwitz-Birkenau und Lublin-Majdanek. Die beiden letztgenannten Lager hatten eine Doppelfunktion als V. und KZ.

Vernier, Pierre [frz. vɛrˈnje], * Ornans bei Besançon 19. 8. 1584, † ebd. 14. 9. 1638, frz. Mathematiker. Erfand und beschrieb (1631) den → Nonius.

Vernissage [vɛrniˈsaːʒə; frz. vɛrniˈsaːʒ], Eröffnung einer Kunstausstellung (in einer privaten Galerie).

Vernunft, das menschl. Vermögen, sinnl. Wahrnehmungen geistig zu verarbeiten, Dinge und Erscheinungen in ihrem Zusammenhang zu begreifen. – In der *Philosophie* der Aufklärung, bes. I. Kants, das höchste Erkenntnisvermögen, die Fähigkeit zur Ideenbildung als einen Verständigung und Normen überschreitenden Prozeß, der jedoch der *V.kritik* unterworfen bleibt. → Verstand.

Verödung (Obliteration), 1) *Medizin:* Verstopfung bzw. Verschluß des → Lumens von Körperhöhlen, Kanälen oder Gefäßen (u. a. durch entzündl. Veränderungen oder Thromben verursacht).
2) → Venenverödung.

Verona, italien. Prov.hauptstadt in Venetien, an der Etsch, 258 700 E. Zahlr. Museen: Opern- und Theateraufführungen im röm. Amphitheater; u. a. Metall-, chem., pharmazeut. Industrie.
Bauten: Aus röm. Zeit sind außer dem Amphitheater (›Arena‹) ein Triumphtor (beide 1. Jh. n. Chr.) und Reste der Stadtbefestigung erhalten. Zahlr. bed. Kirchen, u. a. Dom (5., 12., 15. und 20. Jh.), San Zeno Maggiore (12. Jh.), San Fermo Maggiore (11. Jh., Oberkirche umgebaut), Santa Maria Antica (12. Jh.; anliegend die berühmten Scaliger-Gräber), und bed. Paläste, u. a. Castel Vecchio (ehem. Scaligerburg, 1354–56), Palazzo del Comune (1194), Palazzo del Governo (13. Jh.), Palazzo Bevilacqua (16. Jh.).
Geschichte: Wurde 89 v. Chr. röm. Colonia latin. Rechts, 49 v. Chr. Munizipium; wahrscheinl. seit dem 3. Jh. Bischofssitz; eine der Residenzen des Ostgotenkönigs Theoderich d. Gr. (›Dietrich von Bern‹ [Bern = V.]; ab 572 Mittelpunkt eines Hzgt., in fränk. Zeit (seit 774) Hauptort einer Gft.; 952 Errichtung der **Mark Verona** vom Alpenkamm entlang der Etsch bis zum Adriat. Meer. V. gründete 1164 mit anderen Städten des östl. Oberitalien den **Veroneser Bund,** der sich 1167 zum Lombardenbund erweiterte; stand 1222–59 unter der Herrschaft von Ezzelino III. da Romano; ab 1259 unter der Herrschaft der Familie della Scala (Scaliger), fiel 1387 an die Visconti von Mailand, 1405 an Venedig.

Veronese, Paolo, eigtl. P. Caliari, * Verona 1528, † Venedig 19. 4. 1588, italien. Maler. Spätestens seit 1553 in Venedig ansässig, verarbeitete v. a. Einflüsse des Manierismus und Tizians. Zu seinen Hauptwerken gehören die Ausstattung der Kirche S. Sebastiano in Venedig (nach 1555), die Ausmalung der Villa Barbaro in Maser bei Treviso (1561/62) und monumentale Gastmahlbilder (›Hochzeit zu Kana‹ 1563; Paris, Louvre; ›Gastmahl des Levi‹ 1573; Venedig, Accademia), für deren üppige Profanisierung (Versetzung ins Venedig des 16. Jh., Porträts) sich V. 1573 vor einem Inquisitionsgericht verantworten mußte. V. kennzeichnen die Fülle an bewegten Figuren und reichen Materialien wie effektvolle Komplementär-Farbwirkungen, die nach 1570 einem gedämpfteren Kolorit und verschwimmenden Übergängen weichen.

Veronica [nach der hl. Veronika], sww. → Ehrenpreis.

Veronika, hl., reichte nach der Legende dem kreuztragenden Christus ihren Schleier, auf dem sich sein Gesicht abdrückte *(Schweißtuch der V.).*

Verordnung →Rechtsverordnung.

Verpflichtungsklage (Vornahmeklage), bes. Klageart in der Verwaltungs-, Finanz- und Sozialgerichtsbarkeit. Mit der V. kann der Kläger begehren, den Beklagten (Bund, Land, Gemeinde usw.) zu verurteilen, einen ihn begünstigenden Verwaltungsakt (z. B. Baugenehmigung) zu erlassen.

Verpuffung, die Umsetzung von Gasen, Dämpfen oder Stäuben, die im Ggs. zur Explosion mit nur geringer Geschwindigkeit und Druckwirkung und mit dumpfem Geräusch verläuft.

Verputz, svw. →Putz.

Verrechnungseinheit, Abk. VE, in internat. Zahlungsabkommen vereinbarte Einheit, nach der zu leistende Zahlungen abgerechnet werden.

Verrenkung (Luxation), Verschiebung zweier durch ein Gelenk verbundenen Knochenenden gegeneinander mit Überdehnung oder Zerreißen des Kapsel-Band-Apparats. Die Zeichen einer V. sind neben einer schmerzhaften Schwellung und Einschränkung der Beweglichkeit die Fehlstellung der betroffenen Gliedmaßen und die Lagerung des Gelenkkopfs außerhalb der Pfanne (Auskugelung). Die Therapie besteht in der Wiedereinrichtung *(Reluxation)* und anschließender Ruhigstellung.

Verrocchio, Andrea del [italien. ver'rɔkkio], eigtl. A. di Michele Cioni, * Florenz 1435, † Venedig vor dem 7. 10. 1488, italien. Bildhauer und Maler. Wegbereiter der Hochrenaissance, führte ab 1465 eine vielseitige Werkstatt in Florenz; Lehrherr von zahlr. bed. Meistern, u. a. Leonardo da Vinci. Schuf Bronzewerke (Porträtbüsten; Davidstatue, um 1470), das Grabmal für Piero und Giovanni de'Medici in San Lorenzo (1472) sowie die Thomas-Gruppe (1483) für Or San Michele; arbeitete 1486 ff. in Venedig an dem Modell des Reiterdenkmals des Bartolomeo Colleoni. Sein maler. Werk (›Taufe Christi‹, um 1470/80) zeigt niederl. Einflüsse.

Vers [lat.], Zeile einer Dichtung (meist Gedicht, Epos oder Drama), die einen bestimmten →Rhythmus aufweist; der Rhythmus wird bestimmt durch das **Versmaß** bzw. **Metrum;** kleinste Einheit des metr. Schemas eines V. ist der **Versfuß** (dem Takt in der Musik entsprechend): der Versfuß (z. B. Jambus, Daktylus, Trochäus) bildet eine Einheit aus betonten und unbetonten Silben (Zeichen: x́/x) oder langen und kurzen (Zeichen: –/.) Silben (→akzentuierendes Versprinzip). – Als V. werden auch der kleinste Abschnitt eines Bibeltextes sowie die Strophe des ev. Kirchenliedes bezeichnet (daher werden V. und Strophe oft fälschlich gleichgesetzt).

Ver sacrum [lat.], archaischer Ritus bei ital. Völkern: in Notzeiten wurden im Frühling die in dieser Zeit geborenen Menschen und Tiere dem Gott *Mars* geweiht. Die Tiere wurden als Opfer dargebracht, die Menschen, sobald sie erwachsen waren, zur Gründung neuer Kolonien ausgesandt.

Versailler Vertrag [vɛr'saːjər ...], wichtigster der Pariser Vorortverträge, die 1919/20 den 1. Weltkrieg auch völkerrechtl. beendeten. Der V. V. wurde am 28. 6. 1919 im Versailler Schloß zw. dem Dt. Reich und 26 alliierten und assoziierten Mächten unterzeichnet und trat am 10. 1. 1920 in Kraft. Verschiedene Länder ratifizierten ihn jedoch nicht oder beendeten den Kriegszustand mit dem Dt. Reich durch besondere Verträge (v. a. die USA 1921). – Ab 18. 1. 1919 wurde der Text des Friedensvertrages von W. Wilson, D. Lloyd George, G. B. Clemenceau und Vittorio Emanuele Orlando (* 1860, † 1952) (Die ›Großen Vier‹) ausgearbeitet, am 7. 5. 1919 der dt. Delegation zugestellt, am 16. 6. 1919 ultimativ die Vertragsannahme binnen 5 Tagen gefordert. Die Weimarer Nationalversammlung stimmte (mit 237 Abg. gegen 138 Abg. bei 6 Enthaltungen) am 22. 6. 1919 unter dem Druck einer drohenden militär. Besetzung der Unterzeichnung zu.

Der V. V. umfaßte 440 Artikel in 15 Teilen. Teil I enthielt die Satzung des Völkerbunds (ohne daß damit das Dt. Reich dessen Mgl. wurde). Die Teile II und III legten die neuen dt. Grenzen und die polit. Bestimmungen über Europa fest (Gebietsverluste des Dt. Reiches [ohne Kolonien]: 70 579 km² mit 6,5 Mio. E [1910]): Moresnet und – nach einer strittigen Volksbefragung – Eupen-Malmedy fielen an Belgien; Luxemburg schied aus dem Dt. Zollverein aus und verlor seinen neutralen Status; Elsaß-Lothringen kam ohne Abstimmung an Frankreich; fast ganz Westpreußen, die Prov. Posen, das Gebiet um Soldau und Teile Pommerns fielen an Polen (Poln. Korridor); Danzig wurde als Freie Stadt dem Schutz des Völkerbunds unterstellt; das Memelland kam unter alliierte Verwaltung; das Hultschiner Ländchen fiel an die Tschechoslowakei. Volksabstimmungen wurden für die sog. →Abstimmungsgebiete vorgesehen. Sie führten zur Teilung Oberschlesiens, wobei die kohlenreichen Gebiete im SO an Polen kamen, und zur Abtretung Nordschleswigs an Dänemark. Das Saargebiet wurde für 15 Jahre vom Völkerbund verwaltet und konnte danach über seinen Status entscheiden. Der von der Republik Dt.-Österreich proklamierte Anschluß an das Dt. Reich wurde untersagt. Art. 42–44 bestimmten die linksrhein. Gebiete und einen 50 km breiten Streifen rechts des Rheins zu einer entmilitarisierten Zone, in der bestehende Festungen geschleift und dt. Garnisonen aufgelöst werden mußten. Teil IV legte die Abgabe der Kolonien als Mandate an den Völkerbund fest. Teil V enthielt militär. Bestimmungen: Das Heer wurde auf 100 000 Mann (spätere Reichswehr), die Marine auf 15 000 Mann mit geringem Schiffsbestand beschränkt; Wehrpflicht, Generalstab und Kriegsakademie wurden abgeschafft. Die Teile VIII und IX behandelten die dt. Reparationen. Sie wurden mit der in Art. 231 genannten dt. Alleinschuld am 1. Weltkrieg begründet. In Teil X–XII mußte das Dt. Reich der Konfiskation des dt. Eigentums und sonstiger Rechte im Ausland, dem Meistgünstigungsrecht für die alliierten Staaten ohne Gegenseitigkeit, der Beschränkung der dt. Eisenbahnhoheit sowie der Privilegierung der Alliierten in der Luftfahrt und den dt. Häfen und der Internationalisierung der dt. Flüsse zustimmen. Teil XIV bestimmte den Rückzug der dt. Truppen aus den ehem. russ. Gebieten und die alliierte Besetzung des Saargebietes sowie des linken Rheinufers (rechtsrhein. Brückenköpfe bei Köln, Koblenz und Mainz für 15 Jahre, etappenweise Räumung).

Bei aller materiellen und massenpsycholog. Belastung beließen die Bedingungen des V. V. dem Dt. Reich dennoch den Status einer potentiellen Großmacht. Die Forderung nach Revision des V. V. galt in der dt. öffentl. Meinung fortan als grundsätzl. außenpolit. Ziel; so fanden die antidemokrat. Kräfte von rechts wie links im ›Diktat von Versailles‹ einen entscheidenden Ansatzpunkt für ihre Agitation gegen die an V. V. billigenden polit. Kräfte der Weimarer Republik.

Versailles [frz. vɛr'saːj], frz. Dep.hauptstadt im sw. Vorortbereich von Paris, 91 500 E. Kern des heutigen Schlosses ist das Jagdschloß Ludwigs XIII., nach 1661 unter Ludwig XIV. u. a. durch L. Le Vau, C. Le Brun, A. Le Nôtre und J. Hardouin-Mansart ausgebaut (mit Anbauten v. a. des 18. Jh.) in hochbarockem und klassizist. Stil (Vorbild für Barockschlösser ganz Europas); bis 1789 Residenz der frz. Könige. Berühmt der Spiegelsaal (1686 vollendet) und die Garten- und Parkanlage mit Lustschlössern (→Trianon) und dem Pavillon Français (1750). – Am 18. 1. 1871 wurde im Spiegelsaal des Schlosses von V. König Wilhelm I.

Andrea del Verrocchio: David; vor 1476 (Florenz, Bargello)

von Preußen zum Dt. Kaiser proklamiert; am 28. 6. 1919 wurde in demselben Saal der Versailler Vertrag unterzeichnet.

Versalien [lat.], im Druckwesen Bez. für die Großbuchstaben.

Versammlung, die zu einem bestimmten Zweck zusammengekommene Personenmehrheit. Die **Versammlungsfreiheit,** d. h. das Recht, sich friedlich und ohne Waffen zu versammeln, ist in Artikel 8 GG allen Deutschen als Grundrecht gewährleistet.

Versammlungsgesetz, das aufgrund des Artikels 8 Absatz 2 GG erlassene Gesetz über Versammlungen und Aufzüge in der Fassung vom 15. 11. 1978. Es konkretisiert Inhalt und Schranken der Versammlungsfreiheit (z. B. das Demonstrationsrecht). Die Versammlungsfreiheit in geschlossenen Räumen kann nur in einzelnen Ausnahmefällen eingeschränkt werden. Versammlungen unter freiem Himmel hingegen sind mindestens 48 Stunden vor Beginn der zuständigen Behörde anzumelden.

Versatz, im Fachwerkbau eine Holzverbindung, bei der eine (schräge) Strebe in einen Einschnitt eines Unterlagebalkens eingefügt wird.

Versatzstücke, im Theater die bewegl., beliebig zu versetzenden Teile der Bühnenausstattung.

Versäumnisurteil, im Zivilprozeß das bei Ausbleiben oder Nichtverhandeln einer Partei in einem ordnungsgemäß anberaumten Termin zur notwendigen mündl. Verhandlung auf Antrag der Gegenpartei ergehende Urteil.

Verschaffelt, Pieter-Antoon [niederl. vər'sxɑflət], * Gent 8. 5. 1710, † Mannheim 5. 7. 1793, fläm. Bildhauer und Baumeister. Seit 1752 in Diensten des Kurfürsten Karl Theodor in Mannheim; schuf u. a. Skulpturen für den Schwetzinger Schloßgarten (um 1772) sowie Reliefs für das Zeughaus in Mannheim (1777/78).

Verschleppung, ein mit Freiheitsstrafe nicht unter einem Jahr bedrohtes Gefährdungsdelikt. Der V. macht sich schuldig, wer einen anderen durch List, Drohung oder Gewalt in ein Gebiet außerhalb der BR Deutschland verbringt, ihn veranlaßt, sich dorthin zu begeben, oder davon abhält, von dort zurückzukehren, und ihn dadurch der Gefahr aussetzt, aus polit. Gründen verfolgt zu werden oder anderen Schaden zu erleiden.

Verschluß, 1) *Photographie:* → Photoapparat.
2) *Waffentechnik:* (V.einrichtung) bei Feuerwaffen (Hinterladern) ein den Lauf oder das Rohr (bzw. Patronen- oder Kartuschenlager) nach hinten abschließender bewegl. Teil, der auch die Spann-, Abzugs-, Sicherungsvorrichtungen und den Auswerfer enthält.

Verschlußlaut (Explosiv[laut], Klusil, Muta), Laut, bei dessen Artikulation der von innen nach außen drängende Luftstrom im Mundraum oder am Hintergaumen gestoppt wird. Man unterscheidet u. a. bilabiale [p, b], dentale [t, d] und velare V. [k, g].

Verschmelzungsfrequenz, svw. Flimmerverschmelzungsfrequenz (→ Flimmerfrequenz).

verschneiden, svw. kastrieren (→ Kastration).

Verschnitt, bei der Herstellung von Weinen und Spirituosen Mischung verschiedener Jahrgänge oder verschiedener Rebsorten oder von Weinen verschiedener Herkunft.

Verschulden, im *Zivilrecht* die Beurteilung menschl. Verhaltens als objektiv pflichtwidrig und vorwerfbar und damit als Schuld; Formen sind vorsätzl. und fahrlässiges Verschulden.

Versehrtensport, svw. → Behindertensport.

Verseifung, die hydrolyt. Spaltung von Estern zu Säuren und Alkoholen unter dem Einfluß von Säuren, Basen oder Enzymen. Die Bez. V. rührt von der Bildung von → Seifen bei der *Fettspaltung* (Ester aus Glycerin und Fettsäuren) mit Alkalien her.

Versepos → Epos.

Versetzung (innerbetriebl. V., Arbeitsplatzwechsel), Zuweisung eines anderen Arbeitsplatzes (d. h. Aufgabenbereich) für eine längere Zeit als einen Monat oder unter erhebl. Änderungen der Arbeitsbedingungen. Die V. bedarf der Zustimmung des Betriebsrates.

Versetzungszeichen → Vorzeichen.

Versfuß (Metrum) → Vers.

Versicherung (Assekuranz), die gegenseitige Deckung eines im einzelnen zufälligen, im ganzen aber schätzbaren Geldbedarfs durch eine Vielzahl gleichartig bedrohter Wirtschaftseinheiten. Zu unterscheiden ist zw. → *Individualversicherung* (private Feuer-, Haftpflicht-, Hausrat-, Lebens-, Unfall-V. u. a.), → *Sozialversicherung* (gesetzl. Kranken-, Renten- und Arbeitslosen-V.) und *Versicherung auf Gegenseitigkeit* (→ Versicherungsverein auf Gegenseitigkeit).

Versicherung an Eides Statt, svw. → eidesstattliche Versicherung.

Versicherungsbetrug, das vorsätzl. Herbeiführen oder Vortäuschen eines Schadens mit dem Ziel, Versicherungsleistungen zu erhalten (z. B. betrüger. Inbrandsetzen einer gegen Feuergefahr versicherten Sache, absichtl. Beschädigung eines kaskoversicherten Kfz). Bei V. ist der Versicherer von der Leistung frei.

Versicherungspflicht, 1. in der *Sozialversicherung* die kraft Gesetzes bewirkte Zugehörigkeit zu einem bestimmten Zweig der Sozialversicherung; 2. in der *Individualversicherung* die Pflicht zum Abschluß oder zur Aufrechterhaltung eines Versicherungsvertrages (z. B. die Kfz-Haftpflichtversicherung).

Versicherungsteuer (Versicherungssteuer), Verkehrsteuer auf die Zahlung des Versicherungsentgelts aus einem Versicherungsverhältnis mit einem inländ. Versicherungsnehmer (z. Z. 10 %).

Versicherungsverein auf Gegenseitigkeit, Abk. VVaG, typ. Unternehmensform der Versicherungswirtschaft. Das Risiko der Geschäftsführung liegt bei den Versicherten. Versicherer ist die Gesamtheit der Mitglieder.

Versicherungsvertrag (Versicherungsschein, Versicherungspolice), ein gegenseitiger Vertrag zw. einem Versicherungsunternehmen und dem Versicherungsnehmer zur Begründung eines privatrechtl. Versicherungsverhältnisses. Das Versicherungsunternehmen verspricht, eine bestimmte, versicherte Gefahr zu tragen, d. h., die vertraglich vereinbarte Versicherungssumme bei Eintritt des Versicherungsfalles zu zahlen. Der Versicherungsnehmer hat als Gegenleistung die vereinbarte Prämie zu entrichten, die entweder für die gesamte Versicherungsperiode auf einmal oder in Teilbeträgen gezahlt werden kann. Die Rechtsgrundlagen des V. sind im wesentlichen das Versicherungsvertragsgesetz und die staatl. Kontrolle unterliegenden *Allg. Versicherungsbedingungen.*

Versicherungszeiten, Zeiten, in denen Beiträge gezahlt werden, die die Höhe des Leistungsanspruchs sowie den Leistungsanspruch selbst in der sozialen Rentenversicherung begründen. → Anrechnungszeiten, → Ersatzzeiten.

Versiegelung, 1) Verschließen von Briefen, Paketen u. a. mit einem Siegel.
2) Oberflächenbehandlung von Holzfußböden mit Kunstharzlacken, die in das Holz eindringen und auf der Oberfläche einen Schutzfilm bilden.

versiert [lat.], erfahren, bewandert.

Versilbern, das Aufbringen dünner Silberüberzüge v. a. auf Bestecke, Tafelgeräte und Schmuck durch elektrolyt. Metallabscheidung.

Version [lat.-frz.], Übersetzung, Lesart, spezielle Fassung eines Textes; allg. svw. Darstellung, Sicht.

Verslehre, svw. →Metrik.

Vers libre [frz. vɛr'libr], frz. Bez. für die Technik metrisch völlig freier Verse.

Verso [lat.], Bez. für die Rückseite eines Blattes v. a. von nichtpaginierten Drucken und Handschriften (Ggs. Rekto).

Versöhnungstag →Jom Kippur.

Versorgungsanstalt des Bundes und der Länder, Abk. VBL, Einrichtung zur Gewährung einer privatrechtl. zusätzl. Alters- und Hinterbliebenenversorgung für Arbeitnehmer öffentl. Verwaltungen, Anstalten und Stiftungen des öffentl. Rechts u. a. Körperschaften; Sitz Karlsruhe.

Versorgungsausgleich, der bei der Ehescheidung vor Ausspruch der Scheidung durch das Familiengericht durchzuführende Ausgleich zw. den Anwartschaften der Ehegatten auf eine voneinander unabhängige Versorgung wegen Alters, Berufs- oder Erwerbsunfähigkeit. Der V. beruht auf dem Grundgedanken, daß die während der Ehe erworbenen Versorgungsansprüche aus der Leistung beider Ehegatten resultieren. Der V. erfolgt in der Weise, daß nach Ermittlung von Art und Höhe der jeweiligen Versorgungstitel beider Ehegatten (z. B. Renten aus der Sozialversicherung, Beamtenpensionen) der Ehegatte mit den werthöheren Anwartschaften als Ausgleich die Hälfte des Wertunterschiedes an den anderen Ehegatten zu übertragen hat (sog. *Wertausgleich*). Rentenanwartschaften aus der gesetzl. Rentenversicherung werden durch unmittelbare Übertragung der Hälfte des Wertunterschiedes an den versorgungsrechtl. schlechter gestellten Ehegatten ausgeglichen *(Renten-Splitting)*. Bei Beamtenpensionen oder diesen gleichgestellten Versorgungstiteln werden zu Lasten des Versorgungskontos eines Beamten für den ausgleichsberechtigten Ehegatten neue Anwartschaften in der gesetzl. Rentenversicherung als Form der fiktiven Nachversicherung begründet.

Versorgungswirtschaft, der Teil der Wirtschaft, der in Gemeinwesen die Versorgung mit Energie (Elektrizität, Gas, Fernwärme) und Wasser sowie den öffentl. Nahverkehr betreibt.

Verstaatlichung, Form der Sozialisierung, bei welcher der Rechtsträger der sozialisierten Güter der Staat (der Bund oder ein Land) wird.

Verstädterung, svw. →Urbanisation.

Verstand, die menschl. Fähigkeit des analyt. Denkens und Urteilens. – In der *Philosophie* I. Kants im Ggs. zur ma. Hierarchie der Vernunft, der Erkenntnis der prinzipiellen Bedingungen des Handelns untergeordnete Grundlage der Begriffsbildung. →Vernunft.

Verständigungsfriede, im 1. Weltkrieg zur polit. Parole gewordene Bez. für einen Frieden, der im Ggs. zum ›Siegfrieden‹ auf einem Verhandlungskompromiß zw. den Kriegführenden beruht.

Verstärker, Geräte zur Steuerung einer von außen zugeführten Leistung mittels einer kleinen Signalleistung entsprechend deren zeitl. Verlauf; i. e. S. *elektron. Linearverstärker*. Je nachdem, ob die Ausgangsleistung sich vom Eingangssignal im wesentlichen durch Vergrößerung der Spannungs- oder Stromwerte auszeichnet, spricht man von *Spannungs-* bzw. *Stromverstärker*. Als *Leistungs-V.* bezeichnet man solche V., die Leistung (z. B. zum Betrieb von Lautsprechern) abzugeben vermögen; quantitative Merkmale sind: *Nenn-* oder *Sinusleistung* (Dauerausgangsleistung ohne Verzerrung) und die höhere [Gesamt-]*Musikleistung* (engl.: music power; kurzzeitige Spitzenleistung).

Verstauchung (Distorsion), durch plötzl. Überschreiten der normalen Bewegungsgrenze eines Gelenks hervorgerufene Verletzung der Gelenkbänder, meist am Hand- oder Sprunggelenk.

Versteigerung (Auktion), öffentl. Verkauf eines Gegenstandes an den Meistbietenden. 1. Im *Schuldrecht* ist die V. u. a. zulässig beim Selbsthilfeverkauf, bei Fundsachen und bei der Pfandleihe. Die V. wird durch den Gerichtsvollzieher oder einen öffentlich bestellten Versteigerer *(Auktionator)* durchgeführt. 2. In der *Zwangsvollstreckung* werden bewegl. Sachen durch den Gerichtsvollzieher öffentl. versteigert. Diese V. ist Hoheitsakt. Die Verwertung von Grundstücken erfolgt durch *Zwangsversteigerung*.

Versteinerung, 1. Vorgang der →Fossilisation; 2. zu Stein gewordene tier. und pflanzl. Überreste (→Fossilien).

Versteppung, 1. durch Klimaänderung bedingte Umwandlung eines Waldgebiets an seiner Trockengrenze in Steppe. 2. Bez. für die Austrocknung des Bodens und die damit verbundene Veränderung der Vegetation, hervorgerufen durch Entwaldung und/ oder Eingriffe in den Wasserhaushalt.

Verstopfung (Stuhlverstopfung, Obstipation, Konstipation, Darmträgheit, Hartleibigkeit), verzögerte oder erschwerte Kotentleerung infolge Erschlaffung der Darmwand oder Krampf der Darmmuskulatur. Häufig spielt die Ernährungsweise eine Rolle. Ist die Nahrung schlackenarm, wird sie bereits im Dünndarm vollständig verdaut und im Dickdarm dann zu stark eingeengt und eingedickt. Schließlich fehlen die mechan. Reize für die vorwärtstreibende Muskeltätigkeit (Peristaltik) und die Mastdarmdehnung; auch sind falsche oder gestörte Entleerungsgewohnheiten (z. B. Unterdrückung des Stuhldrangs durch falsche Zeiteinteilung oder in fremder Umgebung) eine häufige Ursache von V. (Abstumpfung, zuletzt Ausbleiben des Entleerungsreflexes). Schließlich kann die längere unkontrollierte Anwendung von Abführmitteln zu Funktionsstörungen führen. Zu empfehlen ist schlackenreiche Kost (Gemüse, Obst) bei ausreichender Flüssigkeitszufuhr, körperl. Bewegung und die zeitl. Regulierung des Stuhlgangs.

Verstrahlung, im militär. Bereich übl. Bez. für das Vorhandensein von radioaktiven Substanzen (aus Kernwaffenexplosionen) auf Kleidung, Waffen und Gerät. Im nichtmilitär. Bereich spricht man meist von *radioaktiver Verseuchung*.

Versuch, im *Strafrecht* die begonnene, aber noch nicht vollendete Straftat. Der V. eines Verbrechens ist stets strafbar, der V. eines Vergehens nur, wenn es das StGB ausdrückl. bestimmt. Der V. kann milder bestraft werden als die vollendete Tat. Der Täter bleibt straflos, wenn er freiwillig vom V. zurücktritt.

Versuch und Irrtum →Trial-and-error-Methode.

Versuchung, jede Hinlenkung des Willens auf eine dem religiösen oder sittl. Gebot widersprechende Haltung.

Vertebrata (Vertebraten) [lat.], svw. →Wirbeltiere.

Verteidiger, 1) *Strafprozeß:* unabhängiger, dem Gericht und dem Staatsanwalt gleichgeordneter ↑Rechtsanwalt. Hat im Strafverfahren als *Strafverteidiger* ausschließlich die Interessen des Beschuldigten zu vertreten, dessen Rechte zu wahren und auf die Einhaltung eines rechtmäßige Verfahrens hinzuwirken *(Verteidigung)*. Die Mitwirkung eines V. im Strafverfahren ist u. a. notwendig, wenn die Hauptverhandlung im ersten Rechtszug vor dem Oberlandesgericht oder dem Landgericht stattfindet bzw. wenn die Anklage wegen eines Verbrechens erhoben wird. In einem Fall *notwendiger Verteidigung* erhalten Beschuldigte, die keinen *Wahlverteidiger* haben, vom Gericht einen *Pflichtverteidiger* beigeordnet.

2) *Sport:* bei Mannschaftsspielen svw. Abwehrspieler.

Verteidigung, 1) die (*völkerrechtlich* zulässige) Abwehr eines Angriffs.

2) →Verteidiger.

Verteidigungsfall →Notstand.
Verteiler (Zündverteiler) →Zündanlage.
Verteilungschromatographie →Chromatographie.
Verteilungsfunktion, in der *Wahrscheinlichkeitsrechnung* die einer Zufallsgröße X zugeordnete Funktion $F(x)$, die die Wahrscheinlichkeit dafür angibt, daß die Zufallsgröße X höchstens den Wert x annimmt.
Vertikale [lat.], senkrechte Gerade oder Ebene.
Vertrag (Kontrakt), mehrseitiges Rechtsgeschäft zur Begründung, Aufhebung oder Änderung eines Rechtsverhältnisses, das durch übereinstimmende Willenserklärungen, nämlich Antrag und Annahme, zw. zwei oder mehreren Personen *(V.parteien, V.gegner)* zustande kommt. Das Zustandekommen eines wirksamen V. kann von der Einhaltung einer bestimmten Form, der Zustimmung dritter Personen oder einer Behörde, der (konstitutiven) Eintragung in ein Register (z. B. Grundbuch) oder dem Eintritt einer Bedingung abhängig sein.
Vertragsfreiheit (Parteiautonomie), Grundsatz im bürgerl. Recht, über den Abschluß eines Vertrags (sog. *Abschlußfreiheit)* sowie über dessen Inhalt *(Inhaltsfreiheit)* frei bestimmen zu können. Die V. findet ihre Grenzen durch das Verbot der Gesetzes- sowie der Sittenwidrigkeit. Sie ist ferner durch den Grundsatz von Treu und Glauben sowie der Billigkeit und bei Monopolstellungen durch den *Kontrahierungszwang* (z. B. müssen Verkehrs- und Versorgungsunternehmen der öffentl. Hand Beförderungsverträge abschließen) eingeschränkt.
Vertragshändler (Eigenhändler, Konzessionär), selbständiger Unternehmer, der durch einen Rahmenvertrag mit einem Hersteller von Waren in dessen Vertriebsorganisation eingegliedert ist, aber im eigenen Namen und auf eigene Rechnung Waren des Herstellers ankauft und weiterveräußert.
Vertragslehre →Gesellschaftsvertrag.
Vertragsstrafe (Konventionalstrafe), Versprechen einer Geldsumme als Strafe für den Fall, daß der Versprechende eine Schuld gegenüber dem Gläubiger nicht oder nicht gehörig erfüllt.
Vertrauensarzt, Arzt, der im Auftrag der gesetzl. Kranken- und Rentenversicherung gutachterl. Funktionen ausübt.
Vertrauensfrage, vom Regierungschef gestellter Antrag an das Parlament, ihm das Vertrauen auszusprechen; bei Ablehnung erfolgt i. d. R. der Rücktritt der Regierung und/oder Auflösung des Parlaments. In der BR Deutschland ist das Verfahren der V. in Art. 68 GG geregelt.
Vertreibung, die mit Drohung oder Gewalt bewirkte Aussiedlung der Bevölkerung aus ihrer Heimat über die Grenzen des vertreibenden Staates hinweg. Die V. der eigenen Staatsangehörigen gilt als Verbrechen gegen die Menschlichkeit und Verstoß gegen Menschenrechte, eine V. fremder Staatsangehöriger, d. h. der Zivilbevölkerung aus einem besetzten Gebiet, als Kriegsverbrechen. – Zu V. kam es v. a. im Gefolge von Kriegen und im Zuge der Entkolonisation (wobei die Grenzen zw. V. und Flucht fließend sind): z. B. die Zwangsumsiedlung von Türken und Griechen nach dem Griech.-Türk. Krieg 1919–22, von Hindus und Muslimen bei der Unabhängigkeit Indiens und Pakistans 1947, die Ausweisung der (wirtschaftl. führenden) ind. Minderheit aus Uganda 1972. – Zur V. von Deutschen nach dem 2. Weltkrieg →Vertriebene.
vertretbare Sachen, bewegl. Sachen, die im Verkehr nach Maß, Zahl oder Gewicht bestimmt zu werden pflegen, z. B. Geld, Kohlen, Obst oder Wertpapiere.
Vertreter →Stellvertretung, →Handelsvertreter.

Vertriebene, dt. Staatsangehörige oder dt. Volkszugehörige, die ihren Wohnsitz in den unter fremder Verwaltung stehenden dt. Ostgebieten oder in den Gebieten außerhalb des Dt. Reiches (Gebietsstand vom 31. 12. 1937) hatten und diesen im Zusammenhang mit den Ereignissen des 2. Weltkrieges durch Ausweisung oder Flucht verloren haben, ferner u. a. Aussiedler und Umsiedler. Als **Heimatvertriebene** gelten V., die am 31. 12. 1937 oder bereits einmal vorher ihren Wohnsitz im Vertreibungsgebiet hatten. 1950 lebten in der BR Deutschland rd. 7,9 Mio. V., in der DDR rd. 4,4 Mio., der weit überwiegende Teil davon aus den Gebieten östl. der Oder-Neiße-Linie und aus der Tschechoslowakei.
Verunglimpfung →Beschimpfung, →Beleidigung.
Veruntreuung →Unterschlagung.
Verursacherprinzip, Grundsatz (v. a. im Umweltschutz), wonach der Verursacher von Umweltschäden die Kosten für deren Beseitigung oder Vermeidung zu tragen hat.
Verus, Lucius Aurelius (Lucius V.), eigtl. Lucius Ceionius Commodus, * Rom 15. 12. 130, † Altinum Jan./Febr. 169, röm. Kaiser (seit 161). Von Antoninus Pius adoptiert (138), durch Mark Aurel 161 zum Mitkaiser ernannt; führte 162–166 erfolgreich Krieg gegen die Parther, Rückeroberung von Edessa und Nisibis, Eroberung von Seleukeia am Tigris.
Vervielfältigungsgeräte, von Hand oder elektr. betriebene Geräte (Büromaschinen), die zum Herstellen zahlr. Abzüge von einer Originalvorlage (Schriftstück oder Zeichnung) dienen. Im Unterschied zu den mit Belichtung arbeitenden *Kopiergeräten* – eine Druckform und Druckfarbe verwenden. Die meisten Druckformen werden hierbei durch direkte Beschriftung mit der Schreibmaschine hergestellt (sog. *Matrize)*; es ist aber auch die photomechan., thermograph. oder elektrophotograph. Übertragung der Vorlage auf die Druckform möglich. Die wichtigsten Verfahren sind die Hektographie mit *Hektographiergeräten (Hektographen),* das Umdruckverfahren mit *Umdruckern (Spiegelschriftvervielfältiger),* der Büroschablonendruck mit *Schablonenvervielfältigungsgeräten (Schablonendrucker)* sowie der Offsetdruck (Offsetverfahren; →Drucken) mit den im wachsenden Maße verwendeten *Bürooffsetdruckern (Kleinoffsetmaschinen).*
Verwachsung, in der *Medizin* entzündl. Verklebung, flächenhafte oder strangförmige, schließlich dauerhafte Vereinigung bes. von serösen Häuten im Brust- und Bauchraum.
Verwahrlosung, 1. allg. die starke Vernachlässigung der äußeren Erscheinung (ungepflegtes Äußeres, Unreinlichkeit); 2. auffällige Entwicklungs- und Verhaltensformen v. a. bei Kindern, die als Abweichen von der (gesellschaftl.) Norm zu einem latenten oder offenen Konflikt mit der gesellschaftl. Ordnung führen. Hauptsymptome sind u. a. Schuleschwänzen, Lügenhaftigkeit, Eigentums- und Rohheitsdelikte, Drogenmißbrauch.
Verwahrung, im *Zivilrecht* Gewährung von Raum und Übernahme der Obhut für eine bewegl. Sache aufgrund selbständiger Vertragsverpflichtung (V.vertrag, z. B. in einem Depot) oder als Nebenpflicht eines anderen Vertrages.
Verwaltung (Administration), im materiellen Sinne die Wahrnehmung von Angelegenheiten eines Trägers öffentl. V. (z. B. Bund, Länder, Gemeinden) durch dafür bestellte Organe (V.behörden; V. im organisator. Sinne); im formellen (funktionellen) Sinn die Gesamtheit der Aufgaben, die der V. im organisator. Sinne obliegen. – Von der V. im materiellen Sinne unterscheidet man die *Regierung (Staats-V.),* die *Gesetzgebung* und die *Rechtsprechung.*

Verwaltungsakt, hoheitl. Maßnahme, die eine Verwaltungsbehörde im Verwaltungsverfahren zur Regelung eines Einzelfalles auf dem Gebiet des öffentl. Rechts trifft und die auf unmittelbare Rechtswirkung nach außen gerichtet ist. Ein fehlerhafter V. ist rechtswidrig, bei schweren Fehlern ist er nichtig. Ein V. kann durch Widerspruch angefochten werden.

Verwaltungsgerichtsbarkeit, bes. Gerichtszweig für öffentlich-rechtl. Streitigkeiten nichtverfassungsrechtl. Art. Rechtsgrundlage ist die *Verwaltungsgerichtsordnung* von 1960. Die V. wird durch die *Verwaltungsgerichte,* die *Oberverwaltungsgerichte* (in Baden-Württemberg und Bayern als *Verwaltungsgerichtshof* bezeichnet) und das *Bundesverwaltungsgericht* ausgeübt; letzteres ist oberstes Gericht auf dem Gebiet der allg. V. sowie der Disziplinargerichtsbarkeit des Bundes (Sitz der Revisions- und Disziplinarsenate ist Berlin, der Wehrdienstsenate München).

Verwaltungsgerichtsverfahren (Verwaltungsprozeß, Verwaltungsstreitverfahren), das durch die Verwaltungsgerichtsordnung geregelte Verfahren vor einem Gericht der Verwaltungsgerichtsbarkeit. Die wichtigsten Klagearten im V. sind Anfechtungs- und Verpflichtungsklage (nach erfolglosem Widerspruchsverfahren) sowie Leistungs- und Feststellungsklage. Sachlich zuständig ist i. d. R. das Verwaltungsgericht erster Instanz. Es entscheidet durch Urteil, Beschluß oder Vorbescheid. Dessen Urteile sind mit der Berufung, Beschlüsse mit der Beschwerde anfechtbar, über die das Oberverwaltungsgericht entscheidet. Gegen dessen Urteil steht den Beteiligten Revision an das Bundesverwaltungsgericht zu.

Verwaltungsrat, ein dem Aufsichtsrat der AG entsprechendes Organ bei Körperschaften, Anstalten und Stiftungen des öffentl. Rechts. – Im *schweizer. Aktienrecht* das für die Geschäftsführung der AG verantwortliche Organ.

Verwaltungsrecht, Gesamtheit der Rechtsnormen, die die Tätigkeit der öffentl. Verwaltung regeln; umfaßt z. B. Polizeirecht, Baurecht, Gemeinderecht, Wehrrecht, Beamtenrecht, Gewerberecht, Schulrecht, Wege- und Wasserrecht.

Verwandtschaft, im *Recht* i. e. S. der durch gemeinsame Abstammung miteinander verbundene Kreis von Personen *(Blutsverwandtschaft).* Dabei sind Personen, deren eine von der anderen abstammt, in gerader Linie, Personen, die von derselben dritten Person abstammen, in der Seitenlinie miteinander verwandt. Der Grad der V. bestimmt sich nach der Zahl der sie vermittelnden Geburten. Die V. schließt auch nichtehel. Kinder sowie adoptierte Kinder mit ein. I. w. S. gehören zur V. auch die Verwandten des Ehegatten *(Schwägerschaft).*

Verwarnung, 1) *Recht:* 1. die im *Verwaltungsrecht* bei geringfügigen Ordnungswidrigkeiten bestehende Möglichkeit, ein Fehlverhalten zu ahnden; 2. im *Jugendstrafrecht* eines der für die Ahndung einer Straftat zur Verfügung stehenden Zuchtmittel, wenn Jugendstrafe nicht geboten ist; 3. im *Strafrecht* kann eine V. mit Strafvorbehalt, d. h. statt einer Verurteilung zur Geldstrafe bis zu 180 Tagessätzen in bestimmten Fällen erteilt werden.

2) *Sport:* v. a. bei *Mannschaftsspielen* die Androhung des Schiedsrichters, einen sich regelwidrig verhaltenden Spieler des Spielfeldes zu verweisen (beim Fußball u. a. durch Zeigen der sog. ›gelben Karte‹).

Verweis, 1. → Disziplinarmaßnahmen; 2. (Verweisung) in einem Text Hinweis auf eine andere Textstelle (im Lexikon meist angezeigt durch einen Pfeil).

Verweisung, im *Prozeßrecht* die Abgabe einer Streitsache an das nach Ansicht des [unzuständigen] verweisenden Gerichts zuständige Gericht.

Verwerfen, das vorzeitige Ausstoßen der (nicht lebensfähigen) Leibesfrucht bes. bei Haustieren; u. a.

verursacht durch häufig seuchenhaft auftretende Infektionen z. B. der Geschlechtsorgane und durch Stürze.

Verwerfung: San-Andreas-Linie (200 km nordwestlich von Los Angeles)

Verwerfung, tekton. Störung einer urspr. intakten Gesteinslagerung, wobei diese an einer Bruchfläche in zwei Schollen zerbricht und diese gegeneinander verschoben werden. Die Bewegung kann nicht nur senkrecht bzw. schräg, sondern auch in horizontaler Richtung erfolgen *(Blattverschiebung).* Nach der Art der relativen Bewegung der Gesteinsschollen unterscheidet man *Abschiebung* und *Aufschiebung;* oft ist nicht nur eine Bewegungsfläche, sondern ein V.-system entwickelt, so daß ein treppenartiger *Staffelbruch* entsteht bei gleichsinnig einfallenden Verwerfungen.

Verwertungsgesellschaften (V. für Urheberrechte), Gesellschaften, die geschäftsmäßig aus dem Urheberrechtsgesetz sich ergebende Nutzungsrechte, Einwilligungsrechte oder Vergütungsansprüche zugunsten von Urhebern oder Inhabern verwandter Schutzrechte zur gemeinsamen Auswertung wahrnehmen; u. a. die → GEMA, die ›Verwertungsgesellschaft Wort‹ (Sitz München) für schriftsteller. Arbeiten und die ›Gesellschaft zur Verwertung von Leistungsschutzrechten mbH‹ (Sitz Hamburg), die entsprechende Aufgaben für ausübende Künstler und Schallplattenfabrikanten hat.

Verwesung, der mikrobielle, durch Bakterien und Pilze bewirkte Abbau organ. (menschl., pflanzl., tier.) Substanzen unter Luftzufuhr zu einfachen anorgan. Verbindungen; geht bei mangelndem Sauerstoffzutritt in → Fäulnis über.

Verwirkung, aus dem Grundsatz von Treu und Glauben entwickeltes Verbot mißbräuchl. Rechtsausübung. Die V. führt zum Verlust eines Rechts, wenn

Vesuv: Blick in den Krater

Amerigo Vespucci

z. B. ein Recht während einer längeren Zeit nicht geltend gemacht wurde. Nach dem GG (Art. 18) kann die *V. von Grundrechten* vom Bundesverfassungsgericht auf Antrag des Bundestags, der Bundesregierung oder einer Landesregierung ausgesprochen werden, wenn ein Grundrecht vorsätzlich zum Kampf gegen die freiheitlich demokrat. Grundordnung mißbraucht wurde.

Verwitterung, Zerfall von Gesteinen und Mineralen an oder nahe der Erdoberfläche. Man unterscheidet: 1. *mechanische V.* (physikal. V.), z. B. die Wirkungen ständiger großer Temperaturschwankungen, von in Spalten gefrierendem Wasser und auskristallisierenden Salzen (Frost- bzw. Salzsprengung); 2. *chemische V.,* beruht auf der Lösungsfähigkeit des Wassers und führt zu Korrosion. Sie geht in geringerem Maße auch auf atmosphär. Gase zurück (Rauchschäden); 3. *biogene V.,* z. B. die Sprengwirkung von Wurzeln, die grabende Tätigkeit vieler Organismen.

Verwoerd, Hendrik Frensch [Afrikaans fər'vu:rt], * Amsterdam 8. 9. 1901, † Kapstadt 6. 9. 1966 (ermordet), südafrikan. Politiker. 1950–58 Min. für Eingeborenenfragen, seit 1958 Premier-Min. und Vors. der National Party; rigorose Apartheidpolitik, Gründung von → Homelands; setzte 1961 die Umwandlung des Landes in eine Republik durch.

Verzerrung, in der *Elektroakustik* und *Nachrichtentechnik* jede durch unvollkommene Übertragungseigenschaften eines Übertragungssystems bewirkte unerwünschte Veränderung der Signale nach Größe oder zeitl. Verlauf. *Nichtlineare V. (Intermodulation)* liegt vor, wenn Ausgangs- und Eingangssignal nicht proportional sind.

Verzierungen (Ornamente, Manieren, Auszierungen, Koloraturen), in der *Musik* die durch Zeichen oder kleinere Noten angedeutete Ausschmückung einer Hauptnote, z. B. → Vorschlag, → Triller und → Doppelschlag.

Verzinken, Verfahren der Oberflächenbehandlung, bei dem Metallgegenstände, v. a. Werkstücke aus Eisen und Stahl, mit einer Zinkschicht als Korrosionsschutz (Rostschutz) überzogen werden.

Verzinnen, Korrosionsschutzverfahren v. a. für Eisen- und Stahlbleche. Beim *Feuer-* oder *Tauch-V.* werden Metallgegenstände in eine Zinnschmelze eingetaucht. Bei der elektrolyt. Metallabscheidung *(Naß-V.)* wird die Zinnschicht auf den als Kathode geschalteten Metallgegenständen abgeschieden.

Verzinsung, die Zahlung von (in Prozenten ausgedrückten) Teilbeträgen auf eine entliehene Summe als Preis für die Leihe.

Verzuckerung, die hydrolyt. Spaltung von Polysacchariden in niedermolekulare Zucker. → Holzverzuckerung.

Verzug, im *Schuldrecht* ein Fall der Leistungsstörung. **Schuldnerverzug** (Leistungs-V.) ist die Verzögerung der Leistung durch den Schuldner. Er setzt voraus, daß die Leistung noch erfüllbar und fällig ist, eine Mahnung erfolgt ist (entfällt, wenn die Leistung nach dem Kalender bestimmt ist) und daß der Schuldner den V. zu vertreten hat. Rechtsfolgen des Schuldner-V. sind: der Schuldner bleibt i. d. R. zur Leistung verpflichtet und hat dem Gläubiger den durch den V. eingetretenen Schaden zu ersetzen.

Gläubigerverzug (Annahme-V.) ist die Verzögerung der Annahme einer dem Gläubiger angebotenen Leistung oder der zur Erfüllung eines Schuldverhältnisses notwendigen Mitwirkungspflicht des Gläubigers. Der Gläubiger gerät in V., wenn ihm die Leistung am Leistungsort, zur Leistungszeit in der geschuldeten Art, Menge und Güte tatsächlich angeboten wird. *Rechtsfolgen des Gläubiger-V.* sind: die Haftung des Schuldners beschränkt sich auf Vorsatz und grobe Fahrlässigkeit, der Schuldner ist mit befreiender Wirkung zur Hinterlegung befugt und behält seinen Vergütungsanspruch, auch wenn die Leistung unmöglich geworden ist.

Verzweigung, 1) *Botanik:* (Ramifikation) die räuml. Aufgliederung der Sproßachse und Wurzel durch seitl. V. (bei höheren Pflanzen) bzw. durch gabelige Teilung des Thallus (bei Lagerpflanzen).

2) *elektron. Datenverarbeitung:* Stelle in einem Computerprogramm, von der aus in Abhängigkeit von einem bedingten Sprungbefehl oder einer bedingten Anweisung mindestens zwei andere Programmstellen erreichbar sind.

Vespasian (Titus Flavius Vespasianus), * bei Reate (= Rieti) 17. 11. 9 n. Chr., † Rom 24. 6. 79, röm. Kaiser (seit 69). Begründer der 1. flav. Dynastie; Oberbefehlshaber im 1. jüd.-röm. Krieg (ab 66). Nach Ausrufung zum Kaiser durch das Heer (Juli 69) und Vernichtung des Vitellius bei Betriacum mußte V. bes. in Gallien die Folgen der Wirren des Jahres 68/69 (sog. Vierkaiserjahr) bewältigen. Erbaute u. a. das Kolosseum; rigorose Steuerpolitik und Sparsamkeit.

Vesper ['fɛspər; lat.], **1)** → Stundengebet.

2) im Süddt. kleinere [Zwischen]mahlzeit.

Vesperbild ['fɛspər] → Pieta.

Vespucci, Amerigo [italien. ves'puttʃi], * Florenz 9. 3. 1454 (1451?), † Sevilla 22. 2. 1512, italien. Seefahrer und Entdecker. Unternahm 1497–1504 in portugies. und span. Diensten Reisen in mittel- und südamerikan. Küstengebiete. M. Waldseemüller benannte 1507 nach dessen Vornamen den Kontinent ›Amerika‹.

Vesta, altital. Göttin des Herdes und des Herdfeuers, hatte im alten Rom einen Tempel mit einem ewigen Feuer, das von den **Vestalinnen** (jungfräul. Priesterinnen) gehütet wurde und den Bestand des Staates symbolisierte.

Vester, Frederic ['fɛstər], * Saarbrücken 23. 11. 1925, dt. Biochemiker und Umweltfachmann. Wurde v. a. durch seine biokybernet. Arbeiten sowie seine Fernsehsendungen und Buchpublikationen bekannt (u. a. ›Denken, Lernen, Vergessen‹, 1975; ›Phänomen Streß‹, 1976; ›Das Ei des Kolumbus‹, 1978; ›Leitmotiv vernetztes Denken‹, 1988).

Vestibül [lat.-frz.], Vorhalle, Treppenhalle.

Vesuv, aktiver Vulkan am Golf von Neapel, Italien, 1 281 m ü. d. M. Der Doppelgipfel besteht aus dem Monte Somma und einem jungen Kegel des eigtl. V., der nach dem Ausbruch vom 24. 8. 79 n. Chr. (Zerstörung der röm. Siedlungen Pompeji, Herculaneum und Stabiae) entstand und seine heutige Gestalt nach über 70 nachgewiesenen Ausbrüchen erhielt.

Veszprém [ungar. 'vɛspre:m] (dt. Veszprim), ungar. Bezirkshauptstadt nördlich des Plattensees, 66 000 E. Bakony-Museum; Zentrum des Bergbau- und Ind.gebiets des Bakony. Roman. Dom (im 20. Jh. erneuert), Giselakapelle (jetzige Gestalt 13. Jh.), barocker Bischofspalast (1765–76). – Residenz der Fürsten des Großmähr. Reichs, im 11.–13. Jh. bevorzugte Residenz der ungar. Arpaden-Dynastie.

Veteran [lat.], altgedienter Soldat.

Veterinär [lat.-frz.], Tierarzt.

Veterinärmedizin, svw. → Tiermedizin.

Vetorecht [lat./dt.], das Recht, durch Einspruch *(Veto)* das Zustandekommen eines Beschlusses endgültig *(absolutes V.)* oder aufschiebend *(suspensives V.)* zu verhindern. – Im *Völkerrecht* besitzen die 5 ständigen Mgl. des Weltsicherheitsrats der UN ein absolutes Vetorecht.

Vetter, Heinz Oskar, * Bochum 21. 10. 1917, † Mühlheim/Ruhr 18. 10. 1990, dt. Gewerkschafter. 1969–82 Vors. des DGB; 1974–79 Präs. des Europ. Gewerkschaftsbundes; 1979–88 Mgl. des Europ. Parlaments (SPD).

Vetulonia, italien. Ortschaft bei Grosseto; Siedlung der Villanovakultur (9.–7. Jh.) und bed. etrusk. Stadt (Mitte des 7. Jh. bis ins 6. Jh.), im 3. Jh. kurzfristig röm. Kolonie. Die Nekropole des 8. und 7. Jh. enthält zahlr. Metallfunde (Treib- und Gußarbeiten); es folgen die etrusk. Kuppelgräber mit falschem Gewölbe, weibliche Statuenfragmente und ein Kriegerrelief.

Vevey [frz. və'vɛ], schweizer. Bezirkshauptort am Genfer See, Kt. Waadt, 15 100 E. Heilklimat. Kurort; u. a. Nahrungsmittelindustrie. Got. Kirche Saint-Martin (12., 14. und 15. Jh.), Verwaltungsgebäude der Firma Nestlé (1958–60).

Vexierbild [lat./dt.], Suchbild, das eine nicht sofort erkennbare Gegenfigur enthält.

Vézelay [frz. ve'zlɛ], Ort 45 km sö. von Auxerre, Dep. Yonne, 580 E. Berühmte, überwiegend roman. Kirche Sainte-Madeleine (11.–13. Jh.).

v. H., Abk. für vom Hundert (→ Prozent).

VHD → Bildplatte.

VHF (vhf) [Abk. für engl. very high frequency], internat. übl. Abk. für den Frequenzbereich der Ultrakurzwellen.

VHS → Videorecorder.

via [lat.], [auf dem Weg] über.

Via [lat.], Straße, → Römerstraßen.

Viadukt [lat.], Talbrücke.

Via Mala, Schlucht des Hinterrheins, nahe Thusis, im schweizer. Kt. Graubünden, bis 600 m tief, rd. 6 km lang.

Vianney, Jean-Baptiste Marie [frz. vja'nɛ], hl., gen. Pfarrer von Ars, * Dardilly bei Lyon 8. 5. 1786, † Ars-sur-Formaus bei Lyon 4. 8. 1859, frz. kath. Priester. Intuitiv und mystisch veranlagter Beichtvater und Prediger; Patron der kath. Pfarrer. – Fest: 9. August.

Viaud, Julien [frz. vjo], frz. Schriftsteller, → Loti, Pierre.

Viborg [dän. 'viboʳ], dänische Stadt in Jütland, 39 500 E. Kunstmuseum, ornitholog. Sammlung; vom urspr. roman. Dom (12. Jh.) ist nur die Krypta erhalten. Ehem. Rathaus (18. Jh.; jetzt Museum). – Alte heidnische Kultstätte, wurde 1065 Bischofssitz (1537 luth.); im MA bed. Handelsplatz; 1150 Stadtrecht; bis 1340 Wahlort der dän. Könige.

Vibraphon [lat./griech.], in den 1920er Jahren entwickeltes, dem Xylophon ähnl. Schlaginstrument mit Platten aus Leichtmetall (Umfang f–f³). Wird mit Schlegeln angeschlagen. Unter den Platten befinden sich abgestimmte Resonanzröhren, in deren oberen Enden auf gemeinsamen Wellen angebrachte Drehklappen durch einen Elektromotor mit regelbarer Drehzahl angetrieben werden.

Vibration [lat.], mechanische Schwingung[en], Zitterbewegung.

Vibrato [lat.-italien.], rasche Wiederholung von geringen Tonhöhenschwankungen bei Singstimmen, Blasinstrumenten und v. a. Streich- und Zupfinstrumenten mit Griffbrett.

Vibrionen [lat.], 1) allg. Bez. für kommaförmige Bakterien. 2) Bakterien der Gatt. *Vibrio;* leben in Süß- und Salzgewässern; Krankheitserreger (u. a. Cholera).

Vicarius [lat. ›Stellvertreter‹], 1. spätantiker Verwaltungsbeamter; als Stellvertreter eines Prätorianerpräfekten Leiter einer Diözese; 2. (vicarius imperii) → Reichsvikariat.

Vicarius Christi [lat. ›Stellvertreter Christi‹], Titel des Papstes.

Vicente, Gil [portugies. vi'sentə], * Lissabon (?) um 1465, † ebd. (?) um 1536, portugies. Dichter, Schauspieler und Musiker. Begründer des portugies. Dramas, u. a. ›Der Indienfahrer‹ (Farce, hg. 1562), ›Lusitania‹ (Farce, hg. 1562; dt. u. d. T. ›Jedermann und Niemand‹).

Vicenza [italien. vi'tʃɛntsa], italien. Prov.hauptstadt in Venetien, am N-Fuß der Monti Berici, 109 500 E. Museen, Staatsarchiv. Verwaltungs- und Handelszentrum.

Bauten: An der Stelle des antiken Forums befinden sich die Piazza dei Signori mit der sog. Basilica (Palazzo Pubblico; 1549 ff. von A. Palladio erneuert) und der Torre di Piazza (13.–15. Jh.), San Vicenzo (1614–17) und der Loggia del Capitano (1571 ff.). Zahlr. Kirchen, u. a. got. Dom (im Kern 1400 ff., Chor und Kuppel 16. Jh.), Oratorio di San Nicola (1617 ff.), San Rocco (15. und 16. Jh.) und bed. Paläste, u. a. Palazzo Civena-Trissino (1540), Palazzo Porto-Festa (1551/52), Palazzo Valmarana (1565 ff.). Teatro Olimpico (1580–83). Im SO der Stadt die Villa Capra ›La Rotonda‹ Palladios (1550/51).

Geschichte: In der Antike *Vicetia (Vicentia);* gehörte seit dem 10. Jh. zur Mark Verona; trat im Kampf gegen Kaiser Friedrich I. Barbarossa als freie Kommune und Mgl. des Lombardenbundes auf; unterstellte sich nach verschiedenen Besitzwechseln (u. a. war Ezzelino III. da Romano Stadtherr) 1404 der Republik Venedig.

vice versa [lat.], Abk. v. v., umgekehrt.

Vichy [frz. vi'ʃi], frz. Heilbad 45 km nö. von Clermont-Ferrand, Dep. Allier, 30 500 E. – 1940–44 Hauptstadt des État Français, in dem Marschall P. Pétain unter Duldung des nat.-soz. Deutschland ein autoritäres Regime der ›nat. Revolution‹ errichtete.

Vicksburg [engl. 'vɪksbə:g], Stadt in W-Mississippi, USA, am Mississippi, 31 500 E. – Im Sezessionskrieg wichtiger Stützpunkt der Konföderierten am Mississippi, dessen Kapitulation am 4. 7. 1863 zus. mit dem gleichzeitigen Sieg der Union bei Gettysburg (Pa.) als Wendepunkt des Sezessionskrieges gilt.

Vico, Giovanni Battista (Giambattista) [italien. 'vi:ko], * Neapel 23. 6. 1668, † ebd. 23. 1. 1744, italien. Geschichts- und Rechtsphilosoph. Begründer der neuzeitl. spekulativen Geschichtsphilosophie; beeinflußte u. a. Goethe, Hegel und Spengler; Wegbereiter des Historismus; gilt als Systematiker der Geisteswissenschaften.

Vicomte [frz. vi'kõ:t; lat.-frz.], frz. Adelstitel (weibl. Form *Vicomtesse*) zw. Baron und Graf; in Italien *Visconte (Viscontessa),* in Spanien *Vizconde (Vizcondesa)* und in Großbrit. *Viscount (Viscountess).*

Victoria, röm. Siegesgöttin.

Victoria, Tomás Luis de [span. βik'toria], * Ávila um 1548/50, † Madrid 27. 8. 1611, span. Komponist. Bed. span. Vertreter der → römischen Schule; u. a. Messen, Motetten, Hymnen sowie die ›Missa da Requiem‹ (1603).

Heinz Oskar Vetter

Vibraphon

Victoria [engl. vɪkˈtɔːrɪə], **1)** Hauptstadt der Seychellen, auf Mahé, 23 300 E. Konsumgüterindustrie; Hafen.

2) Hauptstadt der kanad. Prov. British Columbia, an der SO-Küste von Vancouver Island, 66 300 E. Univ., Kunstgalerie, Wachsfigurenkabinett, Schiffahrtsmuseum; u. a. Holzverarbeitung und Schiffbau, Hafen.

3) Hauptstadt von Hongkong, an der N-Küste der Insel Hongkong, rd. 700 000 E. Sitz des Gouverneurs; Finanz- und Handelszentrum.

4) Bundesland in SO-Australien, 227 600 km², 4,18 Mio. E, Hauptstadt Melbourne.

Victoria [nach Königin Viktoria von England], Gatt. der Seerosengewächse mit 2 Arten im trop. S-Amerika. Die bekannteste Art ist *V. amazonica* mit bis 2 m im Durchmesser erreichenden, kreisrunden Schwimmblättern mit bis 6 cm hoch aufgebogenem Rand und kupferroter Unterseite; Blüten 25–40 cm im Durchmesser, duftend, nur zwei Nächte geöffnet, beim ersten Erblühen weiß, beim zweiten Erblühen dunkelrot.

Victoria: Victoria amazonica

Victoriafälle, Wasserfälle des mittleren Sambesi bei Maramba; der Fluß stürzt 1 700 m breit in mehreren Fällen in eine 110 m tiefe Schlucht.

Victorialand, Teil der Ostantarktis, westlich des Rossmeeres.

Victorianil, Nilabschnitt in Uganda, entfließt dem Victoriasee, durchfließt den Kiogasee, mündet in den Albertsee.

Victoriasee, größter Süßwassersee Afrikas, 68 000 km², bis 85 m tief, viele Inseln. Hauptzufluß ist der Kagera, Abfluß die Victorianil.

Vidal, Gore [engl. vaɪdl], * West Point (N. Y.) 3. 10. 1925, amerikan. Schriftsteller. Als Romancier und Essayist (provokanter) Exponent der amerikan. Gegenwartsliteratur; bes. bekannt wurden seine histor. Romane (u. a. ›Nacht über Washington‹, 1967; ›Burr‹, 1973; ›1876‹, 1976; ›Ich, Cyrus, Enkel des Zarathustra‹, 1981; ›Lincoln‹, 1984; ›Empire‹, 1987); auch Lyrik, Komödien (u. a. ›Duluth wie Dallas‹, 1983) und Drehbücher; schrieb (unter dem Pseudonym Edgar Box) Kriminalromane.

Gore Vidal

Video... [lat.-engl.], Bestimmungswort von Zusammensetzungen mit der Bedeutung ›magnet. Bildaufzeichnung‹.

Videoclip, kurzer Videofilm zu einem Titel der Popmusik, über eine Person oder Sache.

Videokamera (Kamerarecorder), Aufzeichnungsgerät, bei dem die Aufnahmen auf das Magnetband einer Videokassette aufgezeichnet werden. Die Videoaufzeichnungen können unmittelbar nach dem Aufzeichnungsvorgang am Bildschirm eines (mit der Kamera verbundenen) Fernsehgeräts betrachtet werden. →Camcorder.

Videokunst, Fixierung gestalteter zeitl. Abläufe und Bewegungen mittels elektron.-opt. Medien (Videoaufzeichnungen bzw. Direktübertragung, sichtbar gemacht durch Monitoren). Eingesetzt bei Projekten der Land-art und der Körperkunst bzw. darsteller.-gest. Aktionen von Performances.

Videoplatte, svw. →Bildplatte.

Videorecorder, für Unterrichtszwecke und zum Heimgebrauch entwickeltes Magnetbandgerät zur *magnet. Bildaufzeichnung* von Fernsehsendungen oder Aufnahmen mit einer Videokamera und zur Wiedergabe von auf Magnetband *(Videoband)* gespeicherten Bild-Ton-Inhalten über ein Fernsehgerät. Im Unterschied zum Tonbandgerät (Tonfrequenzbereich bis 20 kHz; Längsspurverfahren bzw. Längsschrift) müssen V. in der Lage sein, Videosignale bis rd. 5 MHz aufzuzeichnen; im Längsspurverfahren erforderte dies eine Bandgeschwindigkeit von 6 m/s und damit einen unwirtschaftl. hohen Bandverbrauch. Handelsübl. V. für den Heimgebrauch arbeiten daher mit dem sog. *Schrägspurverfahren.* Das ½ Zoll = 12,7 mm breite Magnetband enthält auf schräg liegenden Spuren die Videosignale (1 Halbbild pro Schrägspur) und auf zwei schmalen Randspuren jeweils Ton- bzw. Synchron- oder Kontrollsignale in Längsschrift. Das Band läuft schräg an der sich mit 25 Umdrehungen pro Sekunde drehenden *Kopftrommel* vorbei. Diese trägt 2 *Videoköpfe,* die bei jeder Umdrehung 2 Halbbilder, d. h. pro Sekunde 50 Halbbilder aufzeichnen bzw. abtasten (Fernsehnorm). Den verschiedenen europ. (z. B. *Video 2000*) und japan. (z. B. *Betamax, VHS* [Video-Home-System]) Systemen ist das Schrägspurverfahren gemeinsam. Unterschiede beruhen u. a. auf unterschiedl. Aufnahme- bzw. Bandgeschwindigkeiten und auf unterschiedl. Art der Bandführung an der Kopftrommel. Kassetten der verschiedenen Systeme sind nicht austauschbar. Insbes. Camcorder arbeiten mit einem nur 8 mm breiten metallbeschichteten Band. In Fernsehstudios finden techn. aufwendigere Geräte Anwendung (MAZ-Technik). Die Videosignale wurden früher in *Querschrift,* d. h. quer zur Bandlaufrichtung von der Kopftrommel mit insges. 4 Videoköpfen auf 2 Zoll breites Band aufgezeichnet (Bandgeschwindigkeit 38 cm/s). Heute hat sich auch hier die Schrägschriftaufzeichnung mit Ein-Zoll-Bändern durchgesetzt.

Videosignal, svw. Bildsignal (→Fernsehen).

Videospiele, svw. →Bildschirmspiele.

Videotex, von der Internat. Fernmeldeunion gewählte Bez. für verschiedene Formen der Telekommunikation, bei denen Informationen auf Fernsehbildschirm dargestellt werden. Man unterscheidet Interactive Videotex (in der BR Deutschland →Bildschirmtext) und Broadcast Videotex (in der BR Deutschland →Videotext).

Videotext (Abk. VT), ein früher auch als *Bildschirmzeitung* oder *Teletext* bezeichnetes Informationssystem auf der Grundlage des Fernsehens, bei dem die sog. *vertikale Austastlücke* (auf dem Bildschirm als schwarzer Balken bei fehlerhafter Bildsynchronisation sichtbar) zur Übermittlung von Texten und Graphiken in codierter Form genutzt wird. V. können zusätzlich zum regulären TV-Programm gesendet werden. Ein spezieller sog. *Videotext-Decoder* entschlüsselt den in schneller Folge immer wieder gesendeten Text, speichert die vom V.leser gewünschte Seite und stellt sie als stehendes Bild beliebig lange dar. – Das Dt. Institut für Normung legte 1983 für V. die Bez. **Fernsehtext** fest; internat. gebräuchl. Bez. ist *Broadcast Videotex.*

Videothek [lat./griech.], öffentl. oder private Sammlung von Videokassetten, die mit Hilfe von Videorecordern und Fernsehgeräten gezeigt werden können; häufig als kommerzieller Verleih.

Vidikon [lat./griech.] (Vidicon, Endikon, Resistron), eine Fernsehaufnahmeröhre, die zur Abtastung der Speicherplatte bzw. -schicht langsame Elektronen verwendet.

Vidor, King [engl. vɪ'dɔː], * Galveston (Tex.) 8. 2. 1895, † bei Paso Robles (Calif.) 1. 11. 1982, amerikan. Filmregisseur. Gehört zu den Pionieren des Films, u. a. ›Die große Parade‹ (1925), ›Halleluja‹ (1929), ›Billy the Kid‹ (1930), ›Nordwest-Passage‹ (1940), ›Duell in der Sonne‹ (1946), ›Krieg und Frieden‹ (1955).

Viebig, Clara ['fi:bɪç], * Trier 17. 7. 1860, † Berlin (West) 31. 7. 1952, dt. Schriftstellerin. Schrieb Novellen (u. a. ›Kinder der Eifel‹, 1897) sowie zahlr. Romane (u. a. ›Insel der Hoffnung‹, 1933).

Vieh, Sammelbez. für landwirtschaftl. Nutz-, Schlacht- und Zuchttiere. Man unterscheidet *Großvieh* (z. B. Rinder, Schweine, Pferde, Esel) und *Kleinvieh* (z. B. Ziegen, Kaninchen, Geflügel).

Viehsalz, mit Eisen(III)-oxid denaturiertes Kochsalz (zur Vieh- und Wildfütterung).

Vielborster (Polychäten, Polychaeta), Klasse fast ausschließl. meerbewohnender Ringelwürmer mit rd. 5 300 Arten von weniger als 1 mm bis etwa 3 m Länge; jedes Segment mit meist einem Paar mit Borstenbüscheln versehener Stummelfüße.

Vieleck (Polygon), geometr. Gebilde aus *n* Punkten (den *Ecken* des V.) und *n* Verbindungsstrecken (den *Seiten*). Nach der Anzahl der Ecken unterscheidet man Dreieck, Viereck usw. und spricht allg. auch von einem *n*-Eck. Die Verbindungsstrecken nicht benachbarter Ecken bezeichnet man als *Diagonalen*.

Vielflach (Vielflächner), svw. →Polyeder.

Vielfraß [von altnorweg. fjeldfross = Bergkater], Gatt. der Marder mit dem *Järv* (Jerf, Carcajou) als einziger Art; plumpes, bärenähnl. aussehendes Raubtier (jagt kleinere Säugetiere, frißt Aas und Beeren) v. a. in Wäldern und Tundren N-Eurasiens und großer Teile N-Amerikas; Körperlänge rd. 65–85 cm; Schulterhöhe etwa 45 cm; Fell sehr dicht und lang, dunkelbraun.

Vielfrüchtler (Polycarpicae, Ranales), Ordnung der Zweikeimblättrigen (u. a. Magnoliengewächse, Hahnenfußgewächse und Seerosengewächse).

Vielmännerei →Ehe.

Vielstoffmotor, svw. →Mehrstoffmotor.

Vielweiberei →Ehe.

Vielzeller (Metazoen, Metazoa), in allen Lebensräumen weltweit verbreitetes Unterreich des Tierreichs, dessen über 1 Mio. Arten im Ggs. zu den Protozoen zu zahlr. Zellen zusammengesetzt sind, die in mindestens zwei Schichten angeordnet und im Erwachsenenzustand in Körperzellen und Keimzellen (Geschlechtszellen) gesondert sind.

Vienne [frz. vjɛn], **1)** frz. Stadt an der Rhone, Dep. Isère, 28 900 E. U. a. Pharmaindustrie. Bed. Reste röm. Bauten, u. a. Tempel (um 10 v. Chr. und 1. Jh. n. Chr., jetzt Freilichtbühne), Mosaiken aus Villen. Roman.-got. ehem. Kathedrale (12.–16. Jh.). – Als Hauptort der kelt. Allobroger wurde Vienna 121 v. Chr. röm.; seit 314 Bischofs-, später Erzbischofssitz (1801 aufgehoben); wurde 464/471 Hauptort der Burgunder, 534 fränk., 879 Hauptstadt des Kgr. Niederburgund (Arelat).
2) linker Nebenfluß der Loire, 372 km lang.

Vienne, Konzil von [frz. vjɛn], 15. allg. Konzil 1311/12 (Papst Klemens V.), hob den Templerorden auf.

Vientiane [viɛnti'a:nə], Hauptstadt von Laos, am Mekong, 377 400 E. Univ., PH; Nationalbibliothek, archäolog. Museum; Marktort; Flußhafen, internat. ✈. Bed. Heiligtum That Luang, ein 35 m hoher Stupa. – V., das alte **Wiangchan,** wurde 1694 Hauptstadt eines der neu entstandenen laot. Teilstaaten; 1778 von Thai erobert, 1827 zerstört; 1893 unter frz. Herrschaft.

Viereck (Tetragon), ein Vieleck mit vier Ecken und vier Seiten. Die Summe der Innenwinkel eines V. ist 360°.

Vierer, ein von 4 Ruderern gefahrenes Boot, als Riemenboot mit (Länge 13,50 m, Breite 0,50 m) und ohne Steuermann (Länge 12 m, Breite 0,50 m), als Skullboot *Doppelvierer* (Länge 13,50 m, Breite 0,50 m).

Viererbande, Bez. für die nach Mao Zedongs Tod (9. 9. 1976) verhafteten Exponenten des ultralinken Flügels: Maos Witwe Jiang Jing (* 1914, † 1991), Zhang Chunqiao (* 1911), Wang Hongwen (* 1934/1935) und Yao Wenyuan (* 1924), über die im Jan. 1981 wegen Verbrechen im Rahmen der sog. Kulturrevolution zwei [nicht vollstreckte] Todesurteile bzw. hohe Freiheitsstrafen verhängt wurden.

Vierfarbendruck →Drucken.

Vierfarbenproblem, Bez. für die erstmals 1852 aufgetauchte Fragestellung: Kann man die Länder jeder Landkarte mit vier Farben so färben, daß benachbarte Länder stets verschiedene Farben haben? – Dieses mathemat. Problem wurde erst 1976 im positiven Sinne gelöst.

Vierflach (Vierflächner), svw. →Tetraeder.

Vier Freiheiten (Four Freedoms), von Präs. F. D. Roosevelt am 6. 1. 1941 verkündete Prinzipien einer friedl. Nachkriegsordnung: Meinungs- und Redefreiheit, Religionsfreiheit, Freiheit von Not (d. h. internat. wirtschaftl. Kooperation) und Freiheit von Angst (d. h. internat. Abrüstung).

Vierfüßer (Tetrapoden, Tetrapoda), zusammenfassende Bez. für alle Wirbeltiere mit Ausnahme der Fische und Rundmäuler.

Vierkaiserjahr, Bez. für den Zeitraum 68/69 n. Chr., in dem nacheinander Galba, Vitellius, Otho, Vespasian zu röm. Kaisern ausgerufen wurden. Aus den Kämpfen der 4 Kaiser ging Vespasian als Sieger hervor.

Vierkampf, Mehrkampf im Eisschnellauf; *kleiner V.:* 500 m und 3 000 m am 1. Tag, 1 500 m und 5 000 m am 2. Tag; *großer V.:* 500 m und 5 000 m am 1. Tag, 1 500 m und 10 000 m am 2. Tag; *V. für Damen:* 500 m und 1 500 m am 1., 1 000 m und 3 000 m am 2. Tag. *Sprinter-V.* für Damen und Herren: über 500 m und 1 000 m jeweils an 2 Tagen.

Vierkandt, Alfred ['fi:rkant], * Hamburg 4. 6. 1867, † Berlin (West) 24. 4. 1953, dt. Soziologe. 1909 Mitbegründer der Dt. Gesellschaft für Soziologie; ab 1913 Prof. in Berlin (1934–46 emeritiert). Werk: Handwörterbuch der Soziologie (1931).

Vierlande, Flußmarschenlandschaft im sö. Teil von Hamburg.

Viermächteabkommen über Berlin →Berlinabkommen.

Vierpaß, got. Maßwerkfigur, die vier Dreiviertelkreise oder Pässe innerhalb eines umfassenden Kreises birgt.

Vierpol, ein elektr. Netzwerk mit je einem Eingangs- und einem Ausgangsklemmenpaar, das der Übertragung elektr. Leistung oder elektr. Signale dient, z. B. Verstärker.

Vierschichtdiode (Shockley-Diode), ein dem Thyristor gleichendes Halbleiterbauelement, das aber im Unterschied zu diesem keine Steuerelektrode aufweist.

Viersen ['fi:rzən], Kreisstadt im Niederrhein. Tiefland, NRW, 76 400 E. Narrenmuseum; u. a. Webereien. – 1182 erstmals gen.; 1970 mit **Süchteln** und **Dülken** zum heutigen V. zusammengeschlossen.

Viertagefieber →Malaria.

Viertaktverfahren, aus vier Takten bzw. Hüben (ein Hub ist der Kolbenweg zw. beiden Umkehrpunkten [unterer Totpunkt UT, oberer Totpunkt OT]) zusammengesetztes Arbeitsspiel bei Viertakt[verbrennungs]motoren (Ottomotor, Dieselmotor).

Clara Viebig

vierte Dimension, Bez. für die Zeit, wenn sie als vierte Koordinate zu den drei räuml. Koordinaten hinzugenommen wird.

Vierte Internationale → Internationale.

Vierte Republik (Quatrième République), Name des republikan. verfaßten frz. Staates 1944 (nach dem Zusammenbruch des État Français) bis 1958.

Vierte Welt, auf der Rohstoffkonferenz der UN 1974 geprägte Bez. für diejenigen 25 ärmsten Entwicklungsländer, die wegen fehlender eigener Rohstoff- und Energiereserven (bes. Erdöl) von der Mengen- und Preispolitik der erdölfördernden Länder am stärksten betroffen sind.

Vierung, im Kirchenbau der (im Grundriß meist quadrat.) Raumteil, in dem sich Langhaus und Querhaus treffen; Raster für das → gebundene System; oft überkuppelt oder mit einem *Vierungsturm* versehen.

Vierventilmotor, Viertaktmotor mit zwei Einlaß- und zwei Auslaßventilen pro Zylinder. Vorteile gegenüber dem gewöhnl. Motor mit zwei Ventilen: beschleunigter Gaswechsel, erhöhte Leistung durch vollständige Füllung des Verbrennungsraumes mit Frischgas (Benzin-Luft-Gemisch). Entsprechende Vierzylindermotoren werden als *16-Ventil-Motoren* bezeichnet.

Vierwaldstätter See [fi:r...], von der Reuß durchflossener See am Alpennordrand in der Z-Schweiz, 114 km², gegliedert in Küßnachter, Luzerner, Alpnacher und Urner See.

Vierzehn Heilige → Nothelfer.

Vierzehnheiligen [fi:r...], Wallfahrtskirche in Oberfranken, südl. von Lichtenfels, Bayern; bed. Barockbau, im Rokokostil ausgestattet, erbaut von J. B. Neumann (1743–72).

Vierzehn Punkte, Friedensprogramm des amerikan. Präs. W. Wilson vom 8. 1. 1918 zur Beendigung des 1. Weltkriegs. Die V. P. betrafen u. a. die Öffentlichkeit von internat. Verhandlungen, die Freiheit der Meere in Krieg und Frieden, die Beseitigung von Handelsschranken, die internat. Abrüstung, die Räumung und Rückgabe der besetzten russ., belg. und frz. Gebiete einschließl. Elsaß-Lothringens, die Gründung eines Nationalstaats, einen freien Zugang zum Meer für Polen und Serbien sowie die Bildung eines Völkerbundes.

Vietcong [vi'ɛtkɔŋ, viɛt'kɔŋ], Bez. für die südvietnames. kommunist. Guerillakämpfer im → Vietnamkrieg.

Vietminh [vi'ɛtmɪn, viɛt'mɪn], 1941 von Ho Chi Minh gegr. und unter kommunist. Führung stehende Bewegung gegen den jap. Imperialismus und den frz. Kolonialismus. → Vietnam (Geschichte), → Vietnamkrieg.

Vietnam

Staatsflagge

Staatswappen

Stadt 20%
Land 80%

Bevölkerungsverteilung

Dienstleistung 22%
Landwirtschaft 62%
Industrie 16%

Erwerbstätige

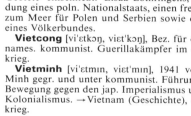

Vietnam

Fläche: 329 556 km²
Einwohner (1990): 65 Mio.
Hauptstadt: Hanoi
Amtssprache: Vietnamesisch
Nationalfeiertag: 2. 9.
Währung: 1 Dong (D) = 100 Hào = 100 Xu
Zeitzone: MEZ +7 Std.

Vietnam [vi'ɛtnam, viɛt'nam] (amtl. Sozialist. Republik V.), Staat in SO-Asien, grenzt im N an China, im W an Laos und Kambodscha, im S und O an den Golf von Thailand bzw. an das Südchines. Meer.

Landesnatur: V. erstreckt sich über 1 600 km Länge an der O-Küste der Halbinsel Hinterindien. Die Breite beträgt im N 600 km, in der Mitte 60 km, im S 350 km. Kernräume sind das Tonkin- (im N) und das Mekongdelta (im S); beide sind durch eine schmale Küstenebene verbunden. Nach W folgt ein stark gegliedertes Bergland. Es erreicht 3 142 m Höhe im N und setzt sich nach S in der Küstenkette um Annam fort. Es herrscht trop.-monsunales Klima. Trop. Regenwald und laubabwerfende Monsunwälder sind verbreitet. Im N gibt es Nadelwälder, an den Küsten Mangroven.

Bevölkerung: Über 80% der E sind Vietnamesen, die sich traditionell zum Buddhismus bekennen. Sie leben vorwiegend im Tiefland. Im Bergland leben Minderheiten, u. a. Miao, Muong und Bergstämme (Montagnards), im S Cham, Khmer und Chinesen. Es besteht 10jährige Schulpflicht. V. verfügt über 3 Universitäten.

Wirtschaft, Verkehr: Dem Eigenbedarf dient der Anbau von Reis, Mais, Hirse, Kartoffeln, Bataten, Maniok, Sojabohnen und Zuckerrohr. Exportiert werden u. a. Gemüse, Obst, Kautschuk, Erdnüsse, Kaffee und Tee. An Bodenschätzen verfügt V. über Steinkohle, verschiedene Erze und Salz; Wiederaufbau der Ind. nach 1975. Ein wichtiger Devisenbringer sind textile und handwerkl. Erzeugnisse, auch Rattan- und Binsenartikel. Das Eisenbahnnetz ist 4 200 km lang, das Hauptstraßennetz 65 000 km. Wichtigste Häfen sind Haiphong, Thanh Phô Hô Chi Minh und Da Nang. Internat. ✈ bei Hanoi und Thanh Phô Hô Chi Minh.

Geschichte: Im Delta des Roten Flusses errichteten die Viêt 257 v. Chr. den Staat Aulac, der in dem nach 209 v. Chr. entstandenen Reich Nam Viêt aufging. 111 v. Chr. wurde es zur chin. Prov.; 939 Vertreibung der Chinesen und Gründung der ersten nationalvietnames. Dynastie. Unter der späten Lêdynastie (1428–1788; 1527–92 verdrängt) endgültige Unterwerfung des mittelvietnames. Reiches Champa (1471). Die Feudalgeschlechter Nguyên und Trinh brachten die fakt. Regierungsgewalt an sich; die Nguyên bauten sich in Süd-V. ein seit 1620 unabhängiges Herrschaftsgebiet auf. Die Zweiteilung des Landes wurde im Tây-So'n-Aufstand (1772–78) beendet.

Die 1802 folgende Nguyêndynastie mußte 1862 die reichsten Prov. in Süd-V. (Kotschinchina) an Frankreich abtreten, das 1880–85 Annam und Tonkin ein Protektoratsverhältnis aufzwang und diese 1887 mit Kotschinchina zur Indochin. Union vereinigte. 1941 ging aus der von Ho Chi Minh 1930 gegr. Kommunist. Partei Indochinas die Freiheitsbewegung Vietminh hervor, die nach der frz. Niederlage im 2. Weltkrieg und der Besetzung durch die Japaner das gesamte Land erfaßte. Am 2. 9. 1945 rief Ho Chi Minh die Demokrat. Republik V. (DRV) aus. Entgegen dem frz.-vietnames. Abkommen vom 6. 3. 1946, das der DRV den Status eines freien Staates innerhalb der Frz. Union zuerkannte, betrieb Frankreich eine Rekolonialisierungspolitik, der die Vietminh Widerstand entgegensetzte. Entschieden wurde der verlustreiche Kampf durch die Niederlage des frz. Expeditionskorps in Điên Biên Phu 1954. Auf der Genfer Indochina-Konferenz 1954 wurde die provisor. Teilung von V. in eine nördl. Zone, in die sich die Truppen des Vietminh, und eine südl., in die sich die des frz. Expeditionskorps zurückziehen sollten, vereinbart (→ Vietnamkrieg).

In *Nord-V.* festigte die seit Nov. 1955 durchgeführte Landreform die Macht der Kommunisten. 1960 trat eine neue Verfassung in Kraft. Die starke Abhängigkeit von den sowjet. Kriegsmateriallieferungen für den Guerillakrieg in Süd-V. bewirkte die zunehmende Orientierung nach Moskau. Die amerikan. Bombenangriffe auf Nord-V. ab 1964 brachten zwar erhebliche Verluste und Zerstörungen, unterbanden jedoch den Nachschub nach Süd-V. nicht. In *Süd-V.* wurde 1954 der antikommunist. und antikolonialist. Kathollik Ngô Đinh Diêm Regierungschef; im Okt. 1955 wurde die Republik Süd-V. ausgerufen und Ngô Đinh Diêm zum Präs. bestellt. Seine Gewaltherrschaft führte zum Anschluß auch der nationalgesinnten bürgerl. Kräfte an die kommunist. geführte Nat. Befreiungsfront von Süd-V. (FNL; Vietcong). Nach mehreren Militärrevolten (1963 Sturz Diêms) wurde 1965 General Nguyên Văn Thiêu Staatsoberhaupt (1967 Präs.). Die alten Privilegien blieben jedoch ebenso bestehen wie die Korruption in Armee und Verwaltung. Nach dem Abzug der amerikan. Truppen aus V. 1973 brach Süd-V. im April 1975 völlig zusammen; die von der FNL getragene Provisor. Revolutionsregierung von Süd-V. übernahm die Regierungsgewalt.

1976 wurde offiziell die Wiedervereinigung von Nord- und Süd-V. vollzogen (2. 7. 1976 Gründung der ›Sozialist. Republik V.‹ [SRV]). Der Prozeß der Integration von Süd-V. verschärfte sich ab 1978 und führte zu einem nicht abreißenden Flüchtlingsstrom (1975–80 rd. 800 000 Flüchtlinge). Ende 1977 begannen krieger. Auseinandersetzungen mit dem nach China orientierten Kambodscha, das bis zum Frühsommer 1979 weitgehend unterworfen wurde. Die VR China reagierte mit dem Einmarsch in Nord-V. Anfang 1979, zog sich aber nach einigen Wochen aus den meisten besetzten Gebieten zurück. Grenzzwischenfälle dauerten jedoch fort. Anfang 1985 eroberten vietnames. Truppen im W Kambodschas wichtige Stützpunkte der Roten Khmer und der nichtkommunist. Widerstandsbewegung. 1989 zog V. seine Truppen aus Kambodscha zurück und unterstrich seine Politik einer vorsichtigen außenpolit. und wirtsch. Liberalisierung.

Politisches System: Nach der *Verfassung* vom Dez. 1980 ist V. ein Staat der Diktatur des Proletariats. Kollektives *Staatsoberhaupt* ist der Staatsrat (13 von der Nat.versammlung gewählte Abg.). Die *Exekutive* liegt beim Min.rat, die *Legislative* bei der Nat.versammlung (496 Abg., für 5 Jahre gewählt), die den Staatsrat und den Min.rat wählt. Beherrschende *Partei* ist die Kommunist. Partei Vietnams (KPV, bis 1976 Vietnames. Arbeiterpartei). Die *Streitkräfte* haben eine Stärke von rd. 1,2 Mio. Mann. – Karte V, Bd. 2, n. S. 320.

Vietnamesen (früher Annamiten), zur mongoliden Rasse gehörendes Volk in Hinterindien, mit eigener Sprache (Vietnamesisch); Staatsvolk Vietnams.

Vietnamesisch (Annamitisch), Sprache der Vietnamesen; V. ist eine flexionslose und syntakt. Stellungsgesetzen folgende ›Mischsprache‹, die von den indones. und den Mon-Khmer-Sprachen nachhaltig beeinflußt worden ist. Wird heute in lat. Schrift (mit diakrit. Zeichen) geschrieben.

Vietnamkrieg [vi'ɛtnam, viɛt'nam], die bewaffneten Kampfhandlungen in Indochina 1946–75, die ihren Ursprung und Hauptschauplatz in Vietnam hatten. Der offene frz.-vietnames. Konflikt begann mit dem *Haiphong-Zwischenfall* (Beschießung Haiphongs durch frz. Kriegsschiffe am 23. 11. 1946, als der Forderung des frz. Oberbefehlshabers nach sofortigem Abzug des Vietminh aus Haiphong nicht entsprochen wurde). Schon bald zeigte sich, daß das frz. Expeditionskorps den ab 1949 von den chin. Kommunisten unterstützten Vietminh-Truppen unterlegen war. Die amerikan. Regierung gewährte Frankreich im Rahmen ihrer antikommunist. Eindämmungspolitik ab 1950 Finanzhilfe und entsandte Militärberater nach Saigon. 1953 war der Vietminh militär. im größten Teil des Landes präsent und konnte mit der polit. Unterstützung der bäuerl. Bevölkerungsmehrheit rechnen. Nach dem Fall von Điên Biên Phu (7. 5. 1954) wurden am 21. 7. 1954 in Genf die Waffenstillstands-

abkommen unterzeichnet (→ Genfer Konferenzen). Die in der (von den USA und Großbrit. nicht unterzeichneten) Schlußerklärung der Konferenz angekündigten gesamtvietnames. Wahlen zur Wiedervereinigung der im militär. Einflußzonen geteilten Landes scheiterten am Widerstand des von den USA unterstützten südvietnames. Regierungschefs Ngô Đinh Diêm, der die Franzosen aus dem Land drängte und alle oppositionellen Kräfte ausschaltete. Präs. J. F. Kennedy verstärkte die amerikan. Militärberater in Süd-Vietnam von 2 000 Ende 1960 auf 16 300 Ende 1963. Gleichzeitig wuchs die Zahl der ›eingesickerten‹ Kader aus Nord-Vietnam. Der amerikan. Präs. L. B. Johnson ließ sich aufgrund des nie ganz aufgeklärten *Tonkin-Zwischenfalls* (die angebl. Beschießung von US-Zerstörern durch nordvietnames. Kriegsschiffe im Golf von Tonkin am 2. und 4. 8. 1964) vom Kongreß die Generalvollmacht für eine Ausweitung des Krieges geben (u. a. Verstärkung der amerikan. Truppen, Luftangriffe gegen militär. und wirtschaftl. Ziele in Nord-Vietnam sowie gegen das von Nordvietnamesen benutzte Straßennetz des Ho-Chi-Minh-Pfades in Laos und Kambodscha). In Süd-Vietnam konnten die Amerikaner auch durch den Einsatz ihrer überlegenen Luftwaffe und die Anwendung neuer Kampfmethoden (Entlaubungsmittel, Napalm) zwar einen militär. Gesamtsieg ihres Gegners vereiteln, aber keinen eigenen Sieg erzwingen. Eine polit. Wendung brachte die nordvietnames. Tet-Offensive der Truppen Vo Nguyên Giaps Ende Jan. 1968. Obwohl sie militärisch letztlich ein Fehlschlag war, wirkte sie in den USA als Schock. Mit der Einstellung der Bombardierungen des Nordens wurde die wichtigste Bedingung für die Aufnahme von Verhandlungen (ab Mai 1968 in Paris) erfüllt. In den USA und weltweit nahm die Kritik an der amerikan. Vietnampolitik zu. Die Lösung aus dem amerikan. Überengagement strebte Präs. R. M. Nixon durch den Abbau der amerikan. Streitmacht in Vietnam seit Anfang 1969, in bilateralen Geheimverhandlungen seines Sonderberaters H. A. Kissinger mit Nord-Vietnam seit Aug. 1969 und durch die ›Vietnamisierung‹ des Konflikts an, d. h. durch den massiven Aufbau der südvietnames. Armee. Das Waffenstillstandsabkommen vom 27. 1. 1973 (im März 1973 auf einer internat. Konferenz bestätigt und garantiert) bestimmte den Abzug des gesamten militär. Personals der USA, ohne über die im Süden befindl. nordvietnames. Truppen etwas auszusagen. Verhandlungen zw. den südvietnames. Kriegsparteien zur Bildung des im Abkommen vorgesehenen Versöhnungsrats blieben ergebnislos. Beide versuchten vielmehr, ihre Gebiete mit Waffengewalt zu vergrößern. Diese 3. Phase des Krieges endete mit dem vollständigen Zusammenbruch der südvietnames. Armee (30. 4. 1975 Eroberung Saigons). – Der V. wurde durch das → Russel-Tribunal untersucht.

Vigée-Lebrun, Élisabeth[-Louise] [frz. viʒelɛ'brœ̃], * Paris 16. 4. 1755, † Louveciennes bei Paris 30. 3. 1842, frz. Malerin. Ihr klassizist. Porträtstil (v. a. Frauen des frz. Hochadels, u. a. Marie Antoinette) ist an Rubens und van Dyck geschult. – Abb. S. 556.

Vigeland, Gustav [norweg. 'viːgaland, 'viːgələn], * Mandal 11. 4. 1869, † Oslo 12. 3. 1943, norweg. Bildhauer. Schuf u. a. etwa 100 Steinfiguren und Figurengruppen sowie Reliefs im Frognerpark in Oslo (1906 ff.). – Abb. S. 557.

Vigil [lat.], in der kath. Liturgie eine gottesdienstl. Feier am Vortag eines (hohen) Festes.

Vigneaud, Vincent du [engl. vɪn'joʊ], * Chicago 18. 5. 1901, † White Plains (N. Y.) 11. 12. 1978, amerikan. Biochemiker. Für Isolierung, Strukturaufklärung und Synthese der Hormone Oxytozin und Vasopressin erhielt er 1955 den Nobelpreis für Chemie.

Vincent du Vigneaud

Vignette [vɪn'jɛtə; lat.-frz.], **1)** *Buchkunst:* kleine, meist ornamentale Verzierung.

2) *Photographie:* Bez. für eine Maske mit bestimmten Ausschnitten vor dem Objektiv einer Filmaufnahmekamera; auch Bez. für eine Maske, die zur Verdeckung bestimmter Stellen eines Negativs beim Kopieren dient.

Élisabeth Vigée-Lebrun: Selbstporträt mit Tochter; 1789 (Paris, Louvre)

Vignola, Giacomo, eigtl. Iacopo Barozzi [italien. vɪɲ'ɲɔːla], * Vignola bei Modena 1. 10. 1507, † Rom 7. 7. 1573, italien. Architekt. Meisterwerke des Manierismus sind die Villa Giulia (1551 ff.) in Rom und der Palazzo Farnese (1559–64) in Caprarola. Baute ab 1568 den Grundtypus der Jesuitenkirchen, Il Gesù in Rom (vollendet 1573 durch C. della Porta), einen Langhausbau mit Kuppel, der den Einheitsraum des barocken Kirchenbaus begründete. Seine ›Regola delli cinque ordini d'architettura‹ (1562) wurden zu einem architekturtheoret. Standardwerk.

Vigny, Alfred Comte de [frz. vi'ɲi], * Schloß Loches (Indre-et-Loire) 27. 3. 1797, † Paris 17. 9. 1863, frz. Dichter. Bed. Vertreter der frz. Romantik; ab 1845 Mgl. der Académie française; schrieb Lyrik, (histor.) Romane und Dramen. – *Werke:* Poèmes antiques et modernes (Ged., 1826), Cinq-Mars (R., 1826), Stello (R., 1832), Chatterton (Dr., 1835), Glanz und Elend des Militärs (En., 1835), Daphné (R.-Fragment, entst. 1837, hg. 1912).

Vigo ['viːgo, span. 'βiɣo], span. Hafenstadt in Galicien, 264 000 E. Häuser mit Laubengängen (16. bis 18. Jh.). – Seit der Antike bed. Hafen (in der Römerzeit **Vicus**).

Vikar [lat.], in der *kath.* Kirche der Vertreter einer geistl. Amtsperson. – Die *ev.* Kirchenverfassungen kennen den V. für alle kirchl. Ämter, bes. für einen weiter auszubildenden Theologen nach Ablegung des ersten Examens; auch **Vikarinnen.**

Viking [engl. 'vaɪkɪŋ], Name zweier amerikan. Planetensonden, die 1975 zur Erforschung des Mars gestartet wurden. Die V.sonden lieferten neben rd. 10 000 Aufnahmen hervorragender Qualität eine Fülle von Informationen über den Planeten Mars. Spuren organ. Lebens konnten nicht entdeckt werden.

Viktor, Name von Herrschern:
Italien: **1) Viktor Emanuel II.,** * Turin 14. 3. 1820, † Rom 9. 1. 1878, König von Sardinien (1849–61) und Italien (seit 1861). Akzeptierte das Bündnis mit der liberalen Nationalbewegung und die Unterstützung auch der demokrat.-republikan. Kräfte (Garibaldi) bei der Einigung Italiens.

2) Viktor Emanuel III., * Neapel 11. 11. 1869, † Alexandria (Ägypten) 28. 12. 1947, König (1900–46). Entschied 1915 den Kriegseintritt Italiens. Unter dem Druck des Faschismus ernannte er 1922 B. Mussolini zum Min.-Präs.; im Zusammenspiel mit dem monarchist. Flügel im Großrat des Faschismus gelang es V. E. 1943, diesen wieder zu stürzen. Mußte auf Druck des Nat. Befreiungskomitees abdanken.

Sardinien: **3) Viktor Amadeus I.,** * Turin 14. 5. 1666, † Moncalieri bei Turin 31. 10. 1732, Hzg. von Savoyen (1675–1730; als V. A. II.), König von Sizilien (1713–1718/20) und Sardinien (1718/20–30). Sicherte durch Teilnahme am Span. Erbfolgekrieg 1713 seinem Haus die Königskrone. Wegbereiter des aufgeklärten Absolutismus.

Viktoria (Victoria), Name von Herrscherinnen:
Dt. Reich: **1) Viktoria,** * London 21. 11. 1840, † Schloß Friedrichshof (bei Kronberg) 5. 8. 1901, preuß. Königin und Kaiserin. Älteste Tochter der brit. Königin Viktoria; seit 1858 ∞ mit dem späteren Kaiser Friedrich, mit dem sie die Ablehnung preuß. Militär- und Machttraditionen sowie der Politik Bismarcks teilte.

Großbritannien und Irland: **2) Viktoria,** * Kensington Palace (London) 24. 5. 1819, † Osborne House (Isle of Wight) 22. 1. 1901, Königin (seit 1837) und Kaiserin von Indien (seit 1876). Seit 1840 ∞ mit ihrem Vetter Albert, Prinz von Sachsen-Coburg-Gotha. V. war durch ihre 9 Kinder mit fast allen europ. Fürstenhöfen verwandt (›Großmutter Europas‹). Das **Viktorianische Zeitalter** war eine Glanzepoche mit höchster polit. Machtentfaltung, wirtschaftl. Prosperität und imperialist. Expansion, aber auch kultureller Verflachung und Prüderie.

Viktualien [lat.], (früher) Lebensmittel.

Vikunja [indian.] → Kamele.

Vila [engl. 'viːlə], Hauptstadt von Vanuatu, an der SW-Küste der Insel Efate, 17 000 E. Museum; Hafen, internat. ✈.

Vila Nova de Gaia, portugies. Stadt gegenüber von Porto, 62 500 E. Museum. Portweinkellereien.

Villa (Mrz. Villen) [lat.], herrschaftl. Wohnhaus, Landsitz. In der italien. Renaissance verstand man unter einer V. große Gartenanlagen mit Casino (Gartenpalast). Bed. Beispiele sind die V. Borghese und die V. Madama in Rom, die V. Lante bei Viterbo, die V. d'Este in Tivoli. Als Höhepunkt der V.architektur gelten Palladios V. Carpa (›La Rotonda‹) bei Vicenza und die V. Barbaro in Maser.

Villach ['fɪlax], österr. Stadt im Kärntner Seengebiet, an der Drau, 52 700 E. Stadtmuseum, seit 1955 Paracelsus-Institut; u. a. Holzveredlung, Lackfabrik; Fremdenverkehr, Wintersport; der Stadtteil **Warmbad Villach** ist Kurbad. Spätgot. Kirche Sankt Jakob (14./15. Jh.; barockisiert) mit hohem W-Turm (um 1300), spätbarocke Stadtpfarr- und Wallfahrtskirche zum Hl. Kreuz (1726–38). Schloß Mörtenegg (16. und 18. Jh.). – Seit dem Neolithikum besiedelt; liegt an der Stelle zweier Römersiedlungen; erscheint 1239/40 erstmals als Stadt; 1348 durch Erdbeben (Dobratschabsturz) und Feuer vernichtet; kam 1759 durch Kauf an das Haus Österreich.

Villa de Guadalupe Hidalgo [span. 'βija ðe ɣwaða'lupe i'ðalɣo], mex. Stadt im nö. Vorortbereich der Stadt Mexiko. Wallfahrtskirche (1709 erneuert, später erweitert). – Der **Friede von Guadalupe Hidalgo** (2. 2. 1848) beendete den Mex. Krieg der USA gegen Mexiko 1846–48.

Villafranca di Verona, Vorfriede von, frz.-österr. Waffenstillstand (11. 7. 1859) im Sardin.-Frz.-Österr. Krieg.

Alfred de Vigny (Lithographie von Charles de Lafosse)

Villa Hammerschmidt, Sitz des Bundes-Präs. der BR Deutschland in Bonn, ben. nach dem Großindustriellen R. Hammerschmidt (* 1853, † 1922), 1863–65 errichtet.

Villahermosa [span. βijaɛr'mosa], Hauptstadt des mex. Staates Tabasco, in der Golfküstenebene, 250 900 E. Univ.; archäolog. Museum; Hafen.

Villa-Lobos, Heitor [brasilian. 'vila'lobus], * Rio de Janeiro 3. 3. 1887, † ebd. 17. 11. 1959, brasilian. Komponist und Dirigent. Opern, Ballette, Sinfonien, Kammer- und Klaviermusik.

Villanelle (Villanella) [lat.-italien.], im 16. Jh. in Neapel entstandene mehrstimm. Liedform mit volkstüml. Texten; in der Kunstmusik (Angleichung an das Madrigal) bes. durch A. Willaert, in Deutschland durch L. Lechner, H. L. Haßler und J. H. Schein vertreten.

Villanovakultur, früheisenzeitl. Kulturgruppe M- und Oberitaliens; ben. nach dem Gut Villanova bei Bologna, wo 1853 ein Gräberfeld gefunden wurde.

Villard de Honnecourt [frz. vilardəɔn'ku:r], frz. Baumeister des 13. Jh. Hinterließ ein Bauhüttenbuch (1230–35; Paris, Bibliothèque Nationale) mit 325 Federzeichnungen als Muster für Bauten, Bildwerke, Werkzeuge u. a. auf 33 Blättern (von urspr. 63).

Villars, Claude Louis Hector Herzog von [frz. vi-'la:r], * Moulins 8. 5. 1653, † Turin 17. 6. 1734, frz. Marschall. Unterlag im Span. Erbfolgekrieg bei Malplaquet (1709), eroberte Landau in der Pfalz und Freiburg im Breisgau (1713) und schloß 1714 den Frieden von Rastatt.

Ville ['vɪlə], schmaler, NW–SO gerichteter Höhenrücken im S der Niederrhein. Bucht, bis 177 m hoch.

Villehardouin [frz. vilaar'dwɛ̃], frz. Adelsfamilie aus der Champagne. Gottfried I. († um 1228) begründete die Herrschaft der V. im Kreuzfahrerstaat Achaia (Morea; bis 1318), die unter Wilhelm II. (⌂ 1246–78) auf den Höhepunkt gelangte (Bau der Festung Mistra). Bed. Vertreter:

Villehardouin, Geoffroi de, * Villehardouin (Aube) um 1150, † in Thrakien um 1213, Geschichtsschreiber. Schildert in seinem bed. Werk ›La conquête de Constantinople‹ (hg. 1938/39) das Ergebnis des 4. Kreuzzuges.

Villiers de L'Isle-Adam, Philippe Auguste Graf von [frz. viljedlila'dã], * Saint-Brieuc 7. 11. 1838, † Paris 18. 8. 1889, frz. Dichter. Gehörte zum Kreis der frz. Symbolisten; neben Lyrik bed. Verteter der phantast. Erzählliteratur; ben. nach ›Grausame Geschichten‹ (1883), ›Die Eva der Zukunft‹ (R., 1886).

Villingen-Schwenningen ['fɪlɪŋən], Kreisstadt des Schwarzwald-Baar-Kreises, Bad.-Württ., 75 900 E. Museen, Theater; u. a. Uhren-, Metallwaren- und Elektro-Ind.; Uhrenmuseum; Kneippkurort. Beim Ortsteil Villingen liegt der **Magdalenenberg** (118 m Durchmesser, 8 m hoch) mit einem Zentralgrab aus dem 6. Jh. v. Chr.; Reste der Stadtbefestigung (v. a. 15. und 16. Jh.) mit 3 Toren; roman.-got. Münster Unserer Lieben Frau (12. Jh. ff.). – 1972 wurden die Städte **Schwenningen** und **Villingen** (erstmals erwähnt 895 und 817) zu V.-S. vereinigt.

Villon, François [frz. vi'jõ], eigtl. F. de Montcorbier oder F. des Loges, * Paris um 1431, † nach dem 5. 1. 1463, frz. Dichter. Lebte im sog. Gaunermilieu; mehrere Gefängnisstrafen; 1463 zum Tode verurteilt, zu 10jähr. Verbannung aus Paris begnadigt, dann verschollen. Gilt mit seinem Balladenwerk (Teile davon wurden u. a. von B. Brecht übernommen) als erster großer frz. Lyriker im modernen Sinne. Sein Hauptwerk ist ›Das große Testament‹ (2 023 Verse, entstanden 1461, gedruckt 1489).

Vilshofen [fɪls...], Stadt an der Mündung der Vils in die Donau, Bayern, 14 900 E. Barocke Wallfahrtskirche Mariahilf (1691–94).

Gustav Vigeland: Monolith und Figurengruppe; 1960 ff. (Oslo, Frognerpark)

Viña del Mar [span. 'βiɲa ðɛl 'mar], chilen. Stadt bei Valparaíso, 297 300 E. Seebad; Sommerpalast des chilen. Präsidenten.

Vincaalkaloide, Alkaloide aus Immergrünarten; Chemotherapeutika bei Krebserkrankungen.

Vincennes [frz. vɛ̃'sɛn], frz. Stadt östl. von Paris, Dep. Val-de-Marne, 42 900 E. Univ.; Museum der Kunst Afrikas und Ozeaniens, Zoo. Schloß (14., 17. Jh. mit kriegsgeschichtl. Museum).

Vincent de Paul [frz. vɛ̃sãd'pɔl] →Vinzenz von Paul, hl.

Vinci [italien. 'vintʃi], Geburtsort von →Leonardo da Vinci.

Vindeliker (lat. Vindelici), kelt. Volk im Alpenvorland; ihr Gebiet gehörte zur röm. Prov. Raetia et Vindelicia (Rätien).

Vindobona →Wien.

Vindonissa →Windisch.

Vineta, der Sage nach vom Meer verschlungene Stadt an der Ostsee, die wahrscheinlich auf die Siedlung Julin auf der Insel Wollin zurückgeht.

vinkulierte Namensaktien [lat./dt.] (gebundene Aktien, vinkulierte Aktien), Namensaktien, deren Übertragung an die Zustimmung des nach der Satzung zuständigen Organs gebunden ist.

Vinland ['vi:n...], Abschnitt der nö. Küste Nordamerikas, an dem Leif Eriksson um 1000 landete; vermutl. wurde von den Wikingern das heutige Baffinland **Helluland** (Steinland), die NO-Küste von Labrador **Markland** (Waldland) genannt.

Vintschgau ['fɪntʃ...], Tallandschaft der oberen Etsch in Südtirol, Italien.

Vinylchlorid (Monochloräthen), farblose, gasförmige, sehr reaktionsfähige Substanz, die v. a. zur Herstellung des Kunststoffs →Polyvinylchlorid (PVC) und von Mischpolymerisaten verwendet wird.

Vinzentiner →Lazaristen.

Vinzentinerinnen (Barmherzige Schwestern vom hl. Vinzenz von Paul, Töchter der christl. Liebe), Mgl. der größten religiös-laikalen Frauengenossenschaft für Krankenpflege. 1633 von Vinzenz von Paul und Louise de Marillac gegründet.

Vinzenz von Paul ['vɪntsɛnts] (Vincent de Paul), hl., * Pouy (= Saint-Vincent-de-Paul bei Dax) 24. 4. 1581, † Paris 27. 9. 1660, frz. kath. Theologe. Gründete 1617 eine Frauenvereinigung zur Betreuung armer Kran-

Viktoria 2)

ker, aus der später die → Vinzentinerinnen hervorgingen, und 1625 die → Lazaristen; gilt als Begründer der neuzeitl. Karitas. – Fest: 27. September.

Vio, Jacobus de → Cajetan, Thomas.

Viola [lat.], svw. → Veilchen.

Viola (Mrz. Violen) [altprovenzal.-italien.], 1. Name einer Gruppe von Streichinstrumenten, aus der im 16. Jh. die Violine (Geige) sowie die drei weiteren Instrumente der **Violinfamilie** (Viola, Violincello, Kontrabaß) entwickelt wurden. – Die kleineren alten Violen wurden (wie heute die Violine und Viola) mit dem Arm gehalten und am Kinn angesetzt *(V. da braccio),* die größeren (wie heute das Violincello) zw. den Knien gehalten *(V. da Gamba)* oder (wie heute der Kontrabaß) in stehender Haltung gespielt. – Die alten Violen wurden bis ins 18. Jh. hinein gespielt. Ihre Renaissance begann in den 1950er Jahren im Interesse einer möglichst authent. Wiedergabe. – 2. Streichinstrument in Altlage mit der Stimmung c g d¹ a¹; die V. (Abk. Va), im Dt. **Bratsche** genannt, ist etwas größer als die → Violine, ansonsten ist die Form vergleichbar.

Viola da gamba [italien., eigtl. ›Beingeige‹] (Kniegeige, Gambe), Streichinstrument in Tenor-Baß-Lage mit der Stimmung D G c e a d¹; eines der wichtigsten Streichinstrumente des 16.–18. Jahrhunderts.

Viola da gamba

Viola d'amore [italien. da'more ›Liebesgeige‹], im Barock beliebtes Altinstrument der Viola-da-gamba-Familie (→ Viola) mit 5–7 Griffsaiten (mit variabler Stimmung) und 7–14 unter dem Griffbrett verlaufenden Resonanzsaiten.

Violett [lat.-frz.], Name für den Farbenbereich zw. Blau und Rot, insbes. für eine gleichteilige Mischung aus Rot und Blau. Ein aufgehelltes V. ist das Lila; das V.rot wird auch als Purpurrot bezeichnet.

Violettverschiebung (Blauverschiebung), die durch → Doppler-Effekt bewirkte Verschiebung von Spektrallinien nach kürzeren Wellenlängen bei Sternen, die sich auf das Sonnensystem zu bewegen.

Violine [italien.] (italien. violino, dt. gemeinsprachl. Geige), Abk. V.; Streichinstrument in Diskantlage, die Form der V. stand spätestens um 1560 fest. Die V. besteht aus einem in der Mitte eingezogenen Resonanzkörper (Korpus), dem angesetzten Hals mit bündelosem Griffbrett (Ebenholz) und dem in die Schnecke auslaufenden Wirbelkasten mit den seitl. Stimmwirbeln. Das Korpus besteht aus zwei leichtgewölbten Platten, der Decke, mit zwei *f*-förmigen Schallöchern aus bes. Fichtenholz und dem Boden aus Ahornholz sowie den Zargen (ebenfalls Ahorn). Der Lack beeinflußt die klangl. Eigenschaften und schützt das Instrument vor Feuchtigkeit. Die vier in Quinten gestimmten Saiten (g d¹ a¹ e²) aus Darm, aus Stahl oder metallumsponnenem Kunststoff laufen von den Wirbeln über den Sattel und den zweifüßigen Steg aus Hartholz zum beweglich an der Zarge befestigten Saitenhalter. Akust. und stat. Funktion haben Stimmstock und Baßbalken.

Viola d'amore

Violoncello [...'tʃelo; italien.] (dt. Kurzform Cello), Abk. Vc.; das Tenor-Baß-Instrument der Violinfamilie (→ Viola) mit der Stimmung C G d a, das wegen seiner Größe zw. den Knien gehalten wird. Eine Sonderform des V. im 18. Jh. war das *V. piccolo,* ein von J. S. Bach verwendetes fünfsaitiges V. mit der Stimmung C G d a e¹.

VIP [vɪp, viaɪ'pi; Kw. für engl. **v**ery **i**mportant **p**erson], wichtige Persönlichkeit [mit bes. Privilegien].

Vipern [lat.] (Ottern, Viperidae), Fam. meist gedrungener, kurzschwänziger, 30 cm bis 1,8 m langer, meist lebendgebärender Giftschlangen (Gruppe Röhrenzähner) mit rd. 60 Arten in Afrika und in wärmeren Regionen Eurasiens; durch bestimmte Drohreaktionen (S-förmig angehobener Hals, lautes Zischen, schnelles Vorstoßen des Kopfes) gekennzeichnete

Reptilien mit breitem, dreieckförmigem, deutl. vom Hals abgesetztem Kopf und meist senkrecht-ellipt. Pupille (u. a. Aspisviper, Sandotter, Hornvipern, Puffotter).

Viracocha [span. vira'kotʃa] → Inka.

virale RNS [lat.] (Virus-RNS), die die genet. Information enthaltende ein- oder doppelsträngige → RNS der RNS-Viren.

Virämie [lat./griech.], das Vorkommen von Viren im Blut (nach Virusinfektion).

Virchow, Rudolf ['vɪrço], * Schivelbein bei Belgard (Persante) 13. 10. 1821, † Berlin 5. 9. 1902, dt. Mediziner und Politiker. Prof. ab 1856 in Berlin, grundlegende Untersuchungen v. a. zur patholog. Anatomie (u. a. Geschwulstforschung, Entzündungslehre). Begründete die → Zellularpathologie. Mitbegründer der aufkommenden Bakteriologie (R. Koch u. a.) zunächst skept. gegenüber; Vorkämpfer der Hygiene (Desinfektion, Kanalisation u. a.); auch Arbeiten zur Anthropologie und Vorgeschichte. Mitbegründer der Dt. Fortschrittspartei (1861); seit 1862 Mgl. des preuß. Abg.hauses; Gegner Bismarcks im preuß. Verfassungskonflikt; 1880–93 MdR (ab 1884 für die Dt. Freisinnige Partei).

Viren (Einz. Virus) [lat.], Krankheitserreger in der Größe zw. 10 und 300 nm. V. sind in Proteinhüllen verpackte Stücke genet. Materials, die den Stoffwechsel geeigneter (lebender) Wirtszellen auf Produktion neuer V. derselben Art umprogrammieren können. V. haben keinen eigenen Stoffwechsel; ihre Zurechnung zu lebenden Mikroorganismen ist daher strittig. Durch Hitze, Desinfektionsmittel, oft auch durch organ. Lösungsmittel werden V. zerstört. Die Grenze zw. V. und zellulärem genet. Material ist fließend: Manche V. können über lange Zeit frei oder ins Genom einer Wirtszelle integriert existieren und dabei symptomlos oder unter Transformation der Zelle im Rhythmus der Zellteilung mitvermehrt werden. Auch kennt man nackte (d. h. von keiner Proteinhülle umgebene) infektiöse Nukleinsäuren **(Viroide).** V. bestehen im wesentl. aus Nukleinsäuren und Protein. Jedes Virus enthält nur entweder doppel- oder einsträngige DNS bzw. RNS. Isolierte virale Nukleinsäure ist in vielen Fällen infektiös, da die Virusvermehrung oft nur durch spezielle im Viruspartikel mitgebrachte Enzyme eingeleitet werden kann. Meist aber ist die V. Nukleinsäure von einer Proteinhülle umgeben. Bei der Infektion gelangt entweder nur die Nukleinsäure (z. B. bei Bakteriophagen) oder (meistens) das intakte Viruspartikel *(Virion)* in die Zelle, in der dann die Nukleinsäure freigegeben wird. Während der folgenden Periode der Eklipse (während dieser Zeit werden in der Zelle neue Viren produziert) läßt sich kein infektiöses Virus mehr nachweisen. Die in die Zelle gelangte virale Nukleinsäure dirigiert den Zellstoffwechsel so um, daß v. a. Virusbausteine synthetisiert werden. Die Virionen werden entweder durch Zellyse frei oder treten unter Knospung durch die Zellmembran. Fast alle Virusinfektionen erzeugen Immunität gegen eine Zweiterkrankung. – Man kennt heute rd. 1 500 V. unterschiedl. Gestalt; sie werden mit Trivialnamen bezeichnet, die auf Wirt, Krankheitssymptome und Vorkommen anspielen (z. B. Afrikan. Schweinefiebervirus), doch wird eine Nomenklatur mit latinisierten Gattungsnamen und Kurzbezeichnungen für die einzelnen Typen angestrebt. V. können bei fast allen Lebewesen auftreten. Manche V. haben ein enges Wirtsspektrum (das menschl. Pockenvirus befällt nur den Menschen), andere besiedeln sehr viele Arten.

Virginal [lat.], dem Spinett vergleichbares (engl.) Tasteninstrument, meist rechteckige Form.

Virginia [vɪr'dʒi:nia; engl. və'dʒɪnjə], Staat im O der USA, an der Atlantikküste, 105 716 km², 5,99 Mio. E, Hauptstadt Richmond.

Geschichte: Unter Sir W. Raleigh erste vergebl. Ansiedlungsversuche (1584–89) auf Roanoke Island. 1606 gründete die engl. Regierung die Virginia Company zur Besiedelung des Landes; 1607 wurde Jamestown gegründet; 1619 erste Legislativversammlung im engl. N-Amerika. 1624 wurde V. direkt der Krone unterstellt. In den 1760er Jahren zus. mit Massachusetts führend im Widerstand gegen die brit. Kolonialpolitik. Im Sezessionskrieg (1861–65) bildete sich 1863 im W von V. der neue, im Gegensatz zum restl. Gebiet unionstreue Staat West Virginia. Wegen seiner führenden polit., militär. und wirtschaftl. Stellung innerhalb der Konföderation war V. eines der Hauptschlachtfelder des Krieges. 1870 wurde V. nach Ausarbeitung einer neuen Verfassung wieder in die Union aufgenommen.

Virginia Bill of Rights [engl. vəˈdʒɪnjə ˈbɪl əv ˈraɪts] (Virginia Declaration of Rights), am 12. 6. 1776 vom Konvent von Virginia angenommene Menschenrechtserklärung; Vorbild für die ersten Sätze der Declaration of Independence und eine der Grundlagen der amerikan. Bill of Rights.

Virginiazigarre (Virginia) [vɪrˈdʒiːnia], lange, dünne, aus kräftigem Kentucky- oder Virginiatabak hergestellte Zigarre mit einem Mundstück aus Roggenstroh.

Virgin Islands of the United States [engl. ˈvəːdʒɪn ˈaɪləndz əv θə juːˈnaɪtid ˈsteɪts] →Jungferninseln.

Virgo [lat. ›Jungfrau‹] →Sternbilder (Übersicht).

viril [lat.], männlich.

Virolainen, Johannes, * Viipuri (= Wyborg) 31. 1. 1914, finn. Politiker (Agrarunion bzw. Zentrumspartei). 1965–80 Partei-Vors.; 1950–70 und 1972–79 verschiedentl. Min. (u.a. 1954–56, 1957, 1958 Außen- und 1972–75 Finanz-Min.); 1964–66 Staats-Min. (Min.-Präs.), 1966–69 und 1979–83 Reichstagspräsident.

Virologie [lat./griech.], die Wiss. und Lehre von den Viren.

Virosen [lat.] (Viruskrankheiten), durch Viren verursachte infektiöse Erkrankungen bei allen Organismen. Beim Menschen (→ Viruserkrankungen) rufen Viren u.a. Gehirnhautentzündung, Viruspneumonie, Gelbfieber, Grippe, Gürtelrose, Windpocken, Kinderlähmung, Masern, Pocken, Röteln, Schnupfen und Leberentzündung hervor, bei Haus- und Wildtieren u.a. Maul- und Klauenseuche, Tollwut, Pockenseuche, Rinderleukose, Rinderpest, Schweinepest, Staupe. Die medikamentöse Therapie der V. steckt noch in den Anfängen. Virushemmende Mittel *(Virostatika)* und Viren abtötende Mittel *(Virizide)* befinden sich in Entwicklung. Mensch und Tier können vor durch vorbeugende Impfung mit abgeschwächten (attenuierten) Viren geschützt werden. Neuerdings wird auch der Einsatz zelleigener Abwehrstoffe, der → Interferone, versucht.

Virtanen, Artturi Ilmari, * Helsinki 15. 1. 1895, † ebd. 11. 11. 1973, finn. Biochemiker. Prof. in Helsinki; Untersuchungen auf dem Gebiet der Agrikultur- und Nahrungsmittelchemie; 1945 Nobelpreis für Chemie.

virtuelle Prozesse, Vorgänge in mikrophysikal. Systemen, bei denen für äußerst kurze Zeiten unter vorübergehender Verletzung des Energiesatzes Elementarteilchen *(virtuelle Teilchen)* entstehen und wieder verschwinden.

virtueller Bildpunkt →Abbildung.

Virtus, Inbegriff altröm. (Mannes)tugend, Leistungsbereitschaft.

virulent [lat.], ansteckungsfähig.

Virungavulkane, Vulkankette im Zentralafrikan. Graben, nördl. und nö. des Kiwusees, bis 4 507 m hoch.

Virunum, Hauptstadt (etwa 45–178) der röm. Prov. Noricum, auf dem Zollfeld (Kärnten, Österreich); um 591 durch die Awaren zerstört.

Virus [lat.] → Viren.

Viruserkrankungen (Viruskrankheiten), durch das Eindringen von Viren in den Organismus und ihre Vermehrung hervorgerufene Infektionskrankheiten. Der Beginn von V. ist meist durch Fieber, Kopf- und Gliederschmerzen, Abgeschlagenheit und gelegentl. Übelkeit und Erbrechen gekennzeichnet. Nach 5–7 Tagen beginnt i. d. R. die Erkrankung eines Organsystems, das von dem jeweiligen Virus bevorzugt wird, mit den entsprechenden Erscheinungen, z.B. Dünndarm-, Gehirnhaut-, Leberentzündung. Die V. sind gegenüber bakteriellen Infektionskrankheiten gekennzeichnet durch diphas. Fieberverlauf, relativ verlangsamte Herzschlagfolge, relative Verminderung der weißen Blutkörperchen, lymphat. Reaktionen und nichteitrige Entzündungen. → Virosen.

Vis (italien. Lissa), kroat. Adriainsel ssw. von Split, 86 km², bis 587 m hoch. – In der **Seeschlacht bei Lissa** schlug die österr. Flotte am 20. 7. 1866 im Dt. Krieg die überlegene italien. Flotte.

Visavis [vizaˈviː; frz.], Gegenüber; **vis-à-vis,** gegenüber.

Visby [schwed. ˈviːsbyː], schwed. Stadt auf Gotland, 20 700 E. Hafen. Domkirche (1225 geweiht), Ruinen mehrerer roman. und got. Kirchen, gut erhaltene Stadtmauer (13. Jh.) mit Türmen. – Im MA Zentrum des Ostseehandels; 1280 Hansestadt; 1361 von den Dänen gebrandschatzt; 1645 schwedisch.

Vischer, 1) Friedrich Theodor von (seit 1870), * Ludwigsburg 30. 6. 1807, † Gmunden 14. 9. 1887, dt. Philosoph. 1848 liberaler Abg. in der Frankfurter Nationalversammlung, Vertreter der Hegelschen Schule (›Ästhetik oder Wiss. des Schönen‹, 1846–57).

2) Peter, d. Ä., * Nürnberg um 1460, † ebd. 7. 1. 1529, dt. Erzgießer. Das von V. gearbeitete Sebaldusgrab in der Sebalduskirche in Nürnberg (1507–19) spiegelt die Wandlung der dt. Spätgotik zur Renaissance wider, u.a. Baldachinkuppeln (Mitarbeit seiner Söhne *Hermann V.* [* vor 1486, † 1517] und *Peter V. d. J.* [* 1487, † 1528]). Fast durchweg Arbeiten nach fremden Entwürfen; Grabmäler, Grabplatten, Vollfiguren (Theoderich und Artus) am Maximiliansgrab in Innsbruck (1513, Hofkirche). 1529 übernahm *Hans V.* (* 1485, † 1550) die Werkstatt.

Vischnu →Wischnu.

Visconte [lat.-italien.] →Vicomte.

Visconti [italien. visˈkonti], lombard. Adelsgeschlecht. Die ghibellin. V. erlangten 1277 die Herrschaft in Mailand, die sie im 14. Jh. auf die Lombardei und fast ganz Oberitalien ausdehnten. 1395 erhielt Giangaleazzo V. (* 1351, † 1402) den Hzg.titel. Die Hauptlinie erlosch 1447.

Visconti, Luchino [italien. visˈkonti], * Mailand 2. 11. 1906, † Rom 17. 3. 1976, italien. Regisseur. Exponent des → Neorealismus (›Ossessione ... von Liebe besessen‹, 1942; ›Die Erde bebt‹, 1948; ›Rocco und seine Brüder‹, 1960); von seinen späteren Werken sind v.a. ›Der Leopard‹ (1963, nach G. Tomasi di Lampedusa), ›Der Tod in Venedig‹ (1971, nach Th. Mann) und ›Ludwig II.‹ (1972) in die Filmgeschichte eingegangen. – *Weitere Werke:* Boccaccio ʼ70 (1962), Der Fremde (1967, nach A. Camus), Die Verdammten (1969), Die Unschuld (1976, nach G. d'Annunzio).

Viscount [engl. ˈvaɪkaʊnt] →Vicomte.

Visegrád [ungar. ˈviʃegraːd], ungar. Ort am rechten Donauufer, 1900 E. König Matthias I. Corvinus baute das im 13. Jh. begonnene Schloß zu einem der prächtigsten Renaissanceschlösser der Zeit aus.

Viseu [portugies. viˈzeu], portugies. Stadt 80 km sö. von Porto, 21 000 E. Berühmte Gemäldesammlung. Roman.-got. Kathedrale (12. und 16. Jh.).

Rudolf Virchow

Friedrich Theodor von Vischer

Visier [lat.-frz.], 1) eiserner Gesichtsschutz; schon in der Antike, vorwiegend jedoch am ritterl. Helm in Gebrauch.

2) Zielvorrichtung an Feuerwaffen u. a. Geräten, die auf einen bestimmten Zielpunkt [aus]gerichtet werden müssen; man unterscheidet *mechan. V.* (z. B. Kimme und Korn) und *opt. V.* (z. B. Richtglas mit Fadenkreuz).

Vision [lat.], Bez. für eine → Halluzination aus dem opt. Sinnesbereich.

Visitation [lat.] (Kirchenvisitation), seit dem 4./5. Jh. bezeugtes Mittel der kirchl. Aufsicht über das ordnungsgemäße Verhalten der Kirchenangehörigen sowie über den Zustand der kirchl. Sachen und des Sprengels.

viskos [lat.], zähflüssig, leimartig.

Viskose [lat.], die bei der Herstellung von Viskosefasern (→ Viskoseverfahren) entstehende dickflüssige Spinnlösung; auch Bez. für die aus regenerierter Zellulose bestehenden Viskosefasern (früher *Reyon* genannt) selbst.

Viskoseverfahren, Verfahren zur Herstellung von Zelluloseregeneratfasern: Zellstoffplatten werden mit Natronlauge behandelt, wobei gequollene sog. *Alkalizellulose* entsteht. Diese wird nach Zerkleinerung und Reifung (partieller oxidativer Abbau der Zellulose) mit Schwefelkohlenstoff zu lösl. *Natriumzellulosexanthogenat* umgesetzt, das in Natronlauge zu zähflüssiger Spinnlösung (Viskose) gelöst und in ein aus Natriumsulfat und Schwefelsäure bestehendes Spinnbad gepreßt wird, in der die Zellulose wieder ausfällt. Zelluloseregeneratfasern besitzen gute Färbbarkeit, große Wasseraufnahmefähigkeit bei geringem Quellvermögen und sind gut waschbar.

Viskosität [lat.] (Zähigkeit, innere Reibung), diejenige Eigenschaft eines flüssigen oder gasförmigen Mediums (Fluids), die bei Deformation das Auftreten von sog. Reibungsspannungen zusätzlich zum thermodynam. Druck hervorruft, die einer Verschiebung von Flüssigkeits- oder Gasteilchen relativ zueinander entgegenwirken.

Visser 't Hooft, Willem Adolph [niederl. vɪsərt-'ho:ft], * Haarlem 20. 9. 1900, † Genf 4. 7. 1985, niederl. ev. Theologe. 1948–66 Generalsekretär des Ökumen. Rates der Kirchen; 1966 Friedenspreis des dt. Buchhandels.

visuell [lat.], das Sehen, den Gesichtssinn betreffend.

visuelle Medien → audiovisuelle Medien.

Visum [lat.], svw. → Sichtvermerk.

Vita [lat. ›Leben‹] (Mrz. Viten), Lebensbeschreibung, Biographie, Lebensdaten.

Vitalienbrüder [vi'ta:liən...] (niederdt. Likendeeler), Freibeuter, versorgten 1389–92 das dänisch belagerte Stockholm von See her mit Lebensmitteln (Vitalien); verlegten, nachdem sie vom Dt. Orden 1398 von Gotland vertrieben worden waren, ihr Tätigkeitsgebiet in die Nordsee; 1400/1401 schwere Niederlagen gegen die Hanse; ihre Führer, u. a. Klaus Störtebeker, wurden hingerichtet.

Vitalis, Pseud. des schwed. Dichters Erik → Sjöberg.

Vitalismus [lat.], Theorien, die eine physikal. und chem. Erklärung von Entstehung, Struktur oder Funktion des Lebens ablehnen und statt dessen ein unstoffl. Prinzip (›Seele‹) oder eine Grundkraft (lat. vis) des Lebens annehmen, die jedem Lebendigen innewohne. Der ältere V. geht auf Aristoteles zurück, der moderne V. wird v. a. von H. Driesch und J. von Uexküll vertreten.

Vitalität [lat.-frz.], die genetisch und von Umweltbedingungen beeinflußte Lebenskraft (eines Organismus oder einer Population); äußert sich in Anpassungsfähigkeit an die Umwelt, Widerstandskraft gegen Krankheiten, körperl. und geistiger Leistungsfähigkeit sowie Fortpflanzungsfähigkeit.

Vitalkapazität, Fassungsvermögen der Lunge an Atemluft (etwa 3,5–5 *l*), bestehend aus inspirator. Reservevolumen, Atemzugvolumen und exspirator. Reservevolumen.

Vitalstoffe, unpräzise Bez. für mehrere Gruppen von Wirkstoffen (v. a. Vitamine, essentielle Amino- und Fettsäuren), die für den Aufbau und die physiolog. Funktionen der lebenden Zellen und des gesamten Organismus notwendig sind.

Vitamine [Kw.], zusammenfassende Bez. für eine Gruppe von unterschiedl., v. a. von Pflanzen und Bakterien synthetisierten Substanzen, die für den Stoffwechsel der meisten Tiere und des Menschen unentbehrlich *(essentiell)* sind, die aber vom tier. und menschl. Organismus nicht synthetisiert werden können und daher ständig mit der Nahrung zugeführt werden müssen. Einige V. können vom tier. Organismus aus bestimmten biolog. Vorstufen, den **Provitaminen,** in einem letzten Syntheseschritt hergestellt werden, z. B. die Vitamine A_1 und A_2 aus β-Karotin, die Vitamine D_2 und D_3 aus Ergosterin bzw. Dehydrocholesterin und das Nikotinsäure aus Tryptophan. Ein Mangel an V. kann zu verschiedenen → Vitaminmangelkrankheiten führen. Die V. zeigen bereits in kleinsten Dosierungen (1 mg und weniger) biolog. Aktivitäten. Ihre biochem. Wirkung beruht v. a. bei den V. der B-Gruppe auf ihrer Funktion als Koenzyme; Vitamin A bildet in Form des Retinals zus. mit dem Eiweißstoff Scotopsin das für den Sehvorgang wichtige Rhodopsin.

Die V. werden üblicherweise mit einem Buchstaben und/oder einem Trivialnamen bezeichnet und nach ihrer Löslichkeit in die Gruppen der *fettlösl.* (Vitamin A, D, E, K; ihre Resorption hängt von der Funktionstüchtigkeit der Fette ab) und der *wasserlösl. V.* (Vitamine der B-Gruppe, Vitamin C) eingeteilt. Daneben werden häufig auch z. T. essentielle Nahrungsbestandteile zu den V. gerechnet, u. a. das [wasserlösl.] *Vitamin P* (Rutin), ferner die p-Aminobenzoesäure, Cholin, Myoinosit und Liponsäure.

Vitaminmangelkrankheiten (Hypovitaminosen, Avitaminosen), Erkrankungen, die durch relativen oder absoluten Mangel eines oder mehrerer Vitamine hervorgerufen werden (u. a. Skorbut, Rachitis). Ursachen sind ein erniedrigtes oder fehlendes Angebot an Vitaminen in der Nahrung, Verdauungs- oder Resorptionsstörungen und Erkrankungen mit erhöhtem Bedarf an Vitaminen.

Vitellius, Aulus, * 7. 9. 12 oder 15 n. Chr., † Rom 20. 12. 69, röm. Kaiser (69). Gegen Galba zum Kaiser ausgerufen, konnte er Otho, den Nachfolger Galbas, besiegen; unterlag dann jedoch Vespasian.

Viterbo, italien. Prov.hauptstadt im nördl. Latium, 59 700 E. Museum, Gemäldesammlung, Staatsarchiv; u. a. Herstellung von Käse-, Wurst- und Likörspezialitäten. Gut erhaltene Stadtmauer (13.–15. Jh.), roman. Dom (12. Jh.), roman. Kirche San Giovanni in Zoccoli (11. Jh.), got. Papstpalast (1266 ff.) mit offener Loggia. – Fiel 754/756 an den Papst; errang Ende des 11. Jh. kommunale Freiheit.

Vitoria, Francisco de [span. βi'torja] (Franz von Vitoria), * Burgos (Vitoria?) zw. 1483 und 1493, † 12. 8. 1546, span. kath. Theologe, Dominikaner; Gründer der Schule von → Salamanca und des modernen Völkerrechts.

Vitoria [span. βi'torja], span. Prov.hauptstadt im Baskenland, 207 500 E. U. a. Metallverarbeitung. Got. Alte Kathedrale (um 1500 vollendet); neugot. Neue Kathedrale (20. Jh.), von Arkaden umgebene Plaza de España (1791).

Vitr., Abk. für lat. **Vitrum,** auf Rezepten Bez. für Arzneiflasche.

Vitamine			
Vitamine	Funktion	Vitaminmangelerkrankungen	Vorkommen
A Retinol	Schutz und Regeneration epithelialer Gewebe; Aufbau des Sehpurpurs	Nachtblindheit, Ephithelschädigungen von Auge und Schleimhaut	Lebertran, Kalbsleber, Eidotter, Milch, Butter; Provitamin Karotin in Karotten und Tomaten
B$_1$ Thiamin (Aneurin)	Regulation des Kohlenhydratstoffwechsels	Beriberi; Störungen der Funktionen von Zentralnervensystem und Herzmuskel	Hefe, Weizenkeimlinge, Schweinefleisch, Nüsse
B$_2$ Riboflavin	Regulation von Atmungsvorgängen; Wasserstoffübertragung	Haut- und Schleimhauterkrankungen	Hefe, Leber, Fleischextrakt, Nieren
Folsäure	Übertragung von Einkohlenstoffkörpern (C$_1$) im Stoffwechsel	Blutarmut	Leber, Niere, Hefe
Panthenosäure	Übertragung von Säureresten im Stoffwechsel	unbekannt	Hefe, Früchte
Nikotinsäure, Nikotinsäureamid (Niacin PP-Faktor)	Regulation von Atmungsvorgängen; Wasserstoffübertragung; Baustein der Koenzyme NAD und NADP	Pellagra	Hefe, Leber, Reiskleie
Biotin	Koenzym von an Carboxylierungsreaktionen beteiligten Enzymen	Hautveränderungen, Haarausfall, Appetitlosigkeit, Nervosität	Hefe, Erdnüsse, Schokolade, Eidotter
B$_6$	Übertragung von Aminogruppen im Aminosäurestoffwechsel	Hautveränderungen	Hefe, Getreidekeimlinge, Kartoffeln
B$_{12}$	Reifungsfaktor der roten Blutkörperchen	perniziöse Anämie	Leber, Rindfleisch, Austern, Eidotter
C Ascorbinsäure	Redoxsubstanz des Zellstoffwechsels	Skorbut, Moeller-Barlow-Krankheit	Zitrusfrüchte, Johannisbeeren, Paprika
D Calciferole	Regulation des Calcium- und Phosphatstoffwechsels	Rachitis, Knochenerweichung	Lebertran, v. a. von Thunfisch, Heilbutt, Dorsch; Eidotter, Milch, Butter
E Tocopherole	antioxidativer Effekt (u. a. in Keimdrüsenepithel, Skelett- und Herzmuskel)	Mangelsymptome beim Menschen nicht sicher nachgewiesen	Weizenkeimöl, Baumwollsamenöl, Palmkernöl
K	Bildung von Blutgerinnungsfaktoren; v. a. von Prothrombin	Blutungen, Blutgerinnungsstörungen	grüne Pflanzen (u. a. Kohl, Spinat)

Vitrac, Roger [frz. vi'trak], * Pinsac (Lot) 17. 11. 1899, † Paris 22. 1. 1952, frz. Dramatiker. War u. a. Mgl. der Pariser Surrealistengruppe; schrieb neben Lyrik und Essays groteske, absurde Farcen, u. a. ›Victor oder Die Kinder an der Macht‹ (1930).

Vitrine [lat.-frz.], gläserner Schaukasten, Glasschrank.

Vitruv (Vitruvius), röm. Architekturtheoretiker des 1. Jh. v. Chr. (* um 84 v. Chr.?). Ingenieur u. a. in Rom und Baumeister (Basilika in Fano, vermutlich seiner Geburtsstadt). Sein monumentales Werk über die Architektur (›De architectura‹, 10 Bücher, wohl ab 25 v. Chr. entstanden; in dt. Übers. erstmals 1912, zuletzt 1964) war richtungsweisend für die Baumeister des gesamten MA und v. a. auch für die Baukunst der Renaissance (u. a. L. Alberti, A. Palladio).

Vittel, frz. Heilbad in den Monts Fauciles, Dep. Vosges, 7 000 E. Mineralquellen.

Vittorini, Elio, * Syrakus 23. 7. 1908, † Mailand 13. 2. 1966, italien. Schriftsteller und Übersetzer. Gehört mit seinen Romanen zu den Vertretern des → Neorealismus, u. a. ›Tränen im Wein‹ (1941, 1948 u. d. T. Gespräch in Sizilien), ›Die rote Nelke‹ (R., 1948), ›Die Frauen von Messina‹ (R., 1949).

Vittorio Veneto [italien. vit'tɔːrio 'vɛːneto], italien. Stadt in Venetien, nördl. von Venedig, 30 000 E. U. a. Seidenindustrie. – Bei V. V. letzte Kämpfe des 1. Weltkriegs (24. 10.–3. 11. 1918), die zum Zusammenbruch des österr. Widerstands und zum Waffenstillstand führten.

Vitus (Veit), hl., † um 305(?), frühchristl. Märtyrer der Diokletian. Verfolgung. Zählt seit dem MA zu den 14 Nothelfern. – Fest: 15. Juni.

Vitzliputzli, svw. → Huitzilopochtli.

vivace [vi'vaːtʃe; italien.], musikal. Vortragsbez.: lebhaft, schnell.

Vivaldi, Antonio, gen. il Prete rosso, * Venedig 4. 3. 1678, † Wien 28. 7. 1741, italien. Komponist und Violi-

nist. 1703 zum Priester geweiht; einer der bedeutendsten Violinisten seiner Zeit, trug wesentlich zur Entwicklung und Ausbreitung des *Solokonzerts* (→ Konzert) bei. Bekannt sind etwa 770 Werke, davon 46 Opern (21 erhalten), 3 Oratorien, 344 Solokonzerte (u. a. 12 Violinkonzerte ›Il cimento dell'armonia e dell'inventione‹ op. 8, 1725 [darin die sog. ›Vier Jahreszeiten‹]), 81 Konzerte mit zwei oder mehr Soloinstrumenten, 61 Concerti grossi, 23 Kammerkonzerte, 93 Sonaten und Trios, viele weltl. und geistl. Vokalwerke.

Vivarini, italien. Künstlerfamilie des 15. Jh., durch die sich die venezian. Malerei vom byzantin. Schematismus löste; Begründer der ›Schule von Murano‹ war Antonio da Murano, gen. V. (* um 1418, † vor 1484 oder nach 1491); bed. sein Bruder *Bartolomeo V.* (* um 1432, † um 1499) und v. a. sein Sohn *Alvise V.* (* um 1445, † um 1504).

Vivarium [lat.], Anlage, in der v. a. wechselwarme lebende Tiere gezeigt werden; z. B. Aquarium, Terrarium.

vivat! [lat.], er (sie, es) lebe hoch!

Vivekananda (Wiwekananda), eigtl. Narendranath Datta, * Kalkutta 12. 1. 1863, † Belur Math bei Kalkutta 4. 1. 1902, ind. hinduist. Mönch. Wichtiges religiöses Anliegen war die Verbreitung der Lehre des → Wedanta.

Viviparie [lat.], in der *Zoologie* im Ggs. zur → Oviparie und → Ovoviviparie das Gebären von lebenden Jungen, die die Eihüllen schon vor oder während der Geburt durchbrechen; kennzeichnend v. a. für Säugetiere und Menschen (Ausnahme sind die Kloakentiere).

Vivisektion [lat.], der zoolog. und medizin. Forschungszwecken dienende Eingriff am lebenden, meist narkotisierten (oder örtl. betäubten) Tier. V. unterliegen den Bestimmungen des Tierschutzgesetzes. – In den meisten nat.-soz. Konzentrationslagern

Antonio Vivaldi
(Kupferstich von
François Morellon
La Cave; 1723)

wurden von SS-Ärzten im Rahmen ihrer mörder. Menschenversuche auch V. an kranken, z. T. an gesunden Häftlingen durchgeführt.

Vix, frz. Gem. bei Châtillon-sur-Seine, Dep. Côte-d'Or, 85 E. Fundstelle (unterhalb des Mont Lassois) eines frühkelt. Fürstengrabes (Ende 6. Jh. v. Chr.); unter den Beigaben griech. Bronzekrater.

Vize... [fi:tsə; lat.], Bestimmungswort von Zusammensetzungen mit der Bedeutung ›an Stelle von ..., stellvertretend‹.

Vizekönig, Titel eines Generalgouverneurs oder Statthalters als Vertreter des Monarchen.

Viztum ['fɪtstu:m, 'vi:tstu:m; mittellat.] (Vizedom), fränk. Verwaltungsbeamter kirchl. Grundherrschaften (Kleriker); später in den dt. Territorialstaaten (v. a. Bayern) Beamter des Landesherrn mit administrativen Aufgaben (v. a. Finanzverwaltung).

VKSE, Abk. für Verhandlungen über konventionelle Streitkräfte in Europa, Nachfolgegespräche der MBFR-Verhandlungen (→ Abrüstung); der im Nov. 1990 geschlossen ›Vertrag über Konventionelle Streitkräfte in Europa‹ vereinbarte die Schaffung eines Gleichgewichtes auf niedrigerem Niveau.

Vlaardingen [niederl. 'vla:rdɪŋə], niederl. Hafenstadt, 74 500 E. Fischereimuseum; Teil des Hafen- und Ind.gebiets Rotterdam-Europoort. Stadthaus (1650), Waage (1556), Fleischhalle (1681).

Vlad Ţepeş [rumän. 'vlad 'tsepeʃ], * Sighişoara (?) 1430 oder 1431, † bei Bukarest Ende 1476/Anfang 1477, Fürst der Walachei 1448, 1456–62, 1476/77. Sohn des Fürsten Vlad Dracul (daher auch Draculea oder Dracula [›Sohn des Dracul‹] gen.). Kämpfte zeitweise erfolgreich gegen die Osmanen; berüchtigt wegen seiner Grausamkeit (rumän. ţepeş ›Pfähler‹) gegenüber seinen Feinden. In der heutigen rumän. Geschichtswiss. Nationalheld. → Dracula.

Vlaminck, Maurice de [frz. vla'mɛ̃:k], * Paris 4. 4. 1876, † Rueil-la Gadelière bei Chartres 11. 10. 1958, frz. Maler und Graphiker. Landschaftsmotive und Stilleben des → Fauvismus.

Vlies [niederl.] (Wollvlies), die zusammenhängende Haarmasse der Wollschafe.

Vliesstoffe, Bez. für flexible, poröse textile Flächengebilde, die durch Verkleben von Faserflorschichten (Faservliesen) hergestellt werden.

Vlissingen [niederl. 'vlɪsɪŋə], niederl. Hafenstadt, Seebad an der S-Küste von Walcheren, 44 000 E. Kirche Sint Jacob (14. Jh.); Alte Börse (17. Jh.); ehem. Stadthaus (18. Jh.); Stadttor (16. Jh.).

Vlorë [alban. 'vlora], Stadt in S-Albanien, 61 000 E. U. a. Zementfabrik, Salinen. – Im 5. Jh. als Bischofssitz erwähnt; nach 1414 osman., dabei mehrfach für kurze Zeit unter venezian. Herrschaft **(Valona);** 1912 Sitz der provisor. alban. Regierung.

Vlotho ['flo:to], Stadt an der Weser, NRW, 19 300 E. U. a. Maschinen-, Fahrzeugbau. Ev. got. Stephanskirche (13. und 17. Jh.), Fachwerkhäuser (16.–19. Jh.).

VLSI [engl. vi:eles'aɪ; Abk. für engl. very large scale integration ›Höchstintegrationsgrad‹], in der *Mikroelektronik* Bez. für techn. Verfahren, mit denen mehr als 50 000 elektron. Bauelemente auf einem Chip untergebracht werden können. Heute existieren bereits integrierte Schaltungen mit über 1 000 000 Transistorfunktionen.

VMOS [engl. vɪːɛmoʊɛs; Abk. für engl. vertical metal oxide semiconductor ›vertikaler Metalloxidhalbleiter‹, Bez. für in → MOS-Technologie hergestellten elektron. Bauelemente, bei denen die Halbleiterschichten untereinander angeordnet sind, so daß der Stromfluß vertikal verläuft. VMOS-Transistoren sind für stromlose, schnelle Schaltvorgänge geeignet, z. B. in verzerrungsarmen Niederfrequenzleistungsverstärkern in Hi-Fi-Anlagen.

Vögel:
Von OBEN
Standvogel:
Kaiserpinguin;
Strichvogel:
Grünling;
Zugvogel:
Klunkerkranich;
Teilzieher: Buchfink

V-Motor (Gabelmotor), Verbrennungsmotor, bei dem die Zylinder paarweise so angeordnet sind, daß ihre Achsen einen spitzen Winkel (V-Form) miteinander bilden, dessen Scheitel in der Drehachse der gemeinsamen Kurbelwelle liegt.

VOB, Abk. für Verdingungsordnung für Bauleistungen.

Vöcklabruck [fœ...], oberösterr. Bezirkshauptstadt im Attergau, 11 000 E. U. a. Maschinenbau, Betonwerke. Spätgotische Kirche (14./15. Jh.).

Vocoder [vo'ko:dər; engl. 'voʊkoʊdə; Kw. aus engl. **voice coder**], Gerät zur Übertragung von Sprache bei stark verminderter Bandbreite; besteht aus dem Analyseteil *(Coder)* und dem sog. *Voder* (Synthesator, Sprachgenerator), der ein dem ursprüngl. Sprachsignal ähnl. Sprachsignal erzeugt.

Vodoo (Voodoo) → Wodu.

Vogel, 1) Bernhard, * Göttingen 19. 12. 1932, dt. Politiker (CDU). Bruder von H.-J. Vogel; 1965–67 MdB; in Rheinland-Pfalz 1967–76 Kultus-Min., 1976–88 Min.-Präs. Seit 1988 Vors. der Konrad-Adenauer-Stiftung. Seit Febr. 1992 Min.-Präs. von Thüringen.

2) Hans-Jochen, * Göttingen 3. 2. 1926, dt. Politiker (SPD). Bruder von B. Vogel; 1960–72 Oberbürgermeister von München; 1972–77 Landes-Vors. der bayr. SPD; 1972–81 und seit 1983 MdB; 1972–74 Bundes-Min. für Raumordnung, Bauwesen und Städtebau, 1974–81 Bundesjustiz-Min., Jan.–Juni 1981 Regierender Bürgermeister von Berlin (West); in der Bundestagswahl 1983 Kanzlerkandidat; danach bis 1991 Fraktions-Vors., 1987–91 Vors. der SPD.

Vögel (Aves), von Reptilien abstammende, heute mit rd. 8 600 Arten in allen Biotopen weltweit verbreitete Klasse warmblütiger, befiederter, meist flugfähiger Wirbeltiere, deren Vordergliedmaßen (unter starker Reduktion der fünf Finger) zu Flügeln umgebildet sind; Skelett teilweise lufthaltig; Haut ohne Schweißdrüsen und (mit Ausnahme einiger Vogelgruppen, z. B. Reiher) mit einer meist großen Bürzeldrüse; Lunge relativ klein, wenig dehnbar, ohne Lungenbläschen, jedoch mit z. T. sich in die Röhrenknochen erstreckenden, blasebalgartig wirkenden Luftsäcken; Stoffwechsel sehr intensiv; Körpertemperatur hoch (gegen 42 °C); mit Ausnahme von Strauß, Gänsevögeln und wenigen anderen Gruppen kein Penis vorhanden, dafür haben alle V. eine Kloake; Harnblase fehlend, es wird Harnsäure ausgeschieden. V. legen stets von Kalkschalen umschlossene Vogeleier in häufig kunstvoll gebaute Nester ab. – An Sinnesorganen steht bei den V. der Gesichtssinn im Vordergrund (Farbensehen im allg. ähnl. wie beim Menschen; Sehvermögen sonst dem Menschenauge überlegen hinsichtlich Größe des Gesichtsfeldes und Sehschärfe). Der gut ausgebildete Gehörsinn entspricht etwa dem des Menschen, wohingegen der Geruchssinn sehr schwach entwickelt ist. – Die Lauterzeugung erfolgt meist durch einen bes. Kehlkopf (→ Syrinx). – Unter den V. unterscheidet man Standvögel, Strichvögel, Zugvögel und Teilzieher.

Vogelbeerbaum, gemeinsprachliche Bez. für die Eberesche.

Vogelfeder (Feder), charakterist. Epidermisbildung der Vögel. V. sind Horngebilde von nur geringem Gewicht. Sie dienen v. a. der Wärmeisolation und sind eine notwendige Voraussetzung für das Fliegen. Man unterscheidet → Dunen und bei erwachsenen Tieren über den Pelzdunen (vielästige Dunen) liegende Konturfedern (den Körperumriß, die Kontur bestimmende Federn), die in Schwungfedern, Deckfedern und Schwanzfedern unterteilt werden. Eine Konturfeder besteht aus einem *Federkiel* (Federachse, Federschaft, Schaft), der die *Federfahne* trägt; sie ist bei den Schwung- und Schwanzfedern asymmetrisch ausgebildet. Die Federfahne wird aus *Federästen* gebildet, die nach oben *(Hakenstrahlen)* und unten *(Bogenstrahlen)* gerichtete, kürzere *Federstrahlen* tragen. Die Hakenstrahlen sind mit Häkchen besetzt, die in die Bogenstrahlen greifen (Reißverschlußprinzip), so daß die Federfahne eine geschlossene Fläche bildet. Der unterhalb der Federfahne anschließende Abschnitt des Federkiels steckt teilweise in dem in die Epidermis eingesenkten *Federbalg* und wird als *Federspule* bezeichnet. Die Federn werden ein- oder zweimal im Jahr gewechselt (→Mauser). – Die Farben der Federn werden meist durch das Zusammenspiel von auf Interferenzerscheinungen beruhenden Strukturfarben mit den Pigmenten hervorgerufen.

vogelfrei → Acht.

Vogelherdhöhle, bei Stetten ob Lontal (Gem. Niederstotzingen, Bad.-Württ.) gelegene Höhle, 1931 ausgegraben; 9 Fundschichten des Mittel- und Jungpaläolithikums (mit bed. Kunstwerken dieses Zeitabschnitts) sowie des Neolithikums.

Vogelkirsche (Süßkirsche), in Europa, W-Sibirien und Vorderasien heim. Rosengewächs der Gatt. Prunus; bis 20 m hoher Baum, Früchte der Wildform klein, schwarz, bittersüß schmeckend (→Süßkirsche).

Vogelkunde, svw. →Ornithologie.

Vogelmilbe (Rote V., Hühnermilbe), etwa 0,75 mm lange Milbe; saugt nachts Blut, v. a. an Hühnern und Stubenvögeln.

Vogelsberg, Mittelgebirge vulkanischen Ursprungs in Hessen, höchste Erhebung ist der Taufstein (774 m hoch).

Vogelschutz, Schutz der wildlebenden (nicht jagdbaren) Vögel (→ Naturschutz). Dazu gehören einerseits Verbote (z. B. den Fang und den Abschuß einschränkend), andererseits die Einrichtung von Nistgelegenheiten und die Bekämpfung der natürl. Feinde von Vögeln. *Vogelschutzgebiete* dienen als Regenerationsräume, Brut- und Raststätten für Vögel, aber auch für andere Tiere.

Vogelschutzwarte, staatl. Institut, das sich dem Vogelschutz und der angewandten Vogelkunde widmet.

Vogelspinnen (Orthognatha), Unterordnung 6–100 mm langer Spinnen mit rd. 1 500, vorwiegend trop. und subtrop. Arten; gekennzeichnet durch annähernd parallel zur Körperachse einschlagbare Giftklauen. Zu den V. gehören u. a. die *Eigentl.* V. (Buschspinnen, Aviculariidae): im Extremfall bis 9 cm lang, dämmerungs- und nachtaktiv, dicht braun bis schwarz behaart; Beutetiere sind u. a. Gliedertiere und kleine Wirbeltiere.

Vogelwarte, Institut für wiss. Vogelkunde, das sich als ›Beringungszentrale‹ vorwiegend mit der Aufklärung des Vogelzugs befaßt. In Deutschland gibt es die *V. Helgoland* (Sitz: Wilhelmshaven), die *V. Radolfzell,* die *V. Hiddensee,* in Österreich die *V. Neusiedler See,* in der Schweiz die *V. Sempach.*

Vogelzug, bei vielen Vogelarten (→Zugvögel) regelmäßige, jahreszeitlich bedingte Wanderung zw. zwei (häufig sehr voneinander entfernt gelegenen) Gebieten (Brutgebiet und Winterquartier). Die in den nördlichen Regionen brütenden Arten ziehen am weitesten nach Süden. Auslösefaktoren für den V. sind wahrscheinlich v. a. hormonelle Einflüsse, ausgelöst durch Stoffwechseländerungen oder Lichtintensitätsabnahme bzw. -zunahme. Ebenfalls noch nicht befriedigend geklärt ist, woran sich die Vögel beim V. orientieren. Tagzieher (die meisten Zugvögel) orientieren sich nach der Sonne und nach landschaftl. Richtmarken, während sich die Nachtzieher (z. B. Nachtigall, Nachtschwalben, viele Grasmücken) vermutlich v. a. nach den Sternen orientieren. Für Rotkehlchen und Dorngrasmücke wurde nachgewiesen, daß für sie das Magnetfeld der Erde richtungweisend ist.

Vogesen (früher dt. Wasgenwald; frz. Vosges), Mittelgebirge in O-Frankreich, erhebt sich steil aus dem Oberrheingraben, begleitet von einer Vorbergzone und dacht sich sanft nach W ab. Im N bildet die Zaberner Steige die Grenze zum Pfälzer Wald, im S fallen die V. ab zur Burgund. Pforte. Höchste Erhebung ist mit 1 423 m der Große Belchen.

Vogler, Georg Joseph, genannt Abbé V., * Würzburg 15. 6. 1749, † Darmstadt 6. 5. 1814, dt. Komponist. Gründete 1776 die →Mannheimer Schule; bed. Kompositionslehrer und Orgelimprovisator.

Vogt [fo:kt], **1)** Alfred, * Menziken 31. 10. 1879, † Oberägeri bei Zug 10. 12. 1943, schweizer. Augenarzt. Bed. Arbeiten zur mikroskop. Augenuntersuchung mit der Spaltlampe und zur Entstehung der Augenkrankheiten.

2) Oskar, * Husum 6. 4. 1870, † Freiburg im Breisgau 31. 7. 1959, dt. Neurologe. Seine Arbeiten betreffen die Hirnforschung und die Psychiatrie (bes. Hypnoseforschung) sowie die Bestimmung von Zentren der Großhirnrinde.

Vogt [lat.], im MA Inhaber einer Schutzherrschaft (häufig verbunden mit der Gerichtsbarkeit), die Kirchenvogtei oder weltl. **Vogtei** sein konnte; später landesherrl. Verwaltungsbeamter.

Vogtland, Bergland zw. Frankenwald im W, Fichtelgebirge im S und Erzgebirge im SO, BR Deutschland und ČSFR. Im Aschberg 936 m hoch.

Vogts, Hans Hubert (›Berti‹), * Büttgen 30. 12. 1946, dt. Fußballspieler und -trainer. Als Abwehrspieler mit Borussia Mönchengladbach Dt. Meister 1970, 1971, 1975–77, UEFA-Cup-Sieger 1975 und 1979; Weltmeister 1974 (96 A-Länderspiele). Ab 1979 Juniorentrainer; seit 1989 Trainer der A-Nationalmannschaft (Bundestrainer) des DFB.

Voice of America [engl. ˈvɔɪs əv əˈmerɪkə ›Stimme Amerikas‹], Rundfunkanstalt der USA, die mit Sendestationen im In- und Ausland Hörfunksendungen in 35 Sprachen ausstrahlt (inbes. an das Publikum in der Dritten Welt und in kommunist. Staaten gerichtet).

Voile [voˈaːl; lat.-frz.], meist leinwandbindiges, sehr poröses Gewebe aus feinfädigen Voilegarnen; u. a. für Blusen, Kleider, Vorhänge.

Voitsberg [ˈfɔyts...], österr. Bezirkshauptstadt in der Mittelsteiermark, 10 900 E. U. a. Glashütte, Pumpenfabrik; 5 km nw. Schloß und Gestüt *Piber* (Aufzucht von →Lipizzanern). Roman.-spätgot. Kirche zum hl. Michael, Burgruine Obervoitsberg (12. Jh.).

Vokabular [lat.], 1. Wörterverzeichnis; 2. Wortschatz.

Vokal [lat.] (Selbstlaut, Freilaut), Laut, bei dessen Artikulation die Atemluft verhältnismäßig ungehindert ausströmt. – Ggs. →Konsonant.

Vokalmusik, der Begriff V. bezeichnet alle Musikgattungen, mit Sprache oder Gesang verbunden sind; im Unterschied zum Begriff der Instrumentalmusik, die Singstimmen ausschließt, umfaßt die V. auch die Gattungen, die mit instrumentaler Musik verbunden sind; u. a. geistl. Konzert, Kantate, Oratorium, Oper.

Vokation [lat.], in den ev. Kirchen die Berufung in ein kirchl. Amt.

Vokativ [lat.] (Anredefall), Kasus v. a. in älteren indogerman. Sprachen (u. a. Lat., Griech., Sanskrit), der dem direkten Anruf und der Anrede dient.

Vol., Abk. für **Volumen.**

Volant [voˈlãː; lat.-frz.], **1)** *Mode:* Stoffstreifen, der an einer Seite angekraust und als Besatz auf- oder angesetzt wird.

2) Lenkrad, Steuerrad eines Kraftwagens.

Volapük [Kw.], 1879 von dem dt. Geistlichen Johann Martin Schleyer (* 1831, † 1912) geschaffene, v. a. Ende des 19. Jh. verbreitete →Welthilfssprache.

Bernhard Vogel

Hans-Jochen Vogel

Volcánica, Cordillera [span. kɔrði'jera βɔl'ka-nika], Vulkanzone in Mexiko, bildet den S-Rand des zentralmex. Hochlandes, bis 5 700 m hoch.

Volendam [niederl. vo:lən'dɑm] → Edam.

Voliere [lat.-frz.], bes. großer Vogelkäfig, in dem Vögel auch frei fliegen können.

Volk, durch gemeinsames kulturelles Erbe und histor. Schicksal gekennzeichnete Lebensgemeinschaft von Menschen. Der Begriff wird oft im Sinn von Nation oder Staats-V. verwendet, ist aber nicht notwendig damit identisch; wesentlich ist das Gefühl innerer, meist auch äußerer (räuml.) Zusammengehörigkeit. Das Staats-V. ist in Demokratien Träger der verfassung- und gesetzgebenden Gewalt.

Volkach ['fɔlkax], Stadt am Main, Bayern, 8 000 E. Spätgot. Bartholomäuskirche (15. Jh.; Innenausstattung Rokoko), spätgot. Wallfahrtskirche Sankt Maria im Weingarten (15./16. Jh.) mit Rosenkranzmadonna von T. Riemenschneider (1521–24); Renaissancerathaus (1544 ff.). – 906 erstmals erwähnt, 1258 als Stadt bezeichnet.

Volker von Alzey ['fɔlkər], Held des Nibelungenlieds; Ritter und Spielmann.

Volkerball, Wurfballspiel, bei dem die Spieler der gegner. Mannschaft mit einem Ball abgeworfen werden.

Völkerbund (frz. Société des Nations, engl. League of Nations), die von 1920–46 bestehende internat. Organisation zur Sicherung des Weltfriedens und Wahrung der territorialen Integrität und polit. Unabhängigkeit der Mitgliedsstaaten nach dem Prinzip der kollektiven Sicherheit; angeregt u. a. durch den Vorschlag des US-Präsidenten Wilson in seinen Vierzehn Punkten vom 8. 1. 1918. Die Satzung vom 28. 4. 1919 (**Völkerbundakte**) war Bestandteil der Pariser Friedensverträge von 1919/20. Mgl. waren urspr. die 32 Siegermächte des 1. Weltkrieges (außer den USA) und 13 neutrale Staaten. Weitere Staaten konnten mit Zweidrittel-Mehrheitsbeschluß aufgenommen werden (so u. a. Deutschland 1926, UdSSR 1934). Austritt war möglich (z. B. Brasilien 1928, Japan und das Dt. Reich 1933, Italien 1937). Die UdSSR wurde 1939 ausgeschlossen. Oberste *Organe* des V. waren die in Genf tagende Bundesversammlung, in der jedes Mgl. eine Stimme besaß, sowie der V.rat, dem die Hauptmächte (Großbrit., Frankreich, Italien bis 1937, Japan bis 1933, Deutschland 1926–33 und UdSSR 1934–39) als ständige Mgl. und zuletzt 9 nichtständige, jeweils auf 3 Jahre gewählte Mgl. angehörten. Das Sekretariat in Genf wurde vom Generalsekretär geleitet. Daneben wurden mehrere Hilfsorgane geschaffen: u. a. Hoher Kommissar für Danzig, Regierungskommission für das Saargebiet, Kommission für Flüchtlingsschutz, Ständiger Internat. Gerichtshof in Den Haag, Internat. Arbeitsorganisation. Die polit. Ohnmacht des V., der auf humanitärem Gebiet Bedeutendes leistete, wurde im besonderen Einflußlosigkeit bei Ausbruch und Verlauf des 2. Weltkrieges deutlich. Nach Gründung der UN beschloß der V. am 18. 4. 1946 seine Auflösung.

Völkerkunde, svw. → Ethnologie.

Völkermarkt, österr. Bezirkshauptstadt in Kärnten, östlich von Klagenfurt, 10 800 E. U. a. Herstellung von opt. Geräten. Spätgotische Stadtpfarrkirche (15. Jh.) mit spätroman. W-Türmen des Vorgängerbaus.

Völkermord (Genozid), im 20. Jh. entwickelter Begriff, der die vollständige oder teilweise, direkte oder indirekte phys. Ausrottung von nat., ethn., rass., religiösen oder sozialen Gruppen umfaßt. Als histor. Phänomen ist V. von der Antike an belegt. In der Neuzeit wurde V. begangen v. a. im Zusammenhang mit der kolonialen Expansion Europas (z. B. von den Europäern an der indian. Urbevölkerung), in Verbindung mit der Entkolonisation (von verschiedenen ethn. Gruppen untereinander, z. B. in Biafra) sowie während des 1. und 2. Weltkriegs (Massenmorde an den Armeniern durch die Türken, nat.-soz. Rassenpolitik, v. a. die Judenverfolgung). Am 9. 12. 1948 die Generalversammlung der UN (bei Nichtteilnahme Südafrikas) einstimmig die *Konvention über die Verhütung und Bestrafung des Völkermordes* an, die den V. als ein Delikt wider das Völkerrecht deklarierte.

Völkerrecht, die Gesamtheit der durch Vertrag oder Völkergewohnheitsrecht begründeten Rechtssätze, die die Rechte und Pflichten der Staaten und anderer Völkerrechtssubjekte in Anerkennung ihrer Existenz und Integrität regeln.

Im Ggs. zum innerstaatl. Recht wird das V. weder von einem zentralen Gesetzgebungsorgan erzeugt und durch eine zentrale Gewalt durchgesetzt noch durch eine vom Willen der Streitteile unabhängige Gerichtsbarkeit ausgelegt. Da es sich in erster Linie an souveräne Rechtsgemeinschaften wendet, kann es nur durch das Zusammenwirken dieser Rechtsgemeinschaften geschaffen, ausgelegt und ausgeführt werden. Die Anwendung völkerrechtl. Normen, d. h. die Verbindlichkeit des V., wird durch das Prinzip der Gegenseitigkeit gesichert.

Das V. umfaßte bis Anfang dieses Jh. v. a. die Regeln über Gebietserwerb, völkerrechtliches Delikt, Seerecht, Kriegsrecht und das Recht der Neutralität. Seither umspannt das V. alle Bereiche der zwischenstaatl. Beziehungen (z. B. Menschenrecht, Weltraumrecht, das Recht der internat. Organisationen).

Völkerrechtssubjekt, natürl. oder jurist. Person, die Träger von völkerrechtl. Rechten und Pflichten sein kann (v. a. die souveränen Staaten und internat. Organisationen).

Völkerwanderung, Bez. für Wanderungen german. Stämme im 2.–6. Jh., die im Zusammenhang mit Krise und Untergang des Weström. Reiches sowie dem Übergang zum mittelalterl. Europa gesehen werden.

Zur sog. *1. V.* kam es im 2./3. Jh. (→ Germanen). Das entscheidende Stadium (sog. *2. V.*) wurde erst mit dem Einbruch der Hunnen in Europa erreicht (375 Unterwerfung der Ostgoten): 1. Wanderbewegung der → Westgoten auf den Balkan, nach Italien und Gallien, wo sie 419 das Reich von Tolosa (= Toulouse) gründeten, das nach 507 bis 711 auf Spanien beschränkt war. 2. Wanderung der → Vandalen zus. mit → Alanen und → Sweben über Gallien nach Spanien, von wo Vandalen und Alanen 429 nach N-Afrika zogen; ihr von dort aus gegründetes Reich bestand bis 533/534. 3. 413–436 Reich der → Burgunder um Worms und Speyer; 443–534 Reich in Savoyen (→ Burgund). 4. Um 450 Einnahme Britanniens durch → Angeln, → Sachsen und → Jüten. 5. Das weström. Kaisertum wurde 476 durch den Skiren Odoaker (⌣ 476–493) beseitigt. 6. Einfall der → Ostgoten in Italien (489); Ostgotenreich 493–553. 7. Beseitigung des röm. Restreiches in Gallien (486/487) durch die → Franken. 8. Okkupation N-Italiens (568) durch die → Langobarden, die ihr Reich bis 774 hielten.

Volk Gottes, in der christl. Theologie Bez. für die Gesamtheit der an den Gott der Bibel glaubenden Menschen (Gottesvolk); in der kath. Theologie Bez. für Kirche.

völkisch, allg. (wie ›volklich‹) svw. ›sich auf das Volk beziehend, dem Volk gemäß, zum Volk gehörig‹. Seit dem letzten Drittel des 19. Jh. insbes. als Eindeutschung für ›national‹ verwendet, diente der Begriff speziell zur Kennzeichnung eines ethnisch exklusiven, meist antisemit. Nationalismus.

Völkischer Beobachter, Zentralorgan der NSDAP (1920–45).

Völklingen ['fœlk...], Stadt an der Saar, Saarland, 43 400 E. Schwerindustrie. – 822 erstmals erwähnt, 1937 Stadtrecht.

Volksabstimmung (Plebiszit), Abstimmung der [wahlberechtigten] Bürger über eine bestimmte Sachfrage. Innerstaatlich ein Instrument der unmittelbaren (plebiszitären) Demokratie. In der BR Deutschland sieht das Grundgesetz die V. nur für die Neugliederung des Bundesgebietes vor. Dagegen lassen einige Landesverfassungen bzw. die Gemeindeordnungen in einigen Bundesländern die V. zu.

Bei einem **Volksbegehren** läßt i. d. R. das Landesinnenministerium auf schriftl. Antrag einer bestimmten Zahl von Wahlberechtigten nach Prüfung formeller Voraussetzungen innerhalb einer Frist Listen in den Gemeinden auslegen, in die sich die am Volksbegehren interessierten Bürger eintragen. Wird die Mindestzahl von Eintragungen erreicht *(Quorum),* so ist das zustandegekommene Volksbegehren zur V. **(Volksentscheid)** zu stellen.

In *Österreich* findet auf Bundesebene die V. (Referendum) statt bei Gesamtänderungen der Verfassung **(obligatorisches Referendum** [Verfassungsreferendum]); daneben gibt es das Volksbegehren: jeder von 200 000 Stimmberechtigten oder je der Hälfte der Stimmberechtigten gestellte Antrag in Form eines Gesetzentwurfs.

In der *Schweiz* spielt die V. *(Referendum)* eine grundlegende Rolle. Auf Bundesebene steht dem Volk u. a. die Entscheidung darüber zu, ob eine Gesamtänderung der Verfassung durchzuführen ist. Jede Verfassungsänderung tritt erst in Kraft, wenn sie von der Mehrheit der an der Abstimmung teilnehmenden Bürger und von der Mehrheit der Kt. angenommen worden ist **(obligatorisches Referendum).** Wenn es von 30 000 stimmberechtigten Schweizerbürgern oder von 8 Kt. verlangt wird, sind Bundesgesetze und allg. verbindl. Bundesbeschlüsse dem Volk zu Annahme oder Verwerfung vorzulegen **(fakultatives Referendum).** In den Kt. ist die V. unterschiedlich geregelt. Außerdem gibt es die **Volksinitiative:** das Recht einer bestimmten Anzahl von Stimmbürgern, durch Antrag ein Gesetzgebungsverfahren in Gang zu setzen.

Volksarmee → Nationale Volksarmee.

Volksbanken → Kreditgenossenschaften.

Volksbegehren → Volksabstimmung.

Volksbuch, von J. Görres eingeführter Begriff; bezeichnete zunächst romanhafte Prosafassungen mittelalterl. Versepen, dann auch populäre Erzählsammlungen der Renaissance; in der Romantik ordnete man dem V. Werke des 15. und 16. Jh. zu: u. a. ›Melusine‹, ›Magelone‹, ›Herzog Ernst‹, ›Genovefa‹, ›Faust‹, darüber hinaus auch Schwankserien wie ›Eulenspiegel‹ und ›Schildbürger‹.

Volksbücherei, svw. →öffentliche Bücherei.

Volksbühne, Vereine, die ihren Mgl. verbilligte Theaterbesuche ermöglichen. Die erste ›Freie V.‹ wurde 1890 in Berlin als Teil des Arbeiterbildungsvereins gegr.; 1892 Abspaltung der ›Neuen Freien V.‹; 1919 erneuter Zusammenschluß, mit anderen neu gegr. V. 1920 Zusammenschluß zum ›Verband der dt. V.-Vereine e. V.‹ (1933 aufgelöst, nach 1945 neu gegr.), Sitz heute Berlin, 1963 Eröffnung eines eigenen Theaters, der ›Freien V. Berlin‹.

Volksbund Deutsche Kriegsgräberfürsorge e. V., 1919 gegr. Verein, dem in den Ländern des nichtkommunist. Europa und in N-Afrika die Sorge für die Gräber der dt. Opfer der Weltkriege und der Gewalt obliegt. Sitz Kassel.

Volksdemokratie, Selbstbez. zahlr. kommunist. Staaten in M- und O-Europa zw. 1949 und 1989/90. In der V. sollte Herrschaft nicht durch die Minderheit der ›kapitalist. Bourgeoisie‹, sondern kraft Mehrheit der Arbeiter und Bauernklasse ausgeübt werden; V.

Volksbuch: Illustration aus dem Volksbuch der Melusine; 1479 (Augsburg)

begriff sich aber als Übergangsform zw. der antifaschist. Revolution und dem Ziel einer sozialist. Republik (›Diktatur des Proletariats‹, G. Dimitrow 1948). Kennzeichen waren das Einparteiensystem unter der Vormachtstellung der kommunist. Partei (auch als Führungsrolle in einem Blocksystem) und ein durch Nationalisierung, Bodenreform und zentrale Planung gesteuerter Wirtschaftsprozeß.

Volksdeutsche, Bez. für außerhalb Deutschlands (in den Grenzen von 1937) und Österreichs lebende Personen dt. Volks- und fremder Staatszugehörigkeit, v. a. in ost- und südosteurop. Ländern bis 1945.

volkseigener Betrieb, Abk. VEB, in der ehemaligen DDR Namenszusatz verstaatlichter bzw. vom Staat errichteter Betriebe.

Volkseigentum, in der ehemaligen DDR der Teil des sozialist. Eigentums, der direkt dem Staat unterstellt war, insbes. die volkseigenen Betriebe, die Bodenschätze, Verkehrswege und Transportmittel.

Volkseinkommen (Nationaleinkommen), Summe aller den inländ. Wirtschaftssubjekten aus dem In- und Ausland in einer Periode zufließenden Einkommen.

Volksentscheid → Volksabstimmung.

Volksfront, Bez. für ein innenpolit. Bündnis zw. kommunist., sozialdemokrat. und linksbürgerl. Parteien. Die von der Sowjetunion v. a. aus außenpolit. Motiven in der 2. Hälfte der 1930er Jahre für alle kommunist. Parteien verbindlich gemachte V.politik führte zwar zunächst zu V.regierungen in Frankreich (1936/37) und Spanien (1936–39), scheiterte aber letztlich an den polit. Gegensätzen zw. den Bündnispartnern. Nach 1945 hatte die V.politik in der gewandelten Form der Nat. Front wesentl. Anteil an der Errichtung der kommunist. Herrschaft in Ost- und Mitteleuropa.

Volksfront zur Befreiung Palästinas → palästinensische Befreiungsbewegungen.

Volksgerichtshof, durch Gesetz vom 24. 4. 1934 als Provisorium geschaffenes und durch Gesetz vom

18. 4. 1936 in ein Dauerorgan umgewandeltes Gericht, das als Erst- und Letztinstanz die Aufgaben des Reichsgerichts bei Hoch- und Landesverrat und anderen polit. Delikten übernahm. Er verhängte über 5 000 (vollstreckte) Todesurteile. Präs. des V. waren O. G. Thierack (1936–42), R. Freisler (1942 bis Febr. 1945) und Harry Haffner (* 1900, † 1969; März/April 1945). Der Dt. Bundestag erklärte 1985 die Entscheidungen des V. für nichtig.

Volkshochschule, in den 1950er Jahren entstandene, autonome, überparteil. und überkonfessionelle öffentl. Weiterbildungseinrichtung, meist unter kommunaler Trägerschaft, die in Tages- und Abendveranstaltungen ein breit angelegtes Programm anbietet; meist werden die Lehrveranstaltungen von nebenberufl. Mitarbeitern durchgeführt. Ihre Aufgabe ist es, den Weiterbildungsbedarf in der arbeitsteiligen Ind.gesellschaft in thematisch und niveaumäßig differenzierten Kursen abzudecken. Zunehmend werden Kurse, die der berufl. Weiterbildung dienen und deren Abschlüsse von den Arbeitgebern anerkannt werden, angeboten. Die ländl. **Heimvolkshochschulen** dagegen sind zumeist in Internatsform organisiert und betreuen in privater Trägerschaft die berufsbezogene und allg. Weiterbildung.

Volkskammer, Volksvertretungsorgan der ehemaligen DDR.

Volkskommissare, in Sowjetrußland bzw. in der Sowjetunion und ihren Gliedstaaten 1917–46 Bez. für die Minister.

Volkskommune, ländl. Produktionskollektiv in China; entstanden 1958 aus dem Zusammenschluß jeweils mehrerer landwirtschaftl. Produktionsgenossenschaften; nach Mao Zedongs Tod (1976) de facto aufgelöst.

Volkskongreß, (Dt. V. für Einheit und gerechten Frieden) von der SED organisiertes Vorparlament (1947–49).

Volkskunde (europ. Ethnologie), Kulturwiss., die die alltägl. Lebensformen eines Volkes (Arbeit, Gerät, Haus) sowie seine kulturellen Besonderheiten (Volksglaube, -brauch, -sprache, -dichtung, Musik, Kunst, Tracht) erforscht.

Volkskunst, Begriff, der die kunstgewerbl. Produktionen eines Volkes oder bestimmter Volks- und Berufsgruppen (z. B. sog. Bauernkunst) sowie die religiöse Kleinkunst (z. B. Devotionalien, Votivbilder) bezeichnet. Die V. tradierte ihre Motive und Grundmuster oft über viele Jh.; offenbar haben viele Ornamente (z. B. Dreieck, Kreis, Spirale, Sonne), auch Bauglieder, urspr. symbol. Bedeutung. Infolge der Industrialisierung wurde die V. im 19. und 20. Jh. durch industrielle Massenware verdrängt. Als neues Phänomen entstand die → naive Kunst.

Volkslied → Lied.

Volksmärchen → Märchen.

Volksmusik (Musikfolklore), Gesamtheit der gedächtnismäßig überlieferten Gebrauchs- und Unterhaltungsmusik eines Volkes; wie das Volkslied steht auch die instrumentale V. in enger Beziehung zum Tanz; charakteristisch sind landschaftl. Eigenart, einfache Formen und feststehende Spielfiguren, die dem oft improvisator. Vortrag zugrunde liegen, sowie Musikinstrumente, die in der Kunstmusik nur wenig zum Einsatz kommen (Zither, Gitarre, Fidel, Akkordeon, Dudelsack, Banjo, Balalaika).

Volkspartij voor Vrijheid en Democratie [niederl. 'vɔlkspartɛi voːr 'vrɛihɛit ən deːmoːkraːˈsi:], Abk. VVD, 1948 entstandene bedeutendste liberale Partei der Niederlande; 1948–51, 1959–73, 1977–1981 und 1982–90 Regierungspartei.

Volksrechte → germanische Volksrechte.

Volksrepublik, nach dem 2. Weltkrieg Eigenbez. einiger sozialistisch orientierter Staaten.

Volksschule, traditionell neben den höheren Schulen bestehende Schulform für die breiten Schichten der Bevölkerung. Wurde erst im 19. Jh. unter Widerständen allg. ausgebaut, als die Schreib- und Rechenschulen nicht mehr ausreichend erschienen (→ Schule). Heute sind anstelle der V. zwei selbständige Schulformen getreten: → Grundschule und → Hauptschule bzw. (in Gesamtschulen) Sekundarstufe I.

Volkssouveränität, Grundprinzip der Legitimation demokrat. Herrschaft, fixiert in dem Verfassungssatz, daß alle Staatsgewalt vom Volke ausgehe. Herrschaftsausübung soll letztlich immer auf Zustimmung des Volkes zurückführbar sein. – In der modernen Demokratie westl. Prägung verbindet sich die Idee der V. mit der Lehre vom liberalen Verfassungsstaat.

Volksstück, von professionellen Schauspieltruppen für ein breites Publikum teils auf Wanderbühnen, teils an festen Bühnen gespieltes volkstüml. Stück mit meist mundartl. Texten; die Grenzen zur Komödie und Posse sind fließend (J. Nestroy, L. Thoma, Ö. von Horváth, F. X. Kroetz).

Volkssturm, durch Erlaß vom 25. 9. 1944 aus allen nicht der dt. Wehrmacht angehörigen, waffenfähigen Männern zw. 16 und 60 Jahren gebildete Kampforganisation zur Verteidigung des Reichsgebiets.

Volkstanz, Bez. für die überlieferten, bei festl. oder geselligen Anlässen mit instrumentaler oder vokaler Begleitung getanzten Tänze sozialer oder regionaler Gemeinschaften. Nach seiner Funktion wird der V. eingeteilt in Tänze für bestimmte Kulte oder Bräuche; Tänze, die von einzelnen (bzw. Paaren) zur Schau gestellt werden; gesellige Tänze. In seiner urspr. Tradition hat sich die V. insbes. in O- und S-Europa erhalten.

Volkstrachten, traditionelle Kleidung der ländl.-bäuerl. Bevölkerung, deren Differenzierung auf territorialer wie naturräuml. Abgrenzung beruht (Trachtenlandschaften), mit Blütezeit im 18. Jahrhundert. In Einzelheiten (Kopfputz, Farben) unterscheiden die V. den Personenstand (Kind, ledig, verheiratet, verwitwet); auch berufsständ. Trachten (z. B. Berg- und Zimmerleute) bildeten sich heraus. Für das Gesamtbild spielte auch die Konfession eine Rolle. Zur Arbeit wurde einfache Kleidung getragen. Von der Festtagstracht hebt sich die Trauertracht, bes. aber die Brauttracht ab. Heute sind die V. in Deutschland weitgehend verschwunden, sie leben noch im Dirndl fort, werden in Trachtenvereinen durch bewußte Pflege tradiert, in der Mode als ›Trachtenlook‹ aufgegriffen.

Volktrauertag, seit 1952 nat. Trauertag in der BR Deutschland (vorletzter Sonntag vor dem 1. Advent) zum Gedenken der Gefallenen beider Weltkriege und der Opfer des Nationalsozialismus.

Volkstribun (lat. tribunus plebis) → Tribun.

Volksunie [niederl. 'vɔlksyːni:], Partei in Belgien, → Flämische Bewegung.

Volksvermögen (Reinvermögen einer Volkswirtschaft), Summe der Realvermögensbestände (Boden, Gebäude, Einrichtungen, Maschinen, Vorräte usw.) aller Sektoren einer Volkswirtschaft zuzüglich der Differenz zw. Forderungen und Verpflichtungen gegenüber dem Ausland.

Volkswagenwerk AG, dt. Unternehmen der Automobil-Ind., Sitz Wolfsburg; gegr. 1937 als ›Gesellschaft zur Vorbereitung des dt. Volkswagens‹, ab 1938 Volkswagenwerk, 1960 Umwandlung in eine AG durch Teilprivatisierung von Bundesvermögen und Ausgabe von Volksaktien. Wichtige Tochtergesellschaften sind u. a. Audi AG/Ingolstadt, SEAT S. A./Madrid, Skoda/Pilsen, und Volkswagen Sachsen/Mosel (bei Zwickau).

Volkskunst:
OBEN Hund ›Greif‹; Oberfranken, um 1930 (München, Bayerisches Nationalmuseum); UNTEN Türkfigur für ein Wurfspiel; Oberammergau, 19. Jh. (Oberammergau, Heimatmuseum)

Volkswirtschaft, die Gesamtheit des wirtschaftenden Zusammenwirkens aller privaten und öffentl. Wirtschaftssubjekte innerhalb des [mit dem Staatsgebiet zusammenfallenden] Wirtschaftsraums mit einheitl. Währung und Wirtschaftssystem.

volkswirtschaftliche Gesamtrechnung, Periodenrechnung der in der Sozialproduktstatistik ermittelten makroökonom. Kreislaufgrößen mit Hilfe eines Kontenschemas, in dem jedem gesamtwirtschaftl. Aggregat (Unternehmen, private Haushalte, Staat, Ausland, Vermögensänderung) ein Konto zugeordnet ist, auf dem jeweils sämtl. Kreislauftransaktionen mit den übrigen Aggregaten entsprechend der doppelten Buchführung erscheinen.

Volkswirtschaftslehre (Nationalökonomie, Sozialökonomie), als Teilgebiet der Wirtschaftswiss. eine empir. Wiss., deren Objekt die Bestimmungsgrößen wirtschaftl. Entscheidungen von Individuen, gesellschaftl. Gruppen und ganzer Gesellschaften sowie die Auswirkungen und gegenseitigen Abhängigkeiten dieser Entscheidungen sind. Disziplinen der V. sind die *Wirtschaftstheorie,* die theoret. *Wirtschaftspolitik,* die *Finanzwiss.* und Teile der *Wirtschaftsgeschichte;* Hilfswiss. der V. sind v. a. *Statistik* und *Ökonometrie.*

Die *Geschichte* der V. i. e. S. beginnt nach einzelnen Ansätzen in Antike und MA mit dem →Merkantilismus und der Schule der →Physiokraten, weiterhin durch →Kameralismus und die engl. Klassiker der Nationalökonomie (A. Smith, D. Ricardo, T. R. Malthus, J. B. Say, J. S. Mill). Nach eigener Ausdifferenzierung in verschiedene Zweige (histor. Schule, österr. Schule, neoklass. Schule) erfuhr die V. im 20. Jh. eine Neubelebung durch J. M. Keynes und M. Friedman (Monetarismus).

Volkszählung, von der amtl. Statistik durchgeführte Erhebung über den Bevölkerungsbestand; in der BR Deutschland zuletzt 1987.

Vollbeschäftigung, volle Auslastung aller Produktionsfaktoren (insbes. des Faktors Arbeit) einer Volkswirtschaft; formales Merkmal für das Bestehen von V. ist ein geringer Prozentsatz an Arbeitslosen.

Vollblut (Vollblutpferd), in zwei Rassen (Arab. Vollblut, Engl. Vollblut) gezüchtetes, bes. edles Hauspferd; v. a. als Rennpferd.

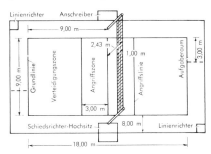

Volleyball: Spielfeld

Volleyball ['vɔle; lat.-engl./dt.], Rückschlagspiel für 2 Mannschaften zu je 6 Spielern auf einem Spielfeld von 18 × 9 m, das durch ein Netz (2,43 m hoch für Männer, 2,24 m hoch für Frauen) über einer Mittellinie in zwei Hälften geteilt ist. Jede Mannschaft versucht, den Ball so in das gegner. Feld zu spielen, daß er dort den Boden berührt oder nur fehlerhaft angenommen werden kann. Sieger eines Satzes ist die Mannschaft, die zuerst 15 Punkte (mit mindestens 2 Punkten Unterschied zur gegner. Mannschaft) erreicht. Sieger eines Spiels ist, wer 3 Sätze gewonnen hat.

Volljährigkeit (Mündigkeit), die mit Vollendung des 18. Lebensjahres erlangte Rechtsstellung, die zur Mündigkeit im Rechtsleben führt.

vollkommene Zahl (perfekte Zahl), eine natürl. Zahl, die halb so groß ist wie die Summe ihrer Teiler. Eine v. Z. ist z. B. 6, denn $6 = (1+2+3+6)/2$.

Vollkorn, hinsichtlich Länge und Umfang optimal ausgebildetes Getreidekorn. – Ggs. Schmachtkorn. – Der aus dem ganzen Getreidekorn gemahlene Vollkornschrot enthält einen höheren Anteil an Vitaminen, Eiweiß, Mineral- und Ballaststoffen als (Weiß)mehl.

Vollmacht, durch Rechtsgeschäft erteilte Vertretungsmacht. Die V. wird erteilt durch einseitige Erklärung gegenüber dem Vertreter (Innenvollmacht) oder dem Geschäftsgegner oder durch öffentl. Bekanntmachung (Außenvollmacht). Die *Generalvollmacht* (Blankovollmacht) bezieht sich auf alle Geschäfte schlechthin. Das Erlöschen der V. bestimmt sich nach dem Rechtsverhältnis, das ihrer Erteilung zugrunde liegt. Ein Widerruf der V. ist grundsätzlich jederzeit möglich.

Vollstreckung, 1. im Strafrecht die zwangsweise Durchsetzung einer rechtmäßig und rechtskräftig verhängten Strafe (Straf-V.); 2. svw. →Zwangsvollstreckung.

Vollstreckungsbescheid (V.befehl) →Mahnverfahren.

Vollstreckungstitel (vollstreckbare Titel), eine der Voraussetzungen zur Durchführung der Zwangsvollstreckung; muß mit einer **Vollstreckungsklausel** (Vermerk über die Vollstreckbarkeit) versehen sein. V. sind: 1. vollstreckbare Urkunden, 2. bestimmte rechtskräftige gerichtl. Entscheidungen (Arreste und einstweilige Verfügungen), 3. Urteile, die für vorläufig vollstreckbar erklärt worden sind.

Vollversammlung, svw. →Plenum.

Vollwinkel, ein Winkel von 360°.

vollziehende Gewalt (Exekutive), nach dem Prinzip der Gewaltentrennung die 3. Staatsfunktion neben Legislative (→Gesetzgebung) und Jurisdiktion (→Rechtsprechung). Die polit. Spitze der v. G. ist die Regierung, der Vollzug der Gesetze obliegt der Verwaltung; in parlamentar. Regierungssystemen kommt es zu Überschneidungen zw. Legislative und vollziehender Gewalt.

Volontär [lat.-frz.], ein in der Ausbildung befindl. Arbeitnehmer, der keine abgeschlossene Berufsausbildung, sondern Einarbeitung in eine bestimmte (v. a. journalist. oder kaufmänn.) Tätigkeit, meist gegen eine nur unerhebl. Vergütung, erhält.

Volsinii [...ni-i], eine der bedeutendsten Städte der →Etrusker; über Bolsena oder Orvieto gelegen (das spätere röm. V. lag etwa auf dem Gebiet von Bolsena).

Volsker (lat. Volsci), altitalischer, zur osk.-umbr. Sprachgruppe gehörender Stamm, seit dem 6. Jh. v. Chr. im Bergland von südl. Latium ansässig; Unterwerfung durch Rom 329 v. Chr.

Volt [nach A. Graf Volta], Einheitenzeichen V; SI-Einheit der elektr. Spannung. Festlegung: 1 V ist gleich der elektr. Spannung oder elektr. Potentialdifferenz zw. zwei Punkten eines fadenförmigen, homogenen und gleichmäßig temperierten Leiters, in dem bei einem zeitlich unveränderl. elektr. Strom der Stärke 1 Ampere zw. den Punkten die Leistung 1 Watt umgesetzt wird.

Alessandro Volta

Volta, Alessandro Graf (seit 1810), *Como 18. 2. 1745, †ebd. 5. 3. 1827, italien. Physiker. Wies u. a. nach, daß die galvan. Elektrizität und die Reibungselektrizität von gleicher Natur bzw. Wirkung sind. Das bedeutendste Ergebnis seiner Untersuchungen war 1800 die Erfindung der nach ihm ben. *Voltaschen Säule,* die die erste brauchbare elektr. Stromquelle darstellte.

Volta, größter Fluß Ghanas, entsteht durch Zusammenfluß von Schwarzem und Weißem V., im nördl. Z-Ghana, mündet in den Golf von Guinea, mit Schwarzem V. rd. 1800 km lang; wird bei Akosombo zum 8480 km² großen **Voltasee** gestaut.

Voltaire [frz. vɔl'tɛːr], eigtl. François Marie Arouet, * Paris 21. 11. 1694, † ebd. 30. 5. 1778, frz. Schriftsteller und Philosoph. Einer der Hauptvertreter der frz. Aufklärung, u. a. Mitarbeit an der Enzyklopädie Diderots und d'Alemberts; ab 1746 Mgl. der Académie française. – Zunächst Karriere als Hofdichter; mußte wegen einer persönl. Fehde 1726 Frankreich verlassen, lebte bis 1729 in Großbrit., wo die ›Lettres philosophiques‹ entstanden, in denen die liberalen brit. Verhältnisse den Zuständen in Frankreich gegenübergestellt werden. Nach Verbrennung dieser Schrift durch das Pariser Parlament floh V. nach Lothringen; dort lebte er 15 Jahre (bis 1748) auf dem Schloß Cirey der Marquise du Châtelet. Neben Theaterstücken (u. a. ›Der verlorene Sohn‹, 1736) und Erzählungen (u. a. ›Zadig‹, 1747) entstanden dort u. a. die ›Elemente der Philosophie Newtons‹ (1738, unter Mitarbeit der Marquise) und Teile des 1756 veröffentlichten Buchs ›Versuch einer allg. Weltgeschichte‹. Darin fordert V. von der Geschichtsschreibung, sich der Exaktheit ihrer Fakten durch Quellenprüfung und -kritik zu vergewissern. 1750–53 lebte V. auf Einladung Friedrichs II., des Großen, in Potsdam. 1758 machte er das Gut Ferney bei Genf, wo er über 400 Schriften veröffentlichte, zu seinem Alterssitz; zahlr. gesellschaftspolit. und philosoph. Artikel sind in seinem ›Dictionaire philosophique portatif‹ (1764) zusammengefaßt. Von seinen literar. Werken sind v. a. der Roman ›Candide oder Die beste Welt‹ (1759) sowie das Drama ›Mahomet der Lügenprophet‹ (1742) in die Literaturgeschichte eingegangen. – *Weitere Werke:* Die Zeiten Ludwigs XIV. (1752), Abhandlung über die Religionsduldung (1763).

Voltameter [nach A. Graf Volta] (Coulombmeter), Gerät zur Messung von Elektrizitätsmengen, die einen Stromkreis in einer bestimmten Zeit durchflossen haben, durch Bestimmung der Menge der vom Strom bewirkten elektrolyt. Abscheidungen.

Voltampere [...äper], Einheitenzeichen VA, bei der Angabe elektr. Scheinleistung übl., gesetzl. zulässige Bez. für das → Watt.

Volte ['vɔltə; frz.], 1) *Fechten:* seitl. Ausweichen aus der Gefechtslinie.
2) *Reitsport:* Reitfigur der Hohen Schule: Kreis von 6 Schritt Durchmesser.
3) *Kartenspiel:* Kunstgriff, durch den beim Mischen einem Kartenblatt eine gewünschte Lage gegeben wird.

Volterra, italien. Stadt in der Toskana, 14 000 E. Museo Etrusco; u. a. Alabasterverarbeitung. Etrusk. Stadtmauer mit 2 Toren; urspr. roman. Dom (umgebaut) mit Baptisterium, Palazzi. – Das etrusk. **Velathri** entstand im 7./6. Jh.; ab 298 v. Chr. mit Rom verbündet, später röm. Munizipium **Volaterrae;** im 12. Jh. kommunale Freiheit; fiel 1361 an Florenz.

Voltigieren [vɔlti'ʒiːrən; frz.], 1) *Kunstkraftsport:* Gewandtheits- und Kletterübungen an Geräten.
2) *Pferdesport:* Geschicklichkeitsübungen am galoppierenden Pferd.

Voltmeter, zur Messung von elektr. Spannungen dienende elektr. Meßgeräte.

Volumen [lat.], 1) *Physik:* (Rauminhalt) der von der Oberfläche eines Körpers eingeschlossene Teil eines Raumes; Formelzeichen *V.* SI-Einheit des V. ist das Kubikmeter (Einheitenzeichen m³) bzw. seine dezimalen Vielfachen und Teile: Kubikkilometer (km³), Kubikdezimeter (dm³), Kubikzentimeter (cm³) und Kubikmillimeter (mm³): 1 m³ = 1 000 dm³ = 1 000 000 cm³ = 10⁹ mm³. → Liter.

2) *Buchwesen:* (Mrz. Volumina; Abk. Vol.) Schriftrolle, Band.

Volumetrie [lat./griech.], svw. → Maßanalyse.

Volumprozent (Volumenprozent), Abk. Vol.-%, Hundertsatz vom Volumen; der Volumenanteil eines Stoffes, der in 100 cm³ einer Lösung enthalten ist.

Voluntarismus [lat.], von F. Tönnies geprägter Begriff, der eine Lehre bezeichnet, die den Willen (nicht die Vernunft) im Hinblick auf Erkenntnis und Psychologie als Grundprinzip des menschl. Seins begreift; klass. Vertreter: A. Schopenhauer.

Völuspá [altisländ.], Lied aus der → ›Edda‹.

Volute [lat.] (Schnecke), spiralförmiges Ornament oder Bauelement.

Volvo AB, schwed. Ind.konzern, gegr. 1926, Sitz Göteborg; Kfz- und Maschinenbau, Strahltriebwerke, Nahrungsmittel.

Vo Nguyên Giap [vietnames. vɔ ŋuiən ʒap], * An Xa 1. 9. 1910 (?), vietnames. General und Politiker. Errang 1954 bei Điên Biên Phu den entscheidenden Sieg über die Franzosen; bis Jan. 1980 Verteidigungs-Min. Nordvietnams bzw. (seit 1976) Vietnams; ab Sommer 1967 auch Oberbefehlshaber der nordvietnames. Truppen im Vietnamkrieg; schied 1982 aus dem Politbüro der KP aus, dann einer der Stellv. des Min.-Präsidenten.

Vonnegut, Kurt [engl. 'vɔnɪɡʌt], * Indianapolis 11. 11. 1922, amerikan. Schriftsteller. 1942–45 Soldat; wurde internat. bekannt mit dem Roman ›Schlachthof 5 oder Der Kinderkreuzzug‹ (1969), der die Zerstörung Dresdens schildert, die V. als Kriegsgefangener erlebte. Seine satir. Romane verbinden Elemente der Science-fiction mit schwarzem Humor. – *Weitere Werke:* Frühstück für starke Männer (R., 1973), Galgenvogel (R., 1979), Galápagos (R., 1985).

VOR → VOR-Verfahren.

Vorarlberg ['foːr'arlbɛrk, foːr'arlbɛrk], westlichstes österr. Bundesland, 2601 km², 316 300 E, Hauptstadt Bregenz. V. hat Anteil an 4 Landschaftseinheiten: der Aufschüttungsebene des Alpenrheins, den Voralpen (Bregenzerwald), den Nördl. Kalkalpen und ganz im S an den Zentralalpen (Piz Buin, 3 312 m). Der größte Teil der Bevölkerung lebt im Rhein- und im unteren Illtal. Bed. Molkereiwirtschaft und Viehzucht; Ackerbau u. a. in der Rheinebene; am Bodensee Obstbau. Wichtigster Ind.zweig ist die Textil- und Bekleidungsindustrie; bed. Fremdenverkehr.

Geschichte: 15 v. Chr. vom Röm. Reich unterworfen und in die Prov. Rätien eingegliedert; seit dem 5. Jh. alemann. Einwanderung; 537 fränk.; 1032/40 Teilung in Bregenz, Unter- und Oberrätien; bis 1523 Einigung unter habsburg. Herrschaft; bis 1752 und seit 1782 Tirol unterstellt, mit dem es 1805 an Bayern fiel; 1814 endgültig an Österreich; 1918 von Tirol gelöst; 1919 österr. Bundesland (1938–45 wieder Tirol angegliedert).

Vorarlberger Bauschule, Gruppe von Baumeistern aus Vorarlberg, v. a. die Familien Beer, Thumb und Moosbrugger (17. und 18. Jh.). Entwickelten das *Vorarlberger Schema* (Wandpfeilerkirche): weiß stukkiertes Hallenlanghaus mit Kapellennischen (statt Seitenschiffen); u. a. Weingarten, Einsiedeln und Obermarchtal.

Vorbehalt, Bedingung, Einschränkung.

Vorbereitungsdienst (Referendariat), berufsprakt. Ausbildung der Anwärter für die höhere Beamtenlaufbahn.

Vorbescheid, im *Verwaltungsgerichtsverfahren* die gerichtl. Entscheidung, mit der eine Klage, die sich als unzulässig oder offenbar unbegründet erweist, ohne mündl. Verhandlung abgewiesen werden kann. Im *Baurecht* der auf schriftl. Antrag ergehende bindende Bescheid zu einzelnen Fragen.

Vörden ['føːrdən] → Marienmünster.

Voltaire
(Bronzebüste von
Jean-Antoine
Houdon)

Vorarlberg
Wappen

Vorderasien (Südwestasien), zusammenfassende Bez. für die Türkei, Zypern, Libanon, Israel, Jordanien, Syrien, Irak, Iran und die Länder auf der Arab. Halbinsel.

Vorderindien (Ind. Subkontinent), im NW, N und NO durch Gebirge vom übrigen Asien getrennter Raum; Zentralgebiet ist die nach S spitz auslaufende Halbinsel mit dem Hochland von Dekhan.

Vorderkiemer (V.schnecken, Prosobranchia, Streptoneura), Unterklasse primitiver, fast ausschließlich getrenntgeschlechtl. Schnecken mit rd. 20 000 Arten, v.a. in Meeren; Gehäuse im allg. vorhanden, kräftig entwickelt, meist mit Deckel; Mantelhöhle stets vorn (hinter dem Kopf) gelegen mit vor dem Herzen ausgebildeten Kiemen.

Vorderlader, Feuerwaffe, bei der Treibladung und Geschoß von der Rohr- oder Laufmündung her eingeführt werden.

Vorderösterreich, der im 14. und 15. Jh. zu den **vorderen Landen** bzw. **Vorlanden** zusammengefaßte südwestdt. habsburg. Länderkomplex, seit dem 16. Jh. V. genannt; es bestand v.a. aus Teilen des Elsaß (u.a. dem Sundgau), dem Breisgau, dem südl. Schwarzwald, ›Schwäb. Österreich‹ (u.a. der Ortenau, der Reichslandvogtei in Ober- und Niederschwaben) und 1752–82 Vorarlberg. 1648 fielen das Elsaß an Frankr., 1801–05 der größte Teil des restl. V. an Bayern, Württemberg und Baden.

Vorderradantrieb → Frontantrieb.

Vorfinanzierung, die Aufnahme kurzfristigen Fremdkapitals (als Überbrückungs- oder Zwischenkredit) zur vorläufigen Deckung eines langfristigen Kapitalbedarfs.

Vorfrieden, svw. → Präliminarfrieden.

Vorführung, die Erzwingung des Erscheinens von Beschuldigten (im Strafverfahren) und Zeugen (in Straf- und Zivilverfahren) vor Gericht oder einer Behörde. Die V. ist erst nach erfolgloser schriftl. Ladung zulässig.

Vorgabe, Ausgleichsverfahren im Sport; im *Golf* die Differenz zw. den vom Platzstandard vorgeschriebenen und den vom Spieler gebrauchten Schlägen; spielt ein schlechterer gegen einen besseren Spieler, so erhält er eine V. (Handikap).

Vorgeschichte (Prähistorie), der Zeitraum der menschl. Frühzeit, der der schriftl. Überlieferungen erhellbaren Vergangenheit (Geschichte) vorangeht. Systemat. Bemühungen um eine zeitl. Einordnung vorgeschichtl. Funde setzten in der [prähistor.] Archäologie im frühen 19. Jh. ein. Der Däne Christian Jürgensen Thomsen (* 1788, † 1865) begründete das Dreiperiodensystem (Steinzeit, Bronzezeit, Eisenzeit). Zw. 1880 und 1912 wurden die noch heute gültigen chronolog. Systeme für die europ. V. geschaffen. Das Gebiet der Vorgeschichtsforschung beginnt mit der Zeit der ersten Werkzeugherstellung, der → Steinzeit (→ Paläolithikum). Die ältesten datierbaren Funde von Steinwerkzeugen sind 2–3 Mio. Jahre alt und wurden in O-Afrika gemacht; andere Gebiete können jedoch noch nicht als Entstehungsräume der menschl. Kultur ausgeschlossen werden. Regionale und entwicklungstypolog. Gliederungsmöglichkeiten werden erst mit dem Auftreten von → Faustkeilen (Afrika, W-Europa, Iber. Halbinsel, Vorderasien, Indien) erkennbar. Außerhalb des Gebietes der Faustkeilkultur kommen Fundgruppen vor, bei denen sich die ältesten Belege für Feuerstellen fanden. Vor etwa 50 000/40 000 Jahren waren anscheinend auch gemäßigte und weniger günstige Klimazonen Afrikas und Eurasiens bewohnt. Es folgte die Ausbreitung nach Australien und – spätestens vor etwa 25 000 Jahren – nach Amerika. Mit der vor etwa 10 000 Jahren einsetzenden Herausbildung produktiver Wirtschaftsformen (→ Neolithikum) war eine starke Bevölkerungsvermehrung verknüpft, eine Voraussetzung für weitere kulturelle Aufsplitterung. Neben den Kulturen der Bronze- und Kupferzeit entwickelten sich die frühen Hochkulturen.

Vorhand, 1) *Sport:* bei Rückschlagspielen, im Tennis, Tischtennis, Badminton, Polo und [Eis]hokkey Bez. für eine Schlagart, bei der dem zu schlagenden Spielgerät (Ball, Puck) die Innenfläche von Hand oder Schläger zugewandt ist.

2) *Kartenspiel:* Bez. für den Spieler, der beim Geben zuerst bedient wird.

Vorhauer, Georg, * Paris 4. 11. 1903, † Bad Dürkheim 13. 9. 1987, dt. Bildhauer und Maler. In den 1950er Jahren unter Anregung der niederl. →Stijl-Gruppe und den Kubisten Zuwendung zur großflächigen abstrakten Darstellung; meist architekturbezogene Skulpturen und sich im Raum entfaltende Gitterplastik (Freiplastik Yggdrasil; Aluminiumstele, 1974, Kaiserslautern).

Vo Nguyên Giap

Vorhaut → Penis.

Vorhautverengung, svw. → Phimose.

Vorherbestimmung, svw. → Prädestination.

Vorhof, svw. Vorkammer (→ Herz).

Vorhofflimmern → Herzkrankheiten.

Vorhölle → Limbus.

Vorhut, selbständiger (militär.) Verband, der vor der marschierenden Truppe Sicherungsaufgaben wahrnimmt.

Vorkammer → Herz.

Vorkaufsrecht, das Recht einer Person, in einen zw. dem Eigentümer und einem Dritten geschlossenen Kaufvertrag an Stelle des Käufers einzutreten. Man unterscheidet das lediglich zw. dem Berechtigten und dem Verpflichteten wirkende *persönl. (schuldrechtl.)* V. (bezogen also auf eine bestimmte Person) sowie das als eintragungsfähige Grundstücksbelastung ausgestaltete *dingl. V.,* das nur an einem Grundstück oder an grundstücksgleichen Rechten (z. B. Hypothek, Grundschuld, Nießbrauch) zulässig ist. Große prakt. Bedeutung hat das umfassende gesetzl. *V. der Gemeinden,* denen zur Sicherung der städtebaul. Entwicklungsplanung (insbes. der Bauleitplanung) das Recht zusteht, (durch Verwaltungsakt in einen Kaufvertrag über Grundstücke einzutreten.

Vorkeim, bei den Samenpflanzen die aus der befruchteten Eizelle durch Querteilungen hervorgehende Zellreihe, aus der sich der Embryo entwickelt.

vorkolumbische Kulturen (präkolumb. Kulturen), die Gesamtheit der vor der Entdeckung Amerikas (durch C. Kolumbus) entstandenen kulturellen Manifestationen; oft fälschlich **vorkolumbianische Kulturen** genannt. → altamerikanische Kulturen.

Vorland → Deich.

Vorlande → Vorderösterreich.

vorläufige Festnahme (Sistierung), vorläufige Freiheitsentziehung bis zur richterl. Entscheidung über die Freilassung oder den Erlaß eines Haftbefehls.

Vormärz, Epochenbez. für die Periode der dt. Geschichte zw. → Wiener Kongreß (1815) und → Märzrevolution (1848). Kennzeichen des V. sind v.a. die Zersplitterung in zeitweise 39 Einzelstaaten (im Rahmen des Dt. Bundes nur locker verbunden), die erzwungene innere Ruhe durch eine reaktionäre Knebelung der entstehenden nat. und liberalen Bewegungen im ›System Metternich‹ mit Hilfe von Bundesbeschlüssen (u.a. die Karlsbader Beschlüsse 1819), die zögernd einsetzende Industrialisierung, der Ausbau des Kommunikationsnetzes (Eisenbahn, 1834 Zollverein) und ein (bes. seit etwa 1830) verbreitetes Massenelend (Pauperismus) bei gleichzeitiger Emanzipation des Bürgertums (Forderung nach Pressefreiheit und Verfassungen, u. a. auf dem Hambacher Fest 1832).

Georg Vorhauer: Yggdrasil; Aluminium, 1974 (Kaiserslautern)

Vormerkung, Vermerk im Grundbuch zur Sicherung des persönl. (schuldrechtl.) Anspruchs auf Eintragung einer dingl. Rechtsänderung (z. B. Eigentumsübertragung, Bestellung einer Hypothek) hinsichtlich eines Grundstücksrechts. In der Praxis von bes. Bedeutung ist die *Auflassungs-V.* (Sicherung des Anspruchs auf Übertragung des Eigentums an einem Grundstück).

Vorsatzzeichen					
Faktor	Vorsatz-zeichen	Vorsatz	Faktor	Vorsatz-zeichen	Vorsatz
10^1	da	Deka...	10^{-1}	d	Dezi...
10^2	h	Hekto...	10^{-2}	c	Zenti...
10^3	k	Kilo...	10^{-3}	m	Milli...
10^6	M	Mega...	10^{-6}	μ	Mikro...
10^9	G	Giga...	10^{-9}	n	Nano...
10^{12}	T	Tera...	10^{-12}	p	Piko...
10^{15}	P	Peta...	10^{-15}	f	Femto...
10^{18}	E	Exa...	10^{-18}	a	Atto...

Vormilch, svw. → Kolostrum.

Vormund, heute **Betreuer** gen., vom Amtsgericht bestellte und beaufsichtigte Vertrauensperson, die nach dem Betreuungsgesetz vom 12. 9. 1990 (in Kraft seit 1. 1. 1992) zur Ausübung der Vormundschaft berechtigt ist.

Vormundschaft, staatlich beaufsichtigte Fürsorge (durch den Betreuer) für Person und Vermögen eines Menschen, der außerstande ist, seine Angelegenheiten selbst zu besorgen *(Mündel).* Die V. wird bei Volljährigen angeordnet, wenn sie entmündigt sind, bei Minderjährigen, wenn sie nicht unter elterl. Sorge stehen. Die V. beginnt mit ihrer Anordnung durch das V.gericht, sie endet mit Volljährigkeit oder Tod des Mündels, Aufhebung der Entmündigung, Eintritt der elterl. Sorge (mindestens eines Elternteils) und Aufhebung der V. durch das Gericht. Eine *Amtsvormundschaft* wird i. d. R. durch das Jugendamt ausgeübt. – Der Vormund haftet dem Mündel für jedes Verschulden bei Führung der V. auf Schadenersatz, andererseits hat er einen Anspruch auf Ersatz von Aufwendungen, die er für erforderlich halten durfte.

Vormundschaftsgericht, bes. Abteilung des Amtsgerichts, dem die gerichtl. Entscheidungen im Familienrecht übertragen sind (z. B. Aufsicht über Vormundschaft).

Vorname, der → Name, der in Verbindung mit dem Familiennamen eine Person bezeichnet; wird in das Geburtenbuch eingetragen. In bestimmten Fällen ist eine Namensänderung möglich.

Vorort, 1. in der Schweiz bis zur Wahl Berns als Bundeshauptstadt (1848) im Turnus wechselnder Ort, der die Tagsatzung leitete und deren administrative Arbeiten erledigte; 2. bei der Hanse und ähnl. Städtebünden die führende Stadt; 3. Siedlung, die zwar räumlich, nicht aber sozial und wirtschaftlich (Arbeitsleben, Schulbesuch) von einer benachbarten Stadt getrennt ist.

Vorparlament, ohne Wahl und Mandat gebildete Versammlung, die vom 31. 3. bis 3. 4. 1848 in Frankfurt am Main tagte und die Wahlen zur → Frankfurter Nationalversammlung vorbereitete.

Vorpommern, 1532 vom übrigen → Pommern abgeteilter westl. Landesteil; heute Teil von → Mecklenburg-Vorpommern.

Vorratsmilben (Acaridae), weltweit verbreitete Fam. bis etwa 1 mm großer, weißl. oder gelbl. Milben; befallen in oft riesigen Mengen Vorräte (z. B. Mehlmilbe) und Möbel.

Vorratsschädlinge, Sammelbez. für Insekten (v. a. Käfer, Schmetterlinge, Fliegen und/oder deren Larven), Milben und Nagetiere, die meist an vegetabil. Vorräten v. a. Fraßschäden hervorrufen.

Vorruhestandsregelung, gesetzl. Maßnahmen als Rahmen für tarif- oder arbeitsvertragl. Vereinbarungen, die zur Entlastung des Arbeitsmarkts das vorzeitige Ausscheiden von Arbeitnehmern aus der Erwerbstätigkeit erleichtern sollten, insbes. das **Vorruhestandsgesetz** vom 13. 4. 1984 (mit Begleitgesetzen); wurde durch die → Altersteilzeitarbeit abgelöst.

Vorsatz (Dolus malus, Dolus), im *Strafrecht* das Wissen und Wollen der Verwirklichung eines gesetzl. Straftatbestands. Der V. ist als Merkmal der Vorwerfbarkeit des Täterverhaltens notwendiger Bestandteil der Schuld. *Direkter V.* liegt vor, wenn der Täter den mit Strafe bedrohten Tatbestand kennt und ihn verwirklichen will. Hingegen liegt *bedingter V.* vor, wenn der Täter die Verwirklichung des gesetzl. Straftatbestands weder anstrebt noch für sicher, durch sein Verhalten jedoch ernstlich für möglich hält und sich damit abfindet. Vom bedingten V. ist die bewußte → Fahrlässigkeit zu unterscheiden.

Vorsatzzeichen, im *Meßwesen* ein zur Bez. eines bestimmten dezimalen Vielfachen bzw. Teiles einer Einheit verwendetes, vor diese gesetztes Zeichen, z. B. h, k, M, zur Bez. des entsprechenden **Vorsatzes** (Hekto..., Kilo..., Mega...).

Vorschlag (Appoggiatura), musikal. Verzierung, die meist von der Unter- oder Obersekunde zur Hauptnote geführt wird. Der V. wird als langer (a) oder kurzer V. (b) ausgeführt:

langer Vorschlag

kurzer Vorschlag

vorschulische Erziehung (Vorschulerziehung), Förderung von Kindern der Altersstufe von 3–6 Jahren durch öffentliche Erziehungseinrichtungen (v. a. → Kindergarten).

Vorsehung, urspr. von der Stoa entwickelter Begriff für eine vernunftmäßig über die Welt waltende Macht. – Die christl. Theologie deutet die V. als Lenkung von Welt, Geschichte und Menschen durch Gott.

Vorsilbe, svw. → Präfix.

Vorsitzender (Vorsitzender Richter), bei einem Kollegialgericht der mit der Vorbereitung und Leitung der Verhandlung betraute Richter.

Vorsokratiker → griechische Philosophie.

Vorsorgeaufwendungen, steuerrechtlich ein Teil der Sonderausgaben, der für Beiträge zu Kranken-, Unfall-, Haftpflichtversicherungen, zur gesetzl. Rentenversicherung, zur Arbeitslosenversicherung, zu Lebensversicherungen und zu Bausparverträgen verwendet wird.

Vorsorgeuntersuchung, gezielte medizin. Untersuchung zur Früherkennung von Erkrankungen, v. a. zur frühzeitigen Krebserkennung (→ Krebs).

Vorspiel, 1) *Musik:* (Anteludium) die instrumentale Einleitung eines Musikstücks (→ Präludium).

2) *Theater:* kleineres dramat. Stück als Eröffnungsteil eines größeren Bühnenwerkes (z. B. V. auf dem Theater, Goethe, Faust I).

3) der einer sexuellen Vereinigung vorausgehende, die sexuelle Bereitschaft steigernde sowie den Koitus vorbereitende und einleitende Austausch von Zärtlichkeiten zw. den Sexualpartnern.

Vorspur → Fahrwerk.

Vorsteherdrüse, svw. → Prostata.

Vorstehhunde (Hühnerhunde), Sammelbez. für meist mittelgroße Jagdhunde, die Niederwild durch *Vorstehen* (Stehenbleiben in charakterist. Körperhaltung) anzeigen; u. a. Deutsch Drahthaar, Pointer.

Vorstehhunde: Pointer

Vorster, Balthazar Johannes [Afrikaans 'fɔrstər], * Jamestown (Kapprovinz) 13. 12. 1915, † Kapstadt 10. 9. 1983, südafrikan. Politiker. 1958–66 Min.; 1966–78 Vors. der regierenden National Party und Min.-Präs.; 1978/79 Staats-Präs.; Verfechter der Apartheid-Politik.

Vorsteuerabzug, bei der Ermittlung der Umsatzsteuerschuld (Mehrwertsteuerschuld) der Abzug der von Lieferanten in Rechnung gestellten Umsatzsteuer.

Vorstrafen, die zeitlich vor einer erneuten Verurteilung rechtskräftig gegen einen Straftäter verhängten Strafen. Sie sind u. a. für die Strafzumessung von Bedeutung.

Vorteil, 1) *Tennis:* →Einstand.

2) (Vorteilsregel) Bestimmung im *Fußball, Rugby* und *Hockey:* Bei einem regelwidrigen Verhalten braucht der Schiedsrichter das Spiel nicht zu unterbrechen, wenn die benachteiligte Mannschaft dennoch in Ballbesitz bleibt.

Vorteilsausgleichung, bei der Schadenberechnung Anrechnung desjenigen Vorteils auf den zu leistenden Schadenersatz, der durch ein Schadenersatz verpflichtendes Ereignis ausgelöst wurde.

Vortrag, in der *Buchführung* Saldo eines Kontos, der zu Beginn eines neuen Rechnungsabschnitts übertragen wird.

Vortragsrecht, 1. das Recht eines Min. auf direkten amtl. Zugang zum und Vortrag beim Monarchen; 2. im *Urheberrecht* das dem Aufführungsrecht entsprechende Recht des Autors eines Sprachwerkes, dieses durch persönl. Darbietung öffentlich zu Gehör zu bringen.

Vortrieb, 1) in der *Bewegungsrichtung* eines Schiffes oder Flugzeugs wirkende Kraft.

2) *Bergbau:* ein in der Errichtung befindl. Grubenbau, z. B. Streckenvortrieb.

Vorurteil, kritiklos übernommene Meinung, die einer sachl. Argumentation nicht standhalten kann.

Vorverfahren, verwaltungsinternes Kontrollverfahren zur Überprüfung der Recht- und Zweckmäßigkeit eines Verwaltungsaktes vor Einleitung eines gerichtl. Verfahrens.

VOR-Verfahren [engl. 'viːoʊ'ɑː], Kurzbez. für engl. Very-high-frequency-omnidi-rectional-range-Verfahren, internat. standardisiertes Funknavigationsverfahren für die Kurz- und Mittelstreckennavigation; arbeitet mit einem am Boden installierten UKW-Drehfunkfeuer (VOR), bestehend aus einer Rundstrahlantenne und einer mit 30 U/s umlaufenden Richtantenne, die im Empfangsgerät an Bord des Flugzeugs eine in der Phase richtungsabhängige Wechselspannung liefert, so daß mit Hilfe einer Phasenmessung eine Richtungsbestimmung bezüglich des VOR möglich ist.

Vorvergangenheit, svw. →Plusquamperfekt.

Vorwärts, seit 1955 in Bonn erschienene sozialdemokrat. Wochenzeitung; gegr. 1876 durch W. Liebknecht, 1989 im Mitgliedermagazin der SPD aufgegangen.

Vorzeichen, 1) *Mathematik:* zur Unterscheidung positiver und negativer Zahlen verwendete mathemat. Zeichen (Plus- bzw. Minuszeichen).

2) *Musik:* (Versetzungszeichen, Akzidentien) Zusatzzeichen vor den Noten, die die chromat. Veränderung eines Tons oder die Aufhebung derselben anzeigen. Das Kreuz (♯) erhöht um einen Halbton, B (♭) erniedrigt um einen Halbton; das Auflösungszeichen (♮) hebt die Erhöhung oder Erniedrigung auf.

Vorzugsaktien (Vorrechtsaktien), Aktien, die gegenüber den Stammaktien bestimmte Vorrechte genießen. Diese Vorrechte beziehen sich insbes. auf die Gewinnverteilung, z. B. durch Zusicherung einer erhöhten oder einer Mindestdividende.

Vorzukunft, svw. →Futurum exaktum.

Voscherau, Henning, * Hamburg 13. 8. 1941, dt. Politiker. Jurist; 1982–87 SPD-Fraktions-Vors. in der Hamburgischen Bürgerschaft; seit Mai 1988 Erster Bürgermeister der Freien und Hansestadt Hamburg.

Voß, Johann Heinrich [fɔs], * Sommerstorf (= Grabowhöfe bei Waren) 20. 2. 1751, † Heidelberg 29. 3. 1826, dt. Dichter. Gab dem ›Göttinger Hain‹ den Namen. Seine in Hexametern geschriebenen Idyllen verbinden inniges Naturgefühl und Szenen des bürgerl. Lebens mit gelehrter Bildung und aufgeklärtem Protestantismus. Erschloß mit seinen Nachdichtungen griech. und röm. Autoren seiner Zeit ein neues Verhältnis zur Antike.

Henning Voscherau

Vossische Zeitung ['fɔ...], Berliner Tageszeitung 1617–1934 mit wechselnden Titeln; nach dem Familiennamen der Besitzer 1751–95 meist als ›V. Z.‹ bezeichnet (offizieller Name ab 1910/11); Mitarbeiter u. a. G. E. Lessing und T. Fontane. – Die Zeitung mußte wegen Berufsverbots vieler Redakteure 1934 ihr Erscheinen einstellen.

Vostell, Wolf [fɔs'tɛl], * Leverkusen 14. 10. 1932, dt. Happeningkünstler. Bed. Vertreter neodadaist. Décollagen (destruktive Verfremdung von Konsummaterialien).

Votive [lat.] (Votivgaben, Weihegaben), Weihegeschenke, die von Gläubigen an religiösen Kultstätten niedergelegt werden. Das **Votivbild** (oft von Laien gemalt) wird aufgrund eines Gelübdes (ex voto) dargebracht und stellt den Anlaß dar.

Votum [lat.], 1. [feierl.] Gelübde; 2. Urteil, Gutachten; [Wahl]stimme; [Volks]entscheid[ung].

Vouet, Simon [frz. vwɛ], ≈ Paris 9. 1. 1590, † ebd. 30. 6. 1649, frz. Maler. In Italien von Caravaggio angeregt; wegweisend für die frz. Barockmalerei. Zahlr. Dekorationsarbeiten (v. a. in den königl. Schlössern), Gemälde und Altarbilder; Pastellporträts.

Johann Heinrich Voß (Gemälde von Johann Heinrich Wilhelm Tischbein; 1818)

Voute ['vuːtə; lat.-frz.], Deckenkehle, Ausrundung oder Abschrägung des Übergangs zw. einer Wand (bzw. einer Säule) und der Decke.

Voyager [engl. 'vɔɪədʒə], Name zweier amerikan. Raumsonden, die 1977 zur Erforschung der äußeren Planeten des Sonnensystems gestartet wurden. Im März 1979 erreichte V. 1 den kürzesten Abstand zum →Jupiter (rd. 278 000 km). Im Juli 1979 erreichte V. 2 den Jupiter (Abstand 647 000 km). V. 1 passierte im Nov. 1980 →Saturn in rd. 123 000 km Entfernung (Entdeckung weiterer 6 Monde). Der Vorbeiflug von V. 2 am Saturn (Aug. 1982) in einem Abstand von 101 000 km von der Wolkengrenze brachte neue Erkenntnisse über dessen Beschaffenheit. V. 2 erreichte im Jan. 1986 Uranus (Entdeckung weiterer 10 Monde) und im Aug. 1989 Neptun (Entdeckung möglicherweise aktiver Vulkane auf dem Neptunmond Triton und weiterer 6 Monde). – Abb. S. 572.

Voyeur [voajø:r; lat.-frz.], Person, die durch heiml. Zuschauen bei sexuellen Handlungen anderer Personen Luststeigerung erfährt.

VPS [Abk. für **V**ideo**p**rogrammier**s**ystem], Codesystem zum automat. Ein- und Ausschalten von programmierbaren Videorecordern, das auch bei zeitl. Verschiebungen eine korrekte Aufzeichnung von Fernsehsendungen erlaubt.

Voyager: Voyager 2 bei der Endmontage (oben erkennt man die große Parabolantenne für die Datenübertragung zur Erde)

Vranitzky, Franz, * Wien 4. Okt. 1937, österr. Politiker. Volkswirt; 1984–86 Finanz-Min., seit Juni 1986 Bundeskanzler; seit 1988 Vors. der SPÖ.

Vrchlický, Jaroslav [tschech. 'vṛxlitski:], eigtl. Emil Frída, * Louny 17. 2. 1853, † Domažlice 9. 9. 1912, tschech. Dichter. V. a. durch seine zahlr. Übersetzungen (Dante, Goethe u. a.) und seine Lyrik erhielt die tschech. Literatur Anschluß an die literar. Entwicklung Europas; umfangreiches Werk (mehr als 100 Bände Dramen, lyr. und ep. Dichtungen, Novellen, Essays).

Vreden ['fre:dən], Stadt im westl. Münsterland, NRW, 18 600 E. Hamaland-, Bauernhausmuseum; u. a. Textil- und Schmuckindustrie. Pfarrkirche Sankt Georg mit Krypta (9. und 11. Jh.), roman. Stiftskirche (11. und 15./16. Jh.).

Franz Vranitzky

Vries [vri:s], **1)** Adriaen de, * Den Haag um 1560, □ Prag 15. 12. 1626, niederl. Bronzebildhauer. Schüler von Giovanni da Bologna; 1596 ff. in Augsburg (Merkur- und Herkulesbrunnen), 1601 ff. in Prag (Kaiserbüsten, 1603 und 1607, Wien, Kunsthistor. Museum); nach dem Tode Rudolfs II. für Ernst von Schaumburg (Bückeburg, Stadthagen) sowie in Dänemark (Neptunbrunnen, 1616–23, heute im Park von Drottningholm) tätig.

2) Hugo de, * Haarlem 16. 2. 1848, † Lunteren bei Amersfoort 21. 5. 1935, niederl. Botaniker und Genetiker. Seine Vererbungsstudien führten ihn um 1900 zur Wiederentdeckung der Mendel-Regeln und zur Aufstellung der Mutationstheorie.

3) Theun de, eigtl. Theunis Uilke de V., * Veenwouden bei Leeuwarden 26. 4. 1907, niederl. Schriftsteller. Während des 2. Weltkrieges Redakteur einer illegalen Zeitung; KZ-Haft. Schrieb Gedichte und Romane mit starker sozialkrit. Tendenz, u. a. ›Das Glücksrad‹

Hugo de Vries

(1938), ›Das Mädchen mit dem roten Haar‹ (1956; verfilmt 1981).

V-Stähle, Bez. für eine Gruppe von säurefesten und nichtrostenden Stählen.

Vuillard, Édouard [frz. vɥi'ja:r], * Cuiseaux bei Tournus 11. 11. 1868, † Baule bei Orléans 21. 6. 1940, frz. Maler und Graphiker. Mitbegründer der → Nabis. Interieurs von intensiver Farbigkeit (locker gesetzte Farbtupfer); großflächige Lithographien.

Vulcano, eine der Lipar. Inseln, Italien, 21 km², bis 499 m hoch.

Vulcanus (Volcanus), röm. Gott des Feuers; kunstfertiger Schmied.

Vulci (etrusk. Velch), im Altertum eine der reichsten Städte der Etrusker in Mittelitalien, sw. des Bolsenasees. Bed. Fundstätte etrusk. Kunst in den riesigen Nekropolen, u. a. Bronzegeräte des 6. Jh. sowie nahezu 4000 griech. Vasen des 7. und 6. Jh., meist athen. Herkunft. Die Fresken der 1857 entdeckten Tomba François (4. Jh. v. Chr.?) befinden sich heute im Museo Torlonia in Rom.

vulgär [lat.-frz.], gewöhnlich, gemein.

Vulgata [lat.], die auf Hieronymus zurückgehende, seit dem 8. Jh. maßgebl. und seit dem Tridentinum (1546) als authentisch und verbindlich geltende lat. Bibelübersetzung. Von den Revisionen, die der V.text im Lauf der Geschichte erfuhr, setzte sich die unter Sixtus V. erarbeitete Fassung (*Sixtina;* 1590) durch, die dann als *Sixtina-Clementina* (1592) durch Klemens VIII. zur offiziellen Bibelausgabe der kath. Kirche wurde. Die Psalmen und das NT sind in einer revidierten Neufassung *(Neo-V.)* erschienen, die seit 1979 als Grundlage für die Übers. in die Volkssprachen vorgeschrieben ist.

Vulkane → Vulkanismus.

Vulkanfiber [lat.-engl.], aus zellulosehaltigem Material durch starkes Quellen mit konzentrierter Zinkchloridlösung und anschließendes Pressen hergestellter harter bis elast. Kunststoff, der v. a. für Schleifscheiben, Dichtungen u. a. verwendet wird.

Vulkanisation [lat.-engl.], die Umwandlung des nur wenig elast., rasch brüchig werdenden Rohkautschuks (Naturkautschuk und Synthesekautschuk) in elast. und beständigeres Gummi durch geeignete Chemikalien.

Vulkanismus, Bez. für alle Vorgänge, die mit dem Austritt fester, flüssiger und gasförmiger Stoffe aus dem Erdinneren an die Erdoberfläche in Zusammenhang stehen. Die dabei entstehenden geolog. Formen nennt man **Vulkane.** Man unterscheidet: 1. überwiegend aus Lava aufgebaute *Lavavulkane (Schildvulkane),* bei denen man den kleineren Island-Typ vom größeren Hawaii-Typ unterscheidet. 2. *gemischte Vulkane (Stratovulkane)* aus einer Wechselfolge von Lavaergüssen und Lockermaterial; ihre Form ist im allg. ein Kegel, dessen Spitze durch den zentralen Krater gekappt ist; entsteht eine → Caldera, so kann es so durch erneute Ausbrüche auf deren Boden zum Aufbau meist kleinerer Vulkankegel kommen (Vesuv- oder Monte-Somma-Typ). 3. deckenförmige *Lockervulkane,* als Ringwall um den Ausbruchstrichter oder als Aschenkegel ausgebildet. 4. *Gasvulkane* als Folge von [fast] reinen Gasausbrüchen (Maare). Nach der eigtl. vulkan. Tätigkeit treten postvulkan. Erscheinungen auf (heiße Gase, heiße Quellen).

Vulkanite [lat.] → Gesteine.

Vulpecula [lat. ›kleiner Fuchs‹] → Sternbilder (Übersicht).

Vulpius, 1) Christian August, * Weimar 23. 1. 1762, † ebd. 26. 6. 1827, dt. Schriftsteller. Bruder der Christiane von Goethe; schrieb Ritter- und Schauerromane, u. a. ›Rinaldo Rinaldini, der Räuberhauptmann‹ (1798).

2) Christiane → Goethe, Christiane von.

Vulva [lat.], die äußeren Geschlechtsorgane der Frau, bestehend aus den großen und den kleinen Schamlippen.

V-Waffen, Kurzbez. für 2 während des 2. Weltkriegs auf dt. Seite entwickelte, neuartige Waffensysteme, propagandistisch als ›Vergeltungswaffen‹ bezeichnet; V 1: unbemannter Flugkörper, Gefechtskopf mit rd. 850 kg Sprengstoff; V 2: ballist. Flüssigkeitsrakete, Gefechtskopf mit rd. 1 000 kg Sprengstoff.

W

W, 1) 23. Buchstabe des dt. Alphabets, der im MA durch Verdoppelung des V bei Verwendung als Konsonantenzeichen entstand; er bezeichnet im Dt. und in anderen Sprachen den stimmhaften labiodentalen Reibelaut [v], im Engl. und Niederl. den Halbvokal [u].

2) chem. Symbol für → Wolfram.

3) Einheitenzeichen für → Watt.

Waadt [vat, va:t], amtl. Canton de Vaud [frz. kãtõd-'vo], Kt. im SW der Schweiz, im Jura, Mittelland und den Alpen, 3 218 km², 565 200 E, Hauptstadt Lausanne. Wein- und Obstbaugebiete am Genfer See, im Rhonetal und am Neuenburger See; in den Gebirgen v. a. Viehhaltung. Bed. Uhren- u. a. feinmechan. Industrie. **Geschichte:** 58 v. Chr. röm., im 5. Jh. von Burgundern besiedelt, seit 1032 beim Hl. Röm. Reich, im 13. Jh. savoyisch, 1536 Berner Untertanengebiet; Jan.–April 1798 als **Lemanische Republik** unabhängig; seit 1803 Kt. Waadt.

Waag, linker Nebenfluß der Donau, vereinigt sich bei Kolárovo mit der Kleinen Donau zur **Waagdonau,** mündet bei Komárno, 390 km lang.

Waage →Sternbilder (Übersicht).

Waage, 1) Meßgerät zur Bestimmung von Massen oder Gewichten. Nach ihrer Wirkungsweise und dem physikal. Meßprinzip können die W. in folgende Hauptgruppen unterteilt werden: Bei *Hebel-W.* wird die unbekannte Masse (Last) durch den Ausgleich der Hebeldrehmomente mit der bekannten Masse (Gewicht) direkt verglichen. Bei *Feder-* und *Torsions-W.* wird das Gewicht der Last durch Formänderung (Dehnung von Federn, Verdrillung von Drähten oder Bändern) bestimmt. Bei *hydraul. W.* ergibt sich das Gewicht der Last aus der Größe des Druckes, den die Last mit einem Kolben auf eine Flüssigkeit in einem Behälter ausübt. Bei *elektron. W.* wird das Gewicht der Last in elektr. Größen umgesetzt und mit elektr. Meßinstrumenten gemessen. Bei elektron. W. mit Digitalanzeigen werden die analogen elektr. Größen (z. B. Stromstärke) durch sog. Analog-Digital-Umwandler in digitale Größen überführt. Durch den Einbau von Mikroprozessoren in elektron. W. können von diesen vielfältige Funktionen übernommen werden, z. B. Mittelwertbildung aus aufeinanderfolgenden Meßwerten, Speicherung und Verrechnung verschiedener Werte, Fünferrundung der letzten Meßwertstelle und Steuerung der Digitalanzeige. Durch den Anschluß an Terminals, Drucker u. a. periphere Geräte können mikroprozessorgesteuerte W. zu leistungsfähigen Wägesystemen erweitert werden, die z. B. als sog. ›intelligente Meßwertgeber‹ bei Prozeßsteuerungen eingesetzt werden können. Zur Einstufung nach der *Waagengenauigkeit* wird folgende Unterscheidung getroffen: *Grob-W.* (Höchstlasten 1 kg bis 10 t), *Handels-W.* (Höchstlasten 20 g bis 100 t), *Präzisions-W.* (Höchstlasten 1 g bis etwa 100 kg), *Fein-W.*, z. B. *Mikro-W.* und *Analysen-W.* (Höchstlast etwa 0,1 g bis 200 g).

2) *Sport:* in verschiedenen Sportarten (Turnen, Eis- und Rollkunstlauf) Figur oder Übungsteil, bei dem der Körper in die Waagerechte gebracht wird.

waagerecht (waagrecht, horizontal), rechtwinklig zur Lotrichtung verlaufend.

Waal, Hauptmündungsarm des Rheins, wichtigster Schiffahrtsweg des Rhein-Maas-Deltas (Niederlande).

Waalkes, Otto Gerhard, * Emden 22. 7. 1948, dt. Komiker und Produzent. Seit den 1970er Jahren zahlr. Auftritte als ›Blödel-Otto‹ in Fernsehshows und Kinofilmen; Cartoons.

Waals, Johannes Diderik van der, * Leiden 23. 11. 1837, † Amsterdam 8. 3. 1923, niederl. Physiker. Arbeiten über den gasförmigen und den flüssigen Aggregatzustand der Materie. 1873 stellte er die nach ihm ben. Zustandsgleichung der realen Gase auf. Nobelpreis für Physik 1910.

Wabe, aus vielen im Querschnitt sechseckigen Zellen aus körpereigenem Wachs gefertigter Bau von Bienen; dient zur Aufzucht der Larven und zur Speicherung von Honig und Pollen.

Wabenkröten, Gatt. der Zungenlosen Frösche mit 5 etwa 5–20 cm großen Arten im trop. Amerika; die Eier entwickeln sich zu Larven oder Jungtieren in wabenartigen Vertiefungen der Rückenhaut des Weibchens.

Waberlohe, in der ›Edda‹ der Feuerwall, mit dem Odin die Burg der in einen Zauberschlaf versetzten Walküre Brunhilde umgeben hatte. Sigurd durchbricht die W. und weckt die Walküre.

Wace [frz. vas] (auch Robert W.), * auf Jersey um 1100, † Caen (?) um 1174, anglonormann. Dichter. Schrieb u. a. die Reimchronik ›Le roman de Brut‹ (beendet 1155), die die Geschichte Britanniens erzählt. Erstmals in der frz. Literatur wird darin von König Artus' Tafelrunde berichtet.

Wachau, Engtalstrecke der Donau zw. Melk und Krems, etwa 30 km lang.

Wacholder, Gatt. der Zypressengewächse mit rd. 60 Arten auf der N-Halbkugel; immergrüne, meist zweihäusige Sträucher oder Bäume; Blätter meist nadelartig; Zapfen zur Samenreife beerenartig, aus mehreren verwachsenen Schuppen gebildet; meist giftige Pflanzen. Einheim. Arten: *Heide-W.* (Gemeiner W., Machandel, Kranewitt), säulenförmiger Strauch oder bis 12 m hoher Baum mit stechenden Nadeln und schwarzblauen, bereiften, dreisamigen Beerenzapfen (*Wacholderbeeren;* Verwendung zu Saft, Schnaps, als Gewürz); auf Sand- und Heideböden der nördl. gemäßigten und kalten Zonen. *Sadebaum* (Sade-W.), niedriger Strauch; Früchte kugelig bis eirund, blauschwarz, bereift; Ziergehölz.

Wacholderdrossel, (Krammetsvogel, Ziemer), in M-Europa und im nördl. Eurasien heim. Drosselart; bis 25 cm langer Singvogel; Teilzieher.

Wachsbildnerei →Zeroplastik.

Wachsblume (Porzellanblume), Gattung der Schwalbenwurzgewächse mit rd. 100 Arten im trop.

Waadt
Wappen

Johannes Diderik van der Waals

Asien, in Australien und Ozeanien; meist windende Sträucher mit in Trugdolden stehenden wachsähnl., wohlriechenden Blüten; z. T. Zimmerpflanzen.

Wachsbohne, Zuchtsorte der Gartenbohne mit gelben (wachsfarbenen) Hülsen.

Wachse, natürl. oder synthet., chem. uneinheitl. Substanzgemische mit stark temperaturabhängiger Konsistenz (bei 20 °C knetbar, fest oder brüchig hart, über 40 °C ohne Zersetzung schmelzend und nicht fadenziehend); W. sind undurchsichtig, grob- bis feinkristallin und unter leichtem Druck polierbar. *Ester-W.* bestehen aus Estern langkettiger, ein- oder zweiwertiger Alkohole mit langkettigen Fettsäuren (sog. *Wachsalkohole* und *Wachssäuren*), *Paraffin-W.* aus höheren Kohlenwasserstoffen. *Natürl. W.* werden in solche pflanzl. (z. B. das Karnaubawachs), tier. (z. B. Bienenwachs und Schellack) und mineral. Herkunft unterschieden (z. B. Erdwachs und die im Erdöl enthaltenen Paraffine). Zu den *synthet. W.* zählt das paraffinartige Polyäthylen-W. und die nach der Fischer-Tropsch-Synthese gewonnenen Paraffine. W. werden als Dichtungs- und Isoliermittel, zur Kerzen-, Zündholz- und Bohnerwachsherstellung und als Ausgangsmaterial für Salbengrundlagen verwendet.

Wachsfigurenkabinett, Sammlung von meist lebensgroßen Nachbildungen berühmter, auch berüchtigter Persönlichkeiten in Wachs; am bekanntesten ist das W. der Madame →Tussaud in London.

Wachshaut, nackte, oft auffällig gefärbte, verdickte, weiche, sehr tastempfindl. Hautpartie an der Oberschnabelbasis bestimmter Vögel, die i. d. R. die Nasenöffnungen umschließt.

Wachskreide, wasserunlösl., mit Öl bzw. Wachs gebundene Malstifte.

Wachsmalerei, svw. →Enkaustik.

Wachsmotten (Wachszünsler, Galleriinae), weltweit verbreitete Unterfam. mottenähnl. Kleinschmetterlinge (Fam. Zünsler) mit 6 einheim. Arten; Raupen oft schädlich in Bienenstöcken oder an Trockenfrüchten.

Wachspalme, zwei Gatt. der Palmen im trop. und westl. S-Amerika; liefern wirtschaftlich verwertbares Wachs (z. B. Karnaubawachs).

Wachsschildlaus, bis etwa 5 mm große, in O-Asien gezüchtete Schildlausart; männl. Larven scheiden Pelawachs aus, das z. B. für Kerzen verwendet wird.

Wachstuch, mit einer glänzenden, elast. Schicht aus Leinölfirnis überzogenes, bedrucktes Baumwolloder Mischgarngewebe; v. a. für Tischdecken.

Wachstum, 1) *Biologie:* irreversible Volumenzunahme einer Zelle oder eines Organismus bis zu einer genetisch festgelegten Endgröße. Das W. beruht auf dem Aufbau körpereigener Substanz und ist daher eine Grundeigenschaft des Lebens; es wird (zumindest bei mehrzelligen Organismen) hormonell gesteuert. Bei den Wirbeltieren und beim Menschen z. B. wirken das W.hormon Somatotropin und das Schilddrüsenhormon Thyroxin wachstumssteigernd, während die Geschlechtshormone das W. beenden. Bei den höheren Pflanzen wird das W. durch verschiedene Phytohormone geregelt. Das W. ist in seiner Intensität auch abhängig von äußeren Faktoren (v. a. Ernährung, Temperatur, bei Pflanzen auch Licht). Bei einzelligen Lebewesen ist das W. nach Erreichen einer bestimmten Kern-Plasma-Relation abgeschlossen. Bei mehrzelligen Tieren und beim Menschen beruht das W. auf Zellvermehrung und damit verbundener Plasmaneubildung. Die W.geschwindigkeit der einzelnen Organe und Körperteile ist unterschiedlich. – Bei Pflanzen hält das W. die gesamte Lebensdauer über an, bewirkt durch ständig teilungsfähige, undifferenzierte (embryonale) Zellen. Das W. der Pflanzen beruht im Ggs. zu dem der Tiere weniger auf

der Zunahme der Zellenzahl als vielmehr auf einer starken Streckung der Zellen.

2) *Wirtschaftswiss.:* die Zunahme des realen Bruttosozialprodukts. Der Begriff W. schließt auch die Zunahme des Kapitalbestandes sowie den techn. Fortschritt und das Bevölkerungs-W. ein. Bis zum Beginn der 1970er Jahre hatte die an diesem rein *quantitativen* W.begriff orientierte **Wachstumspolitik** in allen Volkswirtschaften uneingeschränkten Vorrang gegenüber allen anderen wirtschaftspolit. Zielen, gemäß der Auffassung, daß ohne wirtschaftl. W. die anderen im →magischen Viereck definierten Ziele nicht erreichbar seien. In den Folgejahren wurde vielen Wissenschaftlern, aber zunehmend auch der Öffentlichkeit, bewußt, daß angesichts begrenzter Ressourcen (v. a. Energie, Rohstoffe) und einer sich immer mehr beschleunigenden Umweltbelastung dem quantitativen W. Grenzen gesetzt bzw. zu setzen sind. Entsprechend der Erkenntnis, daß nach dauerhafter Zerstörung der Umwelt bestimmt kein W. mehr möglich ist, gewinnt weltweit eine an einem *qualitativen* W.begriff orientierte Betrachtungsweise zunehmend an Bedeutung, die als Maß die Verbesserung gesellschaftl. Wohlstands und von Lebensqualität heranzieht.

Wachstumsstörungen, krankhafte, meist hormonell bedingte Abweichungen des (somat.) Wachstums von der normalen Entwicklung des Körpers, der Körperteile bzw. Organe.

Wächte [schweizer., eigtl. ›Angewehtes‹] (Schneewächte), im Gebirge an Kanten durch Wind abgelagerte, dachartig überhängende Schneemassen.

Wachteln →Feldhühner.

Wachtelweizen, Gatt. der Rachenblütler mit rd. 25 Arten in der nördl. gemäßigten Zone; einjährige Halbschmarotzer mit gelben, purpurfarbenen oder weißl. Blüten. Einheim. Arten sind u. a. *Acker-W.* (bis 50 cm hoch, schädlich an Getreidepflanzen), *Wiesen-W.* (gelbl.-weiße Blüten) und *Wald-W.* (gelbe Blüten).

Wachtmeister, 1. militär. Dienstgrad (→Feldwebel); **2.** Dienstkräfte des mittleren Polizeivollzugsdienstes; **3. Justizwachtmeister:** ein mit Vollzugs- und Sicherungsaufgaben betrauter Beamter in gerichtl. Verfahren.

Wachtraum (Tagtraum), lebhafte Phantasietätigkeit in entspanntem Wachzustand.

Wachtturm Bibel- und Traktatgesellschaft, Deutscher Zweig e. V. →Zeugen Jehovas.

Wach- und Schließgesellschaften, konzessionspflichtige private Dienstleistungsunternehmen zur Bewachung von Gebäuden, Parkplätzen, [Fabrik]anlagen u. ä.; auch bei Werttransporten tätig.

Wackenroder, Wilhelm Heinrich, * Berlin 13. 7. 1773, † ebd. 13. 2. 1798, dt. Schriftsteller. Gilt als erster Vertreter der dt. Romantik; u. a. Geigen- und Kompositionsunterricht bei C. F. Fasch und C. F. Zelter. Seit der Schulzeit enge Freundschaft mit L. Tieck (u. a. dokumentiert in Briefen, in deren Mittelpunkt die Diskussion über Literatur, Theater und Musik steht [April 1792–März 1793]). W., der früh an einem Nervenfieber starb, hinterließ eine Sammlung von Aufsätzen über das Wesen der Kunst, die unter dem wahrscheinlich nicht von ihm stammenden Gesamttitel ›Herzensergießungen eines Klosterbruders‹ 1796 anonym (durch 4 Beiträge von Tieck ergänzt) erschienen sind (Buchausgabe 1797; darin neben der Novelle ›Das merkwürdige musikal. Leben des Tonkünstlers Joseph Berglinger‹ v. a. literar. Porträts von Renaissancekünstlern).

Wackernagel, Wilhelm, * Berlin 23. 4. 1806, † Basel 21. 12. 1869, dt. Philologe. Zahlr. Untersuchungen zur altdt. Literatur; bed. textkrit. Herausgeber der dt. und frz. Literatur des MA; schrieb auch am Minnesang orientierte Lyrik.

Wachtelweizen: Ackerwachtelweizen

Wadai, ehem. mittelsudan. Reich, seit dem 17. Jh. faßbar; 1912 frz. Kolonialgebiet.

Wade, die durch den kräftigen Wadenmuskel stark muskulöse Rückseite des Unterschenkels des Menschen.

Wadenbeißer (bayer. Wadlnbeißer), vorwiegend in der Politik tätige Menschen, die im (vermeintl.) Auftrag wichtiger und einflußreicher Personen (z. B. Parteivors.) andere durch ständige, öffentlich bekanntgemachte Vorhaltungen zu einem bestimmten Verhalten zu zwingen suchen; Förderung ihrer eigenen (polit.) Karriere durch die sog. *Wadenbeißerei.*

Wadi [arab.] (frz. Oued [frz. wɛd]), meist tief eingeschnittenes Bett eines Wüstenflusses, das nur nach plötzl. heftigen Regenfällen Wasser führt.

Wadschrajana (Vajrayana) [Sanskrit ›Diamantfahrzeug‹], tantr. Richtung des späten nördl. Buddhismus (ab etwa 500 n. Chr.); die Erlösung wird durch mag. Praktiken oder auch durch rituelle sexuelle Vereinigung gesucht.

Waechter, F[riedrich] K[arl] ['vɛç...], * Danzig 3. 11. 1937, dt. Zeichner und Schriftsteller. Bed. Vertreter der satir. Zeichnung, auch Autor und Illustrator zahlr. Kinderbücher, u. a. ›Der Anti-Struwwelpeter‹ (1970), ›Wir können noch viel zusammen machen‹ (1973), ›Spiele‹ (1979), ›Wahrscheinlich guckt wieder kein Schwein‹ (1978).

Wafd-Partei, nationalist. Partei in Ägypten, die die Unabhängigkeit des Landes von Großbrit. forderte; ab 1924 bestimmender innenpolit. Faktor; 1953 verboten; im Febr. 1978 neu zugelassen, löste sich im Juni 1978 nach der Ausschaltung ihrer führenden Mgl. auf; wurde nach ihrer Neugründung im Mai 1984 bei Wahlen zur parlamentar. Oppositionspartei.

Wafer [w'eıfə, engl.], in der *Mikroelektronik* bei der Chipherstellung verwendete, dünne Scheibe aus Halbleitermaterial (meist Silicium). Nach Funktionsprüfung der mikroelektron. Bauelemente oder der integrierten Schaltungen wird der einige cm² große W. in mehrere, nur wenige mm² große Chips zerteilt.

Waffen, Sammelbez. für alle Mittel, die zum Angriff auf einen Gegner bzw. zur Selbstverteidigung oder auch zu weidmänn. oder sportl. Zwecken (Jagd-W., Sport-W.) dienen; insbes. die militär. W. (*Kriegs-W.*). Man unterscheidet allg. *Hieb-* und *Stoß-W.* (*kalte* oder *blanke W.* wie z. B. Degen, Säbel, Bajonett, Dolch, Lanze), *Feuer-W. (heiße W.)* und *Wurf-W.* (Handgranaten, geballte und gestreckte Ladungen, Wurfminen, Flieger- und Wasserbomben). Nach der Wirkung unterscheidet man *W. mit Sprengwirkung, biolog. W., chem. W. und Kern-W.* (→ ABC-Waffen). Bei den *konventionellen W.* (alle W. außer den ABC-Waffen) unterscheidet man *Nahkampf-W.* (z. B. blanke W., Handfeuer-W., Faustfeuer-W., Handgranaten, Flammenwerfer) und *Fernkampf-W.* (z. B. Geschütze, Raketen, Torpedos). Im militär. Bereich gliedert man die Feuer-W. in *Schützen-W.* (Handfeuer-W., Maschinengewehre, Panzernahbekämpfungs-W., leichte Granatwerfer u. a.), *Artillerie-W.* (Geschütze, schwere Granatwerfer) und *Raketen-W.* (→ Raketen).

Waffenbesitzkarte → Waffenrecht.

Waffengattungen, in der Bundeswehr frühere Bez. für die heutigen Truppengattungen; im nichtamtl. Gebrauch oft auch als Bez. für die Teilstreitkräfte (Heer, Luftwaffe, Marine) verwendet.

Waffenrecht, die Gesamtheit der gesetzl. Regelungen über die Herstellung und den Umgang mit Waffen, geregelt insbes. im Bundeswaffengesetz in der Fassung vom 8. 3. 1976. Wer Schußwaffen erwerben und die tatsächl. Gewalt über sie ausüben, d. h. sie innerhalb seiner Wohnung, Geschäftsräume oder seines befriedeten Besitztums gebrauchen will, bedarf der **Waffenbesitzkarte.** Wer Schußwaffen außerhalb seines befriedeten Besitztums bei sich führen will, be-

darf eines **Waffenscheins.** Kriegswaffen dürfen nach Artikel 26 Absatz 2 GG nur mit Zustimmung der Bundesregierung hergestellt, befördert und in den Verkehr gebracht werden.

Waffen-SS, seit 1939/40 gebräuchl. Bez. für die bewaffneten Formationen der SS; umfaßte die im Krieg eingesetzten militär. Verbände und die Wachmannschaften der Konzentrationslager, zw. denen Personalaustausch stattfand. Grundstock für die W.-SS waren die Polit. Bereitschaften der SS (später SS-Verfügungstruppe) und die Totenkopfverbände, die, zunächst als Polizeitruppen konzipiert, 1938 zur ›stehenden bewaffneten Truppe der SS‹ erklärt wurden. Nach dem Polenfeldzug 1939 wurden die SS-Verfügungsdivision und die SS-Totenkopfdivision gebildet, die die Grundlage für den Ausbau der W.-SS abgaben, die von 100 000 (1940) auf rd. 900 000 Mann (1944) anwuchs.

Waffenstillstand, Vereinbarung der Kriegsparteien, bewaffnete Feindseligkeiten zeitweilig oder dauernd, allg. oder für einen Teil des Kriegsgebietes zu beenden.

Wagen, 1) ein- oder mehrachsiges Räderfahrzeug zum Transport z. B. von Gütern oder Personen.

2) → Schreibmaschine.

3) (Großer W., Kleiner W.) → Sternbilder (Übersicht).

Wagenburg, ringförmige Aufstellung von Wagen zur Verteidigung gegen Feinde (z. B. in der nordamerikan. Kolonialzeit).

Wagenfeld, Wilhelm, * Bremen 15. 4. 1900, † Stuttgart 28. 5. 1990, dt. Industriedesigner. Schuf Designs v. a. für Glas und Porzellan.

Wagengrab, v. a. bronze- und eisenzeitl. Grabtyp der Oberschicht in M- und W-Europa, gekennzeichnet durch Mitbestattung eines Wagens.

Wagenrennen, v. a. bei den Festspielen der Antike im Hippodrom bzw. in der Arena des röm. Zirkus ausgetragene Rennen auf leichten zweirädrigen Karren als Zwei- und Vierspänner.

Wagenseil, Georg Christoph, * Wien 29. 1. 1715, † ebd. 1. 3. 1777, österr. Komponist. Musiklehrer der kaiserl. Familie in Wien, ab 1739 kaiserl. Hofkomponist; u. a. Opern, Oratorien, Sinfonien, Klavierwerke und Kantaten.

Waggerl, Karl Heinrich, * Badgastein 10. 12. 1897, † Wagrain bei Sankt Johann im Pongau 4. 12. 1973, österr. Schriftsteller. Schrieb humorist. Romane (u. a. ›Brot‹, 1930) und Erzählungen (u. a. ›Fröhl. Armut‹, 1948) über das Leben der ländl. Bevölkerung.

Wägitaler See → Stauseen (Übersicht).

Wagner, 1) Adolph Heinrich Gotthilf, * Erlangen 25. 3. 1835, † Berlin 8. 11. 1917, dt. Nationalökonom. Als sog. Kathedersozialist Mitbegründer des Vereins für Socialpolitik.

2) Carl-Ludwig, * Düsseldorf 9. 1. 1930, dt. Politiker (CDU). Jurist; 1979–88 Landesmin. in Rheinland-Pfalz (Justiz, ab 1981 Finanzen), 1988–91 Min.präsident.

3) Cosima, * Como 24. 12. 1837, † Bayreuth 1. 4. 1930. Tochter Franz Liszts und der Marie Gräfin d'Agoult; ab 1857 mit H. von Bülow, ab 1870 mit Richard W. verheiratet.

4) Eduard, * Kirchenlamitz 1. 4. 1894, † Zossen 23. 7. 1944 (Selbstmord), dt. General. 1940 Generalquartiermeister des Heeres; wurde mit seinem Stab zeitweise zur Zentrale des militär. Widerstandes; nahm sich nach dem mißglückten Attentat auf Hitler (20. 7. 1944) das Leben.

5) Otto, * Penzing (= Wien) 13. 7. 1841, † Wien 11. 4. 1918, österr. Architekt. Wurde mit seinem zweckbestimmten Stil zum führenden Architekten Österreichs; Bauten für die Wiener Stadtbahn (1894–97), Postsparkassenamt in Wien (1904–06).

Karl Heinrich
Waggerl

Carl-Ludwig Wagner

Richard Wagner
(Gemälde von
Franz von Lenbach)

**Julius Wagner
von Jauregg**

6) Richard, * Leipzig 22. 5. 1813, † Venedig 13. 2. 1883, dt. Komponist. Einer der wirkungsreichsten Musiker seiner Zeit: entwickelte die für das 20. Jh. produktive Idee des Gesamtkunstwerks, verstanden als Vereinigung aller Künste, zu einem absoluten (Wort-Ton-)Drama *(Musikdrama).* – Nach Anstellungen als Musikdirektor in Lauchstädt, Magdeburg, Königsberg, wo seine ersten vollendeten Opern, die W. – wie sämtl. späteren musikdramat. Werke – auf eigene Texte komponierte, ›Die Feen‹ (1833/34) und ›Das Liebesverbot‹ (1834–36), entstanden, war er 1837–39 Musikdirektor in Riga. Im März 1839 mußte W. hochverschuldet Riga heimlich verlassen. Über London kam er nach Paris; hier vollendete W. den ›Rienzi‹; zudem entstanden hier die ›Faust-Ouvertüre‹ sowie ›Der fliegende Holländer‹ (1839–41). Die Uraufführungen der beiden Opern in Dresden 1842 und 1843 wurden ein großer Erfolg und führten zur Ernennung zum Königl. Sächs. Hofkapellmeister. Seine Hauptwerke der Dresdner Zeit sind die beiden romant. Opern ›Tannhäuser‹ (UA 1845) und ›Lohengrin‹ (UA 1850). Hier griff W. erstmals zu Stoffen aus der dt. mittelalterl. Literatur. Musikalisch werden die Ansätze des ›Holländers‹ zur *Leitmotivtechnik* in Verbindung mit der Dramaturgie großer szen. Einheiten weitergeführt. 1848 schrieb W. den Text zur Heldenoper ›Siegfrieds Tod‹ (Vorform der späteren ›Götterdämmerung‹). Aufgrund seiner Beteiligung an dem gescheiterten Dresdner Maiaufstand von 1849 wurde er steckbrieflich gesucht und floh nach Zürich. Hier schrieb W. einige seiner wichtigsten Kunstschriften: ›Das Kunstwerk der Zukunft‹ (1849), ›Oper und Drama‹ (1850/51). 1851/52 erweiterte W. ›Siegfrieds Tod‹ durch ›Der junge Siegfried‹ (später ›Siegfried‹), ›Die Walküre‹ und ›Das Rheingold‹ (1853–57) zum ›Ring des Nibelungen‹ (mit der Gattungsbez. ›Bühnenfestspiel‹): die Leitmotivtechnik wurde tragendes Kompositionsprinzip. 1857–59 entstanden Text und Musik von ›Tristan und Isolde‹. Die Musik erreicht in der Chromatisierung der Harmonik die Grenzen der funktionalen Tonalität bzw. die Schwelle zur → Neuen Musik. 1858 verließ W. Zürich und lebte u. a. in Venedig, Luzern, Paris, Wien. 1864 berief Ludwig II. von Bayern den völlig verschuldeten W. nach München und finanzierte – auch nach Zerwürfnissen mit dem bayr. Kabinett – seine Komponententätigkeit. 1865 wurde in München ›Tristan‹ unter der Leitung H. G. von Bülows uraufgeführt. 1866–72 wohnte W. in Tribschen bei Luzern. Hier entstand er 1867 ›Die Meistersinger von Nürnberg‹ (UA 1868). 1870 heiratete er Cosima von Bülow. 1872 übersiedelte W. nach Bayreuth. Im Festspielhaus (Grundsteinlegung 1872) erlebte ›Der Ring des Nibelungen‹ 1876 seine Uraufführung. Ab 1877 folgten Dichtung und Komposition von ›Parsifal‹. In diesem ›Weltabschiedswerk‹ verbindet W. das Musikdrama mit Zügen des Mysterienspiels und des Oratoriums. In der musikal. Motivik kontrastieren Diatonik und Chromatik, in der Orchesterbehandlung Farbmischung mit registerartigem Einsatz der Instrumentengruppen. Nach den 2. Bayreuther Festspielen mit der UA des ›Parsifal‹ (1882) reiste W. nach Venedig, wo er im Palazzo Vendramin einem Herzleiden erlag.

7) Siegfried, * Tribschen bei Luzern 6. 6. 1869, † Bayreuth 4. 8. 1930, dt. Komponist, Dirigent und Regisseur. Sohn von Richard W.; leitete ab 1908 die Bayreuther Festspiele; komponierte 13 Opern.

8) Wieland, * Bayreuth 5. 1. 1917, † München 17. 10. 1966, dt. Regisseur und Bühnenbildner. Herausragender Vertreter der Opernregie; Sohn von Siegfried W.; übernahm mit seinem Bruder Wolfgang 1951 die Leitung der Bayreuther Festspiele, schuf mit seinen abstrakten, Requisiten durch Lichteffekte ersetzenden Bühnenbildern einen neuen Inszenierungsstil.

9) Winifred, geb. Williams, * Hastings 23. 6. 1897, † Überlingen 5. 3. 1980, Frau von Siegfried W.; leitete 1930–44 die Bayreuther Festspiele.

10) Wolfgang, * Bayreuth 30. 8. 1919, dt. Regisseur. Sohn von Siegfried W.; übernahm mit seinem Bruder Wieland 1951 die Leitung der Bayreuther Festspiele; nach dessen Tod (1966) alleiniger Leiter.

Wagner-Régeny, Rudolf ['re:gəni], * Sächsisch-Reen (= Reghin) 28. 8. 1903, † Berlin 18. 9. 1969, dt. Komponist. Lehrer an der Dt. Hochschule für Musik in Berlin (Ost); komponierte insbes. Opern, in denen er sich z. T. der Brechtschen Theaterkonzeption näherte, u. a. ›Die Bürger von Calais‹ (1939), ›Das Bergwerk zu Falun‹ (1961).

Wagnerscher Hammer [nach dem dt. Ingenieur Johann Philipp Wagner (* 1799, † 1879)] (Neefscher Hammer), einfacher elektr. Unterbrecher; ein an einer Blattfeder befindl. eiserner Anker wird bei Stromfluß in einem kleinen Elektromagneten von dessen Magnetfeld angezogen; diese Bewegung unterbricht den Erregerstromkreis und schaltet den Elektromagneten aus; der Anker schwingt in seine Ruhelage zurück, wobei er den Stromkreis wieder schließt, so daß der Vorgang erneut beginnt; Verwendung in der elektr. Klingel.

Wagner von Jauregg, Julius Ritter (J. Wagner-Jauregg), * Wels 7. 3. 1857, † Wien 27. 9. 1940, österr. Psychiater. Grundlegende Arbeiten über den Kretinismus; führte (mit der Malariaimpfung zur Behandlung der progressiven Paralyse) die Infektionstherapie zur Behandlung von Psychosen ein; erhielt 1927 den Nobelpreis für Physiologie oder Medizin.

Wagrien ['va:griən], Teil des Ostholstein. Hügellandes zw. Kieler und Lübecker Bucht. – Nach dem wend. Stamm der **Wagrier,** einem Teilstamm der Obotriten, benannt.

Wahhabiten, Anhänger einer puritan. Bewegung des Islams, deren Begründer Muhammad Ibn Abd Al Wahhab (* um 1703, † 1792) den Islam auf seine ursprüngl. Form zurückführen wollte, z. B. durch strikte Befolgung altarab. Strafgesetze. Um 1740 gewann Ibn Abd Al Wahhab den Stammesscheich Muhammad Ibn Saud (* 1735, † 1765) für seine Lehren; dessen Nachfolger breiteten sie über ganz Z-Arabien aus; 1883 wurde das Haus Ibn Saud aus Ar Rijad vertrieben. Erst 1902 gelang es Abd Al Asis → Ibn Saud, nach Ar Rijad zurückzukehren. Die Lehren der W. sind die herrschende religiöse Doktrin in dem von ihm begründeten Kgr. Saudi-Arabien.

Wahlanfechtung → Wahlprüfung.

Wahldelikte, zusammenfassende Bez. für Straftaten, die im Zusammenhang mit Wahlen zu den Volksvertretungen und sonstigen Wahlen und Abstimmungen des Volkes in Bund, Ländern, Gemeinden und Gemeindeverbänden sowie bei Urwahlen in der Sozialversicherung begangen werden, v. a. **Wahlbehinderung** (Verhinderung oder Störung einer Wahl bzw. der Feststellung ihres Ergebnisses durch Gewalt oder durch Drohung mit Gewalt), **Wahlfälschung** (Herbeiführen eines unrichtigen Wahlergebnisses [z. B. durch unbefugtes Wählen] oder Verfälschen des Wahlergebnisses), **Wählerbestechung** (das Anbieten, Versprechen oder Gewähren von Geschenken oder anderen Vorteilen dafür, daß nicht oder in einem bestimmten Sinne gewählt wird), **Verletzung des Wahlgeheimnisses** und **Fälschung von Wahlunterlagen** (z. B. hinsichtlich einer Eintragung in die Wählerliste).

Wahlen, Friedrich Traugott, * Gmeis (= Mirchel, Kt. Bern) 10. 4. 1899, † Bern 7. 11. 1985, schweizer. Politiker (BGB/SVP). 1942–45 Beauftragter des Bundesrats für den **Plan Wahlen,** der die Anbaufläche der schweizer. Landwirtschaft gegenüber der Vorkriegszeit verdoppelte. Bundesrat 1959–65, 1961 Bundespräs.; 1967–74 Vors. der sog. **Wahlenkommission** für die Vorbereitung der Totalrevision der Bundesverfassung.

Wahlen, Verfahren in Staaten, Gebiets- und anderen Körperschaften sowie Personenvereinigungen und Organisationen zur Bestellung u. a. von Vertretungs- und Führungsorganen. Aus W. können u. a. Abg., Stadt- und Gemeinderäte, Vereins- und Kirchenvorstände, Präs. und Regierungschefs, Betriebsräte und Jugendvertreter hervorgehen.

Wahlgrundsätze: Man unterscheidet zw. *allg. Wahl* (Wahlrecht aller Staatsbürger ohne Ansehen des Geschlechts, der Berufs-, Gruppen- oder Klassenzugehörigkeit) und *beschränktem Wahlrecht;* zw. *unmittelbarer (direkter) Wahl* und *indirekter Wahl* (über Wahlmänner); zw. *gleicher Wahl* (jede Stimme hat gleiches Gewicht) und *ungleicher Wahl* (z. B. →Dreiklassenwahlrecht); zw. *geheimer Wahl* (verdeckte Stimmabgabe) und *offener Wahl* (z. B. mit Handzeichen). In der BR Deutschland gelten für die Wahlen zum Dt. Bundestag die Grundsätze der allg., unmittelbaren, freien, gleichen und geheimen Wahl. Das Prinzip der Chancengleichheit wird allerdings durch eine Sperrklausel (→Fünfprozentklausel) beschnitten, die einer Zersplitterung des Parlaments entgegenwirken soll.

Wahlsysteme: Bei der *Mehrheitswahl* bestehen u. a. folgende Verfahren: In Einerwahlkreisen (pro Wahlkreis wird 1 Abg. gewählt) ist derjenige Kandidat gewählt, der die relative bzw. absolute Mehrheit der Stimmen auf sich vereinigt. In Mehrerwahlkreisen (pro Wahlkreis wird eine festgelegte Anzahl von Abg. gewählt) hat bei Persönlichkeitswahl i. d. R. jeder Wähler soviele Stimmen, wie Mandate im Wahlkreis zu vergeben sind. Bei Mehrheitssystem mit freien Listen können die Wähler Kandidaten aus verschiedenen Listen wählen *(panaschieren).* Bei Mehrheitswahl mit Stimmenhäufung kann der Wähler mehrere Stimmen auf einen oder mehrere Wahlbewerber vereinen *(kumulieren).* Beim Mehrheitssystem mit starren Listen sind alle Kandidaten der Liste, die die Stimmenmehrheit erreicht hat, gewählt. – Bei der *Verhältniswahl* (Proportionalwahl, Listenwahl) stellen die Parteien für das ganze Land (Einheitswahlkreis) Listen auf, zw. denen die Wähler zu entscheiden haben. – *Mischwahlsysteme* kombinieren Mehrheits- und Verhältniswahlsysteme.

In *Österreich* werden die Abg. des Nationalrats nach den Grundsätzen der Verhältniswahl gewählt. Entsprechend den Stimmenanteilen werden zunächst innerhalb der 9 Wahlkreise (= Bundesländer) die Mandate auf die Parteien verteilt. Die anfallenden Reststimmen und Restmandate werden danach auf der Ebene von zwei Wahlkreisverbänden verteilt. In der *Schweiz* wird bei der Nationalratswahl das Verhältniswahlsystem angewandt, wobei jeder Kanton einen Wahlkreis bildet.

Wahlfälschung →Wahldelikte.

Wahlkapitulation, im MA und in der Neuzeit schriftlich fixierter Vertrag, durch den der Wähler einem zu Wählenden Bedingungen für seine künftige Regierung stellten. 1519 mußte Karl V. als erster dt. König einer W. zustimmen; seit 1711 gab es eine ständige, unveränderl. W. (capitulatio perpetua). Sie galt als Grundgesetz des Hl. Röm. Reiches und enthielt in erster Linie Bestimmungen zum Schutz der Souveränität der dt. Fürsten und Forderungen der Reichsreform.

Wahlmänner, Personen, die in einem System mit indirekter Wahl von den Urwählern in ein Gremium gewählt werden, das nur zu dem Zweck zusammentritt, den oder die eigtl. Vertreter bzw. Amtsträger zu wählen.

Wahlöö, Per [schwed. ˌvaːlœ], * Lund 5. 8. 1926, † ebd. 23. 6. 1975, schwed. Schriftsteller. Schrieb zahlr. Kriminalromane (u. a. ›Libertad!‹, 1964; ›Mord im

31. Stock‹, 1974) und, gemeinsam mit seiner Frau M. Sjöwall, einen Kriminalromanzyklus.

Wahlpflichtfach, in der gymnasialen Oberstufe ein unter mehreren Lehrangeboten eines Wahlpflichtbereichs (z. B. Sprachen) ausgewähltes Fach. Zusätzl. wahlfreie Möglichkeiten bestehen je nach Kursangebot der Schulen.

Wahlprüfung, Verfahren zur Feststellung der Gültigkeit einer Wahl. Die W., die sich z. B. auf die Wahl des ganzen Bundestages oder eines einzelnen Abg. erstrecken kann, erfolgt nur auf Einspruch, den jeder Wahlberechtigte einlegen kann.

Wahlrecht, 1. die Berechtigung, jemanden zu wählen *(aktives W.)* bzw. selbst gewählt zu werden *(passives W., Wählbarkeit);* das W. ermöglicht die aktive Teilhabe am Zusammenleben in demokrat. Staaten; 2. die Gesamtheit der in Verfassungen, Wahlgesetzen und Wahlordnungen festgelegten Rechtsvorschriften zur Durchführung von →Wahlen. – In der *BR Deutschland* besteht aktives und passives W. nach Vollendung des 18. Lebensjahres. Die Bestimmungen über die Wahlen zum Dt. Bundestag enthält das *Bundeswahlgesetz* vom 7. 5. 1956 (mit späteren Änderungen). – Bei der Nationalratswahl in *Österreich* haben alle Staatsbürger das aktive W., die im Vorjahr das 19., das passive W., die das 25. Lebensjahr vollendet haben. Wahlpflicht kann in den Bundesländern gesetzlich angeordnet werden. – In der *Schweiz* steht auf Bundesebene das aktive und passive W. jedem zu, der im Besitz des →Aktivbürgerrechts und mindestens 18 Jahre alt ist.

Geschichte: Die Durchsetzung des allg., nicht an Herkunft, Besitz oder Geschlecht gebundenen W. in den europ. Staaten erstreckt sich auf das 19. und 20. Jahrhundert. So war in *Großbrit.* die Entwicklung zum allg. W. für Männer und Frauen nach mehreren Reformen (1832, 1867, 1884) im wesentlichen 1918 abgeschlossen. In *Frankr.* wurde während der Frz. Revolution 1791 ein Zensus-W. eingeführt, 1848 das allg. W. für Männer, 1944 für Frauen. Ein Teil der *dt. Staaten* schuf nach 1814 ein beschränktes Wahlrecht; auf Reichsebene galt seit 1867/71 das allg. W. für Männer, nach der Novemberrevolution 1918 auch für Frauen. In *Österreich* wurde 1907 das allg. Männer-W., 1918 auch das Frauen-W. verwirklicht. Die *Schweiz* führte auf Bundesebene das allg. W. für Männer endgültig 1848 ein, das Frauen-W. 1971.

Wahlschein →Briefwahl.

Wahlstatt (poln. Legnickie Pole [poln. lɛgˈnitskjɛ ˈpɔlɛ]), Gem. sö. von Liegnitz, Polen̓. Barockes Kloster (1727 ff.). – Hier unterlag am 9. 4. 1241 ein dt.-poln. Ritterheer einem mongol. Reiterheer.

Wahn, v. a. bei Schizophrenie, Paranoia und Psychosen entstehende, in der realen Umwelt unbegründete, mit dem Merkmal der subjektiven Überzeugung ihres Trägers ausgestattete Vorstellung *(Wahnvorstellung, Wahnidee),* die weder durch Erfahrung noch durch zwingende Logik korrigiert werden kann.

wahrer Standort, der Schiffsstandort, der sich bei astronom. Navigation ergibt; der **gegißte Standort** wird aus abgefahrenen Kursen und Strecken errechnet und weicht wegen Strömungs- und Windversetzung vom w. S. ab.

Wahrheitstafeln, in der Logik die schemat. Darstellung der Wahrheitswerte einer log. Verknüpfung zweier oder mehrerer Aussagen in Abhängigkeit von den Wahrheitswerten der Einzelaussagen.

Wahrnehmung, der außer durch Empfindungen auch durch Gedächtnisinhalte, Interessen, Gefühle, Stimmungen, Erwartungen u. a. mitbestimmte physiopsych. Prozeß der Gewinnung und Verarbeitung von Informationen aus äußeren und inneren Reizen; die auf – meist bewußtem – Auffassen und Erkennen von Gegenständen und Vorgängen ruhende W. ermöglicht dem Individuum ein an seine Umwelt angepaßtes Verhalten.

Wahrnehmungstäuschung, psych. Effekt, bei dem subjektiv Wahrgenommenes nicht mit der objektiven [Reiz]gegebenheit übereinstimmt (z. B. opt. Täuschungen).

Wahrsagen, auf vorgeblich übersinnl. Wahrnehmung beruhende Aussagen über verborgene gegenwärtige oder zukünftige Ereignisse. Die Praktiken des W. reichen vom Handlesen und Kartenlegen bis zur Sterndeutung.

Wahrscheinlichkeit, 1. Begriff, der die Einstufung von Aussagen oder Urteilen nach dem Grad ihres Geltungsanspruchs zw. Möglichkeit und Gewißheit bezeichnet, wobei die Gründe für den Geltungsanspruch nicht oder noch nicht ausreichen, um die Annahme des Gegenteils auszuschließen; 2. speziell in Mathematik, Naturwiss. und Statistik der Grad der Möglichkeit bzw. Voraussagbarkeit (Prognostizierbarkeit) des Eintretens eines Ereignisses (→ Wahrscheinlichkeitsrechnung).

Wahrscheinlichkeitslogik, mehrwertige Logik, bei der eine Aussage im allg. nicht wahr oder falsch, sondern mehr oder weniger wahrscheinlich ist.

Wahrscheinlichkeitsrechnung, Teilgebiet der Mathematik, das sich mit der Untersuchung der Gesetzmäßigkeiten ›zufälliger Ereignisse‹ (*Zufallsgrößen, Zufallsvariablen*) befaßt, die bei Massenerscheinungen verschiedenster Art auftreten. Die klass. Definition der *Wahrscheinlichkeit* lautet: Die Wahrscheinlichkeit $P(E)$ für das Eintreten des Ereignisses E ist gleich dem Quotienten aus der Anzahl g der für das Ereignis ›günstigen‹ und der Anzahl m der ›möglichen‹ Ereignisse: $P(E) = g/m$. Bei Verallgemeinerungen dieses Wahrscheinlichkeitsbegriffs spricht man auch von *statist. Wahrscheinlichkeiten*.

Zur Charakterisierung einer Zufallsgröße X mit den Werten x_i und den entsprechenden Wahrscheinlichkeiten p_i benutzt man folgende Kenngrößen: 1. den *Erwartungswert (Mittelwert, [mathemat.] Hoffnung)*

$$E[X] = \sum_k p_k x_k$$

$E[X]$ gibt den bei einer großen Anzahl von Versuchen zu erwartenden Durchschnittswert von X an (z. B. ist beim Würfeln die Wahrscheinlichkeit bei jedem Wurf $\frac{1}{6}$; also ist

$$E[X] = \frac{1}{6} \cdot 1 + \frac{1}{6} \cdot 2 + \ldots + \frac{1}{6} \cdot 6 = \frac{21}{6} = 3{,}5)$$

2. die *Varianz (Dispersion, Streuungsquadrat)*

$$V[X] = E[(X - E[X])^2]$$

$V[X]$ beschreibt die Abweichung vom Mittelwert. Die Größe $\sigma = \sqrt{V[X]}$ bezeichnet man als *Standardabweichung (mittlere quadrat. Abweichung, Streuung)* von E. Die statist. Abhängigkeit zweier *Zufallsgrößen X, Y* erfaßt man mit Hilfe der *Kovarianz*

$$K[X,\ Y] = E[(X - E[X])\ (Y - E[Y])]$$

Währung, 1. die Währungseinheit eines Landes, die gesetzl. Zahlungsmittel ist; über den → Wechselkurs ergibt sich die *Währungsparität*, d. h. das Verhältnis zweier W. zueinander; 2. im Sinne von **Währungssystem** die Geldordnung eines Landes. Dabei unterscheidet man zw. der an Metalle *gebundenen W.* (z. B. Goldwährung, Aufhebung zuletzt in den USA 1971) und der *freien W.*, die an keinen bestimmten Metallwert gebunden ist, sondern bei der die Zentralnotenbank die Aufgabe der Geldmengenregulierung übernimmt. Dazu zählen die *Papier-W.*, bei der die Geldmengenregulierung nach wirtschafts-, inbes. konjunkturpolit. Gegebenheiten erfolgt, und die *Index-W.*, bei der der Geldwert an einen bestimmten Preisindex gebunden ist.

Theodor Waigel

Währungsblock, Währungsgemeinschaft mehrerer Länder, bei der die verschiedenen nat. Währungen eng an eine [dominierende] Währung gebunden sind.

Währungspolitik, Gesamtheit aller Maßnahmen des Staates und der Zentralbank zur Festlegung einer Währungsordnung sowie zur Erreichung der im →magischen Viereck definierten wirtschaftspolit. Zielsetzungen durch Beeinflussung des Wertes der Währung.

Währungsreform, allg. die Neuordnung des Geldwesens durch gesetzl. Maßnahmen; in Westdeutschland zuletzt die Umstellung von Reichsmark auf Deutsche Mark am 21. 6. 1948 nach Anordnung der westl. Besatzungsmächte als Folge der durch die nat.-soz. Kriegswirtschaft zurückgestauten Inflation. Während in Gesetzen und Verwaltungsakten durch die bloße Ersetzung der Bez. Reichsmark durch D-Mark im Verhältnis 1:1 – freilich mit etlichen Ausnahmeregelungen – umgestellt wurde, galt für die meisten Verbindlichkeiten ein Verhältnis von 10:1; davon wurden jedoch wiederum Löhne und Gehälter, Miet- und Pachtzinsen sowie Renten und Pensionen (die ebenfalls im Verhältnis 1:1 umgestellt wurden) ausgenommen.

Währungsreserven →Devisen.

Währungsschlange, die 1972 beschlossene, seither mehrfach geänderte Einbindung der Währungen der EG-Länder innerhalb enger Schwankungsbreiten (sog. *Blockfloating*) bei nach außen (gegenüber anderen Währungen) flexiblen Wechselkursen; seit 1979 im →Europäischen Währungssystem geregelt.

Waiblingen, Kreisstadt nö. von Stuttgart, Bad.-Württ., 45 700 E. Ev. spätgotische Michaeliskirche (1459–89); zweigschossiges Nonnenkirche (1496). – Als karoling. Pfalz 885 erstmals gen.; symbol. Mittelpunkt der stauf. Macht (→Ghibellinen = Waiblinger). – Stadtrecht um 1250.

Waid, Gatt. der Kreuzblütler mit rd. 30 Arten, verbreitet von M-Europa bis Z-Asien und im Mittelmeergebiet; einheimisch der bis 1,4 m hohe, an Wegen und in Schuttunkrautgesellschaft wachsende *Färberwaid* (Dt. Indigo; früher zur Gewinnung des Farbstoffs Indigo angebaut).

waid..., **Waid...,** fachsprachl. Schreibung für Wörter, die mit weid..., Weid... (in der Bedeutung ›Jagd‹) beginnen.

Waidhofen an der Thaya, niederösterr. Bezirkshauptstadt im nördl. Waldviertel, 5 400 E. Spätbarocke Pfarrkirche (18. Jh.), Schloß (1770).

Waidhofen an der Ybbs ['ɪps], niederösterr. Stadt 50 km sö. von Linz, 11 300 E. Geschlossenes Stadtbild mit Bürgerhäusern v. a. des 16. und 17. Jh.; spätgot. Pfarrkirche (1439–1510).

Waigel, Theodor, *Oberrohr (bei Krumbach/Schwaben) 22. 4. 1939, dt. Politiker (CSU). Jurist; seit Nov. 1988 Vors. der CSU; MdB seit 1972, 1982–89 Vors. der CSU-Landesgruppe des Bundestags, seit April 1989 Bundes-Min. für Finanzen.

Waisenhaus, Einrichtung zur Unterbringung elternloser Kinder, von kirchl., staatl. oder privaten Institutionen getragen. – Seit dem 15. Jh. entstanden W. in Italien, den Niederlanden und Deutschland. 1695 gründete A. H. Francke das berühmte W. in Halle/Saale; Anfang d. 18. Jh. folgten zahlr. weitere Gründungen (u. a. das Militär-W. in Potsdam von Friedrich Wilhelm I.), oft den örtl. Armen- und Krankenhäusern eingegliedert, wobei es häufig zu großen Mißständen (u. a. Ausbeutung der kindl. Arbeitskraft) kam. Um eine Reform der Anstalten machte sich bes. Pestalozzi verdient. Im 19. Jh. gingen die W. weitgehend in Erziehungsanstalten auf.

Waisenrente, die Leistungen der gesetzl. Sozialversicherung (Unfall- und Rentenversicherung) an Waisen. Waisen von Beamten erhalten *Waisengeld*.

Waitz, Georg, * Flensburg 9. 10. 1813, † Berlin 24. 5. 1886, dt. Rechtshistoriker. Prof. in Kiel, Göttingen und Berlin; 1848/49 Mgl. der Frankfurter Nationalversammlung (Erbkaiserl. Partei); 1875–86 Leiter der Monumenta Germaniae historica; 1869–83 Hg. der 3.–5. Auflage von F. C. Dahlmanns ›Quellenkunde der dt. Geschichte‹.

Wajang (Wayang) [indones.], seit dem 8. Jh. n. Chr. auf Java und später auch auf Bali bekanntes, vom → Gamelan begleitetes Schattenspiel, das meist Themen aus ind. Epen (→ Ramajana, → Mahabharata) darstellt.

Wajda, Andrzej [poln. 'vajda], * Suwalki 6. 3. 1926, poln. Regisseur. Seine Bed. für den poln. und internat. Film begründete er mit der Trilogie ›Generation‹ (1954), ›Der Kanal‹ (1956), ›Asche und Diamant‹ (1958; nach dem Roman von J. Andrzejewski). – Weitere Filme: ›Der Mann aus Marmor‹ (1977), ›Der Mann aus Eisen‹ (1981), ›Danton‹ (1982), ›Eine Liebe in Deutschland‹ (1990), ›Korczak‹ (1990).

Waka, 1. die gesamte japan. Lyrik in Unterscheidung zur chin. Lyrik; 2. die spezif. Gattung des japan. Kurzgedichts aus 31 Silben (**Tanka**), das seit der ersten monumentalen Gedichtsammlung ›Manioschu‹ (8. Jh.) bis heute seinen Platz in der japan. Lyrik behauptet.

Wakefield [engl. 'weɪkfiːld], Stadt in N-England, am Calder, 60 500 E. Verwaltungssitz der Metropolitan County West Yorkshire; Markt- und Ind.stadt. Kathedrale (erneuert 1329), Brückenkapelle Saint Mary (1342 ff.).

Wakhan, Gebiet in NO-Afghanistan, erstreckt sich 300 km lang und 20–60 km breit zw. der UdSSR (im N) und Pakistan (bzw. Indien) bis zur chin. Grenze (im O).

Waksman, Selman [engl. 'wɑːksmən], * Priluki bei Kiew 22. 7. 1888, † Hyannis (Mass.) 16. 8. 1973, amerikan. Biochemiker russ. Herkunft. Isolierte aus dem Strahlenpilz Streptomyces griseus das Streptomyzin und aus Streptomyces fradiae das Neomyzin; erhielt 1952 den Nobelpreis für Physiologie oder Medizin.

Walachei, Teil Rumäniens zw. den Karpaten in N, der Donau im W, S und O, im NO in die Moldau übergehend, in die *Kleine W.* (*Oltenien;* im W) und die *Große W. (Muntenien),* geteilt durch den Alt. **Geschichte:** Fürst Basarab I. (✉ um 1310–52) vereinte das Gebiet beiderseits des Alt und begründete das Ft. der W.; größte Ausdehnung unter Fürst Mircea dem Alten (✉ 1386–1418; u. a. auch die Dobrudscha sowie Teile Siebenbürgens und das Banat von Severin), seit 1415 Tributpflicht und zunehmende Abhängigkeit von den Osmanen; ab 1714 wurden die Herrscher von den Osmanen eingesetzt (bis 1821 Phanarioten). Der Vertrag von Adrianopel (1829) schränkte den osman. Einfluß erheblich ein. 1828–34 russisch besetzt. Mit der Wahl von Alexandru Ioan Cuza (* 1820, † 1873) zum Fürsten der Moldau und der W. (1859) begann die Entstehung des Staates → Rumänien (1862).

Walachen, svw. Wlachen, d. h. Rumänen.

Walcha, Helmut, * Leipzig 27. 10. 1907, † Frankfurt am Main 15. 8. 1991, dt. Organist. Mit 16 Jahren erblindet, Schüler von G. Ramin; bes. Bed. als Interpret der Orgelmusik von J. S. Bach.

Walchensee, mit 16,4 km² größter dt. Alpensee.

Wald, George [engl. wɔːld], * New York 18. 11. 1906, amerikan. Biochemiker. Entdeckte die Vitamine A_1 und A_2 in der Netzhaut des Auges und arbeitete über den Mechanismus des Farbensehens; erhielt (zus. mit R. A. Granit und H. K. Hartline) 1967 den Nobelpreis für Physiologie oder Medizin.

Wald, natürl. Lebensgemeinschaft und Ökosystem von dicht stehenden Bäumen mit spezieller Tier- und Pflanzenwelt sowie mit bes. Klima- und Bodenbedin-

gungen. Hinsichtlich der Entstehung des W. unterscheidet man zw. dem ohne menschl. Zutun gewachsenen *natürl. Wald* (Urwald), dem nach menschl. Eingriffen (z. T. Rodung) natürlich nachwachsenden *Sekundärwald* und dem vom Menschen angelegten *Wirtschaftswald,* hinsichtlich des Baumbestandes zw. *Reinbestand* (eine einzige Baumart) und Mischbestand (mehrere Baumarten; *Mischwald*). Die Pflanzen des W. stehen miteinander in ständiger Wechselbeziehung, indem sie sich gegenseitig fördern oder miteinander um Licht, Wasser und Nährstoffe konkurrieren. Das *Waldklima* zeichnet sich im Verhältnis zum Klima offener Landschaften durch gleichmäßigere Temperaturen, höhere relative Luftfeuchtigkeit, geringere Lichtintensität und schwächere Luftbewegung aus. Der W. hat einerseits eine sehr hohe Transpirationsrate, andererseits vermag er in seinen Boden große Wassermengen schnell aufzunehmen und darin zu speichern. – Unter entsprechenden Klimabedingungen gilt der W. als dominierende pflanzl. Formation.

Die Wälder der Erde unterscheiden sich wesentlich in ihrem Baumbestand, der durch die jeweils unterschiedl. ökolog. Faktoren bedingt ist. Der *trop. Wald* in den niederschlagsreichen Gebieten ist durch üppiges Wachstum und Artenreichtum charakterisiert. In den *Subtropen* erscheinen mit zunehmender Trockenheit Hartlaubgehölze. Die *gemäßigte Region* ist durch sommergrüne Laubwälder (in Gebirgslagen bes. durch Nadelwälder) charakterisiert, die auf der *Nordhalbkugel* in einen breiten Nadelholzgürtel übergehen. Im einzelnen lassen sich folgende *Waldformationsklassen* unterscheiden: (trop. oder subtrop.) Regenwald (grundwasserbedingt sind die Unterklassen Mangrove und Galeriewald), regengrüner Wald (auch Monsunwald), regengrüner Trockenwald, Lorbeerwald, Hartlaubwald, sommergrüner Laubwald und borealer Nadelwald.

Im Wirtschafts-W. unterscheidet man (als Bewirtschaftungsformen) *Niederwald* (Laubwald, bei dem sich der Baumbestand aus Stöcken und Wurzeln der gefällten Bäume erneuert), *Hochwald* (der Baumbestand wird durch Anpflanzen oder Saat erneuert) und *Mittelwald* (in ein dichtes, alle 10–15 Jahre geschlagenes und immer wieder neu austreibendes Unterholz sind besser geformte Stämme eingestreut).

Über seine Funktion als Holzlieferant und Lebensstätte des Wildes hinaus kommen dem W. trotz weitgehender Einbuße seiner kultisch-mytholog. Bed. noch wichtige landeskulturelle und soziale Funktionen zu, u. a. als Schutzwald und Erholungsraum.

Waldameisen, Gatt. der Ameisen (Fam. Schuppenameisen) mit rd. 15 einheim. Arten. Am bekanntesten ist die geschützte *Rote W.* (♂ und ♀ 9 bis 11 mm lang, Arbeiterinnen 4–9 mm lang). Sie baut aus Kiefern- oder Fichtennadeln ein bis 1,8 m hohes Nest.

Waldböcke, Unterfam. reh- bis rindergroßer, schlanker und hochbeiniger Paarhufer (Fam. Horntiere) mit rd. zehn Arten, v. a. in Wäldern, Dickichten und Savannen Afrikas und Indiens (u. a. → Drehhornantilopen).

Waldburg, urspr. staufisches Ministerialengeschlecht; 1419–1808 Titel: **Truchseß von Waldburg;** 1429 dynast. Teilung; 1628 Reichsgrafen, 1803 Reichsfürsten; 1805/06 mediatisiert. Bed. Vertreter:

1) Gebhard Frhr. zu → Gebhard Frhr. zu Waldburg.

2) Georg Truchseß von, gen. ›der Bauernjörg‹, * Waldsee (= Bad Waldsee) 25. 1. 1488, † ebd. 29. 5. 1531, Feldhauptmann. 1519 an der Vertreibung Herzog Ulrichs von Württemberg beteiligt; warf 1525 im Bauernkrieg als Führer des Schwäb. Bundes die aufständ. Bauern grausam nieder.

Waldeck, 1) ehem. Gft. im heutigen N-Hessen; seit 1180 bezeugt; seit 1431/38 unter hess. Landes-

Selman Waksman

George Wald

(bis 1648) und Lehnshoheit; mehrfache dynast. Teilungen; u. a. 1625 Erwerb der Gft. Pyrmont; 1682/1712 Reichs-Ft.; 1815 beim Dt. Bund; seit 1867 unter preuß. Verwaltung; 1918 Freistaat; 1922 kam Pyrmont, 1929 W. selbst an Preußen (Prov. Hannover bzw. Hessen-Nassau).

2) hess. Stadt, Luftkurort am N-Ufer des Edersees, 7 000 E. Got. Pfarrkirche (v. a. 16. Jh.), Burg (13. bis 17. Jh.).

Waldeck-Rousseau, Pierre [frz. valdɛkru'so], * Nantes 2. 12. 1846, † Paris 10. 8. 1904, frz. Politiker (Gemäßigter Republikaner). 1881/82 und 1883–85 Innen-Min.; als Premier-Min. (1899–1902) leitete er die Trennung von Staat und Kirche sowie die Beendigung der → Dreyfusaffäre ein, berief erstmals einen Sozialisten in ein Min.-Amt.

Waldemar, Name von dän. Herrschern:
1) Waldemar I., der Große, * 14. 1. 1131, † Schloß Vordingborg (S-Seeland) 12. 5. 1182, König (seit 1157). Zur Unterstützung seiner Ausdehnungspolitik in Konkurrenz zu Heinrich dem Löwen erkannte er 1162 die Lehnshoheit Friedrichs I. Barbarossa an. 1168/69 eroberte er Rügen und verstärkte das Danewerk *(Waldemarsmauer)*.
2) Waldemar IV. Atterdag, * um 1320, † Schloß Gurre 24. 10. 1375, König (seit 1340). 1361 zerstörte er die Hansestadt Visby und geriet dadurch in einen Krieg mit der Hanse, den die dän. Stände im Frieden von Stralsund (1370) eigenmächtig beendeten.

Walden, Herwarth, eigtl. Georg Levin, * Berlin 16. 9. 1878, † Saratow 31. 10. 1941, dt. Schriftsteller und Kunstkritiker. Als Hg. der Zeitschrift ›Der Sturm‹ und Autor bed. kunsttheoret. Schriften Wegbereiter des Expressionismus, Kubismus und Futurismus; förderte u. a. A. Döblin, F. Wedekind, H. und Th. Mann, G. Benn und O. Kokoschka. Ging 1932 nach Moskau, wo er 1941 verhaftet wurde; starb im Gefängnis. → Sturmkreis.

Waldenburg (Schles.) (poln. Wałbrzych), Stadt im Waldenburger Bergland, Polen', 141 000 E. Museum; Theater, Zentrum eines Bergbau- und Ind.-reviers.

Waldenser, Anhänger der von P. Waldes zw. 1170 und 1176 innerhalb der kath. Kirche S-Frankreichs zur Verkündigung des Evangeliums gegr. und nach dem Vorbild Jesu in Armut lebenden Laienbruderschaft (›Arme von Lyon‹); wegen ihrer Praxis der Laienpredigt 1184 exkommuniziert. – Zunächst gegen die Katharer gerichtet, übernahmen die W. bald deren Organisationsform, verwarfen aber später Lehrautorität, Hierarchie, Liturgie, Sakramente, die Lehre vom Fegefeuer, Eid, Kriegsdienst und Todesstrafe. Trotz steter Verfolgung, u. a. durch die Inquisition, zählen die W. heute sechs Distrikte in Italien und einen Distrikt in Uruguay/Argentinien mit insgesamt etwa 50 000 Mgl.; ihre theol. Fakultät befindet sich in Rom.

Waldersee, Alfred Graf von, * Potsdam 8. 4. 1832, † Hannover 5. 3. 1904, preuß. Generalfeldmarschall (seit 1900). 1889–91 als Nachfolger Moltkes Chef des Großen Generalstabs; maßgeblich am Bismarcks Sturz beteiligt; im chin. Boxeraufstand Oberbefehlshaber der europ. Interventionstruppen.

Waldes, Petrus (P. Waldensis, Valdes, Valdus, Valdesius), † zw. 1184 und 1218. → Waldenser.

Waldgärtner (Kiefernmarkkäfer), Gatt. der Borkenkäfer mit 2 einheim. Arten; 3,5–5 mm lang, schwarz-braun; Larven unter der Rinde von Kiefern, fressen als Käfer in die Astspitzen, die dadurch absterben.

Waldgrenze, klimatisch bedingte Grenzzone, bis zu der geschlossener Wald noch gedeiht.

Waldheim, Kurt, * Sankt Andrä-Wördern bei Wien 21. 12. 1918, österr. Diplomat und Politiker. 1968–70 österr. Außen-Min.; 1971–81 Generalsekre-

tär der UN; seit 1986 trotz Kritik an seinem Verhalten gegenüber der nat.-soz. Vergangenheit österr. Bundespräsident.

Waldhorn (Horn), Blechblasinstrument mit kreisförmig gewundenem, stark kon. Rohr, trichterförmigem Mundstück, ausladender Stürze und drei Ventilen (mit zusätzl. Stopfventil), von weichem, warmem Klang. Heute wird v. a. das Doppelhorn in B/F (mit Umschaltventil) oder das Horn in F (Umfang $_1$B–f^2) verwendet.

Waldkatze → Wildkatze.

Waldkauz → Eulenvögel.

Waldkirch, Stadt im Breisgau, Bad.-Württ., 18 900 E. Barocke Pfarrkirche (1732–34) mit Rokokoausstattung, Ruine der Kastelburg (13.–16. Jh.).

Waldlandtradition, Kulturperiode im östlichen Nordamerika (ab etwa 1000 v. Chr.) bis in die Neuzeit; in zahlr. Einzelkulturen aufgespalten.

Waldmeister → Labkraut.

Waldmüller, Ferdinand Georg, * Wien 15. 1. 1793, † Hinterbrühl bei Mödling 23. 8. 1865, österr. Maler. Hauptvertreter des Wiener Biedermeier; bed. Porträts.

Waldorfschulen, private, anthroposophisch orientierte Gesamtschulen. Die erste W. wurde 1919 in Stuttgart von dem Direktor der Waldorf-Astoria-Zigarettenfabrik, Emil Molt (* 1876, † 1936), gegründet, der die Leitung dem Anthroposophen R. Steiner übertrug. 1938 Verbot der bestehenden 8 dt. W.; nach 1945 zahlr. Neugründungen. Bis heute 78 W. in der BR Deutschland, im europ. Ausland 110, im übrigen Ausland 42. Schulträger jeder W. ist ein eigener Schulverein, in dessen Vorstand Eltern und Lehrer gleichberechtigt sind. Der 13 Schuljahre umfassende Unterricht ist bis zum 8. Schuljahr einem Klassenlehrer, dann Fachlehrern übertragen. Päd. Zielsetzung ist eine breitangelegte Begabungsförderung unter bes. Berücksichtigung künstler. und handwerkl. Tätigkeiten und des Eurythmieunterrichts. Fremdsprachl. Unterricht beginnt im 1. Schuljahr.

Waldrebe (Klematis, Clematis), Gatt. der Hahnenfußgewächse mit rd. 300 weltweit verbreiteten Arten; sommer- oder immergrüne, meist kletternde Sträucher; Blüten glockig bis tellerförmig, einzeln oder in Rispen, oft weiß oder violett; einheimisch ist u. a. die *Gemeine W.* (Hexenzwirn) mit bis 7 m hoch kletternden Zweigen und kronblattlosen Blüten mit weißen bis rötl. Kelchblättern.

Waldsassen, Stadt in der Wondrebsenke, Bayern, 8 200 E. Stiftslandmuseum. Barocke Abteikirche (1681–1704) und Klostergebäude mit bed. Bibliotheksraum (1724–26). – 1133 Gründung des Zisterzienserklosters, 1147 – Mitte 16. Jh. reichsunmittelbar, 1803 aufgelöst, 1863 als Zisterzienserinnenkloster neu gegr., seit 1925 Abtei. Der Ort entstand 1613.

Waldseemüller, Martin, * Radolfzell 1470 (?), † Saint-Dié 1518 (?), dt. Kartograph. Auf seiner Globuskarte und Weltkarte (beide 1507) erscheint erstmals der Name ›America‹ für den neu entdeckten Kontinent.

Waldshut-Tiengen ['tɪŋən], Kreisstadt an Hochrhein und Wutach, Bad.-Württ., 21 300 E. In *Waldshut* frühklassizist. Pfarrkirche (1804–06), spätbarockes Rathaus (18. Jh.), spätgot. Stadttore. In *Tiengen* barocke Marienkirche (18. Jh.), Schloß (1571–1619). – 1975 Zusammenschluß von Waldshut, Tiengen und Gurtweil zur Stadt Waldshut-Tiengen.

Waldstein → Wallenstein.

Waldsterben, das großflächige Absterben von Nadel- und Laubbäumen. Als Hauptursache gilt der → sauere Regen, mögl. andere Ursachen sind auch die durch Kraftfahrzeuge, Haushalte und Ind. erzeugten Schadstoffe wie Stickoxide, Schwermetalle, Photooxidanzien. Andere, nicht immissionsbedingte

Herwarth Walden
(Zeichnung von
Emil Orlik; 1926)

Kurt Waldheim

Schadfaktoren, z. B. extreme Witterungs- und Klimaereignisse, waldbaul. Fehler, Pilze, Bakterien und Schadinsekten, können Sekundärschäden verursachen oder die Wirkung der Schadstoffe verstärken. Schon seit dem 19. Jh. sind Waldschäden durch Abgase von Ind.anlagen, allerdings ausschließlich in deren Nahbereich, bekannt. Seit etwa 20–25 Jahren treten jedoch in emittentenfernen Gebieten (bedingt durch die Erhöhung der Schornsteine) neuartige unterschiedl. Schadbilder auf. Dabei handelt es sich um Schäden v. a. an älteren Beständen von Tannen, Kiefern und Fichten; die Laubbäume (Eichen, Buchen) zeigen die Auswirkungen mit einer zeitl. Verzögerung bei derzeit annähernd gleich hoher Schädigung. Charakterist. Symptome aller betroffenen Baumarten: 1. Verfärbung und Abwurf von Nadeln oder Blättern; 2. Verminderte Wasser- und Nährstoffaufnahme des Baumes durch große Schäden im Feinwurzelsystem; 3. Wachstumsstörungen. Nach offiziellen Angaben des Bundesministeriums für Ernährung, Landwirtschaft und Forsten Ende 1991 sind in der BR Deutschland rd. 64% der Waldfläche geschädigt, v. a. in Bad.-Württ., Bayern, Thüringen und Mecklenburg-Vorpommern. →Luftreinhaltung.

Waldsassen: Klosterbibliothek

Waldviertel, nw. Landesteil von Niederösterreich, westlich des Manhartsberges und nördlich der Donau.

Waldvögelein, Gatt. der Orchideen mit 14 Arten im gemäßigten Eurasien und in N-Amerika; Erdorchideen mit beblättertem Stengel und in lockerer Ähre stehenden Blüten; einheimisch sind u. a. *Weißes* und *Rotes W.* (in lichten Buchenwäldern).

Waldzecke →Schildzecken.

Waldziegenantilopen, Gatt.gruppe der Ziegenartigen mit 2 etwa ziegengroßen Arten, v. a. in dichten Gebirgs- und Bambuswäldern S- und O-Asiens. Etwa 90–130 cm lang und rd. 55–75 cm schulterhoch ist der **Goral** (mit kurzen, spitzen Hörnern; Fell dicht und lang; Färbung überwiegend rotbraun bis dunkelbraun).

Wale (Cetacea), mit rd. 90 Arten weltweit verbreitete Ordnung der Säugetiere von etwa 1,25–33 m Körperlänge und rd. 25 kg bis über 135 t Gewicht; mit Ausnahme weniger Zahnwalarten ausschließlich im Meer; Gestalt torpedoförmig, fischähnlich (jedoch waagrecht gestellte Schwanzflosse), Vorderextremitäten zu Flossen umgewandelt, Hinterextremitäten vollständig rückgebildet; Rückenfinne fast stets vorhanden; mit Ausnahme von zerstreuten Borsten am Kopf (Sinneshaare) Haarkleid rückgebildet; Haut ohne Schweiß- und Talgdrüsen, von mehr oder minder stark ausgebildeter Fettschicht unterlagert, die der Wärmeisolierung dient und aus der v. a. bei Bartenwalen Tran gewonnen wird; äußeres Ohr fehlend; Augen sehr klein; Nasenlöcher (›Spritzlöcher‹) paarig (Bartenwale) oder unpaarig (Zahnwale), weit nach hinten auf die Kopfoberseite verschoben (ausgenommen Pottwal); Gesichtssinn schwach, Geruchs- und Gehörsinn meist gut entwickelt; Verständigung zw. Gruppenmitgliedern der meist sehr gesellig lebenden W. durch ein umfangreiches, teilweise im Ultraschallbereich liegendes Tonrepertoire; Gebiß aus zahlr. gleichförmigen, kegelartigen Zähnen (fischfressende Zahnwale), teilweise rückgebildet (tintenfischfressende Zahnwale) oder völlig reduziert und funktionell durch Barten ersetzt (Bartenwale). – W. sind ausgezeichnete Schwimmer und Taucher (können z. T. bis rd. 1000 m Tiefe [z. B. Pottwal] und u. U. länger als eine Stunde tauchen). – Nach einer Tragzeit von rd. 11–16 Monaten wird meist nur ein Junges geboren, das bei der Geburt etwa $\frac{1}{4}$–$\frac{1}{3}$ der Länge der Mutter hat. – Die W. zählen zu den intelligentesten und lernfähigsten Tieren. Wegen verschiedener industriell nutzbarer Produkte (z. T. Walrat, Amber, Fischbein, Vitamin A [aus der Leber], Öl) werden Wale mit modernen Walfangflotten stark bejagt, was zu drast. Bestandsabnahmen geführt hat; einige Arten (z. T. Grönland-, Blauwal, Nordkaper) sind vom Aussterben bedroht.

Waldvögelein: Rotes Waldvögelein

Walensee, langgestreckter Alpenrandsee (16 km lang, kaum 2 km breit, 24 km² groß) in der O-Schweiz zw. den Kantonen Glarus und St. Gallen.

Wales [engl. wɛɪlz], die westl. Halbinsel der brit. Hauptinsel zw. der Ir. See und dem Bristolkanal.

Geschichte: Nach dem Abzug der Römer Anfang des 5. Jh. wurde W. vor den anrückenden Angelsachsen zum Rückzugsgebiet der alteingesessenen Kymren und anderer kelt. Stämme. Nach der normann. Eroberung belehnte Wilhelm I. Ritter aus seinem Gefolge mit den Grenzgebieten und Teilen des südl. Wales. Erst unter Eduard I. konnte W. endgültig dem engl. Herrschaftsbereich eingegliedert werden. Den Titel →Prince of Wales übertrug er 1301 seinem Sohn, dem späteren Eduard II., um W. fester an England zu binden. Den letzten Versuch, wieder die nat. Unabhängigkeit zu erlangen, unternahm 1400 O. Glendower. Eine endgültige Befriedung der Waliser gelang erst den Tudors, die selbst walis. Abstammung waren. In den Acts of Union von 1536 und 1542 wurde W. von Heinrich VIII. England rechtlich, politisch und administrativ gleichgestellt. Eine neue Belebung erfuhr das nat. Bewußtsein durch die ›kelt. Renaissance‹ des 18. Jahrhunderts. Zu Anfang des 20. Jh. machte die brit. Regierung auf die walis. Autonomieforderungen hin Zugeständnisse im kulturellen Bereich; eine größere polit. Autonomie (eigenes Parlament) lehnten die Waliser 1979 ab.

Wałęsa, Leszek (›Lech‹) [poln. va'uɛsa], * Popowo (bei Bromberg) 29. 9. 1943, poln. Gewerkschafter. Elektromonteur; erstmals 1970, erneut 1980 Streikführer der Werftarbeiter in der Danziger Bucht; setzte die Zulassung freier Gewerkschaften in Polen durch; 1980–90 Vors. des Dachverbands der freien Gewerkschaften Polens (rd. 3 Mio. Mgl.); Dez. 1981–Nov. 1982 interniert; erhielt 1983 den Friedensnobelpreis. Am 9. 12. 1990 zum poln. Staatspräs. gewählt.

Leszek (Lech) Wałęsa

Walfang, gewerbsmäßige Jagd auf Wale. Das von der internat. Walfangkommission urspr. für 1986 geplante [fünfjährige] Fangverbot für die stark bedrohten Wale scheiterte bisher an der Intransigenz v. a. Japans und der UdSSR.

Walfisch →Sternbilder (Übersicht).

Walfischbai [...bɛɪ], Stadt an der Walfischbucht des Atlantiks, bildet mit dem Hinterland eine südafrikan. Exklave in Namibia, 1 124 km², 20 800 E. Eines der größten Fischverarbeitungszentren der Erde; wichtigster Hafen für Namibia; Eisenbahnendpunkt, ✈. – Kam 1878 unter brit. Schutz; seit 1884 von der Kapkolonie verwaltet; 1910 Teil der Südafrikan. Union (= Republik Südafrika); 1922–77 von Südwestafrika verwaltet; untersteht seit 1. 9. 1977 wieder der Kapprovinz; von der SWAPO für Namibia beansprucht.

Walfische, falsche Bez. für Wale.

Walhall (Wallhalla, altnord. Valhöll), im altnord. Mythos Ort, wohin →Odin die gefallenen Krieger beruft.

Walhalla, Ruhmeshalle (mit Büsten berühmter Deutscher), die König Ludwig I. von Bayern von L. von Klenze erbauen ließ (1830–42); oberhalb der Donau bei Regensburg.

Wali (Vali) [arab.-türk.], der höchste Regierungsvertreter in einer Prov. des Osman. Reiches wie auch in einem Verw.-Geb. (İl) der heutigen Türkei.

Walisisch (Kymrisch), zur britann. Gruppe der kelt. Sprachen gehörende Sprache, die in Wales von etwa 660 000 Personen gesprochen wird. Die Unterschiede zw. der standardisierten Literatursprache und der gesprochenen Umgangssprache sind sehr groß. Die Dialekte werden in eine nördl. und eine südl. Gruppe eingeteilt.

Walken, in der *Textiltechnik* Bez. für das mechan. Bearbeiten von Wollstoffen unter Druck, Wärme und Feuchtigkeit, bei dem es zu einem Verfilzen der Gewebe kommt. Durch das W. erhalten die Wollstoffe ein geschlossenes Aussehen und erhöhte Festigkeit.

Walkenried, Gem. bei Bad Sachsa, Nds., 2 400 E. Ruine der ehem. Zisterzienserklosterkirche (13. Jh.), berühmter Kreuzgang (14. Jh.).

Walkie-talkie [engl. 'wɔːki 'tɔːki], tragbares, handl. Funksprechgerät.

Walkman [engl. 'wɔːkmæn], kleiner, tragbarer Kassettenrecorder mit Kopfhörer.

Walküren [altnord. ›diejenigen, die bestimmen, wer auf dem Kampfplatz fallen soll‹], im german. Mythos die Botinnen des Gottes Odin, die die gefallenen →Einherier durch ihren Kuß zu ewigem Leben erwecken.

Wallabys [engl. 'wɔləbɪz; austral.], die Felle verschiedener Känguruharten.

Wallace [engl. 'wɔlɪs], **1)** Alfred Russel, * Usk bei Cardiff 8. 1. 1823, † Broadstone bei Bournemouth 7. 11. 1913, brit. Zoologe und Forschungsreisender. Untersuchte bes. die geograph. Verbreitung von Tiergruppen und teilte die Erde in tiergeograph. Regionen ein; stellte unabhängig von C. Darwin die Selektionstheorie auf.

2) Edgar, * Greenwich (= London) 1. 4. 1875, † Los Angeles-Hollywood 10. 2. 1932, engl. Schriftsteller. Diktierte über 100 erfolgreiche Kriminalromane (auch zahlr. Verfilmungen), u. a. ›Der Hexer‹ (1925, dramatisiert 1926), ›Der Zinker‹ (1927).

3) Lew[is], * Brookville (Ind.) 10. 4. 1827, † Crawfordsville (Ind.) 15. 2. 1905, amerikan. Schriftsteller. Schrieb u. a. den histor. Roman ›Ben Hur‹ (1880; verfilmt 1959 von W. Wyler; 1929 Stummfilm).

Wallach, Otto, * Königsberg (Pr) 27. 3. 1847, † Göttingen 26. 2. 1931, dt. Chemiker. Bed. Arbeiten über äther. Öle, Kampfer u. a. Terpene, opt. Aktivität; Nobelpreis für Chemie 1910.

Wallenstein
(aus einer Grisaille von Anthonis van Dyck als Vorlage für den Kupferstich ›Pieter de Jode d. J.‹, zw. 1636–41; München, Pinakothek)

Edgar Wallace

Wallis
Wappen

Wallach [nach der Walachei], kastriertes männl. Pferd.

Walldürn, Stadt am O-Rand des Odenwalds, Bad.-Württ., 10 400 E. U. a. Herstellung von Elektrogeräten. Wallfahrtsort. Barocke Wallfahrtskirche Hl. Blut (v. a. 17./18. Jh.); röm. Kastellbad. – Erstmals 795 erwähnt; um 1264 befestigt.

Wallenberg [schwed. ˌvalənbærj], schwed. Bankiers- und Industriellenfamilie. Die Holdinggesellschaft des W.-Konzerns ist an den bedeutendsten schwed. Unternehmen wesentlich beteiligt. Bed. Vertreter u. a.: **1)** Knut Agaton, * Stockholm 19. 5. 1853, † ebd. 1. 6. 1938. Bankier; leitete ab 1886 die Stockholm Enskilda Bank, die unter seiner Leitung zur bedeutendsten schwed. Bankgesellschaft wurde; vertrat als Außenmin. 1914–17 eine strikte Neutralitätspolitik.

2) Raoul, * Stockholm 1912, Diplomat. Rettete in einer Sondermission in Budapest rd. 100 000 ungar. Juden im 2. Weltkrieg das Leben; 1945 vom sowjet. Geheimdienst vermutlich in die Sowjetunion verschleppt, seitdem verschollen.

Wallenstein (Waldstein), Albrecht Wenzel Eusebius von, Hzg. von Friedland (seit 1625), Fürst von Sagan (seit 1627/28), Hzg. von Mecklenburg (seit 1627/29), gen. der Friedländer, * Hermanitz (= Heřmanice, Ostböhm. Gebiet) 24. 9. 1583, † Eger 25. 2. 1634 (ermordet), Feldherr und Staatsmann. Aus altböhm. Adelsgeschlecht; gewann durch Heirat (1609) reichen Besitz in Mähren und als Anhänger Kaiser Ferdinands II. nach der Niederwerfung des Böhm. Aufstandes 1622 große Ländereien im NO Böhmens (1624 zum Ft. Friedland erhoben). 1625 stellte W. dem Kaiser ein eigenes Söldnerheer zur Verfügung und erhielt den Oberbefehl über alle kaiserl. Truppen im Reich. Im April 1626 schlug W. die Armee Hzg. Ernsts II. von Mansfeld, 1627 vertrieb er mit Tilly Christian IV. von Dänemark aus N-Deutschland. 1630 erzwangen die Reichsfürsten die Entlassung des zu mächtig gewordenen Friedländers; doch der unaufhaltsame schwed. Vormarsch zwang den Kaiser, ihm 1632 erneut den Oberbefehl mit unbeschränkter Vollmacht zu übertragen. W. vertrieb die Schweden aus S-Deutschland und zog sich nach der Schlacht bei Lützen (16. 11. 1632; Tod Gustavs II. Adolf) nach Böhmen zurück. Nach dem Tode des schwed. Königs gewannen seine Gegner erneut die Oberhand beim Kaiser. Auf die Nachricht eines geplanten Hochverrats hin, der jedoch nicht bewiesen werden konnte, wurde W. geächtet; fast alle Offiziere (M. Reichsgraf Gallas, J. Gordon) fielen daraufhin von W. ab. Er wurde mit seinen nächsten Vertrauten Christian Frhr. von Ilow (* 1585, † 1634), A. E. Terzka und Wilhelm Kinský in Eger ermordet. – Dramentrilogie ›Wallensteins Lager‹, ›Die Piccolomini‹, ›Wallensteins Tod‹ (1800) von F. Schiller.

Waller, Fats [engl. 'wɔlə], eigtl. Thomas W., * New York 21. 5. 1904, † Kansas City 15. 12. 1943, amerikan. Jazzmusiker (Pianist, Organist, Sänger, Komponist). Einer der stilbildenden Pianisten des Swing.

Wallfahrt (Pilgerfahrt), Fahrt bzw. Wanderung zu hl. Stätten, Gräbern oder Gnadenbildern; in der Religionsgeschichte allg. verbreitet.

Wallis (frz. Valais), südschweizer. Kt., umfaßt das Einzugsgebiet der oberen Rhone bis zu deren Mündung in den Genfer See, 5 226 km², 241 800 E, Hauptstadt Sitten. Im Rhonetal Ackerbau, Wein- und Obstbau auf südexponierten Hängen, in den Seitentälern v. a. Milchviehhaltung; bed. Fremdenverkehr.

Geschichte: Mitte des 5. Jh. drangen Burgunder im heutigen Unterwallis ein, später die Alemannen ins heutige Oberwallis; 999 kam die Gft. W. an den Bischof von Sitten, der in seinem Kampf gegen die Hzg. von Savoyen von den 7 Zenden (bäuerl. Gemeindeorganisationen) des Oberwallis unterstützt wurde; diese eroberten 1475–77 das bisher savoyische Unterwallis. 1475 wurde das W. zugewandter Ort der Eidgenossenschaft. Die Anhänger der Reformation wurden zu Beginn des 17. Jh. unter dem Einfluß der kath. Orte vertrieben. 1798 von den Franzosen besetzt, 1802 zur unabhängigen Republik, 1810 zum frz. ›Département du Simplon‹ erklärt. 1814 als Kt. in die Eidgenossenschaft aufgenommen; 1845–47 Mgl. des Sonderbundes.

Walnuß: Zweig mit Früchten der Gemeinen Walnuß

Wallis et Futuna [frz. walisefyty'na], frz. Überseeterritorium im südl. Pazifik, umfaßt die zw. Fidschi und Westsamoa gelegenen Inselgruppen Îles Wallis (Hauptinsel Ouvéa) und Îles de Horn (Hauptinsel Futuna) 274 km², 15400 E, Verwaltungssitz Mata Utu. Seit 1888 frz. Protektorat, seit Juli 1961 Überseeterritorium.

Wallonisch, Bez. für die in Belgien gesprochenen nordfrz. Mundarten (mit Ausnahme des Pikard. im Hennegau und des südlich des Flusses Semois gesprochenen Lothring.). Hauptmerkmal: altertüml. Sprachformen mit starkem german. Einfluß.

Wallonische Bewegung, Anfang des 20. Jh. in Reaktion auf die fläm. Bewegung unter der frankophonen Bevölkerung Belgiens entstanden mit dem Ziel, deren kulturelle, polit. und wirtschaftl. Sonderinteressen zu wahren. Mit der Verlagerung des wirtschaftl. Schwergewichts nach Flandern seit dem 2. Weltkrieg gewann die W. B. zunehmend an Bedeutung und schlug sich in Parteibildungen nieder (Front Démocratique des Francophones, Rassemblement Wallon), wobei die Zielsetzung zw. Regionalisierung (1970/80 erreicht; → Belgien, Geschichte) und Anschluß an Frankreich variierte.

Wallot, Paul, * Oppenheim 26. 6. 1841, † Langenschwalbach (= Bad Schwalbach) 10. 8. 1912, dt. Architekt. Baute das Reichstagsgebäude in Berlin (1884–94).

Wallraff, Günter, * Burscheid 1. 10. 1942, dt. Publizist. Verfaßte zunächst Reportagen aus der Arbeitswelt. Aufsehen erregten seine Methoden der Recherche – das Verbergen seiner Identität –, um gesellschaftl. ›Geheimbereiche‹ auszuleuchten; schrieb u. a. ›13 unerwünschte Reportagen‹ (1969), ›Die unheiml. Republik‹ (1982), ›Ganz unten‹ (1985; Erfahrungen in der Rolle des Türken ›Ali‹).

Wallraf-Richartz-Museum und Museum Ludwig, bed. Kunstmuseum in Köln.

Wallstreet [engl. 'wɔ:lstri:t], Straße im New Yorker Stadtteil Manhattan, mit Banken und Börsen;

übertragen verwendete Bez. für das Finanzzentrum der USA.

Wall Street Journal [engl. 'wɔ:l 'stri:t 'dʒɔ:nl], 1889 gegr. New Yorker Tageszeitung; bed. Wirtschaftszeitung (veröffentlicht regelmäßig den → Dow-Jones-Index).

Walnuß, Gatt. der W.gewächse mit rd. 15 Arten im sö. Europa, im gemäßigten Asien, in N-Amerika und in den nördl. Anden; sommergrüne Bäume mit einhäusigen Blüten; männl. Blüten in hängenden Kätzchen, weibl. Blüten einzelnstehend oder in wenigblütigen Knäueln oder Ähren; Steinfrucht mit dicker, faseriger Außen- und holziger Innenschale sowie einem sehr fetthaltigen, eßbaren Samen; wichtige Holzlieferanten. Bekannte Arten sind: *Gemeine W.* (W.baum, *Nußbaum*), die bis 30 m hoher Baum, Samen liefert ein wertvolles Speiseöl. *Schwarznuß* (Schwarze W.), bis 50 m hoch, im östl. N-Amerika; mit schwarzer, dickschaliger Nuß; Kern süßlich und ölreich.

Walnußgewächse (Juglandaceae), Familie der Zweikeimblättrigen mit rd. 60 Arten in 8 Gatt. in der nördl. gemäßigten Zone, v. a. im östl. N-Amerika und in O-Asien (u. a. Hickorybaum und Walnuß).

Walpole [engl. 'wɔ:lpoʊl], 1) Horace, Earl of Orford, eigtl. Horatio W., * London 24. 9. 1717, † ebd. 2. 3. 1797, engl. Schriftsteller. Sein Roman ›Schloß Otranto‹ (1765), erstes Beispiel des engl. → Gothic novel, wurde bes. von den dt. Romantikern geschätzt. – 2) Sir (seit 1937) Hugh, * Auckland (Neuseeland) 13. 3. 1884, † London 1. 6. 1941, engl. Schriftsteller. Schrieb zeitkrit. Romane, u. a. ›Jeremy‹ (1919), ›Der Mörder und sein Opfer‹ (hg. 1942). – 3) Sir Robert, 1. Earl of Orford (seit 1742), * Houghton (Norfolk) 26. 8. 1676, † London 18. 3. 1745, brit. Staatsmann (Whig). 1721–42 als Erster Schatzlord und Schatzkanzler der erste brit. ›Premier-Min.‹ mit Gesamtverantwortung; W. ordnete die Staatsfinanzen, verhalf Handel und Industrie zu neuem Aufschwung und betrieb (bis 1739) eine erfolgreiche Friedenspolitik.

Walpurgisnacht [nach der hl. Walpurgis], die Nacht vor dem 1. Mai, in der nach dem Volksglauben die Hexen auf dem Blocksberg (Brocken) zusammenkommen.

Walrat, weißl., wachsartige Masse, die aus den Stirnbeinhöhlen des Pottwals gewonnen wird; u. a. Salbengrundlage, Zusatz zu Kerzen, Seifen.

Walroß, plumpe, etwa 3 (♀)–3,8 m (♂) lange, gelbbraune bis braune Robbe im N-Pazifik und Nordpolarmeer; Haut dick, von einer starken Fettschicht unterlagert; nur schwach behaart, auf der Oberlippe Schnauzbart aus dicken, starren Borsten; obere Eckzähne stark verlängert (beim ♂ bis 1 m lang); zeitlebens nachwachsend; liefern Elfenbein; Bestände teilweise gefährdet; überwiegend Muschelfresser. – Abb. S. 584.

Walser, 1) Martin, * Wasserburg (Bodensee) 24. 3. 1927, dt. Schriftsteller. Neben Novellen (u. a. ›Ein fliehendes Pferd‹, 1978) zahlr. Romane (u. a. ›Ehen in Philippsburg‹, 1957; die Trilogie ›Halbzeit‹, 1960, ›Das Einhorn‹, 1966, ›Der Sturz‹, 1973; ›Seelenarbeit‹, 1979; ›Brandung‹, 1985; ›Die Jagd‹, 1988; ›Die Verteidigung der Kindheit‹, 1991), die ein krit. Bild der dt. Nachkriegsgesellschaft zeichnen; auch Theaterstücke (u. a. ›Eiche und Angora‹, 1962, revidiert 1963; ›Überlebensgroß Herr Krott‹, 1964; ›Die Ohrfeige‹, UA 1987) und Hörspiele. 1981 Georg-Büchner-Preis. – *Weitere Werke:* Liebeserklärungen (Reden, Aufsätze, 1983), Reden über das eigene Land: Deutschland (1989). – 2) Robert, * Biel (BE) 15. 4. 1878, † Herisau 25. 12. 1956, schweizer. Schriftsteller. Lebte 1905–13 in Berlin, danach wieder in Biel, ab 1921 in Bern; 1929 u. a. wegen Selbstmordversuchen bis zu seinem Lebens-

Günter Wallraff

Robert Walser

Walroß

Ernest Walton

ende in die Nervenklinik Herisau eingewiesen, hinterließ W. ein von seinen Zeitgenossen mit Ausnahme von Kafka, R. Musil und H. Hesse wenig beachtetes, erst nach 1945 wiederentdecktes Erzählwerk. Charakteristisch für seine autobiographisch gefärbten Romane, Erzählungen und Kurzprosa (Parabeln, literar. Miniaturen, Essays, davon über 1 000 Texte erhalten, 300 gelten als verschollen) ist die analyt. Beobachtungsgabe en detail; die Vorliebe zu Wortspielen lebt von Witz und Ironie, das Paradoxe (der Welt in Kleinigkeiten) vermischt sich mit dem Phantastischen und Skurrilen. – *Werke:* Fritz Kochers Aufsätze (E., 1904), Geschwister Tanner (R., 1907), Der Gehülfe (R., 1908), Jakob von Gunten (R., 1909), Gedichte (1909), Kleine Dichtungen (En., 1914), Kleine Prosa (1917), Der Spaziergang (E., 1917), Die Rose (Prosaskizzen, 1925), Gedichte (1944).

Walser, aus dem oberen Wallis stammende Bergbauern, besiedelten im 13.–15. Jh. das →Walsertal u. a. Hochtäler der Alpen.

Walsertal, 2 Täler in Vorarlberg: Großes W., rechtes Seitental der Ill und → Kleines Walsertal.

Walsrode, Stadt am W-Rand der Lüneburger Heide, Nds., 22 300 E. Heidemuseum; Vogelpark. – Wuchs aus der älteren Siedlung **Rode** und dem 986 gegr. Kloster **Walsrode** zusammen; 1383 städtische Rechte.

Walstatt, in der german. Sage Kampfplatz der Helden.

Wälsungen (altnord. Völsungar; auch Welsungen, Wölsungen, Völsungen), nach der nordgerman. ›Völsunga saga‹ Name eines von Odin abstammenden Heldengeschlechts, als dessen Ahnherr König Völsung galt.

Waltari, Mika, * Helsinki 19. 9. 1908, † ebd. 26. 8. 1979, finn. Schriftsteller. Schrieb histor. Romane wie ›Sinuhe, der Ägypter‹ (1945; verfilmt 1954), ›Die weiße Taube‹ (1958), ›Minutus, der Römer‹ (1964).

Walter, 1) Bruno, eigtl. B. W. Schlesinger, * Berlin 15. 9. 1876, † Beverly Hills 17. 2. 1962, amerikan. Dirigent dt. Herkunft. Ab 1901 an der Wiener Hofoper (von G. Mahler engagiert), 1929–33 Gewandhauskapellmeister in Leipzig (Nachfolger W. Furtwänglers); u. a. auch Dirigent der Salzburger Festspiele; 1939 Emigration in die USA, ab 1948 auch wieder in Europa tätig.

2) Fritz, * Kaiserslautern 31. 10. 1920, dt. Fußballspieler. Dt. Meister 1951 und 1953 mit 1. FC Kaiserslautern; Spielführer der dt. Weltmeisterschaftsmannschaft 1954; 61 Länderspieleinsätze (1940–58).

3) Johann[es], * Kahla oder Großpürschütz 1496, † Torgau 25. 3. 1570, dt. Kantor und Komponist. Veröffentlichte 1524 in Zus.arbeit mit M. Luther das erste

(mehrstimmige) Chorgesangbuch der ev. Kirche (›Geystl. gesangk Buchleyn‹; 39 Liedsätze, davon 29 von Luther).

4) Otto F[riedrich], * Aarau 5. 6. 1928, schweizer. Schriftsteller. Bed. Vertreter des zeitgenöss. dt.sprach. Romans, u. a. ›Der Stumme‹ (1959), ›Herr Tourel‹ (1962), ›Das Staunen der Schlafwandler am Ende der Nacht‹ (1983), ›Zeit des Fasans‹ (1988).

Waltharius (Waltharilied), mittellat. Epos (Datierung schwankt zw. dem 9. und 10. Jh.) nach einem german. Heldenlied (über Walther von Aquitaniens Flucht mit Hiltgunt aus hunnischer Gefangenschaft). → Ekkehart I.

Walther von der Vogelweide, * um 1170, † 1230, dt. Dichter. Stammte wohl aus Österreich. Gilt als bedeutendster dt.sprachiger Lyriker des MA; als fahrender Berufsdichter begann er um 1190 als Minnesänger (etwa 70 Lieder) am Babenberger Hof in Wien, wobei er neben Liedern der ›hohen Minne‹ auch ›Mädchenlieder‹ (Begegnung mit der Frau nichtadeligen Standes) verfaßte. Ab 1198/99 wirkte er an verschiedenen Höfen als Sänger polit. Sangsprüche, dessen virtuose Sprachbeherrschung, v. a. die Fähigkeit zur polem. Pointierung, zu Wortspiel und Wortwitz, herausragte. Seine religiösen Lieder (Kreuzzugslyrik) sind in der Form des Leich (eine lange Reihe ungleicher Strophen) verfaßt.

Walton [engl. 'wɔːltən], 1) Ernest, * Dungarvan (Waterford) 6. 10. 1903, ir. Physiker. Entwickelte mit J. D. Cockroft den Kaskadengenerator, mit dessen Hilfe beiden Forschern 1932 die ersten künstl. Kernumwandlungen gelangen; 1951 erhielten sie hierfür den Nobelpreis für Physik.

2) Sir William Turner, * Oldham bei Manchester 29. 3. 1902, † auf Ischia 8. 3. 1983, engl. Komponist. U. a. Orchesterwerke, Kammer- und Klaviermusik, Oper ›Troilus und Cressida‹ (1954).

Waltrop, Stadt am N-Rand des Ruhrgebiets, NRW, 28 200 E. U. a. Steinkohlenbergbau. Hafen am Dortmund-Ems-Kanal. Erste gesicherte Erwähnung 1147; seit 1938 Stadt.

Walze, 1) svw. gerader Kreiszylinder.

2) *Straßenbaumaschine* zum Verdichten des Bodens, von Schotter und Straßendecken, als *Anhänge-W.* oder *Selbstfahr-W.* ausgeführt.

3) *Ackergerät* zum Verfestigen des Bodens, Zerdrücken von Schollen, Brechen der Kruste, Andrükken von Samen.

Walzen, wichtiges Verfahren zur spanlosen Formung metall. Werkstoffe; ihre Streckung [bzw. Stauchung] erfolgt dabei jeweils im Spalt zw. zwei umlaufenden Walzen, wobei das Material vorwiegend in der Längsrichtung geformt wird. Die bei einem Durchgang, dem sog. *Stich*, erzielbaren Querschnittsabnahmen – und damit die Anzahl der Stiche vom Rohblock bis zum Fertigprodukt – sind u. a. von Werkstoff und Temperatur abhängig. Bei kontinuierlich arbeitenden *Walzwerken* sind die Arbeitsgänge vom Rohblock bis zum Endprodukt durch Hintereinanderschaltung der entsprechenden Walzgerüste, Transport- und Hilfsvorrichtungen teilweise oder auch vollständig automatisiert. Walzwerksgerüste mit Antriebs-, Hilfs- und Adjustagevorrichtungen sind im allg. zu sog. *Walzwerks-* oder *Walzenstraßen* zusammengefügt.

Walzendruck → Stoffdruck.

Walzenskinke, Gatt. bis etwa 45 cm langer Reptilien mit drei Arten im Mittelmeergebiet; Körper kräftig bis schlangenförmig; u. a. die bis etwa 40 cm lange *Erzschleiche;* Körper blindschleichenförmig.

Walzenspinnen (Solifugae), Ordnung bis etwa 7 cm langer, meist brauner oder grauer Spinnentiere mit rd. 800 Arten, v. a. in Wüsten und Steppen der Subtropen und Tropen; Hinterleib walzenförmig.

Walzer, Paartanz im ³/₄-Takt, um 1770 aus dem Ländler hervorgegangen; seit dem Wiener Kongreß (1815) internat. Standardtanz. Neben dem schnellen *Wiener Walzer* (→Strauß, Johann) und dem *langsamen Walzer* (oder *English Waltz*) entstand der langsame Boston.

Wälzlager, aus zwei Laufringen, den Wälzkörpern und dem Käfig bestehendes meist genormtes Stützelement für drehbare Maschinenteile (z. B. Anker von Elektromotoren). Als *Wälzkörper* werden *Kugeln* und *Rollen* (Zylinder-, Tonnen-, Kegelrollen, Nadeln) verwendet. Der *Käfig* hat die Aufgabe, die Wälzkörper in gleichem Abstand zu halten. Laufringe und Wälzkörper berühren sich bei Kugellagern punktförmig, bei Rollenlagern linienförmig. – Grundsätzlich unterscheidet man nach der Form der Wälzkörper zw. *Kugel-* und *Rollenlagern* und je nach Belastung (Radial- oder Axialbelastungen) zw. *Radial-* und *Axiallagern.*

Walther von der Vogelweide (aus der Manessischen Handschrift)

Walzwerk → Walzen.

Wamme, in der *Tierzucht* Bez. für die von der Kehle bis zur Brust reichende Hautfalte an der Unterseite des Halses verschiedener Tierarten (v. a. der Rinder).

Wampum [indian.], bei den Indianern des östl. Nordamerika verbreitete zylindrisch geschliffene Schnecken- und Muschelscheiben, die auf Schnüre aufgereiht und zu Ketten oder Gürteln verbunden wurden; dienten als Zahlungsmittel und Vertragsurkunden.

Wams, bis ins 14. Jh. unter der Ritterrüstung, im 15.–17. Jh. unter dem Überrock getragenes Kleidungsstück; seit dem 18. Jh. durch die Weste ersetzt; heute noch bei Trachten.

Wandalen → Vandalen.

Wandelanleihe, svw. → Wandelschuldverschreibung.

Wandelröschen, Gatt. der Eisenkrautgewächse mit rd. 160 Arten im trop. und subtrop. Amerika, in O-Afrika und Indien; z. T. als Gartenzierpflanze kultiviert.

Wandelschuldverschreibung (Wandelanleihe, Wandelobligation), Schuldverschreibung einer Aktiengesellschaft, die nach einer bestimmten Zeit gegen eine Aktie der betreffenden Gesellschaft eingetauscht werden kann.

Wandelsterne, svw. Planeten.

Wanderameisen (Dorylidae), Fam. räuberisch lebender Ameisen, die in bis zu 200 m langen Kolonnen durch Wald, Busch und Grasland der südamerikan. (Südamerikan. W., Heeresameisen) und afrikan. (Afrikan. W., Treiberameisen) Tropen ziehen.

Wanderfalke (Taubenstößer), bis 48 cm (♀) bzw. 40 cm (♂) langer, v. a. in Wald- und Gebirgslandschaften sowie in Tundren und an Meeresküsten fast weltweit verbreiteter Falke.

Wanderfalter, Schmetterlinge, die regelmäßig einzeln oder in großen Mengen im Laufe des Jahres ihr Ursprungsgebiet verlassen und über oft sehr weite Strecken in andere Gegenden einfliegen (u. a. Admiral; überfliegt die Alpen).

Wanderfeldmotor, svw. → Linearmotor.

Wanderfeldröhre → Laufzeitröhren.

Wanderheuschrecken, verschiedene Arten bes. subtrop. und trop. Feldheuschrecken, die unter günstigen Ernährungs- und klimat. Bedingungen zur Massenvermehrung neigen und dann große Schäden an Kulturpflanzen verursachen. In z. T. riesigen Schwärmen wandern sie, als Larven auf der Erde kriechend, als erwachsene Tiere im Flug aus ihrem Ursprungsgebiet aus, wobei nicht selten Entfernungen von 1000 bis 2000 km überwunden werden. Die wichtigsten Arten sind: *Wüstenheuschrecke* (in N-Afrika und Vorderasien; bis 8 cm lang); *Marokkan. W.* (im Mittelmeergebiet; etwa 2–3 cm lang); *Europ. W.* (in verschiedenen Teilen Asiens, Afrikas und regelmäßig auch in S-Europa; bis 6 cm lang).

Wandersaibling (Rotforelle), meist 50–60 cm langer Lachsfisch, v. a. im Nordpolarmeer (einschließlich seiner Zuflüsse) und im Alpengebiet; eine bekannte Unterart ist der *Seesaibling* (Rotfisch, Ritter), 10–75 cm lang, Färbung variabel, in bayr. und österr. Alpenseen; Speisefisch.

Wandervogel, um 1895 von Hermann Hoffmann (* 1875, † 1955) begründete Schülerwandergruppe des Gymnasiums in Steglitz (= Berlin), die zum Ausgangspunkt der dt. →Jugendbewegung wurde. Der W. versuchte, einen eigenen jugendspezif. Lebensstil zu entwickeln, in dem Wandern, Zeltlager, Volkstanz und -lied eine große Rolle spielten. Die seit 1904 entstandenen Bünde (u. a. ›Alt-W.‹, ›Dt. Bund für Jugendwanderungen‹, ›Jungwandervogel‹) schlossen sich 1913 zum ›W. e. V., Bund für dt. Jugendwandern‹ zusammen. 1933 Auflösung der W.bünde; nach dem 2. Weltkrieg Neugründungen.

Wandlung, 1) in der *kath. Theologie* die →Transsubstantiation.

2) *Schuldrecht:* (Wandelung) die Rückgängigmachung eines Kauf- oder Werkvertrages durch einseitige Erklärung des Käufers oder Bestellers, wenn die Voraussetzungen der Mängelhaftung gegeben sind; es entsteht ein Anspruch auf Rückgewähr der bereits erbrachten Leistungen.

Wandmalerei, in Unterscheidung zum Tafelbild die Bemalung von Wänden, auch Decken und Gewölben (→Deckenmalerei); gemalt wird auf den noch feuchten Putz (→Freskenmalerei) oder auf die trockene Wand (a secco). – Früheste Zeugnisse sind die vorgeschichtl. Höhlenmalereien. Aus dem Altertum sind ägypt., kret.-myken. und röm. W. erhalten, aus frühchristl. Zeit die W. der Katakomben. – Hatte die W. der alten Hochkulturen und des MA offenbar immer die Funktion der Raumbegrenzung, so tritt erstmals in der röm. Kunst (Pompeji) und dann bei Giotto (14. Jh.) räuml. Illusionierung und Eigenständigkeit des Bildes an ihre Stelle. Die Entwicklung der Zentralperspektive um 1400 (L. Alberti, Massaccio) führte schließlich zur Entgrenzung des gebauten Raumes in Manierismus (Correggio) und Barock (Tiepolo). Eine Wiederbelebung der W. brachten Romantik und Jugendstil (G. Klimt, F. Hodler).

Wandschirm (spanische Wand, Paravent), mehrteilige Stellwand mit (bewegl.) Flächen. In Ostasien

Wanderfalke

u. a. mit Lackmalerei (16. Jh.), in Europa v. a. im 18. Jahrhundert.

Wandteppich (Bildteppich), Teppich mit bildl. Darstellung, im allg. gewirkt, auch gestickt (z. B. der Bayeux-Teppich), mit Applikationen versehen oder (seit dem 19. Jh.) gewebt. W. aus dem MA sind u. a. im Dom von Halberstadt (12. Jh.) und in Paris (Musée Cluny) erhalten. Im 16. und 17. Jh. sind die flandr. Werkstätten führend (Brüssel), vom späten 17. Jh. bis ins 18. Jh. die königl. Manufaktur in Paris (Gobelins). Die Wiederbelebung der Teppichkunst im 20. Jh. setzte in Frankreich ein (J. Lurçat).

Wandzeitung, im allg. handschriftlich hergestellter Anschlag aktueller Informationen, Meinungen und Appelle, in überschaubaren Kommunikationsräumen (z. B. Schule, Betrieb) meist an zentraler Stelle angebracht; existiert generell nur in einem Exemplar im Ggs. zum Plakat, von dem sie sich auch durch die einfache Machart unterscheidet; in der VR China (chin. Ta-tzu-pao) ein wichtiges Massenmedium, spielte v. a. in der Kulturrevolution eine bed. Rolle.

Wanen (Vanen), in der german. Mythologie uraltes Göttergeschlecht der Fruchtbarkeit, der Schiffahrt und des Handels.

Wange, 1) (Backe) der die seitl. Mundhöhlenwand bildende, mehr oder weniger fleischige Teil des Kopfes bzw. Gesichts v. a. der Säugetiere.

2) *Baukunst:* Seitenwand, z. B. eines Chorgestühls.

Wangenbein (Jochbein, Backenknochen), meist spangenförmiger paariger Deckknochen des Gesichtsschädels der Wirbeltiere, der beiderseits am Oberkiefer mit der seitl. Schädeldachwand verbindet.

Wangen im Allgäu, Stadt im nördl. Allgäu, Bad.-Württ., 23 600 E. Dt. Eichendorff-Museum; u. a. Skifabrik, Käsereien. Spätgot. Pfarrkirche (14. und 15. Jh.), Rathaus (1719–21) mit got. Bauteilen; Stadttore (z. T. barockisiert). – 815 erstmals erwähnt; 1217 Stadt; ab etwa 1347 Reichsstadt; 1802/03 an Bayern und 1810 an Württemberg.

Wangerooge [vaŋər''o:gə, 'vaŋər'o:gə], östlichste der Ostfries. Inseln, Nds., 4,9 km², 1 800 E.

Wang Wei [chin. uaŋuɛi], * Taiyüan (Prov. Schansi) 699, † bei Changan (Prov. Schensi) 759, chin. Maler und Dichter. Gilt als Begründer der poet. Sicht der nichtakaden. Literaturmalerei (Südschule); seine Gedichte zählen zu den Höhepunkten chin. Lyrik.

Wankel, Felix, * Lahr 13. 8. 1902, † Heidelberg 9. 10. 1988, dt. Ingenieur. Befaßte sich ab 1926 mit der Konstruktion von Rotationskolbenmotoren; 1944 Erprobung des ersten Drehkolbenverdichters. Ab 1953 förderten die NSU Motorenwerke AG die Entwicklung des **Wankelmotors** (→ Rotationskolbenmotor), der ab 1957 erprobt wurde und 1964 in Serienproduktion ging.

Wankie [engl. 'wɔŋkı] (heute Hwange), Bergbauort in W-Simbabwe, 39 000 E. Zentrum des größten Kohlebergbaugebiets im südl. Afrika.

Wanne-Eickel, Stadtteil von → Herne.

Wannsee, 2,7 km² große Havelbucht im SW von Berlin.

Wannseekonferenz, Konferenz von Spitzenvertretern oberster Reichs- und Parteidienststellen unter Vorsitz von R. Heydrich am 20. 1. 1942 im Berliner Interpolgebäude (Am Großen Wannsee 56–58) mit dem Ziel, die Vorgehensweise bei der ›Endlösung der Judenfrage‹ zu klären und die Zusammenarbeit aller Instanzen zu sichern; vorgesehen war die Deportation der jüd. Bevölkerung in osteurop. Vernichtungslager.

Wanst, svw. Pansen (→ Magen).

Wanten, starke Taue oder Drahtseile, die den Mast seitlich stützen.

Wanzen, 1) (Halbflügler, Ungleichflügler, Heteroptera) mit fast 40 000 Arten weltweit verbreitete Ordnung land- oder wasserbewohnender Insekten (davon

rd. 800 Arten einheimisch); Körper meist abgeflacht, 1 mm bis 12 cm lang; Kopf mit stechend-saugenden Mundwerkzeugen und entweder langen (Land-W.) oder sehr kurzen Fühlern (Wasser-W.); Brustsegment durch großen ersten Abschnitt gekennzeichnet (oft als Halsschild ausgebildet; Vorderflügel zu Halbdeckflügeln umgebildet, Hinterflügel weichhäutig. Stinkdrüsen (Wehrdrüsen) sind bei W. sehr verbreitet. Fortpflanzung erfolgt meist durch Eiablage; Larven machen im allg. fünf Entwicklungsstadien durch. – Die meisten W. sind Pflanzensauger, andere Arten saugen Körpersäfte erbeuteter Insekten, wieder andere können Blutsauger bei Vögeln und Säugetieren und beim Menschen sein (z. B. Bettwanze).

2) svw. → Abhörgeräte.

Wapiti [indian.] → Rothirsch.

Wappen, farbiges Abzeichen, das eine Person, Familie, Körperschaft oder Institution (Amts-W.) repräsentiert. Seit Beginn des 12. Jh. in W- und M-Europa das auf dem Schild der gleichförmig gerüsteten Ritter angebrachte Unterscheidungszeichen. Im 13./14. Jh. wurde das W. mit den Wandlungen in der Waffentechnik und dem Niedergang des Rittertums zum Symbol von Adels- und Bürgerfamilien, aber auch von Klerikern, Bistümern, Abteien, Städten und sog. →unehrlichen Gewerben. Seit dem 14. Jh. durften die W. nach dem damaligen W.recht nur noch vom Oberherrn (Kaiser, Fürst usw.) durch *Wappenbriefe* verliehen werden (Urkunde über die Verleihung bzw. Änderung des W.; heute bei Gleichsetzung des W.rechts mit dem Namensrecht nur noch Bestätigung der Registrierung im W.register, z. B. der Dt. W.rolle). Das 16. Jh. sah eine letzte Blütezeit des dekorativen Wappens.

Wappendichtung → Heroldsdichtung.

Wappenkunde (Heraldik), die Lehre von der Wappengestaltung. Als Quellen dienen neben den relativ selten erhaltenen originalen Wappenschilden v. a. Siegel, Münzen, Besitzerwappen an Gebäuden und Grabmälern sowie Wappenregister. Wichtigster Teil des Wappens ist der Schild (*Blason*). Durch z. T. als Zierlinien (*herald. Schnitte*) gestaltete geomet. Teilungslinien entstanden darauf die *Schildteilungen* oder *Heroldsbilder,* die die *Wappenfigur* (Schildfigur), den Hauptbestandteil des Wappens ergeben. Große Bedeutung kommt den *herald. Farben* zu, sie bestehen aus den Tönen Rot, Blau, Schwarz, Grün und Purpur; hinzu treten die Metalle Gold (auf Papier und Stoff: Gelb) und Silber (Weiß). Bei schwarz-weiß wiedergegebenen Wappen erscheinen die Farben in unterschiedl. Schraffur. Auf dem Wappenschild befinden sich *Helm* und *Helmdecke* als weitere Elemente des Vollwappens. Über den Helm erhebt sich als Persönlichkeitsabzeichen die *Helmzier* (Helmkleinod). Seit Beginn des 14. Jh. wird der Übergang von Helm zu Helmzier durch den *Helmwulst* oder die *Helmkrone* (beim Adel) verdeckt. Anstelle des Helms erscheint beim Adel oft eine *Rangkrone* bzw. bei geistl. Würdenträgern eine Mitra.

Waräger, die Normannen in Osteuropa.

Warane [arab.] (Varanidae), Fam. etwa 20 cm bis über 3 m langer Echsen mit rd. 30 Arten, v. a. in Wüsten, Steppen, Wäldern und in der Nähe von Gewässern in Afrika, S-Asien und Australien; tagaktive, räuberisch lebende Tiere mit kräftigen, scharf bekrallten Beinen und langem Schwanz; Zunge lang und sehr tief gespalten; u. a. der etwa 3 m lange *Komodo-W.* und der bis über 2 m lange *Nilwaran.*

Warburg, Otto, * Freiburg im Breisgau 8. 10. 1883, † Berlin (West) 1. 8. 1970, dt. Biochemiker. Bedeutende Arbeiten u. a. über Atmungsenzyme, Stoffwechselvorgänge und über die Photosynthese. Für seine Arbeiten zur Zellatmung erhielt 1931 den Nobelpreis für Physiologie oder Medizin.

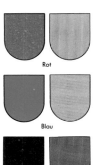

Rot

Blau

Schwarz

Grün

Purpur

Gold

Silber

Wappenkunde:
Heraldische Farben
und die für sie in
einfarbigem Druck
verwendeten
Schraffuren

Warburg, Stadt an der Diemel, NRW, 21 900 E. U. a. Maschinenbau. Spätroman.-frühgot. Neustädter Kirche (13., 14. und 15. Jh.), frühgot. Altstädter Kirche (Weihe 1299); Renaissancerathaus (1568 und 1902), Stadtbefestigung (13. und 14. Jh.).

Warendorf, Kreisstadt im östl. Münsterland, NRW, 33 500 E. Westfäl. Landgestüt; Textil-Ind., Landmaschinenbau. Spätgot. Pfarrkirche (15. Jh., neugot. erweitert); im Ortsteil **Freckenhorst** frühroman. Pfarrkirche (1129 vollendet).

Wareneingangsbuch, Nebenbuch der kaufmänn. Buchführung zur Erfassung der eingekauften Waren bei gewerbl. Unternehmen (nicht bei Vollkaufleuten).

Warenkonto, Konto bei der doppelten Buchführung, das in *Wareneinkaufskonto* (als Bilanzkonto) und *Warenverkaufskonto* (als Erfolgskonto) aufgeteilt ist.

Warenkorb →Lebenshaltungskosten.

Warenkredit, 1. svw. Lombardkredit (→Lombardgeschäft); 2. Kredit, der vom Lieferanten gewährt wird.

Warentermingeschäfte, an den Warenbörsen abgeschlossene Geschäfte mit Waren, die zu einem späteren Zeitpunkt geliefert werden sollen (Abwälzung des Preisrisikos).

Warentest, Prüfung der von verschiedenen Firmen hergestellten Produkte der gleichen Warenart auf ihre Qualität mit annähernd objektiven Testmethoden (z. B. durch die →Stiftung Warentest).

Warenzeichen (Fabrikmarke, Handelsmarke, Handelszeichen, Schutzmarke), geschäftl. Kennzeichnungsmittel (Zeichen ⓦ), durch das ein Gewerbetreibender eine Ware als von ihm hergestellt oder vertrieben kennzeichnet, um deren Echtheit zu gewährleisten. Es erlangt in der BR Deutschland durch Eintragung in die beim Dt. Patentamt geführte W.rolle Zeichenschutz. Dienstleistungsbetriebe können seit 1979 ihre Dienstleistungen durch eine Dienstleistungsmarke schützen. Der Schutz des W. dauert 10 Jahre nach Anmeldung.

Warft [niederdt.], svw. →Wurt.

Warhol, Andy [engl. 'wɔːhɔːl], eigtl. Andrew Warhola, * Pittsburgh 6. 8. 1928, † New York 22. 2. 1987, amerikan. Künstler und Filmregisseur. Exponent der →Pop-art; v. a. Klischeeproduktionen der Trivialitäten der Konsumkultur, oft in Serie; charakteristisch ist die Siebdrucktechnik; in den 1960er Jahren Hinwendung zum Undergroundfilm, u. a. ›Blue movie‹ (1968).

Warmblut (Warmblutpferd), Bez. für die durch Einkreuzung von Vollblutpferden in Pferdeschläge des mn. Kaltbluts gezüchteten ausdauernden, temperamentvolleren und anspruchsvolleren Rassen des Hauspferds (u. a. Hannoveraner, Holsteiner).

Warmblüter (eigenwarme Tiere, homöotherme Tiere, im Ggs. zu den Kaltblütern Tierarten (auch der Mensch ist W.), die ihre Körpertemperatur unabhängig von der Außentemperatur oder einer erhöhten Wärmebildung im Körper durch Temperaturregulation in engen Grenzen konstant zu halten vermögen, ausgenommen bei W. mit Winterschlaf. Zu den W. gehören die Vögel (Temperaturen zw. 38 und 44 °C) und die Säugetiere (30–41 °C).

Wärme (Wärmeenergie), Energieform, die eine ganz bestimmte physiolog. Empfindung im menschl. Organismus hervorruft. Gemäß der kinet. Gastheorie kann man die *Wärmeenergie* (therm. Energie) als kinet. Energie der Moleküle bzw. Atome eines Stoffes auffassen. W., W.menge, Energie und Arbeit sind physikal. Größen gleicher Art und haben die gleiche *SI-Einheit* →Joule.

Wärmeäquivalent (Arbeitswert einer Wärmeeinheit, Energieäquivalent der Wärme), mechan. oder elektr. Energie bzw. Arbeit, die der Wärmeenergie 1 cal (→Kalorie) = 4,18684 J entspricht.

Wärmeausbreitung →Wärmeaustausch.

Wärmeausdehnung (therm. Ausdehnung), die bei Erhöhung der Temperatur im allg. auftretende Vergrößerung (Ausdehnung) des Volumens bzw. der Länge eines Körpers.

Wärmeaustausch (Wärmeausbreitung, Wärmeübertragung), die Übertragung von Wärmeenergie von Stellen bzw. Körpern höherer Temperatur zu solchen mit tieferer Temperatur. Der W. erfolgt durch Wärmeleitung, Wärmekonvektion und/oder Wärmestrahlung.

Wärmebehandlung, 1) zeitlich begrenztes Erwärmen metall. Werkstücke bzw. Halbzeuge auf bestimmte Temperaturen unter Beachtung der Erwärmungs- und der Abkühlungsgeschwindigkeit zur Verbesserung der Werkstoffeigenschaften. Grundsätzlich unterscheidet man zw. Verfahren, die lediglich eine Umwandlung an der Oberfläche des Werkstücks bewirken, und Verfahren, die eine durchgreifende Gefügeumwandlung verursachen. Ein wichtiges Verfahren der W. mit Wirkung auf die *Oberfläche* ist das **Einsatzhärten** (Härten der Oberfläche kohlenstoffarmer Stähle durch Aufkohlen der Werkstückrandzone bei hoher Temperatur über lange Zeit in festen, flüssigen oder gasförmigen Aufkohlungsmitteln und nachfolgendes Abschrecken). Die wichtigsten Verfahren der W. mit Wirkung auf das *gesamte Werkstückgefüge* sind: **Glühen:** Erwärmen eines Werkstücks auf eine bestimmte Glühtemperatur, Halten auf dieser Temperatur während einer bestimmten Dauer und nachfolgendes, meist langsames Abkühlen. **Härten:** Verfahren zur Erzielung einer örtl. oder durchgreifenden Härtesteigerung metall. Werkstoffe, bei dem durch Erhitzen und anschließendes sehr schnelles Abkühlen *(Abschrecken)* ein martensit. [nach dem dt. Ingenieur Adolf Martens (* 1850, † 1914)] Gefüge des Werkstücks angestrebt wird.

2) *Medizin:* (Thermotherapie) therapeut. Anwendung von Wärme (Infrarot-, Licht- oder Ultraviolettstrahlung, Heizkissen, Wärmflasche, heißer Umschlag) zur Erzielung einer großen Blutfülle und einer vermehrten peripheren Durchblutung.

Wärmebilanz, die Aufsummation und Gegenüberstellung der in physikal. und techn. Vorgängen zugeführten (bzw. erzeugten) und abgeführten (bzw. verbrauchten) Wärme- und Energiemengen; u. a. zur Berechnung und Kontrolle von Wärmeverlusten.

Wärmebildgeräte →Thermographie.

Wärmedämmung →Wärmeisolation.

Wärmeenergie →Wärme.

Wärmeflußbild, svw. →Sankey-Diagramm.

Wärmeisolation (Wärmedämmung, Wärmeschutz), die Verhinderung bzw. Verminderung eines Wärmeaustauschs und damit von Wärmeverlusten; auch Bez. für dazu erforderl. Maßnahmen. *Wärmeleitung* verringert man mit Hilfe von wärmedämmenden bzw. -isolierenden Stoffen, die meist eine Vielzahl kleiner luftgefüllter Hohlräume aufweisen und dadurch den Wärmefluß eindämmen. *Wärmekonvektion* wird beträchtlich durch Anbringen evakuierter Zwischenräume verhindert, wobei die Wände außerdem meist mit Aluminium verspiegelt sind, um den Wärmeaustausch durch Wärmestrahlung zu vermindern (Prinzip der Thermosgefäße).

Wärmekapazität, Quotient aus der einem Körper zugeführten Wärmemenge und der dadurch hervorgerufenen Temperaturerhöhung. *SI-Einheit* der W. ist 1 Joule durch Kelvin (1 J/K).

Wärmekonvektion, Transport bzw. Ausbreitung von Wärmeenergie durch strömende Flüssigkeiten oder Gase.

Wärmelehre, svw. →Thermodynamik.

Felix Wankel

Otto Warburg

Wärmeleitfähigkeit (Wärmeleitzahl, spezifische Wärmeleitvermögen, therm. Leitfähigkeit), eine die Stärke der Wärmeleitung in einem Körper festlegende physikal. Größe. Sie ist eine Stoffkonstante und wird gemessen in Watt durch Meter mal Kelvin [W/(m·K)]. Ein Stoff hat die W. 1 W/(m·K), wenn von einer Seitenfläche eines aus diesem Stoff bestehenden Würfels von 1 m Kantenlänge zur gegenüberliegenden Seite bei einer zw. ihnen bestehenden Temperaturdifferenz von 1 Kelvin (1 °C) in 1 Sekunde eine Wärmeenergiemenge von 1 Joule fließt.

Wärmeleitung, Transport von Wärmeenergie durch die ungeordnete Wärmebewegung der Moleküle und Atome in Richtung abnehmender Temperatur.

Wärmemauer, svw. →Hitzeschwelle.

Wärmemenge →Wärme.

Wärmepumpe, eine maschinelle Anlage, die unter Aufwendung mechan. oder elektr. Energie einem auf relativ niedriger Temperatur befindl. Wärmespeicher Wärmeenergie entzieht und sie einem anderen Wärmespeicher bzw. Wärmetauscher, der bereits eine höhere Temperatur besitzt, zuführt und ihn so weiter erwärmt. W. werden v. a. zur Heizung von Gebäuden, zur Wärmerückgewinnung aus aufgeheizten Wärmeträgern und zur Abwärmenutzung herangezogen.

Wärmeschutz, svw. →Wärmeisolation.

Wärmespeicher, techn. Anlage bzw. Vorrichtung, die Wärme aufnehmen, sie längere Zeit speichern und bei Bedarf wieder abgeben kann.

Wärmestauung, passive Überwärmung mit Anstieg der Körperkerntemperatur (Hyperthermie) durch ein Mißverhältnis zw. Wärmeproduktion (auch Wärmezufuhr von außen, z. B. infolge Sonneneinstrahlung) und Wärmeabfuhr; typ. Situation: körperl. Tätigkeit bei hoher Luftfeuchtigkeit und/oder unzweckmäßiger Kleidung.

Wärmestrahlung (therm. Strahlung), allg. jede elektromagnet. Strahlung, die intensiv genug ist, um Wärme zu erzeugen bzw. zu übertragen; insbes. die Infrarotstrahlung und die Strahlung v. a. glühender Körper.

Wärmetod (Kältetod), 1. Bez. für den hypothet. Endzustand des Weltalls, bei dem bei überall gleicher, minimaler (daher Kältetod) Temperatur keine Energieumwandlungen mehr stattfinden können, so daß alle thermodynam. Prozesse enden würden; 2. Einsetzen des Todes nach Erreichen der Letaltemperatur.

Wärmeübertragung, svw. →Wärmeaustausch.

Wärmezähler (Wärmemesser), Gerät zur Messung der von Heizungen abgegebenen oder von strömenden Wärmeträgern in Rohrleitungen übertragenen Wärmemengen. Beim *Heizkostenverteiler* (an Heizkörpern) verdunstet aus einem Meßröhrchen eine Spezialflüssigkeit; der zur gesamten Wärmeabgabe proportionale Verbrauch wird an einer Strichskala abgelesen. Auch den Strom eines am Heizkörper angebrachten Thermoelements messende *Elektrolytzähler* werden als W. verwendet.

warmgemäßigte Zone, Bez. für den Bereich der mittleren Breiten mit warmen Sommern und milden Wintern.

Warmwasserspeicher →Heißwassergeräte.

Warna, bulgar. Hafenstadt, Seebad an der Bucht von Warna des Schwarzen Meeres, 305 900 E. Hochschulen, archäolog. Museum; hafenorientierte Industrie. Frühe Siedlungsspuren, u. a. Gräberfeld (2. Hälfte des 4. oder Anfang des 5. Jt. v. Chr.) mit Gold- und Kupferbeigaben. – Als **Odessos** von Griechen im 6. Jh. v. Chr. gegr.; 1391 osmanisch; ab 1878 wieder bulgarisch. Röm. (Thermen) und byzantin. Überreste. – Bei W. siegten 1444 die Osmanen unter Murad II. über ein Kreuzfahrerheer unter Wladislaw III. von Polen und Ungarn.

Warnblinkanlage →Kraftfahrzeugbeleuchtung.

Warnemünde, Stadtteil von →Rostock.

Warner Communications Inc. [engl. 'wɔːnə kəmjuːnɪ'keɪʃnz ɪn'kɔːpəreɪtɪd], Abk. **WCI,** amerikan. Konzern der Unterhaltungsind.; 1972 in New York durch Fusion zw. ›Kinney Services‹ (gegr. 1967) und ›Warner Brothers Pictures Inc.‹ (gegr. 1913; Produktion des ersten Tonfilms 1927) entstanden.

Warnfärbung (Warntracht), bei verschiedenen (wehrlosen) Tieren, v. a. Insekten, eine auffällige Färbung und Zeichnung des Körpers, die Feinde von einem Angriff abhalten, warnen oder abschrecken sollen. →Mimese, →Mimikry.

Warnke, Herbert, * Hamburg 24. 2. 1902, † Berlin (Ost) 26. 3. 1975, dt. Politiker (KPD; ab 1946 SED). Ab 1948 Vors. des FDGB; ab 1953 Vize-Präs. des kommunist. Weltgewerkschaftsbundes; ab 1971 Mgl. des Staatsrates der DDR.

Warnkreuz →Andreaskreuz.

Warren, Robert Penn [engl. 'wɔrɪn], * Guthrie (Ky.) 24. 4. 1905, † Stratton (Vt.) 15. 9. 1989, amerikan. Schriftsteller. Bed. Vertreter der amerikan. Lyrik; seine Romane behandeln v. a. Stoffe der Südstaaten (u. a. ›Der Gouverneur‹, 1946; verfilmt 1950); auch bed. Vertreter der zeitgenöss. Literaturkritik.

Warschau (poln. Warszawa), Hauptstadt Polens, an der mittleren Weichsel, 1,65 Mio. E. Sitz der Poln. Akademie der Wiss., Univ., TU u. a. Hochschulen. Nationalbibliothek, Museen, Observatorien, Theater, Oper, Operettentheater, Philharmonie; botan. Garten, Zoo; jährl. Messen und Festspiele. Bed. elektrotechn. und elektron. Ind., Maschinen- und Metallbau; wichtigster Verkehrsknotenpunkt Polens, ⚒.
Bauten: Ab 1946 grundlegender Wiederaufbau der histor. Stadt, u. a. got. Kathedrale Sankt Johannes (14. Jh.), Sankt-Anna-Kirche (15.–17. Jh.; klassizist. Fassade 18. Jh.), Visitantinnenkirche (1755–61), Kapuzinerkirche (1683–92), Heilig-Kreuz-Kirche (1682–96; Fassade 18. Jh.). Unter den Profanbauten ragen die Paläste des 17. und 18. Jh. hervor, u. a. Königsschloß (1680–92). Repräsentative moderne Bauten, u. a. Kulturpalast (1952–56; 234,5 m hoch). Nahebei das Barockschloß Wilanów (1681–94).
Geschichte: 1241 erstmals als Siedlung erwähnt; 1596 Sitz der poln. Könige; in der 3. Teilung Polens (1795) an Preußen; 1807–15 Hauptstadt des gleichnamigen, aus den seit den Poln. Teilungen preuß. Gebieten gebildeten Hzgt., dann des in Personalunion mit Rußland vereinigten Kgr. (Zartum) (sog. →Kongreßpolen; seit 1918 Hauptstadt Polens; im 1. und 2. Weltkrieg von den Deutschen besetzt; 1939 Hauptstadt des ›Generalgouvernements Polen‹; Errichtung eines Ghettos mit etwa 400 000 Juden aus W. und dem übrigen Polen, von denen etwa 300 000 bis 1943 im Vernichtungslager Treblinka ermordet wurden. Im Verlauf der →Warschauer Aufstände (1943 und 1944) wurde W. fast vollständig zerstört; erneut Hauptstadt seit Febr. 1945 (nach Besetzung durch sowjet. Truppen).

Warschauer Aufstand, der *1. W. A.* von 1943 (19. 4.–16. 5.), ausgelöst durch den Abtransport der Juden aus dem Warschauer Ghetto, wurde durch die SS niedergeschlagen (rd. 50 000 Juden wurden getötet). Bei dem Versuch, der anrückenden Roten Armee bei der Befreiung Warschaus zuvorzukommen, löste die der Londoner Exilregierung unterstehende poln. Heimatarmee (AK) am 1. 8. 1944 den *2. W. A.* aus, der ihr gegen die schlecht vorbereitete dt. Besatzung die weitgehende Kontrolle der Stadt sicherte. Wegen fehlender Unterstützung durch die Rote Armee mußten die poln. Truppen am 2. 10. 1944 kapitulieren.

Warschauer Pakt, das Militärbündnis, das am 14. 5. 1955 in Warschau mit dem von Albanien (Austritt 1961/68), Bulgarien, der DDR (bis 2. 10. 1990),

Polen, Rumänien, der ČSSR, der Sowjetunion und Ungarn unterzeichneten ›Vertrag über Freundschaft, Zusammenarbeit und gegenseitigen Beistand‹ **(Warschauer Vertrag)** sowie mit dem Beschluß über die Bildung eines ›Vereinten Kommandos der Streitkräfte‹ gegründet wurde. Neben dem RGW war der W. P. die wichtigste multilaterale Organisation der europ. kommunist. Staaten. Die Sowjetunion sah in diesem Bündnis v. a. ein Gegengewicht zur NATO, eine Möglichkeit, die Streitkräfte der europ. kommunist. Staaten einheitlich zusammenzufassen und diese Staaten möglichst eng an sich zu binden. Der W. P. löste sich zum 30. 6. 1991 selbst auf.

Warschauer Vertrag, 1. → Warschauer Pakt; 2. → Deutsch-Polnischer Vertrag.

Warstein, Stadt im nördl. Sauerland, 28 100 E. Ofenherstellung, Brauerei.

Wartburg, über der Stadt Eisenach liegende Burg, angeblich 1067 gegr.; unter Landgraf Hermann I. von Thüringen höf. Kultur (→ Wartburgkrieg); Zufluchtsort Luthers (1521/22); 1817 → Wartburgfest. Bauten v. a. 19. Jh.; Freskenzyklen von M. von Schwind (1853–55).

Wartburgfest, student. Zusammenkunft auf der Wartburg am 18./19. 10. 1817 zur Erinnerung an die Reformation 1517 und die Völkerschlacht bei Leipzig 1813, die durch die anschließende Verbrennung reaktionärer Schriften und Accessoires durch einige Teilnehmer zu einer Demonstration patriot. und liberaler Kräfte gegen das konservative Gefüge des territorial zersplitterten Deutschland wurde; Ansatzpunkt zur Gründung der Burschenschaften (→ studentische Verbindungen).

Wartburgkrieg (Sängerkrieg auf der Wartburg), um 1260/70 in Thüringen entstandene Sammlung mehrerer urspr. selbständiger Gedichte; am wichtigsten das ›Fürstenlob‹, Rollenspiel eines angebl. Sängerwettstreits am Hof Hermanns I. von Thüringen zu Anfang des 13. Jh., bei dem Heinrich von Ofterdingen unterliegt, und das ›Rätselspiel‹ (›Urrätselspiel‹ um 1239), in dem Klingsor (literar. Gestalt aus dem ›Parzival‹) und Wolfram von Eschenbach gegeneinander antreten; Wolfram siegt über den Gelehrten.

Wartezeit (Karenzzeit), 1) in der Sozial- und Individualversicherung der Zeitraum, den ein Versicherter versichert sein muß, ehe er bestimmte Versicherungsleistungen erhalten kann.

2) gesetzlich vorgeschriebene Mindestzeit, die zw. der letzten Anwendung eines Pflanzenschutzmittels bei Kulturpflanzen und deren Ernte einzuhalten ist.

Warthe, rechter Nebenfluß der Oder, mündet bei Küstrin, 808 km lang.

Warwe [schwed.] → Bänderton.

Warze (Verruca), umschriebene gutartige, meist durch Viren hervorgerufene, mit vermehrter Hornbildung einhergehende Neubildung der Haut, v. a. bei Kindern und Jugendlichen.

Warzenkaktus (Mamillenkaktus, Mammillaria), Gatt. der Kaktusgewächse mit rd. 300 Arten, v. a. in Mexiko und den angrenzenden Ländern; kugelförmige bis zylindrische Kakteen mit runden oder eckigen, in spiraligen Reihen angeordneten Höckern; Areolen filzig oder wollig behaart; Blüten überwiegend gelb oder rot; Frucht eine saftige, oft rote Beere.

Warzenschwein, tagaktive Schweineart in Savannen Afrikas (südl. der Sahara); Länge 1,5–1,9 m, Schulterhöhe 65–85 cm; mit großen, warzenartigen Hauthöckern im Gesicht und stark verlängerten, gekrümmten Eckzähnen (bes. im Oberkiefer).

Wasa (Vasa), schwed. Königsgeschlecht, seit Mitte des 13. Jh. bezeugt. Regierte 1523 (Gustav I.) bis 1654 (Thronverzicht Königin Christines) in Schweden und 1587 (Sigismund III.) bis 1668 (Abdankung Johanns II. Kasimir) in Polen.

Wasalauf (Gustav-Wasa-Lauf) [zur Erinnerung an die Flucht von Gustav Erikson Wasa (König Gustav I.) vor den Dänen 1521], seit 1922 alljährl. ausgetragener schwed. Skilanglauf von Sälen nach Mora in Mittelschweden. Heutige Streckenlänge: 88,55 km.

Wartburg

Waschbären (Schupp), Gatt. der Kleinbären mit 7 Arten in N-, M- und S-Amerika; Länge rd. 40–70 cm; Färbung überwiegend grau bis schwärzlich mit schwarzer Gesichtsmaske; geschickt kletternde und gut schwimmende Allesfresser; der *Nordamerikan. W.* verbreitete sich nach Einbürgerung (1934) in ganz M-Europa; Länge rd. 50–70 cm, Schwanz etwa 20–25 cm lang, buschig, braun und schwarz geringelt; reibt seine Nahrung häufig mit rollenden Bewegungen der Vorderpfoten auf einer Unterlage, manchmal auch im flachen Wasser.

Waschbeton, Bez. für Betonteile (Fassadenplatten, Gehwegplatten u. a.), bei denen durch Abbürsten und Abwaschen der obersten Schicht die Zuschlagstoffe (z. B. Kieselsteine) aus der Oberfläche hervortreten und einen Schmuckeffekt ergeben.

Waschen, allg. das Ablösen und Wegschwemmen von Fremdteilchen (Verunreinigungen) aus Gegenständen mit Flüssigkeiten; z. B. bei der Erz- und Kohleaufbereitung; in der chem. Technik das Reinigen von Gasen, Filterrückständen usw.; i. e. S. das Reinigen von Textilien.

Waschmaschine, elektr. Haushaltsgerät zur Reinigung verschmutzter Wäsche und Kleidung in erwärmtem Wasser unter Zugabe von Waschmitteln; auch als Industrie-W. für verschiedenste Zwecke in vielen Ausführungen. Bei der *Trommel-W.* befindet sich die Wäsche in einer gelochten, innen mit Mitnehmerrippen versehenen [Edel]stahltrommel, die im Laugenbehälter abwechselnd nach beiden Seiten gedreht wird. Neuere Geräte sind in der Regel Vollautomaten, in denen alle Arbeitsgänge (Vorwäsche, Hauptwäsche, Spülen, Schleudern) einschließlich Waschmitteleinspülung selbsttätig ablaufen. Weitere ergänzende Haushaltsgeräte sind die **Wäscheschleuder** (Entwässern der Wäsche durch Fliehkraftwirkung mit meist höheren Drehzahlen als bei der W.) und der **Wäschetrockner,** dessen Trocknungsprozeß zeit- und/oder elektronisch gesteuert (z. B. elektron. Feuchtigkeitsmessung, Trockenprogramme für mangelfeuchte, bügelfeuchte oder schranktrockene Wäsche) erfolgen kann.

Waschmittel, zum Waschen von Textilien verwendete Gemische aus Waschrohstoffen (früher Seife) und zahlr. weiteren, der Verbesserung des Waschvermögens dienenden Substanzen. Man unterscheidet Koch- (Voll-), Bunt- und Synthetik- sowie Feinwaschmittel. Die für alle Waschtemperaturen (bis 95 °C) geeigneten *Vollwaschmittel* enthalten neben 10–15 % Waschrohstoffen 30–40 % Komplexbildner zur Wasserenthärtung (v. a. Alkalipolyphosphate oder Natriumaluminiumsilicate), 20–30 % Bleichmittel (v. a. Natriumperborat), 2–4 % Bleichmittelstabilisatoren, die das Zersetzen der Bleichmittel bei der höchsten Waschtemperatur verhindern (z. B. Magnesiumsilicat), 2–4 % Schaumregulatoren (v. a. Seifen langkettiger Fettsäuren), 1–2 % Vergrauungsinhibitoren (v. a. Carboxymethylzellulose), 5 % Korrosionsinhibitoren zum Schutz von Waschmaschinenteilen (v. a. Natriumsilicate), 0,1–0,3 % optische Aufheller, 0,1–1 % Enzyme (Proteasen) zum Auswaschen eiweißhaltiger Flecken, 0,2 % natürl. oder synthet. Parfümöle zur Geruchsverbesserung des W. und der Wäsche sowie 5–30 % Füllstoffe (v. a. Natriumsulfat). Die bis 60 °C wirksamen *Bunt-* und *Synthetikwaschmittel* enthalten mehr Komplexbildner (35–60 %), aber keine Bleichmittel und Korrosionsinhibitoren. Die bis 30 °C Waschtemperatur verwendeten *Feinwaschmittel* bestehen aus 20–35 % Waschrohstoffen, enthalten keine Bleichmittel, opt. Aufheller und Korrosionsinhibitoren.

Waschrohstoffe (Waschmittelrohstoffe), synthet., grenzflächenaktive Stoffe (Detergenzien, Tenside), die die Grundlage der Wasch- und Reinigungsmittel bilden. Im Ggs. zu den Seifen besitzen die W. ein höheres Reinigungsvermögen, das durch die Wasserhärte weniger beeinflußt wird.

Waschung, im religiösen Bereich eine rituelle Reinigung durch Wasser.

wash and wear [engl. 'wɔʃ ənd 'wɛə ›waschen und tragen‹] → Pflegeleichtausrüstung.

Washington, George [engl. 'wɔʃɪŋtən], * Wakefield (Westmoreland County, Va.) 22. 2. 1732, † Mount Vernon (Va.) 14. 12. 1799, amerikan. General und Politiker. Als Oberbefehlshaber der Armee der Kolonien (1775–83) beendete er mit frz. Unterstützung durch den Sieg in Yorktown (19. 10. 1781) den Nordamerikan. Unabhängigkeitskrieg. 1787 Vors. des Verfassungskonvents; 1789 einstimmig zum ersten Präs. der USA gewählt (Amtszeit bis 1797). W. vertrat den Gedanken einer starken Zentralregierung, befürwortete den Ausgleich mit Großbrit. und wahrte Neutralität in den europ. Kriegen der Revolutionsära; innenpolit. entwickelte er das Kabinettsystem.

Washington [engl. 'wɔʃɪŋtən], 1) Bundeshauptstadt der USA, verwaltungs- und flächenmäßig identisch mit dem → District of Columbia, am Potomac River, 623 000 E. 6 Univ., Sitz der NASA und der zahlr. Institutionen, Nationalarchiv, bed. Museen, Observatorium, Zoo. Wichtigster Arbeitgeber ist die Bundesregierung. W. verfügt über den National Airport in der County Arlington und den Dulles International Airport.

Bauten: Die Mitte des N–S und O–W angeordneten Straßennetzes, das von diagonal verlaufenden Avenuen durchschnitten wird, bildet das erhöht liegende → Kapitol. Von ihm aus erstreckt sich die Mall, eine 3,5 km lange und 500 m breite Parkanlage, nach W bis zum Potomac River. Die Regierungsgebäude sowie zahlr. bed. Museen liegen beiderseits (v. a. nördl.) der Mall. Im NW liegt das → Weiße Haus. – Die größeren Kirchen sind z. T. klassizistisch, z. T. neugotisch; Neubau (East-Building) der National Gallery of Art (1978 vollendet) in moderner Architektur; Gedenkstätten, u. a. das Washington Monument, ein 170 m hoher Obelisk (1848–84), Lincoln Memorial (1915–22) und Jefferson Memorial (1943).

Geschichte: 1790 als Hauptstadt der USA (ab 1800 in Funktion) gegr.; 1814 von den Briten stark zerstört, v. a. die Regierungsgebäude.

2) Staat im NW der USA, in den Kordilleren, 176 617 km², 4,48 Mio. E, Hauptstadt Olympia. **Geschichte:** 1846 durch Teilung des brit.-amerikan. Kondominiums Oregon an die USA; 1853 Territorium; 1889 42. Staat der USA.

Washingtoner Artenschutzabkommen [engl. 'wɔʃɪŋtən] → Artenschutz.

Washingtoner Flottenabkommen [engl. 'wɔʃɪŋtən], zw. den USA, Großbrit., Japan, Frankreich und Italien im Winter 1921/22 abgeschlossener Vertrag, der insbes. die Flottenstärken im Verhältnis 5 : 5 : 3 : 1,75 : 1,75 festlegte; 1934 durch Japan gekündigt.

Washington Post [engl. 'wɔʃɪŋtən 'pəʊst], amerikan. unabhängige Tageszeitung, gegr. 1877, erscheint in Washington (D. C.).

Wash-out [engl. 'wɔʃ-aʊt], Aufnehmen von Aerosolpartikeln aus der Atmosphäre durch fallende flüssige und feste Niederschlagsteilchen.

Wasow, Iwan [bulgar. 'vazof], * Sopot (= Wasowgrad) 9. 7. 1850, † Sofia 22. 9. 1921, bulgar. Schriftsteller. Gehört zu den Begründern der modernen bulgar. Literatur. Hauptwerk: ›Unter dem Joch‹ (R., 1889/90); auch Lyrik und Dramen.

Wasser, H_2O; chem. Verbindung von Wasserstoff und Sauerstoff (Wasserstoffoxid), farblose Flüssigkeit; Schmelzpunkt bei 0 °C, Siedepunkt bei 100 °C (bei 1 bar), Dichte (flüssig) bei 0 °C 0,9998 g/cm³ bzw. 0,91674 g/cm³ (Eis); bei 4 °C ist das Dichtemaximum von 1,0000 g/cm³ erreicht, bei weiterer Erwärmen nimmt die Dichte wieder ab (bei 20 °C 0,998 g/cm³). Deshalb schwimmt Eis auf flüssigem W.; beim Gefrieren erfolgt eine Volumenvergrößerung von etwa 9 %. W. ist die häufigste chem. Verbindung auf der Erdoberfläche; es bedeckt die Erdoberfläche zu 71 % und ist in Form von W.dampf bis zu 4 % in der Atmosphäre enthalten. W. mit weniger als 1 g Abdampfrückstand pro Liter wird als *Süß-W.* bezeichnet; der Gehalt an Calcium- und Magnesiumionen bestimmt dabei seine Härte. Chemisch reines W. zur Verwendung in der analyt. Chemie und Medizin erhält man durch Destillation (sog. *destilliertes W.*) oder über Ionenaustauscher. *Trink-W.* enthält alle mineral. Bestandteile, ist aber weitgehend keimfrei. – Die Körpersubstanz der meisten Organismen besteht zu 60–70 % aus W.; es ist Ausgangsprodukt der Photosynthese, Lösungs- und Transportmittel für Nährstoffe und Gase und dient der Aufrechterhaltung des osmot. Drucks in den Zellen. W. ist das wichtigste Lösungs-, Kühl- und Reinigungsmittel und wird als Ausgangsprodukt für zahlr. Synthesen sowie zur Wasserstoffgewinnung verwendet. → schweres Wasser.

Wasseramseln (Cinclidae), Fam. bis 20 cm langer, kurzschwänziger, meist braun, grau und weiß gefärbter Singvögel mit 5 Arten, v. a. an schnell strömenden Gebirgs- und Vorgebirgsbächen vorw. Teile Eurasiens, N-, M- und S-Amerikas; in Europa als einzige Art die *Eurasiat. W.* (Wasserschwätzer).

Wasseraufbereitung, Gewinnung von nutzbarem Wasser aus Grund- bzw. Oberflächenwasser mittels chem.-physikal. und physikal. Aufbereitungsverfahren. Während die Trink-W. v. a. hygienisch einwandfreies Wasser liefern muß, ist die Brauch-W. häufig dem jeweiligen Verwendungszweck angepaßt (z. B. enthärtetes Speisewasser für Dampfkessel, eisen- und manganfreies, härtearmes Wasser für Brauereien, Färbereien u. a.).

Wasserball, Ballspiel im Wasser für 2 Mannschaften mit je 13 Spielern, von denen jeweils 7 im Becken sind. Ziel des Spieles ist es, den 400–450 g schweren Ball, der von den Spielern (mit Ausnahme des Torwarts) nur mit einer Hand berührt und nicht gefaustet werden darf, in das 3 m breite und 90 cm hohe gegner. Tor zu werfen. Spielzeit: 4 × 7 Minuten.

Jakob Wassermann

George Washington (Gemälde von Gilbert Stuart; Ausschnitt, 1796; Boston, Museum of Fine Arts)

Wasserblüte, Massenentwicklung von Phytoplankton in nährstoffreichen Gewässern, die dadurch intensiv grün, bräunlich oder rot gefärbt werden.

Wasserbüffel → Büffel.

Wasserburg, durch Wassergräben geschützte Burganlage; im 16./17. Jh. oft umgebaut (Schlösser der Weserrenaissance).

Wasserburg a. Inn, Stadt in einer Flußschlinge des oberen Inn, Bayern, 10 800 E. Spätgot. Kirche Sankt Jakob (1410–78), Frauenkirche (14. Jh.), Burg (1531 ff.), spätgot. Rathaus (1457–59, mehrfach verändert); zahlr. Häuser mit Lauben und Grabendächern. – Burg seit dem Früh-MA über einer Schiffersiedlung (Ersterwähnung 1085).

Wasserdost, Gatt. der Korbblütler mit rd. 600 Arten in Amerika und Eurasien; meist Stauden oder Sträucher; einzige einheim. Art ist der auf feuchten Böden verbreitete, bis etwa 1,70 m hohe *Gemeine W.* (Wasserhanf; mit rosafarbenen Blüten).

Wasserfallboden → Stauseen (Übersicht).

Wasserfarben → Aquarellfarben.

Wasserflöhe (Cladocera, Kladozeren), Unterordnung im Durchschnitt etwa 0,4–6 mm langer Krebstiere mit über 400 Arten in Süß- und Meeresgewässern; gekennzeichnet durch hüpfende Schwimmweise.

Wassergeister (Wassergottheiten), in manchen Religionen (auch im Volksglauben als Neck, Nöck und v. a. *Nixen*) Geister bzw. Gottheiten, die Macht über das Wasser haben, z. T. auch in ihm leben.

Wasserglas, glasartige Alkalisilicate sowie ihre stark basisch reagierenden, viskosen wäßrigen Lösungen; z. T. als Imprägnierungs-, Binde-, Korrosionsschutz-, Kleb-, Konservierungs- und Flammschutzmittel verwendet.

Wasserhärte → Härte.

Wasserhaushalt, die physiologisch gesteuerte Wasseraufnahme und -abgabe bei allen Organismen. Der W. ist eng mit dem Ionenhaushalt (→ Stoffwechsel) gekoppelt und wird zus. mit diesem bei Mensch und Tier sowie bei Salzpflanzen durch Osmoseregulation (→ Osmose) im Gleichgewicht gehalten.

Wasserjungfern, svw. → Libellen.

Wasserkäfer, zusammenfassende Bez. für vorwiegend im Wasser lebende Käfer, z. B. Schwimm-, Haken- und Taumelkäfer.

Wasserkopf (Hydrocephalus, Hydrozephalus), abnorm vergrößerter Schädel infolge übermäßiger Ansammlung von Gehirn-Rückenmarks-Flüssigkeit in den Hirnhöhlen oder im Subarachnoidalraum.

Wasserkreislauf, die natürl., auch mit Änderungen des Aggregatzustands verbundene Bewegung des Wassers auf der Erde zw. Ozeanen, Atmosphäre und Festland.

Wasserkuppe, mit 950 m höchster Berg Hessens in der Hohen Rhön; Segelflugsport.

Wasserläufer, 1) Gatt. lerchen- bis hähergroßer, langbeiniger Schnepfenvögel mit 15 Arten, v. a. an Süßgewässern, auf Sümpfen und nassen Wiesen Eurasiens und N-Amerikas; melodisch pfeifende Watvögel, die mit Hilfe ihres langen, geraden Schnabels im Boden nach Nahrung (bes. Insekten, Würmer) stochern; Zugvögel. – Hierher gehören u. a. der etwa 20 cm lange, oberseits olivbraune, unterseits weiße *Uferläufer* und der fast 30 cm lange, oberseits hellbraune, unterseits weiße *Rotschenkel.*

2) Bez. für einige Familien der Landwanzen, die auf der Wasseroberfläche laufen können (u. a. Stoß-W., Teichläufer und Wasserschneider).

Wasserleitung → Wasserversorgung.

Wasserlinie, Linie, in der der Wasserspiegel den Schiffsrumpf berührt.

Wasserlinse (Entengrütze, Entenlinse), Gattung der einkeimblättrigen Pflanzenfam. *Wasserlinsenge-* wächse (Lemnaceae) mit rd. zehn fast weltweit verbreiteten Wasserpflanzen mit blattartigen, schwimmenden Sproßgliedern.

Wassermann, Jakob, * Fürth 10. 3. 1873, † Altaussee 1. 1. 1934, dt. Schriftsteller. Sein Engagement für Gerechtigkeit und gegen die ›Trägheit des Herzens‹ wurde von den Nationalsozialisten als ›jüdisch‹ denunziert; seine Romane, u. a. ›Die Juden von Zirndorf‹ (1897), ›Caspar Hauser oder Die Trägheit des Herzens‹ (1908), ›Der Fall Maurizius‹ (1928; verfilmt 1953 von J. Duvivier) wurden verboten.

Wassermann → Sternbilder (Übersicht).

Wassermann-Reaktion [nach dem dt. Mediziner August von Wassermann, * 1866, † 1925], Abk. WaR, dem Nachweis einer bestehenden syphilit. Infektion dienende serolog. Reaktion zw. dem Patientenserum und einem Organextrakt mit Hilfe eines hämolyt. Systems als Indikator.

Wassermelone, Gatt. der Kürbisgewächse mit vier Arten, verbreitet im trop. und südl. Afrika sowie vom Mittelmeergebiet bis Indien; die wichtigsten Arten sind: *Echte Zitrulle* (Koloquinte) mit bis 10 cm dicken, grün bis gelblichweiß gezeichneten oder orangegroßen, hartschaligen Früchten; die Wassermelone i. e. S. (Arbuse, Dschamma) wird in allen wärmeren Ländern angebaut; Früchte mit dunkelgrüner, glatter Schale und hellrotem, säuerlich schmeckendem Fruchtfleisch, das bis zu 93 % Wasser enthält.

Wasserorgel, svw. → Hydraulis.

Wasserpest, Gatt. der Froschbißgewächse mit rd. 15 Arten in N- und S-Amerika; untergetaucht lebende Wasserpflanzen; weltweit kommt die bis 3 m lange Sprosse bildende *Kanad. W.* vor.

Wasserpfeife, in Afrika und Asien, bes. in Persien und in der Türkei *(Nargileh),* verbreitete Form der Tabakspfeife; besteht aus einem Wassergefäß mit einer ins Wasser tauchenden Röhre, auf der ein großer Pfeifenkopf sitzt, sowie aus einem oder mehreren oberhalb des Wasserspiegels angesteckten Saugrohren bzw. Schläuchen mit Mundstücken. Der Rauch wird auf dem Weg durch das Wasser gekühlt und gefiltert.

Wasserpflanzen (Hydrophyten), höhere Pflanzen mit bes. morpholog. und physiolog. Anpassungen an das Leben im Wasser. W. treten als wurzellose Schwimmpflanzen oder im Boden verankert, ganz untergetaucht (submers) oder an der Wasseroberfläche schwimmend auf.

Wasserprobe → Gottesurteil.

Wasserrad, zur Ausnutzung der Strömungsenergie des Wassers sich in senkrechter Ebene drehendes Rad, dessen Umfang mit Zellen oder Schaufeln besetzt ist. Beim *oberschlächtigen W.* wird dem W. das Wasser von oben zugeführt; *unterschlächtige W.* tauchen mit ihrem unteren Teil in strömendes Wasser ein.

Wasserrecht, die Gesamtheit aller rechtl. Vorschriften, die sich auf die Gewässer, v. a. deren Schutz und Benutzung, beziehen. In der BR Deutschland ist das W. teils Bundes-(Wasserhaushaltsgesetz vom 16. 10. 1976), teils Landesrecht. Für die Durchführung der Gesetze sind u. a. die *Wasserwirtschaftsämter* als Wasserbehörden zuständig.

Wasserreis, Gatt. der Süßgräser mit drei Arten an See- und Flußufern N-Amerikas und O-Asiens; u. a. der *Tuscarorareis* (Indianerreis).

Wasserscheide, Grenzlinie zw. zwei Einzugsgebieten von Gewässern.

Wasserschildkröten, 1) nichtsystemat. zusammenfassende Bez. für süßwasserbewohnende Schildkröten.

2) Gatt. etwa 10–25 cm langer Sumpfschildkröten mit rd. 10 Arten in Europa, Asien, N-Afrika und N-Amerika; Rückenpanzer nur flach gewölbt.

Wasserdost:
Gemeiner
Wasserdost

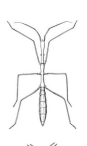

Wasserläufer 2):
OBEN Teichläufer;
UNTEN
Wasserschneider

Wasserspeier
(am Freiburger
Münster)

Wasserschlange, dt. Name für die Sternbilder Hydra *(Weibl.* oder *Nördl. W.)* und Hydrus *(Männl.* oder *Südl. Wasserschlange).* →Sternbilder (Übersicht).

Wasserschlauch (Wasserhelm), Gatt. der *Wasserschlauchgewächse* (Lentibulariaceae) mit rd. 250 v. a. in den Tropen verbreiteten Arten; sowohl Wasser- als auch Landpflanzen oder Epiphyten; Wasserblätter bzw. (bei landbewohnenden Arten) Seitensprosse mit Blasen zum Fang von Insekten oder Kleinkrebsen.

Wasserschnecke (Wasserschraube), svw. →ägyptische Schraube.

Wasserschöpfrad →Noria.

Wasserskisport, Sportart, bei der man auf Skiern im Schlepp eines Motorbootes über das Wasser gleitet.

Wasserspeier (Abtraufe), Rohr, das das Regenwasser eines Daches von den Mauern ablenkt. Bereits am griech. Tempel künstlerisch gestaltet (Löwenköpfe), v. a. jedoch in der Gotik (Menschen, Tiere, Fabelwesen) mit symbol. Schutzfunktion gegen Dämonen.

Wasserspinne (Silberspinne), 1–1,5 cm lange, braune Trichterspinne, v. a. in sauerstoffreichen Süßgewässern Europas, N- und Z-Asiens; lebt unter dem Wasserspiegel in einer mit Luft gefüllten Gespinstglocke.

Wasserstoff, chem. Symbol H (von lat. ›hydrogenium‹); gasförmiges, der I. Hauptgruppe des Periodensystems der chem. Elemente zugeordnetes Element, Ordnungszahl 1, mittlere relative Atommasse 1,0079, Dichte (bei 0 °C) $0,08988 \cdot 10^{-3}$ g/cm³, Schmelzpunkt $-259,14$ °C, Siedepunkt $-252,87$ °C. Vom W. sind drei Isotope bekannt: H 1 (**Protium**; Anteil am natürlich vorkommenden W. 99,985 %), H 2 *(schwerer W.,* **Deuterium,** D; Anteil am natürl. W. 0,015 %) und das radioaktive H 3 *(überschwerer W.,* **Tritium,** T; Anteil am natürl. W. 10^{-15} %). W. ist ein farb- und geruchloses Gas und das leichteste aller Elemente. Er kommt normalerweise in Form zweiatomiger Moleküle (als H_2) vor, kann aber kurzzeitig atomar (als sehr reaktionsfähiger, sog. *naszierender W.* oder *W. in statu nascendi)* in Freisetzen als W.verbindungen auftreten. W. reagiert nur mit Fluor schon bei tiefen Temperaturen explosionsartig; mit Chlor und Sauerstoff bildet er explosive Gemische (Knallgas). Mit anderen Elementen reagiert W. erst bei höheren Temperaturen und/oder in Gegenwart von Katalysatoren. Technisch wird W. durch therm. Zersetzung von Wasserdampf mit Kohle, Koks, Erdöl oder Erdgas, durch therm. Zersetzung (Kracken) von Kohlenwasserstoffen oder durch Elektrolyse von Wasser gewonnen und kommt in roten Stahlflaschen in den Handel. W. wird v. a. zur Synthese von Ammoniak, Chlorwasserstoff, Methanol und Aldehyden, zum Hydrieren von Erdölkrackprodukten und zur Fetthärtung verwendet. Im Gemisch mit Sauerstoff dient W. zum Schweißen von Metallen. Flüssiger W. wird u. a. als Kühlmittel für Generatoren und Kältemaschinen sowie als Raketentreibstoff und in der Elementarteilchenphysik in Blasenkammern verwendet. – Die **Wasserstofftechnologie** beschäftigt sich mit allen Verfahren zur Herstellung und Nutzung des W. als Sekundärenergieträger, z. B. mit der Elektrolyse von Wasser mittels Strom aus Solarzellen oder Sonnenöfen, mit der Speicherung des W. als Metallhydrid und mit der Nutzung als Treibstoff durch Verbrennung mit Sauerstoff.

Wasserstoffbombe (H-Bombe) →ABC-Waffen (Atomwaffen).

Wasserstoffbrückenbindung (Wasserstoffbrücke), schwache chem. Bindung zw. einem an elektronegative Atome gebundenen Wasserstoffatom und einem weiteren elektronegativen Atom; z. B. in der DNS, in Proteinen.

Wasserstoffelektrode, eine Elektrode, die aus Platinmohr, der auf ein Platinblech aufgetragen ist, besteht und in einer Wasserstoffionenlösung von reinem, gasförmigem Wasserstoff umspült wird. Zw. den vom Platinmohr absorbierten Wasserstoffatomen und den in der Lösung befindl. Wasserstoffionen bildet sich eine Potentialdifferenz bzw. Spannung aus, die durch das Gleichgewicht $H_2 \rightleftarrows 2\,H^+ + 2\,e$ bestimmt wird. Eine Lösung mit einem Wasserstoffgasdruck von 1,013 bar und der Wasserstoffionenaktivität 1 liefert eine *Normal-W. (Standard-W.).* Das Potential dieser Elektrode wird als *Normalpotential (Standardpotential)* bezeichnet und vereinbarungsgemäß mit dem Wert Null festgesetzt. Diese Normal-W. dient als Bezugselektrode für die Messung der Normalpotentiale der übrigen Elemente, die die Aufstellung der elektrochem. Spannungsreihe der Elemente ermöglichen.

Wasserstoffionenkonzentration, der Gehalt einer Lösung an Wasserstoffionen, H^+ (bzw. Hydroniumionen, H_3O^+), der für den →pH-Wert der Lösung verantwortlich ist.

Wasserstoffperoxid (früher Wasserstoffsuperoxid), H_2O_2; farblose, in wäßriger Lösung sauer reagierende Flüssigkeit (Dichte bei 0 °C 1,47 g/cm³, Schmelzpunkt $-0,41$ °C, Siedepunkt 150 °C); starkes Oxidationsmittel; auch Bleich- und Desinfektionsmittel.

Wasserstoffspektrum, die Gesamtheit der Spektrallinien aus dem Linienspektrum des Wasserstoffatoms und dem Bandenspektrum des Wasserstoffmoleküls.

Wasserstoffsuperoxid, veraltet für →Wasserstoffperoxid.

Wasserstofftechnologie →Wasserstoff.

Wassersucht (Hydrops), krankhafte Ansammlung von Flüssigkeit im Gewebe und in Körperhöhlen; verursacht durch verschiedene Erkrankungen, z. B. Herz- oder Niereninsuffizienz.

Wasserturbine, eine die potentielle und kinet. Energie des Wassers ausnutzende Strömungskraftmaschine, bes. zum Antrieb von Generatoren. Die W. besteht aus einer Leitvorrichtung und einem Laufrad. Die Leitvorrichtung besteht meist aus (z. T. verstellbaren) Schaufeln, die so angeordnet sind, daß die Energie des Wassers weitgehend in Drehbewegung umgewandelt wird. W. werden unterteilt: 1. nach der Art der Beaufschlagung des Laufrades *(Axial-, Radial-, Tangentialturbinen);* 2. nach dem Grad der Beaufschlagung des Laufrades *(vollbeaufschlagte Turbinen, teilbeaufschlagte Turbinen);* 3. nach der Bauart (z. B. *Francis-Turbine, Kaplan-Turbine, Pelton-Turbine).*

Wasseruhr, svw. →Wasserzähler.

Wasserverdrängung (Deplacement) →Schiff (Schiffsvermessung).

Wasserversorgung, Sammelbez. für alle Maßnahmen und Einrichtungen, die der Versorgung von Bevölkerung und Ind. mit Wasser dienen. – Der tägl. Wasserverbrauch je Einwohner beträgt in der BR Deutschland etwa 200–300 *l,* wobei auf das in Haushaltungen verbrauchte Wasser 70 bis 100 *l* pro Person entfallen.

Wasserfassung: Für die W. kann Regen-, Oberflächen-, Grund- und Meerwasser herangezogen werden. Wegen der Verschmutzung der Flüsse kann *Flußwasser* sowie das *Wasser von Seen* direkt oft nur als Brauchwasser (für gewerbl. und industrielle Zwecke) verwendet werden. Nach verschiedenen Verfahren der Meerwasserentsalzung kann Trinkwasser auch aus *Meerwasser* gewonnen werden.

Wasseraufbereitung: Gefaßtes Rohwasser, das nicht den Anforderungen für Trinkwasser genügt, muß in einer *Wasseraufbereitungsanlage* aufbereitet

592

werden. Das Abtrennen ungelöster Schwebstoffe einschließlich der daran haftenden Bakterien erfolgt im Absetzbecken und in Filtern. Das vorgeklärte Wasser durchläuft ein Sandfilter, wobei restl. Schwebstoffe zurückgehalten werden. Enthält das Wasser mehr als 0,1 mg Eisen oder mehr als 0,05 mg Mangan je Liter, so muß es einer *Enteisenung* bzw. *Entmanganung* unterzogen werden. Die → Härte kann (bes. für industrielle Zwecke) mit Ionenaustauschern vermindert werden *(Enthärtung)*. Die *Entkeimung* des Wassers kann durch Abkochen, Filtern, durch Ozonisierung und durch Chloren erfolgen.

Anlagen der Wasserleitung: Das aufbereitete Wasser wird meist in *Hochbehältern* (z. B. *Wassertürmen*) gespeichert. Sie sorgen u. a. für konstanten Wasserdruck in den Leitungen. Das *Wasserversorgungsnetz* verteilt das vom *Wasserwerk* geförderte Wasser an die einzelnen Verbraucher. – In bes. dicht besiedelten Gebieten ist es zuweilen erforderlich, Wasser mit Hilfe umfangreicher Leitungs-, Pump-, Speicher- und Drucksteigerungsanlagen aus weit entfernten natürl. Wasserreservoiren heranzuschaffen *(Fernwasserversorgung)*. Ein Beispiel hierfür ist die Fern-W. des Großraums Stuttgart und weiter Teile Baden-Württembergs durch die Bodensee-W., die rd. 2,5 Mio. Einwohner mit Trinkwasser versorgt.

Wasserwaage (Setzwaage, Richtwaage), Instrument bzw. Handwerkzeug zur Prüfung der waagrechten, senkrechten oder geneigten Lage ebener Flächen. Der W.körper aus Holz oder Aluminium enthält meist 2 tonnenförmige → Libellen, eingegossen in Acrylglas.

Wasserwanzen (Hydrocorisae), mit über 1 000 Arten in stehenden und fließenden Süßgewässern weltweit verbreitete Unterordnung der Wanzen; wenige Millimeter bis 10 cm lange Insekten, meist mit Schwimmbeinen.

Wasserwerfer, im Polizeieinsatz zum Zerstreuen von Menschenansammlungen verwendete, meist auf gepanzerten Fahrzeugen installierte Vorrichtung zum Ausbringen eines gezielten, scharfen Wasserstrahls (evtl. mit Farb- und Tränenreizstoffen) aus mitgeführten Vorratsbehältern.

Wasserzähler (Wasseruhr, Wassermesser), Gerät zur Ermittlung der durch eine Rohrleitung fließenden Wassermenge. Übl. Bauarten sind der *Ringkolbenzähler, Flügelradzähler* und *Woltman-Zähler*.

Wasserzeichen, im Papier in der Durchsicht erscheinende Muster, die zur Charakterisierung bestimmter Papiersorten dienen, z. B. als Markenzeichen einer Papierfabrik, als Echtheitsnachweis u. a. für Banknoten, Wertpapiere und Briefmarken.

Wassilewski, Alexandr Michailowitsch [russ. vɐsi'lʲɛfskij], * Nowaja Golschika (Gebiet Kostroma) 30. 9. 1895, † Moskau 5. 12. 1977, sowjet. Offizier. Marschall (seit 1943); leitete als Chef des Generalstabs die Schlachten von Stalingrad (1942) und Kursk (1943); 1949–53 Kriegsminister.

Wästberg, Per [schwed. ˌvɛstbærj], * Stockholm 20. 11. 1933, schwed. Schriftsteller. 1979–86 Präs. des Internat. PEN. Schreibt v. a. sozialkritische Romane (›Gelöste Liebe‹, 1969; ›Erdenmond‹, 1972); auch engagierter Hg. afrikan. Literatur.

Waterford [engl. 'wɔːtəfəd], ir. Hafenstadt am Zusammenfluß von Barrow und Suir in den Waterford Harbour, 41 100 E. Kathedralen Holy Trinity (vollendet 1796) und Christ Church (1779, 1891 verändert), City Hall (1788). – 914 von Wikingern erobert, die W. zu einer ihrer wichtigsten Städte in Irland machten; 1172 von Anglonormannen erobert; Stadtrecht 1206.

Watergate-Affäre [engl. 'wɔːtəgeɪt], polit. Skandal in den USA. Ein Einbruch im demokrat. Wahlkampfhauptquartier in den Watergate-Appartements

Jean Antoine Watteau: ›Aufbruch von Kythera‹; 1717 (Paris, Louvre)

(Büro- und Hotelgebäudekomplex in Washington [D. C.]) im Sommer 1972 und die zw. den Einbrechern und dem Komitee für die Wiederwahl des republikan. Präs. Nixon bestehenden Verbindungen führten zu einer erhebl. Belastung engster Mitarbeiter des Präs. und schließlich Nixons selbst, so daß der Kongreß ein → Impeachment gegen Nixon vorbereitete, dem dieser durch seinen Rücktritt (Aug. 1974) zuvorkam. Sein Nachfolger G. R. Ford befreite Nixon (nicht die übrigen Beteiligten) von jeder Strafverfolgung.

Waterloo [niederl. 'waːtərloː], belg. Gem. 15 km südl. von Brüssel, 25 000 E. – Die Entscheidungsschlacht der Befreiungskriege am 18. 6. 1815 wurde von Wellington nach seinem Hauptquartier W. benannt, während Blücher die Bez. **Belle-Alliance** vorzog.

waterproof [engl. 'wɔːtəpruːf], wasserdicht.

Watson [engl. wɔtsn], 1) James Dewey, * Chicago 6. 4. 1928, amerikan. Biochemiker. Postulierte 1953 (zus. mit F. H. C. Crick) das später bestätigte Modell der Doppelhelix (→ DNS); erhielt (mit Crick und M. H. F. Wilkins) 1962 den Nobelpreis für Physiologie oder Medizin.

2) John Broadus, * Greenville (S. C.) 9. 1. 1878, † New York 25. 9. 1958, amerikan. Psychologe. Begründer des → Behaviorismus.

James Dewey Watson

Watt, James [engl. wɔt], * Greenock bei Glasgow 19. 1. 1736, † Heathfield (= Birmingham) 19. 8. 1819, brit. Ingenieur und Erfinder. Verbesserte 1765 die (atmosphär.) Dampfmaschine von T. Newcomen durch Einführung des vom Zylinder getrennten Kondensators. 1782–84 konstruierte er eine doppeltwirkende Dampfmaschine.

Watt [nach J. Watt], Einheitenzeichen W, SI-Einheit der Leistung. $1 W = 1 J/s = 1 Nm/s$. Dezimale Vielfache sind das **Kilowatt** (kW), das **Megawatt** (MW) und das **Gigawatt** (GW): $1 kW = 1 000 W$, $1 MW = 1 000 kW$, $1 GW = 1 000 MW$.

Watt, an flachen Gezeitenküsten vom Meer täglich zweimal überfluteter und wieder trockenfallender Meeresboden, wobei Sand und Schlick abgelagert wird; reiche Tierwelt. Zum Schutz des W.enmeeres vor der dt. Nordseeküste wurden 1985 der Nationalpark Schleswig-Holsteinisches Wattenmeer und 1986 der Nationalpark Niedersächsisches Wattenmeer eingerichtet.

James Watt

Watteau, Jean Antoine [frz. va'to], * Valenciennes 10. 10. 1684, † Nogent-sur-Marne 18. 7. 1721, frz. Maler. Schulung an der niederl. Malerei des 17. Jh. (v. a.

Max Weber

Wilhelm Weber

**Carl Maria
von Weber**
(Ausschnitt aus
einem Gemälde von
Caroline Bardua)

G. Dou); begründete in der Genremalerei den galanten Stil *(peintre des fêtes galantes)*, u. a. ›Aufbruch von Kythera‹ (mehrere Fassungen, u. a. 1709/10, Frankfurt am Main, Städel; 1717, Paris, Louvre), damit Wegbereiter des Rokoko. – *Weitere Werke:* Gilles (1718, Paris, Louvre), Das Ladenschild des Kunsthändler Gersaint (1720, Berlin, Schloß Charlottenburg).

Wattenscheid → Bochum.

Wattsekunde [nach J. Watt], Einheitenzeichen **Ws**, SI-Einheit der Energie bzw. Arbeit: $1\,\text{Ws} = 1\,\text{J} = 1\,\text{Nm}$. $1\,\text{Wh}$ **(Wattstunde)** $= 3\,600\,\text{Ws} = 3\,600\,\text{J}$.

Wat Tylor → Tylor, Wat.

Watvögel (Regenpfeiferartige, Charadrii, Limikolen), mit rd. 200 Arten weltweit verbreitete Unterordnung meist ziemlich hochbeiniger Vögel, die in flachen Süß- und Salzgewässern waten bzw. in Sümpfen, Mooren oder in feuchten Landschaften leben.

Watzmann, Gebirgsstock der westl. Salzburgisch-Oberösterr. Kalkalpen, Bayern, bis 2 713 m hoch (Mittelspitze).

Waugh, Evelyn [engl. wɔ:], * London 28. 10. 1903, † Taunton bei Bristol 10. 4. 1966, engl. Schriftsteller. Vertritt mit seinem Erzählwerk, v. a. Romane, das Genre der (absurden) Gesellschaftssatire, u. a. ›... aber das Fleisch ist schwach‹ (1930), ›Wiedersehen mit Brideshead‹ (1945), ›Tod in Hollywood‹ (1948), ›Gilbert Pinfolds Höllenfahrt‹ (1957).

Wayne, John [engl. wεin], eigtl. Marion Michael Morrison, * Winterset (Iowa) 26. 5. 1907, † Los Angeles 11. 6. 1979, amerikan. Filmschauspieler. V. a. erfolgreich als Westernheld, u. a. ›Ringo‹ (1939, früherer Verleihtitel: ›Höllenfahrt nach Santa Fé/Ringo‹), ›Rio Bravo‹ (1959), ›Alamo‹ (1960), ›El Dorado‹ (1967), ›Der Marshal‹ (1971).

WC, Abk. für engl. watercloset (→ Abort).

Webb, Sidney James, Lord Passfield of Passfield Corner (seit 1929), * London 13. 7. 1859, † Liphook (Hampshire) 13. 10. 1947, brit. Sozialpolitiker. Mitbegründer und bedeutendster Theoretiker der → Fabian Society; beschäftigte sich zus. mit seiner Frau Beatrice (geb. Potter, * 1858, † 1943) mit Fragen der Sozialreform und der Gewerkschaftsbewegung; sie gründeten die London School of Economics sowie die Zeitschrift ›New Statesman‹.

Weben (Abweben), Herstellung textiler Flächengebilde durch rechtwinkelige Verkreuzung zweier Fadensysteme (Kett- und Schußfäden) nach den Regeln der → Bindungslehre auf dem → Webstuhl.

Weber, 1) Alfred, * Erfurt 30. 7. 1868, † Heidelberg 2. 5. 1958, dt. Nationalökonom und Soziologe. Bruder von Max W.; zahlr. Arbeiten zur Wirtschaftstheorie, Sozialpolitik, polit. Soziologie und Kultursoziologie; begründete die industrielle Standortlehre.

2) A[ndreas] Paul, * Arnstadt 1. 11. 1893, † Schretstaken bei Lauenburg 9. 11. 1980, dt. Zeichner. Zeitkrit. Satiren in allegor.-symbol. Verschlüsselungen.

3) Carl Maria von, * Eutin 18. oder 19. 11. 1786, † London 5. 6. 1826, dt. Komponist. Zu seinen Lehrern gehörten Michael Haydn u. G. J. Vogler; ab 1813 Operndirektor in Prag, ab 1816 in Dresden. ›Der Freischütz‹ (1821) wurde zum Inbegriff der romant. dt. Oper; die anderen Opern (u. a. ›Abu Hassan‹, 1811; ›Preziosa‹, 1821; ›Euryanthe‹, 1823; ›Oberon‹, 1826) setzten sich kaum durch. In Thematik, Inszenierung und Klangfülle seines Werkes (u. a. Konzertstück f-moll; Klaviermusik, u. a. ›Aufforderung zum Tanz‹, 1819; auch Vokalmusik) wegweisend u. a. für R. Wagner.

4) Helene, * Elberfeld (= Wuppertal) 17. 3. 1881, † Bonn 25. 7. 1962, dt. Frauenrechtlerin. 1919/20 Mgl. der Weimarer Nationalversammlung (Zentrum), 1921–24 MdL in Preußen, 1924–33 MdR; 1948/49 Mgl. des Parlamentar. Rates und ab 1949 MdB

(CDU); ab 1952 Vors. des Kuratoriums des Dt. Mütter-Genesungswerks.

5) Max, * Erfurt 21. 4. 1864, † München 14. 6. 1920, dt. Sozialökonom, Wirtschaftshistoriker und Soziologe. Prof. in Berlin, Freiburg/B., Heidelberg, Wien und München; Gründungs-Mgl. der Dt. Gesellschaft für Soziologie und der Dt. Demokrat. Partei, 1919 Mitarbeit an der Reichsverfassung. Im Mittelpunkt seines wiss. Werkes stehen Studien zum Verhältnis von Religion, Wirtschaft und Gesellschaft (›Die prot. Ethik und der Geist des Kapitalismus‹, 1904/05; ›Gesammelte Aufsätze zur Religionssoziologie‹, 1920/21; ›Wirtschaft und Gesellschaft‹, hg. 1921, darin u. a. die klassifikator. Einteilung in rationale, traditionale und charismat. Herrschaft sowie Studien zur Frühgeschichte der Stadt). In seiner Arbeit über ›Die ,Objectivität' sozialwiss. und sozialpolit. Erkenntnis‹ (1904) plädiert W. für eine Trennung von polit.-prakt. Handeln und soziolog. Erkenntnis (Wertfreiheit der Wiss.).

6) Wilhelm, * Wittenberg 24. 10. 1804, † Göttingen 23. 6. 1891, dt. Physiker. Sein Hauptarbeitsgebiet war der Elektromagnetismus. Mit R. Kohlrausch bestimmte W. 1856 die Lichtgeschwindigkeit aus elektr. Messungen.

Weberaufstand, Hungerrevolte der schles. Weber in Peterswaldau und Langenbielau (4.–6. 6. 1844). 3 000 Aufständische zerstörten Maschinen und Bücher der Fabrikanten und Verleger. Der W., die erste proletar. Erhebung in Deutschland mit überregionaler Bedeutung, wurde von preuß. Truppen blutig niedergeschlagen. Dramat. Bearbeitung u. a. durch G. Hauptmann (›Die Weber‹, 1892).

Weberknechte (Kanker, Afterspinnen, Opiliones), mit über 3 000 Arten (einheim. rd. 35 Arten) weltweit verbreitete Ordnung bis über 2 cm langer, landbewohnender Spinnentiere mit z. T. extrem (bis 16 cm) langen, dünnen Beinen (brechen leicht an einer vorgebildeten Stelle ab und lenken dann durch Eigenbewegungen einen Angreifer ab); Spinn- und Giftdrüsen fehlen; fressen Pflanzenstoffe und kleine Wirbellose.

A. Paul Weber: ›Das Bildungspflänzchen‹; Lithographie, undatiert

Webern, Anton (von), * Wien 3. 12. 1883, † Mittersill 15. 9. 1945, österr. Komponist und Dirigent. Schüler von A. Schönberg; als Dirigent v. a. Engagement für G. Mahler und Schönberg. Seine Werke bewegen sich von der freien Atonalität (1907/08–1914; u. a. George-Lieder op. 3 und op. 4, 1907–09; Orchesterwerke op. 6 und op. 10, 1909–13) über die reihengebundene Atonalität (u. a. 4 Lieder mit Orchester op. 13, 1914–18; 2 Lieder für Chor und fünf Instrumente op. 19, 1926) zur Reihentechnik (1927–43; u. a. Streichtrio op. 20, 1927; ›Das Augenlicht‹ für Chor und Instrumente op. 26, 1935; Klaviervariationen op. 27, 1936; 2. Kantate op. 31, 1941/43). Bei W. ist die Reihe (→ Zwölftontechnik) nicht nur Basis für Themen- und Motivbildung, sondern bestimmt die Anlage des ganzen Werkes (z. B. in der Sinfonie op. 21, 1928, mit einer spiegelförmigen und damit krebsgleichen Reihe).

Webervögel (Ploceidae), Fam. etwa 10–20 cm langer (mit den Schmuckfedern des Schwanzes oft bis fast 70 cm messender) Singvögel mit rd. 150 Arten in Steppen und Savannen Afrikas und S-Asiens, z. T. weltweit verbreitet; bauen z. T. kunstvoll gewebte Beutel- oder Kugelnester aus feinen Pflanzenfasern mit langer, abwärts gerichteter Einflugsröhre. – Zu den W. gehören u. a. Sperlinge, Witwen und die *Eigtl. Weber* mit rd. 70 Arten, darunter u. a. der über 15 cm lange *Textorweber;* z. T. Stubenvögel.

Webkante (Warenkante, Webrand, Leiste), die beim Weben an beiden Seiten eines Gewebes entstehende Begrenzung.

Webschützen (Schützen, [Web]schiffchen), Vorrichtung, die beim → Weben durch das Fach geführt wird und dabei den Schußfaden einträgt.

Webster, Noah [engl. 'wɛbstə], * West Hartford (Conn.) 16. 10. 1758, † New Haven (Conn.) 28. 5. 1843, amerikan. Publizist und Lexikograph. Ließ 1828 ›An American dictionary of the English language‹ erscheinen, das laufend neu bearbeitet wird.

Webstuhl, von Hand (Hand-W.) oder elektrisch angetriebene Maschine (Maschinen-W., Webmaschine) zur Herstellung von Stoffen durch → Weben. Der W. besteht aus einem *Gestell,* in dem die sog. *Schäfte* hängen; diese werden nach oben und unten bewegt und führen die → Fäden über die *Streichbaum* und die *Teilstäbe* (Kreuzschienen) kommenden Kettfäden bei der Fachbildung nach oben bzw. unten. Durch den von der *Lade* geführten *Webschützen,* der durch einen Schlagstock *(Picker)* bewegt wird, erfolgt das Eintragen des Schußfadens in das von den Kettfäden gebildete Fach. Durch das an der Lade befestigte *Webeblatt* wird der Schußfaden an das bereits gewobene Gewebe angedrückt, das dann über den *Brustbaum* umgelenkt, durch den *Zugbaum* abgezogen und auf dem *Warenbaum* aufgewickelt wird. Für die Steuerung der Fachbildung dienen Schaft- und Jacquardmaschinen.

Wechsel, schuldrechtliches Wertpapier, das eine schriftl., unbedingte, jedoch befristete Zahlungsverpflichtung in gesetzl. vorgeschriebener Form enthält. Ursprünglich nur als Zahlungsmittel gedacht, ist der W. heute v. a. ein Instrument des Kreditverkehrs zur kurzfristigen Finanzierung des Warenhandels. Die Zahlungsverpflichtung ist unabhängig von dem Grund, aus dem die Schuld entstanden ist. Der W.aussteller kann sich selbst zur Zahlung verpflichten (Eigen-W., Sola-W.) oder einen anderen damit beauftragen (gezogener W., Tratte). Das W.recht ist im W.gesetz vom 21. 6. 1933 geregelt.

Wechselbäder, kurzfristig wechselnde Anwendung kalter und warmer Teilbäder (z. B. Wechselfußbad), v. a. zur Förderung der peripheren Blutzirkulation.

Wechselbalg, im Volksglauben ein häßl., mißgestaltetes Kind, das von bösen Menschen oder Geistern einer Wöchnerin anstelle ihres eigenen Kindes untergeschoben worden ist.

Wechselbürgschaft → Aval.

Wechselfieber, svw. → Malaria.

Wechseljahre (Klimakterium), die Zeitspanne etwa zw. dem 45. und 55. Lebensjahr der Frau, während der es gewöhnlich zum allmähl. Erlöschen der Eierstocktätigkeit kommt. Eine zunehmende Verminderung bestimmter Hormone (Östrogen und Gestagen) führt zu unregelmäßigen Regelblutungen und

am Ende der W. zu einem vollständigen Versiegen der Blutungen; verbunden damit sind vegetative (Hitzewallungen, Schwindelanfälle und u. U. psych. Beschwerden (Schlaflosigkeit, Depressionen). Das Fehlen der Eierstockhormone bewirkt weiterhin eine Schrumpfung der Geschlechtsorgane und eine vermehrte Neigung zu Fettansatz, Haarausfall und degenerativen Gelenkerkrankungen. – Die Behandlung der durch die W. bedingten Störungen erfolgt durch die Gabe von Östrogenen. – Forschungen über W. beim Mann blieben bisher wenig konkret.

Wechselkröte → Bufo.

Wechselkurs (Devisenkurs), Preis einer Währung, ausgedrückt in einer anderen Währung. Zu unterscheiden ist zw. einem System fester, stufenflexibel fester und flexibler Wechselkurse. Bei *festen W.* bestehen bestimmte Paritäten zw. den Währungen, die entweder von den Regierungen festgesetzt werden oder – wie beim früheren Goldstandard üblich – sich automatisch durch die Festlegung von *Goldparitäten* (der Wert der Währung war in Gramm Feingold je Währungseinheit definiert) für die einzelnen Währungen ergeben. In einem System *stufenflexibel fester W.* werden um einen festen Mittelkurs *Bandbreiten* festgelegt, innerhalb derer die Notenbank den W. durch Interventionen am Devisenmarkt (An- bzw. Verkäufe von Devisen) halten muß. Im System *flexibler W.* überläßt die Notenbank den W. dem freien Spiel zw. Angebot und Nachfrage am Devisenmarkt.

Wechselprotest, öffentl. Beurkundung, insbes. der Verweigerung der Annahme oder der Zahlung eines → Wechsels auf der Rückseite des Wechsels oder auf einem mit dem Wechsel verbundenen Blatt *(Protesturkunde)* muß innerhalb der Zahlungsfrist bzw. vor dem Verfalltag erfolgen.

Wechselprozeß → Wechsel- und Scheckprozeß.

Wechselregreß (Wechselrückgriff), der [Rückgriffs]anspruch des Inhabers eines → Wechsels gegen sämtl. aus einer Wechselverbindlichkeit Verpflichtete, wenn der Wechsel am Verfalltag nicht bezahlt oder vom Bezogenen nicht angenommen worden ist. Der W. setzt die rechtzeitige Benachrichtigung des Vormannes und des Ausstellers sowie einen gültigen → Wechselprotest voraus.

Wechselreiterei, Austausch von → Akzepten zw. finanzschwachen Partnern, ohne daß ein Grundgeschäft besteht. Die W. dient der Kreditschöpfung oder der Verdeckung der Zahlungsunfähigkeit. Einen *Reitwechsel* diskontieren zu lassen, erfüllt i. d. R. den Tatbestand des Betrugs.

Wechselrichter, heute meist elektron., häufig mit Thyristoren arbeitende Geräte zur Umwandlung von Gleichspannungen in Wechselspannungen.

Wechselspannung, Schaltzeichen ∼, eine elektr. Spannung, deren Stärke (und Vorzeichen) sich (im Ggs. zur Gleichspannung) periodisch mit der Zeit ändert. In der Technik werden sinusförmige W. verwendet; Frequenz meist 50 Hz.

wechselständig → Laubblatt.

Wechselsteuer, Verkehrsteuer auf im Inland umlaufende Wechsel.

Wechselstrom, Schaltzeichen ∼, elektr. Strom, dessen Stärke und Richtung sich periodisch mit der Zeit ändern. In der Technik werden meist sinusförmige W. verwendet; für ihren zeitl. Verlauf gilt: $I(t) = I_0 \sin \omega t$ ($I(t)$ Momentanwert zum Zeitpunkt t, I_0 Scheitelstromstärke, $\omega = 2\pi v = 2\pi/T$ mit Kreisfrequenz ω, Frequenz v des W. und Periodendauer T). Entsprechend der Wechselspannung gilt für den Effektivwert I_{eff} des W.: $I_{\text{eff}} = I_0/\sqrt{2} \approx 0,707 \cdot I_0$. Wechselströme entstehen primär durch Induktion im elektr. Generator; ihre Frequenz ist meist 50 Hz (Netzfrequenz). Durch Verkettung dreier, um je 120° phasenverschobener W. entsteht ein Drehstrom.

Anton von Webern

Alfred Wegener

Frank Wedekind

Klaus Wedemeier

Wechselstrommaschinen, elektr. Maschinen, die Wechsel- bzw. Drehstrom erzeugen *(Generatoren)* oder verbrauchen *(Elektromotoren).* Im Prinzip können alle W. als Generator oder als Motor arbeiten. Sie bestehen aus einem feststehenden Teil, dem *Ständer (Stator),* und einem rotierenden Teil, dem *Läufer (Rotor),* meist innerhalb des Ständers. Diese durch einen Luftspalt voneinander getrennten Teile tragen Wicklungen. In der jeweils auf dem anderen Maschinenteil befindl. Ankerwicklung induziert das Hauptfeld eine Spannung, so daß bei Generatorbetrieb Wechsel- bzw. Drehstrom ins Netz geliefert, bei Motorbetrieb Strom aufgenommen wird, der den Läufer in Drehung versetzt. Die gebräuchlichsten Wechselstromgeneratoren sind *Synchrongeneratoren:* eine gleichstromerregte Polradwicklung (Stromzuführung über Schleifringe) rotiert an einer feststehenden, stromliefernden Ständerwicklung vorbei. Ordnet man 3 um 120° versetzte Ständerspulen an, so wird Drehstrom erzeugt *(Drehstromgenerator).* Der *Drehstromsynchronmotor* ist wie der Synchrongenerator aufgebaut. Bei sehr kleinen Leistungen dient er zum Antrieb z. B. von Uhren und Plattenspielern. Der *Asynchronmotor (Induktionsmotor)* hat die gleiche drehfelderzeugende Ständerwicklung wie der Synchronmotor. Das Drehfeld (Drehzahl n_1) induziert in die Läuferwicklung Spannungen, die Kraftwirkung der daraus resultierenden Ströme treibt den Läufer bis zur Drehzahl n_2 an, die unter der Drehzahl des Ständerfeldes liegt, da bei gleicher Drehzahl keine Spannung mehr in den Läufer induziert wird. Das Verhältnis n_2/n_1 heißt *Schlupf.* Der *Käfigläufermotor* hat eine direkt kurzgeschlossene käfigartige Läuferwicklung und ist wegen seiner Einfachheit und Betriebssicherheit weit verbreitet.

Wechsel- und Scheckprozeß, durch kürzere Fristen und Beschränkung der Beweismittel beschleunigtes Verfahren des Urkundenprozesses zur schnellen Durchsetzung der Wechsel- und Scheckansprüche.

Wechselwarme →Kaltblüter.

Wechselwirkung, die gegenseitige Beeinflussung zweier oder mehrerer Objekte oder Größen. In der *Physik:* elektromagnet. W., schwache W. und starke W. sowie die Gravitations-W. Eine alle W. vereinigende Theorie existiert noch nicht.

Wechselwirkungsgesetz →Newtonsche Axiome.

Weckamine (Weckmittel), stimulierende Kreislaufmittel mit stark erregender Wirkung auf das Zentralnervensystem (Psychoanaleptika), die chem. dem Adrenalin nahestehen; z. B. Amphetamin (Benzedrin Ⓦ). Mißbrauch der W. führt zu psych. und körperl. Abhängigkeit.

Wecker, Konstantin (eigtl. K. Amadeus), * München 1. 6. 1947, dt. Liedermacher (Klavier, Gesang). Erfolgreicher Vertreter nonkonformist. Songs, Chansons und Balladen.

Weckherlin, Georg Rudolf [...li:n], * Stuttgart 15. 9. 1584, †London 13. 2. 1653, dt. Lyriker. Früher Vertreter des literar. Barock (›Oden und Gesänge‹, 1618/19; ›Geistl. und weltl. Gedichte‹, 1641).

Weckmann, 1) Matthias, * Niederdorla bei Mühlhausen 1621, †Hamburg 24. 2. 1674, dt. Komponist und Organist. Ab 1655 an Sankt Jacobi in Hamburg. Komponierte u. a. Orgelchoräle, Tokkaten, Kantaten.
2) Niklaus d. Ä., nachweisbar in Ulmer Steuerbüchern 1481–1526, dt. Bildhauer. Unterhielt in Ulm eine der letzten spätgot. Schnitzerwerkstätten (Aufträge u. a. für J. Syrlin d. J.); Zusammenarbeit u. a. mit B. Zeitblom, Hans Schüchlin (* 1430, †1505) und seinem Stiefsohn und Nachfolger Niklaus W. d. J. (* um 1475). – *Werke:* u. a. Talheimer Altar (vor 1519; Stuttgart, Württemberg. Landesmuseum).

Weda (Veda; Mrz. Weden) [Sanskrit], älteste zu den hl. Schriften des Hinduismus zählende und die →wedische Religion begründende Literatur. Der W. besteht aus den vier Sammlungen *(Samhita)* Rigweda, Jadschurweda, Samaweda und Atharwaweda und den sich an die Samhitas anschließenden Brahmanas, Aranjakas und Upanischaden. Der W. ist etwa 1200–600 v. Chr. entstanden und gilt den Indern als autoritative Tradition, die erst durch den Buddhismus eingeschränkt wurde.

Wedanta (Vedanta) [Sanskrit], eines der sechs klass. Systeme der ind. Philosophie, das einen strengen Monismus lehrt.

Wedda, die Urbevölkerung Ceylons; gehören ethnologisch zu den Wedden; heute stark mit den Singhalesen (deren Sprache sie übernommen haben), z. T. auch mit den Tamilen vermischt.

Weddellmeer [engl. wɛdl], Randmeer des Atlantiks, zw. der Antarkt. Halbinsel und Coatsland, ben. nach dem brit. Seefahrer James Weddell (* 1787, †1834).

Wedekind, Frank, * Hannover 24. 7. 1864, † München 9. 3. 1918, dt. Schriftsteller. Mitarbeiter des ›Simplicissimus‹; 1899/1900 Festungshaft wegen Majestätsbeleidigung; u. a. 1901 Rezitator in Kabaretts; 1905–08 Mgl. des Dt. Theaters in Berlin. Kritik an der lebensfeindl. bürgerl. Moral; von bed. Einfluß auf das dt. (v. a. expressionist.) Drama des 20. Jh.; u. a. ›Frühlings Erwachen‹ (1891), ›Der Erdgeist‹ (1895), ›Der Marquis von Keith‹ (UA 1901), ›Die Büchse der Pandora‹ (1904; mit ›Der Erdgeist‹ 1914 zusammengefaßt u. d. T. ›Lulu‹; danach Oper von A. Berg), ›Totentanz‹ (1906), ›Die Zensur‹ (1909); auch Lyrik (›Die vier Jahreszeiten‹, 1905) und Erzählungen.

Wedel (Holstein), Stadt an der Unterelbe, Schl.-H., 30 100 E. U. a. Erdölraffinerie; Jachthafen.

Wedemeier, Klaus, * Hof (Saale) 12. 1. 1944, dt. Politiker (SPD). Kaufmann; seit 1979 Abg. der Bremer Bürgerschaft, 1979–85 Vors. der SPD-Fraktion, seit Sept. 1985 Bürgermeister und Senatspräsident.

Weden, Mrz. von →Weda.

Wedgwood, Josiah [engl. ˈwɛdʒwʊd], ≈ Burslem bei Stoke-on-Trent 12. 7. 1730, †Etruria (= Stoke-on-Trent) 3. 1. 1795, engl. Kunstkeramiker. Stellte die sog. Cream-Ware (Queen's Ware) her, als *W.steinzeug* eroberte sie den europ. Markt.

Wedisch (wed. Sanskrit), die Sprache des Weda (→indische Sprachen).

wedische Religion (Wedismus, vedische Religion), älteste, von den einwandernden indogerman. Ariern mitgebrachte, im →Weda überlieferte Religion Indiens. Ihr Pantheon kennt neben Naturgöttern auch eth. Gottheiten wie die Aditjas, Mitra und Waruna, der über das Rita, die Ordnung der Welt, wacht. Große Bedeutung kommt dem Kriegsgott →Indra zu. Der Kult findet auf dem Opferplatz statt, Tempel sind unbekannt. Nach dem Tod erhofft man sich im Jenseits eine Wiedervereinigung mit den Vorfahren. In späteren Teilen des Weda, in den Upanischaden, leiten phlos. Spekulationen über Götter und Welt den Übergang zum Hinduismus ein.

Wega [arab.], der hellste Stern (α) im Sternbild Lyra (Leier); Entfernung 8 pc = 26 Lichtjahre. W. gehört zu den drei Sternen des Sommerdreiecks. Ein durch den Infrarotsatelliten IRAS entdeckter Partikelring um den Stern W. wird als erster konkreter Hinweis auf ein fremdes Planetensystem (Alter etwa 1 Mrd. Jahre) gedeutet.

Wegameisen, Gatt. der Schuppenameisen mit mehreren einheim. Arten; Nester in Holz oder im Boden; ernähren sich v. a. vom Honigtau der Blattläuse, die von den W. betreut werden; die 3–5 mm (♂) lange *Schwarzgraue W.* (Gartenameise) ist die häufigste Ameisenart in M-Europa.

Wegener, 1) Alfred, * Berlin 1. 11. 1880, † Grönland Ende Nov. 1930 (verschollen), dt. Geophysiker und Meteorologe. Entwickelte die Theorie der → Kontinentalverschiebung (veröffentlicht 1912); er arbeitete außerdem v. a. über die Thermodynamik der Atmosphäre und die Entwicklung geophysikal. Instrumente.
2) Paul, * Arnoldsdorf bei Wąbrzézno (Woiwodschaft Toruń) 11. 12. 1874, † Berlin 13. 9. 1948, dt. Schauspieler und Filmregisseur. 1906–20 am Dt. Theater in Berlin unter M. Reinhardt; auch bed. Darsteller des (phantast.) Stummfilms, u. a. ›Der Golem‹ (1914), ›Alraune‹ (1927). Später Schauspieler des nat.-soz. Films (u. a. ›Kolberg‹, 1945).

Wegerich, fast weltweit verbreitete Gatt. der *Wegerichgewächse (Plantaginaceae)* mit über 250 Arten; einheimische sind u. a. der in Schuttunkrautgesellschaften vorkommende, ausdauernde *Große W.* (Breit-W.) und der 5–50 cm hohe *Spitz-W.* (in Fettwiesen und an Wegrändern).

Weglänge ([mittlere] freie W.), Begriff der kinet. Gastheorie und der Teilchenphysik. Unter W. versteht man diejenige Strecke, die ein Teilchen im Mittel zw. zwei aufeinanderfolgenden Zusammenstößen mit anderen Teilchen zurücklegt. In Luft unter Normalbedingungen beträgt die freie W. etwa 10^{-5} cm.

Wegmesser (Hodometer, Wegstreckenzähler), mit einem Zählwerk gekoppelte Vorrichtung zum Messen der Länge eines u. a. beim Gehen oder Fahren zurückgelegten Weges. Die Messung erfolgt meist durch Abrollen eines Rades von bekanntem Umfang und Registrieren der Anzahl der Umdrehungen. Beim **Schrittzähler (Pedometer),** einem kleinen Gerät in Taschenuhrform, werden die Erschütterungen beim Gehen auf das Zählwerk übertragen.

Wegner, Armin T[heophil], Pseud. Johannes Selbdritt, * Elberfeld (= Wuppertal) 16. 10. 1886, † Rom 17. 5. 1978, dt. Schriftsteller. Wegen seines Briefes an A. Hitler (›Ich beschwöre Sie, wahren sie die Würde des dt. Volkes‹; 11. 4. 1933, gedr. 1968) 1933/34 im KZ; danach Emigration über London. Schrieb v. a. Gedichte (u. a. ›Die Straße mit den tausend Zielen‹, 1924, Neudr. 1973), auch Romane (›Das Geständnis‹, 1922) und Hörspiele.

Wegschnecken (Arionidae), Fam. 2–15 cm langer Nacktschnecken mit 6 einheim. Arten, v. a. in Gärten und Wäldern; ernähren sich vorwiegend von Pflanzenblättern und Pilzen; u. a. die 10–13 cm lange *Schwarze W.* und die bis 15 cm lange *Rote Wegschnecke.*

Wegwarte (Zichorie), Gatt. der Korbblütler mit 8 Arten in Europa und im Mittelmeergebiet. Bekannte Arten: die *Gemeine W.* (Kaffeezichorie), eine 30–130 cm hohe Staude. Sie wird in zwei Kulturvarietäten angebaut: als → Salatzichorie und als *Wurzelzichorie,* deren Wurzel geröstet als Kaffee-Ersatz verwendet wird. Eine Sorte der Wurzelzichorie ist der *Radicchio,* dessen rote Blätter roh als Salat gegessen werden. Eine einjährige Kulturpflanze ist die *Endivie* (Winterendivie) mit in der Jugend breiten *(Eskariol)* oder schmalen, zerschlitzten Blättern *(Krause Endivie).*

Wehen → Geburt.

Wehnelt, Arthur Rudolph, * Rio de Janeiro 4. 4. 1871, † Berlin 15. 2. 1944, dt. Physiker. W. entwickelte u. a. den zur elektronenopt. Steuerung in Kathodenstrahl- und Röntgenröhren verwendeten *Wehneltzylinder.*

Wehner, Herbert, * Dresden 11. 7. 1906, † Bonn 19. 1. 1990, dt. Politiker. Trat 1927 der KPD bei und wurde 1929 Sekretär der Revolutionären Gewerkschaftsopposition; arbeitete 1933–35 für die illegale KPD in Deutschland, 1935–46 im Exil (Sowjetunion, 1942 in Schweden zu 1 Jahr Haft verurteilt; aus der KPD ausgeschlossen). W. trat 1946 der SPD bei

und gehörte bald zum engsten Kreis um K. Schumacher; 1949–83 MdB, 1958–73 stellv. Partei-Vors., 1966–69 Bundes-Min. für gesamtdt. Fragen, 1969–83 Vors. der SPD-Bundestagsfraktion. Spätestens seit Ende der 1950er Jahre maßgebl. Politiker für die Strategie der SPD, betrieb deren Umwandlung in eine linke Volkspartei (Godesberger Programm 1959).

Wehrbeauftragter, in der BR Deutschland seit 1957 ein auf 5 Jahre gewählter Beauftragter des Bundestags, der die Wahrung der Grundrechte und der Grundsätze des demokrat. Aufbaus der Bundeswehr überwachen soll.

Wehrdienst, aufgrund der → Wehrpflicht zu leistender Dienst des Soldaten *(Militärdienst).* Der *Grundwehrdienst* dauert 12 Monate. Im Anschluß an den Grund-W. oder an die Beendigung eines Dienstverhältnisses als Soldat auf Zeit kann der Bundes-Min. der Verteidigung einen 12monatigen *W. in der Verfügungsbereitschaft* anordnen, während dessen der Wehrpflichtige jederzeit erreichbar sein muß. *Vom W. ausgenommen* sind körperlich oder geistig W.unfähige, Entmündigte, wegen eines Verbrechens zu einer Freiheitsstrafe von mindestens 1 Jahr Verurteilte, ferner Vorbestrafte, denen die Fähigkeit zur Bekleidung öffentl. Ämter abgesprochen wurde. *Vom W. befreit* sind v. a. [ordinierte] Geistliche, Schwerbeschädigte und Spätheimkehrer. *Vom W. freigestellt* werden Wehrpflichtige, die sich auf mindestens 8 Jahre als Helfer im Zivil- oder Katastrophenschutz oder zur Leistung eines mindestens 2jährigen Entwicklungsdienstes verpflichtet haben. *Nicht zum W. herangezogen* werden anerkannte Kriegsdienstverweigerer und Wehrpflichtige, die mindestens 2 Jahre im Vollzugsdienst des Bundesgrenzschutzes oder 3 Jahre im sonstigen Vollzugsdienst der Polizei gedient haben. – In *Österreich* umfaßt der W. den 6monatigen Grund-W. sowie Wehrübungen, die maximal 2 Monate dauern. In der *Schweiz* besteht der W. aus einer 17wöchigen Grundausbildung und dann aus 12–13 Wiederholungskursen (Gesamtdienstzeit etwa 1 Jahr).

Wehrdienstgerichtsbarkeit, Gerichtsbarkeit des Bundes zur Entscheidung über Disziplinarvergehen und Beschwerden von Soldaten. Die Wehrdienstgerichte gliedern sich in *Truppendienstgerichte* (in Münster, Koblenz und Ulm) und die beim Bundesverwaltungsgericht gebildeten *Wehrdienstsenate* (Sitz München).

Wehrdienstverweigerung, svw. → Kriegsdienstverweigerung.

Wehrdisziplinarrecht, die rechtl. Bestimmungen, die die Dienstvergehen eines Soldaten behandeln. Der Disziplinarvorgesetzte verhängt die *einfachen Disziplinarmaßnahmen:* Verweis, Disziplinarbuße, Ausgangsbeschränkung und Disziplinararrest; dagegen ist Beschwerde möglich. Die Wehrdienstgerichte verhängen die *gerichtl. Disziplinarmaßnahmen:* Gehaltskürzung, Beförderungsverbot, Dienstgradherabsetzung, Entfernung aus dem Dienstverhältnis, Kürzung und Aberkennung des Ruhegehalts; dagegen sind Beschwerde bzw. Berufung an das Bundesverwaltungsgericht zulässig.

Wehre, in ein Flußbett quer eingebaute Sperrenbauwerke, die v. a. der Erhöhung des natürl. Wasserspiegels dienen.

Wehrersatzwesen, alle Dienststellen und Maßnahmen zur Erfassung und Musterung der männl. Bevölkerung für den Wehrdienst. In der BR Deutschland sind dies das Bundeswehrverwaltungsamt als zentrale Fachaufsicht, die Wehrbereichsverwaltungen und v. a. die Kreiswehrersatzämter.

Wehrkirche, ein zur Verteidigung eingerichtetes Gotteshaus mit einem Chorturm als wehrhaftem Kern; wurde nicht selten zur **Kirchenburg** *(Kirchen-*

Wegerich:
Großer Wegerich

**Arthur Rudolph
Wehnelt**

Herbert Wehner

kastell) mit Wehrgang und Zwinger sowie Bauten zur Vorratshaltung ausgebaut.

Wehrli, Johann Jakob, * Eschikofen bei Frauenfeld 6. 11. 1790, † Guggenbühl bei Kreuzlingen 15. 3. 1855, schweizer. Pädagoge. Nach dem Hofwiler Vorbild, wo er 1810–33 die von P. E. von Fellenberg gegr. Schule leitete, entstanden weitere Armenerziehungsanstalten *(Wehrli-Schulen).*

Wehrmacht, ab 1935 (Einführung der allg. Wehrpflicht) amtl. Bez. für die Streitkräfte des Dt. Reichs; 1919–35 →Reichswehr, in der BR Deutschland →Bundeswehr.

Wehrpflicht, die Verpflichtung jedes wehrfähigen Bürgers, Wehrdienst zu leisten, um gegebenenfalls mit seiner Person für die Verteidigung des Staates eintreten zu können. In der BR Deutschland besteht die allg. W. für Männer vom vollendeten 18. bis zum 45. Lebensjahr, im Verteidigungsfall sowie bei Offizieren und Unteroffizieren bis zum 60. Lebensjahr, bei Berufssoldaten bis zum 65. Lebensjahr. In *Österreich* besteht allg. W. für die männl. Staatsbürger zw. dem 18. und 51. Lebensjahr. In der *Schweiz* dauert sie vom 20. bis zum 50. (bei Offizieren 55.) Lebensjahr.

Wehrrecht, die Rechtsvorschriften über die Stellung der Streitkräfte, den Wehrdienst, die Rechte und Pflichten des Soldaten, die Wehrleistungen, das Wehrstrafrecht und die Versorgung der Soldaten. Die verfassungsrechtl. Grundlagen des W. in der BR Deutschland wurden durch das Gesetze ›zur Ergänzung des Grundgesetzes‹ vom 26. 3. 1954, 19. 3. 1956 und 24. 6. 1968 geschaffen. Sie bilden die wichtigsten Rahmenvorschriften für den Aufbau der Streitkräfte.

Wehrüberwachung, Aufgabe der Wehrersatzbehörden; die W. stellt sicher, daß jeder Wehrpflichtige bei Eintritt des Verteidigungsfalles verfügbar ist.

Wehrübung, vom Wehrpflichtigen nach Ablauf des Grundwehrdienstes abzuleistender Wehrdienst; dient der weiteren Ausbildung. Die Gesamtdauer der W. beträgt bei Mannschaftsdienstgraden bis zu 9 Monaten, bei Unteroffizieren bis zu 15 Monaten, bei Offizieren bis zu 18 Monaten.

Weichbild, im MA der Ort, an dem Stadtrecht galt (im Ggs. zum Landrecht); heute im Sinne von Einzugsbereich, Bannmeile; städt. Siedlungsgebiet.

Weiche →Eisenbahn (Gleisanlagen).

Weichen, Bez. für zwei Regionen beiderseits am Bauch von Säugetieren: den seitl. der Nabelgegend gelegenen unteren Teil der Flanke und die weiche Bauchgegend längs des Rippenbogens.

weicher Schanker →Schanker.

Weicher Stil (Schöner Stil, internat. Stil, internat. Gotik), der in der europ. Plastik und Malerei etwa 1390–1430 dominierende Stil mit Vorliebe für ein elegantes Linien- und Farbenspiel; Anregungen u. a. durch frz.-burgund. Kunst (C. Sluter), Verbreitung u. a. durch die →Parler. Bed. Werke u. a. die sog. ›Schönen Madonnen‹, der Niederwildunger Altar K. von Soests (1403) oder die ›Anbetung der Könige‹ (1423, Florenz, Uffizien) von Gentile da Fabriano (* um 1370, † 1427).

Weichholz, svw. Splintholz (→Holz).

Weichhölzer, holztechn. Bez. für alle Nadelhölzer (außer Eibe) sowie für Laubhölzer mit einer Rohdichte unter 0,55 g/cm³ (z. B. Erle, Pappel, Linde).

Weichkäfer (Soldatenkäfer, Kanthariden, Cantharidae), mit über 4 000 Arten weltweit verbreitete Fam. häufig bunter Käfer, davon etwa 80 Arten einheimisch; Körper meist sehr langgestreckt; Flügeldecken weich; im Sommer oft massenhaft auf Doldenblütlern; leben räuberisch u. a. von Blattläusen und Raupen.

Weichmacher (Plastifikatoren, Plastikatoren), niedermolekulare Substanzen (v. a. Ester der Phos-

phorsäure und organ. Säuren), die die Plastizität von thermoplast. Kunststoffen und Kautschuk erhöhen.

Weichmanganerz, svw. →Pyrolusit.

Weichschildkröten, die Vertreter zweier Schildkrötenfam. der Unterordnung Halsberger, deren Panzer anstelle von Hornschilden aus einer dicken, lederartigen Haut besteht; leben meist in Süßgewässern Afrikas, S- und O-Asiens sowie N-Amerikas.

Weichsel, Fluß in Polen, entspringt in den Westbeskiden, mündet in die Danziger Bucht (Ostsee), 1 068 km lang.

Weichselkirsche →Sauerkirsche, →Felsenkirsche.

Weichspülmittel, v. a. kationenaktive Tenside, die die beim Trocknen von Textilien auftretende ›Trockensteife‹ verhindern.

Weichteile, in der medizin. Anatomie Bez. für alle nicht knöchernen Teile des Körpers wie Muskeln, Eingeweide, Sehnen, Bindegewebe.

Weichtiere (Mollusken, Mollusca), seit dem Unterkambrium nachgewiesener, heute mit rd. 125 000 Arten in Meeren, Süßgewässern und auf dem Land weltweit verbreiteter Stamm; sehr formenreiche, 1 mm bis 8 m lange Wirbellose, deren Körper sich z. T. (Schnecken, Kahnfüßer, Kopffüßer) in einen mehr oder weniger abgesetzten Kopf, Fuß (mit Gleitsohle) und Eingeweidesack gliedert. Die Kopf kann unterschiedl. Funktionen übernehmen (z. B. Graborgan bei Muscheln und Kahnfüßern, Rückstoßorgan bei den Kopffüßern). Aus der urspr. Manteldeckung entwickelte sich über 7–8 dachziegelartig angeordnete Schalenplättchen in der Rückenmitte (Käferschnecken) eine einheitl. Schale (Schalenweichtiere). Durch Ausdehnung des Mantelraums nach vorn entstand stufenweise ein Kopf mit Tentakeln oder (bei Kopffüßern) Fangarmen. Zw. Mantel und Fuß hat sich ein System von Muskeln ausgebildet. Das Nervensystem setzt sich aus Gehirn und je einem seitl. Schlundlängsstrang auf der Ventralseite zusammen. Die W. haben einen offenen Blutkreislauf und meist eine →Radula zur Nahrungsaufnahme. Am Sinnesorgane stehen die Osphradien (kiemenähnlich; Chemorezeptoren) im Vordergrund. – Die Fortpflanzung der W. erfolgt ausschließlich geschlechtlich.

Weide, 1) (Salix) Gatt. der W.gewächse mit rd. 300 Arten, v. a. der nördl. gemäßigten und subarkt. Zone, einige Arten auch in S-Amerika; meist sommergrüne Bäume oder Sträucher mit meist lanzettförmigen Blättern; Blüten zweihäusig, meist in Kätzchen; Frucht eine zweiklappige Kapsel; Samen mit Haarschopf. Einheimisch sind 30 Arten und zahlr. Artbastarde, u. a.: *Korbweide,* Strauch oder bis 10 m hoher Baum mit biegsamen, gelbl. Zweigen und kätzchenartigen Blütenständen; in Auengebüschen auf nassen Böden; Zweige werden zum Korbflechten verwendet. *Salweide* (Palmweide), bis 3 m hoher Strauch oder bis 7 m hoher Baum mit glänzend rotbraunen Zweigen; Blüten vor dem Aufblühen in zottigen, silberweiß glänzenden Kätzchen (Palmkätzchen); an Flüssen, Waldrändern und auf Lichtungen. *Purpurweide,* bis 6 m hoher Strauch oder Baum mit dunkelpurpurroten Zweigen; ♂ Blütenkätzchen mit pupurroten bis gelben Staubbeuteln; in Auwäldern und auf feuchten Wiesen. Als *Trauerweide* bezeichnet man die durch hängende Zweige gekennzeichneten Kulturformen verschiedener W.arten.

2) mit Gräsern, Klee u. a. bestandene, zum Abweiden durch landwirtschaftl. Haustiere bestimmte Fläche.

Weidengewächse (Salicaceae), Pflanzenfam. der Zweikeimblättrigen mit rd. 350 Arten in den Gatt. →Pappel und →Weide.

Weiden i. d. OPf. [in der Oberpfalz], Stadt an der oberen Naab, Bayern, 42 000 E. U. a. Glas-, Porzellan-

Weide 1):
Salweide;
OBEN männl.
Kätzchen (links),
weibl. Kätzchen
(rechts); UNTEN
Laubzweig

industrie. Barockkirchen; Rathaus (1539–48; umgebaut).

Weidenröschen, Gattung der Nachtkerzengewächse mit rd. 200 Arten in den außertrop. Gebieten der Erde; aufrechte oder kriechende Stauden oder Halbsträucher mit roten, purpurnen oder weißen Blüten; Samen mit Haarschopf; verbreitet ist das *Zottige W.,* bis 1,5 m hoch, mit purpurfarbenen Blüten.

Weiderich, weltweit verbreitete Gatt. der W.gewächse mit rd. 30 Arten; Blüten mit röhrenförmiger Blütenhülle, in Trauben oder Ähren stehend; häufig ist der bis 1,2 m hohe *Blut-W.* (an Ufern und sumpfigen Stellen).

Weiderichgewächse (Lythraceae), Familie der Zweikeimblättrigen mit rd. 500 Arten in 22 Gatt., v. a. im äquin. Amerika; meist Kräuter oder Stauden.

Weiditz (Wydyz), dt. Künstlerfamilie. Bed. Vertreter u. a.:

Weiditz, Hans d. Ä., nachweisbar in Freiburg/B. 1497–um 1514, dt. Bildschnitzer. Werke u. a. ›Dreikönigsaltar‹ (1505, Freiburg/B., Münster), ›Adam und Eva‹-Gruppe aus Buchsbaum (um 1510, Basel, Histor. Museum).

Weidmann, *Jägersprache:* Bez. für einen Jäger, der nicht nur Beute macht, sondern das Wild auch hegt und schützt.

Weigel, 1) Hans, * Wien 29. 5. 1908, † Enzersdorf bei Wien 12. 8. 1991, österr. Schriftsteller und Publizist. Lebte 1938–45 in der Schweiz. Autor von Romanen, Dramen und v. a. Essays (›Götterfunke mit Fehlzündung‹, 1971, ›Man kann ruhig darüber sprechen‹. Umkreisung eines fatalen Themas‹, 1986), auch bed. Sprach- und Theaterkritiker.

2) Helene, * Wien 12. 5. 1900, † Berlin (Ost) 6. 5. 1971, dt. Schauspielerin österr. Herkunft. 1922–33 Engagements an Berliner Theatern; ab 1929 ∞ mit B. Brecht; 1933–48 Emigration; ab 1949 Intendantin des → Berliner Ensembles; auch Film- und Fernsehrollen; zahlr. Gastspiele.

Weihbischof (Auxiliarbischof), in der kath. Kirche Titularbischof, der nur die Weihe nach Bischof, nicht Diözesanbischof ist.

Weihe, 1. rituelle Kulthandlung, durch die jemand oder etwas geheiligt oder in göttl. Dienst gestellt wird; 2. das Sakrament der W. in der kath. und der orth. Kirche, das durch → Ordination vollzogen wird.

Weihen (Circinae), mit 17 Arten in offenen Landschaften weltweit verbreitete Unterfam. schlanker Greifvögel (Fam. Habichtartige); brüten in einem Horst bes. am Boden und im Röhricht. – In Deutschland kommen vor: *Korn-W.,* etwa 50 cm lang; ♂ aschgrau mit weißem Bauch und Bürzel, ♀ bussardähnlich braun (mit weißem Bürzel); v. a. auf Feldern und Mooren; *Rohr-W.,* etwa 55 cm lang; ♂ oberseits hell- und dunkelbraun, unterseits rostrot; ♀ kontrastreicher, Gefieder (mit Ausnahme des hellen Oberkopfs und der hellen Kehle) dunkelbraun; an stehenden Süßgewässern und in Rohrsümpfen; *Wiesen-W.;* bis 45 cm lang, ähnelt der Korn-W.; über Feldern und Wiesen.

Weihnachten (Christfest, Weihnachtsfest, Nativitatis [Natalis] Domini), gesamtchristl. Fest der Geburt Jesu Christi, seit 354 am 25. Dez. gefeiert. Seit dem 6./7. Jh. ist W. durch die Feier von verschiedenen Messen (›Christmette‹, ›Engelmesse‹ und der eigtl. ›Festmesse‹) sowie durch die Schaffung eines eigenen *Weihnachtsfestkreises* (1. Advent bis → Septuagesima) liturg. ausgezeichnet. Im Brauchtum verlagerte sich die Weihnachtsfeier zunehmend auf die Weihnachtsvigil, den Abend des 24. Dez. (Christnacht, Hl. Abend, Hl. Nacht). – Viele Züge der modernen W.feier stammen aus nachmittelalterl. Zeit (Kinderbescherung seit dem 16. Jh.). Älteste Belege für den *Weihnachtsbaum* (geschmückter Nadelbaum)

stammen aus dem beginnenden 16. Jh.; der *Weihnachtsmann* (erstmals belegt auf Bildern des 19. Jh.) ist ein säkularisierter Nachfolger des hl. Nikolaus.

Weihnachtskaktus (Gliederkaktus), Kakteen-Gatt. mit mehreren epiphyt. Arten in O-Brasilien; kleine Sträucher mit aus zweikantig geflügelten Gliedern zusammengesetzten Flachsprossen; Topfpflanze.

Weihnachtsspiel, geistl. Schauspiel des MA. Die Haupthandlungen der Weihnachtsliturgie, Engelsverkündigung, Hirtenprozession *(Hirtenspiel)* und Anbetung des Kindes in der Krippe *(Krippenspiel)*, wurden durch Zusätze aus der bibl. Geschichte erweitert.

Weihnachtsstern (Adventsstern, Poinsettie), in Mexiko und M-Amerika heim. Art der Gatt. Wolfsmilch; bis 1 m hoher Strauch; Zimmerpflanze.

Weihrauch (Olibanum), von Weihrauchbaumarten gewonnenes Gummiharz; erstarrt an der Luft zu Körnern, die bei Erhitzen auf glühenden Kohlen einen aromat. Duft entwickeln. – Diente in antiken und altoriental. Kulten, seit dem 4./5. Jh. auch in der christl. Liturgie als Räuchermittel.

Weihrauchbaum, Gattung der Balsambaumgewächse mit über 20 Arten in den Trockengebieten O-Afrikas, der Arab. Halbinsel und Indiens; kleine Bäume oder Dornsträucher; Harzlieferant.

Weihwasser, in der kath. Kirche geweihtes Wasser, das fast allen liturg. Segnungen verwendet wird.

Weilburg, hess. Stadt an der mittleren Lahn, 12 100 E. Bergbaumuseum; u. a. opt. Ind.; Luftkurort. Spätgot. Heiliggrabkapelle (1505), Schloß (16. bis 18. Jh.), Rathaus (1707–13). – 1355–1816 Residenz der Linie Nassau-Weilburg.

Weil der Stadt, Stadt am O-Rand des Schwarzwaldes, Bad.-Württ., 15 400 E. Kepler-Museum. Kath. spätgotische Pfarrkirche Sankt Peter und Paul (1492–1519) mit spätroman. Türmen (12./13. Jh.); Rathaus mit Laubenhalle (16.–18. Jh.). – Etwa 1280 bis 1803 Reichsstadt.

Weiler [mittellat.], kleine ländl. Gruppensiedlung mit 3–20 Wohnstätten und entsprechend kleiner Flur.

Weilheim i. OB [in Oberbayern], Kreisstadt südl. des Ammersees, Bayern, 17 100 E. Spätgot. Friedhofskirche (15. und 16. Jh.), frühbarocke Pfarrkirche (17. Jh.).

Weill, Kurt, * Dessau 2. 3. 1900, † New York 3. 4. 1950, dt. Komponist. Schüler von E. Humperdinck und F. Busoni; war ∞ mit L. Lenya. Zusammenarbeit mit G. Kaiser (u. a. ›Der Protagonist‹, Oper, 1927); weltbekannt wurden seine Songs für Stücke von B. Brecht, v. a. ›Die Dreigroschenoper‹ (1928) und ›Aufstieg und Fall der Stadt Mahagonny‹ (1930). 1933 Emigration über Paris (dort ›Die sieben Todsünden der Kleinbürger‹, Ballett mit Gesang nach Brecht) in die USA, schrieb dort v. a. für den Broadway, u. a. ›Johnny Johnson‹ (1936), ›Lost in the stars‹ (1949). U. a. auch Sinfonien, Kammermusik, ein Violinkonzert und Filmmusiken.

Weimar, Kreisstadt an der Ilm, Thüringen, 61 600 E. Hochschulen, Museum für Ur- und Frühgeschichte, Staatl. Kunstsammlungen im Schloßmuseum, Stadtmuseum; Dt. Nationaltheater (davor das Goethe-und-Schiller-Denkmal von Ernst Rietschel; 1857); Landmaschinenbau.

Bauten: Herderkirche (1498–1500, barokisiert 1735–45) mit Cranach-Altar (1555); ehemaliges großherzogliches Residenzschloß, klassizistischer Neubau (1789–1803), am Frauenplan Goethes Wohnhaus, an der Esplanade das Schillerhaus, am Markt das Lucas-Cranach-Haus (1549), außerdem Herders Pfarrhaus, Eckermanns Haus, Liszthaus; Grünes Schloß (1562–69, Umbau 1761–66 zur Bibliothek). Fürstenbzw. Goethe-Schiller-Gruft (1824/25). Nahebei die

Helene Weigel

Kurt Weill

Weihen: Kornweihe

barocken Schlösser Tiefurt (1781–1806), Belvedere (1724–32) und Ettersburg (1706–12).

Geschichte: Um 1250 wurde westl. der 975 erstmals bezeugten Burg der Grafen von W. die Stadt gegründet; nach dem Schmalkald. Krieg (1546/47) Residenz der ernestin. Linie der Wettiner (1572 bzw. 1603: Hzgt. Sachsen-W.; 1741: Hzgt. Sachsen-W.-Eisenach; 1815: Groß-Hzgt. Sachsen-W.-Eisenach); Ende des 18./Anfang des 19. Jh. Zentrum der dt. Klassik. 1920 bis 1948/52 Hauptstadt des Landes Thüringen. – 1919 tagte im Dt. Nationaltheater, dem ehem. Hoftheater, die →Weimarer Nationalversammlung.

Weimar: Deutsches Nationaltheater; erbaut 1907 (davor das Goethe-und-Schiller-Denkmal)

Weimarer Klassik →deutsche Literatur.

Weimarer Koalition, in der Weimarer Nationalversammlung geschlossenes Bündnis von SPD, Zentrum und DDP; bestand 1919–22 in der Nationalversammlung bzw. dem Reichstag, 1919–21 und 1925–32 in Preußen und 1919–31 in Baden.

Weimarer Nationalversammlung, verfassunggebende Versammlung der Weimarer Republik, gewählt am 19. 1. 1919, tagte vom 6. 2. bis 30. 9. 1919 in Weimar, dann – mit einer Unterbrechung während des Kapp-Putsches (Stuttgart) – bis zur Auflösung am 21. 5. 1920 in Berlin. Am 11. 2. 1919 Wahl F. Eberts zum (vorläufigen) Reichs-Präs.; am 22. 6. 1919 Annahme des Versailler Vertrags; am 31. 7. 1919 gegen die Stimmen der DNVP, DVP und USPD Verabschiedung der Weimarer Reichsverfassung.

Weimarer Republik, nach der Stadt Weimar, dem ersten Tagungsort der verfassunggebenden dt. Nationalversammlung 1919, ben. Periode der →deutschen Geschichte (1918–33).

Wein [lat.], durch das W.gesetz über W., Likör-W., Schaum-W., weinhaltige Getränke und Brannt-W. vom 14. 7. 1971 geschützte Bez. für das durch alkohol. Gärung aus frischen oder auch eingemaischten W.trauben oder Traubenmost und häufig, nachdem der Gärprozeß abgeschlossen ist, unter Zugabe von (4–10%) von unvergorenem, steril gemachtem Most (Süßreserve) hergestellte Getränk. – 1 l W. enthält: 730–900 g Wasser; in leichten W. 67–75 g, in mittleren 75–90 g, in schweren 90–120 g (entsprechend 11–15 Vol.-%) Äthylalkohol. Als Nebenprodukt der alkohol. Gärung bildet sich stets der dreiwertige Alkohol (→Glycerin; etwa ein Zehntel der Alkoholmenge); an Zucker sind im vollständig durchgegorenen W. noch etwa 2 g/l enthalten. Ferner enthält W. neben der aus der alkohol. Gärung stammenden Kohlensäure zahlr. organ. Säuren wie W.säure, Äpfelsäure, Milch- und Bernsteinsäure, etwa 4–12 g. Sie sind zus. mit über 400 Bukettstoffen (v. a. Ester, höhere Alkohole, Säuren, Aldehyde; insgesamt 2 g) für das Aroma des W. mitentscheidend. Gerb- und Farbstoffe finden sich im Weiß-W. in Mengen bis 0,25 g, im Rot-W. bis 2,5 g, Mineralstoffe, v. a. Kalium- und Phosphorverbindungen, in Mengen von 1,5–4 g.

Nach der *Art der Kelterung* unterscheidet man 3 W.arten: Weiß-W. aus hellen Trauben, Rot-W. aus rot gekelterten blauen oder roten Trauben und Rosé-W. bzw. Weißherbst-W. aus hellgekelterten Rotweintrauben. – Nach dem *Zeitpunkt der Lese,* die in Deutschland von Mitte Sept. bis Mitte Nov., bei Beeren- oder Trockenbeerenauslesen und Eis-W. erst im Dez. oder im Jan. erfolgt, unterscheiden sich Prädikate wie Spätlese, Auslese oder Beerenauslese.

Für W. ist in der BR Deutschland die qualitätsbezogene *Einteilung in 4 Klassen* festgelegt: Dt. Tafel-W. (Verschnitt aus verschiedenen dt. Anbaugebieten); Dt. Land-W. (Bez. für 15 namentlich festgelegte W., die ausschließl. aus W.trauben stammen, die in dem umschriebenen Raum geerntet worden sind); Qualitäts-W. eines bestimmten Anbaugebietes (Abk. Q. b. A., Verschnitt aus einem einzigen Anbaugebiet); Qualitäts-W. mit Prädikat (Prädikats-W.; aus einem engen Bereich). Als Prädikate folgen aufeinander: Kabinett, Spätlese, Auslese, Beerenauslese, Trockenbeerenauslese; außerdem Eiswein.

Bei der *Weißweinherstellung* werden die Trauben entrappt und vorsichtig zerquetscht (gemaischt); die Maische wird sofort abgekeltert. Der süße Traubensaft (Most) wird geschwefelt und vorgeklärt. Durch die im Saft enthaltenen Wildhefen beginnt er selbständig zu gären (Spontangärung). Meist werden heute jedoch zur Einleitung der Gärung Reinzuchthefen zugesetzt. – Bei der *Rotweinherstellung* werden die entrappten Beeren auf die Maische vergoren. Dabei werden die nur in der Beerenhaut enthaltenen Farb- und Gerbstoffe vom entstehenden Alkohol freigesetzt. – Für *Roséweine* bzw. *Weißherbstweine* werden die Rotweintrauben nach einigen Stunden auf der Maische abgekeltert und anschließend wie weißer Most vergoren. Nach Klärung des W. durch Filtrieren über Filter u. a. aus Kieselgur oder Zellstoff wird er in ein anderes Faß abgezogen (erster Abstich), erneut geschwefelt und, evtl. nach einem 2. Abstich, längere Zeit im vollen Faß gelagert. Danach folgen Maßnahmen zur geschmackl. Verbesserung (die Zugabe von unvergorenem Most oder der Verschnitt fertiger Weine u. a.).

Geschichte: Die Edelrebe (Vitis vinifera sativa) war bereits den alten Hochkulturen des Vorderen Orients bekannt; über die Griechen und Römer, die W. nur in mit Wasser verdünnter Form genossen, verbreitete sich der Weinbau in ganz Europa. Im MA wurde der W. mit Gewürzen abgeschmeckt. Der Weinbau dehnte sich bis Skandinavien aus, seine Pflege oblag v. a. den Klöstern. Die mit Verwüstungen einhergehenden Kriege der Neuzeit dezimierten W.bauern und -anbaugebiete. In der 2. Hälfte des 19. Jh. wurden aus Nordamerika Mehltau und Reblaus eingeschleppt, die große Schäden an den europ. Beständen verursachten.

Hauptanbaugebiete in der BR Deutschland sind heute die Gebiete längs des Rheins (bis Bonn), der Ahr und Mosel, die Pfalz, Franken und Baden-Württemberg, auch an Elbe und Saale/Unstrut.

Weinberg, Steven [engl. 'wainbə:g], * New York 3. 5. 1933, amerikan. Physiker. Bed. Arbeiten zur Quantenfeldtheorie, zur Theorie der Elementarteilchen sowie zur Gravitationstheorie und Kosmologie. Erhielt 1979 den Nobelpreis für Physik (zusammen mit S. L. Glashow und A. Salam).

Weinbergschnecke →Schnirkelschnecken.

Weinbrand, Qualitätsbranntwein aus Wein; mindestens 85% des Alkohols muß aus im Herstellungsland gewonnenem Weindestillat stammen.

Weinbrenner, Friedrich, * Karlsruhe 24. 11. 1766, † ebd. 1. 3. 1826, dt. Baumeister. Schuf die Karlsruher N-S-Achse vom Schloß über Marktplatz, Rondellplatz zum Ettlinger Tor; das Markgräfl. Palais (1803

Steven Weinberg

bis 1814; Fassade bewahrt) und das Rathaus (1811–25) sind Meisterwerke des klassizist. ›Weinbrennerstils‹.

Weinert, Erich, * Magdeburg 4. 8. 1890, † Berlin (Ost) 20. 4. 1953, dt. Schriftsteller. Ab 1933 im Exil (Schweiz, Frankreich, UdSSR); 1937–39 im Span. Bürgerkrieg, lebte ab 1946 in Berlin (Ost). Schrieb agitator. Lyrik und Prosa.

Weinfelden, Bezirkshauptort im schweizer. Kt. Thurgau, 8 900 E. Schloß (12. und 19. Jh.).

Weingarten, Stadt in Oberschwaben, Bad.-Württ., 21 000 E. Stadt- und Klosterarchiv, Alamannenmuseum; Wallfahrtsort. Barocke Benediktinerabteikirche (1715 ff.) mit Deckengemälden von C. D. Asam, Chorgestühl von J. A. Feuchtmayer. – Entwickelte sich aus dem Dorf Altdorf, gegr. in der 1. Hälfte des 10. Jh.; seit dem 13. Jh. Sitz der Verwaltung der Landvogtei Oberschwaben; 1865 mit dem von den Welfen gegr. Kloster W. (1268–1806 reichsunmittelbar) zur Stadtgemeinde W. zusammengeschlossen.

Weingartner, Felix von, * Zadar 2. 6. 1863, † Winterthur 7. 5. 1942, österr. Dirigent und Komponist. Opern, Orchester- und Kammermusikwerke.

Weingartner Liederhandschrift [nach dem Aufbewahrungsort von Anfang des 17. bis Anfang des 19. Jh.], nach dem heutigen Aufbewahrungsort **Stuttgarter Liederhandschrift** genannte Strophensammlung von 26 mhd. Sangversdichtern vom Ende des 12. bis Mitte des 13. Jahrhunderts.

Weingeist, svw. → Äthanol.

Weinhefe, auf Weinbeeren in mehreren Wildrassen lebender Hefepilz, der im abgepreßten Traubensaft zur Spontangärung führt.

Weinheim, Stadt an der Bergstraße, Bad.-Württ., 41 900 E. U. a. Lederindustrie, Verlage. Burgruine Windeck (12. Jh.); Schloß (v. a. 17. und 18. Jh.) mit Park und Exotenwald.

Weinhold, Adolf Ferdinand, * Zwenkau (bei Leipzig) 19. 5. 1841, † Chemnitz 2. 7. 1917, dt. Physiker, erfand die Vakuum-Mantelflasche, ein hochevakuiertes mehrwandiges Glasgefäß (heute noch in Thermosflaschen); schrieb ›Physikalische Demonstrationen‹ (1881).

Weinpalme, Gatt. der Palmen mit 9 Arten im trop. Afrika und Asien; bis 30 m hohe Fächerpalmen; Früchte kugelig, mit Steinkern. Wirtschaftlich wichtig ist die u. a. Palmwein liefernde *Palmyrapalme.*

Weinrebe → Rebe.

Weinrebengewächse → Rebengewächse.

Weinsäure (Weinsteinsäure, 2,3-Dihydroxybernsteinsäure), Dicarbonsäure; drei stereoisomere Formen: D- und L-W. sind opt. aktiv, Meso-W. ist opt. inaktiv. Die Salze und Ester heißen Tartrate, z. B. Weinstein. Säuerungsmittel für Lebensmittel.

Weinsberg, Stadt östl. von Heilbronn, Bad.-Württ., 9 100 E. Justinus-Kerner-Haus, Stadtkirche (13. und 15. Jh.); Burgruine Weibertreu (13./14. und 16. Jh.), Ruinen eines Römerbades (um 100 n. Chr.). – Der Sage nach erlaubte König Konrad III. nach seinem Sieg über Welf VI. in der *Schlacht bei W.* 1140 den Frauen der Stadt mitzunehmen, was sie tragen könnten, worauf diese ihre Männer schulterten.

Weinstadt, Stadt im Remstal, Bad.-Württ., 23 100 E. Silchermuseum; Weinbau; entstand 1975 durch Vereinigung der Gem. Beutelsbach, Endersbach, Großheppach und Schnait.

Weinstein (Kaliumhydrogentartrat), das saure Kaliumsalz der L-Weinsäure; farblose, kristalline, schwer wasserlösl. Substanz, die in Weintrauben enthalten ist; kristallisiert in Fässern und Flaschen.

Weinviertel, nö. Landesteil Niederösterreichs, Teil des Karpatenvorlands.

Weise, Christian, * Zittau 30. 4. 1642, † ebd. 21. 10. 1708, dt. Dichter. Mit zahlr. Komödien bed. Vertreter

des →Schuldramas; auch satir. Romane, u. a. ›Die drey Hauptverderber in Deutschland‹ (1671).

Weisel, die Königin bei den Honigbienen.

Weisen aus dem Morgenland, Die → Drei Könige.

Weisenborn, Günther, Pseud. Eberhard Foerster, Christian Munk, * Velbert 10. 7. 1902, † Berlin (West) 26. 3. 1969, dt. Dramatiker und Erzähler. Als Angehöriger der Widerstandsbewegung (seine Werke wurden 1933 verbrannt) 1942–45 im Zuchthaus. – Bes. Wirkung zeitigten sein Drama ›Die Illegalen‹ (1946), seine Erinnerungen ›Memorial‹ (1948) und sein Bericht ›Der lautlose Aufstand‹ (1953).

Günther Weisenborn

Weiser, Grethe, geb. Nowka, * Hannover 27. 2. 1903, † Bad Tölz 2. 10. 1970, dt. Schauspielerin und Kabarettistin. U. a. 1930–33 an verschiedenen Berliner Kabaretts; ab 1932 mehr als 100 Filmrollen.

Weisgerber, Leo, * Metz 25. 2. 1899, † Bonn 8. 8. 1985, dt. Sprachwissenschaftler. Veröffentlichte u. a. ›Von den Kräften der dt. Sprache‹ (4 Bde., 1949–62); Dudenpreis 1960.

Weisheit (Buch der Weisheit, Weisheit Salomos), Abk. Weisheit (Weish, Sap), wahrscheinlich im 1. Jh. v. Chr. wohl in griech. Sprache verfaßtes Buch des AT, in dem der Verfasser die jüd. Weisheit als der griech. Philosophie überlegen darstellt.

Weiß, Ernst, * 28. 8. 1882, † Paris 15. 6. 1940, österr. Schriftsteller und Arzt. 1933 Emigration nach Prag, 1934 nach Paris (Selbstmord beim Annahen der dt. Truppen). Bed. Romancier, u. a. ›Die Galeere‹ (1913), ›Mensch gegen Mensch‹ (1919), ›Der Gefängnisarzt oder die Vaterlosen‹ (1934), ›Der Verführer‹ (1938), ›Der Augenzeuge‹ (hg. 1963).

Weiß, Bez. für diejenigen neutralen (unbunten) Körperfarben, die die hellsten von allen Farben sind und (im Ggs. zu Schwarz) das andere Ende der Grauskala bilden; auch Bez. für jede von Gesichtssinn vermittelte Farbempfindung, die durch weißes Licht hervorgerufen wird.

Adolf Ferdinand
Weinhold

Weiss, 1) Jan, * Jilemnice (Ostböhm. Gebiet) 10. 5. 1892, † Prag 7. 3. 1972, tschech. Schriftsteller. Bed. Vertreter des phantast. Romans. – *Hauptwerk:* ›Das Haus der tausend Stockwerke‹ (1929).

2) Peter, * Nowawes bei Berlin 8. 11. 1916, † Stockholm 10. 5. 1982, dt. Schriftsteller. Urspr. Maler und Graphiker; 1934 Emigration, lebte ab 1939 in Schweden (1946 schwed. Staatsbürger). Schrieb zunächst in schwed. Sprache (u. a. ›Von Insel zu Insel‹, Prosa, 1947; ›Duell‹, R., 1953). Nach den ersten Texten in dt. Sprache (u. a. ›Der Schatten des Körpers des Kutschers‹, E., 1960; ›Abschied von den Eltern‹, E., 1961; ›Fluchtpunkt‹, 1962) wurde das Theaterstück ›Die Verfolgung und Ermordung Jean Paul Marats ...‹ (1964; Filmfassung von Peter Brook [* 1925] 1966) ein Welterfolg; seitdem Exponent des engagierten (Agitations)theaters (u. a. ›Die Ermittlung‹, 1965, Bühnenmusik von L. Nono; ›Viet Nam Diskurs‹, 1968); schrieb zuletzt den Roman ›Die Ästhetik des Widerstands‹ (3 Bde., 1957 bis 1981). – *Weitere Werke:* Gesang vom Lusitan. Popanz (Dr., 1967), Trotzki im Exil (1970), Hölderlin (1971).

Peter Weiss

Weissagung, Verkündung zukünftiger Ereignisse durch seherische, rational nicht erklärbare Fähigkeiten; bezieht sich im Unterschied zum Wahrsagen meist auf geschichtl. Ereignisse.

Weißbier (Weizenbier), ein helles, obergäriges Bier aus Gersten- und Weizenmalz; Alkoholgehalt etwa 3 %.

Weißblech, zum Schutz gegen Rost mit Zinn überzogenes Eisenblech.

Weißbuche, svw. →Hainbuche.

Weißbücher →Farbbücher.

Weißdorn, Gatt. der Rosengewächse mit rd. 200 Arten in der nördl. gemäßigten Zone; einheimisch sind der *Eingriffelige W.,* ein Strauch oder kleiner Baum mit bedornten Zweigen und reinweißen Blüten, sowie der *Zweigriffelige W.* (Mehldorn, Gemeiner W.) mit weißen oder rosafarbenen, unangenehm riechenden Blüten, die ebenso wie Blätter und Früchte *(Mehlbeeren)* medizinisch als Herz- und Kreislaufmittel verwendet werden. Eine Kulturform des Zweigriffeligen W. ist der *Rotdorn* (Blutdorn) mit karmesinroten, gefüllten Blüten; Alleebaum.

weiße Blutkörperchen → Blut.

Weißenburg (frz. Wissembourg), frz. Stadt an der Lauter, Elsaß, Dep. Bas-Rhin, 7 300 E. Got. Kirche Sankt-Peter-und-Paul (13. Jh.), Kreuzgang (14. Jh.); barockes Rathaus (1741–52). – 1254 Mgl. des Rhein. Städtebundes, 1672 frz.; danach mehrfacher Besitzwechsel.

Weißenburg i. Bay., Kreisstadt am N-Fuß der südl. Fränk. Alb, Bayern, 17 200 E. Weitgehend erhaltene Stadtbefestigung; ev. got. Stadtpfarrkirche Sankt Andreas (14. und 15. Jh.), spätgot. Rathaus (1470–76). – Ab 1338 Reichsstadt.

Weißenfels, Kreisstadt an der Saale, Sachsen-Anhalt, 38 100 E. Schuhmuseum; Schuhfabrik. Spätgot. Pfarrkirche Sankt Marien (nach 1475), Barockrathaus (1720), Schloß Neu-Augustenburg (1660–93). – 1656–1746 Residenz der Sekundogenitur Sachsen-Weißenfels.

Weißensee, See in Kärnten, mit 930 m ü. d. M. höchstgelegener Badesee Österreichs, 6,4 km².

Weißer Berg (tschech. Bilá hora), Berg in der ČSFR, östl. von Prag, 379 m. – Mit dem Sieg Kaiser Ferdinands II. über Kurfürst Friedrich V. von der Pfalz in der *Schlacht am W. B.* am 8. 11. 1620 wurde der Böhm. Aufstand zu Beginn des Dreißigjährigen Krieges beendet.

Weißer Knollenblätterpilz, Bez. für zwei reinweiße, 10–15 cm hohe, lebensgefährlich giftige Knollenblätterpilze; in M-Europa kommt auf sauren Böden der *Spitzhütige K.* vor.

Weißer Nil, Fluß in NO-Afrika, entfließt als *Albertnil* dem Albertsee, im anschließenden Oberlauf *Bahr Al Gabal* und nach der Mündung des Bahr Al Ghasal *Bahr Al Abjad* gen.; bildet bei Khartum zus. mit dem Blauen Nil den Nil, rd. 1900 km lang.

Weiße Rose, Widerstandsgruppe (1942/43) an der Univ. München, u. a. die Geschwister Hans und Sophie →Scholl, die Medizinstudenten Willi Graf (* 1918), Christoph Probst (* 1919), Alexander Schmorell (* 1916 oder 1917) sowie der Musikwissenschaftler Kurt Huber (* 1893). Die Gruppe rief v. a. mit Flugblättern u. d. T. ›Die W. R.‹ zum Widerstand gegen das NS-Regime auf; die genannten Mgl. wurden im Febr./März 1943 verhaftet und hingerichtet.

Weißer Sonntag, 1. Sonntag nach Ostern, ben. nach den weißen Gewändern der Täuflinge, die in der Osterwoche die Taufe erhielten; in der kath. Kirche häufiger Termin für die Erstkommunion.

weißer Zwerg, extrem kleiner Stern mit meist sehr hoher effektiver Temperatur und daher meist weißleuchtend. Die Masse des w. Z. unterscheidet sich nur wenig von der Sonnenmasse, so daß er wegen des geringen Durchmessers (in der Größenordnung der Planeten) eine außergewöhnl. hohe Dichte von 10^5 bis 10^7 g/cm³ besitzt. Der Zustand des w. Z. wird im allg. als ein Endzustand der Sternentwicklung normaler Sterne angesehen.

Weißes Haus (engl. The White House), seit 1800 Amts- und Wohnsitz des Präs. der USA in Washington (in übertragenem Sinne auch Bez. für die Exekutive der USA).

Weißes Meer, Randmeer des Nordpolarmeers, südl. und östl. der Halbinsel Kola, 90 000 km², wichtigster Hafen Archangelsk.

Weiße Väter (frz. Pères Blancs, lat. Patres Albi, Abk. PA), 1868 von C. M. A. Lavigerie bei Algier gegr. Missionskongregation für Afrika; sie schufen bed. afrikan. Sprachinstitute mit dem Ziel der Förderung eingeborener (kirchl.) Führungskräfte. – Den W. V. angeschlossen sind die Weißen Schwestern (1869 gegr.; Missionsschwestern Unserer Lieben Frau von Afrika).

Weißfäule, äußerlich durch grauweißl. bis weißl. Holzverfärbung gekennzeichnete →Kernfäule.

Weiß Ferdl, eigtl. Ferdinand Weisheitinger, * Altötting 28. 6. 1883, † München 19. 6. 1949, dt. Komiker. Trug seine Lieder (z. B. ›Ein Wagen von der Linie 8‹) v. a. auf der Münchner Volkskunstbühne ›Platzl‹ vor.

Weißfische, volkstüml. Bez. für einige silberglänzende, häufig kleinere Karpfenfische; z. B. Elritze, Rotfeder, Plötze.

Weißglut → Glühen.

Weißguß, Legierungen aus Zink mit geringen Mengen Kupfer o. ä., die eine weißl. Farbe haben; für einfache Gußwaren und Kunstgegenstände.

Weißhaie, Gatt. in allen warmen und gemäßigten Meeren verbreiteter →Makrelenhaie; können dem Menschen gefährlich werden.

Weißherbst, aus blauen Spätburgunder- (Spätburgunder W.) und Portugiesertrauben (Portugieser W.) gewonnener heller, gold bis rötlich schimmernder Wein.

Weißkohl (Weißkraut), Kulturvarietät des Gemüsekohls mit Kopfbildung und grünlichweißen Blättern, als Salat und zur Sauerkrautherstellung verwendet.

Weißkopf (Weisskopf), Gustav, Flugpionier, →Whitehead, Gustave.

Weißlinge (Pieridae), mit über 1 500 Arten weltweit verbreitete Fam. der Schmetterlinge (davon etwa 15 Arten einheim.); Flügel meist weiß, gelb und/oder rot gefärbt; Raupen meist grün; u. a. Kohlweißling, Aurorafalter, Zitronenfalter.

Weissmuller, Johnny [engl. 'waɪsmʌlə], * Chicago 2. 7. 1904, † Acapulco de Juárez 20. 1. 1984, amerikan. Schwimmer und Filmschauspieler. 22 Weltrekorde; 1924 und 1928 mehrfache Olympiasieger. Ab 1932 Titelheld der ›Tarzan‹-Filmserie.

Weißrussen (Belorussen), ostslaw. Volk (rd. 9,5 Mio.) in Weißrußland.

Weißrussisch (Belorussisch), zu den ostslaw. Sprachen gehörende Sprache in Weißrußland mit etwa 7 Mio. Sprechern. W. wird in kyrill. Schrift (mit einigen Abweichungen von der russ. Kyrilliza) geschrieben.

Weißrußland (Belorußland), Republik westl. von Rußland, 207 600 km², 10,01 Mio. E. Hauptstadt Minsk.

Geschichte: Seit dem 7. Jh. v. Chr. zahlr. befestigte Siedlungen; hier fanden die Waräger schon Ft. vor (z. B. das von Polozk); ihre Fürsten wurden Vasallen der Kiewer Großfürsten, die das Christentum einführten und unter deren Herrschaft im 11. Jh. u. a. Brest und Minsk entstanden. Seit Beginn des 13. Jh. dehnten die Großfürsten von Litauen ihre Herrschaft auf Weißrußland aus; Anfang des 13. Jh. wurde es Streitobjekt zw. Litauen und dem Groß-Ft. Moskau, jedoch erst mit den Poln. Teilungen (1772, 1793, 1795) kam es allmählich an Rußland. Im 1. Weltkrieg dt. besetzt; am 25. 12. 1918 Proklamation der Weißruss. Sowjetrepublik; im Jan. 1919 etablierte sich die Sowjetmacht. 1920 poln. besetzt; im Frieden von Riga (18. 3. 1921) verzichtete die Sowjetunion auf die westl. Gebiete, gliederte sie aber nach dem militär. Niederlage Polens 1939 wieder in die W. SSR ein. Der Grenzverlauf zw. Polen und der Sowjetunion entspricht seit der 1945 erfolgten Rückgabe des Gebietes Białystok an

Polen der Curzon-Linie. W. erklärte sich nach dem gescheiterten Putsch vom 19./21. 8. 1991 für unabhängig, bildete aber mit Rußland und anderen Republiken im Dez. 1991 die Gemeinschaft Unabhängiger Staaten (GUS).

Weisssche Bezirke [nach dem frz. Physiker Pierre Weiss, * 1865, † 1940], kleine Bereiche innerhalb der Kristallite ferromagnet. Stoffe, die die elementaren magnet. Dipole der Ferromagnetika darstellen; innerhalb der W. B. sind alle atomaren magnet. Dipole jeweils gleichsinnig gerichtet.

Weißschnitt, Hochdruckverfahren, bei dem die konturgebenden Linien als Vertiefungen in eine anschließend gefärbte Platte gearbeitet werden und nach dem Abzug weiß bleiben (u. a. bei U. Graf, A. Dürer, A. von Menzel).

Weißwal → Gründelwale.

Weißwasser, Kreisstadt in der Oberlausitz, Brandenburg, 36 800 E. Glas-Ind., Braunkohlenabbau.

Weißzahnspitzmäuse (Wimperspitzmäuse, Crocidurinae), Unterfam. der Spitzmäuse mit rd. 180 Arten in Europa, Asien und Afrika; Zähne weiß; 3 einheim. Arten: *Hausspitzmaus* (6,5–10 cm lang, Schwanz 3–5 cm lang, Oberseite braungrau, Unterseite hellgrau; im offenen Gelände, auch in Gebäuden; geschützt); *Feldspitzmaus* (7–9 cm lang, Schwanz rd. 3–4 cm lang, Oberseite braungrau bis dunkelbraun, Unterseite scharf abgesetzt weißl.; lebt v. a. im trockenen Gelände); *Gartenspitzmaus* (6–8 cm lang, mit 2,5–4,5 cm langem Schwanz; Färbung oberseits braun bis graubraun, Unterseite dunkelgrau bis ockerfarben).

Weistum, im MA Aussage rechtskundiger Männer über geltendes Gewohnheitsrecht.

Weisung, im Strafrecht, insbes. im Jugendstrafrecht, das Gebot (z. B. hinsichtlich Ausbildung, Arbeits- oder Lehrstelle und Aufenthaltsort) oder Verbot (z. B. Lokalverbot) eines Strafgerichts, das die Lebensführung des Jugendlichen regelt.

Weisungsrecht, das Recht übergeordneter Behörden, nachgeordneten Stellen Anweisungen (Richtlinien, Durchführungsvorschriften u. a.) zu erteilen.

Weiterbildung (Erwachsenenbildung), weiterführendes Lernen nach Eintritt in die Erwerbstätigkeit, v. a. als betriebl. W. im eigenen Berufsfeld (häufig in Tarifverträgen oder Betriebsvereinbarungen geregelt); darüber hinaus auch im Hinblick auf die Erweiterung der berufsüberschreitenden Allgemeinbildung. Träger der W. sind u. a. Univ., → Volkshochschulen, Massenmedien (z. B. → Funkkolleg), Gewerkschaften, Arbeitgeberverbände, Kirchen, Stiftungen und privatwirtschaftl. Gesellschaften (v. a. bei Sprachschulen).

weiterführende Schulen, alle allgemeinbildenden Schulen, die über die gesetzl. Schulpflicht hinausführen (z. B. Berufsaufbauschulen, Realschulen, Gymnasien).

Weitling, Wilhelm, * Magdeburg 5. 10. 1808, † New York 25. 1. 1871, dt. Frühsozialist. Schneider; 1837 im ›Bund der Gerechten‹ (später Bund der Kommunisten) 1839 am Aufstand L. A. Blanquis beteiligt; ging 1849 in die USA. In seinen von den frz. Sozialisten (u. a. C. Fourier) beeinflußten Schriften entwickelte W. die Konzeption einer auf revolutionärem Wege zu verwirklichenden egalitären Gesellschaft. → Kommunismus.

Weitsichtigkeit, Fehlsichtigkeit, bei der das Sehbild hinter der Netzhaut erzeugt wird, z. B. infolge zu kurzen Baues des Augapfels, Brechungsanomalie oder Fehlens der Linse, weswegen das Auge sich auf die Ferne akkommodieren muß.

Weitsprung, Disziplin der Leichtathletik. Nach (innerhalb der Anlage) beliebig langem Anlauf Absprung vom Sprungbalken, der nicht übertreten werden darf.

Weitwinkelobjektiv → Photoapparat.

Weiz, österr. Bezirkshauptstadt nö. von Graz, Steiermark, 8 400 E. Taborkirche (12.–15. und 17. Jh.); ehem. Schloß (1555–65). Auf dem Weizberg barocke Wallfahrtskirche (1757 ff.).

Weizen (Triticum), Gatt. der Süßgräser mit 18 Arten in Kleinasien, Z-Asien und Äthiopien; einjährige oder winterannuelle Ährengräser mit zweizeilig stehenden, begrannten oder unbegrannten Ähren. Zahlr. Arten sind wichtige Getreidepflanzen. Der Anbau von W. erstreckt sich von den Subtropen bis in ein Gebiet etwa 60° n. Br. und 27–40° s. Br., Hauptanbaugebiete sind Europa, N-Amerika und Asien. – Wichtige W.arten sind: *Dinkel* (Spelz, Schwabenkorn; mit meist unbegrannter Ähre); *Einkorn* (mit kurzen, dichten, flachgedrückten Ähren; selten angebaut); *Emmer* (Flach-W., Zweikorn; mit abgeflachter, lang begrannter Ähre; auf dem Balkan); *Gommer* (mit großen, blaugrünen Ähren und schmalen Körnern; v. a. in Marokko, Äthiopien und Kleinasien); *Hart-W.* (Glas-W.; mit längl., zugespitzten, harten und glasigen Körnern; in allen heißen Steppengebieten); *Rauh-W.* (mit dichten, dicken, langen Ähren, Körner dick und rundl.; selten angebaut); *Saat-W.* (Gemeiner W., Weicher W.; mit zäher Ährenspindel und bei Reife aus den Spelzen fallenden, vollrunden bis längl.-ovalen Körnern; wird in zahlr. Sorten als Sommer- oder Winter-W. angebaut; Körner enthalten etwa 70% Stärke und etwa 10–12% Eiweiß; Hauptanbaugebiete sind Europa, N-Amerika, Rußland, die Ukraine und O-Asien. – Weltweit wurden 1988 509,1 Mio. t Weizen geerntet; davon entfielen auf Europa 228,9 Mio. t, Asien 160,8 Mio. t, Amerika 84,8 Mio. t, Australien 14,3 Mio. t, Afrika 12,7 Mio. t.

Weizenbier, svw. → Weißbier.

Weizenkeimöl, aus Weizenkeimlingen gewonnenes Speiseöl mit bes. hohem Gehalt an Tokopherolen (Vitamin E).

Weizmann, Chaim, * Motol bei Pinsk (Weißrußland) 27. 11. 1874, † Rehovot bei Tel Aviv 9. 11. 1952, israel. Biochemiker und Politiker. Erwirkte 1917 die Balfour-Deklaration; gründete 1918 die Hebr. Univ. Jerusalem; 1920–31 und 1935–46 Präs. der Zionist. Weltorganisation, ab 1929 Leiter des Jewish Agency; trat nach dem 2. Weltkrieg für die Bildung eines arab. und eines jüd. Staates in Palästina ein; Mitbegründer des Staates Israel 1948, dessen erster Staatspräsident.

Chaim Weizmann

Weizmann-Institut (The Weizmann Institute of Science), nach C. Weizmann ben. und 1944 in Rehovot bei Tel Aviv gegr. private Hochschule für theoret. und angewandte Naturwissenschaften.

Weizsäcker ['vaïtszɛkər], Familie dt. Gelehrter und Politiker; bed. u. a.:

1) Carl Friedrich Freiherr von, * Kiel 28. 6. 1912, Physiker und Philosoph. Sohn von Ernst Freiherr von W.; war u. a. Prof. für Philosophie in Hamburg (1957–69), dann Direktor des Max-Planck-Instituts zur Erforschung der Lebensbedingungen der wiss.-techn. Welt in Starnberg. Seine Arbeiten betrafen zunächst die theoret. Kernphysik, die Astrophysik und die Kosmogonie. Daneben leistete er bed. Beiträge zur Geschichte und zu Gegenwartsproblemen der Physik, zur Naturphilosophie sowie zur Quantenlogik und zur Wiss.theorie.

Carl Friedrich von Weizsäcker

2) Ernst Freiherr von, * Stuttgart 12. 5. 1882, † Lindau (Bodensee) 4. 8. 1951, Diplomat. Seit 1920 im diplomat. Dienst; 1938–43 Staatssekretär im Auswärtigen Amt; 1943–45 Botschafter beim Vatikan; suchte (u. a. durch Warnung Großbritanniens) den 2. Weltkrieg zu verhindern; 1949 in den Nürnberger Prozessen zu 7 Jahren Haft verurteilt, 1950 vorzeitig entlassen.

3) Richard Freiherr von, * Stuttgart 15. 4. 1920, Politiker (CDU). Sohn von Ernst Freiherr von W.; 1964–70 Präs. des Dt. Ev. Kirchentages, seit 1969 Mgl. des Rates der Ev. Kirche in Deutschland; 1969–81 MdB; 1979–81 Vize-Präs. des Bundestages; 1981–84 Regierender Bürgermeister von Berlin (West); seit Juli 1984 Bundes-Präs.; erhielt 1984 den Theodor-Heuss-Preis.

Welfenschatz: Kuppelreliquiar; um 1175 (Berlin-Charlottenburg, Kunstgewerbemuseum)

Wekwerth, Manfred, * Köthen/Anhalt 3. 12. 1929, dt. Theaterregisseur. 1953–91 Regisseur, 1977–91 auch Intendant des →Berliner Ensemble; 1982–90 Präs. der Akademie der Künste (Nachfolger: Heiner Müller).

Welfen, seit dem 8. Jh. nachweisbares fränk. Adelsgeschlecht. Die *burgund. Linie (Rudolfinger)* gelangte 888 in Hochburgund zur Königsherrschaft; aus dem *schwäb. Zweig* (ältere Linie 1055 erloschen) ging mit der *Linie Welf-Este* eine der bedeutendsten dt. Adelsdynastien hervor (Hzg. von Bayern 1070–77, 1096–1138, 1156–80, Hzg. von Sachsen 1137/38, 1142–80). Seit der Königswahl von 1125 standen die W. im Ggs. zu den Staufern. Kaiser Friedrich I. Barbarossa gelang es 1180, den welf. Machtkomplex seines Vetters Heinrich des Löwen zu zerschlagen. Der stauf.-welf. Ggs. brach noch einmal im Thronstreit von 1198 auf, der mit der Niederlage Kaiser Ottos IV. gegen den auf der Seite Friedrichs II. stehenden frz. König Philipp II. August bei Bouvines (1214) endete. 1235 entstand das welf. Hzgt. Braunschweig-Lüneburg (→Braunschweig, →Lüneburg).

Welfenfonds [...fõ], 1868 von der preuß. Regierung gebildeter Fonds, dem das beschlagnahmte Privatvermögen des wegen antipreuß. Aktivitäten 1866 abgesetzten Königs von Hannover, Georg V., zugeleitet wurde; Verwendung durch Bismarck als Dispositionsmittel für unkontrollierbare Ausgaben (u. a. Bestechung Ludwigs II. von Bayern für dessen Zustimmung zur Reichsgründung 1870). Nach Bismarcks Sturz ließ Kaiser Wilhelm II. den W. an die Erben Georgs V. auszahlen.

Welfenpartei→Deutsch-Hannoversche Partei.

Welfenschatz, eine Sammlung von kostbaren Reliquiaren u. a. liturg. Gerät aus dem Besitz des welf. Hauses Braunschweig-Lüneburg, die ehem. im Dom von Braunschweig aufbewahrt wurde; 1671 ging sie

an das Haus Hannover über, das sie nach 1867 sukzessive verkaufte; Exponate in Berlin-Charlottenburg; 1982 wurden zahlr. Stücke des W. versteigert.

Weliki Ustjug [russ. vɪ'likij us'tjuk], russ. Stadt an der Suchona, Rußland, 38 000 E. U. a. Werft. 2 Klöster (1653 und 1659) und die Wosnessenski-Kirche mit dekorativen Fresken (1648). – Eine der ältesten Siedlungen im nördl. europ. Rußland (im 12. Jh. urkundlich erwähnt).

Weliko Tarnowo [bulgar. vɛ'liko 'tərnovo], nordbulgar. Stadt an der Jantra, 65 000 E. Univ., histor. Museum, Gemäldegalerie. Vierzig-Märtyrer-Kirche (1230), Kirche Sankt Peter und Paul (urspr. 14. Jh.) mit Wandmalereien. – 1185 Hauptstadt des 2. Bulgar. Reiches und Sitz des bulgar. Patriarchats (bis 1572); 1393 von den Osmanen erobert. 1879 Tagungsort der verfassunggebenden Versammlung, dann der Nationalversammlung.

Welkekrankheiten, durch fortschreitendes Welken (mit Vergilbungen und Nekrosen bis zum Absterben der Pflanzen) gekennzeichnete Pflanzenkrankheiten; Verursacher: parasitäre Pilze und Bakterien.

Welle, 1) *Physik:* räumlich und zeitlich period. Vorgang, bei dem Energie transportiert wird, ohne daß gleichzeitig auch ein Massetransport stattfindet. Die transportierte Energie wechselt dabei periodisch ihre Form. W.vorgänge spielen in vielen Gebieten der Physik eine bed. Rolle (z. B. Schall-W., elektromagnet. W., Erdbeben-W. u. a.). Erregt man z. B. in einem elast. Medium eine Stelle *(Wellenzentrum)* zu harmon. Schwingungen, so breitet sich der Schwingungszustand des W.zentrums nach allen Seiten aus. Die so entstandene W. wird als *Kugelwelle* bezeichnet. Kann sich die W. nur in einer Ebene ausbreiten, so entsteht eine *Kreiswelle.* Erfolgt die W.ausbreitung nur in einer Richtung, dann spricht man von einer *linearen Welle.* Zur Bestimmung einer W. verwendet man folgende Größen: 1. →Wellenlänge. 2. **Wellenzahl,** Formelzeichen $\tilde{v}$: reziproker Wert der W.länge. Die W.zahl gibt an, wieviele W. in der Längeneinheit enthalten sind. 3. **Frequenz,** Formelzeichen f: Frequenz der schwingenden Teilchen des Ausbreitungsmediums. 4. **Fortpflanzungsgeschwindigkeit,** Formelzeichen c: die Geschwindigkeit, mit der sich die vom W.zentrum ausgehende Erregung im Ausbreitungsmedium fortpflanzt. Zw. Fortpflanzungsgeschwindigkeit c, Wellenlänge λ und Frequenz f besteht die Beziehung $c = f \cdot \lambda$. 5. **Amplitude,** Formelzeichen A: Amplitude der schwingenden Teilchen des Ausbreitungsmediums.

Je nach der Schwingungsrichtung der schwingenden Teilchen des Ausbreitungsmediums unterscheidet man zwei W.arten: **Longitudinalwellen** *(Längswellen),* bei denen Schwingungsrichtung und Ausbreitungsrichtung parallel sind, und **Transversalwellen** *(Querwellen),* bei denen Schwingungsrichtung und Ausbreitungsrichtung senkrecht aufeinander stehen. Laufen 2 W. gleicher Amplitude und Frequenz aufeinander zu, so kommt es bei ihrer Überlagerung zur Ausbildung einer **stehenden Welle;** dabei gibt es Stellen des Ausbreitungsmediums, die ständig in Ruhe sind *(Schwingungsknoten),* und solche, an denen ständig Schwingungen mit maximaler Amplitude stattfinden *(Schwingungsbäuche).*

2) *Maschinenbau:* Maschinenelement zur Übertragung von Drehmomenten; *glatte W.* werden z. B. für Transmissionen verwendet, *Kurbel-W.* v. a. für Kolbenmotoren.

Wellenbereich, durch ein bestimmtes Wellenlängen- bzw. Frequenzintervall gekennzeichneter Teilbereich aus dem Gesamtspektrum der elektromagnet. Wellen bzw. Strahlung, i. e. S. aus dem Bereich der [Rund]funkwellen (z. B. Lang-, Mittel-, Kurz- und Ultrakurzwelle).

Wellenlängenbereiche			
Wellenlängen-bereiche	Frequenz-bereiche	deutsche Bezeichnung	internat. Abk.
100–10 km	3–30 kHz	Längstwellen, Myriameterwellen	VLF
10–1 km	30–300 kHz	Langwellen (LW), Kilometerwellen	LF
1–0,1 km	0,3–3 MHz	Mittelwellen (MW), Hektometerwellen	MF
100–10 m	3–30 MHz	Kurzwellen (KW), Dekameterwellen	HF
10–1 m	30–300 MHz	Ultrakurzwellen (UKW), Meterwellen	VHF
1–0,1 m	0,3–3 GHz	Dezimeterwellen	UHF
10–1 cm	3–30 GHz	Zentimeterwellen	SHF
10–1 mm	30–300 GHz	Millimeterwellen	EHF
10 cm–1 mm	3–300 GHz	Mikrowellen	
1–0,1 mm	0,3–3 THz	Dezimillimeterwellen, Submillimeterwellen	
1 mm–800 nm	$3 \cdot 10^{11}$–$3,75 \cdot 10^{14}$ Hz	Infrarot	IR
800–400 nm	$3,75 \cdot 10^{14}$–$7,5 \cdot 10^{14}$ Hz	sichtbares Licht	
400–10 nm	$7,5 \cdot 10^{14}$–$3 \cdot 10^{16}$ Hz	Ultraviolett	UV
60–10^{-9} nm	$5 \cdot 10^{15}$–$3 \cdot 10^{25}$ Hz	Röntgenstrahlung einschl. Gammastrahlung (γ-Strahlung)	

$1 \text{ nm} = 10^{-9} \text{ m} [= 10 \text{ Å}]$; $1 \text{ kHz} = 10^3 \text{ Hz}$; $1 \text{ MHz} = 10^6 \text{ Hz}$; $1 \text{ GHz} = 10^9 \text{ Hz}$; $1 \text{ THz} = 10^{12} \text{ Hz}$

Wellenbrecher, 1) molenähnl. Anlage, die anlaufende Wellen (z. B. vor Hafeneinfahrten) brechen soll. 2) *Schiffbau:* V-förmige, auf dem Vorschiff angebrachte Schutzwand gegen überkommendes Wasser.

Wellenfront, die vorderste[n] Wellenfläche[n] eines plötzlich einsetzenden Wellenvorgangs.

Wellenfunktion → Atommodell.

Wellenlänge, Abstand zweier aufeinanderfolgender Punkte einer Welle, die sich im selben Schwingungszustand befinden; physikal. Zeichen λ. Das gesamte Spektrum der elektromagnet. Wellen (zw. 10^{-8} nm und 100 km) wird in verschiedene *Wellenlängen-* bzw. *Frequenzbereiche* unterteilt.

Wellenleistung, die an der Abtriebswelle einer Maschine (z. B. Schiffsmaschinenanlage) gemessene Leistung.

Wellenmechanik, von E. Schrödinger 1926 entwickelte Formulierung der Quantenmechanik, die von der Vorstellung der Materiewellen ausgeht und die Zustände mikrophysikal. Systeme durch bes. Wellenfunktionen beschreibt.

Wellenplan, internat. vereinbarter Plan über die Aufteilung der einzelnen Wellenlängen [eines bestimmten Wellenlängenbereichs] unter den einzelnen Staaten bzw. den in ihnen betriebenen Sendern zur Vermeidung von Überlagerungen und dadurch bedingten Empfangsstörungen, insbes. im Mittel- und Langwellenbereich. Bei dem 1948 in Kopenhagen auf der 4. Wellenkonferenz (nach Bern 1925, Prag 1929, Luzern 1933) beschlossenen, im März 1950 in Kraft getretenen regionalen *Frequenzbandverteilungsplan (Kopenhagener W.)* wurde Deutschland kaum berücksichtigt. Nachdem sich bis 1974 die Zahl der Sender mehr als verdoppelt hatte, wurde auf der Genfer Wellenkonferenz im Nov. 1975 ein neuer W. beschlossen *(Genfer W.),* der am 23. 11. 1978 in Kraft trat und auch die BR Deutschland angemessen berücksichtigt.

Wellenreiten → Surfing.

Wellensittich, fast 20 cm langer Papageienvogel (Gruppe Sittiche), v. a. in offenen, buschreichen, von Bäumen durchsetzten Landschaften Australiens; in Schwärmen auftretende Tiere; beliebter Stubenvogel; Männchen unterscheidet sich vom Weibchen durch eine blaue Wachshaut am Oberschnabel.

Wellentunnel (Kardantunnel), bei Kfz mit vorn liegendem Motor und Hinterradantrieb der die Kardanwelle aufnehmende tunnelförmige Teil der Karosseriebodengruppe.

Wellenzahl → Welle.

Weller, Thomas [engl. ˈwɛlə], * Ann Arbor 15. 6. 1915, amerikan. Bakteriologe. Für die Entdeckung, daß Poliomyelitisviren in Gewebekulturen gezüchtet (und damit zur Herstellung von Impfstoff gegen Kinderlähmung verwendet) werden können, erhielt W. gemeinsam mit J. F. Enders und F. C. Robbins 1954 den Nobelpreis für Physiologie oder Medizin.

Wellershoff, Dieter, * Neuß 3. 11. 1925, dt. Schriftsteller. Exponent des ›neuen Realismus‹, einer u. a. am Nouveau roman und Filmtechniken orientierten Darstellungsweise; schreibt Erzählwerke (u. a. ›Die Schattengrenze‹, R., 1969; ›Der Sieger nimmt alles‹, R., 1983; ›Die Körper und die Träume‹, En., 1986) und zahlr. Hörspiele (Buchausgaben: ›Am ungenauen Ort‹, 1960; ›Das Schreien der Katze im Sack‹, 1970) sowie bed. literaturästhet. Essays (u. a. ›Literatur und Veränderung‹, 1969; ›Der Roman und die Erfahrbarkeit der Welt‹, 1988).

Thomas Weller

Welles [engl. wɛlz], 1) Orson, * Kenosha (Wis.) 6. 5. 1915, † Los Angeles 10. 10. 1985, amerikan. Schauspieler, Regisseur und Autor. 1938 führte die Ausstrahlung seines Hörspiels ›The war of the worlds‹ (über einen angeblich gerade stattfindenden Angriff der Marsbewohner auf die Erde) bei der amerikan. Bev. zu panikartigen Reaktionen. Bed. Filme (in denen er oft [Haupt]rollen übernahm): ›Citizen Kane‹ (1941), ›Die Lady von Shanghai‹ (1948), ›Macbeth‹ (1948) und ›Othello‹ (1952; beide nach Shakespeare), ›Im Zeichen des Bösen‹ (1958), ›Der Prozeß‹ (1962; nach F. Kafka), ›F wie Fälschung‹ (1975), ›Erinnerungen an Othello‹ (1977); Filmrollen u. a. in ›Der dritte Mann‹ (1949; nach G. Greene), ›Ein Mann zu jeder Jahreszeit‹ (1966; nach Robert Bolt [* 1924]). 2) Sumner, * New York 14. 10. 1892, † Bernardsville (N. J.) 24. 9. 1961, amerikan. Diplomat. Als Unterstaatssekretär im Außenministerium 1937–43 einer der einflußreichsten Berater F. D. Roosevelts.

Orson Welles

Welle-Teilchen-Dualismus (Teilchen-Welle-Dualismus), Bez. für die an Gesamtheiten von mikrophysikal. Objekten zu beobachtende Erscheinung, daß sie sich je nach Art des Experiments entweder wie eine Gesamtheit von Teilchen oder wie eine Welle verhalten. So lassen sich z. B. die Beugungs- und Interferenzversuche an Licht zwanglos mit Hilfe eines ausgedehnten Wellenfeldes beschreiben, während die inelast. mikrophysikal. Wechselwirkung des Lichts mit Materie (z. B. Photoeffekt) nur als Absorption bzw. Emission von Photonen gedeutet werden kann.

Wellhornschnecke, nordatlant. Schnecke mit 8–12 cm langem, gelblichbraunem, stark grieftem Gehäuse.

Wellington, Arthur Wellesley, Herzog von (seit 1814) [engl. ˈwɛlɪŋtn], * Dublin 29. 4. oder 1. 5. 1769, † Walmer Castle bei Dover 14. 9. 1852, brit. Feldmarschall und Politiker. Leitete erfolgreich ab 1808 das

Wellensittich

brit. Expeditionskorps in Portugal und Spanien gegen die frz. Truppen; 1815 Hauptbevollmächtigter beim Wiener Kongreß; siegte 1815 mit Blücher bei Belle-Alliance (Waterloo). 1828–30 Premier-Min., 1834/35 Außenminister.

Wellington [engl. 'wɛlɪŋtən], Hauptstadt von Neuseeland (seit 1865), im SW der Nordinsel, an der Bucht Port Nicholson, 324 600 E. Univ., Nationalmuseum, Dominion-Museum, Nat. Kunstgalerie, Oper; botan. Garten, Zoo. W. bildet mit den Nachbarstädten im Hutt Valley eine bed. Ind.agglomeration; Hafen; internat. ✈. – 1840 gegründet.

Wells, H[erbert] G[eorge] [engl. wɛlz], * Bromley (= London) 21. 9. 1866, † London 13. 8. 1946, engl. Schriftsteller. Hatte mit seinen utop. Romanen, u. a. ›Die Zeitmaschine‹ (1895), ›Der Krieg der Welten‹ (1898; Hörspielfassung von O. Welles, 1938), ›Jenseits des Sirius‹ (1905), großen Einfluß auf die Entstehung der → Science fiction. – *Weiteres Werk:* ›Der Geist am Ende seiner Möglichkeit‹ (Essay, 1945).

Welpe, junger, noch nicht entwöhnter Hund, Fuchs oder Wolf.

Wels, Otto, * Berlin 15. 9. 1873, † Paris 16. 9. 1939, dt. Politiker (SPD). 1912–33 MdR (bzw. Mgl. der Weimarer Nationalversammlung); seit 1931 Vors. der SPD; lehnte 1933 für die SPD-Fraktion das Ermächtigungsgesetz ab; leitete nach der Emigration 1933 den Exilvorstand der SPD in Prag bzw. Paris.

Wels, oberösterr. Stadt an der Traun, 51 100 E. Stadt- und Burgmuseum. Internat. Landwirtschaftsmesse; u. a. Maschinen- und Stahlbau. Got. Stadtpfarrkirche (13./14. Jh.); gotische ehem. kaiserl. Burg (stark verändert), zahlreiche stattl. Bürgerhäuser. – Entstand an der Stelle des röm. **Ovilava.**

welsch, 1. zum frz. sprechenden Teil der Schweiz gehörend; 2. (veraltet abwertend) fremdländisch.

Welsch, Maximilian von, ≈ Kronach 23. 2. 1671, † Mainz 15. 10. 1745, dt. Baumeister. Maßgeblich an den Gesamtentwürfen für die Würzburger Residenz, die Schönbornkapelle des Würzburger Doms und die Schlösser zu Pommersfelden und Bruchsal beteiligt; baute die Orangerie in Fulda (1722–30) und die Abteikirche in Amorbach (1742 ff.).

Welse (Siluriformes), Ordnung der Knochenfische mit rd. 2 000 weltweit (v. a. in S-Amerika) verbreiteten, fast ausschließlich im Süßwasser lebenden Arten; Haut stets schuppenlos, Mundöffnung mit Barteln umstellt, die als Geschmacks- und Tastorgane dienen; überwiegend dämmerungs- und nachtaktive, Brutpflege treibende Fische. Zu den W. gehören u. a. neben den *Katzen-W., Stachel-W., Panzer-W.* die *Echten W.* mit der einzigen einheim. Art *Wels* (Waller, Flußwels): Körper bis 2,5 m lang; Rücken schwarzblau bis dunkel olivgrün, Bauch weißlich, dunkel marmoriert; räuberisch lebend; überwintert ohne Nahrungsaufnahme im Bodenschlamm der Gewässer; Speisefisch.

Welser, seit dem 13. Jh. in Augsburg nachweisbares Patriziergeschlecht, das bereits unter Anton W. d. Ä. (* 1451, † 1518; 1498 Gründung der großen Augsburger Handelsgesellschaft) in europ. Großhandel sowie im Asienhandel tätig war. Bartholomäus W. (* 1484, † 1561) war neben den Fuggern einflußreichster Bankier Karls V., von dem er Venezuela als Pfand erhielt. 1525–56 Handelsbeziehungen zu Span.-Amerika. 1614 aufgrund unglückl. Kreditgeschäfte mit Frankreich, Spanien und den Niederlanden Konkurs (1797 erlosch die Hauptlinie).

Welt, 1. der Inbegriff alles Seienden; 2. im allg. Sprachgebrauch Erde, Lebensraum des Menschen; → Weltall; 3. in sich geschlossener (Lebens)bereich; 4. als Ggs. zur religiös-sakralen Sphäre das Profane.

Welt, Die, urspr. liberale, konservative dt. Tageszeitung; 1946 gegr.; 1953 vom Springer Verlag erworben; erschien zunächst in Hamburg, seit 1975 in Bonn.

Weltall (Kosmos, Universum), die Welt als Ganzes; der gesamte mit Materie und Strahlung erfüllte Raum, in dem sich alles uns faßbare Räumliche und Zeitliche abspielt, bzw. die Gesamtheit der existierenden Materie und Strahlung. Der gegenwärtig der astronom. Forschung mit den größten Radio- und Spiegelteleskopen zugängl. Teil des W. hat einen Radius von über 10 Mrd. Lichtjahren; in diesem Bereich befinden sich schätzungsweise 10 bis 100 Mrd. Sternsysteme. → Kosmologie.

Weltanschauung, im Unterschied zum naturwiss. Weltbild eine auf das Ganze der Welt und der menschl. Existenz abzielende Sinndeutung; W. sind v. a. aus den verschiedenen Systemen der Philosophie entwickelt worden. → Ideologie.

Weltausstellungen, seit der Mitte des 19. Jh. an wechselndem Ort durchgeführte internat. Ausstellungen, in dem sich die wirtschaftl. Information dienen und in nat. Selbstdarstellungen die Errungenschaften in Technik und Kultur zur Schau stellen. Als Symbole der Moderne galten u. a.: Kristallpalast von Joseph Paxton (* 1801, † 1865; London, 1851), Eiffelturm von G. Eiffel (Paris, 1889), dt. Pavillon von L. Mies van der Rohe (Barcelona, 1929), dt. Pavillon von Konrad Rolf Gutbrod (* 1910) und Frei Otto (* 1925) sowie der Habitat-Komplex von Moshe Safdie (* 1938) u. a. (Montreal, 1967).

Weltbank, svw. → Internationale Bank für Wiederaufbau und Entwicklung.

Weltbestleistung, die in den meßbaren Sportarten beste erreichte Leistung; im Ggs. zum Weltrekord nicht offiziell geführt.

Weltbild, der Gesamtbestand des Wissens einer Epoche oder eines bestimmten Kulturkreises.

Weltbühne, Die, 1918 aus der Theaterzeitschrift ›Die Schaubühne‹ hervorgegangen ›Wochenschrift für Politik/Kunst/Wirtschaft‹; 1926 hg. von K. Tucholsky, 1927–33 (Verbot) von C. von Ossietzky. 1933–39 erschien in Prag, Zürich und Paris ›Die Neue W.‹; seit 1946 als ›Die W.‹ neu hg. in Berlin (Ost).

Weltbürgertum (Kosmopolitismus), (die Freiheit des menschl. Geistes ansprechende) Anschauung, wonach alle Menschen, alle Völker und Nationen, alle Kulturen und Epochen gleichberechtigte, sich gegenseitig bereichernde Teile einer gemeinsamen Welt sind. Bereits in der Antike vertreten (→ Stoa), erlebte der Gedanke des W. in Humanismus und Aufklärung eine Wiederbelebung; heute noch Bestandteil u. a. in Liberalismus, Sozialismus und Freimaurertum.

Weltchronik (Universalchronik), Geschichtsdichtung des MA (u. a. → Sächsische Weltchronik), die die aus literar. Vorlagen entnommene Weltgeschichte darstellt: als Aufeinanderfolge der 4 Weltreiche oder in der Abfolge der 6 Weltalter (nach Augustinus), die häufig zu den 6 Schöpfungstagen in Beziehung gesetzt werden.

Weltenburg, Benediktinerabtei bei Kelheim, am Beginn des Donaudurchbruchs, um 760 gegr.; Barockkirche der Brüder Asam (1718 geweiht), Brauerei.

Weltergewicht [engl./dt.] → Sport (Gewichtsklassen, Übersicht).

Welternährungsprogramm (engl. World Food Programme, Abk. WFP), durch Resolution der FAO-Konferenz vom 19. 12. 1961 gegr. Hilfsprogramm, das Nahrungsmittelhilfe in Katastrophenfällen, v. a. aber bei Entwicklungsprojekten gewährt. Die Finanzierung erfolgt durch freiwillige Beiträge der UN- und FAO-Mitglieder.

Weltgeistlicher (Weltpriester, Säkularkleriker), kath. Kleriker, der keinem Orden und keiner Kongregation angehört.

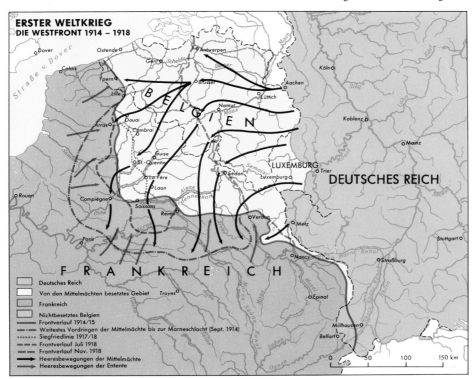

ERSTER WELTKRIEG
DIE WESTFRONT 1914 – 1918

Legend:
- Deutsches Reich
- Von den Mittelmächten besetztes Gebiet
- Frankreich
- Nichtbesetztes Belgien
- Frontverlauf 1914/15
- Weitestes Vordringen der Mittelmächte bis zur Marneschlacht (Sept. 1914)
- Siegfriedlinie 1917/18
- Frontverlauf Juli 1918
- Frontverlauf Nov. 1918
- Heeresbewegungen der Mittelmächte
- Heeresbewegungen der Entente

Weltgeschichte, svw. → Universalgeschichte.

Weltgesundheitsorganisation (engl. World Health Organization, Abk. WHO), 1946 gegr. Organisation der UN, Sitz Genf. Tätigkeiten: u. a. Hilfe bei der Einrichtung von Gesundheitsdiensten, bei der Bekämpfung weitverbreiteter Krankheiten und bei der Besserung der hygien. Verhältnisse v. a. in den Entwicklungsländern, Finanzierung von medizin. Forschungsvorhaben.

Welthandel, die Gesamtheit des internat. Güteraustauschs, statistisch erfaßt als Summen der Exporte und der Importe.

Welthandelskonferenz → Weltwirtschaftskonferenz.

Welthilfssprachen (Universalsprachen, Plansprachen), künstlich geschaffene, zum internat. Gebrauch bestimmte Sprachen. Von den bisher entwickelten W. ist das → Esperanto am weitesten verbreitet. Die erste prakt. verwendbare W. war *Volapük* (1879); die Wörter sind meist nach engl. Wurzeln gebildet.

Welti, Friedrich Emil, * Zurzach 23. 4. 1825, † Bern 24. 2. 1899, schweizer. freisinniger Politiker. 1866–91 Bundesrat, mehrfach Bundes-Präs.; maßgebend an der Revision der Bundesverfassung von 1874 beteiligt.

Weltkrieg, globaler, die meisten Staaten und Völker der Erde einbeziehender militär. Konflikt, wobei die Kriegshandlungen sich auf fast alle Kontinente und Weltmeere erstrecken.

Erster Weltkrieg (1914–18):
Vorgeschichte und Kriegsausbruch: Elementare Voraussetzung war das System des europ. Imperialismus, das durch den Kampf um Rohstoffe und Absatzmärkte in Übersee neben den traditionellen Rivalitäten in Europa zu Spannungen zw. den Großmächten führte. Die 1871 vollendete dt. Reichsgründung, gekoppelt mit rascher Industrialisierung, hatte das

europ. Mächtegleichgewicht entscheidend verändert. Die Annexion Elsaß-Lothringens durch das Dt. Reich verhinderte eine Verständigung mit Frankreich. Der 1879 gebildete dt.-österr. Zweibund, 1882 um Italien zum Dreibund erweitert, rief eine Gegenkoalition hervor: Der frz.-russ. Zweiverband (1893/94) wurde durch ein System zweiseitiger Absprachen Großbritanniens mit Frankreich (Entente cordiale, 1904) und Rußland (1907) zur Tripelentente erweitert. Entscheidend für die Wendung Großbritanniens gegen Deutschland war v. a. der Bau einer starken dt. Kriegsflotte, die dem dt. Anspruch auf eine eigene ›Weltpolitik‹ militär. Nachdruck geben sollte.

Die → Marokkokrisen 1905/06 und 1911, die österr. Annexion von Bosnien und Herzegowina 1908/09 sowie die Balkankriege 1912/13 führten Europa an den Rand einer krieger. Auseinandersetzung. Der Ermordung des österr. Thronfolgers Franz Ferdinand in Sarajevo am 28. 6. 1914 folgte zunächst ein Monat hekt. diplomat. Aktivitäten *(Julikrise).* In Wien drängte man auf rasche Ausnutzung des Attentats zur Niederwerfung Serbiens, benötigte jedoch die dt. Rückendeckung gegen Rußland. Nach anfängl. Zögern setzte sich in Berlin die ›Kriegspartei‹ durch, in der Hoffnung, die Großmächte aus dem Konflikt heraushalten zu können (Lokalisierung des Krieges). Vermittlungsversuche der übrigen Mächte wehrte Deutschland daher konsequent ab. Erst als sich das brit. Eingreifen abzeichnete (29. 7.), versuchte Berlin erfolglos, einen gewissen mäßigenden Druck auf Wien auszuüben. So folgten aufeinander die Kriegserklärungen Österreich-Ungarns an Serbien (28. 7.), Deutschlands an Rußland (1. 8.) und Frankreichs (3. 8.), Großbrit. an Deutschland (4. 8.). Bis heute ist der Grad der dt. Verantwortung für den Ausbruch des 1. W. in der Geschichtswiss. umstritten.

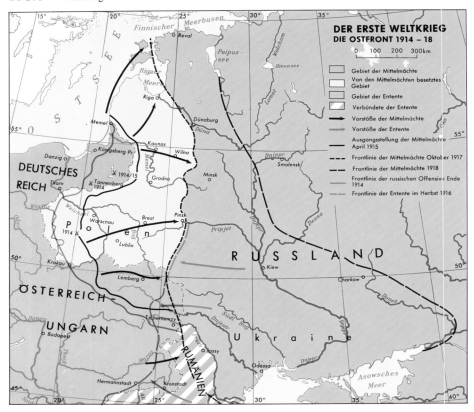

DER ERSTE WELTKRIEG
DIE OSTFRONT 1914 – 18

0   100   200   300km

- Gebiet der Mittelmächte
- Von den Mittelmächten besetztes Gebiet
- Gebiet der Entente
- Verbündete der Entente
- Vorstöße der Mittelmächte
- Vorstöße der Entente
- Ausgangsstellung der Mittelmächte April 1915
- Frontlinie der Mittelmächte Oktober 1917
- Frontlinie der Mittelmächte 1918
- Frontlinie der russischen Offensive Ende 1914
- Frontlinie der Entente im Herbst 1916

Da Italien zunächst neutral blieb, ergab sich folgende Mächtekonstellation: die Mittelmächte Deutschland, Österreich-Ungarn, Osman. Reich (Nov. 1914), Bulgarien (Okt. 1915) gegen die Tripelentente aus Großbrit., Frankreich, Rußland, dazu Serbien und Japan. Der Tripelentente schlossen sich weitere ›Alliierte‹ an, u. a. Italien, Rumänien, Griechenland, China und lateinamerikan. Staaten, die USA als ›Assoziierte‹. Neutral blieben bis zuletzt im wesentlichen die Schweiz, die Niederlande, Dänemark, Schweden, Norwegen und Spanien.

Die militär. Dimension: In den ersten Kriegsmonaten waren zunächst alle Offensiven gescheitert: die dt. gegen Frankreich, die österr.-ungar. gegen Serbien, gegen Rußland in Galizien, die russ. gegen Deutschland in Ostpreußen, gegen Österreich-Ungarn in den Karpaten, die frz. gegen Deutschland im Elsaß und in Lothringen. Im W mißlangen die Versuche beider Seiten, die gegner. Front durch Überflügelung im N zu umfassen (›Wettlauf zum Meer‹). Danach erstarrte die W-Front für fast 4 Jahre im Stellungskrieg. Im O und SO wurden die Eroberungen Polens, Litauens, Kurlands, Serbiens (1915), Montenegros und Rumäniens (1916) durch die Mittelmächte nicht kriegsentscheidend. Das Osman. Reich sperrte den westl. Nachschub für Rußland und verschärfte so dort die Versorgungslage. Der Aug. 1916 brachte den Höhepunkt der militär. Krise für Deutschland: Die dt. Offensive bei Verdun war gescheitert, im Juli hatte die brit.-frz. Offensive an der Somme begonnen. Die russ. 1. Brussilow-Offensive in Galizien und Wolynien sowie die rumän. Offensive brachte Österreich-Ungarn an den Rand des militär. Zusammenbruchs; nur die italien. Front hielt (Isonzo-

schlachten). Nun wurden P. von Hindenburg und E. Ludendorff, die Sieger von Tannenberg und den Masur. Seen (Aug./Sept. 1914), in die dt. Oberste Heeresleitung (OHL) berufen: Das Hindenburgprogramm kurbelte die Rüstung an; die militär. Lage wurde durch den Abbruch der Verdunschlacht und Siege über Rußland und Rumänien stabilisiert.

Für den Krieg auf den Meeren und in Übersee lagen die überwältigenden Vorteile von vornherein bei Großbrit., verstärkt durch Frankr., Japan und (ab 1917) die USA. Die dt. Überseekreuzer verschwanden in den ersten Kriegsmonaten von den Weltmeeren. Das dt. ostasiat. Kreuzergeschwader unter M. von Spee wurde von den Briten bei den Falklandinseln vernichtet (8. 12. 1914). Der gesamte dt. Kolonialbesitz wurde im Lauf des W. von den Alliierten besetzt. Die brit. Blockade des Ärmelkanals und der Nordsee zw. Norwegen und Schottland konnte von der dt. Hochseeflotte wegen ihres begrenzten Aktionsradius nicht gebrochen werden. So wurde sie nach der Niederlage bei Helgoland (28. 8. 1914) zurückgehalten. Nach der Niederlage auf der Doggerbank (24. 1. 1915) begann Deutschland den uneingeschränkten U-Boot-Krieg (4. 2. 1915) mit der Torpedierung von kriegführenden und neutralen Handelsschiffen. Nach dem Tod zahlr. amerikan. Passagiere bei der Torpedierung des brit. Passagierdampfers ›Lusitania‹ (7. 5. 1915) zwang die Kriegsdrohung der USA die dt. Führung zum Einlenken. Doch der trotz hoher brit. Verluste für Deutschland ungünstige Ausgang der Seeschlacht vor dem Skagerrak (31. 5./1. 6. 1916) bedeutete die Wiederaufnahme des uneingeschränkten U-Boot-Kriegs (1. 2. 1917), der den Kriegseintritt der USA (6. 4. 1917) zur Folge hatte.

Damit war die Lage der Mittelmächte hoffnungslos geworden. Den Umschwung zuungunsten der durch innere Krisen geschwächten Mittelmächte leitete das Scheitern des uneingeschränkten U-Boot-Krieges (Herbst 1917) und der dt. Frühjahrsoffensiven 1918 ein. Die entscheidende frz. (18. 7.), die brit. (8. 8.) und die amerikan. (12. 9.) Gegenoffensive zwangen die dt. Truppen an der W-Front zum Rückzug zu den Reichsgrenzen. Das Ende des Krieges kam im SO: Der Zusammenbruch der bulgar. Front in Makedonien (15. 9. 1918) und der türk.-dt. Front in Palästina (19. 9.) führte zum Waffenstillstand der Alliierten mit Bulgarien (29. 9.), dem Osman. Reich (30. 10.) und mit Österreich-Ungarn (3. 11.). Bereits am 3. 10. bot die dt. Reichsführung auf Betreiben der OHL den Alliierten den Waffenstillstand an, der dann am 11. 11. 1918 geschlossen wurde.

Die polit. Dimension: Als imperialist. Machtkrieg begonnen, gewan der 1. W. mit der russ. Revolution 1917 und Wilsons 14 Punkten auch die Dimension ›Krieg der Demokratie gegen die Autokratie‹. Den Alliierten, die im Innern überwiegend demokrat.-parlamentar. organisiert waren, standen die Mittelmächte gegenüber mit überwiegend dynast.-imperialer Struktur, belastet mit expansiven hegemonialen dt. Kriegszielen. Durch den ›Burgfrieden‹ vom Aug. 1914 zunächst überspielt, gewannen die innenpolit. Konflikte mit der Dauer des Krieges und dem Schwinden der Erfolgsaussichten an Bedeutung (Abspaltung der USPD von der SPD 1917). Die Rechte dagegen (Gründung der Dt. Vaterlandspartei 1917) drängte auf energischere Kriegführung. Die Polarisierung führte zum Sturz des Reichskanzlers Bethmann Hollweg und ermöglichte die verschleierte Militärdiktatur Ludendorffs als fakt. Leiter der 3. OHL (1916–18). Sturz der Monarchie und Novemberrevolution 1918 sind somit Reaktionen auf die militär. Niederlage und die Verschleppung grundlegender Strukturreformen im preuß.-dt. Kaiserreich.

Die beiden Vielvölkerstaaten Österreich-Ungarn und Osman. Reich waren innenpolit. noch schwächer. Hier trugen im wesentlichen nur die führenden Reichsvölker (Deutsche, Ungarn; Türken) die Kriegsanstrengungen. Namentlich Tschechen (Massendesertionen) und Araber (Aufstand) nahmen die Auflösung der Reiche vorweg, von denen nach Kriegsende Österreich, Ungarn, die ČSR und die Türkei als Nationalstaaten auf verkleinertem Territorium übrigblieben. Am augenfälligsten wirkte sich in Rußland der Zusammenhang zw. Niederlage und Revolution aus, die nicht nur den Fortgang des 1. W., sondern auch die Weltgeschichte veränderte. Aber auch die übrigen Alliierten gingen im Krieg durch polit. Krisen hindurch und wurden danach von den übl. Folgen großer Kriege betroffen: Inflation, Wirtschaftskrise, innere Konflikte.

Friedensschlüsse und Bilanz: Nach den Sonderfriedensschlüssen der Mittelmächte mit Sowjetrußland (Brest-Litowsk 3. 3. 1918) und Rumänien (Bukarest 7. 5. 1918) fand der 1. W. völkerrechtlich seinen Abschluß in den Pariser Vorortverträgen: dem → Versailler Vertrag mit Deutschland (28. 6. 1919) und den Friedensverträgen von Saint-Germain-en-Laye mit Österreich (10. 9. 1919), Trianon mit Ungarn (4. 6. 1920), Neuilly-sur-Seine mit Bulgarien (27. 11. 1919) und Sèvres mit der Türkei (10. 8. 1920). Über 65 Mio. Soldaten waren auf beiden Seiten mobilisiert. Insgesamt gab es rd. 8,5 Mio. Gefallene, über 21 Mio. Verwundete, 7,8 Mio. Kriegsgefangene und Vermißte.

Zweiter Weltkrieg (1939–45):

Vorgeschichte: Die Friedensregelung nach dem 1. W. sorgte in Europa nicht für polit., wirtschaftl. und militär. Stabilität. Deutschland, als Hauptverlierer des 1. W. von bes. schweren Belastungen betroffen, be-

mühte sich friedlich um Erleichterungen und erzielte dabei im Einvernehmen mit den Siegermächten gewisse Erfolge. Diese Revisionsbemühungen wurden jedoch seit Beginn der 1930er Jahre durch eine expansive Zielsetzung überlagert.

Japan besetzte 1931 die Mandschurei und führte seit 1937 offen Krieg gegen China. Italien unter Mussolini erstrebte schon in den 1920er Jahren die Vorherrschaft im Mittelmeerraum. Mit Libyen und dem 1935/36 eroberten Äthiopien besaß es zwei große zusammenhängende Kolonialgebiete in Afrika. Im April 1939 annektierte es Albanien. Das nat.-soz. Deutschland mußte zunächst die Hindernisse des Versailler Vertrages abstreifen. Hitler knüpfte dabei anfangs verbal an die bisherige dt. Revisionspolitik an, unternahm jedoch bald auch einseitige Akte zur schrittweisen außenpolit. und militär. Gleichstellung Deutschlands. Beteuerungen des Friedenswillens standen neben der seit 1934 forcierten Aufrüstung und neben offenen Vertragsverletzungen seit 1935: 1933 Austritt aus der Abrüstungskonferenz und dem Völkerbund, 1935 Rückgliederung des Saargebiets, Einführung der allg. Wehrpflicht, Dt.-Brit. Flottenabkommen, 1936 Einmarsch dt. Truppen in die entmilitarisierten Rheinlande, Eingreifen in den Span. Bürgerkrieg, 1938 in Österreich und die Vereinigung beider Länder, schließlich die erpreßte Angliederung des Sudetenlands an das Dt. Reich auf Grund des Münchner Abkommens.

In seinen Bemühungen um Bündnispartner war Hitler nur z. T. erfolgreich. Entgegen den Erwartungen auf einen Bündnispartner Großbrit. geriet nur Italien nach anfängl. Mißtrauen seit 1936/37 immer stärker in den Sog Hitlers. Die Achse Berlin–Rom (1936), der Stahlpakt (1939) und auch der Antikominternpakt der beiden Mächte mit Japan (1936) stellten wichtige diplomat. Instrumente dar; doch erwies sich ihr Wert als gering, als der Kriegsfall tatsächlich eintrat.

Die Schutzmaßnahmen der durch die Aggressoren bedrohten Mächte blieben ebenfalls unkoordiniert. Der Völkerbund bot Äthiopien keinen Schutz und schied als Instrument kollektiver Sicherheit aus. Großbrit., die für die Erhaltung des europ. Gleichgewichts wichtigste Macht, war wegen seiner wirtschaftl. Stagnation und seiner weltweiten Interessen auf die Fortdauer des Friedens in Europa dringend angewiesen. Es war daher in seiner Politik des Appeasement zu weitgehenden Konzessionen gegenüber Deutschland bereit. Frankreich suchte gegenüber dem Dritten Reich zunächst in Bündnissen Schutz und schloß seit 1936 dem brit. Appeasement an. Polen vertraute auf die eigene Stärke und 1939 auf brit. und frz. Beistand. Die Sowjetunion unter Stalin blieb mit ihrem Eintreten für kollektive Sicherheit in der 2. Hälfte der 1930er Jahre ein Außenseiter unter den europ. Mächten. Die USA verhielten sich zunächst neutral.

Mit der Errichtung des Protektorats Böhmen und Mähren nach dem dt. Einmarsch in Prag (14./16. 3. 1939) brach Hitler eine unmittelbar zuvor eingegangene internat. Vereinbarung und berührte damit direkt die brit. und frz. Sicherheitsinteressen. Am 31. 3. 1939 ergänzte Großbrit. mit seiner Garantieerklärung für die poln. Unabhängigkeit das poln.-frz. Militärbündnis. Brit.-frz. Verhandlungen mit der Sowjetunion über eine Militärkonvention zum Schutz der kleineren Staaten blieben erfolglos. Stalin, der sein durch die Säuberungen geschwächtes Land aus krieger. Verwicklungen heraushalten wollte, aber auch territoriale Expansion zur Sicherung des sowjet. Vorfelds anstrebte, nahm daraufhin ein dt. Verhandlungsangebot an, das zum Dt.-Sowjet. Nichtangriffspakt vom 23. 8. 1939 führte. Im geheimen Zusatzpro-

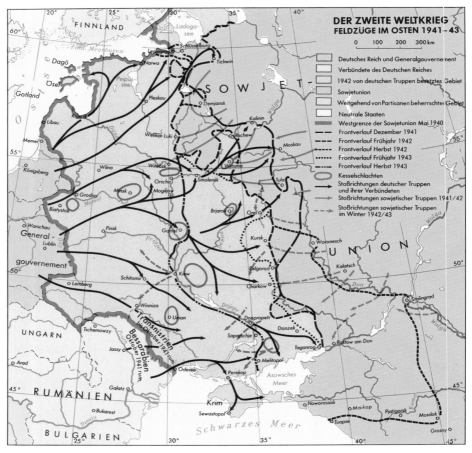

DER ZWEITE WELTKRIEG
FELDZÜGE IM OSTEN 1941–43

0   100   200   300 km

- Deutsches Reich und Generalgouvernement
- Verbündete des Deutschen Reiches
- 1942 von deutschen Truppen besetztes Gebiet
- Sowjetunion
- Weitgehend von Partisanen beherrschtes Gebiet
- Neutrale Staaten
- Westgrenze der Sowjetunion Mai 1940
- Frontverlauf Dezember 1941
- Frontverlauf Frühjahr 1942
- Frontverlauf Herbst 1942
- Frontverlauf Frühjahr 1943
- Frontverlauf Herbst 1943
- Kesselschlachten
- Stoßrichtungen deutscher Truppen und ihrer Verbündeten
- Stoßrichtungen sowjetischer Truppen 1941/42
- Stoßrichtungen sowjetischer Truppen im Winter 1942/43

tokoll wurde Polen entlang Weichsel, Narew und San in zwei Interessengebiete aufgeteilt, die balt. Staaten (außer Litauen) der sowjet. Einflußsphäre zugewiesen.

Hitler betrieb seine Politik unter einem von ihm selbst gesetzten Zeitdruck. Man rechnete, daß bis etwa 1943/45 der bestehende dt. Rüstungsvorsprung aufgeholt sein würde. Die Expansion nach O andererseits sollte den dt. Rohstoff- und Arbeitskräftemangel entscheidend verringern. Auch wirtschaftl. Überlegungen bewogen die Reichsführung deshalb, den seit der Machtergreifung vorbereiteten Krieg im Sommer 1939 vom Zaun zu brechen, was überfallartige, kurze und regional begrenzte Kriegszüge gegen jeweils nur einen Gegner (sog. Blitzkriege) erforderlich machte.

Der europäische Krieg (1939–41): Am 1. 9. 1939 erfolgte der dt. Überfall auf Polen. Am 3. 9. 1939 erklärten Großbrit. und Frankr. dem Dt. Reich den Krieg und begannen, die eigene Rüstung zu forcieren. Großbrit. entsandte ein Expeditionskorps auf den Kontinent, doch in Überschätzung der dt. Kräfte verharrten die Briten und Franzosen passiv hinter der Maginotlinie. Italien erklärte sich für ›nicht kriegführend‹. Die dt. Wehrmacht besetzte bis zum 6. 10. Polen. Am 17. 9. griff die Sowjetunion Polen von O her an. Ein dt.-sowjet. Grenz- und Freundschaftsvertrag wurde am 28. 9. abgeschlossen: In Abänderung der Vereinbarung vom 23. 8. kam Litauen an die Sowjetunion, während der dt. Anteil am poln. Gebiet bis zum Bug erweitert wurde. Das Dt. Reich annektierte

Danzig sowie die ehem. dt. Gebiete und Teile N- und W-Polens, aus dem Rest wurde das Generalgouvernement Polen gebildet. Die Sowjetunion gliederte sich die ostpoln. Gebiete ein und führte die strateg. Sicherung ihres westl. Vorfelds fort, indem sie zw. 28. 9. und 10. 10. Estland, Lettland und Litauen zwang, ihr das Recht zur Truppenstationierung einzuräumen. Ähnl. Territorialansprüchen widersetzte sich Finnland, mußte aber nach dem durch den sowjet. Angriff vom 30. 11. ausgelösten Finn.-Sowjet. Winterkrieg nachgeben (Friede von Moskau 12. 3. 1940).

Die dt. Operation gegen Norwegen ab 9. 4. 1940 (gleichzeitig dt. Besetzung Dänemarks) kam einer brit. Verminung der dortigen Küstengewässer knapp zuvor. Dt. Truppen besetzten gegen norweg. und brit. Widerstand bis zum 10. 6. das Land. Schweden, für die dt. Rüstung ihre unentbehrl. Erzzufuhr bezog, blieb souverän, aber zu wohlwollendem Verhalten gegenüber Deutschland gezwungen.

Am 10. 5. 1940 fielen die dt. Truppen in den Niederlanden, in Belgien und Luxemburg ein, unter Verletzung der Neutralität dieser Länder. Die Niederlande und Belgien kapitulierten am 14. bzw. am 28. 5.; am 20. 5. erreichten die dt. Truppen die Mündung der Somme. Allerdings gelang es 340 000 bei Dünkirchen eingeschlossenen brit., frz. und belg. Soldaten – wenn auch ohne Ausrüstung – nach Großbrit. zu entkommen. Zw. 5. und 22. 6. rückten dt. Truppen überall bis an die nord- und westfrz. Küste vor und besetzten Frankreich zu drei Fünfteln. Elsaß und Lothringen wurden unter einer dt. Zivilverwaltung dem Dt. Reich faktisch angegliedert (ebenso Luxemburg). Die von Marschall P. Pétain neugebildete, auf den unbesetzten Teil Frankreichs und Teile der Kolonien beschränkte autoritäre Regierung etablierte sich in Vichy (État Français). Als Sprecher des Freien Frankreich bemühte sich unterdessen in London C. de Gaulle um die Sammlung der Exilkräfte.

Italien erklärte Frankreich und Großbrit. am 10. 6. den Krieg. Die Sowjetunion besetzte im Juni 1940 die balt. Staaten, erzwang von Rumänien die Abtretung Bessarabiens und der nördl. Bukowina und gliederte sich alle diese Gebiete an.

In Großbrit. verkörperte W. Churchill, seit 10. 5. 1940 Premier-Min. einer großen Koalition aus Konservativen, Labour Party und Liberalen, den erwachten brit. Durchhaltewillen. Die strateg. Lage verurteilte Großbrit. allerdings auf vorerst unabsehbare Zeit zur Defensive. Eine Änderung erhoffte Churchill v. a. von einem Kriegseintritt der USA. Um Großbrit. durch eine Invasion zu bezwingen, reichten die Mittel der dt. Wehrmacht nicht aus. In der Schlacht um England gelang es der dt. Luftwaffe nicht, die brit. Luftabwehr entscheidend zu schwächen oder Großbrit. durch die Bombardierung von Städten (London, Coventry) den dt. Wünschen gefügig zu machen. Als wirksame Maßnahme gegen Großbrit. blieben Hitler der Kampf gegen die brit. Seeherrschaft und der Handels- und Blockadekrieg. Vom Herbst 1940 an wurde aber zunehmend das amerikan. Interesse an der Erhaltung der brit. Seeherrschaft im Atlantik deutlicher.

Nach dem Abschluß des Dreimächtepakts zw. Deutschland, Italien und Japan (27. 9. 1940) wollte Hitler für die Bildung eines Kontinentalblocks auch die Sowjetunion gewinnen, die ihre Interessen auf brit. Kosten im S (Indien, Pers. Golf) suchen sollte. Der sowjet. Außen-Min. Molotow betonte aber bei seinem Besuch in Berlin im Nov. 1940 das starke Interesse der Sowjetunion an ihrem europ. Vorfeld. Die mögl. sowjet. Expansion in N- und SO-Europa, die Deutschland im Kampf gegen die Briten sehr gefährlich werden konnte, bestärkte Hitler in seinem bereits im Juli 1940 gefaßten Entschluß, im Krieg gegen die Sowjetunion Großbritanniens letzten scheinbar mögl. Verbündeten in Europa auszuschalten. Die militär. Zwangslage also brachte Hitler bereits im Sommer 1940 dazu, sich seinem alten Fernziel der Eroberung von Lebensraum im O und dem rassenideolog. Vernichtungskrieg gegen den ›jüd. Bolschewismus‹ zuzuwenden, obwohl er den Rücken dafür nicht frei hatte. Der Angriff auf die Sowjetunion wurde für Mai 1941 geplant.

Italien erlitt bei seinen Angriffsunternehmen gegen Ägypten und Griechenland (Sept. und Okt. 1940) bald schwere Rückschläge, die Hitler zwangen, Italien auf dem Balkan und in N-Afrika zu unterstützen. Dt. Panzertruppen unter E. Rommel drängten zw. Febr. und April 1941 die Briten aus Libyen bis an die ägypt. Grenze zurück. Ungarn, Rumänien und die Slowakei traten im Nov. 1940 dem Dreimächtepakt bei, Bulgarien und Jugoslawien im März 1941. Ein hiergegen unternommener Staatsstreich in Belgrad hatte zur Folge, daß sich der dt.-italien. Feldzug gegen Griechenland nunmehr auch gegen Jugoslawien richtete. Der Angriff begann am 6. 4. 1941. Am 17. 4. war Jugoslawien, am 11. 5. ganz Griechenland einschließlich der Inseln trotz brit. Widerstands in dt. und italien. Hand; Kreta wurde aus der Luft erobert (20.–31. 5.). In Jugoslawien entwickelte sich in der Folgezeit ein immer intensiverer Partisanenkrieg.

Der dt. Überfall auf die Sowjetunion (*Unternehmen ›Barbarossa‹*) begann wegen des Balkankrieges 6 Wochen später als geplant, am 22. 6. 1941. Rumänien, Ungarn, Italien und Finnland schlossen sich dem An-

griff an. Dem dt. Vorhaben eines weiteren Blitzfeldzugs kam entgegen, daß Stalin bis zuletzt nicht mit einem dt. Angriff gerechnet hatte. Trotz des raschen dt. Vordringens in 3 Stoßrichtungen (Smolensk, Kiew, Leningrad) kam es bis zum Winter 1941/42 nicht zur sicher erwarteten militär. Entscheidung. Das Nichtangriffsabkommen mit Japan vom 13. 4. 1941 erlaubte der Sowjetunion, Verstärkung aus dem O heranzuführen. Wichtige Industriebetriebe wurden kurzfristig nach O verlagert. Dagegen litten die stark strapazierten dt. Truppen zunehmend unter Versorgungsschwierigkeiten. Moskaus Außenbezirke wurden von den Spitzen der auf den Winterkrieg völlig unvorbereiteten dt. Truppen erreicht, bevor die sowjet. Gegenoffensive ab 5. 12. Moskau entlastete. Am 16. 12. gab Hitler den Befehl, jede Stellung zu halten, am 19. 12. übernahm er selbst den Oberbefehl über das Heer. Das Scheitern der dt. Blitzkriegsstrategie vor Moskau leitete die militärisch und ökonomisch entscheidende Wende in Hitlers gesamtem Kriegsplan ein. In der Folge steigerten zwar Deutschland, dann auch Japan und alle anderen kriegführenden Mächte die Kriegsproduktion, die überall bis zum Herbst 1944 gewaltige Ausmaße annahm. Dabei verschlechterte sich aber die Relation zw. Achsenmächten und Alliierten von 1 : 1 (Mitte 1941) auf 1 : 3 (1944).

Der Weltkrieg (1941–45): Durch den jap. Überfall auf die amerikan. Pazifikflotte in Pearl Harbor am 7. 12. 1941 und die anschließende dt. und italien. Kriegserklärung an die USA (11. 12.) verbanden sich die kontinentalen Konflikte, von denen bereits über eine Mrd. Menschen betroffen waren, zu einem weltweiten Krieg.

Der militär. Druck auf Großbrit. verringerte sich durch den dt. Überfall auf die Sowjetunion beträchtlich. Die Hilfe der USA nahm ständig zu. Um die Atlantikroute freizuhalten, unterstützten die USA Großbrit. schließlich bis zum unerklärten Krieg (amerikan. Geleitschutz, Besetzung Islands 7. 7. 1941, Schießbefehl bei Sichtung dt. Schiffe 11. 9. 1941). Als polit. Absichtserklärung zur ›endgültigen Beseitigung der Nazi-Tyrannei‹ und als ›Aufruf an die unterdrückten Völker‹ verkündeten Churchill und der amerikan. Präs. Roosevelt am 14. 8. 1941 die Atlantikcharta.

Die Sowjetunion und Großbrit. vereinbarten am 12. 7. 1941 ein Abkommen über gegenseitige Hilfe. Gemeinsam rückten sie am 25. 8. in Iran ein, um die Ölfelder und die südl. Transportroute in die Sowjetunion freizuhalten. Die USA, Großbrit. und die Sowjetunion schlossen am 1. 10. ein Rüstungshilfeabkommen.

Das an Rohstoffen sehr arme Japan besetzte in seinem Bestreben, die Kolonialmächte aus O-Asien und der Südsee zu vertreiben und großostasiat. Vormacht zu werden, bis 1941 fast ein Drittel Chinas. Wegen des dortigen, von den USA unterstützten Widerstands und wegen der Gefahr eines Konflikts mit der Sowjetunion wandte es sich jedoch stärker nach S und nahm im Sept. 1940 dem geschwächten Frankreich das nördl. Indochina ab. Die jap. Besetzung des südl. Indochina verschärfte den Konflikt mit den USA, die ihre wirtschaftl. Interessen und ihren strateg. Vorposten auf den Philippinen bedroht sahen. Beide Seiten hielten schließlich den Krieg für unvermeidlich, doch rechnete Roosevelt mit einem jap. Vorgehen in SO-Asien. Der jap. Überfall auf Pearl Harbor am 7. 12. 1941 traf die amerikan. Pazifikflotte schwer und gab Japan die Gelegenheit zu raschem Vordringen in SO-Asien und im Pazifik (Besetzung von Hongkong am 25. 12. 1941, Manila am 2. 1. 1942, Singapur am 15. 2., Niederl.-Indien am 8. 3., Birma am 20. 5. 1942). Der amerikan. Seesieg bei den Midway Islands (3.–7. 6. 1942) verhinderte die Sicherung des pazif. Vorfeldes durch Japan. Die Behauptung von Guadalcanal und

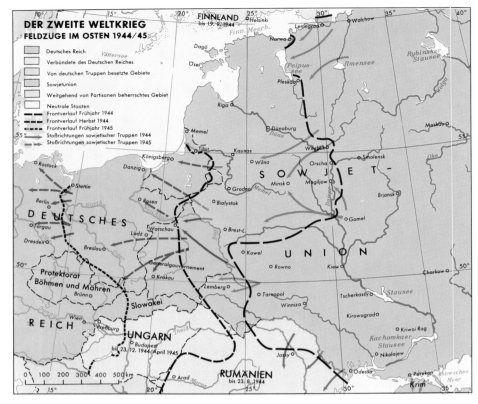

DER ZWEITE WELTKRIEG
FELDZÜGE IM OSTEN 1944/45

Deutsches Reich
Verbündete des Deutschen Reiches
Von deutschen Truppen besetzte Gebiete
Sowjetunion
Weitgehend von Partisanen beherrschtes Gebiet
Neutrale Staaten
Frontverlauf Frühjahr 1944
Frontverlauf Herbst 1944
Frontverlauf Frühjahr 1945
Stoßrichtungen sowjetischer Truppen 1944
Stoßrichtungen sowjetischer Truppen 1945

Neuguinea (Aug. 1942–Febr. 1943) schützte die alliierten Verbindungswege nach Australien und Neuseeland. Diese Erfolge leiteten die amerikan. Gegenoffensive ein, in deren Verlauf die Japaner ab 1943/44 die eroberten Inseln wieder räumen mußten (›Inselspringen‹).

Für die gemeinsame strateg. Planung und Kriegführung errichteten die USA und Großbrit. im Jan. 1942 ein gemeinsames Gremium ihrer Vereinigten Generalstäbe. Für die einzelnen Kriegsschauplätze wurden kombinierte Truppenverbände mit gemeinsamen Führungsstäben gebildet. Bei Churchills Besuch in den USA (22. 12. 1941–14. 1. 1942) wurde die grundlegende Strategie bekräftigt: Deutschland blieb der Hauptgegner, dessen Ausschaltung auch Japans Zusammenbruch beschleunigen würde; Ausgangspunkt für die Offensive gegen Deutschland blieb der brit. Insel. Eine 2. Front im W, die Stalin zur Entlastung der Roten Armee seit Sept. 1941 ständig forderte, verzögerte sich aber aus techn. und strateg. Gründen bis zum 6. 6. 1944. Währenddessen trug die Sowjetunion an einer bis zu 3 500 km breiten Front die Hauptlast des Krieges gegen Deutschland.

Anders als Großbritannien und die USA führten Deutschland und Japan ihre Kriege weiterhin getrennt. Die Schlagkraft des dt. Ostheeres war 1942 schon eingeschränkt. Seine Offensive konzentrierte sich auf die gegner. Versorgungsgebiete am Don und an der unteren Wolga und auf das Erdölgebiet von Baku und Batumi. Statt die begrenzten Kräfte zum Winter in günstige Positionen zu bringen, wollte Hitler beide Ziele erreichen. Durch den am 19./20. 11. 1942 begonnenen sowjet. Gegenangriff wurde die 6. Armee bei Stalingrad eingekesselt und mußte, da Hitler Ausbruchsversuche nach W verbot und die

Versorgung aus der Luft nicht gelang, am 31. 1./2. 2. 1943 kapitulieren. Die Gesamtverluste der Wehrmacht im Kriegsjahr 1942/43 betrugen fast 1 Mio. Soldaten. Im Juli 1943 hatte die Rote Armee an der O-Front endgültig die Initiative übernommen.

Die dt. U-Boote erzielten beim Kampf gegen die Seeverbindungen zw. Großbrit. und den USA 1942 noch große Erfolge. In der 5. Phase der Atlantikschlacht (Juli 1942–Mai 1943) verbesserten jedoch die Alliierten entscheidend die techn. und takt. Abwehrleistungen (Luftüberwachung, Radar). Am 24. 5. 1943 brach die dt. Kriegsmarine die Konvoibekämpfung im N-Atlantik ab.

Der dt. Luftraum im W war nach dem Abbruch der Schlacht um England entblößt, weil die Luftwaffe auf dem Balkan und dann gegen die Sowjetunion benötigt wurde. Ab 1942 erreichten brit. Bomberangriffe immer häufiger Städte im N und W Deutschlands, v. a. die Industriezentren an Rhein und Ruhr. Im Jan. 1943 begannen die amerikan. Tagesangriffe, im Juni d. J. dann die amerikan.-brit. Tag-Nacht-Bomberoffensive.

In N-Afrika war der Vorstoß Rommels nach Ägypten ab Jan. 1942 zunächst erfolgreich (Fall von Tobruk am 21. 6. 1942), kam jedoch bei Al Alamain im Juli/Aug. ins Stocken. Die brit. Gegenoffensive ab Okt. drängte Rommel bis Febr. 1943 über 2 000 km weit nach Tunesien zurück. Unterdessen waren ab 7./8. 11. 1942 starke alliierte Verbände in Marokko und Algerien gelandet, wo die frz. Truppen mit heiml. Zustimmung Pétains einen Waffenstillstand eingingen (12. 11. 1942). Hitler ließ daraufhin den bislang unbesetzten Teil Frankreichs militärisch besetzen. Mit der Kapitulation der dt.-italien. Heeresgruppe am 13. 5. 1943 endeten die Kämpfe in Afrika.

In der nat.-soz. Herrschaft über das besetzte Europa dominierten 2 Gesichtspunkte: der Einsatz des Wirtschafts- und Menschenpotentials für die dt. Kriegführung und die Vernichtung des europ. Judentums. Seit 1942 setzten immer mehr zwangsrekrutierte Fremdarbeiter dt. Arbeitskräfte für den Wehrdienst frei. Die systemat. Massenvernichtung der Juden im dt. Herrschaftsbereich (bis Kriegsende nahezu 6 Mio. Opfer) begann mit dem Überfall auf die Sowjetunion mit der Tätigkeit von Einsatzgruppen und der Errichtung von Vernichtungslagern. Die dt. Gewaltmaßnahmen förderten in den besetzten Ländern die Widerstands- und Partisanentätigkeit, die beträchtliche dt. Kräfte band.

Roosevelt und Churchill verkündeten auf der Konferenz von Casablanca (14.–26. 1. 1943) als grundsätzl. Kriegsziel die bedingungslose Kapitulation Deutschlands, Italiens und Japans. Die in Casablanca beschlossene alliierte Besetzung Siziliens (10. 7.–17. 8. 1943) führte überraschend schnell zu Mussolinis Sturz durch den Faschist. Großrat (25. 7.). Mit der alliierten Landung an der S-Spitze Italiens kapitulierte die neue Regierung Badoglio (3. 9.). Sie erklärte am 13. 10. Deutschland den Krieg. Die Bedrohung der S-Flanke zwang Hitler, N- und M-Italien zu besetzen (Rom 10. 9.) und dazu kampfstarke Truppen von der O-Front abzuziehen. Die Alliierten kamen gegen heftigen dt. Widerstand in Italien nur langsam voran (Einmarsch in Rom am 4. 6. 1944).

An der O-Front rückte die personell und materiell weit überlegene Rote Armee 1943 weiter vor (Smolensk 24. 9., Kiew 6. 11., Leningrad Jan. 1944). Ihr Vormarsch beschleunigte sich 1944. Sie zwang Rumänien (12. 9.), Finnland (19. 9.) und Bulgarien (28. 10.) zum Waffenstillstand. Die dt. Truppen mußten Griechenland (2. 11.) und S-Jugoslawien räumen, Belgrad wurde am 20. 10. von der Roten Armee und jugoslaw. Partisanenverbänden (Tito) eingenommen, Budapest am 24. 12. eingekreist. Weiter nördl. kamen die sowjet. Truppen seit Ende Aug. an der Weichsel und in Ostpreußen zum Stehen.

Nach gründl. Vorbereitung begann die anglo-amerikan. Invasion in der Normandie am 6. 6. 1944. Paris wurde am 25. 8. 1944 eingenommen (zugleich Einmarsch de Gaulles), Brüssel am 3. 9., Aachen am 21. 10. Von S-Frankreich her schloß am 11. 9. bei Dijon eine 2. (amerikan.-frz.) Invasionsarmee auf. Im Nov. 1944 gelang es den dt. Truppen noch einmal, entlang Oberrhein, Westwall und Niederrhein eine feste Front zu bilden. Die dt. Ardennenoffensive (16. bis 24. 12. 1944) als letzter Durchbruchsversuch scheiterte an der Unzulänglichkeit der Mittel. Die dt. Rüstungsproduktion fiel seit Juli 1944 rasch, seit Mai wurden dt. Benzin- und Chemiewerke gezielt bombardiert, ab Sept. das Verkehrsnetz.

Während sich der Ring um Deutschland enger schloß, fanden bei den Alliierten Überlegungen über eine Friedensordnung nach dem Krieg statt. Stalin erstrebte weiterhin die Sicherung des strateg. Vorfeldes der Sowjetunion von N- bis SO-Europa. Die mögl. Durchsetzung weitergehender Ansprüche überließ er dem Kriegsverlauf. Churchill und Roosevelt zielten zunächst auf einen möglichst raschen militär. Sieg, über die Einzelheiten der künftigen Friedensordnung sollte anschließend von den großen Siegermächten entschieden werden. Churchill legte bes. Wert darauf, den europ. Kontinent gegen das sowjet. Vordringen zu stabilisieren, konnte sich damit aber nicht bei Roosevelt durchsetzen, der einen Einsatz sowjet. Truppen gegen Japan und einen maßgebl. Einfluß der Sowjetunion auf das Nachkriegseuropa für unvermeidlich, angesichts der wirtschaftl. Unterlegenheit der Sowjetunion gegenüber den USA aber auch für erträglich hielt. Roosevelt glaubte an die Realisierbarkeit eines

Nachkriegsbündnisses der 3 Hauptalliierten und Chinas. Unter diesen Umständen erbrachten die Kriegskonferenzen der Großen Drei (u. a. in Teheran 28. 11.–1. 12. 1943, in Jalta 4.–11. 2. 1945; Treffen Churchills und Roosevelts in Quebec 11.–16. 9. 1944, Moskauer Konferenz zw. Churchill und Stalin 9.–20. 10. 1944) nur wenige konkrete Vereinbarungen. Die bedeutendste war die Gründung der UN (Konferenz von San Francisco 25. 4.–26. 6. 1945). Bezüglich Deutschlands wurden in Jalta gemeinsame Grundforderungen verkündet: u. a. vollständige Entmilitarisierung, Reparationen, territoriale Einbußen, Schwächung der Zentralgewalt (möglicherweise staatl. Teilung), Bestrafung der Kriegsverbrecher.

Mit ihren Großoffensiven rückten ab Anfang 1945 die Rote Armee und die westl. Alliierten unaufhaltsam vor. Der hinhaltende dt. Widerstand im O ermöglichte es vielen Menschen, doch noch in die Gebiete westlich der Oder zu gelangen. Am 25. 4. 1945 begegneten sich bei Torgau an der Elbe sowjet. und amerikan. Truppen, am 2. 5. kapitulierte Berlin (wo Hitler am 30. 4. Selbstmord begangen hatte). Die dt. Wehrmacht kapitulierte bedingungslos am 7. 5. in Reims, am 8. 5. auch in Berlin-Karlshorst; die Kapitulation trat am 8. 5. in Kraft. Auf der Potsdamer Konferenz (17. 7.–2. 8. 1945) legten die Großen Drei im Potsdamer Abkommen vorläufige Bestimmungen für die Behandlung Deutschlands fest. Der in Potsdam eingesetzte Rat der Außen-Min. bereitete die Friedensschlüsse vom 10. 2. 1947 mit Rumänien, Italien, Ungarn, Bulgarien und Finnland vor (Pariser Friede).

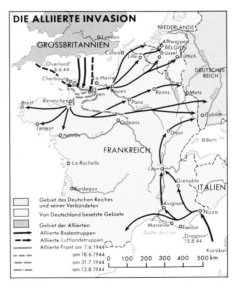

DIE ALLIIERTE INVASION

	Gebiet des Deutschen Reiches und seiner Verbündeten
	Von Deutschland besetzte Gebiete
	Gebiet der Alliierten
	Alliierte Bodentruppen
	Alliierte Luftlandetruppen
	Alliierte Front am 7.6.1944
	am 18.6.1944
	am 31.7.1944
	am 13.8.1944

0 100 200 300 400 500 km

Im Kampf im Pazifik beschlossen die USA, ihre Kraft auf die Eroberung der Philippinen zu konzentrieren. Von Okt. 1944 bis Aug. 1945 konnten zwar die Hauptinseln nicht völlig von jap. Truppen geräumt werden, doch drangen die Amerikaner weiter vor. Am 26. 3. fiel Iwo Jima, am 21. 6. 1945 Okinawa. Birma mußten die Japaner bis Mai 1945 aufgeben. Entgegen einer Landung auf den jap. Hauptinseln, bei der mit weiteren verlustreichen Kämpfen zu rechnen war, da Japan die Kapitulation ablehnte, entschied sich der amerikan. Präs. Truman für den Einsatz der kurz zuvor fertiggestellten Atombombe. Zwei Abwürfe auf Hiroschima (6. 8., über 200 000 Tote) und Nagasaki (9. 8., 74 000 Tote) sowie die Kriegserklärung der Sowjetunion (8. 8. 1945) führten dazu, daß die jap. Re-

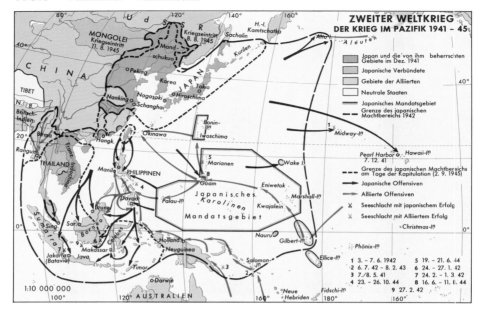

ZWEITER WELTKRIEG
DER KRIEG IM PAZIFIK 1941 – 45

Japan und die von ihm beherrschten Gebiete im Dez. 1941

Japanische Verbündete

Gebiete der Alliierten

Neutrale Staaten

Japanisches Mandatsgebiet

Grenze des japanischen Machtbereichs 1942

Grenze des japanischen Machtbereichs am Tage der Kapitulation (2. 9. 1945)

Japanische Offensiven

Alliierte Offensiven

Seeschlacht mit japanischem Erfolg

Seeschlacht mit Alliiertem Erfolg

1 3. – 7. 6. 1942 5 19. – 21. 6. 44
2 6. 7. 42 – 8. 2. 43 6 24. – 27. 1. 42
3 7./8. 5. 41 7 24. 2. – 1. 3. 42
4 23. – 26. 10. 44 8 16. 6. – 11. 8. 44
9 27. 2. 42

1:10 000 000

gierung am 14. 8. ihre Bereitschaft zur Kapitulation erklärte. Die Unterzeichnung der Kapitulationsurkunde am 2. 9. 1945 beendete auch im Pazifik die Kampfhandlungen.

Opfer und Folgen: Der 2. W. forderte das Leben von 27 Mio. Soldaten und 25 Mio. Zivilpersonen; 3 Mio. Menschen blieben vermißt. Die Sowjetunion verlor 20 Mio. Menschen, China wenigstens 10 Mio., Deutschland 4,8 Mio. (weitere 2,5 Mio. durch Flucht, Vertreibung und Verschleppung), Polen 5,8 Mio., Japan 2 Mio., Jugoslawien 1,7 Mio., Frankreich 600 000, Großbrit. 400 000, die USA 300 000.

Politisch veränderte der 2. W. die internat. Lage grundlegend. Deutschland und Japan, aber auch Großbrit. und Frankreich büßten ihre weltpolit. Bedeutung ein; die Staaten O-Europas gerieten unter sowjet. Hegemonie. Dagegen dehnte sich das Engagement der USA, später auch der Sowjetunion weltweit aus; beide wurden die allein führenden Weltmächte. Deutschland, das seine staatl. Identität verloren hatte, blieb infolge des O–W-Konflikts bis 1990 geteilt, die beiden Teile in 2 gegensätzl. Paktsysteme eingebunden. Großbrit., Frankreich, aber z. B. auch die Niederlande wurden vom Prozeß der Entkolonisation betroffen, den der 2. W., zunächst v. a. in Asien, stark beschleunigte. In China verschob sich im Kampf gegen Japan das Gewicht zugunsten der KP unter Mao Zedong, die innerhalb von 4 Jahren das ganze Land eroberte. In W-Europa läuteten die gemeinsamen Probleme der Überwindung der Kriegsfolgen teilweise erfolgreiche Bemühungen um wirtschaftl., militär. und polit. Zusammenarbeit ein.

Weltliteratur, 1. Gesamtheit der literar. Produktion aller Völker und Zeiten; 2. Werke, die über ihren nat. Entstehungsbereich hinaus literar. Bedeutung entfalten; 3. von A. W. Schlegel (1802) und Goethe (1827) eingeführte Umschreibung für das sich gegenseitig bereichernde Schaffen der über Ländergrenzen hinweg literarisch Tätigen (→ Weltbürgertum).

Weltmacht, Staaten, die aufgrund ihres militär. und/oder wirtschaftl. Gewichts im internat. Staatensystem eine Spitzenstellung einnehmen, indem sie bestimmenden polit. Einfluß auszuüben in der Lage sind.

Wendehals 1)

Weltmarktpreise, Preise der Hauptwarenmärkte (v. a. für Rohstoffe), zu denen Waren im internat. Handel ausgetauscht werden. W. bilden sich an Warenbörsen; Wertgrundlage sind die verschiedenen nat. Preise.

Weltmeer, die große zusammenhängende Wassermasse der Erde nimmt 70,8 % der Erdoberfläche ein, gegliedert in Pazif., Atlant. und Ind. Ozean sowie deren Nebenmeere. Die Abgrenzung der Ozeane wurde, wo keine Kontinente sie trennen, willkürlich festgelegt an den S-Spitzen der 3 großen Landmassen. Hauptformen des Meeresgrundes sind Kontinentalränder, Tiefseebecken und Mittelozean. Rücken sowie Kuppen und Inseln. Das W. stellt bei vernünftiger Nutzung seiner Vorräte (ohne Störung des biolog. Gleichgewichts) eine selbst regenerierende Nahrungsquelle dar. Es ist für den Menschen darüber hinaus bed. als Verkehrsträger, Wasser- und Energiereservoir, als Erholungsraum sowie als Rohstoffquelle (z. B. Manganknollen, Erdöl, Erdgas).

Weltpostverein (Weltpostunion, engl. Universal Postal Union, frz. Union Postale Universelle [Abk. UPU]), Sonderorganisation der UN (seit 1948), die auf eine 1874 von H. von Stephan gegr. Organisation zurückgeht. Nach Abschluß des *Weltpostvertrages* 1878 Umbenennung in W. (mit Sitz in Bern) und Aufhebung der polit. Grenzen im Postverkehr. *Ziele* der W. sind Aufbau und Vervollkommnung des Postdienstes sowie Förderung der internat. Zusammenarbeit.

Weltrat der Kirchen, svw. →Ökumenischer Rat der Kirchen.

Weltraum, allg. svw. Weltall; i. e. S. derjenige Teil des Weltalls, der mit Hilfe der Raumfahrt erreichbar ist oder erreichbar erscheint.

Weltraumfahrt, svw. →Raumfahrt.

Weltraumrecht, Regeln und Grundsätze des Völkerrechts über die Rechte und Pflichten der Staaten bei der Raumfahrt und der Nutzung des Weltraums sowie der Himmelskörper. Der Weltraumvertrag vom 27. 1. 1967 regelt die friedl. Nutzung des Weltraums, er wird ergänzt durch den Vertrag vom 29. 12. 1969 über die Rettung und Rückführung von Raumfahrern und die Rückgabe von in den Weltraum gestarteten Gegenständen sowie durch den Vertrag vom 29. 3.

1972 über die völkerrechtl. Haftung für Schäden durch Weltraumgegenstände.

Weltraumteleskop (Hubble-Teleskop, Hubble Space Telescope, HST), ein im Jahre 1990 auf eine Erdumlaufbahn gebrachtes Teleskop zur Erforschung v. a. ferner Sternsysteme; Gemeinschaftsprojekt von NASA und ESA.

Weltraumwaffen, zusammenfassende Bez. für im Weltraum stationierte Waffensysteme, zur Zeit hauptsächlich Killersatelliten; zu den W. werden auch präzisionsgelenkte Raketen gerechnet, die von Flugzeugen aus auf erdnahe Satelliten abgefeuert werden können. Zur Entwicklung eines weltraumgestützten Raketenabwehrsystems →SDI.

Weltrekord, die Weltbestleistung in einer Sportart, die nach den Bestimmungen des zuständigen internat. Verbandes erzielt und anerkannt sein muß.

Weltreligionen, Religionen, die eine universelle Geltung beanspruchen und/oder sich über einen größeren Teil der Weltbevölkerung erstrecken, z. B. Judentum, Christentum, Islam, Hinduismus und Buddhismus.

Weltsicherheitsrat →UN.

Welturheberrechtsabkommen, →Urheberrecht.

Weltwährungsfonds [...fõ] →Internationaler Währungsfonds.

Weltwährungssystem, die internat. Ordnung der Währungen, entsprechend den Erfordernissen der Abwicklung des internat. Waren-, Dienstleistungs- und Kapitalverkehrs.

Weltwirtschaft, die Gesamtheit der internat. Wirtschaftsbeziehungen, v. a. des internat. Güteraustauschs (Welthandels). Einerseits haben zunehmende Arbeitsteilung und Industrialisierung die Entwicklung der W. gefördert, die zu ihrem Funktionieren Liberalisierung von Handel und Verkehr sowie freie Konvertibilität der Währungen voraussetzt. Andererseits haben protektionistische Zielsetzungen, Währungskrisen sowie die Ausübung wirtschaftl. Macht von reichen gegenüber armen [Entwicklungs]Ländern die Entwicklung der W. auch immer wieder gehemmt. Zur Ordnung der W. wurden v. a. nach dem 2. Weltkrieg zahlr. internat. Organisationen gegründet sowie internat. Handelsverträge, Zoll- und Währungsabkommen abgeschlossen.

Weltwirtschaftskonferenz, internat. Konferenz über Probleme der Weltwirtschaft, insbes. zur Förderung bzw. Liberalisierung des Welthandels. 1964 tagte in Genf zum ersten Mal die **Welthandelskonferenz** (engl. United Nations Conference on Trade and Development, Abk. UNCTAD), die seither alle 3 Jahre zusammentritt; ihre Beschlüsse sind (im Ggs. zu den →GATT) nicht verbindlich.

Weltwirtschaftskrise, allg. eine Wirtschaftskrise, die weltweit zumindest die wichtigsten Wirtschaftsmächte erfaßt; i. e. S. die Wirtschaftskrise, die sich nach dem New Yorker Börsenkrach am ›Schwarzen Freitag‹ des 25. 10. 1929 global ausweitete, auf ihrem Höhepunkt zur Arbeitslosigkeit von rd. 30 Mio. Menschen führte und z. T. erst im Gefolge der Aufrüstung der 2. Hälfte der 1930er Jahre überwunden wurde. Sie begünstigte mit ihren sozialen Folgeerscheinungen das Aufkommen und Anwachsen radikaler Massenbewegungen (Nationalsozialismus) und trug in Deutschland erheblich zur Diskreditierung der liberalen Demokratie bei; dagegen gelang z. B. den USA im Rahmen des sozialstaatl. Gesetzgebungs- und Reformwerks des →New Deal eine gesellschaftl. Stabilisierung.

Weltwunder, Sieben →Sieben Weltwunder.

Weltzeit, Abk. WZ (engl. UT [Universal Time]), die zum Längengrad Null (Meridian von Greenwich) gehörende mittlere Sonnenzeit, die die Basis der Zonenzeiten bildet. In der internat. Luft- und Seefahrt sowie im Weltfunkverkehr ist die Bez. Greenwich Mean Time (Abk. GMT; dt. Mittlere Greenwich-Zeit [MGZ], Greenwicher Zeit) sowie Z- oder Zulu-Time üblich. →Zeitmessung.

Weltzeituhr, eine Uhr, auf der neben der Ortszeit des jeweiligen Standorts (bzw. der entsprechenden Zonenzeit) die Uhrzeiten der verschiedenen Zeitzonen der Erde abgelesen werden können.

Wemfall, svw. →Dativ.

Wendehals, 1) bis über 15 cm langer Specht, v. a. in lichten Laubwäldern, Feldgehölzen und Gärten fast ganz Europas; kurzschnäblig, oberseits graubraun, unterseits weißl. und rostgelb, führt v. a. bei Gefahr charakterist. pendelnde und drehende Kopfbewegungen aus.

2) Ende 1989 in der DDR geprägtes Wort für Opportunist.

Wendekreis, 1) Bez. für die beiden Kreise an der Himmelssphäre, in denen die Sonne zum Zeitpunkt einer →Sonnenwende (Solstitium) steht. Die beiden Breitenkreise auf der Erdkugel, über denen die Sonne zu diesen Zeitpunkten senkrecht steht (sie haben die geograph. Breite ± 23° 27'), werden ebenfalls als W. bezeichnet.

2) bei einem Kfz der kleinste Kreis, der durch die am weitesten nach außen vorstehenden Fahrzeugteile bei größtem Lenkradeinschlag beschrieben wird.

Wendel, svw. Schraubenlinie, insbes. schraubenlinienförmig gewundener Draht (z. B. in der Glühlampe als Glühfaden).

wenden, ein am Wind segelndes Schiff durch entsprechendes Ruderlegen mit dem Bug durch den Wind drehen, wobei die Segel gleichzeitig auf die andere Seite genommen werden. – Ggs. →halsen.

Wenden, dt. Sammelbez. für alle in Mittel- und Ostdeutschland sowie in den Ostalpenländern ansässigen →Slawen; i. e. S. die →Sorben.

Wenders, Wim, * Düsseldorf 14. 8. 1945, dt. Filmregisseur und -produzent. Häufig Filme über (psych.) Reisen, die im Prozeß der Selbstfindung die Widersprüche zw. Realität und Vorstellungswelt zeigen, u. a. ›Falsche Bewegung‹ (1974), ›Alice in den Städten‹ (1974), ›Im Lauf der Zeit‹ (1975), ›Der Stand der Dinge‹ (1982), ›Paris, Texas‹ (1984), ›Der Himmel über Berlin‹ (1987), ›Bis ans Ende der Welt‹ (1991).

Wendisch, svw. →Sorbisch.

Wendland, Niederung östlich der Lüneburger Heide, v. a. in Niedersachsen.

Wenfall, svw. →Akkusativ.

Wengé [vɛŋ'eː; afrikan.], das dekorative, schwarz gestreifte Holz eines Schmetterlingsblütlers aus dem Kongogebiet.

Wenigborster (Oligochaeta), Ordnung der Ringelwürmer mit über 3 000 Arten, überwiegend im Süßwasser und an Land; Stummelfüße bis auf Borstenbündel zurückgebildet (u. a. Regenwürmer).

Weniselos (Venizelos, Veniselos), Eleftherios [neugriech. vɛni'zɛlɔs], * Murnia (bei Chania, Kreta) 23. 8. 1864, † Paris 18. 3. 1936, griech. Politiker. Ab 1910 griech. Min.-Präs.; erreichte durch die Balkankriege 1912/13 eine beträchtl. Gebietserweiterung Griechenlands und den endgültigen Anschluß Kretas; rief am 16. 10. 1916 in Saloniki eine provisor. Regierung aus, erklärte im Juni 1917 den Mittelmächten den Krieg. 1920–23 im Exil; 1924 und 1928–33 erneut Min.-Präs. (mit Unterbrechungen).

Wenner-Gren, Axel Leonard [schwed. ˌvɛnər'greːn], * Uddevalla 5. 6. 1881, † Stockholm 24. 11. 1961, schwed. Industrieller. Gründer des Electrolux-Konzerns; rief bed. Stiftungen ins Leben.

Wenzel, Name von Herrschern:

Hl. Röm. Reich: **1)** Wenzel, * Nürnberg 26. 2. 1361, † bei Kunratice u Prahy (Mittelböhm. Gebiet) 16. 8.

Weltreligionen: Symbole

Judentum (Siebenarmiger Leuchter)

Christentum (Lamm Gottes)

Islam (Glaubensbekenntnis)

Hinduismus (Aum- oder Omzeichen)

Buddhismus (Rad des Gesetzes)

1419, als W. IV. König von Böhmen (seit 1363), Röm. König (1376/78–1400). Versuchte, eine Mittlerstellung zw. Fürsten und Städten einzunehmen (›Heidelberger Stallung, 1384), scheiterte aber trotz des Reichslandfriedens von Eger (1389). Hausmachtpolitik, Konflikte mit dem Klerus und der Vorwurf einer Untätigkeit v. a. hinsichtlich des Abendländ. Schismas führten zur Entstehung einer Fürstenopposition, die in der (entgegen dem formalen Recht vollzogenen) Absetzung W. als dt. König durch die vier rhein. Kurfürsten am 20. 8. 1400 gipfelte.

Böhmen: **2) Wenzel I., der Heilige,** * um 903, † Altbunzlau (= Brandýs nad Labem-Stará Boleslav) 28. 9. 935 (ermordet), Herzog (seit 921/922). Im Zusammenhang mit dem bayr.-sächs. Machtkampf in Böhmen von seinem Bruder Boleslaw I. ermordet; Landespatron Böhmens.

3) Wenzel II., * 17. 9. 1271, † Prag 21. 6. 1305, König von Böhmen (seit 1278/83) und Polen (seit 1300). Nach dem Tod seines Vaters Ottokar II. 5 Jahre in Haft; gewann 1289/92 die Lehnsherrschaft über die oberschles. Ft., wurde 1289 dt. Kurfürst und 1300 durch Heirat König von Polen.

Wenzelskrone, für die Krönung Wenzels I. (⚭ 1228/30–1253) hergestellte böhm. Königskrone, die Kaiser Karl IV. 1340/44 und um 1376 in die heute erhaltene Form verändern ließ. Eine päpstl. Bulle von 1346 bestimmte, daß sie auf dem Haupt des hl. Wenzel, einem Kopfreliquiar im Sankt-Veits-Dom in Prag, ruhen solle (daher: Krone des hl. Wenzel). Seit 1860 Symbol des böhm. Staatsrechts (Länder der W.).

Wenzinger, Johann Christian, * Ehrenstetten (= Ehrenkirchen bei Freiburg im Breisgau) 10. 12. 1710, † Freiburg im Breisgau 1. 7. 1797, dt. Bildhauer. Ausstattung der Stiftskirche in Sankt Gallen (1757 bis 1760).

Werbekosten, alle Aufwendungen, die einem Unternehmer im Zusammenhang mit Werbemaßnahmen entstehen; steuerlich als Betriebsausgaben zu behandeln.

Werbung, allg. die absichtl. und zwangfreie Form der Beeinflussung menschl. Willensentscheidung und Meinungsbildung; bezieht sich diese Beeinflussung auf ideelle (polit., kulturelle, religiöse) Ziele, spricht man von → Propaganda; bezieht sie sich auf wirtschaftl. Ziele, spricht man von *Wirtschafts-W.* (Reklame); die *Absatz-W.* (Werbung i. e. S.) umfaßt alle Maßnahmen der Herstellung, Anwendung und Verbreitung von Werbemitteln, die zum Kauf von Gütern bzw. Dienstleistungen anregen sollen. **Werbemittel** in diesem Sinne sind z. B. Anzeigen, Plakate, Drucksachen, Kataloge, Werbefilme, Verkaufsgespräche, Vorführungen, Ausstellungen, Werbegeschenke. Die *informative W.,* die über Qualität und Preis des Produkts informiert, geht häufig über zur *suggestiven W.,* die beim Verbraucher eine nicht oder nicht allein verstandesmäßige Willenswirkung auslösen soll. Zur W. gehört die → Öffentlichkeitsarbeit.

Werbungskosten, bei der Einkommensteuer die Aufwendungen zur Erwerbung, Sicherung und Erhaltung der Einnahmen.

Werdandi (Verdandi) → Nornen.

Werdenfelser Land, histor. Landschaft zw. Garmisch-Partenkirchen und Mittenwald, Bayern.

Werder (Wert[h], Wört[h]), Flußinsel, auch entwässertes Niederungsgebiet oder zw. Flüssen und stehenden Gewässern gelegenes Gebiet.

Werder/Havel, Stadt auf einer Havelinsel, Brandenburg, 10 700 E. Zentrum des havelländ. Obstbaugebiets.

Werefkin, Marianne von [...ki:n], * Tula 11. 9. 1860, † Ascona 6. 2. 1938, schweizer. Malerin russ. Herkunft. Gehörte zur Gruppe um Kandinsky und Jawlensky in München.

Wenzelskrone
(Prag,
Sankt-Veits-Dom)

Christian Wenzinger
(Selbstporträt an
seinem Haus in
Freiburg; vergoldete
Bronze, 1760)

Werfall, svw. → Nominativ.

Werfel, Franz, * Prag 10. 9. 1890, † Beverly Hills (Calif.) 26. 8. 1945, österr. Schriftsteller. Verband in Lyrik (u. a. ›Der Weltfreund‹, 1911; ›Der Gerichtstag‹, 1919), Dramen (u. a. ›Paulus unter den Juden‹, 1926) und Erzählwerken (u. a. ›Nicht der Mörder, der Ermordete ist schuldig‹, Nov., 1920; ›Verdi‹, R., 1924; ›Barbara oder die Frömmigkeit‹, R., 1929) humanist. Gesinnung mit expressionist. Ausdruck. 1938 (mit seiner Frau Alma Mahler-W.) Emigration nach Frankreich, 1940 in die USA. Zu seinen bekanntesten Werken gehören die Romane ›Der veruntreute Himmel‹ (1939; verfilmt 1958), ›Das Lied von Bernadette‹ (1941; verfilmt 1943), ›Stern der Ungeborenen‹ (hg. 1946) sowie die Komödie ›Jacobowsky und der Oberst‹ (1944; verfilmt 1958).

Werft [niederl.], Betrieb für den Neubau, die Reparatur und auch das Abwracken von Schiffen. Neben Verwaltungs- und Konstruktionsgebäuden gehören zu einer W. Schiffbauhallen, Hellinge oder Baudocks und Schwimmdocks, z. T. von großen Portalkränen überspannt.

Werftkäfer (Lymexylonidae), mit rd. 75 Arten fast weltweit verbreitete Fam. schlanker, mittelgroßer Käfer an gefällten Laubholzstämmen; Larven fressen horizontale Gänge ins Holz; einheimisch sind *Bohrkäfer* (Buchen-W.; 6–18 mm groß) und *Schiffs-W.* (7–13 mm groß).

Werg (Hede), Fasermaterial aus wirren, kurzen Flachs- oder Hanffasern.

Wergeld (Blutgeld), nach german. Recht die der Sippe eines Getöteten vom Täter bzw. dessen Sippe zu zahlende Geldbuße.

Weria [neugriech. 'vɛrja], griech. Stadt in Makedonien, 37 100 E. Mauerreste aus hellenist. und röm. Zeit; über 30 byzantin. Kirchen und Kapellen (14. Jh.); maler. Türkenviertel und Ghetto (z. T. verfallen). – In der Antike als **Beroia** militärisch bedeutende Stadt, wurde 168 v. Chr. römisch.

Werjina, griech. Gem. in Makedonien, am N-Abhang des Pieriagebirges, 1 200 E. Fundort (1977) vermutlich des Grabes Philipps II. von Makedonien und seiner Gemahlin Kleopatra; u. a. 2 goldene Schreine, 5 Elfenbeinköpfchen, 2 Diademe, Rüstung mit ungleichen Beinschienen. Inzwischen wurden weitere 8 Gräber freigelegt (z. T. mit bed. Fresken) und in 1 km Entfernung **Aigai,** die älteste Hauptstadt Makedoniens, entdeckt (beginnende Ausgrabung eines Amphitheaters [4. Jh. v. Chr.] und des Königspalastes).

Werkbund → Deutscher Werkbund.

Werkgerechtigkeit, Begriff der theolog. Ethik und Erlösungslehre; die W. mißt der eth. Tat, dem Werk, einen von der Gesinnung abhängigen Wert bei und neigt oft dazu, ihr eine mag. Kraft der Realisation von Heil zuzuschreiben.

Werkkreis Literatur der Arbeitswelt (auch Werkkreis 70), → Gruppe 61.

Werkschutz, Gesamtheit der Maßnahmen zum Schutz der Sicherheit eines Betriebes *(Betriebsschutz)* und zur Wahrung der Betriebsordnung; i. e. S. die mit der Durchführung dieser Maßnahmen befaßten Personen.

Werkstätten für Behinderte, svw. → beschützende Werkstätten.

Werkstoffkunde, Teilbereich bzw. Lehrfach der Technik (insbes. des Maschinen- und Apparatebaus), in dem Eigenschaften und Verhalten verschiedener Werkstoffe bezüglich Belastung, Verschleiß, Korrosion usw. untersucht bzw. gelehrt werden (u. a. Metallkunde).

Werkstoffprüfung (Materialprüfung), Untersuchung an Materialien auf ihre technolog., physikal. und chem. Eigenschaften, um Aufschlüsse über ihre

Bearbeitbarkeit, Beanspruchbarkeit, über Fehler im Werkstück u. ä. zu erhalten. *Mechan.-technolog. Prüfverfahren* sind der Zugversuch, die Härteprüfverfahren, der Druckversuch, der Biegeversuch, die Schlagversuche, der Dauerschwingversuch sowie der Wölb- und Berstversuch. Die *Schallemissionsanalyse* untersucht den bei mechan. Belastung, Verformung und z. B. bei der Rißbildung abgestrahlten Ultraschall (10^5–10^7 Hz).

Werkvertrag, entgeltl., gegenseitiger Vertrag, durch den der Unternehmer (Hersteller) sich zur mängelfreien Herstellung des versprochenen Werkes, der Besteller (Kunde) sich zur Leistung der vereinbarten Vergütung verpflichtet. Eine Sonderform des W. ist der *Werklieferungsvertrag,* bei dem der Unternehmer die Herstellung einer Sache aus einem von ihm zu beschaffenden Stoff übernommen hat.

Werkzeugmaschinen, Sammelbez. für alle mit einem Antrieb versehenen Vorrichtungen, die dazu dienen, einem Werkstück die gewünschte Form und/ oder Oberflächenbeschaffenheit zu geben. Die Automatisierung führt in immer stärkerem Maße zum Einsatz programmgesteuerter W. (→ Numerikmaschinen).

Werl, Stadt am Hellweg, NRW, 27 100 E. Missionsmuseum; u. a. Metallverarbeitung. Got. Propsteikirche Sankt Walburga (v. a. 14. Jh.); neuroman. Franziskaner- und Wallfahrtskirche Mariä Heimsuchung (1904–06) mit got. Gnadenbild (13. Jh.). – 1888–1927 Solbad.

Wermelskirchen, Stadt im Mittelberg. Land, NRW, 34 400 E. U. a. Schuh- und Textilindustrie. Ev. klassizist. Kirche (1838) mit roman. W-Turm (um 1200).

Wermsdorf, Gem. bei Oschatz, Sachsen, 3 600 E. Barockes Jagdschloß Hubertusburg, nach dem der europ. Friedensschluß von 1763 (→ Siebenjähriger Krieg) benannt ist.

Wermut, svw. Echter Wermut (→ Beifuß).

Wermutwein (Wermut, Vermouth), mit Wermutkraut (Artemisia absinthium) u. a. Kräutern aromatisierte, gespritete [Muskat]weine. Alkoholgehalt 15 bis 20 Vol.-%.

Werne, Stadt an der Lippe, NRW, 28 100 E. Kath. spätgot. Pfarrkirche Sankt Christophorus (um 1450 und 1500), Rathaus (v. a. 16. Jh.).

Werner, von Rötger Feldmann (›Brösel‹) (* 1950) gezeichnete Comicfigur, ein Kieler Slang snackender Motorrad- und Bölkstofffreak (›flump‹); erster Sammelband 1981.

Werner der Gärtner → Wernher der Gartenaere.

Werner, 1) Alfred, * Mülhausen 12. 12. 1866, † Zürich 15. 11. 1919, schweizer. Chemiker elsäss. Herkunft. Begründer der Stereochemie anorgan. Verbindungen; Nobelpreis für Chemie 1913.

2) Markus, * Eschlikon (Kt. Thurgau) 27. 12. 1944, schweizer. Schriftsteller. Lehrer; machte sich mit satir. Romanen ›Zündels Abgang‹ (1984), ›Froschnacht‹ (1985) und ›Die kalte Schulter‹ (1989) einen Namen.

3) Oskar, eigtl. Josef Bschließmayer, * Wien 13. 11. 1922, † Marburg 23. 10. 1984, österr. Schauspieler. 1941 [mit Unterbrechungen] bis 1960 am Wiener Burgtheater; Filme: u. a. ›Entscheidung vor Morgengrauen‹ (1951), ›Jules und Jim‹ (1961), ›Fahrenheit 451‹ (1966).

4) Pierre, * Saint-André (Nord) 29. 12. 1913, luxemburg. Politiker (Christlich-Sozialer). 1959–74 und 1979–84 Regierungschef (Staats-Min.), zeitweise gleichzeitig Außen-, Justiz-, Schatz- bzw. Finanz-Min.; v. a. um Intensivierung der europ. Zusammenarbeit bemüht; legte 1970 den **Werner-Plan** vor, der die stufenweise Einführung der Wirtschafts- und Währungsunion in der EWG vorsah.

5) Zacharias, * Königsberg (Pr) 18. 11. 1768, † Wien 17. 1. 1823, dt. Dramatiker. Schrieb v. a. histor. Dramen sowie das von Goethe 1810 in Weimar uraufgeführte Stück ›Der vierundzwanzigste Februar‹.

Wernher der Gartenaere (Werner der Gärtner) [...her], mhd. (vermutl. österr.) Dichter. Schrieb in der 2. Hälfte des 13. Jh. das satir. Versepos ›Meier Helmbrecht‹ über den Verfall des Rittertums.

Wernigerode, Kreisstadt am nördl. Harzrand, Sachsen-Anhalt, 36 800 E. Harz-, Feudalmuseum. Luftkurort. Frühgot. Sankt-Silvestri-Kirche (13., 17., 19. Jh.), Fachwerkrathaus (um 1420), neugot. Schloß (1862–81). – Ab 1112 Sitz der Grafen von Haymar (bei Hildesheim); 1429 an die Grafen von Stolberg (Stolberg-W.); 1714 zugunsten Brandenburg-Preußens mediatisiert.

Franz Werfel

Werra, rechter Quellfluß der Weser, 292 km lang.

Wert, 1) *Philosophie:* grundlegender (eth.) Orientierungsmaßstab menschl. Urteilens und Handelns.

2) *Wirtschaftswissenschaften:* der *objektive W.* eines Gutes entspricht dem *Gebrauchs-W.,* d. h. der Verwendbarkeit für einen bestimmten Zweck. Eine wesentliche Rolle spielt aber der *subjektive W.,* der durch den Nutzen bestimmt wird, den ein Wirtschaftssubjekt einem Gut beimißt. Aus der Verknüpfung der Wertbeimessungen aller an dem Gut Interessierten ergibt sich der *Tausch-* oder *Marktwert* für dieses Gut, das damit eine Ware wird.

Wertberichtigung (Berichtigungsposten), Passivposten in der Bilanz zur Korrektur des Wertansatzes eines Aktivpostens (indirekte Abschreibung auf Sach- und Finanzanlagen; W. auf das Umlaufvermögen heißen auch → Delkredere.

Wertbrief → Wertsendungen.

Wertfreiheit, wissenschaftstheoretische Position, nach der Werturteile nicht zum wiss. Gegenstands- bzw. Objektbereich gehören.

Werth, Johann Reichsgraf von (seit 1647) (Jan van Werth, Jean de Weert), * Büttgen (= Kaarst) 6. 4. 1590, † Benátky nad Jizerou (Mittelböhm. Gebiet) 16. 9. 1652, General im Dreißigjährigen Krieg. Zuerst in span., ab 1630 in bayr. Diensten im Heer der Liga; wesentlich am Sieg von Nördlingen (1634) beteiligt.

Wertheim, Stadt an der Mündung der Tauber in den Main, Bad.-Württ., 20 400 E. Glasmuseum u. a. Herstellung von techn. und medizin. Glasartikeln; Hafen. Ev. got. Pfarrkirche (1383 ff.) mit gräfl. Grablege, spätgot. ehem. Kilianskapelle (1472 ff.); Renaissancerathaus (1560, umgebaut), Burgruine (12. bis 17. Jh.) mit Bergfried. Im Stadtteil **Urphar** ev. spätroman. Jakobskirche.

Wertheimer, Max, * Prag 15. 4. 1880, † New York 12. 10. 1943, österr.-amerikan. Psychologe. Stellte die Hypothese auf, daß den phänomenolog. Strukturen der Wahrnehmung neurophysiolog. Erregungsvorgänge entsprechen.

Alfred Werner

Wertigkeit, 1) *Sprachwissenschaft:* svw. → Valenz.

2) *Chemie:* die Begriffe W. und → Valenz werden oft synonym verwendet. Darüber hinaus dient der Begriff W. zur Charakterisierung von chem. Verbindungen, die mehrere funktionelle Gruppen im Molekül enthalten; z. B. werden anorgan. Säuren mit ein, zwei oder drei abdissoziierbaren Wasserstoffatomen als ein-, zwei- oder dreiwertige (bzw. -basige) Säuren bezeichnet.

Wertpaket → Wertsendungen.

Wertpapiere, alle Urkunden, in denen ein privates Recht verbrieft ist. Zur Ausübung des Rechts ist erforderlich, die Urkunde in Besitz zu haben. Zu den W. zählen u. a. → Effekten, Teilschuldverschreibung, Lotterielos, Rentenwerte, Sparbücher.

Einteilung: 1. Nach der Person des Berechtigten bzw. der Art der Übertragung unterscheidet man: a) *Inhaberpapiere:* Nur der Schuldner ist namentlich ge-

nannt; Berechtigter ist der jeweilige Inhaber (Eigentümer) der Urkunde; b) *Namenspapiere* (Rektapapiere): Sie lauten auf den Namen des Berechtigten; die verbrieften Rechte können nur von diesem oder seinem Rechtsnachfolger geltend gemacht werden; c) *Orderpapiere* (z. B. Wechsel, Scheck).
2. Nach der Art des verbrieften Rechts werden unterschieden: a) *schuldrechtl. W.* (W. über Forderungen), z. B. Inhaberschuldverschreibung, Wechsel, Scheck; b) *sachenrechtl. W.*, d. h. Papiere, die ein Sachenrecht verbriefen (Hypothekenbrief, Grundschuldbrief); c) *Mitgliedspapiere,* d. h. Papiere, die ein Mitgliedschaftsrecht verbriefen (z. B. Aktie, Kux).
Wertschöpfung, die Summe der im Lauf einer Periode geschaffenen wirtschaftl. Werte. Sie errechnet sich einerseits als Summe aller Verkäufe, Lagerbestandsänderungen und dem Wert der selbsterstellten Anlagen (= Bruttoproduktionswert) abzüglich sämtl. Vorleistungen, Abschreibungen und indirekten Steuern, zuzüglich der staatl. Subventionen, andererseits als Summe aller Löhne, Gehälter (einschließl. Sozialversicherung), Gewinne, Mieten, Pachten und Zinsen. Die W. ist damit identisch mit dem Nettoinlandsprodukt zu Faktorkosten.
Wertsendungen, Briefe *(Wertbriefe)* und Pakete *(Wertpakete),* bei denen durch die *Wertangabe* des Absenders eine Sonderbehandlung während der Beförderung gesichert werden soll. Im Falle des Verlusts oder der Beschädigung von W. entsteht ein Schadenersatzanspruch.
Wertsicherungsklauseln, Vertragsklauseln, die vor der Gefahr einer Geldentwertung sichern sollen; nur mit Genehmigung der Dt. Bundesbank zulässig.
Wertzeichen, von staatl. Stellen herausgegebene Marken, die einen bestimmten Geldwert verkörpern, insbes. Postwertzeichen, Steuerzeichen (z. B. für die Tabaksteuer) und Gebührenmarken der Verwaltung.
Werwolf, 1) im April 1945 geschaffene nat.-soz. Untergrundbewegung, die Sabotage- und Terrorakte in von alliierten Truppen besetzten Gebieten verübte, jedoch militärisch bedeutungslos blieb.
2) im Volksglauben den schlafenden Menschen verlassende Seele, die sich in einen menschenmordenden Wolf verwandelte.
Wesel, Kreisstadt an der Mündung der Lippe in den Rhein, NRW, 57 600 E. Schill-Museum, Städt. Bühnen; u. a. Glashütten, Turbinenfabrik; Hafen. Willibrordikirche (der Aufbau nach 1945 stellte im wesentl. den Bau des 15. Jh. wieder her) und Reste ehem. Festungsanlagen (18. Jh.). – Seit dem 8. Jh. nachweisbar; ab 1407 Mgl. der Hanse; unter span. Besetzung (Ende 16./Anfang 17. Jh.) Beginn des Festungsbaus.
Wesen (griech. ousía, lat. essentia), 1. etwas, was die Erscheinungsform eines Dinges (als innere Gesetzmäßigkeit) prägt; 2. das Kennzeichnende einer Sache, Erscheinung, wodurch sie sich von anderen unterscheidet; 3. Summe der Eigenschaften, die einen Menschen in seiner Art zu denken und zu fühlen, charakterisieren.
Weser, Fluß in Nord- und Mitteldeutschland, entsteht bei Münden durch den Zusammenfluß von → Fulda und → Werra, mündet bei Bremerhaven in die Nordsee; mit Werra 725 km lang.
Weserbergland, Berg- und Hügelland zw. Münden und Minden beiderseits der oberen Weser.
Wesergebirge, Höhenzug im Weserbergland, östl. der Porta Westfalica, bis 321 m hoch.
Wesfall, svw. →Genitiv.
Wesir [arab.], Min. in islam. Staaten.
Wesker, Arnold [engl. 'wɛskə], * London 24. 5. 1932, engl. Dramatiker. Gesellschaftskrit. Theaterstücke, u. a. die Trilogie ›Hühnersuppe mit Graupen‹ (1959), ›Tag für Tag‹ (1959), ›Nächstes Jahr in Jerusalem‹ (1960), ›Das Hochzeitsfest‹ (1974).

Wesley [engl. 'wɛzlı, 'wɛslı], John, * Epworth bei Lincoln 17. 6. 1703, † London 2. 3. 1791, engl. Theologe. Zus. mit seinem Bruder Charles (* 1707, † 1788) Begründer des → Methodismus.
Wespen (Echte W., Vespinae), Unterfam. der Faltenwespen mit zahlr. v. a. in den Tropen verbreiteten, staatenbildenden, stechenden Arten. Einheimisch sind u. a.: *Hornisse,* staatenbildend, baut aus Holzfasern ein bis 0,5 m langes Nest v. a. in hohle Bäume; 3 Kasten: Königin (bis 35 mm lang), Arbeiterinnen (bis 25 mm lang), Männchen (bis 20 mm lang); ernährt sich v. a. von anderen Insekten; Stiche schmerzhaft; *Deutsche W.,* bis 20 mm lang; ihre Staaten bestehen aus durchschnittlich 1 500 Tieren (ein weibl. Geschlechtstier [Königin], Arbeiterinnen und Männchen); Nester aus Holzfasern, meist unterirdisch angelegt; ernähren sich von süßen Pflanzensäften.
Wessel, 1) Helene, * Dortmund 6. 7. 1898, † Bonn 13. 10. 1969, dt. Politikerin. 1945 Mitbegründerin, 1949–52 Vors. des Zentrums; 1949–53 und 1957–69 MdB; als Gegnerin der dt. Westintegration und Wiederbewaffnung 1952 Mitbegründerin der Gesamtdt. Volkspartei; ab 1957 in der SPD.
2) Horst, * Bielefeld 9. 10. 1907, † Berlin 23. 2. 1930 (Folgen eines Überfalls), dt. Nationalsozialist. Student; ab 1929 SA-Sturmführer; von Goebbels zum nat.-soz. Märtyrer stilisiert; verfaßte das sog. → Horst-Wessel-Lied.
Wesseling, Stadt am Rhein, NRW, 29 100 E. Erdölraffineriezentrum im Rhein.-Westfäl. Ind.gebiet; Hafen.
Wessely, Paula [...li], * Wien 10. 1. 1907, österr. Schauspielerin. War ∞ mit A. Hörbiger; ab 1953 am Burgtheater; zahlr. Filme.
Wessenberg, Ignaz Heinrich Frhr. von, * Dresden 4. 11. 1774, † Konstanz 9. 8. 1860, dt. kath. Theologe und Kirchenpolitiker. 1819–33 Abgeordneter der ersten bad. Kammer; betrieb auf dem Wiener Kongreß vergeblich die Gründung einer gesamtdt. Kirche unter Führung eines Primas.
Wessex [engl. 'wɛsıks], ehem. angelsächs. Königreich im SW Englands; im 8. Jh. unter der Vorherrschaft Mercias; unter König Egbert (⊠802–839) führendes angelsächs. Reich.
Wessobrunn, Gem. sw. des Ammersees, Bayern, 1 700 E. Ehem. Benediktinerabtei (gegr. 753 [?]); bed. kulturelles Zentrum seit dem frühen MA; erhalten der barocke Gäste- oder Fürstenbau (1680 ff.) mit Stuckarbeiten der → Wessobrunner Schule.
Wessobrunner Schöpfungsgedicht, auch unter der Bez. **Wessobrunner Gebet** bekannter zweiteiliger ahd. Text, der in einer lat. Handschrift des 9. Jh. aus dem Kloster Wessobrunn überliefert ist (heute Staatsbibliothek München).
Wessobrunner Schule, aus Wessobrunn stammende, über die Schweiz, Österreich bis nach Böhmen und Oberitalien verbreitete Stukkatorenschule des 17. und 18. Jh. (die Familien Feuchtmayer, Schmutzer und Zimmermann).
West, 1) Benjamin, * Springfield (Pa.) 10. 10. 1738, † London 11. 3. 1820, engl. Maler amerikan. Herkunft. Nach einem Aufenthalt in Italien (Freundschaft u. a. mit A. R. Mengs) ließ sich W. 1763 in London nieder (1768 Gründungs-Mgl. der Royal Academy, 1772 Hofmaler); er gilt aufgrund der Verbindung klassizist. Kompositionsschemata mit zeitgenöss. Staffagen (Kleidung, Themen) als Mitbegründer der modernen Historienmalerei (u. a. ›Der Tod des General Wolfe‹, 1. Fassung 1770, Ottawa, National Gallery of Canada).
2) Morris L[anglo], * Saint Kilda (Victoria) 26. 4. 1916, austral. Schriftsteller. Lebt seit 1956 hauptsächlich in Italien; schreibt v. a. spannende Unterhal-

tungsromane (u. a. ›Des Teufels Advokat‹, 1959, verfilmt 1977; ›In den Schuhen des Fischers‹, 1963, verfilmt 1968; ›In einer Welt von Glas‹, 1983).

3) Nathanael, eigtl. Nathan Wallenstein Weinstein, * New York 10. 10. 1902, † bei El Centro (Calif.) 21. 12. 1940 (Autounfall), amerikan. Schriftsteller. Sein (surrealist.) Romanwerk (u. a. ›Tag der Heuschrecke‹, 1939) war von großem Einfluß auf die amerikan. Literatur des 20. Jh.; auch Drehbuchautor. – *Weitere Werke:* Schreiben Sie Miss Lonelyhearts (R., 1933), Eine glatte Million oder die Demontage des Mister Lemuel Pitkin (R., 1934).

4) Rebecca, eigtl. Dame (seit 1959) Cecily Isabel Andrews, geb. Fairfield, * in der Grafschaft Kerry 25. 12. 1892, † London 15. 3. 1983, angloir. Schriftstellerin. Schrieb psycholog. Romane (›Der Brunnen fließt über‹, 1957; ›Die Zwielichtigen‹, 1966); auch Essays, Biographien.

Westaustralien (Western Australia), Bundesland des Austral. Bundes, im W des Kontinents, 2 525 500 km², 1,59 Mio. E, Hauptstadt Perth.

West Bank [engl. 'wɛst 'bæŋk], svw. W-Jordanien, →Palästina (Geschichte).

West Bengal [engl. 'wɛst bɛŋ'gɔ:l], Unionsstaat in O-Indien, 87 853 km², 54,58 Mio. E, Hauptstadt Kalkutta. – Zur *Geschichte* →Bengalen.

Westdeutsche Allgemeine Zeitung, Abk. WAZ, dt. regionale Tageszeitung mit Lokalausgaben im gesamten Ruhrgebiet; gegr. 1948 in Essen.

Westdeutsche Rektorenkonferenz, Abk. WRK, 1949 als freiwilliger Zusammenschluß gebildete Zentralvertretung von 162 wiss. Hochschulen in der BR Deutschland und in Berlin.

Westerland, Stadt auf Sylt, Schl.-H., 8 900 E. Freilichtmuseum, Nordsee-Aquarium; Nordseeheilbad.

Western [engl.], amerikan. Filmgattung, auch Abenteuerroman. → Wilder Westen.

Westerschelde [niederl. 'wɛstərsxɛldə] →Schelde.

Westerstede [vɛstɐˈʃteːdə], Kreisstadt im Ammerland, Nds., 17 800 E. Ev. Kirche Sankt Peter (13. und 15. Jh.), barockes Haus Fikensholt (18. Jh.).

Westerwald, Teil des Rhein. Schiefergebirges zw. dem unteren Mittelrheintal, dem unteren Lahntal, dem Dill- sowie dem Siegtal, höchste Erhebung im Fuchskauten (657 m).

Westeuropäische Union, Abk. WEU, Nachfolger des 1948 abgeschlossenen *Brüsseler Paktes (Brüsseler Vertrag)* zw. Großbrit., Frankr. und den Benelux-Staaten; 1954 in den *Pariser Verträgen* als Beistandspakt erweitert um die BR Deutschland und Italien (am 6. 5. 1955 in Kraft getreten); der NATO angegliedert.

westeuropäische Zeit, Abk. WEZ, die Zonenzeit des Meridians von Greenwich; gilt in Großbrit., Irland und Portugal.

Westfale, in Westfalen (u. a. im Landesgestüt Warendorf) gezüchtete Rasse kräftiger Warmblutpferde vom Typ der →Hannoveraner; ausgezeichnete Turnierpferde in allen Disziplinen.

Westfalen, NO-Teil von Nordrhein-Westfalen, umfaßt die Westfäl. Bucht, das nw. Weserbergland und das Sauerland, Hauptort Münster. – Nach der Zerschlagung des Hzgt. Sachsen (1180) kam dessen westl. Teil als *Herzogtum W.* an das Erzstift Köln. Im Spät-MA zerfiel W. in zahlr. Territorien, wobei das Hzgt. W. (der Kern von W.) eine Hauptstütze kurköln. Macht wurde. Napoleon I. bildete 1807 u. a. aus Braunschweig, den größten Teil Kurhessens, hannoverschen und sächs. Gebieten sowie aus preuß. Territorium westlich der Elbe das *Königreich W.* (Hauptstadt Kassel) unter seinem Bruder Jérôme, das jedoch schon 1813 wieder zerbrach. 1815 kam das heutige W. außer Osnabrück, Lippe und den Niederstift Mün-

ster wieder an Preußen *(Prov. W.),* 1946 wurde W. Nordrhein-Westfalen eingegliedert.

Westfalen, westgerman. bzw. dt. Stamm, der sich von seinem Kernland zw. Ems und Hunte bis Ende des 7. Jh. nach S und W ausdehnte; neben Angrivariern und Ostfalen Volksteil der Sachsen.

Westfälisch, niederdt. Mundart, →deutsche Mundarten.

Westfälische Bucht, Ausbuchtung des Norddt. Tieflands gegen die Mittelgebirgsschwelle, im O von Teutoburger Wald und Egge begrenzt, nach W gegen die Niederrhein. Bucht und die Niederlande geöffnet.

Westfälischer Frieden, Friedensverträge zur Beendigung des Dreißigjährigen Kriegs zw. dem Kaiser und den dt. Reichsständen einerseits und Frankreich **(Friede von Münster)** sowie Schweden **(Friede von Osnabrück)** andererseits, abgeschlossen am 24. 10. 1648. Die 3 Hauptkomplexe: 1. *Die konfessionelle Frage:* Wiederherstellung des →Augsburger Religionsfriedens und des kirchl. Besitz- und Bekenntnisstandes nach dem →Normaljahr 1624; Anerkennung der Kalvinisten. – 2. *Die Verfassungsfrage:* Die dt. Reichsstände erhielten die volle Landeshoheit für ihre Territorien und das Recht der Entscheidung über Krieg und Frieden (nicht gegen Kaiser und Reich); der Kaiser wurde bei den Reichsgeschäften und der Gesetzgebung im Reich an die Zustimmung der Reichsstände gebunden; für die Pfalz wurde eine 8. Kur errichtet. – 3. *Die wesentl. territorialen Veränderungen:* Die Schweiz und die Niederlande schieden aus dem Reichsverband aus, ebenso die Bistümer Metz, Toul und Verdun, die an Frankreich fielen, das darüber hinaus Hoheitsrechte im Elsaß gewann; Schweden erhielt 5 Mio. Taler, Vorpommern (mit Rügen, Stettin und der Odermündung), das Erzstift Bremen, das Stift Verden und Wismar (damit dt. Reichsstandschaft); Brandenburg wurden Hinterpommern mit dem Stift Cammin, die Stifte Halberstadt und Minden sowie die Anwartschaft auf das Erzstift Magdeburg zugesprochen.

Westfeste, Bez. für den Doppelkontinent Amerika. →Ostfeste.

Westfriesische Inseln, westl. Fortsetzung der Ostfries. Inseln vor der niederl. Nordseeküste.

Westghats [engl. 'wɛstgɑːts] →Dekhan.

Westgoten (Wisigoten; Terwingen), Teilgruppierung der Goten ab 269 n. Chr., die auf die Balkanhalbinsel und weiter über Italien nach Gallien zog und dort 419 das Tolosan. Reich nach Föderatenvertrag mit Rom begründete; 475 röm. Anerkennung eines W.reichs, bestehend aus dem größten Teil Spaniens und dem gall. Gebiet zw. Loire und Rhone. Nach dem Sieg (507) des Frankenkönigs Chlodwig I. blieb ihnen nur noch der span. Reichsteil sowie ab 585 das span. Swebenreich; sie erlagen 711 den Arabern.

Westindische Assoziierte Staaten (engl. West Indies Associated States), Gruppe von mit Großbrit. assoziierten Staaten im Bereich der Kleinen Antillen. – Die Inseln wurden 1493 von Kolumbus entdeckt, seit den 1620er Jahren britisch besiedelt; 1871–1956 zum Bund der Leeward Islands eingegliedert. 1958 schlossen sich die meisten westind. Kolonien Großbrit. (Barbados, Trinidad und Tobago, Jamaika sowie die Windward und Leeward Islands [ohne die Virgin Islands]) zur **Westindischen Föderation** zusammen, die 1962 wieder aufgelöst wurde. 1967 wurden die W. A. S. mit den Mgl. Antigua, Saint Christopher-Nevis-Anguilla, Dominica, Saint Lucia, Grenada gegründet; mit der Konstituierung ihrer Mgl. als unabhängige Staaten löste sich die Assoziation bis 1983 auf.

Westindische Inseln (Karib. Inseln), zusammenfassende Bez. für die Großen und Kleinen →Antillen und die →Bahamas.

Westinghouse, George [engl. ˈwɛstɪŋhaʊs], * Central Bridge (N. Y.) 6. 10. 1846, † New York 12. 3. 1914, amerikan. Erfinder und Industrieller. Erfand 1867 die Druckluftbremse für Eisenbahnen.

Westkordillere [...kɔrdɪljeːrə], westl. Gebirgszüge der Anden in Südamerika, bis 6 768 m hoch.

Westler, Bez. für eine um 1840 entstandene publizist. Richtung in Rußland, deren Vertreter sich für einen engen Anschluß Rußlands an die Entwicklung der westeurop. Kultur einsetzten.

Westlicher Sajan, Gebirge im südl. Sibirien, erstreckt sich vom Quellgebiet des Abakan bis zum Östl. Sajan, bis 3 121 m hoch.

Westmännerinseln, Inselgruppe (16 Inseln) vor der SW-Küste Islands, 16 km², Hauptinsel Heimaey.

Westminster, City of [engl. ˈsɪtɪ əv ˈwɛstmɪnstə], Stadtteil (seit 1899) der brit. Hauptstadt London. – Entstand um im 7. Jh. gegr. (um 958 neugegr.) Kloster, das 1540 aufgehoben wurde; seit 1066 Krönungsort der engl. Könige und deren Residenz bis zu Heinrich VIII.

Westminster Abbey [engl. ˈwɛstmɪnstə ˈæbɪ], got. Kirche der ehem. Benediktinerabtei in London (1245 ff.), engl. Krönungskirche; an der Stelle eines normann. Vorgängerbaus; spätgot. Kapelle Heinrichs VII. (1503–12), Grablege der engl. Könige; Doppelturmfassade (18. Jh.).

Westminster Confession [engl. ˈwɛstmɪnstə kənˈfɛʃən] → Presbyterianer.

Westminster Hall [engl. ˈwɛstmɪnstə ˈhɔːl], erhaltener spätgot. Teil (1398) des 1834 durch Feuer zerstörten *Palace of Westminster* in London, der bis auf Wilhelm II. zurückgeht (1097); diente zeitweise als Parlamentsgebäude.

Westminstersynode [engl. ˈwɛstmɪnstə], nach ihrem Tagungsort (Westminster Abbey, London) ben., von 1643–52 tagende Synode zur konformen (puritan.) Kirchenreform Englands, Schottlands und Irlands in bezug auf Bekenntnis, Kirchenverfassung, Gottesdienstordnung und kirchl. Unterricht. Bildet den dogmat. Abschluß der anglokalvinist. Reformation im 17. Jahrhundert.

Westpreußen, ehem. preuß. Prov. beiderseits der unteren Weichsel, Hauptstadt Danzig. – Die 1466 vom Dt. Orden an Polen abgetretenen Gebiete – das Culmer Land und Pomerellen mit den Städten Danzig, Thorn, Elbing, Marienburg sowie das nach Ostpreußen hineinragende Bistum Ermland – wurden nach ihrer Annexion durch Preußen 1772/93 W. gen.; 1815 wurde aus diesen Gebieten (außer dem Ostpreußen eingegliederten Ermland, aber einschließlich Marienwerder) die Prov. W. gebildet (1824/29–78 mit Ostpreußen vereinigt). 1919/20 kam der größte Teil von W. an Polen, Danzig wurde Freie Stadt; die restl. Teile wurden Ostpreußen, Pommern und der 1922 gebildeten Prov. Grenzmark Posen-Westpreußen angeschlossen. Nach dem dt. Überfall auf Polen wurde 1939 der Reichsgau Danzig-Westpreußen gebildet. 1945 wurde W. unter poln. Verwaltung gestellt; mit der Ratifizierung des Deutsch-Poln. Grenzvertrages 1990 als zu Polen gehörig anerkannt.

Westpunkt (Abendpunkt), der Punkt des Horizonts, an dem die Sonne am Tag der Tagundnachtgleiche (Frühlings- bzw. Herbstanfang) untergeht.

Weströmisches Reich, die 395 n. Chr. bei der Teilung des → Römischen Reiches geschaffene westl. Reichshälfte.

Westsahara, ehem. span. Überseeprovinz in Afrika, in der extrem trockenen nordwestlichsten Sahara, grenzt im W an den Atlantik, im N an Marokko, im NO an Algerien, im O und im S an Mauretanien, rd. 267 000 km², etwa 180 000 E (überwiegend nomadisierende Sahraoui). Wichtigster Wirtschaftsfaktor sind die Phosphatvorkommen bei Bu Craa.

Geschichte: 1885/1912 span. Protektorat; 1946 mit Ifni zu *Span.-Westafrika* zusammengefaßt; 1958 Übersee-Prov. *Span. Sahara* (seit 1969 ohne Ifni). Die Ansprüche Marokkos und Mauretaniens auf das Gebiet (insbes. nach der Entdeckung bed. Phosphatlager) führten 1975 zu einem internat. Konflikt. Während die beiden Staaten die W. nach dem Abzug der Spanier ohne die vorgesehene Volksabstimmung unter sich aufteilten, rief die Befreiungsbewegung Frente Polisario (FPOLISARIO) in Algerien die Demokrat. Arab. Sahara-Republik (RAST) aus und verstärkte den Guerillakrieg. Nach dem Verzicht Mauretaniens 1978 besetzte Marokko auch den südl. Teil der Westsahara. 1982 wurde die W. als 51. Mgl. der OAU zugelassen. Der Einsatz einer Sondergruppe der UNO (Minurso) zur Herbeiführung eines Waffenstillstandes und Referendums scheiterte bislang an den anhaltenden Kämpfen der Konfliktparteien.

Westsamoa

Fläche: 2 831 km²
Einwohner (1986): 163 000
Hauptstadt: Apia
Verwaltungsgliederung: 24 Distrikte
Amtssprachen: Englisch, Samoanisch
Nationalfeiertag: 1. 1.
Währung: 1 Tala (WS$) = 100 Sene (s)
Zeitzone: MEZ + 12 Std.

Westsamoa, Staat im südl. Pazifik, umfaßt den westl. Teil der 3 000 km nö. von Neuseeland gelegenen Samoainseln mit den Inseln Savai'i (1 715 km²) und Upolu (1 121 km²) sowie Manono, Apolima und 5 unbewohnten Eilanden.

Landesnatur: Die von Korallenriffen umschlossenen Vulkaninseln sind bis 1 844 m hoch. W. hat warmfeuchtes Tropenklima. Dichter Wuchs von Myrtengewächsen, Muskatnußbäumen, Bambus und Farnbäumen, an den Küsten Kokospalmen.

Bevölkerung: Überwiegend Polynesier christl. Konfessionen. Es besteht allg. Schulpflicht. 1966 wurde eine Landwirtschaftsuniv., 1984 eine Univ. gegründet.

Wirtschaft, Verkehr: Neben den Exportprodukten Bananen, Kopra und Kakao dienen Mais, Hülsenfrüchte, Melonen, Süßkartoffeln, Taro und Brotfrüchte der Eigenversorgung. Wenige Ind.betriebe. Die Hauptinseln sind durch Küstenstraßen erschlossen. Wichtigster Hafen und internat. ✈ ist Apia.

Geschichte: Das frühere dt. Schutzgebiet W. kam 1920 als Mandatsgebiet des Völkerbunds und nach dem 2. Weltkrieg als Treuhandgebiet der UN unter neuseeländ. Verwaltung und erhielt 1962 die Unabhängigkeit. Im April 1991 fanden erstmals Parlamentswahlen statt, die das Wahlmonopol der Häuptlinge (›Matai‹) einschränkten.

Politisches System: Parlamentarisch verfaßte Häuptlingsaristokratie; *Verfassung* von 1961. Das *Staatsoberhaupt* wird für 5 Jahre von der Gesetzgebenden Versammlung gewählt. Die *Exekutive* liegt beim Kabinett unter Leitung des Premierministers. *Legislative* ist die Gesetzgebende Versammlung (47 Mgl., auf 3 Jahre gewählt, davon bis 1991 45 von den rd. 10 000 Häuptlingen, die ihrerseits von den Großfamilien als Oberhäupter gewählt werden). *Parteien:* Human Rights Protection Party (HRPP), Samoan National Development Party (SNDP). – Karte VII, Bd. 2, n. S. 320.

Westsibirisches Tiefland, Tiefland zw. dem Ural im W, dem Jenissei im O, der Karasee im N, der Kasach. Schwelle im S und dem Altai, Salairrücken

West-Samoa

Staatsflagge

Staatswappen

sowie Kusnezker Alatau im SO, Rußland, rd. 2,6 Mio. km².

Westsiebenbürgisches Gebirge, zusammenfassende Bez. für den Gebirgskomplex in NW-Rumänien, dessen Zentrum das bis 1848 m hohe **Bihargebirge** bildet.

West Virginia [engl. 'wɛst və'dʒɪnɪə], Staat der USA, in den Appalachen, 62 629 km², 1,92 Mio. E, Hauptstadt Charleston. – Trennte sich 1861 im Sezessionskrieg von Virginia (Anschluß an Nordstaaten), seit 1863 in der Union.

Westwall (Siegfriedlinie), 1938/39 erbautes Befestigungssystem an der W-Grenze des Dt. Reiches von Aachen bis Basel; Gegenstück zur frz. Maginotlinie.

Westwerk, ein als selbständiger Kultraum karoling. Klosterkirchen vorgelagerter Querbau mit niedriger Durchgangshalle und darüber einem ebenfalls zum Langhaus hin geöffneten Raum (Herrscherempore). Turmartig ausgebildet mit zwei flankierenden Treppentürmen; z. B. erhalten in Corvey (873 bis 885). Das W. wurde in der otton. und roman. Kunst zum **Westbau** umgeformt, als dessen klass. Form sich die Doppelturmfassade herausbildete.

Wettbewerb (Konkurrenz), die Rivalität zw. Unternehmen auf dem Käufermarkt um Marktanteile. Das Existieren eines freien W. ist eine der wesentlichsten Voraussetzungen für die Marktwirtschaft. Je mehr verschiedene Anbieter und Angebotsbedingungen den Markt bestimmen, desto größer ist die *W.intensität*. Die Grenzen zw. erwünschtem W. und → unlauterem W., insbes. ruinösem *Verdrängungs-W.*, sind allerdings in der Realität fließend; durch den ihm eigenen Hang zum Ausschalten von Mitbewerbern kann W. so auch zu Konzentration und Marktbeherrschung führen.

Wettbewerbsbeschränkungen, auf Verträgen, Vereinbarungen oder Absprachen zw. Unternehmen oder auf staatl. Eingriffen (Patente, Urheberrechte, Außenhandelsbeschränkungen u. a.) beruhende Beschneidung der Konkurrenz.

Wette, Vereinbarung zw. zwei oder mehreren Vertragspartnern, daß zur Bekräftigung bestimmter widerstreitender Behauptungen demjenigen, dessen Behauptung sich als richtig erweist, ein Gewinn zufallen soll. Bei den sog. *Spiel-W.* (z. B. Rennwetten) handelt es sich rechtlich um ein Spiel.

Wetter, Friedrich, * Landau/Pfalz 20. 2. 1928, dt. kath. Theologe. Bis 1968 Prof. in München, Eichstätt und Mainz; 1968 bis 1982 Bischof von Speyer, seit 1982 Erzbischof von München und Freising; Kardinal seit 1985.

Wetter, 1) *Meteorologie:* → Klima.
2) *Bergbau:* bergmänn. Bez. für das in einem Bergwerk vorhandene Gasgemisch; *Frisch-W.* mit luftähnl. Zusammensetzung, *Ab-W.* mit erhöhtem Gehalt an Kohlendioxid und Stickstoff.

Wetterau, Senke zw. Vogelsberg und Taunus, von der Hess. Senke zur Oberrhein. Tiefebene überleitend.

Wetterfühligkeit (Meteorotropismus, Zyklonose), durch den Einfluß des Wettergeschehens bedingte Beeinträchtigung des Wohlbefindens und des Gesundheitszustandes des Menschen. Zu den bewirkenden Wetterfaktoren gehören v. a. solche, die den Wärmehaushalt und die Flüssigkeitsbilanz des Organismus beeinflussen; auch Luftdruck und Aerosole zählen dazu. Bes. starke biotrope Wirkungen gehen von den instabilen Wetterfronten des zyklonalen Wetters mit seinen raschen Schwankungen der therm. Bedingungen aus; sie beeinflussen neben dem Wärmehaushalt u. a. Schlaf, Reaktionszeit und Konzentrationsfähigkeit.

Wetterkarte, stark vereinfachte Landkarte, in der die Wetterlage zu einem bestimmten Zeitpunkt mit Hilfe von Symbolen und Zahlenangaben (z. B. Luftdruck, Temperatur) dargestellt ist. Aus Gründen der Übersichtlichkeit werden die Bodenbeobachtungen zu *Boden-W.,* die aerolog. Meldungen zu *Höhen-W.* zusammengefaßt.

Wetterkunde, svw. → Meteorologie.

Wetterlampe (Sicherheitslampe, Davy-Lampe), benzingespeiste Handleuchte; früher im Bergbau in schlagwettergefährdeten Gruben verwendet. Ihre Ungefährlichkeit beruhte darauf, daß die Flamme durch ein engmaschiges Drahtnetz von der Umgebungsluft getrennt ist.

Wetterleuchten, das weithin sichtbare Aufleuchten elektr. Entladungen (von Blitzen) eines fernen Gewitters.

Wetter (Ruhr), Stadt an der zum Harkortsee aufgestauten Ruhr, NRW, 28 200 E. U. a. Stahlindustrie. Burgruine Volmarstein (13. – 15. Jh.).

Wettersatelliten (Meteorologiesatelliten), künstl. Erdsatelliten für die großräumige Beobachtung und Erforschung des Wetters, frühzeitiges Erkennen von Wirbelstürmen u. a. *(Satellitenmeteorologie).* W. liefern mit Hilfe spezieller Kameras Wolkenaufnahmen, die durch ein automat. Bildübertragungssystem (APT-System) ohne zeitl. Verzögerung von Bodenstationen empfangen werden können. Farbaufnahmen, auf denen niedrigere Wolken gelblicher erscheinen als hohe, lassen die Wolkenhöhe erkennen.

Wettersteingebirge, Teil der Tirol.-Bayer. Kalkalpen zw. Loisach und Isar, in der Zugspitze 2962 m hoch.

Wettervorhersage (Wetterprognose), vom Wetterdienst herausgegebene Vorhersage der künftigen Wetterentwicklung. Nach der Länge des Vorhersagezeitraums unterscheidet man *Kurzfrist-* (ein bis zwei Tage), *Mittelfrist-* (zwei bis sieben Tage) und *Langfristprognosen* (über sieben Tage). → Meteorologie.

Wettiner, im sächs.-thüring. Grenzraum beheimatete Adelsdynastie, die sich nach der Burg Wettin an der Saale benannte; ab 1089/1123 Markgrafen von Meißen, ab 1247 Landgrafen von Thüringen; Friedrich I., der Streitbare (✠ 1381–1428), erhielt 1423 das Hzgt. Sachsen-Wittenberg mit der Kurwürde; 1485 Teilung in die *Ernestin.* Linie (bis 1547 Kurwürde, ab 1572 Zersplitterung [→ Sächsische Herzogtümer]) und die *Albertin.* Linie (1547–1806 Kurfürsten, 1806–1918 Könige von Sachsen; 1697 bis 1706 und 1709–63 auch König von Polen).

Wettingen, Stadt im schweizer. Kt. Aargau, östl. Nachbarstadt von Baden, 17 900 E. Ehem. Zisterzienserabtei (1227 gegr.) mit frühgot. Abteikirche.

Wetzlar, hess. Stadt an der Mündung der Dill in die Lahn, 50 200 E. Städt. Museum mit Lottehaus (Goethe-Gedenkstätte), Palais Papius; Industriefestspiele; u. a. feinmechan.-opt. Industrie. Ehem. Stiftskirche (sog. Dom; 9.–16. Jh., Rokoko). – Wurde zw. 1165 und 1180 Stadt, Reichsstadt bis 1802/03, 1693–1806 Sitz des Reichskammergerichts. 1977–79 mit Gießen und 14 weiteren Gemeinden zur Stadt **Lahn** zusammengeschlossen.

WEU, Abk. für → Westeuropäische Union.

Weyden, Rogier van der [niederl. 'wɛɪdə], * Tournai 1399 oder 1400, † Brüssel 18. 6. 1464, fläm. Maler. Schüler von R. Campin seit 1427; 1450 Reise nach Rom; von weitreichendem Einfluß (u. a. H. van der Goes, H. Memling, D. Bouts) v. a. seine maler. Distanz; u. a. ›Kreuzabnahme‹ (vor 1443; Madrid, Prado), ›Jüngstes Gericht‹ (um 1451/52; Beaune, Hôtel-Dieu), ›Bladelin-Altar‹ (Middelburger Altar; zw. 1452/60; Berlin-Dahlem), ›Columbaaltar‹ (vor 1462; München, Alte Pinakothek), bed. Porträts.

Weygand, Maxime [frz. vɛ'gã], * Brüssel 21. 1. 1867, † Paris 18. 1. 1965, frz. General. Führte 1931–35

Westwerk (Zeichnung der Klosterkirche in Corvey; 873–885)

Walt Whitman

George Hoyt Whipple

Patrick White

als Generalinspekteur der Armee die Unterwerfung Marokkos und die Reorganisation der frz. Armee zu Ende; Mai/Juni 1940 Oberbefehlshaber aller frz. Truppen, Juni–Sept. 1940 Verteidigungs-Min. des État Français, danach Generaldelegierter Pétains für das frz. Afrika; 1942–45 in dt. Haft; 1948 vom Vorwurf der Kollaboration freigesprochen.

Weymouthskiefer ['vaɪmuːt, engl. 'wɛɪməθ; nach T. Thynne, Viscount of Weymouth, † 1714] → Kiefer.

Weyrauch, Wolfgang, * Königsberg (Pr) 15. 10. 1904 (nicht 1907), † Darmstadt 7. 11. 1980, dt. Schriftsteller. Schrieb (experimentelle) Lyrik (u.a. ›Die Spur‹, 1963; ›Das Komma danach‹, 1977), Prosa, u.a. ›Das Ende von Frankfurt am Main‹ (En., 1973), ›Hans Dumm. 111 Geschichten‹ (1978) sowie zahlr. Hörspiele.

WEZ, Abk. für **westeurop. Zeit.**

Wharton, Edith [engl. wɔːtn], geb. Jones, * New York 24. 1. 1862, † Saint-Brice-sous-Forêt bei Paris 11. 8. 1937, amerikan. Schriftstellerin. Schülerin von H. James; lebte ab 1907 hauptsächlich in Frankreich; bes. bekannt wurden ihre Romane ›Das Haus der Freuden‹ (1905), ›Im Himmel weint man nicht‹ (1920); auch Kurzgeschichten.

Whigs [engl. wɪgz], 1. in *England* bzw. *Großbrit.* ab Ende des 17. Jh. die den Tories gegenüberstehende Parlamentsgruppe, die sich seit der Mitte des 19. Jh. zur Liberal Party entwickelte. Die W. vertraten die Interessen der aristokrat. Grundbesitzer und des Großbürgertums; 2. in den *USA* als Gegenbewegung zu den Demokraten A. Jacksons in den frühen 1830er Jahren gegr. Partei; ging nach Erfolgen bei den Präs.-Wahlen (u.a. W. H. Harrison, Z. Taylor) als Begleiterscheinung des Sezessionskriegs in der ›Republican Party‹ auf.

Whipple, George Hoyt [engl. wɪpl], * Ashland (N. H.) 28. 8. 1878, † Rochester (N. Y.) 1. 2. 1976, amerikan. Pathologe. Forschungen auf dem Gebiet der Lebertherapie bei perniziöser Anämie; Nobelpreis für Physiologie oder Medizin 1939 (mit G. R. Minot und W. P. Murphy).

Whisky [gäl.-engl.] (ir. und amerikan. Whiskey), Getreidebranntwein, Alkoholgehalt mindestens 43 Vol.-%; als ältester W. gilt der *Scotch* (Scotch W., schott. W.), der als unverschnittener *Straight* oder *Blended*, d. h. Mischung verschiedener W.sorten, auf den Markt kommt; eine schott. Besonderheit ist der *Malt* W. aus Gerstenmaische; in den USA wird aus Mais der *Bourbon* W. gewonnen.

Whist [vɪst; engl.], Kartenspiel für 4 Personen; gespielt wird mit der *W.karte* zu 52 Blättern; auch zw. 3 Personen und einem Strohmann möglich. Aus dem W. entwickelte sich das Bridge.

Whistler, James Abbot McNeill [engl. 'wɪslə], * Lowell (Mass.) 10. 7. 1834, † London 17. 7. 1903, amerikan. Maler schott. Abkunft. Lebte abwechselnd in Paris und in London; dem frz. Realismus und engl. Symbolismus verbunden, gehört zu den Vorläufern des Jugendstils.

White, Patrick [engl. waɪt], * London 28. 5. 1912, austral. Schriftsteller. Bedeutendster Erzähler Australiens; schreibt v.a. Romane über menschl. Existenzprobleme, u.a. ›Zur Ruhe kam der Baum des Menschen nie‹ (1955), ›Voss‹ (1957), ›Der Maler‹ (1970), ›Im Auge des Sturms‹ (1973), ›Der Lendenschurz‹ (1976); auch Dramen; 1973 Nobelpreis für Literatur.

Whitehead [engl. 'waɪthɛd], **1)** Alfred North, * Ramsgate (Kent) 15. 2. 1861, † Cambridge (Mass.) 30. 12. 1947, brit. Mathematiker und Philosoph. Unternahm zus. mit seinem Schüler B. Russell den formal weitgehend gelungenen Versuch, im Rahmen des Logizismus alle grundlegenden Begriffe und Theoreme der Mathematik und Logik in einem einheitl. Aufbau systematisch zu definieren und abzuleiten.

2) Gustave, urspr. Gustav Weißkopf, * Leutershausen 1. 1. 1874, † Fairfield (Conn.) 10. 10. 1927, amerikan. Flugpionier dt. Herkunft. W. konstruierte einen Eindecker, mit dem er 1901 den ersten Motorflug in der Geschichte unternahm.

Whitman, Walt[er] [engl. 'wɪtmən], * West Hills bei Huntington (N. Y.) 31. 5. 1819, † Camden (N. Y.) 26. 3. 1892, amerikan. Lyriker. Publizist; seine etwa 400 Gedichte umfassende Sammlung ›Grashalme‹ (endgültige Fassung 1891/92) hatte weitgehenden Einfluß auf das 20. Jh.; bed. auch sein Essaywerk ›Demokrat. Ausblicke‹ (1871).

Whitworth, Sir (seit 1869) Joseph [engl. 'wɪtwəːθ], * Stockport (Cheshire) 21. 12. 1803, † Monte Carlo 22. 1. 1887, brit. Ingenieur. Führte 1841 das nach ihm benannte System für Schraubengewinde ein *(W.gewinde;* mit 55° Flankenwinkel und Zollabmessungen).

WHO, Abk. für **World Health Organization** (→ Weltgesundheitsorganisation).

Who, The [engl. ðə 'huː], 1964 gegr. engl. Rockgruppe; wurde berühmt mit den (auch verfilmten) Rockzyklen ›Tommy‹ (1969/70) und ›Quadrophenia‹ (1973).

Who's Who [engl. 'huːz 'huː: ›wer ist wer‹], seit 1849 jährlich erscheinendes biograph. Lexikon über Personen des öffentl. Lebens in Großbrit.; seit 1899 auch für die USA; nach 1945 auch für zahlr. europ. Länder.

Wichern, Johann Hinrich, * Hamburg 21. 4. 1808, † ebd. 7. 4. 1881, dt. ev. Theologe. Gründete 1833 das →›Rauhe Haus‹; entwickelte den Gedanken der ›Inneren Mission‹; 1858 Gründung des ›Ev. Johannesstifts‹ in Spandau zur Erneuerung des Strafvollzugs. W. gab damit Anstöße zur Ökumene, zu den christl.-sozialen Bewegungen und zu einem umfassenden diakon. Werk.

Wichita [engl. 'wɪtʃɪtɔː], Konföderation von Caddo sprechenden Indianerstämmen in der südl. Prärie, von Kansas bis Texas.

Wichs, traditionelle Festtracht der Chargen student. Korporationen.

Wichte (Artgewicht, spezif. Gewicht), Formelzeichen γ, Quotient aus der Gewichtskraft G eines Körpers und seinem Volumen V, also $\gamma = G/V$. Die W. läßt sich auch darstellen als Produkt aus der → Dichte ϱ eines Körpers und der Erdbeschleunigung g, also: $\gamma = \varrho \cdot g$.

Wicke, Gatt. der Schmetterlingsblütler mit mehr als 150 Arten, v. a. in der nördl. gemäßigten Zone; einjährige oder ausdauernde, meist kletternde Kräuter. Bekannte, teilweise als Futter- und Gründüngungspflanzen genutzte Arten sind: *Pferdebohne* (Futterbohne, Saubohne), mit weißen Blüten und bis 20 mm langen eiweißreichen Samen; *Saatwicke* (Futter-W., Acker-W.), 30–90 cm hoch, Blüte rotviolett; *Vogelwicke,* mit bis über 1 m langen Stengeln und blauvioletten Blüten; *Zottelwicke* (Sand-W.), 0,3 bis 1,2 m hoch, zottig behaart, mit meist violetten (auch weißen) Blüten.

Wickelbären (Honigbären), Unterfam. der Kleinbären mit der einzigen Art *Kinkaju* (Wickelbär) in M- und S-Amerika; Länge rd. 40–60 cm, mit etwa ebenso langem Greifschwanz; olivfarben bis gelbbraun; v. a. Pflanzen fressender Baumbewohner.

Wicki, Bernhard, * Sankt Pölten 28. 10. 1919, schweizer. Schauspieler und Regisseur. Wurde als Filmregisseur mit dem bed. Antikriegsfilm ›Die Brücke‹ (1959) bekannt; außerdem u. a. ›Das Wunder des Malachias‹ (1961), ›Die Eroberung der Zitadelle‹ (1977, nach G. Herburger), ›Das Spinnennetz‹ (1980, nach J. Roth).

Wickler (Tortricidae), mit mehr als 5000 Arten weltweit verbreitete Fam. etwa 1–3 cm spannender, meist dämmerungs- oder nachtaktiver Schmetterlinge, darunter rd. 400 Arten einheimisch; Raupen meist in eingerollten (Name!) oder zusammengesponnenen Blättern; können an Nutzpflanzen schädlich werden (z. B. Apfelwickler).

Wicklung, stromführende Teile einer →Spule.

Wickram, Jörg, * Colmar um 1505, † Burgheim am Rhein (Elsaß) vor 1562, dt. Dichter. Begründete 1549 eine Meistersingerschule in Colmar. Sein ›Rollwagenbüchlin‹ (1555) gehört zu den bed. Schwank- und Anekdotensammlungen; begründete den neuhochdt. Prosaroman (›Der Goldtfaden‹; 1557).

Wiclif, John [engl. ˈwɪklɪf] →Wyclif, John.

Widder →Sternbilder (Übersicht).

Widder, 1) *Zoologie:* (Schafbock) männl. Schaf. 2) svw. →hydraulischer Widder. 3) *Waffenwesen:* Kriegsmaschine der Antike und des MA, eine Art Mauerbrecher, erst von den Kriegern getragen, später in einem Gerüst hängend.

Widderbären (Fleckwidderchen, Syntomidae), weltweit mit zahlr. Arten verbreitete Fam. mittelgroßer Schmetterlinge; Raupen behaart, fressen v. a. an krautigen Pflanzen; in M-Europa u. a. das *Weißfleckwidderchen* mit weißen Flecken auf den schwarzblauen Flügeln.

Widderchen (Blutströpfchen, Zygaenidae), mit rd. 1 000 Arten weltweit verbreitete Fam. etwa 2–4 cm spannender tagaktiver Schmetterlinge, darunter rd. 30 Arten einheimisch; Vorderflügel lang und schmal, einfarbig metallisch grün oder auf dunklem Grund lebhaft rot gefleckt.

Widerlager, massiver Baukörper aus Mauerwerk oder Beton, der den Druck eines Tragwerkes (z. B. Brückenbogen), den Schub eines Gewölbes u. a. aufnimmt und auf den Baugrund überträgt.

Widerrist, bei landwirtsch. Nutztieren die vom Rücken zum Hals verlaufende Erhöhung (gebildet von den Dornfortsätzen der Brustwirbel).

Widerruf, im *Privatrecht* die Willenserklärung, die eine andere, noch nicht wirksame Willenserklärung beseitigen soll. Im *Verwaltungsrecht* die Aufhebung eines rechtmäßigen Verwaltungsakts durch die Behörde, die ihn erlassen hat.

Widerspruch, 1) *Recht:* 1. im *Zivilrecht* allg. eine ablehnende Stellungnahme, die in bestimmten Fällen dem Gegner der Durchsetzung eines Rechts erschwert (z. B. dem Vermieter von Wohnraum die Kündigung). – 2. Rechtsbehelf im *Verwaltungsgerichtsverfahren,* führt zur Überprüfung einer Entscheidung und ist Voraussetzung für die Verpflichtungs- oder Anfechtungsklage. – 3. Im *Grundbuchrecht* ein vorläufiges Sicherungsmittel dessen, der einen Anspruch auf Grundbuchberichtigung hat. **2)** *Philosophie:* in der *Logik* einander ausschließende oder sich gegenseitig aufhebende Bedingungen (**Kontradiktion;** Aussageform: *A* und nicht-*A*); dieses Prinzip vom ausgeschlossenen Widerspruch *(Satz vom Widerspruch)* besagt, daß zwei sich logisch widersprechende Aussagen zur gleichen Zeit und in derselben Beziehung nicht zusammen wahr sein können.

Widerspruchsklage →Drittwiderspruchsklage.

Widerstand, 1) *Mechanik:* der Bewegung eines Körpers bzw. physikal. Systems entgegengerichtete Kraft, z. B. der Luftwiderstand. **2)** *Elektrizitätslehre:* (elektr. W.) Formelzeichen *R,* die unterschiedlich stark ausgeprägte Eigenschaft von Stoffen (allg. von Materie), den elektr. Stromfluß zu hemmen; definiert als Quotient aus der zw. den Enden eines Leiters bestehenden elektr. Gleichspannung *U* und der Stromstärke *I* des in ihm fließenden Gleichstroms: $R = U/I$. In Wechselstromkreisen treten neben diesem als *Ohmscher W.* bezeichneten Gleichstrom-W. zusätzlich induktive und kapazitive [Blind]widerstände auf. SI-Einheit des elektr. W. ist das →Ohm (Ω).

3) ein Schaltungselement u. a. zur Verminderung der Stromstärke in einem Leiter, zur Spannungsteilung. Wichtige W.daten sind *W.wert* (in Ohm) und *Belastbarkeit* (in Watt). W. sind häufig als *Schicht*- oder *Draht-W.* ausgeführt. *Veränderbare W.* sind *Schiebe-W.,* Potentiometer und Trimmer. Magnetfeldabhängige W. sind *Feldplatten (Fluxistoren),* spannungsabhängig sind *Varistoren,* strahlungsabhängig sind *Photo-W.,* temperaturabhängig sind *NTC-W.* bzw. *PTC-W. (Heiß-* bzw. *Kaltleiter).* **4)** *Politik:* →Widerstandsrecht.

Widerstand gegen die Staatsgewalt, Widerstand (z. B. Drohung mit Gewalt oder tätlicher Angriff) gegen Vollstreckungsbeamte, Amtsträger oder Soldaten der Bundeswehr, die Gesetze oder behördl. Anordnungen ordnungsgemäß vollstrecken.

Widerstandsbewegung, organisierte Gegnerschaft gegen eine als tyrannisch, unrechtmäßig oder verfassungswidrig empfundene oder von einer ausländ. Macht eingesetzte Herrschaft (→Widerstandsrecht). *Aktiver Widerstand* zielt auf den gewaltsamen Sturz des Regimes; *passiver Widerstand* setzt zivilen Ungehorsam, Demonstrationen, polit. Streiks ein. I. e. S. wird als W. die aktive Opposition gegen die Gewaltherrschaft und die Kriegspolitik der faschist. Diktaturen in Europa zw. 1922 und 1945 bezeichnet, insbes. gegen die NS-Herrschaft in Deutschland sowie in den seit 1938/39 besetzten Ländern (→Antifaschismus, →Résistance, →Resistenza), wo sich der durch Exilvertretungen und die Kriegsgegner Deutschlands auch von außen unterstützte Kampf zugleich gegen die Kollaboration mit der Besatzungsmacht richtete. Widerstand wurde individuell, in kleinen Gruppen, von Kreisen innerhalb der Institutionen des jeweiligen Regimes, in den besetzten Ländern auch von bewaffneten Untergrundorganisationen aus sehr unterschiedl. polit., ideolog. und eth. Motiven und in vielfältigen Formen und Intensitätsgraden geleistet.

Die dt. W., deren zahlenmäßiger Umfang schwer zu fassen ist (rd. 12 000 vollstreckte Todesurteile, zum erhebl. Teil für polit. Delikte), umfaßte ein breites Spektrum von organisierten und auch nichtorganisierten (Sprengstoffattentat Georg Elsers [* 1903, † 1945] auf Hitler am 8. Nov. 1939) Kräften der Arbeiterbewegung über illegale Jugendgruppen, hochkonservativ-nat. Kreise bis hin zu ehem. Sympathisanten und Funktionären des Regimes. Unter vielen Opfern versuchte in den ersten Jahren nach 1933 v. a. die Linke, ihre verbotenen Organisationen aufrechtzuerhalten und durch geheim hergestelltes Propagandamaterial zu wirken. Die Zusammenarbeit zw. KPD sowie SPD und Gewerkschaften blieb jedoch auf einzelne Ansätze beschränkt. Führende Sozialdemokraten (W. Leuschner, J. Leber), auch Vertreter der christl. Arbeiterbewegung (J. Kaiser) orientierten sich stärker zu den Vertretern des kirchl. bürgerl. Widerstandes und zu dem geheimen Diskussionsforum des →Kreisauer Kreises hin, während die KPD nicht vom Dogma des →Sozialfaschismus abrückte. Daneben gab es in der W. Beamte, Diplomaten und Offiziere, die Zugang zu den Machtmitteln des Regimes hatten und entschlossen waren, diese für einen Staatsstreich zu nutzen. In den Personen L. Becks, des 1938 zurückgetretenen Generalstabschef des Heeres, und F. C. Goerdelers, des 1937 zurückgetretenen Oberbürgermeisters von Leipzig, schnitten sich der militär. und der zivile W.kreis. Das Vorhaben von Becks Nachfolger Franz Halder (* 1884, † 1972), Hitler zu verhaften, blieb 1938/39 unausgeführt. Hitlers militär. Siege von 1940/41 und die wenig befriedigende Unterstützung des W. durch die Alliierten entzogen dann den Umsturzplänen vorerst den Boden. 1941/42 war indes die sog. →Rote Kapelle tätig. Nach der Wende

Widderchen

des Krieges, die auch die student. Oppositionsgruppe →Weiße Rose aktivierte, gipfelten die verstärkten Bemühungen, Deutschland vor der Katastrophenpolitik Hitlers zu retten, im Staatsstreichversuch vom →Zwanzigsten Juli 1944.

Widerstandsrecht, religiös oder humanitär begründetes höheres Recht und letztes Mittel zur Auflehnung gegen äußerstes, anders nicht zu bekämpfendes staatl. Unrecht. Im Ggs. zur Revolution wird das W. im Rahmen der bestehenden Ordnung ausgeübt und zielt auf deren Erhaltung und Wiederherstellung. Das W. hat seine Wurzeln im german. Volksrecht und im Lehnsrecht (W. gegen den ungerechten Herrscher). Seit dem Hoch-MA wiederholte Erörterung des Tyrannenmordes (z. B. bei Thomas von Aquin, im 16. Jh. bei den Monarchomachen, im 20. Jh. in Widerstandsbewegungen gegen totalitäre Regime). Seit dem 17./18. Jh. wurde das W. naturrechtlich begründet. Mit der amerikan. Declaration of Independence und der Frz. Revolution mündete das W. in die Bewegung der Menschen- und Grundrechte. – In Art. 20 GG ist das W. gegen jeden, der die verfassungsmäßige Ordnung zu beseitigen unternimmt, verankert; es kann nicht durch eine Verfassungsänderung aufgehoben werden.

Widerstoß, Gatt. der Bleiwurzgewächse mit rd. 200 Arten, verbreitet v. a. vom östl. Mittelmeergebiet bis zum Hochland von Iran; oft auf Salzwiesen, in Küsten-, Steppen- und Wüstengebieten vorkommend; werden z. T. als Trockenblumen für den Schnitt kultiviert, u. a. der 20–50 cm hohe *Strandflieder,* Blüten blauviolett.

Widia ⓦ, Handelsbez. für eine Gruppe von Sinterhartmetallen aus Wolframcarbid (etwa 94%) und Kobalt (etwa 6%), heute meist mit Zusätzen von Titan-, Niob- oder Tantalcarbid.

Widin, bulgar. Stadt am rechten Donauufer, 60 900 E. Museum; Sinfonieorchester; u. a. Tabakverarbeitung, Porzellanmanufaktur; Hafen. Mittelalterl. Festung (an der Stelle des röm. Militärlagers); Kirche des hl. Panteleimonos und der hl. Petka (17. Jh.), Moschee (1801). – In röm. Zeit **Bononia**; im 14. Jh. Hauptstadt des Widiner Zarenreiches; 1396 vom Kreuzfahrerheer eingenommen, danach bis 1878 unter osman. Herrschaft.

Urs Widmer

Widmer, Urs, * Basel 21. 5. 1938, schweizer. Schriftsteller. Bevorzugt in seinen Erzählungen (›Die Amsel im Regen im Garten‹, 1971; ›Indianersommer‹, 1985) und Romanen (›Die Forschungsreise‹, 1974; ›Das enge Land‹, 1981) das Surreale; auch Essays (›Die gestohlene Schöpfung‹, 1984) und zahlr. Hörspiele.

Widmung, allg. svw. Text, mit dem jemandem etwas zugeeignet (geschenkt) wird. – Im *Recht* ein Hoheitsakt, der die Eigenschaft einer Sache (z. B. Straße, Gewässer) als öffentl. Sache begründet und damit deren Zweckbestimmung festlegt. Die Aufhebung der Eigenschaft einer Sache als öffentl. Sache geschieht durch **Entwidmung.**

Widor, Charles-Marie, * Lyon 21. 2. 1844, † Paris 12. 3. 1937, frz. Organist und Komponist. Bed. Improvisator, begründete die neue frz. Orgelschule.

Widukind (Wittekind), westfäl. Adliger; entfachte seit 777 immer wieder Aufstände der Sachsen gegen die fränk. Herrschaft. Nachdem Karl d. Gr. 784/785 das Land verwüstet hatte, unterwarf sich W. und ließ sich 785 taufen.

Widukind von Corvey ['kɔrvaɪ], * um 925, † Corvey nach 973, sächs. Mönch und Geschichtsschreiber. Verfaßte im Kloster Corvey eine lat. Sachsengeschichte in 3 Büchern, eine bed. Quelle für die Zeit Heinrichs I. und Ottos I.

Wiechert, Ernst, Pseud. Barany Bjell, * Forsthaus Kleinort bei Sensburg 18. 5. 1887, † Uerikon bei Zürich 24. 8. 1950, dt. Schriftsteller. 1938 zwei Monate im KZ Buchenwald, dann unter Gestapoaufsicht; lebte ab 1948 in der Schweiz. Schrieb v. a. Romane. – *Werke:* Der Wald (1922), Das einfache Leben (1939), Die Jerominkinder (1945–47), Der Totenwald (Bericht, 1946), Missa sine nomine (1950).

Wieck, Clara, dt. Pianistin, →Schumann, Clara.

Wiedehopf →Hopfe.

Wiederaufbereitung, allg. die Wiedergewinnung nutzbarer Substanzen aus Abfällen, z. B. die Rückgewinnung von Schmieröl aus Altöl (→Recycling); i. e. S. die auch als **Wiederaufarbeitung** bezeichnete Rückgewinnung des noch spaltbaren Materials, bes. des Uranisotops U 235 und des Plutoniumisotops Pu 239, aus den abgebrannten Brennelementen von Kernreaktoren. Für die W. sind spezielle Anlagen erforderlich, in denen die Brennelemente verarbeitet werden können, ohne daß radioaktive Strahlung nach außen gelangt. In den sog. *heißen Zellen* werden sie mit Hilfe von ferngesteuerten Maschinen (Manipulatoren) in die einzelnen Brennstäbe zerlegt, die dann in etwa 5 cm lange Stücke zerschnitten werden. Diese Stücke werden anschließend mit kochender Salpetersäure behandelt, wobei der Inhalt der Brennstäbe aufgelöst wird, während die Ummantelungsstücke zurückbleiben. Aus den erhaltenen Lösungen werden das Uran und das Plutonium durch zahlr. hintereinandergeschaltete Extraktionsprozesse isoliert und von den Lösungen der Spaltprodukte abgetrennt. Die erhaltenen Uran- bzw. Plutoniumkonzentrate werden zur Herstellung neuer Brennelemente (bzw. von Atomwaffen) verwendet. Die Konzentrate der Spaltprodukte hingegen müssen zunächst mehrere Jahre (bis zum Abklingen der stärksten Radioaktivität) unter kontrollierten Bedingungen (Kühlung) gelagert werden, bevor sie einer Endlagerung zugeführt werden können. Die Diskussion um die technologischen Risiken der Wiederaufarbeitung führte in der BR Deutschland der 1980er Jahre zu zahlreichen Bürgerprotesten v. a. im Streit um die Anlage nahe Wackersdorf/Opf., die erst mit der Einstellung der Bauarbeiten im Mai 1989 endeten.

Wiederaufnahmeverfahren, gerichtl. Verfahren mit dem Ziel, rückwirkend ein rechtskräftiges Urteil zu beseitigen und die Streitsache erneut zu verhandeln. Es ist in allen Prozeßarten vorgesehen. Im Zivilprozeß unterscheidet man die Nichtigkeitsklage (bei schweren Verfahrensverstößen) und die Restitutionsklage (bei einer unrichtigen, v. a. verfälschten Urteilsgrundlage). Im Strafprozeß gibt es die – zeitlich uneingeschränkt zulässige – Wiederaufnahme zugunsten (u. a. bei neuen Tatsachen oder Beweismitteln) wie auch zuungunsten des Angeklagten.

Wiederbelebung (Reanimation), Wiederherstellung der lebenswichtigen Organfunktionen nach Eintritt des klin. Todes (i. w. S. auch bei drohendem klin. Tod). Vom Augenblick des Atmungs- und Kreislaufstillstands an bleiben bis zum Eintritt des biolog. Todes mit irreparablen Organschäden noch 4 bis 6 min. Zeit für Maßnahmen der W. (u. a. Freimachen der Atemwege, künstl. Beatmung, Herzmassage).

Wiedereinsetzung in den vorigen Stand, gerichtl. Entscheidung, die einen Rechtsnachteil beseitigt, der aufgrund einer unverschuldet versäumten Prozeßhandlung eingetreten ist.

Wiedergeburt, die *religionsgeschichtlich* weit verbreitete Vorstellung von Geburt und erneutem Erdenleben Verstorbener (→Seelenwanderung).

Wiedergutmachung, 1. im *Völkerrecht* svw. →Reparationen; 2. der finanzielle Ausgleich für erlittenes nat.-soz. Unrecht. Gesetzl. Grundlage für die W. ist das Bundesentschädigungsgesetz vom 29. 6. 1956/14. 9. 1965. Neben der Rückgabe feststellbarer Vermögensgegenstände bestehen Ansprüche wegen

Schäden an Leben, Körper, Gesundheit, Freiheit, Eigentum oder im berufl. und wirtschaftl. Fortkommen. Für jüd. Verfolgte, die ohne bekannte Erben blieben oder keine Rückerstattungsansprüche angemeldet hatten, machten jüd. Nachfolgeorganisationen (u. a. Jewish Restitution Successor Organization, Inc., New York) als Treuhänder die Ansprüche geltend; einen Anspruch auf W. verankerte das 1952/53 zw. Israel und der BR Deutschland geschlossene *Abkommen*.

Wiederkäuer (Ruminantia), Unterordnung der Paarhufer mit rd. 170 weltweit verbreiteten Arten; Pflanzenfresser, die ihre Nahrung wiederkäuen (→Magen); u. a. Hirsche, Giraffen und Horntiere.

Wiederkauf (Rückkauf), dem Verkäufer vorbehaltenes Recht, die verkaufte Sache innerhalb einer bestimmten Frist (im Zweifel bei Grundstücken 30 Jahre, bei anderen Gegenständen 3 Jahre) zurückzukaufen.

Wiedertäufer, urspr. Bez. für die →Täufer.

Wiedewelt, Johannes [dän. 'viːðəvɛlˀd], * Kopenhagen 1. 7. 1731, †ebd. 17. 12. 1802, dän. Bildhauer. Klassizist. Grabmäler (Dom von Roskilde), Porträtbüsten.

Wiegand, Theodor, * Bendorf bei Koblenz 30. 10. 1864, † Berlin 19. 12. 1936, dt. Archäologe. Ausgrabungen in Kleinasien (Priene, Milet, Didyma, Pergamon). U. a. Direktor der Dt. Archäolog. Institute in Konstantinopel und Berlin. Begründer des Berliner Pergamonmuseums.

Wiegendrucke →Inkunabeln.

Wiehengebirge, Höhenzug im Weserbergland, westl. der Porta Westfalica, bis 320 m hoch.

Wieland (altnord. Völundur), Sagengestalt. W., ein kunstfertiger Schmied, zeitweise mit einer Schwanenjungfrau verheiratet, wird von König Nidung gefangengenommen, gelähmt und zum Arbeiten gezwungen; er rächt sich durch die Ermordung der beiden Prinzen und entflieht mit selbstgebauten Flügelschwingen. Dramat. Bearbeitung u. a. durch R. Wagner (1849) und G. Hauptmann (›Veland‹, 1929).

Wieland, 1) Christoph Martin, * Oberholzheim (= Achstetten bei Biberach) 5. 9. 1733, † Weimar 20. 1. 1813, dt. Schriftsteller. Lebte ab 1772 in Weimar (bis 1775 Prinzenerzieher; →Anna Amalia); war dort u. a. Hg. (1773–96) des ›(Neuen) Teutschen Merkur‹ (Autoren: u. a. Kant, Herder, Goethe, Schiller, Novalis, A. W. und F. Schlegel) an der Auseinandersetzung um die Entwicklung einer modernen dt. Literatur beteiligt. Sein Epoche der Entwicklungsroman ›Geschichte des Agathon‹ (1766/67, erweiterte Fassung 1773, endgült. Ausgabe 1794). Übersetzte Shakespeare (8 Bde., 1762–66) sowie Horaz, Lukian und Xenophon. – *Weitere Werke:* Com. Erzählungen (1765), Musarion (Epos, 1768), Die Abderiten (R., 1774), Oberon (Epos, 1780).

2) Heinrich, * Pforzheim 4. 6. 1877, † München 5. 8. 1957, dt. Biochemiker. Untersuchte u. a. Sterine sowie Alkaloide und Pterine. Für seine Forschungen über den Aufbau der Gallensäuren erhielt er 1927 den Nobelpreis für Chemie.

Wien, Wilhelm (Willy), * Gaffken (Landkreis Samland) 13. 1. 1864, † München 30. 8. 1928, dt. Physiker. Theoret. Arbeiten zur Temperaturstrahlung des schwarzen Körpers: 1893/94 formulierte er das nach ihm ben. Verschiebungsgesetz und 1896 das Wiensche Strahlungsgesetz; 1911 Nobelpreis für Physik.

Wien, 1) Bundeshauptstadt und kleinstes der Bundesländer Österreichs, an der Donau, 1,48 Mio. E, gegliedert in 23 Gemeindebezirke sowie das exterritoriale Gebiet der UN-City am linken Donauufer. Sitz der Bundesregierung, des Parlaments und der Wiener Landesregierung sowie der OPEC. Univ. (gestiftet 1365), TU u. a. Hochschulen sowie wiss. Institute, Nationalbibliotheken, Staatsarchiv, über 60 Museen und

Gemäldegalerien, zahlr. Theater, u. a. Staatsoper, Burgtheater, Theater in der Josefstadt; Span. Reitschule (gegr. 1572). Kongreß- und Messestadt. Den innerstädt. Verkehr bewältigen Stadt-, Untergrund- und Straßenbahn sowie Autobusse; mehrere Donaubrücken und Häfen; internat. ✈ in Schwechat.

Stadtanlage und Bauten: W. zeigt ringförmige Gliederung: die innere Stadt war bis 1857 von Bastei und Glacis umgeben, an deren Stelle im 19. Jh. die Ringstraße mit Repräsentationsbauten und -anlagen entstand (Rathaus, Parlament, Univ., Burgtheater, Natur- und Kunsthistor. Museum, Staatsoper); davor liegt ein Gürtel von Vorstädten, um die eine äußere Befestigungslinie verlief. Vor dieser liegen die Industriegebiete mit Arbeiterwohnblöcken, u. a. Karl-Marx-Hof (1927); im NW alte Weinbauerndörfer; links der Donau (Regulierung 1870–75) die Parkanlagen des Prater, gegenüber das Auwaldgebiet der Lobau. Die westl. Stadtgrenze verläuft über die Höhen des Wiener Waldes. Im Zentrum neben Bauten aus dem MA (→Stephansdom, das Wahrzeichen Wiens, got. Kirchen [Maria am Gestade, 1330–1414; Michaelerkirche, 13./14. Jh., mit klassizist. Fassade] sowie Teile der Hofburg [13.–19. Jh.]) v. a. Barockarchitektur: die 1607/10 barockisierte ehem. Jesuitenkirche (Fassade 1662); Kapuzinerkirche (1622–32) mit Kapuzinergruft (kaiserliche Grablege); Peterskirche (1702 ff., ab 1703 von J. L. von Hildebrandt; Portal 1751); Karlskirche (1716–39) von J. B. Fischer von Erlach, der auch Schloß Schönbrunn plante (erbaut 1695/96 ff., 1744–49 umgebaut). Schloß Belvedere (1714–23) und das Palais Daun-Kinsky (1713–16) schuf J. L. von Hildebrandt.

Geschichte: W. geht auf eine kelt. Siedlung und ein röm. Legionärslager (**Vindobona,** etwa seit 100 n. Chr.) zurück. Bis ins 11. Jh. v. a. wegen des Hafens Entwicklung zum wichtigen Handelsplatz im Süd- und Osthandel. Unter den Babenbergern (seit 1130 Stadtherren) zur Residenzstadt ausgebaut. Zu Beginn des 13. Jh. ummauert, war W., bereits 1137 als Stadt erwähnt, zw. 1237 und 1296 zweimal reichsfrei. 1278 kam es an die Habsburger, die 1365 die Univ. gründeten. 1469 Bischofssitz, 1722 Erzbischofssitz. – Im 15. Jh. Schwächung der Wirtschaft durch Verlagerung und Schrumpfung des Osthandels; zwei Türkenbelagerungen (1529 und 1683 [Schlacht am Kahlenberg]) konnte W., 1672 mit einem neuen Befestigungsgürtel versehen, standhalten. In der Folge glanzvoller Aufstieg der Stadt als Kaiserresidenz (seit 1611 ständig) und europ. Kulturzentrum; großer Bevölkerungszuwachs: gegen Ende des MA etwa 50 000 E, 1850 431 000 E. 1805 und 1809 von frz. Truppen besetzt, 1814/15 Schauplatz des Wiener Kongresses und 1848 der österr. Märzrevolution. Mit dem Auseinanderfallen der österr.-ungar. Monarchie nach dem 1. Weltkrieg beherbergte W. fast ein Drittel der Bevölkerung der Republik Österreich. Seit 1922 eigenes Bundesland, 1938–45 Reichsgau des ›Großdt. Reiches‹. Nach dem 2. Weltkrieg bis 1955 in vier Besatzungszonen geteilt.

2) Erzbistum, 1469 durch Abzweigung von Passau als exemtes Bistum gegr., seit 1722 Erzbistum; Suffragane sind Eisenstadt, Linz und Sankt Pölten.

Wienbarg, Ludolf, Pseud. Ludolf Vineta, Freimund, * Altona (= Hamburg-Altona) 25. 12. 1802, † Schleswig 2. 1. 1872, dt. Schriftsteller. Wortführer des →Jungen Deutschland, schrieb die Abhandlung ›Ästhet. Feldzüge‹ (1834).

Wiener, 1) Alexander Solomon, * New York 16. 3. 1907, †ebd. 8. 11. 1976, amerikan. Hämatologe. Entdeckte 1940 mit K. Landsteiner das Rhesussystem (→Blutgruppen).

2) Norbert, * Columbia (Mo.) 26. 11. 1894, † Stockholm 18. 3. 1964, amerikan. Mathematiker. W. ist der

Wien 1) Wappen

Christoph Martin Wieland

Heinrich Wieland

Norbert Wiener

Begründer der →Kybernetik und schuf unabhängig von Claude Elwood Shannon (* 1916) u. a. die Grundlagen der Informationstheorie.

Wiener Friede, v. a. 1. der 1735 als Vorfriede geschlossene, am 18. 11. 1738 bestätigte Vertrag zw. Österreich und Frankreich; beendete den Poln. Thronfolgekrieg (1733–1735/38); 2. Vertrag zw. Dänemark, Preußen und Österreich (30. 10. 1864), in dem die Hzgt. Schleswig, Holstein und Lauenburg dem preuß.-österr. Kondominium unterstellt wurden (bis 1865).

Wiener Gruppe, in den 1950er Jahren entstandene avantgardist. Wiener Schriftstellergruppe; zu ihr gehörten F. Achleitner, H. C. Artmann (bis 1958), Konrad Bayer (* 1932, † 1964 [Selbstmord]), Gerhard Rühm (* 1930) und Oswald Wiener (* 1935).

Wiener Internationale (Internat. Arbeitsgemeinschaft sozialist. Parteien) →Internationale.

Wiener Kalk, Bez. für reinen, feinstgemahlenen, gebrannten Dolomit; Putz- und Poliermittel; davon abgeleitet: **wienern** für polieren.

Wiener Klassik, in der *Musik* ein Epochenbegriff, der das v. a. auf Wien konzentrierte Schaffen J. Haydns, W. A. Mozarts und L. van Beethovens zw. etwa 1770 und 1827 (Geburts- und Todesjahr Beethovens) bezeichnet. Der Begriff W. K. betont die überragende musikhistor. Bedeutung eines Stils, dessen Eigenart mit Universalität umschreibbar ist. Hauptgattungen sind Klavier- und Violinsonate, Sinfonie und Streichquartett sowie das aus dem Barock übernommene Solokonzert. Die in der Vorklassik (u. a. J. Stamitz) hervorgetretene Tendenz zu Einfachheit und Allgemeinverständlichkeit blieb bei aller Verfeinerung der musikal. Mittel ein Grundzug der W. K.; das zusammenhangstiftende Verfahren der Entwicklung und Abwandlung des Themas (themat.-motiv. Arbeit) und seiner Verteilung auf die verschiedenen Stimmen (durchbrochene Arbeit) kennzeichnet seit Haydns 6 Streichquartetten op. 33 (1781) die für die W. K. grundlegende Bauform der zykl. Sonatensatzform.

Wiener Kongreß, Zusammenkunft der europ. Monarchen und Staatsmänner zum Zweck der polit. Neuordnung Europas nach dem Sturz Napoleons I. in Wien (Sept./Okt. 1814 bis Juni 1815). Eine herausragende Rolle spielten neben dem österr. Staatskanzler Fürst Metternich der russ. Zar Alexander I., der brit. Außen-Min. Viscount Castlereagh, der preuß. Staatskanzler Fürst von Hardenberg und der frz. Vertreter Talleyrand, dessen diplomat. Geschick seinem Land eine nahezu gleichberechtigte Position zurückgewann.

Rußland erhielt den größten Teil des Hzgt. Warschau als Kgr. in Personalunion (›Kongreßpolen‹), *Preußen* bekam die N-Hälfte Sachsens, die Rheinlande, Westfalen, das restl. Schwed.-Vorpommern sowie Danzig, Thorn und Posen zugesprochen. *Österreich* erhielt seinen Besitz in SW und SO und in Galizien weitgehend restituiert und gewann mit Lombardo-Venetien und Modena sowie dem Wiedererwerb der Toskana die Vormachtstellung in Italien; es verzichtete auf den Breisgau sowie auf die österr. *Niederlande,* die dem neugebildeten Kgr. der Vereinigten Niederlande angeschlossen wurden. Die *Schweiz* gewann 3 Kantone (Wallis, Neuenburg, Genf) und erhielt die Garantie ihrer immerwährenden Neutralität. An die Stelle des 1806 aufgelösten Hl. Röm. Reiches trat der →Deutsche Bund.

Wiener Konventionen, zusammenfassende Bez. für 1. das Wiener Übereinkommen über diplomat. Beziehungen vom 18. 4. 1961 sowie 2. das Wiener Übereinkommen über konsular. Beziehungen vom 24. 4. 1963.

Wiener Kreis (Wiener Schule), Gruppe von Wissenschaftlern des Neopositivismus (R. Carnap,

V. Kraft, urspr. auch K. R. Popper u. a.), die die philos. Grundlagen der Einzelwiss. mit den Hilfsmitteln der modernen formalen Logik und einer wiss. Einheitssprache behandeln wollten.

Wiener Neustadt, niederösterr. Stadt südl. von Wien, 40 000 E. Städt. Museum; Theater; u. a. Metallverarbeitung. Roman.-frühgot. Stadtpfarrkirche (1279 geweiht), Neuklosterkirche (13.–15. Jh.), ehem. Burg (um 1250; mehrfach umgebaut) mit spätgot. Georgskirche (15. Jh., mit berühmter Wappenwand).

Wiener Philharmoniker, 1842 auf Initiative von C. O. Nicolai in Wien aus Musikern der Hofoper gebildetes Orchester von internat. Rang.

Wiener Schlußakte, die Dt. Bundesakte von 1815 ergänzendes, am 8. 7. 1820 angenommenes Grundgesetz des Dt. Bundes.

Wiener Schule, 1) *Philosophiegeschichte:* svw. →Wiener Kreis.

2) *Psychologie:* Bez. für verschiedene Richtungen der Tiefenpsychologie; Vertreter u. a. S. Freud, A. Adler, C. Bühler.

3) *Wirtschaft:* seit den 1880er Jahren in Wien bestehende theoret. Schule innerhalb der *Nationalökonomie,* die auf dem Grenznutzenprinzip aufbaut (u. a. Eugen von Böhm-Bawerk [* 1851, † 1914], z. T. auch J. Schumpeter).

4) *Musik:* 1. die Gruppe von Komponisten, die (gleichzeitig mit der →Mannheimer Schule) als Wegbereiter der →Wiener Klassik (u. a. G. C. Wagenseil) gilt; 2. **(Zweite Wiener Schule)** A. Schönberg und sein Schülerkreis. Sie führten die Harmonik an ihre letzten Grenzen (z. B. Schönbergs Kammersinfonie op. 9) und fanden die Grundlagen der Neuen Musik (ab etwa 1907/08): Atonalität (→atonale Musik) und →Zwölftontechnik.

Wiener Volkstheater, Wiener Vorstadttheater im 18. bis zur Mitte des 19. Jh. (begr. von J. A. Stranitzky), das in der Komödientradition der →Commedia dell'arte stand. Sein Repertoire umfaßte (Lokal)possen, Zauberstücke und Singspiele, die die verschiedensten literar. Stoffe im Sinne einer ›Verwienerung‹ parodierten. Bes. bed. Vertreter des W. V. sind F. Raimund und J. N. Nestroy.

Wienhausen, Gem. bei Celle, Nds., 3 000 E. Ehem. Zisterzienserinnenkloster (gegr. 1221, nach W. verlegt 1231), einschließlich der Ausstattung (13. bis 16. Jh.; bed. Teppiche) erhaltene got. Anlage; barokkisierte Kirche mit ausgemaltem Nonnenchor (um 1330).

Wiensches Verschiebungsgesetz, von W. Wien aufgefundene Gesetzmäßigkeit der Energieverteilung in einer Hohlraumstrahlung: Das Maximum der Energieverteilungskurve verschiebt sich mit steigender absoluter Temperatur nach kürzeren Wellenlängen.

Wies (Wieskirche), Wallfahrtskirche im Ortsteil Wies der Gem. Steingaden, erbaut 1745–54 von D. Zimmermann, ein Hauptwerk des Rokoko; Dekkenmalerei und Stukkaturen von J. B. Zimmermann.

Wiesbaden, Hauptstadt von Hessen, im Taunusvorland, 251 800 E. Sitz der hess. Landesregierung; Statistisches Bundesamt, Bundeskriminalamt; Hess. Hauptstaatsarchiv, Hess. Landesamt für Bodenforschung, Hess. Staatstheater, Museum. Kongreß-, Kur- und Badestadt mit Spielbank. U. a. chem. und pharmazeutische Ind., Sektkellereien, Zementwerk; Rheinhafen. Reste der röm. Stadtbefestigung (4. Jh.; sog. Heidenmauer). Schloß (1837–41, heute Sitz des Hess. Landtags), Kuranlage mit klassizist. Kolonnaden. – Wohl schon zur Zeit des Kaisers Augustus durch ein Kastell befestigt. Die Zivilsiedlung **Aquae Mattiacae** entwickelte sich zum Kurort (Thermen seit Mitte des 1. Jh. n. Chr.); etwa 400 endgültig alemannisch, um 500 fränkisch. 829 als **Wisibada** belegt; 1744 Hauptstadt des Ft. Nassau-Usingen; 1866 an Preußen. Seit 1945 Hauptstadt des Landes Hessen.

Wiese, gehölzfreie oder -arme, v.a. aus Süßgräsern und Stauden gebildete Pflanzenformation. Bei landwirtsch. Nutz-W. unterscheidet man *Fett-W.* (mit zweimaliger Mahd pro Jahr und hohem Heuertrag; auf nährstoffreichen Böden) und *Mager-W.* (mit einmaliger Mahd pro Jahr und geringem Heuertrag; an trockenen, nährstoffarmen Standorten).

Wiesel, 1) Elie, * Sighet (Südkarpaten, Rumänien) 30. 9. 1928, jüd. Schriftsteller. Wuchs in der Tradition des → Chassidismus auf; wurde 1944 mit seiner Familie nach Auschwitz und Buchenwald deportiert. Lebte seit Mitte 1945 in Paris, seit 1956 hauptsächlich in New York (seit 1963 amerikan. Staatsbürger). Sein in frz. Sprache geschriebenes Werk ist der Geschichte der Toten und der Überlebenden des Holocausts sowie der Überlieferung der jüd. Tradition gewidmet: u. a. ›Die Nacht zu begraben, Elischa‹ (R.-Trilogie: 1. ›Nacht‹, 2. ›Morgengrauen‹, 3. ›Tag‹; 1958–62), ›Die Juden in der UdSSR‹ (Essay, 1966), ›Chassid. Feier‹ (Geschichten und Legenden, 1972), ›Der fünfte Sohn‹ (R., 1983), ›Jude heute‹ (En., Essays, Dialoge, 1985); 1986 Friedensnobelpreis.
2) Torsten Nils, * Uppsala 3. 6. 1924, schwed. Neurobiologe. Für seine grundlegenden Entdeckungen hinsichtlich der Informationsverarbeitung optischer Reize durch das Gehirn erhielt er (zus. mit D. H. Hubel und R. W. Sperry) 1981 den Nobelpreis für Physiologie oder Medizin.

Wiesel: Hermelin

Wiesel, Gatt. der Marder mit über zehn Arten in Europa, N-Afrika, Asien und N-Amerika; Körper sehr schlank, kurzbeinig; flinke Raubtiere, jagen v.a. Kleinsäuger. – Bekannte Arten sind u.a.: → Mink; *Hermelin* (Großes W.), etwa 22–30 cm lang, Schwanz 8–12 cm lang, mit schwarzer Spitze; Fell im Sommer braun, im Winter weiß; *Maus-W.* (Kleines W.), bis 23 cm lang.

Wieselartige (Mustelinae), Unterfam. der Marder mit über 30, mit Ausnahme Australiens weltweit verbreiteten Arten; u. a. Edelmarder, Zobel, Iltis, Nerz, Wiesel und Vielfraß.

Wiesenknopf, Gatt. der Rosengewächse mit rd. 30 Arten in der gemäßigten Zone; einheimisch sind auf Feuchtwiesen der 30–90 cm hohe *Große W.* mit dunkelbraunroten Blüten in längl. Köpfchen; auf Trockenrasen der 20–60 cm hohe *Kleine W.* (Bibernelle) mit rötl. Blüten in kugeligen Köpfchen.

Wiesenschaumkraut → Schaumkraut.

Wiesenthal, Simon, * Buczacz (= Butschatsch, Ukraine) 31. 12. 1908, österr. Publizist. Als Jude 1941–45 im KZ; leitete 1947–54 in Linz ein Dokumentationszentrum über Judenverfolgung; trug wesentlich zur Aufspürung A. Eichmanns in Argentinien (1960) bei; eröffnete 1961 das jüd. Dokumentationszentrum in Wien, das er seitdem leitet.

Wieskirche → Wies.

Wiesloch, Stadt am NW-Rand des Kraichgaus, Bad.-Württ., 21 800 E. U. a. Druckmaschinenbau; Winzergenossenschaft. Kath. spätbarocke Laurentiuskirche (1750–53, später erweitert); Reste der Stadtbefestigung (15. Jh.).

Wight [engl. waıt], engl. Insel (Gft. *Isle of W.*) im Ärmelkanal, von der südengl. Küste bei Southampton durch Solent und Spithead getrennt, 381 km², 119 800 E, Hauptort Newport. – Wurde 43 n. Chr. röm. **(Vectis);** im 5. Jh. von Jüten erobert; seit 1890 eigener Grafschaftsrat.

Wigman, Mary, eigtl. Marie Wiegmann, * Hannover 13. 11. 1886, † Berlin (West) 19. 9. 1973, dt. Tänzerin, Choreographin und Tanzpädagogin. Schülerin von R. von Laban; bed. Vertreterin des modernen Ausdruckstanzes; leitete eigene Schulen in Dresden, Leipzig und Berlin (West).

Wigner, Eugene Paul [engl. 'wıgnə], * Budapest 17. 11. 1902, amerikan. Physiker österr.-ungar. Herkunft. Beiträge zur Anwendung der Quantenmechanik in der Festkörper-, Atom- und Kernphysik. Während des 2. Weltkrieges war er maßgebend an der Entwicklung der Atombombe und der Kernreaktoren beteiligt. Überlegungen zur Raumspiegelung, Parität und Zeitumkehr sowie über Invarianz in physikal. Theorien. 1963 Nobelpreis für Physik (zus. mit M. Goeppert-Mayer und J. H. D. Jensen).

WIG-Verfahren, Kurzbez. für Wolfram-Inertgas-Schweißen (→ Schweißverfahren).

Wigwam [indian.], kuppelförmige Hütte der Algonkinstämme des östl. Waldlands Nordamerikas.

Wikinger (Rus, Waräger), skandinav. Kriegerscharen, die vom 6.–11. Jh., bes. im 9. und 10. Jh., ganz Europa mit Plünderungsfahrten überzogen und die Handelswege beherrschten (→ Haithabu, → Birka). Die Züge der *Norweger* führten v. a. zu den Brit. Inseln (8. Jh.), nach Island (um 860), nach Grönland (Entdeckung 982 durch Erich den Roten) und Nordamerika (Entdeckung um 1000 durch Leif Eriksson). Die *Dänen* wandten sich dagegen seit 834 dem Kontinent zu, besetzten Friesland, richteten ihre Fahrten nach 866 gegen England und setzten sich 911 in der Normandie (→ Normannen) fest. 1013 eroberten sie England. Im Ostseeraum und in Rußland waren seit dem 9. Jh. bes. die *Schweden* aktiv, als Rus oder Waräger bezeichnet.

Wild, weidmänn. Bez. für alle freilebenden Tiere, die dem Jagdrecht unterliegen. Man unterscheidet *Hochwild* und *Niederwild, Haarwild* und *Flugwild, edles* (für den menschl. Verzehr geeignetes) und *unedles* (für den Verzehr ungeeignetes) *Wild.*

Wildbad im Schwarzwald, Stadt, Heilbad an der Enz, Bad.-Württ., 11 700 E. Rokokopfarrkirche (1746–48).

Wildbann → Bannforsten.

Wildbeuter (Jäger und Sammler), Jäger-, Fischer- und Sammelvölker, die die von der Natur angebotenen tier. und pflanzl. Produkte ausbeuten.

Wildbret, Fleisch des Nutzwildes, meist als Braten oder Ragout zubereitet.

Wilde, Oscar Fingal[l] O'Flahertie Wills [engl. waıld], * Dublin 16. 10. 1854, † Paris 30. 11. 1900, engl. Schriftsteller ir. Herkunft. Hervorragendster Vertreter des Ästhetizismus in England, zuletzt unter dem Decknamen *Melmoth* in Frankreich. Sein einziger Roman ›Das Bildnis des Dorian Gray‹ (1891; mehrmals verfilmt) ist neben seinen Märchen und Erzählungen sein bekanntestes Werk. 1895 zu einer 2jährigen Zuchthausstrafe wegen Homophilie verurteilt; in Haft schrieb er die ›Ballade vom Zuchthause zu Reading‹ (1898) und den autobiograph. Essay ›De profundis‹ (hg. 1905); seine Tragödie ›Salome‹ (1893 in frz. Sprache) wurde von R. Strauss als Oper (1905)

Elie Wiesel

Thorsten Nils Wiesel

Eugene Paul Wigner

Oscar Wilde

vertont; schrieb auch Komödien. Von aktueller Bed. ist sein Essay ›Der Sozialismus und die Seele des Menschen‹ (1891).

Wilde Jagd (Wilde Fahrt, Wildes Heer), im Volksglauben ein Totenheer, das, angeführt vom *Wilden Jäger* (urspr. Wodan), in den Sturmnächten durch die Lüfte reitet.

Wildenten, volkstüml. Sammelbez. für alle wildlebenden Enten, in Deutschland bes. die Stockente.

Wilder [engl. 'waɪldə], **1)** Billy, eigtl. Samuel W., * bei Krakau(?) 22. 6. 1906, amerikan. Filmregisseur österr. Herkunft. Filmjournalist in Berlin; emigrierte 1933. Gehört zu den bed. Regisseuren Hollywoods; nach dem Kriminaldrama ›Zeugin der Anklage‹ (1957; nach A. Christie) hatte er Welterfolge mit den Filmkomödien ›Manche mögen's heiß‹ (1959) und ›Das Mädchen Irma La Douce‹ (1962). – *Weitere Filme:* Frau ohne Gewissen (1944), Boulevard der Dämmerung (1950), Das verflixte siebte Jahr (1955), Eins, zwei, drei (1961), Buddy, Buddy (1981).

Billy Wilder

Wildschweine: Eurasisches Wildschwein

2) Thornton, * Madison (Wis.) 17. 4. 1897, † Hamden bei New Haven (Conn.) 7. 12. 1975, amerikan. Schriftsteller. Gehört als Romancier (u. a. ›Die Brücke von San Luis Rey‹, 1927; ›Dem Himmel bin ich auserkoren‹, 1934) und Dramatiker (›Unsere kleine Stadt‹, 1938; ›Die Heiratsvermittlerin‹, 1939; verfilmt 1958; danach auch das Musical ›Hello Dolly‹, 1963) zu den exponierten Vertretern der amerikan. Literatur des 20. Jh. – *Weitere Werke:* Die Cabala (R., 1926), Die Iden des März (R., 1948), Die Alkestiade (Kom., UA 1955; als Musical 1962), Der achte Schöpfungstag (R., 1967), Theophilus North oder ein Heiliger wider Willen (R., 1974).

Wilderei, unrechtmäßiges Jagen oder Fischen in fremdem Revier.

Wilder Kaiser → Kaisergebirge.

Wilder Wein → Jungfernrebe.

Wilder Westen, in N-Amerika die im Laufe der Expansion nach W vorrückende Übergangsregion (›frontier‹) von organisiertem Siedlungsgebiet der Einwanderer zu dem von Indianern beherrschten Land, (fast ausnahmslos glorifiziert) dargestellt in Romanen und Filmen.

wildes Fleisch, überschüssig wucherndes, schwammiges Granulationsgewebe an heilenden Wunden.

Wildes Heer → Wilde Jagd.

Wildfrüchte, die eßbaren Früchte wild wachsender Pflanzen; z. B. Hagebutten, Holunder- oder Preiselbeeren.

Wildgänse, volkstüml. Bez. für alle wild lebenden Echten Gänse, i. e. S. für die Graugänse.

Thornton Wilder

Wildhefen, im Ggs. zu den Kulturhefen in der freien Natur auf zuckerhaltigen Stoffen sowie in Böden vorkommende Schlauchpilze, die eine alkohol. Gärung bewirken.

Wildkaninchen, Gatt. der Hasen mit der einzigen, über weite Teile Europas verbreiteten, in Australien, Neuseeland und Chile eingebürgerten Art *Europ. W.;* 35–45 cm Körperlänge, 7–8 cm lange Ohren; lebt gesellig in ausgedehnten Erdröhrensystemen, neigt zu sprichwörtlich starker Vermehrung; Stammform der zahlr. Hauskaninchenrassen.

Wildkatze, in Europa, N-Afrika und SW-Asien heim. Kleinkatze; Länge 45–80 cm, Schwanz 25–40 cm lang; Unterarten sind: *Falbkatze* (Afrikan. W.; 45–70 cm körperlang, gelblichgrau, in Steppen und Savannen Afrikas; die *Nub. Falbkatze* gilt als Stammform der Hauskatze); *Waldkatze* (Mitteleurop. W.; 50–80 cm körperlang, gelblichbraun, Schwanz schwarzspitzig und schwarz geringelt).

Wildleder, Handelsbez. für Sämischleder; auch Bez. für Veloursleder.

Wildschaden, der durch jagdbares Wild angerichtete Schaden; für W. besteht in weitem Umfang eine Gefährdungshaftung.

Wildschweine, Gatt. der Schweine mit vier Arten in Europa, Asien und N-Afrika. Einheimisch ist das *Euras. Wildschwein* mit 100–180 cm Körperlänge, 55–110 cm Schulterhöhe und (bei Keilern) bis rd. 200 kg Körpergewicht; Eckzähne (bes. beim Keiler) verlängert, die des Oberkiefers nach oben gekrümmt (Gewaff), Fell mit langen, borstigen Haaren, braunschwarz bis hellgrau; frißt Pflanzen, Samen, Schnecken, Würmer und Insekten; die Weibchen bilden mit den Jungtieren (Frischlingen) zus. Gruppen, die Männchen sind außerhalb der Paarungszeit Einzelgänger. Stammform des Hausschweins.

Wildspitze, mit 3774 m höchste Erhebung der Ötztaler Alpen.

Wildwasserrennen → Kanusport.

Wilfrith (Wilfrid, Wilfried) **von York** [engl. jɔːk], hl., * Northumbria 634, † im Kloster Oundle bei Peterborough im Okt. (24. 4.?) 709, angelsächs. Bischof. Versuchte, die kelt. Bräuche zugunsten der röm. Liturgie und der Benediktregel abzuschaffen. – Fest: 12. Oktober.

Wilhelm, Name von Herrschern:
Hl. Röm. Reich: **1) Wilhelm von Holland,** * 1227 oder 1228, ⚔ bei Alkmaar 28. 1. 1256, Röm. König (seit 1247). Nach dem Tode Heinrich Raspes zum Gegenkönig gegen Friedrich II. gewählt, 1248 in Aachen gekrönt; nach dem Tod Konrads IV. 1254 allg. anerkannt. Fiel auf einem Feldzug gegen die Friesen.

Dt. Reich: **2) Wilhelm I.,** * Berlin 22. 3. 1797, † ebd. 9. 3. 1888, Dt. Kaiser (seit 1871) und König von Preußen (seit 1861). Leitete 1849 die blutige Niederschlagung des pfälz.-bad. Aufstands (›Kartätschenprinz‹). Nach Übernahme der Stellvertretung bzw. Regentschaft (1857/58) für seinen erkrankten Bruder Friedrich Wilhelm IV. leitete W. die liberale Neue Ära ein, geriet aber ab 1859 mit der Landtagsmehrheit in Konflikt über die Heeresreform (›preußischer Verfassungskonflikt‹). Als W. an Abdankung dachte, setzte die Militärpartei 1862 Bismarck als Min.-Präs. durch, hinter dem W. in der Folgezeit meist zurücktrat. 1867 übernahm das Präsidium des Norddt. Bundes, am 18. 1. 1871 wurde er in Versailles zum Dt. Kaiser ausgerufen.

3) Wilhelm II., * Berlin 27. 1. 1859, † Schloß Doorn 4. 6. 1941, Dt. Kaiser und König von Preußen (1888–1918). Der älteste, streng erzogene Sohn Friedrichs III. stand früh in Opposition zur liberalen Aufgeschlossenheit seiner Eltern. Zugleich Ideen romant. Königtums und technokrat.-plebiszitärer Führerschaft verhaftet, gerieten W. Machtansprüche (›per-

sönl. Regiment‹) v. a. in Sozial- und Außenpolitik nach seiner Thronbesteigung rasch in Konflikt mit Bismarck (Entlassung 1890). In seiner vorschnellen Unbedachtheit (Daily-Telegraph-Affäre 1908) und seiner durch eine körperl. Behinderung mitgeprägten, inneren Unausgeglichenheit, die durch forsches Auftreten (›Säbelrasseln‹) und äußeren Pomp überspielt wurde, spiegelte sich W. Grundzüge der von inneren Krisen überlagerten dt. Gesellschaft seines Zeitalters *(›Wilhelminismus‹);* seinem selbst auferlegten Führungszwang wurde er aber nicht gerecht. Deutlich wird dies u. a. nach Ausbruch des durch die Politik W. mitverursachten 1. Weltkrieges, in dessen Verlauf W. gegenüber der militär. und polit. Reichsleitung völlig in den Hintergrund tritt und an dessen Ende sein meist unbeachtetes Exil in den Niederlanden (Doorn) steht.

England: **4) Wilhelm I., der Eroberer,** * Falaise bei Caen um 1027, † Rouen 9. 9. 1087, König (seit 1066), Hzg. der Normandie (seit 1035). Da König Eduard der Bekenner ihm die engl. Krone versprochen hatte, landete W. am 28. 9. 1066 in Sussex, besiegte den inzwischen gewählten Harold II. Godwinson am 14. 10. bei Hastings und ließ sich am 25. 12. in Westminster krönen; schuf einen zentral gelenkten anglonormann. Feudalstaat.

5) Wilhelm III. von Oranien (Wilhelm Heinrich), * Den Haag 14. 11. 1650, † Hampton Court (= London) 19. 3. 1702, König von England, Schottland und Irland (seit 1689). Statthalter von 5 niederl. Prov.; Generalkapitän der niederl. Truppen im Niederl.-Frz. Krieg 1672–78/79. Die Opposition gegen seinen Schwiegervater Jakob II. von England übertrug ihm zus. mit seiner Gemahlin Maria (II.) Stuart nach der Flucht des Königs die Krone, um eine prot. Thronfolge zu sichern. Beide mußten zuvor der Bill of Rights zustimmen, wodurch die Entwicklung zur konstitutionellen Monarchie eingeleitet wurde.

Niederlande: **6) Wilhelm I., der Schweiger,** * Dillenburg 25. 4. 1533, † Delft 10. 7. 1584, Graf von Nassau, Prinz von Oranien (seit 1544), Statthalter. 1559 Mgl. des Staatsrats und Statthalter von Holland, Seeland, Utrecht und der Franche-Comté, wurde zum Wortführer der länd. Opposition gegen den span. Zentralismus. 1572 von den Aufständischen der nördl. Landesteile zum Statthalter ernannt, vereinigte W. 1576 in der Genter Pazifikation alle niederl. Prov., doch infolge der konfessionellen Ggs. gelang es ihm nicht, alle Prov. in einer Aufstandsbewegung zusammenzuhalten. 1580 von König Philipp II. geächtet; von einem Katholiken ermordet.

7) Wilhelm III. von Oranien → Wilhelm III., König von England.

Wilhelm von Champeaux [frz. ʃã'po], latin. Guilelmus de Campellis (Champellensis), * Champeaux bei Melun um 1070, † Châlons-sur-Marne 1121 (1122?), frz. scholast. Theologe. Lehrer P. Abälards; begründete 1109/10 in Paris die Schule von → Sankt Viktor.

Wilhelm von Ockham [engl. 'ɔkəm] → Ockham, Wilhelm von.

Wilhelmina, * Den Haag 31. 8. 1880, † Schloß Het Loo bei Apeldoorn 28. 11. 1962, Königin der Niederlande (1890–1948). Einzige Tochter Wilhelms III. (* 1817, † 1890), bis 1898 unter der Vormundschaft ihrer Mutter, Königin Emma (* 1858, † 1934), trug wesentlich zur Stärkung der Monarchie bei gleichzeitiger Demokratisierung der polit. Institutionen bei; im brit. Exil (1940–45) Stützpfeiler des niederl. Widerstandes; 1948 Thronverzicht zugunsten ihrer Tochter Juliana.

Wilhelmine, * Berlin 3. 7. 1709, † Bayreuth 14. 10. 1758, Markgräfin von Bayreuth. Lieblingsschwester Friedrichs II., d. Gr.; seit 1731 ∞ mit dem späteren Markgrafen Friedrich von Bayreuth (* 1711, † 1763);

zeichnete in ihren ›Denkwürdigkeiten‹ ein krit. Bild des Berliner Hofes.

Wilhelmshaven [...fən], Stadt am Ausgang des Jadebusens in die Nordsee, Nds., 91 000 E. Senckenberg-Forschungsanstalt für Meeresgeologie und Meeresbiologie, Niedersächs. Landesinstitut für Marschen- und Wurtenforschung, Institut für Vogelforschung – Vogelwarte Helgoland mit Museum; Küstenmuseum, Städt. Kunsthalle, Stadttheater; botan. Garten, Seewasseraquarium. Wichtigster dt. Erdölumschlaghafen, Erdölraffinerie, chem., petrochem. u. a. Ind.betriebe. Ev. Kirche Neuende (13. Jh.), Rathaus (1928/29), Burg Kniphausen (15.–17. Jh.). – Verdankt sein Entstehen dem 1856 angelegten preuß. Kriegshafen; mit **Rüstringen** 1937 zur Stadt vereinigt.

Wilhelmstraße, Berliner Straße östlich des Brandenburger Tors. An der W. befanden sich im Dt. Reich u. a. das Auswärtige Amt und die Reichskanzlei, so daß ›W.‹ zum Synonym für die Leitung der dt. (Außen)politik bis 1945 wurde.

Wilkins, 1) Sir (seit 1928) George Hubert, * Mount Bryan East (Distrikt Burra Burra, S-Australien) 31. 10. 1888, † Framingham (Mass.) 1. 12. 1958, austral. Polarforscher. Überquerte von Alaska aus am 16. 4. 1928 Spitzbergen (2 100 Meilen in 20½ Flugstunden); startete am 16. 11. 1928 zum ersten Flug in die W-Antarktis, wo *W.straße* und *W.küste* nach ihm benannt wurden.

2) Maurice Hugh Frederick, * Pangora (Neuseeland) 15. 12. 1916, brit. Biophysiker. Prof. für Molekularbiologie in London; Arbeiten über die Trennung von Uranisotopen sowie zur Röntgenstrukturanalyse v. a. von genet. Material. Für seine bed. Beiträge zur Aufklärung der Struktur der → DNS erhielt er (mit F. H. C. Crick und J. D. Watson) 1962 den Nobelpreis für Physiologie oder Medizin.

Maurice Hugh Frederick Wilkins

Wilkinson, Geoffrey [engl. 'wɪlkɪnsn], * Springside bei Todmorden 14. 7. 1921, brit. Chemiker. Klärte unabhängig von E. O. Fischer Struktur und Verhalten bestimmter → Koordinationsverbindungen (sog. Sandwichverbindungen); erhielt hierfür zus. mit Fischer 1973 den Nobelpreis für Chemie.

Willaert, Adrian [niederl. 'wɪlaːrt], * Brügge oder Roeselare zw. 1480 und 1490, † Venedig 7. 12. 1562, fläm. Komponist. Wirkte ab 1527 als Kapellmeister an San Marco in Venedig; Begründer der → venezianischen Schule; u. a. Motetten, Chansons, Villanellen und Madrigale.

Geoffrey Wilkinson

Wille, die Fähigkeit des Menschen, sich bewußt für oder gegen eine bestimmte geistige Einstellung oder eine bestimmte Weise des Verhaltens zu entscheiden. Im Unterschied zur Triebhandlung wird als W.handlung daher die sich verwirklichende psych. Energie *(Willenskraft)* angesehen.

Willehalm, Held der gleichnamigen Reimpaarerzählung (rd. 14 000 Verse) von Wolfram von Eschenbach. Vorlage ist eine altfrz. Chanson de geste um Guillaume d'Orange (histor. Vorbild: Wilhelm von Aquitanien [† 812], ein Enkel Karl Martells). Im 13. Jh. schrieben Ulrich von dem Türlin eine Vorgeschichte, Ulrich von Türheim eine Fortsetzung (›Rennewart‹), im 15. Jh. wurden alle 3 Epen in Prosa umgesetzt.

Willemer, Marianne von, geb. Jung, * Linz 20. 11. 1784, † Frankfurt am Main 6. 12. 1860. Kam 1798 mit einer Balletttruppe nach Frankfurt am Main; 1814 Bekanntschaft mit Goethe; Vorbild für die Suleika im ›West-östl. Divan‹ (1819), zu dem sie einige Gedichte beitrug.

Willendorf (amtl. W. in der Wachau, zur Marktgemeinde Aggsbach, Niederösterreich), Fundort jungpaläolith. Freilandstationen. Berühmt wurde bes. W. II mit 9 Kulturschichten des Aurignacien und des Gravettien (Kalksteinstatuette ›Venus von W.‹).

Willendorf: Venus von Willendorf (Wien, Naturhistorisches Museum)

Betty Williams

Tennessee Williams

Richard Willstätter

Charles Thomson
Rees Wilson

Willenserklärung, private Willensäußerung, die rechtl. Folgen haben soll. Die W. ist wichtigster Bestandteil der Rechtsgeschäfte. Die Erklärung des Willens muß nach außen erkennbar gemacht werden. I. d. R. sind W. formlos gültig, sie können also durch ein beliebiges, entsprechend deutbares (konkludentes) Verhalten (z. B. stillschweigende Bezahlung eines Eintrittspreises) abgegeben werden. Voraussetzung für die Wirksamkeit einer W. ist die Rechtsfähigkeit und Geschäftsfähigkeit des Erklärenden zum Zeitpunkt der Willenserklärung. *Empfangsbedürftige W.* (z. B. Kündigungen), d. h. Willenserklärungen, die zu ihrer Wirksamkeit im Ggs. zu den nicht empfangsbedürftigen Willenserklärungen (z. B. Testament) einer anderen Person zur Kenntnis gebracht worden sein müssen, werden erst mit ihrem Zugang wirksam.

Williams [engl. 'wıljəmz], 1) Betty, * Belfast 22. 5. 1943, nordir. Friedenskämpferin. Begründete die Bewegung ›Women for Peace‹, später ›Community of the Peace People‹ mit Mairead Corrigan (* 1944), mit der sie 1976 den Friedensnobelpreis erhielt.

2) Tennessee, eigtl. Thomas Lanier W., * Columbus (Miss.). 26. 3. 1911, † New York 25. 2. 1983, amerikan. Dramatiker. Seine Dramen sind zu einem großen Teil (teilweise unter seiner Mitarbeit als Drehbuchautor) auch verfilmt worden, u. a. ›Glasmenagerie‹ (1944; verfilmt 1973 von Anthony Harvey [* 1931]), Endstation Sehnsucht‹ (1947; verfilmt 1951 von E. Kazan), ›Die tätowierte Rose‹ (1951; verfilmt 1955 von Daniel Mann [* 1912]), ›Plötzlich im letzten Sommer‹ (1958; verfilmt 1959 von Joseph Mankiewicz [* 1909]). – *Weitere Werke:* Die Katze auf dem heißen Blechdach (1955; verfilmt 1958 von Richard Brooks [* 1912]), Süßer Vogel Jugend (1959, verfilmt 1961 von R. Brooks), Die Nacht des Leguans (1962, verfilmt 1963 von J. Huston).

3) William Carlos, * Rutherford (N. Y.) 17. 9. 1883, † ebd. 4. 3. 1963, amerikan. Schriftsteller und Arzt. Gehört als Vertreter des Imagismus zu den bed. amerikan. Lyrikern (u. a. ›Paterson‹, 5 Bde., 1946–58); auch Romane (›White Mule. Erste Schritte in Amerika‹, Trilogie, 1937), Essays (›Die Neuentdeckung Amerikas‹, 1925) und Dramen (›Many loves and other plays‹, 1961).

Williamsburg [engl. 'wıljəmzbə:g], Stadt in SO-Virginia, USA, 9 900 E. Kapitol (1701–05), Gouverneurspalast (1706–20), College of William and Mary (1695–99). – Entstand 1633; bis 1780 Hauptstadt von Virginia.

Williams Christbirne (Barlett), aus Großbrit. stammende feine Tafelbirne; große bis mittelgroße Früchte mit beulen- oder rippenförmigen Erhebungen; Schale gelb, zimtfarben gepunktet; Fruchtfleisch gelblichweiß, schmelzend, aromatisch; Genußreife von Ende August bis Mitte Sept., Lagerzeit 2–3 Monate.

Willibald (Wilbald), hl., * in England um 700, † Eichstätt 7. 7. 787, Bischof von Eichstätt. Von Bonifatius als Helfer in die dt. Missionsarbeit berufen; ab 741 Bischof von Eichstätt; Mitbegründer der Klöster Heidenheim und Solnhofen. – Fest: 7. Juli.

Willibrord, hl., * in Northumbria um 658, † Echternach (?) 7. 11. 739, angelsächs. Missionar. Lehrer des Bonifatius; missionierte seit 690 in Westfriesland; errichtete 697/698 das Kloster Echternach; schuf die Voraussetzungen für die Gründung des Bistums Utrecht; gilt als Apostel der Friesen und Patron der Beneluxländer. – Fest: 7. November.

Willigis, hl., † 23. 2. 1011, Erzbischof von Mainz (seit 975). 983–994 Ratgeber der Kaiserinnen Theophanu und Adelheid (Rettung der Krone für Otto III. gegen Ansprüche des bayr. Hzg. Heinrich II., des Zänkers); veranlaßte den Bau des Mainzer Doms. – Fest: 23. Februar.

Willkür, Begriff, der ein Handeln bezeichnet, das (unter Ausnutzung von sozialen, polit. Vorteils- oder Machtpositionen) allg. geltende Rechts- und Moralvorstellungen außer Kraft setzt und damit die Interessen anderer mißachtet.

Willkürverbot, sich aus dem GG ergebendes Verbot, Gleiches ungleich und Ungleiches gleich zu behandeln; dies gilt für Verwaltung und Gesetzgeber.

Willmann, Michael, ≈ Königsberg (Pr) 27. 9. 1630, † Leubus 26. 8. 1706, dt. Barockmaler. Tätig v. a. in schles. Klöstern (Apostelmartyrien, Josephszyklus in Grüssau, St. Joseph).

Willoch, Kaare Isaachsen [norweg. 'vilɔk], * Oslo 3. 10. 1928, norweg. Politiker. Volkswirtschaftler; seit 1958 Mgl. des Storting; 1970–74 Vors. und 1970–81 Fraktions-Vors. der Konservativen Partei; 1963 und 1965–70 Handels- und Schiffahrts-Min.; Min.-Präs. 1981–86.

Willstätter, Richard, * Karlsruhe 13. 8. 1872, † Muralto bei Locarno 3. 8. 1942, dt. Chemiker. Ermittelte die Struktur zahlr. Alkaloide und Pflanzenfarbstoffe und synthetisierte u. a. das Kokain und Atropin. Für seine Untersuchungen über die Anthozyane und das Chlorophyll erhielt er 1915 den Nobelpreis für Chemie.

Wilna (Vilnius), Hauptstadt Litauens, am Neris, 597 000 E. Univ. (gegr. 1579) u. a. Hochschulen, sieben Museen, fünf Theater, Philharmonie. U. a. Maschinen- und Präzisionsgerätebau. Am Fuß des Burgberges liegt die Altstadt mit Bauten, u. a. dem spätgot. Kirchen Sankt Nikolai (15. Jh., im 18. Jh. Fenster barock verändert), Bernhardinerkirche (1513 vollendet, Umbau zur Wehrkirche im 16. Jh.), Annenkirche (1499 begonnen), den Kirchen in ›Wilnaer Barock‹: Michaeliskirche (1594–1625), Kasimirkirche (1596–1604), Peter-und-Paul-Kirche (1668–84; mit 2 000 Statuen), Sankt Johannis (Umbau von 1737–40) und die klassizist. Kathedrale (1771–1801) mit der Kasimirkapelle (1624–36). Die wichtigsten Profanbauten sind das Königsschloß (1530 bis 1940), das Medininkai-Tor (15. und 16. Jh.), die Univ.bauten (15.–18. Jh.), das klassizist. Rathaus (1788–99) und der Bischofspalast (1825–32). – Im 10. Jh. gegr., 1323 zur Hauptstadt Litauens erhoben; 1387 Magdeburger Stadtrecht; im 2. Nord. Krieg von den Schweden erobert und zerstört (1702, 1706); wurde nach der Angliederung Litauens an das Russ. Reich (1795) Gouvernementshauptstadt; 1920 von Polen annektiert; im Sept. 1939 von sowjet. Truppen besetzt.

Wilson [engl. wılsn], 1) Angus, eigtl. A. Frank Johnstone-W., * Bexhill 11. 8. 1913, † Bury-Saint-Edmunds 31. 5. 1991, engl. Schriftsteller. Parodist.-iron. Romane im Stil des Viktorianismus; auch satir. Kurzgeschichten, Hör- und Fernsehspiele sowie Essays. – *Werke:* ›Schierling und danach‹ (1952), ›Späte Entdeckungen‹ (1956), ›Meg Eliot‹ (1958), ›Die alten Männer im Zoo‹ (1961), ›Kein Grund zum Lachen‹ (1967), ›Brüchiges Eis‹ (1980).

2) Charles Thomson Rees, * Glencorse bei Edinburgh 14. 2. 1869, † Carlops bei Edinburgh 15. 11. 1959, brit. Physiker. Konstruierte die Nebelkammer, mit der er 1911 erstmals Spuren von Alphateilchen sichtbar machen konnte. Nobelpreis für Physik 1927 (zus. mit A. H. Compton).

3) Sir (seit 1976) Harold, * Huddersfield 11. 3. 1916, brit. Politiker (Labour Party). Seit 1945 Unterhaus-Mgl., 1947–51 Handels-Min.; 1963–76 Parteiführer, 1964–70 und 1974–76 Premierminister. Seine Restriktionspolitik zur Sanierung von Wirtschaft und Währung stieß auf gewerkschaftl. Widerstand und hatte keinen dauerhaften Erfolg; 1967 Einleitung der Wiederverstaatlichung der Eisen- und Stahl-Ind.; erreichte 1975 (nach gescheitertem Aufnahmegesuch 1967) in einer Volksabstimmung eine Zweidrittel-

mehrheit für den brit. EG-Beitritt. Erhielt 1983 den nichterbl. Adelstitel des Lord Wilson of Rievaulx.

4) **Kenneth G.,** *Waltham (Mass.) 8. 6. 1936, amerikan. Physiker. Er entwickelte 1971 die heute häufig nach ihm ben. Theorie der Renormierungsgruppe, die u. a. die Gleichartigkeit des Verhaltens von Systemen erklärt, die so unterschiedl. Phasenumwandlungen wie das Einsetzen von Schmelz- und Siedevorgängen, von Magnetismus, Supraleitung u. a. erleiden. Er erhielt dafür den Nobelpreis für Physik 1982.

5) **Robert W.,** * Houston (Tex.) 10. 1. 1936, amerikan. Physiker. Entdeckte 1964/1965 zus. mit A. Penzias bei Rauschpegelmessungen an einem Radioteleskop die kosmische Hintergrundstrahlung, wofür beide 1978 den Nobelpreis für Physik erhielten (zus. mit P. L. Kapiza).

6) **Robert (Bob),** * Waco (Tex.) 4. 10. 1944, amerikan. Dramatiker und Regisseur. Betreibt mit seinem Bildertheater (Theatre of Images) die Destruktion des textgebundenen Dramas. Das Monumentalspektakel ›the CIVIL wars‹, wurde 1983/84 in verschiedenen Stückteilen in Rotterdam, Tokio, Köln und Rom uraufgeführt. – *Weitere Werke:* Einstein on the beach (UA 1976), Death, destruction, and Detroit (UA 1. Teil 1979, 2. Teil 1987), Medea (UA 1981).

7) **[Thomas] Woodrow,** * Staunton (Va.) 28. 12. 1856, † Washington (D. C.) 3. 2. 1924, 28. Präs. der USA (1913–21). Als Demokrat 1910 Gouverneur von New Jersey, 1912 zum Präs. gewählt; suchte wichtige Reformen durchzusetzen: Zollsenkung, Errichtung des Federal Reserve System (amerikan. Zentralbanksystem), Clayton-Antitrust-Act, progressive Einkommensteuer. Außenpolitisch verfocht er eine Politik der offenen Tür bei grundsätzl. Ablehnung des Dollarimperialismus, ohne auf Interventionen in Lateinamerika (Mexiko 1914–16, Haiti und Dominikan. Republik 1915) zu verzichten. Bei Ausbruch des 1. Weltkriegs verkündete W. die Neutralität der USA. Probrit. Sympathien, der verfassungspolit. Ggs. zum Dt. Reich, wirtschaftl. Interessen und der uneingeschränkte dt. Unterseebootkrieg führten zur Kriegserklärung an Deutschland im April 1917. Mit der Proklamation der → Vierzehn Punkte am 8. 1. 1918 versuchte W. das demokrat. Programm eines maßvollen Friedens und einer Neuorganisation der Welt für die Kriegführenden verbindlich zu machen. Um sein Hauptziel, die Gründung eines Völkerbundes, zu erreichen, machte er auf der Pariser Friedenskonferenz 1919 erhebl. Zugeständnisse an Frankreich und Großbrit.; die Ratifikation des Versailler Vertrags durch die USA und deren Beitritt zum Völkerbund vermochte er nicht durchzusetzen; erhielt 1919 den Friedensnobelpreis.

Wimbledon [engl. 'wɪmbldən], ehem. selbständige engl. Stadt, heute zu Groß-London. Bekannt durch die alljährlich ausgetragenen internat. engl. Tennismeisterschaften.

Wimperg, got. Ziergiebel über Fenstern, Portalen usw.; meist mit Blendmaßwerk.

Wimpern, 1) (Augen-W.) das Auge gegen das Eindringen von Fremdkörpern schützende Haare an der Vorderkante des Rands der Augenlider vieler Säugetiere, beim Menschen am oberen Lid aufwärts, am unteren Lid abwärts gekrümmt; werden beim Menschen etwa 4–6 Wochen alt. **2)** svw. → Zilien.

Wimpertierchen (Infusorien, Ziliaten, Ciliata), Klasse freischwimmender oder festsitzender Protozoen im Meer und Süßwasser, aber auch parasitisch oder symbiontisch in Wirbeltieren lebend. Zur Fortbewegung und zum Nahrungserwerb dienen Wimpern (Zilien); u. a. Pantoffeltierchen.

Wimpfeling (Wimpheling, Wympheling), Jakob, * Schlettstadt 27. 7. 1450, † ebd. 17. 11. 1528, dt. Humanist und Theologe. Seine pädagog. Schriften trugen ihm den Titel ›Praeceptor Germaniae‹ (Lehrer Deutschlands) ein; mit seinen histor. Schriften wurde W. Begründer der dt. Geschichtsschreibung.

Winchester [engl. 'wɪntʃɪstə], engl. Stadt nördl. von Southampton, 30 600 E. Verwaltungssitz der Gft. Hampshire. Kathedrale (11.–17. Jh.), Hospital Saint Cross (12. und 15. Jh.). – Bed. kelt. Siedlung; röm. Straßenknotenpunkt **Venta Belgarum**; wurde um 676 Sitz des Bistums Dorchester (1559 anglikan.), im frühen MA Hauptstadt des Kgr. Wessex.

Winchester-Gewehre [engl. 'wɪntʃɪstə; nach dem amerikan. Industriellen Oliver Fisher Winchester, * 1810, † 1880], Bez. für die ab 1866 von der Winchester Repeating Arms Company in New Haven (Conn.) hergestellten Repetiergewehre.

Winckelmann, Johann Joachim, * Stendal 9. 12. 1717, † Triest 8. 6. 1768 (ermordet), dt. Archäologe und Kunstgelehrter. Ab 1755 in Rom, 1763 Aufsicht über die Altertümer in und um Rom. Gilt mit seinem Hauptwerk ›Geschichte der Kunst des Altertums‹ (1764) als Begründer der Archäologie. Durch seine ästhet. Kunstbetrachtung wurde die Blickrichtung von der röm. auf die griech. Antike gelenkt, deren Wesen er als ›edle Einfalt und stille Größe‹ charakterisierte. – *Weitere Werke:* Gedanken über die Nachahmung der griech. Werke in der Malerei und Bildhauerkunst (1755), Anmerkungen über die Baukunst der Alten (1762).

Winckler, Josef, * Bentlage (= Rheine) 6. 7. 1881, † Neufrankenhorst (= Bergisch Gladbach) 29. 1. 1966, dt. Schriftsteller. Verfaßte u. a. den Schelmenroman ›Der tolle Bomberg‹ (1924).

Wind, im wesentlichen in horizontaler Richtung bewegte Luft; entsteht als Folge des Ausgleichs von Luftdruckunterschieden in der → Atmosphäre. Die Luft wird infolge der ablenkenden Kraft der Erdrotation (→ Coriolis-Kraft) auf der Nordhalbkugel nach rechts abgelenkt und bewegt sich in der freien Atmosphäre parallel zu den Linien gleichen Luftdrucks (Isobaren). In Bodennähe bewirkt die Reibung an der Erdoberfläche, daß der W. nicht isobarenparallel, sondern aus einem Hochdruckgebiet heraus- und in ein Tiefdruckgebiet hineinweht; infolge der Ablenkung nach rechts auf der Nordhalbkugel umströmen die W. ein Hochdruckgebiet im Uhrzeigersinn, ein Tiefdruckgebiet entgegen dem Uhrzeigersinn.

Windaus, Adolf, * Berlin 25. 12. 1876, † Göttingen 9. 6. 1959, dt. Chemiker. Untersuchte den Aufbau der Sterine, stellte ihre Verwandtschaft mit den Gallensäuren und bestimmten Vitaminen fest und klärte die Struktur der Vitamine D_2 und D_3 sowie ihrer Provitamine. 1928 Nobelpreis für Chemie.

Windblütigkeit, die Verbreitung des Pollens durch den Wind, v. a. bei Bäumen sowie bei Süß- und Riedgräsern.

Winde, Gatt. der W.gewächse mit rd. 250 Arten, v. a. in den subtrop. und gemäßigten Gebieten; einzige einheim. Art ist die *Acker-W.* (Drehwurz), mit bis 1 m langen, niederliegenden oder sich emporwindenden Stengeln; Acker- und Gartenunkraut.

Windei (Fließei), ein Hühnerei (Vogelei) ohne Schale (oder mit nur dünner Schalenanlage).

Windelband, Wilhelm, * Potsdam 11. 5. 1848, † Heidelberg 22. 10. 1915, dt. Philosoph. Sein ›Lehrbuch der Geschichte der Philosophie‹ (1892, 17. Auflage 1980) gilt als Standardwerk.

Winden, Fördermittel zum Heben und Senken (z. B. Schrauben-W., Zahnstangen-W., hydraul. W.) oder zum Heranziehen von Lasten (z. B. Seil-W.).

Windenergie → Kraftwerke (Windkraftwerk), → Windmühlen.

Windengewächse (Convolvulaceae), Fam. der Zweikeimblättrigen mit rd. 1 600 Arten in 51 Gatt.,

Harold Wilson

Kenneth G. Wilson

Robert W. Wilson

Woodrow Wilson

Adolf Windaus

v. a. in den Tropen und Subtropen; aufrechte oder windende Kräuter oder Sträucher; u. a. Winde, Trichterwinde.

Windfall profits [engl. 'wɪndfɔːl 'prɔfɪts; eigtl. ›Fallobst-Gewinne‹], Gewinne, die einem Unternehmen durch plötzl. Veränderungen der Marktsituation zufallen (z. B. bei Banken durch Zinsveränderungen am Geldmarkt oder bei [europ.] Mineralölgesellschaften durch die Preispolitik der konkurrierenden OPEC-Staaten).

Windhalm (Ackerschmiele), Gatt. der Süßgräser mit 3 Arten in Eurasien; ein einheim. Getreideunkraut ist der *Gemeine W.*, 0,3–1 m hoch.

Windharfe, svw. →Äolsharfe.

Windhuk, Hauptstadt Namibias, im Zentrum des Landes, 114 500 E. Landesmuseum, Theater, Kunstgalerie, Zoo; Kultur- und Versorgungszentrum des Landes mit nur wenig Industrie; Verkehrsknotenpunkt, ⚒. – 1840 von Hottentotten besiedelt; 1890 Anlage der Garnisonsfestung für die dt. Schutztruppe; ab 1891 Sitz des dt. Kommissariats; seit 1909 Stadtrecht.

Windhunde: Afghanischer Windhund

Windhunde, Rassengruppe sehr schneller Haushunde; Kopf und Körper lang und schmal; Brust tief; Rute lang und kräftig; verfolgen das Wild mit den Augen. Bekannte Rassen sind: *Afghan. W.* (Afghane), bis 72 cm schulterhoch, lang und üppig behaart, Färbung unterschiedlich; *Greyhound* (Engl. W.), bis 72 cm schulterhoch, Haar kurz, fein, einfarbig und gestromt, Färbung unterschiedlich; *Saluki* (Pers. W.), bis 65 cm schulterhoch, Fell kurzhaarig und glatt, Färbung unterschiedlich.

Windisch, Gem. im schweizer. Kt. Aargau, östlich an Brugg anschließend, 7 200 E. Reste eines Amphitheaters u. a. röm. Bauten, ehem. Klosterkirche Königsfelden mit berühmten gotischen Chorfenstern (14. Jh.). – Bei dem Oppidum **Vindonissa** der Helvetier um 17 n. Chr. Errichtung des gleichnamigen röm. Legionslagers (um 46 aus Stein neu angelegt); wohl schon um 400 Bischofssitz.

Windische, die Slowenen in Kärnten und Steiermark.

Windischgrätz, Alfred Fürst zu, * Brüssel 11. 5. 1787, † Wien 21. 3. 1862, österr. Feldmarschall. Unterdrückte Juni 1848 den Prager Aufstand; hielt als Oberkommandierender nach der Einnahme Wiens (31. 10.) ein brutales Strafgericht und führte dann Krieg gegen die ungar. Aufständischen.

Windkanal, Versuchseinrichtung zur Bestimmung der aerodynam. Eigenschaften (z. B. Widerstandsbeiwert) von Modellkörpern, die einer darin erzeugten,

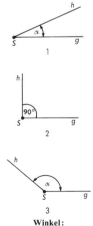

Winkel:
1 spitzer Winkel;
2 rechter Winkel;
3 stumpfer Winkel

möglichst gleichmäßigen Luftströmung ausgesetzt werden.

Windmesser, svw. →Anemometer.

Window-Technik, svw. →Fenstertechnik.

Windpocken (Schafblattern, Spitzpocken, Varizellen, Wasserblattern, Wasserpocken), sehr ansteckende, i. d. R. gutartig verlaufende virusbedingte Infektionskrankheit mit bläschenförmigem, den ganzen Körper befallenden Hautausschlag. Dabei entstehen jeweils innerhalb von Stunden aus linsengroßen, blaßroten Flecken Papeln und Bläschen mit rotem Saum, deren Decke leicht einreißt. Nach einigen Tagen stehen frische und unter einer Kruste abheilende Bläschen nebeneinander. W. sind ansteckend bis zum Abfall der letzten Krusten (Isolierung des Erkrankten). Schutzimpfung möglich.

Windröschen, svw. →Anemone.

Windrose, svw. →Kompaßrose.

Windsack, kegelstumpfförmiger, an beiden Enden offener Stoffsack, der an der größeren Öffnung durch einen Drahtring offengehalten wird und drehbar an einer Stange befestigt ist; zur Anzeige von Windrichtung und -stärke.

Windschatten, Zone geringer Windgeschwindigkeit auf der windabgewandten Seite (Lee) eines Strömungshindernisses.

windschiefe Geraden, zwei Geraden, die nicht in einer Ebene liegen, die also weder parallel sind noch sich schneiden.

Windsor, Herzog von [engl. 'wɪnzə], Titel König →Eduards VIII. nach seiner Abdankung (Dez. 1936).

Windsor Castle [engl. 'wɪnzə 'kɑːsl], Stammschloß und Sommerresidenz des engl. Königshauses am westl. Stadtrand von Groß-London. Von Wilhelm dem Eroberer um 1070 gegr. Burg; Erweiterung v. a. im 14. Jh., Schloßkomplex 16./17. Jh. und 1824 ff. durch J. Wyatville im Auftrag Georgs IV. Der Round Tower liegt zw. zwei Höfen (Lower und Upper Ward), dem Lower Ward schließt sich die Saint George's Chapel (1477–1528) im Perpendicular style an. State Apartments an der Nordseite des Upper Ward.

Windstärke, Stärke des Windes, die nach der von Sir Francis Beaufort (* 1774, † 1857) 1806 aufgestellten Skala in 12 Stufen, entsprechend den Windwirkungen, geschätzt werden kann; die **Beaufort-Skala** wurde 1949 auf 17 Stufen erweitert.

Windsurfing [engl. 'wɪnd͵sɔːfɪŋ] →Surfing.

Windthorst, Ludwig, * Gut Caldenhof (= Ostercappeln bei Osnabrück) 17. 1. 1812, † Berlin 14. 3. 1891, dt. Politiker. Rechtsanwalt; 1851–53 und 1862–65 in Hannover Justiz-Min.; ab 1867 Mgl. des preuß. Abg.hauses und MdR im Norddt. Bund, dessen Verfassung er als zu zentralistisch ablehnte. Nach 1870 unbestrittener Führer des Zentrums und im Kulturkampf großer parlamentar. Gegenspieler Bismarcks.

Windward Islands [engl. 'wɪndwəd 'aɪləndz] →Antillen.

Winfried (Winfrid) →Bonifatius, hl.

Winkel, Formelzeichen ∢, geometr. Gebilde aus zwei von einem Punkt *S* ausgehenden Strahlen *g* und *h*; den Punkt *S* bezeichnet man als den *Scheitel[punkt]* des W., die Strahlen *g* und *h* als seine *Schenkel*. W. bezeichnet man im allg. mit kleinen griech. Buchstaben ($\alpha, \beta, \gamma, \ldots$), mit ∢ (*g, h*) oder, falls *A* ein Punkt auf *g* und *B* ein Punkt auf *h* ist, mit ∢ *ASB*. Ergänzen sich die Schenkel eines W. zu einer Geraden, so spricht man von einem *gestreckten W.* ($\alpha = 180°$); zwei W., die einen Schenkel gemeinsam haben und sich zu einem gestreckten W. ergänzen, heißen *Neben-W.* ($\alpha + \beta = 180°$). Einen W., der seinem Neben-W. gleich ist ($\alpha = \beta = 90°$), nennt man einen *rechten W.* (Zeichen ⌐ oder R), einen W., der kleiner bzw. größer ist als sein Neben-W., einen *spitzen* bzw. *stumpfen* W. $(0 < \alpha < 90°$ bzw. $90° < \alpha < 180°)$. Alle W. zw. 180° und 360° nennt man *überstumpf;* beim Voll-W. $(\alpha = 360°)$ fallen die beiden Schenkel zusammen. Zwei W., die sich zu 90° bzw. 180° ergänzen, bezeichnet man als *Komplement-* bzw. *Supplement-W.* (z. B. sind Neben-W. auch Supplement-W.). Zwei W., die einen Scheitelpunkt gemeinsam haben und deren Schenkel paarweise zwei Geraden bilden, heißen *Scheitel-W.;* sie entstehen beim Schnitt zweier Geraden und sind gleich. →Bogenmaß.

Winkeldreiteilung →Dreiteilungsproblem.

Winkelfunktionen, svw. →trigonometrische Funktionen.

Winkelhalbierende, vom Scheitel eines Winkels ausgehender Strahl, der den Winkel in zwei gleiche Teile teilt. Der Schnittpunkt der 3 W. eines Dreiecks ist der Inkreismittelpunkt.

Winkelried, Arnold (Erni) von, ✕ angeblich Sempach 9. 7. 1386, sagenhafter schweizer. Nationalheld; soll in der Schlacht bei Sempach (1386) mehrere feindl. Spieße mit den Armen auf sich gezogen und so im Fallen den Eidgenossen eine Gasse in das österr. Ritterheer gebahnt haben.

Winkeltrisektion →Dreiteilungsproblem.

Winkerkrabben (Geigerkrabben), Gatt. vorwiegend Schlick, Algen und Fischleichen fressender kleiner Krabben, teilweise leuchtend bunt gefärbt, an den Küsten warmer Meere, fast ausschließlich in der Gezeitenzone; Männchen führen mit der Schere ›winkende‹ Bewegungen aus.

Winnipeg [engl. 'wɪnɪpɛg], Hauptstadt der kanad. Prov. Manitoba, südl. des Winnipegsees, 625 300 E. 2 Univ., Museen, u. a. Museum der ukrain. Kultur, Theater, Sinfonieorchester; Getreidebörse, Eisen- und Stahlerzeugung, ⚒. – Um das 1835 neu errichtete (Upper) Fort Garry entstand W., 1870 Verwaltungssitz der neugegr. Prov. Manitoba.

Winniza [russ. 'vinnitsɐ], Gebietshauptstadt in der Ukraine, am oberen Südl. Bug, 375 000 E. Mehrere Hochschulen, Museen, Theater, Philharmonie; u. a. Chemiekombinat. – 1363 erstmals als litauische Festung erwähnt; kam 1569 an Polen; 1648–54 einer der Schwerpunkte der Aufstände gegen die polnischen Schlachta; 1795 russisch.

Winrich von Kniprode, * um 1310, † auf der Marienburg 24. 6. 1382, Hochmeister des Dt. Ordens (seit 1351). Führte den Ordensstaat zu höchster polit. Macht und wirtschaftl. Blüte; zahlr. Städtegründungen.

Winsen (Luhe), Kreisstadt am N-Rand der Lüneburger Heide, Nds., 26 000 E. Schloß (14. und 16./ 17. Jh.), spätgot. ev. Marienkirche (14. Jh.), Alter Marstall (1599).

Winter, Fritz, * Altenbögge (= Bönen) 22. 9. 1905, † Herrsching a. Ammersee 1. 10. 1976, dt. Maler. Bed. Vertreter der abstrakten Malerei in Deutschland; Schüler am Bauhaus; im Nat.-Soz. ab 1937 Malverbot.

Winter →Jahreszeiten.

Winterastern, svw. Chrysanthemen (→Wucherblume).

Winterberg, Stadt am Kahlen Asten, NRW, 15 400 E. Kurort, Wintersportort. Kath. klassizistische Pfarrkirche (1785 ff.); Fachwerkhäuser (18. und 19. Jh.).

Wintergetreide (Winterfrucht), im Herbst ausgesätes, winterfestes Getreide.

Wintergrün, Gatt. der Wintergrüngewächse mit rd. 40 Arten, überwiegend in der nördl. gemäßigten Zone sowie in den Hochgebirgen der Subtropen und Tropen; ausdauernde immergrüne Kräuter oder kleine Halbsträucher; einheimisch u. a. das *Nickende W.* mit glockigen, gelblichweißen Blüten.

Windstärkeskala nach Beaufort			
Wind-stärke	Bezeichnung der Windstärke	Auswirkungen des Windes im Binnenland	Geschwindig-keit in m/s, gemessen in 10 m Höhe
0	Stille	Windstille, Rauch steigt gerade empor	0–0,2
1	leiser Zug	Windrichtung angezeigt nur durch Zug des Rauches, aber nicht durch Windfahne	0,3–1,5
2	leichte Brise	Wind am Gesicht fühlbar, Blätter säuseln, Windfahne bewegt sich	1,6–3,3
3	schwache Brise	Blätter und dünne Zweige bewegen sich, Wind streckt Wimpel	3,4–5,4
4	mäßige Brise	Wind hebt Staub und loses Papier, bewegt Zweige und dünnere Äste	5,5–7,9
5	frische Brise	kleine Laubbäume beginnen zu schwanken, auf Seen bilden sich Schaumköpfe	8,0–10,7
6	starker Wind	starke Äste in Bewegung, Pfeifen von Telegraphenleitungen, Regenschirme schwierig zu benutzen	10,8–13,8
7	steifer Wind	ganze Bäume in Bewegung, fühlbare Hemmung beim Gehen gegen den Wind	13,9–17,1
8	stürmischer Wind	Wind bricht Zweige von den Bäumen, erschwert erheblich das Gehen im Freien	17,2–20,7
9	Sturm	kleinere Schäden an Häusern, Dachziegel werden abgeworfen	20,8–24,4
10	schwerer Sturm	Bäume werden entwurzelt, bedeutende Schäden an Häusern	24,5–28,4
11	orkanartiger Sturm	verbreitete Sturmschäden (sehr selten im Binnenland)	28,5–32,6
12	Orkan	schwere Verwüstungen	32,7–36,9
13			37,0–41,4
14			41,5–46,1
15			46,2–50,9
16			51,0–56,0
17			> 56,0

Umrechnungsfaktor $1\,{}^{m}\!/_{s} = 3,6$ km/h

Wintergrüngewächse (Pyrolaceae), Fam. der Zweikeimblättrigen mit rd. 75 Arten in 16 Gatt., v. a. auf der Nordhalbkugel sowie in den Gebirgen der Tropen und Subtropen verbreitet; immergrüne Kräuter oder Halbsträucher.

Winterhafte (Schneeflöhe, Boreidae), Fam. wenige mm langer, häufig dunkel gefärbter Insekten mit rd. 25 Arten in Eurasien und N-Amerika (davon zwei Arten in Deutschland); kommen im Winter auf Schnee vor.

Winterhalter, Franz Xaver, * Menzenschwand 20. 4. 1805, † Frankfurt am Main 8. 7. 1873, dt. Maler. Bed. Porträts, v. a. der Damen der Aristokratie (u. a. ›Kaiserin Eugénie und ihre Hofdamen‹, 1855, Compiègne, Musée National).

Winterkönig, Beiname →Friedrichs V. von der Pfalz.

Winterling, Gatt. der Hahnenfußgewächse mit acht Arten in S-Europa und O-Asien; eine frühblühende Zierpflanze ist der 10–15 cm hohe *Kleine Winterling.*

Wintermücken (Winterschnaken, Petauristidae), Fam. etwa 4–7 mm langer, schnakenähnl. Mücken, v. a. auf der Nordhalbkugel; Männchen an sonnigen Wintertagen in Schwärmen auftretend.

Winterruhe, im Unterschied zum Winterschlaf ein nicht allzu tiefer, oft und auch für längere Zeit (für die Nahrungssuche) unterbrochener Ruhezustand bei verschiedenen Säugetieren (z. B. Eichhörnchen, Dachs, Braunbär, Eisbär) während des Winters, wobei die Körpertemperatur nicht absinkt und der Stoffwechsel normal bleibt.

Winkel:
4 gestreckter Winkel;
5 überstumpfer Winkel; **6** Vollwinkel

Wirbelsäule:
Rückenansicht der
Wirbelsäule des
erwachsenen
Menschen

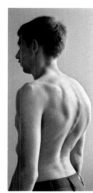

Wirbelsäulen-
verkrümmung:
Kyphose

Winterschlaf, schlaffähnl., z. T. hormonal gesteuerter und unter Mitwirkung der Tag-Nacht-Relation und der Außentemperatur ausgelöster Ruhezustand bei manchen Säugetieren (u. a. Hamster, Igel, Murmeltier), v. a. der gemäßigten Gebiete und der Gebirge, während des Winters. Im Unterschied zur Winterruhe wird der W. nur selten durch kurze Pausen (v. a. zum Harnlassen) unterbrochen. Während des W. sinkt die Körpertemperatur tief unter die Normaltemperatur bis auf eine bestimmte, artspezif., unter 5 °C liegende Grenztemperatur ab, verbunden mit einer Verlangsamung des Herzschlags und der Atmung; bei dem (stark verlangsamten) Stoffwechsel wird v. a. das Depotfett verwertet; die Reflextätigkeit bleibt erhalten.

Winterstarre, bewegungsloser (starrer) Zustand bei wechselwarmen Tieren (z. B. Kriechtiere, Lurche; →Kaltblüter) der gemäßigten und kalten Gebiete während der Winterzeit. Bei einer solchen *Kältestarre* kann die Körpertemperatur extrem tief (entsprechend der Umgebungstemperatur) absinken, so daß alle Aktivitäten (auch die Reflexe) zum Erliegen kommen.

Winterthur, Bezirkshauptstadt im schweizer. Kt. Zürich, 84 400 E. Musikkollegium; Museen, u. a. Gemäldegalerie Stiftung Oskar Reinhart, Sammlung Oskar Reinhart ›am Römerholz‹; bed. metallverarbeitende Ind. Got. Stadtkirche (1264–1515), klassizist. Rathaus (18./19. Jh.), Häuser aus Spätgotik, Barock und Rokoko. – An der Stelle des röm. **Vitudurum** von den Kyburgern im 12. Jh. gegr.; 1264 habsburgisch; 1415 Reichsstadt; 1442 erneut österreichisch; 1467 an Zürich verpfändet.

Winterzwiebel (Winterlauch, Johannislauch, Schnittzwiebel, Hackzwiebel), Lauchart, die v. a. in O-Asien und in den Tropen kultiviert wird; Blätter und Stengel werden als Gemüse und Gewürz verwendet.

Winzergenossenschaften (Weingärtnergenossenschaften, Winzervereine), Zusammenschlüsse von Winzern auf genossenschaftl. Basis mit den Aufgabenbereichen Anbauberatung, Versorgung der Mgl. mit Rebpflanzgut und Düngern, gemeinschaftl. Schädlingsbekämpfung, Weinbereitung und Qualitätsverbesserung, Vermarktung und Marktforschung.

Wipperfürth, Stadt im Berg. Land, an der Wipper, NRW, 20 400 E. U. a. Textilindustrie. Roman. kath. Pfarrkirche Sankt Nikolaus (12./13. Jh.), ehem. Franziskanerkirche (1670–74).

Wirbel, 1) *Anatomie:* (Spondyli [Einz.: Spondylus], Vertebrae) die knorpeligen und knöchernen Einheiten, aus denen sich die Wirbelsäule der Wirbeltiere und der Menschen zusammensetzt. Beim Menschen haben alle W. (mit Ausnahme der beiden ersten Hals-W. Atlas und Axis) die gleiche Grundform. Jeder W. besteht aus dem Wirbelkörper, dem Wirbelbogen, einem Dornfortsatz, zwei Querfortsätzen und zwei oberen und unteren Gelenkfortsätzen. Die Gesamtheit der W.löcher bildet den Rückenmarkskanal. Die W.körper und die Querfortsätze der Brust-W. tragen Gelenkflächen für die Rippen. Die nach hinten abwärts gerichteten Dornfortsätze sind als gratförmige Erhebungen zu tasten (›Rückgrat‹). – Die Beweglichkeit der W.körper wird u. a. durch die Zwischenwirbel- oder *Bandscheiben* gewährleistet. Sie liegen zw. den W.körpern und tragen die volle Last.

2) *Strömungslehre:* eine um ein Zentrum kreisende Strömung in einer Flüssigkeit oder in einem Gas. W. treten aufgrund von Reibungswirkungen auf.

3) *Musik:* bei Schlaginstrumenten schnelle, gleichmäßige Wechsel der Schläge.

4) *Instrumentenkunde:* bei Saiteninstrumenten die drehbaren Pflöcke, Stifte oder Schrauben, um die das Ende der Saiten gewickelt ist und mit deren Hilfe die Saiten gespannt werden.

Wirbellose (wirbellose Tiere, niedere Tiere, Invertebrata, Evertebrata), i. w. S. alle tier. Organismen ohne Wirbelsäule (also einschließlich der Einzeller), i. e. S. Sammelbez. für alle Vielzeller ohne Wirbelsäule. Den W. fehlt i. d. R. ein Innenskelett, dagegen ist oft ein Außenskelett ausgebildet. Die W. sind meist einfach organisiert (z. B. Schwämme, Hohltiere, Plattwürmer); die am höchsten entwickelten W. sind die Kopffüßer, Spinnen und Insekten. Die W. umfassen 95 % aller bekannten Tierarten.

Wirbelsäule (Rückgrat), knorpelige oder (meist) knöcherne dorsale Achse des Skeletts der Wirbeltiere, die den Schädel trägt und (soweit ausgebildet) mit einem Schultergürtel (indirekt) und einem Beckengürtel in Verbindung steht. Die W. setzt sich zusammen aus gelenkig und durch Bänder und Muskeln miteinander verbundenen →Wirbeln (beim Menschen 33–34 [wovon 5 Wirbel zum einheitl. Kreuzbein verschmolzen sind]) sowie aus (zwischengeschalteten) knorpeligen →Bandscheiben. Bei den höheren Wirbeltieren kann die W. in verschiedene Abschnitte gegliedert werden: *Hals-W., Brust-W., Lenden-W., Kreuzbein* und *Schwanzwirbelsäule.* – Die W. des Menschen ist in der Seitenansicht doppelt s-förmig gekrümmt und besteht aus 7 Hals-, 12 Brust-, 5 Lenden-, 5 Kreuzbein- und 4–5 Steißbeinwirbeln.

Wirbelsäulenverkrümmung (Rückgratverkrümmung), fixierte (starre) oder nicht fixierte Verformung der Wirbelsäule entlang ihrer Längsrichtung. Man unterscheidet *Skoliose* (seitl. Verbiegung), *Kyphose* (flachbogige konvexe Verbiegung), *Lordose* (Krümmung nach vorn) sowie Mischformen *(Kyphoskoliose).*

Wirbelschichtverfahren (Staubfließverfahren, Fließbettverfahren), von dem dt. Industriechemiker Fritz Winkler (* 1888, † 1950) entwickelte chem.-techn. Verfahren, bei denen der Wärmeübergang im Reaktionsgut bzw. die chem. Umsetzung durch ständige Durchmischung der feinverteilten Feststoffe stattfindet. Das W. wird z. B. beim Rösten sulfid. Erze und bei der Schwelung von Braunkohle angewandt. Die Anwendung des W. bei kohlebefeuerten Kraftwerken ist bes. umweltfreundlich, da bis zu 95 % des anfallenden Schwefeldioxids bereits in der Brennkammer chemisch gebunden werden.

Wirbelströme, wirbelförmig verlaufende elektr. Ströme im Innern eines elektr. Leiters, wenn er durch ein Magnetfeld bewegt wird oder sich in einem magnet. Wechselfeld befindet. In einem Magnetfeld bewegte Metallteile werden (durch Wechselwirkung der Magnetfelder der W. mit dem die Ströme erzeugenden Magnetfeld) abgebremst (Nutzbarmachung bei den sog. *Wirbelstrombremse*).

Wirbelstürme, heftige, orkanartige Luftwirbel; am gefährlichsten sind die *tropischen W.* mit Windgeschwindigkeiten bis über 200 km/h; diese entstehen nur über warmen Meeresgebieten. In verschiedenen Bereichen der Tropenzone führen sie unterschiedl. Namen: **Hurrikan** im Bereich des Karib. Meeres, der Westind. Inseln und des Golfs von Mexiko; **Taifun** in den Gewässern Chinas und Japans; **Zyklon** im Golf von Bengalen; **Willy-Willy** in Australien. – Typisch für den Mittleren Westen der USA sind die **Tornados** (Wirbeldurchmesser einige hundert Meter).

Wirbeltiere (Vertebraten, Vertebrata), Unterstamm der →Chordatiere mit bilateral-symmetrischem, in Kopf, Rumpf und Schwanz (soweit vorhanden) gegliedertem Körper und meist verknöchertem Innenskelett mit charakterist. Wirbelsäule sowie mit knorpeligem oder knöchernem Schädel. Die W. besitzen urspr. zwei Paar Gliedmaßen (Ausnahme: Rundmäuler), die bei wasserlebenden W. meist als Flossen entwickelt, bei Landbewohnern sehr verschiedenartig ausgebildet sind. Das Gehirn ist deutlich vom übrigen

Nervensystem abgegliedert und wie die Sinnesorgane (soweit nicht rückgebildet) hoch entwickelt. Die Epidermis ist mehrschichtig. Das Blut (mit Ausnahme der Eisfische) enthält stets rote Blutkörperchen. W. sind fast immer getrenntgeschlechtlich. Je nach Fehlen oder Vorhandensein von Embryonalhüllen werden Anamnier (*niedere W.;* mit Fischen und Lurchen) und Amnioten (*höhere W.;* mit Reptilien, Vögeln und Säugetieren) unterschieden.

Wirken → Maschenwaren.

Wirkstoffe, körpereigene oder -fremde Substanzen, die in biolog. Vorgänge eingreifen (und/oder als Arzneimittel wirken), z. B. Enzyme, Hormone, Vitamine.

Wirkung, 1) *Recht:* → Kausalität.

2) *Physik:* Formelzeichen *H,* Produkt aus der Energie *E* und der Zeit *t* bzw. aus dem Impuls *p* und dem Weg *s*: $H = E \cdot t = p \cdot s$; SI-Einheit der Wirkung ist 1 Joulesekunde (Js).

Wirkungsgrad (Nutzeffekt), bei energieumwandelnden Prozessen oder Maschinen Bez. für das Verhältnis von nutzbar abgegebener zur aufgewandten Energie bzw. Leistung.

Wirkungsquantum, svw. → Plancksches Wirkungsquantum.

Wirkungsquerschnitt, Maß für die Stärke einer Wechselwirkung von atomaren Teilchen der Sorte A mit einfallenden [Elementar]teilchen bzw. Quanten der Sorte B sowie für die Wahrscheinlichkeit des Eintretens eines bestimmten mikrophysikal. Prozesses (z. B. Anregung von Atomen, Streuung der Teilchen in eine bestimmte Richtung). Der W. ist anschaulich eine Fläche, die die Teilchen der Sorte A dem einfallenden Teilchenstrom senkrecht entgegenstellen und die von ihnen getroffen werden muß, damit eine bestimmte Reaktion ausgelöst wird.

Wirsing (W.kohl, Savoyerkohl, Pörschkohl), Kulturvarietät des Gemüsekohls mit gekrausten, sich zu einem lockeren Kopf zusammenschließenden Blättern.

Wirt, in der *Biologie* ein Lebewesen, das einem bestimmten Parasiten als Lebensstätte dient und ihn ernährt.

Wirtel (Quirl), in der *Botanik* Bez. für die Gesamtheit (mindestens zwei) an einem Knoten der Sproßachse stehenden Laub- oder Blütenblätter.

Wirth, Joseph, * Freiburg im Breisgau 6. 9. 1879, † ebd. 3. 1. 1956, dt. Politiker (Zentrum). 1914 MdR; 1920/21 Reichsfinanz-Min.; verabschiedete als Reichskanzler (1921/22) den Rapallovertrag und das Republikschutzgesetz; 1930/31 Reichsinnen-Min.; 1933–48 im schweizer. Exil; trat nach dem 2. Weltkrieg für eine Verständigung mit der UdSSR bei Neutralisierung Deutschlands ein.

Wirtschaft, Gesamtheit aller Einrichtungen und Maßnahmen menschl. Daseinsgestaltung, die sich auf Produktion und Konsum so knapper Güter beziehen. Die Gesamtheit der laufenden Produktions- und Konsumvorgänge wird zusammenfassend als *Wirtschaftskreislauf* bezeichnet. Die W. und v. a. der aktuelle W.prozeß erhalten ihr historisch einmaliges Gepräge durch die wirtschaftl. Rahmenbedingungen.

Wirtschaftsausschuß, in Unternehmen mit mehr als 100 Beschäftigten – außer in → Tendenzbetrieben – zu bildendes Gremium, das wirtschaftl. Angelegenheiten mit dem Unternehmer zu beraten und den Betriebsrat zu unterrichten hat.

Wirtschaftsgeographie, Teilgebiet der Geographie, befaßt sich mit den Wechselbeziehungen zw. dem wirtschaftenden Menschen und den bewirtschafteten Räumen.

Wirtschaftsgeschichte, die Geschichte der Wirtschaft, des umfassenden Bereichs der Einrichtungen und Maßnahmen, die seit Beginn der Menschheit zur Deckung des materiellen menschl. Bedarfs gedient haben; Zweig der allg. →Geschichtswissenschaft.

Wirtschaftsgüter, im Steuerrecht selbständig bewertbare Teile des Betriebsvermögens, z. B. Maschinen, Rechte oder andere wirtschaftl. Werte. W., die einen Wert von 800 DM nicht übersteigen *(geringwertige* bzw. *kurzlebige W.),* können im Jahr der Anschaffung oder Herstellung abgesetzt werden.

Wirtschaftsgymnasium, Gymnasialtyp bes. in Bad.-Württ. und Bayern; zum Pflichtbereich gehören Betriebs- und Volkswirtschaft.

Wirtschaftshochschule, nach dem 1. Weltkrieg entstandene Form der wiss. Hochschule mit Promotionsrecht zur Ausbildung des Nachwuchses in kaufmänn. Berufen; in der BR Deutschland seit Ende der 1960er Jahre in die bestehenden wiss. Hochschulen integriert.

Wirtschaftskrieg, staatl. [Kampf]maßnahmen gegen die Wirtschaft anderer Staaten. Formen im Frieden sind u. a. Boykott, Embargo, kredit- und währungspolit. Maßnahmen, im Krieg v. a. Blockade und Unterbindung der Zufuhr von Rohstoffen, Lebensmitteln und Ind.gütern. Durch einen Handelskrieg soll der Außenhandel des Gegners beeinträchtigt oder unterbunden werden.

Wirtschaftskriminalität (Weiße-Kragen-Kriminalität), Straftaten, die durch Verstoß gegen Gesetze zur Regelung des Wirtschaftslebens begangen werden; Schätzungen über die durch W. angerichteten Schäden schwanken zw. 4 Mrd. und bis über 20 Mrd. DM jährlich. Wirtschaftsdelikte sind z. B. Steuerhinterziehung, Konkursdelikte, Kredit- und Versicherungsbetrügereien, Subventionsbetrug (betrüger. Erlangung von →Subventionen) und die **Computerkriminalität,** bei der durch unbefugtes Benutzen oder durch entsprechendes Programmieren von Computern ein anderer geschädigt wird.

Wirtschaftskrise, i. w. S. Zustand einer Volkswirtschaft, in dem eines der Ziele des →magischen Vierecks nicht erreicht ist, i. e. S. Zustand, in dem das Wachstumsziel nicht erreicht ist.

Wirtschaftsordnung (Wirtschaftssystem), die Gesamtheit der Rahmenbedingungen, innerhalb derer der Wirtschaftsprozeß abläuft, dabei insbes. die Art des Zusammenwirkens der einzelnen Wirtschaftssubjekte. Die entsprechenden das Wirtschaftsleben regelnden rechtl. Normen bilden die *Wirtschaftsverfassung.* Unterschieden werden die W. v. a. nach Art und Weise, wie die in einer arbeitsteiligen Wirtschaft notwendige Aufgabe, die Einzelpläne in Übereinstimmung zu bringen, gelöst wird. Dabei stehen sich zwei Grundformen gegenüber: die *freie Marktwirtschaft* und die *Zentralverwaltungswirtschaft.* Dazwischen existieren verschiedene Zwischenstufen, z. B. die *soziale Marktwirtschaft* und die *zentrale Planwirtschaft* mit freier Konsumwahl und am Markt orientierten Preisen.

Wirtschaftspolitik, Gesamtheit der staatl. Maßnahmen zur Gestaltung der wirtschaftl. Rahmendaten *(Strukturpolitik)* bzw. zur Beeinflussung des Wirtschaftsablaufes. In ihrem Ausmaß kann sich die W. auf die gesamte Volkswirtschaft (allg. W.) oder Teilbereiche (spezielle W.) erstrecken. Nach den Aufgaben der W. in einer Marktwirtschaft können ordnungs-, verteilungs- und ablaufpolit. Ziele unterschieden werden. Wesentl. ordnungspolit. Ziel in einem marktwirtsch. orientierten System ist ein funktionsfähiger Wettbewerb; verteilungspolitisch bedeutsam sind eine gerechte Vermögensverteilung und soziale Sicherheit. Ablaufpolit. Ziele sind v. a. stetiges Wirtschaftswachstum, hohes Beschäftigungsniveau, Preisniveaustabilität und außenwirtschaftl. Gleichgewicht (→magisches Viereck).

**Hans-Jürgen
Wischnewski**

Wirtschaftsprüfer (Abschlußprüfer, Bilanzprüfer), nach den Vorschriften des Gesetzes über eine Berufsordnung der W. vom 24. 7. 1961 öffentlich bestellte und vereidigte Person mit abgeschlossenem wirtschaftswiss. oder jurist. Hochschulstudium und Berufserfahrung, die betriebswirtsch. Prüfungen insbes. der Jahresabschlüsse von Unternehmen auf Ordnungsmäßigkeit der Buchführung und richtige Bewertung der Bilanzposten durchführt und Bestätigungsvermerke *(Testate)* über die Vornahme und das Ergebnis solcher Prüfungen erteilt.

Wirtschaftsprüfung (Revision), Durchführung von Jahresabschlußprüfungen (Bilanz, Gewinn- und Verlustrechnung, Geschäftsbericht) sowie von Sonderprüfungen durch Wirtschaftsprüfer bzw. Wirtschaftsprüfungsgesellschaften.

Wirtschaftsrecht, Gesamtheit der Rechtsvorschriften, mit denen die Rechtsbeziehungen der am Wirtschaftsleben beteiligten Organisationen und Personen geregelt werden. Zum W. im klass. Sinne gehören u. a. BGB, Handels- und Gesellschaftsrecht, Haushaltsrecht, Börsen- und Versicherungsrecht, Steuerrecht und Kammerrecht. Zum W. in der sozialen Marktwirtschaft gehören insbes. das Individual- und Kollektivarbeitsrecht (z. B. Kündigungsschutzgesetz, Betriebsverfassungsgesetz, Mitbestimmungsrecht, Tarifrecht) und das Kartellrecht (Gesetz gegen Wettbewerbsbeschränkungen).

Wirtschaftsstrafrecht, Gesamtheit der Rechtsvorschriften, die zum Schutz eines geordneten Wirtschaftslebens und zur Sicherung der am Wirtschaftsprozeß Beteiligten bestimmte Verhaltensweisen verbieten und mit Strafe oder Bußgeld bedrohen. Das W. ist in zahlr. Einzelgesetzen (u. a. Aktiengesetz, Wirtschaftsstrafgesetz) enthalten.

Wismar:
Die sog.
Wasserkunst

Wirtschaftssubjekt, allg. jeder Teilnehmer am Wirtschaftsleben (Privatpersonen [z. B. als Konsumenten und Steuerzahler], jurist. Personen, öffentl.-rechtl. Körperschaften, Staat).

Wirtschaftssystem → Wirtschaftsordnung.

Wirtschaftstheorie (Volkswirtschaftstheorie), Kerngebiet der Volkswirtschaftslehre, dessen Objekt die wiss. Beschreibung und Erklärung der einzel- und insbes. der gesamtwirtsch. Prozesse ist.

Wirtschafts- und Sozialrat → UN, → Economic and Social Council.

Wirtschaftsverbände, Zusammenschlüsse von Unternehmern bzw. Unternehmen einzelner Wirtschaftszweige zur Förderung und Wahrnehmung der gemeinsamen wirtschaftl. Interessen, insbes. gegenüber Öffentlichkeit und Staat.

Wirtschaftsverfassung → Wirtschaftsordnung.

Wirtschaftswissenschaften, die W. umfassen hauptsächlich die → Betriebswirtschaftslehre und → Volkswirtschaftslehre einschließlich der Finanz-Wissenschaft.

Wirtschaftswunder, Schlagwort v. a. für den den Zeitgenossen schnell anmutenden und nachhaltigen wirtschaftl. Aufschwung in der BR Deutschland nach der Währungsreform von 1948.

Wirtswechsel, in der Biologie der bei vielen Parasiten regelmäßig mit Erreichen eines bestimmten Entwicklungsstadiums erfolgende Wechsel der Wirtsorganismen *(Wirte).* Beim letzten Wirt *(Endwirt)* erreicht der Parasit seine Geschlechtsreife; alle vorausgehenden Wirte, bei denen die Jugendstadien parasitieren, heißen *Zwischenwirte.*

Wischnewski, Hans-Jürgen, * Allenstein 24. 7. 1922, dt. Politiker (SPD). 1957–90 MdB; Experte für afrikan. und arab. Fragen; 1966–68 und 1974–80 mehrfach Min.; 1968–72 Bundesgeschäftsführer der SPD; 1979–82 stellv. Partei-Vors.; 1980–83 stellv. Fraktions-Vors., 1984/85 Schatzmeister der SPD.

Wischnu (Vischnu), Gott des → Hinduismus (auch Hari; Anredeform Hare). Im klass. Hinduismus neben Brahma und Schiwa einer der höchsten Götter; erscheint in 10 Inkarnationen auf der Erde, um die Welt von Dämonen zu befreien und den → Dharma zu schützen.

Wisconsin [engl. wɪsˈkɒnsɪn], einer der Staaten des Mittleren Westens der USA, 145 438 km², 4,86 Mio. E, Hauptstadt Madison.

Geschichte: Erstmals Ende des 17. Jh. von Franzosen besiedelt; 1763 britisch; 1783 an die USA; eigtl. Massenbesiedlung ab Mitte der 1830er Jahre; 1848 30. Staat der USA; im Sezessionskrieg auf seiten der Union.

Wise, Stephen Samuel [engl. waɪz], * Budapest 17. 3. 1874, † New York 19. 4. 1949, amerikan. Rabbiner und Zionist. Mit N. Goldmann gründete er 1936 den → World Jewish Congress.

Wisent → Bison.

Wismar, Kreisstadt am S-Ende der Wismarbucht, Mecklenburg-Vorpommern, 57 200 E. Theater. Großwerft; Hafen. Stark zerstört im 2. Weltkrieg (Ruinen der Georgs- und Marienkirche). Erhalten sind u. a. die spätgotische Nikolaikirche (14./15. Jh.), der Fürstenhof (16. Jh.) im Stil der italien. Frührenaissance, die sog. Wasserkunst, ein turmartiger Sandsteinbau (1580–1602), spätgotische Giebelhäuser, u. a. ›Alter Schwede‹ (um 1380), sowie das klassizist. Rathaus (1817–19). – 1257–1358 mecklenburg. Residenz; eine der mächtigsten Hansestädte (Wend. Hansequartier); 1648–1803/1903 als Reichslehen an Schweden.

Wismut, chem. Symbol Bi (von der im MA übl. Bez. Bismutum), metall. chem. Element aus der V. Hauptgruppe des Periodensystems der chem. Elemente, Ordnungszahl 83, relative Atommasse 208,9804, Dichte 9,747 g/cm³, Schmelzpunkt 271,3 °C, Siedepunkt 1 560 °C. Das rötlich-weiße Schwermetall besitzt unter allen Metallen die geringste Leitfähigkeit für Wärme und elektr. Strom; Legierungsbestandteil.

Wismutglanz (Bismuthinit), Mineral von weißer Farbe, strahlig-nadelig, auch säulig; chem. Bi_2S_3; Mohshärte 2.

Wissenschaft, Inbegriff dessen, was überlieferter Bestand des Wissens einer Zeit ist, v. a. der Prozeß methodisch betriebener Forschung und der Lehre als Darstellung der Ergebnisse und Methoden der Forschung. Die W. beginnt mit dem Sammeln, Ordnen und Beschreiben ihres Materials; weitere Schritte sind die Bildung von Hypothesen und Theorien. Die W. ist dem Ziel nach entweder theoret. bzw. reine W. oder angewandte bzw. prakt. W.; ihrem Inhalt nach werden die *Natur-W.* von den *Geistes-W.* unterschieden.

Wissenschaft des Judentums (Judaistik), um 1820 geprägte Bez. für die wiss. Erforschung der jüd. Religion sowie der Geschichte und Literatur der Juden. Mit der Gründung der Hebr. Univ. Jerusalem

1925 wurde die W. d. J. erstmals wiss. Disziplin an einer Hochschule und konnte ihre Forschungsgebiete auffächern.

Wissenschaftlicher Rat, im Ggs. zum ordentl. →Hochschullehrer ein beamteter Hochschullehrer ohne eigenen Lehrstuhl.

Hans Witten: Tulpenkanzel; um 1508–10 (Dom von Freiberg)

Wissenschaftsrat, 1) (Dt. Wissenschaftsrat) 1957 aufgrund eines Verwaltungsabkommens zw. Bund und Ländern in der BR Deutschland gegr. zentrales Beratungsgremium in allen Wiss. und Hochschulen betreffenden Fragen; Sitz Köln.

2) in der *Schweiz* beratendes Organ des Bundesrates für alle Fragen der nat. und internat. Wiss.politik.

Wissenschaftstheorie, die als eigenständige Disziplin im ersten Drittel des 20. Jh. entstandene W. war zunächst wesentlich bestimmt durch den Neopositivismus bzw. log. Empirismus (→ analytische Philosophie). K. R. Popper begründete die zweite Grundrichtung, den krit. Rationalismus, nach dem sich W. auf die Untersuchung der Bedingungen für eine Falsifikation der als Hypothesen aufgefaßten wiss. Theorien beschränken muß.

Wissmann, Hermann von (seit 1890), * Frankfurt/Oder 4. 9. 1853, † Weißenbach (= Haus, Steiermark) 15. 6. 1905, dt. Afrikaforscher. Durchquerte 1880–82 als erster Äquatorialafrika von W nach O; 1895/96 Gouverneur in Dt.-Ostafrika.

Witebsk [russ. 'vitipsk], Gebietshauptstadt an der Düna, Weißrußland, 340 000 E. Hochschulen; u. a. Fertighauskombinat; Hafen. – Im 13. Jh. Hauptstadt des gleichnamigen Ft.; 1320 an Litauen (später Polen-Litauen), fiel 1772 an Rußland.

Witjastiefe [russ. 'vitjz], Name für 3 nach dem sowjet. Forschungsschiff Witjas ben. Meerestiefen: W. I im Marianengraben, die größte bisher ausgelotete Meerestiefe mit 11 022 m; W. II, die tiefste Stelle des Tongagrabens, 10 882 m; W. III, die tiefste Stelle des Kermadecgrabens, 10 047 m.

Witoscha, Gebirgsstock südlich von Sofia, bis 2 290 m hoch.

Witt, Johan de, * Dordrecht 24. 9. 1625, † Den Haag 20. 8. 1672 (ermordet), niederl. Staatsmann. Prägte als Ratspensionär von Holland (seit 1653) die gesamte Politik der Vereinigten Niederlande. Gegner der Oranier; suchte die Statthalterwürde durch eine Herrschaft der großbürgerl. Oligarchie zu ersetzen. Mit der Ausrufung Wilhelms III. von Oranien zum Statthalter brach seine Herrschaft zusammen.

Witte, Sergei Juljewitsch Graf (seit 1905) [russ. 'vitj], * Tiflis 29. 6. 1849, † Petrograd 13. 3. 1915, russ. Politiker. 1892–1903 Finanz-Min.; 1903–05 Vors. des Min.komitees; 1905/06 erster konstitutioneller Min.-Präsident.

Wittekind →Widukind.

Wittelsbacher, bayr. Herrscherhaus, ben. nach der Burg Wittelsbach (nö. von Aichach); ab 1180 Herzöge von Bayern; 1255 1. Teilung: Pfalz-Gft. und Oberbayern (Zentrum München), Niederbayern (Zentrum Landshut). 1329 wurde die pfälz. Linie (mit der Oberpfalz, 1356 mit der Kurstimme) selbständig. 1349 2. Teilung in die Linien Ober- und Niederbayern, 1392 3. Teilung in die Linien *Bayern-Ingolstadt* (erloschen 1447), *Bayern-Landshut* (erloschen 1503) und *Bayern-München* (erloschen 1777), der 1504/05 die erneute Zusammenfassung und der Erwerb der (vorher pfälz.) Kurwürde (1623) und der Oberpfalz (1628) gelang. 1777 wurde sie von dem pfälz. Kurfürsten Karl Theodor (Linie Pfalz-Sulzbach) beerbt; 1799 Nachfolge der Linie Pfalz-Zweibrücken-Birkenfeld; 1806–1918 bayr. Könige. Neben dieser Linie, die 1832/33–62 mit Otto I. auch den König von Griechenland stellte, gibt es seit 1799 die ›Herzoge in Bayern‹.

Witten, Hans, * Braunschweig (?) wohl zw. 1470/1480, † Annaberg (?) nach 1522, dt. Bildhauer. Spätgotische Tulpenkanzel im Dom von Freiberg (um 1508–10), eine phantasievolle Verkörperung der Legende des Bergbaupatrons Daniel; Geißelung Christi in der Schloßkirche in Chemnitz (um 1515).

Witten, Stadt im östlichen Ruhrgebiet, NRW, 102 900 E. Privatuniv. W./Herdecke, Märk. Museum; u. a. Metallindustrie.

Wittenberg (amtl. Lutherstadt W.), Kreisstadt an der Elbe, Sachsen-Anhalt, 51 800 E. Museen; Theater; u. a. Düngemittelkombinat. Schloß (1490–nach 1525), in der spätgot. Schloßkirche (1490–99) die Grabstätten Luthers und Melanchthons. Got. Stadtkirche Sankt Marien (um 1300 bis 1470), Melanchthonhaus (1536), Rathaus (16. Jh.), davor die Denkmäler Luthers und Melanchthons. – 1180 erstmals erwähnt; erhielt 1293 Stadtrecht; 1212–1422 Residenz der askan., dann der wettin. (1485–1547 ernestin., dann albertin. Linie) Herzöge bzw. Kurfürsten von Sachsen; von hier gingen durch M. Luther die entscheidenden Impulse der Reformation aus. 1815 an Preußen, Vereinigung der 1502 von Friedrich dem Weisen gegr. Univ. mit der von Halle (heute Martin-Luther-Univ. Halle-W.).

Wittenberge, Stadt an der Elbe, Brandenburg, 29 600 E. U. a. Zellstoff- und Zellwollfabrikation. Steintor (14. Jh.; Backsteingotik).

Witterung →Klima.

Wittgenstein, Ludwig, * Wien 26. 4. 1889, † Cambridge 29. 4. 1951, österr. Philosoph. Lebte vorwiegend in Cambridge; Schüler von B. Russell; gehört als Vertreter der sprachanalyt. Philosophie zu den einflußreichsten Philosophen des 20. Jh.; entwickelte in seinem Hauptwerk ›Tractatus logico-philosophicus‹ (1922) zentrale Thesen zur Strukturgleichheit von Sprache und Welt. – *Weiteres Werk:* Philosoph. Untersuchungen (postum 1953). →analytische Philosophie.

Georg Wittig

Wittig, Georg, * Berlin 16. 6. 1897, † Heidelberg 26. 8. 1987, dt. Chemiker. Arbeitete über heterocycl. und metallorgan. Verbindungen, Stereochemie, freie Radikale und die Aldolkondensation; entdeckte das Dehydrobenzol (Benz-in) und entwickelte 1953 die →Wittig-Reaktion. Erhielt 1979 zus. mit H. C. Brown den Nobelpreis für Chemie.

Wittig-Reaktion (Wittigsche Olefinsynthese), von G. Wittig 1953 entwickeltes Verfahren zur Herstellung ungesättigter organ. Verbindungen durch Umsetzen von Aldehyden oder Ketonen mit →Yliden; wichtig zur Herstellung z. B. von Vitamin A und D, Karotinoiden, Cholesterinderivaten.

Wittlich, Kreisstadt östlich von Bitburg, Rhld.-Pf., 15 700 E. Kath. spätmanierist. Pfarrkirche (1708 bis 1724), Renaissancerathaus (1652–76).

Wittlin, Józef, * Dmytrów 17. 8. 1896, † New York 28. 2. 1976, poln. Schriftsteller. Emigration 1939, ab 1941 in den USA, bed. expressionist. Lyriker, u. a. ›Hymnen‹ (Ged., 1920); auch Romane.

Wittlinger, Karl, * Karlsruhe 17. 5. 1922, dt. Dramatiker. Schreibt kabarettist. Komödien, u. a. ›Kennen Sie die Milchstraße?‹ (1956), ›Nachruf auf Egon Müller‹ (1970) sowie Hör- und Fernsehspiele.

Wittmund, Kreisstadt in Ostfriesland, Nds., 19 000 E. Ev. barocke Kirche (1775).

Wittstock, Kreisstadt in der östl. Prignitz, Brandenburg, 14 400 E. Torturm der Oberburg (13. Jh.; heute Museum), got. Marienkirche (13. Jh.), fast vollständig erhaltene Stadtbefestigung.

Wittum, im german. Recht die vor der Ehe vom Bräutigam zu erbringende Vermögensleistung, die urspr. bei Auflösung der Ehe an den Mannesstamm zurückfiel, seit dem MA jedoch zur Witwenversorgung diente und bei der Frau verblieb.

Witwen (Viduinae), Unterfam. bis 15 cm langer Webervögel im trop. Afrika; Brutschmarotzer, die ihre Eier in den Nestern von Prachtfinken ablegen; u. a. *Paradies-W.*, auch Käfigvogel.

Witwengeld, monatliche Geldzahlungen an die Witwe eines Beamten.

Witwenrente →Rentenversicherung.

Witwenverbrennung (ind. Sati, engl. Suttee), Brauch im orthodoxen Hinduismus, die Witwe mit ihrem verstorbenen Mann zu verbrennen; 1829 von den Briten verboten.

Witwerrente →Rentenversicherung.

Witz, Konrad, * Rottweil (?) um 1400, † Basel (oder Genf) um 1445, dt.-schweizer. Maler. Überwand in seinen Bildern durch einen ausgeprägten Realismus (u. a. Hintergrundslandschaften) in Nachfolge der ndl. Malerei (u. a. R. Campin) den →Weichen Stil; Linkshänder. – *Werke:* Heilsspiegelaltar (um 1435, unvollständig erhalten; 9 Tafeln im Basler Kunstmuseum, zwei in Dijon, Musée Municipal, eine in Berlin-Dahlem), Petrusaltar (1444; Genf, Musée d'Art et d'Histoire).

Witwen: Paradieswitwe

Witz, urspr. hatte das Wort W. die Bed. von ›Wissen, Verstand‹ (von ahd. wizzi), im 17. Jh. wurde daraus das ›Talent zum geistreichen Formulieren‹; heute versteht man unter W. hpts. eine pointierte, kurze mündl. Erzählung, die Gelächter erregt.

Witzenhausen, hessische Stadt an der Werra, 16 700 E. Fachbereiche der Gesamthochschule Kassel; der Ortsteil **Ziegenhagen** ist Kneippkurort. Spätgot. Liebfrauenkirche, zahlr. Fachwerkhäuser.

Witzleben, Erwin von, * Breslau 4. 12. 1881, † Berlin-Plötzensee 8. 8. 1944 (hingerichtet), dt. Generalfeldmarschall (seit 1940). Seit 1938 an Umsturzplänen beteiligt, stand W. mit General L. Beck im Zentrum des militär. Widerstandes gegen Hitler; 1941/42 Oberbefehlshaber West; sollte nach dem Attentat vom 20. 7. 1944 den Oberbefehl über die Wehrmacht übernehmen.

Erwin von Witzleben

Wiwekananda →Vivekananda.

Wlachen (Walachen), alte Bez. für die Rumänen (→Rumänien, Geschichte).

Wladimir [russ. vla'dimir], Name Kiewer Fürsten: **1) Wladimir I. Swjatoslawitsch** [russ. svɪta'slavitʃ], gen. der Heilige oder der Große, * 956, † 1015, Großfürst (seit 978). 969 Fürst von Nowgorod; unterstützte 988 den byzantin. Kaiser Basileios II. Bulgaroktonos militärisch und heiratete dessen Schwester Anna. Seine Taufe trug entscheidend zur Christianisierung Rußlands bei.

2) Wladimir II. Wsewolodowitsch Monomach [russ. 'fsjɛvɐlɐdɐvitʃ mɐna'max], * 1053, † 1125, Großfürst (seit 1113). 1078–94 Fürst von Tschernigow, dann von Perejaslaw. Stellte die Einheit des zersplitterten Kiewer Reiches wieder her. Schrieb das literar. bed. Werk ›Poučenie‹ (›Belehrung‹).

Wladimir [russ. vla'dimir], Gebietshauptstadt im europ. Teil Rußlands, an der Kljasma, 336 000 E. Polytechn. Hochschule, Theater; u. a. Schlepperwerk. Uspenski-Kathedrale (12. Jh.), Dmitri-Kathedrale (1194–97), Klöster (12./13. Jh.), Goldenes Tor (im Kern 1164). Bis 1158 Hauptstadt des bis zum Ende des 13. Jh. stärksten russ. Ft. *Wladimir-Susdal.* 1299–1326 Sitz des russ. Metropoliten.

Wladislaw (poln. Władysław), Name von Fürsten: *Polen:* **1) Wladislaw I. Łokietek** [poln. uɔ'kjɛtɛk ›Ellenlang‹], * zw. 3. 3. 1260 und 19. 1. 1261, † Krakau 2. 3. 1333, König (seit 1320). Einigte die poln. Teilfürstentümer zu einem erneuerten zentralen Königtum.

2) Wladislaw II., König, →Jagello.

3) Wladislaw IV. (Wasa), * Łobzów (Woiwodschaft Kattowitz) 19. 4. 1595, † Merkinė bei Wilna 20. 5. 1648, König (seit 1632). Suchte vergeblich, seine Ansprüche auf den russ. Zarenthron (gewählt 1610) und auf die schwed. Krone durchzusetzen.

Ungarn: **4) Wladislaw II.,** * Krakau 1. 3. 1456, † Buda (= Budapest) 13. 3. 1516, König von Böhmen (seit 1471) und Ungarn (seit 1490). Sohn Kasimirs IV. Andreas von Polen und Nachfolger von Georg von Podiebrad und Kunstatt; mußte 1478 Mähren und Schlesien an Matthias I. Corvinus abtreten; konnte sich im Kampf um dessen Nachfolge in Ungarn gegen Kaiser Maximilian I. behaupten.

Wladiwostok, Hauptstadt der Region Primorje in Rußland, am Pazifik, 627 000 E. Univ. u. a. Hochschulen, Museen, Gemäldegalerie; Theater, Philharmonie; u. a. Werften, Fischverarbeitung, Baustoffindustrie; Endpunkt der Transsibir. Bahn, Häfen, ⚓. 1860 gegr.; ab 1876 bed. Hafen und Hauptstützpunkt der russ. Fernostflotte; war bis Jan. 1991 streng gesperrt.

Wlassow, Andrei Andrejewitsch [russ. 'vlasɐf], * Lomakino bei Gorki 1900 oder 1901, † Moskau 1. 8. 1946 (hingerichtet), sowjet. General. Seit 1918 in der Roten Armee; stellte sich nach seiner Gefangennahme 1942 den Deutschen für das antisowjet. nationalist. ›Russ. Komitee‹ zur Verfügung; organisierte 1944 2 Divisionen des ›Komitees für die Befreiung der Völker Rußlands‹ aus russ. Kriegsgefangenen; mit seinen Truppen von den USA an die Sowjets ausgeliefert.

Woche, Zeitintervall von 7 Tagen, das als *Kalender-W.* zur fortlaufenden Unterteilung des Kalenderjahres ohne Rücksicht auf die Monats- und Jahresanfänge dient. Zu einem Kalenderjahr können 52 oder 53 Kalender-W. zählen, wobei der Montag als erster und der Sonntag als letzter (siebter) Tag der Kalender-W. gilt. Als erste Kalender-W. eines Kalenderjahres zählt diejenige W., in die mindestens vier der ersten Januartage fallen.

Woche der Brüderlichkeit →Gesellschaften für Christlich-Jüdische Zusammenarbeit.

Wochenbett (Kindbett), Bez. für den Zeitraum von 6–8 Wochen nach der Entbindung, in dem es zur Normalisierung der durch die Schwangerschaft veränderten Organe sowie u. a. zur Einregulierung der Laktation kommt. Während des W. kommt es zur Absonderung des anfangs blutigen, später serösen *Wochenflusses* (Lochien) aus der Gebärmutter.

Wochenbettfieber (Kindbettfieber, Puerperalfieber), jede fieberhafte Erkrankung bei Wöchnerinnen, die durch die Infektion der bei der Geburt entstandenen Wunden mit pathogenen Bakterien (v. a. Streptokokken und Staphylokokken) verursacht wird.

Wodan (Wotan) → Odin.

Wodka [russ.], v. a. aus Kartoffeldestillaten oder Korn-Kartoffel-Destillaten hergestellter Branntwein. Alkoholgehalt mindestens 40 Vol.-%.

Wodu (Vodoo, Voodoo, Wudu, frz. Vaudou, Vaudoux), aus der Ewe-Sprache abgeleitete Bez. für ›Schutzgeist‹, Name eines in Haiti weitverbreiteten synkretist. Geheimkults, in dem ekstat. Tänze, die zur Identifikation von Kultteilnehmern mit Gottheiten führen sollen, eine beherrschende Stellung einnehmen.

Wöhler, Friedrich, * Eschersheim (= Frankfurt am Main) 31. 7. 1800, † Göttingen 23. 9. 1882, dt. Chemiker. Seine Synthese von ›organischem‹ Harnstoff aus ›anorganischem‹ Ammoniumcyanat (1828) gilt als Markstein in der Geschichte der organ. Chemie.

Wohlfahrtsausschuß (frz. Comité de salut public), am 6. 4. 1793 eingesetztes Exekutivorgan des Nationalkonvents; unter M. Robespierre (27. 7. 1793 bis 27. 7. 1794) eines der wichtigsten Organe der jakobin. Schreckensherrschaft.

Wohlfahrtsstaat, polit. Begriff für einen privatwirtschaftlich organisierten Staat, der sich die Sicherung der materiellen Existenz der Bürger (Daseinsvorsorge) zur umfassenden Aufgabe macht.

Wohlstandsgesellschaft, Schlagwort für eine Gesellschaft, deren weit überwiegender Teil dank allgemeiner wie individueller wirtschaftl. Prosperität über dem Existenzminimum verdient, so daß der Besitz von Luxusgütern üblich ist.

Wohlstandskriminalität, Kriminalität, bei der ein Zusammenhang mit der Wohlstandsgesellschaft in dem Sinn angenommen wird, daß ein der Wohlstandsgesellschaft zuzurechnendes übersteigertes Bedürfnis nach Konsum- und Luxusgütern zu kriminellen Handlungen, insbes. Ladendiebstahl, führt.

Wohmann, Gabriele, geb. Guyot, * Darmstadt 21. 5. 1932, dt. Schriftstellerin. Gehörte zur Gruppe 47; schreibt subtile Romane (u. a. ›Paulinchen war allein zu Haus‹, 1974; ›Das Glücksspiel‹, 1981), Erzählungen (u. a. ›Habgier‹, 1973; ›Kassensturz‹, 1989) sowie Lyrik (u. a. ›Passau, Gleis 3‹, 1984, ›Das könnte ich sein‹, 1989); auch zahlr. Hör- und Fernsehspiele. – *Weitere Werke:* Ach wie gut, daß niemand weiß (R., 1980), Der Irrgast (En., 1985), Unterwegs (Tageb., 1986), Der Flötenton (1987).

Wohnbevölkerung, bei einer Volkszählung die nach ihrem ständigen Wohnsitz erfaßte Bevölkerung.

Wohngeld, zur Sicherung angemessenen und familiengerechten Wohnens auf Antrag und unter bestimmten Voraussetzungen gewährter Zuschuß zu den Aufwendungen für den Wohnraum; wird gewährt als *Mietzuschuß* an einen Mieter oder als *Lastenzuschuß* an den Eigentümer eines Eigenheims.

Wohnmobil, speziell zum Wohnen eingerichtetes Kraftfahrzeug, i. d. R. auch umgebauter Kleinbus (Campingbus) oder Kleinlastwagen mit Spezialaufbau und entsprechender Innenausstattung.

Wohnsitz, Ort der ständigen Niederlassung einer Person; u. a. von Bedeutung für die Bestimmung des Gerichtsstands im Prozeßrecht, als Leistungsort sowie für die Eheschließung.

Wohnungsbau, die Erstellung von Wohnungen, wobei zu unterscheiden ist zw. dem *öffentl. geförderten* (→ sozialer Wohnungsbau), dem *steuerbegünstigten* (Grundsteuererlaß auf 10 Jahre für neugeschaffene Wohnungen, die bestimmte Wohnflächengrenzen nicht übersteigen und für die keine öffentl. Mittel eingesetzt wurden) und dem *frei finanzierten* Wohnungsbau. Zur *W.förderung* gehören darüber hinausgehende steuerl. Vergünstigungen wie erhöhte Sonderabschreibungen nach § 7 b Einkommensteuergesetz und die Anerkennung von Wohnungssparbeiträgen als Sonderausgaben.

Wohnungsbauprämie, staatl. Förderungsmaßnahmen für den Wohnungsbau, die nach Maßgabe des Wohnungsbau-Prämiengesetzes gewährt wird. Bis zu einer Einkommensgrenze von 27 000 DM bzw. (für Ehegatten) 54 000 DM werden Sparbeiträge (bis 800 DM bzw. 1 600 DM [für Verheiratete]) für die Wohnraumfinanzierung, wie z. B. Beiträge an Bausparkassen, durch eine W. von 10 % gefördert.

Wohnungseigentum, das mit dem Miteigentumsanteil an einem Grundstück verbundene *Sondereigentum* an einer in sich abgeschlossenen *[Eigentums]wohnung*. Das Sondereigentum ist untrennbar verbunden mit *Bruchteilseigentum* (Miteigentum nach frei vereinbarten Bruchteilen) an Grund und Boden sowie solchen Teilen des Gebäudes, die dem gemeinschaftl. Gebrauch der Wohnungseigentümer dienen (z. B. Treppenhaus, Heizungsanlage). Das W. ist wie Grundeigentum frei veräußerlich und vererblich sowie belastbar. Die Verwaltung des gemeinschaftl. Eigentums obliegt dem Verwalter, dessen Bestellung zwingend vorgeschrieben ist, dem (fakultativen) dreiköpfigen Verwaltungsbeirat sowie den Wohnungseigentümern gemeinschaftlich.

Wohnungsrecht, von der Miete zu unterscheidendes Recht, ein Gebäude oder den Teil eines Gebäudes unter Ausschluß des Eigentümers als Wohnung zu benutzen (dingl. *Wohnrecht*). Das W. ist eine beschränkte persönl. Dienstbarkeit.

Wohnwagen, für Wohnzwecke eingerichteter Wagen. Bei den für Campingzwecke gebauten W. *(Campingwagen, Caravan)*, meist einachsige, häufig auch mit Tandemachse ausgerüstete Kfz-Anhänger, unterscheidet man W. mit starrem Aufbau und vollständiger Innenausstattung und sog. *Klappanhänger*, deren Aufbau für die Fahrt zusammengeklappt werden kann.

Woiwode, urspr. im MA slaw. Bez. für einen gewählten Heerführer, der ein begrenztes Gebiet kontrollierte. In *Rußland* Mitte des 17. Jh. bis 1775 Vorsteher der Provinzialverwaltung; in *Polen* seit dem 12. Jh. Amt des W. (Pfalzgraf [Palatin]) als Statthalterposten, seit 1918 oberster Beamter einer Woiwodschaft; in der Walachei, der Moldau und in Siebenbürgen bis ins 16. Jh. Titel der Herrscher.

Wojtyła, Karol [poln. vɔj'tiᵾa] → Johannes Paul II., Papst.

Wojwodina [vɔjvoʹdiːna, vɔʝʹvoːdina], bis 1989 autonome Prov. innerhalb der Republik Serbien, 21 506 km², 2,05 Mio. E, Hauptstadt Novi Sad. – 1552 von den Türken besetzt, im 18. Jh. zur ungar. Hälfte Österreichs, 1920 an Jugoslawien.

Wolf, 1) Christa, * Landsberg (Warthe) 18. 3. 1929, dt. Schriftstellerin. Gehört zu den exponierten, den Sozialismus grundsätzlich bejahenden Schriftstellern aus der ehemaligen DDR, deren Romane (›Der geteilte Himmel‹, 1963; ›Nachdenken über Christa T.‹, 1968; ›Kassandra‹, 1983) und Erzählungen (›Moskauer Novelle‹, 1961; ›Unter den Linden‹, 1974; ›Kein Ort. Nirgends‹, 1979; ›Sommerstück‹, 1989) international bekannt sind; auch Filmdrehbücher. – *Weitere Werke:* Was bleibt (E., entst. 1979, gedr. 1990), Störfall (1987), Die Dimension des Autors. Essays, Auf-

Friedrich Wöhler
(Ausschnitt aus einem Gemälde)

Gabriele Wohmann

Christa Wolf

Hugo Wolf

sätze, Reden und Gespräche 1959–85 (1987), Kassensturz (En., 1989).

2) Christian Freiherr von, dt. Philosoph, → Wolff, Christian Freiherr von.

3) Friedrich, * Neuwied 23. 12. 1888, † Lehnitz bei Oranienburg 5. 10. 1953, dt. Dramatiker. Ab 1928 Mgl. der KPD; 1933 Emigration, 1941–45 in der UdSSR. Schrieb zahlr. zeitkrit. Dramen (u. a. ›Cyankali. § 218‹, 1929; ›Professor Mamlock‹, 1935; Thomas Müntzer ...›, 1953).

4) Hugo, * Windischgraz (heute Slovenj Gradec, Slowenien) 13. 3. 1860, † Wien 22. 2. 1903, österr. Komponist. Im Mittelpunkt seines Schaffens stehen etwa 300 Lieder. Er übertrug Wagners Konzeption von melod. Textdeklamation in der Singstimme und Textausdeutung im Orchester auf das Klavierlied, u. a. auf Gedichte von Mörike (1888), Eichendorff (1889), Goethe (1890). ›Span. Liederbuch‹ (1891; P. von Heyse und E. Geibel), ›Italien. Liederbuch‹ (1896; Heyse); Chorwerke; Oper ›Der Corregidor‹ (1896); Kammermusik.

5) Maximilian (Max), * Heidelberg 21. 6. 1863, † ebd. 3. 10. 1932, dt. Astronom. Wurde durch von ihm entwickelte Methoden und Instrumente zu einem der Bahnbrecher der Himmelsphotographie und Astrophysik. Gemeinsam mit dem österr. Astronomen Johann Palisa (* 1848, † 1925) erstellte er den ersten Sternatlas aus photograph. Grundlage (Wolf-Palisa-Karten).

Christian Wolff (Kupferstich von Johann Martin Bernigeroth; 1755)

Wolf: Timberwolf

Wolf, früher in ganz Eurasien und N-Amerika weit verbreitetes Raubtier (Fam. Hundeartige), das heute durch weitgehende Ausrottung nur noch in Rückzugsgebieten vorkommt (in den asiat. Teilen Rußlands, in Alaska und Kanada); Größe und Färbung sind je nach Verbreitungsgebiet sehr unterschiedlich, Länge rd. 100–140 cm, Schulterhöhe 65–90 cm. Schwanz etwa 30–50 cm lang, Höchstgewicht 75 kg (Männchen größer und stärker als Weibchen); sehr geselliger, in Rudeln mit ausgeprägter Rangordnung lebender Hetzjäger, der auch große Beutetiere (bis zu Hirschgröße) zur Strecke bringt; Angriffe auf Menschen sind nicht einwandfrei nachgewiesen. Unterarten sind u. a.: *Rotwolf* (in küstennahen, sumpfigen Prärien von O-Texas und Louisiana), *Polarwolf* (im äußersten NW N-Amerikas; mit dichtem, langhaarigem, fast weißem Fell) und *Timberwolf* (in den nordamerikan. Wäldern). – Steinzeitl. Wandbilder deuten darauf hin, daß die Domestikation des W. zum Haushund spätestens im frühen Mesolithikum begann.

Wolfach, Stadt im Schwarzwald, an der Kinzig, Bad.-Württ., 6 300 E. Heimat- und Glasmuseum; u. a. Glashütte. Barockschloß mit Schloßkapelle, Wallfahrtskirche Sankt Jakobus d. Ä. (alle 17. Jh.).

Wolfe, Thomas [engl. wʊlf], * Asheville (N. C.) 3. 10. 1900, † Baltimore 15. 9. 1938, amerikan. Schrift-

Thomas Wolfe

steller. Sein Romanwerk verschaffte dem amerikan. Süden literar. Geltung. – *Werke:* Schau heimwärts, Engel! (R., 1929), Von Zeit und Strom (R., 1935), Geweb und Fels (R., unvollendet, hg. 1939), Es führt kein Weg zurück (R., unvollendet, hg. 1940).

Wolfegg, Gem. in Oberschwaben, Bad.-Württ., 2 900 E. Vierflügeliges Renaissanceschloß der Grafen von Waldburg (1578–86; bed. Kunstsammlungen [→ Hausbuchmeister]), Schloßkirche (1733–42), Beamtenhäuser (18. Jh.).

Wolfen, Stadt im Bitterfelder Braunkohlenrevier, Sachsen-Anhalt, 45 700 E. Bed. chem. Industrie.

Wolfenbüttel, Kreisstadt an der Oker, Nds., 50 700 E. Niedersächs. Staatsarchiv W., Herzog-August-Bibliothek, Museen (u. a. Lessinghaus, Stadt- und Kreismuseum). U. a. Konserven-, Spirituosenindustrie. Typ. Residenzstadt der Renaissance; Schloß (nach 1547 ff.); ev. Marienkirche (1607 ff.), ev. Johanniskirche (1663), Trinitatiskirche (1719 geweiht); Zeughaus (1613 begonnen); ehem. Kanzlei (1587/88); zahlr. Fachwerkhäuser. – Nach 1283 Ausbau der Wasserburg W. (1118 erstmals erwähnt) zur Residenz der Welfen; 1747 mit anderen Vorstädten zur Stadt W. vereinigt (Residenz bis 1753); an der von Herzog August d. J. von Braunschweig-Wolfenbüttel gegr. (Staats-)Bibliothek wirkten 1690–1716 Leibniz und 1770–81 Lessing.

Wolfenbütteler Fragmente → Reimarus, Hermann Samuel.

Wolff, (Wolf) Christian Freiherr von (seit 1745), * Breslau 24. 1. 1679, † Halle/Saale 9. 4. 1754, dt. Philosoph. Brachte zentrale Teile der Leibnizschen Philosophie in eine systemat. Fassung (deshalb: ›Leibniz-Wolffsche Philosophie‹); herausragender Philosoph der frühen dt. Aufklärung. Mit einer Unterordnung von Ethik, Politik und Recht unter die Erkenntnismaximen und -resultate der method. Vernunft vertritt W. die Idee der bürgerl. Gesellschaft von der freien Entfaltung des Individuums in einem nach Vernunftgesetzen geordneten Rechtsstaat. W. gilt als einer der ersten Verfechter des Völkerbundgedankens und als Mitbegründer des modernen Völkerrechts. – *Werke:* Anfangsgründe aller mathemat. Wiss. (1710), Jus naturae ... (8 Bde., 1740–48), Jus gentium (1749), Philosophia moralis sive ethica (5 Bde., 1750–53).

Wolf-Ferrari, Ermanno, * Venedig 12. 1. 1876, † ebd. 21. 1. 1948, dt.-italien. Komponist. Komponierte Opern in der Tradition der italien. Opera buffa, u. a. ›Die vier Grobiane‹ (1906; nach C. Goldoni), ›Der Schmuck der Madonna‹ (1911), ›Sly‹ (1927; nach Shakespeare); auch Kammermusik und Lieder.

Wölfflin, Heinrich, * Winterthur 24. 6. 1864, † Zürich 19. 7. 1945, schweizer. Kunsthistoriker. Stellte die Ästhetik des einzelnen Kunstwerks in den Vordergrund; Hauptwerk: ›Kunstgeschichtl. Grundbegriffe‹ (1915).

Wolffs Telegraphen-Bureau [by'ro:], Abk. WTB, von Bernhard Wolff (* 1811, † 1879) 1849 in Berlin gegr. erste dt. Nachrichtenagentur; 1933 mit der Telegraphen-Union und Hugenbergs zum Dt. Nachrichtenbüro GmbH (DNB) vereinigt.

Wolfgang, hl., * in Schwaben, † Pupping bei Linz 31. 10. 994, dt. Missionar und Bischof. 971 Missionar in Ungarn und ab 972 Bischof von Regensburg; wirkte hier v. a. als Klosterreformer. – Fest: 31. Oktober.

Wolfhagen, hess. Stadt am W-Fuß des Habichtswaldes, 12 400 E. Ev. got. Stadtkirche (13. Jh.); Fachwerkrathaus (17. Jh.).

Wolfram von Eschenbach, * Eschenbach (= Wolframs-Eschenbach, Landkreis Ansbach) um 1170/80, † ebd. um 1220, dt. Dichter. Sein nach 1200 entstandenes, 25 000 Verse umfassendes Epos ›Parzival‹ (Vorlage war der ›Perceval‹ des → Chrétien de Troyes) ist der erfolgreichste dt. Versroman des MA, der auch in der Neuzeit, v. a. seit dem 19. Jh., eine außergewöhnl. Wirkungsgeschichte aufweist (u. a. R. Wagners Oper ›Parsifal‹, 1882). Neben zwei weiteren Epen, dem ›Willehalm‹ (1210–20) und dem fragmentar. ›Titurel‹ (vor 1219) sind auch einzelne Minnelieder (vorwiegend Tagelieder mit epischem Eingang) überliefert.

Wolfram (Tungsten), chem. Symbol W; metall. chem. Element aus der VI. Nebengruppe des Periodensystems der chem. Elemente, Ordnungszahl 74, mittlere relative Atommasse 183,85, Dichte 19,3 g/cm³, Schmelzpunkt 3410 °C, Siedepunkt 5660 °C. Das silberweiße Schwermetall ist chemisch sehr beständig; tritt in Verbindungen meist sechs-, seltener zwei- bis fünfwertig auf. Verwendung zur Herstellung von Glühfäden für Glühlampen und Elektronenröhren, zu thermisch und mechanisch äußerst beständigen Legierungen; W.carbide sind sehr harte Werkstoffe, z. B. die Wolframcarbid-Kobalt-Legierungen (Widia Ⓦ).

Wolframit, Mineral von dunkelbrauner bis schwarzer Farbe und unvollkommenem Metallglanz. Chem. (Fe,Mn)WO₄; wichtiges Wolframerz.

Wolfsberg, österr. Bezirkshauptstadt im Lavanttal, Kärnten, 28 100 E. Romanische Stadtpfarrkirche (13. Jh.) mit got. Chor (14. Jh.).

Wolfsburg, Stadt am Mittellandkanal, Nds., 124 900 E. Gemäldegalerie, Planetarium; Theater. Schloß (13./14. und 16. Jh.), Kulturzentrum (1959–63; nach Plänen von A. Aalto). – 1938 im Zusammenhang mit dem Volkswagenwerk gegründet.

Wolfshund, volkstüml. Bez. für den Dt. Schäferhund.

Michael Wolgemut: ›Kreuztragung Christi‹; Seitenflügel des Passionsaltars der Friedenskirche in Nürnberg, um 1486/88

Wolfskehl, Karl, * Darmstadt 17. 9. 1869, † Bayswater (Neuseeland) 30. 6. 1948, dt. Schriftsteller. Mit S. George Hg. der Sammlung ›Dt. Dichtung‹ (3 Bde., 1901–03). Sein Haus in München (Schwabing) war Mittelpunkt des George-Kreises. 1933 Emigration. – *Werke:* Saul (Dr., 1905), Der Umkreis (Ged., 1927), Die Stimme spricht (Ged., 1934), An die Deutschen (Ged., 1947), Sang aus dem Exil (Ged., hg. 1950).

Wolfsmilch, Gatt. der Wolfsmilchgewächse mit rd. 1 600 Arten, v. a. in den Tropen und Subtropen (insbes. in Afrika); Kräuter, Sträucher oder Bäume mit giftigem Milchsaft in ungegliederten Milchröhren. Bekannte Zierpflanzen sind Christusdorn und Weihnachtsstern. Einheimisch sind u. a.: *Garten-W.,* Stengel 10–30 cm hoch; *Sonnen-W.,* bis 40 cm hoch,

mit Scheinblüten in fünfstrahliger, gelblichgrüner Scheindolde; Ackerunkraut; *Zypressen-W.,* 15–30 cm hoch, Hüllblätter der Teilblütenstände gelb bis rötlich; auf trockenen, sandigen Böden; *Spring-W.* (Kreuzblättrige W.), bis 1,5 m hoch, häufig in Gärten gegen Wühlmäuse angepflanzt.

Wolfsmilchgewächse (Euphorbiengewächse, Euphorbiaceae), Fam. der Zweikeimblättrigen mit rd. 7 500 Arten in 290 Gatt., überwiegend in den Tropen und Subtropen; Bäume, Sträucher, Stauden oder einjährige Kräuter mit bisweilen giftigem Milchsaft; oft sukkulent und kakteenähnlich.

Wolfsrachen, schwere angeborene Mißbildung: von der Oberlippe bis zum Gaumenzäpfchen durchgehende Lippen-, Kiefer- und Gaumenspalte.

Wolfsspinnen (Lycosidae), mit rd. 1 500 Arten weltweit verbreitete Fam. bis 5 cm langer Spinnen, davon 65 Arten einheimisch; fangen ihre Beute im Sprung (u. a. Taranteln).

Wolga, mit rd. 3 530 km längster Strom Europas, entspringt in den Waldaihöhen, Rußland, mündet mit einem Delta ins Kasp. Meer; zahlr. Stauwerke; wichtiger Großschiffahrtsweg, durch Kanäle mit Ostsee, Weißem und Schwarzem Meer sowie mit Moskau verbunden.

Wolgadeutsche Republik, ehem. ASSR innerhalb der RSFSR, an der unteren Wolga, 28 200 km², 605 000 E (1939, etwa ²/₃ Deutsche), Hauptstadt Engels. – Von Katharina II. 1764 in das fruchtbare Gebiet an der unteren Wolga gerufen, lebten zu Beginn des 1. Weltkriegs im gesamten Siedlungsraum bis zum Ural und in die Ukraine etwa 700 000 *Wolgadeutsche.* 1924 wurde die W. R. gebildet (Amtssprache deutsch). Nach dem dt. Angriff (1941) auf die Sowjetunion wurden die noch etwa 350 000 Wolgadeutschen nach Sibirien und M-Asien deportiert (wegen angebl. Spionage). Die W. R. wurde offiziell am 25. 9. 1945 aufgelöst. Die Wolgadeutschen wurden 1964 rehabilitiert, ihre Rückkehr an die Wolga wurde ihnen jedoch verwehrt. Die Neuerrichtung einer W. R. ist vorgesehen.

Wolgast, Kreisstadt am Peenestrom, Mecklenburg-Vorpommern, 17 400 E. Werft. Spätgot. Petrikirche (14. Jh.), Barockrathaus. – Seit 1257 Stadtrecht (lüb. Recht seit 1282). 1295–1464 und 1532–1625 Residenz des Hzgt. Pommern-Wolgast; Hansestadt; 1648 an Schweden, 1815 an Preußen.

Wolgemut, Michael, * Nürnberg 1434, † ebd. 30. 11. 1519, dt. Maler. Schüler und 1473 Werkstattnachfolger von H. Pleydenwurff, Lehrer A. Dürers; beeinflußt von der niederl. Malerei (sog. Peringsdörfer Altar, 1486/88; Nürnberg, Friedenskirche). In seiner Werkstatt entstanden die Holzschnitte zum ›Schatzbehalter‹ (1491) und zur ›Schedelschen Weltchronik‹ (1493).

Wolgograd [russ. vɛlga'grat], Gebietshauptstadt in Rußland, an der Wolga, 997 000 E. Hochschulen, Museen, Theater, Philharmonie; Planetarium. Bildet zus. mit **Wolschski** einen Ind.schwerpunkt an der Wolga. – Gegr. 1589 als Festung **(Zarizyn);** hieß 1925–61 **Stalingrad;** im 2. Weltkrieg (→ Stalingrad, Schlacht von) stark zerstört.

Wolhynien [vo'ly:niən] → Wolynien.

Wolken, sichtbare, in der Luft schwebende Ansammlungen von Kondensationsprodukten des Wasserdampfes, d. h. von sehr kleinen Wassertröpfchen, Eiskristallen oder beiden gemeinsam. Nach internat. Vereinbarung werden 10 W.gattungen unterschieden, die sog. W.stockwerke wie folgt zugeordnet sind:

Oberes Stockwerk (7–13 km): Zirrus (Cirrus, Ci): *Feder-W.,* aus einzelnen Fasern bestehende, weiße, glänzende Eiswolken. **Zirrostratus** (Cirrostratus, Cs): dünner, weißer Eiswolkenschleier, der meist Haloerscheinungen hervorruft. **Zirrokumulus** (Cirrocumu-

Karl Wolfskehl

Ci (Cirrus)

Cs (Cirrostratus)

Cc (Cirrocumulus)

As (Altostratus)

Ac (Altocumulus)

Ns (Nimbostratus)

Sc (Stratocumulus)

St (Stratus)

Cu (Cumulus)

Cb (Cumulonimbus)

Wolken:
Darstellung auf
Wetterkarten

lus, Cc): feine *Schäfchen-W.,* Flecken in Reihen oder Rippen angeordnet. *Mittleres Stockwerk* (2–7 km): **Altokumulus** (Altocumulus, Ac): höhere, gröbere Schäfchen-W., Felder oder Bänke aus flachen W.ballen oder -walzen, gröber als Zirrokumulus. **Altostratus** (As): graue oder bläul., gleichmäßige W.schicht; läßt die Sonne stellenweise als verwaschene Scheibe erkennen. *Unteres Stockwerk* (0–2 km): **Nimbostratus** (Ns): gleichmäßig strukturlose graue bis dunkelgraue W.schicht mit uneinheitl. Untergrenze, aus der Niederschlag fällt. **Stratokumulus** (Stratocumulus, Sc): tiefe, grobe Schäfchen-W., Schicht oder Bänke aus grauen oder weißl., schollen-, ballen- oder walzenartigen W.teilen. **Stratus** (St): graue, gleichförmige W.schicht mit tiefer Untergrenze, aus der nur kleintropfiger Niederschlag (z. B. Sprühregen) fallen kann; typ. Form des Hochnebels. **Kumulus** (Cumulus, Cu): dichte, scharf abgegrenzte Haufen-W. mit nahezu horizontaler Untergrenze; entweder verhältnismäßig flach (Schönwetterkumulus) oder quellend in die Höhe wachsend. **Kumulonimbus** (Cumulonimbus, Cb): mächtig aufgetürmte Haufen-W., aus der Schauerniederschlag, häufig von Gewittern begleitet (Gewitter-W.), fallen. Kumulus und Kumulonimbus zählen zu den *Quell-W.* und zeigen eine labile Schichtung der Atmosphäre an (Quellbewölkung; häufig mit Regenschauern).

Wollaston, William Hyde [engl. 'wʊləstən], * Dereham (= East Dereham bei Norwich) 6. 8. 1766, † London 22. 12. 1828, brit. Naturforscher. Arbeiten über pulvermetallurg. Platinbearbeitung, Emissionsund Absorptionsspektren, Gleichartigkeit von Reibungs- und fließender Elektrizität, Minerale und Kristalle; entdeckte Palladium, Rhodium und Cystin.

Wolläuse, svw. →Schmierläuse.

Wollbaum, svw. →Kapokbaum.

Wollbaumgewächse (Baumwollbaumgewächse, Bombacaceae), Fam. der Zweikeimblättrigen mit rd. 200 Arten in 28 Gatt. in den Tropen, vorwiegend im trop. Amerika; Bäume mit oft dickem, wasserspeicherndem Stamm (Flaschenbäume).

Wollblume, svw. →Königskerze.

Wolle, Bez. für die aus dem Haarvlies von Wollschafen gewonnenen, verspinnbaren Wollhaare; i. w. S. auch für die von anderen Säugetieren (insbes. Angora- und Kaschmirziegen, Kamelen, Alpaka, Vikunja und Angorakaninchen) gewonnenen spinnfähigen Haare. Bei *Schaf-W.* wird u. a. nach Faserfeinheit und -kräuselung unterschieden: *Merino-W.* (bes. fein und sehr stark gekräuselt), *Crossbred-W.* (mittelfein, normal gekräuselt), *Cheviot-W.* (grob, lang, wenig gekräuselt). Nach der Art der Gewinnung unterscheidet man: *Schur-W.* (von lebenden Schafen geschorene W.), *Haut-* oder *Schlacht-W.* (vom Fell geschlachteter Tiere), *Gerber-W.* (*Schwitz-W.* bzw. *Schwöde-W.;* bei der Lederherstellung anfallende W.), *Sterblings-W.* (von verendeten Tieren). Chemisch besteht W. nahezu ausschließlich aus α-Keratin, ist daher hygroskopisch und elastisch; die schuppige Oberflächenstruktur bedingt das Filzvermögen. Die durch Scheren der Schafe gewonnene Roh-W. enthält neben den Wollhaaren v. a. **Wollfett** (Gemisch verschiedener Fettsäuren, Cholesterin; wird zu Lanolin verarbeitet) und **Wollschweiß** (Gemisch aus Kaliumsalzen von Fettsäuren, Hydroxy- und Amino- u. a. organ. Säuren), die bei der Wollwäsche entfernt werden; die gereinigte und getrocknete W. wird dann der Kammgarn- oder Streichgarnspinnerei zugeleitet.

Wollgras, Gatt. der Riedgräser mit 15 Arten in Torfmooren der nördl. gemäßigten Zone; Blütenhülle nach der Blüte in lange, weiße Haare auswachsend.

Wollhaare (Flaumhaare), im Unterschied zu den Deckhaaren kürzere, bes. dünne, weiche, i. d. R. gekräuselte, zur Erhaltung der Körperwärme meist

**William Hyde
Wollaston**

dicht zusammenstehende und das Unterhaar bildende Haare des Haarkleids der Säugetiere.

Wollhandkrabbe (Chin. W.), nachtaktive, 8–9 cm breite, bräunl. Krabbe in Süßgewässern Chinas; auch in zahlr. dt. Flüsse verschleppt; Scheren dicht behaart.

Wollin, Insel zw. dem Stettiner Haff und der Pommerschen Bucht, Polen*, 248 km².

Wollschweber (Hummelschweber, Hummelfliegen, Bombyliidae), mit rd. 3 000 Arten weltweit verbreitete Fam. etwa 1–2,5 cm langer Zweiflügler, davon rd. 100 Arten in M-Europa; Körper pelzig behaart.

Wollweber, Ernst Friedrich, * Hannoversch Münden (= Münden) 28. 10. 1898, † Berlin (Ost) 3. 5. 1967, dt. Politiker (SED). Mgl. der KPD ab 1919; baute das Westeuropa-Büro der Komintern auf *(W.-Organisation);* 1944/45 in der Sowjetunion; danach Rückkehr in die SBZ; nach 1949 in der DDR in leitenden Staatsfunktionen; 1958 wegen ›Fraktionstätigkeit‹ aller Funktionen enthoben.

Wolmirstedt, Kreisstadt im SO der Letzlinger Heide, Sachsen-Anhalt, 12 800 E. U. a. Zuckerfabrik.

Wolof, großes Volk in W-Senegal, in Gambia und Mauretanien; die W.-Sprache, die zur westatlant. Gruppe innerhalb der Niger-Kongo-Sprachen gehört, ist eine bed. Handelssprache in W-Afrika.

Wologda [russ. 'volgdə], Gebietshauptstadt in Rußland, an der Wologda, 273 000 E. Hochschulen, PH; Peter-I.-Museum, Gemäldegalerie, 2 Theater; u. a. Maschinenbau, Flachs-, Möbelkombinat; Flußhafen. – 1147 gegr.; entwickelte sich nach der Entdeckung der Passage in das Weiße Meer (1553) zum größten Warenumschlagplatz zw. Moskau und Archangelsk; 1796 Gouvernementshauptstadt.

Wolos (Volos), griech. Hafen- und Ind.stadt am N-Ende des Pagasäischen Golfes, 71 400 E.

Wols: ›Le moulin à vent‹; um 1951 (Münster, Landesmuseum)

Wols, eigtl. Wolfgang Schulze, * Berlin 27. 5. 1913, † Paris 1. 9. 1951, dt. Maler, Fotograf und Graphiker. Ab 1932 in Frankreich. Wegbereiter und bed. Vertreter des Tachismus (→abstrakter Expressionismus). Seine zur Aufdeckung des Unterbewußtseins z. T. unter Drogeneinfluß entstandenen Arbeiten erwecken den Eindruck seismograph. Farbinfernos.

Wolschski [russ. 'volʃskij] →Wolgograd.

Wolsey, Thomas [engl. 'wʊlzɪ], * um 1475, † Leicester 29. 11. 1530, engl. Kardinal (seit 1515) und Staatsmann. Unter Heinrich VIII. Leiter der engl. Politik (1514 Erzbischof von York, 1515 Lordkanzler, 1518 päpstl. Legat); wurde 1529 gestürzt, als es ihm nicht gelang, vom Papst eine Nichtigkeitserklärung der Ehe des Königs mit Katharina von Aragonien zu erlangen.

Wombats: Nacktnasenwombat

Wölsungen, svw. → Wälsungen.

Wolverhampton [engl. 'wʊlvəhæmptən], Stadt in M-England, in der Metropolitan County West Midlands, 252 400 E. Polytechn. Hochschule, Kunstgalerie, Museum. Handels- und Geschäftszentrum.

Wolynien (Wolhynien), histor. Landschaft im NW der Ukraine, zw. dem Bug (im W) und dem Tal des Dnjepr (im O), grenzt im S an Podolien. – Im 11./12. Jh. unabhängiges Hzgt. *(Lodomerien),* 1188 mit Galizien vereinigt; 1569 poln.; 1793 bzw. 1795 russ.; im 19. Jh. Ansiedlung Wolyniendeutscher (1915: rd. 200 000; nach dem 1. Weltkrieg: rd. 100 000); der W-Teil kam 1921 an Polen, 1939 an die Sowjetunion. Während der Besetzung 1941–44 wurden die Wolyniendeutschen umgesiedelt; die jüd. Bevölkerung wurde fast vollständig ausgerottet; gehört seit 1944 zur Ukraine.

Wolzogen, 1) Ernst [Ludwig] Frhr. von, * Breslau 23. 4. 1855, † München 30. 8. 1934, dt. Schriftsteller. Begründete 1901 in Berlin das Kabarett ›Überbrettl‹; schrieb zeitkrit. Komödien und Romane.

2) Karoline Freifrau von, geb. von Lengefeld, * Rudolstadt 3. 2. 1763, † Jena 11. 1. 1847, dt. Schriftstellerin. Schwägerin von Schiller; schrieb die Biographie ›Schillers Leben‹ (1830).

Wombats [austral.] (Plumpbeutler, Vombatidae), Fam. etwa 65–100 cm langer, plumper Beuteltiere mit zwei Arten (u. a. der bis 1 m lange *Nacktnasen-W.*) in O- und S-Australien (einschließlich Tasmanien); kurzbeinige, stummelschwänzige Bodenbewohner mit fünf kräftigen Krallen an jeder Extremität; Gebiß nagetierähnlich; ernähren sich ausschließlich von Pflanzen.

Women's Liberation Movement [engl. 'wɪmɪnz lɪbə'reɪʃən 'muːvmənt ›Frauen-Befreiungs-Bewegung‹] (Women's Lib), amerikan. Frauenbewegung, die sich innerhalb der Bürgerrechtsbewegung Mitte der 1960er Jahre herausbildete.

Wondratschek, Wolf, * Rudolstadt 14. 8. 1943, dt. Schriftsteller. Autor von Kurzprosa (u. a. ›Früher begann man den Tag mit einer Schußwunde‹, 1969; ›Carmen oder bin ich das Arschloch der achtziger Jahre‹, 1986) und Hörspielen (u. a. ›Paul oder die Zerstörung eines Hörbeispiels‹, 1971) mit sprachexperimentellen Mitteln (v. a. Collagen); auch Lyrik.

Wonsan [korean. wʌnsan], Hafenstadt in Nordkorea, am Koreagolf, 350 000 E. Verwaltungssitz der Prov. Kangwon-do; Hochschulen, histor. Museum; u. a. Schiff- und Maschinenbau, Metallverhüttung und Erdölraffinerie.

Woodward, Robert Burns [engl. 'wʊdwəd], * Boston 10. 4. 1917, † Cambridge (Mass.) 8. 7. 1979, amerikan. Chemiker. Synthetisierte zahlr. Naturstoffe (z. B. Kortison, Chlorophyll, Vitamin B_{12}, Cholesterin), ermittelte die Struktur von Penicillin u. a. Antibiotika, wofür er 1965 den Nobelpreis für Chemie erhielt.

Robert Burns
Woodward

Wooley, Sir (seit 1935) Leonard [engl. 'wʊlɪ], * London 17. 4. 1880, † ebd. 20. 2. 1960, brit. Archäologe. Ausgräber von Karkamış (mit T. E. Lawrence), Ur und Alalach.

Woolf, Virginia [engl. wʊlf], * London 25. 1. 1882, † im Ouse bei Lewes (bei Brighton) 28. 3. 1941 (Selbstmord), engl. Schriftstellerin. Versuchte in ihren Romanen (›Mrs. Dalloway‹, 1925; ›Die Fahrt zum Leuchtturm‹, 1927; ›Orlando‹, 1928; ›Die Wellen‹, 1931; ›Zwischen den Akten‹, R.-Fragment, hg. 1941) die Erzähltechnik des inneren Monologs durch die Darstellung der Bewußtseinsgleichzeitigkeit von Erinnertem und Erlebtem (Diskrepanz zw. chronolog. und psycholog. Zeit) zu erweitern. – *Weitere Werke:* Der schiefe Turm (Essays, hg. 1942), Granit und Regenbogen (Essays, hg. 1958), Die Dame im Spiegel (En., hg. 1961).

Woolworth & Co. Ltd., F. W. [engl. ɛf 'dʌblju: 'wʊlwəːθ ənd 'kʌmpəni 'lɪmɪtɪd], amerikan. Warenhauskonzern, Sitz New York, gegr. 1879.

Woomera [engl. 'wʊmərə], Ort in Südaustralien, 170 km nw. von Port Augusta, austral.-brit. Raketenversuchsanlage; nahebei die Weltraumbeobachtungsstation **Island Lagoon.**

Worcester [engl. 'wʊstə], ˙engl. Stadt am Severn, 74 800 E. Verwaltungssitz der Gft. Hereford and Worcester; Museen; Porzellanmanufaktur. Kirchen Saint Helen (680), Saint Alban (8. Jh.), Kathedrale (1218 ff.). – An der Stelle einer Römersiedlung entstand um 679 ein Bischofssitz (seit 1565 anglikan.), 1189 Stadt, 1622 Stadtgrafschaft.

Worcestersoße [engl. wʊstə], scharfe Würzsoße.

Wordsworth, William [engl. 'wəːdzwəːθ], * Cockermouth (Cumbria) 7. 4. 1770, † Rydal Mount bei Grasmere (Cumbria) 23. 4. 1850, engl. Dichter. Veröffentlichte zus. mit S. T. Coleridge 1798 die ›Lyrical ballads‹, deren Erscheinen den Beginn der Romantik in England markiert. Auch Oden- und Sonettdichter (über 500 Sonette).

Workshop [engl. 'wəːkʃɔp], Kurs oder Seminar, das den Schwerpunkt auf die freie Diskussion, den Austausch von Ideen, die Darlegung von Methoden und deren prakt. Anwendung legt.

Workuta [russ. vɐrkuˈta], Stadt im westl. Vorland des Polarural, Rußland, 101 000 E. Kohlenbergbau, Holzkombinat. – 1941–45 von [meist dt.] Kriegs- und polit. Gefangenen erbaut (große Deportationslager), seit 1943 Stadt.

Worldcup [engl. 'wəːldkʌp] (Weltpokal), meist jährlich stattfindende Wettbewerbe in mehreren Sportarten.

World Jewish Congress [engl. 'wəːld 'dʒuːɪʃ 'kɔŋgrɛs] (Jüd. Weltkongreß), Abk. WJC, internat. Zusammenschluß der jüd. Organisationen der einzelnen Staaten zur Vertretung jüd. Anliegen in der Welt; 1936 in Genf gegründet.

World Methodist Council [engl. 'wəːld 'mɛθədɪst 'kaʊnsl] → Methodismus.

World Wildlife Fund [engl. 'wəːld 'waɪldlaɪf 'fʌnd], Abk. WWF, 1961 gegr. unabhängige internat. Organisation (Sitz seit 1979 Gland, Schweiz) zur Durchführung von Naturschutzprojekten; Wahrzeichen: großer Panda; neuer Name seit 1988: World Wide Fund for Nature.

Worms, 1) Stadt am linken Oberrheinufer, Rhld.-Pf., 73 700 E. Museum, Gemäldegalerie Kunsthaus Heylshof. U. a. chem. Ind., Metallverarbeitung; Rheinhafen.

Virginia Woolf

William Wordsworth
(Zeichnung; 1818)

Manfred Wörner

Bauten: Bed. Kirchen, u. a. →Wormser Dom, Pauluskirche (11., v. a. 13. Jh.), kath. Pfarrkirche Sankt Martin (1265 vollendet), Andreaskirche (12. Jh., heute Museum) und die got. Liebfrauenkirche (13./14. Jh.); Synagoge (1034, Wiederaufbau 1959–61), mittelalterl. Judenfriedhof (ältester Grabstein 1077), Frauenbad (1185/86).

Geschichte: Seit dem Neolithikum ununterbrochen besiedelt; ehem. kelt. Ort **(Borbetomagus);** in röm. Zeit Vorort der **Civitas Vangionum**; seit dem 4. Jh. Bischofssitz (bis 1801/02); 413–436 Zentrum des Burgunderreiches (als solches Mittelpunkt der Nibelungensage); seit 496 (seit dem 7. Jh. **Warmatia**) von den Franken besetzt; seit 898 unter der Herrschaft der Bischöfe; im Investiturstreit standen die Bürger auf seiten Heinrichs IV. (1074 Zollfreiheit); 1122 in W. Abschluß des →Wormser Konkordats; unter den Staufern ein Mittelpunkt kaiserl. Macht (1184 große Freiheitsurkunde); 763–1545 fanden in W. 45 Reichstage statt, u. a. 1495 (Reichsreform) und 1521, auf dem im *Wormser Edikt* über Luther und seine Anhänger die Reichsacht verhängt wurde. 1689 durch frz. Truppen verwüstet. 1801–16 unter frz. Herrschaft, fiel dann an das Groß-Hzgt. Hessen(-Darmstadt). 1945 wurde W. zu rund 50% zerstört; seit 1946 zu Rheinland-Pfalz.

2) ehem. Bistum, das vom Donnersberg bis ins Neckartal reichte; in der 1. Hälfte des 4. Jh. entstanden; im 8. Jh. dem Erzbistum Mainz unterstellt; ab 1648 meist in Personalunion mit Mainz oder Trier verbunden. Das linksrhein. fürstbischöfl. Territorium fiel 1797/1801 an Frankreich, der rechtsrhein. Teil 1803 an Baden und Hessen. Zur Zeit der frz. Herrschaft wurde das Bistum aufgelöst; die Diözese wurde 1817/21 zw. Mainz, Speyer, Freiburg im Breisgau und Rottenburg aufgeteilt.

Wormser Dom: Ansicht von Südwesten

Wormser Dom, spätroman. Kaiserdom, eine doppelchörige Basilika (mit Querschiff und Vierung im O) an der Stelle einer röm. Basilika auf den Fundamenten eines otton. Vorgängerbaus. Begonnen 12. Jh. (1181 Weihe des Ostchors), Westchor 1210–20. Je zwei Türme flankieren Ost- und Westchor, Vierung und Westchor mit Achteckturm; Mittelschiff mit mächtigen Viereckpfeilern. Hochaltar (1740) nach Entwurf B. Neumanns (6 Säulen), Figuren von Johann Wolfgang van der Auwera (* 1708, † 1756).

Wormser Edikt → Worms (Geschichte).

Wormser Konkordat, am 23. 9. 1122 vor Worms zw. Heinrich V. und Legaten Kalixts II. getroffene Vereinbarung, durch die der Investiturstreit beigelegt wurde. Der Kaiser verzichtete auf die Investitur mit Ring und Stab. Der Papst gestand zu, daß der Kaiser in Deutschland die Regalien vor der Weihe (in Italien und Burgund nachher) verlieh.

Wörner, Manfred, * Stuttgart 24. 9. 1934, dt. Politiker (CDU). Jurist; MdB 1965–72 und 1980–82 stellv. Fraktions-Vors.; 1976–82 Vors. des Bundestagsausschusses für Verteidigung; 1982–88 Bundesverteidigungsmin.; seit 1988 Generalsekretär der NATO.

Woronesch [russ. vaˈrɔnɪʃ], Gebietshauptstadt in Rußland, nahe der Mündung des Woronesch in den Don, 886 000 E. Univ. u. a. Hochschulen, Kunst-, I.-S.-Nikitin-Museum, Theater; eines der größten sowjet. Ind.zentren. – 1586 als Festung gegr.; wurde 1824 Gouvernementshauptstadt; bei den Kämpfen um W. (Juli 1942–Jan. 1943) zu 95% zerstört.

Woroschilow, Kliment Jefremowitsch [russ. vɛraˈʃiləf], * Werchneje (Gebiet Lugansk) 4. 2. 1881, † Moskau 2. 12. 1969, sowjet. Marschall (seit 1935) und Politiker. 1925–40 Volkskommissar für Verteidigung; im 2. Weltkrieg Chef der Truppen im NW, an der Leningrader Front und Chef der Partisanenbewegung; 1946–53 Min.-Präs., 1953–60 Vors. des Präsidiums des Obersten Sowjets (Staatsoberhaupt).

Woroschilowgrad →Lugansk.

Worpswede, Gem. im Teufelsmoor, Nds., 8 200 E. Seit 1889 Künstlerkolonie (u. a. P. Modersohn-Becker, R. M. Rilke).

Wort, 1) kleinster sprachl. Bedeutungsträger.

2) *Datenverarbeitung:* eine als Einheit zu betrachtende Folge von Zeichen, die im Arbeitsspeicher genau eine Adresse zugeordnet ist. Übliche *Wortlängen* betragen 16, 32 und 64 bit.

Wortart (Wortklasse), im Dt. unterscheidet man die drei Hauptwortarten *Verb, Substantiv* und *Adjektiv;* sie werden dekliniert oder konjugiert; die W. *Artikel* und *Pronomen* stehen vor oder anstelle von Substantiven und werden dekliniert; *Adverb, Präposition* und *Konjunktion* sind unveränderlich; sie modifizieren die Hauptwortarten, stellen Beziehungen her oder strukturieren den Satz; *Interjektionen* (oder *Satzwörter;* z. B. *danke!*) fungieren wie Sätze als selbständige Äußerungen.

Wortbildung, die Entstehung von neuen Wörtern aus einem oder mehreren bereits vorhandenen Wörtern, entweder durch die Kombination zweier oder mehrerer Wörter oder Stämme (Komposition, Zusammensetzung) oder durch Ableitung.

Wörterbuch, Nachschlagewerk, das den Wortschatz einer Sprache nach bestimmten Gesichtspunkten auswählt, anordnet und erklärt; das W. gibt Sprachinformationen, während das Lexikon Sachinformationen bietet.

Wörther See, See in Kärnten, westl. von Klagenfurt, 18,8 km².

Wortklasse, svw. →Wortart.

Wortspiel, Spiel mit der Doppel- oder Mehrfachbed. von Wörtern oder der Klangähnlichkeit verschiedener Wörter; wesentl. Element des Satirischen sowie aller Spielarten des Komischen.

Wosnessenski, Andrei Andrejewitsch [russ. vɛznɪˈsjɛnskij], * Moskau 12. 5. 1933, russischer Lyriker. – *Werke:* u. a. ›Dreieckige Birne‹ (1962), ›Antiwelten‹ (1964); auch Essays, u. a. ›Begegnung mit Pasternak‹ (1984).

Wostok [russ. vasˈtɔk], Name einer Serie bemannter sowjet. Raumflugkörper; 1961 gelangte mit W. 1

zum ersten Mal ein Mensch in eine Satellitenumlaufbahn (J. A. Gagarin).

Wotan →Odin.

Frank Lloyd Wright: Guggenheim-Museum; 1956–59 (New York)

Wotruba, Fritz, * Wien 23. 4. 1907, † ebd. 28. 8. 1975, österr. Bildhauer und Graphiker. Architektonisch aufgebaute Stein- und Bronzearbeiten (menschl. Körper). Auch Architekt (›Zur heiligsten Dreifaltigkeit‹, Sankt Georgenberg, Wien-Mauer, 1976).

Wouk, Herman [engl. wouk], * New York 27. 5. 1915, amerikan. Schriftsteller. Welterfolg mit dem Kriegsroman ›Die Caine war ihr Schicksal‹ (1951; verfilmt 1954).

Wounded Knee [engl. 'wu:ndɪd 'ni:], Ort in South Dakota, USA, 150 km sö. von Rapid City. – Am W. K. Creek fielen am 29. 12. 1890 über 400 Sioux, darunter zahlr. Frauen und Kinder, einem Massaker amerikan. Kavalleristen zum Opfer.

Wouwerman, Philips [niederl. 'wouwərmɑn], ≈ Haarlem 24. 5. 1619, □ ebd. 23. 5. 1668, niederl. Maler. Beeinflußt von F. Hals (dessen Schüler?); Reiter-, Kriegs- und Lagerszenen (Abendstimmungen).

Wrack [niederdt.], gesunkenes, gestrandetes oder auf andere Weise unbrauchbar gewordenes Schiff; übertragen: geistig und/oder körperlich verbrauchter Mensch.

Wrangel, 1) Carl Gustav, Graf von Salmis (seit 1651), * Skokloster (= Gemeinde Håbo, Prov. Uppsala) 23. 12. 1613, † Gut Spieker (auf Rügen) 5. 7. 1676, schwed. Reichsadmiral (seit 1657) und Reichsmarschall (seit 1664). Im Dreißigjährigen Krieg 1646 Oberbefehlshaber in Deutschland; 1664 Mgl. der Vormundschaftsregierung für den minderjährigen Karl XI.

2) Friedrich Heinrich Ernst Graf von (seit 1864), * Stettin 13. 4. 1784, † Berlin 1. 11. 1877, preuß. Generalfeldmarschall (seit 1856). Oberbefehlshaber im 1. und 2. Dt.-Dän. Krieg (1848 und 1864); sprengte im Nov. 1848 die preuß. Nat.versammlung in Berlin und beendete damit die preuß. Märzrevolution (gen. *Papa W.*).

Wrangelinsel, russ. Insel im Nordpolarmeer, rd. 7 300 km², bis 1 096 m hoch. – 1823 von dem russ. For-

scher Ferdinand Petrowitsch Wrangel (* 1797, † 1870) gesichtet.

Wrangell Mountains [engl. 'ræŋgəl 'mauntɪnz], Gebirgszug in SO-Alaska, bis 5 036 m hoch; vergletschert.

Wren, Sir (seit 1673) Christopher [engl. rɛn], * East Knoyle bei Salisbury 20. 10. 1632, † Hampton Court (= London) 25. 2. 1723, engl. Baumeister, Mathematiker und Astronom. Hauptwerk ist die Londoner Saint Paul's Cathedral; baute u. a. auch das Hospital von Greenwich (1696 ff.), den O-Flügel von Schloß Hampton Court (1689–92); auch Umbau von Kensington Palace (1689–1702).

Wright [engl. raɪt], **1)** Frank Lloyd, * Richland Center (Wis.) 8. 6. 1869, † Phoenix 9. 4. 1959, amerikan. Architekt. Schüler von L. H. Sullivan; vertrat eine *organ. Architektur* (Einheit von Form, Material, Funktion und Landschaft). Beim Guggenheim-Museum in New York (1943 entworfen, 1956–59 gebaut) stellte W. eine spiralförmige Rampe über einen kreisförmigen Grundriß. Sein Hochhaus ›Price Tower‹ (1955/56) in Bartesville, (Okla.) zeigt die für W. typ. Verwendung von Winkelformen, Kreis und Spirale.

Frank Lloyd Wright

2) Orville, * Dayton (Ohio) 19. 8. 1871, † ebd. 30. 1. 1948, und sein Bruder *Wilbur,* * Millville (Ind.) 16. 4. 1867, † Dayton (Ohio) 30. 5. 1912, amerikan. Flugpioniere. Begannen um 1900 mit Modellflugversuchen und Gleitflügen. 1903 führten sie mit dem Motorflugzeug ›Flyer I‹ (rd. 12 PS, 2 Luftschrauben) 4 Flüge von 12–59 Sekunden Dauer und 36–265 m Länge durch. 1904 gelangen ihnen mit ›Flyer II‹ die ersten Kurvenflüge und 1905 mit ›Flyer III‹ Streckenflüge bis zu 45 km.

Orville Wright

3) Richard, * bei Natchez (Miss.) 4. 9. 1908, † Paris 28. 11. 1960, afro-amerikan. Schriftsteller. Lebte ab 1946 in Paris; schildert in seinen Romanen und Erzählungen die Diskriminierung der schwarzen Amerikaner. – *Werke:* Onkel Toms Kinder (En., 1938), Sohn dieses Landes (R., 1940), Der Mörder und die Schuldigen (R., 1953), Der schwarze Traum (R., 1958), Schwarzer Hunger (Autobiogr., hg. 1977).

Wrobel, Ignaz, Pseud. des dt. Journalisten und Schriftstellers Kurt →Tucholsky.

Ws, Einheitenzeichen für **W**att**s**ekunde.

WTB, Abk. für →**W**olffs **T**elegraphen-**B**ureau.

Wucher, die Ausbeutung der Zwangslage, der Unerfahrenheit, des Mangels an Urteilsvermögen oder der erhebl. Willensschwäche eines anderen dadurch, daß einer sich oder einem Dritten für die Vermietung von Wohnraum *(Miet-W.),* Kreditgewährung *(Kredit-W., Zins-W.),* sonstige Leistungen oder für die Vermittlung einer dieser Leistungen Vermögensvorteile versprechen oder gewähren läßt, die in einem auffälligen Mißverhältnis zu der Leistung oder deren Vermittlung stehen. W.geschäfte sind nichtig.

Richard Wright

Wucherblume (Chrysanthemum), Gattung der Korbblütler mit rd. 200 Arten auf der Nordhalbkugel und in S-Afrika; Blütenköpfchen meist mit weibl. Zungenblüten und zwittrigen, röhrenförmigen Scheibenblüten, Hüllblätter dachziegelartig angeordnet. Einheimisch sind u. a. *Margerite* (Wiesen-W.; bis 60 cm hoch, mit weißen Zungen- und gelben Röhrenblüten) und *Rainfarn* (Wurmkraut; mit farnähnl. Blättern und goldgelben Blütenköpfchen). Zahlr. Arten und Sorten sind beliebte Garten- und Schnittpflanzen, u. a. die zahlr. Sorten der *Chrysanthemen* (Winterastern).

Wucherung, gut- oder bösartige überschießende Neubildung von Gewebe.

Wudu, svw. →Wodu.

Wuhan, Hauptstadt der chin. Prov. Hubei, an der Mündung des Hanjiang in den Jangtsekiang, 3,49 Mio. E. Univ., Prov.museum. U. a. Schwer-Ind., Werften; Hafen, ✈.

Wühler (Cricetidae), mit Ausnahme von Australien weltweit verbreitete Fam. der Mäuseartigen mit rd. 600 Arten (u. a. Wühlmäuse, Rennmäuse, Hamster) von etwa 10–60 cm Länge; Lebensweise überwiegend grabend.

Paul Wunderlich: ›Jagdpoesie‹; 1973

Wühlmäuse (Microtinae), Unterfam. meist plumper, kurzschwänziger Wühler mit über 100 Arten in Eurasien, N-Afrika sowie N- und M-Amerika; Körper 10–40 cm lang, mit stumpfer Schnauze. Die W. graben unterird. Gangsysteme, in die sie für den Winter pflanzl. Vorräte eintragen (u. a. Feldmaus, Bisamratte, Lemminge).

Wulfila → Ulfilas.

Wulf-Mathies, Monika, * Wernigerode 17. 3. 1943, dt. Gewerkschafterin. Seit Juni 1976 im geschäftsführenden Hauptvorstand der ÖTV; seit 1980 stellv. Mitglied im Vorstand der Bundesanstalt für Arbeit; seit Sept. 1982 Vors. der ÖTV.

Wullenwever, Jürgen ['vʊlənveːər], * Hamburg um 1492, † Wolfenbüttel 29. 9. 1537 (hingerichtet), Bürgermeister von Lübeck (1533–35). Versuchte die Vorherrschaft der Hanse in der Ostsee zu erneuern, unterlag aber im Juni 1535 König Christian III. von Dänemark; wurde im Nov. 1535 vom Erzbischof von Bremen gefangengenommen und Hzg. Heinrich d. J. von Braunschweig-Wolfenbüttel ausgeliefert, der ihn enthaupten ließ.

Wulstlinge, Gatt. der Lamellenpilze (Klasse Ständerpilze) mit rd. 60 Arten (in M-Europa 27 Arten); viele bekannte Gift- und Speisepilze wie Knollenblätterpilz, Fliegenpilz, Perlpilz.

Wunder, Geschehen (›Durchbrechung der Naturgesetze‹), das von den Gläubigen vieler Religionen als Machtbezeugung, (Vor)zeichen, Strafe oder Wohltat der Gottheit bzw. Gottes gedeutet wird.

Wunderblume, Gatt. der Wunderblumengewächse (Nyctaginaceae) mit rd. 60 Arten in Amerika; in M-Europa wird die Echte W. kultiviert, eine 60–100 cm hohe Staude mit nur für eine Nacht geöffneten Blüten.

Wunderkerzen, drahtförmige Kleinfeuerwerkskörper, die unter Bildung eines Funkensprühregens

abbrennen; sie bestehen aus einem eisen- oder stahlpulverhaltigen Leuchtsatz auf einem Metalldraht.

Wunderlich, 1) Fritz, * Kusel 26. 9. 1930, † Heidelberg 17. 9. 1966, dt. Sänger. Gefeierter lyr. Operntenor; auch internat. Lied- und Konzertreisen.

2) Paul, * Berlin 10. 3. 1927, dt. Maler und Graphiker. Farblithographien (v. a. surrealist. Gestalten aus Mythologie und erot. Dichtung); auch Plastiken und Objekte (Schmuck, Leuchter).

Wunderstrauch, Gatt. der Wolfsmilchgewächse mit 14 Arten im trop. Asien und in Ozeanien; Bäume oder Sträucher mit ledrigen, oft bunten Blättern; z. T. Zimmerpflanzen (Croton).

Wundfieber, durch den normalen Heilungsvorgang bedingte geringe Temperaturerhöhung bzw. durch Wundinfektion verursachte hochfieberhafte Reaktion.

Wundinfektion, die Infektion einer Wunde mit Krankheitserregern. Als unspezif. W. bezeichnet man die Besiedlung einer Wunde mit aeroben, eiterbildenden Bakterien, bes. Staphylokokken und Streptokokken. Von einer spezif. W. spricht man beim Eindringen von Wundstarrkrampf- und Gasbrandbakterien und von Tollwutviren in eine Wunde.

Wundklee, Gatt. der Schmetterlingsblütler mit über 50 Arten in Europa, Vorderasien und N-Afrika; eine wichtige Futterpflanze ist der Gelbe Klee (Gemeiner W.), 6–60 cm hoch, gelbe oder rote Blüten.

Wundliegen, svw. → Dekubitus.

Wundrose (Erysipel), durch Streptokokken verursachte ansteckende Entzündung der Haut und des Unterhautgewebes; charakteristisch sind u. a. Rötung und Schwellung mit scharfer Abgrenzung sowie hohes Fieber.

Wundstarrkrampf (Starrkrampf, Tetanus), durch das fast überall im Erdboden vorkommende Bakterium Clostridium tetani verursachte Wundinfektionskrankheit ohne lokale Entzündung an der Eintrittspforte. Bei einer Inkubationszeit von 1–3 Wochen kann die Wunde sogar schon oberflächlich verheilt sein, wenn es zum Ausbruch der Krankheit kommt. In dieser Zeit vermehren sich die Erreger und scheiden ein als Nervengift wirkendes Exotoxin aus. Der W. beginnt meist uncharakteristisch mit Unruhe, Mattigkeit, Gliederzittern, Schlaflosigkeit, starken Schweißausbrüchen und Krampf der Kaumuskulatur. Schließlich wird auch die Nacken- und Rückenmuskulatur von der sehr schmerzhaften Muskelstarre ergriffen und der Körper bogenförmig gespannt. Jeder Sinnesreiz wie helles Licht, Luftzug, Berührung oder Geräusche kann einen lebensgefährl. Schüttelkrampf auslösen. Krämpfe der Bronchial- und Zwerchfellmuskulatur führen zu flacher Atmung und Blausucht, schließlich zum Tod durch Ersticken oder Herzversagen. Zur allg. Prophylaxe des W. empfiehlt sich die aktive Immunisierung im Vorschulalter; bei Erwachsenen wird die aktive Immunisierung durch intramuskuläre Injektion von Tetanustoxoid (zweimal je 0,5 ml Tetanol ⓦ im Abstand von 4 Wochen) erreicht; nach einem Jahr erneute Injektion, Auffrischungsimpfungen alle 10 Jahre.

Wundt, Wilhelm, * Neckarau (= Mannheim) 16. 8. 1832, † Großbothen bei Leipzig 31. 8. 1920, dt. Psychologe und Philosoph. Gründete 1879 in Leipzig das erste Institut für experimentelle Psychologie; bed. ist v. a. seine ›Völkerpsychologie‹ (10 Bde., 1900–1920).

Wunibald (Wynnebald), hl., * in Südengland um 701, † Heidenheim bei Gunzenhausen 18. 12. 761, angelsächs. Abt. Bruder des hl. Willibald; von Bonifatius für die dt. Missionsarbeit berufen. – Fest: 18. Dezember.

Wünschelrute, Metallgerte oder gegabelter Zweig, der vom Rutengänger in beiden Händen ge-

Wilhelm Wundt

halten wird und dessen ›Ausschlag‹ bestimmte unterird. ›Reizzonen‹ (Wasserläufe, Öllager, Erzadern) anzeigen soll. Eine wiss. Erklärung für etwaige W.erfolge, von denen seit der Antike berichtet wird, ist nicht bekannt.

Wunsiedel, Kreisstadt im Hochland des Fichtelgebirges, Bayern, 10 300 E. Fichtelgebirgsmuseum; u.a. Porzellanindustrie, Likörfabrik; Luisenburgfestspiele. Barockes Geburtshaus Jean Pauls. – Seit 1326 Stadtrecht.

Wupper (im Oberlauf Wipper), rechter Nebenfluß des Niederrheins, 114 km lang.

Wuppertal, Stadt im Bergischen Land, NRW, 365 500 E. Gesamthochschule, Museen, Oper, Schauspielhaus; botan. Garten, Zoo. U.a. Textil-, Maschinen- und Werkzeugindustrie. Dem innerstädt. Verkehr dient seit 1901 eine 13,3 km lange Schwebebahn über dem Tal der Wupper. Spätgot. ehem. Kreuzbrüder-Klosterkirche im Ortsteil Beyenburg (15. Jh.), klassizist. Laurentiuskirche (19. Jh.). – Die 1929 durch den Zusammenschluß der Städte *Barmen, Elberfeld, Ronsdorf, Vohwinkel* und *Cronenberg* entstandene neue Stadt *Barmen-Elberfeld* wurde 1930 in W. umbenannt.

Wurf, bei Tieren, die gewöhnlich Mehrlinge zur Welt bringen, die Gesamtheit der nach einer Trächtigkeitsperiode geborenen Jungen.

Würfel, 1) *Mathematik:* (regelmäßiges Hexaeder, Kubus) ein von 6 kongruenten Quadraten begrenzter → platonischer Körper. Die Quadrate stoßen in 12 gleich langen Kanten aneinander; die Kanten treffen sich in 8 Ecken, in jeder Ecke stoßen jeweils 3 Kanten rechtwinklig aufeinander.
2) *Spiel:* (Knobel) zum W.spiel benutzter sechsseitiger Körper; auf den Seiten sind durch Punkte oder ›Augen‹ die Zahlen 1 – 6 so angegeben, daß die sich gegenüberliegenden zusammen jeweils 7 ergeben.

Wurfholz, als Waffe geeignetes, gekrümmtes, abgeflachtes Holzstück; eine bes. Form stellt der → Bumerang dar.

Würger: Neuntöter mit Beutetier (Hirschkäfer)

Würger (Laniidae), Fam. bis 30 cm langer, gut fliegender, häufig ihre Beute (vorwiegend Insekten, kleine Wirbeltiere) auf Dornen oder Ästen aufspießender Singvögel mit fast 75 Arten, v.a. in offenen Landschaften Afrikas, Eurasiens und N-Amerikas; einheimisch sind u.a. *Neuntöter* (Dorndreher, Rotrücken-W.), etwa 17 cm lang; Zugvogel; *Raub-W.* (Grau-W.), bis 25 cm lang, jagt v.a. Mäuse, Kleinvögel; Standvogel; *Rotkopf-W.*, bis knapp über 15 cm lang, oberseits überwiegend schwarz, unterseits weißlich, mit rostbraunem Oberkopf und Nacken.

Würgereflex, v.a. durch Berühren der Rachenhinterwand reflektorisch ausgelöstes Würgen (Rachenreflex).

Wurm, Theophil, * Basel 7. 12. 1868, † Stuttgart 28. 1. 1953, dt. ev. Theologe. Nach 1933 Wortführer des Widerstands gegen die Eingriffe des nat.-soz. Regimes in kirchl. Angelegenheiten; 1945–49 Vors. des Rates der EKD.

Würmeiszeit → Eiszeit.

Würmer (Vermes), volkstüml. Sammelbez. für langgestreckte, bilateralsymmetr. Wirbellose sehr verschiedener, untereinander nicht näher verwandter systemat. Kategorien, z.B. Plattwürmer, Schlauchwürmer, Ringelwürmer.

Wurmfarn, Gatt. der Tüpfelfarngewächse mit rd. 150 Arten v.a. auf der Nordhalbkugel; verbreitet in Laub- und Nadelwäldern ist der *Gemeine W.* (Dryopteris filix-mas) mit 0,5 – 1,5 m langen Blättern und hellbraun beschuppten Blattstielen. Aus dem Wurzelstock wurde früher ein giftiges Farnextrakt als Bandwurmmittel hergestellt.

Wurmfortsatz → Blinddarm.

Wurmkrankheiten (Wurmerkrankungen, Helminthosen, Einz. Helminthiasis), Gruppe weltweit verbreiteter, in den Tropen und Subtropen endemisch vorkommender parasitärer Erkrankungen der Tiere und des Menschen durch Infektion mit Würmern. Die wichtigsten W. sind: Hakenwurmkrankheit, Madenwurmkrankheit, Täniase, Zystizerkose.

Wurmschnecken (Vermetidae), Fam. auf dem Untergrund festgewachsener Meeresschnecken; Gehäuse weitspiralig bis unregelmäßig gewunden, vom Untergrund aufragend.

Wurt [niederdt.] (Warft), zum Schutz gegen Hochwasser aufgeworfener Siedlungshügel in Niederungsgebieten.

Württemberg, östl. Landesteil von Baden-Württemberg, umfaßt die Reg.-Bez. Stuttgart und Tübingen. – Die Grafen (seit 1135) von W. im mittleren Neckar- und im Remstal konnten im 13. Jh. beträchtl. Teile der stauf. Gebiete erwerben. Im Spät-MA stärkste Territorialmacht in SW-Deutschland. 1442 Teilung in 2 neue Linien (Stuttgart und Urach); 1482 stellte Eberhard im Bart (⚭ 1459–96) die Einheit wieder her; 1495 Erhebung zum Hzgt. W. (und Teck). 1520–34 war W. in habsburg. Hand. 1806–13 Mgl. des Rheinbunds, wurde W. souveränes Kgr. und gewann umfangreiche Gebiete (v.a. Heilbronn, Hohenloher Ebene, Ellwangen, Ulm, Rottweil sowie Teile Oberschwabens und des Allgäus). 1816 trat W. dem Dt. Bund bei, 1834 dem Dt. Zollverein. 1819 konstitutionelle Verfassung, nach der Unterdrückung (1849) der Märzrevolution von 1848 Rückkehr zum System der Reaktion. Gegen Preußen lehnte sich W. meist an Österreich an, trat aber 1871 in das Dt. Reich ein. 1918 wurde die Republik ausgerufen, 1919 erhielt W. eine demokrat. Verfassung (bis 1933); nach dem 2. Weltkrieg in eine [nördl.] amerikan. (Land Württemberg-Baden) und eine [südl.] frz. Besatzungszone (Land Württemberg-Hohenzollern) geteilt, 1952 mit dem Land → Baden zu → Baden-Württemberg zusammengeschlossen.

Würzburg, 1) Stadt am Mittelmain, Bayern, 123 500 E. Verwaltungssitz des Reg.-Bez. Unterfranken; Univ. (gegr. 1402 bzw. 1582) u.a. Hochschulen, Bayer. Staatsarchiv. Mainfränk. Museum, Städt. Galerie, Theater; u.a. Metallverarbeitung, Weinbau; Hafen.
Bauten: Roman. Dom (11.–13. Jh., Gewölbe 15. bis 17. Jh., 1701–04 barockisiert) mit Schönbornkapelle, Kirche Sankt Burkhard (11. und 15. Jh.), frühgot. Deutschhauskirche (um 1250–96), spätgot. Marienkapelle (1377–1479); barock sind u.a. das Neumünster (Umbau der roman. Kirche 1710 ff.) und das Käp-

Würzburg 1): Blick auf die Festung Marienberg (im Vordergrund Statue des heiligen Kilian auf der Mainbrücke)

pele (Wallfahrtskirche; 1747–50 von B. Neumann). Festung Marienberg (um 1200–18. Jh., z. T. Museum) mit Marienkapelle (Zentralbau vielleicht 706 und damit älteste erhaltene Kirche Deutschlands). Bed. barocke, ehem. bischöfl. Residenz (1720–44; 1945 zerstört), deren berühmtes Treppenhaus von B. Neumann mit Fresken von Tiepolo erhalten ist. Alte Mainbrücke (1473–1543) mit Statuen, Haus zum Falken (18. Jh.) mit Stuckfassade.

Geschichte: Auf dem Marienberg befestigte Höhensiedlung schon im 8. Jh. v. Chr.; im 7. Jh. n. Chr. Amtssitz fränk. Herzöge (ihre Burg war das **Castellum Wirciburg** auf dem Marienberg); um 800 als Königspfalz belegt, 741/742 Errichtung eines Bischofssitzes durch Bonifatius; seit etwa 1000 Entwicklung zur Stadt; seit 1030 war der Bischof Stadtherr. Ab 1656 Bastionenanlage; 1803 bayrisch, kam 1805/06 als Hauptstadt des Groß-Hzgt. W. an Ferdinand III. von Toskana, fiel 1814 endgültig an Bayern.

2) Bistum, 741/742 im Rahmen der angelsächs. Mission von Bonifatius errichtet; unterstand 746 bis 1806 dem Erzbistum Mainz; 1806–17 Sedisvakanz; 1817 kam das Gebiet zu Bayern, das Bistum wurde dem Erzbistum Bamberg unterstellt.

Wurzel, 1) *Botanik:* neben Sproßachse und Blatt eines der drei Grundorgane der Sproßpflanzen, das der Verankerung im Boden und der Aufnahme von Wasser und darin gelöster Nährsalze und der Speicherung von Reservestoffen dient. An der noch wachsenden W. können drei Zonen unterschieden werden: der *Vegetationspunkt* hat zum Schutz für die zarten embryonalen Zellen eine W.haube ausgebildet, deren verschleimte, abgestoßene Zellen der W. das Weiterkriechen im Boden erleichtern. Die *Wachstumszone* beginnt an der Basis des Vegetationskegels. In ihr erfolgt die Umwandlung jugendl. Zellen in Dauerzellen bei einem gleichzeitigen Streckungswachstum. Die Wachstumszone geht über in die Zone der *W.haare,* durch die die Wasser- und Nährsalzaufnahme erfolgt. Die Leitungsbahnen sind im Zentralzylinder als zentrales, radiales Leitbündel angeordnet. Die *Seiten-W.* bilden mit der *Haupt-W.* ein W.system. – Am Sproß ausgebildete W. heißen sproßbürtig. Gehören sproßbürtige W. zum normalen Entwicklungsverlauf, bezeichnet man sie als Nebenwurzeln. Werden Neben-W. künstlich erzeugt, nennt man sie Adventivwurzeln.

2) *Sprachwissenschaft:* der bedeutungstragende Kern einer Wortfamilie.

3) *Mathematik:* allg. Bez. für jede Lösung einer Bestimmungsgleichung. I. e. S. die Lösung einer Gleichung der Form $x^n = a$ (n positive ganze Zahl); man schreibt: $x = \sqrt[n]{a}$ (gesprochen: x ist die n-te W. aus a) oder auch $x = a^{1/n}$. Die n-te W. aus einer Zahl a ist also diejenige Zahl x, die, in die n-te Potenz erhoben, die Zahl a ergibt, z. B. $\sqrt[3]{64} = 4$, denn $4^3 = 64$. Die Größe a nennt man den **Radikanden,** n den **Wurzelexponenten,** die Rechenoperation des Bestimmens der W. **Radizieren** oder **Wurzelziehen.** Die 2. W. einer Zahl bezeichnet man als *Quadrat-W.* (sie wird im allg. ohne W.exponenten geschrieben), die 3. W. als *Kubikwurzel.*

Wurzelfliegen, Gatt. 5–7 mm langer, schwärzl. bis grauer Blumenfliegen mit zahlr. Arten, v. a. auf der N-Halbkugel; Larven bes. in organisch gedüngten, feuchten Böden, gehören zu den gefährlichsten landwirtschaftl. Schädlingen durch Fraß an keimenden Samen und Keimlingen zahlr. Kulturpflanzen (u. a. Zwiebelfliege, Kohlfliege, Rübenfliege).

Wurzelfüßer (Rhizopoda), Stamm vorwiegend freilebender Protozoen mit zahlr. Arten in Süß- und Meeresgewässern sowie in feuchten Lebensräumen an Land; bewegen sich mit Scheinfüßchen fort, die auch dem Nahrungserwerb dienen; Fortpflanzung überwiegend ungeschlechtlich durch Teilung (u. a. Amöben, Strahlentierchen).

Wurzelhaut (Zahn-W.) → Zähne.

Wurzen, Kreisstadt an der Mulde, Sachsen, 18 900 E. U. a. Maschinenbau.

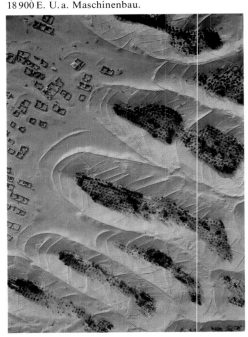

Wüste: Oasenlandschaft in der algerischen Sahara

Wüste, vegetationsloses oder sehr vegetationsarmes, lebensfeindl. Gebiet. Bei *Trockenwüsten* in trop. und subtrop. Gebieten unterscheidet man die *Kern-W.* von der *Halb-W.,* die zur Dornstrauchsavanne bzw. Steppe überleitet. Aufgrund der hohen tägl. Temperaturschwankungen und der [fast] fehlenden Vegetationsdecke zerfällt das Gestein zu scharfkantigem Schutt und Grus. Der Wind verfrachtet Sand und Staub; läßt seine Transportkraft nach, bilden sich Flugsand und Dünen *(Sand-W.).* In polaren

648

und subpolaren Gebieten sowie im Hochgebirge entstehen mangels Wärme pflanzenarme bis pflanzenlose *Kältewüsten*. Bei völliger Eis- und Schneebedekkung spricht man von *Eiswüsten*. Unter dem Einfluß kalter Meeresströmungen und warmer Winde kann sich in den Subtropen der Typ der *Küsten-W.* entwikkeln.

Wüstenfuchs, svw. Fennek (→ Füchse).

Wüstung, Bez. für aufgegebene Siedlungen *(Ortswüstung)* und Wirtschaftsflächen *(Flurwüstung)*.

Wutach, rechter Nebenfluß des Hochrheins, bildet die W.schlucht, 90 km lang.

WWF, Abk. für → World Wildlife Fund.

Wyatt (Wyat), Sir (seit 1537) Thomas [engl. 'waɪət], * Allington Castle bei Maidstone (Kent) 1503, † Sherborne (Dorset) 11. 10. 1542, engl. Dichter. Führte das → Sonett in die engl. Literatur ein.

Wyborg [russ. 'vibɐrk] (früher finn. Viipuri), Stadt am Finn. Meerbusen, Rußland, 77 000 E. Museum; u. a. Schiffsreparatur; Hafen. – Im frühen 12. Jh. als Handelsplatz urkundlich erwähnt, 1293 von Schweden zu einer großen Festung ausgebaut; im 2. Nordischen Krieg 1710 von den Russen erobert, 1721 Rußland zugesprochen; 1811 finnisch; endgültig 1944/47 an Rußland.

Wyclif (Wycliffe, Wyclyf, Wiclif), John [engl. 'wɪklɪf], * Spreswell bei Wycliffe-with-Thorpe (bei Darlington) um 1320 (1326?), † Lutterworth bei Coventry 31. 12. 1384, engl. Philosoph und Theologe. Kritisierte als Verfechter des frühkirchl. Armutsideals die Besitzkirche und bestritt jegl. polit. Machtanspruch des Papstes; lehnte u. a. Zölibat, Mönchtum und Transsubstantiation ab. Mit dem Beginn einer engl. Bibelübersetzung und der Ausbildung von Laienpredigern, den sog. *Lollarden* (›Flüsterer‹), rief W. eine Volksbewegung ins Leben, die 1381 in einem (W. angelasteten) Bauernaufstand ein Ende fand. Seine Ideen wirkten durch die Vermittlung von J. Hus und Hieronymus von Prag stark auf die Vorreformation. Das Konstanzer Konzil erklärte ihn 1415 zum Ketzer.

Wyk auf Föhr [vi:k], Stadt, Nordseeheilbad auf der nordfries. Insel Föhr, Schl.-H., 5 700 E.

Wyler, William [engl. 'waɪlə], * Mülhausen 1. 7. 1902, † Beverly Hills 27. 7. 1981, amerikan. Filmregisseur. U. a. ›Die besten Jahre unseres Lebens‹ (1946), ›Ein Herz und eine Krone‹ (1953), ›Ben Hur‹ (1959, nach dem Roman von L. Wallace), ›Funny Girl‹ (1968), ›Glut der Gewalt‹ (1970).

Wyneken, Gustav, * Stade 19. 3. 1875, † Göttingen 8. 12. 1964, dt. Pädagoge. Gründete 1906 mit P. Geheeb die Freie Schulgemeinde Wickersdorf (Landerziehungsheim), deren Leitung er 1906–10, 1919/20 und 1925–31 angehörte.

Wynnebald → Wunibald, hl.

Wyoming [engl. waɪ'oʊmɪŋ], Bundesstaat der USA, 253 597 km², 480 000 E, Hauptstadt Cheyenne. – Bis 1890, als W. als 44. Staat in die Union aufgenommen wurde, Schauplatz zahlr. Kämpfe mit den Indianern, die aus den freien Prärien in Reservate zusammengedrängt wurden.

Wyschinski, Andrei Januarjewitsch [russ. vi'ʃinskij], * Odessa 10. 12. 1883, † New York 22. 11. 1954, sowjet. Politiker. 1935–39 als Generalstaatsanwalt Hauptankläger in den Moskauer Schauprozessen; u. a. 1949–53 Außen-Min., ab 1953 ständiger sowjet. Vertreter bei den UN.

Wyspiański, Stanisław [poln. vis'pjaɪski], * Krakau 15. 1. 1869, † ebd. 28. 11. 1907, poln. Dramatiker. Urspr. Maler. Gilt als Erneuerer des poln. Theaters; entnahm die Stoffe seiner Dramen der poln. Geschichte und der griech. Antike, u. a. ›Die Warschauerin‹ (1898), ›Wesele‹ (1901), ›Die Richter‹ (1907).

Wyszyński, Stefan [poln. vi'ʃiski], * Zuzela (Masowien) 3. 8. 1901, † Warschau 28. 5. 1981, poln. kath. Theologe und Kardinal (seit 1953). Seit 1948 Erzbischof von Gnesen und Warschau (in Personalunion) und Primas von Polen; symbolisierte den Selbstbehauptungswillen des poln. Katholizismus gegenüber der kommunist. Ideologie und dem staatl. Machtanspruch.

John Wyclif

X

X, 1) 24. Buchstabe des dt., 21. des lat. Alphabets, der zurückgeht auf das Zusatzzeichen χ (Chi) der griech. Schrift.

2) röm. Zahlzeichen für 10.

x (*x*), mathemat. Formelzeichen für eine bei der graph. Darstellung auf der Abszissenachse (*x*-Achse) abgetragene Variable.

Xanten, Stadt am linken Ufer des Niederrheins, NRW, 15 700 E. Dommuseum, Regionalmuseum, Archäolog. Park mit röm. Amphitheater u. a. Bauten (2. Jh. n. Chr.). Dom (1263–1437; roman. Fassade) mit dem Märtyrergrab des hl. Viktor und seiner Gefährten; Klever Tor der ehem. Stadtbefestigung. – Unter Kaiser Augustus wurde das röm. Militärlager **Castra Vetera I** (auf dem Fürstenberg; z. T. ausgegraben) angelegt; 70 n. Chr. zerstört. **Castra Vetera II** war wohl bis Ende des 3. Jh. besetzt. Unter Trajan Gründung der Zivilsiedlung **Colonia Ulpia Traiana** (drittgrößte Colonia Germaniens). Zw. 383 und 388 wurde an der Stelle des heutigen Domes ein hölzernes Totenhaus (Memoria) für den hl. Viktor und seine Gefährten errichtet (vor 450 durch einen Steinbau ersetzt). Hier (**Ad sanctos** [›bei den Heiligen‹]) entwikkelten sich rasch das Monasterium, die Keimzelle des Stiftes Xanten (1802 aufgelöst), und die Siedlung, die 1228 Stadtrecht erhielt; kam 1444 an Kleve, 1614 im **Vertrag von Xanten,** der den Jül.-Kleveschen Erbfolgekrieg beendete, an Brandenburg. – Abb. S. 650.

Xanthippe, Gattin des Sokrates; übertragen: zänk. Eheweib.

Xanthophyll [griech.] (Lutein), gelbes bis bräunl. Karotinoid in grünen Pflanzenteilen.

Xanthos, im Altertum größte Stadt → Lykiens, auf dem östl. Uferstanhang des Flusses Xanthos (= Koçaçay) nahe dem Meer, 120 km sw. von Antalya, Türkei; 546 v. Chr. durch Perser, 42 v. Chr. im röm. Bürgerkrieg zerstört. Die Akropolis war seit dem 7. Jh. v. Chr. befestigt; Fundort berühmter Grabmonumente (Sarkophaghäuser, Pfeilergräber; z. T. auf hohen Sockeln und mit griech. Tempelfassaden), z. B. das sog. Harpyienmonument (um 480 v. Chr.) und das Nereidenmonument (Ende 5. Jh. v. Chr.), beide im Brit. Museum, London.

X-Beine (Genua valga), Fehlstellung der Beine mit Einwärtskrümmung der Oberschenkel und Auswärtskrümmung der Unterschenkel.

X-Chromosom → Chromosomen.

Xe, chem. Symbol für → Xenon.

Xenakis, Iannis (Yannis), * Bräila 1. 5. 1922, griech.-frz. Komponist. Benutzt seit 1955 mathemat. Verfahren beim Komponieren, u.a. ›Metastaseis‹ (1954), Kammermusik, Bühnenmusiken (zu Aischylos), elektron. und Computermusik.

Xanten: Dom; 1263–1437

Xenien, 1. in der *Antike* Gastgeschenke unter Freunden oder eines Gastgebers; 2. Titel des 13. Buches der Epigramme Martials; 3. iron. Bez. für die von Goethe und Schiller verfaßten polem. Epigramme gegen zeitgenöss. literatur- und kunstkrit. Richtungen. Sie riefen zahlr. ebenfalls polem. ›Anti-X.‹ hervor *(X.kampf)*.

Xenokrates, * Chalkedon 398 oder 396, † Athen 314, griech. Philosoph. Ab 339 Leiter der älteren Akademie. Die drei Arten des Seins werden nach X. durch das Denken, mit den Sinnen und im Glauben erfaßt. Auf dieser Auffassung beruht die klass. Dreiteilung der Philosophie in Logik, Physik und Ethik.

Xenon [griech.], chem. Symbol Xe; gasförmiges chem. Element aus der VIII. Hauptgruppe des Periodensystems der chem. Elemente, Ordnungszahl 54, mittlere relative Atommasse 131,29, Dichte 5,887 g/l (bei 0 °C), Schmelzpunkt − 111,9 °C, Siedepunkt − 107,1 °C. Edelgas, extrem reaktionsträge, doch sind in den letzten Jahren zahlr. X.verbindungen mit Fluor, Chlor und Sauerstoff hergestellt worden. Füllgas für Glüh- und Gasentladungslampen, Zählrohre, auch für X.laser verwendet.

Xenonlampe, Hochdruckgasentladungslampe mit Edelgasfüllung (Gasdruck bis etwa 2,5 MPa = 25 bar); Farbtemperatur und Spektrum entsprechen dem natürl. Tageslicht.

Xenophanes, * Kolophon um 565, † Elea (Lukanien) um 470, griech. Dichter und Philosoph. Vertreter der →eleatischen Philosophie.

Xenophon, * Athen um 430, † Korinth oder Athen (?) um 354 (nach 355), griech. Geschichtsschreiber und Schriftsteller. Schüler des Sokrates. 401 Teilnehmer am Feldzug Kyros’ d. J. gegen Artaxerxes II., zeichnete sich nach der Schlacht bei Kunaxa in der Leitung des Rückzuges der führerlos gewordenen 10 000 griech. Söldner nach Trapezus (= Trabzon) aus. Sein Gesamtwerk läßt sich in 4 Gruppen einteilen: 1. histor. Schriften: ›Anábasis‹ (7 Bücher über

o-Xylol

m-Xylol

CH₃

p-Xylol

Xylole:
OBEN o-Xylol;
MITTE m-Xylol;
UNTEN p-Xylol

den Zug der 10 000), ›Hellēniká‹ (Griech. Geschichte, 7 Bücher); 2. sokrat. Schriften, u.a. Memorabilien (Erinnerungen an Sokrates), ›Apología‹ (Verteidigung [des Sokrates]), ›Sympósion‹ (Gastmahl); 3. polit.-eth. Schriften: ›Hiérōn‹ ›Agēsílaos‹, ›Kýrou paideía‹ (Die Erziehung des Kyros [II.], 8 Bücher); 4. kleine Lehrschriften.

Xenotim [griech.] (Ytterspat), Mineral von meist gelbl. Farbe und Fettglanz. Chem. Y[PO₄]: an Stelle von Y oft auch andere seltene Erden, Thorium oder Uran.

Xerographie [griech.] → Kopierverfahren.

xeromorph [griech.], in der *Botanik* svw. an Trockenheit angepaßt.

Xerophyten [griech.], Pflanzen mit bes. morpholog. und physiolog. Anpassungen an Standorte mit zeitweiligem oder dauerndem Wassermangel (z. B. in Wüsten). Um den Wasserverlust durch die Transpiration einzuschränken, haben X. bes. Schutzeinrichtungen, z. B. verdickte Epidermis, Ausbildung von Wachs- und Harzüberzügen, Verkleinerung der Spaltöffnungen und der transpirierenden Oberflächen (z. B. Blattabwurf zu Beginn der Trockenzeit). Viele X. (z. B. Sukkulenten) speichern außerdem während der kurzen Regenzeiten Wasser für die längeren Trockenzeiten.

Xerxes I. (im AT Ahasverus), * um 519, † Susa 465 (ermordet), Großkönig (seit 486) aus der altpers. Dynastie der Achämeniden. Sohn Darius’ I.; sein Versuch, Griechenland zu erobern, schlug trotz Aufgebots aller verfügbaren Machtmittel fehl (Niederlagen bei Salamis [480] und Plataä [479]; →auch Perserkriege).

Xhosa [ˈkoːsa] (früher ›Kaffern‹ gen.), großes Bantuvolk in Südafrika, für das die Homelands Transkei und Ciskei geschaffen wurden.

Xi [griech.], 15. Buchstabe des urspr., 14. des klass. griech. Alphabets mit dem Lautwert [ks]: Ξ, ξ.

Xochipilli; um 1500 (Mexiko, Museo Nacional de Antropologia)

Xian (Sian), Hauptstadt der chin. Prov. Shaanxi, im Zentrum der Weihoebene, 2,39 Mio. E. Univ., Fachhochschulen, Provinzmuseum, botan. Garten. U. a. Textil-Ind., Eisen- und Stahlwerk. Zahlr. histor.

Baudenkmäler, u.a. Tempel der Stadtgottheiten (1432 erneuert), sog. Kleine-Gans-Pagode (706), sog. Große-Gans-Pagode (652; im 8. Jh. aufgestockt), Große Moschee (14. Jh.). Nahebei 1974 Entdeckung des Grabes des Kaisers Shih Huang Ti (⚰221–209) mit 7 500 Tonfiguren in Lebensgröße: Soldaten, Pferde, Streitwagen; 1991 Entdeckung des Grabes des Kaisers Ching Ti (⚰156–140) mit Tausenden Totensoldaten (Fläche rd. 96 000 m²). – Vom 11.–8. Jh. v. Chr. Hauptstadt der Choudynastie und Ende des 3. Jh. v. Chr. der Ch'indynastie. Im 6. und 9. Jh. n. Chr. wohl größte Stadt der damaligen Welt (1–2 Mio. E).

Xingu, Rio [brasilian. 'rriu ʃiŋ'gu], rechter Nebenfluß des Amazonas, entspringt im Bergland von Mato Grosso, mündet unterhalb von Pôrto de Moz, etwa 2 100 km lang.

Xining (Sining), Hauptstadt der chin. Prov. Qinghai, im Hochland von Tibet, 576 400 E.

Xinjiang (Uigurische Autonome Region Sinkiang), Region in NW-China (Dsungarei, östl. Tientschan, Tarimbecken), 1 646 800 km², 13,8 Mio. E, Hauptstadt Ürümqi. – Nach Unterwerfung der → Dsungaren chinesisch (1759); 1884 Schaffung der Prov. Sinkiang (O-Turkestan; zw. 1911 und 1941 von der Zentralregierung unabhängig); 1955 Konstituierung der Autonomen Region. Nach 1962 Schließung der Grenze zur Sowjetunion.

X-Kontakt → Elektronenblitzgerät.

Xochipilli [span. xotʃi'piji; aztek. = Blumenprinz], aztekischer Gott des Wachstums, der Blumen und der Sinneslust.

XP ['çi:ro:] → Christusmonogramm.

X-Strahlen, svw. → Röntgenstrahlen.

Xylem [griech.], svw. Gefäßteil (→ Leitbündel).

xylo…, Xylo… [griech.], Bestimmungswort in Zusammensetzungen mit der Bedeutung ›Holz…‹.

Xylographie, Holzstich (→ Holzschnitt).

Xylole [griech./arab.] (Dimethylbenzole), drei isomere aromat. Verbindungen: *o*- und *m-Xylol* sind farblose, aromatisch riechende Flüssigkeiten, *p-Xylol* bildet farblose Kristalle; alle X. sind wasserunlöslich. Lösungs- und Verdünnungsmittel für Fette, Öle, Kautschuk, Zusatz zu Auto- und Flugbenzin; Ausgangssubstanzen z. B. für Phthalsäure und Farbstoffe.

Xylophon [griech.], Holzstabspiel aus abgestimmten Holzstäben oder -platten; in der außereurop. Musik, in der abendländ. Volksmusik sowie als Orchesterinstrument verwendet. Das Orchester-X. hat klaviaturmäßige Anordnung der Platten (Umfang c²–d⁵), oft mit darunter hängenden Resonanzröhren.

Y

Y, 1) 25. Buchstabe des dt., 22. des lat. Alphabets, im Griech. Y, V (Ypsilon; Lautwert urspr. [u, u:]). Im Dt. hat Y verschiedene Lautwerte: [y, ʏ, i, ɪ], gelegentlich [j].
2) chem. Symbol für → Yttrium.

y (*y*), mathemat. Formelzeichen für eine bei der graph. Darstellung auf der Ordinatenachse (*y*-Achse) abgetragene Variable.

Yacht → Jacht.

YAG [Abk. für Yttrium-Aluminium-Granat], $Y_3Al_5O_{12}$, ein durch Zusammenschmelzen von Yttrium- und Aluminiumoxid erhaltenes Mischoxid, das wegen seiner Granatstruktur (fälschlich) als Yttrium-Aluminium-Granat bezeichnet wird. Durch Zonenschmelzen gewonnene YAG-Einkristalle, die z. B. mit Neodym (anstelle von Yttrium) und Chrom (anstelle von Aluminium) dotiert sind, werden für Festkörperlaser verwendet. Reine weiße oder bes. schön gefärbte YAG-Kristalle dienen als Schmucksteine.

Yak (Jak) → Rinder.

Yale University [engl. 'jeɪl juːnɪ'vɜːsɪtɪ], Privat-Univ. in New Haven; 1701 Gründung eines College, 1810–61 Entwicklung zu einer der bedeutendsten Univ. der USA.

Yalow, Rosalyn Sussman [engl. 'jeɪloʊ], *New York 19. 7. 1921, amerikan. Physikerin und Nuklearmedizinerin. Entwickelte zus. mit dem amerikan. Mediziner Salomon Aaron Berson (* 1918, † 1972) eine Indikatormethode zur Bestimmung der (nur in geringsten Mengen im Körper auftretenden) Peptidhormone über deren Antikörper bzw. über die entsprechende Antigen-Antikörper-Reaktion *(Radioimmunoassay)*; 1977 Nobelpreis für Physiologie oder Medizin (zus. mit R. Guillemin und A. Schally).

Yamato-e, svw. Jamato-E. (→ japanische Kunst).

Yams → Jamswurzel.

Yanan, Stadt im Lößhochland der Prov. Shaanxi, 50 000 E. Univ., Revolutionsmuseum. – 1937–47 Sitz des von Mao Zedong geführten ZK der KPCh.

Yang → Yin und Yang.

Yang, Chen Ning, gen. Frank Y. [engl. jæŋ], * Hefei 22. 9. 1922, amerikan. Physiker chin. Herkunft. Sagte 1956 gemeinsam mit T. D. Lee die später bestätigte Nichterhaltung der → Parität bei der schwachen Wechselwirkung voraus; Nobelpreis für Physik 1957 (mit T. D. Lee).

Yangon, neuer Name von → Rangun.

Yang Shankun, * Shuangjiang (Prov. Sichuan) 1907, chin. Politiker. Seit 1980 Generalsekretär der Militärkommission der KPCh, seit 1982 Mgl. des Politbüros; seit 1988 Staatspräsident.

Yankee ['jænkɪ; engl.-amerikan.], urspr. wohl Spitzname. Siedler (vermutl. abgeleitet von der Verkleinerungsform Janke des niederl. Namens Jan) in N-Amerika; während des Sezessionskrieges als Schimpfwort auf alle Nordstaatler bezogen; wurde zum Spitznamen für US-Amerikaner.

Yankee-doodle [engl. 'jænkɪduːdl], um 1755 entstandenes amerikan. Volkslied.

Yao Wenyuan (Yao Wen-yüan), * 1924, chin. Journalist und Politiker. Löste durch seine scharfen Angriffe gegen die chin. Intellektuellen in der ›Literaturzeitung‹ die Kulturrevolution 1965 aus. Als Mgl. der sog. Viererbande 1981 zu 20 Jahren Gefängnis verurteilt.

Yard [engl. jɑːd; eigtl. ›Gerte, Meßrute‹], Einheitenzeichen yd, Längenmaß, 1 yd = 0,9144 m.

Yaşar Kemal [türk. jaʃar keˈmal], * Hemite-Gökçeli (Verw.-Geb. Adana) 1922, türk. Schriftsteller. Herausragender Vertreter des türk. Gegenwartsromans, u. a. ›Memed, mein Falke‹ (1955), ›Der Wind aus der Ebene‹ (1960), ›Eisenerde, Kupferhimmel‹ (1963), ›Das Lied der tausend Stiere‹ (1971), ›Auch die Vögel sind fort‹ (1978).

Yawl [engl. jɔːl], zweimastiges Segelschiff mit Besanmast *hinter* dem Rudergänger.

Yazılıkaya [türk. jazɯ'lɯka.ja] → Boğazkale.

Yb, chem. Symbol für → Ytterbium.

Chen Ning Yang

Rosalyn Sussman Yalow

York: Kathedrale; 13.–15. Jahrhundert

Ybbs an der Donau [ɪps], niederösterr. Stadt westl. von Sankt Pölten, 6 000 E. Spätgot. Pfarrkirche (15./16. Jh.). – 837 erwähnt.

Y-Chromosom →Chromosomen.

yd, Einheitenzeichen für Yard.

Yeats, William Butler [engl. jɛɪts], * Sandymount (= Dublin) 13. 6. 1865, † Roquebrune-Cap-Martin bei Nizza 28. 1. 1939, ir. Dichter. Gilt als herausragender ir. Schriftsteller seiner Zeit; schrieb (symbolist.) Lyrik (u. a. ›The green Helmet‹, 1910; ›Der Turm‹, 1928) und Dramen, die, u. a. am japan. No-Spiel orientiert, altir. und kelt. Mythen verpflichtet sind (u. a. ›Cathleen ni Houlihan‹, 1902; ›Das Einhorn von den Sternen‹, 1908; ›Das Stundenglas‹, 1913). War v. a. auch Mitbegründer des ir. Nationaltheaters (seit 1904 ›Abby Theatre‹), das er leitete und für das er auch J. M. Synge und S. O'Casey gewinnen konnte. 1923 Nobelpreis für Literatur.

Ye Jianying (Yeh Chien-ying), * Meihsien (Prov. Kwangtung) 1898, † Kanton 22. 10. 1986, chin. Marschall (seit 1955) und Politiker; 1946–49 stellv. Generalstabschef der Volksbefreiungsarmee; ab 1954 Stellv. Vors. des Nat. Verteidigungsrates, 1975–78 (faktisch ab 1971) Verteidigungs-Min.; 1978 (faktisch 1976) bis Febr. 1983 Vors. des Ständigen Ausschusses des Nat. Volkskongresses (Staatsoberhaupt).

Yellowstone National Park [engl. ˈjɛloʊstoʊn ˈnæʃənəl ˈpɑːk], seit 1872 unter Naturschutz gestelltes Gebiet der USA, v. a. in NW-Wyoming, 8 953 km², berühmt v. a. durch Geysire, heiße Quellen, Sinterterrassen.

Yerby, Frank [engl. ˈjəːbɪ], * Augusta (Ga.) 5. 9. 1916, amerikan. Schriftsteller. Zahlr. unterhaltende erfolgreiche Romane, v. a. aus dem Leben der Südstaatler; u. a. ›Eine Welt zu Füßen‹ (1946), ›Louisiana-Fieber‹ (1947), ›Mississippi-Story‹ (1979).

Yersin, Alexandre [frz. jɛrˈsɛ̃], * Rougemont bei Saanen 22. 9. 1863, † Nha Trang (Süd-Vietnam) 1. 3. 1943, schweizer. Tropenarzt. Entdeckte (unabhängig von S. Kitasato) den Erreger der Pest und entwickelte ein nach ihm ben. Pestserum.

Yeti [nepales.] →Schneemensch.

Yggdrasil →germanische Religion.

Yinchuan, Hauptstadt der Autonomen Region Ningxia, China, im mittleren Hwanghotal, 383 300 E. Univ., Theater, Moscheen.

Yin und Yang [chin.], kosmolog. Begriffe der chin. Philosophie seit etwa 400 v. Chr.; *Yin* das Weibliche, Nachgiebige, die Erde; *Yang* das Männliche, die Stärke, der Himmel; beide haben ihren gemeinsamen Ursprung in einem Absoluten.

William Butler Yeats

Yin und Yang

Ylang-Ylang-Baum [ˈiːlaŋˈiːlaŋ; malaiisch] (Ilang-Ilang-Baum, Canangabaum), Annonengewächs in S- und SO-Asien; kleiner Baum, aus dessen Blüten das in der Parfüm-Ind. verwendete *Ylang-Ylang-Öl* gewonnen wird.

Ylide [Kw.], organ. Verbindungen mit einer stark polarisierten Bindung zw. einem Kohlenstoff- und einem Heteroatom, wobei das Kohlenstoffatom oft ein freies Elektronenpaar besitzt; 1947 erstmals von G. Wittig hergestellt; bed. in der präparativen organ. Chemie (→ Wittig-Reaktion).

YMCA [engl. ˈwaɪ-ɛmsiːˈeɪ], Abk. für Young Men's Christian Association (→Christlicher Verein Junger Männer).

Ymir →germanische Religion.

Ynglingar [schwed. ˈyŋliŋar], älteste schwed. Königsdynastie, von der auch die frühen norweg. Könige abstammen; wird erst mit Björn dem Alten (etwa 900–950) greifbar, nahm um 1000 das Christentum an und erlosch etwa 1056.

Yoga →Joga.

Yogyakarta [indones. dʒɔgdʒaˈkarta], Stadt im südl. Z-Java, Indonesien, 398 700 E. 2 Univ., Museum, Theater. – 1755 als Sultanat Y. eingerichtet: eines der Zentren des Unabhängigkeitskampfes; 1945–50 Sitz der Regierung der Republik Indonesien.

Yohimbin [afrikan.] (Johimbin, Quebrachin), aus der Rinde des westafrikan. Yohimbinbaumes Pausinystalia yohimba gewonnenes Alkaloid mit gefäßerweiternder Wirkung; wird medizinisch gegen Durchblutungsstörungen verwendet; gilt als Aphrodisiakum.

Yoldia [nach dem span. Grafen A. d'Aguirre de Yoldi, * 1764, † 1852], seit dem Eozän bestehende Gatt. primitiver Muscheln, v. a. in sandigen Küstenregionen aller Meere.

Yonne [frz. jɔn], linker Nebenfluß der Seine, 295 km lang.

Yorck von Wartenburg, preuß. Adelsfamilie; im 18. Jh. *Yorck;* 1814 Grafentitel Y. von Wartenburg. Bed. Vertreter:
1) Johann (Hans) David Ludwig Graf (seit 1814), * Potsdam 26. 9. 1759, † Klein Oels (= Oels) 4. 10. 1830, preuß. Feldmarschall (seit 1821). Schloß als Befehlshaber des preuß. Hilfskorps im Rußlandfeldzug Napoleons I. eigenmächtig die Konvention von Tauroggen (30. 12. 1812).
2) Peter Graf, * Klein Oels (= Oels) 13. 11. 1904, † Berlin 8. 8. 1944 (hingerichtet), dt. Widerstandskämpfer. War Mitbegründer des Kreisauer Kreises; erfüllte (zus. mit seinem Vetter C. Graf Schenk von Stauffenberg) eine vielseitige Mittlerrolle in der Widerstandsbewegung.

York [engl. jɔːk], engl. Dynastie, Nebenlinie des Hauses Plantagenet. Der Thronanspruch Richards, Hzg. von Y. (* 1411, † 1460), gegen Heinrich VI. Lancaster stürzte England in die Rosenkriege. Das 1461–85 regierende Haus Y. erlosch 1499 in männl. Linie.

York [engl. jɔːk], Stadt in N-England, am Ouse, 99 800 E. Univ., Eisenbahnmuseum, Yorkshire-Museum, volkskundliches Castle-Museum; Theater. Handels- und Ind.zentrum. Gotische Kathedrale (1230–15. Jh.), Häuser (14. und 15. Jh.), erhaltene Stadtbefestigung (14. Jh.). – Das röm. Legionslager **Eboracum (Eburacum)** wurde etwa 71–74 gebaut; die nahebei entstandene Siedlung wurde vor 237 Colonia und Hauptstadt der Prov. Britannia inferior; 296 zerstört, von Konstantius I. wieder aufgebaut; Abzug der Römer Ende des 4. Jh.; wurde Anfang des 7. Jh. Hauptstadt der angelsächs. Northumbria, 627 Sitz eines Erzbischofs; 867 von den Dänen erobert, Anfang des 10. Jh. von Wessex; 1212 City, 1396 Stadtgrafschaft.

Yorktown [engl. 'jɔ:ktaʊn], Ort nahe der W-Küste der Chesapeake Bay, im sö. Virginia, USA. – Die Kapitulation des brit. Generals Lord Cornwallis vor den amerikan.-frz. Streitkräften unter Washington und Rochambeau bei Y. (1781) entschied den Nordamerikan. Unabhängigkeitskrieg.

Yoruba [jo'ru:ba, 'jo:ruba], Volk der Sudaniden v. a. in SW-Nigeria. Etwa 50 % wohnten in Städten über 20 000 E, sog. Y.-*Städten,* lebten jedoch von der Landwirtschaft. – Vom 11. bis ins 19. Jh. bestand ein Y.reich unter einem Gottkönig (Alafin von Oyo), der als Nachkomme des Weltenschöpfers galt.

Yoruba [jo'ru:ba, 'jo:ruba] (Anago, Ana, Nago, Yariba, Aku), zu den Kwasprachen gehörende Sprachen in SW-Nigeria, westlich des Nigerdeltas, darüber hinaus in Togo, Benin und in Flüchtlingskolonien in Sierra Leone gesprochen. Mit etwa 12 Mio. Sprechern ist das Y. eine der wichtigsten Verkehrssprachen in Nigeria.

Young, Edward [engl. jʌŋ], ≈ Upham (Hampshire) 3. 7. 1683, † Welwyn (Hertford) 5. 4. 1765, engl. Dichter. Hatte mit seinem Essay über das Genre (›Gedanken über Originalwerke‹, 1759) wesentl. Einfluß auf den dt. Sturm und Drang; sein Hauptwerk ist die umfangreiche Blankversdichtung ›Klagen oder Nachtgedanken über Leben, Tod und Unsterblichkeit ...‹ (1742–46); auch Satiren und Dramen.

Young Men's Christian Association [engl. 'jʌŋ 'menz 'krıstjən əsoʊ'sıɛıʃən], Abk. YMCA, → Christlicher Verein Junger Männer.

Youngplan [engl. jʌŋ], nach dem amerikan. Manager Owen D. Young (* 1874, † 1962) ben. internat. Abkommen über die Zahlung der dt. Reparationen nach dem 1. Weltkrieg, das in Ablösung des Dawesplans (→ Dawes, C. G.) am 21. 8. 1929 angenommen wurde; die Tilgung sollte sich über 59 Jahre mit durchschnittl. jährl. Zahlungen von 2 Mrd. Goldmark (tatsächl. 1931 eingestellt) erstrecken. Zur kaufmäßigen Verwaltung der Zahlungen wurde die Bank für Internationalen Zahlungsausgleich errichtet. Zudem sah der Y. eine internat. 5,5 %ige Anleihe des Dt. Reiches über rd. 300 Mio. US-Dollar vor (Younganleihe). Ein von NSDAP, DNVP und Stahlhelm in Angriff genommener, letztlich erfolgloser Volksentscheid gegen die Annahme des Y. (22. 12. 1929) verschaffte den Nat.-Soz. einen Popularitätszuwachs.

Young Women's Christian Association [engl. 'jʌŋ 'wımınz 'krıstjən əsoʊ'sıɛıʃən], Abk. YWCA, dem Christl. Verein Junger Männer entsprechende Vereinigung der weibl. Jugend, gegr. 1855 in London.

Yourcenar, Marguerite [frz. jursə'na:r], eigtl. M. de Crayencour, * Brüssel 8. 6. 1903, † Mount Desert Island (Maine) 18. 12. 1987, frz. Schriftstellerin. Lebte ab 1939 in den USA. Erneuerte mit ihren psychologisch fundierten Romanen den histor. Roman (u. a. ›Der Fangschuß‹, 1939; verfilmt 1976 von V. Schlöndorff; ›Ich zähmte die Wölfin‹, 1951; ›Die schwarze Flamme‹, 1968). Wurde 1980 als erste Frau Mitglied der Académie française. – *Weitere Werke:* Eine Münze in neun Händen (1934), Oriental. Erzählungen (1938, erweitert 1963), Mishima oder die Vision der Leere (Essay, 1981).

Ypern ['y:pərn, 'i:pərn] (amtl. niederl. Ieper; frz. Ypres), belg. Stadt 60 km wsw. von Gent, 34 000 E. U. a. Textilindustrie. – Tuchhalle (um 1200–1380) mit 70 m hohem Belfried; Renaissancerathaus (1620); Kathedrale Sint-Maartens (1221 ff.); Befestigungen (im 17. Jh. durch Vauban erneuert). – Gehörte im Spät-MA mit Gent und Brügge zu den bedeutendsten Städten Flanderns. 1559–1801 Bischofssitz; 1715 bis 1781/82 eine der niederl. Barrierefestungen. Im 1. Weltkrieg schwere Schäden durch die 3 *Ypern-Schlachten* (Okt. 1914, April/Mai 1915, Juni–Nov. 1917).

Ypsilon [griech.], 22. und letzter Buchstabe des urspr., 20. des klass. griech. Alphabets mit dem Lautwert [u, u:], später [y, y:]: Y, υ.

Ysaye, Eugène [iza'i], * Lüttich 16. 7. 1858, † Brüssel 12. 5. 1931, belg. Violinist. Einer der schulebildenden Virtuosen seiner Zeit.

Ysop ['i:zɔp; semit.-griech.] (Isop, Josefskraut), Gatt. der Lippenblütler mit einer einzigen, vom Mittelmeergebiet bis zum Altai verbreiteten Art; 20–70 cm hoher Halbstrauch mit meist dunkelblauen Blüten; früher als Heil- und Gewürzpflanze kultiviert.

Ytterbium [nach dem schwed. Fundort Ytterby], chem. Symbol Yb; metall. chem. Element aus der Reihe der Lanthanoide des Periodensystems der chem. Elemente, Ordnungszahl 70, mittlere relative Atommasse 173,04, Schmelzpunkt $824 \pm 5\,°C$, Siedepunkt $1\,193\,°C$; Leichtmetall (zwei Modifikationen); kommt mit den anderen Lanthanoiden v. a. in Yttriummineralen vor.

Yttrium [nach dem schwed. Fundort Ytterby], chem. Symbol Y; metall. chem. Element aus der III. Nebengruppe des Periodensystems der chem. Elemente, Ordnungszahl 39, relative Atommasse 88,9059, Schmelzpunkt $1\,523 \pm 8\,°C$, Siedepunkt etwa $3\,337\,°C$; Leichtmetall (zwei Modifikationen); Y.minerale enthalten stets bed. Mengen an Lanthanoiden; Legierungsbestandteil. Mit Europium aktiviertes Y.vanadat oder Y.oxid wird als roter Leuchtstoff für Farbfernsehröhren verwendet.

Yuan, urspr. Bez. für gelochte runde chin. Bronzemünzen; 1892–1936 große chin. Silbermünze; neuerdings in unedlen Metallen geprägt.

Yucatán [span. juka'tan], mex. Staat im N der Halbinsel Yucatán, 38 402 km², 1,33 Mio. E, Hauptstadt Mérida.

Yucatán, Halbinsel [span. juka'tan], Halbinsel der zentralamerikan. Landbrücke, zw. dem Karib. Meer und dem Golf von Mexiko, größtenteils zu Mexiko, im S und SO zu Guatemala und Belize, zahlr. Ruinenstätten der Maya und Tolteken. – Die Küste wurde 1517/18 von Spaniern erkundet, 1527–46 erobert.

Yukawa, Hideki, * Tokio 23. 1. 1907, † Kioto 8. 9. 1981, japan. Physiker. Y. entwickelte eine Theorie der Kernkräfte und erhielt dafür 1949 den Nobelpreis für Physik.

Yukon River [engl. 'ju:kɔn 'rıvə], Fluß in NW-Kanada und Alaska, entfließt dem Tagish Lake, mündet in einem Delta in das Beringmeer, 2 554 km lang.

Yukon Territory [engl. 'ju:kɔn 'terıtərı], Verw.-Geb. im NW Kanadas, 482 515 km², 29 800 E, Hauptstadt Whitehorse.

Yun, Isang, * Tongyong (Süd-Korea) 17. 9. 1917, korean. Komponist. Lebte ab 1964 in Berlin (West), 1967 nach Südkorea verschleppt, zu lebenslängl. Haft verurteilt, 1969 freigelassen; seit 1970 Kompositionslehrer an der Berliner Musikhochschule. Verschmilzt westl.-avantgardist. Techniken mit chin.-korean. Traditionen; u. a. Sinfonien, Orchesterwerke, Kammermusik, mehrere Opern (u. a. ›Geliebte Füchsin‹, 1970).

Yunnan, Prov. in SW-China, 436 200 km², 34,6 Mio. E, Hauptstadt Kunming.

Yupik → Eskimoisch.

Yverdon-les-Bains [frz. ivɛr'dõle'bɛ̃], Bezirkshauptstadt im schweizer. Kt. Waadt, am S-Ende des Neuenburger Sees, 21 000 E. Ref. Pfarrkirche (1755 bis 1757); ehem. Schloß (1260 ff. und 16. Jh.), spätbarockes Rathaus (18. Jh.), zahlr. Häuser (18. Jh.). – Röm. Zivilsiedlung an der Stelle eines helvet. Ortes (**Eburodunum**) und Militärlager; seit 1260 Stadt. 1536 von Bern erobert, bis 1798 Landvogtei.

YWCA [engl. 'waıdʌblju:si:'eı], Abk. für **Y**oung **W**omen's **C**hristian **A**ssociation.

Yoruba:
Mann aus Ibadan

Edward Young
(zeitgenössischer Kupferstich)

Ysop

Z

Z, 1) 26. und letzter Buchstabe des dt., 23. des lat. Alphabets. Im Dt. bezeichnet Z die stimmlose Affrikate [ts].

2) Formelzeichen für die Ordnungszahl eines chem. Elements.

z (*z*), Formelzeichen für eine komplexe Zahl bzw. Veränderliche.

Zabergäu, Gäulandschaft in Bad.-Württ., zw. Strom- und Heuchelberg.

Zabern (frz. Saverne), frz. Stadt am Rhein-Marne-Kanal, Dep. Bas-Rhin, 10 300 E. Pfarrkirche (12. bis 15. Jh.), Schloß (18. Jh., z. T. Museum).

Zabern-Affäre, durch ein gesetzwidriges Vorgehen des Militärs gegen die Bev. in Zabern (Elsaß) ausgelöste Verfassungskrise (1913); ein folgenloser, aber fast überparteilicher Mißbilligungsantrag des Reichstags gegen den Reichskanzler Bethmann Hollweg, der die Militäraktionen öffentlich gutgeheißen hatte, offenbarte die mangelnde Reformierbarkeit des polit. Systems wie das Übergewicht des Militärs im Kaiserreich.

Ossip Zadkine: Mahnmal ›Die zerstörte Stadt‹; 1953 (Rotterdam)

Zacatecas [span. sakaˈtekas], Staat in Z-Mexiko, 73 252 km², 1,26 Mio. E, Hauptstadt Zacatecas.

Zacharias, hl., † Rom 15. 3. 752, Papst (ab 3. 12. 741). Unterstützte Bonifatius in der Bistumsorganisa-

tion der fränk. Kirche und schuf die Voraussetzungen zum Bund des Papsttums mit den Franken. – Fest: 22. März.

Zacharias, hl., bibl. Gestalt, Ehemann der Elisabeth und Vater Johannes des Täufers. – Fest: 5. November.

Zacharias, svw. →Sacharja.

Zacharias, 1) Christian, *Jamshepur (Indien) 27. 4. 1950, dt. Pianist. Seit Mitte der 1970er Jahre Interpret (v. a. Werke der Klassik und Romantik) von internat. Ruf.

2) Helmut, *Berlin 27. 1. 1920, dt. Jazzgeiger. Erlangte mit seinem swingenden Geigenstil internat. Popularität; schrieb auch ›Die Jazz-Violine‹ (1950).

Zacher, Gerd, *Meppen 6. 7. 1929, dt. Organist. Führender Interpret zeitgenöss. Orgelmusik.

Zackenbarsche (Sägebarsche, Serranidae), überwiegend in trop. und warmen Meeren weit verbreitete Fam. meist räuber. lebender Barschfische mit über 500 rd. 3–300 cm langen Arten; Rückenflosse sägeartig gestaltet; Kiemendeckel mit ein bis zwei Dornen oder Stacheln.

Zackenhirsch (Barasingha), v. a. in sumpfigen Gebieten N- und Z-Indiens sowie Thailands lebender Hirsch; Männchen haben ein bis über 1 m langes, vielendiges Geweih.

Zadar [serbokroat. ˈzadar], Hafenstadt an der kroat. Adriaküste, 43 000 E. Philos. Fakultät der Univ. Zagreb, Staatsarchiv, Kunstgalerie, archäolog. und ethnolog. Museum; u. a. Schiffbau, Fischkonservenfabrik; Fährverbindung mit Ancona (Italien). Ehem. Donatuskirche (9. Jh.; an der Stelle des röm. Forums), roman. Dom (13. Jh.; Krypta 11. Jh.); zahlr. venezian. Bauten (15. und 16. Jh.). – Ging aus dem antiken **Iader** hervor; seit 1202 bedeutendste Handelsniederlassung Venedigs in Dalmatien; 1814/1815–1919/20 zu Österreich; 1919/20 an Italien, 1947 zur kroat. Teilrepublik Jugoslawiens.

Zaddik [hebr. ›gerecht, Gerechter‹], im Judentum urspr. der wahrhaft Fromme, dann Lehrer und Meister im Chassidismus.

Zadek, Peter, *Berlin 19. 5. 1926, dt. Regisseur. 1933 Emigration mit den Eltern nach England; in London 1957 erste Regietätigkeit (UA von J. Genets ›Der Balkon‹); 1958 Übersiedlung in die BR Deutschland. Z. gehört zu den Regisseuren, die das dt. Theater seit Ende der 1960er Jahre auf internat. Niveau geprägt haben; 1963–67 Schauspieldirektor am Bremer Theater; 1972–1977 Intendant am Schauspielhaus Bochum, 1985/86–1988/89 Intendant am Dt. Schauspielhaus in Bochum; seit 1990 als (freier) Regisseur u. a. am Wiener Akademietheater.

Zadkine, Ossip [frz. zadˈkin], *Smolensk 14. 7. 1890, † Paris 25. 11. 1967, frz. Bildhauer russ. Herkunft. Verwendet kubist. Elemente für expressive Ausdrucksgebärden; Mahnmal ›Die zerstörte Stadt‹ für Rotterdam (1953).

Zagreb [serbokroat. ˌzaːgrɛb] (früher dt. Agram), Hauptstadt Kroatiens, an der oberen Save, 763 300 E. Univ., Museen, Gemäldegalerien, Glyptothek, Nationaltheater, Oper u. a.; Theater, Filmstudios, botan. Garten, Zoo. Zahlr. Ind.betriebe; internat. Messe. Stephansdom (13.–15. Jh.) mit neugot. Türmen, got.

Markuskirche (14./15. Jh.), barocke Katharinenkirche (17./18. Jh.). – Im 13./14. Jh. Verwaltungszentrum und seit Ende des 17. Jh. kultureller Mittelpunkt Kroatiens; zunächst Hauptstadt des Kgr. Kroatien (1718 bis 1918); ab 1945/46 der Teilrepublik Kroatien, 1992 der unabhängigen Republik Kroatien. Im Bürgerkrieg 1991 Zerstörungen.

Zähigkeit, svw. → Viskosität.

Zahl, einer der Grundbegriffe der Mathematik; man unterscheidet u. a. die → natürlichen Zahlen, die → ganzen Zahlen, die → rationalen Zahlen, die → irrationalen Zahlen, die → reellen Zahlen und die → komplexen Zahlen.

Zahlendarstellung, die Darstellung (Schreibweise) einer Zahl mit Hilfe bestimmter Zahlzeichen (z. B. der arab. Ziffern 0, 1, 2, 3, ..., 9) nach vereinbarten Regeln.

Zahlenebene → Gaußsche Zahlenebene.

Zahlenkugel → Riemannsche Zahlenkugel.

Zahlenlotto → Lotterie.

Zahlensymbolik, Lehre von den Bedeutungen der natürl. Zahlen über ihren Zählwert hinaus (z. B. 3 als Symbol der Vollkommenheit). Die Z. läßt sich bis in die babylonisch-sumer. und ägypt. Kultur zurückverfolgen.

Zahlensystem, die Gesamtheit der zur Darstellung einer Zahl verwendeten Zahlzeichen (Ziffern) und Regeln für deren Zusammensetzung. Das heute allg. verwendete Z. ist das → Dezimalsystem. In der elektron. Datenverarbeitung wird das → Dualsystem benutzt.

Zahlentheorie, Teilgebiet der Mathematik, das sich mit der Struktur, der Darstellung von Zahlen und deren Beziehungen untereinander befaßt.

Zähler, 1) *Mathematik:* → Bruch.

2) *Technik:* Vorrichtung, die automat. Stückzahlen, Durchflußmengen, Längen oder andere Größen durch Zählen einzelner Einheiten ermittelt und das Ergebnis anzeigt.

3) *Kern-* und *Elementarteilchenphysik:* jede Vorrichtung, mit der sich Teilchen registrieren lassen bzw. sich die Stärke einer ionisierenden Strahlung messen läßt.

Zählmaße (Stückmaße), **1)** Bez. für Mengenmaße, die durch eine bestimmte Stückzahl gegeben sind, z. B. Dutzend (12 Stück), Mandel (15 bzw. 16 Stück) und Schock (60 Stück).

2) *Chemie:* → Mol.

Zählrohr, kernphysikal. Gerät zur Zählung ionisierender Quanten oder Teilchen (Elektronen, Ionen) und zur Strahlenschutzüberwachung.

Zahlungsbefehl, veraltet für → Mahnbescheid.

Zahlungsbilanz, zusammengefaßte Gegenüberstellung der Werte aller Transaktionen zw. Inländern und Ausländern in einer Periode. In der Z. sind mehrere Teilbilanzen zusammengefaßt *(konsolidiert);* die Z. selber ist definitionsgemäß stets ausgeglichen; Salden treten nur in den Teilbilanzen auf. Die Teilbilanzen: 1. *Handelsbilanz:* Warenexporte (Aktiva) und Warenimporte (Passiva); 2. *Dienstleistungsbilanz:* Exporte und Importe von Dienstleistungen (Reiseverkehr, Transportleistungen, Lizenzen, Patente u. a.); 3. *Übertragungsbilanz:* Gegenüberstellung der empfangenen (Aktiva) und der geleisteten Übertragungen (Passiva) ohne Gegenleistung (Entwicklungshilfe, Geldüberweisungen von Gastarbeitnehmern u. a.); 4. *Kapitalbilanz (Kapitalverkehrsbilanz):* Gegenüberstellung der lang- und kurzfristigen Forderungen des Auslands (Aktiva) und derjenigen des Inlands (Passiva); 5. *Devisenbilanz:* Gegenüberstellung der Devisenzu- und -abgänge der Dt. Bundesbank sowie der Veränderungen des Goldbestands. Die Handels-, Dienstleistungs- und Übertragungsbilanz werden zusammengefaßt zur *Leistungsbilanz.*

Zagreb mit dem Stephansdom

Zahlungsbilanzgleichgewicht → außenwirtschaftliches Gleichgewicht.

Zahlungsmittel, Geldzeichen (→ Geld) und geldgleiche Forderungsrechte, die zum Ausgleich für erhaltene Leistungen verwendet werden. – Die Z. entwickelten sich mit fortschreitender Differenzierung und Intensivierung des wirtschaftl. Austausches zu immer größerer Bequemlichkeit ihrer Handhabung. Mit dem Ausbau differenzierterer Geldsysteme (im Hl. Röm. Reich seit Ende des 15. Jh.) kam es zur Unterscheidung von Z. mit unbeschränkter und solchen mit beschränkter gesetzl. Zahlungskraft (→ Kurant, Währungsmünzen, Handelsmünzen, Scheidemünzen; → Münzen). Wichtiger Einschnitt in neuerer Zeit war die Einführung des bargeldlosen Zahlungsverkehrs.

Zahlungsunfähigkeit (Insolvenz), das Unvermögen, seine fälligen Geldverpflichtungen zu erfüllen; Grund für Konkurs- oder Vergleichsverfahren.

Zahlwort, svw. → Numerale.

Zahlzeichen, svw. → Ziffer.

Zahmer Kaiser → Kaisergebirge.

Zahnarme (Edentata), Ordnung sehr primitiver Säugetiere in S- bis N-Amerika; Zähne entweder vollständig fehlend (Ameisenbären) oder bis auf wenige rückgebildete (Faultiere), lediglich bei Gürteltieren in großer Anzahl vorhanden, aber sehr klein.

Zahnarzt, Berufsbez. für Personen, die während eines mindestens 10semestrigen Hochschulstudiums mit Erfolg die naturwiss. und zahnärztl. Vorprüfung und zahnärztl. Prüfung abgelegt haben.

Zahnbohrer (Dentalbohrer), zahnärztl. Instrument (Bohrmaschine) aus hochwertigem Stahl (Bohrkrone häufig mit Diamantsplittern besetzt) v. a. zur Entfernung erkrankten Zahngewebes bei Karies bzw. zur Präparation von Kavitäten für Zahnfüllungen. Konventionelle elektr. Zahnbohrmaschinen erreichen bis 30 000 Umdrehungen pro Minute (→ Zahnturbine).

Zähne (Dentes; Einz.: Dens), in der Mundhöhle der meisten Wirbeltiere und des Menschen vorhandene harte Gebilde, die in ihrer Gesamtheit das Gebiß bilden. Sie dienen dem Ergreifen, Anschneiden, Zerreißen und Zermahlen der Nahrung. Das Gebiß kann spezialisiert sein auf das ausschließl. Ergreifen der Beute (*Greifgebiß;* z. B. bei Robben), das Abrupfen der Nahrung (*Rupfgebiß;* z. B. bei Kühen), Nagen (*Nagegebiß;* z. B. bei Nagetieren), Quetschen (*Quetschgebiß;* z. B. bei Flußpferden), Knochenbre-

 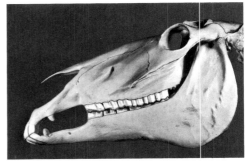

Zähne von Tieren; LINKS Raubtiergebiß (Löwe); RECHTS Pflanzenfressergebiß (Pferd)

chen, Schneiden und Reißen (*Scherengebiß, Brechscherengebiß;* bei Raubtieren), Zerkauen der Nahrung (*Kaugebiß;* z. B. beim Menschen). Verschiedene wirbellose Tiere und viele Knochenfische haben zahnartige Hartgebilde im Schlund *(Schlundzähne).*

Äußerlich gliedern sich die Z. in die aus dem Zahnfleisch ragende *Zahnkrone* (Krone), den im Zahnfleisch sitzenden *Zahnhals* und die im *Zahnfach* (Alveole) des Kieferknochens verankerte *Zahnwurzel.* An der Wurzelspitze liegt die Öffnung zum Wurzelkanal, in dem Gefäße und Nerven zur *Zahnhöhle* verlaufen, um dort zus. mit lockerem Bindegewebe und Zahnbeinzellen die *Zahnpulpa* (Pulpa, Zahnmark; umgangssprachl. ›Zahnnerv‹) zu bilden. Der Kern des Zahns besteht aus lebendem, knochenähnl. *Zahnbein* (Dentin). Die Wurzel ist außen von einer dünnen Schicht geflechtartiger Knochensubstanz, dem *Zahnzement,* umgeben, von dem aus Kollagenfasern der bindegewebigen, gefäß- und nervenreichen *Wurzelhaut* zum Zahnfach des Kiefers ziehen und den Zahnhalteapparat bilden. Die Krone ist von *Zahnschmelz* (Schmelz, Zahnemail), der härtesten Substanz des Körpers überhaupt, dünn überzogen.

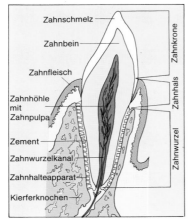

Zähne: Bau und Verankerung eines menschlichen Schneidezahns

Die *Zähne des Menschen* bilden in Ober- und Unterkiefer je einen Zahnbogen. In jeder Hälfte liegen vorn 2 Schneidezähne, 1 Eckzahn, 2 Vorbackenzähne und 3 Backenzähne, insgesamt also 32 Zähne im bleibenden Gebiß. Dem Milchgebiß fehlen die Backenzähne, so daß es nur aus 20 Zähnen besteht. Die **Schneidezähne** (Inzisivi) besitzen eine scharfe Schneidkante zum Abbeißen der Nahrung und haben

nur eine Wurzel. Die **Eckzähne** (Kanini) sind durch eine sehr lange Wurzel im Kiefer verankert und meist vorn zugespitzt. Die **Vorbackenzähne** (Vormahlzähne, Prämolaren) zerkleinern die Nahrung mit ihrer beim Menschen zweihöckrigen Krone. Die unteren sind mit einer, die oberen mit zwei Wurzeln im Kiefer befestigt. Die **Backenzähne** (Mahlzähne, Molaren) zermahlen mit ihrer beim Menschen vierhöckrigen Krone die Nahrung. Die oberen Mahlzähne haben drei, die unteren zwei Wurzeln. Spitzhöckerige Vorbacken- oder Backenzähne, die bei Raubtieren dem Zerteilen der Beute dienen, nennt man *Reißzähne.* Die hintersten (dritten) Backenzähne (**Weisheitszähne**) des Menschen werden erst im 4. oder 5. Lebensjahr angelegt. Ihr Durchbruch (der auch ausbleiben kann) erfolgt nach dem 16. Lebensjahr.

Die meisten Säuger bekommen zweimal Zähne. Zuerst erscheint das noch unvollständige *Milchgebiß.* Zum **Zahnwechsel** werden die relativ kleinen Milchzähne von der Wurzel her abgebaut, während darunter die Z. des bleibenden Gebisses heranwachsen.

Zahnfleisch, an Blut- und Lymphgefäßen bes. reicher, drüsenloser Teil der Mundschleimhaut, der die Knochenränder der Kiefer überzieht und sich eng dem Zahnhals der Zähne anlegt.

Zahnfleischentzündung (Gingivitis, Ulitis, Parodontitis superficialis), akute oder chron., exsudative, nekrotisierende Entzündung des Zahnfleischs, die immer nur im Bereich und in der näheren Umgebung noch vorhandener Zähne auftritt.

Zahnheilkunde (Zahnmedizin, Odontologie, Odontiatrie), die wiss. Lehre vom Bau, von der Funktion und den Krankheiten des Gebisses (Zähne, Zahnhalteapparat, Zahnfleisch und Kiefer).

Zahnkaries [...i-əs] (Karies, Zahnfäule, Zahnfraß), Erkrankung der Zähne, bei der es zur Zerstörung des Zahnhartgewebes kommt. Durch Vergärung kohlenhydrathaltiger Speisereste, die an den Zähnen haften, kommt es zur Ansäuerung des Milieus und dadurch zur Herauslösung anorgan. Salze aus dem Zahnhartgewebe. In das aufgelockerte Hartgewebe können Bakterien einwandern, die das organ. Stützgewebe des Zahnes angreifen. Die Z. beginnt an der Zahnoberfläche, aber auch am freiliegenden Zahnzement des Zahnhalses, greift auf das Zahnbein über und führt zur Infektion, Entzündung und Vernichtung des Zahnmarks. Die Z. beginnt v. a. an Stellen mit Zahnbelag *(Plaque):* das sind Einsenkungen, seitl. Berührungsflächen der Zähne, Schmelz-Zahnfleischrand-Übergang am Zahnhals. Sie erzeugt anfangs undurchsichtige, ›kreidige‹ Flecke am Zahnschmelz, später bewirkt sie eine Aufrauhung der Zahnoberfläche. Nach der Zerstörung der Schmelzwand entstehen braun pigmentierte Höhlen im Zahnbein. In diesem Stadium kommt es bei Reizung durch Kälte, Wärme oder süße Speisen zu ziehenden, jedoch rasch vorübergehenden Schmerzen. Die Behandlung der Z. besteht in der Entfernung des erkrankten Zahngewebes mit anschließender Zahnfüllung.

Zahnkarpfen (Zahnkärpflinge, Cyprinodontoidei), artenreiche, v. a. in Süßgewässern, in Salinen oder warmen Quellen der Tropen und Subtropen verbreitete Unterordnung der Knochenfische, von denen einige Arten in die gemäßigten Regionen vorgedrungen sind; meist kleine Tiere von hecht- bis karpfenähnl. Gestalt, z. T. prächtig gefärbt.

Zahnmedizin, svw. →Zahnheilkunde.

Zahnprothese, herausnehmbarer Zahnersatz, und zwar als *partielle Z.* (Teilprothese), die sich an Resten des natürl. Gebisses abstützt, oder als *totale Z.*, die die gesamte Zahnreihe des Unter- bzw. Oberkiefers ersetzt. Teilprothesen bestehen aus Kunststoff oder Edelmetall, totale Z. bestehen aus Kunststoff.

Zahnrad, Maschinenelement zur Übertragung von Drehbewegungen bzw. Drehmomenten zw. zwei Wellen. Von der Lage der beiden Wellen hängt die Grundform der verwendeten Zahnräder ab. So benutzt man z. B. für parallellaufende Wellen Stirnräder, deren Grundform zylindrisch ist. Am häufigsten werden dabei Räder mit *Geradverzahnung* benutzt. Bei der *Schrägverzahnung* erzeugen die miteinander ›kämmenden‹ Zahnräder in Längsrichtung der Wellen einen Schub; nur bei der *Pfeilverzahnung* hebt sich der axiale Schub auf. Kegelräder werden für Wellen, deren Mittellinien sich schneiden, verwendet, Schrauben- und Schneckenräder bei sich kreuzenden Wellen. Das häufigste Zahnprofil bei Kegelrädern mit *Bogenverzahnung* hat die Form einer Kreisevolvente (sog. *Evolventenverzahnung*).

Zahnradbahn, Schienenfahrzeug mit Antrieb durch Abwälzen eines oder mehrerer angetriebener Zahnräder auf einer in der Gleismitte angeordneten Zahnstange. Z. werden bis zu einer Steigung von 25 % gebaut.

Zahnschnitt, in der *antiken Baukunst* zunächst funktionelles, dann ornamentales Gesimsglied des griech. Tempels ion. Ordnung; in der *Romanik* als **Zahnfries** *(Dt. Band)* in übereinandergestaffelter Reihung rechteckiger Steine verwendet.

Zahnspinner (Notodontidae), mit über 2 000 Arten weltweit verbreitete Fam.; meist mittelgroßer Schmetterlinge (darunter rd. 35 Arten einheimisch; z. B. Gabelschwänze).

Zahnstein, Zahnkaries, Zahnfleischentzündung und Parodontitis begünstigende, grauweiße bis dunkelbraune, harte Ablagerung aus Kalksalzen und organ. Stoffen auf den Zähnen, bes. im Bereich der Speicheldrüsenausführungsgänge.

Zahnturbine (Dentalturbine), nach dem Prinzip der Freistrahlturbine (→Pelton-Turbine) arbeitende, preßluftgetriebene (2 bar), sehr kleine Turbine (Läuferdurchmesser etwa 7 mm) mit 350 000–550 000 Umdrehungen pro Minute zum Antrieb von Zahnbohrern.

Zahnwale (Odontoceti), vielgestaltige Unterordnung der Wale mit rd. 80 Arten von etwa 1–18 m Länge (♂ größer als ♀); überwiegend im Meer, nahezu weltweit verbreitet, einige Arten im Süßwasser (→Flußdelphine); Schädel asymmetrisch; Nasenlöcher zu einer unpaaren Öffnung verschmolzen; Zähne meist stark vermehrt, von gleichartig kegelförmiger Gestalt (u. a. Delphine, Gründelwale, Pottwale).

Zähringer, bed. schwäb. Adelsfamilie des MA, ben. nach ihrer Burg nö. von Freiburg im Breisgau; Städtegründungen; besaßen in der 2. Hälfte des 11. Jh. die Hzgt. Kärnten und Schwaben; 1218 im Mannesstamm ausgestorben; Nebenlinien: u. a. Markgrafen von Baden.

Zährte (Rußnase, Blaunase, Näsling, Halbfisch), meist 20–30 cm langer, schlanker Karpfenfisch; Kör-

per langgestreckt; Färbung grau mit helleren Körperseiten, zur Laichzeit schwarz mit orangefarbener Bauchseite; Schnauze nasenartig verlängert; Speisefisch.

Zaiditen [zai'di:tən] (Saiditen), Anhänger einer schiit.-islam. Sekte, die sich um Zaid Ibn Ali als 5. Imam bildete (daher ›Fünfer-Schia‹), der 740 im Aufstand gegen die Omaijaden fiel; bis heute die stärkste religiöse Gruppe in der Arab. Republik Jemen, die bis 1962 von zaidit. Imamen beherrscht wurde.

Zaire [za'i:r(ə); frz. za'i:r] →Kongo (Fluß).

Zaire

Fläche: 2 345 409 km^2
Einwohner (1990): 34,14 Mio.
Hauptstadt: Kinshasa
Amtssprache: Französisch
Nationalfeiertag: 24. 11.
Währung: 1 Zaire (Z) = 100 Makuta = 10 000 Sengi (s)
Zeitzone: MEZ bis MEZ + 1 Std.

Zaire [za'i:r(ə)] (amtl. Republik Zaire), Staat in Afrika, grenzt im N an die Zentralafrikan. Republik, im NO an Sudan, im O an Uganda, Rwanda, Burundi und Tansania, im SO an Sambia, im S und SW an Angola, im äußersten W an den Atlantik und an Cabinda und im W an die VR Kongo.

Landesnatur: Z. nimmt den größten Teil des Kongobeckens ein sowie Teile seiner Begrenzung im O (Zentralafrikan. Graben mit dem Grenzberg Margherita 5 109 m hoch) und SO (Lundaschwelle). Im W reicht Z. auf die Niederguineaschwelle hinauf. Wichtigste Achse des Landes ist der Kongo. Z. hat trop. Klima mit weitgehend immergrünem Regenwald.

Bevölkerung: Rd. 90 % der Bevölkerung sind Bantu, 10 % Sudanneger, 1 % Niloten, etwa 100 000 Pygmäen. 94 % der E sind Christen, die übrigen meist Anhänger traditioneller Religionen. Es gibt keine allg. Schulpflicht. In Kinshasa, Lubumbashi und Kisangani gibt es jeweils eine Universität.

Wirtschaft, Verkehr: Der größte Teil der Bevölkerung lebt von der Landwirtschaft. Vorherrschend ist Wanderhackbau mit Brandrodung. Angebaut werden Mais, Reis, Hirse, Maniok u. a. Grundnahrungsmittel, exportiert werden Palmöl, Kaffee, Tabak. Bed. Bergbau auf Kupfer, Zink, Silber, Kobalt, Cadmium, Uran und Radium. In großer Menge werden Ind.diamanten gewonnen. Erdöl wird seit 1975 gefördert. Ind.betriebe finden sich v. a. im Bergbaugebiet Shaba sowie in Kinshasa, Kisangani, Bukavu und Kalémie. Das Eisenbahnnetz hat eine Länge von 4 750 km, das Straßennetz von 145 000 km (davon 20 700 km asphaltiert). Bed. Schiffahrt auf Flußabschnitten und Seen. Internat. ✈ bei Kinshasa, Lubumbashi, Kisangani und Bukavu.

Geschichte: 1482 Entdeckung durch Portugiesen. Im 19. Jh. erforschte D. Livingstone die östl. Regionen, den Kongo befuhr erstmals H. M. Stanley; von Gabun her drang Pierre Savorgnan de Brazza (* 1852, † 1905) in das Kongobecken vor. Stanley erwarb 1881–85 für Leopold II. von Belgien weite Teile des Kongobeckens durch Protektoratsverträge; dieser *Unabhängige Kongostaat* wurde dem belg. König auf der internat. Kongokonferenz in Berlin (1884/85) als persönl. Besitz bestätigt; 1908 mußte er an den belg. Staat übertragen. Als die seit 1955 entstandenen polit. Parteien die sofortige Unabhängigkeit ihres Landes forderten, entließ Belgien seine Kolonien überstürzt

Zaire

Staatsflagge

Staatswappen

Stadt 32 %

Land 68 %
Bevölkerungsverteilung

Dienstleistung 12 %
Industrie 13 %
Landwirtschaft 75 %
Erwerbstätige

in eine unvorbereitete Unabhängigkeit: Am 30. 6. 1960 wurde die *Demokrat. Republik Kongo* ausgerufen (bis 1966 auch *Kongo [Léopoldville]*, 1966–71 *Kongo [Kinshasa]* gen.). Joseph Kasawubu (* 1910, † 1969) übernahm das Amt des Staats-Präs., P. E. Lumumba das des Ministerpräsidenten. Es kam zur *Kongokrise;* die Prov. Katanga (= Shaba) machte sich unter Führung des Prov.gouverneurs M. K. Tschombé selbständig. In der Armee übernahm S. S. Mobutu die Führung; er ließ Lumumba im Sept. 1960 verhaften und nach Katanga abschieben; dabei wurde Lumumba auf bis heute nicht geklärte Weise umgebracht. 1962 beendeten die UN gewaltsam den Abfall Katangas und der rebell. Ost-Prov., wobei UN-Generalsekretär D. Hammarskjöld ums Leben kam. 1965 wurden Wahlen abgehalten, die die Sammlungsbewegung Tschombés gewann. Tschombé wurde jedoch von Kasawubu im Okt. 1965 entlassen. Mobutu übernahm mit der Armee die Macht, hob die Verfassung auf und ernannte sich zum Staatspräsidenten. Einzige Partei wurde der Movement Populaire de la Révolution (MPR). Zu Beginn der 1970er Jahre leitete er eine Afrikanisierungspolitik ein (teilweise Verstaatlichung der ausländ. Konzerne). Von Angola aus kam es im März 1977 zu einer nach schweren Kämpfen zurückgeschlagenen Invasion in die Prov. Shaba durch Truppen der Kongoles. Nat. Befreiungsfront, deren Kern die früheren ›Katanga-Gendarmen‹ Tschombés bildeten. Eine erneute Invasion in Shaba im Mai 1978 wurde durch das Eingreifen frz. Fallschirmjäger beendet. Hinhaltende Demokratisierungsversprechen und im Zuge der Entspannung des Ost-West-Verhältnisses wie der Auflösung des Apartheid-Regimes wachsende wirtsch. Probleme nährten ein Unzufriedenheitspotential, das sich in Ausschreitungen und im Sept. 1991 in der Rebellion der Armee Luft verschaffte.

Politisches System: Präsidiale Republik; *Verfassung* von 1978; ergänzt 1988. *Staatsoberhaupt* ist der Präs., er wird auf 7 Jahre gewählt (einmalige Wiederwahl möglich). Die *Exekutive* obliegt dem Exekutivrat bestehend aus Staatskommissaren; *Legislativorgan* ist der Nat. Legislativrat (310 Mgl. auf 5 Jahre gewählt). Bis 1990 waren alle *Parteien* außer der Regierungspartei Mouvement Populaire de la Révolution (MPR) verboten; inzwischen über 100 Parteien. – Karte II/III, Bd. 2, n. S. 320.

Zakat [arab. ›Gerechtigkeit, Almosen‹], Almosenabgabe der Muslime, eine der fünf Grundpflichten im Islam; schon zu Lebzeiten Mohammeds als Steuer eingezogen.

Zakopane [poln. zakɔ'panɛ], poln. Stadt am N-Fuß der Hohen Tatra, 30 000 E. Tatra-Museum; heilklimat. Kurort, Wintersport.

Zama (Zama Regia), antike Stadt (wohl bei Maktar [N-Tunesien]). Hier wurde Hannibal 202 v. Chr. im 2. Pun. Krieg durch Scipio Africanus d. Ä. besiegt.

Zambo ['sambo; span.], männl. Mischling mit negridem und indianidem Elternteil. Der entsprechende weibl. Mischling heißt **Zamba.**

Zamenhof, Ludwik [poln. 'zamɛŋxɔf], * Białystok 15. 12. 1859, † Warschau 14. 4. 1917, poln. Augenarzt; Erfinder des Esperanto.

Zamora [span. θa'mora], span. Prov.-hauptstadt am Duero, 60 500 E. Kunstmuseum, Museum der Karwoche; bed. Kirchen, u. a. Kathedrale (1135–71), Iglesia de la Magdalena (um 1200), Santo Tomé (12. Jh.); bed. Klöster und Profanbauten; Stadttore (11. und 12. Jh.). – 712–748 und 998–1002 unter arab. Herrschaft; kam 1073 an Kastilien und León.

Zampieri, Domenico →Domenichino.

Zande, großes Volk der Sudaniden im nördl. Zaire, in der Zentralafrikan. Republik und im SW der Republik Sudan.

Zander (Hechtbarsch, Schill), meist 40–50 cm langer, schlanker, räuberisch lebender Barsch in Süß- und Brackgewässern M-, N- und O-Europas sowie W-Asiens; Rückenflosse in Vorder- und Hinterflosse aufgeteilt; graugrün mit meist dunklen Querbinden; Speisefisch.

Zandvoort [niederl. 'zantfo:rt], niederl. Nordseebad bei Haarlem, 15 800 E. Grand-Prix-Autorennstrecke.

Zange, Werkzeug zum Greifen, Festhalten, Bewegen und Bearbeiten von Werkstücken u. a.; die Form ist dem jeweiligen Verwendungszweck angepaßt (z. B. seitl. Schneiden zum Durchtrennen dünner Drähte beim *Seitenschneider*). In der *Medizin* und *Zahnmedizin* bei Operationen, in der Diagnostik und im Laboratorium eingesetzte Instrumente mit je nach dem Verwendungszweck spezieller Formgebung.

Zangenstromwandler→elektrische Meßgeräte.

Zanskar (Zaskar), rd. 200 km lange Talschaft im Himalaja, im ind. Unionsstaat Jammu and Kashmir, zw. 3 000 und 4 000 m ü. d. M.; als Bezirk des Distrikts Ladakh hat Z. etwa 7 000 E, Hauptort Padam.

Zanussi, Krzystof [poln. za'nuɕi], *Warschau 17. 6. 1939, poln. Filmregisseur. Internat. bekannter Vertreter des poln. Films, u. a. ›Die Struktur des Kristalls‹ (1969), ›Illumination‹ (1973), ›Spirale‹ (1978), ›Imperativ‹ (1982), ›Paradigma‹ (1985), ›Wo immer du bist‹ (1988); auch Theaterregisseur.

Zapata, Emiliano [span. sa'pata], * Anenecuilco (Morelos) 1879 (?), † in S-Mexiko 10. 4. 1919 (ermordet), mex. Revolutionär. Dank seiner Popularität unter den Bauern wurde er in der mex. Revolution seit 1906 die führende Persönlichkeit der Aufständischen im S (›Zapatistas‹).

Zäpfchen, 1) →Gaumen.
2) Arzneiform, →Suppositorien.

Zapfen, 1) *Anatomie:* (Sehzapfen) →Auge.
2) *Botanik:* →Blütenstand.
3) *Bautechnik:* meist zylinder- oder kegelstumpfförmiges Bauelement, das als Verbindungs-, Befestigungs- oder Gelenkteil dient.

Zapfenstreich, urspr. musikal. Signal, auf das hin in Soldatenlagern die Schankfässer geschlossen wurden; heute allg. Bez. für das Ende der Ausgehzeit. Der *Große Z.* ist eine Zusammenstellung der Z. mehrerer Heeresgattungen, denen ein geistl. Lied und die Nationalhymne angeschlossen wurde; wird bei bes. Gelegenheiten gespielt.

Zapfwelle, vom Motor eines Fahrzeugs angetriebene Welle, die den Antrieb von angehängten oder angebauten Geräten erlaubt.

Zapolska, Gabriela [poln. za'polska], eigtl. Maria Korwin-Piotrowska, Pseud. Józef Maskoff, * Podhajce (= Podgaizy, Ukraine) 30. 3. 1857, † Lemberg 17. 12. 1921, poln. Schriftstellerin. Schauspielerin; schrieb naturalist. Romane (u. a. ›Wovon man nicht spricht‹, 1909) und Dramen (u. a. ›Die Moral der Frau Dulska‹, 1907).

Zapoteken, Indianervolk im mex. Staat Oaxaca. In vorspan. Zeit hatte der Oberpriester (auch oberster Richter) eine größere Macht als der König. An der Spitze des zapotek. Pantheons stand der Regengott. Archäologisch wichtig ist die Tempelstätte →Monte Albán; Blütezeit etwa 500–800.

Zapoteken: Maske eines Gottes; Jade, Höhe 26 cm (Mexiko, Museo Nacional de Antropología)

Frank Zappa

Zappa, Frank [engl. 'zæpə], * Baltimore 21. 12. 1940, amerikan. Rockmusiker (Gitarre). Vertreter des Rock-Underground; gründete 1964 die Gruppe ›The Mothers of Invention‹.

Zar [lat.-slaw.], offizieller Titel des Monarchen in Rußland 1547–1917 und in Bulgarien 1908–46; *Zarewitsch* war bis 1718 der offizielle Titel jedes Zarensohns, *Zesarewitsch* ab 1797 der Titel des russ. Thronfolgers. Die Zarin wurde *Zariza,* die Zarentochter *Zarewna* genannt.

Zaragoza [zara'gɔsa, span. θara'γοθa] (Saragossa), span. Prov.hauptstadt am Ebro, 596 100 E. Univ., Kunstmuseum; bed. Ind.standort.

Bauten: Reste der röm. Stadtmauer (2. Jh. n. Chr.); zwei Kathedralen: fünfschiffige got. Kathedrale La Seo (1119–1520 an der Stelle einer Moschee; 1546–59 verändert), Wallfahrtskirche Nuestra Señora del Pilar (17. und 18. Jh.); roman.-got. Kirche San Pablo (um 1259) mit Turm im Mudejarstil (14. Jh.); Börse (1541–51); aus arab. Zeit stammendes Kastell Aljaferia.

Geschichte: Bei einem iber. Oppidum wurde unter Augustus die röm. Veteranenkolonie **Caesaraugusta** gegründet; wohl um 250 Bischofssitz (1318 Erzbischofssitz); nach der Reconquista ab 1118 Hauptstadt Aragoniens; 1808/09 Verteidigung gegen frz. Truppen.

Zarathustra (Zoroaster), pers. Prophet zw. 1000 und 600 v. Chr., Begründer des Parsismus. Wahrscheinlich wirkte er um 600 v. Chr. in Ostiran. Er verkündete einen Dualismus, der in der Gegnerschaft des bösen Geistes Angra Manju gegen Ahura Masda, den guten Gott, begründet ist und den Menschen zur eth. Entscheidung herausfordert. Innerhalb des Awesta, der hl. Schrift des → Parsismus, gehen wahrscheinlich die als ›Gathas‹ bezeichneten Texte unmittelbar auf Z. zurück.

Zarge, 1) Rahmenkonstruktion aus Holz oder Stahl, z. B. für Türen.
2) *Musikinstrumentenbau:* bei Saiteninstrumenten (z. B. Violine, Gitarre) und Trommeln die Seitenwand des Korpus, die Decke und Boden verbindet.

Zaricyn → Wolgograd.

Zarlino, Gioseffo, * Chioggia bei Venedig wahrscheinlich vor dem 22. 4. 1517, † Venedig 14. 2. 1590, italien. Musiktheoretiker und Komponist. Entwickelte eine systemat. Lehre des Kontrapunkts. Historisch folgenreich wurde seine musiktheoret. Begründung der Dur-Moll-Tonalität.

Zarzuela [sarsu'e:la; span.], singspielartige Gattung des span. Musiktheaters.

Zäsur (Caesura) [lat.], **1)** *Verslehre:* ein durch das Wortende markierter syntakt. oder metr. Einschnitt, meist in längeren Versen oder Perioden. → Vers.
2) [gedankl.] Einschnitt.

Zebras:
Grévyzebra

Zátopek, Emil [tschech. 'za:tɔpɛk], * Kopřivnice (Nordmähr. Gebiet) 19. 9. 1922, tschech. Langstreckenläufer. Stellte zw. 1949 und 1955 18 Weltrekorde auf. Er gilt als der bedeutendste Langstreckenläufer nach P. Nurmi.

Zatta, Antonio, italien. Drucker des 18. Jh.; betrieb die bedeutendste Druckerei Venedigs; druckte u. a. die ›Opere teatrali‹ von Goldoni (44 Bde., 1788–95) mit 400 Stichen.

Zauber, Begriff der Religionswiss. und Volkskunde zur Bez. mag. Handlungen bzw. Mittel, die v. a. den Schutz oder die Beförderung der eigenen Person

und die Abwehr feindl. Macht *(Abwehrzauber)* oder eine Schadensübertragung erreichen sollen. Zu den Z.mitteln zählen Z.stab, Lied, Beschwörung, Z.formel und Z.kreis sowie Blick und Gestus des Zauberers.

Zaubernuß (Hamamelis), Gatt. der Z.gewächse mit 8 Arten, verbreitet vom östl. N-Amerika bis Mexiko und in O-Asien; sommergrüne Sträucher oder kleine Bäume mit gelben, in Büscheln stehenden Blüten, die nach dem Blattfall im Herbst oder im Spätwinter erscheinen; wirtschaftlich wichtig ist v. a. die *Virgin. Zaubernuß,* deren Rindenextrakt Bestandteil von Arzneimitteln und Kosmetikpräparaten ist; z. T. Gartenzierstäucher.

Zaubernußgewächse (Hamamelidaceae), Fam. der Zweikeimblättrigen mit über 100 Arten in 26 Gatt., v. a. in Ostasien.

Zaubersprüche, Beschwörungsformeln oder -verse, die mag. Wirkungen hervorbringen sollen (z. B. ›Merseburger Z.‹). Gehören zu den ältesten Zeugnissen der dt. Literatur.

Zaum (Zaumzeug), zum Lenken und Zügeln von Reit- und Zugtieren an deren Kopf angebrachte Vorrichtung. Beim Pferd unterscheidet man das meist aus Lederriemen gefertigte *Kopfgestell (Halfter)* und die *Trense.* Diese besteht aus einer zweigliedrigen Stahlstange mit Stahlringen an den äußeren Enden *(Trensengebiß)* zum Einschnallen in das Backenstück des Kopfgestells und zur Aufnahme der Zügel.

Zauner, Franz Anton von (seit 1807), * Unterfalpetan (= Kaunerberg bei Landeck) 5. 7. 1746, † Wien 3. 3. 1822, österr. frühklassizist. Bildhauer in der Nachfolge G. R. Donners; u. a. Brunnen im Ehrenhof von Schloß Schönbrunn (1775 ff.), Reiterdenkmal Josephs II. in Wien (1795–1807).

Zaunkönige (Troglodytidae), Fam. etwa 10–20 cm langer Singvögel mit rd. 60 Arten, v. a. in unterholzreichen Wäldern und Dickichten Amerikas (eine Art auch in Eurasien); einheim. ist der *Europ. Zaunkönig,* rd. 10 cm lang; mit kurzem, bei Erregung steil aufgestelltem Schwanz.

Zaunrübe, Gatt. der Kürbisgewächse mit 10 Arten in Europa, im Mittelmeergebiet und in W-Asien; einheimisch sind die *Rotbeerige Z.* (Gichtrübe, Teufelsrübe; mit rankenden 2–3 m langen Sprossen, gelblichgrünen Blüten und scharlachroten Beerenfrüchten; an Wegrändern und Hecken) und die *Schwarzbeerige Z.* (Weiße Z.; bis 3 m hoch, mit grünlichweißen Blüten und schwarzen, giftigen Beerenfrüchten).

z. B., Abk. für **z**um **B**eispiel.
ZBF, Abk. für **Z**ug**b**ahn**f**unk (→ Eisenbahn).
z. d. A., Abk. für **z**u **d**en **A**kten.
ZDF, Abk. für → **Z**weites **D**eutsches **F**ernsehen.
Zebaoth (Sabaoth) [hebr. ›Heerscharen‹], im AT Bez. der göttl. Mächte, meist in Verbindung mit dem Gottesnamen.

Zebrafink, etwa 10 cm langer Singvogel im Grasland Australiens und der Kleinen Sundainseln; beliebter Stubenvogel.

Zebras [afrikan.-portugies., eigtl. ›Wildesel‹] (Tigerpferde), Gruppe wildlebender, auf weißl. bis hellbraunem Grund dunkel bis schwarz quergestreifter Pferde mit vier Arten in Savannen Afrikas südl. der Sahara; meist in großen Herden lebende Unpaarhufer mit aufrechtstehender Nackenmähne. Außer dem ausgerotteten *Quagga* kennt man noch drei weitere (rezente) Arten: 1. *Berg-Z.:* in gebirgigen Gebieten S-Afrikas; kleinwüchsige (1,2–1,3 m schulterhoch); 2. *Grévy-Z.:* in Savannen Äthiopiens und O-Afrikas; 1,4–1,6 m Schulterhöhe; 3. *Steppen-Z.* (Pferdezebra): ebenso groß wie das Bergzebra; Unterart u. a. *Chapman-Z.* (Damarazebra, Wahlbergzebra): S- und SW-Afrika.

Zebraspinne, svw. Harlekinspinne (→ Mauerspinnen).

Zaunkönige:
Europäischer
Zaunkönig

Zaunrübe:
Rotbeerige
Zaunrübe;
OBEN Sproßteil;
UNTEN Wurzel

Zebroide [afrikan.-portugies./griech.], Bez. für Bastarde aus Kreuzungen zw. Zebras und Pferden *(Pferde-Z.),* Eseln *(Esel-Z.)* oder Halbeseln; i. d. R. unfruchtbar.

Zebu [frz.] → Rinder.

Zech, Paul, Pseud. Paul Robert, Timm Borah, * Briesen (= Wąbrzeźno, Woiwodschaft Toruń) 19. 2. 1881, † Buenos Aires 7. 9. 1946, dt. Schriftsteller. Erhielt 1918 (zus. mit L. Frank) den Kleist-Preis. Sein (expressionist.) Werk ist weitgehend in Vergessenheit geraten. 1933 Emigration nach Argentinien. – *Werke:* Das schwarze Revier (Ged., 1913), Der schwarze Baal (Nov., 1917), Golgatha (Ged., 1920), Das trunkene Schiff (Dr., 1924), Kinder von Paraná (R., hg. 1952), Deutschland, dein Tänzer ist der Tod (R., hg. 1980).

Zeche, 1) svw. Bergwerk, Bergwerksanlage.
2) im 15. Jh. entstandene Bez. für Wirtshausrechnung; **zechen,** svw. [in Gesellschaft] trinken.

Zechine (italien. Zecchino), der Goldgulden Venedigs 1284–1802.

Zechstein, obere Abteilung des Perms (→ Geologie, Erdgeschichtliche Zeittafel).

Zecken (Ixodidae), mit zahlr. Arten weltweit verbreitete Gruppe mittelgroßer bis sehr großer Milben; flache, derbhäutige, an Reptilien und Warmblütern blutsaugende Ektoparasiten. Durch den Stich der Z. können auf Mensch und Haustiere (bes. Rinder, Schafe) gefährl. Krankheiten übertragen werden.

Zeckenenzephalitis (Frühjahrs-Sommer-Enzephalitis), durch Zecken übertragene, virusbedingte Gehirnentzündung.

Zedenbal (Cedenbal, Tsedenbal), Jumschagiin, * im Verw.-Geb. Ubsa Nur 17. 9. 1916, † Moskau 24. 4. 1991, mongol. kommunist. Politiker. 1958–84 Erster Sekretär des ZK der Mongol. Revolutionären Volkspartei; 1952–74 Vors. des Min.rats, 1974–84 Staatsoberhaupt der Mongol. Volksrepublik.

Zedent [lat.], Gläubiger, der eine Forderung [an den Zessionar] abtritt (zediert).

Zeder: Libanonzeder

Zeder [griech.-lat.], **1)** Gatt. der Kieferngewächse mit vier Arten in den Gebirgen N-Afrikas und Vorderasiens; hohe, immergrüne Bäume, Nadeln 3–6 Jahre bleibend, Zapfen aufrecht, eiförmig bis zylindrisch; u. a. *Atlas-Z.,* bis 40 m hoch, in den Gebirgen N-Afrikas; *Himalaja-Z.,* bis 50 m hoch, im Himalaja; *Libanon-Z.* (Echte Z.), bis 40 m hoch, im östl. Kleinasien und im Libanon.
2) (Zedernholz) das fein strukturierte, hellrötl. bis graubraune, aromat. duftende Holz von Arten der Gatt. Zeder.

Zedrachbaum [pers./dt.], Gatt. der Zedrachgewächse mit rd. 10 Arten im subtrop. und trop. Asien und in Australien; sommergrüne oder halbimmer-

grüne Bäume oder Sträucher mit in großen, meist achselständigen Rispen stehenden Blüten; Zier- und Straßenbaum.

Zedrachgewächse [pers./dt.] (Meliaceae), Fam. der Zweikeimblättrigen mit rd. 1400 Arten in rd. 50 Gatt., v. a. in den Tropen.

Zedrele [griech.-lat.], Gatt. der Zedrachgewächse mit sieben Arten in den Tropen der Neuen Welt; das z. T. aromatisch riechende Holz wird oft als Zigarrenkistenholz verwendet.

Zeeman, Pieter [niederl. 'ze:man], * Zonnemaire 25. 5. 1865, † Amsterdam 9. 10. 1943, niederl. Physiker. Entdeckte 1896 die Aufspaltung der Spektrallinien von Atomen, die sich in einem Magnetfeld befinden (**Zeeman-Effekt**). Nobelpreis für Physik 1902 zus. mit H. A. Lorentz.

Zeffirelli, Franco, * Florenz 12. 2. 1923, italien. Regisseur. Internat. bekannter Opernregisseur; auch Verfilmung von Verdis Opern ›La Traviata‹ (1982) und ›Otello‹ (1985/86), drehte u. a. auch die Filme ›Bruder Sonne, Schwester Mond‹ (1971), ›Jesus von Nazareth‹ (1978), ›Der Champ‹ (1979).

Zehen, in Fünfzahl vorhandene, bewegl., in kurze Röhrenknochen als Skelettelemente gegliederte Endabschnitte der Gliedmaßen der vierfüßigen Wirbeltiere; beim Menschen und den übrigen Primaten wird von Z. nur im Zusammenhang mit den unteren bzw. hinteren Extremitäten gesprochen.

Zehengänger (Digitigrada), Säugetiere, die im Unterschied zu den Sohlengängern mit der Ventralfläche ihrer Zehen auftreten, z. B. Hunde und Katzen.

Zehnerpotenz, eine Potenz mit der Basis 10, allg. Schreibweise: 10^n; für positive, ganzzahlige Exponenten n läßt sich 10^n als eine 1 mit n Nullen schreiben, z. B. $10^3 = 1\,000$, entsprechend 10^{-n} als Dezimalzahl $0,0\ldots01$, wobei die 1 an n-ter Stelle nach dem Komma steht, z. B. $10^{-3} = 0,001$.

Zehnersystem, svw. → Dezimalsystem.

Zehnfußkrebse (Dekapoden, Decapoda), weltweit verbreitete Ordnung der Höheren Krebse mit rd. 8500, bis etwa 60 cm langen Arten, vorwiegend im Meer; gliedern sich in die vier Unterordnungen Garnelen, Panzerkrebse, Mittelkrebse und Krabben.

Zehnkampf, Disziplin der Leichtathletik; ein Mehrkampf für Männer, der an 2 aufeinanderfolgenden Tagen bestritten wird. 1. Tag: 100-m-Lauf, Weitsprung, Kugelstoßen, Hochsprung, 400-m-Lauf. 2. Tag: 110-m-Hürdenlauf, Diskuswerfen, Stabhochsprung, Speerwerfen, 1500-m-Lauf.

Zehnt (Dezem), etwa seit dem 5. Jh. von der Kirche geforderte Abgabe (urspr. des 10. Teils vom Getreide, Vieh u. a.) an die Bischöfe zum Unterhalt des Klerus; kam ab dem 9. Jh. auch an die Grundherren; etwa seit dem 13. Jh. bis zur Bauernbefreiung auch als Geldleistung.

Zeichen, 1) *allgemein:* jede sinnl. wahrnehmbare Gegebenheit (Gegenstand, Erscheinung, Vorgang, Handlung), die mit einem bestimmten, vereinbarten Bedeutungs- bzw. Informationsinhalt als Signal (z. B. die Verkehrszeichen) oder Symbol (z. B. die astronom. Zeichen) auftritt oder eine andere Gegebenheit (z. B. Phonem, physikal. Größe, mathemat. Variable, techn. Objekt) repräsentiert bzw. diese bezeichnet oder darstellt (z. B. Schrift-Z., Formel-Z., mathemat. Z. oder Schalt-Z.).
2) *Datenverarbeitung:* wird die Gesamtheit der verfügbaren Z. eines Computers als **Zeichenvorrat** bezeichnet. Es besteht aus Buchstaben, Ziffern und Sonderzeichen.

Zeichengeld (Repräsentativgeld), Bez. für alle Geldformen, für die der Materialwert belanglos bleibt, weil der Kredit der zuständigen öffentl. Hand ausreicht, unabhängig davon einen gesetzl. Zwangskurs zu sichern (häufigste Form: Papiergeld).

Pieter Zeeman

Zeichengerät, svw. →Plotter.

Zeichenleser, in der Datenverarbeitung verwendete Geräte, die sichtbare Zeichen (Strichmarkierungen beim sog. *Markierungsleser,* direkt lesbare [genormte] Schriftzeichen beim *Klarschriftleser*) ›erkennen‹ und einer weiteren Verarbeitung zugänglich machen.

Zeichenrolle (nichtamtlich: Warenzeichenrolle), vom Patentamt geführtes Register, in das Warenzeichen, insbes. der Zeitpunkt der Anmeldung sowie Name und Wohnort des Zeicheninhabers eingetragen werden.

Zeichensetzung, svw. →Interpunktion.

Zeichensprache, System der Verständigung mit Zeichen, die nicht Symbole der für die Informationsübermittlung übl. (gesprochenen bzw. geschriebenen) Sprachen sind, z. B. die *Hand-* oder *Fingersprache* (Cheirologie, Daktylologie, Daktylolalie, Daktylophasie) der Taubstummen.

Zeichentrickfilm →Film.

Zeichnung:
Albrecht
Dürer, Porträt
der Mutter des
Künstlers;
Kohle, 1514
(Berlin, Staatliche Museen)

Zeichnung, in Unterscheidung zur Malerei die künstler. Darstellung, die an die Linie gebunden ist. Als Zeichenfläche dient meist (weißes oder farbiges) Papier; Zeichenmittel sind v. a. Bleistifte, Silberstifte, Kohle, verschiedene Kreiden und Pastellstifte; für die Arbeit mit Feder und Pinsel verwendet man verschiedene Tinten und Tuschen, Sepia, Deckweiß und Aquarellfarben; bei der Arbeit mit Pastellstift und Pinsel sind die Grenzen zur Malerei fließend. Auf Z. beruhen druckgraph. Verfahren wie Kupferstich, Radierung, Holzschnitt, Lithographie. Häufig ist die Z. auch eine Planstufe (Skizze, Studie, Entwurfs-Z., Vor-Z., Karton) zu Werken anderer Gattungen (Gemälde, Skulptur, Architektur). In der *Kunstgeschichte* gehen Z. (paläolith. Umrißzeichnungen von Tieren) der flächigen Malerei voraus, so ist z. B. die Vasenmalerei der Z. zuzurechnen. Spätantike und MA kannten die Z. als Buchillustration. Seit der Frührenaissance diente die Z. in Italien, v. a. in Florenz, als Medium des Natur- und Perspektivstudiums (u. a. Aktstudien) wie als wiss. Erkenntnismittel und erhielt als selbständiges Ausdrucksmittel den Rang einer eigenen Kunstgattung (Pisanello, Leonardo, Raffael, Michelangelo). In Deutschland (Dürer) entwickelte sich die Z. in engem Zusammenhang mit der Druckgraphik. Die bildhafte Wirkung der Z. wurde im Barock durch den Gebrauch weicher Stifte und breiter Pinsel noch gesteigert (bes. Rembrandt). Im 18. Jh. erfüllte die Kabinettkunst intimer Kreide- und Pastellbilder (F. Bou-

cher, Maurice Quentin de la Tour [* 1704, † 1788]) die Sammelleidenschaft, bevor mit der Verbreitung von Druck- und Fotoverfahren die Z. als eigenständige Gattung in den Hintergrund trat.

Zeichnungsschein, Urkunde, in der sich der Zeichner (Erwerber) eines neu auszugebenden Wertpapiers zur Übernahme eines bestimmten Nominalbetrages der Emission verpflichtet.

Zeisige [tschech.], zusammenfassende Bez. für mehrere Arten (aus unterschiedl. Gatt.) der Finkenvögel in geschlossenen und offenen Landschaften Eurasiens sowie N- und S-Amerikas; in M-Europa u. a. der Birkenzeisig (→Hänflinge) und der *Erlenzeisig* (Zeisig i. e. S.), 11 cm lang; bewohnt bes. die Nadelwälder N-, M- und O-Europas.

Zeisige:
Erlenzeisig

Zeiss, Carl, * Weimar 11. 9. 1816, † Jena 3. 12. 1888, dt. Mechaniker und Unternehmer. Gründete 1846 in Jena eine feinmechan.-opt. Werkstätte für opt. Präzisionsinstrumente. →Abbe, Ernst, →Carl-Zeiss-Stiftung.

Zeit, 1) *allgemein:* Abfolge eines Geschehens, die im menschl. Bewußtsein als Vergangenheit, Gegenwart und Zukunft am Entstehen und Vergehen der Dinge erfahren wird. Die Gegenwart läßt sich als Grenze zwischen Noch-nicht (Zukunft) und Nicht-mehr (Vergangenheit) bestimmen.

2) *physikal. Betrachtungsweise:* eine nach allen Erfahrungen unbeeinflußbare, jedoch nach der Relativitätstheorie vom Bewegungszustand eines zeitmessenden Beobachters abhängige Größe (Formelzeichen t) zur Charakterisierung des Ablaufs aller Ereignisse. Daneben wird unter Z. auch der *Zeitpunkt* eines Ereignisses sowie die *Zeitspanne (Zeitraum)* zw. zwei Ereignissen verstanden.

3) *Sprachwissenschaft:* svw. →Tempus.

Zeit, Die, dt. polit. Wochenzeitung; gegr. 1946 in Hamburg.

Zeitalter, 1. größerer geschichtl. Zeitabschnitt; 2. →Geologie (Formationstabelle).

Zeitarbeit, durch amtl. oder private Unternehmen vermittelte, zeitlich befristete berufl. Tätigkeit in einem Leiharbeitsverhältnis.

Zeitblom, Bartholomäus [...blo:m], * Nördlingen um 1455, † Ulm um 1520, dt. Maler. Hauptmeister der Ulmer Spätgotik; u. a. Kilchberger Altar (um 1482; Stuttgart, Staatsgalerie).

Zeitdilatation →Relativitätstheorie.

Zeitgeschichte, die der unmittelbaren Gegenwart vorausgehende Epoche (als ›jüngste Phase der Neuzeit‹) und die ihr gewidmete histor. Disziplin. Über die genaue Periodisierung der Z. besteht weder nat. noch internat. Übereinstimmung. So wird in der BR Deutschland der Beginn der Z. weithin mit dem Eintritt der USA in den 1. Weltkrieg und der russ. Revolution 1917 angesetzt, in der ehem. DDR mit dem Ende des 2. Weltkriegs 1945, in Frankreich (›histoire contemporaine‹) mit der Frz. Revolution 1789, in Großbrit. (›contemporary history‹) mit der Parlamentsreform von 1832.

Zeitgleichung, die Differenz zw. wahrer und mittlerer Sonnenzeit; sie variiert zw. den Werten – 14 min 24 s am 12. Februar und + 16 min 21 s am 3. November (die Daten können sich um 1 Tag verschieben).

Zeitlose, Gattung der Liliengewächse mit rd. 60 Arten, verbreitet von Europa bis Z-Asien und in N-Afrika; Knollenpflanzen mit einzelnstehenden, lilafarbenen, oder weißen (nur bei einer Art gelben) Blüten; z. T. Gartenzierpflanzen. Die einzige einheim. Art ist die *Herbstzeitlose* (Wiesensafran), auf feuchten Wiesen und in Auwäldern; enthält das giftige Alkaloid Kolchizin.

Zeitlupe (Zeitdehnung), [Film]aufnahmetechnik, bei der die Aufnahmefrequenz höher ist als die Wie-

Carl Zeiss

dergabefrequenz; bei der Wiedergabe mit normaler Bildfrequenz im Projektor wird der Bewegungsablauf somit verlangsamt.

Zeitmessung, der Vergleich einer Zeitspanne (Dauer eines Vorganges) mit einer Zeiteinheit bzw. die genaue Registrierung von bestimmten Zeitpunkten mit Hilfe von Uhren; i. w. S. auch die Entwicklung von Verfahren, Vorschriften und Geräten (Uhren) zur Messung und Registrierung von Zeitdauern und -punkten sowie zur Festlegung einer Zeiteinheit. Ein unveränderl. Maß der Zeit konnte bis zur Entwicklung von Atomuhren nur durch die Rotationsperiode der Erde bzw. durch die Dauer ihres Umlaufs um die Sonne definiert werden (sog. *astronom. Z.*). Die Sonnenhöchststände an einem Ort definieren die Zeitpunkte ›12 Uhr‹ seiner wahren Ortszeit. Diese *wahre Sonnenzeit* [des Ortes] variiert allerdings wegen der ellipt. Form der Erdbahn und wegen der Schiefe der Ekliptik. Man definiert daher mit Hilfe einer fiktiven Sonne, die sich gleichförmig am Himmelsäquator bewegt, eine *mittlere Sonnenzeit,* die proportional zum Drehwinkel der Erdrotation ist (→ Zeitgleichung). Die mittlere Sonnenzeit des Nullmeridians (mittlere Ortszeit von Greenwich, mittlere Greenwichzeit) dient als Weltzeit (Universal Time, Abk. UT), auf die sich alle Zonenzeiten beziehen, z. B. die *mitteleurop. Zeit* (Abk. MEZ: liegt 1 Stunde vor der Weltzeit). 1967 wurde als Zeiteinheit die sog. *Atomsekunde* eingeführt, deren Darstellung bzw. Reproduzierung mit Cäsiumuhren (→ Atomuhr) erfolgt. Seit 1955 berechnet das *Internat. Büro für die Zeit* (BIH, Abk. für Bureau International de l'Heure) in Paris auf der Grundlage der Anzeigen verschiedener Cäsiumuhren eine ›integrierte Atomzeitskala‹, die seit 1971 als *Internat. Atomzeit[skala]* (TAI, Abk. für Temps atomique international) bezeichnet wird. Das Skalenmaß ist die Atomsekunde. Die Internat. Atomzeit wurde so festgelegt, daß sie mit der Weltzeit (UT) zu Anfang 1958 übereinstimmte. Da die Atomsekunde etwa $3 \cdot 10^{-8}\,\text{s}$ kürzer als die gegenwärtige Sekunde der mittleren Sonnenzeit ist, findet eine wachsende Verschiebung der TAI gegenüber der UT statt. Durch gelegentl. Einfügen einer zusätzl. *Schaltsekunde* wird seit 1972 eine als *Koordinierte Weltzeit* (UTC; Abk. für Universal Time Coordinated) bezeichnete Zeitskala erstellt, die von der UT nie mehr als 0,9 s abweicht. 1975 empfahl die 15. Generalkonferenz für Maß und Gewicht die Verwendung der UTC als Grundlage der bürgerl. Zeit, d. h. den Ersatz von UT durch UTC bei der Bildung der Zonenzeiten. Neue Zeitgesetze (z. B. in der BR Deutschland das Gesetz über die Zeitbestimmung vom 25. 7. 1978) definieren die gesetzl. Zeit auf der Grundlage der UTC.

Zeitmultiplexverfahren [dt./lat./dt.], Verfahren zur gleichzeitigen Übertragung mehrerer pulsmodulierter Signale durch zeitl. Ineinanderschachtelung der zu verschiedenen Nachrichten gehörenden Pulse (Ausnutzung der Pulszwischenräume).

Zeitparadoxon, svw. → Uhrenparadoxon.

Zeitraffer, [Film]aufnahmetechnik, bei der die Aufnahmefrequenz niedriger ist als die Wiedergabefrequenz, somit werden Bewegungsvorgänge bei der Wiedergabe mit größerer Geschwindigkeit dargestellt.

Zeitrechnung, die Einordnung histor. Ereignisse in eine bis zur Gegenwart reichende Zeitskala. Die Wiss. der Z. und z. T. auch die Z. selbst werden *Chronologie* genannt. – Zeitmaßstab ist das Sonnenjahr mit seinen Bruchteilen. Der Anfangspunkt der Zeitskala wird willkürlich auf ein tatsächl. oder angenommenes Ereignis gesetzt, von dem aus die Jahre als → Ära gezählt werden, z. B. in der röm. Geschichte das (fiktive) Gründungsjahr Roms 753 v. Chr. (Zählung *ab urbe condita* [a. u. c.; ›nach Gründung der Stadt‹]), in der islam. Geschichte das Jahr der Hedschra *(d. H.)* 622 n. Chr. und in der abendländ. Geschichte die Geburt Christi (Zählung *vor Christus [v. Chr.]* und *nach Christus [n. Chr.].*). Auch der Jahresanfang ist willkürlich; der aus dem röm. Kalender stammende 1. Jan. setzte sich im Abendland erst im 16. Jh. endgültig durch. Durch die Einteilung des → Jahres mit Hilfe astronom. definierter Zeiteinheiten entsteht der **Kalender.** Da weder das nach den Mondphasen sich ausrichtende *Mondjahr* (354,367 Tage) noch das daneben den Ablauf der Jahreszeiten berücksichtigende *Lunisolarjahr* noch das reine *Sonnenjahr* (365,2564 Tage) eine ganze Zahl von Tagen umfaßt, ist stets die Einfügung von *Schalttagen* notwendig. Der auf dem Lunisolarjahr beruhende *jüd. Kalender* z. B. wechselt zw. Monaten von 29 und 30 Tagen und nimmt in period. Abständen einen 13. Monat *(Schaltmonat)* hinzu (Beginn der Z. 3761 v. Chr.). Der heute übl. Kalender geht auf den von Cäsar eingeführten, auf dem Sonnenjahr basierenden *Julian. Kalender* zurück (Monate mit 30 bzw. 31 Tagen außer Febr. mit 28, an die alle 4 Jahre ein Schalttag angehängt wird. Der 1582 von Papst Gregor XIII. eingeführte *Gregorian. Kalender* glich den inzwischen aufgetretenen 10tägigen Rückstand gegenüber dem Sonnenjahr aus; **Schaltjahre** wurden alle Jahre, deren Endziffern durch 4 teilbar sind, außer den nicht durch 400 teilbaren Jahrhundertdaten (1700, 1800, 1900). Dadurch vergrößerte sich die Datumsdifferenz zw. dem Gregorian. Kalender (**neuer Stil** [n. St.]) und dem in nichtkath. Gebieten z. T. noch lange beibehaltenen Julian. Kalender (**alter Stil** [a. St.]) am 1. 3. 1700 auf 11, am 1. 3. 1800 auf 12 und am 1. 3. 1900 auf 13 Tage. – Von bes. Bedeutung für die christl. Kalenderrechnung war die **Festrechnung,** die auf der Festlegung des Ostertermins (1. Sonntag nach dem 1. Frühlingsvollmond) beruht. Die 35 möglichen Osterdaten (22. 3.–25. 4.) kehren dabei in einem 532jährigen Zyklus wieder (**Osterzyklus**).

Zeitschrift, Publikation, die periodisch (z. B. Wochen-, Monats-, Vierteljahresschrift) in einzelnen Heften (mit mehreren Beiträgen verschiedener Autoren) erscheint; im Unterschied zur Zeitung umfaßt die Z. ein bestimmtes Sach- oder Fachgebiet. In wesentlichen unterscheidet man die *Fachzeitschriften* (mit wiss. Artikeln für ein begrenztes Fachpublikum) von den Z., die ein breiteres Publikum ansprechen, den *allg. Z.* oder den sog. *Publikums-Z.:* dazu gehören neben Frauen-, Mode-, Jugend-, Sport-Z. auch die polit. und wirtschaftl. Z. sowie die Kultur-Z. (Literatur-, Film-, Musik-, Kunst-Z.) und die Illustrierte; eine Sonderstellung nehmen die satir. Z. ein.

Geschichte: Die Geschichte des Zeitschriftenwesens beginnt im 17. Jh. mit den *Gelehrten-Z.* (Frankreich: ›Journal des Savants‹, gegr. 1665; England: ›Philosophical transactions‹, gegr. 1665; Deutschland: ›Acta eruditorum‹, gegr. 1682, u. a. Mitarbeit von Leibniz). Im frühen 18. Jh. verbreiteten sich die →moralischen Wochenschriften, zu denen u. a. auch die ersten *Frauen-Z.* gehörten; im Laufe des 18. Jh. gewannen v. a. die ›literarischen Zeitschriften an Bed.; im 19. Jh. entstanden neben den ersten *Partei-Z.* die *Berufs-Z.* sowie satir. Z. und die Illustrierte. → Zeitung.

Zeittakt, in der Fernmeldetechnik die Sprechdauer für eine Gesprächsgebühreneinheit bei Telefongesprächen. Der Z., der gegenwärtig von der jeweiligen Entfernungszone sowie vom Tageszeit und Wochentag abhängt, wird in zentralen Z.gebereinrichtungen erzeugt.

Zeitung, Publikation, die meist täglich *(Tages-Z.),* mehrmals in der Woche oder einmal wöchentlich *(Wochen-Z.)* erscheint. Die Z. unterrichtet einen breiten Leserkreis in Meldung und Kommentar über aktuelle Ereignisse aus dem gesellschaftl. Leben, aus Politik, Wirtschaft, Kultur o. ä.

Geschichte: Die Geschichte des Zeitungswesens (Vorläufer waren die Flugschriften des 16. Jh.) beginnt im 17. Jh. (erste dt. Z. 1609 in Straßburg und Augsburg; erste engl. Tageszeitung: ›Daily Courant‹, gegr. 1702); in Berlin erschien ab 1617 die traditionsreiche → Vossische Zeitung; im 18. Jh. nahmen neben den → Zeitschriften auch in England (seit 1785 erscheint die → Times), Frankreich und Rußland die Tages-Z. zu. Seit dem 19. Jh. gehört die Z. zu den bedeutendsten → Massenmedien, die auch (etwa in den Lesegesellschaften des späten 18. Jh.) soziale Funktionen wahrnahmen. → Presse.

Zeitungswissenschaft, seit 1917 Universitätsdisziplin, die sich mit Funktion und Bedeutung von Presse und Nachricht befaßt; nach 1945 Publizistik-Wiss. (→ Publizistik).

Zeitwert, Wert eines Gutes zum Zeitpunkt der Wertermittlung.

Zeitwort, svw. → Verb.

Zeitz, Kreisstadt an der Weißen Elster, Sachsen-Anhalt, 41 500 E. Museum, Theater. U. a. Hydrierwerk, Eisengießereien. Spätgot. Schloßkirche (nach 1662 barockisiert) mit otton. Krypta (10. Jh.), roman. Pfarrkirche Sankt Michael (nach 1429 spätgot. umgebaut), spätgot. Altes Rathaus (1502–09), barockes Schloß Moritzburg (1657 ff.). – 968–1028/30 Bistum für die Slawenmission; seit 1210 Stadt.

Zeitzeichen (Zeitsignale), über Funk verbreitete [Ton]signale, die einen bestimmten Zeitpunkt (Uhrzeit) markieren.

Zeitzone, ein Gebiet der Erde, in dem vereinbarungsgemäß die gleiche Uhrzeit *(Zonenzeit)* gilt. 1884 wurde eine Einteilung der Erde in Z. festgelegt, die im wesentlichen bis heute beibehalten wurde: 24 Meridiane, jeweils 15° voneinander entfernt, sind die Mittellinien von 24 Zeitzonen. In der Praxis wurde der Verlauf der Grenzen zw. den einzelnen Zonen v. a. den polit. Grenzen angepaßt (zusätzl. Abweichungen durch Sommer- und Winterzeit).

Zeitzünder → Munition.

zelebrieren [lat.], 1) *allgemein:* etwas feierlich begehen.
2) *kath. Kirche:* die Eucharistie feiern.

Zell am Harmersbach, Stadt im mittleren Schwarzwald, Bad.-Württ., 6 300 E. U. a. Keramikfabrik. Barocke Wallfahrtskirche Maria zu den Ketten (1911 erweitert), frühklassizist. Pfarrkirche (1790–94). – Mitte des 13. Jh. bis 1803 reichsunmittelbar (stets die kleinste Reichsstadt).

Zell am See, Bezirkshauptort im österr. Bundesland Salzburg, am W-Ufer des *Zeller Sees* (4,3 km²), 8 000 E. Umfaßt alle Siedlungen um den See. Spätbarocke Kalvarienbergkirche (1778–80), Schloß Rosenberg (16. Jh.).

Zelle [lat.], 1) *Biologie:* kleinste eigenständig lebensfähige und daher über einen eigenen Energie- und Stoffwechsel verfügende Grundeinheit aller Lebewesen von den Einzellern bis zum Menschen. Man unterscheidet prinzipiell zwei Zelltypen: die Protozyten der Prokaryonten (Bakterien und Blaualgen) und die Euzyten der Eukaryonten (alle übrigen Organismen). Die Größe der *Protozyten* liegt zw. 0,2 μm und 10 μm. Ihr Protoplasma ist von einer Zellmembran begrenzt und von einer Zellwand umgeben. Stets fehlen Zellkern (Nukleus), Mitochondrien, Plastiden, endoplasmat. Retikulum, Golgi-Apparat und Lysosomen, die die Euzyten besitzen. Die DNS liegt in einem besonderen, Nukleoid genannten Bereich der Zelle. – *Euzyten* sind meist größer als Protozyten (8 μm Durchmesser beim menschl. roten Blutkörperchen, über 1 m Länge bei Nerven-Z. mit entsprechend langem Neuriten, mehrere Meter Länge bei pflanzl.

Milchröhren; mittlerer Durchmesser der Euzyten 10–100 μm). Sie sind ebenfalls von einer Zellmembran umgeben und enthalten in ihrem Protoplasma i. d. R. eine große Anzahl von Organellen sowie Strukturelemente. Im einzelnen zeigen sich auch Unterschiede zw. tierischen und pflanzl. Zellen.

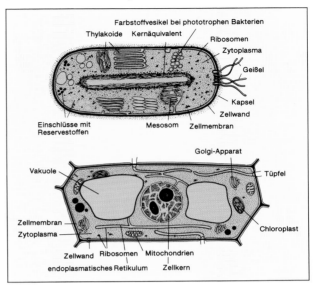

Zelle 1): Schematische Darstellung; OBEN Protozyte (Bakterium); UNTEN Enzyte (junge Pflanzenzelle)

Tierische Zelle: Die Z. der Tiere sind nur von der dünnen Zellmembran begrenzt, die das Protoplasma umschließt. Neben oft im Zellplasma eingeschlossenen Reservestoffen (z. B. Fetttröpfchen) und Fibrillen (in Muskelzellen) liegen im Protoplasma v. a. die verschiedenen Zellorganellen: Der *Zellkern* (Kern; → Nukleus) nimmt meist eine zentrale Lage ein. Befindet sich der Kern nicht in Teilung, so sind die Chromosomen als aufgelockertes Netzwerk erkennbar. Gegen das Zellplasma wird der Kern durch eine Doppelmembran abgegrenzt. Diese *Kernmembran* (Kernhülle) enthält Poren, durch die vermutlich die genet. Information über die Boten-RNS aus dem Kern zu den Ribosomen in der Z. gelangt. Außerdem findet man in jedem Interphasekern wenigstens ein *Kernkörperchen* (Nebenkern, Nukleolus). In enger Beziehung zum Zellkern bzw. zur (doppelten) Kernmembran steht das endoplasmat. Retikulum mit den Ribosomen. Vermutlich eng verknüpft mit dem endoplasmat. Retikulum ist der Golgi-Apparat, ein Membransystem im Zellplasma, das v. a. den Sekretionsleistungen der Zelle dient. Die bestuntersuchten Organellen der Z. sind die → Mitochondrien.

Pflanzliche Zelle: Der augenfälligste Unterschied zur tier. Z. ist das Vorhandensein einer aus 4 Schichten bestehenden Zellwand (statt nur einer Zellmembran), die bei der ausgewachsenen Z. ein starres Gebilde darstellt. Als weitere Besonderheit besitzt die differenzierte Pflanzen-Z. eine große, mit Zellsaft gefüllte Zellvakuole. Im Protoplasma findet man die gleichen Strukturen bzw. Organellen wie in der tier. Z., außerdem noch die Plastiden in Form von Chloro-, Chromo- und Leukoplasten.

2) *Politik:* kleinste Einheit einer polit. Organisation oder Bewegung.

3) *Elektrotechnik:* Bez. für das einzelne Element einer Batterie oder eines Akkumulators.

Carl Friedrich Zelter
(Gemälde von
Karl Begas, d. Ä.)

**Alexander von
Zemlinsky**

Zeller, 1) Carl, * Sankt Peter in der Au bei Steyr 19. 6. 1842, † Baden bei Wien 17. 8. 1898, österr. Operettenkomponist; u. a. ›Der Vogelhändler‹ (1891).
2) Eva, * Eberswalde 25. 1. 1923, dt. Schriftstellerin. Lebte bis 1956 in der DDR, 1956–62 im heutigen Namibia, seitdem in der BR Deutschland. Schreibt Romane (u. a. ›Solange ich denken kann‹, 1981; ›Nein und Amen‹, 1986) und Erzählungen (u. a. ›Heidelberger Novelle‹, 1988); auch Lyrik.

Zellkern → Nukleus.

Zellkolonie (Zellverband, Zönobium), bei zahlr. Bakterien, Blaualgen und einzelligen Algen vorkommender Verband von Einzelzellen, die meist durch Gallerte miteinander verbunden sind und keine Arbeitsteilung aufweisen.

Zellmembran (Plasmamembran; bei Pflanzen auch: Plasmalemma), Bestandteil und äußere Begrenzung der Zellen aller Organismen, aus Phospholipiden und Proteinen aufgebaut. Die Z. ist als äußere Begrenzung der Zelle Vermittler zw. Zelle und Umwelt der Zelle. Sie ist semipermeabel, d. h. durchlässig für Wasser und kleine Moleküle, nicht aber für Ionen, Zucker und große Moleküle, wie u. a. Proteine. Die Z. besitzt jedoch spezielle Transportsysteme für ganz bestimmte Moleküle und Ionen, die die Zelle benötigt oder die aus der Zelle hinausgeschafft werden müssen (Glucosetransport, Na^+–K^+-Transport u. a.). Sie besitzt Rezeptoren für Hormone und andere Signalmoleküle und -systeme, die die Signale in die Zelle hineinleiten, und ihre äußeren Oberflächen Strukturen, die die Zelle als eine ganz bestimmte Zelle ausweisen und ihr entsprechende antigene Eigenschaften geben, die immunologisch von großer Bedeutung sind. Die Z. besitzt ein Membranpotential von rd. 100 mV (innen negativ); durch kurzfristige Veränderungen solcher Membranpotentiale geschieht die Erregungsleitung an den Nervenzellen.

Zellobiose (Cellobiose) [lat.], aus zwei Molekülen Glucose gebildetes, in der Natur nicht frei vorkommendes Disaccharid.

Zellstoff, aus Zellulose bestehendes, v. a. aus Holz, auch aus Stroh, Schilf, Bambus u. a. pflanzl. Materialien gewonnenes, weißes bis gelbbräunl. Produkt. Z. ist der Ausgangsstoff zur Herstellung von Papier, Chemiefasern (Acetatfasern, Viskose) und Zellulosederivaten (Zelluloseäther, Zelluloseester). Beim *Sulfitverfahren* wird das Holz 12 bis 20 Stunden lang bei Drücken von 0,5 bis 0,7 MPa (= 5 bis 7 bar) und Temperaturen von 130 bis 140 °C mit Calciumhydrogensulfit behandelt, wobei Lignin in lösl. Ligninsulfonsäure übergeht; diese sog. Sulfitablauge wird vom zurückbleibenden *Sulfit-Z.* abgetrennt, der zerfasert, gewaschen und evtl. gebleicht in Rollen oder pappeartigen Bögen in den Handel kommt. Die zuckerhaltige Sulfitablauge kann zur Herstellung von Alkohol oder zur Züchtung von Hefen verwendet werden.

Zellteilung (Zytokinese), die Aufteilung einer lebenden Zelle in zwei neue, selbständige Zellen im Zuge einer Zellvermehrung bzw. Fortpflanzung. Man unterscheidet: 1. bei *Prokaryonten* (Bakterien und Blaualgen): Nach Verdoppelung der DNS und Trennung der beiden Tochter-DNS-Anteile wird zw. diesen ein Septum angelegt, das schließlich die Teilung der Zelle in zwei Tochterzellen bewirkt; 2. bei *Eukaryonten:* Die Z. setzt nach oder bereits während der Schlußphase einer Kernteilung ein. Bei der Kernteilung handelt es sich i. d. R. um eine → Mitose. Die meisten *tier. Zellen* teilen sich von einer äquatorialen Ringfurche aus durch eine einfache Durchschnürung. Bei den mit einer Zellwand ausgestatteten *pflanzl. Zellen* entsteht zw. den Tochterkernen senkrecht zur Teilungsebene eine Plasmadifferenzierung, aus der sich die beiden neuen Zellmembranen und dazwischen die Zellplatte als erste Wandanlage bilden.

Zellularpathologie, von R. Virchow begründete Lehre, nach der alle Krankheiten auf Störungen der Körperzellen bzw. ihrer Funktionen zurückzuführen sind.

Zellulartherapie, Injektion körperfremder (tier.) Zellen zum Zwecke der ›Regeneration‹ von Organen und Geweben (→ Frischzellentherapie).

Zellulasen (Cellulasen) [lat.], Zellulose zu Glucose spaltende Carbohydrasen; fehlen den Wirbeltieren.

Zellulitis [lat.] (Cellulitis, Pannikulose), 1. Entzündung des Zellgewebes; 2. im anglo-amerikan. Raum entstandene Bez. für eine durch umschriebene Anreicherung von Fettgeweben entstehende groß- oder kleinfeldrige Reliefbildung im Oberschenkel- und Gesäßbereich bei Frauen.

Zelluloid (Celluloid) [lat./griech.], aus Nitrozellulose hergestellter, ältester thermoplast., leicht brennbarer Kunststoff.

Zellulose (Cellulose) [lat.], Hauptbestandteil der pflanzl. Zellwand; Polysaccharid aus mehreren hundert bis zehntausend 1,4-β-glykosidisch gebundenen Glucoseresten; feste, farb- und geruchlose Substanz, die sich in Wasser und organ. Lösungsmitteln nicht löst; durch Einwirkung von Alkalien quillt Z., durch Säuren wird sie hydrolytisch gespalten; bei Verwendung konzentrierter Säuren und bei höherer Temperatur kann der Abbau bis zur Glucose fortgeführt werden.

Zelluloseacetat (Acetylzellulose), durch Umsetzung von Zellulose mit Essigsäure und Essigsäureanhydrid hergestellte Verbindung; zur Herstellung von Chemiefasern (Acetatfasern), thermoplast. Kunststoffen, Folien und Filmen verwendet.

Zelluloseäther, durch Verätherung der freien Hydroxylgruppen der Zellulose entstehende Zellulosederivate; hochverätherte Z. werden als Lackrohstoffe und thermoplast. Kunststoffe, niedrigverätherte Z. als Farbstoffbindemittel und zur Herstellung von Klebstoffen, Emulgiermitteln und Waschhilfsmitteln verwendet.

Zelluloseester, durch teilweise oder vollständige Veresterung der Hydroxylgruppen der Zellulose entstehende Zellulosederivate (Acetylzellulose, Nitrozellulose); wichtiger Kunststoff.

Zellulosenitrat, svw. → Nitrozellulose.

Zellwand, vom Zytoplasma nach außen abgeschiedene (d. h. außerhalb der → Zellmembran liegende), starre Hülle pflanzl. Zellen. Sie gliedert sich von außen nach innen in 4 Schichten: 1. Die *Mittellamelle* besteht aus Pektinen und bildet sich bei der Zellteilung zw. den Tochterzellen aus. 2. Die *Primärwand,* in deren Grundsubstanz (Pektin und Hemizellulosen) Zellulosefäden (Mikrofibrillen) netzartig eingelagert sind. 3. Auf eine dünne Übergangslamelle folgt die *Sekundärwand.* Diese kann z. B. in Festigungsgeweben durch starke Einlagerung von Zellulose bes. massiv werden, wobei mehrere Schichten mit Paralleltextur entstehen. Die Anordnung der Mikrofibrillen in der Primär- und Sekundärwand wird als *Textur* bezeichnet. 4. Abschließend nach innen folgt die *Tertiärwand,* die wiederum aus Pektin und Hemizellulosen besteht.

Zeloten [griech.], von Judas dem Galiläer begründete radikale, römerfeindl. Gruppierung im palästin. Judentum des 1. Jh. n. Chr., die für mehrere Aufstände [mit]verantwortlich war; übertragen: [Glaubens]eiferer.

Zelt, urspr. Bez. für zerlegbare, transportable Behausung nichtseßhafter Völker; meist aus Tierhäuten, Stoffbahnen, Filzdecken oder auch aus Grasmatten und Rinden, die über ein Holzstangengerüst gelegt werden. Moderne Z. (Camping-Z.) sind leicht auf- und abbaubare Unterkünfte unterschiedl.

Form und Größe aus wasserdichter Leinwand *(Z.tuch),* die durch ein Gerüst meist aus ineinandersteckbaren Metallrohren gestützt wird.

Zelter, Carl Friedrich, * Berlin 11. 12. 1758, † ebd. 15. 5. 1832, dt. Komponist. Gründete u. a. die → Liedertafel (schrieb dafür zahlr. Männerchöre) und das Königl. Institut für Kirchenmusik (1822) in Berlin; auch musikal. Berater Goethes; komponierte u. a. über 200 Lieder (u. a. nach Texten von Goethe).

Zement [lat.-frz.], zur Herstellung von Beton und Mörtel verwendetes, auch unter Wasser erhärtendes (hydraul.) Bindemittel, das durch Brennen von Kalk und Ton bzw. von Mergel mit geeigneter Zusammensetzung und anschließendes Vermahlen erhalten wird. Die wichtigste Zementart ist der *Portland-Z.,* der zw. 3 und 5% Gips oder Anhydrit enthält.

Zemlinsky, Alexander von, * Wien 14. 10. 1871, † Larchmont (N.Y.) 15. 3. 1942, österr. Komponist und Dirigent poln. Abstammung. Nach Tätigkeit in Wien und Berlin Emigration 1938 in die USA; war Lehrer, Freund und später Schwager A. Schönbergs. Komponierte Opern, u. a. ›Kleider machen Leute‹ (1910), 3 Sinfonien, Kammermusik, Chorwerke, zahlr. Lieder.

Zen (urspr. Zen 49), 1949 in München gegr. Vereinigung dt. abstrakter Maler; Anregung durch die jap. Zen-Malerei; bed. Vertreter u. a. W. Baumeister, F. Winter, Gerhard Fietz (* 1910).

Zen-Buddhismus [zɛn], Strömung des Buddhismus, die aus dem Buddhismus in China etwa um 500 n. Chr. entstanden; seit dem 13. Jh. v. a. für die japan. Geistesleben entscheidend; im Mittelpunkt des Z.-B. *(Zen)* steht die ›sitzende Versenkung‹ *(Zazen),* sie soll zur ›Erleuchtung‹ *(Satori)* führen; der plötzl. Erkenntnis des Seins. Der Z.-B. beeinflußt nachhaltig die jap. Kunst, die Gestaltung der Gärten und die Teezeremonie. – In den letzten Jahrzehnten des 20. Jh. auch von Einfluß in Europa.

Zender, Hans, * Wiesbaden 22. 11. 1936, dt. Dirigent und Komponist. Setzt sich als Dirigent bes. für neue Musik ein, u. a. seit 1986 Leiter der Oper in Brüssel; als Komponist experimentiert er mit Form, Zeit, Wort und Klang, u. a. Oper ›Stephen Climax‹ (1986, nach ›Ulysses‹ von J. Joyce).

Zener-Diode (Z-Diode) [nach dem amerikan. Physiker C. M. Zener, * 1905], eine Halbleiterdiode, die in Sperrichtung bei Überschreiten einer bestimmten Spannung einen auf dem Zener-Effekt beruhenden sehr starken Stromanstieg (sog. *Zener-Durchbruch*) zeigt; v. a. zur Konstanthaltung von Gleichspannungen *(Referenzdiode)* verwendet.

Zenit [arab.-lat.] (Scheitelpunkt), der senkrecht über dem Beobachtungsort liegende Punkt des Himmelsgewölbes; der Gegenpunkt wird **Nadir** genannt.

Zenitdistanz, der Winkelabstand eines Gestirns vom Zenit, gemessen in Grad.

Zenobia (Septimia Z.), Herrscherin von Palmyra (267–272) und röm. Gegenkaiserin (270/271–272). Erweiterte ihr Herrschaftsgebiet um Arabien, Ägypten sowie große Teile Kleinasiens. 272 wurde sie durch Kaiser Aurelian besiegt und in dessen Triumphzug mitgeführt.

Zenon von Elea (Z. der Ältere, Z. der Eleat), * um 490, † um 430, griech. Philosoph. Vertreter der → eleatischen Philosophie.

Zenon von Kition (Z. der Jüngere), * Kition (Zypern) um 335, † Athen 263, griech. Philosoph. Begründete um 300 in Athen die Stoa.

Zensor (lat. censor), Beamter im republikan. Rom, der wohl seit dem 5. Jh. v. Chr. (443?) für die Vermögensschätzung, die sittl. Überwachung der Bürger, Verpachtung öffentl. Einkünfte und öffentl. Eigentums, Vergabe öffentl. Arbeiten zuständig war. Jeweils zwei Z. wurden für maximal 18 Monate gewählt.

Zensur [lat.], 1) *Pädagogik:* → Note.

2) *Publizistik, Recht:* die Überwachung von Meinungsäußerungen durch eine in einem polit. Machtbereich herrschende Gruppe (v. a. in autoritären Staaten) zur Verhinderung nichtkonformer oder unkontrollierter Meinungsbildung in der Bevölkerung; v. a. in Literatur, Kunst und Massenmedien.

Zensus (lat. census), 1) im antiken Rom die alle 5 Jahre durchgeführte Eintragung der Vermögensverhältnisse zur Steuererhebung und Einreihung in die Zenturien.

2) im MA und bis in die Neuzeit Abgabe, Pachtzins, Steuerleistung.

3) svw. Volkszählung.

Zensuswahlrecht, Wahlrecht, das an den Nachweis eines bestimmten Besitzes, Einkommens oder einer Steuerleistung (Zensus) gebunden ist (z. B. in Preußen in Form des Dreiklassenwahlrechts).

Zentauren, svw. → Kentauren.

Zenti..., Centi... [lat.] → Vorsatzzeichen.

Zentiliter, Einheitenzeichen *cl,* der 100. Teil eines Liters: 1 *cl* = 0,01 *l.*

Zentimeter, Einheitenzeichen cm, der 100. Teil eines Meters: 1 cm = 0,01 m.

Zentner [lat.], Einheitenzeichen Ztr., gesetzl. nicht mehr zulässige Masseneinheit; 1 Ztr. = 50 kg, in Österreich 1 Ztr. = 100 kg (sog. *Meter-Z.,* in Deutschland als *Doppel-Z.* bezeichnet).

zentr..., Zentr..., centr..., Centr... [griech.-lat.], Bestimmungswort von Zusammensetzungen mit der Bedeutung ›im Zentrum liegend, vom Zentrum ausgehend‹.

Zentralafrikanische Republik

Fläche: 622 436 km²
Einwohner (1988): 2,9 Mio.
Hauptstadt: Bangui
Verwaltungsgliederung: 16 Präfekturen, Hauptstadtgebiet
Amtssprache: Französisch
Nationalfeiertag: 13. 8.
Währung: CFA-Franc (FC. F. A.)
Zeitzone: MEZ

Zentralafrikanische Republik, Staat in Afrika, grenzt im NW an Tschad, im NO an Sudan, im S an Zaire und Kongo, im W an Kamerun.

Landesnatur: Die Z. R. liegt auf der Asandeschwelle, die das Kongobecken vom Tschadbecken trennt. Das Land ist weitgehend ein Hügelland in 500–1000 m Meereshöhe. Es wird im NO vom Bongomassiv (bis 1368 m) und im NW von Ausläufern des Adamaua (bis 1420 m) überragt. Die Z. R. hat wechselfeuchtes trop. Klima. Im SW findet sich trop. Regenwald, im NO Trocken-, ansonsten Feuchtsavanne.

Bevölkerung: Sie gehört weitgehend zu den Sudaniden (Banda, Baja, Mandija, Zande). 57% sind Anhänger von traditionellen Religionen, 35% Christen. Es besteht allg. Schulpflicht von 6–14 Jahren. In Bangui gibt es eine Universität.

Wirtschaft, Verkehr: In der Landwirtschaft sind 80% der Bevölkerung tätig. Wichtigste Anbauprodukte sind Maniok, Hirse, Bataten, Mais und Reis; exportorientierter Anbau von Kaffee und Baumwolle. Exportiert werden Hölzer wie Sapelli, Sipo, Limba. Bed. Diamantengewinnung; Uranerz ist nachgewiesen. Ind.betriebe (v. a. Textilien und Konsumgüter) konzentrieren sich auf die Hauptstadt. Von den 20 300 km Straßen sind nur 5 000 km ganzjährig befahrbar. Wichtigster Hafen und internat. ✈ ist Bangui.

Zentralafrikanische Republik

Staatsflagge

Staatswappen

Geschichte: Im Wettbewerb mit Deutschland und dem Unabhängigen Kongostaat Leopolds II. von Belgien erwarb Frankreich Ende des 19. Jh. die Kolonie Oubangui-Chari (Ubangi-Schari), die 1910 Bestandteil des Generalgouvernements Frz.-Äquatorialafrika, 1946 Überseeterritorium innerhalb der Frz. Union wurde und sich 1958 zur autonomen Z. R. innerhalb der Frz. Gemeinschaft erklärte. Am 13. 8. 1960 wurde die Z. R. unabhängig. Sie blieb in der Frz. Gemeinschaft eng mit Frankreich zusammen. Die 1962 zur Einheitspartei erhobene Bewegung der Sozialen Entwicklung Schwarzafrikas (MESAN) wurde entmachtet durch den Staatsstreich des Generalstabschefs J. B. Bokassa vom Jahreswechsel 1965/66. Bokassa wurde 1972 Staats-Präs. auf Lebenszeit, ließ im Dez. 1976 das *Zentralafrikan. Kaiserreich* ausrufen und sich als Bokassa I. zum Kaiser proklamieren (Krönung Dez. 1977). Bokassas Schreckensregiment endete im Sept. 1979 mit seinem Sturz durch den ehem. Präs. David Dacko (* 1930) (mit frz. Unterstützung), der erneut die Z. R. proklamierte und das Präs.amt übernahm (im März 1981 durch Wahl bestätigt). Am 1. 9. 1981 brachte ein Militärputsch General A. Kolingba an der Spitze eines Militärkomitees des Nat. Wiederaufbaus an die Macht. 1986 nahm in einer Volksabstimmung die neue Verfassung angenommen, die den Rassemblement démocratique centrafricaine (RDC) zur einzigen Partei erklärte und dem Präs. weitgehende Vollmachten einräumte; Kolingba wurde für 6 weitere Jahre als Präs. bestätigt. Bokassa wurde nach seiner Rückkehr 1986 zum Tode verurteilt und 1988 zu lebenslängl. Zwangsarbeit begnadigt.
Politisches System: Präsidiale Republik; *Verfassung* von 1986. *Staatsoberhaupt* ist der Präs., der in direkter Wahl mit absoluter Stimmenmehrheit auf 6 Jahre gewählt wird. *Exekutive* und *Legislative* gingen bis 1985 vom Comité Militaire de Redressement National (MRN) aus; seither ziviles Kabinett. Die Nationalversammlung wird auf 5 Jahre gewählt. Seit April 1991 besteht das Amt eines Premierministers. *Einheitspartei* ist der Rassemblement démocratique centrafricaine (RDC, Zentralafrikan. Demokrat. Sammlungspartei); die Einführung eines Mehrparteiensystems ist angekündigt. – Karte II, Bd. 2, n. S. 320.
Zentralafrikanischer Graben → Ostafrikanisches Grabensystem.
Zentralamerika, Bez. für den festländ. Teil von Mittelamerika.
Zentralasien, die inneren Hochgebiete Asiens, umrahmt von Himalaja, Karakorum, Pamir, Tienschan, Westl. und Östl. Sajan sowie vom Großen Chingan.
Zentralbank, im allg. Bez. für eine Notenbank, die gleichzeitig Träger der Währungspolitik des betreffenden Landes ist.
Zentralbankrat, Organ der → Deutschen Bundesbank.
Zentralbau, ein Bau, bei dem im Unterschied zum Longitudinalbau alle Teile auf einen Mittelpunkt bezogen sind: um den aus einem Kreis, Vieleck (meist Achteck) oder einer Ellipse entwickelten Grundriß gruppieren sich in symmetr. Anordnung Teilräume, wobei die Geschlossenheit der Architektur meist durch eine Kuppel betont wird. Vorbildcharakter (u. a. für den Felsendom in Jerusalem) entwickelte das antike Pantheon in Rom. Im christl. Sakralbau setzte sich der Z. v. a. in der byzant. Kunst durch (Kreuzkuppelkirche, z. B. Hagia Sophia in Istanbul). Im Westen fand der Z. zunächst meist für Kirchen mit bes. Bestimmung Verwendung: Palastkirchen (z. B. San Vitale in Ravenna, Aachener Dom), Grabkapellen und Baptisterien. Für die Baumeister der Renaissance wurde der reine Z. die ideale Bauform schlechthin

(u. a. Entwurf Bramantes für die Peterskirche; A. Palladio, Villa Capra, Vicenza).
Zentralbewegung, Bewegung eines Körpers unter dem Einfluß einer stets auf den gleichen Raumpunkt *(Zentrum)* gerichteten Kraft *(Zentralkraft).* Beispiele sind die gleichförmige Kreisbewegung und die Bewegung der Planeten um die Sonne (→ Keplersche Gesetze).
Zentraleinheit → Datenverarbeitung.
Zentralismus, in Staaten (→ Einheitsstaat) und gesellschaftl. Konzentration aller Kompetenzen bei einer zentralen obersten Instanz.
Zentralkomitee, Abk. ZK, die Führungsspitze kommunist. Parteien. Das Z. leitet zw. den Parteitagen die Partei, ist vielfach Akklamationsorgan von Politbüro und Sekretariat. Es besteht aus einer nicht festgelegten Zahl von Mgl. und ›Kandidaten‹.
Zentralkomitee der deutschen Katholiken, 1952 von der Fuldaer Bischofskonferenz gegr. Zusammenschluß der Laienkräfte und -arbeit des dt. Katholizismus zu Meinungsbildung und Aktionseinheit.
Zentralmassiv (Zentralmassiv; frz. Massif Central), Gebirgsmassiv in Frankreich, westlich der unteren Saône und der Rhone, im Puy de Sancy 1886 m hoch.
Zentralnervensystem (zentrales Nervensystem), Abk. ZNS, durch Anhäufung von Ganglienzellen entstehende, übergeordnete Teile des → Nervensystems, die einerseits ein → Gehirn, andererseits ein → Rückenmark (bei den Wirbeltieren einschließl. Mensch) bzw. ein → Bauchmark (bei Ringelwürmern und Gliedertieren) bilden.
Zentralperspektive → Perspektive.
Zentralprojektion → Projektion.
Zentralrat der Juden in Deutschland, 1950 gegr. Spitzenorganisation der jüd. Gemeinden und ihrer Landesverbände in der BR Deutschland; Körperschaft des öffentl. Rechts; Sitz Düsseldorf. Aufgaben u. a. Mitwirkung bei der Gesetzgebung zur Wiedergutmachung, Förderung des kulturellen und religiösen Lebens der dt. Juden.

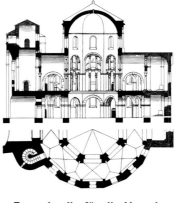

Zentralbau: Aachener Dom, Schnitt (Ost – West) und halbierter Grundriß

Zentralstelle für die Vergabe von Studienplätzen, Abk. ZVS, in Dortmund 1973 errichtete Behörde zur Vergabe von Studienplätzen an staatl. und staatl. anerkannten Hochschulen in zulassungsbeschränkten Studiengängen.
Zentralstern, ein sehr heißer Stern im Mittelpunkt eines planetarischen Nebels.
Zentralverwaltungswirtschaft → Planwirtschaft.
Zentralwert (Median), in der Statistik ein Mittelwert der Lage; stellt den mittleren der nach der Größe geordneten einzelnen Reihenwerte dar.

Zentrifugalkraft [griech.-lat./lat./dt.] (Fliehkraft, Schwungkraft), bei krummliniger Bewegung eines Körpers (v. a. bei einer Drehbewegung) auftretende Trägheitskraft, die die Richtungsänderung infolge einer real einwirkenden Kraft zu verhindern sucht; die Z. ist dem Betrage nach gleich dieser einwirkenden **Zentripetalkraft**, aber ihr genau entgegengesetzt.

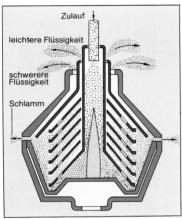

Zulauf

leichtere Flüssigkeit

schwerere Flüssigkeit

Schlamm

Zentrifuge: Schematische Darstellung einer Tellerzentrifuge

Zentrifuge [griech.-lat.] (Schleuder, Trennschleuder), Gerät zur Trennung *(Zentrifugieren, Schleudern)* von Gemischen (z. B. der Art fest-flüssig, flüssig-flüssig, gasförmig-gasförmig), das die bei Rotation auftretende Zentrifugalkraft ausnutzt. Bei der *Flaschen-* oder *Becher-Z.* (für kleine Mengen) wird das Trenngut in mehrere reagenzgläsähnl. Flaschen oder Becher gefüllt. Sehr schnellaufende Becher-Z. werden als *Ultra-Z.* bezeichnet (übl. Drehzahlen 60 000 bzw. 100 000 U/min). – Die *Teller-Z.* besitzen mehrere konische Schleuderbleche, die in rasche Umdrehungen versetzt werden (3 000 bis über 10 000 U/min); die *Sieb[trommel]-Z.* zum Trennen fester und flüssiger Stoffe besitzt eine rotierende, siebähnlich gelochte Trommel, durch deren Löcher die Flüssigkeit herausgeschleudert wird (z. B. Wäscheschleuder).

Zentripetalkraft [griech.-lat./dt.] →Zentrifugalkraft.

zentrische Streckung, eine Abbildung der Ebene auf sich, bei der das Zentrum Z der z. S. in sich übergeht und jeder von Z verschiedene Punkt P so auf einen Punkt P' der Geraden $\overline{ZP}$ abgebildet wird, daß $\overline{ZP'} = \lambda \overline{ZP}$ gilt; λ ist der *Ähnlichkeits-* oder *Abbildungsfaktor.*

Zentriwinkel [griech.-lat./dt.], svw. →Mittelpunktswinkel.

Zentrum, 1. allg. seit der Mitte des 19. Jh. Bez. für die Abg. und polit. Kräfte, die im Parlament die Plätze zw. der Rechten und der Linken einnehmen und eine mittlere polit. Linie verfechten; 2. die durch Zusammenschluß kath. Abg. im preuß. Landtag und im Reichstag 1870/71 entstandene **Deutsche Zentrumspartei.** Unter der Führung von L. Windthorst überstand das Z. den von Bismarck angestrengten →Kulturkampf; in dessen Verlauf entwickelte es sich zum Kern der Opposition der kath. Minderheit gegen die kleindt.-preuß. Staatsstruktur, erlangte aber nach 1890 eine parlamentar. Schlüsselstellung. Im 1. Weltkrieg verfocht es zunächst den Siegfrieden, unter dem Einfluß M. Erzbergers ab 1917 einen Verständigungsfrieden; 1918 Abspaltung der Bayer. Volkspartei. Das Z. lehnte die Novemberrevolution ab, schloß sich aber der Weimarer Koalition an. Bis 1932 in allen

Reichsregierungen vertreten, stellte es die Reichskanzler K. Fehrenbach, J. Wirth, W. Marx und H. Brüning. Nach der Machtergreifung Hitlers stimmten die Z.-Abg. dem Ermächtigungsgesetz zu; Juli 1933 zwangsweise Selbstauflösung. Die Neugründung eines linksorientierten Z. 1945 hatte nur regionale Erfolge (v. a. in NRW).

Zenturie (Centurie) [...i-ə; lat.], Einheit der röm. Armee von 60 (urspr. 100) Mann unter einem **Zenturio**; 60 Z. machten eine →Legion aus. Die Z. waren Grundlage der Zenturiatkomitien bei der Wahl der Beamten mit Imperium und der Entscheidung über Krieg und Frieden.

Zeolithe [griech.], Gruppe feldspatähnl., meist farbloser, weißer oder schwach gefärbter, säulignadeliger bis tafeliger Minerale, die zu den Tektosilicaten gehören. Chem. allg.

$$(Me_2^I, Me^{II}) O \cdot Al_2O_3 \cdot nSiO_2 \cdot mH_2O$$

(Me' Alkali-, Me'' Erdalkaliionen); Mohshärte 3–5; Dichte 2,08–2,7 g/cm³. Ihre Alkali- und Erdalkaliionen lassen sich bis zu einem gewissen Grad gegen andere Kationen austauschen (→Ionenaustauscher).

zephalo..., Zephalo... (zephal..., Zephal..., cephal[o]..., Cephal[o]..., kephal[o]..., Kephal[o]...) [griech.], Bestimmungswort von Zusammensetzungen mit der Bedeutung ›Kopf, Spitze‹.

Zephanja (Sophonias), der neunte der zwölf sog. Kleinen Propheten des AT; predigte vor 622 v. Chr. unter König Josia von Juda.

Zephir (Zephyr) [griech.-lat.], dichterisch für: milder [Süd]westwind.

Zeppelin, Ferdinand Graf von ['tsɛpəli:n], * Konstanz 8. 7. 1838, † Berlin 8. 3. 1917, dt. Luftschiffkonstrukteur. Württemberg. Offizier; widmete sich nach 1891 dem Luftschiffbau und konstruierte das erste (nach ihm ben.) lenkbare Starrluftschiff LZ 1 (Start 1900), dem über 100 weitere *Zeppeline* folgten. 1909 gründete Z. die Luftschiffbau Z. GmbH, Friedrichshafen. Seine Mitarbeiter (u. a. Ludwig Dürr [* 1878, † 1956], H. Eckener) führten sein Werk nach seinem Tode fort.

Zepter (veraltet Szepter) [griech.], Herrscherstab; im MA zunächst Symbol kaiserl. bzw. königl., später auch fürstl. Gewalt (insbes. Gerichtsgewalt).

Zepterlehen →Lehnswesen.

Zerberus (Cerberus, Kerberos), in der griech. Mythologie der dreiköpfige Wachhund an den Pforten der Unterwelt.

Zerbst, Kreisstadt an der Nuthe, Sachsen-Anhalt, 18 700 E. Ehem. Klosterkirche (um 1252, heute Heimatmuseum), frühbarockes Schloß (17. Jh.), Roland (1445). – 1603–1793 bestand ein eigenes Ft. Anhalt-Zerbst.

zerebral [lat.], das Gehirn betreffend.

Zeremoniell [lat.-frz.], Förmlichkeiten, die bei feierl. Anlässen im staatl. (geregelt im Protokoll) und religiösen Bereich Anwendung finden.

Zerfallsreihe, durch aufeinanderfolgenden Kernzerfall (α- und β-Zerfall) auseinander hervorgehende radioaktive Stoffe bzw. Atomkerne. Natürl. Z. sind die *Thoriumreihe,* die *Uranreihe* (Uran-Radium-Reihe) und die *Actiniumreihe* (Uran-Actinium-Reihe); eine künstlich erzeugte Z. ist die *Neptuniumreihe.*

Zerkarie (Cercaria) [...i-ə; griech.], Entwicklungsstadium (Generation) bei Saugwürmern der Ordnung Digenea; unterscheidet sich v. a. durch einen Ruderschwanz und die unvollkommen entwickelten Geschlechtsorgane von den erwachsenen Tieren.

Zermatt, Gem. im schweizer. Kt. Wallis, am N-Fuß des Matterhorns, 3 700 E. Zahlr. Skilifte.

Zermatten, Maurice [frz. zɛrma'tɛn], * Saint-Martin (Wallis) 22. 10. 1910, schweizer. Schriftsteller. Schreibt in frz. Sprache meist im bäuerl. Milieu ange-

Ferdinand Graf von Zeppelin

Frits Zernike

Clara Zetkin

siedelte psycholog. Romane (›... denn sie wissen nicht, was sie tun‹, 1958).

Zernike, Frits, eigtl. Frederik Z., * Amsterdam 16. 7. 1888, † Naarden 10. 3. 1966, niederl. Physiker. Bedeutende Arbeiten zur Wellenoptik. Entwicklung des Phasenkontrastmikroskops, wofür er 1953 den Nobelpreis für Physik erhielt.

Zero ['ze:ro; arab.-frz. ›null‹], 1957–67 bestehende Künstlervereinigung in Düsseldorf (Heinz Mack [* 1931], Otto Piene [* 1928], 1960 G. Uecker); zielten auf Licht und Bewegung ab.

Zerodur ⓦ →Glaskeramik.

Żeromski, Stefan [poln. ʒɛˈrɔmski], Pseud. Maurycy Zych, * Strawczyn bei Kielce 1. 11. 1864, † Warschau 20. 11. 1925, poln. Schriftsteller. Bes. bekannt sind seine Romane ›Die Heimatlosen‹ (1900), ›In Schutt und Asche‹ (1904) und ›Vorfrühling‹ (1924).

Zerrung, in der Medizin meist akute (ruckartige) Überdehnung von Elementen des Bewegungsapparats mit umschriebenen, von Schmerzen begleiteten Feinbauschäden.

Zersetzung, die (unerwünschte) Veränderung von Struktur und chem. Zusammensetzung eines Stoffs durch Wärme, elektr. Strom (→Elektrolyse), Chemikalien oder Einwirkung von Mikroorganismen.

Zerstäuber, Vorrichtung zum Zerstäuben von Flüssigkeiten (Zerteilung in feinste Tröpfchen, Herstellung eines Aerosols); Anwendung u. a. beim Vergaser, bei Spritzpistolen, beim Parfüm-Z. und beim Atomiseur. Z. arbeiten im Ggs. zum Spray ohne Treibgase.

Zerstörer, mittelgroßes, vielseitig einsetzbares, schnelles und wendiges Kampfschiff (Länge 120–170 m, 30–35 kn, 3 000 bis 8 000 ts), meist mit Mischbewaffnung aus Artillerie (bis 15 cm Kaliber), Torpedos (bis 10 Rohre) und Flugkörperstartern sowie modernsten Ortungs- und Feuerleitgeräten. Aufgaben: Geleitschutz, Flugabwehr und U-Jagd.

Zerstrahlung (Dematerialisation), die beim Zusammentreffen eines Elementarteilchens mit seinem Antiteilchen erfolgende vollständige Umsetzung ihrer Massen in elektromagnet. Strahlungsenergie.

Zertifikat [lat.], allg. svw. Bestätigung, in der *Erwachsenenbildung* Bescheinigung eines erfolgreichen Abschlusses von Weiterbildungskursen der Volkshochschulen oder von Fernunterrichtskursen.

Zerussit [lat.] (Cerussit, Weißbleierz), Mineral, durchsichtig bis durchscheinend, farblos oder weiß, grau, gelb, braun, auch schwarz, mit fettigem Glanz; chem. PbCO₃. Mohshärte 3–3,5; Dichte 6,4–6,6 g/cm³; wichtiges Bleierz.

zervikal [lat.], 1) den Nacken, Hals betreffend. 2) den Gebärmutterhals betreffend.

Zervikalsyndrom (Halswirbelsäulensyndrom), durch Bandscheibenvorfall im Bereich der Halswirbelsäule bzw. Teilverrenkung des Atlantookzipitalgelenks bedingtes akutes oder mit chron. Erkrankungen der Halswirbelsäule einhergehendes chron. Syndrom; u. a. mit Nacken- und Kopfschmerz, Parästhesien, Muskelschwäche und Lähmungserscheinungen.

Zesen, Philipp von (seit 1653), latin. Caesius, Pseud. Ritterhold der Blaue, * Priorau bei Bitterfeld 8. 10. 1619, † Hamburg 13. 11. 1689, dt. Dichter. Mgl. der ›Fruchtbringenden Gesellschaft‹. Bed. Lyriker (u. a. ›Dichter. Rosen- und Liljenthal‹, 1670) und Erzähler (u. a. ›Adriat. Rosemund‹, 1645) des Barock; schrieb auch eine Poetik (›Hochdt. Helikon‹, 1640).

Zession [lat.], svw. →Abtretung.

Zessionar [lat.], der (neue) Gläubiger, an den ein (alter) Gläubiger (Zedent) eine Forderung abgetreten hat.

Zeta [griech.], 7. Buchstabe des urspr., 6. des klass. griech. Alphabets mit dem Lautwert [zd] (später [dz] und [z]): Z, ζ.

Zetkin, Clara, geb. Eißner, * Wiederau bei Rochlitz 5. 7. 1857, † Archangelskoje 20. 6. 1933, dt. Politikerin. Zunächst Sozialdemokratin; baute die sozialist. Frauenbewegung auf; 1882–90 im Exil; 1891–1917 Hg. der Zeitschrift ›Die Gleichheit‹; Mitbegründerin der Spartakusgruppe und der USPD; 1917–29 Mgl. des ZK der KPD; 1932 Alters-Präs. des Reichstags.

Zeuge, Person, die einen tatsächl. Vorgang persönlich wahrgenommen hat und hierüber Auskunft geben kann. Bes. Bedeutung hat der Z. als Beweismittel in gerichtl. Verfahren. Der *Zeugenbeweis* ist in allen Verfahrensordnungen vorgesehen. Einer gerichtl. Ladung haben Z. grundsätzlich Folge zu leisten, zwangsweise Vorführung ist möglich. Der Z. ist verpflichtet, vollständig und wahrheitsgemäß auszusagen (hierüber ist er vor der Vernehmung zu belehren), andernfalls kann er u. a. wegen Meineids, fahrlässigen Falscheids oder uneidl. Falschaussage bestraft werden. Die Aussagepflicht des Z. wird durch →Zeugnisverweigerungsrecht und Auskunftsverweigerungsrechte begrenzt. Der Z. hat einen gesetzl. Anspruch auf Entschädigung für Verdienstausfall und Aufwendungen. – Im übrigen werden Z. herangezogen bei der Eheschließung und unter bes. Umständen bei der Errichtung eines Testaments.

Zeugenrand, in Schichtstufenländern vor dem Stufenrand isoliert auftretender Berg. Steht er in seinem Sockel mit dem Gestein der Schichtstufe in Verbindung, wird er **Auslieger** genannt.

Zeugen Jehovas (früher auch Russelliten, bis 1931 Ernste Bibelforscher), auf den Pittsburgher Kaufmann C. T. Russell, der für 1874 oder 1878 (dann auch für 1914, 1918, 1925) die Wiederkunft Christi erwartet hatte, zurückgehende eschatolog. Religionsgesellschaft. 1881 gründete er die ›Zion's Watch Tower Tract Society‹ als Geschäftsfirma, die dann das organisator. Rückgrat der Bewegung wurde; heute ›Watch Tower Bible and Tract Society‹ (in der BR Deutschland ›Wachtturm Bibel- und Traktatgesellschaft, Dt. Zweig, e. V.‹). 1916 machte der Jurist Joseph Franklin Rutherford (* 1869, † 1942) aus den Bibelforschern die aktivist. Missionstruppe ›Jehovas Zeugen‹. Die Z. J. wirken seit 1903 auch in Deutschland. Vom nat.-soz. Regime waren die Z. J. verboten; etwa 6 000 Z. J. kamen in Konzentrationslager, v. a. wegen Kriegsdienstverweigerung.

Zeughaus (Arsenal), früher Gebäude, in dem Kriegsmaterial aufbewahrt wurde. Urspr. reine Nutzbauten, seit der Renaissance Repräsentativbauten, u. a. in Augsburg (von E. Holl, 1600–07), Dresden (Albertinum, 1559 ff.) und Berlin (1695–1706).

Zeugnis, 1) *allgemein:* urkundl. Bescheinigung. Bei Beendigung eines Dienst- bzw. Arbeitsverhältnisses vom Arbeitgeber dem Arbeitnehmer auszustellende schriftl. Bestätigung über Art und Dauer der Beschäftigung sowie, auf Verlangen des Arbeitnehmers, auch über Führung und Leistungen des Arbeitnehmers.
2) *Pädagogik:* (Schul-Z.) Beurkundung des Leistungsstandes eines Schülers aufgrund der Beurteilung durch die Lehrkräfte. Während eines Schuljahres gibt es ein Zwischen-Z., an seinem Ende ein Z., das die Versetzung in die folgende Klasse regelt; beim Kurssystem (Gesamtschule, Oberstufe der Gymnasien) werden die Leistungen der Halbjahreskurse bewertet. Das **Abiturzeugnis** setzt sich je zu einem Drittel aus den Grund- und Leistungskurspunkten und den (schriftl. und mündl.) Prüfungsergebnissen der Abiturprüfung selbst zusammen.

Zeugnisverweigerungsrecht, das in allen Verfahrensordnungen geregelte Recht, entgegen der an sich bestehenden Aussagepflicht das Zeugnis zu verweigern. Wegen *persönl. Beziehungen* hat ein Z., wer mit einem Prozeßbeteiligten bzw. (im

Strafprozeß) mit dem Angeklagten verlobt, verheiratet (auch nach Ehescheidung), verwandt oder verschwägert ist. Ein Z. *zur Wahrung des Berufsgeheimnisses* steht insbes. Geistlichen, Anwälten, Steuerberatern und Steuerbevollmächtigten, Ärzten, Abgeordneten, Redakteuren und Journalisten, beim Strafprozeß dem Verteidiger des Beschuldigten zu.

Zeugung, die Hervorbringung eines Lebewesens durch Befruchtung, der meist eine Begattung vorausgeht.

Zeugungsfähigkeit →Potenz.

Zeugungsunfähigkeit →Impotenz.

Zeus, in der griech. Mythologie der höchste Gott der Griechen, Sohn des Kronos und der Rhea, Bruder und Gemahl der Hera. Stürzt mit Hilfe seiner Brüder Poseidon und Hades die Herrschaft der Titanen und teilt mit seinen Brüdern die Welt: Jene erhalten die Herrschaft über Meer und Unterwelt, Z. über Himmel und Erde: u. a. der Urheber von Blitz und Donner, wacht auch über Gerechtigkeit und Gleichgewicht im sozialen und sittl. Bereich, v. a. auch über die Einhaltung von Eid und Vertrag.

Zeven ['tse:vən], Stadt an der Aue, Nds., 10 100 E. – Im Siebenjährigen Krieg erzwang Frankreich in der *Konvention von Kloster Z.* (8. 9. 1757) die Auflösung der engl. Festlandsarmee; damit blieb Hannover in frz. Hand.

Zhao Ziyang (Chao Tzy-yang), *bei Huaxien (Prov. Honan) 1919, chin. Politiker. Ab 1950 KPCh-Funktionär in Süd-China; 1967–71 aller Funktionen enthoben; seit 1973 ZK-Mgl., seit 1977/79 Kandidat bzw. Voll-Mgl. des Politbüros, seit 1980 in dessen Ständigem Ausschuß; 1980–87 Min.-Präs.; Jan. 1987 bis Mai 1989 Generalsekretär des ZK der KPCh; im Zuge der Studentenunruhen des Mai 1989 seiner Funktionen enthoben.

Zhejiang (Tschekiang), chin. Prov. am Ostchin. Meer, 101 800 km², 40,7 Mio. E, Hauptstadt Hangzhou.

Zhengzhou (Tschengtschou), Hauptstadt der chin. Prov. Henan, in der Großen Ebene, 1,61 Mio. E. Univ.; u. a. Textilmaschinenbau. – Eine der ältesten Großstädte Chinas.

Zhou Enlai (Chou En-lai), *Shaohsing (Prov. Tschekiang) 1898, †Peking 8. 1. 1976, chin. Politiker. Studierte u. a. in Paris, Göttingen und Berlin; 1921 Mitbegründer der KPCh; nahm 1934/35 am ›Langen Marsch‹ teil; Vertreter Maos 1935; ab 1949 Min.-Präs. (Vors. des Staatsrates) und 1949–58 zugleich Außen-Min. der VR China, ab 1969 Mgl. des Ständigen Ausschusses des Politbüros der KPCh; vertrat China bei allen wichtigen außenpolit. Verhandlungen.

Zia, Khaleda, *Noakhali 15. 8. 1945 (?), bangladesch. Politikerin. Eintritt in die Politik nach Ermordung ihre Ehemanns, des bangladesch. Generals und Staatspräs. Zia ur-Rahman; nach Wahlerfolg im Febr. 1991 Premier-Min. von Bangladesch.

Ziaul Haq, Mohammad [zi:'jɑːʊl 'hæk], *Jullundur 1924, †bei Bahawalpur 17. 8. 1988 (Flugzeugabsturz), pakistan. Offizier und Politiker. 1976 Stabschef des Heeres; übernahm durch einen Putsch am 5. 7. 1977 als ›Hauptkriegsrechtsadministrator‹ die Macht; ab 1978 Staatspräsident.

Ziaur Rahman [zi:'ɑːʊə ræ'mɑːn], *Bogra (?) 1936, †Chittagong 30. 5. 1981 (ermordet), Offizier und Politiker in Bangladesch. Ab Nov. 1976 ›Oberster Kriegsrechtsadministrator‹, ab 1977 zugleich Staatspräsident.

Zibetkatzen (Viverrinae), Unterfam. schlanker, meist auf hellerem Grund dunkel gefleckter oder gezeichneter Schleichkatzen mit rd. 20 Arten in unterschiedl. Lebensräumen S-Europas, Afrikas sowie S- und SO-Asiens; nachtaktive Raubtiere, die ihre Reviere mit einem Duftstoff *(Zibet)* markieren. Zu den

Z. gehören u. a. →Ginsterkatzen und die *Echten Z.* mit der *Ind. Z.* (Zibete; in Hinterindien, Malakka, SO-Asien; Körper bis 80 cm lang, grau, mit dunkler Zeichnung) und der *Afrikan. Z.* (Civette; in Afrika weit verbreitet; Körper etwa 70 cm lang).

Ziborium (Ciborium) [griech.-lat.], 1) ein auf Säulen ruhender Altarüberbau in Gestalt eines Baldachins (seit frühchristl. Zeit).
2) *kath. Kirche:* (Speisekelch) seit dem Spät-MA Bez. für den Kelch, den der Zelebrant bei der Eucharistiefeier benutzt.

Zichorie [...i-ə; griech.-lat.-italien.], svw. →Wegwarte.

Zick, 1) Januarius, *München 6. 2. 1730, †Ehrenbreitstein (= Koblenz) 14. 11. 1797, dt. Maler. Schüler seines Vaters Johannes Z.; 1758 bei A. R. Mengs in Rom; Fresken (ehem. Abteikirche in Wiblingen bei Ulm, 1778–80), Porträts und Genrebilder.
2) Johannes, *Lachen bei Ottobeuren 10. 1. 1702, †Würzburg 4. 3. 1762, dt. Maler. Rembrandt-Nachfolge im Rokoko. Fresken im Schloß in Bruchsal (1751–54, erneuert).

Ziegel [lat.], svw. Mauerziegel oder Dachziegel, i. w. S. auch Bez. für Klinker u. a. grobkeram. Erzeugnisse der Baukeramik.

Ziegen: LINKS Bunte Deutsche Edelziege; RECHTS Sattelziege

Ziegen, mit den Schafen eng verwandte Gatt. wiederkäuender Paarhufer mit nur 4 rezenten Arten, v. a. in Gebirgen Eurasiens und N-Afrikas; mittelgroße, geschickt kletternde Tiere, deren Männchen einen Kinnbart und große, meist türkensäbelförmig nach hinten gekrümmte Hörner tragen (Hörner der Weibchen klein). Wildlebende Z. *(Wild-Z.)* sind außer dem →Steinbock: *Bezoar-Z.,* etwa 1,2–1,6 m lang und bis 1 m schulterhoch, in Vorderasien und auf den griech. Inseln, Hörner der Männchen 0,8–1,3 m lang, Fell rötlich- bis braungrau; Stammform der Haus-Z.; *Span. Steinbock,* etwa 1 m (Weibchen) bis 1,4 m (Männchen) lang und bis 0,75 m schulterhoch, in span. Hochgebirgen; Fell im Sommer hell- bis rotbraun, im Winter graubraun; *Markhor,* 1,4–1,7 m lang und über 1 m schulterhoch, im Himalajagebiet und benachbarten Hochgebirgen. – Die hornlose, 75–85 cm schulterhohe *Bunte Deutsche Edelziege* wird v. a. in Süddeutschland gezüchtet; die *Sattelziege* (auch Walliser-Z.) v. a. im schweizer. Kanton Wallis.

Ziegenbart, svw. →Keulenpilz.

Ziegenlippe (Filziger Röhrling, Mooshäuptchen), von Juni bis Okt. an moosigen Waldrändern der Laub- und Nadelwälder häufig wachsender, meist einzelnstehender Speisepilz; Hut 5–12 cm breit, halbkugelig bis flach, samtig-weichfilzig, gelblich bis olivbraun, alt mit feldartig zerrissener Oberfläche, Röhren leuchtend zitronengelb.

Ziegenmelker (Caprimulgidae), Fam. bis 40 cm langer Nachtschwalben mit rd. 70 Arten, v. a. in Wäldern und Savannen der trop. bis gemäßigten Regio-

Mohammad Ziaul Haq

Ziegenmelker:
Europäischer
Ziegenmelker

nen der Alten und Neuen Welt; dämmerungs- und nachtaktive Vögel; einheimisch ist der *Europ. Z.* (Europ. Nachtschwalbe), etwa amselgroß; Gefieder oberseits baumrindenartig gefärbt, unterseits grau quergebändert.

Ziegenpeter, svw. → Mumps.

Ziegler, Karl Waldemar, * Helsa bei Kassel 26. 11. 1898, † Mülheim a. d. Ruhr 11. 8. 1973, dt. Chemiker. Entwickelte ein bei Normaldruck ablaufendes Polymerisationsverfahren für Äthylen in Gegenwart metallorgan. Mischkatalysatoren; 1963 (zus. mit G. Natta) Nobelpreis für Chemie.

Ziehen, Umformverfahren; Formgebung der Werkstücke durch reine Zugkräfte. Anwendung in der Blechverarbeitung zur Herstellung von Gefäßen, Rohren und Drähten sowie in der Kunststoffverarbeitung.

Ziehharmonika, einfache → Handharmonika.

Ziehrer, Carl Michael, * Wien 2. 5. 1843, † ebd. 14. 11. 1922, österr. Operettenkomponist und Dirigent. Neben 22 Operetten etwa 600 Tänze und Märsche.

Ziehungsrechte, den Ländern, die dem Internat. Währungsfonds (IWF) angehören, zustehende Rechte, Auslandswährung zu beziehen, wobei im Austausch eigene Währung an den Fonds gegeben werden muß.

Zielfunktion → Optimierung.

Zielgruppe, Teil der Gesamtbevölkerung, der von einer publizist. Aussage (z. B. Werbekampagne) oder einem bes. Warenangebot erreicht werden soll.

Zielkauf, Kauf, bei dem die Rechnung erst nach Lieferung der Ware zu einem bestimmten Zeitpunkt zur Zahlung fällig wird.

Zierfandler, svw. → Silvaner.

Zierfische, Süßwasser- oder Meeresfische, die wegen ihrer Färbung, Gestalt oder bes. Lebensweise in Aquarien gehalten werden.

Zierpflanzen → Kulturpflanzen.

Ziersalmler (Bleistiftfische, Nannostominae), Unterfam. etwa 4–7 cm langer, schlanker, bunt gezeichneter Knochenfische; Fortbewegung auffallend ruckartig; Warmwasseraquarienfische.

Ziesel [slaw.], Gatt. etwa 15–40 cm (einschließlich Schwanz bis 65 cm) langer Nagetiere (Fam. Hörnchen) mit rd. 30 Arten, v. a. in wüsten-, steppen- und prärieartigen Landschaften Eurasiens und N-Amerikas; legen umfangreiche Erdbaue an; halten je nach Klima Winterschlaf, einige Arten auch Sommerschlaf. In Europa kommen vor: *Schlicht-Z.* (Ziesel i. e. S., Einfarbziesel; etwa 20 cm lang, Fell graubraun) und *Perl-Z.* (rd. 20–25 cm lang, Körperoberseite braun mit weißl., perlförmiger Fleckenzeichnung).

Ziesel:
Perlziesel

Ziest [slaw.], Gatt. der Lippenblütler mit rd. 200 Arten in den gemäßigten Zonen; einjährige oder ausdauernde Kräuter, Halbsträucher oder Sträucher; einheimisch ist u. a. der 0,2–1,2 m hohe *Sumpfziest,* Blüten rötlich, mit rot und weiß gefleckter Unterlippe.

Zieten (Ziethen), Hans Joachim von, * Wustrau bei Neuruppin 24. 5. 1699, † Berlin 26. 1. 1786, preuß. Reitergeneral (seit 1760). Zeichnete sich im 2. Schles. Krieg und im Siebenjährigen Krieg aus; entschied die Schlacht bei Torgau (1760).

Ziffer [arab.-lat.] (Zahlzeichen), Zeichen zur schriftl. Darstellung einer Zahl; die heute allg. übl. Z. sind die zehn arab. Ziffern des → Dezimalsystems (1, 2, 3, ..., 9, 0).

Zigarette [span.-frz.], im wesentlichen aus feingeschnittenem Tabak bestehendes Genußmittel zum Rauchen, das zum überwiegenden Teil maschinell hergestellt wird (bis 6 000 Z. pro Minute); daneben können Z. auch aus Feinschnittabak und Z.papier bzw. Hülsen angefertigt (›gedreht‹ bzw. ›gestopft‹) werden. Zur Herstellung von *Filter-Z.* wird zw. je zwei

Z. ein doppelt langer Filterstab (v. a. aus Zelluloseacetat) eingefügt, mit dem Mundstückpapier umklebt und anschließend in zwei Filter-Z. zerteilt.

Heinrich Zille: ›Mit dem Orje vakehre ick nich mehr. Der is schon dreizehn Jahr und jloobt noch an den Klapperstorch‹; Federzeichnung, 1906 (Berlin, Zillemuseum)

Zigarillo [span.-frz.], dünne, meist an beiden Enden offene Zigarre oder dünner Stumpen.

Zigarre [span.-frz.], Genußmittel zum Rauchen aus Tabak; zur Herstellung wird aus grobgeschnittenem oder gerissenem Tabak durch Zusammendrehen eine Einlage *(Wickel* oder *Puppe)* gebildet, die dann in die gewünschte Form gedrückt und anschließend in bes. Tabakblätter (zunächst das sog. *Umblatt,* dann das *Deckblatt),* heute vielfach auch in eine Folie aus gemahlenem Tabak eingeschlagen wird.

Zigeuner, im dt. Sprachraum verbreitete Benennung der → Roma, die diese Bez. als diskriminierend ablehnen. Der Begriff Z. geht vermutlich auf griech. thingánein (›berühren‹) zurück; als atsínganoi bzw. athínganoi (›Unberührbare‹) wurden im Byzantin. Reich die Mgl. einer sektierer. Gruppe in Phrygien und Lykaonien bezeichnet; über bulgar. und ungar. Vermittlung kam der Begriff ins dt. Sprachgebiet.

Zikaden [lat.] (Zirpen, Cicadina), mit rd. 35 000 Arten weltweit verbreitete Unterordnung 0,1–18 cm spannender Insekten, davon ca. 400 Arten einheimisch; Pflanzensauger mit stechend-saugenden Mundwerkzeugen sowie (als Imagines) mit zwei Paar in Ruhestellung dachförmig über dem Hinterleib zusammengelegten Flügeln; die Männchen vieler Z. erzeugen mit Hilfe von Trommelorganen am Hinterleib artspezif. Schrill- und Zirplaute.

Zikkurat (Sikkurat), altoriental. Tempelturm; seit Mitte des 3. Jt. v. Chr. lag der Tempel auf mehreren Terrassen (Stufenturm), auf die man über Freitreppen gelangte. Die Außenwände waren mit Ziegeln verkleidet. Gut erhalten ist die Z. von Ur; am höchsten war der → Babylonische Turm.

Zilahy, Lajos ['zilɔhi], * Nagyszalonta (heute Salonta bei Oradea) 27. 3. 1891, † Novi Sad 1. 12. 1974, ungar. Schriftsteller. Gehörte im 2. Weltkrieg der Widerstandsbewegung an; 1947 Emigration, lebte zuletzt in den USA, schrieb seitdem vorwiegend in engl. Sprache. Hinterließ ein bed. Romanwerk. – *Werke:* Tödl. Frühling (1922), Die Seele erlischt (1932), Die Dukays (1947), Der Engel des Zorns (1953), Im Herzen des Waldes (1959).

Zilcher, Hermann, * Frankfurt am Main 18. 8. 1881, † Würzburg 1. 1. 1948, dt. Pianist und Komponist. U. a. Oper ›Doktor Eisenbart‹ (1922).

Ziliarmuskel [lat.] → Auge.

Zilien [...i-ən; lat.] (Wimpern, Flimmern), in der Grundstruktur mit den Geißeln übereinstimmende, jedoch sehr viel kürzere, feinere und in größerer Anzahl ausgebildete Zellfortsätze (Organellen), die durch rasches Schlagen der Fortbewegung der Organismen, dem Herbeistrudeln von Nahrung oder in Körper- bzw. Organhohlräumen (z. B. in Atem-, Exkretions- und Geschlechtskanälen) dem Transport von Partikeln und Flüssigkeiten dienen.

Zille, Heinrich, * Radeburg bei Dresden 10. 1. 1858, † Berlin 9. 8. 1929, dt. Zeichner und Maler. Mit ausgeprägtem Sinn für Situationskomik schilderte er (teils in scharfer satir. Anklage) das Milieu der Berliner Arbeiterviertel.

Zillertal, Talschaft des Zillers (rd. 50 km langer, rechter Nebenfluß des Inn) ab Mayrhofen, Tirol.

Zillertaler Alpen, Teil der Zentralalpen zw. Brenner (im W) und Birnlücke (Österreich, Italien), bis 3 510 m hoch.

Zillig, Winfried, * Würzburg 1. 4. 1905, † Hamburg 18. 12. 1963, dt. Komponist und Dirigent. Komponierte u. a. die Opern ›Die Windsbraut‹ (1941), ›Troilus und Cressida‹ (1951), Orchesterwerke, Kammermusik; auch Schauspiel- und Filmmusiken.

Zilpzalp → Laubsänger.

Zimbeln, kleine, abgestimmte Becken, die entweder paarweise gegeneinander oder mit einem Schlegel einzeln angeschlagen werden.

Zimbelstern, mechan. Register der barocken Orgel, ein im Prospekt angebrachter Stern, der mit Schellen besetzt ist.

Zimelie [...i-ə] (Cimelie, Zimelium, Cimelium) [griech.-lat.], wertvoller Besitz antiker oder mittelalterl. Herkunft in einer Bibliothek oder in einer [kirchl.] Schatzkammer.

Zimmeraralie [...i-ə], Gatt. der Araliengewächse mit einer einzigen, in Japan heim. Art; immergrüner, 2–5 m hoher Strauch mit tief gelappten, glänzenden Blättern, weißen Blüten und schwarzen Beerenfrüchten; Zimmerpflanze.

Zimmerkalla, Gatt. der Aronstabgewächse mit acht Arten in S-Afrika; Sumpfpflanzen; eine Art mit weißer Blütenscheide und gelbem Blütenkolben ist eine beliebte Zimmerpflanze.

Zimmerlinde, Gatt. der Lindengewächse mit drei Arten im trop. und südl. Afrika; eine Art mit großen, herzförmigen Blättern und weißen Blüten wird als Zimmerpflanze kultiviert.

Zimmermann, 1) Bernd (Bernhard) Alois, * Bliesheim (= Erftstadt) 20. 3. 1918, † Königsdorf (= Köln) 10. 8. 1970, dt. Komponist. Sein Werk umfaßt u. a. die Oper ›Die Soldaten‹ (1965; nach J. M. R. Lenz), die Konzerte für Violine (1950), Oboe (1952), Trompete (1954), Kammer- und Klaviermusik.

2) Dominikus, * Wessobrunn 30. 6. 1685, † Wies (= Steingaden) 16. 11. 1766, dt. Baumeister. Schuf die Wallfahrtskirche in Steinhausen (1727–33), die Liebfrauenkirche in Günzburg (1736–41) und die Wieskirche (1745–54), ein Hauptwerk des Rokoko.

3) Friedrich, * München 18. 7. 1925, dt. Politiker (CSU). Jurist; 1957–90 MdB; 1955–65 Hauptgeschäftsführer und Generalsekretär der CSU; 1976–82 Vors. der CSU-Landesgruppe in Bonn; zugleich stellv. Fraktions-Vors. der CDU/CSU; seit 1979 stellv. Vors. der CSU; 1982–88 Bundesinnenmin., 1988–90 Bundesmin. für Verkehr.

4) Johann Baptist, * Wessobrunn 3. 1. 1680, † München 2. 3. 1758, dt. Stukkator und Maler. Mitarbeiter seines Bruders Dominikus Z. und von F. Cuvilliés d. Ä. (Nymphenburg, Münchner Residenz).

5) Udo, * Dresden 6. 10. 1943, dt. Komponist. Seit 1986 Leiter des ›Dresdner Zentrums für zeitgenöss. Musik‹, seit 1990 Intendant der Oper in Leipzig; schreibt v. a. Opern, u. a. ›Der Schuhu und die fliegende Prinzessin‹ (1977; nach P. Hacks), ›Die wundersame Schustersfrau‹ (1982; nach F. García Lorca), ›Die Sündflut‹ (1988; nach E. Barlach); auch Orchesterwerke und Kammermusik.

Zimmerpflanzen, meist aus trop. und subtrop. Gebieten stammende Zierpflanzen, die im Ggs. zu den nur im Gewächshaus kultivierbaren Zierpflanzen relativ unempfindlich sind. *Warmhauspflanzen* benötigen das ganze Jahr Temperaturen zw. 18 und 25 °C. *Kalthauspflanzen* können im Sommer ins Freie gestellt werden und überwintern (in einem hellen Raum) bei 5–10 °C.

Zimmertanne → Araukarie.

Zimmertheater, v. a. in der Zeit nach dem 2. Weltkrieg in kleineren Räumen mit Behelfsbühnen ausgestattetes Theater; heute meist kleineres Privattheater.

Zimmerwalder Konferenz, Treffen europ. Linkssozialisten (5.–8. 9. 1915) in Zimmerwald (Kt. Bern), dem die **Kiental-Konferenz** am 24.–30. 4. 1916 in Kiental (Kt. Bern) folgte, die die Arbeiterschaft zu Maßnahmen gegen den Krieg aufforderte.

Zimt [semit.-griech.-lat.] (Echter Zimt), die als Gewürz u. a. für Süßspeisen verwendete Rinde des Ceylonzimtbaums, die von kleineren, bis rd. 2,5 cm dikken (abgeschnittenen) Zweigen gewonnen wird. Die Rinde wird abgeschält und getrocknet. Sie kommt in zusammengerollten, ineinandergesteckten Stücken als *Stangenzimt* oder gemahlen in den Handel. – Wie Z. verwendet wird der *Ceylonzimt* (Kaneel) aus der weißlichgelben Rinde des Zimtrindenbaums (→ Kaneelbaumgewächse).

Zimmeraralie

Zimtbaum, Gatt. der Lorbeergewächse mit über 250 Arten in S-, O- und SO-Asien, Australien und Melanesien; immergrüne Bäume und Sträucher. Die wirtschaftlich wichtigste Art ist der bis 12 m hohe *Ceylon-Z.;* die Rinde des *Chin. Z.* (Zimtkassie) liefert den *Chinazimt* sowie – zus. mit Früchten und Blättern – das *Kassiaöl* (für Gewürze und zur Seifenherstellung). In Taiwan, O-Afrika und auf Ceylon wird der bis 40 m hohe *Kampferbaum* kultiviert (Lieferant des natürl. Kampfers).

Zincirli [türk. zin'dʒirli] (Sendschirli), türk. Dorf am NO-Fuß der Amanos dağları, bei İslâhiye; Ruinenhügel der Hauptstadt *Samal* eines späthethit. Kgr. (um 1200 v.Chr.), seit dem 10.Jh. v.Chr. Sitz einer aramäischen Dynastie, etwa 725 v.Chr. assyr. Prov.; Ausgrabungen (1888–1902) legten Reste der doppelt ummauerten Stadt mit Zitadelle frei.

Zingulum (Cingulum) [lat.], zur liturg. bzw. Standeskleidung des kath. Geistlichen gehörender Gürtel.

Zink, chem. Symbol Zn; metall. chem. Element aus der II. Nebengruppe des Periodensystems der chem. Elemente, Ordnungszahl 30, mittlere relative Atommasse 65,39, Dichte 7,133 g/cm³, Schmelzpunkt 419,58 °C, Siedepunkt 907 °C. Das bläulich-weiße Metall reagiert rasch mit Säuren und Alkalien, ist aber korrosionsbeständig gegen kaltes Wasser und feuchte Luft durch Bildung einer Schutzschicht aus bas. Z.carbonaten. Wichtige Z.minerale sind Galmei, Wurtzit und bes. Z.blende. C. läßt sich mit zahlr. Metallen legieren; wichtig sind die Z.-Kupfer-Legierungen Messing und Neusilber sowie Gußlegierungen mit 3,5–6 % Aluminium, bis 1,6 % Kupfer und 0,02–0,05 % Magnesium. Z. wird zu Blechen, Drähten und Rohren verarbeitet. Korrosionsgefährdete Metalle (z.B. Eisen) werden elektrolytisch verzinkt. In der Metallurgie wird Z. bei der Gewinnung anderer Metalle, z.B. von Silber durch den Parkes-Prozeß oder von Gold bei der Cyanidlaugung, verwendet. *Zinkoxid* wird als Weißpigment, Füllstoff für Kautschuk, als Puder- oder Salbengrundlage, *Zinkchlorid* für Batterien, als Lötwasser, Desinfiziens und in der Gerbstoffsynthese, *Zinksulfat* zur Konservierung von Holz und Häuten, *Zinksulfid* als Leuchtstoff für Leuchtschirme verwendet. Biolog. Bedeutung hat Z. als wichtiges Spurenelement für Pflanzen, Tiere und Mensch.

Friedrich Zimmermann

Zinkblende (Sphalerit), Mineral, fast metallglänzend, auch von honiggelber *(Honigblende)* und roter Farbe *(Rubinblende);* chem. ZnS. Mohshärte 3,5–4; Dichte 3,9–4,2 g/cm³; wichtiges Zinkerz.

Zinkchlorid → Zink.

Zinken, 1. in der Gaunersprache ein geheimes Zeichen, das der Verständigung untereinander dient; 2. Zeichen an den von Falschspielern präparierten *(gezinkten)* Spielkarten.

Zinkit (Rotzinkerz), Mineral von blut- bis hyazinthroter Farbe; bildet meist körnige und spätige Aggregate. Chem. ZnO; Mohshärte 4,5–5; Dichte 5,4–5,7 g/cm³.

Zinkleimverband, durch Zinkleim, der beim Erkalten fest, aber nicht gipshart wird, versteifter Kompressions- bzw. Stützverband.

Zinkoxid → Zink.

Zinksalbe (Unguentum zinci), aus Zinkoxid und Wollfett-Alkohol-Salbe hergestellte desinfizierende und adstringierende Wundsalbe.

Zinkspat → Galmei.

Zinksulfat → Zink.

Zinksulfid → Zink.

Zinn, Georg August, * Frankfurt am Main 27. 5. 1901, † ebd. 27. 3. 1976, dt. Politiker (SPD). 1948/49 Mgl. des Parlamentar. Rats; 1946–49, 1950–62 hess. Justiz-Min. und 1950–69 Min.-Präs. von Hessen.

Zinn, chem. Symbol Sn (von lat. stannum); metall. chem. Element aus der IV. Hauptgruppe des Periodensystems der chem. Elemente, Ordnungszahl 50, mittlere relative Atommasse 118,71, Schmelzpunkt 231,97 °C, Siedepunkt 2 270 °C. Das silberweiß glänzende, weiche, dehnbare Schwermetall tritt in 3 Modifikationen auf: als tetragonal kristallisierendes *β-Zinn* (Dichte 7,31 g/cm³), über 162 °C als rhomb. *γ-Zinn* (Dichte 6,54 g/cm³) und unterhalb 13,2 °C als kub. *α-Zinn* (Dichte 5,75 g/cm³). Die Umwandlung von *β*-Z. in *α*-Z. geschieht in Form sich langsam auf dem Metall ausbreitender dunkler Flecken *(Zinnpest).* Beständig gegenüber Wasser, Luft sowie u. a. Lebensmittelbestandteilen (daher Z.geschirr); starke Säuren und Laugen greifen Z. an. – Wichtigstes Z. an. ist der Z.stein (Kassiterit); zinnsteinreiche Gesteine werden mechanisch zerkleinert und geschlämmt, das gewonnene Erz (Z.dioxid) wird mit Koks und Kohle reduziert, das Rohmetall durch Seigern gereinigt. – Z. wird zur Veredlung (Verzinnen) von Eisenblechen (Weißblech) oder als dünne Folie (Stanniol, Z.folie) für Tuben u. ä. verwendet, früher in großen Mengen für Z.geschirr. *Z.legierungen* haben Bedeutung als Bronze, Lagermetall, Letternmetall, Lötzinn. Von den *Z.verbindungen* werden Zinn(II)- und Zinn(IV)-chlorid als Katalysatoren und Färbehilfsmittel, Z.oxide (Z.asche) als Polier- und Trübungsmittel für Milchglas und Email verwendet.

Zinna, ehem. Zisterzienserkloster (1170/1171 gegr., 1553 säkularisiert) in der Gem. *Kloster Zinna* (nördlich von Jüterbog, 1 400 E). Kirche (etwa 1200–20), altes (14. Jh.) und neues Abtshaus (›Fürstenhaus‹, 1495).

Zinnchloride → Zink.

Zinne, pfeilerartiger Aufbau auf einer Mauer; bei Wehrbauten in Form von Z.-Reihen *(Zinnenkranz)* mit Zwischenräumen zum Schießen (Scharten).

Zinnemann, Fred [engl. 'zınımən], * Wien 29. 4. 1907, amerikan. Filmregisseur österr. Herkunft. Ab 1929 in Hollywood; lebt seit den 1960er Jahren in London; drehte nach seinem ersten großen Erfolg ›Das siebte Kreuz‹ (1944; nach dem Roman von A. Seghers) weitere bed. zeit- und gesellschaftskrit. Filme, u. a. ›Die Gezeichneten‹ (1947), ›Zwölf Uhr mittags‹ (1952), ›Verdammt in alle Ewigkeit‹ (1953; nach dem Roman von J. Jones), ›Ein Mann zu jeder Jahreszeit‹ (1966; nach dem Dr. ›Thomas Morus‹ von Robert Bolt [* 1924]), ›Der Schakal‹ (1972; nach dem Roman von F. Forsyth), ›Julia‹ (1977), ›Am Rande des Abgrunds‹ (1983).

Zinnie [...i-ə; nach dem dt. Botaniker Johann Gottfried Zinn, * 1727, † 1759], Gatt. der Korbblütler mit 17 Arten in Amerika; die als Gartenzierpflanzen beliebten Zuchtformen haben teilweise oder vollständig in Zungenblüten umgewandelte Scheibenblüten.

Zinnkraut → Schachtelhalm.

Zinnober [pers.-griech.-provenzal.] (Cinnabarit, Zinnabarit), Mineral von meist roter, auch braunroter, schwarzer oder bläul.-metall. (Stahlerz) Farbe. Chem. HgS; Mohshärte 2–2,5; Dichte 8,1 g/cm³; wichtiges Quecksilbermineral.

Zinnstein (Kassiterit, Cassiterit), Mineral von brauner oder braunschwarzer Farbe und blendenartigem Glanz. Chem. SnO₂; Mohshärte 7; Dichte 6,8–7,1 g/cm³.

Zinsen [lat.], in der Wirtschaftswiss. der Preis für die Überlassung von Kapital bzw. Geld auf Zeit. Zu unterscheiden sind: 1. *Real-Z.,* der Kaufkraftzuwachs, der sich unter Berücksichtigung inzwischen eingetretener Preisänderungen aus der Kaufkraft des Darlehensbetrages am Anfang einer Periode und der des Darlehensbetrages zuzüglich der Z. am Ende der Periode ergibt; 2. *Nominal-Z.,* der auf dem Nennwert von Wertpapieren bezogene Zinssatz; 3. *Effektiv-Z.,* der aus dem Verhältnis zw. Zinserträgen und Kaufpreis eines Wertpapieres resultierende Zinssatz; 4. *kalkulator. Z.,* in der Kostenrechnung auf das betriebsnotwendige Kapital (also auch auf das Eigenkapital) verrechneten Zinsen. In der Finanzbuchhaltung sind die in der Gewinn- und Verlustrechnung gesondert auszuweisenden *Aufwand-* und *Ertrags-Z.* zu unterscheiden, die gewöhnlich mit ähnl. Aufwendungen wie Kreditprovisionen und Wechseldiskonten zusammengefaßt werden. Im Bankwesen unterscheidet man *Aktiv-* bzw. *Soll-Z.* und *Passiv-* bzw. *Habenzinsen.* Dabei sind Aktiv- bzw. Soll-Z. die vom Kunden für Kredite zu zahlenden Z., Passiv- bzw. Haben-Z. die von der Bank an die Kunden für Einlagen zu zahlenden Zinsen.

Zinseszinsen, Zinsen, die entstehen, wenn fällige Zinsen nicht ausbezahlt, sondern dem Kapital hinzugefügt werden und mit diesem zusammen verzinst werden.

Zinsfuß, svw. → Zinssatz.

Zinsleiste, svw. → Erneuerungsschein.

Zinsrechnung, die Berechnung des Zinses: Die Höhe der Zinsen Z für ein Kapital K bei einem Zinsfuß p berechnen sich für i Jahre nach der Formel:

$$Z = \frac{K \cdot i \cdot p}{100};$$

für t Tage nach der Formel:

$$Z = \frac{K \cdot p \cdot t}{360 \cdot 100}.$$

Zinssatz (Zinsfuß), Höhe der Zinsen, ausgedrückt in % des Kapitals; der Z. bezieht sich i. d. R. auf ein Jahr.

Zinsspanne, die Differenz zw. Soll-Zinssatz und Haben-Zinssatz *(Bruttozinsspanne).* Nach Abzug des Verwaltungsaufwands ergibt sich die *Nettozinsspanne.*

Zinzendorf, Nikolaus Ludwig Graf von Z. und Pottendorf, * Dresden 26. 5. 1700, † Herrnhut 9. 5. 1760, dt. ev. Theologe und Liederdichter. Siedelte 1722 mähr. Exulanten auf seinem Besitz in Herrnhut an, woraus 1728 die Herrnhuter → Brüdergemeine entstand. Verfaßte zahlr. religiöse Reden und Schriften sowie v. a. über 2 000 geistl. Lieder; auch Missionstätigkeit unter nordamerikanischen Indianern (1741–43).

Ziolkowski, Konstantin Eduardowitsch [russ. tsial'kɔfskij], *Ischewskoje (Gebiet Rjasan) 17. 9. 1857, † Kaluga 19. 9. 1935, russ.-sowjet. Gelehrter und Luft- und Raumfahrttheoretiker. Projektierte Ganzmetallflugzeuge, führte aerodynam. Untersuchungen in einem Windkanal durch, entwickelte die Flüssigkeitsrakete.

Zion (Vulgata: Sion), im AT urspr. Name der von David eingenommenen Jebusiterburg in Jerusalem, dann für die ganze Stadt Jerusalem (›Tochter Zions‹) verwendet zur Kennzeichnung ihrer endzeitl. Heilsbedeutung.

Zionismus, polit. und soziale Bewegung zur Errichtung eines jüd. Staates in Palästina (→ Israel). Die Anfänge des Z. liegen im 19. Jh. und stehen im Zusammenhang mit dem Aufkommen des (auch jüd.) Nationalismus in Europa und des modernen Antisemitismus. Die Besiedlung Palästinas wurde zu Beginn des 20. Jh. aktiv betrieben (Unterstützung u. a. durch die Balfour-Erklärung 1917). Dieser ›prakt. Z.‹ fand seine Ergänzung durch das Auftreten T. Herzls, der den Z. als polit. Kraft organisierte und ihm durch die *Zionistenkongresse* eine gewichtige Plattform schuf. Die in den 1920er Jahren verstärkt einsetzende Einwanderung in Palästina führte u. a. 1922 zur Gründung der →Jewish Agency und zur Ausbildung von Parteien. Der Widerstand der palästinens. Araber gegen die jüd. Besiedlung verstärkte sich nach 1933, als – bedingt durch die nat.-soz. Judenverfolgung – die Einwanderung sprunghaft zunahm. Mit dem Teilungsplan der UN vom 29. 11. 1947, der von den arab. Staaten abgelehnt wurde, v. a. aber mit der Ausrufung des Staates Israel am 14. 5. 1948, wurde das von Herzl 1897 proklamierte Ziel der ›Gründung eines Judenstaates‹ erreicht.

Zipperlein, veraltete Bez. für Gicht.

Zips, Gebiet im östl. Vorland der Hohen Tatra, ČSFR, umfaßt das Leutschauer Gebirge und die Zipser Magura. Seit Ende des 12. Jh. Ansiedlung der in Schlesien und Mitteldeutschland angeworbenen Bauern in der Ober-Z. auf dem Hochplateau südl. der Hohen Tatra (Sammelbez. **Zipser Sachsen**) durch ungar. Könige, im 13. Jh. auch Ansiedlung aus Bayern stammender Bergleute und Handwerker im Gründner Boden (Göllnitztal). Die 24 Zipser Städte sicherten 1370 ihre Selbstverwaltungsrechte (bis 1876). 1918 wurde die Z. Teil der Tschechoslowakei. 1945 Vertreibung der Zipser Sachsen.

Zirbeldrüse (Epiphyse, Pinealdrüse), vermutlich als neurosekretor. tätige Hormondrüse fungierendes unpaares Organ bei Vögeln und den meisten Säugern. – Beim *Menschen* ist die ovale, pinienzapfenähnl., am Mittelhirn gelegene, 8–14 mm lange Z. um das achte Lebensjahr herum am stärksten entwickelt; über ihre Funktion liegen z. T. nicht gänzlich abgeklärte Befunde und Theorien vor (hemmt die vorzeitige Genitalienreifung bis zur Pubertät). – An Taubenvögeln konnte nachgewiesen werden, daß in der Z. der anatom. Sitz der Wahrnehmung magnet. Felder liegt.

Zirbelkiefer, svw. Arve (→ Kiefer).

zirka →circa.

Zirkel [lat.], 1) Gerät zum Zeichnen von Kreisen, zum Abgreifen von Maßen *(Greif-Z., Taster)* und zum Übertragen von Strecken *(Stech-Z.).*
2) nicht öffentlich tagende Arbeitsgruppe.

Zirkelschluß, svw. →Circulus vitiosus.

Zirkon [italien.-frz.], Mineral von meist brauner oder braunroter Farbe und diamantartigem Glanz. Chem. Zr[SiO₄]; Mohshärte 7,5; Dichte 3,9–4,8 g/cm³. Infolge von Thorium- und Urangehalt Hauptträger der Radioaktivität in den Gesteinen.

Zirkonium [italien.-frz.], chem. Symbol Zr; metall. chem. Element aus der IV. Nebengruppe des Peri-

odensystems der chem. Elemente, Ordnungszahl 40, mittlere relative Atommasse 91,224, Dichte 6,506 g/cm³, Schmelzpunkt 1852 °C, Siedepunkt 4377 °C. Das in zwei Modifikationen vorkommende Z. ist gegen Säuren und Alkalien sehr beständig; *Z. legierungen,* v. a. mit Zinn, Chrom, Nickel und Eisen, zeichnen sich durch Korrosionsbeständigkeit aus und werden wegen ihrer geringen Absorptionsfähigkeit für therm. Neutronen als Hüllmaterial für Brennstoffelemente in Kernreaktoren verwendet.

Zirkulation [lat.], svw. Kreislauf, Umlauf, z. B. der Luftmassen in der Atmosphäre.

zirkum..., Zirkum... (circum..., Circum...) [lat.], Bestimmungswort von Zusammensetzungen mit der Bedeutung ›um, um – herum‹.

Zirkumflex [lat.], diakrit. Zeichen in der Form eines aufsteigenden und danach abfallenden Striches (ê) oder einer Tilde (ẽ), das im Griech. die zuerst steigende, dann wieder fallende Intonation eines Langvokals oder Diphthongs bezeichnet. Der Gebrauch des Z. hat in modernen Sprachen unterschiedl. Funktionen.

Zirkumpolarsterne, Sterne, die bei ihrem tägl. scheinbaren Lauf nicht unter den Horizont verschwinden.

Zirkumzision [lat.] →Beschneidung.

Zirkus [lat.], in röm. Zeit langgestreckte Arena für Pferde- und Wagenrennen sowie für Gladiatorenspiele u. a. (→Circus maximus), die derart längsgeteilt war, daß eine Umlaufbahn entstand; an beiden Längsseiten befanden sich steil ansteigende Sitzreihen. Heute wird unter Z. ein i. d. R. mobiles Unternehmen verstanden, das in einem Zwei- oder Viermastzelt, ausgestattet mit einer kreisförmigen *Manege* sowie ansteigenden Sitzreihen, Tierdressuren, Reitkünste, Akrobatik, Artistik und Clownerien darbietet. Z. besitzen oft auch feste Gebäude an ihrem Standort. – Als Begründer gilt der brit. Offizier Philip Astley (* 1742, † 1814). Der erste dt. Z. wurde von Ernst Jakob Renz (* 1815, † 1892) ins Leben gerufen.

Zirndorf, Stadt im sw. Vorortbereich von Fürth, Bayern, 20900 E. Bundesamt für die Anerkennung ausländ. Flüchtlinge mit Durchgangslager.

Zirpen, volkstüml. Bez. für Zikaden.

Zirrhose [griech.], Bindegewebsverhärtung, auf eine Bindegewebsvermehrung folgende narbige Schrumpfung eines Organs; i. e. S. svw. Leberzirrhose.

Zirrokumulus (Cirrocumulus) [lat.] →Wolken.

Zirrostratus (Cirrostratus) [lat.] →Wolken.

Zirrus (Mrz. Zirren; Cirrus) [lat.] →Wolken.

zirzensische Spiele [lat./dt.], im Röm. Reich im Zirkus ausgetragene öffentl. Spiele (Wagenrennen, Faust- und Ringkämpfe, Wettläufe, militärische Vorführungen der Jungmannschaft). →panem et circenses.

zis..., Zis... (cis..., Cis...) [lat.], Vorsilbe mit der Bedeutung ›diesseits‹.

Zisalpinische Republik (Cisalpin. R.), im Juli 1797 entstandener, von Frankreich abhängiger Staat, der die Lombardei und große Teile der Emilia-Romagna, ab Oktober 1797 auch das Veltlin umfaßte; Hauptstadt Mailand. Von Napoléon Bonaparte 1801/02 in die Italien. Republik, 1805 in das Kgr. Italien umgewandelt; zerfiel 1814/15.

Zischlaut, svw. →Sibilant.

Ziselieren [frz.], das Einarbeiten von Mustern und Ornamenten in polierte Metalloberflächen.

Ziska [von Trocnov], Johann →Žižka [z Trocnova], Jan.

Zisleithanien (Cisleithanien), inoffizielle Bez. für die österr. Reichshälfte (westl. der Leitha), offiziell ›die im Reichsrat vertretenen Kgr. und Länder‹ Österreich-Ungarns nach dem Ausgleich von 1867.

Zisterne [lat.], Sammelbehälter für Niederschlagswasser, das von Dächern oder bes. Sammelflächen in die Z. geleitet wird.

Zisterzienser (Cistercienser, lat. Sacer Ordo Cisterciensis, Abk. SOCist, SOrdCist, SOC, OCist), Angehörige des nach dem 1098 von Robert von Molesme und dem hl. Alberich gegr. Kloster Cîteaux ben. benediktin. Reformordens, der unter S. Harding 1108 selbständig wurde; Einfachheit der Liturgie und Schmucklosigkeit der Kirchen (→ Zisterzienserbaukunst), fortschrittl. Landwirtschaft (v. a. im Rahmen der dt. Ostsiedlung). Der Orden verbreitete sich rasch, v. a. unter dem Einfluß Bernhards von Clairvaux (deshalb auch ›Bernhardiner‹). – Schon unter S. Harding kam es zur Bildung eines weibl. Zweigs, der *Zisterzienserinnen* (›Bernhardinerinnen‹), der mit den Z. eine Einheit bildet. – Gegen Ende des 19. Jh. führten Auseinandersetzungen über eine Reform innerhalb des Ordens zur Abspaltung der kontemplativen → Trappisten.

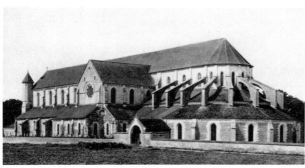

Zisterzienserbaukunst: Abteikirche in Pontigny; um 1050 ff.

Zisterzienserbaukunst, der vom Zisterzienserorden nach strengen Regeln geprägte Baustil: turmlose, lange, kreuzförmige Basilika mit geradem Chorschluß und einer Reihe von Kapellen an der Ostseite des Querhauses, sorgfältig bearbeitetes Quadermauerwerk, Verzicht auf Glasmalerei und Skulptur. Von Burgund (Fontenay, Pontigny) aus verbreitete sich die Z. u. a. über S-Frankreich (Le Thoronet), Italien (Fossanova, Chiaravalle), Deutschland (Eberbach, Maulbronn, Bebenhausen), Spanien, England und Skandinavien.

Zistrose [griech./lat.], Gattung der Zistrosengewächse mit rd. 20 Arten im Mittelmeergebiet; immergrüne, niedrige Sträucher mit großen weißen, rosafarbenen oder roten Blüten; Charakterpflanzen der Macchie.

Zitadelle [lat.-italien.-frz.], bes. Befestigung innerhalb der Verteidigungsanlage einer Stadt oder Festung, am Rand oder oberhalb der Gesamtanlage.

Zitat [lat.], wörtl. Übernahme eines (meist kurzen) Textteils oder Ausspruchs mit Nennung des Verfassers, oft auch der Quelle.

Zither [griech.] (früher auch Cither, Zitter), Zupfinstrument mit kastenförmigem, an einer Seite ausgebuchtetem Korpus. Gegenüber der Buchtung liegt das Griffbrett mit 29 Bünden. Die Griffbrettsaiten sind auf $a^1 a^1 d^1 g c$ gestimmt. Sie werden angeschlagen mit einem Metallring am Daumen der rechten Hand. Daneben verlaufen die mit den Fingern gezupften Freisaiten.

Zitrin (Citrin) [lat.], hellgelbe bis goldgelbe Varietät des Quarzes.

Zitronat [lat.-italien.-frz.] (Sukkade), in Zuckerlösung (durch Sukkadieren) haltbar gemachte Schalen grüner (unreifer) Zitronatzitronen; Kuchengewürz.

Zistrose

Zitronatzitrone, die bis 25 cm lange, bis 2,5 kg schwere Zitrusfrucht des *Zitronatzitronenbaums;* mit sehr dicker, warzig-runzeliger Schale und wenig Fruchtfleisch.

Zitrone [lat.-italien.] → Zitronenbaum.

Zitronellöl, aus den Blättern eines in den gesamten Tropen kultivierten Zitronellgrases (Lemongras) gewonnenes, rosenartig duftendes äther. Öl, das zur Parfümherstellung verwendet wird.

Zitronenbaum, in Vorderindien oder China heimisch, im subtrop. Asien und im Mittelmeergebiet in zahlr. Varietäten kultivierte Art der Zitruspflanzen; etwa 3 – 7 m hohe Bäume; das Fruchtfleisch der **Zitronen** (Limonen) enthält rd. 3,5 – 8 % Zitronensäure und viel Vitamin C.

Zitronenfalter, in NW-Afrika, Europa und in den gemäßigten Zonen Asiens verbreiteter, etwa 5 – 6 cm spannender, leuchtend gelber (♂) oder grünlich-weißer (♀) Tagschmetterling mit je einem kleinen, orangeroten Tupfen in der Mitte beider Flügelpaare.

Zitronenkraut → Melisse.

Zitronensäure (Citronensäure), eine Hydroxytricarbonsäure; bildet farblose, leicht wasserlösl. Kristalle. Die Z. kommt v. a. in Früchten (Zitrusfrüchten, Johannisbeeren) vor und spielt im Zellstoffwechsel der Organismen eine große Rolle (→ Zitronensäurezyklus). Die Salze und Ester der Z. heißen *Zitrate.*

Zitronensäurezyklus (Zitratzyklus, Citratzyklus, Tricarbonsäurezyklus, Krebs-Zyklus), in den Mitochondrien der tier. und pflanzl. Zellen ablaufender Teilprozeß der der Energiegewinnung dienenden inneren Atmung. Im Z. laufen die Abbauwege aller energieliefernden Stoffe (Kohlenhydrate, Fette, Proteine) zusammen, wobei das Prinzip des Z. die Abspaltung von Wasserstoffatomen (mit Hilfe der Koenzyme NAD^+ und FAD^+), die zur Energiegewinnung (unter aeroben Bedingungen) der Atmungskette zugeführt werden, und die Abspaltung des Stoffwechselendprodukts Kohlendioxid ist. Der Z. dient aber nicht nur dem Abbau von Substanzen, sondern auch (ausgehend von einigen Zwischenprodukten des Z.) dem Aufbau (z. B. von Aminosäuren, Fettsäuren, Glucose und Häm); er nimmt daher im Zellstoffwechsel eine zentrale Stellung ein. Der Z. beginnt mit der Kondensation von Acetyl-CoA (›aktivierte Essigsäure‹) mit Oxalessigsäure zu Zitronensäure, die über sieben enzymat. katalysierte Reaktionsschritte (unter mehrfacher Umlagerung und Abspaltung zweier Kohlendioxidmoleküle sowie von acht Wasserstoffatomen) zu Oxalessigsäure abgebaut wird, mit der der Kreislauf wieder beginnt.

Zitrusfrüchte [lat./dt.], die Früchte der Zitruspflanzen, die (botanisch gesehen) Beerenfrüchte darstellen und aus mindestens fünf miteinander verwachsenen Fruchtblättern hervorgehen. Das Fruchtfleisch besteht aus keulenförmigen Saftschläuchen, die Fruchtschale setzt sich aus dem farbigen, zahlreiche Öldrüsen aufweisenden, karotinoidreichen (äußeren) Exokarp und dem schwammigen Endokarp zusammen.

Zitruspflanzen (Citrus) [lat.], Gatt. der Rautengewächse mit rd. 60 in China, S- und SO-Asien heim. Arten, die in zahlr. Kulturformen in allen subtrop. und trop. Gebieten angebaut werden; immergrüne kleine Bäume oder Sträucher mit Beerenfrüchten; die bekanntesten Arten sind: Grapefruitbaum, Zitronenbaum, Mandarinenbaum, Orangenpflanze.

Zittau, Kreisstadt in der Oberlausitz, Sachsen, 36 200 E. Theater; u. a. Textilindustrie. Spätgot. Petri-Pauli-Kirche (13. – 15. Jh.), klassizist. Johanniskirche (19. Jh.). – 1255 Stadt; 1346 wurde unter der Führung von Z. der Sechsstädtebund der Oberlausitz gegründet.

Zittauer Gebirge → Lausitzer Gebirge.

Zitteraale (Electrophoridae), Familie nachtaktiver Knochenfische mit dem *Elektr. Aal* (Zitteraal i. e. S.) als einziger Art, in Süßgewässern des nördl. S-Amerika (bes. Amazonas); Körper bis etwa 2,3 m lang, aalähnlich, braun und unbeschuppt; Raubfische, die ihre Nahrung (v. a. Fische) durch Stromstöße aus den (zu elektr. Organen umgebildeten) Schwanzmuskeln lähmen oder töten.

Zittergras, Gatt. der Süßgräser mit 30 von Europa bis Z-Asien und in M- und S-Amerika verbreiteten Arten, davon eine bis 1 m hohe Art einheimisch.

Zitterpilze, svw. →Gallertpilze.

Zitterrochen (Elektr. Rochen, Torpedinidae), Fam. etwa 50–180 cm langer Rochen mit rd. 35 Arten in warmen und gemäßigten Meeren; mit fast kreisrundem Körper und kräftig entwickeltem Schwanz; paarige elektr. Organe an den Seiten des Kopfes und Vorderkörpers können eine Spannung von über 200 V erzeugen.

Zitze (Mamille), haarloser, warzenartiger bis fingerförmig langer Fortsatz (Ausmündung) der paarigen Milchdrüsenorgane im Bereich der Brust bzw. des Bauchs bei höheren Säugetieren.

Ziu →Tyr.

Zivildienst, Ersatzdienst Wehrpflichtiger, den anerkannte Kriegsdienstverweigerer zu leisten haben. Im Z. sind Aufgaben, die dem Allgemeinwohl dienen, vorrangig im sozialen Bereich, zu erfüllen. Die Organisation des Z. ist im Bundesamt für den Z. zusammengefaßt, das dem Bundes-Min. für Frauen und Jugend untersteht. Daneben führt ein Bundesbeauftragter für den Z. die dem Min. auf dem Gebiet des Z. obliegenden Aufgaben durch.

ziviler Ungehorsam, Gehorsamsverweigerung der Staatsbürger als Mittel des Widerstands gegen staatl. Gewalt.

Zivilgerichtsbarkeit, die rechtsprechende Tätigkeit der staatl. Gerichte auf dem Gebiet des Privatrechts (d. h. in Zivilsachen) durch die Gerichte der ordentl. Gerichtsbarkeit sowie durch bes. Zivilgerichte (Bundespatentgericht und Schiffahrtsgerichte).

Zivilgesetzbuch, Abk. ZGB, in der Schweiz das Gesetz vom 10. 12. 1907, das die bürgerl.-rechtl. Verhältnisse auf dem Gebiet des Personen-, Familien-, Erb- und Sachenrechts regelt.

Zivilisation [lat.-frz.], Summe der durch Wiss. und Technik geschaffenen Lebensbedingungen, auch die entsprechenden gesellschaftl. Umgangsformen.

Zivilisationsschäden, psych. und phys. Schäden, die durch mißbräuchl. Nutzung von Zivilisationsgütern oder als Nebenerscheinung bei deren Herstellung auftreten. Als auslösende Faktoren kommen u. a. in Betracht: fehlerhafte (z. B. übermäßige einseitige) Ernährung, Umweltverschmutzung, Mangel an körperl. und klimat. (die Abwehrkraft steigernder) Belastung, Rastlosigkeit und übermäßiger beruflicher Streß, Lärmbelästigung, soziale Desintegration. Durch Z. verursacht oder mitverursacht sind häufig: Fettleibigkeit, Bluthochdruck, Arteriosklerose, Herzinfarkt, Gicht, Diabetes, manche allerg. Erkrankungen, manche Karzinome (z. B. Lungenkrebs).

Zivilliste (Krondotation), das Jahreseinkommen eines Monarchen, das er aus den Staatseinkünften bezieht.

Zivilprozeß, das insbes. in der ZPO sowie im Gerichtsverfassungsgesetz und im Zwangsversteigerungsgesetz gesetzlich geregelte Verfahren der ordentl. Gerichtsbarkeit in bürgerl. Rechtsstreitigkeiten. Man teilt den Z. in das *Erkenntnisverfahren* und das davon abhängige *Vollstreckungsverfahren.* Ersteres dient der Erkenntnis und bindenden Feststellung dessen, was zw. den Parteien rechtens ist, letzteres der zwangsweisen Rechtsdurchsetzung mittels staatl. Macht.

Das Erkenntnisverfahren wird durch Klage eingeleitet, das Vollstreckungsverfahren durch einen Vollstreckungsantrag. Die Erhebung der Klage, d. h. die Zustellung der bei Gericht eingereichten Klageschrift, begründet die Rechtshängigkeit der Streitsache. Das Verfahren soll nach Möglichkeit in einem einzigen, umfassend vorbereiteten Termin zur mündl. Verhandlung erledigt werden. Das Urteil ergeht aufgrund einer zusammenfassenden Würdigung des Parteivortrags und des Beweisergebnisses. Das Urteil bildet auch die Grundlage für das Vollstreckungsverfahren. Neben dem Urteilsverfahren kennt die ZPO das Mahnverfahren, den Urkundenprozeß, den Wechsel- und Scheckprozeß sowie das Verfahren des einstweiligen Rechtsschutzes (Arrest und einstweilige Verfügung). – In *Österreich* und in der *Schweiz* ist der Z. im wesentlichen ähnlich geregelt.

Zivilprozeßordnung (Abk. ZPO), das den Zivilprozeß regelnde Gesetz.

Zivilrecht, svw. →bürgerliches Recht.

Zivilschutz (früher: ziviler Bevölkerungsschutz, Luftschutz), Teil der zivilen Verteidigung; umfaßt u. a. auf freiwilliger Grundlage durchgeführten *Selbstschutz,* den *Warndienst,* den *Katastrophenschutz* und den *Schutzraumbau* zur Schaffung von Schutzräumen zum Schutz der Bevölkerung sowie lebens- und verteidigungswichtiger Anlagen und Einrichtungen vor der Wirkung von Angriffswaffen (v. a. von ABC-Waffen *[ABC-Schutz]*). Zuständige Behörde für den Z. ist das Bundesamt für Zivilschutz. – In *Österreich* werden die Aufgaben des Z. von verschiedenen Behörden des Bundes, der Bundesländer und der Gemeinden sowie von Hilfsorganisationen erfüllt. In der *Schweiz* ist der Z. stark entwickelt. Zuständige Behörden sind das Bundesamt für den Z., die kantonalen Z.ämter und die gemeindl. Z.stellen.

Žižka [z Trocnova], Jan [tschech. ˈʒiʃka] (dt. Johann Ziska [von Trocnov]), * Trocnov bei Budweis um 1370, † bei Přibyslav (Ostböhm. Gebiet) 11. 10. 1424, böhm. Hussitenführer. Besiegte Kaiser Sigismund am Žižkaberg (Vitkov) bei Prag am 14. 7. 1420 und bei Havlíčkův Brod am 8. 1. 1422.

ZK, Abk. für →Zentralkomitee.

Zlín [tschech. tslʼiːn], südmähr. Stadt östlich von Brünn, ČSFR, 86 500 E. Schuhmuseum; Schuh-Ind., im Ortsteil **Kudlov** Ateliers der tschech. Puppen- und Zeichentrickfilmproduktion. Hieß 1949–89 **Gottwaldov.**

Zloty [ˈslɔti; poln. ›Goldener‹; Mrz. Zlotys] (poln. Złoty [poln. ˈzu̯ɔti]), 1528–1864 der poln. Gulden; erneuert 1923. Heute Währungseinheit in Polen, Abk. Zl.

Zn, chem. Symbol für →Zink.

Zobel [slaw.] (Sibir. Z.), ziemlich gedrungener, spitzschnauziger Marder, v. a. in Wäldern großer Teile Asiens; Länge rd. 40–60 cm, mit etwa 10–20 cm langem, buschigem Schwanz; Fell braungelb oder dunkelbraun oder fast schwarz, langhaarig und weich. 90 % der in der Pelzwirtschaft verwendeten Z.felle stammen von Z.farmen.

Zodiakallicht [griech./dt.] (Tierkreislicht), schwache Leuchterscheinung am nächtl. Himmel; v. a. durch Streuung des Sonnenlichts an Partikeln der interplanetaren Materie hervorgerufen.

Zodiakus [griech.], svw. →Tierkreis.

Zofingen, Bezirkshauptort im schweizer. Kt. Aargau, 8 800 E. U. a. Großdruckerei, Zeitschriftenverlag. Spätgot. ehem. Stiftskirche Sankt Mauritius (12. bis 16. Jh.) mit barockem W-Turm (1646–49), spätbarockes Rathaus (1792–95).

Zogu I. [alban. ˈzogu] (Zog I.), eigtl. Achmed Zogu, * Schloß Burgajet (Albanien) 8. 10. 1895, † Paris 9. 4. 1961. 1923 Min.-Präs.; 1924 im Exil; ab 1925 Staats-Präs., ab 1928 König, ab 1939 wieder im Exil.

Zitronenbaum: Zitrone; OBEN Zweig mit Blüten und Frucht; UNTEN aufgeschnittene Frucht

Zola, Émile [frz. zɔ'la], * Paris 2. 4. 1840, † ebd. 29. 9. 1902, frz. Schriftsteller. Hauptvertreter des europ. Naturalismus, Kunstkritiker. Machte sich während der Dreyfusaffäre mit dem berühmten offenen Brief ›J'accuse‹ (Ich klage an; 1898) an den Präs. der Republik zum Anwalt des unschuldig Verurteilten. Im Mittelpunkt seines Hauptwerkes, des 20teiligen Romanzyklus ›Die Rougon-Macquart. Geschichte einer Familie unter dem 2. Kaiserreich‹ (1871–93) steht die Frage nach der Rolle von Vererbung und Milieu im Leben des Menschen; das Werk, dessen Methodik in der theoret. Abhandlung ›Der Experimentalroman‹ (1880) dargelegt wird, gibt ein umfassendes Zeitgemälde der frz. Gesellschaft; bes. bekannt wurden daraus ›Die Schnapsbude‹ (1877), ›Nana‹ (1880), ›Germinal‹ (1885), ›Die Bestie im Menschen‹ (1890), ›Der Zusammenbruch‹ (1892); schrieb u. a. auch die Romantrilogie ›Die drei Städte‹ (1894–98) sowie den Romanzyklus ›Die vier Evangelien‹ (1899–1903).

Émile Zola
(Gemälde
von Édouard
Manet, 1868;
Paris, Musée
d'Orsay)

Zölestin (Cölestin, Coelestin) [lat.], Mineral von weißer, oft bläul. Farbe, auch farblos; chem. $SrSO_4$. Mohshärte 3–3,5; Dichte 3,9–4 g/cm³. Strontiumrohstoff; Verwendung zur Herstellung von Feuerwerkskörpern (rote Flammenfärbung).

Zölibat [lat.], zeitweilige oder dauernde Lebensform der Ehelosigkeit und geschlechtl. Enthaltsamkeit (Jungfräulichkeit). Der in vor- und außerchristl. Religionen von Priestern und Mönchen (Nonnen) geforderte Z. fand v. a. in der lat. Kirche seine ausgeprägteste Form; erste kirchenrechtl. Regelung auf der Synode von Elvira (um 306), die den Bischöfen, Priestern und Diakonen der westl. Kirche die ehel. Enthaltsamkeit vorschrieb. In den Ostkirchen darf eine vor der Weihe geschlossene Ehe fortgeführt werden; nur für Bischöfe und Mönche besteht die Z.verpflichtung. – Die reformator. Kirchen lehnen den Z. ab.

Zoll, alte Längeneinheit unterschiedl. Größe, meist zw. 2,3 und 3 cm; in einigen Gebieten der Technik wird z. T. bis heute der engl. Zoll (= → Inch; Einheitenzeichen: ″) verwendet: 1″ = 25,4mm.

Zollabkommen, zwischenstaatl. Abkommen zur gegenseitigen Abstimmung der Zölle; bedeutendstes Z. ist das →GATT.

Zölle [griech.-mittellat.], vom Staat erhobene Abgaben auf Güter beim Überschreiten einer Grenze. Heute wird im allg. nur noch die Wareneinfuhr mit einem Zoll belegt *(Einfuhr-Z.); Ausfuhr-* und *Durchfuhr-Z.* spielen kaum noch eine Rolle. Nach dem Zweck können Z. unterschieden werden in *Finanz-Z.,* die aus rein steuerl. Gründen erhoben werden, und *Schutz-Z.* (zum Zweck der Abschirmung und Förderung der einheim. Wirtschaft). *Ausgleichs-Z.* sollen

Anders Zorn:
Porträt Maja von
Heyne (Radierung;
1906)

Exportprämien und Subventionen des Herkunftslandes der Importe ausgleichen, um Wettbewerbsverzerrungen zu vermeiden. Zollstraftatbestände werden z. T. nach dem Steuerstrafrecht verfolgt (z. B. Zollhinterziehung, Schmuggel), z. T. nach dem Strafgesetzbuch (z. B. Steuerzeichenfälschung).

Zollgebiet, das von der *Zollgrenze* umschlossene Hoheitsgebiet; es wird vom *Zollinland* (das Hoheitsgebiet i. e. S.) und von den *Zollanschlüssen* (ausländ. Staatsgebiete, die Teil eines inländ. Wirtschaftsgebietes sind) gebildet.

Zollgrenzbezirk, sich entlang der Zollgrenze in einer Entfernung bis zu 15 km erstreckender Bezirk im Zollgebiet, in dem zur Sicherung des Zollaufkommens bestimmte Beschränkungen und Verpflichtungen gelten (z. B. die Verpflichtung, sich auf Verlangen der Zollbediensteten über seine Person auszuweisen).

Zollunion, Zusammenschluß mehrerer Staaten zur Errichtung eines gemeinsamen Marktes mit einheitl. Außenzoll (im Unterschied zur → Freihandelszone) und Abbau jegl. Handelshemmnisse zw. den Mgl.; z. B. Europ. Wirtschaftsgemeinschaft.

Zollverein → Deutscher Zollverein.

Zölom [griech.], die sekundäre → Leibeshöhle.

Zölostat (Coelostat) [lat./griech.], aus zwei Spiegeln bestehende Vorrichtung, die das Licht eines Sterns – speziell der Sonne – immer in die gleiche Richtung (z. B. in ein fest montiertes Fernrohr) wirft.

Zombie, ein eigentlich Toter, der williges Werkzeug dessen ist, der ihn zum Leben erweckt hat; stammt aus dem Wodukult Haitis; Motiv des Horrorfilms.

Zömeterium (Coemeterium) [griech.-lat.], altchristl. Grabstätte, Friedhof, Katakombe.

Zone [griech.], 1) *Geographie:* Erdgürtel, Gebietsstreifen.

2) *Mathematik:* ein zusammenhängender Streifen der Oberfläche eines Rotationskörpers zw. zwei parallelen Ebenen, z. B. Kugelzone.

Zonengrenzen, die auf der Grundlage von Vereinbarungen zw. Großbrit., den USA und der Sowjetunion (Konferenz von Jalta) festgelegten Grenzlinien zw. den dt. Besatzungszonen, die zw. den Westzonen bald wieder aufgehoben wurden.

Zonenschmelzverfahren, Verfahren zur Züchtung hochreiner Siliciumeinkristalle für die Halbleiterfertigung. Hierbei wird ein polykristalliner Stab durch einen Ofen geschoben, so daß jeweils eine schmale Zone des Stabs aufschmilzt. Da Fremdatome sich in der Schmelzzone anreichern, erhält man durch wiederholtes Zonenschmelzen sehr reine Kristalle oder erreicht eine homogene Fremdstoffverteilung bei dotierten Halbleitermaterialien.

zönobitische Klöster → Koinobitentum.

Zons → Dormagen.

zoo..., Zoo... [tso-o; griech.], Bestimmungswort von Zusammensetzungen mit der Bedeutung ›Leben, Lebewesen‹.

Zoologie [tso-o...] (Tierkunde), als Teilgebiet der Biologie die Wiss. und Lehre von den Tieren. Die *allg.* Z. befaßt sich mit allen Erscheinungen des tier. Lebens, v. a. mit der Gestalt und dem Bau der Tiere, ihren Körperfunktionen, der Individual- und Stammesentwicklung, mit den fossilen Tieren, den verwandtschaftl. Zusammenhängen, der Benennung der Arten, ihren Beziehungen zur Umwelt, ihrer Verbreitung und ihrem Verhalten. Die *spezielle* Z. befaßt sich mit bestimmten Tiergruppen. Zur *angewandten* Z. zählen die Haustierkunde, die Schädlingskunde und die Tiermedizin.

zoologischer Garten [tso-o...] (Zoo, Tierpark), öffentl. oder private, meist wiss. geleitete Einrichtung zur Haltung und Züchtung einheim. und fremdländ. Tierarten in Käfigen, in Freigehen und in (entsprechend klimatisierten) Gebäuden, die insgesamt in eine gärtnerisch, häufig parkartig gestaltete Gesamtanlage eingefügt sind.

Zoomobjektive ['zu:m...; engl./lat.] (Varioobjektiv), photograph. Objektive mit stufenlos veränderl. Brennweite (→ Photoapparat).

Zoon politikon ['tso-ɔn; griech.], auf Aristoteles zurückgehende ›Wesensbestimmung‹ des Menschen als eines ›sozialen, polit. Lebewesens‹, d. h. als eines auf Gemeinschaft angelegten Lebewesens.

Zopfstil, veraltete Bez. für einen Übergangsstil der dt. Kunst zw. Rokoko und Klassizismus (verwandt dem frz. Louisseize), bes. in Architektur und Malerei.

Zoppot (poln. Sopot), poln. Stadt an der Danziger Bucht, 51 000 E. Seebad und Kurort (Moorbäder). – 1772 preußisch; 1920 zur Freien Stadt Danzig, 1939–45 zum Reichsgau Danzig-Westpreußen.

Zorn, Anders [schwed. so:rn], *Utmeland bei Mora 18. 2. 1860, †Mora 22. 8. 1920, schwed. Maler und Radierer. Vertreter des Impressionismus.

Zornnattern, Gatt. der Echten Nattern mit zahlr. eierlegenden Arten, v. a. in sonnigen, felsigen, buschreichen Landschaften S-Europas, N-Afrikas, Asiens, N- und M-Amerikas; jagen bevorzugt Eidechsen, kleine Schlangen und Mäuse; Biß für den Menschen ungefährlich. – Zu den Z. gehören u. a. die bis 2 m lange *Gelbgrüne Z.,* die etwa 2 m lange *Pfeilnatter* und die etwa 1,75 m lange *Hufeisennatter.*

Zoroaster →Zarathustra.

Zoroastrismus →Parsismus.

Zorrilla y Moral, José [span. θoˈrriʎa i moˈral], *Valladolid 21. 2. 1817, †Madrid 23. 1. 1893, span. Dichter. Bed. Lyriker und Epiker der span. Romantik. Seine Bearbeitung des Don-Juan-Stoffes ›Don Juan Tenorio‹ (1844) gilt als eines der vollendetsten Dramen der span. Bühnenkunst.

Zoster [griech.], svw. →Gürtelrose.

Zotten, kleine, fingerförmige Ausstülpungen der [Schleim]haut, z. B. Darmzotten.

Zr, chem. Symbol für →Zirkonium.

Zrenjanin [serbokroat. ˌzrɛnjanin] (dt. Großbetschkerek), Stadt nördl. von Belgrad in der Wojwodina, Serbien, 80 800 E. Mittelpunkt des 1920 zu Jugoslawien gekommenen Teils des Banats.

Zsigmondy, Richard [ˈʃɪɡmɔndi], *Wien 1. 4. 1865, †Göttingen 29. 9. 1929, österr. Chemiker. Arbeiten über Kolloidchemie, Ultrafiltration und Dialysatoren; konstruierte 1902/03 zus. mit Henry Friedrich Wilhelm Siedentopf (*1872, †1940) das Ultramikroskop. 1925 erhielt er den Nobelpreis für Chemie.

z. T., Abk. für **zum Teil.**

Ztr., Einheitenzeichen für →Zentner.

Zuccalli, Enrico (Johann Heinrich) [italien. tsukˈkalli], *Roveredo (GR) 1642, †München 8. 3. 1724, schweizer. Baumeister. Tätig in München: Weiterführung der Theatinerkirche und des Nymphenburger Schlosses, Schlößchen Lustheim (1684–89) in Schleißheim, barocker Umbau der Ettaler Klosterkirche (1709 ff.).

Zuccari [italien. ˈtsukkari], **1)** Federico, *Sant' Angelo in Vado bei Urbino 1540 (?), †Ancona 20. 7. 1609, italien. Maler und Zeichner des röm. Spätmanierismus; Bruder von Taddeo Z.; Fresken u. a. im Vatikan.
2) Taddeo, *Sant' Angelo in Vado bei Urbino 1. 9. 1529, †Rom 2. 9. 1566, italien. Maler des röm. Manierismus; Bruder von Federico Z.; u. a. Fresken im Palazzo Farnese in Caprarola bei Rom (1560/61).

Zucchini [tsuˈkiːni; italien.] (Zucchetti), Bez. für die bis 25 cm langen, grünen, gurkenähnl. Früchte einer nichtkriechenden Kulturform des Speisekürbisses; Verwendung als Gemüse.

Zuchthaus, früher eine Anstalt zur Vollstreckung der schwersten Freiheitsstrafe in Verbindung mit Ar-

Enrico Zuccalli: Schlößchen Lustheim; 1684–89

beitspflicht; seit 1969 in der BR Deutschland abgeschafft.

Züchtigungsrecht, das gewohnheitsrechtlich anerkannte Recht der Personensorgeberechtigten auf körperl. Züchtigung des ihrer Erziehung unterworfenen Kindes; Mißbrauch kann als Körperverletzung bestraft werden.

Zuchtmittel, im Jugendstrafrecht eine der Möglichkeiten, die Straftat eines Jugendlichen zu ahnden: *Verwarnung,* Erteilung von *Auflagen* und *Jugendarrest.*

Zuchtperlen →Perlen.

Zucker [arab.-italien.], die kristallinen, wasserlösl., meist süß schmeckenden Kohlenhydrate (Mono- oder Oligosaccharide); i. e. S. Bez. für das Disaccharid Saccharose, das v. a. aus Zuckerrüben und Zuckerrohr *(Rüben-Z.* bzw. *Rohr-Z.)* gewonnen wird. Bei der Gewinnung von Z. aus Z.rüben werden die zerkleinerten Rüben mit Wasser ausgelaugt, die Nichtzuckerstoffe (Salze, Säure, Eiweiße, Pektine) werden ausgefällt, abfiltriert und als Dünger verwendet (die ausgelaugten Z.rübenschnitzel als Viehfutter). Der Klarsaft wird zu Dicksaft mit 65–68% Trockensubstanz eingedampft, erneut filtriert, eingedickt, zentrifugiert, gereinigt (raffiniert); das Produkt ist weißer Kristall-Z., der Zentrifugationsrückstand ist die Melasse.

Neben Honig als Süßmittel scheint fester Z. erst im Indien des 4. Jh. n. Chr. bekannt zu sein. Nach Einfuhr (als Heilmittel) über den Orient wurde der nun ersatzweise aus Rüben hergestellte Z. (nach Teuerungen infolge der napoleon. Kontinentalsperre) erst im 19. Jh. zum Massengenußmittel (1990 in der BR Deutschland rd. 37 kg pro Kopf und Jahr).

Zuckeraustauschstoffe, süß schmeckende Kohlenhydrate (z. B. Fructose) und Zuckeralkohole (z. B. Sorbit), die im menschl. Körper insulinunabhängig verwertet werden können; verwendet in der Diabetiker- und Reduktionsdiät. →Süßstoffe.

Zuckerkrankheit (Diabetes mellitus, Zuckerharnruhr), chron. Stoffwechselstörung, bei der es durch unzureichende Insulinproduktion der Bauchspeicheldrüse zu einer Erhöhung des Blutzuckerspiegels, gewöhnlich auch zum Anstieg des Harnzuckers kommt. Gleichzeitig ist der Fett- und Eiweißstoffwechsel gestört. Grundsätzlich muß unterschieden werden zw. juveniler Z. (evtl. Autoimmunkrankheit) und dem sog. Alterszucker.

Das wichtigste *Krankheitszeichen* der Z. ist der erhöhte Harnzucker. Der Blutzuckerspiegel liegt im nüchternen Zustand bei 60–110 mg-% (60 bis 110 mg/100 cm³). Da die Niere normalerweise nur

José Zorrilla y Moral

Richard Zsigmondy

als Überlaufventil fungiert und mehr als 99% des abgefilterten Zuckers wieder zurückgewinnt, erscheinen nüchtern nur minimale Zuckerspuren im Urin. Erst bei einem Blutzuckerspiegel von über 170 mg-% kommt es zur Überschreitung der Nierenschwelle und damit zur Zuckerausscheidung. Während verschiedene Hormone den Zuckerspiegel erhöhen, ist nur das Bauchspeicheldrüsenhormon Insulin imstande, ihn zu senken; daher führt Insulinmangel zum Blutzuckeranstieg, der eine Verzuckerung wichtiger Proteine bewirkt. Daneben kommt es zu einer Beeinträchtigung des Fettstoffwechsels: anstelle von Zucker werden Fette und Eiweiße abgebaut, bis größere Mengen kurzkettiger organ. Säuren aus dem Fettstoffwechsel ins Blut übertreten, die nicht weiter verbrannt werden können. Solche Säuren (wie die Betaoxybuttersäure und die Acetessigsäure) führen zu einer gefährl. Übersäuerung des Bluts und der Gewebe. Große Atmung, fruchtartiger Mundgeruch und zuletzt tiefe Bewußtlosigkeit kennzeichnen dieses sog. diabetische Koma *(Coma diabeticum)*. Der starke Zuckeranstieg und der Zuckerverlust schwemmt mit dem Harn täglich bis zu 8 Liter Flüssigkeit und entsprechend viele Salze aus. Dadurch kommt es bei fortdauerndem Insulinmangel zu einer gefährl. Verstärkung des Komas mit Blutdruckabfall und Kreislaufzusammenbruch.

Manche *Früherscheinungen* der Z. sind unmittelbar auf die Stoffwechselstörung, andere auf die Zucker- und Wasserverluste zurückzuführen (vermehrter Durst, häufiges Wasserlassen, auch nachts, Müdigkeit und Abgeschlagenheit, Juckreiz und Neigung zu Hautinfektionen). Fettleibigkeit geht der Z. in rd. 50% der Fälle voraus, und nicht selten werden anfangs auch Zeichen einer vorübergehenden Unterzuckerung durch gesteigerte Zuckerverwertung beobachtet (Heißhunger, Schweißausbrüche, Schwäche und Zittern, Kopfschmerz, Schwindel, Leistungsabfall und Konzentrationsschwäche). Die *Behandlung* der Z. erfolgt bei einem Drittel aller Diabetiker allein mit Diät, bei einem weiteren Drittel mit Tabletten (Antidiabetika), das letzte Drittel muß mit Insulininjektionen behandelt werden. Die *Diät* des Zuckerkranken soll v. a. kalorien- und fettarm sein. Um stoßartige Belastungen des Stoffwechsels und der Blutzuckerregelung zu vermeiden, sollten 6 Mahlzeiten über den Tag verteilt werden.

Zuckerpalme (Sagwirepalme), in SO-Asien verbreitete, 10–17 m hohe Palme; aus dem Saft der männl. Blütenstände wird Zucker gewonnen.

Zuckerrohr, nur in Kultur bekannte Süßgrasart; Staude mit bis zu 7 m hohen und 2–7 cm dicken Halmen, die von einem weichen, vor der Blüte etwa 13–20% Rohrzucker enthaltenden, weißen Mark erfüllt sind, das Rohrzucker und Z.melasse (aus der Rum und Arrak hergestellt werden) liefert. Die zellulosehaltigen Rückstände bei der Verarbeitung der Halme *(Bagasse)* werden zur Herstellung von Karton und Papier verwendet. – Die größten Z.anbaugebiete der Erde sind Indien und Brasilien. – Das Z. wurde in Europa im 3. Jh. v. Chr. durch die Feldzüge Alexanders d. Gr. bekannt.

Zuckerrübe, Kulturform der Gemeinen Runkelrübe in zahlr. Sorten; zweijährige Pflanze; die Rüben enthalten 12–21% Rübenzucker; Anbau in der gemäßigten Zone in Gebieten mit genügend warmem, nicht zu feuchtem Klima.

Zuckmayer, Carl, * Nackenheim bei Mainz 27. 12. 1896, † Visp 18. 1. 1977, dt. Schriftsteller. 1939–46 im Exil in den USA, ab 1958 in der Schweiz (1966 schweizer. Staatsbürger). Erfolgreicher Dramatiker, der Humor und Satire, z. T. auch derbdrast. Komik verbindet. In seinem späteren Werk setzt er sich v. a. mit dem Ethos der Freiheit und zeitgeschichtl. The-

men auseinander; auch Erzähler und Drehbuchautor. – *Werke:* Der fröhl. Weinberg (Dr., 1926; verfilmt 1952 von Erich Engel [* 1891, † 1966]), Schinderhannes (Dr., 1927; verfilmt 1958 von H. Käutner), Katharina Knie (Dr., 1929), Der Hauptmann von Köpenick (Dr., 1930; verfilmt u. a. 1956 von H. Käutner), Herr über Leben und Tod (R., 1936), Des Teufels General (Dr., 1946; verfilmt 1954 von H. Käutner), Die Fastnachtsbeichte (E., 1959), Als wär's ein Stück von mir (Erinnerungen, 1967).

Zuckmücken (Federmücken, Schwarmmücken, Chironomidae), Fam. v. a. über die nördl. gemäßigte Zone verbreiteter Mücken mit weit über 5000, etwa 2–15 mm großen, gelbl., grünen, braunen oder schwarzen Arten (davon rd. 1200 Arten in M-Europa); häufig Stechmücken sehr ähnlich, jedoch nicht stechend; die Männchen bilden zuweilen riesige arttyp. Schwärme.

Zufallsgröße (Zufallsvariable) →Wahrscheinlichkeitsrechnung.

Zufallszahlen, rein nach dem Zufall ermittelte Zahlen[reihe]. Zur Simulation realer Prozesse, in denen Zufallsgrößen eine Rolle spielen, werden Z. mit Hilfe bes. *Zufallsgeneratoren* erzeugt (der einfachste Zufallsgenerator für die Zahlen von 1 bis 6 wäre z. B. ein Spielwürfel).

Zug, 1) Hauptstadt des schweizer. Kt. Zug, am N-Ende des Zuger Sees, 21300 E. Histor. Museum; wichtigster Markt und Ind.standort des Kt. Zug. Spätgot. sind die Pfarrkirche Sankt Oswald (1478–1511), das Rathaus (1505) und das Stadthaus (1575–83 umgebaut); Burg (13., 14. und 16.Jh.). – Um 1200 von den Kyburgern gegr.; kam 1273 an die Habsburger; 1352/64 an die Eidgenossen; 1799–1801 Hauptort des Kt. Waldstätten; seit 1803 Hauptort des neu gegr. Kt. Zug.

2) zentralschweizer. Kt., 239 km², 83400 E, Hauptstadt Zug. Neben der Viehhaltung Acker- und Obstbau (Kirschen); an den Seen Fremdenverkehr. – Der Kt. Z. entstand 1803 in den Grenzen des alten städt. Territoriums; gehörte 1845–47 zum kath. Sonderbund.

Zug, 1) *Mechanik:* die Beanspruchung eines Werkstücks oder -stoffs durch zwei in entgegengesetzte Richtungen wirkende Z.kräfte.

2) *Meteorologie:* durch Temperatur- oder Druckunterschiede hervorgerufene Luftströmung.

3) *Verkehrswesen:* mehrere miteinander verbundene Fahrzeuge, z. B. Eisenbahn-Z., Last[wagen]zug.

4) *Militärwesen:* (mehrere Gruppen bzw. Trupps umfassende) Teileinheit, die unter der Leitung eines Z.führers (Offizier oder erfahrener Unteroffizier) steht. Mehrere Züge bilden eine Kompanie.

Zuger See, Alpenrandsee in den schweizer. Kt. Zug, Schwyz und Luzern, 38,3 km².

zugewandte Orte, in der alten Eidgenossenschaft bis 1798 die mit den →Dreizehn alten Orten mehr oder weniger eng verbundenen Territorien: Fürstabtei und Stadt Sankt Gallen sowie Biel als engere z. O., Mülhausen und Genf als ev. z. O., Wallis und Graubünden als ›ewig Mitverbündete‹, ferner das Ft. Neuenburg und das Fürstbistum Basel, im 16./ 17. Jh. auch Rottweil.

Zugewinnausgleich, der bei Beendigung der Zugewinngemeinschaft (z. B. durch Scheidung, Ehevertrag, Tod) durchzuführende Ausgleich zur gleichmäßigen Beteiligung der Ehegatten an dem von ihnen während der Dauer der Ehe erwirtschafteten Vermögenszuwachs (Zugewinn).

Zugewinngemeinschaft, im Eherecht der gesetzl. Güterstand. Die Vermögen der Ehegatten bleiben auch nach der Eheschließung getrennt und werden vom jeweiligen Ehegatten allein verwaltet. Gemeinschaftl. Vermögen entsteht nur durch einzelne

Carl Zuckmayer

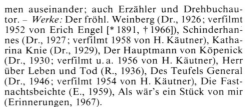

678

Rechtsgeschäfte. An den gemeinsam angeschafften Gegenständen entsteht eine Mitberechtigung nach Bruchteilen. Jeder Ehegatte kann über seinen Anteil an diesen Gegenständen ohne Mitwirkung des anderen verfügen; es bestehen jedoch Verfügungsbeschränkungen. Über sein Vermögen im Ganzen kann ein Ehegatte nur mit Zustimmung des anderen Ehegatten verfügen.

Zugpflaster, Pflaster mit hautreizenden Stoffen und daher von durchblutungsfördernder Wirkung.

Zugpostfunk, Funktelefondienst, der es Reisenden in den meisten Eurocity- und Intercity-Zügen gestattet, vom Zugsekretariat aus Telefongespräche mit Teilnehmern des öffentl. Fernsprechnetzes zu führen.

Zugriffszeit, in der *Datenverarbeitung* die Zeitspanne, die notwendig ist, um Daten einzelner Speicherzellen zu lesen oder in sie abzulegen. Sie liegt bei modernen Computern im Nanosekundenbereich.

Zugspitze, mit 2962 m höchster Berg Bayerns und der BR Deutschland, am W-Rand des Wettersteingebirges auf der dt.-österr. Grenze.

Zugvögel, Vögel, die alljährlich in ihre artspezif. Winter- bzw. Brutgebiete ziehen. Der Rückgang v. a. von Weitstrecken-Zugvögeln (Übergang zu Standvögeln) wird als Indiz einer Klimaänderung gedeutet.

Zuhälterei, Straftatbestand, wenn jemand einen anderen, der der Prostitution nachgeht, ausbeutet oder seines Vermögensvorteils wegen bei der Ausübung der Prostitution überwacht sowie die Prostitutionsausübung hinsichtlich Zeit, Ort und Ausmaß bestimmt.

Zuidersee ['zɔydərze:], ehem. Nordseebucht (rd. 3700 km²) in den nw. Niederlanden, nach Errichtung eines Abschlußdammes (1927–32) aus dem Hauptzufluß, der IJssel, in **IJsselmeer** umbenannt. Gleichzeitig begann die sich über Jahrzehnte erstreckende Einpolderung.

Zukermann, Pinchas, * Tel Aviv 16. 7. 1948, israel. Violinist. Internat. gefeierter Interpret klass. Musik.

Zukofsky, Louis, * New York 23. 1. 1904, † Port Jefferson (N. Y.) 12. 5. 1978, amerikan. Schriftsteller. Sohn russ. Einwanderer. Lyriker im Umfeld des →Imagismus (u. a. ›A‹ 1–12, 1959, ›A‹ 13–21, 1969); auch Studien zur ästhet. Theorie und Romane (u. a. ›It was‹, 1961).

Zukunft, in der Sprachwiss. svw. →Futur.

Zukunftsforschung, svw. →Futurologie.

Zulieferung →Auslieferung.

Zulliger, Hans, * Mett (= Biel [BE]) 21. 2. 1893, † Ittigen bei Bern 18. 10. 1965, schweizer. Psychologe, Psychoanalytiker und Pädagoge. Einer der Begründer der psychoanalyt. Pädagogik und der Kinderanalyse (bes. verdient machte er sich um das tiefenpsycholog. Verständnis kindlicher Fehlleistungen, Spiele und Träume).

Zülpich, Stadt nw. von Euskirchen, NRW, 16700 E. Propstei-Museum. Röm. Badeanlagen (um 100 n. Chr.), Teile der Stadtbefestigung (13.–15. Jh.), kurköln. Landesburg (14./15. Jh.). – Röm. Handelsplatz *Tolbiacum;* in karoling. Zeit Königshof; danach im Besitz der Grafen von Jülich, ab 1278 der Kölner Erzbischöfe.

Zulu, Bantuvolk in Südafrika, für das in Natal das Heimatland Kwazulu errichtet wurde. – 1816 wurden die verschiedenen Z.stämme zu einem Kgr. vereinigt, das bis 1879 Bestand hatte.

Zulu (isi-Zulu), zur südöstl. Gruppe der Bantoidsprachen gehörende Bantusprache v. a. in der Republik Südafrika. Charakteristisch sind die Schnalzlaute im Phoneminventar.

Zündanlage, elektr. Anlage, die die zur Bildung eines Zündfunkens (zur Zündung des Kraftstoff-Luft-Gemischs im Verbrennungsraum eines Ottomotors) erforderl. Hochspannung liefert. Die bei Kfz vorwie-

gend verwendete *Batterie-Z.* entnimmt ihre Energie der Fahrzeugbatterie bzw. der Lichtmaschine. Die Z. besteht im wesentlichen aus Zündspule, [Zünd]verteiler (mit Unterbrecher und Zündversteller) und den Zündkerzen. In der Sekundärwicklung der *Zündspule* wird bei der (zum jeweiligen Zündzeitpunkt erfolgenden) durch den Unterbrecher bewirkten kurzen Unterbrechung des Stromkreises der an die Batterie angeschlossenen Primärspule ein Hochspannungsimpuls induziert, der dem Zündverteiler und von dort aus jeweils einer Zündkerze zugeführt wird. Um den *Zündzeitpunkt* den jeweiligen Betriebsbedingungen möglichst gut anzupassen, enthält die Z. gewöhnlich noch eine *Zündverstelleinrichtung* (Fliehkraft- oder Unterdruckversteller). Die Zündung erfolgt, bevor der Kolben den oberen Totpunkt (OT) erreicht hat (sog. *Vorzündung);* Abweichungen davon werden als *Früh-* bzw. *Spätzündung* bezeichnet. Bessere Leistungen als mit mechan. Unterbrechern, deren Schaltleistung begrenzt ist, erzielt man mit *elektron Z.* (z. B. mit der Transistor-Spulenzündung). Für Schlepper- und Bootsmotoren, für leichte Motorräder u. a. werden batterieunabhängige *Magnet-Z.* verwendet.

Zunder, 1) *Botanik:* →Zunderschwamm.
2) *Metallurgie:* bei hohen Temperaturen auf Metalloberflächen entstehende Korrosionsschicht.

Zünder, Vorrichtung, durch die ein Explosivstoff oder die Treibladung eines Geschosses zur Zündung gebracht wird. →Munition.

Zunderschwamm (Blutschwamm, Falscher Feuerschwamm, Wundschwamm), zu den Porlingen gehörender mehrjähriger, bis 30 cm großer Ständerpilz, der bes. auf Buchen und Birken Weißfäule (→Kernfäule) erzeugt. Aus der getrockneten, mit Salpeterlösung getränkten Mittelschicht des Fruchtkörpers wird *Zunder* hergestellt, der sich durch auftreffende Funken zum Glimmen bringen läßt.

Pinchas Zukermann

Zündholz (Streichholz), zur Entfachung und Übertragung von Feuer dienende Stäbchen aus Holz, Streifen aus Pappe oder anderem Material (z. B. bei sog. *Wachszündern* ein mit Wachs imprägnierter Baumwolldocht), die mit einem durch Reiben entflammbaren, verschiedene brennbare Stoffe (z. B. Schwefel) enthaltenden *Zündkopf* versehen sind.

Zündkerze, Vorrichtung zur Zündung des im Verbrennungsraum von Ottomotoren verdichteten Kraftstoff-Luft-Gemischs durch einen elektr. Funken. Der Funkenüberschlag erfolgt zw. Mittel- und Masseelektrode (Abstand bei den normalen Kfz-Motoren 0,7–0,8 mm; übl. Spannungen 5000–15000 V).

Zündpunkt (Zündtemperatur), die niedrigste Temperatur, bei der sich ein brennbarer Stoff im Gemisch mit Luft selbst entzündet.

Zündschloß (Zündanlaßschalter), gewöhnlich mit einer Lenksäulenverriegelung (als Diebstahlsicherung) kombinierter, mit dem Zündschlüssel zu betätigender Schalter, der den Stromkreis der Zündanlage eines Kfz einschaltet.

Zündspule, Teil einer →Zündanlage.

Zündstein, svw. →Feuerstein.

Zündstoffe, svw. Initialsprengstoffe (→Sprengstoffe).

Zündtemperatur, svw. →Zündpunkt.

Zündung, das Auslösen einer Explosion, Detonation oder Verbrennung (Entzündung), meist durch Erhitzen des Explosiv- oder Brennstoffs. →Zündanlage.

Zündverteiler, Teil einer →Zündanlage.

Zunft, im Hoch-MA in allen europ. Städten entstandene Organisationen von [freien] Handwerkern, Handeltreibenden (→Gilden) u. a. Gruppen zur Ausübung des gemeinsamen Gewerbes und Regelung der wirtschaftl. und sozialen Verhältnisse v. a. im Interesse der Produzenten. Die äußere Organisation der

Hans Zulliger

Zünfte, die von der Obrigkeit mit Monopolrecht *(Z.zwang)* ausgestattet waren, beruhte auf der Gliederung in Meister, Gesellen und Lehrlinge. I. d. R. war für Lehrlinge und Gesellen eine Lehrzeit, Gesellenzeit und Wanderzeit *(Wanderzwang)* vorgeschrieben. Das *Meisterstück* diente zum Nachweis der Kenntnisse und Fähigkeiten. Entscheidungen wurden von den *Meisterversammlungen* (sog. *Morgensprachen)* getroffen; nur die Meister waren Vollgenossen der Zünfte. An der Spitze standen die gewählten *Z.meister (Aldermann).* Die *Z.ordnungen (Z.statuten, Schragen)* wurden von der Stadtobrigkeit bestätigt oder erlassen und regelten wirtschaftl. und organisator. Fragen wie Betriebsgröße, Arbeitszeit und Rohstoffbezug; auch Warenqualität, Wettbewerb und Preise unterstanden zünftiger Überwachung. Die Gesellen waren vielfach in *Gesellenbruderschaften* zusammengeschlossen. – Im ausgehenden MA führte der Zunftzwang immer mehr zur Erstarrung. Die Regierungen versuchten deshalb, den Einfluß der Z. einzuschränken, z. B. durch Ernennung von Freimeistern und Hofhandwerkern. 1731 wurde eine Reichshandwerksordnung erlassen; seit der Frz. Revolution wurde die Gewerbefreiheit eingeführt: 1791 in Frankreich, 1810/11 in Preußen, 1859 in Österreich. In den Innungen blieb der Gedanke des berufl. Zusammenschlusses lebendig.

Francisco de Zurbarán: ›Der heilige Bonaventura leitet das Konzil von Lyon‹; 1629 (Paris, Louvre)

Zunge, 1) *Anatomie:* (Glossa, Lingua) häufig muskulös ausgebildetes Organ am Boden der Mundhöhle bei den meisten Wirbeltieren. Die Z. der Säugetiere und der Menschen, deren Schleimhaut am Z.rücken mit den Sehnenfasern der Z.muskulatur unverschiebl. fest verbunden ist, ist charakterisiert durch Drüsenreichtum sowie eine sehr stark entwickelte, quergestreifte Muskulatur. Sie fungiert als Hilfsapparat für das Kauen, Schlucken und für die Körperpflege und wirkt bei Lautäußerungen mit. Der Z.rücken trägt neben zahlr. freien Nervenendigungen, die die Z. zu einem empfindl. Tastorgan machen, viele verschiedenartige Papillen, die teils dem →Geschmackssinn, teils mechan.-taktilen Funktionen zuzuordnen sind.

2) *Instrumentenkunde:* bei bestimmten Blasinstrumenten ein dünnes Plättchen aus Schilfrohr oder Metall, das im Luftstrom schwingt und ihn periodisch unterbricht. Je nachdem, ob die Z. gegen einen Rahmen schlägt oder durch ihn hindurch schwingt,

spricht man von *aufschlagenden* Z. (Klarinette, Saxophon) und von *durchschlagenden* Z. (Harmonium, Hand-, Mundharmonika); bei *Gegenschlag-Z.* schlagen zwei Z. gegeneinander (Oboe, Fagott).

Züngeln, bei Eidechsen und Schlangen das schnell aufeinanderfolgende Vorstoßen, Hin- und Herbewegen und Einziehen der (gespaltenen) Zunge. Beim Z. nimmt die Zungenschleimhaut Geruchsstoffe (u. a. von Beute) aus der Luft auf.

Zungenbein, knöcherne (z. T. auch knorpelige), frei in Muskeln eingehängte Stützstruktur der Zunge der Wirbeltiere (beim Menschen klein und hufeisenförmig).

Zungenbelag, weißlichgraue Schicht aus Speiseresten, weißen Blutkörperchen, verhornten Zellen und Bakterien auf dem Zungenrücken; häufig kommt die ›belegte Zunge‹ bei (chron.) Erkrankungen der Mundhöhle, des Rachens und des Magen-Darm-Kanals vor.

Zungenblüten (Strahlenblüten), bei Korbblütlern vorkommender Blütentyp mit einer aus drei oder fünf verwachsenen Kronblättern gebildeten zungenförmigen Blumenkrone.

Zungenmandel (Zungentonsille), beim Menschen den Zungengrund bedeckendes unpaares Organ des lymphatischen Rachenrings; Anhäufung von Balgdrüsen und Lymphgewebe.

Zungenpfeifen, svw. →Lingualpfeife.

Zungenreden, svw. →Glossolalie.

Zuni [engl. 'zu:nı], eines der bekanntesten Dörfer der Puebloindianer in der westl. New Mexico, 200 km westlich von Albuquerque; Herstellung von Silberschmuck und Türkisarbeiten.

Zünsler (Lichtzünsler, Lichtmotten, Pyralidae), mit über 10000 Arten weltweit verbreitete Fam. etwa 15–30 mm spannender, vorwiegend dämmerungs- oder nachtaktiver Schmetterlinge (davon rd. 250 Arten einheimisch); Raupen legen in Pflanzen oder organ. Stoffen meist Gespinstgänge.

Zupfinstrumente, Gruppe von Musikinstrumenten, deren Töne durch Anreißen des primär schwingenden Materials entstehen, u. a. Harfe, Laute, Zither.

Zurbarán, Francisco de [span. θurßa'ran], ≈ Fuente de Cantos bei Badajoz 7. 11. 1598, † Madrid 27. 8. 1664, span. Maler. Als Stadtmaler von Sevilla erhielt Z. zahlr. Aufträge für Sevillaner Klöster und stellte vorwiegend Szenen aus der Geschichte des Mönchtums dar. Seine monumentalen Figuren sind durch Anwendung der von Caravaggio entwickelten scharfen Helldunkeleffekte von hoher Plastizität. Z. schuf auch bed. Stilleben; zahlr. Werkstattarbeiten, u. a. zum Export (Peru).

Zurbriggen, Pirmin, * Saas-Almagell 4. 2. 1963, schweizer. alpiner Skiläufer. Olympiasieger 1988 in der Abfahrt; Weltmeister 1985 in Abfahrt und Kombination, 1987 in Riesen- und Super-Riesenslalom.

Zurechnungsfähigkeit, frühere Bezeichnung für →Schuldfähigkeit.

Zurechnungsunfähigkeit, frühere Bezeichnung für →Schuldunfähigkeit.

Zürich, 1) Hauptstadt des schweizer. Kt. Zürich, am N-Ende des Zürichsees und an der Limmat, 346 800 E. Univ., Eidgenöss. Technische Hochschule (ETH) u. a. Hochschule und weitere Institute, Staatsarchiv, zahlr. Museen, u. a. Schweizer. Landesmuseum, Opernhaus, Schauspielhaus, Tonhalle, botan. Garten, Zoo. Handels- und Finanzzentrum der Schweiz, zugleich wichtigster und größter Ind.standort des Landes, Kongreß- und Messestadt; internat. ✈ in Kloten.
Bauten: Bed. Kirchen, u. a. roman. Großmünster (12./13. Jh.) über den Fundamenten einer wohl karoling. Basilika, roman.-got. Fraumünster (vollendet im 15. Jh.) mit modernen Fenstern von M. Chagall, spätgot. Wasserkirche (1479–84), barocke Kirche Sankt

Zürich 1)
Wappen

Peter (1705/06) mit roman. Turm des Vorgängerbaus. Rathaus (1694–98), zahlr. Zunft- und Patrizierhäuser (16., 17. und 18. Jh.); Bauten des 19. und 20. Jh. sind u. a.: ETH (1861–64), Kunsthaus (1910), Univ. (1914), Ausstellungspavillon (1967; nach Plänen von Le Corbusier), Fernmeldezentrum (1974–78).

Geschichte: 929 wurde das unter den Römern **Turicum** gen. Z. erstmals als Stadt genannt; nach 1218 reichsunmittelbar; 1336 Einführung einer Zunftverfassung; 1351 ewiges Bündnis mit den Eidgenossen; nach 1523 Einführung der Reformation durch Zwingli, ausgedehntes Bündnissystem mit den ev. Städten; 1803 Hauptstadt des neuen gleichnamigen Kantons.

2) Kt. im Schweizer Mittelland, 1 729 km², 1,14 Mio. E, Hauptstadt Zürich. Bed. Landwirtschaft; Ind. v. a. in den Ballungsgebieten der Städte Zürich und Winterthur. – 1803 in den Grenzen des ehem. Stadtstaates entstanden; 1869 erhielt Z. seine noch heute gültige Verfassung.

Zürichsee, See in den schweizer. Kt. Sankt Gallen, Schwyz und Zürich, 90,1 km².

Zürn, Jörg, * Waldsee (= Bad Waldsee) um 1583, † Überlingen vor 1635, dt. Bildhauer. Leiter einer großen Werkstatt in Überlingen, schuf u. a. den frühbarocken Hochaltar des Überlinger Münsters (1613 bis 1619). – Abb. S. 682.

Zurückbehaltungsrecht, Recht des Schuldners, die geschuldete Leistung solange zu verweigern, bis der Gläubiger seinerseits die dem Schuldner gebührende und fällige Leistung (Gegenleistung) erbringt. Die jeweiligen Leistungsverpflichtungen müssen auf demselben rechtl. Verhältnis beruhen.

Zurzach, Bezirkshauptort im schweizer. Kt. Aargau, am Hochrhein, 3 400 E. Thermalbad. Reste eines röm. Kastells und einer frühchristl. Kirche, Stiftskirche Sankt Verena (geweiht 1347; 1733/34 barockisiert). – Die 1363 erstmals erwähnten Zurzacher Messen (Leder, Textilien) bestanden bis 1856.

Zusatzstoffe, im Lebensmittelrecht solche Stoffe, die dazu bestimmt sind, Lebensmitteln zur Beeinflussung ihrer Beschaffenheit oder zur Erzielung bestimmter Eigenschaften oder Wirkungen zugesetzt zu werden (z. B. Acetate, Carbonate, Chloride, Backtriebmittel, Bleichmittel, geschmacksbeeinflussende Stoffe und Konservierungsmittel).

Zuschlag, bei einer Versteigerung die Annahme des in einem Meistgebot liegenden Angebots zum Abschluß eines Vertrages durch den Versteigerer.

Zuschläge (Zuschlagstoffe), in der Hüttentechnik Bez. für bas. oder saure Stoffe, die bei metallurg. Schmelzverfahren zugegeben werden, um eine leicht abzutrennende Schlacke zu erhalten.

Zuse, Konrad, * Berlin 22. 6. 1910, dt. Ingenieur. Entwickelte ab 1934 die Grundkonzeption für eine programmgesteuerte Rechenmaschine; 1941 vollendete er mit der Z 3 in Relaistechnik das erste programmgesteuerte Rechengerät der Welt.

Zustand, in der *Physik* die Gesamtheit der physikal. Größen eines physikal. Systems, die es in jedem Zeitpunkt in seinen Eigenschaften und seinem Verhalten eindeutig beschreiben.

Zuständigkeit, im *Verfahrensrecht* der einem Gericht oder einer Verwaltungsbehörde zustehende Geschäftsbereich. Die *gerichtl.* Z. bestimmt sich nach der Zulässigkeit des Rechtswegs, die *örtl.* Z. nach dem Gerichtsstand.

Zustandsänderung, jede Änderung des thermodynam. Zustands eines Stoff- bzw. thermodynam. Systems, die durch Änderung einer Zustandsgröße verursacht wird; sie kann umkehrbar sein *(reversible Z.)* oder nicht *(irreversible Z.)*; als *adiabat.* Z. bezeichnet man solche, die ohne Wärmeaustausch mit der Umgebung ablaufen.

Zustandsdiagramm, jede graph. Darstellung des Zusammenhangs zw. den Zustandsgrößen eines beliebigen thermodynam. Systems in einem ebenen Koordinatensystem.

Zustellung, die förml. und in einer **Zustellungsurkunde** zu beurkundende Bekanntgabe des Inhalts eines Schriftstücks (z. B. Klageschrift, Ladung zum Termin). Die Z. soll der Z.adressaten mit Rücksicht auf die i. d. R. damit in Lauf gesetzten Fristen (z. B. Rechtsmittelfristen) Gelegenheit zur Kenntnisnahme eines Schriftstücks verschaffen und für den Zustellenden den Nachweis sichern, daß gerade dieses Schriftstück zugestellt worden ist. Die Z. erfolgt i. d. R. von Amts wegen durch den Gerichtsvollzieher, die Post, die zuständige Behörde selbst oder unmittelbar von Anwalt zu Anwalt.

Zustimmungsgesetze, Bundesgesetze, die im Ggs. zu den Einspruchsgesetzen kraft ausdrückl. verfassungsrechtl. Vorschrift der Zustimmung des Bundesrats bedürfen (z. B. die von den Ländern auszuführenden Gesetze und verfassungsändernde Gesetze).

ZVS, Abk. für →Zentralstelle für die Vergabe von Studienplätzen.

Zwang, 1) *allgemein:* das (mit Drohung, Anwendung von Gewalt o. ä. verbundene) Einwirken auf einen Menschen, etwas seinem Willen Widerstrebendes zu tun oder zu unterlassen.

2) *Psychopathologie:* das immer wiederkehrende Phänomen des Beherrschtwerdens von Vorstellungen oder Handlungsimpulsen, die von den betroffenen Personen selbst als unsinnig, fremdartig oder als mit dem Ich-Ideal nicht vereinbar beurteilt werden.

3) *Recht:* →Zwangsmittel.

Zwangsarbeit, ›jede Art von Arbeit oder Dienstleistung, die von einer Person unter Androhung irgendeiner Strafe verlangt wird und für die sie sich nicht freiwillig zur Verfügung gestellt hat‹ (Definition der Internat. Arbeitsorganisation [IAO] von 1930); ausgenommen werden Militärdienstpflicht, die übl. Bürgerpflichten (z. B. Wegereinigung), Strafarbeit auf Grund gericht. Verurteilung, Notstandspflichten. In vielen Staaten wurden und werden dennoch Personen aus polit., wirtschaftl. und ideolog. Gründen systemat. Z. unterworfen. Im nat.-soz. Deutschland wurden die Häftlinge der Konzentrationslager zu Z. herangezogen. Besserungsarbeit (meist in Lagern, sog. Kolonien) soll der Umerziehung dienen; sie ist aber praktisch eine Form der Bestrafung und der Ausbeutung der Arbeitskraft der Häftlinge.

Zwangsernährung, die gegen den Willen und u. U. gegen den Widerstand eines Gefangenen oder Untersuchungshäftlings vorgenommene Ernährung durch einen Arzt. Aufgrund der Pflicht des Staates, Gesundheit und Leben zu schützen, haben Vollzugsbehörden die Pflicht zur Z., wenn der Gefangene nicht mehr über eine freie Willensbestimmung verfügt oder unmittelbare Lebensgefahr besteht.

Zwangshypothek, bei der Zwangsvollstreckung wegen einer Geldforderung in das unbewegliche Vermögen die zwangsweise Eintragung einer Sicherungshypothek ins Grundbuch.

Zwangsjacke (Zwangshemd), vorn geschlossenes, grobes Leinenhemd mit überlangen, nicht offenen Ärmeln, die früher zur Ruhigstellung unruhiger psych. Kranker auf dem Rücken verknotet wurden.

Zwangskurs, Kurs, zu dem Banknoten von jedermann in unbegrenzter Höhe kraft Gesetzes angenommen werden müssen. Z. besteht für jedes Papiergeld, das in dem betreffenden Land gesetzl. Zahlungsmittel ist.

Zwangsmittel, im Verwaltungszwangsverfahren die spezif. Beugemittel zur Durchsetzung von Verwaltungsakten, um die Herausgabe einer Sache, die Vornahme einer Handlung oder eine Duldung oder Un-

Zürich 2)
Wappen

1

2

3

Zupfinstrumente:
Von OBEN Harfe, Laute, Zither

Jörg Zürn: Hochaltar des Überlinger Münsters; 1613–19

terlassung zu erzwingen. Z. sind: die *Ersatzvornahme,* durch die eine dem Pflichtigen obliegende vertretbare Handlung dadurch erzwungen wird, daß die Vollstreckungsbehörde selbst oder im Wege der Amtshilfe eine andere Behörde oder ein beauftragter Privatmann die dem Pflichtigen aufgegebene Handlung ausführt; das *Zwangsgeld* (3–2 000 DM) bei unvertretbaren, allein vom Willen des Pflichtigen abhängenden Handlungen (z. B. Schulbesuch). Ist das Zwangsgeld uneinbringlich, so kann auf Antrag der Vollzugsbehörde durch das Verwaltungsgericht die *Beugehaft* (Ersatzzwangshaft) von 1–14 Tagen angeordnet werden; der *unmittelbare Zwang,* mit dem rechtmäßige behördl. Anordnungen gegen den Widerstand der Betroffenen (z. B. [einfache] körperl. Gewalt) durchgesetzt werden können. Die stärkste Form des unmittelbaren Zwangs ist der Schußwaffengebrauch. – Die Z. sind *Beugemittel,* haben also keinen strafrechtl. Ahndungscharakter.

Zwangsneurose, v. a. durch Symptome des Zwangs (Zwangsgedanken, -impulse, -handlungen), aber auch durch übersteigerte Gewissenhaftigkeit und gesteigerte Schuldgefühle charakterisierte Neuroseform mit meist chron. Verlauf.

Zwangsversteigerung, die im Zwangsversteigerungsgesetz (ZVG) geregelte öffentl. Versteigerung gepfändeter Sachen; gesetzl. Form der Zwangsvollstreckung. Zuständig für die Z. ist das Vollstreckungsgericht (Amtsgericht). Bei der Versteigerung wird nur ein solches Gebot berücksichtigt, das die dem Anspruch des Gläubigers vorgehenden Rechte sowie die Kosten des Verfahrens abdeckt *(geringstes Gebot).* Neben der Durchsetzung von Geldforderungen dient die Z. zur Auflösung einer Gemeinschaft (z. B. Erbengemeinschaft) an Grundstücken bei Uneinigkeit über Auseinandersetzung.

Zwangsvollstreckung, bes. Verfahren zur Durchsetzung oder Sicherung vermögensrechtl. Ansprüche durch staatl. Zwang im Auftrag des Berechtigten; gesetzl. Voraussetzungen einer Z. sind das Vorliegen eines Vollstreckungstitels und einer Vollstreckungs-

klausel sowie die →Zustellung des Vollstreckungstitels. Die Z. erfolgt durch den Gerichtsvollzieher in das *bewegl. Vermögen* (z. B. Geld, Wertpapiere, Einrichtungsgegenstände) des Schuldners durch →Pfändung und Verwertung des Pfandstücks in der öffentl. Versteigerung. Bei Forderungen des Schuldners wird durch Pfändungs- und Überweisungsbeschluß dem Drittschuldner verboten, an den Schuldner zu bezahlen; das Gericht fordert den Drittschuldner auf, dem Gläubiger des Schuldners zu leisten. Die Z. in das *unbewegl. Vermögen* (z. B. Grundstücke) erfolgt durch Eintragung einer →Zwangshypothek, durch Zwangsverwaltung oder Zwangsversteigerung. Rechtsbehelfe gegen die Z. sind für den Schuldner die Erinnerung gegen die Art und Weise der Z. und die Vollstreckungsklage gegen den zugrundeliegenden Anspruch. Ein betroffener Dritter hat die Möglichkeit der →Drittwiderspruchsklage.

Zwanzigflach, svw. →Ikosaeder.

Zwanzigster Juli 1944, Datum des Attentats auf Hitler im Rahmen der dt. Widerstandsbewegung. Nach verschiedenen fehlgeschlagenen Plänen zum Sturz Hitlers seit 1938 (u. a. L. Beck, H. von Tresckow) beabsichtigte eine neue Verschwörung unter C. Graf Schenk von Stauffenberg, nach der Ermordung Hitlers eine vom Widerstand gebildete Staatsführung (L. Beck, W. Leuschner, C. F. Goerdeler, E. von Witzleben, U. von Hassell, J. Leber) an die Macht zu bringen. Die außenpolit. Lage (alliierte Landung in der Normandie [6. 6. 1944]; Einbruch an der O-Front) ließ die Chancen für einen Waffenstillstand zw. den Westmächten und einer neuen dt. Regierung zunehmend sinken, drängte daher zum Handeln. Da Stauffenberg aufgrund seines Amtes als Stabschef beim Befehlshaber des Ersatzheeres einer der wenigen Verschwörer war, die direkten Zugang zu Hitler hatten, zündete er selbst am 20. 7. 1944 in ›Wolfsschanze‹ bei Rastenburg (Ostpreußen) die Bombe, die Hitler jedoch nur leicht verletzte. Die Nachricht, daß Hitler überlebt habe, ließ auch in Berlin das Unternehmen zusammenbrechen; nur in Paris lief zunächst alles planmäßig (Verhaftung von SS- und SD-Führung durch die Wehrmacht). Die führenden Verschwörer verloren nach dem Umsturzversuch ihr Leben durch Selbstmord, militär. Standgericht oder Todesurteil des Volksgerichtshofs unter R. Freisler. Es kam zu etwa 1 000 Verhaftungen und etwa 200 Hinrichtungen.

Zweckverbände, freiwillig oder auf Anordnung der Aufsichtsbehörde erfolgende Zusammenschlüsse von Gemeinden und Gemeindeverbänden zur gemeinsamen Erfüllung von Aufgaben, zu deren Durchführung sie verpflichtet oder berechtigt sind, z. B. Bau und Betrieb von Schulen, Abwasserbeseitigungsanlagen u. ä.; die Z. sind Körperschaften des öffentl. Rechts; die Finanzierung erfolgt über eine Umlage.

Zweiblatt, Orchideengatt. mit rd. 30 Arten in der nördl. gemäßigten Zone; Erdorchideen mit nur zwei Stengelblättern; einheim. ist u. a. das bis 20 cm hohe *Berg-Z.* (Kleines Z.), mit 6–9 grünl., innen rötl. Blüten.

Zweibrücken, Stadt im Westrich, Rhld.-Pf., 33 400 E. Bibliothek, Rosengarten; u. a. Schuh-Ind.; Landgestüt (Trakehnerzucht). Ev. spätgot. Alexanderkirche (1492 ff., 1953–55 vereinfacht wieder aufgebaut), spätbarockes ehem. Schloß (1720–25; wiederhergestellt); klassizist. Rathaus (1770–85). – Ab 1185 Residenz der gleichnamigen Gft. (die 1385 an die Kurpfalz fiel), ab 1477 den wittelsbach. Ft. (Hzgt.) Pfalz-Zweibrücken; 1801–16 frz., danach bis 1945 zu Bayern.

Zweibund, Bez. für das von Bismarck und G. Graf Andrássy d. Ä. betriebene Defensivbündnis zw. dem Dt. Reich und Österreich-Ungarn vom 7. 10. 1879 (veröffentlicht 3. 2. 1888) für den Fall eines Angriffs

Rußlands oder dessen Unterstützung für eine andere angreifende Macht (Frankr.); Grundbaustein des Bismarckschen Bündnissystems.

Zweier, ein von 2 Ruderern gefahrenes Boot; als Riemenboot mit und ohne Steuermann (Länge 10,50 bzw. 10 m, Breite 0,40 m), als Skullboot *Doppelzweier* (Länge 10 m, Breite 0,40 m).

Zweiersystem, svw. → Dualsystem.

Zweifaden-Glühlampen → Biluxlampe.

Zweifelderwirtschaft, Form der Feldwirtschaft, bei der entweder das Ackerland abwechselnd je zur Hälfte zum Anbau von Getreide oder Hülsenfrüchten) und als Brache dient oder bei der ein Teil des Ackers in intensiver Weise abwechselnd nur mit Getreide und ›Blattfrüchten‹ (Hackfrüchte, Körnerleguminosen, Klee, Ölpflanzen) bebaut wird.

Zweiflügler (Dipteren, Diptera), mit rd. 90 000 Arten weltweit verbreitete Ordnung 1–60 mm langer Insekten (davon rd. 6 500 Arten einheimisch), die nur ein (meist durchsichtiges) Vorderflügelpaar haben, wohingegen das hintere Flügelpaar zu stabilisierenden Schwingkölbchen (→ Halteren) reduziert ist; Kopf mit stechend-saugenden (v. a. bei Mücken) oder mit leckend-saugenden Mundwerkzeugen (bei Fliegen); Körper oft stark beborstet; Fortpflanzung erfolgt v. a. durch Ablage von Eiern.

Zweifüßer (Bipeden), Lebewesen mit vier Extremitäten, die sich jedoch bevorzugt oder ausschließlich auf den Hintergliedmaßen fortbewegen. Dadurch können die Vordergliedmaßen für andere Tätigkeiten eingesetzt werden, z. B. als Werkzeug (wie beim Menschen) oder, nach ihrer Umbildung zu Flügeln, zum Fliegen.

Zweig, 1) Arnold, * Glogau 10. 11. 1887, † Berlin (Ost) 26. 11. 1968, dt. Schriftsteller. 1933 Emigration nach Palästina, 1948 Rückkehr nach Berlin (Ost), dort ab 1950 Präs. der Dt. Akademie der Künste. Setzte sich in breitangelegten Romanen mit den gesellschaftl. Kräften seiner Zeit auseinander, der Roman um einen Justizmord, ›Der Streit um den Sergeanten Grischa‹ (1927), ist Kernstück des mehrbändigen Romanzyklus ›Der große Krieg der weißen Männer‹, zu dem u. a. ›Die Zeit ist reif‹ (1957), ›Erziehung vor Verdun‹ (1935), ›Die Feuerpause‹ (1954) gehören. – *Weitere Werke:* Novellen um Claudia (R., 1912), Frühe Fährten (Nov.n, 1925), Das Beil von Wandsbek (R., hebr. 1943, dt. 1947; verfilmt 1951 und 1981).

2) Stefan, * Wien 28. 11. 1881, † Petrópolis bei Rio de Janeiro 23. 2. 1942 (Selbstmord), österr. Schriftsteller. Emigrierte 1938 nach Großbrit., dann nach Brasilien. Bes. bekannt sind seine Novellen (›Amok‹, 1922; ›Angst‹, 1925; ›Verwirrung der Gefühle‹, 1927; ›Schachnovelle‹, 1941) sowie der Essayband ›Sternstunden der Menschheit‹ (1927); auch großangelegte Biographien (›Joseph Fouché‹, 1930; ›Marie Antoinette‹, 1932; ›Maria Stuart‹, 1935; ›Balzac‹, hg. 1946). – *Weitere Werke:* Ungeduld des Herzens (R., 1938), Die Welt von gestern (Autobiogr., 1942).

Zweigeschlechtlichkeit, svw. → Bisexualität.

Zweihäusigkeit, svw. → Diözie.

Zweikammersystem, Form des Parlamentarismus, bei der die Befugnisse des Parlaments, insbes. die Gesetzgebung, von 2 Kammern (Häusern, Körperschaften) wahrgenommen werden (im Unterschied zum *Einkammersystem,* bei dem die gesetzgebende Körperschaft aus nur einer Kammer besteht), wobei in demokrat. Systemen mindestens eine Kammer unmittelbar vom Volk gewählt sein muß. Während die *Erste Kammer* (z. B. Oberhaus, Länderkammer, Ständekammer) eine ständ., regionale oder berufsständ. Vertretung darstellt, repräsentiert die *Zweite Kammer* (z. B. Abg.haus, Nationalrat, Unterhaus, Repräsentantenhaus) das ganze Volk. Ein echtes Z. liegt vor, wenn die 2. Kammer nicht nur beratend, sondern beschließend entweder mit vollem oder suspensivem Veto an der Gesetzgebung beteiligt ist.

Zweikampf, kämpfer. oder sportl.-spieler. Auseinandersetzung zw. zwei Personen, meist nach festen Regeln (oft mit Waffen) durchgeführt: in der Antike bei sportl. Wettkämpfen (z. B. bei den Olymp. Spielen) oder Schaustellungen (z. B. bei den Gladiatoren), auch bei feindl. Auseinandersetzungen; im MA bei der Entscheidung von Fehden, bei der Schlichtung von Rechtsstreitigkeiten (wobei übernatürl. Mächte zugunsten des Unschuldigen eingreifen sollten) und in ritterl. Z. (Tjost) im Rahmen der Turniere. Eine bes. Form des Z. ist das *Duell,* meist wegen Beleidigung bzw. Ehrverletzung; in der BR Deutschland werden die dabei begangenen Straftaten (Körperverletzung, Tötung) nach den für diese Delikte vorgesehenen strafrechtl. Bestimmungen geahndet.

Zweikeimblättrige (Zweikeimblättrige Pflanzen, Dikotylen, Dikotyledonen, Dicotyledoneae, Magnoliatae), Klasse der Bedecktsamer mit über 170 000 Arten, die bis auf wenige Ausnahmen zwei Keimblätter aufweisen. Die Hauptwurzel bleibt bei den meisten Z. zeitlebens erhalten; Blätter meist deutlich gestielt und netzadrig, Blüten meist 4- oder 5zählig. – Zu den Z. gehören (mit Ausnahme der Palmen) alle Holzgewächse.

Zwei-plus-Vier-Verhandlungen, die am 5. 5. 1990 begonnenen Verhandlungen der 4 Siegermächte des 2. Weltkriegs (Frankreich, Großbritannien, Sowjetunion, USA) und der beiden dt. Staaten über die Fragen der dt. Einheit. Die Verhandlungen wurden mit dem *Zwei-plus-Vier-Vertrag* (Vertrag über die abschließenden Regelungen in bezug auf Deutschland) am 12. 9. 1990 abgeschlossen. Der Vertrag legt das Staatsgebiet des vereinten Deutschlands, die Personalstärke der Bundeswehr, Aufenthalt und Abzug der sowjet. Streitkräfte auf dt. Territorium und die Bündniszugehörigkeit fest.

Arnold Zweig

Zweireichelehre → Reformation.

Zweispitz (Zweimaster), seit Ende des 18. Jh. Hut mit breiter, zweiseitig aufgeschlagener Krempe.

Zweistromland → Mesopotamien.

Zweitaktverfahren, Arbeitsverfahren von Verbrennungsmotoren (Zweitaktmotoren), dessen Arbeitsspiel im Ggs. zum Viertaktverfahren nur aus *Verdichtungstakt* und *Arbeitstakt* besteht. Der gesamte Ladungswechsel, d. h. das Ausschieben der Abgase und das Einbringen der *Frischladung,* muß in der sehr kurzen Zeit ablaufen, in der sich der Kolben nahe dem unteren Totpunkt (UT) befindet. Der Zweitaktmotor hat eine höhere Wärmebelastung als der Viertaktmotor; seine Vorteile liegen aber neben der baul. Einfachheit darin, daß er bei gleichem Hubvolumen und gleicher Drehzahl wie ein entsprechender Viertaktmotor wegen der doppelten Anzahl von Arbeitsspielen eine höhere Leistung und ein gleichförmigeres Drehmoment besitzt. Die Schmierung von Pleuellager und Kolben erfolgt durch sog. Zweitaktöl, das dem Treibstoff in [Mischungs]verhältnis von 1:20 bis 1:50 zugesetzt wird *(Mischungsschmierung).*

Stefan Zweig

zweiter Bildungsweg, Bildungseinrichtungen, in denen Berufstätige Bildungsabschlüsse bis zur Hochschulreife nachholen können. Institutionen des zweiten B. sind Volkshochschulen, Berufsaufbauschulen, Fachoberschulen, Kollegs (zur Erlangung der Hochschulreife) sowie Funk- und Telekolleg. Der Unterricht erfolgt entweder zusätzlich zur Berufstätigkeit (z. B. Abendgymnasium, Abendrealschule) oder in Tagesschulen, auch als Fernunterricht.

Zweiter Weltkrieg → Weltkrieg.

Zweites Deutsches Fernsehen, Abk. ZDF; Sitz in Mainz; gegr. durch Staatsvertrag der Länder der BR Deutschland (6. 6. 1961); Satzung vom 2. 4. 1962, 1. Sendung am 1. 4. 1963. → Fernsehen.

Zweites Gesicht, manchen Menschen zugeschriebene Gabe, Personen und Vorgänge außerhalb der zeitl. und räuml. Wirklichkeit visionär zu erkennen.

Zweitstimme → Wahlen.

Zweiverband, Bez. für die frz.-russ. Allianz, die durch den Notenwechsel vom Aug. 1891 und die Militärkonvention vom 17. 8. 1892 wurde.

Zweiwegefernsehen (partizipatorisches Fernsehen), Kabelfernsehsystem, bei dem der Zuschauer mit Hilfe der speziellen Tastatur eines Fernbedienungsgeräts in einen ›Dialog‹ mit dem Sender treten kann, indem er nicht nur unter einer Vielzahl von Programmen wählen, sondern auch auf Fragen und Vorschläge im Programm [codiert] antworten kann.

Zwerchfell (Diaphragma), querverlaufende, (im erschlafften Zustand) kuppelförmig in die Brusthöhle vorgewölbte Trennwand zw. Brust- und Bauchhöhle bei den Säugetieren (einschließlich Mensch); besteht aus quergestreifter Muskulatur und einer zentralen Sehnenplatte, die durch das aufliegende Herz sattelförmig (zu einer Doppelkuppel) eingedrückt ist; wird von Speiseröhre, Aorta, unterer Hohlvene und von Nerven durchzogen. Es stellt einen wichtigen Atemmuskel (für die Z.atmung bzw. Bauchatmung) dar (→ Atmung).

Gerhard Zwerenz

Zwerenz, Gerhard, * Gablenz (= Chemnitz) 3. 6. 1925, dt. Schriftsteller. 1957 Übersiedlung in die BR Deutschland. Veröffentlichte zahlr. (erot.) Romane in der Tradition des Schelmenromans, u. a. ›Casanova oder Der kleine Herr in Krieg und Frieden‹ (1966), ›Kopf und Bauch‹ (1971). – *Weitere Werke:* Heldengedenktag (Essays, 1969), Die Geschäfte des Herrn Morgenstern (Satiren, 1980), Der Bunker (R., 1983), Die DDR wird Kaiserreich (R., 1985).

Zwergadler, etwa bussardgroßer, adlerartiger Greifvogel, v. a. in Gebirgswäldern und Waldsteppen NW-Afrikas, S- und O-Europas sowie der südl. und gemäßigten Regionen Asiens; jagt v. a. kleine Vögel und Wirbeltiere.

Zwergantilopen, svw. → Böckchen.

Zwerge, 1) *Volksglauben* und *Volkserzählung:* kleine, weise, geisterhafte Wesen, v. a. Erdgeister **(Gnomen),** geschickte Schmiede und Bergleute, Besitzer großer Schätze, oft im Besitz einer Tarnkappe. 2) *Biologie:* → Zwergwuchs.

Zwerggalerie, an roman. Kirchen ein sich in Arkaden öffnender Laufgang am Außenbau, meist um die Apsis, auch um das ganze Gebäude (Speyer).

Zwerghühner, zusammenfassende Bez. für sehr kleine (etwa 500 – 1 000 g schwere), lebhafte, oft auffallend gefärbte, als Ziergeflügel gehaltene Haushühner.

Zwergkäfer (Palpenkäfer, Pselaphidae), weltweit verbreitete Käferfam. mit rd. 7 000 etwa 1 – 3 mm langen Arten (davon fast 80 Arten einheimisch); meist unter faulen Pflanzenresten, in morschem Holz, hinter Baumrinde, im Moos.

Zwergläuse (Zwergblattläuse, Phylloxeridae), Fam. sehr kleiner, an Wurzeln, Blättern und Rinde von Holzgewächsen der N-Halbkugel lebender Blattläuse (u. a. Reblaus).

Zwergmaus, sehr kleine Art der Echtmäuse in Eurasien; Länge rd. 5 – 8 cm; Schwanz etwas kürzer; Färbung rötlich gelbbraun mit weißer Bauchseite; baut ein kugelförmiges Grasnest.

Zwergmispel, svw. → Steinmispel.

Zwergmoschustiere (Zwerghirsche, Hirschferkel, Tragulidae), Fam. 0,5 – 1 m langer und 0,2 – 0,4 m schulterhoher Paarhufer mit vier Arten, v. a. in Wäldern und Trockengebieten W- und Z-Afrikas sowie S- und SO-Asiens; Männchen haben säbelartig verlängerte Eckzähne; u. a. die *Maushirsche* (Kantschile), 40 – 75 cm lang, in S- und SO-Asien.

684

Zwergohreule → Eulenvögel.

Zwergpalme, Gatt. der Palmen mit einer einzigen, formenreichen Art in den Mittelmeerländern; niedrige, sich buschig verzweigende und meist etwa 1 m hohe (im Alter auch bis 7 m hohe) Stämme bildende Fächerpalme; Blüten gelb; Früchte rötlich; oft als Zimmerpflanze kultiviert.

Zwergpferde → Ponys.

Zwergpinscher, aus dem Glatthaarpinscher gezüchtete dt. Hunderasse; schlanker, bis 30 cm schulterhoher Zwerghund mit spitz gestutzten Stehohren und abstehend, kurz gestutzter Rute; Behaarung kurz, glatt, anliegend, einfarbig gelb bis hirschrot *(Rehpinscher),* auch schwarz, braun und blaugrau.

Zwergschimpanse, svw. → Bonobo.

Zwergspringer → Böckchen.

Zwergwuchs (Nanismus), 1) *Humanmedizin:* (Nanosomie, Kümmerwuchs) ein anormal geringes Längenwachstum des Körpers, ein auf Wachstumsstörungen (z. B. als Folge anormaler Hormonproduktion) beruhender Minderwuchs mit Körpergrößen beim erwachsenen Mann von weniger als 136 cm, bei der erwachsenen Frau von weniger als 124 cm (sog. *Liliputaner*), im Unterschied zum *Minderwuchs* (Männer zw. 136 und 150 cm, Frauen zw. 124 und 136 cm). 2) *Physiologie:* eine charakterist. Erbeigentümlichkeit bestimmter Menschenrassen, die als Pygmide (Zwerge) zusammengefaßt werden, sowie bestimmter Tier- und Pflanzenrassen (v. a. Zuchtrassen und -formen).

Zwergzikaden (Jassidae), mit rd. 5 000 Arten weltweit verbreitete Fam. durchschnittlich 4 – 10 mm langer Zikaden, davon über 300 Arten in M-Europa; saugen an zahlr. Pflanzen.

Zwetajewa, Marina Iwanowna [russ. tsvɪˈtajɪvɐ], * Moskau 8. 10. 1892, † Jelabuga (Tatar. Republik) 31. 8. 1941, russ. Lyrikerin. Lebte ab 1922 in der Emigration (Prag, ab 1925 Paris); nach ihrer Rückkehr (1939) in die UdSSR Selbstmord. Seit 1956 rehabilitiert. Ihre assoziationsreiche, experimentierfreudige, auch Wörter aus anderen Sprachen integrierende Lyrik folgt v. a. in außergewöhnlichen Rhythmen den Strukturen der Musik. Schrieb auch dramat. und erzähler. Texte. – *Werke:* Der Rattenfänger (lyr. Satire, 1925), Mein Puschkin (Essay, hg. 1967), Gedichte 1909 – 39 (hg. 1979), Vogelbeerbaum (Ged., dt. Ausw. 1986), Mutter und die Musik (Autobiographie, 1934/35).

Zwetsche (Zwetschge) → Pflaumenbaum.

Zwettl-Niederösterreich [ˈtsvɛtəl], niederösterr. Bezirkshauptstadt im Waldviertel, 11 000 E. Freimaurermuseum im Schloß Rosenau. Barocke Kloster- und Pfarrkirche des 1138 gegr. Zisterzienserstifts mit spätroman.-frühgot. Kreuzgang (13. Jh.). In der Stadt roman. Propsteikirche (12. Jh.), roman. Pfarrkirche (um 1490 erweitert); Reste der Stadtmauer.

Zwickau, Kreisstadt im nördl. Erzgebirgsvorland, Sachsen, 118 900 E. Hochschule für Maschinenbau; Museen; u. a. Kfz-, Maschinenbau. Spätgotisch sind die Stadtkirche Sankt Marien (13. – 16. Jh.), die Katharinenkirche (v. a. 15. Jh.), das Rathaus (1403; 1679 umgebaut) und das Gewandhaus (1522 – 25; heute Theater).

Zwicker, elsässische Weinspezialität (Verschnitt meist aus Gutedel und Silvaner); **Edelzwicker,** Verschnitt verschiedener Rebsorten.

Zwiebel, 1) (Küchenzwiebel, Speise-Z., Sommer-Z., Zipolle) aus dem westl. Asien stammende, in zahlr. Sorten kultivierte Lauchart; ausdauerndes (in Kultur zweijähriges) Kraut mit grünlichweißen Blüten in kugeliger Trugdolde und einer Schalenzwiebel. 2) (Bulbus) meist unterirdisch wachsender, gestauchter Sproß mit breitkegelförmig bis scheibenartig abgeflachter Sproßachse, die am Z.boden verwurzelt ist und oberseits stoffspeichernde, verdickte Blattorgane trägt. Diese können aus schuppenförmig sich überdeckenden Niederblättern hervorgegangen sein (*Schuppen-Z.;* z. B. bei Tulpen) oder aus den Blattscheiden abgestorbener Laubblätter (*Schalen-Z.;* z. B. bei der Küchenzwiebel u. a. Laucharten). Z. sind die Speicherorgane der Zwiebelpflanzen.

Ulrich Zwingli (Gemälde von Hans Konrad Asper, 1549; Zürich, Zentralbibliothek)

Zwiefalten, Gem. am S-Rand der Schwäb. Alb, Bad.-Württ., 2 600 E. Bed. Barockkirche der ehem. Benediktinerreichsabtei (1089 gegr., 1803 aufgehoben), 1739–65 (ab 1741 unter der Leitung von J. M. Fischer) erbaut. Klostergebäude (1668–90), mit Kapelle von M. Thumb (1668).

Zwielaut, svw. →Diphthong.

Zwiesel, Stadt im Hinteren Bayer. Wald, Bayern, 10 600 E. Waldmuseum. Glashütten. Barocke Bergkirche Mariä Namen (1682) mit Rokokoausstattung.

Zwillich (Zwilch), dichte und strapazierfähige Gewebe aus Baumwolle, Leinen oder Halbleinen; u. a. für Arbeitskleidung.

Zwillinge →Sternbilder (Übersicht).

Zwillinge (Gemelli, Gemini), 1) *Humanmedizin:* Mehrlinge in Form zweier Geschwister, die sich zur gleichen Zeit im Uterus des mütterl. Organismus entwickelt haben. *Eineiige Z.* (EZ; ident. Z.) gehen aus einer einzigen befruchteten Eizelle (Zygote) hervor. Bei ihnen teilt sich der Keim in einem sehr frühen Entwicklungsstadium in zwei in der Regel gleiche Teile auf, weshalb EZ immer erbgleich und daher auch gleichen Geschlechts sind und (annähernd) gleich aussehen. Verläuft die Teilung des Keims unvollständig, so entstehen →siamesische Zwillinge oder sonstige Doppelbildungen. *Zweieiige Z.* (ZZ) gehen auf zwei befruchtete Eizellen zurück; sie haben daher ungleiches Erbgut, können also auch zweierlei Geschlechts sein. Die Tendenz zu Zwillingsgeburten beruht beim Menschen auf nicht geschlechtsgebundenen, rezessiven Erbanlagen.

2) *Kristallographie:* zwei gesetzmäßig miteinander verwachsene Individuen der gleichen Kristallart.

Zwinger, 1) Umgang zw. äußerer und innerer Ringmauer bei einer mittelalterl. Stadtbefestigung oder einer Burg; diente auch für Ritterspiele und Feste. – Der *Dresdner Zwinger* wurde von D. Pöppelmann als Barockanlage gestaltet (1711–28).

2) umzäumter, mit Hütte versehener Auslauf für Hunde *(Hunde-Z.);* auch im Sinne von Raubtierkäfig (z. B. Bärenzwinger).

3) Zuchtbetrieb für Rassehunde.

Zwingli, Ulrich (Huldrych, Huldreich), * Wildhaus bei Sankt Gallen 1. 1. 1484, ⚔ bei Kappel am Albis 11. 10. 1531, schweizer. Reformator. War ab 1519 Seelsorger am Großmünster in Zürich. Z. stand unter dem Einfluß der humanist. Schriften Erasmus' von Rotterdam. Zum öffentl. Auftreten im Sinne der Reformation kam es 1522 durch seine gegen das Fastengebot gerichtete Schrift ›Von erkiesen und fryheit der spysen‹. Seine reformator. Positionen wurden vom Rat der Stadt Zürich öffentlich anerkannt: Heiligenbilder, Klöster, Prozession, Orgelspiel, Gemeindegesang, Firmung, letzte Ölung u. a. wurden abgeschafft, das Abendmahl auf vier Sonntage im Jahr beschränkt. In seinem weiteren Wirken entwickelte Z. seine antisakramentalist. (symbol.) Auffassung vom Abendmahl weiter und führte seine Auseinandersetzung mit Luther (gipfelnd im Marburger Religionsgespräch vom 2. bis 4. 10. 1529) fort. Im 2. Kappeler Krieg fiel Z. als Feldprediger auf der Seite Zürichs.

Zwirn, durch Zusammendrehen (Zwirnen, Verzwirnen) zweier oder mehrerer Fäden hergestelltes (gedoppeltes, drei- oder mehrfädiges) Garn.

Zwischeneiszeit (Interglazial) →Eiszeit.

Zwischenfruchtbau, in der Landwirtschaft der zur Mehrfachnutzung eines Ackers zw. den Vegetationszeiten zweier Hauptfrüchte in zwei aufeinanderfolgenden Jahren eingeschaltete Anbau einer dritten Kultur *(Zwischenfrucht).*

Zwischenhirn →Gehirn.

Zwischenkieferknochen, in der Mitte zw. den beiden Oberkieferknochen liegender Deckknochen des Kieferschädels der Wirbeltiere, der bei den Säugetieren die oberen Schneidezähne trägt. Bei einigen Säugetieren und beim Menschen verschmilzt der Z. völlig mit den benachbarten Oberkieferknochen.

Zwischenstromland, 1) →Mesopotamien.

2) Großlandschaft in NO-Argentinien zw. Paraná und Uruguay.

Zwischenwirt →Wirtswechsel.

Zwitter (Hermaphroditen), Organismen mit der Fähigkeit, über entsprechende Geschlechtsorgane sowohl männl. als auch weibl. befruchtungsfähige Geschlechtsprodukte auszubilden. *Tierische Z.* finden sich v. a. bei Schwämmen, Nesseltieren, Strudel-, Saug-, Band- und Ringelwürmern, Lungenschnecken. – Unter den Wirbeltieren kommen echte Z. nur bei Fischen vor. – Soweit in der Medizin und Anthropologie von Z. gesprochen wird, handelt es sich um *unechte Z.* (Schein-Z.; →Intersex). *Pflanzliche Z.* sind alle Pflanzen mit Zwitterblüten (Blüten mit Staub- und Fruchtblättern) und die einhäusigen Pflanzen.

Zwölf Artikel der Bauernschaft in Schwaben, Forderungen der aufständ. oberschwäb. Bauern von 1525; u. a. Freiheit der Jagd, der Holzung, Unparteilichkeit der Rechtsprechung, Abschaffung ungerechter Fronen, Aufhebung der Leibeigenschaft und Wahl der Pfarrer durch die Gemeinde. →Bauernkrieg.

Zwölferschia, Selbstbez. der sonst Imamiten gen. Gruppe der Schiiten, die Ali Ibn Abi Talib und elf seiner Nachkommen als 12 von Gott mit Sündlosigkeit begnadete Imame verehren, wovon der 12., Muhammad Al Mahdi († 873), nicht gestorben sein, sondern in Verborgenheit leben soll, bis er am Ende der Zeiten als Mahdi wieder erscheinen.

Zwölffingerdarm →Darm.

Zwölffingerdarmgeschwür →Darmkrankheiten.

Zwölfkampf, turner. Mehrkampf der Männer; setzt sich aus 6 Pflicht- und 6 Kürübungen im Bodenturnen, am Reck, Barren, Seitpferd, an den Ringen und im Sprung über das Längspferd zusammen.

Zwölftafelgesetz (lat. lex duodecim tabularum), ältestes röm. Gesetzgebungswerk, 451/450 v. Chr. auf 12 Tafeln aufgezeichnet; fragmentarisch erhalten.

Zwölften (die Z.; Zwölfnächte, Unternächte), →Lostage.

Zwölftontechnik (Dodekaphonie), die von A. Schönberg um 1920 entwickelte ›Methode der Komposition mit zwölf nur aufeinander bezogenen Tönen‹. Grundlage und Ausgangspunkt der Z. ist eine Reihe, die die 12 Tonqualitäten des gleichschwebend temperierten Systems nach Intervallproportionen ordnet. Dabei werden die absoluten Tonhöhen nicht festgelegt. Einer in der Z. geschriebenen Komposition liegt im Prinzip eine einzige Zwölftonreihe zugrunde. Diese wird aber nicht unverändert beibehalten. Sie tritt vielmehr in vier verschiedenen Erscheinungsformen auf: in ihrer Original- und Grundgestalt (G), in der Umkehrung (U), im Krebs (K) oder im Krebs der Umkehrung (KU). Da jede Erscheinungsform der Reihe elfmal transponierbar ist, sind für eine Reihenkomposition insgesamt 48 Reihengestalten verfügbar; meist wird aber nur ein kleiner Ausschnitt der Reihengestalten verwendet. – Die Reihe soll in einer Komposition Zusammenhang und Einheit stiften. Deshalb werden sämtl. Tonkonstellationen (Themen, Motive, Klänge) aus einer Reihe bzw. deren verschiedenen Erscheinungsformen oder Transpositionen abgeleitet. Die Reihe bestimmt also nicht nur die horizontalen Melodielinien, sondern auch die vertikalen Klangbildungen. Aufgrund ihrer method. Anpassungsfähigkeit konnte sich die Z. bei den verschiedensten Komponisten auf ganz unterschiedl. Weise weiterentwickeln; u. a. →serielle Musik.

Zwolle [niederl. 'zwɔlə], niederl. Prov.hauptstadt im Mündungsgebiet von Vechte und IJssel, 92 500 E. Museum; Viehmärkte, Gemüse- und Obstauktion; Industriebetriebe. Spätgotisch sind die Kirche Sint-Michael (14./15. Jh.), die Liebfrauenkirche (15. Jh.) mit hohem Turm (sog. ›Peperbus‹ = Pfefferbüchse) und das Rathaus (15. Jh., 1844 erneuert); viertürmiges Stadttor Sassenpoort (1408). – 1040 erstmals urkundlich erwähnt; 1346 Mgl. der Hanse.

Zworykin, Wladimir Kosma [engl. 'zwɔːrɪkɪn], * Murom (Gebiet Wladimir, Rußland) 30. 7. 1889, † Princeton (N. J.) 29. 7. 1982, amerikan. Physiker russ. Herkunft. Entwickelte mit dem Ikonoskop (Aufnahmeröhre) und dem Kineskop (Wiedergaberöhre) das erste vollelektron. Fernsehsystem der Welt.

Zyankali, svw. → Kaliumcyanid.

Zyanose [griech.], svw. → Blausucht.

Zygote [griech.], die aus einer Befruchtung (Verschmelzung zweier Gameten) hervorgehende (diploide) Zelle.

Zyklamate (Cyclamate) [griech.] → Süßstoffe.

zyklische Verbindungen → cyclische Verbindungen.

zyklo..., Zyklo..., zykl..., Zykl... [zu griech. kýklos ›Kreis‹], Bestimmungswort von Zusammensetzungen mit der Bedeutung ›Kreis, kreisförmig‹.

zykloid [griech.], die Symptome des manisch-depressiven Irreseins in leichterem Grade zeigend.

zyklometrische Funktionen (Arkusfunktionen, Kreisbogenfunktionen), die Umkehrfunktionen der →trigonometrischen Funktionen. Die Umkehrfunktionen der Sinus, Kosinus, Tangens und Kotangens sind die Funktionen *Arkussinus* ($y = \arcsin x$), *Arkuskosinus* ($y = \arccos x$), *Arkustangens* ($y = \arctan x$) und *Arkuskotangens* ($y = \text{arccot } x$).

Zyklon [griech.-engl.], 1) *Meteorologie:* →Wirbelstürme.
2) *Technik:* Fliehkraftabscheider zur Abtrennung von Feststoffteilchen aus Gasen *(Staubabscheider)* oder Flüssigkeiten *(Hydro-Z.).*

Zyklone [griech.], svw. Tief[druck]gebiet (→ Druckgebilde).

Zyklopen (Kyklopen), in der griech. Mythologie drei mit nur einem Stirnauge ausgestattete Riesen, die als Helfer des Hephäst für Zeus die Blitze schmieden. In der Odyssee erscheinen die Z. als ganzes Volk.

Zyklopenmauer, aus großen, unregelmäßigen, polygonal behauenen Blöcken mörtellos gefügte, zweischalige Mauer mit Innenfüllung aus Lehm und Steinen. Die Technik wurde außer für myken. Burgen von Hethitern und Etruskern verwendet.

Zyklotron (Cyclotron) [griech.] → Teilchenbeschleuniger.

Zyklus [griech.], 1) *allgemein:* period. ablaufendes Geschehen, Kreislauf von regelmäßig wiederkehrenden Dingen oder Ereignissen.
2) *Kunst:* Folge inhaltl. zusammengehörender [z. B. literar., musikal., bildner.] Werke.
3) *Humanmedizin:* svw. Menstruationszyklus (→ Menstruation).

Zylinder [griech.], 1) *Mathematik:* Bez. für einen Körper, der durch zwei parallele Ebenen und eine Fläche begrenzt wird, die durch Parallelverschiebung einer Geraden (der Erzeugenden) längs einer Raumkurve (der Leitkurve) entsteht. Ist die Leitkurve ein Kreis, so spricht man von einem *Kreiszylinder.* Stehen Z.fläche und parallele Ebenen senkrecht aufeinander, dann liegt ein *gerader Z.,* anderenfalls ein *schiefer Z.* vor. Den Abstand der beiden Ebenen nennt man *Höhe* des Z., die Z.fläche den *Mantel.* Das Volumen des geraden Kreis-Z. beträgt $V = \pi r^2 h$, die gesamte Oberfläche ist $O = 2\pi r \, (r + h)$ (r Kreisradius, h Höhe).
2) *Maschinenbau:* bei Kolbenmaschinen langgestreckter Hohlkörper, dessen Innenraum *(Z.bohrung)* meist Kreisquerschnitt besitzt und der im Zusammenwirken mit dem sich hin- und herbewegenden →Kolben die Energieumsetzung ermöglicht. Der Z. bildet mit dem Kolben und dem den Z. abschließenden *Z.deckel* (bei Verbrennungskraftmaschinen *Z.kopf* genannt) den Arbeitsraum der Kolbenmaschine.
3) *Mode:* Herrenhut mit hohem, steifem (oder ausklappbarem) Kopf und fester Krempe.

Zylinderlinsen (astigmatische Linsen), von zylindr. Flächen begrenzte opt. Linsen; als Brillengläser *(Zylindergläser)* zur Behebung des Astigmatismus verwendet.

Zylinderprojektion → Kartennetzentwurf.

Zynismus [griech.], von Skepsis geprägte Bewußtseinshaltung, die allg. anerkannte Wertvorstellungen mit distanzierter Ironie in Frage stellt.

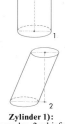

Zylinder 1):
1 gerader, 2 schiefer Kreiszylinder

Zypern	
Fläche: 9 251 km^2	
Einwohner (1989): 698 000	
Hauptstadt: Nikosia	
Amtssprachen: Griechisch und Türkisch	
Nationalfeiertag: 1. 10.	
Währung: 1 Zypern-Pfund (Z£) = 100 Cents (c)	
Zeitzone: MEZ + 1 Std.	

Zypern, Staat im östl. Mittelmeer, umfaßt die gleichnamige Insel.

Landesnatur: Z., die drittgrößte Mittelmeerinsel, erstreckt sich über 224 km in SSW–NNO-Richtung und 96 km in N–S-Richtung. Im N liegt der Gebirgszug des bis 1 024 m hohen Pentadaktilos, nach S folgt die zentrale Ebene, die Messaria. Im SW liegt das bis 1 953 m hohe Massiv des Troodos. Das Klima ist mediterran mit heißen, trockenen Sommern. Macchie und Garigue überwiegen.

Bevölkerung: 80 % der E sind überwiegend orth. Griechen, 19 % muslim. Türken; daneben gibt es armen. und maronit. Minderheiten. Es besteht allg. Schulpflicht.

Wirtschaft, Verkehr: Hauptanbaugebiet ist die fruchtbare Messaria; Anbauprodukte sind Getreide, Kartoffeln, Gemüse, Obst. U. a. Schaf-, Ziegen-, Schweine-, Rinder- und Geflügelhaltung. Außer dem bereits im Altertum erfolgten Bergbau auf Kupfer werden Pyrit, Asbest, Chromerz, Umbra, Ocker und Salz gewonnen. Im griech. Teil ist die Ind. (v. a. Textil- und Lederwaren-Ind.) der wichtigste Wirtschaftszweig, außerdem spielt hier der Fremdenverkehr eine bed. Rolle. Im türk. Teil dominiert die Landwirtschaft. Das Straßennetz ist rd. 9 200 km lang. Wichtigste Häfen sind Famagusta (türk.) und Limassol (griech.), neuer internat. ⚓ bei Larnaka im griech.-zypr. Gebiet.

Geschichte: Seit etwa 1400 v. Chr. Sitz von Kolonien myken. Kultur; seit 1200 von Achäern und seit etwa dem 10. Jh. von Phönikern besiedelt; kam 58 v. Chr. an das Röm. Reich. Nach arab.-byzantin. Auseinandersetzungen um Z. 688–965 gemeinsame Herrschaft beider Mächte. 1192–1489 Herrschaft des Hauses Lusignan; danach an Venedig; 1573 an die Osmanen, Entstehung einer starken türk. Minderheit. 1878 nach dem Russ.-Türk. Krieg unter brit. Verwaltung (bei formeller Anerkennung der türk. Oberhoheit), seit 1925 brit. Kronkolonie. Seit 1931 Unruhen und Terrorakte der griech. Zyprer, die schon seit dem 19. Jh. den Anschluß *(Enosis)* an Griechenland forderten; seit 1950 unter Führung des Oberhauptes der zypr. orth. Kirche, Erzbischof Makarios III. Seit 1955 Guerillakampf der griech.-nationalist. Widerstandsorganisation EOKA unter J. Griwas gegen die brit. Kolonialmacht; am 16. 8. 1960 Proklamation der Unabhängigkeit durch Staats-Präs. Makarios, Stationierung griech. und türk. Truppen, Beibehaltung der brit. Hoheitsrechte über seine militär. Stützpunkte. Die Einschränkung türk. Sonderrechte im Dez. 1963 durch Makarios rief einen Bürgerkrieg zw. beiden Volksgruppen hervor; im März 1964 Entsendung einer UN-Friedenstruppe. In dieser Zeit bildeten die türk. Zyprioten eigene Streitkräfte und errichteten im Dez. 1967 eine ›Provisor. türk.-zypr. Verwaltung‹; sie forderten, unterstützt von der Türkei, u. a. polit. Mitspracherecht und Selbstverwaltung. Nachdem im Juli 1974 die von griech. Offizieren geführte Nationalgarde geputscht hatte und ein Anschluß der Insel an Griechenland drohte, besetzten türk. Truppen den N und NO (rd. 40 % des Staatsgebiets) Zyperns. 1975 wurde einseitig der Türk. Föderationsstaat von Z., 1985 die Türk. Republik Nordzypern proklamiert, die beide nicht internat. anerkannt wurden. In den folgenden Jahren wurden unter UN-Schirmherrschaft die Gespräche über humanitäre Fragen fortgesetzt, brachten aber keine Annäherung der Standpunkte. Die seit 1988 geführten Gespräche über eine polit. Lösung des Z.problems scheiterten 1990, wurden jedoch 1991 wieder aufgenommen.

Politisches System: Präsidialdemokratie; *Verfassung* von 1960 formal noch gültig. Griechisch-zypr. Teil: *Staatsoberhaupt* ist der Präs., er ist als Regierungschef zugleich oberster Inhaber der Exekutivgewalt. *Legislativorgan* ist das Repräsentantenhaus (56 Abg. für 5 Jahre gewählt). *Parteien:* Demokratikos Synagermos, Demokratiko Komma, Anothotiko Komma Ergazomenou Laou. – Türkisch-zypr. Teil: *Staatsoberhaupt* ist der Staatspräs., die Exekutivgewalt liegt beim Premierminister. *Legislativorgan* ist die Gesetzgebende Versammlung (50 Abg. für 5 Jahre

gewählt). *Parteien:* Ulusal Birlik Partisi, Cumhuriyetçi Türk Partisi, Toplumucu Kurtulus Partisi. – Karte IX, Bd. 2, n. S. 320.

Zypresse [griech.-lat.], Gatt. der Zypressengewächse mit etwa 15 Arten, verbreitet vom Mittelmeergebiet bis zum Himalaja, in der Sahara und im sw. N-Amerika; immergrüne, meist hohe Bäume mit kleinen, schuppenförmigen, beim Keimling noch nadelförmigen Blättern und einhäusigen Blüten und nußgroßen, kugeligen Zapfen; u. a. die im gesamten Mittelmeerraum verbreitete, bis 25 m hohe *Echte Z. (Mittelmeer-Z.)* mit seitlich ausgebreiteten (Wildform) oder hochstrebenden, eine dichte, schmale Pyramide formenden Ästen *(Säulenzypresse, Trauerbaum).* In China beheimatet ist die *Trauer-Z.* mit hängenden Zweigen.

Zypressengewächse (Cupressaceae), Fam. der Nadelhölzer mit 15 weitverbreiteten Gatt.; aufrechte oder niederliegende, reich verzweigte Bäume oder Sträucher; u. a. Lebensbaum, Wacholder, Zypresse.

zyst..., Zyst..., zysto..., Zysto... [zu griech. kýstis ›Harnblase, Beutel‹], Bestimmungswort von Zusammensetzungen mit der Bedeutung ›Blase (Zyste), Harnblase‹.

Zyste [griech.], 1) *Medizin:* mit Flüssigkeit gefüllter Hohlraum im Gewebe. 2) *Biologie:* feste, widerstandsfähige Kapsel bei zahlr. niederen Pflanzen und Tieren als Schutzeinrichtung zum Überdauern ungünstiger Lebensbedingungen.

Zystin → Cystin.

Zystoskop [griech.] → Endoskope.

zyto..., Zyto... [griech.], Bestimmungswort von Zusammensetzungen mit der Bedeutung ›Zelle‹.

Zytochrome (Cytochrome) [griech.], Enzyme, die bei der Zellatmung, bei der Photosynthese und bei anderen biochem. Vorgängen als Redoxkatalysatoren (Oxidoreduktasen) wirken. Z. kommen in allen lebenden Zellen gebunden an Zellorganellen (Mitochondrien, Chloroplasten u. a.) vor. Die biolog. Funktion der Z. besteht in der Elektronenübertragung, wobei ihr zentral liegendes Eisenatom reversibel oxidiert bzw. reduziert wird: $Fe^{2+} \rightleftharpoons Fe^{3+} + e^{\ominus}$. Nach ihren charakterist. Absorptionsspektren unterscheidet man die Z. a, b und c.

Zytokinine [griech.] (Cytokinine, Phytokinine), im gesamten Pflanzenreich verbreitete Gruppe von Adeninderivaten mit die Zellteilung aktivierender Wirkung.

Zytologie (Zellenlehre, Zellforschung), die Wiss. und Lehre von der pflanzl., tier. und menschl. Zelle als Teilgebiet der allg. Biologie.

Zytoplasma (Zellplasma), der Inhalt einer Zelle, jedoch ohne Kernplasma; setzt sich zusammen aus dem Grundplasma und einer Vielzahl darin ausgebildeter Strukturen.

Zytosin [griech.] (Cytosin, 4-Amino-2-oxopyrimidin), zu den Nukleinsäurebasen zählende Pyrimidinbase, die in Form des Ribosids *Zytidin* in der RNS bzw. des Desoxyribosids Desoxyzytidin in der DNS enthalten und stets mit Guanin gepaart ist.

Zytostatika [griech.], Substanzen, die wegen ihrer hemmenden Wirkung auf das Wachstum und die Vermehrung bes. von rasch wachsenden Zellen zur Chemotherapie von Tumoren verwendet werden.

ZZ, Abk. für zweieiige **Z**willinge (→ Zwillinge).

z. Z. (z. Zt.), Abk. für zur **Z**eit.

Zypresse:
Echte Zypresse

Bildquellenverzeichnis

A. C. L., Brüssel · M. Adelmann, Zürich · Agencja Autorska, Warschau · Ägyptisches Museum, Kairo · Fratelli Alinari, Florenz · Allgemeiner Deutscher Nachrichtendienst, Berlin · Alpine Luftbild & Co., Innsbruck · American Museum of Natural History, New York · Amerikadienst, Bad Godesberg · L'Amitié Charles Péguy, Paris · T. Angermayer, Holzkirchen · Animal Photography Ltd., London · Anthony-Verlag, Starnberg · F. Anton, München · J. Apel, Baden-Baden · Archäologisches Museum, Ankara · Archiv für Kunst und Geschichte, Berlin · ARDEA, London · Prof. Dr. F. Arens(†), Mainz · G. Gräfin v. Arnim, Nürnberg · Dr. M. Arnold, München · Kunstarchiv Arntz, Haag · Artothek, Peissenberg · The Associated Press, Frankfurt am Main · Atlantic Pressebilderdienst, Berlin · Australische Botschaft, Bonn · Autorengemeinschaft Dr. H. J. Aubert, U. E. Müller-Moewes, Königswinter · G. W. Bachert, Bonn · E. Bachmann, Königstuhl, Schweiz · Bärenreiter Verlag, Kassel · W. Bauer, München · Bauhaus-Archiv, Berlin · BAVARIA Bildagentur, Gauting bei München · Bayer, Leverkusen · Bayerische Staatsgemäldesammlung, München · BBC-Publications, London · H. Bechtel, Düsseldorf · Beeldbank & Uitgeefprojekten, Amsterdam · Belgisches Institut für Information und Dokumentation, Brüssel · Bell Telephone Lab., Murray Hill, USA · Prof. W. Berdesinski, Heidelberg · V. Berendt, Baden-Baden · R. Berger, Kunstverlag, Köln · Bernisches Historisches Museum, Bern · Prof. Dr. A. Beuermann, Braunschweig · Bibliographisches Institut & F. A. Brockhaus, Mannheim · Bibliothèque Nationale, Paris · Bildarchiv Foto Marburg, Marburg · Bildarchiv Preußischer Kulturbesitz, Berlin · Bilderberg, Archiv der Fotografen, Hamburg · T. Binz, Mannheim · M. Blanche Almozara, Barcelona · Prof. Dr. W. Blasius, Gießen · Blaukreuzverlag, Wuppertal · K. Blüher, Hannover · Robert Bosch, Stuttgart · Bote & Bock, Berlin · Prof. Dr. K.-D. Bracher, Bonn · Branddirektion, Frankfurt am Main · U. Breker, Köln · The British Council, Köln · British Features, Bonn · The British Museum, London · F. Bruckmann, München · R. Brugger, Königswinter · Büchergilde Gutenberg, Frankfurt am Main · W. Büdeler, München · A. Buhtz, Heidelberg · Bundesbildstelle, Bonn · Burda Bilderdienst, Offenburg · CAF, Warschau · Camel, München · Camera Press, London · CESA – DIAARCHIV, Marburg · W. Claus, Fulda · R. Clausen(†), Hamburg · Concorde Filmverleih, München · Conti-Press, München · Dänische Botschaft, Bonn · Deutsche Airbus, München · Bildarchiv der Deutschen Bundesbahn · Deutsche Bundespost · Sächsische Landesbibliothek, Abt. Deutsche Fotothek, Dresden · Deutsche Luftbild, Hamburg · Deutsche Lufthansa, Köln · Deutscher Verlag, Berlin · Deutsches Apotheken-Museum, Heidelberg · Deutsches Elfenbeinmuseum, Erbach · Deutsches Institut für Filmkunde, Frankfurt am Main · Deutsches Museum, München · Deutsche Verlags-Anstalt, Stuttgart · Die Weltwoche Bildarchiv, Zürich · documenta archiv, Kassel · Domschatz Mailand · dpa Bildarchiv, Frankfurt am Main und Stuttgart · Droste-Museum, Burg Hülshoff/Roxel · Dr. K. Drumm, Tübingen · Dumbarton Oaks Trustees for Harvard University, Washington, D.C. · Prof. Dr. I. Eibl-Eibesfeld, Pöcking · Dr. H. Eichler, Heidelberg · Prof. M. Eigen, Göttingen · Elsevier, Amsterdam · W. Engelhardt, Köln · Erzbischöfliches Sekretariat, München · K. Eschen, Berlin · ESOC – European Space Operations Centre, Darmstadt · Eupra Bildarchiv, München · G. Fehr, Territet, Schweiz · Finnische Botschaft, Bonn · E. Fischer Bildarchiv, Bad Bramstedt · S. Fischer Verlag, Frankfurt am Main · Fitzwilliam Museum, Cambridge · R. Forberg, Düsseldorf · Förlagshuset Norden Ab, Malmö, Schweden · Fotoatelier Rheinländer, Hamburg · Foto-Grafik Hörlein, Nürnberg · Französische Botschaft, Bonn · Französischer Verkehrsbüro, Frankfurt am Main · Fremdenverkehrsverband, Molln, Österreich · B. Friedrich, Köln · M. Fries, Wiesbaden · Prof. Dr. E. Gabriel, Ahrensburg · Galerie Brockstedt, Hamburg · Gamma, Paris · Geopress H. Kanus, München · Germanisches Nationalmuseum, Nürnberg · Gernsheim Collection, University of Texas, Austin USA · Archiv Gerstenberg, Wietze · Dr. G. Gerster, Zumikon, Schweiz · Gleimhaus, Halberstadt · G. Goedhart, Scheveningen · A. Gold, Aachen · Graphische Sammlung Albertina, Wien · J. Gröblinghoff, Werne · H. Groth, Hamburg · R. Halin, Paris · Hamburger Kunsthalle, Hamburg · Bildarchiv C. und L. Hansmann, München · Dr. A. Harnack, Tübingen · K. Heinemann, Ottobrunn · W. Heinemann, Kraichtal, Unteröwisheim · E. Heinkel Fahrzeugbau, Speyer · J. Herkert, Ladenburg · W. R. Hess, Ascona · Hessische Landes- und Hochschulbibliothek, Darmstadt · Hessisches Landesmuseum, Darmstadt · Hirmer Verlag, München · Historia-Photo, Hamburg · Historisches Museum der Stadt Wien · S. Hoeher, Bielefeld · Holle Verlag, Baden-Baden · Bildarchiv H. Huber, Garmisch-Partenkirchen · Hulton Picture Library, London · IBM-Deutschland, Sindelfingen · IFA-Bilderteam, München-Taufkirchen · Indische Gesandtschaft, Bern · Institut für Geologie und Paläontologie der Technischen Univ., Hannover · Interphoto Friedrich Rauch, München · Interfoto MTI, ungarische Nachrichten Agentur, Budapest · Botschaft von Irland, Bonn · R. Italiaander(†), Hamburg · Dr. V. Janicke, München · Jürgens Ost + Europa/Photo, Köln · V. Kaeppel, Eltville · R. Kaegzer, Grenzach-Wyhlen · Kanadische Botschaft, Bonn · Kester Lichtbildarchiv, München · Kestner-Museum, Hannover · Keystone Pressedienst, Hamburg · Verlag Kiepenheuer & Witsch, Köln · K. I. P. P. A., Amsterdam · B. Klingwall, Eskilstuna, Schweden · Klocke-Verlag, Paderborn · KNA-Katholische Nachrichten Agentur, Frankfurt am Main · A. Knaus Verlag, München · P. Koch, Zollikon,

Schweiz · A. Koch Kunstverlag, München · Dr. R. König, Kiel · Konzertdirektion, Dr. R. Goette, Hamburg · H. Kordecki, Fürth im Odenwald · H. Köster, Berlin · G. Krauß, Heidelberg · Prof. Dr. F. Kuhlow, Hamburg · Prof. Dr. H. Kühne, Berlin · Kulturinstitute, Worms · M. Kundera, Paris · Kunsthalle Bremen · Kunsthaus Zürich · Kunsthistorisches Museum, Wien · Kunstmuseum Basel · Kunstsammlung Nordrhein-Westfalen, Düsseldorf · E. Kusch(†), Schwarzenbruck · Kuultokuva, Helsinki · H. Lade, Fotoagentur, Frankfurt am Main · Landesbildstelle Berlin · Landesbildstelle Sachsen, Dresden · S. Lauterwasser, Überlingen · Len Sirman Press, Genf · Prof. h. c. G. Lettenmair(†), Linz · Linden-Museum für Völkerkunde, Stuttgart · Prof. C. C. Lingard, Ottawa · Lippmann & Rau, Frankfurt am Main · Literarisches Colloquium Renate von Mangoldt, Berlin · Photo Löbl-Schreyer, Bad Tölz · E. Loos, Pforzheim · F. Mader, Hamburg · Magirus-Deutz, Werk Ulm · Stadtarchiv Mainz · Manesse Verlag, Zürich · M. Matzerath, Karlsruhe · Bildagentur Mauritius, Mittenwald · Messerschmitt-Bölkow-Blohm, Ottobrunn · Gebr. Metz, Tübingen · T. Molter, Wolfenbüttel · G. Morawiec, Mainz · S. Moses, München · H. Müller, Walsrode · Münchner Stadtmuseum, Musikinstrumentenmuseum, München · A. Münchow, Aachen · Musée Barbier-Müller, Genf · Musées de la ville de Strasbourg · Musées Royaux des Beaux-Arts, Brüssel · Museum der Stadt Worms und Städtische Gemäldegalerie, Worms · Museum für angewandte Kunst, Wien · Museum für Kunsthandwerk, Frankfurt am Main · Museum für Kunst und Gewerbe, Hamburg · Museum für Ostasiatische Kunst, Köln · Museum für Völkerkunde, Wien · Museum of Modern Art, New York · Museum Wiesbaden, Wiesbaden · Prof. Dr. H. Nachtigall, Marburg · National Gallery, London · National Gallery of Art, Washington D. C. · Nationalmuseum, Neapel · National Museum, Prag · Naturhistoriska Stockholm · National Portrait Gallery, London · Naturhistorisches Museum, Wien · W. Neumeister, München · New China Pictures, Peking · D. Niemöller, Hamburg · Nobelstiftelsen, The Nobel Foundation, Stockholm · Nordisk Pressefoto, Kopenhagen · Nowosti (IAN), Moskau · Stvw. Nürnberg · Ny Carlsberg Glyptothek, Kopenhagen · I. Ohlbaum, München · Tierbilder Okapia, Frankfurt am Main · Orell Füssli Verlag, Zürich · Österreichische Galerie, Wien · Österreichische Nationalbibliothek, Wien · L. Özkök, Älvsjö, Schweden · K. Paysan, Stuttgart · F. Peyer, Hamburg · Pfarramt Rohr, Niederbayern · U. Pfistermeister, Fürnried · Photo-Archiv Fellerer, Ascona · Photographie Giraudon, Paris · Pictor International Bildagentur, München · Polizeipräsidium, Mannheim · Popper-Photo, London · Presse- und Informationsamt der Bundesregierung, Bonn · Prof. W. Rätzel, Oestrich-Winkel · Prof. Dr. W. Rauh, Heidelberg · Reinhard Tierfoto, Heiligkreuzsteinach · Dr. E. Retzlaff, Römerberg · H. Retzlaff, Tann in der Rhön · Rex Features, London · Rheinisches Bildarchiv, Köln · Rheinisches Landesmuseum, Bonn · Rheinisches Landesmuseum, Trier · K. de Riese, München · Roger-Viollet, Paris · Römisch-Germanisches Zentralmuseum, Mainz · S. Rothenberg, Korbach · Rowohlt Verlag, Reinbek · Dr. P. Sager, Hamburg · Botschaft von Sambia, Bonn · Sammlung S. Poppe, Hamburg · Prof. Dr. G. Sandner, Hamburg · Dr. F. Sauer, Karlsfeld · SCALA, Florenz · Dr. K.-F. Schädler, München · B. Schäpke, Hamburg · Pressebild-Agentur Schirner, Berlin · R. Schlemmer, Montreux · J. Schmidt, Ludwigshafen am Rhein · Photo Schmidt-Schaumburg, Lübeck · Prof. Dr. H.-U. Schmincke, Wittenheven · U. und M. Schneiders, Lindau am Bodensee · Verlag Schnell & Steiner, München · K. F. Scholz, Haimhausen · B. Schott's Söhne Musikverlag, Mainz · W. Schreiber & Söhne, Nauheim · Prof. J. Schreiter, Langen · H. Schrempp, Breisach am Rhein · Schwedische Botschaft, Bonn · Schweizerisches Landesmuseum, Zürich · Shinchosha Company, Tokio · Siemens, Erlangen · Sven Simon Fotoagentur, Essen · B. Singer, Köln · Spielzeugmuseum, Nürnberg · Spanische Botschaft, Bonn · Staatliche Antikensammlungen, München · Staatliche Graphische Sammlung, München · Staatliche Kunsthalle, Karlsruhe · Staatliche Kunstsammlungen, Dresden · Staatliche Landesbildstelle, Saarbrücken · Staatliche Museen zu Berlin · Staatliches Amt für Denkmalpflege, Stuttgart · Staatliches Museum für Naturkunde, Stuttgart · Staatliches Museum für Völkerkunde, München · Staats- und Universitätsbibliothek, Hamburg · Städelsches Kunstinstitut, Frankfurt am Main · Städtische Kunsthalle, Mannheim · Stern-Bildarchiv, Hamburg · Strahlenklinik der Univ., Marburg · Studio Boersch, Wiesbaden · W. Stoess, Wiesbaden · Studio Hartmann, Sobernheim · Süddeutscher Verlag-Bilderdienst, München · Suhrkamp Verlag, Frankfurt am Main · Svenska Porträttarkivet, Stockholm · H. Tappe, Montreux, Schweiz · E. Thuy, Mainz · F. Timpe, München · Tobis Filmkunst, Berlin · Stvw. Tournai, Belgien · Treugesell Verlag, Düsseldorf · Turkish Press, Ankara · Ullstein Bilderdienst, Berlin · Universal Photo, Paris · Universitetets Oldsaksamling, Oslo · UPI, Frankfurt am Main · USICA, Bonn · Verlag für fremdsprachliche Literatur, Peking · Volkswagenwerk, Wolfsburg · VOTAWA, Wien · Wallraf-Richartz-Museum und Museum Ludwig, Köln · Walter-Verlag, Freiburg im Breisgau · WEA Musik, Hamburg · Prof. P. Weber, Münster · Westfälisches Landesmuseum für Vor- und Frühgeschichte, Münster · Prof. Dr. E. Winter, Gusterath · Prof. Dr. F. Winzinger, Regensburg · Woodmansterne, Watford, Großbritannien · Dr. W. Wrage, Hamburg · P. Wunderlich, Hamburg · ZEFA-Zentrale Farbbild Agentur, Düsseldorf · Carl Zeiss, Oberkochen · H. Zemann, Heidelberg · D. Zingel, Wiesbaden

Stvw. = Stadtverwaltung